Lohnsteuer-Tabelle

MONAT

Lohnsteuer

Diese **Monatslohnsteuer-Tabelle** ist z.B. für Arbeitnehmer anzuwenden,

- die einen Beitragsanteil zur gesetzlichen Rentenversicherung entrichten,
- die von der gesetzlichen Rentenversicherung auf Antrag befreit worden sind und deshalb steuerfreie Arbeitgeberzuschüsse erhalten können.

Ausführliche Informationen zur Lohnsteuer und zu weiteren Themen finden Sie in den Erläuterungen zur Tabelle.

Solidaritätszuschlag

Neben der Lohnsteuer ist auch der Solidaritätszuschlag ausgewiesen.

In den Erläuterungen zur Tabelle finden Sie nähere Informationen hierzu.

Kirchensteuer

Diese Tabelle enthält die für alle Bundesländer maßgebenden Steuersätze von **8 %** und **9 %.**

8 % = Baden-Württemberg, Bayern

9 % = Berlin, Brandenburg, Bremen, Hamburg, Hessen, Mecklenburg-Vorpommern, Niedersachsen, Nordrhein-Westfalen, Rheinland-Pfalz, Saarland, Sachsen, Sachsen-Anhalt, Schleswig-Holstein, Thüringen

Zu beachten ist besonders die Mindestbetrags-Kirchensteuer in den einzelnen Bundesländern.

In den Erläuterungen zur Tabelle finden Sie nähere Informationen hierzu.

MONAT 0,01*

Lohn/Gehalt bis €*	Steuerklasse	Lohnsteuer, Solidaritätszuschlag und Kirchensteuer in den Steuerklassen I – VI: LSt	ohne Kinderfreibeträge: SolZ	8%	9%
2,99	I,IV	—	—	—	—
	II	—	—	—	—
	III	—	—	—	—
	V	—	—	—	—
	VI	0,33	—	0,02	0,02
5,99	I,IV	—	—	—	—
	II	—	—	—	—
	III	—	—	—	—
	V	—	—	—	—
	VI	0,75	—	0,06	0,06
8,99	I,IV	—	—	—	—
	II	—	—	—	—
	III	—	—	—	—
	V	—	—	—	—
	VI	1,16	—	0,09	0,10
11,99	I,IV	—	—	—	—
	II	—	—	—	—
	III	—	—	—	—
	V	—	—	—	—
	VI	1,66	—	0,13	0,14
14,99	I,IV	—	—	—	—
	II	—	—	—	—
	III	—	—	—	—
	V	—	—	—	—
	VI	2,08	—	0,16	0,18
17,99	I,IV	—	—	—	—
	II	—	—	—	—
	III	—	—	—	—
	V	—	—	—	—
	VI	2,50	—	0,20	0,22
20,99	I,IV	—	—	—	—
	II	—	—	—	—
	III	—	—	—	—
	V	—	—	—	—
	VI	2,91	—	0,23	0,26
23,99	I,IV	—	—	—	—
	II	—	—	—	—
	III	—	—	—	—
	V	—	—	—	—
	VI	3,33	—	0,26	0,29
26,99	I,IV	—	—	—	—
	II	—	—	—	—
	III	—	—	—	—
	V	—	—	—	—
	VI	3,75	—	0,30	0,33
29,99	I,IV	—	—	—	—
	II	—	—	—	—
	III	—	—	—	—
	V	—	—	—	—
	VI	4,16	—	0,33	0,37
32,99	I,IV	—	—	—	—
	II	—	—	—	—
	III	—	—	—	—
	V	—	—	—	—
	VI	4,58	—	0,36	0,41
35,99	I,IV	—	—	—	—
	II	—	—	—	—
	III	—	—	—	—
	V	—	—	—	—
	VI	5,—	—	0,40	0,45
38,99	I,IV	—	—	—	—
	II	—	—	—	—
	III	—	—	—	—
	V	—	—	—	—
	VI	5,41	—	0,43	0,48
41,99	I,IV	—	—	—	—
	II	—	—	—	—
	III	—	—	—	—
	V	—	—	—	—
	VI	5,83	—	0,46	0,52
44,99	I,IV	—	—	—	—
	II	—	—	—	—
	III	—	—	—	—
	V	—	—	—	—
	VI	6,25	—	0,50	0,56
47,99	I,IV	—	—	—	—
	II	—	—	—	—
	III	—	—	—	—
	V	—	—	—	—
	VI	6,66	—	0,53	0,59
50,99	I,IV	—	—	—	—
	II	—	—	—	—
	III	—	—	—	—
	V	—	—	—	—
	VI	7,08	—	0,56	0,63
53,99	I,IV	—	—	—	—
	II	—	—	—	—
	III	—	—	—	—
	V	—	—	—	—
	VI	7,50	—	0,60	0,67
56,99	I,IV	—	—	—	—
	II	—	—	—	—
	III	—	—	—	—
	V	—	—	—	—
	VI	7,91	—	0,63	0,71
59,99	I,IV	—	—	—	—
	II	—	—	—	—
	III	—	—	—	—
	V	—	—	—	—
	VI	8,33	—	0,66	0,74
62,99	I,IV	—	—	—	—
	II	—	—	—	—
	III	—	—	—	—
	V	—	—	—	—
	VI	8,75	—	0,70	0,78
65,99	I,IV	—	—	—	—
	II	—	—	—	—
	III	—	—	—	—
	V	—	—	—	—
	VI	9,16	—	0,73	0,82
68,99	I,IV	—	—	—	—
	II	—	—	—	—
	III	—	—	—	—
	V	—	—	—	—
	VI	9,58	—	0,76	0,86
71,99	I,IV	—	—	—	—
	II	—	—	—	—
	III	—	—	—	—
	V	—	—	—	—
	VI	10,—	—	0,80	0,90
74,99	I,IV	—	—	—	—
	II	—	—	—	—
	III	—	—	—	—
	V	—	—	—	—
	VI	10,41	—	0,83	0,93
77,99	I,IV	—	—	—	—
	II	—	—	—	—
	III	—	—	—	—
	V	0,16	—	0,01	0,01
	VI	10,83	—	0,86	0,97
80,99	I,IV	—	—	—	—
	II	—	—	—	—
	III	—	—	—	—
	V	0,58	—	0,04	0,05
	VI	11,25	—	0,90	1,01
83,99	I,IV	—	—	—	—
	II	—	—	—	—
	III	—	—	—	—
	V	1,—	—	0,08	0,09
	VI	11,66	—	0,93	1,04
86,99	I,IV	—	—	—	—
	II	—	—	—	—
	III	—	—	—	—
	V	1,41	—	0,11	0,12
	VI	12,16	—	0,97	1,09
89,99	I,IV	—	—	—	—
	II	—	—	—	—
	III	—	—	—	—
	V	1,83	—	0,14	0,16
	VI	12,58	—	1,—	1,13
92,99	I,IV	—	—	—	—
	II	—	—	—	—
	III	—	—	—	—
	V	2,25	—	0,18	0,20
	VI	13,—	—	1,04	1,17
95,99	I,IV	—	—	—	—
	II	—	—	—	—
	III	—	—	—	—
	V	2,66	—	0,21	0,23
	VI	13,41	—	1,07	1,20
98,99	I,IV	—	—	—	—
	II	—	—	—	—
	III	—	—	—	—
	V	3,08	—	0,24	0,27
	VI	13,83	—	1,10	1,24
101,99	I,IV	—	—	—	—
	II	—	—	—	—
	III	—	—	—	—
	V	3,50	—	0,28	0,31
	VI	14,25	—	1,14	1,28
104,99	I,IV	—	—	—	—
	II	—	—	—	—
	III	—	—	—	—
	V	3,91	—	0,31	0,35
	VI	14,66	—	1,17	1,31
107,99	I,IV	—	—	—	—
	II	—	—	—	—
	III	—	—	—	—
	V	4,33	—	0,34	0,38
	VI	15,08	—	1,20	1,35
110,99	I,IV	—	—	—	—
	II	—	—	—	—
	III	—	—	—	—
	V	4,75	—	0,38	0,42
	VI	15,50	—	1,24	1,39
113,99	I,IV	—	—	—	—
	II	—	—	—	—
	III	—	—	—	—
	V	5,16	—	0,41	0,46
	VI	15,91	—	1,27	1,43
116,99	I,IV	—	—	—	—
	II	—	—	—	—
	III	—	—	—	—
	V	5,58	—	0,44	0,50
	VI	16,33	—	1,30	1,46
119,99	I,IV	—	—	—	—
	II	—	—	—	—
	III	—	—	—	—
	V	6,—	—	0,48	0,54
	VI	16,75	—	1,34	1,50
122,99	I,IV	—	—	—	—
	II	—	—	—	—
	III	—	—	—	—
	V	6,41	—	0,51	0,57
	VI	17,16	—	1,37	1,54
125,99	I,IV	—	—	—	—
	II	—	—	—	—
	III	—	—	—	—
	V	6,83	—	0,54	0,61
	VI	17,58	—	1,40	1,58
128,99	I,IV	—	—	—	—
	II	—	—	—	—
	III	—	—	—	—
	V	7,25	—	0,58	0,65
	VI	18,—	—	1,44	1,62
131,99	I,IV	—	—	—	—
	II	—	—	—	—
	III	—	—	—	—
	V	7,66	—	0,61	0,68
	VI	18,41	—	1,47	1,65
134,99	I,IV	—	—	—	—
	II	—	—	—	—
	III	—	—	—	—
	V	8,08	—	0,64	0,72
	VI	18,83	—	1,50	1,69

* Die ausgewiesenen Tabellenwerte sind amtlich. Siehe Erläuterungen auf der Umschlaginnenseite (U2).

Lohn/ Gehalt bis €*	Lohnsteuer, Solidaritätszuschlag und Kirchensteuer in den Steuerklassen I – VI	LSt	ohne Kinderfreibeträge SolZ	8%	9%
137,99	I,IV	—	—	—	—
	II	—	—	—	—
	III	—	—	—	—
	V	8,50	—	0,68	0,76
	VI	19,25	—	1,54	1,73
140,99	I,IV	—	—	—	—
	II	—	—	—	—
	III	—	—	—	—
	V	8,91	—	0,71	0,80
	VI	19,66	—	1,57	1,76
143,99	I,IV	—	—	—	—
	II	—	—	—	—
	III	—	—	—	—
	V	9,33	—	0,74	0,83
	VI	20,08	—	1,60	1,80
146,99	I,IV	—	—	—	—
	II	—	—	—	—
	III	—	—	—	—
	V	9,83	—	0,78	0,88
	VI	20,50	—	1,64	1,84
149,99	I,IV	—	—	—	—
	II	—	—	—	—
	III	—	—	—	—
	V	10,25	—	0,82	0,92
	VI	20,91	—	1,67	1,88
152,99	I,IV	—	—	—	—
	II	—	—	—	—
	III	—	—	—	—
	V	10,66	—	0,85	0,95
	VI	21,33	—	1,70	1,91
155,99	I,IV	—	—	—	—
	II	—	—	—	—
	III	—	—	—	—
	V	11,08	—	0,88	0,99
	VI	21,75	—	1,74	1,95
158,99	I,IV	—	—	—	—
	II	—	—	—	—
	III	—	—	—	—
	V	11,50	—	0,92	1,03
	VI	22,16	—	1,77	1,99
161,99	I,IV	—	—	—	—
	II	—	—	—	—
	III	—	—	—	—
	V	11,91	—	0,95	1,07
	VI	22,66	—	1,81	2,03
164,99	I,IV	—	—	—	—
	II	—	—	—	—
	III	—	—	—	—
	V	12,33	—	0,98	1,10
	VI	23,08	—	1,84	2,07
167,99	I,IV	—	—	—	—
	II	—	—	—	—
	III	—	—	—	—
	V	12,75	—	1,02	1,14
	VI	23,50	—	1,88	2,11
170,99	I,IV	—	—	—	—
	II	—	—	—	—
	III	—	—	—	—
	V	13,16	—	1,05	1,18
	VI	23,91	—	1,91	2,15
173,99	I,IV	—	—	—	—
	II	—	—	—	—
	III	—	—	—	—
	V	13,58	—	1,08	1,22
	VI	24,33	—	1,94	2,18
176,99	I,IV	—	—	—	—
	II	—	—	—	—
	III	—	—	—	—
	V	14,—	—	1,12	1,26
	VI	24,75	—	1,98	2,22
179,99	I,IV	—	—	—	—
	II	—	—	—	—
	III	—	—	—	—
	V	14,41	—	1,15	1,29
	VI	25,16	—	2,01	2,26
182,99	I,IV	—	—	—	—
	II	—	—	—	—
	III	—	—	—	—
	V	14,83	—	1,18	1,33
	VI	25,58	—	2,04	2,30
185,99	I,IV	—	—	—	—
	II	—	—	—	—
	III	—	—	—	—
	V	15,25	—	1,22	1,37
	VI	26,—	—	2,08	2,34
188,99	I,IV	—	—	—	—
	II	—	—	—	—
	III	—	—	—	—
	V	15,66	—	1,25	1,40
	VI	26,41	—	2,11	2,37
191,99	I,IV	—	—	—	—
	II	—	—	—	—
	III	—	—	—	—
	V	16,08	—	1,28	1,44
	VI	26,83	—	2,14	2,41
194,99	I,IV	—	—	—	—
	II	—	—	—	—
	III	—	—	—	—
	V	16,50	—	1,32	1,48
	VI	27,25	—	2,18	2,45
197,99	I,IV	—	—	—	—
	II	—	—	—	—
	III	—	—	—	—
	V	16,91	—	1,35	1,52
	VI	27,66	—	2,21	2,48
200,99	I,IV	—	—	—	—
	II	—	—	—	—
	III	—	—	—	—
	V	17,33	—	1,38	1,55
	VI	28,08	—	2,24	2,52
203,99	I,IV	—	—	—	—
	II	—	—	—	—
	III	—	—	—	—
	V	17,75	—	1,42	1,59
	VI	28,50	—	2,28	2,56
206,99	I,IV	—	—	—	—
	II	—	—	—	—
	III	—	—	—	—
	V	18,16	—	1,45	1,63
	VI	28,91	—	2,31	2,60
209,99	I,IV	—	—	—	—
	II	—	—	—	—
	III	—	—	—	—
	V	18,58	—	1,48	1,67
	VI	29,33	—	2,34	2,63
212,99	I,IV	—	—	—	—
	II	—	—	—	—
	III	—	—	—	—
	V	19,—	—	1,52	1,71
	VI	29,75	—	2,38	2,67
215,99	I,IV	—	—	—	—
	II	—	—	—	—
	III	—	—	—	—
	V	19,41	—	1,55	1,74
	VI	30,16	—	2,41	2,71
218,99	I,IV	—	—	—	—
	II	—	—	—	—
	III	—	—	—	—
	V	19,83	—	1,58	1,78
	VI	30,58	—	2,44	2,75
221,99	I,IV	—	—	—	—
	II	—	—	—	—
	III	—	—	—	—
	V	20,33	—	1,62	1,82
	VI	31,—	—	2,48	2,79
224,99	I,IV	—	—	—	—
	II	—	—	—	—
	III	—	—	—	—
	V	20,75	—	1,66	1,86
	VI	31,41	—	2,51	2,82
227,99	I,IV	—	—	—	—
	II	—	—	—	—
	III	—	—	—	—
	V	21,16	—	1,69	1,90
	VI	31,83	—	2,54	2,86
230,99	I,IV	—	—	—	—
	II	—	—	—	—
	III	—	—	—	—
	V	21,58	—	1,72	1,94
	VI	32,25	—	2,58	2,90
233,99	I,IV	—	—	—	—
	II	—	—	—	—
	III	—	—	—	—
	V	22,—	—	1,76	1,98
	VI	32,66	—	2,61	2,93
236,99	I,IV	—	—	—	—
	II	—	—	—	—
	III	—	—	—	—
	V	22,41	—	1,79	2,01
	VI	33,16	—	2,65	2,98
239,99	I,IV	—	—	—	—
	II	—	—	—	—
	III	—	—	—	—
	V	22,83	—	1,82	2,05
	VI	33,58	—	2,68	3,02
242,99	I,IV	—	—	—	—
	II	—	—	—	—
	III	—	—	—	—
	V	23,25	—	1,86	2,09
	VI	34,—	—	2,72	3,06
245,99	I,IV	—	—	—	—
	II	—	—	—	—
	III	—	—	—	—
	V	23,66	—	1,89	2,12
	VI	34,41	—	2,75	3,09
248,99	I,IV	—	—	—	—
	II	—	—	—	—
	III	—	—	—	—
	V	24,08	—	1,92	2,16
	VI	34,83	—	2,78	3,13
251,99	I,IV	—	—	—	—
	II	—	—	—	—
	III	—	—	—	—
	V	24,50	—	1,96	2,20
	VI	35,25	—	2,82	3,17
254,99	I,IV	—	—	—	—
	II	—	—	—	—
	III	—	—	—	—
	V	24,91	—	1,99	2,24
	VI	35,66	—	2,85	3,20
257,99	I,IV	—	—	—	—
	II	—	—	—	—
	III	—	—	—	—
	V	25,33	—	2,02	2,27
	VI	36,08	—	2,88	3,24
260,99	I,IV	—	—	—	—
	II	—	—	—	—
	III	—	—	—	—
	V	25,75	—	2,06	2,31
	VI	36,50	—	2,92	3,28
263,99	I,IV	—	—	—	—
	II	—	—	—	—
	III	—	—	—	—
	V	26,16	—	2,09	2,35
	VI	36,91	—	2,95	3,32
266,99	I,IV	—	—	—	—
	II	—	—	—	—
	III	—	—	—	—
	V	26,58	—	2,12	2,39
	VI	37,33	—	2,98	3,35
269,99	I,IV	—	—	—	—
	II	—	—	—	—
	III	—	—	—	—
	V	27,—	—	2,16	2,43
	VI	37,75	—	3,02	3,39

* Die ausgewiesenen Tabellenwerte sind amtlich. Siehe Erläuterungen auf der Umschlaginnenseite (U2).

MONAT 270,–*

Lohn/Gehalt bis €*	Lohnsteuer, Solidaritätszuschlag und Kirchensteuer in den Steuerklassen I – VI	LSt	SolZ	ohne Kinderfreibeträge 8%	9%
272,99	I,IV	—	—	—	—
	II	—	—	—	—
	III	—	—	—	—
	V	27,41	—	2,19	2,46
	VI	38,16	—	3,05	3,43
275,99	I,IV	—	—	—	—
	II	—	—	—	—
	III	—	—	—	—
	V	27,83	—	2,22	2,50
	VI	38,58	—	3,08	3,47
278,99	I,IV	—	—	—	—
	II	—	—	—	—
	III	—	—	—	—
	V	28,25	—	2,26	2,54
	VI	39,—	—	3,12	3,51
281,99	I,IV	—	—	—	—
	II	—	—	—	—
	III	—	—	—	—
	V	28,66	—	2,29	2,57
	VI	39,41	—	3,15	3,54
284,99	I,IV	—	—	—	—
	II	—	—	—	—
	III	—	—	—	—
	V	29,08	—	2,32	2,61
	VI	39,83	—	3,18	3,58
287,99	I,IV	—	—	—	—
	II	—	—	—	—
	III	—	—	—	—
	V	29,50	—	2,36	2,65
	VI	40,25	—	3,22	3,62
290,99	I,IV	—	—	—	—
	II	—	—	—	—
	III	—	—	—	—
	V	29,91	—	2,39	2,69
	VI	40,66	—	3,25	3,65
293,99	I,IV	—	—	—	—
	II	—	—	—	—
	III	—	—	—	—
	V	30,33	—	2,42	2,72
	VI	41,08	—	3,28	3,69
296,99	I,IV	—	—	—	—
	II	—	—	—	—
	III	—	—	—	—
	V	30,83	—	2,46	2,77
	VI	41,50	—	3,32	3,73
299,99	I,IV	—	—	—	—
	II	—	—	—	—
	III	—	—	—	—
	V	31,25	—	2,50	2,81
	VI	41,91	—	3,35	3,77
302,99	I,IV	—	—	—	—
	II	—	—	—	—
	III	—	—	—	—
	V	31,66	—	2,53	2,84
	VI	42,33	—	3,38	3,80
305,99	I,IV	—	—	—	—
	II	—	—	—	—
	III	—	—	—	—
	V	32,08	—	2,56	2,88
	VI	42,75	—	3,42	3,84
308,99	I,IV	—	—	—	—
	II	—	—	—	—
	III	—	—	—	—
	V	32,50	—	2,60	2,92
	VI	43,16	—	3,45	3,88
311,99	I,IV	—	—	—	—
	II	—	—	—	—
	III	—	—	—	—
	V	32,91	—	2,63	2,96
	VI	43,66	—	3,49	3,92
314,99	I,IV	—	—	—	—
	II	—	—	—	—
	III	—	—	—	—
	V	33,33	—	2,66	2,99
	VI	44,08	—	3,52	3,96
317,99	I,IV	—	—	—	—
	II	—	—	—	—
	III	—	—	—	—
	V	33,75	—	2,70	3,03
	VI	44,50	—	3,56	4,—
320,99	I,IV	—	—	—	—
	II	—	—	—	—
	III	—	—	—	—
	V	34,16	—	2,73	3,07
	VI	44,91	—	3,59	4,04
323,99	I,IV	—	—	—	—
	II	—	—	—	—
	III	—	—	—	—
	V	34,58	—	2,76	3,11
	VI	45,33	—	3,62	4,07
326,99	I,IV	—	—	—	—
	II	—	—	—	—
	III	—	—	—	—
	V	35,—	—	2,80	3,15
	VI	45,75	—	3,66	4,11
329,99	I,IV	—	—	—	—
	II	—	—	—	—
	III	—	—	—	—
	V	35,41	—	2,83	3,18
	VI	46,16	—	3,69	4,15
332,99	I,IV	—	—	—	—
	II	—	—	—	—
	III	—	—	—	—
	V	35,83	—	2,86	3,22
	VI	46,58	—	3,72	4,19
335,99	I,IV	—	—	—	—
	II	—	—	—	—
	III	—	—	—	—
	V	36,25	—	2,90	3,26
	VI	47,—	—	3,76	4,23
338,99	I,IV	—	—	—	—
	II	—	—	—	—
	III	—	—	—	—
	V	36,66	—	2,93	3,29
	VI	47,41	—	3,79	4,26
341,99	I,IV	—	—	—	—
	II	—	—	—	—
	III	—	—	—	—
	V	37,08	—	2,96	3,33
	VI	47,83	—	3,82	4,30
344,99	I,IV	—	—	—	—
	II	—	—	—	—
	III	—	—	—	—
	V	37,50	—	3,—	3,37
	VI	48,25	—	3,86	4,34
347,99	I,IV	—	—	—	—
	II	—	—	—	—
	III	—	—	—	—
	V	37,91	—	3,03	3,41
	VI	48,66	—	3,89	4,37
350,99	I,IV	—	—	—	—
	II	—	—	—	—
	III	—	—	—	—
	V	38,33	—	3,06	3,44
	VI	49,08	—	3,92	4,41
353,99	I,IV	—	—	—	—
	II	—	—	—	—
	III	—	—	—	—
	V	38,75	—	3,10	3,48
	VI	49,50	—	3,96	4,45
356,99	I,IV	—	—	—	—
	II	—	—	—	—
	III	—	—	—	—
	V	39,16	—	3,13	3,52
	VI	49,91	—	3,99	4,49
359,99	I,IV	—	—	—	—
	II	—	—	—	—
	III	—	—	—	—
	V	39,58	—	3,16	3,56
	VI	50,33	—	4,02	4,52
362,99	I,IV	—	—	—	—
	II	—	—	—	—
	III	—	—	—	—
	V	40,—	—	3,20	3,60
	VI	50,75	—	4,06	4,56
365,99	I,IV	—	—	—	—
	II	—	—	—	—
	III	—	—	—	—
	V	40,41	—	3,23	3,63
	VI	51,16	—	4,09	4,60
368,99	I,IV	—	—	—	—
	II	—	—	—	—
	III	—	—	—	—
	V	40,83	—	3,26	3,67
	VI	51,58	—	4,12	4,64
371,99	I,IV	—	—	—	—
	II	—	—	—	—
	III	—	—	—	—
	V	41,33	—	3,30	3,71
	VI	52,—	—	4,16	4,68
374,99	I,IV	—	—	—	—
	II	—	—	—	—
	III	—	—	—	—
	V	41,75	—	3,34	3,75
	VI	52,41	—	4,19	4,71
377,99	I,IV	—	—	—	—
	II	—	—	—	—
	III	—	—	—	—
	V	42,16	—	3,37	3,79
	VI	52,83	—	4,22	4,75
380,99	I,IV	—	—	—	—
	II	—	—	—	—
	III	—	—	—	—
	V	42,58	—	3,40	3,83
	VI	53,25	—	4,26	4,79
383,99	I,IV	—	—	—	—
	II	—	—	—	—
	III	—	—	—	—
	V	43,—	—	3,44	3,87
	VI	53,66	—	4,29	4,82
386,99	I,IV	—	—	—	—
	II	—	—	—	—
	III	—	—	—	—
	V	43,41	—	3,47	3,90
	VI	54,16	—	4,33	4,87
389,99	I,IV	—	—	—	—
	II	—	—	—	—
	III	—	—	—	—
	V	43,83	—	3,50	3,94
	VI	54,58	—	4,36	4,91
392,99	I,IV	—	—	—	—
	II	—	—	—	—
	III	—	—	—	—
	V	44,25	—	3,54	3,98
	VI	55,—	—	4,40	4,95
395,99	I,IV	—	—	—	—
	II	—	—	—	—
	III	—	—	—	—
	V	44,66	—	3,57	4,01
	VI	55,41	—	4,43	4,98
398,99	I,IV	—	—	—	—
	II	—	—	—	—
	III	—	—	—	—
	V	45,08	—	3,60	4,05
	VI	55,83	—	4,46	5,02
401,99	I,IV	—	—	—	—
	II	—	—	—	—
	III	—	—	—	—
	V	45,50	—	3,64	4,09
	VI	56,25	—	4,50	5,06
404,99	I,IV	—	—	—	—
	II	—	—	—	—
	III	—	—	—	—
	V	45,91	—	3,67	4,13
	VI	56,66	—	4,53	5,09

* Die ausgewiesenen Tabellenwerte sind amtlich. Siehe Erläuterungen auf der Umschlaginnenseite (U2).

Lohn/ Gehalt bis €*	Steuerklasse	Lohnsteuer, Solidaritätszuschlag und Kirchensteuer in den Steuerklassen I – VI: LSt	ohne Kinderfreibeträge: SolZ	8%	9%
407,99	I,IV	—	—	—	—
	II	—	—	—	—
	III	—	—	—	—
	V	46,33	—	3,70	4,16
	VI	57,08	—	4,56	5,13
410,99	I,IV	—	—	—	—
	II	—	—	—	—
	III	—	—	—	—
	V	46,75	—	3,74	4,20
	VI	57,50	—	4,60	5,17
413,99	I,IV	—	—	—	—
	II	—	—	—	—
	III	—	—	—	—
	V	47,16	—	3,77	4,24
	VI	57,91	—	4,63	5,21
416,99	I,IV	—	—	—	—
	II	—	—	—	—
	III	—	—	—	—
	V	47,58	—	3,80	4,28
	VI	58,33	—	4,66	5,24
419,99	I,IV	—	—	—	—
	II	—	—	—	—
	III	—	—	—	—
	V	48,—	—	3,84	4,32
	VI	58,75	—	4,70	5,28
422,99	I,IV	—	—	—	—
	II	—	—	—	—
	III	—	—	—	—
	V	48,41	—	3,87	4,35
	VI	59,16	—	4,73	5,32
425,99	I,IV	—	—	—	—
	II	—	—	—	—
	III	—	—	—	—
	V	48,83	—	3,90	4,39
	VI	59,58	—	4,76	5,36
428,99	I,IV	—	—	—	—
	II	—	—	—	—
	III	—	—	—	—
	V	49,25	—	3,94	4,43
	VI	60,—	—	4,80	5,40
431,99	I,IV	—	—	—	—
	II	—	—	—	—
	III	—	—	—	—
	V	49,66	—	3,97	4,46
	VI	60,41	—	4,83	5,43
434,99	I,IV	—	—	—	—
	II	—	—	—	—
	III	—	—	—	—
	V	50,08	—	4,—	4,50
	VI	60,83	—	4,86	5,47
437,99	I,IV	—	—	—	—
	II	—	—	—	—
	III	—	—	—	—
	V	50,50	—	4,04	4,54
	VI	61,25	—	4,90	5,51
440,99	I,IV	—	—	—	—
	II	—	—	—	—
	III	—	—	—	—
	V	50,91	—	4,07	4,58
	VI	61,66	—	4,93	5,54
443,99	I,IV	—	—	—	—
	II	—	—	—	—
	III	—	—	—	—
	V	51,33	—	4,10	4,61
	VI	62,08	—	4,96	5,58
446,99	I,IV	—	—	—	—
	II	—	—	—	—
	III	—	—	—	—
	V	51,83	—	4,14	4,66
	VI	62,50	—	5,—	5,62
449,99	I,IV	—	—	—	—
	II	—	—	—	—
	III	—	—	—	—
	V	52,25	—	4,18	4,70
	VI	62,91	—	5,03	5,66
452,99	I,IV	—	—	—	—
	II	—	—	—	—
	III	—	—	—	—
	V	52,66	—	4,21	4,73
	VI	63,33	—	5,06	5,69
455,99	I,IV	—	—	—	—
	II	—	—	—	—
	III	—	—	—	—
	V	53,08	—	4,24	4,77
	VI	63,75	—	5,10	5,73
458,99	I,IV	—	—	—	—
	II	—	—	—	—
	III	—	—	—	—
	V	53,50	—	4,28	4,81
	VI	64,16	—	5,13	5,77
461,99	I,IV	—	—	—	—
	II	—	—	—	—
	III	—	—	—	—
	V	53,91	—	4,31	4,85
	VI	64,66	—	5,17	5,81
464,99	I,IV	—	—	—	—
	II	—	—	—	—
	III	—	—	—	—
	V	54,33	—	4,34	4,88
	VI	65,08	—	5,20	5,85
467,99	I,IV	—	—	—	—
	II	—	—	—	—
	III	—	—	—	—
	V	54,75	—	4,38	4,92
	VI	65,50	—	5,24	5,89
470,99	I,IV	—	—	—	—
	II	—	—	—	—
	III	—	—	—	—
	V	55,16	—	4,41	4,96
	VI	65,91	—	5,27	5,93
473,99	I,IV	—	—	—	—
	II	—	—	—	—
	III	—	—	—	—
	V	55,58	—	4,44	5,—
	VI	66,33	—	5,30	5,96
476,99	I,IV	—	—	—	—
	II	—	—	—	—
	III	—	—	—	—
	V	56,—	—	4,48	5,04
	VI	66,75	—	5,34	6,—
479,99	I,IV	—	—	—	—
	II	—	—	—	—
	III	—	—	—	—
	V	56,41	—	4,51	5,07
	VI	67,16	—	5,37	6,04
482,99	I,IV	—	—	—	—
	II	—	—	—	—
	III	—	—	—	—
	V	56,83	—	4,54	5,11
	VI	67,58	—	5,40	6,08
485,99	I,IV	—	—	—	—
	II	—	—	—	—
	III	—	—	—	—
	V	57,25	—	4,58	5,15
	VI	68,—	—	5,44	6,12
488,99	I,IV	—	—	—	—
	II	—	—	—	—
	III	—	—	—	—
	V	57,66	—	4,61	5,18
	VI	68,41	—	5,47	6,15
491,99	I,IV	—	—	—	—
	II	—	—	—	—
	III	—	—	—	—
	V	58,08	—	4,64	5,22
	VI	68,83	—	5,50	6,19
494,99	I,IV	—	—	—	—
	II	—	—	—	—
	III	—	—	—	—
	V	58,50	—	4,68	5,26
	VI	69,25	—	5,54	6,23
497,99	I,IV	—	—	—	—
	II	—	—	—	—
	III	—	—	—	—
	V	58,91	—	4,71	5,30
	VI	69,66	—	5,57	6,26
500,99	I,IV	—	—	—	—
	II	—	—	—	—
	III	—	—	—	—
	V	59,33	—	4,74	5,33
	VI	70,08	—	5,60	6,30
503,99	I,IV	—	—	—	—
	II	—	—	—	—
	III	—	—	—	—
	V	59,75	—	4,78	5,37
	VI	70,50	—	5,64	6,34
506,99	I,IV	—	—	—	—
	II	—	—	—	—
	III	—	—	—	—
	V	60,16	—	4,81	5,41
	VI	70,91	—	5,67	6,38
509,99	I,IV	—	—	—	—
	II	—	—	—	—
	III	—	—	—	—
	V	60,58	—	4,84	5,45
	VI	71,33	—	5,70	6,41
512,99	I,IV	—	—	—	—
	II	—	—	—	—
	III	—	—	—	—
	V	61,—	—	4,88	5,49
	VI	71,75	—	5,74	6,45
515,99	I,IV	—	—	—	—
	II	—	—	—	—
	III	—	—	—	—
	V	61,41	—	4,91	5,52
	VI	72,16	—	5,77	6,49
518,99	I,IV	—	—	—	—
	II	—	—	—	—
	III	—	—	—	—
	V	61,83	—	4,94	5,56
	VI	72,58	—	5,80	6,53
521,99	I,IV	—	—	—	—
	II	—	—	—	—
	III	—	—	—	—
	V	62,33	—	4,98	5,60
	VI	73,—	—	5,84	6,57
524,99	I,IV	—	—	—	—
	II	—	—	—	—
	III	—	—	—	—
	V	62,75	—	5,02	5,64
	VI	73,41	—	5,87	6,60
527,99	I,IV	—	—	—	—
	II	—	—	—	—
	III	—	—	—	—
	V	63,16	—	5,05	5,68
	VI	73,83	—	5,90	6,64
530,99	I,IV	—	—	—	—
	II	—	—	—	—
	III	—	—	—	—
	V	63,58	—	5,08	5,72
	VI	74,25	—	5,94	6,68
533,99	I,IV	—	—	—	—
	II	—	—	—	—
	III	—	—	—	—
	V	64,—	—	5,12	5,76
	VI	74,66	—	5,97	6,71
536,99	I,IV	—	—	—	—
	II	—	—	—	—
	III	—	—	—	—
	V	64,41	—	5,15	5,79
	VI	75,16	—	6,01	6,76
539,99	I,IV	—	—	—	—
	II	—	—	—	—
	III	—	—	—	—
	V	64,83	—	5,18	5,83
	VI	75,58	—	6,04	6,80

* Die ausgewiesenen Tabellenwerte sind amtlich. Siehe Erläuterungen auf der Umschlaginnenseite (U2).

MONAT 540,–*

Lohn/Gehalt bis €*		Lohnsteuer, Solidaritätszuschlag und Kirchensteuer in den Steuerklassen I – VI, ohne Kinderfreibeträge			
		LSt	SolZ	8%	9%
542,99	I,IV	—	—	—	—
	II	—	—	—	—
	III	—	—	—	—
	V	65,25	—	5,22	5,87
	VI	76,—	—	6,08	6,84
545,99	I,IV	—	—	—	—
	II	—	—	—	—
	III	—	—	—	—
	V	65,66	—	5,25	5,90
	VI	76,41	—	6,11	6,87
548,99	I,IV	—	—	—	—
	II	—	—	—	—
	III	—	—	—	—
	V	66,08	—	5,28	5,94
	VI	76,83	—	6,14	6,91
551,99	I,IV	—	—	—	—
	II	—	—	—	—
	III	—	—	—	—
	V	66,50	—	5,32	5,98
	VI	77,25	—	6,18	6,95
554,99	I,IV	—	—	—	—
	II	—	—	—	—
	III	—	—	—	—
	V	66,91	—	5,35	6,02
	VI	77,66	—	6,21	6,98
557,99	I,IV	—	—	—	—
	II	—	—	—	—
	III	—	—	—	—
	V	67,33	—	5,38	6,05
	VI	78,08	—	6,24	7,02
560,99	I,IV	—	—	—	—
	II	—	—	—	—
	III	—	—	—	—
	V	67,75	—	5,42	6,09
	VI	78,50	—	6,28	7,06
563,99	I,IV	—	—	—	—
	II	—	—	—	—
	III	—	—	—	—
	V	68,16	—	5,45	6,13
	VI	78,91	—	6,31	7,10
566,99	I,IV	—	—	—	—
	II	—	—	—	—
	III	—	—	—	—
	V	68,58	—	5,48	6,17
	VI	79,33	—	6,34	7,13
569,99	I,IV	—	—	—	—
	II	—	—	—	—
	III	—	—	—	—
	V	69,—	—	5,52	6,21
	VI	79,75	—	6,38	7,17
572,99	I,IV	—	—	—	—
	II	—	—	—	—
	III	—	—	—	—
	V	69,41	—	5,55	6,24
	VI	80,16	—	6,41	7,21
575,99	I,IV	—	—	—	—
	II	—	—	—	—
	III	—	—	—	—
	V	69,83	—	5,58	6,28
	VI	80,58	—	6,44	7,25
578,99	I,IV	—	—	—	—
	II	—	—	—	—
	III	—	—	—	—
	V	70,25	—	5,62	6,32
	VI	81,—	—	6,48	7,29
581,99	I,IV	—	—	—	—
	II	—	—	—	—
	III	—	—	—	—
	V	70,66	—	5,65	6,35
	VI	81,41	0,08	6,51	7,32
584,99	I,IV	—	—	—	—
	II	—	—	—	—
	III	—	—	—	—
	V	71,08	—	5,68	6,39
	VI	81,83	0,16	6,54	7,36
587,99	I,IV	—	—	—	—
	II	—	—	—	—
	III	—	—	—	—
	V	71,50	—	5,72	6,43
	VI	82,25	0,25	6,58	7,40
590,99	I,IV	—	—	—	—
	II	—	—	—	—
	III	—	—	—	—
	V	71,91	—	5,75	6,47
	VI	82,66	0,33	6,61	7,43
593,99	I,IV	—	—	—	—
	II	—	—	—	—
	III	—	—	—	—
	V	72,33	—	5,78	6,50
	VI	83,08	0,41	6,64	7,47
596,99	I,IV	—	—	—	—
	II	—	—	—	—
	III	—	—	—	—
	V	72,83	—	5,82	6,55
	VI	83,50	0,50	6,68	7,51
599,99	I,IV	—	—	—	—
	II	—	—	—	—
	III	—	—	—	—
	V	73,25	—	5,86	6,59
	VI	83,91	0,58	6,71	7,55
602,99	I,IV	—	—	—	—
	II	—	—	—	—
	III	—	—	—	—
	V	73,66	—	5,89	6,62
	VI	84,33	0,66	6,74	7,58
605,99	I,IV	—	—	—	—
	II	—	—	—	—
	III	—	—	—	—
	V	74,08	—	5,92	6,66
	VI	84,75	0,75	6,78	7,62
608,99	I,IV	—	—	—	—
	II	—	—	—	—
	III	—	—	—	—
	V	74,50	—	5,96	6,70
	VI	85,16	0,83	6,81	7,66
611,99	I,IV	—	—	—	—
	II	—	—	—	—
	III	—	—	—	—
	V	74,91	—	5,99	6,74
	VI	85,66	0,93	6,85	7,70
614,99	I,IV	—	—	—	—
	II	—	—	—	—
	III	—	—	—	—
	V	75,33	—	6,02	6,77
	VI	86,08	1,01	6,88	7,74
617,99	I,IV	—	—	—	—
	II	—	—	—	—
	III	—	—	—	—
	V	75,75	—	6,06	6,81
	VI	86,50	1,10	6,92	7,78
620,99	I,IV	—	—	—	—
	II	—	—	—	—
	III	—	—	—	—
	V	76,16	—	6,09	6,85
	VI	86,91	1,18	6,95	7,82
623,99	I,IV	—	—	—	—
	II	—	—	—	—
	III	—	—	—	—
	V	76,58	—	6,12	6,89
	VI	87,33	1,26	6,98	7,85
626,99	I,IV	—	—	—	—
	II	—	—	—	—
	III	—	—	—	—
	V	77,—	—	6,16	6,93
	VI	87,75	1,35	7,02	7,89
629,99	I,IV	—	—	—	—
	II	—	—	—	—
	III	—	—	—	—
	V	77,41	—	6,19	6,96
	VI	88,16	1,43	7,05	7,93
632,99	I,IV	—	—	—	—
	II	—	—	—	—
	III	—	—	—	—
	V	77,83	—	6,22	7,—
	VI	88,58	1,51	7,08	7,97
635,99	I,IV	—	—	—	—
	II	—	—	—	—
	III	—	—	—	—
	V	78,25	—	6,26	7,04
	VI	89,—	1,60	7,12	8,01
638,99	I,IV	—	—	—	—
	II	—	—	—	—
	III	—	—	—	—
	V	78,66	—	6,29	7,07
	VI	89,41	1,68	7,15	8,04
641,99	I,IV	—	—	—	—
	II	—	—	—	—
	III	—	—	—	—
	V	79,08	—	6,32	7,11
	VI	89,83	1,76	7,18	8,08
644,99	I,IV	—	—	—	—
	II	—	—	—	—
	III	—	—	—	—
	V	79,50	—	6,36	7,15
	VI	90,25	1,85	7,22	8,12
647,99	I,IV	—	—	—	—
	II	—	—	—	—
	III	—	—	—	—
	V	79,91	—	6,39	7,19
	VI	90,66	1,93	7,25	8,15
650,99	I,IV	—	—	—	—
	II	—	—	—	—
	III	—	—	—	—
	V	80,33	—	6,42	7,22
	VI	91,08	2,01	7,28	8,19
653,99	I,IV	—	—	—	—
	II	—	—	—	—
	III	—	—	—	—
	V	80,75	—	6,46	7,26
	VI	91,50	2,10	7,32	8,23
656,99	I,IV	—	—	—	—
	II	—	—	—	—
	III	—	—	—	—
	V	81,16	0,03	6,49	7,30
	VI	91,91	2,18	7,35	8,27
659,99	I,IV	—	—	—	—
	II	—	—	—	—
	III	—	—	—	—
	V	81,58	0,11	6,52	7,34
	VI	92,33	2,26	7,38	8,30
662,99	I,IV	—	—	—	—
	II	—	—	—	—
	III	—	—	—	—
	V	82,—	0,20	6,56	7,38
	VI	92,75	2,35	7,42	8,34
665,99	I,IV	—	—	—	—
	II	—	—	—	—
	III	—	—	—	—
	V	82,41	0,28	6,59	7,41
	VI	93,16	2,43	7,45	8,38
668,99	I,IV	—	—	—	—
	II	—	—	—	—
	III	—	—	—	—
	V	82,83	0,36	6,62	7,45
	VI	93,58	2,51	7,48	8,42
671,99	I,IV	—	—	—	—
	II	—	—	—	—
	III	—	—	—	—
	V	83,33	0,46	6,66	7,49
	VI	94,—	2,60	7,52	8,46
674,99	I,IV	—	—	—	—
	II	—	—	—	—
	III	—	—	—	—
	V	83,75	0,55	6,70	7,53
	VI	94,41	2,68	7,55	8,49

* **Die ausgewiesenen Tabellenwerte sind amtlich. Siehe Erläuterungen auf der Umschlaginnenseite (U2).**

Lohn/ Gehalt bis €*	Lohnsteuer, Solidaritätszuschlag und Kirchensteuer in den Steuerklassen I – VI				
			ohne Kinderfreibeträge		
		LSt	SolZ	8%	9%
677,99	I,IV	—	—	—	—
	II	—	—	—	—
	III	—	—	—	—
	V	84,16	0,63	6,73	7,57
	VI	94,83	2,76	7,58	8,53
680,99	I,IV	—	—	—	—
	II	—	—	—	—
	III	—	—	—	—
	V	84,58	0,71	6,76	7,61
	VI	95,25	2,85	7,62	8,57
683,99	I,IV	—	—	—	—
	II	—	—	—	—
	III	—	—	—	—
	V	85,—	0,80	6,80	7,65
	VI	95,66	2,93	7,65	8,60
686,99	I,IV	—	—	—	—
	II	—	—	—	—
	III	—	—	—	—
	V	85,41	0,88	6,83	7,68
	VI	96,16	3,03	7,69	8,65
689,99	I,IV	—	—	—	—
	II	—	—	—	—
	III	—	—	—	—
	V	85,83	0,96	6,86	7,72
	VI	96,58	3,11	7,72	8,69
692,99	I,IV	—	—	—	—
	II	—	—	—	—
	III	—	—	—	—
	V	86,25	1,05	6,90	7,76
	VI	97,—	3,20	7,76	8,73
695,99	I,IV	—	—	—	—
	II	—	—	—	—
	III	—	—	—	—
	V	86,66	1,13	6,93	7,79
	VI	97,41	3,28	7,79	8,76
698,99	I,IV	—	—	—	—
	II	—	—	—	—
	III	—	—	—	—
	V	87,08	1,21	6,96	7,83
	VI	97,83	3,36	7,82	8,80
701,99	I,IV	—	—	—	—
	II	—	—	—	—
	III	—	—	—	—
	V	87,50	1,30	7,—	7,87
	VI	98,25	3,45	7,86	8,84
704,99	I,IV	—	—	—	—
	II	—	—	—	—
	III	—	—	—	—
	V	87,91	1,38	7,03	7,91
	VI	98,66	3,53	7,89	8,87
707,99	I,IV	—	—	—	—
	II	—	—	—	—
	III	—	—	—	—
	V	88,33	1,46	7,06	7,94
	VI	99,08	3,61	7,92	8,91
710,99	I,IV	—	—	—	—
	II	—	—	—	—
	III	—	—	—	—
	V	88,75	1,55	7,10	7,98
	VI	99,50	3,70	7,96	8,95
713,99	I,IV	—	—	—	—
	II	—	—	—	—
	III	—	—	—	—
	V	89,16	1,63	7,13	8,02
	VI	99,91	3,78	7,99	8,99
716,99	I,IV	—	—	—	—
	II	—	—	—	—
	III	—	—	—	—
	V	89,58	1,71	7,16	8,06
	VI	100,33	3,86	8,02	9,02
719,99	I,IV	—	—	—	—
	II	—	—	—	—
	III	—	—	—	—
	V	90,—	1,80	7,20	8,10
	VI	100,75	3,95	8,06	9,06
722,99	I,IV	—	—	—	—
	II	—	—	—	—
	III	—	—	—	—
	V	90,41	1,88	7,23	8,13
	VI	101,16	4,03	8,09	9,10
725,99	I,IV	—	—	—	—
	II	—	—	—	—
	III	—	—	—	—
	V	90,83	1,96	7,26	8,17
	VI	101,58	4,11	8,12	9,14
728,99	I,IV	—	—	—	—
	II	—	—	—	—
	III	—	—	—	—
	V	91,25	2,05	7,30	8,21
	VI	102,—	4,20	8,16	9,18
731,99	I,IV	—	—	—	—
	II	—	—	—	—
	III	—	—	—	—
	V	91,66	2,13	7,33	8,24
	VI	102,41	4,28	8,19	9,21
734,99	I,IV	—	—	—	—
	II	—	—	—	—
	III	—	—	—	—
	V	92,08	2,21	7,36	8,28
	VI	102,83	4,36	8,22	9,25
737,99	I,IV	—	—	—	—
	II	—	—	—	—
	III	—	—	—	—
	V	92,50	2,30	7,40	8,32
	VI	103,25	4,45	8,26	9,29
740,99	I,IV	—	—	—	—
	II	—	—	—	—
	III	—	—	—	—
	V	92,91	2,38	7,43	8,36
	VI	103,66	4,53	8,29	9,32
743,99	I,IV	—	—	—	—
	II	—	—	—	—
	III	—	—	—	—
	V	93,33	2,46	7,46	8,39
	VI	104,08	4,61	8,32	9,36
746,99	I,IV	—	—	—	—
	II	—	—	—	—
	III	—	—	—	—
	V	93,83	2,56	7,50	8,44
	VI	104,50	4,70	8,36	9,40
749,99	I,IV	—	—	—	—
	II	—	—	—	—
	III	—	—	—	—
	V	94,25	2,65	7,54	8,48
	VI	104,91	4,78	8,39	9,44
752,99	I,IV	—	—	—	—
	II	—	—	—	—
	III	—	—	—	—
	V	94,66	2,73	7,57	8,51
	VI	105,33	4,86	8,42	9,47
755,99	I,IV	—	—	—	—
	II	—	—	—	—
	III	—	—	—	—
	V	95,08	2,81	7,60	8,55
	VI	105,75	4,95	8,46	9,51
758,99	I,IV	—	—	—	—
	II	—	—	—	—
	III	—	—	—	—
	V	95,50	2,90	7,64	8,59
	VI	106,16	5,03	8,49	9,55
761,99	I,IV	—	—	—	—
	II	—	—	—	—
	III	—	—	—	—
	V	95,91	2,98	7,67	8,63
	VI	106,66	5,13	8,53	9,59
764,99	I,IV	—	—	—	—
	II	—	—	—	—
	III	—	—	—	—
	V	96,33	3,06	7,70	8,66
	VI	107,08	5,21	8,56	9,63
767,99	I,IV	—	—	—	—
	II	—	—	—	—
	III	—	—	—	—
	V	96,75	3,15	7,74	8,70
	VI	107,50	5,30	8,60	9,67
770,99	I,IV	—	—	—	—
	II	—	—	—	—
	III	—	—	—	—
	V	97,16	3,23	7,77	8,74
	VI	108,50	5,50	8,68	9,76
773,99	I,IV	—	—	—	—
	II	—	—	—	—
	III	—	—	—	—
	V	97,58	3,31	7,80	8,78
	VI	109,83	5,76	8,78	9,88
776,99	I,IV	—	—	—	—
	II	—	—	—	—
	III	—	—	—	—
	V	98,—	3,40	7,84	8,82
	VI	111,08	6,01	8,88	9,99
779,99	I,IV	—	—	—	—
	II	—	—	—	—
	III	—	—	—	—
	V	98,41	3,48	7,87	8,85
	VI	112,33	6,17	8,98	10,10
782,99	I,IV	—	—	—	—
	II	—	—	—	—
	III	—	—	—	—
	V	98,83	3,56	7,90	8,89
	VI	113,58	6,24	9,08	10,22
785,99	I,IV	—	—	—	—
	II	—	—	—	—
	III	—	—	—	—
	V	99,25	3,65	7,94	8,93
	VI	114,83	6,31	9,18	10,33
788,99	I,IV	—	—	—	—
	II	—	—	—	—
	III	—	—	—	—
	V	99,66	3,73	7,97	8,96
	VI	116,08	6,38	9,28	10,44
791,99	I,IV	—	—	—	—
	II	—	—	—	—
	III	—	—	—	—
	V	100,08	3,81	8,—	9,—
	VI	117,33	6,45	9,38	10,55
794,99	I,IV	—	—	—	—
	II	—	—	—	—
	III	—	—	—	—
	V	100,50	3,90	8,04	9,04
	VI	118,58	6,52	9,48	10,67
797,99	I,IV	—	—	—	—
	II	—	—	—	—
	III	—	—	—	—
	V	100,91	3,98	8,07	9,08
	VI	119,91	6,59	9,59	10,79
800,99	I,IV	—	—	—	—
	II	—	—	—	—
	III	—	—	—	—
	V	101,33	4,06	8,10	9,11
	VI	121,16	6,66	9,69	10,90
803,99	I,IV	—	—	—	—
	II	—	—	—	—
	III	—	—	—	—
	V	101,75	4,15	8,14	9,15
	VI	122,41	6,73	9,79	11,01
806,99	I,IV	—	—	—	—
	II	—	—	—	—
	III	—	—	—	—
	V	102,16	4,23	8,17	9,19
	VI	123,66	6,80	9,89	11,12
809,99	I,IV	—	—	—	—
	II	—	—	—	—
	III	—	—	—	—
	V	102,58	4,31	8,20	9,23
	VI	124,91	6,87	9,99	11,24

* Die ausgewiesenen Tabellenwerte sind amtlich. Siehe Erläuterungen auf der Umschlaginnenseite (U2).

Abzüge an Lohnsteuer, Solidaritätszuschlag (SolZ) und Kirchensteuer (8%, 9%) in den Steuerklassen

Lohn/ Gehalt bis €*	I – VI	LSt	ohne Kinderfreibeträge SolZ	8%	9%	I, II, III, IV	LSt	mit Zahl der Kinderfreibeträge . . . 0,5 SolZ	0,5 8%	0,5 9%	1 SolZ	1 8%	1 9%	1,5 SolZ	1,5 8%	1,5 9%	2 SolZ	2 8%	2 9%	2,5 SolZ	2,5 8%	2,5 9%	3 SolZ	3 8%	3 9%
812,99	I,IV	—	—	—	—	I	—	—	—	—	—	—	—	—	—	—	—	—	—	—	—	—	—	—	—
	II	—	—	—	—	II	—	—	—	—	—	—	—	—	—	—	—	—	—	—	—	—	—	—	—
	III	—	—	—	—	III	—	—	—	—	—	—	—	—	—	—	—	—	—	—	—	—	—	—	—
	V	103,—	4,40	8,24	9,27	IV	—	—	—	—	—	—	—	—	—	—	—	—	—	—	—	—	—	—	—
	VI	126,16	6,93	10,09	11,35																				
815,99	I,IV	—	—	—	—	I	—	—	—	—	—	—	—	—	—	—	—	—	—	—	—	—	—	—	—
	II	—	—	—	—	II	—	—	—	—	—	—	—	—	—	—	—	—	—	—	—	—	—	—	—
	III	—	—	—	—	III	—	—	—	—	—	—	—	—	—	—	—	—	—	—	—	—	—	—	—
	V	103,41	4,48	8,27	9,30	IV	—	—	—	—	—	—	—	—	—	—	—	—	—	—	—	—	—	—	—
	VI	127,41	7,—	10,19	11,46																				
818,99	I,IV	—	—	—	—	I	—	—	—	—	—	—	—	—	—	—	—	—	—	—	—	—	—	—	—
	II	—	—	—	—	II	—	—	—	—	—	—	—	—	—	—	—	—	—	—	—	—	—	—	—
	III	—	—	—	—	III	—	—	—	—	—	—	—	—	—	—	—	—	—	—	—	—	—	—	—
	V	103,83	4,56	8,30	9,34	IV	—	—	—	—	—	—	—	—	—	—	—	—	—	—	—	—	—	—	—
	VI	128,66	7,07	10,29	11,57																				
821,99	I,IV	—	—	—	—	I	—	—	—	—	—	—	—	—	—	—	—	—	—	—	—	—	—	—	—
	II	—	—	—	—	II	—	—	—	—	—	—	—	—	—	—	—	—	—	—	—	—	—	—	—
	III	—	—	—	—	III	—	—	—	—	—	—	—	—	—	—	—	—	—	—	—	—	—	—	—
	V	104,33	4,66	8,34	9,38	IV	—	—	—	—	—	—	—	—	—	—	—	—	—	—	—	—	—	—	—
	VI	129,91	7,14	10,39	11,69																				
824,99	I,IV	—	—	—	—	I	—	—	—	—	—	—	—	—	—	—	—	—	—	—	—	—	—	—	—
	II	—	—	—	—	II	—	—	—	—	—	—	—	—	—	—	—	—	—	—	—	—	—	—	—
	III	—	—	—	—	III	—	—	—	—	—	—	—	—	—	—	—	—	—	—	—	—	—	—	—
	V	104,75	4,75	8,38	9,42	IV	—	—	—	—	—	—	—	—	—	—	—	—	—	—	—	—	—	—	—
	VI	131,25	7,21	10,50	11,81																				
827,99	I,IV	—	—	—	—	I	—	—	—	—	—	—	—	—	—	—	—	—	—	—	—	—	—	—	—
	II	—	—	—	—	II	—	—	—	—	—	—	—	—	—	—	—	—	—	—	—	—	—	—	—
	III	—	—	—	—	III	—	—	—	—	—	—	—	—	—	—	—	—	—	—	—	—	—	—	—
	V	105,16	4,83	8,41	9,46	IV	—	—	—	—	—	—	—	—	—	—	—	—	—	—	—	—	—	—	—
	VI	132,50	7,28	10,60	11,92																				
830,99	I,IV	—	—	—	—	I	—	—	—	—	—	—	—	—	—	—	—	—	—	—	—	—	—	—	—
	II	—	—	—	—	II	—	—	—	—	—	—	—	—	—	—	—	—	—	—	—	—	—	—	—
	III	—	—	—	—	III	—	—	—	—	—	—	—	—	—	—	—	—	—	—	—	—	—	—	—
	V	105,58	4,91	8,44	9,50	IV	—	—	—	—	—	—	—	—	—	—	—	—	—	—	—	—	—	—	—
	VI	133,75	7,35	10,70	12,03																				
833,99	I,IV	—	—	—	—	I	—	—	—	—	—	—	—	—	—	—	—	—	—	—	—	—	—	—	—
	II	—	—	—	—	II	—	—	—	—	—	—	—	—	—	—	—	—	—	—	—	—	—	—	—
	III	—	—	—	—	III	—	—	—	—	—	—	—	—	—	—	—	—	—	—	—	—	—	—	—
	V	106,—	5,—	8,48	9,54	IV	—	—	—	—	—	—	—	—	—	—	—	—	—	—	—	—	—	—	—
	VI	135,—	7,42	10,80	12,15																				
836,99	I,IV	—	—	—	—	I	—	—	—	—	—	—	—	—	—	—	—	—	—	—	—	—	—	—	—
	II	—	—	—	—	II	—	—	—	—	—	—	—	—	—	—	—	—	—	—	—	—	—	—	—
	III	—	—	—	—	III	—	—	—	—	—	—	—	—	—	—	—	—	—	—	—	—	—	—	—
	V	106,41	5,08	8,51	9,57	IV	—	—	—	—	—	—	—	—	—	—	—	—	—	—	—	—	—	—	—
	VI	136,25	7,49	10,90	12,26																				
839,99	I,IV	—	—	—	—	I	—	—	—	—	—	—	—	—	—	—	—	—	—	—	—	—	—	—	—
	II	—	—	—	—	II	—	—	—	—	—	—	—	—	—	—	—	—	—	—	—	—	—	—	—
	III	—	—	—	—	III	—	—	—	—	—	—	—	—	—	—	—	—	—	—	—	—	—	—	—
	V	106,83	5,16	8,54	9,61	IV	—	—	—	—	—	—	—	—	—	—	—	—	—	—	—	—	—	—	—
	VI	137,50	7,56	11,—	12,37																				
842,99	I,IV	—	—	—	—	I	—	—	—	—	—	—	—	—	—	—	—	—	—	—	—	—	—	—	—
	II	—	—	—	—	II	—	—	—	—	—	—	—	—	—	—	—	—	—	—	—	—	—	—	—
	III	—	—	—	—	III	—	—	—	—	—	—	—	—	—	—	—	—	—	—	—	—	—	—	—
	V	107,25	5,25	8,58	9,65	IV	—	—	—	—	—	—	—	—	—	—	—	—	—	—	—	—	—	—	—
	VI	138,75	7,63	11,10	12,48																				
845,99	I,IV	—	—	—	—	I	—	—	—	—	—	—	—	—	—	—	—	—	—	—	—	—	—	—	—
	II	—	—	—	—	II	—	—	—	—	—	—	—	—	—	—	—	—	—	—	—	—	—	—	—
	III	—	—	—	—	III	—	—	—	—	—	—	—	—	—	—	—	—	—	—	—	—	—	—	—
	V	107,83	5,36	8,62	9,70	IV	—	—	—	—	—	—	—	—	—	—	—	—	—	—	—	—	—	—	—
	VI	140,—	7,70	11,20	12,60																				
848,99	I,IV	—	—	—	—	I	—	—	—	—	—	—	—	—	—	—	—	—	—	—	—	—	—	—	—
	II	—	—	—	—	II	—	—	—	—	—	—	—	—	—	—	—	—	—	—	—	—	—	—	—
	III	—	—	—	—	III	—	—	—	—	—	—	—	—	—	—	—	—	—	—	—	—	—	—	—
	V	109,08	5,61	8,72	9,81	IV	—	—	—	—	—	—	—	—	—	—	—	—	—	—	—	—	—	—	—
	VI	141,33	7,77	11,30	12,71																				
851,99	I,IV	—	—	—	—	I	—	—	—	—	—	—	—	—	—	—	—	—	—	—	—	—	—	—	—
	II	—	—	—	—	II	—	—	—	—	—	—	—	—	—	—	—	—	—	—	—	—	—	—	—
	III	—	—	—	—	III	—	—	—	—	—	—	—	—	—	—	—	—	—	—	—	—	—	—	—
	V	110,33	5,86	8,82	9,92	IV	—	—	—	—	—	—	—	—	—	—	—	—	—	—	—	—	—	—	—
	VI	142,58	7,84	11,40	12,83																				
854,99	I,IV	—	—	—	—	I	—	—	—	—	—	—	—	—	—	—	—	—	—	—	—	—	—	—	—
	II	—	—	—	—	II	—	—	—	—	—	—	—	—	—	—	—	—	—	—	—	—	—	—	—
	III	—	—	—	—	III	—	—	—	—	—	—	—	—	—	—	—	—	—	—	—	—	—	—	—
	V	111,58	6,11	8,92	10,04	IV	—	—	—	—	—	—	—	—	—	—	—	—	—	—	—	—	—	—	—
	VI	143,83	7,91	11,50	12,94																				

* Die ausgewiesenen Tabellenwerte sind amtlich. Siehe Erläuterungen auf der Umschlaginnenseite (U2).

Lohn/ Gehalt bis €*	Abzüge an Lohnsteuer, Solidaritätszuschlag (SolZ) und Kirchensteuer (8%, 9%) in den Steuerklassen I – VI					I, II, III, IV		mit Zahl der Kinderfreibeträge . . . 0,5			1			1,5			2			2,5			3		
		LSt	ohne Kinderfreibeträge SolZ	8%	9%		LSt	SolZ	8%	9%	SolZ	8%	9%	SolZ	8%	9%	SolZ	8%	9%	SolZ	8%	9%	SolZ	8%	9%
857,99	I,IV	—	—	—	—	I	—	—	—	—	—	—	—	—	—	—	—	—	—	—	—	—	—	—	—
	II	—	—	—	—	II	—	—	—	—	—	—	—	—	—	—	—	—	—	—	—	—	—	—	—
	III	—	—	—	—	III	—	—	—	—	—	—	—	—	—	—	—	—	—	—	—	—	—	—	—
	V	112,91	6,21	9,03	10,16	IV	—	—	—	—	—	—	—	—	—	—	—	—	—	—	—	—	—	—	—
	VI	145,08	7,97	11,60	13,05																				
860,99	I,IV	—	—	—	—	I	—	—	—	—	—	—	—	—	—	—	—	—	—	—	—	—	—	—	—
	II	—	—	—	—	II	—	—	—	—	—	—	—	—	—	—	—	—	—	—	—	—	—	—	—
	III	—	—	—	—	III	—	—	—	—	—	—	—	—	—	—	—	—	—	—	—	—	—	—	—
	V	114,16	6,27	9,13	10,27	IV	—	—	—	—	—	—	—	—	—	—	—	—	—	—	—	—	—	—	—
	VI	146,33	8,04	11,70	13,16																				
863,99	I,IV	—	—	—	—	I	—	—	—	—	—	—	—	—	—	—	—	—	—	—	—	—	—	—	—
	II	—	—	—	—	II	—	—	—	—	—	—	—	—	—	—	—	—	—	—	—	—	—	—	—
	III	—	—	—	—	III	—	—	—	—	—	—	—	—	—	—	—	—	—	—	—	—	—	—	—
	V	115,41	6,34	9,23	10,38	IV	—	—	—	—	—	—	—	—	—	—	—	—	—	—	—	—	—	—	—
	VI	147,58	8,11	11,80	13,28																				
866,99	I,IV	—	—	—	—	I	—	—	—	—	—	—	—	—	—	—	—	—	—	—	—	—	—	—	—
	II	—	—	—	—	II	—	—	—	—	—	—	—	—	—	—	—	—	—	—	—	—	—	—	—
	III	—	—	—	—	III	—	—	—	—	—	—	—	—	—	—	—	—	—	—	—	—	—	—	—
	V	116,66	6,41	9,33	10,49	IV	—	—	—	—	—	—	—	—	—	—	—	—	—	—	—	—	—	—	—
	VI	148,83	8,18	11,90	13,39																				
869,99	I,IV	—	—	—	—	I	—	—	—	—	—	—	—	—	—	—	—	—	—	—	—	—	—	—	—
	II	—	—	—	—	II	—	—	—	—	—	—	—	—	—	—	—	—	—	—	—	—	—	—	—
	III	—	—	—	—	III	—	—	—	—	—	—	—	—	—	—	—	—	—	—	—	—	—	—	—
	V	117,91	6,48	9,43	10,61	IV	—	—	—	—	—	—	—	—	—	—	—	—	—	—	—	—	—	—	—
	VI	150,08	8,25	12,—	13,50																				
872,99	I,IV	—	—	—	—	I	—	—	—	—	—	—	—	—	—	—	—	—	—	—	—	—	—	—	—
	II	—	—	—	—	II	—	—	—	—	—	—	—	—	—	—	—	—	—	—	—	—	—	—	—
	III	—	—	—	—	III	—	—	—	—	—	—	—	—	—	—	—	—	—	—	—	—	—	—	—
	V	119,16	6,55	9,53	10,72	IV	—	—	—	—	—	—	—	—	—	—	—	—	—	—	—	—	—	—	—
	VI	151,41	8,32	12,11	13,62																				
875,99	I,IV	—	—	—	—	I	—	—	—	—	—	—	—	—	—	—	—	—	—	—	—	—	—	—	—
	II	—	—	—	—	II	—	—	—	—	—	—	—	—	—	—	—	—	—	—	—	—	—	—	—
	III	—	—	—	—	III	—	—	—	—	—	—	—	—	—	—	—	—	—	—	—	—	—	—	—
	V	120,41	6,62	9,63	10,83	IV	—	—	—	—	—	—	—	—	—	—	—	—	—	—	—	—	—	—	—
	VI	152,66	8,39	12,21	13,73																				
878,99	I,IV	—	—	—	—	I	—	—	—	—	—	—	—	—	—	—	—	—	—	—	—	—	—	—	—
	II	—	—	—	—	II	—	—	—	—	—	—	—	—	—	—	—	—	—	—	—	—	—	—	—
	III	—	—	—	—	III	—	—	—	—	—	—	—	—	—	—	—	—	—	—	—	—	—	—	—
	V	121,66	6,69	9,73	10,94	IV	—	—	—	—	—	—	—	—	—	—	—	—	—	—	—	—	—	—	—
	VI	153,91	8,46	12,31	13,85																				
881,99	I,IV	—	—	—	—	I	—	—	—	—	—	—	—	—	—	—	—	—	—	—	—	—	—	—	—
	II	—	—	—	—	II	—	—	—	—	—	—	—	—	—	—	—	—	—	—	—	—	—	—	—
	III	—	—	—	—	III	—	—	—	—	—	—	—	—	—	—	—	—	—	—	—	—	—	—	—
	V	122,91	6,76	9,83	11,06	IV	—	—	—	—	—	—	—	—	—	—	—	—	—	—	—	—	—	—	—
	VI	155,16	8,53	12,41	13,96																				
884,99	I,IV	—	—	—	—	I	—	—	—	—	—	—	—	—	—	—	—	—	—	—	—	—	—	—	—
	II	—	—	—	—	II	—	—	—	—	—	—	—	—	—	—	—	—	—	—	—	—	—	—	—
	III	—	—	—	—	III	—	—	—	—	—	—	—	—	—	—	—	—	—	—	—	—	—	—	—
	V	124,25	6,83	9,94	11,18	IV	—	—	—	—	—	—	—	—	—	—	—	—	—	—	—	—	—	—	—
	VI	156,41	8,60	12,51	14,07																				
887,99	I,IV	—	—	—	—	I	—	—	—	—	—	—	—	—	—	—	—	—	—	—	—	—	—	—	—
	II	—	—	—	—	II	—	—	—	—	—	—	—	—	—	—	—	—	—	—	—	—	—	—	—
	III	—	—	—	—	III	—	—	—	—	—	—	—	—	—	—	—	—	—	—	—	—	—	—	—
	V	125,50	6,90	10,04	11,29	IV	—	—	—	—	—	—	—	—	—	—	—	—	—	—	—	—	—	—	—
	VI	157,66	8,67	12,61	14,18																				
890,99	I,IV	—	—	—	—	I	—	—	—	—	—	—	—	—	—	—	—	—	—	—	—	—	—	—	—
	II	—	—	—	—	II	—	—	—	—	—	—	—	—	—	—	—	—	—	—	—	—	—	—	—
	III	—	—	—	—	III	—	—	—	—	—	—	—	—	—	—	—	—	—	—	—	—	—	—	—
	V	126,75	6,97	10,14	11,40	IV	—	—	—	—	—	—	—	—	—	—	—	—	—	—	—	—	—	—	—
	VI	158,91	8,74	12,71	14,30																				
893,99	I,IV	—	—	—	—	I	—	—	—	—	—	—	—	—	—	—	—	—	—	—	—	—	—	—	—
	II	—	—	—	—	II	—	—	—	—	—	—	—	—	—	—	—	—	—	—	—	—	—	—	—
	III	—	—	—	—	III	—	—	—	—	—	—	—	—	—	—	—	—	—	—	—	—	—	—	—
	V	128,—	7,04	10,24	11,52	IV	—	—	—	—	—	—	—	—	—	—	—	—	—	—	—	—	—	—	—
	VI	160,16	8,80	12,81	14,41																				
896,99	I,IV	—	—	—	—	I	—	—	—	—	—	—	—	—	—	—	—	—	—	—	—	—	—	—	—
	II	—	—	—	—	II	—	—	—	—	—	—	—	—	—	—	—	—	—	—	—	—	—	—	—
	III	—	—	—	—	III	—	—	—	—	—	—	—	—	—	—	—	—	—	—	—	—	—	—	—
	V	129,25	7,10	10,34	11,63	IV	—	—	—	—	—	—	—	—	—	—	—	—	—	—	—	—	—	—	—
	VI	161,41	8,87	12,91	14,52																				
899,99	I,IV	—	—	—	—	I	—	—	—	—	—	—	—	—	—	—	—	—	—	—	—	—	—	—	—
	II	—	—	—	—	II	—	—	—	—	—	—	—	—	—	—	—	—	—	—	—	—	—	—	—
	III	—	—	—	—	III	—	—	—	—	—	—	—	—	—	—	—	—	—	—	—	—	—	—	—
	V	130,50	7,17	10,44	11,74	IV	—	—	—	—	—	—	—	—	—	—	—	—	—	—	—	—	—	—	—
	VI	162,75	8,95	13,02	14,64																				

* Die ausgewiesenen Tabellenwerte sind amtlich. Siehe Erläuterungen auf der Umschlaginnenseite (U2).

Abzüge an Lohnsteuer, Solidaritätszuschlag (SolZ) und Kirchensteuer (8%, 9%) in den Steuerklassen

Lohn/ Gehalt bis €*	I – VI		ohne Kinderfreibeträge			I, II, III, IV		mit Zahl der Kinderfreibeträge . . . 0,5			1			1,5			2			2,5			3		
		LSt	SolZ	8%	9%		LSt	SolZ	8%	9%	SolZ	8%	9%	SolZ	8%	9%	SolZ	8%	9%	SolZ	8%	9%	SolZ	8%	9%
902,99	I,IV	—	—	—	—	I	—	—	—	—	—	—	—	—	—	—	—	—	—	—	—	—	—	—	—
	II	—	—	—	—	II	—	—	—	—	—	—	—	—	—	—	—	—	—	—	—	—	—	—	—
	III	—	—	—	—	III	—	—	—	—	—	—	—	—	—	—	—	—	—	—	—	—	—	—	—
	V	131,75	7,24	10,54	11,85	IV	—	—	—	—	—	—	—	—	—	—	—	—	—	—	—	—	—	—	—
	VI	164,—	9,02	13,12	14,76																				
905,99	I,IV	—	—	—	—	I	—	—	—	—	—	—	—	—	—	—	—	—	—	—	—	—	—	—	—
	II	—	—	—	—	II	—	—	—	—	—	—	—	—	—	—	—	—	—	—	—	—	—	—	—
	III	—	—	—	—	III	—	—	—	—	—	—	—	—	—	—	—	—	—	—	—	—	—	—	—
	V	133,—	7,31	10,64	11,97	IV	—	—	—	—	—	—	—	—	—	—	—	—	—	—	—	—	—	—	—
	VI	165,25	9,08	13,22	14,87																				
908,99	I,IV	—	—	—	—	I	—	—	—	—	—	—	—	—	—	—	—	—	—	—	—	—	—	—	—
	II	—	—	—	—	II	—	—	—	—	—	—	—	—	—	—	—	—	—	—	—	—	—	—	—
	III	—	—	—	—	III	—	—	—	—	—	—	—	—	—	—	—	—	—	—	—	—	—	—	—
	V	134,33	7,38	10,74	12,08	IV	—	—	—	—	—	—	—	—	—	—	—	—	—	—	—	—	—	—	—
	VI	166,50	9,15	13,32	14,98																				
911,99	I,IV	—	—	—	—	I	—	—	—	—	—	—	—	—	—	—	—	—	—	—	—	—	—	—	—
	II	—	—	—	—	II	—	—	—	—	—	—	—	—	—	—	—	—	—	—	—	—	—	—	—
	III	—	—	—	—	III	—	—	—	—	—	—	—	—	—	—	—	—	—	—	—	—	—	—	—
	V	135,58	7,45	10,84	12,20	IV	—	—	—	—	—	—	—	—	—	—	—	—	—	—	—	—	—	—	—
	VI	167,75	9,22	13,42	15,09																				
914,99	I,IV	—	—	—	—	I	—	—	—	—	—	—	—	—	—	—	—	—	—	—	—	—	—	—	—
	II	—	—	—	—	II	—	—	—	—	—	—	—	—	—	—	—	—	—	—	—	—	—	—	—
	III	—	—	—	—	III	—	—	—	—	—	—	—	—	—	—	—	—	—	—	—	—	—	—	—
	V	136,83	7,52	10,94	12,31	IV	—	—	—	—	—	—	—	—	—	—	—	—	—	—	—	—	—	—	—
	VI	169,—	9,29	13,52	15,21																				
917,99	I,IV	0,25	—	0,02	0,02	I	0,25	—	—	—	—	—	—	—	—	—	—	—	—	—	—	—	—	—	—
	II	—	—	—	—	II	—	—	—	—	—	—	—	—	—	—	—	—	—	—	—	—	—	—	—
	III	—	—	—	—	III	—	—	—	—	—	—	—	—	—	—	—	—	—	—	—	—	—	—	—
	V	138,08	7,59	11,04	12,42	IV	0,25	—	—	—	—	—	—	—	—	—	—	—	—	—	—	—	—	—	—
	VI	170,25	9,36	13,62	15,32																				
920,99	I,IV	0,58	—	0,04	0,05	I	0,58	—	—	—	—	—	—	—	—	—	—	—	—	—	—	—	—	—	—
	II	—	—	—	—	II	—	—	—	—	—	—	—	—	—	—	—	—	—	—	—	—	—	—	—
	III	—	—	—	—	III	—	—	—	—	—	—	—	—	—	—	—	—	—	—	—	—	—	—	—
	V	139,33	7,66	11,14	12,53	IV	0,58	—	—	—	—	—	—	—	—	—	—	—	—	—	—	—	—	—	—
	VI	171,50	9,43	13,72	15,43																				
923,99	I,IV	0,91	—	0,07	0,08	I	0,91	—	—	—	—	—	—	—	—	—	—	—	—	—	—	—	—	—	—
	II	—	—	—	—	II	—	—	—	—	—	—	—	—	—	—	—	—	—	—	—	—	—	—	—
	III	—	—	—	—	III	—	—	—	—	—	—	—	—	—	—	—	—	—	—	—	—	—	—	—
	V	140,58	7,73	11,24	12,65	IV	0,91	—	—	—	—	—	—	—	—	—	—	—	—	—	—	—	—	—	—
	VI	172,83	9,50	13,82	15,55																				
926,99	I,IV	1,25	—	0,10	0,11	I	1,25	—	—	—	—	—	—	—	—	—	—	—	—	—	—	—	—	—	—
	II	—	—	—	—	II	—	—	—	—	—	—	—	—	—	—	—	—	—	—	—	—	—	—	—
	III	—	—	—	—	III	—	—	—	—	—	—	—	—	—	—	—	—	—	—	—	—	—	—	—
	V	141,83	7,80	11,34	12,76	IV	1,25	—	—	—	—	—	—	—	—	—	—	—	—	—	—	—	—	—	—
	VI	174,08	9,57	13,92	15,66																				
929,99	I,IV	1,58	—	0,12	0,14	I	1,58	—	—	—	—	—	—	—	—	—	—	—	—	—	—	—	—	—	—
	II	—	—	—	—	II	—	—	—	—	—	—	—	—	—	—	—	—	—	—	—	—	—	—	—
	III	—	—	—	—	III	—	—	—	—	—	—	—	—	—	—	—	—	—	—	—	—	—	—	—
	V	143,08	7,86	11,44	12,87	IV	1,58	—	—	—	—	—	—	—	—	—	—	—	—	—	—	—	—	—	—
	VI	175,33	9,64	14,02	15,77																				
932,99	I,IV	1,91	—	0,15	0,17	I	1,91	—	—	—	—	—	—	—	—	—	—	—	—	—	—	—	—	—	—
	II	—	—	—	—	II	—	—	—	—	—	—	—	—	—	—	—	—	—	—	—	—	—	—	—
	III	—	—	—	—	III	—	—	—	—	—	—	—	—	—	—	—	—	—	—	—	—	—	—	—
	V	144,41	7,94	11,55	12,99	IV	1,91	—	—	—	—	—	—	—	—	—	—	—	—	—	—	—	—	—	—
	VI	176,58	9,71	14,12	15,89																				
935,99	I,IV	2,25	—	0,18	0,20	I	2,25	—	—	—	—	—	—	—	—	—	—	—	—	—	—	—	—	—	—
	II	—	—	—	—	II	—	—	—	—	—	—	—	—	—	—	—	—	—	—	—	—	—	—	—
	III	—	—	—	—	III	—	—	—	—	—	—	—	—	—	—	—	—	—	—	—	—	—	—	—
	V	145,66	8,01	11,65	13,10	IV	2,25	—	—	—	—	—	—	—	—	—	—	—	—	—	—	—	—	—	—
	VI	177,83	9,78	14,22	16,—																				
938,99	I,IV	2,58	—	0,20	0,23	I	2,58	—	—	—	—	—	—	—	—	—	—	—	—	—	—	—	—	—	—
	II	—	—	—	—	II	—	—	—	—	—	—	—	—	—	—	—	—	—	—	—	—	—	—	—
	III	—	—	—	—	III	—	—	—	—	—	—	—	—	—	—	—	—	—	—	—	—	—	—	—
	V	146,91	8,08	11,75	13,22	IV	2,58	—	—	—	—	—	—	—	—	—	—	—	—	—	—	—	—	—	—
	VI	179,08	9,84	14,32	16,11																				
941,99	I,IV	3,—	—	0,24	0,27	I	3,—	—	—	—	—	—	—	—	—	—	—	—	—	—	—	—	—	—	—
	II	—	—	—	—	II	—	—	—	—	—	—	—	—	—	—	—	—	—	—	—	—	—	—	—
	III	—	—	—	—	III	—	—	—	—	—	—	—	—	—	—	—	—	—	—	—	—	—	—	—
	V	148,16	8,14	11,85	13,33	IV	3,—	—	—	—	—	—	—	—	—	—	—	—	—	—	—	—	—	—	—
	VI	180,33	9,91	14,42	16,22																				
944,99	I,IV	3,33	—	0,26	0,29	I	3,33	—	—	—	—	—	—	—	—	—	—	—	—	—	—	—	—	—	—
	II	—	—	—	—	II	—	—	—	—	—	—	—	—	—	—	—	—	—	—	—	—	—	—	—
	III	—	—	—	—	III	—	—	—	—	—	—	—	—	—	—	—	—	—	—	—	—	—	—	—
	V	149,41	8,21	11,95	13,44	IV	3,33	—	—	—	—	—	—	—	—	—	—	—	—	—	—	—	—	—	—
	VI	181,58	9,98	14,52	16,34																				

* Die ausgewiesenen Tabellenwerte sind amtlich. Siehe Erläuterungen auf der Umschlaginnenseite (U2).

Abzüge an Lohnsteuer, Solidaritätszuschlag (SolZ) und Kirchensteuer (8%, 9%) in den Steuerklassen

Lohn/ Gehalt bis €*	I – VI					I, II, III, IV		mit Zahl der Kinderfreibeträge . . . 0,5			1			1,5			2			2,5			3		
		LSt	ohne Kinderfreibeträge SolZ	8%	9%		LSt	SolZ	8%	9%	SolZ	8%	9%	SolZ	8%	9%	SolZ	8%	9%	SolZ	8%	9%	SolZ	8%	9%
947,99	I,IV	3,66	—	0,29	0,32	I	3,66	—	—	—	—	—	—	—	—	—	—	—	—	—	—	—	—	—	—
	II	—	—	—	—	II	—	—	—	—	—	—	—	—	—	—	—	—	—	—	—	—	—	—	—
	III	—	—	—	—	III	—	—	—	—	—	—	—	—	—	—	—	—	—	—	—	—	—	—	—
	V	150,66	8,28	12,05	13,55	IV	3,66	—	—	—	—	—	—	—	—	—	—	—	—	—	—	—	—	—	—
	VI	182,91	10,06	14,63	16,46																				
950,99	I,IV	4,—	—	0,32	0,36	I	4,—	—	—	—	—	—	—	—	—	—	—	—	—	—	—	—	—	—	—
	II	—	—	—	—	II	—	—	—	—	—	—	—	—	—	—	—	—	—	—	—	—	—	—	—
	III	—	—	—	—	III	—	—	—	—	—	—	—	—	—	—	—	—	—	—	—	—	—	—	—
	V	151,91	8,35	12,15	13,67	IV	4,—	—	—	—	—	—	—	—	—	—	—	—	—	—	—	—	—	—	—
	VI	184,16	10,12	14,73	16,57																				
953,99	I,IV	4,33	—	0,34	0,38	I	4,33	—	—	—	—	—	—	—	—	—	—	—	—	—	—	—	—	—	—
	II	—	—	—	—	II	—	—	—	—	—	—	—	—	—	—	—	—	—	—	—	—	—	—	—
	III	—	—	—	—	III	—	—	—	—	—	—	—	—	—	—	—	—	—	—	—	—	—	—	—
	V	153,16	8,42	12,25	13,78	IV	4,33	—	—	—	—	—	—	—	—	—	—	—	—	—	—	—	—	—	—
	VI	185,41	10,19	14,83	16,68																				
956,99	I,IV	4,75	—	0,38	0,42	I	4,75	—	—	—	—	—	—	—	—	—	—	—	—	—	—	—	—	—	—
	II	—	—	—	—	II	—	—	—	—	—	—	—	—	—	—	—	—	—	—	—	—	—	—	—
	III	—	—	—	—	III	—	—	—	—	—	—	—	—	—	—	—	—	—	—	—	—	—	—	—
	V	154,41	8,49	12,35	13,89	IV	4,75	—	—	—	—	—	—	—	—	—	—	—	—	—	—	—	—	—	—
	VI	186,66	10,26	14,93	16,79																				
959,99	I,IV	5,08	—	0,40	0,45	I	5,08	—	—	—	—	—	—	—	—	—	—	—	—	—	—	—	—	—	—
	II	—	—	—	—	II	—	—	—	—	—	—	—	—	—	—	—	—	—	—	—	—	—	—	—
	III	—	—	—	—	III	—	—	—	—	—	—	—	—	—	—	—	—	—	—	—	—	—	—	—
	V	155,75	8,56	12,46	14,01	IV	5,08	—	—	—	—	—	—	—	—	—	—	—	—	—	—	—	—	—	—
	VI	187,91	10,33	15,03	16,91																				
962,99	I,IV	5,41	—	0,43	0,48	I	5,41	—	—	—	—	—	—	—	—	—	—	—	—	—	—	—	—	—	—
	II	—	—	—	—	II	—	—	—	—	—	—	—	—	—	—	—	—	—	—	—	—	—	—	—
	III	—	—	—	—	III	—	—	—	—	—	—	—	—	—	—	—	—	—	—	—	—	—	—	—
	V	157,—	8,63	12,56	14,13	IV	5,41	—	—	—	—	—	—	—	—	—	—	—	—	—	—	—	—	—	—
	VI	189,16	10,40	15,13	17,02																				
965,99	I,IV	5,75	—	0,46	0,51	I	5,75	—	—	—	—	—	—	—	—	—	—	—	—	—	—	—	—	—	—
	II	—	—	—	—	II	—	—	—	—	—	—	—	—	—	—	—	—	—	—	—	—	—	—	—
	III	—	—	—	—	III	—	—	—	—	—	—	—	—	—	—	—	—	—	—	—	—	—	—	—
	V	158,25	8,70	12,66	14,24	IV	5,75	—	—	—	—	—	—	—	—	—	—	—	—	—	—	—	—	—	—
	VI	190,41	10,47	15,23	17,13																				
968,99	I,IV	6,16	—	0,49	0,55	I	6,16	—	—	—	—	—	—	—	—	—	—	—	—	—	—	—	—	—	—
	II	—	—	—	—	II	—	—	—	—	—	—	—	—	—	—	—	—	—	—	—	—	—	—	—
	III	—	—	—	—	III	—	—	—	—	—	—	—	—	—	—	—	—	—	—	—	—	—	—	—
	V	159,50	8,77	12,76	14,35	IV	6,16	—	—	—	—	—	—	—	—	—	—	—	—	—	—	—	—	—	—
	VI	191,66	10,54	15,33	17,24																				
971,99	I,IV	6,50	—	0,52	0,58	I	6,50	—	—	—	—	—	—	—	—	—	—	—	—	—	—	—	—	—	—
	II	—	—	—	—	II	—	—	—	—	—	—	—	—	—	—	—	—	—	—	—	—	—	—	—
	III	—	—	—	—	III	—	—	—	—	—	—	—	—	—	—	—	—	—	—	—	—	—	—	—
	V	160,75	8,84	12,86	14,46	IV	6,50	—	—	—	—	—	—	—	—	—	—	—	—	—	—	—	—	—	—
	VI	192,91	10,61	15,43	17,36																				
974,99	I,IV	6,83	—	0,54	0,61	I	6,83	—	—	—	—	—	—	—	—	—	—	—	—	—	—	—	—	—	—
	II	—	—	—	—	II	—	—	—	—	—	—	—	—	—	—	—	—	—	—	—	—	—	—	—
	III	—	—	—	—	III	—	—	—	—	—	—	—	—	—	—	—	—	—	—	—	—	—	—	—
	V	162,—	8,91	12,96	14,58	IV	6,83	—	—	—	—	—	—	—	—	—	—	—	—	—	—	—	—	—	—
	VI	194,25	10,68	15,54	17,48																				
977,99	I,IV	7,25	—	0,58	0,65	I	7,25	—	—	—	—	—	—	—	—	—	—	—	—	—	—	—	—	—	—
	II	—	—	—	—	II	—	—	—	—	—	—	—	—	—	—	—	—	—	—	—	—	—	—	—
	III	—	—	—	—	III	—	—	—	—	—	—	—	—	—	—	—	—	—	—	—	—	—	—	—
	V	163,25	8,97	13,06	14,69	IV	7,25	—	—	—	—	—	—	—	—	—	—	—	—	—	—	—	—	—	—
	VI	195,50	10,75	15,64	17,59																				
980,99	I,IV	7,58	—	0,60	0,68	I	7,58	—	—	—	—	—	—	—	—	—	—	—	—	—	—	—	—	—	—
	II	—	—	—	—	II	—	—	—	—	—	—	—	—	—	—	—	—	—	—	—	—	—	—	—
	III	—	—	—	—	III	—	—	—	—	—	—	—	—	—	—	—	—	—	—	—	—	—	—	—
	V	164,50	9,04	13,16	14,80	IV	7,58	—	—	—	—	—	—	—	—	—	—	—	—	—	—	—	—	—	—
	VI	196,75	10,82	15,74	17,70																				
983,99	I,IV	7,91	—	0,63	0,71	I	7,91	—	—	—	—	—	—	—	—	—	—	—	—	—	—	—	—	—	—
	II	—	—	—	—	II	—	—	—	—	—	—	—	—	—	—	—	—	—	—	—	—	—	—	—
	III	—	—	—	—	III	—	—	—	—	—	—	—	—	—	—	—	—	—	—	—	—	—	—	—
	V	165,83	9,12	13,26	14,92	IV	7,91	—	—	—	—	—	—	—	—	—	—	—	—	—	—	—	—	—	—
	VI	198,—	10,89	15,84	17,82																				
986,99	I,IV	8,33	—	0,66	0,74	I	8,33	—	—	—	—	—	—	—	—	—	—	—	—	—	—	—	—	—	—
	II	—	—	—	—	II	—	—	—	—	—	—	—	—	—	—	—	—	—	—	—	—	—	—	—
	III	—	—	—	—	III	—	—	—	—	—	—	—	—	—	—	—	—	—	—	—	—	—	—	—
	V	167,08	9,18	13,36	15,03	IV	8,33	—	—	—	—	—	—	—	—	—	—	—	—	—	—	—	—	—	—
	VI	199,25	10,95	15,94	17,93																				
989,99	I,IV	8,66	—	0,69	0,77	I	8,66	—	—	—	—	—	—	—	—	—	—	—	—	—	—	—	—	—	—
	II	—	—	—	—	II	—	—	—	—	—	—	—	—	—	—	—	—	—	—	—	—	—	—	—
	III	—	—	—	—	III	—	—	—	—	—	—	—	—	—	—	—	—	—	—	—	—	—	—	—
	V	168,33	9,25	13,46	15,14	IV	8,66	—	—	—	—	—	—	—	—	—	—	—	—	—	—	—	—	—	—
	VI	200,50	11,02	16,04	18,04																				

* Die ausgewiesenen Tabellenwerte sind amtlich. Siehe Erläuterungen auf der Umschlaginnenseite (U2).

Abzüge an Lohnsteuer, Solidaritätszuschlag (SolZ) und Kirchensteuer (8%, 9%) in den Steuerklassen

Lohn/ Gehalt bis €*		I – VI	ohne Kinderfreibeträge				I, II, III, IV	mit Zahl der Kinderfreibeträge . . . 0,5			1			1,5			2			2,5			3		
		LSt	SolZ	8%	9%		LSt	SolZ	8%	9%	SolZ	8%	9%	SolZ	8%	9%	SolZ	8%	9%	SolZ	8%	9%	SolZ	8%	9%
992,99	I,IV	9,08	—	0,72	0,81	I	9,08	—	—	—	—	—	—	—	—	—	—	—	—	—	—	—	—	—	—
	II	—	—	—	—	II	—	—	—	—	—	—	—	—	—	—	—	—	—	—	—	—	—	—	—
	III	—	—	—	—	III	—	—	—	—	—	—	—	—	—	—	—	—	—	—	—	—	—	—	—
	V	169,58	9,32	13,56	15,26	IV	9,08	—	—	—	—	—	—	—	—	—	—	—	—	—	—	—	—	—	—
	VI	201,75	11,09	16,14	18,15																				
995,99	I,IV	9,41	—	0,75	0,84	I	9,41	—	—	—	—	—	—	—	—	—	—	—	—	—	—	—	—	—	—
	II	—	—	—	—	II	—	—	—	—	—	—	—	—	—	—	—	—	—	—	—	—	—	—	—
	III	—	—	—	—	III	—	—	—	—	—	—	—	—	—	—	—	—	—	—	—	—	—	—	—
	V	170,83	9,39	13,66	15,37	IV	9,41	—	—	—	—	—	—	—	—	—	—	—	—	—	—	—	—	—	—
	VI	203,—	11,16	16,24	18,27																				
998,99	I,IV	9,83	—	0,78	0,88	I	9,83	—	—	—	—	—	—	—	—	—	—	—	—	—	—	—	—	—	—
	II	—	—	—	—	II	—	—	—	—	—	—	—	—	—	—	—	—	—	—	—	—	—	—	—
	III	—	—	—	—	III	—	—	—	—	—	—	—	—	—	—	—	—	—	—	—	—	—	—	—
	V	172,08	9,46	13,76	15,48	IV	9,83	—	—	—	—	—	—	—	—	—	—	—	—	—	—	—	—	—	—
	VI	204,33	11,23	16,34	18,38																				
1 001,99	I,IV	10,16	—	0,81	0,91	I	10,16	—	—	—	—	—	—	—	—	—	—	—	—	—	—	—	—	—	—
	II	—	—	—	—	II	—	—	—	—	—	—	—	—	—	—	—	—	—	—	—	—	—	—	—
	III	—	—	—	—	III	—	—	—	—	—	—	—	—	—	—	—	—	—	—	—	—	—	—	—
	V	173,33	9,53	13,86	15,59	IV	10,16	—	—	—	—	—	—	—	—	—	—	—	—	—	—	—	—	—	—
	VI	205,58	11,30	16,44	18,50																				
1 004,99	I,IV	10,58	—	0,84	0,95	I	10,58	—	—	—	—	—	—	—	—	—	—	—	—	—	—	—	—	—	—
	II	—	—	—	—	II	—	—	—	—	—	—	—	—	—	—	—	—	—	—	—	—	—	—	—
	III	—	—	—	—	III	—	—	—	—	—	—	—	—	—	—	—	—	—	—	—	—	—	—	—
	V	174,58	9,60	13,96	15,71	IV	10,58	—	—	—	—	—	—	—	—	—	—	—	—	—	—	—	—	—	—
	VI	206,83	11,37	16,54	18,61																				
1 007,99	I,IV	10,91	—	0,87	0,98	I	10,91	—	—	—	—	—	—	—	—	—	—	—	—	—	—	—	—	—	—
	II	—	—	—	—	II	—	—	—	—	—	—	—	—	—	—	—	—	—	—	—	—	—	—	—
	III	—	—	—	—	III	—	—	—	—	—	—	—	—	—	—	—	—	—	—	—	—	—	—	—
	V	175,91	9,67	14,07	15,83	IV	10,91	—	—	—	—	—	—	—	—	—	—	—	—	—	—	—	—	—	—
	VI	208,08	11,44	16,64	18,72																				
1 010,99	I,IV	11,25	—	0,90	1,01	I	11,25	—	—	—	—	—	—	—	—	—	—	—	—	—	—	—	—	—	—
	II	—	—	—	—	II	—	—	—	—	—	—	—	—	—	—	—	—	—	—	—	—	—	—	—
	III	—	—	—	—	III	—	—	—	—	—	—	—	—	—	—	—	—	—	—	—	—	—	—	—
	V	177,16	9,74	14,17	15,94	IV	11,25	—	—	—	—	—	—	—	—	—	—	—	—	—	—	—	—	—	—
	VI	209,33	11,51	16,74	18,83																				
1 013,99	I,IV	11,66	—	0,93	1,04	I	11,66	—	—	—	—	—	—	—	—	—	—	—	—	—	—	—	—	—	—
	II	—	—	—	—	II	—	—	—	—	—	—	—	—	—	—	—	—	—	—	—	—	—	—	—
	III	—	—	—	—	III	—	—	—	—	—	—	—	—	—	—	—	—	—	—	—	—	—	—	—
	V	178,41	9,81	14,27	16,05	IV	11,66	—	—	—	—	—	—	—	—	—	—	—	—	—	—	—	—	—	—
	VI	210,58	11,58	16,84	18,95																				
1 016,99	I,IV	12,08	—	0,96	1,08	I	12,08	—	—	—	—	—	—	—	—	—	—	—	—	—	—	—	—	—	—
	II	—	—	—	—	II	—	—	—	—	—	—	—	—	—	—	—	—	—	—	—	—	—	—	—
	III	—	—	—	—	III	—	—	—	—	—	—	—	—	—	—	—	—	—	—	—	—	—	—	—
	V	179,66	9,88	14,37	16,16	IV	12,08	—	—	—	—	—	—	—	—	—	—	—	—	—	—	—	—	—	—
	VI	211,83	11,65	16,94	19,06																				
1 019,99	I,IV	12,50	—	1,—	1,12	I	12,50	—	—	—	—	—	—	—	—	—	—	—	—	—	—	—	—	—	—
	II	—	—	—	—	II	—	—	—	—	—	—	—	—	—	—	—	—	—	—	—	—	—	—	—
	III	—	—	—	—	III	—	—	—	—	—	—	—	—	—	—	—	—	—	—	—	—	—	—	—
	V	180,91	9,95	14,47	16,28	IV	12,50	—	—	—	—	—	—	—	—	—	—	—	—	—	—	—	—	—	—
	VI	213,08	11,71	17,04	19,17																				
1 022,99	I,IV	12,91	—	1,03	1,16	I	12,91	—	—	—	—	—	—	—	—	—	—	—	—	—	—	—	—	—	—
	II	—	—	—	—	II	—	—	—	—	—	—	—	—	—	—	—	—	—	—	—	—	—	—	—
	III	—	—	—	—	III	—	—	—	—	—	—	—	—	—	—	—	—	—	—	—	—	—	—	—
	V	182,16	10,01	14,57	16,39	IV	12,91	—	—	—	—	—	—	—	—	—	—	—	—	—	—	—	—	—	—
	VI	214,41	11,79	17,15	19,29																				
1 025,99	I,IV	13,41	—	1,07	1,20	I	13,41	—	—	—	—	—	—	—	—	—	—	—	—	—	—	—	—	—	—
	II	—	—	—	—	II	—	—	—	—	—	—	—	—	—	—	—	—	—	—	—	—	—	—	—
	III	—	—	—	—	III	—	—	—	—	—	—	—	—	—	—	—	—	—	—	—	—	—	—	—
	V	183,41	10,08	14,67	16,50	IV	13,41	—	—	—	—	—	—	—	—	—	—	—	—	—	—	—	—	—	—
	VI	215,66	11,86	17,25	19,40																				
1 028,99	I,IV	13,83	—	1,10	1,24	I	13,83	—	—	—	—	—	—	—	—	—	—	—	—	—	—	—	—	—	—
	II	—	—	—	—	II	—	—	—	—	—	—	—	—	—	—	—	—	—	—	—	—	—	—	—
	III	—	—	—	—	III	—	—	—	—	—	—	—	—	—	—	—	—	—	—	—	—	—	—	—
	V	184,66	10,15	14,77	16,61	IV	13,83	—	—	—	—	—	—	—	—	—	—	—	—	—	—	—	—	—	—
	VI	216,91	11,93	17,35	19,52																				
1 031,99	I,IV	14,33	—	1,14	1,28	I	14,33	—	—	—	—	—	—	—	—	—	—	—	—	—	—	—	—	—	—
	II	—	—	—	—	II	—	—	—	—	—	—	—	—	—	—	—	—	—	—	—	—	—	—	—
	III	—	—	—	—	III	—	—	—	—	—	—	—	—	—	—	—	—	—	—	—	—	—	—	—
	V	185,91	10,22	14,87	16,73	IV	14,33	—	—	—	—	—	—	—	—	—	—	—	—	—	—	—	—	—	—
	VI	218,16	11,99	17,45	19,63																				
1 034,99	I,IV	14,83	—	1,18	1,33	I	14,83	—	—	—	—	—	—	—	—	—	—	—	—	—	—	—	—	—	—
	II	—	—	—	—	II	—	—	—	—	—	—	—	—	—	—	—	—	—	—	—	—	—	—	—
	III	—	—	—	—	III	—	—	—	—	—	—	—	—	—	—	—	—	—	—	—	—	—	—	—
	V	187,25	10,29	14,98	16,85	IV	14,83	—	—	—	—	—	—	—	—	—	—	—	—	—	—	—	—	—	—
	VI	219,41	12,06	17,55	19,74																				

* Die ausgewiesenen Tabellenwerte sind amtlich. Siehe Erläuterungen auf der Umschlaginnenseite (U2).

Abzüge an Lohnsteuer, Solidaritätszuschlag (SolZ) und Kirchensteuer (8%, 9%) in den Steuerklassen

Lohn/ Gehalt bis €*	I – VI		ohne Kinderfreibeträge			I, II, III, IV		mit Zahl der Kinderfreibeträge . . . 0,5			1			1,5			2			2,5			3		
		LSt	SolZ	8%	9%		LSt	SolZ	8%	9%	SolZ	8%	9%	SolZ	8%	9%	SolZ	8%	9%	SolZ	8%	9%	SolZ	8%	9%
	I,IV	15,25	—	1,22	1,37	I	15,25	—	—	—	—	—	—	—	—	—	—	—	—	—	—	—	—	—	—
	II	—	—	—	—	II	—	—	—	—	—	—	—	—	—	—	—	—	—	—	—	—	—	—	—
1 037,99	III	—	—	—	—	III	—	—	—	—	—	—	—	—	—	—	—	—	—	—	—	—	—	—	—
	V	188,50	10,36	15,08	16,96	IV	15,25	—	—	—	—	—	—	—	—	—	—	—	—	—	—	—	—	—	—
	VI	220,66	12,13	17,65	19,85																				
	I,IV	15,75	—	1,26	1,41	I	15,75	—	—	—	—	—	—	—	—	—	—	—	—	—	—	—	—	—	—
	II	—	—	—	—	II	—	—	—	—	—	—	—	—	—	—	—	—	—	—	—	—	—	—	—
1 040,99	III	—	—	—	—	III	—	—	—	—	—	—	—	—	—	—	—	—	—	—	—	—	—	—	—
	V	189,75	10,43	15,18	17,07	IV	15,75	—	—	—	—	—	—	—	—	—	—	—	—	—	—	—	—	—	—
	VI	221,91	12,20	17,75	19,97																				
	I,IV	16,25	—	1,30	1,46	I	16,25	—	—	—	—	—	—	—	—	—	—	—	—	—	—	—	—	—	—
	II	—	—	—	—	II	—	—	—	—	—	—	—	—	—	—	—	—	—	—	—	—	—	—	—
1 043,99	III	—	—	—	—	III	—	—	—	—	—	—	—	—	—	—	—	—	—	—	—	—	—	—	—
	V	191,—	10,50	15,28	17,19	IV	16,25	—	—	—	—	—	—	—	—	—	—	—	—	—	—	—	—	—	—
	VI	223,16	12,27	17,85	20,08																				
	I,IV	16,75	—	1,34	1,50	I	16,75	—	—	—	—	—	—	—	—	—	—	—	—	—	—	—	—	—	—
	II	0,08	—	—	—	II	0,08	—	—	—	—	—	—	—	—	—	—	—	—	—	—	—	—	—	—
1 046,99	III	—	—	—	—	III	—	—	—	—	—	—	—	—	—	—	—	—	—	—	—	—	—	—	—
	V	192,25	10,57	15,38	17,30	IV	16,75	—	—	—	—	—	—	—	—	—	—	—	—	—	—	—	—	—	—
	VI	224,41	12,34	17,95	20,19																				
	I,IV	17,25	—	1,38	1,55	I	17,25	—	—	—	—	—	—	—	—	—	—	—	—	—	—	—	—	—	—
	II	0,50	—	0,04	0,04	II	0,50	—	—	—	—	—	—	—	—	—	—	—	—	—	—	—	—	—	—
1 049,99	III	—	—	—	—	III	—	—	—	—	—	—	—	—	—	—	—	—	—	—	—	—	—	—	—
	V	193,50	10,64	15,48	17,41	IV	17,25	—	—	—	—	—	—	—	—	—	—	—	—	—	—	—	—	—	—
	VI	225,75	12,41	18,06	20,31																				
	I,IV	17,75	—	1,42	1,59	I	17,75	—	—	—	—	—	—	—	—	—	—	—	—	—	—	—	—	—	—
	II	0,91	—	0,07	0,08	II	0,91	—	—	—	—	—	—	—	—	—	—	—	—	—	—	—	—	—	—
1 052,99	III	—	—	—	—	III	—	—	—	—	—	—	—	—	—	—	—	—	—	—	—	—	—	—	—
	V	194,75	10,71	15,58	17,52	IV	17,75	—	—	—	—	—	—	—	—	—	—	—	—	—	—	—	—	—	—
	VI	227,—	12,48	18,16	20,43																				
	I,IV	18,16	—	1,45	1,63	I	18,16	—	—	—	—	—	—	—	—	—	—	—	—	—	—	—	—	—	—
	II	1,33	—	0,10	0,11	II	1,33	—	—	—	—	—	—	—	—	—	—	—	—	—	—	—	—	—	—
1 055,99	III	—	—	—	—	III	—	—	—	—	—	—	—	—	—	—	—	—	—	—	—	—	—	—	—
	V	196,—	10,78	15,68	17,64	IV	18,16	—	—	—	—	—	—	—	—	—	—	—	—	—	—	—	—	—	—
	VI	228,25	12,55	18,26	20,54																				
	I,IV	18,66	—	1,49	1,67	I	18,66	—	—	—	—	—	—	—	—	—	—	—	—	—	—	—	—	—	—
	II	1,75	—	0,14	0,15	II	1,75	—	—	—	—	—	—	—	—	—	—	—	—	—	—	—	—	—	—
1 058,99	III	—	—	—	—	III	—	—	—	—	—	—	—	—	—	—	—	—	—	—	—	—	—	—	—
	V	197,33	10,85	15,78	17,75	IV	18,66	—	—	—	—	—	—	—	—	—	—	—	—	—	—	—	—	—	—
	VI	229,50	12,62	18,36	20,65																				
	I,IV	19,16	—	1,53	1,72	I	19,16	—	—	—	—	—	—	—	—	—	—	—	—	—	—	—	—	—	—
	II	2,16	—	0,17	0,19	II	2,16	—	—	—	—	—	—	—	—	—	—	—	—	—	—	—	—	—	—
1 061,99	III	—	—	—	—	III	—	—	—	—	—	—	—	—	—	—	—	—	—	—	—	—	—	—	—
	V	198,58	10,92	15,88	17,87	IV	19,16	—	—	—	—	—	—	—	—	—	—	—	—	—	—	—	—	—	—
	VI	230,75	12,69	18,46	20,76																				
	I,IV	19,66	—	1,57	1,76	I	19,66	—	—	—	—	—	—	—	—	—	—	—	—	—	—	—	—	—	—
	II	2,58	—	0,20	0,23	II	2,58	—	—	—	—	—	—	—	—	—	—	—	—	—	—	—	—	—	—
1 064,99	III	—	—	—	—	III	—	—	—	—	—	—	—	—	—	—	—	—	—	—	—	—	—	—	—
	V	199,83	10,99	15,98	17,98	IV	19,66	—	0,02	0,02	—	—	—	—	—	—	—	—	—	—	—	—	—	—	—
	VI	232,—	12,76	18,56	20,88																				
	I,IV	20,16	—	1,61	1,81	I	20,16	—	—	—	—	—	—	—	—	—	—	—	—	—	—	—	—	—	—
	II	3,08	—	0,24	0,27	II	3,08	—	—	—	—	—	—	—	—	—	—	—	—	—	—	—	—	—	—
1 067,99	III	—	—	—	—	III	—	—	—	—	—	—	—	—	—	—	—	—	—	—	—	—	—	—	—
	V	201,08	11,05	16,08	18,09	IV	20,16	—	0,05	0,05	—	—	—	—	—	—	—	—	—	—	—	—	—	—	—
	VI	233,25	12,82	18,66	20,99																				
	I,IV	20,66	—	1,65	1,85	I	20,66	—	—	—	—	—	—	—	—	—	—	—	—	—	—	—	—	—	—
	II	3,50	—	0,28	0,31	II	3,50	—	—	—	—	—	—	—	—	—	—	—	—	—	—	—	—	—	—
1 070,99	III	—	—	—	—	III	—	—	—	—	—	—	—	—	—	—	—	—	—	—	—	—	—	—	—
	V	202,33	11,12	16,18	18,20	IV	20,66	—	0,08	0,09	—	—	—	—	—	—	—	—	—	—	—	—	—	—	—
	VI	234,50	12,89	18,76	21,10																				
	I,IV	21,16	—	1,69	1,90	I	21,16	—	—	—	—	—	—	—	—	—	—	—	—	—	—	—	—	—	—
	II	3,91	—	0,31	0,35	II	3,91	—	—	—	—	—	—	—	—	—	—	—	—	—	—	—	—	—	—
1 073,99	III	—	—	—	—	III	—	—	—	—	—	—	—	—	—	—	—	—	—	—	—	—	—	—	—
	V	203,58	11,19	16,28	18,32	IV	21,16	—	0,12	0,13	—	—	—	—	—	—	—	—	—	—	—	—	—	—	—
	VI	235,83	12,97	18,86	21,22																				
	I,IV	21,66	—	1,73	1,94	I	21,66	—	—	—	—	—	—	—	—	—	—	—	—	—	—	—	—	—	—
	II	4,33	—	0,34	0,38	II	4,33	—	—	—	—	—	—	—	—	—	—	—	—	—	—	—	—	—	—
1 076,99	III	—	—	—	—	III	—	—	—	—	—	—	—	—	—	—	—	—	—	—	—	—	—	—	—
	V	204,83	11,26	16,38	18,43	IV	21,66	—	0,15	0,17	—	—	—	—	—	—	—	—	—	—	—	—	—	—	—
	VI	237,08	13,03	18,96	21,33																				
	I,IV	22,16	—	1,77	1,99	I	22,16	—	—	—	—	—	—	—	—	—	—	—	—	—	—	—	—	—	—
	II	4,75	—	0,38	0,42	II	4,75	—	—	—	—	—	—	—	—	—	—	—	—	—	—	—	—	—	—
1 079,99	III	—	—	—	—	III	—	—	—	—	—	—	—	—	—	—	—	—	—	—	—	—	—	—	—
	V	206,08	11,33	16,48	18,54	IV	22,16	—	0,18	0,20	—	—	—	—	—	—	—	—	—	—	—	—	—	—	—
	VI	238,33	13,10	19,06	21,44																				

* Die ausgewiesenen Tabellenwerte sind amtlich. Siehe Erläuterungen auf der Umschlaginnenseite (U2).

MONAT 1 080,–*

Lohn/ Gehalt bis €*		Abzüge an Lohnsteuer, Solidaritätszuschlag (SolZ) und Kirchensteuer (8%, 9%) in den Steuerklassen I – VI	ohne Kinderfreibeträge			I, II, III, IV		mit Zahl der Kinderfreibeträge . . . 0,5			1			1,5			2			2,5			3		
		LSt	SolZ	8%	9%		LSt	SolZ	8%	9%	SolZ	8%	9%	SolZ	8%	9%	SolZ	8%	9%	SolZ	8%	9%	SolZ	8%	9%
1 082,99	I,IV	22,66	—	1,81	2,03	I	22,66	—	—	—	—	—	—	—	—	—	—	—	—	—	—	—	—	—	—
	II	5,16	—	0,41	0,46	II	5,16	—	—	—	—	—	—	—	—	—	—	—	—	—	—	—	—	—	—
	III	—	—	—	—	III	—	—	—	—	—	—	—	—	—	—	—	—	—	—	—	—	—	—	—
	V	207,41	11,40	16,59	18,66	IV	22,66	—	0,22	0,24	—	—	—	—	—	—	—	—	—	—	—	—	—	—	—
	VI	239,58	13,17	19,16	21,56																				
1 085,99	I,IV	23,16	—	1,85	2,08	I	23,16	—	—	—	—	—	—	—	—	—	—	—	—	—	—	—	—	—	—
	II	5,66	—	0,45	0,50	II	5,66	—	—	—	—	—	—	—	—	—	—	—	—	—	—	—	—	—	—
	III	—	—	—	—	III	—	—	—	—	—	—	—	—	—	—	—	—	—	—	—	—	—	—	—
	V	208,66	11,47	16,69	18,77	IV	23,16	—	0,26	0,29	—	—	—	—	—	—	—	—	—	—	—	—	—	—	—
	VI	240,83	13,24	19,26	21,67																				
1 088,99	I,IV	23,75	—	1,90	2,13	I	23,75	—	—	—	—	—	—	—	—	—	—	—	—	—	—	—	—	—	—
	II	6,08	—	0,48	0,54	II	6,08	—	—	—	—	—	—	—	—	—	—	—	—	—	—	—	—	—	—
	III	—	—	—	—	III	—	—	—	—	—	—	—	—	—	—	—	—	—	—	—	—	—	—	—
	V	209,91	11,54	16,79	18,89	IV	23,75	—	0,29	0,32	—	—	—	—	—	—	—	—	—	—	—	—	—	—	—
	VI	242,08	13,31	19,36	21,78																				
1 091,99	I,IV	24,25	—	1,94	2,18	I	24,25	—	—	—	—	—	—	—	—	—	—	—	—	—	—	—	—	—	—
	II	6,50	—	0,52	0,58	II	6,50	—	—	—	—	—	—	—	—	—	—	—	—	—	—	—	—	—	—
	III	—	—	—	—	III	—	—	—	—	—	—	—	—	—	—	—	—	—	—	—	—	—	—	—
	V	211,16	11,61	16,89	19,—	IV	24,25	—	0,32	0,36	—	—	—	—	—	—	—	—	—	—	—	—	—	—	—
	VI	243,33	13,38	19,46	21,89																				
1 094,99	I,IV	24,75	—	1,98	2,22	I	24,75	—	—	—	—	—	—	—	—	—	—	—	—	—	—	—	—	—	—
	II	7,—	—	0,56	0,63	II	7,—	—	—	—	—	—	—	—	—	—	—	—	—	—	—	—	—	—	—
	III	—	—	—	—	III	—	—	—	—	—	—	—	—	—	—	—	—	—	—	—	—	—	—	—
	V	212,41	11,68	16,99	19,11	IV	24,75	—	0,36	0,40	—	—	—	—	—	—	—	—	—	—	—	—	—	—	—
	VI	244,58	13,45	19,56	22,01																				
1 097,99	I,IV	25,25	—	2,02	2,27	I	25,25	—	—	—	—	—	—	—	—	—	—	—	—	—	—	—	—	—	—
	II	7,41	—	0,59	0,66	II	7,41	—	—	—	—	—	—	—	—	—	—	—	—	—	—	—	—	—	—
	III	—	—	—	—	III	—	—	—	—	—	—	—	—	—	—	—	—	—	—	—	—	—	—	—
	V	213,66	11,75	17,09	19,22	IV	25,25	—	0,39	0,44	—	—	—	—	—	—	—	—	—	—	—	—	—	—	—
	VI	245,91	13,52	19,67	22,13																				
1 100,99	I,IV	25,75	—	2,06	2,31	I	25,75	—	—	—	—	—	—	—	—	—	—	—	—	—	—	—	—	—	—
	II	7,83	—	0,62	0,70	II	7,83	—	—	—	—	—	—	—	—	—	—	—	—	—	—	—	—	—	—
	III	—	—	—	—	III	—	—	—	—	—	—	—	—	—	—	—	—	—	—	—	—	—	—	—
	V	214,91	11,82	17,19	19,34	IV	25,75	—	0,42	0,47	—	—	—	—	—	—	—	—	—	—	—	—	—	—	—
	VI	247,16	13,59	19,77	22,24																				
1 103,99	I,IV	26,33	—	2,10	2,36	I	26,33	—	—	—	—	—	—	—	—	—	—	—	—	—	—	—	—	—	—
	II	8,33	—	0,66	0,74	II	8,33	—	—	—	—	—	—	—	—	—	—	—	—	—	—	—	—	—	—
	III	—	—	—	—	III	—	—	—	—	—	—	—	—	—	—	—	—	—	—	—	—	—	—	—
	V	216,16	11,88	17,29	19,45	IV	26,33	—	0,46	0,52	—	—	—	—	—	—	—	—	—	—	—	—	—	—	—
	VI	248,41	13,66	19,87	22,35																				
1 106,99	I,IV	26,83	—	2,14	2,41	I	26,83	—	—	—	—	—	—	—	—	—	—	—	—	—	—	—	—	—	—
	II	8,75	—	0,70	0,78	II	8,75	—	—	—	—	—	—	—	—	—	—	—	—	—	—	—	—	—	—
	III	—	—	—	—	III	—	—	—	—	—	—	—	—	—	—	—	—	—	—	—	—	—	—	—
	V	217,41	11,95	17,39	19,56	IV	26,83	—	0,50	0,56	—	—	—	—	—	—	—	—	—	—	—	—	—	—	—
	VI	249,66	13,73	19,97	22,46																				
1 109,99	I,IV	27,33	—	2,18	2,45	I	27,33	—	—	—	—	—	—	—	—	—	—	—	—	—	—	—	—	—	—
	II	9,16	—	0,73	0,82	II	9,16	—	—	—	—	—	—	—	—	—	—	—	—	—	—	—	—	—	—
	III	—	—	—	—	III	—	—	—	—	—	—	—	—	—	—	—	—	—	—	—	—	—	—	—
	V	218,75	12,03	17,50	19,68	IV	27,33	—	0,53	0,59	—	—	—	—	—	—	—	—	—	—	—	—	—	—	—
	VI	250,91	13,80	20,07	22,58																				
1 112,99	I,IV	27,83	—	2,22	2,50	I	27,83	—	—	—	—	—	—	—	—	—	—	—	—	—	—	—	—	—	—
	II	9,66	—	0,77	0,86	II	9,66	—	—	—	—	—	—	—	—	—	—	—	—	—	—	—	—	—	—
	III	—	—	—	—	III	—	—	—	—	—	—	—	—	—	—	—	—	—	—	—	—	—	—	—
	V	220,—	12,10	17,60	19,80	IV	27,83	—	0,57	0,64	—	—	—	—	—	—	—	—	—	—	—	—	—	—	—
	VI	252,16	13,86	20,17	22,69																				
1 115,99	I,IV	28,41	—	2,27	2,55	I	28,41	—	—	—	—	—	—	—	—	—	—	—	—	—	—	—	—	—	—
	II	10,08	—	0,80	0,90	II	10,08	—	—	—	—	—	—	—	—	—	—	—	—	—	—	—	—	—	—
	III	—	—	—	—	III	—	—	—	—	—	—	—	—	—	—	—	—	—	—	—	—	—	—	—
	V	221,25	12,16	17,70	19,91	IV	28,41	—	0,60	0,68	—	—	—	—	—	—	—	—	—	—	—	—	—	—	—
	VI	253,41	13,93	20,27	22,80																				
1 118,99	I,IV	28,91	—	2,31	2,60	I	28,91	—	—	—	—	—	—	—	—	—	—	—	—	—	—	—	—	—	—
	II	10,58	—	0,84	0,95	II	10,58	—	—	—	—	—	—	—	—	—	—	—	—	—	—	—	—	—	—
	III	—	—	—	—	III	—	—	—	—	—	—	—	—	—	—	—	—	—	—	—	—	—	—	—
	V	222,50	12,23	17,80	20,02	IV	28,91	—	0,64	0,72	—	—	—	—	—	—	—	—	—	—	—	—	—	—	—
	VI	254,66	14,—	20,37	22,91																				
1 121,99	I,IV	29,50	—	2,36	2,65	I	29,50	—	—	—	—	—	—	—	—	—	—	—	—	—	—	—	—	—	—
	II	11,—	—	0,88	0,99	II	11,—	—	—	—	—	—	—	—	—	—	—	—	—	—	—	—	—	—	—
	III	—	—	—	—	III	—	—	—	—	—	—	—	—	—	—	—	—	—	—	—	—	—	—	—
	V	223,75	12,30	17,90	20,13	IV	29,50	—	0,68	0,76	—	—	—	—	—	—	—	—	—	—	—	—	—	—	—
	VI	255,91	14,07	20,47	23,03																				
1 124,99	I,IV	30,—	—	2,40	2,70	I	30,—	—	—	—	—	—	—	—	—	—	—	—	—	—	—	—	—	—	—
	II	11,50	—	0,92	1,03	II	11,50	—	—	—	—	—	—	—	—	—	—	—	—	—	—	—	—	—	—
	III	—	—	—	—	III	—	—	—	—	—	—	—	—	—	—	—	—	—	—	—	—	—	—	—
	V	225,—	12,37	18,—	20,25	IV	30,—	—	0,71	0,80	—	—	—	—	—	—	—	—	—	—	—	—	—	—	—
	VI	257,25	14,14	20,58	23,15																				

* Die ausgewiesenen Tabellenwerte sind amtlich. Siehe Erläuterungen auf der Umschlaginnenseite (U2).

Abzüge an Lohnsteuer, Solidaritätszuschlag (SolZ) und Kirchensteuer (8%, 9%) in den Steuerklassen

Lohn/ Gehalt bis €*	I – VI					I, II, III, IV		mit Zahl der Kinderfreibeträge . . . 0,5			1			1,5			2			2,5			3		
		LSt	ohne Kinderfreibeträge SolZ	8%	9%		LSt	SolZ	8%	9%	SolZ	8%	9%	SolZ	8%	9%	SolZ	8%	9%	SolZ	8%	9%	SolZ	8%	9%
1 127,99	I,IV	30,50	—	2,44	2,74	I	30,50	—	—	—	—	—	—	—	—	—	—	—	—	—	—	—	—	—	—
	II	12,—	—	0,96	1,08	II	12,—	—	—	—	—	—	—	—	—	—	—	—	—	—	—	—	—	—	—
	III	—	—	—	—	III	—	—	—	—	—	—	—	—	—	—	—	—	—	—	—	—	—	—	—
	V	226,25	12,44	18,10	20,36	IV	30,50	—	0,75	0,84	—	—	—	—	—	—	—	—	—	—	—	—	—	—	—
	VI	258,50	14,21	20,68	23,26																				
1 130,99	I,IV	31,08	—	2,48	2,79	I	31,08	—	—	—	—	—	—	—	—	—	—	—	—	—	—	—	—	—	—
	II	12,41	—	0,99	1,11	II	12,41	—	—	—	—	—	—	—	—	—	—	—	—	—	—	—	—	—	—
	III	—	—	—	—	III	—	—	—	—	—	—	—	—	—	—	—	—	—	—	—	—	—	—	—
	V	227,50	12,51	18,20	20,47	IV	31,08	—	0,78	0,88	—	—	—	—	—	—	—	—	—	—	—	—	—	—	—
	VI	259,75	14,28	20,78	23,37																				
1 133,99	I,IV	31,58	—	2,52	2,84	I	31,58	—	—	—	—	—	—	—	—	—	—	—	—	—	—	—	—	—	—
	II	12,91	—	1,03	1,16	II	12,91	—	—	—	—	—	—	—	—	—	—	—	—	—	—	—	—	—	—
	III	—	—	—	—	III	—	—	—	—	—	—	—	—	—	—	—	—	—	—	—	—	—	—	—
	V	228,83	12,58	18,30	20,59	IV	31,58	—	0,82	0,92	—	—	—	—	—	—	—	—	—	—	—	—	—	—	—
	VI	261,—	14,35	20,88	23,49																				
1 136,99	I,IV	32,16	—	2,57	2,89	I	32,16	—	—	—	—	—	—	—	—	—	—	—	—	—	—	—	—	—	—
	II	13,33	—	1,06	1,19	II	13,33	—	—	—	—	—	—	—	—	—	—	—	—	—	—	—	—	—	—
	III	—	—	—	—	III	—	—	—	—	—	—	—	—	—	—	—	—	—	—	—	—	—	—	—
	V	230,08	12,65	18,40	20,70	IV	32,16	—	0,86	0,96	—	—	—	—	—	—	—	—	—	—	—	—	—	—	—
	VI	262,25	14,42	20,98	23,60																				
1 139,99	I,IV	32,66	—	2,61	2,93	I	32,66	—	—	—	—	—	—	—	—	—	—	—	—	—	—	—	—	—	—
	II	13,83	—	1,10	1,24	II	13,83	—	—	—	—	—	—	—	—	—	—	—	—	—	—	—	—	—	—
	III	—	—	—	—	III	—	—	—	—	—	—	—	—	—	—	—	—	—	—	—	—	—	—	—
	V	231,33	12,72	18,50	20,81	IV	32,66	—	0,90	1,01	—	—	—	—	—	—	—	—	—	—	—	—	—	—	—
	VI	263,50	14,49	21,08	23,71																				
1 142,99	I,IV	33,25	—	2,66	2,99	I	33,25	—	—	—	—	—	—	—	—	—	—	—	—	—	—	—	—	—	—
	II	14,33	—	1,14	1,28	II	14,33	—	—	—	—	—	—	—	—	—	—	—	—	—	—	—	—	—	—
	III	—	—	—	—	III	—	—	—	—	—	—	—	—	—	—	—	—	—	—	—	—	—	—	—
	V	232,58	12,79	18,60	20,93	IV	33,25	—	0,93	1,04	—	—	—	—	—	—	—	—	—	—	—	—	—	—	—
	VI	264,75	14,56	21,18	23,82																				
1 145,99	I,IV	33,75	—	2,70	3,03	I	33,75	—	—	—	—	—	—	—	—	—	—	—	—	—	—	—	—	—	—
	II	14,75	—	1,18	1,32	II	14,75	—	—	—	—	—	—	—	—	—	—	—	—	—	—	—	—	—	—
	III	—	—	—	—	III	—	—	—	—	—	—	—	—	—	—	—	—	—	—	—	—	—	—	—
	V	233,83	12,86	18,70	21,04	IV	33,75	—	0,97	1,09	—	—	—	—	—	—	—	—	—	—	—	—	—	—	—
	VI	266,—	14,63	21,28	23,94																				
1 148,99	I,IV	34,33	—	2,74	3,08	I	34,33	—	—	—	—	—	—	—	—	—	—	—	—	—	—	—	—	—	—
	II	15,25	—	1,22	1,37	II	15,25	—	—	—	—	—	—	—	—	—	—	—	—	—	—	—	—	—	—
	III	—	—	—	—	III	—	—	—	—	—	—	—	—	—	—	—	—	—	—	—	—	—	—	—
	V	235,08	12,92	18,80	21,15	IV	34,33	—	1,—	1,13	—	—	—	—	—	—	—	—	—	—	—	—	—	—	—
	VI	267,33	14,70	21,38	24,05																				
1 151,99	I,IV	34,91	—	2,79	3,14	I	34,91	—	—	—	—	—	—	—	—	—	—	—	—	—	—	—	—	—	—
	II	15,75	—	1,26	1,41	II	15,75	—	—	—	—	—	—	—	—	—	—	—	—	—	—	—	—	—	—
	III	—	—	—	—	III	—	—	—	—	—	—	—	—	—	—	—	—	—	—	—	—	—	—	—
	V	236,33	12,99	18,90	21,26	IV	34,91	—	1,04	1,17	—	—	—	—	—	—	—	—	—	—	—	—	—	—	—
	VI	268,58	14,77	21,48	24,17																				
1 154,99	I,IV	35,41	—	2,83	3,18	I	35,41	—	—	—	—	—	—	—	—	—	—	—	—	—	—	—	—	—	—
	II	16,25	—	1,30	1,46	II	16,25	—	—	—	—	—	—	—	—	—	—	—	—	—	—	—	—	—	—
	III	—	—	—	—	III	—	—	—	—	—	—	—	—	—	—	—	—	—	—	—	—	—	—	—
	V	237,58	13,06	19,—	21,38	IV	35,41	—	1,08	1,21	—	—	—	—	—	—	—	—	—	—	—	—	—	—	—
	VI	269,83	14,84	21,58	24,28																				
1 157,99	I,IV	36,—	—	2,88	3,24	I	36,—	—	—	—	—	—	—	—	—	—	—	—	—	—	—	—	—	—	—
	II	16,75	—	1,34	1,50	II	16,75	—	—	—	—	—	—	—	—	—	—	—	—	—	—	—	—	—	—
	III	—	—	—	—	III	—	—	—	—	—	—	—	—	—	—	—	—	—	—	—	—	—	—	—
	V	238,91	13,14	19,11	21,50	IV	36,—	—	1,12	1,26	—	—	—	—	—	—	—	—	—	—	—	—	—	—	—
	VI	271,08	14,90	21,68	24,39																				
1 160,99	I,IV	36,58	—	2,92	3,29	I	36,58	—	—	—	—	—	—	—	—	—	—	—	—	—	—	—	—	—	—
	II	17,16	—	1,37	1,54	II	17,16	—	—	—	—	—	—	—	—	—	—	—	—	—	—	—	—	—	—
	III	—	—	—	—	III	—	—	—	—	—	—	—	—	—	—	—	—	—	—	—	—	—	—	—
	V	240,16	13,20	19,21	21,61	IV	36,58	—	1,16	1,30	—	—	—	—	—	—	—	—	—	—	—	—	—	—	—
	VI	272,33	14,97	21,78	24,50																				
1 163,99	I,IV	37,08	—	2,96	3,33	I	37,08	—	—	—	—	—	—	—	—	—	—	—	—	—	—	—	—	—	—
	II	17,66	—	1,41	1,58	II	17,66	—	—	—	—	—	—	—	—	—	—	—	—	—	—	—	—	—	—
	III	—	—	—	—	III	—	—	—	—	—	—	—	—	—	—	—	—	—	—	—	—	—	—	—
	V	241,41	13,27	19,31	21,72	IV	37,08	—	1,20	1,35	—	—	—	—	—	—	—	—	—	—	—	—	—	—	—
	VI	273,58	15,04	21,88	24,62																				
1 166,99	I,IV	37,66	—	3,01	3,38	I	37,66	—	—	—	—	—	—	—	—	—	—	—	—	—	—	—	—	—	—
	II	18,16	—	1,45	1,63	II	18,16	—	—	—	—	—	—	—	—	—	—	—	—	—	—	—	—	—	—
	III	—	—	—	—	III	—	—	—	—	—	—	—	—	—	—	—	—	—	—	—	—	—	—	—
	V	242,66	13,34	19,41	21,83	IV	37,66	—	1,23	1,38	—	—	—	—	—	—	—	—	—	—	—	—	—	—	—
	VI	274,83	15,11	21,98	24,73																				
1 169,99	I,IV	38,25	—	3,06	3,44	I	38,25	—	—	—	—	—	—	—	—	—	—	—	—	—	—	—	—	—	—
	II	18,66	—	1,49	1,67	II	18,66	—	—	—	—	—	—	—	—	—	—	—	—	—	—	—	—	—	—
	III	—	—	—	—	III	—	—	—	—	—	—	—	—	—	—	—	—	—	—	—	—	—	—	—
	V	243,91	13,41	19,51	21,95	IV	38,25	—	1,27	1,43	—	—	—	—	—	—	—	—	—	—	—	—	—	—	—
	VI	276,08	15,18	22,08	24,84																				

*** Die ausgewiesenen Tabellenwerte sind amtlich. Siehe Erläuterungen auf der Umschlaginnenseite (U2).**

MONAT 1 170,–*

Abzüge an Lohnsteuer, Solidaritätszuschlag (SolZ) und Kirchensteuer (8%, 9%) in den Steuerklassen

Lohn/ Gehalt bis €*	I – VI	ohne Kinderfreibeträge LSt	SolZ	8%	9%	I, II, III, IV	LSt	mit Zahl der Kinderfreibeträge . . . 0,5 SolZ	0,5 8%	0,5 9%	1 SolZ	1 8%	1 9%	1,5 SolZ	1,5 8%	1,5 9%	2 SolZ	2 8%	2 9%	2,5 SolZ	2,5 8%	2,5 9%	3 SolZ	3 8%	3 9%
1 172,99	I,IV	38,83	—	3,10	3,49	I	38,83	—	—	—	—	—	—	—	—	—	—	—	—	—	—	—	—	—	—
	II	19,16	—	1,53	1,72	II	19,16	—	—	—	—	—	—	—	—	—	—	—	—	—	—	—	—	—	—
	III	—	—	—	—	III	—	—	—	—	—	—	—	—	—	—	—	—	—	—	—	—	—	—	—
	V	245,16	13,48	19,61	22,06	IV	38,83	—	1,31	1,47	—	—	—	—	—	—	—	—	—	—	—	—	—	—	—
	VI	277,41	15,25	22,19	24,96																				
1 175,99	I,IV	39,41	—	3,15	3,54	I	39,41	—	—	—	—	—	—	—	—	—	—	—	—	—	—	—	—	—	—
	II	19,66	—	1,57	1,76	II	19,66	—	—	—	—	—	—	—	—	—	—	—	—	—	—	—	—	—	—
	III	—	—	—	—	III	—	—	—	—	—	—	—	—	—	—	—	—	—	—	—	—	—	—	—
	V	246,41	13,55	19,71	22,17	IV	39,41	—	1,35	1,52	—	—	—	—	—	—	—	—	—	—	—	—	—	—	—
	VI	278,66	15,32	22,29	25,07																				
1 178,99	I,IV	39,91	—	3,19	3,59	I	39,91	—	—	—	—	—	—	—	—	—	—	—	—	—	—	—	—	—	—
	II	20,16	—	1,61	1,81	II	20,16	—	—	—	—	—	—	—	—	—	—	—	—	—	—	—	—	—	—
	III	—	—	—	—	III	—	—	—	—	—	—	—	—	—	—	—	—	—	—	—	—	—	—	—
	V	247,66	13,62	19,81	22,28	IV	39,91	—	1,39	1,56	—	—	—	—	—	—	—	—	—	—	—	—	—	—	—
	VI	279,91	15,39	22,39	25,19																				
1 181,99	I,IV	40,50	—	3,24	3,64	I	40,50	—	—	—	—	—	—	—	—	—	—	—	—	—	—	—	—	—	—
	II	20,66	—	1,65	1,85	II	20,66	—	—	—	—	—	—	—	—	—	—	—	—	—	—	—	—	—	—
	III	—	—	—	—	III	—	—	—	—	—	—	—	—	—	—	—	—	—	—	—	—	—	—	—
	V	248,91	13,69	19,91	22,40	IV	40,50	—	1,42	1,60	—	—	—	—	—	—	—	—	—	—	—	—	—	—	—
	VI	281,16	15,46	22,49	25,30																				
1 184,99	I,IV	41,08	—	3,28	3,69	I	41,08	—	—	—	—	—	—	—	—	—	—	—	—	—	—	—	—	—	—
	II	21,16	—	1,69	1,90	II	21,16	—	—	—	—	—	—	—	—	—	—	—	—	—	—	—	—	—	—
	III	—	—	—	—	III	—	—	—	—	—	—	—	—	—	—	—	—	—	—	—	—	—	—	—
	V	250,25	13,76	20,02	22,52	IV	41,08	—	1,46	1,64	—	—	—	—	—	—	—	—	—	—	—	—	—	—	—
	VI	282,41	15,53	22,59	25,41																				
1 187,99	I,IV	41,66	—	3,33	3,74	I	41,66	—	—	—	—	—	—	—	—	—	—	—	—	—	—	—	—	—	—
	II	21,66	—	1,73	1,94	II	21,66	—	—	—	—	—	—	—	—	—	—	—	—	—	—	—	—	—	—
	III	—	—	—	—	III	—	—	—	—	—	—	—	—	—	—	—	—	—	—	—	—	—	—	—
	V	251,50	13,83	20,12	22,63	IV	41,66	—	1,50	1,69	—	—	—	—	—	—	—	—	—	—	—	—	—	—	—
	VI	283,66	15,60	22,69	25,52																				
1 190,99	I,IV	42,25	—	3,38	3,80	I	42,25	—	—	—	—	—	—	—	—	—	—	—	—	—	—	—	—	—	—
	II	22,16	—	1,77	1,99	II	22,16	—	—	—	—	—	—	—	—	—	—	—	—	—	—	—	—	—	—
	III	—	—	—	—	III	—	—	—	—	—	—	—	—	—	—	—	—	—	—	—	—	—	—	—
	V	252,75	13,90	20,22	22,74	IV	42,25	—	1,54	1,73	—	—	—	—	—	—	—	—	—	—	—	—	—	—	—
	VI	284,83	15,66	22,78	25,63																				
1 193,99	I,IV	42,83	—	3,42	3,85	I	42,83	—	0,03	0,03	—	—	—	—	—	—	—	—	—	—	—	—	—	—	—
	II	22,66	—	1,81	2,03	II	22,66	—	—	—	—	—	—	—	—	—	—	—	—	—	—	—	—	—	—
	III	—	—	—	—	III	—	—	—	—	—	—	—	—	—	—	—	—	—	—	—	—	—	—	—
	V	254,—	13,97	20,32	22,86	IV	42,83	—	1,58	1,78	—	0,03	0,03	—	—	—	—	—	—	—	—	—	—	—	—
	VI	285,83	15,72	22,86	25,72																				
1 196,99	I,IV	43,41	—	3,47	3,90	I	43,41	—	0,06	0,07	—	—	—	—	—	—	—	—	—	—	—	—	—	—	—
	II	23,16	—	1,85	2,08	II	23,16	—	—	—	—	—	—	—	—	—	—	—	—	—	—	—	—	—	—
	III	—	—	—	—	III	—	—	—	—	—	—	—	—	—	—	—	—	—	—	—	—	—	—	—
	V	255,25	14,03	20,42	22,97	IV	43,41	—	1,62	1,82	—	0,06	0,07	—	—	—	—	—	—	—	—	—	—	—	—
	VI	287,—	15,78	22,96	25,83																				
1 199,99	I,IV	44,—	—	3,52	3,96	I	44,—	—	0,10	0,11	—	—	—	—	—	—	—	—	—	—	—	—	—	—	—
	II	23,66	—	1,89	2,12	II	23,66	—	—	—	—	—	—	—	—	—	—	—	—	—	—	—	—	—	—
	III	—	—	—	—	III	—	—	—	—	—	—	—	—	—	—	—	—	—	—	—	—	—	—	—
	V	256,50	14,10	20,52	23,08	IV	44,—	—	1,66	1,87	—	0,10	0,11	—	—	—	—	—	—	—	—	—	—	—	—
	VI	288,—	15,84	23,04	25,92																				
1 202,99	I,IV	44,58	—	3,56	4,01	I	44,58	—	0,13	0,14	—	—	—	—	—	—	—	—	—	—	—	—	—	—	—
	II	24,16	—	1,93	2,17	II	24,16	—	—	—	—	—	—	—	—	—	—	—	—	—	—	—	—	—	—
	III	—	—	—	—	III	—	—	—	—	—	—	—	—	—	—	—	—	—	—	—	—	—	—	—
	V	257,75	14,17	20,62	23,19	IV	44,58	—	1,70	1,91	—	0,13	0,14	—	—	—	—	—	—	—	—	—	—	—	—
	VI	289,—	15,89	23,12	26,01																				
1 205,99	I,IV	45,16	—	3,61	4,06	I	45,16	—	0,16	0,18	—	—	—	—	—	—	—	—	—	—	—	—	—	—	—
	II	24,66	—	1,97	2,21	II	24,66	—	—	—	—	—	—	—	—	—	—	—	—	—	—	—	—	—	—
	III	—	—	—	—	III	—	—	—	—	—	—	—	—	—	—	—	—	—	—	—	—	—	—	—
	V	259,—	14,24	20,72	23,31	IV	45,16	—	1,74	1,96	—	0,16	0,18	—	—	—	—	—	—	—	—	—	—	—	—
	VI	290,16	15,95	23,21	26,11																				
1 208,99	I,IV	45,75	—	3,66	4,11	I	45,75	—	0,20	0,22	—	—	—	—	—	—	—	—	—	—	—	—	—	—	—
	II	25,25	—	2,02	2,27	II	25,25	—	—	—	—	—	—	—	—	—	—	—	—	—	—	—	—	—	—
	III	—	—	—	—	III	—	—	—	—	—	—	—	—	—	—	—	—	—	—	—	—	—	—	—
	V	260,33	14,31	20,82	23,42	IV	45,75	—	1,78	2,—	—	0,20	0,22	—	—	—	—	—	—	—	—	—	—	—	—
	VI	291,33	16,02	23,30	26,21																				
1 211,99	I,IV	46,33	—	3,70	4,16	I	46,33	—	0,23	0,26	—	—	—	—	—	—	—	—	—	—	—	—	—	—	—
	II	25,75	—	2,06	2,31	II	25,75	—	—	—	—	—	—	—	—	—	—	—	—	—	—	—	—	—	—
	III	—	—	—	—	III	—	—	—	—	—	—	—	—	—	—	—	—	—	—	—	—	—	—	—
	V	261,58	14,38	20,92	23,54	IV	46,33	—	1,82	2,05	—	0,23	0,26	—	—	—	—	—	—	—	—	—	—	—	—
	VI	292,33	16,07	23,38	26,30																				
1 214,99	I,IV	46,91	—	3,75	4,22	I	46,91	—	0,26	0,29	—	—	—	—	—	—	—	—	—	—	—	—	—	—	—
	II	26,25	—	2,10	2,36	II	26,25	—	—	—	—	—	—	—	—	—	—	—	—	—	—	—	—	—	—
	III	—	—	—	—	III	—	—	—	—	—	—	—	—	—	—	—	—	—	—	—	—	—	—	—
	V	262,83	14,45	21,02	23,65	IV	46,91	—	1,86	2,09	—	0,26	0,29	—	—	—	—	—	—	—	—	—	—	—	—
	VI	293,33	16,13	23,46	26,39																				

* Die ausgewiesenen Tabellenwerte sind amtlich. Siehe Erläuterungen auf der Umschlaginnenseite (U2).

Abzüge an Lohnsteuer, Solidaritätszuschlag (SolZ) und Kirchensteuer (8%, 9%) in den Steuerklassen

Lohn/ Gehalt bis €*	I – VI		ohne Kinder-freibeträge			I, II, III, IV		mit Zahl der Kinderfreibeträge . . . 0,5			1			1,5			2			2,5			3		
		LSt	SolZ	8%	9%		LSt	SolZ	8%	9%	SolZ	8%	9%	SolZ	8%	9%	SolZ	8%	9%	SolZ	8%	9%	SolZ	8%	9%
1 217,99	I,IV	47,50	—	3,80	4,27	I	47,50	—	0,30	0,33	—	—	—	—	—	—	—	—	—	—	—	—	—	—	—
	II	26,75	—	2,14	2,40	II	26,75	—	—	—	—	—	—	—	—	—	—	—	—	—	—	—	—	—	—
	III	—	—	—	—	III	—	—	—	—	—	—	—	—	—	—	—	—	—	—	—	—	—	—	—
	V	264,08	14,52	21,12	23,76	IV	47,50	—	1,90	2,14	—	0,30	0,33	—	—	—	—	—	—	—	—	—	—	—	—
	VI	294,50	16,19	23,56	26,50																				
1 220,99	I,IV	48,08	—	3,84	4,32	I	48,08	—	0,33	0,37	—	—	—	—	—	—	—	—	—	—	—	—	—	—	—
	II	27,33	—	2,18	2,45	II	27,33	—	—	—	—	—	—	—	—	—	—	—	—	—	—	—	—	—	—
	III	—	—	—	—	III	—	—	—	—	—	—	—	—	—	—	—	—	—	—	—	—	—	—	—
	V	265,33	14,59	21,22	23,87	IV	48,08	—	1,95	2,19	—	0,33	0,37	—	—	—	—	—	—	—	—	—	—	—	—
	VI	295,50	16,25	23,64	26,59																				
1 223,99	I,IV	48,75	—	3,90	4,38	I	48,75	—	0,37	0,41	—	—	—	—	—	—	—	—	—	—	—	—	—	—	—
	II	27,83	—	2,22	2,50	II	27,83	—	—	—	—	—	—	—	—	—	—	—	—	—	—	—	—	—	—
	III	—	—	—	—	III	—	—	—	—	—	—	—	—	—	—	—	—	—	—	—	—	—	—	—
	V	266,58	14,66	21,32	23,99	IV	48,75	—	1,99	2,24	—	0,37	0,41	—	—	—	—	—	—	—	—	—	—	—	—
	VI	296,66	16,31	23,73	26,69																				
1 226,99	I,IV	49,33	—	3,94	4,43	I	49,33	—	0,40	0,45	—	—	—	—	—	—	—	—	—	—	—	—	—	—	—
	II	28,33	—	2,26	2,54	II	28,33	—	—	—	—	—	—	—	—	—	—	—	—	—	—	—	—	—	—
	III	—	—	—	—	III	—	—	—	—	—	—	—	—	—	—	—	—	—	—	—	—	—	—	—
	V	267,83	14,73	21,42	24,10	IV	49,33	—	2,03	2,28	—	0,40	0,45	—	—	—	—	—	—	—	—	—	—	—	—
	VI	297,83	16,38	23,82	26,80																				
1 229,99	I,IV	49,91	—	3,99	4,49	I	49,91	—	0,44	0,49	—	—	—	—	—	—	—	—	—	—	—	—	—	—	—
	II	28,91	—	2,31	2,60	II	28,91	—	—	—	—	—	—	—	—	—	—	—	—	—	—	—	—	—	—
	III	—	—	—	—	III	—	—	—	—	—	—	—	—	—	—	—	—	—	—	—	—	—	—	—
	V	269,08	14,79	21,52	24,21	IV	49,91	—	2,07	2,33	—	0,44	0,49	—	—	—	—	—	—	—	—	—	—	—	—
	VI	298,83	16,43	23,90	26,89																				
1 232,99	I,IV	50,50	—	4,04	4,54	I	50,50	—	0,47	0,53	—	—	—	—	—	—	—	—	—	—	—	—	—	—	—
	II	29,41	—	2,35	2,64	II	29,41	—	—	—	—	—	—	—	—	—	—	—	—	—	—	—	—	—	—
	III	—	—	—	—	III	—	—	—	—	—	—	—	—	—	—	—	—	—	—	—	—	—	—	—
	V	270,41	14,87	21,63	24,33	IV	50,50	—	2,12	2,38	—	0,47	0,53	—	—	—	—	—	—	—	—	—	—	—	—
	VI	300,—	16,50	24,—	27,—																				
1 235,99	I,IV	51,16	—	4,09	4,60	I	51,16	—	0,51	0,57	—	—	—	—	—	—	—	—	—	—	—	—	—	—	—
	II	30,—	—	2,40	2,70	II	30,—	—	—	—	—	—	—	—	—	—	—	—	—	—	—	—	—	—	—
	III	—	—	—	—	III	—	—	—	—	—	—	—	—	—	—	—	—	—	—	—	—	—	—	—
	V	271,66	14,94	21,73	24,44	IV	51,16	—	2,16	2,43	—	0,51	0,57	—	—	—	—	—	—	—	—	—	—	—	—
	VI	301,—	16,55	24,08	27,09																				
1 238,99	I,IV	51,75	—	4,14	4,65	I	51,75	—	0,54	0,61	—	—	—	—	—	—	—	—	—	—	—	—	—	—	—
	II	30,50	—	2,44	2,74	II	30,50	—	—	—	—	—	—	—	—	—	—	—	—	—	—	—	—	—	—
	III	—	—	—	—	III	—	—	—	—	—	—	—	—	—	—	—	—	—	—	—	—	—	—	—
	V	272,91	15,01	21,83	24,56	IV	51,75	—	2,20	2,47	—	0,54	0,61	—	—	—	—	—	—	—	—	—	—	—	—
	VI	302,—	16,61	24,16	27,18																				
1 241,99	I,IV	52,33	—	4,18	4,70	I	52,33	—	0,58	0,65	—	—	—	—	—	—	—	—	—	—	—	—	—	—	—
	II	31,—	—	2,48	2,79	II	31,—	—	—	—	—	—	—	—	—	—	—	—	—	—	—	—	—	—	—
	III	—	—	—	—	III	—	—	—	—	—	—	—	—	—	—	—	—	—	—	—	—	—	—	—
	V	274,16	15,07	21,93	24,67	IV	52,33	—	2,24	2,52	—	0,58	0,65	—	—	—	—	—	—	—	—	—	—	—	—
	VI	303,—	16,66	24,24	27,27																				
1 244,99	I,IV	53,—	—	4,24	4,77	I	53,—	—	0,62	0,69	—	—	—	—	—	—	—	—	—	—	—	—	—	—	—
	II	31,58	—	2,52	2,84	II	31,58	—	—	—	—	—	—	—	—	—	—	—	—	—	—	—	—	—	—
	III	—	—	—	—	III	—	—	—	—	—	—	—	—	—	—	—	—	—	—	—	—	—	—	—
	V	275,41	15,14	22,03	24,78	IV	53,—	—	2,28	2,57	—	0,62	0,69	—	—	—	—	—	—	—	—	—	—	—	—
	VI	304,16	16,72	24,33	27,37																				
1 247,99	I,IV	53,58	—	4,28	4,82	I	53,58	—	0,65	0,73	—	—	—	—	—	—	—	—	—	—	—	—	—	—	—
	II	32,08	—	2,56	2,88	II	32,08	—	—	—	—	—	—	—	—	—	—	—	—	—	—	—	—	—	—
	III	—	—	—	—	III	—	—	—	—	—	—	—	—	—	—	—	—	—	—	—	—	—	—	—
	V	276,66	15,21	22,13	24,89	IV	53,58	—	2,32	2,61	—	0,65	0,73	—	—	—	—	—	—	—	—	—	—	—	—
	VI	305,16	16,78	24,41	27,46																				
1 250,99	I,IV	54,16	—	4,33	4,87	I	54,16	—	0,68	0,77	—	—	—	—	—	—	—	—	—	—	—	—	—	—	—
	II	32,66	—	2,61	2,93	II	32,66	—	—	—	—	—	—	—	—	—	—	—	—	—	—	—	—	—	—
	III	—	—	—	—	III	—	—	—	—	—	—	—	—	—	—	—	—	—	—	—	—	—	—	—
	V	277,91	15,28	22,23	25,01	IV	54,16	—	2,37	2,66	—	0,68	0,77	—	—	—	—	—	—	—	—	—	—	—	—
	VI	306,33	16,84	24,50	27,56																				
1 253,99	I,IV	54,83	—	4,38	4,93	I	54,83	—	0,72	0,81	—	—	—	—	—	—	—	—	—	—	—	—	—	—	—
	II	33,25	—	2,66	2,99	II	33,25	—	—	—	—	—	—	—	—	—	—	—	—	—	—	—	—	—	—
	III	—	—	—	—	III	—	—	—	—	—	—	—	—	—	—	—	—	—	—	—	—	—	—	—
	V	279,16	15,35	22,33	25,12	IV	54,83	—	2,41	2,71	—	0,72	0,81	—	—	—	—	—	—	—	—	—	—	—	—
	VI	307,33	16,90	24,58	27,65																				
1 256,99	I,IV	55,41	—	4,43	4,98	I	55,41	—	0,76	0,85	—	—	—	—	—	—	—	—	—	—	—	—	—	—	—
	II	33,75	—	2,70	3,03	II	33,75	—	—	—	—	—	—	—	—	—	—	—	—	—	—	—	—	—	—
	III	—	—	—	—	III	—	—	—	—	—	—	—	—	—	—	—	—	—	—	—	—	—	—	—
	V	280,41	15,42	22,43	25,23	IV	55,41	—	2,45	2,75	—	0,76	0,85	—	—	—	—	—	—	—	—	—	—	—	—
	VI	308,50	16,96	24,68	27,76																				
1 259,99	I,IV	56,08	—	4,48	5,04	I	56,08	—	0,80	0,90	—	—	—	—	—	—	—	—	—	—	—	—	—	—	—
	II	34,33	—	2,74	3,08	II	34,33	—	—	—	—	—	—	—	—	—	—	—	—	—	—	—	—	—	—
	III	—	—	—	—	III	—	—	—	—	—	—	—	—	—	—	—	—	—	—	—	—	—	—	—
	V	281,75	15,49	22,54	25,35	IV	56,08	—	2,50	2,81	—	0,80	0,90	—	—	—	—	—	—	—	—	—	—	—	—
	VI	309,50	17,02	24,76	27,85																				

* **Die ausgewiesenen Tabellenwerte sind amtlich. Siehe Erläuterungen auf der Umschlaginnenseite (U2).**

MONAT 1 260,–*

Lohn/Gehalt bis €*	Abzüge an Lohnsteuer, Solidaritätszuschlag (SolZ) und Kirchensteuer (8%, 9%) in den Steuerklassen																								
		I – VI					I, II, III, IV																		
			ohne Kinderfreibeträge					mit Zahl der Kinderfreibeträge . . .																	
								0,5			1			1,5			2			2,5			3		
		LSt	SolZ	8%	9%		LSt	SolZ	8%	9%	SolZ	8%	9%	SolZ	8%	9%	SolZ	8%	9%	SolZ	8%	9%	SolZ	8%	9%
1 262,99	I,IV	56,66	—	4,53	5,09	I	56,66	—	0,83	0,93	—	—	—	—	—	—	—	—	—	—	—	—	—	—	—
	II	34,83	—	2,78	3,13	II	34,83	—	—	—	—	—	—	—	—	—	—	—	—	—	—	—	—	—	—
	III	—	—	—	—	III	—	—	—	—	—	—	—	—	—	—	—	—	—	—	—	—	—	—	—
	V	283,—	15,56	22,64	25,47	IV	56,66	—	2,54	2,85	—	0,83	0,93	—	—	—	—	—	—	—	—	—	—	—	—
	VI	310,66	17,08	24,85	27,95																				
1 265,99	I,IV	57,33	—	4,58	5,15	I	57,33	—	0,87	0,98	—	—	—	—	—	—	—	—	—	—	—	—	—	—	—
	II	35,41	—	2,83	3,18	II	35,41	—	—	—	—	—	—	—	—	—	—	—	—	—	—	—	—	—	—
	III	—	—	—	—	III	—	—	—	—	—	—	—	—	—	—	—	—	—	—	—	—	—	—	—
	V	284,16	15,62	22,73	25,57	IV	57,33	—	2,58	2,90	—	0,87	0,98	—	—	—	—	—	—	—	—	—	—	—	—
	VI	311,66	17,14	24,93	28,04																				
1 268,99	I,IV	57,91	—	4,63	5,21	I	57,91	—	0,90	1,01	—	—	—	—	—	—	—	—	—	—	—	—	—	—	—
	II	36,—	—	2,88	3,24	II	36,—	—	—	—	—	—	—	—	—	—	—	—	—	—	—	—	—	—	—
	III	—	—	—	—	III	—	—	—	—	—	—	—	—	—	—	—	—	—	—	—	—	—	—	—
	V	285,16	15,68	22,81	25,66	IV	57,91	—	2,62	2,95	—	0,90	1,01	—	—	—	—	—	—	—	—	—	—	—	—
	VI	312,83	17,20	25,02	28,15																				
1 271,99	I,IV	58,58	—	4,68	5,27	I	58,58	—	0,94	1,06	—	—	—	—	—	—	—	—	—	—	—	—	—	—	—
	II	36,50	—	2,92	3,28	II	36,50	—	—	—	—	—	—	—	—	—	—	—	—	—	—	—	—	—	—
	III	—	—	—	—	III	—	—	—	—	—	—	—	—	—	—	—	—	—	—	—	—	—	—	—
	V	286,33	15,74	22,90	25,76	IV	58,58	—	2,67	3,—	—	0,94	1,06	—	—	—	—	—	—	—	—	—	—	—	—
	VI	313,83	17,26	25,10	28,24																				
1 274,99	I,IV	59,16	—	4,73	5,32	I	59,16	—	0,98	1,10	—	—	—	—	—	—	—	—	—	—	—	—	—	—	—
	II	37,08	—	2,96	3,33	II	37,08	—	—	—	—	—	—	—	—	—	—	—	—	—	—	—	—	—	—
	III	—	—	—	—	III	—	—	—	—	—	—	—	—	—	—	—	—	—	—	—	—	—	—	—
	V	287,50	15,81	23,—	25,87	IV	59,16	—	2,71	3,05	—	0,98	1,10	—	—	—	—	—	—	—	—	—	—	—	—
	VI	314,83	17,31	25,18	28,33																				
1 277,99	I,IV	59,83	—	4,78	5,38	I	59,83	—	1,02	1,14	—	—	—	—	—	—	—	—	—	—	—	—	—	—	—
	II	37,66	—	3,01	3,38	II	37,66	—	—	—	—	—	—	—	—	—	—	—	—	—	—	—	—	—	—
	III	—	—	—	—	III	—	—	—	—	—	—	—	—	—	—	—	—	—	—	—	—	—	—	—
	V	288,50	15,86	23,08	25,96	IV	59,83	—	2,76	3,10	—	1,02	1,14	—	—	—	—	—	—	—	—	—	—	—	—
	VI	316,—	17,38	25,28	28,44																				
1 280,99	I,IV	60,50	—	4,84	5,44	I	60,50	—	1,06	1,19	—	—	—	—	—	—	—	—	—	—	—	—	—	—	—
	II	38,16	—	3,05	3,43	II	38,16	—	—	—	—	—	—	—	—	—	—	—	—	—	—	—	—	—	—
	III	—	—	—	—	III	—	—	—	—	—	—	—	—	—	—	—	—	—	—	—	—	—	—	—
	V	289,50	15,92	23,16	26,05	IV	60,50	—	2,80	3,15	—	1,06	1,19	—	—	—	—	—	—	—	—	—	—	—	—
	VI	317,—	17,43	25,36	28,53																				
1 283,99	I,IV	61,08	—	4,88	5,49	I	61,08	—	1,09	1,22	—	—	—	—	—	—	—	—	—	—	—	—	—	—	—
	II	38,75	—	3,10	3,48	II	38,75	—	—	—	—	—	—	—	—	—	—	—	—	—	—	—	—	—	—
	III	—	—	—	—	III	—	—	—	—	—	—	—	—	—	—	—	—	—	—	—	—	—	—	—
	V	290,66	15,98	23,25	26,15	IV	61,08	—	2,84	3,20	—	1,09	1,22	—	—	—	—	—	—	—	—	—	—	—	—
	VI	318,—	17,49	25,44	28,62																				
1 286,99	I,IV	61,75	—	4,94	5,55	I	61,75	—	1,13	1,27	—	—	—	—	—	—	—	—	—	—	—	—	—	—	—
	II	39,33	—	3,14	3,53	II	39,33	—	—	—	—	—	—	—	—	—	—	—	—	—	—	—	—	—	—
	III	—	—	—	—	III	—	—	—	—	—	—	—	—	—	—	—	—	—	—	—	—	—	—	—
	V	291,66	16,04	23,33	26,24	IV	61,75	—	2,89	3,25	—	1,13	1,27	—	—	—	—	—	—	—	—	—	—	—	—
	VI	319,16	17,55	25,53	28,72																				
1 289,99	I,IV	62,41	—	4,99	5,61	I	62,41	—	1,17	1,31	—	—	—	—	—	—	—	—	—	—	—	—	—	—	—
	II	39,91	—	3,19	3,59	II	39,91	—	—	—	—	—	—	—	—	—	—	—	—	—	—	—	—	—	—
	III	—	—	—	—	III	—	—	—	—	—	—	—	—	—	—	—	—	—	—	—	—	—	—	—
	V	292,83	16,10	23,42	26,35	IV	62,41	—	2,94	3,30	—	1,17	1,31	—	—	—	—	—	—	—	—	—	—	—	—
	VI	320,16	17,60	25,61	28,81																				
1 292,99	I,IV	63,—	—	5,04	5,67	I	63,—	—	1,20	1,35	—	—	—	—	—	—	—	—	—	—	—	—	—	—	—
	II	40,50	—	3,24	3,64	II	40,50	—	—	—	—	—	—	—	—	—	—	—	—	—	—	—	—	—	—
	III	—	—	—	—	III	—	—	—	—	—	—	—	—	—	—	—	—	—	—	—	—	—	—	—
	V	294,—	16,17	23,52	26,46	IV	63,—	—	2,98	3,35	—	1,20	1,35	—	—	—	—	—	—	—	—	—	—	—	—
	VI	321,16	17,66	25,69	28,90																				
1 295,99	I,IV	63,66	—	5,09	5,72	I	63,66	—	1,24	1,40	—	—	—	—	—	—	—	—	—	—	—	—	—	—	—
	II	41,08	—	3,28	3,69	II	41,08	—	—	—	—	—	—	—	—	—	—	—	—	—	—	—	—	—	—
	III	—	—	—	—	III	—	—	—	—	—	—	—	—	—	—	—	—	—	—	—	—	—	—	—
	V	295,—	16,22	23,60	26,55	IV	63,66	—	3,02	3,40	—	1,24	1,40	—	—	—	—	—	—	—	—	—	—	—	—
	VI	322,33	17,72	25,78	29,—																				
1 298,99	I,IV	64,33	—	5,14	5,78	I	64,33	—	1,28	1,44	—	—	—	—	—	—	—	—	—	—	—	—	—	—	—
	II	41,66	—	3,33	3,74	II	41,66	—	—	—	—	—	—	—	—	—	—	—	—	—	—	—	—	—	—
	III	—	—	—	—	III	—	—	—	—	—	—	—	—	—	—	—	—	—	—	—	—	—	—	—
	V	296,—	16,28	23,68	26,64	IV	64,33	—	3,07	3,45	—	1,28	1,44	—	—	—	—	—	—	—	—	—	—	—	—
	VI	323,33	17,78	25,86	29,09																				
1 301,99	I,IV	65,—	—	5,20	5,85	I	65,—	—	1,32	1,49	—	—	—	—	—	—	—	—	—	—	—	—	—	—	—
	II	42,16	—	3,37	3,79	II	42,16	—	—	—	—	—	—	—	—	—	—	—	—	—	—	—	—	—	—
	III	—	—	—	—	III	—	—	—	—	—	—	—	—	—	—	—	—	—	—	—	—	—	—	—
	V	297,16	16,34	23,77	26,74	IV	65,—	—	3,12	3,51	—	1,32	1,49	—	—	—	—	—	—	—	—	—	—	—	—
	VI	324,50	17,84	25,96	29,20																				
1 304,99	I,IV	65,58	—	5,24	5,90	I	65,58	—	1,36	1,53	—	—	—	—	—	—	—	—	—	—	—	—	—	—	—
	II	42,75	—	3,42	3,84	II	42,75	—	0,02	0,02	—	—	—	—	—	—	—	—	—	—	—	—	—	—	—
	III	—	—	—	—	III	—	—	—	—	—	—	—	—	—	—	—	—	—	—	—	—	—	—	—
	V	298,16	16,39	23,85	26,83	IV	65,58	—	3,16	3,56	—	1,36	1,53	—	—	—	—	—	—	—	—	—	—	—	—
	VI	325,50	17,90	26,04	29,29																				

* Die ausgewiesenen Tabellenwerte sind amtlich. Siehe Erläuterungen auf der Umschlaginnenseite (U2).

Lohn/ Gehalt bis €*		I – VI	ohne Kinderfreibeträge			I, II, III, IV	mit Zahl der Kinderfreibeträge . . .	0,5			1			1,5			2			2,5			3		
		LSt	SolZ	8%	9%		LSt	SolZ	8%	9%	SolZ	8%	9%	SolZ	8%	9%	SolZ	8%	9%	SolZ	8%	9%	SolZ	8%	9%
1 307,99	I,IV	66,25	—	5,30	5,96	I	66,25	—	1,40	1,57	—	—	—	—	—	—	—	—	—	—	—	—	—	—	—
	II	43,33	—	3,46	3,89	II	43,33	—	0,06	0,06	—	—	—	—	—	—	—	—	—	—	—	—	—	—	—
	III	—	—	—	—	III	—	—	—	—	—	—	—	—	—	—	—	—	—	—	—	—	—	—	—
	V	299,33	16,46	23,94	26,93	IV	66,25	—	3,21	3,61	—	1,40	1,57	—	—	—	—	—	—	—	—	—	—	—	—
	VI	326,66	17,96	26,13	29,39																				
1 310,99	I,IV	66,91	—	5,35	6,02	I	66,91	—	1,44	1,62	—	—	—	—	—	—	—	—	—	—	—	—	—	—	—
	II	43,91	—	3,51	3,95	II	43,91	—	0,09	0,10	—	—	—	—	—	—	—	—	—	—	—	—	—	—	—
	III	—	—	—	—	III	—	—	—	—	—	—	—	—	—	—	—	—	—	—	—	—	—	—	—
	V	300,33	16,51	24,02	27,02	IV	66,91	—	3,25	3,65	—	1,44	1,62	—	—	—	—	—	—	—	—	—	—	—	—
	VI	327,66	18,02	26,21	29,48																				
1 313,99	I,IV	67,58	—	5,40	6,08	I	67,58	—	1,48	1,66	—	—	—	—	—	—	—	—	—	—	—	—	—	—	—
	II	44,50	—	3,56	4,—	II	44,50	—	0,12	0,14	—	—	—	—	—	—	—	—	—	—	—	—	—	—	—
	III	—	—	—	—	III	—	—	—	—	—	—	—	—	—	—	—	—	—	—	—	—	—	—	—
	V	301,50	16,58	24,12	27,13	IV	67,58	—	3,30	3,71	—	1,48	1,66	—	—	—	—	—	—	—	—	—	—	—	—
	VI	328,66	18,07	26,29	29,57																				
1 316,99	I,IV	68,25	—	5,46	6,14	I	68,25	—	1,52	1,71	—	—	—	—	—	—	—	—	—	—	—	—	—	—	—
	II	45,08	—	3,60	4,05	II	45,08	—	0,16	0,18	—	—	—	—	—	—	—	—	—	—	—	—	—	—	—
	III	—	—	—	—	III	—	—	—	—	—	—	—	—	—	—	—	—	—	—	—	—	—	—	—
	V	302,50	16,63	24,20	27,22	IV	68,25	—	3,34	3,76	—	1,52	1,71	—	—	—	—	—	—	—	—	—	—	—	—
	VI	329,66	18,13	26,37	29,66																				
1 319,99	I,IV	68,91	—	5,51	6,20	I	68,91	—	1,56	1,75	—	—	—	—	—	—	—	—	—	—	—	—	—	—	—
	II	45,75	—	3,66	4,11	II	45,75	—	0,20	0,22	—	—	—	—	—	—	—	—	—	—	—	—	—	—	—
	III	—	—	—	—	III	—	—	—	—	—	—	—	—	—	—	—	—	—	—	—	—	—	—	—
	V	303,66	16,70	24,29	27,32	IV	68,91	—	3,39	3,81	—	1,56	1,75	—	—	—	—	—	—	—	—	—	—	—	—
	VI	330,66	18,18	26,45	29,75																				
1 322,99	I,IV	69,58	—	5,56	6,26	I	69,58	—	1,60	1,80	—	—	—	—	—	—	—	—	—	—	—	—	—	—	—
	II	46,33	—	3,70	4,16	II	46,33	—	0,23	0,26	—	—	—	—	—	—	—	—	—	—	—	—	—	—	—
	III	—	—	—	—	III	—	—	—	—	—	—	—	—	—	—	—	—	—	—	—	—	—	—	—
	V	304,66	16,75	24,37	27,41	IV	69,58	—	3,44	3,87	—	1,60	1,80	—	0,04	0,04	—	—	—	—	—	—	—	—	—
	VI	331,83	18,25	26,54	29,86																				
1 325,99	I,IV	70,25	—	5,62	6,32	I	70,25	—	1,64	1,84	—	—	—	—	—	—	—	—	—	—	—	—	—	—	—
	II	46,91	—	3,75	4,22	II	46,91	—	0,26	0,29	—	—	—	—	—	—	—	—	—	—	—	—	—	—	—
	III	—	—	—	—	III	—	—	—	—	—	—	—	—	—	—	—	—	—	—	—	—	—	—	—
	V	305,66	16,81	24,45	27,50	IV	70,25	—	3,48	3,92	—	1,64	1,84	—	0,07	0,08	—	—	—	—	—	—	—	—	—
	VI	333,—	18,31	26,64	29,97																				
1 328,99	I,IV	70,91	—	5,67	6,38	I	70,91	—	1,68	1,89	—	—	—	—	—	—	—	—	—	—	—	—	—	—	—
	II	47,50	—	3,80	4,27	II	47,50	—	0,30	0,33	—	—	—	—	—	—	—	—	—	—	—	—	—	—	—
	III	—	—	—	—	III	—	—	—	—	—	—	—	—	—	—	—	—	—	—	—	—	—	—	—
	V	306,66	16,86	24,53	27,59	IV	70,91	—	3,54	3,98	—	1,68	1,89	—	0,11	0,12	—	—	—	—	—	—	—	—	—
	VI	334,—	18,37	26,72	30,06																				
1 331,99	I,IV	71,75	—	5,74	6,45	I	71,75	—	1,73	1,94	—	—	—	—	—	—	—	—	—	—	—	—	—	—	—
	II	48,25	—	3,86	4,34	II	48,25	—	0,34	0,38	—	—	—	—	—	—	—	—	—	—	—	—	—	—	—
	III	—	—	—	—	III	—	—	—	—	—	—	—	—	—	—	—	—	—	—	—	—	—	—	—
	V	307,83	16,93	24,62	27,70	IV	71,75	—	3,59	4,04	—	1,73	1,94	—	0,15	0,17	—	—	—	—	—	—	—	—	—
	VI	335,—	18,42	26,80	30,15																				
1 334,99	I,IV	72,58	—	5,80	6,53	I	72,58	—	1,78	2,—	—	—	—	—	—	—	—	—	—	—	—	—	—	—	—
	II	48,91	—	3,91	4,40	II	48,91	—	0,38	0,43	—	—	—	—	—	—	—	—	—	—	—	—	—	—	—
	III	—	—	—	—	III	—	—	—	—	—	—	—	—	—	—	—	—	—	—	—	—	—	—	—
	V	308,83	16,98	24,70	27,79	IV	72,58	—	3,64	4,10	—	1,78	2,—	—	0,19	0,21	—	—	—	—	—	—	—	—	—
	VI	336,—	18,48	26,88	30,24																				
1 337,99	I,IV	73,33	—	5,86	6,59	I	73,33	—	1,82	2,05	—	—	—	—	—	—	—	—	—	—	—	—	—	—	—
	II	49,66	—	3,97	4,46	II	49,66	—	0,42	0,47	—	—	—	—	—	—	—	—	—	—	—	—	—	—	—
	III	—	—	—	—	III	—	—	—	—	—	—	—	—	—	—	—	—	—	—	—	—	—	—	—
	V	310,—	17,05	24,80	27,90	IV	73,33	—	3,70	4,16	—	1,82	2,05	—	0,23	0,26	—	—	—	—	—	—	—	—	—
	VI	337,—	18,53	26,96	30,33																				
1 340,99	I,IV	74,16	—	5,93	6,67	I	74,16	—	1,87	2,10	—	—	—	—	—	—	—	—	—	—	—	—	—	—	—
	II	50,33	—	4,02	4,52	II	50,33	—	0,46	0,52	—	—	—	—	—	—	—	—	—	—	—	—	—	—	—
	III	—	—	—	—	III	—	—	—	—	—	—	—	—	—	—	—	—	—	—	—	—	—	—	—
	V	311,—	17,10	24,88	27,99	IV	74,16	—	3,76	4,23	—	1,87	2,10	—	0,27	0,30	—	—	—	—	—	—	—	—	—
	VI	338,16	18,59	27,05	30,43																				
1 343,99	I,IV	74,91	—	5,99	6,74	I	74,91	—	1,92	2,16	—	—	—	—	—	—	—	—	—	—	—	—	—	—	—
	II	51,08	—	4,08	4,59	II	51,08	—	0,50	0,56	—	—	—	—	—	—	—	—	—	—	—	—	—	—	—
	III	—	—	—	—	III	—	—	—	—	—	—	—	—	—	—	—	—	—	—	—	—	—	—	—
	V	312,16	17,16	24,97	28,09	IV	74,91	—	3,82	4,29	—	1,92	2,16	—	0,31	0,35	—	—	—	—	—	—	—	—	—
	VI	339,16	18,65	27,13	30,52																				
1 346,99	I,IV	75,75	—	6,06	6,81	I	75,75	—	1,97	2,21	—	—	—	—	—	—	—	—	—	—	—	—	—	—	—
	II	51,83	—	4,14	4,66	II	51,83	—	0,55	0,62	—	—	—	—	—	—	—	—	—	—	—	—	—	—	—
	III	—	—	—	—	III	—	—	—	—	—	—	—	—	—	—	—	—	—	—	—	—	—	—	—
	V	313,16	17,22	25,05	28,18	IV	75,75	—	3,87	4,35	—	1,97	2,21	—	0,35	0,39	—	—	—	—	—	—	—	—	—
	VI	340,16	18,70	27,21	30,61																				
1 349,99	I,IV	76,58	—	6,12	6,89	I	76,58	—	2,02	2,27	—	—	—	—	—	—	—	—	—	—	—	—	—	—	—
	II	52,50	—	4,20	4,72	II	52,50	—	0,59	0,66	—	—	—	—	—	—	—	—	—	—	—	—	—	—	—
	III	—	—	—	—	III	—	—	—	—	—	—	—	—	—	—	—	—	—	—	—	—	—	—	—
	V	314,16	17,27	25,13	28,27	IV	76,58	—	3,92	4,41	—	2,02	2,27	—	0,39	0,44	—	—	—	—	—	—	—	—	—
	VI	341,16	18,76	27,29	30,70																				

Abzüge an Lohnsteuer, Solidaritätszuschlag (SolZ) und Kirchensteuer (8%, 9%) in den Steuerklassen

* Die ausgewiesenen Tabellenwerte sind amtlich. Siehe Erläuterungen auf der Umschlaginnenseite (U2).

MONAT 1 350,–*

Lohn/ Gehalt bis €*	Abzüge an Lohnsteuer, Solidaritätszuschlag (SolZ) und Kirchensteuer (8%, 9%) in den Steuerklassen: I – VI					I, II, III, IV																			
			ohne Kinderfreibeträge					mit Zahl der Kinderfreibeträge . . .																	
								0,5			1			1,5			2			2,5			3		
		LSt	SolZ	8%	9%		LSt	SolZ	8%	9%	SolZ	8%	9%	SolZ	8%	9%	SolZ	8%	9%	SolZ	8%	9%	SolZ	8%	9%
1 352,99	I,IV	77,33	–	6,18	6,95	I	77,33	–	2,06	2,32	–	–	–	–	–	–	–	–	–	–	–	–	–	–	–
	II	53,25	–	4,26	4,79	II	53,25	–	0,63	0,71	–	–	–	–	–	–	–	–	–	–	–	–	–	–	–
	III	–	–	–	–	III	–	–	–	–	–	–	–	–	–	–	–	–	–	–	–	–	–	–	–
	V	315,33	17,34	25,22	28,37	IV	77,33	–	3,98	4,48	–	2,06	2,32	–	0,43	0,48	–	–	–	–	–	–	–	–	–
	VI	342,33	18,82	27,38	30,80																				
1 355,99	I,IV	78,16	–	6,25	7,03	I	78,16	–	2,12	2,38	–	–	–	–	–	–	–	–	–	–	–	–	–	–	–
	II	54,–	–	4,32	4,86	II	54,–	–	0,67	0,75	–	–	–	–	–	–	–	–	–	–	–	–	–	–	–
	III	–	–	–	–	III	–	–	–	–	–	–	–	–	–	–	–	–	–	–	–	–	–	–	–
	V	316,33	17,39	25,30	28,46	IV	78,16	–	4,04	4,55	–	2,12	2,38	–	0,48	0,54	–	–	–	–	–	–	–	–	–
	VI	343,33	18,88	27,46	30,89																				
1 358,99	I,IV	79,–	–	6,32	7,11	I	79,–	–	2,16	2,43	–	–	–	–	–	–	–	–	–	–	–	–	–	–	–
	II	54,75	–	4,38	4,92	II	54,75	–	0,72	0,81	–	–	–	–	–	–	–	–	–	–	–	–	–	–	–
	III	–	–	–	–	III	–	–	–	–	–	–	–	–	–	–	–	–	–	–	–	–	–	–	–
	V	317,50	17,46	25,40	28,57	IV	79,–	–	4,10	4,61	–	2,16	2,43	–	0,52	0,58	–	–	–	–	–	–	–	–	–
	VI	344,33	18,93	27,54	30,98																				
1 361,99	I,IV	79,83	–	6,38	7,18	I	79,83	–	2,22	2,49	–	–	–	–	–	–	–	–	–	–	–	–	–	–	–
	II	55,41	–	4,43	4,98	II	55,41	–	0,76	0,85	–	–	–	–	–	–	–	–	–	–	–	–	–	–	–
	III	–	–	–	–	III	–	–	–	–	–	–	–	–	–	–	–	–	–	–	–	–	–	–	–
	V	318,50	17,51	25,48	28,66	IV	79,83	–	4,16	4,68	–	2,22	2,49	–	0,56	0,63	–	–	–	–	–	–	–	–	–
	VI	345,33	18,99	27,62	31,07																				
1 364,99	I,IV	80,66	–	6,45	7,25	I	80,66	–	2,26	2,54	–	–	–	–	–	–	–	–	–	–	–	–	–	–	–
	II	56,16	–	4,49	5,05	II	56,16	–	0,80	0,90	–	–	–	–	–	–	–	–	–	–	–	–	–	–	–
	III	–	–	–	–	III	–	–	–	–	–	–	–	–	–	–	–	–	–	–	–	–	–	–	–
	V	319,50	17,57	25,56	28,75	IV	80,66	–	4,22	4,74	–	2,26	2,54	–	0,60	0,67	–	–	–	–	–	–	–	–	–
	VI	346,50	19,05	27,72	31,18																				
1 367,99	I,IV	81,50	0,10	6,52	7,33	I	81,50	–	2,32	2,61	–	–	–	–	–	–	–	–	–	–	–	–	–	–	–
	II	56,91	–	4,55	5,12	II	56,91	–	0,84	0,95	–	–	–	–	–	–	–	–	–	–	–	–	–	–	–
	III	–	–	–	–	III	–	–	–	–	–	–	–	–	–	–	–	–	–	–	–	–	–	–	–
	V	320,83	17,64	25,66	28,87	IV	81,50	–	4,27	4,80	–	2,32	2,61	–	0,64	0,72	–	–	–	–	–	–	–	–	–
	VI	347,50	19,11	27,80	31,27																				
1 370,99	I,IV	82,33	0,26	6,58	7,40	I	82,33	–	2,36	2,66	–	–	–	–	–	–	–	–	–	–	–	–	–	–	–
	II	57,66	–	4,61	5,18	II	57,66	–	0,89	1,–	–	–	–	–	–	–	–	–	–	–	–	–	–	–	–
	III	–	–	–	–	III	–	–	–	–	–	–	–	–	–	–	–	–	–	–	–	–	–	–	–
	V	321,83	17,70	25,74	28,96	IV	82,33	–	4,33	4,87	–	2,36	2,66	–	0,68	0,77	–	–	–	–	–	–	–	–	–
	VI	348,50	19,16	27,88	31,36																				
1 373,99	I,IV	83,16	0,43	6,65	7,48	I	83,16	–	2,42	2,72	–	–	–	–	–	–	–	–	–	–	–	–	–	–	–
	II	58,41	–	4,67	5,25	II	58,41	–	0,94	1,05	–	–	–	–	–	–	–	–	–	–	–	–	–	–	–
	III	–	–	–	–	III	–	–	–	–	–	–	–	–	–	–	–	–	–	–	–	–	–	–	–
	V	322,83	17,75	25,82	29,05	IV	83,16	–	4,39	4,94	–	2,42	2,72	–	0,73	0,82	–	–	–	–	–	–	–	–	–
	VI	349,66	19,23	27,97	31,46																				
1 376,99	I,IV	83,91	0,58	6,71	7,55	I	83,91	–	2,46	2,77	–	–	–	–	–	–	–	–	–	–	–	–	–	–	–
	II	59,16	–	4,73	5,32	II	59,16	–	0,98	1,10	–	–	–	–	–	–	–	–	–	–	–	–	–	–	–
	III	–	–	–	–	III	–	–	–	–	–	–	–	–	–	–	–	–	–	–	–	–	–	–	–
	V	323,83	17,81	25,90	29,14	IV	83,91	–	4,45	5,–	–	2,46	2,77	–	0,77	0,86	–	–	–	–	–	–	–	–	–
	VI	350,66	19,28	28,05	31,55																				
1 379,99	I,IV	84,75	0,75	6,78	7,62	I	84,75	–	2,52	2,83	–	–	–	–	–	–	–	–	–	–	–	–	–	–	–
	II	59,91	–	4,79	5,39	II	59,91	–	1,02	1,15	–	–	–	–	–	–	–	–	–	–	–	–	–	–	–
	III	–	–	–	–	III	–	–	–	–	–	–	–	–	–	–	–	–	–	–	–	–	–	–	–
	V	325,–	17,87	26,–	29,25	IV	84,75	–	4,51	5,07	–	2,52	2,83	–	0,81	0,91	–	–	–	–	–	–	–	–	–
	VI	351,66	19,34	28,13	31,64																				
1 382,99	I,IV	85,58	0,91	6,84	7,70	I	85,58	–	2,57	2,89	–	–	–	–	–	–	–	–	–	–	–	–	–	–	–
	II	60,66	–	4,85	5,45	II	60,66	–	1,06	1,19	–	–	–	–	–	–	–	–	–	–	–	–	–	–	–
	III	–	–	–	–	III	–	–	–	–	–	–	–	–	–	–	–	–	–	–	–	–	–	–	–
	V	326,–	17,93	26,08	29,34	IV	85,58	–	4,56	5,13	–	2,57	2,89	–	0,86	0,96	–	–	–	–	–	–	–	–	–
	VI	352,83	19,40	28,22	31,75																				
1 385,99	I,IV	86,41	1,08	6,91	7,77	I	86,41	–	2,62	2,95	–	–	–	–	–	–	–	–	–	–	–	–	–	–	–
	II	61,41	–	4,91	5,52	II	61,41	–	1,11	1,25	–	–	–	–	–	–	–	–	–	–	–	–	–	–	–
	III	–	–	–	–	III	–	–	–	–	–	–	–	–	–	–	–	–	–	–	–	–	–	–	–
	V	327,–	17,98	26,16	29,43	IV	86,41	–	4,62	5,20	–	2,62	2,95	–	0,90	1,01	–	–	–	–	–	–	–	–	–
	VI	353,83	19,46	28,30	31,84																				
1 388,99	I,IV	87,25	1,25	6,98	7,85	I	87,25	–	2,67	3,–	–	–	–	–	–	–	–	–	–	–	–	–	–	–	–
	II	62,16	–	4,97	5,59	II	62,16	–	1,16	1,30	–	–	–	–	–	–	–	–	–	–	–	–	–	–	–
	III	–	–	–	–	III	–	–	–	–	–	–	–	–	–	–	–	–	–	–	–	–	–	–	–
	V	328,–	18,04	26,24	29,52	IV	87,25	–	4,68	5,27	–	2,67	3,–	–	0,94	1,06	–	–	–	–	–	–	–	–	–
	VI	354,83	19,51	28,38	31,93																				
1 391,99	I,IV	88,08	1,41	7,04	7,92	I	88,08	–	2,72	3,06	–	–	–	–	–	–	–	–	–	–	–	–	–	–	–
	II	62,91	–	5,03	5,66	II	62,91	–	1,20	1,35	–	–	–	–	–	–	–	–	–	–	–	–	–	–	–
	III	–	–	–	–	III	–	–	–	–	–	–	–	–	–	–	–	–	–	–	–	–	–	–	–
	V	329,–	18,09	26,32	29,61	IV	88,08	–	4,74	5,33	–	2,72	3,06	–	0,99	1,11	–	–	–	–	–	–	–	–	–
	VI	355,83	19,57	28,46	32,02																				
1 394,99	I,IV	89,–	1,60	7,12	8,01	I	89,–	–	2,78	3,12	–	–	–	–	–	–	–	–	–	–	–	–	–	–	–
	II	63,66	–	5,09	5,72	II	63,66	–	1,24	1,40	–	–	–	–	–	–	–	–	–	–	–	–	–	–	–
	III	–	–	–	–	III	–	–	–	–	–	–	–	–	–	–	–	–	–	–	–	–	–	–	–
	V	330,33	18,16	26,42	29,72	IV	89,–	–	4,80	5,40	–	2,78	3,12	–	1,03	1,16	–	–	–	–	–	–	–	–	–
	VI	356,83	19,62	28,54	32,11																				

* Die ausgewiesenen Tabellenwerte sind amtlich. Siehe Erläuterungen auf der Umschlaginnenseite (U2).

Abzüge an Lohnsteuer, Solidaritätszuschlag (SolZ) und Kirchensteuer (8%, 9%) in den Steuerklassen

Lohn/ Gehalt bis €*	I – VI		ohne Kinderfreibeträge			I, II, III, IV		mit Zahl der Kinderfreibeträge . . . 0,5			1			1,5			2			2,5			3		
		LSt	SolZ	8%	9%		LSt	SolZ	8%	9%	SolZ	8%	9%	SolZ	8%	9%	SolZ	8%	9%	SolZ	8%	9%	SolZ	8%	9%
1 397,99	I,IV	89,83	1,76	7,18	8,08	I	89,83	—	2,83	3,18	—	—	—	—	—	—	—	—	—	—	—	—	—	—	—
	II	64,50	—	5,16	5,80	II	64,50	—	1,29	1,45	—	—	—	—	—	—	—	—	—	—	—	—	—	—	—
	III	—	—	—	—	III	—	—	—	—	—	—	—	—	—	—	—	—	—	—	—	—	—	—	—
	V	331,33	18,22	26,50	29,81	IV	89,83	—	4,86	5,47	—	2,83	3,18	—	1,08	1,21	—	—	—	—	—	—	—	—	—
	VI	358,—	19,69	28,64	32,22																				
1 400,99	I,IV	90,66	1,93	7,25	8,15	I	90,66	—	2,88	3,24	—	—	—	—	—	—	—	—	—	—	—	—	—	—	—
	II	65,25	—	5,22	5,87	II	65,25	—	1,34	1,50	—	—	—	—	—	—	—	—	—	—	—	—	—	—	—
	III	—	—	—	—	III	—	—	—	—	—	—	—	—	—	—	—	—	—	—	—	—	—	—	—
	V	332,33	18,27	26,58	29,90	IV	90,66	—	4,92	5,54	—	2,88	3,24	—	1,12	1,26	—	—	—	—	—	—	—	—	—
	VI	359,—	19,74	28,72	32,31																				
1 403,99	I,IV	91,50	2,10	7,32	8,23	I	91,50	—	2,94	3,30	—	—	—	—	—	—	—	—	—	—	—	—	—	—	—
	II	66,—	—	5,28	5,94	II	66,—	—	1,38	1,55	—	—	—	—	—	—	—	—	—	—	—	—	—	—	—
	III	—	—	—	—	III	—	—	—	—	—	—	—	—	—	—	—	—	—	—	—	—	—	—	—
	V	333,33	18,33	26,66	29,99	IV	91,50	—	4,98	5,60	—	2,94	3,30	—	1,17	1,31	—	—	—	—	—	—	—	—	—
	VI	360,—	19,80	28,80	32,40																				
1 406,99	I,IV	92,33	2,26	7,38	8,30	I	92,33	—	2,99	3,36	—	—	—	—	—	—	—	—	—	—	—	—	—	—	—
	II	66,75	—	5,34	6,—	II	66,75	—	1,43	1,61	—	—	—	—	—	—	—	—	—	—	—	—	—	—	—
	III	—	—	—	—	III	—	—	—	—	—	—	—	—	—	—	—	—	—	—	—	—	—	—	—
	V	334,33	18,38	26,74	30,08	IV	92,33	—	5,05	5,68	—	2,99	3,36	—	1,21	1,36	—	—	—	—	—	—	—	—	—
	VI	361,—	19,85	28,88	32,49																				
1 409,99	I,IV	93,16	2,43	7,45	8,38	I	93,16	—	3,04	3,42	—	—	—	—	—	—	—	—	—	—	—	—	—	—	—
	II	67,58	—	5,40	6,08	II	67,58	—	1,48	1,66	—	—	—	—	—	—	—	—	—	—	—	—	—	—	—
	III	—	—	—	—	III	—	—	—	—	—	—	—	—	—	—	—	—	—	—	—	—	—	—	—
	V	335,33	18,44	26,82	30,17	IV	93,16	—	5,11	5,75	—	3,04	3,42	—	1,26	1,41	—	—	—	—	—	—	—	—	—
	VI	362,—	19,91	28,96	32,58																				
1 412,99	I,IV	94,—	2,60	7,52	8,46	I	94,—	—	3,10	3,48	—	—	—	—	—	—	—	—	—	—	—	—	—	—	—
	II	68,33	—	5,46	6,14	II	68,33	—	1,52	1,71	—	—	—	—	—	—	—	—	—	—	—	—	—	—	—
	III	—	—	—	—	III	—	—	—	—	—	—	—	—	—	—	—	—	—	—	—	—	—	—	—
	V	336,50	18,50	26,92	30,28	IV	94,—	—	5,17	5,81	—	3,10	3,48	—	1,30	1,46	—	—	—	—	—	—	—	—	—
	VI	363,16	19,97	29,05	32,68																				
1 415,99	I,IV	94,83	2,76	7,58	8,53	I	94,83	—	3,15	3,54	—	—	—	—	—	—	—	—	—	—	—	—	—	—	—
	II	69,08	—	5,52	6,21	II	69,08	—	1,57	1,76	—	—	—	—	—	—	—	—	—	—	—	—	—	—	—
	III	—	—	—	—	III	—	—	—	—	—	—	—	—	—	—	—	—	—	—	—	—	—	—	—
	V	337,66	18,57	27,01	30,38	IV	94,83	—	5,23	5,88	—	3,15	3,54	—	1,35	1,52	—	—	—	—	—	—	—	—	—
	VI	364,16	20,02	29,13	32,77																				
1 418,99	I,IV	95,66	2,93	7,65	8,60	I	95,66	—	3,20	3,60	—	—	—	—	—	—	—	—	—	—	—	—	—	—	—
	II	69,91	—	5,59	6,29	II	69,91	—	1,62	1,82	—	—	—	—	—	—	—	—	—	—	—	—	—	—	—
	III	—	—	—	—	III	—	—	—	—	—	—	—	—	—	—	—	—	—	—	—	—	—	—	—
	V	338,66	18,62	27,09	30,47	IV	95,66	—	5,30	5,96	—	3,20	3,60	—	1,40	1,57	—	—	—	—	—	—	—	—	—
	VI	365,16	20,08	29,21	32,86																				
1 421,99	I,IV	96,50	3,10	7,72	8,68	I	96,50	—	3,26	3,66	—	—	—	—	—	—	—	—	—	—	—	—	—	—	—
	II	70,66	—	5,65	6,35	II	70,66	—	1,66	1,87	—	—	—	—	—	—	—	—	—	—	—	—	—	—	—
	III	—	—	—	—	III	—	—	—	—	—	—	—	—	—	—	—	—	—	—	—	—	—	—	—
	V	339,66	18,68	27,17	30,56	IV	96,50	—	5,36	6,03	—	3,26	3,66	—	1,44	1,62	—	—	—	—	—	—	—	—	—
	VI	366,16	20,13	29,29	32,95																				
1 424,99	I,IV	97,33	3,26	7,78	8,75	I	97,33	—	3,31	3,72	—	—	—	—	—	—	—	—	—	—	—	—	—	—	—
	II	71,50	—	5,72	6,43	II	71,50	—	1,71	1,92	—	—	—	—	—	—	—	—	—	—	—	—	—	—	—
	III	—	—	—	—	III	—	—	—	—	—	—	—	—	—	—	—	—	—	—	—	—	—	—	—
	V	340,83	18,74	27,26	30,67	IV	97,33	—	5,42	6,09	—	3,31	3,72	—	1,49	1,67	—	—	—	—	—	—	—	—	—
	VI	367,16	20,19	29,37	33,04																				
1 427,99	I,IV	98,25	3,45	7,86	8,84	I	98,25	—	3,36	3,78	—	—	—	—	—	—	—	—	—	—	—	—	—	—	—
	II	72,25	—	5,78	6,50	II	72,25	—	1,76	1,98	—	—	—	—	—	—	—	—	—	—	—	—	—	—	—
	III	—	—	—	—	III	—	—	—	—	—	—	—	—	—	—	—	—	—	—	—	—	—	—	—
	V	341,83	18,80	27,34	30,76	IV	98,25	—	5,48	6,16	—	3,36	3,78	—	1,54	1,73	—	—	—	—	—	—	—	—	—
	VI	368,33	20,25	29,46	33,14																				
1 430,99	I,IV	99,08	3,61	7,92	8,91	I	99,08	—	3,42	3,85	—	0,03	0,03	—	—	—	—	—	—	—	—	—	—	—	—
	II	73,08	—	5,84	6,57	II	73,08	—	1,81	2,03	—	—	—	—	—	—	—	—	—	—	—	—	—	—	—
	III	—	—	—	—	III	—	—	—	—	—	—	—	—	—	—	—	—	—	—	—	—	—	—	—
	V	342,83	18,85	27,42	30,85	IV	99,08	—	5,54	6,23	—	3,42	3,85	—	1,58	1,78	—	0,03	0,03	—	—	—	—	—	—
	VI	369,16	20,30	29,53	33,22																				
1 433,99	I,IV	99,91	3,78	7,99	8,99	I	99,91	—	3,48	3,91	—	0,06	0,07	—	—	—	—	—	—	—	—	—	—	—	—
	II	73,91	—	5,91	6,65	II	73,91	—	1,86	2,09	—	—	—	—	—	—	—	—	—	—	—	—	—	—	—
	III	—	—	—	—	III	—	—	—	—	—	—	—	—	—	—	—	—	—	—	—	—	—	—	—
	V	343,83	18,91	27,50	30,94	IV	99,91	—	5,60	6,30	—	3,48	3,91	—	1,63	1,83	—	0,06	0,07	—	—	—	—	—	—
	VI	370,33	20,36	29,62	33,32																				
1 436,99	I,IV	100,75	3,95	8,06	9,06	I	100,75	—	3,53	3,97	—	0,10	0,11	—	—	—	—	—	—	—	—	—	—	—	—
	II	74,66	—	5,97	6,71	II	74,66	—	1,90	2,14	—	—	—	—	—	—	—	—	—	—	—	—	—	—	—
	III	—	—	—	—	III	—	—	—	—	—	—	—	—	—	—	—	—	—	—	—	—	—	—	—
	V	345,—	18,97	27,60	31,05	IV	100,75	—	5,67	6,38	—	3,53	3,97	—	1,68	1,89	—	0,10	0,11	—	—	—	—	—	—
	VI	371,33	20,42	29,70	33,41																				
1 439,99	I,IV	101,58	4,11	8,12	9,14	I	101,58	—	3,58	4,03	—	0,14	0,16	—	—	—	—	—	—	—	—	—	—	—	—
	II	75,50	—	6,04	6,79	II	75,50	—	1,95	2,19	—	—	—	—	—	—	—	—	—	—	—	—	—	—	—
	III	—	—	—	—	III	—	—	—	—	—	—	—	—	—	—	—	—	—	—	—	—	—	—	—
	V	346,—	19,03	27,68	31,14	IV	101,58	—	5,73	6,44	—	3,58	4,03	—	1,72	1,94	—	0,14	0,16	—	—	—	—	—	—
	VI	372,33	20,47	29,78	33,50																				

* Die ausgewiesenen Tabellenwerte sind amtlich. Siehe Erläuterungen auf der Umschlaginnenseite (U2).

MONAT 1 440,–*

Lohn/ Gehalt bis €*	Abzüge an Lohnsteuer, Solidaritätszuschlag (SolZ) und Kirchensteuer (8%, 9%) in den Steuerklassen I – VI					I, II, III, IV																			
			ohne Kinderfreibeträge					mit Zahl der Kinderfreibeträge . . .																	
								0,5			1			1,5			2			2,5			3		
		LSt	SolZ	8%	9%		LSt	SolZ	8%	9%	SolZ	8%	9%	SolZ	8%	9%	SolZ	8%	9%	SolZ	8%	9%	SolZ	8%	9%
1 442,99	I,IV	102,41	4,28	8,19	9,21	I	102,41	—	3,64	4,10	—	0,18	0,20	—	—	—	—	—	—	—	—	—	—	—	—
	II	76,33	—	6,10	6,86	II	76,33	—	2,—	2,25	—	—	—	—	—	—	—	—	—	—	—	—	—	—	—
	III	—	—	—	—	III	—	—	—	—	—	—	—	—	—	—	—	—	—	—	—	—	—	—	—
	V	347,—	19,08	27,76	31,23	IV	102,41	—	5,80	6,52	—	3,64	4,10	—	1,77	1,99	—	0,18	0,20	—	—	—	—	—	—
	VI	373,50	20,54	29,88	33,61																				
1 445,99	I,IV	103,33	4,46	8,26	9,29	I	103,33	—	3,70	4,16	—	0,22	0,25	—	—	—	—	—	—	—	—	—	—	—	—
	II	77,08	—	6,16	6,93	II	77,08	—	2,05	2,30	—	—	—	—	—	—	—	—	—	—	—	—	—	—	—
	III	—	—	—	—	III	—	—	—	—	—	—	—	—	—	—	—	—	—	—	—	—	—	—	—
	V	348,—	19,14	27,84	31,32	IV	103,33	—	5,86	6,59	—	3,70	4,16	—	1,82	2,04	—	0,22	0,25	—	—	—	—	—	—
	VI	374,33	20,58	29,94	33,68																				
1 448,99	I,IV	104,16	4,63	8,33	9,37	I	104,16	—	3,76	4,23	—	0,26	0,29	—	—	—	—	—	—	—	—	—	—	—	—
	II	77,91	—	6,23	7,01	II	77,91	—	2,10	2,36	—	—	—	—	—	—	—	—	—	—	—	—	—	—	—
	III	—	—	—	—	III	—	—	—	—	—	—	—	—	—	—	—	—	—	—	—	—	—	—	—
	V	349,16	19,20	27,93	31,42	IV	104,16	—	5,92	6,66	—	3,76	4,23	—	1,87	2,10	—	0,26	0,29	—	—	—	—	—	—
	VI	375,50	20,65	30,04	33,79																				
1 451,99	I,IV	105,—	4,80	8,40	9,45	I	105,—	—	3,81	4,28	—	0,30	0,34	—	—	—	—	—	—	—	—	—	—	—	—
	II	78,75	—	6,30	7,08	II	78,75	—	2,15	2,42	—	—	—	—	—	—	—	—	—	—	—	—	—	—	—
	III	—	—	—	—	III	—	—	—	—	—	—	—	—	—	—	—	—	—	—	—	—	—	—	—
	V	350,—	19,25	28,—	31,50	IV	105,—	—	5,99	6,74	—	3,81	4,28	—	1,92	2,16	—	0,30	0,34	—	—	—	—	—	—
	VI	376,33	20,69	30,10	33,86																				
1 454,99	I,IV	105,83	4,96	8,46	9,52	I	105,83	—	3,86	4,34	—	0,35	0,39	—	—	—	—	—	—	—	—	—	—	—	—
	II	79,58	—	6,36	7,16	II	79,58	—	2,20	2,47	—	—	—	—	—	—	—	—	—	—	—	—	—	—	—
	III	—	—	—	—	III	—	—	—	—	—	—	—	—	—	—	—	—	—	—	—	—	—	—	—
	V	351,—	19,30	28,08	31,59	IV	105,83	—	6,05	6,80	—	3,86	4,34	—	1,96	2,21	—	0,35	0,39	—	—	—	—	—	—
	VI	377,50	20,76	30,20	33,97																				
1 457,99	I,IV	106,75	5,15	8,54	9,60	I	106,75	—	3,92	4,41	—	0,39	0,44	—	—	—	—	—	—	—	—	—	—	—	—
	II	80,41	—	6,43	7,23	II	80,41	—	2,25	2,53	—	—	—	—	—	—	—	—	—	—	—	—	—	—	—
	III	—	—	—	—	III	—	—	—	—	—	—	—	—	—	—	—	—	—	—	—	—	—	—	—
	V	352,16	19,36	28,17	31,69	IV	106,75	—	6,12	6,88	—	3,92	4,41	—	2,02	2,27	—	0,39	0,44	—	—	—	—	—	—
	VI	378,50	20,81	30,28	34,06																				
1 460,99	I,IV	107,58	5,31	8,60	9,68	I	107,58	—	3,98	4,48	—	0,43	0,48	—	—	—	—	—	—	—	—	—	—	—	—
	II	81,16	0,03	6,49	7,30	II	81,16	—	2,30	2,58	—	—	—	—	—	—	—	—	—	—	—	—	—	—	—
	III	—	—	—	—	III	—	—	—	—	—	—	—	—	—	—	—	—	—	—	—	—	—	—	—
	V	353,16	19,42	28,25	31,78	IV	107,58	—	6,18	6,95	—	3,98	4,48	—	2,06	2,32	—	0,43	0,48	—	—	—	—	—	—
	VI	379,50	20,87	30,36	34,15																				
1 463,99	I,IV	108,41	5,48	8,67	9,75	I	108,41	—	4,04	4,54	—	0,47	0,53	—	—	—	—	—	—	—	—	—	—	—	—
	II	82,—	0,20	6,56	7,38	II	82,—	—	2,35	2,64	—	—	—	—	—	—	—	—	—	—	—	—	—	—	—
	III	—	—	—	—	III	—	—	—	—	—	—	—	—	—	—	—	—	—	—	—	—	—	—	—
	V	354,16	19,47	28,33	31,87	IV	108,41	—	6,24	7,02	—	4,04	4,54	—	2,11	2,37	—	0,47	0,53	—	—	—	—	—	—
	VI	380,66	20,93	30,45	34,25																				
1 466,99	I,IV	109,25	5,65	8,74	9,83	I	109,25	—	4,10	4,61	—	0,51	0,57	—	—	—	—	—	—	—	—	—	—	—	—
	II	82,83	0,36	6,62	7,45	II	82,83	—	2,40	2,70	—	—	—	—	—	—	—	—	—	—	—	—	—	—	—
	III	—	—	—	—	III	—	—	—	—	—	—	—	—	—	—	—	—	—	—	—	—	—	—	—
	V	355,33	19,54	28,42	31,97	IV	109,25	—	6,31	7,10	—	4,10	4,61	—	2,16	2,43	—	0,51	0,57	—	—	—	—	—	—
	VI	381,50	20,98	30,52	34,33																				
1 469,99	I,IV	110,08	5,81	8,80	9,90	I	110,08	—	4,15	4,67	—	0,56	0,63	—	—	—	—	—	—	—	—	—	—	—	—
	II	83,66	0,53	6,69	7,52	II	83,66	—	2,45	2,75	—	—	—	—	—	—	—	—	—	—	—	—	—	—	—
	III	—	—	—	—	III	—	—	—	—	—	—	—	—	—	—	—	—	—	—	—	—	—	—	—
	V	356,33	19,59	28,50	32,06	IV	110,08	—	6,38	7,17	—	4,15	4,67	—	2,21	2,48	—	0,56	0,63	—	—	—	—	—	—
	VI	382,66	21,04	30,61	34,43																				
1 472,99	I,IV	111,—	6,—	8,88	9,99	I	111,—	—	4,21	4,73	—	0,60	0,67	—	—	—	—	—	—	—	—	—	—	—	—
	II	84,50	0,70	6,76	7,60	II	84,50	—	2,50	2,81	—	—	—	—	—	—	—	—	—	—	—	—	—	—	—
	III	—	—	—	—	III	—	—	—	—	—	—	—	—	—	—	—	—	—	—	—	—	—	—	—
	V	357,50	19,66	28,60	32,17	IV	111,—	—	6,44	7,25	—	4,21	4,73	—	2,26	2,54	—	0,60	0,67	—	—	—	—	—	—
	VI	383,50	21,09	30,68	34,51																				
1 475,99	I,IV	111,83	6,15	8,94	10,06	I	111,83	—	4,27	4,80	—	0,64	0,72	—	—	—	—	—	—	—	—	—	—	—	—
	II	85,33	0,86	6,82	7,67	II	85,33	—	2,55	2,87	—	—	—	—	—	—	—	—	—	—	—	—	—	—	—
	III	—	—	—	—	III	—	—	—	—	—	—	—	—	—	—	—	—	—	—	—	—	—	—	—
	V	358,33	19,70	28,66	32,24	IV	111,83	0,08	6,51	7,32	—	4,27	4,80	—	2,31	2,60	—	0,64	0,72	—	—	—	—	—	—
	VI	384,66	21,15	30,77	34,61																				
1 478,99	I,IV	112,66	6,19	9,01	10,13	I	112,66	—	4,32	4,86	—	0,68	0,77	—	—	—	—	—	—	—	—	—	—	—	—
	II	86,16	1,03	6,89	7,75	II	86,16	—	2,60	2,93	—	—	—	—	—	—	—	—	—	—	—	—	—	—	—
	III	—	—	—	—	III	—	—	—	—	—	—	—	—	—	—	—	—	—	—	—	—	—	—	—
	V	359,33	19,76	28,74	32,33	IV	112,66	0,25	6,58	7,40	—	4,32	4,86	—	2,36	2,66	—	0,68	0,77	—	—	—	—	—	—
	VI	385,66	21,21	30,85	34,70																				
1 481,99	I,IV	113,58	6,24	9,08	10,22	I	113,58	—	4,38	4,93	—	0,72	0,81	—	—	—	—	—	—	—	—	—	—	—	—
	II	87,—	1,20	6,96	7,83	II	87,—	—	2,66	2,99	—	—	—	—	—	—	—	—	—	—	—	—	—	—	—
	III	—	—	—	—	III	—	—	—	—	—	—	—	—	—	—	—	—	—	—	—	—	—	—	—
	V	360,50	19,82	28,84	32,44	IV	113,58	0,41	6,64	7,47	—	4,38	4,93	—	2,41	2,71	—	0,72	0,81	—	—	—	—	—	—
	VI	386,66	21,26	30,93	34,79																				
1 484,99	I,IV	114,41	6,29	9,15	10,29	I	114,41	—	4,44	5,—	—	0,77	0,86	—	—	—	—	—	—	—	—	—	—	—	—
	II	87,83	1,36	7,02	7,90	II	87,83	—	2,71	3,05	—	—	—	—	—	—	—	—	—	—	—	—	—	—	—
	III	—	—	—	—	III	—	—	—	—	—	—	—	—	—	—	—	—	—	—	—	—	—	—	—
	V	361,50	19,88	28,92	32,53	IV	114,41	0,58	6,71	7,55	—	4,44	5,—	—	2,46	2,77	—	0,77	0,86	—	—	—	—	—	—
	VI	387,66	21,32	31,01	34,88																				

* Die ausgewiesenen Tabellenwerte sind amtlich. Siehe Erläuterungen auf der Umschlaginnenseite (U2).

Lohn/ Gehalt bis €*	Abzüge an Lohnsteuer, Solidaritätszuschlag (SolZ) und Kirchensteuer (8%, 9%) in den Steuerklassen																								
	I – VI		ohne Kinderfreibeträge			I, II, III, IV		mit Zahl der Kinderfreibeträge . . . 0,5			1			1,5			2			2,5			3		
		LSt	SolZ	8%	9%		LSt	SolZ	8%	9%	SolZ	8%	9%	SolZ	8%	9%	SolZ	8%	9%	SolZ	8%	9%	SolZ	8%	9%
1 487,99	I,IV	115,25	6,33	9,22	10,37	I	115,25	—	4,50	5,06	—	0,81	0,91	—	—	—	—	—	—	—	—	—	—	—	—
	II	88,66	1,53	7,09	7,97	II	88,66	—	2,76	3,10	—	—	—	—	—	—	—	—	—	—	—	—	—	—	—
	III	—	—	—	—	III	—	—	—	—	—	—	—	—	—	—	—	—	—	—	—	—	—	—	—
	V	362,50	19,93	29,—	32,62	IV	115,25	0,75	6,78	7,62	—	4,50	5,06	—	2,52	2,83	—	0,81	0,91	—	—	—	—	—	—
	VI	388,83	21,38	31,10	34,99																				
1 490,99	I,IV	116,08	6,38	9,28	10,44	I	116,08	—	4,56	5,13	—	0,86	0,96	—	—	—	—	—	—	—	—	—	—	—	—
	II	89,50	1,70	7,16	8,05	II	89,50	—	2,81	3,16	—	—	—	—	—	—	—	—	—	—	—	—	—	—	—
	III	—	—	—	—	III	—	—	—	—	—	—	—	—	—	—	—	—	—	—	—	—	—	—	—
	V	363,50	19,99	29,08	32,71	IV	116,08	0,91	6,84	7,70	—	4,56	5,13	—	2,56	2,88	—	0,86	0,96	—	—	—	—	—	—
	VI	389,66	21,43	31,17	35,06																				
1 493,99	I,IV	117,—	6,43	9,36	10,53	I	117,—	—	4,62	5,20	—	0,90	1,01	—	—	—	—	—	—	—	—	—	—	—	—
	II	90,33	1,86	7,22	8,12	II	90,33	—	2,86	3,22	—	—	—	—	—	—	—	—	—	—	—	—	—	—	—
	III	—	—	—	—	III	—	—	—	—	—	—	—	—	—	—	—	—	—	—	—	—	—	—	—
	V	364,66	20,05	29,17	32,81	IV	117,—	1,08	6,91	7,77	—	4,62	5,20	—	2,62	2,94	—	0,90	1,01	—	—	—	—	—	—
	VI	390,83	21,49	31,26	35,17																				
1 496,99	I,IV	117,83	6,48	9,42	10,60	I	117,83	—	4,68	5,27	—	0,94	1,06	—	—	—	—	—	—	—	—	—	—	—	—
	II	91,25	2,05	7,30	8,21	II	91,25	—	2,92	3,28	—	—	—	—	—	—	—	—	—	—	—	—	—	—	—
	III	—	—	—	—	III	—	—	—	—	—	—	—	—	—	—	—	—	—	—	—	—	—	—	—
	V	365,66	20,11	29,25	32,90	IV	117,83	1,25	6,98	7,85	—	4,68	5,27	—	2,67	3,—	—	0,94	1,06	—	—	—	—	—	—
	VI	391,83	21,55	31,34	35,26																				
1 499,99	I,IV	118,66	6,52	9,49	10,67	I	118,66	—	4,74	5,33	—	0,98	1,10	—	—	—	—	—	—	—	—	—	—	—	—
	II	92,—	2,20	7,36	8,28	II	92,—	—	2,97	3,34	—	—	—	—	—	—	—	—	—	—	—	—	—	—	—
	III	—	—	—	—	III	—	—	—	—	—	—	—	—	—	—	—	—	—	—	—	—	—	—	—
	V	366,66	20,16	29,33	32,99	IV	118,66	1,41	7,04	7,92	—	4,74	5,33	—	2,72	3,06	—	0,98	1,10	—	—	—	—	—	—
	VI	392,83	21,60	31,42	35,35																				
1 502,99	I,IV	119,58	6,57	9,56	10,76	I	119,58	—	4,80	5,40	—	1,03	1,16	—	—	—	—	—	—	—	—	—	—	—	—
	II	92,91	2,38	7,43	8,36	II	92,91	—	3,02	3,40	—	—	—	—	—	—	—	—	—	—	—	—	—	—	—
	III	—	—	—	—	III	—	—	—	—	—	—	—	—	—	—	—	—	—	—	—	—	—	—	—
	V	367,66	20,22	29,41	33,08	IV	119,58	1,58	7,11	8,—	—	4,80	5,40	—	2,77	3,11	—	1,03	1,16	—	—	—	—	—	—
	VI	393,83	21,66	31,50	35,44																				
1 505,99	I,IV	120,41	6,62	9,63	10,83	I	120,41	—	4,86	5,47	—	1,08	1,21	—	—	—	—	—	—	—	—	—	—	—	—
	II	93,75	2,55	7,50	8,43	II	93,75	—	3,08	3,46	—	—	—	—	—	—	—	—	—	—	—	—	—	—	—
	III	—	—	—	—	III	—	—	—	—	—	—	—	—	—	—	—	—	—	—	—	—	—	—	—
	V	368,83	20,28	29,50	33,19	IV	120,41	1,75	7,18	8,07	—	4,86	5,47	—	2,82	3,17	—	1,08	1,21	—	—	—	—	—	—
	VI	395,—	21,72	31,60	35,55																				
1 508,99	I,IV	121,33	6,67	9,70	10,91	I	121,33	—	4,92	5,54	—	1,12	1,26	—	—	—	—	—	—	—	—	—	—	—	—
	II	94,58	2,71	7,56	8,51	II	94,58	—	3,13	3,52	—	—	—	—	—	—	—	—	—	—	—	—	—	—	—
	III	—	—	—	—	III	—	—	—	—	—	—	—	—	—	—	—	—	—	—	—	—	—	—	—
	V	369,66	20,33	29,57	33,26	IV	121,33	1,91	7,24	8,15	—	4,92	5,54	—	2,88	3,24	—	1,12	1,26	—	—	—	—	—	—
	VI	396,—	21,78	31,68	35,64																				
1 511,99	I,IV	122,16	6,71	9,77	10,99	I	122,16	—	4,98	5,60	—	1,16	1,31	—	—	—	—	—	—	—	—	—	—	—	—
	II	95,41	2,88	7,63	8,58	II	95,41	—	3,18	3,58	—	—	—	—	—	—	—	—	—	—	—	—	—	—	—
	III	—	—	—	—	III	—	—	—	—	—	—	—	—	—	—	—	—	—	—	—	—	—	—	—
	V	370,83	20,39	29,66	33,37	IV	122,16	2,08	7,31	8,22	—	4,98	5,60	—	2,93	3,29	—	1,16	1,31	—	—	—	—	—	—
	VI	397,—	21,83	31,76	35,73																				
1 514,99	I,IV	123,—	6,76	9,84	11,07	I	123,—	—	5,04	5,67	—	1,21	1,36	—	—	—	—	—	—	—	—	—	—	—	—
	II	96,25	3,05	7,70	8,66	II	96,25	—	3,24	3,64	—	—	—	—	—	—	—	—	—	—	—	—	—	—	—
	III	—	—	—	—	III	—	—	—	—	—	—	—	—	—	—	—	—	—	—	—	—	—	—	—
	V	371,83	20,45	29,74	33,46	IV	123,—	2,25	7,38	8,30	—	5,04	5,67	—	2,98	3,35	—	1,21	1,36	—	—	—	—	—	—
	VI	398,—	21,89	31,84	35,82																				
1 517,99	I,IV	123,91	6,81	9,91	11,15	I	123,91	—	5,10	5,74	—	1,26	1,41	—	—	—	—	—	—	—	—	—	—	—	—
	II	97,08	3,21	7,76	8,73	II	97,08	—	3,29	3,70	—	—	—	—	—	—	—	—	—	—	—	—	—	—	—
	III	—	—	—	—	III	—	—	—	—	—	—	—	—	—	—	—	—	—	—	—	—	—	—	—
	V	372,83	20,50	29,82	33,55	IV	123,91	2,41	7,44	8,37	—	5,10	5,74	—	3,04	3,42	—	1,26	1,41	—	—	—	—	—	—
	VI	399,16	21,95	31,93	35,92																				
1 520,99	I,IV	124,66	6,85	9,97	11,21	I	124,66	—	5,16	5,80	—	1,30	1,46	—	—	—	—	—	—	—	—	—	—	—	—
	II	97,83	3,36	7,82	8,80	II	97,83	—	3,34	3,76	—	—	—	—	—	—	—	—	—	—	—	—	—	—	—
	III	—	—	—	—	III	—	—	—	—	—	—	—	—	—	—	—	—	—	—	—	—	—	—	—
	V	373,83	20,56	29,90	33,64	IV	124,66	2,56	7,50	8,44	—	5,16	5,80	—	3,08	3,47	—	1,30	1,46	—	—	—	—	—	—
	VI	400,16	22,—	32,01	36,01																				
1 523,99	I,IV	125,33	6,89	10,02	11,27	I	125,33	—	5,21	5,86	—	1,33	1,49	—	—	—	—	—	—	—	—	—	—	—	—
	II	98,50	3,50	7,88	8,86	II	98,50	—	3,38	3,80	—	—	—	—	—	—	—	—	—	—	—	—	—	—	—
	III	—	—	—	—	III	—	—	—	—	—	—	—	—	—	—	—	—	—	—	—	—	—	—	—
	V	374,83	20,61	29,98	33,73	IV	125,33	2,70	7,56	8,50	—	5,21	5,86	—	3,13	3,52	—	1,33	1,49	—	—	—	—	—	—
	VI	401,16	22,06	32,09	36,10																				
1 526,99	I,IV	126,08	6,93	10,08	11,34	I	126,08	—	5,26	5,91	—	1,37	1,54	—	—	—	—	—	—	—	—	—	—	—	—
	II	99,25	3,65	7,94	8,93	II	99,25	—	3,43	3,86	—	0,04	0,04	—	—	—	—	—	—	—	—	—	—	—	—
	III	—	—	—	—	III	—	—	—	—	—	—	—	—	—	—	—	—	—	—	—	—	—	—	—
	V	375,83	20,67	30,06	33,82	IV	126,08	2,85	7,62	8,57	—	5,26	5,91	—	3,17	3,56	—	1,37	1,54	—	—	—	—	—	—
	VI	402,16	22,11	32,17	36,19																				
1 529,99	I,IV	126,75	6,97	10,14	11,40	I	126,75	—	5,31	5,97	—	1,41	1,58	—	—	—	—	—	—	—	—	—	—	—	—
	II	99,91	3,78	7,99	8,99	II	99,91	—	3,48	3,91	—	0,07	0,08	—	—	—	—	—	—	—	—	—	—	—	—
	III	—	—	—	—	III	—	—	—	—	—	—	—	—	—	—	—	—	—	—	—	—	—	—	—
	V	377,—	20,73	30,16	33,93	IV	126,75	2,98	7,67	8,63	—	5,31	5,97	—	3,22	3,62	—	1,41	1,58	—	—	—	—	—	—
	VI	403,33	22,18	32,26	36,29																				

* Die ausgewiesenen Tabellenwerte sind amtlich. Siehe Erläuterungen auf der Umschlaginnenseite (U2).

MONAT 1 530,–*

Lohn/ Gehalt bis €*	Abzüge an Lohnsteuer, Solidaritätszuschlag (SolZ) und Kirchensteuer (8%, 9%) in den Steuerklassen: I – VI		ohne Kinderfreibeträge			I, II, III, IV		mit Zahl der Kinderfreibeträge . . . 0,5			1			1,5			2			2,5			3		
		LSt	SolZ	8%	9%		LSt	SolZ	8%	9%	SolZ	8%	9%	SolZ	8%	9%	SolZ	8%	9%	SolZ	8%	9%	SolZ	8%	9%
1 532,99	I,IV	127,50	7,01	10,20	11,47	I	127,50	—	5,36	6,03	—	1,45	1,63	—	—	—	—	—	—	—	—	—	—	—	—
	II	100,66	3,93	8,05	9,05	II	100,66	—	3,52	3,96	—	0,10	0,11	—	—	—	—	—	—	—	—	—	—	—	—
	III	—	—	—	—	III	—	—	—	—	—	—	—	—	—	—	—	—	—	—	—	—	—	—	—
	V	377,83	20,78	30,22	34,—	IV	127,50	3,13	7,73	8,69	—	5,36	6,03	—	3,26	3,67	—	1,45	1,63	—	—	—	—	—	—
	VI	404,33	22,23	32,34	36,38																				
1 535,99	I,IV	128,25	7,05	10,26	11,54	I	128,25	—	5,42	6,09	—	1,48	1,67	—	—	—	—	—	—	—	—	—	—	—	—
	II	101,33	4,06	8,10	9,11	II	101,33	—	3,57	4,01	—	0,13	0,14	—	—	—	—	—	—	—	—	—	—	—	—
	III	—	—	—	—	III	—	—	—	—	—	—	—	—	—	—	—	—	—	—	—	—	—	—	—
	V	379,—	20,84	30,32	34,11	IV	128,25	3,26	7,78	8,75	—	5,42	6,09	—	3,31	3,72	—	1,48	1,67	—	—	—	—	—	—
	VI	405,33	22,29	32,42	36,47																				
1 538,99	I,IV	128,91	7,09	10,31	11,60	I	128,91	—	5,46	6,14	—	1,52	1,71	—	—	—	—	—	—	—	—	—	—	—	—
	II	102,08	4,21	8,16	9,18	II	102,08	—	3,62	4,07	—	0,16	0,18	—	—	—	—	—	—	—	—	—	—	—	—
	III	—	—	—	—	III	—	—	—	—	—	—	—	—	—	—	—	—	—	—	—	—	—	—	—
	V	380,—	20,90	30,40	34,20	IV	128,91	3,40	7,84	8,82	—	5,46	6,14	—	3,35	3,77	—	1,52	1,71	—	—	—	—	—	—
	VI	406,33	22,34	32,50	36,56																				
1 541,99	I,IV	129,66	7,13	10,37	11,66	I	129,66	—	5,52	6,21	—	1,56	1,76	—	—	—	—	—	—	—	—	—	—	—	—
	II	102,75	4,35	8,22	9,24	II	102,75	—	3,66	4,12	—	0,20	0,22	—	—	—	—	—	—	—	—	—	—	—	—
	III	—	—	—	—	III	—	—	—	—	—	—	—	—	—	—	—	—	—	—	—	—	—	—	—
	V	381,—	20,95	30,48	34,29	IV	129,66	3,55	7,90	8,88	—	5,52	6,21	—	3,40	3,82	—	1,56	1,76	—	0,01	0,01	—	—	—
	VI	407,33	22,40	32,58	36,65																				
1 544,99	I,IV	130,41	7,17	10,43	11,73	I	130,41	—	5,57	6,26	—	1,60	1,80	—	—	—	—	—	—	—	—	—	—	—	—
	II	103,41	4,48	8,27	9,30	II	103,41	—	3,71	4,17	—	0,23	0,26	—	—	—	—	—	—	—	—	—	—	—	—
	III	—	—	—	—	III	—	—	—	—	—	—	—	—	—	—	—	—	—	—	—	—	—	—	—
	V	382,—	21,01	30,56	34,38	IV	130,41	3,68	7,95	8,94	—	5,57	6,26	—	3,44	3,87	—	1,60	1,80	—	0,04	0,05	—	—	—
	VI	408,50	22,46	32,68	36,76																				
1 547,99	I,IV	131,08	7,20	10,48	11,79	I	131,08	—	5,62	6,32	—	1,64	1,85	—	—	—	—	—	—	—	—	—	—	—	—
	II	104,16	4,63	8,33	9,37	II	104,16	—	3,76	4,23	—	0,26	0,29	—	—	—	—	—	—	—	—	—	—	—	—
	III	—	—	—	—	III	—	—	—	—	—	—	—	—	—	—	—	—	—	—	—	—	—	—	—
	V	383,—	21,06	30,64	34,47	IV	131,08	3,83	8,01	9,01	—	5,62	6,32	—	3,49	3,92	—	1,64	1,85	—	0,08	0,09	—	—	—
	VI	409,50	22,52	32,76	36,85																				
1 550,99	I,IV	131,83	7,25	10,54	11,86	I	131,83	—	5,68	6,39	—	1,68	1,89	—	—	—	—	—	—	—	—	—	—	—	—
	II	104,91	4,78	8,39	9,44	II	104,91	—	3,80	4,28	—	0,30	0,34	—	—	—	—	—	—	—	—	—	—	—	—
	III	—	—	—	—	III	—	—	—	—	—	—	—	—	—	—	—	—	—	—	—	—	—	—	—
	V	384,—	21,12	30,72	34,56	IV	131,83	3,96	8,06	9,07	—	5,68	6,39	—	3,54	3,98	—	1,68	1,89	—	0,11	0,12	—	—	—
	VI	410,66	22,58	32,85	36,95																				
1 553,99	I,IV	132,58	7,29	10,60	11,93	I	132,58	—	5,73	6,44	—	1,72	1,94	—	—	—	—	—	—	—	—	—	—	—	—
	II	105,58	4,91	8,44	9,50	II	105,58	—	3,85	4,33	—	0,34	0,38	—	—	—	—	—	—	—	—	—	—	—	—
	III	—	—	—	—	III	—	—	—	—	—	—	—	—	—	—	—	—	—	—	—	—	—	—	—
	V	385,16	21,18	30,81	34,66	IV	132,58	4,11	8,12	9,14	—	5,73	6,44	—	3,58	4,03	—	1,72	1,94	—	0,14	0,16	—	—	—
	VI	411,66	22,64	32,93	37,04																				
1 556,99	I,IV	133,25	7,32	10,66	11,99	I	133,25	—	5,78	6,50	—	1,76	1,98	—	—	—	—	—	—	—	—	—	—	—	—
	II	106,25	5,05	8,50	9,56	II	106,25	—	3,90	4,38	—	0,37	0,41	—	—	—	—	—	—	—	—	—	—	—	—
	III	—	—	—	—	III	—	—	—	—	—	—	—	—	—	—	—	—	—	—	—	—	—	—	—
	V	386,—	21,23	30,88	34,74	IV	133,25	4,25	8,18	9,20	—	5,78	6,50	—	3,63	4,08	—	1,76	1,98	—	0,18	0,20	—	—	—
	VI	412,66	22,69	33,01	37,13																				
1 559,99	I,IV	134,—	7,37	10,72	12,06	I	134,—	—	5,84	6,57	—	1,80	2,03	—	—	—	—	—	—	—	—	—	—	—	—
	II	107,—	5,20	8,56	9,63	II	107,—	—	3,94	4,43	—	0,40	0,45	—	—	—	—	—	—	—	—	—	—	—	—
	III	—	—	—	—	III	—	—	—	—	—	—	—	—	—	—	—	—	—	—	—	—	—	—	—
	V	387,16	21,29	30,97	34,84	IV	134,—	4,40	8,24	9,27	—	5,84	6,57	—	3,68	4,14	—	1,80	2,03	—	0,21	0,23	—	—	—
	VI	413,83	22,76	33,10	37,24																				
1 562,99	I,IV	134,75	7,41	10,78	12,12	I	134,75	—	5,89	6,62	—	1,84	2,07	—	—	—	—	—	—	—	—	—	—	—	—
	II	107,75	5,35	8,62	9,69	II	107,75	—	3,99	4,49	—	0,44	0,49	—	—	—	—	—	—	—	—	—	—	—	—
	III	—	—	—	—	III	—	—	—	—	—	—	—	—	—	—	—	—	—	—	—	—	—	—	—
	V	388,33	21,35	31,06	34,94	IV	134,75	4,53	8,29	9,32	—	5,89	6,62	—	3,72	4,19	—	1,84	2,07	—	0,24	0,27	—	—	—
	VI	414,66	22,80	33,17	37,31																				
1 565,99	I,IV	135,50	7,45	10,84	12,19	I	135,50	—	5,94	6,68	—	1,88	2,11	—	—	—	—	—	—	—	—	—	—	—	—
	II	108,41	5,48	8,67	9,75	II	108,41	—	4,04	4,54	—	0,47	0,53	—	—	—	—	—	—	—	—	—	—	—	—
	III	—	—	—	—	III	—	—	—	—	—	—	—	—	—	—	—	—	—	—	—	—	—	—	—
	V	389,16	21,40	31,13	35,02	IV	135,50	4,66	8,34	9,38	—	5,94	6,68	—	3,77	4,24	—	1,88	2,11	—	0,28	0,31	—	—	—
	VI	415,83	22,87	33,26	37,42																				
1 568,99	I,IV	136,16	7,48	10,89	12,25	I	136,16	—	6,—	6,75	—	1,92	2,16	—	—	—	—	—	—	—	—	—	—	—	—
	II	109,08	5,61	8,72	9,81	II	109,08	—	4,08	4,59	—	0,50	0,56	—	—	—	—	—	—	—	—	—	—	—	—
	III	—	—	—	—	III	—	—	—	—	—	—	—	—	—	—	—	—	—	—	—	—	—	—	—
	V	390,16	21,45	31,21	35,11	IV	136,16	4,81	8,40	9,45	—	6,—	6,75	—	3,82	4,29	—	1,92	2,16	—	0,31	0,35	—	—	—
	VI	416,83	22,92	33,34	37,51																				
1 571,99	I,IV	136,91	7,53	10,95	12,32	I	136,91	—	6,05	6,80	—	1,96	2,21	—	—	—	—	—	—	—	—	—	—	—	—
	II	109,83	5,76	8,78	9,88	II	109,83	—	4,14	4,65	—	0,54	0,61	—	—	—	—	—	—	—	—	—	—	—	—
	III	—	—	—	—	III	—	—	—	—	—	—	—	—	—	—	—	—	—	—	—	—	—	—	—
	V	391,33	21,52	31,30	35,21	IV	136,91	4,96	8,46	9,52	—	6,05	6,80	—	3,86	4,34	—	1,96	2,21	—	0,34	0,38	—	—	—
	VI	417,83	22,98	33,42	37,60																				
1 574,99	I,IV	137,66	7,57	11,01	12,38	I	137,66	—	6,10	6,86	—	2,—	2,25	—	—	—	—	—	—	—	—	—	—	—	—
	II	110,58	5,91	8,84	9,95	II	110,58	—	4,18	4,70	—	0,58	0,65	—	—	—	—	—	—	—	—	—	—	—	—
	III	—	—	—	—	III	—	—	—	—	—	—	—	—	—	—	—	—	—	—	—	—	—	—	—
	V	392,16	21,56	31,37	35,29	IV	137,66	5,10	8,52	9,58	—	6,10	6,86	—	3,91	4,40	—	2,—	2,25	—	0,38	0,42	—	—	—
	VI	419,—	23,04	33,52	37,71																				

* Die ausgewiesenen Tabellenwerte sind amtlich. Siehe Erläuterungen auf der Umschlaginnenseite (U2).

Abzüge an Lohnsteuer, Solidaritätszuschlag (SolZ) und Kirchensteuer (8%, 9%) in den Steuerklassen

Lohn/ Gehalt bis €*	I – VI					I, II, III, IV																			
			ohne Kinderfreibeträge					mit Zahl der Kinderfreibeträge . . .																	
								0,5			1			1,5			2			2,5			3		
		LSt	SolZ	8%	9%		LSt	SolZ	8%	9%	SolZ	8%	9%	SolZ	8%	9%	SolZ	8%	9%	SolZ	8%	9%	SolZ	8%	9%
1 577,99	I,IV	138,41	7,61	11,07	12,45	I	138,41	—	6,16	6,93	—	2,04	2,30	—	—	—	—	—	—	—	—	—	—	—	—
	II	111,25	6,05	8,90	10,01	II	111,25	—	4,23	4,76	—	0,61	0,68	—	—	—	—	—	—	—	—	—	—	—	—
	III	—	—	—	—	III	—	—	—	—	—	—	—	—	—	—	—	—	—	—	—	—	—	—	—
	V	393,33	21,63	31,46	35,39	IV	138,41	5,23	8,57	9,64	—	6,16	6,93	—	3,96	4,45	—	2,04	2,30	—	0,41	0,46	—	—	—
	VI	420,—	23,10	33,60	37,80																				
1 580,99	I,IV	139,08	7,64	11,12	12,51	I	139,08	—	6,21	6,98	—	2,08	2,34	—	—	—	—	—	—	—	—	—	—	—	—
	II	112,—	6,16	8,96	10,08	II	112,—	—	4,28	4,81	—	0,64	0,72	—	—	—	—	—	—	—	—	—	—	—	—
	III	—	—	—	—	III	—	—	—	—	—	—	—	—	—	—	—	—	—	—	—	—	—	—	—
	V	394,33	21,68	31,54	35,48	IV	139,08	5,38	8,63	9,71	—	6,21	6,98	—	4,—	4,50	—	2,08	2,34	—	0,45	0,50	—	—	—
	VI	421,16	23,16	33,69	37,90																				
1 583,99	I,IV	139,83	7,69	11,18	12,58	I	139,83	—	6,26	7,04	—	2,12	2,39	—	—	—	—	—	—	—	—	—	—	—	—
	II	112,66	6,19	9,01	10,13	II	112,66	—	4,32	4,86	—	0,68	0,77	—	—	—	—	—	—	—	—	—	—	—	—
	III	—	—	—	—	III	—	—	—	—	—	—	—	—	—	—	—	—	—	—	—	—	—	—	—
	V	395,50	21,75	31,64	35,59	IV	139,83	5,53	8,69	9,77	—	6,26	7,04	—	4,05	4,55	—	2,12	2,39	—	0,48	0,54	—	—	—
	VI	422,16	23,21	33,77	37,99																				
1 586,99	I,IV	140,58	7,73	11,24	12,65	I	140,58	—	6,32	7,11	—	2,16	2,43	—	—	—	—	—	—	—	—	—	—	—	—
	II	113,41	6,23	9,07	10,20	II	113,41	—	4,38	4,92	—	0,72	0,81	—	—	—	—	—	—	—	—	—	—	—	—
	III	—	—	—	—	III	—	—	—	—	—	—	—	—	—	—	—	—	—	—	—	—	—	—	—
	V	396,33	21,79	31,70	35,66	IV	140,58	5,66	8,74	9,83	—	6,32	7,11	—	4,10	4,61	—	2,16	2,43	—	0,52	0,58	—	—	—
	VI	423,16	23,27	33,85	38,08																				
1 589,99	I,IV	141,33	7,77	11,30	12,71	I	141,33	—	6,37	7,16	—	2,21	2,48	—	—	—	—	—	—	—	—	—	—	—	—
	II	114,08	6,27	9,12	10,26	II	114,08	—	4,42	4,97	—	0,75	0,84	—	—	—	—	—	—	—	—	—	—	—	—
	III	—	—	—	—	III	—	—	—	—	—	—	—	—	—	—	—	—	—	—	—	—	—	—	—
	V	397,50	21,86	31,80	35,77	IV	141,33	5,81	8,80	9,90	—	6,37	7,16	—	4,15	4,67	—	2,21	2,48	—	0,55	0,62	—	—	—
	VI	424,33	23,33	33,94	38,18																				
1 592,99	I,IV	142,—	7,81	11,36	12,78	I	142,—	—	6,43	7,23	—	2,25	2,53	—	—	—	—	—	—	—	—	—	—	—	—
	II	114,83	6,31	9,18	10,33	II	114,83	—	4,47	5,03	—	0,79	0,89	—	—	—	—	—	—	—	—	—	—	—	—
	III	—	—	—	—	III	—	—	—	—	—	—	—	—	—	—	—	—	—	—	—	—	—	—	—
	V	398,50	21,91	31,88	35,86	IV	142,—	5,95	8,86	9,96	—	6,43	7,23	—	4,20	4,72	—	2,25	2,53	—	0,58	0,65	—	—	—
	VI	425,33	23,39	34,02	38,27																				
1 595,99	I,IV	142,75	7,85	11,42	12,84	I	142,75	0,01	6,48	7,29	—	2,29	2,57	—	—	—	—	—	—	—	—	—	—	—	—
	II	115,50	6,35	9,24	10,39	II	115,50	—	4,52	5,09	—	0,82	0,92	—	—	—	—	—	—	—	—	—	—	—	—
	III	—	—	—	—	III	—	—	—	—	—	—	—	—	—	—	—	—	—	—	—	—	—	—	—
	V	399,66	21,98	31,97	35,96	IV	142,75	6,08	8,91	10,02	0,01	6,48	7,29	—	4,24	4,77	—	2,29	2,57	—	0,62	0,70	—	—	—
	VI	426,50	23,45	34,12	38,38																				
1 598,99	I,IV	143,50	7,89	11,48	12,91	I	143,50	0,15	6,54	7,35	—	2,33	2,62	—	—	—	—	—	—	—	—	—	—	—	—
	II	116,25	6,39	9,30	10,46	II	116,25	—	4,57	5,14	—	0,86	0,97	—	—	—	—	—	—	—	—	—	—	—	—
	III	—	—	—	—	III	—	—	—	—	—	—	—	—	—	—	—	—	—	—	—	—	—	—	—
	V	400,50	22,02	32,04	36,04	IV	143,50	6,16	8,97	10,09	0,15	6,54	7,35	—	4,29	4,82	—	2,33	2,62	—	0,66	0,74	—	—	—
	VI	427,50	23,51	34,20	38,47																				
1 601,99	I,IV	144,25	7,93	11,54	12,98	I	144,25	0,28	6,59	7,41	—	2,38	2,67	—	—	—	—	—	—	—	—	—	—	—	—
	II	117,—	6,43	9,36	10,53	II	117,—	—	4,62	5,20	—	0,90	1,01	—	—	—	—	—	—	—	—	—	—	—	—
	III	—	—	—	—	III	—	—	—	—	—	—	—	—	—	—	—	—	—	—	—	—	—	—	—
	V	401,66	22,09	32,13	36,14	IV	144,25	6,21	9,03	10,16	0,28	6,59	7,41	—	4,34	4,88	—	2,38	2,67	—	0,69	0,77	—	—	—
	VI	428,50	23,56	34,28	38,56																				
1 604,99	I,IV	145,—	7,97	11,60	13,05	I	145,—	0,43	6,65	7,48	—	2,42	2,72	—	—	—	—	—	—	—	—	—	—	—	—
	II	117,66	6,47	9,41	10,58	II	117,66	—	4,67	5,25	—	0,94	1,05	—	—	—	—	—	—	—	—	—	—	—	—
	III	—	—	—	—	III	—	—	—	—	—	—	—	—	—	—	—	—	—	—	—	—	—	—	—
	V	402,66	22,14	32,21	36,23	IV	145,—	6,24	9,08	10,22	0,43	6,65	7,48	—	4,39	4,94	—	2,42	2,72	—	0,73	0,82	—	—	—
	VI	429,66	23,63	34,37	38,66																				
1 607,99	I,IV	145,66	8,01	11,65	13,10	I	145,66	0,56	6,70	7,54	—	2,46	2,76	—	—	—	—	—	—	—	—	—	—	—	—
	II	118,41	6,51	9,47	10,65	II	118,41	—	4,72	5,31	—	0,97	1,09	—	—	—	—	—	—	—	—	—	—	—	—
	III	—	—	—	—	III	—	—	—	—	—	—	—	—	—	—	—	—	—	—	—	—	—	—	—
	V	403,83	22,21	32,30	36,34	IV	145,66	6,28	9,14	10,28	0,56	6,70	7,54	—	4,44	4,99	—	2,46	2,76	—	0,76	0,86	—	—	—
	VI	430,66	23,68	34,45	38,75																				
1 610,99	I,IV	146,41	8,05	11,71	13,17	I	146,41	0,70	6,76	7,60	—	2,50	2,81	—	—	—	—	—	—	—	—	—	—	—	—
	II	119,08	6,54	9,52	10,71	II	119,08	—	4,77	5,36	—	1,—	1,13	—	—	—	—	—	—	—	—	—	—	—	—
	III	—	—	—	—	III	—	—	—	—	—	—	—	—	—	—	—	—	—	—	—	—	—	—	—
	V	404,83	22,26	32,38	36,43	IV	146,41	6,32	9,20	10,35	0,70	6,76	7,60	—	4,49	5,05	—	2,50	2,81	—	0,80	0,90	—	—	—
	VI	431,66	23,74	34,53	38,84																				
1 613,99	I,IV	147,16	8,09	11,77	13,24	I	147,16	0,83	6,81	7,66	—	2,54	2,86	—	—	—	—	—	—	—	—	—	—	—	—
	II	119,83	6,59	9,58	10,78	II	119,83	—	4,82	5,42	—	1,04	1,17	—	—	—	—	—	—	—	—	—	—	—	—
	III	—	—	—	—	III	—	—	—	—	—	—	—	—	—	—	—	—	—	—	—	—	—	—	—
	V	405,83	22,32	32,46	36,52	IV	147,16	6,36	9,26	10,41	0,83	6,81	7,66	—	4,54	5,10	—	2,54	2,86	—	0,84	0,94	—	—	—
	VI	432,83	23,80	34,62	38,95																				
1 616,99	I,IV	147,91	8,13	11,83	13,31	I	147,91	0,96	6,86	7,72	—	2,58	2,90	—	—	—	—	—	—	—	—	—	—	—	—
	II	120,50	6,62	9,64	10,84	II	120,50	—	4,87	5,48	—	1,08	1,21	—	—	—	—	—	—	—	—	—	—	—	—
	III	—	—	—	—	III	—	—	—	—	—	—	—	—	—	—	—	—	—	—	—	—	—	—	—
	V	406,83	22,37	32,54	36,61	IV	147,91	6,40	9,31	10,47	0,96	6,86	7,72	—	4,58	5,15	—	2,58	2,90	—	0,87	0,98	—	—	—
	VI	433,83	23,86	34,70	39,04																				
1 619,99	I,IV	148,58	8,17	11,88	13,37	I	148,58	1,11	6,92	7,79	—	2,63	2,96	—	—	—	—	—	—	—	—	—	—	—	—
	II	121,25	6,66	9,70	10,91	II	121,25	—	4,92	5,53	—	1,12	1,26	—	—	—	—	—	—	—	—	—	—	—	—
	III	—	—	—	—	III	—	—	—	—	—	—	—	—	—	—	—	—	—	—	—	—	—	—	—
	V	407,83	22,43	32,62	36,70	IV	148,58	6,44	9,37	10,54	1,11	6,92	7,79	—	4,64	5,22	—	2,63	2,96	—	0,91	1,02	—	—	—
	VI	435,—	23,92	34,80	39,15																				

* Die ausgewiesenen Tabellenwerte sind amtlich. Siehe Erläuterungen auf der Umschlaginnenseite (U2).

MONAT 1 620,–*

Lohn/ Gehalt bis €*	Abzüge an Lohnsteuer, Solidaritätszuschlag (SolZ) und Kirchensteuer (8%, 9%) in den Steuerklassen I – VI					I, II, III, IV																			
			ohne Kinder-freibeträge					mit Zahl der Kinderfreibeträge . . . 0,5			1			1,5			2			2,5			3		
		LSt	SolZ	8%	9%		LSt	SolZ	8%	9%	SolZ	8%	9%	SolZ	8%	9%	SolZ	8%	9%	SolZ	8%	9%	SolZ	8%	9%
1 622,99	I,IV	149,33	8,21	11,94	13,43	I	149,33	1,25	6,98	7,85	—	2,67	3,—	—	—	—	—	—	—	—	—	—	—	—	—
	II	122,—	6,71	9,76	10,98	II	122,—	—	4,97	5,59	—	1,16	1,30	—	—	—	—	—	—	—	—	—	—	—	—
	III	—	—	—	—	III	—	—	—	—	—	—	—	—	—	—	—	—	—	—	—	—	—	—	—
	V	409,—	22,49	32,72	36,81	IV	149,33	6,48	9,43	10,61	1,25	6,98	7,85	—	4,68	5,27	—	2,67	3,—	—	0,94	1,06	—	—	—
	VI	436,—	23,98	34,88	39,24																				
1 625,99	I,IV	150,08	8,25	12,—	13,50	I	150,08	1,40	7,04	7,92	—	2,72	3,06	—	—	—	—	—	—	—	—	—	—	—	—
	II	122,66	6,74	9,81	11,03	II	122,66	—	5,02	5,65	—	1,19	1,34	—	—	—	—	—	—	—	—	—	—	—	—
	III	—	—	—	—	III	—	—	—	—	—	—	—	—	—	—	—	—	—	—	—	—	—	—	—
	V	410,—	22,55	32,80	36,90	IV	150,08	6,52	9,48	10,67	1,40	7,04	7,92	—	4,74	5,33	—	2,72	3,06	—	0,98	1,10	—	—	—
	VI	437,16	24,04	34,97	39,34																				
1 628,99	I,IV	150,83	8,29	12,06	13,57	I	150,83	1,53	7,09	7,97	—	2,76	3,10	—	—	—	—	—	—	—	—	—	—	—	—
	II	123,41	6,78	9,87	11,10	II	123,41	—	5,07	5,70	—	1,23	1,38	—	—	—	—	—	—	—	—	—	—	—	—
	III	—	—	—	—	III	—	—	—	—	—	—	—	—	—	—	—	—	—	—	—	—	—	—	—
	V	411,16	22,61	32,89	37,—	IV	150,83	6,56	9,54	10,73	1,53	7,09	7,97	—	4,78	5,38	—	2,76	3,10	—	1,02	1,14	—	—	—
	VI	438,33	24,10	35,06	39,44																				
1 631,99	I,IV	151,58	8,33	12,12	13,64	I	151,58	1,66	7,14	8,03	—	2,80	3,15	—	—	—	—	—	—	—	—	—	—	—	—
	II	124,16	6,82	9,93	11,17	II	124,16	—	5,12	5,76	—	1,27	1,43	—	—	—	—	—	—	—	—	—	—	—	—
	III	—	—	—	—	III	—	—	—	—	—	—	—	—	—	—	—	—	—	—	—	—	—	—	—
	V	412,—	22,66	32,96	37,08	IV	151,58	6,60	9,60	10,80	1,66	7,14	8,03	—	4,84	5,44	—	2,80	3,15	—	1,06	1,19	—	—	—
	VI	439,33	24,16	35,14	39,53																				
1 634,99	I,IV	152,33	8,37	12,18	13,70	I	152,33	1,81	7,20	8,10	—	2,84	3,20	—	—	—	—	—	—	—	—	—	—	—	—
	II	124,83	6,86	9,98	11,23	II	124,83	—	5,18	5,82	—	1,30	1,46	—	—	—	—	—	—	—	—	—	—	—	—
	III	—	—	—	—	III	—	—	—	—	—	—	—	—	—	—	—	—	—	—	—	—	—	—	—
	V	413,16	22,72	33,05	37,18	IV	152,33	6,64	9,66	10,86	1,81	7,20	8,10	—	4,88	5,49	—	2,84	3,20	—	1,09	1,22	—	—	—
	VI	440,33	24,21	35,22	39,62																				
1 637,99	I,IV	153,—	8,41	12,24	13,77	I	153,—	1,95	7,26	8,16	—	2,89	3,25	—	—	—	—	—	—	—	—	—	—	—	—
	II	125,58	6,90	10,04	11,30	II	125,58	—	5,22	5,87	—	1,34	1,51	—	—	—	—	—	—	—	—	—	—	—	—
	III	—	—	—	—	III	—	—	—	—	—	—	—	—	—	—	—	—	—	—	—	—	—	—	—
	V	414,16	22,77	33,13	37,27	IV	153,—	6,68	9,72	10,93	1,95	7,26	8,16	—	4,94	5,55	—	2,89	3,25	—	1,13	1,27	—	—	—
	VI	441,50	24,28	35,32	39,73																				
1 640,99	I,IV	153,75	8,45	12,30	13,83	I	153,75	2,08	7,31	8,22	—	2,93	3,29	—	—	—	—	—	—	—	—	—	—	—	—
	II	126,25	6,94	10,10	11,36	II	126,25	—	5,28	5,94	—	1,38	1,55	—	—	—	—	—	—	—	—	—	—	—	—
	III	—	—	—	—	III	—	—	—	—	—	—	—	—	—	—	—	—	—	—	—	—	—	—	—
	V	415,16	22,83	33,21	37,36	IV	153,75	6,71	9,77	10,99	2,08	7,31	8,22	—	4,98	5,60	—	2,93	3,29	—	1,16	1,31	—	—	—
	VI	442,50	24,33	35,40	39,82																				
1 643,99	I,IV	154,50	8,49	12,36	13,90	I	154,50	2,23	7,37	8,29	—	2,98	3,35	—	—	—	—	—	—	—	—	—	—	—	—
	II	127,—	6,98	10,16	11,43	II	127,—	—	5,33	5,99	—	1,42	1,60	—	—	—	—	—	—	—	—	—	—	—	—
	III	—	—	—	—	III	—	—	—	—	—	—	—	—	—	—	—	—	—	—	—	—	—	—	—
	V	416,33	22,89	33,30	37,46	IV	154,50	6,76	9,83	11,06	2,23	7,37	8,29	—	5,04	5,67	—	2,98	3,35	—	1,20	1,35	—	—	—
	VI	443,50	24,39	35,48	39,91																				
1 646,99	I,IV	155,25	8,53	12,42	13,97	I	155,25	2,36	7,42	8,35	—	3,02	3,40	—	—	—	—	—	—	—	—	—	—	—	—
	II	127,75	7,02	10,22	11,49	II	127,75	—	5,38	6,05	—	1,46	1,64	—	—	—	—	—	—	—	—	—	—	—	—
	III	—	—	—	—	III	—	—	—	—	—	—	—	—	—	—	—	—	—	—	—	—	—	—	—
	V	417,33	22,95	33,38	37,55	IV	155,25	6,80	9,89	11,12	2,36	7,42	8,35	—	5,09	5,72	—	3,02	3,40	—	1,24	1,40	—	—	—
	VI	444,66	24,45	35,57	40,01																				
1 649,99	I,IV	156,—	8,58	12,48	14,04	I	156,—	2,51	7,48	8,42	—	3,06	3,44	—	—	—	—	—	—	—	—	—	—	—	—
	II	128,41	7,06	10,27	11,55	II	128,41	—	5,43	6,11	—	1,50	1,68	—	—	—	—	—	—	—	—	—	—	—	—
	III	—	—	—	—	III	—	—	—	—	—	—	—	—	—	—	—	—	—	—	—	—	—	—	—
	V	418,50	23,01	33,48	37,66	IV	156,—	6,83	9,94	11,18	2,51	7,48	8,42	—	5,14	5,78	—	3,06	3,44	—	1,28	1,44	—	—	—
	VI	445,83	24,52	35,66	40,12																				
1 652,99	I,IV	156,75	8,62	12,54	14,10	I	156,75	2,65	7,54	8,48	—	3,11	3,50	—	—	—	—	—	—	—	—	—	—	—	—
	II	129,16	7,10	10,33	11,62	II	129,16	—	5,48	6,17	—	1,54	1,73	—	—	—	—	—	—	—	—	—	—	—	—
	III	—	—	—	—	III	—	—	—	—	—	—	—	—	—	—	—	—	—	—	—	—	—	—	—
	V	419,50	23,07	33,56	37,75	IV	156,75	6,87	10,—	11,25	2,65	7,54	8,48	—	5,19	5,84	—	3,11	3,50	—	1,32	1,48	—	—	—
	VI	446,83	24,57	35,74	40,21																				
1 655,99	I,IV	157,50	8,66	12,60	14,17	I	157,50	2,80	7,60	8,55	—	3,16	3,55	—	—	—	—	—	—	—	—	—	—	—	—
	II	129,91	7,14	10,39	11,69	II	129,91	—	5,54	6,23	—	1,58	1,77	—	—	—	—	—	—	—	—	—	—	—	—
	III	—	—	—	—	III	—	—	—	—	—	—	—	—	—	—	—	—	—	—	—	—	—	—	—
	V	420,50	23,12	33,64	37,84	IV	157,50	6,91	10,06	11,31	2,80	7,60	8,55	—	5,24	5,90	—	3,16	3,55	—	1,36	1,53	—	—	—
	VI	447,83	24,63	35,82	40,30																				
1 658,99	I,IV	158,25	8,70	12,66	14,24	I	158,25	2,93	7,65	8,60	—	3,20	3,60	—	—	—	—	—	—	—	—	—	—	—	—
	II	130,58	7,18	10,44	11,75	II	130,58	—	5,58	6,28	—	1,62	1,82	—	—	—	—	—	—	—	—	—	—	—	—
	III	—	—	—	—	III	—	—	—	—	—	—	—	—	—	—	—	—	—	—	—	—	—	—	—
	V	421,66	23,19	33,73	37,94	IV	158,25	6,95	10,12	11,38	2,93	7,65	8,60	—	5,29	5,95	—	3,20	3,60	—	1,39	1,56	—	—	—
	VI	449,—	24,69	35,92	40,41																				
1 661,99	I,IV	159,—	8,74	12,72	14,31	I	159,—	3,06	7,70	8,66	—	3,24	3,65	—	—	—	—	—	—	—	—	—	—	—	—
	II	131,33	7,22	10,50	11,81	II	131,33	—	5,64	6,34	—	1,66	1,86	—	—	—	—	—	—	—	—	—	—	—	—
	III	—	—	—	—	III	—	—	—	—	—	—	—	—	—	—	—	—	—	—	—	—	—	—	—
	V	422,66	23,24	33,81	38,03	IV	159,—	6,99	10,18	11,45	3,06	7,70	8,66	—	5,34	6,01	—	3,24	3,65	—	1,43	1,61	—	—	—
	VI	450,—	24,75	36,—	40,50																				
1 664,99	I,IV	159,66	8,78	12,77	14,36	I	159,66	3,21	7,76	8,73	—	3,29	3,70	—	—	—	—	—	—	—	—	—	—	—	—
	II	132,08	7,26	10,56	11,88	II	132,08	—	5,69	6,40	—	1,70	1,91	—	—	—	—	—	—	—	—	—	—	—	—
	III	—	—	—	—	III	—	—	—	—	—	—	—	—	—	—	—	—	—	—	—	—	—	—	—
	V	423,83	23,31	33,90	38,14	IV	159,66	7,03	10,23	11,51	3,21	7,76	8,73	—	5,40	6,07	—	3,29	3,70	—	1,47	1,65	—	—	—
	VI	451,16	24,81	36,09	40,60																				

* Die ausgewiesenen Tabellenwerte sind amtlich. Siehe Erläuterungen auf der Umschlaginnenseite (U2).

Abzüge an Lohnsteuer, Solidaritätszuschlag (SolZ) und Kirchensteuer (8%, 9%) in den Steuerklassen

Lohn/ Gehalt bis €*	I – VI					I, II, III, IV																			
			ohne Kinderfreibeträge					mit Zahl der Kinderfreibeträge . . .																	
								0,5			1			1,5			2			2,5			3**		
		LSt	SolZ	8%	9%		LSt	SolZ	8%	9%	SolZ	8%	9%	SolZ	8%	9%	SolZ	8%	9%	SolZ	8%	9%	SolZ	8%	9%
1 667,99	I,IV	160,41	8,82	12,83	14,43	I	160,41	3,35	7,82	8,79	—	3,34	3,75	—	—	—	—	—	—	—	—	—	—	—	—
	II	132,83	7,30	10,62	11,95	II	132,83	—	5,74	6,46	—	1,74	1,95	—	—	—	—	—	—	—	—	—	—	—	—
	III	—	—	—	—	III	—	—	—	—	—	—	—	—	—	—	—	—	—	—	—	—	—	—	—
	V	424,83	23,36	33,98	38,23	IV	160,41	7,07	10,29	11,57	3,35	7,82	8,79	—	5,45	6,13	—	3,34	3,75	—	1,51	1,70	—	—	—
	VI	452,33	24,87	36,18	40,70																				
1 670,99	I,IV	161,16	8,86	12,89	14,50	I	161,16	3,48	7,87	8,85	—	3,38	3,80	—	—	—	—	—	—	—	—	—	—	—	—
	II	133,50	7,34	10,68	12,01	II	133,50	—	5,80	6,52	—	1,77	1,99	—	—	—	—	—	—	—	—	—	—	—	—
	III	—	—	—	—	III	—	—	—	—	—	—	—	—	—	—	—	—	—	—	—	—	—	—	—
	V	425,83	23,42	34,06	38,32	IV	161,16	7,11	10,35	11,64	3,48	7,87	8,85	—	5,50	6,18	—	3,38	3,80	—	1,55	1,74	—	—	—
	VI	453,33	24,93	36,26	40,79																				
1 673,99	I,IV	161,91	8,90	12,95	14,57	I	161,91	3,63	7,93	8,92	—	3,43	3,86	—	0,03	0,03	—	—	—	—	—	—	—	—	—
	II	134,25	7,38	10,74	12,08	II	134,25	—	5,85	6,58	—	1,81	2,03	—	—	—	—	—	—	—	—	—	—	—	—
	III	—	—	—	—	III	—	—	—	—	—	—	—	—	—	—	—	—	—	—	—	—	—	—	—
	V	427,—	23,48	34,16	38,43	IV	161,91	7,15	10,40	11,70	3,63	7,93	8,92	—	5,55	6,24	—	3,43	3,86	—	1,59	1,79	—	0,03	0,03
	VI	454,33	24,98	36,34	40,88																				
1 676,99	I,IV	162,66	8,94	13,01	14,63	I	162,66	3,78	7,99	8,99	—	3,47	3,90	—	0,06	0,07	—	—	—	—	—	—	—	—	—
	II	135,—	7,42	10,80	12,15	II	135,—	—	5,90	6,64	—	1,85	2,08	—	—	—	—	—	—	—	—	—	—	—	—
	III	—	—	—	—	III	—	—	—	—	—	—	—	—	—	—	—	—	—	—	—	—	—	—	—
	V	428,—	23,54	34,24	38,52	IV	162,66	7,19	10,46	11,77	3,78	7,99	8,99	—	5,60	6,30	—	3,47	3,90	—	1,62	1,82	—	0,06	0,07
	VI	455,66	25,06	36,45	41,—																				
1 679,99	I,IV	163,41	8,98	13,07	14,70	I	163,41	3,91	8,04	9,05	—	3,52	3,96	—	0,10	0,11	—	—	—	—	—	—	—	—	—
	II	135,66	7,46	10,85	12,20	II	135,66	—	5,96	6,70	—	1,89	2,12	—	—	—	—	—	—	—	—	—	—	—	—
	III	—	—	—	—	III	—	—	—	—	—	—	—	—	—	—	—	—	—	—	—	—	—	—	—
	V	429,—	23,59	34,32	38,61	IV	163,41	7,23	10,52	11,84	3,91	8,04	9,05	—	5,66	6,36	—	3,52	3,96	—	1,66	1,87	—	0,10	0,11
	VI	456,66	25,11	36,53	41,09																				
1 682,99	I,IV	164,16	9,02	13,13	14,77	I	164,16	4,05	8,10	9,11	—	3,56	4,01	—	0,13	0,14	—	—	—	—	—	—	—	—	—
	II	136,41	7,50	10,91	12,27	II	136,41	—	6,01	6,76	—	1,93	2,17	—	—	—	—	—	—	—	—	—	—	—	—
	III	—	—	—	—	III	—	—	—	—	—	—	—	—	—	—	—	—	—	—	—	—	—	—	—
	V	430,16	23,65	34,41	38,71	IV	164,16	7,27	10,58	11,90	4,05	8,10	9,11	—	5,71	6,42	—	3,56	4,01	—	1,70	1,91	—	0,13	0,14
	VI	457,66	25,17	36,61	41,18																				
1 685,99	I,IV	164,91	9,07	13,19	14,84	I	164,91	4,20	8,16	9,18	—	3,61	4,06	—	0,16	0,18	—	—	—	—	—	—	—	—	—
	II	137,16	7,54	10,97	12,34	II	137,16	—	6,06	6,82	—	1,98	2,22	—	—	—	—	—	—	—	—	—	—	—	—
	III	—	—	—	—	III	—	—	—	—	—	—	—	—	—	—	—	—	—	—	—	—	—	—	—
	V	431,16	23,71	34,49	38,80	IV	164,91	7,31	10,64	11,97	4,20	8,16	9,18	—	5,76	6,48	—	3,61	4,06	—	1,74	1,96	—	0,16	0,18
	VI	458,66	25,22	36,69	41,27																				
1 688,99	I,IV	165,66	9,11	13,25	14,90	I	165,66	4,33	8,21	9,23	—	3,66	4,11	—	0,20	0,22	—	—	—	—	—	—	—	—	—
	II	137,91	7,58	11,03	12,41	II	137,91	—	6,12	6,88	—	2,02	2,27	—	—	—	—	—	—	—	—	—	—	—	—
	III	—	—	—	—	III	—	—	—	—	—	—	—	—	—	—	—	—	—	—	—	—	—	—	—
	V	432,33	23,77	34,58	38,90	IV	165,66	7,35	10,70	12,03	4,33	8,21	9,23	—	5,82	6,54	—	3,66	4,11	—	1,78	2,—	—	0,20	0,22
	VI	460,—	25,30	36,80	41,40																				
1 691,99	I,IV	166,41	9,15	13,31	14,97	I	166,41	4,48	8,27	9,30	—	3,70	4,16	—	0,23	0,26	—	—	—	—	—	—	—	—	—
	II	138,58	7,62	11,08	12,47	II	138,58	—	6,17	6,94	—	2,06	2,31	—	—	—	—	—	—	—	—	—	—	—	—
	III	—	—	—	—	III	—	—	—	—	—	—	—	—	—	—	—	—	—	—	—	—	—	—	—
	V	433,33	23,83	34,66	38,99	IV	166,41	7,39	10,76	12,10	4,48	8,27	9,30	—	5,86	6,59	—	3,70	4,16	—	1,82	2,05	—	0,23	0,26
	VI	461,—	25,35	36,88	41,49																				
1 694,99	I,IV	167,16	9,19	13,37	15,04	I	167,16	4,61	8,32	9,36	—	3,75	4,22	—	0,26	0,29	—	—	—	—	—	—	—	—	—
	II	139,33	7,66	11,14	12,53	II	139,33	—	6,22	7,—	—	2,10	2,36	—	—	—	—	—	—	—	—	—	—	—	—
	III	—	—	—	—	III	—	—	—	—	—	—	—	—	—	—	—	—	—	—	—	—	—	—	—
	V	434,33	23,88	34,74	39,08	IV	167,16	7,43	10,81	12,16	4,61	8,32	9,36	—	5,92	6,66	—	3,75	4,22	—	1,86	2,09	—	0,26	0,29
	VI	462,—	25,41	36,96	41,58																				
1 697,99	I,IV	167,91	9,23	13,43	15,11	I	167,91	4,76	8,38	9,43	—	3,80	4,27	—	0,30	0,33	—	—	—	—	—	—	—	—	—
	II	140,08	7,70	11,20	12,60	II	140,08	—	6,28	7,07	—	2,14	2,40	—	—	—	—	—	—	—	—	—	—	—	—
	III	—	—	—	—	III	—	—	—	—	—	—	—	—	—	—	—	—	—	—	—	—	—	—	—
	V	435,50	23,95	34,84	39,19	IV	167,91	7,47	10,87	12,23	4,76	8,38	9,43	—	5,98	6,72	—	3,80	4,27	—	1,90	2,14	—	0,30	0,33
	VI	463,33	25,48	37,06	41,69																				
1 700,99	I,IV	168,66	9,27	13,49	15,17	I	168,66	4,90	8,44	9,49	—	3,84	4,32	—	0,33	0,37	—	—	—	—	—	—	—	—	—
	II	140,83	7,74	11,26	12,67	II	140,83	—	6,34	7,13	—	2,18	2,45	—	—	—	—	—	—	—	—	—	—	—	—
	III	—	—	—	—	III	—	—	—	—	—	—	—	—	—	—	—	—	—	—	—	—	—	—	—
	V	436,50	24,—	34,92	39,28	IV	168,66	7,51	10,93	12,29	4,90	8,44	9,49	—	6,02	6,77	—	3,84	4,32	—	1,94	2,18	—	0,33	0,37
	VI	464,33	25,53	37,14	41,78																				
1 703,99	I,IV	169,41	9,31	13,55	15,24	I	169,41	5,05	8,50	9,56	—	3,89	4,37	—	0,36	0,41	—	—	—	—	—	—	—	—	—
	II	141,50	7,78	11,32	12,73	II	141,50	—	6,39	7,19	—	2,22	2,50	—	—	—	—	—	—	—	—	—	—	—	—
	III	—	—	—	—	III	—	—	—	—	—	—	—	—	—	—	—	—	—	—	—	—	—	—	—
	V	437,50	24,06	35,—	39,37	IV	169,41	7,55	10,98	12,35	5,05	8,50	9,56	—	6,08	6,84	—	3,89	4,37	—	1,98	2,23	—	0,36	0,41
	VI	465,33	25,59	37,22	41,87																				
1 706,99	I,IV	170,16	9,35	13,61	15,31	I	170,16	5,18	8,55	9,62	—	3,94	4,43	—	0,40	0,45	—	—	—	—	—	—	—	—	—
	II	142,25	7,82	11,38	12,80	II	142,25	—	6,44	7,25	—	2,26	2,54	—	—	—	—	—	—	—	—	—	—	—	—
	III	—	—	—	—	III	—	—	—	—	—	—	—	—	—	—	—	—	—	—	—	—	—	—	—
	V	438,66	24,12	35,09	39,47	IV	170,16	7,59	11,04	12,42	5,18	8,55	9,62	—	6,14	6,90	—	3,94	4,43	—	2,03	2,28	—	0,40	0,45
	VI	466,50	25,65	37,32	41,98																				
1 709,99	I,IV	170,83	9,39	13,66	15,37	I	170,83	5,33	8,61	9,68	—	3,98	4,48	—	0,43	0,48	—	—	—	—	—	—	—	—	—
	II	143,—	7,86	11,44	12,87	II	143,—	0,05	6,50	7,31	—	2,30	2,59	—	—	—	—	—	—	—	—	—	—	—	—
	III	—	—	—	—	III	—	—	—	—	—	—	—	—	—	—	—	—	—	—	—	—	—	—	—
	V	439,83	24,19	35,18	39,58	IV	170,83	7,63	11,10	12,49	5,33	8,61	9,68	—	6,19	6,96	—	3,98	4,48	—	2,07	2,33	—	0,43	0,48
	VI	467,66	25,72	37,41	42,08																				

* Die ausgewiesenen Tabellenwerte sind amtlich. Siehe Erläuterungen auf der Umschlaginnenseite (U2).
** Bei mehr als 3 Kinderfreibeträgen ist die „Ergänzungs-Tabelle 3,5 bis 6 Kinderfreibeträge" anzuwenden.

Lohn/ Gehalt bis €*	Abzüge an Lohnsteuer, Solidaritätszuschlag (SolZ) und Kirchensteuer (8%, 9%) in den Steuerklassen I – VI					I, II, III, IV		mit Zahl der Kinderfreibeträge . . . 0,5			1			1,5			2			2,5			3**		
		LSt	ohne Kinderfreibeträge SolZ	8%	9%		LSt	SolZ	8%	9%	SolZ	8%	9%	SolZ	8%	9%	SolZ	8%	9%	SolZ	8%	9%	SolZ	8%	9%
1 712,99	I,IV	171,66	9,44	13,73	15,44	I	171,66	5,46	8,66	9,74	—	4,03	4,53	—	0,47	0,53	—	—	—	—	—	—	—	—	—
	II	143,75	7,90	11,50	12,93	II	143,75	0,18	6,55	7,37	—	2,34	2,63	—	—	—	—	—	—	—	—	—	—	—	—
	III	—	—	—	—	III	—	—	—	—	—	—	—	—	—	—	—	—	—	—	—	—	—	—	—
	V	440,83	24,24	35,26	39,67	IV	171,66	7,67	11,16	12,56	5,46	8,66	9,74	—	6,24	7,02	—	4,03	4,53	—	2,11	2,37	—	0,47	0,53
	VI	468,66	25,77	37,49	42,17																				
1 715,99	I,IV	172,41	9,48	13,79	15,51	I	172,41	5,61	8,72	9,81	—	4,08	4,59	—	0,50	0,56	—	—	—	—	—	—	—	—	—
	II	144,50	7,94	11,56	13,—	II	144,50	0,33	6,61	7,43	—	2,39	2,69	—	—	—	—	—	—	—	—	—	—	—	—
	III	—	—	—	—	III	—	—	—	—	—	—	—	—	—	—	—	—	—	—	—	—	—	—	—
	V	442,—	24,31	35,36	39,78	IV	172,41	7,71	11,22	12,62	5,61	8,72	9,81	—	6,30	7,08	—	4,08	4,59	—	2,15	2,42	—	0,50	0,56
	VI	469,83	25,84	37,58	42,28																				
1 718,99	I,IV	173,16	9,52	13,85	15,58	I	173,16	5,75	8,78	9,87	—	4,13	4,64	—	0,54	0,60	—	—	—	—	—	—	—	—	—
	II	145,16	7,98	11,61	13,06	II	145,16	0,46	6,66	7,49	—	2,43	2,73	—	—	—	—	—	—	—	—	—	—	—	—
	III	—	—	—	—	III	—	—	—	—	—	—	—	—	—	—	—	—	—	—	—	—	—	—	—
	V	443,—	24,36	35,44	39,87	IV	173,16	7,75	11,28	12,69	5,75	8,78	9,87	—	6,35	7,14	—	4,13	4,64	—	2,19	2,46	—	0,54	0,60
	VI	470,83	25,89	37,66	42,37																				
1 721,99	I,IV	173,91	9,56	13,91	15,65	I	173,91	5,90	8,84	9,94	—	4,18	4,70	—	0,57	0,64	—	—	—	—	—	—	—	—	—
	II	145,91	8,02	11,67	13,13	II	145,91	0,60	6,72	7,56	—	2,47	2,78	—	—	—	—	—	—	—	—	—	—	—	—
	III	—	—	—	—	III	—	—	—	—	—	—	—	—	—	—	—	—	—	—	—	—	—	—	—
	V	444,—	24,42	35,52	39,96	IV	173,91	7,79	11,34	12,75	5,90	8,84	9,94	—	6,40	7,20	—	4,18	4,70	—	2,23	2,51	—	0,57	0,64
	VI	472,16	25,96	37,77	42,49																				
1 724,99	I,IV	174,66	9,60	13,97	15,71	I	174,66	6,03	8,89	10,—	—	4,22	4,75	—	0,61	0,68	—	—	—	—	—	—	—	—	—
	II	146,66	8,06	11,73	13,19	II	146,66	0,75	6,78	7,62	—	2,52	2,83	—	—	—	—	—	—	—	—	—	—	—	—
	III	—	—	—	—	III	—	—	—	—	—	—	—	—	—	—	—	—	—	—	—	—	—	—	—
	V	445,16	24,48	35,61	40,06	IV	174,66	7,83	11,40	12,82	6,03	8,89	10,—	—	6,46	7,26	—	4,22	4,75	—	2,28	2,56	—	0,61	0,68
	VI	473,16	26,02	37,85	42,58																				
1 727,99	I,IV	175,41	9,64	14,03	15,78	I	175,41	6,15	8,95	10,07	—	4,28	4,81	—	0,64	0,72	—	—	—	—	—	—	—	—	—
	II	147,41	8,10	11,79	13,26	II	147,41	0,88	6,83	7,68	—	2,56	2,88	—	—	—	—	—	—	—	—	—	—	—	—
	III	—	—	—	—	III	—	—	—	—	—	—	—	—	—	—	—	—	—	—	—	—	—	—	—
	V	446,33	24,54	35,70	40,16	IV	175,41	7,87	11,46	12,89	6,15	8,95	10,07	0,10	6,52	7,33	—	4,28	4,81	—	2,32	2,61	—	0,64	0,72
	VI	474,16	26,07	37,93	42,67																				
1 730,99	I,IV	176,16	9,68	14,09	15,85	I	176,16	6,19	9,—	10,13	—	4,32	4,86	—	0,68	0,76	—	—	—	—	—	—	—	—	—
	II	148,08	8,14	11,84	13,32	II	148,08	1,01	6,88	7,74	—	2,60	2,92	—	—	—	—	—	—	—	—	—	—	—	—
	III	—	—	—	—	III	—	—	—	—	—	—	—	—	—	—	—	—	—	—	—	—	—	—	—
	V	447,33	24,60	35,78	40,25	IV	176,16	7,91	11,51	12,95	6,19	9,—	10,13	0,23	6,57	7,39	—	4,32	4,86	—	2,36	2,65	—	0,68	0,76
	VI	475,33	26,14	38,02	42,77																				
1 733,99	I,IV	176,91	9,73	14,15	15,92	I	176,91	6,23	9,06	10,19	—	4,37	4,91	—	0,71	0,80	—	—	—	—	—	—	—	—	—
	II	148,83	8,18	11,90	13,39	II	148,83	1,16	6,94	7,81	—	2,64	2,97	—	—	—	—	—	—	—	—	—	—	—	—
	III	—	—	—	—	III	—	—	—	—	—	—	—	—	—	—	—	—	—	—	—	—	—	—	—
	V	448,50	24,66	35,88	40,36	IV	176,91	7,95	11,57	13,01	6,23	9,06	10,19	0,36	6,62	7,45	—	4,37	4,91	—	2,40	2,70	—	0,71	0,80
	VI	476,33	26,19	38,10	42,86																				
1 736,99	I,IV	177,66	9,77	14,21	15,98	I	177,66	6,27	9,12	10,26	—	4,42	4,97	—	0,75	0,84	—	—	—	—	—	—	—	—	—
	II	149,58	8,22	11,96	13,46	II	149,58	1,30	7,—	7,87	—	2,68	3,02	—	—	—	—	—	—	—	—	—	—	—	—
	III	—	—	—	—	III	—	—	—	—	—	—	—	—	—	—	—	—	—	—	—	—	—	—	—
	V	449,50	24,72	35,96	40,45	IV	177,66	7,99	11,63	13,08	6,27	9,12	10,26	0,51	6,68	7,52	—	4,42	4,97	—	2,44	2,75	—	0,75	0,84
	VI	477,66	26,27	38,21	42,98																				
1 739,99	I,IV	178,41	9,81	14,27	16,05	I	178,41	6,31	9,18	10,32	—	4,47	5,03	—	0,78	0,88	—	—	—	—	—	—	—	—	—
	II	150,33	8,26	12,02	13,52	II	150,33	1,43	7,05	7,93	—	2,73	3,07	—	—	—	—	—	—	—	—	—	—	—	—
	III	0,50	—	0,04	0,04	III	0,50	—	—	—	—	—	—	—	—	—	—	—	—	—	—	—	—	—	—
	V	450,50	24,77	36,04	40,54	IV	178,41	8,03	11,69	13,15	6,31	9,18	10,32	0,65	6,74	7,58	—	4,47	5,03	—	2,48	2,79	—	0,78	0,88
	VI	478,66	26,32	38,29	43,07																				
1 742,99	I,IV	179,16	9,85	14,33	16,12	I	179,16	6,35	9,24	10,39	—	4,52	5,08	—	0,82	0,92	—	—	—	—	—	—	—	—	—
	II	151,08	8,30	12,08	13,59	II	151,08	1,58	7,11	8,—	—	2,77	3,11	—	—	—	—	—	—	—	—	—	—	—	—
	III	0,83	—	0,06	0,07	III	0,83	—	—	—	—	—	—	—	—	—	—	—	—	—	—	—	—	—	—
	V	451,66	24,84	36,13	40,64	IV	179,16	8,07	11,74	13,21	6,35	9,24	10,39	0,78	6,79	7,64	—	4,52	5,08	—	2,52	2,84	—	0,82	0,92
	VI	479,83	26,39	38,38	43,18																				
1 745,99	I,IV	179,91	9,89	14,39	16,19	I	179,91	6,38	9,29	10,45	—	4,56	5,13	—	0,86	0,96	—	—	—	—	—	—	—	—	—
	II	151,83	8,35	12,14	13,66	II	151,83	1,71	7,16	8,06	—	2,82	3,17	—	—	—	—	—	—	—	—	—	—	—	—
	III	1,16	—	0,09	0,10	III	1,16	—	—	—	—	—	—	—	—	—	—	—	—	—	—	—	—	—	—
	V	452,83	24,90	36,22	40,75	IV	179,91	8,11	11,80	13,28	6,38	9,29	10,45	0,91	6,84	7,70	—	4,56	5,13	—	2,57	2,89	—	0,86	0,96
	VI	480,83	26,44	38,46	43,27																				
1 748,99	I,IV	180,66	9,93	14,45	16,25	I	180,66	6,43	9,35	10,52	—	4,62	5,19	—	0,90	1,01	—	—	—	—	—	—	—	—	—
	II	152,58	8,39	12,20	13,73	II	152,58	1,85	7,22	8,12	—	2,86	3,21	—	—	—	—	—	—	—	—	—	—	—	—
	III	1,50	—	0,12	0,13	III	1,50	—	—	—	—	—	—	—	—	—	—	—	—	—	—	—	—	—	—
	V	453,83	24,96	36,30	40,84	IV	180,66	8,15	11,86	13,34	6,43	9,35	10,52	1,06	6,90	7,76	—	4,62	5,19	—	2,61	2,93	—	0,90	1,01
	VI	482,16	26,51	38,57	43,39																				
1 751,99	I,IV	181,41	9,97	14,51	16,32	I	181,41	6,46	9,40	10,58	—	4,66	5,24	—	0,93	1,04	—	—	—	—	—	—	—	—	—
	II	153,25	8,42	12,26	13,79	II	153,25	2,—	7,28	8,19	—	2,90	3,26	—	—	—	—	—	—	—	—	—	—	—	—
	III	1,83	—	0,14	0,16	III	1,83	—	—	—	—	—	—	—	—	—	—	—	—	—	—	—	—	—	—
	V	454,83	25,01	36,38	40,93	IV	181,41	8,19	11,92	13,41	6,46	9,40	10,58	1,20	6,96	7,83	—	4,66	5,24	—	2,66	2,99	—	0,93	1,04
	VI	483,16	26,57	38,65	43,48																				
1 754,99	I,IV	182,16	10,01	14,57	16,39	I	182,16	6,50	9,46	10,64	—	4,72	5,31	—	0,96	1,08	—	—	—	—	—	—	—	—	—
	II	154,—	8,47	12,32	13,86	II	154,—	2,13	7,33	8,24	—	2,95	3,32	—	—	—	—	—	—	—	—	—	—	—	—
	III	2,16	—	0,17	0,19	III	2,16	—	—	—	—	—	—	—	—	—	—	—	—	—	—	—	—	—	—
	V	456,16	25,08	36,49	41,05	IV	182,16	8,24	11,98	13,48	6,50	9,46	10,64	1,33	7,01	7,88	—	4,72	5,31	—	2,70	3,03	—	0,96	1,08
	VI	484,33	26,63	38,74	43,58																				

* Die ausgewiesenen Tabellenwerte sind amtlich. Siehe Erläuterungen auf der Umschlaginnenseite (U2).
** Bei mehr als 3 Kinderfreibeträgen ist die „Ergänzungs-Tabelle 3,5 bis 6 Kinderfreibeträge" anzuwenden.

Abzüge an Lohnsteuer, Solidaritätszuschlag (SolZ) und Kirchensteuer (8%, 9%) in den Steuerklassen

Lohn/ Gehalt bis €*	I – VI		ohne Kinder-freibeträge			I, II, III, IV		mit Zahl der Kinderfreibeträge . . . 0,5			1			1,5			2			2,5			3**		
		LSt	SolZ	8%	9%		LSt	SolZ	8%	9%	SolZ	8%	9%	SolZ	8%	9%	SolZ	8%	9%	SolZ	8%	9%	SolZ	8%	9%
1 757,99	I,IV	182,91	10,06	14,63	16,46	I	182,91	6,54	9,52	10,71	—	4,76	5,36	—	1,—	1,13	—	—	—	—	—	—	—	—	—
	II	154,75	8,51	12,38	13,92	II	154,75	2,28	7,39	8,31	—	2,99	3,36	—	—	—	—	—	—	—	—	—	—	—	—
	III	2,50	—	0,20	0,22	III	2,50	—	—	—	—	—	—	—	—	—	—	—	—	—	—	—	—	—	—
	V	457,16	25,14	36,57	41,14	IV	182,91	8,28	12,04	13,55	6,54	9,52	10,71	1,48	7,07	7,95	—	4,76	5,36	—	2,74	3,08	—	1,—	1,13
	VI	485,33	26,69	38,82	43,67																				
1 760,99	I,IV	183,66	10,10	14,69	16,52	I	183,66	6,58	9,58	10,77	—	4,82	5,42	—	1,04	1,17	—	—	—	—	—	—	—	—	—
	II	155,50	8,55	12,44	13,99	II	155,50	2,41	7,44	8,37	—	3,04	3,42	—	—	—	—	—	—	—	—	—	—	—	—
	III	2,83	—	0,22	0,25	III	2,83	—	—	—	—	—	—	—	—	—	—	—	—	—	—	—	—	—	—
	V	458,16	25,19	36,65	41,23	IV	183,66	8,32	12,10	13,61	6,58	9,58	10,77	1,61	7,12	8,01	—	4,82	5,42	—	2,78	3,13	—	1,04	1,17
	VI	486,50	26,75	38,92	43,78																				
1 763,99	I,IV	184,41	10,14	14,75	16,59	I	184,41	6,62	9,64	10,84	—	4,86	5,47	—	1,08	1,21	—	—	—	—	—	—	—	—	—
	II	156,25	8,59	12,50	14,06	II	156,25	2,55	7,50	8,43	—	3,08	3,46	—	—	—	—	—	—	—	—	—	—	—	—
	III	3,16	—	0,25	0,28	III	3,16	—	—	—	—	—	—	—	—	—	—	—	—	—	—	—	—	—	—
	V	459,16	25,25	36,73	41,32	IV	184,41	8,36	12,16	13,68	6,62	9,64	10,84	1,75	7,18	8,07	—	4,86	5,47	—	2,83	3,18	—	1,08	1,21
	VI	487,50	26,81	39,—	43,87																				
1 766,99	I,IV	185,16	10,18	14,81	16,66	I	185,16	6,66	9,69	10,90	—	4,92	5,53	—	1,12	1,26	—	—	—	—	—	—	—	—	—
	II	157,—	8,63	12,56	14,13	II	157,—	2,70	7,56	8,50	—	3,12	3,51	—	—	—	—	—	—	—	—	—	—	—	—
	III	3,50	—	0,28	0,31	III	3,50	—	—	—	—	—	—	—	—	—	—	—	—	—	—	—	—	—	—
	V	460,50	25,32	36,84	41,44	IV	185,16	8,40	12,22	13,74	6,66	9,69	10,90	1,90	7,24	8,14	—	4,92	5,53	—	2,87	3,23	—	1,12	1,26
	VI	488,83	26,88	39,10	43,99																				
1 769,99	I,IV	185,91	10,22	14,87	16,73	I	185,91	6,70	9,75	10,97	—	4,96	5,58	—	1,15	1,29	—	—	—	—	—	—	—	—	—
	II	157,75	8,67	12,62	14,19	II	157,75	2,83	7,61	8,56	—	3,17	3,56	—	—	—	—	—	—	—	—	—	—	—	—
	III	3,83	—	0,30	0,34	III	3,83	—	—	—	—	—	—	—	—	—	—	—	—	—	—	—	—	—	—
	V	461,50	25,38	36,92	41,53	IV	185,91	8,44	12,28	13,81	6,70	9,75	10,97	2,03	7,29	8,20	—	4,96	5,58	—	2,92	3,28	—	1,15	1,29
	VI	489,83	26,94	39,18	44,08																				
1 772,99	I,IV	186,66	10,26	14,93	16,79	I	186,66	6,74	9,80	11,03	—	5,02	5,64	—	1,19	1,34	—	—	—	—	—	—	—	—	—
	II	158,41	8,71	12,67	14,25	II	158,41	2,96	7,66	8,62	—	3,22	3,62	—	—	—	—	—	—	—	—	—	—	—	—
	III	4,16	—	0,33	0,37	III	4,16	—	—	—	—	—	—	—	—	—	—	—	—	—	—	—	—	—	—
	V	462,50	25,43	37,—	41,62	IV	186,66	8,48	12,34	13,88	6,74	9,80	11,03	2,18	7,35	8,27	—	5,02	5,64	—	2,96	3,33	—	1,19	1,34
	VI	491,—	27,—	39,28	44,19																				
1 775,99	I,IV	187,50	10,31	15,—	16,87	I	187,50	6,78	9,86	11,09	—	5,06	5,69	—	1,22	1,37	—	—	—	—	—	—	—	—	—
	II	159,16	8,75	12,73	14,32	II	159,16	3,11	7,72	8,69	—	3,26	3,66	—	—	—	—	—	—	—	—	—	—	—	—
	III	4,50	—	0,36	0,40	III	4,50	—	—	—	—	—	—	—	—	—	—	—	—	—	—	—	—	—	—
	V	463,83	25,51	37,10	41,74	IV	187,50	8,52	12,40	13,95	6,78	9,86	11,09	2,31	7,40	8,33	—	5,06	5,69	—	3,—	3,38	—	1,22	1,37
	VI	492,—	27,06	39,36	44,28																				
1 778,99	I,IV	188,25	10,35	15,06	16,94	I	188,25	6,82	9,92	11,16	—	5,12	5,76	—	1,26	1,42	—	—	—	—	—	—	—	—	—
	II	159,91	8,79	12,79	14,39	II	159,91	3,25	7,78	8,75	—	3,30	3,71	—	—	—	—	—	—	—	—	—	—	—	—
	III	4,83	—	0,38	0,43	III	4,83	—	—	—	—	—	—	—	—	—	—	—	—	—	—	—	—	—	—
	V	464,83	25,56	37,18	41,83	IV	188,25	8,56	12,46	14,01	6,82	9,92	11,16	2,45	7,46	8,39	—	5,12	5,76	—	3,05	3,43	—	1,26	1,42
	VI	493,16	27,12	39,45	44,38																				
1 781,99	I,IV	189,—	10,39	15,12	17,01	I	189,—	6,86	9,98	11,23	—	5,17	5,81	—	1,30	1,46	—	—	—	—	—	—	—	—	—
	II	160,66	8,83	12,85	14,45	II	160,66	3,40	7,84	8,82	—	3,35	3,77	—	—	—	—	—	—	—	—	—	—	—	—
	III	5,16	—	0,41	0,46	III	5,16	—	—	—	—	—	—	—	—	—	—	—	—	—	—	—	—	—	—
	V	465,83	25,62	37,26	41,92	IV	189,—	8,60	12,52	14,08	6,86	9,98	11,23	2,60	7,52	8,46	—	5,17	5,81	—	3,10	3,48	—	1,30	1,46
	VI	494,33	27,18	39,54	44,48																				
1 784,99	I,IV	189,75	10,43	15,18	17,07	I	189,75	6,90	10,04	11,29	—	5,22	5,87	—	1,34	1,50	—	—	—	—	—	—	—	—	—
	II	161,41	8,87	12,91	14,52	II	161,41	3,53	7,89	8,87	—	3,40	3,82	—	0,01	0,01	—	—	—	—	—	—	—	—	—
	III	5,50	—	0,44	0,49	III	5,50	—	—	—	—	—	—	—	—	—	—	—	—	—	—	—	—	—	—
	V	467,—	25,68	37,36	42,03	IV	189,75	8,64	12,57	14,14	6,90	10,04	11,29	2,73	7,57	8,51	—	5,22	5,87	—	3,14	3,53	—	1,34	1,50
	VI	495,50	27,25	39,64	44,59																				
1 787,99	I,IV	190,50	10,47	15,24	17,14	I	190,50	6,94	10,10	11,36	—	5,27	5,93	—	1,38	1,55	—	—	—	—	—	—	—	—	—
	II	162,16	8,91	12,97	14,59	II	162,16	3,68	7,95	8,94	—	3,44	3,87	—	0,04	0,05	—	—	—	—	—	—	—	—	—
	III	5,83	—	0,46	0,52	III	5,83	—	—	—	—	—	—	—	—	—	—	—	—	—	—	—	—	—	—
	V	468,16	25,74	37,45	42,13	IV	190,50	8,68	12,63	14,21	6,94	10,10	11,36	2,88	7,63	8,58	—	5,27	5,93	—	3,18	3,58	—	1,38	1,55
	VI	496,66	27,31	39,73	44,69																				
1 790,99	I,IV	191,25	10,51	15,30	17,21	I	191,25	6,98	10,15	11,42	—	5,32	5,99	—	1,42	1,59	—	—	—	—	—	—	—	—	—
	II	162,91	8,96	13,03	14,66	II	162,91	3,81	8,—	9,—	—	3,49	3,92	—	0,08	0,09	—	—	—	—	—	—	—	—	—
	III	6,16	—	0,49	0,55	III	6,16	—	—	—	—	—	—	—	—	—	—	—	—	—	—	—	—	—	—
	V	469,16	25,80	37,53	42,22	IV	191,25	8,72	12,69	14,27	6,98	10,15	11,42	3,01	7,68	8,64	—	5,32	5,99	—	3,23	3,63	—	1,42	1,59
	VI	497,66	27,37	39,81	44,78																				
1 793,99	I,IV	192,—	10,56	15,36	17,28	I	192,—	7,02	10,21	11,48	—	5,38	6,05	—	1,46	1,64	—	—	—	—	—	—	—	—	—
	II	163,66	9,—	13,09	14,72	II	163,66	3,95	8,06	9,06	—	3,53	3,97	—	0,11	0,12	—	—	—	—	—	—	—	—	—
	III	6,66	—	0,53	0,59	III	6,66	—	—	—	—	—	—	—	—	—	—	—	—	—	—	—	—	—	—
	V	470,33	25,86	37,62	42,32	IV	192,—	8,76	12,75	14,34	7,02	10,21	11,48	3,15	7,74	8,70	—	5,38	6,05	—	3,27	3,68	—	1,46	1,64
	VI	498,83	27,43	39,90	44,89																				
1 796,99	I,IV	192,75	10,60	15,42	17,34	I	192,75	7,06	10,27	11,55	—	5,42	6,10	—	1,50	1,68	—	—	—	—	—	—	—	—	—
	II	164,41	9,04	13,15	14,79	II	164,41	4,10	8,12	9,13	—	3,58	4,02	—	0,14	0,16	—	—	—	—	—	—	—	—	—
	III	7,—	—	0,56	0,63	III	7,—	—	—	—	—	—	—	—	—	—	—	—	—	—	—	—	—	—	—
	V	471,33	25,92	37,70	42,41	IV	192,75	8,80	12,81	14,41	7,06	10,27	11,55	3,30	7,80	8,77	—	5,42	6,10	—	3,32	3,73	—	1,50	1,68
	VI	499,83	27,49	39,98	44,98																				
1 799,99	I,IV	193,58	10,64	15,48	17,42	I	193,58	7,09	10,32	11,61	—	5,48	6,16	—	1,53	1,72	—	—	—	—	—	—	—	—	—
	II	165,16	9,08	13,21	14,86	II	165,16	4,25	8,18	9,20	—	3,62	4,07	—	0,18	0,20	—	—	—	—	—	—	—	—	—
	III	7,33	—	0,58	0,65	III	7,33	—	—	—	—	—	—	—	—	—	—	—	—	—	—	—	—	—	—
	V	472,66	25,99	37,81	42,53	IV	193,58	8,85	12,87	14,48	7,09	10,32	11,61	3,43	7,85	8,83	—	5,48	6,16	—	3,36	3,78	—	1,53	1,72
	VI	501,16	27,56	40,09	45,10																				

* Die ausgewiesenen Tabellenwerte sind amtlich. Siehe Erläuterungen auf der Umschlaginnenseite (U2).
** Bei mehr als 3 Kinderfreibeträgen ist die „Ergänzungs-Tabelle 3,5 bis 6 Kinderfreibeträge" anzuwenden.

Abzüge an Lohnsteuer, Solidaritätszuschlag (SolZ) und Kirchensteuer (8%, 9%) in den Steuerklassen

Lohn/ Gehalt bis €*	I – VI		ohne Kinderfreibeträge			I, II, III, IV		mit Zahl der Kinderfreibeträge . . . 0,5			1			1,5			2			2,5			3**		
		LSt	SolZ	8%	9%		LSt	SolZ	8%	9%	SolZ	8%	9%	SolZ	8%	9%	SolZ	8%	9%	SolZ	8%	9%	SolZ	8%	9%
1 802,99	I,IV	194,33	10,68	15,54	17,48	I	194,33	7,14	10,38	11,68	—	5,53	6,22	—	1,57	1,76	—	—	—	—	—	—	—	—	—
	II	165,91	9,12	13,27	14,93	II	165,91	4,38	8,23	9,26	—	3,67	4,13	—	0,21	0,23	—	—	—	—	—	—	—	—	—
	III	7,66	—	0,61	0,68	III	7,66	—	—	—	—	—	—	—	—	—	—	—	—	—	—	—	—	—	—
	V	473,66	26,05	37,89	42,62	IV	194,33	8,89	12,93	14,54	7,14	10,38	11,68	3,58	7,91	8,90	—	5,53	6,22	—	3,41	3,83	—	1,57	1,76
	VI	502,33	27,62	40,18	45,20																				
1 805,99	I,IV	195,08	10,72	15,60	17,55	I	195,08	7,18	10,44	11,75	—	5,58	6,28	—	1,61	1,81	—	—	—	—	—	—	—	—	—
	II	166,66	9,16	13,33	14,99	II	166,66	4,51	8,28	9,32	—	3,72	4,18	—	0,24	0,27	—	—	—	—	—	—	—	—	—
	III	8,—	—	0,64	0,72	III	8,—	—	—	—	—	—	—	—	—	—	—	—	—	—	—	—	—	—	—
	V	474,66	26,10	37,97	42,71	IV	195,08	8,93	12,99	14,61	7,18	10,44	11,75	3,71	7,96	8,96	—	5,58	6,28	—	3,46	3,89	—	1,61	1,81
	VI	503,33	27,68	40,26	45,29																				
1 808,99	I,IV	195,83	10,77	15,66	17,62	I	195,83	7,21	10,50	11,81	—	5,64	6,34	—	1,65	1,85	—	—	—	—	—	—	—	—	—
	II	167,41	9,20	13,39	15,06	II	167,41	4,66	8,34	9,38	—	3,76	4,23	—	0,28	0,31	—	—	—	—	—	—	—	—	—
	III	8,33	—	0,66	0,74	III	8,33	—	—	—	—	—	—	—	—	—	—	—	—	—	—	—	—	—	—
	V	475,83	26,17	38,06	42,82	IV	195,83	8,97	13,05	14,68	7,21	10,50	11,81	3,86	8,02	9,02	—	5,64	6,34	—	3,50	3,94	—	1,65	1,85
	VI	504,50	27,74	40,36	45,40																				
1 811,99	I,IV	196,58	10,81	15,72	17,69	I	196,58	7,26	10,56	11,88	—	5,69	6,40	—	1,69	1,90	—	—	—	—	—	—	—	—	—
	II	168,16	9,24	13,45	15,13	II	168,16	4,80	8,40	9,45	—	3,81	4,28	—	0,31	0,35	—	—	—	—	—	—	—	—	—
	III	8,66	—	0,69	0,77	III	8,66	—	—	—	—	—	—	—	—	—	—	—	—	—	—	—	—	—	—
	V	476,83	26,22	38,14	42,91	IV	196,58	9,01	13,11	14,75	7,26	10,56	11,88	4,—	8,08	9,09	—	5,69	6,40	—	3,55	3,99	—	1,69	1,90
	VI	505,66	27,81	40,45	45,50																				
1 814,99	I,IV	197,33	10,85	15,78	17,75	I	197,33	7,30	10,62	11,94	—	5,74	6,45	—	1,73	1,94	—	—	—	—	—	—	—	—	—
	II	168,83	9,28	13,50	15,19	II	168,83	4,95	8,46	9,51	—	3,86	4,34	—	0,34	0,38	—	—	—	—	—	—	—	—	—
	III	9,—	—	0,72	0,81	III	9,—	—	—	—	—	—	—	—	—	—	—	—	—	—	—	—	—	—	—
	V	478,16	26,29	38,25	43,03	IV	197,33	9,05	13,16	14,81	7,30	10,62	11,94	4,13	8,13	9,14	—	5,74	6,45	—	3,59	4,04	—	1,73	1,94
	VI	506,66	27,86	40,53	45,59																				
1 817,99	I,IV	198,16	10,89	15,85	17,83	I	198,16	7,33	10,67	12,—	—	5,79	6,51	—	1,77	1,99	—	—	—	—	—	—	—	—	—
	II	169,58	9,32	13,56	15,26	II	169,58	5,08	8,51	9,57	—	3,90	4,39	—	0,38	0,42	—	—	—	—	—	—	—	—	—
	III	9,33	—	0,74	0,83	III	9,33	—	—	—	—	—	—	—	—	—	—	—	—	—	—	—	—	—	—
	V	479,16	26,35	38,33	43,12	IV	198,16	9,09	13,22	14,87	7,33	10,67	12,—	4,28	8,19	9,21	—	5,79	6,51	—	3,64	4,09	—	1,77	1,99
	VI	507,83	27,93	40,62	45,70																				
1 820,99	I,IV	198,91	10,94	15,91	17,90	I	198,91	7,37	10,73	12,07	—	5,84	6,57	—	1,81	2,03	—	—	—	—	—	—	—	—	—
	II	170,41	9,37	13,63	15,33	II	170,41	5,23	8,57	9,64	—	3,96	4,45	—	0,41	0,46	—	—	—	—	—	—	—	—	—
	III	9,66	—	0,77	0,86	III	9,66	—	—	—	—	—	—	—	—	—	—	—	—	—	—	—	—	—	—
	V	480,33	26,41	38,42	43,22	IV	198,91	9,13	13,28	14,94	7,37	10,73	12,07	4,41	8,24	9,27	—	5,84	6,57	—	3,68	4,14	—	1,81	2,03
	VI	509,16	28,—	40,73	45,82																				
1 823,99	I,IV	199,66	10,98	15,97	17,96	I	199,66	7,42	10,79	12,14	—	5,90	6,63	—	1,85	2,08	—	—	—	—	—	—	—	—	—
	II	171,08	9,40	13,68	15,39	II	171,08	5,36	8,62	9,70	—	4,—	4,50	—	0,44	0,50	—	—	—	—	—	—	—	—	—
	III	10,16	—	0,81	0,91	III	10,16	—	—	—	—	—	—	—	—	—	—	—	—	—	—	—	—	—	—
	V	481,33	26,47	38,50	43,31	IV	199,66	9,17	13,34	15,01	7,42	10,79	12,14	4,56	8,30	9,34	—	5,90	6,63	—	3,73	4,19	—	1,85	2,08
	VI	510,16	28,05	40,81	45,91																				
1 826,99	I,IV	200,41	11,02	16,03	18,03	I	200,41	7,46	10,85	12,20	—	5,95	6,69	—	1,89	2,12	—	—	—	—	—	—	—	—	—
	II	171,83	9,45	13,74	15,46	II	171,83	5,51	8,68	9,77	—	4,05	4,55	—	0,48	0,54	—	—	—	—	—	—	—	—	—
	III	10,50	—	0,84	0,94	III	10,50	—	—	—	—	—	—	—	—	—	—	—	—	—	—	—	—	—	—
	V	482,50	26,53	38,60	43,42	IV	200,41	9,21	13,40	15,08	7,46	10,85	12,20	4,70	8,36	9,40	—	5,95	6,69	—	3,78	4,25	—	1,89	2,12
	VI	511,33	28,12	40,90	46,01																				
1 829,99	I,IV	201,16	11,06	16,09	18,10	I	201,16	7,49	10,90	12,26	—	6,—	6,75	—	1,93	2,17	—	—	—	—	—	—	—	—	—
	II	172,58	9,49	13,80	15,53	II	172,58	5,65	8,74	9,83	—	4,10	4,61	—	0,52	0,58	—	—	—	—	—	—	—	—	—
	III	10,83	—	0,86	0,97	III	10,83	—	—	—	—	—	—	—	—	—	—	—	—	—	—	—	—	—	—
	V	483,66	26,60	38,69	43,52	IV	201,16	9,25	13,46	15,14	7,49	10,90	12,26	4,85	8,42	9,47	—	6,—	6,75	—	3,82	4,30	—	1,93	2,17
	VI	512,50	28,18	41,—	46,12																				
1 832,99	I,IV	202,—	11,11	16,16	18,18	I	202,—	7,53	10,96	12,33	—	6,06	6,81	—	1,97	2,21	—	—	—	—	—	—	—	—	—
	II	173,41	9,53	13,87	15,60	II	173,41	5,80	8,80	9,90	—	4,14	4,66	—	0,55	0,62	—	—	—	—	—	—	—	—	—
	III	11,16	—	0,89	1,—	III	11,16	—	—	—	—	—	—	—	—	—	—	—	—	—	—	—	—	—	—
	V	484,83	26,66	38,78	43,63	IV	202,—	9,29	13,52	15,21	7,53	10,96	12,33	4,98	8,47	9,53	—	6,06	6,81	—	3,87	4,35	—	1,97	2,21
	VI	513,66	28,25	41,09	46,22																				
1 835,99	I,IV	202,75	11,15	16,22	18,24	I	202,75	7,58	11,02	12,40	—	6,11	6,87	—	2,01	2,26	—	—	—	—	—	—	—	—	—
	II	174,08	9,57	13,92	15,66	II	174,08	5,93	8,85	9,95	—	4,19	4,71	—	0,58	0,65	—	—	—	—	—	—	—	—	—
	III	11,50	—	0,92	1,03	III	11,50	—	—	—	—	—	—	—	—	—	—	—	—	—	—	—	—	—	—
	V	485,83	26,72	38,86	43,72	IV	202,75	9,34	13,58	15,28	7,58	11,02	12,40	5,13	8,53	9,59	—	6,11	6,87	—	3,92	4,41	—	2,01	2,26
	VI	514,66	28,30	41,17	46,31																				
1 838,99	I,IV	203,50	11,19	16,28	18,31	I	203,50	7,62	11,08	12,47	—	6,17	6,94	—	2,05	2,30	—	—	—	—	—	—	—	—	—
	II	174,83	9,61	13,98	15,73	II	174,83	6,08	8,91	10,02	—	4,24	4,77	—	0,62	0,69	—	—	—	—	—	—	—	—	—
	III	11,83	—	0,94	1,06	III	11,83	—	—	—	—	—	—	—	—	—	—	—	—	—	—	—	—	—	—
	V	487,—	26,78	38,96	43,83	IV	203,50	9,38	13,64	15,35	7,62	11,08	12,47	5,26	8,58	9,65	—	6,17	6,94	—	3,97	4,46	—	2,05	2,30
	VI	515,83	28,37	41,26	46,42																				
1 841,99	I,IV	204,25	11,23	16,34	18,38	I	204,25	7,65	11,14	12,53	—	6,22	7,—	—	2,09	2,35	—	—	—	—	—	—	—	—	—
	II	175,66	9,66	14,05	15,80	II	175,66	6,16	8,97	10,09	—	4,29	4,82	—	0,66	0,74	—	—	—	—	—	—	—	—	—
	III	12,16	—	0,97	1,09	III	12,16	—	—	—	—	—	—	—	—	—	—	—	—	—	—	—	—	—	—
	V	488,—	26,84	39,04	43,92	IV	204,25	9,42	13,70	15,41	7,65	11,14	12,53	5,41	8,64	9,72	—	6,22	7,—	—	4,02	4,52	—	2,09	2,35
	VI	517,—	28,43	41,36	46,53																				
1 844,99	I,IV	205,—	11,27	16,40	18,45	I	205,—	7,70	11,20	12,60	—	6,28	7,06	—	2,13	2,39	—	—	—	—	—	—	—	—	—
	II	176,33	9,69	14,10	15,86	II	176,33	6,20	9,02	10,15	—	4,34	4,88	—	0,69	0,77	—	—	—	—	—	—	—	—	—
	III	12,66	—	1,01	1,13	III	12,66	—	—	—	—	—	—	—	—	—	—	—	—	—	—	—	—	—	—
	V	489,33	26,91	39,14	44,03	IV	205,—	9,46	13,76	15,48	7,70	11,20	12,60	5,55	8,70	9,78	—	6,28	7,06	—	4,06	4,57	—	2,13	2,39
	VI	518,16	28,49	41,45	46,63																				

* Die ausgewiesenen Tabellenwerte sind amtlich. Siehe Erläuterungen auf der Umschlaginnenseite (U2).
** Bei mehr als 3 Kinderfreibeträgen ist die „Ergänzungs-Tabelle 3,5 bis 6 Kinderfreibeträge" anzuwenden.

Abzüge an Lohnsteuer, Solidaritätszuschlag (SolZ) und Kirchensteuer (8%, 9%) in den Steuerklassen

Lohn/ Gehalt bis €*	I – VI		ohne Kinder-freibeträge			I, II, III, IV		mit Zahl der Kinderfreibeträge . . . 0,5			1			1,5			2			2,5			3**		
		LSt	SolZ	8%	9%		LSt	SolZ	8%	9%	SolZ	8%	9%	SolZ	8%	9%	SolZ	8%	9%	SolZ	8%	9%	SolZ	8%	9%
1 847,99	I,IV	205,83	11,32	16,46	18,52	I	205,83	7,74	11,26	12,66	—	6,33	7,12	—	2,18	2,45	—	—	—	—	—	—	—	—	—
	II	177,08	9,73	14,16	15,93	II	177,08	6,24	9,08	10,22	—	4,38	4,93	—	0,72	0,81	—	—	—	—	—	—	—	—	—
	III	13,—	—	1,04	1,17	III	13,—	—	—	—	—	—	—	—	—	—	—	—	—	—	—	—	—	—	—
	V	490,33	26,96	39,22	44,12	IV	205,83	9,50	13,82	15,55	7,74	11,26	12,66	5,70	8,76	9,85	—	6,33	7,12	—	4,11	4,62	—	2,18	2,45
	VI	519,33	28,56	41,54	46,73																				
1 850,99	I,IV	206,58	11,36	16,52	18,59	I	206,58	7,78	11,32	12,73	—	6,38	7,18	—	2,22	2,49	—	—	—	—	—	—	—	—	—
	II	177,91	9,78	14,23	16,01	II	177,91	6,28	9,14	10,28	—	4,44	4,99	—	0,76	0,86	—	—	—	—	—	—	—	—	—
	III	13,33	—	1,06	1,19	III	13,33	—	—	—	—	—	—	—	—	—	—	—	—	—	—	—	—	—	—
	V	491,50	27,03	39,32	44,23	IV	206,58	9,54	13,88	15,62	7,78	11,32	12,73	5,83	8,81	9,91	—	6,38	7,18	—	4,16	4,68	—	2,22	2,49
	VI	520,50	28,62	41,64	46,84																				
1 853,99	I,IV	207,33	11,40	16,58	18,65	I	207,33	7,81	11,37	12,79	—	6,44	7,24	—	2,26	2,54	—	—	—	—	—	—	—	—	—
	II	178,66	9,82	14,29	16,07	II	178,66	6,32	9,20	10,35	—	4,48	5,04	—	0,80	0,90	—	—	—	—	—	—	—	—	—
	III	13,66	—	1,09	1,22	III	13,66	—	—	—	—	—	—	—	—	—	—	—	—	—	—	—	—	—	—
	V	492,50	27,08	39,40	44,32	IV	207,33	9,58	13,94	15,68	7,81	11,37	12,79	5,98	8,87	9,98	—	6,44	7,24	—	4,21	4,73	—	2,26	2,54
	VI	521,66	28,69	41,73	46,94																				
1 856,99	I,IV	208,08	11,44	16,64	18,72	I	208,08	7,86	11,43	12,86	0,03	6,49	7,30	—	2,30	2,58	—	—	—	—	—	—	—	—	—
	II	179,41	9,86	14,35	16,14	II	179,41	6,36	9,25	10,40	—	4,53	5,09	—	0,83	0,93	—	—	—	—	—	—	—	—	—
	III	14,—	—	1,12	1,26	III	14,—	—	—	—	—	—	—	—	—	—	—	—	—	—	—	—	—	—	—
	V	493,66	27,15	39,49	44,42	IV	208,08	9,62	14,—	15,75	7,86	11,43	12,86	6,11	8,92	10,04	0,03	6,49	7,30	—	4,26	4,79	—	2,30	2,58
	VI	522,83	28,75	41,82	47,05																				
1 859,99	I,IV	208,91	11,49	16,71	18,80	I	208,91	7,90	11,49	12,92	0,18	6,55	7,37	—	2,34	2,63	—	—	—	—	—	—	—	—	—
	II	180,16	9,90	14,41	16,21	II	180,16	6,40	9,31	10,47	—	4,58	5,15	—	0,87	0,98	—	—	—	—	—	—	—	—	—
	III	14,50	—	1,16	1,30	III	14,50	—	—	—	—	—	—	—	—	—	—	—	—	—	—	—	—	—	—
	V	494,83	27,21	39,58	44,53	IV	208,91	9,67	14,06	15,82	7,90	11,49	12,92	6,17	8,98	10,10	0,18	6,55	7,37	—	4,30	4,84	—	2,34	2,63
	VI	524,—	28,82	41,92	47,16																				
1 862,99	I,IV	209,66	11,53	16,77	18,86	I	209,66	7,94	11,55	12,99	0,31	6,60	7,43	—	2,38	2,68	—	—	—	—	—	—	—	—	—
	II	180,91	9,95	14,47	16,28	II	180,91	6,44	9,37	10,54	—	4,63	5,21	—	0,90	1,01	—	—	—	—	—	—	—	—	—
	III	14,83	—	1,18	1,33	III	14,83	—	—	—	—	—	—	—	—	—	—	—	—	—	—	—	—	—	—
	V	496,—	27,28	39,68	44,64	IV	209,66	9,71	14,12	15,89	7,94	11,55	12,99	6,21	9,04	10,17	0,31	6,60	7,43	—	4,35	4,89	—	2,38	2,68
	VI	525,16	28,88	42,01	47,26																				
1 865,99	I,IV	210,41	11,57	16,83	18,93	I	210,41	7,97	11,60	13,05	0,45	6,66	7,49	—	2,42	2,72	—	—	—	—	—	—	—	—	—
	II	181,66	9,99	14,53	16,34	II	181,66	6,48	9,42	10,60	—	4,68	5,27	—	0,94	1,06	—	—	—	—	—	—	—	—	—
	III	15,16	—	1,21	1,36	III	15,16	—	—	—	—	—	—	—	—	—	—	—	—	—	—	—	—	—	—
	V	497,16	27,34	39,77	44,74	IV	210,41	9,75	14,18	15,95	7,97	11,60	13,05	6,25	9,10	10,23	0,45	6,66	7,49	—	4,40	4,95	—	2,42	2,72
	VI	526,16	28,93	42,09	47,35																				
1 868,99	I,IV	211,25	11,61	16,90	19,01	I	211,25	8,02	11,66	13,12	0,58	6,71	7,55	—	2,47	2,78	—	—	—	—	—	—	—	—	—
	II	182,41	10,03	14,59	16,41	II	182,41	6,52	9,48	10,67	—	4,73	5,32	—	0,98	1,10	—	—	—	—	—	—	—	—	—
	III	15,50	—	1,24	1,39	III	15,50	—	—	—	—	—	—	—	—	—	—	—	—	—	—	—	—	—	—
	V	498,16	27,39	39,85	44,83	IV	211,25	9,79	14,24	16,02	8,02	11,66	13,12	6,29	9,16	10,30	0,58	6,71	7,55	—	4,45	5,—	—	2,47	2,78
	VI	527,33	29,—	42,18	47,45																				
1 871,99	I,IV	212,—	11,66	16,96	19,08	I	212,—	8,06	11,72	13,19	0,73	6,77	7,61	—	2,51	2,82	—	—	—	—	—	—	—	—	—
	II	183,16	10,07	14,65	16,48	II	183,16	6,55	9,54	10,73	—	4,78	5,38	—	1,02	1,14	—	—	—	—	—	—	—	—	—
	III	15,83	—	1,26	1,42	III	15,83	—	—	—	—	—	—	—	—	—	—	—	—	—	—	—	—	—	—
	V	499,33	27,46	39,94	44,93	IV	212,—	9,83	14,30	16,09	8,06	11,72	13,19	6,33	9,21	10,36	0,73	6,77	7,61	—	4,50	5,06	—	2,51	2,82
	VI	528,50	29,06	42,28	47,56																				
1 874,99	I,IV	212,75	11,70	17,02	19,14	I	212,75	8,10	11,78	13,25	0,86	6,82	7,67	—	2,56	2,88	—	—	—	—	—	—	—	—	—
	II	183,91	10,11	14,71	16,55	II	183,91	6,60	9,60	10,80	—	4,83	5,43	—	1,05	1,18	—	—	—	—	—	—	—	—	—
	III	16,33	—	1,30	1,46	III	16,33	—	—	—	—	—	—	—	—	—	—	—	—	—	—	—	—	—	—
	V	500,33	27,51	40,02	45,02	IV	212,75	9,87	14,36	16,16	8,10	11,78	13,25	6,37	9,27	10,43	0,86	6,82	7,67	—	4,55	5,12	—	2,56	2,88
	VI	529,66	29,13	42,37	47,66																				
1 877,99	I,IV	213,50	11,74	17,08	19,21	I	213,50	8,14	11,84	13,32	1,—	6,88	7,74	—	2,60	2,92	—	—	—	—	—	—	—	—	—
	II	184,66	10,15	14,77	16,61	II	184,66	6,63	9,65	10,85	—	4,88	5,49	—	1,09	1,22	—	—	—	—	—	—	—	—	—
	III	16,66	—	1,33	1,49	III	16,66	—	—	—	—	—	—	—	—	—	—	—	—	—	—	—	—	—	—
	V	501,50	27,58	40,12	45,13	IV	213,50	9,91	14,42	16,22	8,14	11,84	13,32	6,41	9,32	10,49	1,—	6,88	7,74	—	4,60	5,17	—	2,60	2,92
	VI	530,83	29,19	42,46	47,77																				
1 880,99	I,IV	214,33	11,78	17,14	19,28	I	214,33	8,18	11,90	13,39	1,15	6,94	7,80	—	2,64	2,97	—	—	—	—	—	—	—	—	—
	II	185,41	10,19	14,83	16,68	II	185,41	6,67	9,71	10,92	—	4,93	5,54	—	1,12	1,26	—	—	—	—	—	—	—	—	—
	III	17,—	—	1,36	1,53	III	17,—	—	—	—	—	—	—	—	—	—	—	—	—	—	—	—	—	—	—
	V	502,83	27,65	40,22	45,25	IV	214,33	9,95	14,48	16,29	8,18	11,90	13,39	6,45	9,38	10,55	1,15	6,94	7,80	—	4,64	5,22	—	2,64	2,97
	VI	532,—	29,26	42,56	47,88																				
1 883,99	I,IV	215,08	11,82	17,20	19,35	I	215,08	8,22	11,96	13,45	1,28	6,99	7,86	—	2,68	3,02	—	—	—	—	—	—	—	—	—
	II	186,16	10,23	14,89	16,75	II	186,16	6,71	9,77	10,99	—	4,98	5,60	—	1,16	1,31	—	—	—	—	—	—	—	—	—
	III	17,33	—	1,38	1,55	III	17,33	—	—	—	—	—	—	—	—	—	—	—	—	—	—	—	—	—	—
	V	503,83	27,71	40,30	45,34	IV	215,08	10,—	14,55	16,37	8,22	11,96	13,45	6,49	9,44	10,62	1,28	6,99	7,86	—	4,70	5,28	—	2,68	3,02
	VI	533,16	29,32	42,65	47,98																				
1 886,99	I,IV	215,83	11,87	17,26	19,42	I	215,83	8,26	12,02	13,52	1,41	7,04	7,92	—	2,72	3,06	—	—	—	—	—	—	—	—	—
	II	186,91	10,28	14,95	16,82	II	186,91	6,75	9,82	11,05	—	5,03	5,66	—	1,20	1,35	—	—	—	—	—	—	—	—	—
	III	17,66	—	1,41	1,58	III	17,66	—	—	—	—	—	—	—	—	—	—	—	—	—	—	—	—	—	—
	V	505,—	27,77	40,40	45,45	IV	215,83	10,04	14,60	16,43	8,26	12,02	13,52	6,53	9,50	10,68	1,41	7,04	7,92	—	4,74	5,33	—	2,72	3,06
	VI	534,33	29,38	42,74	48,08																				
1 889,99	I,IV	216,66	11,91	17,33	19,49	I	216,66	8,30	12,08	13,59	1,56	7,10	7,99	—	2,77	3,11	—	—	—	—	—	—	—	—	—
	II	187,66	10,32	15,01	16,88	II	187,66	6,79	9,88	11,12	—	5,08	5,72	—	1,24	1,39	—	—	—	—	—	—	—	—	—
	III	18,16	—	1,45	1,63	III	18,16	—	—	—	—	—	—	—	—	—	—	—	—	—	—	—	—	—	—
	V	506,16	27,83	40,49	45,55	IV	216,66	10,08	14,67	16,50	8,30	12,08	13,59	6,57	9,56	10,75	1,56	7,10	7,99	—	4,80	5,40	—	2,77	3,11
	VI	535,50	29,45	42,84	48,19																				

* Die ausgewiesenen Tabellenwerte sind amtlich. Siehe Erläuterungen auf der Umschlaginnenseite (U2).
** Bei mehr als 3 Kinderfreibeträgen ist die „Ergänzungs-Tabelle 3,5 bis 6 Kinderfreibeträge" anzuwenden.

MONAT 1 890,–*

Lohn/ Gehalt bis €*		I – VI					I, II, III, IV																		
		Abzüge an Lohnsteuer, Solidaritätszuschlag (SolZ) und Kirchensteuer (8%, 9%) in den Steuerklassen																							
			ohne Kinderfreibeträge					mit Zahl der Kinderfreibeträge . . .																	
								0,5			1			1,5			2			2,5			3**		
		LSt	SolZ	8%	9%		LSt	SolZ	8%	9%	SolZ	8%	9%	SolZ	8%	9%	SolZ	8%	9%	SolZ	8%	9%	SolZ	8%	9%
1 892,99	I,IV	217,41	11,95	17,39	19,56	I	217,41	8,34	12,14	13,65	1,70	7,16	8,05	—	2,81	3,16	—	—	—	—	—	—	—	—	—
	II	188,50	10,36	15,08	16,96	II	188,50	6,83	9,94	11,18	—	5,14	5,78	—	1,28	1,44	—	—	—	—	—	—	—	—	—
	III	18,50	—	1,48	1,66	III	18,50	—	—	—	—	—	—	—	—	—	—	—	—	—	—	—	—	—	—
	V	507,16	27,89	40,57	45,64	IV	217,41	10,12	14,73	16,57	8,34	12,14	13,65	6,60	9,61	10,81	1,70	7,16	8,05	—	4,84	5,45	—	2,81	3,16
	VI	536,66	29,51	42,93	48,29																				
1 895,99	I,IV	218,16	11,99	17,45	19,63	I	218,16	8,38	12,20	13,72	1,85	7,22	8,12	—	2,86	3,21	—	—	—	—	—	—	—	—	—
	II	189,25	10,40	15,14	17,03	II	189,25	6,87	10,—	11,25	—	5,18	5,83	—	1,32	1,48	—	—	—	—	—	—	—	—	—
	III	18,83	—	1,50	1,69	III	18,83	—	—	—	—	—	—	—	—	—	—	—	—	—	—	—	—	—	—
	V	508,33	27,95	40,66	45,74	IV	218,16	10,17	14,79	16,64	8,38	12,20	13,72	6,65	9,67	10,88	1,85	7,22	8,12	—	4,90	5,51	—	2,86	3,21
	VI	537,83	29,58	43,02	48,40																				
1 898,99	I,IV	219,—	12,04	17,52	19,71	I	219,—	8,42	12,25	13,78	1,98	7,27	8,18	—	2,90	3,26	—	—	—	—	—	—	—	—	—
	II	190,—	10,45	15,20	17,10	II	190,—	6,91	10,06	11,31	—	5,24	5,89	—	1,35	1,52	—	—	—	—	—	—	—	—	—
	III	19,16	—	1,53	1,72	III	19,16	—	—	—	—	—	—	—	—	—	—	—	—	—	—	—	—	—	—
	V	509,50	28,02	40,76	45,85	IV	219,—	10,21	14,85	16,70	8,42	12,25	13,78	6,69	9,73	10,94	1,98	7,27	8,18	—	4,94	5,56	—	2,90	3,26
	VI	539,—	29,64	43,12	48,51																				
1 901,99	I,IV	219,75	12,08	17,58	19,77	I	219,75	8,46	12,31	13,85	2,11	7,32	8,24	—	2,94	3,31	—	—	—	—	—	—	—	—	—
	II	190,75	10,49	15,26	17,16	II	190,75	6,95	10,11	11,37	—	5,29	5,95	—	1,39	1,56	—	—	—	—	—	—	—	—	—
	III	19,50	—	1,56	1,75	III	19,50	—	—	—	—	—	—	—	—	—	—	—	—	—	—	—	—	—	—
	V	510,83	28,09	40,86	45,97	IV	219,75	10,25	14,91	16,77	8,46	12,31	13,85	6,72	9,78	11,—	2,11	7,32	8,24	—	5,—	5,62	—	2,94	3,31
	VI	540,16	29,70	43,21	48,61																				
1 904,99	I,IV	220,50	12,12	17,64	19,84	I	220,50	8,50	12,37	13,91	2,26	7,38	8,30	—	2,99	3,36	—	—	—	—	—	—	—	—	—
	II	191,50	10,53	15,32	17,23	II	191,50	6,99	10,17	11,44	—	5,34	6,—	—	1,43	1,61	—	—	—	—	—	—	—	—	—
	III	20,—	—	1,60	1,80	III	20,—	—	—	—	—	—	—	—	—	—	—	—	—	—	—	—	—	—	—
	V	511,83	28,15	40,94	46,06	IV	220,50	10,29	14,97	16,84	8,50	12,37	13,91	6,76	9,84	11,07	2,26	7,38	8,30	—	5,05	5,68	—	2,99	3,36
	VI	541,33	29,77	43,30	48,71																				
1 907,99	I,IV	221,33	12,17	17,70	19,91	I	221,33	8,54	12,43	13,98	2,40	7,44	8,37	—	3,03	3,41	—	—	—	—	—	—	—	—	—
	II	192,25	10,57	15,38	17,30	II	192,25	7,03	10,23	11,51	—	5,39	6,06	—	1,47	1,65	—	—	—	—	—	—	—	—	—
	III	20,33	—	1,62	1,82	III	20,33	—	—	—	—	—	—	—	—	—	—	—	—	—	—	—	—	—	—
	V	513,—	28,21	41,04	46,17	IV	221,33	10,33	15,03	16,91	8,54	12,43	13,98	6,80	9,90	11,13	2,40	7,44	8,37	—	5,10	5,73	—	3,03	3,41
	VI	542,50	29,83	43,40	48,82																				
1 910,99	I,IV	222,08	12,21	17,76	19,98	I	222,08	8,58	12,49	14,05	2,55	7,50	8,43	—	3,08	3,46	—	—	—	—	—	—	—	—	—
	II	193,—	10,61	15,44	17,37	II	193,—	7,07	10,28	11,57	—	5,44	6,12	—	1,50	1,69	—	—	—	—	—	—	—	—	—
	III	20,66	—	1,65	1,85	III	20,66	—	—	—	—	—	—	—	—	—	—	—	—	—	—	—	—	—	—
	V	514,16	28,27	41,13	46,27	IV	222,08	10,37	15,09	16,97	8,58	12,49	14,05	6,84	9,96	11,20	2,55	7,50	8,43	—	5,15	5,79	—	3,08	3,46
	VI	543,66	29,90	43,49	48,92																				
1 913,99	I,IV	222,83	12,25	17,82	20,05	I	222,83	8,63	12,55	14,12	2,68	7,55	8,49	—	3,12	3,51	—	—	—	—	—	—	—	—	—
	II	193,83	10,66	15,50	17,44	II	193,83	7,11	10,34	11,63	—	5,50	6,18	—	1,54	1,73	—	—	—	—	—	—	—	—	—
	III	21,—	—	1,68	1,89	III	21,—	—	—	—	—	—	—	—	—	—	—	—	—	—	—	—	—	—	—
	V	515,33	28,34	41,22	46,37	IV	222,83	10,41	15,15	17,04	8,63	12,55	14,12	6,88	10,02	11,27	2,68	7,55	8,49	—	5,20	5,85	—	3,12	3,51
	VI	544,83	29,96	43,58	49,03																				
1 916,99	I,IV	223,66	12,30	17,89	20,12	I	223,66	8,67	12,61	14,18	2,81	7,60	8,55	—	3,16	3,56	—	—	—	—	—	—	—	—	—
	II	194,58	10,70	15,56	17,51	II	194,58	7,15	10,40	11,70	—	5,55	6,24	—	1,58	1,78	—	—	—	—	—	—	—	—	—
	III	21,50	—	1,72	1,93	III	21,50	—	—	—	—	—	—	—	—	—	—	—	—	—	—	—	—	—	—
	V	516,33	28,39	41,30	46,46	IV	223,66	10,46	15,22	17,12	8,67	12,61	14,18	6,92	10,07	11,33	2,81	7,60	8,55	—	5,25	5,90	—	3,16	3,56
	VI	546,—	30,03	43,68	49,14																				
1 919,99	I,IV	224,41	12,34	17,95	20,19	I	224,41	8,71	12,67	14,25	2,96	7,66	8,62	—	3,21	3,61	—	—	—	—	—	—	—	—	—
	II	195,33	10,74	15,62	17,57	II	195,33	7,19	10,46	11,76	—	5,60	6,30	—	1,62	1,82	—	—	—	—	—	—	—	—	—
	III	21,83	—	1,74	1,96	III	21,83	—	—	—	—	—	—	—	—	—	—	—	—	—	—	—	—	—	—
	V	517,50	28,46	41,40	46,57	IV	224,41	10,50	15,28	17,19	8,71	12,67	14,25	6,96	10,13	11,39	2,96	7,66	8,62	—	5,30	5,96	—	3,21	3,61
	VI	547,16	30,09	43,77	49,24																				
1 922,99	I,IV	225,16	12,38	18,01	20,26	I	225,16	8,75	12,73	14,32	3,10	7,72	8,68	—	3,26	3,66	—	—	—	—	—	—	—	—	—
	II	196,08	10,78	15,68	17,64	II	196,08	7,23	10,52	11,83	—	5,65	6,35	—	1,66	1,87	—	—	—	—	—	—	—	—	—
	III	22,16	—	1,77	1,99	III	22,16	—	—	—	—	—	—	—	—	—	—	—	—	—	—	—	—	—	—
	V	518,66	28,52	41,49	46,67	IV	225,16	10,54	15,34	17,25	8,75	12,73	14,32	7,—	10,19	11,46	3,10	7,72	8,68	—	5,36	6,03	—	3,26	3,66
	VI	548,33	30,15	43,86	49,34																				
1 925,99	I,IV	226,—	12,43	18,08	20,34	I	226,—	8,79	12,79	14,39	3,25	7,78	8,75	—	3,30	3,71	—	—	—	—	—	—	—	—	—
	II	196,83	10,82	15,74	17,71	II	196,83	7,27	10,58	11,90	—	5,70	6,41	—	1,70	1,91	—	—	—	—	—	—	—	—	—
	III	22,50	—	1,80	2,02	III	22,50	—	—	—	—	—	—	—	—	—	—	—	—	—	—	—	—	—	—
	V	519,83	28,59	41,58	46,78	IV	226,—	10,58	15,40	17,32	8,79	12,79	14,39	7,04	10,24	11,52	3,25	7,78	8,75	—	5,40	6,08	—	3,30	3,71
	VI	549,50	30,22	43,96	49,45																				
1 928,99	I,IV	226,75	12,47	18,14	20,40	I	226,75	8,83	12,84	14,45	3,38	7,83	8,81	—	3,34	3,76	—	—	—	—	—	—	—	—	—
	II	197,58	10,86	15,80	17,78	II	197,58	7,31	10,63	11,96	—	5,76	6,48	—	1,74	1,96	—	—	—	—	—	—	—	—	—
	III	23,—	—	1,84	2,07	III	23,—	—	—	—	—	—	—	—	—	—	—	—	—	—	—	—	—	—	—
	V	521,—	28,65	41,68	46,89	IV	226,75	10,62	15,46	17,39	8,83	12,84	14,45	7,08	10,30	11,59	3,38	7,83	8,81	—	5,46	6,14	—	3,34	3,76
	VI	550,66	30,28	44,05	49,55																				
1 931,99	I,IV	227,58	12,51	18,20	20,48	I	227,58	8,87	12,90	14,51	3,51	7,88	8,87	—	3,39	3,81	—	—	—	—	—	—	—	—	—
	II	198,41	10,91	15,87	17,85	II	198,41	7,35	10,69	12,02	—	5,81	6,53	—	1,78	2,—	—	—	—	—	—	—	—	—	—
	III	23,33	—	1,86	2,09	III	23,33	—	—	—	—	—	—	—	—	—	—	—	—	—	—	—	—	—	—
	V	522,16	28,71	41,77	46,99	IV	227,58	10,67	15,52	17,46	8,87	12,90	14,51	7,12	10,36	11,66	3,51	7,88	8,87	—	5,51	6,20	—	3,39	3,81
	VI	551,83	30,35	44,14	49,66																				
1 934,99	I,IV	228,33	12,55	18,26	20,54	I	228,33	8,91	12,96	14,58	3,66	7,94	8,93	—	3,44	3,87	—	0,04	0,04	—	—	—	—	—	—
	II	199,16	10,95	15,93	17,92	II	199,16	7,39	10,75	12,09	—	5,86	6,59	—	1,82	2,05	—	—	—	—	—	—	—	—	—
	III	23,66	—	1,89	2,12	III	23,66	—	—	—	—	—	—	—	—	—	—	—	—	—	—	—	—	—	—
	V	523,33	28,78	41,86	47,09	IV	228,33	10,71	15,58	17,52	8,91	12,96	14,58	7,16	10,42	11,72	3,66	7,94	8,93	—	5,56	6,26	—	3,44	3,87
	VI	553,—	30,41	44,24	49,77																				

* Die ausgewiesenen Tabellenwerte sind amtlich. Siehe Erläuterungen auf der Umschlaginnenseite (U2).
** Bei mehr als 3 Kinderfreibeträgen ist die „Ergänzungs-Tabelle 3,5 bis 6 Kinderfreibeträge" anzuwenden.

Lohn/ Gehalt bis €*	Abzüge an Lohnsteuer, Solidaritätszuschlag (SolZ) und Kirchensteuer (8%, 9%) in den Steuerklassen I – VI					I, II, III, IV		mit Zahl der Kinderfreibeträge . . . 0,5			1			1,5			2			2,5			3**		
		LSt	ohne Kinderfreibeträge SolZ	8%	9%		LSt	SolZ	8%	9%	SolZ	8%	9%	SolZ	8%	9%	SolZ	8%	9%	SolZ	8%	9%	SolZ	8%	9%
1 937,99	I,IV	229,08	12,59	18,32	20,61	I	229,08	8,95	13,02	14,65	3,80	8,—	9,—	—	3,48	3,92	—	0,07	0,08	—	—	—	—	—	—
	II	199,91	10,99	15,99	17,99	II	199,91	7,43	10,81	12,16	—	5,92	6,66	—	1,86	2,09	—	—	—	—	—	—	—	—	—
	III	24,—	—	1,92	2,16	III	24,—	—	—	—	—	—	—	—	—	—	—	—	—	—	—	—	—	—	—
	V	524,50	28,84	41,96	47,20	IV	229,08	10,75	15,64	17,59	8,95	13,02	14,65	7,20	10,48	11,79	3,80	8,—	9,—	—	5,62	6,32	—	3,48	3,92
	VI	554,16	30,47	44,33	49,87																				
1 940,99	I,IV	229,91	12,64	18,39	20,69	I	229,91	8,99	13,08	14,72	3,95	8,06	9,06	—	3,53	3,97	—	0,10	0,11	—	—	—	—	—	—
	II	200,66	11,03	16,05	18,05	II	200,66	7,47	10,86	12,22	—	5,97	6,71	—	1,90	2,14	—	—	—	—	—	—	—	—	—
	III	24,50	—	1,96	2,20	III	24,50	—	—	—	—	—	—	—	—	—	—	—	—	—	—	—	—	—	—
	V	525,66	28,91	42,05	47,30	IV	229,91	10,79	15,70	17,66	8,99	13,08	14,72	7,24	10,54	11,85	3,95	8,06	9,06	—	5,67	6,38	—	3,53	3,97
	VI	555,33	30,54	44,42	49,97																				
1 943,99	I,IV	230,66	12,68	18,45	20,75	I	230,66	9,03	13,14	14,78	4,08	8,11	9,12	—	3,58	4,02	—	0,14	0,15	—	—	—	—	—	—
	II	201,41	11,07	16,11	18,12	II	201,41	7,51	10,92	12,29	—	6,02	6,77	—	1,94	2,18	—	—	—	—	—	—	—	—	—
	III	24,83	—	1,98	2,23	III	24,83	—	—	—	—	—	—	—	—	—	—	—	—	—	—	—	—	—	—
	V	526,83	28,97	42,14	47,41	IV	230,66	10,83	15,76	17,73	9,03	13,14	14,78	7,28	10,59	11,91	4,08	8,11	9,12	—	5,72	6,43	—	3,58	4,02
	VI	556,50	30,60	44,52	50,08																				
1 946,99	I,IV	231,50	12,73	18,52	20,83	I	231,50	9,07	13,20	14,85	4,23	8,17	9,19	—	3,62	4,07	—	0,17	0,19	—	—	—	—	—	—
	II	202,25	11,12	16,18	18,20	II	202,25	7,55	10,98	12,35	—	6,08	6,84	—	1,98	2,23	—	—	—	—	—	—	—	—	—
	III	25,16	—	2,01	2,26	III	25,16	—	—	—	—	—	—	—	—	—	—	—	—	—	—	—	—	—	—
	V	527,83	29,03	42,22	47,50	IV	231,50	10,88	15,82	17,80	9,07	13,20	14,85	7,32	10,65	11,98	4,23	8,17	9,19	—	5,77	6,49	—	3,62	4,07
	VI	557,83	30,68	44,62	50,20																				
1 949,99	I,IV	232,25	12,77	18,58	20,90	I	232,25	9,12	13,26	14,92	4,36	8,22	9,25	—	3,67	4,13	—	0,20	0,23	—	—	—	—	—	—
	II	203,—	11,16	16,24	18,27	II	203,—	7,59	11,04	12,42	—	6,13	6,89	—	2,02	2,27	—	—	—	—	—	—	—	—	—
	III	25,66	—	2,05	2,30	III	25,66	—	—	—	—	—	—	—	—	—	—	—	—	—	—	—	—	—	—
	V	529,—	29,09	42,32	47,61	IV	232,25	10,92	15,88	17,87	9,12	13,26	14,92	7,36	10,71	12,05	4,36	8,22	9,25	—	5,82	6,55	—	3,67	4,13
	VI	559,—	30,74	44,72	50,31																				
1 952,99	I,IV	233,—	12,81	18,64	20,97	I	233,—	9,16	13,32	14,99	4,51	8,28	9,32	—	3,72	4,18	—	0,24	0,27	—	—	—	—	—	—
	II	203,75	11,20	16,30	18,33	II	203,75	7,63	11,10	12,48	—	6,18	6,95	—	2,06	2,32	—	—	—	—	—	—	—	—	—
	III	26,—	—	2,08	2,34	III	26,—	—	—	—	—	—	—	—	—	—	—	—	—	—	—	—	—	—	—
	V	530,16	29,15	42,41	47,71	IV	233,—	10,96	15,94	17,93	9,16	13,32	14,99	7,40	10,77	12,11	4,51	8,28	9,32	—	5,88	6,61	—	3,72	4,18
	VI	560,16	30,80	44,81	50,41																				
1 955,99	I,IV	233,83	12,86	18,70	21,04	I	233,83	9,20	13,38	15,05	4,65	8,34	9,38	—	3,76	4,23	—	0,27	0,30	—	—	—	—	—	—
	II	204,50	11,24	16,36	18,40	II	204,50	7,67	11,16	12,55	—	6,24	7,02	—	2,10	2,36	—	—	—	—	—	—	—	—	—
	III	26,33	—	2,10	2,36	III	26,33	—	—	—	—	—	—	—	—	—	—	—	—	—	—	—	—	—	—
	V	531,33	29,22	42,50	47,81	IV	233,83	11,—	16,01	18,01	9,20	13,38	15,05	7,44	10,82	12,17	4,65	8,34	9,38	—	5,93	6,67	—	3,76	4,23
	VI	561,33	30,87	44,90	50,51																				
1 958,99	I,IV	234,58	12,90	18,76	21,11	I	234,58	9,24	13,44	15,12	4,78	8,39	9,44	—	3,81	4,28	—	0,30	0,34	—	—	—	—	—	—
	II	205,25	11,28	16,42	18,47	II	205,25	7,71	11,22	12,62	—	6,29	7,07	—	2,14	2,41	—	—	—	—	—	—	—	—	—
	III	26,83	—	2,14	2,41	III	26,83	—	—	—	—	—	—	—	—	—	—	—	—	—	—	—	—	—	—
	V	532,50	29,28	42,60	47,92	IV	234,58	11,05	16,07	18,08	9,24	13,44	15,12	7,48	10,88	12,24	4,78	8,39	9,44	—	5,98	6,73	—	3,81	4,28
	VI	562,50	30,93	45,—	50,62																				
1 961,99	I,IV	235,41	12,94	18,83	21,18	I	235,41	9,28	13,50	15,19	4,93	8,45	9,50	—	3,86	4,34	—	0,34	0,38	—	—	—	—	—	—
	II	206,08	11,33	16,48	18,54	II	206,08	7,75	11,28	12,69	—	6,34	7,13	—	2,19	2,46	—	—	—	—	—	—	—	—	—
	III	27,16	—	2,17	2,44	III	27,16	—	—	—	—	—	—	—	—	—	—	—	—	—	—	—	—	—	—
	V	533,66	29,35	42,69	48,02	IV	235,41	11,09	16,13	18,14	9,28	13,50	15,19	7,52	10,94	12,31	4,93	8,45	9,50	—	6,04	6,79	—	3,86	4,34
	VI	563,66	31,—	45,09	50,72																				
1 964,99	I,IV	236,16	12,98	18,89	21,25	I	236,16	9,32	13,56	15,26	5,08	8,51	9,57	—	3,90	4,39	—	0,37	0,41	—	—	—	—	—	—
	II	206,83	11,37	16,54	18,61	II	206,83	7,79	11,33	12,74	—	6,40	7,20	—	2,23	2,51	—	—	—	—	—	—	—	—	—
	III	27,50	—	2,20	2,47	III	27,50	—	—	—	—	—	—	—	—	—	—	—	—	—	—	—	—	—	—
	V	534,83	29,41	42,78	48,13	IV	236,16	11,13	16,19	18,21	9,32	13,56	15,26	7,56	11,—	12,37	5,08	8,51	9,57	—	6,09	6,85	—	3,90	4,39
	VI	564,83	31,06	45,18	50,83																				
1 967,99	I,IV	237,—	13,03	18,96	21,33	I	237,—	9,36	13,62	15,32	5,21	8,56	9,63	—	3,95	4,44	—	0,41	0,46	—	—	—	—	—	—
	II	207,58	11,41	16,60	18,68	II	207,58	7,83	11,39	12,81	—	6,46	7,26	—	2,27	2,55	—	—	—	—	—	—	—	—	—
	III	27,83	—	2,22	2,50	III	27,83	—	—	—	—	—	—	—	—	—	—	—	—	—	—	—	—	—	—
	V	536,—	29,48	42,88	48,24	IV	237,—	11,17	16,26	18,29	9,36	13,62	15,32	7,60	11,06	12,44	5,21	8,56	9,63	—	6,15	6,92	—	3,95	4,44
	VI	566,—	31,13	45,28	50,94																				
1 970,99	I,IV	237,75	13,07	19,02	21,39	I	237,75	9,40	13,68	15,39	5,36	8,62	9,70	—	4,—	4,50	—	0,44	0,50	—	—	—	—	—	—
	II	208,33	11,45	16,66	18,74	II	208,33	7,87	11,45	12,88	0,08	6,51	7,32	—	2,31	2,60	—	—	—	—	—	—	—	—	—
	III	28,33	—	2,26	2,54	III	28,33	—	—	—	—	—	—	—	—	—	—	—	—	—	—	—	—	—	—
	V	537,16	29,54	42,97	48,34	IV	237,75	11,22	16,32	18,36	9,40	13,68	15,39	7,64	11,12	12,51	5,36	8,62	9,70	—	6,20	6,97	—	4,—	4,50
	VI	567,33	31,20	45,38	51,05																				
1 973,99	I,IV	238,58	13,12	19,08	21,47	I	238,58	9,45	13,74	15,46	5,50	8,68	9,76	—	4,04	4,55	—	0,48	0,54	—	—	—	—	—	—
	II	209,16	11,50	16,73	18,82	II	209,16	7,91	11,51	12,95	0,21	6,56	7,38	—	2,36	2,65	—	—	—	—	—	—	—	—	—
	III	28,66	—	2,29	2,57	III	28,66	—	—	—	—	—	—	—	—	—	—	—	—	—	—	—	—	—	—
	V	538,33	29,60	43,06	48,44	IV	238,58	11,26	16,38	18,42	9,45	13,74	15,46	7,68	11,18	12,57	5,50	8,68	9,76	—	6,26	7,04	—	4,04	4,55
	VI	568,50	31,26	45,48	51,16																				
1 976,99	I,IV	239,33	13,16	19,14	21,53	I	239,33	9,49	13,80	15,53	5,65	8,74	9,83	—	4,09	4,60	—	0,51	0,57	—	—	—	—	—	—
	II	209,91	11,54	16,79	18,89	II	209,91	7,95	11,57	13,01	0,36	6,62	7,45	—	2,40	2,70	—	—	—	—	—	—	—	—	—
	III	29,—	—	2,32	2,61	III	29,—	—	—	—	—	—	—	—	—	—	—	—	—	—	—	—	—	—	—
	V	539,50	29,67	43,16	48,55	IV	239,33	11,30	16,44	18,49	9,49	13,80	15,53	7,72	11,23	12,63	5,65	8,74	9,83	—	6,31	7,10	—	4,09	4,60
	VI	569,66	31,33	45,57	51,26																				
1 979,99	I,IV	240,08	13,20	19,20	21,60	I	240,08	9,53	13,86	15,59	5,78	8,79	9,89	—	4,14	4,65	—	0,54	0,61	—	—	—	—	—	—
	II	210,66	11,58	16,85	18,95	II	210,66	7,99	11,62	13,07	0,50	6,68	7,51	—	2,44	2,74	—	—	—	—	—	—	—	—	—
	III	29,50	—	2,36	2,65	III	29,50	—	—	—	—	—	—	—	—	—	—	—	—	—	—	—	—	—	—
	V	540,66	29,73	43,25	48,65	IV	240,08	11,34	16,50	18,56	9,53	13,86	15,59	7,76	11,29	12,70	5,78	8,79	9,89	—	6,36	7,16	—	4,14	4,65
	VI	570,83	31,39	45,66	51,37																				

* Die ausgewiesenen Tabellenwerte sind amtlich. Siehe Erläuterungen auf der Umschlaginnenseite (U2).
** Bei mehr als 3 Kinderfreibeträgen ist die „Ergänzungs-Tabelle 3,5 bis 6 Kinderfreibeträge" anzuwenden.

MONAT 1 980,–*

Abzüge an Lohnsteuer, Solidaritätszuschlag (SolZ) und Kirchensteuer (8%, 9%) in den Steuerklassen

Lohn/ Gehalt bis €*		I – VI ohne Kinderfreibeträge					I, II, III, IV mit Zahl der Kinderfreibeträge . . .	0,5			1			1,5			2			2,5			3**		
		LSt	SolZ	8%	9%		LSt	SolZ	8%	9%	SolZ	8%	9%	SolZ	8%	9%	SolZ	8%	9%	SolZ	8%	9%	SolZ	8%	9%
1 982,99	I,IV	240,91	13,25	19,27	21,68	I	240,91	9,57	13,92	15,66	5,93	8,85	9,95	—	4,19	4,71	—	0,58	0,65	—	—	—	—	—	—
	II	211,41	11,62	16,91	19,02	II	211,41	8,03	11,68	13,14	0,63	6,73	7,57	—	2,48	2,79	—	—	—	—	—	—	—	—	—
	III	29,83	—	2,38	2,68	III	29,83	—	—	—	—	—	—	—	—	—	—	—	—	—	—	—	—	—	—
	V	541,83	29,80	43,34	48,76	IV	240,91	11,38	16,56	18,63	9,57	13,92	15,66	7,80	11,35	12,77	5,93	8,85	9,95	—	6,42	7,22	—	4,19	4,71
	VI	571,83	31,45	45,74	51,46																				
1 985,99	I,IV	241,75	13,29	19,34	21,75	I	241,75	9,61	13,98	15,73	6,06	8,90	10,01	—	4,24	4,77	—	0,62	0,69	—	—	—	—	—	—
	II	212,25	11,67	16,98	19,10	II	212,25	8,07	11,74	13,21	0,76	6,78	7,63	—	2,52	2,84	—	—	—	—	—	—	—	—	—
	III	30,16	—	2,41	2,71	III	30,16	—	—	—	—	—	—	—	—	—	—	—	—	—	—	—	—	—	—
	V	543,—	29,86	43,44	48,87	IV	241,75	11,43	16,62	18,70	9,61	13,98	15,73	7,84	11,41	12,83	6,06	8,90	10,01	—	6,47	7,28	—	4,24	4,77
	VI	573,16	31,52	45,85	51,58																				
1 988,99	I,IV	242,50	13,33	19,40	21,82	I	242,50	9,65	14,04	15,80	6,16	8,96	10,08	—	4,28	4,82	—	0,65	0,73	—	—	—	—	—	—
	II	213,—	11,71	17,04	19,17	II	213,—	8,11	11,80	13,28	0,91	6,84	7,70	—	2,57	2,89	—	—	—	—	—	—	—	—	—
	III	30,66	—	2,45	2,75	III	30,66	—	—	—	—	—	—	—	—	—	—	—	—	—	—	—	—	—	—
	V	544,16	29,92	43,53	48,97	IV	242,50	11,47	16,68	18,77	9,65	14,04	15,80	7,88	11,47	12,90	6,16	8,96	10,08	0,13	6,53	7,34	—	4,28	4,82
	VI	574,33	31,58	45,94	51,68																				
1 991,99	I,IV	243,25	13,37	19,46	21,89	I	243,25	9,69	14,10	15,86	6,20	9,02	10,14	—	4,33	4,87	—	0,68	0,77	—	—	—	—	—	—
	II	213,75	11,75	17,10	19,23	II	213,75	8,15	11,86	13,34	1,05	6,90	7,76	—	2,61	2,93	—	—	—	—	—	—	—	—	—
	III	31,—	—	2,48	2,79	III	31,—	—	—	—	—	—	—	—	—	—	—	—	—	—	—	—	—	—	—
	V	545,33	29,99	43,62	49,07	IV	243,25	11,51	16,74	18,83	9,69	14,10	15,86	7,92	11,52	12,96	6,20	9,02	10,14	0,26	6,58	7,40	—	4,33	4,87
	VI	575,50	31,65	46,04	51,79																				
1 994,99	I,IV	244,08	13,42	19,52	21,96	I	244,08	9,73	14,16	15,93	6,24	9,08	10,21	—	4,38	4,93	—	0,72	0,81	—	—	—	—	—	—
	II	214,58	11,80	17,16	19,31	II	214,58	8,19	11,92	13,41	1,18	6,95	7,82	—	2,65	2,98	—	—	—	—	—	—	—	—	—
	III	31,50	—	2,52	2,83	III	31,50	—	—	—	—	—	—	—	—	—	—	—	—	—	—	—	—	—	—
	V	546,50	30,05	43,72	49,18	IV	244,08	11,55	16,81	18,91	9,73	14,16	15,93	7,96	11,58	13,03	6,24	9,08	10,21	0,40	6,64	7,47	—	4,38	4,93
	VI	576,66	31,71	46,13	51,89																				
1 997,99	I,IV	244,91	13,47	19,59	22,04	I	244,91	9,78	14,22	16,—	6,27	9,13	10,27	—	4,43	4,98	—	0,76	0,85	—	—	—	—	—	—
	II	215,33	11,84	17,22	19,37	II	215,33	8,23	11,98	13,47	1,33	7,01	7,88	—	2,70	3,03	—	—	—	—	—	—	—	—	—
	III	31,83	—	2,54	2,86	III	31,83	—	—	—	—	—	—	—	—	—	—	—	—	—	—	—	—	—	—
	V	547,66	30,12	43,81	49,28	IV	244,91	11,60	16,87	18,98	9,78	14,22	16,—	8,—	11,64	13,10	6,27	9,13	10,27	0,53	6,69	7,52	—	4,43	4,98
	VI	577,83	31,78	46,22	52,—																				
2 000,99	I,IV	245,66	13,51	19,65	22,10	I	245,66	9,82	14,28	16,07	6,32	9,19	10,34	—	4,48	5,04	—	0,79	0,89	—	—	—	—	—	—
	II	216,08	11,88	17,28	19,44	II	216,08	8,27	12,04	13,54	1,46	7,06	7,94	—	2,74	3,08	—	—	—	—	—	—	—	—	—
	III	32,16	—	2,57	2,89	III	32,16	—	—	—	—	—	—	—	—	—	—	—	—	—	—	—	—	—	—
	V	548,83	30,18	43,90	49,39	IV	245,66	11,64	16,93	19,04	9,82	14,28	16,07	8,04	11,70	13,16	6,32	9,19	10,34	0,66	6,74	7,58	—	4,48	5,04
	VI	579,16	31,85	46,33	52,12																				
2 003,99	I,IV	246,50	13,55	19,72	22,18	I	246,50	9,86	14,34	16,13	6,35	9,24	10,40	—	4,53	5,09	—	0,83	0,93	—	—	—	—	—	—
	II	216,91	11,93	17,35	19,52	II	216,91	8,31	12,10	13,61	1,60	7,12	8,01	—	2,78	3,13	—	—	—	—	—	—	—	—	—
	III	32,66	—	2,61	2,93	III	32,66	—	—	—	—	—	—	—	—	—	—	—	—	—	—	—	—	—	—
	V	550,—	30,25	44,—	49,50	IV	246,50	11,68	17,—	19,12	9,86	14,34	16,13	8,08	11,76	13,23	6,35	9,24	10,40	0,81	6,80	7,65	—	4,53	5,09
	VI	580,33	31,91	46,42	52,22																				
2 006,99	I,IV	247,25	13,59	19,78	22,25	I	247,25	9,90	14,40	16,20	6,39	9,30	10,46	—	4,58	5,15	—	0,86	0,97	—	—	—	—	—	—
	II	217,66	11,97	17,41	19,58	II	217,66	8,36	12,16	13,68	1,75	7,18	8,07	—	2,82	3,17	—	—	—	—	—	—	—	—	—
	III	33,—	—	2,64	2,97	III	33,—	—	—	—	—	—	—	—	—	—	—	—	—	—	—	—	—	—	—
	V	551,16	30,31	44,09	49,60	IV	247,25	11,72	17,06	19,19	9,90	14,40	16,20	8,12	11,82	13,29	6,39	9,30	10,46	0,95	6,86	7,71	—	4,58	5,15
	VI	581,50	31,98	46,52	52,33																				
2 009,99	I,IV	248,08	13,64	19,84	22,32	I	248,08	9,94	14,46	16,27	6,43	9,36	10,53	—	4,63	5,21	—	0,90	1,01	—	—	—	—	—	—
	II	218,41	12,01	17,47	19,65	II	218,41	8,40	12,22	13,74	1,88	7,23	8,13	—	2,87	3,23	—	—	—	—	—	—	—	—	—
	III	33,33	—	2,66	2,99	III	33,33	—	—	—	—	—	—	—	—	—	—	—	—	—	—	—	—	—	—
	V	552,33	30,37	44,18	49,70	IV	248,08	11,77	17,12	19,26	9,94	14,46	16,27	8,16	11,88	13,36	6,43	9,36	10,53	1,10	6,92	7,78	—	4,63	5,21
	VI	582,83	32,05	46,62	52,45																				
2 012,99	I,IV	248,83	13,68	19,90	22,39	I	248,83	9,98	14,52	16,34	6,47	9,42	10,59	—	4,68	5,26	—	0,94	1,05	—	—	—	—	—	—
	II	219,25	12,05	17,54	19,73	II	219,25	8,43	12,27	13,80	2,03	7,29	8,20	—	2,91	3,27	—	—	—	—	—	—	—	—	—
	III	33,83	—	2,70	3,04	III	33,83	—	—	—	—	—	—	—	—	—	—	—	—	—	—	—	—	—	—
	V	553,50	30,44	44,28	49,81	IV	248,83	11,81	17,18	19,32	9,98	14,52	16,34	8,20	11,94	13,43	6,47	9,42	10,59	1,23	6,97	7,84	—	4,68	5,26
	VI	584,—	32,12	46,72	52,56																				
2 015,99	I,IV	249,66	13,73	19,97	22,46	I	249,66	10,02	14,58	16,40	6,51	9,48	10,66	—	4,72	5,31	—	0,98	1,10	—	—	—	—	—	—
	II	220,—	12,10	17,60	19,80	II	220,—	8,47	12,33	13,87	2,16	7,34	8,26	—	2,96	3,33	—	—	—	—	—	—	—	—	—
	III	34,16	—	2,73	3,07	III	34,16	—	—	—	—	—	—	—	—	—	—	—	—	—	—	—	—	—	—
	V	554,83	30,51	44,38	49,93	IV	249,66	11,85	17,24	19,40	10,02	14,58	16,40	8,25	12,—	13,50	6,51	9,48	10,66	1,36	7,02	7,90	—	4,72	5,31
	VI	585,16	32,18	46,81	52,66																				
2 018,99	I,IV	250,41	13,77	20,03	22,53	I	250,41	10,06	14,64	16,47	6,55	9,54	10,73	—	4,78	5,37	—	1,01	1,13	—	—	—	—	—	—
	II	220,75	12,14	17,66	19,86	II	220,75	8,52	12,39	13,94	2,30	7,40	8,32	—	3,—	3,38	—	—	—	—	—	—	—	—	—
	III	34,50	—	2,76	3,10	III	34,50	—	—	—	—	—	—	—	—	—	—	—	—	—	—	—	—	—	—
	V	556,—	30,58	44,48	50,04	IV	250,41	11,89	17,30	19,46	10,06	14,64	16,47	8,29	12,06	13,56	6,55	9,54	10,73	1,51	7,08	7,97	—	4,78	5,37
	VI	586,33	32,24	46,90	52,76																				
2 021,99	I,IV	251,25	13,81	20,10	22,61	I	251,25	10,11	14,70	16,54	6,59	9,59	10,79	—	4,82	5,42	—	1,05	1,18	—	—	—	—	—	—
	II	221,50	12,18	17,72	19,93	II	221,50	8,56	12,45	14,—	2,45	7,46	8,39	—	3,04	3,42	—	—	—	—	—	—	—	—	—
	III	35,—	—	2,80	3,15	III	35,—	—	—	—	—	—	—	—	—	—	—	—	—	—	—	—	—	—	—
	V	557,16	30,64	44,57	50,14	IV	251,25	11,93	17,36	19,53	10,11	14,70	16,54	8,32	12,11	13,62	6,59	9,59	10,79	1,65	7,14	8,03	—	4,82	5,42
	VI	587,66	32,32	47,01	52,88																				
2 024,99	I,IV	252,—	13,86	20,16	22,68	I	252,—	10,15	14,76	16,61	6,63	9,65	10,85	—	4,88	5,49	—	1,08	1,22	—	—	—	—	—	—
	II	222,33	12,22	17,78	20,—	II	222,33	8,60	12,51	14,07	2,58	7,51	8,45	—	3,09	3,47	—	—	—	—	—	—	—	—	—
	III	35,33	—	2,82	3,17	III	35,33	—	—	—	—	—	—	—	—	—	—	—	—	—	—	—	—	—	—
	V	558,33	30,70	44,66	50,24	IV	252,—	11,98	17,43	19,61	10,15	14,76	16,61	8,36	12,17	13,69	6,63	9,65	10,85	1,78	7,19	8,09	—	4,88	5,49
	VI	588,66	32,37	47,09	52,97																				

* Die ausgewiesenen Tabellenwerte sind amtlich. Siehe Erläuterungen auf der Umschlaginnenseite (U2).
** Bei mehr als 3 Kinderfreibeträgen ist die „Ergänzungs-Tabelle 3,5 bis 6 Kinderfreibeträge" anzuwenden.

Abzüge an Lohnsteuer, Solidaritätszuschlag (SolZ) und Kirchensteuer (8%, 9%) in den Steuerklassen

Lohn/ Gehalt bis €*		I – VI	ohne Kinderfreibeträge			I, II, III, IV	mit Zahl der Kinderfreibeträge . . .																		
							0,5			1			1,5			2			2,5			3**			
		LSt	SolZ	8%	9%		LSt	SolZ	8%	9%	SolZ	8%	9%	SolZ	8%	9%	SolZ	8%	9%	SolZ	8%	9%	SolZ	8%	9%
	I,IV	252,83	13,90	20,22	22,75	I	252,83	10,19	14,82	16,67	6,67	9,70	10,91	—	4,93	5,54	—	1,12	1,26	—	—	—	—	—	—
	II	223,08	12,26	17,84	20,07	II	223,08	8,64	12,57	14,14	2,73	7,57	8,51	—	3,14	3,53	—	—	—	—	—	—	—	—	—
2 027,99	III	35,83	—	2,86	3,22	III	35,83	—	—	—	—	—	—	—	—	—	—	—	—	—	—	—	—	—	—
	V	559,50	30,77	44,76	50,35	IV	252,83	12,02	17,49	19,67	10,19	14,82	16,67	8,41	12,23	13,76	6,67	9,70	10,91	1,93	7,25	8,15	—	4,93	5,54
	VI	589,83	32,44	47,18	53,08																				
	I,IV	253,66	13,95	20,29	22,82	I	253,66	10,23	14,89	16,75	6,71	9,76	10,98	—	4,98	5,60	—	1,16	1,31	—	—	—	—	—	—
	II	223,91	12,31	17,91	20,15	II	223,91	8,68	12,63	14,21	2,86	7,62	8,57	—	3,18	3,58	—	—	—	—	—	—	—	—	—
2 030,99	III	36,16	—	2,89	3,25	III	36,16	—	—	—	—	—	—	—	—	—	—	—	—	—	—	—	—	—	—
	V	560,66	30,83	44,85	50,45	IV	253,66	12,06	17,55	19,74	10,23	14,89	16,75	8,45	12,29	13,82	6,71	9,76	10,98	2,06	7,30	8,21	—	4,98	5,60
	VI	591,16	32,51	47,29	53,20																				
	I,IV	254,41	13,99	20,35	22,89	I	254,41	10,28	14,95	16,82	6,75	9,82	11,04	—	5,03	5,66	—	1,20	1,35	—	—	—	—	—	—
	II	224,66	12,35	17,97	20,21	II	224,66	8,72	12,68	14,27	3,—	7,68	8,64	—	3,22	3,62	—	—	—	—	—	—	—	—	—
2 033,99	III	36,50	—	2,92	3,28	III	36,50	—	—	—	—	—	—	—	—	—	—	—	—	—	—	—	—	—	—
	V	561,83	30,90	44,94	50,56	IV	254,41	12,11	17,62	19,82	10,28	14,95	16,82	8,49	12,35	13,89	6,75	9,82	11,04	2,20	7,36	8,28	—	5,03	5,66
	VI	592,33	32,57	47,38	53,30																				
	I,IV	255,25	14,03	20,42	22,97	I	255,25	10,32	15,01	16,88	6,79	9,88	11,11	—	5,08	5,71	—	1,24	1,39	—	—	—	—	—	—
	II	225,41	12,39	18,03	20,28	II	225,41	8,76	12,74	14,33	3,15	7,74	8,70	—	3,27	3,68	—	—	—	—	—	—	—	—	—
2 036,99	III	37,—	—	2,96	3,33	III	37,—	—	—	—	—	—	—	—	—	—	—	—	—	—	—	—	—	—	—
	V	563,—	30,96	45,04	50,67	IV	255,25	12,15	17,68	19,89	10,32	15,01	16,88	8,53	12,41	13,96	6,79	9,88	11,11	2,35	7,42	8,34	—	5,08	5,71
	VI	593,66	32,65	47,49	53,42																				
	I,IV	256,—	14,08	20,48	23,04	I	256,—	10,36	15,07	16,95	6,83	9,94	11,18	—	5,13	5,77	—	1,27	1,43	—	—	—	—	—	—
	II	226,25	12,44	18,10	20,36	II	226,25	8,80	12,80	14,40	3,28	7,79	8,76	—	3,32	3,73	—	—	—	—	—	—	—	—	—
2 039,99	III	37,50	—	3,—	3,37	III	37,50	—	—	—	—	—	—	—	—	—	—	—	—	—	—	—	—	—	—
	V	564,16	31,02	45,13	50,77	IV	256,—	12,19	17,74	19,95	10,36	15,07	16,95	8,57	12,47	14,03	6,83	9,94	11,18	2,48	7,47	8,40	—	5,13	5,77
	VI	594,83	32,71	47,58	53,53																				
	I,IV	256,83	14,12	20,54	23,11	I	256,83	10,40	15,13	17,02	6,87	9,99	11,24	—	5,18	5,82	—	1,31	1,47	—	—	—	—	—	—
	II	227,—	12,48	18,16	20,43	II	227,—	8,84	12,86	14,47	3,43	7,85	8,83	—	3,36	3,78	—	—	—	—	—	—	—	—	—
2 042,99	III	37,83	—	3,02	3,40	III	37,83	—	—	—	—	—	—	—	—	—	—	—	—	—	—	—	—	—	—
	V	565,50	31,10	45,24	50,89	IV	256,83	12,24	17,80	20,03	10,40	15,13	17,02	8,61	12,52	14,09	6,87	9,99	11,24	2,63	7,53	8,47	—	5,18	5,82
	VI	596,—	32,78	47,68	53,64																				
	I,IV	257,66	14,17	20,61	23,18	I	257,66	10,44	15,19	17,09	6,91	10,05	11,30	—	5,23	5,88	—	1,35	1,52	—	—	—	—	—	—
	II	227,83	12,53	18,22	20,50	II	227,83	8,88	12,92	14,54	3,56	7,90	8,89	—	3,40	3,83	—	0,02	0,02	—	—	—	—	—	—
2 045,99	III	38,33	—	3,06	3,44	III	38,33	—	—	—	—	—	—	—	—	—	—	—	—	—	—	—	—	—	—
	V	566,66	31,16	45,33	50,99	IV	257,66	12,28	17,86	20,09	10,44	15,19	17,09	8,65	12,58	14,15	6,91	10,05	11,30	2,76	7,58	8,53	—	5,23	5,88
	VI	597,33	32,85	47,78	53,75																				
	I,IV	258,41	14,21	20,67	23,25	I	258,41	10,48	15,25	17,15	6,95	10,11	11,37	—	5,28	5,94	—	1,39	1,56	—	—	—	—	—	—
	II	228,58	12,57	18,28	20,57	II	228,58	8,92	12,98	14,60	3,71	7,96	8,96	—	3,45	3,88	—	0,05	0,05	—	—	—	—	—	—
2 048,99	III	39,—	—	3,12	3,51	III	39,—	—	0,01	0,01	—	—	—	—	—	—	—	—	—	—	—	—	—	—	—
	V	567,83	31,23	45,42	51,10	IV	258,41	12,32	17,93	20,17	10,48	15,25	17,15	8,69	12,64	14,22	6,95	10,11	11,37	2,91	7,64	8,60	—	5,28	5,94
	VI	598,50	32,91	47,88	53,86																				
	I,IV	259,25	14,25	20,74	23,33	I	259,25	10,52	15,31	17,22	6,98	10,16	11,43	—	5,34	6,—	—	1,42	1,60	—	—	—	—	—	—
	II	229,33	12,61	18,34	20,63	II	229,33	8,96	13,04	14,67	3,85	8,02	9,02	—	3,50	3,93	—	0,08	0,09	—	—	—	—	—	—
2 051,99	III	39,33	—	3,14	3,53	III	39,33	—	0,04	0,04	—	—	—	—	—	—	—	—	—	—	—	—	—	—	—
	V	569,—	31,29	45,52	51,21	IV	259,25	12,37	17,99	20,24	10,52	15,31	17,22	8,73	12,70	14,29	6,98	10,16	11,43	3,05	7,70	8,66	—	5,34	6,—
	VI	599,50	32,97	47,96	53,95																				
	I,IV	260,—	14,30	20,80	23,40	I	260,—	10,56	15,37	17,29	7,03	10,22	11,50	—	5,38	6,05	—	1,46	1,64	—	—	—	—	—	—
	II	230,16	12,65	18,41	20,71	II	230,16	9,01	13,10	14,74	3,98	8,07	9,08	—	3,54	3,98	—	0,12	0,13	—	—	—	—	—	—
2 054,99	III	39,83	—	3,18	3,58	III	39,83	—	0,08	0,09	—	—	—	—	—	—	—	—	—	—	—	—	—	—	—
	V	570,—	31,35	45,60	51,30	IV	260,—	12,41	18,05	20,30	10,56	15,37	17,29	8,77	12,76	14,36	7,03	10,22	11,50	3,18	7,75	8,72	—	5,38	6,05
	VI	600,83	33,04	48,06	54,07																				
	I,IV	260,83	14,34	20,86	23,47	I	260,83	10,61	15,44	17,37	7,07	10,28	11,57	—	5,44	6,12	—	1,50	1,69	—	—	—	—	—	—
	II	230,91	12,70	18,47	20,78	II	230,91	9,05	13,16	14,81	4,13	8,13	9,14	—	3,59	4,04	—	0,15	0,17	—	—	—	—	—	—
2 057,99	III	40,33	—	3,22	3,62	III	40,33	—	0,10	0,11	—	—	—	—	—	—	—	—	—	—	—	—	—	—	—
	V	571,16	31,41	45,69	51,40	IV	260,83	12,45	18,12	20,38	10,61	15,44	17,37	8,81	12,82	14,42	7,07	10,28	11,57	3,33	7,81	8,78	—	5,44	6,12
	VI	602,—	33,11	48,16	54,18																				
	I,IV	261,66	14,39	20,93	23,54	I	261,66	10,65	15,50	17,43	7,10	10,34	11,63	—	5,49	6,17	—	1,54	1,73	—	—	—	—	—	—
	II	231,75	12,74	18,54	20,85	II	231,75	9,09	13,22	14,87	4,26	8,18	9,20	—	3,64	4,09	—	0,18	0,20	—	—	—	—	—	—
2 060,99	III	40,83	—	3,26	3,67	III	40,83	—	0,14	0,16	—	—	—	—	—	—	—	—	—	—	—	—	—	—	—
	V	572,50	31,48	45,80	51,52	IV	261,66	12,49	18,18	20,45	10,65	15,50	17,43	8,85	12,88	14,49	7,10	10,34	11,63	3,46	7,86	8,84	—	5,49	6,17
	VI	603,33	33,18	48,26	54,29																				
	I,IV	262,41	14,43	20,99	23,61	I	262,41	10,69	15,56	17,50	7,15	10,40	11,70	—	5,54	6,23	—	1,58	1,78	—	—	—	—	—	—
	II	232,50	12,78	18,60	20,92	II	232,50	9,13	13,28	14,94	4,41	8,24	9,27	—	3,68	4,14	—	0,22	0,24	—	—	—	—	—	—
2 063,99	III	41,33	—	3,30	3,71	III	41,33	—	0,17	0,19	—	—	—	—	—	—	—	—	—	—	—	—	—	—	—
	V	573,66	31,55	45,89	51,62	IV	262,41	12,54	18,24	20,52	10,69	15,56	17,50	8,90	12,94	14,56	7,15	10,40	11,70	3,61	7,92	8,91	—	5,54	6,23
	VI	604,50	33,24	48,36	54,40																				
	I,IV	263,25	14,47	21,06	23,69	I	263,25	10,73	15,62	17,57	7,19	10,46	11,76	—	5,60	6,30	—	1,62	1,82	—	—	—	—	—	—
	II	233,25	12,82	18,66	20,99	II	233,25	9,17	13,34	15,01	4,55	8,30	9,33	—	3,73	4,19	—	0,25	0,28	—	—	—	—	—	—
2 066,99	III	41,83	—	3,34	3,76	III	41,83	—	0,21	0,23	—	—	—	—	—	—	—	—	—	—	—	—	—	—	—
	V	574,83	31,61	45,98	51,73	IV	263,25	12,58	18,30	20,59	10,73	15,62	17,57	8,94	13,—	14,63	7,19	10,46	11,76	3,75	7,98	8,97	—	5,60	6,30
	VI	605,83	33,32	48,46	54,52																				
	I,IV	264,08	14,52	21,12	23,76	I	264,08	10,78	15,68	17,64	7,22	10,51	11,82	—	5,65	6,35	—	1,66	1,86	—	—	—	—	—	—
	II	234,08	12,87	18,72	21,06	II	234,08	9,21	13,40	15,08	4,70	8,36	9,40	—	3,78	4,25	—	0,28	0,32	—	—	—	—	—	—
2 069,99	III	42,33	—	3,38	3,80	III	42,33	—	0,24	0,27	—	—	—	—	—	—	—	—	—	—	—	—	—	—	—
	V	576,—	31,68	46,08	51,84	IV	264,08	12,62	18,36	20,66	10,78	15,68	17,64	8,98	13,06	14,69	7,22	10,51	11,82	3,90	8,04	9,04	—	5,65	6,35
	VI	607,—	33,38	48,56	54,63																				

* Die ausgewiesenen Tabellenwerte sind amtlich. Siehe Erläuterungen auf der Umschlaginnenseite (U2).
** Bei mehr als 3 Kinderfreibeträgen ist die „Ergänzungs-Tabelle 3,5 bis 6 Kinderfreibeträge" anzuwenden.

MONAT 2 070,–*

Lohn/Gehalt bis €*	I – VI	LSt	ohne Kinderfreibeträge SolZ	8%	9%	I, II, III, IV	LSt	mit Zahl der Kinderfreibeträge . . . 0,5 SolZ	0,5 8%	0,5 9%	1 SolZ	1 8%	1 9%	1,5 SolZ	1,5 8%	1,5 9%	2 SolZ	2 8%	2 9%	2,5 SolZ	2,5 8%	2,5 9%	3** SolZ	3** 8%	3** 9%
2 072,99	I,IV	264,83	14,56	21,18	23,83	I	264,83	10,82	15,74	17,70	7,26	10,57	11,89	—	5,70	6,41	—	1,70	1,91	—	—	—	—	—	—
	II	234,83	12,91	18,78	21,13	II	234,83	9,25	13,46	15,14	4,83	8,41	9,46	—	3,82	4,30	—	0,32	0,36	—	—	—	—	—	—
	III	42,83	—	3,42	3,85	III	42,83	—	0,28	0,31	—	—	—	—	—	—	—	—	—	—	—	—	—	—	—
	V	577,33	31,75	46,18	51,95	IV	264,83	12,66	18,42	20,72	10,82	15,74	17,70	9,02	13,12	14,76	7,26	10,57	11,89	4,03	8,09	9,10	—	5,70	6,4
	VI	608,16	33,44	48,65	54,73																				
2 075,99	I,IV	265,66	14,61	21,25	23,90	I	265,66	10,86	15,80	17,77	7,31	10,63	11,96	—	5,75	6,47	—	1,74	1,95	—	—	—	—	—	—
	II	235,66	12,96	18,85	21,20	II	235,66	9,29	13,52	15,21	4,98	8,47	9,53	—	3,87	4,35	—	0,35	0,39	—	—	—	—	—	—
	III	43,33	—	3,46	3,89	III	43,33	—	0,30	0,34	—	—	—	—	—	—	—	—	—	—	—	—	—	—	—
	V	578,50	31,81	46,28	52,06	IV	265,66	12,71	18,49	20,80	10,86	15,80	17,77	9,06	13,18	14,82	7,31	10,63	11,96	4,16	8,14	9,16	—	5,75	6,47
	VI	609,33	33,51	48,74	54,83																				
2 078,99	I,IV	266,50	14,65	21,32	23,98	I	266,50	10,90	15,86	17,84	7,34	10,68	12,02	—	5,80	6,53	—	1,78	2,—	—	—	—	—	—	—
	II	236,41	13,—	18,91	21,27	II	236,41	9,34	13,58	15,28	5,11	8,52	9,59	—	3,92	4,41	—	0,38	0,43	—	—	—	—	—	—
	III	43,83	—	3,50	3,94	III	43,83	—	0,34	0,38	—	—	—	—	—	—	—	—	—	—	—	—	—	—	—
	V	579,66	31,88	46,37	52,16	IV	266,50	12,75	18,55	20,87	10,90	15,86	17,84	9,10	13,24	14,89	7,34	10,68	12,02	4,31	8,20	9,23	—	5,80	6,53
	VI	610,66	33,58	48,85	54,95																				
2 081,99	I,IV	267,25	14,69	21,38	24,05	I	267,25	10,94	15,92	17,91	7,38	10,74	12,08	—	5,86	6,59	—	1,82	2,04	—	—	—	—	—	—
	II	237,25	13,04	18,98	21,35	II	237,25	9,38	13,64	15,35	5,26	8,58	9,65	—	3,96	4,46	—	0,42	0,47	—	—	—	—	—	—
	III	44,50	—	3,56	4,—	III	44,50	—	0,38	0,43	—	—	—	—	—	—	—	—	—	—	—	—	—	—	—
	V	580,83	31,94	46,46	52,27	IV	267,25	12,80	18,62	20,94	10,94	15,92	17,91	9,14	13,30	14,96	7,38	10,74	12,08	4,45	8,26	9,29	—	5,86	6,59
	VI	611,83	33,65	48,94	55,06																				
2 084,99	I,IV	268,08	14,74	21,44	24,12	I	268,08	10,99	15,98	17,98	7,42	10,80	12,15	—	5,91	6,65	—	1,86	2,09	—	—	—	—	—	—
	II	238,—	13,09	19,04	21,42	II	238,—	9,41	13,70	15,41	5,40	8,64	9,72	—	4,01	4,51	—	0,45	0,50	—	—	—	—	—	—
	III	44,83	—	3,58	4,03	III	44,83	—	0,41	0,46	—	—	—	—	—	—	—	—	—	—	—	—	—	—	—
	V	582,16	32,01	46,57	52,39	IV	268,08	12,84	18,68	21,01	10,99	15,98	17,98	9,18	13,36	15,03	7,42	10,80	12,15	4,60	8,32	9,36	—	5,91	6,65
	VI	613,16	33,72	49,05	55,18																				
2 087,99	I,IV	268,83	14,78	21,50	24,19	I	268,83	11,03	16,04	18,05	7,47	10,86	12,22	—	5,96	6,71	—	1,90	2,13	—	—	—	—	—	—
	II	238,83	13,13	19,10	21,49	II	238,83	9,46	13,76	15,48	5,55	8,70	9,78	—	4,06	4,56	—	0,48	0,54	—	—	—	—	—	—
	III	45,50	—	3,64	4,09	III	45,50	—	0,45	0,50	—	—	—	—	—	—	—	—	—	—	—	—	—	—	—
	V	583,33	32,08	46,66	52,49	IV	268,83	12,88	18,74	21,08	11,03	16,04	18,05	9,22	13,42	15,09	7,47	10,86	12,22	4,73	8,37	9,41	—	5,96	6,71
	VI	614,33	33,78	49,14	55,28																				
2 090,99	I,IV	269,66	14,83	21,57	24,26	I	269,66	11,07	16,11	18,12	7,50	10,92	12,28	—	6,02	6,77	—	1,94	2,18	—	—	—	—	—	—
	II	239,58	13,17	19,16	21,56	II	239,58	9,50	13,82	15,55	5,68	8,75	9,84	—	4,11	4,62	—	0,52	0,59	—	—	—	—	—	—
	III	46,—	—	3,68	4,14	III	46,—	—	0,48	0,54	—	—	—	—	—	—	—	—	—	—	—	—	—	—	—
	V	584,50	32,14	46,76	52,60	IV	269,66	12,92	18,80	21,15	11,07	16,11	18,12	9,26	13,48	15,16	7,50	10,92	12,28	4,88	8,43	9,48	—	6,02	6,77
	VI	615,50	33,85	49,24	55,39																				
2 093,99	I,IV	270,50	14,87	21,64	24,34	I	270,50	11,11	16,17	18,19	7,54	10,98	12,35	—	6,07	6,83	—	1,98	2,22	—	—	—	—	—	—
	II	240,33	13,21	19,22	21,62	II	240,33	9,54	13,88	15,61	5,83	8,81	9,91	—	4,16	4,68	—	0,56	0,63	—	—	—	—	—	—
	III	46,50	—	3,72	4,18	III	46,50	—	0,52	0,58	—	—	—	—	—	—	—	—	—	—	—	—	—	—	—
	V	585,83	32,22	46,86	52,72	IV	270,50	12,97	18,86	21,22	11,11	16,17	18,19	9,30	13,54	15,23	7,54	10,98	12,35	5,01	8,48	9,54	—	6,07	6,83
	VI	616,66	33,91	49,33	55,49																				
2 096,99	I,IV	271,33	14,92	21,70	24,41	I	271,33	11,16	16,23	18,26	7,59	11,04	12,42	—	6,12	6,89	—	2,02	2,27	—	—	—	—	—	—
	II	241,16	13,26	19,29	21,70	II	241,16	9,58	13,94	15,68	5,96	8,86	9,97	—	4,20	4,73	—	0,59	0,66	—	—	—	—	—	—
	III	47,—	—	3,76	4,23	III	47,—	—	0,54	0,61	—	—	—	—	—	—	—	—	—	—	—	—	—	—	—
	V	586,83	32,27	46,94	52,81	IV	271,33	13,01	18,93	21,29	11,16	16,23	18,26	9,35	13,60	15,30	7,59	11,04	12,42	5,16	8,54	9,61	—	6,12	6,89
	VI	618,—	33,99	49,44	55,62																				
2 099,99	I,IV	272,08	14,96	21,76	24,48	I	272,08	11,20	16,29	18,32	7,63	11,10	12,48	—	6,18	6,95	—	2,06	2,32	—	—	—	—	—	—
	II	242,—	13,31	19,36	21,78	II	242,—	9,62	14,—	15,75	6,11	8,92	10,04	—	4,25	4,78	—	0,62	0,70	—	—	—	—	—	—
	III	47,50	—	3,80	4,27	III	47,50	—	0,58	0,65	—	—	—	—	—	—	—	—	—	—	—	—	—	—	—
	V	588,—	32,34	47,04	52,92	IV	272,08	13,06	19,—	21,37	11,20	16,29	18,32	9,39	13,66	15,36	7,63	11,10	12,48	5,30	8,60	9,67	—	6,18	6,95
	VI	619,16	34,05	49,53	55,72																				
2 102,99	I,IV	272,91	15,01	21,83	24,56	I	272,91	11,24	16,35	18,39	7,66	11,15	12,54	—	6,24	7,02	—	2,10	2,36	—	—	—	—	—	—
	II	242,75	13,35	19,42	21,84	II	242,75	9,67	14,06	15,82	6,17	8,98	10,10	—	4,30	4,84	—	0,66	0,74	—	—	—	—	—	—
	III	48,—	—	3,84	4,32	III	48,—	—	0,61	0,68	—	—	—	—	—	—	—	—	—	—	—	—	—	—	—
	V	589,16	32,40	47,13	53,02	IV	272,91	13,10	19,06	21,44	11,24	16,35	18,39	9,43	13,72	15,43	7,66	11,15	12,54	5,45	8,66	9,74	—	6,24	7,02
	VI	620,50	34,12	49,64	55,84																				
2 105,99	I,IV	273,75	15,05	21,90	24,63	I	273,75	11,28	16,42	18,47	7,70	11,21	12,61	—	6,29	7,07	—	2,14	2,41	—	—	—	—	—	—
	II	243,58	13,39	19,48	21,92	II	243,58	9,70	14,12	15,88	6,21	9,04	10,17	—	4,35	4,89	—	0,70	0,78	—	—	—	—	—	—
	III	48,50	—	3,88	4,36	III	48,50	—	0,65	0,73	—	—	—	—	—	—	—	—	—	—	—	—	—	—	—
	V	590,50	32,47	47,24	53,14	IV	273,75	13,14	19,12	21,51	11,28	16,42	18,47	9,47	13,78	15,50	7,70	11,21	12,61	5,58	8,71	9,80	—	6,29	7,07
	VI	621,66	34,19	49,73	55,94																				
2 108,99	I,IV	274,50	15,09	21,96	24,70	I	274,50	11,33	16,48	18,54	7,75	11,27	12,68	—	6,34	7,13	—	2,18	2,45	—	—	—	—	—	—
	II	244,33	13,43	19,54	21,98	II	244,33	9,75	14,18	15,95	6,25	9,10	10,23	—	4,40	4,95	—	0,73	0,82	—	—	—	—	—	—
	III	49,—	—	3,92	4,41	III	49,—	—	0,69	0,77	—	—	—	—	—	—	—	—	—	—	—	—	—	—	—
	V	591,66	32,54	47,33	53,24	IV	274,50	13,19	19,18	21,58	11,33	16,48	18,54	9,51	13,84	15,57	7,75	11,27	12,68	5,73	8,77	9,86	—	6,34	7,13
	VI	622,83	34,25	49,82	56,05																				
2 111,99	I,IV	275,33	15,14	22,02	24,77	I	275,33	11,37	16,54	18,60	7,79	11,33	12,74	—	6,40	7,20	—	2,22	2,50	—	—	—	—	—	—
	II	245,16	13,48	19,61	22,06	II	245,16	9,79	14,24	16,02	6,29	9,15	10,29	—	4,44	5,—	—	0,77	0,86	—	—	—	—	—	—
	III	49,50	—	3,96	4,45	III	49,50	—	0,72	0,81	—	—	—	—	—	—	—	—	—	—	—	—	—	—	—
	V	593,—	32,61	47,44	53,37	IV	275,33	13,23	19,24	21,65	11,37	16,54	18,60	9,55	13,90	15,63	7,79	11,33	12,74	5,86	8,82	9,92	—	6,40	7,20
	VI	624,16	34,32	49,93	56,17																				
2 114,99	I,IV	276,16	15,18	22,09	24,85	I	276,16	11,41	16,60	18,67	7,82	11,38	12,80	—	6,45	7,25	—	2,27	2,55	—	—	—	—	—	—
	II	245,91	13,52	19,67	22,13	II	245,91	9,83	14,30	16,09	6,33	9,21	10,36	—	4,50	5,06	—	0,80	0,90	—	—	—	—	—	—
	III	50,—	—	4,—	4,50	III	50,—	—	0,76	0,85	—	—	—	—	—	—	—	—	—	—	—	—	—	—	—
	V	594,16	32,67	47,53	53,47	IV	276,16	13,27	19,31	21,72	11,41	16,60	18,67	9,59	13,96	15,70	7,82	11,38	12,80	6,01	8,88	9,99	—	6,45	7,25
	VI	625,33	34,39	50,02	56,27																				

Abzüge an Lohnsteuer, Solidaritätszuschlag (SolZ) und Kirchensteuer (8%, 9%) in den Steuerklassen

* Die ausgewiesenen Tabellenwerte sind amtlich. Siehe Erläuterungen auf der Umschlaginnenseite (U2).
** Bei mehr als 3 Kinderfreibeträgen ist die „Ergänzungs-Tabelle 3,5 bis 6 Kinderfreibeträge" anzuwenden.

Abzüge an Lohnsteuer, Solidaritätszuschlag (SolZ) und Kirchensteuer (8%, 9%) in den Steuerklassen

Lohn/ Gehalt bis €*	I – VI		ohne Kinder-freibeträge			I, II, III, IV		mit Zahl der Kinderfreibeträge . . . 0,5			1			1,5			2			2,5			3**		
		LSt	SolZ	8%	9%		LSt	SolZ	8%	9%	SolZ	8%	9%	SolZ	8%	9%	SolZ	8%	9%	SolZ	8%	9%	SolZ	8%	9%
2 117,99	I,IV	277,—	15,23	22,16	24,93	I	277,—	11,45	16,66	18,74	7,86	11,44	12,87	0,06	6,50	7,31	—	2,31	2,60	—	—	—	—	—	—
	II	246,75	13,57	19,74	22,20	II	246,75	9,87	14,36	16,16	6,37	9,26	10,42	—	4,54	5,11	—	0,84	0,95	—	—	—	—	—	—
	III	50,50	—	4,04	4,54	III	50,50	—	0,78	0,88	—	—	—	—	—	—	—	—	—	—	—	—	—	—	—
	V	595,33	32,74	47,62	53,57	IV	277,—	13,31	19,37	21,79	11,45	16,66	18,74	9,63	14,02	15,77	7,86	11,44	12,87	6,14	8,94	10,05	0,06	6,50	7,31
	VI	626,66	34,46	50,13	56,39																				
2 120,99	I,IV	277,75	15,27	22,22	24,99	I	277,75	11,49	16,72	18,81	7,91	11,50	12,94	0,21	6,56	7,38	—	2,35	2,64	—	—	—	—	—	—
	II	247,50	13,61	19,80	22,27	II	247,50	9,91	14,42	16,22	6,41	9,32	10,49	—	4,59	5,16	—	0,88	0,99	—	—	—	—	—	—
	III	51,—	—	4,08	4,59	III	51,—	—	0,82	0,92	—	—	—	—	—	—	—	—	—	—	—	—	—	—	—
	V	596,66	32,81	47,73	53,69	IV	277,75	13,36	19,44	21,87	11,49	16,72	18,81	9,68	14,08	15,84	7,91	11,50	12,94	6,18	9,—	10,12	0,21	6,56	7,38
	VI	628,—	34,54	50,24	56,52																				
2 123,99	I,IV	278,58	15,32	22,28	25,07	I	278,58	11,54	16,78	18,88	7,95	11,56	13,01	0,35	6,62	7,44	—	2,40	2,70	—	—	—	—	—	—
	II	248,33	13,65	19,86	22,34	II	248,33	9,95	14,48	16,29	6,44	9,38	10,55	—	4,64	5,22	—	0,92	1,03	—	—	—	—	—	—
	III	51,66	—	4,13	4,64	III	51,66	—	0,86	0,97	—	—	—	—	—	—	—	—	—	—	—	—	—	—	—
	V	597,66	32,87	47,81	53,78	IV	278,58	13,41	19,50	21,94	11,54	16,78	18,88	9,72	14,14	15,90	7,95	11,56	13,01	6,22	9,06	10,19	0,35	6,62	7,44
	VI	629,—	34,59	50,32	56,61																				
2 126,99	I,IV	279,41	15,36	22,35	25,14	I	279,41	11,58	16,84	18,95	7,98	11,62	13,07	0,48	6,67	7,50	—	2,44	2,74	—	—	—	—	—	—
	II	249,08	13,69	19,92	22,41	II	249,08	10,—	14,54	16,36	6,49	9,44	10,62	—	4,69	5,27	—	0,95	1,07	—	—	—	—	—	—
	III	52,16	—	4,17	4,69	III	52,16	—	0,89	1,—	—	—	—	—	—	—	—	—	—	—	—	—	—	—	—
	V	598,83	32,93	47,90	53,89	IV	279,41	13,45	19,56	22,01	11,58	16,84	18,95	9,76	14,20	15,97	7,98	11,62	13,07	6,26	9,11	10,25	0,48	6,67	7,50
	VI	630,33	34,66	50,42	56,72																				
2 129,99	I,IV	280,25	15,41	22,42	25,22	I	280,25	11,62	16,91	19,02	8,03	11,68	13,14	0,61	6,72	7,56	—	2,48	2,79	—	—	—	—	—	—
	II	249,91	13,74	19,99	22,49	II	249,91	10,04	14,60	16,43	6,53	9,50	10,68	—	4,74	5,33	—	0,98	1,10	—	—	—	—	—	—
	III	52,66	—	4,21	4,73	III	52,66	—	0,93	1,04	—	—	—	—	—	—	—	—	—	—	—	—	—	—	—
	V	600,16	33,—	48,01	54,01	IV	280,25	13,49	19,62	22,07	11,62	16,91	19,02	9,80	14,26	16,04	8,03	11,68	13,14	6,30	9,17	10,31	0,61	6,72	7,56
	VI	631,50	34,73	50,52	56,83																				
2 132,99	I,IV	281,—	15,45	22,48	25,29	I	281,—	11,66	16,97	19,09	8,07	11,74	13,20	0,76	6,78	7,63	—	2,52	2,84	—	—	—	—	—	—
	II	250,66	13,78	20,05	22,55	II	250,66	10,08	14,66	16,49	6,56	9,55	10,74	—	4,79	5,39	—	1,02	1,15	—	—	—	—	—	—
	III	53,16	—	4,25	4,78	III	53,16	—	0,97	1,09	—	—	—	—	—	—	—	—	—	—	—	—	—	—	—
	V	601,33	33,07	48,10	54,11	IV	281,—	13,53	19,69	22,15	11,66	16,97	19,09	9,84	14,32	16,11	8,07	11,74	13,20	6,34	9,22	10,37	0,76	6,78	7,63
	VI	632,83	34,80	50,62	56,95																				
2 135,99	I,IV	281,83	15,50	22,54	25,36	I	281,83	11,71	17,03	19,16	8,11	11,80	13,27	0,90	6,84	7,69	—	2,56	2,88	—	—	—	—	—	—
	II	251,50	13,83	20,12	22,63	II	251,50	10,12	14,72	16,56	6,60	9,61	10,81	—	4,84	5,45	—	1,06	1,19	—	—	—	—	—	—
	III	53,66	—	4,29	4,82	III	53,66	—	1,—	1,12	—	—	—	—	—	—	—	—	—	—	—	—	—	—	—
	V	602,66	33,14	48,21	54,23	IV	281,83	13,58	19,75	22,22	11,71	17,03	19,16	9,88	14,38	16,17	8,11	11,80	13,27	6,38	9,28	10,44	0,90	6,84	7,69
	VI	634,—	34,87	50,72	57,06																				
2 138,99	I,IV	282,66	15,54	22,61	25,43	I	282,66	11,75	17,09	19,22	8,15	11,86	13,34	1,03	6,89	7,75	—	2,60	2,93	—	—	—	—	—	—
	II	252,25	13,87	20,18	22,70	II	252,25	10,16	14,78	16,63	6,64	9,66	10,87	—	4,89	5,50	—	1,10	1,23	—	—	—	—	—	—
	III	54,16	—	4,33	4,87	III	54,16	—	1,04	1,17	—	—	—	—	—	—	—	—	—	—	—	—	—	—	—
	V	603,83	33,21	48,30	54,34	IV	282,66	13,62	19,82	22,29	11,75	17,09	19,22	9,92	14,44	16,24	8,15	11,86	13,34	6,42	9,34	10,50	1,03	6,89	7,75
	VI	635,33	34,94	50,82	57,17																				
2 141,99	I,IV	283,50	15,59	22,68	25,51	I	283,50	11,79	17,16	19,30	8,19	11,92	13,41	1,18	6,95	7,82	—	2,65	2,98	—	—	—	—	—	—
	II	253,08	13,91	20,24	22,77	II	253,08	10,20	14,84	16,70	6,68	9,72	10,94	—	4,94	5,56	—	1,14	1,28	—	—	—	—	—	—
	III	54,66	—	4,37	4,91	III	54,66	—	1,06	1,19	—	—	—	—	—	—	—	—	—	—	—	—	—	—	—
	V	605,16	33,28	48,41	54,46	IV	283,50	13,67	19,88	22,37	11,79	17,16	19,30	9,97	14,50	16,31	8,19	11,92	13,41	6,46	9,40	10,57	1,18	6,95	7,82
	VI	636,50	35,—	50,92	57,28																				
2 144,99	I,IV	284,33	15,63	22,74	25,58	I	284,33	11,83	17,22	19,37	8,23	11,97	13,46	1,31	7,—	7,88	—	2,69	3,02	—	—	—	—	—	—
	II	253,91	13,96	20,31	22,85	II	253,91	10,24	14,90	16,76	6,72	9,78	11,—	—	5,—	5,62	—	1,17	1,31	—	—	—	—	—	—
	III	55,33	—	4,42	4,97	III	55,33	—	1,10	1,24	—	—	—	—	—	—	—	—	—	—	—	—	—	—	—
	V	606,33	33,34	48,50	54,56	IV	284,33	13,71	19,94	22,43	11,83	17,22	19,37	10,01	14,56	16,38	8,23	11,97	13,46	6,50	9,46	10,64	1,31	7,—	7,88
	VI	637,83	35,08	51,02	57,40																				
2 147,99	I,IV	285,08	15,67	22,80	25,65	I	285,08	11,88	17,28	19,44	8,27	12,03	13,53	1,45	7,06	7,94	—	2,74	3,08	—	—	—	—	—	—
	II	254,66	14,—	20,37	22,91	II	254,66	10,28	14,96	16,83	6,76	9,84	11,07	—	5,04	5,67	—	1,21	1,36	—	—	—	—	—	—
	III	55,83	—	4,46	5,02	III	55,83	—	1,14	1,28	—	—	—	—	—	—	—	—	—	—	—	—	—	—	—
	V	607,50	33,41	48,60	54,67	IV	285,08	13,75	20,01	22,51	11,88	17,28	19,44	10,05	14,62	16,45	8,27	12,03	13,53	6,54	9,51	10,70	1,45	7,06	7,94
	VI	639,16	35,15	51,13	57,52																				
2 150,99	I,IV	285,91	15,72	22,87	25,73	I	285,91	11,92	17,34	19,51	8,31	12,09	13,60	1,60	7,12	8,01	—	2,78	3,12	—	—	—	—	—	—
	II	255,50	14,05	20,44	22,99	II	255,50	10,33	15,03	16,91	6,80	9,90	11,13	—	5,10	5,73	—	1,25	1,40	—	—	—	—	—	—
	III	56,33	—	4,50	5,06	III	56,33	—	1,17	1,31	—	—	—	—	—	—	—	—	—	—	—	—	—	—	—
	V	608,66	33,47	48,69	54,77	IV	285,91	13,80	20,07	22,58	11,92	17,34	19,51	10,09	14,68	16,52	8,31	12,09	13,60	6,58	9,57	10,76	1,60	7,12	8,01
	VI	640,16	35,20	51,21	57,61																				
2 153,99	I,IV	286,75	15,77	22,94	25,80	I	286,75	11,96	17,40	19,58	8,35	12,15	13,67	1,73	7,17	8,06	—	2,82	3,17	—	—	—	—	—	—
	II	256,25	14,09	20,50	23,06	II	256,25	10,37	15,09	16,97	6,84	9,96	11,20	—	5,14	5,78	—	1,28	1,44	—	—	—	—	—	—
	III	56,83	—	4,54	5,11	III	56,83	—	1,21	1,36	—	—	—	—	—	—	—	—	—	—	—	—	—	—	—
	V	610,—	33,55	48,80	54,90	IV	286,75	13,84	20,14	22,65	11,96	17,40	19,58	10,13	14,74	16,58	8,35	12,15	13,67	6,61	9,62	10,82	1,73	7,17	8,06
	VI	641,50	35,28	51,32	57,73																				
2 156,99	I,IV	287,50	15,81	23,—	25,87	I	287,50	12,—	17,46	19,64	8,39	12,21	13,73	1,86	7,22	8,12	—	2,86	3,22	—	—	—	—	—	—
	II	257,08	14,13	20,56	23,13	II	257,08	10,41	15,15	17,04	6,88	10,01	11,26	—	5,20	5,85	—	1,32	1,49	—	—	—	—	—	—
	III	57,33	—	4,58	5,15	III	57,33	—	1,25	1,40	—	—	—	—	—	—	—	—	—	—	—	—	—	—	—
	V	611,16	33,61	48,89	55,—	IV	287,50	13,88	20,20	22,72	12,—	17,46	19,64	10,17	14,80	16,65	8,39	12,21	13,73	6,65	9,68	10,89	1,86	7,22	8,12
	VI	642,83	35,35	51,42	57,85																				
2 159,99	I,IV	288,33	15,85	23,06	25,94	I	288,33	12,05	17,53	19,72	8,43	12,27	13,80	2,01	7,28	8,19	—	2,91	3,27	—	—	—	—	—	—
	II	257,91	14,18	20,63	23,21	II	257,91	10,45	15,21	17,11	6,92	10,07	11,33	—	5,25	5,90	—	1,36	1,53	—	—	—	—	—	—
	III	57,83	—	4,62	5,20	III	57,83	—	1,28	1,44	—	—	—	—	—	—	—	—	—	—	—	—	—	—	—
	V	612,50	33,68	49,—	55,12	IV	288,33	13,93	20,26	22,79	12,05	17,53	19,72	10,22	14,86	16,72	8,43	12,27	13,80	6,69	9,74	10,95	2,01	7,28	8,19
	VI	644,16	35,42	51,53	57,97																				

* Die ausgewiesenen Tabellenwerte sind amtlich. Siehe Erläuterungen auf der Umschlaginnenseite (U2).

** Bei mehr als 3 Kinderfreibeträgen ist die „Ergänzungs-Tabelle 3,5 bis 6 Kinderfreibeträge" anzuwenden.

MONAT **2 160,–***

Abzüge an Lohnsteuer, Solidaritätszuschlag (SolZ) und Kirchensteuer (8%, 9%) in den Steuerklassen

Lohn/ Gehalt bis €*		1 – VI	ohne Kinder-freibeträge				I, II, III, IV	mit Zahl der Kinderfreibeträge . . . 0,5			1			1,5			2			2,5			3**		
		LSt	SolZ	8%	9%		LSt	SolZ	8%	9%	SolZ	8%	9%	SolZ	8%	9%	SolZ	8%	9%	SolZ	8%	9%	SolZ	8%	9%
2 162,99	I,IV	289,16	15,90	23,13	26,02	I	289,16	12,09	17,59	19,79	8,47	12,32	13,86	2,15	7,34	8,25	—	2,96	3,33	—	—	—	—	—	—
	II	258,66	14,22	20,69	23,27	II	258,66	10,50	15,27	17,18	6,96	10,12	11,39	—	5,30	5,96	—	1,40	1,57	—	—	—	—	—	—
	III	58,50	—	4,68	5,26	III	58,50	—	1,32	1,48	—	—	—	—	—	—	—	—	—	—	—	—	—	—	—
	V	613,66	33,75	49,09	55,22	IV	289,16	13,97	20,33	22,87	12,09	17,59	19,79	10,26	14,92	16,79	8,47	12,32	13,86	6,73	9,80	11,02	2,15	7,34	8,25
	VI	645,16	35,48	51,61	58,06																				
2 165,99	I,IV	290,—	15,95	23,20	26,10	I	290,—	12,13	17,65	19,85	8,51	12,38	13,93	2,30	7,40	8,32	—	3,—	3,37	—	—	—	—	—	—
	II	259,50	14,27	20,76	23,35	II	259,50	10,54	15,33	17,24	7,—	10,18	11,45	—	5,35	6,02	—	1,44	1,62	—	—	—	—	—	—
	III	59,—	—	4,72	5,31	III	59,—	—	1,36	1,53	—	—	—	—	—	—	—	—	—	—	—	—	—	—	—
	V	614,83	33,81	49,18	55,33	IV	290,—	14,02	20,39	22,94	12,13	17,65	19,85	10,30	14,98	16,85	8,51	12,38	13,93	6,77	9,86	11,09	2,30	7,40	8,32
	VI	646,50	35,55	51,72	58,18																				
2 168,99	I,IV	290,83	15,99	23,26	26,17	I	290,83	12,18	17,72	19,93	8,55	12,44	14,—	2,43	7,45	8,38	—	3,04	3,42	—	—	—	—	—	—
	II	260,25	14,31	20,82	23,42	II	260,25	10,58	15,39	17,31	7,04	10,24	11,52	—	5,40	6,08	—	1,48	1,66	—	—	—	—	—	—
	III	59,50	—	4,76	5,35	III	59,50	—	1,40	1,57	—	—	—	—	—	—	—	—	—	—	—	—	—	—	—
	V	616,—	33,88	49,28	55,44	IV	290,83	14,06	20,46	23,01	12,18	17,72	19,93	10,34	15,04	16,92	8,55	12,44	14,—	6,81	9,91	11,15	2,43	7,45	8,38
	VI	647,83	35,63	51,82	58,30																				
2 171,99	I,IV	291,66	16,04	23,33	26,24	I	291,66	12,22	17,78	20,—	8,59	12,50	14,06	2,56	7,50	8,44	—	3,08	3,47	—	—	—	—	—	—
	II	261,08	14,35	20,88	23,49	II	261,08	10,62	15,45	17,38	7,08	10,30	11,58	—	5,46	6,14	—	1,52	1,71	—	—	—	—	—	—
	III	60,—	—	4,80	5,40	III	60,—	—	1,42	1,60	—	—	—	—	—	—	—	—	—	—	—	—	—	—	—
	V	617,33	33,95	49,38	55,55	IV	291,66	14,10	20,52	23,08	12,22	17,78	20,—	10,38	15,10	16,99	8,59	12,50	14,06	6,85	9,97	11,21	2,56	7,50	8,44
	VI	649,16	35,70	51,93	58,42																				
2 174,99	I,IV	292,50	16,08	23,40	26,32	I	292,50	12,26	17,84	20,07	8,63	12,56	14,13	2,71	7,56	8,51	—	3,13	3,52	—	—	—	—	—	—
	II	261,91	14,40	20,95	23,57	II	261,91	10,67	15,52	17,46	7,12	10,36	11,65	—	5,51	6,20	—	1,56	1,75	—	—	—	—	—	—
	III	60,50	—	4,84	5,44	III	60,50	—	1,46	1,64	—	—	—	—	—	—	—	—	—	—	—	—	—	—	—
	V	618,50	34,01	49,48	55,66	IV	292,50	14,15	20,58	23,15	12,26	17,84	20,07	10,43	15,17	17,06	8,63	12,56	14,13	6,89	10,03	11,28	2,71	7,56	8,51
	VI	650,16	35,75	52,01	58,51																				
2 177,99	I,IV	293,25	16,12	23,46	26,39	I	293,25	12,31	17,90	20,14	8,68	12,62	14,20	2,85	7,62	8,57	—	3,18	3,57	—	—	—	—	—	—
	II	262,66	14,44	21,01	23,63	II	262,66	10,71	15,58	17,52	7,16	10,42	11,72	—	5,56	6,25	—	1,59	1,79	—	—	—	—	—	—
	III	61,16	—	4,89	5,50	III	61,16	—	1,50	1,69	—	—	—	—	—	—	—	—	—	—	—	—	—	—	—
	V	619,83	34,09	49,58	55,78	IV	293,25	14,19	20,64	23,22	12,31	17,90	20,14	10,47	15,23	17,13	8,68	12,62	14,20	6,93	10,08	11,34	2,85	7,62	8,57
	VI	651,50	35,83	52,12	58,63																				
2 180,99	I,IV	294,08	16,17	23,52	26,46	I	294,08	12,35	17,96	20,21	8,72	12,68	14,27	3,—	7,68	8,64	—	3,22	3,62	—	—	—	—	—	—
	II	263,50	14,49	21,08	23,71	II	263,50	10,75	15,64	17,59	7,20	10,47	11,78	—	5,61	6,31	—	1,63	1,83	—	—	—	—	—	—
	III	61,66	—	4,93	5,54	III	61,66	—	1,54	1,73	—	—	—	—	—	—	—	—	—	—	—	—	—	—	—
	V	620,83	34,14	49,66	55,87	IV	294,08	14,24	20,71	23,30	12,35	17,96	20,21	10,51	15,29	17,20	8,72	12,68	14,27	6,97	10,14	11,41	3,—	7,68	8,64
	VI	652,83	35,90	52,22	58,75																				
2 183,99	I,IV	294,91	16,22	23,59	26,54	I	294,91	12,39	18,03	20,28	8,76	12,74	14,33	3,13	7,73	8,69	—	3,26	3,67	—	—	—	—	—	—
	II	264,33	14,53	21,14	23,78	II	264,33	10,79	15,70	17,66	7,24	10,53	11,84	—	5,66	6,37	—	1,67	1,88	—	—	—	—	—	—
	III	62,16	—	4,97	5,59	III	62,16	—	1,57	1,76	—	—	—	—	—	—	—	—	—	—	—	—	—	—	—
	V	622,16	34,21	49,77	55,99	IV	294,91	14,28	20,78	23,37	12,39	18,03	20,28	10,55	15,35	17,27	8,76	12,74	14,33	7,01	10,20	11,48	3,13	7,73	8,69
	VI	654,—	35,97	52,32	58,86																				
2 186,99	I,IV	295,75	16,26	23,66	26,61	I	295,75	12,43	18,09	20,35	8,80	12,80	14,40	3,26	7,78	8,75	—	3,31	3,72	—	—	—	—	—	—
	II	265,08	14,57	21,20	23,85	II	265,08	10,83	15,76	17,73	7,28	10,59	11,91	—	5,72	6,43	—	1,71	1,92	—	—	—	—	—	—
	III	62,66	—	5,01	5,63	III	62,66	—	1,61	1,81	—	—	—	—	—	—	—	—	—	—	—	—	—	—	—
	V	623,50	34,29	49,88	56,11	IV	295,75	14,32	20,84	23,44	12,43	18,09	20,35	10,59	15,41	17,33	8,80	12,80	14,40	7,05	10,26	11,54	3,26	7,78	8,75
	VI	655,33	36,04	52,42	58,97																				
2 189,99	I,IV	296,58	16,31	23,72	26,69	I	296,58	12,48	18,15	20,42	8,84	12,86	14,46	3,41	7,84	8,82	—	3,36	3,78	—	—	—	—	—	—
	II	265,91	14,62	21,27	23,93	II	265,91	10,87	15,82	17,79	7,31	10,64	11,97	—	5,77	6,49	—	1,75	1,97	—	—	—	—	—	—
	III	63,33	—	5,06	5,69	III	63,33	—	1,65	1,85	—	—	—	—	—	—	—	—	—	—	—	—	—	—	—
	V	624,66	34,35	49,97	56,21	IV	296,58	14,37	20,90	23,51	12,48	18,15	20,42	10,63	15,47	17,40	8,84	12,86	14,46	7,09	10,32	11,61	3,41	7,84	8,82
	VI	656,41	36,10	52,51	59,07																				
2 192,99	I,IV	297,41	16,35	23,79	26,76	I	297,41	12,52	18,22	20,49	8,88	12,92	14,53	3,55	7,90	8,88	—	3,40	3,83	—	0,02	0,02	—	—	—
	II	266,75	14,67	21,34	24,—	II	266,75	10,92	15,88	17,87	7,36	10,70	12,04	—	5,82	6,55	—	1,79	2,01	—	—	—	—	—	—
	III	63,83	—	5,10	5,74	III	63,83	—	1,68	1,89	—	—	—	—	—	—	—	—	—	—	—	—	—	—	—
	V	626,—	34,43	50,08	56,34	IV	297,41	14,41	20,97	23,59	12,52	18,22	20,49	10,67	15,53	17,47	8,88	12,92	14,53	7,13	10,38	11,67	3,55	7,90	8,88
	VI	657,66	36,17	52,61	59,18																				
2 195,99	I,IV	298,25	16,40	23,86	26,84	I	298,25	12,56	18,28	20,56	8,92	12,98	14,60	3,70	7,96	8,95	—	3,45	3,88	—	0,05	0,05	—	—	—
	II	267,50	14,71	21,40	24,07	II	267,50	10,96	15,94	17,93	7,40	10,76	12,11	—	5,88	6,61	—	1,83	2,06	—	—	—	—	—	—
	III	64,33	—	5,14	5,78	III	64,33	—	1,72	1,93	—	—	—	—	—	—	—	—	—	—	—	—	—	—	—
	V	627,16	34,49	50,17	56,44	IV	298,25	14,46	21,03	23,66	12,56	18,28	20,56	10,72	15,60	17,55	8,92	12,98	14,60	7,17	10,43	11,73	3,70	7,96	8,95
	VI	658,91	36,24	52,71	59,30																				
2 198,99	I,IV	299,—	16,44	23,92	26,91	I	299,—	12,60	18,34	20,63	8,96	13,04	14,67	3,83	8,01	9,01	—	3,49	3,92	—	0,08	0,09	—	—	—
	II	268,33	14,75	21,46	24,14	II	268,33	11,—	16,—	18,—	7,44	10,82	12,17	—	5,93	6,67	—	1,87	2,10	—	—	—	—	—	—
	III	64,83	—	5,18	5,83	III	64,83	—	1,76	1,98	—	—	—	—	—	—	—	—	—	—	—	—	—	—	—
	V	628,33	34,55	50,26	56,54	IV	299,—	14,50	21,10	23,73	12,60	18,34	20,63	10,76	15,66	17,61	8,96	13,04	14,67	7,21	10,49	11,80	3,83	8,01	9,01
	VI	660,16	36,30	52,81	59,41																				
2 201,99	I,IV	299,83	16,49	23,98	26,98	I	299,83	12,65	18,40	20,70	9,—	13,10	14,73	3,98	8,07	9,08	—	3,54	3,98	—	0,11	0,12	—	—	—
	II	269,16	14,80	21,53	24,22	II	269,16	11,04	16,06	18,07	7,48	10,88	12,24	—	5,98	6,73	—	1,91	2,15	—	—	—	—	—	—
	III	65,50	—	5,24	5,89	III	65,50	—	1,80	2,02	—	—	—	—	—	—	—	—	—	—	—	—	—	—	—
	V	629,66	34,63	50,37	56,66	IV	299,83	14,54	21,16	23,80	12,65	18,40	20,70	10,80	15,72	17,68	9,—	13,10	14,73	7,25	10,55	11,87	3,98	8,07	9,08
	VI	661,41	36,37	52,91	59,52																				
2 204,99	I,IV	300,66	16,53	24,05	27,05	I	300,66	12,69	18,46	20,77	9,04	13,16	14,80	4,11	8,12	9,14	—	3,58	4,03	—	0,14	0,16	—	—	—
	II	269,91	14,84	21,59	24,29	II	269,91	11,08	16,12	18,14	7,52	10,94	12,30	—	6,04	6,79	—	1,95	2,19	—	—	—	—	—	—
	III	66,—	—	5,28	5,94	III	66,—	—	1,84	2,07	—	—	—	—	—	—	—	—	—	—	—	—	—	—	—
	V	630,83	34,69	50,46	56,77	IV	300,66	14,59	21,22	23,87	12,69	18,46	20,77	10,84	15,78	17,75	9,04	13,16	14,80	7,29	10,60	11,93	4,11	8,12	9,14
	VI	662,66	36,44	53,01	59,63																				

* Die ausgewiesenen Tabellenwerte sind amtlich. Siehe Erläuterungen auf der Umschlaginnenseite (U2).
** Bei mehr als 3 Kinderfreibeträgen ist die „Ergänzungs-Tabelle 3,5 bis 6 Kinderfreibeträge" anzuwenden.

Abzüge an Lohnsteuer, Solidaritätszuschlag (SolZ) und Kirchensteuer (8%, 9%) in den Steuerklassen

Lohn/ Gehalt bis €*	I – VI		ohne Kinder-freibeträge			I, II, III, IV		mit Zahl der Kinderfreibeträge . . . 0,5			1			1,5			2			2,5			3**		
		LSt	SolZ	8%	9%		LSt	SolZ	8%	9%	SolZ	8%	9%	SolZ	8%	9%	SolZ	8%	9%	SolZ	8%	9%	SolZ	8%	9%
2 207,99	I,IV	301,50	16,58	24,12	27,13	I	301,50	12,74	18,53	20,84	9,08	13,22	14,87	4,25	8,18	9,20	—	3,63	4,08	—	0,18	0,20	—	—	—
	II	270,75	14,89	21,66	24,36	II	270,75	11,13	16,19	18,21	7,56	11,—	12,37	—	6,09	6,85	—	1,99	2,24	—	—	—	—	—	—
	III	66,50	—	5,32	5,98	III	66,50	—	1,86	2,09	—	—	—	—	—	—	—	—	—	—	—	—	—	—	—
	V	632,16	34,76	50,57	56,89	IV	301,50	14,63	21,29	23,95	12,74	18,53	20,84	10,89	15,84	17,82	9,08	13,22	14,87	7,33	10,66	11,99	4,25	8,18	9,20
	VI	663,91	36,51	53,11	59,75																				
2 210,99	I,IV	302,33	16,62	24,18	27,20	I	302,33	12,78	18,59	20,91	9,13	13,28	14,94	4,40	8,24	9,27	—	3,68	4,14	—	0,21	0,23	—	—	—
	II	271,58	14,93	21,72	24,44	II	271,58	11,17	16,25	18,28	7,60	11,06	12,44	—	6,14	6,91	—	2,03	2,28	—	—	—	—	—	—
	III	67,—	—	5,36	6,03	III	67,—	—	1,90	2,14	—	—	—	—	—	—	—	—	—	—	—	—	—	—	—
	V	633,33	34,83	50,66	56,99	IV	302,33	14,68	21,35	24,02	12,78	18,59	20,91	10,93	15,90	17,88	9,13	13,28	14,94	7,37	10,72	12,06	4,40	8,24	9,27
	VI	665,25	36,58	53,22	59,87																				
2 213,99	I,IV	303,16	16,67	24,25	27,28	I	303,16	12,82	18,66	20,99	9,17	13,34	15,—	4,55	8,30	9,33	—	3,72	4,19	—	0,24	0,27	—	—	—
	II	272,33	14,97	21,78	24,50	II	272,33	11,21	16,31	18,35	7,64	11,11	12,50	—	6,20	6,97	—	2,08	2,34	—	—	—	—	—	—
	III	67,66	—	5,41	6,08	III	67,66	—	1,94	2,18	—	—	—	—	—	—	—	—	—	—	—	—	—	—	—
	V	634,50	34,89	50,76	57,10	IV	303,16	14,72	21,42	24,09	12,82	18,66	20,99	10,97	15,96	17,96	9,17	13,34	15,—	7,41	10,78	12,13	4,55	8,30	9,33
	VI	666,50	36,65	53,32	59,98																				
2 216,99	I,IV	304,—	16,72	24,32	27,36	I	304,—	12,87	18,72	21,06	9,21	13,40	15,07	4,68	8,35	9,39	—	3,77	4,24	—	0,28	0,31	—	—	—
	II	273,16	15,02	21,85	24,58	II	273,16	11,25	16,37	18,41	7,68	11,17	12,56	—	6,25	7,03	—	2,12	2,38	—	—	—	—	—	—
	III	68,16	—	5,45	6,13	III	68,16	—	1,98	2,23	—	—	—	—	—	—	—	—	—	—	—	—	—	—	—
	V	635,83	34,97	50,86	57,22	IV	304,—	14,77	21,48	24,17	12,87	18,72	21,06	11,01	16,02	18,02	9,21	13,40	15,07	7,45	10,84	12,19	4,68	8,35	9,39
	VI	667,75	36,72	53,42	60,09																				
2 219,99	I,IV	304,83	16,76	24,38	27,43	I	304,83	12,91	18,78	21,12	9,25	13,46	15,14	4,81	8,40	9,45	—	3,82	4,29	—	0,31	0,35	—	—	—
	II	274,—	15,07	21,92	24,66	II	274,—	11,29	16,43	18,48	7,72	11,23	12,63	—	6,30	7,09	—	2,16	2,43	—	—	—	—	—	—
	III	68,66	—	5,49	6,17	III	68,66	—	2,01	2,26	—	—	—	—	—	—	—	—	—	—	—	—	—	—	—
	V	637,16	35,04	50,97	57,34	IV	304,83	14,81	21,54	24,23	12,91	18,78	21,12	11,05	16,08	18,09	9,25	13,46	15,14	7,49	10,90	12,26	4,81	8,40	9,45
	VI	669,—	36,79	53,52	60,21																				
2 222,99	I,IV	305,66	16,81	24,45	27,50	I	305,66	12,95	18,84	21,20	9,29	13,52	15,21	4,96	8,46	9,52	—	3,86	4,34	—	0,34	0,38	—	—	—
	II	274,75	15,11	21,98	24,72	II	274,75	11,34	16,50	18,56	7,76	11,29	12,70	—	6,36	7,15	—	2,20	2,47	—	—	—	—	—	—
	III	69,33	—	5,54	6,23	III	69,33	—	2,05	2,30	—	—	—	—	—	—	—	—	—	—	—	—	—	—	—
	V	638,33	35,10	51,06	57,44	IV	305,66	14,85	21,61	24,31	12,95	18,84	21,20	11,10	16,14	18,16	9,29	13,52	15,21	7,53	10,96	12,33	4,96	8,46	9,52
	VI	670,25	36,86	53,62	60,32																				
2 225,99	I,IV	306,50	16,85	24,52	27,58	I	306,50	12,99	18,90	21,26	9,33	13,58	15,27	5,11	8,52	9,59	—	3,91	4,40	—	0,38	0,43	—	—	—
	II	275,58	15,15	22,04	24,80	II	275,58	11,38	16,56	18,63	7,80	11,34	12,76	—	6,42	7,22	—	2,24	2,52	—	—	—	—	—	—
	III	69,83	—	5,58	6,28	III	69,83	—	2,09	2,35	—	—	—	—	—	—	—	—	—	—	—	—	—	—	—
	V	639,50	35,17	51,16	57,55	IV	306,50	14,90	21,68	24,39	12,99	18,90	21,26	11,14	16,20	18,23	9,33	13,58	15,27	7,57	11,01	12,38	5,11	8,52	9,59
	VI	671,50	36,93	53,72	60,43																				
2 228,99	I,IV	307,25	16,89	24,58	27,65	I	307,25	13,04	18,97	21,34	9,37	13,64	15,34	5,25	8,58	9,65	—	3,96	4,45	—	0,42	0,47	—	—	—
	II	276,41	15,20	22,11	24,87	II	276,41	11,42	16,62	18,69	7,84	11,40	12,83	—	6,47	7,28	—	2,28	2,56	—	—	—	—	—	—
	III	70,33	—	5,62	6,32	III	70,33	—	2,13	2,39	—	—	—	—	—	—	—	—	—	—	—	—	—	—	—
	V	640,83	35,24	51,26	57,67	IV	307,25	14,94	21,74	24,45	13,04	18,97	21,34	11,18	16,26	18,29	9,37	13,64	15,34	7,61	11,07	12,45	5,25	8,58	9,65
	VI	672,75	37,—	53,82	60,54																				
2 231,99	I,IV	308,08	16,94	24,64	27,72	I	308,08	13,08	19,03	21,41	9,41	13,70	15,41	5,38	8,63	9,71	—	4,01	4,51	—	0,45	0,50	—	—	—
	II	277,25	15,24	22,18	24,95	II	277,25	11,46	16,68	18,76	7,88	11,46	12,89	0,11	6,52	7,34	—	2,32	2,61	—	—	—	—	—	—
	III	71,—	—	5,68	6,39	III	71,—	—	2,17	2,44	—	—	—	—	—	—	—	—	—	—	—	—	—	—	—
	V	642,16	35,31	51,37	57,79	IV	308,08	14,99	21,80	24,53	13,08	19,03	21,41	11,22	16,33	18,37	9,41	13,70	15,41	7,65	11,13	12,52	5,38	8,63	9,71
	VI	674,—	37,07	53,92	60,66																				
2 234,99	I,IV	308,91	16,99	24,71	27,80	I	308,91	13,13	19,10	21,48	9,46	13,76	15,48	5,53	8,69	9,77	—	4,06	4,56	—	0,48	0,54	—	—	—
	II	278,—	15,29	22,24	25,02	II	278,—	11,51	16,74	18,83	7,92	11,52	12,96	0,25	6,58	7,40	—	2,36	2,66	—	—	—	—	—	—
	III	71,50	—	5,72	6,43	III	71,50	—	2,21	2,48	—	—	—	—	—	—	—	—	—	—	—	—	—	—	—
	V	643,33	35,38	51,46	57,89	IV	308,91	15,03	21,87	24,60	13,13	19,10	21,48	11,27	16,39	18,44	9,46	13,76	15,48	7,69	11,19	12,59	5,53	8,69	9,77
	VI	675,33	37,14	54,02	60,77																				
2 237,99	I,IV	309,83	17,04	24,78	27,88	I	309,83	13,17	19,16	21,55	9,50	13,82	15,54	5,68	8,75	9,84	—	4,10	4,61	—	0,52	0,58	—	—	—
	II	278,83	15,33	22,30	25,09	II	278,83	11,55	16,80	18,90	7,96	11,58	13,03	0,40	6,64	7,47	—	2,41	2,71	—	—	—	—	—	—
	III	72,—	—	5,76	6,48	III	72,—	—	2,24	2,52	—	—	—	—	—	—	—	—	—	—	—	—	—	—	—
	V	644,50	35,44	51,56	58,—	IV	309,83	15,08	21,94	24,68	13,17	19,16	21,55	11,31	16,45	18,50	9,50	13,82	15,54	7,73	11,25	12,65	5,68	8,75	9,84
	VI	676,58	37,21	54,12	60,89																				
2 240,99	I,IV	310,58	17,08	24,84	27,95	I	310,58	13,21	19,22	21,62	9,54	13,88	15,61	5,81	8,80	9,90	—	4,15	4,67	—	0,55	0,62	—	—	—
	II	279,66	15,38	22,37	25,16	II	279,66	11,59	16,86	18,97	8,—	11,64	13,09	0,53	6,69	7,52	—	2,45	2,75	—	—	—	—	—	—
	III	72,66	—	5,81	6,53	III	72,66	—	2,28	2,56	—	—	—	—	—	—	—	—	—	—	—	—	—	—	—
	V	645,83	35,52	51,66	58,12	IV	310,58	15,12	22,—	24,75	13,21	19,22	21,62	11,35	16,51	18,57	9,54	13,88	15,61	7,77	11,30	12,71	5,81	8,80	9,90
	VI	677,83	37,28	54,22	61,—																				
2 243,99	I,IV	311,41	17,12	24,91	28,02	I	311,41	13,25	19,28	21,69	9,58	13,94	15,68	5,96	8,86	9,97	—	4,20	4,72	—	0,59	0,66	—	—	—
	II	280,50	15,42	22,44	25,24	II	280,50	11,64	16,93	19,04	8,04	11,70	13,16	0,66	6,74	7,58	—	2,49	2,80	—	—	—	—	—	—
	III	73,16	—	5,85	6,58	III	73,16	—	2,32	2,61	—	—	—	—	—	—	—	—	—	—	—	—	—	—	—
	V	647,16	35,59	51,77	58,24	IV	311,41	15,17	22,06	24,82	13,25	19,28	21,69	11,39	16,58	18,65	9,58	13,94	15,68	7,81	11,36	12,78	5,96	8,86	9,97
	VI	679,08	37,34	54,32	61,11																				
2 246,99	I,IV	312,25	17,17	24,98	28,10	I	312,25	13,30	19,35	21,77	9,62	14,—	15,75	6,10	8,92	10,03	—	4,25	4,78	—	0,62	0,70	—	—	—
	II	281,33	15,47	22,50	25,31	II	281,33	11,68	16,99	19,11	8,08	11,76	13,23	0,80	6,80	7,65	—	2,54	2,85	—	—	—	—	—	—
	III	73,66	—	5,89	6,62	III	73,66	—	2,36	2,65	—	—	—	—	—	—	—	—	—	—	—	—	—	—	—
	V	648,33	35,65	51,86	58,34	IV	312,25	15,21	22,13	24,89	13,30	19,35	21,77	11,44	16,64	18,72	9,62	14,—	15,75	7,85	11,42	12,85	6,10	8,92	10,03
	VI	680,33	37,41	54,42	61,22																				
2 249,99	I,IV	313,08	17,21	25,04	28,17	I	313,08	13,34	19,41	21,83	9,66	14,06	15,81	6,17	8,98	10,10	—	4,30	4,83	—	0,66	0,74	—	—	—
	II	282,08	15,51	22,56	25,38	II	282,08	11,72	17,05	19,18	8,12	11,82	13,29	0,95	6,86	7,71	—	2,58	2,90	—	—	—	—	—	—
	III	74,33	—	5,94	6,68	III	74,33	—	2,40	2,70	—	—	—	—	—	—	—	—	—	—	—	—	—	—	—
	V	649,50	35,72	51,96	58,45	IV	313,08	15,25	22,19	24,96	13,34	19,41	21,83	11,48	16,70	18,78	9,66	14,06	15,81	7,89	11,48	12,91	6,17	8,98	10,10
	VI	681,58	37,48	54,52	61,34																				

* Die ausgewiesenen Tabellenwerte sind amtlich. Siehe Erläuterungen auf der Umschlaginnenseite (U2).

** Bei mehr als 3 Kinderfreibeträgen ist die „Ergänzungs-Tabelle 3,5 bis 6 Kinderfreibeträge" anzuwenden.

MONAT 2 250,–*

Abzüge an Lohnsteuer, Solidaritätszuschlag (SolZ) und Kirchensteuer (8%, 9%) in den Steuerklassen

Lohn/ Gehalt bis €*		I – VI					I, II, III, IV																		
			ohne Kinderfreibeträge					mit Zahl der Kinderfreibeträge . . .																	
								0,5			1			1,5			2			2,5			3**		
		LSt	SolZ	8%	9%		LSt	SolZ	8%	9%	SolZ	8%	9%	SolZ	8%	9%	SolZ	8%	9%	SolZ	8%	9%	SolZ	8%	9%
2 252,99	I,IV	313,91	17,26	25,11	28,25	I	313,91	13,39	19,48	21,91	9,70	14,12	15,88	6,21	9,03	10,16	—	4,34	4,88	—	0,70	0,78	—	—	—
	II	282,91	15,56	22,63	25,46	II	282,91	11,76	17,11	19,25	8,16	11,87	13,35	1,08	6,91	7,77	—	2,62	2,94	—	—	—	—	—	—
	III	74,83	—	5,98	6,73	III	74,83	—	2,44	2,74	—	—	—	—	—	—	—	—	—	—	—	—	—	—	—
	V	650,83	35,79	52,06	58,57	IV	313,91	15,30	22,26	25,04	13,39	19,48	21,91	11,52	16,76	18,85	9,70	14,12	15,88	7,93	11,54	12,98	6,21	9,03	10,16
	VI	682,83	37,55	54,62	61,45																				
2 255,99	I,IV	314,75	17,31	25,18	28,32	I	314,75	13,43	19,54	21,98	9,74	14,18	15,95	6,25	9,09	10,22	—	4,39	4,94	—	0,73	0,82	—	—	—
	II	283,75	15,60	22,70	25,53	II	283,75	11,81	17,18	19,32	8,20	11,93	13,42	1,21	6,96	7,83	—	2,66	2,99	—	—	—	—	—	—
	III	75,33	—	6,02	6,77	III	75,33	—	2,48	2,79	—	—	—	—	—	—	—	—	—	—	—	—	—	—	—
	V	652,16	35,86	52,17	58,69	IV	314,75	15,34	22,32	25,11	13,43	19,54	21,98	11,56	16,82	18,92	9,74	14,18	15,95	7,97	11,60	13,05	6,25	9,09	10,22
	VI	684,08	37,62	54,72	61,56																				
2 258,99	I,IV	315,58	17,35	25,24	28,40	I	315,58	13,47	19,60	22,05	9,79	14,24	16,02	6,28	9,14	10,28	—	4,44	5,—	—	0,76	0,86	—	—	—
	II	284,58	15,65	22,76	25,61	II	284,58	11,85	17,24	19,39	8,24	11,99	13,49	1,36	7,02	7,90	—	2,70	3,04	—	—	—	—	—	—
	III	76,—	—	6,08	6,84	III	76,—	—	2,50	2,81	—	—	—	—	—	—	—	—	—	—	—	—	—	—	—
	V	653,33	35,93	52,26	58,79	IV	315,58	15,39	22,39	25,19	13,47	19,60	22,05	11,60	16,88	18,99	9,79	14,24	16,02	8,01	11,66	13,11	6,28	9,14	10,28
	VI	685,41	37,69	54,83	61,68																				
2 261,99	I,IV	316,41	17,40	25,31	28,47	I	316,41	13,52	19,66	22,12	9,83	14,30	16,08	6,32	9,20	10,35	—	4,49	5,05	—	0,80	0,90	—	—	—
	II	285,33	15,69	22,82	25,67	II	285,33	11,89	17,30	19,46	8,28	12,05	13,55	1,50	7,08	7,96	—	2,75	3,09	—	—	—	—	—	—
	III	76,50	—	6,12	6,88	III	76,50	—	2,54	2,86	—	—	—	—	—	—	—	—	—	—	—	—	—	—	—
	V	654,50	35,99	52,36	58,90	IV	316,41	15,43	22,45	25,25	13,52	19,66	22,12	11,65	16,94	19,06	9,83	14,30	16,08	8,05	11,72	13,18	6,32	9,20	10,35
	VI	686,66	37,76	54,93	61,79																				
2 264,99	I,IV	317,25	17,44	25,38	28,55	I	317,25	13,56	19,73	22,19	9,87	14,36	16,15	6,36	9,26	10,41	—	4,54	5,10	—	0,84	0,94	—	—	—
	II	286,16	15,73	22,89	25,75	II	286,16	11,93	17,36	19,53	8,32	12,11	13,62	1,63	7,13	8,02	—	2,79	3,14	—	—	—	—	—	—
	III	77,16	—	6,17	6,94	III	77,16	—	2,58	2,90	—	—	—	—	—	—	—	—	—	—	—	—	—	—	—
	V	655,83	36,07	52,46	59,02	IV	317,25	15,48	22,52	25,33	13,56	19,73	22,19	11,69	17,01	19,13	9,87	14,36	16,15	8,09	11,77	13,24	6,36	9,26	10,41
	VI	687,91	37,83	55,03	61,91																				
2 267,99	I,IV	318,08	17,49	25,44	28,62	I	318,08	13,60	19,79	22,26	9,91	14,42	16,22	6,40	9,32	10,48	—	4,59	5,16	—	0,88	0,99	—	—	—
	II	287,—	15,78	22,96	25,83	II	287,—	11,98	17,42	19,60	8,36	12,17	13,69	1,78	7,19	8,09	—	2,84	3,19	—	—	—	—	—	—
	III	77,66	—	6,21	6,98	III	77,66	—	2,62	2,95	—	—	—	—	—	—	—	—	—	—	—	—	—	—	—
	V	656,91	36,13	52,55	59,12	IV	318,08	15,52	22,58	25,40	13,60	19,79	22,26	11,73	17,07	19,20	9,91	14,42	16,22	8,13	11,83	13,31	6,40	9,32	10,48
	VI	689,16	37,90	55,13	62,02																				
2 270,99	I,IV	318,91	17,54	25,51	28,70	I	318,91	13,65	19,86	22,34	9,95	14,48	16,29	6,44	9,38	10,55	—	4,64	5,22	—	0,91	1,02	—	—	—
	II	287,83	15,83	23,02	25,90	II	287,83	12,02	17,48	19,67	8,40	12,22	13,75	1,91	7,24	8,15	—	2,88	3,24	—	—	—	—	—	—
	III	78,16	—	6,25	7,03	III	78,16	—	2,66	2,99	—	—	—	—	—	—	—	—	—	—	—	—	—	—	—
	V	658,25	36,20	52,66	59,24	IV	318,91	15,57	22,65	25,48	13,65	19,86	22,34	11,77	17,13	19,27	9,95	14,48	16,29	8,17	11,89	13,37	6,44	9,38	10,55
	VI	690,41	37,97	55,23	62,13																				
2 273,99	I,IV	319,75	17,58	25,58	28,77	I	319,75	13,69	19,92	22,41	9,99	14,54	16,35	6,48	9,43	10,61	—	4,69	5,27	—	0,94	1,06	—	—	—
	II	288,58	15,87	23,08	25,97	II	288,58	12,06	17,55	19,74	8,44	12,28	13,82	2,06	7,30	8,21	—	2,92	3,29	—	—	—	—	—	—
	III	78,83	—	6,30	7,09	III	78,83	—	2,70	3,04	—	—	—	—	—	—	—	—	—	—	—	—	—	—	—
	V	659,50	36,27	52,76	59,35	IV	319,75	15,62	22,72	25,56	13,69	19,92	22,41	11,82	17,19	19,34	9,99	14,54	16,35	8,21	11,95	13,44	6,48	9,43	10,61
	VI	691,66	38,04	55,33	62,24																				
2 276,99	I,IV	320,58	17,63	25,64	28,85	I	320,58	13,74	19,98	22,48	10,03	14,60	16,42	6,52	9,49	10,67	—	4,74	5,33	—	0,98	1,10	—	—	—
	II	289,41	15,91	23,15	26,04	II	289,41	12,10	17,61	19,81	8,48	12,34	13,88	2,20	7,36	8,28	—	2,97	3,34	—	—	—	—	—	—
	III	79,33	—	6,34	7,13	III	79,33	—	2,74	3,08	—	—	—	—	—	—	—	—	—	—	—	—	—	—	—
	V	660,75	36,34	52,86	59,46	IV	320,58	15,66	22,78	25,62	13,74	19,98	22,48	11,86	17,26	19,41	10,03	14,60	16,42	8,25	12,01	13,51	6,52	9,49	10,67
	VI	692,91	38,11	55,43	62,36																				
2 279,99	I,IV	321,41	17,67	25,71	28,92	I	321,41	13,78	20,04	22,55	10,07	14,66	16,49	6,56	9,54	10,73	—	4,78	5,38	—	1,02	1,14	—	—	—
	II	290,25	15,96	23,22	26,12	II	290,25	12,15	17,67	19,88	8,52	12,40	13,95	2,33	7,41	8,33	—	3,01	3,38	—	—	—	—	—	—
	III	80,—	—	6,40	7,20	III	80,—	—	2,78	3,13	—	—	—	—	—	—	—	—	—	—	—	—	—	—	—
	V	662,—	36,41	52,96	59,58	IV	321,41	15,70	22,84	25,70	13,78	20,04	22,55	11,90	17,32	19,48	10,07	14,66	16,49	8,29	12,06	13,57	6,56	9,54	10,73
	VI	694,16	38,17	55,53	62,47																				
2 282,99	I,IV	322,25	17,72	25,78	29,—	I	322,25	13,82	20,11	22,62	10,12	14,72	16,56	6,60	9,60	10,80	—	4,84	5,44	—	1,06	1,19	—	—	—
	II	291,08	16,—	23,28	26,19	II	291,08	12,19	17,74	19,95	8,57	12,46	14,02	2,48	7,47	8,40	—	3,06	3,44	—	—	—	—	—	—
	III	80,50	—	6,44	7,24	III	80,50	—	2,82	3,17	—	—	—	—	—	—	—	—	—	—	—	—	—	—	—
	V	663,25	36,47	53,06	59,69	IV	322,25	15,75	22,91	25,77	13,82	20,11	22,62	11,94	17,38	19,55	10,12	14,72	16,56	8,33	12,12	13,64	6,60	9,60	10,80
	VI	695,41	38,24	55,63	62,58																				
2 285,99	I,IV	323,08	17,76	25,84	29,07	I	323,08	13,87	20,18	22,70	10,16	14,78	16,62	6,64	9,66	10,87	—	4,89	5,50	—	1,10	1,23	—	—	—
	II	291,91	16,05	23,35	26,27	II	291,91	12,23	17,80	20,02	8,61	12,52	14,09	2,61	7,52	8,46	—	3,10	3,49	—	—	—	—	—	—
	III	81,—	—	6,48	7,29	III	81,—	—	2,86	3,22	—	—	—	—	—	—	—	—	—	—	—	—	—	—	—
	V	664,50	36,54	53,16	59,80	IV	323,08	15,79	22,98	25,85	13,87	20,18	22,70	11,99	17,44	19,62	10,16	14,78	16,62	8,37	12,18	13,70	6,64	9,66	10,87
	VI	696,75	38,32	55,74	62,70																				
2 288,99	I,IV	324,—	17,82	25,92	29,16	I	324,—	13,91	20,24	22,77	10,20	14,84	16,70	6,68	9,72	10,93	—	4,94	5,55	—	1,13	1,27	—	—	—
	II	292,75	16,10	23,42	26,34	II	292,75	12,28	17,86	20,09	8,65	12,58	14,15	2,76	7,58	8,53	—	3,14	3,53	—	—	—	—	—	—
	III	81,66	—	6,53	7,34	III	81,66	—	2,90	3,26	—	—	—	—	—	—	—	—	—	—	—	—	—	—	—
	V	665,75	36,61	53,26	59,91	IV	324,—	15,84	23,04	25,92	13,91	20,24	22,77	12,03	17,50	19,69	10,20	14,84	16,70	8,41	12,24	13,77	6,68	9,72	10,93
	VI	698,—	38,39	55,84	62,82																				
2 291,99	I,IV	324,75	17,86	25,98	29,22	I	324,75	13,96	20,30	22,84	10,24	14,90	16,76	6,72	9,78	11,—	—	4,99	5,61	—	1,17	1,31	—	—	—
	II	293,50	16,14	23,48	26,41	II	293,50	12,32	17,92	20,16	8,69	12,64	14,22	2,90	7,64	8,59	—	3,19	3,59	—	—	—	—	—	—
	III	82,16	—	6,57	7,39	III	82,16	—	2,93	3,29	—	—	—	—	—	—	—	—	—	—	—	—	—	—	—
	V	667,—	36,68	53,36	60,03	IV	324,75	15,88	23,10	25,99	13,96	20,30	22,84	12,07	17,56	19,76	10,24	14,90	16,76	8,46	12,30	13,84	6,72	9,78	11,—
	VI	699,25	38,45	55,94	62,93																				
2 294,99	I,IV	325,66	17,91	26,05	29,30	I	325,66	14,—	20,36	22,91	10,28	14,96	16,83	6,76	9,83	11,06	—	5,04	5,67	—	1,20	1,35	—	—	—
	II	294,33	16,18	23,54	26,48	II	294,33	12,36	17,98	20,23	8,73	12,70	14,28	3,03	7,69	8,65	—	3,24	3,64	—	—	—	—	—	—
	III	82,83	—	6,62	7,45	III	82,83	—	2,97	3,34	—	—	—	—	—	—	—	—	—	—	—	—	—	—	—
	V	668,33	36,75	53,46	60,14	IV	325,66	15,93	23,17	26,06	14,—	20,36	22,91	12,12	17,63	19,83	10,28	14,96	16,83	8,50	12,36	13,91	6,76	9,83	11,06
	VI	700,50	38,52	56,04	63,04																				

* Die ausgewiesenen Tabellenwerte sind amtlich. Siehe Erläuterungen auf der Umschlaginnenseite (U2).
** Bei mehr als 3 Kinderfreibeträgen ist die „Ergänzungs-Tabelle 3,5 bis 6 Kinderfreibeträge" anzuwenden.

Abzüge an Lohnsteuer, Solidaritätszuschlag (SolZ) und Kirchensteuer (8%, 9%) in den Steuerklassen

Lohn/ Gehalt bis €*	I – VI		ohne Kinder-freibeträge			I, II, III, IV		mit Zahl der Kinderfreibeträge . . . 0,5			1			1,5			2			2,5			3**		
		LSt	SolZ	8%	9%		LSt	SolZ	8%	9%	SolZ	8%	9%	SolZ	8%	9%	SolZ	8%	9%	SolZ	8%	9%	SolZ	8%	9%
2 297,99	I,IV	326,50	17,95	26,12	29,38	I	326,50	14,04	20,43	22,98	10,33	15,02	16,90	6,80	9,89	11,12	—	5,09	5,72	—	1,24	1,40	—	—	—
	II	295,16	16,23	23,61	26,56	II	295,16	12,41	18,05	20,30	8,77	12,76	14,35	3,18	7,75	8,72	—	3,28	3,69	—	—	—	—	—	—
	III	83,33	—	6,66	7,49	III	83,33	—	3,01	3,38	—	—	—	—	—	—	—	—	—	—	—	—	—	—	—
	V	669,58	36,82	53,56	60,26	IV	326,50	15,97	23,24	26,14	14,04	20,43	22,98	12,16	17,69	19,90	10,33	15,02	16,90	8,54	12,42	13,97	6,80	9,89	11,12
	VI	701,75	38,59	56,14	63,15																				
2 300,99	I,IV	327,33	18,—	26,18	29,45	I	327,33	14,08	20,49	23,05	10,37	15,08	16,97	6,84	9,95	11,19	—	5,14	5,78	—	1,28	1,44	—	—	—
	II	296,—	16,28	23,68	26,64	II	296,—	12,45	18,11	20,37	8,81	12,82	14,42	3,31	7,80	8,78	—	3,32	3,74	—	—	—	—	—	—
	III	84,—	—	6,72	7,56	III	84,—	—	3,05	3,43	—	—	—	—	—	—	—	—	—	—	—	—	—	—	—
	V	670,83	36,89	53,66	60,37	IV	327,33	16,02	23,30	26,21	14,08	20,49	23,05	12,20	17,75	19,97	10,37	15,08	16,97	8,58	12,48	14,04	6,84	9,95	11,19
	VI	703,—	38,66	56,24	63,27																				
2 303,99	I,IV	328,16	18,04	26,25	29,53	I	328,16	14,13	20,56	23,13	10,41	15,14	17,03	6,87	10,—	11,25	—	5,19	5,84	—	1,32	1,48	—	—	—
	II	296,83	16,32	23,74	26,71	II	296,83	12,49	18,17	20,44	8,85	12,88	14,49	3,46	7,86	8,84	—	3,37	3,79	—	—	—	—	—	—
	III	84,50	—	6,76	7,60	III	84,50	—	3,09	3,47	—	—	—	—	—	—	—	—	—	—	—	—	—	—	—
	V	672,08	36,96	53,76	60,48	IV	328,16	16,06	23,37	26,29	14,13	20,56	23,13	12,25	17,82	20,04	10,41	15,14	17,03	8,62	12,54	14,10	6,87	10,—	11,25
	VI	704,25	38,73	56,34	63,38																				
2 306,99	I,IV	329,—	18,09	26,32	29,61	I	329,—	14,18	20,62	23,20	10,45	15,20	17,10	6,92	10,06	11,32	—	5,24	5,90	—	1,36	1,53	—	—	—
	II	297,66	16,37	23,81	26,78	II	297,66	12,54	18,24	20,52	8,89	12,94	14,55	3,60	7,92	8,91	—	3,42	3,84	—	0,02	0,02	—	—	—
	III	85,16	—	6,81	7,66	III	85,16	—	3,13	3,52	—	0,04	0,04	—	—	—	—	—	—	—	—	—	—	—	—
	V	673,33	37,03	53,86	60,59	IV	329,—	16,11	23,44	26,37	14,18	20,62	23,20	12,29	17,88	20,11	10,45	15,20	17,10	8,66	12,60	14,17	6,92	10,06	11,32
	VI	705,50	38,80	56,44	63,49																				
2 309,99	I,IV	329,83	18,14	26,38	29,68	I	329,83	14,22	20,68	23,27	10,49	15,26	17,17	6,96	10,12	11,39	—	5,30	5,96	—	1,40	1,57	—	—	—
	II	298,50	16,41	23,88	26,86	II	298,50	12,58	18,30	20,58	8,93	13,—	14,62	3,75	7,98	8,97	—	3,46	3,89	—	0,06	0,06	—	—	—
	III	85,66	—	6,85	7,70	III	85,66	—	3,17	3,56	—	0,06	0,07	—	—	—	—	—	—	—	—	—	—	—	—
	V	674,58	37,10	53,96	60,71	IV	329,83	16,16	23,50	26,44	14,22	20,68	23,27	12,33	17,94	20,18	10,49	15,26	17,17	8,70	12,66	14,24	6,96	10,12	11,39
	VI	706,83	38,87	56,54	63,61																				
2 312,99	I,IV	330,66	18,18	26,45	29,75	I	330,66	14,26	20,75	23,34	10,53	15,32	17,24	6,99	10,18	11,45	—	5,34	6,01	—	1,44	1,62	—	—	—
	II	299,25	16,45	23,94	26,93	II	299,25	12,62	18,36	20,65	8,97	13,06	14,69	3,88	8,03	9,03	—	3,51	3,95	—	0,09	0,10	—	—	—
	III	86,33	—	6,90	7,76	III	86,33	—	3,21	3,61	—	0,10	0,11	—	—	—	—	—	—	—	—	—	—	—	—
	V	675,83	37,17	54,06	60,82	IV	330,66	16,20	23,56	26,51	14,26	20,75	23,34	12,37	18,—	20,25	10,53	15,32	17,24	8,74	12,72	14,31	6,99	10,18	11,45
	VI	708,08	38,94	56,64	63,72																				
2 315,99	I,IV	331,50	18,23	26,52	29,83	I	331,50	14,31	20,82	23,42	10,57	15,38	17,30	7,04	10,24	11,52	—	5,40	6,07	—	1,47	1,65	—	—	—
	II	300,08	16,50	24,—	27,—	II	300,08	12,66	18,42	20,72	9,02	13,12	14,76	4,01	8,08	9,09	—	3,56	4,—	—	0,12	0,14	—	—	—
	III	86,83	—	6,94	7,81	III	86,83	—	3,25	3,65	—	0,13	0,14	—	—	—	—	—	—	—	—	—	—	—	—
	V	677,08	37,23	54,16	60,93	IV	331,50	16,24	23,63	26,58	14,31	20,82	23,42	12,42	18,06	20,32	10,57	15,38	17,30	8,78	12,78	14,37	7,04	10,24	11,52
	VI	709,33	39,01	56,74	63,83																				
2 318,99	I,IV	332,33	18,27	26,58	29,90	I	332,33	14,35	20,88	23,49	10,62	15,45	17,38	7,08	10,30	11,58	—	5,45	6,13	—	1,51	1,70	—	—	—
	II	300,91	16,55	24,07	27,08	II	300,91	12,70	18,48	20,79	9,06	13,18	14,82	4,16	8,14	9,16	—	3,60	4,05	—	0,16	0,18	—	—	—
	III	87,50	—	7,—	7,87	III	87,50	—	3,29	3,70	—	0,16	0,18	—	—	—	—	—	—	—	—	—	—	—	—
	V	678,41	37,31	54,27	61,05	IV	332,33	16,29	23,70	26,66	14,35	20,88	23,49	12,46	18,13	20,39	10,62	15,45	17,38	8,82	12,84	14,44	7,08	10,30	11,58
	VI	710,58	39,08	56,84	63,95																				
2 321,99	I,IV	333,16	18,32	26,65	29,98	I	333,16	14,40	20,94	23,56	10,66	15,51	17,45	7,11	10,35	11,64	—	5,50	6,19	—	1,55	1,74	—	—	—
	II	301,75	16,59	24,14	27,15	II	301,75	12,75	18,55	20,87	9,10	13,24	14,89	4,30	8,20	9,22	—	3,64	4,10	—	0,19	0,21	—	—	—
	III	88,—	—	7,04	7,92	III	88,—	—	3,33	3,74	—	0,20	0,22	—	—	—	—	—	—	—	—	—	—	—	—
	V	679,66	37,38	54,37	61,16	IV	333,16	16,33	23,76	26,73	14,40	20,94	23,56	12,50	18,19	20,46	10,66	15,51	17,45	8,86	12,90	14,51	7,11	10,35	11,64
	VI	711,83	39,15	56,94	64,06																				
2 324,99	I,IV	334,—	18,37	26,72	30,06	I	334,—	14,44	21,—	23,63	10,70	15,57	17,51	7,15	10,41	11,71	—	5,56	6,25	—	1,59	1,79	—	—	—
	II	302,58	16,64	24,20	27,23	II	302,58	12,79	18,61	20,93	9,14	13,30	14,96	4,45	8,26	9,29	—	3,69	4,15	—	0,22	0,25	—	—	—
	III	88,66	—	7,09	7,97	III	88,66	—	3,37	3,79	—	0,22	0,25	—	—	—	—	—	—	—	—	—	—	—	—
	V	680,91	37,45	54,47	61,28	IV	334,—	16,38	23,83	26,81	14,44	21,—	23,63	12,54	18,25	20,53	10,70	15,57	17,51	8,91	12,96	14,58	7,15	10,41	11,71
	VI	713,08	39,21	57,04	64,17																				
2 327,99	I,IV	334,91	18,42	26,79	30,14	I	334,91	14,48	21,07	23,70	10,74	15,63	17,58	7,20	10,47	11,78	—	5,60	6,30	—	1,63	1,83	—	—	—
	II	303,41	16,68	24,27	27,30	II	303,41	12,84	18,68	21,01	9,18	13,36	15,03	4,58	8,31	9,35	—	3,74	4,20	—	0,26	0,29	—	—	—
	III	89,16	—	7,13	8,02	III	89,16	—	3,41	3,83	—	0,26	0,29	—	—	—	—	—	—	—	—	—	—	—	—
	V	682,16	37,51	54,57	61,39	IV	334,91	16,43	23,90	26,88	14,48	21,07	23,70	12,59	18,32	20,61	10,74	15,63	17,58	8,95	13,02	14,64	7,20	10,47	11,78
	VI	714,33	39,28	57,14	64,28																				
2 330,99	I,IV	335,75	18,46	26,86	30,21	I	335,75	14,53	21,14	23,78	10,78	15,69	17,65	7,23	10,52	11,84	—	5,66	6,36	—	1,67	1,88	—	—	—
	II	304,25	16,73	24,34	27,38	II	304,25	12,88	18,74	21,08	9,22	13,42	15,09	4,73	8,37	9,41	—	3,78	4,25	—	0,29	0,32	—	—	—
	III	89,83	—	7,18	8,08	III	89,83	—	3,45	3,88	—	0,30	0,34	—	—	—	—	—	—	—	—	—	—	—	—
	V	683,41	37,58	54,67	61,50	IV	335,75	16,47	23,96	26,96	14,53	21,14	23,78	12,63	18,38	20,67	10,78	15,69	17,65	8,99	13,08	14,71	7,23	10,52	11,84
	VI	715,58	39,35	57,24	64,40																				
2 333,99	I,IV	336,58	18,51	26,92	30,29	I	336,58	14,57	21,20	23,85	10,83	15,75	17,72	7,27	10,58	11,90	—	5,71	6,42	—	1,71	1,92	—	—	—
	II	305,08	16,77	24,40	27,45	II	305,08	12,92	18,80	21,15	9,26	13,48	15,16	4,86	8,42	9,47	—	3,83	4,31	—	0,32	0,36	—	—	—
	III	90,33	—	7,22	8,12	III	90,33	—	3,49	3,92	—	0,33	0,37	—	—	—	—	—	—	—	—	—	—	—	—
	V	684,66	37,65	54,77	61,61	IV	336,58	16,51	24,02	27,02	14,57	21,20	23,85	12,68	18,44	20,75	10,83	15,75	17,72	9,02	13,13	14,77	7,27	10,58	11,90
	VI	716,91	39,43	57,35	64,52																				
2 336,99	I,IV	337,41	18,55	26,99	30,36	I	337,41	14,62	21,26	23,92	10,87	15,82	17,79	7,31	10,64	11,97	—	5,76	6,48	—	1,75	1,97	—	—	—
	II	305,91	16,82	24,47	27,53	II	305,91	12,97	18,86	21,22	9,30	13,54	15,23	5,01	8,48	9,54	—	3,88	4,36	—	0,36	0,40	—	—	—
	III	91,—	—	7,28	8,19	III	91,—	—	3,53	3,97	—	0,37	0,41	—	—	—	—	—	—	—	—	—	—	—	—
	V	685,91	37,72	54,87	61,73	IV	337,41	16,56	24,09	27,10	14,62	21,26	23,92	12,72	18,50	20,81	10,87	15,82	17,79	9,07	13,19	14,84	7,31	10,64	11,97
	VI	718,16	39,49	57,45	64,63																				
2 339,99	I,IV	338,25	18,60	27,06	30,44	I	338,25	14,66	21,33	23,99	10,91	15,88	17,86	7,35	10,70	12,03	—	5,82	6,54	—	1,79	2,01	—	—	—
	II	306,75	16,87	24,54	27,60	II	306,75	13,01	18,92	21,29	9,35	13,60	15,30	5,15	8,54	9,60	—	3,93	4,42	—	0,39	0,44	—	—	—
	III	91,50	—	7,32	8,23	III	91,50	—	3,57	4,01	—	0,40	0,45	—	—	—	—	—	—	—	—	—	—	—	—
	V	687,16	37,79	54,97	61,84	IV	338,25	16,61	24,16	27,18	14,66	21,33	23,99	12,76	18,57	20,89	10,91	15,88	17,86	9,11	13,25	14,90	7,35	10,70	12,03
	VI	719,41	39,56	57,55	64,74																				

* Die ausgewiesenen Tabellenwerte sind amtlich. Siehe Erläuterungen auf der Umschlaginnenseite (U2).
** Bei mehr als 3 Kinderfreibeträgen ist die „Ergänzungs-Tabelle 3,5 bis 6 Kinderfreibeträge" anzuwenden.

MONAT 2 340,–*

Lohn/ Gehalt bis €*	Abzüge an Lohnsteuer, Solidaritätszuschlag (SolZ) und Kirchensteuer (8%, 9%) in den Steuerklassen I – VI					I, II, III, IV mit Zahl der Kinderfreibeträge . . .																			
			ohne Kinderfreibeträge					0,5			1			1,5			2			2,5			3**		
		LSt	SolZ	8%	9%		LSt	SolZ	8%	9%	SolZ	8%	9%	SolZ	8%	9%	SolZ	8%	9%	SolZ	8%	9%	SolZ	8%	9%
2 342,99	I,IV	339,08	18,64	27,12	30,51	I	339,08	14,70	21,39	24,06	10,95	15,94	17,93	7,39	10,76	12,10	—	5,87	6,60	—	1,82	2,05	—	—	—
	II	307,58	16,91	24,60	27,68	II	307,58	13,05	18,99	21,36	9,38	13,65	15,35	5,30	8,60	9,67	—	3,98	4,47	—	0,42	0,47	—	—	—
	III	92,16	—	7,37	8,29	III	92,16	—	3,61	4,06	—	0,44	0,49	—	—	—	—	—	—	—	—	—	—	—	—
	V	688,41	37,86	55,07	61,95	IV	339,08	16,65	24,22	27,25	14,70	21,39	24,06	12,81	18,63	20,96	10,95	15,94	17,93	9,15	13,31	14,97	7,39	10,76	12,10
	VI	720,66	39,63	57,65	64,85																				
2 345,99	I,IV	339,91	18,69	27,19	30,59	I	339,91	14,75	21,46	24,14	11,–	16,–	18,–	7,43	10,82	12,17	—	5,92	6,66	—	1,87	2,10	—	—	—
	II	308,41	16,96	24,67	27,75	II	308,41	13,09	19,05	21,43	9,42	13,71	15,42	5,43	8,65	9,73	—	4,02	4,52	—	0,46	0,51	—	—	—
	III	92,66	—	7,41	8,33	III	92,66	—	3,65	4,10	—	0,46	0,52	—	—	—	—	—	—	—	—	—	—	—	—
	V	689,75	37,93	55,18	62,07	IV	339,91	16,70	24,29	27,32	14,75	21,46	24,14	12,85	18,69	21,02	11,–	16,–	18,–	9,19	13,37	15,04	7,43	10,82	12,17
	VI	721,91	39,70	57,75	64,97																				
2 348,99	I,IV	340,83	18,74	27,26	30,67	I	340,83	14,79	21,52	24,21	11,04	16,06	18,06	7,48	10,88	12,24	—	5,98	6,72	—	1,91	2,15	—	—	—
	II	309,25	17,–	24,74	27,83	II	309,25	13,14	19,12	21,51	9,47	13,78	15,50	5,58	8,71	9,80	—	4,07	4,58	—	0,50	0,56	—	—	—
	III	93,33	—	7,46	8,39	III	93,33	—	3,70	4,16	—	0,50	0,56	—	—	—	—	—	—	—	—	—	—	—	—
	V	691,–	38,–	55,28	62,19	IV	340,83	16,74	24,36	27,40	14,79	21,52	24,21	12,89	18,76	21,10	11,04	16,06	18,06	9,23	13,43	15,11	7,48	10,88	12,24
	VI	723,16	39,77	57,85	65,08																				
2 351,99	I,IV	341,66	18,79	27,33	30,74	I	341,66	14,84	21,58	24,28	11,08	16,12	18,14	7,51	10,93	12,29	—	6,03	6,78	—	1,95	2,19	—	—	—
	II	310,08	17,05	24,80	27,90	II	310,08	13,18	19,18	21,57	9,51	13,84	15,57	5,71	8,76	9,86	—	4,12	4,63	—	0,53	0,59	—	—	—
	III	93,83	—	7,50	8,44	III	93,83	—	3,74	4,21	—	0,53	0,59	—	—	—	—	—	—	—	—	—	—	—	—
	V	692,25	38,07	55,38	62,30	IV	341,66	16,79	24,42	27,47	14,84	21,58	24,28	12,93	18,82	21,17	11,08	16,12	18,14	9,27	13,49	15,17	7,51	10,93	12,29
	VI	724,41	39,84	57,95	65,19																				
2 354,99	I,IV	342,50	18,83	27,40	30,82	I	342,50	14,88	21,65	24,35	11,12	16,18	18,20	7,55	10,99	12,36	—	6,08	6,84	—	1,99	2,24	—	—	—
	II	310,83	17,09	24,86	27,97	II	310,83	13,23	19,24	21,65	9,55	13,89	15,62	5,86	8,82	9,92	—	4,16	4,68	—	0,56	0,63	—	—	—
	III	94,50	—	7,56	8,50	III	94,50	—	3,78	4,25	—	0,57	0,64	—	—	—	—	—	—	—	—	—	—	—	—
	V	693,50	38,14	55,48	62,41	IV	342,50	16,83	24,49	27,55	14,88	21,65	24,35	12,98	18,88	21,24	11,12	16,18	18,20	9,31	13,55	15,24	7,55	10,99	12,36
	VI	725,66	39,91	58,05	65,30																				
2 357,99	I,IV	343,33	18,88	27,46	30,89	I	343,33	14,93	21,72	24,43	11,16	16,24	18,27	7,59	11,05	12,43	—	6,14	6,90	—	2,03	2,28	—	—	—
	II	311,66	17,14	24,93	28,04	II	311,66	13,27	19,30	21,71	9,59	13,96	15,70	6,–	8,88	9,99	—	4,22	4,74	—	0,60	0,67	—	—	—
	III	95,16	—	7,61	8,56	III	95,16	—	3,82	4,30	—	0,61	0,68	—	—	—	—	—	—	—	—	—	—	—	—
	V	694,75	38,21	55,58	62,52	IV	343,33	16,88	24,56	27,63	14,93	21,72	24,43	13,02	18,94	21,31	11,16	16,24	18,27	9,35	13,61	15,31	7,59	11,05	12,43
	VI	726,91	39,98	58,15	65,42																				
2 360,99	I,IV	344,16	18,92	27,53	30,97	I	344,16	14,97	21,78	24,50	11,21	16,30	18,34	7,64	11,11	12,50	—	6,19	6,96	—	2,07	2,33	—	—	—
	II	312,58	17,19	25,–	28,13	II	312,58	13,31	19,37	21,79	9,63	14,02	15,77	6,14	8,94	10,05	—	4,26	4,79	—	0,64	0,72	—	—	—
	III	95,66	—	7,65	8,60	III	95,66	—	3,86	4,34	—	0,64	0,72	—	—	—	—	—	—	—	—	—	—	—	—
	V	696,–	38,28	55,68	62,64	IV	344,16	16,93	24,62	27,70	14,97	21,78	24,50	13,07	19,01	21,38	11,21	16,30	18,34	9,40	13,67	15,38	7,64	11,11	12,50
	VI	728,25	40,05	58,26	65,54																				
2 363,99	I,IV	345,–	18,97	27,60	31,05	I	345,–	15,01	21,84	24,57	11,25	16,36	18,41	7,67	11,16	12,56	—	6,24	7,02	—	2,11	2,37	—	—	—
	II	313,33	17,23	25,06	28,19	II	313,33	13,36	19,43	21,86	9,67	14,07	15,83	6,18	8,99	10,11	—	4,31	4,85	—	0,67	0,75	—	—	—
	III	96,33	—	7,70	8,66	III	96,33	—	3,90	4,39	—	0,68	0,76	—	—	—	—	—	—	—	—	—	—	—	—
	V	697,25	38,34	55,78	62,75	IV	345,–	16,97	24,68	27,77	15,01	21,84	24,57	13,11	19,07	21,45	11,25	16,36	18,41	9,44	13,73	15,44	7,67	11,16	12,56
	VI	729,50	40,12	58,36	65,65																				
2 366,99	I,IV	345,91	19,02	27,67	31,13	I	345,91	15,06	21,91	24,65	11,29	16,43	18,48	7,71	11,22	12,62	—	6,30	7,08	—	2,15	2,42	—	—	—
	II	314,16	17,27	25,13	28,27	II	314,16	13,40	19,50	21,93	9,72	14,14	15,90	6,22	9,05	10,18	—	4,36	4,90	—	0,70	0,79	—	—	—
	III	96,83	—	7,74	8,71	III	96,83	—	3,94	4,43	—	0,70	0,79	—	—	—	—	—	—	—	—	—	—	—	—
	V	698,50	38,41	55,88	62,86	IV	345,91	17,01	24,75	27,84	15,06	21,91	24,65	13,15	19,14	21,53	11,29	16,43	18,48	9,48	13,79	15,51	7,71	11,22	12,62
	VI	730,75	40,19	58,46	65,76																				
2 369,99	I,IV	346,75	19,07	27,74	31,20	I	346,75	15,11	21,98	24,72	11,33	16,49	18,55	7,75	11,28	12,69	—	6,36	7,15	—	2,20	2,47	—	—	—
	II	315,–	17,32	25,20	28,35	II	315,–	13,44	19,56	22,–	9,76	14,20	15,97	6,26	9,11	10,25	—	4,41	4,96	—	0,74	0,83	—	—	—
	III	97,50	—	7,80	8,77	III	97,50	—	3,98	4,48	—	0,74	0,83	—	—	—	—	—	—	—	—	—	—	—	—
	V	699,83	38,49	55,98	62,98	IV	346,75	17,06	24,82	27,92	15,11	21,98	24,72	13,20	19,20	21,60	11,33	16,49	18,55	9,52	13,85	15,58	7,75	11,28	12,69
	VI	732,–	40,26	58,56	65,88																				
2 372,99	I,IV	347,58	19,11	27,80	31,28	I	347,58	15,15	22,04	24,79	11,38	16,55	18,62	7,80	11,34	12,76	—	6,41	7,21	—	2,24	2,52	—	—	—
	II	315,91	17,37	25,27	28,43	II	315,91	13,49	19,62	22,07	9,80	14,26	16,04	6,30	9,16	10,31	—	4,46	5,01	—	0,78	0,87	—	—	—
	III	98,16	—	7,85	8,83	III	98,16	—	4,02	4,52	—	0,77	0,86	—	—	—	—	—	—	—	—	—	—	—	—
	V	701,08	38,55	56,08	63,09	IV	347,58	17,11	24,89	28,–	15,15	22,04	24,79	13,24	19,26	21,67	11,38	16,55	18,62	9,56	13,91	15,65	7,80	11,34	12,76
	VI	733,25	40,32	58,66	65,99																				
2 375,99	I,IV	348,41	19,16	27,87	31,35	I	348,41	15,19	22,10	24,86	11,42	16,61	18,68	7,83	11,40	12,82	—	6,46	7,27	—	2,28	2,56	—	—	—
	II	316,66	17,41	25,33	28,49	II	316,66	13,53	19,68	22,14	9,84	14,32	16,11	6,34	9,22	10,37	—	4,50	5,06	—	0,81	0,91	—	—	—
	III	98,66	—	7,89	8,87	III	98,66	—	4,06	4,57	—	0,81	0,91	—	—	—	—	—	—	—	—	—	—	—	—
	V	702,33	38,62	56,18	63,20	IV	348,41	17,15	24,95	28,07	15,19	22,10	24,86	13,28	19,32	21,74	11,42	16,61	18,68	9,60	13,97	15,71	7,83	11,40	12,82
	VI	734,50	40,39	58,76	66,10																				
2 378,99	I,IV	349,25	19,20	27,94	31,43	I	349,25	15,24	22,17	24,94	11,46	16,68	18,76	7,87	11,46	12,89	0,10	6,52	7,33	—	2,32	2,61	—	—	—
	II	317,50	17,46	25,40	28,57	II	317,50	13,58	19,75	22,22	9,88	14,38	16,17	6,38	9,28	10,44	—	4,56	5,13	—	0,85	0,95	—	—	—
	III	99,33	—	7,94	8,93	III	99,33	—	4,10	4,61	—	0,85	0,95	—	—	—	—	—	—	—	—	—	—	—	—
	V	703,58	38,69	56,28	63,32	IV	349,25	17,20	25,02	28,14	15,24	22,17	24,94	13,33	19,39	21,81	11,46	16,68	18,76	9,64	14,03	15,78	7,87	11,46	12,89
	VI	735,75	40,46	58,86	66,21																				
2 381,99	I,IV	350,16	19,25	28,01	31,51	I	350,16	15,29	22,24	25,02	11,50	16,74	18,83	7,92	11,52	12,96	0,25	6,58	7,40	—	2,36	2,66	—	—	—
	II	318,33	17,50	25,46	28,64	II	318,33	13,62	19,81	22,28	9,92	14,44	16,24	6,42	9,34	10,50	—	4,60	5,18	—	0,88	0,99	—	—	—
	III	99,83	—	7,98	8,98	III	99,83	—	4,16	4,68	—	0,88	0,99	—	—	—	—	—	—	—	—	—	—	—	—
	V	704,83	38,76	56,38	63,43	IV	350,16	17,24	25,08	28,22	15,29	22,24	25,02	13,37	19,45	21,88	11,50	16,74	18,83	9,68	14,09	15,85	7,92	11,52	12,96
	VI	737,–	40,53	58,96	66,33																				
2 384,99	I,IV	351,–	19,30	28,08	31,59	I	351,–	15,33	22,30	25,08	11,55	16,80	18,90	7,96	11,58	13,02	0,38	6,63	7,46	—	2,40	2,70	—	—	—
	II	319,16	17,55	25,53	28,72	II	319,16	13,66	19,88	22,36	9,96	14,50	16,31	6,45	9,39	10,56	—	4,65	5,23	—	0,92	1,04	—	—	—
	III	100,50	—	8,04	9,04	III	100,50	—	4,20	4,72	—	0,92	1,03	—	—	—	—	—	—	—	—	—	—	—	—
	V	706,08	38,83	56,48	63,54	IV	351,–	17,29	25,15	28,29	15,33	22,30	25,08	13,41	19,51	21,95	11,55	16,80	18,90	9,73	14,15	15,92	7,96	11,58	13,02
	VI	738,33	40,60	59,06	66,44																				

* Die ausgewiesenen Tabellenwerte sind amtlich. Siehe Erläuterungen auf der Umschlaginnenseite (U2).

** Bei mehr als 3 Kinderfreibeträgen ist die „Ergänzungs-Tabelle 3,5 bis 6 Kinderfreibeträge" anzuwenden.

Abzüge an Lohnsteuer, Solidaritätszuschlag (SolZ) und Kirchensteuer (8%, 9%) in den Steuerklassen

Lohn/ Gehalt bis €*	I – VI					I, II, III, IV mit Zahl der Kinderfreibeträge . . .																			
			ohne Kinderfreibeträge					0,5			1			1,5			2			2,5			3**		
		LSt	SolZ	8%	9%		LSt	SolZ	8%	9%	SolZ	8%	9%	SolZ	8%	9%	SolZ	8%	9%	SolZ	8%	9%	SolZ	8%	9%
2 387,99	I,IV	351,83	19,35	28,14	31,66	I	351,83	15,37	22,36	25,16	11,59	16,86	18,96	7,99	11,63	13,08	0,51	6,68	7,52	—	2,44	2,75	—	—	—
	II	320,—	17,60	25,60	28,80	II	320,—	13,70	19,94	22,43	10,01	14,56	16,38	6,49	9,45	10,63	—	4,70	5,29	—	0,96	1,08	—	—	—
	III	101,16	—	8,09	9,10	III	101,16	—	4,24	4,77	—	0,96	1,08	—	—	—	—	—	—	—	—	—	—	—	—
	V	707,33	38,90	56,58	63,65	IV	351,83	17,33	25,22	28,37	15,37	22,36	25,16	13,46	19,58	22,02	11,59	16,86	18,96	9,77	14,21	15,98	7,99	11,63	13,08
	VI	739,58	40,67	59,16	66,56																				
2 390,99	I,IV	352,66	19,39	28,21	31,73	I	352,66	15,42	22,43	25,23	11,63	16,92	19,04	8,03	11,69	13,15	0,65	6,74	7,58	—	2,49	2,80	—	—	—
	II	320,91	17,65	25,67	28,88	II	320,91	13,75	20,—	22,50	10,05	14,62	16,44	6,54	9,51	10,70	—	4,76	5,35	—	1,—	1,12	—	—	—
	III	101,66	—	8,13	9,14	III	101,66	—	4,28	4,81	—	0,98	1,10	—	—	—	—	—	—	—	—	—	—	—	—
	V	708,58	38,97	56,68	63,77	IV	352,66	17,38	25,28	28,44	15,42	22,43	25,23	13,50	19,64	22,10	11,63	16,92	19,04	9,81	14,27	16,05	8,03	11,69	13,15
	VI	740,83	40,74	59,26	66,67																				
2 393,99	I,IV	353,50	19,44	28,28	31,81	I	353,50	15,46	22,49	25,30	11,67	16,98	19,10	8,08	11,75	13,22	0,78	6,79	7,64	—	2,53	2,84	—	—	—
	II	321,66	17,69	25,73	28,94	II	321,66	13,79	20,06	22,57	10,09	14,68	16,51	6,57	9,56	10,76	—	4,80	5,40	—	1,03	1,16	—	—	—
	III	102,33	—	8,18	9,20	III	102,33	—	4,32	4,86	—	1,02	1,15	—	—	—	—	—	—	—	—	—	—	—	—
	V	709,91	39,04	56,79	63,89	IV	353,50	17,43	25,35	28,52	15,46	22,49	25,30	13,54	19,70	22,16	11,67	16,98	19,10	9,85	14,33	16,12	8,08	11,75	13,22
	VI	742,08	40,81	59,36	66,78																				
2 396,99	I,IV	354,41	19,49	28,35	31,89	I	354,41	15,51	22,56	25,38	11,71	17,04	19,17	8,12	11,81	13,28	0,93	6,85	7,70	—	2,57	2,89	—	—	—
	II	322,50	17,73	25,80	29,02	II	322,50	13,84	20,13	22,64	10,13	14,74	16,58	6,61	9,62	10,82	—	4,85	5,45	—	1,07	1,20	—	—	—
	III	103,—	—	8,24	9,27	III	103,—	—	4,36	4,90	—	1,05	1,18	—	—	—	—	—	—	—	—	—	—	—	—
	V	711,16	39,11	56,89	64,—	IV	354,41	17,47	25,42	28,59	15,51	22,56	25,38	13,59	19,77	22,24	11,71	17,04	19,17	9,89	14,39	16,19	8,12	11,81	13,28
	VI	743,33	40,88	59,46	66,89																				
2 399,99	I,IV	355,25	19,53	28,42	31,97	I	355,25	15,55	22,62	25,45	11,76	17,11	19,25	8,16	11,87	13,35	1,06	6,90	7,76	—	2,62	2,94	—	—	—
	II	323,41	17,78	25,87	29,10	II	323,41	13,88	20,20	22,72	10,17	14,80	16,65	6,65	9,68	10,89	—	4,90	5,51	—	1,10	1,24	—	—	—
	III	103,50	—	8,28	9,31	III	103,50	—	4,40	4,95	—	1,09	1,22	—	—	—	—	—	—	—	—	—	—	—	—
	V	712,41	39,18	56,99	64,11	IV	355,25	17,52	25,48	28,67	15,55	22,62	25,45	13,63	19,83	22,31	11,76	17,11	19,25	9,93	14,45	16,25	8,16	11,87	13,35
	VI	744,58	40,95	59,56	67,01																				
2 402,99	I,IV	356,08	19,58	28,48	32,04	I	356,08	15,60	22,69	25,52	11,80	17,17	19,31	8,20	11,93	13,42	1,21	6,96	7,83	—	2,66	2,99	—	—	—
	II	324,25	17,83	25,94	29,18	II	324,25	13,92	20,26	22,79	10,21	14,86	16,71	6,69	9,74	10,95	—	4,96	5,58	—	1,14	1,28	—	—	—
	III	104,16	—	8,33	9,37	III	104,16	—	4,45	5,—	—	1,13	1,27	—	—	—	—	—	—	—	—	—	—	—	—
	V	713,66	39,25	57,09	64,22	IV	356,08	17,56	25,55	28,74	15,60	22,69	25,52	13,68	19,90	22,38	11,80	17,17	19,31	9,98	14,52	16,33	8,20	11,93	13,42
	VI	745,83	41,02	59,66	67,12																				
2 405,99	I,IV	356,91	19,63	28,55	32,12	I	356,91	15,64	22,76	25,60	11,84	17,23	19,38	8,24	11,98	13,48	1,35	7,02	7,89	—	2,70	3,04	—	—	—
	II	325,08	17,87	26,—	29,25	II	325,08	13,97	20,32	22,86	10,25	14,92	16,78	6,73	9,79	11,01	—	5,—	5,63	—	1,18	1,32	—	—	—
	III	104,83	—	8,38	9,43	III	104,83	—	4,49	5,05	—	1,16	1,30	—	—	—	—	—	—	—	—	—	—	—	—
	V	714,91	39,32	57,19	64,34	IV	356,91	17,61	25,62	28,82	15,64	22,76	25,60	13,72	19,96	22,45	11,84	17,23	19,38	10,01	14,57	16,39	8,24	11,98	13,48
	VI	747,08	41,08	59,76	67,23																				
2 408,99	I,IV	357,83	19,68	28,62	32,20	I	357,83	15,68	22,82	25,67	11,89	17,30	19,46	8,28	12,04	13,55	1,48	7,07	7,95	—	2,74	3,08	—	—	—
	II	325,91	17,92	26,07	29,33	II	325,91	14,01	20,38	22,93	10,29	14,98	16,85	6,77	9,85	11,08	—	5,06	5,69	—	1,22	1,37	—	—	—
	III	105,33	—	8,42	9,47	III	105,33	—	4,53	5,09	—	1,20	1,35	—	—	—	—	—	—	—	—	—	—	—	—
	V	716,16	39,38	57,29	64,45	IV	357,83	17,65	25,68	28,89	15,68	22,82	25,67	13,76	20,02	22,52	11,89	17,30	19,46	10,06	14,64	16,47	8,28	12,04	13,55
	VI	748,41	41,16	59,87	67,35																				
2 411,99	I,IV	358,66	19,72	28,69	32,27	I	358,66	15,73	22,88	25,74	11,93	17,36	19,53	8,32	12,10	13,61	1,63	7,13	8,02	—	2,79	3,14	—	—	—
	II	326,75	17,97	26,14	29,40	II	326,75	14,06	20,45	23,—	10,34	15,04	16,92	6,81	9,91	11,15	—	5,10	5,74	—	1,26	1,41	—	—	—
	III	106,—	—	8,48	9,54	III	106,—	—	4,57	5,14	—	1,24	1,39	—	—	—	—	—	—	—	—	—	—	—	—
	V	717,41	39,45	57,39	64,56	IV	358,66	17,71	25,76	28,98	15,73	22,88	25,74	13,80	20,08	22,59	11,93	17,36	19,53	10,10	14,70	16,53	8,32	12,10	13,61
	VI	749,66	41,23	59,97	67,46																				
2 414,99	I,IV	359,50	19,77	28,76	32,35	I	359,50	15,78	22,95	25,82	11,97	17,42	19,59	8,36	12,16	13,68	1,76	7,18	8,08	—	2,83	3,18	—	—	—
	II	327,58	18,01	26,20	29,48	II	327,58	14,10	20,51	23,07	10,38	15,10	16,99	6,85	9,96	11,21	—	5,16	5,80	—	1,29	1,45	—	—	—
	III	106,66	—	8,53	9,59	III	106,66	—	4,61	5,18	—	1,28	1,44	—	—	—	—	—	—	—	—	—	—	—	—
	V	718,66	39,52	57,49	64,67	IV	359,50	17,75	25,82	29,04	15,78	22,95	25,82	13,85	20,15	22,67	11,97	17,42	19,59	10,14	14,76	16,60	8,36	12,16	13,68
	VI	750,91	41,30	60,07	67,58																				
2 417,99	I,IV	360,41	19,82	28,83	32,43	I	360,41	15,82	23,02	25,89	12,01	17,48	19,66	8,40	12,22	13,75	1,90	7,24	8,14	—	2,88	3,24	—	—	—
	II	328,41	18,06	26,27	29,55	II	328,41	14,14	20,58	23,15	10,42	15,16	17,06	6,89	10,02	11,27	—	5,21	5,86	—	1,33	1,49	—	—	—
	III	107,16	—	8,57	9,64	III	107,16	—	4,65	5,23	—	1,30	1,46	—	—	—	—	—	—	—	—	—	—	—	—
	V	719,91	39,59	57,59	64,79	IV	360,41	17,79	25,88	29,12	15,82	23,02	25,89	13,89	20,21	22,73	12,01	17,48	19,66	10,18	14,82	16,67	8,40	12,22	13,75
	VI	752,16	41,36	60,17	67,69																				
2 420,99	I,IV	361,25	19,86	28,90	32,51	I	361,25	15,87	23,08	25,97	12,06	17,54	19,73	8,44	12,28	13,82	2,05	7,30	8,21	—	2,92	3,28	—	—	—
	II	329,25	18,10	26,34	29,63	II	329,25	14,19	20,64	23,22	10,46	15,22	17,12	6,93	10,08	11,34	—	5,26	5,91	—	1,37	1,54	—	—	—
	III	107,83	—	8,62	9,70	III	107,83	—	4,70	5,29	—	1,34	1,51	—	—	—	—	—	—	—	—	—	—	—	—
	V	721,25	39,66	57,70	64,91	IV	361,25	17,84	25,96	29,20	15,87	23,08	25,97	13,94	20,28	22,81	12,06	17,54	19,73	10,23	14,88	16,74	8,44	12,28	13,82
	VI	753,41	41,43	60,27	67,80																				
2 423,99	I,IV	362,08	19,91	28,96	32,58	I	362,08	15,91	23,15	26,04	12,10	17,60	19,80	8,48	12,34	13,88	2,18	7,35	8,27	—	2,96	3,33	—	—	—
	II	330,08	18,15	26,40	29,70	II	330,08	14,23	20,70	23,29	10,50	15,28	17,19	6,97	10,14	11,40	—	5,31	5,97	—	1,41	1,58	—	—	—
	III	108,50	—	8,68	9,76	III	108,50	—	4,74	5,33	—	1,38	1,55	—	—	—	—	—	—	—	—	—	—	—	—
	V	722,50	39,73	57,80	65,02	IV	362,08	17,89	26,02	29,27	15,91	23,15	26,04	13,98	20,34	22,88	12,10	17,60	19,80	10,27	14,94	16,80	8,48	12,34	13,88
	VI	754,66	41,50	60,37	67,91																				
2 426,99	I,IV	362,91	19,96	29,03	32,66	I	362,91	15,95	23,21	26,11	12,14	17,66	19,87	8,52	12,40	13,95	2,31	7,40	8,33	—	3,01	3,38	—	—	—
	II	330,91	18,20	26,47	29,78	II	330,91	14,28	20,77	23,36	10,55	15,34	17,26	7,01	10,20	11,47	—	5,36	6,03	—	1,44	1,62	—	—	—
	III	109,—	—	8,72	9,81	III	109,—	—	4,78	5,38	—	1,41	1,58	—	—	—	—	—	—	—	—	—	—	—	—
	V	723,75	39,80	57,90	65,13	IV	362,91	17,93	26,09	29,35	15,95	23,21	26,11	14,02	20,40	22,95	12,14	17,66	19,87	10,31	15,—	16,87	8,52	12,40	13,95
	VI	755,91	41,57	60,47	68,03																				
2 429,99	I,IV	363,83	20,01	29,10	32,74	I	363,83	16,—	23,28	26,19	12,19	17,73	19,94	8,56	12,46	14,01	2,46	7,46	8,39	—	3,05	3,43	—	—	—
	II	331,75	18,24	26,54	29,85	II	331,75	14,32	20,84	23,44	10,59	15,40	17,33	7,05	10,26	11,54	—	5,42	6,09	—	1,48	1,67	—	—	—
	III	109,66	—	8,77	9,86	III	109,66	—	4,82	5,42	—	1,45	1,63	—	—	—	—	—	—	—	—	—	—	—	—
	V	725,—	39,87	58,—	65,25	IV	363,83	17,98	26,16	29,43	16,—	23,28	26,19	14,07	20,47	23,03	12,19	17,73	19,94	10,35	15,06	16,94	8,56	12,46	14,01
	VI	757,16	41,64	60,57	68,14																				

* Die ausgewiesenen Tabellenwerte sind amtlich. Siehe Erläuterungen auf der Umschlaginnenseite (U2).
** Bei mehr als 3 Kinderfreibeträgen ist die „Ergänzungs-Tabelle 3,5 bis 6 Kinderfreibeträge" anzuwenden.

Abzüge an Lohnsteuer, Solidaritätszuschlag (SolZ) und Kirchensteuer (8%, 9%) in den Steuerklassen

mit Zahl der Kinderfreibeträge . . .

Lohn/ Gehalt bis €*	I – VI		ohne Kinderfreibeträge			I, II, III, IV		0,5			1			1,5			2			2,5			3**		
		LSt	SolZ	8%	9%		LSt	SolZ	8%	9%	SolZ	8%	9%	SolZ	8%	9%	SolZ	8%	9%	SolZ	8%	9%	SolZ	8%	9%
2 432,99	I,IV	364,66	20,05	29,17	32,81	I	364,66	16,05	23,34	26,26	12,23	17,79	20,01	8,60	12,52	14,08	2,60	7,52	8,46	—	3,10	3,48	—	—	—
	II	332,58	18,29	26,60	29,93	II	332,58	14,36	20,90	23,51	10,63	15,47	17,40	7,09	10,31	11,60	—	5,46	6,14	—	1,52	1,71	—	—	—
	III	110,33	—	8,82	9,92	III	110,33	—	4,88	5,49	—	1,49	1,67	—	—	—	—	—	—	—	—	—	—	—	—
	V	726,25	39,94	58,10	65,36	IV	364,66	18,03	26,22	29,50	16,05	23,34	26,26	14,11	20,53	23,09	12,23	17,79	20,01	10,39	15,12	17,01	8,60	12,52	14,08
	VI	758,41	41,71	60,67	68,25																				
2 435,99	I,IV	365,50	20,10	29,24	32,89	I	365,50	16,09	23,41	26,33	12,27	17,85	20,08	8,64	12,58	14,15	2,75	7,58	8,52	—	3,14	3,53	—	—	—
	II	333,41	18,33	26,67	30,—	II	333,41	14,41	20,96	23,58	10,67	15,53	17,47	7,13	10,37	11,66	—	5,52	6,21	—	1,56	1,76	—	—	—
	III	110,83	—	8,86	9,97	III	110,83	—	4,92	5,53	—	1,52	1,71	—	—	—	—	—	—	—	—	—	—	—	—
	V	727,50	40,01	58,20	65,47	IV	365,50	18,07	26,29	29,57	16,09	23,41	26,33	14,16	20,60	23,17	12,27	17,85	20,08	10,43	15,18	17,07	8,64	12,58	14,15
	VI	759,75	41,78	60,78	68,37																				
2 438,99	I,IV	366,41	20,15	29,31	32,97	I	366,41	16,14	23,48	26,41	12,32	17,92	20,16	8,69	12,64	14,22	2,88	7,63	8,58	—	3,18	3,58	—	—	—
	II	334,33	18,38	26,74	30,08	II	334,33	14,45	21,02	23,65	10,72	15,59	17,54	7,17	10,43	11,73	—	5,57	6,26	—	1,60	1,80	—	—	—
	III	111,50	—	8,92	10,03	III	111,50	—	4,96	5,58	—	1,56	1,75	—	—	—	—	—	—	—	—	—	—	—	—
	V	728,75	40,08	58,30	65,58	IV	366,41	18,12	26,36	29,65	16,14	23,48	26,41	14,20	20,66	23,24	12,32	17,92	20,16	10,48	15,24	17,15	8,69	12,64	14,22
	VI	761,—	41,85	60,88	68,49																				
2 441,99	I,IV	367,25	20,19	29,38	33,05	I	367,25	16,18	23,54	26,48	12,36	17,98	20,22	8,73	12,70	14,28	3,03	7,69	8,65	—	3,23	3,63	—	—	—
	II	335,16	18,43	26,81	30,16	II	335,16	14,50	21,09	23,72	10,76	15,65	17,60	7,20	10,48	11,79	—	5,62	6,32	—	1,64	1,85	—	—	—
	III	112,16	—	8,97	10,09	III	112,16	—	5,—	5,62	—	1,60	1,80	—	—	—	—	—	—	—	—	—	—	—	—
	V	730,—	40,15	58,40	65,70	IV	367,25	18,16	26,42	29,72	16,18	23,54	26,48	14,24	20,72	23,31	12,36	17,98	20,22	10,52	15,30	17,21	8,73	12,70	14,28
	VI	762,25	41,92	60,98	68,60																				
2 444,99	I,IV	368,16	20,24	29,45	33,13	I	368,16	16,22	23,60	26,55	12,40	18,04	20,30	8,77	12,76	14,35	3,16	7,74	8,71	—	3,28	3,69	—	—	—
	II	336,—	18,48	26,88	30,24	II	336,—	14,54	21,16	23,80	10,80	15,71	17,67	7,25	10,54	11,86	—	5,68	6,39	—	1,68	1,89	—	—	—
	III	112,83	—	9,02	10,15	III	112,83	—	5,04	5,67	—	1,64	1,84	—	—	—	—	—	—	—	—	—	—	—	—
	V	731,33	40,22	58,50	65,81	IV	368,16	18,21	26,49	29,80	16,22	23,60	26,55	14,29	20,79	23,39	12,40	18,04	20,30	10,56	15,36	17,28	8,77	12,76	14,35
	VI	763,50	41,99	61,08	68,71																				
2 447,99	I,IV	369,—	20,29	29,52	33,21	I	369,—	16,27	23,67	26,63	12,44	18,10	20,36	8,80	12,81	14,41	3,30	7,80	8,77	—	3,32	3,74	—	—	—
	II	336,83	18,52	26,94	30,31	II	336,83	14,58	21,22	23,87	10,84	15,77	17,74	7,29	10,60	11,93	—	5,73	6,44	—	1,72	1,93	—	—	—
	III	113,50	—	9,08	10,21	III	113,50	—	5,09	5,72	—	1,66	1,87	—	—	—	—	—	—	—	—	—	—	—	—
	V	732,58	40,29	58,60	65,93	IV	369,—	18,26	26,56	29,88	16,27	23,67	26,63	14,33	20,85	23,45	12,44	18,10	20,36	10,60	15,42	17,35	8,80	12,81	14,41
	VI	764,75	42,06	61,18	68,82																				
2 450,99	I,IV	369,83	20,34	29,58	33,28	I	369,83	16,32	23,74	26,70	12,48	18,16	20,43	8,85	12,87	14,48	3,45	7,86	8,84	—	3,36	3,78	—	—	—
	II	337,66	18,57	27,01	30,38	II	337,66	14,63	21,28	23,94	10,89	15,84	17,82	7,32	10,66	11,99	—	5,78	6,50	—	1,76	1,98	—	—	—
	III	114,—	—	9,12	10,26	III	114,—	—	5,13	5,77	—	1,70	1,91	—	—	—	—	—	—	—	—	—	—	—	—
	V	733,83	40,36	58,70	66,04	IV	369,83	18,30	26,62	29,95	16,32	23,74	26,70	14,38	20,92	23,53	12,48	18,16	20,43	10,64	15,48	17,42	8,85	12,87	14,48
	VI	766,—	42,13	61,28	68,94																				
2 453,99	I,IV	370,75	20,39	29,66	33,36	I	370,75	16,36	23,80	26,78	12,53	18,23	20,51	8,89	12,93	14,54	3,58	7,91	8,90	—	3,41	3,83	—	0,02	0,02
	II	338,50	18,61	27,08	30,46	II	338,50	14,68	21,35	24,02	10,93	15,90	17,88	7,37	10,72	12,06	—	5,84	6,57	—	1,80	2,03	—	—	—
	III	114,66	—	9,17	10,31	III	114,66	—	5,17	5,81	—	1,74	1,96	—	—	—	—	—	—	—	—	—	—	—	—
	V	735,08	40,42	58,80	66,15	IV	370,75	18,35	26,70	30,03	16,36	23,80	26,78	14,42	20,98	23,60	12,53	18,23	20,51	10,68	15,54	17,48	8,89	12,93	14,54
	VI	767,25	42,19	61,38	69,05																				
2 456,99	I,IV	371,58	20,43	29,72	33,44	I	371,58	16,41	23,87	26,85	12,57	18,29	20,57	8,93	12,99	14,61	3,73	7,97	8,96	—	3,46	3,89	—	0,05	0,05
	II	339,33	18,66	27,14	30,53	II	339,33	14,72	21,41	24,08	10,97	15,96	17,95	7,41	10,78	12,12	—	5,88	6,62	—	1,84	2,07	—	—	—
	III	115,33	—	9,22	10,37	III	115,33	—	5,21	5,86	—	1,78	2,—	—	—	—	—	—	—	—	—	—	—	—	—
	V	736,33	40,49	58,90	66,26	IV	371,58	18,39	26,76	30,10	16,41	23,87	26,85	14,46	21,04	23,67	12,57	18,29	20,57	10,72	15,60	17,55	8,93	12,99	14,61
	VI	768,50	42,26	61,48	69,16																				
2 459,99	I,IV	372,41	20,48	29,79	33,51	I	372,41	16,45	23,94	26,93	12,62	18,36	20,65	8,97	13,05	14,68	3,86	8,02	9,02	—	3,50	3,94	—	0,08	0,09
	II	340,25	18,71	27,22	30,62	II	340,25	14,76	21,48	24,16	11,01	16,02	18,02	7,45	10,84	12,19	—	5,94	6,68	—	1,88	2,11	—	—	—
	III	115,83	—	9,26	10,42	III	115,83	—	5,26	5,92	—	1,81	2,03	—	—	—	—	—	—	—	—	—	—	—	—
	V	737,58	40,56	59,—	66,38	IV	372,41	18,44	26,83	30,18	16,45	23,94	26,93	14,51	21,11	23,75	12,62	18,36	20,65	10,77	15,67	17,63	8,97	13,05	14,68
	VI	769,83	42,34	61,58	69,28																				
2 462,99	I,IV	373,33	20,53	29,86	33,59	I	373,33	16,50	24,—	27,—	12,66	18,42	20,72	9,01	13,11	14,75	4,01	8,08	9,09	—	3,55	3,99	—	0,12	0,13
	II	341,08	18,75	27,28	30,69	II	341,08	14,81	21,54	24,23	11,05	16,08	18,09	7,48	10,89	12,25	—	6,—	6,75	—	1,92	2,16	—	—	—
	III	116,50	—	9,32	10,48	III	116,50	—	5,30	5,96	—	1,85	2,08	—	—	—	—	—	—	—	—	—	—	—	—
	V	738,83	40,63	59,10	66,49	IV	373,33	18,49	26,90	30,26	16,50	24,—	27,—	14,56	21,18	23,82	12,66	18,42	20,72	10,81	15,73	17,69	9,01	13,11	14,75
	VI	771,08	42,40	61,68	69,39																				
2 465,99	I,IV	374,16	20,57	29,93	33,67	I	374,16	16,55	24,07	27,08	12,70	18,48	20,79	9,05	13,17	14,81	4,15	8,14	9,15	—	3,60	4,05	—	0,15	0,17
	II	341,91	18,80	27,35	30,77	II	341,91	14,85	21,61	24,31	11,10	16,14	18,16	7,53	10,95	12,32	—	6,05	6,80	—	1,96	2,21	—	—	—
	III	117,16	—	9,37	10,54	III	117,16	—	5,34	6,01	—	1,89	2,12	—	—	—	—	—	—	—	—	—	—	—	—
	V	740,08	40,70	59,20	66,60	IV	374,16	18,53	26,96	30,33	16,55	24,07	27,08	14,60	21,24	23,89	12,70	18,48	20,79	10,85	15,79	17,76	9,05	13,17	14,81
	VI	772,33	42,47	61,78	69,50																				
2 468,99	I,IV	375,—	20,62	30,—	33,75	I	375,—	16,59	24,13	27,14	12,75	18,54	20,86	9,09	13,23	14,88	4,28	8,19	9,21	—	3,64	4,10	—	0,18	0,20
	II	342,75	18,85	27,42	30,84	II	342,75	14,90	21,67	24,38	11,14	16,20	18,23	7,57	11,01	12,38	—	6,10	6,86	—	2,—	2,25	—	—	—
	III	117,83	—	9,42	10,60	III	117,83	—	5,38	6,05	—	1,93	2,17	—	—	—	—	—	—	—	—	—	—	—	—
	V	741,41	40,77	59,31	66,72	IV	375,—	18,58	27,03	30,41	16,59	24,13	27,14	14,64	21,30	23,96	12,75	18,54	20,86	10,89	15,85	17,83	9,09	13,23	14,88
	VI	773,58	42,54	61,88	69,62																				
2 471,99	I,IV	375,91	20,67	30,07	33,83	I	375,91	16,63	24,20	27,22	12,79	18,60	20,93	9,13	13,29	14,95	4,43	8,25	9,28	—	3,69	4,15	—	0,22	0,24
	II	343,58	18,89	27,48	30,92	II	343,58	14,94	21,74	24,45	11,18	16,26	18,29	7,61	11,07	12,45	—	6,16	6,93	—	2,04	2,30	—	—	—
	III	118,50	—	9,48	10,66	III	118,50	—	5,44	6,12	—	1,97	2,21	—	—	—	—	—	—	—	—	—	—	—	—
	V	742,66	40,84	59,41	66,83	IV	375,91	18,63	27,10	30,48	16,63	24,20	27,22	14,69	21,37	24,04	12,79	18,60	20,93	10,94	15,91	17,90	9,13	13,29	14,95
	VI	774,83	42,61	61,98	69,73																				
2 474,99	I,IV	376,75	20,72	30,14	33,90	I	376,75	16,68	24,26	27,29	12,83	18,67	21,—	9,18	13,35	15,02	4,58	8,31	9,35	—	3,74	4,20	—	0,25	0,28
	II	344,41	18,94	27,55	30,99	II	344,41	14,99	21,80	24,53	11,22	16,32	18,36	7,64	11,12	12,51	—	6,21	6,98	—	2,08	2,34	—	—	—
	III	119,—	—	9,52	10,71	III	119,—	—	5,48	6,16	—	2,—	2,25	—	—	—	—	—	—	—	—	—	—	—	—
	V	743,91	40,91	59,51	66,95	IV	376,75	18,67	27,16	30,56	16,68	24,26	27,29	14,73	21,43	24,11	12,83	18,67	21,—	10,98	15,98	17,97	9,18	13,35	15,02
	VI	776,08	42,68	62,08	69,84																				

* Die ausgewiesenen Tabellenwerte sind amtlich. Siehe Erläuterungen auf der Umschlaginnenseite (U2).
** Bei mehr als 3 Kinderfreibeträgen ist die „Ergänzungs-Tabelle 3,5 bis 6 Kinderfreibeträge" anzuwenden.

Abzüge an Lohnsteuer, Solidaritätszuschlag (SolZ) und Kirchensteuer (8%, 9%) in den Steuerklassen

Lohn/ Gehalt bis €*	I – VI		ohne Kinder-freibeträge			I, II, III, IV		mit Zahl der Kinderfreibeträge . . . 0,5			1			1,5			2			2,5			3**		
		LSt	SolZ	8%	9%		LSt	SolZ	8%	9%	SolZ	8%	9%	SolZ	8%	9%	SolZ	8%	9%	SolZ	8%	9%	SolZ	8%	9%
2 477,99	I,IV	377,58	20,76	30,20	33,98	I	377,58	16,72	24,33	27,37	12,87	18,73	21,07	9,22	13,41	15,08	4,71	8,36	9,41	—	3,78	4,25	—	0,28	0,32
	II	345,25	18,98	27,62	31,07	II	345,25	15,03	21,86	24,59	11,26	16,38	18,43	7,69	11,18	12,58	—	6,26	7,04	—	2,12	2,39	—	—	—
	III	119,66	—	9,57	10,76	III	119,66	—	5,52	6,21	—	2,04	2,29	—	—	—	—	—	—	—	—	—	—	—	—
	V	745,16	40,98	59,61	67,06	IV	377,58	18,72	27,23	30,63	16,72	24,33	27,37	14,78	21,50	24,18	12,87	18,73	21,07	11,02	16,04	18,04	9,22	13,41	15,08
	VI	777,33	42,75	62,18	69,95																				
2 480,99	I,IV	378,50	20,81	30,28	34,06	I	378,50	16,77	24,40	27,45	12,92	18,80	21,15	9,26	13,47	15,15	4,85	8,42	9,47	—	3,83	4,31	—	0,32	0,36
	II	346,16	19,03	27,69	31,15	II	346,16	15,07	21,93	24,67	11,31	16,45	18,50	7,73	11,24	12,65	—	6,32	7,11	—	2,16	2,43	—	—	—
	III	120,33	—	9,62	10,82	III	120,33	—	5,57	6,26	—	2,08	2,34	—	—	—	—	—	—	—	—	—	—	—	—
	V	746,41	41,05	59,71	67,17	IV	378,50	18,77	27,30	30,71	16,77	24,40	27,45	14,82	21,56	24,26	12,92	18,80	21,15	11,06	16,10	18,11	9,26	13,47	15,15
	VI	778,58	42,82	62,28	70,07																				
2 483,99	I,IV	379,33	20,86	30,34	34,13	I	379,33	16,82	24,46	27,52	12,96	18,86	21,21	9,30	13,53	15,22	5,—	8,48	9,54	—	3,88	4,36	—	0,36	0,40
	II	347,—	19,08	27,76	31,23	II	347,—	15,12	22,—	24,75	11,35	16,51	18,57	7,77	11,30	12,71	—	6,37	7,16	—	2,21	2,48	—	—	—
	III	121,—	—	9,68	10,89	III	121,—	—	5,61	6,31	—	2,12	2,38	—	—	—	—	—	—	—	—	—	—	—	—
	V	747,66	41,12	59,81	67,28	IV	379,33	18,81	27,37	30,79	16,82	24,46	27,52	14,86	21,62	24,32	12,96	18,86	21,21	11,11	16,16	18,18	9,30	13,53	15,22
	VI	779,91	42,89	62,39	70,19																				
2 486,99	I,IV	380,16	20,90	30,41	34,21	I	380,16	16,86	24,53	27,59	13,—	18,92	21,28	9,34	13,59	15,29	5,13	8,53	9,59	—	3,92	4,41	—	0,39	0,44
	II	347,83	19,13	27,82	31,30	II	347,83	15,16	22,06	24,81	11,39	16,57	18,64	7,81	11,36	12,78	—	6,42	7,22	—	2,25	2,53	—	—	—
	III	121,66	—	9,73	10,94	III	121,66	—	5,65	6,35	—	2,16	2,43	—	—	—	—	—	—	—	—	—	—	—	—
	V	748,91	41,19	59,91	67,40	IV	380,16	18,86	27,44	30,87	16,86	24,53	27,59	14,91	21,69	24,40	13,—	18,92	21,28	11,15	16,22	18,24	9,34	13,59	15,29
	VI	781,16	42,96	62,49	70,30																				
2 489,99	I,IV	381,08	20,95	30,48	34,29	I	381,08	16,91	24,60	27,67	13,05	18,98	21,35	9,38	13,65	15,35	5,28	8,59	9,66	—	3,97	4,46	—	0,42	0,47
	II	348,66	19,17	27,89	31,37	II	348,66	15,21	22,12	24,89	11,43	16,63	18,71	7,85	11,42	12,84	0,01	6,48	7,29	—	2,29	2,57	—	—	—
	III	122,33	—	9,78	11,—	III	122,33	—	5,70	6,41	—	2,20	2,47	—	—	—	—	—	—	—	—	—	—	—	—
	V	750,16	41,25	60,01	67,51	IV	381,08	18,91	27,50	30,94	16,91	24,60	27,67	14,96	21,76	24,48	13,05	18,98	21,35	11,19	16,28	18,32	9,38	13,65	15,35
	VI	782,41	43,03	62,59	70,41																				
2 492,99	I,IV	382,—	21,01	30,56	34,38	I	382,—	16,95	24,66	27,74	13,09	19,04	21,42	9,42	13,71	15,42	5,41	8,64	9,72	—	4,02	4,52	—	0,46	0,51
	II	349,58	19,22	27,96	31,46	II	349,58	15,25	22,19	24,96	11,48	16,70	18,78	7,89	11,48	12,91	0,15	6,54	7,35	—	2,33	2,62	—	—	—
	III	122,83	—	9,82	11,05	III	122,83	—	5,74	6,46	—	2,22	2,50	—	—	—	—	—	—	—	—	—	—	—	—
	V	751,41	41,32	60,11	67,62	IV	382,—	18,95	27,57	31,01	16,95	24,66	27,74	15,—	21,82	24,54	13,09	19,04	21,42	11,23	16,34	18,38	9,42	13,71	15,42
	VI	783,66	43,10	62,69	70,52																				
2 495,99	I,IV	382,83	21,05	30,62	34,45	I	382,83	17,—	24,73	27,82	13,14	19,11	21,50	9,46	13,77	15,49	5,56	8,70	9,79	—	4,06	4,57	—	0,49	0,55
	II	350,41	19,27	28,03	31,53	II	350,41	15,30	22,26	25,04	11,52	16,76	18,85	7,93	11,54	12,98	0,28	6,59	7,41	—	2,38	2,67	—	—	—
	III	123,50	—	9,88	11,11	III	123,50	—	5,78	6,50	—	2,26	2,54	—	—	—	—	—	—	—	—	—	—	—	—
	V	752,75	41,40	60,22	67,74	IV	382,83	19,—	27,64	31,10	17,—	24,73	27,82	15,04	21,88	24,62	13,14	19,11	21,50	11,27	16,40	18,45	9,46	13,77	15,49
	VI	784,91	43,17	62,79	70,64																				
2 498,99	I,IV	383,66	21,10	30,69	34,52	I	383,66	17,05	24,80	27,90	13,18	19,17	21,56	9,51	13,83	15,56	5,70	8,76	9,85	—	4,11	4,62	—	0,52	0,59
	II	351,25	19,31	28,10	31,61	II	351,25	15,34	22,32	25,11	11,56	16,82	18,92	7,97	11,59	13,04	0,41	6,64	7,47	—	2,42	2,72	—	—	—
	III	124,16	—	9,93	11,17	III	124,16	—	5,84	6,57	—	2,30	2,59	—	—	—	—	—	—	—	—	—	—	—	—
	V	754,—	41,47	60,32	67,86	IV	383,66	19,05	27,71	31,17	17,05	24,80	27,90	15,09	21,95	24,69	13,18	19,17	21,56	11,32	16,46	18,52	9,51	13,83	15,56
	VI	786,16	43,23	62,89	70,75																				
2 501,99	I,IV	384,58	21,15	30,76	34,61	I	384,58	17,09	24,86	27,97	13,22	19,24	21,64	9,55	13,89	15,62	5,85	8,82	9,92	—	4,16	4,68	—	0,56	0,63
	II	352,08	19,36	28,16	31,68	II	352,08	15,39	22,38	25,18	11,60	16,88	18,99	8,01	11,65	13,10	0,56	6,70	7,54	—	2,46	2,76	—	—	—
	III	124,83	—	9,98	11,23	III	124,83	—	5,88	6,61	—	2,34	2,63	—	—	—	—	—	—	—	—	—	—	—	—
	V	755,25	41,53	60,42	67,97	IV	384,58	19,09	27,78	31,25	17,09	24,86	27,97	15,13	22,02	24,77	13,22	19,24	21,64	11,36	16,53	18,59	9,55	13,89	15,62
	VI	787,41	43,30	62,99	70,86																				
2 504,99	I,IV	385,41	21,19	30,83	34,68	I	385,41	17,14	24,93	28,04	13,26	19,30	21,71	9,59	13,95	15,69	6,—	8,88	9,99	—	4,21	4,73	—	0,60	0,67
	II	353,—	19,41	28,24	31,77	II	353,—	15,43	22,45	25,25	11,65	16,94	19,06	8,05	11,71	13,17	0,70	6,76	7,60	—	2,50	2,81	—	—	—
	III	125,50	—	10,04	11,29	III	125,50	—	5,92	6,66	—	2,38	2,68	—	—	—	—	—	—	—	—	—	—	—	—
	V	756,50	41,60	60,52	68,08	IV	385,41	19,14	27,84	31,32	17,14	24,93	28,04	15,18	22,08	24,84	13,26	19,30	21,71	11,40	16,59	18,66	9,59	13,95	15,69
	VI	788,66	43,37	63,09	70,97																				
2 507,99	I,IV	386,33	21,24	30,90	34,76	I	386,33	17,18	24,99	28,11	13,31	19,36	21,78	9,63	14,01	15,76	6,13	8,93	10,04	—	4,26	4,79	—	0,63	0,71
	II	353,83	19,46	28,30	31,84	II	353,83	15,47	22,51	25,32	11,69	17,—	19,13	8,09	11,77	13,24	0,83	6,81	7,66	—	2,54	2,86	—	—	—
	III	126,16	—	10,09	11,35	III	126,16	—	5,97	6,71	—	2,42	2,72	—	—	—	—	—	—	—	—	—	—	—	—
	V	757,75	41,67	60,62	68,19	IV	386,33	19,19	27,91	31,40	17,18	24,99	28,11	15,22	22,14	24,91	13,31	19,36	21,78	11,44	16,65	18,73	9,63	14,01	15,76
	VI	789,91	43,44	63,19	71,09																				
2 510,99	I,IV	387,16	21,29	30,97	34,84	I	387,16	17,22	25,06	28,19	13,35	19,42	21,85	9,67	14,07	15,83	6,18	8,99	10,11	—	4,30	4,84	—	0,66	0,74
	II	354,66	19,50	28,37	31,91	II	354,66	15,52	22,58	25,40	11,73	17,06	19,19	8,13	11,83	13,31	0,96	6,86	7,72	—	2,58	2,90	—	—	—
	III	126,66	—	10,13	11,39	III	126,66	—	6,01	6,76	—	2,45	2,75	—	—	—	—	—	—	—	—	—	—	—	—
	V	759,—	41,74	60,72	68,31	IV	387,16	19,24	27,98	31,48	17,22	25,06	28,19	15,27	22,21	24,98	13,35	19,42	21,85	11,49	16,71	18,80	9,67	14,07	15,83
	VI	791,25	43,51	63,30	71,21																				
2 513,99	I,IV	388,08	21,34	31,04	34,92	I	388,08	17,27	25,12	28,26	13,40	19,49	21,92	9,71	14,13	15,89	6,21	9,04	10,17	—	4,36	4,90	—	0,70	0,79
	II	355,50	19,55	28,44	31,99	II	355,50	15,56	22,64	25,47	11,77	17,13	19,27	8,17	11,88	13,37	1,11	6,92	7,79	—	2,63	2,96	—	—	—
	III	127,33	—	10,18	11,45	III	127,33	—	6,06	6,82	—	2,49	2,80	—	—	—	—	—	—	—	—	—	—	—	—
	V	760,25	41,81	60,82	68,42	IV	388,08	19,28	28,05	31,55	17,27	25,12	28,26	15,31	22,27	25,05	13,40	19,49	21,92	11,53	16,78	18,87	9,71	14,13	15,89
	VI	792,50	43,58	63,40	71,32																				
2 516,99	I,IV	388,91	21,39	31,11	35,—	I	388,91	17,32	25,20	28,35	13,44	19,55	21,99	9,75	14,19	15,96	6,26	9,10	10,24	—	4,40	4,95	—	0,74	0,83
	II	356,41	19,60	28,51	32,07	II	356,41	15,61	22,71	25,55	11,82	17,19	19,34	8,21	11,94	13,43	1,25	6,98	7,85	—	2,67	3,—	—	—	—
	III	128,—	—	10,24	11,52	III	128,—	—	6,10	6,86	—	2,53	2,84	—	—	—	—	—	—	—	—	—	—	—	—
	V	761,50	41,88	60,92	68,53	IV	388,91	19,33	28,12	31,63	17,32	25,20	28,35	15,35	22,34	25,13	13,44	19,55	21,99	11,57	16,84	18,94	9,75	14,19	15,96
	VI	793,75	43,65	63,50	71,43																				
2 519,99	I,IV	389,75	21,43	31,18	35,07	I	389,75	17,36	25,26	28,41	13,48	19,62	22,07	9,79	14,25	16,03	6,29	9,16	10,30	—	4,45	5,—	—	0,77	0,86
	II	357,25	19,64	28,58	32,15	II	357,25	15,66	22,78	25,62	11,86	17,25	19,40	8,25	12,—	13,50	1,38	7,03	7,91	—	2,72	3,06	—	—	—
	III	128,66	—	10,29	11,57	III	128,66	—	6,14	6,91	—	2,57	2,89	—	—	—	—	—	—	—	—	—	—	—	—
	V	762,83	41,95	61,02	68,65	IV	389,75	19,37	28,18	31,70	17,36	25,26	28,41	15,40	22,40	25,20	13,48	19,62	22,07	11,61	16,90	19,01	9,79	14,25	16,03
	VI	795,—	43,72	63,60	71,55																				

*** Die ausgewiesenen Tabellenwerte sind amtlich. Siehe Erläuterungen auf der Umschlaginnenseite (U2).**
**** Bei mehr als 3 Kinderfreibeträgen ist die „Ergänzungs-Tabelle 3,5 bis 6 Kinderfreibeträge" anzuwenden.**

MONAT 2 520,–*

Lohn/ Gehalt bis €*	Abzüge an Lohnsteuer, Solidaritätszuschlag (SolZ) und Kirchensteuer (8%, 9%) in den Steuerklassen																								
	I – VI					I, II, III, IV																			
			ohne Kinderfreibeträge					mit Zahl der Kinderfreibeträge . . .																	
								0,5			1			1,5			2			2,5			3**		
		LSt	SolZ	8%	9%		LSt	SolZ	8%	9%	SolZ	8%	9%	SolZ	8%	9%	SolZ	8%	9%	SolZ	8%	9%	SolZ	8%	9%
2 522,99	I,IV	390,66	21,48	31,25	35,15	I	390,66	17,41	25,32	28,49	13,53	19,68	22,14	9,84	14,31	16,10	6,33	9,22	10,37	—	4,50	5,06	—	0,81	0,91
	II	358,08	19,69	28,64	32,22	II	358,08	15,70	22,84	25,69	11,90	17,31	19,47	8,29	12,06	13,57	1,53	7,09	7,97	—	2,76	3,10	—	—	—
	III	129,33	—	10,34	11,63	III	129,33	—	6,20	6,97	—	2,61	2,93	—	—	—	—	—	—	—	—	—	—	—	—
	V	764,08	42,02	61,12	68,76	IV	390,66	19,42	28,26	31,79	17,41	25,32	28,49	15,45	22,47	25,28	13,53	19,68	22,14	11,66	16,96	19,08	9,84	14,31	16,10
	VI	796,25	43,79	63,70	71,66																				
2 525,99	I,IV	391,58	21,53	31,32	35,24	I	391,58	17,46	25,40	28,57	13,57	19,74	22,21	9,88	14,37	16,16	6,37	9,27	10,43	—	4,55	5,12	—	0,84	0,95
	II	358,91	19,74	28,71	32,30	II	358,91	15,74	22,90	25,76	11,94	17,38	19,55	8,33	12,12	13,64	1,66	7,14	8,03	—	2,80	3,15	—	—	—
	III	130,—	—	10,40	11,70	III	130,—	—	6,24	7,02	—	2,65	2,98	—	—	—	—	—	—	—	—	—	—	—	—
	V	765,33	42,09	61,22	68,87	IV	391,58	19,47	28,32	31,86	17,46	25,40	28,57	15,49	22,54	25,35	13,57	19,74	22,21	11,70	17,02	19,15	9,88	14,37	16,16
	VI	797,50	43,86	63,80	71,77																				
2 528,99	I,IV	392,41	21,58	31,39	35,31	I	392,41	17,50	25,46	28,64	13,61	19,80	22,28	9,92	14,43	16,23	6,41	9,33	10,49	—	4,60	5,17	—	0,88	0,99
	II	359,75	19,78	28,78	32,37	II	359,75	15,79	22,97	25,84	11,99	17,44	19,62	8,37	12,18	13,70	1,81	7,20	8,10	—	2,84	3,20	—	—	—
	III	130,66	—	10,45	11,75	III	130,66	—	6,29	7,07	—	2,69	3,02	—	—	—	—	—	—	—	—	—	—	—	—
	V	766,58	42,16	61,32	68,99	IV	392,41	19,52	28,39	31,94	17,50	25,46	28,64	15,53	22,60	25,42	13,61	19,80	22,28	11,74	17,08	19,22	9,92	14,43	16,23
	VI	798,75	43,93	63,90	71,88																				
2 531,99	I,IV	393,25	21,62	31,46	35,39	I	393,25	17,54	25,52	28,71	13,66	19,87	22,35	9,96	14,49	16,30	6,45	9,38	10,55	—	4,65	5,23	—	0,92	1,03
	II	360,66	19,83	28,85	32,45	II	360,66	15,84	23,04	25,92	12,03	17,50	19,68	8,41	12,24	13,77	1,95	7,26	8,16	—	2,89	3,25	—	—	—
	III	131,33	—	10,50	11,81	III	131,33	—	6,33	7,12	—	2,73	3,07	—	—	—	—	—	—	—	—	—	—	—	—
	V	767,83	42,23	61,42	69,10	IV	393,25	19,56	28,46	32,01	17,54	25,52	28,71	15,58	22,66	25,49	13,66	19,87	22,35	11,78	17,14	19,28	9,96	14,49	16,30
	VI	800,—	44,—	64,—	72,—																				
2 534,99	I,IV	394,16	21,67	31,53	35,47	I	394,16	17,60	25,60	28,80	13,70	19,94	22,43	10,—	14,55	16,37	6,49	9,44	10,62	—	4,70	5,28	—	0,96	1,08
	II	361,50	19,88	28,92	32,53	II	361,50	15,88	23,10	25,99	12,07	17,56	19,76	8,45	12,30	13,83	2,08	7,31	8,22	—	2,93	3,29	—	—	—
	III	132,—	—	10,56	11,88	III	132,—	—	6,37	7,16	—	2,77	3,11	—	—	—	—	—	—	—	—	—	—	—	—
	V	769,08	42,29	61,52	69,21	IV	394,16	19,61	28,53	32,09	17,60	25,60	28,80	15,62	22,73	25,57	13,70	19,94	22,43	11,83	17,21	19,36	10,—	14,55	16,37
	VI	801,33	44,07	64,10	72,11																				
2 537,99	I,IV	395,08	21,72	31,60	35,55	I	395,08	17,64	25,66	28,87	13,75	20,—	22,50	10,04	14,61	16,43	6,53	9,50	10,69	—	4,75	5,34	—	0,99	1,11
	II	362,41	19,93	28,99	32,61	II	362,41	15,93	23,17	26,06	12,11	17,62	19,82	8,49	12,36	13,90	2,23	7,37	8,29	—	2,98	3,35	—	—	—
	III	132,66	—	10,61	11,93	III	132,66	—	6,42	7,22	—	2,81	3,16	—	—	—	—	—	—	—	—	—	—	—	—
	V	770,33	42,36	61,62	69,32	IV	395,08	19,66	28,60	32,17	17,64	25,66	28,87	15,67	22,80	25,65	13,75	20,—	22,50	11,87	17,27	19,43	10,04	14,61	16,43
	VI	802,58	44,14	64,20	72,23																				
2 540,99	I,IV	395,91	21,77	31,67	35,63	I	395,91	17,68	25,72	28,94	13,79	20,06	22,57	10,08	14,67	16,50	6,57	9,56	10,75	—	4,80	5,40	—	1,03	1,16
	II	363,25	19,97	29,06	32,69	II	363,25	15,97	23,23	26,13	12,15	17,68	19,89	8,53	12,42	13,97	2,36	7,42	8,35	—	3,02	3,40	—	—	—
	III	133,33	—	10,66	11,99	III	133,33	—	6,46	7,27	—	2,85	3,20	—	—	—	—	—	—	—	—	—	—	—	—
	V	771,58	42,43	61,72	69,44	IV	395,91	19,70	28,66	32,24	17,68	25,72	28,94	15,71	22,86	25,71	13,79	20,06	22,57	11,91	17,33	19,49	10,08	14,67	16,50
	VI	803,83	44,21	64,30	72,34																				
2 543,99	I,IV	396,75	21,82	31,74	35,70	I	396,75	17,73	25,80	29,02	13,83	20,12	22,64	10,12	14,73	16,57	6,61	9,62	10,82	—	4,85	5,45	—	1,06	1,19
	II	364,08	20,02	29,12	32,76	II	364,08	16,01	23,30	26,21	12,20	17,75	19,97	8,58	12,48	14,04	2,51	7,48	8,42	—	3,06	3,44	—	—	—
	III	133,83	—	10,70	12,04	III	133,83	—	6,52	7,33	—	2,88	3,24	—	—	—	—	—	—	—	—	—	—	—	—
	V	772,91	42,51	61,83	69,56	IV	396,75	19,75	28,73	32,32	17,73	25,80	29,02	15,76	22,92	25,79	13,83	20,12	22,64	11,96	17,40	19,57	10,12	14,73	16,57
	VI	805,08	44,27	64,40	72,45																				
2 546,99	I,IV	397,66	21,87	31,81	35,78	I	397,66	17,78	25,86	29,09	13,88	20,19	22,71	10,17	14,79	16,64	6,65	9,68	10,89	—	4,90	5,51	—	1,10	1,24
	II	364,91	20,07	29,19	32,84	II	364,91	16,06	23,36	26,28	12,24	17,81	20,03	8,62	12,54	14,10	2,65	7,54	8,48	—	3,11	3,50	—	—	—
	III	134,50	—	10,76	12,10	III	134,50	—	6,56	7,38	—	2,92	3,28	—	—	—	—	—	—	—	—	—	—	—	—
	V	774,16	42,57	61,93	69,67	IV	397,66	19,80	28,80	32,40	17,78	25,86	29,09	15,80	22,99	25,86	13,88	20,19	22,71	12,—	17,46	19,64	10,17	14,79	16,64
	VI	806,33	44,34	64,50	72,56																				
2 549,99	I,IV	398,50	21,91	31,88	35,86	I	398,50	17,82	25,93	29,17	13,92	20,25	22,78	10,21	14,85	16,70	6,69	9,73	10,94	—	4,95	5,57	—	1,14	1,28
	II	365,83	20,12	29,26	32,92	II	365,83	16,11	23,43	26,36	12,28	17,87	20,10	8,66	12,60	14,17	2,78	7,59	8,54	—	3,16	3,55	—	—	—
	III	135,16	—	10,81	12,16	III	135,16	—	6,60	7,42	—	2,96	3,33	—	—	—	—	—	—	—	—	—	—	—	—
	V	775,41	42,64	62,03	69,78	IV	398,50	19,85	28,87	32,48	17,82	25,93	29,17	15,85	23,06	25,94	13,92	20,25	22,78	12,04	17,52	19,71	10,21	14,85	16,70
	VI	807,58	44,41	64,60	72,68																				
2 552,99	I,IV	399,41	21,96	31,95	35,94	I	399,41	17,87	26,—	29,25	13,97	20,32	22,86	10,25	14,92	16,78	6,73	9,79	11,01	—	5,—	5,62	—	1,18	1,32
	II	366,66	20,16	29,33	32,99	II	366,66	16,15	23,50	26,43	12,33	17,94	20,18	8,70	12,66	14,24	2,93	7,65	8,60	—	3,20	3,60	—	—	—
	III	135,83	—	10,86	12,22	III	135,83	—	6,65	7,48	—	3,—	3,37	—	—	—	—	—	—	—	—	—	—	—	—
	V	776,66	42,71	62,13	69,89	IV	399,41	19,89	28,94	32,55	17,87	26,—	29,25	15,89	23,12	26,01	13,97	20,32	22,86	12,08	17,58	19,77	10,25	14,92	16,78
	VI	808,83	44,48	64,70	72,79																				
2 555,99	I,IV	400,33	22,01	32,02	36,02	I	400,33	17,92	26,06	29,32	14,01	20,38	22,93	10,29	14,98	16,85	6,76	9,84	11,07	—	5,05	5,68	—	1,22	1,37
	II	367,50	20,21	29,40	33,07	II	367,50	16,20	23,56	26,51	12,37	18,—	20,25	8,74	12,72	14,31	3,06	7,70	8,66	—	3,24	3,65	—	—	—
	III	136,50	—	10,92	12,28	III	136,50	—	6,70	7,54	—	3,04	3,42	—	—	—	—	—	—	—	—	—	—	—	—
	V	777,91	42,78	62,23	70,01	IV	400,33	19,94	29,01	32,63	17,92	26,06	29,32	15,94	23,18	26,08	14,01	20,38	22,93	12,13	17,64	19,85	10,29	14,98	16,85
	VI	810,08	44,55	64,80	72,90																				
2 558,99	I,IV	401,10	22,00	32,09	36,10	I	401,10	17,90	26,13	29,39	14,05	20,44	23,—	10,34	15,04	16,92	6,81	9,90	11,14	—	5,10	5,74	—	1,25	1,40
	II	368,41	20,26	29,47	33,15	II	368,41	16,24	23,63	26,58	12,42	18,06	20,32	8,78	12,77	14,36	3,21	7,76	8,73	—	3,29	3,70	—	—	—
	III	137,16	—	10,97	12,34	III	137,16	—	6,74	7,58	—	3,08	3,46	—	—	—	—	—	—	—	—	—	—	—	—
	V	779,16	42,85	62,33	70,12	IV	401,16	19,99	29,08	32,71	17,96	26,13	29,39	15,98	23,25	26,15	14,05	20,44	23,—	12,17	17,70	19,91	10,34	15,04	16,92
	VI	811,41	44,62	64,91	73,02																				
2 561,99	I,IV	402,08	22,11	32,16	36,18	I	402,08	18,01	26,20	29,47	14,10	20,51	23,07	10,38	15,10	16,98	6,85	9,96	11,21	—	5,15	5,79	—	1,29	1,45
	II	369,25	20,30	29,54	33,23	II	369,25	16,28	23,69	26,65	12,46	18,12	20,39	8,82	12,83	14,43	3,35	7,82	8,79	—	3,34	3,75	—	—	—
	III	137,83	—	11,02	12,40	III	137,83	—	6,78	7,63	—	3,12	3,51	—	0,02	0,02	—	—	—	—	—	—	—	—	—
	V	780,41	42,92	62,43	70,23	IV	402,08	20,03	29,14	32,78	18,01	26,20	29,47	16,03	23,32	26,23	14,10	20,51	23,07	12,21	17,77	19,99	10,38	15,10	16,98
	VI	812,66	44,69	65,01	73,13																				
2 564,99	I,IV	402,91	22,16	32,23	36,26	I	402,91	18,05	26,26	29,54	14,14	20,57	23,14	10,42	15,16	17,05	6,88	10,02	11,27	—	5,20	5,85	—	1,33	1,49
	II	370,08	20,35	29,60	33,30	II	370,08	16,33	23,76	26,73	12,50	18,18	20,45	8,86	12,89	14,50	3,48	7,87	8,85	—	3,38	3,80	—	—	—
	III	138,50	—	11,08	12,46	III	138,50	—	6,84	7,69	—	3,16	3,55	—	0,05	0,05	—	—	—	—	—	—	—	—	—
	V	781,66	42,99	62,53	70,34	IV	402,91	20,08	29,21	32,86	18,05	26,26	29,54	16,07	23,38	26,30	14,14	20,57	23,14	12,26	17,83	20,06	10,42	15,16	17,05
	VI	813,91	44,76	65,11	73,25																				

* Die ausgewiesenen Tabellenwerte sind amtlich. Siehe Erläuterungen auf der Umschlaginnenseite (U2).
** Bei mehr als 3 Kinderfreibeträgen ist die „Ergänzungs-Tabelle 3,5 bis 6 Kinderfreibeträge" anzuwenden.

Abzüge an Lohnsteuer, Solidaritätszuschlag (SolZ) und Kirchensteuer (8%, 9%) in den Steuerklassen

Lohn/ Gehalt bis €*	I – VI					I, II, III, IV		mit Zahl der Kinderfreibeträge . . . 0,5			1			1,5			2			2,5			3**		
			ohne Kinderfreibeträge																						
		LSt	SolZ	8%	9%		LSt	SolZ	8%	9%	SolZ	8%	9%	SolZ	8%	9%	SolZ	8%	9%	SolZ	8%	9%	SolZ	8%	9%
2 567,99	I,IV	403,83	22,21	32,30	36,34	I	403,83	18,10	26,33	29,62	14,19	20,64	23,22	10,46	15,22	17,12	6,93	10,08	11,34	—	5,26	5,91	—	1,36	1,53
	II	371,—	20,40	29,68	33,39	II	371,—	16,38	23,82	26,80	12,54	18,25	20,53	8,90	12,95	14,57	3,63	7,93	8,92	—	3,43	3,86	—	0,03	0,03
	III	139,16	—	11,13	12,52	III	139,16	—	6,88	7,74	—	3,20	3,60	—	0,09	0,10	—	—	—	—	—	—	—	—	—
	V	782,91	43,06	62,63	70,46	IV	403,83	20,13	29,28	32,94	18,10	26,33	29,62	16,12	23,45	26,38	14,19	20,64	23,22	12,30	17,89	20,12	10,46	15,22	17,12
	VI	815,16	44,83	65,21	73,36																				
2 570,99	I,IV	404,66	22,25	32,37	36,41	I	404,66	18,15	26,40	29,70	14,23	20,70	23,28	10,50	15,28	17,19	6,96	10,13	11,39	—	5,30	5,96	—	1,40	1,58
	II	371,83	20,45	29,74	33,46	II	371,83	16,42	23,89	26,87	12,59	18,31	20,60	8,94	13,01	14,63	3,76	7,98	8,98	—	3,47	3,90	—	0,06	0,07
	III	139,83	—	11,18	12,58	III	139,83	—	6,93	7,79	—	3,24	3,64	—	0,12	0,13	—	—	—	—	—	—	—	—	—
	V	784,25	43,13	62,74	70,58	IV	404,66	20,18	29,35	33,02	18,15	26,40	29,70	16,17	23,52	26,46	14,23	20,70	23,28	12,34	17,96	20,20	10,50	15,28	17,19
	VI	816,41	44,90	65,31	73,47																				
2 573,99	I,IV	405,58	22,30	32,44	36,50	I	405,58	18,19	26,46	29,77	14,27	20,76	23,36	10,54	15,34	17,25	7,—	10,19	11,46	—	5,36	6,03	—	1,44	1,62
	II	372,66	20,49	29,81	33,53	II	372,66	16,47	23,96	26,95	12,63	18,38	20,67	8,98	13,07	14,70	3,91	8,04	9,05	—	3,52	3,96	—	0,10	0,11
	III	140,50	—	11,24	12,64	III	140,50	—	6,97	7,84	—	3,28	3,69	—	0,16	0,18	—	—	—	—	—	—	—	—	—
	V	785,50	43,20	62,84	70,69	IV	405,58	20,22	29,42	33,09	18,19	26,46	29,77	16,21	23,58	26,52	14,27	20,76	23,36	12,38	18,02	20,27	10,54	15,34	17,25
	VI	817,66	44,97	65,41	73,58																				
2 576,99	I,IV	406,50	22,35	32,52	36,58	I	406,50	18,24	26,53	29,84	14,32	20,83	23,43	10,59	15,40	17,33	7,04	10,25	11,53	—	5,41	6,08	—	1,48	1,67
	II	373,58	20,54	29,88	33,62	II	373,58	16,51	24,02	27,02	12,67	18,44	20,74	9,02	13,13	14,77	4,05	8,10	9,11	—	3,56	4,01	—	0,13	0,14
	III	141,16	—	11,29	12,70	III	141,16	—	7,02	7,90	—	3,32	3,73	—	0,18	0,20	—	—	—	—	—	—	—	—	—
	V	786,75	43,27	62,94	70,80	IV	406,50	20,27	29,49	33,17	18,24	26,53	29,84	16,25	23,64	26,60	14,32	20,83	23,43	12,43	18,08	20,34	10,59	15,40	17,33
	VI	818,91	45,04	65,51	73,70																				
2 579,99	I,IV	407,33	22,40	32,58	36,65	I	407,33	18,29	26,60	29,93	14,36	20,89	23,50	10,63	15,46	17,39	7,09	10,31	11,60	—	5,46	6,14	—	1,52	1,71
	II	374,41	20,59	29,95	33,69	II	374,41	16,56	24,09	27,10	12,72	18,50	20,81	9,07	13,19	14,84	4,20	8,16	9,18	—	3,61	4,06	—	0,16	0,18
	III	141,83	—	11,34	12,76	III	141,83	—	7,06	7,94	—	3,36	3,78	—	0,22	0,25	—	—	—	—	—	—	—	—	—
	V	788,—	43,34	63,04	70,92	IV	407,33	20,32	29,56	33,25	18,29	26,60	29,93	16,30	23,71	26,67	14,36	20,89	23,50	12,47	18,14	20,41	10,63	15,46	17,39
	VI	820,16	45,10	65,61	73,81																				
2 582,99	I,IV	408,25	22,45	32,66	36,74	I	408,25	18,33	26,66	29,99	14,41	20,96	23,58	10,67	15,52	17,46	7,12	10,36	11,66	—	5,51	6,20	—	1,56	1,75
	II	375,25	20,63	30,02	33,77	II	375,25	16,60	24,15	27,17	12,76	18,56	20,88	9,11	13,25	14,90	4,33	8,21	9,23	—	3,66	4,11	—	0,20	0,22
	III	142,50	—	11,40	12,82	III	142,50	—	7,12	8,01	—	3,40	3,82	—	0,25	0,28	—	—	—	—	—	—	—	—	—
	V	789,25	43,40	63,14	71,03	IV	408,25	20,36	29,62	33,32	18,33	26,66	29,99	16,34	23,78	26,75	14,41	20,96	23,58	12,51	18,20	20,48	10,67	15,52	17,46
	VI	821,41	45,17	65,71	73,92																				
2 585,99	I,IV	409,08	22,49	32,72	36,81	I	409,08	18,38	26,74	30,08	14,45	21,02	23,65	10,71	15,58	17,53	7,16	10,42	11,72	—	5,56	6,26	—	1,60	1,80
	II	376,16	20,68	30,09	33,85	II	376,16	16,65	24,22	27,24	12,80	18,62	20,95	9,15	13,31	14,97	4,48	8,27	9,30	—	3,70	4,16	—	0,23	0,26
	III	143,16	—	11,45	12,88	III	143,16	—	7,16	8,05	—	3,44	3,87	—	0,29	0,32	—	—	—	—	—	—	—	—	—
	V	790,50	43,47	63,24	71,14	IV	409,08	20,41	29,70	33,41	18,38	26,74	30,08	16,39	23,84	26,82	14,45	21,02	23,65	12,56	18,27	20,55	10,71	15,58	17,53
	VI	822,75	45,25	65,82	74,04																				
2 588,99	I,IV	410,—	22,55	32,80	36,90	I	410,—	18,42	26,80	30,15	14,49	21,08	23,72	10,75	15,64	17,60	7,20	10,48	11,79	—	5,62	6,32	—	1,64	1,84
	II	377,—	20,73	30,16	33,93	II	377,—	16,69	24,28	27,32	12,85	18,69	21,02	9,19	13,37	15,04	4,61	8,32	9,36	—	3,75	4,22	—	0,26	0,29
	III	143,83	—	11,50	12,94	III	143,83	—	7,21	8,11	—	3,48	3,91	—	0,32	0,36	—	—	—	—	—	—	—	—	—
	V	791,75	43,54	63,34	71,25	IV	410,—	20,46	29,76	33,48	18,42	26,80	30,15	16,44	23,91	26,90	14,49	21,08	23,72	12,60	18,33	20,62	10,75	15,64	17,60
	VI	824,—	45,32	65,92	74,16																				
2 591,99	I,IV	410,83	22,59	32,86	36,97	I	410,83	18,47	26,87	30,23	14,54	21,15	23,79	10,79	15,70	17,66	7,24	10,54	11,85	—	5,67	6,38	—	1,68	1,89
	II	377,91	20,78	30,23	34,01	II	377,91	16,74	24,35	27,39	12,89	18,75	21,09	9,23	13,43	15,11	4,76	8,38	9,43	—	3,80	4,27	—	0,30	0,33
	III	144,50	—	11,56	13,—	III	144,50	—	7,25	8,15	—	3,52	3,96	—	0,36	0,40	—	—	—	—	—	—	—	—	—
	V	793,—	43,61	63,44	71,37	IV	410,83	20,51	29,83	33,56	18,47	26,87	30,23	16,48	23,98	26,97	14,54	21,15	23,79	12,64	18,39	20,69	10,79	15,70	17,66
	VI	825,25	45,38	66,02	74,27																				
2 594,99	I,IV	411,75	22,64	32,94	37,05	I	411,75	18,52	26,94	30,30	14,58	21,21	23,86	10,83	15,76	17,73	7,28	10,60	11,92	—	5,72	6,44	—	1,72	1,93
	II	378,75	20,83	30,30	34,08	II	378,75	16,78	24,42	27,47	12,93	18,82	21,17	9,27	13,49	15,17	4,90	8,44	9,49	—	3,84	4,32	—	0,33	0,37
	III	145,16	—	11,61	13,06	III	145,16	—	7,30	8,21	—	3,56	4,—	—	0,38	0,43	—	—	—	—	—	—	—	—	—
	V	794,33	43,68	63,54	71,48	IV	411,75	20,56	29,90	33,64	18,52	26,94	30,30	16,53	24,04	27,05	14,58	21,21	23,86	12,69	18,46	20,76	10,83	15,76	17,73
	VI	826,50	45,45	66,12	74,38																				
2 597,99	I,IV	412,66	22,69	33,01	37,13	I	412,66	18,56	27,—	30,38	14,63	21,28	23,94	10,88	15,83	17,81	7,32	10,66	11,99	—	5,78	6,50	—	1,76	1,98
	II	379,66	20,88	30,37	34,16	II	379,66	16,83	24,48	27,54	12,98	18,88	21,24	9,31	13,55	15,24	5,05	8,50	9,56	—	3,89	4,37	—	0,36	0,41
	III	145,83	—	11,66	13,12	III	145,83	—	7,36	8,28	—	3,60	4,05	—	0,42	0,47	—	—	—	—	—	—	—	—	—
	V	795,58	43,75	63,64	71,60	IV	412,66	20,60	29,97	33,71	18,56	27,—	30,38	16,57	24,11	27,12	14,63	21,28	23,94	12,73	18,52	20,83	10,88	15,83	17,81
	VI	827,75	45,52	66,22	74,49																				
2 600,99	I,IV	413,50	22,74	33,08	37,21	I	413,50	18,61	27,07	30,45	14,67	21,34	24,01	10,92	15,89	17,87	7,36	10,71	12,05	—	5,83	6,56	—	1,80	2,02
	II	380,50	20,92	30,44	34,24	II	380,50	16,88	24,55	27,62	13,02	18,94	21,30	9,35	13,60	15,30	5,18	8,55	9,62	—	3,94	4,43	—	0,40	0,45
	III	146,50	—	11,72	13,18	III	146,50	—	7,40	8,32	—	3,64	4,09	—	0,45	0,50	—	—	—	—	—	—	—	—	—
	V	796,83	43,82	63,74	71,71	IV	413,50	20,65	30,04	33,79	18,61	27,07	30,45	16,61	24,17	27,19	14,67	21,34	24,01	12,77	18,58	20,90	10,92	15,89	17,87
	VI	829,—	45,59	66,32	74,61																				
2 603,99	I,IV	414,41	22,79	33,15	37,29	I	414,41	18,65	27,14	30,53	14,71	21,40	24,08	10,96	15,95	17,94	7,40	10,77	12,11	—	5,88	6,62	—	1,84	2,07
	II	381,33	20,97	30,50	34,31	II	381,33	16,92	24,62	27,69	13,06	19,—	21,38	9,39	13,66	15,37	5,33	8,61	9,68	—	3,98	4,48	—	0,43	0,48
	III	147,16	—	11,77	13,24	III	147,16	—	7,45	8,38	—	3,68	4,14	—	0,49	0,55	—	—	—	—	—	—	—	—	—
	V	798,08	43,89	63,84	71,82	IV	414,41	20,70	30,11	33,87	18,65	27,14	30,53	16,66	24,24	27,27	14,71	21,40	24,08	12,81	18,64	20,97	10,96	15,95	17,94
	VI	830,25	45,66	66,42	74,72																				
2 606,99	I,IV	415,33	22,84	33,22	37,37	I	415,33	18,70	27,21	30,61	14,76	21,47	24,15	11,—	16,01	18,01	7,44	10,83	12,18	—	5,94	6,68	—	1,88	2,11
	II	382,25	21,02	30,58	34,40	II	382,25	16,97	24,68	27,77	13,10	19,06	21,44	9,44	13,73	15,44	5,46	8,66	9,74	—	4,03	4,53	—	0,47	0,53
	III	148,—	—	11,84	13,32	III	148,—	—	7,49	8,42	—	3,73	4,19	—	0,52	0,58	—	—	—	—	—	—	—	—	—
	V	799,33	43,96	63,94	71,93	IV	415,33	20,74	30,18	33,95	18,70	27,21	30,61	16,71	24,30	27,34	14,76	21,47	24,15	12,86	18,71	21,05	11,—	16,01	18,01
	VI	831,50	45,73	66,52	74,83																				
2 609,99	I,IV	416,16	22,88	33,29	37,45	I	416,16	18,75	27,28	30,69	14,80	21,54	24,23	11,05	16,08	18,09	7,48	10,89	12,25	—	5,99	6,74	—	1,92	2,16
	II	383,08	21,06	30,64	34,47	II	383,08	17,01	24,75	27,84	13,15	19,13	21,52	9,48	13,79	15,51	5,61	8,72	9,81	—	4,08	4,59	—	0,50	0,56
	III	148,50	—	11,88	13,36	III	148,50	—	7,54	8,48	—	3,76	4,23	—	0,56	0,63	—	—	—	—	—	—	—	—	—
	V	800,58	44,03	64,04	72,05	IV	416,16	20,79	30,25	34,03	18,75	27,28	30,69	16,75	24,37	27,41	14,80	21,54	24,23	12,90	18,77	21,11	11,05	16,08	18,09
	VI	832,83	45,80	66,62	74,95																				

* Die ausgewiesenen Tabellenwerte sind amtlich. Siehe Erläuterungen auf der Umschlaginnenseite (U2).
** Bei mehr als 3 Kinderfreibeträgen ist die „Ergänzungs-Tabelle 3,5 bis 6 Kinderfreibeträge" anzuwenden.

MONAT 2 610,–*

Abzüge an Lohnsteuer, Solidaritätszuschlag (SolZ) und Kirchensteuer (8%, 9%) in den Steuerklassen

Lohn/ Gehalt bis €*	I – VI	LSt	ohne Kinderfreibeträge SolZ	8%	9%	I, II, III, IV	LSt	mit Zahl der Kinderfreibeträge . . . 0,5 SolZ	0,5 8%	0,5 9%	1 SolZ	1 8%	1 9%	1,5 SolZ	1,5 8%	1,5 9%	2 SolZ	2 8%	2 9%	2,5 SolZ	2,5 8%	2,5 9%	3** SolZ	3** 8%	3** 9%
2 612,99	I,IV	417,08	22,93	33,36	37,53	I	417,08	18,80	27,34	30,76	14,85	21,60	24,30	11,09	16,14	18,15	7,52	10,94	12,31	—	6,04	6,80	—	1,96	2,20
	II	384,—	21,12	30,72	34,56	II	384,—	17,06	24,82	27,92	13,19	19,19	21,59	9,51	13,84	15,57	5,75	8,78	9,87	—	4,13	4,64	—	0,54	0,60
	III	149,33	—	11,94	13,43	III	149,33	—	7,58	8,53	—	3,81	4,28	—	0,60	0,67	—	—	—	—	—	—	—	—	—
	V	801,83	44,10	64,14	72,16	IV	417,08	20,84	30,32	34,11	18,80	27,34	30,76	16,80	24,44	27,49	14,85	21,60	24,30	12,94	18,83	21,18	11,09	16,14	18,15
	VI	834,08	45,87	66,72	75,06																				
2 615,99	I,IV	417,91	22,98	33,43	37,61	I	417,91	18,84	27,41	30,83	14,89	21,66	24,37	11,13	16,20	18,22	7,56	11,—	12,38	—	6,10	6,86	—	2,—	2,25
	II	384,83	21,16	30,78	34,63	II	384,83	17,10	24,88	27,99	13,24	19,26	21,66	9,56	13,91	15,65	5,90	8,84	9,94	—	4,18	4,70	—	0,57	0,64
	III	150,—	—	12,—	13,50	III	150,—	—	7,64	8,59	—	3,85	4,33	—	0,62	0,70	—	—	—	—	—	—	—	—	—
	V	803,08	44,16	64,24	72,27	IV	417,91	20,89	30,39	34,19	18,84	27,41	30,83	16,84	24,50	27,56	14,89	21,66	24,37	12,99	18,90	21,26	11,13	16,20	18,22
	VI	835,33	45,94	66,82	75,17																				
2 618,99	I,IV	418,83	23,03	33,50	37,69	I	418,83	18,89	27,48	30,91	14,94	21,73	24,44	11,17	16,26	18,29	7,60	11,06	12,44	—	6,15	6,92	—	2,04	2,29
	II	385,75	21,21	30,86	34,71	II	385,75	17,15	24,95	28,07	13,28	19,32	21,73	9,60	13,97	15,71	6,03	8,89	10,—	—	4,22	4,75	—	0,61	0,68
	III	150,66	—	12,05	13,55	III	150,66	—	7,68	8,64	—	3,89	4,37	—	0,66	0,74	—	—	—	—	—	—	—	—	—
	V	804,41	44,24	64,35	72,39	IV	418,83	20,94	30,46	34,26	18,89	27,48	30,91	16,89	24,57	27,64	14,94	21,73	24,44	13,03	18,96	21,33	11,17	16,26	18,29
	VI	836,58	46,01	66,92	75,29																				
2 621,99	I,IV	419,75	23,08	33,58	37,77	I	419,75	18,93	27,54	30,98	14,98	21,79	24,51	11,22	16,32	18,36	7,64	11,12	12,51	—	6,20	6,98	—	2,08	2,34
	II	386,58	21,26	30,92	34,79	II	386,58	17,20	25,02	28,14	13,32	19,38	21,80	9,64	14,02	15,77	6,15	8,95	10,07	—	4,27	4,80	—	0,64	0,72
	III	151,33	—	12,10	13,61	III	151,33	—	7,73	8,69	—	3,93	4,42	—	0,69	0,77	—	—	—	—	—	—	—	—	—
	V	805,66	44,31	64,45	72,50	IV	419,75	20,98	30,52	34,34	18,93	27,54	30,98	16,94	24,64	27,72	14,98	21,79	24,51	13,08	19,02	21,40	11,22	16,32	18,36
	VI	837,83	46,08	67,02	75,40																				
2 624,99	I,IV	420,58	23,13	33,64	37,85	I	420,58	18,98	27,62	31,07	15,02	21,86	24,59	11,26	16,38	18,42	7,68	11,18	12,57	—	6,26	7,04	—	2,12	2,39
	II	387,41	21,30	30,99	34,86	II	387,41	17,24	25,08	28,22	13,36	19,44	21,87	9,68	14,09	15,85	6,19	9,—	10,13	—	4,32	4,86	—	0,68	0,76
	III	152,—	—	12,16	13,68	III	152,—	—	7,78	8,75	—	3,97	4,46	—	0,73	0,82	—	—	—	—	—	—	—	—	—
	V	806,91	44,38	64,55	72,62	IV	420,58	21,03	30,60	34,42	18,98	27,62	31,07	16,98	24,70	27,79	15,02	21,86	24,59	13,12	19,08	21,47	11,26	16,38	18,42
	VI	839,08	46,14	67,12	75,51																				
2 627,99	I,IV	421,50	23,18	33,72	37,93	I	421,50	19,03	27,68	31,14	15,07	21,92	24,66	11,30	16,44	18,50	7,72	11,24	12,64	—	6,31	7,10	—	2,16	2,43
	II	388,33	21,35	31,06	34,94	II	388,33	17,29	25,15	28,29	13,41	19,51	21,95	9,73	14,15	15,92	6,23	9,06	10,19	—	4,37	4,91	—	0,71	0,80
	III	152,66	—	12,21	13,73	III	152,66	—	7,82	8,80	—	4,01	4,51	—	0,76	0,85	—	—	—	—	—	—	—	—	—
	V	808,16	44,44	64,65	72,73	IV	421,50	21,08	30,66	34,49	19,03	27,68	31,14	17,03	24,77	27,86	15,07	21,92	24,66	13,16	19,15	21,54	11,30	16,44	18,50
	VI	840,33	46,21	67,22	75,62																				
2 630,99	I,IV	422,41	23,23	33,79	38,01	I	422,41	19,08	27,75	31,22	15,12	21,99	24,74	11,34	16,50	18,56	7,76	11,30	12,71	—	6,37	7,16	—	2,20	2,48
	II	389,16	21,40	31,13	35,02	II	389,16	17,33	25,22	28,37	13,45	19,57	22,01	9,77	14,21	15,98	6,27	9,12	10,26	—	4,42	4,97	—	0,75	0,84
	III	153,33	—	12,26	13,79	III	153,33	—	7,88	8,86	—	4,05	4,55	—	0,80	0,90	—	—	—	—	—	—	—	—	—
	V	809,41	44,51	64,75	72,84	IV	422,41	21,13	30,74	34,58	19,08	27,75	31,22	17,07	24,84	27,94	15,12	21,99	24,74	13,20	19,21	21,61	11,34	16,50	18,56
	VI	841,58	46,28	67,32	75,74																				
2 633,99	I,IV	423,25	23,27	33,86	38,09	I	423,25	19,12	27,82	31,29	15,16	22,05	24,80	11,38	16,56	18,63	7,80	11,35	12,77	—	6,42	7,22	—	2,24	2,52
	II	390,08	21,45	31,20	35,10	II	390,08	17,38	25,28	28,44	13,50	19,64	22,09	9,81	14,27	16,05	6,31	9,18	10,32	—	4,47	5,03	—	0,78	0,88
	III	154,—	—	12,32	13,86	III	154,—	—	7,92	8,91	—	4,09	4,60	—	0,84	0,94	—	—	—	—	—	—	—	—	—
	V	810,66	44,58	64,85	72,95	IV	423,25	21,17	30,80	34,65	19,12	27,82	31,29	17,12	24,90	28,01	15,16	22,05	24,80	13,25	19,28	21,69	11,38	16,56	18,63
	VI	842,91	46,36	67,43	75,86																				
2 636,99	I,IV	424,16	23,32	33,93	38,17	I	424,16	19,17	27,88	31,37	15,20	22,12	24,88	11,43	16,62	18,70	7,84	11,41	12,83	—	6,48	7,29	—	2,28	2,57
	II	390,91	21,50	31,27	35,18	II	390,91	17,43	25,35	28,52	13,54	19,70	22,16	9,85	14,33	16,12	6,35	9,24	10,39	—	4,52	5,08	—	0,82	0,92
	III	154,66	—	12,37	13,91	III	154,66	—	7,97	8,96	—	4,13	4,64	—	0,86	0,97	—	—	—	—	—	—	—	—	—
	V	811,91	44,65	64,95	73,07	IV	424,16	21,23	30,88	34,74	19,17	27,88	31,37	17,16	24,97	28,09	15,20	22,12	24,88	13,29	19,34	21,75	11,43	16,62	18,70
	VI	844,16	46,42	67,53	75,97																				
2 639,99	I,IV	425,08	23,37	34,—	38,25	I	425,08	19,22	27,96	31,45	15,25	22,18	24,95	11,47	16,69	18,77	7,88	11,47	12,90	0,13	6,53	7,34	—	2,33	2,62
	II	391,83	21,55	31,34	35,26	II	391,83	17,47	25,42	28,59	13,58	19,76	22,23	9,89	14,39	16,19	6,38	9,29	10,45	—	4,56	5,13	—	0,86	0,96
	III	155,50	—	12,44	13,99	III	155,50	—	8,02	9,02	—	4,18	4,70	—	0,90	1,01	—	—	—	—	—	—	—	—	—
	V	813,16	44,72	65,05	73,18	IV	425,08	21,27	30,94	34,81	19,22	27,96	31,45	17,21	25,04	28,17	15,25	22,18	24,95	13,34	19,40	21,83	11,47	16,69	18,77
	VI	845,41	46,49	67,63	76,08																				
2 642,99	I,IV	425,91	23,42	34,07	38,33	I	425,91	19,26	28,02	31,52	15,29	22,25	25,03	11,51	16,75	18,84	7,92	11,53	12,97	0,26	6,58	7,40	—	2,37	2,66
	II	392,66	21,59	31,41	35,33	II	392,66	17,51	25,48	28,66	13,63	19,82	22,30	9,93	14,45	16,25	6,43	9,35	10,52	—	4,62	5,19	—	0,89	1,—
	III	156,16	—	12,49	14,05	III	156,16	—	8,06	9,07	—	4,22	4,75	—	0,94	1,06	—	—	—	—	—	—	—	—	—
	V	814,41	44,79	65,15	73,29	IV	425,91	21,32	31,01	34,88	19,26	28,02	31,52	17,25	25,10	28,23	15,29	22,25	25,03	13,38	19,46	21,89	11,51	16,75	18,84
	VI	846,66	46,56	67,73	76,19																				
2 645,99	I,IV	426,83	23,47	34,14	38,41	I	426,83	19,31	28,09	31,60	15,34	22,31	25,10	11,55	16,81	18,91	7,97	11,59	13,04	0,41	6,64	7,47	—	2,41	2,71
	II	393,58	21,64	31,48	35,42	II	393,58	17,56	25,55	28,74	13,67	19,89	22,37	9,97	14,51	16,32	6,46	9,40	10,58	—	4,66	5,24	—	0,93	1,04
	III	156,83	—	12,54	14,11	III	156,83	—	8,12	9,13	—	4,26	4,79	—	0,97	1,09	—	—	—	—	—	—	—	—	—
	V	815,75	44,86	65,26	73,41	IV	426,83	21,37	31,08	34,97	19,31	28,09	31,60	17,30	25,17	28,31	15,34	22,31	25,10	13,42	19,53	21,97	11,55	16,81	18,91
	VI	847,91	46,63	67,83	76,31																				
2 648,99	I,IV	427,75	23,52	34,22	38,49	I	427,75	19,36	28,16	31,68	15,38	22,38	25,17	11,60	16,88	18,99	8,—	11,64	13,10	0,55	6,70	7,53	—	2,46	2,76
	II	394,41	21,69	31,55	35,49	II	394,41	17,61	25,62	28,82	13,72	19,96	22,45	10,01	14,57	16,39	6,50	9,46	10,64	—	4,72	5,31	—	0,96	1,08
	III	157,50	—	12,60	14,17	III	157,50	—	8,17	9,19	—	4,30	4,84	—	1,01	1,13	—	—	—	—	—	—	—	—	—
	V	817,—	44,93	65,36	73,53	IV	427,75	21,42	31,16	35,05	19,36	28,16	31,68	17,35	25,24	28,39	15,38	22,38	25,17	13,47	19,59	22,04	11,60	16,88	18,99
	VI	849,16	46,70	67,93	76,42																				
2 651,99	I,IV	428,66	23,57	34,29	38,57	I	428,66	19,41	28,23	31,76	15,43	22,44	25,25	11,64	16,94	19,05	8,04	11,70	13,16	0,68	6,75	7,59	—	2,50	2,81
	II	395,33	21,74	31,62	35,57	II	395,33	17,65	25,68	28,89	13,76	20,02	22,52	10,06	14,63	16,46	6,54	9,52	10,71	—	4,76	5,36	—	1,—	1,13
	III	158,16	—	12,65	14,23	III	158,16	—	8,21	9,23	—	4,34	4,88	—	1,04	1,17	—	—	—	—	—	—	—	—	—
	V	818,25	45,—	65,46	73,64	IV	428,66	21,46	31,22	35,12	19,41	28,23	31,76	17,39	25,30	28,46	15,43	22,44	25,25	13,51	19,66	22,11	11,64	16,94	19,05
	VI	850,41	46,77	68,03	76,53																				
2 654,99	I,IV	429,50	23,62	34,36	38,65	I	429,50	19,45	28,30	31,83	15,47	22,51	25,32	11,68	17,—	19,12	8,08	11,76	13,23	0,81	6,80	7,65	—	2,54	2,85
	II	396,16	21,78	31,69	35,65	II	396,16	17,70	25,75	28,97	13,80	20,08	22,59	10,10	14,69	16,52	6,58	9,58	10,77	—	4,82	5,42	—	1,04	1,17
	III	158,83	—	12,70	14,29	III	158,83	—	8,26	9,29	—	4,38	4,93	—	1,08	1,21	—	—	—	—	—	—	—	—	—
	V	819,50	45,07	65,56	73,75	IV	429,50	21,51	31,29	35,20	19,45	28,30	31,83	17,43	25,36	28,53	15,47	22,51	25,32	13,55	19,72	22,18	11,68	17,—	19,12
	VI	851,66	46,84	68,13	76,64																				

* Die ausgewiesenen Tabellenwerte sind amtlich. Siehe Erläuterungen auf der Umschlaginnenseite (U2).
** Bei mehr als 3 Kinderfreibeträgen ist die „Ergänzungs-Tabelle 3,5 bis 6 Kinderfreibeträge" anzuwenden.

Abzüge an Lohnsteuer, Solidaritätszuschlag (SolZ) und Kirchensteuer (8%, 9%) in den Steuerklassen

Lohn/Gehalt bis €*	I – VI		ohne Kinderfreibeträge			I, II, III, IV		mit Zahl der Kinderfreibeträge . . . 0,5			1			1,5			2			2,5			3**		
		LSt	SolZ	8%	9%		LSt	SolZ	8%	9%	SolZ	8%	9%	SolZ	8%	9%	SolZ	8%	9%	SolZ	8%	9%	SolZ	8%	9%
	I,IV	430,41	23,67	34,43	38,73	I	430,41	19,50	28,36	31,91	15,51	22,57	25,39	11,72	17,06	19,19	8,13	11,82	13,30	0,96	6,86	7,72	—	2,58	2,90
	II	397,08	21,83	31,76	35,73	II	397,08	17,75	25,82	29,04	13,85	20,14	22,66	10,14	14,75	16,59	6,62	9,64	10,84	—	4,86	5,47	—	1,08	1,21
2 657,99	III	159,66	—	12,77	14,36	III	159,66	—	8,32	9,36	—	4,44	4,99	—	1,12	1,26	—	—	—	—	—	—	—	—	—
	V	820,75	45,14	65,66	73,86	IV	430,41	21,56	31,36	35,28	19,50	28,36	31,91	17,49	25,44	28,62	15,51	22,57	25,39	13,60	19,78	22,25	11,72	17,06	19,19
	VI	852,91	46,91	68,23	76,76																				
	I,IV	431,33	23,72	34,50	38,81	I	431,33	19,54	28,43	31,98	15,56	22,64	25,47	11,77	17,12	19,26	8,17	11,88	13,37	1,10	6,92	7,78	—	2,62	2,95
	II	397,91	21,88	31,83	35,81	II	397,91	17,79	25,88	29,12	13,89	20,21	22,73	10,18	14,81	16,66	6,66	9,69	10,90	—	4,92	5,53	—	1,12	1,26
2 660,99	III	160,50	—	12,84	14,44	III	160,50	—	8,37	9,41	—	4,49	5,05	—	1,16	1,30	—	—	—	—	—	—	—	—	—
	V	822,—	45,21	65,76	73,98	IV	431,33	21,61	31,43	35,36	19,54	28,43	31,98	17,53	25,50	28,69	15,56	22,64	25,47	13,64	19,84	22,32	11,77	17,12	19,26
	VI	854,25	46,98	68,34	76,88																				
	I,IV	432,16	23,76	34,57	38,89	I	432,16	19,59	28,50	32,06	15,61	22,70	25,54	11,81	17,18	19,33	8,20	11,94	13,43	1,23	6,97	7,84	—	2,67	3,—
	II	398,83	21,93	31,90	35,89	II	398,83	17,84	25,95	29,19	13,93	20,27	22,80	10,22	14,87	16,73	6,70	9,75	10,97	—	4,96	5,58	—	1,15	1,29
2 663,99	III	161,33	—	12,90	14,51	III	161,33	—	8,44	9,49	—	4,53	5,09	—	1,21	1,36	—	—	—	—	—	—	—	—	—
	V	823,25	45,27	65,86	74,09	IV	432,16	21,66	31,50	35,44	19,59	28,50	32,06	17,57	25,56	28,76	15,61	22,70	25,54	13,69	19,91	22,40	11,81	17,18	19,33
	VI	855,50	47,05	68,44	76,99																				
	I,IV	433,08	23,81	34,64	38,97	I	433,08	19,64	28,57	32,14	15,65	22,77	25,61	11,85	17,24	19,40	8,25	12,—	13,50	1,38	7,03	7,91	—	2,71	3,05
	II	399,66	21,98	31,97	35,96	II	399,66	17,88	26,02	29,27	13,98	20,34	22,88	10,26	14,93	16,79	6,74	9,80	11,03	—	5,02	5,64	—	1,19	1,34
2 666,99	III	162,16	0,03	12,97	14,59	III	162,16	—	8,49	9,55	—	4,58	5,15	—	1,25	1,40	—	—	—	—	—	—	—	—	—
	V	824,50	45,34	65,96	74,20	IV	433,08	21,70	31,57	35,51	19,64	28,57	32,14	17,62	25,64	28,84	15,65	22,77	25,61	13,73	19,97	22,46	11,85	17,24	19,40
	VI	856,75	47,12	68,54	77,10																				
	I,IV	434,—	23,87	34,72	39,06	I	434,—	19,69	28,64	32,22	15,70	22,84	25,69	11,90	17,31	19,47	8,29	12,06	13,56	1,51	7,08	7,97	—	2,76	3,10
	II	400,58	22,03	32,04	36,05	II	400,58	17,93	26,08	29,34	14,02	20,40	22,95	10,31	15,—	16,87	6,78	9,86	11,09	—	5,06	5,69	—	1,22	1,37
2 669,99	III	163,—	0,20	13,04	14,67	III	163,—	—	8,56	9,63	—	4,64	5,22	—	1,29	1,45	—	—	—	—	—	—	—	—	—
	V	825,83	45,42	66,06	74,32	IV	434,—	21,75	31,64	35,60	19,69	28,64	32,22	17,67	25,70	28,91	15,70	22,84	25,69	13,77	20,04	22,54	11,90	17,31	19,47
	VI	858,—	47,19	68,64	77,22																				
	I,IV	434,91	23,92	34,79	39,14	I	434,91	19,73	28,70	32,29	15,74	22,90	25,76	11,94	17,37	19,54	8,33	12,12	13,63	1,66	7,14	8,03	—	2,80	3,15
	II	401,50	22,08	32,12	36,13	II	401,50	17,98	26,15	29,42	14,07	20,46	23,02	10,35	15,06	16,94	6,82	9,92	11,16	—	5,12	5,76	—	1,26	1,42
2 672,99	III	163,83	0,36	13,10	14,74	III	163,83	—	8,61	9,68	—	4,69	5,27	—	1,33	1,49	—	—	—	—	—	—	—	—	—
	V	827,08	45,48	66,16	74,43	IV	434,91	21,80	31,72	35,68	19,73	28,70	32,29	17,71	25,77	28,99	15,74	22,90	25,76	13,82	20,10	22,61	11,94	17,37	19,54
	VI	859,25	47,25	68,74	77,33																				
	I,IV	435,83	23,97	34,86	39,22	I	435,83	19,78	28,78	32,37	15,78	22,96	25,83	11,98	17,43	19,61	8,37	12,18	13,70	1,80	7,20	8,10	—	2,84	3,20
	II	402,33	22,12	32,18	36,20	II	402,33	18,02	26,22	29,49	14,11	20,53	23,09	10,39	15,12	17,01	6,86	9,98	11,22	—	5,17	5,81	—	1,30	1,46
2 675,99	III	164,66	0,53	13,17	14,81	III	164,66	—	8,66	9,74	—	4,73	5,32	—	1,37	1,54	—	—	—	—	—	—	—	—	—
	V	828,33	45,55	66,26	74,54	IV	435,83	21,85	31,78	35,75	19,78	28,78	32,37	17,76	25,84	29,07	15,78	22,96	25,83	13,86	20,16	22,68	11,98	17,43	19,61
	VI	860,50	47,32	68,84	77,44																				
	I,IV	436,66	24,01	34,93	39,29	I	436,66	19,83	28,84	32,45	15,83	23,03	25,91	12,03	17,50	19,68	8,41	12,24	13,77	1,93	7,25	8,15	—	2,88	3,24
	II	403,25	22,17	32,26	36,29	II	403,25	18,07	26,28	29,57	14,15	20,59	23,16	10,43	15,18	17,07	6,90	10,04	11,29	—	5,22	5,87	—	1,34	1,50
2 678,99	III	165,50	0,70	13,24	14,89	III	165,50	—	8,73	9,82	—	4,78	5,38	—	1,41	1,58	—	—	—	—	—	—	—	—	—
	V	829,58	45,62	66,36	74,66	IV	436,66	21,89	31,85	35,83	19,83	28,84	32,45	17,81	25,90	29,14	15,83	23,03	25,91	13,91	20,23	22,76	12,03	17,50	19,68
	VI	861,75	47,39	68,94	77,55																				
	I,IV	437,58	24,06	35,—	39,38	I	437,58	19,87	28,91	32,52	15,88	23,10	25,98	12,07	17,56	19,75	8,45	12,30	13,83	2,08	7,31	8,22	—	2,93	3,29
	II	404,08	22,22	32,32	36,36	II	404,08	18,11	26,35	29,64	14,20	20,66	23,24	10,47	15,24	17,14	6,94	10,10	11,36	—	5,27	5,93	—	1,38	1,55
2 681,99	III	166,33	0,86	13,30	14,96	III	166,33	—	8,78	9,88	—	4,84	5,44	—	1,46	1,64	—	—	—	—	—	—	—	—	—
	V	830,83	45,69	66,46	74,77	IV	437,58	21,94	31,92	35,91	19,87	28,91	32,52	17,85	25,97	29,21	15,88	23,10	25,98	13,95	20,29	22,82	12,07	17,56	19,75
	VI	863,—	47,46	69,04	77,67																				
	I,IV	438,50	24,11	35,08	39,46	I	438,50	19,92	28,98	32,60	15,92	23,16	26,06	12,11	17,62	19,82	8,49	12,35	13,89	2,21	7,36	8,28	—	2,97	3,34
	II	405,—	22,27	32,40	36,45	II	405,—	18,16	26,42	29,72	14,24	20,72	23,31	10,51	15,30	17,21	6,98	10,15	11,42	—	5,32	5,99	—	1,42	1,59
2 684,99	III	167,16	1,03	13,37	15,04	III	167,16	—	8,84	9,94	—	4,89	5,50	—	1,50	1,69	—	—	—	—	—	—	—	—	—
	V	832,08	45,76	66,56	74,88	IV	438,50	21,99	31,99	35,99	19,92	28,98	32,60	17,90	26,04	29,29	15,92	23,16	26,06	13,99	20,36	22,90	12,11	17,62	19,82
	VI	864,33	47,53	69,14	77,78																				
	I,IV	439,41	24,16	35,15	39,54	I	439,41	19,97	29,05	32,68	15,96	23,22	26,12	12,15	17,68	19,89	8,53	12,41	13,96	2,35	7,42	8,34	—	3,02	3,39
	II	405,83	22,32	32,46	36,52	II	405,83	18,20	26,48	29,79	14,29	20,78	23,38	10,56	15,36	17,28	7,02	10,21	11,48	—	5,38	6,05	—	1,46	1,64
2 687,99	III	167,83	1,16	13,42	15,10	III	167,83	—	8,90	10,01	—	4,94	5,56	—	1,54	1,73	—	—	—	—	—	—	—	—	—
	V	833,33	45,83	66,66	74,99	IV	439,41	22,04	32,06	36,07	19,97	29,05	32,68	17,94	26,10	29,36	15,96	23,22	26,12	14,03	20,42	22,97	12,15	17,68	19,89
	VI	865,58	47,60	69,24	77,90																				
	I,IV	440,33	24,21	35,22	39,62	I	440,33	20,02	29,12	32,76	16,01	23,29	26,20	12,20	17,74	19,96	8,57	12,47	14,03	2,50	7,48	8,41	—	3,06	3,44
	II	406,75	22,37	32,54	36,60	II	406,75	18,26	26,56	29,88	14,33	20,85	23,45	10,60	15,42	17,34	7,06	10,27	11,55	—	5,42	6,10	—	1,50	1,68
2 690,99	III	168,66	1,33	13,49	15,17	III	168,66	—	8,96	10,08	—	5,—	5,62	—	1,58	1,78	—	—	—	—	—	—	—	—	—
	V	834,58	45,90	66,76	75,11	IV	440,33	22,09	32,14	36,15	20,02	29,12	32,76	17,99	26,17	29,44	16,01	23,29	26,20	14,08	20,48	23,04	12,20	17,74	19,96
	VI	866,83	47,67	69,34	78,01																				
	I,IV	441,16	24,26	35,29	39,70	I	441,16	20,07	29,19	32,84	16,06	23,36	26,28	12,24	17,80	20,03	8,61	12,53	14,09	2,63	7,53	8,47	—	3,11	3,50
	II	407,66	22,42	32,61	36,68	II	407,66	18,30	26,62	29,95	14,37	20,91	23,52	10,64	15,48	17,42	7,09	10,32	11,61	—	5,48	6,16	—	1,53	1,72
2 693,99	III	169,66	1,53	13,57	15,26	III	169,66	—	9,02	10,15	—	5,04	5,67	—	1,64	1,84	—	—	—	—	—	—	—	—	—
	V	835,91	45,97	66,87	75,23	IV	441,16	22,14	32,20	36,23	20,07	29,19	32,84	18,04	26,24	29,52	16,06	23,36	26,28	14,13	20,55	23,12	12,24	17,80	20,03
	VI	868,08	47,74	69,44	78,12																				
	I,IV	442,08	24,31	35,36	39,78	I	442,08	20,11	29,26	32,91	16,10	23,42	26,35	12,28	17,87	20,10	8,65	12,59	14,16	2,78	7,59	8,54	—	3,15	3,54
	II	408,50	22,46	32,68	36,76	II	408,50	18,35	26,69	30,02	14,42	20,98	23,60	10,68	15,54	17,48	7,14	10,38	11,68	—	5,53	6,22	—	1,57	1,76
2 696,99	III	170,50	1,70	13,64	15,34	III	170,50	—	9,08	10,21	—	5,09	5,72	—	1,68	1,89	—	—	—	—	—	—	—	—	—
	V	837,16	46,04	66,97	75,34	IV	442,08	22,19	32,28	36,31	20,11	29,26	32,91	18,08	26,30	29,59	16,10	23,42	26,35	14,17	20,61	23,18	12,28	17,87	20,10
	VI	869,33	47,81	69,54	78,23																				
	I,IV	443,—	24,36	35,44	39,87	I	443,—	20,16	29,32	32,99	16,15	23,49	26,42	12,32	17,93	20,17	8,69	12,65	14,23	2,91	7,64	8,60	—	3,20	3,60
	II	409,41	22,51	32,75	36,84	II	409,41	18,39	26,76	30,10	14,46	21,04	23,67	10,72	15,60	17,55	7,18	10,44	11,75	—	5,58	6,28	—	1,61	1,81
2 699,99	III	171,16	1,83	13,69	15,40	III	171,16	—	9,13	10,27	—	5,14	5,78	—	1,72	1,93	—	—	—	—	—	—	—	—	—
	V	838,41	46,11	67,07	75,45	IV	443,—	22,23	32,34	36,38	20,16	29,32	32,99	18,13	26,37	29,66	16,15	23,49	26,42	14,21	20,68	23,26	12,32	17,93	20,17
	VI	870,58	47,88	69,64	78,35																				

* Die ausgewiesenen Tabellenwerte sind amtlich. Siehe Erläuterungen auf der Umschlaginnenseite (U2).
** Bei mehr als 3 Kinderfreibeträgen ist die „Ergänzungs-Tabelle 3,5 bis 6 Kinderfreibeträge" anzuwenden.

Abzüge an Lohnsteuer, Solidaritätszuschlag (SolZ) und Kirchensteuer (8%, 9%) in den Steuerklassen

Lohn/ Gehalt bis €*	I – VI					I, II, III, IV		mit Zahl der Kinderfreibeträge . . . 0,5			1			1,5			2			2,5			3**		
		LSt	ohne Kinderfreibeträge SolZ	8%	9%		LSt	SolZ	8%	9%	SolZ	8%	9%	SolZ	8%	9%	SolZ	8%	9%	SolZ	8%	9%	SolZ	8%	9%
2 702,99	I,IV	443,91	24,41	35,51	39,95	I	443,91	20,21	29,40	33,07	16,19	23,56	26,50	12,37	17,99	20,24	8,74	12,71	14,30	3,06	7,70	8,66	—	3,24	3,65
	II	410,25	22,56	32,82	36,92	II	410,25	18,44	26,82	30,17	14,51	21,10	23,74	10,77	15,66	17,62	7,21	10,50	11,81	—	5,64	6,34	—	1,65	1,85
	III	172,—	2,—	13,76	15,48	III	172,—	—	9,20	10,35	—	5,20	5,85	—	1,76	1,98	—	—	—	—	—	—	—	—	—
	V	839,66	46,18	67,17	75,56	IV	443,91	22,28	32,42	36,47	20,21	29,40	33,07	18,17	26,44	29,74	16,19	23,56	26,50	14,25	20,74	23,33	12,37	17,99	20,24
	VI	871,83	47,95	69,74	78,46																				
2 705,99	I,IV	444,75	24,46	35,58	40,02	I	444,75	20,25	29,46	33,14	16,23	23,62	26,57	12,41	18,06	20,31	8,77	12,76	14,36	3,20	7,76	8,73	—	3,28	3,69
	II	411,16	22,61	32,89	37,—	II	411,16	18,48	26,89	30,25	14,55	21,17	23,81	10,81	15,72	17,69	7,26	10,56	11,88	—	5,68	6,39	—	1,69	1,90
	III	172,83	2,16	13,82	15,55	III	172,83	—	9,25	10,40	—	5,25	5,90	—	1,81	2,03	—	—	—	—	—	—	—	—	—
	V	840,91	46,25	67,27	75,68	IV	444,75	22,33	32,48	36,54	20,25	29,46	33,14	18,22	26,50	29,81	16,23	23,62	26,57	14,30	20,80	23,40	12,41	18,06	20,31
	VI	873,08	48,01	69,84	78,57																				
2 708,99	I,IV	445,66	24,51	35,65	40,10	I	445,66	20,30	29,53	33,22	16,28	23,68	26,64	12,45	18,12	20,38	8,81	12,82	14,42	3,33	7,81	8,78	—	3,33	3,74
	II	412,—	22,66	32,96	37,08	II	412,—	18,53	26,96	30,33	14,60	21,24	23,89	10,85	15,78	17,75	7,30	10,62	11,94	—	5,74	6,45	—	1,73	1,94
	III	173,83	2,36	13,90	15,64	III	173,83	—	9,32	10,48	—	5,30	5,96	—	1,85	2,08	—	—	—	—	—	—	—	—	—
	V	842,16	46,31	67,37	75,79	IV	445,66	22,38	32,56	36,63	20,30	29,53	33,22	18,27	26,58	29,90	16,28	23,68	26,64	14,35	20,87	23,48	12,45	18,12	20,38
	VI	874,41	48,09	69,95	78,69																				
2 711,99	I,IV	446,58	24,56	35,72	40,19	I	446,58	20,35	29,60	33,30	16,33	23,75	26,72	12,50	18,18	20,45	8,85	12,88	14,49	3,48	7,87	8,85	—	3,38	3,80
	II	412,91	22,71	33,03	37,16	II	412,91	18,58	27,02	30,40	14,64	21,30	23,96	10,89	15,85	17,83	7,33	10,67	12,—	—	5,79	6,51	—	1,77	1,99
	III	174,66	2,53	13,97	15,71	III	174,66	—	9,37	10,54	—	5,36	6,03	—	1,89	2,12	—	—	—	—	—	—	—	—	—
	V	843,41	46,38	67,47	75,90	IV	446,58	22,43	32,63	36,71	20,35	29,60	33,30	18,31	26,64	29,97	16,33	23,75	26,72	14,39	20,93	23,54	12,50	18,18	20,45
	VI	875,66	48,16	70,05	78,80																				
2 714,99	I,IV	447,50	24,61	35,80	40,27	I	447,50	20,40	29,67	33,38	16,37	23,82	26,79	12,54	18,24	20,52	8,90	12,94	14,56	3,61	7,92	8,91	—	3,42	3,85
	II	413,83	22,76	33,10	37,24	II	413,83	18,62	27,09	30,47	14,68	21,36	24,03	10,94	15,91	17,90	7,37	10,73	12,07	—	5,84	6,57	—	1,81	2,03
	III	175,50	2,70	14,04	15,79	III	175,50	—	9,44	10,62	—	5,40	6,07	—	1,94	2,18	—	—	—	—	—	—	—	—	—
	V	844,66	46,45	67,57	76,01	IV	447,50	22,48	32,70	36,78	20,40	29,67	33,38	18,36	26,71	30,05	16,37	23,82	26,79	14,43	21,—	23,62	12,54	18,24	20,52
	VI	876,91	48,23	70,15	78,92																				
2 717,99	I,IV	448,41	24,66	35,87	40,35	I	448,41	20,44	29,74	33,45	16,42	23,88	26,87	12,58	18,30	20,59	8,94	13,—	14,63	3,76	7,98	8,98	—	3,47	3,90
	II	414,66	22,80	33,17	37,31	II	414,66	18,67	27,16	30,56	14,73	21,43	24,11	10,98	15,97	17,96	7,42	10,79	12,14	—	5,90	6,63	—	1,85	2,08
	III	176,33	2,86	14,10	15,86	III	176,33	—	9,49	10,67	—	5,45	6,13	—	1,98	2,23	—	—	—	—	—	—	—	—	—
	V	845,91	46,52	67,67	76,13	IV	448,41	22,53	32,77	36,86	20,44	29,74	33,45	18,41	26,78	30,12	16,42	23,88	26,87	14,47	21,06	23,69	12,58	18,30	20,59
	VI	878,16	48,29	70,25	79,03																				
2 720,99	I,IV	449,33	24,71	35,94	40,43	I	449,33	20,49	29,81	33,53	16,46	23,95	26,94	12,63	18,37	20,66	8,98	13,06	14,69	3,90	8,04	9,04	—	3,52	3,96
	II	415,58	22,85	33,24	37,40	II	415,58	18,72	27,23	30,63	14,77	21,49	24,17	11,02	16,03	18,03	7,46	10,85	12,20	—	5,95	6,69	—	1,89	2,12
	III	177,16	3,03	14,17	15,94	III	177,16	—	9,56	10,75	—	5,50	6,19	—	2,02	2,27	—	—	—	—	—	—	—	—	—
	V	847,25	46,59	67,78	76,25	IV	449,33	22,57	32,84	36,94	20,49	29,81	33,53	18,45	26,84	30,20	16,46	23,95	26,94	14,52	21,12	23,76	12,63	18,37	20,66
	VI	879,41	48,36	70,35	79,14																				
2 723,99	I,IV	450,25	24,76	36,02	40,52	I	450,25	20,54	29,88	33,61	16,51	24,02	27,02	12,67	18,43	20,73	9,02	13,12	14,76	4,05	8,10	9,11	—	3,56	4,01
	II	416,50	22,90	33,32	37,48	II	416,50	18,76	27,30	30,71	14,82	21,56	24,25	11,06	16,09	18,10	7,49	10,90	12,26	—	6,—	6,75	—	1,93	2,17
	III	178,—	3,20	14,24	16,02	III	178,—	—	9,61	10,81	—	5,56	6,25	—	2,08	2,34	—	—	—	—	—	—	—	—	—
	V	848,50	46,66	67,88	76,36	IV	450,25	22,62	32,91	37,02	20,54	29,88	33,61	18,50	26,91	30,27	16,51	24,02	27,02	14,57	21,19	23,84	12,67	18,43	20,73
	VI	880,66	48,43	70,45	79,25																				
2 726,99	I,IV	451,08	24,80	36,08	40,59	I	451,08	20,58	29,94	33,68	16,55	24,08	27,09	12,71	18,49	20,80	9,06	13,18	14,83	4,18	8,15	9,17	—	3,60	4,05
	II	417,33	22,95	33,38	37,55	II	417,33	18,81	27,36	30,78	14,86	21,62	24,32	11,10	16,15	18,17	7,53	10,96	12,33	—	6,06	6,81	—	1,97	2,21
	III	178,83	3,36	14,30	16,09	III	178,83	—	9,68	10,89	—	5,61	6,31	—	2,12	2,38	—	—	—	—	—	—	—	—	—
	V	849,75	46,73	67,98	76,47	IV	451,08	22,67	32,98	37,10	20,58	29,94	33,68	18,54	26,98	30,35	16,55	24,08	27,09	14,61	21,25	23,90	12,71	18,49	20,80
	VI	881,91	48,50	70,55	79,37																				
2 729,99	I,IV	452,—	24,86	36,16	40,68	I	452,—	20,63	30,02	33,77	16,60	24,15	27,17	12,76	18,56	20,88	9,10	13,24	14,90	4,31	8,20	9,23	—	3,65	4,10
	II	418,25	23,—	33,46	37,64	II	418,25	18,86	27,43	30,86	14,90	21,68	24,39	11,15	16,22	18,24	7,58	11,02	12,40	—	6,11	6,87	—	2,01	2,26
	III	179,66	3,53	14,37	16,16	III	179,66	—	9,73	10,94	—	5,66	6,37	—	2,16	2,43	—	—	—	—	—	—	—	—	—
	V	851,—	46,80	68,08	76,59	IV	452,—	22,72	33,05	37,18	20,63	30,02	33,77	18,59	27,04	30,42	16,60	24,15	27,17	14,65	21,32	23,98	12,76	18,56	20,88
	VI	883,16	48,57	70,65	79,48																				
2 732,99	I,IV	452,91	24,91	36,23	40,76	I	452,91	20,68	30,08	33,84	16,65	24,22	27,24	12,80	18,62	20,94	9,14	13,30	14,96	4,46	8,26	9,29	—	3,70	4,16
	II	419,16	23,05	33,53	37,72	II	419,16	18,91	27,50	30,94	14,95	21,75	24,47	11,19	16,28	18,31	7,62	11,08	12,47	—	6,17	6,94	—	2,05	2,30
	III	180,50	3,70	14,44	16,24	III	180,50	—	9,80	11,02	—	5,72	6,43	—	2,21	2,48	—	—	—	—	—	—	—	—	—
	V	852,25	46,87	68,18	76,70	IV	452,91	22,77	33,12	37,26	20,68	30,08	33,84	18,64	27,12	30,51	16,65	24,22	27,24	14,70	21,38	24,05	12,80	18,62	20,94
	VI	884,41	48,64	70,75	79,59																				
2 735,99	I,IV	453,83	24,96	36,30	40,84	I	453,83	20,73	30,15	33,92	16,69	24,28	27,31	12,84	18,68	21,02	9,18	13,36	15,03	4,60	8,32	9,36	—	3,74	4,21
	II	420,—	23,10	33,60	37,80	II	420,—	18,95	27,57	31,01	15,—	21,82	24,54	11,23	16,34	18,38	7,65	11,14	12,53	—	6,22	6,99	—	2,09	2,35
	III	181,33	3,86	14,50	16,31	III	181,33	—	9,86	11,09	—	5,77	6,49	—	2,25	2,53	—	—	—	—	—	—	—	—	—
	V	853,50	46,94	68,28	76,81	IV	453,83	22,82	33,19	37,34	20,73	30,15	33,92	18,69	27,18	30,58	16,69	24,28	27,31	14,74	21,44	24,12	12,84	18,68	21,02
	VI	885,75	48,71	70,86	79,71																				
2 738,99	I,IV	454,75	25,01	36,38	40,92	I	454,75	20,78	30,22	34,—	16,73	24,34	27,38	12,88	18,74	21,08	9,23	13,42	15,10	4,75	8,38	9,42	—	3,79	4,26
	II	420,91	23,15	33,67	37,88	II	420,91	19,—	27,64	31,09	15,04	21,88	24,61	11,27	16,40	18,45	7,70	11,20	12,60	—	6,28	7,06	—	2,13	2,39
	III	182,16	4,03	14,57	16,39	III	182,16	—	9,92	11,16	—	5,82	6,55	—	2,29	2,57	—	—	—	—	—	—	—	—	—
	V	854,75	47,01	68,38	76,92	IV	454,75	22,87	33,26	37,42	20,78	30,22	34,—	18,73	27,25	30,65	16,73	24,34	27,38	14,79	21,51	24,20	12,88	18,74	21,08
	VI	887,—	48,78	70,96	79,83																				
2 741,99	I,IV	455,66	25,06	36,45	41,—	I	455,66	20,82	30,29	34,07	16,78	24,41	27,46	12,93	18,81	21,16	9,27	13,48	15,17	4,88	8,43	9,48	—	3,84	4,32
	II	421,83	23,20	33,74	37,96	II	421,83	19,04	27,70	31,16	15,08	21,94	24,68	11,32	16,46	18,52	7,74	11,26	12,66	—	6,33	7,12	—	2,18	2,45
	III	183,—	4,20	14,64	16,47	III	183,—	—	9,98	11,23	—	5,88	6,61	—	2,34	2,63	—	—	—	—	—	—	—	—	—
	V	856,—	47,08	68,48	77,04	IV	455,66	22,92	33,34	37,50	20,82	30,29	34,07	18,78	27,32	30,73	16,78	24,41	27,46	14,83	21,58	24,27	12,93	18,81	21,16
	VI	888,25	48,85	71,06	79,94																				
2 744,99	I,IV	456,58	25,11	36,52	41,09	I	456,58	20,87	30,36	34,16	16,83	24,48	27,54	12,97	18,87	21,23	9,31	13,54	15,23	5,03	8,49	9,55	—	3,89	4,37
	II	422,66	23,24	33,81	38,03	II	422,66	19,09	27,77	31,24	15,13	22,01	24,76	11,36	16,52	18,59	7,78	11,32	12,73	—	6,38	7,18	—	2,22	2,49
	III	183,83	4,36	14,70	16,54	III	183,83	—	10,04	11,29	—	5,93	6,67	—	2,38	2,68	—	—	—	—	—	—	—	—	—
	V	857,33	47,15	68,58	77,15	IV	456,58	22,96	33,40	37,58	20,87	30,36	34,16	18,82	27,38	30,80	16,83	24,48	27,54	14,88	21,64	24,35	12,97	18,87	21,23
	VI	889,50	48,92	71,16	80,05																				

* Die ausgewiesenen Tabellenwerte sind amtlich. Siehe Erläuterungen auf der Umschlaginnenseite (U2).
** Bei mehr als 3 Kinderfreibeträgen ist die „Ergänzungs-Tabelle 3,5 bis 6 Kinderfreibeträge" anzuwenden.

Abzüge an Lohnsteuer, Solidaritätszuschlag (SolZ) und Kirchensteuer (8%, 9%) in den Steuerklassen

Lohn/ Gehalt bis €*	I – VI	LSt	ohne Kinderfreibeträge SolZ	8%	9%	I, II, III, IV	LSt	mit Zahl der Kinderfreibeträge . . . 0,5 SolZ	8%	9%	1 SolZ	8%	9%	1,5 SolZ	8%	9%	2 SolZ	8%	9%	2,5 SolZ	8%	9%	3** SolZ	8%	9%
	I,IV	457,41	25,15	36,59	41,16	I	457,41	20,92	30,43	34,23	16,87	24,54	27,61	13,02	18,94	21,30	9,35	13,60	15,30	5,16	8,54	9,61	—	3,93	4,42
	II	423,58	23,29	33,88	38,12	II	423,58	19,14	27,84	31,32	15,17	22,07	24,83	11,40	16,58	18,65	7,81	11,37	12,79	—	6,44	7,24	—	2,26	2,54
2 747,99	III	184,66	4,53	14,77	16,61	III	184,66	—	10,10	11,36	—	5,98	6,73	—	2,42	2,72	—	—	—	—	—	—	—	—	—
	V	858,58	47,22	68,68	77,27	IV	457,41	23,01	33,48	37,66	20,92	30,43	34,23	18,87	27,45	30,88	16,87	24,54	27,61	14,92	21,70	24,41	13,02	18,94	21,30
	VI	890,75	48,99	71,26	80,16																				
	I,IV	458,33	25,20	36,66	41,24	I	458,33	20,96	30,50	34,31	16,92	24,61	27,68	13,06	19,—	21,37	9,39	13,66	15,37	5,31	8,60	9,68	—	3,98	4,48
	II	424,50	23,34	33,96	38,20	II	424,50	19,19	27,91	31,40	15,22	22,14	24,90	11,44	16,64	18,72	7,86	11,43	12,86	0,03	6,49	7,30	—	2,30	2,58
2 750,99	III	185,50	4,70	14,84	16,69	III	185,50	—	10,16	11,43	—	6,04	6,79	—	2,48	2,79	—	—	—	—	—	—	—	—	—
	V	859,83	47,29	68,78	77,38	IV	458,33	23,06	33,55	37,74	20,96	30,50	34,31	18,92	27,52	30,96	16,92	24,61	27,68	14,96	21,77	24,49	13,06	19,—	21,37
	VI	892,—	49,06	71,36	80,28																				
	I,IV	459,25	25,25	36,74	41,33	I	459,25	21,01	30,57	34,39	16,96	24,68	27,76	13,10	19,06	21,44	9,43	13,72	15,44	5,45	8,66	9,74	—	4,03	4,53
	II	425,33	23,39	34,02	38,27	II	425,33	19,23	27,98	31,47	15,26	22,20	24,98	11,49	16,71	18,80	7,90	11,49	12,92	0,18	6,55	7,37	—	2,34	2,63
2 753,99	III	186,33	4,86	14,90	16,76	III	186,33	—	10,22	11,50	—	6,09	6,85	—	2,52	2,83	—	—	—	—	—	—	—	—	—
	V	861,08	47,35	68,88	77,49	IV	459,25	23,11	33,62	37,82	21,01	30,57	34,39	18,97	27,59	31,04	16,96	24,68	27,76	15,01	21,84	24,57	13,10	19,06	21,44
	VI	893,25	49,12	71,46	80,39																				
	I,IV	460,16	25,30	36,81	41,41	I	460,16	21,06	30,64	34,47	17,01	24,74	27,83	13,14	19,12	21,51	9,47	13,78	15,50	5,60	8,72	9,81	—	4,08	4,59
	II	426,25	23,44	34,10	38,36	II	426,25	19,28	28,04	31,55	15,31	22,27	25,05	11,53	16,77	18,86	7,94	11,55	12,99	0,31	6,60	7,43	—	2,38	2,68
2 756,99	III	187,16	5,03	14,97	16,84	III	187,16	—	10,28	11,56	—	6,14	6,91	—	2,57	2,89	—	—	—	—	—	—	—	—	—
	V	862,33	47,42	68,98	77,60	IV	460,16	23,16	33,69	37,90	21,06	30,64	34,47	19,01	27,66	31,11	17,01	24,74	27,83	15,05	21,90	24,63	13,14	19,12	21,51
	VI	894,50	49,19	71,56	80,50																				
	I,IV	461,08	25,35	36,88	41,49	I	461,08	21,11	30,71	34,55	17,05	24,81	27,91	13,19	19,18	21,58	9,51	13,84	15,57	5,73	8,77	9,86	—	4,12	4,64
	II	427,16	23,49	34,17	38,44	II	427,16	19,32	28,11	31,62	15,35	22,33	25,12	11,57	16,83	18,93	7,97	11,60	13,05	0,45	6,66	7,49	—	2,42	2,72
2 759,99	III	188,—	5,20	15,04	16,92	III	188,—	—	10,34	11,63	—	6,20	6,97	—	2,61	2,93	—	—	—	—	—	—	—	—	—
	V	863,58	47,49	69,08	77,72	IV	461,08	23,21	33,76	37,98	21,11	30,71	34,55	19,06	27,72	31,19	17,05	24,81	27,91	15,10	21,96	24,71	13,19	19,18	21,58
	VI	895,83	49,27	71,66	80,62																				
	I,IV	462,—	25,41	36,96	41,58	I	462,—	21,16	30,78	34,62	17,10	24,88	27,99	13,23	19,25	21,65	9,56	13,90	15,64	5,88	8,83	9,93	—	4,17	4,69
	II	428,—	23,54	34,24	38,52	II	428,—	19,37	28,18	31,70	15,40	22,40	25,20	11,61	16,90	19,01	8,02	11,66	13,12	0,58	6,71	7,55	—	2,47	2,78
2 762,99	III	188,83	5,36	15,10	16,99	III	188,83	—	10,41	11,71	—	6,25	7,03	—	2,66	2,99	—	—	—	—	—	—	—	—	—
	V	864,83	47,56	69,18	77,83	IV	462,—	23,26	33,83	38,06	21,16	30,78	34,62	19,10	27,79	31,26	17,10	24,88	27,99	15,14	22,03	24,78	13,23	19,25	21,65
	VI	897,08	49,33	71,76	80,73																				
	I,IV	462,91	25,46	37,03	41,66	I	462,91	21,21	30,85	34,70	17,15	24,94	28,06	13,28	19,32	21,73	9,60	13,96	15,71	6,03	8,89	10,—	—	4,22	4,75
	II	428,91	23,59	34,31	38,60	II	428,91	19,42	28,25	31,78	15,44	22,46	25,27	11,66	16,96	19,08	8,06	11,72	13,19	0,73	6,77	7,61	—	2,51	2,82
2 765,99	III	189,66	5,53	15,17	17,06	III	189,66	—	10,46	11,77	—	6,30	7,09	—	2,70	3,04	—	—	—	—	—	—	—	—	—
	V	866,08	47,63	69,28	77,94	IV	462,91	23,31	33,90	38,14	21,21	30,85	34,70	19,15	27,86	31,34	17,15	24,94	28,06	15,19	22,10	24,86	13,28	19,32	21,73
	VI	898,33	49,40	71,86	80,84																				
	I,IV	463,83	25,51	37,10	41,74	I	463,83	21,25	30,92	34,78	17,19	25,01	28,13	13,32	19,38	21,80	9,64	14,02	15,77	6,15	8,94	10,06	—	4,27	4,80
	II	429,83	23,64	34,38	38,68	II	429,83	19,47	28,32	31,86	15,49	22,53	25,34	11,70	17,02	19,14	8,10	11,78	13,25	0,86	6,82	7,67	—	2,55	2,87
2 768,99	III	190,50	5,70	15,24	17,14	III	190,50	—	10,53	11,84	—	6,36	7,15	—	2,74	3,08	—	—	—	—	—	—	—	—	—
	V	867,41	47,70	69,39	78,06	IV	463,83	23,36	33,98	38,22	21,25	30,92	34,78	19,20	27,93	31,42	17,19	25,01	28,13	15,23	22,16	24,93	13,32	19,38	21,80
	VI	899,58	49,47	71,96	80,96																				
	I,IV	464,75	25,56	37,18	41,82	I	464,75	21,30	30,98	34,85	17,24	25,08	28,21	13,36	19,44	21,87	9,68	14,08	15,84	6,19	9,—	10,13	—	4,32	4,86
	II	430,75	23,69	34,46	38,76	II	430,75	19,51	28,38	31,93	15,53	22,60	25,42	11,74	17,08	19,21	8,14	11,84	13,32	1,—	6,88	7,74	—	2,60	2,92
2 771,99	III	191,33	5,86	15,30	17,21	III	191,33	—	10,60	11,92	—	6,41	7,21	—	2,80	3,15	—	—	—	—	—	—	—	—	—
	V	868,66	47,77	69,49	78,17	IV	464,75	23,40	34,04	38,30	21,30	30,98	34,85	19,25	28,—	31,50	17,24	25,08	28,21	15,28	22,22	25,—	13,36	19,44	21,87
	VI	900,83	49,54	72,06	81,07																				
	I,IV	465,66	25,61	37,25	41,90	I	465,66	21,35	31,06	34,94	17,28	25,14	28,28	13,41	19,50	21,94	9,72	14,14	15,91	6,22	9,06	10,19	—	4,36	4,91
	II	431,58	23,73	34,52	38,84	II	431,58	19,56	28,46	32,01	15,57	22,66	25,49	11,78	17,14	19,28	8,18	11,90	13,39	1,15	6,94	7,80	—	2,64	2,97
2 774,99	III	192,16	6,03	15,37	17,29	III	192,16	—	10,65	11,98	—	6,46	7,27	—	2,84	3,19	—	—	—	—	—	—	—	—	—
	V	869,91	47,84	69,59	78,29	IV	465,66	23,45	34,12	38,38	21,35	31,06	34,94	19,29	28,06	31,57	17,28	25,14	28,28	15,32	22,29	25,07	13,41	19,50	21,94
	VI	902,08	49,61	72,16	81,18																				
	I,IV	466,50	25,65	37,32	41,98	I	466,50	21,39	31,12	35,01	17,33	25,21	28,36	13,45	19,56	22,01	9,76	14,20	15,98	6,26	9,11	10,25	—	4,42	4,97
	II	432,50	23,78	34,60	38,92	II	432,50	19,61	28,52	32,09	15,62	22,72	25,56	11,82	17,20	19,35	8,22	11,96	13,45	1,28	6,99	7,86	—	2,68	3,02
2 777,99	III	193,—	6,20	15,44	17,37	III	193,—	—	10,72	12,06	—	6,52	7,33	—	2,89	3,25	—	—	—	—	—	—	—	—	—
	V	871,16	47,91	69,69	78,40	IV	466,50	23,50	34,19	38,46	21,39	31,12	35,01	19,34	28,13	31,64	17,33	25,21	28,36	15,36	22,35	25,14	13,45	19,56	22,01
	VI	903,33	49,68	72,26	81,29																				
	I,IV	467,50	25,71	37,40	42,07	I	467,50	21,45	31,20	35,10	17,38	25,28	28,44	13,49	19,63	22,08	9,80	14,26	16,04	6,30	9,17	10,31	—	4,46	5,02
	II	433,41	23,83	34,67	39,—	II	433,41	19,65	28,59	32,16	15,67	22,79	25,64	11,87	17,26	19,42	8,26	12,02	13,52	1,41	7,04	7,92	—	2,72	3,06
2 780,99	III	194,—	6,40	15,52	17,46	III	194,—	—	10,78	12,13	—	6,57	7,39	—	2,93	3,29	—	—	—	—	—	—	—	—	—
	V	872,41	47,98	69,79	78,51	IV	467,50	23,55	34,26	38,54	21,45	31,20	35,10	19,39	28,20	31,73	17,38	25,28	28,44	15,41	22,42	25,22	13,49	19,63	22,08
	VI	904,58	49,75	72,36	81,41																				
	I,IV	468,41	25,76	37,47	42,15	I	468,41	21,49	31,26	35,17	17,42	25,34	28,51	13,54	19,70	22,16	9,84	14,32	16,11	6,34	9,23	10,38	—	4,51	5,07
	II	434,33	23,88	34,74	39,08	II	434,33	19,70	28,66	32,24	15,71	22,86	25,71	11,91	17,33	19,49	8,30	12,08	13,59	1,56	7,10	7,99	—	2,77	3,11
2 783,99	III	194,83	6,56	15,58	17,53	III	194,83	—	10,84	12,19	—	6,62	7,45	—	2,98	3,35	—	—	—	—	—	—	—	—	—
	V	873,66	48,05	69,89	78,62	IV	468,41	23,60	34,33	38,62	21,49	31,26	35,17	19,43	28,27	31,80	17,42	25,34	28,51	15,45	22,48	25,29	13,54	19,70	22,16
	VI	905,91	49,82	72,47	81,53																				
	I,IV	469,33	25,81	37,54	42,23	I	469,33	21,54	31,34	35,25	17,47	25,41	28,58	13,58	19,76	22,23	9,89	14,38	16,18	6,38	9,28	10,44	—	4,56	5,13
	II	435,16	23,93	34,81	39,16	II	435,16	19,75	28,73	32,32	15,76	22,92	25,79	11,95	17,39	19,56	8,34	12,14	13,65	1,70	7,16	8,05	—	2,81	3,16
2 786,99	III	195,66	6,73	15,65	17,60	III	195,66	—	10,90	12,26	—	6,68	7,51	—	3,02	3,40	—	—	—	—	—	—	—	—	—
	V	874,91	48,12	69,99	78,74	IV	469,33	23,65	34,40	38,70	21,54	31,34	35,25	19,48	28,34	31,88	17,47	25,41	28,58	15,50	22,55	25,37	13,58	19,76	22,23
	VI	907,16	49,89	72,57	81,64																				
	I,IV	470,16	25,85	37,61	42,31	I	470,16	21,59	31,40	35,33	17,51	25,48	28,66	13,63	19,82	22,30	9,93	14,44	16,25	6,42	9,34	10,51	—	4,61	5,18
	II	436,08	23,98	34,88	39,24	II	436,08	19,80	28,80	32,40	15,80	22,98	25,85	11,99	17,45	19,63	8,38	12,20	13,72	1,83	7,21	8,11	—	2,86	3,21
2 789,99	III	196,50	6,90	15,72	17,68	III	196,50	—	10,97	12,34	—	6,73	7,57	—	3,08	3,46	—	—	—	—	—	—	—	—	—
	V	876,16	48,18	70,09	78,85	IV	470,16	23,70	34,48	38,79	21,59	31,40	35,33	19,52	28,40	31,95	17,51	25,48	28,66	15,54	22,61	25,43	13,63	19,82	22,30
	VI	908,41	49,96	72,67	81,75																				

* Die ausgewiesenen Tabellenwerte sind amtlich. Siehe Erläuterungen auf der Umschlaginnenseite (U2).
** Bei mehr als 3 Kinderfreibeträgen ist die „Ergänzungs-Tabelle 3,5 bis 6 Kinderfreibeträge" anzuwenden.

MONAT 2 790,–*

Abzüge an Lohnsteuer, Solidaritätszuschlag (SolZ) und Kirchensteuer (8%, 9%) in den Steuerklassen

Lohn/ Gehalt bis €*	I – VI		ohne Kinderfreibeträge			I, II, III, IV		mit Zahl der Kinderfreibeträge . . . 0,5			1			1,5			2			2,5			3**		
		LSt	SolZ	8%	9%		LSt	SolZ	8%	9%	SolZ	8%	9%	SolZ	8%	9%	SolZ	8%	9%	SolZ	8%	9%	SolZ	8%	9%
	I,IV	471,08	25,90	37,68	42,39	I	471,08	21,64	31,48	35,41	17,56	25,54	28,73	13,67	19,88	22,37	9,97	14,50	16,31	6,46	9,40	10,57	—	4,66	5,24
	II	437,—	24,03	34,96	39,33	II	437,—	19,84	28,86	32,47	15,84	23,05	25,93	12,04	17,52	19,71	8,42	12,25	13,78	1,98	7,27	8,18	—	2,90	3,26
2 792,99	III	197,33	7,06	15,78	17,75	III	197,33	—	11,02	12,40	—	6,80	7,65	—	3,12	3,51	—	0,02	0,02	—	—	—	—	—	—
	V	877,41	48,25	70,19	78,96	IV	471,08	23,75	34,54	38,86	21,64	31,48	35,41	19,58	28,48	32,04	17,56	25,54	28,73	15,59	22,68	25,51	13,67	19,88	22,37
	VI	909,66	50,03	72,77	81,86																				
	I,IV	472,—	25,96	37,76	42,48	I	472,—	21,68	31,54	35,48	17,60	25,61	28,81	13,71	19,95	22,44	10,01	14,56	16,38	6,50	9,46	10,64	—	4,71	5,30
	II	437,91	24,08	35,03	39,41	II	437,91	19,89	28,94	32,55	15,89	23,12	26,01	12,08	17,58	19,77	8,46	12,31	13,85	2,11	7,32	8,24	—	2,94	3,31
2 795,99	III	198,16	7,23	15,85	17,83	III	198,16	—	11,09	12,47	—	6,85	7,70	—	3,17	3,56	—	0,06	0,07	—	—	—	—	—	—
	V	878,75	48,33	70,30	79,08	IV	472,—	23,80	34,62	38,94	21,68	31,54	35,48	19,62	28,54	32,11	17,60	25,61	28,81	15,63	22,74	25,58	13,71	19,95	22,44
	VI	910,91	50,10	72,87	81,98																				
	I,IV	472,91	26,01	37,83	42,56	I	472,91	21,73	31,62	35,57	17,65	25,68	28,89	13,75	20,01	22,51	10,05	14,62	16,45	6,54	9,52	10,71	—	4,76	5,35
	II	438,75	24,13	35,10	39,48	II	438,75	19,94	29,—	32,63	15,94	23,18	26,08	12,12	17,64	19,84	8,50	12,37	13,91	2,26	7,38	8,30	—	2,98	3,35
2 798,99	III	199,—	7,40	15,92	17,91	III	199,—	—	11,16	12,55	—	6,90	7,76	—	3,21	3,61	—	0,10	0,11	—	—	—	—	—	—
	V	880,—	48,40	70,40	79,20	IV	472,91	23,85	34,69	39,02	21,73	31,62	35,57	19,67	28,61	32,18	17,65	25,68	28,89	15,68	22,81	25,66	13,75	20,01	22,51
	VI	912,16	50,16	72,97	82,09																				
	I,IV	473,83	26,06	37,90	42,64	I	473,83	21,78	31,68	35,64	17,70	25,74	28,96	13,80	20,08	22,59	10,09	14,68	16,52	6,58	9,57	10,76	—	4,81	5,41
	II	439,66	24,18	35,17	39,56	II	439,66	19,98	29,07	32,70	15,98	23,25	26,15	12,17	17,70	19,91	8,54	12,43	13,98	2,40	7,44	8,37	—	3,03	3,41
2 801,99	III	199,83	7,56	15,98	17,98	III	199,83	—	11,21	12,61	—	6,96	7,83	—	3,26	3,67	—	0,13	0,14	—	—	—	—	—	—
	V	881,25	48,46	70,50	79,31	IV	473,83	23,90	34,76	39,11	21,78	31,68	35,64	19,71	28,68	32,26	17,70	25,74	28,96	15,73	22,88	25,74	13,80	20,08	22,59
	VI	913,41	50,23	73,07	82,20																				
	I,IV	474,75	26,11	37,98	42,72	I	474,75	21,83	31,76	35,73	17,74	25,81	29,03	13,84	20,14	22,65	10,13	14,74	16,58	6,62	9,63	10,83	—	4,86	5,47
	II	440,58	24,23	35,24	39,65	II	440,58	20,03	29,14	32,78	16,02	23,31	26,22	12,21	17,76	19,98	8,58	12,49	14,05	2,55	7,50	8,43	—	3,08	3,46
2 804,99	III	200,66	7,73	16,05	18,05	III	200,66	—	11,28	12,69	—	7,01	7,88	—	3,30	3,71	—	0,17	0,19	—	—	—	—	—	—
	V	882,50	48,53	70,60	79,42	IV	474,75	23,94	34,83	39,18	21,83	31,76	35,73	19,76	28,75	32,34	17,74	25,81	29,03	15,77	22,94	25,80	13,84	20,14	22,65
	VI	914,66	50,30	73,17	82,31																				
	I,IV	475,75	26,16	38,06	42,81	I	475,75	21,88	31,83	35,81	17,79	25,88	29,11	13,89	20,20	22,73	10,18	14,81	16,66	6,66	9,69	10,90	—	4,91	5,52
	II	441,50	24,28	35,32	39,73	II	441,50	20,08	29,21	32,86	16,07	23,38	26,30	12,25	17,82	20,05	8,63	12,55	14,12	2,68	7,55	8,49	—	3,12	3,51
2 807,99	III	201,50	7,90	16,12	18,13	III	201,50	—	11,34	12,76	—	7,06	7,94	—	3,36	3,78	—	0,21	0,23	—	—	—	—	—	—
	V	883,75	48,60	70,70	79,53	IV	475,75	23,99	34,90	39,26	21,88	31,83	35,81	19,81	28,82	32,42	17,79	25,88	29,11	15,81	23,—	25,88	13,89	20,20	22,73
	VI	915,91	50,37	73,27	82,43																				
	I,IV	476,58	26,21	38,12	42,89	I	476,58	21,93	31,90	35,88	17,83	25,94	29,18	13,93	20,26	22,79	10,22	14,86	16,72	6,70	9,74	10,96	—	4,96	5,58
	II	442,33	24,32	35,38	39,80	II	442,33	20,13	29,28	32,94	16,11	23,44	26,37	12,30	17,89	20,12	8,67	12,61	14,18	2,81	7,60	8,55	—	3,16	3,56
2 810,99	III	202,33	8,06	16,18	18,20	III	202,33	—	11,41	12,83	—	7,12	8,01	—	3,41	3,83	—	0,25	0,28	—	—	—	—	—	—
	V	885,—	48,67	70,80	79,65	IV	476,58	24,04	34,98	39,35	21,93	31,90	35,88	19,85	28,88	32,49	17,83	25,94	29,18	15,86	23,07	25,95	13,93	20,26	22,79
	VI	917,25	50,44	73,38	82,55																				
	I,IV	477,50	26,26	38,20	42,97	I	477,50	21,97	31,96	35,96	17,88	26,01	29,26	13,97	20,33	22,87	10,26	14,93	16,79	6,74	9,80	11,03	—	5,01	5,63
	II	443,25	24,37	35,46	39,89	II	443,25	20,17	29,34	33,01	16,16	23,51	26,45	12,34	17,95	20,19	8,71	12,67	14,25	2,96	7,66	8,62	—	3,21	3,61
2 813,99	III	203,16	8,23	16,25	18,28	III	203,16	—	11,48	12,91	—	7,18	8,08	—	3,45	3,88	—	0,29	0,32	—	—	—	—	—	—
	V	886,25	48,74	70,90	79,76	IV	477,50	24,09	35,05	39,43	21,97	31,96	35,96	19,91	28,96	32,58	17,88	26,01	29,26	15,90	23,14	26,03	13,97	20,33	22,87
	VI	918,50	50,51	73,48	82,66																				
	I,IV	478,50	26,31	38,28	43,06	I	478,50	22,02	32,04	36,04	17,93	26,08	29,34	14,02	20,40	22,95	10,30	14,99	16,86	6,77	9,86	11,09	—	5,06	5,69
	II	444,16	24,42	35,53	39,97	II	444,16	20,22	29,42	33,09	16,21	23,58	26,52	12,38	18,01	20,26	8,75	12,73	14,32	3,10	7,72	8,68	—	3,26	3,66
2 816,99	III	204,16	8,43	16,33	18,37	III	204,16	—	11,53	12,97	—	7,24	8,14	—	3,50	3,94	—	0,33	0,37	—	—	—	—	—	—
	V	887,50	48,81	71,—	79,87	IV	478,50	24,14	35,12	39,51	22,02	32,04	36,04	19,95	29,02	32,65	17,93	26,08	29,34	15,95	23,20	26,10	14,02	20,40	22,95
	VI	919,75	50,58	73,58	82,77																				
	I,IV	479,33	26,36	38,34	43,13	I	479,33	22,07	32,10	36,11	17,97	26,14	29,41	14,06	20,46	23,01	10,34	15,05	16,93	6,82	9,92	11,16	—	5,11	5,75
	II	445,08	24,47	35,60	40,05	II	445,08	20,27	29,48	33,17	16,25	23,64	26,60	12,43	18,08	20,34	8,79	12,78	14,38	3,23	7,77	8,74	—	3,30	3,71
2 819,99	III	205,—	8,60	16,40	18,45	III	205,—	—	11,60	13,05	—	7,29	8,20	—	3,54	3,98	—	0,37	0,41	—	—	—	—	—	—
	V	888,83	48,88	71,10	79,99	IV	479,33	24,19	35,19	39,59	22,07	32,10	36,11	20,—	29,09	32,72	17,97	26,14	29,41	15,99	23,26	26,17	14,06	20,46	23,01
	VI	921,—	50,65	73,68	82,89																				
	I,IV	480,25	26,41	38,42	43,22	I	480,25	22,12	32,18	36,20	18,02	26,21	29,48	14,11	20,52	23,09	10,39	15,11	17,—	6,86	9,98	11,22	—	5,16	5,81
	II	446,—	24,53	35,68	40,14	II	446,—	20,31	29,55	33,24	16,29	23,70	26,66	12,47	18,14	20,40	8,83	12,84	14,45	3,38	7,83	8,81	—	3,34	3,76
2 822,99	III	205,83	8,76	16,46	18,52	III	205,83	—	11,66	13,12	—	7,34	8,26	—	3,60	4,05	—	0,41	0,46	—	—	—	—	—	—
	V	890,08	48,95	71,20	80,10	IV	480,25	24,24	35,26	39,67	22,12	32,18	36,20	20,04	29,16	32,80	18,02	26,21	29,48	16,04	23,33	26,24	14,11	20,52	23,09
	VI	922,25	50,72	73,78	83,—																				
	I,IV	481,25	26,46	38,50	43,31	I	481,25	22,17	32,25	36,28	18,06	26,28	29,56	14,15	20,58	23,15	10,43	15,17	17,06	6,89	10,03	11,28	—	5,22	5,87
	II	446,91	24,58	35,75	40,22	II	446,91	20,36	29,62	33,32	16,34	23,77	26,74	12,51	18,20	20,48	8,87	12,90	14,51	3,51	7,88	8,87	—	3,39	3,81
2 825,99	III	206,66	8,93	16,53	18,59	III	206,66	—	11,72	13,18	—	7,40	8,32	—	3,64	4,09	—	0,45	0,50	—	—	—	—	—	—
	V	891,33	49,02	71,30	80,21	IV	481,25	24,29	35,34	39,75	22,17	32,25	36,28	20,09	29,23	32,88	18,06	26,28	29,56	16,08	23,40	26,32	14,15	20,58	23,15
	VI	923,50	50,79	73,88	83,11																				
	I,IV	482,08	26,51	38,56	43,38	I	482,08	22,22	32,32	36,36	18,11	26,34	29,63	14,19	20,65	23,23	10,47	15,23	17,13	6,93	10,09	11,35	—	5,26	5,92
	II	447,75	24,62	35,82	40,29	II	447,75	20,41	29,69	33,40	16,39	23,84	26,82	12,55	18,26	20,54	8,91	12,96	14,58	3,66	7,94	8,93	—	3,44	3,87
2 828,99	III	207,50	9,10	16,60	18,67	III	207,50	—	11,78	13,25	—	7,45	8,38	—	3,69	4,15	—	0,49	0,55	—	—	—	—	—	—
	V	892,58	49,09	71,40	80,33	IV	482,08	24,34	35,41	39,83	22,22	32,32	36,36	20,14	29,30	32,96	18,11	26,34	29,63	16,13	23,46	26,39	14,19	20,65	23,23
	VI	924,75	50,86	73,98	83,22																				
	I,IV	483,—	26,56	38,64	43,47	I	483,—	22,27	32,39	36,44	18,15	26,41	29,71	14,24	20,72	23,31	10,51	15,29	17,20	6,97	10,14	11,41	—	5,32	5,98
	II	448,66	24,67	35,89	40,37	II	448,66	20,46	29,76	33,48	16,43	23,90	26,89	12,59	18,32	20,61	8,95	13,02	14,65	3,80	8,—	9,—	—	3,48	3,92
2 831,99	III	208,33	9,26	16,66	18,74	III	208,33	—	11,85	13,33	—	7,52	8,46	—	3,74	4,21	—	0,53	0,59	—	—	—	—	—	—
	V	893,83	49,16	71,50	80,44	IV	483,—	24,39	35,48	39,91	22,27	32,39	36,44	20,18	29,36	33,03	18,15	26,41	29,71	16,17	23,53	26,47	14,24	20,72	23,31
	VI	926,—	50,93	74,08	83,34																				
	I,IV	484,—	26,62	38,72	43,56	I	484,—	22,31	32,46	36,51	18,20	26,48	29,79	14,28	20,78	23,37	10,55	15,35	17,27	7,01	10,20	11,48	—	5,37	6,04
	II	449,58	24,72	35,96	40,46	II	449,58	20,51	29,83	33,56	16,48	23,97	26,96	12,64	18,39	20,69	8,99	13,08	14,72	3,95	8,06	9,06	—	3,53	3,97
2 834,99	III	209,16	9,43	16,73	18,82	III	209,16	—	11,92	13,41	—	7,57	8,51	—	3,78	4,25	—	0,58	0,65	—	—	—	—	—	—
	V	895,08	49,22	71,60	80,55	IV	484,—	24,44	35,55	39,99	22,31	32,46	36,51	20,24	29,44	33,12	18,20	26,48	29,79	16,22	23,60	26,55	14,28	20,78	23,37
	VI	927,33	51,—	74,18	83,45																				

* Die ausgewiesenen Tabellenwerte sind amtlich. Siehe Erläuterungen auf der Umschlaginnenseite (U2).
** Bei mehr als 3 Kinderfreibeträgen ist die „Ergänzungs-Tabelle 3,5 bis 6 Kinderfreibeträge" anzuwenden.

Abzüge an Lohnsteuer, Solidaritätszuschlag (SolZ) und Kirchensteuer (8%, 9%) in den Steuerklassen

Lohn/ Gehalt bis €*	I – VI		ohne Kinderfreibeträge			I, II, III, IV		mit Zahl der Kinderfreibeträge . . . 0,5			1			1,5			2			2,5			3**		
		LSt	SolZ	8%	9%		LSt	SolZ	8%	9%	SolZ	8%	9%	SolZ	8%	9%	SolZ	8%	9%	SolZ	8%	9%	SolZ	8%	9%
2 837,99	I,IV	484,91	26,67	38,79	43,64	I	484,91	22,36	32,53	36,59	18,25	26,55	29,87	14,33	20,84	23,45	10,60	15,42	17,34	7,05	10,26	11,54	—	5,42	6,10
	II	450,50	24,77	36,04	40,54	II	450,50	20,55	29,90	33,63	16,52	24,04	27,04	12,68	18,45	20,75	9,03	13,14	14,78	4,08	8,11	9,12	—	3,58	4,02
	III	210,—	9,60	16,80	18,90	III	210,—	—	11,98	13,48	—	7,62	8,57	—	3,84	4,32	—	0,62	0,70	—	—	—	—	—	—
	V	896,33	49,29	71,70	80,66	IV	484,91	24,49	35,62	40,07	22,36	32,53	36,59	20,28	29,50	33,19	18,25	26,55	29,87	16,27	23,66	26,62	14,33	20,84	23,45
	VI	928,58	51,07	74,28	83,57																				
2 840,99	I,IV	485,83	26,72	38,86	43,72	I	485,83	22,41	32,60	36,67	18,30	26,62	29,94	14,37	20,90	23,51	10,64	15,48	17,41	7,09	10,32	11,61	—	5,47	6,15
	II	451,41	24,82	36,11	40,62	II	451,41	20,60	29,96	33,71	16,57	24,10	27,11	12,72	18,51	20,82	9,07	13,20	14,85	4,23	8,17	9,19	—	3,62	4,07
	III	210,83	9,76	16,86	18,97	III	210,83	—	12,05	13,55	—	7,68	8,64	—	3,89	4,37	—	0,66	0,74	—	—	—	—	—	—
	V	897,58	49,36	71,80	80,78	IV	485,83	24,54	35,70	40,16	22,41	32,60	36,67	20,33	29,57	33,26	18,30	26,62	29,94	16,31	23,72	26,69	14,37	20,90	23,51
	VI	929,83	51,14	74,38	83,68																				
2 843,99	I,IV	486,75	26,77	38,94	43,80	I	486,75	22,46	32,67	36,75	18,34	26,68	30,02	14,41	20,97	23,59	10,68	15,54	17,48	7,13	10,38	11,67	—	5,52	6,21
	II	452,33	24,87	36,18	40,70	II	452,33	20,65	30,04	33,79	16,61	24,17	27,19	12,77	18,58	20,90	9,12	13,26	14,92	4,36	8,22	9,25	—	3,67	4,13
	III	211,66	9,93	16,93	19,04	III	211,66	—	12,12	13,63	—	7,74	8,71	—	3,93	4,42	—	0,70	0,79	—	—	—	—	—	—
	V	898,91	49,44	71,91	80,90	IV	486,75	24,59	35,77	40,24	22,46	32,67	36,75	20,38	29,64	33,35	18,34	26,68	30,02	16,35	23,79	26,76	14,41	20,97	23,59
	VI	931,08	51,20	74,48	83,79																				
2 846,99	I,IV	487,66	26,82	39,01	43,88	I	487,66	22,51	32,74	36,83	18,39	26,75	30,09	14,46	21,04	23,67	10,72	15,60	17,55	7,17	10,44	11,74	—	5,58	6,27
	II	453,25	24,92	36,26	40,79	II	453,25	20,69	30,10	33,86	16,66	24,24	27,27	12,81	18,64	20,97	9,16	13,32	14,99	4,51	8,28	9,32	—	3,72	4,18
	III	212,66	10,13	17,01	19,13	III	212,66	—	12,17	13,69	—	7,80	8,77	—	3,98	4,48	—	0,74	0,83	—	—	—	—	—	—
	V	900,16	49,50	72,01	81,01	IV	487,66	24,64	35,84	40,32	22,51	32,74	36,83	20,42	29,71	33,42	18,39	26,75	30,09	16,40	23,86	26,84	14,46	21,04	23,67
	VI	932,33	51,27	74,58	83,90																				
2 849,99	I,IV	488,58	26,87	39,08	43,97	I	488,58	22,55	32,81	36,91	18,43	26,82	30,17	14,50	21,10	23,73	10,76	15,66	17,61	7,21	10,49	11,80	—	5,63	6,33
	II	454,08	24,97	36,32	40,86	II	454,08	20,74	30,18	33,95	16,70	24,30	27,33	12,86	18,70	21,04	9,20	13,38	15,05	4,65	8,34	9,38	—	3,76	4,23
	III	213,50	10,30	17,08	19,21	III	213,50	—	12,24	13,77	—	7,85	8,83	—	4,04	4,54	—	0,78	0,88	—	—	—	—	—	—
	V	901,41	49,57	72,11	81,12	IV	488,58	24,69	35,91	40,40	22,55	32,81	36,91	20,47	29,78	33,50	18,43	26,82	30,17	16,44	23,92	26,91	14,50	21,10	23,73
	VI	933,58	51,34	74,68	84,02																				
2 852,99	I,IV	489,50	26,92	39,16	44,05	I	489,50	22,60	32,88	36,99	18,48	26,88	30,24	14,55	21,16	23,81	10,80	15,72	17,68	7,25	10,55	11,87	—	5,68	6,39
	II	455,—	25,02	36,40	40,95	II	455,—	20,79	30,24	34,02	16,75	24,36	27,41	12,90	18,76	21,11	9,24	13,44	15,12	4,78	8,39	9,44	—	3,81	4,28
	III	214,33	10,46	17,14	19,28	III	214,33	—	12,30	13,84	—	7,90	8,89	—	4,08	4,59	—	0,82	0,92	—	—	—	—	—	—
	V	902,66	49,64	72,21	81,23	IV	489,50	24,74	35,98	40,48	22,60	32,88	36,99	20,52	29,85	33,58	18,48	26,88	30,24	16,49	23,99	26,99	14,55	21,16	23,81
	VI	934,83	51,41	74,78	84,13																				
2 855,99	I,IV	490,41	26,97	39,23	44,13	I	490,41	22,65	32,95	37,07	18,53	26,95	30,32	14,59	21,23	23,88	10,85	15,78	17,75	7,29	10,61	11,93	—	5,74	6,45
	II	455,91	25,07	36,47	41,03	II	455,91	20,84	30,32	34,11	16,79	24,43	27,48	12,94	18,83	21,18	9,28	13,50	15,19	4,93	8,45	9,50	—	3,86	4,34
	III	215,16	10,63	17,21	19,36	III	215,16	—	12,37	13,91	—	7,97	8,96	—	4,13	4,64	—	0,86	0,97	—	—	—	—	—	—
	V	903,91	49,71	72,31	81,35	IV	490,41	24,79	36,06	40,56	22,65	32,95	37,07	20,57	29,92	33,66	18,53	26,95	30,32	16,54	24,06	27,06	14,59	21,23	23,88
	VI	936,08	51,48	74,88	84,24																				
2 858,99	I,IV	491,33	27,02	39,30	44,21	I	491,33	22,70	33,02	37,15	18,58	27,02	30,40	14,63	21,29	23,95	10,89	15,84	17,82	7,33	10,67	12,—	—	5,79	6,51
	II	456,83	25,12	36,54	41,11	II	456,83	20,89	30,38	34,18	16,84	24,50	27,56	12,98	18,89	21,25	9,32	13,56	15,26	5,08	8,51	9,57	—	3,90	4,39
	III	216,—	10,80	17,28	19,44	III	216,—	—	12,44	13,99	—	8,02	9,02	—	4,18	4,70	—	0,90	1,01	—	—	—	—	—	—
	V	905,16	49,78	72,41	81,46	IV	491,33	24,84	36,13	40,64	22,70	33,02	37,15	20,62	29,99	33,74	18,58	27,02	30,40	16,58	24,12	27,14	14,63	21,29	23,95
	VI	937,41	51,55	74,99	84,36																				
2 861,99	I,IV	492,25	27,07	39,38	44,30	I	492,25	22,75	33,10	37,23	18,62	27,09	30,47	14,68	21,36	24,03	10,93	15,90	17,89	7,37	10,72	12,06	—	5,84	6,57
	II	457,75	25,17	36,62	41,19	II	457,75	20,93	30,45	34,25	16,88	24,56	27,63	13,03	18,96	21,33	9,36	13,62	15,32	5,21	8,56	9,63	—	3,95	4,44
	III	216,83	10,96	17,34	19,51	III	216,83	—	12,50	14,06	—	8,08	9,09	—	4,22	4,75	—	0,94	1,06	—	—	—	—	—	—
	V	906,41	49,85	72,51	81,57	IV	492,25	24,89	36,20	40,73	22,75	33,10	37,23	20,66	30,06	33,81	18,62	27,09	30,47	16,63	24,19	27,21	14,68	21,36	24,03
	VI	938,66	51,62	75,09	84,47																				
2 864,99	I,IV	493,16	27,12	39,45	44,38	I	493,16	22,80	33,16	37,31	18,67	27,16	30,55	14,73	21,42	24,10	10,97	15,96	17,96	7,41	10,78	12,13	—	5,90	6,63
	II	458,66	25,22	36,69	41,27	II	458,66	20,98	30,52	34,34	16,93	24,63	27,71	13,07	19,02	21,39	9,40	13,68	15,39	5,36	8,62	9,70	—	4,—	4,50
	III	217,66	11,13	17,41	19,58	III	217,66	—	12,57	14,14	—	8,14	9,16	—	4,28	4,81	—	0,98	1,10	—	—	—	—	—	—
	V	907,66	49,92	72,61	81,68	IV	493,16	24,94	36,28	40,81	22,80	33,16	37,31	20,71	30,12	33,89	18,67	27,16	30,55	16,67	24,26	27,29	14,73	21,42	24,10
	VI	939,91	51,69	75,19	84,59																				
2 867,99	I,IV	494,16	27,17	39,53	44,47	I	494,16	22,85	33,24	37,39	18,71	27,22	30,62	14,77	21,48	24,17	11,01	16,02	18,02	7,45	10,84	12,20	—	5,95	6,69
	II	459,58	25,27	36,76	41,36	II	459,58	21,03	30,59	34,41	16,98	24,70	27,78	13,12	19,08	21,47	9,45	13,74	15,46	5,50	8,68	9,76	—	4,04	4,55
	III	218,50	11,30	17,48	19,66	III	218,50	—	12,64	14,22	—	8,20	9,22	—	4,33	4,87	—	1,04	1,17	—	—	—	—	—	—
	V	908,91	49,99	72,71	81,80	IV	494,16	24,99	36,35	40,89	22,85	33,24	37,39	20,76	30,20	33,97	18,71	27,22	30,62	16,72	24,32	27,36	14,77	21,48	24,17
	VI	941,16	51,76	75,29	84,70																				
2 870,99	I,IV	495,—	27,22	39,60	44,55	I	495,—	22,89	33,30	37,46	18,76	27,29	30,70	14,81	21,55	24,24	11,05	16,08	18,09	7,49	10,90	12,26	—	6,—	6,75
	II	460,41	25,32	36,83	41,43	II	460,41	21,07	30,66	34,49	17,02	24,76	27,86	13,16	19,14	21,53	9,48	13,80	15,52	5,63	8,73	9,82	—	4,09	4,60
	III	219,50	11,50	17,56	19,75	III	219,50	—	12,69	14,27	—	8,25	9,28	—	4,38	4,93	—	1,08	1,21	—	—	—	—	—	—
	V	910,25	50,06	72,82	81,92	IV	495,—	25,03	36,42	40,97	22,89	33,30	37,46	20,80	30,26	34,04	18,76	27,29	30,70	16,76	24,38	27,43	14,81	21,55	24,24
	VI	942,41	51,83	75,39	84,81																				
2 873,99	I,IV	496,—	27,28	39,68	44,64	I	496,—	22,94	33,38	37,55	18,81	27,36	30,78	14,86	21,62	24,32	11,10	16,15	18,17	7,53	10,96	12,33	—	6,06	6,81
	II	461,33	25,37	36,90	41,51	II	461,33	21,12	30,73	34,57	17,07	24,83	27,93	13,20	19,20	21,60	9,53	13,86	15,59	5,78	8,79	9,89	—	4,14	4,65
	III	220,33	11,66	17,62	19,82	III	220,33	—	12,76	14,35	—	8,32	9,36	—	4,42	4,97	—	1,12	1,26	—	—	—	—	—	—
	V	911,50	50,13	72,92	82,03	IV	496,—	25,08	36,49	41,05	22,94	33,38	37,55	20,85	30,33	34,12	18,81	27,36	30,78	16,81	24,45	27,50	14,86	21,62	24,32
	VI	943,66	51,90	75,49	84,92																				
2 876,99	I,IV	496,91	27,33	39,75	44,72	I	496,91	22,99	33,45	37,63	18,85	27,42	30,85	14,90	21,68	24,39	11,14	16,21	18,23	7,57	11,02	12,39	—	6,11	6,87
	II	462,25	25,42	36,98	41,60	II	462,25	21,17	30,80	34,65	17,11	24,90	28,01	13,25	19,27	21,68	9,57	13,92	15,66	5,93	8,85	9,95	—	4,19	4,71
	III	221,16	11,83	17,69	19,90	III	221,16	—	12,82	14,42	—	8,37	9,41	—	4,48	5,04	—	1,16	1,30	—	—	—	—	—	—
	V	912,75	50,20	73,02	82,14	IV	496,91	25,13	36,56	41,13	22,99	33,45	37,63	20,90	30,40	34,20	18,85	27,42	30,85	16,85	24,52	27,58	14,90	21,68	24,39
	VI	944,91	51,97	75,59	85,04																				
2 879,99	I,IV	497,83	27,38	39,82	44,80	I	497,83	23,04	33,52	37,71	18,90	27,50	30,93	14,95	21,74	24,46	11,18	16,27	18,30	7,61	11,08	12,46	—	6,16	6,93
	II	463,16	25,47	37,05	41,68	II	463,16	21,22	30,87	34,73	17,16	24,96	28,08	13,29	19,34	21,75	9,61	13,98	15,73	6,06	8,90	10,01	—	4,24	4,77
	III	222,—	12,—	17,76	19,98	III	222,—	—	12,89	14,50	—	8,42	9,47	—	4,53	5,09	—	1,20	1,35	—	—	—	—	—	—
	V	914,—	50,27	73,12	82,26	IV	497,83	25,19	36,64	41,22	23,04	33,52	37,71	20,95	30,47	34,28	18,90	27,50	30,93	16,90	24,58	27,65	14,95	21,74	24,46
	VI	946,16	52,03	75,69	85,15																				

* Die ausgewiesenen Tabellenwerte sind amtlich. Siehe Erläuterungen auf der Umschlaginnenseite (U2).
** Bei mehr als 3 Kinderfreibeträgen ist die „Ergänzungs-Tabelle 3,5 bis 6 Kinderfreibeträge" anzuwenden.

Lohn/ Gehalt bis €*		I – VI				I, II, III, IV																			
			ohne Kinder-freibeträge					mit Zahl der Kinderfreibeträge . . . 0,5			1			1,5			2			2,5			3**		
		LSt	SolZ	8%	9%		LSt	SolZ	8%	9%	SolZ	8%	9%	SolZ	8%	9%	SolZ	8%	9%	SolZ	8%	9%	SolZ	8%	9%
2 882,99	I,IV	498,75	27,43	39,90	44,88	I	498,75	23,09	33,59	37,79	18,95	27,56	31,01	14,99	21,81	24,53	11,22	16,33	18,37	7,65	11,13	12,52	—	6,22	6,9
	II	464,08	25,52	37,12	41,76	II	464,08	21,27	30,94	34,80	17,21	25,03	28,16	13,33	19,40	21,82	9,65	14,04	15,80	6,16	8,96	10,08	—	4,28	4,8
	III	222,83	12,16	17,82	20,05	III	222,83	—	12,96	14,58	—	8,49	9,55	—	4,58	5,15	—	1,24	1,39	—	—	—	—	—	—
	V	915,25	50,33	73,22	82,37	IV	498,75	25,24	36,71	41,30	23,09	33,59	37,79	21,—	30,54	34,36	18,95	27,56	31,01	16,94	24,65	27,73	14,99	21,81	24,5
	VI	947,41	52,10	75,79	85,26																				
2 885,99	I,IV	499,66	27,48	39,97	44,96	I	499,66	23,14	33,66	37,87	18,99	27,63	31,08	15,04	21,88	24,61	11,27	16,40	18,45	7,69	11,19	12,59	—	6,27	7,0
	II	465,—	25,57	37,20	41,85	II	465,—	21,32	31,01	34,88	17,25	25,10	28,23	13,37	19,46	21,89	9,69	14,10	15,86	6,20	9,02	10,14	—	4,33	4,8
	III	223,66	12,30	17,89	20,12	III	223,66	0,16	13,02	14,65	—	8,54	9,61	—	4,62	5,20	—	1,28	1,44	—	—	—	—	—	—
	V	916,50	50,40	73,32	82,48	IV	499,66	25,29	36,78	41,38	23,14	33,66	37,87	21,04	30,61	34,43	18,99	27,63	31,08	16,99	24,72	27,81	15,04	21,88	24,6
	VI	948,75	52,18	75,90	85,38																				
2 888,99	I,IV	500,66	27,53	40,05	45,05	I	500,66	23,19	33,74	37,95	19,04	27,70	31,16	15,08	21,94	24,68	11,31	16,46	18,51	7,73	11,25	12,65	—	6,32	7,1
	II	465,91	25,62	37,27	41,93	II	465,91	21,36	31,08	34,96	17,30	25,16	28,31	13,42	19,52	21,96	9,73	14,16	15,93	6,24	9,08	10,21	—	4,38	4,9
	III	224,50	12,34	17,96	20,20	III	224,50	0,33	13,09	14,72	—	8,60	9,67	—	4,68	5,26	—	1,33	1,49	—	—	—	—	—	—
	V	917,75	50,47	73,42	82,59	IV	500,66	25,34	36,86	41,46	23,19	33,74	37,95	21,09	30,68	34,52	19,04	27,70	31,16	17,04	24,78	27,88	15,08	21,94	24,6
	VI	950,—	52,25	76,—	85,50																				
2 891,99	I,IV	501,50	27,58	40,12	45,13	I	501,50	23,24	33,80	38,03	19,08	27,76	31,23	15,12	22,—	24,75	11,35	16,52	18,58	7,77	11,31	12,72	—	6,38	7,17
	II	466,83	25,67	37,34	42,01	II	466,83	21,41	31,15	35,04	17,34	25,23	28,38	13,46	19,58	22,03	9,78	14,22	16,—	6,27	9,13	10,27	—	4,43	4,98
	III	225,33	12,39	18,02	20,27	III	225,33	0,50	13,16	14,80	—	8,66	9,74	—	4,73	5,32	—	1,37	1,54	—	—	—	—	—	—
	V	919,—	50,54	73,52	82,71	IV	501,50	25,39	36,93	41,54	23,24	33,80	38,03	21,14	30,75	34,59	19,08	27,76	31,23	17,08	24,85	27,95	15,12	22,—	24,75
	VI	951,25	52,31	76,10	85,61																				
2 894,99	I,IV	502,50	27,63	40,20	45,22	I	502,50	23,29	33,88	38,11	19,13	27,83	31,31	15,17	22,07	24,83	11,39	16,58	18,65	7,81	11,36	12,78	—	6,43	7,23
	II	467,75	25,72	37,42	42,09	II	467,75	21,46	31,22	35,12	17,39	25,30	28,46	13,51	19,65	22,10	9,82	14,28	16,07	6,32	9,19	10,34	—	4,48	5,04
	III	226,33	12,44	18,10	20,36	III	226,33	0,66	13,22	14,87	—	8,72	9,81	—	4,78	5,38	—	1,41	1,58	—	—	—	—	—	—
	V	920,33	50,61	73,62	82,82	IV	502,50	25,44	37,—	41,63	23,29	33,88	38,11	21,18	30,82	34,67	19,13	27,83	31,31	17,13	24,92	28,03	15,17	22,07	24,83
	VI	952,50	52,38	76,20	85,72																				
2 897,99	I,IV	503,41	27,68	40,27	45,30	I	503,41	23,34	33,95	38,19	19,18	27,90	31,39	15,21	22,13	24,89	11,44	16,64	18,72	7,85	11,42	12,85	0,03	6,49	7,30
	II	468,66	25,77	37,49	42,17	II	468,66	21,51	31,29	35,20	17,43	25,36	28,53	13,55	19,72	22,18	9,86	14,34	16,13	6,35	9,24	10,40	—	4,53	5,09
	III	227,16	12,49	18,17	20,44	III	227,16	0,83	13,29	14,95	—	8,78	9,88	—	4,84	5,44	—	1,45	1,63	—	—	—	—	—	—
	V	921,58	50,68	73,72	82,94	IV	503,41	25,49	37,08	41,71	23,34	33,95	38,19	21,23	30,89	34,75	19,18	27,90	31,39	17,17	24,98	28,10	15,21	22,13	24,89
	VI	953,75	52,45	76,30	85,83																				
2 900,99	I,IV	504,33	27,73	40,34	45,38	I	504,33	23,38	34,02	38,27	19,23	27,97	31,46	15,26	22,20	24,97	11,48	16,70	18,79	7,89	11,48	12,92	0,16	6,54	7,36
	II	469,58	25,82	37,56	42,26	II	469,58	21,56	31,36	35,28	17,48	25,43	28,61	13,59	19,78	22,25	9,90	14,40	16,20	6,39	9,30	10,46	—	4,58	5,15
	III	228,—	12,54	18,24	20,52	III	228,—	1,—	13,36	15,03	—	8,84	9,94	—	4,88	5,49	—	1,49	1,67	—	—	—	—	—	—
	V	922,83	50,75	73,82	83,05	IV	504,33	25,54	37,15	41,79	23,38	34,02	38,27	21,28	30,96	34,83	19,23	27,97	31,46	17,22	25,05	28,18	15,26	22,20	24,97
	VI	955,—	52,52	76,40	85,95																				
2 903,99	I,IV	505,25	27,78	40,42	45,47	I	505,25	23,43	34,09	38,35	19,27	28,04	31,54	15,30	22,26	25,04	11,52	16,76	18,86	7,93	11,54	12,98	0,30	6,60	7,42
	II	470,50	25,87	37,64	42,34	II	470,50	21,61	31,43	35,36	17,53	25,50	28,68	13,64	19,84	22,32	9,94	14,46	16,27	6,43	9,36	10,53	—	4,62	5,20
	III	228,83	12,58	18,30	20,59	III	228,83	1,16	13,42	15,10	—	8,89	10,—	—	4,93	5,54	—	1,54	1,73	—	—	—	—	—	—
	V	924,08	50,82	73,92	83,16	IV	505,25	25,58	37,22	41,87	23,43	34,09	38,35	21,33	31,03	34,91	19,27	28,04	31,54	17,27	25,12	28,26	15,30	22,26	25,04
	VI	956,25	52,59	76,50	86,06																				
2 906,99	I,IV	506,16	27,83	40,49	45,55	I	506,16	23,48	34,16	38,43	19,32	28,10	31,61	15,35	22,33	25,12	11,56	16,82	18,92	7,97	11,60	13,05	0,45	6,66	7,49
	II	471,41	25,92	37,71	42,42	II	471,41	21,65	31,50	35,43	17,57	25,56	28,76	13,68	19,90	22,39	9,98	14,52	16,34	6,47	9,42	10,59	—	4,68	5,26
	III	229,66	12,63	18,37	20,66	III	229,66	1,33	13,49	15,17	—	8,96	10,08	—	4,98	5,60	—	1,58	1,78	—	—	—	—	—	—
	V	925,33	50,89	74,02	83,27	IV	506,16	25,63	37,29	41,95	23,48	34,16	38,43	21,38	31,10	34,98	19,32	28,10	31,61	17,31	25,18	28,33	15,35	22,33	25,12
	VI	957,50	52,66	76,60	86,17																				
2 909,99	I,IV	507,16	27,89	40,57	45,64	I	507,16	23,53	34,23	38,51	19,37	28,18	31,70	15,39	22,39	25,19	11,61	16,89	19,—	8,01	11,66	13,11	0,58	6,71	7,55
	II	472,33	25,97	37,78	42,50	II	472,33	21,70	31,57	35,51	17,62	25,63	28,83	13,73	19,97	22,46	10,02	14,58	16,40	6,51	9,48	10,66	—	4,72	5,31
	III	230,50	12,67	18,44	20,74	III	230,50	1,50	13,56	15,25	—	9,01	10,13	—	5,04	5,67	—	1,62	1,82	—	—	—	—	—	—
	V	926,58	50,96	74,12	83,39	IV	507,16	25,68	37,36	42,03	23,53	34,23	38,51	21,43	31,17	35,06	19,37	28,18	31,70	17,36	25,25	28,40	15,39	22,39	25,19
	VI	958,83	52,73	76,70	86,29																				
2 912,99	I,IV	508,08	27,94	40,64	45,72	I	508,08	23,58	34,30	38,59	19,41	28,24	31,77	15,44	22,46	25,26	11,65	16,95	19,07	8,05	11,72	13,18	0,71	6,76	7,61
	II	473,25	26,02	37,86	42,59	II	473,25	21,75	31,64	35,59	17,66	25,70	28,91	13,77	20,03	22,53	10,06	14,64	16,47	6,55	9,53	10,72	—	4,78	5,37
	III	231,33	12,72	18,50	20,81	III	231,33	1,66	13,62	15,32	—	9,08	10,21	—	5,09	5,72	—	1,66	1,87	—	—	—	—	—	—
	V	927,83	51,03	74,22	83,50	IV	508,08	25,74	37,44	42,12	23,58	34,30	38,59	21,47	31,24	35,14	19,41	28,24	31,77	17,40	25,32	28,48	15,44	22,46	25,26
	VI	960,08	52,80	76,80	86,40																				
2 915,99	I,IV	509,—	27,99	40,72	45,81	I	509,—	23,63	34,38	38,67	19,46	28,31	31,85	15,48	22,52	25,34	11,69	17,01	19,13	8,09	11,78	13,25	0,85	6,82	7,67
	II	474,16	26,07	37,93	42,67	II	474,16	21,80	31,71	35,67	17,71	25,76	28,98	13,81	20,10	22,61	10,11	14,70	16,54	6,59	9,59	10,79	—	4,82	5,42
	III	232,33	12,77	18,58	20,90	III	232,33	1,83	13,69	15,40	—	9,13	10,27	—	5,14	5,78	—	1,72	1,93	—	—	—	—	—	—
	V	929,08	51,09	74,32	83,61	IV	509,—	25,79	37,51	42,20	23,63	34,38	38,67	21,52	31,31	35,22	19,46	28,31	31,85	17,45	25,38	28,55	15,48	22,52	25,34
	VI	961,33	52,87	76,90	86,51																				
2 918,99	I,IV	509,91	28,04	40,79	45,89	I	509,91	23,68	34,45	38,75	19,51	28,38	31,92	15,53	22,59	25,41	11,74	17,08	19,21	8,14	11,84	13,32	1,—	6,88	7,74
	II	475,08	26,12	38,—	42,75	II	475,08	21,84	31,78	35,75	17,76	25,83	29,06	13,86	20,16	22,68	10,15	14,76	16,61	6,63	9,65	10,85	—	4,88	5,49
	III	233,16	12,82	18,65	20,98	III	233,16	2,—	13,76	15,48	—	9,18	10,33	—	5,18	5,83	—	1,76	1,98	—	—	—	—	—	—
	V	930,41	51,17	74,43	83,73	IV	509,91	25,84	37,58	42,28	23,68	34,45	38,75	21,57	31,38	35,30	19,51	28,38	31,92	17,49	25,45	28,63	15,53	22,59	25,41
	VI	962,58	52,94	77,—	86,63																				
2 921,99	I,IV	510,91	28,10	40,87	45,98	I	510,91	23,73	34,52	38,83	19,56	28,45	32,—	15,57	22,66	25,49	11,78	17,14	19,28	8,18	11,90	13,38	1,13	6,93	7,79
	II	476,—	26,18	38,08	42,84	II	476,—	21,89	31,85	35,83	17,80	25,90	29,13	13,90	20,22	22,75	10,19	14,82	16,67	6,67	9,70	10,91	—	4,93	5,54
	III	234,—	12,87	18,72	21,06	III	234,—	2,16	13,82	15,55	—	9,25	10,40	—	5,24	5,89	—	1,80	2,02	—	—	—	—	—	—
	V	931,66	51,24	74,53	83,84	IV	510,91	25,89	37,66	42,36	23,73	34,52	38,83	21,62	31,45	35,38	19,56	28,45	32,—	17,54	25,52	28,71	15,57	22,66	25,49
	VI	963,83	53,01	77,10	86,74																				
2 924,99	I,IV	511,83	28,15	40,94	46,06	I	511,83	23,78	34,59	38,91	19,60	28,52	32,08	15,62	22,72	25,56	11,82	17,20	19,35	8,21	11,95	13,44	1,26	6,98	7,85
	II	476,91	26,23	38,15	42,92	II	476,91	21,94	31,92	35,91	17,85	25,96	29,21	13,94	20,28	22,82	10,23	14,88	16,74	6,71	9,76	10,98	—	4,98	5,60
	III	234,83	12,91	18,78	21,13	III	234,83	2,33	13,89	15,62	—	9,30	10,46	—	5,29	5,95	—	1,84	2,07	—	—	—	—	—	—
	V	932,91	51,31	74,63	83,96	IV	511,83	25,94	37,73	42,44	23,78	34,59	38,91	21,67	31,52	35,46	19,60	28,52	32,08	17,59	25,58	28,78	15,62	22,72	25,56
	VI	965,08	53,07	77,20	86,85																				

Abzüge an Lohnsteuer, Solidaritätszuschlag (SolZ) und Kirchensteuer (8%, 9%) in den Steuerklassen

* **Die ausgewiesenen Tabellenwerte sind amtlich. Siehe Erläuterungen auf der Umschlaginnenseite (U2).**

** **Bei mehr als 3 Kinderfreibeträgen ist die „Ergänzungs-Tabelle 3,5 bis 6 Kinderfreibeträge" anzuwenden.**

Abzüge an Lohnsteuer, Solidaritätszuschlag (SolZ) und Kirchensteuer (8%, 9%) in den Steuerklassen

Lohn/ Gehalt bis €*		I – VI					I, II, III, IV																		
			ohne Kinderfreibeträge					mit Zahl der Kinderfreibeträge . . .																	
								0,5			1			1,5			2			2,5			3**		
		LSt	SolZ	8%	9%		LSt	SolZ	8%	9%	SolZ	8%	9%	SolZ	8%	9%	SolZ	8%	9%	SolZ	8%	9%	SolZ	8%	9%
2 927,99	I,IV	512,75	28,20	41,02	46,14	I	512,75	23,83	34,66	38,99	19,65	28,58	32,15	15,66	22,78	25,63	11,86	17,26	19,41	8,25	12,01	13,51	1,41	7,04	7,92
	II	477,83	26,28	38,22	43,—	II	477,83	21,99	31,99	35,99	17,89	26,03	29,28	13,99	20,35	22,89	10,28	14,95	16,82	6,75	9,82	11,04	—	5,03	5,66
	III	235,66	12,96	18,85	21,20	III	235,66	2,50	13,96	15,70	—	9,37	10,54	—	5,34	6,01	—	1,89	2,12	—	—	—	—	—	—
	V	934,16	51,37	74,73	84,07	IV	512,75	25,99	37,80	42,53	23,83	34,66	38,99	21,72	31,59	35,54	19,65	28,58	32,15	17,63	25,65	28,85	15,66	22,78	25,63
	VI	966,33	53,14	77,30	86,96																				
2 930,99	I,IV	513,66	28,25	41,09	46,22	I	513,66	23,88	34,74	39,08	19,70	28,66	32,24	15,71	22,85	25,70	11,91	17,32	19,49	8,30	12,07	13,58	1,55	7,10	7,98
	II	478,75	26,33	38,30	43,08	II	478,75	22,04	32,06	36,06	17,94	26,10	29,36	14,03	20,42	22,97	10,32	15,01	16,88	6,79	9,88	11,11	—	5,08	5,71
	III	236,50	13,—	18,92	21,28	III	236,50	2,66	14,02	15,77	—	9,42	10,60	—	5,40	6,07	—	1,93	2,17	—	—	—	—	—	—
	V	935,41	51,44	74,83	84,18	IV	513,66	26,04	37,88	42,61	23,88	34,74	39,08	21,76	31,66	35,61	19,70	28,66	32,24	17,68	25,72	28,93	15,71	22,85	25,70
	VI	967,58	53,21	77,40	87,08																				
2 933,99	I,IV	514,58	28,30	41,16	46,31	I	514,58	23,92	34,80	39,15	19,74	28,72	32,31	15,75	22,91	25,77	11,95	17,38	19,55	8,34	12,13	13,64	1,68	7,15	8,04
	II	479,66	26,38	38,37	43,16	II	479,66	22,09	32,13	36,14	17,98	26,16	29,43	14,08	20,48	23,04	10,36	15,07	16,95	6,83	9,94	11,18	—	5,13	5,77
	III	237,50	13,06	19,—	21,37	III	237,50	2,83	14,09	15,85	—	9,49	10,67	—	5,45	6,13	—	1,97	2,21	—	—	—	—	—	—
	V	936,66	51,51	74,93	84,29	IV	514,58	26,09	37,95	42,69	23,92	34,80	39,15	21,81	31,73	35,69	19,74	28,72	32,31	17,72	25,78	29,—	15,75	22,91	25,77
	VI	968,91	53,29	77,51	87,20																				
2 936,99	I,IV	515,58	28,35	41,24	46,40	I	515,58	23,98	34,88	39,24	19,79	28,79	32,39	15,79	22,98	25,85	11,99	17,44	19,62	8,38	12,19	13,71	1,83	7,21	8,11
	II	480,58	26,43	38,44	43,25	II	480,58	22,13	32,20	36,22	18,03	26,23	29,51	14,12	20,54	23,11	10,40	15,13	17,02	6,87	9,99	11,24	—	5,18	5,82
	III	238,33	13,10	19,06	21,44	III	238,33	3,—	14,16	15,93	—	9,54	10,73	—	5,50	6,19	—	2,02	2,27	—	—	—	—	—	—
	V	937,91	51,58	75,03	84,41	IV	515,58	26,14	38,02	42,77	23,98	34,88	39,24	21,86	31,80	35,77	19,79	28,79	32,39	17,77	25,85	29,08	15,79	22,98	25,85
	VI	970,16	53,35	77,61	87,31																				
2 939,99	I,IV	516,50	28,40	41,32	46,48	I	516,50	24,03	34,95	39,32	19,84	28,86	32,46	15,84	23,04	25,92	12,04	17,51	19,70	8,42	12,25	13,78	1,96	7,26	8,17
	II	481,50	26,48	38,52	43,33	II	481,50	22,18	32,27	36,30	18,08	26,30	29,59	14,17	20,61	23,18	10,44	15,19	17,09	6,91	10,05	11,30	—	5,23	5,88
	III	239,16	13,15	19,13	21,52	III	239,16	3,16	14,22	16,—	—	9,61	10,81	—	5,56	6,25	—	2,06	2,32	—	—	—	—	—	—
	V	939,16	51,65	75,13	84,52	IV	516,50	26,19	38,10	42,86	24,03	34,95	39,32	21,91	31,87	35,85	19,84	28,86	32,46	17,82	25,92	29,16	15,84	23,04	25,92
	VI	971,41	53,42	77,71	87,42																				
2 942,99	I,IV	517,41	28,45	41,39	46,56	I	517,41	24,07	35,02	39,39	19,88	28,92	32,54	15,89	23,11	26,—	12,08	17,57	19,76	8,46	12,30	13,84	2,10	7,32	8,23
	II	482,41	26,53	38,59	43,41	II	482,41	22,23	32,34	36,38	18,12	26,36	29,66	14,21	20,67	23,25	10,48	15,25	17,15	6,94	10,10	11,36	—	5,28	5,94
	III	240,—	13,20	19,20	21,60	III	240,—	3,33	14,29	16,07	—	9,66	10,87	—	5,61	6,31	—	2,10	2,36	—	—	—	—	—	—
	V	940,41	51,72	75,23	84,63	IV	517,41	26,24	38,17	42,94	24,07	35,02	39,39	21,95	31,94	35,93	19,88	28,92	32,54	17,86	25,98	29,23	15,89	23,11	26,—
	VI	972,66	53,49	77,81	87,53																				
2 945,99	I,IV	518,33	28,50	41,46	46,64	I	518,33	24,12	35,09	39,47	19,93	29,—	32,62	15,93	23,18	26,07	12,12	17,63	19,83	8,50	12,36	13,91	2,25	7,38	8,30
	II	483,33	26,58	38,66	43,49	II	483,33	22,28	32,41	36,46	18,17	26,44	29,74	14,25	20,74	23,33	10,52	15,31	17,22	6,98	10,16	11,43	—	5,34	6,—
	III	240,83	13,24	19,26	21,67	III	240,83	3,50	14,36	16,15	—	9,73	10,94	—	5,66	6,37	—	2,16	2,43	—	—	—	—	—	—
	V	941,75	51,79	75,34	84,75	IV	518,33	26,29	38,24	43,02	24,12	35,09	39,47	22,—	32,01	36,01	19,93	29,—	32,62	17,91	26,05	29,30	15,93	23,18	26,07
	VI	973,91	53,56	77,91	87,65																				
2 948,99	I,IV	519,33	28,56	41,54	46,73	I	519,33	24,17	35,16	39,56	19,98	29,06	32,69	15,98	23,24	26,15	12,16	17,70	19,91	8,54	12,42	13,97	2,38	7,43	8,36
	II	484,25	26,63	38,74	43,58	II	484,25	22,33	32,48	36,54	18,22	26,50	29,81	14,30	20,80	23,40	10,56	15,37	17,29	7,03	10,22	11,50	—	5,38	6,05
	III	241,83	13,30	19,34	21,76	III	241,83	3,66	14,42	16,22	—	9,80	11,02	—	5,72	6,43	—	2,20	2,47	—	—	—	—	—	—
	V	943,—	51,86	75,44	84,87	IV	519,33	26,34	38,32	43,11	24,17	35,16	39,56	22,05	32,08	36,09	19,98	29,06	32,69	17,95	26,12	29,38	15,98	23,24	26,15
	VI	975,16	53,63	78,01	87,76																				
2 951,99	I,IV	520,25	28,61	41,62	46,82	I	520,25	24,22	35,24	39,64	20,03	29,14	32,78	16,02	23,31	26,22	12,21	17,76	19,98	8,58	12,48	14,04	2,53	7,49	8,42
	II	485,16	26,68	38,81	43,66	II	485,16	22,38	32,55	36,62	18,26	26,57	29,89	14,34	20,86	23,47	10,61	15,44	17,37	7,07	10,28	11,57	—	5,44	6,12
	III	242,66	13,34	19,41	21,83	III	242,66	3,83	14,49	16,30	—	9,85	11,08	—	5,76	6,48	—	2,24	2,52	—	—	—	—	—	—
	V	944,25	51,93	75,54	84,98	IV	520,25	26,39	38,39	43,19	24,22	35,24	39,64	22,10	32,15	36,17	20,03	29,14	32,78	18,—	26,18	29,45	16,02	23,31	26,22
	VI	976,41	53,70	78,11	87,87																				
2 954,99	I,IV	521,16	28,66	41,69	46,90	I	521,16	24,27	35,31	39,72	20,07	29,20	32,85	16,06	23,37	26,29	12,25	17,82	20,04	8,62	12,54	14,11	2,66	7,54	8,48
	II	486,08	26,73	38,88	43,74	II	486,08	22,43	32,62	36,70	18,31	26,64	29,97	14,38	20,92	23,54	10,65	15,50	17,43	7,10	10,34	11,63	—	5,49	6,17
	III	243,50	13,39	19,48	21,91	III	243,50	4,—	14,56	16,38	—	9,90	11,14	—	5,81	6,53	—	2,29	2,57	—	—	—	—	—	—
	V	945,50	52,—	75,64	85,09	IV	521,16	26,44	38,46	43,27	24,27	35,31	39,72	22,15	32,22	36,24	20,07	29,20	32,85	18,04	26,25	29,53	16,06	23,37	26,29
	VI	977,66	53,77	78,21	87,98																				
2 957,99	I,IV	522,08	28,71	41,76	46,98	I	522,08	24,32	35,38	39,80	20,12	29,27	32,93	16,11	23,44	26,37	12,29	17,88	20,12	8,66	12,60	14,18	2,80	7,60	8,55
	II	487,—	26,78	38,96	43,83	II	487,—	22,47	32,69	36,77	18,36	26,70	30,04	14,43	20,99	23,61	10,69	15,56	17,50	7,15	10,40	11,70	—	5,54	6,23
	III	244,33	13,43	19,54	21,98	III	244,33	4,16	14,62	16,45	—	9,97	11,21	—	5,86	6,59	—	2,33	2,62	—	—	—	—	—	—
	V	946,75	52,07	75,74	85,20	IV	522,08	26,49	38,54	43,35	24,32	35,38	39,80	22,20	32,29	36,32	20,12	29,27	32,93	18,09	26,32	29,61	16,11	23,44	26,37
	VI	978,91	53,84	78,31	88,10																				
2 960,99	I,IV	523,08	28,76	41,84	47,07	I	523,08	24,37	35,45	39,88	20,17	29,34	33,—	16,16	23,50	26,44	12,33	17,94	20,18	8,70	12,66	14,24	2,95	7,66	8,61
	II	487,91	26,83	39,03	43,91	II	487,91	22,52	32,76	36,86	18,40	26,77	30,11	14,47	21,06	23,69	10,73	15,62	17,57	7,19	10,46	11,76	—	5,60	6,30
	III	245,16	13,48	19,61	22,06	III	245,16	4,33	14,69	16,52	—	10,04	11,29	—	5,92	6,66	—	2,38	2,68	—	—	—	—	—	—
	V	948,—	52,14	75,84	85,32	IV	523,08	26,54	38,61	43,43	24,37	35,45	39,88	22,25	32,36	36,41	20,17	29,34	33,—	18,14	26,39	29,69	16,16	23,50	26,44
	VI	980,25	53,91	78,42	88,22																				
2 963,99	I,IV	524,—	28,82	41,92	47,16	I	524,—	24,42	35,52	39,96	20,22	29,41	33,08	16,20	23,57	26,51	12,37	18,—	20,25	8,74	12,72	14,31	3,08	7,71	8,67
	II	488,83	26,88	39,10	43,99	II	488,83	22,57	32,83	36,93	18,45	26,84	30,19	14,52	21,12	23,76	10,78	15,68	17,64	7,22	10,51	11,82	—	5,64	6,35
	III	246,—	13,53	19,68	22,14	III	246,—	4,50	14,76	16,60	—	10,09	11,35	—	5,97	6,71	—	2,42	2,72	—	—	—	—	—	—
	V	949,25	52,20	75,94	85,43	IV	524,—	26,59	38,68	43,52	24,42	35,52	39,96	22,29	32,43	36,48	20,22	29,41	33,08	18,18	26,45	29,75	16,20	23,57	26,51
	VI	981,50	53,98	78,52	88,33																				
2 966,99	I,IV	524,91	28,87	41,99	47,24	I	524,91	24,47	35,60	40,05	20,26	29,48	33,16	16,25	23,64	26,59	12,42	18,07	20,33	8,79	12,78	14,38	3,23	7,77	8,74
	II	489,75	26,93	39,18	44,07	II	489,75	22,62	32,90	37,01	18,49	26,90	30,26	14,56	21,18	23,83	10,82	15,74	17,70	7,26	10,57	11,89	—	5,70	6,41
	III	247,—	13,58	19,76	22,23	III	247,—	4,66	14,82	16,67	—	10,16	11,43	—	6,02	6,77	—	2,46	2,77	—	—	—	—	—	—
	V	950,50	52,27	76,04	85,54	IV	524,91	26,64	38,76	43,60	24,47	35,60	40,05	22,34	32,50	36,56	20,26	29,48	33,16	18,23	26,52	29,84	16,25	23,64	26,59
	VI	982,75	54,05	78,62	88,44																				
2 969,99	I,IV	525,91	28,92	42,07	47,33	I	525,91	24,52	35,67	40,13	20,31	29,54	33,23	16,29	23,70	26,66	12,46	18,13	20,39	8,83	12,84	14,45	3,36	7,82	8,80
	II	490,75	26,99	39,26	44,16	II	490,75	22,67	32,98	37,10	18,54	26,98	30,35	14,61	21,25	23,90	10,86	15,80	17,77	7,31	10,63	11,96	—	5,75	6,47
	III	247,83	13,63	19,82	22,30	III	247,83	4,83	14,89	16,75	—	10,21	11,48	—	6,08	6,84	—	2,52	2,83	—	—	—	—	—	—
	V	951,83	52,35	76,14	85,66	IV	525,91	26,69	38,83	43,68	24,52	35,67	40,13	22,39	32,57	36,64	20,31	29,54	33,23	18,28	26,59	29,91	16,29	23,70	26,66
	VI	984,—	54,12	78,72	88,56																				

* Die ausgewiesenen Tabellenwerte sind amtlich. Siehe Erläuterungen auf der Umschlaginnenseite (U2).
** Bei mehr als 3 Kinderfreibeträgen ist die „Ergänzungs-Tabelle 3,5 bis 6 Kinderfreibeträge" anzuwenden.

Lohn/ Gehalt bis €*	Abzüge an Lohnsteuer, Solidaritätszuschlag (SolZ) und Kirchensteuer (8%, 9%) in den Steuerklassen																								
	I – VI					I, II, III, IV																			
		ohne Kinder-freibeträge						mit Zahl der Kinderfreibeträge . . .																	
								0,5			1			1,5			2			2,5			3**		
		LSt	SolZ	8%	9%		LSt	SolZ	8%	9%	SolZ	8%	9%	SolZ	8%	9%	SolZ	8%	9%	SolZ	8%	9%	SolZ	8%	9%
2 972,99	I,IV	526,83	28,97	42,14	47,41	I	526,83	24,57	35,74	40,21	20,36	29,62	33,32	16,34	23,77	26,74	12,51	18,20	20,47	8,86	12,90	14,51	3,51	7,88	8,87
	II	491,66	27,04	39,33	44,24	II	491,66	22,72	33,05	37,18	18,59	27,04	30,42	14,65	21,32	23,98	10,90	15,86	17,84	7,34	10,68	12,02	—	5,80	6,53
	III	248,66	13,67	19,89	22,37	III	248,66	5,03	14,97	16,84	—	10,28	11,56	—	6,13	6,89	—	2,56	2,88	—	—	—	—	—	—
	V	953,08	52,41	76,24	85,77	IV	526,83	26,75	38,91	43,77	24,57	35,74	40,21	22,44	32,64	36,72	20,36	29,62	33,32	18,32	26,66	29,99	16,34	23,77	26,74
	VI	985,25	54,18	78,82	88,67																				
2 975,99	I,IV	527,75	29,02	42,22	47,49	I	527,75	24,62	35,81	40,28	20,40	29,68	33,39	16,38	23,83	26,81	12,55	18,26	20,54	8,91	12,96	14,58	3,65	7,94	8,93
	II	492,58	27,09	39,40	44,33	II	492,58	22,77	33,12	37,26	18,64	27,11	30,50	14,69	21,38	24,05	10,94	15,92	17,91	7,38	10,74	12,08	—	5,86	6,59
	III	249,50	13,72	19,96	22,45	III	249,50	5,16	15,02	16,90	—	10,33	11,62	—	6,18	6,95	—	2,61	2,93	—	—	—	—	—	—
	V	954,33	52,48	76,34	85,88	IV	527,75	26,79	38,98	43,85	24,62	35,81	40,28	22,49	32,71	36,80	20,40	29,68	33,39	18,37	26,72	30,06	16,38	23,83	26,81
	VI	986,50	54,25	78,92	88,78																				
2 978,99	I,IV	528,66	29,07	42,29	47,57	I	528,66	24,67	35,88	40,37	20,45	29,75	33,47	16,43	23,90	26,88	12,59	18,32	20,61	8,95	13,02	14,64	3,78	7,99	8,99
	II	493,50	27,14	39,48	44,41	II	493,50	22,82	33,19	37,34	18,68	27,18	30,57	14,74	21,44	24,12	10,99	15,98	17,98	7,42	10,80	12,15	—	5,91	6,65
	III	250,33	13,76	20,02	22,52	III	250,33	5,33	15,09	16,97	—	10,40	11,70	—	6,24	7,02	—	2,65	2,98	—	—	—	—	—	—
	V	955,58	52,55	76,44	86,—	IV	528,66	26,85	39,06	43,94	24,67	35,88	40,37	22,54	32,78	36,88	20,45	29,75	33,47	18,42	26,79	30,14	16,43	23,90	26,88
	VI	987,75	54,32	79,02	88,89																				
2 981,99	I,IV	529,66	29,13	42,37	47,66	I	529,66	24,72	35,96	40,45	20,50	29,82	33,55	16,47	23,96	26,96	12,64	18,38	20,68	8,99	13,08	14,71	3,93	8,05	9,05
	II	494,41	27,19	39,55	44,49	II	494,41	22,86	33,26	37,41	18,73	27,24	30,65	14,78	21,50	24,19	11,03	16,04	18,05	7,47	10,86	12,22	—	5,96	6,71
	III	251,16	13,81	20,09	22,60	III	251,16	5,53	15,17	17,06	—	10,46	11,77	—	6,29	7,07	—	2,69	3,02	—	—	—	—	—	—
	V	956,83	52,62	76,54	86,11	IV	529,66	26,90	39,13	44,02	24,72	35,96	40,45	22,59	32,86	36,96	20,50	29,82	33,55	18,46	26,86	30,21	16,47	23,96	26,96
	VI	989,—	54,39	79,12	89,01																				
2 984,99	I,IV	530,58	29,18	42,44	47,75	I	530,58	24,77	36,03	40,53	20,55	29,89	33,62	16,52	24,03	27,03	12,68	18,44	20,75	9,03	13,14	14,78	4,06	8,10	9,11
	II	495,33	27,24	39,62	44,57	II	495,33	22,91	33,33	37,49	18,77	27,31	30,72	14,83	21,57	24,26	11,07	16,10	18,11	7,50	10,92	12,28	—	6,02	6,77
	III	252,16	13,86	20,17	22,69	III	252,16	5,70	15,24	17,14	—	10,52	11,83	—	6,34	7,13	—	2,74	3,08	—	—	—	—	—	—
	V	958,08	52,69	76,64	86,22	IV	530,58	26,95	39,20	44,10	24,77	36,03	40,53	22,63	32,92	37,04	20,55	29,89	33,62	18,51	26,92	30,29	16,52	24,03	27,03
	VI	990,33	54,46	79,22	89,12																				
2 987,99	I,IV	531,50	29,23	42,52	47,83	I	531,50	24,82	36,10	40,61	20,60	29,96	33,71	16,56	24,10	27,11	12,72	18,51	20,82	9,07	13,20	14,85	4,21	8,16	9,18
	II	496,25	27,29	39,70	44,66	II	496,25	22,96	33,40	37,58	18,82	27,38	30,80	14,87	21,64	24,34	11,11	16,17	18,19	7,54	10,98	12,35	—	6,07	6,83
	III	253,—	13,91	20,24	22,77	III	253,—	5,86	15,30	17,21	—	10,58	11,90	—	6,40	7,20	—	2,78	3,13	—	—	—	—	—	—
	V	959,33	52,76	76,74	86,33	IV	531,50	27,—	39,28	44,19	24,82	36,10	40,61	22,68	33,—	37,12	20,60	29,96	33,71	18,55	26,99	30,36	16,56	24,10	27,11
	VI	991,58	54,53	79,32	89,24																				
2 990,99	I,IV	532,50	29,28	42,60	47,92	I	532,50	24,87	36,18	40,70	20,64	30,03	33,78	16,61	24,16	27,18	12,76	18,57	20,89	9,11	13,26	14,91	4,35	8,22	9,24
	II	497,16	27,34	39,77	44,74	II	497,16	23,01	33,47	37,65	18,87	27,45	30,88	14,92	21,70	24,41	11,16	16,23	18,26	7,59	11,04	12,42	—	6,12	6,89
	III	253,83	13,96	20,30	22,84	III	253,83	6,03	15,37	17,29	—	10,65	11,98	—	6,46	7,27	—	2,84	3,19	—	—	—	—	—	—
	V	960,58	52,83	76,84	86,45	IV	532,50	27,05	39,35	44,27	24,87	36,18	40,70	22,73	33,07	37,20	20,64	30,03	33,78	18,60	27,06	30,44	16,61	24,16	27,18
	VI	992,83	54,60	79,42	89,35																				
2 993,99	I,IV	533,41	29,33	42,67	48,—	I	533,41	24,92	36,25	40,78	20,69	30,10	33,86	16,66	24,23	27,26	12,81	18,64	20,97	9,15	13,32	14,98	4,50	8,28	9,31
	II	498,16	27,39	39,85	44,83	II	498,16	23,06	33,54	37,73	18,92	27,52	30,96	14,96	21,76	24,48	11,20	16,29	18,32	7,63	11,10	12,48	—	6,18	6,95
	III	254,66	14,—	20,37	22,91	III	254,66	6,20	15,44	17,37	—	10,70	12,04	—	6,52	7,33	—	2,88	3,24	—	—	—	—	—	—
	V	961,91	52,90	76,95	86,57	IV	533,41	27,10	39,42	44,35	24,92	36,25	40,78	22,78	33,14	37,28	20,69	30,10	33,86	18,65	27,13	30,52	16,66	24,23	27,26
	VI	994,08	54,67	79,52	89,46																				
2 996,99	I,IV	534,33	29,38	42,74	48,08	I	534,33	24,97	36,32	40,86	20,74	30,17	33,94	16,70	24,30	27,33	12,85	18,70	21,03	9,19	13,38	15,05	4,63	8,33	9,37
	II	499,08	27,44	39,92	44,91	II	499,08	23,10	33,61	37,81	18,96	27,58	31,03	15,01	21,83	24,56	11,24	16,35	18,39	7,66	11,15	12,54	—	6,23	7,01
	III	255,66	14,06	20,45	23,—	III	255,66	6,36	15,50	17,44	—	10,77	12,11	—	6,57	7,39	—	2,93	3,29	—	—	—	—	—	—
	V	963,16	52,97	77,05	86,68	IV	534,33	27,15	39,50	44,43	24,97	36,32	40,86	22,83	33,21	37,36	20,74	30,17	33,94	18,70	27,20	30,60	16,70	24,30	27,33
	VI	995,33	54,74	79,62	89,57																				
2 999,99	I,IV	535,33	29,44	42,82	48,17	I	535,33	25,02	36,39	40,94	20,79	30,24	34,02	16,75	24,36	27,41	12,89	18,76	21,10	9,24	13,44	15,12	4,78	8,39	9,44
	II	500,—	27,50	40,—	45,—	II	500,—	23,15	33,68	37,89	19,01	27,65	31,10	15,05	21,90	24,63	11,28	16,42	18,47	7,70	11,21	12,61	—	6,29	7,07
	III	256,50	14,10	20,52	23,08	III	256,50	6,53	15,57	17,51	—	10,84	12,19	—	6,62	7,45	—	2,97	3,34	—	—	—	—	—	—
	V	964,41	53,04	77,15	86,79	IV	535,33	27,20	39,57	44,51	25,02	36,39	40,94	22,88	33,28	37,44	20,79	30,24	34,02	18,74	27,26	30,67	16,75	24,36	27,41
	VI	996,58	54,81	79,72	89,69																				
3 002,99	I,IV	536,25	29,49	42,90	48,26	I	536,25	25,07	36,46	41,02	20,84	30,31	34,10	16,79	24,43	27,48	12,94	18,82	21,17	9,28	13,50	15,18	4,91	8,44	9,50
	II	500,91	27,55	40,07	45,08	II	500,91	23,21	33,76	37,98	19,05	27,72	31,18	15,09	21,96	24,70	11,33	16,48	18,54	7,75	11,27	12,68	—	6,34	7,13
	III	257,33	14,15	20,58	23,15	III	257,33	6,70	15,64	17,59	—	10,89	12,25	—	6,68	7,51	—	3,02	3,40	—	—	—	—	—	—
	V	965,66	53,11	77,25	86,90	IV	536,25	27,26	39,65	44,60	25,07	36,46	41,02	22,93	33,35	37,52	20,84	30,31	34,10	18,79	27,33	30,74	16,79	24,43	27,48
	VI	997,83	54,88	79,82	89,80																				
3 005,99	I,IV	537,16	29,54	42,97	48,34	I	537,16	25,12	36,54	41,10	20,88	30,38	34,17	16,83	24,49	27,55	12,98	18,88	21,24	9,32	13,56	15,25	5,06	8,50	9,56
	II	501,83	27,60	40,14	45,16	II	501,83	23,25	33,82	38,05	19,10	27,78	31,25	15,14	22,02	24,77	11,37	16,54	18,60	7,78	11,32	12,74	—	6,40	7,20
	III	258,16	14,19	20,65	23,23	III	258,16	6,86	15,70	17,66	—	10,96	12,33	—	6,73	7,57	—	3,06	3,44	—	—	—	—	—	—
	V	966,91	53,18	77,35	87,02	IV	537,16	27,30	39,72	44,68	25,12	36,54	41,10	22,98	33,42	37,60	20,88	30,38	34,17	18,83	27,40	30,82	16,83	24,49	27,55
	VI	999,08	54,94	79,92	89,91																				
3 008,99	I,IV	538,16	29,59	43,05	48,43	I	538,16	25,17	36,61	41,18	20,93	30,44	34,25	16,88	24,56	27,63	13,03	18,95	21,32	9,36	13,62	15,32	5,20	8,56	9,63
	II	502,75	27,65	40,22	45,24	II	502,75	23,30	33,90	38,13	19,15	27,86	31,34	15,18	22,09	24,85	11,41	16,60	18,67	7,82	11,38	12,80	—	6,45	7,25
	III	259,—	14,24	20,72	23,31	III	259,—	7,03	15,77	17,74	—	11,02	12,40	—	6,78	7,63	—	3,12	3,51	—	0,01	0,01	—	—	—
	V	968,16	53,24	77,45	87,13	IV	538,16	27,36	39,80	44,77	25,17	36,61	41,18	23,02	33,49	37,67	20,93	30,44	34,25	18,88	27,47	30,90	16,88	24,56	27,63
	VI	1 000,41	55,02	80,03	90,03																				
3 011,99	I,IV	539,08	29,64	43,12	48,51	I	539,08	25,22	36,68	41,27	20,98	30,52	34,33	16,93	24,62	27,70	13,07	19,01	21,38	9,40	13,68	15,39	5,35	8,62	9,69
	II	503,75	27,70	40,30	45,33	II	503,75	23,35	33,97	38,21	19,19	27,92	31,41	15,23	22,16	24,93	11,45	16,66	18,74	7,86	11,44	12,87	0,06	6,50	7,31
	III	260,—	14,30	20,80	23,40	III	260,—	7,20	15,84	17,82	—	11,08	12,46	—	6,84	7,69	—	3,16	3,55	—	0,05	0,05	—	—	—
	V	969,41	53,31	77,55	87,24	IV	539,08	27,41	39,87	44,85	25,22	36,68	41,27	23,07	33,56	37,76	20,98	30,52	34,33	18,93	27,54	30,98	16,93	24,62	27,70
	VI	1 001,66	55,09	80,13	90,14																				
3 014,99	I,IV	540,08	29,70	43,20	48,60	I	540,08	25,27	36,76	41,35	21,02	30,58	34,40	16,97	24,69	27,77	13,11	19,08	21,46	9,44	13,74	15,45	5,48	8,67	9,75
	II	504,66	27,75	40,37	45,41	II	504,66	23,40	34,04	38,30	19,24	27,99	31,49	15,27	22,22	24,99	11,49	16,72	18,81	7,91	11,50	12,94	0,21	6,56	7,38
	III	260,83	14,34	20,86	23,47	III	260,83	7,36	15,90	17,89	—	11,14	12,53	—	6,89	7,75	—	3,21	3,61	—	0,09	0,10	—	—	—
	V	970,66	53,38	77,65	87,35	IV	540,08	27,46	39,94	44,93	25,27	36,76	41,35	23,12	33,64	37,84	21,02	30,58	34,40	18,97	27,60	31,05	16,97	24,69	27,77
	VI	1 002,91	55,16	80,23	90,26																				

* Die ausgewiesenen Tabellenwerte sind amtlich. Siehe Erläuterungen auf der Umschlaginnenseite (U2).
** Bei mehr als 3 Kinderfreibeträgen ist die „Ergänzungs-Tabelle 3,5 bis 6 Kinderfreibeträge" anzuwenden.

Abzüge an Lohnsteuer, Solidaritätszuschlag (SolZ) und Kirchensteuer (8%, 9%) in den Steuerklassen

Lohn/ Gehalt bis €*	I – VI					I, II, III, IV		mit Zahl der Kinderfreibeträge . . .																	
			ohne Kinderfreibeträge					0,5			1			1,5			2			2,5			3**		
		LSt	SolZ	8%	9%		LSt	SolZ	8%	9%	SolZ	8%	9%	SolZ	8%	9%	SolZ	8%	9%	SolZ	8%	9%	SolZ	8%	9%
3 017,99	I,IV	541,—	29,75	43,28	48,69	I	541,—	25,31	36,82	41,42	21,07	30,66	34,49	17,02	24,76	27,85	13,15	19,14	21,53	9,48	13,80	15,52	5,63	8,73	9,82
	II	505,58	27,80	40,44	45,50	II	505,58	23,45	34,11	38,37	19,29	28,06	31,56	15,32	22,28	25,07	11,54	16,78	18,88	7,95	11,56	13,01	0,35	6,62	7,44
	III	261,66	14,39	20,93	23,54	III	261,66	7,56	15,98	17,98	—	11,21	12,61	—	6,94	7,81	—	3,25	3,65	—	0,13	0,14	—	—	—
	V	971,91	53,45	77,75	87,47	IV	541,—	27,51	40,02	45,02	25,31	36,82	41,42	23,17	33,70	37,91	21,07	30,66	34,49	19,02	27,67	31,13	17,02	24,76	27,85
	VI	1 004,16	55,22	80,33	90,37																				
3 020,99	I,IV	541,91	29,80	43,35	48,77	I	541,91	25,36	36,90	41,51	21,12	30,72	34,56	17,06	24,82	27,92	13,20	19,20	21,60	9,52	13,86	15,59	5,76	8,78	9,88
	II	506,50	27,85	40,52	45,58	II	506,50	23,50	34,18	38,45	19,34	28,13	31,64	15,36	22,35	25,14	11,58	16,84	18,95	7,98	11,62	13,07	0,48	6,67	7,50
	III	262,50	14,43	21,—	23,62	III	262,50	7,73	16,05	18,05	—	11,28	12,69	—	7,01	7,88	—	3,30	3,71	—	0,17	0,19	—	—	—
	V	973,25	53,52	77,86	87,59	IV	541,91	27,56	40,09	45,10	25,36	36,90	41,51	23,22	33,78	38,—	21,12	30,72	34,56	19,07	27,74	31,20	17,06	24,82	27,92
	VI	1 005,41	55,29	80,43	90,48																				
3 023,99	I,IV	542,91	29,86	43,43	48,86	I	542,91	25,42	36,98	41,60	21,17	30,80	34,65	17,11	24,89	28,—	13,24	19,26	21,67	9,57	13,92	15,66	5,91	8,84	9,95
	II	507,41	27,90	40,59	45,66	II	507,41	23,55	34,26	38,54	19,38	28,20	31,72	15,41	22,42	25,22	11,62	16,91	19,02	8,03	11,68	13,14	0,61	6,72	7,56
	III	263,50	14,49	21,08	23,71	III	263,50	7,90	16,12	18,13	—	11,34	12,76	—	7,06	7,94	—	3,36	3,78	—	0,21	0,23	—	—	—
	V	974,50	53,59	77,96	87,70	IV	542,91	27,61	40,17	45,19	25,42	36,98	41,60	23,27	33,85	38,08	21,17	30,80	34,65	19,12	27,81	31,28	17,11	24,89	28,—
	VI	1 006,66	55,36	80,53	90,59																				
3 026,99	I,IV	543,83	29,91	43,50	48,94	I	543,83	25,46	37,04	41,67	21,22	30,86	34,72	17,16	24,96	28,08	13,29	19,33	21,74	9,61	13,98	15,72	6,05	8,90	10,01
	II	508,33	27,95	40,66	45,74	II	508,33	23,59	34,32	38,61	19,43	28,26	31,79	15,45	22,48	25,29	11,66	16,97	19,09	8,07	11,74	13,20	0,76	6,78	7,63
	III	264,33	14,53	21,14	23,78	III	264,33	8,06	16,18	18,20	—	11,40	12,82	—	7,12	8,01	—	3,40	3,82	—	0,25	0,28	—	—	—
	V	975,75	53,66	78,06	87,81	IV	543,83	27,66	40,24	45,27	25,46	37,04	41,67	23,32	33,92	38,16	21,22	30,86	34,72	19,16	27,88	31,36	17,16	24,96	28,08
	VI	1 007,91	55,43	80,63	90,71																				
3 029,99	I,IV	544,83	29,96	43,58	49,03	I	544,83	25,52	37,12	41,76	21,26	30,93	34,79	17,20	25,02	28,15	13,33	19,39	21,81	9,65	14,04	15,79	6,16	8,96	10,08
	II	509,33	28,01	40,74	45,83	II	509,33	23,65	34,40	38,70	19,47	28,33	31,87	15,50	22,54	25,36	11,71	17,03	19,16	8,11	11,80	13,27	0,90	6,84	7,69
	III	265,16	14,58	21,21	23,86	III	265,16	8,23	16,25	18,28	—	11,46	12,89	—	7,17	8,06	—	3,45	3,88	—	0,29	0,32	—	—	—
	V	977,—	53,73	78,16	87,93	IV	544,83	27,72	40,32	45,36	25,52	37,12	41,76	23,37	33,99	38,24	21,26	30,93	34,79	19,21	27,94	31,43	17,20	25,02	28,15
	VI	1 009,16	55,50	80,73	90,82																				
3 032,99	I,IV	545,75	30,01	43,66	49,11	I	545,75	25,57	37,19	41,84	21,31	31,—	34,88	17,25	25,09	28,22	13,37	19,46	21,89	9,69	14,10	15,86	6,19	9,01	10,13
	II	510,25	28,06	40,82	45,92	II	510,25	23,70	34,47	38,78	19,52	28,40	31,95	15,54	22,61	25,43	11,75	17,09	19,22	8,15	11,86	13,34	1,03	6,89	7,75
	III	266,—	14,63	21,28	23,94	III	266,—	8,40	16,32	18,36	—	11,53	12,97	—	7,22	8,12	—	3,49	3,92	—	0,33	0,37	—	—	—
	V	978,25	53,80	78,26	88,04	IV	545,75	27,77	40,39	45,44	25,57	37,19	41,84	23,42	34,06	38,32	21,31	31,—	34,88	19,25	28,01	31,51	17,25	25,09	28,22
	VI	1 010,41	55,57	80,83	90,93																				
3 035,99	I,IV	546,75	30,07	43,74	49,20	I	546,75	25,62	37,26	41,92	21,36	31,07	34,95	17,29	25,16	28,30	13,42	19,52	21,96	9,73	14,16	15,93	6,23	9,07	10,20
	II	511,16	28,11	40,89	46,—	II	511,16	23,75	34,54	38,86	19,57	28,47	32,03	15,59	22,68	25,51	11,79	17,16	19,30	8,19	11,92	13,41	1,18	6,95	7,82
	III	266,83	14,67	21,34	24,01	III	266,83	8,56	16,38	18,43	—	11,58	13,03	—	7,28	8,19	—	3,54	3,98	—	0,37	0,41	—	—	—
	V	979,50	53,87	78,36	88,15	IV	546,75	27,82	40,46	45,52	25,62	37,26	41,92	23,47	34,14	38,40	21,36	31,07	34,95	19,30	28,08	31,59	17,29	25,16	28,30
	VI	1 011,75	55,64	80,94	91,05																				
3 038,99	I,IV	547,66	30,12	43,81	49,28	I	547,66	25,67	37,34	42,—	21,41	31,14	35,03	17,34	25,22	28,37	13,46	19,58	22,03	9,77	14,22	15,99	6,27	9,12	10,26
	II	512,08	28,16	40,96	46,08	II	512,08	23,79	34,61	38,93	19,62	28,54	32,10	15,63	22,74	25,58	11,83	17,22	19,37	8,23	11,97	13,46	1,31	7,—	7,88
	III	267,66	14,72	21,41	24,08	III	267,66	8,73	16,45	18,50	—	11,65	13,10	—	7,33	8,24	—	3,58	4,03	—	0,41	0,46	—	—	—
	V	980,75	53,94	78,46	88,26	IV	547,66	27,87	40,54	45,60	25,67	37,34	42,—	23,51	34,20	38,48	21,41	31,14	35,03	19,35	28,15	31,67	17,34	25,22	28,37
	VI	1 013,—	55,71	81,04	91,17																				
3 041,99	I,IV	548,58	30,17	43,88	49,37	I	548,58	25,72	37,41	42,08	21,45	31,21	35,11	17,38	25,29	28,45	13,50	19,64	22,10	9,81	14,28	16,06	6,31	9,18	10,33
	II	513,—	28,21	41,04	46,17	II	513,—	23,84	34,68	39,02	19,66	28,60	32,18	15,67	22,80	25,65	11,88	17,28	19,44	8,27	12,03	13,53	1,45	7,06	7,94
	III	268,50	14,76	21,48	24,16	III	268,50	8,86	16,50	18,56	—	11,70	13,16	—	7,38	8,30	—	3,62	4,07	—	0,44	0,49	—	—	—
	V	982,—	54,01	78,56	88,38	IV	548,58	27,92	40,62	45,69	25,72	37,41	42,08	23,56	34,28	38,56	21,45	31,21	35,11	19,40	28,22	31,74	17,38	25,29	28,45
	VI	1 014,25	55,78	81,14	91,28																				
3 044,99	I,IV	549,58	30,22	43,96	49,46	I	549,58	25,77	37,48	42,17	21,50	31,28	35,19	17,43	25,36	28,53	13,55	19,71	22,17	9,85	14,34	16,13	6,35	9,24	10,40
	II	514,—	28,27	41,12	46,26	II	514,—	23,89	34,76	39,10	19,71	28,68	32,26	15,72	22,87	25,73	11,92	17,34	19,51	8,31	12,09	13,60	1,60	7,12	8,01
	III	269,16	14,80	21,53	24,22	III	269,16	9,—	16,56	18,63	—	11,76	13,23	—	7,42	8,35	—	3,66	4,12	—	0,48	0,54	—	—	—
	V	983,33	54,08	78,66	88,49	IV	549,58	27,97	40,69	45,77	25,77	37,48	42,17	23,61	34,35	38,64	21,50	31,28	35,19	19,44	28,28	31,82	17,43	25,36	28,53
	VI	1 015,50	55,85	81,24	91,39																				
3 047,99	I,IV	550,50	30,27	44,04	49,54	I	550,50	25,82	37,56	42,25	21,55	31,35	35,27	17,48	25,42	28,60	13,59	19,77	22,24	9,90	14,40	16,20	6,39	9,30	10,46
	II	514,91	28,32	41,19	46,34	II	514,91	23,94	34,83	39,18	19,76	28,74	32,33	15,77	22,94	25,80	11,96	17,40	19,58	8,35	12,15	13,67	1,73	7,17	8,06
	III	269,83	14,84	21,58	24,28	III	269,83	9,13	16,61	18,68	—	11,81	13,28	—	7,48	8,41	—	3,70	4,16	—	0,50	0,56	—	—	—
	V	984,58	54,15	78,76	88,61	IV	550,50	28,02	40,76	45,86	25,82	37,56	42,25	23,66	34,42	38,72	21,55	31,35	35,27	19,49	28,35	31,89	17,48	25,42	28,60
	VI	1 016,75	55,92	81,34	91,50																				
3 050,99	I,IV	551,50	30,33	44,12	49,63	I	551,50	25,87	37,63	42,33	21,60	31,42	35,35	17,52	25,49	28,67	13,64	19,84	22,32	9,94	14,46	16,26	6,43	9,36	10,53
	II	515,83	28,37	41,26	46,42	II	515,83	23,99	34,90	39,26	19,80	28,81	32,41	15,81	23,—	25,87	12,—	17,46	19,64	8,39	12,21	13,73	1,86	7,22	8,12
	III	270,66	14,88	21,65	24,35	III	270,66	9,26	16,66	18,74	—	11,86	13,34	—	7,52	8,46	—	3,74	4,21	—	0,54	0,61	—	—	—
	V	985,83	54,22	78,86	88,72	IV	551,50	28,07	40,84	45,94	25,87	37,63	42,33	23,71	34,49	38,80	21,60	31,42	35,35	19,54	28,42	31,97	17,52	25,49	28,67
	VI	1 018,—	55,99	81,44	91,62																				
3 053,99	I,IV	552,41	30,38	44,19	49,71	I	552,41	25,92	37,70	42,41	21,65	31,49	35,42	17,57	25,56	28,75	13,68	19,90	22,38	9,98	14,52	16,33	6,47	9,41	10,58
	II	516,75	28,42	41,34	46,50	II	516,75	24,04	34,97	39,34	19,85	28,88	32,49	15,85	23,06	25,94	12,05	17,53	19,72	8,43	12,27	13,80	2,01	7,28	8,19
	III	271,33	14,92	21,70	24,41	III	271,33	9,43	16,73	18,82	—	11,92	13,41	—	7,57	8,51	—	3,78	4,25	—	0,57	0,64	—	—	—
	V	987,08	54,28	78,96	88,83	IV	552,41	28,12	40,91	46,02	25,92	37,70	42,41	23,76	34,56	38,88	21,65	31,49	35,42	19,58	28,49	32,05	17,57	25,56	28,75
	VI	1 019,25	56,05	81,54	91,73																				
3 056,99	I,IV	553,33	30,43	44,26	49,79	I	553,33	25,97	37,78	42,50	21,70	31,56	35,51	17,61	25,62	28,82	13,72	19,96	22,46	10,02	14,58	16,40	6,51	9,47	10,65
	II	517,66	28,47	41,41	46,58	II	517,66	24,09	35,04	39,42	19,90	28,95	32,57	15,90	23,13	26,02	12,09	17,59	19,79	8,47	12,32	13,86	2,15	7,34	8,25
	III	272,—	14,96	21,76	24,48	III	272,—	9,56	16,78	18,88	—	11,97	13,46	—	7,61	8,56	—	3,82	4,30	—	0,61	0,68	—	—	—
	V	988,33	54,35	79,06	88,94	IV	553,33	28,17	40,98	46,10	25,97	37,78	42,50	23,81	34,63	38,96	21,70	31,56	35,51	19,63	28,56	32,13	17,61	25,62	28,82
	VI	1 020,50	56,12	81,64	91,84																				
3 059,99	I,IV	554,33	30,48	44,34	49,88	I	554,33	26,02	37,85	42,58	21,74	31,63	35,58	17,66	25,69	28,90	13,76	20,02	22,52	10,06	14,64	16,47	6,55	9,53	10,72
	II	518,66	28,52	41,49	46,67	II	518,66	24,14	35,12	39,51	19,95	29,02	32,64	15,95	23,20	26,10	12,13	17,65	19,85	8,51	12,38	13,93	2,30	7,40	8,32
	III	272,83	15,—	21,82	24,55	III	272,83	9,70	16,84	18,94	—	12,02	13,52	—	7,66	8,62	—	3,86	4,34	—	0,64	0,72	—	—	—
	V	989,58	54,42	79,16	89,06	IV	554,33	28,23	41,06	46,19	26,02	37,85	42,58	23,86	34,70	39,04	21,74	31,63	35,58	19,68	28,62	32,20	17,66	25,69	28,90
	VI	1 021,83	56,20	81,74	91,96																				

* Die ausgewiesenen Tabellenwerte sind amtlich. Siehe Erläuterungen auf der Umschlaginnenseite (U2).
** Bei mehr als 3 Kinderfreibeträgen ist die „Ergänzungs-Tabelle 3,5 bis 6 Kinderfreibeträge" anzuwenden.

Lohn/ Gehalt bis €*		Abzüge an Lohnsteuer, Solidaritätszuschlag (SolZ) und Kirchensteuer (8%, 9%) in den Steuerklassen																							
		I – VI					I, II, III, IV																		
			ohne Kinderfreibeträge					mit Zahl der Kinderfreibeträge . . .																	
								0,5			1			1,5			2			2,5			3**		
		LSt	SolZ	8%	9%		LSt	SolZ	8%	9%	SolZ	8%	9%	SolZ	8%	9%	SolZ	8%	9%	SolZ	8%	9%	SolZ	8%	9%
3 062,99	I,IV	555,33	30,54	44,42	49,97	I	555,33	26,07	37,92	42,66	21,79	31,70	35,66	17,71	25,76	28,98	13,81	20,09	22,60	10,10	14,70	16,53	6,59	9,58	10,78
	II	519,58	28,57	41,56	46,76	II	519,58	24,19	35,19	39,59	19,99	29,08	32,72	15,99	23,26	26,17	12,18	17,72	19,93	8,55	12,44	14,—	2,43	7,45	8,38
	III	273,50	15,04	21,88	24,61	III	273,50	9,86	16,90	19,01	—	12,08	13,59	—	7,70	8,66	—	3,90	4,39	—	0,68	0,76	—	—	—
	V	990,83	54,49	79,26	89,17	IV	555,33	28,28	41,14	46,28	26,07	37,92	42,66	23,91	34,78	39,12	21,79	31,70	35,66	19,73	28,70	32,28	17,71	25,76	28,98
	VI	1 023,08	56,26	81,84	92,07																				
3 065,99	I,IV	556,25	30,59	44,50	50,06	I	556,25	26,12	38,—	42,75	21,84	31,77	35,74	17,75	25,82	29,05	13,86	20,16	22,68	10,14	14,76	16,60	6,63	9,64	10,85
	II	520,58	28,63	41,64	46,85	II	520,58	24,24	35,26	39,66	20,04	29,16	32,80	16,04	23,33	26,24	12,22	17,78	20,—	8,59	12,50	14,06	2,56	7,50	8,44
	III	274,16	15,07	21,93	24,67	III	274,16	10,—	16,96	19,08	—	12,13	13,64	—	7,76	8,73	—	3,94	4,43	—	0,70	0,79	—	—	—
	V	992,08	54,56	79,36	89,28	IV	556,25	28,33	41,21	46,36	26,12	38,—	42,75	23,96	34,85	39,20	21,84	31,77	35,74	19,77	28,76	32,36	17,75	25,82	29,05
	VI	1 024,33	56,33	81,94	92,18																				
3 068,99	I,IV	557,16	30,64	44,57	50,14	I	557,16	26,17	38,07	42,83	21,89	31,84	35,82	17,80	25,89	29,12	13,90	20,22	22,74	10,18	14,82	16,67	6,66	9,70	10,91
	II	521,50	28,68	41,72	46,93	II	521,50	24,29	35,33	39,74	20,09	29,22	32,87	16,08	23,39	26,31	12,26	17,84	20,07	8,63	12,56	14,13	2,71	7,56	8,51
	III	275,—	15,12	22,—	24,75	III	275,—	10,13	17,01	19,13	—	12,18	13,70	—	7,80	8,77	—	3,98	4,48	—	0,74	0,83	—	—	—
	V	993,41	54,63	79,47	89,40	IV	557,16	28,38	41,28	46,44	26,17	38,07	42,83	24,—	34,92	39,28	21,89	31,84	35,82	19,82	28,83	32,43	17,80	25,89	29,12
	VI	1 025,58	56,40	82,04	92,30																				
3 071,99	I,IV	558,16	30,69	44,65	50,23	I	558,16	26,22	38,14	42,91	21,94	31,91	35,90	17,84	25,96	29,20	13,94	20,28	22,82	10,23	14,88	16,74	6,71	9,76	10,98
	II	522,41	28,73	41,79	47,01	II	522,41	24,34	35,40	39,83	20,13	29,29	32,95	16,12	23,46	26,39	12,31	17,90	20,14	8,68	12,62	14,20	2,85	7,62	8,57
	III	275,66	15,16	22,05	24,80	III	275,66	10,26	17,06	19,19	—	12,24	13,77	—	7,85	8,83	—	4,02	4,52	—	0,78	0,88	—	—	—
	V	994,66	54,70	79,57	89,51	IV	558,16	28,43	41,36	46,53	26,22	38,14	42,91	24,05	34,99	39,36	21,94	31,91	35,90	19,87	28,90	32,51	17,84	25,96	29,20
	VI	1 026,83	56,47	82,14	92,41																				
3 074,99	I,IV	559,08	30,74	44,72	50,31	I	559,08	26,27	38,22	42,99	21,99	31,98	35,98	17,89	26,02	29,27	13,98	20,34	22,88	10,27	14,94	16,81	6,75	9,82	11,04
	II	523,33	28,78	41,86	47,09	II	523,33	24,39	35,48	39,91	20,18	29,36	33,03	16,17	23,52	26,46	12,35	17,96	20,21	8,72	12,68	14,27	3,—	7,68	8,64
	III	276,50	15,20	22,12	24,88	III	276,50	10,40	17,12	19,26	—	12,29	13,82	—	7,89	8,87	—	4,06	4,57	—	0,81	0,91	—	—	—
	V	995,91	54,77	79,67	89,63	IV	559,08	28,49	41,44	46,62	26,27	38,22	42,99	24,10	35,06	39,44	21,99	31,98	35,98	19,91	28,97	32,59	17,89	26,02	29,27
	VI	1 028,08	56,54	82,24	92,52																				
3 077,99	I,IV	560,08	30,80	44,80	50,40	I	560,08	26,32	38,29	43,07	22,03	32,05	36,05	17,93	26,09	29,35	14,03	20,41	22,96	10,31	15,—	16,88	6,78	9,87	11,10
	II	524,25	28,83	41,94	47,18	II	524,25	24,43	35,54	39,98	20,23	29,43	33,11	16,22	23,59	26,54	12,39	18,02	20,27	8,75	12,74	14,33	3,13	7,73	8,69
	III	277,16	15,24	22,17	24,94	III	277,16	10,56	17,18	19,33	—	12,34	13,88	—	7,94	8,93	—	4,10	4,61	—	0,85	0,95	—	—	—
	V	997,16	54,84	79,77	89,74	IV	560,08	28,54	41,51	46,70	26,32	38,29	43,07	24,15	35,14	39,53	22,03	32,05	36,05	19,96	29,04	32,67	17,93	26,09	29,35
	VI	1 029,33	56,61	82,34	92,63																				
3 080,99	I,IV	561,—	30,85	44,88	50,49	I	561,—	26,37	38,36	43,16	22,08	32,12	36,14	17,98	26,16	29,43	14,07	20,47	23,03	10,35	15,06	16,94	6,82	9,93	11,17
	II	525,25	28,88	42,02	47,27	II	525,25	24,48	35,62	40,07	20,28	29,50	33,18	16,26	23,66	26,61	12,43	18,09	20,35	8,80	12,80	14,40	3,26	7,78	8,75
	III	277,83	15,28	22,22	25,—	III	277,83	10,70	17,24	19,39	—	12,40	13,95	—	7,98	8,98	—	4,16	4,68	—	0,88	0,99	—	—	—
	V	998,41	54,91	79,87	89,85	IV	561,—	28,59	41,58	46,78	26,37	38,36	43,16	24,20	35,21	39,61	22,08	32,12	36,14	20,01	29,10	32,74	17,98	26,16	29,43
	VI	1 030,58	56,68	82,44	92,75																				
3 083,99	I,IV	562,—	30,91	44,96	50,58	I	562,—	26,42	38,44	43,24	22,13	32,19	36,21	18,03	26,22	29,50	14,12	20,54	23,10	10,39	15,12	17,01	6,87	9,99	11,24
	II	526,16	28,93	42,09	47,35	II	526,16	24,53	35,69	40,15	20,33	29,57	33,26	16,31	23,72	26,69	12,48	18,15	20,42	8,84	12,86	14,46	3,41	7,84	8,82
	III	278,66	15,32	22,29	25,07	III	278,66	10,83	17,29	19,45	—	12,45	14,—	—	8,04	9,04	—	4,20	4,72	—	0,92	1,03	—	—	—
	V	999,66	54,98	79,97	89,96	IV	562,—	28,64	41,66	46,87	26,42	38,44	43,24	24,25	35,28	39,69	22,13	32,19	36,21	20,06	29,18	32,82	18,03	26,22	29,50
	VI	1 031,91	56,75	82,55	92,87																				
3 086,99	I,IV	563,—	30,96	45,04	50,67	I	563,—	26,47	38,51	43,32	22,18	32,26	36,29	18,08	26,30	29,58	14,16	20,60	23,18	10,44	15,18	17,08	6,90	10,04	11,30
	II	527,16	28,99	42,17	47,44	II	527,16	24,58	35,76	40,23	20,37	29,64	33,34	16,35	23,79	26,76	12,52	18,22	20,49	8,88	12,92	14,53	3,55	7,90	8,88
	III	279,33	15,36	22,34	25,13	III	279,33	11,—	17,36	19,53	—	12,50	14,06	—	8,09	9,10	—	4,24	4,77	—	0,96	1,08	—	—	—
	V	1 000,91	55,05	80,07	90,08	IV	563,—	28,69	41,74	46,95	26,47	38,51	43,32	24,30	35,35	39,77	22,18	32,26	36,29	20,10	29,24	32,90	18,08	26,30	29,58
	VI	1 033,16	56,82	82,65	92,98																				
3 089,99	I,IV	563,91	31,01	45,11	50,75	I	563,91	26,52	38,58	43,40	22,22	32,33	36,37	18,12	26,36	29,66	14,20	20,66	23,24	10,48	15,24	17,15	6,94	10,10	11,36
	II	528,08	29,04	42,24	47,52	II	528,08	24,64	35,84	40,32	20,42	29,70	33,41	16,39	23,85	26,83	12,56	18,28	20,56	8,92	12,98	14,60	3,70	7,96	8,95
	III	280,—	15,40	22,40	25,20	III	280,—	11,13	17,41	19,58	—	12,56	14,13	—	8,13	9,14	—	4,28	4,81	—	0,98	1,10	—	—	—
	V	1 002,16	55,11	80,17	90,19	IV	563,91	28,74	41,81	47,03	26,52	38,58	43,40	24,35	35,42	39,85	22,22	32,33	36,37	20,15	29,31	32,97	18,12	26,36	29,66
	VI	1 034,41	56,89	82,75	93,09																				
3 092,99	I,IV	564,83	31,06	45,18	50,83	I	564,83	26,57	38,66	43,49	22,27	32,40	36,45	18,17	26,43	29,73	14,25	20,73	23,32	10,52	15,30	17,21	6,98	10,16	11,43
	II	529,—	29,09	42,32	47,61	II	529,—	24,69	35,91	40,40	20,47	29,78	33,50	16,44	23,92	26,91	12,60	18,34	20,63	8,96	13,04	14,67	3,83	8,01	9,01
	III	280,83	15,44	22,46	25,27	III	280,83	11,26	17,46	19,64	—	12,61	14,18	—	8,18	9,20	—	4,32	4,86	—	1,02	1,15	—	—	—
	V	1 003,41	55,18	80,27	90,30	IV	564,83	28,80	41,89	47,12	26,57	38,66	43,49	24,40	35,50	39,93	22,27	32,40	36,45	20,20	29,38	33,05	18,17	26,43	29,73
	VI	1 035,66	56,96	82,85	93,20																				
3 095,99	I,IV	565,83	31,12	45,26	50,92	I	565,83	26,62	38,73	43,57	22,33	32,48	36,54	18,21	26,50	29,81	14,29	20,79	23,39	10,56	15,37	17,29	7,02	10,22	11,49
	II	529,91	29,14	42,39	47,69	II	529,91	24,74	35,98	40,48	20,51	29,84	33,57	16,49	23,98	26,98	12,65	18,40	20,70	9,—	13,10	14,73	3,98	8,07	9,08
	III	281,50	15,48	22,52	25,33	III	281,50	11,40	17,52	19,71	—	12,66	14,24	—	8,22	9,25	—	4,36	4,90	—	1,05	1,18	—	—	—
	V	1 004,75	55,26	80,38	90,42	IV	565,83	28,85	41,96	47,21	26,62	38,73	43,57	24,45	35,57	40,01	22,33	32,48	36,54	20,24	29,45	33,13	18,21	26,50	29,81
	VI	1 036,91	57,03	82,95	93,32																				
3 098,99	I,IV	566,75	31,17	45,34	51,—	I	566,75	26,67	38,80	43,65	22,37	32,54	36,61	18,26	26,56	29,88	14,34	20,86	23,46	10,61	15,43	17,36	7,06	10,28	11,56
	II	530,91	29,20	42,47	47,78	II	530,91	24,78	36,05	40,55	20,56	29,91	33,65	16,53	24,05	27,05	12,69	18,46	20,77	9,04	13,16	14,80	4,11	8,12	9,14
	III	282,33	15,52	22,58	25,40	III	282,33	11,56	17,58	19,78	—	12,72	14,31	—	8,28	9,31	—	4,40	4,95	—	1,09	1,22	—	—	—
	V	1 006,—	55,33	80,48	90,54	IV	566,75	28,90	42,04	47,29	26,67	38,80	43,65	24,50	35,64	40,09	22,37	32,54	36,61	20,29	29,52	33,21	18,26	26,56	29,88
	VI	1 038,16	57,09	83,05	93,43																				
3 101,99	I,IV	567,75	31,22	45,42	51,09	I	567,75	26,73	38,88	43,74	22,42	32,62	36,69	18,31	26,63	29,96	14,38	20,92	23,54	10,65	15,49	17,42	7,10	10,33	11,62
	II	531,83	29,25	42,54	47,86	II	531,83	24,83	36,12	40,64	20,61	29,98	33,73	16,58	24,12	27,13	12,74	18,53	20,84	9,08	13,22	14,87	4,25	8,18	9,20
	III	283,—	15,56	22,64	25,47	III	283,—	11,70	17,64	19,84	—	12,77	14,36	—	8,32	9,36	—	4,44	4,99	—	1,12	1,26	—	—	—
	V	1 007,25	55,39	80,58	90,65	IV	567,75	28,95	42,11	47,37	26,73	38,88	43,74	24,55	35,71	40,17	22,42	32,62	36,69	20,34	29,59	33,29	18,31	26,63	29,96
	VI	1 039,41	57,16	83,15	93,54																				
3 104,99	I,IV	568,75	31,28	45,50	51,18	I	568,75	26,78	38,95	43,82	22,47	32,68	36,77	18,35	26,70	30,03	14,42	20,98	23,60	10,69	15,55	17,49	7,14	10,39	11,69
	II	532,75	29,30	42,62	47,94	II	532,75	24,88	36,20	40,72	20,66	30,05	33,80	16,62	24,18	27,20	12,78	18,59	20,91	9,13	13,28	14,94	4,40	8,24	9,27
	III	283,66	15,60	22,69	25,52	III	283,66	11,83	17,69	19,90	—	12,84	14,44	—	8,37	9,41	—	4,48	5,04	—	1,16	1,30	—	—	—
	V	1 008,50	55,46	80,68	90,76	IV	568,75	29,—	42,19	47,46	26,78	38,95	43,82	24,60	35,78	40,25	22,47	32,68	36,77	20,39	29,66	33,36	18,35	26,70	30,03
	VI	1 040,66	57,23	83,25	93,65																				

* Die ausgewiesenen Tabellenwerte sind amtlich. Siehe Erläuterungen auf der Umschlaginnenseite (U2).
** Bei mehr als 3 Kinderfreibeträgen ist die „Ergänzungs-Tabelle 3,5 bis 6 Kinderfreibeträge" anzuwenden.

Lohn/ Gehalt bis €*	Abzüge an Lohnsteuer, Solidaritätszuschlag (SolZ) und Kirchensteuer (8%, 9%) in den Steuerklassen I – VI					I, II, III, IV																			
			ohne Kinderfreibeträge					mit Zahl der Kinderfreibeträge . . .																	
								0,5			1			1,5			2			2,5			3**		
		LSt	SolZ	8%	9%		LSt	SolZ	8%	9%	SolZ	8%	9%	SolZ	8%	9%	SolZ	8%	9%	SolZ	8%	9%	SolZ	8%	9%
3 107,99	I,IV	569,66	31,33	45,57	51,26	I	569,66	26,83	39,02	43,90	22,52	32,76	36,85	18,40	26,76	30,11	14,47	21,05	23,68	10,73	15,61	17,56	7,18	10,45	11,75
	II	533,75	29,35	42,70	48,03	II	533,75	24,93	36,27	40,80	20,71	30,12	33,89	16,67	24,25	27,28	12,82	18,66	20,99	9,17	13,34	15,—	4,55	8,30	9,33
	III	284,50	15,64	22,76	25,60	III	284,50	11,96	17,74	19,96	—	12,89	14,50	—	8,42	9,47	—	4,52	5,08	—	1,20	1,35	—	—	—
	V	1 009,75	55,53	80,78	90,87	IV	569,66	29,05	42,26	47,54	26,83	39,02	43,90	24,65	35,86	40,34	22,52	32,76	36,85	20,44	29,73	33,44	18,40	26,76	30,11
	VI	1 041,91	57,30	83,35	93,77																				
3 110,99	I,IV	570,66	31,38	45,65	51,35	I	570,66	26,88	39,10	43,98	22,57	32,83	36,93	18,44	26,83	30,18	14,51	21,11	23,75	10,77	15,67	17,63	7,22	10,50	11,81
	II	534,66	29,40	42,77	48,11	II	534,66	24,98	36,34	40,88	20,75	30,19	33,96	16,72	24,32	27,36	12,87	18,72	21,06	9,21	13,40	15,07	4,68	8,35	9,39
	III	285,16	15,68	22,81	25,66	III	285,16	12,10	17,80	20,02	—	12,94	14,56	—	8,46	9,52	—	4,56	5,13	—	1,22	1,37	—	—	—
	V	1 011,—	55,60	80,88	90,99	IV	570,66	29,10	42,34	47,63	26,88	39,10	43,98	24,70	35,93	40,42	22,57	32,83	36,93	20,48	29,80	33,52	18,44	26,83	30,18
	VI	1 043,25	57,37	83,46	93,89																				
3 113,99	I,IV	571,58	31,43	45,72	51,44	I	571,58	26,93	39,18	44,07	22,61	32,90	37,01	18,49	26,90	30,26	14,56	21,18	23,82	10,81	15,73	17,69	7,26	10,56	11,88
	II	535,58	29,45	42,84	48,20	II	535,58	25,03	36,42	40,97	20,80	30,26	34,04	16,76	24,38	27,43	12,91	18,78	21,12	9,25	13,46	15,14	4,81	8,40	9,45
	III	286,—	15,73	22,88	25,74	III	286,—	12,26	17,86	20,09	0,10	13,—	14,62	—	8,52	9,58	—	4,61	5,18	—	1,26	1,42	—	—	—
	V	1 012,25	55,67	80,98	91,10	IV	571,58	29,16	42,42	47,72	26,93	39,18	44,07	24,75	36,—	40,50	22,61	32,90	37,01	20,53	29,86	33,59	18,49	26,90	30,26
	VI	1 044,50	57,44	83,56	94,—																				
3 116,99	I,IV	572,58	31,49	45,80	51,53	I	572,58	26,98	39,25	44,15	22,66	32,97	37,09	18,54	26,97	30,34	14,60	21,24	23,90	10,86	15,80	17,77	7,30	10,62	11,95
	II	536,58	29,51	42,92	48,29	II	536,58	25,08	36,49	41,05	20,85	30,33	34,12	16,81	24,45	27,50	12,95	18,84	21,20	9,29	13,52	15,21	4,96	8,46	9,52
	III	286,66	15,76	22,93	25,79	III	286,66	12,32	17,92	20,16	0,23	13,05	14,68	—	8,57	9,64	—	4,65	5,23	—	1,30	1,46	—	—	—
	V	1 013,50	55,74	81,08	91,21	IV	572,58	29,21	42,49	47,80	26,98	39,25	44,15	24,80	36,08	40,59	22,66	32,97	37,09	20,58	29,94	33,68	18,54	26,97	30,34
	VI	1 045,75	57,51	83,66	94,11																				
3 119,99	I,IV	573,50	31,54	45,88	51,61	I	573,50	27,03	39,32	44,24	22,71	33,04	37,17	18,59	27,04	30,42	14,64	21,30	23,96	10,90	15,86	17,84	7,34	10,68	12,01
	II	537,50	29,56	43,—	48,37	II	537,50	25,13	36,56	41,13	20,90	30,40	34,20	16,85	24,51	27,57	12,99	18,90	21,26	9,33	13,58	15,27	5,10	8,52	9,58
	III	287,33	15,80	22,98	25,85	III	287,33	12,35	17,97	20,21	0,36	13,10	14,74	—	8,61	9,68	—	4,69	5,27	—	1,33	1,49	—	—	—
	V	1 014,83	55,81	81,18	91,33	IV	573,50	29,26	42,56	47,88	27,03	39,32	44,24	24,85	36,14	40,66	22,71	33,04	37,17	20,62	30,—	33,75	18,59	27,04	30,42
	VI	1 047,—	57,58	83,76	94,23																				
3 122,99	I,IV	574,50	31,59	45,96	51,70	I	574,50	27,08	39,40	44,32	22,76	33,11	37,25	18,63	27,10	30,49	14,69	21,37	24,04	10,94	15,92	17,91	7,38	10,74	12,08
	II	538,41	29,61	43,07	48,45	II	538,41	25,18	36,63	41,21	20,95	30,47	34,28	16,89	24,58	27,65	13,04	18,97	21,34	9,37	13,64	15,34	5,25	8,58	9,65
	III	288,16	15,84	23,05	25,93	III	288,16	12,40	18,04	20,29	0,50	13,16	14,80	—	8,66	9,74	—	4,73	5,32	—	1,37	1,54	—	—	—
	V	1 016,08	55,88	81,28	91,44	IV	574,50	29,31	42,64	47,97	27,08	39,40	44,32	24,90	36,22	40,74	22,76	33,11	37,25	20,67	30,07	33,83	18,63	27,10	30,49
	VI	1 048,25	57,65	83,86	94,34																				
3 125,99	I,IV	575,50	31,65	46,04	51,79	I	575,50	27,13	39,47	44,40	22,81	33,18	37,33	18,68	27,17	30,56	14,74	21,44	24,12	10,98	15,98	17,97	7,42	10,80	12,15
	II	539,41	29,66	43,15	48,54	II	539,41	25,23	36,70	41,29	20,99	30,54	34,35	16,94	24,64	27,72	13,08	19,03	21,41	9,41	13,70	15,41	5,38	8,63	9,71
	III	288,83	15,88	23,10	25,99	III	288,83	12,43	18,09	20,35	0,63	13,21	14,86	—	8,70	9,79	—	4,77	5,36	—	1,41	1,58	—	—	—
	V	1 017,33	55,95	81,38	91,55	IV	575,50	29,37	42,72	48,06	27,13	39,47	44,40	24,95	36,29	40,82	22,81	33,18	37,33	20,72	30,14	33,91	18,68	27,17	30,56
	VI	1 049,50	57,72	83,96	94,45																				
3 128,99	I,IV	576,41	31,70	46,11	51,87	I	576,41	27,18	39,54	44,48	22,86	33,25	37,40	18,72	27,24	30,64	14,78	21,50	24,19	11,02	16,04	18,04	7,46	10,86	12,21
	II	540,33	29,71	43,22	48,62	II	540,33	25,28	36,78	41,37	21,04	30,61	34,43	16,99	24,71	27,80	13,13	19,10	21,48	9,46	13,76	15,48	5,53	8,69	9,77
	III	289,66	15,93	23,17	26,06	III	289,66	12,47	18,14	20,41	0,80	13,28	14,94	—	8,76	9,85	—	4,82	5,42	—	1,44	1,62	—	—	—
	V	1 018,58	56,02	81,48	91,67	IV	576,41	29,42	42,80	48,15	27,18	39,54	44,48	25,—	36,36	40,91	22,86	33,25	37,40	20,77	30,21	33,98	18,72	27,24	30,64
	VI	1 050,75	57,79	84,06	94,56																				
3 131,99	I,IV	577,41	31,75	46,19	51,96	I	577,41	27,23	39,62	44,57	22,91	33,32	37,49	18,77	27,30	30,71	14,82	21,56	24,26	11,07	16,10	18,11	7,50	10,91	12,27
	II	541,33	29,77	43,30	48,71	II	541,33	25,33	36,85	41,45	21,09	30,68	34,51	17,03	24,78	27,87	13,17	19,16	21,55	9,50	13,82	15,54	5,66	8,74	9,83
	III	290,33	15,96	23,22	26,12	III	290,33	12,52	18,21	20,48	0,93	13,33	14,99	—	8,81	9,91	—	4,86	5,47	—	1,48	1,66	—	—	—
	V	1 019,83	56,09	81,58	91,78	IV	577,41	29,47	42,87	48,23	27,23	39,62	44,57	25,05	36,44	40,99	22,91	33,32	37,49	20,81	30,28	34,06	18,77	27,30	30,71
	VI	1 052,—	57,86	84,16	94,68																				
3 134,99	I,IV	578,33	31,80	46,26	52,04	I	578,33	27,28	39,69	44,65	22,96	33,40	37,57	18,82	27,38	30,80	14,87	21,63	24,33	11,11	16,16	18,18	7,54	10,97	12,34
	II	542,25	29,82	43,38	48,80	II	542,25	25,38	36,92	41,54	21,13	30,74	34,58	17,08	24,84	27,95	13,21	19,22	21,62	9,54	13,88	15,61	5,81	8,80	9,90
	III	291,—	16,—	23,28	26,19	III	291,—	12,55	18,26	20,54	1,06	13,38	15,05	—	8,85	9,95	—	4,90	5,51	—	1,52	1,71	—	—	—
	V	1 021,08	56,15	81,68	91,89	IV	578,33	29,52	42,94	48,31	27,28	39,69	44,65	25,10	36,51	41,07	22,96	33,40	37,57	20,86	30,35	34,14	18,82	27,38	30,80
	VI	1 053,33	57,93	84,26	94,79																				
3 137,99	I,IV	579,33	31,86	46,34	52,13	I	579,33	27,33	39,76	44,73	23,—	33,46	37,64	18,86	27,44	30,87	14,91	21,70	24,41	11,15	16,22	18,25	7,58	11,03	12,41
	II	543,25	29,87	43,46	48,89	II	543,25	25,43	37,—	41,62	21,18	30,82	34,67	17,12	24,91	28,02	13,25	19,28	21,69	9,58	13,94	15,68	5,96	8,86	9,97
	III	291,83	16,05	23,34	26,26	III	291,83	12,59	18,32	20,61	1,20	13,44	15,12	—	8,90	10,01	—	4,94	5,56	—	1,54	1,73	—	—	—
	V	1 022,33	56,22	81,78	92,—	IV	579,33	29,58	43,02	48,40	27,33	39,76	44,73	25,15	36,58	41,15	23,—	33,46	37,64	20,91	30,42	34,22	18,86	27,44	30,87
	VI	1 054,58	58,—	84,36	94,91																				
3 140,99	I,IV	580,25	31,91	46,42	52,22	I	580,25	27,39	39,84	44,82	23,05	33,54	37,73	18,91	27,51	30,95	14,96	21,76	24,48	11,19	16,28	18,32	7,62	11,09	12,47
	II	544,16	29,92	43,53	48,97	II	544,16	25,48	37,07	41,70	21,23	30,88	34,74	17,17	24,98	28,10	13,30	19,35	21,77	9,62	13,99	15,74	6,10	8,92	10,03
	III	292,50	16,08	23,40	26,32	III	292,50	12,63	18,37	20,66	1,33	13,49	15,17	—	8,96	10,08	—	4,98	5,60	—	1,58	1,78	—	—	—
	V	1 023,58	56,29	81,88	92,12	IV	580,25	29,63	43,10	48,48	27,39	39,84	44,82	25,19	36,65	41,23	23,05	33,54	37,73	20,96	30,49	34,30	18,91	27,51	30,95
	VI	1 055,83	58,07	84,46	95,02																				
3 143,99	I,IV	581,25	31,96	46,50	52,31	I	581,25	27,44	39,92	44,91	23,10	33,61	37,81	18,96	27,58	31,02	15,—	21,82	24,55	11,23	16,34	18,38	7,66	11,14	12,53
	II	545,08	29,97	43,60	49,05	II	545,08	25,53	37,14	41,78	21,28	30,96	34,83	17,21	25,04	28,17	13,34	19,41	21,83	9,66	14,06	15,81	6,17	8,98	10,10
	III	293,16	16,12	23,45	26,38	III	293,16	12,67	18,44	20,74	1,46	13,54	15,23	—	9,—	10,12	—	5,02	5,65	—	1,62	1,82	—	—	—
	V	1 024,91	56,37	81,99	92,24	IV	581,25	29,68	43,17	48,56	27,44	39,92	44,91	25,24	36,72	41,31	23,10	33,61	37,81	21,01	30,56	34,38	18,96	27,58	31,02
	VI	1 057,08	58,13	84,56	95,13																				
3 146,99	I,IV	582,25	32,02	46,58	52,40	I	582,25	27,49	39,99	44,99	23,15	33,68	37,89	19,—	27,64	31,10	15,05	21,89	24,62	11,28	16,41	18,46	7,70	11,20	12,60
	II	546,08	30,03	43,68	49,14	II	546,08	25,58	37,22	41,87	21,33	31,02	34,90	17,26	25,11	28,25	13,39	19,48	21,91	9,70	14,12	15,88	6,21	9,03	10,16
	III	294,—	16,17	23,52	26,46	III	294,—	12,71	18,49	20,80	1,60	13,60	15,30	—	9,05	10,18	—	5,08	5,71	—	1,66	1,87	—	—	—
	V	1 026,16	56,43	82,09	92,35	IV	582,25	29,73	43,25	48,65	27,49	39,99	44,99	25,30	36,80	41,40	23,15	33,68	37,89	21,06	30,63	34,46	19,—	27,64	31,10
	VI	1 058,33	58,20	84,66	95,24																				
3 149,99	I,IV	583,25	32,07	46,66	52,49	I	583,25	27,54	40,06	45,07	23,20	33,75	37,97	19,05	27,72	31,18	15,09	21,96	24,70	11,32	16,47	18,53	7,74	11,26	12,67
	II	547,—	30,08	43,76	49,23	II	547,—	25,63	37,29	41,95	21,38	31,10	34,98	17,31	25,18	28,32	13,43	19,54	21,98	9,74	14,18	15,95	6,25	9,09	10,22
	III	294,66	16,20	23,57	26,51	III	294,66	12,75	18,54	20,86	1,73	13,65	15,35	—	9,10	10,24	—	5,12	5,76	—	1,69	1,90	—	—	—
	V	1 027,41	56,50	82,19	92,46	IV	583,25	29,78	43,32	48,74	27,54	40,06	45,07	25,35	36,87	41,48	23,20	33,75	37,97	21,10	30,70	34,53	19,05	27,72	31,18
	VI	1 059,58	58,27	84,76	95,36																				

* Die ausgewiesenen Tabellenwerte sind amtlich. Siehe Erläuterungen auf der Umschlaginnenseite (U2).
** Bei mehr als 3 Kinderfreibeträgen ist die „Ergänzungs-Tabelle 3,5 bis 6 Kinderfreibeträge" anzuwenden.

MONAT 3 150,–*

Abzüge an Lohnsteuer, Solidaritätszuschlag (SolZ) und Kirchensteuer (8%, 9%) in den Steuerklassen

Lohn/ Gehalt bis €*	I – VI	ohne Kinderfreibeträge				I, II, III, IV	mit Zahl der Kinderfreibeträge . . . 0,5			1			1,5			2			2,5			3**		
		LSt	SolZ	8%	9%		LSt	SolZ	8%	9%	SolZ	8%	9%	SolZ	8%	9%	SolZ	8%	9%	SolZ	8%	9%	SolZ	8%	9%
3 152,99	I,IV	584,16	32,12	46,73	52,57	I	584,16	27,59	40,14	45,15	23,25	33,82	38,05	19,10	27,78	31,25	15,13	22,02	24,77	11,36	16,53	18,59	7,78	11,32	12,74
	II	547,91	30,13	43,83	49,31	II	547,91	25,68	37,36	42,03	21,42	31,16	35,06	17,35	25,24	28,40	13,47	19,60	22,05	9,79	14,24	16,02	6,28	9,14	10,28
	III	295,50	16,25	23,64	26,59	III	295,50	12,78	18,60	20,92	1,90	13,72	15,43	—	9,16	10,30	—	5,16	5,80	—	1,73	1,94	—	—	—
	V	1 028,66	56,57	82,29	92,57	IV	584,16	29,83	43,40	48,82	27,59	40,14	45,15	25,40	36,94	41,56	23,25	33,82	38,05	21,15	30,76	34,61	19,10	27,78	31,25
	VI	1 060,83	58,34	84,86	95,47																				
3 155,99	I,IV	585,16	32,18	46,81	52,66	I	585,16	27,64	40,21	45,23	23,30	33,89	38,12	19,14	27,85	31,33	15,18	22,08	24,84	11,40	16,59	18,66	7,82	11,38	12,80
	II	548,91	30,19	43,91	49,40	II	548,91	25,74	37,44	42,12	21,47	31,24	35,14	17,40	25,31	28,47	13,52	19,66	22,12	9,83	14,30	16,08	6,32	9,20	10,35
	III	296,16	16,28	23,69	26,65	III	296,16	12,83	18,66	20,99	2,03	13,77	15,49	—	9,20	10,35	—	5,20	5,85	—	1,77	1,99	—	—	—
	V	1 029,91	56,64	82,39	92,69	IV	585,16	29,89	43,48	48,91	27,64	40,21	45,23	25,45	37,02	41,64	23,30	33,89	38,12	21,20	30,84	34,69	19,14	27,85	31,33
	VI	1 062,08	58,41	84,96	95,58																				
3 158,99	I,IV	586,16	32,23	46,89	52,75	I	586,16	27,70	40,29	45,32	23,35	33,96	38,21	19,19	27,92	31,41	15,23	22,15	24,92	11,45	16,66	18,74	7,86	11,44	12,87
	II	549,91	30,24	43,99	49,49	II	549,91	25,79	37,51	42,20	21,52	31,30	35,21	17,44	25,38	28,55	13,56	19,73	22,19	9,87	14,36	16,15	6,36	9,26	10,41
	III	296,83	16,32	23,74	26,71	III	296,83	12,87	18,72	21,06	2,16	13,82	15,55	—	9,25	10,40	—	5,24	5,89	—	1,80	2,02	—	—	—
	V	1 031,16	56,71	82,49	92,80	IV	586,16	29,94	43,55	48,99	27,70	40,29	45,32	25,50	37,09	41,72	23,35	33,96	38,21	21,24	30,90	34,76	19,19	27,92	31,41
	VI	1 063,41	58,48	85,07	95,70																				
3 161,99	I,IV	587,08	32,28	46,96	52,83	I	587,08	27,74	40,36	45,40	23,40	34,04	38,29	19,24	27,98	31,48	15,27	22,21	24,98	11,49	16,72	18,81	7,90	11,50	12,93
	II	550,83	30,29	44,06	49,57	II	550,83	25,83	37,58	42,27	21,56	31,37	35,29	17,49	25,44	28,62	13,60	19,79	22,26	9,91	14,42	16,22	6,40	9,32	10,48
	III	297,66	16,37	23,81	26,78	III	297,66	12,90	18,77	21,11	2,30	13,88	15,61	—	9,30	10,46	—	5,28	5,94	—	1,84	2,07	—	—	—
	V	1 032,41	56,78	82,59	92,91	IV	587,08	29,99	43,63	49,08	27,74	40,36	45,40	25,55	37,16	41,81	23,40	34,04	38,29	21,29	30,98	34,85	19,24	27,98	31,48
	VI	1 064,66	58,55	85,17	95,81																				
3 164,99	I,IV	588,08	32,34	47,04	52,92	I	588,08	27,80	40,44	45,49	23,44	34,10	38,36	19,28	28,05	31,55	15,31	22,28	25,06	11,53	16,78	18,87	7,94	11,56	13,—
	II	551,75	30,34	44,14	49,65	II	551,75	25,88	37,65	42,35	21,61	31,44	35,37	17,54	25,51	28,70	13,65	19,86	22,34	9,95	14,48	16,29	6,44	9,38	10,55
	III	298,33	16,40	23,86	26,84	III	298,33	12,95	18,84	21,19	2,43	13,93	15,67	—	9,34	10,51	—	5,33	5,99	—	1,88	2,11	—	—	—
	V	1 033,66	56,85	82,69	93,02	IV	588,08	30,04	43,70	49,16	27,80	40,44	45,49	25,60	37,24	41,89	23,44	34,10	38,36	21,34	31,04	34,92	19,28	28,05	31,55
	VI	1 065,91	58,62	85,27	95,93																				
3 167,99	I,IV	589,—	32,39	47,12	53,01	I	589,—	27,85	40,51	45,57	23,49	34,18	38,45	19,33	28,12	31,64	15,36	22,34	25,13	11,58	16,84	18,95	7,98	11,62	13,07
	II	552,75	30,40	44,22	49,74	II	552,75	25,93	37,72	42,44	21,67	31,52	35,46	17,58	25,58	28,77	13,69	19,92	22,41	9,99	14,54	16,35	6,48	9,43	10,61
	III	299,16	16,45	23,93	26,92	III	299,16	12,98	18,89	21,25	2,56	13,98	15,73	—	9,40	10,57	—	5,37	6,04	—	1,92	2,16	—	—	—
	V	1 034,91	56,92	82,79	93,14	IV	589,—	30,10	43,78	49,25	27,85	40,51	45,57	25,65	37,31	41,97	23,49	34,18	38,45	21,39	31,12	35,01	19,33	28,12	31,64
	VI	1 067,16	58,69	85,37	96,04																				
3 170,99	I,IV	590,—	32,45	47,20	53,10	I	590,—	27,90	40,58	45,65	23,54	34,25	38,53	19,38	28,19	31,71	15,40	22,40	25,20	11,62	16,90	19,01	8,02	11,67	13,13
	II	553,66	30,45	44,29	49,82	II	553,66	25,98	37,80	42,52	21,71	31,58	35,53	17,63	25,64	28,85	13,74	19,98	22,48	10,03	14,60	16,42	6,52	9,49	10,67
	III	299,83	16,49	23,98	26,98	III	299,83	13,02	18,94	21,31	2,73	14,05	15,80	—	9,45	10,63	—	5,41	6,08	—	1,94	2,18	—	—	—
	V	1 036,25	56,99	82,90	93,26	IV	590,—	30,15	43,86	49,34	27,90	40,58	45,65	25,70	37,38	42,05	23,54	34,25	38,53	21,44	31,18	35,08	19,38	28,19	31,71
	VI	1 068,41	58,76	85,47	96,15																				
3 173,99	I,IV	591,—	32,50	47,28	53,19	I	591,—	27,95	40,66	45,74	23,59	34,32	38,61	19,42	28,26	31,79	15,45	22,47	25,28	11,66	16,96	19,08	8,06	11,73	13,19
	II	554,66	30,50	44,37	49,91	II	554,66	26,03	37,87	42,60	21,76	31,65	35,60	17,67	25,71	28,92	13,78	20,04	22,55	10,07	14,66	16,49	6,56	9,54	10,73
	III	300,66	16,53	24,05	27,05	III	300,66	13,07	19,01	21,38	2,86	14,10	15,86	—	9,50	10,69	—	5,46	6,14	—	1,98	2,23	—	—	—
	V	1 037,50	57,06	83,—	93,37	IV	591,—	30,20	43,93	49,42	27,95	40,66	45,74	25,75	37,46	42,14	23,59	34,32	38,61	21,49	31,26	35,16	19,42	28,26	31,79
	VI	1 069,66	58,83	85,57	96,26																				
3 176,99	I,IV	591,91	32,55	47,35	53,27	I	591,91	28,—	40,74	45,83	23,64	34,39	38,69	19,47	28,32	31,86	15,49	22,54	25,35	11,70	17,02	19,15	8,10	11,79	13,26
	II	555,58	30,55	44,44	50,—	II	555,58	26,08	37,94	42,68	21,81	31,72	35,69	17,72	25,78	29,—	13,82	20,11	22,62	10,12	14,72	16,56	6,60	9,60	10,80
	III	301,33	16,57	24,10	27,11	III	301,33	13,10	19,06	21,44	3,—	14,16	15,93	—	9,54	10,73	—	5,50	6,19	—	2,02	2,27	—	—	—
	V	1 038,75	57,13	83,10	93,48	IV	591,91	30,25	44,01	49,51	28,—	40,74	45,83	25,80	37,53	42,22	23,64	34,39	38,69	21,53	31,32	35,24	19,47	28,32	31,86
	VI	1 070,91	58,90	85,67	96,38																				
3 179,99	I,IV	592,91	32,61	47,43	53,36	I	592,91	28,05	40,81	45,91	23,69	34,46	38,77	19,52	28,40	31,95	15,54	22,60	25,43	11,75	17,09	19,22	8,14	11,85	13,33
	II	556,58	30,61	44,52	50,09	II	556,58	26,13	38,02	42,77	21,86	31,80	35,77	17,76	25,84	29,07	13,87	20,18	22,70	10,16	14,78	16,62	6,64	9,66	10,87
	III	302,—	16,61	24,16	27,18	III	302,—	13,14	19,12	21,51	3,13	14,21	15,98	—	9,60	10,80	—	5,54	6,23	—	2,06	2,32	—	—	—
	V	1 040,—	57,20	83,20	93,60	IV	592,91	30,30	44,08	49,59	28,05	40,81	45,91	25,85	37,60	42,30	23,69	34,46	38,77	21,58	31,40	35,32	19,52	28,40	31,95
	VI	1 072,16	58,96	85,77	96,49																				
3 182,99	I,IV	593,91	32,66	47,51	53,45	I	593,91	28,10	40,88	45,99	23,74	34,54	38,85	19,57	28,46	32,02	15,58	22,67	25,50	11,79	17,15	19,29	8,19	11,91	13,40
	II	557,50	30,66	44,60	50,17	II	557,50	26,18	38,09	42,85	21,90	31,86	35,84	17,81	25,91	29,15	13,91	20,24	22,77	10,20	14,84	16,69	6,68	9,72	10,93
	III	302,83	16,65	24,22	27,25	III	302,83	13,18	19,17	21,56	3,26	14,26	16,04	—	9,65	10,85	—	5,58	6,28	—	2,09	2,35	—	—	—
	V	1 041,25	57,26	83,30	93,71	IV	593,91	30,36	44,16	49,68	28,10	40,88	45,99	25,90	37,68	42,39	23,74	34,54	38,85	21,63	31,46	35,39	19,57	28,46	32,02
	VI	1 073,41	59,03	85,87	96,60																				
3 185,99	I,IV	594,83	32,71	47,58	53,53	I	594,83	28,16	40,96	46,08	23,79	34,60	38,93	19,61	28,53	32,09	15,62	22,73	25,57	11,83	17,21	19,36	8,22	11,96	13,46
	II	558,50	30,71	44,68	50,26	II	558,50	26,23	38,16	42,93	21,95	31,94	35,93	17,86	25,98	29,22	13,96	20,30	22,84	10,24	14,90	16,76	6,72	9,78	11,—
	III	303,50	16,69	24,28	27,31	III	303,50	13,22	19,24	21,64	3,43	14,33	16,12	—	9,70	10,91	—	5,62	6,32	—	2,13	2,39	—	—	—
	V	1 042,50	57,33	83,40	93,82	IV	594,83	30,41	44,24	49,77	28,16	40,96	46,08	25,95	37,75	42,47	23,79	34,60	38,93	21,68	31,54	35,48	19,61	28,53	32,09
	VI	1 074,75	59,11	85,98	96,72																				
3 188,99	I,IV	595,83	32,77	47,66	53,62	I	595,83	28,21	41,03	46,16	23,84	34,68	39,01	19,66	28,60	32,18	15,67	22,80	25,65	11,88	17,28	19,44	8,26	12,02	13,52
	II	559,41	30,76	44,75	50,34	II	559,41	26,29	38,24	43,02	22,—	32,—	36,—	17,91	26,05	29,30	14,—	20,36	22,91	10,28	14,96	16,83	6,76	9,83	11,06
	III	304,33	16,73	24,34	27,38	III	304,33	13,26	19,29	21,70	3,56	14,38	16,18	—	9,74	10,96	—	5,68	6,39	—	2,17	2,44	—	—	—
	V	1 043,75	57,40	83,50	93,93	IV	595,83	30,47	44,32	49,86	28,21	41,03	46,16	26,—	37,82	42,55	23,84	34,68	39,01	21,72	31,60	35,55	19,66	28,60	32,18
	VI	1 076,—	59,18	86,08	96,84																				
3 191,99	I,IV	596,83	32,82	47,74	53,71	I	596,83	28,26	41,10	46,24	23,89	34,75	39,09	19,71	28,67	32,25	15,72	22,86	25,72	11,92	17,34	19,50	8,30	12,08	13,59
	II	560,33	30,81	44,82	50,42	II	560,33	26,34	38,31	43,10	22,05	32,08	36,09	17,95	26,11	29,37	14,04	20,43	22,98	10,33	15,02	16,90	6,80	9,89	11,12
	III	305,—	16,77	24,40	27,45	III	305,—	13,30	19,34	21,76	3,70	14,44	16,24	—	9,80	11,02	—	5,72	6,43	—	2,21	2,48	—	—	—
	V	1 045,—	57,47	83,60	94,05	IV	596,83	30,52	44,39	49,94	28,26	41,10	46,24	26,05	37,89	42,62	23,89	34,75	39,09	21,77	31,67	35,63	19,71	28,67	32,25
	VI	1 077,25	59,24	86,18	96,95																				
3 194,99	I,IV	597,75	32,87	47,82	53,79	I	597,75	28,31	41,18	46,33	23,94	34,82	39,17	19,75	28,74	32,33	15,76	22,93	25,79	11,96	17,40	19,57	8,35	12,14	13,66
	II	561,33	30,87	44,90	50,51	II	561,33	26,39	38,38	43,18	22,10	32,14	36,16	18,—	26,18	29,45	14,08	20,49	23,05	10,37	15,08	16,97	6,84	9,95	11,19
	III	305,66	16,81	24,45	27,50	III	305,66	13,34	19,41	21,83	3,83	14,49	16,30	—	9,85	11,08	—	5,76	6,48	—	2,24	2,52	—	—	—
	V	1 046,33	57,54	83,70	94,16	IV	597,75	30,57	44,46	50,02	28,31	41,18	46,33	26,10	37,97	42,71	23,94	34,82	39,17	21,82	31,74	35,71	19,75	28,74	32,33
	VI	1 078,50	59,31	86,28	97,06																				

* Die ausgewiesenen Tabellenwerte sind amtlich. Siehe Erläuterungen auf der Umschlaginnenseite (U2).
** Bei mehr als 3 Kinderfreibeträgen ist die „Ergänzungs-Tabelle 3,5 bis 6 Kinderfreibeträge" anzuwenden.

Lohn/Gehalt bis €*		Abzüge an Lohnsteuer, Solidaritätszuschlag (SolZ) und Kirchensteuer (8%, 9%) in den Steuerklassen I – VI: LSt	ohne Kinderfreibeträge SolZ	8%	9%	I, II, III, IV	LSt	mit Zahl der Kinderfreibeträge . . . 0,5 SolZ	0,5 8%	0,5 9%	1 SolZ	1 8%	1 9%	1,5 SolZ	1,5 8%	1,5 9%	2 SolZ	2 8%	2 9%	2,5 SolZ	2,5 8%	2,5 9%	3** SolZ	3** 8%	3** 9%
3 197,99	I,IV	598,75	32,93	47,90	53,88	I	598,75	28,36	41,26	46,41	23,98	34,89	39,25	19,80	28,80	32,40	15,81	23,—	25,87	12,—	17,46	19,64	8,39	12,20	13,73
	II	562,33	30,92	44,98	50,60	II	562,33	26,44	38,46	43,26	22,15	32,22	36,24	18,04	26,25	29,53	14,13	20,56	23,13	10,41	15,14	17,03	6,87	10,—	11,25
	III	306,50	16,85	24,52	27,58	III	306,50	13,38	19,46	21,89	3,96	14,54	16,36	—	9,90	11,14	—	5,81	6,53	—	2,28	2,56	—	—	—
	V	1 047,58	57,61	83,80	94,28	IV	598,75	30,62	44,54	50,11	28,36	41,26	46,41	26,15	38,04	42,80	23,98	34,89	39,25	21,87	31,82	35,79	19,80	28,80	32,40
	VI	1 079,75	59,38	86,38	97,17																				
3 200,99	I,IV	599,75	32,98	47,98	53,97	I	599,75	28,41	41,33	46,49	24,03	34,96	39,33	19,85	28,88	32,49	15,85	23,06	25,94	12,04	17,52	19,71	8,43	12,26	13,79
	II	563,25	30,97	45,06	50,69	II	563,25	26,49	38,54	43,35	22,19	32,28	36,32	18,09	26,32	29,61	14,18	20,62	23,20	10,45	15,20	17,10	6,92	10,06	11,32
	III	307,16	16,89	24,57	27,64	III	307,16	13,42	19,52	21,96	4,13	14,61	16,43	—	9,94	11,18	—	5,85	6,58	—	2,32	2,61	—	—	—
	V	1 048,83	57,68	83,90	94,39	IV	599,75	30,68	44,62	50,20	28,41	41,33	46,49	26,20	38,12	42,88	24,03	34,96	39,33	21,92	31,88	35,87	19,85	28,88	32,49
	VI	1 081,—	59,45	86,48	97,29																				
3 203,99	I,IV	600,75	33,04	48,06	54,06	I	600,75	28,46	41,40	46,58	24,09	35,04	39,42	19,90	28,94	32,56	15,89	23,12	26,01	12,09	17,58	19,78	8,47	12,32	13,86
	II	564,25	31,03	45,14	50,78	II	564,25	26,54	38,60	43,43	22,24	32,36	36,40	18,14	26,38	29,68	14,22	20,68	23,27	10,49	15,26	17,17	6,95	10,12	11,38
	III	308,—	16,94	24,64	27,72	III	308,—	13,45	19,57	22,01	4,26	14,66	16,49	—	10,—	11,25	—	5,89	6,62	—	2,36	2,65	—	—	—
	V	1 050,08	57,75	84,—	94,50	IV	600,75	30,73	44,70	50,28	28,46	41,40	46,58	26,25	38,18	42,95	24,09	35,04	39,42	21,97	31,96	35,95	19,90	28,94	32,56
	VI	1 082,25	59,52	86,58	97,40																				
3 206,99	I,IV	601,66	33,09	48,13	54,14	I	601,66	28,52	41,48	46,67	24,14	35,11	39,50	19,94	29,01	32,63	15,94	23,19	26,09	12,13	17,64	19,85	8,51	12,38	13,92
	II	565,16	31,08	45,21	50,86	II	565,16	26,59	38,68	43,52	22,29	32,42	36,47	18,18	26,45	29,75	14,26	20,75	23,34	10,53	15,32	17,24	6,99	10,18	11,45
	III	308,66	16,97	24,69	27,77	III	308,66	13,50	19,64	22,09	4,40	14,72	16,56	—	10,05	11,30	—	5,94	6,68	—	2,40	2,70	—	—	—
	V	1 051,33	57,82	84,10	94,61	IV	601,66	30,78	44,77	50,36	28,52	41,48	46,67	26,30	38,26	43,04	24,14	35,11	39,50	22,01	32,02	36,02	19,94	29,01	32,63
	VI	1 083,50	59,59	86,68	97,51																				
3 209,99	I,IV	602,66	33,14	48,21	54,23	I	602,66	28,57	41,56	46,75	24,19	35,18	39,58	19,99	29,08	32,72	15,99	23,26	26,16	12,17	17,71	19,92	8,55	12,44	13,99
	II	566,16	31,13	45,29	50,95	II	566,16	26,64	38,76	43,60	22,34	32,50	36,56	18,23	26,52	29,83	14,31	20,82	23,42	10,57	15,38	17,30	7,04	10,24	11,52
	III	309,50	17,02	24,76	27,85	III	309,50	13,53	19,69	22,15	4,53	14,77	16,61	—	10,10	11,36	—	5,98	6,73	—	2,42	2,72	—	—	—
	V	1 052,58	57,89	84,20	94,73	IV	602,66	30,83	44,85	50,45	28,57	41,56	46,75	26,35	38,34	43,13	24,19	35,18	39,58	22,06	32,10	36,11	19,99	29,08	32,72
	VI	1 084,83	59,66	86,78	97,63																				
3 212,99	I,IV	603,66	33,20	48,29	54,32	I	603,66	28,62	41,63	46,83	24,23	35,25	39,65	20,04	29,15	32,79	16,03	23,32	26,24	12,21	17,77	19,99	8,59	12,50	14,06
	II	567,08	31,18	45,36	51,03	II	567,08	26,69	38,83	43,68	22,38	32,56	36,63	18,27	26,58	29,90	14,35	20,88	23,49	10,61	15,44	17,37	7,07	10,29	11,57
	III	310,16	17,05	24,81	27,91	III	310,16	13,57	19,74	22,21	4,66	14,82	16,67	—	10,16	11,43	—	6,02	6,77	—	2,46	2,77	—	—	—
	V	1 053,83	57,96	84,30	94,84	IV	603,66	30,88	44,92	50,54	28,62	41,63	46,83	26,40	38,41	43,21	24,23	35,25	39,65	22,11	32,16	36,18	20,04	29,15	32,79
	VI	1 086,08	59,73	86,88	97,74																				
3 215,99	I,IV	604,66	33,25	48,37	54,41	I	604,66	28,67	41,71	46,92	24,28	35,32	39,74	20,08	29,22	32,87	16,08	23,39	26,31	12,26	17,83	20,06	8,63	12,56	14,13
	II	568,08	31,24	45,44	51,12	II	568,08	26,74	38,90	43,76	22,44	32,64	36,72	18,32	26,65	29,98	14,40	20,94	23,56	10,66	15,51	17,45	7,11	10,35	11,64
	III	311,—	17,10	24,88	27,99	III	311,—	13,62	19,81	22,28	4,83	14,89	16,75	—	10,21	11,48	—	6,08	6,84	—	2,50	2,81	—	—	—
	V	1 055,08	58,02	84,40	94,95	IV	604,66	30,94	45,—	50,63	28,67	41,71	46,92	26,45	38,48	43,29	24,28	35,32	39,74	22,16	32,24	36,27	20,08	29,22	32,87
	VI	1 087,33	59,80	86,98	97,85																				
3 218,99	I,IV	605,58	33,30	48,44	54,50	I	605,58	28,72	41,78	47,—	24,33	35,40	39,82	20,13	29,28	32,94	16,12	23,45	26,38	12,30	17,90	20,13	8,67	12,62	14,19
	II	569,—	31,29	45,52	51,21	II	569,—	26,79	38,98	43,85	22,49	32,71	36,80	18,37	26,72	30,06	14,44	21,—	23,63	10,70	15,57	17,51	7,15	10,41	11,71
	III	311,66	17,14	24,93	28,04	III	311,66	13,65	19,86	22,34	4,96	14,94	16,81	—	10,25	11,53	—	6,12	6,88	—	2,54	2,86	—	—	—
	V	1 056,41	58,10	84,51	95,07	IV	605,58	30,99	45,08	50,72	28,72	41,78	47,—	26,51	38,56	43,38	24,33	35,40	39,82	22,21	32,31	36,35	20,13	29,28	32,94
	VI	1 088,58	59,87	87,08	97,97																				
3 221,99	I,IV	606,58	33,36	48,52	54,59	I	606,58	28,77	41,86	47,09	24,38	35,47	39,90	20,18	29,36	33,03	16,17	23,52	26,46	12,34	17,96	20,20	8,71	12,68	14,26
	II	570,—	31,35	45,60	51,30	II	570,—	26,84	39,05	43,93	22,54	32,78	36,88	18,42	26,79	30,14	14,48	21,07	23,70	10,74	15,63	17,58	7,20	10,47	11,78
	III	312,33	17,17	24,98	28,10	III	312,33	13,70	19,93	22,42	5,10	15,—	16,87	—	10,30	11,59	—	6,16	6,93	—	2,58	2,90	—	—	—
	V	1 057,66	58,17	84,61	95,18	IV	606,58	31,04	45,16	50,80	28,77	41,86	47,09	26,56	38,63	43,46	24,38	35,47	39,90	22,26	32,38	36,42	20,18	29,36	33,03
	VI	1 089,83	59,94	87,18	98,08																				
3 224,99	I,IV	607,58	33,41	48,60	54,68	I	607,58	28,82	41,93	47,17	24,43	35,54	39,98	20,23	29,42	33,10	16,21	23,58	26,53	12,39	18,02	20,27	8,75	12,74	14,33
	II	570,91	31,40	45,67	51,38	II	570,91	26,89	39,12	44,01	22,58	32,85	36,95	18,46	26,85	30,20	14,53	21,14	23,78	10,78	15,69	17,65	7,23	10,52	11,84
	III	313,16	17,22	25,05	28,18	III	313,16	13,74	19,98	22,48	5,23	15,05	16,93	—	10,36	11,65	—	6,21	6,98	—	2,62	2,95	—	—	—
	V	1 058,91	58,24	84,71	95,30	IV	607,58	31,09	45,23	50,88	28,82	41,93	47,17	26,61	38,70	43,54	24,43	35,54	39,98	22,31	32,45	36,50	20,23	29,42	33,10
	VI	1 091,08	60,—	87,28	98,19																				
3 227,99	I,IV	608,58	33,47	48,68	54,77	I	608,58	28,88	42,01	47,26	24,48	35,61	40,06	20,27	29,49	33,17	16,26	23,65	26,60	12,43	18,08	20,34	8,80	12,80	14,40
	II	571,91	31,45	45,75	51,47	II	571,91	26,95	39,20	44,10	22,63	32,92	37,04	18,51	26,92	30,29	14,57	21,20	23,85	10,83	15,75	17,72	7,27	10,58	11,90
	III	313,83	17,26	25,10	28,24	III	313,83	13,77	20,04	22,54	5,36	15,10	16,99	—	10,41	11,71	—	6,25	7,03	—	2,66	2,99	—	—	—
	V	1 060,16	58,30	84,81	95,41	IV	608,58	31,15	45,31	50,97	28,88	42,01	47,26	26,66	38,78	43,62	24,48	35,61	40,06	22,35	32,52	36,58	20,27	29,49	33,17
	VI	1 092,33	60,07	87,38	98,30																				
3 230,99	I,IV	609,58	33,52	48,76	54,86	I	609,58	28,93	42,08	47,34	24,53	35,68	40,14	20,32	29,56	33,26	16,30	23,72	26,68	12,47	18,14	20,41	8,84	12,86	14,46
	II	572,91	31,51	45,83	51,56	II	572,91	27,—	39,27	44,18	22,68	32,99	37,11	18,55	26,99	30,36	14,62	21,26	23,92	10,87	15,82	17,79	7,31	10,64	11,97
	III	314,66	17,30	25,17	28,31	III	314,66	13,81	20,09	22,60	5,53	15,17	17,06	—	10,46	11,77	—	6,29	7,07	—	2,69	3,02	—	—	—
	V	1 061,41	58,37	84,91	95,52	IV	609,58	31,20	45,39	51,06	28,93	42,08	47,34	26,71	38,85	43,70	24,53	35,68	40,14	22,40	32,59	36,66	20,32	29,56	33,26
	VI	1 093,58	60,14	87,48	98,42																				
3 233,99	I,IV	610,50	33,57	48,84	54,94	I	610,50	28,98	42,16	47,43	24,58	35,76	40,23	20,37	29,63	33,33	16,35	23,78	26,75	12,52	18,21	20,48	8,87	12,91	14,52
	II	573,83	31,56	45,90	51,64	II	573,83	27,05	39,34	44,26	22,73	33,06	37,19	18,60	27,06	30,44	14,66	21,32	23,99	10,91	15,88	17,86	7,35	10,70	12,03
	III	315,33	17,34	25,22	28,37	III	315,33	13,86	20,16	22,68	5,66	15,22	17,12	—	10,52	11,83	—	6,34	7,13	—	2,73	3,07	—	—	—
	V	1 062,66	58,44	85,01	95,63	IV	610,50	31,25	45,46	51,14	28,98	42,16	47,43	26,76	38,92	43,79	24,58	35,76	40,23	22,45	32,66	36,74	20,37	29,63	33,33
	VI	1 094,91	60,22	87,59	98,54																				
3 236,99	I,IV	611,50	33,63	48,92	55,03	I	611,50	29,04	42,24	47,52	24,63	35,83	40,31	20,41	29,70	33,41	16,39	23,85	26,83	12,56	18,27	20,55	8,91	12,97	14,59
	II	574,83	31,61	45,98	51,73	II	574,83	27,10	39,42	44,34	22,77	33,13	37,27	18,64	27,12	30,51	14,70	21,39	24,06	10,95	15,94	17,93	7,39	10,76	12,10
	III	316,16	17,38	25,29	28,45	III	316,16	13,89	20,21	22,73	5,80	15,28	17,19	—	10,56	11,88	—	6,38	7,18	—	2,77	3,11	—	—	—
	V	1 063,91	58,51	85,11	95,75	IV	611,50	31,31	45,54	51,23	29,04	42,24	47,52	26,81	39,—	43,87	24,63	35,83	40,31	22,50	32,73	36,82	20,41	29,70	33,41
	VI	1 096,16	60,28	87,69	98,65																				
3 239,99	I,IV	612,50	33,68	49,—	55,12	I	612,50	29,09	42,31	47,60	24,68	35,90	40,39	20,46	29,77	33,49	16,44	23,91	26,90	12,60	18,34	20,63	8,96	13,03	14,66
	II	575,75	31,66	46,06	51,81	II	575,75	27,15	39,49	44,42	22,82	33,20	37,35	18,69	27,19	30,59	14,75	21,46	24,14	11,—	16,—	18,—	7,43	10,82	12,17
	III	316,83	17,42	25,34	28,51	III	316,83	13,93	20,26	22,79	5,93	15,33	17,24	—	10,61	11,93	—	6,42	7,22	—	2,81	3,16	—	—	—
	V	1 065,16	58,58	85,21	95,86	IV	612,50	31,36	45,62	51,32	29,09	42,31	47,60	26,86	39,07	43,95	24,68	35,90	40,39	22,55	32,80	36,90	20,46	29,77	33,49
	VI	1 097,41	60,35	87,79	98,76																				

* Die ausgewiesenen Tabellenwerte sind amtlich. Siehe Erläuterungen auf der Umschlaginnenseite (U2).

** Bei mehr als 3 Kinderfreibeträgen ist die „Ergänzungs-Tabelle 3,5 bis 6 Kinderfreibeträge" anzuwenden.

Abzüge an Lohnsteuer, Solidaritätszuschlag (SolZ) und Kirchensteuer (8%, 9%) in den Steuerklassen

Lohn/ Gehalt bis €*	I – VI		ohne Kinderfreibeträge			I, II, III, IV		mit Zahl der Kinderfreibeträge . . . 0,5			1			1,5			2			2,5			3**		
		LSt	SolZ	8%	9%		LSt	SolZ	8%	9%	SolZ	8%	9%	SolZ	8%	9%	SolZ	8%	9%	SolZ	8%	9%	SolZ	8%	9%
3 242,99	I,IV	613,50	33,74	49,08	55,21	I	613,50	29,14	42,38	47,68	24,73	35,98	40,47	20,51	29,84	33,57	16,48	23,98	26,97	12,65	18,40	20,70	9,—	13,09	14,72
	II	576,75	31,72	46,14	51,90	II	576,75	27,20	39,57	44,51	22,88	33,28	37,44	18,74	27,26	30,67	14,79	21,52	24,21	11,04	16,06	18,06	7,48	10,88	12,24
	III	317,50	17,46	25,40	28,57	III	317,50	13,97	20,33	22,87	6,06	15,38	17,30	—	10,66	11,99	—	6,48	7,29	—	2,85	3,20	—	—	—
	V	1 066,41	58,65	85,31	95,97	IV	613,50	31,41	45,70	51,41	29,14	42,38	47,68	26,91	39,14	44,03	24,73	35,98	40,47	22,60	32,87	36,98	20,51	29,84	33,57
	VI	1 098,66	60,42	87,89	98,87																				
3 245,99	I,IV	614,41	33,79	49,15	55,29	I	614,41	29,19	42,46	47,77	24,78	36,04	40,55	20,56	29,90	33,64	16,53	24,04	27,05	12,69	18,46	20,76	9,04	13,15	14,79
	II	577,66	31,77	46,21	51,98	II	577,66	27,25	39,64	44,60	22,92	33,34	37,51	18,78	27,32	30,74	14,84	21,58	24,28	11,08	16,12	18,13	7,51	10,93	12,29
	III	318,33	17,50	25,46	28,64	III	318,33	14,01	20,38	22,93	6,20	15,44	17,37	—	10,72	12,06	—	6,52	7,33	—	2,89	3,25	—	—	—
	V	1 067,75	58,72	85,42	96,09	IV	614,41	31,46	45,77	51,49	29,19	42,46	47,77	26,96	39,22	44,12	24,78	36,04	40,55	22,65	32,94	37,06	20,56	29,90	33,64
	VI	1 099,91	60,49	87,99	98,99																				
3 248,99	I,IV	615,41	33,84	49,23	55,38	I	615,41	29,24	42,54	47,85	24,83	36,12	40,63	20,61	29,98	33,72	16,57	24,11	27,12	12,73	18,52	20,84	9,08	13,21	14,86
	II	578,66	31,82	46,29	52,07	II	578,66	27,30	39,72	44,68	22,97	33,42	37,59	18,83	27,40	30,82	14,88	21,65	24,35	11,12	16,18	18,20	7,55	10,99	12,36
	III	319,—	17,54	25,52	28,71	III	319,—	14,05	20,44	22,99	6,36	15,50	17,44	—	10,77	12,11	—	6,57	7,39	—	2,93	3,29	—	—	—
	V	1 069,—	58,79	85,52	96,21	IV	615,41	31,52	45,85	51,58	29,24	42,54	47,85	27,01	39,29	44,20	24,83	36,12	40,63	22,69	33,01	37,13	20,61	29,98	33,72
	VI	1 101,16	60,56	88,09	99,10																				
3 251,99	I,IV	616,41	33,90	49,31	55,47	I	616,41	29,29	42,61	47,93	24,88	36,19	40,71	20,65	30,04	33,80	16,62	24,18	27,20	12,77	18,58	20,90	9,12	13,27	14,93
	II	579,66	31,88	46,37	52,16	II	579,66	27,35	39,79	44,76	23,02	33,49	37,67	18,88	27,46	30,89	14,93	21,72	24,43	11,16	16,24	18,27	7,59	11,05	12,43
	III	319,83	17,59	25,58	28,78	III	319,83	14,09	20,50	23,06	6,50	15,56	17,50	—	10,82	12,17	—	6,61	7,43	—	2,97	3,34	—	—	—
	V	1 070,25	58,86	85,62	96,32	IV	616,41	31,57	45,93	51,67	29,29	42,61	47,93	27,06	39,37	44,29	24,88	36,19	40,71	22,74	33,08	37,22	20,65	30,04	33,80
	VI	1 102,41	60,63	88,19	99,21																				
3 254,99	I,IV	617,41	33,95	49,39	55,56	I	617,41	29,35	42,69	48,02	24,93	36,26	40,79	20,70	30,12	33,88	16,66	24,24	27,27	12,82	18,65	20,98	9,16	13,33	14,99
	II	580,50	31,93	46,44	52,25	II	580,50	27,40	39,86	44,84	23,07	33,56	37,75	18,92	27,53	30,97	14,97	21,78	24,50	11,21	16,30	18,34	7,63	11,10	12,49
	III	320,50	17,62	25,64	28,84	III	320,50	14,13	20,56	23,13	6,63	15,61	17,56	—	10,88	12,24	—	6,65	7,48	—	3,—	3,37	—	—	—
	V	1 071,50	58,93	85,72	96,43	IV	617,41	31,62	46,—	51,75	29,35	42,69	48,02	27,11	39,44	44,37	24,93	36,26	40,79	22,79	33,15	37,29	20,70	30,12	33,88
	VI	1 103,66	60,70	88,29	99,32																				
3 257,99	I,IV	618,41	34,01	49,47	55,65	I	618,41	29,40	42,76	48,11	24,98	36,34	40,88	20,75	30,18	33,95	16,71	24,31	27,35	12,86	18,71	21,05	9,20	13,39	15,06
	II	581,58	31,98	46,52	52,34	II	581,58	27,45	39,94	44,93	23,12	33,63	37,83	18,97	27,60	31,05	15,01	21,84	24,57	11,25	16,36	18,41	7,67	11,16	12,56
	III	321,33	17,67	25,70	28,91	III	321,33	14,17	20,61	23,18	6,76	15,66	17,62	—	10,93	12,29	—	6,70	7,54	—	3,04	3,42	—	—	—
	V	1 072,75	59,—	85,82	96,54	IV	618,41	31,68	46,08	51,84	29,40	42,76	48,11	27,17	39,52	44,46	24,98	36,34	40,88	22,84	33,22	37,37	20,75	30,18	33,95
	VI	1 104,91	60,77	88,39	99,44																				
3 260,99	I,IV	619,41	34,06	49,55	55,74	I	619,41	29,45	42,84	48,19	25,03	36,41	40,96	20,80	30,26	34,04	16,76	24,38	27,42	12,91	18,78	21,12	9,24	13,45	15,13
	II	582,58	32,04	46,60	52,43	II	582,58	27,50	40,01	45,01	23,17	33,70	37,91	19,02	27,67	31,13	15,06	21,91	24,65	11,29	16,43	18,48	7,71	11,22	12,62
	III	322,—	17,71	25,76	28,98	III	322,—	14,21	20,68	23,26	6,93	15,73	17,69	—	10,97	12,34	—	6,74	7,58	—	3,08	3,46	—	—	—
	V	1 074,—	59,07	85,92	96,66	IV	619,41	31,73	46,16	51,93	29,45	42,84	48,19	27,22	39,59	44,54	25,03	36,41	40,96	22,89	33,30	37,46	20,80	30,26	34,04
	VI	1 106,25	60,84	88,50	99,56																				
3 263,99	I,IV	620,41	34,12	49,63	55,83	I	620,41	29,50	42,92	48,28	25,08	36,48	41,04	20,84	30,32	34,11	16,80	24,44	27,50	12,95	18,84	21,19	9,29	13,51	15,20
	II	583,50	32,09	46,68	52,51	II	583,50	27,56	40,09	45,10	23,21	33,77	37,99	19,07	27,74	31,20	15,11	21,98	24,72	11,33	16,49	18,55	7,75	11,28	12,69
	III	322,83	17,75	25,82	29,05	III	322,83	14,25	20,73	23,32	7,06	15,78	17,75	—	11,02	12,40	—	6,80	7,65	—	3,12	3,51	—	0,02	0,02
	V	1 075,25	59,13	86,02	96,77	IV	620,41	31,79	46,24	52,02	29,50	42,92	48,28	27,27	39,66	44,62	25,08	36,48	41,04	22,94	33,37	37,54	20,84	30,32	34,11
	VI	1 107,50	60,91	88,60	99,67																				
3 266,99	I,IV	621,33	34,17	49,70	55,91	I	621,33	29,55	42,99	48,36	25,13	36,55	41,12	20,89	30,39	34,19	16,85	24,51	27,57	12,99	18,90	21,26	9,33	13,57	15,26
	II	584,50	32,14	46,76	52,60	II	584,50	27,61	40,16	45,18	23,26	33,84	38,07	19,11	27,80	31,28	15,15	22,04	24,79	11,38	16,55	18,62	7,79	11,34	12,75
	III	323,50	17,79	25,88	29,11	III	323,50	14,29	20,78	23,38	7,20	15,84	17,82	—	11,08	12,46	—	6,84	7,69	—	3,16	3,55	—	0,05	0,05
	V	1 076,50	59,20	86,12	96,88	IV	621,33	31,84	46,31	52,10	29,55	42,99	48,36	27,32	39,74	44,70	25,13	36,55	41,12	22,99	33,44	37,62	20,89	30,39	34,19
	VI	1 108,75	60,98	88,70	99,78																				
3 269,99	I,IV	622,33	34,22	49,78	56,—	I	622,33	29,60	43,06	48,44	25,18	36,62	41,20	20,94	30,46	34,27	16,89	24,58	27,65	13,03	18,96	21,33	9,37	13,63	15,33
	II	585,41	32,19	46,83	52,68	II	585,41	27,66	40,24	45,27	23,32	33,92	38,16	19,16	27,87	31,35	15,19	22,10	24,86	11,42	16,61	18,68	7,83	11,40	12,82
	III	324,33	17,83	25,94	29,18	III	324,33	14,33	20,85	23,45	7,33	15,89	17,87	—	11,13	12,52	—	6,88	7,74	—	3,20	3,60	—	0,09	0,10
	V	1 077,83	59,28	86,22	97,—	IV	622,33	31,89	46,39	52,19	29,60	43,06	48,44	27,37	39,81	44,78	25,18	36,62	41,20	23,04	33,51	37,70	20,94	30,46	34,27
	VI	1 110,—	61,05	88,80	99,90																				
3 272,99	I,IV	623,33	34,28	49,86	56,09	I	623,33	29,66	43,14	48,53	25,23	36,70	41,28	20,99	30,53	34,34	16,94	24,64	27,72	13,08	19,02	21,40	9,41	13,69	15,40
	II	586,41	32,25	46,91	52,77	II	586,41	27,71	40,31	45,35	23,36	33,98	38,23	19,20	27,94	31,43	15,24	22,17	24,94	11,46	16,68	18,76	7,87	11,46	12,89
	III	325,—	17,87	26,—	29,25	III	325,—	14,37	20,90	23,51	7,50	15,96	17,95	—	11,18	12,58	—	6,93	7,79	—	3,24	3,64	—	0,12	0,13
	V	1 079,08	59,34	86,32	97,11	IV	623,33	31,95	46,47	52,28	29,66	43,14	48,53	27,42	39,88	44,87	25,23	36,70	41,28	23,09	33,58	37,78	20,99	30,53	34,34
	VI	1 111,25	61,11	88,90	100,01																				
3 275,99	I,IV	624,33	34,33	49,94	56,18	I	624,33	29,71	43,22	48,62	25,28	36,77	41,36	21,03	30,60	34,42	16,98	24,70	27,79	13,12	19,09	21,47	9,45	13,75	15,47
	II	587,41	32,30	46,99	52,86	II	587,41	27,76	40,38	45,43	23,41	34,06	38,31	19,25	28,—	31,50	15,28	22,23	25,01	11,50	16,74	18,83	7,92	11,52	12,96
	III	325,83	17,92	26,06	29,32	III	325,83	14,41	20,96	23,58	7,63	16,01	18,01	—	11,24	12,64	—	6,97	7,84	—	3,28	3,69	—	0,14	0,16
	V	1 080,33	59,41	86,42	97,22	IV	624,33	32,—	46,54	52,36	29,71	43,22	48,62	27,47	39,96	44,95	25,28	36,77	41,36	23,13	33,65	37,85	21,03	30,60	34,42
	VI	1 112,50	61,18	89,—	100,12																				
3 278,99	I,IV	625,33	34,39	50,02	56,27	I	625,33	29,76	43,30	48,71	25,33	36,84	41,45	21,08	30,67	34,50	17,03	24,77	27,86	13,16	19,15	21,54	9,49	13,81	15,53
	II	588,33	32,35	47,06	52,94	II	588,33	27,81	40,46	45,51	23,46	34,13	38,39	19,30	28,08	31,59	15,33	22,30	25,08	11,55	16,80	18,90	7,96	11,58	13,02
	III	326,50	17,95	26,12	29,38	III	326,50	14,45	21,02	23,65	7,76	16,06	18,07	—	11,29	12,70	—	7,02	7,90	—	3,32	3,73	—	0,18	0,20
	V	1 081,58	59,48	86,52	97,34	IV	625,33	32,05	46,62	52,45	29,76	43,30	48,71	27,52	40,04	45,04	25,33	36,84	41,45	23,18	33,72	37,94	21,08	30,67	34,50
	VI	1 113,75	61,25	89,10	100,23																				
3 281,99	I,IV	626,33	34,44	50,10	56,36	I	626,33	29,81	43,37	48,79	25,38	36,92	41,53	21,13	30,74	34,58	17,07	24,84	27,94	13,21	19,22	21,62	9,53	13,87	15,60
	II	589,33	32,41	47,14	53,03	II	589,33	27,87	40,54	45,60	23,51	34,20	38,48	19,35	28,14	31,66	15,37	22,36	25,16	11,59	16,86	18,96	7,99	11,63	13,08
	III	327,33	18,—	26,18	29,45	III	327,33	14,49	21,08	23,71	7,90	16,12	18,13	—	11,34	12,76	—	7,06	7,94	—	3,36	3,78	—	0,21	0,23
	V	1 082,83	59,55	86,62	97,45	IV	626,33	32,11	46,70	52,54	29,81	43,37	48,79	27,57	40,11	45,12	25,38	36,92	41,53	23,23	33,80	38,02	21,13	30,74	34,58
	VI	1 115,—	61,32	89,20	100,35																				
3 284,99	I,IV	627,25	34,49	50,18	56,45	I	627,25	29,86	43,44	48,87	25,43	36,99	41,61	21,18	30,81	34,66	17,12	24,90	28,01	13,25	19,28	21,69	9,57	13,93	15,67
	II	590,33	32,46	47,22	53,12	II	590,33	27,92	40,61	45,68	23,56	34,27	38,55	19,39	28,21	31,73	15,42	22,43	25,23	11,63	16,92	19,04	8,03	11,69	13,15
	III	328,—	18,04	26,24	29,52	III	328,—	14,52	21,13	23,77	8,03	16,17	18,19	—	11,40	12,82	—	7,12	8,01	—	3,40	3,82	—	0,25	0,28
	V	1 084,08	59,62	86,72	97,56	IV	627,25	32,16	46,78	52,62	29,86	43,44	48,87	27,62	40,18	45,20	25,43	36,99	41,61	23,28	33,86	38,09	21,18	30,81	34,66
	VI	1 116,33	61,39	89,30	100,46																				

* Die ausgewiesenen Tabellenwerte sind amtlich. Siehe Erläuterungen auf der Umschlaginnenseite (U2).
** Bei mehr als 3 Kinderfreibeträgen ist die „Ergänzungs-Tabelle 3,5 bis 6 Kinderfreibeträge" anzuwenden.

Abzüge an Lohnsteuer, Solidaritätszuschlag (SolZ) und Kirchensteuer (8%, 9%) in den Steuerklassen

Lohn/ Gehalt bis €*	I – VI		ohne Kinderfreibeträge			I, II, III, IV		mit Zahl der Kinderfreibeträge . . . 0,5			1			1,5			2			2,5			3**		
		LSt	SolZ	8%	9%		LSt	SolZ	8%	9%	SolZ	8%	9%	SolZ	8%	9%	SolZ	8%	9%	SolZ	8%	9%	SolZ	8%	9%
3 287,99	I,IV	628,25	34,55	50,26	56,54	I	628,25	29,92	43,52	48,96	25,48	37,06	41,69	21,23	30,88	34,74	17,16	24,97	28,09	13,30	19,34	21,76	9,62	13,99	15,74
	II	591,25	32,51	47,30	53,21	II	591,25	27,97	40,68	45,77	23,61	34,34	38,63	19,44	28,28	31,81	15,46	22,49	25,30	11,67	16,98	19,10	8,08	11,75	13,22
	III	328,66	18,07	26,29	29,57	III	328,66	14,57	21,20	23,85	8,20	16,24	18,27	—	11,45	12,88	—	7,16	8,05	—	3,44	3,87	—	0,28	0,31
	V	1 085,33	59,69	86,82	97,67	IV	628,25	32,21	46,86	52,71	29,92	43,52	48,96	27,67	40,26	45,29	25,48	37,06	41,69	23,33	33,94	38,18	21,23	30,88	34,74
	VI	1 117,58	61,46	89,40	100,58																				
3 290,99	I,IV	629,25	34,60	50,34	56,63	I	629,25	29,97	43,60	49,05	25,53	37,14	41,78	21,28	30,95	34,82	17,21	25,04	28,17	13,34	19,40	21,83	9,66	14,05	15,80
	II	592,25	32,57	47,38	53,30	II	592,25	28,02	40,76	45,85	23,66	34,42	38,72	19,49	28,35	31,89	15,51	22,56	25,38	11,71	17,04	19,17	8,12	11,81	13,28
	III	329,50	18,12	26,36	29,65	III	329,50	14,61	21,25	23,90	8,33	16,29	18,32	—	11,50	12,94	—	7,21	8,11	—	3,48	3,91	—	0,32	0,36
	V	1 086,58	59,76	86,92	97,79	IV	629,25	32,27	46,94	52,80	29,97	43,60	49,05	27,72	40,33	45,37	25,53	37,14	41,78	23,38	34,01	38,26	21,28	30,95	34,82
	VI	1 118,83	61,53	89,50	100,69																				
3 293,99	I,IV	630,25	34,66	50,42	56,72	I	630,25	30,03	43,68	49,14	25,58	37,21	41,86	21,32	31,02	34,89	17,26	25,10	28,24	13,38	19,47	21,90	9,70	14,11	15,87
	II	593,25	32,62	47,46	53,39	II	593,25	28,07	40,83	45,93	23,70	34,48	38,79	19,53	28,42	31,97	15,55	22,62	25,45	11,76	17,11	19,25	8,16	11,87	13,35
	III	330,16	18,15	26,41	29,71	III	330,16	14,64	21,30	23,96	8,46	16,34	18,38	—	11,56	13,—	—	7,25	8,15	—	3,52	3,96	—	0,34	0,38
	V	1 087,91	59,83	87,03	97,91	IV	630,25	32,32	47,01	52,88	30,03	43,68	49,14	27,78	40,41	45,46	25,58	37,21	41,86	23,43	34,08	38,34	21,32	31,02	34,89
	VI	1 120,08	61,60	89,60	100,80																				
3 296,99	I,IV	631,25	34,71	50,50	56,81	I	631,25	30,08	43,75	49,22	25,63	37,28	41,94	21,37	31,09	34,97	17,30	25,17	28,31	13,42	19,53	21,97	9,74	14,17	15,94
	II	594,16	32,67	47,53	53,47	II	594,16	28,12	40,90	46,01	23,76	34,56	38,88	19,58	28,48	32,04	15,60	22,69	25,52	11,80	17,17	19,31	8,19	11,92	13,41
	III	331,—	18,20	26,48	29,79	III	331,—	14,69	21,37	24,04	8,60	16,40	18,45	—	11,61	13,06	—	7,29	8,20	—	3,56	4,—	—	0,38	0,43
	V	1 089,16	59,90	87,13	98,02	IV	631,25	32,37	47,09	52,97	30,08	43,75	49,22	27,83	40,48	45,54	25,63	37,28	41,94	23,48	34,15	38,42	21,37	31,09	34,97
	VI	1 121,33	61,67	89,70	100,91																				
3 299,99	I,IV	632,25	34,77	50,58	56,90	I	632,25	30,13	43,82	49,30	25,68	37,36	42,03	21,42	31,16	35,05	17,35	25,24	28,39	13,47	19,60	22,05	9,78	14,23	16,01
	II	595,16	32,73	47,61	53,56	II	595,16	28,17	40,98	46,10	23,81	34,63	38,96	19,63	28,55	32,12	15,64	22,76	25,60	11,84	17,23	19,38	8,24	11,98	13,48
	III	331,66	18,24	26,53	29,84	III	331,66	14,73	21,42	24,10	8,76	16,46	18,52	—	11,66	13,12	—	7,34	8,26	—	3,60	4,05	—	0,41	0,46
	V	1 090,41	59,97	87,23	98,13	IV	632,25	32,42	47,16	53,06	30,13	43,82	49,30	27,88	40,56	45,63	25,68	37,36	42,03	23,53	34,22	38,50	21,42	31,16	35,05
	VI	1 122,58	61,74	89,80	101,03																				
3 302,99	I,IV	633,25	34,82	50,66	56,99	I	633,25	30,18	43,90	49,39	25,73	37,43	42,11	21,47	31,23	35,13	17,39	25,30	28,46	13,51	19,66	22,11	9,82	14,29	16,07
	II	596,16	32,78	47,69	53,65	II	596,16	28,22	41,06	46,19	23,86	34,70	39,04	19,68	28,62	32,20	15,68	22,82	25,67	11,89	17,30	19,46	8,28	12,04	13,55
	III	332,50	18,28	26,60	29,92	III	332,50	14,77	21,49	24,17	8,90	16,52	18,58	—	11,72	13,18	—	7,38	8,30	—	3,64	4,09	—	0,45	0,50
	V	1 091,66	60,04	87,33	98,24	IV	633,25	32,48	47,24	53,15	30,18	43,90	49,39	27,93	40,63	45,71	25,73	37,43	42,11	23,57	34,29	38,57	21,47	31,23	35,13
	VI	1 123,83	61,81	89,90	101,14																				
3 305,99	I,IV	634,25	34,88	50,74	57,08	I	634,25	30,23	43,98	49,47	25,78	37,50	42,18	21,51	31,30	35,21	17,44	25,37	28,54	13,56	19,72	22,19	9,86	14,35	16,14
	II	597,08	32,83	47,76	53,73	II	597,08	28,27	41,13	46,27	23,90	34,77	39,11	19,72	28,69	32,27	15,73	22,88	25,74	11,93	17,36	19,53	8,32	12,10	13,61
	III	333,16	18,32	26,65	29,98	III	333,16	14,81	21,54	24,23	9,03	16,57	18,64	—	11,76	13,23	—	7,44	8,37	—	3,68	4,14	—	0,48	0,54
	V	1 092,91	60,11	87,43	98,36	IV	634,25	32,53	47,32	53,24	30,23	43,98	49,47	27,98	40,70	45,79	25,78	37,50	42,18	23,62	34,36	38,66	21,51	31,30	35,21
	VI	1 125,08	61,87	90,—	101,25																				
3 308,99	I,IV	635,25	34,93	50,82	57,17	I	635,25	30,29	44,06	49,56	25,83	37,57	42,26	21,56	31,37	35,29	17,49	25,44	28,62	13,60	19,78	22,25	9,90	14,41	16,21
	II	598,08	32,89	47,84	53,82	II	598,08	28,32	41,20	46,35	23,95	34,84	39,20	19,77	28,76	32,35	15,78	22,95	25,82	11,97	17,42	19,59	8,36	12,16	13,68
	III	334,—	18,37	26,72	30,06	III	334,—	14,85	21,60	24,30	9,16	16,62	18,70	—	11,82	13,30	—	7,48	8,41	—	3,72	4,18	—	0,52	0,58
	V	1 094,16	60,17	87,53	98,47	IV	635,25	32,58	47,40	53,32	30,29	44,06	49,56	28,03	40,78	45,87	25,83	37,57	42,26	23,67	34,44	38,74	21,56	31,37	35,29
	VI	1 126,41	61,95	90,11	101,37																				
3 311,99	I,IV	636,25	34,99	50,90	57,26	I	636,25	30,34	44,13	49,64	25,88	37,64	42,35	21,61	31,44	35,37	17,53	25,50	28,69	13,64	19,85	22,33	9,95	14,47	16,28
	II	599,08	32,94	47,92	53,91	II	599,08	28,38	41,28	46,44	24,—	34,92	39,28	19,82	28,83	32,43	15,82	23,02	25,89	12,01	17,48	19,66	8,40	12,22	13,75
	III	334,66	18,40	26,77	30,11	III	334,66	14,89	21,66	24,37	9,30	16,68	18,76	—	11,88	13,36	—	7,53	8,47	—	3,76	4,23	—	0,54	0,61
	V	1 095,41	60,24	87,63	98,58	IV	636,25	32,64	47,48	53,41	30,34	44,13	49,64	28,09	40,86	45,96	25,88	37,64	42,35	23,72	34,51	38,82	21,61	31,44	35,37
	VI	1 127,66	62,02	90,21	101,48																				
3 314,99	I,IV	637,25	35,04	50,98	57,35	I	637,25	30,39	44,21	49,73	25,93	37,72	42,43	21,66	31,51	35,45	17,58	25,57	28,76	13,69	19,92	22,41	9,99	14,53	16,34
	II	600,08	33,—	48,—	54,—	II	600,08	28,43	41,36	46,53	24,05	34,99	39,36	19,86	28,90	32,51	15,87	23,08	25,97	12,06	17,54	19,73	8,44	12,28	13,82
	III	335,50	18,45	26,84	30,19	III	335,50	14,93	21,72	24,43	9,46	16,74	18,83	—	11,93	13,42	—	7,57	8,51	—	3,80	4,27	—	0,58	0,65
	V	1 096,66	60,31	87,73	98,69	IV	637,25	32,69	47,56	53,50	30,39	44,21	49,73	28,14	40,93	46,04	25,93	37,72	42,43	23,77	34,58	38,90	21,66	31,51	35,45
	VI	1 128,91	62,09	90,31	101,60																				
3 317,99	I,IV	638,16	35,09	51,05	57,43	I	638,16	30,44	44,28	49,82	25,98	37,79	42,51	21,71	31,58	35,52	17,62	25,64	28,84	13,73	19,98	22,47	10,03	14,59	16,41
	II	601,—	33,05	48,08	54,09	II	601,—	28,48	41,43	46,61	24,10	35,06	39,44	19,91	28,96	32,58	15,91	23,14	26,03	12,10	17,60	19,80	8,48	12,34	13,88
	III	336,16	18,48	26,89	30,25	III	336,16	14,96	21,77	24,49	9,60	16,80	18,90	—	11,98	13,48	—	7,62	8,57	—	3,84	4,32	—	0,61	0,68
	V	1 097,91	60,38	87,83	98,81	IV	638,16	32,74	47,63	53,58	30,44	44,28	49,82	28,19	41,—	46,13	25,98	37,79	42,51	23,82	34,65	38,98	21,71	31,58	35,52
	VI	1 130,16	62,15	90,41	101,71																				
3 320,99	I,IV	639,16	35,15	51,13	57,52	I	639,16	30,50	44,36	49,91	26,03	37,86	42,59	21,76	31,65	35,60	17,67	25,70	28,91	13,78	20,04	22,55	10,07	14,65	16,48
	II	602,—	33,11	48,16	54,18	II	602,—	28,53	41,50	46,69	24,15	35,13	39,52	19,96	29,03	32,66	15,95	23,21	26,11	12,14	17,66	19,87	8,52	12,40	13,95
	III	337,—	18,53	26,96	30,33	III	337,—	15,01	21,84	24,57	9,73	16,85	18,95	—	12,04	13,54	—	7,66	8,62	—	3,88	4,36	—	0,65	0,73
	V	1 099,25	60,45	87,94	98,93	IV	639,16	32,80	47,71	53,67	30,50	44,36	49,91	28,24	41,08	46,21	26,03	37,86	42,59	23,87	34,72	39,06	21,76	31,65	35,60
	VI	1 131,41	62,22	90,51	101,82																				
3 323,99	I,IV	640,16	35,20	51,21	57,61	I	640,16	30,55	44,44	49,99	26,08	37,94	42,68	21,80	31,72	35,68	17,71	25,77	28,99	13,82	20,10	22,61	10,11	14,71	16,55
	II	603,—	33,16	48,24	54,27	II	603,—	28,59	41,58	46,78	24,20	35,20	39,60	20,01	29,10	32,74	16,—	23,28	26,19	12,19	17,73	19,94	8,56	12,46	14,01
	III	337,66	18,57	27,01	30,38	III	337,66	15,05	21,89	24,62	9,90	16,92	19,03	—	12,09	13,60	—	7,72	8,68	—	3,92	4,41	—	0,69	0,77
	V	1 100,50	60,52	88,04	99,04	IV	640,16	32,85	47,79	53,76	30,55	44,44	49,99	28,29	41,16	46,30	26,08	37,94	42,68	23,92	34,80	39,15	21,80	31,72	35,68
	VI	1 132,66	62,29	90,61	101,93																				
3 326,99	I,IV	641,16	35,26	51,29	57,70	I	641,16	30,60	44,51	50,07	26,13	38,01	42,76	21,85	31,78	35,75	17,76	25,84	29,07	13,86	20,17	22,69	10,15	14,77	16,61
	II	604,—	33,22	48,32	54,36	II	604,—	28,64	41,66	46,86	24,25	35,28	39,69	20,05	29,17	32,81	16,05	23,34	26,26	12,23	17,79	20,01	8,60	12,52	14,08
	III	338,50	18,61	27,08	30,46	III	338,50	15,08	21,94	24,68	10,03	16,97	19,09	—	12,14	13,66	—	7,76	8,73	—	3,96	4,45	—	0,72	0,81
	V	1 101,75	60,59	88,14	99,15	IV	641,16	32,91	47,87	53,85	30,60	44,51	50,07	28,34	41,23	46,38	26,13	38,01	42,76	23,97	34,86	39,22	21,85	31,78	35,75
	VI	1 133,91	62,36	90,71	102,05																				
3 329,99	I,IV	642,16	35,31	51,37	57,79	I	642,16	30,65	44,59	50,16	26,18	38,08	42,84	21,90	31,86	35,84	17,81	25,90	29,14	13,91	20,23	22,76	10,19	14,83	16,68
	II	604,91	33,27	48,39	54,44	II	604,91	28,69	41,73	46,94	24,30	35,34	39,76	20,10	29,24	32,89	16,09	23,41	26,33	12,27	17,85	20,08	8,64	12,58	14,15
	III	339,16	18,65	27,13	30,52	III	339,16	15,13	22,01	24,76	10,16	17,02	19,15	—	12,20	13,72	—	7,81	8,78	—	4,—	4,50	—	0,76	0,85
	V	1 103,—	60,66	88,24	99,27	IV	642,16	32,96	47,94	53,93	30,65	44,59	50,16	28,39	41,30	46,46	26,18	38,08	42,84	24,02	34,94	39,30	21,90	31,86	35,84
	VI	1 135,16	62,43	90,81	102,16																				

*** Die ausgewiesenen Tabellenwerte sind amtlich. Siehe Erläuterungen auf der Umschlaginnenseite (U2).**
**** Bei mehr als 3 Kinderfreibeträgen ist die „Ergänzungs-Tabelle 3,5 bis 6 Kinderfreibeträge" anzuwenden.**

Abzüge an Lohnsteuer, Solidaritätszuschlag (SolZ) und Kirchensteuer (8%, 9%) in den Steuerklassen

Lohn/ Gehalt bis €*	I – VI					I, II, III, IV		mit Zahl der Kinderfreibeträge . . . 0,5			1			1,5			2			2,5			3**		
		LSt	ohne Kinderfreibeträge SolZ	8%	9%		LSt	SolZ	8%	9%	SolZ	8%	9%	SolZ	8%	9%	SolZ	8%	9%	SolZ	8%	9%	SolZ	8%	9%
3 332,99	I,IV	643,16	35,37	51,45	57,88	I	643,16	30,71	44,67	50,25	26,23	38,16	42,93	21,95	31,93	35,92	17,85	25,97	29,21	13,95	20,30	22,83	10,24	14,90	16,76
	II	605,91	33,32	48,47	54,53	II	605,91	28,74	41,81	47,03	24,35	35,42	39,84	20,15	29,31	32,97	16,14	23,48	26,41	12,32	17,92	20,16	8,69	12,64	14,22
	III	340,—	18,70	27,20	30,60	III	340,—	15,17	22,06	24,82	10,30	17,08	19,21	—	12,25	13,78	—	7,86	8,84	—	4,04	4,54	—	0,78	0,88
	V	1 104,25	60,73	88,34	99,38	IV	643,16	33,01	48,02	54,02	30,71	44,67	50,25	28,44	41,38	46,55	26,23	38,16	42,93	24,07	35,01	39,38	21,95	31,93	35,92
	VI	1 136,41	62,50	90,91	102,27																				
3 335,99	I,IV	644,16	35,42	51,53	57,97	I	644,16	30,76	44,74	50,33	26,28	38,23	43,01	22,—	32,—	36,—	17,90	26,04	29,30	13,99	20,36	22,90	10,28	14,96	16,83
	II	606,91	33,38	48,55	54,62	II	606,91	28,79	41,88	47,12	24,40	35,49	39,92	20,19	29,38	33,05	16,18	23,54	26,48	12,36	17,98	20,22	8,73	12,70	14,28
	III	340,66	18,73	27,25	30,65	III	340,66	15,21	22,13	24,89	10,43	17,13	19,27	—	12,30	13,84	—	7,90	8,89	—	4,08	4,59	—	0,82	0,92
	V	1 105,50	60,80	88,44	99,49	IV	644,16	33,07	48,10	54,11	30,76	44,74	50,33	28,50	41,46	46,64	26,28	38,23	43,01	24,12	35,08	39,47	22,—	32,—	36,—
	VI	1 137,75	62,57	91,02	102,39																				
3 338,99	I,IV	645,16	35,48	51,61	58,06	I	645,16	30,81	44,82	50,42	26,33	38,30	43,09	22,05	32,07	36,08	17,94	26,10	29,36	14,04	20,42	22,97	10,32	15,02	16,89
	II	607,91	33,43	48,63	54,71	II	607,91	28,84	41,96	47,20	24,45	35,56	40,01	20,24	29,44	33,12	16,22	23,60	26,55	12,40	18,04	20,30	8,76	12,75	14,34
	III	341,33	18,77	27,30	30,71	III	341,33	15,25	22,18	24,95	10,60	17,20	19,35	—	12,36	13,90	—	7,96	8,95	—	4,12	4,63	—	0,85	0,95
	V	1 106,75	60,87	88,54	99,60	IV	645,16	33,12	48,18	54,20	30,81	44,82	50,42	28,55	41,53	46,72	26,33	38,30	43,09	24,16	35,15	39,54	22,05	32,07	36,08
	VI	1 139,—	62,64	91,12	102,51																				
3 341,99	I,IV	646,16	35,53	51,69	58,15	I	646,16	30,86	44,90	50,51	26,38	38,38	43,17	22,09	32,14	36,15	17,99	26,18	29,45	14,08	20,49	23,05	10,36	15,08	16,96
	II	608,83	33,48	48,70	54,79	II	608,83	28,89	42,03	47,28	24,50	35,64	40,09	20,29	29,52	33,21	16,27	23,67	26,63	12,44	18,10	20,36	8,80	12,81	14,41
	III	342,16	18,81	27,37	30,79	III	342,16	15,29	22,24	25,02	10,73	17,25	19,40	—	12,41	13,96	—	8,—	9,—	—	4,16	4,68	—	0,89	1,—
	V	1 108,—	60,94	88,64	99,72	IV	646,16	33,17	48,26	54,29	30,86	44,90	50,51	28,60	41,60	46,80	26,38	38,38	43,17	24,21	35,22	39,62	22,09	32,14	36,15
	VI	1 140,25	62,71	91,22	102,62																				
3 344,99	I,IV	647,16	35,59	51,77	58,24	I	647,16	30,92	44,98	50,60	26,44	38,46	43,26	22,14	32,21	36,23	18,04	26,24	29,52	14,13	20,55	23,12	10,40	15,14	17,03
	II	609,83	33,54	48,78	54,88	II	609,83	28,95	42,11	47,37	24,55	35,71	40,17	20,34	29,58	33,28	16,32	23,74	26,70	12,48	18,16	20,43	8,85	12,87	14,48
	III	342,83	18,85	27,42	30,85	III	342,83	15,33	22,30	25,09	10,86	17,30	19,46	—	12,46	14,02	—	8,05	9,05	—	4,20	4,72	—	0,92	1,03
	V	1 109,33	61,01	88,74	99,83	IV	647,16	33,23	48,34	54,38	30,92	44,98	50,60	28,65	41,68	46,89	26,44	38,46	43,26	24,26	35,30	39,71	22,14	32,21	36,23
	VI	1 141,50	62,78	91,32	102,73																				
3 347,99	I,IV	648,16	35,64	51,85	58,33	I	648,16	30,97	45,05	50,68	26,48	38,52	43,34	22,19	32,28	36,31	18,09	26,31	29,60	14,17	20,62	23,19	10,45	15,20	17,10
	II	610,83	33,59	48,86	54,97	II	610,83	29,—	42,18	47,45	24,59	35,78	40,25	20,38	29,65	33,35	16,36	23,80	26,78	12,53	18,23	20,51	8,89	12,93	14,54
	III	343,66	18,90	27,49	30,92	III	343,66	15,37	22,36	25,15	11,—	17,36	19,53	—	12,52	14,08	—	8,09	9,10	—	4,24	4,77	—	0,96	1,08
	V	1 110,58	61,08	88,84	99,95	IV	648,16	33,28	48,42	54,47	30,97	45,05	50,68	28,70	41,75	46,97	26,48	38,52	43,34	24,31	35,37	39,79	22,19	32,28	36,31
	VI	1 142,75	62,85	91,42	102,84																				
3 350,99	I,IV	649,16	35,70	51,93	58,42	I	649,16	31,02	45,13	50,77	26,53	38,60	43,42	22,24	32,35	36,39	18,13	26,38	29,67	14,21	20,68	23,26	10,49	15,26	17,16
	II	611,83	33,65	48,94	55,06	II	611,83	29,05	42,26	47,54	24,64	35,85	40,33	20,43	29,72	33,44	16,41	23,87	26,85	12,57	18,29	20,57	8,93	12,99	14,61
	III	344,50	18,94	27,56	31,—	III	344,50	15,40	22,41	25,21	11,16	17,42	19,60	—	12,57	14,14	—	8,14	9,16	—	4,29	4,82	—	1,—	1,12
	V	1 111,83	61,15	88,94	100,06	IV	649,16	33,34	48,50	54,56	31,02	45,13	50,77	28,76	41,83	47,06	26,53	38,60	43,42	24,36	35,44	39,87	22,24	32,35	36,39
	VI	1 144,—	62,92	91,52	102,96																				
3 353,99	I,IV	650,16	35,75	52,01	58,51	I	650,16	31,07	45,20	50,85	26,59	38,68	43,51	22,29	32,42	36,47	18,18	26,44	29,75	14,26	20,74	23,33	10,53	15,32	17,23
	II	612,83	33,70	49,02	55,15	II	612,83	29,10	42,34	47,63	24,69	35,92	40,41	20,48	29,79	33,51	16,45	23,94	26,93	12,62	18,36	20,65	8,97	13,05	14,68
	III	345,16	18,98	27,61	31,06	III	345,16	15,45	22,48	25,29	11,30	17,48	19,66	—	12,62	14,20	—	8,20	9,22	—	4,33	4,87	—	1,02	1,15
	V	1 113,08	61,21	89,04	100,17	IV	650,16	33,39	48,57	54,64	31,07	45,20	50,85	28,81	41,90	47,14	26,59	38,68	43,51	24,41	35,51	39,95	22,29	32,42	36,47
	VI	1 145,25	62,98	91,62	103,07																				
3 356,99	I,IV	651,16	35,81	52,09	58,60	I	651,16	31,13	45,28	50,94	26,64	38,75	43,59	22,33	32,49	36,55	18,22	26,51	29,82	14,30	20,81	23,41	10,57	15,38	17,30
	II	613,83	33,76	49,10	55,24	II	613,83	29,15	42,41	47,71	24,75	36,—	40,50	20,53	29,86	33,59	16,50	24,—	27,—	12,66	18,42	20,72	9,01	13,11	14,75
	III	346,—	19,03	27,68	31,14	III	346,—	15,49	22,53	25,34	11,43	17,53	19,72	—	12,68	14,26	—	8,24	9,27	—	4,37	4,91	—	1,06	1,19
	V	1 114,33	61,28	89,14	100,28	IV	651,16	33,44	48,65	54,73	31,13	45,28	50,94	28,86	41,98	47,23	26,64	38,75	43,59	24,46	35,58	40,03	22,33	32,49	36,55
	VI	1 146,50	63,05	91,72	103,18																				
3 359,99	I,IV	652,16	35,86	52,17	58,69	I	652,16	31,18	45,36	51,03	26,69	38,82	43,67	22,38	32,56	36,63	18,27	26,58	29,90	14,35	20,87	23,48	10,61	15,44	17,37
	II	614,75	33,81	49,18	55,32	II	614,75	29,20	42,48	47,79	24,80	36,07	40,58	20,57	29,93	33,67	16,54	24,06	27,07	12,70	18,48	20,79	9,05	13,17	14,81
	III	346,66	19,06	27,73	31,19	III	346,66	15,53	22,60	25,42	11,60	17,60	19,80	—	12,73	14,32	—	8,29	9,32	—	4,41	4,96	—	1,10	1,24
	V	1 115,58	61,35	89,24	100,40	IV	652,16	33,50	48,73	54,82	31,18	45,36	51,03	28,91	42,06	47,31	26,69	38,82	43,67	24,51	35,66	40,11	22,38	32,56	36,63
	VI	1 147,83	63,13	91,82	103,30																				
3 362,99	I,IV	653,16	35,92	52,25	58,78	I	653,16	31,24	45,44	51,12	26,74	38,90	43,76	22,43	32,63	36,71	18,31	26,64	29,97	14,39	20,94	23,55	10,66	15,50	17,44
	II	615,75	33,86	49,26	55,41	II	615,75	29,26	42,56	47,88	24,85	36,14	40,66	20,62	30,—	33,75	16,59	24,13	27,14	12,75	18,54	20,86	9,09	13,23	14,88
	III	347,33	19,10	27,78	31,25	III	347,33	15,57	22,65	25,48	11,73	17,65	19,85	—	12,78	14,38	—	8,33	9,37	—	4,45	5,—	—	1,13	1,27
	V	1 116,83	61,42	89,34	100,51	IV	653,16	33,55	48,81	54,91	31,24	45,44	51,12	28,96	42,13	47,39	26,74	38,90	43,76	24,56	35,73	40,19	22,43	32,63	36,71
	VI	1 149,08	63,19	91,92	103,41																				
3 365,99	I,IV	654,16	35,97	52,33	58,87	I	654,16	31,29	45,51	51,20	26,79	38,97	43,84	22,48	32,70	36,79	18,36	26,71	30,05	14,44	21,—	23,63	10,70	15,56	17,51
	II	616,75	33,92	49,34	55,50	II	616,75	29,31	42,64	47,97	24,90	36,22	40,74	20,67	30,07	33,83	16,63	24,20	27,22	12,79	18,60	20,93	9,13	13,29	14,95
	III	348,16	19,14	27,85	31,33	III	348,16	15,61	22,70	25,54	11,86	17,70	19,91	—	12,85	14,45	—	8,38	9,43	—	4,49	5,05	—	1,17	1,31
	V	1 118,08	61,49	89,44	100,62	IV	654,16	33,61	48,89	55,—	31,29	45,51	51,20	29,01	42,20	47,48	26,79	38,97	43,84	24,61	35,80	40,28	22,48	32,70	36,79
	VI	1 150,33	63,26	92,02	103,52																				
3 368,99	I,IV	655,16	36,03	52,41	58,96	I	655,16	31,34	45,59	51,29	26,84	39,04	43,92	22,53	32,77	36,86	18,41	26,78	30,12	14,48	21,06	23,69	10,74	15,62	17,57
	II	617,75	33,97	49,42	55,59	II	617,75	29,36	42,71	48,05	24,94	36,28	40,82	20,72	30,14	33,90	16,68	24,26	27,29	12,83	18,67	21,—	9,18	13,35	15,02
	III	349,—	19,19	27,92	31,41	III	349,—	15,65	22,77	25,61	12,—	17,76	19,98	—	12,90	14,51	—	8,44	9,49	—	4,53	5,09	—	1,20	1,35
	V	1 119,41	61,56	89,55	100,74	IV	655,16	33,66	48,96	55,08	31,34	45,59	51,29	29,06	42,28	47,56	26,84	39,04	43,92	24,66	35,87	40,35	22,53	32,77	36,86
	VI	1 151,58	63,33	92,12	103,64																				
3 371,99	I,IV	656,16	36,08	52,49	59,05	I	656,16	31,39	45,66	51,37	26,89	39,12	44,01	22,58	32,84	36,95	18,46	26,85	30,20	14,52	21,13	23,77	10,78	15,68	17,64
	II	618,66	34,02	49,49	55,67	II	618,66	29,42	42,79	48,14	24,99	36,36	40,90	20,76	30,20	33,98	16,72	24,33	27,37	12,87	18,73	21,07	9,22	13,41	15,08
	III	349,66	19,23	27,97	31,46	III	349,66	15,69	22,82	25,67	12,13	17,81	20,03	—	12,96	14,58	—	8,48	9,54	—	4,57	5,14	—	1,24	1,39
	V	1 120,66	61,63	89,65	100,85	IV	656,16	33,71	49,04	55,17	31,39	45,66	51,37	29,12	42,36	47,65	26,89	39,12	44,01	24,71	35,94	40,43	22,58	32,84	36,95
	VI	1 152,83	63,40	92,22	103,75																				
3 374,99	I,IV	657,16	36,14	52,57	59,14	I	657,16	31,45	45,74	51,46	26,94	39,19	44,09	22,63	32,92	37,03	18,50	26,92	30,28	14,57	21,19	23,84	10,83	15,75	17,72
	II	619,66	34,08	49,57	55,76	II	619,66	29,47	42,86	48,22	25,04	36,43	40,98	20,81	30,28	34,06	16,77	24,40	27,45	12,92	18,80	21,15	9,26	13,47	15,15
	III	350,50	19,27	28,04	31,54	III	350,50	15,73	22,89	25,75	12,29	17,88	20,11	0,13	13,01	14,63	—	8,53	9,59	—	4,61	5,18	—	1,28	1,44
	V	1 121,91	61,70	89,75	100,97	IV	657,16	33,77	49,12	55,26	31,45	45,74	51,46	29,17	42,43	47,73	26,94	39,19	44,09	24,76	36,02	40,52	22,63	32,92	37,03
	VI	1 154,08	63,47	92,32	103,86																				

* Die ausgewiesenen Tabellenwerte sind amtlich. Siehe Erläuterungen auf der Umschlaginnenseite (U2).
** Bei mehr als 3 Kinderfreibeträgen ist die „Ergänzungs-Tabelle 3,5 bis 6 Kinderfreibeträge" anzuwenden.

Abzüge an Lohnsteuer, Solidaritätszuschlag (SolZ) und Kirchensteuer (8%, 9%) in den Steuerklassen

Lohn/Gehalt bis €*		I – VI				I, II, III, IV		mit Zahl der Kinderfreibeträge . . . 0,5			1			1,5			2			2,5			3**		
		LSt	ohne Kinderfreibeträge SolZ	8%	9%		LSt	SolZ	8%	9%	SolZ	8%	9%	SolZ	8%	9%	SolZ	8%	9%	SolZ	8%	9%	SolZ	8%	9%
3 377,99	I,IV	658,25	36,20	52,66	59,24	I	658,25	31,50	45,82	51,55	26,99	39,26	44,17	22,67	32,98	37,10	18,55	26,98	30,35	14,61	21,26	23,91	10,87	15,81	17,78
	II	620,66	34,13	49,65	55,85	II	620,66	29,52	42,94	48,30	25,09	36,50	41,06	20,86	30,34	34,13	16,82	24,46	27,52	12,96	18,86	21,21	9,30	13,53	15,22
	III	351,16	19,31	28,09	31,60	III	351,16	15,77	22,94	25,81	12,32	17,93	20,17	0,26	13,06	14,69	—	8,57	9,64	—	4,66	5,24	—	1,30	1,46
	V	1 123,16	61,77	89,85	101,08	IV	658,25	33,82	49,20	55,35	31,50	45,82	51,55	29,22	42,51	47,82	26,99	39,26	44,17	24,81	36,09	40,60	22,67	32,98	37,10
	VI	1 155,33	63,54	92,42	103,97																				
3 380,99	I,IV	659,16	36,25	52,73	59,32	I	659,16	31,55	45,90	51,63	27,04	39,34	44,25	22,72	33,06	37,19	18,59	27,05	30,43	14,66	21,32	23,99	10,91	15,87	17,85
	II	621,66	34,19	49,73	55,94	II	621,66	29,57	43,02	48,39	25,14	36,58	41,15	20,90	30,41	34,21	16,86	24,53	27,59	13,—	18,92	21,28	9,34	13,59	15,29
	III	351,83	19,35	28,14	31,66	III	351,83	15,81	23,—	25,87	12,36	17,98	20,23	0,40	13,12	14,76	—	8,62	9,70	—	4,70	5,29	—	1,34	1,51
	V	1 124,41	61,84	89,95	101,19	IV	659,16	33,88	49,28	55,44	31,55	45,90	51,63	29,27	42,58	47,90	27,04	39,34	44,25	24,86	36,16	40,68	22,72	33,06	37,19
	VI	1 156,58	63‚61	92,52	104,09																				
3 383,99	I,IV	660,16	36,30	52,81	59,41	I	660,16	31,61	45,98	51,72	27,09	39,41	44,33	22,77	33,13	37,27	18,64	27,12	30,51	14,70	21,38	24,05	10,95	15,93	17,92
	II	622,66	34,24	49,81	56,03	II	622,66	29,62	43,09	48,47	25,19	36,65	41,23	20,95	30,48	34,29	16,91	24,60	27,67	13,05	18,98	21,35	9,38	13,65	15,35
	III	352,66	19,39	28,21	31,73	III	352,66	15,85	23,06	25,94	12,41	18,05	20,30	0,53	13,17	14,81	—	8,68	9,76	—	4,74	5,33	—	1,38	1,55
	V	1 125,66	61,91	90,05	101,30	IV	660,16	33,93	49,36	55,53	31,61	45,98	51,72	29,32	42,66	47,99	27,09	39,41	44,33	24,91	36,24	40,77	22,77	33,13	37,27
	VI	1 157,91	63,68	92,63	104,21																				
3 386,99	I,IV	661,25	36,36	52,90	59,51	I	661,25	31,66	46,05	51,80	27,15	39,49	44,42	22,82	33,20	37,35	18,69	27,18	30,58	14,74	21,45	24,13	10,99	15,99	17,99
	II	623,66	34,30	49,89	56,12	II	623,66	29,68	43,17	48,56	25,24	36,72	41,31	21,01	30,56	34,38	16,95	24,66	27,74	13,09	19,04	21,42	9,42	13,71	15,42
	III	353,50	19,44	28,28	31,81	III	353,50	15,89	23,12	26,01	12,44	18,10	20,36	0,66	13,22	14,87	—	8,72	9,81	—	4,78	5,38	—	1,41	1,58
	V	1 126,91	61,98	90,15	101,42	IV	661,25	33,99	49,44	55,62	31,66	46,05	51,80	29,38	42,74	48,08	27,15	39,49	44,42	24,96	36,31	40,85	22,82	33,20	37,35
	VI	1 159,16	63,75	92,73	104,32																				
3 389,99	I,IV	662,16	36,41	52,97	59,59	I	662,16	31,71	46,13	51,89	27,19	39,56	44,50	22,87	33,27	37,43	18,73	27,25	30,65	14,79	21,52	24,21	11,03	16,05	18,05
	II	624,58	34,35	49,96	56,21	II	624,58	29,73	43,24	48,65	25,29	36,79	41,39	21,05	30,62	34,45	16,99	24,72	27,81	13,14	19,11	21,50	9,46	13,77	15,49
	III	354,16	19,47	28,33	31,87	III	354,16	15,93	23,17	26,06	12,48	18,16	20,43	0,80	13,28	14,94	—	8,77	9,86	—	4,82	5,42	—	1,45	1,63
	V	1 128,16	62,04	90,25	101,53	IV	662,16	34,04	49,52	55,71	31,71	46,13	51,89	29,43	42,81	48,16	27,19	39,56	44,50	25,01	36,38	40,92	22,87	33,27	37,43
	VI	1 160,41	63,82	92,83	104,43																				
3 392,99	I,IV	663,25	36,47	53,06	59,69	I	663,25	31,76	46,20	51,98	27,25	39,64	44,59	22,92	33,34	37,50	18,78	27,32	30,74	14,83	21,58	24,27	11,08	16,12	18,13
	II	625,58	34,40	50,04	56,30	II	625,58	29,78	43,32	48,73	25,34	36,86	41,47	21,10	30,69	34,52	17,05	24,80	27,90	13,18	19,17	21,56	9,51	13,83	15,56
	III	355,—	19,52	28,40	31,95	III	355,—	15,97	23,24	26,14	12,53	18,22	20,50	0,96	13,34	15,01	—	8,82	9,92	—	4,86	5,47	—	1,49	1,67
	V	1 129,41	62,11	90,35	101,64	IV	663,25	34,10	49,60	55,80	31,76	46,20	51,98	29,48	42,88	48,24	27,25	39,64	44,59	25,06	36,45	41,—	22,92	33,34	37,50
	VI	1 161,66	63,89	92,93	104,54																				
3 395,99	I,IV	664,25	36,53	53,14	59,78	I	664,25	31,82	46,28	52,07	27,30	39,71	44,67	22,97	33,41	37,58	18,83	27,39	30,81	14,88	21,64	24,35	11,12	16,18	18,20
	II	626,58	34,46	50,12	56,39	II	626,58	29,83	43,40	48,82	25,39	36,94	41,55	21,15	30,76	34,61	17,09	24,86	27,97	13,22	19,24	21,64	9,55	13,89	15,62
	III	355,66	19,56	28,45	32,—	III	355,66	16,01	23,29	26,20	12,56	18,28	20,56	1,10	13,40	15,07	—	8,86	9,97	—	4,90	5,51	—	1,52	1,71
	V	1 130,75	62,19	90,46	101,76	IV	664,25	34,15	49,68	55,89	31,82	46,28	52,07	29,53	42,96	48,33	27,30	39,71	44,67	25,11	36,52	41,09	22,97	33,41	37,58
	VI	1 162,91	63,96	93,03	104,66																				
3 398,99	I,IV	665,25	36,58	53,22	59,87	I	665,25	31,87	46,36	52,15	27,35	39,78	44,75	23,02	33,48	37,67	18,87	27,46	30,89	14,92	21,71	24,42	11,16	16,24	18,27
	II	627,58	34,51	50,20	56,48	II	627,58	29,88	43,47	48,90	25,44	37,01	41,63	21,19	30,83	34,68	17,13	24,92	28,04	13,26	19,30	21,71	9,58	13,94	15,68
	III	356,33	19,59	28,50	32,06	III	356,33	16,06	23,36	26,28	12,60	18,33	20,62	1,23	13,45	15,13	—	8,92	10,03	—	4,96	5,58	—	1,56	1,75
	V	1 132,—	62,26	90,56	101,88	IV	665,25	34,20	49,75	55,97	31,87	46,36	52,15	29,59	43,04	48,42	27,35	39,78	44,75	25,16	36,60	41,17	23,02	33,48	37,67
	VI	1 164,16	64,02	93,13	104,77																				
3 401,99	I,IV	666,25	36,64	53,30	59,96	I	666,25	31,92	46,44	52,24	27,40	39,86	44,84	23,06	33,55	37,74	18,92	27,52	30,96	14,96	21,77	24,49	11,20	16,30	18,33
	II	628,58	34,57	50,28	56,57	II	628,58	29,93	43,54	48,98	25,49	37,08	41,72	21,24	30,90	34,76	17,18	24,99	28,11	13,31	19,36	21,78	9,63	14,01	15,76
	III	357,16	19,64	28,57	32,14	III	357,16	16,09	23,41	26,33	12,64	18,38	20,68	1,36	13,50	15,19	—	8,97	10,09	—	5,—	5,62	—	1,60	1,80
	V	1 133,25	62,32	90,66	101,99	IV	666,25	34,26	49,83	56,06	31,92	46,44	52,24	29,64	43,11	48,50	27,40	39,86	44,84	25,21	36,67	41,25	23,06	33,55	37,74
	VI	1 165,41	64,09	93,23	104,88																				
3 404,99	I,IV	667,25	36,69	53,38	60,05	I	667,25	31,98	46,52	52,33	27,45	39,93	44,92	23,11	33,62	37,82	18,97	27,59	31,04	15,01	21,84	24,57	11,25	16,36	18,41
	II	629,58	34,62	50,36	56,66	II	629,58	29,99	43,62	49,07	25,54	37,16	41,80	21,29	30,97	34,84	17,22	25,06	28,19	13,35	19,42	21,85	9,67	14,07	15,83
	III	358,—	19,69	28,64	32,22	III	358,—	16,13	23,46	26,39	12,68	18,45	20,75	1,50	13,56	15,25	—	9,01	10,13	—	5,04	5,67	—	1,62	1,82
	V	1 134,50	62,39	90,76	102,10	IV	667,25	34,31	49,91	56,15	31,98	46,52	52,33	29,69	43,19	48,59	27,45	39,93	44,92	25,26	36,74	41,33	23,11	33,62	37,82
	VI	1 166,66	64,16	93,33	104,99																				
3 407,99	I,IV	668,25	36,75	53,46	60,14	I	668,25	32,03	46,60	52,42	27,50	40,—	45,—	23,16	33,70	37,91	19,02	27,66	31,12	15,06	21,90	24,64	11,29	16,42	18,47
	II	630,58	34,68	50,44	56,75	II	630,58	30,04	43,70	49,16	25,59	37,23	41,88	21,34	31,04	34,92	17,27	25,12	28,26	13,40	19,49	21,92	9,71	14,13	15,89
	III	358,66	19,72	28,69	32,27	III	358,66	16,17	23,53	26,47	12,72	18,50	20,81	1,63	13,61	15,31	—	9,06	10,19	—	5,08	5,71	—	1,66	1,87
	V	1 135,75	62,46	90,86	102,21	IV	668,25	34,37	49,99	56,24	32,03	46,60	52,42	29,74	43,26	48,67	27,50	40,—	45,—	25,31	36,82	41,42	23,16	33,70	37,91
	VI	1 167,91	64,23	93,43	105,11																				
3 410,99	I,IV	669,25	36,80	53,54	60,23	I	669,25	32,08	46,67	52,50	27,55	40,08	45,09	23,21	33,76	37,98	19,06	27,73	31,19	15,10	21,97	24,71	11,33	16,48	18,54
	II	631,58	34,73	50,52	56,84	II	631,58	30,09	43,78	49,25	25,64	37,30	41,96	21,39	31,11	35,—	17,32	25,19	28,34	13,44	19,55	21,99	9,75	14,19	15,96
	III	359,50	19,77	28,76	32,35	III	359,50	16,21	23,58	26,53	12,76	18,56	20,88	1,76	13,66	15,37	—	9,12	10,26	—	5,12	5,76	—	1,70	1,91
	V	1 137,—	62,53	90,96	102,33	IV	669,25	34,42	50,07	56,33	32,08	46,67	52,50	29,79	43,34	48,75	27,55	40,08	45,09	25,36	36,89	41,50	23,21	33,76	37,98
	VI	1 169,25	64,30	93,54	105,23																				
3 413,99	I,IV	670,25	36,86	53,62	60,32	I	670,25	32,14	46,75	52,59	27,61	40,16	45,18	23,26	33,84	38,07	19,11	27,80	31,27	15,14	22,03	24,78	11,37	16,54	18,61
	II	632,58	34,79	50,60	56,93	II	632,58	30,14	43,85	49,33	25,69	37,38	42,05	21,43	31,18	35,07	17,36	25,26	28,41	13,48	19,62	22,07	9,79	14,25	16,03
	III	360,16	19,80	28,81	32,41	III	360,16	16,26	23,65	26,60	12,79	18,61	20,93	1,93	13,73	15,44	—	9,16	10,30	—	5,17	5,81	—	1,73	1,94
	V	1 138,25	62,60	91,06	102,44	IV	670,25	34,48	50,15	56,42	32,14	46,75	52,59	29,85	43,42	48,84	27,61	40,16	45,18	25,41	36,96	41,58	23,26	33,84	38,07
	VI	1 170,50	64,37	93,64	105,34																				
3 416,99	I,IV	671,33	36,92	53,70	60,41	I	671,33	32,19	46,82	52,67	27,66	40,23	45,26	23,31	33,91	38,15	19,15	27,86	31,34	15,19	22,10	24,86	11,42	16,61	18,68
	II	633,58	34,84	50,68	57,02	II	633,58	30,20	43,93	49,42	25,74	37,45	42,13	21,48	31,25	35,15	17,41	25,32	28,49	13,53	19,68	22,14	9,84	14,31	16,10
	III	361,—	19,85	28,88	32,49	III	361,—	16,29	23,70	26,66	12,84	18,68	21,01	2,06	13,78	15,50	—	9,21	10,36	—	5,21	5,86	—	1,77	1,99
	V	1 139,50	62,67	91,16	102,55	IV	671,33	34,53	50,23	56,51	32,19	46,82	52,67	29,90	43,49	48,92	27,66	40,23	45,26	25,46	37,04	41,67	23,31	33,91	38,15
	VI	1 171,75	64,44	93,74	105,45																				
3 419,99	I,IV	672,25	36,97	53,78	60,50	I	672,25	32,24	46,90	52,76	27,71	40,30	45,34	23,36	33,98	38,22	19,20	27,93	31,42	15,23	22,16	24,93	11,46	16,67	18,75
	II	634,50	34,89	50,76	57,10	II	634,50	30,25	44,—	49,50	25,79	37,52	42,21	21,53	31,32	35,23	17,45	25,39	28,56	13,57	19,74	22,21	9,88	14,37	16,16
	III	361,66	19,89	28,93	32,54	III	361,66	16,33	23,76	26,73	12,87	18,73	21,07	2,20	13,84	15,57	—	9,26	10,42	—	5,25	5,90	—	1,81	2,03
	V	1 140,83	62,74	91,26	102,67	IV	672,25	34,58	50,30	56,59	32,24	46,90	52,76	29,95	43,57	49,01	27,71	40,30	45,34	25,51	37,10	41,74	23,36	33,98	38,22
	VI	1 173,—	64,51	93,84	105,57																				

* Die ausgewiesenen Tabellenwerte sind amtlich. Siehe Erläuterungen auf der Umschlaginnenseite (U2).
** Bei mehr als 3 Kinderfreibeträgen ist die „Ergänzungs-Tabelle 3,5 bis 6 Kinderfreibeträge" anzuwenden.

MONAT 3 420,–*

Abzüge an Lohnsteuer, Solidaritätszuschlag (SolZ) und Kirchensteuer (8%, 9%) in den Steuerklassen

Lohn/ Gehalt bis €*	I – VI		ohne Kinderfreibeträge			I, II, III, IV		mit Zahl der Kinderfreibeträge . . . 0,5			1			1,5			2			2,5			3**		
		LSt	SolZ	8%	9%		LSt	SolZ	8%	9%	SolZ	8%	9%	SolZ	8%	9%	SolZ	8%	9%	SolZ	8%	9%	SolZ	8%	9%
	I,IV	673,33	37,03	53,86	60,59	I	673,33	32,30	46,98	52,85	27,76	40,38	45,42	23,41	34,05	38,30	19,25	28,–	31,50	15,28	22,22	25,–	11,50	16,73	18,8
	II	635,50	34,95	50,84	57,19	II	635,50	30,30	44,08	49,59	25,85	37,60	42,30	21,58	31,39	35,31	17,50	25,46	28,64	13,61	19,80	22,28	9,92	14,43	16,2
3 422,99	III	362,50	19,93	29,–	32,62	III	362,50	16,38	23,82	26,80	12,91	18,78	21,13	2,33	13,89	15,62	–	9,30	10,46	–	5,29	5,95	–	1,85	2,0
	V	1 142,08	62,81	91,36	102,78	IV	673,33	34,64	50,38	56,68	32,30	46,98	52,85	30,–	43,64	49,10	27,76	40,38	45,42	25,56	37,18	41,82	23,41	34,05	38,3
	VI	1 174,25	64,58	93,94	105,68																				
	I,IV	674,33	37,08	53,94	60,68	I	674,33	32,35	47,06	52,94	27,81	40,45	45,50	23,46	34,12	38,39	19,30	28,07	31,58	15,32	22,29	25,07	11,54	16,79	18,8
	II	636,50	35,–	50,92	57,28	II	636,50	30,36	44,16	49,68	25,90	37,67	42,38	21,62	31,46	35,39	17,54	25,52	28,71	13,66	19,87	22,35	9,96	14,49	16,3
3 425,99	III	363,16	19,97	29,05	32,68	III	363,16	16,41	23,88	26,86	12,96	18,85	21,20	2,46	13,94	15,68	–	9,36	10,53	–	5,34	6,01	–	1,88	2,1
	V	1 143,33	62,88	91,46	102,89	IV	674,33	34,69	50,46	56,77	32,35	47,06	52,94	30,06	43,72	49,19	27,81	40,45	45,50	25,61	37,25	41,90	23,46	34,12	38,3
	VI	1 175,50	64,65	94,04	105,79																				
	I,IV	675,33	37,14	54,02	60,77	I	675,33	32,40	47,14	53,03	27,86	40,53	45,59	23,51	34,20	38,47	19,34	28,14	31,65	15,37	22,36	25,15	11,59	16,86	18,9
	II	637,50	35,06	51,–	57,37	II	637,50	30,41	44,23	49,76	25,95	37,74	42,46	21,67	31,53	35,47	17,60	25,60	28,80	13,70	19,94	22,43	10,–	14,55	16,3
3 428,99	III	364,–	20,02	29,12	32,76	III	364,–	16,46	23,94	26,93	12,99	18,90	21,26	2,60	14,–	15,75	–	9,41	10,58	–	5,38	6,05	–	1,92	2,1
	V	1 144,58	62,95	91,56	103,01	IV	675,33	34,75	50,54	56,86	32,40	47,14	53,03	30,11	43,80	49,27	27,86	40,53	45,59	25,66	37,32	41,99	23,51	34,20	38,4
	VI	1 176,75	64,72	94,14	105,90																				
	I,IV	676,33	37,19	54,10	60,86	I	676,33	32,46	47,22	53,12	27,91	40,60	45,68	23,55	34,26	38,54	19,39	28,20	31,73	15,41	22,42	25,22	11,63	16,92	19,0
	II	638,50	35,11	51,08	57,46	II	638,50	30,46	44,31	49,85	26,–	37,82	42,54	21,72	31,60	35,55	17,64	25,66	28,86	13,75	20,–	22,50	10,04	14,61	16,4
3 431,99	III	364,66	20,05	29,17	32,81	III	364,66	16,50	24,–	27,–	13,03	18,96	21,33	2,76	14,06	15,82	–	9,46	10,64	–	5,42	6,10	–	1,96	2,2
	V	1 145,83	63,02	91,66	103,12	IV	676,33	34,80	50,62	56,95	32,46	47,22	53,12	30,16	43,87	49,35	27,91	40,60	45,68	25,71	37,40	42,07	23,55	34,26	38,5
	VI	1 178,–	64,79	94,24	106,02																				
	I,IV	677,33	37,25	54,18	60,95	I	677,33	32,51	47,29	53,20	27,96	40,68	45,76	23,60	34,34	38,63	19,43	28,27	31,80	15,46	22,49	25,30	11,67	16,98	19,1
	II	639,50	35,17	51,16	57,55	II	639,50	30,51	44,38	49,93	26,05	37,89	42,62	21,77	31,67	35,63	17,68	25,72	28,94	13,79	20,06	22,57	10,08	14,67	16,5
3 434,99	III	365,50	20,10	29,24	32,89	III	365,50	16,54	24,06	27,07	13,08	19,02	21,40	2,90	14,12	15,88	–	9,52	10,71	–	5,46	6,14	–	2,–	2,2
	V	1 147,08	63,08	91,76	103,23	IV	677,33	34,86	50,70	57,04	32,51	47,29	53,20	30,21	43,95	49,44	27,96	40,68	45,76	25,76	37,47	42,15	23,60	34,34	38,6
	VI	1 179,33	64,86	94,34	106,13																				
	I,IV	678,41	37,31	54,27	61,05	I	678,41	32,56	47,37	53,29	28,01	40,75	45,84	23,65	34,41	38,71	19,48	28,34	31,88	15,50	22,55	25,37	11,71	17,04	19,1
	II	640,50	35,22	51,24	57,64	II	640,50	30,57	44,46	50,02	26,10	37,96	42,71	21,82	31,74	35,70	17,73	25,80	29,02	13,83	20,12	22,64	10,12	14,73	16,5
3 437,99	III	366,16	20,13	29,29	32,95	III	366,16	16,58	24,12	27,13	13,11	19,08	21,46	3,03	14,17	15,94	–	9,56	10,75	–	5,50	6,19	–	2,02	2,2
	V	1 148,33	63,15	91,86	103,34	IV	678,41	34,91	50,78	57,13	32,56	47,37	53,29	30,26	44,02	49,52	28,01	40,75	45,84	25,81	37,54	42,23	23,65	34,41	38,7
	VI	1 180,58	64,93	94,44	106,25																				
	I,IV	679,33	37,36	54,34	61,13	I	679,33	32,62	47,45	53,38	28,06	40,82	45,92	23,70	34,48	38,79	19,53	28,41	31,96	15,55	22,62	25,44	11,76	17,10	19,2
	II	641,50	35,28	51,32	57,73	II	641,50	30,62	44,54	50,10	26,15	38,04	42,79	21,87	31,81	35,78	17,77	25,86	29,09	13,88	20,19	22,71	10,17	14,79	16,6
3 440,99	III	367,–	20,18	29,36	33,03	III	367,–	16,61	24,17	27,19	13,15	19,13	21,52	3,16	14,22	16,–	–	9,61	10,81	–	5,56	6,25	–	2,06	2,3
	V	1 149,58	63,22	91,96	103,46	IV	679,33	34,97	50,86	57,22	32,62	47,45	53,38	30,32	44,10	49,61	28,06	40,82	45,92	25,86	37,62	42,32	23,70	34,48	38,7
	VI	1 181,83	65,–	94,54	106,36																				
	I,IV	680,41	37,42	54,43	61,23	I	680,41	32,67	47,52	53,46	28,11	40,90	46,01	23,75	34,55	38,87	19,58	28,48	32,04	15,59	22,68	25,52	11,80	17,16	19,3
	II	642,50	35,33	51,40	57,82	II	642,50	30,67	44,62	50,19	26,20	38,11	42,87	21,91	31,88	35,86	17,82	25,93	29,17	13,92	20,25	22,78	10,21	14,85	16,7
3 443,99	III	367,83	20,23	29,42	33,10	III	367,83	16,66	24,24	27,27	13,19	19,18	21,58	3,30	14,26	16,06	–	9,66	10,87	–	5,60	6,30	–	2,10	2,3
	V	1 150,91	63,30	92,07	103,58	IV	680,41	35,02	50,94	57,31	32,67	47,52	53,46	30,37	44,18	49,70	28,11	40,90	46,01	25,91	37,69	42,40	23,75	34,55	38,8
	VI	1 183,08	65,06	94,64	106,47																				
	I,IV	681,41	37,47	54,51	61,32	I	681,41	32,72	47,60	53,55	28,17	40,98	46,10	23,80	34,62	38,95	19,63	28,55	32,12	15,64	22,75	25,59	11,84	17,22	19,3
	II	643,50	35,39	51,48	57,91	II	643,50	30,72	44,69	50,27	26,25	38,18	42,95	21,96	31,95	35,94	17,87	26,–	29,25	13,97	20,32	22,86	10,25	14,92	16,7
3 446,99	III	368,50	20,26	29,48	33,16	III	368,50	16,70	24,29	27,32	13,23	19,25	21,65	3,43	14,35	16,12	–	9,70	10,91	–	5,64	6,34	–	2,14	2,4
	V	1 152,16	63,36	92,17	103,69	IV	681,41	35,08	51,02	57,40	32,72	47,60	53,55	30,42	44,26	49,79	28,17	40,98	46,10	25,96	37,76	42,48	23,80	34,62	38,9
	VI	1 184,33	65,13	94,74	106,58																				
	I,IV	682,41	37,53	54,59	61,41	I	682,41	32,78	47,68	53,64	28,22	41,05	46,18	23,85	34,70	39,03	19,67	28,62	32,19	15,68	22,82	25,67	11,88	17,29	19,4
	II	644,50	35,44	51,56	58,–	II	644,50	30,78	44,77	50,36	26,30	38,26	43,04	22,01	32,02	36,02	17,92	26,06	29,32	14,01	20,38	22,93	10,29	14,98	16,8
3 449,99	III	369,33	20,31	29,54	33,23	III	369,33	16,74	24,36	27,40	13,27	19,30	21,71	3,60	14,40	16,20	–	9,76	10,98	–	5,69	6,40	–	2,18	2,4
	V	1 153,41	63,43	92,27	103,80	IV	682,41	35,13	51,10	57,49	32,78	47,68	53,64	30,47	44,33	49,87	28,22	41,05	46,18	26,01	37,84	42,57	23,85	34,70	39,0
	VI	1 185,58	65,20	94,84	106,70																				
	I,IV	683,41	37,58	54,67	61,50	I	683,41	32,83	47,76	53,73	28,27	41,12	46,26	23,90	34,76	39,11	19,72	28,68	32,27	15,73	22,88	25,74	11,93	17,35	19,5
	II	645,50	35,50	51,64	58,09	II	645,50	30,83	44,84	50,45	26,35	38,33	43,12	22,06	32,09	36,10	17,96	26,13	29,39	14,05	20,44	23,–	10,34	15,04	16,9
3 452,99	III	370,–	20,35	29,60	33,30	III	370,–	16,78	24,41	27,46	13,31	19,36	21,78	3,73	14,45	16,25	–	9,81	11,03	–	5,73	6,44	–	2,21	2,4
	V	1 154,66	63,50	92,37	103,91	IV	683,41	35,19	51,18	57,58	32,83	47,76	53,73	30,53	44,41	49,96	28,27	41,12	46,26	26,06	37,91	42,65	23,90	34,76	39,1
	VI	1 186,83	65,27	94,94	106,81																				
	I,IV	684,41	37,64	54,75	61,59	I	684,41	32,89	47,84	53,82	28,32	41,20	46,35	23,95	34,84	39,19	19,76	28,75	32,34	15,77	22,94	25,81	11,97	17,41	19,5
	II	646,50	35,55	51,72	58,18	II	646,50	30,88	44,92	50,54	26,40	38,40	43,20	22,11	32,16	36,18	18,01	26,20	29,47	14,10	20,51	23,07	10,38	15,10	16,9
3 455,99	III	370,83	20,39	29,66	33,37	III	370,83	16,82	24,46	27,52	13,35	19,42	21,85	3,86	14,50	16,31	–	9,86	11,09	–	5,77	6,49	–	2,25	2,5
	V	1 155,91	63,57	92,47	104,03	IV	684,41	35,24	51,26	57,67	32,89	47,84	53,82	30,58	44,48	50,04	28,32	41,20	46,35	26,11	37,98	42,73	23,95	34,84	39,1
	VI	1 188,08	65,34	95,04	106,92																				
	I,IV	685,50	37,70	54,84	61,69	I	685,50	32,94	47,92	53,91	28,38	41,28	46,44	24,–	34,91	39,27	19,81	28,82	32,42	15,82	23,01	25,88	12,01	17,48	19,66
	II	647,50	35,61	51,80	58,27	II	647,50	30,93	45,–	50,62	26,45	38,48	43,29	22,16	32,23	36,26	18,05	26,26	29,54	14,14	20,57	23,14	10,42	15,16	17,05
3 458,99	III	371,50	20,43	29,72	33,43	III	371,50	16,86	24,53	27,59	13,39	19,48	21,91	4,–	14,56	16,38	–	9,92	11,16	–	5,81	6,53	–	2,29	2,57
	V	1 157,16	63,64	92,57	104,14	IV	685,50	35,30	51,34	57,76	32,94	47,92	53,91	30,63	44,56	50,13	28,38	41,28	46,44	26,16	38,06	42,81	24,–	34,91	39,27
	VI	1 189,41	65,41	95,15	107,04																				
	I,IV	686,50	37,75	54,92	61,78	I	686,50	32,99	47,99	53,99	28,43	41,35	46,52	24,04	34,98	39,35	19,86	28,89	32,50	15,86	23,08	25,96	12,05	17,54	19,73
	II	648,50	35,66	51,88	58,36	II	648,50	30,99	45,08	50,71	26,50	38,55	43,37	22,21	32,30	36,34	18,10	26,33	29,62	14,19	20,64	23,22	10,46	15,22	17,12
3 461,99	III	372,33	20,47	29,78	33,50	III	372,33	16,90	24,58	27,65	13,42	19,53	21,97	4,13	14,61	16,43	–	9,96	11,20	–	5,86	6,59	–	2,33	2,62
	V	1 158,41	63,71	92,67	104,25	IV	686,50	35,35	51,42	57,84	32,99	47,99	53,99	30,69	44,64	50,22	28,43	41,35	46,52	26,21	38,13	42,89	24,04	34,98	39,35
	VI	1 190,66	65,48	95,25	107,15																				
	I,IV	687,50	37,81	55,–	61,87	I	687,50	33,05	48,07	54,08	28,48	41,42	46,60	24,09	35,05	39,43	19,91	28,96	32,58	15,90	23,14	26,03	12,10	17,60	19,80
	II	649,50	35,72	51,96	58,45	II	649,50	31,04	45,15	50,79	26,55	38,62	43,45	22,25	32,37	36,41	18,15	26,40	29,70	14,23	20,70	23,28	10,50	15,28	17,19
3 464,99	III	373,–	20,51	29,84	33,57	III	373,–	16,94	24,65	27,73	13,46	19,58	22,03	4,30	14,68	16,51	–	10,01	11,26	–	5,90	6,64	–	2,36	2,65
	V	1 159,66	63,78	92,77	104,36	IV	687,50	35,40	51,50	57,93	33,05	48,07	54,08	30,74	44,72	50,31	28,48	41,42	46,60	26,26	38,20	42,98	24,09	35,05	39,43
	VI	1 191,91	65,55	95,35	107,27																				

* Die ausgewiesenen Tabellenwerte sind amtlich. Siehe Erläuterungen auf der Umschlaginnenseite (U2).
** Bei mehr als 3 Kinderfreibeträgen ist die „Ergänzungs-Tabelle 3,5 bis 6 Kinderfreibeträge" anzuwenden.

Abzüge an Lohnsteuer, Solidaritätszuschlag (SolZ) und Kirchensteuer (8%, 9%) in den Steuerklassen

Lohn/ Gehalt bis €*	I – VI					I, II, III, IV		mit Zahl der Kinderfreibeträge . . . 0,5			1			1,5			2			2,5			3**		
		LSt	ohne Kinderfreibeträge SolZ	8%	9%		LSt	SolZ	8%	9%	SolZ	8%	9%	SolZ	8%	9%	SolZ	8%	9%	SolZ	8%	9%	SolZ	8%	9%
	I,IV	688,50	37,86	55,08	61,96	I	688,50	33,10	48,15	54,17	28,53	41,50	46,68	24,14	35,12	39,51	19,96	29,03	32,66	15,95	23,20	26,10	12,14	17,66	19,87
	II	650,50	35,77	52,04	58,54	II	650,50	31,09	45,23	50,88	26,60	38,70	43,53	22,30	32,44	36,50	18,19	26,46	29,77	14,27	20,76	23,36	10,54	15,34	17,25
3 467,99	III	373,83	20,56	29,90	33,64	III	373,83	16,98	24,70	27,79	13,51	19,65	22,10	4,43	14,73	16,57	—	10,06	11,32	—	5,94	6,68	—	2,40	2,70
	V	1 160,91	63,85	92,87	104,48	IV	688,50	35,46	51,58	58,03	33,10	48,15	54,17	30,79	44,79	50,39	28,53	41,50	46,68	26,31	38,28	43,06	24,14	35,12	39,51
	VI	1 193,16	65,62	95,45	107,38																				
	I,IV	689,58	37,92	55,16	62,06	I	689,58	33,16	48,23	54,26	28,58	41,58	46,77	24,20	35,20	39,60	20,—	29,10	32,73	16,—	23,27	26,18	12,18	17,72	19,94
	II	651,50	35,83	52,12	58,63	II	651,50	31,14	45,30	50,96	26,65	38,77	43,61	22,35	32,52	36,58	18,24	26,53	29,84	14,32	20,83	23,43	10,59	15,40	17,33
3 470,99	III	374,50	20,59	29,96	33,70	III	374,50	17,03	24,77	27,86	13,54	19,70	22,16	4,56	14,78	16,63	—	10,12	11,38	—	6,—	6,75	—	2,44	2,74
	V	1 162,25	63,92	92,98	104,60	IV	689,58	35,52	51,66	58,12	33,16	48,23	54,26	30,85	44,87	50,48	28,58	41,58	46,77	26,36	38,35	43,14	24,20	35,20	39,60
	VI	1 194,41	65,69	95,55	107,49																				
	I,IV	690,58	37,98	55,24	62,15	I	690,58	33,21	48,30	54,34	28,63	41,65	46,85	24,25	35,27	39,68	20,05	29,16	32,81	16,04	23,34	26,25	12,22	17,78	20,—
	II	652,50	35,88	52,20	58,72	II	652,50	31,20	45,38	51,05	26,70	38,84	43,70	22,40	32,58	36,65	18,28	26,60	29,92	14,36	20,89	23,50	10,63	15,46	17,39
3 473,99	III	375,33	20,64	30,02	33,77	III	375,33	17,06	24,82	27,92	13,58	19,76	22,23	4,70	14,84	16,69	—	10,16	11,43	—	6,04	6,79	—	2,48	2,79
	V	1 163,50	63,99	93,08	104,71	IV	690,58	35,57	51,74	58,20	33,21	48,30	54,34	30,90	44,94	50,56	28,63	41,65	46,85	26,41	38,42	43,22	24,25	35,27	39,68
	VI	1 195,66	65,76	95,65	107,60																				
	I,IV	691,58	38,03	55,32	62,24	I	691,58	33,26	48,38	54,43	28,68	41,72	46,94	24,30	35,34	39,76	20,09	29,23	32,88	16,09	23,40	26,33	12,27	17,85	20,08
	II	653,50	35,94	52,28	58,81	II	653,50	31,25	45,46	51,14	26,75	38,92	43,78	22,45	32,66	36,74	18,33	26,66	29,99	14,41	20,96	23,58	10,67	15,52	17,46
3 476,99	III	376,16	20,68	30,09	33,85	III	376,16	17,11	24,89	28,—	13,63	19,82	22,30	4,83	14,89	16,75	—	10,21	11,48	—	6,08	6,84	—	2,52	2,83
	V	1 164,75	64,06	93,18	104,82	IV	691,58	35,62	51,82	58,29	33,26	48,38	54,43	30,95	45,02	50,65	28,68	41,72	46,94	26,46	38,50	43,31	24,30	35,34	39,76
	VI	1 196,91	65,83	95,75	107,72																				
	I,IV	692,58	38,09	55,40	62,33	I	692,58	33,32	48,46	54,52	28,74	41,80	47,03	24,34	35,41	39,83	20,14	29,30	32,96	16,13	23,47	26,40	12,31	17,91	20,15
	II	654,50	35,99	52,36	58,90	II	654,50	31,30	45,54	51,23	26,80	38,99	43,86	22,49	32,72	36,81	18,38	26,74	30,08	14,45	21,02	23,65	10,71	15,58	17,53
3 479,99	III	376,83	20,72	30,14	33,91	III	376,83	17,15	24,94	28,06	13,66	19,88	22,36	5,—	14,96	16,83	—	10,26	11,54	—	6,13	6,89	—	2,56	2,88
	V	1 166,—	64,13	93,28	104,94	IV	692,58	35,68	51,90	58,39	33,32	48,46	54,52	31,—	45,10	50,73	28,74	41,80	47,03	26,51	38,57	43,39	24,34	35,41	39,83
	VI	1 198,16	65,89	95,85	107,83																				
	I,IV	693,58	38,14	55,48	62,42	I	693,58	33,37	48,54	54,61	28,79	41,88	47,11	24,39	35,48	39,92	20,19	29,37	33,04	16,17	23,53	26,47	12,35	17,97	20,21
	II	655,50	36,05	52,44	58,99	II	655,50	31,35	45,61	51,31	26,85	39,06	43,94	22,55	32,80	36,90	18,42	26,80	30,15	14,49	21,08	23,72	10,75	15,64	17,60
3 482,99	III	377,66	20,77	30,21	33,98	III	377,66	17,18	25,—	28,12	13,70	19,93	22,42	5,13	15,01	16,88	—	10,32	11,61	—	6,17	6,94	—	2,58	2,90
	V	1 167,25	64,19	93,38	105,05	IV	693,58	35,73	51,98	58,47	33,37	48,54	54,61	31,05	45,17	50,81	28,79	41,88	47,11	26,56	38,64	43,47	24,39	35,48	39,92
	VI	1 199,41	65,96	95,95	107,94																				
	I,IV	694,66	38,20	55,57	62,51	I	694,66	33,43	48,62	54,70	28,84	41,95	47,19	24,44	35,56	40,—	20,24	29,44	33,12	16,22	23,60	26,55	12,40	18,04	20,29
	II	656,50	36,10	52,52	59,08	II	656,50	31,41	45,69	51,40	26,90	39,14	44,03	22,59	32,86	36,97	18,47	26,87	30,23	14,54	21,15	23,79	10,79	15,70	17,66
3 485,99	III	378,33	20,80	30,26	34,04	III	378,33	17,23	25,06	28,19	13,75	20,—	22,50	5,26	15,06	16,94	—	10,37	11,66	—	6,21	6,98	—	2,62	2,95
	V	1 168,50	64,26	93,48	105,16	IV	694,66	35,79	52,06	58,56	33,43	48,62	54,70	31,11	45,25	50,90	28,84	41,95	47,19	26,62	38,72	43,56	24,44	35,56	40,—
	VI	1 200,75	66,04	96,06	108,06																				
	I,IV	695,66	38,26	55,65	62,60	I	695,66	33,48	48,70	54,78	28,89	42,02	47,27	24,49	35,63	40,08	20,29	29,51	33,20	16,27	23,66	26,62	12,44	18,10	20,36
	II	657,50	36,16	52,60	59,17	II	657,50	31,46	45,77	51,49	26,96	39,22	44,12	22,64	32,94	37,05	18,52	26,94	30,30	14,58	21,21	23,86	10,83	15,76	17,73
3 488,99	III	379,16	20,85	30,33	34,12	III	379,16	17,27	25,12	28,26	13,78	20,05	22,55	5,40	15,12	17,01	—	10,42	11,72	—	6,26	7,04	—	2,66	2,99
	V	1 169,75	64,33	93,58	105,27	IV	695,66	35,85	52,14	58,66	33,48	48,70	54,78	31,16	45,33	50,99	28,89	42,02	47,27	26,67	38,79	43,64	24,49	35,63	40,08
	VI	1 202,—	66,11	96,16	108,18																				
	I,IV	696,66	38,31	55,73	62,69	I	696,66	33,53	48,78	54,87	28,94	42,10	47,36	24,54	35,70	40,16	20,33	29,58	33,27	16,31	23,73	26,69	12,48	18,16	20,43
	II	658,50	36,21	52,68	59,26	II	658,50	31,51	45,84	51,57	27,01	39,29	44,20	22,69	33,01	37,13	18,56	27,—	30,38	14,63	21,28	23,94	10,88	15,83	17,81
3 491,99	III	380,—	20,90	30,40	34,20	III	380,—	17,31	25,18	28,33	13,82	20,10	22,61	5,56	15,18	17,08	—	10,48	11,79	—	6,30	7,09	—	2,70	3,04
	V	1 171,—	64,40	93,68	105,39	IV	696,66	35,90	52,22	58,75	33,53	48,78	54,87	31,21	45,40	51,08	28,94	42,10	47,36	26,72	38,87	43,73	24,54	35,70	40,16
	VI	1 203,25	66,17	96,26	108,29																				
	I,IV	697,66	38,37	55,81	62,78	I	697,66	33,59	48,86	54,96	28,99	42,18	47,45	24,59	35,77	40,24	20,38	29,64	33,35	16,36	23,80	26,77	12,53	18,22	20,50
	II	659,50	36,27	52,76	59,35	II	659,50	31,57	45,92	51,66	27,06	39,36	44,28	22,74	33,08	37,21	18,61	27,07	30,45	14,67	21,34	24,01	10,92	15,89	17,87
3 494,99	III	380,66	20,93	30,45	34,25	III	380,66	17,35	25,24	28,39	13,86	20,17	22,69	5,70	15,24	17,14	—	10,52	11,83	—	6,34	7,13	—	2,74	3,08
	V	1 172,33	64,47	93,78	105,50	IV	697,66	35,95	52,30	58,83	33,59	48,86	54,96	31,27	45,48	51,17	28,99	42,18	47,45	26,77	38,94	43,80	24,59	35,77	40,24
	VI	1 204,50	66,24	96,36	108,40																				
	I,IV	698,75	38,43	55,90	62,88	I	698,75	33,64	48,94	55,05	29,04	42,25	47,53	24,64	35,84	40,32	20,43	29,72	33,43	16,40	23,86	26,84	12,57	18,28	20,57
	II	660,50	36,32	52,84	59,44	II	660,50	31,62	46,—	51,75	27,11	39,44	44,37	22,79	33,15	37,29	18,65	27,14	30,53	14,71	21,40	24,08	10,96	15,95	17,94
3 497,99	III	381,33	20,97	30,50	34,31	III	381,33	17,39	25,30	28,46	13,90	20,22	22,75	5,83	15,29	17,20	—	10,57	11,89	—	6,40	7,20	—	2,78	3,13
	V	1 173,58	64,54	93,88	105,62	IV	698,75	36,01	52,38	58,93	33,64	48,94	55,05	31,32	45,56	51,25	29,04	42,25	47,53	26,82	39,02	43,89	24,64	35,84	40,32
	VI	1 205,75	66,31	96,46	108,51																				
	I,IV	699,75	38,48	55,98	62,97	I	699,75	33,70	49,02	55,14	29,10	42,33	47,62	24,69	35,92	40,41	20,47	29,78	33,50	16,45	23,93	26,92	12,61	18,35	20,64
	II	661,50	36,38	52,92	59,53	II	661,50	31,68	46,08	51,84	27,16	39,51	44,45	22,84	33,22	37,37	18,70	27,21	30,61	14,76	21,47	24,15	11,—	16,01	18,01
3 500,99	III	382,16	21,01	30,57	34,39	III	382,16	17,43	25,36	28,53	13,94	20,28	22,81	5,96	15,34	17,26	—	10,62	11,95	—	6,44	7,24	—	2,82	3,17
	V	1 174,83	64,61	93,98	105,73	IV	699,75	36,07	52,46	59,02	33,70	49,02	55,14	31,37	45,64	51,34	29,10	42,33	47,62	26,87	39,09	43,97	24,69	35,92	40,41
	VI	1 207,—	66,38	96,56	108,63																				
	I,IV	700,75	38,54	56,06	63,06	I	700,75	33,75	49,09	55,22	29,15	42,40	47,70	24,74	35,99	40,49	20,52	29,85	33,58	16,49	23,99	26,99	12,65	18,41	20,71
	II	662,50	36,43	53,—	59,62	II	662,50	31,73	46,15	51,92	27,21	39,58	44,53	22,88	33,29	37,45	18,75	27,28	30,69	14,80	21,54	24,23	11,05	16,07	18,08
3 503,99	III	383,—	21,06	30,64	34,47	III	383,—	17,47	25,41	28,58	13,98	20,34	22,88	6,10	15,40	17,32	—	10,68	12,01	—	6,48	7,29	—	2,86	3,22
	V	1 176,08	64,68	94,08	105,84	IV	700,75	36,12	52,54	59,10	33,75	49,09	55,22	31,42	45,71	51,42	29,15	42,40	47,70	26,92	39,16	44,06	24,74	35,99	40,49
	VI	1 208,25	66,45	96,66	108,74																				
	I,IV	701,83	38,60	56,14	63,16	I	701,83	33,80	49,17	55,31	29,20	42,48	47,79	24,79	36,06	40,57	20,57	29,92	33,66	16,54	24,06	27,06	12,70	18,48	20,79
	II	663,50	36,49	53,08	59,71	II	663,50	31,78	46,23	52,01	27,26	39,66	44,61	22,93	33,36	37,53	18,80	27,34	30,76	14,85	21,60	24,30	11,09	16,14	18,15
3 506,99	III	383,66	21,10	30,69	34,52	III	383,66	17,51	25,48	28,66	14,02	20,40	22,95	6,23	15,45	17,38	—	10,73	12,07	—	6,53	7,34	—	2,89	3,25
	V	1 177,33	64,75	94,18	105,95	IV	701,83	36,18	52,62	59,20	33,80	49,17	55,31	31,48	45,79	51,51	29,20	42,48	47,79	26,97	39,24	44,14	24,79	36,06	40,57
	VI	1 209,50	66,52	96,76	108,85																				
	I,IV	702,83	38,65	56,22	63,25	I	702,83	33,86	49,25	55,40	29,26	42,56	47,88	24,84	36,14	40,65	20,62	29,99	33,74	16,58	24,12	27,14	12,74	18,54	20,85
	II	664,58	36,55	53,16	59,81	II	664,58	31,84	46,31	52,10	27,31	39,73	44,69	22,98	33,43	37,61	18,84	27,41	30,83	14,89	21,66	24,37	11,13	16,20	18,22
3 509,99	III	384,50	21,14	30,76	34,60	III	384,50	17,55	25,53	28,72	14,06	20,45	23,—	6,40	15,52	17,46	—	10,78	12,13	—	6,57	7,39	—	2,93	3,29
	V	1 178,58	64,82	94,28	106,07	IV	702,83	36,23	52,70	59,29	33,86	49,25	55,40	31,53	45,87	51,60	29,26	42,56	47,88	27,02	39,31	44,22	24,84	36,14	40,65
	VI	1 210,83	66,59	96,86	108,97																				

* Die ausgewiesenen Tabellenwerte sind amtlich. Siehe Erläuterungen auf der Umschlaginnenseite (U2).
** Bei mehr als 3 Kinderfreibeträgen ist die „Ergänzungs-Tabelle 3,5 bis 6 Kinderfreibeträge" anzuwenden.

Abzüge an Lohnsteuer, Solidaritätszuschlag (SolZ) und Kirchensteuer (8%, 9%) in den Steuerklassen

Lohn/ Gehalt bis €*	I – VI					I, II, III, IV		mit Zahl der Kinderfreibeträge . . . 0,5			1			1,5			2			2,5			3**		
		LSt	ohne Kinderfreibeträge SolZ	8%	9%		LSt	SolZ	8%	9%	SolZ	8%	9%	SolZ	8%	9%	SolZ	8%	9%	SolZ	8%	9%	SolZ	8%	9%
3 512,99	I,IV	703,83	38,71	56,30	63,34	I	703,83	33,91	49,33	55,49	29,31	42,63	47,96	24,89	36,20	40,73	20,66	30,06	33,81	16,63	24,19	27,21	12,78	18,60	20,9
	II	665,50	36,60	53,24	59,89	II	665,50	31,89	46,38	52,18	27,36	39,80	44,78	23,03	33,50	37,69	18,89	27,48	30,91	14,94	21,73	24,44	11,17	16,26	18,2
	III	385,16	21,18	30,81	34,66	III	385,16	17,60	25,60	28,80	14,10	20,52	23,08	6,53	15,57	17,51	—	10,84	12,19	—	6,62	7,45	—	2,97	3,3
	V	1 179,83	64,89	94,38	106,18	IV	703,83	36,29	52,78	59,38	33,91	49,33	55,49	31,58	45,94	51,68	29,31	42,63	47,96	27,07	39,38	44,30	24,89	36,20	40,7
	VI	1 212,08	66,66	96,96	109,08																				
3 515,99	I,IV	704,83	38,76	56,38	63,43	I	704,83	33,97	49,41	55,58	29,36	42,70	48,04	24,94	36,28	40,81	20,71	30,13	33,89	16,67	24,26	27,29	12,83	18,66	20,9
	II	666,58	36,66	53,32	59,99	II	666,58	31,94	46,46	52,27	27,41	39,88	44,86	23,08	33,58	37,77	18,93	27,54	30,98	14,98	21,79	24,51	11,22	16,32	18,3
	III	386,—	21,23	30,88	34,74	III	386,—	17,63	25,65	28,85	14,14	20,57	23,14	6,66	15,62	17,57	—	10,88	12,24	—	6,66	7,49	—	3,01	3,3
	V	1 181,08	64,95	94,48	106,29	IV	704,83	36,34	52,86	59,47	33,97	49,41	55,58	31,64	46,02	51,77	29,36	42,70	48,04	27,12	39,46	44,39	24,94	36,28	40,8
	VI	1 213,33	66,73	97,06	109,19																				
3 518,99	I,IV	705,91	38,82	56,47	63,53	I	705,91	34,02	49,48	55,67	29,41	42,78	48,13	24,99	36,35	40,89	20,76	30,20	33,97	16,72	24,32	27,36	12,87	18,72	21,0
	II	667,58	36,71	53,40	60,08	II	667,58	32,—	46,54	52,36	27,47	39,96	44,95	23,13	33,64	37,85	18,98	27,62	31,07	15,02	21,86	24,59	11,26	16,38	18,4
	III	386,83	21,27	30,94	34,81	III	386,83	17,68	25,72	28,93	14,18	20,62	23,20	6,80	15,68	17,64	—	10,93	12,29	—	6,70	7,54	—	3,05	3,4
	V	1 182,41	65,03	94,59	106,41	IV	705,91	36,40	52,94	59,56	34,02	49,48	55,67	31,69	46,10	51,86	29,41	42,78	48,13	27,17	39,53	44,47	24,99	36,35	40,8
	VI	1 214,58	66,80	97,16	109,31																				
3 521,99	I,IV	706,91	38,88	56,55	63,62	I	706,91	34,07	49,56	55,76	29,46	42,86	48,21	25,04	36,42	40,97	20,81	30,27	34,05	16,77	24,39	27,44	12,92	18,79	21,1
	II	668,58	36,77	53,48	60,17	II	668,58	32,05	46,62	52,44	27,52	40,03	45,03	23,18	33,72	37,93	19,03	27,68	31,14	15,07	21,92	24,66	11,30	16,44	18,5
	III	387,50	21,31	31,—	34,87	III	387,50	17,71	25,77	28,99	14,22	20,69	23,27	6,96	15,74	17,71	—	10,98	12,35	—	6,76	7,60	—	3,09	3,4
	V	1 183,66	65,10	94,69	106,52	IV	706,91	36,45	53,02	59,65	34,07	49,56	55,76	31,74	46,18	51,95	29,46	42,86	48,21	27,22	39,60	44,55	25,04	36,42	40,9
	VI	1 215,83	66,87	97,26	109,42																				
3 524,99	I,IV	707,91	38,93	56,63	63,71	I	707,91	34,13	49,64	55,85	29,51	42,93	48,29	25,09	36,50	41,06	20,85	30,34	34,13	16,81	24,46	27,51	12,96	18,85	21,2
	II	669,58	36,82	53,56	60,26	II	669,58	32,10	46,70	52,53	27,57	40,10	45,11	23,23	33,79	38,01	19,08	27,75	31,22	15,12	21,99	24,74	11,34	16,50	18,5
	III	388,33	21,35	31,06	34,94	III	388,33	17,76	25,84	29,07	14,26	20,74	23,33	7,10	15,80	17,77	—	11,04	12,42	—	6,80	7,65	—	3,13	3,52
	V	1 184,91	65,17	94,79	106,64	IV	707,91	36,51	53,10	59,74	34,13	49,64	55,85	31,79	46,25	52,03	29,51	42,93	48,29	27,28	39,68	44,64	25,09	36,50	41,06
	VI	1 217,08	66,93	97,36	109,53																				
3 527,99	I,IV	709,—	38,99	56,72	63,81	I	709,—	34,18	49,72	55,94	29,57	43,01	48,38	25,14	36,57	41,14	20,90	30,41	34,21	16,86	24,52	27,59	13,—	18,92	21,2
	II	670,58	36,88	53,64	60,35	II	670,58	32,15	46,77	52,61	27,62	40,18	45,20	23,27	33,86	38,09	19,12	27,82	31,29	15,16	22,05	24,80	11,38	16,56	18,6
	III	389,—	21,39	31,12	35,01	III	389,—	17,80	25,89	29,12	14,30	20,80	23,40	7,23	15,85	17,83	—	11,09	12,47	—	6,85	7,70	—	3,17	3,5
	V	1 186,16	65,23	94,89	106,75	IV	709,—	36,56	53,18	59,83	34,18	49,72	55,94	31,85	46,33	52,12	29,57	43,01	48,38	27,33	39,76	44,73	25,14	36,57	41,14
	VI	1 218,33	67,—	97,46	109,64																				
3 530,99	I,IV	710,—	39,05	56,80	63,90	I	710,—	34,24	49,80	56,03	29,62	43,08	48,47	25,19	36,64	41,22	20,95	30,48	34,29	16,90	24,59	27,66	13,04	18,98	21,3
	II	671,58	36,93	53,72	60,44	II	671,58	32,21	46,85	52,70	27,67	40,25	45,28	23,32	33,93	38,17	19,17	27,88	31,37	15,20	22,12	24,88	11,43	16,62	18,70
	III	389,83	21,44	31,18	35,08	III	389,83	17,84	25,96	29,20	14,34	20,86	23,47	7,36	15,90	17,89	—	11,14	12,53	—	6,89	7,75	—	3,21	3,61
	V	1 187,41	65,30	94,99	106,86	IV	710,—	36,62	53,26	59,92	34,24	49,80	56,03	31,90	46,41	52,21	29,62	43,08	48,47	27,38	39,83	44,81	25,19	36,64	41,22
	VI	1 219,58	67,07	97,56	109,76																				
3 533,99	I,IV	711,—	39,10	56,88	63,99	I	711,—	34,29	49,88	56,11	29,67	43,16	48,55	25,24	36,72	41,31	21,—	30,54	34,36	16,95	24,66	27,74	13,09	19,04	21,4
	II	672,58	36,99	53,80	60,53	II	672,58	32,26	46,93	52,79	27,72	40,32	45,36	23,37	34,—	38,25	19,21	27,95	31,44	15,25	22,18	24,95	11,47	16,69	18,7
	III	390,50	21,47	31,24	35,14	III	390,50	17,88	26,01	29,26	14,38	20,92	23,53	7,50	15,96	17,95	—	11,20	12,60	—	6,93	7,79	—	3,25	3,65
	V	1 188,66	65,37	95,09	106,97	IV	711,—	36,67	53,34	60,01	34,29	49,88	56,11	31,95	46,48	52,29	29,67	43,16	48,55	27,43	39,90	44,89	25,24	36,72	41,3
	VI	1 220,91	67,15	97,67	109,88																				
3 536,99	I,IV	712,08	39,16	56,96	64,08	I	712,08	34,34	49,96	56,20	29,72	43,24	48,64	25,29	36,79	41,39	21,05	30,62	34,44	16,99	24,72	27,81	13,13	19,10	21,4
	II	673,58	37,04	53,88	60,62	II	673,58	32,31	47,—	52,88	27,77	40,40	45,45	23,42	34,07	38,33	19,26	28,02	31,52	15,29	22,25	25,03	11,51	16,75	18,84
	III	391,33	21,52	31,30	35,21	III	391,33	17,93	26,08	29,34	14,41	20,97	23,59	7,66	16,02	18,02	—	11,25	12,65	—	6,98	7,85	—	3,29	3,70
	V	1 189,91	65,44	95,19	107,09	IV	712,08	36,73	53,42	60,10	34,34	49,96	56,20	32,01	46,56	52,38	29,72	43,24	48,64	27,48	39,98	44,97	25,29	36,79	41,39
	VI	1 222,16	67,21	97,77	109,99																				
3 539,99	I,IV	713,08	39,21	57,04	64,17	I	713,08	34,40	50,04	56,29	29,77	43,31	48,72	25,34	36,86	41,47	21,09	30,68	34,52	17,04	24,79	27,89	13,17	19,16	21,56
	II	674,66	37,10	53,97	60,71	II	674,66	32,37	47,08	52,97	27,83	40,48	45,54	23,47	34,14	38,41	19,31	28,09	31,60	15,34	22,31	25,10	11,55	16,81	18,91
	III	392,16	21,56	31,37	35,29	III	392,16	17,96	26,13	29,39	14,46	21,04	23,67	7,80	16,08	18,09	—	11,30	12,71	—	7,02	7,90	—	3,33	3,74
	V	1 191,16	65,51	95,29	107,20	IV	713,08	36,79	53,51	60,20	34,40	50,04	56,29	32,06	46,64	52,47	29,77	43,31	48,72	27,53	40,05	45,05	25,34	36,86	41,47
	VI	1 223,41	67,28	97,87	110,10																				
3 542,99	I,IV	714,16	39,27	57,13	64,27	I	714,16	34,45	50,12	56,38	29,83	43,39	48,81	25,39	36,94	41,55	21,14	30,76	34,60	17,09	24,86	27,96	13,22	19,23	21,63
	II	675,66	37,16	54,05	60,80	II	675,66	32,42	47,16	53,06	27,88	40,55	45,62	23,52	34,22	38,49	19,36	28,16	31,68	15,38	22,38	25,17	11,60	16,88	18,99
	III	392,83	21,60	31,42	35,35	III	392,83	18,01	26,20	29,47	14,50	21,09	23,72	7,93	16,13	18,14	—	11,36	12,78	—	7,08	7,96	—	3,37	3,79
	V	1 192,41	65,58	95,39	107,31	IV	714,16	36,84	53,59	60,29	34,45	50,12	56,38	32,12	46,72	52,56	29,83	43,39	48,81	27,58	40,12	45,14	25,39	36,94	41,55
	VI	1 224,66	67,35	97,97	110,21																				
3 545,99	I,IV	715,16	39,33	57,21	64,36	I	715,16	34,51	50,20	56,47	29,88	43,46	48,89	25,44	37,—	41,63	21,19	30,82	34,67	17,13	24,92	28,03	13,26	19,29	21,70
	II	676,66	37,21	54,13	60,89	II	676,66	32,47	47,24	53,14	27,93	40,62	45,70	23,57	34,29	38,57	19,40	28,22	31,75	15,43	22,44	25,25	11,64	16,94	19,05
	III	393,66	21,65	31,49	35,42	III	393,66	18,04	26,25	29,53	14,53	21,14	23,78	8,06	16,18	18,20	—	11,41	12,83	—	7,12	8,01	—	3,41	3,83
	V	1 193,75	65,65	95,50	107,43	IV	715,16	36,90	53,67	60,38	34,51	50,20	56,47	32,17	46,80	52,65	29,88	43,46	48,89	27,63	40,20	45,22	25,44	37,—	41,63
	VI	1 225,91	67,42	98,07	110,33																				
3 548,99	I,IV	716,16	39,38	57,29	64,45	I	716,16	34,56	50,28	56,56	29,93	43,54	48,98	25,49	37,08	41,71	21,24	30,90	34,76	17,18	24,99	28,11	13,31	19,36	21,78
	II	677,66	37,27	54,21	60,98	II	677,66	32,53	47,32	53,23	27,98	40,70	45,78	23,62	34,36	38,65	19,45	28,30	31,83	15,47	22,51	25,32	11,68	17,—	19,12
	III	394,33	21,68	31,54	35,48	III	394,33	18,08	26,30	29,59	14,58	21,21	23,86	8,20	16,24	18,27	—	11,46	12,89	—	7,17	8,06	—	3,44	3,87
	V	1 195,—	65,72	95,60	107,55	IV	716,16	36,95	53,75	60,47	34,56	50,28	56,56	32,22	46,87	52,73	29,93	43,54	48,98	27,69	40,28	45,31	25,49	37,08	41,71
	VI	1 227,16	67,49	98,17	110,44																				
3 551,99	I,IV	717,25	39,44	57,38	64,55	I	717,25	34,62	50,36	56,65	29,98	43,62	49,07	25,54	37,15	41,79	21,28	30,96	34,83	17,22	25,06	28,19	13,35	19,42	21,84
	II	678,66	37,32	54,29	61,07	II	678,66	32,58	47,40	53,32	28,03	40,78	45,87	23,67	34,43	38,73	19,50	28,36	31,91	15,51	22,57	25,39	11,72	17,06	19,19
	III	395,16	21,73	31,61	35,56	III	395,16	18,13	26,37	29,66	14,62	21,26	23,92	8,36	16,30	18,34	—	11,52	12,96	—	7,21	8,11	—	3,49	3,92
	V	1 196,25	65,79	95,70	107,66	IV	717,25	37,01	53,83	60,56	34,62	50,36	56,65	32,28	46,95	52,82	29,98	43,62	49,07	27,74	40,35	45,39	25,54	37,15	41,79
	VI	1 228,41	67,56	98,27	110,55																				
3 554,99	I,IV	718,25	39,50	57,46	64,64	I	718,25	34,67	50,44	56,74	30,03	43,69	49,15	25,59	37,22	41,87	21,33	31,03	34,91	17,27	25,12	28,26	13,39	19,48	21,92
	II	679,66	37,38	54,37	61,16	II	679,66	32,63	47,47	53,40	28,08	40,85	45,95	23,72	34,50	38,81	19,54	28,43	31,98	15,56	22,64	25,47	11,77	17,12	19,26
	III	396,—	21,78	31,68	35,64	III	396,—	18,16	26,42	29,72	14,65	21,32	23,98	8,50	16,36	18,40	—	11,57	13,01	—	7,26	8,17	—	3,52	3,96
	V	1 197,50	65,86	95,80	107,77	IV	718,25	37,06	53,91	60,65	34,67	50,44	56,74	32,33	47,03	52,91	30,03	43,69	49,15	27,79	40,42	45,47	25,59	37,22	41,87
	VI	1 229,66	67,63	98,37	110,66																				

* Die ausgewiesenen Tabellenwerte sind amtlich. Siehe Erläuterungen auf der Umschlaginnenseite (U2).
** Bei mehr als 3 Kinderfreibeträgen ist die „Ergänzungs-Tabelle 3,5 bis 6 Kinderfreibeträge" anzuwenden.

Abzüge an Lohnsteuer, Solidaritätszuschlag (SolZ) und Kirchensteuer (8%, 9%) in den Steuerklassen

Lohn/ Gehalt bis €*	I – VI					I, II, III, IV		mit Zahl der Kinderfreibeträge . . . 0,5			1			1,5			2			2,5			3**		
		LSt	ohne Kinderfreibeträge SolZ	8%	9%		LSt	SolZ	8%	9%	SolZ	8%	9%	SolZ	8%	9%	SolZ	8%	9%	SolZ	8%	9%	SolZ	8%	9%
3 557,99	I,IV	719,25	39,55	57,54	64,73	I	719,25	34,73	50,52	56,83	30,09	43,77	49,24	25,64	37,30	41,96	21,38	31,10	34,99	17,31	25,18	28,33	13,43	19,54	21,98
	II	680,75	37,44	54,46	61,26	II	680,75	32,69	47,55	53,49	28,13	40,92	46,04	23,76	34,57	38,89	19,59	28,50	32,06	15,61	22,70	25,54	11,81	17,18	19,33
	III	396,66	21,81	31,73	35,69	III	396,66	18,21	26,49	29,80	14,70	21,38	24,05	8,63	16,41	18,46	—	11,61	13,06	—	7,30	8,21	—	3,56	4,—
	V	1 198,75	65,93	95,90	107,88	IV	719,25	37,12	53,99	60,74	34,73	50,52	56,83	32,38	47,10	52,99	30,09	43,77	49,24	27,84	40,50	45,56	25,64	37,30	41,96
	VI	1 230,91	67,70	98,47	110,78																				
3 560,99	I,IV	720,33	39,61	57,62	64,82	I	720,33	34,78	50,60	56,92	30,14	43,84	49,32	25,69	37,37	42,04	21,43	31,18	35,07	17,36	25,25	28,40	13,48	19,61	22,06
	II	681,75	37,49	54,54	61,35	II	681,75	32,74	47,63	53,58	28,18	41,—	46,12	23,81	34,64	38,97	19,64	28,57	32,14	15,65	22,77	25,61	11,85	17,24	19,40
	III	397,50	21,86	31,80	35,77	III	397,50	18,25	26,54	29,86	14,74	21,44	24,12	8,80	16,48	18,54	—	11,68	13,14	—	7,36	8,28	—	3,61	4,06
	V	1 200,—	66,—	96,—	108,—	IV	720,33	37,17	54,07	60,83	34,78	50,60	56,92	32,44	47,18	53,08	30,14	43,84	49,32	27,89	40,57	45,64	25,69	37,37	42,04
	VI	1 232,25	67,77	98,58	110,90																				
3 563,99	I,IV	721,33	39,67	57,70	64,91	I	721,33	34,84	50,68	57,01	30,19	43,92	49,41	25,74	37,44	42,12	21,48	31,24	35,15	17,41	25,32	28,49	13,53	19,68	22,14
	II	682,75	37,55	54,62	61,44	II	682,75	32,80	47,71	53,67	28,24	41,08	46,21	23,87	34,72	39,06	19,69	28,64	32,22	15,70	22,84	25,69	11,90	17,31	19,47
	III	398,16	21,89	31,85	35,83	III	398,16	18,29	26,61	29,93	14,78	21,50	24,19	8,93	16,53	18,59	—	11,72	13,18	—	7,40	8,32	—	3,64	4,09
	V	1 201,25	66,06	96,10	108,11	IV	721,33	37,23	54,16	60,93	34,84	50,68	57,01	32,49	47,26	53,17	30,19	43,92	49,41	27,94	40,65	45,73	25,74	37,44	42,12
	VI	1 233,50	67,84	98,68	111,01																				
3 566,99	I,IV	722,33	39,72	57,78	65,—	I	722,33	34,89	50,75	57,09	30,25	44,—	49,50	25,79	37,52	42,21	21,52	31,31	35,22	17,45	25,38	28,55	13,57	19,74	22,20
	II	683,75	37,60	54,70	61,53	II	683,75	32,85	47,78	53,75	28,29	41,15	46,29	23,92	34,79	39,14	19,73	28,70	32,29	15,74	22,90	25,76	11,94	17,37	19,54
	III	399,—	21,94	31,92	35,91	III	399,—	18,33	26,66	29,99	14,82	21,56	24,25	9,06	16,58	18,65	—	11,77	13,24	—	7,45	8,38	—	3,68	4,14
	V	1 202,50	66,13	96,20	108,22	IV	722,33	37,29	54,24	61,02	34,89	50,75	57,09	32,54	47,34	53,25	30,25	44,—	49,50	27,99	40,72	45,81	25,79	37,52	42,21
	VI	1 234,75	67,91	98,78	111,12																				
3 569,99	I,IV	723,41	39,78	57,87	65,10	I	723,41	34,94	50,83	57,18	30,30	44,07	49,58	25,84	37,59	42,29	21,57	31,38	35,30	17,49	25,45	28,63	13,61	19,80	22,27
	II	684,75	37,66	54,78	61,62	II	684,75	32,90	47,86	53,84	28,34	41,22	46,37	23,97	34,86	39,22	19,78	28,78	32,37	15,78	22,96	25,83	11,98	17,43	19,61
	III	399,83	21,99	31,98	35,98	III	399,83	18,37	26,73	30,07	14,85	21,61	24,31	9,20	16,64	18,72	—	11,84	13,32	—	7,49	8,42	—	3,73	4,19
	V	1 203,83	66,21	96,30	108,34	IV	723,41	37,34	54,32	61,11	34,94	50,83	57,18	32,60	47,42	53,34	30,30	44,07	49,58	28,05	40,80	45,90	25,84	37,59	42,29
	VI	1 236,—	67,98	98,88	111,24																				
3 572,99	I,IV	724,41	39,84	57,95	65,19	I	724,41	35,—	50,91	57,27	30,35	44,15	49,67	25,89	37,66	42,37	21,62	31,46	35,39	17,54	25,52	28,71	13,65	19,86	22,34
	II	685,83	37,72	54,86	61,72	II	685,83	32,96	47,94	53,93	28,39	41,30	46,46	24,01	34,93	39,29	19,83	28,84	32,45	15,83	23,03	25,91	12,03	17,50	19,68
	III	400,50	22,02	32,04	36,04	III	400,50	18,41	26,78	30,13	14,90	21,68	24,39	9,33	16,69	18,77	—	11,88	13,36	—	7,54	8,48	—	3,76	4,23
	V	1 205,08	66,27	96,40	108,45	IV	724,41	37,40	54,40	61,20	35,—	50,91	57,27	32,65	47,50	53,43	30,35	44,15	49,67	28,10	40,87	45,98	25,89	37,66	42,37
	VI	1 237,25	68,04	98,98	111,35																				
3 575,99	I,IV	725,41	39,89	58,03	65,28	I	725,41	35,05	50,99	57,36	30,40	44,22	49,75	25,94	37,74	42,45	21,67	31,52	35,46	17,59	25,58	28,78	13,69	19,92	22,41
	II	686,83	37,77	54,94	61,81	II	686,83	33,01	48,02	54,02	28,44	41,37	46,54	24,06	35,—	39,38	19,87	28,91	32,52	15,88	23,10	25,98	12,07	17,56	19,75
	III	401,33	22,07	32,10	36,11	III	401,33	18,46	26,85	30,20	14,94	21,73	24,44	9,50	16,76	18,85	—	11,93	13,42	—	7,58	8,53	—	3,80	4,27
	V	1 206,33	66,34	96,50	108,56	IV	725,41	37,45	54,48	61,29	35,05	50,99	57,36	32,70	47,57	53,51	30,40	44,22	49,75	28,15	40,94	46,06	25,94	37,74	42,45
	VI	1 238,50	68,11	99,08	111,46																				
3 578,99	I,IV	726,50	39,95	58,12	65,38	I	726,50	35,11	51,07	57,45	30,46	44,30	49,84	25,99	37,81	42,53	21,72	31,59	35,54	17,63	25,65	28,85	13,74	19,99	22,49
	II	687,83	37,83	55,02	61,90	II	687,83	33,06	48,10	54,11	28,49	41,45	46,63	24,11	35,08	39,46	19,92	28,98	32,60	15,92	23,16	26,06	12,11	17,62	19,82
	III	402,—	22,11	32,16	36,18	III	402,—	18,49	26,90	30,26	14,97	21,78	24,50	9,63	16,81	18,91	—	12,—	13,50	—	7,64	8,59	—	3,85	4,33
	V	1 207,58	66,41	96,60	108,68	IV	726,50	37,51	54,56	61,38	35,11	51,07	57,45	32,76	47,65	53,60	30,46	44,30	49,84	28,20	41,02	46,15	25,99	37,81	42,53
	VI	1 239,75	68,18	99,18	111,57																				
3 581,99	I,IV	727,58	40,01	58,20	65,48	I	727,58	35,16	51,15	57,54	30,51	44,38	49,92	26,04	37,88	42,62	21,77	31,66	35,62	17,68	25,72	28,94	13,79	20,06	22,56
	II	688,83	37,88	55,10	61,99	II	688,83	33,12	48,18	54,20	28,54	41,52	46,71	24,16	35,15	39,54	19,97	29,05	32,68	15,96	23,22	26,12	12,15	17,68	19,89
	III	402,83	22,15	32,22	36,25	III	402,83	18,54	26,97	30,34	15,02	21,85	24,58	9,76	16,86	18,97	—	12,04	13,54	—	7,68	8,64	—	3,89	4,37
	V	1 208,83	66,48	96,70	108,79	IV	727,58	37,56	54,64	61,47	35,16	51,15	57,54	32,81	47,73	53,69	30,51	44,38	49,92	28,25	41,10	46,23	26,04	37,88	42,62
	VI	1 241,—	68,25	99,28	111,69																				
3 584,99	I,IV	728,58	40,07	58,28	65,57	I	728,58	35,22	51,23	57,63	30,56	44,46	50,01	26,09	37,96	42,70	21,82	31,74	35,70	17,73	25,79	29,01	13,83	20,12	22,63
	II	689,91	37,94	55,19	62,09	II	689,91	33,17	48,26	54,29	28,60	41,60	46,80	24,21	35,22	39,62	20,02	29,12	32,76	16,01	23,29	26,20	12,20	17,74	19,96
	III	403,66	22,20	32,29	36,32	III	403,66	18,58	27,02	30,40	15,06	21,90	24,64	9,93	16,93	19,04	—	12,10	13,61	—	7,73	8,69	—	3,93	4,42
	V	1 210,08	66,55	96,80	108,90	IV	728,58	37,62	54,72	61,56	35,22	51,23	57,63	32,87	47,81	53,78	30,56	44,46	50,01	28,30	41,17	46,31	26,09	37,96	42,70
	VI	1 242,33	68,32	99,38	111,80																				
3 587,99	I,IV	729,58	40,12	58,36	65,66	I	729,58	35,27	51,31	57,72	30,61	44,53	50,09	26,14	38,03	42,78	21,86	31,80	35,78	17,77	25,86	29,09	13,87	20,18	22,70
	II	690,91	38,—	55,27	62,18	II	690,91	33,22	48,33	54,37	28,65	41,67	46,88	24,26	35,29	39,70	20,06	29,18	32,83	16,06	23,36	26,28	12,24	17,80	20,03
	III	404,33	22,23	32,34	36,38	III	404,33	18,62	27,09	30,47	15,09	21,96	24,70	10,06	16,98	19,10	—	12,16	13,68	—	7,77	8,74	—	3,97	4,46
	V	1 211,33	66,62	96,90	109,01	IV	729,58	37,67	54,80	61,65	35,27	51,31	57,72	32,92	47,88	53,87	30,61	44,53	50,09	28,35	41,24	46,40	26,14	38,03	42,78
	VI	1 243,58	68,39	99,48	111,92																				
3 590,99	I,IV	730,66	40,18	58,45	65,75	I	730,66	35,33	51,39	57,81	30,67	44,61	50,18	26,19	38,10	42,86	21,91	31,87	35,85	17,82	25,92	29,16	13,91	20,24	22,77
	II	691,91	38,05	55,35	62,27	II	691,91	33,28	48,41	54,46	28,70	41,75	46,97	24,31	35,36	39,78	20,11	29,26	32,91	16,10	23,42	26,35	12,28	17,87	20,10
	III	405,16	22,28	32,41	36,46	III	405,16	18,66	27,14	30,53	15,14	22,02	24,77	10,20	17,04	19,17	—	12,21	13,73	—	7,82	8,80	—	4,01	4,51
	V	1 212,58	66,69	97,—	109,13	IV	730,66	37,73	54,88	61,74	35,33	51,39	57,81	32,97	47,96	53,96	30,67	44,61	50,18	28,41	41,32	46,49	26,19	38,10	42,86
	VI	1 244,83	68,46	99,58	112,03																				
3 593,99	I,IV	731,66	40,24	58,53	65,84	I	731,66	35,38	51,47	57,90	30,72	44,68	50,27	26,24	38,18	42,95	21,96	31,94	35,93	17,87	25,99	29,24	13,96	20,31	22,85
	II	692,91	38,11	55,43	62,36	II	692,91	33,33	48,49	54,55	28,75	41,82	47,05	24,36	35,44	39,87	20,16	29,32	32,99	16,15	23,49	26,42	12,32	17,93	20,17
	III	405,83	22,32	32,46	36,52	III	405,83	18,70	27,21	30,61	15,18	22,08	24,84	10,33	17,09	19,22	—	12,26	13,79	—	7,86	8,84	—	4,05	4,55
	V	1 213,91	66,76	97,11	109,25	IV	731,66	37,78	54,96	61,83	35,38	51,47	57,90	33,03	48,04	54,05	30,72	44,68	50,27	28,46	41,40	46,57	26,24	38,18	42,95
	VI	1 246,08	68,53	99,68	112,14																				
3 596,99	I,IV	732,75	40,30	58,62	65,94	I	732,75	35,44	51,55	57,99	30,77	44,76	50,35	26,29	38,25	43,03	22,—	32,01	36,01	17,91	26,06	29,31	14,—	20,37	22,91
	II	693,91	38,16	55,51	62,45	II	693,91	33,38	48,56	54,63	28,80	41,90	47,13	24,41	35,50	39,94	20,20	29,39	33,06	16,19	23,55	26,49	12,37	17,99	20,24
	III	406,66	22,36	32,53	36,59	III	406,66	18,74	27,26	30,67	15,22	22,14	24,91	10,46	17,14	19,28	—	12,32	13,86	—	7,92	8,91	—	4,09	4,60
	V	1 215,16	66,83	97,21	109,36	IV	732,75	37,84	55,04	61,92	35,44	51,55	57,99	33,08	48,12	54,13	30,77	44,76	50,35	28,51	41,47	46,65	26,29	38,25	43,03
	VI	1 247,33	68,60	99,78	112,25																				
3 599,99	I,IV	733,75	40,35	58,70	66,03	I	733,75	35,49	51,63	58,08	30,82	44,84	50,44	26,34	38,32	43,11	22,05	32,08	36,09	17,96	26,12	29,39	14,05	20,44	22,99
	II	695,—	38,22	55,60	62,55	II	695,—	33,44	48,64	54,72	28,86	41,98	47,22	24,46	35,58	40,02	20,25	29,46	33,14	16,23	23,62	26,57	12,41	18,06	20,31
	III	407,33	22,40	32,58	36,65	III	407,33	18,78	27,32	30,73	15,26	22,20	24,97	10,63	17,21	19,36	—	12,37	13,91	—	7,96	8,95	—	4,13	4,64
	V	1 216,41	66,90	97,31	109,47	IV	733,75	37,90	55,13	62,02	35,49	51,63	58,08	33,13	48,20	54,22	30,82	44,84	50,44	28,56	41,54	46,73	26,34	38,32	43,11
	VI	1 248,58	68,67	99,88	112,37																				

* Die ausgewiesenen Tabellenwerte sind amtlich. Siehe Erläuterungen auf der Umschlaginnenseite (U2).
** Bei mehr als 3 Kinderfreibeträgen ist die „Ergänzungs-Tabelle 3,5 bis 6 Kinderfreibeträge" anzuwenden.

MONAT 3 600,–*

Abzüge an Lohnsteuer, Solidaritätszuschlag (SolZ) und Kirchensteuer (8%, 9%) in den Steuerklassen

Lohn/ Gehalt bis €*	I – VI	LSt	SolZ	8%	9%	I, II, III, IV	LSt	0,5 SolZ	0,5 8%	0,5 9%	1 SolZ	1 8%	1 9%	1,5 SolZ	1,5 8%	1,5 9%	2 SolZ	2 8%	2 9%	2,5 SolZ	2,5 8%	2,5 9%	3** SolZ	3** 8%	3** 9%
			ohne Kinderfreibeträge					mit Zahl der Kinderfreibeträge . . .																	
3 602,99	I,IV	734,83	40,41	58,78	66,13	I	734,83	35,55	51,71	58,17	30,88	44,92	50,53	26,40	38,40	43,20	22,11	32,16	36,18	18,—	26,19	29,46	14,09	20,50	23,06
	II	696,—	38,28	55,68	62,64	II	696,—	33,49	48,72	54,81	28,91	42,05	47,30	24,51	35,65	40,10	20,30	29,53	33,22	16,28	23,68	26,64	12,45	18,12	20,38
	III	408,16	22,44	32,65	36,73	III	408,16	18,82	27,38	30,80	15,29	22,25	25,03	10,76	17,26	19,42	—	12,42	13,97	—	8,01	9,01	—	4,17	4,69
	V	1 217,66	66,97	97,41	109,58	IV	734,83	37,95	55,21	62,11	35,55	51,71	58,17	33,19	48,28	54,31	30,88	44,92	50,53	28,61	41,62	46,82	26,40	38,40	43,20
	VI	1 249,83	68,74	99,98	112,48																				
3 605,99	I,IV	735,83	40,47	58,86	66,22	I	735,83	35,60	51,79	58,26	30,93	44,99	50,61	26,45	38,47	43,28	22,15	32,22	36,25	18,05	26,26	29,54	14,13	20,56	23,13
	II	697,—	38,33	55,76	62,73	II	697,—	33,55	48,80	54,90	28,96	42,12	47,39	24,56	35,72	40,19	20,35	29,60	33,30	16,33	23,75	26,72	12,50	18,18	20,45
	III	409,—	22,49	32,72	36,81	III	409,—	18,87	27,45	30,88	15,34	22,32	25,11	10,90	17,32	19,48	—	12,48	14,04	—	8,06	9,07	—	4,21	4,73
	V	1 218,91	67,04	97,51	109,70	IV	735,83	38,01	55,29	62,20	35,60	51,79	58,26	33,24	48,36	54,40	30,93	44,99	50,61	28,66	41,70	46,91	26,45	38,47	43,28
	VI	1 251,08	68,80	100,08	112,59																				
3 608,99	I,IV	736,83	40,52	58,94	66,31	I	736,83	35,66	51,87	58,35	30,98	45,07	50,70	26,50	38,54	43,36	22,20	32,30	36,33	18,09	26,32	29,61	14,18	20,63	23,21
	II	698,—	38,39	55,84	62,82	II	698,—	33,60	48,88	54,99	29,01	42,20	47,47	24,61	35,80	40,27	20,40	29,67	33,38	16,37	23,82	26,79	12,54	18,24	20,52
	III	409,66	22,53	32,77	36,86	III	409,66	18,91	27,50	30,94	15,38	22,37	25,16	11,03	17,37	19,54	—	12,53	14,09	—	8,10	9,11	—	4,25	4,78
	V	1 220,16	67,10	97,61	109,81	IV	736,83	38,06	55,37	62,29	35,66	51,87	58,35	33,29	48,43	54,48	30,98	45,07	50,70	28,71	41,77	46,99	26,50	38,54	43,36
	VI	1 252,41	68,88	100,19	112,71																				
3 611,99	I,IV	737,91	40,58	59,03	66,41	I	737,91	35,71	51,95	58,44	31,03	45,14	50,78	26,55	38,62	43,44	22,25	32,36	36,41	18,14	26,39	29,69	14,23	20,70	23,28
	II	699,08	38,44	55,92	62,91	II	699,08	33,66	48,96	55,08	29,06	42,28	47,56	24,66	35,87	40,35	20,44	29,74	33,45	16,42	23,88	26,87	12,58	18,30	20,59
	III	410,50	22,57	32,84	36,94	III	410,50	18,95	27,57	31,01	15,41	22,42	25,22	11,20	17,44	19,62	—	12,58	14,15	—	8,16	9,18	—	4,29	4,82
	V	1 221,41	67,17	97,71	109,92	IV	737,91	38,12	55,46	62,39	35,71	51,95	58,44	33,35	48,51	54,57	31,03	45,14	50,78	28,76	41,84	47,07	26,55	38,62	43,44
	VI	1 253,66	68,95	100,29	112,82																				
3 614,99	I,IV	739,—	40,64	59,12	66,51	I	739,—	35,77	52,03	58,53	31,09	45,22	50,87	26,60	38,69	43,52	22,30	32,44	36,49	18,19	26,46	29,76	14,27	20,76	23,35
	II	700,08	38,50	56,—	63,—	II	700,08	33,71	49,04	55,17	29,11	42,35	47,64	24,71	35,94	40,43	20,49	29,81	33,53	16,46	23,95	26,94	12,63	18,37	20,66
	III	411,33	22,62	32,90	37,01	III	411,33	18,99	27,62	31,07	15,46	22,49	25,30	11,33	17,49	19,67	—	12,64	14,22	—	8,20	9,22	—	4,33	4,87
	V	1 222,66	67,24	97,81	110,03	IV	739,—	38,18	55,54	62,48	35,77	52,03	58,53	33,40	48,59	54,66	31,09	45,22	50,87	28,82	41,92	47,16	26,60	38,69	43,52
	VI	1 254,91	69,02	100,39	112,94																				
3 617,99	I,IV	740,—	40,70	59,20	66,60	I	740,—	35,82	52,11	58,62	31,14	45,30	50,96	26,65	38,76	43,61	22,34	32,50	36,56	18,23	26,52	29,84	14,31	20,82	23,42
	II	701,08	38,55	56,08	63,09	II	701,08	33,77	49,12	55,26	29,16	42,42	47,72	24,75	36,01	40,51	20,54	29,88	33,61	16,51	24,02	27,02	12,67	18,43	20,73
	III	412,—	22,66	32,96	37,08	III	412,—	19,03	27,68	31,14	15,50	22,54	25,36	11,46	17,54	19,73	—	12,69	14,27	—	8,25	9,28	—	4,37	4,91
	V	1 223,91	67,31	97,91	110,15	IV	740,—	38,23	55,62	62,57	35,82	52,11	58,62	33,46	48,67	54,75	31,14	45,30	50,96	28,87	42,—	47,25	26,65	38,76	43,61
	VI	1 256,16	69,08	100,49	113,05																				
3 620,99	I,IV	741,—	40,75	59,28	66,69	I	741,—	35,88	52,19	58,71	31,19	45,38	51,05	26,70	38,84	43,69	22,39	32,58	36,65	18,28	26,59	29,91	14,35	20,88	23,49
	II	702,08	38,61	56,16	63,18	II	702,08	33,82	49,20	55,35	29,22	42,50	47,81	24,80	36,08	40,59	20,58	29,94	33,68	16,55	24,08	27,09	12,71	18,49	20,80
	III	412,83	22,70	33,02	37,15	III	412,83	19,07	27,74	31,21	15,54	22,61	25,43	11,63	17,61	19,81	—	12,74	14,33	—	8,30	9,34	—	4,42	4,97
	V	1 225,25	67,38	98,02	110,27	IV	741,—	38,29	55,70	62,66	35,88	52,19	58,71	33,51	48,75	54,84	31,19	45,38	51,05	28,92	42,07	47,33	26,70	38,84	43,69
	VI	1 257,41	69,15	100,59	113,16																				
3 623,99	I,IV	742,08	40,81	59,36	66,78	I	742,08	35,93	52,27	58,80	31,24	45,45	51,13	26,75	38,91	43,77	22,44	32,65	36,73	18,33	26,66	29,99	14,40	20,95	23,57
	II	703,16	38,67	56,25	63,28	II	703,16	33,88	49,28	55,44	29,27	42,58	47,90	24,86	36,16	40,68	20,63	30,02	33,77	16,60	24,15	27,17	12,76	18,56	20,88
	III	413,50	22,74	33,08	37,21	III	413,50	19,11	27,80	31,27	15,58	22,66	25,49	11,76	17,66	19,87	—	12,80	14,40	—	8,34	9,38	—	4,46	5,02
	V	1 226,50	67,45	98,12	110,38	IV	742,08	38,35	55,78	62,75	35,93	52,27	58,80	33,56	48,82	54,92	31,24	45,45	51,13	28,98	42,15	47,42	26,75	38,91	43,77
	VI	1 258,66	69,22	100,69	113,27																				
3 626,99	I,IV	743,08	40,86	59,44	66,87	I	743,08	35,99	52,35	58,89	31,30	45,53	51,22	26,80	38,98	43,85	22,49	32,72	36,81	18,37	26,73	30,07	14,44	21,01	23,63
	II	704,16	38,72	56,33	63,37	II	704,16	33,93	49,35	55,52	29,32	42,65	47,98	24,91	36,23	40,76	20,68	30,08	33,84	16,64	24,21	27,23	12,80	18,62	20,94
	III	414,33	22,78	33,14	37,28	III	414,33	19,15	27,86	31,34	15,62	22,72	25,56	11,90	17,72	19,93	—	12,85	14,45	—	8,40	9,45	—	4,50	5,06
	V	1 227,75	67,52	98,22	110,49	IV	743,08	38,40	55,86	62,84	35,99	52,35	58,89	33,62	48,90	55,01	31,30	45,53	51,22	29,03	42,22	47,50	26,80	38,98	43,85
	VI	1 259,91	69,29	100,79	113,39																				
3 629,99	I,IV	744,16	40,92	59,53	66,97	I	744,16	36,04	52,43	58,98	31,35	45,60	51,30	26,85	39,06	43,94	22,54	32,79	36,89	18,42	26,80	30,15	14,49	21,08	23,71
	II	705,16	38,78	56,41	63,46	II	705,16	33,98	49,43	55,61	29,37	42,73	48,07	24,96	36,30	40,84	20,73	30,15	33,92	16,69	24,28	27,31	12,84	18,68	21,02
	III	415,16	22,83	33,21	37,36	III	415,16	19,20	27,93	31,42	15,66	22,78	25,63	12,03	17,77	19,99	—	12,92	14,53	—	8,44	9,49	—	4,54	5,11
	V	1 229,—	67,59	98,32	110,61	IV	744,16	38,46	55,94	62,93	36,04	52,43	58,98	33,67	48,98	55,10	31,35	45,60	51,30	29,08	42,30	47,58	26,85	39,06	43,94
	VI	1 261,16	69,36	100,89	113,50																				
3 632,99	I,IV	745,25	40,98	59,62	67,07	I	745,25	36,10	52,51	59,07	31,40	45,68	51,39	26,90	39,13	44,02	22,59	32,86	36,96	18,47	26,86	30,22	14,53	21,14	23,78
	II	706,25	38,84	56,50	63,56	II	706,25	34,04	49,51	55,70	29,42	42,80	48,15	25,01	36,38	40,92	20,78	30,22	34,—	16,73	24,34	27,38	12,88	18,74	21,08
	III	415,83	22,87	33,26	37,42	III	415,83	19,24	27,98	31,48	15,70	22,84	25,69	12,16	17,82	20,05	0,03	12,97	14,59	—	8,49	9,55	—	4,58	5,15
	V	1 230,25	67,66	98,42	110,72	IV	745,25	38,52	56,03	63,03	36,10	52,51	59,07	33,73	49,06	55,19	31,40	45,68	51,39	29,13	42,38	47,67	26,90	39,13	44,02
	VI	1 262,41	69,43	100,99	113,61																				
3 635,99	I,IV	746,25	41,04	59,70	67,16	I	746,25	36,15	52,59	59,16	31,46	45,76	51,48	26,95	39,21	44,11	22,64	32,93	37,04	18,51	26,93	30,29	14,58	21,21	23,86
	II	707,25	38,89	56,58	63,65	II	707,25	34,09	49,59	55,79	29,48	42,88	48,24	25,06	36,45	41,—	20,82	30,29	34,07	16,78	24,41	27,46	12,93	18,81	21,16
	III	416,66	22,91	33,33	37,49	III	416,66	19,28	28,05	31,55	15,74	22,90	25,76	12,30	17,89	20,12	0,16	13,02	14,65	—	8,54	9,61	—	4,62	5,20
	V	1 231,50	67,73	98,52	110,83	IV	746,25	38,57	56,11	63,12	36,15	52,59	59,16	33,78	49,14	55,28	31,46	45,76	51,48	29,18	42,45	47,75	26,95	39,21	44,11
	VI	1 263,75	69,50	101,10	113,73																				
3 638,99	I,IV	747,25	41,09	59,78	67,25	I	747,25	36,21	52,67	59,25	31,51	45,84	51,57	27,—	39,28	44,19	22,69	33,—	37,13	18,56	27,—	30,37	14,62	21,27	23,93
	II	708,25	38,95	56,66	63,74	II	708,25	34,15	49,67	55,88	29,53	42,96	48,33	25,10	36,52	41,08	20,87	30,36	34,15	16,83	24,48	27,54	12,97	18,87	21,23
	III	417,50	22,96	33,40	37,57	III	417,50	19,32	28,10	31,61	15,78	22,96	25,83	12,33	17,94	20,18	0,30	13,08	14,71	—	8,58	9,65	—	4,66	5,24
	V	1 232,75	67,80	98,62	110,94	IV	747,25	38,63	56,19	63,21	36,21	52,67	59,25	33,83	49,22	55,37	31,51	45,84	51,57	29,23	42,52	47,84	27,—	39,28	44,19
	VI	1 265,—	69,57	101,20	113,85																				
3 641,99	I,IV	748,33	41,15	59,86	67,34	I	748,33	36,26	52,75	59,34	31,57	45,92	51,66	27,06	39,36	44,28	22,73	33,07	37,20	18,60	27,06	30,44	14,67	21,34	24,—
	II	709,33	39,01	56,74	63,83	II	709,33	34,20	49,75	55,97	29,58	43,03	48,41	25,15	36,59	41,16	20,92	30,43	34,23	16,87	24,54	27,61	13,02	18,94	21,30
	III	418,16	22,99	33,45	37,63	III	418,16	19,36	28,16	31,68	15,82	23,01	25,88	12,37	18,—	20,25	0,43	13,13	14,77	—	8,64	9,72	—	4,70	5,29
	V	1 234,—	67,87	98,72	111,06	IV	748,33	38,68	56,27	63,30	36,26	52,75	59,34	33,89	49,30	55,46	31,57	45,92	51,66	29,28	42,60	47,92	27,06	39,36	44,28
	VI	1 266,25	69,64	101,30	113,96																				
3 644,99	I,IV	749,41	41,21	59,95	67,44	I	749,41	36,32	52,83	59,43	31,62	45,99	51,74	27,11	39,43	44,36	22,78	33,14	37,28	18,65	27,14	30,53	14,71	21,40	24,08
	II	710,33	39,06	56,82	63,92	II	710,33	34,26	49,83	56,06	29,64	43,11	48,50	25,20	36,66	41,24	20,96	30,50	34,31	16,92	24,61	27,68	13,06	19,—	21,37
	III	419,—	23,04	33,52	37,71	III	419,—	19,40	28,22	31,75	15,86	23,08	25,96	12,42	18,06	20,32	0,56	13,18	14,83	—	8,69	9,77	—	4,76	5,35
	V	1 235,33	67,94	98,82	111,17	IV	749,41	38,74	56,36	63,40	36,32	52,83	59,43	33,94	49,38	55,55	31,62	45,99	51,74	29,34	42,68	48,01	27,11	39,43	44,36
	VI	1 267,50	69,71	101,40	114,07																				

* Die ausgewiesenen Tabellenwerte sind amtlich. Siehe Erläuterungen auf der Umschlaginnenseite (U2).
** Bei mehr als 3 Kinderfreibeträgen ist die „Ergänzungs-Tabelle 3,5 bis 6 Kinderfreibeträge" anzuwenden.

Abzüge an Lohnsteuer, Solidaritätszuschlag (SolZ) und Kirchensteuer (8%, 9%) in den Steuerklassen

Lohn/ Gehalt bis €*	I – VI					I, II, III, IV		mit Zahl der Kinderfreibeträge . . . 0,5			1			1,5			2			2,5			3**		
		LSt	ohne Kinderfreibeträge SolZ	8%	9%		LSt	SolZ	8%	9%	SolZ	8%	9%	SolZ	8%	9%	SolZ	8%	9%	SolZ	8%	9%	SolZ	8%	9%
3 647,99	I,IV	750,41	41,27	60,03	67,53	I	750,41	36,37	52,91	59,52	31,67	46,07	51,83	27,16	39,50	44,44	22,83	33,21	37,36	18,70	27,20	30,60	14,75	21,46	24,14
	II	711,33	39,12	56,90	64,01	II	711,33	34,31	49,90	56,14	29,69	43,18	48,58	25,25	36,74	41,33	21,01	30,57	34,39	16,96	24,68	27,76	13,10	19,06	21,44
	III	419,66	23,08	33,57	37,76	III	419,66	19,45	28,29	31,82	15,90	23,13	26,02	12,45	18,12	20,38	0,70	13,24	14,89	—	8,73	9,82	—	4,80	5,40
	V	1 236,58	68,01	98,92	111,29	IV	750,41	38,80	56,44	63,49	36,37	52,91	59,52	34,—	49,46	55,64	31,67	46,07	51,83	29,39	42,75	48,09	27,16	39,50	44,44
	VI	1 268,75	69,78	101,50	114,18																				
3 650,99	I,IV	751,50	41,33	60,12	67,63	I	751,50	36,43	52,99	59,61	31,72	46,14	51,91	27,21	39,58	44,52	22,88	33,28	37,44	18,75	27,27	30,68	14,80	21,53	24,22
	II	712,41	39,18	56,99	64,11	II	712,41	34,36	49,98	56,23	29,74	43,26	48,66	25,30	36,81	41,41	21,06	30,64	34,47	17,01	24,74	27,83	13,14	19,12	21,51
	III	420,50	23,12	33,64	37,84	III	420,50	19,48	28,34	31,88	15,94	23,18	26,08	12,49	18,17	20,44	0,83	13,29	14,95	—	8,78	9,88	—	4,84	5,44
	V	1 237,83	68,08	99,02	111,40	IV	751,50	38,85	56,52	63,58	36,43	52,99	59,61	34,05	49,54	55,73	31,72	46,14	51,91	29,44	42,82	48,17	27,21	39,58	44,52
	VI	1 270,—	69,85	101,60	114,30																				
3 653,99	I,IV	752,50	41,38	60,20	67,72	I	752,50	36,48	53,07	59,70	31,78	46,22	52,—	27,26	39,65	44,60	22,93	33,36	37,53	18,79	27,34	30,75	14,85	21,60	24,30
	II	713,41	39,23	57,07	64,20	II	713,41	34,42	50,06	56,32	29,79	43,34	48,75	25,35	36,88	41,49	21,11	30,71	34,55	17,05	24,81	27,91	13,19	19,18	21,58
	III	421,33	23,17	33,70	37,91	III	421,33	19,53	28,41	31,96	15,98	23,25	26,15	12,53	18,22	20,50	1,—	13,36	15,03	—	8,84	9,94	—	4,88	5,49
	V	1 239,08	68,14	99,12	111,51	IV	752,50	38,91	56,60	63,68	36,48	53,07	59,70	34,11	49,62	55,82	31,78	46,22	52,—	29,49	42,90	48,26	27,26	39,65	44,60
	VI	1 271,25	69,91	101,70	114,41																				
3 656,99	I,IV	753,58	41,44	60,28	67,82	I	753,58	36,54	53,16	59,80	31,83	46,30	52,09	27,31	39,72	44,69	22,98	33,43	37,61	18,84	27,40	30,83	14,89	21,66	24,36
	II	714,41	39,29	57,15	64,29	II	714,41	34,47	50,14	56,41	29,84	43,41	48,83	25,41	36,96	41,58	21,16	30,78	34,62	17,10	24,88	27,99	13,23	19,25	21,65
	III	422,—	23,21	33,76	37,98	III	422,—	19,57	28,46	32,02	16,02	23,30	26,21	12,57	18,29	20,57	1,13	13,41	15,08	—	8,88	9,99	—	4,92	5,53
	V	1 240,33	68,21	99,22	111,62	IV	753,58	38,97	56,68	63,77	36,54	53,16	59,80	34,16	49,69	55,90	31,83	46,30	52,09	29,54	42,98	48,35	27,31	39,72	44,69
	VI	1 272,50	69,98	101,80	114,52																				
3 659,99	I,IV	754,58	41,50	60,36	67,91	I	754,58	36,59	53,23	59,88	31,88	46,38	52,17	27,36	39,80	44,77	23,03	33,50	37,68	18,88	27,47	30,90	14,93	21,72	24,44
	II	715,50	39,35	57,24	64,39	II	715,50	34,53	50,22	56,50	29,89	43,48	48,92	25,46	37,03	41,66	21,20	30,84	34,70	17,15	24,94	28,06	13,27	19,31	21,72
	III	422,83	23,25	33,82	38,05	III	422,83	19,61	28,53	32,09	16,06	23,37	26,29	12,61	18,34	20,63	1,26	13,46	15,14	—	8,93	10,04	—	4,96	5,58
	V	1 241,58	68,28	99,32	111,74	IV	754,58	39,02	56,76	63,86	36,59	53,23	59,88	34,21	49,77	55,99	31,88	46,38	52,17	29,60	43,06	48,44	27,36	39,80	44,77
	VI	1 273,83	70,06	101,90	114,64																				
3 662,99	I,IV	755,66	41,56	60,45	68,—	I	755,66	36,65	53,32	59,98	31,94	46,46	52,26	27,41	39,88	44,86	23,08	33,57	37,76	18,93	27,54	30,98	14,98	21,79	24,51
	II	716,50	39,40	57,32	64,48	II	716,50	34,58	50,30	56,59	29,95	43,56	49,01	25,51	37,10	41,74	21,25	30,92	34,78	17,19	25,01	28,13	13,32	19,38	21,80
	III	423,66	23,30	33,89	38,12	III	423,66	19,65	28,58	32,15	16,10	23,42	26,35	12,65	18,40	20,70	1,40	13,52	15,21	—	8,98	10,10	—	5,01	5,63
	V	1 242,83	68,35	99,42	111,85	IV	755,66	39,08	56,85	63,95	36,65	53,32	59,98	34,27	49,85	56,08	31,94	46,46	52,26	29,65	43,13	48,52	27,41	39,88	44,86
	VI	1 275,08	70,12	102,—	114,75																				
3 665,99	I,IV	756,75	41,62	60,54	68,10	I	756,75	36,71	53,40	60,07	31,99	46,54	52,35	27,46	39,95	44,94	23,12	33,64	37,84	18,98	27,61	31,06	15,02	21,85	24,58
	II	717,58	39,46	57,40	64,58	II	717,58	34,64	50,38	56,68	30,—	43,64	49,09	25,56	37,18	41,82	21,30	30,98	34,85	17,24	25,08	28,21	13,36	19,44	21,87
	III	424,33	23,33	33,94	38,18	III	424,33	19,69	28,65	32,23	16,14	23,48	26,41	12,69	18,46	20,77	1,53	13,57	15,26	—	9,02	10,15	—	5,05	5,68
	V	1 244,08	68,42	99,52	111,96	IV	756,75	39,14	56,93	64,04	36,71	53,40	60,07	34,32	49,93	56,17	31,99	46,54	52,35	29,70	43,20	48,60	27,46	39,95	44,94
	VI	1 276,33	70,19	102,10	114,86																				
3 668,99	I,IV	757,75	41,67	60,62	68,19	I	757,75	36,76	53,48	60,16	32,04	46,61	52,43	27,51	40,02	45,02	23,17	33,71	37,92	19,03	27,68	31,14	15,07	21,92	24,66
	II	718,58	39,52	57,48	64,67	II	718,58	34,69	50,46	56,76	30,05	43,72	49,18	25,60	37,24	41,90	21,35	31,06	34,94	17,28	25,14	28,28	13,41	19,50	21,94
	III	425,16	23,38	34,01	38,26	III	425,16	19,73	28,70	32,29	16,18	23,54	26,48	12,73	18,52	20,83	1,66	13,62	15,32	—	9,08	10,21	—	5,09	5,72
	V	1 245,41	68,49	99,63	112,08	IV	757,75	39,19	57,01	64,13	36,76	53,48	60,16	34,38	50,01	56,26	32,04	46,61	52,43	29,75	43,28	48,69	27,51	40,02	45,02
	VI	1 277,58	70,26	102,20	114,98																				
3 671,99	I,IV	758,83	41,73	60,70	68,29	I	758,83	36,82	53,56	60,25	32,10	46,69	52,52	27,56	40,10	45,11	23,22	33,78	38,—	19,07	27,74	31,21	15,11	21,98	24,73
	II	719,58	39,57	57,56	64,76	II	719,58	34,74	50,54	56,85	30,10	43,79	49,26	25,65	37,32	41,98	21,39	31,12	35,01	17,33	25,21	28,36	13,45	19,56	22,01
	III	426,—	23,43	34,08	38,34	III	426,—	19,78	28,77	32,36	16,22	23,60	26,55	12,76	18,57	20,89	1,80	13,68	15,39	—	9,13	10,27	—	5,13	5,77
	V	1 246,66	68,56	99,73	112,19	IV	758,83	39,25	57,10	64,23	36,82	53,56	60,25	34,43	50,09	56,35	32,10	46,69	52,52	29,81	43,36	48,78	27,56	40,10	45,11
	VI	1 278,83	70,33	102,30	115,09																				
3 674,99	I,IV	759,83	41,79	60,78	68,38	I	759,83	36,87	53,64	60,34	32,15	46,76	52,61	27,61	40,17	45,19	23,27	33,85	38,08	19,12	27,81	31,28	15,16	22,05	24,80
	II	720,66	39,63	57,65	64,85	II	720,66	34,80	50,62	56,94	30,16	43,87	49,35	25,71	37,40	42,07	21,45	31,20	35,10	17,38	25,28	28,44	13,49	19,63	22,08
	III	426,66	23,46	34,13	38,39	III	426,66	19,81	28,82	32,42	16,27	23,66	26,62	12,80	18,62	20,95	1,93	13,73	15,44	—	9,17	10,31	—	5,17	5,81
	V	1 247,91	68,63	99,83	112,31	IV	759,83	39,31	57,18	64,32	36,87	53,64	60,34	34,49	50,17	56,44	32,15	46,76	52,61	29,86	43,44	48,87	27,61	40,17	45,19
	VI	1 280,08	70,40	102,40	115,20																				
3 677,99	I,IV	760,91	41,85	60,87	68,48	I	760,91	36,93	53,72	60,43	32,20	46,84	52,70	27,66	40,24	45,27	23,32	33,92	38,16	19,17	27,88	31,37	15,20	22,11	24,87
	II	721,66	39,69	57,73	64,94	II	721,66	34,85	50,70	57,03	30,21	43,94	49,43	25,76	37,47	42,15	21,49	31,26	35,17	17,42	25,34	28,51	13,54	19,70	22,16
	III	427,50	23,51	34,20	38,47	III	427,50	19,86	28,89	32,50	16,30	23,72	26,68	12,85	18,69	21,02	2,10	13,80	15,52	—	9,22	10,37	—	5,22	5,87
	V	1 249,16	68,70	99,93	112,42	IV	760,91	39,36	57,26	64,41	36,93	53,72	60,43	34,54	50,25	56,53	32,20	46,84	52,70	29,91	43,51	48,95	27,66	40,24	45,27
	VI	1 281,33	70,47	102,50	115,31																				
3 680,99	I,IV	761,91	41,90	60,95	68,57	I	761,91	36,98	53,80	60,52	32,26	46,92	52,79	27,72	40,32	45,36	23,37	34,—	38,25	19,21	27,95	31,44	15,24	22,18	24,95
	II	722,66	39,74	57,81	65,03	II	722,66	34,91	50,78	57,12	30,26	44,02	49,52	25,80	37,54	42,23	21,54	31,34	35,25	17,47	25,41	28,58	13,58	19,76	22,23
	III	428,33	23,55	34,26	38,54	III	428,33	19,90	28,94	32,56	16,34	23,77	26,74	12,88	18,74	21,08	2,23	13,85	15,58	—	9,28	10,44	—	5,26	5,92
	V	1 250,41	68,77	100,03	112,53	IV	761,91	39,42	57,34	64,51	36,98	53,80	60,52	34,59	50,32	56,61	32,26	46,92	52,79	29,96	43,58	49,03	27,72	40,32	45,36
	VI	1 282,58	70,54	102,60	115,43																				
3 683,99	I,IV	763,—	41,96	61,04	68,67	I	763,—	37,04	53,88	60,61	32,31	47,—	52,87	27,77	40,40	45,45	23,42	34,06	38,32	19,26	28,02	31,52	15,29	22,24	25,02
	II	723,75	39,80	57,90	65,13	II	723,75	34,96	50,86	57,21	30,31	44,10	49,61	25,85	37,61	42,31	21,59	31,40	35,33	17,51	25,48	28,66	13,63	19,82	22,30
	III	429,—	23,59	34,32	38,61	III	429,—	19,94	29,01	32,63	16,39	23,84	26,82	12,92	18,80	21,15	2,36	13,90	15,64	—	9,32	10,48	—	5,30	5,96
	V	1 251,66	68,84	100,13	112,64	IV	763,—	39,48	57,42	64,60	37,04	53,88	60,61	34,65	50,40	56,70	32,31	47,—	52,87	30,02	43,66	49,12	27,77	40,40	45,45
	VI	1 283,91	70,61	102,71	115,55																				
3 686,99	I,IV	764,08	42,02	61,12	68,76	I	764,08	37,10	53,96	60,71	32,36	47,08	52,96	27,82	40,47	45,53	23,47	34,14	38,40	19,30	28,08	31,59	15,34	22,31	25,10
	II	724,75	39,86	57,98	65,22	II	724,75	35,02	50,94	57,30	30,37	44,18	49,70	25,90	37,68	42,39	21,64	31,48	35,41	17,56	25,54	28,73	13,67	19,88	22,37
	III	429,83	23,64	34,38	38,68	III	429,83	19,98	29,06	32,69	16,42	23,89	26,87	12,97	18,86	21,22	2,50	13,96	15,70	—	9,37	10,54	—	5,34	6,01
	V	1 252,91	68,91	100,23	112,76	IV	764,08	39,54	57,51	64,70	37,10	53,96	60,71	34,70	50,48	56,79	32,36	47,08	52,96	30,07	43,74	49,20	27,82	40,47	45,53
	VI	1 285,16	70,68	102,81	115,66																				
3 689,99	I,IV	765,08	42,07	61,20	68,85	I	765,08	37,15	54,04	60,80	32,41	47,15	53,04	27,87	40,54	45,61	23,52	34,21	38,48	19,35	28,15	31,67	15,38	22,37	25,16
	II	725,75	39,91	58,06	65,31	II	725,75	35,07	51,02	57,39	30,42	44,25	49,78	25,96	37,76	42,48	21,68	31,54	35,48	17,60	25,61	28,81	13,71	19,94	22,43
	III	430,66	23,68	34,45	38,75	III	430,66	20,02	29,13	32,77	16,47	23,96	26,95	13,—	18,92	21,28	2,63	14,01	15,76	—	9,42	10,60	—	5,38	6,05
	V	1 254,16	68,97	100,33	112,87	IV	765,08	39,59	57,59	64,79	37,15	54,04	60,80	34,76	50,56	56,88	32,41	47,15	53,04	30,12	43,81	49,28	27,87	40,54	45,61
	VI	1 286,41	70,75	102,91	115,77																				

*** Die ausgewiesenen Tabellenwerte sind amtlich. Siehe Erläuterungen auf der Umschlaginnenseite (U2).**
**** Bei mehr als 3 Kinderfreibeträgen ist die „Ergänzungs-Tabelle 3,5 bis 6 Kinderfreibeträge" anzuwenden.**

MONAT 3 690,–*

Abzüge an Lohnsteuer, Solidaritätszuschlag (SolZ) und Kirchensteuer (8%, 9%) in den Steuerklassen

Lohn/ Gehalt bis €*	I – VI		ohne Kinderfreibeträge			I, II, III, IV		mit Zahl der Kinderfreibeträge . . . 0,5			1			1,5			2			2,5			3**		
		LSt	SolZ	8%	9%		LSt	SolZ	8%	9%	SolZ	8%	9%	SolZ	8%	9%	SolZ	8%	9%	SolZ	8%	9%	SolZ	8%	9%
3 692,99	I,IV	766,16	42,13	61,29	68,95	I	766,16	37,21	54,12	60,89	32,47	47,23	53,13	27,92	40,62	45,69	23,57	34,28	38,57	19,40	28,22	31,75	15,42	22,44	25,24
	II	726,83	39,97	58,14	65,41	II	726,83	35,13	51,10	57,48	30,47	44,32	49,86	26,01	37,83	42,56	21,73	31,62	35,57	17,65	25,68	28,89	13,75	20,01	22,51
	III	431,33	23,72	34,50	38,81	III	431,33	20,06	29,18	32,83	16,50	24,01	27,01	13,04	18,97	21,34	2,76	14,06	15,82	—	9,46	10,64	—	5,44	6,12
	V	1 255,41	69,04	100,43	112,98	IV	766,16	39,65	57,67	64,88	37,21	54,12	60,89	34,81	50,64	56,97	32,47	47,23	53,13	30,17	43,89	49,37	27,92	40,62	45,69
	VI	1 287,66	70,82	103,01	115,88																				
3 695,99	I,IV	767,25	42,19	61,38	69,05	I	767,25	37,26	54,20	60,98	32,52	47,31	53,22	27,97	40,69	45,77	23,61	34,35	38,64	19,45	28,29	31,82	15,47	22,50	25,31
	II	727,83	40,03	58,22	65,50	II	727,83	35,18	51,18	57,57	30,52	44,40	49,95	26,06	37,90	42,64	21,78	31,68	35,64	17,70	25,74	28,96	13,80	20,08	22,59
	III	432,16	23,76	34,57	38,89	III	432,16	20,11	29,25	32,90	16,55	24,08	27,09	13,09	19,04	21,42	2,93	14,13	15,89	—	9,52	10,71	—	5,48	6,16
	V	1 256,75	69,12	100,54	113,10	IV	767,25	39,71	57,76	64,98	37,26	54,20	60,98	34,87	50,72	57,06	32,52	47,31	53,22	30,23	43,97	49,46	27,97	40,69	45,77
	VI	1 288,91	70,89	103,11	116,–																				
3 698,99	I,IV	768,25	42,25	61,46	69,14	I	768,25	37,32	54,28	61,07	32,58	47,39	53,31	28,03	40,77	45,86	23,66	34,42	38,72	19,49	28,36	31,90	15,51	22,57	25,39
	II	728,91	40,09	58,31	65,60	II	728,91	35,24	51,26	57,66	30,58	44,48	50,04	26,11	37,98	42,72	21,83	31,76	35,73	17,74	25,81	29,03	13,84	20,14	22,65
	III	432,83	23,80	34,62	38,95	III	432,83	20,15	29,32	32,98	16,59	24,13	27,14	13,12	19,09	21,47	3,06	14,18	15,95	—	9,57	10,76	—	5,52	6,21
	V	1 258,–	69,19	100,64	113,22	IV	768,25	39,76	57,84	65,07	37,32	54,28	61,07	34,92	50,80	57,15	32,58	47,39	53,31	30,28	44,04	49,55	28,03	40,77	45,86
	VI	1 290,16	70,95	103,21	116,11																				
3 701,99	I,IV	769,33	42,31	61,54	69,23	I	769,33	37,37	54,36	61,16	32,63	47,46	53,39	28,08	40,84	45,95	23,71	34,50	38,81	19,54	28,42	31,97	15,56	22,63	25,46
	II	729,91	40,14	58,39	65,69	II	729,91	35,29	51,34	57,75	30,63	44,56	50,13	26,16	38,05	42,80	21,88	31,82	35,80	17,79	25,88	29,11	13,89	20,20	22,73
	III	433,66	23,85	34,69	39,02	III	433,66	20,19	29,37	33,04	16,62	24,18	27,20	13,16	19,14	21,53	3,20	14,24	16,02	—	9,62	10,82	—	5,56	6,25
	V	1 259,25	69,25	100,74	113,33	IV	769,33	39,82	57,92	65,16	37,37	54,36	61,16	34,98	50,88	57,24	32,63	47,46	53,39	30,33	44,12	49,63	28,08	40,84	45,95
	VI	1 291,41	71,02	103,31	116,22																				
3 704,99	I,IV	770,41	42,37	61,63	69,33	I	770,41	37,43	54,45	61,25	32,68	47,54	53,48	28,13	40,92	46,03	23,76	34,57	38,89	19,59	28,50	32,06	15,60	22,70	25,53
	II	731,–	40,20	58,48	65,79	II	731,–	35,35	51,42	57,84	30,68	44,63	50,21	26,21	38,12	42,89	21,93	31,90	35,88	17,83	25,94	29,18	13,93	20,26	22,79
	III	434,50	23,89	34,76	39,10	III	434,50	20,24	29,44	33,12	16,67	24,25	27,28	13,20	19,20	21,60	3,33	14,29	16,07	—	9,68	10,89	—	5,61	6,31
	V	1 260,50	69,32	100,84	113,44	IV	770,41	39,87	58,–	65,25	37,43	54,45	61,25	35,03	50,96	57,33	32,68	47,54	53,48	30,38	44,20	49,72	28,13	40,92	46,03
	VI	1 292,66	71,09	103,41	116,33																				
3 707,99	I,IV	771,41	42,42	61,71	69,42	I	771,41	37,49	54,53	61,34	32,74	47,62	53,57	28,18	40,99	46,11	23,81	34,64	38,97	19,63	28,56	32,13	15,65	22,76	25,61
	II	732,–	40,26	58,56	65,88	II	732,–	35,40	51,50	57,93	30,74	44,71	50,30	26,26	38,20	42,97	21,97	31,96	35,96	17,88	26,01	29,26	13,97	20,33	22,87
	III	435,16	23,93	34,81	39,16	III	435,16	20,27	29,49	33,17	16,71	24,30	27,34	13,24	19,26	21,67	3,46	14,34	16,13	—	9,72	10,93	—	5,65	6,35
	V	1 261,75	69,39	100,94	113,55	IV	771,41	39,93	58,08	65,34	37,49	54,53	61,34	35,09	51,04	57,42	32,74	47,62	53,57	30,43	44,27	49,80	28,18	40,99	46,11
	VI	1 293,91	71,16	103,51	116,45																				
3 710,99	I,IV	772,50	42,48	61,80	69,52	I	772,50	37,54	54,61	61,43	32,79	47,70	53,66	28,23	41,06	46,19	23,86	34,71	39,05	19,68	28,63	32,21	15,69	22,83	25,68
	II	733,–	40,31	58,64	65,97	II	733,–	35,46	51,58	58,02	30,79	44,78	50,38	26,31	38,27	43,05	22,02	32,04	36,04	17,93	26,08	29,34	14,02	20,39	22,94
	III	436,–	23,98	34,88	39,24	III	436,–	20,32	29,56	33,25	16,75	24,37	27,41	13,28	19,32	21,73	3,63	14,41	16,21	—	9,77	10,99	—	5,69	6,40
	V	1 263,–	69,46	101,04	113,67	IV	772,50	39,99	58,17	65,44	37,54	54,61	61,43	35,14	51,12	57,51	32,79	47,70	53,66	30,49	44,35	49,89	28,23	41,06	46,19
	VI	1 295,25	71,23	103,62	116,57																				
3 713,99	I,IV	773,50	42,54	61,88	69,61	I	773,50	37,60	54,69	61,52	32,84	47,78	53,75	28,28	41,14	46,28	23,91	34,78	39,13	19,73	28,70	32,28	15,73	22,89	25,75
	II	734,08	40,37	58,72	66,06	II	734,08	35,51	51,66	58,11	30,84	44,86	50,47	26,36	38,34	43,13	22,07	32,10	36,11	17,97	26,14	29,41	14,06	20,46	23,01
	III	436,83	24,02	34,94	39,31	III	436,83	20,35	29,61	33,31	16,79	24,42	27,47	13,31	19,37	21,79	3,76	14,46	16,27	—	9,82	11,05	—	5,74	6,46
	V	1 264,25	69,53	101,14	113,78	IV	773,50	40,04	58,25	65,53	37,60	54,69	61,52	35,20	51,20	57,60	32,84	47,78	53,75	30,54	44,42	49,97	28,28	41,14	46,28
	VI	1 296,50	71,30	103,72	116,68																				
3 716,99	I,IV	774,58	42,60	61,96	69,71	I	774,58	37,65	54,77	61,61	32,90	47,86	53,84	28,33	41,22	46,37	23,96	34,86	39,21	19,78	28,77	32,36	15,78	22,96	25,83
	II	735,16	40,43	58,81	66,16	II	735,16	35,57	51,74	58,20	30,89	44,94	50,55	26,41	38,42	43,22	22,12	32,18	36,20	18,02	26,21	29,48	14,11	20,52	23,09
	III	437,50	24,06	35,–	39,37	III	437,50	20,40	29,68	33,39	16,83	24,48	27,54	13,36	19,44	21,87	3,90	14,52	16,33	—	9,88	11,11	—	5,78	6,50
	V	1 265,50	69,60	101,24	113,89	IV	774,58	40,10	58,34	65,63	37,65	54,77	61,61	35,25	51,28	57,69	32,90	47,86	53,84	30,59	44,50	50,06	28,33	41,22	46,37
	VI	1 297,75	71,37	103,82	116,79																				
3 719,99	I,IV	775,66	42,66	62,05	69,80	I	775,66	37,71	54,86	61,71	32,95	47,94	53,93	28,38	41,29	46,45	24,01	34,92	39,29	19,82	28,84	32,44	15,83	23,02	25,90
	II	736,16	40,48	58,89	66,25	II	736,16	35,62	51,82	58,29	30,95	45,02	50,64	26,46	38,50	43,31	22,17	32,25	36,28	18,06	26,28	29,56	14,15	20,58	23,15
	III	438,33	24,10	35,06	39,44	III	438,33	20,44	29,73	33,44	16,87	24,54	27,61	13,40	19,49	21,92	4,03	14,57	16,39	—	9,93	11,17	—	5,82	6,55
	V	1 266,83	69,67	101,34	114,01	IV	775,66	40,16	58,42	65,72	37,71	54,86	61,71	35,31	51,36	57,78	32,95	47,94	53,93	30,64	44,58	50,15	28,38	41,29	46,45
	VI	1 299,–	71,44	103,92	116,91																				
3 722,99	I,IV	776,66	42,71	62,13	69,89	I	776,66	37,77	54,94	61,80	33,–	48,01	54,01	28,43	41,36	46,53	24,06	35,–	39,37	19,87	28,90	32,51	15,87	23,09	25,97
	II	737,16	40,54	58,97	66,34	II	737,16	35,68	51,90	58,38	31,–	45,09	50,72	26,51	38,56	43,38	22,22	32,32	36,36	18,11	26,34	29,63	14,19	20,65	23,23
	III	439,16	24,15	35,13	39,52	III	439,16	20,48	29,80	33,52	16,91	24,60	27,67	13,43	19,54	21,98	4,16	14,62	16,45	—	9,97	11,21	—	5,86	6,59
	V	1 268,08	69,74	101,44	114,12	IV	776,66	40,21	58,50	65,81	37,77	54,94	61,80	35,36	51,44	57,87	33,–	48,01	54,01	30,70	44,66	50,24	28,43	41,36	46,53
	VI	1 300,25	71,51	104,02	117,02																				
3 725,99	I,IV	777,75	42,77	62,22	69,99	I	777,75	37,82	55,02	61,89	33,06	48,09	54,10	28,49	41,44	46,62	24,11	35,07	39,45	19,92	28,98	32,60	15,92	23,16	26,05
	II	738,25	40,60	59,06	66,44	II	738,25	35,73	51,98	58,47	31,05	45,17	50,81	26,56	38,64	43,47	22,27	32,39	36,44	18,15	26,41	29,71	14,24	20,72	23,31
	III	439,83	24,19	35,18	39,58	III	439,83	20,52	29,85	33,58	16,95	24,66	27,74	13,47	19,60	22,05	4,33	14,69	16,52	—	10,02	11,27	—	5,92	6,66
	V	1 269,33	69,81	101,54	114,23	IV	777,75	40,27	58,58	65,90	37,82	55,02	61,89	35,42	51,52	57,96	33,06	48,09	54,10	30,75	44,73	50,32	28,49	41,44	46,62
	VI	1 301,50	71,58	104,12	117,13																				
3 728,99	I,IV	778,83	42,83	62,30	70,09	I	778,83	37,88	55,10	61,98	33,11	48,17	54,19	28,54	41,52	46,71	24,16	35,14	39,53	19,96	29,04	32,67	15,96	23,22	26,12
	II	739,33	40,66	59,14	66,53	II	739,33	35,79	52,06	58,56	31,10	45,24	50,90	26,62	38,72	43,56	22,31	32,46	36,51	18,20	26,48	29,79	14,28	20,78	23,37
	III	440,66	24,23	35,25	39,65	III	440,66	20,57	29,92	33,66	16,99	24,72	27,81	13,52	19,66	22,12	4,46	14,74	16,58	—	10,08	11,34	—	5,96	6,70
	V	1 270,58	69,88	101,64	114,35	IV	778,83	40,33	58,66	65,99	37,88	55,10	61,98	35,47	51,60	58,05	33,11	48,17	54,19	30,80	44,81	50,41	28,54	41,52	46,71
	VI	1 302,75	71,65	104,22	117,24																				
3 731,99	I,IV	779,83	42,89	62,38	70,18	I	779,83	37,93	55,18	62,07	33,16	48,24	54,27	28,59	41,59	46,79	24,20	35,21	39,61	20,01	29,11	32,75	16,–	23,28	26,19
	II	740,33	40,71	59,22	66,62	II	740,33	35,84	52,14	58,65	31,16	45,32	50,99	26,66	38,78	43,63	22,36	32,53	36,59	18,25	26,54	29,86	14,33	20,84	23,45
	III	441,50	24,28	35,32	39,73	III	441,50	20,61	29,98	33,73	17,04	24,78	27,88	13,55	19,72	22,18	4,60	14,80	16,65	—	10,13	11,39	—	6,–	6,75
	V	1 271,83	69,95	101,74	114,46	IV	779,83	40,39	58,75	66,09	37,93	55,18	62,07	35,53	51,68	58,14	33,16	48,24	54,27	30,85	44,88	50,49	28,59	41,59	46,79
	VI	1 304,–	71,72	104,32	117,36																				
3 734,99	I,IV	780,91	42,95	62,47	70,28	I	780,91	37,99	55,26	62,16	33,22	48,32	54,36	28,64	41,66	46,87	24,25	35,28	39,69	20,06	29,18	32,82	16,05	23,35	26,27
	II	741,33	40,77	59,30	66,71	II	741,33	35,90	52,22	58,74	31,21	45,40	51,07	26,72	38,86	43,72	22,41	32,60	36,67	18,30	26,62	29,94	14,37	20,90	23,51
	III	442,16	24,31	35,37	39,79	III	442,16	20,65	30,04	33,79	17,07	24,84	27,94	13,59	19,77	22,24	4,73	14,85	16,70	—	10,17	11,44	—	6,05	6,80
	V	1 273,08	70,01	101,84	114,57	IV	780,91	40,44	58,83	66,18	37,99	55,26	62,16	35,58	51,76	58,23	33,22	48,32	54,36	30,91	44,96	50,58	28,64	41,66	46,87
	VI	1 305,33	71,79	104,42	117,47																				

* Die ausgewiesenen Tabellenwerte sind amtlich. Siehe Erläuterungen auf der Umschlaginnenseite (U2).
** Bei mehr als 3 Kinderfreibeträgen ist die „Ergänzungs-Tabelle 3,5 bis 6 Kinderfreibeträge" anzuwenden.

Abzüge an Lohnsteuer, Solidaritätszuschlag (SolZ) und Kirchensteuer (8%, 9%) in den Steuerklassen

Lohn/ Gehalt bis €*	I – VI	ohne Kinderfreibeträge LSt	SolZ	8%	9%	I, II, III, IV	LSt	mit Zahl der Kinderfreibeträge . . . 0,5 SolZ	0,5 8%	0,5 9%	1 SolZ	1 8%	1 9%	1,5 SolZ	1,5 8%	1,5 9%	2 SolZ	2 8%	2 9%	2,5 SolZ	2,5 8%	2,5 9%	3** SolZ	3** 8%	3** 9%
3 737,99	I,IV	782,—	43,01	62,56	70,38	I	782,—	38,05	55,34	62,26	33,27	48,40	54,45	28,70	41,74	46,96	24,31	35,36	39,78	20,11	29,25	32,90	16,10	23,42	26,34
	II	742,41	40,83	59,39	66,81	II	742,41	35,95	52,30	58,83	31,26	45,48	51,16	26,77	38,94	43,80	22,46	32,67	36,75	18,34	26,68	30,02	14,41	20,97	23,59
	III	443,—	24,36	35,44	39,87	III	443,—	20,69	30,10	33,86	17,12	24,90	28,01	13,64	19,84	22,32	4,86	14,90	16,76	—	10,22	11,50	—	6,09	6,85
	V	1 274,33	70,08	101,94	114,68	IV	782,—	40,50	58,92	66,28	38,05	55,34	62,26	35,64	51,84	58,32	33,27	48,40	54,45	30,96	45,04	50,67	28,70	41,74	46,96
	VI	1 306,58	71,86	104,52	117,59																				
3 740,99	I,IV	783,08	43,06	62,64	70,47	I	783,08	38,10	55,42	62,35	33,33	48,48	54,54	28,75	41,82	47,04	24,36	35,43	39,86	20,15	29,32	32,98	16,14	23,48	26,42
	II	743,41	40,88	59,47	66,90	II	743,41	36,01	52,38	58,92	31,31	45,55	51,24	26,82	39,01	43,88	22,50	32,74	36,83	18,39	26,75	30,09	14,46	21,04	23,67
	III	443,83	24,41	35,50	39,94	III	443,83	20,73	30,16	33,93	17,16	24,96	28,08	13,67	19,89	22,37	5,03	14,97	16,84	—	10,28	11,56	—	6,13	6,89
	V	1 275,58	70,15	102,04	114,80	IV	783,08	40,56	59,—	66,37	38,10	55,42	62,35	35,69	51,92	58,41	33,33	48,48	54,54	31,02	45,12	50,76	28,75	41,82	47,04
	VI	1 307,83	71,93	104,62	117,70																				
3 743,99	I,IV	784,08	43,12	62,72	70,56	I	784,08	38,16	55,50	62,44	33,38	48,56	54,63	28,80	41,89	47,12	24,41	35,50	39,94	20,20	29,38	33,05	16,19	23,55	26,49
	II	744,50	40,94	59,56	67,—	II	744,50	36,06	52,46	59,01	31,37	45,63	51,33	26,87	39,08	43,97	22,55	32,81	36,91	18,43	26,82	30,17	14,50	21,10	23,73
	III	444,50	24,44	35,56	40,—	III	444,50	20,78	30,22	34,—	17,19	25,01	28,13	13,71	19,94	22,43	5,16	15,02	16,90	—	10,33	11,62	—	6,18	6,95
	V	1 276,91	70,23	102,15	114,92	IV	784,08	40,62	59,08	66,47	38,16	55,50	62,44	35,75	52,—	58,50	33,38	48,56	54,63	31,07	45,19	50,84	28,80	41,89	47,12
	VI	1 309,08	71,99	104,72	117,81																				
3 746,99	I,IV	785,16	43,18	62,81	70,66	I	785,16	38,21	55,58	62,53	33,44	48,64	54,72	28,85	41,97	47,21	24,45	35,57	40,01	20,25	29,46	33,14	16,23	23,62	26,57
	II	745,50	41,—	59,64	67,09	II	745,50	36,12	52,54	59,10	31,42	45,71	51,42	26,92	39,16	44,05	22,60	32,88	36,99	18,48	26,88	30,24	14,55	21,16	23,81
	III	445,33	24,49	35,62	40,07	III	445,33	20,81	30,28	34,06	17,24	25,08	28,21	13,75	20,01	22,51	5,30	15,08	16,96	—	10,38	11,68	—	6,22	7,—
	V	1 278,16	70,29	102,25	115,03	IV	785,16	40,67	59,16	66,56	38,21	55,58	62,53	35,80	52,08	58,59	33,44	48,64	54,72	31,12	45,27	50,93	28,85	41,97	47,21
	VI	1 310,33	72,06	104,82	117,92																				
3 749,99	I,IV	786,25	43,24	62,90	70,76	I	786,25	38,27	55,67	62,63	33,49	48,72	54,81	28,90	42,04	47,30	24,50	35,64	40,10	20,29	29,52	33,21	16,28	23,68	26,64
	II	746,58	41,06	59,72	67,19	II	746,58	36,17	52,62	59,19	31,47	45,78	51,50	26,97	39,23	44,13	22,65	32,95	37,07	18,53	26,95	30,32	14,59	21,23	23,88
	III	446,16	24,53	35,69	40,15	III	446,16	20,86	30,34	34,13	17,27	25,13	28,27	13,79	20,06	22,57	5,43	15,13	17,02	—	10,44	11,74	—	6,26	7,04
	V	1 279,41	70,36	102,35	115,14	IV	786,25	40,73	59,25	66,65	38,27	55,67	62,63	35,86	52,16	58,68	33,49	48,72	54,81	31,17	45,34	51,01	28,90	42,04	47,30
	VI	1 311,58	72,13	104,92	118,04																				
3 752,99	I,IV	787,25	43,29	62,98	70,85	I	787,25	38,33	55,75	62,72	33,55	48,80	54,90	28,95	42,12	47,38	24,55	35,72	40,18	20,34	29,59	33,29	16,32	23,74	26,71
	II	747,58	41,11	59,80	67,28	II	747,58	36,23	52,70	59,28	31,53	45,86	51,59	27,02	39,30	44,21	22,70	33,02	37,15	18,57	27,02	30,39	14,63	21,29	23,95
	III	446,83	24,57	35,74	40,21	III	446,83	20,90	30,40	34,20	17,32	25,20	28,35	13,83	20,12	22,63	5,56	15,18	17,08	—	10,48	11,79	—	6,32	7,11
	V	1 280,66	70,43	102,45	115,25	IV	787,25	40,79	59,33	66,74	38,33	55,75	62,72	35,91	52,24	58,77	33,55	48,80	54,90	31,23	45,42	51,10	28,95	42,12	47,38
	VI	1 312,83	72,20	105,02	118,15																				
3 755,99	I,IV	788,33	43,35	63,06	70,94	I	788,33	38,38	55,83	62,81	33,60	48,88	54,99	29,—	42,19	47,46	24,60	35,79	40,26	20,39	29,66	33,37	16,37	23,81	26,78
	II	748,66	41,17	59,89	67,37	II	748,66	36,28	52,78	59,37	31,58	45,94	51,68	27,07	39,38	44,30	22,75	33,10	37,23	18,62	27,09	30,47	14,68	21,36	24,03
	III	447,66	24,62	35,81	40,28	III	447,66	20,94	30,46	34,27	17,36	25,25	28,40	13,87	20,18	22,70	5,73	15,25	17,15	—	10,53	11,84	—	6,36	7,15
	V	1 281,91	70,50	102,55	115,37	IV	788,33	40,85	59,42	66,84	38,38	55,83	62,81	35,97	52,32	58,86	33,60	48,88	54,99	31,28	45,50	51,18	29,—	42,19	47,46
	VI	1 314,08	72,27	105,12	118,26																				
3 758,99	I,IV	789,41	43,41	63,15	71,04	I	789,41	38,44	55,92	62,91	33,65	48,95	55,07	29,06	42,27	47,55	24,65	35,86	40,34	20,44	29,73	33,44	16,41	23,88	26,86
	II	749,75	41,23	59,98	67,47	II	749,75	36,34	52,86	59,46	31,63	46,02	51,77	27,12	39,45	44,38	22,80	33,16	37,31	18,67	27,16	30,55	14,73	21,42	24,10
	III	448,50	24,66	35,88	40,36	III	448,50	20,99	30,53	34,34	17,40	25,32	28,48	13,91	20,24	22,77	5,86	15,30	17,21	—	10,58	11,90	—	6,40	7,20
	V	1 283,16	70,57	102,65	115,48	IV	789,41	40,90	59,50	66,93	38,44	55,92	62,91	36,02	52,40	58,95	33,65	48,95	55,07	31,33	45,58	51,27	29,06	42,27	47,55
	VI	1 315,41	72,34	105,23	118,38																				
3 761,99	I,IV	790,50	43,47	63,24	71,14	I	790,50	38,50	56,—	63,—	33,71	49,03	55,16	29,11	42,34	47,63	24,70	35,93	40,42	20,48	29,80	33,52	16,46	23,94	26,93
	II	750,75	41,29	60,06	67,56	II	750,75	36,39	52,94	59,55	31,68	46,09	51,85	27,17	39,52	44,46	22,85	33,24	37,39	18,71	27,22	30,62	14,77	21,48	24,17
	III	449,16	24,70	35,93	40,42	III	449,16	21,02	30,58	34,40	17,44	25,37	28,54	13,95	20,29	22,82	6,—	15,36	17,28	—	10,64	11,97	—	6,45	7,25
	V	1 284,41	70,64	102,75	115,59	IV	790,50	40,96	59,58	67,02	38,50	56,—	63,—	36,08	52,48	59,04	33,71	49,03	55,16	31,38	45,65	51,35	29,11	42,34	47,63
	VI	1 316,66	72,41	105,33	118,49																				
3 764,99	I,IV	791,58	43,53	63,32	71,24	I	791,58	38,55	56,08	63,09	33,76	49,11	55,25	29,16	42,42	47,72	24,75	36,—	40,50	20,53	29,87	33,60	16,50	24,01	27,01
	II	751,83	41,35	60,14	67,66	II	751,83	36,45	53,02	59,64	31,74	46,17	51,94	27,22	39,60	44,55	22,89	33,30	37,46	18,76	27,29	30,70	14,81	21,55	24,24
	III	450,—	24,75	36,—	40,50	III	450,—	21,07	30,65	34,48	17,49	25,44	28,62	13,99	20,36	22,90	6,13	15,41	17,33	—	10,69	12,02	—	6,49	7,30
	V	1 285,66	70,71	102,85	115,70	IV	791,58	41,02	59,66	67,12	38,55	56,08	63,09	36,13	52,56	59,13	33,76	49,11	55,25	31,44	45,73	51,44	29,16	42,42	47,72
	VI	1 317,91	72,48	105,43	118,61																				
3 767,99	I,IV	792,58	43,59	63,40	71,33	I	792,58	38,61	56,16	63,18	33,82	49,19	55,34	29,21	42,50	47,81	24,80	36,08	40,59	20,58	29,94	33,68	16,55	24,08	27,09
	II	752,83	41,40	60,22	67,75	II	752,83	36,50	53,10	59,73	31,79	46,25	52,03	27,28	39,68	44,64	22,94	33,38	37,55	18,81	27,36	30,78	14,86	21,62	24,32
	III	450,83	24,79	36,06	40,57	III	450,83	21,11	30,70	34,54	17,52	25,49	28,67	14,03	20,41	22,96	6,26	15,46	17,39	—	10,74	12,08	—	6,54	7,36
	V	1 286,91	70,78	102,95	115,82	IV	792,58	41,08	59,75	67,22	38,61	56,16	63,18	36,19	52,64	59,22	33,82	49,19	55,34	31,49	45,81	51,53	29,21	42,50	47,81
	VI	1 319,16	72,55	105,53	118,72																				
3 770,99	I,IV	793,66	43,65	63,49	71,42	I	793,66	38,66	56,24	63,27	33,87	49,27	55,43	29,26	42,57	47,89	24,85	36,15	40,67	20,63	30,01	33,76	16,60	24,14	27,16
	II	753,91	41,46	60,31	67,85	II	753,91	36,56	53,18	59,82	31,84	46,32	52,11	27,33	39,75	44,72	22,99	33,45	37,63	18,85	27,42	30,85	14,90	21,68	24,39
	III	451,66	24,84	36,13	40,64	III	451,66	21,15	30,77	34,61	17,56	25,54	28,73	14,07	20,46	23,02	6,43	15,53	17,47	—	10,80	12,15	—	6,58	7,40
	V	1 288,25	70,85	103,06	115,94	IV	793,66	41,13	59,83	67,31	38,66	56,24	63,27	36,24	52,72	59,31	33,87	49,27	55,43	31,54	45,88	51,62	29,26	42,57	47,89
	VI	1 320,41	72,62	105,63	118,83																				
3 773,99	I,IV	794,75	43,71	63,58	71,52	I	794,75	38,72	56,32	63,36	33,92	49,34	55,51	29,31	42,64	47,97	24,90	36,22	40,75	20,68	30,08	33,84	16,64	24,20	27,23
	II	754,91	41,52	60,39	67,94	II	754,91	36,61	53,26	59,91	31,90	46,40	52,20	27,38	39,82	44,80	23,04	33,52	37,71	18,90	27,49	30,92	14,95	21,74	24,46
	III	452,33	24,87	36,18	40,70	III	452,33	21,19	30,82	34,67	17,60	25,61	28,81	14,11	20,53	23,09	6,56	15,58	17,53	—	10,85	12,20	—	6,62	7,45
	V	1 289,50	70,92	103,16	116,05	IV	794,75	41,19	59,92	67,41	38,72	56,32	63,36	36,30	52,80	59,40	33,92	49,34	55,51	31,60	45,96	51,71	29,31	42,64	47,97
	VI	1 321,66	72,69	105,73	118,94																				
3 776,99	I,IV	795,83	43,77	63,66	71,62	I	795,83	38,77	56,40	63,45	33,98	49,42	55,60	29,37	42,72	48,06	24,95	36,30	40,83	20,72	30,14	33,91	16,68	24,27	27,30
	II	756,—	41,58	60,48	68,04	II	756,—	36,67	53,34	60,—	31,95	46,48	52,29	27,43	39,90	44,88	23,09	33,59	37,79	18,95	27,56	31,01	14,99	21,81	24,53
	III	453,16	24,92	36,25	40,78	III	453,16	21,23	30,89	34,75	17,64	25,66	28,87	14,15	20,58	23,15	6,70	15,64	17,59	—	10,89	12,25	—	6,68	7,51
	V	1 290,75	70,99	103,26	116,16	IV	795,83	41,25	60,—	67,50	38,77	56,40	63,45	36,35	52,88	59,49	33,98	49,42	55,60	31,65	46,04	51,79	29,37	42,72	48,06
	VI	1 322,91	72,76	105,83	119,06																				
3 779,99	I,IV	796,91	43,83	63,75	71,72	I	796,91	38,83	56,49	63,55	34,03	49,50	55,69	29,42	42,80	48,15	25,—	36,37	40,91	20,77	30,22	33,99	16,73	24,34	27,38
	II	757,08	41,63	60,56	68,13	II	757,08	36,73	53,42	60,10	32,01	46,56	52,38	27,48	39,97	44,96	23,14	33,66	37,87	18,99	27,63	31,08	15,04	21,88	24,61
	III	454,—	24,97	36,32	40,86	III	454,—	21,28	30,96	34,83	17,69	25,73	28,94	14,19	20,64	23,22	6,83	15,69	17,65	—	10,94	12,31	—	6,72	7,56
	V	1 292,—	71,06	103,36	116,28	IV	796,91	41,30	60,08	67,59	38,83	56,49	63,55	36,41	52,96	59,58	34,03	49,50	55,69	31,70	46,12	51,88	29,42	42,80	48,15
	VI	1 324,16	72,82	105,93	119,17																				

* Die ausgewiesenen Tabellenwerte sind amtlich. Siehe Erläuterungen auf der Umschlaginnenseite (U2).
** Bei mehr als 3 Kinderfreibeträgen ist die „Ergänzungs-Tabelle 3,5 bis 6 Kinderfreibeträge" anzuwenden.

Abzüge an Lohnsteuer, Solidaritätszuschlag (SolZ) und Kirchensteuer (8%, 9%) in den Steuerklassen

Lohn/ Gehalt bis €*	I – VI	LSt	ohne Kinderfreibeträge SolZ	8%	9%	I, II, III, IV	LSt	mit Zahl der Kinderfreibeträge ... 0,5 SolZ	0,5 8%	0,5 9%	1 SolZ	1 8%	1 9%	1,5 SolZ	1,5 8%	1,5 9%	2 SolZ	2 8%	2 9%	2,5 SolZ	2,5 8%	2,5 9%	3** SolZ	3** 8%	3** 9%
3 782,99	I,IV	797,91	43,88	63,83	71,81	I	797,91	38,89	56,57	63,64	34,09	49,58	55,78	29,47	42,87	48,23	25,05	36,44	40,99	20,82	30,28	34,07	16,77	24,40	27,45
	II	758,08	41,69	60,64	68,22	II	758,08	36,78	53,50	60,19	32,06	46,64	52,47	27,53	40,04	45,05	23,19	33,73	37,94	19,04	27,70	31,16	15,08	21,94	24,68
	III	454,66	25,—	36,37	40,91	III	454,66	21,32	31,01	34,88	17,72	25,78	29,—	14,23	20,70	23,29	6,96	15,74	17,71	—	11,—	12,37	—	6,77	7,61
	V	1 293,25	71,12	103,46	116,39	IV	797,91	41,36	60,16	67,68	38,89	56,57	63,64	36,46	53,04	59,67	34,09	49,58	55,78	31,75	46,19	51,96	29,47	42,87	48,23
	VI	1 325,41	72,89	106,03	119,28																				
3 785,99	I,IV	799,—	43,94	63,92	71,91	I	799,—	38,94	56,65	63,73	34,14	49,66	55,87	29,53	42,95	48,32	25,10	36,51	41,07	20,86	30,35	34,14	16,82	24,47	27,53
	II	759,16	41,75	60,73	68,32	II	759,16	36,84	53,58	60,28	32,11	46,71	52,55	27,58	40,12	45,13	23,24	33,80	38,03	19,08	27,76	31,23	15,12	22,—	24,75
	III	455,50	25,05	36,44	40,99	III	455,50	21,36	31,08	34,96	17,77	25,85	29,08	14,27	20,76	23,35	7,13	15,81	17,78	—	11,05	12,43	—	6,81	7,66
	V	1 294,50	71,19	103,56	116,50	IV	799,—	41,42	60,25	67,78	38,94	56,65	63,73	36,52	53,12	59,76	34,14	49,66	55,87	31,81	46,27	52,05	29,53	42,95	48,32
	VI	1 326,75	72,97	106,14	119,40																				
3 788,99	I,IV	800,08	44,—	64,—	72,—	I	800,08	39,—	56,74	63,83	34,20	49,74	55,96	29,58	43,02	48,40	25,15	36,58	41,15	20,91	30,42	34,22	16,87	24,54	27,60
	II	760,16	41,80	60,81	68,41	II	760,16	36,89	53,66	60,37	32,17	46,79	52,64	27,63	40,20	45,22	23,29	33,88	38,11	19,13	27,83	31,31	15,17	22,07	24,83
	III	456,33	25,09	36,50	41,06	III	456,33	21,40	31,13	35,02	17,81	25,90	29,14	14,30	20,81	23,41	7,26	15,86	17,84	—	11,10	12,49	—	6,86	7,72
	V	1 295,75	71,26	103,66	116,61	IV	800,08	41,48	60,34	67,88	39,—	56,74	63,83	36,57	53,20	59,85	34,20	49,74	55,96	31,86	46,35	52,14	29,58	43,02	48,40
	VI	1 328,—	73,04	106,24	119,52																				
3 791,99	I,IV	801,16	44,06	64,09	72,10	I	801,16	39,06	56,82	63,92	34,25	49,82	56,05	29,63	43,10	48,49	25,20	36,66	41,24	20,96	30,49	34,30	16,91	24,60	27,68
	II	761,25	41,86	60,90	68,51	II	761,25	36,95	53,74	60,46	32,22	46,87	52,73	27,68	40,27	45,30	23,34	33,95	38,19	19,18	27,90	31,39	15,21	22,13	24,89
	III	457,16	25,14	36,57	41,14	III	457,16	21,45	31,20	35,10	17,85	25,97	29,21	14,35	20,88	23,49	7,40	15,92	17,91	—	11,16	12,55	—	6,90	7,76
	V	1 297,—	71,33	103,76	116,73	IV	801,16	41,53	60,42	67,97	39,06	56,82	63,92	36,63	53,28	59,94	34,25	49,82	56,05	31,91	46,42	52,22	29,63	43,10	48,49
	VI	1 329,25	73,10	106,34	119,63																				
3 794,99	I,IV	802,16	44,11	64,17	72,19	I	802,16	39,11	56,90	64,01	34,30	49,90	56,13	29,68	43,18	48,57	25,25	36,73	41,32	21,01	30,56	34,38	16,96	24,67	27,75
	II	762,25	41,92	60,98	68,60	II	762,25	37,—	53,82	60,55	32,27	46,94	52,81	27,73	40,34	45,38	23,38	34,02	38,27	19,23	27,97	31,46	15,26	22,20	24,97
	III	457,83	25,18	36,62	41,20	III	457,83	21,48	31,25	35,15	17,89	26,02	29,27	14,39	20,93	23,54	7,53	15,97	17,96	—	11,21	12,61	—	6,94	7,81
	V	1 298,33	71,40	103,86	116,84	IV	802,16	41,59	60,50	68,06	39,11	56,90	64,01	36,68	53,36	60,03	34,30	49,90	56,13	31,97	46,50	52,31	29,68	43,18	48,57
	VI	1 330,50	73,17	106,44	119,74																				
3 797,99	I,IV	803,25	44,17	64,26	72,29	I	803,25	39,17	56,98	64,10	34,36	49,98	56,22	29,73	43,25	48,65	25,30	36,80	41,40	21,06	30,63	34,46	17,—	24,74	27,83
	II	763,33	41,98	61,06	68,69	II	763,33	37,06	53,90	60,64	32,33	47,02	52,90	27,78	40,42	45,47	23,43	34,09	38,35	19,27	28,04	31,54	15,30	22,26	25,04
	III	458,66	25,22	36,69	41,27	III	458,66	21,53	31,32	35,23	17,93	26,09	29,35	14,42	20,98	23,60	7,70	16,04	18,04	—	11,26	12,67	—	7,—	7,87
	V	1 299,58	71,47	103,96	116,96	IV	803,25	41,65	60,58	68,15	39,17	56,98	64,10	36,74	53,44	60,12	34,36	49,98	56,22	32,02	46,58	52,40	29,73	43,25	48,65
	VI	1 331,75	73,24	106,54	119,85																				
3 800,99	I,IV	804,33	44,23	64,34	72,38	I	804,33	39,23	57,06	64,19	34,41	50,06	56,31	29,79	43,33	48,74	25,35	36,88	41,49	21,11	30,70	34,54	17,05	24,80	27,90
	II	764,41	42,04	61,15	68,79	II	764,41	37,12	53,99	60,74	32,38	47,10	52,99	27,83	40,49	45,55	23,48	34,16	38,43	19,32	28,10	31,61	15,35	22,33	25,12
	III	459,50	25,27	36,76	41,35	III	459,50	21,57	31,38	35,30	17,97	26,14	29,41	14,47	21,05	23,68	7,83	16,09	18,10	—	11,32	12,73	—	7,04	7,92
	V	1 300,83	71,54	104,06	117,07	IV	804,33	41,71	60,67	68,25	39,23	57,06	64,19	36,79	53,52	60,21	34,41	50,06	56,31	32,07	46,66	52,49	29,79	43,33	48,74
	VI	1 333,—	73,31	106,64	119,97																				
3 803,99	I,IV	805,41	44,29	64,43	72,48	I	805,41	39,28	57,14	64,28	34,47	50,14	56,40	29,84	43,40	48,83	25,40	36,95	41,57	21,15	30,77	34,61	17,10	24,87	27,98
	II	765,41	42,09	61,23	68,88	II	765,41	37,17	54,06	60,82	32,43	47,18	53,07	27,88	40,56	45,63	23,53	34,23	38,51	19,36	28,17	31,69	15,39	22,39	25,19
	III	460,16	25,30	36,81	41,41	III	460,16	21,61	31,44	35,37	18,01	26,20	29,47	14,51	21,10	23,74	7,96	16,14	18,16	—	11,37	12,79	—	7,09	7,97
	V	1 302,08	71,61	104,16	117,18	IV	805,41	41,76	60,75	68,34	39,28	57,14	64,28	36,85	53,60	60,30	34,47	50,14	56,40	32,13	46,74	52,58	29,84	43,40	48,83
	VI	1 334,25	73,38	106,74	120,08																				
3 806,99	I,IV	806,50	44,35	64,52	72,58	I	806,50	39,34	57,23	64,38	34,52	50,22	56,49	29,89	43,48	48,91	25,45	37,02	41,65	21,20	30,84	34,69	17,14	24,94	28,05
	II	766,50	42,15	61,32	68,98	II	766,50	37,23	54,15	60,92	32,49	47,26	53,16	27,94	40,64	45,72	23,58	34,30	38,59	19,41	28,24	31,77	15,44	22,46	25,26
	III	461,—	25,35	36,88	41,49	III	461,—	21,66	31,50	35,44	18,05	26,26	29,54	14,54	21,16	23,80	8,10	16,20	18,22	—	11,42	12,85	—	7,13	8,02
	V	1 303,33	71,68	104,26	117,29	IV	806,50	41,82	60,84	68,44	39,34	57,23	64,38	36,90	53,68	60,39	34,52	50,22	56,49	32,18	46,81	52,66	29,89	43,48	48,91
	VI	1 335,50	73,45	106,84	120,19																				
3 809,99	I,IV	807,58	44,41	64,60	72,68	I	807,58	39,40	57,31	64,47	34,58	50,30	56,58	29,94	43,56	49,—	25,50	37,10	41,73	21,25	30,91	34,77	17,19	25,—	28,13
	II	767,58	42,21	61,40	69,08	II	767,58	37,28	54,23	61,01	32,54	47,34	53,25	27,99	40,72	45,81	23,63	34,38	38,67	19,46	28,31	31,85	15,48	22,52	25,34
	III	461,83	25,40	36,94	41,56	III	461,83	21,69	31,56	35,50	18,09	26,32	29,61	14,59	21,22	23,87	8,23	16,25	18,28	—	11,48	12,91	—	7,18	8,08
	V	1 304,58	71,75	104,36	117,41	IV	807,58	41,88	60,92	68,54	39,40	57,31	64,47	36,96	53,77	60,49	34,58	50,30	56,58	32,23	46,89	52,75	29,94	43,56	49,—
	VI	1 336,83	73,52	106,94	120,31																				
3 812,99	I,IV	808,66	44,47	64,69	72,77	I	808,66	39,45	57,39	64,56	34,63	50,38	56,67	30,—	43,64	49,09	25,55	37,17	41,81	21,30	30,98	34,85	17,23	25,07	28,20
	II	768,58	42,27	61,48	69,17	II	768,58	37,34	54,31	61,10	32,59	47,41	53,33	28,04	40,79	45,89	23,68	34,45	38,75	19,51	28,38	31,92	15,53	22,59	25,41
	III	462,66	25,44	37,01	41,63	III	462,66	21,74	31,62	35,57	18,14	26,38	29,68	14,63	21,28	23,94	8,40	16,32	18,36	—	11,53	12,97	—	7,22	8,12
	V	1 305,83	71,82	104,46	117,52	IV	808,66	41,94	61,—	68,63	39,45	57,39	64,56	37,02	53,85	60,58	34,63	50,38	56,67	32,29	46,97	52,84	30,—	43,64	49,09
	VI	1 338,08	73,59	107,04	120,42																				
3 815,99	I,IV	809,66	44,53	64,77	72,86	I	809,66	39,51	57,48	64,66	34,68	50,45	56,75	30,05	43,71	49,17	25,60	37,24	41,90	21,34	31,05	34,93	17,28	25,14	28,28
	II	769,66	42,33	61,57	69,26	II	769,66	37,39	54,39	61,19	32,65	47,49	53,42	28,09	40,86	45,97	23,73	34,52	38,83	19,55	28,44	32,—	15,57	22,65	25,48
	III	463,33	25,48	37,06	41,69	III	463,33	21,78	31,69	35,65	18,17	26,44	29,74	14,66	21,33	23,99	8,53	16,37	18,41	—	11,58	13,03	—	7,28	8,19
	V	1 307,08	71,88	104,56	117,63	IV	809,66	42,—	61,09	68,72	39,51	57,48	64,66	37,07	53,93	60,67	34,68	50,45	56,75	32,34	47,04	52,92	30,05	43,71	49,17
	VI	1 339,33	73,66	107,14	120,53																				
3 818,99	I,IV	810,75	44,59	64,86	72,96	I	810,75	39,57	57,56	64,75	34,74	50,53	56,84	30,10	43,78	49,25	25,65	37,32	41,98	21,39	31,12	35,01	17,32	25,20	28,35
	II	770,75	42,39	61,66	69,36	II	770,75	37,45	54,47	61,28	32,70	47,57	53,51	28,15	40,94	46,06	23,78	34,59	38,91	19,60	28,52	32,08	15,62	22,72	25,56
	III	464,16	25,52	37,13	41,77	III	464,16	21,82	31,74	35,71	18,22	26,50	29,81	14,71	21,40	24,07	8,66	16,42	18,47	—	11,62	13,07	—	7,32	8,23
	V	1 308,41	71,96	104,67	117,75	IV	810,75	42,05	61,17	68,81	39,57	57,56	64,75	37,13	54,01	60,76	34,74	50,53	56,84	32,39	47,12	53,01	30,10	43,78	49,25
	VI	1 340,58	73,73	107,24	120,65																				
3 821,99	I,IV	811,83	44,65	64,94	73,06	I	811,83	39,63	57,64	64,85	34,79	50,61	56,93	30,15	43,86	49,34	25,70	37,39	42,06	21,44	31,19	35,09	17,37	25,27	28,43
	II	771,75	42,44	61,74	69,45	II	771,75	37,51	54,56	61,38	32,76	47,65	53,60	28,20	41,02	46,14	23,83	34,66	38,99	19,65	28,58	32,15	15,66	22,78	25,63
	III	465,—	25,57	37,20	41,85	III	465,—	21,87	31,81	35,78	18,26	26,56	29,88	14,74	21,45	24,13	8,83	16,49	18,55	—	11,69	13,15	—	7,37	8,29
	V	1 309,66	72,03	104,77	117,86	IV	811,83	42,11	61,26	68,91	39,63	57,64	64,85	37,18	54,09	60,85	34,79	50,61	56,93	32,45	47,20	53,10	30,15	43,86	49,34
	VI	1 341,83	73,80	107,34	120,76																				
3 824,99	I,IV	812,91	44,71	65,03	73,16	I	812,91	39,68	57,72	64,94	34,85	50,69	57,02	30,20	43,94	49,43	25,75	37,46	42,14	21,49	31,26	35,16	17,42	25,34	28,50
	II	772,83	42,50	61,82	69,55	II	772,83	37,56	54,64	61,47	32,81	47,72	53,69	28,25	41,09	46,22	23,87	34,73	39,07	19,69	28,65	32,23	15,71	22,85	25,70
	III	465,66	25,61	37,25	41,90	III	465,66	21,90	31,86	35,84	18,30	26,62	29,95	14,79	21,52	24,21	8,96	16,54	18,61	—	11,73	13,19	—	7,41	8,33
	V	1 310,91	72,10	104,87	117,98	IV	812,91	42,17	61,34	69,01	39,68	57,72	64,94	37,24	54,17	60,94	34,85	50,69	57,02	32,50	47,28	53,19	30,20	43,94	49,43
	VI	1 343,08	73,86	107,44	120,87																				

*** Die ausgewiesenen Tabellenwerte sind amtlich. Siehe Erläuterungen auf der Umschlaginnenseite (U2).**
**** Bei mehr als 3 Kinderfreibeträgen ist die „Ergänzungs-Tabelle 3,5 bis 6 Kinderfreibeträge" anzuwenden.**

Abzüge an Lohnsteuer, Solidaritätszuschlag (SolZ) und Kirchensteuer (8%, 9%) in den Steuerklassen

Lohn/ Gehalt bis €*		I – VI				I, II, III, IV																			
			ohne Kinder-freibeträge					mit Zahl der Kinderfreibeträge . . .																	
								0,5			1			1,5			2			2,5			3**		
		LSt	SolZ	8%	9%		LSt	SolZ	8%	9%	SolZ	8%	9%	SolZ	8%	9%	SolZ	8%	9%	SolZ	8%	9%	SolZ	8%	9%
3 827,99	I,IV	814,—	44,77	65,12	73,26	I	814,—	39,74	57,80	65,03	34,90	50,77	57,11	30,25	44,01	49,51	25,80	37,53	42,22	21,54	31,33	35,24	17,46	25,40	28,58
	II	773,83	42,56	61,90	69,64	II	773,83	37,62	54,72	61,56	32,86	47,80	53,78	28,30	41,16	46,31	23,92	34,80	39,15	19,74	28,72	32,31	15,75	22,91	25,77
	III	466,50	25,65	37,32	41,98	III	466,50	21,95	31,93	35,92	18,34	26,68	30,01	14,83	21,57	24,26	9,10	16,60	18,67	—	11,78	13,25	—	7,45	8,38
	V	1 312,16	72,16	104,97	118,09	IV	814,—	42,23	61,42	69,10	39,74	57,80	65,03	37,29	54,25	61,03	34,90	50,77	57,11	32,56	47,36	53,28	30,25	44,01	49,51
	VI	1 344,33	73,93	107,54	120,98																				
3 830,99	I,IV	815,08	44,82	65,20	73,35	I	815,08	39,80	57,89	65,12	34,96	50,85	57,20	30,31	44,09	49,60	25,85	37,60	42,30	21,58	31,40	35,32	17,51	25,47	28,65
	II	774,91	42,62	61,99	69,74	II	774,91	37,67	54,80	61,65	32,92	47,88	53,87	28,35	41,24	46,40	23,98	34,88	39,24	19,79	28,79	32,39	15,79	22,98	25,85
	III	467,33	25,70	37,38	42,05	III	467,33	22,—	32,—	36,—	18,38	26,74	30,08	14,86	21,62	24,32	9,23	16,65	18,73	—	11,84	13,32	—	7,50	8,44
	V	1 313,41	72,23	105,07	118,20	IV	815,08	42,29	61,51	69,20	39,80	57,89	65,12	37,35	54,34	61,13	34,96	50,85	57,20	32,61	47,44	53,37	30,31	44,09	49,60
	VI	1 345,58	74,—	107,64	121,10																				
3 833,99	I,IV	816,16	44,88	65,29	73,45	I	816,16	39,85	57,97	65,21	35,01	50,93	57,29	30,36	44,17	49,69	25,90	37,68	42,39	21,63	31,47	35,40	17,55	25,54	28,73
	II	776,—	42,68	62,08	69,84	II	776,—	37,73	54,88	61,74	32,97	47,96	53,95	28,40	41,32	46,48	24,03	34,95	39,32	19,84	28,86	32,46	15,84	23,04	25,92
	III	468,—	25,74	37,44	42,12	III	468,—	22,03	32,05	36,05	18,42	26,80	30,15	14,91	21,69	24,40	9,36	16,70	18,79	—	11,89	13,37	—	7,54	8,48
	V	1 314,66	72,30	105,17	118,31	IV	816,16	42,35	61,60	69,30	39,85	57,97	65,21	37,41	54,42	61,22	35,01	50,93	57,29	32,67	47,52	53,46	30,36	44,17	49,69
	VI	1 346,91	74,08	107,75	121,22																				
3 836,99	I,IV	817,16	44,94	65,37	73,54	I	817,16	39,91	58,05	65,30	35,07	51,01	57,38	30,41	44,24	49,77	25,95	37,75	42,47	21,68	31,54	35,48	17,60	25,60	28,80
	II	777,—	42,73	62,16	69,93	II	777,—	37,78	54,96	61,83	33,02	48,04	54,04	28,45	41,39	46,56	24,07	35,02	39,39	19,88	28,92	32,54	15,89	23,11	26,—
	III	468,83	25,78	37,50	42,19	III	468,83	22,08	32,12	36,13	18,47	26,86	30,22	14,95	21,74	24,46	9,53	16,77	18,86	—	11,94	13,43	—	7,60	8,55
	V	1 315,91	72,37	105,27	118,43	IV	817,16	42,40	61,68	69,39	39,91	58,05	65,30	37,46	54,50	61,31	35,07	51,01	57,38	32,72	47,59	53,54	30,41	44,24	49,77
	VI	1 348,16	74,14	107,85	121,33																				
3 839,99	I,IV	818,25	45,—	65,46	73,64	I	818,25	39,97	58,14	65,40	35,12	51,09	57,47	30,47	44,32	49,86	26,—	37,82	42,55	21,73	31,61	35,56	17,65	25,67	28,88
	II	778,08	42,79	62,24	70,02	II	778,08	37,84	55,04	61,92	33,08	48,12	54,13	28,50	41,46	46,64	24,12	35,09	39,47	19,93	29,—	32,62	15,93	23,18	26,07
	III	469,66	25,83	37,57	42,26	III	469,66	22,11	32,17	36,19	18,50	26,92	30,28	14,98	21,80	24,52	9,66	16,82	18,92	—	12,—	13,50	—	7,65	8,60
	V	1 317,16	72,44	105,37	118,54	IV	818,25	42,46	61,76	69,48	39,97	58,14	65,40	37,52	54,58	61,40	35,12	51,09	57,47	32,77	47,67	53,63	30,47	44,32	49,86
	VI	1 349,41	74,21	107,95	121,44																				
3 842,99	I,IV	819,33	45,06	65,54	73,73	I	819,33	40,02	58,22	65,49	35,18	51,17	57,56	30,52	44,40	49,95	26,05	37,90	42,63	21,78	31,68	35,64	17,69	25,74	28,95
	II	779,16	42,85	62,33	70,12	II	779,16	37,89	55,12	62,01	33,13	48,20	54,22	28,56	41,54	46,73	24,17	35,16	39,56	19,98	29,06	32,69	15,98	23,24	26,15
	III	470,50	25,87	37,64	42,34	III	470,50	22,16	32,24	36,27	18,55	26,98	30,35	15,03	21,86	24,59	9,80	16,88	18,99	—	12,05	13,55	—	7,69	8,65
	V	1 318,41	72,51	105,47	118,65	IV	819,33	42,52	61,85	69,58	40,02	58,22	65,49	37,57	54,66	61,49	35,18	51,17	57,56	32,83	47,75	53,72	30,52	44,40	49,95
	VI	1 350,66	74,28	108,05	121,55																				
3 845,99	I,IV	820,41	45,12	65,63	73,83	I	820,41	40,08	58,30	65,59	35,23	51,25	57,65	30,57	44,47	50,03	26,10	37,97	42,71	21,83	31,75	35,72	17,74	25,80	29,03
	II	780,16	42,90	62,41	70,21	II	780,16	37,95	55,20	62,10	33,18	48,27	54,30	28,61	41,62	46,82	24,22	35,24	39,64	20,02	29,13	32,77	16,02	23,30	26,21
	III	471,16	25,91	37,69	42,40	III	471,16	22,20	32,29	36,32	18,59	27,04	30,42	15,07	21,92	24,66	9,93	16,93	19,04	—	12,10	13,61	—	7,73	8,69
	V	1 319,75	72,58	105,58	118,77	IV	820,41	42,57	61,93	69,67	40,08	58,30	65,59	37,63	54,74	61,58	35,23	51,25	57,65	32,88	47,82	53,80	30,57	44,47	50,03
	VI	1 351,91	74,35	108,15	121,67																				
3 848,99	I,IV	821,50	45,18	65,72	73,93	I	821,50	40,14	58,38	65,68	35,29	51,33	57,74	30,63	44,55	50,12	26,15	38,04	42,80	21,87	31,82	35,79	17,78	25,87	29,10
	II	781,25	42,96	62,50	70,31	II	781,25	38,—	55,28	62,19	33,24	48,35	54,39	28,66	41,69	46,90	24,27	35,31	39,72	20,07	29,20	32,85	16,06	23,37	26,29
	III	472,—	25,96	37,76	42,48	III	472,—	22,24	32,36	36,40	18,63	27,10	30,49	15,10	21,97	24,71	10,10	17,—	19,12	—	12,17	13,69	—	7,78	8,75
	V	1 321,—	72,65	105,68	118,89	IV	821,50	42,63	62,02	69,77	40,14	58,38	65,68	37,69	54,82	61,67	35,29	51,33	57,74	32,93	47,90	53,89	30,63	44,55	50,12
	VI	1 353,16	74,42	108,25	121,78																				
3 851,99	I,IV	822,58	45,24	65,80	74,03	I	822,58	40,20	58,47	65,78	35,34	51,41	57,83	30,68	44,62	50,20	26,20	38,12	42,88	21,92	31,89	35,87	17,83	25,94	29,18
	II	782,33	43,02	62,58	70,40	II	782,33	38,06	55,37	62,29	33,29	48,43	54,48	28,71	41,76	46,98	24,32	35,38	39,80	20,12	29,27	32,93	16,11	23,44	26,37
	III	472,83	26,—	37,82	42,55	III	472,83	22,29	32,42	36,47	18,67	27,16	30,55	15,15	22,04	24,79	10,23	17,05	19,18	—	12,21	13,73	—	7,84	8,82
	V	1 322,25	72,72	105,78	119,—	IV	822,58	42,69	62,10	69,86	40,20	58,47	65,78	37,74	54,90	61,76	35,34	51,41	57,83	32,99	47,98	53,98	30,68	44,62	50,20
	VI	1 354,41	74,49	108,35	121,89																				
3 854,99	I,IV	823,66	45,30	65,89	74,12	I	823,66	40,25	58,55	65,87	35,39	51,48	57,92	30,73	44,70	50,29	26,25	38,19	42,96	21,97	31,96	35,95	17,87	26,—	29,25
	II	783,41	43,08	62,67	70,50	II	783,41	38,12	55,45	62,38	33,34	48,50	54,56	28,76	41,84	47,07	24,37	35,45	39,88	20,17	29,34	33,—	16,16	23,50	26,44
	III	473,50	26,04	37,88	42,61	III	473,50	22,33	32,48	36,54	18,70	27,21	30,61	15,18	22,09	24,85	10,36	17,10	19,24	—	12,26	13,79	—	7,88	8,86
	V	1 323,50	72,79	105,88	119,11	IV	823,66	42,75	62,18	69,95	40,25	58,55	65,87	37,80	54,98	61,85	35,39	51,48	57,92	33,04	48,06	54,06	30,73	44,70	50,29
	VI	1 355,66	74,56	108,45	122,—																				
3 857,99	I,IV	824,75	45,36	65,98	74,22	I	824,75	40,31	58,63	65,96	35,45	51,56	58,01	30,78	44,78	50,37	26,30	38,26	43,04	22,02	32,03	36,03	17,92	26,07	29,33
	II	784,41	43,14	62,75	70,59	II	784,41	38,17	55,53	62,47	33,40	48,58	54,65	28,82	41,92	47,16	24,42	35,52	39,96	20,22	29,41	33,08	16,20	23,57	26,51
	III	474,33	26,08	37,94	42,68	III	474,33	22,37	32,54	36,61	18,75	27,28	30,69	15,23	22,16	24,93	10,50	17,16	19,30	—	12,33	13,87	—	7,93	8,92
	V	1 324,75	72,86	105,98	119,22	IV	824,75	42,81	62,27	70,05	40,31	58,63	65,96	37,85	55,06	61,94	35,45	51,56	58,01	33,09	48,14	54,15	30,78	44,78	50,37
	VI	1 356,91	74,63	108,55	122,12																				
3 860,99	I,IV	825,83	45,42	66,06	74,32	I	825,83	40,37	58,72	66,06	35,51	51,65	58,10	30,84	44,86	50,46	26,35	38,34	43,13	22,06	32,10	36,11	17,97	26,14	29,40
	II	785,50	43,20	62,84	70,69	II	785,50	38,23	55,61	62,56	33,45	48,66	54,74	28,87	41,99	47,24	24,47	35,60	40,05	20,26	29,48	33,16	16,25	23,64	26,59
	III	475,16	26,13	38,01	42,76	III	475,16	22,42	32,61	36,68	18,79	27,33	30,74	15,27	22,21	24,98	10,66	17,22	19,37	—	12,38	13,93	—	7,97	8,96
	V	1 326,—	72,93	106,08	119,34	IV	825,83	42,87	62,36	70,15	40,37	58,72	66,06	37,91	55,15	62,04	35,51	51,65	58,10	33,15	48,22	54,24	30,84	44,86	50,46
	VI	1 358,25	74,70	108,66	122,24																				
3 863,99	I,IV	826,91	45,48	66,15	74,42	I	826,91	40,42	58,80	66,15	35,56	51,73	58,19	30,89	44,93	50,54	26,40	38,41	43,21	22,11	32,17	36,19	18,01	26,20	29,48
	II	786,58	43,26	62,92	70,79	II	786,58	38,29	55,70	62,66	33,51	48,74	54,83	28,92	42,07	47,33	24,52	35,67	40,13	20,31	29,54	33,23	16,29	23,70	26,66
	III	476,—	26,18	38,08	42,84	III	476,—	22,45	32,66	36,74	18,83	27,40	30,82	15,30	22,26	25,04	10,80	17,28	19,44	—	12,44	13,99	—	8,02	9,02
	V	1 327,25	72,99	106,18	119,45	IV	826,91	42,92	62,44	70,24	40,42	58,80	66,15	37,97	55,23	62,13	35,56	51,73	58,19	33,20	48,30	54,33	30,89	44,93	50,54
	VI	1 359,50	74,77	108,76	122,35																				
3 866,99	I,IV	828,—	45,54	66,24	74,52	I	828,—	40,48	58,88	66,24	35,61	51,80	58,28	30,94	45,01	50,63	26,45	38,48	43,29	22,16	32,24	36,27	18,06	26,27	29,55
	II	787,66	43,32	63,01	70,88	II	787,66	38,34	55,78	62,75	33,56	48,82	54,92	28,97	42,14	47,41	24,57	35,74	40,20	20,36	29,62	33,32	16,33	23,76	26,73
	III	476,66	26,21	38,13	42,89	III	476,66	22,50	32,73	36,82	18,88	27,46	30,89	15,35	22,33	25,12	10,93	17,33	19,49	—	12,49	14,05	—	8,06	9,07
	V	1 328,50	73,06	106,28	119,56	IV	828,—	42,98	62,52	70,34	40,48	58,88	66,24	38,02	55,31	62,22	35,61	51,80	58,28	33,25	48,37	54,41	30,94	45,01	50,63
	VI	1 360,75	74,84	108,86	122,46																				
3 869,99	I,IV	829,08	45,59	66,32	74,61	I	829,08	40,53	58,96	66,33	35,67	51,88	58,37	30,99	45,08	50,72	26,51	38,56	43,38	22,21	32,31	36,35	18,10	26,34	29,63
	II	788,66	43,37	63,09	70,97	II	788,66	38,40	55,86	62,84	33,61	48,90	55,01	29,02	42,22	47,49	24,62	35,81	40,28	20,40	29,68	33,39	16,38	23,83	26,81
	III	477,50	26,26	38,20	42,97	III	477,50	22,54	32,78	36,88	18,92	27,52	30,96	15,39	22,38	25,18	11,06	17,38	19,55	—	12,54	14,11	—	8,12	9,13
	V	1 329,83	73,14	106,38	119,68	IV	829,08	43,04	62,61	70,43	40,53	58,96	66,33	38,08	55,39	62,31	35,67	51,88	58,37	33,31	48,45	54,50	30,99	45,08	50,72
	VI	1 362,—	74,91	108,96	122,58																				

* Die ausgewiesenen Tabellenwerte sind amtlich. Siehe Erläuterungen auf der Umschlaginnenseite (U2).
** Bei mehr als 3 Kinderfreibeträgen ist die „Ergänzungs-Tabelle 3,5 bis 6 Kinderfreibeträge" anzuwenden.

Abzüge an Lohnsteuer, Solidaritätszuschlag (SolZ) und Kirchensteuer (8%, 9%) in den Steuerklassen

Lohn/ Gehalt bis €*	I – VI		ohne Kinderfreibeträge			I, II, III, IV		mit Zahl der Kinderfreibeträge . . . 0,5			1			1,5			2			2,5			3**		
		LSt	SolZ	8%	9%		LSt	SolZ	8%	9%	SolZ	8%	9%	SolZ	8%	9%	SolZ	8%	9%	SolZ	8%	9%	SolZ	8%	9%
3 872,99	I,IV	830,16	45,65	66,41	74,71	I	830,16	40,59	59,05	66,43	35,73	51,97	58,46	31,05	45,16	50,81	26,56	38,64	43,47	22,26	32,38	36,43	18,15	26,40	29,70
	II	789,75	43,43	63,18	71,07	II	789,75	38,45	55,94	62,93	33,67	48,98	55,10	29,07	42,29	47,57	24,67	35,88	40,37	20,45	29,75	33,47	16,43	23,90	26,88
	III	478,33	26,30	38,26	43,04	III	478,33	22,58	32,85	36,95	18,96	27,58	31,03	15,42	22,44	25,24	11,23	17,45	19,63	—	12,60	14,17	—	8,17	9,19
	V	1 331,08	73,20	106,48	119,79	IV	830,16	43,10	62,70	70,53	40,59	59,05	66,43	38,14	55,48	62,41	35,73	51,97	58,46	33,36	48,53	54,59	31,05	45,16	50,81
	VI	1 363,25	74,97	109,06	122,69																				
3 875,99	I,IV	831,16	45,71	66,49	74,80	I	831,16	40,65	59,13	66,52	35,78	52,04	58,55	31,10	45,24	50,89	26,61	38,70	43,54	22,31	32,45	36,50	18,20	26,47	29,78
	II	790,83	43,49	63,26	71,17	II	790,83	38,51	56,02	63,02	33,72	49,06	55,19	29,13	42,37	47,66	24,72	35,96	40,45	20,50	29,82	33,55	16,47	23,96	26,96
	III	479,16	26,35	38,33	43,12	III	479,16	22,63	32,92	37,03	19,—	27,64	31,09	15,47	22,50	25,31	11,36	17,50	19,69	—	12,65	14,23	—	8,21	9,23
	V	1 332,33	73,27	106,58	119,90	IV	831,16	43,16	62,78	70,62	40,65	59,13	66,52	38,19	55,56	62,50	35,78	52,04	58,55	33,42	48,61	54,68	31,10	45,24	50,89
	VI	1 364,50	75,04	109,16	122,80																				
3 878,99	I,IV	832,25	45,77	66,58	74,90	I	832,25	40,71	59,22	66,62	35,83	52,12	58,64	31,15	45,32	50,98	26,66	38,78	43,63	22,36	32,52	36,59	18,25	26,54	29,86
	II	791,91	43,55	63,35	71,27	II	791,91	38,57	56,10	63,11	33,78	49,14	55,28	29,18	42,44	47,75	24,77	36,03	40,53	20,55	29,89	33,62	16,52	24,03	27,03
	III	479,83	26,39	38,38	43,18	III	479,83	22,66	32,97	37,09	19,03	27,69	31,15	15,51	22,56	25,38	11,50	17,56	19,75	—	12,70	14,29	—	8,26	9,29
	V	1 333,58	73,34	106,68	120,02	IV	832,25	43,22	62,86	70,72	40,71	59,22	66,62	38,25	55,64	62,59	35,83	52,12	58,64	33,47	48,68	54,77	31,15	45,32	50,98
	VI	1 365,75	75,11	109,26	122,91																				
3 881,99	I,IV	833,41	45,83	66,67	75,—	I	833,41	40,76	59,30	66,71	35,89	52,21	58,73	31,20	45,39	51,06	26,71	38,86	43,71	22,40	32,59	36,66	18,29	26,61	29,93
	II	792,91	43,61	63,43	71,36	II	792,91	38,62	56,18	63,20	33,83	49,22	55,37	29,23	42,52	47,83	24,82	36,10	40,61	20,60	29,96	33,71	16,56	24,10	27,11
	III	480,66	26,43	38,45	43,25	III	480,66	22,71	33,04	37,17	19,08	27,76	31,23	15,55	22,62	25,45	11,63	17,61	19,81	—	12,76	14,35	—	8,30	9,34
	V	1 334,83	73,41	106,78	120,13	IV	833,41	43,28	62,95	70,82	40,76	59,30	66,71	38,30	55,72	62,68	35,89	52,21	58,73	33,52	48,76	54,86	31,20	45,39	51,06
	VI	1 367,—	75,18	109,36	123,03																				
3 884,99	I,IV	834,50	45,89	66,76	75,10	I	834,50	40,82	59,38	66,80	35,95	52,29	58,82	31,26	45,47	51,15	26,76	38,93	43,79	22,45	32,66	36,74	18,34	26,68	30,01
	II	794,—	43,67	63,52	71,46	II	794,—	38,68	56,27	63,30	33,88	49,29	55,45	29,28	42,60	47,92	24,87	36,18	40,70	20,64	30,03	33,78	16,61	24,16	27,18
	III	481,50	26,48	38,52	43,33	III	481,50	22,75	33,09	37,22	19,13	27,82	31,30	15,59	22,68	25,51	11,80	17,68	19,89	—	12,81	14,41	—	8,36	9,40
	V	1 336,08	73,48	106,88	120,24	IV	834,50	43,34	63,04	70,92	40,82	59,38	66,80	38,36	55,80	62,78	35,95	52,29	58,82	33,58	48,84	54,95	31,26	45,47	51,15
	VI	1 368,33	75,25	109,46	123,14																				
3 887,99	I,IV	835,50	45,95	66,84	75,19	I	835,50	40,88	59,46	66,89	36,—	52,36	58,91	31,31	45,54	51,23	26,81	39,—	43,88	22,50	32,74	36,83	18,38	26,74	30,08
	II	795,08	43,72	63,60	71,55	II	795,08	38,74	56,35	63,39	33,94	49,37	55,54	29,33	42,67	48,—	24,91	36,24	40,77	20,69	30,10	33,86	16,66	24,23	27,26
	III	482,33	26,52	38,58	43,40	III	482,33	22,79	33,16	37,30	19,16	27,88	31,36	15,62	22,73	25,57	11,93	17,73	19,94	—	12,86	14,47	—	8,40	9,45
	V	1 337,33	73,55	106,98	120,35	IV	835,50	43,39	63,12	71,01	40,88	59,46	66,89	38,42	55,88	62,87	36,—	52,36	58,91	33,63	48,92	55,04	31,31	45,54	51,23
	VI	1 369,58	75,32	109,56	123,26																				
3 890,99	I,IV	836,58	46,01	66,92	75,29	I	836,58	40,94	59,55	66,99	36,06	52,45	59,—	31,36	45,62	51,32	26,86	39,08	43,96	22,55	32,80	36,90	18,43	26,81	30,16
	II	796,16	43,78	63,69	71,65	II	796,16	38,79	56,43	63,48	33,99	49,45	55,63	29,38	42,74	48,08	24,97	36,32	40,86	20,74	30,17	33,94	16,70	24,30	27,33
	III	483,—	26,56	38,64	43,47	III	483,—	22,84	33,22	37,37	19,21	27,94	31,43	15,67	22,80	25,65	12,06	17,78	20,—	—	12,92	14,53	—	8,45	9,50
	V	1 338,58	73,62	107,08	120,47	IV	836,58	43,45	63,20	71,10	40,94	59,55	66,99	38,47	55,96	62,96	36,06	52,45	59,—	33,69	49,—	55,13	31,36	45,62	51,32
	VI	1 370,83	75,39	109,66	123,37																				
3 893,99	I,IV	837,75	46,07	67,02	75,39	I	837,75	40,99	59,63	67,08	36,11	52,53	59,09	31,42	45,70	51,41	26,91	39,15	44,04	22,60	32,88	36,99	18,48	26,88	30,24
	II	797,25	43,84	63,78	71,75	II	797,25	38,85	56,52	63,58	34,05	49,53	55,72	29,44	42,82	48,17	25,02	36,39	40,94	20,79	30,24	34,02	16,75	24,36	27,41
	III	483,83	26,61	38,70	43,54	III	483,83	22,88	33,28	37,44	19,25	28,—	31,50	15,71	22,85	25,70	12,20	17,84	20,07	0,06	12,98	14,60	—	8,50	9,56
	V	1 339,91	73,69	107,19	120,59	IV	837,75	43,51	63,29	71,20	40,99	59,63	67,08	38,53	56,04	63,05	36,11	52,53	59,09	33,74	49,08	55,22	31,42	45,70	51,41
	VI	1 372,08	75,46	109,76	123,48																				
3 896,99	I,IV	838,75	46,13	67,10	75,48	I	838,75	41,05	59,72	67,18	36,17	52,61	59,18	31,47	45,78	51,50	26,96	39,22	44,12	22,65	32,94	37,06	18,52	26,94	30,31
	II	798,25	43,90	63,86	71,84	II	798,25	38,91	56,60	63,67	34,10	49,61	55,81	29,49	42,90	48,26	25,07	36,46	41,02	20,83	30,30	34,09	16,79	24,42	27,47
	III	484,66	26,65	38,77	43,61	III	484,66	22,92	33,34	37,51	19,28	28,05	31,55	15,74	22,90	25,76	12,31	17,90	20,14	0,20	13,04	14,67	—	8,54	9,61
	V	1 341,16	73,76	107,29	120,70	IV	838,75	43,56	63,37	71,29	41,05	59,72	67,18	38,58	56,12	63,14	36,17	52,61	59,18	33,79	49,16	55,30	31,47	45,78	51,50
	VI	1 373,33	75,53	109,86	123,59																				
3 899,99	I,IV	839,83	46,19	67,18	75,58	I	839,83	41,11	59,80	67,27	36,22	52,69	59,27	31,52	45,86	51,59	27,01	39,30	44,21	22,70	33,02	37,14	18,57	27,01	30,38
	II	799,33	43,96	63,94	71,93	II	799,33	38,96	56,68	63,76	34,15	49,68	55,89	29,54	42,97	48,34	25,12	36,54	41,10	20,88	30,38	34,17	16,83	24,49	27,55
	III	485,50	26,70	38,84	43,69	III	485,50	22,97	33,41	37,58	19,33	28,12	31,63	15,79	22,97	25,84	12,34	17,96	20,20	0,33	13,09	14,72	—	8,60	9,67
	V	1 342,41	73,83	107,39	120,81	IV	839,83	43,62	63,46	71,39	41,11	59,80	67,27	38,64	56,21	63,23	36,22	52,69	59,27	33,85	49,24	55,39	31,52	45,86	51,59
	VI	1 374,58	75,60	109,96	123,71																				
3 902,99	I,IV	840,91	46,25	67,27	75,68	I	840,91	41,17	59,88	67,37	36,28	52,77	59,36	31,57	45,93	51,67	27,06	39,37	44,29	22,75	33,09	37,22	18,62	27,08	30,47
	II	800,41	44,02	64,03	72,03	II	800,41	39,02	56,76	63,85	34,21	49,76	55,98	29,59	43,05	48,43	25,17	36,61	41,18	20,93	30,44	34,25	16,88	24,56	27,63
	III	486,16	26,73	38,89	43,75	III	486,16	23,—	33,46	37,64	19,37	28,18	31,70	15,83	23,02	25,90	12,38	18,01	20,26	0,46	13,14	14,78	—	8,65	9,73
	V	1 343,66	73,90	107,49	120,92	IV	840,91	43,68	63,54	71,48	41,17	59,88	67,37	38,70	56,29	63,32	36,28	52,77	59,36	33,90	49,32	55,48	31,57	45,93	51,67
	VI	1 375,83	75,67	110,06	123,82																				
3 905,99	I,IV	842,08	46,31	67,36	75,78	I	842,08	41,23	59,97	67,46	36,33	52,85	59,45	31,63	46,01	51,76	27,11	39,44	44,37	22,79	33,16	37,30	18,66	27,15	30,54
	II	801,50	44,08	64,12	72,13	II	801,50	39,08	56,84	63,95	34,26	49,84	56,07	29,64	43,12	48,51	25,22	36,68	41,27	20,98	30,52	34,33	16,93	24,62	27,70
	III	487,—	26,78	38,96	43,83	III	487,—	23,05	33,53	37,72	19,41	28,24	31,77	15,87	23,09	25,97	12,43	18,08	20,34	0,60	13,20	14,85	—	8,69	9,77
	V	1 344,91	73,97	107,59	121,04	IV	842,08	43,74	63,63	71,58	41,23	59,97	67,46	38,76	56,38	63,42	36,33	52,85	59,45	33,96	49,40	55,57	31,63	46,01	51,76
	VI	1 377,08	75,73	110,16	123,93																				
3 908,99	I,IV	843,08	46,36	67,44	75,87	I	843,08	41,28	60,05	67,55	36,39	52,93	59,54	31,68	46,08	51,84	27,17	39,52	44,46	22,84	33,23	37,38	18,71	27,22	30,62
	II	802,50	44,13	64,20	72,22	II	802,50	39,13	56,92	64,04	34,32	49,92	56,16	29,70	43,20	48,60	25,26	36,75	41,34	21,02	30,58	34,40	16,97	24,69	27,77
	III	487,83	26,83	39,02	43,90	III	487,83	23,10	33,60	37,80	19,46	28,30	31,84	15,91	23,14	26,03	12,46	18,13	20,39	0,73	13,25	14,90	—	8,74	9,83
	V	1 346,16	74,03	107,69	121,15	IV	843,08	43,80	63,71	71,67	41,28	60,05	67,55	38,81	56,46	63,51	36,39	52,93	59,54	34,01	49,47	55,65	31,68	46,08	51,84
	VI	1 378,41	75,81	110,27	124,05																				
3 911,99	I,IV	844,25	46,43	67,54	75,98	I	844,25	41,34	60,14	67,65	36,44	53,01	59,63	31,73	46,16	51,93	27,22	39,60	44,55	22,89	33,30	37,46	18,75	27,28	30,69
	II	803,58	44,19	64,28	72,32	II	803,58	39,19	57,—	64,13	34,37	50,—	56,25	29,75	43,28	48,69	25,31	36,82	41,42	21,07	30,66	34,49	17,02	24,76	27,85
	III	488,66	26,87	39,09	43,97	III	488,66	23,13	33,65	37,85	19,49	28,36	31,90	15,95	23,20	26,10	12,50	18,18	20,45	0,86	13,30	14,96	—	8,80	9,90
	V	1 347,41	74,10	107,79	121,26	IV	844,25	43,86	63,80	71,77	41,34	60,14	67,65	38,87	56,54	63,60	36,44	53,01	59,63	34,06	49,55	55,74	31,73	46,16	51,93
	VI	1 379,66	75,88	110,37	124,16																				
3 914,99	I,IV	845,33	46,49	67,62	76,07	I	845,33	41,40	60,22	67,74	36,50	53,09	59,72	31,79	46,24	52,02	27,27	39,67	44,63	22,94	33,37	37,54	18,80	27,35	30,77
	II	804,66	44,25	64,37	72,41	II	804,66	39,25	57,09	64,22	34,43	50,08	56,34	29,80	43,35	48,77	25,36	36,90	41,51	21,12	30,72	34,56	17,06	24,82	27,92
	III	489,33	26,91	39,14	44,03	III	489,33	23,18	33,72	37,93	19,54	28,42	31,97	15,99	23,26	26,17	12,54	18,24	20,52	1,03	13,37	15,04	—	8,84	9,94
	V	1 348,66	74,17	107,89	121,37	IV	845,33	43,92	63,88	71,87	41,40	60,22	67,74	38,92	56,62	63,69	36,50	53,09	59,72	34,12	49,63	55,83	31,79	46,24	52,02
	VI	1 380,91	75,95	110,47	124,28																				

* Die ausgewiesenen Tabellenwerte sind amtlich. Siehe Erläuterungen auf der Umschlaginnenseite (U2).
** Bei mehr als 3 Kinderfreibeträgen ist die „Ergänzungs-Tabelle 3,5 bis 6 Kinderfreibeträge" anzuwenden.

Abzüge an Lohnsteuer, Solidaritätszuschlag (SolZ) und Kirchensteuer (8%, 9%) in den Steuerklassen

Lohn/Gehalt bis €*	I – VI	LSt	ohne Kinderfreibeträge SolZ	8%	9%	I, II, III, IV	LSt	mit Zahl der Kinderfreibeträge . . . 0,5 SolZ	0,5 8%	0,5 9%	1 SolZ	1 8%	1 9%	1,5 SolZ	1,5 8%	1,5 9%	2 SolZ	2 8%	2 9%	2,5 SolZ	2,5 8%	2,5 9%	3** SolZ	3** 8%	3** 9%
3 917,99	I,IV	846,33	46,54	67,70	76,16	I	846,33	41,45	60,30	67,83	36,55	53,17	59,81	31,84	46,32	52,11	27,32	39,74	44,71	22,99	33,44	37,62	18,85	27,42	30,84
	II	805,75	44,31	64,46	72,51	II	805,75	39,30	57,17	64,31	34,48	50,16	56,43	29,86	43,43	48,86	25,41	36,97	41,59	21,17	30,79	34,64	17,11	24,89	28,—
	III	490,16	26,95	39,21	44,11	III	490,16	23,21	33,77	37,99	19,58	28,48	32,04	16,03	23,32	26,23	12,58	18,30	20,59	1,16	13,42	15,10	—	8,89	10,—
	V	1 349,91	74,24	107,99	121,49	IV	846,33	43,98	63,97	71,96	41,45	60,30	67,83	38,98	56,70	63,79	36,55	53,17	59,81	34,17	49,71	55,92	31,84	46,32	52,11
	VI	1 382,16	76,01	110,57	124,39																				
3 920,99	I,IV	847,50	46,61	67,80	76,27	I	847,50	41,51	60,38	67,93	36,61	53,25	59,90	31,90	46,40	52,20	27,37	39,82	44,79	23,04	33,51	37,70	18,90	27,49	30,92
	II	806,83	44,37	64,54	72,61	II	806,83	39,36	57,25	64,40	34,54	50,24	56,52	29,91	43,50	48,94	25,46	37,04	41,67	21,22	30,86	34,72	17,16	24,96	28,08
	III	491,—	27,—	39,28	44,19	III	491,—	23,26	33,84	38,07	19,62	28,54	32,11	16,07	23,38	26,30	12,62	18,36	20,65	1,30	13,48	15,16	—	8,94	10,06
	V	1 351,25	74,31	108,10	121,61	IV	847,50	44,04	64,06	72,06	41,51	60,38	67,93	39,04	56,78	63,88	36,61	53,25	59,90	34,23	49,79	56,01	31,90	46,40	52,20
	VI	1 383,41	76,08	110,67	124,50																				
3 923,99	I,IV	848,58	46,67	67,88	76,37	I	848,58	41,57	60,47	68,03	36,66	53,33	59,99	31,95	46,48	52,29	27,42	39,89	44,87	23,09	33,58	37,78	18,94	27,56	31,—
	II	807,91	44,43	64,63	72,71	II	807,91	39,42	57,34	64,50	34,59	50,32	56,61	29,96	43,58	49,03	25,52	37,12	41,76	21,26	30,93	34,79	17,20	25,02	28,15
	III	491,83	27,05	39,34	44,26	III	491,83	23,31	33,90	38,14	19,66	28,60	32,17	16,11	23,44	26,37	12,65	18,41	20,71	1,43	13,53	15,22	—	8,98	10,10
	V	1 352,50	74,38	108,20	121,72	IV	848,58	44,10	64,14	72,16	41,57	60,47	68,03	39,09	56,86	63,97	36,66	53,33	59,99	34,28	49,87	56,10	31,95	46,48	52,29
	VI	1 384,66	76,15	110,77	124,61																				
3 926,99	I,IV	849,66	46,73	67,97	76,46	I	849,66	41,63	60,56	68,13	36,72	53,42	60,09	32,—	46,55	52,37	27,47	39,96	44,96	23,14	33,66	37,86	18,99	27,62	31,07
	II	809,—	44,49	64,72	72,81	II	809,—	39,47	57,42	64,59	34,65	50,40	56,70	30,01	43,66	49,11	25,57	37,19	41,84	21,31	31,—	34,88	17,25	25,09	28,22
	III	492,50	27,08	39,40	44,32	III	492,50	23,34	33,96	38,20	19,70	28,66	32,24	16,15	23,49	26,42	12,70	18,48	20,79	1,56	13,58	15,28	—	9,04	10,17
	V	1 353,75	74,45	108,30	121,83	IV	849,66	44,16	64,23	72,26	41,63	60,56	68,13	39,15	56,95	64,07	36,72	53,42	60,09	34,34	49,95	56,19	32,—	46,55	52,37
	VI	1 385,91	76,22	110,87	124,73																				
3 929,99	I,IV	850,75	46,79	68,06	76,56	I	850,75	41,69	60,64	68,22	36,77	53,49	60,17	32,06	46,63	52,46	27,52	40,04	45,04	23,18	33,72	37,94	19,03	27,69	31,15
	II	810,—	44,55	64,80	72,90	II	810,—	39,53	57,50	64,68	34,70	50,48	56,79	30,06	43,73	49,19	25,62	37,26	41,92	21,36	31,07	34,95	17,29	25,16	28,30
	III	493,33	27,13	39,46	44,39	III	493,33	23,39	34,02	38,27	19,74	28,72	32,31	16,19	23,56	26,50	12,74	18,53	20,84	1,70	13,64	15,34	—	9,09	10,22
	V	1 355,—	74,52	108,40	121,95	IV	850,75	44,21	64,31	72,35	41,69	60,64	68,22	39,21	57,03	64,16	36,77	53,49	60,17	34,39	50,02	56,27	32,06	46,63	52,46
	VI	1 387,16	76,29	110,97	124,84																				
3 932,99	I,IV	851,83	46,85	68,14	76,66	I	851,83	41,74	60,72	68,31	36,83	53,58	60,27	32,11	46,70	52,54	27,57	40,11	45,12	23,23	33,80	38,02	19,08	27,76	31,23
	II	811,08	44,60	64,88	72,99	II	811,08	39,59	57,58	64,78	34,76	50,56	56,88	30,12	43,81	49,28	25,67	37,34	42,—	21,41	31,14	35,03	17,34	25,22	28,37
	III	494,16	27,17	39,53	44,47	III	494,16	23,43	34,09	38,35	19,79	28,78	32,38	16,23	23,61	26,56	12,77	18,58	20,90	1,83	13,69	15,40	—	9,13	10,27
	V	1 356,25	74,59	108,50	122,06	IV	851,83	44,27	64,40	72,45	41,74	60,72	68,31	39,26	57,11	64,25	36,83	53,58	60,27	34,44	50,10	56,36	32,11	46,70	52,54
	VI	1 388,41	76,36	111,07	124,95																				
3 935,99	I,IV	852,91	46,91	68,23	76,76	I	852,91	41,80	60,80	68,40	36,89	53,66	60,36	32,16	46,78	52,63	27,63	40,19	45,21	23,28	33,87	38,10	19,13	27,83	31,31
	II	812,16	44,66	64,97	73,09	II	812,16	39,64	57,66	64,87	34,81	50,64	56,97	30,17	43,88	49,37	25,72	37,41	42,08	21,45	31,21	35,11	17,38	25,29	28,45
	III	495,—	27,22	39,60	44,55	III	495,—	23,47	34,14	38,41	19,82	28,84	32,44	16,28	23,68	26,64	12,81	18,64	20,97	1,96	13,74	15,46	—	9,18	10,33
	V	1 357,50	74,66	108,60	122,17	IV	852,91	44,33	64,48	72,54	41,80	60,80	68,40	39,32	57,20	64,35	36,89	53,66	60,36	34,50	50,18	56,45	32,16	46,78	52,63
	VI	1 389,75	76,43	111,18	125,07																				
3 938,99	I,IV	854,—	46,97	68,32	76,86	I	854,—	41,86	60,89	68,50	36,94	53,74	60,45	32,21	46,86	52,71	27,68	40,26	45,29	23,33	33,94	38,18	19,18	27,90	31,38
	II	813,25	44,72	65,06	73,19	II	813,25	39,70	57,75	64,97	34,87	50,72	57,06	30,22	43,96	49,46	25,77	37,48	42,17	21,50	31,28	35,19	17,43	25,36	28,53
	III	495,66	27,26	39,65	44,60	III	495,66	23,52	34,21	38,48	19,87	28,90	32,51	16,31	23,73	26,69	12,86	18,70	21,04	2,13	13,81	15,53	—	9,24	10,39
	V	1 358,75	74,73	108,70	122,28	IV	854,—	44,39	64,57	72,64	41,86	60,89	68,50	39,38	57,28	64,44	36,94	53,74	60,45	34,55	50,26	56,54	32,21	46,86	52,71
	VI	1 391,—	76,50	111,28	125,19																				
3 941,99	I,IV	855,08	47,02	68,40	76,95	I	855,08	41,91	60,97	68,59	37,—	53,82	60,54	32,27	46,94	52,80	27,73	40,34	45,38	23,38	34,01	38,26	19,22	27,96	31,46
	II	814,33	44,78	65,14	73,28	II	814,33	39,76	57,83	65,06	34,92	50,80	57,15	30,27	44,04	49,54	25,82	37,56	42,25	21,55	31,35	35,27	17,48	25,42	28,60
	III	496,50	27,30	39,72	44,68	III	496,50	23,56	34,28	38,56	19,91	28,96	32,58	16,36	23,80	26,77	12,89	18,76	21,10	2,26	13,86	15,59	—	9,29	10,45
	V	1 360,—	74,80	108,80	122,40	IV	855,08	44,44	64,65	72,73	41,91	60,97	68,59	39,43	57,36	64,53	37,—	53,82	60,54	34,61	50,34	56,63	32,27	46,94	52,80
	VI	1 392,25	76,57	111,38	125,30																				
3 944,99	I,IV	856,16	47,08	68,49	77,05	I	856,16	41,97	61,06	68,69	37,05	53,90	60,63	32,32	47,02	52,89	27,78	40,41	45,46	23,43	34,08	38,34	19,27	28,03	31,53
	II	815,41	44,84	65,23	73,38	II	815,41	39,82	57,92	65,16	34,98	50,88	57,24	30,33	44,12	49,63	25,87	37,63	42,33	21,60	31,42	35,35	17,52	25,49	28,67
	III	497,33	27,35	39,78	44,75	III	497,33	23,60	34,33	38,62	19,95	29,02	32,65	16,39	23,85	26,83	12,93	18,81	21,16	2,40	13,92	15,66	—	9,33	10,49
	V	1 361,33	74,87	108,90	122,51	IV	856,16	44,50	64,74	72,83	41,97	61,06	68,69	39,49	57,44	64,62	37,05	53,90	60,63	34,66	50,42	56,72	32,32	47,02	52,89
	VI	1 393,50	76,64	111,48	125,41																				
3 947,99	I,IV	857,25	47,14	68,58	77,15	I	857,25	42,03	61,14	68,78	37,11	53,98	60,72	32,38	47,10	52,98	27,83	40,48	45,54	23,48	34,16	38,43	19,32	28,10	31,61
	II	816,50	44,90	65,32	73,48	II	816,50	39,87	58,—	65,25	35,03	50,96	57,33	30,38	44,19	49,71	25,92	37,70	42,41	21,65	31,49	35,42	17,57	25,56	28,75
	III	498,16	27,39	39,85	44,83	III	498,16	23,65	34,40	38,70	20,—	29,09	32,72	16,43	23,90	26,89	12,98	18,88	21,24	2,53	13,97	15,71	—	9,38	10,55
	V	1 362,58	74,94	109,—	122,63	IV	857,25	44,56	64,82	72,92	42,03	61,14	68,78	39,54	57,52	64,71	37,11	53,98	60,72	34,72	50,50	56,81	32,38	47,10	52,98
	VI	1 394,75	76,71	111,58	125,52																				
3 950,99	I,IV	858,33	47,20	68,66	77,24	I	858,33	42,09	61,22	68,87	37,16	54,06	60,81	32,43	47,17	53,06	27,88	40,56	45,63	23,53	34,22	38,50	19,36	28,17	31,69
	II	817,50	44,96	65,40	73,57	II	817,50	39,93	58,08	65,34	35,09	51,04	57,42	30,43	44,26	49,79	25,97	37,78	42,50	21,70	31,56	35,51	17,61	25,62	28,82
	III	499,—	27,44	39,92	44,91	III	499,—	23,69	34,46	38,77	20,03	29,14	32,78	16,48	23,97	26,96	13,01	18,93	21,29	2,66	14,02	15,77	—	9,44	10,62
	V	1 363,83	75,01	109,10	122,74	IV	858,33	44,62	64,91	73,02	42,09	61,22	68,87	39,60	57,61	64,81	37,16	54,06	60,81	34,77	50,58	56,90	32,43	47,17	53,06
	VI	1 396,—	76,78	111,68	125,64																				
3 953,99	I,IV	859,50	47,27	68,76	77,35	I	859,50	42,15	61,31	68,97	37,22	54,14	60,91	32,48	47,25	53,15	27,94	40,64	45,72	23,58	34,30	38,58	19,41	28,24	31,77
	II	818,58	45,02	65,48	73,67	II	818,58	39,98	58,16	65,43	35,14	51,12	57,51	30,48	44,34	49,88	26,02	37,85	42,58	21,74	31,63	35,58	17,66	25,69	28,90
	III	499,66	27,48	39,97	44,96	III	499,66	23,73	34,52	38,83	20,07	29,20	32,85	16,51	24,02	27,02	13,05	18,98	21,35	2,80	14,08	15,84	—	9,48	10,66
	V	1 365,08	75,07	109,20	122,85	IV	859,50	44,68	65,—	73,12	42,15	61,31	68,97	39,66	57,69	64,90	37,22	54,14	60,91	34,83	50,66	56,99	32,48	47,25	53,15
	VI	1 397,25	76,84	111,78	125,75																				
3 956,99	I,IV	860,58	47,33	68,84	77,45	I	860,58	42,21	61,40	69,07	37,28	54,22	61,—	32,54	47,33	53,24	27,99	40,71	45,80	23,63	34,37	38,66	19,46	28,30	31,84
	II	819,66	45,08	65,57	73,76	II	819,66	40,04	58,24	65,52	35,20	51,20	57,60	30,54	44,42	49,97	26,07	37,92	42,66	21,79	31,70	35,66	17,71	25,76	28,98
	III	500,50	27,52	40,04	45,04	III	500,50	23,77	34,58	38,90	20,12	29,26	32,92	16,56	24,09	27,10	13,09	19,05	21,43	2,96	14,14	15,91	—	9,53	10,72
	V	1 366,33	75,14	109,30	122,96	IV	860,58	44,74	65,08	73,22	42,21	61,40	69,07	39,72	57,78	65,—	37,28	54,22	61,—	34,88	50,74	57,08	32,54	47,33	53,24
	VI	1 398,50	76,91	111,88	125,86																				
3 959,99	I,IV	861,66	47,39	68,93	77,54	I	861,66	42,26	61,48	69,16	37,33	54,30	61,09	32,59	47,40	53,33	28,04	40,78	45,88	23,67	34,44	38,74	19,50	28,37	31,91
	II	820,75	45,14	65,66	73,86	II	820,75	40,09	58,32	65,61	35,25	51,27	57,68	30,59	44,50	50,06	26,12	38,—	42,75	21,84	31,77	35,74	17,75	25,82	29,05
	III	501,33	27,57	40,10	45,11	III	501,33	23,82	34,65	38,98	20,16	29,33	32,99	16,60	24,14	27,16	13,13	19,10	21,49	3,10	14,20	15,97	—	9,58	10,78
	V	1 367,58	75,21	109,40	123,08	IV	861,66	44,80	65,17	73,31	42,26	61,48	69,16	39,77	57,86	65,09	37,33	54,30	61,09	34,93	50,82	57,17	32,59	47,40	53,33
	VI	1 399,83	76,99	111,98	125,98																				

* Die ausgewiesenen Tabellenwerte sind amtlich. Siehe Erläuterungen auf der Umschlaginnenseite (U2).
** Bei mehr als 3 Kinderfreibeträgen ist die „Ergänzungs-Tabelle 3,5 bis 6 Kinderfreibeträge" anzuwenden.

MONAT 3 960,–*

Abzüge an Lohnsteuer, Solidaritätszuschlag (SolZ) und Kirchensteuer (8%, 9%) in den Steuerklassen

Lohn/ Gehalt bis €*	I – VI	ohne Kinderfreibeträge				I, II, III, IV	mit Zahl der Kinderfreibeträge . . . 0,5			1			1,5			2			2,5			3**		
		LSt	SolZ	8%	9%		LSt	SolZ	8%	9%	SolZ	8%	9%	SolZ	8%	9%	SolZ	8%	9%	SolZ	8%	9%	SolZ	8%	9%
3 962,99	I,IV	862,75	47,45	69,02	77,64	I	862,75	42,32	61,56	69,26	37,39	54,38	61,18	32,64	47,48	53,42	28,09	40,86	45,96	23,72	34,51	38,82	19,55	28,44	32,—
	II	821,83	45,20	65,74	73,96	II	821,83	40,15	58,41	65,71	35,30	51,35	57,77	30,64	44,57	50,14	26,17	38,07	42,83	21,89	31,84	35,82	17,80	25,89	29,12
	III	502,16	27,61	40,17	45,19	III	502,16	23,86	34,70	39,04	20,20	29,38	33,05	16,63	24,20	27,22	13,17	19,16	21,55	3,23	14,25	16,03	—	9,64	10,84
	V	1 368,83	75,28	109,50	123,19	IV	862,75	44,86	65,26	73,41	42,32	61,56	69,26	39,83	57,94	65,18	37,39	54,38	61,18	34,99	50,90	57,26	32,64	47,48	53,42
	VI	1 401,08	77,05	112,08	126,09																				
3 965,99	I,IV	863,83	47,51	69,10	77,74	I	863,83	42,38	61,64	69,35	37,44	54,46	61,27	32,70	47,56	53,51	28,14	40,94	46,05	23,77	34,58	38,90	19,60	28,51	32,07
	II	822,91	45,26	65,83	74,06	II	822,91	40,21	58,50	65,81	35,36	51,43	57,86	30,69	44,65	50,23	26,22	38,14	42,91	21,94	31,91	35,90	17,84	25,96	29,20
	III	503,—	27,66	40,24	45,27	III	503,—	23,90	34,77	39,11	20,24	29,45	33,13	16,68	24,26	27,29	13,20	19,21	21,61	3,36	14,30	16,09	—	9,68	10,89
	V	1 370,08	75,35	109,60	123,30	IV	863,83	44,92	65,34	73,51	42,38	61,64	69,35	39,89	58,02	65,27	37,44	54,46	61,27	35,04	50,98	57,35	32,70	47,56	53,51
	VI	1 402,33	77,12	112,18	126,20																				
3 968,99	I,IV	864,91	47,57	69,19	77,84	I	864,91	42,44	61,73	69,44	37,50	54,54	61,36	32,75	47,64	53,59	28,19	41,01	46,13	23,82	34,66	38,99	19,64	28,58	32,15
	II	824,—	45,32	65,92	74,16	II	824,—	40,27	58,58	65,90	35,41	51,51	57,95	30,74	44,72	50,31	26,27	38,22	42,99	21,99	31,98	35,98	17,89	26,02	29,27
	III	503,66	27,70	40,29	45,32	III	503,66	23,94	34,82	39,17	20,28	29,50	33,19	16,72	24,32	27,36	13,25	19,28	21,69	3,50	14,36	16,15	—	9,73	10,94
	V	1 371,41	75,42	109,71	123,42	IV	864,91	44,98	65,42	73,60	42,44	61,73	69,44	39,94	58,10	65,36	37,50	54,54	61,36	35,10	51,06	57,44	32,75	47,64	53,59
	VI	1 403,58	77,19	112,28	126,32																				
3 971,99	I,IV	866,—	47,63	69,28	77,94	I	866,—	42,50	61,82	69,54	37,56	54,63	61,46	32,80	47,72	53,68	28,24	41,08	46,22	23,87	34,72	39,06	19,69	28,64	32,22
	II	825,08	45,37	66,—	74,25	II	825,08	40,32	58,66	65,99	35,47	51,59	58,04	30,80	44,80	50,40	26,32	38,29	43,07	22,03	32,05	36,05	17,93	26,09	29,35
	III	504,50	27,74	40,36	45,40	III	504,50	23,98	34,89	39,25	20,33	29,57	33,26	16,76	24,38	27,43	13,29	19,33	21,74	3,66	14,42	16,22	—	9,78	11,—
	V	1 372,66	75,49	109,81	123,53	IV	866,—	45,04	65,51	73,70	42,50	61,82	69,54	40,—	58,18	65,45	37,56	54,63	61,46	35,15	51,14	57,53	32,80	47,72	53,68
	VI	1 404,83	77,26	112,38	126,43																				
3 974,99	I,IV	867,08	47,68	69,36	78,03	I	867,08	42,55	61,90	69,63	37,61	54,71	61,55	32,86	47,80	53,77	28,29	41,16	46,30	23,92	34,80	39,15	19,74	28,72	32,31
	II	826,16	45,43	66,09	74,35	II	826,16	40,38	58,74	66,08	35,52	51,67	58,13	30,85	44,88	50,49	26,37	38,36	43,16	22,08	32,12	36,14	17,98	26,16	29,43
	III	505,33	27,79	40,42	45,47	III	505,33	24,03	34,96	39,33	20,36	29,62	33,32	16,80	24,44	27,49	13,32	19,38	21,80	3,80	14,48	16,29	—	9,84	11,07
	V	1 373,91	75,56	109,91	123,65	IV	867,08	45,10	65,60	73,80	42,55	61,90	69,63	40,06	58,27	65,55	37,61	54,71	61,55	35,21	51,22	57,62	32,86	47,80	53,77
	VI	1 406,08	77,33	112,48	126,54																				
3 977,99	I,IV	868,25	47,75	69,46	78,14	I	868,25	42,61	61,98	69,73	37,67	54,79	61,64	32,91	47,88	53,86	28,35	41,24	46,39	23,97	34,87	39,23	19,79	28,78	32,38
	II	827,25	45,49	66,18	74,45	II	827,25	40,44	58,82	66,17	35,58	51,75	58,22	30,91	44,96	50,58	26,42	38,44	43,24	22,13	32,19	36,21	18,03	26,22	29,50
	III	506,16	27,83	40,49	45,55	III	506,16	24,07	35,01	39,38	20,41	29,69	33,40	16,83	24,49	27,55	13,37	19,45	21,88	3,93	14,53	16,34	—	9,88	11,11
	V	1 375,16	75,63	110,01	123,76	IV	868,25	45,15	65,68	73,89	42,61	61,98	69,73	40,11	58,35	65,64	37,67	54,79	61,64	35,26	51,30	57,71	32,91	47,88	53,86
	VI	1 407,33	77,40	112,58	126,65																				
3 980,99	I,IV	869,33	47,81	69,54	78,23	I	869,33	42,67	62,07	69,83	37,72	54,87	61,73	32,96	47,95	53,94	28,40	41,31	46,47	24,02	34,94	39,31	19,83	28,85	32,45
	II	828,33	45,55	66,26	74,54	II	828,33	40,50	58,91	66,27	35,63	51,83	58,31	30,96	45,03	50,66	26,47	38,51	43,32	22,18	32,26	36,29	18,07	26,29	29,57
	III	506,83	27,87	40,54	45,61	III	506,83	24,11	35,08	39,46	20,45	29,74	33,46	16,88	24,56	27,63	13,41	19,50	21,94	4,06	14,58	16,40	—	9,93	11,17
	V	1 376,41	75,70	110,11	123,87	IV	869,33	45,21	65,77	73,99	42,67	62,07	69,83	40,17	58,44	65,74	37,72	54,87	61,73	35,32	51,38	57,80	32,96	47,95	53,94
	VI	1 408,58	77,47	112,68	126,77																				
3 983,99	I,IV	870,41	47,87	69,63	78,33	I	870,41	42,73	62,15	69,92	37,78	54,95	61,82	33,02	48,03	54,03	28,45	41,38	46,55	24,07	35,01	39,38	19,88	28,92	32,53
	II	829,41	45,61	66,35	74,64	II	829,41	40,55	58,99	66,36	35,69	51,91	58,40	31,01	45,11	50,75	26,52	38,58	43,40	22,22	32,33	36,37	18,12	26,36	29,66
	III	507,66	27,92	40,61	45,68	III	507,66	24,16	35,14	39,53	20,49	29,81	33,53	16,92	24,61	27,68	13,44	19,56	22,—	4,20	14,64	16,47	—	9,98	11,23
	V	1 377,66	75,77	110,21	123,98	IV	870,41	45,27	65,86	74,09	42,73	62,15	69,92	40,23	58,52	65,83	37,78	54,95	61,82	35,37	51,46	57,89	33,02	48,03	54,03
	VI	1 409,91	77,54	112,79	126,89																				
3 986,99	I,IV	871,50	47,93	69,72	78,43	I	871,50	42,79	62,24	70,02	37,84	55,04	61,92	33,07	48,11	54,12	28,50	41,46	46,64	24,12	35,08	39,47	19,93	28,99	32,61
	II	830,50	45,67	66,44	74,74	II	830,50	40,61	59,08	66,46	35,74	51,99	58,49	31,06	45,18	50,83	26,57	38,66	43,49	22,27	32,40	36,45	18,17	26,43	29,73
	III	508,50	27,96	40,68	45,76	III	508,50	24,20	35,20	39,60	20,53	29,86	33,59	16,96	24,68	27,76	13,48	19,61	22,06	4,36	14,70	16,54	—	10,04	11,29
	V	1 378,91	75,84	110,31	124,10	IV	871,50	45,33	65,94	74,18	42,79	62,24	70,02	40,29	58,60	65,93	37,84	55,04	61,92	35,43	51,54	57,98	33,07	48,11	54,12
	VI	1 411,16	77,61	112,89	127,—																				
3 989,99	I,IV	872,58	47,99	69,80	78,53	I	872,58	42,84	62,32	70,11	37,89	55,12	62,01	33,12	48,18	54,20	28,55	41,53	46,72	24,17	35,16	39,55	19,97	29,06	32,69
	II	831,50	45,73	66,52	74,83	II	831,50	40,67	59,16	66,55	35,80	52,07	58,58	31,12	45,26	50,92	26,62	38,73	43,57	22,32	32,47	36,53	18,21	26,50	29,81
	III	509,33	28,01	40,74	45,83	III	509,33	24,24	35,26	39,67	20,57	29,93	33,67	17,—	24,73	27,82	13,53	19,68	22,14	4,50	14,76	16,60	—	10,09	11,35
	V	1 380,16	75,90	110,41	124,21	IV	872,58	45,39	66,03	74,28	42,84	62,32	70,11	40,34	58,68	66,02	37,89	55,12	62,01	35,48	51,62	58,07	33,12	48,18	54,20
	VI	1 412,41	77,68	112,99	127,11																				
3 992,99	I,IV	873,66	48,05	69,89	78,62	I	873,66	42,90	62,40	70,20	37,95	55,20	62,10	33,18	48,26	54,29	28,60	41,61	46,81	24,22	35,23	39,63	20,02	29,12	32,76
	II	832,66	45,79	66,61	74,93	II	832,66	40,73	59,24	66,65	35,85	52,15	58,67	31,17	45,34	51,—	26,67	38,80	43,65	22,37	32,54	36,61	18,26	26,56	29,88
	III	510,16	28,05	40,81	45,91	III	510,16	24,29	35,33	39,74	20,62	30,—	33,75	17,05	24,80	27,90	13,56	19,73	22,19	4,63	14,81	16,66	—	10,13	11,39
	V	1 381,41	75,97	110,51	124,32	IV	873,66	45,45	66,12	74,38	42,90	62,40	70,20	40,40	58,76	66,11	37,95	55,20	62,10	35,54	51,70	58,16	33,18	48,26	54,29
	VI	1 413,66	77,75	113,09	127,22																				
3 995,99	I,IV	874,83	48,11	69,98	78,73	I	874,83	42,96	62,49	70,30	38,—	55,28	62,19	33,23	48,34	54,38	28,65	41,68	46,89	24,27	35,30	39,71	20,07	29,20	32,85
	II	833,75	45,85	66,70	75,03	II	833,75	40,78	59,32	66,74	35,91	52,23	58,76	31,22	45,42	51,09	26,73	38,88	43,74	22,42	32,62	36,69	18,31	26,63	29,96
	III	510,83	28,09	40,86	45,97	III	510,83	24,32	35,38	39,80	20,66	30,05	33,80	17,08	24,85	27,95	13,60	19,78	22,25	4,76	14,86	16,72	—	10,18	11,45
	V	1 382,75	76,05	110,62	124,44	IV	874,83	45,51	66,20	74,48	42,96	62,49	70,30	40,46	58,85	66,20	38,—	55,28	62,19	35,59	51,78	58,25	33,23	48,34	54,38
	VI	1 414,91	77,82	113,19	127,34																				
3 998,99	I,IV	875,91	48,17	70,07	78,83	I	875,91	43,02	62,58	70,40	38,06	55,36	62,28	33,29	48,42	54,47	28,71	41,76	46,98	24,32	35,38	39,80	20,12	29,26	32,92
	II	834,83	45,91	66,78	75,13	II	834,83	40,84	59,41	66,83	35,97	52,32	58,86	31,28	45,50	51,18	26,78	38,95	43,82	22,47	32,68	36,77	18,35	26,70	30,03
	III	511,66	28,14	40,93	46,04	III	511,66	24,37	35,45	39,88	20,70	30,12	33,88	17,13	24,92	28,03	13,64	19,85	22,33	4,90	14,92	16,78	—	10,24	11,52
	V	1 384,—	76,12	110,72	124,56	IV	875,91	45,57	66,29	74,57	43,02	62,58	70,40	40,52	58,94	66,30	38,06	55,36	62,28	35,65	51,86	58,34	33,29	48,42	54,47
	VI	1 416,16	77,88	113,29	127,45																				
4 001,99	I,IV	877,—	48,23	70,16	78,93	I	877,—	43,07	62,66	70,49	38,11	55,44	62,37	33,34	48,50	54,56	28,76	41,83	47,06	24,36	35,44	39,87	20,16	29,33	32,99
	II	835,83	45,97	66,86	75,22	II	835,83	40,90	59,49	66,92	36,02	52,39	58,94	31,33	45,57	51,26	26,83	39,02	43,90	22,52	32,76	36,85	18,40	26,76	30,11
	III	512,50	28,18	41,—	46,12	III	512,50	24,42	35,52	39,96	20,74	30,17	33,94	17,16	24,97	28,09	13,68	19,90	22,39	5,06	14,98	16,85	—	10,29	11,57
	V	1 385,25	76,18	110,82	124,67	IV	877,—	45,63	66,37	74,66	43,07	62,66	70,49	40,57	59,02	66,39	38,11	55,44	62,37	35,70	51,94	58,43	33,34	48,50	54,56
	VI	1 417,41	77,95	113,39	127,56																				
4 004,99	I,IV	878,08	48,29	70,24	79,02	I	878,08	43,13	62,74	70,58	38,17	55,52	62,46	33,39	48,58	54,65	28,81	41,91	47,15	24,42	35,52	39,96	20,21	29,40	33,08
	II	837,—	46,03	66,96	75,33	II	837,—	40,96	59,58	67,02	36,07	52,47	59,03	31,38	45,65	51,35	26,88	39,10	43,98	22,57	32,83	36,93	18,44	26,83	30,18
	III	513,33	28,23	41,06	46,19	III	513,33	24,45	35,57	40,01	20,79	30,24	34,02	17,20	25,02	28,15	13,72	19,96	22,45	5,20	15,04	16,92	—	10,34	11,63
	V	1 386,50	76,25	110,92	124,78	IV	878,08	45,69	66,46	74,77	43,13	62,74	70,58	40,63	59,10	66,48	38,17	55,52	62,46	35,76	52,02	58,52	33,39	48,58	54,65
	VI	1 418,66	78,02	113,49	127,67																				

* Die ausgewiesenen Tabellenwerte sind amtlich. Siehe Erläuterungen auf der Umschlaginnenseite (U2).
** Bei mehr als 3 Kinderfreibeträgen ist die „Ergänzungs-Tabelle 3,5 bis 6 Kinderfreibeträge" anzuwenden.

Lohn/ Gehalt bis €*	Abzüge an Lohnsteuer, Solidaritätszuschlag (SolZ) und Kirchensteuer (8%, 9%) in den Steuerklassen I – VI					I, II, III, IV		mit Zahl der Kinderfreibeträge . . . 0,5			1			1,5			2			2,5			3**		
		LSt	ohne Kinderfreibeträge SolZ	8%	9%		LSt	SolZ	8%	9%	SolZ	8%	9%	SolZ	8%	9%	SolZ	8%	9%	SolZ	8%	9%	SolZ	8%	9%
4 007,99	I,IV	879,16	48,35	70,33	79,12	I	879,16	43,19	62,83	70,68	38,22	55,60	62,55	33,45	48,66	54,74	28,86	41,98	47,23	24,47	35,59	40,04	20,26	29,47	33,15
	II	838,08	46,09	67,04	75,42	II	838,08	41,01	59,66	67,11	36,13	52,56	59,13	31,43	45,72	51,44	26,93	39,18	44,07	22,61	32,90	37,01	18,49	26,90	30,26
	III	514,16	28,27	41,13	46,27	III	514,16	24,50	35,64	40,09	20,82	30,29	34,07	17,25	25,09	28,22	13,76	20,02	22,52	5,33	15,09	16,97	—	10,40	11,70
	V	1 387,75	76,32	111,02	124,89	IV	879,16	45,75	66,55	74,87	43,19	62,83	70,68	40,69	59,18	66,58	38,22	55,60	62,55	35,81	52,10	58,61	33,45	48,66	54,74
	VI	1 419,91	78,09	113,59	127,79																				
4 010,99	I,IV	880,25	48,41	70,42	79,22	I	880,25	43,25	62,92	70,78	38,28	55,68	62,64	33,50	48,74	54,83	28,91	42,06	47,31	24,52	35,66	40,12	20,30	29,54	33,23
	II	839,08	46,14	67,12	75,51	II	839,08	41,07	59,74	67,21	36,18	52,63	59,21	31,49	45,80	51,53	26,98	39,24	44,15	22,66	32,97	37,09	18,53	26,96	30,33
	III	514,83	28,31	41,18	46,33	III	514,83	24,54	35,70	40,16	20,87	30,36	34,15	17,28	25,14	28,28	13,80	20,08	22,59	5,46	15,14	17,03	—	10,44	11,74
	V	1 389,—	76,39	111,12	125,01	IV	880,25	45,81	66,63	74,96	43,25	62,92	70,78	40,74	59,26	66,67	38,28	55,68	62,64	35,87	52,18	58,70	33,50	48,74	54,83
	VI	1 421,25	78,16	113,70	127,91																				
4 013,99	I,IV	881,41	48,47	70,51	79,32	I	881,41	43,31	63,—	70,87	38,34	55,77	62,74	33,55	48,81	54,91	28,97	42,14	47,40	24,56	35,73	40,19	20,35	29,61	33,31
	II	840,25	46,21	67,22	75,62	II	840,25	41,13	59,82	67,30	36,24	52,72	59,31	31,54	45,88	51,61	27,03	39,32	44,24	22,71	33,04	37,17	18,59	27,04	30,42
	III	515,66	28,36	41,25	46,40	III	515,66	24,58	35,76	40,23	20,90	30,41	34,21	17,33	25,21	28,36	13,84	20,13	22,64	5,60	15,20	17,10	—	10,49	11,80
	V	1 390,25	76,46	111,22	125,12	IV	881,41	45,87	66,72	75,06	43,31	63,—	70,87	40,80	59,35	66,77	38,34	55,77	62,74	35,92	52,26	58,79	33,55	48,81	54,91
	VI	1 422,50	78,23	113,80	128,02																				
4 016,99	I,IV	882,50	48,53	70,60	79,42	I	882,50	43,37	63,08	70,97	38,39	55,85	62,83	33,61	48,89	55,—	29,02	42,21	47,48	24,61	35,80	40,28	20,40	29,68	33,39
	II	841,33	46,27	67,30	75,71	II	841,33	41,19	59,91	67,40	36,30	52,80	59,40	31,59	45,96	51,70	27,08	39,40	44,32	22,76	33,11	37,25	18,63	27,10	30,49
	III	516,50	28,40	41,32	46,48	III	516,50	24,63	35,82	40,30	20,95	30,48	34,29	17,37	25,26	28,42	13,88	20,20	22,72	5,76	15,26	17,17	—	10,54	11,86
	V	1 391,50	76,53	111,32	125,23	IV	882,50	45,92	66,80	75,15	43,37	63,08	70,97	40,86	59,43	66,86	38,39	55,85	62,83	35,98	52,34	58,88	33,61	48,89	55,—
	VI	1 423,75	78,30	113,90	128,13																				
4 019,99	I,IV	883,58	48,59	70,68	79,52	I	883,58	43,43	63,17	71,06	38,45	55,93	62,92	33,66	48,97	55,09	29,07	42,28	47,57	24,66	35,88	40,36	20,45	29,75	33,47
	II	842,41	46,33	67,39	75,81	II	842,41	41,25	60,—	67,50	36,35	52,88	59,49	31,65	46,04	51,79	27,13	39,47	44,40	22,81	33,18	37,33	18,68	27,17	30,56
	III	517,33	28,45	41,38	46,55	III	517,33	24,67	35,89	40,37	21,—	30,54	34,36	17,41	25,33	28,49	13,92	20,25	22,78	5,90	15,32	17,23	—	10,60	11,92
	V	1 392,83	76,60	111,42	125,35	IV	883,58	45,99	66,90	75,26	43,43	63,17	71,06	40,92	59,52	66,96	38,45	55,93	62,92	36,03	52,42	58,97	33,66	48,97	55,09
	VI	1 425,—	78,37	114,—	128,25																				
4 022,99	I,IV	884,66	48,65	70,77	79,61	I	884,66	43,49	63,26	71,16	38,50	56,01	63,01	33,72	49,05	55,18	29,12	42,36	47,66	24,71	35,95	40,44	20,50	29,82	33,54
	II	843,50	46,39	67,48	75,91	II	843,50	41,30	60,08	67,59	36,41	52,96	59,58	31,70	46,11	51,87	27,18	39,54	44,48	22,86	33,25	37,40	18,72	27,24	30,64
	III	518,—	28,49	41,44	46,62	III	518,—	24,72	35,96	40,45	21,03	30,60	34,42	17,45	25,38	28,55	13,96	20,30	22,84	6,03	15,37	17,29	—	10,65	11,98
	V	1 394,08	76,67	111,52	125,46	IV	884,66	46,04	66,98	75,35	43,49	63,26	71,16	40,97	59,60	67,05	38,50	56,01	63,01	36,09	52,50	59,06	33,72	49,05	55,18
	VI	1 426,25	78,44	114,10	128,36																				
4 025,99	I,IV	885,83	48,72	70,86	79,72	I	885,83	43,54	63,34	71,25	38,56	56,10	63,11	33,77	49,13	55,27	29,17	42,44	47,74	24,76	36,02	40,52	20,54	29,88	33,62
	II	844,58	46,45	67,56	76,01	II	844,58	41,36	60,16	67,68	36,46	53,04	59,67	31,75	46,19	51,96	27,23	39,62	44,57	22,91	33,32	37,49	18,77	27,30	30,71
	III	518,83	28,53	41,50	46,69	III	518,83	24,75	36,01	40,51	21,08	30,66	34,49	17,49	25,45	28,63	14,—	20,37	22,91	6,16	15,42	17,35	—	10,70	12,04
	V	1 395,33	76,74	111,62	125,57	IV	885,83	46,10	67,06	75,44	43,54	63,34	71,25	41,03	59,68	67,14	38,56	56,10	63,11	36,14	52,58	59,15	33,77	49,13	55,27
	VI	1 427,50	78,51	114,20	128,47																				
4 028,99	I,IV	886,91	48,78	70,95	79,82	I	886,91	43,60	63,42	71,35	38,62	56,18	63,20	33,83	49,21	55,36	29,22	42,51	47,82	24,81	36,10	40,61	20,59	29,96	33,70
	II	845,66	46,51	67,65	76,10	II	845,66	41,41	60,24	67,77	36,52	53,12	59,76	31,80	46,26	52,04	27,28	39,69	44,65	22,96	33,40	37,57	18,82	27,38	30,80
	III	519,66	28,58	41,57	46,76	III	519,66	24,80	36,08	40,59	21,12	30,72	34,56	17,53	25,50	28,69	14,04	20,42	22,97	6,30	15,48	17,41	—	10,76	12,10
	V	1 396,58	76,81	111,72	125,69	IV	886,91	46,17	67,16	75,55	43,60	63,42	71,35	41,09	59,77	67,24	38,62	56,18	63,20	36,20	52,66	59,24	33,83	49,21	55,36
	VI	1 428,75	78,58	114,30	128,58																				
4 031,99	I,IV	888,—	48,84	71,04	79,92	I	888,—	43,66	63,51	71,45	38,67	56,26	63,29	33,88	49,28	55,44	29,28	42,59	47,91	24,86	36,16	40,68	20,64	30,02	33,77
	II	846,75	46,57	67,74	76,20	II	846,75	41,47	60,32	67,86	36,57	53,20	59,85	31,86	46,34	52,13	27,33	39,76	44,73	23,—	33,46	37,64	18,86	27,44	30,87
	III	520,50	28,62	41,64	46,84	III	520,50	24,85	36,14	40,66	21,16	30,78	34,63	17,57	25,56	28,75	14,08	20,48	23,04	6,43	15,53	17,47	—	10,80	12,15
	V	1 397,83	76,88	111,82	125,80	IV	888,—	46,22	67,24	75,64	43,66	63,51	71,45	41,14	59,85	67,33	38,67	56,26	63,29	36,25	52,74	59,33	33,88	49,28	55,44
	VI	1 430,—	78,65	114,40	128,70																				
4 034,99	I,IV	889,08	48,89	71,12	80,01	I	889,08	43,72	63,60	71,55	38,73	56,34	63,38	33,93	49,36	55,53	29,33	42,66	47,99	24,91	36,24	40,77	20,68	30,09	33,85
	II	847,83	46,63	67,82	76,30	II	847,83	41,53	60,41	67,96	36,63	53,28	59,94	31,91	46,42	52,22	27,39	39,84	44,82	23,05	33,54	37,73	18,91	27,51	30,95
	III	521,33	28,67	41,70	46,91	III	521,33	24,88	36,20	40,72	21,20	30,84	34,69	17,61	25,62	28,82	14,12	20,54	23,11	6,60	15,60	17,55	—	10,85	12,20
	V	1 399,08	76,94	111,92	125,91	IV	889,08	46,28	67,32	75,74	43,72	63,60	71,55	41,20	59,94	67,43	38,73	56,34	63,38	36,31	52,82	59,42	33,93	49,36	55,53
	VI	1 431,33	78,72	114,50	128,81																				
4 037,99	I,IV	890,25	48,96	71,22	80,12	I	890,25	43,78	63,68	71,64	38,79	56,42	63,47	33,99	49,44	55,62	29,38	42,74	48,08	24,96	36,31	40,85	20,73	30,16	33,93
	II	848,91	46,69	67,91	76,40	II	848,91	41,59	60,50	68,06	36,68	53,36	60,03	31,96	46,50	52,31	27,44	39,92	44,91	23,10	33,61	37,81	18,96	27,58	31,02
	III	522,—	28,71	41,76	46,98	III	522,—	24,93	36,26	40,79	21,24	30,90	34,76	17,65	25,68	28,89	14,16	20,60	23,17	6,73	15,65	17,60	—	10,90	12,26
	V	1 400,33	77,01	112,02	126,02	IV	890,25	46,35	67,42	75,84	43,78	63,68	71,64	41,26	60,02	67,52	38,79	56,42	63,47	36,36	52,90	59,51	33,99	49,44	55,62
	VI	1 432,58	78,79	114,60	128,93																				
4 040,99	I,IV	891,33	49,02	71,30	80,21	I	891,33	43,84	63,77	71,74	38,84	56,50	63,56	34,04	49,52	55,71	29,43	42,82	48,17	25,01	36,38	40,93	20,78	30,23	34,01
	II	850,—	46,75	68,—	76,50	II	850,—	41,64	60,58	68,15	36,74	53,44	60,12	32,02	46,58	52,40	27,49	39,99	44,99	23,15	33,68	37,89	19,—	27,64	31,10
	III	522,83	28,75	41,82	47,05	III	522,83	24,97	36,33	40,87	21,29	30,97	34,84	17,70	25,74	28,96	14,19	20,65	23,23	6,86	15,70	17,66	—	10,96	12,33
	V	1 401,58	77,08	112,12	126,14	IV	891,33	46,41	67,50	75,94	43,84	63,77	71,74	41,32	60,10	67,61	38,84	56,50	63,56	36,42	52,98	59,60	34,04	49,52	55,71
	VI	1 433,83	78,86	114,70	129,04																				
4 043,99	I,IV	892,41	49,08	71,39	80,31	I	892,41	43,89	63,85	71,83	38,90	56,59	63,66	34,10	49,60	55,80	29,48	42,89	48,25	25,06	36,46	41,01	20,83	30,30	34,08
	II	851,08	46,80	68,08	76,59	II	851,08	41,70	60,66	68,24	36,79	53,52	60,21	32,07	46,65	52,48	27,54	40,06	45,07	23,20	33,75	37,97	19,05	27,71	31,17
	III	523,66	28,80	41,89	47,12	III	523,66	25,02	36,40	40,95	21,33	31,02	34,90	17,73	25,80	29,02	14,24	20,72	23,31	7,—	15,76	17,73	—	11,01	12,38
	V	1 402,91	77,16	112,23	126,26	IV	892,41	46,46	67,58	76,03	43,89	63,85	71,83	41,37	60,18	67,70	38,90	56,59	63,66	36,47	53,06	59,69	34,10	49,60	55,80
	VI	1 435,08	78,92	114,80	129,15																				
4 046,99	I,IV	893,50	49,14	71,48	80,41	I	893,50	43,95	63,94	71,93	38,96	56,67	63,75	34,15	49,68	55,89	29,53	42,96	48,33	25,11	36,53	41,09	20,88	30,37	34,16
	II	852,16	46,86	68,17	76,69	II	852,16	41,76	60,75	68,34	36,85	53,60	60,30	32,12	46,73	52,57	27,59	40,14	45,15	23,25	33,82	38,05	19,10	27,78	31,25
	III	524,50	28,84	41,96	47,20	III	524,50	25,06	36,45	41,—	21,37	31,09	34,97	17,78	25,86	29,09	14,28	20,77	23,36	7,16	15,82	17,80	—	11,06	12,44
	V	1 404,16	77,22	112,33	126,37	IV	893,50	46,53	67,68	76,14	43,95	63,94	71,93	41,43	60,27	67,80	38,96	56,67	63,75	36,53	53,14	59,78	34,15	49,68	55,89
	VI	1 436,33	78,99	114,90	129,26																				
4 049,99	I,IV	894,66	49,20	71,57	80,51	I	894,66	44,01	64,02	72,02	39,01	56,75	63,84	34,21	49,76	55,98	29,59	43,04	48,42	25,16	36,60	41,18	20,92	30,44	34,24
	II	853,25	46,92	68,26	76,79	II	853,25	41,82	60,83	68,43	36,90	53,68	60,39	32,18	46,81	52,66	27,64	40,21	45,23	23,30	33,89	38,12	19,14	27,85	31,33
	III	525,33	28,89	42,02	47,27	III	525,33	25,10	36,52	41,08	21,41	31,14	35,03	17,82	25,92	29,16	14,31	20,82	23,42	7,30	15,88	17,86	—	11,12	12,51
	V	1 405,41	77,29	112,43	126,48	IV	894,66	46,58	67,76	76,23	44,01	64,02	72,02	41,49	60,35	67,89	39,01	56,75	63,84	36,59	53,22	59,87	34,21	49,76	55,98
	VI	1 437,58	79,06	115,—	129,38																				

* Die ausgewiesenen Tabellenwerte sind amtlich. Siehe Erläuterungen auf der Umschlaginnenseite (U2).
** Bei mehr als 3 Kinderfreibeträgen ist die „Ergänzungs-Tabelle 3,5 bis 6 Kinderfreibeträge" anzuwenden.

MONAT 4 050,–*

Lohn/ Gehalt bis €*		I – VI				I, II, III, IV																			
		Abzüge an Lohnsteuer, Solidaritätszuschlag (SolZ) und Kirchensteuer (8%, 9%) in den Steuerklassen																							
			ohne Kinder-freibeträge					mit Zahl der Kinderfreibeträge . . .																	
								0,5			1			1,5			2			2,5			3**		
		LSt	SolZ	8%	9%		LSt	SolZ	8%	9%	SolZ	8%	9%	SolZ	8%	9%	SolZ	8%	9%	SolZ	8%	9%	SolZ	8%	9%
	I,IV	895,75	49,26	71,66	80,61	I	895,75	44,07	64,10	72,11	39,07	56,83	63,93	34,26	49,84	56,07	29,64	43,12	48,51	25,21	36,68	41,26	20,97	30,51	34,32
	II	854,33	46,98	68,34	76,88	II	854,33	41,88	60,92	68,53	36,96	53,76	60,48	32,23	46,88	52,74	27,69	40,28	45,32	23,35	33,96	38,21	19,19	27,92	31,41
4 052,99	III	526,16	28,93	42,09	47,35	III	526,16	25,15	36,58	41,15	21,45	31,21	35,11	17,86	25,98	29,23	14,36	20,89	23,50	7,43	15,93	17,92	—	11,17	12,56
	V	1 406,66	77,36	112,53	126,59	IV	895,75	46,64	67,84	76,32	44,07	64,10	72,11	41,55	60,44	67,99	39,07	56,83	63,93	36,64	53,30	59,96	34,26	49,84	56,07
	VI	1 438,83	79,13	115,10	129,49																				
	I,IV	896,83	49,32	71,74	80,71	I	896,83	44,13	64,19	72,21	39,13	56,92	64,03	34,32	49,92	56,16	29,69	43,19	48,59	25,26	36,75	41,34	21,02	30,58	34,40
	II	855,41	47,04	68,43	76,98	II	855,41	41,93	61,—	68,62	37,01	53,84	60,57	32,28	46,96	52,83	27,74	40,36	45,40	23,40	34,04	38,29	19,24	27,98	31,48
4 055,99	III	526,83	28,97	42,14	47,41	III	526,83	25,19	36,64	41,22	21,49	31,26	35,17	17,90	26,04	29,29	14,40	20,94	23,56	7,56	15,98	17,98	—	11,22	12,62
	V	1 407,91	77,43	112,63	126,71	IV	896,83	46,70	67,94	76,43	44,13	64,19	72,21	41,60	60,52	68,08	39,13	56,92	64,03	36,70	53,38	60,05	34,32	49,92	56,16
	VI	1 440,08	79,20	115,20	129,60																				
	I,IV	898,—	49,39	71,84	80,82	I	898,—	44,19	64,28	72,31	39,18	57,—	64,12	34,37	50,—	56,25	29,75	43,27	48,68	25,31	36,82	41,42	21,07	30,65	34,48
	II	856,50	47,10	68,52	77,08	II	856,50	41,99	61,08	68,72	37,07	53,92	60,66	32,34	47,04	52,92	27,80	40,44	45,49	23,44	34,10	38,36	19,28	28,05	31,55
4 058,99	III	527,66	29,02	42,21	47,48	III	527,66	25,23	36,70	41,29	21,54	31,33	35,24	17,94	26,10	29,36	14,43	21,—	23,62	7,73	16,05	18,05	—	11,28	12,69
	V	1 409,16	77,50	112,73	126,82	IV	898,—	46,76	68,02	76,52	44,19	64,28	72,31	41,66	60,60	68,18	39,18	57,—	64,12	36,75	53,46	60,14	34,37	50,—	56,25
	VI	1 441,41	79,27	115,31	129,72																				
	I,IV	899,08	49,44	71,92	80,91	I	899,08	44,25	64,36	72,41	39,24	57,08	64,22	34,43	50,08	56,34	29,80	43,34	48,76	25,36	36,90	41,51	21,12	30,72	34,56
	II	857,66	47,17	68,61	77,18	II	857,66	42,05	61,17	68,81	37,12	54,—	60,75	32,39	47,12	53,01	27,85	40,51	45,57	23,49	34,18	38,45	19,33	28,12	31,64
4 061,99	III	528,50	29,06	42,28	47,56	III	528,50	25,28	36,77	41,36	21,58	31,40	35,32	17,98	26,16	29,43	14,48	21,06	23,69	7,86	16,10	18,11	—	11,33	12,74
	V	1 410,41	77,57	112,83	126,93	IV	899,08	46,82	68,11	76,62	44,25	64,36	72,41	41,72	60,69	68,27	39,24	57,08	64,22	36,81	53,54	60,23	34,43	50,08	56,34
	VI	1 442,66	79,34	115,41	129,83																				
	I,IV	900,16	49,50	72,01	81,01	I	900,16	44,31	64,45	72,50	39,30	57,16	64,31	34,48	50,16	56,43	29,85	43,42	48,85	25,41	36,96	41,58	21,16	30,78	34,63
	II	858,66	47,22	68,69	77,27	II	858,66	42,11	61,25	68,90	37,18	54,08	60,84	32,45	47,20	53,10	27,90	40,58	45,65	23,54	34,25	38,53	19,38	28,19	31,71
4 064,99	III	529,33	29,11	42,34	47,63	III	529,33	25,31	36,82	41,42	21,62	31,45	35,38	18,02	26,21	29,48	14,52	21,12	23,76	8,—	16,16	18,18	—	11,37	12,79
	V	1 411,66	77,64	112,93	127,04	IV	900,16	46,88	68,20	76,72	44,31	64,45	72,50	41,78	60,77	68,36	39,30	57,16	64,31	36,86	53,62	60,32	34,48	50,16	56,43
	VI	1 443,91	79,41	115,51	129,95																				
	I,IV	901,33	49,57	72,10	81,11	I	901,33	44,37	64,54	72,60	39,35	57,24	64,40	34,53	50,23	56,51	29,90	43,50	48,93	25,46	37,04	41,67	21,21	30,86	34,71
	II	859,83	47,29	68,78	77,38	II	859,83	42,17	61,34	69,—	37,23	54,16	60,93	32,50	47,28	53,19	27,95	40,66	45,74	23,59	34,32	38,61	19,42	28,26	31,79
4 067,99	III	530,16	29,15	42,41	47,71	III	530,16	25,36	36,89	41,50	21,67	31,52	35,46	18,06	26,28	29,56	14,55	21,17	23,81	8,13	16,21	18,23	—	11,44	12,87
	V	1 412,91	77,71	113,03	127,16	IV	901,33	46,94	68,28	76,82	44,37	64,54	72,60	41,84	60,86	68,46	39,35	57,24	64,40	36,92	53,70	60,41	34,53	50,23	56,51
	VI	1 445,16	79,48	115,61	130,06																				
	I,IV	902,41	49,63	72,19	81,21	I	902,41	44,43	64,62	72,70	39,41	57,33	64,49	34,59	50,31	56,60	29,96	43,58	49,02	25,51	37,11	41,75	21,26	30,92	34,79
	II	860,91	47,35	68,87	77,48	II	860,91	42,23	61,42	69,10	37,29	54,25	61,03	32,55	47,35	53,27	28,—	40,74	45,83	23,64	34,39	38,69	19,47	28,32	31,86
4 070,99	III	531,—	29,20	42,48	47,79	III	531,—	25,41	36,96	41,58	21,70	31,57	35,51	18,10	26,33	29,62	14,60	21,24	23,89	8,26	16,26	18,29	—	11,48	12,91
	V	1 414,25	77,78	113,14	127,28	IV	902,41	47,—	68,37	76,91	44,43	64,62	72,70	41,90	60,94	68,56	39,41	57,33	64,49	36,97	53,78	60,50	34,59	50,31	56,60
	VI	1 446,41	79,55	115,71	130,17																				
	I,IV	903,50	49,69	72,28	81,31	I	903,50	44,48	64,70	72,79	39,47	57,41	64,58	34,64	50,39	56,69	30,01	43,65	49,10	25,56	37,18	41,83	21,31	31,—	34,87
	II	862,—	47,41	68,96	77,58	II	862,—	42,28	61,50	69,19	37,35	54,33	61,12	32,61	47,43	53,36	28,05	40,81	45,91	23,69	34,46	38,77	19,52	28,39	31,94
4 073,99	III	531,66	29,24	42,53	47,84	III	531,66	25,44	37,01	41,63	21,75	31,64	35,59	18,15	26,40	29,70	14,63	21,29	23,95	8,43	16,33	18,37	—	11,53	12,97
	V	1 415,50	77,85	113,24	127,39	IV	903,50	47,06	68,46	77,01	44,48	64,70	72,79	41,95	61,02	68,65	39,47	57,41	64,58	37,03	53,86	60,59	34,64	50,39	56,69
	VI	1 447,66	79,62	115,81	130,28																				
	I,IV	904,66	49,75	72,37	81,41	I	904,66	44,54	64,79	72,89	39,52	57,49	64,67	34,70	50,47	56,78	30,06	43,72	49,19	25,61	37,26	41,91	21,35	31,06	34,94
	II	863,08	47,46	69,04	77,67	II	863,08	42,34	61,59	69,29	37,40	54,41	61,21	32,66	47,51	53,45	28,10	40,88	45,99	23,74	34,54	38,85	19,57	28,46	32,02
4 076,99	III	532,50	29,28	42,60	47,92	III	532,50	25,49	37,08	41,71	21,79	31,70	35,66	18,18	26,45	29,75	14,67	21,34	24,01	8,56	16,38	18,43	—	11,58	13,03
	V	1 416,75	77,92	113,34	127,50	IV	904,66	47,12	68,54	77,11	44,54	64,79	72,89	42,01	61,11	68,75	39,52	57,49	64,67	37,09	53,95	60,69	34,70	50,47	56,78
	VI	1 448,91	79,69	115,91	130,40																				
	I,IV	905,75	49,81	72,46	81,51	I	905,75	44,60	64,88	72,99	39,58	57,58	64,77	34,75	50,55	56,87	30,11	43,80	49,28	25,66	37,33	41,99	21,40	31,14	35,03
	II	864,16	47,52	69,13	77,77	II	864,16	42,40	61,67	69,38	37,46	54,49	61,30	32,71	47,58	53,53	28,16	40,96	46,08	23,79	34,60	38,93	19,61	28,53	32,09
4 079,99	III	533,33	29,33	42,66	47,99	III	533,33	25,53	37,14	41,78	21,83	31,76	35,73	18,23	26,52	29,83	14,72	21,41	24,08	8,70	16,44	18,49	—	11,64	13,09
	V	1 418,—	77,99	113,44	127,62	IV	905,75	47,18	68,63	77,21	44,60	64,88	72,99	42,07	61,19	68,84	39,58	57,58	64,77	37,14	54,03	60,78	34,75	50,55	56,87
	VI	1 450,16	79,75	116,01	130,51																				
	I,IV	906,83	49,87	72,54	81,61	I	906,83	44,66	64,96	73,08	39,64	57,66	64,86	34,81	50,63	56,96	30,16	43,88	49,36	25,71	37,40	42,08	21,45	31,20	35,10
	II	865,25	47,58	69,22	77,87	II	865,25	42,46	61,76	69,48	37,51	54,57	61,39	32,77	47,66	53,62	28,21	41,03	46,16	23,84	34,68	39,01	19,66	28,60	32,17
4 082,99	III	534,16	29,37	42,73	48,07	III	534,16	25,58	37,21	41,86	21,88	31,82	35,80	18,26	26,57	29,89	14,75	21,46	24,14	8,83	16,49	18,55	—	11,69	13,15
	V	1 419,25	78,05	113,54	127,73	IV	906,83	47,24	68,72	77,31	44,66	64,96	73,08	42,13	61,28	68,94	39,64	57,66	64,86	37,20	54,11	60,87	34,81	50,63	56,96
	VI	1 451,41	79,82	116,11	130,62																				
	I,IV	907,91	49,93	72,63	81,71	I	907,91	44,72	65,05	73,18	39,70	57,74	64,96	34,86	50,71	57,05	30,22	43,96	49,45	25,76	37,48	42,16	21,50	31,28	35,19
	II	866,33	47,64	69,30	77,96	II	866,33	42,51	61,84	69,57	37,57	54,65	61,48	32,82	47,74	53,71	28,26	41,10	46,24	23,89	34,75	39,09	19,71	28,67	32,25
4 085,99	III	535,—	29,42	42,80	48,15	III	535,—	25,62	37,26	41,92	21,91	31,88	35,86	18,31	26,64	29,97	14,80	21,53	24,22	9,—	16,56	18,63	—	11,74	13,21
	V	1 420,50	78,12	113,64	127,84	IV	907,91	47,30	68,80	77,40	44,72	65,05	73,18	42,18	61,36	69,03	39,70	57,74	64,96	37,25	54,19	60,96	34,86	50,71	57,05
	VI	1 452,75	79,90	116,22	130,74																				
	I,IV	909,08	49,99	72,72	81,81	I	909,08	44,78	65,14	73,28	39,75	57,82	65,05	34,92	50,79	57,14	30,27	44,03	49,53	25,81	37,55	42,24	21,55	31,34	35,26
	II	867,50	47,71	69,40	78,07	II	867,50	42,57	61,92	69,66	37,63	54,74	61,58	32,87	47,82	53,79	28,31	41,18	46,33	23,94	34,82	39,17	19,75	28,74	32,33
4 088,99	III	535,83	29,47	42,86	48,22	III	535,83	25,66	37,33	41,99	21,96	31,94	35,93	18,35	26,69	30,02	14,84	21,58	24,28	9,13	16,61	18,68	—	11,80	13,27
	V	1 421,75	78,19	113,74	127,95	IV	909,08	47,36	68,90	77,51	44,78	65,14	73,28	42,24	61,44	69,12	39,75	57,82	65,05	37,31	54,27	61,05	34,92	50,79	57,14
	VI	1 454,—	79,97	116,32	130,86																				
	I,IV	910,16	50,05	72,81	81,91	I	910,16	44,84	65,22	73,37	39,81	57,91	65,15	34,97	50,87	57,23	30,32	44,11	49,62	25,86	37,62	42,32	21,60	31,42	35,34
	II	868,58	47,77	69,48	78,17	II	868,58	42,63	62,01	69,76	37,68	54,82	61,67	32,93	47,90	53,88	28,36	41,26	46,41	23,98	34,89	39,25	19,80	28,80	32,40
4 091,99	III	536,66	29,51	42,93	48,29	III	536,66	25,71	37,40	42,07	22,—	32,01	36,01	18,39	26,76	30,10	14,87	21,64	24,34	9,26	16,66	18,74	—	11,85	13,33
	V	1 423,—	78,26	113,84	128,07	IV	910,16	47,42	68,98	77,60	44,84	65,22	73,37	42,30	61,53	69,22	39,81	57,91	65,15	37,36	54,35	61,14	34,97	50,87	57,23
	VI	1 455,25	80,03	116,42	130,97																				
	I,IV	911,33	50,12	72,90	82,01	I	911,33	44,89	65,30	73,46	39,87	57,99	65,24	35,03	50,95	57,32	30,37	44,18	49,70	25,91	37,70	42,41	21,64	31,48	35,42
	II	869,66	47,83	69,57	78,26	II	869,66	42,69	62,10	69,86	37,74	54,90	61,76	32,98	47,98	53,97	28,41	41,33	46,49	24,03	34,96	39,33	19,85	28,87	32,48
4 094,99	III	537,33	29,55	42,98	48,35	III	537,33	25,75	37,46	42,14	22,04	32,06	36,07	18,43	26,81	30,16	14,92	21,70	24,41	9,40	16,72	18,81	—	11,90	13,39
	V	1 424,33	78,33	113,94	128,18	IV	911,33	47,48	69,07	77,70	44,89	65,30	73,46	42,35	61,61	69,31	39,87	57,99	65,24	37,42	54,43	61,23	35,03	50,95	57,32
	VI	1 456,50	80,10	116,52	131,08																				

* Die ausgewiesenen Tabellenwerte sind amtlich. Siehe Erläuterungen auf der Umschlaginnenseite (U2).
** Bei mehr als 3 Kinderfreibeträgen ist die „Ergänzungs-Tabelle 3,5 bis 6 Kinderfreibeträge" anzuwenden.

Abzüge an Lohnsteuer, Solidaritätszuschlag (SolZ) und Kirchensteuer (8%, 9%) in den Steuerklassen

Lohn/ Gehalt bis €*	I – VI					I, II, III, IV																			
			ohne Kinderfreibeträge					mit Zahl der Kinderfreibeträge . . .																	
								0,5			1			1,5			2			2,5			3**		
		LSt	SolZ	8%	9%		LSt	SolZ	8%	9%	SolZ	8%	9%	SolZ	8%	9%	SolZ	8%	9%	SolZ	8%	9%	SolZ	8%	9%
4 097,99	I,IV	912,41	50,18	72,99	82,11	I	912,41	44,95	65,39	73,56	39,92	58,07	65,33	35,08	51,03	57,41	30,42	44,26	49,79	25,96	37,77	42,49	21,69	31,56	35,50
	II	870,75	47,89	69,66	78,36	II	870,75	42,74	62,18	69,95	37,79	54,98	61,85	33,04	48,06	54,06	28,46	41,40	46,58	24,09	35,04	39,42	19,90	28,94	32,56
	III	538,16	29,59	43,05	48,43	III	538,16	25,79	37,52	42,21	22,09	32,13	36,14	18,48	26,88	30,24	14,96	21,76	24,48	9,56	16,78	18,88	—	11,96	13,45
	V	1 425,58	78,40	114,04	128,30	IV	912,41	47,54	69,16	77,80	44,95	65,39	73,56	42,41	61,70	69,41	39,92	58,07	65,33	37,48	54,52	61,33	35,08	51,03	57,41
	VI	1 457,75	80,17	116,62	131,19																				
4 100,99	I,IV	913,50	50,24	73,08	82,21	I	913,50	45,01	65,48	73,66	39,98	58,16	65,43	35,14	51,11	57,50	30,48	44,34	49,88	26,01	37,84	42,57	21,74	31,62	35,57
	II	871,83	47,95	69,74	78,46	II	871,83	42,80	62,26	70,04	37,85	55,06	61,94	33,09	48,13	54,14	28,52	41,48	46,67	24,14	35,11	39,50	19,94	29,01	32,63
	III	539,—	29,64	43,12	48,51	III	539,—	25,84	37,58	42,28	22,12	32,18	36,20	18,51	26,93	30,29	14,99	21,81	24,53	9,70	16,84	18,94	—	12,01	13,51
	V	1 426,83	78,47	114,14	128,41	IV	913,50	47,60	69,24	77,90	45,01	65,48	73,66	42,47	61,78	69,50	39,98	58,16	65,43	37,53	54,60	61,42	35,14	51,11	57,50
	VI	1 459,—	80,24	116,72	131,31																				
4 103,99	I,IV	914,66	50,30	73,17	82,31	I	914,66	45,07	65,56	73,76	40,04	58,24	65,52	35,19	51,18	57,58	30,53	44,41	49,96	26,07	37,92	42,66	21,79	31,70	35,66
	II	872,91	48,01	69,83	78,56	II	872,91	42,86	62,35	70,14	37,91	55,14	62,03	33,14	48,21	54,23	28,57	41,56	46,75	24,18	35,18	39,57	19,99	29,08	32,71
	III	539,83	29,69	43,18	48,58	III	539,83	25,88	37,65	42,35	22,17	32,25	36,28	18,56	27,—	30,37	15,04	21,88	24,61	9,83	16,89	19,—	—	12,06	13,57
	V	1 428,08	78,54	114,24	128,52	IV	914,66	47,66	69,33	77,99	45,07	65,56	73,76	42,53	61,86	69,59	40,04	58,24	65,52	37,59	54,68	61,51	35,19	51,18	57,58
	VI	1 460,25	80,31	116,82	131,42																				
4 106,99	I,IV	915,75	50,36	73,26	82,41	I	915,75	45,13	65,65	73,85	40,09	58,32	65,61	35,24	51,26	57,67	30,58	44,49	50,05	26,12	37,99	42,74	21,83	31,76	35,73
	II	874,—	48,07	69,92	78,66	II	874,—	42,92	62,43	70,23	37,96	55,22	62,12	33,20	48,29	54,32	28,62	41,63	46,83	24,23	35,25	39,65	20,04	29,15	32,79
	III	540,66	29,73	43,25	48,65	III	540,66	25,92	37,70	42,41	22,21	32,30	36,34	18,59	27,05	30,43	15,07	21,93	24,67	9,96	16,94	19,06	—	12,12	13,63
	V	1 429,33	78,61	114,34	128,63	IV	915,75	47,72	69,42	78,09	45,13	65,65	73,85	42,59	61,95	69,69	40,09	58,32	65,61	37,64	54,76	61,60	35,24	51,26	57,67
	VI	1 461,50	80,38	116,92	131,53																				
4 109,99	I,IV	916,91	50,43	73,35	82,52	I	916,91	45,19	65,74	73,95	40,15	58,40	65,70	35,30	51,34	57,76	30,63	44,56	50,13	26,17	38,06	42,82	21,89	31,84	35,82
	II	875,16	48,13	70,01	78,76	II	875,16	42,98	62,52	70,33	38,02	55,30	62,21	33,25	48,37	54,41	28,67	41,71	46,92	24,28	35,32	39,74	20,08	29,22	32,87
	III	541,50	29,78	43,32	48,73	III	541,50	25,96	37,77	42,49	22,25	32,37	36,41	18,64	27,12	30,51	15,11	21,98	24,73	10,13	17,01	19,13	—	12,17	13,69
	V	1 430,58	78,68	114,44	128,75	IV	916,91	47,79	69,51	78,20	45,19	65,74	73,95	42,65	62,04	69,79	40,15	58,40	65,70	37,70	54,84	61,69	35,30	51,34	57,76
	VI	1 462,83	80,45	117,02	131,65																				
4 112,99	I,IV	918,—	50,49	73,44	82,62	I	918,—	45,25	65,82	74,05	40,21	58,49	65,80	35,35	51,42	57,85	30,69	44,64	50,22	26,22	38,14	42,90	21,93	31,90	35,89
	II	876,25	48,19	70,10	78,86	II	876,25	43,04	62,60	70,43	38,08	55,39	62,31	33,30	48,44	54,50	28,72	41,78	47,—	24,33	35,40	39,82	20,13	29,28	32,94
	III	542,16	29,81	43,37	48,79	III	542,16	26,01	37,84	42,57	22,30	32,44	36,49	18,68	27,17	30,56	15,16	22,05	24,80	10,26	17,06	19,19	—	12,22	13,75
	V	1 431,83	78,75	114,54	128,86	IV	918,—	47,85	69,60	78,30	45,25	65,82	74,05	42,71	62,12	69,89	40,21	58,49	65,80	37,76	54,92	61,79	35,35	51,42	57,85
	VI	1 464,08	80,52	117,12	131,76																				
4 115,99	I,IV	919,08	50,54	73,52	82,71	I	919,08	45,31	65,91	74,15	40,26	58,57	65,89	35,41	51,50	57,94	30,74	44,72	50,31	26,27	38,21	42,98	21,98	31,98	35,97
	II	877,33	48,25	70,18	78,95	II	877,33	43,09	62,68	70,52	38,13	55,46	62,39	33,36	48,52	54,59	28,77	41,86	47,09	24,38	35,47	39,90	20,18	29,36	33,03
	III	543,—	29,86	43,44	48,87	III	543,—	26,05	37,89	42,62	22,33	32,49	36,55	18,71	27,22	30,62	15,19	22,10	24,86	10,40	17,12	19,26	—	12,28	13,81
	V	1 433,08	78,81	114,64	128,97	IV	919,08	47,90	69,68	78,39	45,31	65,91	74,15	42,76	62,20	69,98	40,26	58,57	65,89	37,81	55,—	61,88	35,41	51,50	57,94
	VI	1 465,33	80,59	117,22	131,87																				
4 118,99	I,IV	920,25	50,61	73,62	82,82	I	920,25	45,37	66,—	74,25	40,32	58,65	65,98	35,46	51,58	58,03	30,80	44,80	50,40	26,32	38,28	43,07	22,03	32,04	36,05
	II	878,41	48,31	70,27	79,05	II	878,41	43,15	62,77	70,61	38,19	55,55	62,49	33,41	48,60	54,68	28,82	41,93	47,17	24,43	35,54	39,98	20,23	29,42	33,10
	III	543,83	29,91	43,50	48,94	III	543,83	26,09	37,96	42,70	22,38	32,56	36,63	18,76	27,29	30,70	15,24	22,17	24,94	10,53	17,17	19,31	—	12,34	13,88
	V	1 434,41	78,89	114,75	129,09	IV	920,25	47,96	69,77	78,49	45,37	66,—	74,25	42,82	62,29	70,07	40,32	58,65	65,98	37,87	55,08	61,97	35,46	51,58	58,03
	VI	1 466,58	80,66	117,32	131,99																				
4 121,99	I,IV	921,33	50,67	73,70	82,91	I	921,33	45,43	66,08	74,34	40,38	58,74	66,08	35,52	51,66	58,12	30,85	44,87	50,48	26,37	38,36	43,15	22,08	32,12	36,13
	II	879,58	48,37	70,36	79,16	II	879,58	43,21	62,86	70,71	38,24	55,63	62,58	33,47	48,68	54,77	28,88	42,01	47,26	24,48	35,61	40,06	20,27	29,49	33,17
	III	544,66	29,95	43,57	49,01	III	544,66	26,14	38,02	42,77	22,43	32,62	36,70	18,81	27,36	30,78	15,28	22,22	25,—	10,70	17,24	19,39	—	12,40	13,95
	V	1 435,66	78,96	114,85	129,20	IV	921,33	48,02	69,86	78,59	45,43	66,08	74,34	42,88	62,38	70,17	40,38	58,74	66,08	37,92	55,16	62,06	35,52	51,66	58,12
	VI	1 467,83	80,73	117,42	132,10																				
4 124,99	I,IV	922,41	50,73	73,79	83,01	I	922,41	45,48	66,16	74,43	40,43	58,82	66,17	35,57	51,74	58,21	30,90	44,95	50,57	26,42	38,43	43,23	22,12	32,18	36,20
	II	880,66	48,43	70,45	79,25	II	880,66	43,27	62,94	70,81	38,30	55,71	62,67	33,52	48,76	54,85	28,93	42,08	47,34	24,53	35,68	40,14	20,32	29,56	33,26
	III	545,50	30,—	43,64	49,09	III	545,50	26,18	38,09	42,85	22,46	32,68	36,76	18,84	27,41	30,83	15,31	22,28	25,06	10,83	17,29	19,45	—	12,44	13,99
	V	1 436,91	79,03	114,95	129,32	IV	922,41	48,08	69,94	78,68	45,48	66,16	74,43	42,94	62,46	70,26	40,43	58,82	66,17	37,98	55,24	62,15	35,57	51,74	58,21
	VI	1 469,08	80,79	117,52	132,21																				
4 127,99	I,IV	923,58	50,79	73,88	83,12	I	923,58	45,55	66,26	74,54	40,49	58,90	66,26	35,63	51,82	58,30	30,95	45,02	50,65	26,47	38,50	43,31	22,17	32,26	36,29
	II	881,75	48,49	70,54	79,35	II	881,75	43,33	63,02	70,90	38,36	55,80	62,77	33,57	48,84	54,94	28,98	42,16	47,43	24,58	35,76	40,23	20,37	29,63	33,33
	III	546,33	30,04	43,70	49,16	III	546,33	26,23	38,16	42,93	22,51	32,74	36,83	18,89	27,48	30,91	15,36	22,34	25,13	10,96	17,34	19,51	—	12,50	14,06
	V	1 438,16	79,09	115,05	129,43	IV	923,58	48,15	70,04	78,79	45,55	66,26	74,54	43,—	62,54	70,36	40,49	58,90	66,26	38,04	55,33	62,24	35,63	51,82	58,30
	VI	1 470,33	80,86	117,62	132,32																				
4 130,99	I,IV	924,75	50,86	73,98	83,22	I	924,75	45,61	66,34	74,63	40,55	58,98	66,35	35,68	51,90	58,39	31,01	45,10	50,74	26,52	38,58	43,40	22,22	32,33	36,37
	II	882,83	48,55	70,62	79,45	II	882,83	43,39	63,11	71,—	38,41	55,88	62,86	33,63	48,92	55,03	29,04	42,24	47,52	24,63	35,83	40,31	20,41	29,70	33,41
	III	547,—	30,08	43,76	49,23	III	547,—	26,27	38,21	42,98	22,55	32,80	36,90	18,92	27,53	30,97	15,40	22,40	25,20	11,10	17,40	19,57	—	12,56	14,13
	V	1 439,41	79,16	115,15	129,54	IV	924,75	48,21	70,12	78,89	45,61	66,34	74,63	43,06	62,63	70,46	40,55	58,98	66,35	38,09	55,41	62,33	35,68	51,90	58,39
	VI	1 471,58	80,93	117,72	132,44																				
4 133,99	I,IV	925,83	50,92	74,06	83,32	I	925,83	45,67	66,43	74,73	40,61	59,07	66,45	35,74	51,98	58,48	31,06	45,18	50,82	26,57	38,65	43,48	22,27	32,40	36,45
	II	884,—	48,62	70,72	79,56	II	884,—	43,45	63,20	71,10	38,47	55,96	62,95	33,68	49,—	55,12	29,09	42,31	47,60	24,68	35,90	40,39	20,46	29,77	33,49
	III	547,83	30,13	43,82	49,30	III	547,83	26,31	38,28	43,06	22,59	32,86	36,97	18,97	27,60	31,05	15,43	22,45	25,25	11,26	17,46	19,64	—	12,61	14,18
	V	1 440,66	79,23	115,25	129,65	IV	925,83	48,27	70,21	78,98	45,67	66,43	74,73	43,12	62,72	70,56	40,61	59,07	66,45	38,15	55,49	62,42	35,74	51,98	58,48
	VI	1 472,91	81,01	117,83	132,56																				
4 136,99	I,IV	926,91	50,98	74,15	83,42	I	926,91	45,72	66,51	74,82	40,66	59,15	66,54	35,79	52,06	58,57	31,11	45,26	50,91	26,62	38,72	43,56	22,32	32,47	36,53
	II	885,08	48,67	70,80	79,65	II	885,08	43,50	63,28	71,19	38,52	56,04	63,04	33,73	49,07	55,20	29,14	42,38	47,68	24,73	35,97	40,46	20,51	29,84	33,57
	III	548,66	30,17	43,89	49,37	III	548,66	26,36	38,34	43,13	22,64	32,93	37,04	19,01	27,65	31,10	15,48	22,52	25,33	11,40	17,52	19,71	—	12,66	14,24
	V	1 441,91	79,30	115,35	129,77	IV	926,91	48,33	70,30	79,08	45,72	66,51	74,82	43,17	62,80	70,65	40,66	59,15	66,54	38,20	55,57	62,51	35,79	52,06	58,57
	VI	1 474,16	81,07	117,93	132,67																				
4 139,99	I,IV	928,08	51,04	74,24	83,52	I	928,08	45,78	66,60	74,92	40,72	59,24	66,64	35,85	52,14	58,66	31,16	45,33	50,99	26,67	38,80	43,65	22,37	32,54	36,60
	II	886,16	48,73	70,89	79,75	II	886,16	43,56	63,37	71,29	38,58	56,12	63,14	33,79	49,15	55,29	29,19	42,46	47,77	24,78	36,04	40,55	20,56	29,90	33,64
	III	549,50	30,22	43,96	49,45	III	549,50	26,40	38,40	43,20	22,67	32,98	37,10	19,04	27,70	31,16	15,51	22,57	25,39	11,53	17,57	19,76	—	12,72	14,31
	V	1 443,16	79,37	115,45	129,88	IV	928,08	48,39	70,38	79,18	45,78	66,60	74,92	43,23	62,88	70,74	40,72	59,24	66,64	38,26	55,66	62,61	35,85	52,14	58,66
	VI	1 475,41	81,14	118,03	132,78																				

*** Die ausgewiesenen Tabellenwerte sind amtlich. Siehe Erläuterungen auf der Umschlaginnenseite (U2).**
**** Bei mehr als 3 Kinderfreibeträgen ist die „Ergänzungs-Tabelle 3,5 bis 6 Kinderfreibeträge" anzuwenden.**

MONAT 4 140,–*

Lohn/ Gehalt bis €*	Abzüge an Lohnsteuer, Solidaritätszuschlag (SolZ) und Kirchensteuer (8%, 9%) in den Steuerklassen I – VI					I, II, III, IV		mit Zahl der Kinderfreibeträge . . . 0,5			1			1,5			2			2,5			3**		
		LSt	ohne Kinderfreibeträge SolZ	8%	9%		LSt	SolZ	8%	9%	SolZ	8%	9%	SolZ	8%	9%	SolZ	8%	9%	SolZ	8%	9%	SolZ	8%	9%
4 142,99	I,IV	929,16	51,10	74,33	83,62	I	929,16	45,85	66,69	75,02	40,78	59,32	66,73	35,90	52,22	58,75	31,22	45,41	51,08	26,72	38,87	43,73	22,42	32,61	36,68
	II	887,25	48,79	70,98	79,85	II	887,25	43,62	63,45	71,38	38,64	56,20	63,23	33,84	49,23	55,38	29,24	42,54	47,85	24,83	36,12	40,63	20,61	29,98	33,72
	III	550,33	30,26	44,02	49,52	III	550,33	26,44	38,46	43,27	22,72	33,05	37,18	19,09	27,77	31,24	15,56	22,64	25,47	11,66	17,62	19,82	—	12,77	14,36
	V	1 444,41	79,44	115,55	129,99	IV	929,16	48,45	70,48	79,29	45,85	66,69	75,02	43,29	62,97	70,84	40,78	59,32	66,73	38,32	55,74	62,70	35,90	52,22	58,75
	VI	1 476,66	81,21	118,13	132,89																				
4 145,99	I,IV	930,33	51,16	74,42	83,72	I	930,33	45,90	66,77	75,11	40,83	59,40	66,82	35,96	52,30	58,84	31,27	45,48	51,17	26,77	38,94	43,81	22,46	32,68	36,76
	II	888,33	48,85	71,06	79,94	II	888,33	43,68	63,54	71,48	38,69	56,28	63,32	33,90	49,31	55,47	29,29	42,61	47,93	24,88	36,19	40,71	20,65	30,04	33,80
	III	551,16	30,31	44,09	49,60	III	551,16	26,49	38,53	43,34	22,77	33,12	37,26	19,14	27,84	31,32	15,60	22,69	25,52	11,83	17,69	19,90	—	12,82	14,42
	V	1 445,75	79,51	115,66	130,11	IV	930,33	48,51	70,56	79,38	45,90	66,77	75,11	43,34	63,05	70,93	40,83	59,40	66,82	38,37	55,82	62,79	35,96	52,30	58,84
	VI	1 477,91	81,28	118,23	133,01																				
4 148,99	I,IV	931,41	51,22	74,51	83,82	I	931,41	45,96	66,86	75,21	40,89	59,48	66,92	36,01	52,38	58,93	31,32	45,56	51,26	26,82	39,02	43,89	22,51	32,75	36,84
	II	889,50	48,92	71,16	80,05	II	889,50	43,74	63,62	71,57	38,75	56,37	63,41	33,95	49,39	55,56	29,35	42,69	48,02	24,93	36,26	40,79	20,70	30,12	33,88
	III	551,83	30,35	44,14	49,66	III	551,83	26,53	38,60	43,42	22,80	33,17	37,31	19,17	27,89	31,37	15,63	22,74	25,58	11,96	17,74	19,96	—	12,88	14,49
	V	1 447,—	79,58	115,76	130,23	IV	931,41	48,57	70,65	79,48	45,96	66,86	75,21	43,40	63,14	71,03	40,89	59,48	66,92	38,43	55,90	62,88	36,01	52,38	58,93
	VI	1 479,16	81,35	118,33	133,12																				
4 151,99	I,IV	932,58	51,29	74,60	83,93	I	932,58	46,02	66,94	75,31	40,95	59,57	67,01	36,07	52,46	59,02	31,38	45,64	51,35	26,87	39,09	43,97	22,56	32,82	36,92
	II	890,58	48,98	71,24	80,15	II	890,58	43,80	63,71	71,67	38,81	56,45	63,50	34,01	49,47	55,65	29,40	42,76	48,11	24,98	36,34	40,88	20,75	30,18	33,95
	III	552,83	30,40	44,22	49,75	III	552,83	26,58	38,66	43,49	22,85	33,24	37,39	19,22	27,96	31,45	15,68	22,81	25,66	12,10	17,80	20,02	—	12,93	14,54
	V	1 448,25	79,65	115,86	130,34	IV	932,58	48,63	70,74	79,58	46,02	66,94	75,31	43,46	63,22	71,12	40,95	59,57	67,01	38,49	55,98	62,98	36,07	52,46	59,02
	VI	1 480,41	81,42	118,43	133,23																				
4 154,99	I,IV	933,66	51,35	74,69	84,02	I	933,66	46,09	67,04	75,42	41,01	59,65	67,10	36,13	52,55	59,12	31,43	45,72	51,43	26,93	39,17	44,06	22,61	32,89	37,—
	II	891,66	49,04	71,33	80,24	II	891,66	43,86	63,80	71,77	38,86	56,53	63,59	34,06	49,55	55,74	29,45	42,84	48,19	25,03	36,41	40,96	20,80	30,26	34,04
	III	553,50	30,44	44,28	49,81	III	553,50	26,62	38,72	43,56	22,88	33,29	37,45	19,25	28,01	31,51	15,72	22,86	25,72	12,23	17,85	20,08	0,06	12,98	14,60
	V	1 449,50	79,72	115,96	130,45	IV	933,66	48,69	70,83	79,68	46,09	67,04	75,42	43,52	63,31	71,22	41,01	59,65	67,10	38,54	56,06	63,07	36,13	52,55	59,12
	VI	1 481,66	81,49	118,53	133,34																				
4 157,99	I,IV	934,75	51,41	74,78	84,12	I	934,75	46,14	67,12	75,51	41,07	59,74	67,20	36,18	52,62	59,20	31,48	45,80	51,52	26,97	39,24	44,14	22,66	32,96	37,08
	II	892,75	49,10	71,42	80,34	II	892,75	43,91	63,88	71,86	38,92	56,61	63,68	34,11	49,62	55,82	29,50	42,92	48,28	25,08	36,48	41,04	20,84	30,32	34,11
	III	554,33	30,48	44,34	49,88	III	554,33	26,66	38,78	43,63	22,93	33,36	37,53	19,29	28,06	31,57	15,75	22,92	25,78	12,32	17,92	20,16	0,23	13,05	14,68
	V	1 450,75	79,79	116,06	130,56	IV	934,75	48,75	70,92	79,78	46,14	67,12	75,51	43,58	63,39	71,31	41,07	59,74	67,20	38,60	56,14	63,16	36,18	52,62	59,20
	VI	1 482,91	81,56	118,63	133,46																				
4 160,99	I,IV	935,91	51,47	74,87	84,23	I	935,91	46,20	67,20	75,60	41,12	59,82	67,29	36,23	52,70	59,29	31,53	45,87	51,60	27,03	39,32	44,23	22,71	33,03	37,16
	II	893,91	49,16	71,51	80,45	II	893,91	43,97	63,96	71,96	38,98	56,70	63,78	34,17	49,70	55,91	29,55	42,99	48,36	25,13	36,55	41,12	20,89	30,39	34,19
	III	555,16	30,53	44,41	49,96	III	555,16	26,71	38,85	43,70	22,98	33,42	37,60	19,34	28,13	31,64	15,80	22,98	25,85	12,35	17,97	20,21	0,36	13,10	14,74
	V	1 452,—	79,86	116,16	130,68	IV	935,91	48,81	71,—	79,88	46,20	67,20	75,60	43,64	63,48	71,41	41,12	59,82	67,29	38,66	56,23	63,26	36,23	52,70	59,29
	VI	1 484,25	81,63	118,74	133,58																				
4 163,99	I,IV	937,08	51,53	74,96	84,33	I	937,08	46,26	67,29	75,70	41,18	59,90	67,39	36,29	52,79	59,39	31,59	45,95	51,69	27,08	39,39	44,31	22,76	33,10	37,24
	II	895,—	49,22	71,60	80,55	II	895,—	44,03	64,05	72,05	39,03	56,78	63,87	34,22	49,78	56,—	29,60	43,06	48,44	25,18	36,62	41,20	20,94	30,46	34,27
	III	556,—	30,58	44,48	50,04	III	556,—	26,74	38,90	43,76	23,01	33,48	37,66	19,38	28,20	31,72	15,84	23,04	25,92	12,39	18,02	20,27	0,50	13,16	14,80
	V	1 453,25	79,92	116,26	130,79	IV	937,08	48,87	71,09	79,97	46,26	67,29	75,70	43,70	63,56	71,51	41,18	59,90	67,39	38,71	56,31	63,35	36,29	52,79	59,39
	VI	1 485,50	81,70	118,84	133,69																				
4 166,99	I,IV	938,16	51,59	75,05	84,43	I	938,16	46,32	67,38	75,80	41,24	59,98	67,48	36,34	52,86	59,47	31,64	46,02	51,77	27,13	39,46	44,39	22,81	33,18	37,32
	II	896,08	49,28	71,68	80,64	II	896,08	44,09	64,13	72,14	39,09	56,86	63,96	34,28	49,86	56,09	29,66	43,14	48,53	25,23	36,70	41,28	20,99	30,53	34,34
	III	556,83	30,62	44,54	50,11	III	556,83	26,79	38,97	43,84	23,06	33,54	37,73	19,42	28,25	31,78	15,88	23,10	25,99	12,43	18,08	20,34	0,63	13,21	14,86
	V	1 454,50	79,99	116,36	130,90	IV	938,16	48,93	71,18	80,07	46,32	67,38	75,80	43,75	63,64	71,60	41,24	59,98	67,48	38,77	56,39	63,44	36,34	52,86	59,47
	VI	1 486,75	81,77	118,94	133,80																				
4 169,99	I,IV	939,33	51,66	75,14	84,53	I	939,33	46,38	67,46	75,89	41,30	60,07	67,58	36,40	52,95	59,57	31,69	46,10	51,86	27,18	39,54	44,48	22,85	33,24	37,40
	II	897,25	49,34	71,78	80,75	II	897,25	44,15	64,22	72,24	39,15	56,94	64,06	34,33	49,94	56,18	29,71	43,22	48,62	25,28	36,77	41,36	21,03	30,60	34,42
	III	557,66	30,67	44,61	50,18	III	557,66	26,84	39,04	43,92	23,10	33,61	37,81	19,47	28,32	31,86	15,92	23,16	26,05	12,47	18,14	20,41	0,76	13,26	14,92
	V	1 455,83	80,07	116,46	131,02	IV	939,33	49,—	71,27	80,18	46,38	67,46	75,89	43,81	63,73	71,69	41,30	60,07	67,58	38,83	56,48	63,54	36,40	52,95	59,57
	VI	1 488,—	81,84	119,04	133,92																				
4 172,99	I,IV	940,41	51,72	75,23	84,63	I	940,41	46,44	67,56	76,—	41,35	60,15	67,67	36,46	53,03	59,66	31,75	46,18	51,95	27,23	39,61	44,56	22,90	33,32	37,48
	II	898,33	49,40	71,86	80,84	II	898,33	44,21	64,30	72,34	39,20	57,02	64,15	34,39	50,02	56,27	29,76	43,30	48,71	25,33	36,84	41,45	21,08	30,67	34,50
	III	558,33	30,70	44,66	50,24	III	558,33	26,88	39,10	43,99	23,14	33,66	37,87	19,50	28,37	31,91	15,95	23,21	26,11	12,51	18,20	20,47	0,90	13,32	14,98
	V	1 457,08	80,13	116,56	131,13	IV	940,41	49,06	71,36	80,28	46,44	67,56	76,—	43,87	63,82	71,79	41,35	60,15	67,67	38,88	56,56	63,63	36,46	53,03	59,66
	VI	1 489,25	81,90	119,14	134,03																				
4 175,99	I,IV	941,50	51,78	75,32	84,73	I	941,50	46,50	67,64	76,09	41,41	60,24	67,77	36,51	53,11	59,75	31,80	46,26	52,04	27,28	39,68	44,64	22,95	33,38	37,55
	II	899,41	49,46	71,95	80,94	II	899,41	44,27	64,39	72,44	39,26	57,10	64,24	34,44	50,10	56,36	29,81	43,37	48,79	25,38	36,92	41,53	21,13	30,74	34,58
	III	559,16	30,75	44,73	50,32	III	559,16	26,92	39,16	44,05	23,19	33,73	37,94	19,55	28,44	31,99	16,—	23,28	26,19	12,54	18,25	20,53	1,03	13,37	15,04
	V	1 458,33	80,20	116,66	131,24	IV	941,50	49,11	71,44	80,37	46,50	67,64	76,09	43,93	63,90	71,89	41,41	60,24	67,77	38,94	56,64	63,72	36,51	53,11	59,75
	VI	1 490,50	81,97	119,24	134,14																				
4 178,99	I,IV	942,66	51,84	75,41	84,83	I	942,66	46,56	67,72	76,19	41,47	60,32	67,86	36,57	53,19	59,84	31,85	46,34	52,13	27,33	39,76	44,73	23,—	33,46	37,64
	II	900,50	49,52	72,04	81,04	II	900,50	44,33	64,48	72,54	39,32	57,19	64,34	34,49	50,18	56,45	29,86	43,44	48,87	25,43	36,99	41,61	21,18	30,81	34,66
	III	560,—	30,80	44,80	50,40	III	560,—	26,96	39,22	44,12	23,23	33,80	38,02	19,58	28,49	32,05	16,04	23,33	26,24	12,59	18,32	20,61	1,16	13,42	15,10
	V	1 459,58	80,27	116,76	131,36	IV	942,66	49,18	71,54	80,48	46,56	67,72	76,19	43,99	63,99	71,99	41,47	60,32	67,86	38,99	56,72	63,81	36,57	53,19	59,84
	VI	1 491,75	82,04	119,34	134,25																				
4 181,99	I,IV	943,83	51,91	75,50	84,94	I	943,83	46,62	67,82	76,29	41,52	60,40	67,95	36,62	53,27	59,93	31,90	46,41	52,21	27,38	39,83	44,81	23,05	33,53	37,72
	II	901,66	49,59	72,13	81,14	II	901,66	44,38	64,56	72,63	39,37	57,27	64,43	34,55	50,26	56,54	29,92	43,52	48,96	25,48	37,06	41,69	21,23	30,88	34,74
	III	560,83	30,84	44,86	50,47	III	560,83	27,01	39,29	44,20	23,27	33,85	38,08	19,63	28,56	32,13	16,08	23,40	26,32	12,63	18,37	20,66	1,33	13,49	15,17
	V	1 460,83	80,34	116,86	131,47	IV	943,83	49,24	71,62	80,57	46,62	67,82	76,29	44,05	64,08	72,09	41,52	60,40	67,95	39,05	56,80	63,90	36,62	53,27	59,93
	VI	1 493,—	82,11	119,44	134,37																				
4 184,99	I,IV	944,91	51,97	75,59	85,04	I	944,91	46,68	67,90	76,39	41,58	60,49	68,05	36,68	53,35	60,02	31,96	46,49	52,30	27,44	39,91	44,90	23,10	33,60	37,80
	II	902,75	49,65	72,22	81,24	II	902,75	44,44	64,65	72,73	39,43	57,36	64,53	34,60	50,34	56,63	29,97	43,60	49,05	25,53	37,14	41,78	21,28	30,95	34,82
	III	561,66	30,89	44,93	50,54	III	561,66	27,06	39,36	44,28	23,32	33,92	38,16	19,67	28,61	32,18	16,12	23,45	26,38	12,66	18,42	20,72	1,46	13,54	15,23
	V	1 462,08	80,41	116,96	131,58	IV	944,91	49,30	71,71	80,67	46,68	67,90	76,39	44,11	64,16	72,18	41,58	60,49	68,05	39,10	56,88	63,99	36,68	53,35	60,02
	VI	1 494,33	82,18	119,54	134,48																				

* Die ausgewiesenen Tabellenwerte sind amtlich. Siehe Erläuterungen auf der Umschlaginnenseite (U2).
** Bei mehr als 3 Kinderfreibeträgen ist die „Ergänzungs-Tabelle 3,5 bis 6 Kinderfreibeträge" anzuwenden.

Abzüge an Lohnsteuer, Solidaritätszuschlag (SolZ) und Kirchensteuer (8%, 9%) in den Steuerklassen

Lohn/Gehalt bis €*	I – VI					I, II, III, IV		mit Zahl der Kinderfreibeträge . . . 0,5			1			1,5			2			2,5			3**		
		LSt	ohne Kinderfreibeträge SolZ	8%	9%		LSt	SolZ	8%	9%	SolZ	8%	9%	SolZ	8%	9%	SolZ	8%	9%	SolZ	8%	9%	SolZ	8%	9%
4 187,99	I,IV	946,08	52,03	75,68	85,14	I	946,08	46,74	67,99	76,49	41,64	60,57	68,14	36,73	53,43	60,11	32,01	46,57	52,39	27,49	39,98	44,98	23,15	33,67	37,88
	II	903,83	49,71	72,30	81,34	II	903,83	44,50	64,73	72,82	39,49	57,44	64,62	34,66	50,42	56,72	30,02	43,67	49,13	25,57	37,20	41,85	21,32	31,02	34,89
	III	562,50	30,93	45,—	50,62	III	562,50	27,09	39,41	44,33	23,35	33,97	38,21	19,71	28,68	32,26	16,16	23,50	26,44	12,70	18,48	20,79	1,60	13,60	15,30
	V	1 463,33	80,48	117,06	131,69	IV	946,08	49,36	71,80	80,77	46,74	67,99	76,49	44,16	64,24	72,27	41,64	60,57	68,14	39,16	56,96	64,08	36,73	53,43	60,11
	VI	1 495,58	82,25	119,64	134,60																				
4 190,99	I,IV	947,16	52,09	75,77	85,24	I	947,16	46,80	68,08	76,59	41,70	60,66	68,24	36,79	53,51	60,20	32,06	46,64	52,47	27,54	40,06	45,06	23,20	33,74	37,96
	II	905,—	49,77	72,40	81,45	II	905,—	44,56	64,82	72,92	39,54	57,52	64,71	34,71	50,50	56,81	30,08	43,75	49,22	25,63	37,28	41,94	21,37	31,09	34,97
	III	563,33	30,98	45,06	50,69	III	563,33	27,14	39,48	44,41	23,40	34,04	38,29	19,75	28,73	32,32	16,20	23,57	26,51	12,75	18,54	20,86	1,73	13,65	15,35
	V	1 464,58	80,55	117,16	131,81	IV	947,16	49,42	71,89	80,87	46,80	68,08	76,59	44,22	64,33	72,37	41,70	60,66	68,24	39,22	57,05	64,18	36,79	53,51	60,20
	VI	1 496,83	82,32	119,74	134,71																				
4 193,99	I,IV	948,33	52,15	75,86	85,34	I	948,33	46,86	68,16	76,68	41,75	60,74	68,33	36,84	53,59	60,29	32,12	46,72	52,56	27,59	40,13	45,14	23,25	33,82	38,04
	II	906,08	49,83	72,48	81,54	II	906,08	44,62	64,90	73,01	39,60	57,60	64,80	34,77	50,58	56,90	30,13	43,82	49,30	25,68	37,36	42,03	21,42	31,16	35,05
	III	564,16	31,02	45,13	50,77	III	564,16	27,18	39,54	44,48	23,44	34,10	38,36	19,80	28,80	32,40	16,24	23,62	26,57	12,78	18,60	20,92	1,86	13,70	15,41
	V	1 465,91	80,62	117,27	131,93	IV	948,33	49,48	71,98	80,97	46,86	68,16	76,68	44,28	64,42	72,47	41,75	60,74	68,33	39,27	57,13	64,27	36,84	53,59	60,29
	VI	1 498,08	82,39	119,84	134,82																				
4 196,99	I,IV	949,41	52,21	75,95	85,44	I	949,41	46,92	68,25	76,78	41,81	60,82	68,42	36,90	53,67	60,38	32,17	46,80	52,65	27,64	40,20	45,23	23,29	33,88	38,12
	II	907,16	49,89	72,57	81,64	II	907,16	44,68	64,99	73,11	39,65	57,68	64,89	34,82	50,66	56,99	30,18	43,90	49,39	25,73	37,42	42,10	21,46	31,22	35,12
	III	565,—	31,07	45,20	50,85	III	565,—	27,23	39,61	44,56	23,48	34,16	38,43	19,83	28,85	32,45	16,28	23,69	26,65	12,82	18,65	20,98	2,—	13,76	15,48
	V	1 467,16	80,69	117,37	132,04	IV	949,41	49,54	72,06	81,07	46,92	68,25	76,78	44,34	64,50	72,56	41,81	60,82	68,42	39,33	57,21	64,36	36,90	53,67	60,38
	VI	1 499,33	82,46	119,94	134,93																				
4 199,99	I,IV	950,58	52,28	76,04	85,55	I	950,58	46,98	68,34	76,88	41,87	60,90	68,51	36,96	53,76	60,48	32,23	46,88	52,74	27,69	40,28	45,31	23,34	33,96	38,20
	II	908,33	49,95	72,66	81,74	II	908,33	44,74	65,08	73,21	39,71	57,76	64,98	34,88	50,74	57,08	30,23	43,98	49,47	25,78	37,50	42,18	21,51	31,30	35,21
	III	565,66	31,11	45,25	50,90	III	565,66	27,27	39,66	44,62	23,53	34,22	38,50	19,88	28,92	32,53	16,32	23,74	26,71	12,87	18,72	21,06	2,13	13,81	15,53
	V	1 468,41	80,76	117,47	132,15	IV	950,58	49,61	72,16	81,18	46,98	68,34	76,88	44,40	64,58	72,65	41,87	60,90	68,51	39,39	57,30	64,46	36,96	53,76	60,48
	VI	1 500,58	82,53	120,04	135,05																				
4 202,99	I,IV	951,66	52,34	76,13	85,64	I	951,66	47,04	68,42	76,97	41,93	60,99	68,61	37,01	53,84	60,57	32,28	46,96	52,83	27,74	40,36	45,40	23,39	34,03	38,28
	II	909,41	50,01	72,75	81,84	II	909,41	44,80	65,16	73,31	39,77	57,85	65,08	34,93	50,82	57,17	30,29	44,06	49,56	25,83	37,57	42,26	21,56	31,37	35,29
	III	566,50	31,15	45,32	50,98	III	566,50	27,31	39,73	44,69	23,57	34,29	38,57	19,91	28,97	32,59	16,37	23,81	26,78	12,90	18,77	21,11	2,30	13,88	15,61
	V	1 469,66	80,83	117,57	132,26	IV	951,66	49,66	72,24	81,27	47,04	68,42	76,97	44,46	64,67	72,75	41,93	60,99	68,61	39,44	57,38	64,55	37,01	53,84	60,57
	VI	1 501,83	82,60	120,14	135,16																				
4 205,99	I,IV	952,83	52,40	76,22	85,75	I	952,83	47,10	68,51	77,07	41,99	61,08	68,71	37,07	53,92	60,66	32,34	47,04	52,92	27,79	40,43	45,48	23,44	34,10	38,36
	II	910,58	50,08	72,84	81,95	II	910,58	44,86	65,25	73,40	39,82	57,93	65,17	34,99	50,90	57,26	30,34	44,13	49,64	25,88	37,64	42,35	21,61	31,44	35,37
	III	567,33	31,20	45,38	51,05	III	567,33	27,36	39,80	44,77	23,61	34,34	38,63	19,96	29,04	32,67	16,40	23,86	26,84	12,94	18,82	21,17	2,43	13,93	15,67
	V	1 470,91	80,90	117,67	132,38	IV	952,83	49,73	72,34	81,38	47,10	68,51	77,07	44,52	64,76	72,85	41,99	61,08	68,71	39,50	57,46	64,64	37,07	53,92	60,66
	VI	1 503,08	82,66	120,24	135,27																				
4 208,99	I,IV	953,91	52,46	76,31	85,85	I	953,91	47,16	68,60	77,17	42,04	61,16	68,80	37,12	54,—	60,75	32,39	47,11	53,—	27,84	40,50	45,56	23,49	34,17	38,44
	II	911,66	50,14	72,93	82,04	II	911,66	44,91	65,33	73,49	39,88	58,02	65,27	35,04	50,97	57,34	30,39	44,20	49,73	25,93	37,72	42,43	21,66	31,50	35,44
	III	568,16	31,24	45,45	51,13	III	568,16	27,40	39,86	44,84	23,65	34,41	38,71	20,—	29,09	32,72	16,44	23,92	26,91	12,98	18,88	21,24	2,56	13,98	15,73
	V	1 472,16	80,96	117,77	132,49	IV	953,91	49,79	72,42	81,47	47,16	68,60	77,17	44,58	64,84	72,95	42,04	61,16	68,80	39,56	57,54	64,73	37,12	54,—	60,75
	VI	1 504,41	82,74	120,35	135,39																				
4 211,99	I,IV	955,08	52,52	76,40	85,95	I	955,08	47,22	68,68	77,27	42,10	61,24	68,90	37,18	54,08	60,84	32,44	47,19	53,09	27,89	40,58	45,65	23,54	34,24	38,52
	II	912,75	50,20	73,02	82,14	II	912,75	44,97	65,42	73,59	39,94	58,10	65,36	35,09	51,05	57,43	30,44	44,28	49,82	25,98	37,79	42,51	21,71	31,58	35,52
	III	569,—	31,29	45,52	51,21	III	569,—	27,45	39,93	44,92	23,70	34,48	38,79	20,04	29,16	32,80	16,49	23,98	26,98	13,02	18,94	21,31	2,70	14,04	15,79
	V	1 473,41	81,03	117,87	132,60	IV	955,08	49,85	72,51	81,57	47,22	68,68	77,27	44,64	64,93	73,04	42,10	61,24	68,90	39,61	57,62	64,82	37,18	54,08	60,84
	VI	1 505,66	82,81	120,45	135,50																				
4 214,99	I,IV	956,25	52,59	76,50	86,06	I	956,25	47,28	68,78	77,37	42,16	61,33	68,99	37,23	54,16	60,93	32,50	47,27	53,18	27,94	40,65	45,73	23,59	34,32	38,61
	II	913,91	50,26	73,11	82,25	II	913,91	45,03	65,50	73,69	40,—	58,18	65,45	35,15	51,13	57,52	30,50	44,36	49,91	26,03	37,86	42,59	21,76	31,65	35,60
	III	569,83	31,34	45,58	51,28	III	569,83	27,49	39,98	44,98	23,74	34,53	38,84	20,08	29,21	32,86	16,52	24,04	27,04	13,06	19,—	21,37	2,83	14,09	15,85
	V	1 474,66	81,10	117,97	132,71	IV	956,25	49,91	72,60	81,67	47,28	68,78	77,37	44,70	65,02	73,14	42,16	61,33	68,99	39,67	57,71	64,92	37,23	54,16	60,93
	VI	1 506,91	82,88	120,55	135,62																				
4 217,99	I,IV	957,33	52,65	76,58	86,15	I	957,33	47,34	68,86	77,46	42,22	61,41	69,08	37,29	54,24	61,02	32,55	47,34	53,26	27,99	40,72	45,81	23,64	34,38	38,68
	II	915,—	50,32	73,20	82,35	II	915,—	45,09	65,59	73,79	40,05	58,26	65,54	35,20	51,21	57,61	30,55	44,44	49,99	26,08	37,94	42,68	21,80	31,72	35,68
	III	570,66	31,38	45,65	51,35	III	570,66	27,53	40,05	45,05	23,78	34,60	38,92	20,13	29,28	32,94	16,56	24,09	27,10	13,09	19,05	21,43	3,—	14,16	15,93
	V	1 475,91	81,17	118,07	132,83	IV	957,33	49,97	72,69	81,77	47,34	68,86	77,46	44,76	65,10	73,24	42,22	61,41	69,08	39,73	57,79	65,01	37,29	54,24	61,02
	VI	1 508,16	82,94	120,65	135,73																				
4 220,99	I,IV	958,50	52,71	76,68	86,26	I	958,50	47,40	68,95	77,57	42,28	61,50	69,18	37,34	54,32	61,11	32,60	47,42	53,35	28,05	40,80	45,90	23,69	34,46	38,76
	II	916,08	50,38	73,28	82,44	II	916,08	45,15	65,68	73,89	40,11	58,34	65,63	35,26	51,29	57,70	30,60	44,51	50,07	26,13	38,01	42,76	21,85	31,78	35,75
	III	571,50	31,43	45,72	51,43	III	571,50	27,58	40,12	45,13	23,83	34,66	38,99	20,17	29,34	33,01	16,61	24,16	27,18	13,14	19,12	21,51	3,13	14,21	15,98
	V	1 477,25	81,24	118,18	132,95	IV	958,50	50,03	72,78	81,87	47,40	68,95	77,57	44,82	65,19	73,34	42,28	61,50	69,18	39,79	57,88	65,11	37,34	54,32	61,11
	VI	1 509,41	83,01	120,75	135,84																				
4 223,99	I,IV	959,66	52,78	76,77	86,36	I	959,66	47,46	69,04	77,67	42,34	61,58	69,28	37,40	54,40	61,20	32,66	47,50	53,44	28,10	40,88	45,99	23,74	34,53	38,84
	II	917,25	50,44	73,38	82,55	II	917,25	45,21	65,76	73,98	40,17	58,43	65,73	35,31	51,37	57,79	30,65	44,59	50,16	26,18	38,08	42,84	21,90	31,86	35,84
	III	572,33	31,47	45,78	51,50	III	572,33	27,62	40,18	45,20	23,87	34,72	39,06	20,21	29,40	33,07	16,64	24,21	27,23	13,18	19,17	21,56	3,26	14,26	16,04
	V	1 478,50	81,31	118,28	133,06	IV	959,66	50,10	72,87	81,98	47,46	69,04	77,67	44,88	65,28	73,44	42,34	61,58	69,28	39,84	57,96	65,20	37,40	54,40	61,20
	VI	1 510,66	83,08	120,85	135,95																				
4 226,99	I,IV	960,75	52,84	76,86	86,46	I	960,75	47,52	69,12	77,76	42,39	61,66	69,37	37,45	54,48	61,29	32,71	47,58	53,52	28,15	40,95	46,07	23,78	34,60	38,92
	II	918,33	50,50	73,46	82,64	II	918,33	45,27	65,85	74,08	40,22	58,51	65,82	35,37	51,45	57,88	30,71	44,67	50,25	26,23	38,16	42,93	21,95	31,93	35,92
	III	573,16	31,52	45,85	51,58	III	573,16	27,67	40,25	45,28	23,91	34,78	39,13	20,25	29,46	33,14	16,69	24,28	27,31	13,21	19,22	21,62	3,40	14,32	16,11
	V	1 479,75	81,38	118,38	133,17	IV	960,75	50,16	72,96	82,08	47,52	69,12	77,76	44,93	65,36	73,53	42,39	61,66	69,37	39,90	58,04	65,30	37,45	54,48	61,29
	VI	1 511,91	83,15	120,95	136,07																				
4 229,99	I,IV	961,91	52,90	76,95	86,57	I	961,91	47,58	69,21	77,86	42,45	61,75	69,47	37,51	54,56	61,38	32,76	47,66	53,61	28,20	41,02	46,15	23,83	34,67	39,—
	II	919,41	50,56	73,55	82,74	II	919,41	45,33	65,94	74,18	40,28	58,60	65,92	35,42	51,53	57,97	30,76	44,74	50,33	26,28	38,23	43,01	22,—	32,—	36,—
	III	573,83	31,56	45,90	51,64	III	573,83	27,71	40,30	45,34	23,96	34,85	39,20	20,29	29,52	33,21	16,72	24,33	27,37	13,26	19,29	21,70	3,53	14,37	16,16
	V	1 481,—	81,45	118,48	133,29	IV	961,91	50,21	73,04	82,17	47,58	69,21	77,86	44,99	65,44	73,62	42,45	61,75	69,47	39,96	58,12	65,39	37,51	54,56	61,38
	VI	1 513,16	83,22	121,05	136,18																				

* Die ausgewiesenen Tabellenwerte sind amtlich. Siehe Erläuterungen auf der Umschlaginnenseite (U2).
** Bei mehr als 3 Kinderfreibeträgen ist die „Ergänzungs-Tabelle 3,5 bis 6 Kinderfreibeträge" anzuwenden.

MONAT 4 230,–*

Abzüge an Lohnsteuer, Solidaritätszuschlag (SolZ) und Kirchensteuer (8%, 9%) in den Steuerklassen

Lohn/Gehalt bis €*	I – VI					I, II, III, IV		mit Zahl der Kinderfreibeträge . . . 0,5			1			1,5			2			2,5			3**		
		LSt	ohne Kinderfreibeträge SolZ	8%	9%		LSt	SolZ	8%	9%	SolZ	8%	9%	SolZ	8%	9%	SolZ	8%	9%	SolZ	8%	9%	SolZ	8%	9%
4 232,99	I,IV	963,—	52,96	77,04	86,67	I	963,—	47,64	69,30	77,96	42,51	61,84	69,57	37,56	54,64	61,47	32,82	47,74	53,70	28,26	41,10	46,24	23,88	34,74	39,08
	II	920,58	50,63	73,64	82,85	II	920,58	45,39	66,02	74,27	40,34	58,68	66,01	35,48	51,61	58,06	30,81	44,82	50,42	26,33	38,30	43,09	22,05	32,07	36,08
	III	574,66	31,60	45,97	51,71	III	574,66	27,75	40,37	45,41	23,99	34,90	39,26	20,34	29,58	33,28	16,77	24,40	27,45	13,30	19,34	21,76	3,66	14,42	16,22
	V	1 482,25	81,52	118,58	133,40	IV	963,—	50,28	73,14	82,28	47,64	69,30	77,96	45,05	65,53	73,72	42,51	61,84	69,57	40,01	58,20	65,48	37,56	54,64	61,47
	VI	1 514,41	83,29	121,15	136,29																				
4 235,99	I,IV	964,16	53,02	77,13	86,77	I	964,16	47,70	69,38	78,05	42,57	61,92	69,66	37,62	54,73	61,57	32,87	47,81	53,78	28,31	41,18	46,32	23,93	34,82	39,17
	II	921,75	50,69	73,74	82,95	II	921,75	45,45	66,11	74,37	40,40	58,76	66,11	35,53	51,69	58,15	30,86	44,90	50,51	26,38	38,38	43,17	22,09	32,14	36,15
	III	575,50	31,65	46,04	51,79	III	575,50	27,80	40,44	45,49	24,04	34,97	39,34	20,37	29,64	33,34	16,81	24,45	27,50	13,33	19,40	21,82	3,83	14,49	16,30
	V	1 483,50	81,59	118,68	133,51	IV	964,16	50,34	73,22	82,37	47,70	69,38	78,05	45,11	65,62	73,82	42,57	61,92	69,66	40,07	58,29	65,57	37,62	54,73	61,57
	VI	1 515,75	83,36	121,26	136,41																				
4 238,99	I,IV	965,25	53,08	77,22	86,87	I	965,25	47,76	69,47	78,15	42,62	62,—	69,75	37,68	54,81	61,66	32,92	47,89	53,87	28,36	41,25	46,40	23,98	34,88	39,24
	II	922,83	50,75	73,82	83,05	II	922,83	45,51	66,20	74,47	40,45	58,84	66,20	35,59	51,77	58,24	30,91	44,97	50,59	26,43	38,45	43,25	22,14	32,21	36,23
	III	576,33	31,69	46,10	51,86	III	576,33	27,84	40,50	45,56	24,09	35,04	39,42	20,42	29,70	33,41	16,84	24,50	27,56	13,38	19,46	21,89	3,96	14,54	16,36
	V	1 484,75	81,66	118,78	133,62	IV	965,25	50,40	73,31	82,47	47,76	69,47	78,15	45,17	65,70	73,91	42,62	62,—	69,75	40,13	58,37	65,66	37,68	54,81	61,66
	VI	1 517,—	83,43	121,36	136,53																				
4 241,99	I,IV	966,41	53,15	77,31	86,97	I	966,41	47,82	69,56	78,26	42,68	62,08	69,84	37,73	54,89	61,75	32,98	47,97	53,96	28,41	41,32	46,49	24,03	34,96	39,33
	II	923,91	50,81	73,91	83,15	II	923,91	45,57	66,28	74,57	40,51	58,93	66,29	35,64	51,85	58,33	30,97	45,05	50,68	26,48	38,52	43,34	22,19	32,28	36,31
	III	577,16	31,74	46,17	51,94	III	577,16	27,88	40,56	45,63	24,12	35,09	39,47	20,46	29,76	33,48	16,89	24,57	27,64	13,42	19,52	21,96	4,10	14,60	16,42
	V	1 486,—	81,73	118,88	133,74	IV	966,41	50,46	73,40	82,58	47,82	69,56	78,26	45,23	65,79	74,01	42,68	62,08	69,84	40,18	58,45	65,75	37,73	54,89	61,75
	VI	1 518,25	83,50	121,46	136,64																				
4 244,99	I,IV	967,58	53,21	77,40	87,08	I	967,58	47,88	69,65	78,35	42,74	62,17	69,94	37,79	54,97	61,84	33,03	48,05	54,05	28,46	41,40	46,58	24,08	35,03	39,41
	II	925,08	50,87	74,—	83,25	II	925,08	45,63	66,37	74,66	40,57	59,01	66,38	35,70	51,93	58,42	31,02	45,13	50,77	26,53	38,60	43,42	22,24	32,35	36,39
	III	578,—	31,79	46,24	52,02	III	578,—	27,93	40,62	45,70	24,17	35,16	39,55	20,50	29,82	33,55	16,93	24,62	27,70	13,45	19,57	22,01	4,23	14,65	16,48
	V	1 487,33	81,80	118,98	133,85	IV	967,58	50,52	73,49	82,67	47,88	69,65	78,35	45,29	65,88	74,11	42,74	62,17	69,94	40,24	58,54	65,85	37,79	54,97	61,84
	VI	1 519,50	83,57	121,56	136,75																				
4 247,99	I,IV	968,75	53,28	77,50	87,18	I	968,75	47,94	69,74	78,45	42,80	62,26	70,04	37,84	55,05	61,93	33,08	48,12	54,14	28,51	41,48	46,66	24,13	35,10	39,49
	II	926,16	50,93	74,09	83,35	II	926,16	45,69	66,46	74,76	40,63	59,10	66,48	35,75	52,01	58,51	31,07	45,20	50,85	26,59	38,68	43,51	22,29	32,42	36,47
	III	578,83	31,83	46,30	52,09	III	578,83	27,97	40,69	45,77	24,21	35,22	39,62	20,54	29,88	33,61	16,97	24,69	27,77	13,49	19,62	22,07	4,36	14,70	16,54
	V	1 488,58	81,87	119,08	133,97	IV	968,75	50,59	73,58	82,78	47,94	69,74	78,45	45,35	65,96	74,21	42,80	62,26	70,04	40,30	58,62	65,95	37,84	55,05	61,93
	VI	1 520,75	83,64	121,66	136,86																				
4 250,99	I,IV	969,83	53,34	77,58	87,28	I	969,83	48,—	69,82	78,55	42,85	62,34	70,13	37,90	55,13	62,02	33,14	48,20	54,23	28,56	41,55	46,74	24,18	35,17	39,56
	II	927,25	51,—	74,18	83,45	II	927,25	45,74	66,54	74,85	40,68	59,18	66,57	35,81	52,09	58,60	31,13	45,28	50,94	26,63	38,74	43,58	22,33	32,49	36,55
	III	579,66	31,88	46,37	52,16	III	579,66	28,02	40,76	45,85	24,25	35,28	39,69	20,58	29,94	33,68	17,01	24,74	27,83	13,53	19,69	22,15	4,53	14,77	16,61
	V	1 489,83	81,94	119,18	134,08	IV	969,83	50,65	73,67	82,88	48,—	69,82	78,55	45,41	66,05	74,30	42,85	62,34	70,13	40,36	58,70	66,04	37,90	55,13	62,02
	VI	1 522,—	83,71	121,76	136,98																				
4 253,99	I,IV	971,—	53,40	77,68	87,39	I	971,—	48,06	69,91	78,65	42,91	62,42	70,22	37,96	55,22	62,12	33,19	48,28	54,32	28,61	41,62	46,82	24,23	35,24	39,65
	II	928,41	51,06	74,27	83,55	II	928,41	45,81	66,63	74,96	40,74	59,26	66,67	35,86	52,17	58,69	31,18	45,36	51,03	26,69	38,82	43,67	22,38	32,56	36,63
	III	580,50	31,92	46,44	52,24	III	580,50	28,06	40,82	45,92	24,30	35,34	39,76	20,63	30,01	33,76	17,05	24,81	27,91	13,57	19,74	22,21	4,66	14,82	16,67
	V	1 491,08	82,—	119,28	134,19	IV	971,—	50,71	73,76	82,98	48,06	69,91	78,65	45,47	66,14	74,40	42,91	62,42	70,22	40,41	58,78	66,13	37,96	55,22	62,12
	VI	1 523,25	83,77	121,86	137,09																				
4 256,99	I,IV	972,16	53,46	77,77	87,49	I	972,16	48,12	70,—	78,75	42,97	62,51	70,32	38,01	55,30	62,21	33,25	48,36	54,41	28,67	41,70	46,91	24,28	35,32	39,73
	II	929,58	51,12	74,36	83,66	II	929,58	45,87	66,72	75,06	40,80	59,34	66,76	35,92	52,25	58,78	31,24	45,44	51,12	26,74	38,90	43,76	22,43	32,63	36,71
	III	581,33	31,97	46,50	52,31	III	581,33	28,10	40,88	45,99	24,34	35,41	39,83	20,67	30,06	33,82	17,09	24,86	27,97	13,61	19,80	22,27	4,80	14,88	16,74
	V	1 492,33	82,07	119,38	134,30	IV	972,16	50,77	73,85	83,08	48,12	70,—	78,75	45,53	66,22	74,50	42,97	62,51	70,32	40,47	58,87	66,23	38,01	55,30	62,21
	VI	1 524,50	83,84	121,96	137,20																				
4 259,99	I,IV	973,25	53,52	77,86	87,59	I	973,25	48,18	70,09	78,85	43,03	62,60	70,42	38,07	55,38	62,30	33,30	48,44	54,49	28,72	41,78	47,—	24,33	35,39	39,81
	II	930,66	51,18	74,45	83,75	II	930,66	45,92	66,80	75,15	40,85	59,42	66,85	35,97	52,33	58,87	31,29	45,51	51,20	26,79	38,97	43,84	22,48	32,70	36,79
	III	582,—	32,01	46,56	52,38	III	582,—	28,15	40,94	46,06	24,38	35,46	39,89	20,71	30,13	33,89	17,13	24,92	28,03	13,65	19,86	22,34	4,93	14,93	16,79
	V	1 493,58	82,14	119,48	134,42	IV	973,25	50,83	73,94	83,18	48,18	70,09	78,85	45,58	66,30	74,59	43,03	62,60	70,42	40,53	58,95	66,32	38,07	55,38	62,30
	VI	1 525,83	83,92	122,06	137,32																				
4 262,99	I,IV	974,41	53,59	77,95	87,69	I	974,41	48,24	70,18	78,95	43,09	62,68	70,51	38,12	55,46	62,39	33,35	48,52	54,58	28,77	41,85	47,08	24,38	35,46	39,89
	II	931,75	51,24	74,54	83,85	II	931,75	45,98	66,88	75,24	40,91	59,51	66,95	36,03	52,41	58,96	31,34	45,59	51,29	26,84	39,04	43,92	22,53	32,77	36,86
	III	582,83	32,05	46,62	52,45	III	582,83	28,19	41,01	46,13	24,42	35,53	39,97	20,75	30,18	33,95	17,17	24,98	28,10	13,69	19,92	22,41	5,10	15,—	16,87
	V	1 494,83	82,21	119,58	134,53	IV	974,41	50,89	74,03	83,28	48,24	70,18	78,95	45,64	66,39	74,69	43,09	62,68	70,51	40,59	59,04	66,42	38,12	55,46	62,39
	VI	1 527,08	83,98	122,16	137,43																				
4 265,99	I,IV	975,58	53,65	78,04	87,80	I	975,58	48,30	70,26	79,04	43,15	62,76	70,61	38,18	55,54	62,48	33,41	48,60	54,67	28,82	41,92	47,16	24,42	35,53	39,97
	II	932,91	51,31	74,63	83,96	II	932,91	46,04	66,98	75,35	40,97	59,60	67,05	36,08	52,49	59,05	31,39	45,66	51,37	26,89	39,12	44,01	22,58	32,84	36,95
	III	583,66	32,10	46,69	52,52	III	583,66	28,24	41,08	46,21	24,47	35,60	40,05	20,79	30,25	34,03	17,21	25,04	28,17	13,73	19,97	22,46	5,23	15,05	16,93
	V	1 496,08	82,28	119,68	134,64	IV	975,58	50,95	74,12	83,38	48,30	70,26	79,04	45,70	66,48	74,79	43,15	62,76	70,61	40,64	59,12	66,51	38,18	55,54	62,48
	VI	1 528,33	84,05	122,26	137,54																				
4 268,99	I,IV	976,66	53,71	78,13	87,89	I	976,66	48,36	70,35	79,14	43,21	62,85	70,70	38,24	55,62	62,57	33,46	48,68	54,76	28,87	42,—	47,25	24,47	35,60	40,05
	II	934,08	51,37	74,72	84,06	II	934,08	46,10	67,06	75,44	41,03	59,68	67,14	36,14	52,57	59,14	31,45	45,74	51,46	26,94	39,19	44,09	22,63	32,92	37,03
	III	584,50	32,14	46,76	52,60	III	584,50	28,28	41,14	46,28	24,51	35,65	40,10	20,83	30,30	34,09	17,26	25,10	28,24	13,77	20,04	22,54	5,36	15,10	16,99
	V	1 497,41	82,35	119,79	134,76	IV	976,66	51,02	74,21	83,48	48,36	70,35	79,14	45,76	66,57	74,89	43,21	62,85	70,70	40,70	59,20	66,60	38,24	55,62	62,57
	VI	1 529,58	84,12	122,36	137,66																				
4 271,99	I,IV	977,83	53,78	78,22	88,—	I	977,83	48,42	70,44	79,24	43,27	62,94	70,80	38,29	55,70	62,66	33,51	48,75	54,84	28,93	42,08	47,34	24,53	35,68	40,14
	II	935,16	51,43	74,81	84,16	II	935,16	46,16	67,14	75,53	41,08	59,76	67,23	36,19	52,65	59,23	31,50	45,82	51,54	26,99	39,26	44,17	22,67	32,98	37,10
	III	585,33	32,19	46,82	52,67	III	585,33	28,32	41,20	46,35	24,55	35,72	40,18	20,88	30,37	34,16	17,29	25,16	28,30	13,81	20,09	22,60	5,50	15,16	17,05
	V	1 498,66	82,42	119,89	134,87	IV	977,83	51,08	74,30	83,58	48,42	70,44	79,24	45,82	66,65	74,98	43,27	62,94	70,80	40,75	59,28	66,69	38,29	55,70	62,66
	VI	1 530,83	84,19	122,46	137,77																				
4 274,99	I,IV	979,—	53,84	78,32	88,11	I	979,—	48,49	70,53	79,34	43,32	63,02	70,89	38,35	55,78	62,75	33,57	48,83	54,93	28,98	42,15	47,42	24,58	35,75	40,22
	II	936,25	51,49	74,90	84,26	II	936,25	46,22	67,23	75,63	41,14	59,84	67,32	36,25	52,73	59,32	31,55	45,90	51,63	27,04	39,34	44,25	22,72	33,06	37,19
	III	586,16	32,23	46,89	52,75	III	586,16	28,37	41,26	46,42	24,60	35,78	40,25	20,91	30,42	34,22	17,34	25,22	28,37	13,85	20,14	22,66	5,63	15,21	17,11
	V	1 499,91	82,49	119,99	134,99	IV	979,—	51,14	74,38	83,68	48,49	70,53	79,34	45,88	66,74	75,08	43,32	63,02	70,89	40,81	59,37	66,79	38,35	55,78	62,75
	VI	1 532,08	84,26	122,56	137,88																				

* Die ausgewiesenen Tabellenwerte sind amtlich. Siehe Erläuterungen auf der Umschlaginnenseite (U2).
** Bei mehr als 3 Kinderfreibeträgen ist die „Ergänzungs-Tabelle 3,5 bis 6 Kinderfreibeträge" anzuwenden.

Lohn/ Gehalt bis €*	Abzüge an Lohnsteuer, Solidaritätszuschlag (SolZ) und Kirchensteuer (8%, 9%) in den Steuerklassen I – VI					I, II, III, IV		mit Zahl der Kinderfreibeträge . . . 0,5			1			1,5			2			2,5			3**		
		LSt	ohne Kinderfreibeträge SolZ	8%	9%		LSt	SolZ	8%	9%	SolZ	8%	9%	SolZ	8%	9%	SolZ	8%	9%	SolZ	8%	9%	SolZ	8%	9%
4 277,99	I,IV	980,08	53,90	78,40	88,20	I	980,08	48,55	70,62	79,44	43,38	63,10	70,99	38,41	55,87	62,85	33,62	48,91	55,02	29,03	42,23	47,51	24,63	35,82	40,30
	II	937,41	51,55	74,99	84,36	II	937,41	46,28	67,32	75,74	41,20	59,93	67,42	36,30	52,81	59,41	31,61	45,98	51,72	27,09	39,41	44,33	22,77	33,13	37,27
	III	587,—	32,28	46,96	52,83	III	587,—	28,41	41,33	46,49	24,64	35,84	40,32	20,96	30,49	34,30	17,38	25,28	28,44	13,89	20,21	22,73	5,80	15,28	17,19
	V	1 501,16	82,56	120,09	135,10	IV	980,08	51,20	74,48	83,79	48,55	70,62	79,44	45,94	66,82	75,17	43,38	63,10	70,99	40,87	59,45	66,88	38,41	55,87	62,85
	VI	1 533,33	84,33	122,66	137,99																				
4 280,99	I,IV	981,25	53,96	78,50	88,31	I	981,25	48,61	70,70	79,54	43,44	63,19	71,09	38,46	55,95	62,94	33,68	48,99	55,11	29,08	42,30	47,59	24,67	35,89	40,37
	II	938,50	51,61	75,08	84,46	II	938,50	46,34	67,40	75,83	41,25	60,01	67,51	36,36	52,89	59,50	31,66	46,05	51,80	27,14	39,48	44,42	22,82	33,20	37,35
	III	587,83	32,33	47,02	52,90	III	587,83	28,46	41,40	46,57	24,68	35,90	40,39	21,01	30,56	34,38	17,42	25,34	28,51	13,93	20,26	22,79	5,93	15,33	17,24
	V	1 502,41	82,63	120,19	135,21	IV	981,25	51,26	74,56	83,88	48,61	70,70	79,54	46,—	66,91	75,27	43,44	63,19	71,09	40,93	59,54	66,98	38,46	55,95	62,94
	VI	1 534,58	84,40	122,76	138,11																				
4 283,99	I,IV	982,41	54,03	78,59	88,41	I	982,41	48,67	70,79	79,64	43,50	63,28	71,19	38,52	56,03	63,03	33,73	49,06	55,19	29,13	42,38	47,67	24,72	35,96	40,46
	II	939,66	51,68	75,17	84,56	II	939,66	46,40	67,50	75,93	41,31	60,10	67,61	36,41	52,97	59,59	31,71	46,13	51,89	27,19	39,56	44,50	22,87	33,27	37,43
	III	588,66	32,37	47,09	52,97	III	588,66	28,49	41,45	46,63	24,73	35,97	40,46	21,04	30,61	34,43	17,46	25,40	28,57	13,97	20,32	22,86	6,06	15,38	17,30
	V	1 503,66	82,70	120,29	135,32	IV	982,41	51,32	74,66	83,99	48,67	70,79	79,64	46,06	67,—	75,37	43,50	63,28	71,19	40,98	59,62	67,07	38,52	56,03	63,03
	VI	1 535,91	84,47	122,87	138,23																				
4 286,99	I,IV	983,58	54,09	78,68	88,52	I	983,58	48,73	70,88	79,74	43,56	63,36	71,28	38,58	56,12	63,13	33,78	49,14	55,28	29,19	42,46	47,76	24,77	36,04	40,54
	II	940,75	51,74	75,26	84,66	II	940,75	46,46	67,58	76,03	41,37	60,18	67,70	36,47	53,06	59,69	31,76	46,20	51,98	27,25	39,64	44,59	22,92	33,34	37,50
	III	589,50	32,42	47,16	53,05	III	589,50	28,54	41,52	46,71	24,76	36,02	40,52	21,09	30,68	34,51	17,50	25,46	28,64	14,01	20,38	22,93	6,20	15,44	17,37
	V	1 504,91	82,77	120,39	135,44	IV	983,58	51,38	74,74	84,08	48,73	70,88	79,74	46,12	67,08	75,47	43,56	63,36	71,28	41,04	59,70	67,16	38,58	56,12	63,13
	VI	1 537,16	84,54	122,97	138,34																				
4 289,99	I,IV	984,66	54,15	78,77	88,61	I	984,66	48,79	70,97	79,84	43,61	63,44	71,37	38,63	56,20	63,22	33,84	49,22	55,37	29,24	42,53	47,84	24,82	36,11	40,62
	II	941,91	51,80	75,35	84,77	II	941,91	46,52	67,66	76,12	41,43	60,26	67,79	36,52	53,13	59,77	31,82	46,28	52,07	27,30	39,71	44,67	22,97	33,41	37,58
	III	590,33	32,46	47,22	53,12	III	590,33	28,59	41,58	46,78	24,81	36,09	40,60	21,12	30,73	34,57	17,54	25,52	28,71	14,05	20,44	22,99	6,33	15,49	17,42
	V	1 506,16	82,83	120,49	135,55	IV	984,66	51,45	74,84	84,19	48,79	70,97	79,84	46,18	67,17	75,56	43,61	63,44	71,37	41,10	59,78	67,25	38,63	56,20	63,22
	VI	1 538,41	84,61	123,07	138,45																				
4 292,99	I,IV	985,83	54,22	78,86	88,72	I	985,83	48,85	71,06	79,94	43,67	63,53	71,47	38,69	56,28	63,31	33,89	49,30	55,46	29,29	42,60	47,93	24,87	36,18	40,70
	II	943,—	51,86	75,44	84,87	II	943,—	46,58	67,76	76,23	41,48	60,34	67,88	36,58	53,22	59,87	31,87	46,36	52,15	27,35	39,78	44,75	23,02	33,48	37,67
	III	591,16	32,51	47,29	53,20	III	591,16	28,63	41,65	46,85	24,86	36,16	40,68	21,17	30,80	34,65	17,58	25,57	28,76	14,08	20,49	23,05	6,46	15,54	17,48
	V	1 507,41	82,90	120,59	135,66	IV	985,83	51,51	74,92	84,29	48,85	71,06	79,94	46,24	67,26	75,66	43,67	63,53	71,47	41,16	59,87	67,35	38,69	56,28	63,31
	VI	1 539,66	84,68	123,17	138,56																				
4 295,99	I,IV	987,—	54,28	78,96	88,83	I	987,—	48,91	71,14	80,03	43,73	63,62	71,57	38,74	56,36	63,40	33,95	49,38	55,55	29,34	42,68	48,02	24,92	36,26	40,79
	II	944,16	51,92	75,53	84,97	II	944,16	46,64	67,84	76,32	41,54	60,43	67,98	36,64	53,30	59,96	31,92	46,44	52,24	27,40	39,86	44,84	23,06	33,55	37,74
	III	592,—	32,56	47,36	53,28	III	592,—	28,68	41,72	46,93	24,90	36,22	40,75	21,22	30,86	34,72	17,62	25,64	28,84	14,13	20,56	23,13	6,63	15,61	17,56
	V	1 508,75	82,98	120,70	135,78	IV	987,—	51,57	75,02	84,39	48,91	71,14	80,03	46,30	67,34	75,76	43,73	63,62	71,57	41,21	59,95	67,44	38,74	56,36	63,40
	VI	1 540,91	84,75	123,27	138,68																				
4 298,99	I,IV	988,08	54,34	79,04	88,92	I	988,08	48,97	71,24	80,14	43,79	63,70	71,66	38,80	56,44	63,50	34,—	49,46	55,64	29,39	42,76	48,10	24,97	36,33	40,87
	II	945,33	51,99	75,62	85,07	II	945,33	46,70	67,93	76,42	41,60	60,52	68,08	36,69	53,38	60,05	31,98	46,52	52,33	27,45	39,93	44,92	23,11	33,62	37,82
	III	592,66	32,59	47,41	53,33	III	592,66	28,72	41,78	47,—	24,94	36,28	40,81	21,25	30,92	34,78	17,66	25,69	28,90	14,17	20,61	23,18	6,76	15,66	17,62
	V	1 510,—	83,05	120,80	135,90	IV	988,08	51,63	75,10	84,49	48,97	71,24	80,14	46,36	67,44	75,87	43,79	63,70	71,66	41,27	60,04	67,54	38,80	56,44	63,50
	VI	1 542,16	84,81	123,37	138,79																				
4 301,99	I,IV	989,25	54,40	79,14	89,03	I	989,25	49,03	71,32	80,24	43,85	63,78	71,75	38,86	56,52	63,59	34,05	49,54	55,73	29,44	42,83	48,18	25,02	36,40	40,95
	II	946,41	52,05	75,71	85,17	II	946,41	46,76	68,02	76,52	41,66	60,60	68,17	36,75	53,46	60,14	32,03	46,59	52,41	27,50	40,—	45,—	23,16	33,69	37,90
	III	593,50	32,64	47,48	53,41	III	593,50	28,76	41,84	47,07	24,98	36,34	40,88	21,29	30,97	34,84	17,71	25,76	28,98	14,20	20,66	23,24	6,90	15,72	17,68
	V	1 511,25	83,11	120,90	136,01	IV	989,25	51,70	75,20	84,60	49,03	71,32	80,24	46,42	67,52	75,96	43,85	63,78	71,75	41,33	60,12	67,63	38,86	56,52	63,59
	VI	1 543,41	84,88	123,47	138,90																				
4 304,99	I,IV	990,41	54,47	79,23	89,13	I	990,41	49,09	71,41	80,33	43,91	63,87	71,85	38,91	56,60	63,68	34,11	49,62	55,82	29,50	42,91	48,27	25,07	36,47	41,03
	II	947,50	52,11	75,80	85,27	II	947,50	46,82	68,10	76,61	41,72	60,68	68,27	36,80	53,54	60,23	32,08	46,67	52,50	27,55	40,08	45,09	23,21	33,76	37,98
	III	594,33	32,68	47,54	53,48	III	594,33	28,81	41,90	47,14	25,03	36,41	40,96	21,34	31,04	34,92	17,74	25,81	29,03	14,25	20,73	23,32	7,03	15,77	17,74
	V	1 512,50	83,18	121,—	136,12	IV	990,41	51,75	75,28	84,69	49,09	71,41	80,33	46,47	67,60	76,05	43,91	63,87	71,85	41,39	60,20	67,73	38,91	56,60	63,68
	VI	1 544,66	84,95	123,57	139,01																				
4 307,99	I,IV	991,58	54,53	79,32	89,24	I	991,58	49,16	71,50	80,44	43,97	63,96	71,95	38,97	56,69	63,77	34,16	49,70	55,91	29,55	42,98	48,35	25,12	36,54	41,11
	II	948,66	52,17	75,89	85,37	II	948,66	46,88	68,19	76,71	41,77	60,76	68,36	36,86	53,62	60,32	32,14	46,75	52,59	27,61	40,16	45,18	23,26	33,84	38,07
	III	595,16	32,73	47,61	53,56	III	595,16	28,85	41,97	47,21	25,07	36,46	41,02	21,38	31,10	34,99	17,79	25,88	29,11	14,29	20,78	23,38	7,20	15,84	17,82
	V	1 513,75	83,25	121,10	136,23	IV	991,58	51,82	75,38	84,80	49,16	71,50	80,44	46,54	67,70	76,16	43,97	63,96	71,95	41,45	60,29	67,82	38,97	56,69	63,77
	VI	1 545,91	85,02	123,67	139,13																				
4 310,99	I,IV	992,66	54,59	79,41	89,33	I	992,66	49,22	71,59	80,54	44,02	64,04	72,04	39,03	56,77	63,86	34,22	49,78	56,—	29,60	43,06	48,44	25,17	36,62	41,19
	II	949,75	52,23	75,98	85,47	II	949,75	46,94	68,28	76,81	41,83	60,85	68,45	36,91	53,70	60,41	32,19	46,82	52,67	27,66	40,23	45,26	23,31	33,90	38,14
	III	596,—	32,78	47,68	53,64	III	596,—	28,90	42,04	47,29	25,11	36,53	41,09	21,42	31,16	35,05	17,82	25,93	29,17	14,32	20,84	23,44	7,33	15,89	17,87
	V	1 515,—	83,32	121,20	136,35	IV	992,66	51,88	75,46	84,89	49,22	71,59	80,54	46,59	67,78	76,25	44,02	64,04	72,04	41,50	60,37	67,91	39,03	56,77	63,86
	VI	1 547,25	85,09	123,78	139,25																				
4 313,99	I,IV	993,83	54,66	79,50	89,44	I	993,83	49,28	71,68	80,64	44,08	64,12	72,14	39,08	56,85	63,95	34,27	49,86	56,09	29,65	43,14	48,53	25,22	36,69	41,27
	II	950,91	52,30	76,07	85,58	II	950,91	47,—	68,36	76,91	41,89	60,93	68,54	36,97	53,78	60,50	32,24	46,90	52,76	27,71	40,30	45,34	23,36	33,98	38,22
	III	596,83	32,82	47,74	53,71	III	596,83	28,94	42,10	47,36	25,16	36,60	41,17	21,46	31,22	35,12	17,87	26,—	29,25	14,37	20,90	23,51	7,46	15,94	17,93
	V	1 516,25	83,39	121,30	136,46	IV	993,83	51,94	75,56	85,—	49,28	71,68	80,64	46,65	67,86	76,34	44,08	64,12	72,14	41,56	60,46	68,01	39,08	56,85	63,95
	VI	1 548,50	85,16	123,88	139,36																				
4 316,99	I,IV	995,—	54,72	79,60	89,55	I	995,—	49,33	71,76	80,73	44,14	64,21	72,23	39,14	56,94	64,05	34,33	49,94	56,18	29,70	43,21	48,61	25,27	36,76	41,36
	II	952,08	52,36	76,16	85,68	II	952,08	47,06	68,45	77,—	41,95	61,02	68,64	37,03	53,86	60,59	32,30	46,98	52,85	27,76	40,38	45,42	23,41	34,05	38,30
	III	597,66	32,87	47,81	53,78	III	597,66	28,98	42,16	47,43	25,19	36,65	41,23	21,50	31,28	35,19	17,91	26,05	29,30	14,41	20,96	23,58	7,60	16,—	18,—
	V	1 517,50	83,46	121,40	136,57	IV	995,—	52,—	75,64	85,10	49,33	71,76	80,73	46,72	67,96	76,45	44,14	64,21	72,23	41,62	60,54	68,10	39,14	56,94	64,05
	VI	1 549,75	85,23	123,98	139,47																				
4 319,99	I,IV	996,16	54,78	79,69	89,65	I	996,16	49,40	71,86	80,84	44,20	64,30	72,33	39,20	57,02	64,14	34,38	50,02	56,27	29,76	43,29	48,70	25,32	36,84	41,44
	II	953,16	52,42	76,25	85,78	II	953,16	47,12	68,54	77,10	42,01	61,10	68,74	37,08	53,94	60,68	32,35	47,06	52,94	27,81	40,45	45,50	23,46	34,12	38,39
	III	598,50	32,91	47,88	53,86	III	598,50	29,03	42,22	47,50	25,24	36,72	41,31	21,55	31,34	35,26	17,95	26,12	29,38	14,44	21,01	23,63	7,76	16,06	18,07
	V	1 518,83	83,53	121,50	136,69	IV	996,16	52,07	75,74	85,20	49,40	71,86	80,84	46,78	68,04	76,55	44,20	64,30	72,33	41,68	60,62	68,20	39,20	57,02	64,14
	VI	1 551,—	85,30	124,08	139,59																				

* Die ausgewiesenen Tabellenwerte sind amtlich. Siehe Erläuterungen auf der Umschlaginnenseite (U2).
** Bei mehr als 3 Kinderfreibeträgen ist die „Ergänzungs-Tabelle 3,5 bis 6 Kinderfreibeträge" anzuwenden.

Abzüge an Lohnsteuer, Solidaritätszuschlag (SolZ) und Kirchensteuer (8%, 9%) in den Steuerklassen

Lohn/ Gehalt bis €*	I – VI					I, II, III, IV		mit Zahl der Kinderfreibeträge . . . 0,5			1			1,5			2			2,5			3**		
		LSt	ohne Kinderfreibeträge SolZ	8%	9%		LSt	SolZ	8%	9%	SolZ	8%	9%	SolZ	8%	9%	SolZ	8%	9%	SolZ	8%	9%	SolZ	8%	9%
4 322,99	I,IV	997,25	54,84	79,78	89,75	I	997,25	49,46	71,94	80,93	44,26	64,38	72,43	39,25	57,10	64,23	34,43	50,09	56,35	29,81	43,36	48,78	25,37	36,91	41,52
	II	954,33	52,48	76,34	85,88	II	954,33	47,18	68,62	77,20	42,06	61,18	68,83	37,14	54,02	60,77	32,40	47,14	53,03	27,86	40,52	45,59	23,50	34,19	38,46
	III	599,33	32,96	47,94	53,93	III	599,33	29,07	42,29	47,57	25,29	36,78	41,38	21,59	31,41	35,33	17,99	26,17	29,44	14,49	21,08	23,71	7,90	16,12	18,13
	V	1 520,08	83,60	121,60	136,80	IV	997,25	52,13	75,82	85,30	49,46	71,94	80,93	46,84	68,13	76,64	44,26	64,38	72,43	41,73	60,70	68,29	39,25	57,10	64,23
	VI	1 552,25	85,37	124,18	139,70																				
4 325,99	I,IV	998,41	54,91	79,87	89,85	I	998,41	49,52	72,03	81,03	44,32	64,47	72,53	39,31	57,18	64,33	34,49	50,17	56,44	29,86	43,44	48,87	25,42	36,98	41,60
	II	955,41	52,54	76,43	85,98	II	955,41	47,24	68,71	77,30	42,12	61,27	68,93	37,19	54,10	60,86	32,46	47,22	53,12	27,91	40,60	45,68	23,55	34,26	38,54
	III	600,16	33,–	48,01	54,01	III	600,16	29,12	42,36	47,65	25,32	36,84	41,44	21,63	31,46	35,39	18,03	26,22	29,50	14,52	21,13	23,77	8,03	16,17	18,19
	V	1 521,33	83,67	121,70	136,91	IV	998,41	52,19	75,92	85,41	49,52	72,03	81,03	46,90	68,22	76,74	44,32	64,47	72,53	41,79	60,79	68,39	39,31	57,18	64,33
	VI	1 553,50	85,44	124,28	139,81																				
4 328,99	I,IV	999,58	54,97	79,96	89,96	I	999,58	49,58	72,12	81,14	44,38	64,56	72,63	39,37	57,26	64,42	34,54	50,25	56,53	29,92	43,52	48,96	25,47	37,06	41,69
	II	956,58	52,61	76,52	86,09	II	956,58	47,30	68,80	77,40	42,18	61,36	69,03	37,25	54,18	60,95	32,51	47,29	53,20	27,96	40,68	45,76	23,60	34,34	38,63
	III	601,–	33,05	48,08	54,09	III	601,–	29,16	42,42	47,72	25,37	36,90	41,51	21,67	31,53	35,47	18,07	26,29	29,57	14,56	21,18	23,83	8,16	16,22	18,25
	V	1 522,58	83,74	121,80	137,03	IV	999,58	52,25	76,01	85,51	49,58	72,12	81,14	46,96	68,30	76,84	44,38	64,56	72,63	41,85	60,88	68,49	39,37	57,26	64,42
	VI	1 554,75	85,51	124,38	139,92																				
4 331,99	I,IV	1 000,75	55,04	80,06	90,06	I	1 000,75	49,64	72,21	81,23	44,44	64,64	72,72	39,42	57,34	64,51	34,60	50,33	56,62	29,97	43,59	49,04	25,52	37,12	41,76
	II	957,66	52,67	76,61	86,18	II	957,66	47,36	68,89	77,50	42,24	61,44	69,12	37,30	54,26	61,04	32,56	47,37	53,29	28,01	40,75	45,84	23,65	34,40	38,70
	III	601,83	33,10	48,14	54,16	III	601,83	29,21	42,49	47,80	25,41	36,97	41,59	21,71	31,58	35,53	18,11	26,34	29,63	14,61	21,25	23,90	8,30	16,28	18,31
	V	1 523,83	83,81	121,90	137,14	IV	1 000,75	52,31	76,10	85,61	49,64	72,21	81,23	47,02	68,39	76,94	44,44	64,64	72,72	41,91	60,96	68,58	39,42	57,34	64,51
	VI	1 556,–	85,58	124,48	140,04																				
4 334,99	I,IV	1 001,91	55,10	80,15	90,17	I	1 001,91	49,70	72,30	81,33	44,49	64,72	72,81	39,48	57,43	64,61	34,65	50,41	56,71	30,02	43,66	49,12	25,57	37,20	41,85
	II	958,83	52,73	76,70	86,29	II	958,83	47,42	68,98	77,60	42,29	61,52	69,21	37,36	54,34	61,13	32,62	47,45	53,38	28,06	40,82	45,92	23,70	34,48	38,79
	III	602,66	33,14	48,21	54,23	III	602,66	29,25	42,54	47,86	25,45	37,02	41,65	21,76	31,65	35,60	18,15	26,41	29,71	14,64	21,30	23,96	8,46	16,34	18,38
	V	1 525,08	83,87	122,–	137,25	IV	1 001,91	52,38	76,19	85,71	49,70	72,30	81,33	47,08	68,48	77,04	44,49	64,72	72,81	41,96	61,04	68,67	39,48	57,43	64,61
	VI	1 557,33	85,65	124,58	140,15																				
4 337,99	I,IV	1 003,08	55,16	80,24	90,27	I	1 003,08	49,77	72,39	81,44	44,55	64,81	72,91	39,54	57,51	64,70	34,71	50,49	56,80	30,07	43,74	49,21	25,63	37,28	41,94
	II	960,–	52,80	76,80	86,40	II	960,–	47,48	69,06	77,69	42,35	61,61	69,31	37,42	54,43	61,23	32,67	47,52	53,46	28,11	40,90	46,01	23,75	34,55	38,87
	III	603,50	33,19	48,28	54,31	III	603,50	29,29	42,61	47,93	25,50	37,09	41,72	21,80	31,72	35,68	18,19	26,46	29,77	14,68	21,36	24,03	8,60	16,40	18,45
	V	1 526,33	83,94	122,10	137,36	IV	1 003,08	52,44	76,28	85,81	49,77	72,39	81,44	47,13	68,56	77,13	44,55	64,81	72,91	42,02	61,13	68,77	39,54	57,51	64,70
	VI	1 558,58	85,72	124,68	140,27																				
4 340,99	I,IV	1 004,16	55,22	80,33	90,37	I	1 004,16	49,83	72,48	81,54	44,61	64,90	73,01	39,60	57,60	64,80	34,76	50,57	56,89	30,12	43,82	49,29	25,68	37,35	42,02
	II	961,16	52,86	76,89	86,50	II	961,16	47,54	69,15	77,79	42,41	61,69	69,40	37,47	54,51	61,32	32,72	47,60	53,55	28,17	40,98	46,10	23,80	34,62	38,95
	III	604,33	33,23	48,34	54,38	III	604,33	29,34	42,68	48,01	25,54	37,16	41,80	21,84	31,77	35,74	18,24	26,53	29,84	14,73	21,42	24,10	8,73	16,45	18,50
	V	1 527,58	84,01	122,20	137,48	IV	1 004,16	52,50	76,37	85,91	49,83	72,48	81,54	47,19	68,65	77,23	44,61	64,90	73,01	42,08	61,21	68,86	39,60	57,60	64,80
	VI	1 559,83	85,79	124,78	140,38																				
4 343,99	I,IV	1 005,33	55,29	80,42	90,47	I	1 005,33	49,88	72,56	81,63	44,67	64,98	73,10	39,65	57,68	64,89	34,82	50,65	56,98	30,18	43,90	49,38	25,72	37,42	42,09
	II	962,25	52,92	76,98	86,60	II	962,25	47,60	69,24	77,89	42,47	61,78	69,50	37,53	54,59	61,41	32,78	47,68	53,64	28,22	41,05	46,18	23,85	34,69	39,02
	III	605,16	33,28	48,41	54,46	III	605,16	29,38	42,74	48,08	25,59	37,22	41,87	21,89	31,84	35,82	18,27	26,58	29,90	14,76	21,48	24,16	8,86	16,50	18,56
	V	1 528,91	84,09	122,31	137,60	IV	1 005,33	52,56	76,46	86,01	49,88	72,56	81,63	47,25	68,74	77,33	44,67	64,98	73,10	42,14	61,30	68,96	39,65	57,68	64,89
	VI	1 561,08	85,85	124,88	140,49																				
4 346,99	I,IV	1 006,50	55,35	80,52	90,58	I	1 006,50	49,95	72,66	81,74	44,73	65,07	73,20	39,71	57,76	64,98	34,87	50,73	57,07	30,23	43,97	49,46	25,77	37,49	42,17
	II	963,41	52,98	77,07	86,70	II	963,41	47,66	69,32	77,99	42,53	61,86	69,59	37,58	54,67	61,50	32,83	47,76	53,73	28,27	41,12	46,26	23,90	34,76	39,11
	III	606,–	33,33	48,48	54,54	III	606,–	29,43	42,81	48,16	25,63	37,28	41,94	21,92	31,89	35,87	18,32	26,65	29,98	14,81	21,54	24,23	9,03	16,57	18,64
	V	1 530,16	84,15	122,41	137,71	IV	1 006,50	52,63	76,55	86,12	49,95	72,66	81,74	47,31	68,82	77,42	44,73	65,07	73,20	42,19	61,38	69,05	39,71	57,76	64,98
	VI	1 562,33	85,92	124,98	140,60																				
4 349,99	I,IV	1 007,66	55,42	80,61	90,68	I	1 007,66	50,01	72,74	81,83	44,79	65,16	73,30	39,76	57,84	65,07	34,93	50,81	57,16	30,28	44,05	49,55	25,82	37,56	42,26
	II	964,50	53,04	77,16	86,80	II	964,50	47,72	69,42	78,09	42,58	61,94	69,68	37,64	54,75	61,59	32,89	47,84	53,82	28,32	41,20	46,35	23,95	34,84	39,19
	III	606,83	33,37	48,54	54,61	III	606,83	29,48	42,88	48,24	25,67	37,34	42,01	21,97	31,96	35,95	18,36	26,70	30,04	14,85	21,60	24,30	9,16	16,62	18,70
	V	1 531,41	84,22	122,51	137,82	IV	1 007,66	52,69	76,64	86,22	50,01	72,74	81,83	47,38	68,92	77,53	44,79	65,16	73,30	42,25	61,46	69,14	39,76	57,84	65,07
	VI	1 563,58	85,99	125,08	140,72																				
4 352,99	I,IV	1 008,75	55,48	80,70	90,78	I	1 008,75	50,07	72,83	81,93	44,85	65,24	73,39	39,82	57,92	65,16	34,98	50,88	57,24	30,33	44,12	49,64	25,87	37,64	42,34
	II	965,66	53,11	77,25	86,90	II	965,66	47,78	69,50	78,18	42,64	62,03	69,78	37,69	54,83	61,68	32,94	47,92	53,91	28,37	41,27	46,43	24,–	34,91	39,27
	III	607,50	33,41	48,60	54,67	III	607,50	29,51	42,93	48,29	25,72	37,41	42,08	22,–	32,01	36,01	18,40	26,77	30,11	14,88	21,65	24,35	9,30	16,68	18,76
	V	1 532,66	84,29	122,61	137,93	IV	1 008,75	52,75	76,73	86,32	50,07	72,83	81,93	47,44	69,–	77,63	44,85	65,24	73,39	42,31	61,54	69,23	39,82	57,92	65,16
	VI	1 564,83	86,06	125,18	140,83																				
4 355,99	I,IV	1 009,91	55,54	80,79	90,89	I	1 009,91	50,13	72,92	82,04	44,91	65,32	73,49	39,88	58,01	65,26	35,03	50,96	57,33	30,38	44,20	49,72	25,92	37,71	42,42
	II	966,83	53,17	77,34	87,01	II	966,83	47,84	69,59	78,29	42,70	62,11	69,87	37,75	54,92	61,78	32,99	47,99	53,99	28,43	41,35	46,52	24,04	34,98	39,35
	III	608,50	33,46	48,68	54,76	III	608,50	29,56	43,–	48,37	25,76	37,48	42,16	22,05	32,08	36,09	18,44	26,82	30,17	14,93	21,72	24,43	9,43	16,73	18,82
	V	1 533,91	84,36	122,71	138,05	IV	1 009,91	52,81	76,82	86,42	50,13	72,92	82,04	47,50	69,09	77,72	44,91	65,32	73,49	42,37	61,63	69,33	39,88	58,01	65,26
	VI	1 566,08	86,13	125,28	140,94																				
4 358,99	I,IV	1 011,08	55,60	80,88	90,99	I	1 011,08	50,19	73,01	82,13	44,97	65,41	73,58	39,93	58,09	65,35	35,09	51,04	57,42	30,44	44,28	49,81	25,97	37,78	42,50
	II	967,91	53,23	77,43	87,11	II	967,91	47,90	69,68	78,39	42,76	62,20	69,97	37,81	55,–	61,87	33,05	48,07	54,08	28,48	41,42	46,60	24,09	35,05	39,43
	III	609,16	33,50	48,73	54,82	III	609,16	29,60	43,06	48,44	25,80	37,53	42,22	22,10	32,14	36,16	18,48	26,89	30,25	14,96	21,77	24,49	9,56	16,78	18,88
	V	1 535,16	84,43	122,81	138,16	IV	1 011,08	52,88	76,92	86,53	50,19	73,01	82,13	47,56	69,18	77,82	44,97	65,41	73,58	42,43	61,72	69,43	39,93	58,09	65,35
	VI	1 567,41	86,20	125,39	141,06																				
4 361,99	I,IV	1 012,25	55,67	80,98	91,10	I	1 012,25	50,26	73,10	82,24	45,03	65,50	73,68	39,99	58,18	65,45	35,14	51,12	57,51	30,49	44,36	49,90	26,02	37,86	42,59
	II	969,08	53,29	77,52	87,21	II	969,08	47,96	69,76	78,48	42,82	62,28	70,07	37,86	55,08	61,96	33,10	48,15	54,17	28,53	41,50	46,68	24,14	35,12	39,51
	III	610,16	33,55	48,81	54,91	III	610,16	29,65	43,13	48,52	25,85	37,60	42,30	22,14	32,21	36,23	18,52	26,94	30,31	15,–	21,82	24,55	9,73	16,85	18,95
	V	1 536,41	84,50	122,91	138,27	IV	1 012,25	52,94	77,–	86,63	50,26	73,10	82,24	47,62	69,26	77,92	45,03	65,50	73,68	42,49	61,80	69,53	39,99	58,18	65,45
	VI	1 568,66	86,27	125,49	141,17																				
4 364,99	I,IV	1 013,41	55,73	81,07	91,20	I	1 013,41	50,32	73,19	82,34	45,09	65,58	73,78	40,05	58,26	65,54	35,20	51,20	57,60	30,54	44,43	49,98	26,07	37,93	42,67
	II	970,16	53,35	77,61	87,31	II	970,16	48,02	69,85	78,58	42,88	62,37	70,16	37,92	55,16	62,05	33,16	48,23	54,26	28,58	41,57	46,76	24,20	35,20	39,60
	III	610,83	33,59	48,86	54,97	III	610,83	29,70	43,20	48,60	25,89	37,66	42,37	22,18	32,26	36,29	18,57	27,01	30,38	15,05	21,89	24,62	9,86	16,90	19,01
	V	1 537,66	84,57	123,01	138,38	IV	1 013,41	53,–	77,10	86,73	50,32	73,19	82,34	47,68	69,35	78,02	45,09	65,58	73,78	42,54	61,88	69,62	40,05	58,26	65,54
	VI	1 569,91	86,34	125,59	141,29																				

* Die ausgewiesenen Tabellenwerte sind amtlich. Siehe Erläuterungen auf der Umschlaginnenseite (U2).
** Bei mehr als 3 Kinderfreibeträgen ist die „Ergänzungs-Tabelle 3,5 bis 6 Kinderfreibeträge" anzuwenden.

Abzüge an Lohnsteuer, Solidaritätszuschlag (SolZ) und Kirchensteuer (8%, 9%) in den Steuerklassen

Lohn/ Gehalt bis €*	I – VI					I, II, III, IV mit Zahl der Kinderfreibeträge . . .																			
			ohne Kinderfreibeträge					0,5			1			1,5			2			2,5			3**		
		LSt	SolZ	8%	9%		LSt	SolZ	8%	9%	SolZ	8%	9%	SolZ	8%	9%	SolZ	8%	9%	SolZ	8%	9%	SolZ	8%	9%
4 367,99	I,IV	1 014,58	55,80	81,16	91,31	I	1 014,58	50,38	73,28	82,44	45,15	65,67	73,88	40,10	58,34	65,63	35,25	51,28	57,69	30,59	44,50	50,06	26,12	38,—	42,75
	II	971,33	53,42	77,70	87,41	II	971,33	48,08	69,94	78,68	42,93	62,45	70,25	37,98	55,24	62,15	33,21	48,30	54,34	28,63	41,65	46,85	24,25	35,27	39,68
	III	611,66	33,64	48,93	55,04	III	611,66	29,74	43,26	48,67	25,93	37,72	42,43	22,22	32,33	36,37	18,60	27,06	30,44	15,08	21,94	24,68	10,—	16,96	19,08
	V	1 538,91	84,64	123,11	138,50	IV	1 014,58	53,06	77,18	86,83	50,38	73,28	82,44	47,74	69,44	78,12	45,15	65,67	73,88	42,60	61,97	69,71	40,10	58,34	65,63
	VI	1 571,16	86,41	125,69	141,40																				
4 370,99	I,IV	1 015,75	55,86	81,26	91,41	I	1 015,75	50,44	73,37	82,54	45,21	65,76	73,98	40,16	58,42	65,72	35,31	51,36	57,78	30,65	44,58	50,15	26,18	38,08	42,84
	II	972,50	53,48	77,80	87,52	II	972,50	48,14	70,03	78,78	42,99	62,54	70,35	38,03	55,32	62,24	33,26	48,38	54,43	28,68	41,72	46,94	24,30	35,34	39,76
	III	612,50	33,68	49,—	55,12	III	612,50	29,79	43,33	48,74	25,97	37,78	42,50	22,26	32,38	36,43	18,65	27,13	30,52	15,12	22,—	24,75	10,16	17,02	19,15
	V	1 540,25	84,71	123,22	138,62	IV	1 015,75	53,13	77,28	86,94	50,44	73,37	82,54	47,80	69,53	78,22	45,21	65,76	73,98	42,66	62,06	69,81	40,16	58,42	65,72
	VI	1 572,41	86,48	125,79	141,51																				
4 373,99	I,IV	1 016,83	55,92	81,34	91,51	I	1 016,83	50,50	73,46	82,64	45,26	65,84	74,07	40,22	58,50	65,81	35,36	51,44	57,87	30,70	44,66	50,24	26,23	38,15	42,92
	II	973,58	53,54	77,88	87,62	II	973,58	48,20	70,12	78,88	43,05	62,62	70,45	38,09	55,40	62,33	33,32	48,46	54,52	28,73	41,80	47,02	24,34	35,41	39,83
	III	613,33	33,73	49,06	55,19	III	613,33	29,82	43,38	48,80	26,02	37,85	42,58	22,31	32,45	36,50	18,69	27,18	30,58	15,17	22,06	24,82	10,30	17,08	19,21
	V	1 541,50	84,78	123,32	138,73	IV	1 016,83	53,18	77,36	87,03	50,50	73,46	82,64	47,86	69,62	78,32	45,26	65,84	74,07	42,72	62,14	69,90	40,22	58,50	65,81
	VI	1 573,66	86,55	125,89	141,62																				
4 376,99	I,IV	1 018,—	55,99	81,44	91,62	I	1 018,—	50,56	73,54	82,73	45,32	65,93	74,17	40,28	58,59	65,91	35,42	51,52	57,96	30,75	44,74	50,33	26,28	38,22	43,—
	II	974,75	53,61	77,98	87,72	II	974,75	48,26	70,20	78,98	43,11	62,70	70,54	38,14	55,48	62,42	33,37	48,54	54,61	28,79	41,88	47,11	24,39	35,48	39,92
	III	614,16	33,77	49,13	55,27	III	614,16	29,87	43,45	48,88	26,07	37,92	42,66	22,34	32,50	36,56	18,72	27,24	30,64	15,20	22,12	24,88	10,43	17,13	19,27
	V	1 542,75	84,85	123,42	138,84	IV	1 018,—	53,25	77,46	87,14	50,56	73,54	82,73	47,92	69,70	78,41	45,32	65,93	74,17	42,78	62,22	70,—	40,28	58,59	65,91
	VI	1 574,91	86,62	125,99	141,74																				
4 379,99	I,IV	1 019,16	56,05	81,53	91,72	I	1 019,16	50,62	73,64	82,84	45,38	66,02	74,27	40,33	58,67	66,—	35,47	51,60	58,05	30,80	44,81	50,41	26,33	38,30	43,08
	II	975,91	53,67	78,07	87,83	II	975,91	48,32	70,29	79,07	43,17	62,79	70,64	38,20	55,57	62,51	33,43	48,62	54,70	28,84	41,95	47,19	24,44	35,56	40,—
	III	615,—	33,82	49,20	55,35	III	615,—	29,92	43,52	48,96	26,10	37,97	42,71	22,39	32,57	36,64	18,77	27,30	30,71	15,25	22,18	24,95	10,56	17,18	19,33
	V	1 544,—	84,92	123,52	138,96	IV	1 019,16	53,31	77,55	87,24	50,62	73,64	82,84	47,98	69,79	78,51	45,38	66,02	74,27	42,84	62,31	70,10	40,33	58,67	66,—
	VI	1 576,16	86,68	126,09	141,85																				
4 382,99	I,IV	1 020,33	56,11	81,62	91,82	I	1 020,33	50,68	73,72	82,94	45,44	66,10	74,36	40,39	58,76	66,10	35,53	51,68	58,14	30,86	44,89	50,50	26,38	38,37	43,16
	II	977,08	53,73	78,16	87,93	II	977,08	48,39	70,38	79,18	43,23	62,88	70,74	38,26	55,65	62,60	33,48	48,70	54,78	28,89	42,02	47,27	24,49	35,63	40,08
	III	615,83	33,87	49,26	55,42	III	615,83	29,96	43,58	49,03	26,15	38,04	42,79	22,44	32,64	36,72	18,81	27,37	30,79	15,29	22,24	25,02	10,73	17,25	19,40
	V	1 545,25	84,98	123,62	139,07	IV	1 020,33	53,38	77,64	87,35	50,68	73,72	82,94	48,04	69,88	78,61	45,44	66,10	74,36	42,90	62,40	70,20	40,39	58,76	66,10
	VI	1 577,41	86,75	126,19	141,96																				
4 385,99	I,IV	1 021,50	56,18	81,72	91,93	I	1 021,50	50,75	73,82	83,04	45,50	66,18	74,45	40,45	58,84	66,19	35,58	51,76	58,23	30,91	44,96	50,58	26,43	38,44	43,25
	II	978,16	53,79	78,25	88,03	II	978,16	48,45	70,47	79,28	43,28	62,96	70,83	38,31	55,73	62,69	33,53	48,78	54,87	28,94	42,10	47,36	24,54	35,70	40,16
	III	616,66	33,91	49,33	55,49	III	616,66	30,01	43,65	49,10	26,19	38,10	42,86	22,47	32,69	36,77	18,85	27,42	30,85	15,32	22,29	25,07	10,86	17,30	19,46
	V	1 546,50	85,05	123,72	139,18	IV	1 021,50	53,44	77,73	87,44	50,75	73,82	83,04	48,10	69,96	78,71	45,50	66,18	74,45	42,95	62,48	70,29	40,45	58,84	66,19
	VI	1 578,75	86,83	126,30	142,08																				
4 388,99	I,IV	1 022,66	56,24	81,81	92,03	I	1 022,66	50,81	73,90	83,14	45,56	66,28	74,56	40,50	58,92	66,28	35,64	51,84	58,32	30,96	45,04	50,67	26,48	38,52	43,33
	II	979,33	53,86	78,34	88,13	II	979,33	48,51	70,56	79,38	43,34	63,04	70,92	38,37	55,81	62,78	33,59	48,86	54,96	28,99	42,18	47,45	24,59	35,77	40,24
	III	617,50	33,96	49,40	55,57	III	617,50	30,05	43,72	49,18	26,24	38,17	42,94	22,52	32,76	36,85	18,90	27,49	30,92	15,37	22,36	25,15	11,—	17,36	19,53
	V	1 547,75	85,12	123,82	139,29	IV	1 022,66	53,50	77,82	87,55	50,81	73,90	83,14	48,16	70,06	78,81	45,56	66,28	74,56	43,01	62,56	70,38	40,50	58,92	66,28
	VI	1 580,—	86,90	126,40	142,20																				
4 391,99	I,IV	1 023,83	56,31	81,90	92,14	I	1 023,83	50,87	74,—	83,25	45,62	66,36	74,66	40,56	59,—	66,38	35,69	51,92	58,41	31,02	45,12	50,76	26,53	38,59	43,41
	II	980,50	53,92	78,44	88,24	II	980,50	48,56	70,64	79,47	43,40	63,13	71,02	38,43	55,90	62,88	33,64	48,94	55,05	29,04	42,25	47,53	24,64	35,84	40,32
	III	618,33	34,—	49,46	55,64	III	618,33	30,09	43,77	49,24	26,28	38,22	43,—	22,55	32,81	36,91	18,93	27,54	30,98	15,40	22,41	25,21	11,13	17,41	19,58
	V	1 549,—	85,19	123,92	139,41	IV	1 023,83	53,57	77,92	87,66	50,87	74,—	83,25	48,22	70,14	78,91	45,62	66,36	74,66	43,07	62,65	70,48	40,56	59,—	66,38
	VI	1 581,25	86,96	126,50	142,31																				
4 394,99	I,IV	1 025,—	56,37	82,—	92,25	I	1 025,—	50,93	74,08	83,34	45,68	66,44	74,75	40,62	59,08	66,47	35,75	52,—	58,50	31,07	45,20	50,85	26,58	38,66	43,49
	II	981,58	53,98	78,52	88,34	II	981,58	48,62	70,73	79,57	43,46	63,22	71,12	38,48	55,98	62,97	33,69	49,01	55,13	29,09	42,32	47,61	24,69	35,92	40,41
	III	619,16	34,05	49,53	55,72	III	619,16	30,14	43,84	49,32	26,32	38,29	43,07	22,60	32,88	36,99	18,97	27,60	31,05	15,44	22,46	25,27	11,26	17,46	19,64
	V	1 550,33	85,26	124,02	139,52	IV	1 025,—	53,62	78,—	87,75	50,93	74,08	83,34	48,28	70,23	79,01	45,68	66,44	74,75	43,12	62,73	70,57	40,62	59,08	66,47
	VI	1 582,50	87,03	126,60	142,42																				
4 397,99	I,IV	1 026,16	56,43	82,09	92,35	I	1 026,16	50,99	74,17	83,44	45,74	66,53	74,84	40,68	59,17	66,56	35,80	52,08	58,59	31,12	45,27	50,93	26,63	38,74	43,58
	II	982,75	54,05	78,62	88,44	II	982,75	48,69	70,82	79,67	43,52	63,30	71,21	38,54	56,06	63,06	33,75	49,09	55,22	29,15	42,40	47,70	24,74	35,99	40,49
	III	620,—	34,10	49,60	55,80	III	620,—	30,18	43,90	49,39	26,37	38,36	43,15	22,65	32,94	37,06	19,02	27,66	31,12	15,49	22,53	25,34	11,43	17,53	19,72
	V	1 551,58	85,33	124,12	139,64	IV	1 026,16	53,69	78,10	87,86	50,99	74,17	83,44	48,34	70,32	79,11	45,74	66,53	74,84	43,18	62,82	70,67	40,68	59,17	66,56
	VI	1 583,75	87,10	126,70	142,53																				
4 400,99	I,IV	1 027,33	56,50	82,18	92,45	I	1 027,33	51,05	74,26	83,54	45,80	66,62	74,94	40,73	59,25	66,65	35,86	52,16	58,68	31,18	45,35	51,02	26,68	38,82	43,67
	II	983,91	54,11	78,71	88,55	II	983,91	48,75	70,91	79,77	43,57	63,38	71,30	38,60	56,14	63,16	33,80	49,17	55,31	29,20	42,48	47,79	24,79	36,06	40,57
	III	620,83	34,14	49,66	55,87	III	620,83	30,23	43,97	49,46	26,40	38,41	43,21	22,68	33,—	37,12	19,06	27,73	31,19	15,52	22,58	25,40	11,56	17,58	19,78
	V	1 552,83	85,40	124,22	139,75	IV	1 027,33	53,75	78,19	87,96	51,05	74,26	83,54	48,40	70,40	79,20	45,80	66,62	74,94	43,24	62,90	70,76	40,73	59,25	66,65
	VI	1 585,—	87,17	126,80	142,65																				
4 403,99	I,IV	1 028,41	56,56	82,27	92,55	I	1 028,41	51,11	74,35	83,64	45,86	66,70	75,04	40,79	59,34	66,75	35,91	52,24	58,77	31,23	45,42	51,10	26,73	38,88	43,74
	II	985,—	54,17	78,80	88,65	II	985,—	48,81	71,—	79,87	43,63	63,47	71,40	38,65	56,22	63,25	33,86	49,25	55,40	29,25	42,55	47,87	24,84	36,13	40,64
	III	621,66	34,19	49,73	55,94	III	621,66	30,27	44,04	49,54	26,45	38,48	43,29	22,73	33,06	37,19	19,10	27,78	31,25	15,56	22,64	25,47	11,70	17,64	19,84
	V	1 554,08	85,47	124,32	139,86	IV	1 028,41	53,81	78,28	88,06	51,11	74,35	83,64	48,46	70,49	79,30	45,86	66,70	75,04	43,30	62,98	70,85	40,79	59,34	66,75
	VI	1 586,25	87,24	126,90	142,76																				
4 406,99	I,IV	1 029,66	56,63	82,37	92,66	I	1 029,66	51,18	74,44	83,75	45,92	66,79	75,14	40,85	59,42	66,84	35,97	52,32	58,86	31,28	45,50	51,19	26,78	38,96	43,83
	II	986,16	54,23	78,89	88,75	II	986,16	48,87	71,08	79,97	43,69	63,56	71,50	38,71	56,30	63,34	33,91	49,33	55,49	29,31	42,63	47,96	24,89	36,20	40,73
	III	622,50	34,23	49,80	56,02	III	622,50	30,32	44,10	49,61	26,50	38,54	43,36	22,77	33,13	37,27	19,14	27,85	31,33	15,61	22,70	25,54	11,86	17,70	19,91
	V	1 555,33	85,54	124,42	139,97	IV	1 029,66	53,88	78,37	88,16	51,18	74,44	83,75	48,52	70,58	79,40	45,92	66,79	75,14	43,36	63,07	70,95	40,85	59,42	66,84
	VI	1 587,50	87,31	127,—	142,87																				
4 409,99	I,IV	1 030,83	56,69	82,46	92,77	I	1 030,83	51,24	74,53	83,84	45,98	66,88	75,24	40,91	59,50	66,94	36,02	52,40	58,95	31,34	45,58	51,28	26,84	39,04	43,92
	II	987,33	54,30	78,98	88,85	II	987,33	48,93	71,18	80,07	43,75	63,64	71,60	38,76	56,38	63,43	33,97	49,41	55,58	29,36	42,71	48,04	24,94	36,28	40,81
	III	623,33	34,28	49,86	56,09	III	623,33	30,36	44,17	49,69	26,54	38,61	43,43	22,81	33,18	37,33	19,18	27,90	31,39	15,64	22,76	25,60	12,—	17,76	19,98
	V	1 556,58	85,61	124,52	140,09	IV	1 030,83	53,94	78,46	88,27	51,24	74,53	83,84	48,58	70,67	79,50	45,98	66,88	75,24	43,42	63,16	71,05	40,91	59,50	66,94
	VI	1 588,83	87,38	127,10	142,99																				

* Die ausgewiesenen Tabellenwerte sind amtlich. Siehe Erläuterungen auf der Umschlaginnenseite (U2).
** Bei mehr als 3 Kinderfreibeträgen ist die „Ergänzungs-Tabelle 3,5 bis 6 Kinderfreibeträge" anzuwenden.

MONAT 4 410,–*

Abzüge an Lohnsteuer, Solidaritätszuschlag (SolZ) und Kirchensteuer (8%, 9%) in den Steuerklassen

Lohn/ Gehalt bis €*	I – VI					I, II, III, IV mit Zahl der Kinderfreibeträge . . .																			
			ohne Kinderfreibeträge					0,5			1			1,5			2			2,5			3**		
		LSt	SolZ	8%	9%		LSt	SolZ	8%	9%	SolZ	8%	9%	SolZ	8%	9%	SolZ	8%	9%	SolZ	8%	9%	SolZ	8%	9%
4 412,99	I,IV	1 032,—	56,76	82,56	92,88	I	1 032,—	51,30	74,62	83,95	46,03	66,96	75,33	40,97	59,59	67,04	36,08	52,48	59,04	31,39	45,66	51,36	26,89	39,11	44,—
	II	988,50	54,36	79,08	88,96	II	988,50	48,99	71,26	80,17	43,81	63,73	71,69	38,82	56,47	63,53	34,02	49,48	55,67	29,41	42,78	48,13	24,99	36,35	40,89
	III	624,16	34,32	49,93	56,17	III	624,16	30,41	44,24	49,77	26,59	38,68	43,51	22,86	33,25	37,40	19,23	27,97	31,46	15,69	22,82	25,67	12,13	17,81	20,03
	V	1 557,83	85,68	124,62	140,20	IV	1 032,—	54,01	78,56	88,38	51,30	74,62	83,95	48,64	70,76	79,60	46,03	66,96	75,33	43,48	63,24	71,15	40,97	59,59	67,04
	VI	1 590,08	87,45	127,20	143,10																				
4 415,99	I,IV	1 033,08	56,81	82,64	92,97	I	1 033,08	51,36	74,71	84,05	46,09	67,05	75,43	41,02	59,67	67,13	36,13	52,56	59,13	31,44	45,74	51,45	26,94	39,18	44,08
	II	989,58	54,42	79,16	89,06	II	989,58	49,05	71,35	80,27	43,87	63,81	71,78	38,88	56,55	63,62	34,07	49,56	55,76	29,46	42,86	48,21	25,04	36,42	40,97
	III	625,—	34,37	50,—	56,25	III	625,—	30,45	44,29	49,82	26,62	38,73	43,57	22,89	33,30	37,46	19,26	28,02	31,52	15,73	22,88	25,74	12,26	17,86	20,09
	V	1 559,08	85,74	124,72	140,31	IV	1 033,08	54,06	78,64	88,47	51,36	74,71	84,05	48,70	70,84	79,70	46,09	67,05	75,43	43,53	63,32	71,24	41,02	59,67	67,13
	VI	1 591,33	87,52	127,30	143,21																				
4 418,99	I,IV	1 034,25	56,88	82,74	93,08	I	1 034,25	51,42	74,80	84,15	46,15	67,14	75,53	41,08	59,75	67,22	36,19	52,64	59,22	31,49	45,81	51,53	26,99	39,26	44,16
	II	990,75	54,49	79,26	89,16	II	990,75	49,11	71,44	80,37	43,93	63,90	71,88	38,93	56,63	63,71	34,13	49,64	55,85	29,51	42,93	48,29	25,09	36,50	41,06
	III	625,83	34,42	50,06	56,32	III	625,83	30,49	44,36	49,90	26,67	38,80	43,65	22,94	33,37	37,54	19,31	28,09	31,60	15,76	22,93	25,79	12,32	17,93	20,17
	V	1 560,41	85,82	124,83	140,43	IV	1 034,25	54,13	78,74	88,58	51,42	74,80	84,15	48,77	70,94	79,80	46,15	67,14	75,53	43,59	63,41	71,33	41,08	59,75	67,22
	VI	1 592,58	87,59	127,40	143,33																				
4 421,99	I,IV	1 035,41	56,94	82,83	93,18	I	1 035,41	51,48	74,89	84,25	46,21	67,22	75,62	41,14	59,84	67,32	36,24	52,72	59,31	31,55	45,89	51,62	27,04	39,33	44,24
	II	991,91	54,55	79,35	89,27	II	991,91	49,17	71,53	80,47	43,99	63,98	71,98	38,99	56,72	63,81	34,18	49,72	55,94	29,57	43,01	48,38	25,14	36,57	41,14
	III	626,66	34,46	50,13	56,39	III	626,66	30,54	44,42	49,97	26,72	38,86	43,72	22,99	33,44	37,62	19,35	28,14	31,66	15,81	23,—	25,87	12,36	17,98	20,23
	V	1 561,66	85,89	124,93	140,54	IV	1 035,41	54,19	78,83	88,68	51,48	74,89	84,25	48,83	71,02	79,90	46,21	67,22	75,62	43,65	63,50	71,43	41,14	59,84	67,32
	VI	1 593,83	87,66	127,50	143,44																				
4 424,99	I,IV	1 036,58	57,01	82,92	93,29	I	1 036,58	51,54	74,98	84,35	46,27	67,31	75,72	41,19	59,92	67,41	36,30	52,80	59,40	31,60	45,96	51,71	27,09	39,40	44,33
	II	993,08	54,61	79,44	89,37	II	993,08	49,23	71,62	80,57	44,05	64,07	72,08	39,05	56,80	63,90	34,24	49,80	56,03	29,62	43,08	48,47	25,19	36,64	41,22
	III	627,50	34,51	50,20	56,47	III	627,50	30,58	44,49	50,05	26,75	38,92	43,78	23,02	33,49	37,67	19,39	28,21	31,73	15,84	23,05	25,93	12,40	18,04	20,29
	V	1 562,91	85,96	125,03	140,66	IV	1 036,58	54,25	78,92	88,78	51,54	74,98	84,35	48,89	71,11	80,—	46,27	67,31	75,72	43,71	63,58	71,53	41,19	59,92	67,41
	VI	1 595,08	87,72	127,60	143,55																				
4 427,99	I,IV	1 037,75	57,07	83,02	93,39	I	1 037,75	51,61	75,07	84,45	46,33	67,40	75,82	41,25	60,—	67,50	36,35	52,88	59,49	31,65	46,04	51,80	27,14	39,48	44,41
	II	994,16	54,67	79,53	89,47	II	994,16	49,29	71,70	80,66	44,10	64,15	72,17	39,10	56,88	63,99	34,29	49,88	56,11	29,67	43,16	48,55	25,24	36,72	41,31
	III	628,33	34,55	50,26	56,54	III	628,33	30,63	44,56	50,13	26,80	38,98	43,85	23,07	33,56	37,75	19,43	28,26	31,79	15,89	23,12	26,01	12,43	18,09	20,35
	V	1 564,16	86,02	125,13	140,77	IV	1 037,75	54,32	79,01	88,88	51,61	75,07	84,45	48,95	71,20	80,10	46,33	67,40	75,82	43,77	63,66	71,62	41,25	60,—	67,50
	VI	1 596,33	87,79	127,70	143,66																				
4 430,99	I,IV	1 038,91	57,14	83,11	93,50	I	1 038,91	51,67	75,16	84,56	46,39	67,48	75,92	41,31	60,09	67,60	36,41	52,96	59,58	31,71	46,12	51,89	27,19	39,55	44,49
	II	995,33	54,74	79,62	89,57	II	995,33	49,36	71,80	80,77	44,16	64,24	72,27	39,16	56,96	64,08	34,34	49,96	56,20	29,72	43,24	48,64	25,29	36,79	41,39
	III	629,16	34,60	50,33	56,62	III	629,16	30,68	44,62	50,20	26,84	39,05	43,93	23,11	33,62	37,82	19,47	28,33	31,87	15,93	23,17	26,06	12,48	18,16	20,43
	V	1 565,41	86,09	125,23	140,88	IV	1 038,91	54,38	79,10	88,99	51,67	75,16	84,56	49,01	71,29	80,20	46,39	67,48	75,92	43,83	63,75	71,72	41,31	60,09	67,60
	VI	1 597,58	87,86	127,80	143,78																				
4 433,99	I,IV	1 040,08	57,20	83,20	93,60	I	1 040,08	51,73	75,25	84,65	46,46	67,58	76,02	41,36	60,17	67,69	36,47	53,05	59,68	31,76	46,20	51,97	27,24	39,63	44,58
	II	996,50	54,80	79,72	89,68	II	996,50	49,42	71,88	80,87	44,22	64,32	72,36	39,21	57,04	64,17	34,40	50,04	56,29	29,77	43,31	48,72	25,34	36,86	41,47
	III	630,—	34,65	50,40	56,70	III	630,—	30,72	44,69	50,27	26,89	39,12	44,01	23,15	33,68	37,89	19,51	28,38	31,93	15,96	23,22	26,12	12,52	18,21	20,48
	V	1 566,66	86,16	125,33	140,99	IV	1 040,08	54,45	79,20	89,10	51,73	75,25	84,65	49,07	71,38	80,30	46,46	67,58	76,02	43,89	63,84	71,82	41,36	60,17	67,69
	VI	1 598,91	87,94	127,91	143,90																				
4 436,99	I,IV	1 041,25	57,26	83,30	93,71	I	1 041,25	51,79	75,34	84,75	46,51	67,66	76,11	41,42	60,26	67,79	36,52	53,12	59,76	31,81	46,28	52,06	27,29	39,70	44,66
	II	997,66	54,87	79,81	89,78	II	997,66	49,48	71,97	80,96	44,28	64,41	72,46	39,27	57,12	64,26	34,45	50,12	56,38	29,82	43,38	48,80	25,39	36,93	41,54
	III	630,83	34,69	50,46	56,77	III	630,83	30,76	44,74	50,33	26,93	39,17	44,06	23,20	33,74	37,96	19,56	28,45	32,—	16,01	23,29	26,20	12,55	18,26	20,54
	V	1 567,91	86,23	125,43	141,11	IV	1 041,25	54,50	79,28	89,19	51,79	75,34	84,75	49,13	71,46	80,39	46,51	67,66	76,11	43,94	63,92	71,91	41,42	60,26	67,79
	VI	1 600,16	88,—	128,01	144,01																				
4 439,99	I,IV	1 042,41	57,33	83,39	93,81	I	1 042,41	51,86	75,43	84,86	46,57	67,74	76,21	41,48	60,34	67,88	36,58	53,21	59,86	31,86	46,35	52,14	27,34	39,78	44,75
	II	998,83	54,93	79,90	89,89	II	998,83	49,54	72,06	81,06	44,34	64,50	72,56	39,33	57,21	64,36	34,51	50,20	56,47	29,88	43,46	48,89	25,44	37,—	41,63
	III	631,66	34,74	50,53	56,84	III	631,66	30,80	44,81	50,41	26,97	39,24	44,14	23,24	33,81	38,03	19,59	28,50	32,06	16,05	23,34	26,26	12,60	18,33	20,62
	V	1 569,16	86,30	125,53	141,22	IV	1 042,41	54,57	79,38	89,30	51,86	75,43	84,86	49,19	71,56	80,50	46,57	67,74	76,21	44,—	64,01	72,01	41,48	60,34	67,88
	VI	1 601,41	88,07	128,11	144,12																				
4 442,99	I,IV	1 043,58	57,39	83,48	93,92	I	1 043,58	51,92	75,52	84,96	46,64	67,84	76,32	41,54	60,42	67,97	36,63	53,29	59,95	31,92	46,43	52,23	27,39	39,85	44,83
	II	1 000,—	55,—	80,—	90,—	II	1 000,—	49,60	72,15	81,17	44,40	64,58	72,65	39,38	57,29	64,45	34,56	50,28	56,56	29,93	43,54	48,98	25,49	37,08	41,71
	III	632,50	34,78	50,60	56,92	III	632,50	30,85	44,88	50,49	27,02	39,30	44,21	23,28	33,86	38,09	19,64	28,57	32,14	16,09	23,41	26,33	12,64	18,38	20,68
	V	1 570,41	86,37	125,63	141,33	IV	1 043,58	54,63	79,47	89,40	51,92	75,52	84,96	49,25	71,64	80,60	46,64	67,84	76,32	44,06	64,10	72,11	41,54	60,42	67,97
	VI	1 602,66	88,14	128,21	144,23																				
4 445,99	I,IV	1 044,75	57,46	83,58	94,02	I	1 044,75	51,98	75,61	85,06	46,69	67,92	76,41	41,59	60,50	68,06	36,69	53,37	60,04	31,97	46,51	52,32	27,44	39,92	44,91
	II	1 001,08	55,05	80,08	90,09	II	1 001,08	49,66	72,24	81,27	44,45	64,66	72,74	39,44	57,37	64,54	34,62	50,36	56,65	29,98	43,62	49,07	25,54	37,15	41,79
	III	633,33	34,83	50,66	56,99	III	633,33	30,90	44,94	50,56	27,06	39,37	44,29	23,32	33,93	38,17	19,68	28,62	32,20	16,13	23,46	26,39	12,67	18,44	20,74
	V	1 571,75	86,44	125,74	141,45	IV	1 044,75	54,69	79,56	89,50	51,98	75,61	85,06	49,31	71,73	80,69	46,69	67,92	76,41	44,12	64,18	72,20	41,59	60,50	68,06
	VI	1 603,91	88,21	128,31	144,35																				
4 448,99	I,IV	1 045,91	57,52	83,67	94,10	I	1 045,91	52,04	75,70	05,10	40,75	68,01	70,51	41,05	60,50	00,10	00,74	53,45	00,10	02,02	46,58	52,40	27,50	40,—	45,—
	II	1 002,25	55,12	80,18	90,20	II	1 002,25	49,72	72,32	81,36	44,51	64,75	72,84	39,50	57,46	64,64	34,67	50,44	56,74	30,03	43,69	49,15	25,59	37,22	41,87
	III	634,16	34,87	50,73	57,07	III	634,16	30,94	45,01	50,63	27,11	39,44	44,37	23,37	34,—	38,25	19,72	28,69	32,27	16,17	23,52	26,46	12,71	18,49	20,80
	V	1 573,—	86,51	125,84	141,57	IV	1 045,91	54,76	79,65	89,60	52,04	75,70	85,16	49,37	71,82	80,79	46,75	68,01	76,51	44,18	64,26	72,29	41,65	60,59	68,16
	VI	1 605,16	88,28	128,41	144,46																				
4 451,99	I,IV	1 047,08	57,58	83,76	94,23	I	1 047,08	52,10	75,79	85,26	46,81	68,10	76,61	41,71	60,68	68,26	36,80	53,53	60,22	32,08	46,66	52,49	27,55	40,07	45,08
	II	1 003,41	55,18	80,27	90,30	II	1 003,41	49,78	72,42	81,47	44,57	64,84	72,94	39,55	57,54	64,73	34,73	50,52	56,83	30,09	43,77	49,24	25,64	37,30	41,96
	III	635,—	34,92	50,80	57,15	III	635,—	30,99	45,08	50,71	27,15	39,49	44,42	23,41	34,05	38,30	19,76	28,74	32,33	16,21	23,58	26,53	12,76	18,56	20,88
	V	1 574,25	86,58	125,94	141,68	IV	1 047,08	54,82	79,74	89,71	52,10	75,79	85,26	49,44	71,91	80,90	46,81	68,10	76,61	44,24	64,35	72,39	41,71	60,68	68,26
	VI	1 606,41	88,35	128,51	144,57																				
4 454,99	I,IV	1 048,33	57,65	83,86	94,34	I	1 048,33	52,17	75,88	85,37	46,87	68,18	76,70	41,77	60,76	68,35	36,85	53,61	60,31	32,13	46,74	52,58	27,60	40,15	45,17
	II	1 004,58	55,25	80,36	90,41	II	1 004,58	49,84	72,50	81,56	44,63	64,92	73,04	39,61	57,62	64,82	34,78	50,60	56,92	30,14	43,84	49,32	25,69	37,37	42,04
	III	635,83	34,97	50,86	57,22	III	635,83	31,03	45,14	50,78	27,19	39,56	44,50	23,45	34,12	38,38	19,80	28,81	32,41	16,25	23,64	26,59	12,79	18,61	20,93
	V	1 575,50	86,65	126,04	141,79	IV	1 048,33	54,89	79,84	89,82	52,17	75,88	85,37	49,50	72,—	81,—	46,87	68,18	76,70	44,30	64,44	72,49	41,77	60,76	68,35
	VI	1 607,66	88,42	128,61	144,68																				

* Die ausgewiesenen Tabellenwerte sind amtlich. Siehe Erläuterungen auf der Umschlaginnenseite (U2).
** Bei mehr als 3 Kinderfreibeträgen ist die „Ergänzungs-Tabelle 3,5 bis 6 Kinderfreibeträge" anzuwenden.

Abzüge an Lohnsteuer, Solidaritätszuschlag (SolZ) und Kirchensteuer (8%, 9%) in den Steuerklassen

Lohn/ Gehalt bis €*	I – VI					I, II, III, IV		mit Zahl der Kinderfreibeträge . . . 0,5			1			1,5			2			2,5			3**		
			ohne Kinderfreibeträge																						
		LSt	SolZ	8%	9%		LSt	SolZ	8%	9%	SolZ	8%	9%	SolZ	8%	9%	SolZ	8%	9%	SolZ	8%	9%	SolZ	8%	9%
4 457,99	I,IV	1 049,41	57,71	83,95	94,44	I	1 049,41	52,23	75,97	85,46	46,93	68,27	76,80	41,83	60,84	68,45	36,91	53,69	60,40	32,18	46,82	52,67	27,65	40,22	45,25
	II	1 005,66	55,31	80,45	90,50	II	1 005,66	49,90	72,59	81,66	44,69	65,01	73,13	39,67	57,70	64,91	34,83	50,67	57,—	30,19	43,92	49,41	25,74	37,44	42,12
	III	636,66	35,01	50,93	57,29	III	636,66	31,08	45,21	50,86	27,24	39,62	44,57	23,49	34,17	38,44	19,84	28,86	32,47	16,29	23,70	26,66	12,83	18,66	20,99
	V	1 576,75	86,72	126,14	141,90	IV	1 049,41	54,95	79,93	89,92	52,23	75,97	85,46	49,55	72,08	81,09	46,93	68,27	76,80	44,36	64,52	72,59	41,83	60,84	68,45
	VI	1 608,91	88,49	128,71	144,80																				
4 460,99	I,IV	1 050,58	57,78	84,04	94,55	I	1 050,58	52,29	76,06	85,57	46,99	68,36	76,90	41,88	60,92	68,54	36,96	53,77	60,49	32,24	46,90	52,76	27,70	40,30	45,33
	II	1 006,83	55,37	80,54	90,61	II	1 006,83	49,97	72,68	81,77	44,75	65,10	73,23	39,72	57,78	65,—	34,89	50,75	57,09	30,25	44,—	49,50	25,79	37,52	42,21
	III	637,50	35,06	51,—	57,37	III	637,50	31,12	45,26	50,92	27,28	39,69	44,65	23,54	34,24	38,52	19,89	28,93	32,54	16,33	23,76	26,73	12,87	18,73	21,07
	V	1 578,—	86,79	126,24	142,02	IV	1 050,58	55,01	80,02	90,02	52,29	76,06	85,57	49,62	72,18	81,20	46,99	68,36	76,90	44,41	64,60	72,68	41,88	60,92	68,54
	VI	1 610,25	88,56	128,82	144,92																				
4 463,99	I,IV	1 051,83	57,85	84,14	94,66	I	1 051,83	52,36	76,16	85,68	47,05	68,44	77,—	41,94	61,01	68,63	37,02	53,86	60,59	32,29	46,98	52,85	27,75	40,37	45,41
	II	1 008,—	55,44	80,64	90,72	II	1 008,—	50,03	72,77	81,86	44,81	65,18	73,33	39,78	57,87	65,10	34,94	50,83	57,18	30,30	44,07	49,58	25,84	37,59	42,29
	III	638,33	35,10	51,06	57,44	III	638,33	31,17	45,34	51,01	27,32	39,74	44,71	23,58	34,30	38,59	19,92	28,98	32,60	16,38	23,82	26,80	12,91	18,78	21,13
	V	1 579,25	86,85	126,34	142,13	IV	1 051,83	55,07	80,11	90,12	52,36	76,16	85,68	49,68	72,26	81,29	47,05	68,44	77,—	44,47	64,69	72,77	41,94	61,01	68,63
	VI	1 611,50	88,63	128,92	145,03																				
4 466,99	I,IV	1 052,91	57,91	84,23	94,76	I	1 052,91	52,41	76,24	85,77	47,11	68,53	77,09	42,—	61,09	68,72	37,07	53,93	60,67	32,34	47,05	52,93	27,80	40,44	45,50
	II	1 009,16	55,50	80,73	90,82	II	1 009,16	50,09	72,86	81,96	44,87	65,26	73,42	39,84	57,95	65,19	35,—	50,91	57,27	30,35	44,15	49,67	25,89	37,66	42,37
	III	639,16	35,15	51,13	57,52	III	639,16	31,21	45,40	51,07	27,37	39,81	44,78	23,62	34,36	38,65	19,97	29,05	32,68	16,41	23,88	26,86	12,95	18,84	21,19
	V	1 580,50	86,92	126,44	142,24	IV	1 052,91	55,14	80,20	90,23	52,41	76,24	85,77	49,74	72,35	81,39	47,11	68,53	77,09	44,53	64,78	72,87	42,—	61,09	68,72
	VI	1 612,75	88,70	129,02	145,14																				
4 469,99	I,IV	1 054,16	57,97	84,33	94,87	I	1 054,16	52,48	76,34	85,88	47,17	68,62	77,19	42,06	61,18	68,82	37,13	54,02	60,77	32,40	47,13	53,02	27,85	40,52	45,58
	II	1 010,33	55,56	80,82	90,92	II	1 010,33	50,15	72,95	82,07	44,93	65,35	73,52	39,89	58,03	65,28	35,05	50,99	57,36	30,40	44,22	49,75	25,94	37,74	42,45
	III	640,—	35,20	51,20	57,60	III	640,—	31,25	45,46	51,14	27,41	39,88	44,86	23,66	34,42	38,72	20,01	29,10	32,74	16,45	23,93	26,92	12,98	18,89	21,25
	V	1 581,83	87,—	126,54	142,36	IV	1 054,16	55,20	80,30	90,33	52,48	76,34	85,88	49,80	72,44	81,50	47,17	68,62	77,19	44,59	64,86	72,97	42,06	61,18	68,82
	VI	1 614,—	88,77	129,12	145,26																				
4 472,99	I,IV	1 055,33	58,04	84,42	94,97	I	1 055,33	52,54	76,42	85,97	47,23	68,70	77,29	42,12	61,26	68,92	37,19	54,10	60,86	32,45	47,21	53,11	27,91	40,60	45,67
	II	1 011,50	55,63	80,92	91,03	II	1 011,50	50,21	73,04	82,17	44,99	65,44	73,62	39,95	58,12	65,38	35,11	51,07	57,45	30,46	44,30	49,84	25,99	37,81	42,53
	III	640,83	35,24	51,26	57,67	III	640,83	31,30	45,53	51,22	27,46	39,94	44,93	23,71	34,49	38,80	20,05	29,17	32,81	16,50	24,—	27,—	13,03	18,96	21,33
	V	1 583,08	87,06	126,64	142,47	IV	1 055,33	55,27	80,39	90,44	52,54	76,42	85,97	49,86	72,53	81,59	47,23	68,70	77,29	44,65	64,95	73,07	42,12	61,26	68,92
	VI	1 615,25	88,83	129,22	145,37																				
4 475,99	I,IV	1 056,50	58,10	84,52	95,08	I	1 056,50	52,60	76,52	86,08	47,30	68,80	77,40	42,18	61,35	69,02	37,24	54,18	60,95	32,50	47,28	53,19	27,96	40,67	45,75
	II	1 012,66	55,69	81,01	91,13	II	1 012,66	50,27	73,13	82,27	45,04	65,52	73,71	40,01	58,20	65,48	35,16	51,15	57,54	30,51	44,38	49,92	26,04	37,88	42,62
	III	641,66	35,29	51,33	57,74	III	641,66	31,35	45,60	51,30	27,50	40,—	45,—	23,75	34,54	38,86	20,10	29,24	32,89	16,53	24,05	27,05	13,07	19,01	21,38
	V	1 584,33	87,13	126,74	142,58	IV	1 056,50	55,33	80,48	90,54	52,60	76,52	86,08	49,93	72,62	81,70	47,30	68,80	77,40	44,71	65,04	73,17	42,18	61,35	69,02
	VI	1 616,50	88,90	129,32	145,48																				
4 478,99	I,IV	1 057,66	58,17	84,61	95,18	I	1 057,66	52,66	76,60	86,18	47,35	68,88	77,49	42,23	61,43	69,11	37,30	54,26	61,04	32,56	47,36	53,28	28,01	40,74	45,83
	II	1 013,75	55,75	81,10	91,23	II	1 013,75	50,33	73,22	82,37	45,10	65,61	73,81	40,07	58,28	65,57	35,22	51,23	57,63	30,56	44,45	50,—	26,09	37,96	42,70
	III	642,50	35,33	51,40	57,82	III	642,50	31,39	45,66	51,37	27,54	40,06	45,07	23,79	34,61	38,93	20,13	29,29	32,95	16,57	24,10	27,11	13,10	19,06	21,44
	V	1 585,58	87,20	126,84	142,70	IV	1 057,66	55,39	80,57	90,64	52,66	76,60	86,18	49,99	72,71	81,80	47,35	68,88	77,49	44,77	65,12	73,26	42,23	61,43	69,11
	VI	1 617,75	88,97	129,42	145,59																				
4 481,99	I,IV	1 058,83	58,23	84,70	95,29	I	1 058,83	52,73	76,70	86,28	47,41	68,97	77,59	42,29	61,52	69,21	37,35	54,34	61,13	32,61	47,44	53,37	28,06	40,82	45,92
	II	1 014,91	55,82	81,19	91,34	II	1 014,91	50,39	73,30	82,46	45,16	65,70	73,91	40,12	58,36	65,66	35,27	51,31	57,72	30,61	44,53	50,09	26,14	38,03	42,78
	III	643,33	35,38	51,46	57,89	III	643,33	31,44	45,73	51,44	27,59	40,13	45,14	23,84	34,68	39,01	20,18	29,36	33,03	16,61	24,17	27,19	13,15	19,13	21,52
	V	1 586,83	87,27	126,94	142,81	IV	1 058,83	55,45	80,66	90,74	52,73	76,70	86,28	50,05	72,80	81,90	47,41	68,97	77,59	44,83	65,21	73,36	42,29	61,52	69,21
	VI	1 619,—	89,04	129,52	145,71																				
4 484,99	I,IV	1 060,—	58,30	84,80	95,40	I	1 060,—	52,79	76,79	86,39	47,47	69,06	77,69	42,35	61,60	69,30	37,41	54,42	61,22	32,67	47,52	53,46	28,11	40,89	46,—
	II	1 016,08	55,88	81,28	91,44	II	1 016,08	50,46	73,40	82,57	45,22	65,78	74,—	40,18	58,45	65,75	35,33	51,39	57,81	30,67	44,61	50,18	26,19	38,10	42,86
	III	644,16	35,42	51,53	57,97	III	644,16	31,48	45,80	51,52	27,63	40,20	45,22	23,87	34,73	39,07	20,22	29,41	33,08	16,65	24,22	27,25	13,19	19,18	21,58
	V	1 588,08	87,34	127,04	142,92	IV	1 060,—	55,52	80,76	90,85	52,79	76,79	86,39	50,11	72,89	82,—	47,47	69,06	77,69	44,88	65,29	73,45	42,35	61,60	69,30
	VI	1 620,33	89,11	129,62	145,82																				
4 487,99	I,IV	1 061,16	58,36	84,89	95,50	I	1 061,16	52,85	76,88	86,49	47,53	69,14	77,78	42,40	61,68	69,39	37,47	54,50	61,31	32,72	47,60	53,55	28,16	40,96	46,08
	II	1 017,25	55,94	81,38	91,55	II	1 017,25	50,52	73,48	82,67	45,28	65,87	74,10	40,24	58,53	65,84	35,38	51,47	57,90	30,72	44,68	50,27	26,24	38,18	42,95
	III	645,—	35,47	51,60	58,05	III	645,—	31,52	45,85	51,58	27,67	40,25	45,28	23,92	34,80	39,15	20,26	29,48	33,16	16,70	24,29	27,32	13,22	19,24	21,64
	V	1 589,33	87,41	127,14	143,03	IV	1 061,16	55,58	80,85	90,95	52,85	76,88	86,49	50,17	72,98	82,10	47,53	69,14	77,78	44,94	65,38	73,55	42,40	61,68	69,39
	VI	1 621,58	89,18	129,72	145,94																				
4 490,99	I,IV	1 062,33	58,42	84,98	95,60	I	1 062,33	52,91	76,97	86,59	47,59	69,23	77,88	42,46	61,77	69,49	37,52	54,58	61,40	32,78	47,68	53,64	28,21	41,04	46,17
	II	1 018,41	56,01	81,47	91,65	II	1 018,41	50,58	73,58	82,77	45,34	65,96	74,20	40,30	58,62	65,94	35,44	51,55	57,99	30,77	44,76	50,35	26,29	38,25	43,03
	III	645,83	35,52	51,66	58,12	III	645,83	31,57	45,93	51,67	27,72	40,32	45,36	23,97	34,86	39,22	20,30	29,53	33,22	16,73	24,34	27,38	13,27	19,30	21,71
	V	1 590,58	87,48	127,24	143,15	IV	1 062,33	55,65	80,94	91,06	52,91	76,97	86,59	50,23	73,06	82,19	47,59	69,23	77,88	45,—	65,46	73,64	42,46	61,77	69,49
	VI	1 622,83	89,25	129,82	146,05																				
4 493,99	I,IV	1 063,50	58,49	85,08	95,71	I	1 063,50	52,98	77,06	86,69	47,65	69,32	77,98	42,52	61,85	69,58	37,58	54,66	61,49	32,83	47,75	53,72	28,27	41,12	46,26
	II	1 019,58	56,07	81,56	91,76	II	1 019,58	50,64	73,66	82,87	45,40	66,04	74,30	40,35	58,70	66,03	35,49	51,63	58,08	30,82	44,84	50,44	26,34	38,32	43,11
	III	646,66	35,56	51,73	58,19	III	646,66	31,61	45,98	51,73	27,76	40,38	45,43	24,—	34,92	39,28	20,35	29,60	33,30	16,78	24,41	27,46	13,31	19,36	21,78
	V	1 591,91	87,55	127,35	143,27	IV	1 063,50	55,71	81,04	91,17	52,98	77,06	86,69	50,29	73,16	82,30	47,65	69,32	77,98	45,06	65,55	73,74	42,52	61,85	69,58
	VI	1 624,08	89,32	129,92	146,16																				
4 496,99	I,IV	1 064,75	58,56	85,18	95,82	I	1 064,75	53,04	77,15	86,79	47,71	69,40	78,08	42,58	61,94	69,68	37,63	54,74	61,58	32,88	47,83	53,81	28,32	41,19	46,34
	II	1 020,75	56,14	81,66	91,86	II	1 020,75	50,71	73,76	82,98	45,46	66,13	74,39	40,41	58,78	66,13	35,55	51,71	58,17	30,88	44,92	50,53	26,40	38,40	43,20
	III	647,50	35,61	51,80	58,27	III	647,50	31,66	46,05	51,80	27,81	40,45	45,50	24,05	34,98	39,35	20,38	29,65	33,35	16,82	24,46	27,52	13,34	19,41	21,83
	V	1 593,16	87,62	127,45	143,38	IV	1 064,75	55,77	81,13	91,27	53,04	77,15	86,79	50,35	73,24	82,40	47,71	69,40	78,08	45,12	65,64	73,84	42,58	61,94	69,68
	VI	1 625,33	89,39	130,02	146,27																				
4 499,99	I,IV	1 065,83	58,62	85,26	95,92	I	1 065,83	53,10	77,24	86,90	47,77	69,49	78,17	42,64	62,02	69,77	37,69	54,82	61,67	32,94	47,91	53,90	28,37	41,26	46,42
	II	1 021,83	56,20	81,74	91,96	II	1 021,83	50,76	73,84	83,07	45,52	66,22	74,49	40,47	58,86	66,22	35,60	51,79	58,26	30,93	44,99	50,61	26,45	38,47	43,28
	III	648,33	35,65	51,86	58,34	III	648,33	31,70	46,12	51,88	27,85	40,52	45,58	24,09	35,05	39,43	20,43	29,72	33,43	16,86	24,53	27,59	13,39	19,48	21,91
	V	1 594,41	87,69	127,55	143,49	IV	1 065,83	55,83	81,22	91,37	53,10	77,24	86,90	50,41	73,33	82,49	47,77	69,49	78,17	45,18	65,72	73,94	42,64	62,02	69,77
	VI	1 626,58	89,46	130,12	146,39																				

* Die ausgewiesenen Tabellenwerte sind amtlich. Siehe Erläuterungen auf der Umschlaginnenseite (U2).
** Bei mehr als 3 Kinderfreibeträgen ist die „Ergänzungs-Tabelle 3,5 bis 6 Kinderfreibeträge" anzuwenden.

MONAT 4 500,–*

Abzüge an Lohnsteuer, Solidaritätszuschlag (SolZ) und Kirchensteuer (8%, 9%) in den Steuerklassen

Lohn/ Gehalt bis €*	I – VI		ohne Kinderfreibeträge			I, II, III, IV		mit Zahl der Kinderfreibeträge . . . 0,5			1			1,5			2			2,5			3**		
		LSt	SolZ	8%	9%		LSt	SolZ	8%	9%	SolZ	8%	9%	SolZ	8%	9%	SolZ	8%	9%	SolZ	8%	9%	SolZ	8%	9%
4 502,99	I,IV	1 067,08	58,68	85,36	96,03	I	1 067,08	53,16	77,33	86,99	47,84	69,58	78,28	42,69	62,10	69,86	37,75	54,91	61,77	32,99	47,98	53,98	28,42	41,34	46,51
	II	1 023,08	56,26	81,84	92,07	II	1 023,08	50,82	73,93	83,17	45,58	66,30	74,59	40,52	58,94	66,31	35,66	51,87	58,35	30,98	45,07	50,70	26,50	38,54	43,36
	III	649,16	35,70	51,93	58,42	III	649,16	31,75	46,18	51,95	27,89	40,57	45,64	24,13	35,10	39,49	20,46	29,77	33,49	16,90	24,58	27,65	13,42	19,53	21,97
	V	1 595,66	87,76	127,65	143,60	IV	1 067,08	55,90	81,31	91,47	53,16	77,33	86,99	50,48	73,42	82,60	47,84	69,58	78,28	45,24	65,81	74,03	42,69	62,10	69,86
	VI	1 627,83	89,53	130,22	146,50																				
4 505,99	I,IV	1 068,25	58,75	85,46	96,14	I	1 068,25	53,23	77,42	87,10	47,90	69,67	78,38	42,75	62,19	69,96	37,80	54,99	61,86	33,04	48,06	54,07	28,47	41,42	46,59
	II	1 024,25	56,33	81,94	92,18	II	1 024,25	50,89	74,02	83,27	45,64	66,39	74,69	40,58	59,03	66,41	35,71	51,95	58,44	31,03	45,14	50,78	26,55	38,62	43,44
	III	650,—	35,75	52,—	58,50	III	650,—	31,79	46,25	52,03	27,94	40,64	45,72	24,18	35,17	39,56	20,51	29,84	33,57	16,94	24,64	27,72	13,46	19,58	22,03
	V	1 596,91	87,83	127,75	143,72	IV	1 068,25	55,96	81,40	91,58	53,23	77,42	87,10	50,54	73,51	82,70	47,90	69,67	78,38	45,30	65,90	74,13	42,75	62,19	69,96
	VI	1 629,08	89,59	130,32	146,61																				
4 508,99	I,IV	1 069,41	58,81	85,55	96,24	I	1 069,41	53,29	77,51	87,20	47,96	69,76	78,48	42,81	62,28	70,06	37,86	55,07	61,95	33,10	48,14	54,16	28,52	41,49	46,67
	II	1 025,33	56,39	82,02	92,27	II	1 025,33	50,95	74,11	83,37	45,70	66,47	74,78	40,64	59,11	66,50	35,77	52,03	58,53	31,08	45,22	50,87	26,60	38,69	43,52
	III	650,83	35,79	52,06	58,57	III	650,83	31,84	46,32	52,11	27,98	40,70	45,79	24,22	35,24	39,64	20,56	29,90	33,64	16,98	24,70	27,79	13,50	19,64	22,09
	V	1 598,16	87,89	127,85	143,83	IV	1 069,41	56,03	81,50	91,68	53,29	77,51	87,20	50,60	73,60	82,80	47,96	69,76	78,48	45,36	65,98	74,23	42,81	62,28	70,06
	VI	1 630,41	89,67	130,43	146,73																				
4 511,99	I,IV	1 070,58	58,88	85,64	96,35	I	1 070,58	53,35	77,60	87,30	48,01	69,84	78,57	42,87	62,36	70,15	37,91	55,15	62,04	33,15	48,22	54,25	28,57	41,56	46,76
	II	1 026,50	56,45	82,12	92,38	II	1 026,50	51,01	74,20	83,48	45,76	66,56	74,88	40,70	59,20	66,60	35,82	52,11	58,62	31,14	45,30	50,96	26,65	38,76	43,61
	III	651,66	35,84	52,13	58,64	III	651,66	31,89	46,38	52,18	28,03	40,77	45,86	24,26	35,29	39,70	20,59	29,96	33,70	17,02	24,76	27,85	13,54	19,70	22,16
	V	1 599,41	87,96	127,95	143,94	IV	1 070,58	56,09	81,59	91,79	53,35	77,60	87,30	50,66	73,69	82,90	48,01	69,84	78,57	45,42	66,07	74,33	42,87	62,36	70,15
	VI	1 631,66	89,74	130,53	146,84																				
4 514,99	I,IV	1 071,75	58,94	85,74	96,45	I	1 071,75	53,41	77,70	87,41	48,07	69,93	78,67	42,93	62,44	70,25	37,97	55,24	62,14	33,20	48,30	54,33	28,63	41,64	46,85
	II	1 027,66	56,52	82,21	92,48	II	1 027,66	51,07	74,29	83,57	45,82	66,65	74,98	40,75	59,28	66,69	35,88	52,19	58,71	31,19	45,38	51,05	26,70	38,84	43,69
	III	652,50	35,88	52,20	58,72	III	652,50	31,93	46,45	52,25	28,07	40,84	45,94	24,31	35,36	39,78	20,64	30,02	33,77	17,06	24,82	27,92	13,58	19,76	22,23
	V	1 600,66	88,03	128,05	144,05	IV	1 071,75	56,15	81,68	91,89	53,41	77,70	87,41	50,72	73,78	83,—	48,07	69,93	78,67	45,48	66,16	74,43	42,93	62,44	70,25
	VI	1 632,91	89,81	130,63	146,96																				
4 517,99	I,IV	1 072,91	59,01	85,83	96,56	I	1 072,91	53,47	77,78	87,50	48,13	70,02	78,77	42,99	62,53	70,34	38,03	55,32	62,23	33,26	48,38	54,42	28,68	41,72	46,93
	II	1 028,83	56,58	82,30	92,59	II	1 028,83	51,13	74,38	83,67	45,87	66,73	75,07	40,81	59,36	66,78	35,93	52,27	58,80	31,24	45,45	51,13	26,75	38,91	43,77
	III	653,33	35,93	52,26	58,79	III	653,33	31,98	46,52	52,33	28,11	40,89	46,—	24,35	35,42	39,85	20,68	30,08	33,84	17,10	24,88	27,99	13,62	19,81	22,28
	V	1 601,91	88,10	128,15	144,17	IV	1 072,91	56,22	81,78	92,—	53,47	77,78	87,50	50,78	73,87	83,10	48,13	70,02	78,77	45,54	66,24	74,52	42,99	62,53	70,34
	VI	1 634,16	89,87	130,73	147,07																				
4 520,99	I,IV	1 074,08	59,07	85,92	96,66	I	1 074,08	53,54	77,88	87,61	48,20	70,11	78,87	43,04	62,61	70,43	38,08	55,40	62,32	33,31	48,46	54,51	28,73	41,79	47,01
	II	1 030,—	56,65	82,40	92,70	II	1 030,—	51,20	74,47	83,78	45,93	66,82	75,17	40,86	59,44	66,87	35,99	52,35	58,89	31,30	45,53	51,22	26,80	38,98	43,85
	III	654,16	35,97	52,33	58,87	III	654,16	32,01	46,57	52,39	28,16	40,96	46,08	24,39	35,48	39,91	20,72	30,14	33,91	17,14	24,93	28,04	13,66	19,88	22,36
	V	1 603,25	88,17	128,26	144,29	IV	1 074,08	56,28	81,87	92,10	53,54	77,88	87,61	50,84	73,96	83,20	48,20	70,11	78,87	45,59	66,32	74,61	43,04	62,61	70,43
	VI	1 635,41	89,94	130,83	147,18																				
4 523,99	I,IV	1 075,33	59,14	86,02	96,77	I	1 075,33	53,60	77,97	87,71	48,26	70,20	78,97	43,10	62,70	70,53	38,14	55,48	62,41	33,37	48,54	54,60	28,78	41,87	47,10
	II	1 031,16	56,71	82,49	92,80	II	1 031,16	51,26	74,56	83,88	45,99	66,90	75,26	40,92	59,53	66,97	36,04	52,43	58,98	31,35	45,60	51,30	26,85	39,06	43,94
	III	655,—	36,02	52,40	58,95	III	655,—	32,07	46,65	52,48	28,20	41,02	46,15	24,43	35,54	39,98	20,76	30,20	33,97	17,18	25,—	28,12	13,70	19,93	22,42
	V	1 604,50	88,24	128,36	144,40	IV	1 075,33	56,35	81,96	92,21	53,60	77,97	87,71	50,91	74,05	83,30	48,26	70,20	78,97	45,65	66,41	74,71	43,10	62,70	70,53
	VI	1 636,66	90,01	130,93	147,29																				
4 526,99	I,IV	1 076,50	59,20	86,12	96,88	I	1 076,50	53,67	78,06	87,82	48,32	70,28	79,07	43,16	62,78	70,63	38,20	55,56	62,51	33,42	48,62	54,69	28,83	41,94	47,18
	II	1 032,33	56,77	82,58	92,90	II	1 032,33	51,32	74,65	83,98	46,06	67,—	75,37	40,98	59,62	67,07	36,10	52,51	59,07	31,40	45,68	51,39	26,90	39,13	44,02
	III	655,83	36,07	52,46	59,02	III	655,83	32,11	46,70	52,54	28,25	41,09	46,22	24,48	35,61	40,06	20,80	30,26	34,04	17,22	25,05	28,18	13,74	19,98	22,48
	V	1 605,75	88,31	128,46	144,51	IV	1 076,50	56,41	82,06	92,31	53,67	78,06	87,82	50,97	74,14	83,40	48,32	70,28	79,07	45,71	66,50	74,81	43,16	62,78	70,63
	VI	1 637,91	90,08	131,03	147,41																				
4 529,99	I,IV	1 077,66	59,27	86,21	96,98	I	1 077,66	53,73	78,15	87,92	48,38	70,37	79,16	43,22	62,87	70,73	38,25	55,64	62,60	33,47	48,69	54,77	28,88	42,02	47,27
	II	1 033,50	56,84	82,68	93,01	II	1 033,50	51,38	74,74	84,08	46,11	67,08	75,46	41,04	59,70	67,16	36,15	52,59	59,16	31,46	45,76	51,48	26,95	39,20	44,10
	III	656,66	36,11	52,53	59,09	III	656,66	32,15	46,77	52,61	28,29	41,16	46,30	24,52	35,66	40,12	20,84	30,32	34,11	17,27	25,12	28,26	13,78	20,05	22,55
	V	1 607,—	88,38	128,56	144,63	IV	1 077,66	56,47	82,14	92,41	53,73	78,15	87,92	51,03	74,22	83,50	48,38	70,37	79,16	45,77	66,58	74,90	43,22	62,87	70,73
	VI	1 639,16	90,15	131,13	147,52																				
4 532,99	I,IV	1 078,83	59,33	86,30	97,09	I	1 078,83	53,79	78,24	88,02	48,44	70,46	79,26	43,28	62,95	70,82	38,31	55,72	62,69	33,53	48,77	54,86	28,93	42,09	47,35
	II	1 034,66	56,90	82,77	93,11	II	1 034,66	51,44	74,83	84,18	46,17	67,16	75,56	41,09	59,78	67,25	36,21	52,67	59,25	31,51	45,84	51,57	27,—	39,28	44,19
	III	657,66	36,17	52,61	59,18	III	657,66	32,20	46,84	52,69	28,34	41,22	46,37	24,56	35,73	40,19	20,89	30,38	34,18	17,30	25,17	28,31	13,82	20,10	22,61
	V	1 608,25	88,45	128,66	144,74	IV	1 078,83	56,54	82,24	92,52	53,79	78,24	88,02	51,09	74,32	83,61	48,44	70,46	79,26	45,83	66,67	75,—	43,28	62,95	70,82
	VI	1 640,41	90,22	131,23	147,63																				
4 535,99	I,IV	1 080,—	59,40	86,40	97,20	I	1 080,—	53,85	78,34	88,13	48,50	70,55	79,37	43,34	63,04	70,92	38,36	55,80	62,78	33,58	48,85	54,95	28,99	42,17	47,44
	II	1 035,83	56,97	82,86	93,22	II	1 035,83	51,50	74,92	84,28	46,23	67,25	75,65	41,15	59,86	67,34	36,26	52,75	59,34	31,57	45,92	51,66	27,06	39,36	44,28
	III	658,33	36,20	52,66	59,24	III	658,33	32,24	46,90	52,76	28,38	41,28	46,44	24,61	35,80	40,27	20,92	30,44	34,24	17,35	25,24	28,39	13,86	20,16	22,68
	V	1 609,50	88,52	128,76	144,85	IV	1 080,—	56,60	82,33	92,62	53,85	78,34	88,13	51,15	74,41	83,71	48,50	70,55	79,37	45,89	66,76	75,10	43,34	63,04	70,92
	VI	1 641,75	90,29	131,34	147,75																				
4 538,99	I,IV	1 081,16	59,46	86,49	97,30	I	1 081,16	53,91	78,42	88,22	48,56	70,64	79,47	43,39	63,12	71,01	38,42	55,88	62,87	33,63	48,92	55,04	29,04	42,24	47,52
	II	1 037,—	57,03	82,96	93,33	II	1 037,—	51,57	75,01	84,38	46,29	67,34	75,75	41,21	59,94	67,43	36,32	52,83	59,43	31,62	45,99	51,74	27,11	39,43	44,36
	III	659,16	36,25	52,73	59,32	III	659,16	32,29	46,97	52,84	28,42	41,34	46,51	24,64	35,85	40,33	20,97	30,50	34,31	17,38	25,29	28,45	13,89	20,21	22,73
	V	1 610,75	88,59	128,86	144,96	IV	1 081,16	56,66	82,42	92,72	53,91	78,42	88,22	51,21	74,50	83,81	48,56	70,64	79,47	45,95	66,84	75,20	43,39	63,12	71,01
	VI	1 643,—	90,36	131,44	147,87																				
4 541,99	I,IV	1 082,33	59,52	86,58	97,40	I	1 082,33	53,98	78,52	88,33	48,62	70,72	79,56	43,45	63,21	71,11	38,48	55,97	62,96	33,69	49,—	55,13	29,09	42,32	47,61
	II	1 038,16	57,09	83,05	93,43	II	1 038,16	51,63	75,10	84,48	46,35	67,42	75,85	41,27	60,03	67,53	36,37	52,91	59,52	31,67	46,07	51,83	27,16	39,50	44,44
	III	660,16	36,30	52,81	59,41	III	660,16	32,34	47,04	52,92	28,47	41,41	46,58	24,69	35,92	40,41	21,01	30,57	34,39	17,43	25,36	28,53	13,94	20,28	22,81
	V	1 612,—	88,66	128,96	145,08	IV	1 082,33	56,73	82,52	92,83	53,98	78,52	88,33	51,27	74,58	83,90	48,62	70,72	79,56	46,01	66,93	75,29	43,45	63,21	71,11
	VI	1 644,25	90,43	131,54	147,98																				
4 544,99	I,IV	1 083,58	59,59	86,68	97,52	I	1 083,58	54,04	78,61	88,43	48,68	70,81	79,66	43,51	63,30	71,21	38,53	56,05	63,05	33,74	49,08	55,22	29,15	42,40	47,70
	II	1 039,33	57,16	83,14	93,53	II	1 039,33	51,69	75,19	84,59	46,42	67,52	75,96	41,33	60,12	67,63	36,43	52,99	59,61	31,72	46,14	51,91	27,21	39,58	44,52
	III	661,—	36,35	52,88	59,49	III	661,—	32,38	47,10	52,99	28,51	41,48	46,66	24,74	35,98	40,48	21,05	30,62	34,45	17,47	25,41	28,58	13,97	20,33	22,87
	V	1 613,33	88,73	129,06	145,19	IV	1 083,58	56,79	82,61	92,93	54,04	78,61	88,43	51,34	74,68	84,01	48,68	70,81	79,66	46,07	67,02	75,39	43,51	63,30	71,21
	VI	1 645,50	90,50	131,64	148,09																				

* Die ausgewiesenen Tabellenwerte sind amtlich. Siehe Erläuterungen auf der Umschlaginnenseite (U2).
** Bei mehr als 3 Kinderfreibeträgen ist die „Ergänzungs-Tabelle 3,5 bis 6 Kinderfreibeträge" anzuwenden.

Abzüge an Lohnsteuer, Solidaritätszuschlag (SolZ) und Kirchensteuer (8%, 9%) in den Steuerklassen

Lohn/ Gehalt bis €*	I – VI	LSt	ohne Kinderfreibeträge SolZ	8%	9%	I, II, III, IV	LSt	mit Zahl der Kinderfreibeträge . . . 0,5 SolZ	0,5 8%	0,5 9%	1 SolZ	1 8%	1 9%	1,5 SolZ	1,5 8%	1,5 9%	2 SolZ	2 8%	2 9%	2,5 SolZ	2,5 8%	2,5 9%	3** SolZ	3** 8%	3** 9%
4 547,99	I,IV	1 084,75	59,66	86,78	97,62	I	1 084,75	54,11	78,70	88,54	48,74	70,90	79,76	43,57	63,38	71,30	38,59	56,13	63,14	33,80	49,16	55,31	29,20	42,47	47,78
	II	1 040,50	57,22	83,24	93,64	II	1 040,50	51,75	75,28	84,69	46,47	67,60	76,05	41,38	60,20	67,72	36,48	53,07	59,70	31,78	46,22	52,—	27,26	39,65	44,60
	III	661,83	36,40	52,94	59,56	III	661,83	32,43	47,17	53,06	28,56	41,54	46,73	24,78	36,05	40,55	21,10	30,69	34,52	17,51	25,48	28,66	14,02	20,40	22,95
	V	1 614,58	88,80	129,16	145,31	IV	1 084,75	56,86	82,70	93,04	54,11	78,70	88,54	51,40	74,77	84,11	48,74	70,90	79,76	46,13	67,10	75,49	43,57	63,38	71,30
	VI	1 646,75	90,57	131,74	148,20																				
4 550,99	I,IV	1 085,91	59,72	86,87	97,73	I	1 085,91	54,17	78,79	88,64	48,80	70,99	79,86	43,63	63,46	71,39	38,65	56,22	63,24	33,85	49,24	55,40	29,25	42,54	47,86
	II	1 041,66	57,29	83,33	93,74	II	1 041,66	51,81	75,37	84,79	46,53	67,68	76,14	41,44	60,28	67,82	36,54	53,15	59,79	31,83	46,30	52,08	27,31	39,72	44,69
	III	662,66	36,44	53,01	59,63	III	662,66	32,47	47,24	53,14	28,60	41,60	46,80	24,82	36,10	40,61	21,13	30,74	34,58	17,55	25,53	28,72	14,06	20,45	23,—
	V	1 615,83	88,87	129,26	145,42	IV	1 085,91	56,92	82,80	93,15	54,17	78,79	88,64	51,46	74,86	84,21	48,80	70,99	79,86	46,19	67,19	75,59	43,63	63,46	71,39
	VI	1 648,—	90,64	131,84	148,32																				
4 553,99	I,IV	1 087,08	59,78	86,96	97,83	I	1 087,08	54,23	78,88	88,74	48,86	71,08	79,96	43,69	63,55	71,49	38,70	56,30	63,33	33,91	49,32	55,49	29,30	42,62	47,95
	II	1 042,83	57,35	83,42	93,85	II	1 042,83	51,87	75,46	84,89	46,59	67,78	76,25	41,50	60,36	67,91	36,59	53,23	59,88	31,88	46,38	52,17	27,36	39,80	44,77
	III	663,50	36,49	53,08	59,71	III	663,50	32,52	47,30	53,21	28,64	41,66	46,87	24,86	36,17	40,69	21,18	30,81	34,66	17,59	25,58	28,78	14,09	20,50	23,06
	V	1 617,08	88,93	129,36	145,53	IV	1 087,08	56,98	82,89	93,25	54,23	78,88	88,74	51,52	74,94	84,31	48,86	71,08	79,96	46,25	67,28	75,69	43,69	63,55	71,49
	VI	1 649,25	90,70	131,94	148,43																				
4 556,99	I,IV	1 088,33	59,85	87,06	97,94	I	1 088,33	54,29	78,98	88,85	48,92	71,16	80,06	43,75	63,64	71,59	38,76	56,38	63,42	33,96	49,40	55,57	29,35	42,70	48,03
	II	1 044,—	57,42	83,52	93,96	II	1 044,—	51,94	75,55	84,99	46,65	67,86	76,34	41,56	60,45	68,—	36,65	53,32	59,98	31,94	46,46	52,26	27,41	39,88	44,86
	III	664,33	36,53	53,14	59,78	III	664,33	32,56	47,37	53,29	28,69	41,73	46,94	24,91	36,24	40,77	21,23	30,88	34,74	17,63	25,65	28,85	14,14	20,57	23,14
	V	1 618,33	89,—	129,46	145,64	IV	1 088,33	57,05	82,98	93,35	54,29	78,98	88,85	51,59	75,04	84,42	48,92	71,16	80,06	46,31	67,36	75,78	43,75	63,64	71,59
	VI	1 650,50	90,77	132,04	148,54																				
4 559,99	I,IV	1 089,50	59,92	87,16	98,05	I	1 089,50	54,35	79,06	88,94	48,98	71,25	80,15	43,80	63,72	71,68	38,81	56,46	63,51	34,01	49,48	55,66	29,40	42,77	48,11
	II	1 045,16	57,48	83,61	94,06	II	1 045,16	52,—	75,64	85,09	46,71	67,95	76,44	41,61	60,53	68,09	36,70	53,39	60,06	31,99	46,53	52,34	27,46	39,94	44,93
	III	665,16	36,58	53,21	59,86	III	665,16	32,61	47,44	53,37	28,73	41,80	47,02	24,95	36,29	40,82	21,26	30,93	34,79	17,67	25,70	28,91	14,18	20,62	23,20
	V	1 619,58	89,07	129,56	145,76	IV	1 089,50	57,11	83,08	93,46	54,35	79,06	88,94	51,64	75,12	84,51	48,98	71,25	80,15	46,37	67,45	75,88	43,80	63,72	71,68
	VI	1 651,83	90,85	132,14	148,66																				
4 562,99	I,IV	1 090,66	59,98	87,25	98,15	I	1 090,66	54,42	79,16	89,05	49,05	71,34	80,26	43,86	63,80	71,78	38,87	56,54	63,61	34,07	49,56	55,75	29,46	42,85	48,20
	II	1 046,33	57,54	83,70	94,16	II	1 046,33	52,06	75,73	85,19	46,77	68,04	76,54	41,67	60,62	68,19	36,76	53,48	60,16	32,04	46,61	52,43	27,51	40,02	45,02
	III	666,—	36,63	53,28	59,94	III	666,—	32,65	47,49	53,42	28,77	41,85	47,08	24,99	36,36	40,90	21,31	31,—	34,87	17,71	25,77	28,99	14,21	20,68	23,26
	V	1 620,83	89,14	129,66	145,87	IV	1 090,66	57,18	83,17	93,56	54,42	79,16	89,05	51,71	75,22	84,62	49,05	71,34	80,26	46,43	67,54	75,98	43,86	63,80	71,78
	VI	1 653,08	90,91	132,24	148,77																				
4 565,99	I,IV	1 091,83	60,05	87,34	98,26	I	1 091,83	54,48	79,25	89,15	49,11	71,43	80,36	43,92	63,89	71,87	38,93	56,62	63,70	34,12	49,64	55,84	29,51	42,92	48,29
	II	1 047,50	57,61	83,80	94,27	II	1 047,50	52,13	75,82	85,30	46,83	68,12	76,64	41,73	60,70	68,29	36,82	53,56	60,25	32,10	46,69	52,52	27,56	40,10	45,11
	III	666,83	36,67	53,34	60,01	III	666,83	32,70	47,57	53,51	28,82	41,92	47,16	25,04	36,42	40,97	21,34	31,05	34,93	17,75	25,82	29,05	14,26	20,74	23,33
	V	1 622,08	89,21	129,76	145,98	IV	1 091,83	57,24	83,26	93,67	54,48	79,25	89,15	51,77	75,30	84,71	49,11	71,43	80,36	46,49	67,62	76,07	43,92	63,89	71,87
	VI	1 654,33	90,98	132,34	148,88																				
4 568,99	I,IV	1 093,08	60,11	87,44	98,37	I	1 093,08	54,55	79,34	89,26	49,17	71,52	80,46	43,98	63,98	71,97	38,99	56,71	63,80	34,18	49,72	55,93	29,56	43,—	48,38
	II	1 048,66	57,67	83,89	94,37	II	1 048,66	52,19	75,91	85,40	46,89	68,21	76,73	41,79	60,78	68,38	36,87	53,64	60,34	32,15	46,76	52,61	27,61	40,17	45,19
	III	667,66	36,72	53,41	60,08	III	667,66	32,74	47,62	53,57	28,86	41,98	47,23	25,08	36,48	41,04	21,39	31,12	35,01	17,80	25,89	29,12	14,30	20,80	23,40
	V	1 623,41	89,28	129,87	146,10	IV	1 093,08	57,31	83,36	93,78	54,55	79,34	89,26	51,83	75,40	84,82	49,17	71,52	80,46	46,55	67,72	76,18	43,98	63,98	71,97
	VI	1 655,58	91,05	132,44	149,—																				
4 571,99	I,IV	1 094,25	60,18	87,54	98,48	I	1 094,25	54,61	79,43	89,36	49,23	71,61	80,56	44,04	64,06	72,06	39,04	56,79	63,89	34,23	49,79	56,01	29,61	43,08	48,46
	II	1 049,83	57,74	83,98	94,48	II	1 049,83	52,25	76,—	85,50	46,95	68,30	76,83	41,85	60,87	68,48	36,93	53,72	60,43	32,20	46,84	52,70	27,66	40,24	45,27
	III	668,50	36,76	53,48	60,16	III	668,50	32,78	47,69	53,65	28,91	42,05	47,30	25,12	36,54	41,11	21,43	31,17	35,06	17,83	25,94	29,18	14,33	20,85	23,45
	V	1 624,66	89,35	129,97	146,21	IV	1 094,25	57,37	83,45	93,88	54,61	79,43	89,36	51,89	75,48	84,92	49,23	71,61	80,56	46,61	67,80	76,27	44,04	64,06	72,06
	VI	1 656,83	91,12	132,54	149,11																				
4 574,99	I,IV	1 095,41	60,24	87,63	98,58	I	1 095,41	54,67	79,52	89,46	49,29	71,70	80,66	44,10	64,14	72,16	39,10	56,87	63,98	34,28	49,87	56,10	29,66	43,15	48,54
	II	1 051,—	57,80	84,08	94,59	II	1 051,—	52,31	76,09	85,60	47,01	68,38	76,93	41,90	60,95	68,57	36,98	53,80	60,52	32,26	46,92	52,79	27,72	40,32	45,36
	III	669,33	36,81	53,54	60,23	III	669,33	32,83	47,76	53,73	28,95	42,12	47,38	25,17	36,61	41,18	21,47	31,24	35,14	17,88	26,01	29,26	14,38	20,92	23,53
	V	1 625,91	89,42	130,07	146,33	IV	1 095,41	57,43	83,54	93,98	54,67	79,52	89,46	51,96	75,58	85,02	49,29	71,70	80,66	46,67	67,88	76,37	44,10	64,14	72,16
	VI	1 658,08	91,19	132,64	149,22																				
4 577,99	I,IV	1 096,58	60,31	87,72	98,69	I	1 096,58	54,73	79,62	89,57	49,35	71,78	80,75	44,16	64,23	72,26	39,16	56,96	64,08	34,34	49,95	56,19	29,72	43,23	48,63
	II	1 052,16	57,86	84,17	94,69	II	1 052,16	52,37	76,18	85,70	47,07	68,47	77,03	41,96	61,04	68,67	37,04	53,88	60,61	32,31	47,—	52,87	27,77	40,40	45,45
	III	670,16	36,85	53,61	60,31	III	670,16	32,88	47,82	53,80	29,—	42,18	47,45	25,20	36,66	41,24	21,51	31,29	35,20	17,92	26,06	29,32	14,41	20,97	23,59
	V	1 627,16	89,49	130,17	146,44	IV	1 096,58	57,50	83,64	94,09	54,73	79,62	89,57	52,02	75,67	85,13	49,35	71,78	80,75	46,73	67,98	76,47	44,16	64,23	72,26
	VI	1 659,33	91,26	132,74	149,33																				
4 580,99	I,IV	1 097,75	60,37	87,82	98,79	I	1 097,75	54,80	79,71	89,67	49,41	71,87	80,85	44,22	64,32	72,36	39,21	57,04	64,17	34,39	50,03	56,28	29,77	43,30	48,71
	II	1 053,33	57,93	84,26	94,79	II	1 053,33	52,43	76,27	85,80	47,13	68,56	77,13	42,02	61,12	68,76	37,09	53,96	60,70	32,36	47,08	52,96	27,82	40,47	45,53
	III	671,—	36,90	53,68	60,39	III	671,—	32,92	47,89	53,87	29,04	42,24	47,52	25,25	36,73	41,32	21,56	31,36	35,28	17,95	26,12	29,38	14,45	21,02	23,65
	V	1 628,41	89,56	130,27	146,55	IV	1 097,75	57,56	83,73	94,19	54,80	79,71	89,67	52,08	75,76	85,23	49,41	71,87	80,85	46,79	68,06	76,56	44,22	64,32	72,36
	VI	1 660,58	91,33	132,84	149,45																				
4 583,99	I,IV	1 099,—	60,44	87,92	98,91	I	1 099,—	54,86	79,80	89,78	49,47	71,96	80,96	44,27	64,40	72,45	39,27	57,12	64,26	34,45	50,11	56,37	29,82	43,38	48,80
	II	1 054,50	57,99	84,36	94,90	II	1 054,50	52,50	76,36	85,91	47,19	68,64	77,22	42,07	61,20	68,85	37,15	54,04	60,80	32,41	47,15	53,04	27,87	40,54	45,61
	III	671,83	36,95	53,74	60,46	III	671,83	32,97	47,96	53,95	29,08	42,30	47,59	25,30	36,80	41,40	21,60	31,42	35,35	18,—	26,18	29,45	14,50	21,09	23,72
	V	1 629,66	89,63	130,37	146,66	IV	1 099,—	57,63	83,82	94,30	54,86	79,80	89,78	52,14	75,85	85,33	49,47	71,96	80,96	46,85	68,15	76,67	44,27	64,40	72,45
	VI	1 661,91	91,40	132,95	149,57																				
4 586,99	I,IV	1 100,16	60,50	88,01	99,01	I	1 100,16	54,92	79,89	89,87	49,53	72,05	81,05	44,33	64,49	72,55	39,32	57,20	64,35	34,50	50,19	56,46	29,87	43,46	48,89
	II	1 055,66	58,06	84,45	95,—	II	1 055,66	52,56	76,46	86,01	47,25	68,73	77,32	42,13	61,29	68,95	37,21	54,12	60,89	32,47	47,23	53,13	27,92	40,62	45,69
	III	672,66	36,99	53,81	60,53	III	672,66	33,01	48,02	54,02	29,13	42,37	47,66	25,33	36,85	41,45	21,64	31,48	35,41	18,04	26,24	29,52	14,53	21,14	23,78
	V	1 630,91	89,70	130,47	146,78	IV	1 100,16	57,69	83,92	94,41	54,92	79,89	89,87	52,20	75,94	85,43	49,53	72,05	81,05	46,91	68,24	76,77	44,33	64,49	72,55
	VI	1 663,16	91,47	133,05	149,68																				
4 589,99	I,IV	1 101,33	60,57	88,10	99,11	I	1 101,33	54,99	79,98	89,98	49,60	72,14	81,16	44,39	64,58	72,65	39,38	57,28	64,44	34,56	50,27	56,55	29,92	43,53	48,97
	II	1 056,83	58,12	84,54	95,11	II	1 056,83	52,62	76,54	86,11	47,31	68,82	77,42	42,19	61,38	69,05	37,26	54,20	60,98	32,52	47,31	53,22	27,97	40,69	45,77
	III	673,66	37,05	53,89	60,62	III	673,66	33,06	48,09	54,10	29,17	42,44	47,74	25,38	36,92	41,53	21,68	31,54	35,48	18,08	26,30	29,59	14,57	21,20	23,85
	V	1 632,16	89,76	130,57	146,89	IV	1 101,33	57,75	84,01	94,51	54,99	79,98	89,98	52,27	76,03	85,53	49,60	72,14	81,16	46,97	68,32	76,86	44,39	64,58	72,65
	VI	1 664,41	91,54	133,15	149,79																				

* Die ausgewiesenen Tabellenwerte sind amtlich. Siehe Erläuterungen auf der Umschlaginnenseite (U2).
** Bei mehr als 3 Kinderfreibeträgen ist die „Ergänzungs-Tabelle 3,5 bis 6 Kinderfreibeträge" anzuwenden.

MONAT 4 590,–*

Abzüge an Lohnsteuer, Solidaritätszuschlag (SolZ) und Kirchensteuer (8%, 9%) in den Steuerklassen

Lohn/Gehalt bis €*		I – VI	ohne Kinderfreibeträge			I, II, III, IV		mit Zahl der Kinderfreibeträge . . . 0,5			1			1,5			2			2,5			3**		
		LSt	SolZ	8%	9%		LSt	SolZ	8%	9%	SolZ	8%	9%	SolZ	8%	9%	SolZ	8%	9%	SolZ	8%	9%	SolZ	8%	9%
4 592,99	I,IV	1 102,50	60,63	88,20	99,22	I	1 102,50	55,05	80,08	90,09	49,66	72,23	81,26	44,45	64,66	72,74	39,43	57,36	64,53	34,61	50,35	56,64	29,98	43,61	49,06
	II	1 058,—	58,19	84,64	95,22	II	1 058,—	52,69	76,64	86,22	47,37	68,91	77,52	42,25	61,46	69,14	37,32	54,28	61,07	32,57	47,38	53,30	28,02	40,76	45,86
	III	674,50	37,09	53,96	60,70	III	674,50	33,11	48,16	54,18	29,22	42,50	47,81	25,42	36,98	41,60	21,72	31,60	35,55	18,12	26,36	29,65	14,62	21,26	23,92
	V	1 633,41	89,83	130,67	147,—	IV	1 102,50	57,82	84,10	94,61	55,05	80,08	90,09	52,33	76,12	85,63	49,66	72,23	81,26	47,03	68,41	76,96	44,45	64,66	72,74
	VI	1 665,66	91,61	133,25	149,90																				
4 595,99	I,IV	1 103,75	60,70	88,30	99,33	I	1 103,75	55,11	80,17	90,19	49,72	72,32	81,36	44,51	64,74	72,83	39,49	57,45	64,63	34,67	50,43	56,73	30,03	43,68	49,14
	II	1 059,16	58,25	84,73	95,32	II	1 059,16	52,74	76,72	86,31	47,43	69,—	77,62	42,31	61,54	69,23	37,37	54,36	61,16	32,63	47,46	53,39	28,08	40,84	45,95
	III	675,33	37,14	54,02	60,77	III	675,33	33,15	48,22	54,25	29,26	42,57	47,89	25,47	37,05	41,68	21,77	31,66	35,62	18,16	26,42	29,72	14,65	21,32	23,98
	V	1 634,75	89,91	130,78	147,12	IV	1 103,75	57,88	84,20	94,72	55,11	80,17	90,19	52,39	76,21	85,73	49,72	72,32	81,36	47,09	68,50	77,06	44,51	64,74	72,83
	VI	1 666,91	91,68	133,35	150,02																				
4 598,99	I,IV	1 104,91	60,77	88,39	99,44	I	1 104,91	55,18	80,26	90,29	49,78	72,41	81,46	44,57	64,83	72,93	39,55	57,53	64,72	34,72	50,51	56,82	30,08	43,76	49,23
	II	1 060,41	58,32	84,83	95,43	II	1 060,41	52,81	76,82	86,42	47,49	69,08	77,72	42,37	61,63	69,33	37,43	54,45	61,25	32,68	47,54	53,48	28,13	40,92	46,03
	III	676,16	37,18	54,09	60,85	III	676,16	33,20	48,29	54,32	29,31	42,64	47,97	25,51	37,10	41,74	21,81	31,73	35,69	18,20	26,48	29,79	14,69	21,37	24,04
	V	1 636,—	89,98	130,88	147,24	IV	1 104,91	57,95	84,29	94,82	55,18	80,26	90,29	52,45	76,30	85,83	49,78	72,41	81,46	47,15	68,58	77,15	44,57	64,83	72,93
	VI	1 668,16	91,74	133,45	150,13																				
4 601,99	I,IV	1 106,08	60,83	88,48	99,54	I	1 106,08	55,24	80,35	90,39	49,84	72,50	81,56	44,63	64,92	73,03	39,60	57,61	64,81	34,77	50,58	56,90	30,14	43,84	49,32
	II	1 061,50	58,38	84,92	95,53	II	1 061,50	52,87	76,90	86,51	47,55	69,17	77,81	42,42	61,71	69,42	37,48	54,52	61,34	32,73	47,62	53,57	28,18	40,99	46,11
	III	677,—	37,23	54,16	60,93	III	677,—	33,24	48,36	54,40	29,35	42,69	48,02	25,55	37,17	41,81	21,85	31,78	35,75	18,25	26,54	29,86	14,74	21,44	24,12
	V	1 637,25	90,04	130,98	147,35	IV	1 106,08	58,01	84,38	94,93	55,24	80,35	90,39	52,52	76,39	85,94	49,84	72,50	81,56	47,21	68,67	77,25	44,63	64,92	73,03
	VI	1 669,41	91,81	133,55	150,24																				
4 604,99	I,IV	1 107,33	60,90	88,58	99,65	I	1 107,33	55,30	80,44	90,50	49,90	72,58	81,65	44,69	65,—	73,13	39,66	57,70	64,91	34,83	50,66	56,99	30,19	43,91	49,40
	II	1 062,75	58,45	85,02	95,64	II	1 062,75	52,93	77,—	86,62	47,61	69,26	77,91	42,48	61,80	69,52	37,54	54,61	61,43	32,79	47,70	53,66	28,23	41,06	46,19
	III	677,83	37,28	54,22	61,—	III	677,83	33,29	48,42	54,47	29,39	42,76	48,10	25,60	37,24	41,89	21,89	31,85	35,83	18,28	26,60	29,92	14,77	21,49	24,17
	V	1 638,50	90,11	131,08	147,46	IV	1 107,33	58,08	84,48	95,04	55,30	80,44	90,50	52,58	76,48	86,04	49,90	72,58	81,65	47,27	68,76	77,35	44,69	65,—	73,13
	VI	1 670,66	91,88	133,65	150,35																				
4 607,99	I,IV	1 108,50	60,96	88,68	99,76	I	1 108,50	55,37	80,54	90,60	49,96	72,68	81,76	44,75	65,09	73,22	39,72	57,78	65,—	34,88	50,74	57,08	30,24	43,99	49,49
	II	1 063,91	58,51	85,11	95,75	II	1 063,91	53,—	77,09	86,72	47,67	69,34	78,01	42,54	61,88	69,61	37,60	54,69	61,52	32,84	47,78	53,75	28,28	41,14	46,28
	III	678,66	37,32	54,29	61,07	III	678,66	33,33	48,49	54,55	29,44	42,82	48,17	25,64	37,30	41,96	21,94	31,92	35,91	18,33	26,66	29,99	14,82	21,56	24,25
	V	1 639,75	90,18	131,18	147,57	IV	1 108,50	58,14	84,57	95,14	55,37	80,54	90,60	52,64	76,57	86,14	49,96	72,68	81,76	47,33	68,84	77,45	44,75	65,09	73,22
	VI	1 671,91	91,95	133,75	150,47																				
4 610,99	I,IV	1 109,75	61,03	88,78	99,87	I	1 109,75	55,43	80,63	90,71	50,02	72,76	81,86	44,81	65,18	73,32	39,78	57,86	65,09	34,94	50,82	57,17	30,29	44,06	49,57
	II	1 065,08	58,57	85,20	95,85	II	1 065,08	53,06	77,18	86,83	47,74	69,44	78,12	42,60	61,96	69,71	37,65	54,77	61,61	32,90	47,86	53,84	28,33	41,22	46,37
	III	679,50	37,37	54,36	61,15	III	679,50	33,38	48,56	54,63	29,48	42,89	48,25	25,68	37,36	42,03	21,98	31,97	35,96	18,37	26,72	30,06	14,85	21,61	24,31
	V	1 641,—	90,25	131,28	147,69	IV	1 109,75	58,21	84,67	95,25	55,43	80,63	90,71	52,70	76,66	86,24	50,02	72,76	81,86	47,39	68,94	77,55	44,81	65,18	73,32
	VI	1 673,25	92,02	133,86	150,59																				
4 613,99	I,IV	1 110,91	61,10	88,87	99,98	I	1 110,91	55,49	80,72	90,81	50,08	72,85	81,95	44,86	65,26	73,41	39,83	57,94	65,18	34,99	50,90	57,26	30,35	44,14	49,66
	II	1 066,25	58,64	85,30	95,96	II	1 066,25	53,12	77,27	86,93	47,79	69,52	78,21	42,66	62,05	69,80	37,71	54,85	61,70	32,95	47,93	53,92	28,38	41,29	46,45
	III	680,33	37,41	54,42	61,22	III	680,33	33,43	48,62	54,70	29,52	42,94	48,31	25,73	37,42	42,10	22,02	32,04	36,04	18,41	26,78	30,13	14,89	21,66	24,37
	V	1 642,25	90,32	131,38	147,80	IV	1 110,91	58,27	84,76	95,35	55,49	80,72	90,81	52,76	76,75	86,34	50,08	72,85	81,95	47,45	69,02	77,65	44,86	65,26	73,41
	VI	1 674,50	92,09	133,96	150,70																				
4 616,99	I,IV	1 112,08	61,16	88,96	100,08	I	1 112,08	55,56	80,82	90,92	50,15	72,94	82,06	44,92	65,34	73,51	39,89	58,02	65,27	35,05	50,98	57,35	30,40	44,22	49,74
	II	1 067,41	58,70	85,39	96,06	II	1 067,41	53,18	77,36	87,03	47,85	69,61	78,31	42,71	62,13	69,89	37,77	54,94	61,80	33,—	48,01	54,01	28,43	41,36	46,53
	III	681,16	37,46	54,49	61,30	III	681,16	33,47	48,69	54,77	29,57	43,01	48,38	25,77	37,49	42,17	22,06	32,09	36,10	18,45	26,84	30,19	14,94	21,73	24,44
	V	1 643,50	90,39	131,48	147,91	IV	1 112,08	58,34	84,86	95,46	55,56	80,82	90,92	52,83	76,84	86,45	50,15	72,94	82,06	47,51	69,11	77,75	44,92	65,34	73,51
	VI	1 675,75	92,16	134,06	150,81																				
4 619,99	I,IV	1 113,25	61,22	89,06	100,19	I	1 113,25	55,62	80,91	91,02	50,21	73,03	82,16	44,98	65,43	73,61	39,95	58,11	65,37	35,10	51,06	57,44	30,45	44,30	49,83
	II	1 068,58	58,77	85,48	96,17	II	1 068,58	53,24	77,45	87,13	47,91	69,70	78,41	42,77	62,22	69,99	37,82	55,02	61,89	33,06	48,09	54,10	28,49	41,44	46,62
	III	682,—	37,51	54,56	61,38	III	682,—	33,52	48,76	54,85	29,61	43,08	48,46	25,81	37,54	42,23	22,11	32,16	36,18	18,49	26,90	30,26	14,97	21,78	24,50
	V	1 644,83	90,46	131,58	148,03	IV	1 113,25	58,40	84,95	95,57	55,62	80,91	91,02	52,89	76,94	86,55	50,21	73,03	82,16	47,57	69,20	77,85	44,98	65,43	73,61
	VI	1 677,—	92,23	134,16	150,93																				
4 622,99	I,IV	1 114,41	61,29	89,15	100,29	I	1 114,41	55,68	81,—	91,12	50,27	73,12	82,26	45,04	65,52	73,71	40,—	58,19	65,46	35,16	51,14	57,53	30,50	44,37	49,91
	II	1 069,75	58,83	85,58	96,27	II	1 069,75	53,31	77,54	87,23	47,97	69,78	78,50	42,83	62,30	70,09	37,88	55,10	61,98	33,11	48,17	54,19	28,54	41,52	46,71
	III	682,83	37,55	54,62	61,45	III	682,83	33,55	48,81	54,91	29,66	43,14	48,53	25,85	37,61	42,31	22,14	32,21	36,23	18,53	26,96	30,33	15,01	21,84	24,57
	V	1 646,08	90,53	131,68	148,14	IV	1 114,41	58,46	85,04	95,67	55,68	81,—	91,12	52,95	77,02	86,65	50,27	73,12	82,26	47,63	69,28	77,94	45,04	65,52	73,71
	VI	1 678,25	92,30	134,26	151,04																				
4 625,99	I,IV	1 115,66	61,36	89,25	100,40	I	1 115,66	55,75	81,09	91,22	50,33	73,21	82,36	45,10	65,60	73,80	40,06	58,28	65,56	35,21	51,22	57,62	30,55	44,44	50,—
	II	1 070,91	58,90	85,67	96,38	II	1 070,91	53,37	77,64	87,34	48,03	69,87	78,60	42,89	62,38	70,18	37,93	55,18	62,07	33,16	48,24	54,27	28,59	41,59	46,79
	III	683,66	37,60	54,69	61,52	III	683,66	33,61	48,89	55,—	29,70	43,21	48,61	25,90	37,68	42,39	22,19	32,28	36,31	18,58	27,02	30,40	15,06	21,90	24,64
	V	1 647,33	90,60	131,78	148,25	IV	1 115,66	58,53	85,14	95,78	55,75	81,09	91,22	53,02	77,12	86,76	50,33	73,21	82,36	47,69	69,37	78,04	45,10	65,60	73,80
	VI	1 679,50	92,37	134,36	151,15																				
4 628,99	I,IV	1 116,83	61,42	89,34	100,51	I	1 116,83	55,81	81,18	91,33	50,39	73,30	82,46	45,16	65,69	73,90	40,12	58,36	65,65	35,27	51,30	57,71	30,61	44,52	50,09
	II	1 072,16	58,96	85,77	96,49	II	1 072,16	53,43	77,72	87,44	48,10	69,96	78,71	42,95	62,47	70,28	37,99	55,26	62,16	33,22	48,32	54,36	28,64	41,66	46,87
	III	684,50	37,64	54,76	61,60	III	684,50	33,65	48,94	55,06	29,75	43,28	48,69	25,94	37,73	42,44	22,23	32,34	36,38	18,61	27,08	30,46	15,09	21,96	24,70
	V	1 648,58	90,67	131,88	148,37	IV	1 116,83	58,59	85,23	95,88	55,81	81,18	91,33	53,07	77,20	86,85	50,39	73,30	82,46	47,75	69,46	78,14	45,16	65,69	73,90
	VI	1 680,75	92,44	134,46	151,26																				
4 631,99	I,IV	1 118,—	61,49	89,44	100,62	I	1 118,—	55,88	81,28	91,44	50,45	73,38	82,55	45,22	65,78	74,—	40,17	58,44	65,74	35,32	51,38	57,80	30,66	44,60	50,17
	II	1 073,25	59,02	85,86	96,59	II	1 073,25	53,50	77,82	87,54	48,15	70,04	78,80	43,01	62,56	70,38	38,04	55,34	62,25	33,27	48,40	54,45	28,69	41,74	46,95
	III	685,33	37,69	54,82	61,67	III	685,33	33,69	49,01	55,13	29,79	43,33	48,74	25,98	37,80	42,52	22,27	32,40	36,45	18,65	27,13	30,52	15,13	22,01	24,76
	V	1 649,83	90,74	131,98	148,48	IV	1 118,—	58,66	85,32	95,99	55,88	81,28	91,44	53,14	77,30	86,96	50,45	73,38	82,55	47,81	69,54	78,23	45,22	65,78	74,—
	VI	1 682,—	92,51	134,56	151,38																				
4 634,99	I,IV	1 119,25	61,55	89,54	100,73	I	1 119,25	55,94	81,37	91,54	50,51	73,48	82,66	45,28	65,86	74,09	40,23	58,52	65,84	35,38	51,46	57,89	30,71	44,68	50,26
	II	1 074,50	59,09	85,96	96,70	II	1 074,50	53,56	77,91	87,65	48,22	70,14	78,90	43,06	62,64	70,47	38,10	55,42	62,35	33,33	48,48	54,54	28,75	41,82	47,04
	III	686,33	37,74	54,90	61,76	III	686,33	33,74	49,08	55,21	29,84	43,41	48,83	26,03	37,86	42,59	22,32	32,46	36,52	18,70	27,20	30,60	15,18	22,08	24,84
	V	1 651,08	90,80	132,08	148,59	IV	1 119,25	58,72	85,42	96,09	55,94	81,37	91,54	53,20	77,39	87,06	50,51	73,48	82,66	47,87	69,64	78,34	45,28	65,86	74,09
	VI	1 683,33	92,58	134,66	151,49																				

* Die ausgewiesenen Tabellenwerte sind amtlich. Siehe Erläuterungen auf der Umschlaginnenseite (U2).
** Bei mehr als 3 Kinderfreibeträgen ist die „Ergänzungs-Tabelle 3,5 bis 6 Kinderfreibeträge" anzuwenden.

Abzüge an Lohnsteuer, Solidaritätszuschlag (SolZ) und Kirchensteuer (8%, 9%) in den Steuerklassen

Lohn/ Gehalt bis €*	I – VI					I, II, III, IV		mit Zahl der Kinderfreibeträge . . . 0,5			1			1,5			2			2,5			3**		
		LSt	ohne Kinderfreibeträge SolZ	8%	9%		LSt	SolZ	8%	9%	SolZ	8%	9%	SolZ	8%	9%	SolZ	8%	9%	SolZ	8%	9%	SolZ	8%	9%
4 637,99	I,IV	1 120,41	61,62	89,63	100,83	I	1 120,41	56,—	81,46	91,64	50,57	73,56	82,76	45,34	65,95	74,19	40,29	58,60	65,93	35,43	51,54	57,98	30,76	44,75	50,34
	II	1 075,66	59,16	86,05	96,80	II	1 075,66	53,62	78,—	87,75	48,28	70,22	79,—	43,12	62,72	70,56	38,16	55,50	62,44	33,38	48,56	54,63	28,80	41,89	47,12
	III	687,16	37,79	54,97	61,84	III	687,16	33,78	49,14	55,28	29,28	43,46	48,89	26,07	37,93	42,67	22,35	32,52	36,58	18,74	27,26	30,67	15,21	22,13	24,89
	V	1 652,33	90,87	132,18	148,70	IV	1 120,41	58,79	85,51	96,20	56,—	81,46	91,64	53,26	77,48	87,16	50,57	73,56	82,76	47,93	69,72	78,44	45,34	65,95	74,19
	VI	1 684,58	92,65	134,76	151,61																				
4 640,99	I,IV	1 121,66	61,69	89,73	100,94	I	1 121,66	56,07	81,56	91,75	50,64	73,66	82,86	45,40	66,04	74,29	40,35	58,69	66,02	35,49	51,62	58,07	30,82	44,83	50,43
	II	1 076,83	59,22	86,14	96,91	II	1 076,83	53,68	78,09	87,85	48,34	70,31	79,10	43,18	62,81	70,66	38,21	55,58	62,53	33,44	48,64	54,72	28,85	41,97	47,21
	III	688,—	37,84	55,04	61,92	III	688,—	33,83	49,21	55,36	29,92	43,53	48,97	26,12	38,—	42,75	22,40	32,58	36,65	18,78	27,32	30,73	15,26	22,20	24,97
	V	1 653,58	90,94	132,28	148,82	IV	1 121,66	58,85	85,61	96,31	56,07	81,56	91,75	53,33	77,57	87,26	50,64	73,66	82,86	47,99	69,81	78,53	45,40	66,04	74,29
	VI	1 685,83	92,72	134,86	151,72																				
4 643,99	I,IV	1 122,83	61,75	89,82	101,05	I	1 122,83	56,13	81,64	91,85	50,70	73,74	82,96	45,45	66,12	74,38	40,40	58,77	66,11	35,54	51,70	58,16	30,87	44,90	50,51
	II	1 078,—	59,29	86,24	97,02	II	1 078,—	53,74	78,18	87,95	48,40	70,40	79,20	43,24	62,90	70,76	38,27	55,66	62,62	33,49	48,72	54,81	28,90	42,04	47,30
	III	688,83	37,88	55,10	61,99	III	688,83	33,88	49,28	55,44	29,97	43,60	49,05	26,16	38,05	42,80	22,44	32,65	36,73	18,82	27,38	30,80	15,29	22,25	25,03
	V	1 654,91	91,02	132,39	148,94	IV	1 122,83	58,91	85,70	96,41	56,13	81,64	91,85	53,39	77,66	87,36	50,70	73,74	82,96	48,05	69,90	78,63	45,45	66,12	74,38
	VI	1 687,08	92,78	134,96	151,83																				
4 646,99	I,IV	1 124,—	61,82	89,92	101,16	I	1 124,—	56,19	81,74	91,95	50,76	73,84	83,07	45,51	66,20	74,48	40,46	58,86	66,21	35,60	51,78	58,25	30,92	44,98	50,60
	II	1 079,16	59,35	86,33	97,12	II	1 079,16	53,81	78,27	88,05	48,46	70,49	79,30	43,29	62,98	70,85	38,33	55,75	62,72	33,55	48,80	54,90	28,95	42,12	47,38
	III	689,66	37,93	55,17	62,06	III	689,66	33,92	49,34	55,51	30,02	43,66	49,12	26,20	38,12	42,88	22,48	32,70	36,79	18,86	27,44	30,87	15,33	22,30	25,09
	V	1 656,16	91,08	132,49	149,05	IV	1 124,—	58,98	85,80	96,52	56,19	81,74	91,95	53,45	77,75	87,47	50,76	73,84	83,07	48,11	69,98	78,73	45,51	66,20	74,48
	VI	1 688,33	92,85	135,06	151,94																				
4 649,99	I,IV	1 125,25	61,88	90,02	101,27	I	1 125,25	56,26	81,83	92,06	50,82	73,92	83,16	45,57	66,29	74,57	40,52	58,94	66,30	35,65	51,86	58,34	30,98	45,06	50,69
	II	1 080,41	59,42	86,43	97,23	II	1 080,41	53,87	78,36	88,16	48,52	70,58	79,40	43,35	63,06	70,94	38,38	55,83	62,81	33,60	48,88	54,99	29,—	42,19	47,46
	III	690,50	37,97	55,24	62,14	III	690,50	33,97	49,41	55,58	30,06	43,73	49,19	26,25	38,18	42,95	22,53	32,77	36,86	18,91	27,50	30,94	15,38	22,37	25,16
	V	1 657,41	91,15	132,59	149,16	IV	1 125,25	59,05	85,89	96,62	56,26	81,83	92,06	53,51	77,84	87,57	50,82	73,92	83,16	48,18	70,08	78,84	45,57	66,29	74,57
	VI	1 689,58	92,92	135,16	152,06																				
4 652,99	I,IV	1 126,41	61,95	90,11	101,37	I	1 126,41	56,32	81,92	92,16	50,88	74,01	83,26	45,63	66,38	74,67	40,58	59,02	66,40	35,70	51,94	58,43	31,03	45,14	50,78
	II	1 081,58	59,48	86,52	97,34	II	1 081,58	53,94	78,46	88,26	48,58	70,66	79,49	43,41	63,15	71,04	38,44	55,91	62,90	33,65	48,95	55,07	29,06	42,27	47,55
	III	691,33	38,02	55,30	62,21	III	691,33	34,01	49,48	55,66	30,11	43,80	49,27	26,29	38,24	43,02	22,57	32,84	36,94	18,94	27,56	31,—	15,41	22,42	25,22
	V	1 658,66	91,22	132,69	149,27	IV	1 126,41	59,11	85,98	96,73	56,32	81,92	92,16	53,57	77,93	87,67	50,88	74,01	83,26	48,23	70,16	78,93	45,63	66,38	74,67
	VI	1 690,83	92,99	135,26	152,17																				
4 655,99	I,IV	1 127,66	62,02	90,21	101,48	I	1 127,66	56,38	82,02	92,27	50,94	74,10	83,36	45,69	66,46	74,77	40,63	59,10	66,49	35,76	52,02	58,52	31,08	45,21	50,86
	II	1 082,75	59,55	86,62	97,44	II	1 082,75	54,—	78,54	88,36	48,64	70,75	79,59	43,47	63,24	71,14	38,50	56,—	63,—	33,71	49,03	55,16	29,11	42,34	47,63
	III	692,16	38,06	55,37	62,29	III	692,16	34,06	49,54	55,73	30,14	43,85	49,33	26,33	38,30	43,09	22,61	32,89	37,—	18,98	27,61	31,06	15,45	22,48	25,29
	V	1 659,91	91,29	132,79	149,39	IV	1 127,66	59,18	86,08	96,84	56,38	82,02	92,27	53,64	78,02	87,77	50,94	74,10	83,36	48,29	70,25	79,03	45,69	66,46	74,77
	VI	1 692,08	93,06	135,36	152,28																				
4 658,99	I,IV	1 128,83	62,08	90,30	101,59	I	1 128,83	56,45	82,11	92,37	51,—	74,19	83,46	45,75	66,55	74,87	40,69	59,19	66,59	35,82	52,10	58,61	31,13	45,29	50,95
	II	1 083,91	59,61	86,71	97,55	II	1 083,91	54,06	78,64	88,47	48,70	70,84	79,70	43,53	63,32	71,24	38,55	56,08	63,09	33,76	49,11	55,25	29,16	42,42	47,72
	III	693,—	38,11	55,44	62,37	III	693,—	34,10	49,61	55,81	30,19	43,92	49,41	26,38	38,37	43,16	22,66	32,96	37,08	19,03	27,68	31,14	15,50	22,54	25,36
	V	1 661,16	91,36	132,89	149,50	IV	1 128,83	59,24	86,17	96,94	56,45	82,11	92,37	53,70	78,12	87,88	51,—	74,19	83,46	48,35	70,34	79,13	45,75	66,55	74,87
	VI	1 693,41	93,13	135,47	152,40																				
4 661,99	I,IV	1 130,08	62,15	90,40	101,70	I	1 130,08	56,51	82,20	92,48	51,07	74,28	83,57	45,81	66,64	74,97	40,75	59,27	66,68	35,87	52,18	58,70	31,19	45,37	51,04
	II	1 085,16	59,68	86,81	97,66	II	1 085,16	54,12	78,73	88,57	48,76	70,93	79,79	43,59	63,40	71,33	38,61	56,16	63,18	33,82	49,19	55,34	29,21	42,50	47,81
	III	693,83	38,16	55,50	62,44	III	693,83	34,15	49,68	55,89	30,24	43,98	49,48	26,42	38,44	43,24	22,69	33,01	37,13	19,07	27,74	31,21	15,53	22,60	25,42
	V	1 662,41	91,43	132,99	149,61	IV	1 130,08	59,31	86,27	97,05	56,51	82,20	92,48	53,77	78,21	87,98	51,07	74,28	83,57	48,42	70,43	79,23	45,81	66,64	74,97
	VI	1 694,66	93,20	135,57	152,51																				
4 664,99	I,IV	1 131,25	62,21	90,50	101,81	I	1 131,25	56,58	82,30	92,58	51,13	74,37	83,66	45,87	66,72	75,06	40,81	59,36	66,78	35,93	52,26	58,79	31,24	45,44	51,12
	II	1 086,25	59,74	86,90	97,76	II	1 086,25	54,18	78,82	88,67	48,82	71,02	79,89	43,65	63,49	71,42	38,66	56,24	63,27	33,87	49,26	55,42	29,26	42,57	47,89
	III	694,66	38,20	55,57	62,51	III	694,66	34,20	49,74	55,96	30,28	44,05	49,55	26,46	38,49	43,30	22,74	33,08	37,21	19,11	27,80	31,27	15,57	22,65	25,48
	V	1 663,66	91,50	133,09	149,72	IV	1 131,25	59,37	86,36	97,16	56,58	82,30	92,58	53,83	78,30	88,08	51,13	74,37	83,66	48,47	70,51	79,32	45,87	66,72	75,06
	VI	1 695,91	93,27	135,67	152,63																				
4 667,99	I,IV	1 132,41	62,28	90,59	101,91	I	1 132,41	56,64	82,39	92,69	51,19	74,46	83,77	45,93	66,81	75,16	40,86	59,44	66,87	35,98	52,34	58,88	31,29	45,52	51,21
	II	1 087,50	59,81	87,—	97,87	II	1 087,50	54,25	78,91	88,77	48,88	71,10	79,99	43,71	63,58	71,52	38,72	56,32	63,36	33,92	49,34	55,51	29,31	42,64	47,97
	III	695,66	38,26	55,65	62,60	III	695,66	34,24	49,81	56,03	30,33	44,12	49,63	26,51	38,56	43,38	22,78	33,14	37,28	19,15	27,86	31,34	15,62	22,72	25,56
	V	1 664,91	91,57	133,19	149,84	IV	1 132,41	59,44	86,46	97,26	56,64	82,39	92,69	53,89	78,39	88,19	51,19	74,46	83,77	48,54	70,60	79,43	45,93	66,81	75,16
	VI	1 697,16	93,34	135,77	152,74																				
4 670,99	I,IV	1 133,66	62,35	90,69	102,02	I	1 133,66	56,70	82,48	92,79	51,25	74,55	83,87	45,99	66,90	75,26	40,92	59,52	66,96	36,04	52,42	58,97	31,35	45,60	51,30
	II	1 088,66	59,87	87,09	97,97	II	1 088,66	54,31	79,—	88,88	48,95	71,20	80,10	43,77	63,66	71,62	38,77	56,40	63,45	33,98	49,42	55,60	29,37	42,72	48,06
	III	696,50	38,30	55,72	62,68	III	696,50	34,29	49,88	56,11	30,37	44,18	49,70	26,55	38,62	43,45	22,82	33,20	37,35	19,19	27,92	31,41	15,65	22,77	25,61
	V	1 666,25	91,64	133,30	149,96	IV	1 133,66	59,50	86,55	97,37	56,70	82,48	92,79	53,95	78,48	88,29	51,25	74,55	83,87	48,60	70,69	79,52	45,99	66,90	75,26
	VI	1 698,41	93,41	135,87	152,85																				
4 673,99	I,IV	1 134,83	62,41	90,78	102,13	I	1 134,83	56,76	82,57	92,89	51,31	74,64	83,97	46,05	66,98	75,35	40,97	59,60	67,05	36,09	52,50	59,06	31,40	45,68	51,39
	II	1 089,83	59,94	87,18	98,08	II	1 089,83	54,38	79,10	88,98	49,—	71,28	80,19	43,82	63,74	71,71	38,83	56,48	63,54	34,03	49,50	55,69	29,42	42,80	48,15
	III	697,33	38,35	55,78	62,75	III	697,33	34,33	49,94	56,18	30,41	44,24	49,77	26,59	38,68	43,51	22,87	33,26	37,42	19,23	27,97	31,46	15,70	22,84	25,69
	V	1 667,50	91,71	133,40	150,07	IV	1 134,83	59,56	86,64	97,47	56,76	82,57	92,89	54,01	78,57	88,39	51,31	74,64	83,97	48,66	70,78	79,62	46,05	66,98	75,35
	VI	1 699,66	93,48	135,97	152,96																				
4 676,99	I,IV	1 136,08	62,48	90,88	102,24	I	1 136,08	56,83	82,67	93,—	51,37	74,73	84,07	46,11	67,07	75,45	41,03	59,69	67,15	36,15	52,58	59,15	31,45	45,75	51,47
	II	1 091,—	60,—	87,28	98,19	II	1 091,—	54,44	79,18	89,08	49,06	71,37	80,29	43,88	63,83	71,81	38,89	56,57	63,64	34,09	49,58	55,78	29,47	42,87	48,23
	III	698,16	38,39	55,85	62,83	III	698,16	34,38	50,01	56,26	30,47	44,32	49,86	26,63	38,74	43,58	22,91	33,33	37,49	19,27	28,04	31,54	15,73	22,89	25,75
	V	1 668,75	91,78	133,50	150,18	IV	1 136,08	59,63	86,74	97,58	56,83	82,67	93,—	54,08	78,66	88,49	51,37	74,73	84,07	48,72	70,86	79,72	46,11	67,07	75,45
	VI	1 700,91	93,55	136,07	153,08																				
4 679,99	I,IV	1 137,25	62,54	90,98	102,35	I	1 137,25	56,90	82,76	93,11	51,44	74,82	84,17	46,17	67,16	75,55	41,09	59,77	67,24	36,20	52,66	59,24	31,51	45,83	51,56
	II	1 092,25	60,07	87,38	98,30	II	1 092,25	54,50	79,28	89,19	49,12	71,46	80,39	43,94	63,92	71,91	38,94	56,65	63,73	34,14	49,66	55,87	29,53	42,95	48,32
	III	699,—	38,44	55,92	62,91	III	699,—	34,43	50,08	56,34	30,50	44,37	49,91	26,68	38,81	43,66	22,95	33,38	37,55	19,32	28,10	31,61	15,77	22,94	25,81
	V	1 670,—	91,85	133,60	150,30	IV	1 137,25	59,70	86,84	97,69	56,90	82,76	93,11	54,14	78,76	88,60	51,44	74,82	84,17	48,78	70,96	79,83	46,17	67,16	75,55
	VI	1 702,16	93,61	136,17	153,19																				

* Die ausgewiesenen Tabellenwerte sind amtlich. Siehe Erläuterungen auf der Umschlaginnenseite (U2).
** Bei mehr als 3 Kinderfreibeträgen ist die „Ergänzungs-Tabelle 3,5 bis 6 Kinderfreibeträge" anzuwenden.

MONAT 4 680,–*

Abzüge an Lohnsteuer, Solidaritätszuschlag (SolZ) und Kirchensteuer (8%, 9%) in den Steuerklassen

Lohn/ Gehalt bis €*	I – VI		ohne Kinderfreibeträge			I, II, III, IV		mit Zahl der Kinderfreibeträge . . . 0,5			1			1,5			2			2,5			3**		
		LSt	SolZ	8%	9%		LSt	SolZ	8%	9%	SolZ	8%	9%	SolZ	8%	9%	SolZ	8%	9%	SolZ	8%	9%	SolZ	8%	9%
4 682,99	I,IV	1 138,50	62,61	91,08	102,46	I	1 138,50	56,96	82,86	93,21	51,50	74,91	84,27	46,23	67,24	75,65	41,15	59,86	67,34	36,26	52,74	59,33	31,56	45,91	51,65
	II	1 093,41	60,13	87,47	98,40	II	1 093,41	54,56	79,37	89,29	49,19	71,55	80,49	44,–	64,–	72,–	39,–	56,74	63,83	34,20	49,74	55,96	29,58	43,02	48,40
	III	699,83	38,49	55,98	62,98	III	699,83	34,47	50,14	56,41	30,55	44,44	49,99	26,73	38,88	43,74	22,99	33,45	37,63	19,36	28,16	31,68	15,82	23,01	25,88
	V	1 671,25	91,91	133,70	150,41	IV	1 138,50	59,76	86,93	97,79	56,96	82,86	93,21	54,21	78,85	88,70	51,50	74,91	84,27	48,84	71,04	79,92	46,23	67,24	75,65
	VI	1 703,41	93,68	136,27	153,30																				
4 685,99	I,IV	1 139,66	62,68	91,17	102,56	I	1 139,66	57,02	82,94	93,31	51,56	75,–	84,38	46,29	67,33	75,74	41,20	59,94	67,43	36,31	52,82	59,42	31,61	45,98	51,73
	II	1 094,58	60,20	87,56	98,51	II	1 094,58	54,63	79,46	89,39	49,25	71,64	80,59	44,05	64,08	72,09	39,06	56,82	63,92	34,25	49,82	56,04	29,63	43,10	48,48
	III	700,66	38,53	56,05	63,05	III	700,66	34,52	50,21	56,48	30,59	44,50	50,06	26,77	38,94	43,81	23,03	33,50	37,69	19,40	28,22	31,75	15,85	23,06	25,94
	V	1 672,50	91,98	133,80	150,52	IV	1 139,66	59,83	87,02	97,90	57,02	82,94	93,31	54,27	78,94	88,80	51,56	75,–	84,38	48,90	71,13	80,02	46,29	67,33	75,74
	VI	1 704,75	93,76	136,38	153,42																				
4 688,99	I,IV	1 140,83	62,74	91,26	102,67	I	1 140,83	57,09	83,04	93,42	51,62	75,09	84,47	46,35	67,42	75,84	41,26	60,02	67,52	36,37	52,90	59,51	31,67	46,06	51,82
	II	1 095,75	60,26	87,66	98,61	II	1 095,75	54,69	79,56	89,50	49,31	71,72	80,69	44,11	64,17	72,19	39,11	56,90	64,01	34,30	49,90	56,13	29,68	43,18	48,57
	III	701,50	38,58	56,12	63,13	III	701,50	34,56	50,28	56,56	30,64	44,57	50,14	26,81	39,–	43,87	23,08	33,57	37,76	19,44	28,28	31,81	15,90	23,13	26,02
	V	1 673,75	92,05	133,90	150,63	IV	1 140,83	59,89	87,12	98,01	57,09	83,04	93,42	54,33	79,03	88,91	51,62	75,09	84,47	48,96	71,22	80,12	46,35	67,42	75,84
	VI	1 706,–	93,83	136,48	153,54																				
4 691,99	I,IV	1 142,08	62,81	91,36	102,78	I	1 142,08	57,15	83,14	93,53	51,69	75,18	84,58	46,41	67,50	75,94	41,32	60,11	67,62	36,42	52,98	59,60	31,72	46,14	51,90
	II	1 097,–	60,33	87,76	98,73	II	1 097,–	54,75	79,64	89,60	49,37	71,82	80,79	44,17	64,26	72,29	39,17	56,98	64,10	34,36	49,98	56,22	29,73	43,25	48,65
	III	702,50	38,63	56,20	63,22	III	702,50	34,61	50,34	56,63	30,69	44,64	50,22	26,85	39,06	43,94	23,12	33,64	37,84	19,48	28,34	31,88	15,94	23,18	26,08
	V	1 675,–	92,12	134,–	150,75	IV	1 142,08	59,96	87,22	98,12	57,15	83,14	93,53	54,39	79,12	89,01	51,69	75,18	84,58	49,02	71,31	80,22	46,41	67,50	75,94
	VI	1 707,25	93,89	136,58	153,65																				
4 694,99	I,IV	1 143,25	62,87	91,46	102,89	I	1 143,25	57,21	83,22	93,62	51,75	75,27	84,68	46,47	67,59	76,04	41,38	60,19	67,71	36,48	53,06	59,69	31,77	46,22	51,99
	II	1 098,16	60,39	87,85	98,83	II	1 098,16	54,82	79,74	89,70	49,43	71,90	80,89	44,23	64,34	72,38	39,23	57,06	64,19	34,41	50,06	56,31	29,79	43,33	48,74
	III	703,33	38,68	56,26	63,29	III	703,33	34,65	50,41	56,71	30,73	44,70	50,29	26,90	39,13	44,02	23,16	33,69	37,90	19,52	28,40	31,95	15,97	23,24	26,14
	V	1 676,33	92,19	134,10	150,86	IV	1 143,25	60,02	87,31	98,22	57,21	83,22	93,62	54,45	79,21	89,11	51,75	75,27	84,68	49,08	71,40	80,32	46,47	67,59	76,04
	VI	1 708,50	93,96	136,68	153,76																				
4 697,99	I,IV	1 144,50	62,94	91,56	103,–	I	1 144,50	57,28	83,32	93,73	51,81	75,36	84,78	46,53	67,68	76,14	41,43	60,27	67,80	36,53	53,14	59,78	31,82	46,29	52,07
	II	1 099,33	60,46	87,94	98,93	II	1 099,33	54,88	79,83	89,81	49,49	71,99	80,99	44,29	64,43	72,48	39,28	57,14	64,28	34,47	50,14	56,40	29,84	43,40	48,83
	III	704,16	38,72	56,33	63,37	III	704,16	34,70	50,48	56,79	30,78	44,77	50,36	26,94	39,18	44,08	23,21	33,76	37,98	19,57	28,46	32,02	16,02	23,30	26,21
	V	1 677,58	92,26	134,20	150,98	IV	1 144,50	60,09	87,40	98,33	57,28	83,32	93,73	54,52	79,30	89,21	51,81	75,36	84,78	49,14	71,48	80,42	46,53	67,68	76,14
	VI	1 709,75	94,03	136,78	153,87																				
4 700,99	I,IV	1 145,66	63,01	91,65	103,10	I	1 145,66	57,35	83,42	93,84	51,87	75,45	84,88	46,58	67,76	76,23	41,49	60,36	67,90	36,59	53,22	59,87	31,88	46,37	52,16
	II	1 100,58	60,53	88,04	99,05	II	1 100,58	54,94	79,92	89,91	49,55	72,08	81,09	44,35	64,52	72,58	39,34	57,23	64,38	34,52	50,22	56,49	29,89	43,48	48,91
	III	705,–	38,77	56,40	63,45	III	705,–	34,75	50,54	56,86	30,82	44,84	50,44	26,98	39,25	44,15	23,25	33,82	38,05	19,60	28,52	32,08	16,06	23,36	26,28
	V	1 678,83	92,33	134,30	151,09	IV	1 145,66	60,15	87,50	98,43	57,35	83,42	93,84	54,58	79,40	89,32	51,87	75,45	84,88	49,21	71,58	80,52	46,58	67,76	76,23
	VI	1 711,–	94,10	136,88	153,99																				
4 703,99	I,IV	1 146,91	63,08	91,75	103,22	I	1 146,91	57,41	83,51	93,95	51,93	75,54	84,98	46,65	67,86	76,34	41,55	60,44	68,–	36,65	53,31	59,97	31,93	46,45	52,25
	II	1 101,75	60,59	88,14	99,15	II	1 101,75	55,01	80,02	90,02	49,61	72,17	81,19	44,41	64,60	72,68	39,40	57,31	64,47	34,58	50,30	56,58	29,94	43,56	49,–
	III	705,83	38,82	56,46	63,52	III	705,83	34,79	50,61	56,93	30,86	44,89	50,50	27,03	39,32	44,23	23,29	33,88	38,11	19,65	28,58	32,15	16,10	23,42	26,35
	V	1 680,08	92,40	134,40	151,20	IV	1 146,91	60,22	87,60	98,55	57,41	83,51	93,95	54,65	79,49	89,42	51,93	75,54	84,98	49,27	71,66	80,62	46,65	67,86	76,34
	VI	1 712,25	94,17	136,98	154,10																				
4 706,99	I,IV	1 148,08	63,14	91,84	103,32	I	1 148,08	57,47	83,60	94,05	51,99	75,63	85,08	46,70	67,94	76,43	41,61	60,52	68,09	36,70	53,38	60,05	31,98	46,52	52,34
	II	1 102,91	60,66	88,23	99,26	II	1 102,91	55,07	80,10	90,11	49,67	72,26	81,29	44,47	64,68	72,77	39,45	57,39	64,56	34,63	50,37	56,66	29,99	43,63	49,08
	III	706,66	38,86	56,53	63,59	III	706,66	34,84	50,68	57,01	30,91	44,96	50,58	27,07	39,38	44,30	23,33	33,94	38,18	19,69	28,64	32,22	16,14	23,48	26,41
	V	1 681,33	92,47	134,50	151,31	IV	1 148,08	60,28	87,69	98,65	57,47	83,60	94,05	54,71	79,58	89,53	51,99	75,63	85,08	49,33	71,75	80,72	46,70	67,94	76,43
	VI	1 713,50	94,24	137,08	154,21																				
4 709,99	I,IV	1 149,33	63,21	91,94	103,43	I	1 149,33	57,54	83,70	94,16	52,06	75,72	85,19	46,77	68,03	76,53	41,67	60,61	68,18	36,76	53,47	60,15	32,04	46,60	52,43
	II	1 104,08	60,72	88,32	99,36	II	1 104,08	55,13	80,20	90,22	49,73	72,34	81,38	44,53	64,77	72,86	39,51	57,48	64,66	34,68	50,45	56,75	30,05	43,71	49,17
	III	707,50	38,91	56,60	63,67	III	707,50	34,88	50,74	57,08	30,95	45,02	50,65	27,12	39,45	44,38	23,38	34,01	38,26	19,73	28,70	32,29	16,17	23,53	26,47
	V	1 682,58	92,54	134,60	151,43	IV	1 149,33	60,35	87,78	98,75	57,54	83,70	94,16	54,77	79,67	89,63	52,06	75,72	85,19	49,39	71,84	80,82	46,77	68,03	76,53
	VI	1 714,83	94,31	137,18	154,33																				
4 712,99	I,IV	1 150,50	63,27	92,04	103,54	I	1 150,50	57,60	83,79	94,26	52,12	75,81	85,28	46,83	68,12	76,63	41,73	60,70	68,28	36,81	53,55	60,24	32,09	46,68	52,52
	II	1 105,33	60,79	88,42	99,47	II	1 105,33	55,20	80,29	90,32	49,80	72,44	81,49	44,59	64,86	72,96	39,57	57,56	64,75	34,74	50,53	56,84	30,10	43,78	49,25
	III	708,33	38,95	56,66	63,74	III	708,33	34,93	50,81	57,16	31,–	45,09	50,72	27,16	39,50	44,44	23,42	34,06	38,32	19,77	28,76	32,35	16,22	23,60	26,55
	V	1 683,83	92,61	134,70	151,54	IV	1 150,50	60,41	87,88	98,86	57,60	83,79	94,26	54,83	79,76	89,73	52,12	75,81	85,28	49,45	71,93	80,92	46,83	68,12	76,63
	VI	1 716,08	94,38	137,28	154,44																				
4 715,99	I,IV	1 151,75	63,34	92,14	103,65	I	1 151,75	57,66	83,88	94,36	52,18	75,90	85,39	46,89	68,20	76,73	41,78	60,78	68,37	36,87	53,63	60,33	32,14	46,76	52,60
	II	1 106,50	60,85	88,52	99,58	II	1 106,50	55,26	80,38	90,43	49,86	72,52	81,59	44,65	64,94	73,06	39,62	57,64	64,84	34,79	50,61	56,93	30,15	43,86	49,34
	III	709,16	39,–	56,73	63,82	III	709,16	34,98	50,88	57,24	31,04	45,16	50,80	27,20	39,57	44,51	23,46	34,13	38,39	19,81	28,82	32,42	16,26	23,65	26,60
	V	1 685,08	92,67	134,80	151,65	IV	1 151,75	60,48	87,97	98,96	57,66	83,88	94,36	54,90	79,86	89,84	52,18	75,90	85,39	49,51	72,02	81,02	46,89	68,20	76,73
	VI	1 717,33	94,45	137,38	154,55																				
4 718,99	I,IV	1 152,91	63,41	92,23	103,76	I	1 152,91	57,73	83,98	94,47	52,24	75,99	85,49	46,95	68,29	76,82	41,84	60,86	68,47	36,92	53,71	60,42	32,20	46,84	52,69
	II	1 107,66	60,92	88,61	99,68	II	1 107,66	55,33	80,48	90,54	49,92	72,61	81,68	44,71	65,03	73,16	39,68	57,72	64,94	34,85	50,69	57,02	30,20	43,94	49,43
	III	710,16	39,05	56,81	63,91	III	710,16	35,02	50,94	57,31	31,09	45,22	50,87	27,25	39,64	44,59	23,50	34,18	38,45	19,85	28,88	32,49	16,30	23,72	26,68
	V	1 686,41	92,75	134,91	151,77	IV	1 152,91	60,55	88,07	99,08	57,73	83,98	94,47	54,96	79,95	89,94	52,24	75,99	85,49	49,57	72,10	81,11	46,95	68,29	76,82
	VI	1 718,58	94,52	137,48	154,67																				
4 721,99	I,IV	1 154,16	63,47	92,33	103,87	I	1 154,16	57,80	84,07	94,58	52,30	76,08	85,59	47,01	68,38	76,92	41,90	60,94	68,56	36,98	53,79	60,51	32,25	46,92	52,78
	II	1 108,91	60,99	88,71	99,80	II	1 108,91	55,38	80,56	90,63	49,98	72,70	81,79	44,77	65,12	73,26	39,74	57,80	65,03	34,90	50,77	57,11	30,25	44,01	49,51
	III	711,–	39,10	56,88	63,99	III	711,–	35,07	51,01	57,38	31,13	45,29	50,95	27,29	39,70	44,66	23,54	34,25	38,53	19,90	28,94	32,56	16,34	23,77	26,74
	V	1 687,66	92,82	135,01	151,88	IV	1 154,16	60,61	88,16	99,18	57,80	84,07	94,58	55,03	80,04	90,05	52,30	76,08	85,59	49,63	72,20	81,22	47,01	68,38	76,92
	VI	1 719,83	94,59	137,58	154,78																				
4 724,99	I,IV	1 155,33	63,54	92,42	103,97	I	1 155,33	57,86	84,16	94,68	52,37	76,18	85,70	47,07	68,46	77,02	41,96	61,03	68,66	37,03	53,87	60,60	32,30	46,99	52,86
	II	1 110,08	61,05	88,80	99,90	II	1 110,08	55,45	80,66	90,74	50,04	72,79	81,89	44,82	65,20	73,35	39,80	57,89	65,12	34,96	50,85	57,20	30,31	44,09	49,60
	III	711,83	39,15	56,94	64,06	III	711,83	35,11	51,08	57,46	31,18	45,36	51,03	27,34	39,77	44,74	23,59	34,32	38,61	19,94	29,01	32,63	16,39	23,84	26,82
	V	1 688,91	92,89	135,11	152,–	IV	1 155,33	60,67	88,26	99,29	57,86	84,16	94,68	55,09	80,14	90,15	52,37	76,18	85,70	49,69	72,28	81,32	47,07	68,46	77,02
	VI	1 721,08	94,65	137,68	154,89																				

* Die ausgewiesenen Tabellenwerte sind amtlich. Siehe Erläuterungen auf der Umschlaginnenseite (U2).
** Bei mehr als 3 Kinderfreibeträgen ist die „Ergänzungs-Tabelle 3,5 bis 6 Kinderfreibeträge" anzuwenden.

Abzüge an Lohnsteuer, Solidaritätszuschlag (SolZ) und Kirchensteuer (8%, 9%) in den Steuerklassen

Lohn/ Gehalt bis €*	I – VI	LSt	ohne Kinderfreibeträge SolZ	8%	9%	I, II, III, IV	LSt	mit Zahl der Kinderfreibeträge . . . 0,5 SolZ	0,5 8%	0,5 9%	1 SolZ	1 8%	1 9%	1,5 SolZ	1,5 8%	1,5 9%	2 SolZ	2 8%	2 9%	2,5 SolZ	2,5 8%	2,5 9%	3** SolZ	3** 8%	3** 9%
4 727,99	I,IV	1 156,58	63,61	92,52	104,09	I	1 156,58	57,92	84,26	94,79	52,43	76,26	85,79	47,13	68,55	77,12	42,01	61,11	68,75	37,09	53,95	60,69	32,36	47,07	52,95
	II	1 111,25	61,11	88,90	100,01	II	1 111,25	55,51	80,75	90,84	50,10	72,88	81,99	44,88	65,28	73,44	39,85	57,97	65,21	35,01	50,93	57,29	30,36	44,16	49,68
	III	712,66	39,19	57,01	64,13	III	712,66	35,16	51,14	57,53	31,22	45,41	51,08	27,38	39,82	44,80	23,63	34,37	38,66	19,98	29,06	32,69	16,42	23,89	26,87
	V	1 690,16	92,95	135,21	152,11	IV	1 156,58	60,74	88,35	99,39	57,92	84,26	94,79	55,15	80,22	90,25	52,43	76,26	85,79	49,75	72,37	81,41	47,13	68,55	77,12
	VI	1 722,33	94,72	137,78	155,—																				
4 730,99	I,IV	1 157,75	63,67	92,62	104,19	I	1 157,75	57,99	84,35	94,89	52,49	76,36	85,90	47,19	68,64	77,22	42,07	61,20	68,85	37,15	54,04	60,79	32,41	47,14	53,03
	II	1 112,50	61,18	89,—	100,12	II	1 112,50	55,58	80,84	90,95	50,16	72,97	82,09	44,94	65,37	73,54	39,91	58,05	65,30	35,07	51,01	57,38	30,41	44,24	49,77
	III	713,50	39,24	57,08	64,21	III	713,50	35,20	51,21	57,61	31,26	45,48	51,16	27,42	39,89	44,87	23,67	34,44	38,74	20,02	29,12	32,76	16,46	23,94	26,93
	V	1 691,41	93,02	135,31	152,22	IV	1 157,75	60,81	88,45	99,50	57,99	84,35	94,89	55,22	80,32	90,36	52,49	76,36	85,90	49,82	72,46	81,52	47,19	68,64	77,22
	VI	1 723,58	94,79	137,88	155,12																				
4 733,99	I,IV	1 159,—	63,74	92,72	104,31	I	1 159,—	58,05	84,44	95,—	52,55	76,44	86,—	47,24	68,72	77,31	42,13	61,28	68,94	37,20	54,12	60,88	32,46	47,22	53,12
	II	1 113,66	61,25	89,09	100,22	II	1 113,66	55,64	80,94	91,05	50,22	73,06	82,19	45,—	65,46	73,64	39,97	58,14	65,40	35,12	51,09	57,47	30,47	44,32	49,86
	III	714,33	39,28	57,14	64,28	III	714,33	35,25	51,28	57,69	31,31	45,54	51,23	27,47	39,96	44,95	23,72	34,50	38,81	20,06	29,18	32,83	16,50	24,01	27,01
	V	1 692,66	93,09	135,41	152,33	IV	1 159,—	60,87	88,54	99,61	58,05	84,44	95,—	55,28	80,41	90,46	52,55	76,44	86,—	49,88	72,55	81,62	47,24	68,72	77,31
	VI	1 724,91	94,87	137,99	155,24																				
4 736,99	I,IV	1 160,16	63,80	92,81	104,41	I	1 160,16	58,12	84,54	95,10	52,62	76,54	86,10	47,30	68,81	77,41	42,18	61,36	69,03	37,26	54,20	60,97	32,52	47,30	53,21
	II	1 114,83	61,31	89,18	100,33	II	1 114,83	55,71	81,03	91,16	50,29	73,15	82,29	45,06	65,54	73,73	40,02	58,22	65,49	35,18	51,17	57,56	30,52	44,40	49,95
	III	715,16	39,33	57,21	64,36	III	715,16	35,30	51,34	57,76	31,35	45,61	51,31	27,51	40,02	45,02	23,76	34,56	38,88	20,11	29,25	32,90	16,54	24,06	27,07
	V	1 693,91	93,16	135,51	152,45	IV	1 160,16	60,94	88,64	99,72	58,12	84,54	95,10	55,34	80,50	90,56	52,62	76,54	86,10	49,94	72,64	81,72	47,30	68,81	77,41
	VI	1 726,16	94,93	138,09	155,35																				
4 739,99	I,IV	1 161,41	63,87	92,91	104,52	I	1 161,41	58,18	84,63	95,21	52,68	76,62	86,20	47,36	68,90	77,51	42,24	61,45	69,13	37,31	54,28	61,06	32,57	47,38	53,30
	II	1 116,—	61,38	89,28	100,44	II	1 116,—	55,77	81,12	91,26	50,35	73,24	82,39	45,12	65,63	73,83	40,08	58,30	65,59	35,23	51,25	57,65	30,57	44,47	50,03
	III	716,—	39,38	57,28	64,44	III	716,—	35,34	51,41	57,83	31,40	45,68	51,39	27,55	40,08	45,09	23,80	34,62	38,95	20,14	29,30	32,96	16,58	24,12	27,13
	V	1 695,16	93,23	135,61	152,56	IV	1 161,41	61,—	88,74	99,83	58,18	84,63	95,21	55,40	80,59	90,66	52,68	76,62	86,20	50,—	72,73	81,82	47,36	68,90	77,51
	VI	1 727,41	95,—	138,19	155,46																				
4 742,99	I,IV	1 162,66	63,94	93,01	104,63	I	1 162,66	58,24	84,72	95,31	52,74	76,72	86,31	47,43	68,99	77,61	42,30	61,54	69,23	37,37	54,36	61,15	32,62	47,46	53,39
	II	1 117,25	61,44	89,38	100,55	II	1 117,25	55,83	81,21	91,36	50,41	73,33	82,49	45,18	65,72	73,93	40,14	58,38	65,68	35,29	51,33	57,74	30,63	44,55	50,12
	III	717,—	39,43	57,36	64,53	III	717,—	35,39	51,48	57,91	31,45	45,74	51,46	27,60	40,14	45,16	23,85	34,69	39,02	20,19	29,37	33,04	16,62	24,18	27,20
	V	1 696,41	93,30	135,71	152,67	IV	1 162,66	61,07	88,83	99,93	58,24	84,72	95,31	55,47	80,68	90,77	52,74	76,72	86,31	50,06	72,82	81,92	47,43	68,99	77,61
	VI	1 728,66	95,07	138,29	155,57																				
4 745,99	I,IV	1 163,83	64,01	93,10	104,74	I	1 163,83	58,31	84,82	95,42	52,80	76,80	86,40	47,49	69,08	77,71	42,36	61,62	69,32	37,42	54,44	61,24	32,68	47,54	53,48
	II	1 118,41	61,51	89,47	100,65	II	1 118,41	55,89	81,30	91,46	50,47	73,42	82,59	45,24	65,80	74,03	40,19	58,46	65,77	35,34	51,40	57,83	30,68	44,62	50,20
	III	717,83	39,48	57,42	64,60	III	717,83	35,43	51,54	57,98	31,49	45,81	51,53	27,64	40,21	45,23	23,88	34,74	39,08	20,23	29,42	33,10	16,66	24,24	27,27
	V	1 697,75	93,37	135,82	152,79	IV	1 163,83	61,13	88,92	100,04	58,31	84,82	95,42	55,53	80,78	90,87	52,80	76,80	86,40	50,12	72,90	82,01	47,49	69,08	77,71
	VI	1 729,91	95,14	138,39	155,69																				
4 748,99	I,IV	1 165,08	64,07	93,20	104,85	I	1 165,08	58,37	84,91	95,52	52,86	76,90	86,51	47,55	69,16	77,81	42,42	61,70	69,41	37,48	54,52	61,33	32,73	47,61	53,56
	II	1 119,58	61,57	89,56	100,76	II	1 119,58	55,96	81,40	91,57	50,53	73,50	82,69	45,30	65,89	74,12	40,25	58,55	65,87	35,39	51,48	57,92	30,73	44,70	50,29
	III	718,66	39,52	57,49	64,67	III	718,66	35,48	51,61	58,06	31,54	45,88	51,61	27,69	40,28	45,31	23,93	34,81	39,16	20,27	29,49	33,17	16,71	24,30	27,34
	V	1 699,—	93,44	135,92	152,91	IV	1 165,08	61,20	89,02	100,15	58,37	84,91	95,52	55,60	80,87	90,98	52,86	76,90	86,51	50,18	73,—	82,12	47,55	69,16	77,81
	VI	1 731,16	95,21	138,49	155,80																				
4 751,99	I,IV	1 166,25	64,14	93,30	104,96	I	1 166,25	58,44	85,—	95,63	52,93	76,99	86,61	47,61	69,25	77,90	42,48	61,79	69,51	37,54	54,60	61,43	32,78	47,69	53,65
	II	1 120,83	61,64	89,66	100,87	II	1 120,83	56,02	81,49	91,67	50,60	73,60	82,80	45,36	65,98	74,22	40,31	58,63	65,96	35,45	51,56	58,01	30,78	44,78	50,37
	III	719,50	39,57	57,56	64,75	III	719,50	35,53	51,68	58,14	31,58	45,94	51,68	27,73	40,34	45,38	23,98	34,88	39,24	20,31	29,54	33,23	16,74	24,36	27,40
	V	1 700,25	93,51	136,02	153,02	IV	1 166,25	61,27	89,12	100,26	58,44	85,—	95,63	55,66	80,96	91,08	52,93	76,99	86,61	50,24	73,08	82,22	47,61	69,25	77,90
	VI	1 732,41	95,28	138,59	155,91																				
4 754,99	I,IV	1 167,50	64,21	93,40	105,07	I	1 167,50	58,51	85,10	95,74	52,99	77,08	86,72	47,67	69,34	78,—	42,53	61,87	69,60	37,59	54,68	61,52	32,84	47,77	53,74
	II	1 122,—	61,71	89,76	100,98	II	1 122,—	56,09	81,58	91,78	50,65	73,68	82,89	45,42	66,06	74,32	40,37	58,72	66,06	35,51	51,65	58,10	30,84	44,86	50,46
	III	720,33	39,61	57,62	64,82	III	720,33	35,57	51,74	58,21	31,62	46,—	51,75	27,77	40,40	45,45	24,01	34,93	39,29	20,35	29,61	33,31	16,79	24,42	27,47
	V	1 701,50	93,58	136,12	153,13	IV	1 167,50	61,33	89,22	100,37	58,51	85,10	95,74	55,72	81,06	91,19	52,99	77,08	86,72	50,31	73,18	82,32	47,67	69,34	78,—
	VI	1 733,66	95,35	138,69	156,02																				
4 757,99	I,IV	1 168,75	64,28	93,50	105,18	I	1 168,75	58,57	85,19	95,84	53,05	77,17	86,81	47,73	69,42	78,10	42,59	61,96	69,70	37,65	54,76	61,61	32,89	47,85	53,83
	II	1 123,25	61,77	89,86	101,09	II	1 123,25	56,15	81,68	91,89	50,71	73,77	82,99	45,47	66,14	74,41	40,42	58,80	66,15	35,56	51,72	58,19	30,89	44,93	50,54
	III	721,16	39,66	57,69	64,90	III	721,16	35,62	51,81	58,28	31,67	46,06	51,82	27,82	40,46	45,52	24,06	35,—	39,37	20,39	29,66	33,37	16,83	24,48	27,54
	V	1 702,75	93,65	136,22	153,24	IV	1 168,75	61,40	89,31	100,47	58,57	85,19	95,84	55,78	81,14	91,28	53,05	77,17	86,81	50,37	73,26	82,42	47,73	69,42	78,10
	VI	1 734,91	95,42	138,79	156,14																				
4 760,99	I,IV	1 169,91	64,34	93,59	105,29	I	1 169,91	58,63	85,29	95,95	53,12	77,26	86,92	47,79	69,51	78,20	42,65	62,04	69,80	37,70	54,84	61,70	32,94	47,92	53,91
	II	1 124,41	61,84	89,95	101,19	II	1 124,41	56,21	81,77	91,99	50,78	73,86	83,09	45,54	66,24	74,52	40,48	58,88	66,24	35,61	51,80	58,28	30,94	45,01	50,63
	III	722,16	39,71	57,77	64,99	III	722,16	35,66	51,88	58,36	31,71	46,13	51,89	27,86	40,53	45,59	24,10	35,06	39,44	20,44	29,73	33,44	16,87	24,54	27,61
	V	1 704,—	93,72	136,32	153,36	IV	1 169,91	61,46	89,40	100,58	58,63	85,29	95,95	55,85	81,24	91,39	53,12	77,26	86,92	50,43	73,35	82,52	47,79	69,51	78,20
	VI	1 736,25	95,49	138,90	156,26																				
4 763,99	I,IV	1 171,16	64,41	93,69	105,40	I	1 171,16	58,70	85,38	96,05	53,18	77,35	87,02	47,85	69,60	78,30	42,71	62,12	69,89	37,76	54,93	61,79	33,—	48,—	54,—
	II	1 125,66	61,91	90,05	101,30	II	1 125,66	56,28	81,86	92,09	50,84	73,95	83,19	45,59	66,32	74,61	40,53	58,96	66,33	35,67	51,88	58,37	30,99	45,08	50,72
	III	723,—	39,76	57,84	65,07	III	723,—	35,71	51,94	58,43	31,76	46,20	51,97	27,91	40,60	45,67	24,14	35,12	39,51	20,47	29,78	33,50	16,91	24,60	27,67
	V	1 705,25	93,78	136,42	153,47	IV	1 171,16	61,53	89,50	100,69	58,70	85,38	96,05	55,91	81,33	91,49	53,18	77,35	87,02	50,49	73,44	82,62	47,85	69,60	78,30
	VI	1 737,50	95,56	139,—	156,37																				
4 766,99	I,IV	1 172,33	64,47	93,78	105,50	I	1 172,33	58,76	85,48	96,16	53,24	77,44	87,12	47,91	69,69	78,40	42,77	62,21	69,98	37,81	55,—	61,88	33,05	48,08	54,09
	II	1 126,83	61,97	90,14	101,41	II	1 126,83	56,34	81,95	92,19	50,90	74,04	83,30	45,65	66,40	74,70	40,59	59,05	66,43	35,72	51,96	58,46	31,04	45,16	50,80
	III	723,83	39,81	57,90	65,14	III	723,83	35,75	52,01	58,51	31,80	46,26	52,04	27,94	40,65	45,73	24,19	35,18	39,58	20,52	29,85	33,58	16,94	24,65	27,73
	V	1 706,50	93,85	136,52	153,58	IV	1 172,33	61,60	89,60	100,80	58,76	85,48	96,16	55,98	81,42	91,60	53,24	77,44	87,12	50,55	73,53	82,72	47,91	69,69	78,40
	VI	1 738,75	95,63	139,10	156,48																				
4 769,99	I,IV	1 173,58	64,54	93,88	105,62	I	1 173,58	58,83	85,57	96,26	53,30	77,54	87,23	47,97	69,78	78,50	42,83	62,30	70,08	37,87	55,09	61,97	33,11	48,16	54,18
	II	1 128,—	62,04	90,24	101,52	II	1 128,—	56,40	82,04	92,30	50,96	74,13	83,39	45,71	66,49	74,80	40,65	59,13	66,52	35,78	52,04	58,55	31,10	45,24	50,89
	III	724,66	39,85	57,97	65,21	III	724,66	35,80	52,08	58,59	31,85	46,33	52,12	27,99	40,72	45,81	24,23	35,25	39,65	20,57	29,92	33,66	16,99	24,72	27,81
	V	1 707,83	93,93	136,62	153,70	IV	1 173,58	61,66	89,69	100,90	58,83	85,57	96,26	56,04	81,52	91,71	53,30	77,54	87,23	50,61	73,62	82,82	47,97	69,78	78,50
	VI	1 740,—	95,70	139,20	156,60																				

* Die ausgewiesenen Tabellenwerte sind amtlich. Siehe Erläuterungen auf der Umschlaginnenseite (U2).
** Bei mehr als 3 Kinderfreibeträgen ist die „Ergänzungs-Tabelle 3,5 bis 6 Kinderfreibeträge" anzuwenden.

Abzüge an Lohnsteuer, Solidaritätszuschlag (SolZ) und Kirchensteuer (8%, 9%) in den Steuerklassen

Lohn/ Gehalt bis €*	I – VI		ohne Kinderfreibeträge			I, II, III, IV		mit Zahl der Kinderfreibeträge . . . 0,5			1			1,5			2			2,5			3**		
		LSt	SolZ	8%	9%		LSt	SolZ	8%	9%	SolZ	8%	9%	SolZ	8%	9%	SolZ	8%	9%	SolZ	8%	9%	SolZ	8%	9%
4 772,99	I,IV	1 174,83	64,61	93,98	105,73	I	1 174,83	58,89	85,66	96,37	53,36	77,62	87,32	48,03	69,86	78,59	42,88	62,38	70,17	37,93	55,17	62,06	33,16	48,24	54,27
	II	1 129,25	62,10	90,34	101,63	II	1 129,25	56,47	82,14	92,40	51,03	74,22	83,50	45,77	66,58	74,90	40,71	59,22	66,62	35,83	52,12	58,64	31,15	45,32	50,98
	III	725,50	39,90	58,04	65,29	III	725,50	35,85	52,14	58,66	31,90	46,40	52,20	28,04	40,78	45,88	24,27	35,30	39,71	20,60	29,97	33,71	17,03	24,77	27,86
	V	1 709,08	93,99	136,72	153,81	IV	1 174,83	61,73	89,79	101,01	58,89	85,66	96,37	56,10	81,61	91,81	53,36	77,62	87,32	50,67	73,71	82,92	48,03	69,86	78,59
	VI	1 741,25	95,76	139,30	156,71																				
4 775,99	I,IV	1 176,—	64,68	94,08	105,84	I	1 176,—	58,96	85,76	96,48	53,43	77,72	87,43	48,09	69,95	78,69	42,94	62,46	70,27	37,98	55,25	62,15	33,22	48,32	54,36
	II	1 130,41	62,17	90,43	101,73	II	1 130,41	56,53	82,23	92,51	51,09	74,31	83,60	45,83	66,67	75,—	40,76	59,30	66,71	35,89	52,21	58,73	31,20	45,39	51,06
	III	726,33	39,94	58,10	65,36	III	726,33	35,89	52,21	58,73	31,94	46,46	52,27	28,08	40,85	45,95	24,31	35,37	39,79	20,65	30,04	33,79	17,07	24,84	27,94
	V	1 710,33	94,06	136,82	153,92	IV	1 176,—	61,79	89,88	101,12	58,96	85,76	96,48	56,17	81,70	91,91	53,43	77,72	87,43	50,74	73,80	83,03	48,09	69,95	78,69
	VI	1 742,50	95,83	139,40	156,82																				
4 778,99	I,IV	1 177,25	64,74	94,18	105,95	I	1 177,25	59,02	85,85	96,58	53,49	77,81	87,53	48,15	70,04	78,79	43,—	62,55	70,37	38,04	55,33	62,24	33,27	48,40	54,45
	II	1 131,58	62,23	90,52	101,84	II	1 131,58	56,59	82,32	92,61	51,15	74,40	83,70	45,89	66,75	75,09	40,82	59,38	66,80	35,94	52,28	58,82	31,26	45,47	51,15
	III	727,16	39,99	58,17	65,44	III	727,16	35,94	52,28	58,81	31,99	46,53	52,34	28,13	40,92	46,03	24,36	35,44	39,87	20,68	30,09	33,85	17,11	24,89	28,—
	V	1 711,58	94,13	136,92	154,04	IV	1 177,25	61,86	89,98	101,22	59,02	85,85	96,58	56,23	81,80	92,02	53,49	77,81	87,53	50,80	73,89	83,12	48,15	70,04	78,79
	VI	1 743,75	95,90	139,50	156,93																				
4 781,99	I,IV	1 178,41	64,81	94,27	106,05	I	1 178,41	59,09	85,95	96,69	53,55	77,90	87,63	48,21	70,13	78,89	43,06	62,63	70,46	38,10	55,42	62,34	33,33	48,48	54,54
	II	1 132,83	62,30	90,62	101,95	II	1 132,83	56,66	82,42	92,72	51,21	74,49	83,80	45,95	66,84	75,19	40,88	59,46	66,89	36,—	52,36	58,91	31,31	45,54	51,23
	III	728,—	40,04	58,24	65,52	III	728,—	35,98	52,34	58,88	32,03	46,60	52,42	28,16	40,97	46,09	24,40	35,49	39,92	20,73	30,16	33,93	17,15	24,94	28,06
	V	1 712,83	94,20	137,02	154,15	IV	1 178,41	61,93	90,08	101,34	59,09	85,95	96,69	56,30	81,89	92,12	53,55	77,90	87,63	50,86	73,98	83,22	48,21	70,13	78,89
	VI	1 745,—	95,97	139,60	157,05																				
4 784,99	I,IV	1 179,66	64,88	94,37	106,16	I	1 179,66	59,15	86,04	96,80	53,62	77,99	87,74	48,27	70,22	78,99	43,12	62,72	70,56	38,15	55,50	62,43	33,38	48,55	54,62
	II	1 134,—	62,37	90,72	102,06	II	1 134,—	56,72	82,51	92,82	51,27	74,58	83,90	46,01	66,92	75,29	40,94	59,55	66,99	36,06	52,45	59,—	31,36	45,62	51,32
	III	729,—	40,09	58,32	65,61	III	729,—	36,04	52,42	58,97	32,08	46,66	52,49	28,21	41,04	46,17	24,44	35,56	40,—	20,77	30,21	33,98	17,19	25,01	28,13
	V	1 714,08	94,27	137,12	154,26	IV	1 179,66	61,99	90,17	101,44	59,15	86,04	96,80	56,36	81,98	92,23	53,62	77,99	87,74	50,92	74,07	83,33	48,27	70,22	78,99
	VI	1 746,33	96,04	139,70	157,16																				
4 787,99	I,IV	1 180,83	64,94	94,46	106,27	I	1 180,83	59,22	86,14	96,90	53,68	78,08	87,84	48,33	70,30	79,09	43,17	62,80	70,65	38,21	55,58	62,52	33,43	48,63	54,71
	II	1 135,25	62,43	90,82	102,17	II	1 135,25	56,79	82,60	92,93	51,33	74,67	84,—	46,07	67,01	75,38	40,99	59,63	67,08	36,11	52,52	59,09	31,41	45,70	51,41
	III	729,83	40,14	58,38	65,68	III	729,83	36,08	52,49	59,05	32,12	46,73	52,57	28,26	41,10	46,24	24,49	35,62	40,07	20,81	30,28	34,06	17,23	25,06	28,19
	V	1 715,33	94,34	137,22	154,37	IV	1 180,83	62,05	90,26	101,54	59,22	86,14	96,90	56,42	82,07	92,33	53,68	78,08	87,84	50,98	74,16	83,43	48,33	70,30	79,09
	VI	1 747,58	96,11	139,80	157,28																				
4 790,99	I,IV	1 182,08	65,01	94,56	106,38	I	1 182,08	59,28	86,23	97,01	53,74	78,17	87,94	48,39	70,39	79,19	43,23	62,89	70,75	38,26	55,66	62,61	33,49	48,71	54,80
	II	1 136,41	62,50	90,91	102,27	II	1 136,41	56,85	82,70	93,03	51,39	74,76	84,10	46,13	67,10	75,48	41,05	59,72	67,18	36,17	52,61	59,18	31,47	45,78	51,50
	III	730,66	40,18	58,45	65,75	III	730,66	36,12	52,54	59,11	32,16	46,78	52,63	28,30	41,17	46,31	24,53	35,68	40,14	20,85	30,33	34,12	17,27	25,13	28,27
	V	1 716,58	94,41	137,32	154,49	IV	1 182,08	62,12	90,36	101,66	59,28	86,23	97,01	56,48	82,16	92,43	53,74	78,17	87,94	51,04	74,25	83,53	48,39	70,39	79,19
	VI	1 748,83	96,18	139,90	157,39																				
4 793,99	I,IV	1 183,33	65,08	94,66	106,49	I	1 183,33	59,34	86,32	97,11	53,80	78,26	88,04	48,45	70,48	79,29	43,29	62,97	70,84	38,32	55,74	62,71	33,54	48,79	54,89
	II	1 137,66	62,57	91,01	102,38	II	1 137,66	56,92	82,79	93,14	51,46	74,85	84,20	46,19	67,18	75,58	41,11	59,80	67,27	36,22	52,69	59,27	31,52	45,86	51,59
	III	731,50	40,23	58,52	65,83	III	731,50	36,18	52,62	59,20	32,21	46,85	52,70	28,35	41,24	46,39	24,57	35,74	40,21	20,90	30,40	34,20	17,31	25,18	28,33
	V	1 717,91	94,48	137,43	154,61	IV	1 183,33	62,19	90,46	101,76	59,34	86,32	97,11	56,55	82,26	92,54	53,80	78,26	88,04	51,10	74,34	83,63	48,45	70,48	79,29
	VI	1 750,08	96,25	140,—	157,50																				
4 796,99	I,IV	1 184,50	65,14	94,76	106,60	I	1 184,50	59,41	86,42	97,22	53,87	78,36	88,15	48,51	70,57	79,39	43,35	63,06	70,94	38,38	55,82	62,80	33,60	48,87	54,98
	II	1 138,83	62,63	91,10	102,49	II	1 138,83	56,98	82,88	93,24	51,52	74,94	84,31	46,25	67,27	75,68	41,17	59,88	67,37	36,28	52,77	59,36	31,57	45,93	51,67
	III	732,33	40,27	58,58	65,90	III	732,33	36,22	52,69	59,27	32,25	46,92	52,78	28,38	41,29	46,45	24,62	35,81	40,28	20,94	30,46	34,27	17,36	25,25	28,40
	V	1 719,16	94,55	137,53	154,72	IV	1 184,50	62,26	90,56	101,88	59,41	86,42	97,22	56,62	82,36	92,65	53,87	78,36	88,15	51,17	74,43	83,73	48,51	70,57	79,39
	VI	1 751,33	96,32	140,10	157,61																				
4 799,99	I,IV	1 185,75	65,21	94,86	106,71	I	1 185,75	59,47	86,51	97,32	53,93	78,44	88,25	48,57	70,66	79,49	43,41	63,14	71,03	38,43	55,90	62,89	33,65	48,94	55,06
	II	1 140,—	62,70	91,20	102,60	II	1 140,—	57,04	82,98	93,35	51,58	75,03	84,41	46,31	67,36	75,78	41,22	59,96	67,46	36,33	52,85	59,45	31,63	46,01	51,76
	III	733,16	40,32	58,65	65,98	III	733,16	36,27	52,76	59,35	32,30	46,98	52,85	28,43	41,36	46,53	24,65	35,86	40,34	20,98	30,52	34,33	17,39	25,30	28,46
	V	1 720,41	94,62	137,63	154,83	IV	1 185,75	62,32	90,65	101,98	59,47	86,51	97,32	56,68	82,44	92,75	53,93	78,44	88,25	51,23	74,52	83,83	48,57	70,66	79,49
	VI	1 752,58	96,39	140,20	157,73																				
4 802,99	I,IV	1 186,91	65,28	94,95	106,82	I	1 186,91	59,54	86,61	97,43	53,99	78,54	88,35	48,63	70,74	79,58	43,47	63,23	71,13	38,49	55,99	62,99	33,70	49,02	55,15
	II	1 141,25	62,76	91,30	102,71	II	1 141,25	57,11	83,07	93,45	51,64	75,12	84,51	46,36	67,44	75,87	41,28	60,05	67,55	36,39	52,93	59,54	31,68	46,08	51,84
	III	734,16	40,37	58,73	66,07	III	734,16	36,31	52,82	59,42	32,34	47,05	52,93	28,48	41,42	46,60	24,70	35,93	40,42	21,02	30,58	34,40	17,44	25,37	28,54
	V	1 721,66	94,69	137,73	154,94	IV	1 186,91	62,39	90,75	102,09	59,54	86,61	97,43	56,74	82,54	92,85	53,99	78,54	88,35	51,29	74,60	83,93	48,63	70,74	79,58
	VI	1 753,83	96,46	140,30	157,84																				
4 805,99	I,IV	1 188,16	65,34	95,05	106,93	I	1 188,16	59,61	86,70	97,54	54,06	78,63	88,46	48,69	70,83	79,68	43,52	63,31	71,22	38,55	56,07	63,08	33,76	49,10	55,24
	II	1 142,50	62,83	91,40	102,82	II	1 142,50	57,17	83,16	93,56	51,70	75,21	84,61	46,43	67,54	75,98	41,34	60,14	67,65	36,44	53,01	59,63	31,73	46,16	51,93
	III	735,—	40,42	58,80	66,15	III	735,—	36,36	52,89	59,50	32,39	47,12	53,01	28,52	41,49	46,67	24,75	36,—	40,50	21,06	30,64	34,47	17,48	25,42	28,60
	V	1 722,91	94,76	137,83	155,06	IV	1 188,16	62,45	90,84	102,20	59,61	86,70	97,54	56,81	82,63	92,96	54,06	78,63	88,46	51,35	74,70	84,03	48,69	70,83	79,68
	VI	1 755,08	96,52	140,40	157,95																				
4 808,99	I,IV	1 189,33	65,41	95,14	107,03	I	1 189,33	59,67	86,80	97,65	54,12	78,72	88,56	48,75	70,92	79,78	43,58	63,40	71,32	38,60	56,15	63,17	33,81	49,18	55,32
	II	1 143,66	62,90	91,49	102,92	II	1 143,66	57,24	83,26	93,66	51,76	75,30	84,71	46,48	67,62	76,07	41,40	60,22	67,74	36,50	53,09	59,72	31,79	46,24	52,02
	III	735,83	40,47	58,86	66,22	III	735,83	36,41	52,96	59,58	32,44	47,18	53,08	28,56	41,54	46,73	24,78	36,05	40,55	21,11	30,70	34,54	17,51	25,48	28,66
	V	1 724,16	94,82	137,93	155,17	IV	1 189,33	62,52	90,94	102,30	59,67	86,80	97,65	56,87	82,72	93,06	54,12	78,72	88,56	51,41	74,78	84,13	48,75	70,92	79,78
	VI	1 756,41	96,60	140,51	158,07																				
4 811,99	I,IV	1 190,58	65,48	95,24	107,15	I	1 190,58	59,73	86,89	97,75	54,18	78,81	88,66	48,82	71,01	79,88	43,64	63,48	71,42	38,66	56,23	63,26	33,86	49,26	55,41
	II	1 144,83	62,96	91,58	103,03	II	1 144,83	57,30	83,35	93,77	51,83	75,39	84,81	46,54	67,70	76,16	41,45	60,30	67,83	36,55	53,17	59,81	31,84	46,32	52,11
	III	736,66	40,51	58,93	66,29	III	736,66	36,45	53,02	59,65	32,48	47,25	53,15	28,60	41,61	46,81	24,83	36,12	40,63	21,14	30,76	34,60	17,56	25,54	28,73
	V	1 725,41	94,89	138,03	155,28	IV	1 190,58	62,59	91,04	102,42	59,73	86,89	97,75	56,93	82,82	93,17	54,18	78,81	88,66	51,48	74,88	84,24	48,82	71,01	79,88
	VI	1 757,66	96,67	140,61	158,18																				
4 814,99	I,IV	1 191,83	65,55	95,34	107,26	I	1 191,83	59,80	86,99	97,86	54,24	78,90	88,76	48,88	71,10	79,98	43,70	63,57	71,51	38,72	56,32	63,36	33,92	49,34	55,50
	II	1 146,08	63,03	91,68	103,14	II	1 146,08	57,36	83,44	93,87	51,89	75,48	84,92	46,61	67,80	76,27	41,51	60,38	67,93	36,61	53,25	59,90	31,90	46,40	52,20
	III	737,50	40,56	59,—	66,37	III	737,50	36,50	53,09	59,72	32,53	47,32	53,23	28,65	41,68	46,89	24,87	36,18	40,70	21,19	30,82	34,67	17,60	25,60	28,80
	V	1 726,66	94,96	138,13	155,39	IV	1 191,83	62,65	91,13	102,52	59,80	86,99	97,86	57,—	82,91	93,27	54,24	78,90	88,76	51,53	74,96	84,33	48,88	71,10	79,98
	VI	1 758,91	96,74	140,71	158,30																				

* Die ausgewiesenen Tabellenwerte sind amtlich. Siehe Erläuterungen auf der Umschlaginnenseite (U2).
** Bei mehr als 3 Kinderfreibeträgen ist die „Ergänzungs-Tabelle 3,5 bis 6 Kinderfreibeträge" anzuwenden.

Lohnsteuer-Tabelle

TAG

Lohnsteuer

Diese **Tageslohnsteuer-Tabelle** ist z.B. für Arbeitnehmer anzuwenden,

- die einen Beitragsanteil zur gesetzlichen Rentenversicherung entrichten,
- die von der gesetzlichen Rentenversicherung auf Antrag befreit worden sind und deshalb steuerfreie Arbeitgeberzuschüsse erhalten können.

Diese Tageslohnsteuer-Tabelle ist anzuwenden:

a) für Arbeitnehmer, deren Arbeitslohn täglich abgerechnet und gezahlt wird (Tagelöhner),

b) für Arbeitnehmer mit Lohnzahlungszeiträumen, die aus einem Mehrfachen von Tagen bestehen, ohne dass ein monatlicher, wöchentlicher oder mehrwöchiger Lohnzahlungszeitraum vorliegt.

Ausführliche Informationen zur Lohnsteuer und zu weiteren Themen finden Sie in den Erläuterungen zur Tabelle.

Solidaritätszuschlag

Neben der Lohnsteuer ist auch der Solidaritätszuschlag ausgewiesen.

In den Erläuterungen zur Tabelle finden Sie nähere Informationen hierzu.

Kirchensteuer

Diese Tabelle enthält die für alle Bundesländer maßgebenden Steuersätze von **8 %** und **9 %.**

8 % = Baden-Württemberg, Bayern

9 % = Berlin, Brandenburg, Bremen, Hamburg, Hessen, Mecklenburg-Vorpommern, Niedersachsen, Nordrhein-Westfalen, Rheinland-Pfalz, Saarland, Sachsen, Sachsen-Anhalt, Schleswig-Holstein, Thüringen

Zu beachten ist besonders die Mindestbetrags-Kirchensteuer in den einzelnen Bundesländern.

In den Erläuterungen zur Tabelle finden Sie nähere Informationen hierzu.

Lohn/Gehalt bis €*	Lohnsteuer, Solidaritätszuschlag und Kirchensteuer in den Steuerklassen I – VI	LSt	ohne Kinderfreibeträge SolZ	8%	9%
0,09	I,IV	—	—	—	—
	II	—	—	—	—
	III	—	—	—	—
	V	—	—	—	—
	VI	0,01	—	—	—
0,19	I,IV	—	—	—	—
	II	—	—	—	—
	III	—	—	—	—
	V	—	—	—	—
	VI	0,02	—	—	—
0,29	I,IV	—	—	—	—
	II	—	—	—	—
	III	—	—	—	—
	V	—	—	—	—
	VI	0,03	—	—	—
0,39	I,IV	—	—	—	—
	II	—	—	—	—
	III	—	—	—	—
	V	—	—	—	—
	VI	0,05	—	—	—
0,49	I,IV	—	—	—	—
	II	—	—	—	—
	III	—	—	—	—
	V	—	—	—	—
	VI	0,06	—	—	—
0,59	I,IV	—	—	—	—
	II	—	—	—	—
	III	—	—	—	—
	V	—	—	—	—
	VI	0,08	—	—	—
0,69	I,IV	—	—	—	—
	II	—	—	—	—
	III	—	—	—	—
	V	—	—	—	—
	VI	0,09	—	—	—
0,79	I,IV	—	—	—	—
	II	—	—	—	—
	III	—	—	—	—
	V	—	—	—	—
	VI	0,11	—	—	—
0,89	I,IV	—	—	—	—
	II	—	—	—	—
	III	—	—	—	—
	V	—	—	—	—
	VI	0,12	—	—	0,01
0,99	I,IV	—	—	—	—
	II	—	—	—	—
	III	—	—	—	—
	V	—	—	—	—
	VI	0,13	—	0,01	0,01
1,09	I,IV	—	—	—	—
	II	—	—	—	—
	III	—	—	—	—
	V	—	—	—	—
	VI	0,15	—	0,01	0,01
1,19	I,IV	—	—	—	—
	II	—	—	—	—
	III	—	—	—	—
	V	—	—	—	—
	VI	0,16	—	0,01	0,01
1,29	I,IV	—	—	—	—
	II	—	—	—	—
	III	—	—	—	—
	V	—	—	—	—
	VI	0,18	—	0,01	0,01
1,39	I,IV	—	—	—	—
	II	—	—	—	—
	III	—	—	—	—
	V	—	—	—	—
	VI	0,19	—	0,01	0,01
1,49	I,IV	—	—	—	—
	II	—	—	—	—
	III	—	—	—	—
	V	—	—	—	—
	VI	0,20	—	0,01	0,01
1,59	I,IV	—	—	—	—
	II	—	—	—	—
	III	—	—	—	—
	V	—	—	—	—
	VI	0,22	—	0,01	0,01
1,69	I,IV	—	—	—	—
	II	—	—	—	—
	III	—	—	—	—
	V	—	—	—	—
	VI	0,23	—	0,01	0,02
1,79	I,IV	—	—	—	—
	II	—	—	—	—
	III	—	—	—	—
	V	—	—	—	—
	VI	0,25	—	0,02	0,02
1,89	I,IV	—	—	—	—
	II	—	—	—	—
	III	—	—	—	—
	V	—	—	—	—
	VI	0,26	—	0,02	0,02
1,99	I,IV	—	—	—	—
	II	—	—	—	—
	III	—	—	—	—
	V	—	—	—	—
	VI	0,27	—	0,02	0,02
2,09	I,IV	—	—	—	—
	II	—	—	—	—
	III	—	—	—	—
	V	—	—	—	—
	VI	0,29	—	0,02	0,02
2,19	I,IV	—	—	—	—
	II	—	—	—	—
	III	—	—	—	—
	V	—	—	—	—
	VI	0,30	—	0,02	0,02
2,29	I,IV	—	—	—	—
	II	—	—	—	—
	III	—	—	—	—
	V	—	—	—	—
	VI	0,31	—	0,02	0,02
2,39	I,IV	—	—	—	—
	II	—	—	—	—
	III	—	—	—	—
	V	—	—	—	—
	VI	0,33	—	0,02	0,02
2,49	I,IV	—	—	—	—
	II	—	—	—	—
	III	—	—	—	—
	V	—	—	—	—
	VI	0,34	—	0,02	0,03
2,59	I,IV	—	—	—	—
	II	—	—	—	—
	III	—	—	—	—
	V	—	—	—	—
	VI	0,36	—	0,02	0,03
2,69	I,IV	—	—	—	—
	II	—	—	—	—
	III	—	—	—	—
	V	0,01	—	—	—
	VI	0,37	—	0,02	0,03
2,79	I,IV	—	—	—	—
	II	—	—	—	—
	III	—	—	—	—
	V	0,03	—	—	—
	VI	0,38	—	0,03	0,03
2,89	I,IV	—	—	—	—
	II	—	—	—	—
	III	—	—	—	—
	V	0,04	—	—	—
	VI	0,40	—	0,03	0,03
2,99	I,IV	—	—	—	—
	II	—	—	—	—
	III	—	—	—	—
	V	0,06	—	—	—
	VI	0,41	—	0,03	0,03
3,09	I,IV	—	—	—	—
	II	—	—	—	—
	III	—	—	—	—
	V	0,07	—	—	—
	VI	0,43	—	0,03	0,03
3,19	I,IV	—	—	—	—
	II	—	—	—	—
	III	—	—	—	—
	V	0,08	—	—	—
	VI	0,44	—	0,03	0,03
3,29	I,IV	—	—	—	—
	II	—	—	—	—
	III	—	—	—	—
	V	0,10	—	—	—
	VI	0,46	—	0,03	0,04
3,39	I,IV	—	—	—	—
	II	—	—	—	—
	III	—	—	—	—
	V	0,11	—	—	—
	VI	0,47	—	0,03	0,04
3,49	I,IV	—	—	—	—
	II	—	—	—	—
	III	—	—	—	—
	V	0,13	—	0,01	0,01
	VI	0,48	—	0,03	0,04
3,59	I,IV	—	—	—	—
	II	—	—	—	—
	III	—	—	—	—
	V	0,14	—	0,01	0,01
	VI	0,50	—	0,04	0,04
3,69	I,IV	—	—	—	—
	II	—	—	—	—
	III	—	—	—	—
	V	0,15	—	0,01	0,01
	VI	0,51	—	0,04	0,04
3,79	I,IV	—	—	—	—
	II	—	—	—	—
	III	—	—	—	—
	V	0,17	—	0,01	0,01
	VI	0,53	—	0,04	0,04
3,89	I,IV	—	—	—	—
	II	—	—	—	—
	III	—	—	—	—
	V	0,18	—	0,01	0,01
	VI	0,54	—	0,04	0,04
3,99	I,IV	—	—	—	—
	II	—	—	—	—
	III	—	—	—	—
	V	0,20	—	0,01	0,01
	VI	0,55	—	0,04	0,04
4,09	I,IV	—	—	—	—
	II	—	—	—	—
	III	—	—	—	—
	V	0,21	—	0,01	0,01
	VI	0,57	—	0,04	0,05
4,19	I,IV	—	—	—	—
	II	—	—	—	—
	III	—	—	—	—
	V	0,22	—	0,01	0,01
	VI	0,58	—	0,04	0,05
4,29	I,IV	—	—	—	—
	II	—	—	—	—
	III	—	—	—	—
	V	0,24	—	0,01	0,02
	VI	0,60	—	0,04	0,05
4,39	I,IV	—	—	—	—
	II	—	—	—	—
	III	—	—	—	—
	V	0,25	—	0,02	0,02
	VI	0,61	—	0,04	0,05
4,49	I,IV	—	—	—	—
	II	—	—	—	—
	III	—	—	—	—
	V	0,26	—	0,02	0,02
	VI	0,62	—	0,04	0,05

* Die ausgewiesenen Tabellenwerte sind amtlich. Siehe Erläuterungen auf der Umschlaginnenseite (U2).

Lohn/Gehalt bis €*	Lohnsteuer, Solidaritätszuschlag und Kirchensteuer in den Steuerklassen I – VI	LSt	ohne Kinderfreibeträge SolZ	8%	9%
4,59	I,IV	—	—	—	—
	II	—	—	—	—
	III	—	—	—	—
	V	0,28	—	0,02	0,02
	VI	0,64	—	0,05	0,05
4,69	I,IV	—	—	—	—
	II	—	—	—	—
	III	—	—	—	—
	V	0,29	—	0,02	0,02
	VI	0,65	—	0,05	0,05
4,79	I,IV	—	—	—	—
	II	—	—	—	—
	III	—	—	—	—
	V	0,31	—	0,02	0,02
	VI	0,66	—	0,05	0,05
4,89	I,IV	—	—	—	—
	II	—	—	—	—
	III	—	—	—	—
	V	0,32	—	0,02	0,02
	VI	0,68	—	0,05	0,06
4,99	I,IV	—	—	—	—
	II	—	—	—	—
	III	—	—	—	—
	V	0,34	—	0,02	0,03
	VI	0,69	—	0,05	0,06
5,09	I,IV	—	—	—	—
	II	—	—	—	—
	III	—	—	—	—
	V	0,35	—	0,02	0,03
	VI	0,71	—	0,05	0,06
5,19	I,IV	—	—	—	—
	II	—	—	—	—
	III	—	—	—	—
	V	0,36	—	0,02	0,03
	VI	0,72	—	0,05	0,06
5,29	I,IV	—	—	—	—
	II	—	—	—	—
	III	—	—	—	—
	V	0,38	—	0,03	0,03
	VI	0,73	—	0,05	0,06
5,39	I,IV	—	—	—	—
	II	—	—	—	—
	III	—	—	—	—
	V	0,39	—	0,03	0,03
	VI	0,75	—	0,06	0,06
5,49	I,IV	—	—	—	—
	II	—	—	—	—
	III	—	—	—	—
	V	0,41	—	0,03	0,03
	VI	0,76	—	0,06	0,06
5,59	I,IV	—	—	—	—
	II	—	—	—	—
	III	—	—	—	—
	V	0,42	—	0,03	0,03
	VI	0,78	—	0,06	0,07
5,69	I,IV	—	—	—	—
	II	—	—	—	—
	III	—	—	—	—
	V	0,43	—	0,03	0,03
	VI	0,79	—	0,06	0,07
5,79	I,IV	—	—	—	—
	II	—	—	—	—
	III	—	—	—	—
	V	0,45	—	0,03	0,04
	VI	0,81	—	0,06	0,07
5,89	I,IV	—	—	—	—
	II	—	—	—	—
	III	—	—	—	—
	V	0,46	—	0,03	0,04
	VI	0,82	—	0,06	0,07
5,99	I,IV	—	—	—	—
	II	—	—	—	—
	III	—	—	—	—
	V	0,48	—	0,03	0,04
	VI	0,83	—	0,06	0,07
6,09	I,IV	—	—	—	—
	II	—	—	—	—
	III	—	—	—	—
	V	0,49	—	0,03	0,04
	VI	0,85	—	0,06	0,07
6,19	I,IV	—	—	—	—
	II	—	—	—	—
	III	—	—	—	—
	V	0,50	—	0,04	0,04
	VI	0,86	—	0,06	0,07
6,29	I,IV	—	—	—	—
	II	—	—	—	—
	III	—	—	—	—
	V	0,52	—	0,04	0,04
	VI	0,88	—	0,07	0,07
6,39	I,IV	—	—	—	—
	II	—	—	—	—
	III	—	—	—	—
	V	0,53	—	0,04	0,04
	VI	0,89	—	0,07	0,08
6,49	I,IV	—	—	—	—
	II	—	—	—	—
	III	—	—	—	—
	V	0,55	—	0,04	0,04
	VI	0,90	—	0,07	0,08
6,59	I,IV	—	—	—	—
	II	—	—	—	—
	III	—	—	—	—
	V	0,56	—	0,04	0,05
	VI	0,92	—	0,07	0,08
6,69	I,IV	—	—	—	—
	II	—	—	—	—
	III	—	—	—	—
	V	0,57	—	0,04	0,05
	VI	0,93	—	0,07	0,08
6,79	I,IV	—	—	—	—
	II	—	—	—	—
	III	—	—	—	—
	V	0,59	—	0,04	0,05
	VI	0,95	—	0,07	0,08
6,89	I,IV	—	—	—	—
	II	—	—	—	—
	III	—	—	—	—
	V	0,60	—	0,04	0,05
	VI	0,96	—	0,07	0,08
6,99	I,IV	—	—	—	—
	II	—	—	—	—
	III	—	—	—	—
	V	0,61	—	0,04	0,05
	VI	0,97	—	0,07	0,08
7,09	I,IV	—	—	—	—
	II	—	—	—	—
	III	—	—	—	—
	V	0,63	—	0,05	0,05
	VI	0,99	—	0,07	0,08
7,19	I,IV	—	—	—	—
	II	—	—	—	—
	III	—	—	—	—
	V	0,64	—	0,05	0,05
	VI	1,—	—	0,08	0,09
7,29	I,IV	—	—	—	—
	II	—	—	—	—
	III	—	—	—	—
	V	0,66	—	0,05	0,05
	VI	1,01	—	0,08	0,09
7,39	I,IV	—	—	—	—
	II	—	—	—	—
	III	—	—	—	—
	V	0,67	—	0,05	0,06
	VI	1,03	—	0,08	0,09
7,49	I,IV	—	—	—	—
	II	—	—	—	—
	III	—	—	—	—
	V	0,69	—	0,05	0,06
	VI	1,04	—	0,08	0,09
7,59	I,IV	—	—	—	—
	II	—	—	—	—
	III	—	—	—	—
	V	0,70	—	0,05	0,06
	VI	1,06	—	0,08	0,09
7,69	I,IV	—	—	—	—
	II	—	—	—	—
	III	—	—	—	—
	V	0,71	—	0,05	0,06
	VI	1,07	—	0,08	0,09
7,79	I,IV	—	—	—	—
	II	—	—	—	—
	III	—	—	—	—
	V	0,73	—	0,05	0,06
	VI	1,08	—	0,08	0,09
7,89	I,IV	—	—	—	—
	II	—	—	—	—
	III	—	—	—	—
	V	0,74	—	0,05	0,06
	VI	1,10	—	0,08	0,09
7,99	I,IV	—	—	—	—
	II	—	—	—	—
	III	—	—	—	—
	V	0,76	—	0,06	0,06
	VI	1,11	—	0,08	0,09
8,09	I,IV	—	—	—	—
	II	—	—	—	—
	III	—	—	—	—
	V	0,77	—	0,06	0,06
	VI	1,13	—	0,09	0,10
8,19	I,IV	—	—	—	—
	II	—	—	—	—
	III	—	—	—	—
	V	0,78	—	0,06	0,07
	VI	1,14	—	0,09	0,10
8,29	I,IV	—	—	—	—
	II	—	—	—	—
	III	—	—	—	—
	V	0,80	—	0,06	0,07
	VI	1,16	—	0,09	0,10
8,39	I,IV	—	—	—	—
	II	—	—	—	—
	III	—	—	—	—
	V	0,81	—	0,06	0,07
	VI	1,17	—	0,09	0,10
8,49	I,IV	—	—	—	—
	II	—	—	—	—
	III	—	—	—	—
	V	0,83	—	0,06	0,07
	VI	1,18	—	0,09	0,10
8,59	I,IV	—	—	—	—
	II	—	—	—	—
	III	—	—	—	—
	V	0,84	—	0,06	0,07
	VI	1,20	—	0,09	0,10
8,69	I,IV	—	—	—	—
	II	—	—	—	—
	III	—	—	—	—
	V	0,85	—	0,06	0,07
	VI	1,21	—	0,09	0,10
8,79	I,IV	—	—	—	—
	II	—	—	—	—
	III	—	—	—	—
	V	0,87	—	0,06	0,07
	VI	1,23	—	0,09	0,11
8,89	I,IV	—	—	—	—
	II	—	—	—	—
	III	—	—	—	—
	V	0,88	—	0,07	0,07
	VI	1,24	—	0,09	0,11
8,99	I,IV	—	—	—	—
	II	—	—	—	—
	III	—	—	—	—
	V	0,90	—	0,07	0,08
	VI	1,25	—	0,10	0,11

* Die ausgewiesenen Tabellenwerte sind amtlich. Siehe Erläuterungen auf der Umschlaginnenseite (U2).

Lohn/ Gehalt bis €*	Steuerklasse	Lohnsteuer, Solidaritätszuschlag und Kirchensteuer in den Steuerklassen I – VI: LSt	ohne Kinderfreibeträge: SolZ	8%	9%
9,09	I,IV	—	—	—	—
	II	—	—	—	—
	III	—	—	—	—
	V	0,91	—	0,07	0,08
	VI	1,27	—	0,10	0,11
9,19	I,IV	—	—	—	—
	II	—	—	—	—
	III	—	—	—	—
	V	0,92	—	0,07	0,08
	VI	1,28	—	0,10	0,11
9,29	I,IV	—	—	—	—
	II	—	—	—	—
	III	—	—	—	—
	V	0,94	—	0,07	0,08
	VI	1,30	—	0,10	0,11
9,39	I,IV	—	—	—	—
	II	—	—	—	—
	III	—	—	—	—
	V	0,95	—	0,07	0,08
	VI	1,31	—	0,10	0,11
9,49	I,IV	—	—	—	—
	II	—	—	—	—
	III	—	—	—	—
	V	0,96	—	0,07	0,08
	VI	1,32	—	0,10	0,11
9,59	I,IV	—	—	—	—
	II	—	—	—	—
	III	—	—	—	—
	V	0,98	—	0,07	0,08
	VI	1,34	—	0,10	0,12
9,69	I,IV	—	—	—	—
	II	—	—	—	—
	III	—	—	—	—
	V	0,99	—	0,07	0,08
	VI	1,35	—	0,10	0,12
9,79	I,IV	—	—	—	—
	II	—	—	—	—
	III	—	—	—	—
	V	1,01	—	0,08	0,09
	VI	1,36	—	0,10	0,12
9,89	I,IV	—	—	—	—
	II	—	—	—	—
	III	—	—	—	—
	V	1,02	—	0,08	0,09
	VI	1,38	—	0,11	0,12
9,99	I,IV	—	—	—	—
	II	—	—	—	—
	III	—	—	—	—
	V	1,04	—	0,08	0,09
	VI	1,39	—	0,11	0,12
10,09	I,IV	—	—	—	—
	II	—	—	—	—
	III	—	—	—	—
	V	1,05	—	0,08	0,09
	VI	1,41	—	0,11	0,12
10,19	I,IV	—	—	—	—
	II	—	—	—	—
	III	—	—	—	—
	V	1,06	—	0,08	0,09
	VI	1,42	—	0,11	0,12
10,29	I,IV	—	—	—	—
	II	—	—	—	—
	III	—	—	—	—
	V	1,08	—	0,08	0,09
	VI	1,43	—	0,11	0,12
10,39	I,IV	—	—	—	—
	II	—	—	—	—
	III	—	—	—	—
	V	1,09	—	0,08	0,09
	VI	1,45	—	0,11	0,13
10,49	I,IV	—	—	—	—
	II	—	—	—	—
	III	—	—	—	—
	V	1,11	—	0,08	0,09
	VI	1,46	—	0,11	0,13
10,59	I,IV	—	—	—	—
	II	—	—	—	—
	III	—	—	—	—
	V	1,12	—	0,08	0,10
	VI	1,48	—	0,11	0,13
10,69	I,IV	—	—	—	—
	II	—	—	—	—
	III	—	—	—	—
	V	1,13	—	0,09	0,10
	VI	1,49	—	0,11	0,13
10,79	I,IV	—	—	—	—
	II	—	—	—	—
	III	—	—	—	—
	V	1,15	—	0,09	0,10
	VI	1,51	—	0,12	0,13
10,89	I,IV	—	—	—	—
	II	—	—	—	—
	III	—	—	—	—
	V	1,16	—	0,09	0,10
	VI	1,52	—	0,12	0,13
10,99	I,IV	—	—	—	—
	II	—	—	—	—
	III	—	—	—	—
	V	1,18	—	0,09	0,10
	VI	1,53	—	0,12	0,13
11,09	I,IV	—	—	—	—
	II	—	—	—	—
	III	—	—	—	—
	V	1,19	—	0,09	0,10
	VI	1,55	—	0,12	0,13
11,19	I,IV	—	—	—	—
	II	—	—	—	—
	III	—	—	—	—
	V	1,20	—	0,09	0,10
	VI	1,56	—	0,12	0,14
11,29	I,IV	—	—	—	—
	II	—	—	—	—
	III	—	—	—	—
	V	1,22	—	0,09	0,10
	VI	1,58	—	0,12	0,14
11,39	I,IV	—	—	—	—
	II	—	—	—	—
	III	—	—	—	—
	V	1,23	—	0,09	0,11
	VI	1,59	—	0,12	0,14
11,49	I,IV	—	—	—	—
	II	—	—	—	—
	III	—	—	—	—
	V	1,25	—	0,10	0,11
	VI	1,60	—	0,12	0,14
11,59	I,IV	—	—	—	—
	II	—	—	—	—
	III	—	—	—	—
	V	1,26	—	0,10	0,11
	VI	1,62	—	0,12	0,14
11,69	I,IV	—	—	—	—
	II	—	—	—	—
	III	—	—	—	—
	V	1,27	—	0,10	0,11
	VI	1,63	—	0,13	0,14
11,79	I,IV	—	—	—	—
	II	—	—	—	—
	III	—	—	—	—
	V	1,29	—	0,10	0,11
	VI	1,65	—	0,13	0,14
11,89	I,IV	—	—	—	—
	II	—	—	—	—
	III	—	—	—	—
	V	1,30	—	0,10	0,11
	VI	1,66	—	0,13	0,14
11,99	I,IV	—	—	—	—
	II	—	—	—	—
	III	—	—	—	—
	V	1,31	—	0,10	0,11
	VI	1,67	—	0,13	0,15
12,09	I,IV	—	—	—	—
	II	—	—	—	—
	III	—	—	—	—
	V	1,33	—	0,10	0,11
	VI	1,69	—	0,13	0,15
12,19	I,IV	—	—	—	—
	II	—	—	—	—
	III	—	—	—	—
	V	1,34	—	0,10	0,12
	VI	1,70	—	0,13	0,15
12,29	I,IV	—	—	—	—
	II	—	—	—	—
	III	—	—	—	—
	V	1,36	—	0,10	0,12
	VI	1,71	—	0,13	0,15
12,39	I,IV	—	—	—	—
	II	—	—	—	—
	III	—	—	—	—
	V	1,37	—	0,10	0,12
	VI	1,73	—	0,13	0,15
12,49	I,IV	—	—	—	—
	II	—	—	—	—
	III	—	—	—	—
	V	1,39	—	0,11	0,12
	VI	1,74	—	0,13	0,15
12,59	I,IV	—	—	—	—
	II	—	—	—	—
	III	—	—	—	—
	V	1,40	—	0,11	0,12
	VI	1,76	—	0,14	0,15
12,69	I,IV	—	—	—	—
	II	—	—	—	—
	III	—	—	—	—
	V	1,41	—	0,11	0,12
	VI	1,77	—	0,14	0,15
12,79	I,IV	—	—	—	—
	II	—	—	—	—
	III	—	—	—	—
	V	1,43	—	0,11	0,12
	VI	1,78	—	0,14	0,16
12,89	I,IV	—	—	—	—
	II	—	—	—	—
	III	—	—	—	—
	V	1,44	—	0,11	0,12
	VI	1,80	—	0,14	0,16
12,99	I,IV	—	—	—	—
	II	—	—	—	—
	III	—	—	—	—
	V	1,46	—	0,11	0,13
	VI	1,81	—	0,14	0,16
13,09	I,IV	—	—	—	—
	II	—	—	—	—
	III	—	—	—	—
	V	1,47	—	0,11	0,13
	VI	1,83	—	0,14	0,16
13,19	I,IV	—	—	—	—
	II	—	—	—	—
	III	—	—	—	—
	V	1,48	—	0,11	0,13
	VI	1,84	—	0,14	0,16
13,29	I,IV	—	—	—	—
	II	—	—	—	—
	III	—	—	—	—
	V	1,50	—	0,12	0,13
	VI	1,86	—	0,14	0,16
13,39	I,IV	—	—	—	—
	II	—	—	—	—
	III	—	—	—	—
	V	1,51	—	0,12	0,13
	VI	1,87	—	0,14	0,16
13,49	I,IV	—	—	—	—
	II	—	—	—	—
	III	—	—	—	—
	V	1,53	—	0,12	0,13
	VI	1,88	—	0,15	0,16

* Die ausgewiesenen Tabellenwerte sind amtlich. Siehe Erläuterungen auf der Umschlaginnenseite (U2).

Lohn/Gehalt bis €*	Steuerklasse	LSt	SolZ	8%	9%
		Lohnsteuer, Solidaritätszuschlag und Kirchensteuer in den Steuerklassen I – VI	ohne Kinderfreibeträge		
13,59	I,IV	—	—	—	—
	II	—	—	—	—
	III	—	—	—	—
	V	1,54	—	0,12	0,13
	VI	1,90	—	0,15	0,17
13,69	I,IV	—	—	—	—
	II	—	—	—	—
	III	—	—	—	—
	V	1,55	—	0,12	0,13
	VI	1,91	—	0,15	0,17
13,79	I,IV	—	—	—	—
	II	—	—	—	—
	III	—	—	—	—
	V	1,57	—	0,12	0,14
	VI	1,93	—	0,15	0,17
13,89	I,IV	—	—	—	—
	II	—	—	—	—
	III	—	—	—	—
	V	1,58	—	0,12	0,14
	VI	1,94	—	0,15	0,17
13,99	I,IV	—	—	—	—
	II	—	—	—	—
	III	—	—	—	—
	V	1,60	—	0,12	0,14
	VI	1,95	—	0,15	0,17
14,09	I,IV	—	—	—	—
	II	—	—	—	—
	III	—	—	—	—
	V	1,61	—	0,12	0,14
	VI	1,97	—	0,15	0,17
14,19	I,IV	—	—	—	—
	II	—	—	—	—
	III	—	—	—	—
	V	1,62	—	0,12	0,14
	VI	1,98	—	0,15	0,17
14,29	I,IV	—	—	—	—
	II	—	—	—	—
	III	—	—	—	—
	V	1,64	—	0,13	0,14
	VI	2,—	—	0,16	0,18
14,39	I,IV	—	—	—	—
	II	—	—	—	—
	III	—	—	—	—
	V	1,65	—	0,13	0,14
	VI	2,01	—	0,16	0,18
14,49	I,IV	—	—	—	—
	II	—	—	—	—
	III	—	—	—	—
	V	1,66	—	0,13	0,14
	VI	2,02	—	0,16	0,18
14,59	I,IV	—	—	—	—
	II	—	—	—	—
	III	—	—	—	—
	V	1,68	—	0,13	0,15
	VI	2,04	—	0,16	0,18
14,69	I,IV	—	—	—	—
	II	—	—	—	—
	III	—	—	—	—
	V	1,69	—	0,13	0,15
	VI	2,05	—	0,16	0,18
14,79	I,IV	—	—	—	—
	II	—	—	—	—
	III	—	—	—	—
	V	1,71	—	0,13	0,15
	VI	2,06	—	0,16	0,18
14,89	I,IV	—	—	—	—
	II	—	—	—	—
	III	—	—	—	—
	V	1,72	—	0,13	0,15
	VI	2,08	—	0,16	0,18
14,99	I,IV	—	—	—	—
	II	—	—	—	—
	III	—	—	—	—
	V	1,74	—	0,13	0,15
	VI	2,09	—	0,16	0,18
15,09	I,IV	—	—	—	—
	II	—	—	—	—
	III	—	—	—	—
	V	1,75	—	0,14	0,15
	VI	2,11	—	0,16	0,18
15,19	I,IV	—	—	—	—
	II	—	—	—	—
	III	—	—	—	—
	V	1,76	—	0,14	0,15
	VI	2,12	—	0,16	0,19
15,29	I,IV	—	—	—	—
	II	—	—	—	—
	III	—	—	—	—
	V	1,78	—	0,14	0,16
	VI	2,13	—	0,17	0,19
15,39	I,IV	—	—	—	—
	II	—	—	—	—
	III	—	—	—	—
	V	1,79	—	0,14	0,16
	VI	2,15	—	0,17	0,19
15,49	I,IV	—	—	—	—
	II	—	—	—	—
	III	—	—	—	—
	V	1,81	—	0,14	0,16
	VI	2,16	—	0,17	0,19
15,59	I,IV	—	—	—	—
	II	—	—	—	—
	III	—	—	—	—
	V	1,82	—	0,14	0,16
	VI	2,18	—	0,17	0,19
15,69	I,IV	—	—	—	—
	II	—	—	—	—
	III	—	—	—	—
	V	1,83	—	0,14	0,16
	VI	2,19	—	0,17	0,19
15,79	I,IV	—	—	—	—
	II	—	—	—	—
	III	—	—	—	—
	V	1,85	—	0,14	0,16
	VI	2,21	—	0,17	0,19
15,89	I,IV	—	—	—	—
	II	—	—	—	—
	III	—	—	—	—
	V	1,86	—	0,14	0,16
	VI	2,22	—	0,17	0,19
15,99	I,IV	—	—	—	—
	II	—	—	—	—
	III	—	—	—	—
	V	1,88	—	0,15	0,16
	VI	2,23	—	0,17	0,20
16,09	I,IV	—	—	—	—
	II	—	—	—	—
	III	—	—	—	—
	V	1,89	—	0,15	0,17
	VI	2,25	—	0,18	0,20
16,19	I,IV	—	—	—	—
	II	—	—	—	—
	III	—	—	—	—
	V	1,90	—	0,15	0,17
	VI	2,26	—	0,18	0,20
16,29	I,IV	—	—	—	—
	II	—	—	—	—
	III	—	—	—	—
	V	1,92	—	0,15	0,17
	VI	2,28	—	0,18	0,20
16,39	I,IV	—	—	—	—
	II	—	—	—	—
	III	—	—	—	—
	V	1,93	—	0,15	0,17
	VI	2,29	—	0,18	0,20
16,49	I,IV	—	—	—	—
	II	—	—	—	—
	III	—	—	—	—
	V	1,95	—	0,15	0,17
	VI	2,30	—	0,18	0,20
16,59	I,IV	—	—	—	—
	II	—	—	—	—
	III	—	—	—	—
	V	1,96	—	0,15	0,17
	VI	2,32	—	0,18	0,20
16,69	I,IV	—	—	—	—
	II	—	—	—	—
	III	—	—	—	—
	V	1,97	—	0,15	0,17
	VI	2,33	—	0,18	0,20
16,79	I,IV	—	—	—	—
	II	—	—	—	—
	III	—	—	—	—
	V	1,99	—	0,15	0,17
	VI	2,35	—	0,18	0,21
16,89	I,IV	—	—	—	—
	II	—	—	—	—
	III	—	—	—	—
	V	2,—	—	0,16	0,18
	VI	2,36	—	0,18	0,21
16,99	I,IV	—	—	—	—
	II	—	—	—	—
	III	—	—	—	—
	V	2,01	—	0,16	0,18
	VI	2,37	—	0,18	0,21
17,09	I,IV	—	—	—	—
	II	—	—	—	—
	III	—	—	—	—
	V	2,03	—	0,16	0,18
	VI	2,39	—	0,19	0,21
17,19	I,IV	—	—	—	—
	II	—	—	—	—
	III	—	—	—	—
	V	2,04	—	0,16	0,18
	VI	2,40	—	0,19	0,21
17,29	I,IV	—	—	—	—
	II	—	—	—	—
	III	—	—	—	—
	V	2,06	—	0,16	0,18
	VI	2,41	—	0,19	0,21
17,39	I,IV	—	—	—	—
	II	—	—	—	—
	III	—	—	—	—
	V	2,07	—	0,16	0,18
	VI	2,43	—	0,19	0,21
17,49	I,IV	—	—	—	—
	II	—	—	—	—
	III	—	—	—	—
	V	2,09	—	0,16	0,18
	VI	2,44	—	0,19	0,21
17,59	I,IV	—	—	—	—
	II	—	—	—	—
	III	—	—	—	—
	V	2,10	—	0,16	0,18
	VI	2,46	—	0,19	0,22
17,69	I,IV	—	—	—	—
	II	—	—	—	—
	III	—	—	—	—
	V	2,11	—	0,16	0,18
	VI	2,47	—	0,19	0,22
17,79	I,IV	—	—	—	—
	II	—	—	—	—
	III	—	—	—	—
	V	2,13	—	0,17	0,19
	VI	2,48	—	0,19	0,22
17,89	I,IV	—	—	—	—
	II	—	—	—	—
	III	—	—	—	—
	V	2,14	—	0,17	0,19
	VI	2,50	—	0,20	0,22
17,99	I,IV	—	—	—	—
	II	—	—	—	—
	III	—	—	—	—
	V	2,16	—	0,17	0,19
	VI	2,51	—	0,20	0,22

*** Die ausgewiesenen Tabellenwerte sind amtlich. Siehe Erläuterungen auf der Umschlaginnenseite (U2).**

Lohnsteuer, Solidaritätszuschlag und Kirchensteuer in den Steuerklassen **I – VI**, **ohne** Kinderfreibeträge

Lohn/Gehalt bis €*		LSt	SolZ	8%	9%
18,09	I,IV	—	—	—	—
	II	—	—	—	—
	III	—	—	—	—
	V	2,17	—	0,17	0,19
	VI	2,53	—	0,20	0,22
18,19	I,IV	—	—	—	—
	II	—	—	—	—
	III	—	—	—	—
	V	2,18	—	0,17	0,19
	VI	2,54	—	0,20	0,22
18,29	I,IV	—	—	—	—
	II	—	—	—	—
	III	—	—	—	—
	V	2,20	—	0,17	0,19
	VI	2,56	—	0,20	0,23
18,39	I,IV	—	—	—	—
	II	—	—	—	—
	III	—	—	—	—
	V	2,21	—	0,17	0,19
	VI	2,57	—	0,20	0,23
18,49	I,IV	—	—	—	—
	II	—	—	—	—
	III	—	—	—	—
	V	2,23	—	0,17	0,20
	VI	2,58	—	0,20	0,23
18,59	I,IV	—	—	—	—
	II	—	—	—	—
	III	—	—	—	—
	V	2,24	—	0,17	0,20
	VI	2,60	—	0,20	0,23
18,69	I,IV	—	—	—	—
	II	—	—	—	—
	III	—	—	—	—
	V	2,25	—	0,18	0,20
	VI	2,61	—	0,20	0,23
18,79	I,IV	—	—	—	—
	II	—	—	—	—
	III	—	—	—	—
	V	2,27	—	0,18	0,20
	VI	2,63	—	0,21	0,23
18,89	I,IV	—	—	—	—
	II	—	—	—	—
	III	—	—	—	—
	V	2,28	—	0,18	0,20
	VI	2,64	—	0,21	0,23
18,99	I,IV	—	—	—	—
	II	—	—	—	—
	III	—	—	—	—
	V	2,30	—	0,18	0,20
	VI	2,65	—	0,21	0,23
19,09	I,IV	—	—	—	—
	II	—	—	—	—
	III	—	—	—	—
	V	2,31	—	0,18	0,20
	VI	2,67	—	0,21	0,24
19,19	I,IV	—	—	—	—
	II	—	—	—	—
	III	—	—	—	—
	V	2,32	—	0,18	0,20
	VI	2,68	—	0,21	0,24
19,29	I,IV	—	—	—	—
	II	—	—	—	—
	III	—	—	—	—
	V	2,34	—	0,18	0,21
	VI	2,70	—	0,21	0,24
19,39	I,IV	—	—	—	—
	II	—	—	—	—
	III	—	—	—	—
	V	2,35	—	0,18	0,21
	VI	2,71	—	0,21	0,24
19,49	I,IV	—	—	—	—
	II	—	—	—	—
	III	—	—	—	—
	V	2,36	—	0,18	0,21
	VI	2,72	—	0,21	0,24
19,59	I,IV	—	—	—	—
	II	—	—	—	—
	III	—	—	—	—
	V	2,38	—	0,19	0,21
	VI	2,74	—	0,21	0,24
19,69	I,IV	—	—	—	—
	II	—	—	—	—
	III	—	—	—	—
	V	2,39	—	0,19	0,21
	VI	2,75	0,01	0,22	0,24
19,79	I,IV	—	—	—	—
	II	—	—	—	—
	III	—	—	—	—
	V	2,41	—	0,19	0,21
	VI	2,76	0,01	0,22	0,24
19,89	I,IV	—	—	—	—
	II	—	—	—	—
	III	—	—	—	—
	V	2,42	—	0,19	0,21
	VI	2,78	0,01	0,22	0,25
19,99	I,IV	—	—	—	—
	II	—	—	—	—
	III	—	—	—	—
	V	2,44	—	0,19	0,21
	VI	2,79	0,01	0,22	0,25
20,09	I,IV	—	—	—	—
	II	—	—	—	—
	III	—	—	—	—
	V	2,45	—	0,19	0,22
	VI	2,81	0,02	0,22	0,25
20,19	I,IV	—	—	—	—
	II	—	—	—	—
	III	—	—	—	—
	V	2,46	—	0,19	0,22
	VI	2,82	0,02	0,22	0,25
20,29	I,IV	—	—	—	—
	II	—	—	—	—
	III	—	—	—	—
	V	2,48	—	0,19	0,22
	VI	2,83	0,02	0,22	0,25
20,39	I,IV	—	—	—	—
	II	—	—	—	—
	III	—	—	—	—
	V	2,49	—	0,19	0,22
	VI	2,85	0,03	0,22	0,25
20,49	I,IV	—	—	—	—
	II	—	—	—	—
	III	—	—	—	—
	V	2,51	—	0,20	0,22
	VI	2,86	0,03	0,22	0,25
20,59	I,IV	—	—	—	—
	II	—	—	—	—
	III	—	—	—	—
	V	2,52	—	0,20	0,22
	VI	2,88	0,03	0,23	0,25
20,69	I,IV	—	—	—	—
	II	—	—	—	—
	III	—	—	—	—
	V	2,53	—	0,20	0,22
	VI	2,89	0,03	0,23	0,26
20,79	I,IV	—	—	—	—
	II	—	—	—	—
	III	—	—	—	—
	V	2,55	—	0,20	0,22
	VI	2,91	0,04	0,23	0,26
20,89	I,IV	—	—	—	—
	II	—	—	—	—
	III	—	—	—	—
	V	2,56	—	0,20	0,23
	VI	2,92	0,04	0,23	0,26
20,99	I,IV	—	—	—	—
	II	—	—	—	—
	III	—	—	—	—
	V	2,58	—	0,20	0,23
	VI	2,93	0,04	0,23	0,26
21,09	I,IV	—	—	—	—
	II	—	—	—	—
	III	—	—	—	—
	V	2,59	—	0,20	0,23
	VI	2,95	0,05	0,23	0,26
21,19	I,IV	—	—	—	—
	II	—	—	—	—
	III	—	—	—	—
	V	2,60	—	0,20	0,23
	VI	2,96	0,05	0,23	0,26
21,29	I,IV	—	—	—	—
	II	—	—	—	—
	III	—	—	—	—
	V	2,62	—	0,20	0,23
	VI	2,98	0,05	0,23	0,26
21,39	I,IV	—	—	—	—
	II	—	—	—	—
	III	—	—	—	—
	V	2,63	—	0,21	0,23
	VI	2,99	0,05	0,23	0,26
21,49	I,IV	—	—	—	—
	II	—	—	—	—
	III	—	—	—	—
	V	2,65	—	0,21	0,23
	VI	3,—	0,06	0,24	0,27
21,59	I,IV	—	—	—	—
	II	—	—	—	—
	III	—	—	—	—
	V	2,66	—	0,21	0,23
	VI	3,02	0,06	0,24	0,27
21,69	I,IV	—	—	—	—
	II	—	—	—	—
	III	—	—	—	—
	V	2,67	—	0,21	0,24
	VI	3,03	0,06	0,24	0,27
21,79	I,IV	—	—	—	—
	II	—	—	—	—
	III	—	—	—	—
	V	2,69	—	0,21	0,24
	VI	3,05	0,07	0,24	0,27
21,89	I,IV	—	—	—	—
	II	—	—	—	—
	III	—	—	—	—
	V	2,70	—	0,21	0,24
	VI	3,06	0,07	0,24	0,27
21,99	I,IV	—	—	—	—
	II	—	—	—	—
	III	—	—	—	—
	V	2,71	—	0,21	0,24
	VI	3,07	0,07	0,24	0,27
22,09	I,IV	—	—	—	—
	II	—	—	—	—
	III	—	—	—	—
	V	2,73	—	0,21	0,24
	VI	3,09	0,07	0,24	0,27
22,19	I,IV	—	—	—	—
	II	—	—	—	—
	III	—	—	—	—
	V	2,74	—	0,21	0,24
	VI	3,10	0,08	0,24	0,27
22,29	I,IV	—	—	—	—
	II	—	—	—	—
	III	—	—	—	—
	V	2,76	0,01	0,22	0,24
	VI	3,11	0,08	0,24	0,27
22,39	I,IV	—	—	—	—
	II	—	—	—	—
	III	—	—	—	—
	V	2,77	0,01	0,22	0,24
	VI	3,13	0,08	0,25	0,28
22,49	I,IV	—	—	—	—
	II	—	—	—	—
	III	—	—	—	—
	V	2,79	0,01	0,22	0,25
	VI	3,14	0,08	0,25	0,28

* Die ausgewiesenen Tabellenwerte sind amtlich. Siehe Erläuterungen auf der Umschlaginnenseite (U2).

Lohn/Gehalt bis €*	Steuerklasse	Lohnsteuer, Solidaritätszuschlag und Kirchensteuer in den Steuerklassen I – VI: LSt	ohne Kinderfreibeträge: SolZ	8%	9%
22,59	I,IV	—	—	—	—
	II	—	—	—	—
	III	—	—	—	—
	V	2,80	0,02	0,22	0,25
	VI	3,16	0,09	0,25	0,28
22,69	I,IV	—	—	—	—
	II	—	—	—	—
	III	—	—	—	—
	V	2,81	0,02	0,22	0,25
	VI	3,17	0,09	0,25	0,28
22,79	I,IV	—	—	—	—
	II	—	—	—	—
	III	—	—	—	—
	V	2,83	0,02	0,22	0,25
	VI	3,18	0,09	0,25	0,28
22,89	I,IV	—	—	—	—
	II	—	—	—	—
	III	—	—	—	—
	V	2,84	0,02	0,22	0,25
	VI	3,20	0,10	0,25	0,28
22,99	I,IV	—	—	—	—
	II	—	—	—	—
	III	—	—	—	—
	V	2,86	0,03	0,22	0,25
	VI	3,21	0,10	0,25	0,28
23,09	I,IV	—	—	—	—
	II	—	—	—	—
	III	—	—	—	—
	V	2,87	0,03	0,22	0,25
	VI	3,23	0,10	0,25	0,29
23,19	I,IV	—	—	—	—
	II	—	—	—	—
	III	—	—	—	—
	V	2,88	0,03	0,23	0,25
	VI	3,24	0,10	0,25	0,29
23,29	I,IV	—	—	—	—
	II	—	—	—	—
	III	—	—	—	—
	V	2,90	0,04	0,23	0,26
	VI	3,26	0,11	0,26	0,29
23,39	I,IV	—	—	—	—
	II	—	—	—	—
	III	—	—	—	—
	V	2,91	0,04	0,23	0,26
	VI	3,27	0,11	0,26	0,29
23,49	I,IV	—	—	—	—
	II	—	—	—	—
	III	—	—	—	—
	V	2,93	0,04	0,23	0,26
	VI	3,28	0,11	0,26	0,29
23,59	I,IV	—	—	—	—
	II	—	—	—	—
	III	—	—	—	—
	V	2,94	0,04	0,23	0,26
	VI	3,30	0,12	0,26	0,29
23,69	I,IV	—	—	—	—
	II	—	—	—	—
	III	—	—	—	—
	V	2,95	0,05	0,23	0,26
	VI	3,31	0,12	0,26	0,29
23,79	I,IV	—	—	—	—
	II	—	—	—	—
	III	—	—	—	—
	V	2,97	0,05	0,23	0,26
	VI	3,33	0,12	0,26	0,29
23,89	I,IV	—	—	—	—
	II	—	—	—	—
	III	—	—	—	—
	V	2,98	0,05	0,23	0,26
	VI	3,34	0,12	0,26	0,30
23,99	I,IV	—	—	—	—
	II	—	—	—	—
	III	—	—	—	—
	V	3,—	0,06	0,24	0,27
	VI	3,35	0,13	0,26	0,30
24,09	I,IV	—	—	—	—
	II	—	—	—	—
	III	—	—	—	—
	V	3,01	0,06	0,24	0,27
	VI	3,37	0,13	0,26	0,30
24,19	I,IV	—	—	—	—
	II	—	—	—	—
	III	—	—	—	—
	V	3,02	0,06	0,24	0,27
	VI	3,38	0,13	0,27	0,30
24,29	I,IV	—	—	—	—
	II	—	—	—	—
	III	—	—	—	—
	V	3,04	0,06	0,24	0,27
	VI	3,40	0,14	0,27	0,30
24,39	I,IV	—	—	—	—
	II	—	—	—	—
	III	—	—	—	—
	V	3,05	0,07	0,24	0,27
	VI	3,41	0,14	0,27	0,30
24,49	I,IV	—	—	—	—
	II	—	—	—	—
	III	—	—	—	—
	V	3,06	0,07	0,24	0,27
	VI	3,42	0,14	0,27	0,30
24,59	I,IV	—	—	—	—
	II	—	—	—	—
	III	—	—	—	—
	V	3,08	0,07	0,24	0,27
	VI	3,44	0,14	0,27	0,30
24,69	I,IV	—	—	—	—
	II	—	—	—	—
	III	—	—	—	—
	V	3,09	0,07	0,24	0,27
	VI	3,45	0,15	0,27	0,31
24,79	I,IV	—	—	—	—
	II	—	—	—	—
	III	—	—	—	—
	V	3,11	0,08	0,24	0,27
	VI	3,46	0,15	0,27	0,31
24,89	I,IV	—	—	—	—
	II	—	—	—	—
	III	—	—	—	—
	V	3,12	0,08	0,24	0,28
	VI	3,48	0,15	0,27	0,31
24,99	I,IV	—	—	—	—
	II	—	—	—	—
	III	—	—	—	—
	V	3,14	0,08	0,25	0,28
	VI	3,49	0,15	0,27	0,31
25,09	I,IV	—	—	—	—
	II	—	—	—	—
	III	—	—	—	—
	V	3,15	0,09	0,25	0,28
	VI	3,51	0,16	0,28	0,31
25,19	I,IV	—	—	—	—
	II	—	—	—	—
	III	—	—	—	—
	V	3,16	0,09	0,25	0,28
	VI	3,52	0,16	0,28	0,31
25,29	I,IV	—	—	—	—
	II	—	—	—	—
	III	—	—	—	—
	V	3,18	0,09	0,25	0,28
	VI	3,53	0,16	0,28	0,31
25,39	I,IV	—	—	—	—
	II	—	—	—	—
	III	—	—	—	—
	V	3,19	0,09	0,25	0,28
	VI	3,55	0,17	0,28	0,31
25,49	I,IV	—	—	—	—
	II	—	—	—	—
	III	—	—	—	—
	V	3,21	0,10	0,25	0,28
	VI	3,56	0,17	0,28	0,32
25,59	I,IV	—	—	—	—
	II	—	—	—	—
	III	—	—	—	—
	V	3,22	0,10	0,25	0,28
	VI	3,58	0,17	0,28	0,32
25,69	I,IV	—	—	—	—
	II	—	—	—	—
	III	—	—	—	—
	V	3,23	0,10	0,25	0,29
	VI	3,61	0,18	0,28	0,32
25,79	I,IV	—	—	—	—
	II	—	—	—	—
	III	—	—	—	—
	V	3,25	0,11	0,26	0,29
	VI	3,66	0,19	0,29	0,32
25,89	I,IV	—	—	—	—
	II	—	—	—	—
	III	—	—	—	—
	V	3,26	0,11	0,26	0,29
	VI	3,70	0,20	0,29	0,33
25,99	I,IV	—	—	—	—
	II	—	—	—	—
	III	—	—	—	—
	V	3,28	0,11	0,26	0,29
	VI	3,74	0,20	0,29	0,33
26,09	I,IV	—	—	—	—
	II	—	—	—	—
	III	—	—	—	—
	V	3,29	0,11	0,26	0,29
	VI	3,78	0,20	0,30	0,34
26,19	I,IV	—	—	—	—
	II	—	—	—	—
	III	—	—	—	—
	V	3,30	0,12	0,26	0,29
	VI	3,82	0,21	0,30	0,34
26,29	I,IV	—	—	—	—
	II	—	—	—	—
	III	—	—	—	—
	V	3,32	0,12	0,26	0,29
	VI	3,86	0,21	0,30	0,34
26,39	I,IV	—	—	—	—
	II	—	—	—	—
	III	—	—	—	—
	V	3,33	0,12	0,26	0,29
	VI	3,91	0,21	0,31	0,35
26,49	I,IV	—	—	—	—
	II	—	—	—	—
	III	—	—	—	—
	V	3,35	0,13	0,26	0,30
	VI	3,95	0,21	0,31	0,35
26,59	I,IV	—	—	—	—
	II	—	—	—	—
	III	—	—	—	—
	V	3,36	0,13	0,26	0,30
	VI	3,99	0,21	0,31	0,35
26,69	I,IV	—	—	—	—
	II	—	—	—	—
	III	—	—	—	—
	V	3,37	0,13	0,26	0,30
	VI	4,03	0,22	0,32	0,36
26,79	I,IV	—	—	—	—
	II	—	—	—	—
	III	—	—	—	—
	V	3,39	0,13	0,27	0,30
	VI	4,08	0,22	0,32	0,36
26,89	I,IV	—	—	—	—
	II	—	—	—	—
	III	—	—	—	—
	V	3,40	0,14	0,27	0,30
	VI	4,12	0,22	0,32	0,37
26,99	I,IV	—	—	—	—
	II	—	—	—	—
	III	—	—	—	—
	V	3,41	0,14	0,27	0,30
	VI	4,16	0,22	0,33	0,37

* Die ausgewiesenen Tabellenwerte sind amtlich. Siehe Erläuterungen auf der Umschlaginnenseite (U2).

Abzüge an Lohnsteuer, Solidaritätszuschlag (SolZ) und Kirchensteuer (8%, 9%) in den Steuerklassen

I, II, III, IV: mit Zahl der Kinderfreibeträge . . .

Lohn/ Gehalt bis €*	I – VI	LSt	ohne Kinderfreibeträge SolZ	8%	9%	I, II, III, IV	LSt	0,5 SolZ	0,5 8%	0,5 9%	1 SolZ	1 8%	1 9%	1,5 SolZ	1,5 8%	1,5 9%	2 SolZ	2 8%	2 9%	2,5 SolZ	2,5 8%	2,5 9%	3 SolZ	3 8%	3 9%
27,09	I,IV	—	—	—	—	I	—	—	—	—	—	—	—	—	—	—	—	—	—	—	—	—	—	—	—
	II	—	—	—	—	II	—	—	—	—	—	—	—	—	—	—	—	—	—	—	—	—	—	—	—
	III	—	—	—	—	III	—	—	—	—	—	—	—	—	—	—	—	—	—	—	—	—	—	—	—
	V	3,43	0,14	0,27	0,30	IV	—	—	—	—	—	—	—	—	—	—	—	—	—	—	—	—	—	—	—
	VI	4,20	0,23	0,33	0,37																				
27,19	I,IV	—	—	—	—	I	—	—	—	—	—	—	—	—	—	—	—	—	—	—	—	—	—	—	—
	II	—	—	—	—	II	—	—	—	—	—	—	—	—	—	—	—	—	—	—	—	—	—	—	—
	III	—	—	—	—	III	—	—	—	—	—	—	—	—	—	—	—	—	—	—	—	—	—	—	—
	V	3,44	0,14	0,27	0,30	IV	—	—	—	—	—	—	—	—	—	—	—	—	—	—	—	—	—	—	—
	VI	4,24	0,23	0,33	0,38																				
27,29	I,IV	—	—	—	—	I	—	—	—	—	—	—	—	—	—	—	—	—	—	—	—	—	—	—	—
	II	—	—	—	—	II	—	—	—	—	—	—	—	—	—	—	—	—	—	—	—	—	—	—	—
	III	—	—	—	—	III	—	—	—	—	—	—	—	—	—	—	—	—	—	—	—	—	—	—	—
	V	3,46	0,15	0,27	0,31	IV	—	—	—	—	—	—	—	—	—	—	—	—	—	—	—	—	—	—	—
	VI	4,28	0,23	0,34	0,38																				
27,39	I,IV	—	—	—	—	I	—	—	—	—	—	—	—	—	—	—	—	—	—	—	—	—	—	—	—
	II	—	—	—	—	II	—	—	—	—	—	—	—	—	—	—	—	—	—	—	—	—	—	—	—
	III	—	—	—	—	III	—	—	—	—	—	—	—	—	—	—	—	—	—	—	—	—	—	—	—
	V	3,47	0,15	0,27	0,31	IV	—	—	—	—	—	—	—	—	—	—	—	—	—	—	—	—	—	—	—
	VI	4,33	0,23	0,34	0,38																				
27,49	I,IV	—	—	—	—	I	—	—	—	—	—	—	—	—	—	—	—	—	—	—	—	—	—	—	—
	II	—	—	—	—	II	—	—	—	—	—	—	—	—	—	—	—	—	—	—	—	—	—	—	—
	III	—	—	—	—	III	—	—	—	—	—	—	—	—	—	—	—	—	—	—	—	—	—	—	—
	V	3,49	0,15	0,27	0,31	IV	—	—	—	—	—	—	—	—	—	—	—	—	—	—	—	—	—	—	—
	VI	4,37	0,24	0,34	0,39																				
27,59	I,IV	—	—	—	—	I	—	—	—	—	—	—	—	—	—	—	—	—	—	—	—	—	—	—	—
	II	—	—	—	—	II	—	—	—	—	—	—	—	—	—	—	—	—	—	—	—	—	—	—	—
	III	—	—	—	—	III	—	—	—	—	—	—	—	—	—	—	—	—	—	—	—	—	—	—	—
	V	3,50	0,16	0,28	0,31	IV	—	—	—	—	—	—	—	—	—	—	—	—	—	—	—	—	—	—	—
	VI	4,41	0,24	0,35	0,39																				
27,69	I,IV	—	—	—	—	I	—	—	—	—	—	—	—	—	—	—	—	—	—	—	—	—	—	—	—
	II	—	—	—	—	II	—	—	—	—	—	—	—	—	—	—	—	—	—	—	—	—	—	—	—
	III	—	—	—	—	III	—	—	—	—	—	—	—	—	—	—	—	—	—	—	—	—	—	—	—
	V	3,51	0,16	0,28	0,31	IV	—	—	—	—	—	—	—	—	—	—	—	—	—	—	—	—	—	—	—
	VI	4,45	0,24	0,35	0,40																				
27,79	I,IV	—	—	—	—	I	—	—	—	—	—	—	—	—	—	—	—	—	—	—	—	—	—	—	—
	II	—	—	—	—	II	—	—	—	—	—	—	—	—	—	—	—	—	—	—	—	—	—	—	—
	III	—	—	—	—	III	—	—	—	—	—	—	—	—	—	—	—	—	—	—	—	—	—	—	—
	V	3,53	0,16	0,28	0,31	IV	—	—	—	—	—	—	—	—	—	—	—	—	—	—	—	—	—	—	—
	VI	4,50	0,24	0,36	0,40																				
27,89	I,IV	—	—	—	—	I	—	—	—	—	—	—	—	—	—	—	—	—	—	—	—	—	—	—	—
	II	—	—	—	—	II	—	—	—	—	—	—	—	—	—	—	—	—	—	—	—	—	—	—	—
	III	—	—	—	—	III	—	—	—	—	—	—	—	—	—	—	—	—	—	—	—	—	—	—	—
	V	3,54	0,16	0,28	0,31	IV	—	—	—	—	—	—	—	—	—	—	—	—	—	—	—	—	—	—	—
	VI	4,54	0,24	0,36	0,40																				
27,99	I,IV	—	—	—	—	I	—	—	—	—	—	—	—	—	—	—	—	—	—	—	—	—	—	—	—
	II	—	—	—	—	II	—	—	—	—	—	—	—	—	—	—	—	—	—	—	—	—	—	—	—
	III	—	—	—	—	III	—	—	—	—	—	—	—	—	—	—	—	—	—	—	—	—	—	—	—
	V	3,56	0,17	0,28	0,32	IV	—	—	—	—	—	—	—	—	—	—	—	—	—	—	—	—	—	—	—
	VI	4,58	0,25	0,36	0,41																				
28,09	I,IV	—	—	—	—	I	—	—	—	—	—	—	—	—	—	—	—	—	—	—	—	—	—	—	—
	II	—	—	—	—	II	—	—	—	—	—	—	—	—	—	—	—	—	—	—	—	—	—	—	—
	III	—	—	—	—	III	—	—	—	—	—	—	—	—	—	—	—	—	—	—	—	—	—	—	—
	V	3,57	0,17	0,28	0,32	IV	—	—	—	—	—	—	—	—	—	—	—	—	—	—	—	—	—	—	—
	VI	4,62	0,25	0,36	0,41																				
28,19	I,IV	—	—	—	—	I	—	—	—	—	—	—	—	—	—	—	—	—	—	—	—	—	—	—	—
	II	—	—	—	—	II	—	—	—	—	—	—	—	—	—	—	—	—	—	—	—	—	—	—	—
	III	—	—	—	—	III	—	—	—	—	—	—	—	—	—	—	—	—	—	—	—	—	—	—	—
	V	3,59	0,17	0,28	0,32	IV	—	—	—	—	—	—	—	—	—	—	—	—	—	—	—	—	—	—	—
	VI	4,66	0,25	0,37	0,41																				
28,29	I,IV	—	—	—	—	I	—	—	—	—	—	—	—	—	—	—	—	—	—	—	—	—	—	—	—
	II	—	—	—	—	II	—	—	—	—	—	—	—	—	—	—	—	—	—	—	—	—	—	—	—
	III	—	—	—	—	III	—	—	—	—	—	—	—	—	—	—	—	—	—	—	—	—	—	—	—
	V	3,63	0,18	0,29	0,32	IV	—	—	—	—	—	—	—	—	—	—	—	—	—	—	—	—	—	—	—
	VI	4,71	0,25	0,37	0,42																				
28,39	I,IV	—	—	—	—	I	—	—	—	—	—	—	—	—	—	—	—	—	—	—	—	—	—	—	—
	II	—	—	—	—	II	—	—	—	—	—	—	—	—	—	—	—	—	—	—	—	—	—	—	—
	III	—	—	—	—	III	—	—	—	—	—	—	—	—	—	—	—	—	—	—	—	—	—	—	—
	V	3,67	0,19	0,29	0,33	IV	—	—	—	—	—	—	—	—	—	—	—	—	—	—	—	—	—	—	—
	VI	4,75	0,26	0,38	0,42																				
28,49	I,IV	—	—	—	—	I	—	—	—	—	—	—	—	—	—	—	—	—	—	—	—	—	—	—	—
	II	—	—	—	—	II	—	—	—	—	—	—	—	—	—	—	—	—	—	—	—	—	—	—	—
	III	—	—	—	—	III	—	—	—	—	—	—	—	—	—	—	—	—	—	—	—	—	—	—	—
	V	3,71	0,20	0,29	0,33	IV	—	—	—	—	—	—	—	—	—	—	—	—	—	—	—	—	—	—	—
	VI	4,79	0,26	0,38	0,43																				

* Die ausgewiesenen Tabellenwerte sind amtlich. Siehe Erläuterungen auf der Umschlaginnenseite (U2).

Abzüge an Lohnsteuer, Solidaritätszuschlag (SolZ) und Kirchensteuer (8%, 9%) in den Steuerklassen

Lohn/ Gehalt bis €*	I – VI		ohne Kinderfreibeträge			I, II, III, IV		mit Zahl der Kinderfreibeträge . . . 0,5			1			1,5			2			2,5			3		
		LSt	SolZ	8%	9%		LSt	SolZ	8%	9%	SolZ	8%	9%	SolZ	8%	9%	SolZ	8%	9%	SolZ	8%	9%	SolZ	8%	9%
28,59	I,IV	—	—	—	—	I	—	—	—	—	—	—	—	—	—	—	—	—	—	—	—	—	—	—	—
	II	—	—	—	—	II	—	—	—	—	—	—	—	—	—	—	—	—	—	—	—	—	—	—	—
	III	—	—	—	—	III	—	—	—	—	—	—	—	—	—	—	—	—	—	—	—	—	—	—	—
	V	3,76	0,20	0,30	0,33	IV	—	—	—	—	—	—	—	—	—	—	—	—	—	—	—	—	—	—	—
	VI	4,83	0,26	0,38	0,43																				
28,69	I,IV	—	—	—	—	I	—	—	—	—	—	—	—	—	—	—	—	—	—	—	—	—	—	—	—
	II	—	—	—	—	II	—	—	—	—	—	—	—	—	—	—	—	—	—	—	—	—	—	—	—
	III	—	—	—	—	III	—	—	—	—	—	—	—	—	—	—	—	—	—	—	—	—	—	—	—
	V	3,80	0,20	0,30	0,34	IV	—	—	—	—	—	—	—	—	—	—	—	—	—	—	—	—	—	—	—
	VI	4,87	0,26	0,38	0,43																				
28,79	I,IV	—	—	—	—	I	—	—	—	—	—	—	—	—	—	—	—	—	—	—	—	—	—	—	—
	II	—	—	—	—	II	—	—	—	—	—	—	—	—	—	—	—	—	—	—	—	—	—	—	—
	III	—	—	—	—	III	—	—	—	—	—	—	—	—	—	—	—	—	—	—	—	—	—	—	—
	V	3,84	0,21	0,30	0,34	IV	—	—	—	—	—	—	—	—	—	—	—	—	—	—	—	—	—	—	—
	VI	4,91	0,27	0,39	0,44																				
28,89	I,IV	—	—	—	—	I	—	—	—	—	—	—	—	—	—	—	—	—	—	—	—	—	—	—	—
	II	—	—	—	—	II	—	—	—	—	—	—	—	—	—	—	—	—	—	—	—	—	—	—	—
	III	—	—	—	—	III	—	—	—	—	—	—	—	—	—	—	—	—	—	—	—	—	—	—	—
	V	3,88	0,21	0,31	0,34	IV	—	—	—	—	—	—	—	—	—	—	—	—	—	—	—	—	—	—	—
	VI	4,96	0,27	0,39	0,44																				
28,99	I,IV	—	—	—	—	I	—	—	—	—	—	—	—	—	—	—	—	—	—	—	—	—	—	—	—
	II	—	—	—	—	II	—	—	—	—	—	—	—	—	—	—	—	—	—	—	—	—	—	—	—
	III	—	—	—	—	III	—	—	—	—	—	—	—	—	—	—	—	—	—	—	—	—	—	—	—
	V	3,93	0,21	0,31	0,35	IV	—	—	—	—	—	—	—	—	—	—	—	—	—	—	—	—	—	—	—
	VI	5,—	0,27	0,40	0,45																				
29,09	I,IV	—	—	—	—	I	—	—	—	—	—	—	—	—	—	—	—	—	—	—	—	—	—	—	—
	II	—	—	—	—	II	—	—	—	—	—	—	—	—	—	—	—	—	—	—	—	—	—	—	—
	III	—	—	—	—	III	—	—	—	—	—	—	—	—	—	—	—	—	—	—	—	—	—	—	—
	V	3,97	0,21	0,31	0,35	IV	—	—	—	—	—	—	—	—	—	—	—	—	—	—	—	—	—	—	—
	VI	5,04	0,27	0,40	0,45																				
29,19	I,IV	—	—	—	—	I	—	—	—	—	—	—	—	—	—	—	—	—	—	—	—	—	—	—	—
	II	—	—	—	—	II	—	—	—	—	—	—	—	—	—	—	—	—	—	—	—	—	—	—	—
	III	—	—	—	—	III	—	—	—	—	—	—	—	—	—	—	—	—	—	—	—	—	—	—	—
	V	4,01	0,22	0,32	0,36	IV	—	—	—	—	—	—	—	—	—	—	—	—	—	—	—	—	—	—	—
	VI	5,08	0,27	0,40	0,45																				
29,29	I,IV	—	—	—	—	I	—	—	—	—	—	—	—	—	—	—	—	—	—	—	—	—	—	—	—
	II	—	—	—	—	II	—	—	—	—	—	—	—	—	—	—	—	—	—	—	—	—	—	—	—
	III	—	—	—	—	III	—	—	—	—	—	—	—	—	—	—	—	—	—	—	—	—	—	—	—
	V	4,05	0,22	0,32	0,36	IV	—	—	—	—	—	—	—	—	—	—	—	—	—	—	—	—	—	—	—
	VI	5,13	0,28	0,41	0,46																				
29,39	I,IV	—	—	—	—	I	—	—	—	—	—	—	—	—	—	—	—	—	—	—	—	—	—	—	—
	II	—	—	—	—	II	—	—	—	—	—	—	—	—	—	—	—	—	—	—	—	—	—	—	—
	III	—	—	—	—	III	—	—	—	—	—	—	—	—	—	—	—	—	—	—	—	—	—	—	—
	V	4,09	0,22	0,32	0,36	IV	—	—	—	—	—	—	—	—	—	—	—	—	—	—	—	—	—	—	—
	VI	5,17	0,28	0,41	0,46																				
29,49	I,IV	—	—	—	—	I	—	—	—	—	—	—	—	—	—	—	—	—	—	—	—	—	—	—	—
	II	—	—	—	—	II	—	—	—	—	—	—	—	—	—	—	—	—	—	—	—	—	—	—	—
	III	—	—	—	—	III	—	—	—	—	—	—	—	—	—	—	—	—	—	—	—	—	—	—	—
	V	4,14	0,22	0,33	0,37	IV	—	—	—	—	—	—	—	—	—	—	—	—	—	—	—	—	—	—	—
	VI	5,21	0,28	0,41	0,46																				
29,59	I,IV	—	—	—	—	I	—	—	—	—	—	—	—	—	—	—	—	—	—	—	—	—	—	—	—
	II	—	—	—	—	II	—	—	—	—	—	—	—	—	—	—	—	—	—	—	—	—	—	—	—
	III	—	—	—	—	III	—	—	—	—	—	—	—	—	—	—	—	—	—	—	—	—	—	—	—
	V	4,18	0,23	0,33	0,37	IV	—	—	—	—	—	—	—	—	—	—	—	—	—	—	—	—	—	—	—
	VI	5,25	0,28	0,42	0,47																				
29,69	I,IV	—	—	—	—	I	—	—	—	—	—	—	—	—	—	—	—	—	—	—	—	—	—	—	—
	II	—	—	—	—	II	—	—	—	—	—	—	—	—	—	—	—	—	—	—	—	—	—	—	—
	III	—	—	—	—	III	—	—	—	—	—	—	—	—	—	—	—	—	—	—	—	—	—	—	—
	V	4,22	0,23	0,33	0,37	IV	—	—	—	—	—	—	—	—	—	—	—	—	—	—	—	—	—	—	—
	VI	5,29	0,29	0,42	0,47																				
29,79	I,IV	—	—	—	—	I	—	—	—	—	—	—	—	—	—	—	—	—	—	—	—	—	—	—	—
	II	—	—	—	—	II	—	—	—	—	—	—	—	—	—	—	—	—	—	—	—	—	—	—	—
	III	—	—	—	—	III	—	—	—	—	—	—	—	—	—	—	—	—	—	—	—	—	—	—	—
	V	4,26	0,23	0,34	0,38	IV	—	—	—	—	—	—	—	—	—	—	—	—	—	—	—	—	—	—	—
	VI	5,33	0,29	0,42	0,47																				
29,89	I,IV	—	—	—	—	I	—	—	—	—	—	—	—	—	—	—	—	—	—	—	—	—	—	—	—
	II	—	—	—	—	II	—	—	—	—	—	—	—	—	—	—	—	—	—	—	—	—	—	—	—
	III	—	—	—	—	III	—	—	—	—	—	—	—	—	—	—	—	—	—	—	—	—	—	—	—
	V	4,30	0,23	0,34	0,38	IV	—	—	—	—	—	—	—	—	—	—	—	—	—	—	—	—	—	—	—
	VI	5,38	0,29	0,43	0,48																				
29,99	I,IV	—	—	—	—	I	—	—	—	—	—	—	—	—	—	—	—	—	—	—	—	—	—	—	—
	II	—	—	—	—	II	—	—	—	—	—	—	—	—	—	—	—	—	—	—	—	—	—	—	—
	III	—	—	—	—	III	—	—	—	—	—	—	—	—	—	—	—	—	—	—	—	—	—	—	—
	V	4,35	0,23	0,34	0,39	IV	—	—	—	—	—	—	—	—	—	—	—	—	—	—	—	—	—	—	—
	VI	5,42	0,29	0,43	0,48																				

* Die ausgewiesenen Tabellenwerte sind amtlich. Siehe Erläuterungen auf der Umschlaginnenseite (U2).

Lohn/ Gehalt bis €*	Abzüge an Lohnsteuer, Solidaritätszuschlag (SolZ) und Kirchensteuer (8%, 9%) in den Steuerklassen: I – VI					I, II, III, IV		mit Zahl der Kinderfreibeträge . . . 0,5			1			1,5			2			2,5			3		
		LSt	ohne Kinderfreibeträge SolZ	8%	9%		LSt	SolZ	8%	9%	SolZ	8%	9%	SolZ	8%	9%	SolZ	8%	9%	SolZ	8%	9%	SolZ	8%	9%
30,09	I,IV	—	—	—	—	I	—	—	—	—	—	—	—	—	—	—	—	—	—	—	—	—	—	—	—
	II	—	—	—	—	II	—	—	—	—	—	—	—	—	—	—	—	—	—	—	—	—	—	—	—
	III	—	—	—	—	III	—	—	—	—	—	—	—	—	—	—	—	—	—	—	—	—	—	—	—
	V	4,39	0,24	0,35	0,39	IV	—	—	—	—	—	—	—	—	—	—	—	—	—	—	—	—	—	—	—
	VI	5,46	0,30	0,43	0,49																				
30,19	I,IV	—	—	—	—	I	—	—	—	—	—	—	—	—	—	—	—	—	—	—	—	—	—	—	—
	II	—	—	—	—	II	—	—	—	—	—	—	—	—	—	—	—	—	—	—	—	—	—	—	—
	III	—	—	—	—	III	—	—	—	—	—	—	—	—	—	—	—	—	—	—	—	—	—	—	—
	V	4,43	0,24	0,35	0,39	IV	—	—	—	—	—	—	—	—	—	—	—	—	—	—	—	—	—	—	—
	VI	5,50	0,30	0,44	0,49																				
30,29	I,IV	—	—	—	—	I	—	—	—	—	—	—	—	—	—	—	—	—	—	—	—	—	—	—	—
	II	—	—	—	—	II	—	—	—	—	—	—	—	—	—	—	—	—	—	—	—	—	—	—	—
	III	—	—	—	—	III	—	—	—	—	—	—	—	—	—	—	—	—	—	—	—	—	—	—	—
	V	4,47	0,24	0,35	0,40	IV	—	—	—	—	—	—	—	—	—	—	—	—	—	—	—	—	—	—	—
	VI	5,55	0,30	0,44	0,49																				
30,39	I,IV	—	—	—	—	I	—	—	—	—	—	—	—	—	—	—	—	—	—	—	—	—	—	—	—
	II	—	—	—	—	II	—	—	—	—	—	—	—	—	—	—	—	—	—	—	—	—	—	—	—
	III	—	—	—	—	III	—	—	—	—	—	—	—	—	—	—	—	—	—	—	—	—	—	—	—
	V	4,51	0,24	0,36	0,40	IV	—	—	—	—	—	—	—	—	—	—	—	—	—	—	—	—	—	—	—
	VI	5,59	0,30	0,44	0,50																				
30,49	I,IV	—	—	—	—	I	—	—	—	—	—	—	—	—	—	—	—	—	—	—	—	—	—	—	—
	II	—	—	—	—	II	—	—	—	—	—	—	—	—	—	—	—	—	—	—	—	—	—	—	—
	III	—	—	—	—	III	—	—	—	—	—	—	—	—	—	—	—	—	—	—	—	—	—	—	—
	V	4,56	0,25	0,36	0,41	IV	—	—	—	—	—	—	—	—	—	—	—	—	—	—	—	—	—	—	—
	VI	5,63	0,30	0,45	0,50																				
30,59	I,IV	—	—	—	—	I	—	—	—	—	—	—	—	—	—	—	—	—	—	—	—	—	—	—	—
	II	—	—	—	—	II	—	—	—	—	—	—	—	—	—	—	—	—	—	—	—	—	—	—	—
	III	—	—	—	—	III	—	—	—	—	—	—	—	—	—	—	—	—	—	—	—	—	—	—	—
	V	4,60	0,25	0,36	0,41	IV	—	—	—	—	—	—	—	—	—	—	—	—	—	—	—	—	—	—	—
	VI	5,67	0,31	0,45	0,51																				
30,69	I,IV	0,01	—	—	—	I	0,01	—	—	—	—	—	—	—	—	—	—	—	—	—	—	—	—	—	—
	II	—	—	—	—	II	—	—	—	—	—	—	—	—	—	—	—	—	—	—	—	—	—	—	—
	III	—	—	—	—	III	—	—	—	—	—	—	—	—	—	—	—	—	—	—	—	—	—	—	—
	V	4,64	0,25	0,37	0,41	IV	0,01	—	—	—	—	—	—	—	—	—	—	—	—	—	—	—	—	—	—
	VI	5,71	0,31	0,45	0,51																				
30,79	I,IV	0,03	—	—	—	I	0,03	—	—	—	—	—	—	—	—	—	—	—	—	—	—	—	—	—	—
	II	—	—	—	—	II	—	—	—	—	—	—	—	—	—	—	—	—	—	—	—	—	—	—	—
	III	—	—	—	—	III	—	—	—	—	—	—	—	—	—	—	—	—	—	—	—	—	—	—	—
	V	4,68	0,25	0,37	0,42	IV	0,03	—	—	—	—	—	—	—	—	—	—	—	—	—	—	—	—	—	—
	VI	5,76	0,31	0,46	0,51																				
30,89	I,IV	0,04	—	—	—	I	0,04	—	—	—	—	—	—	—	—	—	—	—	—	—	—	—	—	—	—
	II	—	—	—	—	II	—	—	—	—	—	—	—	—	—	—	—	—	—	—	—	—	—	—	—
	III	—	—	—	—	III	—	—	—	—	—	—	—	—	—	—	—	—	—	—	—	—	—	—	—
	V	4,72	0,26	0,37	0,42	IV	0,04	—	—	—	—	—	—	—	—	—	—	—	—	—	—	—	—	—	—
	VI	5,80	0,31	0,46	0,52																				
30,99	I,IV	0,05	—	—	—	I	0,05	—	—	—	—	—	—	—	—	—	—	—	—	—	—	—	—	—	—
	II	—	—	—	—	II	—	—	—	—	—	—	—	—	—	—	—	—	—	—	—	—	—	—	—
	III	—	—	—	—	III	—	—	—	—	—	—	—	—	—	—	—	—	—	—	—	—	—	—	—
	V	4,76	0,26	0,38	0,42	IV	0,05	—	—	—	—	—	—	—	—	—	—	—	—	—	—	—	—	—	—
	VI	5,84	0,32	0,46	0,52																				
31,09	I,IV	0,06	—	—	—	I	0,06	—	—	—	—	—	—	—	—	—	—	—	—	—	—	—	—	—	—
	II	—	—	—	—	II	—	—	—	—	—	—	—	—	—	—	—	—	—	—	—	—	—	—	—
	III	—	—	—	—	III	—	—	—	—	—	—	—	—	—	—	—	—	—	—	—	—	—	—	—
	V	4,81	0,26	0,38	0,43	IV	0,06	—	—	—	—	—	—	—	—	—	—	—	—	—	—	—	—	—	—
	VI	5,88	0,32	0,47	0,52																				
31,19	I,IV	0,07	—	—	—	I	0,07	—	—	—	—	—	—	—	—	—	—	—	—	—	—	—	—	—	—
	II	—	—	—	—	II	—	—	—	—	—	—	—	—	—	—	—	—	—	—	—	—	—	—	—
	III	—	—	—	—	III	—	—	—	—	—	—	—	—	—	—	—	—	—	—	—	—	—	—	—
	V	4,85	0,26	0,38	0,43	IV	0,07	—	—	—	—	—	—	—	—	—	—	—	—	—	—	—	—	—	—
	VI	5,92	0,32	0,47	0,53																				
31,29	I,IV	0,08	—	—	—	I	0,08	—	—	—	—	—	—	—	—	—	—	—	—	—	—	—	—	—	—
	II	—	—	—	—	II	—	—	—	—	—	—	—	—	—	—	—	—	—	—	—	—	—	—	—
	III	—	—	—	—	III	—	—	—	—	—	—	—	—	—	—	—	—	—	—	—	—	—	—	—
	V	4,89	0,26	0,39	0,44	IV	0,08	—	—	—	—	—	—	—	—	—	—	—	—	—	—	—	—	—	—
	VI	5,96	0,32	0,47	0,53																				
31,39	I,IV	0,10	—	—	—	I	0,10	—	—	—	—	—	—	—	—	—	—	—	—	—	—	—	—	—	—
	II	—	—	—	—	II	—	—	—	—	—	—	—	—	—	—	—	—	—	—	—	—	—	—	—
	III	—	—	—	—	III	—	—	—	—	—	—	—	—	—	—	—	—	—	—	—	—	—	—	—
	V	4,93	0,27	0,39	0,44	IV	0,10	—	—	—	—	—	—	—	—	—	—	—	—	—	—	—	—	—	—
	VI	6,01	0,33	0,48	0,54																				
31,49	I,IV	0,11	—	—	—	I	0,11	—	—	—	—	—	—	—	—	—	—	—	—	—	—	—	—	—	—
	II	—	—	—	—	II	—	—	—	—	—	—	—	—	—	—	—	—	—	—	—	—	—	—	—
	III	—	—	—	—	III	—	—	—	—	—	—	—	—	—	—	—	—	—	—	—	—	—	—	—
	V	4,98	0,27	0,39	0,44	IV	0,11	—	—	—	—	—	—	—	—	—	—	—	—	—	—	—	—	—	—
	VI	6,05	0,33	0,48	0,54																				

*** Die ausgewiesenen Tabellenwerte sind amtlich. Siehe Erläuterungen auf der Umschlaginnenseite (U2).**

Abzüge an Lohnsteuer, Solidaritätszuschlag (SolZ) und Kirchensteuer (8%, 9%) in den Steuerklassen

Lohn/ Gehalt bis €*	I – VI					I, II, III, IV		mit Zahl der Kinderfreibeträge . . . 0,5			1			1,5			2			2,5			3		
		LSt	ohne Kinderfreibeträge SolZ	8%	9%		LSt	SolZ	8%	9%	SolZ	8%	9%	SolZ	8%	9%	SolZ	8%	9%	SolZ	8%	9%	SolZ	8%	9%
31,59	I,IV	0,12	—	—	0,01	I	0,12	—	—	—	—	—	—	—	—	—	—	—	—	—	—	—	—	—	—
	II	—	—	—	—	II	—	—	—	—	—	—	—	—	—	—	—	—	—	—	—	—	—	—	—
	III	—	—	—	—	III	—	—	—	—	—	—	—	—	—	—	—	—	—	—	—	—	—	—	—
	V	5,02	0,27	0,40	0,45	IV	0,12	—	—	—	—	—	—	—	—	—	—	—	—	—	—	—	—	—	—
	VI	6,09	0,33	0,48	0,54																				
31,69	I,IV	0,13	—	0,01	0,01	I	0,13	—	—	—	—	—	—	—	—	—	—	—	—	—	—	—	—	—	—
	II	—	—	—	—	II	—	—	—	—	—	—	—	—	—	—	—	—	—	—	—	—	—	—	—
	III	—	—	—	—	III	—	—	—	—	—	—	—	—	—	—	—	—	—	—	—	—	—	—	—
	V	5,06	0,27	0,40	0,45	IV	0,13	—	—	—	—	—	—	—	—	—	—	—	—	—	—	—	—	—	—
	VI	6,13	0,33	0,49	0,55																				
31,79	I,IV	0,14	—	0,01	0,01	I	0,14	—	—	—	—	—	—	—	—	—	—	—	—	—	—	—	—	—	—
	II	—	—	—	—	II	—	—	—	—	—	—	—	—	—	—	—	—	—	—	—	—	—	—	—
	III	—	—	—	—	III	—	—	—	—	—	—	—	—	—	—	—	—	—	—	—	—	—	—	—
	V	5,10	0,28	0,40	0,45	IV	0,14	—	—	—	—	—	—	—	—	—	—	—	—	—	—	—	—	—	—
	VI	6,18	0,33	0,49	0,55																				
31,89	I,IV	0,15	—	0,01	0,01	I	0,15	—	—	—	—	—	—	—	—	—	—	—	—	—	—	—	—	—	—
	II	—	—	—	—	II	—	—	—	—	—	—	—	—	—	—	—	—	—	—	—	—	—	—	—
	III	—	—	—	—	III	—	—	—	—	—	—	—	—	—	—	—	—	—	—	—	—	—	—	—
	V	5,14	0,28	0,41	0,46	IV	0,15	—	—	—	—	—	—	—	—	—	—	—	—	—	—	—	—	—	—
	VI	6,22	0,34	0,49	0,55																				
31,99	I,IV	0,16	—	0,01	0,01	I	0,16	—	—	—	—	—	—	—	—	—	—	—	—	—	—	—	—	—	—
	II	—	—	—	—	II	—	—	—	—	—	—	—	—	—	—	—	—	—	—	—	—	—	—	—
	III	—	—	—	—	III	—	—	—	—	—	—	—	—	—	—	—	—	—	—	—	—	—	—	—
	V	5,19	0,28	0,41	0,46	IV	0,16	—	—	—	—	—	—	—	—	—	—	—	—	—	—	—	—	—	—
	VI	6,26	0,34	0,50	0,56																				
32,09	I,IV	0,18	—	0,01	0,01	I	0,18	—	—	—	—	—	—	—	—	—	—	—	—	—	—	—	—	—	—
	II	—	—	—	—	II	—	—	—	—	—	—	—	—	—	—	—	—	—	—	—	—	—	—	—
	III	—	—	—	—	III	—	—	—	—	—	—	—	—	—	—	—	—	—	—	—	—	—	—	—
	V	5,23	0,28	0,41	0,47	IV	0,18	—	—	—	—	—	—	—	—	—	—	—	—	—	—	—	—	—	—
	VI	6,30	0,34	0,50	0,56																				
32,19	I,IV	0,19	—	0,01	0,01	I	0,19	—	—	—	—	—	—	—	—	—	—	—	—	—	—	—	—	—	—
	II	—	—	—	—	II	—	—	—	—	—	—	—	—	—	—	—	—	—	—	—	—	—	—	—
	III	—	—	—	—	III	—	—	—	—	—	—	—	—	—	—	—	—	—	—	—	—	—	—	—
	V	5,27	0,29	0,42	0,47	IV	0,19	—	—	—	—	—	—	—	—	—	—	—	—	—	—	—	—	—	—
	VI	6,34	0,34	0,50	0,57																				
32,29	I,IV	0,20	—	0,01	0,01	I	0,20	—	—	—	—	—	—	—	—	—	—	—	—	—	—	—	—	—	—
	II	—	—	—	—	II	—	—	—	—	—	—	—	—	—	—	—	—	—	—	—	—	—	—	—
	III	—	—	—	—	III	—	—	—	—	—	—	—	—	—	—	—	—	—	—	—	—	—	—	—
	V	5,31	0,29	0,42	0,47	IV	0,20	—	—	—	—	—	—	—	—	—	—	—	—	—	—	—	—	—	—
	VI	6,38	0,35	0,51	0,57																				
32,39	I,IV	0,21	—	0,01	0,01	I	0,21	—	—	—	—	—	—	—	—	—	—	—	—	—	—	—	—	—	—
	II	—	—	—	—	II	—	—	—	—	—	—	—	—	—	—	—	—	—	—	—	—	—	—	—
	III	—	—	—	—	III	—	—	—	—	—	—	—	—	—	—	—	—	—	—	—	—	—	—	—
	V	5,35	0,29	0,42	0,48	IV	0,21	—	—	—	—	—	—	—	—	—	—	—	—	—	—	—	—	—	—
	VI	6,43	0,35	0,51	0,57																				
32,49	I,IV	0,22	—	0,01	0,01	I	0,22	—	—	—	—	—	—	—	—	—	—	—	—	—	—	—	—	—	—
	II	—	—	—	—	II	—	—	—	—	—	—	—	—	—	—	—	—	—	—	—	—	—	—	—
	III	—	—	—	—	III	—	—	—	—	—	—	—	—	—	—	—	—	—	—	—	—	—	—	—
	V	5,40	0,29	0,43	0,48	IV	0,22	—	—	—	—	—	—	—	—	—	—	—	—	—	—	—	—	—	—
	VI	6,47	0,35	0,51	0,58																				
32,59	I,IV	0,24	—	0,01	0,02	I	0,24	—	—	—	—	—	—	—	—	—	—	—	—	—	—	—	—	—	—
	II	—	—	—	—	II	—	—	—	—	—	—	—	—	—	—	—	—	—	—	—	—	—	—	—
	III	—	—	—	—	III	—	—	—	—	—	—	—	—	—	—	—	—	—	—	—	—	—	—	—
	V	5,44	0,29	0,43	0,48	IV	0,24	—	—	—	—	—	—	—	—	—	—	—	—	—	—	—	—	—	—
	VI	6,51	0,35	0,52	0,58																				
32,69	I,IV	0,25	—	0,02	0,02	I	0,25	—	—	—	—	—	—	—	—	—	—	—	—	—	—	—	—	—	—
	II	—	—	—	—	II	—	—	—	—	—	—	—	—	—	—	—	—	—	—	—	—	—	—	—
	III	—	—	—	—	III	—	—	—	—	—	—	—	—	—	—	—	—	—	—	—	—	—	—	—
	V	5,48	0,30	0,43	0,49	IV	0,25	—	—	—	—	—	—	—	—	—	—	—	—	—	—	—	—	—	—
	VI	6,55	0,36	0,52	0,58																				
32,79	I,IV	0,26	—	0,02	0,02	I	0,26	—	—	—	—	—	—	—	—	—	—	—	—	—	—	—	—	—	—
	II	—	—	—	—	II	—	—	—	—	—	—	—	—	—	—	—	—	—	—	—	—	—	—	—
	III	—	—	—	—	III	—	—	—	—	—	—	—	—	—	—	—	—	—	—	—	—	—	—	—
	V	5,52	0,30	0,44	0,49	IV	0,26	—	—	—	—	—	—	—	—	—	—	—	—	—	—	—	—	—	—
	VI	6,60	0,36	0,52	0,59																				
32,89	I,IV	0,27	—	0,02	0,02	I	0,27	—	—	—	—	—	—	—	—	—	—	—	—	—	—	—	—	—	—
	II	—	—	—	—	II	—	—	—	—	—	—	—	—	—	—	—	—	—	—	—	—	—	—	—
	III	—	—	—	—	III	—	—	—	—	—	—	—	—	—	—	—	—	—	—	—	—	—	—	—
	V	5,56	0,30	0,44	0,50	IV	0,27	—	—	—	—	—	—	—	—	—	—	—	—	—	—	—	—	—	—
	VI	6,64	0,36	0,53	0,59																				
32,99	I,IV	0,28	—	0,02	0,02	I	0,28	—	—	—	—	—	—	—	—	—	—	—	—	—	—	—	—	—	—
	II	—	—	—	—	II	—	—	—	—	—	—	—	—	—	—	—	—	—	—	—	—	—	—	—
	III	—	—	—	—	III	—	—	—	—	—	—	—	—	—	—	—	—	—	—	—	—	—	—	—
	V	5,61	0,30	0,44	0,50	IV	0,28	—	—	—	—	—	—	—	—	—	—	—	—	—	—	—	—	—	—
	VI	6,68	0,36	0,53	0,60																				

* Die ausgewiesenen Tabellenwerte sind amtlich. Siehe Erläuterungen auf der Umschlaginnenseite (U2).

Abzüge an Lohnsteuer, Solidaritätszuschlag (SolZ) und Kirchensteuer (8%, 9%) in den Steuerklassen

Lohn/ Gehalt bis €*	I – VI		ohne Kinderfreibeträge			I, II, III, IV		mit Zahl der Kinderfreibeträge . . . 0,5			1			1,5			2			2,5			3		
		LSt	SolZ	8%	9%		LSt	SolZ	8%	9%	SolZ	8%	9%	SolZ	8%	9%	SolZ	8%	9%	SolZ	8%	9%	SolZ	8%	9%
33,09	I,IV	0,30	—	0,02	0,02	I	0,30	—	—	—	—	—	—	—	—	—	—	—	—	—	—	—	—	—	—
	II	—	—	—	—	II	—	—	—	—	—	—	—	—	—	—	—	—	—	—	—	—	—	—	—
	III	—	—	—	—	III	—	—	—	—	—	—	—	—	—	—	—	—	—	—	—	—	—	—	—
	V	5,65	0,31	0,45	0,50	IV	0,30	—	—	—	—	—	—	—	—	—	—	—	—	—	—	—	—	—	—
	VI	6,72	0,36	0,53	0,60																				
33,19	I,IV	0,31	—	0,02	0,02	I	0,31	—	—	—	—	—	—	—	—	—	—	—	—	—	—	—	—	—	—
	II	—	—	—	—	II	—	—	—	—	—	—	—	—	—	—	—	—	—	—	—	—	—	—	—
	III	—	—	—	—	III	—	—	—	—	—	—	—	—	—	—	—	—	—	—	—	—	—	—	—
	V	5,69	0,31	0,45	0,51	IV	0,31	—	—	—	—	—	—	—	—	—	—	—	—	—	—	—	—	—	—
	VI	6,76	0,37	0,54	0,60																				
33,29	I,IV	0,32	—	0,02	0,02	I	0,32	—	—	—	—	—	—	—	—	—	—	—	—	—	—	—	—	—	—
	II	—	—	—	—	II	—	—	—	—	—	—	—	—	—	—	—	—	—	—	—	—	—	—	—
	III	—	—	—	—	III	—	—	—	—	—	—	—	—	—	—	—	—	—	—	—	—	—	—	—
	V	5,73	0,31	0,45	0,51	IV	0,32	—	—	—	—	—	—	—	—	—	—	—	—	—	—	—	—	—	—
	VI	6,81	0,37	0,54	0,61																				
33,39	I,IV	0,33	—	0,02	0,02	I	0,33	—	—	—	—	—	—	—	—	—	—	—	—	—	—	—	—	—	—
	II	—	—	—	—	II	—	—	—	—	—	—	—	—	—	—	—	—	—	—	—	—	—	—	—
	III	—	—	—	—	III	—	—	—	—	—	—	—	—	—	—	—	—	—	—	—	—	—	—	—
	V	5,77	0,31	0,46	0,51	IV	0,33	—	—	—	—	—	—	—	—	—	—	—	—	—	—	—	—	—	—
	VI	6,85	0,37	0,54	0,61																				
33,49	I,IV	0,35	—	0,02	0,03	I	0,35	—	—	—	—	—	—	—	—	—	—	—	—	—	—	—	—	—	—
	II	—	—	—	—	II	—	—	—	—	—	—	—	—	—	—	—	—	—	—	—	—	—	—	—
	III	—	—	—	—	III	—	—	—	—	—	—	—	—	—	—	—	—	—	—	—	—	—	—	—
	V	5,81	0,32	0,46	0,52	IV	0,35	—	—	—	—	—	—	—	—	—	—	—	—	—	—	—	—	—	—
	VI	6,89	0,37	0,55	0,62																				
33,59	I,IV	0,36	—	0,02	0,03	I	0,36	—	—	—	—	—	—	—	—	—	—	—	—	—	—	—	—	—	—
	II	—	—	—	—	II	—	—	—	—	—	—	—	—	—	—	—	—	—	—	—	—	—	—	—
	III	—	—	—	—	III	—	—	—	—	—	—	—	—	—	—	—	—	—	—	—	—	—	—	—
	V	5,86	0,32	0,46	0,52	IV	0,36	—	—	—	—	—	—	—	—	—	—	—	—	—	—	—	—	—	—
	VI	6,93	0,38	0,55	0,62																				
33,69	I,IV	0,37	—	0,02	0,03	I	0,37	—	—	—	—	—	—	—	—	—	—	—	—	—	—	—	—	—	—
	II	—	—	—	—	II	—	—	—	—	—	—	—	—	—	—	—	—	—	—	—	—	—	—	—
	III	—	—	—	—	III	—	—	—	—	—	—	—	—	—	—	—	—	—	—	—	—	—	—	—
	V	5,90	0,32	0,47	0,53	IV	0,37	—	—	—	—	—	—	—	—	—	—	—	—	—	—	—	—	—	—
	VI	6,97	0,38	0,55	0,62																				
33,79	I,IV	0,38	—	0,03	0,03	I	0,38	—	—	—	—	—	—	—	—	—	—	—	—	—	—	—	—	—	—
	II	—	—	—	—	II	—	—	—	—	—	—	—	—	—	—	—	—	—	—	—	—	—	—	—
	III	—	—	—	—	III	—	—	—	—	—	—	—	—	—	—	—	—	—	—	—	—	—	—	—
	V	5,94	0,32	0,47	0,53	IV	0,38	—	—	—	—	—	—	—	—	—	—	—	—	—	—	—	—	—	—
	VI	7,01	0,38	0,56	0,63																				
33,89	I,IV	0,40	—	0,03	0,03	I	0,40	—	—	—	—	—	—	—	—	—	—	—	—	—	—	—	—	—	—
	II	—	—	—	—	II	—	—	—	—	—	—	—	—	—	—	—	—	—	—	—	—	—	—	—
	III	—	—	—	—	III	—	—	—	—	—	—	—	—	—	—	—	—	—	—	—	—	—	—	—
	V	5,98	0,32	0,47	0,53	IV	0,40	—	—	—	—	—	—	—	—	—	—	—	—	—	—	—	—	—	—
	VI	7,06	0,38	0,56	0,63																				
33,99	I,IV	0,41	—	0,03	0,03	I	0,41	—	—	—	—	—	—	—	—	—	—	—	—	—	—	—	—	—	—
	II	—	—	—	—	II	—	—	—	—	—	—	—	—	—	—	—	—	—	—	—	—	—	—	—
	III	—	—	—	—	III	—	—	—	—	—	—	—	—	—	—	—	—	—	—	—	—	—	—	—
	V	6,03	0,33	0,48	0,54	IV	0,41	—	—	—	—	—	—	—	—	—	—	—	—	—	—	—	—	—	—
	VI	7,10	0,39	0,56	0,63																				
34,09	I,IV	0,43	—	0,03	0,03	I	0,43	—	—	—	—	—	—	—	—	—	—	—	—	—	—	—	—	—	—
	II	—	—	—	—	II	—	—	—	—	—	—	—	—	—	—	—	—	—	—	—	—	—	—	—
	III	—	—	—	—	III	—	—	—	—	—	—	—	—	—	—	—	—	—	—	—	—	—	—	—
	V	6,07	0,33	0,48	0,54	IV	0,43	—	—	—	—	—	—	—	—	—	—	—	—	—	—	—	—	—	—
	VI	7,14	0,39	0,57	0,64																				
34,19	I,IV	0,44	—	0,03	0,03	I	0,44	—	—	—	—	—	—	—	—	—	—	—	—	—	—	—	—	—	—
	II	—	—	—	—	II	—	—	—	—	—	—	—	—	—	—	—	—	—	—	—	—	—	—	—
	III	—	—	—	—	III	—	—	—	—	—	—	—	—	—	—	—	—	—	—	—	—	—	—	—
	V	6,11	0,33	0,48	0,54	IV	0,44	—	—	—	—	—	—	—	—	—	—	—	—	—	—	—	—	—	—
	VI	7,18	0,39	0,57	0,64																				
34,29	I,IV	0,46	—	0,03	0,04	I	0,46	—	—	—	—	—	—	—	—	—	—	—	—	—	—	—	—	—	—
	II	—	—	—	—	II	—	—	—	—	—	—	—	—	—	—	—	—	—	—	—	—	—	—	—
	III	—	—	—	—	III	—	—	—	—	—	—	—	—	—	—	—	—	—	—	—	—	—	—	—
	V	6,15	0,33	0,49	0,55	IV	0,46	—	—	—	—	—	—	—	—	—	—	—	—	—	—	—	—	—	—
	VI	7,23	0,39	0,57	0,65																				
34,39	I,IV	0,47	—	0,03	0,04	I	0,47	—	—	—	—	—	—	—	—	—	—	—	—	—	—	—	—	—	—
	II	—	—	—	—	II	—	—	—	—	—	—	—	—	—	—	—	—	—	—	—	—	—	—	—
	III	—	—	—	—	III	—	—	—	—	—	—	—	—	—	—	—	—	—	—	—	—	—	—	—
	V	6,19	0,34	0,49	0,55	IV	0,47	—	—	—	—	—	—	—	—	—	—	—	—	—	—	—	—	—	—
	VI	7,27	0,39	0,58	0,65																				
34,49	I,IV	0,49	—	0,03	0,04	I	0,49	—	—	—	—	—	—	—	—	—	—	—	—	—	—	—	—	—	—
	II	—	—	—	—	II	—	—	—	—	—	—	—	—	—	—	—	—	—	—	—	—	—	—	—
	III	—	—	—	—	III	—	—	—	—	—	—	—	—	—	—	—	—	—	—	—	—	—	—	—
	V	6,24	0,34	0,49	0,56	IV	0,49	—	—	—	—	—	—	—	—	—	—	—	—	—	—	—	—	—	—
	VI	7,31	0,40	0,58	0,65																				

* Die ausgewiesenen Tabellenwerte sind amtlich. Siehe Erläuterungen auf der Umschlaginnenseite (U2).

Abzüge an Lohnsteuer, Solidaritätszuschlag (SolZ) und Kirchensteuer (8%, 9%) in den Steuerklassen

Lohn/Gehalt bis €*	I – VI		ohne Kinderfreibeträge			I, II, III, IV		mit Zahl der Kinderfreibeträge . . . 0,5			1			1,5			2			2,5			3		
		LSt	SolZ	8%	9%		LSt	SolZ	8%	9%	SolZ	8%	9%	SolZ	8%	9%	SolZ	8%	9%	SolZ	8%	9%	SolZ	8%	9%
34,59	I,IV	0,50	—	0,04	0,04	I	0,50	—	—	—	—	—	—	—	—	—	—	—	—	—	—	—	—	—	—
	II	—	—	—	—	II	—	—	—	—	—	—	—	—	—	—	—	—	—	—	—	—	—	—	—
	III	—	—	—	—	III	—	—	—	—	—	—	—	—	—	—	—	—	—	—	—	—	—	—	—
	V	6,28	0,34	0,50	0,56	IV	0,50	—	—	—	—	—	—	—	—	—	—	—	—	—	—	—	—	—	—
	VI	7,35	0,40	0,58	0,66																				
34,69	I,IV	0,52	—	0,04	0,04	I	0,52	—	—	—	—	—	—	—	—	—	—	—	—	—	—	—	—	—	—
	II	—	—	—	—	II	—	—	—	—	—	—	—	—	—	—	—	—	—	—	—	—	—	—	—
	III	—	—	—	—	III	—	—	—	—	—	—	—	—	—	—	—	—	—	—	—	—	—	—	—
	V	6,32	0,34	0,50	0,56	IV	0,52	—	—	—	—	—	—	—	—	—	—	—	—	—	—	—	—	—	—
	VI	7,39	0,40	0,59	0,66																				
34,79	I,IV	0,54	—	0,04	0,04	I	0,54	—	—	—	—	—	—	—	—	—	—	—	—	—	—	—	—	—	—
	II	—	—	—	—	II	—	—	—	—	—	—	—	—	—	—	—	—	—	—	—	—	—	—	—
	III	—	—	—	—	III	—	—	—	—	—	—	—	—	—	—	—	—	—	—	—	—	—	—	—
	V	6,36	0,35	0,50	0,57	IV	0,54	—	—	—	—	—	—	—	—	—	—	—	—	—	—	—	—	—	—
	VI	7,43	0,40	0,59	0,66																				
34,89	I,IV	0,55	—	0,04	0,04	I	0,55	—	—	—	—	—	—	—	—	—	—	—	—	—	—	—	—	—	—
	II	—	—	—	—	II	—	—	—	—	—	—	—	—	—	—	—	—	—	—	—	—	—	—	—
	III	—	—	—	—	III	—	—	—	—	—	—	—	—	—	—	—	—	—	—	—	—	—	—	—
	V	6,40	0,35	0,51	0,57	IV	0,55	—	—	—	—	—	—	—	—	—	—	—	—	—	—	—	—	—	—
	VI	7,48	0,41	0,59	0,67																				
34,99	I,IV	0,57	—	0,04	0,05	I	0,57	—	—	—	—	—	—	—	—	—	—	—	—	—	—	—	—	—	—
	II	0,01	—	—	—	II	0,01	—	—	—	—	—	—	—	—	—	—	—	—	—	—	—	—	—	—
	III	—	—	—	—	III	—	—	—	—	—	—	—	—	—	—	—	—	—	—	—	—	—	—	—
	V	6,45	0,35	0,51	0,58	IV	0,57	—	—	—	—	—	—	—	—	—	—	—	—	—	—	—	—	—	—
	VI	7,52	0,41	0,60	0,67																				
35,09	I,IV	0,59	—	0,04	0,05	I	0,59	—	—	—	—	—	—	—	—	—	—	—	—	—	—	—	—	—	—
	II	0,03	—	—	—	II	0,03	—	—	—	—	—	—	—	—	—	—	—	—	—	—	—	—	—	—
	III	—	—	—	—	III	—	—	—	—	—	—	—	—	—	—	—	—	—	—	—	—	—	—	—
	V	6,49	0,35	0,51	0,58	IV	0,59	—	—	—	—	—	—	—	—	—	—	—	—	—	—	—	—	—	—
	VI	7,56	0,41	0,60	0,68																				
35,19	I,IV	0,60	—	0,04	0,05	I	0,60	—	—	—	—	—	—	—	—	—	—	—	—	—	—	—	—	—	—
	II	0,04	—	—	—	II	0,04	—	—	—	—	—	—	—	—	—	—	—	—	—	—	—	—	—	—
	III	—	—	—	—	III	—	—	—	—	—	—	—	—	—	—	—	—	—	—	—	—	—	—	—
	V	6,53	0,35	0,52	0,58	IV	0,60	—	—	—	—	—	—	—	—	—	—	—	—	—	—	—	—	—	—
	VI	7,60	0,41	0,60	0,68																				
35,29	I,IV	0,62	—	0,04	0,05	I	0,62	—	—	—	—	—	—	—	—	—	—	—	—	—	—	—	—	—	—
	II	0,05	—	—	—	II	0,05	—	—	—	—	—	—	—	—	—	—	—	—	—	—	—	—	—	—
	III	—	—	—	—	III	—	—	—	—	—	—	—	—	—	—	—	—	—	—	—	—	—	—	—
	V	6,57	0,36	0,52	0,59	IV	0,62	—	—	—	—	—	—	—	—	—	—	—	—	—	—	—	—	—	—
	VI	7,65	0,42	0,61	0,68																				
35,39	I,IV	0,63	—	0,05	0,05	I	0,63	—	—	—	—	—	—	—	—	—	—	—	—	—	—	—	—	—	—
	II	0,07	—	—	—	II	0,07	—	—	—	—	—	—	—	—	—	—	—	—	—	—	—	—	—	—
	III	—	—	—	—	III	—	—	—	—	—	—	—	—	—	—	—	—	—	—	—	—	—	—	—
	V	6,61	0,36	0,52	0,59	IV	0,63	—	—	—	—	—	—	—	—	—	—	—	—	—	—	—	—	—	—
	VI	7,69	0,42	0,61	0,69																				
35,49	I,IV	0,65	—	0,05	0,05	I	0,65	—	—	—	—	—	—	—	—	—	—	—	—	—	—	—	—	—	—
	II	0,08	—	—	—	II	0,08	—	—	—	—	—	—	—	—	—	—	—	—	—	—	—	—	—	—
	III	—	—	—	—	III	—	—	—	—	—	—	—	—	—	—	—	—	—	—	—	—	—	—	—
	V	6,66	0,36	0,53	0,59	IV	0,65	—	—	—	—	—	—	—	—	—	—	—	—	—	—	—	—	—	—
	VI	7,73	0,42	0,61	0,69																				
35,59	I,IV	0,67	—	0,05	0,06	I	0,67	—	—	—	—	—	—	—	—	—	—	—	—	—	—	—	—	—	—
	II	0,10	—	—	—	II	0,10	—	—	—	—	—	—	—	—	—	—	—	—	—	—	—	—	—	—
	III	—	—	—	—	III	—	—	—	—	—	—	—	—	—	—	—	—	—	—	—	—	—	—	—
	V	6,70	0,36	0,53	0,60	IV	0,67	—	—	—	—	—	—	—	—	—	—	—	—	—	—	—	—	—	—
	VI	7,77	0,42	0,62	0,69																				
35,69	I,IV	0,68	—	0,05	0,06	I	0,68	—	—	—	—	—	—	—	—	—	—	—	—	—	—	—	—	—	—
	II	0,11	—	—	—	II	0,11	—	—	—	—	—	—	—	—	—	—	—	—	—	—	—	—	—	—
	III	—	—	—	—	III	—	—	—	—	—	—	—	—	—	—	—	—	—	—	—	—	—	—	—
	V	6,74	0,37	0,53	0,60	IV	0,68	—	—	—	—	—	—	—	—	—	—	—	—	—	—	—	—	—	—
	VI	7,81	0,42	0,62	0,70																				
35,79	I,IV	0,70	—	0,05	0,06	I	0,70	—	—	—	—	—	—	—	—	—	—	—	—	—	—	—	—	—	—
	II	0,13	—	0,01	0,01	II	0,13	—	—	—	—	—	—	—	—	—	—	—	—	—	—	—	—	—	—
	III	—	—	—	—	III	—	—	—	—	—	—	—	—	—	—	—	—	—	—	—	—	—	—	—
	V	6,78	0,37	0,54	0,61	IV	0,70	—	—	—	—	—	—	—	—	—	—	—	—	—	—	—	—	—	—
	VI	7,86	0,43	0,62	0,70																				
35,89	I,IV	0,72	—	0,05	0,06	I	0,72	—	—	—	—	—	—	—	—	—	—	—	—	—	—	—	—	—	—
	II	0,14	—	0,01	0,01	II	0,14	—	—	—	—	—	—	—	—	—	—	—	—	—	—	—	—	—	—
	III	—	—	—	—	III	—	—	—	—	—	—	—	—	—	—	—	—	—	—	—	—	—	—	—
	V	6,82	0,37	0,54	0,61	IV	0,72	—	—	—	—	—	—	—	—	—	—	—	—	—	—	—	—	—	—
	VI	7,90	0,43	0,63	0,71																				
35,99	I,IV	0,73	—	0,05	0,06	I	0,73	—	—	—	—	—	—	—	—	—	—	—	—	—	—	—	—	—	—
	II	0,15	—	0,01	0,01	II	0,15	—	—	—	—	—	—	—	—	—	—	—	—	—	—	—	—	—	—
	III	—	—	—	—	III	—	—	—	—	—	—	—	—	—	—	—	—	—	—	—	—	—	—	—
	V	6,86	0,37	0,54	0,61	IV	0,73	—	—	—	—	—	—	—	—	—	—	—	—	—	—	—	—	—	—
	VI	7,94	0,43	0,63	0,71																				

* Die ausgewiesenen Tabellenwerte sind amtlich. Siehe Erläuterungen auf der Umschlaginnenseite (U2).

Lohn/ Gehalt bis €*	Abzüge an Lohnsteuer, Solidaritätszuschlag (SolZ) und Kirchensteuer (8%, 9%) in den Steuerklassen: I – VI					I, II, III, IV		mit Zahl der Kinderfreibeträge . . . 0,5			1			1,5			2			2,5			3		
		LSt	ohne Kinderfreibeträge SolZ	8%	9%		LSt	SolZ	8%	9%	SolZ	8%	9%	SolZ	8%	9%	SolZ	8%	9%	SolZ	8%	9%	SolZ	8%	9%
36,09	I,IV	0,75	—	0,06	0,06	I	0,75	—	—	—	—	—	—	—	—	—	—	—	—	—	—	—	—	—	—
	II	0,17	—	0,01	0,01	II	0,17	—	—	—	—	—	—	—	—	—	—	—	—	—	—	—	—	—	—
	III	—	—	—	—	III	—	—	—	—	—	—	—	—	—	—	—	—	—	—	—	—	—	—	—
	V	6,91	0,38	0,55	0,62	IV	0,75	—	—	—	—	—	—	—	—	—	—	—	—	—	—	—	—	—	—
	VI	7,98	0,43	0,63	0,71																				
36,19	I,IV	0,77	—	0,06	0,06	I	0,77	—	—	—	—	—	—	—	—	—	—	—	—	—	—	—	—	—	—
	II	0,18	—	0,01	0,01	II	0,18	—	—	—	—	—	—	—	—	—	—	—	—	—	—	—	—	—	—
	III	—	—	—	—	III	—	—	—	—	—	—	—	—	—	—	—	—	—	—	—	—	—	—	—
	V	6,95	0,38	0,55	0,62	IV	0,77	—	—	—	—	—	—	—	—	—	—	—	—	—	—	—	—	—	—
	VI	8,02	0,44	0,64	0,72																				
36,29	I,IV	0,79	—	0,06	0,07	I	0,79	—	—	—	—	—	—	—	—	—	—	—	—	—	—	—	—	—	—
	II	0,20	—	0,01	0,01	II	0,20	—	—	—	—	—	—	—	—	—	—	—	—	—	—	—	—	—	—
	III	—	—	—	—	III	—	—	—	—	—	—	—	—	—	—	—	—	—	—	—	—	—	—	—
	V	6,99	0,38	0,55	0,62	IV	0,79	—	—	0,01	—	—	—	—	—	—	—	—	—	—	—	—	—	—	—
	VI	8,06	0,44	0,64	0,72																				
36,39	I,IV	0,80	—	0,06	0,07	I	0,80	—	—	—	—	—	—	—	—	—	—	—	—	—	—	—	—	—	—
	II	0,21	—	0,01	0,01	II	0,21	—	—	—	—	—	—	—	—	—	—	—	—	—	—	—	—	—	—
	III	—	—	—	—	III	—	—	—	—	—	—	—	—	—	—	—	—	—	—	—	—	—	—	—
	V	7,03	0,38	0,56	0,63	IV	0,80	—	0,01	0,01	—	—	—	—	—	—	—	—	—	—	—	—	—	—	—
	VI	8,11	0,44	0,64	0,72																				
36,49	I,IV	0,82	—	0,06	0,07	I	0,82	—	—	—	—	—	—	—	—	—	—	—	—	—	—	—	—	—	—
	II	0,23	—	0,01	0,02	II	0,23	—	—	—	—	—	—	—	—	—	—	—	—	—	—	—	—	—	—
	III	—	—	—	—	III	—	—	—	—	—	—	—	—	—	—	—	—	—	—	—	—	—	—	—
	V	7,08	0,38	0,56	0,63	IV	0,82	—	0,01	0,01	—	—	—	—	—	—	—	—	—	—	—	—	—	—	—
	VI	8,15	0,44	0,65	0,73																				
36,59	I,IV	0,84	—	0,06	0,07	I	0,84	—	—	—	—	—	—	—	—	—	—	—	—	—	—	—	—	—	—
	II	0,24	—	0,01	0,02	II	0,24	—	—	—	—	—	—	—	—	—	—	—	—	—	—	—	—	—	—
	III	—	—	—	—	III	—	—	—	—	—	—	—	—	—	—	—	—	—	—	—	—	—	—	—
	V	7,12	0,39	0,56	0,64	IV	0,84	—	0,01	0,01	—	—	—	—	—	—	—	—	—	—	—	—	—	—	—
	VI	8,19	0,45	0,65	0,73																				
36,69	I,IV	0,85	—	0,06	0,07	I	0,85	—	—	—	—	—	—	—	—	—	—	—	—	—	—	—	—	—	—
	II	0,26	—	0,02	0,02	II	0,26	—	—	—	—	—	—	—	—	—	—	—	—	—	—	—	—	—	—
	III	—	—	—	—	III	—	—	—	—	—	—	—	—	—	—	—	—	—	—	—	—	—	—	—
	V	7,16	0,39	0,57	0,64	IV	0,85	—	0,01	0,01	—	—	—	—	—	—	—	—	—	—	—	—	—	—	—
	VI	8,23	0,45	0,65	0,74																				
36,79	I,IV	0,87	—	0,06	0,07	I	0,87	—	—	—	—	—	—	—	—	—	—	—	—	—	—	—	—	—	—
	II	0,27	—	0,02	0,02	II	0,27	—	—	—	—	—	—	—	—	—	—	—	—	—	—	—	—	—	—
	III	—	—	—	—	III	—	—	—	—	—	—	—	—	—	—	—	—	—	—	—	—	—	—	—
	V	7,20	0,39	0,57	0,64	IV	0,87	—	0,01	0,01	—	—	—	—	—	—	—	—	—	—	—	—	—	—	—
	VI	8,28	0,45	0,66	0,74																				
36,89	I,IV	0,89	—	0,07	0,08	I	0,89	—	—	—	—	—	—	—	—	—	—	—	—	—	—	—	—	—	—
	II	0,29	—	0,02	0,02	II	0,29	—	—	—	—	—	—	—	—	—	—	—	—	—	—	—	—	—	—
	III	—	—	—	—	III	—	—	—	—	—	—	—	—	—	—	—	—	—	—	—	—	—	—	—
	V	7,24	0,39	0,57	0,65	IV	0,89	—	0,01	0,01	—	—	—	—	—	—	—	—	—	—	—	—	—	—	—
	VI	8,32	0,45	0,66	0,74																				
36,99	I,IV	0,91	—	0,07	0,08	I	0,91	—	—	—	—	—	—	—	—	—	—	—	—	—	—	—	—	—	—
	II	0,30	—	0,02	0,02	II	0,30	—	—	—	—	—	—	—	—	—	—	—	—	—	—	—	—	—	—
	III	—	—	—	—	III	—	—	—	—	—	—	—	—	—	—	—	—	—	—	—	—	—	—	—
	V	7,29	0,40	0,58	0,65	IV	0,91	—	0,01	0,01	—	—	—	—	—	—	—	—	—	—	—	—	—	—	—
	VI	8,36	0,46	0,66	0,75																				
37,09	I,IV	0,92	—	0,07	0,08	I	0,92	—	—	—	—	—	—	—	—	—	—	—	—	—	—	—	—	—	—
	II	0,32	—	0,02	0,02	II	0,32	—	—	—	—	—	—	—	—	—	—	—	—	—	—	—	—	—	—
	III	—	—	—	—	III	—	—	—	—	—	—	—	—	—	—	—	—	—	—	—	—	—	—	—
	V	7,33	0,40	0,58	0,65	IV	0,92	—	0,01	0,02	—	—	—	—	—	—	—	—	—	—	—	—	—	—	—
	VI	8,40	0,46	0,67	0,75																				
37,19	I,IV	0,94	—	0,07	0,08	I	0,94	—	—	—	—	—	—	—	—	—	—	—	—	—	—	—	—	—	—
	II	0,33	—	0,02	0,02	II	0,33	—	—	—	—	—	—	—	—	—	—	—	—	—	—	—	—	—	—
	III	—	—	—	—	III	—	—	—	—	—	—	—	—	—	—	—	—	—	—	—	—	—	—	—
	V	7,37	0,40	0,58	0,66	IV	0,94	—	0,02	0,02	—	—	—	—	—	—	—	—	—	—	—	—	—	—	—
	VI	8,44	0,46	0,67	0,75																				
37,29	I,IV	0,96	—	0,07	0,08	I	0,96	—	—	—	—	—	—	—	—	—	—	—	—	—	—	—	—	—	—
	II	0,35	—	0,02	0,03	II	0,35	—	—	—	—	—	—	—	—	—	—	—	—	—	—	—	—	—	—
	III	—	—	—	—	III	—	—	—	—	—	—	—	—	—	—	—	—	—	—	—	—	—	—	—
	V	7,41	0,40	0,59	0,66	IV	0,96	—	0,02	0,02	—	—	—	—	—	—	—	—	—	—	—	—	—	—	—
	VI	8,48	0,46	0,67	0,76																				
37,39	I,IV	0,98	—	0,07	0,08	I	0,98	—	—	—	—	—	—	—	—	—	—	—	—	—	—	—	—	—	—
	II	0,36	—	0,02	0,03	II	0,36	—	—	—	—	—	—	—	—	—	—	—	—	—	—	—	—	—	—
	III	—	—	—	—	III	—	—	—	—	—	—	—	—	—	—	—	—	—	—	—	—	—	—	—
	V	7,45	0,41	0,59	0,67	IV	0,98	—	0,02	0,02	—	—	—	—	—	—	—	—	—	—	—	—	—	—	—
	VI	8,53	0,46	0,68	0,76																				
37,49	I,IV	1,—	—	0,08	0,09	I	1,—	—	—	—	—	—	—	—	—	—	—	—	—	—	—	—	—	—	—
	II	0,38	—	0,03	0,03	II	0,38	—	—	—	—	—	—	—	—	—	—	—	—	—	—	—	—	—	—
	III	—	—	—	—	III	—	—	—	—	—	—	—	—	—	—	—	—	—	—	—	—	—	—	—
	V	7,50	0,41	0,60	0,67	IV	1,—	—	0,02	0,02	—	—	—	—	—	—	—	—	—	—	—	—	—	—	—
	VI	8,57	0,47	0,68	0,77																				

* Die ausgewiesenen Tabellenwerte sind amtlich. Siehe Erläuterungen auf der Umschlaginnenseite (U2).

Abzüge an Lohnsteuer, Solidaritätszuschlag (SolZ) und Kirchensteuer (8%, 9%) in den Steuerklassen

Lohn/ Gehalt bis €*	I – VI					I, II, III, IV		mit Zahl der Kinderfreibeträge . . . 0,5			1			1,5			2			2,5			3		
		LSt	ohne Kinderfreibeträge SolZ	8%	9%		LSt	SolZ	8%	9%	SolZ	8%	9%	SolZ	8%	9%	SolZ	8%	9%	SolZ	8%	9%	SolZ	8%	9%
37,59	I,IV	1,01	—	0,08	0,09	I	1,01	—	—	—	—	—	—	—	—	—	—	—	—	—	—	—	—	—	—
	II	0,40	—	0,03	0,03	II	0,40	—	—	—	—	—	—	—	—	—	—	—	—	—	—	—	—	—	—
	III	—	—	—	—	III	—	—	—	—	—	—	—	—	—	—	—	—	—	—	—	—	—	—	—
	V	7,54	0,41	0,60	0,67	IV	1,01	—	0,02	0,02	—	—	—	—	—	—	—	—	—	—	—	—	—	—	—
	VI	8,61	0,47	0,68	0,77																				
37,69	I,IV	1,03	—	0,08	0,09	I	1,03	—	—	—	—	—	—	—	—	—	—	—	—	—	—	—	—	—	—
	II	0,41	—	0,03	0,03	II	0,41	—	—	—	—	—	—	—	—	—	—	—	—	—	—	—	—	—	—
	III	—	—	—	—	III	—	—	—	—	—	—	—	—	—	—	—	—	—	—	—	—	—	—	—
	V	7,58	0,41	0,60	0,68	IV	1,03	—	0,02	0,02	—	—	—	—	—	—	—	—	—	—	—	—	—	—	—
	VI	8,65	0,47	0,69	0,77																				
37,79	I,IV	1,05	—	0,08	0,09	I	1,05	—	—	—	—	—	—	—	—	—	—	—	—	—	—	—	—	—	—
	II	0,43	—	0,03	0,03	II	0,43	—	—	—	—	—	—	—	—	—	—	—	—	—	—	—	—	—	—
	III	—	—	—	—	III	—	—	—	—	—	—	—	—	—	—	—	—	—	—	—	—	—	—	—
	V	7,62	0,41	0,60	0,68	IV	1,05	—	0,02	0,03	—	—	—	—	—	—	—	—	—	—	—	—	—	—	—
	VI	8,70	0,47	0,69	0,78																				
37,89	I,IV	1,07	—	0,08	0,09	I	1,07	—	—	—	—	—	—	—	—	—	—	—	—	—	—	—	—	—	—
	II	0,44	—	0,03	0,03	II	0,44	—	—	—	—	—	—	—	—	—	—	—	—	—	—	—	—	—	—
	III	—	—	—	—	III	—	—	—	—	—	—	—	—	—	—	—	—	—	—	—	—	—	—	—
	V	7,66	0,42	0,61	0,68	IV	1,07	—	0,02	0,03	—	—	—	—	—	—	—	—	—	—	—	—	—	—	—
	VI	8,74	0,48	0,69	0,78																				
37,99	I,IV	1,08	—	0,08	0,09	I	1,08	—	—	—	—	—	—	—	—	—	—	—	—	—	—	—	—	—	—
	II	0,46	—	0,03	0,04	II	0,46	—	—	—	—	—	—	—	—	—	—	—	—	—	—	—	—	—	—
	III	—	—	—	—	III	—	—	—	—	—	—	—	—	—	—	—	—	—	—	—	—	—	—	—
	V	7,71	0,42	0,61	0,69	IV	1,08	—	0,02	0,03	—	—	—	—	—	—	—	—	—	—	—	—	—	—	—
	VI	8,78	0,48	0,70	0,79																				
38,09	I,IV	1,10	—	0,08	0,09	I	1,10	—	—	—	—	—	—	—	—	—	—	—	—	—	—	—	—	—	—
	II	0,47	—	0,03	0,04	II	0,47	—	—	—	—	—	—	—	—	—	—	—	—	—	—	—	—	—	—
	III	—	—	—	—	III	—	—	—	—	—	—	—	—	—	—	—	—	—	—	—	—	—	—	—
	V	7,75	0,42	0,62	0,69	IV	1,10	—	0,03	0,03	—	—	—	—	—	—	—	—	—	—	—	—	—	—	—
	VI	8,82	0,48	0,70	0,79																				
38,19	I,IV	1,12	—	0,08	0,10	I	1,12	—	—	—	—	—	—	—	—	—	—	—	—	—	—	—	—	—	—
	II	0,49	—	0,03	0,04	II	0,49	—	—	—	—	—	—	—	—	—	—	—	—	—	—	—	—	—	—
	III	—	—	—	—	III	—	—	—	—	—	—	—	—	—	—	—	—	—	—	—	—	—	—	—
	V	7,79	0,42	0,62	0,70	IV	1,12	—	0,03	0,03	—	—	—	—	—	—	—	—	—	—	—	—	—	—	—
	VI	8,86	0,48	0,70	0,79																				
38,29	I,IV	1,14	—	0,09	0,10	I	1,14	—	—	—	—	—	—	—	—	—	—	—	—	—	—	—	—	—	—
	II	0,50	—	0,04	0,04	II	0,50	—	—	—	—	—	—	—	—	—	—	—	—	—	—	—	—	—	—
	III	—	—	—	—	III	—	—	—	—	—	—	—	—	—	—	—	—	—	—	—	—	—	—	—
	V	7,83	0,43	0,62	0,70	IV	1,14	—	0,03	0,03	—	—	—	—	—	—	—	—	—	—	—	—	—	—	—
	VI	8,91	0,49	0,71	0,80																				
38,39	I,IV	1,16	—	0,09	0,10	I	1,16	—	—	—	—	—	—	—	—	—	—	—	—	—	—	—	—	—	—
	II	0,52	—	0,04	0,04	II	0,52	—	—	—	—	—	—	—	—	—	—	—	—	—	—	—	—	—	—
	III	—	—	—	—	III	—	—	—	—	—	—	—	—	—	—	—	—	—	—	—	—	—	—	—
	V	7,87	0,43	0,62	0,70	IV	1,16	—	0,03	0,03	—	—	—	—	—	—	—	—	—	—	—	—	—	—	—
	VI	8,95	0,49	0,71	0,80																				
38,49	I,IV	1,18	—	0,09	0,10	I	1,18	—	—	—	—	—	—	—	—	—	—	—	—	—	—	—	—	—	—
	II	0,54	—	0,04	0,04	II	0,54	—	—	—	—	—	—	—	—	—	—	—	—	—	—	—	—	—	—
	III	—	—	—	—	III	—	—	—	—	—	—	—	—	—	—	—	—	—	—	—	—	—	—	—
	V	7,91	0,43	0,63	0,71	IV	1,18	—	0,03	0,04	—	—	—	—	—	—	—	—	—	—	—	—	—	—	—
	VI	8,99	0,49	0,71	0,80																				
38,59	I,IV	1,20	—	0,09	0,10	I	1,20	—	—	—	—	—	—	—	—	—	—	—	—	—	—	—	—	—	—
	II	0,55	—	0,04	0,04	II	0,55	—	—	—	—	—	—	—	—	—	—	—	—	—	—	—	—	—	—
	III	—	—	—	—	III	—	—	—	—	—	—	—	—	—	—	—	—	—	—	—	—	—	—	—
	V	7,96	0,43	0,63	0,71	IV	1,20	—	0,03	0,04	—	—	—	—	—	—	—	—	—	—	—	—	—	—	—
	VI	9,03	0,49	0,72	0,81																				
38,69	I,IV	1,21	—	0,09	0,10	I	1,21	—	—	—	—	—	—	—	—	—	—	—	—	—	—	—	—	—	—
	II	0,57	—	0,04	0,05	II	0,57	—	—	—	—	—	—	—	—	—	—	—	—	—	—	—	—	—	—
	III	—	—	—	—	III	—	—	—	—	—	—	—	—	—	—	—	—	—	—	—	—	—	—	—
	V	8,—	0,44	0,64	0,72	IV	1,21	—	0,03	0,04	—	—	—	—	—	—	—	—	—	—	—	—	—	—	—
	VI	9,07	0,49	0,72	0,81																				
38,79	I,IV	1,23	—	0,09	0,11	I	1,23	—	—	—	—	—	—	—	—	—	—	—	—	—	—	—	—	—	—
	II	0,58	—	0,04	0,05	II	0,58	—	—	—	—	—	—	—	—	—	—	—	—	—	—	—	—	—	—
	III	—	—	—	—	III	—	—	—	—	—	—	—	—	—	—	—	—	—	—	—	—	—	—	—
	V	8,04	0,44	0,64	0,72	IV	1,23	—	0,04	0,04	—	—	—	—	—	—	—	—	—	—	—	—	—	—	—
	VI	9,11	0,50	0,72	0,81																				
38,89	I,IV	1,25	—	0,10	0,11	I	1,25	—	—	—	—	—	—	—	—	—	—	—	—	—	—	—	—	—	—
	II	0,60	—	0,04	0,05	II	0,60	—	—	—	—	—	—	—	—	—	—	—	—	—	—	—	—	—	—
	III	—	—	—	—	III	—	—	—	—	—	—	—	—	—	—	—	—	—	—	—	—	—	—	—
	V	8,08	0,44	0,64	0,72	IV	1,25	—	0,04	0,04	—	—	—	—	—	—	—	—	—	—	—	—	—	—	—
	VI	9,16	0,50	0,73	0,82																				
38,99	I,IV	1,27	—	0,10	0,11	I	1,27	—	—	—	—	—	—	—	—	—	—	—	—	—	—	—	—	—	—
	II	0,62	—	0,04	0,05	II	0,62	—	—	—	—	—	—	—	—	—	—	—	—	—	—	—	—	—	—
	III	—	—	—	—	III	—	—	—	—	—	—	—	—	—	—	—	—	—	—	—	—	—	—	—
	V	8,13	0,44	0,65	0,73	IV	1,27	—	0,04	0,04	—	—	—	—	—	—	—	—	—	—	—	—	—	—	—
	VI	9,20	0,50	0,73	0,82																				

* Die ausgewiesenen Tabellenwerte sind amtlich. Siehe Erläuterungen auf der Umschlaginnenseite (U2).

Abzüge an Lohnsteuer, Solidaritätszuschlag (SolZ) und Kirchensteuer (8%, 9%) in den Steuerklassen

Lohn/ Gehalt bis €*	I – VI					I, II, III, IV		mit Zahl der Kinderfreibeträge . . . 0,5			1			1,5			2			2,5			3		
		LSt	ohne Kinderfreibeträge SolZ	8%	9%		LSt	SolZ	8%	9%	SolZ	8%	9%	SolZ	8%	9%	SolZ	8%	9%	SolZ	8%	9%	SolZ	8%	9%
39,09	I,IV	1,29	—	0,10	0,11	I	1,29	—	—	—	—	—	—	—	—	—	—	—	—	—	—	—	—	—	—
	II	0,63	—	0,05	0,05	II	0,63	—	—	—	—	—	—	—	—	—	—	—	—	—	—	—	—	—	—
	III	—	—	—	—	III	—	—	—	—	—	—	—	—	—	—	—	—	—	—	—	—	—	—	—
	V	8,17	0,44	0,65	0,73	IV	1,29	—	0,04	0,04	—	—	—	—	—	—	—	—	—	—	—	—	—	—	—
	VI	9,24	0,50	0,73	0,83																				
39,19	I,IV	1,31	—	0,10	0,11	I	1,31	—	—	—	—	—	—	—	—	—	—	—	—	—	—	—	—	—	—
	II	0,65	—	0,05	0,05	II	0,65	—	—	—	—	—	—	—	—	—	—	—	—	—	—	—	—	—	—
	III	—	—	—	—	III	—	—	—	—	—	—	—	—	—	—	—	—	—	—	—	—	—	—	—
	V	8,21	0,45	0,65	0,73	IV	1,31	—	0,04	0,05	—	—	—	—	—	—	—	—	—	—	—	—	—	—	—
	VI	9,28	0,51	0,74	0,83																				
39,29	I,IV	1,33	—	0,10	0,11	I	1,33	—	—	—	—	—	—	—	—	—	—	—	—	—	—	—	—	—	—
	II	0,67	—	0,05	0,06	II	0,67	—	—	—	—	—	—	—	—	—	—	—	—	—	—	—	—	—	—
	III	—	—	—	—	III	—	—	—	—	—	—	—	—	—	—	—	—	—	—	—	—	—	—	—
	V	8,25	0,45	0,66	0,74	IV	1,33	—	0,04	0,05	—	—	—	—	—	—	—	—	—	—	—	—	—	—	—
	VI	9,33	0,51	0,74	0,83																				
39,39	I,IV	1,35	—	0,10	0,12	I	1,35	—	—	—	—	—	—	—	—	—	—	—	—	—	—	—	—	—	—
	II	0,68	—	0,05	0,06	II	0,68	—	—	—	—	—	—	—	—	—	—	—	—	—	—	—	—	—	—
	III	—	—	—	—	III	—	—	—	—	—	—	—	—	—	—	—	—	—	—	—	—	—	—	—
	V	8,29	0,45	0,66	0,74	IV	1,35	—	0,04	0,05	—	—	—	—	—	—	—	—	—	—	—	—	—	—	—
	VI	9,37	0,51	0,74	0,84																				
39,49	I,IV	1,36	—	0,10	0,12	I	1,36	—	—	—	—	—	—	—	—	—	—	—	—	—	—	—	—	—	—
	II	0,70	—	0,05	0,06	II	0,70	—	—	—	—	—	—	—	—	—	—	—	—	—	—	—	—	—	—
	III	—	—	—	—	III	—	—	—	—	—	—	—	—	—	—	—	—	—	—	—	—	—	—	—
	V	8,34	0,45	0,66	0,75	IV	1,36	—	0,04	0,05	—	—	—	—	—	—	—	—	—	—	—	—	—	—	—
	VI	9,41	0,51	0,75	0,84																				
39,59	I,IV	1,38	—	0,11	0,12	I	1,38	—	—	—	—	—	—	—	—	—	—	—	—	—	—	—	—	—	—
	II	0,72	—	0,05	0,06	II	0,72	—	—	—	—	—	—	—	—	—	—	—	—	—	—	—	—	—	—
	III	—	—	—	—	III	—	—	—	—	—	—	—	—	—	—	—	—	—	—	—	—	—	—	—
	V	8,38	0,46	0,67	0,75	IV	1,38	—	0,04	0,05	—	—	—	—	—	—	—	—	—	—	—	—	—	—	—
	VI	9,45	0,52	0,75	0,85																				
39,69	I,IV	1,40	—	0,11	0,12	I	1,40	—	—	—	—	—	—	—	—	—	—	—	—	—	—	—	—	—	—
	II	0,73	—	0,05	0,06	II	0,73	—	—	—	—	—	—	—	—	—	—	—	—	—	—	—	—	—	—
	III	—	—	—	—	III	—	—	—	—	—	—	—	—	—	—	—	—	—	—	—	—	—	—	—
	V	8,42	0,46	0,67	0,75	IV	1,40	—	0,05	0,05	—	—	—	—	—	—	—	—	—	—	—	—	—	—	—
	VI	9,49	0,52	0,75	0,85																				
39,79	I,IV	1,42	—	0,11	0,12	I	1,42	—	—	—	—	—	—	—	—	—	—	—	—	—	—	—	—	—	—
	II	0,75	—	0,06	0,06	II	0,75	—	—	—	—	—	—	—	—	—	—	—	—	—	—	—	—	—	—
	III	—	—	—	—	III	—	—	—	—	—	—	—	—	—	—	—	—	—	—	—	—	—	—	—
	V	8,46	0,46	0,67	0,76	IV	1,42	—	0,05	0,05	—	—	—	—	—	—	—	—	—	—	—	—	—	—	—
	VI	9,52	0,52	0,76	0,85																				
39,89	I,IV	1,44	—	0,11	0,12	I	1,44	—	—	—	—	—	—	—	—	—	—	—	—	—	—	—	—	—	—
	II	0,77	—	0,06	0,06	II	0,77	—	—	—	—	—	—	—	—	—	—	—	—	—	—	—	—	—	—
	III	—	—	—	—	III	—	—	—	—	—	—	—	—	—	—	—	—	—	—	—	—	—	—	—
	V	8,50	0,46	0,68	0,76	IV	1,44	—	0,05	0,06	—	—	—	—	—	—	—	—	—	—	—	—	—	—	—
	VI	9,56	0,52	0,76	0,86																				
39,99	I,IV	1,46	—	0,11	0,13	I	1,46	—	—	—	—	—	—	—	—	—	—	—	—	—	—	—	—	—	—
	II	0,78	—	0,06	0,07	II	0,78	—	—	—	—	—	—	—	—	—	—	—	—	—	—	—	—	—	—
	III	—	—	—	—	III	—	—	—	—	—	—	—	—	—	—	—	—	—	—	—	—	—	—	—
	V	8,55	0,47	0,68	0,76	IV	1,46	—	0,05	0,06	—	—	—	—	—	—	—	—	—	—	—	—	—	—	—
	VI	9,60	0,52	0,76	0,86																				
40,09	I,IV	1,48	—	0,11	0,13	I	1,48	—	—	—	—	—	—	—	—	—	—	—	—	—	—	—	—	—	—
	II	0,80	—	0,06	0,07	II	0,80	—	—	—	—	—	—	—	—	—	—	—	—	—	—	—	—	—	—
	III	—	—	—	—	III	—	—	—	—	—	—	—	—	—	—	—	—	—	—	—	—	—	—	—
	V	8,59	0,47	0,68	0,77	IV	1,48	—	0,05	0,06	—	—	—	—	—	—	—	—	—	—	—	—	—	—	—
	VI	9,63	0,52	0,77	0,86																				
40,19	I,IV	1,50	—	0,12	0,13	I	1,50	—	—	—	—	—	—	—	—	—	—	—	—	—	—	—	—	—	—
	II	0,82	—	0,06	0,07	II	0,82	—	—	—	—	—	—	—	—	—	—	—	—	—	—	—	—	—	—
	III	—	—	—	—	III	—	—	—	—	—	—	—	—	—	—	—	—	—	—	—	—	—	—	—
	V	8,63	0,47	0,69	0,77	IV	1,50	—	0,05	0,06	—	—	—	—	—	—	—	—	—	—	—	—	—	—	—
	VI	9,67	0,53	0,77	0,87																				
40,29	I,IV	1,52	—	0,12	0,13	I	1,52	—	—	—	—	—	—	—	—	—	—	—	—	—	—	—	—	—	—
	II	0,84	—	0,06	0,07	II	0,84	—	—	—	—	—	—	—	—	—	—	—	—	—	—	—	—	—	—
	III	—	—	—	—	III	—	—	—	—	—	—	—	—	—	—	—	—	—	—	—	—	—	—	—
	V	8,67	0,47	0,69	0,78	IV	1,52	—	0,05	0,06	—	—	—	—	—	—	—	—	—	—	—	—	—	—	—
	VI	9,71	0,53	0,77	0,87																				
40,39	I,IV	1,54	—	0,12	0,13	I	1,54	—	—	—	—	—	—	—	—	—	—	—	—	—	—	—	—	—	—
	II	0,85	—	0,06	0,07	II	0,85	—	—	—	—	—	—	—	—	—	—	—	—	—	—	—	—	—	—
	III	—	—	—	—	III	—	—	—	—	—	—	—	—	—	—	—	—	—	—	—	—	—	—	—
	V	8,71	0,47	0,69	0,78	IV	1,54	—	0,06	0,06	—	—	—	—	—	—	—	—	—	—	—	—	—	—	—
	VI	9,74	0,53	0,77	0,87																				
40,49	I,IV	1,56	—	0,12	0,14	I	1,56	—	—	—	—	—	—	—	—	—	—	—	—	—	—	—	—	—	—
	II	0,87	—	0,06	0,07	II	0,87	—	—	—	—	—	—	—	—	—	—	—	—	—	—	—	—	—	—
	III	—	—	—	—	III	—	—	—	—	—	—	—	—	—	—	—	—	—	—	—	—	—	—	—
	V	8,76	0,48	0,70	0,78	IV	1,56	—	0,06	0,06	—	—	—	—	—	—	—	—	—	—	—	—	—	—	—
	VI	9,77	0,53	0,78	0,87																				

* Die ausgewiesenen Tabellenwerte sind amtlich. Siehe Erläuterungen auf der Umschlaginnenseite (U2).

Abzüge an Lohnsteuer, Solidaritätszuschlag (SolZ) und Kirchensteuer (8%, 9%) in den Steuerklassen

Lohn/ Gehalt bis €*	I – VI	LSt	ohne Kinderfreibeträge SolZ	8%	9%	I, II, III, IV	LSt	mit Zahl der Kinderfreibeträge . . . 0,5 SolZ	0,5 8%	0,5 9%	1 SolZ	1 8%	1 9%	1,5 SolZ	1,5 8%	1,5 9%	2 SolZ	2 8%	2 9%	2,5 SolZ	2,5 8%	2,5 9%	3 SolZ	3 8%	3 9%
40,59	I,IV	1,58	—	0,12	0,14	I	1,58	—	—	0,01	—	—	—	—	—	—	—	—	—	—	—	—	—	—	—
	II	0,89	—	0,07	0,08	II	0,89	—	—	—	—	—	—	—	—	—	—	—	—	—	—	—	—	—	—
	III	—	—	—	—	III	—	—	—	—	—	—	—	—	—	—	—	—	—	—	—	—	—	—	—
	V	8,80	0,48	0,70	0,79	IV	1,58	—	0,06	0,07	—	—	0,01	—	—	—	—	—	—	—	—	—	—	—	—
	VI	9,81	0,53	0,78	0,88																				
40,69	I,IV	1,60	—	0,12	0,14	I	1,60	—	0,01	0,01	—	—	—	—	—	—	—	—	—	—	—	—	—	—	—
	II	0,91	—	0,07	0,08	II	0,91	—	—	—	—	—	—	—	—	—	—	—	—	—	—	—	—	—	—
	III	—	—	—	—	III	—	—	—	—	—	—	—	—	—	—	—	—	—	—	—	—	—	—	—
	V	8,84	0,48	0,70	0,79	IV	1,60	—	0,06	0,07	—	0,01	0,01	—	—	—	—	—	—	—	—	—	—	—	—
	VI	9,85	0,54	0,78	0,88																				
40,79	I,IV	1,62	—	0,12	0,14	I	1,62	—	0,01	0,01	—	—	—	—	—	—	—	—	—	—	—	—	—	—	—
	II	0,92	—	0,07	0,08	II	0,92	—	—	—	—	—	—	—	—	—	—	—	—	—	—	—	—	—	—
	III	—	—	—	—	III	—	—	—	—	—	—	—	—	—	—	—	—	—	—	—	—	—	—	—
	V	8,88	0,48	0,71	0,79	IV	1,62	—	0,06	0,07	—	0,01	0,01	—	—	—	—	—	—	—	—	—	—	—	—
	VI	9,88	0,54	0,79	0,88																				
40,89	I,IV	1,64	—	0,13	0,14	I	1,64	—	0,01	0,01	—	—	—	—	—	—	—	—	—	—	—	—	—	—	—
	II	0,94	—	0,07	0,08	II	0,94	—	—	—	—	—	—	—	—	—	—	—	—	—	—	—	—	—	—
	III	—	—	—	—	III	—	—	—	—	—	—	—	—	—	—	—	—	—	—	—	—	—	—	—
	V	8,92	0,49	0,71	0,80	IV	1,64	—	0,06	0,07	—	0,01	0,01	—	—	—	—	—	—	—	—	—	—	—	—
	VI	9,92	0,54	0,79	0,89																				
40,99	I,IV	1,66	—	0,13	0,14	I	1,66	—	0,01	0,01	—	—	—	—	—	—	—	—	—	—	—	—	—	—	—
	II	0,96	—	0,07	0,08	II	0,96	—	—	—	—	—	—	—	—	—	—	—	—	—	—	—	—	—	—
	III	—	—	—	—	III	—	—	—	—	—	—	—	—	—	—	—	—	—	—	—	—	—	—	—
	V	8,96	0,49	0,71	0,80	IV	1,66	—	0,06	0,07	—	0,01	0,01	—	—	—	—	—	—	—	—	—	—	—	—
	VI	9,96	0,54	0,79	0,89																				
41,09	I,IV	1,68	—	0,13	0,15	I	1,68	—	0,01	0,01	—	—	—	—	—	—	—	—	—	—	—	—	—	—	—
	II	0,98	—	0,07	0,08	II	0,98	—	—	—	—	—	—	—	—	—	—	—	—	—	—	—	—	—	—
	III	—	—	—	—	III	—	—	—	—	—	—	—	—	—	—	—	—	—	—	—	—	—	—	—
	V	9,01	0,49	0,72	0,81	IV	1,68	—	0,07	0,07	—	0,01	0,01	—	—	—	—	—	—	—	—	—	—	—	—
	VI	10,—	0,55	0,80	0,90																				
41,19	I,IV	1,70	—	0,13	0,15	I	1,70	—	0,01	0,01	—	—	—	—	—	—	—	—	—	—	—	—	—	—	—
	II	1,—	—	0,08	0,09	II	1,—	—	—	—	—	—	—	—	—	—	—	—	—	—	—	—	—	—	—
	III	—	—	—	—	III	—	—	—	—	—	—	—	—	—	—	—	—	—	—	—	—	—	—	—
	V	9,05	0,49	0,72	0,81	IV	1,70	—	0,07	0,08	—	0,01	0,01	—	—	—	—	—	—	—	—	—	—	—	—
	VI	10,03	0,55	0,80	0,90																				
41,29	I,IV	1,72	—	0,13	0,15	I	1,72	—	0,01	0,01	—	—	—	—	—	—	—	—	—	—	—	—	—	—	—
	II	1,01	—	0,08	0,09	II	1,01	—	—	—	—	—	—	—	—	—	—	—	—	—	—	—	—	—	—
	III	—	—	—	—	III	—	—	—	—	—	—	—	—	—	—	—	—	—	—	—	—	—	—	—
	V	9,09	0,50	0,72	0,81	IV	1,72	—	0,07	0,08	—	0,01	0,01	—	—	—	—	—	—	—	—	—	—	—	—
	VI	10,06	0,55	0,80	0,90																				
41,39	I,IV	1,74	—	0,13	0,15	I	1,74	—	0,01	0,02	—	—	—	—	—	—	—	—	—	—	—	—	—	—	—
	II	1,03	—	0,08	0,09	II	1,03	—	—	—	—	—	—	—	—	—	—	—	—	—	—	—	—	—	—
	III	—	—	—	—	III	—	—	—	—	—	—	—	—	—	—	—	—	—	—	—	—	—	—	—
	V	9,13	0,50	0,73	0,82	IV	1,74	—	0,07	0,08	—	0,01	0,02	—	—	—	—	—	—	—	—	—	—	—	—
	VI	10,10	0,55	0,80	0,90																				
41,49	I,IV	1,76	—	0,14	0,15	I	1,76	—	0,02	0,02	—	—	—	—	—	—	—	—	—	—	—	—	—	—	—
	II	1,05	—	0,08	0,09	II	1,05	—	—	—	—	—	—	—	—	—	—	—	—	—	—	—	—	—	—
	III	—	—	—	—	III	—	—	—	—	—	—	—	—	—	—	—	—	—	—	—	—	—	—	—
	V	9,18	0,50	0,73	0,82	IV	1,76	—	0,07	0,08	—	0,02	0,02	—	—	—	—	—	—	—	—	—	—	—	—
	VI	10,13	0,55	0,81	0,91																				
41,59	I,IV	1,78	—	0,14	0,16	I	1,78	—	0,02	0,02	—	—	—	—	—	—	—	—	—	—	—	—	—	—	—
	II	1,06	—	0,08	0,09	II	1,06	—	—	—	—	—	—	—	—	—	—	—	—	—	—	—	—	—	—
	III	—	—	—	—	III	—	—	—	—	—	—	—	—	—	—	—	—	—	—	—	—	—	—	—
	V	9,22	0,50	0,73	0,82	IV	1,78	—	0,07	0,08	—	0,02	0,02	—	—	—	—	—	—	—	—	—	—	—	—
	VI	10,17	0,55	0,81	0,91																				
41,69	I,IV	1,80	—	0,14	0,16	I	1,80	—	0,02	0,02	—	—	—	—	—	—	—	—	—	—	—	—	—	—	—
	II	1,08	—	0,08	0,09	II	1,08	—	—	—	—	—	—	—	—	—	—	—	—	—	—	—	—	—	—
	III	—	—	—	—	III	—	—	—	—	—	—	—	—	—	—	—	—	—	—	—	—	—	—	—
	V	9,26	0,50	0,74	0,83	IV	1,80	—	0,07	0,08	—	0,02	0,02	—	—	—	—	—	—	—	—	—	—	—	—
	VI	10,21	0,56	0,81	0,91																				
41,79	I,IV	1,82	—	0,14	0,16	I	1,82	—	0,02	0,02	—	—	—	—	—	—	—	—	—	—	—	—	—	—	—
	II	1,10	—	0,08	0,09	II	1,10	—	—	—	—	—	—	—	—	—	—	—	—	—	—	—	—	—	—
	III	—	—	—	—	III	—	—	—	—	—	—	—	—	—	—	—	—	—	—	—	—	—	—	—
	V	9,30	0,51	0,74	0,83	IV	1,82	—	0,08	0,09	—	0,02	0,02	—	—	—	—	—	—	—	—	—	—	—	—
	VI	10,24	0,56	0,81	0,92																				
41,89	I,IV	1,84	—	0,14	0,16	I	1,84	—	0,02	0,02	—	—	—	—	—	—	—	—	—	—	—	—	—	—	—
	II	1,12	—	0,08	0,10	II	1,12	—	—	—	—	—	—	—	—	—	—	—	—	—	—	—	—	—	—
	III	—	—	—	—	III	—	—	—	—	—	—	—	—	—	—	—	—	—	—	—	—	—	—	—
	V	9,34	0,51	0,74	0,84	IV	1,84	—	0,08	0,09	—	0,02	0,02	—	—	—	—	—	—	—	—	—	—	—	—
	VI	10,28	0,56	0,82	0,92																				
41,99	I,IV	1,86	—	0,14	0,16	I	1,86	—	0,02	0,02	—	—	—	—	—	—	—	—	—	—	—	—	—	—	—
	II	1,14	—	0,09	0,10	II	1,14	—	—	—	—	—	—	—	—	—	—	—	—	—	—	—	—	—	—
	III	—	—	—	—	III	—	—	—	—	—	—	—	—	—	—	—	—	—	—	—	—	—	—	—
	V	9,39	0,51	0,75	0,84	IV	1,86	—	0,08	0,09	—	0,02	0,02	—	—	—	—	—	—	—	—	—	—	—	—
	VI	10,31	0,56	0,82	0,92																				

* Die ausgewiesenen Tabellenwerte sind amtlich. Siehe Erläuterungen auf der Umschlaginnenseite (U2).

Abzüge an Lohnsteuer, Solidaritätszuschlag (SolZ) und Kirchensteuer (8%, 9%) in den Steuerklassen

Lohn/ Gehalt bis €*		I – VI	ohne Kinderfreibeträge			I, II, III, IV		mit Zahl der Kinderfreibeträge . . . 0,5			1			1,5			2			2,5			3		
		LSt	SolZ	8%	9%		LSt	SolZ	8%	9%	SolZ	8%	9%	SolZ	8%	9%	SolZ	8%	9%	SolZ	8%	9%	SolZ	8%	9%
42,09	I,IV	1,88	—	0,15	0,16	I	1,88	—	0,02	0,03	—	—	—	—	—	—	—	—	—	—	—	—	—	—	—
	II	1,16	—	0,09	0,10	II	1,16	—	—	—	—	—	—	—	—	—	—	—	—	—	—	—	—	—	—
	III	—	—	—	—	III	—	—	—	—	—	—	—	—	—	—	—	—	—	—	—	—	—	—	—
	V	9,43	0,51	0,75	0,84	IV	1,88	—	0,08	0,09	—	0,02	0,03	—	—	—	—	—	—	—	—	—	—	—	—
	VI	10,35	0,56	0,82	0,93																				
42,19	I,IV	1,91	—	0,15	0,17	I	1,91	—	0,02	0,03	—	—	—	—	—	—	—	—	—	—	—	—	—	—	—
	II	1,18	—	0,09	0,10	II	1,18	—	—	—	—	—	—	—	—	—	—	—	—	—	—	—	—	—	—
	III	—	—	—	—	III	—	—	—	—	—	—	—	—	—	—	—	—	—	—	—	—	—	—	—
	V	9,47	0,52	0,75	0,85	IV	1,91	—	0,08	0,09	—	0,02	0,03	—	—	—	—	—	—	—	—	—	—	—	—
	VI	10,38	0,57	0,83	0,93																				
42,29	I,IV	1,93	—	0,15	0,17	I	1,93	—	0,02	0,03	—	—	—	—	—	—	—	—	—	—	—	—	—	—	—
	II	1,20	—	0,09	0,10	II	1,20	—	—	—	—	—	—	—	—	—	—	—	—	—	—	—	—	—	—
	III	—	—	—	—	III	—	—	—	—	—	—	—	—	—	—	—	—	—	—	—	—	—	—	—
	V	9,50	0,52	0,76	0,85	IV	1,93	—	0,08	0,09	—	0,02	0,03	—	—	—	—	—	—	—	—	—	—	—	—
	VI	10,42	0,57	0,83	0,93																				
42,39	I,IV	1,95	—	0,15	0,17	I	1,95	—	0,03	0,03	—	—	—	—	—	—	—	—	—	—	—	—	—	—	—
	II	1,21	—	0,09	0,10	II	1,21	—	—	—	—	—	—	—	—	—	—	—	—	—	—	—	—	—	—
	III	—	—	—	—	III	—	—	—	—	—	—	—	—	—	—	—	—	—	—	—	—	—	—	—
	V	9,54	0,52	0,76	0,85	IV	1,95	—	0,08	0,09	—	0,03	0,03	—	—	—	—	—	—	—	—	—	—	—	—
	VI	10,46	0,57	0,83	0,94																				
42,49	I,IV	1,97	—	0,15	0,17	I	1,97	—	0,03	0,03	—	—	—	—	—	—	—	—	—	—	—	—	—	—	—
	II	1,23	—	0,09	0,11	II	1,23	—	—	—	—	—	—	—	—	—	—	—	—	—	—	—	—	—	—
	III	—	—	—	—	III	—	—	—	—	—	—	—	—	—	—	—	—	—	—	—	—	—	—	—
	V	9,58	0,52	0,76	0,86	IV	1,97	—	0,09	0,10	—	0,03	0,03	—	—	—	—	—	—	—	—	—	—	—	—
	VI	10,49	0,57	0,83	0,94																				
42,59	I,IV	1,99	—	0,15	0,17	I	1,99	—	0,03	0,03	—	—	—	—	—	—	—	—	—	—	—	—	—	—	—
	II	1,25	—	0,10	0,11	II	1,25	—	—	—	—	—	—	—	—	—	—	—	—	—	—	—	—	—	—
	III	—	—	—	—	III	—	—	—	—	—	—	—	—	—	—	—	—	—	—	—	—	—	—	—
	V	9,61	0,52	0,76	0,86	IV	1,99	—	0,09	0,10	—	0,03	0,03	—	—	—	—	—	—	—	—	—	—	—	—
	VI	10,53	0,57	0,84	0,94																				
42,69	I,IV	2,01	—	0,16	0,18	I	2,01	—	0,03	0,03	—	—	—	—	—	—	—	—	—	—	—	—	—	—	—
	II	1,27	—	0,10	0,11	II	1,27	—	—	—	—	—	—	—	—	—	—	—	—	—	—	—	—	—	—
	III	—	—	—	—	III	—	—	—	—	—	—	—	—	—	—	—	—	—	—	—	—	—	—	—
	V	9,65	0,53	0,77	0,86	IV	2,01	—	0,09	0,10	—	0,03	0,03	—	—	—	—	—	—	—	—	—	—	—	—
	VI	10,56	0,58	0,84	0,95																				
42,79	I,IV	2,03	—	0,16	0,18	I	2,03	—	0,03	0,04	—	—	—	—	—	—	—	—	—	—	—	—	—	—	—
	II	1,29	—	0,10	0,11	II	1,29	—	—	—	—	—	—	—	—	—	—	—	—	—	—	—	—	—	—
	III	—	—	—	—	III	—	—	—	—	—	—	—	—	—	—	—	—	—	—	—	—	—	—	—
	V	9,68	0,53	0,77	0,87	IV	2,03	—	0,09	0,10	—	0,03	0,04	—	—	—	—	—	—	—	—	—	—	—	—
	VI	10,60	0,58	0,84	0,95																				
42,89	I,IV	2,05	—	0,16	0,18	I	2,05	—	0,03	0,04	—	—	—	—	—	—	—	—	—	—	—	—	—	—	—
	II	1,31	—	0,10	0,11	II	1,31	—	—	—	—	—	—	—	—	—	—	—	—	—	—	—	—	—	—
	III	—	—	—	—	III	—	—	—	—	—	—	—	—	—	—	—	—	—	—	—	—	—	—	—
	V	9,72	0,53	0,77	0,87	IV	2,05	—	0,09	0,10	—	0,03	0,04	—	—	—	—	—	—	—	—	—	—	—	—
	VI	10,63	0,58	0,85	0,95																				
42,99	I,IV	2,08	—	0,16	0,18	I	2,08	—	0,03	0,04	—	—	—	—	—	—	—	—	—	—	—	—	—	—	—
	II	1,33	—	0,10	0,11	II	1,33	—	—	—	—	—	—	—	—	—	—	—	—	—	—	—	—	—	—
	III	—	—	—	—	III	—	—	—	—	—	—	—	—	—	—	—	—	—	—	—	—	—	—	—
	V	9,76	0,53	0,78	0,87	IV	2,08	—	0,09	0,10	—	0,03	0,04	—	—	—	—	—	—	—	—	—	—	—	—
	VI	10,67	0,58	0,85	0,96																				
43,09	I,IV	2,10	—	0,16	0,18	I	2,10	—	0,04	0,04	—	—	—	—	—	—	—	—	—	—	—	—	—	—	—
	II	1,35	—	0,10	0,12	II	1,35	—	—	—	—	—	—	—	—	—	—	—	—	—	—	—	—	—	—
	III	—	—	—	—	III	—	—	—	—	—	—	—	—	—	—	—	—	—	—	—	—	—	—	—
	V	9,80	0,53	0,78	0,88	IV	2,10	—	0,09	0,11	—	0,04	0,04	—	—	—	—	—	—	—	—	—	—	—	—
	VI	10,70	0,58	0,85	0,96																				
43,19	I,IV	2,12	—	0,16	0,19	I	2,12	—	0,04	0,04	—	—	—	—	—	—	—	—	—	—	—	—	—	—	—
	II	1,36	—	0,10	0,12	II	1,36	—	—	—	—	—	—	—	—	—	—	—	—	—	—	—	—	—	—
	III	—	—	—	—	III	—	—	—	—	—	—	—	—	—	—	—	—	—	—	—	—	—	—	—
	V	9,83	0,54	0,78	0,88	IV	2,12	—	0,10	0,11	—	0,04	0,04	—	—	—	—	—	—	—	—	—	—	—	—
	VI	10,74	0,59	0,85	0,96																				
43,29	I,IV	2,14	—	0,17	0,19	I	2,14	—	0,04	0,04	—	—	—	—	—	—	—	—	—	—	—	—	—	—	—
	II	1,38	—	0,11	0,12	II	1,38	—	—	—	—	—	—	—	—	—	—	—	—	—	—	—	—	—	—
	III	—	—	—	—	III	—	—	—	—	—	—	—	—	—	—	—	—	—	—	—	—	—	—	—
	V	9,86	0,54	0,78	0,88	IV	2,14	—	0,10	0,11	—	0,04	0,04	—	—	—	—	—	—	—	—	—	—	—	—
	VI	10,77	0,59	0,86	0,96																				
43,39	I,IV	2,16	—	0,17	0,19	I	2,16	—	0,04	0,04	—	—	—	—	—	—	—	—	—	—	—	—	—	—	—
	II	1,40	—	0,11	0,12	II	1,40	—	—	—	—	—	—	—	—	—	—	—	—	—	—	—	—	—	—
	III	—	—	—	—	III	—	—	—	—	—	—	—	—	—	—	—	—	—	—	—	—	—	—	—
	V	9,90	0,54	0,79	0,89	IV	2,16	—	0,10	0,11	—	0,04	0,04	—	—	—	—	—	—	—	—	—	—	—	—
	VI	10,81	0,59	0,86	0,97																				
43,49	I,IV	2,18	—	0,17	0,19	I	2,18	—	0,04	0,05	—	—	—	—	—	—	—	—	—	—	—	—	—	—	—
	II	1,42	—	0,11	0,12	II	1,42	—	—	—	—	—	—	—	—	—	—	—	—	—	—	—	—	—	—
	III	—	—	—	—	III	—	—	—	—	—	—	—	—	—	—	—	—	—	—	—	—	—	—	—
	V	9,93	0,54	0,79	0,89	IV	2,18	—	0,10	0,11	—	0,04	0,05	—	—	—	—	—	—	—	—	—	—	—	—
	VI	10,85	0,59	0,86	0,97																				

*** Die ausgewiesenen Tabellenwerte sind amtlich. Siehe Erläuterungen auf der Umschlaginnenseite (U2).**

Abzüge an Lohnsteuer, Solidaritätszuschlag (SolZ) und Kirchensteuer (8%, 9%) in den Steuerklassen

Lohn/ Gehalt bis €*	I – VI	LSt	ohne Kinderfreibeträge SolZ	8%	9%	I, II, III, IV	LSt	mit Zahl der Kinderfreibeträge . . . 0,5 SolZ	0,5 8%	0,5 9%	1 SolZ	1 8%	1 9%	1,5 SolZ	1,5 8%	1,5 9%	2 SolZ	2 8%	2 9%	2,5 SolZ	2,5 8%	2,5 9%	3 SolZ	3 8%	3 9%
43,59	I,IV	2,20	—	0,17	0,19	I	2,20	—	0,04	0,05	—	—	—	—	—	—	—	—	—	—	—	—	—	—	—
	II	1,44	—	0,11	0,12	II	1,44	—	—	—	—	—	—	—	—	—	—	—	—	—	—	—	—	—	—
	III	—	—	—	—	III	—	—	—	—	—	—	—	—	—	—	—	—	—	—	—	—	—	—	—
	V	9,97	0,54	0,79	0,89	IV	2,20	—	0,10	0,11	—	0,04	0,05	—	—	—	—	—	—	—	—	—	—	—	—
	VI	10,88	0,59	0,87	0,97																				
43,69	I,IV	2,23	—	0,17	0,20	I	2,23	—	0,04	0,05	—	—	—	—	—	—	—	—	—	—	—	—	—	—	—
	II	1,46	—	0,11	0,13	II	1,46	—	—	—	—	—	—	—	—	—	—	—	—	—	—	—	—	—	—
	III	—	—	—	—	III	—	—	—	—	—	—	—	—	—	—	—	—	—	—	—	—	—	—	—
	V	10,01	0,55	0,80	0,90	IV	2,23	—	0,10	0,12	—	0,04	0,05	—	—	—	—	—	—	—	—	—	—	—	—
	VI	10,92	0,60	0,87	0,98																				
43,79	I,IV	2,25	—	0,18	0,20	I	2,25	—	0,04	0,05	—	—	—	—	—	—	—	—	—	—	—	—	—	—	—
	II	1,48	—	0,11	0,13	II	1,48	—	—	—	—	—	—	—	—	—	—	—	—	—	—	—	—	—	—
	III	—	—	—	—	III	—	—	—	—	—	—	—	—	—	—	—	—	—	—	—	—	—	—	—
	V	10,05	0,55	0,80	0,90	IV	2,25	—	0,10	0,12	—	0,04	0,05	—	—	—	—	—	—	—	—	—	—	—	—
	VI	10,95	0,60	0,87	0,98																				
43,89	I,IV	2,27	—	0,18	0,20	I	2,27	—	0,05	0,05	—	—	—	—	—	—	—	—	—	—	—	—	—	—	—
	II	1,50	—	0,12	0,13	II	1,50	—	—	—	—	—	—	—	—	—	—	—	—	—	—	—	—	—	—
	III	—	—	—	—	III	—	—	—	—	—	—	—	—	—	—	—	—	—	—	—	—	—	—	—
	V	10,08	0,55	0,80	0,90	IV	2,27	—	0,11	0,12	—	0,05	0,05	—	—	—	—	—	—	—	—	—	—	—	—
	VI	10,98	0,60	0,87	0,98																				
43,99	I,IV	2,29	—	0,18	0,20	I	2,29	—	0,05	0,05	—	—	—	—	—	—	—	—	—	—	—	—	—	—	—
	II	1,52	—	0,12	0,13	II	1,52	—	—	—	—	—	—	—	—	—	—	—	—	—	—	—	—	—	—
	III	—	—	—	—	III	—	—	—	—	—	—	—	—	—	—	—	—	—	—	—	—	—	—	—
	V	10,12	0,55	0,80	0,91	IV	2,29	—	0,11	0,12	—	0,05	0,05	—	—	—	—	—	—	—	—	—	—	—	—
	VI	11,02	0,60	0,88	0,99																				
44,09	I,IV	2,31	—	0,18	0,20	I	2,31	—	0,05	0,05	—	—	—	—	—	—	—	—	—	—	—	—	—	—	—
	II	1,54	—	0,12	0,13	II	1,54	—	—	—	—	—	—	—	—	—	—	—	—	—	—	—	—	—	—
	III	—	—	—	—	III	—	—	—	—	—	—	—	—	—	—	—	—	—	—	—	—	—	—	—
	V	10,15	0,55	0,81	0,91	IV	2,31	—	0,11	0,12	—	0,05	0,05	—	—	—	—	—	—	—	—	—	—	—	—
	VI	11,06	0,60	0,88	0,99																				
44,19	I,IV	2,34	—	0,18	0,21	I	2,34	—	0,05	0,06	—	—	—	—	—	—	—	—	—	—	—	—	—	—	—
	II	1,56	—	0,12	0,14	II	1,56	—	—	—	—	—	—	—	—	—	—	—	—	—	—	—	—	—	—
	III	—	—	—	—	III	—	—	—	—	—	—	—	—	—	—	—	—	—	—	—	—	—	—	—
	V	10,18	0,56	0,81	0,91	IV	2,34	—	0,11	0,13	—	0,05	0,06	—	—	—	—	—	—	—	—	—	—	—	—
	VI	11,10	0,61	0,88	0,99																				
44,29	I,IV	2,36	—	0,18	0,21	I	2,36	—	0,05	0,06	—	—	—	—	—	—	—	—	—	—	—	—	—	—	—
	II	1,58	—	0,12	0,14	II	1,58	—	—	0,01	—	—	—	—	—	—	—	—	—	—	—	—	—	—	—
	III	—	—	—	—	III	—	—	—	—	—	—	—	—	—	—	—	—	—	—	—	—	—	—	—
	V	10,22	0,56	0,81	0,91	IV	2,36	—	0,11	0,13	—	0,05	0,06	—	—	—	—	—	—	—	—	—	—	—	—
	VI	11,13	0,61	0,89	1,—																				
44,39	I,IV	2,39	—	0,19	0,21	I	2,39	—	0,05	0,06	—	—	—	—	—	—	—	—	—	—	—	—	—	—	—
	II	1,60	—	0,12	0,14	II	1,60	—	0,01	0,01	—	—	—	—	—	—	—	—	—	—	—	—	—	—	—
	III	—	—	—	—	III	—	—	—	—	—	—	—	—	—	—	—	—	—	—	—	—	—	—	—
	V	10,26	0,56	0,82	0,92	IV	2,39	—	0,11	0,13	—	0,05	0,06	—	—	—	—	—	—	—	—	—	—	—	—
	VI	11,16	0,61	0,89	1,—																				
44,49	I,IV	2,41	—	0,19	0,21	I	2,41	—	0,05	0,06	—	—	—	—	—	—	—	—	—	—	—	—	—	—	—
	II	1,63	—	0,13	0,14	II	1,63	—	0,01	0,01	—	—	—	—	—	—	—	—	—	—	—	—	—	—	—
	III	—	—	—	—	III	—	—	—	—	—	—	—	—	—	—	—	—	—	—	—	—	—	—	—
	V	10,29	0,56	0,82	0,92	IV	2,41	—	0,12	0,13	—	0,05	0,06	—	—	—	—	—	—	—	—	—	—	—	—
	VI	11,20	0,61	0,89	1,—																				
44,59	I,IV	2,44	—	0,19	0,21	I	2,44	—	0,06	0,06	—	—	—	—	—	—	—	—	—	—	—	—	—	—	—
	II	1,65	—	0,13	0,14	II	1,65	—	0,01	0,01	—	—	—	—	—	—	—	—	—	—	—	—	—	—	—
	III	—	—	—	—	III	—	—	—	—	—	—	—	—	—	—	—	—	—	—	—	—	—	—	—
	V	10,33	0,56	0,82	0,92	IV	2,44	—	0,12	0,13	—	0,06	0,06	—	—	—	—	—	—	—	—	—	—	—	—
	VI	11,23	0,61	0,89	1,01																				
44,69	I,IV	2,47	—	0,19	0,22	I	2,47	—	0,06	0,07	—	—	—	—	—	—	—	—	—	—	—	—	—	—	—
	II	1,67	—	0,13	0,15	II	1,67	—	0,01	0,01	—	—	—	—	—	—	—	—	—	—	—	—	—	—	—
	III	—	—	—	—	III	—	—	—	—	—	—	—	—	—	—	—	—	—	—	—	—	—	—	—
	V	10,36	0,57	0,82	0,93	IV	2,47	—	0,12	0,14	—	0,06	0,07	—	—	—	—	—	—	—	—	—	—	—	—
	VI	11,27	0,61	0,90	1,01																				
44,79	I,IV	2,49	—	0,19	0,22	I	2,49	—	0,06	0,07	—	—	—	—	—	—	—	—	—	—	—	—	—	—	—
	II	1,70	—	0,13	0,15	II	1,70	—	0,01	0,01	—	—	—	—	—	—	—	—	—	—	—	—	—	—	—
	III	—	—	—	—	III	—	—	—	—	—	—	—	—	—	—	—	—	—	—	—	—	—	—	—
	V	10,40	0,57	0,83	0,93	IV	2,49	—	0,12	0,14	—	0,06	0,07	—	0,01	0,01	—	—	—	—	—	—	—	—	—
	VI	11,30	0,62	0,90	1,01																				
44,89	I,IV	2,52	—	0,20	0,22	I	2,52	—	0,06	0,07	—	—	—	—	—	—	—	—	—	—	—	—	—	—	—
	II	1,72	—	0,13	0,15	II	1,72	—	0,01	0,02	—	—	—	—	—	—	—	—	—	—	—	—	—	—	—
	III	—	—	—	—	III	—	—	—	—	—	—	—	—	—	—	—	—	—	—	—	—	—	—	—
	V	10,43	0,57	0,83	0,93	IV	2,52	—	0,12	0,14	—	0,06	0,07	—	0,01	0,01	—	—	—	—	—	—	—	—	—
	VI	11,33	0,62	0,90	1,01																				
44,99	I,IV	2,55	—	0,20	0,22	I	2,55	—	0,06	0,07	—	—	—	—	—	—	—	—	—	—	—	—	—	—	—
	II	1,75	—	0,14	0,15	II	1,75	—	0,01	0,02	—	—	—	—	—	—	—	—	—	—	—	—	—	—	—
	III	—	—	—	—	III	—	—	—	—	—	—	—	—	—	—	—	—	—	—	—	—	—	—	—
	V	10,47	0,57	0,83	0,94	IV	2,55	—	0,13	0,14	—	0,06	0,07	—	0,01	0,01	—	—	—	—	—	—	—	—	—
	VI	11,37	0,62	0,90	1,02																				

* Die ausgewiesenen Tabellenwerte sind amtlich. Siehe Erläuterungen auf der Umschlaginnenseite (U2).

Abzüge an Lohnsteuer, Solidaritätszuschlag (SolZ) und Kirchensteuer (8%, 9%) in den Steuerklassen

Lohn/ Gehalt bis €*	I – VI					I, II, III, IV		mit Zahl der Kinderfreibeträge . . . 0,5			1			1,5			2			2,5			3		
		LSt	ohne Kinderfreibeträge SolZ	8%	9%		LSt	SolZ	8%	9%	SolZ	8%	9%	SolZ	8%	9%	SolZ	8%	9%	SolZ	8%	9%	SolZ	8%	9%
45,09	I,IV	2,57	—	0,20	0,23	I	2,57	—	0,06	0,07	—	—	—	—	—	—	—	—	—	—	—	—	—	—	—
	II	1,77	—	0,14	0,15	II	1,77	—	0,02	0,02	—	—	—	—	—	—	—	—	—	—	—	—	—	—	—
	III	—	—	—	—	III	—	—	—	—	—	—	—	—	—	—	—	—	—	—	—	—	—	—	—
	V	10,51	0,57	0,84	0,94	IV	2,57	—	0,13	0,14	—	0,06	0,07	—	0,01	0,01	—	—	—	—	—	—	—	—	—
	VI	11,41	0,62	0,91	1,02																				
45,19	I,IV	2,60	—	0,20	0,23	I	2,60	—	0,07	0,07	—	—	—	—	—	—	—	—	—	—	—	—	—	—	—
	II	1,80	—	0,14	0,16	II	1,80	—	0,02	0,02	—	—	—	—	—	—	—	—	—	—	—	—	—	—	—
	III	—	—	—	—	III	—	—	—	—	—	—	—	—	—	—	—	—	—	—	—	—	—	—	—
	V	10,54	0,57	0,84	0,94	IV	2,60	—	0,13	0,15	—	0,07	0,07	—	0,01	0,01	—	—	—	—	—	—	—	—	—
	VI	11,44	0,62	0,91	1,02																				
45,29	I,IV	2,63	—	0,21	0,23	I	2,63	—	0,07	0,08	—	—	—	—	—	—	—	—	—	—	—	—	—	—	—
	II	1,82	—	0,14	0,16	II	1,82	—	0,02	0,02	—	—	—	—	—	—	—	—	—	—	—	—	—	—	—
	III	—	—	—	—	III	—	—	—	—	—	—	—	—	—	—	—	—	—	—	—	—	—	—	—
	V	10,58	0,58	0,84	0,95	IV	2,63	—	0,13	0,15	—	0,07	0,08	—	0,01	0,01	—	—	—	—	—	—	—	—	—
	VI	11,47	0,63	0,91	1,03																				
45,39	I,IV	2,66	—	0,21	0,23	I	2,66	—	0,07	0,08	—	—	—	—	—	—	—	—	—	—	—	—	—	—	—
	II	1,84	—	0,14	0,16	II	1,84	—	0,02	0,02	—	—	—	—	—	—	—	—	—	—	—	—	—	—	—
	III	—	—	—	—	III	—	—	—	—	—	—	—	—	—	—	—	—	—	—	—	—	—	—	—
	V	10,61	0,58	0,84	0,95	IV	2,66	—	0,13	0,15	—	0,07	0,08	—	0,01	0,02	—	—	—	—	—	—	—	—	—
	VI	11,51	0,63	0,92	1,03																				
45,49	I,IV	2,68	—	0,21	0,24	I	2,68	—	0,07	0,08	—	—	—	—	—	—	—	—	—	—	—	—	—	—	—
	II	1,87	—	0,14	0,16	II	1,87	—	0,02	0,02	—	—	—	—	—	—	—	—	—	—	—	—	—	—	—
	III	—	—	—	—	III	—	—	—	—	—	—	—	—	—	—	—	—	—	—	—	—	—	—	—
	V	10,65	0,58	0,85	0,95	IV	2,68	—	0,14	0,15	—	0,07	0,08	—	0,02	0,02	—	—	—	—	—	—	—	—	—
	VI	11,55	0,63	0,92	1,03																				
45,59	I,IV	2,71	—	0,21	0,24	I	2,71	—	0,07	0,08	—	—	—	—	—	—	—	—	—	—	—	—	—	—	—
	II	1,89	—	0,15	0,17	II	1,89	—	0,02	0,03	—	—	—	—	—	—	—	—	—	—	—	—	—	—	—
	III	—	—	—	—	III	—	—	—	—	—	—	—	—	—	—	—	—	—	—	—	—	—	—	—
	V	10,69	0,58	0,85	0,96	IV	2,71	—	0,14	0,16	—	0,07	0,08	—	0,02	0,02	—	—	—	—	—	—	—	—	—
	VI	11,58	0,63	0,92	1,04																				
45,69	I,IV	2,74	—	0,21	0,24	I	2,74	—	0,07	0,08	—	—	—	—	—	—	—	—	—	—	—	—	—	—	—
	II	1,92	—	0,15	0,17	II	1,92	—	0,02	0,03	—	—	—	—	—	—	—	—	—	—	—	—	—	—	—
	III	—	—	—	—	III	—	—	—	—	—	—	—	—	—	—	—	—	—	—	—	—	—	—	—
	V	10,72	0,59	0,85	0,96	IV	2,74	—	0,14	0,16	—	0,07	0,08	—	0,02	0,02	—	—	—	—	—	—	—	—	—
	VI	11,61	0,63	0,92	1,04																				
45,79	I,IV	2,77	0,01	0,22	0,24	I	2,77	—	0,08	0,09	—	—	—	—	—	—	—	—	—	—	—	—	—	—	—
	II	1,94	—	0,15	0,17	II	1,94	—	0,03	0,03	—	—	—	—	—	—	—	—	—	—	—	—	—	—	—
	III	—	—	—	—	III	—	—	—	—	—	—	—	—	—	—	—	—	—	—	—	—	—	—	—
	V	10,76	0,59	0,86	0,96	IV	2,77	—	0,14	0,16	—	0,08	0,09	—	0,02	0,02	—	—	—	—	—	—	—	—	—
	VI	11,65	0,64	0,93	1,04																				
45,89	I,IV	2,79	0,01	0,22	0,25	I	2,79	—	0,08	0,09	—	—	—	—	—	—	—	—	—	—	—	—	—	—	—
	II	1,97	—	0,15	0,17	II	1,97	—	0,03	0,03	—	—	—	—	—	—	—	—	—	—	—	—	—	—	—
	III	—	—	—	—	III	—	—	—	—	—	—	—	—	—	—	—	—	—	—	—	—	—	—	—
	V	10,79	0,59	0,86	0,97	IV	2,79	—	0,14	0,16	—	0,08	0,09	—	0,02	0,02	—	—	—	—	—	—	—	—	—
	VI	11,68	0,64	0,93	1,05																				
45,99	I,IV	2,82	0,02	0,22	0,25	I	2,82	—	0,08	0,09	—	—	—	—	—	—	—	—	—	—	—	—	—	—	—
	II	1,99	—	0,15	0,17	II	1,99	—	0,03	0,03	—	—	—	—	—	—	—	—	—	—	—	—	—	—	—
	III	—	—	—	—	III	—	—	—	—	—	—	—	—	—	—	—	—	—	—	—	—	—	—	—
	V	10,83	0,59	0,86	0,97	IV	2,82	—	0,15	0,16	—	0,08	0,09	—	0,02	0,02	—	—	—	—	—	—	—	—	—
	VI	11,72	0,64	0,93	1,05																				
46,09	I,IV	2,85	0,03	0,22	0,25	I	2,85	—	0,08	0,09	—	—	—	—	—	—	—	—	—	—	—	—	—	—	—
	II	2,02	—	0,16	0,18	II	2,02	—	0,03	0,03	—	—	—	—	—	—	—	—	—	—	—	—	—	—	—
	III	—	—	—	—	III	—	—	—	—	—	—	—	—	—	—	—	—	—	—	—	—	—	—	—
	V	10,86	0,59	0,86	0,97	IV	2,85	—	0,15	0,17	—	0,08	0,09	—	0,02	0,03	—	—	—	—	—	—	—	—	—
	VI	11,76	0,64	0,94	1,05																				
46,19	I,IV	2,88	0,03	0,23	0,25	I	2,88	—	0,08	0,09	—	—	—	—	—	—	—	—	—	—	—	—	—	—	—
	II	2,04	—	0,16	0,18	II	2,04	—	0,03	0,04	—	—	—	—	—	—	—	—	—	—	—	—	—	—	—
	III	—	—	—	—	III	—	—	—	—	—	—	—	—	—	—	—	—	—	—	—	—	—	—	—
	V	10,90	0,59	0,87	0,98	IV	2,88	—	0,15	0,17	—	0,08	0,09	—	0,02	0,03	—	—	—	—	—	—	—	—	—
	VI	11,79	0,64	0,94	1,06																				
46,29	I,IV	2,90	0,04	0,23	0,26	I	2,90	—	0,08	0,09	—	—	—	—	—	—	—	—	—	—	—	—	—	—	—
	II	2,07	—	0,16	0,18	II	2,07	—	0,03	0,04	—	—	—	—	—	—	—	—	—	—	—	—	—	—	—
	III	—	—	—	—	III	—	—	—	—	—	—	—	—	—	—	—	—	—	—	—	—	—	—	—
	V	10,93	0,60	0,87	0,98	IV	2,90	—	0,15	0,17	—	0,08	0,09	—	0,03	0,03	—	—	—	—	—	—	—	—	—
	VI	11,82	0,65	0,94	1,06																				
46,39	I,IV	2,93	0,04	0,23	0,26	I	2,93	—	0,09	0,10	—	—	—	—	—	—	—	—	—	—	—	—	—	—	—
	II	2,09	—	0,16	0,18	II	2,09	—	0,04	0,04	—	—	—	—	—	—	—	—	—	—	—	—	—	—	—
	III	—	—	—	—	III	—	—	—	—	—	—	—	—	—	—	—	—	—	—	—	—	—	—	—
	V	10,96	0,60	0,87	0,98	IV	2,93	—	0,15	0,17	—	0,09	0,10	—	0,03	0,03	—	—	—	—	—	—	—	—	—
	VI	11,86	0,65	0,94	1,06																				
46,49	I,IV	2,96	0,05	0,23	0,26	I	2,96	—	0,09	0,10	—	—	—	—	—	—	—	—	—	—	—	—	—	—	—
	II	2,12	—	0,16	0,19	II	2,12	—	0,04	0,04	—	—	—	—	—	—	—	—	—	—	—	—	—	—	—
	III	—	—	—	—	III	—	—	—	—	—	—	—	—	—	—	—	—	—	—	—	—	—	—	—
	V	11,01	0,60	0,88	0,99	IV	2,96	—	0,16	0,18	—	0,09	0,10	—	0,03	0,03	—	—	—	—	—	—	—	—	—
	VI	11,89	0,65	0,95	1,07																				

* Die ausgewiesenen Tabellenwerte sind amtlich. Siehe Erläuterungen auf der Umschlaginnenseite (U2).

Abzüge an Lohnsteuer, Solidaritätszuschlag (SolZ) und Kirchensteuer (8%, 9%) in den Steuerklassen

Lohn/Gehalt bis €*	I – VI					I, II, III, IV																			
			ohne Kinderfreibeträge					mit Zahl der Kinderfreibeträge . . .																	
								0,5			1			1,5			2			2,5			3		
		LSt	SolZ	8%	9%		LSt	SolZ	8%	9%	SolZ	8%	9%	SolZ	8%	9%	SolZ	8%	9%	SolZ	8%	9%	SolZ	8%	9%
46,59	I,IV	2,99	0,05	0,23	0,26	I	2,99	—	0,09	0,10	—	—	—	—	—	—	—	—	—	—	—	—	—	—	—
	II	2,15	—	0,17	0,19	II	2,15	—	0,04	0,04	—	—	—	—	—	—	—	—	—	—	—	—	—	—	—
	III	—	—	—	—	III	—	—	—	—	—	—	—	—	—	—	—	—	—	—	—	—	—	—	—
	V	11,04	0,60	0,88	0,99	IV	2,99	—	0,16	0,18	—	0,09	0,10	—	0,03	0,04	—	—	—	—	—	—	—	—	—
	VI	11,93	0,65	0,95	1,07																				
46,69	I,IV	3,02	0,06	0,24	0,27	I	3,02	—	0,09	0,10	—	—	—	—	—	—	—	—	—	—	—	—	—	—	—
	II	2,17	—	0,17	0,19	II	2,17	—	0,04	0,04	—	—	—	—	—	—	—	—	—	—	—	—	—	—	—
	III	—	—	—	—	III	—	—	—	—	—	—	—	—	—	—	—	—	—	—	—	—	—	—	—
	V	11,07	0,60	0,88	0,99	IV	3,02	—	0,16	0,18	—	0,09	0,10	—	0,03	0,04	—	—	—	—	—	—	—	—	—
	VI	11,96	0,65	0,95	1,07																				
46,79	I,IV	3,05	0,07	0,24	0,27	I	3,05	—	0,09	0,10	—	—	—	—	—	—	—	—	—	—	—	—	—	—	—
	II	2,20	—	0,17	0,19	II	2,20	—	0,04	0,05	—	—	—	—	—	—	—	—	—	—	—	—	—	—	—
	III	—	—	—	—	III	—	—	—	—	—	—	—	—	—	—	—	—	—	—	—	—	—	—	—
	V	11,11	0,61	0,88	0,99	IV	3,05	—	0,16	0,18	—	0,09	0,10	—	0,03	0,04	—	—	—	—	—	—	—	—	—
	VI	12,—	0,66	0,96	1,08																				
46,89	I,IV	3,07	0,07	0,24	0,27	I	3,07	—	0,09	0,11	—	—	—	—	—	—	—	—	—	—	—	—	—	—	—
	II	2,22	—	0,17	0,19	II	2,22	—	0,04	0,05	—	—	—	—	—	—	—	—	—	—	—	—	—	—	—
	III	—	—	—	—	III	—	—	—	—	—	—	—	—	—	—	—	—	—	—	—	—	—	—	—
	V	11,14	0,61	0,89	1,—	IV	3,07	—	0,16	0,18	—	0,09	0,11	—	0,04	0,04	—	—	—	—	—	—	—	—	—
	VI	12,03	0,66	0,96	1,08																				
46,99	I,IV	3,10	0,08	0,24	0,27	I	3,10	—	0,10	0,11	—	—	—	—	—	—	—	—	—	—	—	—	—	—	—
	II	2,25	—	0,18	0,20	II	2,25	—	0,04	0,05	—	—	—	—	—	—	—	—	—	—	—	—	—	—	—
	III	—	—	—	—	III	—	—	—	—	—	—	—	—	—	—	—	—	—	—	—	—	—	—	—
	V	11,17	0,61	0,89	1,—	IV	3,10	—	0,17	0,19	—	0,10	0,11	—	0,04	0,04	—	—	—	—	—	—	—	—	—
	VI	12,06	0,66	0,96	1,08																				
47,09	I,IV	3,13	0,08	0,25	0,28	I	3,13	—	0,10	0,11	—	—	—	—	—	—	—	—	—	—	—	—	—	—	—
	II	2,27	—	0,18	0,20	II	2,27	—	0,05	0,05	—	—	—	—	—	—	—	—	—	—	—	—	—	—	—
	III	—	—	—	—	III	—	—	—	—	—	—	—	—	—	—	—	—	—	—	—	—	—	—	—
	V	11,21	0,61	0,89	1,—	IV	3,13	—	0,17	0,19	—	0,10	0,11	—	0,04	0,04	—	—	—	—	—	—	—	—	—
	VI	12,10	0,66	0,96	1,08																				
47,19	I,IV	3,16	0,09	0,25	0,28	I	3,16	—	0,10	0,11	—	—	—	—	—	—	—	—	—	—	—	—	—	—	—
	II	2,30	—	0,18	0,20	II	2,30	—	0,05	0,05	—	—	—	—	—	—	—	—	—	—	—	—	—	—	—
	III	—	—	—	—	III	—	—	—	—	—	—	—	—	—	—	—	—	—	—	—	—	—	—	—
	V	11,25	0,61	0,90	1,01	IV	3,16	—	0,17	0,19	—	0,10	0,11	—	0,04	0,05	—	—	—	—	—	—	—	—	—
	VI	12,13	0,66	0,97	1,09																				
47,29	I,IV	3,18	0,09	0,25	0,28	I	3,18	—	0,10	0,11	—	—	—	—	—	—	—	—	—	—	—	—	—	—	—
	II	2,33	—	0,18	0,20	II	2,33	—	0,05	0,06	—	—	—	—	—	—	—	—	—	—	—	—	—	—	—
	III	—	—	—	—	III	—	—	—	—	—	—	—	—	—	—	—	—	—	—	—	—	—	—	—
	V	11,28	0,62	0,90	1,01	IV	3,18	—	0,17	0,19	—	0,10	0,11	—	0,04	0,05	—	—	—	—	—	—	—	—	—
	VI	12,17	0,66	0,97	1,09																				
47,39	I,IV	3,21	0,10	0,25	0,28	I	3,21	—	0,10	0,12	—	—	—	—	—	—	—	—	—	—	—	—	—	—	—
	II	2,35	—	0,18	0,21	II	2,35	—	0,05	0,06	—	—	—	—	—	—	—	—	—	—	—	—	—	—	—
	III	—	—	—	—	III	—	—	—	—	—	—	—	—	—	—	—	—	—	—	—	—	—	—	—
	V	11,32	0,62	0,90	1,01	IV	3,21	—	0,17	0,20	—	0,10	0,12	—	0,04	0,05	—	—	—	—	—	—	—	—	—
	VI	12,20	0,67	0,97	1,09																				
47,49	I,IV	3,24	0,10	0,25	0,29	I	3,24	—	0,11	0,12	—	—	—	—	—	—	—	—	—	—	—	—	—	—	—
	II	2,38	—	0,19	0,21	II	2,38	—	0,05	0,06	—	—	—	—	—	—	—	—	—	—	—	—	—	—	—
	III	—	—	—	—	III	—	—	—	—	—	—	—	—	—	—	—	—	—	—	—	—	—	—	—
	V	11,36	0,62	0,90	1,02	IV	3,24	—	0,18	0,20	—	0,11	0,12	—	0,04	0,05	—	—	—	—	—	—	—	—	—
	VI	12,23	0,67	0,97	1,10																				
47,59	I,IV	3,27	0,11	0,26	0,29	I	3,27	—	0,11	0,12	—	—	—	—	—	—	—	—	—	—	—	—	—	—	—
	II	2,40	—	0,19	0,21	II	2,40	—	0,05	0,06	—	—	—	—	—	—	—	—	—	—	—	—	—	—	—
	III	—	—	—	—	III	—	—	—	—	—	—	—	—	—	—	—	—	—	—	—	—	—	—	—
	V	11,39	0,62	0,91	1,02	IV	3,27	—	0,18	0,20	—	0,11	0,12	—	0,05	0,05	—	—	—	—	—	—	—	—	—
	VI	12,27	0,67	0,98	1,10																				
47,69	I,IV	3,30	0,12	0,26	0,29	I	3,30	—	0,11	0,12	—	—	—	—	—	—	—	—	—	—	—	—	—	—	—
	II	2,43	—	0,19	0,21	II	2,43	—	0,06	0,06	—	—	—	—	—	—	—	—	—	—	—	—	—	—	—
	III	—	—	—	—	III	—	—	—	—	—	—	—	—	—	—	—	—	—	—	—	—	—	—	—
	V	11,42	0,62	0,91	1,02	IV	3,30	—	0,18	0,20	—	0,11	0,12	—	0,05	0,05	—	—	—	—	—	—	—	—	—
	VI	12,30	0,67	0,98	1,10																				
47,79	I,IV	3,33	0,12	0,26	0,29	I	3,33	—	0,11	0,13	—	—	—	—	—	—	—	—	—	—	—	—	—	—	—
	II	2,46	—	0,19	0,22	II	2,46	—	0,06	0,06	—	—	—	—	—	—	—	—	—	—	—	—	—	—	—
	III	—	—	—	—	III	—	—	—	—	—	—	—	—	—	—	—	—	—	—	—	—	—	—	—
	V	11,46	0,63	0,91	1,03	IV	3,33	—	0,18	0,20	—	0,11	0,13	—	0,05	0,06	—	—	—	—	—	—	—	—	—
	VI	12,34	0,67	0,98	1,11																				
47,89	I,IV	3,35	0,13	0,26	0,30	I	3,35	—	0,11	0,13	—	—	—	—	—	—	—	—	—	—	—	—	—	—	—
	II	2,48	—	0,19	0,22	II	2,48	—	0,06	0,07	—	—	—	—	—	—	—	—	—	—	—	—	—	—	—
	III	—	—	—	—	III	—	—	—	—	—	—	—	—	—	—	—	—	—	—	—	—	—	—	—
	V	11,50	0,63	0,92	1,03	IV	3,35	—	0,18	0,21	—	0,11	0,13	—	0,05	0,06	—	—	—	—	—	—	—	—	—
	VI	12,37	0,68	0,98	1,11																				
47,99	I,IV	3,38	0,13	0,27	0,30	I	3,38	—	0,11	0,13	—	—	—	—	—	—	—	—	—	—	—	—	—	—	—
	II	2,51	—	0,20	0,22	II	2,51	—	0,06	0,07	—	—	—	—	—	—	—	—	—	—	—	—	—	—	—
	III	—	—	—	—	III	—	—	—	—	—	—	—	—	—	—	—	—	—	—	—	—	—	—	—
	V	11,53	0,63	0,92	1,03	IV	3,38	—	0,19	0,21	—	0,11	0,13	—	0,05	0,06	—	—	—	—	—	—	—	—	—
	VI	12,41	0,68	0,99	1,11																				

* Die ausgewiesenen Tabellenwerte sind amtlich. Siehe Erläuterungen auf der Umschlaginnenseite (U2).

Abzüge an Lohnsteuer, Solidaritätszuschlag (SolZ) und Kirchensteuer (8%, 9%) in den Steuerklassen

Lohn/ Gehalt bis €*		I – VI	ohne Kinderfreibeträge				I, II, III, IV	mit Zahl der Kinderfreibeträge . . . 0,5			1			1,5			2			2,5			3		
		LSt	SolZ	8%	9%		LSt	SolZ	8%	9%	SolZ	8%	9%	SolZ	8%	9%	SolZ	8%	9%	SolZ	8%	9%	SolZ	8%	9%
48,09	I,IV	3,41	0,14	0,27	0,30	I	3,41	—	0,12	0,13	—	—	—	—	—	—	—	—	—	—	—	—	—	—	—
	II	2,54	—	0,20	0,22	II	2,54	—	0,06	0,07	—	—	—	—	—	—	—	—	—	—	—	—	—	—	—
	III	—	—	—	—	III	—	—	—	—	—	—	—	—	—	—	—	—	—	—	—	—	—	—	—
	V	11,56	0,63	0,92	1,04	IV	3,41	—	0,19	0,21	—	0,12	0,13	—	0,05	0,06	—	—	—	—	—	—	—	—	—
	VI	12,45	0,68	0,99	1,12																				
48,19	I,IV	3,44	0,14	0,27	0,30	I	3,44	—	0,12	0,13	—	—	—	—	—	—	—	—	—	—	—	—	—	—	—
	II	2,56	—	0,20	0,23	II	2,56	—	0,06	0,07	—	—	—	—	—	—	—	—	—	—	—	—	—	—	—
	III	—	—	—	—	III	—	—	—	—	—	—	—	—	—	—	—	—	—	—	—	—	—	—	—
	V	11,60	0,63	0,92	1,04	IV	3,44	—	0,19	0,21	—	0,12	0,13	—	0,06	0,06	—	—	—	—	—	—	—	—	—
	VI	12,47	0,68	0,99	1,12																				
48,29	I,IV	3,47	0,15	0,27	0,31	I	3,47	—	0,12	0,14	—	—	—	—	—	—	—	—	—	—	—	—	—	—	—
	II	2,59	—	0,20	0,23	II	2,59	—	0,06	0,07	—	—	—	—	—	—	—	—	—	—	—	—	—	—	—
	III	—	—	—	—	III	—	—	—	—	—	—	—	—	—	—	—	—	—	—	—	—	—	—	—
	V	11,63	0,64	0,93	1,04	IV	3,47	—	0,19	0,22	—	0,12	0,14	—	0,06	0,07	—	—	—	—	—	—	—	—	—
	VI	12,51	0,68	1,—	1,12																				
48,39	I,IV	3,50	0,16	0,28	0,31	I	3,50	—	0,12	0,14	—	—	0,01	—	—	—	—	—	—	—	—	—	—	—	—
	II	2,62	—	0,20	0,23	II	2,62	—	0,07	0,08	—	—	—	—	—	—	—	—	—	—	—	—	—	—	—
	III	—	—	—	—	III	—	—	—	—	—	—	—	—	—	—	—	—	—	—	—	—	—	—	—
	V	11,66	0,64	0,93	1,04	IV	3,50	—	0,19	0,22	—	0,12	0,14	—	0,06	0,07	—	—	0,01	—	—	—	—	—	—
	VI	12,54	0,68	1,—	1,12																				
48,49	I,IV	3,52	0,16	0,28	0,31	I	3,52	—	0,12	0,14	—	0,01	0,01	—	—	—	—	—	—	—	—	—	—	—	—
	II	2,65	—	0,21	0,23	II	2,65	—	0,07	0,08	—	—	—	—	—	—	—	—	—	—	—	—	—	—	—
	III	—	—	—	—	III	—	—	—	—	—	—	—	—	—	—	—	—	—	—	—	—	—	—	—
	V	11,70	0,64	0,93	1,05	IV	3,52	—	0,20	0,22	—	0,12	0,14	—	0,06	0,07	—	0,01	0,01	—	—	—	—	—	—
	VI	12,58	0,69	1,—	1,13																				
48,59	I,IV	3,55	0,17	0,28	0,31	I	3,55	—	0,13	0,14	—	0,01	0,01	—	—	—	—	—	—	—	—	—	—	—	—
	II	2,68	—	0,21	0,24	II	2,68	—	0,07	0,08	—	—	—	—	—	—	—	—	—	—	—	—	—	—	—
	III	—	—	—	—	III	—	—	—	—	—	—	—	—	—	—	—	—	—	—	—	—	—	—	—
	V	11,73	0,64	0,93	1,05	IV	3,55	—	0,20	0,22	—	0,13	0,14	—	0,06	0,07	—	0,01	0,01	—	—	—	—	—	—
	VI	12,61	0,69	1,—	1,13																				
48,69	I,IV	3,58	0,17	0,28	0,32	I	3,58	—	0,13	0,14	—	0,01	0,01	—	—	—	—	—	—	—	—	—	—	—	—
	II	2,70	—	0,21	0,24	II	2,70	—	0,07	0,08	—	—	—	—	—	—	—	—	—	—	—	—	—	—	—
	III	—	—	—	—	III	—	—	—	—	—	—	—	—	—	—	—	—	—	—	—	—	—	—	—
	V	11,77	0,64	0,94	1,05	IV	3,58	—	0,20	0,23	—	0,13	0,14	—	0,06	0,07	—	0,01	0,01	—	—	—	—	—	—
	VI	12,65	0,69	1,01	1,13																				
48,79	I,IV	3,61	0,18	0,28	0,32	I	3,61	—	0,13	0,15	—	0,01	0,01	—	—	—	—	—	—	—	—	—	—	—	—
	II	2,73	—	0,21	0,24	II	2,73	—	0,07	0,08	—	—	—	—	—	—	—	—	—	—	—	—	—	—	—
	III	—	—	—	—	III	—	—	—	—	—	—	—	—	—	—	—	—	—	—	—	—	—	—	—
	V	11,80	0,64	0,94	1,06	IV	3,61	—	0,20	0,23	—	0,13	0,15	—	0,07	0,07	—	0,01	0,01	—	—	—	—	—	—
	VI	12,68	0,69	1,01	1,14																				
48,89	I,IV	3,64	0,18	0,29	0,32	I	3,64	—	0,13	0,15	—	0,01	0,01	—	—	—	—	—	—	—	—	—	—	—	—
	II	2,76	0,01	0,22	0,24	II	2,76	—	0,08	0,09	—	—	—	—	—	—	—	—	—	—	—	—	—	—	—
	III	—	—	—	—	III	—	—	—	—	—	—	—	—	—	—	—	—	—	—	—	—	—	—	—
	V	11,84	0,65	0,94	1,06	IV	3,64	—	0,21	0,23	—	0,13	0,15	—	0,07	0,08	—	0,01	0,01	—	—	—	—	—	—
	VI	12,71	0,69	1,01	1,14																				
48,99	I,IV	3,66	0,19	0,29	0,32	I	3,66	—	0,13	0,15	—	0,01	0,02	—	—	—	—	—	—	—	—	—	—	—	—
	II	2,78	0,01	0,22	0,25	II	2,78	—	0,08	0,09	—	—	—	—	—	—	—	—	—	—	—	—	—	—	—
	III	—	—	—	—	III	—	—	—	—	—	—	—	—	—	—	—	—	—	—	—	—	—	—	—
	V	11,87	0,65	0,94	1,06	IV	3,66	—	0,21	0,23	—	0,13	0,15	—	0,07	0,08	—	0,01	0,02	—	—	—	—	—	—
	VI	12,75	0,70	1,02	1,14																				
49,09	I,IV	3,70	0,20	0,29	0,33	I	3,70	—	0,14	0,15	—	0,02	0,02	—	—	—	—	—	—	—	—	—	—	—	—
	II	2,81	0,02	0,22	0,25	II	2,81	—	0,08	0,09	—	—	—	—	—	—	—	—	—	—	—	—	—	—	—
	III	—	—	—	—	III	—	—	—	—	—	—	—	—	—	—	—	—	—	—	—	—	—	—	—
	V	11,91	0,65	0,95	1,07	IV	3,70	—	0,21	0,24	—	0,14	0,15	—	0,07	0,08	—	0,02	0,02	—	—	—	—	—	—
	VI	12,78	0,70	1,02	1,15																				
49,19	I,IV	3,72	0,20	0,29	0,33	I	3,72	—	0,14	0,16	—	0,02	0,02	—	—	—	—	—	—	—	—	—	—	—	—
	II	2,84	0,02	0,22	0,25	II	2,84	—	0,08	0,09	—	—	—	—	—	—	—	—	—	—	—	—	—	—	—
	III	—	—	—	—	III	—	—	—	—	—	—	—	—	—	—	—	—	—	—	—	—	—	—	—
	V	11,94	0,65	0,95	1,07	IV	3,72	—	0,21	0,24	—	0,14	0,16	—	0,07	0,08	—	0,02	0,02	—	—	—	—	—	—
	VI	12,82	0,70	1,02	1,15																				
49,29	I,IV	3,75	0,20	0,30	0,33	I	3,75	—	0,14	0,16	—	0,02	0,02	—	—	—	—	—	—	—	—	—	—	—	—
	II	2,87	0,03	0,22	0,25	II	2,87	—	0,08	0,09	—	—	—	—	—	—	—	—	—	—	—	—	—	—	—
	III	—	—	—	—	III	—	—	—	—	—	—	—	—	—	—	—	—	—	—	—	—	—	—	—
	V	11,97	0,65	0,95	1,07	IV	3,75	—	0,21	0,24	—	0,14	0,16	—	0,07	0,08	—	0,02	0,02	—	—	—	—	—	—
	VI	12,85	0,70	1,02	1,15																				
49,39	I,IV	3,78	0,20	0,30	0,34	I	3,78	—	0,14	0,16	—	0,02	0,02	—	—	—	—	—	—	—	—	—	—	—	—
	II	2,90	0,04	0,23	0,26	II	2,90	—	0,08	0,09	—	—	—	—	—	—	—	—	—	—	—	—	—	—	—
	III	—	—	—	—	III	—	—	—	—	—	—	—	—	—	—	—	—	—	—	—	—	—	—	—
	V	12,01	0,66	0,96	1,08	IV	3,78	0,01	0,22	0,24	—	0,14	0,16	—	0,08	0,09	—	0,02	0,02	—	—	—	—	—	—
	VI	12,88	0,70	1,03	1,15																				
49,49	I,IV	3,81	0,20	0,30	0,34	I	3,81	—	0,14	0,16	—	0,02	0,02	—	—	—	—	—	—	—	—	—	—	—	—
	II	2,92	0,04	0,23	0,26	II	2,92	—	0,09	0,10	—	—	—	—	—	—	—	—	—	—	—	—	—	—	—
	III	—	—	—	—	III	—	—	—	—	—	—	—	—	—	—	—	—	—	—	—	—	—	—	—
	V	12,05	0,66	0,96	1,08	IV	3,81	0,01	0,22	0,25	—	0,14	0,16	—	0,08	0,09	—	0,02	0,02	—	—	—	—	—	—
	VI	12,92	0,71	1,03	1,16																				

* Die ausgewiesenen Tabellenwerte sind amtlich. Siehe Erläuterungen auf der Umschlaginnenseite (U2).

Abzüge an Lohnsteuer, Solidaritätszuschlag (SolZ) und Kirchensteuer (8%, 9%) in den Steuerklassen

Lohn/ Gehalt bis €*	I – VI	ohne Kinderfreibeträge LSt	SolZ	8%	9%	I, II, III, IV	LSt	0,5 SolZ	0,5 8%	0,5 9%	1 SolZ	1 8%	1 9%	1,5 SolZ	1,5 8%	1,5 9%	2 SolZ	2 8%	2 9%	2,5 SolZ	2,5 8%	2,5 9%	3 SolZ	3 8%	3 9%
49,59	I,IV	3,84	0,21	0,30	0,34	I	3,84	—	0,14	0,16	—	0,02	0,02	—	—	—	—	—	—	—	—	—	—	—	—
	II	2,95	0,05	0,23	0,26	II	2,95	—	0,09	0,10	—	—	—	—	—	—	—	—	—	—	—	—	—	—	—
	III	—	—	—	—	III	—	—	—	—	—	—	—	—	—	—	—	—	—	—	—	—	—	—	—
	V	12,08	0,66	0,96	1,08	IV	3,84	0,02	0,22	0,25	—	0,14	0,16	—	0,08	0,09	—	0,02	0,02	—	—	—	—	—	—
	VI	12,96	0,71	1,03	1,16																				
49,69	I,IV	3,86	0,21	0,30	0,34	I	3,86	—	0,15	0,17	—	0,02	0,03	—	—	—	—	—	—	—	—	—	—	—	—
	II	2,98	0,05	0,23	0,26	II	2,98	—	0,09	0,10	—	—	—	—	—	—	—	—	—	—	—	—	—	—	—
	III	—	—	—	—	III	—	—	—	—	—	—	—	—	—	—	—	—	—	—	—	—	—	—	—
	V	12,11	0,66	0,96	1,08	IV	3,86	0,03	0,22	0,25	—	0,15	0,17	—	0,08	0,09	—	0,02	0,03	—	—	—	—	—	—
	VI	12,98	0,71	1,03	1,16																				
49,79	I,IV	3,90	0,21	0,31	0,35	I	3,90	—	0,15	0,17	—	0,02	0,03	—	—	—	—	—	—	—	—	—	—	—	—
	II	3,01	0,06	0,24	0,27	II	3,01	—	0,09	0,10	—	—	—	—	—	—	—	—	—	—	—	—	—	—	—
	III	—	—	—	—	III	—	—	—	—	—	—	—	—	—	—	—	—	—	—	—	—	—	—	—
	V	12,15	0,66	0,97	1,09	IV	3,90	0,03	0,23	0,25	—	0,15	0,17	—	0,08	0,09	—	0,02	0,03	—	—	—	—	—	—
	VI	13,02	0,71	1,04	1,17																				
49,89	I,IV	3,92	0,21	0,31	0,35	I	3,92	—	0,15	0,17	—	0,03	0,03	—	—	—	—	—	—	—	—	—	—	—	—
	II	3,04	0,06	0,24	0,27	II	3,04	—	0,09	0,10	—	—	—	—	—	—	—	—	—	—	—	—	—	—	—
	III	—	—	—	—	III	—	—	—	—	—	—	—	—	—	—	—	—	—	—	—	—	—	—	—
	V	12,18	0,67	0,97	1,09	IV	3,92	0,04	0,23	0,26	—	0,15	0,17	—	0,08	0,09	—	0,03	0,03	—	—	—	—	—	—
	VI	13,06	0,71	1,04	1,17																				
49,99	I,IV	3,95	0,21	0,31	0,35	I	3,95	—	0,15	0,17	—	0,03	0,03	—	—	—	—	—	—	—	—	—	—	—	—
	II	3,06	0,07	0,24	0,27	II	3,06	—	0,09	0,11	—	—	—	—	—	—	—	—	—	—	—	—	—	—	—
	III	—	—	—	—	III	—	—	—	—	—	—	—	—	—	—	—	—	—	—	—	—	—	—	—
	V	12,22	0,67	0,97	1,09	IV	3,95	0,04	0,23	0,26	—	0,15	0,17	—	0,09	0,10	—	0,03	0,03	—	—	—	—	—	—
	VI	13,09	0,72	1,04	1,17																				
50,09	I,IV	3,98	0,21	0,31	0,35	I	3,98	—	0,16	0,18	—	0,03	0,03	—	—	—	—	—	—	—	—	—	—	—	—
	II	3,09	0,07	0,24	0,27	II	3,09	—	0,10	0,11	—	—	—	—	—	—	—	—	—	—	—	—	—	—	—
	III	—	—	—	—	III	—	—	—	—	—	—	—	—	—	—	—	—	—	—	—	—	—	—	—
	V	12,25	0,67	0,98	1,10	IV	3,98	0,05	0,23	0,26	—	0,16	0,18	—	0,09	0,10	—	0,03	0,03	—	—	—	—	—	—
	VI	13,12	0,72	1,04	1,18																				
50,19	I,IV	4,01	0,22	0,32	0,36	I	4,01	—	0,16	0,18	—	0,03	0,04	—	—	—	—	—	—	—	—	—	—	—	—
	II	3,12	0,08	0,24	0,28	II	3,12	—	0,10	0,11	—	—	—	—	—	—	—	—	—	—	—	—	—	—	—
	III	—	—	—	—	III	—	—	—	—	—	—	—	—	—	—	—	—	—	—	—	—	—	—	—
	V	12,29	0,67	0,98	1,10	IV	4,01	0,05	0,23	0,26	—	0,16	0,18	—	0,09	0,10	—	0,03	0,04	—	—	—	—	—	—
	VI	13,16	0,72	1,05	1,18																				
50,29	I,IV	4,04	0,22	0,32	0,36	I	4,04	—	0,16	0,18	—	0,03	0,04	—	—	—	—	—	—	—	—	—	—	—	—
	II	3,15	0,09	0,25	0,28	II	3,15	—	0,10	0,11	—	—	—	—	—	—	—	—	—	—	—	—	—	—	—
	III	—	—	—	—	III	—	—	—	—	—	—	—	—	—	—	—	—	—	—	—	—	—	—	—
	V	12,32	0,67	0,98	1,10	IV	4,04	0,06	0,24	0,27	—	0,16	0,18	—	0,09	0,10	—	0,03	0,04	—	—	—	—	—	—
	VI	13,20	0,72	1,05	1,18																				
50,39	I,IV	4,07	0,22	0,32	0,36	I	4,07	—	0,16	0,18	—	0,03	0,04	—	—	—	—	—	—	—	—	—	—	—	—
	II	3,18	0,09	0,25	0,28	II	3,18	—	0,10	0,11	—	—	—	—	—	—	—	—	—	—	—	—	—	—	—
	III	—	—	—	—	III	—	—	—	—	—	—	—	—	—	—	—	—	—	—	—	—	—	—	—
	V	12,36	0,67	0,98	1,11	IV	4,07	0,06	0,24	0,27	—	0,16	0,18	—	0,09	0,10	—	0,03	0,04	—	—	—	—	—	—
	VI	13,23	0,72	1,05	1,19																				
50,49	I,IV	4,10	0,22	0,32	0,36	I	4,10	—	0,16	0,18	—	0,04	0,04	—	—	—	—	—	—	—	—	—	—	—	—
	II	3,20	0,10	0,25	0,28	II	3,20	—	0,10	0,12	—	—	—	—	—	—	—	—	—	—	—	—	—	—	—
	III	—	—	—	—	III	—	—	—	—	—	—	—	—	—	—	—	—	—	—	—	—	—	—	—
	V	12,39	0,68	0,99	1,11	IV	4,10	0,07	0,24	0,27	—	0,16	0,18	—	0,09	0,11	—	0,04	0,04	—	—	—	—	—	—
	VI	13,26	0,72	1,06	1,19																				
50,59	I,IV	4,13	0,22	0,33	0,37	I	4,13	—	0,16	0,19	—	0,04	0,04	—	—	—	—	—	—	—	—	—	—	—	—
	II	3,23	0,10	0,25	0,29	II	3,23	—	0,10	0,12	—	—	—	—	—	—	—	—	—	—	—	—	—	—	—
	III	—	—	—	—	III	—	—	—	—	—	—	—	—	—	—	—	—	—	—	—	—	—	—	—
	V	12,42	0,68	0,99	1,11	IV	4,13	0,08	0,24	0,27	—	0,16	0,19	—	0,10	0,11	—	0,04	0,04	—	—	—	—	—	—
	VI	13,30	0,73	1,06	1,19																				
50,69	I,IV	4,15	0,22	0,33	0,37	I	4,15	—	0,17	0,19	—	0,04	0,04	—	—	—	—	—	—	—	—	—	—	—	—
	II	3,26	0,11	0,26	0,29	II	3,26	—	0,11	0,12	—	—	—	—	—	—	—	—	—	—	—	—	—	—	—
	III	—	—	—	—	III	—	—	—	—	—	—	—	—	—	—	—	—	—	—	—	—	—	—	—
	V	12,46	0,68	0,99	1,12	IV	4,15	0,08	0,24	0,28	—	0,17	0,19	—	0,10	0,11	—	0,04	0,04	—	—	—	—	—	—
	VI	13,33	0,73	1,06	1,19																				
50,79	I,IV	4,17	0,22	0,33	0,37	I	4,17	—	0,17	0,19	—	0,04	0,04	—	—	—	—	—	—	—	—	—	—	—	—
	II	3,28	0,11	0,26	0,29	II	3,28	—	0,11	0,12	—	—	—	—	—	—	—	—	—	—	—	—	—	—	—
	III	—	—	—	—	III	—	—	—	—	—	—	—	—	—	—	—	—	—	—	—	—	—	—	—
	V	12,49	0,68	0,99	1,12	IV	4,17	0,09	0,25	0,28	—	0,17	0,19	—	0,10	0,11	—	0,04	0,04	—	—	—	—	—	—
	VI	13,37	0,73	1,06	1,20																				
50,89	I,IV	4,20	0,23	0,33	0,37	I	4,20	—	0,17	0,19	—	0,04	0,05	—	—	—	—	—	—	—	—	—	—	—	—
	II	3,30	0,12	0,26	0,29	II	3,30	—	0,11	0,12	—	—	—	—	—	—	—	—	—	—	—	—	—	—	—
	III	—	—	—	—	III	—	—	—	—	—	—	—	—	—	—	—	—	—	—	—	—	—	—	—
	V	12,52	0,68	1,—	1,12	IV	4,20	0,09	0,25	0,28	—	0,17	0,19	—	0,10	0,11	—	0,04	0,05	—	—	—	—	—	—
	VI	13,40	0,73	1,07	1,20																				
50,99	I,IV	4,22	0,23	0,33	0,37	I	4,22	—	0,17	0,19	—	0,04	0,05	—	—	—	—	—	—	—	—	—	—	—	—
	II	3,33	0,12	0,26	0,29	II	3,33	—	0,11	0,13	—	—	—	—	—	—	—	—	—	—	—	—	—	—	—
	III	—	—	—	—	III	—	—	—	—	—	—	—	—	—	—	—	—	—	—	—	—	—	—	—
	V	12,56	0,69	1,—	1,13	IV	4,22	0,09	0,25	0,28	—	0,17	0,19	—	0,10	0,12	—	0,04	0,05	—	—	—	—	—	—
	VI	13,44	0,73	1,07	1,20																				

(I, II, III, IV: mit Zahl der Kinderfreibeträge . . .)

* Die ausgewiesenen Tabellenwerte sind amtlich. Siehe Erläuterungen auf der Umschlaginnenseite (U2).

TAG 51,–*

Lohn/ Gehalt bis €*		I – VI LSt	ohne Kinderfreibeträge SolZ	8%	9%		I, II, III, IV LSt	mit Zahl der Kinderfreibeträge . . . 0,5 SolZ	0,5 8%	0,5 9%	1 SolZ	1 8%	1 9%	1,5 SolZ	1,5 8%	1,5 9%	2 SolZ	2 8%	2 9%	2,5 SolZ	2,5 8%	2,5 9%	3 SolZ	3 8%	3 9%
51,09	I,IV	4,25	0,23	0,34	0,38	I	4,25	—	0,17	0,20	—	0,04	0,05	—	—	—	—	—	—	—	—	—	—	—	—
	II	3,35	0,13	0,26	0,30	II	3,35	—	0,11	0,13	—	—	—	—	—	—	—	—	—	—	—	—	—	—	—
	III	—	—	—	—	III	—	—	—	—	—	—	—	—	—	—	—	—	—	—	—	—	—	—	—
	V	12,59	0,69	1,—	1,13	IV	4,25	0,10	0,25	0,28	—	0,17	0,20	—	0,10	0,12	—	0,04	0,05	—	—	—	—	—	—
	VI	13,47	0,74	1,07	1,21																				
51,19	I,IV	4,27	0,23	0,34	0,38	I	4,27	—	0,18	0,20	—	0,04	0,05	—	—	—	—	—	—	—	—	—	—	—	—
	II	3,37	0,13	0,26	0,30	II	3,37	—	0,11	0,13	—	—	—	—	—	—	—	—	—	—	—	—	—	—	—
	III	—	—	—	—	III	—	—	—	—	—	—	—	—	—	—	—	—	—	—	—	—	—	—	—
	V	12,63	0,69	1,01	1,13	IV	4,27	0,10	0,25	0,29	—	0,18	0,20	—	0,11	0,12	—	0,04	0,05	—	—	—	—	—	—
	VI	13,51	0,74	1,08	1,21																				
51,29	I,IV	4,29	0,23	0,34	0,38	I	4,29	—	0,18	0,20	—	0,05	0,05	—	—	—	—	—	—	—	—	—	—	—	—
	II	3,40	0,14	0,27	0,30	II	3,40	—	0,12	0,13	—	—	—	—	—	—	—	—	—	—	—	—	—	—	—
	III	—	—	—	—	III	—	—	—	—	—	—	—	—	—	—	—	—	—	—	—	—	—	—	—
	V	12,66	0,69	1,01	1,13	IV	4,29	0,11	0,26	0,29	—	0,18	0,20	—	0,11	0,12	—	0,05	0,05	—	—	—	—	—	—
	VI	13,54	0,74	1,08	1,21																				
51,39	I,IV	4,32	0,23	0,34	0,38	I	4,32	—	0,18	0,20	—	0,05	0,05	—	—	—	—	—	—	—	—	—	—	—	—
	II	3,42	0,14	0,27	0,30	II	3,42	—	0,12	0,13	—	—	—	—	—	—	—	—	—	—	—	—	—	—	—
	III	—	—	—	—	III	—	—	—	—	—	—	—	—	—	—	—	—	—	—	—	—	—	—	—
	V	12,70	0,69	1,01	1,14	IV	4,32	0,11	0,26	0,29	—	0,18	0,20	—	0,11	0,12	—	0,05	0,05	—	—	—	—	—	—
	VI	13,57	0,74	1,08	1,22																				
51,49	I,IV	4,34	0,23	0,34	0,39	I	4,34	—	0,18	0,20	—	0,05	0,05	—	—	—	—	—	—	—	—	—	—	—	—
	II	3,44	0,14	0,27	0,30	II	3,44	—	0,12	0,13	—	—	—	—	—	—	—	—	—	—	—	—	—	—	—
	III	—	—	—	—	III	—	—	—	—	—	—	—	—	—	—	—	—	—	—	—	—	—	—	—
	V	12,73	0,70	1,01	1,14	IV	4,34	0,12	0,26	0,29	—	0,18	0,20	—	0,11	0,12	—	0,05	0,05	—	—	—	—	—	—
	VI	13,61	0,74	1,08	1,22																				
51,59	I,IV	4,36	0,24	0,34	0,39	I	4,36	—	0,18	0,21	—	0,05	0,06	—	—	—	—	—	—	—	—	—	—	—	—
	II	3,47	0,15	0,27	0,31	II	3,47	—	0,12	0,14	—	—	—	—	—	—	—	—	—	—	—	—	—	—	—
	III	—	—	—	—	III	—	—	—	—	—	—	—	—	—	—	—	—	—	—	—	—	—	—	—
	V	12,76	0,70	1,02	1,14	IV	4,36	0,12	0,26	0,29	—	0,18	0,21	—	0,11	0,13	—	0,05	0,06	—	—	—	—	—	—
	VI	13,65	0,75	1,09	1,22																				
51,69	I,IV	4,39	0,24	0,35	0,39	I	4,39	—	0,18	0,21	—	0,05	0,06	—	—	—	—	—	—	—	—	—	—	—	—
	II	3,49	0,15	0,27	0,31	II	3,49	—	0,12	0,14	—	—	0,01	—	—	—	—	—	—	—	—	—	—	—	—
	III	—	—	—	—	III	—	—	—	—	—	—	—	—	—	—	—	—	—	—	—	—	—	—	—
	V	12,80	0,70	1,02	1,15	IV	4,39	0,13	0,26	0,30	—	0,18	0,21	—	0,11	0,13	—	0,05	0,06	—	—	—	—	—	—
	VI	13,68	0,75	1,09	1,23																				
51,79	I,IV	4,41	0,24	0,35	0,39	I	4,41	—	0,19	0,21	—	0,05	0,06	—	—	—	—	—	—	—	—	—	—	—	—
	II	3,51	0,16	0,28	0,31	II	3,51	—	0,12	0,14	—	0,01	0,01	—	—	—	—	—	—	—	—	—	—	—	—
	III	—	—	—	—	III	—	—	—	—	—	—	—	—	—	—	—	—	—	—	—	—	—	—	—
	V	12,83	0,70	1,02	1,15	IV	4,41	0,13	0,27	0,30	—	0,19	0,21	—	0,11	0,13	—	0,05	0,06	—	—	—	—	—	—
	VI	13,72	0,75	1,09	1,23																				
51,89	I,IV	4,44	0,24	0,35	0,39	I	4,44	—	0,19	0,21	—	0,05	0,06	—	—	—	—	—	—	—	—	—	—	—	—
	II	3,54	0,16	0,28	0,31	II	3,54	—	0,12	0,14	—	0,01	0,01	—	—	—	—	—	—	—	—	—	—	—	—
	III	—	—	—	—	III	—	—	—	—	—	—	—	—	—	—	—	—	—	—	—	—	—	—	—
	V	12,86	0,70	1,02	1,15	IV	4,44	0,14	0,27	0,30	—	0,19	0,21	—	0,12	0,13	—	0,05	0,06	—	—	—	—	—	—
	VI	13,75	0,75	1,10	1,23																				
51,99	I,IV	4,46	0,24	0,35	0,40	I	4,46	—	0,19	0,21	—	0,06	0,06	—	—	—	—	—	—	—	—	—	—	—	—
	II	3,56	0,17	0,28	0,32	II	3,56	—	0,13	0,14	—	0,01	0,01	—	—	—	—	—	—	—	—	—	—	—	—
	III	—	—	—	—	III	—	—	—	—	—	—	—	—	—	—	—	—	—	—	—	—	—	—	—
	V	12,90	0,70	1,03	1,16	IV	4,46	0,14	0,27	0,30	—	0,19	0,21	—	0,12	0,13	—	0,06	0,06	—	—	—	—	—	—
	VI	13,79	0,75	1,10	1,24																				
52,09	I,IV	4,49	0,24	0,35	0,40	I	4,49	—	0,19	0,22	—	0,06	0,06	—	—	—	—	—	—	—	—	—	—	—	—
	II	3,59	0,17	0,28	0,32	II	3,59	—	0,13	0,14	—	0,01	0,01	—	—	—	—	—	—	—	—	—	—	—	—
	III	—	—	—	—	III	—	—	—	—	—	—	—	—	—	—	—	—	—	—	—	—	—	—	—
	V	12,94	0,71	1,03	1,16	IV	4,49	0,15	0,27	0,31	—	0,19	0,22	—	0,12	0,13	—	0,06	0,06	—	—	—	—	—	—
	VI	13,82	0,76	1,10	1,24																				
52,19	I,IV	4,51	0,24	0,36	0,40	I	4,51	—	0,19	0,22	—	0,06	0,07	—	—	—	—	—	—	—	—	—	—	—	—
	II	3,61	0,18	0,28	0,32	II	3,61	—	0,13	0,15	—	0,01	0,01	—	—	—	—	—	—	—	—	—	—	—	—
	III	—	—	—	—	III	—	—	—	—	—	—	—	—	—	—	—	—	—	—	—	—	—	—	—
	V	12,97	0,71	1,03	1,16	IV	4,51	0,15	0,27	0,31	—	0,19	0,22	—	0,12	0,14	—	0,06	0,07	—	—	—	—	—	—
	VI	13,86	0,76	1,10	1,24																				
52,29	I,IV	4,53	0,24	0,36	0,40	I	4,53	—	0,20	0,22	—	0,06	0,07	—	—	—	—	—	—	—	—	—	—	—	—
	II	3,63	0,18	0,29	0,32	II	3,63	—	0,13	0,15	—	0,01	0,01	—	—	—	—	—	—	—	—	—	—	—	—
	III	—	—	—	—	III	—	—	—	—	—	—	—	—	—	—	—	—	—	—	—	—	—	—	—
	V	13,—	0,71	1,04	1,17	IV	4,53	0,16	0,28	0,31	—	0,20	0,22	—	0,12	0,14	—	0,06	0,07	—	0,01	0,01	—	—	—
	VI	13,89	0,76	1,11	1,25																				
52,39	I,IV	4,56	0,25	0,36	0,41	I	4,56	—	0,20	0,22	—	0,06	0,07	—	—	—	—	—	—	—	—	—	—	—	—
	II	3,66	0,19	0,29	0,32	II	3,66	—	0,13	0,15	—	0,01	0,01	—	—	—	—	—	—	—	—	—	—	—	—
	III	—	—	—	—	III	—	—	—	—	—	—	—	—	—	—	—	—	—	—	—	—	—	—	—
	V	13,04	0,71	1,04	1,17	IV	4,56	0,16	0,28	0,31	—	0,20	0,22	—	0,12	0,14	—	0,06	0,07	—	0,01	0,01	—	—	—
	VI	13,92	0,76	1,11	1,25																				
52,49	I,IV	4,58	0,25	0,36	0,41	I	4,58	—	0,20	0,22	—	0,06	0,07	—	—	—	—	—	—	—	—	—	—	—	—
	II	3,68	0,19	0,29	0,33	II	3,68	—	0,13	0,15	—	0,01	0,02	—	—	—	—	—	—	—	—	—	—	—	—
	III	—	—	—	—	III	—	—	—	—	—	—	—	—	—	—	—	—	—	—	—	—	—	—	—
	V	13,07	0,71	1,04	1,17	IV	4,58	0,17	0,28	0,31	—	0,20	0,22	—	0,13	0,14	—	0,06	0,07	—	0,01	0,01	—	—	—
	VI	13,96	0,76	1,11	1,25																				

Abzüge an Lohnsteuer, Solidaritätszuschlag (SolZ) und Kirchensteuer (8%, 9%) in den Steuerklassen

*** Die ausgewiesenen Tabellenwerte sind amtlich. Siehe Erläuterungen auf der Umschlaginnenseite (U2).**

Lohn/ Gehalt bis €*	I – VI					I, II, III, IV																			
			ohne Kinderfreibeträge					mit Zahl der Kinderfreibeträge . . .																	
								0,5			1			1,5			2			2,5			3		
		LSt	SolZ	8%	9%		LSt	SolZ	8%	9%	SolZ	8%	9%	SolZ	8%	9%	SolZ	8%	9%	SolZ	8%	9%	SolZ	8%	9%
52,59	I,IV	4,61	0,25	0,36	0,41	I	4,61	—	0,20	0,23	—	0,06	0,07	—	—	—	—	—	—	—	—	—	—	—	—
	II	3,70	0,20	0,29	0,33	II	3,70	—	0,14	0,15	—	0,02	0,02	—	—	—	—	—	—	—	—	—	—	—	—
	III	—	—	—	—	III	—	—	—	—	—	—	—	—	—	—	—	—	—	—	—	—	—	—	—
	V	13,11	0,72	1,04	1,17	IV	4,61	0,17	0,28	0,32	—	0,20	0,23	—	0,13	0,14	—	0,06	0,07	—	0,01	0,01	—	—	—
	VI	14,—	0,77	1,12	1,26																				
52,69	I,IV	4,63	0,25	0,37	0,41	I	4,63	—	0,20	0,23	—	0,06	0,07	—	—	—	—	—	—	—	—	—	—	—	—
	II	3,73	0,20	0,29	0,33	II	3,73	—	0,14	0,16	—	0,02	0,02	—	—	—	—	—	—	—	—	—	—	—	—
	III	—	—	—	—	III	—	—	—	—	—	—	—	—	—	—	—	—	—	—	—	—	—	—	—
	V	13,14	0,72	1,05	1,18	IV	4,63	0,17	0,28	0,32	—	0,20	0,23	—	0,13	0,14	—	0,06	0,07	—	0,01	0,01	—	—	—
	VI	14,03	0,77	1,12	1,26																				
52,79	I,IV	4,66	0,25	0,37	0,41	I	4,66	—	0,20	0,23	—	0,07	0,07	—	—	—	—	—	—	—	—	—	—	—	—
	II	3,75	0,20	0,30	0,33	II	3,75	—	0,14	0,16	—	0,02	0,02	—	—	—	—	—	—	—	—	—	—	—	—
	III	—	—	—	—	III	—	—	—	—	—	—	—	—	—	—	—	—	—	—	—	—	—	—	—
	V	13,18	0,72	1,05	1,18	IV	4,66	0,18	0,28	0,32	—	0,20	0,23	—	0,13	0,15	—	0,07	0,07	—	0,01	0,01	—	—	—
	VI	14,07	0,77	1,12	1,26																				
52,89	I,IV	4,68	0,25	0,37	0,42	I	4,68	—	0,21	0,23	—	0,07	0,08	—	—	—	—	—	—	—	—	—	—	—	—
	II	3,78	0,20	0,30	0,34	II	3,78	—	0,14	0,16	—	0,02	0,02	—	—	—	—	—	—	—	—	—	—	—	—
	III	—	—	—	—	III	—	—	—	—	—	—	—	—	—	—	—	—	—	—	—	—	—	—	—
	V	13,21	0,72	1,05	1,18	IV	4,68	0,18	0,29	0,32	—	0,21	0,23	—	0,13	0,15	—	0,07	0,08	—	0,01	0,01	—	—	—
	VI	14,10	0,77	1,12	1,26																				
52,99	I,IV	4,71	0,25	0,37	0,42	I	4,71	—	0,21	0,23	—	0,07	0,08	—	—	—	—	—	—	—	—	—	—	—	—
	II	3,80	0,20	0,30	0,34	II	3,80	—	0,14	0,16	—	0,02	0,02	—	—	—	—	—	—	—	—	—	—	—	—
	III	—	—	—	—	III	—	—	—	—	—	—	—	—	—	—	—	—	—	—	—	—	—	—	—
	V	13,25	0,72	1,06	1,19	IV	4,71	0,19	0,29	0,32	—	0,21	0,23	—	0,13	0,15	—	0,07	0,08	—	0,01	0,02	—	—	—
	VI	14,14	0,77	1,13	1,27																				
53,09	I,IV	4,73	0,26	0,37	0,42	I	4,73	—	0,21	0,24	—	0,07	0,08	—	—	—	—	—	—	—	—	—	—	—	—
	II	3,82	0,21	0,30	0,34	II	3,82	—	0,14	0,16	—	0,02	0,02	—	—	—	—	—	—	—	—	—	—	—	—
	III	—	—	—	—	III	—	—	—	—	—	—	—	—	—	—	—	—	—	—	—	—	—	—	—
	V	13,28	0,73	1,06	1,19	IV	4,73	0,19	0,29	0,33	—	0,21	0,24	—	0,14	0,15	—	0,07	0,08	—	0,01	0,02	—	—	—
	VI	14,17	0,77	1,13	1,27																				
53,19	I,IV	4,75	0,26	0,38	0,42	I	4,75	—	0,21	0,24	—	0,07	0,08	—	—	—	—	—	—	—	—	—	—	—	—
	II	3,85	0,21	0,30	0,34	II	3,85	—	0,15	0,16	—	0,02	0,03	—	—	—	—	—	—	—	—	—	—	—	—
	III	—	—	—	—	III	—	—	—	—	—	—	—	—	—	—	—	—	—	—	—	—	—	—	—
	V	13,32	0,73	1,06	1,19	IV	4,75	0,20	0,29	0,33	—	0,21	0,24	—	0,14	0,15	—	0,07	0,08	—	0,02	0,02	—	—	—
	VI	14,21	0,78	1,13	1,27																				
53,29	I,IV	4,78	0,26	0,38	0,43	I	4,78	—	0,21	0,24	—	0,07	0,08	—	—	—	—	—	—	—	—	—	—	—	—
	II	3,87	0,21	0,30	0,34	II	3,87	—	0,15	0,17	—	0,02	0,03	—	—	—	—	—	—	—	—	—	—	—	—
	III	—	—	—	—	III	—	—	—	—	—	—	—	—	—	—	—	—	—	—	—	—	—	—	—
	V	13,35	0,73	1,06	1,20	IV	4,78	0,20	0,29	0,33	—	0,21	0,24	—	0,14	0,16	—	0,07	0,08	—	0,02	0,02	—	—	—
	VI	14,25	0,78	1,14	1,28																				
53,39	I,IV	4,80	0,26	0,38	0,43	I	4,80	—	0,21	0,24	—	0,07	0,08	—	—	—	—	—	—	—	—	—	—	—	—
	II	3,90	0,21	0,31	0,35	II	3,90	—	0,15	0,17	—	0,02	0,03	—	—	—	—	—	—	—	—	—	—	—	—
	III	—	—	—	—	III	—	—	—	—	—	—	—	—	—	—	—	—	—	—	—	—	—	—	—
	V	13,38	0,73	1,07	1,20	IV	4,80	0,20	0,30	0,33	—	0,21	0,24	—	0,14	0,16	—	0,07	0,08	—	0,02	0,02	—	—	—
	VI	14,28	0,78	1,14	1,28																				
53,49	I,IV	4,83	0,26	0,38	0,43	I	4,83	0,01	0,22	0,24	—	0,08	0,09	—	—	—	—	—	—	—	—	—	—	—	—
	II	3,92	0,21	0,31	0,35	II	3,92	—	0,15	0,17	—	0,03	0,03	—	—	—	—	—	—	—	—	—	—	—	—
	III	—	—	—	—	III	—	—	—	—	—	—	—	—	—	—	—	—	—	—	—	—	—	—	—
	V	13,42	0,73	1,07	1,20	IV	4,83	0,20	0,30	0,34	0,01	0,22	0,24	—	0,14	0,16	—	0,08	0,09	—	0,02	0,02	—	—	—
	VI	14,32	0,78	1,14	1,28																				
53,59	I,IV	4,85	0,26	0,38	0,43	I	4,85	0,01	0,22	0,25	—	0,08	0,09	—	—	—	—	—	—	—	—	—	—	—	—
	II	3,94	0,21	0,31	0,35	II	3,94	—	0,15	0,17	—	0,03	0,03	—	—	—	—	—	—	—	—	—	—	—	—
	III	—	—	—	—	III	—	—	—	—	—	—	—	—	—	—	—	—	—	—	—	—	—	—	—
	V	13,46	0,74	1,07	1,21	IV	4,85	0,20	0,30	0,34	0,01	0,22	0,25	—	0,14	0,16	—	0,08	0,09	—	0,02	0,02	—	—	—
	VI	14,35	0,78	1,14	1,29																				
53,69	I,IV	4,88	0,26	0,39	0,43	I	4,88	0,02	0,22	0,25	—	0,08	0,09	—	—	—	—	—	—	—	—	—	—	—	—
	II	3,96	0,21	0,31	0,35	II	3,96	—	0,15	0,17	—	0,03	0,03	—	—	—	—	—	—	—	—	—	—	—	—
	III	—	—	—	—	III	—	—	—	—	—	—	—	—	—	—	—	—	—	—	—	—	—	—	—
	V	13,49	0,74	1,07	1,21	IV	4,88	0,21	0,30	0,34	0,02	0,22	0,25	—	0,14	0,16	—	0,08	0,09	—	0,02	0,02	—	—	—
	VI	14,38	0,79	1,15	1,29																				
53,79	I,IV	4,90	0,26	0,39	0,44	I	4,90	0,02	0,22	0,25	—	0,08	0,09	—	—	—	—	—	—	—	—	—	—	—	—
	II	3,99	0,21	0,31	0,35	II	3,99	—	0,16	0,18	—	0,03	0,03	—	—	—	—	—	—	—	—	—	—	—	—
	III	—	—	—	—	III	—	—	—	—	—	—	—	—	—	—	—	—	—	—	—	—	—	—	—
	V	13,52	0,74	1,08	1,21	IV	4,90	0,21	0,30	0,34	0,02	0,22	0,25	—	0,15	0,17	—	0,08	0,09	—	0,02	0,03	—	—	—
	VI	14,42	0,79	1,15	1,29																				
53,89	I,IV	4,93	0,27	0,39	0,44	I	4,93	0,03	0,22	0,25	—	0,08	0,09	—	—	—	—	—	—	—	—	—	—	—	—
	II	4,01	0,22	0,32	0,36	II	4,01	—	0,16	0,18	—	0,03	0,04	—	—	—	—	—	—	—	—	—	—	—	—
	III	—	—	—	—	III	—	—	—	—	—	—	—	—	—	—	—	—	—	—	—	—	—	—	—
	V	13,56	0,74	1,08	1,22	IV	4,93	0,21	0,31	0,34	0,03	0,22	0,25	—	0,15	0,17	—	0,08	0,09	—	0,02	0,03	—	—	—
	VI	14,46	0,79	1,15	1,30																				
53,99	I,IV	4,95	0,27	0,39	0,44	I	4,95	0,03	0,23	0,25	—	0,08	0,09	—	—	—	—	—	—	—	—	—	—	—	—
	II	4,04	0,22	0,32	0,36	II	4,04	—	0,16	0,18	—	0,03	0,04	—	—	—	—	—	—	—	—	—	—	—	—
	III	—	—	—	—	III	—	—	—	—	—	—	—	—	—	—	—	—	—	—	—	—	—	—	—
	V	13,59	0,74	1,08	1,22	IV	4,95	0,21	0,31	0,35	0,03	0,23	0,25	—	0,15	0,17	—	0,08	0,09	—	0,03	0,03	—	—	—
	VI	14,50	0,79	1,16	1,30																				

Table heading: Abzüge an Lohnsteuer, Solidaritätszuschlag (SolZ) und Kirchensteuer (8%, 9%) in den Steuerklassen

*** Die ausgewiesenen Tabellenwerte sind amtlich. Siehe Erläuterungen auf der Umschlaginnenseite (U2).**

Lohn/ Gehalt bis €*	Abzüge an Lohnsteuer, Solidaritätszuschlag (SolZ) und Kirchensteuer (8%, 9%) in den Steuerklassen																								
	I – VI					I, II, III, IV																			
			ohne Kinderfreibeträge					mit Zahl der Kinderfreibeträge . . .																	
								0,5			1			1,5			2			2,5			3		
		LSt	SolZ	8%	9%		LSt	SolZ	8%	9%	SolZ	8%	9%	SolZ	8%	9%	SolZ	8%	9%	SolZ	8%	9%	SolZ	8%	9%
54,09	I,IV	4,97	0,27	0,39	0,44	I	4,97	0,04	0,23	0,26	—	0,08	0,09	—	—	—	—	—	—	—	—	—	—	—	—
	II	4,06	0,22	0,32	0,36	II	4,06	—	0,16	0,18	—	0,03	0,04	—	—	—	—	—	—	—	—	—	—	—	—
	III	—	—	—	—	III	—	—	—	—	—	—	—	—	—	—	—	—	—	—	—	—	—	—	—
	V	13,63	0,74	1,09	1,22	IV	4,97	0,21	0,31	0,35	0,04	0,23	0,26	—	0,15	0,17	—	0,08	0,09	—	0,03	0,03	—	—	—
	VI	14,53	0,79	1,16	1,30																				
54,19	I,IV	5,—	0,27	0,40	0,45	I	5,—	0,04	0,23	0,26	—	0,09	0,10	—	—	—	—	—	—	—	—	—	—	—	—
	II	4,08	0,22	0,32	0,36	II	4,08	—	0,16	0,18	—	0,03	0,04	—	—	—	—	—	—	—	—	—	—	—	—
	III	—	—	—	—	III	—	—	—	—	—	—	—	—	—	—	—	—	—	—	—	—	—	—	—
	V	13,66	0,75	1,09	1,22	IV	5,—	0,21	0,31	0,35	0,04	0,23	0,26	—	0,15	0,17	—	0,09	0,10	—	0,03	0,03	—	—	—
	VI	14,57	0,80	1,16	1,31																				
54,29	I,IV	5,02	0,27	0,40	0,45	I	5,02	0,05	0,23	0,26	—	0,09	0,10	—	—	—	—	—	—	—	—	—	—	—	—
	II	4,11	0,22	0,32	0,36	II	4,11	—	0,16	0,18	—	0,04	0,04	—	—	—	—	—	—	—	—	—	—	—	—
	III	—	—	—	—	III	—	—	—	—	—	—	—	—	—	—	—	—	—	—	—	—	—	—	—
	V	13,70	0,75	1,09	1,23	IV	5,02	0,21	0,31	0,35	0,05	0,23	0,26	—	0,15	0,17	—	0,09	0,10	—	0,03	0,03	—	—	—
	VI	14,61	0,80	1,16	1,31																				
54,39	I,IV	5,05	0,27	0,40	0,45	I	5,05	0,05	0,23	0,26	—	0,09	0,10	—	—	—	—	—	—	—	—	—	—	—	—
	II	4,13	0,22	0,33	0,37	II	4,13	—	0,17	0,19	—	0,04	0,04	—	—	—	—	—	—	—	—	—	—	—	—
	III	—	—	—	—	III	—	—	—	—	—	—	—	—	—	—	—	—	—	—	—	—	—	—	—
	V	13,73	0,75	1,09	1,23	IV	5,05	0,22	0,32	0,36	0,05	0,23	0,26	—	0,16	0,18	—	0,09	0,10	—	0,03	0,03	—	—	—
	VI	14,64	0,80	1,17	1,31																				
54,49	I,IV	5,07	0,27	0,40	0,45	I	5,07	0,06	0,24	0,27	—	0,09	0,10	—	—	—	—	—	—	—	—	—	—	—	—
	II	4,16	0,22	0,33	0,37	II	4,16	—	0,17	0,19	—	0,04	0,04	—	—	—	—	—	—	—	—	—	—	—	—
	III	—	—	—	—	III	—	—	—	—	—	—	—	—	—	—	—	—	—	—	—	—	—	—	—
	V	13,77	0,75	1,10	1,23	IV	5,07	0,22	0,32	0,36	0,06	0,24	0,27	—	0,16	0,18	—	0,09	0,10	—	0,03	0,04	—	—	—
	VI	14,67	0,80	1,17	1,32																				
54,59	I,IV	5,10	0,28	0,40	0,45	I	5,10	0,06	0,24	0,27	—	0,09	0,10	—	—	—	—	—	—	—	—	—	—	—	—
	II	4,18	0,23	0,33	0,37	II	4,18	—	0,17	0,19	—	0,04	0,05	—	—	—	—	—	—	—	—	—	—	—	—
	III	—	—	—	—	III	—	—	—	—	—	—	—	—	—	—	—	—	—	—	—	—	—	—	—
	V	13,80	0,75	1,10	1,24	IV	5,10	0,22	0,32	0,36	0,06	0,24	0,27	—	0,16	0,18	—	0,09	0,10	—	0,03	0,04	—	—	—
	VI	14,71	0,80	1,17	1,32																				
54,69	I,IV	5,12	0,28	0,40	0,46	I	5,12	0,06	0,24	0,27	—	0,09	0,10	—	—	—	—	—	—	—	—	—	—	—	—
	II	4,20	0,23	0,33	0,37	II	4,20	—	0,17	0,19	—	0,04	0,05	—	—	—	—	—	—	—	—	—	—	—	—
	III	—	—	—	—	III	—	—	—	—	—	—	—	—	—	—	—	—	—	—	—	—	—	—	—
	V	13,83	0,76	1,10	1,24	IV	5,12	0,22	0,32	0,36	0,06	0,24	0,27	—	0,16	0,18	—	0,09	0,10	—	0,03	0,04	—	—	—
	VI	14,75	0,81	1,18	1,32																				
54,79	I,IV	5,15	0,28	0,41	0,46	I	5,15	0,07	0,24	0,27	—	0,09	0,11	—	—	—	—	—	—	—	—	—	—	—	—
	II	4,23	0,23	0,33	0,38	II	4,23	—	0,17	0,19	—	0,04	0,05	—	—	—	—	—	—	—	—	—	—	—	—
	III	—	—	—	—	III	—	—	—	—	—	—	—	—	—	—	—	—	—	—	—	—	—	—	—
	V	13,87	0,76	1,10	1,24	IV	5,15	0,22	0,32	0,36	0,07	0,24	0,27	—	0,16	0,18	—	0,09	0,11	—	0,04	0,04	—	—	—
	VI	14,78	0,81	1,18	1,33																				
54,89	I,IV	5,17	0,28	0,41	0,46	I	5,17	0,07	0,24	0,27	—	0,10	0,11	—	—	—	—	—	—	—	—	—	—	—	—
	II	4,25	0,23	0,34	0,38	II	4,25	—	0,17	0,20	—	0,04	0,05	—	—	—	—	—	—	—	—	—	—	—	—
	III	—	—	—	—	III	—	—	—	—	—	—	—	—	—	—	—	—	—	—	—	—	—	—	—
	V	13,91	0,76	1,11	1,25	IV	5,17	0,22	0,32	0,37	0,07	0,24	0,27	—	0,16	0,19	—	0,10	0,11	—	0,04	0,04	—	—	—
	VI	14,82	0,81	1,18	1,33																				
54,99	I,IV	5,20	0,28	0,41	0,46	I	5,20	0,08	0,24	0,27	—	0,10	0,11	—	—	—	—	—	—	—	—	—	—	—	—
	II	4,28	0,23	0,34	0,38	II	4,28	—	0,18	0,20	—	0,04	0,05	—	—	—	—	—	—	—	—	—	—	—	—
	III	—	—	—	—	III	—	—	—	—	—	—	—	—	—	—	—	—	—	—	—	—	—	—	—
	V	13,95	0,76	1,11	1,25	IV	5,20	0,22	0,33	0,37	0,08	0,24	0,27	—	0,17	0,19	—	0,10	0,11	—	0,04	0,04	—	—	—
	VI	14,86	0,81	1,18	1,33																				
55,09	I,IV	5,22	0,28	0,41	0,46	I	5,22	0,08	0,25	0,28	—	0,10	0,11	—	—	—	—	—	—	—	—	—	—	—	—
	II	4,30	0,23	0,34	0,38	II	4,30	—	0,18	0,20	—	0,05	0,05	—	—	—	—	—	—	—	—	—	—	—	—
	III	—	—	—	—	III	—	—	—	—	—	—	—	—	—	—	—	—	—	—	—	—	—	—	—
	V	13,98	0,76	1,11	1,25	IV	5,22	0,22	0,33	0,37	0,08	0,25	0,28	—	0,17	0,19	—	0,10	0,11	—	0,04	0,04	—	—	—
	VI	14,89	0,81	1,19	1,34																				
55,19	I,IV	5,25	0,28	0,42	0,47	I	5,25	0,09	0,25	0,28	—	0,10	0,11	—	—	—	—	—	—	—	—	—	—	—	—
	II	4,33	0,23	0,34	0,38	II	4,33	—	0,18	0,20	—	0,05	0,05	—	—	—	—	—	—	—	—	—	—	—	—
	III	—	—	—	—	III	—	—	—	—	—	—	—	—	—	—	—	—	—	—	—	—	—	—	—
	V	14,01	0,77	1,12	1,26	IV	5,25	0,23	0,33	0,37	0,09	0,25	0,28	—	0,17	0,19	—	0,10	0,11	—	0,04	0,05	—	—	—
	VI	14,92	0,82	1,19	1,34																				
55,29	I,IV	5,27	0,29	0,42	0,47	I	5,27	0,09	0,25	0,28	—	0,10	0,11	—	—	—	—	—	—	—	—	—	—	—	—
	II	4,35	0,23	0,34	0,39	II	4,35	—	0,18	0,20	—	0,05	0,06	—	—	—	—	—	—	—	—	—	—	—	—
	III	—	—	—	—	III	—	—	—	—	—	—	—	—	—	—	—	—	—	—	—	—	—	—	—
	V	14,05	0,77	1,12	1,26	IV	5,27	0,23	0,33	0,37	0,09	0,25	0,28	—	0,17	0,19	—	0,10	0,11	—	0,04	0,05	—	—	—
	VI	14,96	0,82	1,19	1,34																				
55,39	I,IV	5,30	0,29	0,42	0,47	I	5,30	0,10	0,25	0,28	—	0,10	0,12	—	—	—	—	—	—	—	—	—	—	—	—
	II	4,37	0,24	0,34	0,39	II	4,37	—	0,18	0,21	—	0,05	0,06	—	—	—	—	—	—	—	—	—	—	—	—
	III	—	—	—	—	III	—	—	—	—	—	—	—	—	—	—	—	—	—	—	—	—	—	—	—
	V	14,08	0,77	1,12	1,26	IV	5,30	0,23	0,33	0,38	0,10	0,25	0,28	—	0,17	0,19	—	0,10	0,12	—	0,04	0,05	—	—	—
	VI	15,—	0,82	1,20	1,35																				
55,49	I,IV	5,32	0,29	0,42	0,47	I	5,32	0,10	0,25	0,29	—	0,10	0,12	—	—	—	—	—	—	—	—	—	—	—	—
	II	4,40	0,24	0,35	0,39	II	4,40	—	0,18	0,21	—	0,05	0,06	—	—	—	—	—	—	—	—	—	—	—	—
	III	—	—	—	—	III	—	—	—	—	—	—	—	—	—	—	—	—	—	—	—	—	—	—	—
	V	14,12	0,77	1,12	1,27	IV	5,32	0,23	0,34	0,38	0,10	0,25	0,29	—	0,18	0,20	—	0,10	0,12	—	0,04	0,05	—	—	—
	VI	15,03	0,82	1,20	1,35																				

* Die ausgewiesenen Tabellenwerte sind amtlich. Siehe Erläuterungen auf der Umschlaginnenseite (U2).

Abzüge an Lohnsteuer, Solidaritätszuschlag (SolZ) und Kirchensteuer (8%, 9%) in den Steuerklassen

Lohn/ Gehalt bis €*		I – VI	ohne Kinder-freibeträge				I, II, III, IV	mit Zahl der Kinderfreibeträge . . . 0,5			1			1,5			2			2,5			3**		
		LSt	SolZ	8%	9%		LSt	SolZ	8%	9%	SolZ	8%	9%	SolZ	8%	9%	SolZ	8%	9%	SolZ	8%	9%	SolZ	8%	9%
55,59	I,IV	5,34	0,29	0,42	0,48	I	5,34	0,11	0,26	0,29	—	0,11	0,12	—	—	—	—	—	—	—	—	—	—	—	—
	II	4,42	0,24	0,35	0,39	II	4,42	—	0,19	0,21	—	0,05	0,06	—	—	—	—	—	—	—	—	—	—	—	—
	III	—	—	—	—	III	—	—	—	—	—	—	—	—	—	—	—	—	—	—	—	—	—	—	—
	V	14,16	0,77	1,13	1,27	IV	5,34	0,23	0,34	0,38	0,11	0,26	0,29	—	0,18	0,20	—	0,11	0,12	—	0,05	0,05	—	—	—
	VI	15,07	0,82	1,20	1,35																				
55,69	I,IV	5,37	0,29	0,42	0,48	I	5,37	0,11	0,26	0,29	—	0,11	0,12	—	—	—	—	—	—	—	—	—	—	—	—
	II	4,45	0,24	0,35	0,40	II	4,45	—	0,19	0,21	—	0,05	0,06	—	—	—	—	—	—	—	—	—	—	—	—
	III	—	—	—	—	III	—	—	—	—	—	—	—	—	—	—	—	—	—	—	—	—	—	—	—
	V	14,19	0,78	1,13	1,27	IV	5,37	0,23	0,34	0,38	0,11	0,26	0,29	—	0,18	0,20	—	0,11	0,12	—	0,05	0,05	—	—	—
	VI	15,11	0,83	1,20	1,35																				
55,79	I,IV	5,39	0,29	0,43	0,48	I	5,39	0,12	0,26	0,29	—	0,11	0,12	—	—	—	—	—	—	—	—	—	—	—	—
	II	4,47	0,24	0,35	0,40	II	4,47	—	0,19	0,21	—	0,06	0,06	—	—	—	—	—	—	—	—	—	—	—	—
	III	—	—	—	—	III	—	—	—	—	—	—	—	—	—	—	—	—	—	—	—	—	—	—	—
	V	14,23	0,78	1,13	1,28	IV	5,39	0,23	0,34	0,38	0,12	0,26	0,29	—	0,18	0,20	—	0,11	0,12	—	0,05	0,05	—	—	—
	VI	15,14	0,83	1,21	1,36																				
55,89	I,IV	5,42	0,29	0,43	0,48	I	5,42	0,12	0,26	0,29	—	0,11	0,12	—	—	—	—	—	—	—	—	—	—	—	—
	II	4,50	0,24	0,36	0,40	II	4,50	—	0,19	0,22	—	0,06	0,06	—	—	—	—	—	—	—	—	—	—	—	—
	III	—	—	—	—	III	—	—	—	—	—	—	—	—	—	—	—	—	—	—	—	—	—	—	—
	V	14,26	0,78	1,14	1,28	IV	5,42	0,23	0,34	0,39	0,12	0,26	0,29	—	0,18	0,20	—	0,11	0,12	—	0,05	0,06	—	—	—
	VI	15,18	0,83	1,21	1,36																				
55,99	I,IV	5,44	0,29	0,43	0,48	I	5,44	0,13	0,26	0,30	—	0,11	0,13	—	—	—	—	—	—	—	—	—	—	—	—
	II	4,52	0,24	0,36	0,40	II	4,52	—	0,19	0,22	—	0,06	0,07	—	—	—	—	—	—	—	—	—	—	—	—
	III	—	—	—	—	III	—	—	—	—	—	—	—	—	—	—	—	—	—	—	—	—	—	—	—
	V	14,30	0,78	1,14	1,28	IV	5,44	0,24	0,35	0,39	0,13	0,26	0,30	—	0,18	0,21	—	0,11	0,13	—	0,05	0,06	—	—	—
	VI	15,22	0,83	1,21	1,36																				
56,09	I,IV	5,47	0,30	0,43	0,49	I	5,47	0,13	0,26	0,30	—	0,11	0,13	—	—	—	—	—	—	—	—	—	—	—	—
	II	4,54	0,25	0,36	0,40	II	4,54	—	0,20	0,22	—	0,06	0,07	—	—	—	—	—	—	—	—	—	—	—	—
	III	—	—	—	—	III	—	—	—	—	—	—	—	—	—	—	—	—	—	—	—	—	—	—	—
	V	14,33	0,78	1,14	1,28	IV	5,47	0,24	0,35	0,39	0,13	0,26	0,30	—	0,19	0,21	—	0,11	0,13	—	0,05	0,06	—	—	—
	VI	15,25	0,83	1,22	1,37																				
56,19	I,IV	5,49	0,30	0,43	0,49	I	5,49	0,14	0,27	0,30	—	0,12	0,13	—	—	—	—	—	—	—	—	—	—	—	—
	II	4,57	0,25	0,36	0,41	II	4,57	—	0,20	0,22	—	0,06	0,07	—	—	—	—	—	—	—	—	—	—	—	—
	III	—	—	—	—	III	—	—	—	—	—	—	—	—	—	—	—	—	—	—	—	—	—	—	—
	V	14,37	0,79	1,14	1,29	IV	5,49	0,24	0,35	0,39	0,14	0,27	0,30	—	0,19	0,21	—	0,12	0,13	—	0,05	0,06	—	—	—
	VI	15,28	0,84	1,22	1,37																				
56,29	I,IV	5,52	0,30	0,44	0,49	I	5,52	0,14	0,27	0,30	—	0,12	0,13	—	—	—	—	—	—	—	—	—	—	—	—
	II	4,59	0,25	0,36	0,41	II	4,59	—	0,20	0,22	—	0,06	0,07	—	—	—	—	—	—	—	—	—	—	—	—
	III	—	—	—	—	III	—	—	—	—	—	—	—	—	—	—	—	—	—	—	—	—	—	—	—
	V	14,41	0,79	1,15	1,29	IV	5,52	0,24	0,35	0,40	0,14	0,27	0,30	—	0,19	0,21	—	0,12	0,13	—	0,05	0,06	—	—	—
	VI	15,33	0,84	1,22	1,37																				
56,39	I,IV	5,54	0,30	0,44	0,49	I	5,54	0,14	0,27	0,30	—	0,12	0,13	—	—	—	—	—	—	—	—	—	—	—	—
	II	4,61	0,25	0,36	0,41	II	4,61	—	0,20	0,23	—	0,06	0,07	—	—	—	—	—	—	—	—	—	—	—	—
	III	—	—	—	—	III	—	—	—	—	—	—	—	—	—	—	—	—	—	—	—	—	—	—	—
	V	14,44	0,79	1,15	1,29	IV	5,54	0,24	0,35	0,40	0,14	0,27	0,30	—	0,19	0,21	—	0,12	0,13	—	0,06	0,06	—	—	—
	VI	15,36	0,84	1,22	1,38																				
56,49	I,IV	5,57	0,30	0,44	0,50	I	5,57	0,15	0,27	0,31	—	0,12	0,14	—	—	—	—	—	—	—	—	—	—	—	—
	II	4,64	0,25	0,37	0,41	II	4,64	—	0,20	0,23	—	0,06	0,07	—	—	—	—	—	—	—	—	—	—	—	—
	III	—	—	—	—	III	—	—	—	—	—	—	—	—	—	—	—	—	—	—	—	—	—	—	—
	V	14,47	0,79	1,15	1,30	IV	5,57	0,24	0,36	0,40	0,15	0,27	0,31	—	0,19	0,22	—	0,12	0,14	—	0,06	0,06	—	—	—
	VI	15,40	0,84	1,23	1,38																				
56,59	I,IV	5,59	0,30	0,44	0,50	I	5,59	0,15	0,27	0,31	—	0,12	0,14	—	—	0,01	—	—	—	—	—	—	—	—	—
	II	4,66	0,25	0,37	0,41	II	4,66	—	0,20	0,23	—	0,07	0,08	—	—	—	—	—	—	—	—	—	—	—	—
	III	—	—	—	—	III	—	—	—	—	—	—	—	—	—	—	—	—	—	—	—	—	—	—	—
	V	14,51	0,79	1,16	1,30	IV	5,59	0,24	0,36	0,40	0,15	0,27	0,31	—	0,19	0,22	—	0,12	0,14	—	0,06	0,07	—	—	0,01
	VI	15,44	0,84	1,23	1,38																				
56,69	I,IV	5,62	0,30	0,44	0,50	I	5,62	0,16	0,28	0,31	—	0,12	0,14	—	0,01	0,01	—	—	—	—	—	—	—	—	—
	II	4,69	0,25	0,37	0,42	II	4,69	—	0,21	0,23	—	0,07	0,08	—	—	—	—	—	—	—	—	—	—	—	—
	III	—	—	—	—	III	—	—	—	—	—	—	—	—	—	—	—	—	—	—	—	—	—	—	—
	V	14,55	0,80	1,16	1,30	IV	5,62	0,25	0,36	0,40	0,16	0,28	0,31	—	0,20	0,22	—	0,12	0,14	—	0,06	0,07	—	0,01	0,01
	VI	15,47	0,85	1,23	1,39																				
56,79	I,IV	5,64	0,31	0,45	0,50	I	5,64	0,16	0,28	0,31	—	0,12	0,14	—	0,01	0,01	—	—	—	—	—	—	—	—	—
	II	4,71	0,25	0,37	0,42	II	4,71	—	0,21	0,23	—	0,07	0,08	—	—	—	—	—	—	—	—	—	—	—	—
	III	—	—	—	—	III	—	—	—	—	—	—	—	—	—	—	—	—	—	—	—	—	—	—	—
	V	14,58	0,80	1,16	1,31	IV	5,64	0,25	0,36	0,41	0,16	0,28	0,31	—	0,20	0,22	—	0,12	0,14	—	0,06	0,07	—	0,01	0,01
	VI	15,51	0,85	1,24	1,39																				
56,89	I,IV	5,67	0,31	0,45	0,51	I	5,67	0,17	0,28	0,32	—	0,13	0,14	—	0,01	0,01	—	—	—	—	—	—	—	—	—
	II	4,74	0,26	0,37	0,42	II	4,74	—	0,21	0,24	—	0,07	0,08	—	—	—	—	—	—	—	—	—	—	—	—
	III	—	—	—	—	III	—	—	—	—	—	—	—	—	—	—	—	—	—	—	—	—	—	—	—
	V	14,62	0,80	1,16	1,31	IV	5,67	0,25	0,36	0,41	0,17	0,28	0,32	—	0,20	0,22	—	0,13	0,14	—	0,06	0,07	—	0,01	0,01
	VI	15,55	0,85	1,24	1,39																				
56,99	I,IV	5,69	0,31	0,45	0,51	I	5,69	0,17	0,28	0,32	—	0,13	0,14	—	0,01	0,01	—	—	—	—	—	—	—	—	—
	II	4,76	0,26	0,38	0,42	II	4,76	—	0,21	0,24	—	0,07	0,08	—	—	—	—	—	—	—	—	—	—	—	—
	III	—	—	—	—	III	—	—	—	—	—	—	—	—	—	—	—	—	—	—	—	—	—	—	—
	V	14,66	0,80	1,17	1,31	IV	5,69	0,25	0,36	0,41	0,17	0,28	0,32	—	0,20	0,23	—	0,13	0,14	—	0,06	0,07	—	0,01	0,01
	VI	15,58	0,85	1,24	1,40																				

* Die ausgewiesenen Tabellenwerte sind amtlich. Siehe Erläuterungen auf der Umschlaginnenseite (U2).
** Bei mehr als 3 Kinderfreibeträgen ist die „Ergänzungs-Tabelle 3,5 bis 6 Kinderfreibeträge" anzuwenden.

Lohn/ Gehalt bis €*	I – VI					I, II, III, IV																			
			ohne Kinderfreibeträge					mit Zahl der Kinderfreibeträge . . .																	
								0,5			1			1,5			2			2,5			3**		
		LSt	SolZ	8%	9%		LSt	SolZ	8%	9%	SolZ	8%	9%	SolZ	8%	9%	SolZ	8%	9%	SolZ	8%	9%	SolZ	8%	9%
57,09	I,IV	5,72	0,31	0,45	0,51	I	5,72	0,18	0,28	0,32	—	0,13	0,15	—	0,01	0,01	—	—	—	—	—	—	—	—	—
	II	4,79	0,26	0,38	0,43	II	4,79	—	0,21	0,24	—	0,07	0,08	—	—	—	—	—	—	—	—	—	—	—	—
	III	—	—	—	—	III	—	—	—	—	—	—	—	—	—	—	—	—	—	—	—	—	—	—	—
	V	14,69	0,80	1,17	1,32	IV	5,72	0,25	0,37	0,41	0,18	0,28	0,32	—	0,20	0,23	—	0,13	0,15	—	0,07	0,07	—	0,01	0,01
	VI	15,62	0,85	1,24	1,40																				
57,19	I,IV	5,74	0,31	0,45	0,51	I	5,74	0,18	0,29	0,32	—	0,13	0,15	—	0,01	0,01	—	—	—	—	—	—	—	—	—
	II	4,81	0,26	0,38	0,43	II	4,81	0,01	0,22	0,24	—	0,07	0,08	—	—	—	—	—	—	—	—	—	—	—	—
	III	—	—	—	—	III	—	—	—	—	—	—	—	—	—	—	—	—	—	—	—	—	—	—	—
	V	14,73	0,81	1,17	1,32	IV	5,74	0,25	0,37	0,42	0,18	0,29	0,32	—	0,20	0,23	—	0,13	0,15	—	0,07	0,08	—	0,01	0,01
	VI	15,66	0,86	1,25	1,40																				
57,29	I,IV	5,77	0,31	0,46	0,51	I	5,77	0,19	0,29	0,32	—	0,13	0,15	—	0,01	0,01	—	—	—	—	—	—	—	—	—
	II	4,83	0,26	0,38	0,43	II	4,83	0,01	0,22	0,24	—	0,08	0,09	—	—	—	—	—	—	—	—	—	—	—	—
	III	—	—	—	—	III	—	—	—	—	—	—	—	—	—	—	—	—	—	—	—	—	—	—	—
	V	14,76	0,81	1,18	1,32	IV	5,77	0,25	0,37	0,42	0,19	0,29	0,32	—	0,21	0,23	—	0,13	0,15	—	0,07	0,08	—	0,01	0,01
	VI	15,69	0,86	1,25	1,41																				
57,39	I,IV	5,79	0,31	0,46	0,52	I	5,79	0,19	0,29	0,33	—	0,13	0,15	—	0,01	0,02	—	—	—	—	—	—	—	—	—
	II	4,86	0,26	0,38	0,43	II	4,86	0,02	0,22	0,25	—	0,08	0,09	—	—	—	—	—	—	—	—	—	—	—	—
	III	—	—	—	—	III	—	—	—	—	—	—	—	—	—	—	—	—	—	—	—	—	—	—	—
	V	14,80	0,81	1,18	1,33	IV	5,79	0,25	0,37	0,42	0,19	0,29	0,33	—	0,21	0,23	—	0,13	0,15	—	0,07	0,08	—	0,01	0,02
	VI	15,73	0,86	1,25	1,41																				
57,49	I,IV	5,82	0,32	0,46	0,52	I	5,82	0,20	0,29	0,33	—	0,14	0,15	—	0,02	0,02	—	—	—	—	—	—	—	—	—
	II	4,88	0,26	0,39	0,43	II	4,88	0,02	0,22	0,25	—	0,08	0,09	—	—	—	—	—	—	—	—	—	—	—	—
	III	—	—	—	—	III	—	—	—	—	—	—	—	—	—	—	—	—	—	—	—	—	—	—	—
	V	14,83	0,81	1,18	1,33	IV	5,82	0,26	0,38	0,42	0,20	0,29	0,33	—	0,21	0,24	—	0,14	0,15	—	0,07	0,08	—	0,02	0,02
	VI	15,77	0,86	1,26	1,41																				
57,59	I,IV	5,84	0,32	0,46	0,52	I	5,84	0,20	0,29	0,33	—	0,14	0,16	—	0,02	0,02	—	—	—	—	—	—	—	—	—
	II	4,91	0,27	0,39	0,44	II	4,91	0,02	0,22	0,25	—	0,08	0,09	—	—	—	—	—	—	—	—	—	—	—	—
	III	—	—	—	—	III	—	—	—	—	—	—	—	—	—	—	—	—	—	—	—	—	—	—	—
	V	14,87	0,81	1,18	1,33	IV	5,84	0,26	0,38	0,42	0,20	0,29	0,33	—	0,21	0,24	—	0,14	0,16	—	0,07	0,08	—	0,02	0,02
	VI	15,80	0,86	1,26	1,42																				
57,69	I,IV	5,87	0,32	0,46	0,52	I	5,87	0,20	0,30	0,33	—	0,14	0,16	—	0,02	0,02	—	—	—	—	—	—	—	—	—
	II	4,93	0,27	0,39	0,44	II	4,93	0,03	0,22	0,25	—	0,08	0,09	—	—	—	—	—	—	—	—	—	—	—	—
	III	—	—	—	—	III	—	—	—	—	—	—	—	—	—	—	—	—	—	—	—	—	—	—	—
	V	14,91	0,82	1,19	1,34	IV	5,87	0,26	0,38	0,43	0,20	0,30	0,33	—	0,21	0,24	—	0,14	0,16	—	0,07	0,08	—	0,02	0,02
	VI	15,84	0,87	1,26	1,42																				
57,79	I,IV	5,89	0,32	0,47	0,53	I	5,89	0,20	0,30	0,33	—	0,14	0,16	—	0,02	0,02	—	—	—	—	—	—	—	—	—
	II	4,96	0,27	0,39	0,44	II	4,96	0,03	0,23	0,26	—	0,08	0,09	—	—	—	—	—	—	—	—	—	—	—	—
	III	—	—	—	—	III	—	—	—	—	—	—	—	—	—	—	—	—	—	—	—	—	—	—	—
	V	14,95	0,82	1,19	1,34	IV	5,89	0,26	0,38	0,43	0,20	0,30	0,33	0,01	0,22	0,24	—	0,14	0,16	—	0,08	0,09	—	0,02	0,02
	VI	15,87	0,87	1,26	1,42																				
57,89	I,IV	5,92	0,32	0,47	0,53	I	5,92	0,20	0,30	0,34	—	0,14	0,16	—	0,02	0,02	—	—	—	—	—	—	—	—	—
	II	4,98	0,27	0,39	0,44	II	4,98	0,04	0,23	0,26	—	0,08	0,09	—	—	—	—	—	—	—	—	—	—	—	—
	III	—	—	—	—	III	—	—	—	—	—	—	—	—	—	—	—	—	—	—	—	—	—	—	—
	V	14,98	0,82	1,19	1,34	IV	5,92	0,26	0,38	0,43	0,20	0,30	0,34	0,01	0,22	0,25	—	0,14	0,16	—	0,08	0,09	—	0,02	0,02
	VI	15,92	0,87	1,27	1,43																				
57,99	I,IV	5,94	0,32	0,47	0,53	I	5,94	0,21	0,30	0,34	—	0,14	0,16	—	0,02	0,02	—	—	—	—	—	—	—	—	—
	II	5,01	0,27	0,40	0,45	II	5,01	0,04	0,23	0,26	—	0,09	0,10	—	—	—	—	—	—	—	—	—	—	—	—
	III	0,01	—	—	—	III	0,01	—	—	—	—	—	—	—	—	—	—	—	—	—	—	—	—	—	—
	V	15,01	0,82	1,20	1,35	IV	5,94	0,26	0,38	0,43	0,21	0,30	0,34	0,02	0,22	0,25	—	0,14	0,16	—	0,08	0,09	—	0,02	0,02
	VI	15,95	0,87	1,27	1,43																				
58,09	I,IV	5,97	0,32	0,47	0,53	I	5,97	0,21	0,30	0,34	—	0,15	0,16	—	0,02	0,03	—	—	—	—	—	—	—	—	—
	II	5,03	0,27	0,40	0,45	II	5,03	0,05	0,23	0,26	—	0,09	0,10	—	—	—	—	—	—	—	—	—	—	—	—
	III	0,02	—	—	—	III	0,02	—	—	—	—	—	—	—	—	—	—	—	—	—	—	—	—	—	—
	V	15,05	0,82	1,20	1,35	IV	5,97	0,26	0,39	0,44	0,21	0,30	0,34	0,02	0,22	0,25	—	0,15	0,16	—	0,08	0,09	—	0,02	0,03
	VI	15,99	0,87	1,27	1,43																				
58,19	I,IV	5,99	0,32	0,47	0,53	I	5,99	0,21	0,30	0,34	—	0,15	0,17	—	0,02	0,03	—	—	—	—	—	—	—	—	—
	II	5,06	0,27	0,40	0,45	II	5,06	0,05	0,23	0,26	—	0,09	0,10	—	—	—	—	—	—	—	—	—	—	—	—
	III	0,03	—	—	—	III	0,03	—	—	—	—	—	—	—	—	—	—	—	—	—	—	—	—	—	—
	V	15,09	0,83	1,20	1,35	IV	5,99	0,27	0,39	0,44	0,21	0,30	0,34	0,03	0,22	0,25	—	0,15	0,17	—	0,08	0,09	—	0,02	0,03
	VI	16,02	0,88	1,28	1,44																				
58,29	I,IV	6,02	0,33	0,48	0,54	I	6,02	0,21	0,31	0,35	—	0,15	0,17	—	0,02	0,03	—	—	—	—	—	—	—	—	—
	II	5,08	0,27	0,40	0,45	II	5,08	0,06	0,24	0,27	—	0,09	0,10	—	—	—	—	—	—	—	—	—	—	—	—
	III	0,05	—	—	—	III	0,05	—	—	—	—	—	—	—	—	—	—	—	—	—	—	—	—	—	—
	V	15,12	0,83	1,20	1,36	IV	6,02	0,27	0,39	0,44	0,21	0,31	0,35	0,03	0,22	0,25	—	0,15	0,17	—	0,08	0,09	—	0,02	0,03
	VI	16,07	0,88	1,28	1,44																				
58,39	I,IV	6,04	0,33	0,48	0,54	I	6,04	0,21	0,31	0,35	—	0,15	0,17	—	0,03	0,03	—	—	—	—	—	—	—	—	—
	II	5,10	0,28	0,40	0,45	II	5,10	0,06	0,24	0,27	—	0,09	0,10	—	—	—	—	—	—	—	—	—	—	—	—
	III	0,06	—	—	—	III	0,06	—	—	—	—	—	—	—	—	—	—	—	—	—	—	—	—	—	—
	V	15,16	0,83	1,21	1,36	IV	6,04	0,27	0,39	0,44	0,21	0,31	0,35	0,04	0,23	0,26	—	0,15	0,17	—	0,08	0,09	—	0,03	0,03
	VI	16,10	0,88	1,28	1,44																				
58,49	I,IV	6,07	0,33	0,48	0,54	I	6,07	0,21	0,31	0,35	—	0,15	0,17	—	0,03	0,03	—	—	—	—	—	—	—	—	—
	II	5,13	0,28	0,41	0,46	II	5,13	0,07	0,24	0,27	—	0,09	0,11	—	—	—	—	—	—	—	—	—	—	—	—
	III	0,07	—	—	—	III	0,07	—	—	—	—	—	—	—	—	—	—	—	—	—	—	—	—	—	—
	V	15,20	0,83	1,21	1,36	IV	6,07	0,27	0,39	0,44	0,21	0,31	0,35	0,04	0,23	0,26	—	0,15	0,17	—	0,08	0,10	—	0,03	0,03
	VI	16,14	0,88	1,29	1,45																				

Table heading: Abzüge an Lohnsteuer, Solidaritätszuschlag (SolZ) und Kirchensteuer (8%, 9%) in den Steuerklassen

* Die ausgewiesenen Tabellenwerte sind amtlich. Siehe Erläuterungen auf der Umschlaginnenseite (U2).

** Bei mehr als 3 Kinderfreibeträgen ist die „Ergänzungs-Tabelle 3,5 bis 6 Kinderfreibeträge" anzuwenden.

Abzüge an Lohnsteuer, Solidaritätszuschlag (SolZ) und Kirchensteuer (8%, 9%) in den Steuerklassen

Lohn/Gehalt bis €*	I – VI		ohne Kinderfreibeträge			I, II, III, IV		mit Zahl der Kinderfreibeträge . . . 0,5			1			1,5			2			2,5			3**		
		LSt	SolZ	8%	9%		LSt	SolZ	8%	9%	SolZ	8%	9%	SolZ	8%	9%	SolZ	8%	9%	SolZ	8%	9%	SolZ	8%	9%
58,59	I,IV	6,09	0,33	0,48	0,54	I	6,09	0,21	0,31	0,35	—	0,15	0,17	—	0,03	0,03	—	—	—	—	—	—	—	—	—
	II	5,15	0,28	0,41	0,46	II	5,15	0,07	0,24	0,27	—	0,09	0,11	—	—	—	—	—	—	—	—	—	—	—	—
	III	0,08	—	—	—	III	0,08	—	—	—	—	—	—	—	—	—	—	—	—	—	—	—	—	—	—
	V	15,23	0,83	1,21	1,37	IV	6,09	0,27	0,40	0,45	0,21	0,31	0,35	0,04	0,23	0,26	—	0,15	0,17	—	0,09	0,10	—	0,03	0,03
	VI	16,17	0,88	1,29	1,45																				
58,69	I,IV	6,12	0,33	0,48	0,55	I	6,12	0,21	0,31	0,35	—	0,16	0,18	—	0,03	0,03	—	—	—	—	—	—	—	—	—
	II	5,18	0,28	0,41	0,46	II	5,18	0,08	0,24	0,27	—	0,10	0,11	—	—	—	—	—	—	—	—	—	—	—	—
	III	0,09	—	—	—	III	0,09	—	—	—	—	—	—	—	—	—	—	—	—	—	—	—	—	—	—
	V	15,27	0,83	1,22	1,37	IV	6,12	0,27	0,40	0,45	0,21	0,31	0,35	0,05	0,23	0,26	—	0,16	0,18	—	0,09	0,10	—	0,03	0,03
	VI	16,21	0,89	1,29	1,45																				
58,79	I,IV	6,14	0,33	0,49	0,55	I	6,14	0,22	0,32	0,36	—	0,16	0,18	—	0,03	0,04	—	—	—	—	—	—	—	—	—
	II	5,20	0,28	0,41	0,46	II	5,20	0,08	0,24	0,28	—	0,10	0,11	—	—	—	—	—	—	—	—	—	—	—	—
	III	0,10	—	—	—	III	0,10	—	—	—	—	—	—	—	—	—	—	—	—	—	—	—	—	—	—
	V	15,30	0,84	1,22	1,37	IV	6,14	0,27	0,40	0,45	0,22	0,32	0,36	0,05	0,23	0,26	—	0,16	0,18	—	0,09	0,10	—	0,03	0,04
	VI	16,25	0,89	1,30	1,46																				
58,89	I,IV	6,17	0,33	0,49	0,55	I	6,17	0,22	0,32	0,36	—	0,16	0,18	—	0,03	0,04	—	—	—	—	—	—	—	—	—
	II	5,23	0,28	0,41	0,47	II	5,23	0,09	0,25	0,28	—	0,10	0,11	—	—	—	—	—	—	—	—	—	—	—	—
	III	0,11	—	—	—	III	0,11	—	—	—	—	—	—	—	—	—	—	—	—	—	—	—	—	—	—
	V	15,35	0,84	1,22	1,38	IV	6,17	0,28	0,40	0,45	0,22	0,32	0,36	0,06	0,24	0,27	—	0,16	0,18	—	0,09	0,10	—	0,03	0,04
	VI	16,29	0,89	1,30	1,46																				
58,99	I,IV	6,19	0,34	0,49	0,55	I	6,19	0,22	0,32	0,36	—	0,16	0,18	—	0,03	0,04	—	—	—	—	—	—	—	—	—
	II	5,25	0,28	0,42	0,47	II	5,25	0,09	0,25	0,28	—	0,10	0,11	—	—	—	—	—	—	—	—	—	—	—	—
	III	0,12	—	—	0,01	III	0,12	—	—	—	—	—	—	—	—	—	—	—	—	—	—	—	—	—	—
	V	15,38	0,84	1,23	1,38	IV	6,19	0,28	0,40	0,45	0,22	0,32	0,36	0,06	0,24	0,27	—	0,16	0,18	—	0,09	0,10	—	0,03	0,04
	VI	16,32	0,89	1,30	1,46																				
59,09	I,IV	6,22	0,34	0,49	0,55	I	6,22	0,22	0,32	0,36	—	0,16	0,18	—	0,03	0,04	—	—	—	—	—	—	—	—	—
	II	5,28	0,29	0,42	0,47	II	5,28	0,09	0,25	0,28	—	0,10	0,12	—	—	—	—	—	—	—	—	—	—	—	—
	III	0,13	—	0,01	0,01	III	0,13	—	—	—	—	—	—	—	—	—	—	—	—	—	—	—	—	—	—
	V	15,41	0,84	1,23	1,38	IV	6,22	0,28	0,41	0,46	0,22	0,32	0,36	0,07	0,24	0,27	—	0,16	0,18	—	0,09	0,11	—	0,03	0,04
	VI	16,36	0,90	1,30	1,47																				
59,19	I,IV	6,25	0,34	0,50	0,56	I	6,25	0,22	0,32	0,36	—	0,16	0,18	—	0,04	0,04	—	—	—	—	—	—	—	—	—
	II	5,30	0,29	0,42	0,47	II	5,30	0,10	0,25	0,28	—	0,10	0,12	—	—	—	—	—	—	—	—	—	—	—	—
	III	0,15	—	0,01	0,01	III	0,15	—	—	—	—	—	—	—	—	—	—	—	—	—	—	—	—	—	—
	V	15,46	0,85	1,23	1,39	IV	6,25	0,28	0,41	0,46	0,22	0,32	0,36	0,07	0,24	0,27	—	0,16	0,18	—	0,10	0,11	—	0,04	0,04
	VI	16,40	0,90	1,31	1,47																				
59,29	I,IV	6,27	0,34	0,50	0,56	I	6,27	0,22	0,33	0,37	—	0,17	0,19	—	0,04	0,04	—	—	—	—	—	—	—	—	—
	II	5,33	0,29	0,42	0,47	II	5,33	0,10	0,25	0,29	—	0,10	0,12	—	—	—	—	—	—	—	—	—	—	—	—
	III	0,16	—	0,01	0,01	III	0,16	—	—	—	—	—	—	—	—	—	—	—	—	—	—	—	—	—	—
	V	15,49	0,85	1,23	1,39	IV	6,27	0,28	0,41	0,46	0,22	0,33	0,37	0,08	0,24	0,27	—	0,17	0,19	—	0,10	0,11	—	0,04	0,04
	VI	16,43	0,90	1,31	1,47																				
59,39	I,IV	6,30	0,34	0,50	0,56	I	6,30	0,22	0,33	0,37	—	0,17	0,19	—	0,04	0,04	—	—	—	—	—	—	—	—	—
	II	5,35	0,29	0,42	0,48	II	5,35	0,11	0,26	0,29	—	0,11	0,12	—	—	—	—	—	—	—	—	—	—	—	—
	III	0,17	—	0,01	0,01	III	0,17	—	—	—	—	—	—	—	—	—	—	—	—	—	—	—	—	—	—
	V	15,52	0,85	1,24	1,39	IV	6,30	0,28	0,41	0,46	0,22	0,33	0,37	0,08	0,25	0,28	—	0,17	0,19	—	0,10	0,11	—	0,04	0,04
	VI	16,47	0,90	1,31	1,48																				
59,49	I,IV	6,32	0,34	0,50	0,56	I	6,32	0,23	0,33	0,37	—	0,17	0,19	—	0,04	0,04	—	—	—	—	—	—	—	—	—
	II	5,38	0,29	0,43	0,48	II	5,38	0,11	0,26	0,29	—	0,11	0,12	—	—	—	—	—	—	—	—	—	—	—	—
	III	0,18	—	0,01	0,01	III	0,18	—	—	—	—	—	—	—	—	—	—	—	—	—	—	—	—	—	—
	V	15,56	0,85	1,24	1,40	IV	6,32	0,28	0,41	0,47	0,23	0,33	0,37	0,09	0,25	0,28	—	0,17	0,19	—	0,10	0,11	—	0,04	0,04
	VI	16,51	0,90	1,32	1,48																				
59,59	I,IV	6,35	0,34	0,50	0,57	I	6,35	0,23	0,33	0,37	—	0,17	0,19	—	0,04	0,05	—	—	—	—	—	—	—	—	—
	II	5,40	0,29	0,43	0,48	II	5,40	0,12	0,26	0,29	—	0,11	0,12	—	—	—	—	—	—	—	—	—	—	—	—
	III	0,19	—	0,01	0,01	III	0,19	—	—	—	—	—	—	—	—	—	—	—	—	—	—	—	—	—	—
	V	15,60	0,85	1,24	1,40	IV	6,35	0,28	0,42	0,47	0,23	0,33	0,37	0,09	0,25	0,28	—	0,17	0,19	—	0,10	0,11	—	0,04	0,05
	VI	16,55	0,91	1,32	1,48																				
59,69	I,IV	6,37	0,35	0,50	0,57	I	6,37	0,23	0,33	0,38	—	0,17	0,19	—	0,04	0,05	—	—	—	—	—	—	—	—	—
	II	5,43	0,29	0,43	0,48	II	5,43	0,12	0,26	0,29	—	0,11	0,13	—	—	—	—	—	—	—	—	—	—	—	—
	III	0,20	—	0,01	0,01	III	0,20	—	—	—	—	—	—	—	—	—	—	—	—	—	—	—	—	—	—
	V	15,63	0,86	1,25	1,40	IV	6,37	0,29	0,42	0,47	0,23	0,33	0,38	0,10	0,25	0,28	—	0,17	0,19	—	0,10	0,12	—	0,04	0,05
	VI	16,58	0,91	1,32	1,49																				
59,79	I,IV	6,40	0,35	0,51	0,57	I	6,40	0,23	0,34	0,38	—	0,17	0,20	—	0,04	0,05	—	—	—	—	—	—	—	—	—
	II	5,45	0,30	0,43	0,49	II	5,45	0,13	0,26	0,30	—	0,11	0,13	—	—	—	—	—	—	—	—	—	—	—	—
	III	0,22	—	0,01	0,01	III	0,22	—	—	—	—	—	—	—	—	—	—	—	—	—	—	—	—	—	—
	V	15,67	0,86	1,25	1,41	IV	6,40	0,29	0,42	0,47	0,23	0,34	0,38	0,10	0,25	0,28	—	0,17	0,20	—	0,10	0,12	—	0,04	0,05
	VI	16,62	0,91	1,32	1,49																				
59,89	I,IV	6,42	0,35	0,51	0,57	I	6,42	0,23	0,34	0,38	—	0,18	0,20	—	0,04	0,05	—	—	—	—	—	—	—	—	—
	II	5,48	0,30	0,43	0,49	II	5,48	0,13	0,27	0,30	—	0,11	0,13	—	—	—	—	—	—	—	—	—	—	—	—
	III	0,23	—	0,01	0,02	III	0,23	—	—	—	—	—	—	—	—	—	—	—	—	—	—	—	—	—	—
	V	15,71	0,86	1,25	1,41	IV	6,42	0,29	0,42	0,47	0,23	0,34	0,38	0,11	0,26	0,29	—	0,18	0,20	—	0,11	0,12	—	0,04	0,05
	VI	16,66	0,91	1,33	1,49																				
59,99	I,IV	6,45	0,35	0,51	0,58	I	6,45	0,23	0,34	0,38	—	0,18	0,20	—	0,05	0,05	—	—	—	—	—	—	—	—	—
	II	5,50	0,30	0,44	0,49	II	5,50	0,14	0,27	0,30	—	0,12	0,13	—	—	—	—	—	—	—	—	—	—	—	—
	III	0,24	—	0,01	0,02	III	0,24	—	—	—	—	—	—	—	—	—	—	—	—	—	—	—	—	—	—
	V	15,75	0,86	1,26	1,41	IV	6,45	0,29	0,42	0,48	0,23	0,34	0,38	0,11	0,26	0,29	—	0,18	0,20	—	0,11	0,12	—	0,05	0,05
	VI	16,70	0,91	1,33	1,50																				

* Die ausgewiesenen Tabellenwerte sind amtlich. Siehe Erläuterungen auf der Umschlaginnenseite (U2).
** Bei mehr als 3 Kinderfreibeträgen ist die „Ergänzungs-Tabelle 3,5 bis 6 Kinderfreibeträge" anzuwenden.

TAG **60,–***

Abzüge an Lohnsteuer, Solidaritätszuschlag (SolZ) und Kirchensteuer (8%, 9%) in den Steuerklassen

Lohn/ Gehalt bis €*	I – VI					I, II, III, IV		mit Zahl der Kinderfreibeträge . . . 0,5			1			1,5			2			2,5			3**		
		LSt	ohne Kinderfreibeträge SolZ	8%	9%		LSt	SolZ	8%	9%	SolZ	8%	9%	SolZ	8%	9%	SolZ	8%	9%	SolZ	8%	9%	SolZ	8%	9%
60,09	I,IV	6,47	0,35	0,51	0,58	I	6,47	0,23	0,34	0,38	—	0,18	0,20	—	0,05	0,05	—	—	—	—	—	—	—	—	—
	II	5,53	0,30	0,44	0,49	II	5,53	0,14	0,27	0,30	—	0,12	0,13	—	—	—	—	—	—	—	—	—	—	—	—
	III	0,25	—	0,02	0,02	III	0,25	—	—	—	—	—	—	—	—	—	—	—	—	—	—	—	—	—	—
	V	15,78	0,86	1,26	1,42	IV	6,47	0,29	0,43	0,48	0,23	0,34	0,38	0,11	0,26	0,29	—	0,18	0,20	—	0,11	0,12	—	0,05	0,05
	VI	16,74	0,92	1,33	1,50																				
60,19	I,IV	6,50	0,35	0,52	0,58	I	6,50	0,23	0,34	0,39	—	0,18	0,20	—	0,05	0,06	—	—	—	—	—	—	—	—	—
	II	5,55	0,30	0,44	0,49	II	5,55	0,15	0,27	0,31	—	0,12	0,13	—	—	—	—	—	—	—	—	—	—	—	—
	III	0,26	—	0,02	0,02	III	0,26	—	—	—	—	—	—	—	—	—	—	—	—	—	—	—	—	—	—
	V	15,82	0,87	1,26	1,42	IV	6,50	0,29	0,43	0,48	0,23	0,34	0,39	0,12	0,26	0,29	—	0,18	0,20	—	0,11	0,12	—	0,05	0,06
	VI	16,77	0,92	1,34	1,50																				
60,29	I,IV	6,52	0,35	0,52	0,58	I	6,52	0,24	0,34	0,39	—	0,18	0,21	—	0,05	0,06	—	—	—	—	—	—	—	—	—
	II	5,58	0,30	0,44	0,50	II	5,58	0,15	0,27	0,31	—	0,12	0,14	—	—	—	—	—	—	—	—	—	—	—	—
	III	0,27	—	0,02	0,02	III	0,27	—	—	—	—	—	—	—	—	—	—	—	—	—	—	—	—	—	—
	V	15,86	0,87	1,26	1,42	IV	6,52	0,29	0,43	0,48	0,24	0,34	0,39	0,12	0,26	0,30	—	0,18	0,21	—	0,11	0,13	—	0,05	0,06
	VI	16,81	0,92	1,34	1,51																				
60,39	I,IV	6,55	0,36	0,52	0,58	I	6,55	0,24	0,35	0,39	—	0,18	0,21	—	0,05	0,06	—	—	—	—	—	—	—	—	—
	II	5,60	0,30	0,44	0,50	II	5,60	0,16	0,28	0,31	—	0,12	0,14	—	0,01	0,01	—	—	—	—	—	—	—	—	—
	III	0,28	—	0,02	0,02	III	0,28	—	—	—	—	—	—	—	—	—	—	—	—	—	—	—	—	—	—
	V	15,89	0,87	1,27	1,43	IV	6,55	0,30	0,43	0,49	0,24	0,35	0,39	0,13	0,26	0,30	—	0,18	0,21	—	0,11	0,13	—	0,05	0,06
	VI	16,85	0,92	1,34	1,51																				
60,49	I,IV	6,57	0,36	0,52	0,59	I	6,57	0,24	0,35	0,39	—	0,19	0,21	—	0,05	0,06	—	—	—	—	—	—	—	—	—
	II	5,62	0,30	0,44	0,50	II	5,62	0,16	0,28	0,31	—	0,12	0,14	—	0,01	0,01	—	—	—	—	—	—	—	—	—
	III	0,30	—	0,02	0,02	III	0,30	—	—	—	—	—	—	—	—	—	—	—	—	—	—	—	—	—	—
	V	15,93	0,87	1,27	1,43	IV	6,57	0,30	0,43	0,49	0,24	0,35	0,39	0,13	0,27	0,30	—	0,19	0,21	—	0,11	0,13	—	0,05	0,06
	VI	16,88	0,92	1,35	1,51																				
60,59	I,IV	6,60	0,36	0,52	0,59	I	6,60	0,24	0,35	0,39	—	0,19	0,21	—	0,05	0,06	—	—	—	—	—	—	—	—	—
	II	5,65	0,31	0,45	0,50	II	5,65	0,16	0,28	0,31	—	0,12	0,14	—	0,01	0,01	—	—	—	—	—	—	—	—	—
	III	0,31	—	0,02	0,02	III	0,31	—	—	—	—	—	—	—	—	—	—	—	—	—	—	—	—	—	—
	V	15,97	0,87	1,27	1,43	IV	6,60	0,30	0,44	0,49	0,24	0,35	0,39	0,14	0,27	0,30	—	0,19	0,21	—	0,12	0,13	—	0,05	0,06
	VI	16,92	0,93	1,35	1,52																				
60,69	I,IV	6,63	0,36	0,53	0,59	I	6,63	0,24	0,35	0,40	—	0,19	0,21	—	0,06	0,06	—	—	—	—	—	—	—	—	—
	II	5,68	0,31	0,45	0,51	II	5,68	0,17	0,28	0,32	—	0,13	0,14	—	0,01	0,01	—	—	—	—	—	—	—	—	—
	III	0,32	—	0,02	0,02	III	0,32	—	—	—	—	—	—	—	—	—	—	—	—	—	—	—	—	—	—
	V	16,01	0,88	1,28	1,44	IV	6,63	0,30	0,44	0,49	0,24	0,35	0,40	0,14	0,27	0,30	—	0,19	0,21	—	0,12	0,13	—	0,06	0,06
	VI	16,97	0,93	1,35	1,52																				
60,79	I,IV	6,65	0,36	0,53	0,59	I	6,65	0,24	0,35	0,40	—	0,19	0,22	—	0,06	0,06	—	—	—	—	—	—	—	—	—
	II	5,70	0,31	0,45	0,51	II	5,70	0,17	0,28	0,32	—	0,13	0,14	—	0,01	0,01	—	—	—	—	—	—	—	—	—
	III	0,33	—	0,02	0,02	III	0,33	—	—	—	—	—	—	—	—	—	—	—	—	—	—	—	—	—	—
	V	16,04	0,88	1,28	1,44	IV	6,65	0,30	0,44	0,50	0,24	0,35	0,40	0,15	0,27	0,31	—	0,19	0,22	—	0,12	0,13	—	0,06	0,06
	VI	17,—	0,93	1,36	1,53																				
60,89	I,IV	6,68	0,36	0,53	0,60	I	6,68	0,24	0,36	0,40	—	0,19	0,22	—	0,06	0,07	—	—	—	—	—	—	—	—	—
	II	5,72	0,31	0,45	0,51	II	5,72	0,18	0,28	0,32	—	0,13	0,15	—	0,01	0,01	—	—	—	—	—	—	—	—	—
	III	0,35	—	0,02	0,03	III	0,35	—	—	—	—	—	—	—	—	—	—	—	—	—	—	—	—	—	—
	V	16,08	0,88	1,28	1,44	IV	6,68	0,30	0,44	0,50	0,24	0,36	0,40	0,15	0,27	0,31	—	0,19	0,22	—	0,12	0,14	—	0,06	0,07
	VI	17,04	0,93	1,36	1,53																				
60,99	I,IV	6,70	0,36	0,53	0,60	I	6,70	0,24	0,36	0,40	—	0,20	0,22	—	0,06	0,07	—	—	—	—	—	—	—	—	—
	II	5,75	0,31	0,46	0,51	II	5,75	0,18	0,29	0,32	—	0,13	0,15	—	0,01	0,01	—	—	—	—	—	—	—	—	—
	III	0,36	—	0,02	0,03	III	0,36	—	—	—	—	—	—	—	—	—	—	—	—	—	—	—	—	—	—
	V	16,12	0,88	1,28	1,45	IV	6,70	0,30	0,44	0,50	0,24	0,36	0,40	0,16	0,28	0,31	—	0,20	0,22	—	0,12	0,14	—	0,06	0,07
	VI	17,08	0,93	1,36	1,53																				
61,09	I,IV	6,73	0,37	0,53	0,60	I	6,73	0,25	0,36	0,41	—	0,20	0,22	—	0,06	0,07	—	—	—	—	—	—	—	—	—
	II	5,78	0,31	0,46	0,52	II	5,78	0,19	0,29	0,32	—	0,13	0,15	—	0,01	0,02	—	—	—	—	—	—	—	—	—
	III	0,37	—	0,02	0,03	III	0,37	—	—	—	—	—	—	—	—	—	—	—	—	—	—	—	—	—	—
	V	16,16	0,88	1,29	1,45	IV	6,73	0,30	0,45	0,50	0,25	0,36	0,41	0,16	0,28	0,31	—	0,20	0,22	—	0,12	0,14	—	0,06	0,07
	VI	17,12	0,94	1,36	1,54																				
61,19	I,IV	6,75	0,37	0,54	0,60	I	6,75	0,25	0,36	0,41	—	0,20	0,22	—	0,06	0,07	—	—	—	—	—	—	—	—	—
	II	5,80	0,31	0,46	0,52	II	5,80	0,19	0,29	0,33	—	0,13	0,15	—	0,01	0,02	—	—	—	—	—	—	—	—	—
	III	0,38	—	0,03	0,03	III	0,38	—	—	—	—	—	—	—	—	—	—	—	—	—	—	—	—	—	—
	V	16,19	0,89	1,29	1,45	IV	6,75	0,31	0,45	0,50	0,25	0,36	0,41	0,17	0,28	0,31	—	0,20	0,22	—	0,13	0,14	—	0,06	0,07
	VI	17,15	0,94	1,37	1,54																				
61,29	I,IV	6,78	0,37	0,54	0,61	I	6,78	0,25	0,36	0,41	—	0,20	0,23	—	0,06	0,07	—	—	—	—	—	—	—	—	—
	II	5,82	0,32	0,46	0,52	II	5,82	0,20	0,29	0,33	—	0,14	0,15	—	0,02	0,02	—	—	—	—	—	—	—	—	—
	III	0,39	—	0,03	0,03	III	0,39	—	—	—	—	—	—	—	—	—	—	—	—	—	—	—	—	—	—
	V	16,23	0,89	1,29	1,46	IV	6,78	0,31	0,45	0,51	0,25	0,36	0,41	0,17	0,28	0,32	—	0,20	0,23	—	0,13	0,14	—	0,06	0,07
	VI	17,19	0,94	1,37	1,54																				
61,39	I,IV	6,80	0,37	0,54	0,61	I	6,80	0,25	0,37	0,41	—	0,20	0,23	—	0,06	0,07	—	—	—	—	—	—	—	—	—
	II	5,85	0,32	0,46	0,52	II	5,85	0,20	0,29	0,33	—	0,14	0,16	—	0,02	0,02	—	—	—	—	—	—	—	—	—
	III	0,40	—	0,03	0,03	III	0,40	—	—	—	—	—	—	—	—	—	—	—	—	—	—	—	—	—	—
	V	16,26	0,89	1,30	1,46	IV	6,80	0,31	0,45	0,51	0,25	0,37	0,41	0,18	0,28	0,32	—	0,20	0,23	—	0,13	0,15	—	0,06	0,07
	VI	17,23	0,94	1,37	1,55																				
61,49	I,IV	6,83	0,37	0,54	0,61	I	6,83	0,25	0,37	0,41	—	0,20	0,23	—	0,07	0,07	—	—	—	—	—	—	—	—	—
	II	5,87	0,32	0,46	0,52	II	5,87	0,20	0,30	0,33	—	0,14	0,16	—	0,02	0,02	—	—	—	—	—	—	—	—	—
	III	0,42	—	0,03	0,03	III	0,42	—	—	—	—	—	—	—	—	—	—	—	—	—	—	—	—	—	—
	V	16,31	0,89	1,30	1,46	IV	6,83	0,31	0,45	0,51	0,25	0,37	0,41	0,18	0,28	0,32	—	0,20	0,23	—	0,13	0,15	—	0,07	0,07
	VI	17,27	0,94	1,38	1,55																				

* Die ausgewiesenen Tabellenwerte sind amtlich. Siehe Erläuterungen auf der Umschlaginnenseite (U2).
** Bei mehr als 3 Kinderfreibeträgen ist die „Ergänzungs-Tabelle 3,5 bis 6 Kinderfreibeträge" anzuwenden.

Lohn/Gehalt bis €*		LSt	SolZ	8%	9%		LSt	0,5 SolZ	0,5 8%	0,5 9%	1 SolZ	1 8%	1 9%	1,5 SolZ	1,5 8%	1,5 9%	2 SolZ	2 8%	2 9%	2,5 SolZ	2,5 8%	2,5 9%	3** SolZ	3** 8%	3** 9%
		Abzüge an Lohnsteuer, Solidaritätszuschlag (SolZ) und Kirchensteuer (8%, 9%) in den Steuerklassen																							
		I – VI				I, II, III, IV																			
			ohne Kinderfreibeträge					mit Zahl der Kinderfreibeträge . . .																	
61,59	I,IV	6,86	0,37	0,54	0,61	I	6,86	0,25	0,37	0,42	—	0,21	0,23	—	0,07	0,08	—	—	—	—	—	—	—	—	—
	II	5,90	0,32	0,47	0,53	II	5,90	0,20	0,30	0,34	—	0,14	0,16	—	0,02	0,02	—	—	—	—	—	—	—	—	—
	III	0,43	—	0,03	0,03	III	0,43	—	—	—	—	—	—	—	—	—	—	—	—	—	—	—	—	—	—
	V	16,34	0,89	1,30	1,47	IV	6,86	0,31	0,46	0,51	0,25	0,37	0,42	0,19	0,29	0,32	—	0,21	0,23	—	0,13	0,15	—	0,07	0,08
	VI	17,31	0,95	1,38	1,55																				
61,69	I,IV	6,88	0,37	0,55	0,61	I	6,88	0,25	0,37	0,42	—	0,21	0,23	—	0,07	0,08	—	—	—	—	—	—	—	—	—
	II	5,93	0,32	0,47	0,53	II	5,93	0,20	0,30	0,34	—	0,14	0,16	—	0,02	0,02	—	—	—	—	—	—	—	—	—
	III	0,44	—	0,03	0,03	III	0,44	—	—	—	—	—	—	—	—	—	—	—	—	—	—	—	—	—	—
	V	16,38	0,90	1,31	1,47	IV	6,88	0,31	0,46	0,52	0,25	0,37	0,42	0,19	0,29	0,33	—	0,21	0,23	—	0,13	0,15	—	0,07	0,08
	VI	17,35	0,95	1,38	1,56																				
61,79	I,IV	6,91	0,38	0,55	0,62	I	6,91	0,26	0,37	0,42	—	0,21	0,24	—	0,07	0,08	—	—	—	—	—	—	—	—	—
	II	5,95	0,32	0,47	0,53	II	5,95	0,21	0,30	0,34	—	0,14	0,16	—	0,02	0,02	—	—	—	—	—	—	—	—	—
	III	0,45	—	0,03	0,04	III	0,45	—	—	—	—	—	—	—	—	—	—	—	—	—	—	—	—	—	—
	V	16,41	0,90	1,31	1,47	IV	6,91	0,31	0,46	0,52	0,26	0,37	0,42	0,19	0,29	0,33	—	0,21	0,24	—	0,14	0,15	—	0,07	0,08
	VI	17,38	0,95	1,39	1,56																				
61,89	I,IV	6,93	0,38	0,55	0,62	I	6,93	0,26	0,38	0,42	—	0,21	0,24	—	0,07	0,08	—	—	—	—	—	—	—	—	—
	II	5,98	0,32	0,47	0,53	II	5,98	0,21	0,30	0,34	—	0,15	0,16	—	0,02	0,03	—	—	—	—	—	—	—	—	—
	III	0,46	—	0,03	0,04	III	0,46	—	—	—	—	—	—	—	—	—	—	—	—	—	—	—	—	—	—
	V	16,45	0,90	1,31	1,48	IV	6,93	0,32	0,46	0,52	0,26	0,38	0,42	0,20	0,29	0,33	—	0,21	0,24	—	0,14	0,15	—	0,07	0,08
	VI	17,42	0,95	1,39	1,56																				
61,99	I,IV	6,96	0,38	0,55	0,62	I	6,96	0,26	0,38	0,43	—	0,21	0,24	—	0,07	0,08	—	—	—	—	—	—	—	—	—
	II	6,—	0,33	0,48	0,54	II	6,—	0,21	0,31	0,34	—	0,15	0,17	—	0,02	0,03	—	—	—	—	—	—	—	—	—
	III	0,48	—	0,03	0,04	III	0,48	—	—	—	—	—	—	—	—	—	—	—	—	—	—	—	—	—	—
	V	16,49	0,90	1,31	1,48	IV	6,96	0,32	0,46	0,52	0,26	0,38	0,43	0,20	0,29	0,33	—	0,21	0,24	—	0,14	0,16	—	0,07	0,08
	VI	17,46	0,96	1,39	1,57																				
62,09	I,IV	6,98	0,38	0,55	0,62	I	6,98	0,26	0,38	0,43	0,01	0,22	0,24	—	0,07	0,08	—	—	—	—	—	—	—	—	—
	II	6,03	0,33	0,48	0,54	II	6,03	0,21	0,31	0,35	—	0,15	0,17	—	0,02	0,03	—	—	—	—	—	—	—	—	—
	III	0,49	—	0,03	0,04	III	0,49	—	—	—	—	—	—	—	—	—	—	—	—	—	—	—	—	—	—
	V	16,53	0,90	1,32	1,48	IV	6,98	0,32	0,47	0,52	0,26	0,38	0,43	0,20	0,30	0,33	0,01	0,22	0,24	—	0,14	0,16	—	0,07	0,08
	VI	17,50	0,96	1,40	1,57																				
62,19	I,IV	7,01	0,38	0,56	0,63	I	7,01	0,26	0,38	0,43	0,01	0,22	0,24	—	0,08	0,09	—	—	—	—	—	—	—	—	—
	II	6,05	0,33	0,48	0,54	II	6,05	0,21	0,31	0,35	—	0,15	0,17	—	0,03	0,03	—	—	—	—	—	—	—	—	—
	III	0,50	—	0,04	0,04	III	0,50	—	—	—	—	—	—	—	—	—	—	—	—	—	—	—	—	—	—
	V	16,57	0,91	1,32	1,49	IV	7,01	0,32	0,47	0,53	0,26	0,38	0,43	0,20	0,30	0,34	0,01	0,22	0,24	—	0,14	0,16	—	0,08	0,09
	VI	17,53	0,96	1,40	1,57																				
62,29	I,IV	7,04	0,38	0,56	0,63	I	7,04	0,26	0,38	0,43	0,01	0,22	0,25	—	0,08	0,09	—	—	—	—	—	—	—	—	—
	II	6,08	0,33	0,48	0,54	II	6,08	0,21	0,31	0,35	—	0,15	0,17	—	0,03	0,03	—	—	—	—	—	—	—	—	—
	III	0,51	—	0,04	0,04	III	0,51	—	—	—	—	—	—	—	—	—	—	—	—	—	—	—	—	—	—
	V	16,60	0,91	1,32	1,49	IV	7,04	0,32	0,47	0,53	0,26	0,38	0,43	0,20	0,30	0,34	0,01	0,22	0,25	—	0,14	0,16	—	0,08	0,09
	VI	17,57	0,96	1,40	1,58																				
62,39	I,IV	7,06	0,38	0,56	0,63	I	7,06	0,26	0,39	0,43	0,02	0,22	0,25	—	0,08	0,09	—	—	—	—	—	—	—	—	—
	II	6,10	0,33	0,48	0,54	II	6,10	0,21	0,31	0,35	—	0,15	0,17	—	0,03	0,03	—	—	—	—	—	—	—	—	—
	III	0,52	—	0,04	0,04	III	0,52	—	—	—	—	—	—	—	—	—	—	—	—	—	—	—	—	—	—
	V	16,64	0,91	1,33	1,49	IV	7,06	0,32	0,47	0,53	0,26	0,39	0,43	0,21	0,30	0,34	0,02	0,22	0,25	—	0,14	0,16	—	0,08	0,09
	VI	17,61	0,96	1,40	1,58																				
62,49	I,IV	7,09	0,39	0,56	0,63	I	7,09	0,27	0,39	0,44	0,02	0,22	0,25	—	0,08	0,09	—	—	—	—	—	—	—	—	—
	II	6,13	0,33	0,49	0,55	II	6,13	0,22	0,32	0,36	—	0,16	0,18	—	0,03	0,03	—	—	—	—	—	—	—	—	—
	III	0,54	—	0,04	0,04	III	0,54	—	—	—	—	—	—	—	—	—	—	—	—	—	—	—	—	—	—
	V	16,67	0,91	1,33	1,50	IV	7,09	0,32	0,47	0,53	0,27	0,39	0,44	0,21	0,30	0,34	0,02	0,22	0,25	—	0,15	0,17	—	0,08	0,09
	VI	17,65	0,97	1,41	1,58																				
62,59	I,IV	7,11	0,39	0,56	0,63	I	7,11	0,27	0,39	0,44	0,03	0,22	0,25	—	0,08	0,09	—	—	—	—	—	—	—	—	—
	II	6,15	0,33	0,49	0,55	II	6,15	0,22	0,32	0,36	—	0,16	0,18	—	0,03	0,04	—	—	—	—	—	—	—	—	—
	III	0,55	—	0,04	0,04	III	0,55	—	—	—	—	—	—	—	—	—	—	—	—	—	—	—	—	—	—
	V	16,71	0,91	1,33	1,50	IV	7,11	0,33	0,48	0,54	0,27	0,39	0,44	0,21	0,31	0,34	0,03	0,22	0,25	—	0,15	0,17	—	0,08	0,09
	VI	17,69	0,97	1,41	1,59																				
62,69	I,IV	7,14	0,39	0,57	0,64	I	7,14	0,27	0,39	0,44	0,03	0,23	0,26	—	0,08	0,09	—	—	—	—	—	—	—	—	—
	II	6,18	0,33	0,49	0,55	II	6,18	0,22	0,32	0,36	—	0,16	0,18	—	0,03	0,04	—	—	—	—	—	—	—	—	—
	III	0,56	—	0,04	0,05	III	0,56	—	—	—	—	—	—	—	—	—	—	—	—	—	—	—	—	—	—
	V	16,76	0,92	1,34	1,50	IV	7,14	0,33	0,48	0,54	0,27	0,39	0,44	0,21	0,31	0,35	0,03	0,23	0,26	—	0,15	0,17	—	0,08	0,09
	VI	17,73	0,97	1,41	1,59																				
62,79	I,IV	7,16	0,39	0,57	0,64	I	7,16	0,27	0,39	0,44	0,04	0,23	0,26	—	0,08	0,09	—	—	—	—	—	—	—	—	—
	II	6,20	0,34	0,49	0,55	II	6,20	0,22	0,32	0,36	—	0,16	0,18	—	0,03	0,04	—	—	—	—	—	—	—	—	—
	III	0,57	—	0,04	0,05	III	0,57	—	—	—	—	—	—	—	—	—	—	—	—	—	—	—	—	—	—
	V	16,79	0,92	1,34	1,51	IV	7,16	0,33	0,48	0,54	0,27	0,39	0,44	0,21	0,31	0,35	0,04	0,23	0,26	—	0,15	0,17	—	0,08	0,09
	VI	17,77	0,97	1,42	1,59																				
62,89	I,IV	7,19	0,39	0,57	0,64	I	7,19	0,27	0,40	0,45	0,04	0,23	0,26	—	0,09	0,10	—	—	—	—	—	—	—	—	—
	II	6,23	0,34	0,49	0,56	II	6,23	0,22	0,32	0,36	—	0,16	0,18	—	0,04	0,04	—	—	—	—	—	—	—	—	—
	III	0,58	—	0,04	0,05	III	0,58	—	—	—	—	—	—	—	—	—	—	—	—	—	—	—	—	—	—
	V	16,83	0,92	1,34	1,51	IV	7,19	0,33	0,48	0,54	0,27	0,40	0,45	0,21	0,31	0,35	0,04	0,23	0,26	—	0,15	0,17	—	0,09	0,10
	VI	17,81	0,97	1,42	1,60																				
62,99	I,IV	7,22	0,39	0,57	0,64	I	7,22	0,27	0,40	0,45	0,05	0,23	0,26	—	0,09	0,10	—	—	—	—	—	—	—	—	—
	II	6,25	0,34	0,50	0,56	II	6,25	0,22	0,32	0,36	—	0,16	0,18	—	0,04	0,04	—	—	—	—	—	—	—	—	—
	III	0,60	—	0,04	0,05	III	0,60	—	—	—	—	—	—	—	—	—	—	—	—	—	—	—	—	—	—
	V	16,87	0,92	1,34	1,51	IV	7,22	0,33	0,48	0,54	0,27	0,40	0,45	0,21	0,31	0,35	0,05	0,23	0,26	—	0,16	0,18	—	0,09	0,10
	VI	17,85	0,98	1,42	1,60																				

*** Die ausgewiesenen Tabellenwerte sind amtlich. Siehe Erläuterungen auf der Umschlaginnenseite (U2).**
**** Bei mehr als 3 Kinderfreibeträgen ist die „Ergänzungs-Tabelle 3,5 bis 6 Kinderfreibeträge" anzuwenden.**

Abzüge an Lohnsteuer, Solidaritätszuschlag (SolZ) und Kirchensteuer (8%, 9%) in den Steuerklassen

Lohn/ Gehalt bis €*	I – VI		ohne Kinderfreibeträge			I, II, III, IV		mit Zahl der Kinderfreibeträge . . . 0,5			1			1,5			2			2,5			3**		
		LSt	SolZ	8%	9%		LSt	SolZ	8%	9%	SolZ	8%	9%	SolZ	8%	9%	SolZ	8%	9%	SolZ	8%	9%	SolZ	8%	9%
63,09	I,IV	7,24	0,39	0,57	0,65	I	7,24	0,27	0,40	0,45	0,05	0,23	0,26	—	0,09	0,10	—	—	—	—	—	—	—	—	—
	II	6,28	0,34	0,50	0,56	II	6,28	0,22	0,33	0,37	—	0,17	0,19	—	0,04	0,04	—	—	—	—	—	—	—	—	—
	III	0,61	—	0,04	0,05	III	0,61	—	—	—	—	—	—	—	—	—	—	—	—	—	—	—	—	—	—
	V	16,90	0,92	1,35	1,52	IV	7,24	0,33	0,49	0,55	0,27	0,40	0,45	0,22	0,32	0,36	0,05	0,23	0,26	—	0,16	0,18	—	0,09	0,10
	VI	17,88	0,98	1,43	1,60																				
63,19	I,IV	7,27	0,39	0,58	0,65	I	7,27	0,27	0,40	0,45	0,06	0,24	0,27	—	0,09	0,10	—	—	—	—	—	—	—	—	—
	II	6,30	0,34	0,50	0,56	II	6,30	0,22	0,33	0,37	—	0,17	0,19	—	0,04	0,04	—	—	—	—	—	—	—	—	—
	III	0,62	—	0,04	0,05	III	0,62	—	—	—	—	—	—	—	—	—	—	—	—	—	—	—	—	—	—
	V	16,94	0,93	1,35	1,52	IV	7,27	0,33	0,49	0,55	0,27	0,40	0,45	0,22	0,32	0,36	0,06	0,24	0,27	—	0,16	0,18	—	0,09	0,10
	VI	17,92	0,98	1,43	1,61																				
63,29	I,IV	7,30	0,40	0,58	0,65	I	7,30	0,28	0,40	0,45	0,06	0,24	0,27	—	0,09	0,10	—	—	—	—	—	—	—	—	—
	II	6,33	0,34	0,50	0,56	II	6,33	0,23	0,33	0,37	—	0,17	0,19	—	0,04	0,05	—	—	—	—	—	—	—	—	—
	III	0,63	—	0,05	0,05	III	0,63	—	—	—	—	—	—	—	—	—	—	—	—	—	—	—	—	—	—
	V	16,98	0,93	1,35	1,52	IV	7,30	0,34	0,49	0,55	0,28	0,40	0,45	0,22	0,32	0,36	0,06	0,24	0,27	—	0,16	0,18	—	0,09	0,10
	VI	17,96	0,98	1,43	1,61																				
63,39	I,IV	7,32	0,40	0,58	0,65	I	7,32	0,28	0,41	0,46	0,07	0,24	0,27	—	0,09	0,10	—	—	—	—	—	—	—	—	—
	II	6,35	0,34	0,50	0,57	II	6,35	0,23	0,33	0,37	—	0,17	0,19	—	0,04	0,05	—	—	—	—	—	—	—	—	—
	III	0,65	—	0,05	0,05	III	0,65	—	—	—	—	—	—	—	—	—	—	—	—	—	—	—	—	—	—
	V	17,02	0,93	1,36	1,53	IV	7,32	0,34	0,49	0,55	0,28	0,41	0,46	0,22	0,32	0,36	0,07	0,24	0,27	—	0,16	0,18	—	0,09	0,10
	VI	18,—	0,99	1,44	1,62																				
63,49	I,IV	7,35	0,40	0,58	0,66	I	7,35	0,28	0,41	0,46	0,07	0,24	0,27	—	0,09	0,11	—	—	—	—	—	—	—	—	—
	II	6,38	0,35	0,51	0,57	II	6,38	0,23	0,33	0,38	—	0,17	0,19	—	0,04	0,05	—	—	—	—	—	—	—	—	—
	III	0,66	—	0,05	0,05	III	0,66	—	—	—	—	—	—	—	—	—	—	—	—	—	—	—	—	—	—
	V	17,06	0,93	1,36	1,53	IV	7,35	0,34	0,49	0,56	0,28	0,41	0,46	0,22	0,32	0,36	0,07	0,24	0,27	—	0,16	0,18	—	0,09	0,11
	VI	18,04	0,99	1,44	1,62																				
63,59	I,IV	7,37	0,40	0,58	0,66	I	7,37	0,28	0,41	0,46	0,08	0,24	0,27	—	0,10	0,11	—	—	—	—	—	—	—	—	—
	II	6,40	0,35	0,51	0,57	II	6,40	0,23	0,34	0,38	—	0,17	0,20	—	0,04	0,05	—	—	—	—	—	—	—	—	—
	III	0,67	—	0,05	0,06	III	0,67	—	—	—	—	—	—	—	—	—	—	—	—	—	—	—	—	—	—
	V	17,10	0,94	1,36	1,53	IV	7,37	0,34	0,50	0,56	0,28	0,41	0,46	0,22	0,32	0,37	0,08	0,24	0,27	—	0,16	0,19	—	0,10	0,11
	VI	18,08	0,99	1,44	1,62																				
63,69	I,IV	7,40	0,40	0,59	0,66	I	7,40	0,28	0,41	0,46	0,08	0,24	0,28	—	0,10	0,11	—	—	—	—	—	—	—	—	—
	II	6,43	0,35	0,51	0,57	II	6,43	0,23	0,34	0,38	—	0,18	0,20	—	0,04	0,05	—	—	—	—	—	—	—	—	—
	III	0,68	—	0,05	0,06	III	0,68	—	—	—	—	—	—	—	—	—	—	—	—	—	—	—	—	—	—
	V	17,13	0,94	1,37	1,54	IV	7,40	0,34	0,50	0,56	0,28	0,41	0,46	0,22	0,33	0,37	0,08	0,24	0,28	—	0,17	0,19	—	0,10	0,11
	VI	18,12	0,99	1,44	1,63																				
63,79	I,IV	7,42	0,40	0,59	0,66	I	7,42	0,28	0,41	0,47	0,08	0,25	0,28	—	0,10	0,11	—	—	—	—	—	—	—	—	—
	II	6,46	0,35	0,51	0,58	II	6,46	0,23	0,34	0,38	—	0,18	0,20	—	0,05	0,05	—	—	—	—	—	—	—	—	—
	III	0,70	—	0,05	0,06	III	0,70	—	—	—	—	—	—	—	—	—	—	—	—	—	—	—	—	—	—
	V	17,17	0,94	1,37	1,54	IV	7,42	0,34	0,50	0,56	0,28	0,41	0,47	0,22	0,33	0,37	0,08	0,25	0,28	—	0,17	0,19	—	0,10	0,11
	VI	18,16	0,99	1,45	1,63																				
63,89	I,IV	7,45	0,41	0,59	0,67	I	7,45	0,28	0,42	0,47	0,09	0,25	0,28	—	0,10	0,11	—	—	—	—	—	—	—	—	—
	II	6,48	0,35	0,51	0,58	II	6,48	0,23	0,34	0,38	—	0,18	0,20	—	0,05	0,05	—	—	—	—	—	—	—	—	—
	III	0,71	—	0,05	0,06	III	0,71	—	—	—	—	—	—	—	—	—	—	—	—	—	—	—	—	—	—
	V	17,21	0,94	1,37	1,54	IV	7,45	0,34	0,50	0,57	0,28	0,42	0,47	0,23	0,33	0,37	0,09	0,25	0,28	—	0,17	0,19	—	0,10	0,11
	VI	18,20	1,—	1,45	1,63																				
63,99	I,IV	7,48	0,41	0,59	0,67	I	7,48	0,29	0,42	0,47	0,09	0,25	0,28	—	0,10	0,11	—	—	—	—	—	—	—	—	—
	II	6,51	0,35	0,52	0,58	II	6,51	0,23	0,34	0,39	—	0,18	0,20	—	0,05	0,06	—	—	—	—	—	—	—	—	—
	III	0,72	—	0,05	0,06	III	0,72	—	—	—	—	—	—	—	—	—	—	—	—	—	—	—	—	—	—
	V	17,25	0,94	1,38	1,55	IV	7,48	0,35	0,50	0,57	0,29	0,42	0,47	0,23	0,33	0,37	0,09	0,25	0,28	—	0,17	0,19	—	0,10	0,11
	VI	18,23	1,—	1,45	1,64																				
64,09	I,IV	7,50	0,41	0,60	0,67	I	7,50	0,29	0,42	0,47	0,10	0,25	0,28	—	0,10	0,12	—	—	—	—	—	—	—	—	—
	II	6,53	0,35	0,52	0,58	II	6,53	0,24	0,35	0,39	—	0,18	0,21	—	0,05	0,06	—	—	—	—	—	—	—	—	—
	III	0,73	—	0,05	0,06	III	0,73	—	—	—	—	—	—	—	—	—	—	—	—	—	—	—	—	—	—
	V	17,28	0,95	1,38	1,55	IV	7,50	0,35	0,51	0,57	0,29	0,42	0,47	0,23	0,33	0,38	0,10	0,25	0,28	—	0,17	0,20	—	0,10	0,12
	VI	18,27	1,—	1,46	1,64																				
64,19	I,IV	7,53	0,41	0,60	0,67	I	7,53	0,29	0,42	0,47	0,10	0,25	0,29	—	0,10	0,12	—	—	—	—	—	—	—	—	—
	II	6,56	0,36	0,52	0,59	II	6,56	0,24	0,35	0,39	—	0,18	0,21	—	0,05	0,06	—	—	—	—	—	—	—	—	—
	III	0,75	—	0,06	0,06	III	0,75	—	—	—	—	—	—	—	—	—	—	—	—	—	—	—	—	—	—
	V	17,32	0,95	1,38	1,55	IV	7,53	0,35	0,51	0,57	0,29	0,42	0,47	0,23	0,34	0,38	0,10	0,25	0,29	—	0,18	0,20	—	0,10	0,12
	VI	18,31	1,—	1,46	1,64																				
64,29	I,IV	7,55	0,41	0,60	0,67	I	7,55	0,29	0,42	0,48	0,11	0,26	0,29	—	0,11	0,12	—	—	—	—	—	—	—	—	—
	II	6,58	0,36	0,52	0,59	II	6,58	0,24	0,35	0,39	—	0,19	0,21	—	0,05	0,06	—	—	—	—	—	—	—	—	—
	III	0,76	—	0,06	0,06	III	0,76	—	—	—	—	—	—	—	—	—	—	—	—	—	—	—	—	—	—
	V	17,36	0,95	1,38	1,56	IV	7,55	0,35	0,51	0,57	0,29	0,42	0,48	0,23	0,34	0,38	0,11	0,26	0,29	—	0,18	0,20	—	0,11	0,12
	VI	18,35	1,—	1,46	1,65																				
64,39	I,IV	7,58	0,41	0,60	0,68	I	7,58	0,29	0,42	0,48	0,11	0,26	0,29	—	0,11	0,12	—	—	—	—	—	—	—	—	—
	II	6,61	0,36	0,52	0,59	II	6,61	0,24	0,35	0,40	—	0,19	0,21	—	0,05	0,06	—	—	—	—	—	—	—	—	—
	III	0,77	—	0,06	0,06	III	0,77	—	—	—	—	—	—	—	—	—	—	—	—	—	—	—	—	—	—
	V	17,40	0,95	1,39	1,56	IV	7,58	0,35	0,51	0,58	0,29	0,42	0,48	0,23	0,34	0,38	0,11	0,26	0,29	—	0,18	0,20	—	0,11	0,12
	VI	18,39	1,01	1,47	1,65																				
64,49	I,IV	7,61	0,41	0,60	0,68	I	7,61	0,29	0,43	0,48	0,12	0,26	0,29	—	0,11	0,12	—	—	—	—	—	—	—	—	—
	II	6,63	0,36	0,53	0,59	II	6,63	0,24	0,35	0,40	—	0,19	0,21	—	0,06	0,06	—	—	—	—	—	—	—	—	—
	III	0,78	—	0,06	0,07	III	0,78	—	—	—	—	—	—	—	—	—	—	—	—	—	—	—	—	—	—
	V	17,44	0,95	1,39	1,56	IV	7,61	0,35	0,51	0,58	0,29	0,43	0,48	0,23	0,34	0,39	0,12	0,26	0,29	—	0,18	0,20	—	0,11	0,12
	VI	18,43	1,01	1,47	1,65																				

* Die ausgewiesenen Tabellenwerte sind amtlich. Siehe Erläuterungen auf der Umschlaginnenseite (U2).
** Bei mehr als 3 Kinderfreibeträgen ist die „Ergänzungs-Tabelle 3,5 bis 6 Kinderfreibeträge" anzuwenden.

Abzüge an Lohnsteuer, Solidaritätszuschlag (SolZ) und Kirchensteuer (8%, 9%) in den Steuerklassen

Lohn/ Gehalt bis €*	I – VI					I, II, III, IV																			
			ohne Kinderfreibeträge					mit Zahl der Kinderfreibeträge . . .																	
								0,5			1			1,5			2			2,5			3**		
		LSt	SolZ	8%	9%		LSt	SolZ	8%	9%	SolZ	8%	9%	SolZ	8%	9%	SolZ	8%	9%	SolZ	8%	9%	SolZ	8%	9%
64,59	I,IV	7,63	0,41	0,61	0,68	I	7,63	0,29	0,43	0,48	0,12	0,26	0,29	—	0,11	0,13	—	—	—	—	—	—	—	—	—
	II	6,66	0,36	0,53	0,59	II	6,66	0,24	0,36	0,40	—	0,19	0,22	—	0,06	0,06	—	—	—	—	—	—	—	—	—
	III	0,80	—	0,06	0,07	III	0,80	—	—	—	—	—	—	—	—	—	—	—	—	—	—	—	—	—	—
	V	17,48	0,96	1,39	1,57	IV	7,63	0,35	0,52	0,58	0,29	0,43	0,48	0,24	0,34	0,39	0,12	0,26	0,29	—	0,18	0,21	—	0,11	0,13
	VI	18,47	1,01	1,47	1,66																				
64,69	I,IV	7,66	0,42	0,61	0,68	I	7,66	0,29	0,43	0,49	0,13	0,26	0,30	—	0,11	0,13	—	—	—	—	—	—	—	—	—
	II	6,68	0,36	0,53	0,60	II	6,68	0,24	0,36	0,40	—	0,19	0,22	—	0,06	0,07	—	—	—	—	—	—	—	—	—
	III	0,81	—	0,06	0,07	III	0,81	—	—	—	—	—	—	—	—	—	—	—	—	—	—	—	—	—	—
	V	17,52	0,96	1,40	1,57	IV	7,66	0,35	0,52	0,58	0,29	0,43	0,49	0,24	0,35	0,39	0,13	0,26	0,30	—	0,18	0,21	—	0,11	0,13
	VI	18,51	1,01	1,48	1,66																				
64,79	I,IV	7,68	0,42	0,61	0,69	I	7,68	0,30	0,43	0,49	0,13	0,27	0,30	—	0,11	0,13	—	—	—	—	—	—	—	—	—
	II	6,71	0,36	0,53	0,60	II	6,71	0,25	0,36	0,40	—	0,20	0,22	—	0,06	0,07	—	—	—	—	—	—	—	—	—
	III	0,82	—	0,06	0,07	III	0,82	—	—	—	—	—	—	—	—	—	—	—	—	—	—	—	—	—	—
	V	17,56	0,96	1,40	1,58	IV	7,68	0,36	0,52	0,59	0,30	0,43	0,49	0,24	0,35	0,39	0,13	0,27	0,30	—	0,19	0,21	—	0,11	0,13
	VI	18,55	1,02	1,48	1,66																				
64,89	I,IV	7,71	0,42	0,61	0,69	I	7,71	0,30	0,44	0,49	0,14	0,27	0,30	—	0,12	0,13	—	—	—	—	—	—	—	—	—
	II	6,74	0,37	0,53	0,60	II	6,74	0,25	0,36	0,41	—	0,20	0,22	—	0,06	0,07	—	—	—	—	—	—	—	—	—
	III	0,83	—	0,06	0,07	III	0,83	—	—	—	—	—	—	—	—	—	—	—	—	—	—	—	—	—	—
	V	17,59	0,96	1,40	1,58	IV	7,71	0,36	0,52	0,59	0,30	0,44	0,49	0,24	0,35	0,39	0,14	0,27	0,30	—	0,19	0,21	—	0,12	0,13
	VI	18,59	1,02	1,48	1,67																				
64,99	I,IV	7,74	0,42	0,61	0,69	I	7,74	0,30	0,44	0,49	0,14	0,27	0,30	—	0,12	0,13	—	—	—	—	—	—	—	—	—
	II	6,76	0,37	0,54	0,60	II	6,76	0,25	0,36	0,41	—	0,20	0,22	—	0,06	0,07	—	—	—	—	—	—	—	—	—
	III	0,85	—	0,06	0,07	III	0,85	—	—	—	—	—	—	—	—	—	—	—	—	—	—	—	—	—	—
	V	17,63	0,96	1,41	1,58	IV	7,74	0,36	0,52	0,59	0,30	0,44	0,49	0,24	0,35	0,40	0,14	0,27	0,30	—	0,19	0,21	—	0,12	0,13
	VI	18,63	1,02	1,49	1,67																				
65,09	I,IV	7,76	0,42	0,62	0,69	I	7,76	0,30	0,44	0,49	0,15	0,27	0,31	—	0,12	0,13	—	—	—	—	—	—	—	—	—
	II	6,79	0,37	0,54	0,61	II	6,79	0,25	0,36	0,41	—	0,20	0,23	—	0,06	0,07	—	—	—	—	—	—	—	—	—
	III	0,86	—	0,06	0,07	III	0,86	—	—	—	—	—	—	—	—	—	—	—	—	—	—	—	—	—	—
	V	17,67	0,97	1,41	1,59	IV	7,76	0,36	0,53	0,59	0,30	0,44	0,49	0,24	0,35	0,40	0,15	0,27	0,31	—	0,19	0,22	—	0,12	0,13
	VI	18,67	1,02	1,49	1,68																				
65,19	I,IV	7,79	0,42	0,62	0,70	I	7,79	0,30	0,44	0,50	0,15	0,27	0,31	—	0,12	0,14	—	—	—	—	—	—	—	—	—
	II	6,81	0,37	0,54	0,61	II	6,81	0,25	0,37	0,41	—	0,20	0,23	—	0,06	0,07	—	—	—	—	—	—	—	—	—
	III	0,87	—	0,06	0,07	III	0,87	—	—	—	—	—	—	—	—	—	—	—	—	—	—	—	—	—	—
	V	17,71	0,97	1,41	1,59	IV	7,79	0,36	0,53	0,60	0,30	0,44	0,50	0,24	0,36	0,40	0,15	0,27	0,31	—	0,19	0,22	—	0,12	0,14
	VI	18,71	1,02	1,49	1,68																				
65,29	I,IV	7,81	0,43	0,62	0,70	I	7,81	0,30	0,44	0,50	0,15	0,27	0,31	—	0,12	0,14	—	—	0,01	—	—	—	—	—	—
	II	6,84	0,37	0,54	0,61	II	6,84	0,25	0,37	0,42	—	0,20	0,23	—	0,07	0,08	—	—	—	—	—	—	—	—	—
	III	0,89	—	0,07	0,08	III	0,89	—	—	—	—	—	—	—	—	—	—	—	—	—	—	—	—	—	—
	V	17,75	0,97	1,42	1,59	IV	7,81	0,36	0,53	0,60	0,30	0,44	0,50	0,24	0,36	0,40	0,15	0,27	0,31	—	0,19	0,22	—	0,12	0,14
	VI	18,75	1,03	1,50	1,68																				
65,39	I,IV	7,84	0,43	0,62	0,70	I	7,84	0,30	0,44	0,50	0,16	0,28	0,31	—	0,12	0,14	—	0,01	0,01	—	—	—	—	—	—
	II	6,86	0,37	0,54	0,61	II	6,86	0,25	0,37	0,42	—	0,21	0,23	—	0,07	0,08	—	—	—	—	—	—	—	—	—
	III	0,90	—	0,07	0,08	III	0,90	—	—	—	—	—	—	—	—	—	—	—	—	—	—	—	—	—	—
	V	17,78	0,97	1,42	1,60	IV	7,84	0,36	0,53	0,60	0,30	0,44	0,50	0,25	0,36	0,41	0,16	0,28	0,31	—	0,20	0,22	—	0,12	0,14
	VI	18,78	1,03	1,50	1,69																				
65,49	I,IV	7,87	0,43	0,62	0,70	I	7,87	0,31	0,45	0,50	0,16	0,28	0,31	—	0,12	0,14	—	0,01	0,01	—	—	—	—	—	—
	II	6,89	0,37	0,55	0,62	II	6,89	0,25	0,37	0,42	—	0,21	0,23	—	0,07	0,08	—	—	—	—	—	—	—	—	—
	III	0,91	—	0,07	0,08	III	0,91	—	—	—	—	—	—	—	—	—	—	—	—	—	—	—	—	—	—
	V	17,82	0,98	1,42	1,60	IV	7,87	0,37	0,53	0,60	0,31	0,45	0,50	0,25	0,36	0,41	0,16	0,28	0,31	—	0,20	0,22	—	0,12	0,14
	VI	18,82	1,03	1,50	1,69																				
65,59	I,IV	7,90	0,43	0,63	0,71	I	7,90	0,31	0,45	0,51	0,17	0,28	0,32	—	0,13	0,14	—	0,01	0,01	—	—	—	—	—	—
	II	6,91	0,38	0,55	0,62	II	6,91	0,26	0,37	0,42	—	0,21	0,24	—	0,07	0,08	—	—	—	—	—	—	—	—	—
	III	0,92	—	0,07	0,08	III	0,92	—	—	—	—	—	—	—	—	—	—	—	—	—	—	—	—	—	—
	V	17,86	0,98	1,42	1,60	IV	7,90	0,37	0,54	0,60	0,31	0,45	0,51	0,25	0,36	0,41	0,17	0,28	0,32	—	0,20	0,23	—	0,13	0,14
	VI	18,86	1,03	1,50	1,69																				
65,69	I,IV	7,92	0,43	0,63	0,71	I	7,92	0,31	0,45	0,51	0,17	0,28	0,32	—	0,13	0,14	—	0,01	0,01	—	—	—	—	—	—
	II	6,94	0,38	0,55	0,62	II	6,94	0,26	0,38	0,42	—	0,21	0,24	—	0,07	0,08	—	—	—	—	—	—	—	—	—
	III	0,94	—	0,07	0,08	III	0,94	—	—	—	—	—	—	—	—	—	—	—	—	—	—	—	—	—	—
	V	17,90	0,98	1,43	1,61	IV	7,92	0,37	0,54	0,61	0,31	0,45	0,51	0,25	0,37	0,41	0,17	0,28	0,32	—	0,20	0,23	—	0,13	0,14
	VI	18,91	1,04	1,51	1,70																				
65,79	I,IV	7,95	0,43	0,63	0,71	I	7,95	0,31	0,45	0,51	0,18	0,28	0,32	—	0,13	0,15	—	0,01	0,01	—	—	—	—	—	—
	II	6,97	0,38	0,55	0,62	II	6,97	0,26	0,38	0,43	—	0,21	0,24	—	0,07	0,08	—	—	—	—	—	—	—	—	—
	III	0,95	—	0,07	0,08	III	0,95	—	—	—	—	—	—	—	—	—	—	—	—	—	—	—	—	—	—
	V	17,94	0,98	1,43	1,61	IV	7,95	0,37	0,54	0,61	0,31	0,45	0,51	0,25	0,37	0,41	0,18	0,28	0,32	—	0,20	0,23	—	0,13	0,15
	VI	18,95	1,04	1,51	1,70																				
65,89	I,IV	7,97	0,43	0,63	0,71	I	7,97	0,31	0,46	0,51	0,18	0,29	0,32	—	0,13	0,15	—	0,01	0,01	—	—	—	—	—	—
	II	6,99	0,38	0,55	0,62	II	6,99	0,26	0,38	0,43	0,01	0,22	0,24	—	0,08	0,09	—	—	—	—	—	—	—	—	—
	III	0,96	—	0,07	0,08	III	0,96	—	—	—	—	—	—	—	—	—	—	—	—	—	—	—	—	—	—
	V	17,98	0,98	1,43	1,61	IV	7,97	0,37	0,54	0,61	0,31	0,46	0,51	0,25	0,37	0,42	0,18	0,29	0,32	—	0,21	0,23	—	0,13	0,15
	VI	18,98	1,04	1,51	1,70																				
65,99	I,IV	8,—	0,44	0,64	0,72	I	8,—	0,31	0,46	0,51	0,19	0,29	0,32	—	0,13	0,15	—	0,01	0,01	—	—	—	—	—	—
	II	7,02	0,38	0,56	0,63	II	7,02	0,26	0,38	0,43	0,01	0,22	0,25	—	0,08	0,09	—	—	—	—	—	—	—	—	—
	III	0,98	—	0,07	0,08	III	0,98	—	—	—	—	—	—	—	—	—	—	—	—	—	—	—	—	—	—
	V	18,02	0,99	1,44	1,62	IV	8,—	0,37	0,54	0,61	0,31	0,46	0,51	0,25	0,37	0,42	0,19	0,29	0,32	—	0,21	0,23	—	0,13	0,15
	VI	19,02	1,04	1,52	1,71																				

* Die ausgewiesenen Tabellenwerte sind amtlich. Siehe Erläuterungen auf der Umschlaginnenseite (U2).
** Bei mehr als 3 Kinderfreibeträgen ist die „Ergänzungs-Tabelle 3,5 bis 6 Kinderfreibeträge" anzuwenden.

Lohn/ Gehalt bis €*	Abzüge an Lohnsteuer, Solidaritätszuschlag (SolZ) und Kirchensteuer (8%, 9%) in den Steuerklassen I – VI					I, II, III, IV																			
			ohne Kinderfreibeträge					mit Zahl der Kinderfreibeträge . . .																	
								0,5			1			1,5			2			2,5			3**		
		LSt	SolZ	8%	9%		LSt	SolZ	8%	9%	SolZ	8%	9%	SolZ	8%	9%	SolZ	8%	9%	SolZ	8%	9%	SolZ	8%	9%
66,09	I,IV	8,03	0,44	0,64	0,72	I	8,03	0,31	0,46	0,52	0,19	0,29	0,33	—	0,13	0,15	—	0,01	0,02	—	—	—	—	—	—
	II	7,04	0,38	0,56	0,63	II	7,04	0,26	0,38	0,43	0,02	0,22	0,25	—	0,08	0,09	—	—	—	—	—	—	—	—	—
	III	0,99	—	0,07	0,08	III	0,99	—	—	—	—	—	—	—	—	—	—	—	—	—	—	—	—	—	—
	V	18,06	0,99	1,44	1,62	IV	8,03	0,37	0,55	0,62	0,31	0,46	0,52	0,26	0,37	0,42	0,19	0,29	0,33	—	0,21	0,24	—	0,13	0,15
	VI	19,06	1,04	1,52	1,71																				
66,19	I,IV	8,05	0,44	0,64	0,72	I	8,05	0,32	0,46	0,52	0,20	0,29	0,33	—	0,14	0,15	—	0,02	0,02	—	—	—	—	—	—
	II	7,07	0,38	0,56	0,63	II	7,07	0,26	0,39	0,44	0,02	0,22	0,25	—	0,08	0,09	—	—	—	—	—	—	—	—	—
	III	1,—	—	0,08	0,09	III	1,—	—	—	—	—	—	—	—	—	—	—	—	—	—	—	—	—	—	—
	V	18,10	0,99	1,44	1,62	IV	8,05	0,38	0,55	0,62	0,32	0,46	0,52	0,26	0,38	0,42	0,20	0,29	0,33	—	0,21	0,24	—	0,14	0,15
	VI	19,10	1,05	1,52	1,71																				
66,29	I,IV	8,08	0,44	0,64	0,72	I	8,08	0,32	0,46	0,52	0,20	0,29	0,33	—	0,14	0,16	—	0,02	0,02	—	—	—	—	—	—
	II	7,10	0,39	0,56	0,63	II	7,10	0,27	0,39	0,44	0,03	0,22	0,25	—	0,08	0,09	—	—	—	—	—	—	—	—	—
	III	1,02	—	0,08	0,09	III	1,02	—	—	—	—	—	—	—	—	—	—	—	—	—	—	—	—	—	—
	V	18,13	0,99	1,45	1,63	IV	8,08	0,38	0,55	0,62	0,32	0,46	0,52	0,26	0,38	0,43	0,20	0,29	0,33	—	0,21	0,24	—	0,14	0,16
	VI	19,14	1,05	1,53	1,72																				
66,39	I,IV	8,10	0,44	0,64	0,72	I	8,10	0,32	0,46	0,52	0,20	0,30	0,33	—	0,14	0,16	—	0,02	0,02	—	—	—	—	—	—
	II	7,12	0,39	0,56	0,64	II	7,12	0,27	0,39	0,44	0,03	0,22	0,25	—	0,08	0,09	—	—	—	—	—	—	—	—	—
	III	1,03	—	0,08	0,09	III	1,03	—	—	—	—	—	—	—	—	—	—	—	—	—	—	—	—	—	—
	V	18,17	0,99	1,45	1,63	IV	8,10	0,38	0,55	0,62	0,32	0,46	0,52	0,26	0,38	0,43	0,20	0,30	0,33	—	0,21	0,24	—	0,14	0,16
	VI	19,18	1,05	1,53	1,72																				
66,49	I,IV	8,13	0,44	0,65	0,73	I	8,13	0,32	0,47	0,53	0,20	0,30	0,34	—	0,14	0,16	—	0,02	0,02	—	—	—	—	—	—
	II	7,15	0,39	0,57	0,64	II	7,15	0,27	0,39	0,44	0,03	0,23	0,26	—	0,08	0,09	—	—	—	—	—	—	—	—	—
	III	1,05	—	0,08	0,09	III	1,05	—	—	—	—	—	—	—	—	—	—	—	—	—	—	—	—	—	—
	V	18,21	1,—	1,45	1,63	IV	8,13	0,38	0,56	0,63	0,32	0,47	0,53	0,26	0,38	0,43	0,20	0,30	0,34	0,01	0,22	0,24	—	0,14	0,16
	VI	19,22	1,05	1,53	1,72																				
66,59	I,IV	8,16	0,44	0,65	0,73	I	8,16	0,32	0,47	0,53	0,20	0,30	0,34	—	0,14	0,16	—	0,02	0,02	—	—	—	—	—	—
	II	7,17	0,39	0,57	0,64	II	7,17	0,27	0,39	0,44	0,04	0,23	0,26	—	0,08	0,10	—	—	—	—	—	—	—	—	—
	III	1,06	—	0,08	0,09	III	1,06	—	—	—	—	—	—	—	—	—	—	—	—	—	—	—	—	—	—
	V	18,25	1,—	1,46	1,64	IV	8,16	0,38	0,56	0,63	0,32	0,47	0,53	0,26	0,38	0,43	0,20	0,30	0,34	0,01	0,22	0,25	—	0,14	0,16
	VI	19,26	1,05	1,54	1,73																				
66,69	I,IV	8,18	0,45	0,65	0,73	I	8,18	0,32	0,47	0,53	0,21	0,30	0,34	—	0,14	0,16	—	0,02	0,02	—	—	—	—	—	—
	II	7,20	0,39	0,57	0,64	II	7,20	0,27	0,40	0,45	0,04	0,23	0,26	—	0,09	0,10	—	—	—	—	—	—	—	—	—
	III	1,07	—	0,08	0,09	III	1,07	—	—	—	—	—	—	—	—	—	—	—	—	—	—	—	—	—	—
	V	18,29	1,—	1,46	1,64	IV	8,18	0,38	0,56	0,63	0,32	0,47	0,53	0,26	0,38	0,43	0,21	0,30	0,34	0,02	0,22	0,25	—	0,14	0,16
	VI	19,30	1,06	1,54	1,73																				
66,79	I,IV	8,21	0,45	0,65	0,73	I	8,21	0,32	0,47	0,53	0,21	0,30	0,34	—	0,15	0,16	—	0,02	0,03	—	—	—	—	—	—
	II	7,23	0,39	0,57	0,65	II	7,23	0,27	0,40	0,45	0,05	0,23	0,26	—	0,09	0,10	—	—	—	—	—	—	—	—	—
	III	1,08	—	0,08	0,09	III	1,08	—	—	—	—	—	—	—	—	—	—	—	—	—	—	—	—	—	—
	V	18,33	1,—	1,46	1,64	IV	8,21	0,38	0,56	0,63	0,32	0,47	0,53	0,26	0,39	0,44	0,21	0,30	0,34	0,02	0,22	0,25	—	0,15	0,16
	VI	19,34	1,06	1,54	1,74																				
66,89	I,IV	8,24	0,45	0,65	0,74	I	8,24	0,33	0,48	0,54	0,21	0,30	0,34	—	0,15	0,17	—	0,02	0,03	—	—	—	—	—	—
	II	7,25	0,39	0,58	0,65	II	7,25	0,27	0,40	0,45	0,05	0,23	0,26	—	0,09	0,10	—	—	—	—	—	—	—	—	—
	III	1,10	—	0,08	0,09	III	1,10	—	—	—	—	—	—	—	—	—	—	—	—	—	—	—	—	—	—
	V	18,37	1,01	1,46	1,65	IV	8,24	0,39	0,56	0,63	0,33	0,48	0,54	0,27	0,39	0,44	0,21	0,30	0,34	0,03	0,22	0,25	—	0,15	0,17
	VI	19,38	1,06	1,55	1,74																				
66,99	I,IV	8,26	0,45	0,66	0,74	I	8,26	0,33	0,48	0,54	0,21	0,31	0,35	—	0,15	0,17	—	0,02	0,03	—	—	—	—	—	—
	II	7,28	0,40	0,58	0,65	II	7,28	0,28	0,40	0,45	0,06	0,24	0,27	—	0,09	0,10	—	—	—	—	—	—	—	—	—
	III	1,11	—	0,08	0,09	III	1,11	—	—	—	—	—	—	—	—	—	—	—	—	—	—	—	—	—	—
	V	18,41	1,01	1,47	1,65	IV	8,26	0,39	0,57	0,64	0,33	0,48	0,54	0,27	0,39	0,44	0,21	0,31	0,35	0,03	0,23	0,25	—	0,15	0,17
	VI	19,42	1,06	1,55	1,74																				
67,09	I,IV	8,29	0,45	0,66	0,74	I	8,29	0,33	0,48	0,54	0,21	0,31	0,35	—	0,15	0,17	—	0,03	0,03	—	—	—	—	—	—
	II	7,30	0,40	0,58	0,65	II	7,30	0,28	0,40	0,45	0,06	0,24	0,27	—	0,09	0,10	—	—	—	—	—	—	—	—	—
	III	1,12	—	0,08	0,10	III	1,12	—	—	—	—	—	—	—	—	—	—	—	—	—	—	—	—	—	—
	V	18,45	1,01	1,47	1,66	IV	8,29	0,39	0,57	0,64	0,33	0,48	0,54	0,27	0,39	0,44	0,21	0,31	0,35	0,04	0,23	0,26	—	0,15	0,17
	VI	19,46	1,07	1,55	1,75																				
67,19	I,IV	8,32	0,45	0,66	0,74	I	8,32	0,33	0,48	0,54	0,21	0,31	0,35	—	0,15	0,17	—	0,03	0,03	—	—	—	—	—	—
	II	7,33	0,40	0,58	0,65	II	7,33	0,28	0,41	0,46	0,07	0,24	0,27	—	0,09	0,11	—	—	—	—	—	—	—	—	—
	III	1,13	—	0,09	0,10	III	1,13	—	—	—	—	—	—	—	—	—	—	—	—	—	—	—	—	—	—
	V	18,49	1,01	1,47	1,66	IV	8,32	0,39	0,57	0,64	0,33	0,48	0,54	0,27	0,40	0,45	0,21	0,31	0,35	0,04	0,23	0,26	—	0,15	0,17
	VI	19,50	1,07	1,56	1,75																				
67,29	I,IV	8,34	0,45	0,66	0,75	I	8,34	0,33	0,48	0,54	0,21	0,31	0,35	—	0,15	0,17	—	0,03	0,03	—	—	—	—	—	—
	II	7,35	0,40	0,58	0,66	II	7,35	0,28	0,41	0,46	0,07	0,24	0,27	—	0,10	0,11	—	—	—	—	—	—	—	—	—
	III	1,15	—	0,09	0,10	III	1,15	—	—	—	—	—	—	—	—	—	—	—	—	—	—	—	—	—	—
	V	18,53	1,01	1,48	1,66	IV	8,34	0,39	0,57	0,64	0,33	0,48	0,54	0,27	0,40	0,45	0,21	0,31	0,35	0,05	0,23	0,26	—	0,15	0,17
	VI	19,54	1,07	1,56	1,75																				
67,39	I,IV	8,37	0,46	0,66	0,75	I	8,37	0,33	0,48	0,55	0,21	0,31	0,35	—	0,16	0,18	—	0,03	0,03	—	—	—	—	—	—
	II	7,38	0,40	0,59	0,66	II	7,38	0,28	0,41	0,46	0,08	0,24	0,27	—	0,10	0,11	—	—	—	—	—	—	—	—	—
	III	1,16	—	0,09	0,10	III	1,16	—	—	—	—	—	—	—	—	—	—	—	—	—	—	—	—	—	—
	V	18,57	1,02	1,48	1,67	IV	8,37	0,39	0,57	0,65	0,33	0,48	0,55	0,27	0,40	0,45	0,21	0,31	0,35	0,05	0,23	0,26	—	0,16	0,18
	VI	19,58	1,07	1,56	1,76																				
67,49	I,IV	8,40	0,46	0,67	0,75	I	8,40	0,33	0,49	0,55	0,22	0,32	0,36	—	0,16	0,18	—	0,03	0,04	—	—	—	—	—	—
	II	7,41	0,40	0,59	0,66	II	7,41	0,28	0,41	0,46	0,08	0,25	0,28	—	0,10	0,11	—	—	—	—	—	—	—	—	—
	III	1,17	—	0,09	0,10	III	1,17	—	—	—	—	—	—	—	—	—	—	—	—	—	—	—	—	—	—
	V	18,61	1,02	1,48	1,67	IV	8,40	0,39	0,58	0,65	0,33	0,49	0,55	0,27	0,40	0,45	0,22	0,32	0,36	0,05	0,23	0,26	—	0,16	0,18
	VI	19,62	1,07	1,56	1,76																				

* Die ausgewiesenen Tabellenwerte sind amtlich. Siehe Erläuterungen auf der Umschlaginnenseite (U2).

** Bei mehr als 3 Kinderfreibeträgen ist die „Ergänzungs-Tabelle 3,5 bis 6 Kinderfreibeträge" anzuwenden.

Lohn/ Gehalt bis €*	Abzüge an Lohnsteuer, Solidaritätszuschlag (SolZ) und Kirchensteuer (8%, 9%) in den Steuerklassen I – VI		ohne Kinderfreibeträge			I, II, III, IV		mit Zahl der Kinderfreibeträge . . . 0,5			1			1,5			2			2,5			3**		
		LSt	SolZ	8%	9%		LSt	SolZ	8%	9%	SolZ	8%	9%	SolZ	8%	9%	SolZ	8%	9%	SolZ	8%	9%	SolZ	8%	9%
67,59	I,IV	8,42	0,46	0,67	0,75	I	8,42	0,33	0,49	0,55	0,22	0,32	0,36	—	0,16	0,18	—	0,03	0,04	—	—	—	—	—	—
	II	7,43	0,40	0,59	0,66	II	7,43	0,28	0,41	0,47	0,09	0,25	0,28	—	0,10	0,11	—	—	—	—	—	—	—	—	—
	III	1,19	—	0,09	0,10	III	1,19	—	—	—	—	—	—	—	—	—	—	—	—	—	—	—	—	—	—
	V	18,65	1,02	1,49	1,67	IV	8,42	0,40	0,58	0,65	0,33	0,49	0,55	0,28	0,40	0,45	0,22	0,32	0,36	0,06	0,24	0,27	—	0,16	0,18
	VI	19,66	1,08	1,57	1,76																				
67,69	I,IV	8,45	0,46	0,67	0,76	I	8,45	0,34	0,49	0,55	0,22	0,32	0,36	—	0,16	0,18	—	0,03	0,04	—	—	—	—	—	—
	II	7,46	0,41	0,59	0,67	II	7,46	0,28	0,42	0,47	0,09	0,25	0,28	—	0,10	0,11	—	—	—	—	—	—	—	—	—
	III	1,20	—	0,09	0,10	III	1,20	—	—	—	—	—	—	—	—	—	—	—	—	—	—	—	—	—	—
	V	18,68	1,02	1,49	1,68	IV	8,45	0,40	0,58	0,65	0,34	0,49	0,55	0,28	0,40	0,46	0,22	0,32	0,36	0,06	0,24	0,27	—	0,16	0,18
	VI	19,70	1,08	1,57	1,77																				
67,79	I,IV	8,48	0,46	0,67	0,76	I	8,48	0,34	0,49	0,56	0,22	0,32	0,36	—	0,16	0,18	—	0,04	0,04	—	—	—	—	—	—
	II	7,48	0,41	0,59	0,67	II	7,48	0,29	0,42	0,47	0,10	0,25	0,28	—	0,10	0,12	—	—	—	—	—	—	—	—	—
	III	1,21	—	0,09	0,10	III	1,21	—	—	—	—	—	—	—	—	—	—	—	—	—	—	—	—	—	—
	V	18,72	1,03	1,49	1,68	IV	8,48	0,40	0,58	0,66	0,34	0,49	0,56	0,28	0,41	0,46	0,22	0,32	0,36	0,07	0,24	0,27	—	0,16	0,18
	VI	19,74	1,08	1,57	1,77																				
67,89	I,IV	8,50	0,46	0,68	0,76	I	8,50	0,34	0,50	0,56	0,22	0,32	0,36	—	0,16	0,18	—	0,04	0,04	—	—	—	—	—	—
	II	7,51	0,41	0,60	0,67	II	7,51	0,29	0,42	0,47	0,10	0,25	0,28	—	0,10	0,12	—	—	—	—	—	—	—	—	—
	III	1,23	—	0,09	0,11	III	1,23	—	—	—	—	—	—	—	—	—	—	—	—	—	—	—	—	—	—
	V	18,76	1,03	1,50	1,68	IV	8,50	0,40	0,58	0,66	0,34	0,50	0,56	0,28	0,41	0,46	0,22	0,32	0,36	0,07	0,24	0,27	—	0,16	0,18
	VI	19,78	1,08	1,58	1,78																				
67,99	I,IV	8,53	0,46	0,68	0,76	I	8,53	0,34	0,50	0,56	0,22	0,33	0,37	—	0,17	0,19	—	0,04	0,04	—	—	—	—	—	—
	II	7,54	0,41	0,60	0,67	II	7,54	0,29	0,42	0,47	0,10	0,25	0,29	—	0,11	0,12	—	—	—	—	—	—	—	—	—
	III	1,25	—	0,10	0,11	III	1,25	—	—	—	—	—	—	—	—	—	—	—	—	—	—	—	—	—	—
	V	18,80	1,03	1,50	1,69	IV	8,53	0,40	0,59	0,66	0,34	0,50	0,56	0,28	0,41	0,46	0,22	0,33	0,37	0,08	0,24	0,27	—	0,17	0,19
	VI	19,82	1,09	1,58	1,78																				
68,09	I,IV	8,56	0,47	0,68	0,77	I	8,56	0,34	0,50	0,56	0,22	0,33	0,37	—	0,17	0,19	—	0,04	0,04	—	—	—	—	—	—
	II	7,56	0,41	0,60	0,68	II	7,56	0,29	0,42	0,48	0,11	0,26	0,29	—	0,11	0,12	—	—	—	—	—	—	—	—	—
	III	1,26	—	0,10	0,11	III	1,26	—	—	—	—	—	—	—	—	—	—	—	—	—	—	—	—	—	—
	V	18,85	1,03	1,50	1,69	IV	8,56	0,40	0,59	0,66	0,34	0,50	0,56	0,28	0,41	0,46	0,22	0,33	0,37	0,08	0,25	0,28	—	0,17	0,19
	VI	19,86	1,09	1,58	1,78																				
68,19	I,IV	8,58	0,47	0,68	0,77	I	8,58	0,34	0,50	0,56	0,23	0,33	0,37	—	0,17	0,19	—	0,04	0,05	—	—	—	—	—	—
	II	7,59	0,41	0,60	0,68	II	7,59	0,29	0,43	0,48	0,11	0,26	0,29	—	0,11	0,12	—	—	—	—	—	—	—	—	—
	III	1,27	—	0,10	0,11	III	1,27	—	—	—	—	—	—	—	—	—	—	—	—	—	—	—	—	—	—
	V	18,88	1,03	1,51	1,69	IV	8,58	0,40	0,59	0,66	0,34	0,50	0,56	0,28	0,41	0,47	0,23	0,33	0,37	0,09	0,25	0,28	—	0,17	0,19
	VI	19,91	1,09	1,59	1,79																				
68,29	I,IV	8,61	0,47	0,68	0,77	I	8,61	0,34	0,50	0,57	0,23	0,33	0,37	—	0,17	0,19	—	0,04	0,05	—	—	—	—	—	—
	II	7,61	0,41	0,60	0,68	II	7,61	0,29	0,43	0,48	0,12	0,26	0,29	—	0,11	0,12	—	—	—	—	—	—	—	—	—
	III	1,30	—	0,10	0,11	III	1,30	—	—	—	—	—	—	—	—	—	—	—	—	—	—	—	—	—	—
	V	18,92	1,04	1,51	1,70	IV	8,61	0,41	0,59	0,67	0,34	0,50	0,57	0,28	0,42	0,47	0,23	0,33	0,37	0,09	0,25	0,28	—	0,17	0,19
	VI	19,95	1,09	1,59	1,79																				
68,39	I,IV	8,64	0,47	0,69	0,77	I	8,64	0,35	0,51	0,57	0,23	0,33	0,38	—	0,17	0,19	—	0,04	0,05	—	—	—	—	—	—
	II	7,64	0,42	0,61	0,68	II	7,64	0,29	0,43	0,48	0,12	0,26	0,30	—	0,11	0,13	—	—	—	—	—	—	—	—	—
	III	1,31	—	0,10	0,11	III	1,31	—	—	—	—	—	—	—	—	—	—	—	—	—	—	—	—	—	—
	V	18,96	1,04	1,51	1,70	IV	8,64	0,41	0,59	0,67	0,35	0,51	0,57	0,29	0,42	0,47	0,23	0,33	0,38	0,10	0,25	0,28	—	0,17	0,19
	VI	19,98	1,09	1,59	1,79																				
68,49	I,IV	8,66	0,47	0,69	0,77	I	8,66	0,35	0,51	0,57	0,23	0,34	0,38	—	0,17	0,20	—	0,04	0,05	—	—	—	—	—	—
	II	7,67	0,42	0,61	0,69	II	7,67	0,30	0,43	0,49	0,13	0,26	0,30	—	0,11	0,13	—	—	—	—	—	—	—	—	—
	III	1,32	—	0,10	0,11	III	1,32	—	—	—	—	—	—	—	—	—	—	—	—	—	—	—	—	—	—
	V	19,—	1,04	1,52	1,71	IV	8,66	0,41	0,60	0,67	0,35	0,51	0,57	0,29	0,42	0,47	0,23	0,34	0,38	0,10	0,25	0,29	—	0,17	0,20
	VI	20,02	1,10	1,60	1,80																				
68,59	I,IV	8,69	0,47	0,69	0,78	I	8,69	0,35	0,51	0,57	0,23	0,34	0,38	—	0,18	0,20	—	0,04	0,05	—	—	—	—	—	—
	II	7,69	0,42	0,61	0,69	II	7,69	0,30	0,43	0,49	0,13	0,27	0,30	—	0,11	0,13	—	—	—	—	—	—	—	—	—
	III	1,34	—	0,10	0,12	III	1,34	—	—	—	—	—	—	—	—	—	—	—	—	—	—	—	—	—	—
	V	19,03	1,04	1,52	1,71	IV	8,69	0,41	0,60	0,67	0,35	0,51	0,57	0,29	0,42	0,48	0,23	0,34	0,38	0,11	0,26	0,29	—	0,18	0,20
	VI	20,06	1,10	1,60	1,80																				
68,69	I,IV	8,72	0,47	0,69	0,78	I	8,72	0,35	0,51	0,58	0,23	0,34	0,38	—	0,18	0,20	—	0,05	0,05	—	—	—	—	—	—
	II	7,72	0,42	0,61	0,69	II	7,72	0,30	0,44	0,49	0,14	0,27	0,30	—	0,12	0,13	—	—	—	—	—	—	—	—	—
	III	1,36	—	0,10	0,12	III	1,36	—	—	—	—	—	—	—	—	—	—	—	—	—	—	—	—	—	—
	V	19,08	1,04	1,52	1,71	IV	8,72	0,41	0,60	0,68	0,35	0,51	0,58	0,29	0,42	0,48	0,23	0,34	0,38	0,11	0,26	0,29	—	0,18	0,20
	VI	20,11	1,10	1,60	1,80																				
68,79	I,IV	8,74	0,48	0,69	0,78	I	8,74	0,35	0,51	0,58	0,23	0,34	0,38	—	0,18	0,20	—	0,05	0,05	—	—	—	—	—	—
	II	7,75	0,42	0,62	0,69	II	7,75	0,30	0,44	0,49	0,14	0,27	0,30	—	0,12	0,13	—	—	—	—	—	—	—	—	—
	III	1,37	—	0,10	0,12	III	1,37	—	—	—	—	—	—	—	—	—	—	—	—	—	—	—	—	—	—
	V	19,12	1,05	1,52	1,72	IV	8,74	0,41	0,60	0,68	0,35	0,51	0,58	0,29	0,43	0,48	0,23	0,34	0,38	0,12	0,26	0,29	—	0,18	0,20
	VI	20,15	1,10	1,61	1,81																				
68,89	I,IV	8,77	0,48	0,70	0,78	I	8,77	0,35	0,52	0,58	0,23	0,34	0,39	—	0,18	0,20	—	0,05	0,06	—	—	—	—	—	—
	II	7,77	0,42	0,62	0,69	II	7,77	0,30	0,44	0,50	0,15	0,27	0,31	—	0,12	0,13	—	—	—	—	—	—	—	—	—
	III	1,39	—	0,11	0,12	III	1,39	—	—	—	—	—	—	—	—	—	—	—	—	—	—	—	—	—	—
	V	19,16	1,05	1,53	1,72	IV	8,77	0,41	0,60	0,68	0,35	0,52	0,58	0,29	0,43	0,48	0,23	0,34	0,39	0,12	0,26	0,29	—	0,18	0,20
	VI	20,19	1,11	1,61	1,81																				
68,99	I,IV	8,80	0,48	0,70	0,79	I	8,80	0,35	0,52	0,58	0,24	0,35	0,39	—	0,18	0,21	—	0,05	0,06	—	—	—	—	—	—
	II	7,80	0,42	0,62	0,70	II	7,80	0,30	0,44	0,50	0,15	0,27	0,31	—	0,12	0,14	—	—	—	—	—	—	—	—	—
	III	1,41	—	0,11	0,12	III	1,41	—	—	—	—	—	—	—	—	—	—	—	—	—	—	—	—	—	—
	V	19,20	1,05	1,53	1,72	IV	8,80	0,42	0,61	0,68	0,35	0,52	0,58	0,29	0,43	0,48	0,24	0,35	0,39	0,13	0,26	0,30	—	0,18	0,21
	VI	20,23	1,11	1,61	1,82																				

* Die ausgewiesenen Tabellenwerte sind amtlich. Siehe Erläuterungen auf der Umschlaginnenseite (U2).
** Bei mehr als 3 Kinderfreibeträgen ist die „Ergänzungs-Tabelle 3,5 bis 6 Kinderfreibeträge" anzuwenden.

Abzüge an Lohnsteuer, Solidaritätszuschlag (SolZ) und Kirchensteuer (8%, 9%) in den Steuerklassen

Lohn/ Gehalt bis €*		I – VI ohne Kinderfreibeträge					I, II, III, IV mit Zahl der Kinderfreibeträge . . .	0,5			1			1,5			2			2,5			3**		
		LSt	SolZ	8%	9%		LSt	SolZ	8%	9%	SolZ	8%	9%	SolZ	8%	9%	SolZ	8%	9%	SolZ	8%	9%	SolZ	8%	9%
69,09	I,IV	8,82	0,48	0,70	0,79	I	8,82	0,36	0,52	0,58	0,24	0,35	0,39	—	0,18	0,21	—	0,05	0,06	—	—	—	—	—	—
	II	7,82	0,43	0,62	0,70	II	7,82	0,30	0,44	0,50	0,16	0,28	0,31	—	0,12	0,14	—	0,01	0,01	—	—	—	—	—	—
	III	1,42	—	0,11	0,12	III	1,42	—	—	—	—	—	—	—	—	—	—	—	—	—	—	—	—	—	—
	V	19,24	1,05	1,53	1,73	IV	8,82	0,42	0,61	0,69	0,36	0,52	0,58	0,30	0,43	0,49	0,24	0,35	0,39	0,13	0,26	0,30	—	0,18	0,21
	VI	20,27	1,11	1,62	1,82																				
69,19	I,IV	8,85	0,48	0,70	0,79	I	8,85	0,36	0,52	0,59	0,24	0,35	0,39	—	0,19	0,21	—	0,05	0,06	—	—	—	—	—	—
	II	7,85	0,43	0,62	0,70	II	7,85	0,30	0,45	0,50	0,16	0,28	0,31	—	0,12	0,14	—	0,01	0,01	—	—	—	—	—	—
	III	1,44	—	0,11	0,12	III	1,44	—	—	0,01	—	—	—	—	—	—	—	—	—	—	—	—	—	—	—
	V	19,28	1,06	1,54	1,73	IV	8,85	0,42	0,61	0,69	0,36	0,52	0,59	0,30	0,43	0,49	0,24	0,35	0,39	0,13	0,27	0,30	—	0,19	0,21
	VI	20,31	1,11	1,62	1,82																				
69,29	I,IV	8,88	0,48	0,71	0,79	I	8,88	0,36	0,52	0,59	0,24	0,35	0,40	—	0,19	0,21	—	0,05	0,06	—	—	—	—	—	—
	II	7,88	0,43	0,63	0,70	II	7,88	0,31	0,45	0,50	0,17	0,28	0,31	—	0,13	0,14	—	0,01	0,01	—	—	—	—	—	—
	III	1,46	—	0,11	0,13	III	1,46	—	0,01	0,01	—	—	—	—	—	—	—	—	—	—	—	—	—	—	—
	V	19,32	1,06	1,54	1,73	IV	8,88	0,42	0,61	0,69	0,36	0,52	0,59	0,30	0,44	0,49	0,24	0,35	0,40	0,14	0,27	0,30	—	0,19	0,21
	VI	20,35	1,11	1,62	1,83																				
69,39	I,IV	8,90	0,48	0,71	0,80	I	8,90	0,36	0,53	0,59	0,24	0,35	0,40	—	0,19	0,21	—	0,06	0,06	—	—	—	—	—	—
	II	7,90	0,43	0,63	0,71	II	7,90	0,31	0,45	0,51	0,17	0,28	0,32	—	0,13	0,14	—	0,01	0,01	—	—	—	—	—	—
	III	1,48	—	0,11	0,13	III	1,48	—	0,01	0,01	—	—	—	—	—	—	—	—	—	—	—	—	—	—	—
	V	19,36	1,06	1,54	1,74	IV	8,90	0,42	0,62	0,69	0,36	0,53	0,59	0,30	0,44	0,49	0,24	0,35	0,40	0,14	0,27	0,30	—	0,19	0,21
	VI	20,39	1,12	1,63	1,83																				
69,49	I,IV	8,93	0,49	0,71	0,80	I	8,93	0,36	0,53	0,59	0,24	0,36	0,40	—	0,19	0,22	—	0,06	0,06	—	—	—	—	—	—
	II	7,93	0,43	0,63	0,71	II	7,93	0,31	0,45	0,51	0,18	0,28	0,32	—	0,13	0,15	—	0,01	0,01	—	—	—	—	—	—
	III	1,49	—	0,11	0,13	III	1,49	—	0,01	0,01	—	—	—	—	—	—	—	—	—	—	—	—	—	—	—
	V	19,40	1,06	1,55	1,74	IV	8,93	0,42	0,62	0,70	0,36	0,53	0,59	0,30	0,44	0,50	0,24	0,36	0,40	0,15	0,27	0,31	—	0,19	0,22
	VI	20,43	1,12	1,63	1,83																				
69,59	I,IV	8,96	0,49	0,71	0,80	I	8,96	0,36	0,53	0,60	0,24	0,36	0,40	—	0,19	0,22	—	0,06	0,07	—	—	—	—	—	—
	II	7,96	0,43	0,63	0,71	II	7,96	0,31	0,45	0,51	0,18	0,28	0,32	—	0,13	0,15	—	0,01	0,01	—	—	—	—	—	—
	III	1,51	—	0,12	0,13	III	1,51	—	0,01	0,01	—	—	—	—	—	—	—	—	—	—	—	—	—	—	—
	V	19,44	1,06	1,55	1,74	IV	8,96	0,42	0,62	0,70	0,36	0,53	0,60	0,30	0,44	0,50	0,24	0,36	0,40	0,15	0,27	0,31	—	0,19	0,22
	VI	20,47	1,12	1,63	1,84																				
69,69	I,IV	8,98	0,49	0,71	0,80	I	8,98	0,36	0,53	0,60	0,25	0,36	0,40	—	0,20	0,22	—	0,06	0,07	—	—	—	—	—	—
	II	7,98	0,43	0,63	0,71	II	7,98	0,31	0,46	0,51	0,18	0,29	0,32	—	0,13	0,15	—	0,01	0,01	—	—	—	—	—	—
	III	1,53	—	0,12	0,13	III	1,53	—	0,01	0,01	—	—	—	—	—	—	—	—	—	—	—	—	—	—	—
	V	19,48	1,07	1,55	1,75	IV	8,98	0,43	0,62	0,70	0,36	0,53	0,60	0,30	0,44	0,50	0,25	0,36	0,40	0,16	0,28	0,31	—	0,20	0,22
	VI	20,51	1,12	1,64	1,84																				
69,79	I,IV	9,01	0,49	0,72	0,81	I	9,01	0,37	0,53	0,60	0,25	0,36	0,41	—	0,20	0,22	—	0,06	0,07	—	—	—	—	—	—
	II	8,01	0,44	0,64	0,72	II	8,01	0,31	0,46	0,52	0,19	0,29	0,33	—	0,13	0,15	—	0,01	0,02	—	—	—	—	—	—
	III	1,55	—	0,12	0,13	III	1,55	—	0,01	0,01	—	—	—	—	—	—	—	—	—	—	—	—	—	—	—
	V	19,52	1,07	1,56	1,75	IV	9,01	0,43	0,62	0,70	0,37	0,53	0,60	0,31	0,45	0,50	0,25	0,36	0,41	0,16	0,28	0,31	—	0,20	0,22
	VI	20,55	1,13	1,64	1,84																				
69,89	I,IV	9,04	0,49	0,72	0,81	I	9,04	0,37	0,54	0,60	0,25	0,36	0,41	—	0,20	0,22	—	0,06	0,07	—	—	—	—	—	—
	II	8,03	0,44	0,64	0,72	II	8,03	0,31	0,46	0,52	0,19	0,29	0,33	—	0,14	0,15	—	0,01	0,02	—	—	—	—	—	—
	III	1,56	—	0,12	0,14	III	1,56	—	0,01	0,01	—	—	—	—	—	—	—	—	—	—	—	—	—	—	—
	V	19,56	1,07	1,56	1,76	IV	9,04	0,43	0,63	0,70	0,37	0,54	0,60	0,31	0,45	0,50	0,25	0,36	0,41	0,17	0,28	0,32	—	0,20	0,22
	VI	20,60	1,13	1,64	1,85																				
69,99	I,IV	9,06	0,49	0,72	0,81	I	9,06	0,37	0,54	0,61	0,25	0,36	0,41	—	0,20	0,23	—	0,06	0,07	—	—	—	—	—	—
	II	8,06	0,44	0,64	0,72	II	8,06	0,32	0,46	0,52	0,20	0,29	0,33	—	0,14	0,15	—	0,02	0,02	—	—	—	—	—	—
	III	1,58	—	0,12	0,14	III	1,58	—	0,01	0,02	—	—	—	—	—	—	—	—	—	—	—	—	—	—	—
	V	19,60	1,07	1,56	1,76	IV	9,06	0,43	0,63	0,71	0,37	0,54	0,61	0,31	0,45	0,51	0,25	0,36	0,41	0,17	0,28	0,32	—	0,20	0,23
	VI	20,63	1,13	1,65	1,85																				
70,09	I,IV	9,09	0,50	0,72	0,81	I	9,09	0,37	0,54	0,61	0,25	0,37	0,41	—	0,20	0,23	—	0,06	0,07	—	—	—	—	—	—
	II	8,09	0,44	0,64	0,72	II	8,09	0,32	0,46	0,52	0,20	0,29	0,33	—	0,14	0,16	—	0,02	0,02	—	—	—	—	—	—
	III	1,60	—	0,12	0,14	III	1,60	—	0,02	0,02	—	—	—	—	—	—	—	—	—	—	—	—	—	—	—
	V	19,63	1,08	1,57	1,76	IV	9,09	0,43	0,63	0,71	0,37	0,54	0,61	0,31	0,45	0,51	0,25	0,37	0,41	0,18	0,28	0,32	—	0,20	0,23
	VI	20,68	1,13	1,65	1,86																				
70,19	I,IV	9,12	0,50	0,72	0,82	I	9,12	0,37	0,54	0,61	0,25	0,37	0,42	—	0,20	0,23	—	0,07	0,08	—	—	—	—	—	—
	II	8,11	0,44	0,64	0,72	II	8,11	0,32	0,47	0,52	0,20	0,30	0,33	—	0,14	0,16	—	0,02	0,02	—	—	—	—	—	—
	III	1,61	—	0,12	0,14	III	1,61	—	0,02	0,02	—	—	—	—	—	—	—	—	—	—	—	—	—	—	—
	V	19,68	1,08	1,57	1,77	IV	9,12	0,43	0,63	0,71	0,37	0,54	0,61	0,31	0,45	0,51	0,25	0,37	0,42	0,18	0,29	0,32	—	0,20	0,23
	VI	20,72	1,13	1,65	1,86																				
70,29	I,IV	9,15	0,50	0,73	0,82	I	9,15	0,37	0,54	0,61	0,25	0,37	0,42	—	0,21	0,23	—	0,07	0,08	—	—	—	—	—	—
	II	8,14	0,44	0,65	0,73	II	8,14	0,32	0,47	0,53	0,20	0,30	0,34	—	0,14	0,16	—	0,02	0,02	—	—	—	—	—	—
	III	1,63	—	0,13	0,14	III	1,63	—	0,02	0,02	—	—	—	—	—	—	—	—	—	—	—	—	—	—	—
	V	19,72	1,08	1,57	1,77	IV	9,15	0,43	0,63	0,71	0,37	0,54	0,61	0,31	0,46	0,51	0,25	0,37	0,42	0,19	0,29	0,32	—	0,21	0,23
	VI	20,76	1,14	1,66	1,86																				
70,39	I,IV	9,17	0,50	0,73	0,82	I	9,17	0,37	0,55	0,62	0,25	0,37	0,42	—	0,21	0,23	—	0,07	0,08	—	—	—	—	—	—
	II	8,17	0,44	0,65	0,73	II	8,17	0,32	0,47	0,53	0,20	0,30	0,34	—	0,14	0,16	—	0,02	0,02	—	—	—	—	—	—
	III	1,65	—	0,13	0,14	III	1,65	—	0,02	0,02	—	—	—	—	—	—	—	—	—	—	—	—	—	—	—
	V	19,76	1,08	1,58	1,77	IV	9,17	0,44	0,64	0,72	0,37	0,55	0,62	0,31	0,46	0,52	0,25	0,37	0,42	0,19	0,29	0,33	—	0,21	0,23
	VI	20,80	1,14	1,66	1,87																				
70,49	I,IV	9,20	0,50	0,73	0,82	I	9,20	0,38	0,55	0,62	0,26	0,37	0,42	—	0,21	0,24	—	0,07	0,08	—	—	—	—	—	—
	II	8,19	0,45	0,65	0,73	II	8,19	0,32	0,47	0,53	0,21	0,30	0,34	—	0,14	0,16	—	0,02	0,02	—	—	—	—	—	—
	III	1,66	—	0,13	0,14	III	1,66	—	0,02	0,02	—	—	—	—	—	—	—	—	—	—	—	—	—	—	—
	V	19,80	1,08	1,58	1,78	IV	9,20	0,44	0,64	0,72	0,38	0,55	0,62	0,31	0,46	0,52	0,26	0,37	0,42	0,20	0,29	0,33	—	0,21	0,24
	VI	20,84	1,14	1,66	1,87																				

* Die ausgewiesenen Tabellenwerte sind amtlich. Siehe Erläuterungen auf der Umschlaginnenseite (U2).
** Bei mehr als 3 Kinderfreibeträgen ist die „Ergänzungs-Tabelle 3,5 bis 6 Kinderfreibeträge" anzuwenden.

Lohn/ Gehalt bis €*	Abzüge an Lohnsteuer, Solidaritätszuschlag (SolZ) und Kirchensteuer (8%, 9%) in den Steuerklassen I – VI					I, II, III, IV		mit Zahl der Kinderfreibeträge . . . 0,5			1			1,5			2			2,5			3**		
		LSt	ohne Kinderfreibeträge SolZ	8%	9%		LSt	SolZ	8%	9%	SolZ	8%	9%	SolZ	8%	9%	SolZ	8%	9%	SolZ	8%	9%	SolZ	8%	9%
70,59	I,IV	9,23	0,50	0,73	0,83	I	9,23	0,38	0,55	0,62	0,26	0,38	0,42	—	0,21	0,24	—	0,07	0,08	—	—	—	—	—	—
	II	8,22	0,45	0,65	0,73	II	8,22	0,32	0,47	0,53	0,21	0,30	0,34	—	0,15	0,17	—	0,02	0,03	—	—	—	—	—	—
	III	1,68	—	0,13	0,15	III	1,68	—	0,02	0,02	—	—	—	—	—	—	—	—	—	—	—	—	—	—	—
	V	19,84	1,09	1,58	1,78	IV	9,23	0,44	0,64	0,72	0,38	0,55	0,62	0,32	0,46	0,52	0,26	0,38	0,42	0,20	0,29	0,33	—	0,21	0,24
	VI	20,88	1,14	1,67	1,87																				
70,69	I,IV	9,25	0,50	0,74	0,83	I	9,25	0,38	0,55	0,62	0,26	0,38	0,43	—	0,21	0,24	—	0,07	0,08	—	—	—	—	—	—
	II	8,25	0,45	0,66	0,74	II	8,25	0,33	0,48	0,54	0,21	0,31	0,34	—	0,15	0,17	—	0,02	0,03	—	—	—	—	—	—
	III	1,70	—	0,13	0,15	III	1,70	—	0,02	0,03	—	—	—	—	—	—	—	—	—	—	—	—	—	—	—
	V	19,88	1,09	1,59	1,78	IV	9,25	0,44	0,64	0,72	0,38	0,55	0,62	0,32	0,46	0,52	0,26	0,38	0,43	0,20	0,30	0,33	—	0,21	0,24
	VI	20,93	1,15	1,67	1,88																				
70,79	I,IV	9,28	0,51	0,74	0,83	I	9,28	0,38	0,55	0,62	0,26	0,38	0,43	0,01	0,22	0,24	—	0,08	0,09	—	—	—	—	—	—
	II	8,27	0,45	0,66	0,74	II	8,27	0,33	0,48	0,54	0,21	0,31	0,35	—	0,15	0,17	—	0,03	0,03	—	—	—	—	—	—
	III	1,72	—	0,13	0,15	III	1,72	—	0,02	0,03	—	—	—	—	—	—	—	—	—	—	—	—	—	—	—
	V	19,92	1,09	1,59	1,79	IV	9,28	0,44	0,64	0,73	0,38	0,55	0,62	0,32	0,47	0,53	0,26	0,38	0,43	0,20	0,30	0,33	0,01	0,22	0,24
	VI	20,96	1,15	1,67	1,88																				
70,89	I,IV	9,31	0,51	0,74	0,83	I	9,31	0,38	0,56	0,63	0,26	0,38	0,43	0,01	0,22	0,25	—	0,08	0,09	—	—	—	—	—	—
	II	8,30	0,45	0,66	0,74	II	8,30	0,33	0,48	0,54	0,21	0,31	0,35	—	0,15	0,17	—	0,03	0,03	—	—	—	—	—	—
	III	1,73	—	0,13	0,15	III	1,73	—	0,02	0,03	—	—	—	—	—	—	—	—	—	—	—	—	—	—	—
	V	19,96	1,09	1,59	1,79	IV	9,31	0,44	0,65	0,73	0,38	0,56	0,63	0,32	0,47	0,53	0,26	0,38	0,43	0,20	0,30	0,34	0,01	0,22	0,25
	VI	21,01	1,15	1,68	1,89																				
70,99	I,IV	9,34	0,51	0,74	0,84	I	9,34	0,38	0,56	0,63	0,26	0,38	0,43	0,02	0,22	0,25	—	0,08	0,09	—	—	—	—	—	—
	II	8,33	0,45	0,66	0,74	II	8,33	0,33	0,48	0,54	0,21	0,31	0,35	—	0,15	0,17	—	0,03	0,03	—	—	—	—	—	—
	III	1,75	—	0,14	0,15	III	1,75	—	0,03	0,03	—	—	—	—	—	—	—	—	—	—	—	—	—	—	—
	V	20,—	1,10	1,60	1,80	IV	9,34	0,44	0,65	0,73	0,38	0,56	0,63	0,32	0,47	0,53	0,26	0,38	0,43	0,21	0,30	0,34	0,02	0,22	0,25
	VI	21,05	1,15	1,68	1,89																				
71,09	I,IV	9,36	0,51	0,74	0,84	I	9,36	0,38	0,56	0,63	0,26	0,39	0,44	0,02	0,22	0,25	—	0,08	0,09	—	—	—	—	—	—
	II	8,35	0,45	0,66	0,75	II	8,35	0,33	0,48	0,54	0,21	0,31	0,35	—	0,15	0,17	—	0,03	0,03	—	—	—	—	—	—
	III	1,77	—	0,14	0,15	III	1,77	—	0,03	0,03	—	—	—	—	—	—	—	—	—	—	—	—	—	—	—
	V	20,04	1,10	1,60	1,80	IV	9,36	0,45	0,65	0,73	0,38	0,56	0,63	0,32	0,47	0,53	0,26	0,39	0,44	0,21	0,30	0,34	0,02	0,22	0,25
	VI	21,09	1,16	1,68	1,89																				
71,19	I,IV	9,39	0,51	0,75	0,84	I	9,39	0,39	0,56	0,63	0,27	0,39	0,44	0,03	0,22	0,25	—	0,08	0,09	—	—	—	—	—	—
	II	8,38	0,46	0,67	0,75	II	8,38	0,33	0,49	0,55	0,22	0,32	0,36	—	0,16	0,18	—	0,03	0,03	—	—	—	—	—	—
	III	1,78	—	0,14	0,16	III	1,78	—	0,03	0,03	—	—	—	—	—	—	—	—	—	—	—	—	—	—	—
	V	20,08	1,10	1,60	1,80	IV	9,39	0,45	0,65	0,74	0,39	0,56	0,63	0,32	0,47	0,53	0,27	0,39	0,44	0,21	0,30	0,34	0,03	0,22	0,25
	VI	21,13	1,16	1,69	1,90																				
71,29	I,IV	9,42	0,51	0,75	0,84	I	9,42	0,39	0,56	0,64	0,27	0,39	0,44	0,03	0,22	0,25	—	0,08	0,09	—	—	—	—	—	—
	II	8,40	0,46	0,67	0,75	II	8,40	0,33	0,49	0,55	0,22	0,32	0,36	—	0,16	0,18	—	0,03	0,04	—	—	—	—	—	—
	III	1,80	—	0,14	0,16	III	1,80	—	0,03	0,03	—	—	—	—	—	—	—	—	—	—	—	—	—	—	—
	V	20,12	1,10	1,60	1,81	IV	9,42	0,45	0,66	0,74	0,39	0,56	0,64	0,33	0,48	0,54	0,27	0,39	0,44	0,21	0,31	0,35	0,03	0,22	0,25
	VI	21,17	1,16	1,69	1,90																				
71,39	I,IV	9,45	0,51	0,75	0,85	I	9,45	0,39	0,57	0,64	0,27	0,39	0,44	0,03	0,23	0,26	—	0,08	0,09	—	—	—	—	—	—
	II	8,43	0,46	0,67	0,75	II	8,43	0,34	0,49	0,55	0,22	0,32	0,36	—	0,16	0,18	—	0,03	0,04	—	—	—	—	—	—
	III	1,82	—	0,14	0,16	III	1,82	—	0,03	0,03	—	—	—	—	—	—	—	—	—	—	—	—	—	—	—
	V	20,17	1,10	1,61	1,81	IV	9,45	0,45	0,66	0,74	0,39	0,57	0,64	0,33	0,48	0,54	0,27	0,39	0,44	0,21	0,31	0,35	0,03	0,23	0,26
	VI	21,21	1,16	1,69	1,90																				
71,49	I,IV	9,47	0,52	0,75	0,85	I	9,47	0,39	0,57	0,64	0,27	0,39	0,44	0,04	0,23	0,26	—	0,08	0,10	—	—	—	—	—	—
	II	8,46	0,46	0,67	0,76	II	8,46	0,34	0,49	0,55	0,22	0,32	0,36	—	0,16	0,18	—	0,03	0,04	—	—	—	—	—	—
	III	1,84	—	0,14	0,16	III	1,84	—	0,03	0,04	—	—	—	—	—	—	—	—	—	—	—	—	—	—	—
	V	20,21	1,11	1,61	1,81	IV	9,47	0,45	0,66	0,74	0,39	0,57	0,64	0,33	0,48	0,54	0,27	0,39	0,44	0,21	0,31	0,35	0,04	0,23	0,26
	VI	21,26	1,16	1,70	1,91																				
71,59	I,IV	9,50	0,52	0,76	0,85	I	9,50	0,39	0,57	0,64	0,27	0,40	0,45	0,04	0,23	0,26	—	0,09	0,10	—	—	—	—	—	—
	II	8,48	0,46	0,67	0,76	II	8,48	0,34	0,49	0,56	0,22	0,32	0,36	—	0,16	0,18	—	0,04	0,04	—	—	—	—	—	—
	III	1,86	—	0,14	0,16	III	1,86	—	0,03	0,04	—	—	—	—	—	—	—	—	—	—	—	—	—	—	—
	V	20,25	1,11	1,62	1,82	IV	9,50	0,45	0,66	0,74	0,39	0,57	0,64	0,33	0,48	0,54	0,27	0,40	0,45	0,21	0,31	0,35	0,04	0,23	0,26
	VI	21,30	1,17	1,70	1,91																				
71,69	I,IV	9,53	0,52	0,76	0,85	I	9,53	0,39	0,57	0,64	0,27	0,40	0,45	0,05	0,23	0,26	—	0,09	0,10	—	—	—	—	—	—
	II	8,51	0,46	0,68	0,76	II	8,51	0,34	0,50	0,56	0,22	0,32	0,37	—	0,16	0,19	—	0,04	0,04	—	—	—	—	—	—
	III	1,87	—	0,14	0,16	III	1,87	—	0,03	0,04	—	—	—	—	—	—	—	—	—	—	—	—	—	—	—
	V	20,28	1,11	1,62	1,82	IV	9,53	0,46	0,66	0,75	0,39	0,57	0,64	0,33	0,48	0,54	0,27	0,40	0,45	0,21	0,31	0,35	0,05	0,23	0,26
	VI	21,33	1,17	1,70	1,91																				
71,79	I,IV	9,55	0,52	0,76	0,85	I	9,55	0,39	0,58	0,65	0,27	0,40	0,45	0,05	0,23	0,26	—	0,09	0,10	—	—	—	—	—	—
	II	8,54	0,46	0,68	0,76	II	8,54	0,34	0,50	0,56	0,22	0,33	0,37	—	0,17	0,19	—	0,04	0,04	—	—	—	—	—	—
	III	1,89	—	0,15	0,17	III	1,89	—	0,04	0,04	—	—	—	—	—	—	—	—	—	—	—	—	—	—	—
	V	20,33	1,11	1,62	1,82	IV	9,55	0,46	0,67	0,75	0,39	0,58	0,65	0,33	0,49	0,55	0,27	0,40	0,45	0,22	0,32	0,36	0,05	0,23	0,26
	VI	21,38	1,17	1,71	1,92																				
71,89	I,IV	9,58	0,52	0,76	0,86	I	9,58	0,40	0,58	0,65	0,27	0,40	0,45	0,06	0,24	0,27	—	0,09	0,10	—	—	—	—	—	—
	II	8,56	0,47	0,68	0,77	II	8,56	0,34	0,50	0,56	0,22	0,33	0,37	—	0,17	0,19	—	0,04	0,04	—	—	—	—	—	—
	III	1,91	—	0,15	0,17	III	1,91	—	0,04	0,04	—	—	—	—	—	—	—	—	—	—	—	—	—	—	—
	V	20,37	1,12	1,62	1,83	IV	9,58	0,46	0,67	0,75	0,40	0,58	0,65	0,33	0,49	0,55	0,27	0,40	0,45	0,22	0,32	0,36	0,06	0,24	0,27
	VI	21,42	1,17	1,71	1,92																				
71,99	I,IV	9,61	0,52	0,76	0,86	I	9,61	0,40	0,58	0,65	0,28	0,40	0,45	0,06	0,24	0,27	—	0,09	0,10	—	—	—	—	—	—
	II	8,59	0,47	0,68	0,77	II	8,59	0,34	0,50	0,56	0,23	0,33	0,37	—	0,17	0,19	—	0,04	0,05	—	—	—	—	—	—
	III	1,92	—	0,15	0,17	III	1,92	—	0,04	0,04	—	—	—	—	—	—	—	—	—	—	—	—	—	—	—
	V	20,41	1,12	1,63	1,83	IV	9,61	0,46	0,67	0,75	0,40	0,58	0,65	0,34	0,49	0,55	0,28	0,40	0,45	0,22	0,32	0,36	0,06	0,24	0,27
	VI	21,47	1,18	1,71	1,93																				

* Die ausgewiesenen Tabellenwerte sind amtlich. Siehe Erläuterungen auf der Umschlaginnenseite (U2).
** Bei mehr als 3 Kinderfreibeträgen ist die „Ergänzungs-Tabelle 3,5 bis 6 Kinderfreibeträge" anzuwenden.

TAG 72,–*

Abzüge an Lohnsteuer, Solidaritätszuschlag (SolZ) und Kirchensteuer (8%, 9%) in den Steuerklassen

Lohn/ Gehalt bis €*	I – VI		ohne Kinderfreibeträge			I, II, III, IV		mit Zahl der Kinderfreibeträge . . . 0,5			1			1,5			2			2,5			3**		
		LSt	SolZ	8%	9%		LSt	SolZ	8%	9%	SolZ	8%	9%	SolZ	8%	9%	SolZ	8%	9%	SolZ	8%	9%	SolZ	8%	9%
72,09	I,IV	9,63	0,53	0,77	0,86	I	9,63	0,40	0,58	0,65	0,28	0,41	0,46	0,07	0,24	0,27	—	0,09	0,11	—	—	—	—	—	—
	II	8,62	0,47	0,68	0,77	II	8,62	0,35	0,50	0,57	0,23	0,33	0,37	—	0,17	0,19	—	0,04	0,05	—	—	—	—	—	—
	III	1,95	—	0,15	0,17	III	1,95	—	0,04	0,04	—	—	—	—	—	—	—	—	—	—	—	—	—	—	—
	V	20,45	1,12	1,63	1,84	IV	9,63	0,46	0,67	0,76	0,40	0,58	0,65	0,34	0,49	0,55	0,28	0,41	0,46	0,22	0,32	0,36	0,07	0,24	0,27
	VI	21,50	1,18	1,72	1,93																				
72,19	I,IV	9,66	0,53	0,77	0,86	I	9,66	0,40	0,58	0,66	0,28	0,41	0,46	0,07	0,24	0,27	—	0,10	0,11	—	—	—	—	—	—
	II	8,65	0,47	0,69	0,77	II	8,65	0,35	0,51	0,57	0,23	0,33	0,38	—	0,17	0,20	—	0,04	0,05	—	—	—	—	—	—
	III	1,96	—	0,15	0,17	III	1,96	—	0,04	0,05	—	—	—	—	—	—	—	—	—	—	—	—	—	—	—
	V	20,49	1,12	1,63	1,84	IV	9,66	0,46	0,67	0,76	0,40	0,58	0,66	0,34	0,49	0,56	0,28	0,41	0,46	0,22	0,32	0,36	0,07	0,24	0,27
	VI	21,55	1,18	1,72	1,93																				
72,29	I,IV	9,69	0,53	0,77	0,87	I	9,69	0,40	0,59	0,66	0,28	0,41	0,46	0,08	0,24	0,27	—	0,10	0,11	—	—	—	—	—	—
	II	8,67	0,47	0,69	0,78	II	8,67	0,35	0,51	0,57	0,23	0,34	0,38	—	0,18	0,20	—	0,04	0,05	—	—	—	—	—	—
	III	1,98	—	0,15	0,17	III	1,98	—	0,04	0,05	—	—	—	—	—	—	—	—	—	—	—	—	—	—	—
	V	20,53	1,12	1,64	1,84	IV	9,69	0,46	0,68	0,76	0,40	0,59	0,66	0,34	0,50	0,56	0,28	0,41	0,46	0,22	0,33	0,37	0,08	0,24	0,27
	VI	21,59	1,18	1,72	1,94																				
72,39	I,IV	9,72	0,53	0,77	0,87	I	9,72	0,40	0,59	0,66	0,28	0,41	0,46	0,08	0,24	0,28	—	0,10	0,11	—	—	—	—	—	—
	II	8,70	0,47	0,69	0,78	II	8,70	0,35	0,51	0,57	0,23	0,34	0,38	—	0,18	0,20	—	0,05	0,05	—	—	—	—	—	—
	III	2,—	—	0,16	0,18	III	2,—	—	0,04	0,05	—	—	—	—	—	—	—	—	—	—	—	—	—	—	—
	V	20,57	1,13	1,64	1,85	IV	9,72	0,47	0,68	0,76	0,40	0,59	0,66	0,34	0,50	0,56	0,28	0,41	0,46	0,22	0,33	0,37	0,08	0,24	0,28
	VI	21,63	1,19	1,73	1,94																				
72,49	I,IV	9,75	0,53	0,78	0,87	I	9,75	0,40	0,59	0,66	0,28	0,41	0,47	0,09	0,25	0,28	—	0,10	0,11	—	—	—	—	—	—
	II	8,73	0,48	0,69	0,78	II	8,73	0,35	0,51	0,58	0,23	0,34	0,38	—	0,18	0,20	—	0,05	0,05	—	—	—	—	—	—
	III	2,01	—	0,16	0,18	III	2,01	—	0,04	0,05	—	—	—	—	—	—	—	—	—	—	—	—	—	—	—
	V	20,61	1,13	1,64	1,85	IV	9,75	0,47	0,68	0,77	0,40	0,59	0,66	0,34	0,50	0,56	0,28	0,41	0,47	0,22	0,33	0,37	0,09	0,25	0,28
	VI	21,67	1,19	1,73	1,95																				
72,59	I,IV	9,77	0,53	0,78	0,87	I	9,77	0,41	0,59	0,67	0,28	0,42	0,47	0,09	0,25	0,28	—	0,10	0,11	—	—	—	—	—	—
	II	8,75	0,48	0,70	0,78	II	8,75	0,35	0,51	0,58	0,23	0,34	0,39	—	0,18	0,20	—	0,05	0,05	—	—	—	—	—	—
	III	2,03	—	0,16	0,18	III	2,03	—	0,04	0,05	—	—	—	—	—	—	—	—	—	—	—	—	—	—	—
	V	20,66	1,13	1,65	1,85	IV	9,77	0,47	0,68	0,77	0,41	0,59	0,67	0,34	0,50	0,57	0,28	0,42	0,47	0,23	0,33	0,37	0,09	0,25	0,28
	VI	21,71	1,19	1,73	1,95																				
72,69	I,IV	9,80	0,53	0,78	0,88	I	9,80	0,41	0,59	0,67	0,29	0,42	0,47	0,10	0,25	0,28	—	0,10	0,12	—	—	—	—	—	—
	II	8,78	0,48	0,70	0,79	II	8,78	0,35	0,52	0,58	0,24	0,34	0,39	—	0,18	0,20	—	0,05	0,06	—	—	—	—	—	—
	III	2,05	—	0,16	0,18	III	2,05	—	0,05	0,05	—	—	—	—	—	—	—	—	—	—	—	—	—	—	—
	V	20,69	1,13	1,65	1,86	IV	9,80	0,47	0,69	0,77	0,41	0,59	0,67	0,35	0,50	0,57	0,29	0,42	0,47	0,23	0,33	0,37	0,10	0,25	0,28
	VI	21,76	1,19	1,74	1,95																				
72,79	I,IV	9,83	0,54	0,78	0,88	I	9,83	0,41	0,60	0,67	0,29	0,42	0,47	0,10	0,25	0,28	—	0,10	0,12	—	—	—	—	—	—
	II	8,81	0,48	0,70	0,79	II	8,81	0,35	0,52	0,58	0,24	0,35	0,39	—	0,18	0,21	—	0,05	0,06	—	—	—	—	—	—
	III	2,07	—	0,16	0,18	III	2,07	—	0,05	0,05	—	—	—	—	—	—	—	—	—	—	—	—	—	—	—
	V	20,73	1,14	1,65	1,86	IV	9,83	0,47	0,69	0,77	0,41	0,60	0,67	0,35	0,51	0,57	0,29	0,42	0,47	0,23	0,34	0,38	0,10	0,25	0,28
	VI	21,80	1,19	1,74	1,96																				
72,89	I,IV	9,85	0,54	0,78	0,88	I	9,85	0,41	0,60	0,67	0,29	0,42	0,47	0,10	0,25	0,29	—	0,11	0,12	—	—	—	—	—	—
	II	8,83	0,48	0,70	0,79	II	8,83	0,36	0,52	0,59	0,24	0,35	0,39	—	0,19	0,21	—	0,05	0,06	—	—	—	—	—	—
	III	2,08	—	0,16	0,18	III	2,08	—	0,05	0,06	—	—	—	—	—	—	—	—	—	—	—	—	—	—	—
	V	20,78	1,14	1,66	1,87	IV	9,85	0,47	0,69	0,78	0,41	0,60	0,67	0,35	0,51	0,57	0,29	0,42	0,47	0,23	0,34	0,38	0,10	0,25	0,29
	VI	21,84	1,20	1,74	1,96																				
72,99	I,IV	9,88	0,54	0,79	0,88	I	9,88	0,41	0,60	0,68	0,29	0,42	0,48	0,11	0,26	0,29	—	0,11	0,12	—	—	—	—	—	—
	II	8,86	0,48	0,70	0,79	II	8,86	0,36	0,52	0,59	0,24	0,35	0,39	—	0,19	0,21	—	0,05	0,06	—	—	—	—	—	—
	III	2,11	—	0,16	0,18	III	2,11	—	0,05	0,06	—	—	—	—	—	—	—	—	—	—	—	—	—	—	—
	V	20,82	1,14	1,66	1,87	IV	9,88	0,47	0,69	0,78	0,41	0,60	0,68	0,35	0,51	0,57	0,29	0,42	0,48	0,23	0,34	0,38	0,11	0,26	0,29
	VI	21,88	1,20	1,75	1,96																				
73,09	I,IV	9,91	0,54	0,79	0,89	I	9,91	0,41	0,60	0,68	0,29	0,43	0,48	0,11	0,26	0,29	—	0,11	0,12	—	—	—	—	—	—
	II	8,89	0,48	0,71	0,80	II	8,89	0,36	0,52	0,59	0,24	0,35	0,40	—	0,19	0,21	—	0,05	0,06	—	—	—	—	—	—
	III	2,12	—	0,16	0,19	III	2,12	—	0,05	0,06	—	—	—	—	—	—	—	—	—	—	—	—	—	—	—
	V	20,86	1,14	1,66	1,87	IV	9,91	0,48	0,69	0,78	0,41	0,60	0,68	0,35	0,51	0,58	0,29	0,43	0,48	0,23	0,34	0,38	0,11	0,26	0,29
	VI	21,92	1,20	1,75	1,97																				
73,19	I,IV	9,94	0,54	0,79	0,89	I	9,94	0,41	0,60	0,68	0,29	0,43	0,48	0,12	0,26	0,29	—	0,11	0,12	—	—	—	—	—	—
	II	8,91	0,49	0,71	0,80	II	8,91	0,36	0,53	0,59	0,24	0,35	0,40	—	0,19	0,22	—	0,06	0,06	—	—	—	—	—	—
	III	2,14	—	0,17	0,19	III	2,14	—	0,05	0,06	—	—	—	—	—	—	—	—	—	—	—	—	—	—	—
	V	20,90	1,14	1,67	1,88	IV	9,94	0,48	0,70	0,78	0,41	0,60	0,68	0,35	0,52	0,58	0,29	0,43	0,48	0,23	0,34	0,39	0,12	0,26	0,29
	VI	21,96	1,20	1,75	1,97																				
73,29	I,IV	9,96	0,54	0,79	0,89	I	9,96	0,42	0,61	0,68	0,29	0,43	0,48	0,12	0,26	0,29	—	0,11	0,13	—	—	—	—	—	—
	II	8,94	0,49	0,71	0,80	II	8,94	0,36	0,53	0,59	0,24	0,36	0,40	—	0,19	0,22	—	0,06	0,07	—	—	—	—	—	—
	III	2,16	—	0,17	0,19	III	2,16	—	0,05	0,06	—	—	—	—	—	—	—	—	—	—	—	—	—	—	—
	V	20,94	1,15	1,67	1,88	IV	9,96	0,48	0,70	0,79	0,42	0,61	0,68	0,35	0,52	0,58	0,29	0,43	0,48	0,24	0,34	0,39	0,12	0,26	0,29
	VI	22,—	1,21	1,76	1,98																				
73,39	I,IV	9,99	0,54	0,79	0,89	I	9,99	0,42	0,61	0,68	0,30	0,43	0,49	0,13	0,26	0,30	—	0,11	0,13	—	—	—	—	—	—
	II	8,97	0,49	0,71	0,80	II	8,97	0,36	0,53	0,60	0,24	0,36	0,40	—	0,19	0,22	—	0,06	0,07	—	—	—	—	—	—
	III	2,18	—	0,17	0,19	III	2,18	—	0,06	0,06	—	—	—	—	—	—	—	—	—	—	—	—	—	—	—
	V	20,98	1,15	1,67	1,88	IV	9,99	0,48	0,70	0,79	0,42	0,61	0,68	0,36	0,52	0,58	0,30	0,43	0,49	0,24	0,35	0,39	0,13	0,26	0,30
	VI	22,04	1,21	1,76	1,98																				
73,49	I,IV	10,02	0,55	0,80	0,90	I	10,02	0,42	0,61	0,69	0,30	0,43	0,49	0,13	0,27	0,30	—	0,11	0,13	—	—	—	—	—	—
	II	8,99	0,49	0,71	0,80	II	8,99	0,36	0,53	0,60	0,25	0,36	0,40	—	0,20	0,22	—	0,06	0,07	—	—	—	—	—	—
	III	2,20	—	0,17	0,19	III	2,20	—	0,06	0,06	—	—	—	—	—	—	—	—	—	—	—	—	—	—	—
	V	21,02	1,15	1,68	1,89	IV	10,02	0,48	0,70	0,79	0,42	0,61	0,69	0,36	0,52	0,59	0,30	0,43	0,49	0,24	0,35	0,39	0,13	0,27	0,30
	VI	22,08	1,21	1,76	1,98																				

* Die ausgewiesenen Tabellenwerte sind amtlich. Siehe Erläuterungen auf der Umschlaginnenseite (U2).
** Bei mehr als 3 Kinderfreibeträgen ist die „Ergänzungs-Tabelle 3,5 bis 6 Kinderfreibeträge" anzuwenden.

Abzüge an Lohnsteuer, Solidaritätszuschlag (SolZ) und Kirchensteuer (8%, 9%) in den Steuerklassen

Lohn/ Gehalt bis €*	I – VI		ohne Kinder-freibeträge			I, II, III, IV		mit Zahl der Kinderfreibeträge . . . 0,5			1			1,5			2			2,5			3**		
		LSt	SolZ	8%	9%		LSt	SolZ	8%	9%	SolZ	8%	9%	SolZ	8%	9%	SolZ	8%	9%	SolZ	8%	9%	SolZ	8%	9%
73,59	I,IV	10,05	0,55	0,80	0,90	I	10,05	0,42	0,61	0,69	0,30	0,44	0,49	0,14	0,27	0,30	—	0,12	0,13	—	—	—	—	—	—
	II	9,02	0,49	0,72	0,81	II	9,02	0,37	0,53	0,60	0,25	0,36	0,41	—	0,20	0,22	—	0,06	0,07	—	—	—	—	—	—
	III	2,21	—	0,17	0,19	III	2,21	—	0,06	0,06	—	—	—	—	—	—	—	—	—	—	—	—	—	—	—
	V	21,07	1,15	1,68	1,89	IV	10,05	0,48	0,70	0,79	0,42	0,61	0,69	0,36	0,52	0,59	0,30	0,44	0,49	0,24	0,35	0,39	0,14	0,27	0,30
	VI	22,13	1,21	1,77	1,99																				
73,69	I,IV	10,07	0,55	0,80	0,90	I	10,07	0,42	0,61	0,69	0,30	0,44	0,49	0,14	0,27	0,30	—	0,12	0,13	—	—	—	—	—	—
	II	9,05	0,49	0,72	0,81	II	9,05	0,37	0,54	0,60	0,25	0,36	0,41	—	0,20	0,23	—	0,06	0,07	—	—	—	—	—	—
	III	2,23	—	0,17	0,20	III	2,23	—	0,06	0,07	—	—	—	—	—	—	—	—	—	—	—	—	—	—	—
	V	21,11	1,16	1,68	1,89	IV	10,07	0,48	0,71	0,80	0,42	0,61	0,69	0,36	0,52	0,59	0,30	0,44	0,49	0,24	0,35	0,40	0,14	0,27	0,30
	VI	22,17	1,21	1,77	1,99																				
73,79	I,IV	10,10	0,55	0,80	0,90	I	10,10	0,42	0,62	0,69	0,30	0,44	0,49	0,15	0,27	0,31	—	0,12	0,13	—	—	—	—	—	—
	II	9,07	0,49	0,72	0,81	II	9,07	0,37	0,54	0,61	0,25	0,37	0,41	—	0,20	0,23	—	0,06	0,07	—	—	—	—	—	—
	III	2,25	—	0,18	0,20	III	2,25	—	0,06	0,07	—	—	—	—	—	—	—	—	—	—	—	—	—	—	—
	V	21,15	1,16	1,69	1,90	IV	10,10	0,49	0,71	0,80	0,42	0,62	0,69	0,36	0,53	0,59	0,30	0,44	0,49	0,24	0,35	0,40	0,15	0,27	0,31
	VI	22,21	1,22	1,77	1,99																				
73,89	I,IV	10,13	0,55	0,81	0,91	I	10,13	0,42	0,62	0,70	0,30	0,44	0,50	0,15	0,27	0,31	—	0,12	0,14	—	—	—	—	—	—
	II	9,10	0,50	0,72	0,81	II	9,10	0,37	0,54	0,61	0,25	0,37	0,41	—	0,20	0,23	—	0,07	0,07	—	—	—	—	—	—
	III	2,27	—	0,18	0,20	III	2,27	—	0,06	0,07	—	—	—	—	—	—	—	—	—	—	—	—	—	—	—
	V	21,19	1,16	1,69	1,90	IV	10,13	0,49	0,71	0,80	0,42	0,62	0,70	0,36	0,53	0,60	0,30	0,44	0,50	0,24	0,36	0,40	0,15	0,27	0,31
	VI	22,25	1,22	1,78	2,—																				
73,99	I,IV	10,16	0,55	0,81	0,91	I	10,16	0,43	0,62	0,70	0,30	0,44	0,50	0,16	0,28	0,31	—	0,12	0,14	—	0,01	0,01	—	—	—
	II	9,13	0,50	0,73	0,82	II	9,13	0,37	0,54	0,61	0,25	0,37	0,42	—	0,20	0,23	—	0,07	0,08	—	—	—	—	—	—
	III	2,28	—	0,18	0,20	III	2,28	—	0,06	0,07	—	—	—	—	—	—	—	—	—	—	—	—	—	—	—
	V	21,23	1,16	1,69	1,90	IV	10,16	0,49	0,71	0,80	0,43	0,62	0,70	0,36	0,53	0,60	0,30	0,44	0,50	0,24	0,36	0,40	0,16	0,28	0,31
	VI	22,30	1,22	1,78	2,—																				
74,09	I,IV	10,18	0,56	0,81	0,91	I	10,18	0,43	0,62	0,70	0,30	0,45	0,50	0,16	0,28	0,31	—	0,12	0,14	—	0,01	0,01	—	—	—
	II	9,15	0,50	0,73	0,82	II	9,15	0,37	0,54	0,61	0,25	0,37	0,42	—	0,21	0,23	—	0,07	0,08	—	—	—	—	—	—
	III	2,31	—	0,18	0,20	III	2,31	—	0,06	0,07	—	—	—	—	—	—	—	—	—	—	—	—	—	—	—
	V	21,27	1,17	1,70	1,91	IV	10,18	0,49	0,72	0,81	0,43	0,62	0,70	0,37	0,53	0,60	0,30	0,45	0,50	0,25	0,36	0,41	0,16	0,28	0,31
	VI	22,34	1,22	1,78	2,01																				
74,19	I,IV	10,21	0,56	0,81	0,91	I	10,21	0,43	0,62	0,70	0,31	0,45	0,50	0,17	0,28	0,31	—	0,13	0,14	—	0,01	0,01	—	—	—
	II	9,18	0,50	0,73	0,82	II	9,18	0,37	0,55	0,62	0,26	0,37	0,42	—	0,21	0,24	—	0,07	0,08	—	—	—	—	—	—
	III	2,32	—	0,18	0,20	III	2,32	—	0,06	0,07	—	—	—	—	—	—	—	—	—	—	—	—	—	—	—
	V	21,31	1,17	1,70	1,91	IV	10,21	0,49	0,72	0,81	0,43	0,62	0,70	0,37	0,54	0,60	0,31	0,45	0,50	0,25	0,36	0,41	0,17	0,28	0,31
	VI	22,38	1,23	1,79	2,01																				
74,29	I,IV	10,24	0,56	0,81	0,92	I	10,24	0,43	0,63	0,71	0,31	0,45	0,51	0,17	0,28	0,32	—	0,13	0,14	—	0,01	0,01	—	—	—
	II	9,21	0,50	0,73	0,82	II	9,21	0,38	0,55	0,62	0,26	0,38	0,42	—	0,21	0,24	—	0,07	0,08	—	—	—	—	—	—
	III	2,34	—	0,18	0,21	III	2,34	—	0,07	0,07	—	—	—	—	—	—	—	—	—	—	—	—	—	—	—
	V	21,36	1,17	1,70	1,92	IV	10,24	0,49	0,72	0,81	0,43	0,63	0,71	0,37	0,54	0,60	0,31	0,45	0,51	0,25	0,36	0,41	0,17	0,28	0,32
	VI	22,42	1,23	1,79	2,01																				
74,39	I,IV	10,26	0,56	0,82	0,92	I	10,26	0,43	0,63	0,71	0,31	0,45	0,51	0,17	0,28	0,32	—	0,13	0,15	—	0,01	0,01	—	—	—
	II	9,24	0,50	0,73	0,83	II	9,24	0,38	0,55	0,62	0,26	0,38	0,42	—	0,21	0,24	—	0,07	0,08	—	—	—	—	—	—
	III	2,36	—	0,18	0,21	III	2,36	—	0,07	0,08	—	—	—	—	—	—	—	—	—	—	—	—	—	—	—
	V	21,40	1,17	1,71	1,92	IV	10,26	0,49	0,72	0,81	0,43	0,63	0,71	0,37	0,54	0,61	0,31	0,45	0,51	0,25	0,37	0,41	0,17	0,28	0,32
	VI	22,46	1,23	1,79	2,02																				
74,49	I,IV	10,29	0,56	0,82	0,92	I	10,29	0,43	0,63	0,71	0,31	0,45	0,51	0,18	0,28	0,32	—	0,13	0,15	—	0,01	0,01	—	—	—
	II	9,26	0,50	0,74	0,83	II	9,26	0,38	0,55	0,62	0,26	0,38	0,43	—	0,21	0,24	—	0,07	0,08	—	—	—	—	—	—
	III	2,38	—	0,19	0,21	III	2,38	—	0,07	0,08	—	—	—	—	—	—	—	—	—	—	—	—	—	—	—
	V	21,44	1,17	1,71	1,92	IV	10,29	0,50	0,72	0,81	0,43	0,63	0,71	0,37	0,54	0,61	0,31	0,45	0,51	0,25	0,37	0,41	0,18	0,28	0,32
	VI	22,51	1,23	1,80	2,02																				
74,59	I,IV	10,32	0,56	0,82	0,92	I	10,32	0,43	0,63	0,71	0,31	0,46	0,51	0,18	0,29	0,32	—	0,13	0,15	—	0,01	0,01	—	—	—
	II	9,29	0,51	0,74	0,83	II	9,29	0,38	0,56	0,63	0,26	0,38	0,43	0,01	0,22	0,24	—	0,08	0,09	—	—	—	—	—	—
	III	2,40	—	0,19	0,21	III	2,40	—	0,07	0,08	—	—	—	—	—	—	—	—	—	—	—	—	—	—	—
	V	21,48	1,18	1,71	1,93	IV	10,32	0,50	0,73	0,82	0,43	0,63	0,71	0,37	0,54	0,61	0,31	0,46	0,51	0,25	0,37	0,42	0,18	0,29	0,32
	VI	22,55	1,24	1,80	2,02																				
74,69	I,IV	10,35	0,56	0,82	0,93	I	10,35	0,44	0,64	0,72	0,31	0,46	0,52	0,19	0,29	0,32	—	0,13	0,15	—	0,01	0,02	—	—	—
	II	9,32	0,51	0,74	0,83	II	9,32	0,38	0,56	0,63	0,26	0,38	0,43	0,01	0,22	0,25	—	0,08	0,09	—	—	—	—	—	—
	III	2,42	—	0,19	0,21	III	2,42	—	0,07	0,08	—	—	—	—	—	—	—	—	—	—	—	—	—	—	—
	V	21,52	1,18	1,72	1,93	IV	10,35	0,50	0,73	0,82	0,44	0,64	0,72	0,37	0,55	0,61	0,31	0,46	0,52	0,25	0,37	0,42	0,19	0,29	0,32
	VI	22,59	1,24	1,80	2,03																				
74,79	I,IV	10,38	0,57	0,83	0,93	I	10,38	0,44	0,64	0,72	0,31	0,46	0,52	0,19	0,29	0,33	—	0,14	0,15	—	0,01	0,02	—	—	—
	II	9,35	0,51	0,74	0,84	II	9,35	0,38	0,56	0,63	0,26	0,38	0,43	0,02	0,22	0,25	—	0,08	0,09	—	—	—	—	—	—
	III	2,43	—	0,19	0,21	III	2,43	—	0,07	0,08	—	—	—	—	—	—	—	—	—	—	—	—	—	—	—
	V	21,57	1,18	1,72	1,94	IV	10,38	0,50	0,73	0,82	0,44	0,64	0,72	0,37	0,55	0,62	0,31	0,46	0,52	0,26	0,37	0,42	0,19	0,29	0,33
	VI	22,63	1,24	1,81	2,03																				
74,89	I,IV	10,40	0,57	0,83	0,93	I	10,40	0,44	0,64	0,72	0,32	0,46	0,52	0,20	0,29	0,33	—	0,14	0,15	—	0,02	0,02	—	—	—
	II	9,37	0,51	0,74	0,84	II	9,37	0,38	0,56	0,63	0,26	0,39	0,44	0,02	0,22	0,25	—	0,08	0,09	—	—	—	—	—	—
	III	2,45	—	0,19	0,22	III	2,45	—	0,07	0,08	—	—	—	—	—	—	—	—	—	—	—	—	—	—	—
	V	21,61	1,18	1,72	1,94	IV	10,40	0,50	0,73	0,82	0,44	0,64	0,72	0,38	0,55	0,62	0,32	0,46	0,52	0,26	0,38	0,42	0,20	0,29	0,33
	VI	22,67	1,24	1,81	2,04																				
74,99	I,IV	10,43	0,57	0,83	0,93	I	10,43	0,44	0,64	0,72	0,32	0,46	0,52	0,20	0,29	0,33	—	0,14	0,16	—	0,02	0,02	—	—	—
	II	9,40	0,51	0,75	0,84	II	9,40	0,39	0,56	0,63	0,27	0,39	0,44	0,03	0,22	0,25	—	0,08	0,09	—	—	—	—	—	—
	III	2,47	—	0,19	0,22	III	2,47	—	0,08	0,09	—	—	—	—	—	—	—	—	—	—	—	—	—	—	—
	V	21,65	1,19	1,73	1,94	IV	10,43	0,50	0,73	0,83	0,44	0,64	0,72	0,38	0,55	0,62	0,32	0,46	0,52	0,26	0,38	0,43	0,20	0,29	0,33
	VI	22,71	1,24	1,81	2,04																				

* Die ausgewiesenen Tabellenwerte sind amtlich. Siehe Erläuterungen auf der Umschlaginnenseite (U2).
** Bei mehr als 3 Kinderfreibeträgen ist die „Ergänzungs-Tabelle 3,5 bis 6 Kinderfreibeträge" anzuwenden.

Abzüge an Lohnsteuer, Solidaritätszuschlag (SolZ) und Kirchensteuer (8%, 9%) in den Steuerklassen

Lohn/ Gehalt bis €*	I – VI		ohne Kinder-freibeträge			I, II, III, IV		mit Zahl der Kinderfreibeträge . . . 0,5			1			1,5			2			2,5			3**		
		LSt	SolZ	8%	9%		LSt	SolZ	8%	9%	SolZ	8%	9%	SolZ	8%	9%	SolZ	8%	9%	SolZ	8%	9%	SolZ	8%	9%
75,09	I,IV	10,46	0,57	0,83	0,94	I	10,46	0,44	0,64	0,72	0,32	0,47	0,52	0,20	0,30	0,33	—	0,14	0,16	—	0,02	0,02	—	—	—
	II	9,43	0,51	0,75	0,84	II	9,43	0,39	0,57	0,64	0,27	0,39	0,44	0,03	0,23	0,25	—	0,08	0,09	—	—	—	—	—	—
	III	2,49	—	0,19	0,22	III	2,49	—	0,08	0,09	—	—	—	—	—	—	—	—	—	—	—	—	—	—	—
	V	21,69	1,19	1,73	1,95	IV	10,46	0,51	0,74	0,83	0,44	0,64	0,72	0,38	0,55	0,62	0,32	0,47	0,52	0,26	0,38	0,43	0,20	0,30	0,33
	VI	22,76	1,25	1,82	2,04																				
75,19	I,IV	10,49	0,57	0,83	0,94	I	10,49	0,44	0,65	0,73	0,32	0,47	0,53	0,20	0,30	0,34	—	0,14	0,16	—	0,02	0,02	—	—	—
	II	9,45	0,52	0,75	0,85	II	9,45	0,39	0,57	0,64	0,27	0,39	0,44	0,04	0,23	0,26	—	0,08	0,09	—	—	—	—	—	—
	III	2,51	—	0,20	0,22	III	2,51	—	0,08	0,09	—	—	—	—	—	—	—	—	—	—	—	—	—	—	—
	V	21,73	1,19	1,73	1,95	IV	10,49	0,51	0,74	0,83	0,44	0,65	0,73	0,38	0,56	0,63	0,32	0,47	0,53	0,26	0,38	0,43	0,20	0,30	0,34
	VI	22,80	1,25	1,82	2,05																				
75,29	I,IV	10,51	0,57	0,84	0,94	I	10,51	0,44	0,65	0,73	0,32	0,47	0,53	0,20	0,30	0,34	—	0,14	0,16	—	0,02	0,02	—	—	—
	II	9,48	0,52	0,75	0,85	II	9,48	0,39	0,57	0,64	0,27	0,39	0,44	0,04	0,23	0,26	—	0,08	0,10	—	—	—	—	—	—
	III	2,53	—	0,20	0,22	III	2,53	—	0,08	0,09	—	—	—	—	—	—	—	—	—	—	—	—	—	—	—
	V	21,77	1,19	1,74	1,95	IV	10,51	0,51	0,74	0,83	0,44	0,65	0,73	0,38	0,56	0,63	0,32	0,47	0,53	0,26	0,38	0,43	0,20	0,30	0,34
	VI	22,84	1,25	1,82	2,05																				
75,39	I,IV	10,54	0,58	0,84	0,94	I	10,54	0,45	0,65	0,73	0,32	0,47	0,53	0,21	0,30	0,34	—	0,14	0,16	—	0,02	0,02	—	—	—
	II	9,51	0,52	0,76	0,85	II	9,51	0,39	0,57	0,64	0,27	0,40	0,45	0,05	0,23	0,26	—	0,09	0,10	—	—	—	—	—	—
	III	2,55	—	0,20	0,22	III	2,55	—	0,08	0,09	—	—	—	—	—	—	—	—	—	—	—	—	—	—	—
	V	21,81	1,19	1,74	1,96	IV	10,54	0,51	0,74	0,84	0,45	0,65	0,73	0,38	0,56	0,63	0,32	0,47	0,53	0,26	0,39	0,43	0,21	0,30	0,34
	VI	22,88	1,25	1,83	2,05																				
75,49	I,IV	10,57	0,58	0,84	0,95	I	10,57	0,45	0,65	0,73	0,32	0,47	0,53	0,21	0,30	0,34	—	0,15	0,17	—	0,02	0,03	—	—	—
	II	9,53	0,52	0,76	0,85	II	9,53	0,39	0,57	0,65	0,27	0,40	0,45	0,05	0,23	0,26	—	0,09	0,10	—	—	—	—	—	—
	III	2,57	—	0,20	0,23	III	2,57	—	0,08	0,09	—	—	—	—	—	—	—	—	—	—	—	—	—	—	—
	V	21,86	1,20	1,74	1,96	IV	10,57	0,51	0,75	0,84	0,45	0,65	0,73	0,38	0,56	0,63	0,32	0,47	0,53	0,26	0,39	0,44	0,21	0,30	0,34
	VI	22,93	1,26	1,83	2,06																				
75,59	I,IV	10,60	0,58	0,84	0,95	I	10,60	0,45	0,65	0,74	0,33	0,48	0,54	0,21	0,31	0,34	—	0,15	0,17	—	0,02	0,03	—	—	—
	II	9,56	0,52	0,76	0,86	II	9,56	0,39	0,58	0,65	0,27	0,40	0,45	0,05	0,23	0,26	—	0,09	0,10	—	—	—	—	—	—
	III	2,58	—	0,20	0,23	III	2,58	—	0,08	0,09	—	—	—	—	—	—	—	—	—	—	—	—	—	—	—
	V	21,89	1,20	1,75	1,97	IV	10,60	0,51	0,75	0,84	0,45	0,65	0,74	0,39	0,56	0,63	0,33	0,48	0,54	0,27	0,39	0,44	0,21	0,31	0,34
	VI	22,97	1,26	1,83	2,06																				
75,69	I,IV	10,63	0,58	0,85	0,95	I	10,63	0,45	0,66	0,74	0,33	0,48	0,54	0,21	0,31	0,35	—	0,15	0,17	—	0,03	0,03	—	—	—
	II	9,59	0,52	0,76	0,86	II	9,59	0,40	0,58	0,65	0,28	0,40	0,45	0,06	0,24	0,27	—	0,09	0,10	—	—	—	—	—	—
	III	2,60	—	0,20	0,23	III	2,60	—	0,08	0,09	—	—	—	—	—	—	—	—	—	—	—	—	—	—	—
	V	21,94	1,20	1,75	1,97	IV	10,63	0,51	0,75	0,84	0,45	0,66	0,74	0,39	0,57	0,64	0,33	0,48	0,54	0,27	0,39	0,44	0,21	0,31	0,35
	VI	23,01	1,26	1,84	2,07																				
75,79	I,IV	10,65	0,58	0,85	0,95	I	10,65	0,45	0,66	0,74	0,33	0,48	0,54	0,21	0,31	0,35	—	0,15	0,17	—	0,03	0,03	—	—	—
	II	9,61	0,52	0,76	0,86	II	9,61	0,40	0,58	0,65	0,28	0,40	0,45	0,06	0,24	0,27	—	0,09	0,10	—	—	—	—	—	—
	III	2,62	—	0,20	0,23	III	2,62	—	0,08	0,10	—	—	—	—	—	—	—	—	—	—	—	—	—	—	—
	V	21,98	1,20	1,75	1,97	IV	10,65	0,52	0,75	0,85	0,45	0,66	0,74	0,39	0,57	0,64	0,33	0,48	0,54	0,27	0,39	0,44	0,21	0,31	0,35
	VI	23,05	1,26	1,84	2,07																				
75,89	I,IV	10,68	0,58	0,85	0,96	I	10,68	0,45	0,66	0,74	0,33	0,48	0,54	0,21	0,31	0,35	—	0,15	0,17	—	0,03	0,03	—	—	—
	II	9,64	0,53	0,77	0,86	II	9,64	0,40	0,58	0,65	0,28	0,41	0,46	0,07	0,24	0,27	—	0,09	0,11	—	—	—	—	—	—
	III	2,64	—	0,21	0,23	III	2,64	—	0,09	0,10	—	—	—	—	—	—	—	—	—	—	—	—	—	—	—
	V	22,02	1,21	1,76	1,98	IV	10,68	0,52	0,75	0,85	0,45	0,66	0,74	0,39	0,57	0,64	0,33	0,48	0,54	0,27	0,40	0,45	0,21	0,31	0,35
	VI	23,09	1,27	1,84	2,07																				
75,99	I,IV	10,71	0,58	0,85	0,96	I	10,71	0,45	0,66	0,75	0,33	0,48	0,54	0,21	0,31	0,35	—	0,15	0,17	—	0,03	0,03	—	—	—
	II	9,67	0,53	0,77	0,87	II	9,67	0,40	0,58	0,66	0,28	0,41	0,46	0,07	0,24	0,27	—	0,10	0,11	—	—	—	—	—	—
	III	2,66	—	0,21	0,23	III	2,66	—	0,09	0,10	—	—	—	—	—	—	—	—	—	—	—	—	—	—	—
	V	22,06	1,21	1,76	1,98	IV	10,71	0,52	0,76	0,85	0,45	0,66	0,75	0,39	0,57	0,64	0,33	0,48	0,54	0,27	0,40	0,45	0,21	0,31	0,35
	VI	23,13	1,27	1,85	2,08																				
76,09	I,IV	10,74	0,59	0,85	0,96	I	10,74	0,46	0,67	0,75	0,33	0,49	0,55	0,22	0,32	0,36	—	0,16	0,18	—	0,03	0,03	—	—	—
	II	9,70	0,53	0,77	0,87	II	9,70	0,40	0,59	0,66	0,28	0,41	0,46	0,08	0,24	0,27	—	0,10	0,11	—	—	—	—	—	—
	III	2,68	—	0,21	0,24	III	2,68	—	0,09	0,10	—	—	—	—	—	—	—	—	—	—	—	—	—	—	—
	V	22,10	1,21	1,76	1,98	IV	10,74	0,52	0,76	0,85	0,46	0,67	0,75	0,39	0,57	0,65	0,33	0,49	0,55	0,27	0,40	0,45	0,22	0,32	0,36
	VI	23,18	1,27	1,85	2,08																				
76,19	I,IV	10,76	0,59	0,86	0,96	I	10,76	0,46	0,67	0,75	0,33	0,49	0,55	0,22	0,32	0,36	—	0,16	0,18	—	0,03	0,04	—	—	—
	II	9,73	0,53	0,77	0,87	II	9,73	0,40	0,59	0,66	0,28	0,41	0,46	0,08	0,25	0,28	—	0,10	0,11	—	—	—	—	—	—
	III	2,70	—	0,21	0,24	III	2,70	—	0,09	0,10	—	—	—	—	—	—	—	—	—	—	—	—	—	—	—
	V	22,15	1,21	1,77	1,99	IV	10,76	0,52	0,76	0,86	0,46	0,67	0,75	0,39	0,58	0,65	0,33	0,49	0,55	0,27	0,40	0,45	0,22	0,32	0,36
	VI	23,22	1,27	1,85	2,08																				
76,29	I,IV	10,80	0,59	0,86	0,97	I	10,80	0,46	0,67	0,75	0,34	0,49	0,55	0,22	0,32	0,36	—	0,16	0,18	—	0,03	0,04	—	—	—
	II	9,75	0,53	0,78	0,87	II	9,75	0,40	0,59	0,66	0,28	0,41	0,47	0,09	0,25	0,28	—	0,10	0,11	—	—	—	—	—	—
	III	2,72	—	0,21	0,24	III	2,72	—	0,09	0,10	—	—	—	—	—	—	—	—	—	—	—	—	—	—	—
	V	22,19	1,22	1,77	1,99	IV	10,80	0,52	0,76	0,86	0,46	0,67	0,75	0,40	0,58	0,65	0,34	0,49	0,55	0,28	0,40	0,45	0,22	0,32	0,36
	VI	23,26	1,27	1,86	2,09																				
76,39	I,IV	10,82	0,59	0,86	0,97	I	10,82	0,46	0,67	0,76	0,34	0,49	0,55	0,22	0,32	0,36	—	0,16	0,18	—	0,03	0,04	—	—	—
	II	9,78	0,53	0,78	0,88	II	9,78	0,41	0,59	0,67	0,28	0,42	0,47	0,09	0,25	0,28	—	0,10	0,11	—	—	—	—	—	—
	III	2,73	—	0,21	0,24	III	2,73	—	0,09	0,10	—	—	—	—	—	—	—	—	—	—	—	—	—	—	—
	V	22,23	1,22	1,77	2,—	IV	10,82	0,52	0,76	0,86	0,46	0,67	0,76	0,40	0,58	0,65	0,34	0,49	0,55	0,28	0,40	0,46	0,22	0,32	0,36
	VI	23,30	1,28	1,86	2,09																				
76,49	I,IV	10,85	0,59	0,86	0,97	I	10,85	0,46	0,67	0,76	0,34	0,49	0,56	0,22	0,32	0,36	—	0,16	0,18	—	0,04	0,04	—	—	—
	II	9,81	0,53	0,78	0,88	II	9,81	0,41	0,59	0,67	0,29	0,42	0,47	0,10	0,25	0,28	—	0,10	0,12	—	—	—	—	—	—
	III	2,76	—	0,22	0,24	III	2,76	—	0,09	0,11	—	—	—	—	—	—	—	—	—	—	—	—	—	—	—
	V	22,27	1,22	1,78	2,—	IV	10,85	0,53	0,77	0,86	0,46	0,67	0,76	0,40	0,58	0,66	0,34	0,49	0,56	0,28	0,41	0,46	0,22	0,32	0,36
	VI	23,35	1,28	1,86	2,10																				

* Die ausgewiesenen Tabellenwerte sind amtlich. Siehe Erläuterungen auf der Umschlaginnenseite (U2).
** Bei mehr als 3 Kinderfreibeträgen ist die „Ergänzungs-Tabelle 3,5 bis 6 Kinderfreibeträge" anzuwenden.

Abzüge an Lohnsteuer, Solidaritätszuschlag (SolZ) und Kirchensteuer (8%, 9%) in den Steuerklassen

Lohn/ Gehalt bis €*		I – VI					I, II, III, IV																		
			ohne Kinderfreibeträge					mit Zahl der Kinderfreibeträge . . .																	
								0,5			1			1,5			2			2,5			3**		
		LSt	SolZ	8%	9%		LSt	SolZ	8%	9%	SolZ	8%	9%	SolZ	8%	9%	SolZ	8%	9%	SolZ	8%	9%	SolZ	8%	9%
76,59	I,IV	10,88	0,59	0,87	0,97	I	10,88	0,46	0,68	0,76	0,34	0,50	0,56	0,22	0,32	0,37	—	0,16	0,19	—	0,04	0,04	—	—	—
	II	9,83	0,54	0,78	0,88	II	9,83	0,41	0,60	0,67	0,29	0,42	0,47	0,10	0,25	0,29	—	0,10	0,12	—	—	—	—	—	—
	III	2,77	—	0,22	0,24	III	2,77	—	0,10	0,11	—	—	—	—	—	—	—	—	—	—	—	—	—	—	—
	V	22,31	1,22	1,78	2,—	IV	10,88	0,53	0,77	0,87	0,46	0,68	0,76	0,40	0,58	0,66	0,34	0,50	0,56	0,28	0,41	0,46	0,22	0,32	0,37
	VI	23,39	1,28	1,87	2,10																				
76,69	I,IV	10,91	0,60	0,87	0,98	I	10,91	0,46	0,68	0,76	0,34	0,50	0,56	0,22	0,33	0,37	—	0,17	0,19	—	0,04	0,04	—	—	—
	II	9,86	0,54	0,78	0,88	II	9,86	0,41	0,60	0,67	0,29	0,42	0,48	0,11	0,26	0,29	—	0,11	0,12	—	—	—	—	—	—
	III	2,80	—	0,22	0,25	III	2,80	—	0,10	0,11	—	—	—	—	—	—	—	—	—	—	—	—	—	—	—
	V	22,36	1,22	1,78	2,01	IV	10,91	0,53	0,77	0,87	0,46	0,68	0,76	0,40	0,59	0,66	0,34	0,50	0,56	0,28	0,41	0,46	0,22	0,33	0,37
	VI	23,43	1,28	1,87	2,10																				
76,79	I,IV	10,93	0,60	0,87	0,98	I	10,93	0,47	0,68	0,77	0,34	0,50	0,56	0,22	0,33	0,37	—	0,17	0,19	—	0,04	0,04	—	—	—
	II	9,89	0,54	0,79	0,89	II	9,89	0,41	0,60	0,68	0,29	0,42	0,48	0,11	0,26	0,29	—	0,11	0,12	—	—	—	—	—	—
	III	2,81	—	0,22	0,25	III	2,81	—	0,10	0,11	—	—	—	—	—	—	—	—	—	—	—	—	—	—	—
	V	22,40	1,23	1,79	2,01	IV	10,93	0,53	0,77	0,87	0,47	0,68	0,77	0,40	0,59	0,66	0,34	0,50	0,56	0,28	0,41	0,46	0,22	0,33	0,37
	VI	23,47	1,29	1,87	2,11																				
76,89	I,IV	10,96	0,60	0,87	0,98	I	10,96	0,47	0,68	0,77	0,34	0,50	0,56	0,23	0,33	0,37	—	0,17	0,19	—	0,04	0,05	—	—	—
	II	9,92	0,54	0,79	0,89	II	9,92	0,41	0,60	0,68	0,29	0,43	0,48	0,12	0,26	0,29	—	0,11	0,12	—	—	—	—	—	—
	III	2,83	—	0,22	0,25	III	2,83	—	0,10	0,11	—	—	—	—	—	—	—	—	—	—	—	—	—	—	—
	V	22,44	1,23	1,79	2,01	IV	10,96	0,53	0,78	0,87	0,47	0,68	0,77	0,40	0,59	0,67	0,34	0,50	0,56	0,28	0,42	0,47	0,23	0,33	0,37
	VI	23,51	1,29	1,88	2,11																				
76,99	I,IV	10,99	0,60	0,87	0,98	I	10,99	0,47	0,68	0,77	0,34	0,50	0,57	0,23	0,33	0,37	—	0,17	0,19	—	0,04	0,05	—	—	—
	II	9,95	0,54	0,79	0,89	II	9,95	0,41	0,60	0,68	0,29	0,43	0,48	0,12	0,26	0,29	—	0,11	0,12	—	—	—	—	—	—
	III	2,85	—	0,22	0,25	III	2,85	—	0,10	0,11	—	—	—	—	—	—	—	—	—	—	—	—	—	—	—
	V	22,48	1,23	1,79	2,02	IV	10,99	0,53	0,78	0,88	0,47	0,68	0,77	0,41	0,59	0,67	0,34	0,50	0,57	0,29	0,42	0,47	0,23	0,33	0,37
	VI	23,56	1,29	1,88	2,12																				
77,09	I,IV	11,02	0,60	0,88	0,99	I	11,02	0,47	0,69	0,77	0,35	0,51	0,57	0,23	0,33	0,38	—	0,17	0,19	—	0,04	0,05	—	—	—
	II	9,97	0,54	0,79	0,89	II	9,97	0,42	0,61	0,68	0,29	0,43	0,48	0,12	0,26	0,30	—	0,11	0,13	—	—	—	—	—	—
	III	2,87	—	0,22	0,25	III	2,87	—	0,10	0,11	—	—	—	—	—	—	—	—	—	—	—	—	—	—	—
	V	22,52	1,23	1,80	2,02	IV	11,02	0,54	0,78	0,88	0,47	0,69	0,77	0,41	0,60	0,67	0,35	0,51	0,57	0,29	0,42	0,47	0,23	0,33	0,38
	VI	23,60	1,29	1,88	2,12																				
77,19	I,IV	11,05	0,60	0,88	0,99	I	11,05	0,47	0,69	0,78	0,35	0,51	0,57	0,23	0,34	0,38	—	0,18	0,20	—	0,04	0,05	—	—	—
	II	10,—	0,55	0,80	0,90	II	10,—	0,42	0,61	0,69	0,30	0,43	0,49	0,13	0,26	0,30	—	0,11	0,13	—	—	—	—	—	—
	III	2,89	—	0,23	0,26	III	2,89	—	0,10	0,12	—	—	—	—	—	—	—	—	—	—	—	—	—	—	—
	V	22,56	1,24	1,80	2,03	IV	11,05	0,54	0,78	0,88	0,47	0,69	0,78	0,41	0,60	0,67	0,35	0,51	0,57	0,29	0,42	0,47	0,23	0,34	0,38
	VI	23,64	1,30	1,89	2,12																				
77,29	I,IV	11,07	0,60	0,88	0,99	I	11,07	0,47	0,69	0,78	0,35	0,51	0,57	0,23	0,34	0,38	—	0,18	0,20	—	0,05	0,05	—	—	—
	II	10,03	0,55	0,80	0,90	II	10,03	0,42	0,61	0,69	0,30	0,43	0,49	0,13	0,27	0,30	—	0,12	0,13	—	—	—	—	—	—
	III	2,91	—	0,23	0,26	III	2,91	—	0,10	0,12	—	—	—	—	—	—	—	—	—	—	—	—	—	—	—
	V	22,61	1,24	1,80	2,03	IV	11,07	0,54	0,78	0,88	0,47	0,69	0,78	0,41	0,60	0,67	0,35	0,51	0,57	0,29	0,42	0,48	0,23	0,34	0,38
	VI	23,68	1,30	1,89	2,13																				
77,39	I,IV	11,10	0,61	0,88	0,99	I	11,10	0,48	0,69	0,78	0,35	0,51	0,58	0,23	0,34	0,38	—	0,18	0,20	—	0,05	0,05	—	—	—
	II	10,05	0,55	0,80	0,90	II	10,05	0,42	0,61	0,69	0,30	0,44	0,49	0,14	0,27	0,30	—	0,12	0,13	—	—	—	—	—	—
	III	2,93	—	0,23	0,26	III	2,93	—	0,11	0,12	—	—	—	—	—	—	—	—	—	—	—	—	—	—	—
	V	22,65	1,24	1,81	2,03	IV	11,10	0,54	0,79	0,89	0,48	0,69	0,78	0,41	0,60	0,68	0,35	0,51	0,58	0,29	0,42	0,48	0,23	0,34	0,38
	VI	23,72	1,30	1,89	2,13																				
77,49	I,IV	11,13	0,61	0,89	1,—	I	11,13	0,48	0,70	0,78	0,35	0,51	0,58	0,23	0,34	0,38	—	0,18	0,20	—	0,05	0,05	—	—	—
	II	10,08	0,55	0,80	0,90	II	10,08	0,42	0,62	0,69	0,30	0,44	0,49	0,14	0,27	0,30	—	0,12	0,13	—	—	—	—	—	—
	III	2,95	—	0,23	0,26	III	2,95	—	0,11	0,12	—	—	—	—	—	—	—	—	—	—	—	—	—	—	—
	V	22,69	1,24	1,81	2,04	IV	11,13	0,54	0,79	0,89	0,48	0,70	0,78	0,41	0,60	0,68	0,35	0,51	0,58	0,29	0,43	0,48	0,23	0,34	0,38
	VI	23,76	1,30	1,90	2,13																				
77,59	I,IV	11,16	0,61	0,89	1,—	I	11,16	0,48	0,70	0,79	0,35	0,52	0,58	0,24	0,34	0,39	—	0,18	0,20	—	0,05	0,06	—	—	—
	II	10,11	0,55	0,80	0,90	II	10,11	0,42	0,62	0,70	0,30	0,44	0,50	0,15	0,27	0,31	—	0,12	0,13	—	—	—	—	—	—
	III	2,97	—	0,23	0,26	III	2,97	—	0,11	0,12	—	—	—	—	—	—	—	—	—	—	—	—	—	—	—
	V	22,73	1,25	1,81	2,04	IV	11,16	0,54	0,79	0,89	0,48	0,70	0,79	0,41	0,61	0,68	0,35	0,52	0,58	0,29	0,43	0,48	0,24	0,34	0,39
	VI	23,81	1,30	1,90	2,14																				
77,69	I,IV	11,19	0,61	0,89	1,—	I	11,19	0,48	0,70	0,79	0,35	0,52	0,58	0,24	0,35	0,39	—	0,18	0,21	—	0,05	0,06	—	—	—
	II	10,14	0,55	0,81	0,91	II	10,14	0,42	0,62	0,70	0,30	0,44	0,50	0,15	0,27	0,31	—	0,12	0,14	—	—	0,01	—	—	—
	III	2,99	—	0,23	0,26	III	2,99	—	0,11	0,12	—	—	0,01	—	—	—	—	—	—	—	—	—	—	—	—
	V	22,78	1,25	1,82	2,05	IV	11,19	0,54	0,79	0,89	0,48	0,70	0,79	0,42	0,61	0,68	0,35	0,52	0,58	0,29	0,43	0,49	0,24	0,35	0,39
	VI	23,85	1,31	1,90	2,14																				
77,79	I,IV	11,21	0,61	0,89	1,—	I	11,21	0,48	0,70	0,79	0,36	0,52	0,59	0,24	0,35	0,39	—	0,19	0,21	—	0,05	0,06	—	—	—
	II	10,16	0,55	0,81	0,91	II	10,16	0,43	0,62	0,70	0,30	0,44	0,50	0,16	0,28	0,31	—	0,12	0,14	—	0,01	0,01	—	—	—
	III	3,01	—	0,24	0,27	III	3,01	—	0,11	0,13	—	0,01	0,01	—	—	—	—	—	—	—	—	—	—	—	—
	V	22,82	1,25	1,82	2,05	IV	11,21	0,55	0,80	0,90	0,48	0,70	0,79	0,42	0,61	0,69	0,36	0,52	0,59	0,30	0,43	0,49	0,24	0,35	0,39
	VI	23,89	1,31	1,91	2,15																				
77,89	I,IV	11,24	0,61	0,89	1,01	I	11,24	0,48	0,70	0,79	0,36	0,52	0,59	0,24	0,35	0,39	—	0,19	0,21	—	0,05	0,06	—	—	—
	II	10,19	0,56	0,81	0,91	II	10,19	0,43	0,62	0,70	0,31	0,45	0,50	0,16	0,28	0,31	—	0,12	0,14	—	0,01	0,01	—	—	—
	III	3,03	—	0,24	0,27	III	3,03	—	0,11	0,13	—	0,01	0,01	—	—	—	—	—	—	—	—	—	—	—	—
	V	22,86	1,25	1,82	2,05	IV	11,24	0,55	0,80	0,90	0,48	0,70	0,79	0,42	0,61	0,69	0,36	0,52	0,59	0,30	0,43	0,49	0,24	0,35	0,39
	VI	23,93	1,31	1,91	2,15																				
77,99	I,IV	11,27	0,62	0,90	1,01	I	11,27	0,48	0,71	0,79	0,36	0,52	0,59	0,24	0,35	0,40	—	0,19	0,21	—	0,05	0,06	—	—	—
	II	10,22	0,56	0,81	0,91	II	10,22	0,43	0,63	0,70	0,31	0,45	0,50	0,17	0,28	0,31	—	0,13	0,14	—	0,01	0,01	—	—	—
	III	3,05	—	0,24	0,27	III	3,05	—	0,11	0,13	—	0,01	0,01	—	—	—	—	—	—	—	—	—	—	—	—
	V	22,90	1,25	1,83	2,06	IV	11,27	0,55	0,80	0,90	0,48	0,71	0,79	0,42	0,61	0,69	0,36	0,52	0,59	0,30	0,44	0,49	0,24	0,35	0,40
	VI	23,98	1,31	1,91	2,15																				

* Die ausgewiesenen Tabellenwerte sind amtlich. Siehe Erläuterungen auf der Umschlaginnenseite (U2).
** Bei mehr als 3 Kinderfreibeträgen ist die „Ergänzungs-Tabelle 3,5 bis 6 Kinderfreibeträge" anzuwenden.

Abzüge an Lohnsteuer, Solidaritätszuschlag (SolZ) und Kirchensteuer (8%, 9%) in den Steuerklassen

Lohn/ Gehalt bis €*	I – VI		ohne Kinderfreibeträge			I, II, III, IV		mit Zahl der Kinderfreibeträge . . . 0,5			1			1,5			2			2,5			3**		
		LSt	SolZ	8%	9%		LSt	SolZ	8%	9%	SolZ	8%	9%	SolZ	8%	9%	SolZ	8%	9%	SolZ	8%	9%	SolZ	8%	9%
78,09	I,IV	11,30	0,62	0,90	1,01	I	11,30	0,49	0,71	0,80	0,36	0,53	0,59	0,24	0,35	0,40	—	0,19	0,21	—	0,06	0,06	—	—	—
	II	10,25	0,56	0,82	0,92	II	10,25	0,43	0,63	0,71	0,31	0,45	0,51	0,17	0,28	0,32	—	0,13	0,14	—	0,01	0,01	—	—	—
	III	3,07	—	0,24	0,27	III	3,07	—	0,12	0,13	—	0,01	0,01	—	—	—	—	—	—	—	—	—	—	—	—
	V	22,94	1,26	1,83	2,06	IV	11,30	0,55	0,80	0,90	0,49	0,71	0,80	0,42	0,62	0,69	0,36	0,53	0,59	0,30	0,44	0,49	0,24	0,35	0,40
	VI	24,02	1,32	1,92	2,16																				
78,19	I,IV	11,33	0,62	0,90	1,01	I	11,33	0,49	0,71	0,80	0,36	0,53	0,59	0,24	0,36	0,40	—	0,19	0,22	—	0,06	0,07	—	—	—
	II	10,28	0,56	0,82	0,92	II	10,28	0,43	0,63	0,71	0,31	0,45	0,51	0,18	0,28	0,32	—	0,13	0,15	—	0,01	0,01	—	—	—
	III	3,08	—	0,24	0,27	III	3,08	—	0,12	0,13	—	0,01	0,01	—	—	—	—	—	—	—	—	—	—	—	—
	V	22,99	1,26	1,83	2,06	IV	11,33	0,55	0,80	0,91	0,49	0,71	0,80	0,42	0,62	0,70	0,36	0,53	0,59	0,30	0,44	0,50	0,24	0,36	0,40
	VI	24,06	1,32	1,92	2,16																				
78,29	I,IV	11,36	0,62	0,90	1,02	I	11,36	0,49	0,71	0,80	0,36	0,53	0,60	0,24	0,36	0,40	—	0,19	0,22	—	0,06	0,07	—	—	—
	II	10,30	0,56	0,82	0,92	II	10,30	0,43	0,63	0,71	0,31	0,45	0,51	0,18	0,29	0,32	—	0,13	0,15	—	0,01	0,01	—	—	—
	III	3,11	—	0,24	0,27	III	3,11	—	0,12	0,13	—	0,01	0,01	—	—	—	—	—	—	—	—	—	—	—	—
	V	23,03	1,26	1,84	2,07	IV	11,36	0,55	0,81	0,91	0,49	0,71	0,80	0,42	0,62	0,70	0,36	0,53	0,60	0,30	0,44	0,50	0,24	0,36	0,40
	VI	24,10	1,32	1,92	2,16																				
78,39	I,IV	11,38	0,62	0,91	1,02	I	11,38	0,49	0,71	0,80	0,36	0,53	0,60	0,25	0,36	0,40	—	0,20	0,22	—	0,06	0,07	—	—	—
	II	10,33	0,56	0,82	0,92	II	10,33	0,43	0,63	0,71	0,31	0,46	0,51	0,19	0,29	0,32	—	0,13	0,15	—	0,01	0,01	—	—	—
	III	3,12	—	0,24	0,28	III	3,12	—	0,12	0,14	—	0,01	0,01	—	—	—	—	—	—	—	—	—	—	—	—
	V	23,07	1,26	1,84	2,07	IV	11,38	0,55	0,81	0,91	0,49	0,71	0,80	0,43	0,62	0,70	0,36	0,53	0,60	0,30	0,44	0,50	0,25	0,36	0,40
	VI	24,14	1,32	1,93	2,17																				
78,49	I,IV	11,41	0,62	0,91	1,02	I	11,41	0,49	0,72	0,81	0,37	0,53	0,60	0,25	0,36	0,41	—	0,20	0,22	—	0,06	0,07	—	—	—
	II	10,36	0,56	0,82	0,93	II	10,36	0,44	0,64	0,72	0,31	0,46	0,52	0,19	0,29	0,33	—	0,13	0,15	—	0,01	0,02	—	—	—
	III	3,15	—	0,25	0,28	III	3,15	—	0,12	0,14	—	0,01	0,02	—	—	—	—	—	—	—	—	—	—	—	—
	V	23,11	1,27	1,84	2,07	IV	11,41	0,56	0,81	0,91	0,49	0,72	0,81	0,43	0,62	0,70	0,37	0,53	0,60	0,31	0,45	0,50	0,25	0,36	0,41
	VI	24,18	1,33	1,93	2,17																				
78,59	I,IV	11,44	0,62	0,91	1,02	I	11,44	0,49	0,72	0,81	0,37	0,54	0,60	0,25	0,36	0,41	—	0,20	0,22	—	0,06	0,07	—	—	—
	II	10,38	0,57	0,83	0,93	II	10,38	0,44	0,64	0,72	0,31	0,46	0,52	0,20	0,29	0,33	—	0,14	0,15	—	0,02	0,02	—	—	—
	III	3,17	—	0,25	0,28	III	3,17	—	0,12	0,14	—	0,02	0,02	—	—	—	—	—	—	—	—	—	—	—	—
	V	23,15	1,27	1,85	2,08	IV	11,44	0,56	0,81	0,92	0,49	0,72	0,81	0,43	0,63	0,71	0,37	0,54	0,60	0,31	0,45	0,51	0,25	0,36	0,41
	VI	24,23	1,33	1,93	2,18																				
78,69	I,IV	11,47	0,63	0,91	1,03	I	11,47	0,49	0,72	0,81	0,37	0,54	0,61	0,25	0,37	0,41	—	0,20	0,23	—	0,06	0,07	—	—	—
	II	10,41	0,57	0,83	0,93	II	10,41	0,44	0,64	0,72	0,32	0,46	0,52	0,20	0,29	0,33	—	0,14	0,15	—	0,02	0,02	—	—	—
	III	3,18	—	0,25	0,28	III	3,18	—	0,12	0,14	—	0,02	0,02	—	—	—	—	—	—	—	—	—	—	—	—
	V	23,20	1,27	1,85	2,08	IV	11,47	0,56	0,82	0,92	0,49	0,72	0,81	0,43	0,63	0,71	0,37	0,54	0,61	0,31	0,45	0,51	0,25	0,37	0,41
	VI	24,27	1,33	1,94	2,18																				
78,79	I,IV	11,50	0,63	0,92	1,03	I	11,50	0,50	0,72	0,81	0,37	0,54	0,61	0,25	0,37	0,41	—	0,20	0,23	—	0,07	0,07	—	—	—
	II	10,44	0,57	0,83	0,93	II	10,44	0,44	0,64	0,72	0,32	0,46	0,52	0,20	0,29	0,33	—	0,14	0,16	—	0,02	0,02	—	—	—
	III	3,21	—	0,25	0,28	III	3,21	—	0,12	0,14	—	0,02	0,02	—	—	—	—	—	—	—	—	—	—	—	—
	V	23,24	1,27	1,85	2,09	IV	11,50	0,56	0,82	0,92	0,50	0,72	0,81	0,43	0,63	0,71	0,37	0,54	0,61	0,31	0,45	0,51	0,25	0,37	0,41
	VI	24,31	1,33	1,94	2,18																				
78,89	I,IV	11,53	0,63	0,92	1,03	I	11,53	0,50	0,73	0,82	0,37	0,54	0,61	0,25	0,37	0,42	—	0,20	0,23	—	0,07	0,08	—	—	—
	II	10,47	0,57	0,83	0,94	II	10,47	0,44	0,64	0,73	0,32	0,47	0,53	0,20	0,30	0,33	—	0,14	0,16	—	0,02	0,02	—	—	—
	III	3,22	—	0,25	0,28	III	3,22	—	0,13	0,14	—	0,02	0,02	—	—	—	—	—	—	—	—	—	—	—	—
	V	23,28	1,28	1,86	2,09	IV	11,53	0,56	0,82	0,92	0,50	0,73	0,82	0,43	0,63	0,71	0,37	0,54	0,61	0,31	0,45	0,51	0,25	0,37	0,42
	VI	24,35	1,33	1,94	2,19																				
78,99	I,IV	11,55	0,63	0,92	1,03	I	11,55	0,50	0,73	0,82	0,37	0,54	0,61	0,25	0,37	0,42	—	0,21	0,23	—	0,07	0,08	—	—	—
	II	10,50	0,57	0,84	0,94	II	10,50	0,44	0,65	0,73	0,32	0,47	0,53	0,20	0,30	0,34	—	0,14	0,16	—	0,02	0,02	—	—	—
	III	3,25	—	0,26	0,29	III	3,25	—	0,13	0,14	—	0,02	0,02	—	—	—	—	—	—	—	—	—	—	—	—
	V	23,32	1,28	1,86	2,09	IV	11,55	0,56	0,82	0,93	0,50	0,73	0,82	0,44	0,64	0,72	0,37	0,54	0,61	0,31	0,46	0,51	0,25	0,37	0,42
	VI	24,40	1,34	1,95	2,19																				
79,09	I,IV	11,58	0,63	0,92	1,04	I	11,58	0,50	0,73	0,82	0,37	0,55	0,62	0,26	0,37	0,42	—	0,21	0,24	—	0,07	0,08	—	—	—
	II	10,53	0,57	0,84	0,94	II	10,53	0,44	0,65	0,73	0,32	0,47	0,53	0,21	0,30	0,34	—	0,14	0,16	—	0,02	0,02	—	—	—
	III	3,27	—	0,26	0,29	III	3,27	—	0,13	0,15	—	0,02	0,02	—	—	—	—	—	—	—	—	—	—	—	—
	V	23,36	1,28	1,86	2,10	IV	11,58	0,57	0,82	0,93	0,50	0,73	0,82	0,44	0,64	0,72	0,37	0,55	0,62	0,31	0,46	0,52	0,26	0,37	0,42
	VI	24,44	1,34	1,95	2,19																				
79,19	I,IV	11,61	0,63	0,92	1,04	I	11,61	0,50	0,73	0,82	0,38	0,55	0,62	0,26	0,38	0,42	—	0,21	0,24	—	0,07	0,08	—	—	—
	II	10,55	0,58	0,84	0,94	II	10,55	0,45	0,65	0,73	0,32	0,47	0,53	0,21	0,30	0,34	—	0,14	0,16	—	0,02	0,02	—	—	—
	III	3,28	—	0,26	0,29	III	3,28	—	0,13	0,15	—	0,02	0,02	—	—	—	—	—	—	—	—	—	—	—	—
	V	23,41	1,28	1,87	2,10	IV	11,61	0,57	0,83	0,93	0,50	0,73	0,82	0,44	0,64	0,72	0,38	0,55	0,62	0,32	0,46	0,52	0,26	0,38	0,42
	VI	24,48	1,34	1,95	2,20																				
79,29	I,IV	11,64	0,64	0,93	1,04	I	11,64	0,50	0,73	0,83	0,38	0,55	0,62	0,26	0,38	0,42	—	0,21	0,24	—	0,07	0,08	—	—	—
	II	10,58	0,58	0,84	0,95	II	10,58	0,45	0,65	0,74	0,32	0,47	0,53	0,21	0,30	0,34	—	0,15	0,17	—	0,02	0,03	—	—	—
	III	3,31	—	0,26	0,29	III	3,31	—	0,13	0,15	—	0,02	0,03	—	—	—	—	—	—	—	—	—	—	—	—
	V	23,45	1,28	1,87	2,11	IV	11,64	0,57	0,83	0,93	0,50	0,73	0,83	0,44	0,64	0,72	0,38	0,55	0,62	0,32	0,46	0,52	0,26	0,38	0,42
	VI	24,52	1,34	1,96	2,20																				
79,39	I,IV	11,67	0,64	0,93	1,05	I	11,67	0,50	0,74	0,83	0,38	0,55	0,62	0,26	0,38	0,43	—	0,21	0,24	—	0,07	0,08	—	—	—
	II	10,61	0,58	0,84	0,95	II	10,61	0,45	0,66	0,74	0,33	0,48	0,54	0,21	0,31	0,35	—	0,15	0,17	—	0,02	0,03	—	—	—
	III	3,32	—	0,26	0,29	III	3,32	—	0,13	0,15	—	0,02	0,03	—	—	—	—	—	—	—	—	—	—	—	—
	V	23,49	1,29	1,87	2,11	IV	11,67	0,57	0,83	0,94	0,50	0,74	0,83	0,44	0,64	0,72	0,38	0,55	0,62	0,32	0,46	0,52	0,26	0,38	0,43
	VI	24,56	1,35	1,96	2,21																				
79,49	I,IV	11,70	0,64	0,93	1,05	I	11,70	0,51	0,74	0,83	0,38	0,56	0,63	0,26	0,38	0,43	0,01	0,22	0,24	—	0,08	0,09	—	—	—
	II	10,63	0,58	0,85	0,95	II	10,63	0,45	0,66	0,74	0,33	0,48	0,54	0,21	0,31	0,35	—	0,15	0,17	—	0,03	0,03	—	—	—
	III	3,35	—	0,26	0,30	III	3,35	—	0,14	0,15	—	0,03	0,03	—	—	—	—	—	—	—	—	—	—	—	—
	V	23,53	1,29	1,88	2,11	IV	11,70	0,57	0,83	0,94	0,51	0,74	0,83	0,44	0,65	0,73	0,38	0,56	0,63	0,32	0,47	0,53	0,26	0,38	0,43
	VI	24,61	1,35	1,96	2,21																				

* Die ausgewiesenen Tabellenwerte sind amtlich. Siehe Erläuterungen auf der Umschlaginnenseite (U2).
** Bei mehr als 3 Kinderfreibeträgen ist die „Ergänzungs-Tabelle 3,5 bis 6 Kinderfreibeträge" anzuwenden.

Abzüge an Lohnsteuer, Solidaritätszuschlag (SolZ) und Kirchensteuer (8%, 9%) in den Steuerklassen

Lohn/ Gehalt bis €*	I – VI		ohne Kinderfreibeträge			I, II, III, IV		mit Zahl der Kinderfreibeträge . . . 0,5			1			1,5			2			2,5			3**		
		LSt	SolZ	8%	9%		LSt	SolZ	8%	9%	SolZ	8%	9%	SolZ	8%	9%	SolZ	8%	9%	SolZ	8%	9%	SolZ	8%	9%
79,59	I,IV	11,72	0,64	0,93	1,05	I	11,72	0,51	0,74	0,83	0,38	0,56	0,63	0,26	0,38	0,43	0,01	0,22	0,25	—	0,08	0,09	—	—	—
	II	10,66	0,58	0,85	0,95	II	10,66	0,45	0,66	0,74	0,33	0,48	0,54	0,21	0,31	0,35	—	0,15	0,17	—	0,03	0,03	—	—	—
	III	3,37	—	0,26	0,30	III	3,37	—	0,14	0,15	—	0,03	0,03	—	—	—	—	—	—	—	—	—	—	—	—
	V	23,57	1,29	1,88	2,12	IV	11,72	0,57	0,84	0,94	0,51	0,74	0,83	0,44	0,65	0,73	0,38	0,56	0,63	0,32	0,47	0,53	0,26	0,38	0,43
	VI	24,65	1,35	1,97	2,21																				
79,69	I,IV	11,75	0,64	0,94	1,05	I	11,75	0,51	0,74	0,84	0,38	0,56	0,63	0,26	0,38	0,43	0,02	0,22	0,25	—	0,08	0,09	—	—	—
	II	10,69	0,58	0,85	0,96	II	10,69	0,45	0,66	0,74	0,33	0,48	0,54	0,21	0,31	0,35	—	0,15	0,17	—	0,03	0,03	—	—	—
	III	3,38	—	0,27	0,30	III	3,38	—	0,14	0,16	—	0,03	0,03	—	—	—	—	—	—	—	—	—	—	—	—
	V	23,61	1,29	1,88	2,12	IV	11,75	0,57	0,84	0,94	0,51	0,74	0,84	0,45	0,65	0,73	0,38	0,56	0,63	0,32	0,47	0,53	0,26	0,38	0,43
	VI	24,69	1,35	1,97	2,22																				
79,79	I,IV	11,78	0,64	0,94	1,06	I	11,78	0,51	0,74	0,84	0,38	0,56	0,63	0,26	0,39	0,44	0,02	0,22	0,25	—	0,08	0,09	—	—	—
	II	10,72	0,58	0,85	0,96	II	10,72	0,45	0,66	0,75	0,33	0,48	0,54	0,21	0,31	0,35	—	0,16	0,18	—	0,03	0,03	—	—	—
	III	3,41	—	0,27	0,30	III	3,41	—	0,14	0,16	—	0,03	0,03	—	—	—	—	—	—	—	—	—	—	—	—
	V	23,66	1,30	1,89	2,12	IV	11,78	0,58	0,84	0,95	0,51	0,74	0,84	0,45	0,65	0,73	0,38	0,56	0,63	0,32	0,47	0,53	0,26	0,39	0,44
	VI	24,73	1,36	1,97	2,22																				
79,89	I,IV	11,81	0,64	0,94	1,06	I	11,81	0,51	0,75	0,84	0,39	0,56	0,63	0,27	0,39	0,44	0,03	0,22	0,25	—	0,08	0,09	—	—	—
	II	10,75	0,59	0,86	0,96	II	10,75	0,46	0,67	0,75	0,33	0,49	0,55	0,22	0,32	0,36	—	0,16	0,18	—	0,03	0,03	—	—	—
	III	3,43	—	0,27	0,30	III	3,43	—	0,14	0,16	—	0,03	0,03	—	—	—	—	—	—	—	—	—	—	—	—
	V	23,70	1,30	1,89	2,13	IV	11,81	0,58	0,84	0,95	0,51	0,75	0,84	0,45	0,65	0,74	0,39	0,56	0,63	0,32	0,47	0,53	0,27	0,39	0,44
	VI	24,77	1,36	1,98	2,22																				
79,99	I,IV	11,84	0,65	0,94	1,06	I	11,84	0,51	0,75	0,84	0,39	0,57	0,64	0,27	0,39	0,44	0,03	0,22	0,25	—	0,08	0,09	—	—	—
	II	10,78	0,59	0,86	0,97	II	10,78	0,46	0,67	0,75	0,33	0,49	0,55	0,22	0,32	0,36	—	0,16	0,18	—	0,03	0,04	—	—	—
	III	3,45	—	0,27	0,31	III	3,45	—	0,14	0,16	—	0,03	0,04	—	—	—	—	—	—	—	—	—	—	—	—
	V	23,74	1,30	1,89	2,13	IV	11,84	0,58	0,84	0,95	0,51	0,75	0,84	0,45	0,66	0,74	0,39	0,57	0,64	0,33	0,48	0,54	0,27	0,39	0,44
	VI	24,81	1,36	1,98	2,23																				
80,09	I,IV	11,86	0,65	0,94	1,06	I	11,86	0,52	0,75	0,85	0,39	0,57	0,64	0,27	0,39	0,44	0,04	0,23	0,26	—	0,08	0,09	—	—	—
	II	10,80	0,59	0,86	0,97	II	10,80	0,46	0,67	0,75	0,34	0,49	0,55	0,22	0,32	0,36	—	0,16	0,18	—	0,03	0,04	—	—	—
	III	3,47	—	0,27	0,31	III	3,47	—	0,14	0,16	—	0,03	0,04	—	—	—	—	—	—	—	—	—	—	—	—
	V	23,78	1,30	1,90	2,14	IV	11,86	0,58	0,85	0,95	0,52	0,75	0,85	0,45	0,66	0,74	0,39	0,57	0,64	0,33	0,48	0,54	0,27	0,39	0,44
	VI	24,86	1,36	1,98	2,23																				
80,19	I,IV	11,89	0,65	0,95	1,07	I	11,89	0,52	0,75	0,85	0,39	0,57	0,64	0,27	0,39	0,44	0,04	0,23	0,26	—	0,08	0,10	—	—	—
	II	10,83	0,59	0,86	0,97	II	10,83	0,46	0,67	0,76	0,34	0,49	0,55	0,22	0,32	0,36	—	0,16	0,18	—	0,03	0,04	—	—	—
	III	3,49	—	0,27	0,31	III	3,49	—	0,14	0,16	—	0,03	0,04	—	—	—	—	—	—	—	—	—	—	—	—
	V	23,83	1,31	1,90	2,14	IV	11,89	0,58	0,85	0,96	0,52	0,75	0,85	0,45	0,66	0,74	0,39	0,57	0,64	0,33	0,48	0,54	0,27	0,39	0,44
	VI	24,90	1,36	1,99	2,24																				
80,29	I,IV	11,92	0,65	0,95	1,07	I	11,92	0,52	0,76	0,85	0,39	0,57	0,64	0,27	0,40	0,45	0,04	0,23	0,26	—	0,09	0,10	—	—	—
	II	10,86	0,59	0,86	0,97	II	10,86	0,46	0,67	0,76	0,34	0,49	0,56	0,22	0,32	0,36	—	0,16	0,18	—	0,04	0,04	—	—	—
	III	3,51	—	0,28	0,31	III	3,51	—	0,15	0,16	—	0,04	0,04	—	—	—	—	—	—	—	—	—	—	—	—
	V	23,87	1,31	1,90	2,14	IV	11,92	0,58	0,85	0,96	0,52	0,76	0,85	0,45	0,66	0,75	0,39	0,57	0,64	0,33	0,48	0,54	0,27	0,40	0,45
	VI	24,94	1,37	1,99	2,24																				
80,39	I,IV	11,95	0,65	0,95	1,07	I	11,95	0,52	0,76	0,85	0,39	0,57	0,65	0,27	0,40	0,45	0,05	0,23	0,26	—	0,09	0,10	—	—	—
	II	10,89	0,59	0,87	0,98	II	10,89	0,46	0,68	0,76	0,34	0,50	0,56	0,22	0,33	0,37	—	0,16	0,19	—	0,04	0,04	—	—	—
	III	3,53	—	0,28	0,31	III	3,53	—	0,15	0,17	—	0,04	0,04	—	—	—	—	—	—	—	—	—	—	—	—
	V	23,91	1,31	1,91	2,15	IV	11,95	0,59	0,85	0,96	0,52	0,76	0,85	0,46	0,66	0,75	0,39	0,57	0,65	0,33	0,48	0,55	0,27	0,40	0,45
	VI	24,98	1,37	1,99	2,24																				
80,49	I,IV	11,98	0,65	0,95	1,07	I	11,98	0,52	0,76	0,86	0,39	0,58	0,65	0,27	0,40	0,45	0,05	0,23	0,26	—	0,09	0,10	—	—	—
	II	10,91	0,60	0,87	0,98	II	10,91	0,47	0,68	0,76	0,34	0,50	0,56	0,22	0,33	0,37	—	0,17	0,19	—	0,04	0,04	—	—	—
	III	3,55	—	0,28	0,31	III	3,55	—	0,15	0,17	—	0,04	0,04	—	—	—	—	—	—	—	—	—	—	—	—
	V	23,95	1,31	1,91	2,15	IV	11,98	0,59	0,86	0,96	0,52	0,76	0,86	0,46	0,67	0,75	0,39	0,58	0,65	0,33	0,49	0,55	0,27	0,40	0,45
	VI	25,03	1,37	2,—	2,25																				
80,59	I,IV	12,01	0,66	0,96	1,08	I	12,01	0,52	0,76	0,86	0,40	0,58	0,65	0,28	0,40	0,45	0,06	0,24	0,27	—	0,09	0,10	—	—	—
	II	10,94	0,60	0,87	0,98	II	10,94	0,47	0,68	0,77	0,34	0,50	0,56	0,22	0,33	0,37	—	0,17	0,19	—	0,04	0,04	—	—	—
	III	3,57	—	0,28	0,32	III	3,57	—	0,15	0,17	—	0,04	0,04	—	—	—	—	—	—	—	—	—	—	—	—
	V	23,99	1,31	1,91	2,15	IV	12,01	0,59	0,86	0,97	0,52	0,76	0,86	0,46	0,67	0,75	0,40	0,58	0,65	0,33	0,49	0,55	0,28	0,40	0,45
	VI	25,07	1,37	2,—	2,25																				
80,69	I,IV	12,04	0,66	0,96	1,08	I	12,04	0,52	0,76	0,86	0,40	0,58	0,65	0,28	0,40	0,45	0,06	0,24	0,27	—	0,09	0,10	—	—	—
	II	10,97	0,60	0,87	0,98	II	10,97	0,47	0,68	0,77	0,34	0,50	0,57	0,23	0,33	0,37	—	0,17	0,19	—	0,04	0,05	—	—	—
	III	3,59	—	0,28	0,32	III	3,59	—	0,15	0,17	—	0,04	0,05	—	—	—	—	—	—	—	—	—	—	—	—
	V	24,04	1,32	1,92	2,16	IV	12,04	0,59	0,86	0,97	0,52	0,76	0,86	0,46	0,67	0,76	0,40	0,58	0,65	0,34	0,49	0,55	0,28	0,40	0,45
	VI	25,11	1,38	2,—	2,25																				
80,79	I,IV	12,06	0,66	0,96	1,08	I	12,06	0,53	0,77	0,86	0,40	0,58	0,65	0,28	0,41	0,46	0,07	0,24	0,27	—	0,09	0,11	—	—	—
	II	11,—	0,60	0,88	0,99	II	11,—	0,47	0,68	0,77	0,35	0,50	0,57	0,23	0,33	0,37	—	0,17	0,19	—	0,04	0,05	—	—	—
	III	3,61	—	0,28	0,32	III	3,61	—	0,15	0,17	—	0,04	0,05	—	—	—	—	—	—	—	—	—	—	—	—
	V	24,08	1,32	1,92	2,16	IV	12,06	0,59	0,86	0,97	0,53	0,77	0,86	0,46	0,67	0,76	0,40	0,58	0,65	0,34	0,49	0,55	0,28	0,41	0,46
	VI	25,15	1,38	2,01	2,26																				
80,89	I,IV	12,09	0,66	0,96	1,08	I	12,09	0,53	0,77	0,87	0,40	0,58	0,66	0,28	0,41	0,46	0,07	0,24	0,27	—	0,10	0,11	—	—	—
	II	11,03	0,60	0,88	0,99	II	11,03	0,47	0,69	0,77	0,35	0,51	0,57	0,23	0,34	0,38	—	0,17	0,20	—	0,04	0,05	—	—	—
	III	3,63	—	0,29	0,32	III	3,63	—	0,15	0,17	—	0,04	0,05	—	—	—	—	—	—	—	—	—	—	—	—
	V	24,12	1,32	1,92	2,17	IV	12,09	0,59	0,86	0,97	0,53	0,77	0,87	0,46	0,68	0,76	0,40	0,58	0,66	0,34	0,50	0,56	0,28	0,41	0,46
	VI	25,19	1,38	2,01	2,26																				
80,99	I,IV	12,12	0,66	0,96	1,09	I	12,12	0,53	0,77	0,87	0,40	0,59	0,66	0,28	0,41	0,46	0,08	0,24	0,27	—	0,10	0,11	—	—	—
	II	11,05	0,60	0,88	0,99	II	11,05	0,47	0,69	0,78	0,35	0,51	0,57	0,23	0,34	0,38	—	0,18	0,20	—	0,04	0,05	—	—	—
	III	3,65	—	0,29	0,32	III	3,65	—	0,16	0,18	—	0,04	0,05	—	—	—	—	—	—	—	—	—	—	—	—
	V	24,16	1,32	1,93	2,17	IV	12,12	0,59	0,87	0,98	0,53	0,77	0,87	0,46	0,68	0,76	0,40	0,59	0,66	0,34	0,50	0,56	0,28	0,41	0,46
	VI	25,23	1,38	2,01	2,27																				

* Die ausgewiesenen Tabellenwerte sind amtlich. Siehe Erläuterungen auf der Umschlaginnenseite (U2).
** Bei mehr als 3 Kinderfreibeträgen ist die „Ergänzungs-Tabelle 3,5 bis 6 Kinderfreibeträge" anzuwenden.

Lohn/ Gehalt bis €*	Abzüge an Lohnsteuer, Solidaritätszuschlag (SolZ) und Kirchensteuer (8%, 9%) in den Steuerklassen I – VI					I, II, III, IV		mit Zahl der Kinderfreibeträge . . . 0,5			1			1,5			2			2,5			3**		
		LSt	ohne Kinderfreibeträge SolZ	8%	9%		LSt	SolZ	8%	9%	SolZ	8%	9%	SolZ	8%	9%	SolZ	8%	9%	SolZ	8%	9%	SolZ	8%	9%
81,09	I,IV	12,15	0,66	0,97	1,09	I	12,15	0,53	0,77	0,87	0,40	0,59	0,66	0,28	0,41	0,46	0,08	0,25	0,28	—	0,10	0,11	—	—	—
	II	11,08	0,60	0,88	0,99	II	11,08	0,47	0,69	0,78	0,35	0,51	0,57	0,23	0,34	0,38	—	0,18	0,20	—	0,05	0,05	—	—	—
	III	3,67	—	0,29	0,33	III	3,67	—	0,16	0,18	—	0,04	0,05	—	—	—	—	—	—	—	—	—	—	—	—
	V	24,20	1,33	1,93	2,17	IV	12,15	0,60	0,87	0,98	0,53	0,77	0,87	0,47	0,68	0,76	0,40	0,59	0,66	0,34	0,50	0,56	0,28	0,41	0,46
	VI	25,28	1,39	2,02	2,27																				
81,19	I,IV	12,18	0,67	0,97	1,09	I	12,18	0,53	0,78	0,87	0,40	0,59	0,66	0,28	0,41	0,47	0,09	0,25	0,28	—	0,10	0,11	—	—	—
	II	11,11	0,61	0,88	0,99	II	11,11	0,48	0,69	0,78	0,35	0,51	0,58	0,23	0,34	0,38	—	0,18	0,20	—	0,05	0,05	—	—	—
	III	3,69	—	0,29	0,33	III	3,69	—	0,16	0,18	—	0,05	0,05	—	—	—	—	—	—	—	—	—	—	—	—
	V	24,25	1,33	1,94	2,18	IV	12,18	0,60	0,87	0,98	0,53	0,78	0,87	0,47	0,68	0,77	0,40	0,59	0,66	0,34	0,50	0,56	0,28	0,41	0,47
	VI	25,32	1,39	2,02	2,27																				
81,29	I,IV	12,21	0,67	0,97	1,09	I	12,21	0,53	0,78	0,88	0,41	0,59	0,67	0,28	0,42	0,47	0,09	0,25	0,28	—	0,10	0,11	—	—	—
	II	11,14	0,61	0,89	1,—	II	11,14	0,48	0,70	0,78	0,35	0,51	0,58	0,23	0,34	0,39	—	0,18	0,20	—	0,05	0,05	—	—	—
	III	3,71	—	0,29	0,33	III	3,71	—	0,16	0,18	—	0,05	0,05	—	—	—	—	—	—	—	—	—	—	—	—
	V	24,29	1,33	1,94	2,18	IV	12,21	0,60	0,87	0,98	0,53	0,78	0,88	0,47	0,68	0,77	0,41	0,59	0,67	0,34	0,50	0,57	0,28	0,42	0,47
	VI	25,36	1,39	2,02	2,28																				
81,39	I,IV	12,24	0,67	0,97	1,10	I	12,24	0,53	0,78	0,88	0,41	0,59	0,67	0,29	0,42	0,47	0,10	0,25	0,28	—	0,10	0,12	—	—	—
	II	11,17	0,61	0,89	1,—	II	11,17	0,48	0,70	0,79	0,35	0,52	0,58	0,24	0,34	0,39	—	0,18	0,21	—	0,05	0,06	—	—	—
	III	3,73	—	0,29	0,33	III	3,73	—	0,16	0,18	—	0,05	0,05	—	—	—	—	—	—	—	—	—	—	—	—
	V	24,33	1,33	1,94	2,18	IV	12,24	0,60	0,88	0,99	0,53	0,78	0,88	0,47	0,69	0,77	0,41	0,59	0,67	0,35	0,50	0,57	0,29	0,42	0,47
	VI	25,40	1,39	2,03	2,28																				
81,49	I,IV	12,27	0,67	0,98	1,10	I	12,27	0,54	0,78	0,88	0,41	0,60	0,67	0,29	0,42	0,47	0,10	0,25	0,28	—	0,10	0,12	—	—	—
	II	11,20	0,61	0,89	1,—	II	11,20	0,48	0,70	0,79	0,36	0,52	0,58	0,24	0,35	0,39	—	0,18	0,21	—	0,05	0,06	—	—	—
	III	3,76	—	0,30	0,33	III	3,76	—	0,16	0,18	—	0,05	0,06	—	—	—	—	—	—	—	—	—	—	—	—
	V	24,37	1,34	1,94	2,19	IV	12,27	0,60	0,88	0,99	0,54	0,78	0,88	0,47	0,69	0,77	0,41	0,60	0,67	0,35	0,51	0,57	0,29	0,42	0,47
	VI	25,45	1,39	2,03	2,29																				
81,59	I,IV	12,30	0,67	0,98	1,10	I	12,30	0,54	0,78	0,88	0,41	0,60	0,67	0,29	0,42	0,47	0,11	0,26	0,29	—	0,11	0,12	—	—	—
	II	11,22	0,61	0,89	1,—	II	11,22	0,48	0,70	0,79	0,36	0,52	0,59	0,24	0,35	0,39	—	0,19	0,21	—	0,05	0,06	—	—	—
	III	3,78	—	0,30	0,34	III	3,78	—	0,16	0,19	—	0,05	0,06	—	—	—	—	—	—	—	—	—	—	—	—
	V	24,41	1,34	1,95	2,19	IV	12,30	0,60	0,88	0,99	0,54	0,78	0,88	0,47	0,69	0,78	0,41	0,60	0,67	0,35	0,51	0,57	0,29	0,42	0,47
	VI	25,49	1,40	2,03	2,29																				
81,69	I,IV	12,32	0,67	0,98	1,10	I	12,32	0,54	0,79	0,89	0,41	0,60	0,68	0,29	0,42	0,48	0,11	0,26	0,29	—	0,11	0,12	—	—	—
	II	11,25	0,61	0,90	1,01	II	11,25	0,48	0,70	0,79	0,36	0,52	0,59	0,24	0,35	0,39	—	0,19	0,21	—	0,05	0,06	—	—	—
	III	3,80	—	0,30	0,34	III	3,80	—	0,17	0,19	—	0,05	0,06	—	—	—	—	—	—	—	—	—	—	—	—
	V	24,46	1,34	1,95	2,20	IV	12,32	0,61	0,88	0,99	0,54	0,79	0,89	0,47	0,69	0,78	0,41	0,60	0,68	0,35	0,51	0,58	0,29	0,42	0,48
	VI	25,53	1,40	2,04	2,29																				
81,79	I,IV	12,35	0,67	0,98	1,11	I	12,35	0,54	0,79	0,89	0,41	0,60	0,68	0,29	0,43	0,48	0,11	0,26	0,29	—	0,11	0,12	—	—	—
	II	11,28	0,62	0,90	1,01	II	11,28	0,48	0,71	0,80	0,36	0,52	0,59	0,24	0,35	0,40	—	0,19	0,21	—	0,06	0,06	—	—	—
	III	3,82	—	0,30	0,34	III	3,82	—	0,17	0,19	—	0,05	0,06	—	—	—	—	—	—	—	—	—	—	—	—
	V	24,50	1,34	1,96	2,20	IV	12,35	0,61	0,88	1,—	0,54	0,79	0,89	0,48	0,69	0,78	0,41	0,60	0,68	0,35	0,51	0,58	0,29	0,43	0,48
	VI	25,57	1,40	2,04	2,30																				
81,89	I,IV	12,38	0,68	0,99	1,11	I	12,38	0,54	0,79	0,89	0,41	0,60	0,68	0,29	0,43	0,48	0,12	0,26	0,29	—	0,11	0,12	—	—	—
	II	11,31	0,62	0,90	1,01	II	11,31	0,49	0,71	0,80	0,36	0,53	0,59	0,24	0,35	0,40	—	0,19	0,22	—	0,06	0,06	—	—	—
	III	3,84	—	0,30	0,34	III	3,84	—	0,17	0,19	—	0,05	0,06	—	—	—	—	—	—	—	—	—	—	—	—
	V	24,54	1,34	1,96	2,20	IV	12,38	0,61	0,89	1,—	0,54	0,79	0,89	0,48	0,70	0,78	0,41	0,60	0,68	0,35	0,52	0,58	0,29	0,43	0,48
	VI	25,61	1,40	2,04	2,30																				
81,99	I,IV	12,41	0,68	0,99	1,11	I	12,41	0,54	0,79	0,89	0,42	0,61	0,68	0,29	0,43	0,48	0,12	0,26	0,30	—	0,11	0,13	—	—	—
	II	11,34	0,62	0,90	1,02	II	11,34	0,49	0,71	0,80	0,36	0,53	0,60	0,24	0,36	0,40	—	0,19	0,22	—	0,06	0,07	—	—	—
	III	3,86	—	0,30	0,34	III	3,86	—	0,17	0,19	—	0,06	0,06	—	—	—	—	—	—	—	—	—	—	—	—
	V	24,58	1,35	1,96	2,21	IV	12,41	0,61	0,89	1,—	0,54	0,79	0,89	0,48	0,70	0,79	0,42	0,61	0,68	0,35	0,52	0,58	0,29	0,43	0,48
	VI	25,66	1,41	2,05	2,30																				
82,09	I,IV	12,44	0,68	0,99	1,11	I	12,44	0,55	0,80	0,90	0,42	0,61	0,69	0,30	0,43	0,49	0,13	0,26	0,30	—	0,11	0,13	—	—	—
	II	11,36	0,62	0,90	1,02	II	11,36	0,49	0,71	0,80	0,36	0,53	0,60	0,24	0,36	0,40	—	0,20	0,22	—	0,06	0,07	—	—	—
	III	3,88	—	0,31	0,34	III	3,88	—	0,17	0,19	—	0,06	0,06	—	—	—	—	—	—	—	—	—	—	—	—
	V	24,62	1,35	1,96	2,21	IV	12,44	0,61	0,89	1,—	0,55	0,80	0,90	0,48	0,70	0,79	0,42	0,61	0,69	0,36	0,52	0,58	0,30	0,43	0,49
	VI	25,70	1,41	2,05	2,31																				
82,19	I,IV	12,47	0,68	0,99	1,12	I	12,47	0,55	0,80	0,90	0,42	0,61	0,69	0,30	0,43	0,49	0,13	0,27	0,30	—	0,12	0,13	—	—	—
	II	11,39	0,62	0,91	1,02	II	11,39	0,49	0,72	0,81	0,37	0,53	0,60	0,25	0,36	0,41	—	0,20	0,22	—	0,06	0,07	—	—	—
	III	3,90	—	0,31	0,35	III	3,90	—	0,17	0,19	—	0,06	0,07	—	—	—	—	—	—	—	—	—	—	—	—
	V	24,66	1,35	1,97	2,21	IV	12,47	0,61	0,89	1,01	0,55	0,80	0,90	0,48	0,70	0,79	0,42	0,61	0,69	0,36	0,52	0,59	0,30	0,43	0,49
	VI	25,74	1,41	2,05	2,31																				
82,29	I,IV	12,50	0,68	1,—	1,12	I	12,50	0,55	0,80	0,90	0,42	0,61	0,69	0,30	0,44	0,49	0,14	0,27	0,30	—	0,12	0,13	—	—	—
	II	11,42	0,62	0,91	1,02	II	11,42	0,49	0,72	0,81	0,37	0,54	0,60	0,25	0,36	0,41	—	0,20	0,22	—	0,06	0,07	—	—	—
	III	3,92	—	0,31	0,35	III	3,92	—	0,17	0,20	—	0,06	0,07	—	—	—	—	—	—	—	—	—	—	—	—
	V	24,71	1,35	1,97	2,22	IV	12,50	0,61	0,90	1,01	0,55	0,80	0,90	0,48	0,70	0,79	0,42	0,61	0,69	0,36	0,52	0,59	0,30	0,44	0,49
	VI	25,78	1,41	2,06	2,32																				
82,39	I,IV	12,53	0,68	1,—	1,12	I	12,53	0,55	0,80	0,90	0,42	0,62	0,69	0,30	0,44	0,49	0,14	0,27	0,30	—	0,12	0,13	—	—	—
	II	11,45	0,62	0,91	1,03	II	11,45	0,49	0,72	0,81	0,37	0,54	0,60	0,25	0,36	0,41	—	0,20	0,23	—	0,06	0,07	—	—	—
	III	3,95	—	0,31	0,35	III	3,95	—	0,18	0,20	—	0,06	0,07	—	—	—	—	—	—	—	—	—	—	—	—
	V	24,75	1,36	1,98	2,22	IV	12,53	0,62	0,90	1,01	0,55	0,80	0,90	0,48	0,71	0,80	0,42	0,62	0,69	0,36	0,53	0,59	0,30	0,44	0,49
	VI	25,82	1,42	2,06	2,32																				
82,49	I,IV	12,55	0,69	1,—	1,12	I	12,55	0,55	0,80	0,90	0,42	0,62	0,70	0,30	0,44	0,50	0,15	0,27	0,31	—	0,12	0,13	—	—	—
	II	11,48	0,63	0,91	1,03	II	11,48	0,49	0,72	0,81	0,37	0,54	0,61	0,25	0,37	0,41	—	0,20	0,23	—	0,06	0,07	—	—	—
	III	3,96	—	0,31	0,35	III	3,96	—	0,18	0,20	—	0,06	0,07	—	—	—	—	—	—	—	—	—	—	—	—
	V	24,79	1,36	1,98	2,23	IV	12,55	0,62	0,90	1,01	0,55	0,80	0,90	0,49	0,71	0,80	0,42	0,62	0,70	0,36	0,53	0,59	0,30	0,44	0,50
	VI	25,86	1,42	2,06	2,32																				

* Die ausgewiesenen Tabellenwerte sind amtlich. Siehe Erläuterungen auf der Umschlaginnenseite (U2).

** Bei mehr als 3 Kinderfreibeträgen ist die „Ergänzungs-Tabelle 3,5 bis 6 Kinderfreibeträge" anzuwenden.

Lohn/ Gehalt bis €*	Abzüge an Lohnsteuer, Solidaritätszuschlag (SolZ) und Kirchensteuer (8%, 9%) in den Steuerklassen I – VI					I, II, III, IV		mit Zahl der Kinderfreibeträge . . . 0,5			1			1,5			2			2,5			3**		
		LSt	ohne Kinderfreibeträge SolZ	8%	9%		LSt	SolZ	8%	9%	SolZ	8%	9%	SolZ	8%	9%	SolZ	8%	9%	SolZ	8%	9%	SolZ	8%	9%
82,59	I,IV	12,58	0,69	1,—	1,13	I	12,58	0,55	0,81	0,91	0,42	0,62	0,70	0,30	0,44	0,50	0,15	0,27	0,31	—	0,12	0,14	—	—	—
	II	11,50	0,63	0,92	1,03	II	11,50	0,50	0,72	0,81	0,37	0,54	0,61	0,25	0,37	0,41	—	0,20	0,23	—	0,07	0,07	—	—	—
	III	3,98	—	0,31	0,35	III	3,98	—	0,18	0,20	—	0,06	0,07	—	—	—	—	—	—	—	—	—	—	—	—
	V	24,83	1,36	1,98	2,23	IV	12,58	0,62	0,90	1,02	0,55	0,81	0,91	0,49	0,71	0,80	0,42	0,62	0,70	0,36	0,53	0,60	0,30	0,44	0,50
	VI	25,91	1,42	2,07	2,33																				
82,69	I,IV	12,61	0,69	1,—	1,13	I	12,61	0,55	0,81	0,91	0,43	0,62	0,70	0,30	0,44	0,50	0,16	0,28	0,31	—	0,12	0,14	—	0,01	0,01
	II	11,53	0,63	0,92	1,03	II	11,53	0,50	0,73	0,82	0,37	0,54	0,61	0,25	0,37	0,42	—	0,21	0,23	—	0,07	0,08	—	—	—
	III	4,01	—	0,32	0,36	III	4,01	—	0,18	0,20	—	0,06	0,07	—	—	—	—	—	—	—	—	—	—	—	—
	V	24,88	1,36	1,99	2,23	IV	12,61	0,62	0,90	1,02	0,55	0,81	0,91	0,49	0,71	0,80	0,43	0,62	0,70	0,36	0,53	0,60	0,30	0,44	0,50
	VI	25,95	1,42	2,07	2,33																				
82,79	I,IV	12,64	0,69	1,01	1,13	I	12,64	0,56	0,81	0,91	0,43	0,62	0,70	0,31	0,45	0,50	0,16	0,28	0,31	—	0,12	0,14	—	0,01	0,01
	II	11,56	0,63	0,92	1,04	II	11,56	0,50	0,73	0,82	0,37	0,55	0,61	0,25	0,37	0,42	—	0,21	0,23	—	0,07	0,08	—	—	—
	III	4,03	—	0,32	0,36	III	4,03	—	0,18	0,20	—	0,07	0,07	—	—	—	—	—	—	—	—	—	—	—	—
	V	24,92	1,37	1,99	2,24	IV	12,64	0,62	0,91	1,02	0,56	0,81	0,91	0,49	0,72	0,81	0,43	0,62	0,70	0,37	0,53	0,60	0,31	0,45	0,50
	VI	25,99	1,42	2,07	2,33																				
82,89	I,IV	12,67	0,69	1,01	1,14	I	12,67	0,56	0,81	0,91	0,43	0,63	0,70	0,31	0,45	0,50	0,17	0,28	0,31	—	0,13	0,14	—	0,01	0,01
	II	11,59	0,63	0,92	1,04	II	11,59	0,50	0,73	0,82	0,37	0,55	0,62	0,26	0,37	0,42	—	0,21	0,24	—	0,07	0,08	—	—	—
	III	4,05	—	0,32	0,36	III	4,05	—	0,18	0,21	—	0,07	0,08	—	—	—	—	—	—	—	—	—	—	—	—
	V	24,96	1,37	1,99	2,24	IV	12,67	0,62	0,91	1,02	0,56	0,81	0,91	0,49	0,72	0,81	0,43	0,63	0,70	0,37	0,54	0,60	0,31	0,45	0,50
	VI	26,03	1,43	2,08	2,34																				
82,99	I,IV	12,70	0,69	1,01	1,14	I	12,70	0,56	0,82	0,92	0,43	0,63	0,71	0,31	0,45	0,51	0,17	0,28	0,32	—	0,13	0,14	—	0,01	0,01
	II	11,62	0,63	0,92	1,04	II	11,62	0,50	0,73	0,82	0,38	0,55	0,62	0,26	0,38	0,42	—	0,21	0,24	—	0,07	0,08	—	—	—
	III	4,07	—	0,32	0,36	III	4,07	—	0,18	0,21	—	0,07	0,08	—	—	—	—	—	—	—	—	—	—	—	—
	V	25,—	1,37	2,—	2,25	IV	12,70	0,63	0,91	1,03	0,56	0,82	0,92	0,49	0,72	0,81	0,43	0,63	0,71	0,37	0,54	0,61	0,31	0,45	0,51
	VI	26,08	1,43	2,08	2,34																				
83,09	I,IV	12,73	0,70	1,01	1,14	I	12,73	0,56	0,82	0,92	0,43	0,63	0,71	0,31	0,45	0,51	0,18	0,28	0,32	—	0,13	0,15	—	0,01	0,01
	II	11,65	0,64	0,93	1,04	II	11,65	0,50	0,73	0,83	0,38	0,55	0,62	0,26	0,38	0,43	—	0,21	0,24	—	0,07	0,08	—	—	—
	III	4,09	—	0,32	0,36	III	4,09	—	0,19	0,21	—	0,07	0,08	—	—	—	—	—	—	—	—	—	—	—	—
	V	25,04	1,37	2,—	2,25	IV	12,73	0,63	0,91	1,03	0,56	0,82	0,92	0,50	0,72	0,81	0,43	0,63	0,71	0,37	0,54	0,61	0,31	0,45	0,51
	VI	26,12	1,43	2,08	2,35																				
83,19	I,IV	12,76	0,70	1,02	1,14	I	12,76	0,56	0,82	0,92	0,43	0,63	0,71	0,31	0,45	0,51	0,18	0,28	0,32	—	0,13	0,15	—	0,01	0,01
	II	11,68	0,64	0,93	1,05	II	11,68	0,51	0,74	0,83	0,38	0,55	0,62	0,26	0,38	0,43	—	0,21	0,24	—	0,07	0,08	—	—	—
	III	4,11	—	0,32	0,36	III	4,11	—	0,19	0,21	—	0,07	0,08	—	—	—	—	—	—	—	—	—	—	—	—
	V	25,09	1,38	2,—	2,25	IV	12,76	0,63	0,92	1,03	0,56	0,82	0,92	0,50	0,72	0,81	0,43	0,63	0,71	0,37	0,54	0,61	0,31	0,45	0,51
	VI	26,16	1,43	2,09	2,35																				
83,29	I,IV	12,78	0,70	1,02	1,15	I	12,78	0,56	0,82	0,92	0,43	0,63	0,71	0,31	0,46	0,51	0,19	0,29	0,32	—	0,13	0,15	—	0,01	0,01
	II	11,70	0,64	0,93	1,05	II	11,70	0,51	0,74	0,83	0,38	0,56	0,63	0,26	0,38	0,43	0,01	0,22	0,24	—	0,08	0,09	—	—	—
	III	4,13	—	0,33	0,37	III	4,13	—	0,19	0,21	—	0,07	0,08	—	—	—	—	—	—	—	—	—	—	—	—
	V	25,13	1,38	2,01	2,26	IV	12,78	0,63	0,92	1,03	0,56	0,82	0,92	0,50	0,73	0,82	0,43	0,63	0,71	0,37	0,54	0,61	0,31	0,46	0,51
	VI	26,20	1,44	2,09	2,35																				
83,39	I,IV	12,81	0,70	1,02	1,15	I	12,81	0,56	0,82	0,93	0,44	0,64	0,72	0,31	0,46	0,52	0,19	0,29	0,33	—	0,13	0,15	—	0,01	0,02
	II	11,73	0,64	0,93	1,05	II	11,73	0,51	0,74	0,83	0,38	0,56	0,63	0,26	0,38	0,43	0,01	0,22	0,25	—	0,08	0,09	—	—	—
	III	4,16	—	0,33	0,37	III	4,16	—	0,19	0,22	—	0,07	0,08	—	—	—	—	—	—	—	—	—	—	—	—
	V	25,17	1,38	2,01	2,26	IV	12,81	0,63	0,92	1,04	0,56	0,82	0,93	0,50	0,73	0,82	0,44	0,64	0,72	0,37	0,55	0,61	0,31	0,46	0,52
	VI	26,24	1,44	2,09	2,36																				
83,49	I,IV	12,84	0,70	1,02	1,15	I	12,84	0,57	0,83	0,93	0,44	0,64	0,72	0,31	0,46	0,52	0,20	0,29	0,33	—	0,14	0,15	—	0,02	0,02
	II	11,76	0,64	0,94	1,05	II	11,76	0,51	0,74	0,84	0,38	0,56	0,63	0,26	0,39	0,43	0,02	0,22	0,25	—	0,08	0,09	—	—	—
	III	4,18	—	0,33	0,37	III	4,18	—	0,19	0,22	—	0,07	0,08	—	—	—	—	—	—	—	—	—	—	—	—
	V	25,21	1,38	2,01	2,26	IV	12,84	0,63	0,92	1,04	0,57	0,83	0,93	0,50	0,73	0,82	0,44	0,64	0,72	0,38	0,55	0,62	0,31	0,46	0,52
	VI	26,28	1,44	2,10	2,36																				
83,59	I,IV	12,87	0,70	1,02	1,15	I	12,87	0,57	0,83	0,93	0,44	0,64	0,72	0,32	0,46	0,52	0,20	0,29	0,33	—	0,14	0,15	—	0,02	0,02
	II	11,79	0,64	0,94	1,06	II	11,79	0,51	0,75	0,84	0,38	0,56	0,63	0,26	0,39	0,44	0,02	0,22	0,25	—	0,08	0,09	—	—	—
	III	4,20	—	0,33	0,37	III	4,20	—	0,19	0,22	—	0,08	0,09	—	—	—	—	—	—	—	—	—	—	—	—
	V	25,25	1,38	2,02	2,27	IV	12,87	0,63	0,93	1,04	0,57	0,83	0,93	0,50	0,73	0,82	0,44	0,64	0,72	0,38	0,55	0,62	0,32	0,46	0,52
	VI	26,33	1,44	2,10	2,36																				
83,69	I,IV	12,90	0,70	1,03	1,16	I	12,90	0,57	0,83	0,93	0,44	0,64	0,72	0,32	0,46	0,52	0,20	0,29	0,33	—	0,14	0,16	—	0,02	0,02
	II	11,82	0,65	0,94	1,06	II	11,82	0,51	0,75	0,84	0,39	0,56	0,63	0,27	0,39	0,44	0,03	0,22	0,25	—	0,08	0,09	—	—	—
	III	4,22	—	0,33	0,37	III	4,22	—	0,20	0,22	—	0,08	0,09	—	—	—	—	—	—	—	—	—	—	—	—
	V	25,30	1,39	2,02	2,27	IV	12,90	0,64	0,93	1,04	0,57	0,83	0,93	0,50	0,74	0,83	0,44	0,64	0,72	0,38	0,55	0,62	0,32	0,46	0,52
	VI	26,37	1,45	2,10	2,37																				
83,79	I,IV	12,93	0,71	1,03	1,16	I	12,93	0,57	0,83	0,94	0,44	0,64	0,73	0,32	0,47	0,52	0,20	0,30	0,33	—	0,14	0,16	—	0,02	0,02
	II	11,85	0,65	0,94	1,06	II	11,85	0,51	0,75	0,84	0,39	0,57	0,64	0,27	0,39	0,44	0,03	0,23	0,25	—	0,08	0,09	—	—	—
	III	4,24	—	0,33	0,38	III	4,24	—	0,20	0,22	—	0,08	0,09	—	—	—	—	—	—	—	—	—	—	—	—
	V	25,34	1,39	2,02	2,28	IV	12,93	0,64	0,93	1,05	0,57	0,83	0,94	0,51	0,74	0,83	0,44	0,64	0,73	0,38	0,55	0,62	0,32	0,47	0,52
	VI	26,41	1,45	2,11	2,37																				
83,89	I,IV	12,96	0,71	1,03	1,16	I	12,96	0,57	0,84	0,94	0,44	0,65	0,73	0,32	0,47	0,53	0,20	0,30	0,34	—	0,14	0,16	—	0,02	0,02
	II	11,88	0,65	0,95	1,06	II	11,88	0,52	0,75	0,85	0,39	0,57	0,64	0,27	0,39	0,44	0,04	0,23	0,26	—	0,08	0,09	—	—	—
	III	4,26	—	0,34	0,38	III	4,26	—	0,20	0,22	—	0,08	0,09	—	—	—	—	—	—	—	—	—	—	—	—
	V	25,38	1,39	2,03	2,28	IV	12,96	0,64	0,93	1,05	0,57	0,84	0,94	0,51	0,74	0,83	0,44	0,65	0,73	0,38	0,56	0,63	0,32	0,47	0,53
	VI	26,45	1,45	2,11	2,38																				
83,99	I,IV	12,99	0,71	1,03	1,16	I	12,99	0,57	0,84	0,94	0,44	0,65	0,73	0,32	0,47	0,53	0,20	0,30	0,34	—	0,14	0,16	—	0,02	0,02
	II	11,90	0,65	0,95	1,07	II	11,90	0,52	0,75	0,85	0,39	0,57	0,64	0,27	0,40	0,45	0,04	0,23	0,26	—	0,09	0,10	—	—	—
	III	4,28	—	0,34	0,38	III	4,28	—	0,20	0,23	—	0,08	0,09	—	—	—	—	—	—	—	—	—	—	—	—
	V	25,42	1,39	2,03	2,28	IV	12,99	0,64	0,93	1,05	0,57	0,84	0,94	0,51	0,74	0,83	0,44	0,65	0,73	0,38	0,56	0,63	0,32	0,47	0,53
	VI	26,50	1,45	2,12	2,38																				

* Die ausgewiesenen Tabellenwerte sind amtlich. Siehe Erläuterungen auf der Umschlaginnenseite (U2).
** Bei mehr als 3 Kinderfreibeträgen ist die „Ergänzungs-Tabelle 3,5 bis 6 Kinderfreibeträge" anzuwenden.

Abzüge an Lohnsteuer, Solidaritätszuschlag (SolZ) und Kirchensteuer (8%, 9%) in den Steuerklassen

Lohn/ Gehalt bis €*	I – VI		ohne Kinderfreibeträge			I, II, III, IV		mit Zahl der Kinderfreibeträge . . . 0,5			1			1,5			2			2,5			3**		
		LSt	SolZ	8%	9%		LSt	SolZ	8%	9%	SolZ	8%	9%	SolZ	8%	9%	SolZ	8%	9%	SolZ	8%	9%	SolZ	8%	9%
84,09	I,IV	13,02	0,71	1,04	1,17	I	13,02	0,58	0,84	0,94	0,45	0,65	0,73	0,32	0,47	0,53	0,21	0,30	0,34	—	0,14	0,16	—	0,02	0,02
	II	11,93	0,65	0,95	1,07	II	11,93	0,52	0,76	0,85	0,39	0,57	0,64	0,27	0,40	0,45	0,05	0,23	0,26	—	0,09	0,10	—	—	—
	III	4,31	—	0,34	0,38	III	4,31	—	0,20	0,23	—	0,08	0,09	—	—	—	—	—	—	—	—	—	—	—	—
	V	25,46	1,40	2,03	2,29	IV	13,02	0,64	0,94	1,05	0,58	0,84	0,94	0,51	0,74	0,84	0,45	0,65	0,73	0,38	0,56	0,63	0,32	0,47	0,53
	VI	26,54	1,45	2,12	2,38																				
84,19	I,IV	13,05	0,71	1,04	1,17	I	13,05	0,58	0,84	0,95	0,45	0,65	0,73	0,32	0,47	0,53	0,21	0,30	0,34	—	0,15	0,17	—	0,02	0,03
	II	11,96	0,65	0,95	1,07	II	11,96	0,52	0,76	0,85	0,39	0,57	0,65	0,27	0,40	0,45	0,05	0,23	0,26	—	0,09	0,10	—	—	—
	III	4,33	—	0,34	0,38	III	4,33	—	0,20	0,23	—	0,08	0,09	—	—	—	—	—	—	—	—	—	—	—	—
	V	25,51	1,40	2,04	2,29	IV	13,05	0,64	0,94	1,06	0,58	0,84	0,95	0,51	0,75	0,84	0,45	0,65	0,73	0,39	0,56	0,63	0,32	0,47	0,53
	VI	26,58	1,46	2,12	2,39																				
84,29	I,IV	13,08	0,71	1,04	1,17	I	13,08	0,58	0,84	0,95	0,45	0,66	0,74	0,33	0,48	0,54	0,21	0,31	0,34	—	0,15	0,17	—	0,02	0,03
	II	11,99	0,65	0,95	1,07	II	11,99	0,52	0,76	0,86	0,39	0,58	0,65	0,27	0,40	0,45	0,06	0,24	0,27	—	0,09	0,10	—	—	—
	III	4,35	—	0,34	0,39	III	4,35	—	0,20	0,23	—	0,08	0,10	—	—	—	—	—	—	—	—	—	—	—	—
	V	25,55	1,40	2,04	2,29	IV	13,08	0,65	0,94	1,06	0,58	0,84	0,95	0,51	0,75	0,84	0,45	0,66	0,74	0,39	0,56	0,63	0,33	0,48	0,54
	VI	26,62	1,46	2,12	2,39																				
84,39	I,IV	13,10	0,72	1,04	1,17	I	13,10	0,58	0,85	0,95	0,45	0,66	0,74	0,33	0,48	0,54	0,21	0,31	0,35	—	0,15	0,17	—	0,03	0,03
	II	12,02	0,66	0,96	1,08	II	12,02	0,52	0,76	0,86	0,40	0,58	0,65	0,28	0,40	0,45	0,06	0,24	0,27	—	0,09	0,10	—	—	—
	III	4,37	—	0,34	0,39	III	4,37	—	0,21	0,23	—	0,09	0,10	—	—	—	—	—	—	—	—	—	—	—	—
	V	25,59	1,40	2,04	2,30	IV	13,10	0,65	0,94	1,06	0,58	0,85	0,95	0,51	0,75	0,84	0,45	0,66	0,74	0,39	0,57	0,64	0,33	0,48	0,54
	VI	26,66	1,46	2,13	2,39																				
84,49	I,IV	13,13	0,72	1,05	1,18	I	13,13	0,58	0,85	0,95	0,45	0,66	0,74	0,33	0,48	0,54	0,21	0,31	0,35	—	0,15	0,17	—	0,03	0,03
	II	12,05	0,66	0,96	1,08	II	12,05	0,52	0,76	0,86	0,40	0,58	0,65	0,28	0,40	0,46	0,06	0,24	0,27	—	0,09	0,10	—	—	—
	III	4,40	—	0,35	0,39	III	4,40	—	0,21	0,23	—	0,09	0,10	—	—	—	—	—	—	—	—	—	—	—	—
	V	25,63	1,40	2,05	2,30	IV	13,13	0,65	0,95	1,06	0,58	0,85	0,95	0,52	0,75	0,85	0,45	0,66	0,74	0,39	0,57	0,64	0,33	0,48	0,54
	VI	26,71	1,46	2,13	2,40																				
84,59	I,IV	13,16	0,72	1,05	1,18	I	13,16	0,58	0,85	0,96	0,45	0,66	0,74	0,33	0,48	0,54	0,21	0,31	0,35	—	0,15	0,17	—	0,03	0,03
	II	12,08	0,66	0,96	1,08	II	12,08	0,53	0,77	0,86	0,40	0,58	0,66	0,28	0,41	0,46	0,07	0,24	0,27	—	0,09	0,11	—	—	—
	III	4,42	—	0,35	0,39	III	4,42	—	0,21	0,24	—	0,09	0,10	—	—	—	—	—	—	—	—	—	—	—	—
	V	25,67	1,41	2,05	2,31	IV	13,16	0,65	0,95	1,07	0,58	0,85	0,96	0,52	0,76	0,85	0,45	0,66	0,74	0,39	0,57	0,64	0,33	0,48	0,54
	VI	26,75	1,47	2,14	2,40																				
84,69	I,IV	13,19	0,72	1,05	1,18	I	13,19	0,58	0,85	0,96	0,45	0,66	0,75	0,33	0,48	0,54	0,21	0,31	0,35	—	0,16	0,18	—	0,03	0,03
	II	12,10	0,66	0,96	1,08	II	12,10	0,53	0,77	0,87	0,40	0,58	0,66	0,28	0,41	0,46	0,07	0,24	0,27	—	0,10	0,11	—	—	—
	III	4,44	—	0,35	0,39	III	4,44	—	0,21	0,24	—	0,09	0,10	—	—	—	—	—	—	—	—	—	—	—	—
	V	25,71	1,41	2,05	2,31	IV	13,19	0,65	0,95	1,07	0,58	0,85	0,96	0,52	0,76	0,85	0,45	0,66	0,75	0,39	0,57	0,64	0,33	0,48	0,54
	VI	26,79	1,47	2,14	2,41																				
84,79	I,IV	13,22	0,72	1,05	1,18	I	13,22	0,59	0,86	0,96	0,46	0,67	0,75	0,33	0,49	0,55	0,22	0,32	0,36	—	0,16	0,18	—	0,03	0,03
	II	12,13	0,66	0,97	1,09	II	12,13	0,53	0,77	0,87	0,40	0,59	0,66	0,28	0,41	0,46	0,08	0,24	0,27	—	0,10	0,11	—	—	—
	III	4,46	—	0,35	0,40	III	4,46	—	0,21	0,24	—	0,09	0,10	—	—	—	—	—	—	—	—	—	—	—	—
	V	25,76	1,41	2,06	2,31	IV	13,22	0,65	0,95	1,07	0,59	0,86	0,96	0,52	0,76	0,85	0,46	0,67	0,75	0,39	0,58	0,65	0,33	0,49	0,55
	VI	26,83	1,47	2,14	2,41																				
84,89	I,IV	13,25	0,72	1,06	1,19	I	13,25	0,59	0,86	0,96	0,46	0,67	0,75	0,33	0,49	0,55	0,22	0,32	0,36	—	0,16	0,18	—	0,03	0,04
	II	12,16	0,66	0,97	1,09	II	12,16	0,53	0,77	0,87	0,40	0,59	0,66	0,28	0,41	0,46	0,08	0,25	0,28	—	0,10	0,11	—	—	—
	III	4,48	—	0,35	0,40	III	4,48	—	0,21	0,24	—	0,09	0,10	—	—	—	—	—	—	—	—	—	—	—	—
	V	25,80	1,41	2,06	2,32	IV	13,25	0,66	0,96	1,08	0,59	0,86	0,96	0,52	0,76	0,86	0,46	0,67	0,75	0,40	0,58	0,65	0,33	0,49	0,55
	VI	26,87	1,47	2,14	2,41																				
84,99	I,IV	13,28	0,73	1,06	1,19	I	13,28	0,59	0,86	0,97	0,46	0,67	0,75	0,34	0,49	0,55	0,22	0,32	0,36	—	0,16	0,18	—	0,03	0,04
	II	12,19	0,67	0,97	1,09	II	12,19	0,53	0,78	0,87	0,40	0,59	0,66	0,28	0,42	0,47	0,09	0,25	0,28	—	0,10	0,11	—	—	—
	III	4,50	—	0,36	0,40	III	4,50	—	0,22	0,24	—	0,09	0,11	—	—	—	—	—	—	—	—	—	—	—	—
	V	25,84	1,42	2,06	2,32	IV	13,28	0,66	0,96	1,08	0,59	0,86	0,97	0,52	0,76	0,86	0,46	0,67	0,75	0,40	0,58	0,65	0,34	0,49	0,55
	VI	26,91	1,48	2,15	2,42																				
85,09	I,IV	13,31	0,73	1,06	1,19	I	13,31	0,59	0,86	0,97	0,46	0,67	0,76	0,34	0,49	0,55	0,22	0,32	0,36	—	0,16	0,18	—	0,03	0,04
	II	12,22	0,67	0,97	1,09	II	12,22	0,53	0,78	0,88	0,41	0,59	0,67	0,29	0,42	0,47	0,09	0,25	0,28	—	0,10	0,11	—	—	—
	III	4,52	—	0,36	0,40	III	4,52	—	0,22	0,24	—	0,10	0,11	—	—	—	—	—	—	—	—	—	—	—	—
	V	25,88	1,42	2,07	2,32	IV	13,31	0,66	0,96	1,08	0,59	0,86	0,97	0,52	0,77	0,86	0,46	0,67	0,76	0,40	0,58	0,65	0,34	0,49	0,55
	VI	26,96	1,48	2,15	2,42																				
85,19	I,IV	13,34	0,73	1,06	1,20	I	13,34	0,59	0,86	0,97	0,46	0,67	0,76	0,34	0,49	0,56	0,22	0,32	0,36	—	0,16	0,18	—	0,04	0,04
	II	12,25	0,67	0,98	1,10	II	12,25	0,54	0,78	0,88	0,41	0,60	0,67	0,29	0,42	0,47	0,10	0,25	0,28	—	0,10	0,12	—	—	—
	III	4,55	—	0,36	0,40	III	4,55	—	0,22	0,25	—	0,10	0,11	—	—	—	—	—	—	—	—	—	—	—	—
	V	25,93	1,42	2,07	2,33	IV	13,34	0,66	0,96	1,08	0,59	0,86	0,97	0,53	0,77	0,86	0,46	0,67	0,76	0,40	0,58	0,66	0,34	0,49	0,56
	VI	27,—	1,48	2,16	2,43																				
85,29	I,IV	13,37	0,73	1,06	1,20	I	13,37	0,59	0,87	0,97	0,46	0,68	0,76	0,34	0,50	0,56	0,22	0,32	0,37	—	0,16	0,19	—	0,04	0,04
	II	12,28	0,67	0,98	1,10	II	12,28	0,54	0,78	0,88	0,41	0,60	0,67	0,29	0,42	0,47	0,10	0,25	0,29	—	0,10	0,12	—	—	—
	III	4,57	—	0,36	0,41	III	4,57	—	0,22	0,25	—	0,10	0,11	—	—	—	—	—	—	—	—	—	—	—	—
	V	25,97	1,42	2,07	2,33	IV	13,37	0,66	0,96	1,08	0,59	0,87	0,97	0,53	0,77	0,87	0,46	0,68	0,76	0,40	0,58	0,66	0,34	0,50	0,56
	VI	27,04	1,48	2,16	2,43																				
85,39	I,IV	13,40	0,73	1,07	1,20	I	13,40	0,60	0,87	0,98	0,47	0,68	0,76	0,34	0,50	0,56	0,22	0,33	0,37	—	0,17	0,19	—	0,04	0,04
	II	12,30	0,67	0,98	1,10	II	12,30	0,54	0,78	0,88	0,41	0,60	0,67	0,29	0,42	0,48	0,11	0,26	0,29	—	0,11	0,12	—	—	—
	III	4,59	—	0,36	0,41	III	4,59	—	0,22	0,25	—	0,10	0,11	—	—	—	—	—	—	—	—	—	—	—	—
	V	26,01	1,43	2,08	2,34	IV	13,40	0,66	0,97	1,09	0,60	0,87	0,98	0,53	0,77	0,87	0,47	0,68	0,76	0,40	0,59	0,66	0,34	0,50	0,56
	VI	27,08	1,48	2,16	2,43																				
85,49	I,IV	13,43	0,73	1,07	1,20	I	13,43	0,60	0,87	0,98	0,47	0,68	0,77	0,34	0,50	0,56	0,22	0,33	0,37	—	0,17	0,19	—	0,04	0,04
	II	12,33	0,67	0,98	1,10	II	12,33	0,54	0,79	0,89	0,41	0,60	0,68	0,29	0,42	0,48	0,11	0,26	0,29	—	0,11	0,12	—	—	—
	III	4,61	—	0,36	0,41	III	4,61	—	0,22	0,25	—	0,10	0,11	—	—	—	—	—	—	—	—	—	—	—	—
	V	26,05	1,43	2,08	2,34	IV	13,43	0,66	0,97	1,09	0,60	0,87	0,98	0,53	0,77	0,87	0,47	0,68	0,77	0,40	0,59	0,66	0,34	0,50	0,56
	VI	27,13	1,49	2,17	2,44																				

* Die ausgewiesenen Tabellenwerte sind amtlich. Siehe Erläuterungen auf der Umschlaginnenseite (U2).
** Bei mehr als 3 Kinderfreibeträgen ist die „Ergänzungs-Tabelle 3,5 bis 6 Kinderfreibeträge" anzuwenden.

Abzüge an Lohnsteuer, Solidaritätszuschlag (SolZ) und Kirchensteuer (8%, 9%) in den Steuerklassen

Lohn/ Gehalt bis €*	I – VI	LSt	ohne Kinderfreibeträge SolZ	8%	9%	I, II, III, IV	LSt	0,5 SolZ	0,5 8%	0,5 9%	1 SolZ	1 8%	1 9%	1,5 SolZ	1,5 8%	1,5 9%	2 SolZ	2 8%	2 9%	2,5 SolZ	2,5 8%	2,5 9%	3** SolZ	3** 8%	3** 9%
85,59	I,IV	13,46	0,74	1,07	1,21	I	13,46	0,60	0,87	0,98	0,47	0,68	0,77	0,34	0,50	0,57	0,23	0,33	0,37	—	0,17	0,19	—	0,04	0,05
	II	12,36	0,68	0,98	1,11	II	12,36	0,54	0,79	0,89	0,41	0,60	0,68	0,29	0,43	0,48	0,12	0,26	0,29	—	0,11	0,12	—	—	—
	III	4,63	—	0,37	0,41	III	4,63	—	0,22	0,25	—	0,10	0,11	—	—	—	—	—	—	—	—	—	—	—	—
	V	26,09	1,43	2,08	2,34	IV	13,46	0,67	0,97	1,09	0,60	0,87	0,98	0,53	0,78	0,87	0,47	0,68	0,77	0,41	0,59	0,67	0,34	0,50	0,57
	VI	27,17	1,49	2,17	2,44																				
85,69	I,IV	13,48	0,74	1,07	1,21	I	13,48	0,60	0,88	0,99	0,47	0,68	0,77	0,35	0,50	0,57	0,23	0,33	0,37	—	0,17	0,19	—	0,04	0,05
	II	12,39	0,68	0,99	1,11	II	12,39	0,54	0,79	0,89	0,41	0,61	0,68	0,29	0,43	0,48	0,12	0,26	0,29	—	0,11	0,12	—	—	—
	III	4,66	—	0,37	0,41	III	4,66	—	0,23	0,25	—	0,10	0,12	—	—	—	—	—	—	—	—	—	—	—	—
	V	26,14	1,43	2,09	2,35	IV	13,48	0,67	0,97	1,10	0,60	0,88	0,99	0,53	0,78	0,88	0,47	0,68	0,77	0,41	0,59	0,67	0,35	0,50	0,57
	VI	27,21	1,49	2,17	2,44																				
85,79	I,IV	13,51	0,74	1,08	1,21	I	13,51	0,60	0,88	0,99	0,47	0,69	0,77	0,35	0,51	0,57	0,23	0,33	0,38	—	0,17	0,20	—	0,04	0,05
	II	12,42	0,68	0,99	1,11	II	12,42	0,54	0,79	0,89	0,42	0,61	0,68	0,29	0,43	0,48	0,13	0,26	0,30	—	0,11	0,13	—	—	—
	III	4,68	—	0,37	0,42	III	4,68	—	0,23	0,26	—	0,10	0,12	—	—	—	—	—	—	—	—	—	—	—	—
	V	26,18	1,44	2,09	2,35	IV	13,51	0,67	0,98	1,10	0,60	0,88	0,99	0,54	0,78	0,88	0,47	0,69	0,77	0,41	0,60	0,67	0,35	0,51	0,57
	VI	27,25	1,49	2,18	2,45																				
85,89	I,IV	13,55	0,74	1,08	1,21	I	13,55	0,60	0,88	0,99	0,47	0,69	0,78	0,35	0,51	0,57	0,23	0,34	0,38	—	0,18	0,20	—	0,04	0,05
	II	12,45	0,68	0,99	1,12	II	12,45	0,55	0,80	0,90	0,42	0,61	0,69	0,30	0,43	0,49	0,13	0,26	0,30	—	0,11	0,13	—	—	—
	III	4,70	—	0,37	0,42	III	4,70	—	0,23	0,26	—	0,11	0,12	—	—	—	—	—	—	—	—	—	—	—	—
	V	26,22	1,44	2,09	2,35	IV	13,55	0,67	0,98	1,10	0,60	0,88	0,99	0,54	0,78	0,88	0,47	0,69	0,78	0,41	0,60	0,67	0,35	0,51	0,57
	VI	27,29	1,50	2,18	2,45																				
85,99	I,IV	13,57	0,74	1,08	1,22	I	13,57	0,60	0,88	0,99	0,47	0,69	0,78	0,35	0,51	0,57	0,23	0,34	0,38	—	0,18	0,20	—	0,05	0,05
	II	12,48	0,68	0,99	1,12	II	12,48	0,55	0,80	0,90	0,42	0,61	0,69	0,30	0,43	0,49	0,14	0,27	0,30	—	0,12	0,13	—	—	—
	III	4,72	—	0,37	0,42	III	4,72	—	0,23	0,26	—	0,11	0,12	—	—	—	—	—	—	—	—	—	—	—	—
	V	26,26	1,44	2,10	2,36	IV	13,57	0,67	0,98	1,10	0,60	0,88	0,99	0,54	0,79	0,88	0,47	0,69	0,78	0,41	0,60	0,68	0,35	0,51	0,57
	VI	27,33	1,50	2,18	2,45																				
86,09	I,IV	13,60	0,74	1,08	1,22	I	13,60	0,61	0,88	0,99	0,48	0,69	0,78	0,35	0,51	0,58	0,23	0,34	0,38	—	0,18	0,20	—	0,05	0,05
	II	12,50	0,68	1,—	1,12	II	12,50	0,55	0,80	0,90	0,42	0,61	0,69	0,30	0,44	0,49	0,14	0,27	0,30	—	0,12	0,13	—	—	—
	III	4,75	—	0,38	0,42	III	4,75	—	0,23	0,26	—	0,11	0,12	—	—	—	—	—	—	—	—	—	—	—	—
	V	26,30	1,44	2,10	2,36	IV	13,60	0,67	0,98	1,11	0,61	0,88	0,99	0,54	0,79	0,89	0,48	0,69	0,78	0,41	0,60	0,68	0,35	0,51	0,58
	VI	27,38	1,50	2,19	2,46																				
86,19	I,IV	13,63	0,74	1,09	1,22	I	13,63	0,61	0,89	1,—	0,48	0,70	0,78	0,35	0,51	0,58	0,23	0,34	0,39	—	0,18	0,20	—	0,05	0,05
	II	12,53	0,68	1,—	1,12	II	12,53	0,55	0,80	0,90	0,42	0,62	0,69	0,30	0,44	0,49	0,14	0,27	0,30	—	0,12	0,13	—	—	—
	III	4,77	—	0,38	0,42	III	4,77	—	0,23	0,26	—	0,11	0,12	—	—	0,01	—	—	—	—	—	—	—	—	—
	V	26,35	1,44	2,10	2,37	IV	13,63	0,68	0,98	1,11	0,61	0,89	1,—	0,54	0,79	0,89	0,48	0,70	0,78	0,41	0,60	0,68	0,35	0,51	0,58
	VI	27,42	1,50	2,19	2,46																				
86,29	I,IV	13,66	0,75	1,09	1,22	I	13,66	0,61	0,89	1,—	0,48	0,70	0,79	0,35	0,52	0,58	0,24	0,34	0,39	—	0,18	0,21	—	0,05	0,06
	II	12,56	0,69	1,—	1,13	II	12,56	0,55	0,80	0,90	0,42	0,62	0,70	0,30	0,44	0,50	0,15	0,27	0,31	—	0,12	0,14	—	—	—
	III	4,79	—	0,38	0,43	III	4,79	—	0,24	0,27	—	0,11	0,13	—	0,01	0,01	—	—	—	—	—	—	—	—	—
	V	26,39	1,45	2,11	2,37	IV	13,66	0,68	0,99	1,11	0,61	0,89	1,—	0,54	0,79	0,89	0,48	0,70	0,79	0,42	0,61	0,68	0,35	0,52	0,58
	VI	27,46	1,51	2,19	2,47																				
86,39	I,IV	13,69	0,75	1,09	1,23	I	13,69	0,61	0,89	1,—	0,48	0,70	0,79	0,35	0,52	0,58	0,24	0,35	0,39	—	0,18	0,21	—	0,05	0,06
	II	12,59	0,69	1,—	1,13	II	12,59	0,55	0,81	0,91	0,42	0,62	0,70	0,30	0,44	0,50	0,15	0,27	0,31	—	0,12	0,14	—	—	0,01
	III	4,81	—	0,38	0,43	III	4,81	—	0,24	0,27	—	0,11	0,13	—	0,01	0,01	—	—	—	—	—	—	—	—	—
	V	26,43	1,45	2,11	2,37	IV	13,69	0,68	0,99	1,11	0,61	0,89	1,—	0,54	0,79	0,89	0,48	0,70	0,79	0,42	0,61	0,68	0,35	0,52	0,58
	VI	27,50	1,51	2,20	2,47																				
86,49	I,IV	13,72	0,75	1,09	1,23	I	13,72	0,61	0,89	1,—	0,48	0,70	0,79	0,36	0,52	0,59	0,24	0,35	0,39	—	0,19	0,21	—	0,05	0,06
	II	12,62	0,69	1,—	1,13	II	12,62	0,55	0,81	0,91	0,43	0,62	0,70	0,30	0,44	0,50	0,16	0,28	0,31	—	0,12	0,14	—	0,01	0,01
	III	4,83	—	0,38	0,43	III	4,83	—	0,24	0,27	—	0,11	0,13	—	0,01	0,01	—	—	—	—	—	—	—	—	—
	V	26,47	1,45	2,11	2,38	IV	13,72	0,68	0,99	1,12	0,61	0,89	1,—	0,55	0,80	0,90	0,48	0,70	0,79	0,42	0,61	0,69	0,36	0,52	0,59
	VI	27,55	1,51	2,20	2,47																				
86,59	I,IV	13,75	0,75	1,10	1,23	I	13,75	0,61	0,90	1,01	0,48	0,70	0,79	0,36	0,52	0,59	0,24	0,35	0,39	—	0,19	0,21	—	0,05	0,06
	II	12,65	0,69	1,01	1,13	II	12,65	0,56	0,81	0,91	0,43	0,62	0,70	0,31	0,45	0,50	0,16	0,28	0,31	—	0,12	0,14	—	0,01	0,01
	III	4,86	—	0,38	0,43	III	4,86	—	0,24	0,27	—	0,12	0,13	—	0,01	0,01	—	—	—	—	—	—	—	—	—
	V	26,51	1,45	2,12	2,38	IV	13,75	0,68	0,99	1,12	0,61	0,90	1,01	0,55	0,80	0,90	0,48	0,70	0,79	0,42	0,61	0,69	0,36	0,52	0,59
	VI	27,59	1,51	2,20	2,48																				
86,69	I,IV	13,78	0,75	1,10	1,24	I	13,78	0,62	0,90	1,01	0,48	0,71	0,80	0,36	0,52	0,59	0,24	0,35	0,40	—	0,19	0,21	—	0,06	0,06
	II	12,68	0,69	1,01	1,14	II	12,68	0,56	0,81	0,92	0,43	0,63	0,71	0,31	0,45	0,50	0,17	0,28	0,32	—	0,13	0,14	—	0,01	0,01
	III	4,88	—	0,39	0,43	III	4,88	—	0,24	0,27	—	0,12	0,13	—	0,01	0,01	—	—	—	—	—	—	—	—	—
	V	26,56	1,46	2,12	2,39	IV	13,78	0,68	1,—	1,12	0,62	0,90	1,01	0,55	0,80	0,90	0,48	0,71	0,80	0,42	0,61	0,69	0,36	0,52	0,59
	VI	27,63	1,51	2,21	2,48																				
86,79	I,IV	13,81	0,75	1,10	1,24	I	13,81	0,62	0,90	1,01	0,49	0,71	0,80	0,36	0,53	0,59	0,24	0,35	0,40	—	0,19	0,22	—	0,06	0,06
	II	12,71	0,69	1,01	1,14	II	12,71	0,56	0,82	0,92	0,43	0,63	0,71	0,31	0,45	0,51	0,17	0,28	0,32	—	0,13	0,14	—	0,01	0,01
	III	4,90	—	0,39	0,44	III	4,90	—	0,24	0,27	—	0,12	0,13	—	0,01	0,01	—	—	—	—	—	—	—	—	—
	V	26,60	1,46	2,12	2,39	IV	13,81	0,69	1,—	1,12	0,62	0,90	1,01	0,55	0,80	0,90	0,49	0,71	0,80	0,42	0,62	0,69	0,36	0,53	0,59
	VI	27,67	1,52	2,21	2,49																				
86,89	I,IV	13,84	0,76	1,10	1,24	I	13,84	0,62	0,90	1,01	0,49	0,71	0,80	0,36	0,53	0,60	0,24	0,36	0,40	—	0,19	0,22	—	0,06	0,07
	II	12,74	0,70	1,01	1,14	II	12,74	0,56	0,82	0,92	0,43	0,63	0,71	0,31	0,45	0,51	0,18	0,28	0,32	—	0,13	0,15	—	0,01	0,01
	III	4,93	—	0,39	0,44	III	4,93	—	0,24	0,28	—	0,12	0,13	—	0,01	0,01	—	—	—	—	—	—	—	—	—
	V	26,64	1,46	2,13	2,39	IV	13,84	0,69	1,—	1,13	0,62	0,90	1,01	0,55	0,80	0,91	0,49	0,71	0,80	0,42	0,62	0,70	0,36	0,53	0,60
	VI	27,71	1,52	2,21	2,49																				
86,99	I,IV	13,87	0,76	1,10	1,24	I	13,87	0,62	0,90	1,02	0,49	0,71	0,80	0,36	0,53	0,60	0,24	0,36	0,40	—	0,19	0,22	—	0,06	0,07
	II	12,76	0,70	1,02	1,14	II	12,76	0,56	0,82	0,92	0,43	0,63	0,71	0,31	0,45	0,51	0,18	0,29	0,32	—	0,13	0,15	—	0,01	0,01
	III	4,95	—	0,39	0,44	III	4,95	—	0,25	0,28	—	0,12	0,14	—	0,01	0,02	—	—	—	—	—	—	—	—	—
	V	26,68	1,46	2,13	2,40	IV	13,87	0,69	1,—	1,13	0,62	0,90	1,02	0,55	0,81	0,91	0,49	0,71	0,80	0,43	0,62	0,70	0,36	0,53	0,60
	VI	27,76	1,52	2,22	2,49																				

Columns I, II, III, IV: mit Zahl der Kinderfreibeträge . . .

* Die ausgewiesenen Tabellenwerte sind amtlich. Siehe Erläuterungen auf der Umschlaginnenseite (U2).
** Bei mehr als 3 Kinderfreibeträgen ist die „Ergänzungs-Tabelle 3,5 bis 6 Kinderfreibeträge" anzuwenden.

TAG 87,–*

Abzüge an Lohnsteuer, Solidaritätszuschlag (SolZ) und Kirchensteuer (8%, 9%) in den Steuerklassen

Lohn/ Gehalt bis €*	I – VI					I, II, III, IV		mit Zahl der Kinderfreibeträge . . . 0,5			1			1,5			2			2,5			3**		
		LSt	ohne Kinderfreibeträge SolZ	8%	9%		LSt	SolZ	8%	9%	SolZ	8%	9%	SolZ	8%	9%	SolZ	8%	9%	SolZ	8%	9%	SolZ	8%	9%
87,09	I,IV	13,90	0,76	1,11	1,25	I	13,90	0,62	0,91	1,02	0,49	0,72	0,81	0,36	0,53	0,60	0,25	0,36	0,41	—	0,20	0,22	—	0,06	0,07
	II	12,80	0,70	1,02	1,15	II	12,80	0,56	0,82	0,93	0,43	0,63	0,71	0,31	0,46	0,51	0,19	0,29	0,32	—	0,13	0,15	—	0,01	0,01
	III	4,97	—	0,39	0,44	III	4,97	—	0,25	0,28	—	0,12	0,14	—	0,02	0,02	—	—	—	—	—	—	—	—	—
	V	26,72	1,47	2,13	2,40	IV	13,90	0,69	1,01	1,13	0,62	0,91	1,02	0,56	0,81	0,91	0,49	0,72	0,81	0,43	0,62	0,70	0,36	0,53	0,60
	VI	27,80	1,52	2,22	2,50																				
87,19	I,IV	13,93	0,76	1,11	1,25	I	13,93	0,62	0,91	1,02	0,49	0,72	0,81	0,37	0,54	0,60	0,25	0,36	0,41	—	0,20	0,22	—	0,06	0,07
	II	12,82	0,70	1,02	1,15	II	12,82	0,57	0,82	0,93	0,44	0,64	0,72	0,31	0,46	0,52	0,19	0,29	0,33	—	0,13	0,15	—	0,01	0,02
	III	5,—	—	0,40	0,45	III	5,—	—	0,25	0,28	—	0,12	0,14	—	0,02	0,02	—	—	—	—	—	—	—	—	—
	V	26,76	1,47	2,14	2,40	IV	13,93	0,69	1,01	1,13	0,62	0,91	1,02	0,56	0,81	0,91	0,49	0,72	0,81	0,43	0,62	0,70	0,37	0,54	0,60
	VI	27,84	1,53	2,22	2,50																				
87,29	I,IV	13,96	0,76	1,11	1,25	I	13,96	0,62	0,91	1,03	0,49	0,72	0,81	0,37	0,54	0,60	0,25	0,36	0,41	—	0,20	0,23	—	0,06	0,07
	II	12,85	0,70	1,02	1,15	II	12,85	0,57	0,83	0,93	0,44	0,64	0,72	0,32	0,46	0,52	0,20	0,29	0,33	—	0,14	0,15	—	0,02	0,02
	III	5,02	—	0,40	0,45	III	5,02	—	0,25	0,28	—	0,12	0,14	—	0,02	0,02	—	—	—	—	—	—	—	—	—
	V	26,81	1,47	2,14	2,41	IV	13,96	0,69	1,01	1,14	0,62	0,91	1,03	0,56	0,81	0,92	0,49	0,72	0,81	0,43	0,63	0,71	0,37	0,54	0,60
	VI	27,88	1,53	2,23	2,50																				
87,39	I,IV	13,99	0,76	1,11	1,25	I	13,99	0,63	0,91	1,03	0,49	0,72	0,81	0,37	0,54	0,61	0,25	0,37	0,41	—	0,20	0,23	—	0,06	0,07
	II	12,88	0,70	1,03	1,15	II	12,88	0,57	0,83	0,93	0,44	0,64	0,72	0,32	0,46	0,52	0,20	0,29	0,33	—	0,14	0,16	—	0,02	0,02
	III	5,04	—	0,40	0,45	III	5,04	—	0,25	0,28	—	0,13	0,14	—	0,02	0,02	—	—	—	—	—	—	—	—	—
	V	26,85	1,47	2,14	2,41	IV	13,99	0,69	1,01	1,14	0,63	0,91	1,03	0,56	0,82	0,92	0,49	0,72	0,81	0,43	0,63	0,71	0,37	0,54	0,61
	VI	27,92	1,53	2,23	2,51																				
87,49	I,IV	14,01	0,77	1,12	1,26	I	14,01	0,63	0,92	1,03	0,50	0,72	0,81	0,37	0,54	0,61	0,25	0,37	0,41	—	0,20	0,23	—	0,07	0,07
	II	12,91	0,71	1,03	1,16	II	12,91	0,57	0,83	0,94	0,44	0,64	0,72	0,32	0,46	0,52	0,20	0,30	0,33	—	0,14	0,16	—	0,02	0,02
	III	5,06	—	0,40	0,45	III	5,06	—	0,25	0,29	—	0,13	0,14	—	0,02	0,02	—	—	—	—	—	—	—	—	—
	V	26,89	1,47	2,15	2,42	IV	14,01	0,70	1,02	1,14	0,63	0,92	1,03	0,56	0,82	0,92	0,50	0,72	0,81	0,43	0,63	0,71	0,37	0,54	0,61
	VI	27,96	1,53	2,23	2,51																				
87,59	I,IV	14,05	0,77	1,12	1,26	I	14,05	0,63	0,92	1,03	0,50	0,73	0,82	0,37	0,54	0,61	0,25	0,37	0,42	—	0,21	0,23	—	0,07	0,08
	II	12,94	0,71	1,03	1,16	II	12,94	0,57	0,83	0,94	0,44	0,65	0,73	0,32	0,47	0,53	0,20	0,30	0,33	—	0,14	0,16	—	0,02	0,02
	III	5,08	—	0,40	0,45	III	5,08	—	0,26	0,29	—	0,13	0,15	—	0,02	0,02	—	—	—	—	—	—	—	—	—
	V	26,93	1,48	2,15	2,42	IV	14,05	0,70	1,02	1,14	0,63	0,92	1,03	0,56	0,82	0,92	0,50	0,73	0,82	0,43	0,63	0,71	0,37	0,54	0,61
	VI	28,01	1,54	2,24	2,52																				
87,69	I,IV	14,08	0,77	1,12	1,26	I	14,08	0,63	0,92	1,04	0,50	0,73	0,82	0,37	0,54	0,61	0,25	0,37	0,42	—	0,21	0,23	—	0,07	0,08
	II	12,97	0,71	1,03	1,16	II	12,97	0,57	0,84	0,94	0,44	0,65	0,73	0,32	0,47	0,53	0,20	0,30	0,34	—	0,14	0,16	—	0,02	0,02
	III	5,11	—	0,40	0,45	III	5,11	—	0,26	0,29	—	0,13	0,15	—	0,02	0,02	—	—	—	—	—	—	—	—	—
	V	26,98	1,48	2,15	2,42	IV	14,08	0,70	1,02	1,15	0,63	0,92	1,04	0,56	0,82	0,93	0,50	0,73	0,82	0,44	0,64	0,72	0,37	0,54	0,61
	VI	28,05	1,54	2,24	2,52																				
87,79	I,IV	14,10	0,77	1,12	1,26	I	14,10	0,63	0,92	1,04	0,50	0,73	0,82	0,37	0,55	0,62	0,26	0,37	0,42	—	0,21	0,24	—	0,07	0,08
	II	13,—	0,71	1,04	1,17	II	13,—	0,57	0,84	0,94	0,45	0,65	0,73	0,32	0,47	0,53	0,21	0,30	0,34	—	0,14	0,16	—	0,02	0,02
	III	5,13	—	0,41	0,46	III	5,13	—	0,26	0,29	—	0,13	0,15	—	0,02	0,03	—	—	—	—	—	—	—	—	—
	V	27,02	1,48	2,16	2,43	IV	14,10	0,70	1,02	1,15	0,63	0,92	1,04	0,57	0,82	0,93	0,50	0,73	0,82	0,44	0,64	0,72	0,37	0,55	0,62
	VI	28,09	1,54	2,24	2,52																				
87,89	I,IV	14,13	0,77	1,13	1,27	I	14,13	0,63	0,92	1,04	0,50	0,73	0,82	0,38	0,55	0,62	0,26	0,38	0,42	—	0,21	0,24	—	0,07	0,08
	II	13,03	0,71	1,04	1,17	II	13,03	0,58	0,84	0,95	0,45	0,65	0,73	0,32	0,47	0,53	0,21	0,30	0,34	—	0,15	0,16	—	0,02	0,03
	III	5,15	—	0,41	0,46	III	5,15	—	0,26	0,29	—	0,13	0,15	—	0,02	0,03	—	—	—	—	—	—	—	—	—
	V	27,06	1,48	2,16	2,43	IV	14,13	0,70	1,02	1,15	0,63	0,92	1,04	0,57	0,83	0,93	0,50	0,73	0,82	0,44	0,64	0,72	0,38	0,55	0,62
	VI	28,13	1,54	2,25	2,53																				
87,99	I,IV	14,16	0,77	1,13	1,27	I	14,16	0,64	0,93	1,04	0,50	0,73	0,83	0,38	0,55	0,62	0,26	0,38	0,43	—	0,21	0,24	—	0,07	0,08
	II	13,06	0,71	1,04	1,17	II	13,06	0,58	0,84	0,95	0,45	0,65	0,74	0,32	0,47	0,53	0,21	0,30	0,34	—	0,15	0,17	—	0,02	0,03
	III	5,18	—	0,41	0,46	III	5,18	—	0,26	0,30	—	0,13	0,15	—	0,02	0,03	—	—	—	—	—	—	—	—	—
	V	27,10	1,49	2,16	2,43	IV	14,16	0,70	1,03	1,16	0,64	0,93	1,04	0,57	0,83	0,93	0,50	0,73	0,83	0,44	0,64	0,72	0,38	0,55	0,62
	VI	28,18	1,54	2,25	2,53																				
88,09	I,IV	14,19	0,78	1,13	1,27	I	14,19	0,64	0,93	1,05	0,50	0,74	0,83	0,38	0,55	0,62	0,26	0,38	0,43	—	0,21	0,24	—	0,07	0,08
	II	13,08	0,71	1,04	1,17	II	13,08	0,58	0,84	0,95	0,45	0,66	0,74	0,33	0,48	0,54	0,21	0,31	0,35	—	0,15	0,17	—	0,02	0,03
	III	5,20	—	0,41	0,46	III	5,20	—	0,26	0,30	—	0,14	0,15	—	0,03	0,03	—	—	—	—	—	—	—	—	—
	V	27,14	1,49	2,17	2,44	IV	14,19	0,71	1,03	1,16	0,64	0,93	1,05	0,57	0,83	0,94	0,50	0,74	0,83	0,44	0,64	0,72	0,38	0,55	0,62
	VI	28,22	1,55	2,25	2,53																				
88,19	I,IV	14,22	0,78	1,13	1,27	I	14,22	0,64	0,93	1,05	0,51	0,74	0,83	0,38	0,56	0,63	0,26	0,38	0,43	0,01	0,22	0,24	—	0,08	0,09
	II	13,11	0,72	1,04	1,17	II	13,11	0,58	0,85	0,95	0,45	0,66	0,74	0,33	0,48	0,54	0,21	0,31	0,35	—	0,15	0,17	—	0,03	0,03
	III	5,22	—	0,41	0,46	III	5,22	—	0,27	0,30	—	0,14	0,15	—	0,03	0,03	—	—	—	—	—	—	—	—	—
	V	27,19	1,49	2,17	2,44	IV	14,22	0,71	1,03	1,16	0,64	0,93	1,05	0,57	0,83	0,94	0,51	0,74	0,83	0,44	0,65	0,73	0,38	0,56	0,63
	VI	28,26	1,55	2,26	2,54																				
88,29	I,IV	14,25	0,78	1,14	1,28	I	14,25	0,64	0,93	1,05	0,51	0,74	0,83	0,38	0,56	0,63	0,26	0,38	0,43	0,01	0,22	0,25	—	0,08	0,09
	II	13,14	0,72	1,05	1,18	II	13,14	0,58	0,85	0,96	0,45	0,66	0,74	0,33	0,48	0,54	0,21	0,31	0,35	—	0,15	0,17	—	0,03	0,03
	III	5,25	—	0,42	0,47	III	5,25	—	0,27	0,30	—	0,14	0,16	—	0,03	0,03	—	—	—	—	—	—	—	—	—
	V	27,23	1,49	2,17	2,45	IV	14,25	0,71	1,03	1,16	0,64	0,93	1,05	0,57	0,84	0,94	0,51	0,74	0,83	0,44	0,65	0,73	0,38	0,56	0,63
	VI	28,30	1,55	2,26	2,54																				
88,39	I,IV	14,28	0,78	1,14	1,28	I	14,28	0,64	0,94	1,05	0,51	0,74	0,84	0,38	0,56	0,63	0,26	0,38	0,43	0,02	0,22	0,25	—	0,08	0,09
	II	13,17	0,72	1,05	1,18	II	13,17	0,58	0,85	0,96	0,45	0,66	0,75	0,33	0,48	0,54	0,21	0,31	0,35	—	0,15	0,17	—	0,03	0,03
	III	5,27	—	0,42	0,47	III	5,27	—	0,27	0,30	—	0,14	0,16	—	0,03	0,03	—	—	—	—	—	—	—	—	—
	V	27,27	1,50	2,18	2,45	IV	14,28	0,71	1,04	1,17	0,64	0,94	1,05	0,57	0,84	0,94	0,51	0,74	0,84	0,45	0,65	0,73	0,38	0,56	0,63
	VI	28,34	1,55	2,26	2,55																				
88,49	I,IV	14,31	0,78	1,14	1,28	I	14,31	0,64	0,94	1,06	0,51	0,75	0,84	0,38	0,56	0,63	0,26	0,39	0,44	0,02	0,22	0,25	—	0,08	0,09
	II	13,20	0,72	1,05	1,18	II	13,20	0,59	0,85	0,96	0,46	0,66	0,75	0,33	0,48	0,55	0,21	0,31	0,35	—	0,16	0,18	—	0,03	0,03
	III	5,29	—	0,42	0,47	III	5,29	—	0,27	0,30	—	0,14	0,16	—	0,03	0,04	—	—	—	—	—	—	—	—	—
	V	27,31	1,50	2,18	2,45	IV	14,31	0,71	1,04	1,17	0,64	0,94	1,06	0,58	0,84	0,95	0,51	0,75	0,84	0,45	0,65	0,73	0,38	0,56	0,63
	VI	28,38	1,56	2,27	2,55																				

* Die ausgewiesenen Tabellenwerte sind amtlich. Siehe Erläuterungen auf der Umschlaginnenseite (U2).

** Bei mehr als 3 Kinderfreibeträgen ist die „Ergänzungs-Tabelle 3,5 bis 6 Kinderfreibeträge" anzuwenden.

Abzüge an Lohnsteuer, Solidaritätszuschlag (SolZ) und Kirchensteuer (8%, 9%) in den Steuerklassen

Lohn/ Gehalt bis €*	I – VI		ohne Kinder-freibeträge			I, II, III, IV		mit Zahl der Kinderfreibeträge . . . 0,5			1			1,5			2			2,5			3**		
		LSt	SolZ	8%	9%		LSt	SolZ	8%	9%	SolZ	8%	9%	SolZ	8%	9%	SolZ	8%	9%	SolZ	8%	9%	SolZ	8%	9%
88,59	I,IV	14,34	0,78	1,14	1,29	I	14,34	0,65	0,94	1,06	0,51	0,75	0,84	0,39	0,56	0,63	0,27	0,39	0,44	0,03	0,22	0,25	—	0,08	0,09
	II	13,23	0,72	1,05	1,19	II	13,23	0,59	0,86	0,96	0,46	0,67	0,75	0,33	0,49	0,55	0,22	0,32	0,36	—	0,16	0,18	—	0,03	0,04
	III	5,32	—	0,42	0,47	III	5,32	—	0,27	0,31	—	0,14	0,16	—	0,03	0,04	—	—	—	—	—	—	—	—	—
	V	27,35	1,50	2,18	2,46	IV	14,34	0,71	1,04	1,17	0,65	0,94	1,06	0,58	0,84	0,95	0,51	0,75	0,84	0,45	0,65	0,74	0,39	0,56	0,63
	VI	28,43	1,56	2,27	2,55																				
88,69	I,IV	14,37	0,79	1,14	1,29	I	14,37	0,65	0,94	1,06	0,51	0,75	0,84	0,39	0,57	0,64	0,27	0,39	0,44	0,03	0,23	0,25	—	0,08	0,09
	II	13,26	0,72	1,06	1,19	II	13,26	0,59	0,86	0,97	0,46	0,67	0,75	0,33	0,49	0,55	0,22	0,32	0,36	—	0,16	0,18	—	0,03	0,04
	III	5,35	—	0,42	0,48	III	5,35	—	0,27	0,31	—	0,14	0,16	—	0,03	0,04	—	—	—	—	—	—	—	—	—
	V	27,40	1,50	2,19	2,46	IV	14,37	0,72	1,04	1,17	0,65	0,94	1,06	0,58	0,84	0,95	0,51	0,75	0,84	0,45	0,66	0,74	0,39	0,57	0,64
	VI	28,47	1,56	2,27	2,56																				
88,79	I,IV	14,40	0,79	1,15	1,29	I	14,40	0,65	0,94	1,06	0,52	0,75	0,85	0,39	0,57	0,64	0,27	0,39	0,44	0,04	0,23	0,26	—	0,08	0,09
	II	13,29	0,73	1,06	1,19	II	13,29	0,59	0,86	0,97	0,46	0,67	0,75	0,34	0,49	0,55	0,22	0,32	0,36	—	0,16	0,18	—	0,03	0,04
	III	5,37	—	0,42	0,48	III	5,37	—	0,28	0,31	—	0,15	0,16	—	0,04	0,04	—	—	—	—	—	—	—	—	—
	V	27,44	1,50	2,19	2,46	IV	14,40	0,72	1,04	1,18	0,65	0,94	1,06	0,58	0,85	0,95	0,52	0,75	0,85	0,45	0,66	0,74	0,39	0,57	0,64
	VI	28,51	1,56	2,28	2,56																				
88,89	I,IV	14,43	0,79	1,15	1,29	I	14,43	0,65	0,95	1,07	0,52	0,75	0,85	0,39	0,57	0,64	0,27	0,40	0,45	0,04	0,23	0,26	—	0,09	0,10
	II	13,32	0,73	1,06	1,19	II	13,32	0,59	0,86	0,97	0,46	0,67	0,76	0,34	0,49	0,55	0,22	0,32	0,36	—	0,16	0,18	—	0,03	0,04
	III	5,40	—	0,43	0,48	III	5,40	—	0,28	0,31	—	0,15	0,17	—	0,04	0,04	—	—	—	—	—	—	—	—	—
	V	27,48	1,51	2,19	2,47	IV	14,43	0,72	1,05	1,18	0,65	0,95	1,07	0,58	0,85	0,96	0,52	0,75	0,85	0,45	0,66	0,74	0,39	0,57	0,64
	VI	28,55	1,57	2,28	2,56																				
88,99	I,IV	14,46	0,79	1,15	1,30	I	14,46	0,65	0,95	1,07	0,52	0,76	0,85	0,39	0,57	0,64	0,27	0,40	0,45	0,05	0,23	0,26	—	0,09	0,10
	II	13,35	0,73	1,06	1,20	II	13,35	0,59	0,86	0,97	0,46	0,68	0,76	0,34	0,50	0,56	0,22	0,32	0,36	—	0,16	0,18	—	0,04	0,04
	III	5,43	—	0,43	0,48	III	5,43	—	0,28	0,32	—	0,15	0,17	—	0,04	0,04	—	—	—	—	—	—	—	—	—
	V	27,52	1,51	2,20	2,47	IV	14,46	0,72	1,05	1,18	0,65	0,95	1,07	0,58	0,85	0,96	0,52	0,76	0,85	0,45	0,66	0,75	0,39	0,57	0,64
	VI	28,60	1,57	2,28	2,57																				
89,09	I,IV	14,49	0,79	1,15	1,30	I	14,49	0,65	0,95	1,07	0,52	0,76	0,85	0,39	0,57	0,65	0,27	0,40	0,45	0,05	0,23	0,26	—	0,09	0,10
	II	13,38	0,73	1,07	1,20	II	13,38	0,59	0,87	0,98	0,46	0,68	0,76	0,34	0,50	0,56	0,22	0,33	0,37	—	0,17	0,19	—	0,04	0,04
	III	5,46	0,01	0,43	0,49	III	5,46	—	0,28	0,32	—	0,15	0,17	—	0,04	0,04	—	—	—	—	—	—	—	—	—
	V	27,56	1,51	2,20	2,48	IV	14,49	0,72	1,05	1,18	0,65	0,95	1,07	0,59	0,85	0,96	0,52	0,76	0,85	0,46	0,66	0,75	0,39	0,57	0,65
	VI	28,64	1,57	2,29	2,57																				
89,19	I,IV	14,52	0,79	1,16	1,30	I	14,52	0,65	0,95	1,07	0,52	0,76	0,86	0,39	0,58	0,65	0,27	0,40	0,45	0,06	0,24	0,27	—	0,09	0,10
	II	13,41	0,73	1,07	1,20	II	13,41	0,60	0,87	0,98	0,47	0,68	0,76	0,34	0,50	0,56	0,22	0,33	0,37	—	0,17	0,19	—	0,04	0,04
	III	5,48	0,01	0,43	0,49	III	5,48	—	0,28	0,32	—	0,15	0,17	—	0,04	0,05	—	—	—	—	—	—	—	—	—
	V	27,61	1,51	2,20	2,48	IV	14,52	0,72	1,05	1,19	0,65	0,95	1,07	0,59	0,86	0,96	0,52	0,76	0,86	0,46	0,67	0,75	0,39	0,58	0,65
	VI	28,68	1,57	2,29	2,58																				
89,29	I,IV	14,55	0,80	1,16	1,30	I	14,55	0,66	0,96	1,08	0,52	0,76	0,86	0,40	0,58	0,65	0,28	0,40	0,45	0,06	0,24	0,27	—	0,09	0,10
	II	13,44	0,73	1,07	1,20	II	13,44	0,60	0,87	0,98	0,47	0,68	0,77	0,34	0,50	0,56	0,23	0,33	0,37	—	0,17	0,19	—	0,04	0,04
	III	5,51	0,02	0,44	0,49	III	5,51	—	0,29	0,32	—	0,15	0,17	—	0,04	0,05	—	—	—	—	—	—	—	—	—
	V	27,65	1,52	2,21	2,48	IV	14,55	0,72	1,06	1,19	0,66	0,96	1,08	0,59	0,86	0,97	0,52	0,76	0,86	0,46	0,67	0,75	0,40	0,58	0,65
	VI	28,72	1,57	2,29	2,58																				
89,39	I,IV	14,58	0,80	1,16	1,31	I	14,58	0,66	0,96	1,08	0,52	0,76	0,86	0,40	0,58	0,65	0,28	0,40	0,46	0,06	0,24	0,27	—	0,09	0,10
	II	13,46	0,74	1,07	1,21	II	13,46	0,60	0,87	0,98	0,47	0,68	0,77	0,34	0,50	0,57	0,23	0,33	0,37	—	0,17	0,19	—	0,04	0,05
	III	5,54	0,02	0,44	0,49	III	5,54	—	0,29	0,32	—	0,16	0,18	—	0,04	0,05	—	—	—	—	—	—	—	—	—
	V	27,69	1,52	2,21	2,49	IV	14,58	0,73	1,06	1,19	0,66	0,96	1,08	0,59	0,86	0,97	0,52	0,76	0,86	0,46	0,67	0,76	0,40	0,58	0,65
	VI	28,76	1,58	2,30	2,58																				
89,49	I,IV	14,61	0,80	1,16	1,31	I	14,61	0,66	0,96	1,08	0,53	0,77	0,86	0,40	0,58	0,66	0,28	0,41	0,46	0,07	0,24	0,27	—	0,09	0,11
	II	13,50	0,74	1,08	1,21	II	13,50	0,60	0,88	0,99	0,47	0,69	0,77	0,35	0,50	0,57	0,23	0,33	0,38	—	0,17	0,19	—	0,04	0,05
	III	5,57	0,03	0,44	0,50	III	5,57	—	0,29	0,33	—	0,16	0,18	—	0,04	0,05	—	—	—	—	—	—	—	—	—
	V	27,73	1,52	2,21	2,49	IV	14,61	0,73	1,06	1,19	0,66	0,96	1,08	0,59	0,86	0,97	0,53	0,77	0,86	0,46	0,67	0,76	0,40	0,58	0,66
	VI	28,81	1,58	2,30	2,59																				
89,59	I,IV	14,64	0,80	1,17	1,31	I	14,64	0,66	0,96	1,08	0,53	0,77	0,87	0,40	0,58	0,66	0,28	0,41	0,46	0,07	0,24	0,27	—	0,10	0,11
	II	13,52	0,74	1,08	1,21	II	13,52	0,60	0,88	0,99	0,47	0,69	0,77	0,35	0,51	0,57	0,23	0,34	0,38	—	0,17	0,20	—	0,04	0,05
	III	5,59	0,03	0,44	0,50	III	5,59	—	0,29	0,33	—	0,16	0,18	—	0,05	0,05	—	—	—	—	—	—	—	—	—
	V	27,77	1,52	2,22	2,49	IV	14,64	0,73	1,06	1,20	0,66	0,96	1,08	0,59	0,86	0,97	0,53	0,77	0,87	0,46	0,68	0,76	0,40	0,58	0,66
	VI	28,85	1,58	2,30	2,59																				
89,69	I,IV	14,67	0,80	1,17	1,32	I	14,67	0,66	0,97	1,09	0,53	0,77	0,87	0,40	0,59	0,66	0,28	0,41	0,46	0,08	0,24	0,27	—	0,10	0,11
	II	13,55	0,74	1,08	1,21	II	13,55	0,60	0,88	0,99	0,47	0,69	0,78	0,35	0,51	0,57	0,23	0,34	0,38	—	0,18	0,20	—	0,04	0,05
	III	5,62	0,04	0,44	0,50	III	5,62	—	0,29	0,33	—	0,16	0,18	—	0,05	0,05	—	—	—	—	—	—	—	—	—
	V	27,81	1,53	2,22	2,50	IV	14,67	0,73	1,07	1,20	0,66	0,97	1,09	0,59	0,87	0,98	0,53	0,77	0,87	0,46	0,68	0,76	0,40	0,59	0,66
	VI	28,89	1,58	2,31	2,60																				
89,79	I,IV	14,70	0,80	1,17	1,32	I	14,70	0,66	0,97	1,09	0,53	0,77	0,87	0,40	0,59	0,66	0,28	0,41	0,46	0,08	0,25	0,28	—	0,10	0,11
	II	13,58	0,74	1,08	1,22	II	13,58	0,61	0,88	0,99	0,47	0,69	0,78	0,35	0,51	0,58	0,23	0,34	0,38	—	0,18	0,20	—	0,05	0,05
	III	5,65	0,05	0,45	0,50	III	5,65	—	0,30	0,33	—	0,16	0,18	—	0,05	0,06	—	—	—	—	—	—	—	—	—
	V	27,86	1,53	2,22	2,50	IV	14,70	0,73	1,07	1,20	0,66	0,97	1,09	0,60	0,87	0,98	0,53	0,77	0,87	0,47	0,68	0,77	0,40	0,59	0,66
	VI	28,93	1,59	2,31	2,60																				
89,89	I,IV	14,73	0,81	1,17	1,32	I	14,73	0,67	0,97	1,09	0,53	0,78	0,87	0,40	0,59	0,66	0,28	0,41	0,47	0,09	0,25	0,28	—	0,10	0,11
	II	13,61	0,74	1,08	1,22	II	13,61	0,61	0,88	1,—	0,48	0,69	0,78	0,35	0,51	0,58	0,23	0,34	0,38	—	0,18	0,20	—	0,05	0,05
	III	5,68	0,05	0,45	0,51	III	5,68	—	0,30	0,34	—	0,16	0,19	—	0,05	0,06	—	—	—	—	—	—	—	—	—
	V	27,90	1,53	2,23	2,51	IV	14,73	0,73	1,07	1,21	0,67	0,97	1,09	0,60	0,87	0,98	0,53	0,78	0,87	0,47	0,68	0,77	0,40	0,59	0,66
	VI	28,97	1,59	2,31	2,60																				
89,99	I,IV	14,76	0,81	1,18	1,32	I	14,76	0,67	0,97	1,09	0,53	0,78	0,88	0,41	0,59	0,67	0,28	0,42	0,47	0,09	0,25	0,28	—	0,10	0,11
	II	13,64	0,75	1,09	1,22	II	13,64	0,61	0,89	1,—	0,48	0,70	0,78	0,35	0,52	0,58	0,23	0,34	0,39	—	0,18	0,20	—	0,05	0,06
	III	5,70	0,06	0,45	0,51	III	5,70	—	0,30	0,34	—	0,17	0,19	—	0,05	0,06	—	—	—	—	—	—	—	—	—
	V	27,94	1,53	2,23	2,51	IV	14,76	0,74	1,07	1,21	0,67	0,97	1,09	0,60	0,87	0,98	0,53	0,78	0,88	0,47	0,68	0,77	0,41	0,59	0,67
	VI	29,01	1,59	2,32	2,61																				

* Die ausgewiesenen Tabellenwerte sind amtlich. Siehe Erläuterungen auf der Umschlaginnenseite (U2).
** Bei mehr als 3 Kinderfreibeträgen ist die „Ergänzungs-Tabelle 3,5 bis 6 Kinderfreibeträge" anzuwenden.

Abzüge an Lohnsteuer, Solidaritätszuschlag (SolZ) und Kirchensteuer (8%, 9%) in den Steuerklassen

Lohn/ Gehalt bis €*	I – VI		ohne Kinderfreibeträge			I, II, III, IV		mit Zahl der Kinderfreibeträge . . . 0,5			1			1,5			2			2,5			3**		
		LSt	SolZ	8%	9%		LSt	SolZ	8%	9%	SolZ	8%	9%	SolZ	8%	9%	SolZ	8%	9%	SolZ	8%	9%	SolZ	8%	9%
90,09	I,IV	14,79	0,81	1,18	1,33	I	14,79	0,67	0,98	1,10	0,53	0,78	0,88	0,41	0,59	0,67	0,29	0,42	0,47	0,10	0,25	0,28	—	0,10	0,12
	II	13,67	0,75	1,09	1,23	II	13,67	0,61	0,89	1,—	0,48	0,70	0,79	0,35	0,52	0,58	0,24	0,34	0,39	—	0,18	0,21	—	0,05	0,06
	III	5,73	0,06	0,45	0,51	III	5,73	—	0,30	0,34	—	0,17	0,19	—	0,05	0,06	—	—	—	—	—	—	—	—	—
	V	27,98	1,53	2,23	2,51	IV	14,79	0,74	1,08	1,21	0,67	0,98	1,10	0,60	0,88	0,99	0,53	0,78	0,88	0,47	0,69	0,77	0,41	0,59	0,67
	VI	29,06	1,59	2,32	2,61																				
90,19	I,IV	14,82	0,81	1,18	1,33	I	14,82	0,67	0,98	1,10	0,54	0,78	0,88	0,41	0,60	0,67	0,29	0,42	0,47	0,10	0,25	0,29	—	0,10	0,12
	II	13,70	0,75	1,09	1,23	II	13,70	0,61	0,89	1,—	0,48	0,70	0,79	0,36	0,52	0,58	0,24	0,35	0,39	—	0,18	0,21	—	0,05	0,06
	III	5,76	0,07	0,46	0,51	III	5,76	—	0,30	0,34	—	0,17	0,19	—	0,06	0,06	—	—	—	—	—	—	—	—	—
	V	28,03	1,54	2,24	2,52	IV	14,82	0,74	1,08	1,21	0,67	0,98	1,10	0,60	0,88	0,99	0,54	0,78	0,88	0,47	0,69	0,77	0,41	0,60	0,67
	VI	29,10	1,60	2,32	2,61																				
90,29	I,IV	14,85	0,81	1,18	1,33	I	14,85	0,67	0,98	1,10	0,54	0,78	0,88	0,41	0,60	0,67	0,29	0,42	0,48	0,11	0,26	0,29	—	0,11	0,12
	II	13,73	0,75	1,09	1,23	II	13,73	0,61	0,89	1,01	0,48	0,70	0,79	0,36	0,52	0,59	0,24	0,35	0,39	—	0,19	0,21	—	0,05	0,06
	III	5,79	0,07	0,46	0,52	III	5,79	—	0,31	0,34	—	0,17	0,19	—	0,06	0,06	—	—	—	—	—	—	—	—	—
	V	28,07	1,54	2,24	2,52	IV	14,85	0,74	1,08	1,22	0,67	0,98	1,10	0,60	0,88	0,99	0,54	0,78	0,88	0,47	0,69	0,78	0,41	0,60	0,67
	VI	29,14	1,60	2,33	2,62																				
90,39	I,IV	14,88	0,81	1,19	1,33	I	14,88	0,67	0,98	1,10	0,54	0,79	0,89	0,41	0,60	0,68	0,29	0,42	0,48	0,11	0,26	0,29	—	0,11	0,12
	II	13,76	0,75	1,10	1,23	II	13,76	0,61	0,90	1,01	0,48	0,70	0,79	0,36	0,52	0,59	0,24	0,35	0,39	—	0,19	0,21	—	0,05	0,06
	III	5,82	0,08	0,46	0,52	III	5,82	—	0,31	0,35	—	0,17	0,20	—	0,06	0,07	—	—	—	—	—	—	—	—	—
	V	28,11	1,54	2,24	2,52	IV	14,88	0,74	1,08	1,22	0,67	0,98	1,10	0,61	0,88	0,99	0,54	0,79	0,89	0,47	0,69	0,78	0,41	0,60	0,68
	VI	29,18	1,60	2,33	2,62																				
90,49	I,IV	14,91	0,82	1,19	1,34	I	14,91	0,68	0,98	1,11	0,54	0,79	0,89	0,41	0,60	0,68	0,29	0,43	0,48	0,12	0,26	0,29	—	0,11	0,12
	II	13,79	0,75	1,10	1,24	II	13,79	0,62	0,90	1,01	0,48	0,71	0,80	0,36	0,53	0,59	0,24	0,35	0,40	—	0,19	0,21	—	0,06	0,06
	III	5,85	0,09	0,46	0,52	III	5,85	—	0,31	0,35	—	0,18	0,20	—	0,06	0,07	—	—	—	—	—	—	—	—	—
	V	28,15	1,54	2,25	2,53	IV	14,91	0,74	1,08	1,22	0,68	0,98	1,11	0,61	0,89	1,—	0,54	0,79	0,89	0,48	0,70	0,78	0,41	0,60	0,68
	VI	29,23	1,60	2,33	2,63																				
90,59	I,IV	14,94	0,82	1,19	1,34	I	14,94	0,68	0,99	1,11	0,54	0,79	0,89	0,41	0,60	0,68	0,29	0,43	0,48	0,12	0,26	0,29	—	0,11	0,12
	II	13,82	0,76	1,10	1,24	II	13,82	0,62	0,90	1,01	0,49	0,71	0,80	0,36	0,53	0,59	0,24	0,35	0,40	—	0,19	0,22	—	0,06	0,06
	III	5,87	0,09	0,46	0,52	III	5,87	—	0,31	0,35	—	0,18	0,20	—	0,06	0,07	—	—	—	—	—	—	—	—	—
	V	28,19	1,55	2,25	2,53	IV	14,94	0,75	1,09	1,22	0,68	0,99	1,11	0,61	0,89	1,—	0,54	0,79	0,89	0,48	0,70	0,78	0,41	0,60	0,68
	VI	29,27	1,60	2,34	2,63																				
90,69	I,IV	14,97	0,82	1,19	1,34	I	14,97	0,68	0,99	1,11	0,54	0,79	0,89	0,42	0,61	0,68	0,29	0,43	0,48	0,13	0,26	0,30	—	0,11	0,13
	II	13,85	0,76	1,10	1,24	II	13,85	0,62	0,90	1,02	0,49	0,71	0,80	0,36	0,53	0,60	0,24	0,36	0,40	—	0,19	0,22	—	0,06	0,07
	III	5,90	0,10	0,47	0,53	III	5,90	—	0,31	0,35	—	0,18	0,20	—	0,06	0,07	—	—	—	—	—	—	—	—	—
	V	28,24	1,55	2,25	2,54	IV	14,97	0,75	1,09	1,23	0,68	0,99	1,11	0,61	0,89	1,—	0,54	0,79	0,89	0,48	0,70	0,79	0,42	0,61	0,68
	VI	29,31	1,61	2,34	2,63																				
90,79	I,IV	15,—	0,82	1,20	1,35	I	15,—	0,68	0,99	1,12	0,55	0,80	0,90	0,42	0,61	0,69	0,30	0,43	0,49	0,13	0,26	0,30	—	0,11	0,13
	II	13,88	0,76	1,11	1,24	II	13,88	0,62	0,90	1,02	0,49	0,71	0,80	0,36	0,53	0,60	0,24	0,36	0,40	—	0,20	0,22	—	0,06	0,07
	III	5,93	0,10	0,47	0,53	III	5,93	—	0,32	0,36	—	0,18	0,20	—	0,06	0,07	—	—	—	—	—	—	—	—	—
	V	28,28	1,55	2,26	2,54	IV	15,—	0,75	1,09	1,23	0,68	0,99	1,12	0,61	0,89	1,—	0,55	0,80	0,90	0,48	0,70	0,79	0,42	0,61	0,69
	VI	29,35	1,61	2,34	2,64																				
90,89	I,IV	15,03	0,82	1,20	1,35	I	15,03	0,68	0,99	1,12	0,55	0,80	0,90	0,42	0,61	0,69	0,30	0,43	0,49	0,13	0,27	0,30	—	0,12	0,13
	II	13,91	0,76	1,11	1,25	II	13,91	0,62	0,91	1,02	0,49	0,72	0,81	0,37	0,53	0,60	0,25	0,36	0,41	—	0,20	0,22	—	0,06	0,07
	III	5,96	0,11	0,47	0,53	III	5,96	—	0,32	0,36	—	0,18	0,20	—	0,07	0,07	—	—	—	—	—	—	—	—	—
	V	28,32	1,55	2,26	2,54	IV	15,03	0,75	1,09	1,23	0,68	0,99	1,12	0,61	0,89	1,01	0,55	0,80	0,90	0,48	0,70	0,79	0,42	0,61	0,69
	VI	29,39	1,61	2,35	2,64																				
90,99	I,IV	15,06	0,82	1,20	1,35	I	15,06	0,68	1,—	1,12	0,55	0,80	0,90	0,42	0,61	0,69	0,30	0,44	0,49	0,14	0,27	0,30	—	0,12	0,13
	II	13,94	0,76	1,11	1,25	II	13,94	0,62	0,91	1,02	0,49	0,72	0,81	0,37	0,54	0,60	0,25	0,36	0,41	—	0,20	0,22	—	0,06	0,07
	III	5,98	0,11	0,47	0,53	III	5,98	—	0,32	0,36	—	0,18	0,21	—	0,07	0,08	—	—	—	—	—	—	—	—	—
	V	28,36	1,56	2,26	2,55	IV	15,06	0,75	1,10	1,23	0,68	1,—	1,12	0,61	0,90	1,01	0,55	0,80	0,90	0,48	0,71	0,79	0,42	0,61	0,69
	VI	29,43	1,61	2,35	2,64																				
91,09	I,IV	15,09	0,83	1,20	1,35	I	15,09	0,68	1,—	1,12	0,55	0,80	0,90	0,42	0,62	0,69	0,30	0,44	0,49	0,14	0,27	0,30	—	0,12	0,13
	II	13,97	0,76	1,11	1,25	II	13,97	0,63	0,91	1,03	0,49	0,72	0,81	0,37	0,54	0,61	0,25	0,36	0,41	—	0,20	0,23	—	0,06	0,07
	III	6,01	0,12	0,48	0,54	III	6,01	—	0,32	0,36	—	0,19	0,21	—	0,07	0,08	—	—	—	—	—	—	—	—	—
	V	28,40	1,56	2,27	2,55	IV	15,09	0,75	1,10	1,24	0,68	1,—	1,12	0,62	0,90	1,01	0,55	0,80	0,90	0,49	0,71	0,80	0,42	0,62	0,69
	VI	29,48	1,62	2,35	2,65																				
91,19	I,IV	15,12	0,83	1,20	1,36	I	15,12	0,69	1,—	1,13	0,55	0,80	0,90	0,42	0,62	0,70	0,30	0,44	0,50	0,15	0,27	0,31	—	0,12	0,14
	II	14,—	0,77	1,12	1,26	II	14,—	0,63	0,91	1,03	0,50	0,72	0,81	0,37	0,54	0,61	0,25	0,37	0,41	—	0,20	0,23	—	0,06	0,07
	III	6,04	0,12	0,48	0,54	III	6,04	—	0,32	0,36	—	0,19	0,21	—	0,07	0,08	—	—	—	—	—	—	—	—	—
	V	28,45	1,56	2,27	2,56	IV	15,12	0,76	1,10	1,24	0,69	1,—	1,13	0,62	0,90	1,01	0,55	0,80	0,90	0,49	0,71	0,80	0,42	0,62	0,70
	VI	29,52	1,62	2,36	2,65																				
91,29	I,IV	15,15	0,83	1,21	1,36	I	15,15	0,69	1,—	1,13	0,55	0,81	0,91	0,42	0,62	0,70	0,30	0,44	0,50	0,15	0,27	0,31	—	0,12	0,14
	II	14,03	0,77	1,12	1,26	II	14,03	0,63	0,92	1,03	0,50	0,72	0,81	0,37	0,54	0,61	0,25	0,37	0,41	—	0,20	0,23	—	0,07	0,07
	III	6,07	0,13	0,48	0,54	III	6,07	—	0,33	0,37	—	0,19	0,21	—	0,07	0,08	—	—	—	—	—	—	—	—	—
	V	28,49	1,56	2,27	2,56	IV	15,15	0,76	1,10	1,24	0,69	1,—	1,13	0,62	0,90	1,02	0,55	0,81	0,91	0,49	0,71	0,80	0,42	0,62	0,70
	VI	29,56	1,62	2,36	2,66																				
91,39	I,IV	15,18	0,83	1,21	1,36	I	15,18	0,69	1,—	1,13	0,55	0,81	0,91	0,43	0,62	0,70	0,30	0,44	0,50	0,16	0,28	0,31	—	0,12	0,14
	II	14,06	0,77	1,12	1,26	II	14,06	0,63	0,92	1,03	0,50	0,73	0,82	0,37	0,54	0,61	0,25	0,37	0,42	—	0,21	0,23	—	0,07	0,08
	III	6,10	0,14	0,48	0,54	III	6,10	—	0,33	0,37	—	0,19	0,22	—	0,07	0,08	—	—	—	—	—	—	—	—	—
	V	28,53	1,56	2,28	2,56	IV	15,18	0,76	1,11	1,25	0,69	1,—	1,13	0,62	0,91	1,02	0,55	0,81	0,91	0,49	0,71	0,80	0,43	0,62	0,70
	VI	29,60	1,62	2,36	2,66																				
91,49	I,IV	15,21	0,83	1,21	1,36	I	15,21	0,69	1,01	1,13	0,56	0,81	0,91	0,43	0,62	0,70	0,31	0,45	0,50	0,16	0,28	0,31	—	0,12	0,14
	II	14,08	0,77	1,12	1,26	II	14,08	0,63	0,92	1,04	0,50	0,73	0,82	0,37	0,55	0,61	0,25	0,37	0,42	—	0,21	0,23	—	0,07	0,08
	III	6,12	0,14	0,48	0,55	III	6,12	—	0,33	0,37	—	0,19	0,22	—	0,07	0,08	—	—	—	—	—	—	—	—	—
	V	28,57	1,57	2,28	2,57	IV	15,21	0,76	1,11	1,25	0,69	1,01	1,13	0,62	0,91	1,02	0,56	0,81	0,91	0,49	0,72	0,81	0,43	0,62	0,70
	VI	29,65	1,63	2,37	2,66																				

* Die ausgewiesenen Tabellenwerte sind amtlich. Siehe Erläuterungen auf der Umschlaginnenseite (U2).
** Bei mehr als 3 Kinderfreibeträgen ist die „Ergänzungs-Tabelle 3,5 bis 6 Kinderfreibeträge" anzuwenden.

Abzüge an Lohnsteuer, Solidaritätszuschlag (SolZ) und Kirchensteuer (8%, 9%) in den Steuerklassen

Lohn/ Gehalt bis €*	I – VI		ohne Kinderfreibeträge			I, II, III, IV		mit Zahl der Kinderfreibeträge . . . 0,5			1			1,5			2			2,5			3**		
		LSt	SolZ	8%	9%		LSt	SolZ	8%	9%	SolZ	8%	9%	SolZ	8%	9%	SolZ	8%	9%	SolZ	8%	9%	SolZ	8%	9%
91,59	I,IV	15,24	0,83	1,21	1,37	I	15,24	0,69	1,01	1,14	0,56	0,81	0,91	0,43	0,63	0,71	0,31	0,45	0,50	0,17	0,28	0,32	—	0,13	0,14
	II	14,11	0,77	1,12	1,26	II	14,11	0,63	0,92	1,04	0,50	0,73	0,82	0,38	0,55	0,62	0,26	0,37	0,42	—	0,21	0,24	—	0,07	0,08
	III	6,15	0,15	0,49	0,55	III	6,15	—	0,33	0,37	—	0,19	0,22	—	0,08	0,09	—	—	—	—	—	—	—	—	—
	V	28,61	1,57	2,28	2,57	IV	15,24	0,76	1,11	1,25	0,69	1,01	1,14	0,62	0,91	1,02	0,56	0,81	0,91	0,49	0,72	0,81	0,43	0,63	0,71
	VI	29,69	1,63	2,37	2,67																				
91,69	I,IV	15,27	0,84	1,22	1,37	I	15,27	0,69	1,01	1,14	0,56	0,82	0,92	0,43	0,63	0,71	0,31	0,45	0,51	0,17	0,28	0,32	—	0,13	0,14
	II	14,15	0,77	1,13	1,27	II	14,15	0,63	0,93	1,04	0,50	0,73	0,82	0,38	0,55	0,62	0,26	0,38	0,42	—	0,21	0,24	—	0,07	0,08
	III	6,18	0,15	0,49	0,55	III	6,18	—	0,33	0,38	—	0,20	0,22	—	0,08	0,09	—	—	—	—	—	—	—	—	—
	V	28,66	1,57	2,29	2,57	IV	15,27	0,76	1,11	1,25	0,69	1,01	1,14	0,63	0,91	1,03	0,56	0,82	0,92	0,49	0,72	0,81	0,43	0,63	0,71
	VI	29,73	1,63	2,37	2,67																				
91,79	I,IV	15,30	0,84	1,22	1,37	I	15,30	0,70	1,01	1,14	0,56	0,82	0,92	0,43	0,63	0,71	0,31	0,45	0,51	0,18	0,28	0,32	—	0,13	0,15
	II	14,17	0,77	1,13	1,27	II	14,17	0,64	0,93	1,04	0,50	0,74	0,83	0,38	0,55	0,62	0,26	0,38	0,43	—	0,21	0,24	—	0,07	0,08
	III	6,21	0,16	0,49	0,55	III	6,21	—	0,34	0,38	—	0,20	0,22	—	0,08	0,09	—	—	—	—	—	—	—	—	—
	V	28,70	1,57	2,29	2,58	IV	15,30	0,77	1,12	1,26	0,70	1,01	1,14	0,63	0,91	1,03	0,56	0,82	0,92	0,50	0,72	0,81	0,43	0,63	0,71
	VI	29,77	1,63	2,38	2,67																				
91,89	I,IV	15,33	0,84	1,22	1,37	I	15,33	0,70	1,02	1,14	0,56	0,82	0,92	0,43	0,63	0,71	0,31	0,45	0,51	0,18	0,29	0,32	—	0,13	0,15
	II	14,20	0,78	1,13	1,27	II	14,20	0,64	0,93	1,05	0,51	0,74	0,83	0,38	0,55	0,62	0,26	0,38	0,43	0,01	0,22	0,24	—	0,07	0,08
	III	6,23	0,16	0,49	0,56	III	6,23	—	0,34	0,38	—	0,20	0,23	—	0,08	0,09	—	—	—	—	—	—	—	—	—
	V	28,74	1,58	2,29	2,58	IV	15,33	0,77	1,12	1,26	0,70	1,02	1,14	0,63	0,92	1,03	0,56	0,82	0,92	0,50	0,72	0,82	0,43	0,63	0,71
	VI	29,81	1,63	2,38	2,68																				
91,99	I,IV	15,36	0,84	1,22	1,38	I	15,36	0,70	1,02	1,15	0,56	0,82	0,92	0,43	0,63	0,71	0,31	0,46	0,51	0,19	0,29	0,32	—	0,13	0,15
	II	14,23	0,78	1,13	1,28	II	14,23	0,64	0,93	1,05	0,51	0,74	0,83	0,38	0,56	0,63	0,26	0,38	0,43	0,01	0,22	0,24	—	0,08	0,09
	III	6,26	0,17	0,50	0,56	III	6,26	—	0,34	0,38	—	0,20	0,23	—	0,08	0,09	—	—	—	—	—	—	—	—	—
	V	28,78	1,58	2,30	2,59	IV	15,36	0,77	1,12	1,26	0,70	1,02	1,15	0,63	0,92	1,03	0,56	0,82	0,92	0,50	0,73	0,82	0,43	0,63	0,71
	VI	29,86	1,64	2,38	2,68																				
92,09	I,IV	15,40	0,84	1,23	1,38	I	15,40	0,70	1,02	1,15	0,57	0,82	0,93	0,44	0,64	0,72	0,31	0,46	0,52	0,19	0,29	0,33	—	0,13	0,15
	II	14,26	0,78	1,14	1,28	II	14,26	0,64	0,93	1,05	0,51	0,74	0,83	0,38	0,56	0,63	0,26	0,38	0,43	0,01	0,22	0,25	—	0,08	0,09
	III	6,29	0,17	0,50	0,56	III	6,29	—	0,34	0,38	—	0,20	0,23	—	0,08	0,09	—	—	—	—	—	—	—	—	—
	V	28,82	1,58	2,30	2,59	IV	15,40	0,77	1,12	1,26	0,70	1,02	1,15	0,63	0,92	1,04	0,57	0,82	0,93	0,50	0,73	0,82	0,44	0,64	0,72
	VI	29,90	1,64	2,39	2,69																				
92,19	I,IV	15,43	0,84	1,23	1,38	I	15,43	0,70	1,02	1,15	0,57	0,83	0,93	0,44	0,64	0,72	0,32	0,46	0,52	0,20	0,29	0,33	—	0,14	0,15
	II	14,29	0,78	1,14	1,28	II	14,29	0,64	0,94	1,05	0,51	0,74	0,84	0,38	0,56	0,63	0,26	0,39	0,43	0,02	0,22	0,25	—	0,08	0,09
	III	6,32	0,18	0,50	0,56	III	6,32	—	0,34	0,39	—	0,20	0,23	—	0,08	0,10	—	—	—	—	—	—	—	—	—
	V	28,86	1,58	2,30	2,59	IV	15,43	0,77	1,12	1,27	0,70	1,02	1,15	0,63	0,92	1,04	0,57	0,83	0,93	0,50	0,73	0,82	0,44	0,64	0,72
	VI	29,94	1,64	2,39	2,69																				
92,29	I,IV	15,46	0,85	1,23	1,39	I	15,46	0,70	1,03	1,15	0,57	0,83	0,93	0,44	0,64	0,72	0,32	0,46	0,52	0,20	0,29	0,33	—	0,14	0,16
	II	14,32	0,78	1,14	1,28	II	14,32	0,64	0,94	1,06	0,51	0,75	0,84	0,39	0,56	0,63	0,27	0,39	0,44	0,02	0,22	0,25	—	0,08	0,09
	III	6,35	0,19	0,50	0,57	III	6,35	—	0,35	0,39	—	0,21	0,23	—	0,09	0,10	—	—	—	—	—	—	—	—	—
	V	28,91	1,59	2,31	2,60	IV	15,46	0,77	1,13	1,27	0,70	1,03	1,15	0,64	0,93	1,04	0,57	0,83	0,93	0,50	0,73	0,83	0,44	0,64	0,72
	VI	29,98	1,64	2,39	2,69																				
92,39	I,IV	15,49	0,85	1,23	1,39	I	15,49	0,71	1,03	1,16	0,57	0,83	0,94	0,44	0,64	0,72	0,32	0,46	0,52	0,20	0,30	0,33	—	0,14	0,16
	II	14,35	0,78	1,14	1,29	II	14,35	0,65	0,94	1,06	0,51	0,75	0,84	0,39	0,56	0,63	0,27	0,39	0,44	0,03	0,22	0,25	—	0,08	0,09
	III	6,37	0,19	0,50	0,57	III	6,37	—	0,35	0,39	—	0,21	0,24	—	0,09	0,10	—	—	—	—	—	—	—	—	—
	V	28,95	1,59	2,31	2,60	IV	15,49	0,78	1,13	1,27	0,71	1,03	1,16	0,64	0,93	1,04	0,57	0,83	0,94	0,50	0,74	0,83	0,44	0,64	0,72
	VI	30,02	1,65	2,40	2,70																				
92,49	I,IV	15,52	0,85	1,24	1,39	I	15,52	0,71	1,03	1,16	0,57	0,83	0,94	0,44	0,64	0,73	0,32	0,47	0,53	0,20	0,30	0,33	—	0,14	0,16
	II	14,38	0,79	1,15	1,29	II	14,38	0,65	0,94	1,06	0,51	0,75	0,84	0,39	0,57	0,64	0,27	0,39	0,44	0,03	0,23	0,26	—	0,08	0,09
	III	6,40	0,20	0,51	0,57	III	6,40	—	0,35	0,39	—	0,21	0,24	—	0,09	0,10	—	—	—	—	—	—	—	—	—
	V	28,99	1,59	2,31	2,60	IV	15,52	0,78	1,13	1,27	0,71	1,03	1,16	0,64	0,93	1,05	0,57	0,83	0,94	0,51	0,74	0,83	0,44	0,64	0,73
	VI	30,06	1,65	2,40	2,70																				
92,59	I,IV	15,55	0,85	1,24	1,39	I	15,55	0,71	1,03	1,16	0,57	0,84	0,94	0,44	0,65	0,73	0,32	0,47	0,53	0,20	0,30	0,34	—	0,14	0,16
	II	14,41	0,79	1,15	1,29	II	14,41	0,65	0,95	1,06	0,52	0,75	0,85	0,39	0,57	0,64	0,27	0,39	0,44	0,04	0,23	0,26	—	0,08	0,09
	III	6,43	0,20	0,51	0,57	III	6,43	—	0,35	0,40	—	0,21	0,24	—	0,09	0,10	—	—	—	—	—	—	—	—	—
	V	29,03	1,59	2,32	2,61	IV	15,55	0,78	1,13	1,28	0,71	1,03	1,16	0,64	0,93	1,05	0,57	0,84	0,94	0,51	0,74	0,83	0,44	0,65	0,73
	VI	30,11	1,65	2,40	2,70																				
92,69	I,IV	15,58	0,85	1,24	1,40	I	15,58	0,71	1,04	1,17	0,57	0,84	0,94	0,44	0,65	0,73	0,32	0,47	0,53	0,21	0,30	0,34	—	0,14	0,16
	II	14,44	0,79	1,15	1,29	II	14,44	0,65	0,95	1,07	0,52	0,75	0,85	0,39	0,57	0,64	0,27	0,40	0,45	0,04	0,23	0,26	—	0,09	0,10
	III	6,46	0,21	0,51	0,58	III	6,46	—	0,35	0,40	—	0,21	0,24	—	0,09	0,10	—	—	—	—	—	—	—	—	—
	V	29,08	1,59	2,32	2,61	IV	15,58	0,78	1,14	1,28	0,71	1,04	1,17	0,64	0,94	1,05	0,57	0,84	0,94	0,51	0,74	0,84	0,44	0,65	0,73
	VI	30,15	1,65	2,41	2,71																				
92,79	I,IV	15,61	0,85	1,24	1,40	I	15,61	0,71	1,04	1,17	0,58	0,84	0,95	0,45	0,65	0,73	0,32	0,47	0,53	0,21	0,30	0,34	—	0,15	0,16
	II	14,47	0,79	1,15	1,30	II	14,47	0,65	0,95	1,07	0,52	0,76	0,85	0,39	0,57	0,64	0,27	0,40	0,45	0,05	0,23	0,26	—	0,09	0,10
	III	6,49	0,21	0,51	0,58	III	6,49	—	0,36	0,40	—	0,22	0,24	—	0,09	0,11	—	—	—	—	—	—	—	—	—
	V	29,12	1,60	2,32	2,62	IV	15,61	0,78	1,14	1,28	0,71	1,04	1,17	0,64	0,94	1,06	0,58	0,84	0,95	0,51	0,74	0,84	0,45	0,65	0,73
	VI	30,19	1,66	2,41	2,71																				
92,89	I,IV	15,64	0,86	1,25	1,40	I	15,64	0,71	1,04	1,17	0,58	0,84	0,95	0,45	0,65	0,74	0,32	0,47	0,53	0,21	0,30	0,34	—	0,15	0,17
	II	14,50	0,79	1,16	1,30	II	14,50	0,65	0,95	1,07	0,52	0,76	0,85	0,39	0,57	0,65	0,27	0,40	0,45	0,05	0,23	0,26	—	0,09	0,10
	III	6,52	0,22	0,52	0,58	III	6,52	—	0,36	0,40	—	0,22	0,25	—	0,10	0,11	—	—	—	—	—	—	—	—	—
	V	29,16	1,60	2,33	2,62	IV	15,64	0,78	1,14	1,28	0,71	1,04	1,17	0,64	0,94	1,06	0,58	0,84	0,95	0,51	0,75	0,84	0,45	0,65	0,74
	VI	30,23	1,66	2,41	2,72																				
92,99	I,IV	15,67	0,86	1,25	1,41	I	15,67	0,71	1,04	1,17	0,58	0,84	0,95	0,45	0,66	0,74	0,33	0,48	0,54	0,21	0,31	0,35	—	0,15	0,17
	II	14,53	0,79	1,16	1,30	II	14,53	0,66	0,96	1,08	0,52	0,76	0,86	0,39	0,58	0,65	0,27	0,40	0,45	0,06	0,24	0,27	—	0,09	0,10
	III	6,55	0,23	0,52	0,58	III	6,55	—	0,36	0,41	—	0,22	0,25	—	0,10	0,11	—	—	—	—	—	—	—	—	—
	V	29,20	1,60	2,33	2,62	IV	15,67	0,79	1,14	1,29	0,71	1,04	1,17	0,65	0,94	1,06	0,58	0,84	0,95	0,51	0,75	0,84	0,45	0,66	0,74
	VI	30,28	1,66	2,42	2,72																				

* Die ausgewiesenen Tabellenwerte sind amtlich. Siehe Erläuterungen auf der Umschlaginnenseite (U2).
** Bei mehr als 3 Kinderfreibeträgen ist die „Ergänzungs-Tabelle 3,5 bis 6 Kinderfreibeträge" anzuwenden.

Lohn/ Gehalt bis €*		I – VI				I, II, III, IV																			
			ohne Kinderfreibeträge					mit Zahl der Kinderfreibeträge . . .																	
								0,5			1			1,5			2			2,5			3**		
		LSt	SolZ	8%	9%		LSt	SolZ	8%	9%	SolZ	8%	9%	SolZ	8%	9%	SolZ	8%	9%	SolZ	8%	9%	SolZ	8%	9%
93,09	I,IV	15,70	0,86	1,25	1,41	I	15,70	0,72	1,04	1,17	0,58	0,85	0,95	0,45	0,66	0,74	0,33	0,48	0,54	0,21	0,31	0,35	—	0,15	0,17
	II	14,56	0,80	1,16	1,31	II	14,56	0,66	0,96	1,08	0,52	0,76	0,86	0,40	0,58	0,65	0,28	0,40	0,45	0,06	0,24	0,27	—	0,09	0,1
	III	6,57	0,23	0,52	0,59	III	6,57	—	0,36	0,41	—	0,22	0,25	—	0,10	0,11	—	—	—	—	—	—	—	—	—
	V	29,24	1,60	2,33	2,63	IV	15,70	0,79	1,15	1,29	0,72	1,04	1,17	0,65	0,94	1,06	0,58	0,85	0,95	0,51	0,75	0,85	0,45	0,66	0,74
	VI	30,32	1,66	2,42	2,72																				
93,19	I,IV	15,73	0,86	1,25	1,41	I	15,73	0,72	1,05	1,18	0,58	0,85	0,96	0,45	0,66	0,74	0,33	0,48	0,54	0,21	0,31	0,35	—	0,15	0,17
	II	14,59	0,80	1,16	1,31	II	14,59	0,66	0,96	1,08	0,52	0,77	0,86	0,40	0,58	0,65	0,28	0,41	0,46	0,07	0,24	0,27	—	0,09	0,1
	III	6,60	0,24	0,52	0,59	III	6,60	—	0,36	0,41	—	0,22	0,25	—	0,10	0,11	—	—	—	—	—	—	—	—	—
	V	29,29	1,61	2,34	2,63	IV	15,73	0,79	1,15	1,29	0,72	1,05	1,18	0,65	0,95	1,07	0,58	0,85	0,96	0,52	0,75	0,85	0,45	0,66	0,74
	VI	30,36	1,67	2,42	2,73																				
93,29	I,IV	15,76	0,86	1,26	1,41	I	15,76	0,72	1,05	1,18	0,58	0,85	0,96	0,45	0,66	0,74	0,33	0,48	0,54	0,21	0,31	0,35	—	0,15	0,17
	II	14,62	0,80	1,16	1,31	II	14,62	0,66	0,96	1,08	0,53	0,77	0,86	0,40	0,58	0,66	0,28	0,41	0,46	0,07	0,24	0,27	—	0,09	0,1
	III	6,63	0,24	0,53	0,59	III	6,63	—	0,37	0,41	—	0,22	0,25	—	0,10	0,11	—	—	—	—	—	—	—	—	—
	V	29,33	1,61	2,34	2,63	IV	15,76	0,79	1,15	1,30	0,72	1,05	1,18	0,65	0,95	1,07	0,58	0,85	0,96	0,52	0,76	0,85	0,45	0,66	0,74
	VI	30,40	1,67	2,43	2,73																				
93,39	I,IV	15,79	0,86	1,26	1,42	I	15,79	0,72	1,05	1,18	0,59	0,85	0,96	0,46	0,66	0,75	0,33	0,48	0,54	0,21	0,31	0,35	—	0,16	0,18
	II	14,65	0,80	1,17	1,31	II	14,65	0,66	0,96	1,08	0,53	0,77	0,87	0,40	0,58	0,66	0,28	0,41	0,46	0,08	0,24	0,27	—	0,10	0,1
	III	6,66	0,25	0,53	0,59	III	6,66	—	0,37	0,42	—	0,23	0,26	—	0,10	0,12	—	—	—	—	—	—	—	—	—
	V	29,37	1,61	2,34	2,64	IV	15,79	0,79	1,15	1,30	0,72	1,05	1,18	0,65	0,95	1,07	0,59	0,85	0,96	0,52	0,76	0,85	0,46	0,66	0,75
	VI	30,44	1,67	2,43	2,73																				
93,49	I,IV	15,82	0,87	1,26	1,42	I	15,82	0,72	1,05	1,19	0,59	0,86	0,96	0,46	0,67	0,75	0,33	0,49	0,55	0,22	0,32	0,36	—	0,16	0,18
	II	14,68	0,80	1,17	1,32	II	14,68	0,66	0,97	1,09	0,53	0,77	0,87	0,40	0,59	0,66	0,28	0,41	0,46	0,08	0,24	0,28	—	0,10	0,11
	III	6,68	0,25	0,53	0,60	III	6,68	—	0,37	0,42	—	0,23	0,26	—	0,10	0,12	—	—	—	—	—	—	—	—	—
	V	29,41	1,61	2,35	2,64	IV	15,82	0,79	1,16	1,30	0,72	1,05	1,19	0,65	0,95	1,07	0,59	0,86	0,96	0,52	0,76	0,85	0,46	0,67	0,75
	VI	30,48	1,67	2,43	2,74																				
93,59	I,IV	15,85	0,87	1,26	1,42	I	15,85	0,72	1,06	1,19	0,59	0,86	0,97	0,46	0,67	0,75	0,33	0,49	0,55	0,22	0,32	0,36	—	0,16	0,18
	II	14,71	0,80	1,17	1,32	II	14,71	0,66	0,97	1,09	0,53	0,77	0,87	0,40	0,59	0,66	0,28	0,41	0,47	0,08	0,25	0,28	—	0,10	0,11
	III	6,71	0,26	0,53	0,60	III	6,71	—	0,37	0,42	—	0,23	0,26	—	0,11	0,12	—	—	—	—	—	—	—	—	—
	V	29,45	1,62	2,35	2,65	IV	15,85	0,79	1,16	1,30	0,72	1,06	1,19	0,66	0,96	1,08	0,59	0,86	0,97	0,52	0,76	0,86	0,46	0,67	0,75
	VI	30,53	1,67	2,44	2,74																				
93,69	I,IV	15,88	0,87	1,27	1,42	I	15,88	0,73	1,06	1,19	0,59	0,86	0,97	0,46	0,67	0,75	0,34	0,49	0,55	0,22	0,32	0,36	—	0,16	0,18
	II	14,74	0,81	1,17	1,32	II	14,74	0,67	0,97	1,09	0,53	0,78	0,87	0,41	0,59	0,67	0,28	0,42	0,47	0,09	0,25	0,28	—	0,10	0,11
	III	6,74	0,26	0,53	0,60	III	6,74	—	0,38	0,42	—	0,23	0,26	—	0,11	0,12	—	—	—	—	—	—	—	—	—
	V	29,50	1,62	2,36	2,65	IV	15,88	0,80	1,16	1,31	0,73	1,06	1,19	0,66	0,96	1,08	0,59	0,86	0,97	0,52	0,76	0,86	0,46	0,67	0,75
	VI	30,57	1,68	2,44	2,75																				
93,79	I,IV	15,91	0,87	1,27	1,43	I	15,91	0,73	1,06	1,19	0,59	0,86	0,97	0,46	0,67	0,76	0,34	0,49	0,55	0,22	0,32	0,36	—	0,16	0,18
	II	14,77	0,81	1,18	1,32	II	14,77	0,67	0,97	1,09	0,53	0,78	0,88	0,41	0,59	0,67	0,29	0,42	0,47	0,09	0,25	0,28	—	0,10	0,11
	III	6,77	0,27	0,54	0,60	III	6,77	—	0,38	0,43	—	0,23	0,26	—	0,11	0,12	—	—	0,01	—	—	—	—	—	—
	V	29,54	1,62	2,36	2,65	IV	15,91	0,80	1,16	1,31	0,73	1,06	1,19	0,66	0,96	1,08	0,59	0,86	0,97	0,53	0,77	0,86	0,46	0,67	0,76
	VI	30,61	1,68	2,44	2,75																				
93,89	I,IV	15,95	0,87	1,27	1,43	I	15,95	0,73	1,06	1,20	0,59	0,86	0,97	0,46	0,68	0,76	0,34	0,49	0,56	0,22	0,32	0,36	—	0,16	0,18
	II	14,80	0,81	1,18	1,33	II	14,80	0,67	0,98	1,10	0,54	0,78	0,88	0,41	0,60	0,67	0,29	0,42	0,47	0,10	0,25	0,28	—	0,10	0,12
	III	6,80	0,28	0,54	0,61	III	6,80	—	0,38	0,43	—	0,24	0,27	—	0,11	0,13	—	0,01	0,01	—	—	—	—	—	—
	V	29,58	1,62	2,36	2,66	IV	15,95	0,80	1,17	1,31	0,73	1,06	1,20	0,66	0,96	1,08	0,59	0,86	0,97	0,53	0,77	0,86	0,46	0,68	0,76
	VI	30,65	1,68	2,45	2,75																				
93,99	I,IV	15,97	0,87	1,27	1,43	I	15,97	0,73	1,06	1,20	0,59	0,87	0,98	0,46	0,68	0,76	0,34	0,50	0,56	0,22	0,33	0,37	—	0,17	0,19
	II	14,83	0,81	1,18	1,33	II	14,83	0,67	0,98	1,10	0,54	0,78	0,88	0,41	0,60	0,67	0,29	0,42	0,47	0,10	0,25	0,29	—	0,10	0,12
	III	6,83	0,28	0,54	0,61	III	6,83	—	0,38	0,43	—	0,24	0,27	—	0,11	0,13	—	0,01	0,01	—	—	—	—	—	—
	V	29,62	1,62	2,36	2,66	IV	15,97	0,80	1,17	1,31	0,73	1,06	1,20	0,66	0,96	1,09	0,59	0,87	0,98	0,53	0,77	0,87	0,46	0,68	0,76
	VI	30,70	1,68	2,45	2,76																				
94,09	I,IV	16,—	0,88	1,28	1,44	I	16,—	0,73	1,07	1,20	0,60	0,87	0,98	0,47	0,68	0,76	0,34	0,50	0,56	0,22	0,33	0,37	—	0,17	0,19
	II	14,86	0,81	1,18	1,33	II	14,86	0,67	0,98	1,10	0,54	0,78	0,88	0,41	0,60	0,67	0,29	0,42	0,48	0,11	0,26	0,29	—	0,11	0,12
	III	6,86	0,29	0,54	0,61	III	6,86	—	0,38	0,43	—	0,24	0,27	—	0,12	0,13	—	0,01	0,01	—	—	—	—	—	—
	V	29,66	1,63	2,37	2,66	IV	16,—	0,80	1,17	1,32	0,73	1,07	1,20	0,66	0,97	1,09	0,60	0,87	0,98	0,53	0,77	0,87	0,47	0,68	0,76
	VI	30,74	1,69	2,45	2,76																				
94,19	I,IV	16,04	0,88	1,28	1,44	I	16,04	0,73	1,07	1,20	0,60	0,87	0,98	0,47	0,68	0,77	0,34	0,50	0,56	0,22	0,33	0,37	—	0,17	0,19
	II	14,89	0,81	1,19	1,34	II	14,89	0,67	0,98	1,11	0,54	0,79	0,89	0,41	0,60	0,68	0,29	0,42	0,48	0,11	0,26	0,29	—	0,11	0,12
	III	6,88	0,29	0,55	0,61	III	6,88	—	0,39	0,43	—	0,24	0,27	—	0,12	0,13	—	0,01	0,01	—	—	—	—	—	—
	V	29,71	1,63	2,37	2,67	IV	16,04	0,80	1,17	1,32	0,73	1,07	1,20	0,66	0,97	1,09	0,60	0,87	0,98	0,53	0,78	0,87	0,47	0,68	0,77
	VI	30,78	1,69	2,46	2,77																				
94,29	I,IV	16,06	0,88	1,28	1,44	I	16,06	0,74	1,07	1,21	0,60	0,87	0,98	0,47	0,68	0,77	0,34	0,50	0,57	0,23	0,33	0,37	—	0,17	0,19
	II	14,92	0,82	1,19	1,34	II	14,92	0,68	0,98	1,11	0,54	0,79	0,89	0,41	0,60	0,68	0,29	0,43	0,48	0,12	0,26	0,29	—	0,11	0,12
	III	6,91	0,30	0,55	0,62	III	6,91	—	0,39	0,44	—	0,24	0,27	—	0,12	0,13	—	0,01	0,01	—	—	—	—	—	—
	V	29,75	1,63	2,38	2,67	IV	16,06	0,81	1,18	1,32	0,74	1,07	1,21	0,67	0,97	1,09	0,60	0,87	0,98	0,53	0,78	0,87	0,47	0,68	0,77
	VI	30,82	1,69	2,46	2,77																				
94,39	I,IV	16,10	0,88	1,28	1,44	I	16,10	0,74	1,07	1,21	0,60	0,88	0,99	0,47	0,69	0,77	0,35	0,50	0,57	0,23	0,33	0,37	—	0,17	0,19
	II	14,95	0,82	1,19	1,34	II	14,95	0,68	0,99	1,11	0,54	0,79	0,89	0,41	0,61	0,68	0,29	0,43	0,48	0,12	0,26	0,29	—	0,11	0,13
	III	6,94	0,30	0,55	0,62	III	6,94	—	0,39	0,44	—	0,25	0,28	—	0,12	0,14	—	0,01	0,01	—	—	—	—	—	—
	V	29,79	1,63	2,38	2,68	IV	16,10	0,81	1,18	1,33	0,74	1,07	1,21	0,67	0,97	1,10	0,60	0,88	0,99	0,53	0,78	0,88	0,47	0,69	0,77
	VI	30,86	1,69	2,46	2,77																				
94,49	I,IV	16,13	0,88	1,29	1,45	I	16,13	0,74	1,08	1,21	0,60	0,88	0,99	0,47	0,69	0,77	0,35	0,51	0,57	0,23	0,34	0,38	—	0,17	0,20
	II	14,98	0,82	1,19	1,34	II	14,98	0,68	0,99	1,11	0,54	0,79	0,89	0,42	0,61	0,68	0,29	0,43	0,49	0,13	0,26	0,30	—	0,11	0,13
	III	6,97	0,31	0,55	0,62	III	6,97	—	0,39	0,44	—	0,25	0,28	—	0,12	0,14	—	0,01	0,02	—	—	—	—	—	—
	V	29,83	1,64	2,38	2,68	IV	16,13	0,81	1,18	1,33	0,74	1,08	1,21	0,67	0,98	1,10	0,60	0,88	0,99	0,54	0,78	0,88	0,47	0,69	0,77
	VI	30,91	1,70	2,47	2,78																				

Table heading: Abzüge an Lohnsteuer, Solidaritätszuschlag (SolZ) und Kirchensteuer (8%, 9%) in den Steuerklassen

* Die ausgewiesenen Tabellenwerte sind amtlich. Siehe Erläuterungen auf der Umschlaginnenseite (U2).
** Bei mehr als 3 Kinderfreibeträgen ist die „Ergänzungs-Tabelle 3,5 bis 6 Kinderfreibeträge" anzuwenden.

Lohn/ Gehalt bis €*	Abzüge an Lohnsteuer, Solidaritätszuschlag (SolZ) und Kirchensteuer (8%, 9%) in den Steuerklassen																								
	I – VI					I, II, III, IV																			
			ohne Kinderfreibeträge					mit Zahl der Kinderfreibeträge . . .																	
								0,5			1			1,5			2			2,5			3**		
		LSt	SolZ	8%	9%		LSt	SolZ	8%	9%	SolZ	8%	9%	SolZ	8%	9%	SolZ	8%	9%	SolZ	8%	9%	SolZ	8%	9%
94,59	I,IV	16,16	0,88	1,29	1,45	I	16,16	0,74	1,08	1,21	0,60	0,88	0,99	0,47	0,69	0,78	0,35	0,51	0,57	0,23	0,34	0,38	—	0,18	0,20
	II	15,01	0,82	1,20	1,35	II	15,01	0,68	0,99	1,12	0,55	0,80	0,90	0,42	0,61	0,69	0,30	0,43	0,49	0,13	0,27	0,30	—	0,11	0,13
	III	7,—	0,32	0,56	0,63	III	7,—	—	0,39	0,44	—	0,25	0,28	—	0,12	0,14	—	0,02	0,02	—	—	—	—	—	—
	V	29,87	1,64	2,38	2,68	IV	16,16	0,81	1,18	1,33	0,74	1,08	1,21	0,67	0,98	1,10	0,60	0,88	0,99	0,54	0,78	0,88	0,47	0,69	0,78
	VI	30,95	1,70	2,47	2,78																				
94,69	I,IV	16,19	0,89	1,29	1,45	I	16,19	0,74	1,08	1,22	0,61	0,88	0,99	0,47	0,69	0,78	0,35	0,51	0,58	0,23	0,34	0,38	—	0,18	0,20
	II	15,04	0,82	1,20	1,35	II	15,04	0,68	0,99	1,12	0,55	0,80	0,90	0,42	0,61	0,69	0,30	0,44	0,49	0,14	0,27	0,30	—	0,12	0,13
	III	7,02	0,32	0,56	0,63	III	7,02	—	0,40	0,45	—	0,25	0,28	—	0,12	0,14	—	0,02	0,02	—	—	—	—	—	—
	V	29,91	1,64	2,39	2,69	IV	16,19	0,81	1,18	1,33	0,74	1,08	1,22	0,67	0,98	1,10	0,61	0,88	0,99	0,54	0,79	0,88	0,47	0,69	0,78
	VI	30,99	1,70	2,47	2,78																				
94,79	I,IV	16,22	0,89	1,29	1,45	I	16,22	0,74	1,08	1,22	0,61	0,88	0,99	0,48	0,69	0,78	0,35	0,51	0,58	0,23	0,34	0,38	—	0,18	0,20
	II	15,07	0,82	1,20	1,35	II	15,07	0,68	1,—	1,12	0,55	0,80	0,90	0,42	0,61	0,69	0,30	0,44	0,49	0,14	0,27	0,30	—	0,12	0,13
	III	7,05	0,33	0,56	0,63	III	7,05	—	0,40	0,45	—	0,25	0,28	—	0,13	0,14	—	0,02	0,02	—	—	—	—	—	—
	V	29,96	1,64	2,39	2,69	IV	16,22	0,81	1,19	1,34	0,74	1,08	1,22	0,67	0,98	1,11	0,61	0,88	0,99	0,54	0,79	0,89	0,48	0,69	0,78
	VI	31,03	1,70	2,48	2,79																				
94,89	I,IV	16,25	0,89	1,30	1,46	I	16,25	0,75	1,09	1,22	0,61	0,89	1,—	0,48	0,70	0,78	0,35	0,52	0,58	0,23	0,34	0,39	—	0,18	0,20
	II	15,10	0,83	1,20	1,35	II	15,10	0,68	1,—	1,12	0,55	0,80	0,90	0,42	0,62	0,69	0,30	0,44	0,49	0,15	0,27	0,31	—	0,12	0,13
	III	7,08	0,33	0,56	0,63	III	7,08	—	0,40	0,45	—	0,26	0,29	—	0,13	0,14	—	0,02	0,02	—	—	—	—	—	—
	V	30,—	1,65	2,40	2,70	IV	16,25	0,82	1,19	1,34	0,75	1,09	1,22	0,68	0,99	1,11	0,61	0,89	1,—	0,54	0,79	0,89	0,48	0,70	0,78
	VI	31,07	1,70	2,48	2,79																				
94,99	I,IV	16,28	0,89	1,30	1,46	I	16,28	0,75	1,09	1,23	0,61	0,89	1,—	0,48	0,70	0,79	0,35	0,52	0,58	0,24	0,34	0,39	—	0,18	0,21
	II	15,13	0,83	1,21	1,36	II	15,13	0,69	1,—	1,13	0,55	0,80	0,91	0,42	0,62	0,70	0,30	0,44	0,50	0,15	0,27	0,31	—	0,12	0,14
	III	7,11	0,34	0,56	0,63	III	7,11	—	0,40	0,45	—	0,26	0,29	—	0,13	0,15	—	0,02	0,02	—	—	—	—	—	—
	V	30,04	1,65	2,40	2,70	IV	16,28	0,82	1,19	1,34	0,75	1,09	1,23	0,68	0,99	1,11	0,61	0,89	1,—	0,54	0,79	0,89	0,48	0,70	0,79
	VI	31,11	1,71	2,48	2,79																				
95,09	I,IV	16,31	0,89	1,30	1,46	I	16,31	0,75	1,09	1,23	0,61	0,89	1,—	0,48	0,70	0,79	0,36	0,52	0,58	0,24	0,35	0,39	—	0,18	0,21
	II	15,16	0,83	1,21	1,36	II	15,16	0,69	1,—	1,13	0,55	0,81	0,91	0,43	0,62	0,70	0,30	0,44	0,50	0,15	0,27	0,31	—	0,12	0,14
	III	7,14	0,34	0,57	0,64	III	7,14	—	0,40	0,46	—	0,26	0,29	—	0,13	0,15	—	0,02	0,03	—	—	—	—	—	—
	V	30,08	1,65	2,40	2,70	IV	16,31	0,82	1,19	1,34	0,75	1,09	1,23	0,68	0,99	1,11	0,61	0,89	1,—	0,54	0,79	0,89	0,48	0,70	0,79
	VI	31,16	1,71	2,49	2,80																				
95,19	I,IV	16,34	0,89	1,30	1,47	I	16,34	0,75	1,09	1,23	0,61	0,89	1,01	0,48	0,70	0,79	0,36	0,52	0,59	0,24	0,35	0,39	—	0,19	0,21
	II	15,19	0,83	1,21	1,36	II	15,19	0,69	1,01	1,13	0,55	0,81	0,91	0,43	0,62	0,70	0,30	0,44	0,50	0,16	0,28	0,31	—	0,12	0,14
	III	7,17	0,35	0,57	0,64	III	7,17	—	0,41	0,46	—	0,26	0,29	—	0,13	0,15	—	0,02	0,03	—	—	—	—	—	—
	V	30,13	1,65	2,41	2,71	IV	16,34	0,82	1,20	1,35	0,75	1,09	1,23	0,68	0,99	1,12	0,61	0,89	1,01	0,55	0,80	0,90	0,48	0,70	0,79
	VI	31,20	1,71	2,49	2,80																				
95,29	I,IV	16,37	0,90	1,30	1,47	I	16,37	0,75	1,10	1,23	0,61	0,90	1,01	0,48	0,70	0,79	0,36	0,52	0,59	0,24	0,35	0,39	—	0,19	0,21
	II	15,22	0,83	1,21	1,36	II	15,22	0,69	1,01	1,13	0,56	0,81	0,91	0,43	0,62	0,70	0,31	0,45	0,50	0,16	0,28	0,31	—	0,12	0,14
	III	7,20	0,36	0,57	0,64	III	7,20	—	0,41	0,46	—	0,26	0,30	—	0,13	0,15	—	0,02	0,03	—	—	—	—	—	—
	V	30,17	1,65	2,41	2,71	IV	16,37	0,82	1,20	1,35	0,75	1,10	1,23	0,68	0,99	1,12	0,61	0,90	1,01	0,55	0,80	0,90	0,48	0,70	0,79
	VI	31,24	1,71	2,49	2,81																				
95,39	I,IV	16,40	0,90	1,31	1,47	I	16,40	0,75	1,10	1,24	0,62	0,90	1,01	0,48	0,71	0,80	0,36	0,52	0,59	0,24	0,35	0,40	—	0,19	0,21
	II	15,25	0,83	1,22	1,37	II	15,25	0,69	1,01	1,14	0,56	0,81	0,92	0,43	0,63	0,71	0,31	0,45	0,51	0,17	0,28	0,32	—	0,13	0,14
	III	7,22	0,36	0,57	0,64	III	7,22	—	0,41	0,46	—	0,26	0,30	—	0,14	0,15	—	0,03	0,03	—	—	—	—	—	—
	V	30,21	1,66	2,41	2,71	IV	16,40	0,82	1,20	1,35	0,75	1,10	1,24	0,68	1,—	1,12	0,62	0,90	1,01	0,55	0,80	0,90	0,48	0,71	0,80
	VI	31,28	1,72	2,50	2,81																				
95,49	I,IV	16,43	0,90	1,31	1,47	I	16,43	0,76	1,10	1,24	0,62	0,90	1,01	0,49	0,71	0,80	0,36	0,53	0,59	0,24	0,35	0,40	—	0,19	0,22
	II	15,28	0,84	1,22	1,37	II	15,28	0,69	1,01	1,14	0,56	0,82	0,92	0,43	0,63	0,71	0,31	0,45	0,51	0,17	0,28	0,32	—	0,13	0,14
	III	7,25	0,37	0,58	0,65	III	7,25	—	0,41	0,47	—	0,27	0,30	—	0,14	0,16	—	0,03	0,03	—	—	—	—	—	—
	V	30,25	1,66	2,42	2,72	IV	16,43	0,83	1,20	1,35	0,76	1,10	1,24	0,69	1,—	1,12	0,62	0,90	1,01	0,55	0,80	0,90	0,49	0,71	0,80
	VI	31,33	1,72	2,50	2,81																				
95,59	I,IV	16,47	0,90	1,31	1,48	I	16,47	0,76	1,10	1,24	0,62	0,90	1,02	0,49	0,71	0,80	0,36	0,53	0,60	0,24	0,36	0,40	—	0,19	0,22
	II	15,31	0,84	1,22	1,37	II	15,31	0,70	1,01	1,14	0,56	0,82	0,92	0,43	0,63	0,71	0,31	0,45	0,51	0,18	0,28	0,32	—	0,13	0,15
	III	7,28	0,37	0,58	0,65	III	7,28	—	0,42	0,47	—	0,27	0,30	—	0,14	0,16	—	0,03	0,03	—	—	—	—	—	—
	V	30,29	1,66	2,42	2,72	IV	16,47	0,83	1,21	1,36	0,76	1,10	1,24	0,69	1,—	1,13	0,62	0,90	1,02	0,55	0,81	0,91	0,49	0,71	0,80
	VI	31,37	1,72	2,50	2,82																				
95,69	I,IV	16,50	0,90	1,32	1,48	I	16,50	0,76	1,10	1,24	0,62	0,90	1,02	0,49	0,71	0,80	0,36	0,53	0,60	0,24	0,36	0,40	—	0,20	0,22
	II	15,34	0,84	1,22	1,38	II	15,34	0,70	1,02	1,14	0,56	0,82	0,92	0,43	0,63	0,71	0,31	0,46	0,51	0,18	0,29	0,32	—	0,13	0,15
	III	7,31	0,38	0,58	0,65	III	7,31	—	0,42	0,47	—	0,27	0,30	—	0,14	0,16	—	0,03	0,04	—	—	—	—	—	—
	V	30,34	1,66	2,42	2,73	IV	16,50	0,83	1,21	1,36	0,76	1,10	1,24	0,69	1,—	1,13	0,62	0,90	1,02	0,55	0,81	0,91	0,49	0,71	0,80
	VI	31,41	1,72	2,51	2,82																				
95,79	I,IV	16,53	0,90	1,32	1,48	I	16,53	0,76	1,11	1,25	0,62	0,91	1,02	0,49	0,72	0,81	0,37	0,53	0,60	0,25	0,36	0,41	—	0,20	0,22
	II	15,37	0,84	1,22	1,38	II	15,37	0,70	1,02	1,15	0,56	0,82	0,93	0,44	0,64	0,72	0,31	0,46	0,51	0,19	0,29	0,32	—	0,13	0,15
	III	7,34	0,38	0,58	0,66	III	7,34	—	0,42	0,47	—	0,27	0,31	—	0,14	0,16	—	0,03	0,04	—	—	—	—	—	—
	V	30,38	1,67	2,43	2,73	IV	16,53	0,83	1,21	1,36	0,76	1,11	1,25	0,69	1,01	1,13	0,62	0,91	1,02	0,56	0,81	0,91	0,49	0,72	0,81
	VI	31,45	1,73	2,51	2,83																				
95,89	I,IV	16,56	0,91	1,32	1,49	I	16,56	0,76	1,11	1,25	0,62	0,91	1,02	0,49	0,72	0,81	0,37	0,54	0,60	0,25	0,36	0,41	—	0,20	0,22
	II	15,40	0,84	1,23	1,38	II	15,40	0,70	1,02	1,15	0,57	0,82	0,93	0,44	0,64	0,72	0,31	0,46	0,52	0,19	0,29	0,33	—	0,13	0,15
	III	7,37	0,39	0,58	0,66	III	7,37	—	0,42	0,48	—	0,27	0,31	—	0,14	0,16	—	0,03	0,04	—	—	—	—	—	—
	V	30,42	1,67	2,43	2,73	IV	16,56	0,83	1,21	1,37	0,76	1,11	1,25	0,69	1,01	1,13	0,62	0,91	1,02	0,56	0,81	0,91	0,49	0,72	0,81
	VI	31,49	1,73	2,51	2,83																				
95,99	I,IV	16,59	0,91	1,32	1,49	I	16,59	0,76	1,11	1,25	0,63	0,91	1,03	0,49	0,72	0,81	0,37	0,54	0,61	0,25	0,36	0,41	—	0,20	0,23
	II	15,43	0,84	1,23	1,38	II	15,43	0,70	1,02	1,15	0,57	0,83	0,93	0,44	0,64	0,72	0,32	0,46	0,52	0,20	0,29	0,33	—	0,14	0,15
	III	7,40	0,40	0,59	0,66	III	7,40	—	0,42	0,48	—	0,28	0,31	—	0,15	0,16	—	0,04	0,04	—	—	—	—	—	—
	V	30,46	1,67	2,43	2,74	IV	16,59	0,83	1,22	1,37	0,76	1,11	1,25	0,69	1,01	1,14	0,63	0,91	1,03	0,56	0,81	0,92	0,49	0,72	0,81
	VI	31,53	1,73	2,52	2,83																				

* Die ausgewiesenen Tabellenwerte sind amtlich. Siehe Erläuterungen auf der Umschlaginnenseite (U2).
** Bei mehr als 3 Kinderfreibeträgen ist die „Ergänzungs-Tabelle 3,5 bis 6 Kinderfreibeträge" anzuwenden.

Abzüge an Lohnsteuer, Solidaritätszuschlag (SolZ) und Kirchensteuer (8%, 9%) in den Steuerklassen

Lohn/ Gehalt bis €*	I – VI		ohne Kinderfreibeträge			I, II, III, IV		mit Zahl der Kinderfreibeträge . . . 0,5			1			1,5			2			2,5			3**		
		LSt	SolZ	8%	9%		LSt	SolZ	8%	9%	SolZ	8%	9%	SolZ	8%	9%	SolZ	8%	9%	SolZ	8%	9%	SolZ	8%	9%
96,09	I,IV	16,62	0,91	1,32	1,49	I	16,62	0,76	1,11	1,25	0,63	0,91	1,03	0,49	0,72	0,81	0,37	0,54	0,61	0,25	0,37	0,41	—	0,20	0,2
	II	15,46	0,85	1,23	1,39	II	15,46	0,70	1,03	1,16	0,57	0,83	0,93	0,44	0,64	0,72	0,32	0,46	0,52	0,20	0,29	0,33	—	0,14	0,1
	III	7,42	0,40	0,59	0,66	III	7,42	—	0,43	0,48	—	0,28	0,31	—	0,15	0,17	—	0,04	0,04	—	—	—	—	—	—
	V	30,50	1,67	2,44	2,74	IV	16,62	0,84	1,22	1,37	0,76	1,11	1,25	0,70	1,01	1,14	0,63	0,91	1,03	0,56	0,82	0,92	0,49	0,72	0,8
	VI	31,58	1,73	2,52	2,84																				
96,19	I,IV	16,65	0,91	1,33	1,49	I	16,65	0,77	1,12	1,26	0,63	0,92	1,03	0,50	0,72	0,81	0,37	0,54	0,61	0,25	0,37	0,41	—	0,20	0,2
	II	15,50	0,85	1,24	1,39	II	15,50	0,71	1,03	1,16	0,57	0,83	0,94	0,44	0,64	0,72	0,32	0,46	0,52	0,20	0,30	0,33	—	0,14	0,1
	III	7,45	0,41	0,59	0,67	III	7,45	—	0,43	0,48	—	0,28	0,32	—	0,15	0,17	—	0,04	0,04	—	—	—	—	—	—
	V	30,55	1,68	2,44	2,74	IV	16,65	0,84	1,22	1,37	0,77	1,12	1,26	0,70	1,02	1,14	0,63	0,92	1,03	0,56	0,82	0,92	0,50	0,72	0,8
	VI	31,62	1,73	2,52	2,84																				
96,29	I,IV	16,68	0,91	1,33	1,50	I	16,68	0,77	1,12	1,26	0,63	0,92	1,03	0,50	0,73	0,82	0,37	0,54	0,61	0,25	0,37	0,42	—	0,21	0,2
	II	15,53	0,85	1,24	1,39	II	15,53	0,71	1,03	1,16	0,57	0,83	0,94	0,44	0,65	0,73	0,32	0,47	0,53	0,20	0,30	0,34	—	0,14	0,1
	III	7,48	0,41	0,59	0,67	III	7,48	0,01	0,43	0,49	—	0,28	0,32	—	0,15	0,17	—	0,04	0,04	—	—	—	—	—	—
	V	30,59	1,68	2,44	2,75	IV	16,68	0,84	1,22	1,38	0,77	1,12	1,26	0,70	1,02	1,15	0,63	0,92	1,03	0,56	0,82	0,92	0,50	0,73	0,8
	VI	31,66	1,74	2,53	2,84																				
96,39	I,IV	16,71	0,91	1,33	1,50	I	16,71	0,77	1,12	1,26	0,63	0,92	1,04	0,50	0,73	0,82	0,37	0,55	0,61	0,25	0,37	0,42	—	0,21	0,2
	II	15,56	0,85	1,24	1,40	II	15,56	0,71	1,03	1,16	0,57	0,84	0,94	0,44	0,65	0,73	0,32	0,47	0,53	0,20	0,30	0,34	—	0,14	0,1
	III	7,51	0,41	0,60	0,67	III	7,51	0,01	0,43	0,49	—	0,28	0,32	—	0,15	0,17	—	0,04	0,05	—	—	—	—	—	—
	V	30,63	1,68	2,45	2,75	IV	16,71	0,84	1,23	1,38	0,77	1,12	1,26	0,70	1,02	1,15	0,63	0,92	1,04	0,56	0,82	0,93	0,50	0,73	0,8
	VI	31,70	1,74	2,53	2,85																				
96,49	I,IV	16,75	0,92	1,34	1,50	I	16,75	0,77	1,12	1,26	0,63	0,92	1,04	0,50	0,73	0,82	0,37	0,55	0,62	0,26	0,37	0,42	—	0,21	0,2
	II	15,59	0,85	1,24	1,40	II	15,59	0,71	1,04	1,17	0,57	0,84	0,94	0,45	0,65	0,73	0,32	0,47	0,53	0,21	0,30	0,34	—	0,14	0,1
	III	7,54	0,41	0,60	0,67	III	7,54	0,02	0,44	0,49	—	0,29	0,32	—	0,15	0,17	—	0,04	0,05	—	—	—	—	—	—
	V	30,67	1,68	2,45	2,76	IV	16,75	0,84	1,23	1,38	0,77	1,12	1,26	0,70	1,02	1,15	0,63	0,92	1,04	0,57	0,83	0,93	0,50	0,73	0,8
	VI	31,75	1,74	2,54	2,85																				
96,59	I,IV	16,78	0,92	1,34	1,51	I	16,78	0,77	1,13	1,27	0,63	0,92	1,04	0,50	0,73	0,82	0,38	0,55	0,62	0,26	0,38	0,42	—	0,21	0,24
	II	15,62	0,85	1,24	1,40	II	15,62	0,71	1,04	1,17	0,58	0,84	0,95	0,45	0,65	0,73	0,32	0,47	0,53	0,21	0,30	0,34	—	0,15	0,1
	III	7,57	0,41	0,60	0,68	III	7,57	0,02	0,44	0,49	—	0,29	0,32	—	0,16	0,18	—	0,04	0,05	—	—	—	—	—	—
	V	30,71	1,68	2,45	2,76	IV	16,78	0,84	1,23	1,39	0,77	1,13	1,27	0,70	1,02	1,15	0,63	0,92	1,04	0,57	0,83	0,93	0,50	0,73	0,82
	VI	31,79	1,74	2,54	2,86																				
96,69	I,IV	16,81	0,92	1,34	1,51	I	16,81	0,77	1,13	1,27	0,64	0,93	1,04	0,50	0,74	0,83	0,38	0,55	0,62	0,26	0,38	0,43	—	0,21	0,24
	II	15,65	0,86	1,25	1,40	II	15,65	0,71	1,04	1,17	0,58	0,84	0,95	0,45	0,65	0,74	0,33	0,48	0,54	0,21	0,30	0,34	—	0,15	0,17
	III	7,60	0,41	0,60	0,68	III	7,60	0,03	0,44	0,50	—	0,29	0,33	—	0,16	0,18	—	0,04	0,05	—	—	—	—	—	—
	V	30,76	1,69	2,46	2,76	IV	16,81	0,85	1,23	1,39	0,77	1,13	1,27	0,70	1,03	1,16	0,64	0,93	1,04	0,57	0,83	0,93	0,50	0,74	0,83
	VI	31,83	1,75	2,54	2,86																				
96,79	I,IV	16,84	0,92	1,34	1,51	I	16,84	0,78	1,13	1,27	0,64	0,93	1,05	0,51	0,74	0,83	0,38	0,55	0,62	0,26	0,38	0,43	0,01	0,22	0,24
	II	15,68	0,86	1,25	1,41	II	15,68	0,72	1,04	1,17	0,58	0,84	0,95	0,45	0,66	0,74	0,33	0,48	0,54	0,21	0,31	0,35	—	0,15	0,17
	III	7,62	0,41	0,60	0,68	III	7,62	0,03	0,44	0,50	—	0,29	0,33	—	0,16	0,18	—	0,05	0,05	—	—	—	—	—	—
	V	30,80	1,69	2,46	2,77	IV	16,84	0,85	1,24	1,39	0,78	1,13	1,27	0,71	1,03	1,16	0,64	0,93	1,05	0,57	0,83	0,94	0,51	0,74	0,83
	VI	31,87	1,75	2,54	2,86																				
96,89	I,IV	16,87	0,92	1,34	1,51	I	16,87	0,78	1,13	1,28	0,64	0,93	1,05	0,51	0,74	0,83	0,38	0,56	0,63	0,26	0,38	0,43	0,01	0,22	0,24
	II	15,71	0,86	1,25	1,41	II	15,71	0,72	1,04	1,18	0,58	0,85	0,95	0,45	0,66	0,74	0,33	0,48	0,54	0,21	0,31	0,35	—	0,15	0,17
	III	7,65	0,42	0,61	0,68	III	7,65	0,04	0,44	0,50	—	0,29	0,33	—	0,16	0,18	—	0,05	0,05	—	—	—	—	—	—
	V	30,84	1,69	2,46	2,77	IV	16,87	0,85	1,24	1,39	0,78	1,13	1,28	0,71	1,03	1,16	0,64	0,93	1,05	0,57	0,83	0,94	0,51	0,74	0,83
	VI	31,91	1,75	2,55	2,87																				
96,99	I,IV	16,90	0,92	1,35	1,52	I	16,90	0,78	1,14	1,28	0,64	0,93	1,05	0,51	0,74	0,83	0,38	0,56	0,63	0,26	0,38	0,43	0,01	0,22	0,25
	II	15,74	0,86	1,25	1,41	II	15,74	0,72	1,05	1,18	0,58	0,85	0,96	0,45	0,66	0,74	0,33	0,48	0,54	0,21	0,31	0,35	—	0,15	0,17
	III	7,68	0,42	0,61	0,69	III	7,68	0,05	0,45	0,50	—	0,30	0,33	—	0,16	0,18	—	0,05	0,06	—	—	—	—	—	—
	V	30,88	1,69	2,47	2,77	IV	16,90	0,85	1,24	1,40	0,78	1,14	1,28	0,71	1,03	1,16	0,64	0,93	1,05	0,57	0,84	0,94	0,51	0,74	0,83
	VI	31,96	1,75	2,55	2,87																				
97,09	I,IV	16,93	0,93	1,35	1,52	I	16,93	0,78	1,14	1,28	0,64	0,94	1,05	0,51	0,74	0,84	0,38	0,56	0,63	0,26	0,39	0,43	0,02	0,22	0,25
	II	15,77	0,86	1,26	1,41	II	15,77	0,72	1,05	1,18	0,58	0,85	0,96	0,45	0,66	0,75	0,33	0,48	0,54	0,21	0,31	0,35	—	0,15	0,17
	III	7,71	0,42	0,61	0,69	III	7,71	0,05	0,45	0,51	—	0,30	0,34	—	0,16	0,19	—	0,05	0,06	—	—	—	—	—	—
	V	30,92	1,70	2,47	2,78	IV	16,93	0,85	1,24	1,40	0,78	1,14	1,28	0,71	1,04	1,17	0,64	0,94	1,05	0,58	0,84	0,94	0,51	0,74	0,84
	VI	32,—	1,76	2,56	2,88																				
97,19	I,IV	16,96	0,93	1,35	1,52	I	16,96	0,78	1,14	1,28	0,64	0,94	1,06	0,51	0,75	0,84	0,38	0,56	0,63	0,26	0,39	0,44	0,02	0,22	0,25
	II	15,80	0,86	1,26	1,42	II	15,80	0,72	1,05	1,18	0,59	0,85	0,96	0,46	0,66	0,75	0,33	0,48	0,55	0,21	0,31	0,35	—	0,16	0,18
	III	7,74	0,42	0,61	0,69	III	7,74	0,06	0,45	0,51	—	0,30	0,34	—	0,17	0,19	—	0,05	0,06	—	—	—	—	—	—
	V	30,96	1,70	2,47	2,78	IV	16,96	0,85	1,25	1,40	0,78	1,14	1,28	0,71	1,04	1,17	0,64	0,94	1,06	0,58	0,84	0,95	0,51	0,75	0,84
	VI	32,04	1,76	2,56	2,88																				
97,29	I,IV	16,99	0,93	1,35	1,52	I	16,99	0,78	1,14	1,29	0,65	0,94	1,06	0,51	0,75	0,84	0,39	0,56	0,63	0,27	0,39	0,44	0,03	0,22	0,25
	II	15,83	0,87	1,26	1,42	II	15,83	0,72	1,05	1,19	0,59	0,86	0,96	0,46	0,67	0,75	0,33	0,49	0,55	0,22	0,32	0,36	—	0,16	0,18
	III	7,77	0,42	0,62	0,69	III	7,77	0,06	0,45	0,51	—	0,30	0,34	—	0,17	0,19	—	0,05	0,06	—	—	—	—	—	—
	V	31,01	1,70	2,48	2,79	IV	16,99	0,86	1,25	1,40	0,78	1,14	1,29	0,71	1,04	1,17	0,65	0,94	1,06	0,58	0,84	0,95	0,51	0,75	0,84
	VI	32,08	1,76	2,56	2,88																				
97,39	I,IV	17,03	0,93	1,36	1,53	I	17,03	0,79	1,15	1,29	0,65	0,94	1,06	0,51	0,75	0,84	0,39	0,57	0,64	0,27	0,39	0,44	0,03	0,23	0,25
	II	15,86	0,87	1,26	1,42	II	15,86	0,72	1,06	1,19	0,59	0,86	0,97	0,46	0,67	0,75	0,33	0,49	0,55	0,22	0,32	0,36	—	0,16	0,18
	III	7,80	0,42	0,62	0,70	III	7,80	0,07	0,46	0,51	—	0,30	0,34	—	0,17	0,19	—	0,06	0,06	—	—	—	—	—	—
	V	31,05	1,70	2,48	2,79	IV	17,03	0,86	1,25	1,41	0,79	1,15	1,29	0,72	1,04	1,17	0,65	0,94	1,06	0,58	0,85	0,95	0,51	0,75	0,84
	VI	32,12	1,76	2,56	2,89																				
97,49	I,IV	17,06	0,93	1,36	1,53	I	17,06	0,79	1,15	1,29	0,65	0,95	1,06	0,52	0,75	0,85	0,39	0,57	0,64	0,27	0,39	0,44	0,04	0,23	0,26
	II	15,89	0,87	1,27	1,43	II	15,89	0,73	1,06	1,19	0,59	0,86	0,97	0,46	0,67	0,76	0,34	0,49	0,55	0,22	0,32	0,36	—	0,16	0,18
	III	7,82	0,43	0,62	0,70	III	7,82	0,07	0,46	0,52	—	0,30	0,34	—	0,17	0,19	—	0,06	0,06	—	—	—	—	—	—
	V	31,09	1,71	2,48	2,79	IV	17,06	0,86	1,25	1,41	0,79	1,15	1,29	0,72	1,05	1,18	0,65	0,95	1,06	0,58	0,85	0,95	0,52	0,75	0,85
	VI	32,16	1,76	2,57	2,89																				

* Die ausgewiesenen Tabellenwerte sind amtlich. Siehe Erläuterungen auf der Umschlaginnenseite (U2).
** Bei mehr als 3 Kinderfreibeträgen ist die „Ergänzungs-Tabelle 3,5 bis 6 Kinderfreibeträge" anzuwenden.

Abzüge an Lohnsteuer, Solidaritätszuschlag (SolZ) und Kirchensteuer (8%, 9%) in den Steuerklassen

Lohn/ Gehalt	I – VI					I, II, III, IV																			
			ohne Kinderfreibeträge					mit Zahl der Kinderfreibeträge . . .																	
								0,5			1			1,5			2			2,5			3**		
bis €*		LSt	SolZ	8%	9%		LSt	SolZ	8%	9%	SolZ	8%	9%	SolZ	8%	9%	SolZ	8%	9%	SolZ	8%	9%	SolZ	8%	9%
97,59	I,IV	17,09	0,94	1,36	1,53	I	17,09	0,79	1,15	1,29	0,65	0,95	1,07	0,52	0,75	0,85	0,39	0,57	0,64	0,27	0,40	0,45	0,04	0,23	0,26
	II	15,92	0,87	1,27	1,43	II	15,92	0,73	1,06	1,19	0,59	0,86	0,97	0,46	0,67	0,76	0,34	0,49	0,56	0,22	0,32	0,36	—	0,16	0,18
	III	7,85	0,43	0,62	0,70	III	7,85	0,08	0,46	0,52	—	0,31	0,35	—	0,17	0,19	—	0,06	0,07	—	—	—	—	—	—
	V	31,13	1,71	2,49	2,80	IV	17,09	0,86	1,26	1,41	0,79	1,15	1,29	0,72	1,05	1,18	0,65	0,95	1,07	0,58	0,85	0,96	0,52	0,75	0,85
	VI	32,21	1,77	2,57	2,89																				
97,69	I,IV	17,12	0,94	1,36	1,54	I	17,12	0,79	1,15	1,30	0,65	0,95	1,07	0,52	0,76	0,85	0,39	0,57	0,64	0,27	0,40	0,45	0,05	0,23	0,26
	II	15,95	0,87	1,27	1,43	II	15,95	0,73	1,06	1,20	0,59	0,86	0,97	0,46	0,68	0,76	0,34	0,50	0,56	0,22	0,32	0,36	—	0,16	0,18
	III	7,88	0,43	0,63	0,70	III	7,88	0,08	0,46	0,52	—	0,31	0,35	—	0,18	0,20	—	0,06	0,07	—	—	—	—	—	—
	V	31,18	1,71	2,49	2,80	IV	17,12	0,86	1,26	1,42	0,79	1,15	1,30	0,72	1,05	1,18	0,65	0,95	1,07	0,58	0,85	0,96	0,52	0,76	0,85
	VI	32,25	1,77	2,58	2,90																				
97,79	I,IV	17,15	0,94	1,37	1,54	I	17,15	0,79	1,16	1,30	0,65	0,95	1,07	0,52	0,76	0,85	0,39	0,57	0,65	0,27	0,40	0,45	0,05	0,23	0,26
	II	15,98	0,87	1,27	1,43	II	15,98	0,73	1,07	1,20	0,59	0,87	0,98	0,46	0,68	0,76	0,34	0,50	0,56	0,22	0,33	0,37	—	0,17	0,19
	III	7,91	0,43	0,63	0,71	III	7,91	0,09	0,46	0,52	—	0,31	0,35	—	0,18	0,20	—	0,06	0,07	—	—	—	—	—	—
	V	31,22	1,71	2,49	2,80	IV	17,15	0,86	1,26	1,42	0,79	1,16	1,30	0,72	1,05	1,18	0,65	0,95	1,07	0,59	0,85	0,96	0,52	0,76	0,85
	VI	32,29	1,77	2,58	2,90																				
97,89	I,IV	17,18	0,94	1,37	1,54	I	17,18	0,79	1,16	1,30	0,65	0,95	1,07	0,52	0,76	0,86	0,39	0,58	0,65	0,27	0,40	0,45	0,06	0,24	0,27
	II	16,01	0,88	1,28	1,44	II	16,01	0,73	1,07	1,20	0,60	0,87	0,98	0,47	0,68	0,77	0,34	0,50	0,56	0,22	0,33	0,37	—	0,17	0,19
	III	7,94	0,43	0,63	0,71	III	7,94	0,10	0,47	0,53	—	0,31	0,35	—	0,18	0,20	—	0,06	0,07	—	—	—	—	—	—
	V	31,26	1,71	2,50	2,81	IV	17,18	0,87	1,26	1,42	0,79	1,16	1,30	0,72	1,06	1,19	0,65	0,95	1,07	0,59	0,86	0,96	0,52	0,76	0,86
	VI	32,33	1,77	2,58	2,90																				
97,99	I,IV	17,21	0,94	1,37	1,54	I	17,21	0,80	1,16	1,31	0,66	0,96	1,08	0,52	0,76	0,86	0,40	0,58	0,65	0,28	0,40	0,45	0,06	0,24	0,27
	II	16,05	0,88	1,28	1,44	II	16,05	0,73	1,07	1,20	0,60	0,87	0,98	0,47	0,68	0,77	0,34	0,50	0,56	0,23	0,33	0,37	—	0,17	0,19
	III	7,97	0,43	0,63	0,71	III	7,97	0,10	0,47	0,53	—	0,32	0,36	—	0,18	0,20	—	0,06	0,07	—	—	—	—	—	—
	V	31,30	1,72	2,50	2,81	IV	17,21	0,87	1,26	1,42	0,80	1,16	1,31	0,73	1,06	1,19	0,66	0,96	1,08	0,59	0,86	0,97	0,52	0,76	0,86
	VI	32,38	1,78	2,59	2,91																				
98,09	I,IV	17,24	0,94	1,37	1,55	I	17,24	0,80	1,16	1,31	0,66	0,96	1,08	0,52	0,77	0,86	0,40	0,58	0,65	0,28	0,40	0,46	0,07	0,24	0,27
	II	16,08	0,88	1,28	1,44	II	16,08	0,74	1,07	1,21	0,60	0,87	0,98	0,47	0,68	0,77	0,34	0,50	0,57	0,23	0,33	0,37	—	0,17	0,19
	III	8,—	0,44	0,64	0,72	III	8,—	0,11	0,47	0,53	—	0,32	0,36	—	0,18	0,20	—	0,06	0,07	—	—	—	—	—	—
	V	31,34	1,72	2,50	2,82	IV	17,24	0,87	1,27	1,43	0,80	1,16	1,31	0,73	1,06	1,19	0,66	0,96	1,08	0,59	0,86	0,97	0,52	0,77	0,86
	VI	32,42	1,78	2,59	2,91																				
98,19	I,IV	17,27	0,95	1,38	1,55	I	17,27	0,80	1,16	1,31	0,66	0,96	1,08	0,53	0,77	0,86	0,40	0,58	0,66	0,28	0,41	0,46	0,07	0,24	0,27
	II	16,11	0,88	1,28	1,44	II	16,11	0,74	1,08	1,21	0,60	0,88	0,99	0,47	0,69	0,77	0,35	0,51	0,57	0,23	0,33	0,38	—	0,17	0,19
	III	8,02	0,44	0,64	0,72	III	8,02	0,11	0,47	0,53	—	0,32	0,36	—	0,18	0,21	—	0,07	0,08	—	—	—	—	—	—
	V	31,39	1,72	2,51	2,82	IV	17,27	0,87	1,27	1,43	0,80	1,16	1,31	0,73	1,06	1,19	0,66	0,96	1,08	0,59	0,86	0,97	0,53	0,77	0,86
	VI	32,46	1,78	2,59	2,92																				
98,29	I,IV	17,31	0,95	1,38	1,55	I	17,31	0,80	1,17	1,31	0,66	0,96	1,08	0,53	0,77	0,87	0,40	0,58	0,66	0,28	0,41	0,46	0,07	0,24	0,27
	II	16,14	0,88	1,29	1,45	II	16,14	0,74	1,08	1,21	0,60	0,88	0,99	0,47	0,69	0,77	0,35	0,51	0,57	0,23	0,34	0,38	—	0,17	0,20
	III	8,06	0,44	0,64	0,72	III	8,06	0,12	0,48	0,54	—	0,32	0,36	—	0,19	0,21	—	0,07	0,08	—	—	—	—	—	—
	V	31,43	1,72	2,51	2,82	IV	17,31	0,87	1,27	1,43	0,80	1,17	1,31	0,73	1,06	1,20	0,66	0,96	1,08	0,59	0,87	0,97	0,53	0,77	0,87
	VI	32,50	1,78	2,60	2,92																				
98,39	I,IV	17,34	0,95	1,38	1,56	I	17,34	0,80	1,17	1,32	0,66	0,97	1,09	0,53	0,77	0,87	0,40	0,59	0,66	0,28	0,41	0,46	0,08	0,24	0,28
	II	16,17	0,88	1,29	1,45	II	16,17	0,74	1,08	1,22	0,60	0,88	0,99	0,47	0,69	0,78	0,35	0,51	0,57	0,23	0,34	0,38	—	0,18	0,20
	III	8,08	0,44	0,64	0,72	III	8,08	0,12	0,48	0,54	—	0,32	0,36	—	0,19	0,21	—	0,07	0,08	—	—	—	—	—	—
	V	31,47	1,73	2,51	2,83	IV	17,34	0,87	1,27	1,43	0,80	1,17	1,32	0,73	1,07	1,20	0,66	0,97	1,09	0,60	0,87	0,98	0,53	0,77	0,87
	VI	32,54	1,79	2,60	2,92																				
98,49	I,IV	17,37	0,95	1,38	1,56	I	17,37	0,80	1,17	1,32	0,66	0,97	1,09	0,53	0,77	0,87	0,40	0,59	0,66	0,28	0,41	0,46	0,08	0,25	0,28
	II	16,20	0,89	1,29	1,45	II	16,20	0,74	1,08	1,22	0,61	0,88	0,99	0,47	0,69	0,78	0,35	0,51	0,58	0,23	0,34	0,38	—	0,18	0,20
	III	8,11	0,44	0,64	0,72	III	8,11	0,13	0,48	0,54	—	0,32	0,37	—	0,19	0,21	—	0,07	0,08	—	—	—	—	—	—
	V	31,51	1,73	2,52	2,83	IV	17,37	0,88	1,28	1,44	0,80	1,17	1,32	0,73	1,07	1,20	0,66	0,97	1,09	0,60	0,87	0,98	0,53	0,77	0,87
	VI	32,58	1,79	2,60	2,93																				
98,59	I,IV	17,40	0,95	1,39	1,56	I	17,40	0,81	1,17	1,32	0,67	0,97	1,09	0,53	0,78	0,87	0,40	0,59	0,67	0,28	0,42	0,47	0,09	0,25	0,28
	II	16,23	0,89	1,29	1,46	II	16,23	0,74	1,08	1,22	0,61	0,88	1,—	0,48	0,69	0,78	0,35	0,51	0,58	0,23	0,34	0,38	—	0,18	0,20
	III	8,14	0,44	0,65	0,73	III	8,14	0,13	0,48	0,54	—	0,33	0,37	—	0,19	0,21	—	0,07	0,08	—	—	—	—	—	—
	V	31,55	1,73	2,52	2,83	IV	17,40	0,88	1,28	1,44	0,81	1,17	1,32	0,74	1,07	1,21	0,67	0,97	1,09	0,60	0,87	0,98	0,53	0,78	0,87
	VI	32,63	1,79	2,61	2,93																				
98,69	I,IV	17,43	0,95	1,39	1,56	I	17,43	0,81	1,18	1,32	0,67	0,97	1,09	0,53	0,78	0,88	0,41	0,59	0,67	0,29	0,42	0,47	0,09	0,25	0,28
	II	16,26	0,89	1,30	1,46	II	16,26	0,75	1,09	1,22	0,61	0,89	1,—	0,48	0,70	0,78	0,35	0,52	0,58	0,23	0,34	0,39	—	0,18	0,20
	III	8,17	0,44	0,65	0,73	III	8,17	0,14	0,48	0,55	—	0,33	0,37	—	0,19	0,22	—	0,07	0,08	—	—	—	—	—	—
	V	31,60	1,73	2,52	2,84	IV	17,43	0,88	1,28	1,44	0,81	1,18	1,32	0,74	1,07	1,21	0,67	0,97	1,09	0,60	0,87	0,98	0,53	0,78	0,88
	VI	32,67	1,79	2,61	2,94																				
98,79	I,IV	17,46	0,96	1,39	1,57	I	17,46	0,81	1,18	1,33	0,67	0,98	1,10	0,54	0,78	0,88	0,41	0,60	0,67	0,29	0,42	0,47	0,10	0,25	0,28
	II	16,29	0,89	1,30	1,46	II	16,29	0,75	1,09	1,23	0,61	0,89	1,—	0,48	0,70	0,79	0,35	0,52	0,58	0,24	0,35	0,39	—	0,18	0,21
	III	8,20	0,45	0,65	0,73	III	8,20	0,15	0,49	0,55	—	0,33	0,37	—	0,19	0,22	—	0,08	0,09	—	—	—	—	—	—
	V	31,64	1,74	2,53	2,84	IV	17,46	0,88	1,28	1,44	0,81	1,18	1,33	0,74	1,08	1,21	0,67	0,98	1,10	0,60	0,88	0,99	0,54	0,78	0,88
	VI	32,71	1,79	2,61	2,94																				
98,89	I,IV	17,49	0,96	1,39	1,57	I	17,49	0,81	1,18	1,33	0,67	0,98	1,10	0,54	0,78	0,88	0,41	0,60	0,67	0,29	0,42	0,47	0,10	0,25	0,29
	II	16,32	0,89	1,30	1,46	II	16,32	0,75	1,09	1,23	0,61	0,89	1,—	0,48	0,70	0,79	0,36	0,52	0,58	0,24	0,35	0,39	—	0,18	0,21
	III	8,23	0,45	0,65	0,74	III	8,23	0,15	0,49	0,55	—	0,33	0,38	—	0,20	0,22	—	0,08	0,09	—	—	—	—	—	—
	V	31,68	1,74	2,53	2,85	IV	17,49	0,88	1,29	1,45	0,81	1,18	1,33	0,74	1,08	1,21	0,67	0,98	1,10	0,60	0,88	0,99	0,54	0,78	0,88
	VI	32,75	1,80	2,62	2,94																				
98,99	I,IV	17,53	0,96	1,40	1,57	I	17,53	0,81	1,18	1,33	0,67	0,98	1,10	0,54	0,78	0,88	0,41	0,60	0,67	0,29	0,42	0,48	0,11	0,26	0,29
	II	16,35	0,89	1,30	1,47	II	16,35	0,75	1,09	1,23	0,61	0,89	1,01	0,48	0,70	0,79	0,36	0,52	0,59	0,24	0,35	0,39	—	0,19	0,21
	III	8,26	0,45	0,66	0,74	III	8,26	0,16	0,49	0,55	—	0,34	0,38	—	0,20	0,22	—	0,08	0,09	—	—	—	—	—	—
	V	31,72	1,74	2,53	2,85	IV	17,53	0,88	1,29	1,45	0,81	1,18	1,33	0,74	1,08	1,22	0,67	0,98	1,10	0,60	0,88	0,99	0,54	0,78	0,88
	VI	32,80	1,80	2,62	2,95																				

* Die ausgewiesenen Tabellenwerte sind amtlich. Siehe Erläuterungen auf der Umschlaginnenseite (U2).
** Bei mehr als 3 Kinderfreibeträgen ist die „Ergänzungs-Tabelle 3,5 bis 6 Kinderfreibeträge" anzuwenden.

Lohn/ Gehalt bis €*	I – VI	LSt	SolZ	8%	9%	I, II, III, IV	LSt	0,5 SolZ	0,5 8%	0,5 9%	1 SolZ	1 8%	1 9%	1,5 SolZ	1,5 8%	1,5 9%	2 SolZ	2 8%	2 9%	2,5 SolZ	2,5 8%	2,5 9%	3** SolZ	3** 8%	3** 9%
99,09	I,IV	17,56	0,96	1,40	1,58	I	17,56	0,81	1,19	1,34	0,67	0,98	1,11	0,54	0,79	0,89	0,41	0,60	0,68	0,29	0,42	0,48	0,11	0,26	0,29
	II	16,38	0,90	1,31	1,47	II	16,38	0,75	1,10	1,23	0,61	0,90	1,01	0,48	0,71	0,79	0,36	0,52	0,59	0,24	0,35	0,40	—	0,19	0,21
	III	8,28	0,45	0,66	0,74	III	8,28	0,16	0,49	0,56	—	0,34	0,38	—	0,20	0,22	—	0,08	0,09	—	—	—	—	—	—
	V	31,76	1,74	2,54	2,85	IV	17,56	0,89	1,29	1,45	0,81	1,19	1,34	0,74	1,08	1,22	0,67	0,98	1,11	0,61	0,88	0,99	0,54	0,79	0,89
	VI	32,84	1,80	2,62	2,95																				
99,19	I,IV	17,59	0,96	1,40	1,58	I	17,59	0,82	1,19	1,34	0,68	0,98	1,11	0,54	0,79	0,89	0,41	0,60	0,68	0,29	0,43	0,48	0,12	0,26	0,29
	II	16,41	0,90	1,31	1,47	II	16,41	0,75	1,10	1,24	0,62	0,90	1,01	0,48	0,71	0,80	0,36	0,53	0,59	0,24	0,35	0,40	—	0,19	0,21
	III	8,31	0,45	0,66	0,74	III	8,31	0,17	0,50	0,56	—	0,34	0,38	—	0,20	0,23	—	0,08	0,09	—	—	—	—	—	—
	V	31,81	1,74	2,54	2,86	IV	17,59	0,89	1,29	1,46	0,82	1,19	1,34	0,74	1,09	1,22	0,68	0,98	1,11	0,61	0,89	1,—	0,54	0,79	0,89
	VI	32,88	1,80	2,63	2,95																				
99,29	I,IV	17,62	0,96	1,40	1,58	I	17,62	0,82	1,19	1,34	0,68	0,99	1,11	0,54	0,79	0,89	0,41	0,61	0,68	0,29	0,43	0,48	0,12	0,26	0,29
	II	16,45	0,90	1,31	1,48	II	16,45	0,76	1,10	1,24	0,62	0,90	1,01	0,49	0,71	0,80	0,36	0,53	0,59	0,24	0,36	0,40	—	0,19	0,22
	III	8,34	0,45	0,66	0,75	III	8,34	0,17	0,50	0,56	—	0,34	0,38	—	0,20	0,23	—	0,08	0,09	—	—	—	—	—	—
	V	31,85	1,75	2,54	2,86	IV	17,62	0,89	1,30	1,46	0,82	1,19	1,34	0,75	1,09	1,22	0,68	0,99	1,11	0,61	0,89	1,—	0,54	0,79	0,89
	VI	32,92	1,81	2,63	2,96																				
99,39	I,IV	17,65	0,97	1,41	1,58	I	17,65	0,82	1,19	1,34	0,68	0,99	1,11	0,54	0,79	0,89	0,42	0,61	0,68	0,29	0,43	0,49	0,13	0,26	0,30
	II	16,48	0,90	1,31	1,48	II	16,48	0,76	1,10	1,24	0,62	0,90	1,02	0,49	0,71	0,80	0,36	0,53	0,60	0,24	0,36	0,40	—	0,19	0,22
	III	8,37	0,46	0,66	0,75	III	8,37	0,18	0,50	0,56	—	0,34	0,39	—	0,20	0,23	—	0,08	0,10	—	—	—	—	—	—
	V	31,89	1,75	2,55	2,87	IV	17,65	0,89	1,30	1,46	0,82	1,19	1,34	0,75	1,09	1,23	0,68	0,99	1,11	0,61	0,89	1,—	0,54	0,79	0,89
	VI	32,96	1,81	2,63	2,96																				
99,49	I,IV	17,68	0,97	1,41	1,59	I	17,68	0,82	1,20	1,35	0,68	0,99	1,12	0,55	0,80	0,90	0,42	0,61	0,69	0,30	0,43	0,49	0,13	0,26	0,30
	II	16,51	0,90	1,32	1,48	II	16,51	0,76	1,11	1,24	0,62	0,91	1,02	0,49	0,71	0,80	0,36	0,53	0,60	0,25	0,36	0,40	—	0,20	0,22
	III	8,40	0,46	0,67	0,75	III	8,40	0,19	0,50	0,57	—	0,35	0,39	—	0,21	0,23	—	0,09	0,10	—	—	—	—	—	—
	V	31,93	1,75	2,55	2,87	IV	17,68	0,89	1,30	1,46	0,82	1,20	1,35	0,75	1,09	1,23	0,68	0,99	1,12	0,61	0,89	1,—	0,55	0,80	0,90
	VI	33,01	1,81	2,64	2,97																				
99,59	I,IV	17,71	0,97	1,41	1,59	I	17,71	0,82	1,20	1,35	0,68	0,99	1,12	0,55	0,80	0,90	0,42	0,61	0,69	0,30	0,44	0,49	0,14	0,27	0,30
	II	16,54	0,90	1,32	1,48	II	16,54	0,76	1,11	1,25	0,62	0,91	1,02	0,49	0,72	0,81	0,37	0,53	0,60	0,25	0,36	0,41	—	0,20	0,22
	III	8,43	0,46	0,67	0,75	III	8,43	0,19	0,50	0,57	—	0,35	0,39	—	0,21	0,23	—	0,09	0,10	—	—	—	—	—	—
	V	31,97	1,75	2,55	2,87	IV	17,71	0,90	1,30	1,47	0,82	1,20	1,35	0,75	1,10	1,23	0,68	0,99	1,12	0,61	0,89	1,01	0,55	0,80	0,90
	VI	33,05	1,81	2,64	2,97																				
99,69	I,IV	17,75	0,97	1,42	1,59	I	17,75	0,82	1,20	1,35	0,68	1,—	1,12	0,55	0,80	0,90	0,42	0,61	0,69	0,30	0,44	0,49	0,14	0,27	0,30
	II	16,57	0,91	1,32	1,49	II	16,57	0,76	1,11	1,25	0,62	0,91	1,02	0,49	0,72	0,81	0,37	0,54	0,60	0,25	0,36	0,41	—	0,20	0,22
	III	8,46	0,46	0,67	0,76	III	8,46	0,20	0,51	0,57	—	0,35	0,39	—	0,21	0,24	—	0,09	0,10	—	—	—	—	—	—
	V	32,01	1,76	2,56	2,88	IV	17,75	0,90	1,31	1,47	0,82	1,20	1,35	0,75	1,10	1,24	0,68	1,—	1,12	0,62	0,90	1,01	0,55	0,80	0,90
	VI	33,09	1,82	2,64	2,97																				
99,79	I,IV	17,78	0,97	1,42	1,60	I	17,78	0,83	1,20	1,35	0,68	1,—	1,12	0,55	0,80	0,90	0,42	0,62	0,69	0,30	0,44	0,49	0,15	0,27	0,31
	II	16,60	0,91	1,32	1,49	II	16,60	0,76	1,11	1,25	0,63	0,91	1,03	0,49	0,72	0,81	0,37	0,54	0,61	0,25	0,36	0,41	—	0,20	0,23
	III	8,48	0,46	0,67	0,76	III	8,48	0,20	0,51	0,57	—	0,35	0,40	—	0,21	0,24	—	0,09	0,10	—	—	—	—	—	—
	V	32,06	1,76	2,56	2,88	IV	17,78	0,90	1,31	1,47	0,83	1,20	1,35	0,75	1,10	1,24	0,68	1,—	1,12	0,62	0,90	1,01	0,55	0,80	0,90
	VI	33,13	1,82	2,65	2,98																				
99,89	I,IV	17,81	0,97	1,42	1,60	I	17,81	0,83	1,21	1,36	0,69	1,—	1,13	0,55	0,80	0,91	0,42	0,62	0,70	0,30	0,44	0,50	0,15	0,27	0,31
	II	16,63	0,91	1,33	1,49	II	16,63	0,77	1,12	1,26	0,63	0,91	1,03	0,50	0,72	0,81	0,37	0,54	0,61	0,25	0,37	0,41	—	0,20	0,23
	III	8,52	0,46	0,68	0,76	III	8,52	0,21	0,51	0,58	—	0,35	0,40	—	0,21	0,24	—	0,09	0,10	—	—	—	—	—	—
	V	32,10	1,76	2,56	2,88	IV	17,81	0,90	1,31	1,48	0,83	1,21	1,36	0,76	1,10	1,24	0,69	1,—	1,13	0,62	0,90	1,01	0,55	0,80	0,91
	VI	33,17	1,82	2,65	2,98																				
99,99	I,IV	17,84	0,98	1,42	1,60	I	17,84	0,83	1,21	1,36	0,69	1,—	1,13	0,55	0,81	0,91	0,42	0,62	0,70	0,30	0,44	0,50	0,15	0,27	0,31
	II	16,66	0,91	1,33	1,49	II	16,66	0,77	1,12	1,26	0,63	0,92	1,03	0,50	0,72	0,82	0,37	0,54	0,61	0,25	0,37	0,42	—	0,20	0,23
	III	8,55	0,47	0,68	0,76	III	8,55	0,21	0,51	0,58	—	0,36	0,40	—	0,22	0,24	—	0,09	0,11	—	—	—	—	—	—
	V	32,14	1,76	2,57	2,89	IV	17,84	0,90	1,31	1,48	0,83	1,21	1,36	0,76	1,10	1,24	0,69	1,—	1,13	0,62	0,90	1,02	0,55	0,81	0,91
	VI	33,21	1,82	2,65	2,98																				
100,09	I,IV	17,87	0,98	1,42	1,60	I	17,87	0,83	1,21	1,36	0,69	1,01	1,13	0,55	0,81	0,91	0,43	0,62	0,70	0,30	0,44	0,50	0,16	0,28	0,31
	II	16,69	0,91	1,33	1,50	II	16,69	0,77	1,12	1,26	0,63	0,92	1,03	0,50	0,73	0,82	0,37	0,54	0,61	0,25	0,37	0,42	—	0,21	0,23
	III	8,57	0,47	0,68	0,77	III	8,57	0,22	0,52	0,58	—	0,36	0,40	—	0,22	0,25	—	0,10	0,11	—	—	—	—	—	—
	V	32,18	1,77	2,57	2,89	IV	17,87	0,90	1,32	1,48	0,83	1,21	1,36	0,76	1,11	1,25	0,69	1,01	1,13	0,62	0,91	1,02	0,55	0,81	0,91
	VI	33,26	1,82	2,66	2,99																				
100,19	I,IV	17,90	0,98	1,43	1,61	I	17,90	0,83	1,21	1,36	0,69	1,01	1,13	0,56	0,81	0,91	0,43	0,62	0,70	0,31	0,45	0,50	0,16	0,28	0,31
	II	16,72	0,92	1,33	1,50	II	16,72	0,77	1,12	1,26	0,63	0,92	1,04	0,50	0,73	0,82	0,37	0,55	0,62	0,25	0,37	0,42	—	0,21	0,23
	III	8,60	0,47	0,68	0,77	III	8,60	0,22	0,52	0,58	—	0,36	0,41	—	0,22	0,25	—	0,10	0,11	—	—	—	—	—	—
	V	32,23	1,77	2,57	2,90	IV	17,90	0,91	1,32	1,48	0,83	1,21	1,36	0,76	1,11	1,25	0,69	1,01	1,13	0,62	0,91	1,02	0,56	0,81	0,91
	VI	33,30	1,83	2,66	2,99																				
100,29	I,IV	17,93	0,98	1,43	1,61	I	17,93	0,83	1,22	1,37	0,69	1,01	1,14	0,56	0,81	0,92	0,43	0,63	0,71	0,31	0,45	0,51	0,17	0,28	0,32
	II	16,75	0,92	1,34	1,50	II	16,75	0,77	1,12	1,27	0,63	0,92	1,04	0,50	0,73	0,82	0,38	0,55	0,62	0,26	0,37	0,42	—	0,21	0,24
	III	8,63	0,47	0,69	0,77	III	8,63	0,23	0,52	0,59	—	0,36	0,41	—	0,22	0,25	—	0,10	0,11	—	—	—	—	—	—
	V	32,27	1,77	2,58	2,90	IV	17,93	0,91	1,32	1,49	0,83	1,22	1,37	0,76	1,11	1,25	0,69	1,01	1,14	0,62	0,91	1,02	0,56	0,81	0,92
	VI	33,34	1,83	2,66	3,—																				
100,39	I,IV	17,96	0,98	1,43	1,61	I	17,96	0,84	1,22	1,37	0,69	1,01	1,14	0,56	0,82	0,92	0,43	0,63	0,71	0,31	0,45	0,51	0,17	0,28	0,32
	II	16,79	0,92	1,34	1,51	II	16,79	0,77	1,13	1,27	0,63	0,93	1,04	0,50	0,73	0,83	0,38	0,55	0,62	0,26	0,38	0,42	—	0,21	0,24
	III	8,66	0,47	0,69	0,77	III	8,66	0,24	0,52	0,59	—	0,36	0,41	—	0,22	0,25	—	0,10	0,11	—	—	—	—	—	—
	V	32,31	1,77	2,58	2,90	IV	17,96	0,91	1,32	1,49	0,84	1,22	1,37	0,76	1,11	1,25	0,69	1,01	1,14	0,63	0,91	1,03	0,56	0,82	0,92
	VI	33,38	1,83	2,67	3,—																				
100,49	I,IV	18,—	0,99	1,44	1,62	I	18,—	0,84	1,22	1,37	0,70	1,01	1,14	0,56	0,82	0,92	0,43	0,63	0,71	0,31	0,45	0,51	0,18	0,28	0,32
	II	16,82	0,92	1,34	1,51	II	16,82	0,78	1,13	1,27	0,64	0,93	1,04	0,50	0,74	0,83	0,38	0,55	0,62	0,26	0,38	0,43	—	0,21	0,24
	III	8,69	0,47	0,69	0,78	III	8,69	0,24	0,52	0,59	—	0,37	0,41	—	0,22	0,25	—	0,10	0,11	—	—	—	—	—	—
	V	32,35	1,77	2,58	2,91	IV	18,—	0,91	1,33	1,49	0,84	1,22	1,37	0,77	1,12	1,26	0,70	1,01	1,14	0,63	0,92	1,03	0,56	0,82	0,92
	VI	33,43	1,83	2,67	3,—																				

Table header: Abzüge an Lohnsteuer, Solidaritätszuschlag (SolZ) und Kirchensteuer (8%, 9%) in den Steuerklassen; I – VI: ohne Kinderfreibeträge; I, II, III, IV: mit Zahl der Kinderfreibeträge . . .

* Die ausgewiesenen Tabellenwerte sind amtlich. Siehe Erläuterungen auf der Umschlaginnenseite (U2).
** Bei mehr als 3 Kinderfreibeträgen ist die „Ergänzungs-Tabelle 3,5 bis 6 Kinderfreibeträge" anzuwenden.

Abzüge an Lohnsteuer, Solidaritätszuschlag (SolZ) und Kirchensteuer (8%, 9%) in den Steuerklassen

Lohn/ Gehalt bis €*	I – VI					I, II, III, IV mit Zahl der Kinderfreibeträge . . .																			
			ohne Kinderfreibeträge					0,5			1			1,5			2			2,5			3**		
		LSt	SolZ	8%	9%		LSt	SolZ	8%	9%	SolZ	8%	9%	SolZ	8%	9%	SolZ	8%	9%	SolZ	8%	9%	SolZ	8%	9%
100,59	I,IV	18,03	0,99	1,44	1,62	I	18,03	0,84	1,22	1,38	0,70	1,02	1,14	0,56	0,82	0,92	0,43	0,63	0,71	0,31	0,46	0,51	0,18	0,29	0,32
	II	16,85	0,92	1,34	1,51	II	16,85	0,78	1,13	1,27	0,64	0,93	1,05	0,51	0,74	0,83	0,38	0,55	0,62	0,26	0,38	0,43	0,01	0,22	0,24
	III	8,72	0,47	0,69	0,78	III	8,72	0,25	0,53	0,59	—	0,37	0,42	—	0,23	0,26	—	0,10	0,12	—	—	—	—	—	—
	V	32,39	1,78	2,59	2,91	IV	18,03	0,91	1,33	1,50	0,84	1,22	1,38	0,77	1,12	1,26	0,70	1,02	1,14	0,63	0,92	1,03	0,56	0,82	0,92
	VI	33,47	1,84	2,67	3,01																				
100,69	I,IV	18,06	0,99	1,44	1,62	I	18,06	0,84	1,22	1,38	0,70	1,02	1,15	0,56	0,82	0,93	0,44	0,64	0,72	0,31	0,46	0,51	0,19	0,29	0,32
	II	16,88	0,92	1,35	1,51	II	16,88	0,78	1,13	1,28	0,64	0,93	1,05	0,51	0,74	0,83	0,38	0,56	0,63	0,26	0,38	0,43	0,01	0,22	0,25
	III	8,75	0,48	0,70	0,78	III	8,75	0,25	0,53	0,60	—	0,37	0,42	—	0,23	0,26	—	0,10	0,12	—	—	—	—	—	—
	V	32,44	1,78	2,59	2,91	IV	18,06	0,91	1,33	1,50	0,84	1,22	1,38	0,77	1,12	1,26	0,70	1,02	1,15	0,63	0,92	1,03	0,56	0,82	0,93
	VI	33,51	1,84	2,68	3,01																				
100,79	I,IV	18,09	0,99	1,44	1,62	I	18,09	0,84	1,23	1,38	0,70	1,02	1,15	0,57	0,82	0,93	0,44	0,64	0,72	0,31	0,46	0,52	0,19	0,29	0,33
	II	16,91	0,93	1,35	1,52	II	16,91	0,78	1,14	1,28	0,64	0,94	1,05	0,51	0,74	0,84	0,38	0,56	0,63	0,26	0,38	0,43	0,02	0,22	0,25
	III	8,78	0,48	0,70	0,79	III	8,78	0,26	0,53	0,60	—	0,37	0,42	—	0,23	0,26	—	0,11	0,12	—	—	—	—	—	—
	V	32,48	1,78	2,59	2,92	IV	18,09	0,92	1,33	1,50	0,84	1,23	1,38	0,77	1,12	1,26	0,70	1,02	1,15	0,63	0,92	1,04	0,57	0,82	0,93
	VI	33,55	1,84	2,68	3,01																				
100,89	I,IV	18,12	0,99	1,44	1,63	I	18,12	0,84	1,23	1,38	0,70	1,02	1,15	0,57	0,83	0,93	0,44	0,64	0,72	0,32	0,46	0,52	0,20	0,29	0,33
	II	16,94	0,93	1,35	1,52	II	16,94	0,78	1,14	1,28	0,64	0,94	1,05	0,51	0,74	0,84	0,38	0,56	0,63	0,26	0,39	0,44	0,02	0,22	0,25
	III	8,81	0,48	0,70	0,79	III	8,81	0,26	0,53	0,60	—	0,38	0,42	—	0,23	0,26	—	0,11	0,12	—	—	—	—	—	—
	V	32,52	1,78	2,60	2,92	IV	18,12	0,92	1,34	1,50	0,84	1,23	1,38	0,77	1,13	1,27	0,70	1,02	1,15	0,63	0,92	1,04	0,57	0,83	0,93
	VI	33,59	1,84	2,68	3,02																				
100,99	I,IV	18,16	0,99	1,45	1,63	I	18,16	0,85	1,23	1,39	0,70	1,03	1,15	0,57	0,83	0,93	0,44	0,64	0,72	0,32	0,46	0,52	0,20	0,29	0,33
	II	16,97	0,93	1,35	1,52	II	16,97	0,78	1,14	1,28	0,64	0,94	1,06	0,51	0,75	0,84	0,39	0,56	0,63	0,27	0,39	0,44	0,03	0,22	0,25
	III	8,83	0,48	0,70	0,79	III	8,83	0,27	0,54	0,60	—	0,38	0,42	—	0,23	0,26	—	0,11	0,12	—	—	0,01	—	—	—
	V	32,56	1,79	2,60	2,93	IV	18,16	0,92	1,34	1,51	0,85	1,23	1,39	0,77	1,13	1,27	0,70	1,03	1,15	0,64	0,93	1,04	0,57	0,83	0,93
	VI	33,63	1,85	2,69	3,02																				
101,09	I,IV	18,19	1,—	1,45	1,63	I	18,19	0,85	1,23	1,39	0,71	1,03	1,16	0,57	0,83	0,94	0,44	0,64	0,72	0,32	0,46	0,52	0,20	0,30	0,33
	II	17,—	0,93	1,36	1,53	II	17,—	0,79	1,14	1,29	0,65	0,94	1,06	0,51	0,75	0,84	0,39	0,56	0,64	0,27	0,39	0,44	0,03	0,22	0,25
	III	8,86	0,48	0,70	0,79	III	8,86	0,28	0,54	0,61	—	0,38	0,43	—	0,24	0,27	—	0,11	0,13	—	0,01	0,01	—	—	—
	V	32,60	1,79	2,60	2,93	IV	18,19	0,92	1,34	1,51	0,85	1,23	1,39	0,78	1,13	1,27	0,71	1,03	1,16	0,64	0,93	1,05	0,57	0,83	0,94
	VI	33,68	1,85	2,69	3,03																				
101,19	I,IV	18,22	1,—	1,45	1,63	I	18,22	0,85	1,24	1,39	0,71	1,03	1,16	0,57	0,83	0,94	0,44	0,65	0,73	0,32	0,47	0,53	0,20	0,30	0,34
	II	17,03	0,93	1,36	1,53	II	17,03	0,79	1,15	1,29	0,65	0,94	1,06	0,51	0,75	0,85	0,39	0,57	0,64	0,27	0,39	0,44	0,03	0,23	0,26
	III	8,89	0,48	0,71	0,80	III	8,89	0,28	0,54	0,61	—	0,38	0,43	—	0,24	0,27	—	0,11	0,13	—	0,01	0,01	—	—	—
	V	32,65	1,79	2,61	2,93	IV	18,22	0,92	1,34	1,51	0,85	1,24	1,39	0,78	1,13	1,27	0,71	1,03	1,16	0,64	0,93	1,05	0,57	0,83	0,94
	VI	33,72	1,85	2,69	3,03																				
101,29	I,IV	18,25	1,—	1,46	1,64	I	18,25	0,85	1,24	1,39	0,71	1,03	1,16	0,57	0,84	0,94	0,44	0,65	0,73	0,32	0,47	0,53	0,20	0,30	0,34
	II	17,06	0,93	1,36	1,53	II	17,06	0,79	1,15	1,29	0,65	0,95	1,07	0,52	0,75	0,85	0,39	0,57	0,64	0,27	0,39	0,44	0,04	0,23	0,26
	III	8,92	0,49	0,71	0,80	III	8,92	0,29	0,54	0,61	—	0,38	0,43	—	0,24	0,27	—	0,11	0,13	—	0,01	0,01	—	—	—
	V	32,69	1,79	2,61	2,94	IV	18,25	0,92	1,35	1,52	0,85	1,24	1,39	0,78	1,14	1,28	0,71	1,03	1,16	0,64	0,93	1,05	0,57	0,84	0,94
	VI	33,76	1,85	2,70	3,03																				
101,39	I,IV	18,28	1,—	1,46	1,64	I	18,28	0,85	1,24	1,40	0,71	1,04	1,17	0,57	0,84	0,94	0,45	0,65	0,73	0,32	0,47	0,53	0,21	0,30	0,34
	II	17,10	0,94	1,36	1,53	II	17,10	0,79	1,15	1,30	0,65	0,95	1,07	0,52	0,76	0,85	0,39	0,57	0,64	0,27	0,40	0,45	0,04	0,23	0,26
	III	8,95	0,49	0,71	0,80	III	8,95	0,29	0,54	0,61	—	0,38	0,43	—	0,24	0,27	—	0,12	0,13	—	0,01	0,01	—	—	—
	V	32,73	1,80	2,61	2,94	IV	18,28	0,93	1,35	1,52	0,85	1,24	1,40	0,78	1,14	1,28	0,71	1,04	1,17	0,64	0,94	1,05	0,57	0,84	0,94
	VI	33,80	1,85	2,70	3,04																				
101,49	I,IV	18,31	1,—	1,46	1,64	I	18,31	0,85	1,24	1,40	0,71	1,04	1,17	0,58	0,84	0,95	0,45	0,65	0,73	0,32	0,47	0,53	0,21	0,30	0,34
	II	17,13	0,94	1,37	1,54	II	17,13	0,79	1,15	1,30	0,65	0,95	1,07	0,52	0,76	0,85	0,39	0,57	0,64	0,27	0,40	0,45	0,05	0,23	0,26
	III	8,97	0,49	0,71	0,80	III	8,97	0,30	0,55	0,62	—	0,39	0,44	—	0,24	0,27	—	0,12	0,13	—	0,01	0,01	—	—	—
	V	32,77	1,80	2,62	2,94	IV	18,31	0,93	1,35	1,52	0,85	1,24	1,40	0,78	1,14	1,28	0,71	1,04	1,17	0,64	0,94	1,06	0,58	0,84	0,95
	VI	33,85	1,86	2,70	3,04																				
101,59	I,IV	18,35	1,—	1,46	1,65	I	18,35	0,86	1,25	1,40	0,71	1,04	1,17	0,58	0,84	0,95	0,45	0,65	0,74	0,33	0,48	0,54	0,21	0,30	0,34
	II	17,16	0,94	1,37	1,54	II	17,16	0,79	1,16	1,30	0,65	0,95	1,07	0,52	0,76	0,85	0,39	0,58	0,65	0,27	0,40	0,45	0,05	0,23	0,26
	III	8,99	0,49	0,71	0,80	III	8,99	0,30	0,55	0,62	—	0,39	0,44	—	0,24	0,27	—	0,12	0,13	—	0,01	0,01	—	—	—
	V	32,81	1,80	2,62	2,95	IV	18,35	0,93	1,35	1,52	0,86	1,25	1,40	0,78	1,14	1,29	0,71	1,04	1,17	0,64	0,94	1,06	0,58	0,84	0,95
	VI	33,89	1,86	2,71	3,05																				
101,69	I,IV	18,38	1,01	1,47	1,65	I	18,38	0,86	1,25	1,41	0,72	1,04	1,17	0,58	0,84	0,95	0,45	0,66	0,74	0,33	0,48	0,54	0,21	0,31	0,35
	II	17,19	0,94	1,37	1,54	II	17,19	0,79	1,16	1,30	0,66	0,96	1,08	0,52	0,76	0,86	0,40	0,58	0,65	0,27	0,40	0,45	0,06	0,24	0,27
	III	9,02	0,49	0,72	0,81	III	9,02	0,30	0,55	0,62	—	0,39	0,44	—	0,25	0,28	—	0,12	0,14	—	0,01	0,01	—	—	—
	V	32,86	1,80	2,62	2,95	IV	18,38	0,93	1,36	1,53	0,86	1,25	1,41	0,79	1,14	1,29	0,72	1,04	1,17	0,65	0,94	1,06	0,58	0,84	0,95
	VI	33,93	1,86	2,71	3,05																				
101,79	I,IV	18,41	1,01	1,47	1,65	I	18,41	0,86	1,25	1,41	0,72	1,04	1,18	0,58	0,85	0,95	0,45	0,66	0,74	0,33	0,48	0,54	0,21	0,31	0,35
	II	17,22	0,94	1,37	1,54	II	17,22	0,80	1,16	1,31	0,66	0,96	1,08	0,52	0,76	0,86	0,40	0,58	0,65	0,28	0,40	0,45	0,06	0,24	0,27
	III	9,04	0,49	0,72	0,81	III	9,04	0,31	0,55	0,62	—	0,39	0,44	—	0,25	0,28	—	0,12	0,14	—	0,01	0,02	—	—	—
	V	32,90	1,80	2,63	2,96	IV	18,41	0,93	1,36	1,53	0,86	1,25	1,41	0,79	1,15	1,29	0,72	1,04	1,18	0,65	0,94	1,06	0,58	0,85	0,95
	VI	33,97	1,86	2,71	3,05																				
101,89	I,IV	18,44	1,01	1,47	1,65	I	18,44	0,86	1,25	1,41	0,72	1,05	1,18	0,58	0,85	0,96	0,45	0,66	0,74	0,33	0,48	0,54	0,21	0,31	0,35
	II	17,25	0,94	1,38	1,55	II	17,25	0,80	1,16	1,31	0,66	0,96	1,08	0,53	0,77	0,86	0,40	0,58	0,65	0,28	0,41	0,46	0,07	0,24	0,27
	III	9,06	0,49	0,72	0,81	III	9,06	0,31	0,55	0,62	—	0,39	0,44	—	0,25	0,28	—	0,12	0,14	—	0,02	0,02	—	—	—
	V	32,94	1,81	2,63	2,96	IV	18,44	0,93	1,36	1,53	0,86	1,25	1,41	0,79	1,15	1,29	0,72	1,05	1,18	0,65	0,95	1,07	0,58	0,85	0,96
	VI	34,01	1,87	2,72	3,06																				
101,99	I,IV	18,47	1,01	1,47	1,66	I	18,47	0,86	1,26	1,41	0,72	1,05	1,18	0,58	0,85	0,96	0,45	0,66	0,75	0,33	0,48	0,54	0,21	0,31	0,35
	II	17,28	0,95	1,38	1,55	II	17,28	0,80	1,17	1,31	0,66	0,96	1,08	0,53	0,77	0,86	0,40	0,58	0,66	0,28	0,41	0,46	0,07	0,24	0,27
	III	9,09	0,50	0,72	0,81	III	9,09	0,32	0,56	0,63	—	0,40	0,45	—	0,25	0,28	—	0,12	0,14	—	0,02	0,02	—	—	—
	V	32,98	1,81	2,63	2,96	IV	18,47	0,94	1,36	1,53	0,86	1,26	1,41	0,79	1,15	1,30	0,72	1,05	1,18	0,65	0,95	1,07	0,58	0,85	0,96
	VI	34,06	1,87	2,72	3,06																				

* Die ausgewiesenen Tabellenwerte sind amtlich. Siehe Erläuterungen auf der Umschlaginnenseite (U2).
** Bei mehr als 3 Kinderfreibeträgen ist die „Ergänzungs-Tabelle 3,5 bis 6 Kinderfreibeträge" anzuwenden.

Abzüge an Lohnsteuer, Solidaritätszuschlag (SolZ) und Kirchensteuer (8%, 9%) in den Steuerklassen

Lohn/ Gehalt bis €*		I – VI LSt	ohne Kinderfreibeträge SolZ	8%	9%		I, II, III, IV LSt	mit Zahl der Kinderfreibeträge … 0,5 SolZ	8%	9%	1 SolZ	8%	9%	1,5 SolZ	8%	9%	2 SolZ	8%	9%	2,5 SolZ	8%	9%	3** SolZ	8%	9%
102,09	I,IV	18,51	1,01	1,48	1,66	I	18,51	0,86	1,26	1,42	0,72	1,05	1,18	0,59	0,85	0,96	0,46	0,66	0,75	0,33	0,48	0,55	0,21	0,31	0,35
	II	17,31	0,95	1,38	1,55	II	17,31	0,80	1,17	1,31	0,66	0,96	1,08	0,53	0,77	0,87	0,40	0,59	0,66	0,28	0,41	0,46	0,08	0,24	0,27
	III	9,11	0,50	0,72	0,81	III	9,11	0,32	0,56	0,63	—	0,40	0,45	—	0,25	0,28	—	0,12	0,14	—	0,02	0,02	—	—	—
	V	33,02	1,81	2,64	2,97	IV	18,51	0,94	1,37	1,54	0,86	1,26	1,42	0,79	1,15	1,30	0,72	1,05	1,18	0,65	0,95	1,07	0,59	0,85	0,96
	VI	34,10	1,87	2,72	3,06																				
102,19	I,IV	18,54	1,01	1,48	1,66	I	18,54	0,87	1,26	1,42	0,72	1,05	1,19	0,59	0,86	0,96	0,46	0,67	0,75	0,33	0,49	0,55	0,22	0,32	0,36
	II	17,35	0,95	1,38	1,56	II	17,35	0,80	1,17	1,32	0,66	0,97	1,09	0,53	0,77	0,87	0,40	0,59	0,66	0,28	0,41	0,46	0,08	0,24	0,28
	III	9,13	0,50	0,73	0,82	III	9,13	0,33	0,56	0,63	—	0,40	0,45	—	0,25	0,29	—	0,13	0,14	—	0,02	0,02	—	—	—
	V	33,06	1,81	2,64	2,97	IV	18,54	0,94	1,37	1,54	0,87	1,26	1,42	0,79	1,16	1,30	0,72	1,05	1,19	0,65	0,95	1,07	0,59	0,86	0,96
	VI	34,14	1,87	2,73	3,07																				
102,29	I,IV	18,57	1,02	1,48	1,67	I	18,57	0,87	1,26	1,42	0,72	1,06	1,19	0,59	0,86	0,97	0,46	0,67	0,75	0,33	0,49	0,55	0,22	0,32	0,36
	II	17,38	0,95	1,39	1,56	II	17,38	0,80	1,17	1,32	0,66	0,97	1,09	0,53	0,77	0,87	0,40	0,59	0,66	0,28	0,41	0,47	0,09	0,25	0,28
	III	9,16	0,50	0,73	0,82	III	9,16	0,33	0,56	0,63	—	0,40	0,45	—	0,26	0,29	—	0,13	0,14	—	0,02	0,02	—	—	—
	V	33,11	1,82	2,64	2,97	IV	18,57	0,94	1,37	1,54	0,87	1,26	1,42	0,80	1,16	1,30	0,72	1,06	1,19	0,66	0,96	1,08	0,59	0,86	0,97
	VI	34,18	1,88	2,73	3,07																				
102,39	I,IV	18,60	1,02	1,48	1,67	I	18,60	0,87	1,27	1,43	0,73	1,06	1,19	0,59	0,86	0,97	0,46	0,67	0,76	0,34	0,49	0,55	0,22	0,32	0,36
	II	17,41	0,95	1,39	1,56	II	17,41	0,81	1,18	1,32	0,67	0,97	1,09	0,53	0,78	0,87	0,41	0,59	0,67	0,28	0,42	0,47	0,09	0,25	0,28
	III	9,18	0,50	0,73	0,82	III	9,18	0,34	0,56	0,63	—	0,40	0,45	—	0,26	0,29	—	0,13	0,15	—	0,02	0,02	—	—	—
	V	33,15	1,82	2,65	2,98	IV	18,60	0,94	1,37	1,55	0,87	1,27	1,43	0,80	1,16	1,31	0,73	1,06	1,19	0,66	0,96	1,08	0,59	0,86	0,97
	VI	34,22	1,88	2,73	3,07																				
102,49	I,IV	18,63	1,02	1,49	1,67	I	18,63	0,87	1,27	1,43	0,73	1,06	1,19	0,59	0,86	0,97	0,46	0,67	0,76	0,34	0,49	0,55	0,22	0,32	0,36
	II	17,44	0,95	1,39	1,56	II	17,44	0,81	1,18	1,33	0,67	0,97	1,10	0,53	0,78	0,88	0,41	0,59	0,67	0,29	0,42	0,47	0,10	0,25	0,28
	III	9,21	0,50	0,73	0,82	III	9,21	0,34	0,57	0,64	—	0,40	0,46	—	0,26	0,29	—	0,13	0,15	—	0,02	0,02	—	—	—
	V	33,19	1,82	2,65	2,98	IV	18,63	0,94	1,38	1,55	0,87	1,27	1,43	0,80	1,16	1,31	0,73	1,06	1,19	0,66	0,96	1,08	0,59	0,86	0,97
	VI	34,26	1,88	2,74	3,08																				
102,59	I,IV	18,66	1,02	1,49	1,67	I	18,66	0,87	1,27	1,43	0,73	1,06	1,20	0,59	0,86	0,97	0,46	0,68	0,76	0,34	0,50	0,56	0,22	0,32	0,36
	II	17,47	0,96	1,39	1,57	II	17,47	0,81	1,18	1,33	0,67	0,98	1,10	0,54	0,78	0,88	0,41	0,60	0,67	0,29	0,42	0,47	0,10	0,25	0,28
	III	9,23	0,50	0,73	0,83	III	9,23	0,35	0,57	0,64	—	0,41	0,46	—	0,26	0,29	—	0,13	0,15	—	0,02	0,03	—	—	—
	V	33,23	1,82	2,65	2,99	IV	18,66	0,95	1,38	1,55	0,87	1,27	1,43	0,80	1,17	1,31	0,73	1,06	1,20	0,66	0,96	1,08	0,59	0,86	0,97
	VI	34,31	1,88	2,74	3,08																				
102,69	I,IV	18,70	1,02	1,49	1,68	I	18,70	0,87	1,27	1,43	0,73	1,07	1,20	0,59	0,87	0,98	0,46	0,68	0,76	0,34	0,50	0,56	0,22	0,33	0,37
	II	17,50	0,96	1,40	1,57	II	17,50	0,81	1,18	1,33	0,67	0,98	1,10	0,54	0,78	0,88	0,41	0,60	0,67	0,29	0,42	0,47	0,10	0,25	0,29
	III	9,26	0,50	0,74	0,83	III	9,26	0,35	0,57	0,64	—	0,41	0,46	—	0,26	0,29	—	0,13	0,15	—	0,02	0,03	—	—	—
	V	33,28	1,83	2,66	2,99	IV	18,70	0,95	1,38	1,55	0,87	1,27	1,43	0,80	1,17	1,32	0,73	1,07	1,20	0,66	0,96	1,09	0,59	0,87	0,98
	VI	34,35	1,88	2,74	3,09																				
102,79	I,IV	18,73	1,03	1,49	1,68	I	18,73	0,88	1,28	1,44	0,73	1,07	1,20	0,60	0,87	0,98	0,47	0,68	0,76	0,34	0,50	0,56	0,22	0,33	0,37
	II	17,53	0,96	1,40	1,57	II	17,53	0,81	1,18	1,33	0,67	0,98	1,10	0,54	0,79	0,88	0,41	0,60	0,68	0,29	0,42	0,48	0,11	0,26	0,29
	III	9,28	0,51	0,74	0,83	III	9,28	0,36	0,57	0,64	—	0,41	0,46	—	0,26	0,30	—	0,14	0,15	—	0,03	0,03	—	—	—
	V	33,32	1,83	2,66	2,99	IV	18,73	0,95	1,38	1,56	0,88	1,28	1,44	0,80	1,17	1,32	0,73	1,07	1,20	0,66	0,97	1,09	0,60	0,87	0,98
	VI	34,39	1,89	2,75	3,09																				
102,89	I,IV	18,76	1,03	1,50	1,68	I	18,76	0,88	1,28	1,44	0,73	1,07	1,20	0,60	0,87	0,98	0,47	0,68	0,77	0,34	0,50	0,56	0,23	0,33	0,37
	II	17,57	0,96	1,40	1,58	II	17,57	0,81	1,19	1,34	0,67	0,98	1,11	0,54	0,79	0,89	0,41	0,60	0,68	0,29	0,43	0,48	0,11	0,26	0,29
	III	9,31	0,51	0,74	0,83	III	9,31	0,36	0,57	0,65	—	0,41	0,46	—	0,26	0,30	—	0,14	0,15	—	0,03	0,03	—	—	—
	V	33,36	1,83	2,66	3,—	IV	18,76	0,95	1,39	1,56	0,88	1,28	1,44	0,81	1,17	1,32	0,73	1,07	1,20	0,67	0,97	1,09	0,60	0,87	0,98
	VI	34,43	1,89	2,75	3,09																				
102,99	I,IV	18,79	1,03	1,50	1,69	I	18,79	0,88	1,28	1,44	0,74	1,07	1,21	0,60	0,87	0,98	0,47	0,68	0,77	0,34	0,50	0,57	0,23	0,33	0,37
	II	17,60	0,96	1,40	1,58	II	17,60	0,82	1,19	1,34	0,68	0,98	1,11	0,54	0,79	0,89	0,41	0,60	0,68	0,29	0,43	0,48	0,12	0,26	0,29
	III	9,33	0,51	0,74	0,83	III	9,33	0,37	0,58	0,65	—	0,41	0,47	—	0,27	0,30	—	0,14	0,16	—	0,03	0,03	—	—	—
	V	33,40	1,83	2,67	3,—	IV	18,79	0,95	1,39	1,56	0,88	1,28	1,44	0,81	1,18	1,32	0,74	1,07	1,21	0,67	0,97	1,09	0,60	0,87	0,98
	VI	34,48	1,89	2,75	3,10																				
103,09	I,IV	18,82	1,03	1,50	1,69	I	18,82	0,88	1,28	1,44	0,74	1,08	1,21	0,60	0,88	0,99	0,47	0,69	0,77	0,35	0,50	0,57	0,23	0,33	0,38
	II	17,63	0,96	1,41	1,58	II	17,63	0,82	1,19	1,34	0,68	0,99	1,11	0,54	0,79	0,89	0,42	0,61	0,68	0,29	0,43	0,48	0,12	0,26	0,29
	III	9,36	0,51	0,74	0,84	III	9,36	0,37	0,58	0,65	—	0,42	0,47	—	0,27	0,30	—	0,14	0,16	—	0,03	0,03	—	—	—
	V	33,44	1,83	2,67	3,—	IV	18,82	0,96	1,39	1,57	0,88	1,28	1,44	0,81	1,18	1,33	0,74	1,08	1,21	0,67	0,97	1,10	0,60	0,88	0,99
	VI	34,52	1,89	2,76	3,10																				
103,19	I,IV	18,86	1,03	1,50	1,69	I	18,86	0,88	1,29	1,45	0,74	1,08	1,21	0,60	0,88	0,99	0,47	0,69	0,77	0,35	0,51	0,57	0,23	0,34	0,38
	II	17,66	0,97	1,41	1,58	II	17,66	0,82	1,19	1,34	0,68	0,99	1,11	0,54	0,79	0,89	0,42	0,61	0,68	0,30	0,43	0,49	0,13	0,26	0,30
	III	9,38	0,51	0,75	0,84	III	9,38	0,38	0,58	0,65	—	0,42	0,47	—	0,27	0,30	—	0,14	0,16	—	0,03	0,03	—	—	—
	V	33,49	1,84	2,67	3,01	IV	18,86	0,96	1,39	1,57	0,88	1,29	1,45	0,81	1,18	1,33	0,74	1,08	1,21	0,67	0,98	1,10	0,60	0,88	0,99
	VI	34,56	1,90	2,76	3,11																				
103,29	I,IV	18,89	1,03	1,51	1,70	I	18,89	0,88	1,29	1,45	0,74	1,08	1,22	0,60	0,88	0,99	0,47	0,69	0,78	0,35	0,51	0,57	0,23	0,34	0,38
	II	17,69	0,97	1,41	1,59	II	17,69	0,82	1,20	1,35	0,68	0,99	1,12	0,55	0,80	0,90	0,42	0,61	0,69	0,30	0,43	0,49	0,13	0,27	0,30
	III	9,41	0,51	0,75	0,84	III	9,41	0,38	0,58	0,65	—	0,42	0,47	—	0,27	0,31	—	0,14	0,16	—	0,03	0,04	—	—	—
	V	33,53	1,84	2,68	3,01	IV	18,89	0,96	1,40	1,57	0,88	1,29	1,45	0,81	1,18	1,33	0,74	1,08	1,22	0,67	0,98	1,10	0,60	0,88	0,99
	VI	34,60	1,90	2,76	3,11																				
103,39	I,IV	18,92	1,04	1,51	1,70	I	18,92	0,89	1,29	1,45	0,74	1,08	1,22	0,61	0,88	0,99	0,47	0,69	0,78	0,35	0,51	0,58	0,23	0,34	0,38
	II	17,72	0,97	1,41	1,59	II	17,72	0,82	1,20	1,35	0,68	0,99	1,12	0,55	0,80	0,90	0,42	0,61	0,69	0,30	0,44	0,49	0,14	0,27	0,30
	III	9,43	0,51	0,75	0,84	III	9,43	0,39	0,58	0,66	—	0,42	0,47	—	0,27	0,31	—	0,14	0,16	—	0,03	0,04	—	—	—
	V	33,57	1,84	2,68	3,02	IV	18,92	0,96	1,40	1,57	0,89	1,29	1,45	0,81	1,19	1,33	0,74	1,08	1,22	0,67	0,98	1,10	0,61	0,88	0,99
	VI	34,64	1,90	2,77	3,11																				
103,49	I,IV	18,95	1,04	1,51	1,70	I	18,95	0,89	1,29	1,46	0,74	1,08	1,22	0,61	0,88	1,—	0,48	0,69	0,78	0,35	0,51	0,58	0,23	0,34	0,38
	II	17,75	0,97	1,42	1,59	II	17,75	0,82	1,20	1,35	0,68	1,—	1,12	0,55	0,80	0,90	0,42	0,61	0,69	0,30	0,44	0,49	0,14	0,27	0,30
	III	9,45	0,52	0,75	0,85	III	9,45	0,39	0,58	0,66	—	0,42	0,48	—	0,27	0,31	—	0,14	0,16	—	0,03	0,04	—	—	—
	V	33,61	1,84	2,68	3,02	IV	18,95	0,96	1,40	1,58	0,89	1,29	1,46	0,82	1,19	1,34	0,74	1,08	1,22	0,67	0,98	1,11	0,61	0,88	1,—
	VI	34,68	1,90	2,77	3,12																				

* Die ausgewiesenen Tabellenwerte sind amtlich. Siehe Erläuterungen auf der Umschlaginnenseite (U2).
** Bei mehr als 3 Kinderfreibeträgen ist die „Ergänzungs-Tabelle 3,5 bis 6 Kinderfreibeträge" anzuwenden.

Abzüge an Lohnsteuer, Solidaritätszuschlag (SolZ) und Kirchensteuer (8%, 9%) in den Steuerklassen

Lohn/ Gehalt bis €*	I – VI		ohne Kinderfreibeträge			I, II, III, IV		mit Zahl der Kinderfreibeträge . . . 0,5			1			1,5			2			2,5			3**		
		LSt	SolZ	8%	9%		LSt	SolZ	8%	9%	SolZ	8%	9%	SolZ	8%	9%	SolZ	8%	9%	SolZ	8%	9%	SolZ	8%	9%
103,59	I,IV	18,98	1,04	1,51	1,70	I	18,98	0,89	1,30	1,46	0,75	1,09	1,22	0,61	0,89	1,—	0,48	0,70	0,78	0,35	0,52	0,58	0,23	0,34	0,39
	II	17,79	0,97	1,42	1,60	II	17,79	0,83	1,20	1,35	0,69	1,—	1,12	0,55	0,80	0,90	0,42	0,62	0,69	0,30	0,44	0,49	0,15	0,27	0,31
	III	9,48	0,52	0,75	0,85	III	9,48	0,39	0,59	0,66	—	0,42	0,48	—	0,28	0,31	—	0,15	0,16	—	0,04	0,04	—	—	—
	V	33,65	1,85	2,69	3,02	IV	18,98	0,96	1,40	1,58	0,89	1,30	1,46	0,82	1,19	1,34	0,75	1,09	1,22	0,68	0,99	1,11	0,61	0,89	1,—
	VI	34,73	1,91	2,77	3,12																				
103,69	I,IV	19,02	1,04	1,52	1,71	I	19,02	0,89	1,30	1,46	0,75	1,09	1,23	0,61	0,89	1,—	0,48	0,70	0,79	0,35	0,52	0,58	0,24	0,34	0,39
	II	17,82	0,98	1,42	1,60	II	17,82	0,83	1,21	1,36	0,69	1,—	1,13	0,55	0,81	0,91	0,42	0,62	0,70	0,30	0,44	0,50	0,15	0,27	0,31
	III	9,50	0,52	0,76	0,85	III	9,50	0,40	0,59	0,66	—	0,43	0,48	—	0,28	0,31	—	0,15	0,17	—	0,04	0,04	—	—	—
	V	33,70	1,85	2,69	3,03	IV	19,02	0,97	1,41	1,58	0,89	1,30	1,46	0,82	1,19	1,34	0,75	1,09	1,23	0,68	0,99	1,11	0,61	0,89	1,—
	VI	34,77	1,91	2,78	3,12																				
103,79	I,IV	19,05	1,04	1,52	1,71	I	19,05	0,89	1,30	1,46	0,75	1,09	1,23	0,61	0,89	1,—	0,48	0,70	0,79	0,36	0,52	0,58	0,24	0,35	0,39
	II	17,85	0,98	1,42	1,60	II	17,85	0,83	1,21	1,36	0,69	1,—	1,13	0,55	0,81	0,91	0,43	0,62	0,70	0,30	0,44	0,50	0,16	0,28	0,31
	III	9,53	0,52	0,76	0,85	III	9,53	0,40	0,59	0,66	—	0,43	0,48	—	0,28	0,31	—	0,15	0,17	—	0,04	0,04	—	—	—
	V	33,74	1,85	2,69	3,03	IV	19,05	0,97	1,41	1,59	0,89	1,30	1,46	0,82	1,20	1,35	0,75	1,09	1,23	0,68	0,99	1,11	0,61	0,89	1,—
	VI	34,81	1,91	2,78	3,13																				
103,89	I,IV	19,08	1,04	1,52	1,71	I	19,08	0,89	1,30	1,47	0,75	1,09	1,23	0,61	0,89	1,01	0,48	0,70	0,79	0,36	0,52	0,59	0,24	0,35	0,39
	II	17,88	0,98	1,43	1,60	II	17,88	0,83	1,21	1,36	0,69	1,01	1,13	0,56	0,81	0,91	0,43	0,62	0,70	0,30	0,45	0,50	0,16	0,28	0,31
	III	9,55	0,52	0,76	0,85	III	9,55	0,41	0,59	0,67	—	0,43	0,48	—	0,28	0,32	—	0,15	0,17	—	0,04	0,04	—	—	—
	V	33,78	1,85	2,70	3,04	IV	19,08	0,97	1,41	1,59	0,89	1,30	1,47	0,82	1,20	1,35	0,75	1,09	1,23	0,68	0,99	1,12	0,61	0,89	1,01
	VI	34,85	1,91	2,78	3,13																				
103,99	I,IV	19,11	1,05	1,52	1,71	I	19,11	0,90	1,31	1,47	0,75	1,10	1,23	0,61	0,90	1,01	0,48	0,70	0,79	0,36	0,52	0,59	0,24	0,35	0,40
	II	17,91	0,98	1,43	1,61	II	17,91	0,83	1,21	1,37	0,69	1,01	1,13	0,56	0,81	0,91	0,43	0,62	0,70	0,31	0,45	0,50	0,17	0,28	0,31
	III	9,57	0,52	0,76	0,86	III	9,57	0,41	0,59	0,67	0,01	0,43	0,49	—	0,28	0,32	—	0,15	0,17	—	0,04	0,04	—	—	—
	V	33,82	1,86	2,70	3,04	IV	19,11	0,97	1,41	1,59	0,90	1,31	1,47	0,82	1,20	1,35	0,75	1,10	1,23	0,68	1,—	1,12	0,61	0,90	1,01
	VI	34,90	1,91	2,79	3,14																				
104,09	I,IV	19,15	1,05	1,53	1,72	I	19,15	0,90	1,31	1,47	0,75	1,10	1,24	0,62	0,90	1,01	0,48	0,71	0,80	0,36	0,53	0,59	0,24	0,35	0,40
	II	17,94	0,98	1,43	1,61	II	17,94	0,83	1,22	1,37	0,69	1,01	1,14	0,56	0,81	0,92	0,43	0,63	0,71	0,31	0,45	0,51	0,17	0,28	0,32
	III	9,60	0,52	0,76	0,86	III	9,60	0,41	0,60	0,67	0,01	0,43	0,49	—	0,28	0,32	—	0,15	0,17	—	0,04	0,05	—	—	—
	V	33,86	1,86	2,70	3,04	IV	19,15	0,97	1,42	1,59	0,90	1,31	1,47	0,83	1,20	1,35	0,75	1,10	1,24	0,68	1,—	1,12	0,62	0,90	1,01
	VI	34,94	1,92	2,79	3,14																				
104,19	I,IV	19,18	1,05	1,53	1,72	I	19,18	0,90	1,31	1,47	0,76	1,10	1,24	0,62	0,90	1,01	0,49	0,71	0,80	0,36	0,53	0,59	0,24	0,36	0,40
	II	17,98	0,98	1,43	1,61	II	17,98	0,84	1,22	1,37	0,69	1,01	1,14	0,56	0,82	0,92	0,43	0,63	0,71	0,31	0,45	0,51	0,17	0,28	0,32
	III	9,62	0,52	0,76	0,86	III	9,62	0,41	0,60	0,67	0,02	0,44	0,49	—	0,28	0,32	—	0,15	0,17	—	0,04	0,05	—	—	—
	V	33,91	1,86	2,71	3,05	IV	19,18	0,97	1,42	1,60	0,90	1,31	1,47	0,83	1,20	1,36	0,76	1,10	1,24	0,69	1,—	1,13	0,62	0,90	1,01
	VI	34,98	1,92	2,79	3,14																				
104,29	I,IV	19,21	1,05	1,53	1,72	I	19,21	0,90	1,31	1,48	0,76	1,10	1,24	0,62	0,90	1,02	0,49	0,71	0,80	0,36	0,53	0,60	0,24	0,36	0,40
	II	18,01	0,99	1,44	1,62	II	18,01	0,84	1,22	1,37	0,70	1,02	1,14	0,56	0,82	0,92	0,43	0,63	0,71	0,31	0,45	0,51	0,18	0,28	0,32
	III	9,65	0,53	0,77	0,86	III	9,65	0,41	0,60	0,68	0,02	0,44	0,49	—	0,29	0,32	—	0,16	0,18	—	0,04	0,05	—	—	—
	V	33,95	1,86	2,71	3,05	IV	19,21	0,98	1,42	1,60	0,90	1,31	1,48	0,83	1,21	1,36	0,76	1,10	1,24	0,69	1,—	1,13	0,62	0,90	1,02
	VI	35,02	1,92	2,80	3,15																				
104,39	I,IV	19,24	1,05	1,53	1,73	I	19,24	0,90	1,32	1,48	0,76	1,11	1,24	0,62	0,90	1,02	0,49	0,71	0,80	0,36	0,53	0,60	0,25	0,36	0,40
	II	18,04	0,99	1,44	1,62	II	18,04	0,84	1,22	1,38	0,70	1,02	1,15	0,56	0,82	0,92	0,43	0,63	0,71	0,31	0,46	0,51	0,18	0,29	0,32
	III	9,67	0,53	0,77	0,87	III	9,67	0,41	0,60	0,68	0,03	0,44	0,49	—	0,29	0,33	—	0,16	0,18	—	0,04	0,05	—	—	—
	V	33,99	1,86	2,71	3,05	IV	19,24	0,98	1,42	1,60	0,90	1,32	1,48	0,83	1,21	1,36	0,76	1,11	1,24	0,69	1,—	1,13	0,62	0,90	1,02
	VI	35,06	1,92	2,80	3,15																				
104,49	I,IV	19,27	1,06	1,54	1,73	I	19,27	0,90	1,32	1,48	0,76	1,11	1,25	0,62	0,91	1,02	0,49	0,72	0,81	0,37	0,53	0,60	0,25	0,36	0,41
	II	18,07	0,99	1,44	1,62	II	18,07	0,84	1,23	1,38	0,70	1,02	1,15	0,56	0,82	0,93	0,44	0,64	0,72	0,31	0,46	0,52	0,19	0,29	0,32
	III	9,70	0,53	0,77	0,87	III	9,70	0,41	0,60	0,68	0,03	0,44	0,50	—	0,29	0,33	—	0,16	0,18	—	0,05	0,05	—	—	—
	V	34,03	1,87	2,72	3,06	IV	19,27	0,98	1,43	1,61	0,90	1,32	1,48	0,83	1,21	1,36	0,76	1,11	1,25	0,69	1,01	1,13	0,62	0,91	1,02
	VI	35,11	1,93	2,80	3,15																				
104,59	I,IV	19,31	1,06	1,54	1,73	I	19,31	0,91	1,32	1,49	0,76	1,11	1,25	0,62	0,91	1,02	0,49	0,72	0,81	0,37	0,54	0,60	0,25	0,36	0,41
	II	18,10	0,99	1,44	1,62	II	18,10	0,84	1,23	1,38	0,70	1,02	1,15	0,57	0,83	0,93	0,44	0,64	0,72	0,31	0,46	0,52	0,19	0,29	0,33
	III	9,72	0,53	0,77	0,87	III	9,72	0,41	0,61	0,68	0,04	0,44	0,50	—	0,29	0,33	—	0,16	0,18	—	0,05	0,05	—	—	—
	V	34,07	1,87	2,72	3,06	IV	19,31	0,98	1,43	1,61	0,91	1,32	1,49	0,83	1,21	1,37	0,76	1,11	1,25	0,69	1,01	1,14	0,62	0,91	1,02
	VI	35,15	1,93	2,81	3,16																				
104,69	I,IV	19,34	1,06	1,54	1,74	I	19,34	0,91	1,32	1,49	0,76	1,11	1,25	0,63	0,91	1,03	0,49	0,72	0,81	0,37	0,54	0,61	0,25	0,36	0,41
	II	18,13	0,99	1,45	1,63	II	18,13	0,84	1,23	1,38	0,70	1,02	1,15	0,57	0,83	0,93	0,44	0,64	0,72	0,32	0,46	0,52	0,20	0,29	0,33
	III	9,75	0,53	0,78	0,87	III	9,75	0,42	0,61	0,68	0,04	0,44	0,50	—	0,29	0,33	—	0,16	0,18	—	0,05	0,05	—	—	—
	V	34,11	1,87	2,72	3,06	IV	19,34	0,98	1,43	1,61	0,91	1,32	1,49	0,83	1,22	1,37	0,76	1,11	1,25	0,69	1,01	1,14	0,63	0,91	1,03
	VI	35,19	1,93	2,81	3,16																				
104,79	I,IV	19,37	1,06	1,54	1,74	I	19,37	0,91	1,33	1,49	0,77	1,12	1,26	0,63	0,91	1,03	0,50	0,72	0,81	0,37	0,54	0,61	0,25	0,37	0,41
	II	18,16	0,99	1,45	1,63	II	18,16	0,85	1,23	1,39	0,70	1,03	1,16	0,57	0,83	0,93	0,44	0,64	0,72	0,32	0,46	0,52	0,20	0,29	0,33
	III	9,77	0,53	0,78	0,87	III	9,77	0,42	0,61	0,69	0,04	0,45	0,50	—	0,30	0,33	—	0,16	0,18	—	0,05	0,06	—	—	—
	V	34,16	1,87	2,73	3,07	IV	19,37	0,98	1,43	1,61	0,91	1,33	1,49	0,84	1,22	1,37	0,77	1,12	1,26	0,70	1,01	1,14	0,63	0,91	1,03
	VI	35,23	1,93	2,81	3,17																				
104,89	I,IV	19,40	1,06	1,55	1,74	I	19,40	0,91	1,33	1,49	0,77	1,12	1,26	0,63	0,92	1,03	0,50	0,72	0,82	0,37	0,54	0,61	0,25	0,37	0,41
	II	18,20	1,—	1,45	1,63	II	18,20	0,85	1,24	1,39	0,71	1,03	1,16	0,57	0,83	0,94	0,44	0,64	0,72	0,32	0,47	0,52	0,20	0,30	0,33
	III	9,80	0,53	0,78	0,88	III	9,80	0,42	0,61	0,69	0,05	0,45	0,50	—	0,30	0,33	—	0,16	0,18	—	0,05	0,06	—	—	—
	V	34,20	1,88	2,73	3,07	IV	19,40	0,99	1,44	1,62	0,91	1,33	1,49	0,84	1,22	1,37	0,77	1,12	1,26	0,70	1,02	1,14	0,63	0,92	1,03
	VI	35,27	1,94	2,82	3,17																				
104,99	I,IV	19,44	1,06	1,55	1,74	I	19,44	0,91	1,33	1,50	0,77	1,12	1,26	0,63	0,92	1,03	0,50	0,73	0,82	0,37	0,54	0,61	0,25	0,37	0,42
	II	18,23	1,—	1,45	1,64	II	18,23	0,85	1,24	1,39	0,71	1,03	1,16	0,57	0,83	0,94	0,44	0,65	0,73	0,32	0,47	0,53	0,20	0,30	0,34
	III	9,82	0,54	0,78	0,88	III	9,82	0,42	0,61	0,69	0,05	0,45	0,51	—	0,30	0,34	—	0,17	0,19	—	0,05	0,06	—	—	—
	V	34,24	1,88	2,73	3,08	IV	19,44	0,99	1,44	1,62	0,91	1,33	1,50	0,84	1,22	1,38	0,77	1,12	1,26	0,70	1,02	1,15	0,63	0,92	1,03
	VI	35,31	1,94	2,82	3,17																				

* Die ausgewiesenen Tabellenwerte sind amtlich. Siehe Erläuterungen auf der Umschlaginnenseite (U2).
** Bei mehr als 3 Kinderfreibeträgen ist die „Ergänzungs-Tabelle 3,5 bis 6 Kinderfreibeträge" anzuwenden.

Lohn/ Gehalt bis €*		I – VI LSt	ohne Kinderfreibeträge SolZ	8%	9%	I, II, III, IV	LSt	0,5 SolZ	0,5 8%	0,5 9%	1 SolZ	1 8%	1 9%	1,5 SolZ	1,5 8%	1,5 9%	2 SolZ	2 8%	2 9%	2,5 SolZ	2,5 8%	2,5 9%	3** SolZ	3** 8%	3** 9%
105,09	I,IV	19,47	1,07	1,55	1,75	I	19,47	0,91	1,33	1,50	0,77	1,12	1,26	0,63	0,92	1,04	0,50	0,73	0,82	0,37	0,55	0,61	0,25	0,37	0,42
	II	18,26	1,—	1,46	1,64	II	18,26	0,85	1,24	1,40	0,71	1,03	1,16	0,57	0,84	0,94	0,44	0,65	0,73	0,32	0,47	0,53	0,20	0,30	0,34
	III	9,85	0,54	0,78	0,88	III	9,85	0,42	0,62	0,69	0,06	0,45	0,51	—	0,30	0,34	—	0,17	0,19	—	0,05	0,06	—	—	—
	V	34,28	1,88	2,74	3,08	IV	19,47	0,99	1,44	1,62	0,91	1,33	1,50	0,84	1,23	1,38	0,77	1,12	1,26	0,70	1,02	1,15	0,63	0,92	1,04
	VI	35,36	1,94	2,82	3,18																				
105,19	I,IV	19,50	1,07	1,56	1,75	I	19,50	0,92	1,34	1,50	0,77	1,12	1,27	0,63	0,92	1,04	0,50	0,73	0,82	0,38	0,55	0,62	0,26	0,37	0,42
	II	18,29	1,—	1,46	1,64	II	18,29	0,85	1,24	1,40	0,71	1,04	1,17	0,58	0,84	0,94	0,45	0,65	0,73	0,32	0,47	0,53	0,21	0,30	0,34
	III	9,87	0,54	0,78	0,88	III	9,87	0,42	0,62	0,69	0,06	0,45	0,51	—	0,30	0,34	—	0,17	0,19	—	0,05	0,06	—	—	—
	V	34,33	1,88	2,74	3,08	IV	19,50	0,99	1,44	1,62	0,92	1,34	1,50	0,84	1,23	1,38	0,77	1,12	1,27	0,70	1,02	1,15	0,63	0,92	1,04
	VI	35,40	1,94	2,83	3,18																				
105,29	I,IV	19,53	1,07	1,56	1,75	I	19,53	0,92	1,34	1,51	0,77	1,13	1,27	0,63	0,93	1,04	0,50	0,73	0,83	0,38	0,55	0,62	0,26	0,38	0,42
	II	18,33	1,—	1,46	1,64	II	18,33	0,85	1,25	1,40	0,71	1,04	1,17	0,58	0,84	0,95	0,45	0,65	0,73	0,32	0,47	0,53	0,21	0,30	0,34
	III	9,89	0,54	0,79	0,89	III	9,89	0,42	0,62	0,70	0,07	0,46	0,51	—	0,30	0,34	—	0,17	0,19	—	0,06	0,06	—	—	—
	V	34,37	1,89	2,74	3,09	IV	19,53	0,99	1,45	1,63	0,92	1,34	1,51	0,85	1,23	1,39	0,77	1,13	1,27	0,70	1,02	1,15	0,63	0,93	1,04
	VI	35,44	1,94	2,83	3,18																				
105,39	I,IV	19,56	1,07	1,56	1,76	I	19,56	0,92	1,34	1,51	0,78	1,13	1,27	0,64	0,93	1,04	0,50	0,74	0,83	0,38	0,55	0,62	0,26	0,38	0,43
	II	18,36	1,—	1,46	1,65	II	18,36	0,86	1,25	1,40	0,71	1,04	1,17	0,58	0,84	0,95	0,45	0,65	0,74	0,33	0,48	0,54	0,21	0,31	0,34
	III	9,92	0,54	0,79	0,89	III	9,92	0,43	0,62	0,70	0,07	0,46	0,52	—	0,30	0,34	—	0,17	0,19	—	0,06	0,06	—	—	—
	V	34,41	1,89	2,75	3,09	IV	19,56	0,99	1,45	1,63	0,92	1,34	1,51	0,85	1,23	1,39	0,78	1,13	1,27	0,70	1,03	1,16	0,64	0,93	1,04
	VI	35,48	1,95	2,83	3,19																				
105,49	I,IV	19,60	1,07	1,56	1,76	I	19,60	0,92	1,34	1,51	0,78	1,13	1,27	0,64	0,93	1,05	0,51	0,74	0,83	0,38	0,55	0,62	0,26	0,38	0,43
	II	18,39	1,01	1,47	1,65	II	18,39	0,86	1,25	1,41	0,72	1,04	1,17	0,58	0,85	0,95	0,45	0,66	0,74	0,33	0,48	0,54	0,21	0,31	0,35
	III	9,94	0,54	0,79	0,89	III	9,94	0,43	0,62	0,70	0,08	0,46	0,52	—	0,31	0,35	—	0,17	0,19	—	0,06	0,07	—	—	—
	V	34,45	1,89	2,75	3,10	IV	19,60	1,—	1,45	1,63	0,92	1,34	1,51	0,85	1,24	1,39	0,78	1,13	1,27	0,71	1,03	1,16	0,64	0,93	1,05
	VI	35,53	1,95	2,84	3,19																				
105,59	I,IV	19,63	1,07	1,57	1,76	I	19,63	0,92	1,35	1,51	0,78	1,13	1,28	0,64	0,93	1,05	0,51	0,74	0,83	0,38	0,56	0,63	0,26	0,38	0,43
	II	18,42	1,01	1,47	1,65	II	18,42	0,86	1,25	1,41	0,72	1,05	1,18	0,58	0,85	0,95	0,45	0,66	0,74	0,33	0,48	0,54	0,21	0,31	0,35
	III	9,97	0,54	0,79	0,89	III	9,97	0,43	0,62	0,70	0,08	0,46	0,52	—	0,31	0,35	—	0,17	0,20	—	0,06	0,07	—	—	—
	V	34,49	1,89	2,75	3,10	IV	19,63	1,—	1,45	1,64	0,92	1,35	1,51	0,85	1,24	1,39	0,78	1,13	1,28	0,71	1,03	1,16	0,64	0,93	1,05
	VI	35,57	1,95	2,84	3,20																				
105,69	I,IV	19,66	1,08	1,57	1,76	I	19,66	0,93	1,35	1,52	0,78	1,14	1,28	0,64	0,93	1,05	0,51	0,74	0,83	0,38	0,56	0,63	0,26	0,38	0,43
	II	18,45	1,01	1,47	1,66	II	18,45	0,86	1,26	1,41	0,72	1,05	1,18	0,58	0,85	0,96	0,45	0,66	0,74	0,33	0,48	0,54	0,21	0,31	0,35
	III	9,99	0,54	0,79	0,89	III	9,99	0,43	0,63	0,71	0,09	0,46	0,52	—	0,31	0,35	—	0,18	0,20	—	0,06	0,07	—	—	—
	V	34,54	1,89	2,76	3,10	IV	19,66	1,—	1,46	1,64	0,93	1,35	1,52	0,85	1,24	1,40	0,78	1,14	1,28	0,71	1,03	1,16	0,64	0,93	1,05
	VI	35,61	1,95	2,84	3,20																				
105,79	I,IV	19,70	1,08	1,57	1,77	I	19,70	0,93	1,35	1,52	0,78	1,14	1,28	0,64	0,94	1,05	0,51	0,74	0,84	0,38	0,56	0,63	0,26	0,39	0,43
	II	18,48	1,01	1,47	1,66	II	18,48	0,86	1,26	1,42	0,72	1,05	1,18	0,58	0,85	0,96	0,45	0,66	0,75	0,33	0,48	0,54	0,21	0,31	0,35
	III	10,02	0,55	0,80	0,90	III	10,02	0,43	0,63	0,71	0,09	0,46	0,52	—	0,31	0,35	—	0,18	0,20	—	0,06	0,07	—	—	—
	V	34,58	1,90	2,76	3,11	IV	19,70	1,—	1,46	1,64	0,93	1,35	1,52	0,85	1,24	1,40	0,78	1,14	1,28	0,71	1,04	1,17	0,64	0,94	1,05
	VI	35,65	1,96	2,85	3,20																				
105,89	I,IV	19,73	1,08	1,57	1,77	I	19,73	0,93	1,35	1,52	0,78	1,14	1,28	0,64	0,94	1,06	0,51	0,75	0,84	0,39	0,56	0,63	0,27	0,39	0,44
	II	18,51	1,01	1,48	1,66	II	18,51	0,86	1,26	1,42	0,72	1,05	1,18	0,59	0,85	0,96	0,46	0,67	0,75	0,33	0,49	0,55	0,22	0,32	0,36
	III	10,04	0,55	0,80	0,90	III	10,04	0,43	0,63	0,71	0,10	0,47	0,53	—	0,31	0,35	—	0,18	0,20	—	0,06	0,07	—	—	—
	V	34,62	1,90	2,76	3,11	IV	19,73	1,—	1,46	1,64	0,93	1,35	1,52	0,86	1,25	1,40	0,78	1,14	1,28	0,71	1,04	1,17	0,64	0,94	1,06
	VI	35,69	1,96	2,85	3,21																				
105,99	I,IV	19,76	1,08	1,58	1,77	I	19,76	0,93	1,36	1,53	0,78	1,14	1,29	0,65	0,94	1,06	0,51	0,75	0,84	0,39	0,56	0,64	0,27	0,39	0,44
	II	18,55	1,02	1,48	1,66	II	18,55	0,87	1,26	1,42	0,72	1,06	1,19	0,59	0,86	0,96	0,46	0,67	0,75	0,33	0,49	0,55	0,22	0,32	0,36
	III	10,06	0,55	0,80	0,90	III	10,06	0,43	0,63	0,71	0,10	0,47	0,53	—	0,32	0,36	—	0,18	0,20	—	0,06	0,07	—	—	—
	V	34,66	1,90	2,77	3,11	IV	19,76	1,01	1,46	1,65	0,93	1,36	1,53	0,86	1,25	1,40	0,78	1,14	1,29	0,71	1,04	1,17	0,65	0,94	1,06
	VI	35,73	1,96	2,85	3,21																				
106,09	I,IV	19,79	1,08	1,58	1,78	I	19,79	0,93	1,36	1,53	0,79	1,15	1,29	0,65	0,94	1,06	0,51	0,75	0,84	0,39	0,57	0,64	0,27	0,39	0,44
	II	18,58	1,02	1,48	1,67	II	18,58	0,87	1,26	1,42	0,73	1,06	1,19	0,59	0,86	0,97	0,46	0,67	0,75	0,34	0,49	0,55	0,22	0,32	0,36
	III	10,09	0,55	0,80	0,90	III	10,09	0,43	0,63	0,71	0,10	0,47	0,53	—	0,32	0,36	—	0,18	0,20	—	0,06	0,07	—	—	—
	V	34,70	1,90	2,77	3,12	IV	19,79	1,01	1,47	1,65	0,93	1,36	1,53	0,86	1,25	1,41	0,79	1,15	1,29	0,72	1,04	1,17	0,65	0,94	1,06
	VI	35,78	1,96	2,86	3,22																				
106,19	I,IV	19,82	1,09	1,58	1,78	I	19,82	0,93	1,36	1,53	0,79	1,15	1,29	0,65	0,95	1,06	0,52	0,75	0,85	0,39	0,57	0,64	0,27	0,39	0,44
	II	18,61	1,02	1,48	1,67	II	18,61	0,87	1,27	1,43	0,73	1,06	1,19	0,59	0,86	0,97	0,46	0,67	0,76	0,34	0,49	0,55	0,22	0,32	0,36
	III	10,11	0,55	0,80	0,90	III	10,11	0,44	0,64	0,72	0,11	0,47	0,53	—	0,32	0,36	—	0,18	0,21	—	0,07	0,07	—	—	—
	V	34,75	1,91	2,78	3,12	IV	19,82	1,01	1,47	1,65	0,93	1,36	1,53	0,86	1,25	1,41	0,79	1,15	1,29	0,72	1,05	1,18	0,65	0,95	1,06
	VI	35,82	1,97	2,86	3,22																				
106,29	I,IV	19,86	1,09	1,58	1,78	I	19,86	0,94	1,36	1,53	0,79	1,15	1,30	0,65	0,95	1,07	0,52	0,76	0,85	0,39	0,57	0,64	0,27	0,40	0,45
	II	18,64	1,02	1,49	1,67	II	18,64	0,87	1,27	1,43	0,73	1,06	1,19	0,59	0,86	0,97	0,46	0,67	0,76	0,34	0,49	0,56	0,22	0,32	0,36
	III	10,14	0,55	0,81	0,91	III	10,14	0,44	0,64	0,72	0,11	0,47	0,53	—	0,32	0,36	—	0,18	0,21	—	0,07	0,08	—	—	—
	V	34,79	1,91	2,78	3,13	IV	19,86	1,01	1,47	1,66	0,94	1,36	1,53	0,86	1,26	1,41	0,79	1,15	1,30	0,72	1,05	1,18	0,65	0,95	1,07
	VI	35,86	1,97	2,86	3,22																				
106,39	I,IV	19,89	1,09	1,59	1,79	I	19,89	0,94	1,36	1,54	0,79	1,15	1,30	0,65	0,95	1,07	0,52	0,76	0,85	0,39	0,57	0,64	0,27	0,40	0,45
	II	18,67	1,02	1,49	1,68	II	18,67	0,87	1,27	1,43	0,73	1,06	1,20	0,59	0,87	0,97	0,46	0,68	0,76	0,34	0,50	0,56	0,22	0,32	0,37
	III	10,16	0,55	0,81	0,91	III	10,16	0,44	0,64	0,72	0,12	0,48	0,54	—	0,32	0,36	—	0,19	0,21	—	0,07	0,08	—	—	—
	V	34,83	1,91	2,78	3,13	IV	19,89	1,01	1,47	1,66	0,94	1,36	1,54	0,86	1,26	1,42	0,79	1,15	1,30	0,72	1,05	1,18	0,65	0,95	1,07
	VI	35,90	1,97	2,87	3,23																				
106,49	I,IV	19,92	1,09	1,59	1,79	I	19,92	0,94	1,37	1,54	0,79	1,16	1,30	0,65	0,95	1,07	0,52	0,76	0,85	0,39	0,58	0,65	0,27	0,40	0,45
	II	18,71	1,02	1,49	1,68	II	18,71	0,87	1,27	1,43	0,73	1,07	1,20	0,60	0,87	0,98	0,46	0,68	0,76	0,34	0,50	0,56	0,22	0,33	0,37
	III	10,18	0,56	0,81	0,91	III	10,18	0,44	0,64	0,72	0,12	0,48	0,54	—	0,32	0,36	—	0,19	0,21	—	0,07	0,08	—	—	—
	V	34,87	1,91	2,78	3,13	IV	19,92	1,01	1,48	1,66	0,94	1,37	1,54	0,87	1,26	1,42	0,79	1,16	1,30	0,72	1,05	1,18	0,65	0,95	1,07
	VI	35,95	1,97	2,87	3,23																				

Table heading: Abzüge an Lohnsteuer, Solidaritätszuschlag (SolZ) und Kirchensteuer (8%, 9%) in den Steuerklassen; columns I, II, III, IV "mit Zahl der Kinderfreibeträge . . ."

* Die ausgewiesenen Tabellenwerte sind amtlich. Siehe Erläuterungen auf der Umschlaginnenseite (U2).
** Bei mehr als 3 Kinderfreibeträgen ist die „Ergänzungs-Tabelle 3,5 bis 6 Kinderfreibeträge" anzuwenden.

Lohn/ Gehalt bis €*		Abzüge an Lohnsteuer, Solidaritätszuschlag (SolZ) und Kirchensteuer (8%, 9%) in den Steuerklassen																							
		I – VI				I, II, III, IV																			
			ohne Kinderfreibeträge					mit Zahl der Kinderfreibeträge . . .																	
								0,5			1			1,5			2			2,5			3**		
		LSt	SolZ	8%	9%		LSt	SolZ	8%	9%	SolZ	8%	9%	SolZ	8%	9%	SolZ	8%	9%	SolZ	8%	9%	SolZ	8%	9%
106,59	I,IV	19,95	1,09	1,59	1,79	I	19,95	0,94	1,37	1,54	0,79	1,16	1,30	0,66	0,96	1,08	0,52	0,76	0,86	0,40	0,58	0,65	0,27	0,40	0,45
	II	18,74	1,03	1,49	1,68	II	18,74	0,88	1,28	1,44	0,73	1,07	1,20	0,60	0,87	0,98	0,47	0,68	0,77	0,34	0,50	0,56	0,22	0,33	0,37
	III	10,21	0,56	0,81	0,91	III	10,21	0,44	0,64	0,72	0,13	0,48	0,54	—	0,32	0,37	—	0,19	0,21	—	0,07	0,08	—	—	—
	V	34,91	1,92	2,79	3,14	IV	19,95	1,02	1,48	1,67	0,94	1,37	1,54	0,87	1,26	1,42	0,79	1,16	1,30	0,72	1,06	1,19	0,66	0,96	1,08
	VI	35,99	1,97	2,87	3,23																				
106,69	I,IV	19,99	1,09	1,59	1,79	I	19,99	0,94	1,37	1,54	0,80	1,16	1,31	0,66	0,96	1,08	0,52	0,76	0,86	0,40	0,58	0,65	0,28	0,40	0,45
	II	18,77	1,03	1,50	1,68	II	18,77	0,88	1,28	1,44	0,73	1,07	1,21	0,60	0,87	0,98	0,47	0,68	0,77	0,34	0,50	0,56	0,23	0,33	0,37
	III	10,23	0,56	0,81	0,92	III	10,23	0,44	0,65	0,73	0,13	0,48	0,54	—	0,33	0,37	—	0,19	0,21	—	0,07	0,08	—	—	—
	V	34,96	1,92	2,79	3,14	IV	19,99	1,02	1,48	1,67	0,94	1,37	1,54	0,87	1,27	1,42	0,80	1,16	1,31	0,73	1,06	1,19	0,66	0,96	1,08
	VI	36,03	1,98	2,88	3,24																				
106,79	I,IV	20,02	1,10	1,60	1,80	I	20,02	0,94	1,38	1,55	0,80	1,16	1,31	0,66	0,96	1,08	0,52	0,77	0,86	0,40	0,58	0,65	0,28	0,41	0,46
	II	18,80	1,03	1,50	1,69	II	18,80	0,88	1,28	1,44	0,74	1,07	1,21	0,60	0,87	0,98	0,47	0,68	0,77	0,34	0,50	0,57	0,23	0,33	0,37
	III	10,26	0,56	0,82	0,92	III	10,26	0,44	0,65	0,73	0,14	0,48	0,54	—	0,33	0,37	—	0,19	0,22	—	0,07	0,08	—	—	—
	V	35,—	1,92	2,80	3,15	IV	20,02	1,02	1,48	1,67	0,94	1,38	1,55	0,87	1,27	1,43	0,80	1,16	1,31	0,73	1,06	1,19	0,66	0,96	1,08
	VI	36,07	1,98	2,88	3,24																				
106,89	I,IV	20,05	1,10	1,60	1,80	I	20,05	0,95	1,38	1,55	0,80	1,17	1,31	0,66	0,96	1,08	0,53	0,77	0,86	0,40	0,58	0,66	0,28	0,41	0,46
	II	18,83	1,03	1,50	1,69	II	18,83	0,88	1,28	1,44	0,74	1,08	1,21	0,60	0,88	0,99	0,47	0,69	0,77	0,35	0,51	0,57	0,23	0,33	0,38
	III	10,28	0,56	0,82	0,92	III	10,28	0,45	0,65	0,73	0,14	0,49	0,55	—	0,33	0,37	—	0,19	0,22	—	0,08	0,09	—	—	—
	V	35,04	1,92	2,80	3,15	IV	20,05	1,02	1,49	1,67	0,95	1,38	1,55	0,87	1,27	1,43	0,80	1,17	1,31	0,73	1,06	1,20	0,66	0,96	1,08
	VI	36,11	1,98	2,88	3,24																				
106,99	I,IV	20,08	1,10	1,60	1,80	I	20,08	0,95	1,38	1,55	0,80	1,17	1,31	0,66	0,96	1,08	0,53	0,77	0,87	0,40	0,59	0,66	0,28	0,41	0,46
	II	18,87	1,03	1,50	1,69	II	18,87	0,88	1,29	1,45	0,74	1,08	1,21	0,60	0,88	0,99	0,47	0,69	0,78	0,35	0,51	0,57	0,23	0,34	0,38
	III	10,31	0,56	0,82	0,92	III	10,31	0,45	0,65	0,73	0,15	0,49	0,55	—	0,33	0,37	—	0,19	0,22	—	0,08	0,09	—	—	—
	V	35,08	1,92	2,80	3,15	IV	20,08	1,02	1,49	1,68	0,95	1,38	1,55	0,87	1,27	1,43	0,80	1,17	1,31	0,73	1,06	1,20	0,66	0,96	1,08
	VI	36,16	1,98	2,89	3,25																				
107,09	I,IV	20,12	1,10	1,60	1,81	I	20,12	0,95	1,38	1,56	0,80	1,17	1,32	0,66	0,97	1,09	0,53	0,77	0,87	0,40	0,59	0,66	0,28	0,41	0,46
	II	18,90	1,03	1,51	1,70	II	18,90	0,88	1,29	1,45	0,74	1,08	1,22	0,60	0,88	0,99	0,47	0,69	0,78	0,35	0,51	0,57	0,23	0,34	0,38
	III	10,33	0,56	0,82	0,92	III	10,33	0,45	0,65	0,73	0,15	0,49	0,55	—	0,33	0,38	—	0,20	0,22	—	0,08	0,09	—	—	—
	V	35,12	1,93	2,80	3,16	IV	20,12	1,02	1,49	1,68	0,95	1,38	1,56	0,88	1,28	1,44	0,80	1,17	1,32	0,73	1,07	1,20	0,66	0,97	1,09
	VI	36,20	1,99	2,89	3,25																				
107,19	I,IV	20,15	1,10	1,61	1,81	I	20,15	0,95	1,39	1,56	0,80	1,17	1,32	0,66	0,97	1,09	0,53	0,77	0,87	0,40	0,59	0,66	0,28	0,41	0,47
	II	18,93	1,04	1,51	1,70	II	18,93	0,89	1,29	1,45	0,74	1,08	1,22	0,61	0,88	0,99	0,48	0,69	0,78	0,35	0,51	0,58	0,23	0,34	0,38
	III	10,36	0,57	0,82	0,93	III	10,36	0,45	0,66	0,74	0,16	0,49	0,55	—	0,34	0,38	—	0,20	0,22	—	0,08	0,09	—	—	—
	V	35,16	1,93	2,81	3,16	IV	20,15	1,03	1,50	1,68	0,95	1,39	1,56	0,88	1,28	1,44	0,80	1,17	1,32	0,73	1,07	1,20	0,66	0,97	1,09
	VI	36,24	1,99	2,89	3,26																				
107,29	I,IV	20,18	1,11	1,61	1,81	I	20,18	0,95	1,39	1,56	0,81	1,18	1,32	0,67	0,97	1,09	0,53	0,78	0,87	0,41	0,59	0,67	0,28	0,42	0,47
	II	18,96	1,04	1,51	1,70	II	18,96	0,89	1,29	1,46	0,74	1,09	1,22	0,61	0,89	1,—	0,48	0,70	0,78	0,35	0,51	0,58	0,23	0,34	0,38
	III	10,38	0,57	0,83	0,93	III	10,38	0,45	0,66	0,74	0,16	0,49	0,55	—	0,34	0,38	—	0,20	0,22	—	0,08	0,09	—	—	—
	V	35,21	1,93	2,81	3,16	IV	20,18	1,03	1,50	1,69	0,95	1,39	1,56	0,88	1,28	1,44	0,81	1,18	1,32	0,74	1,07	1,21	0,67	0,97	1,09
	VI	36,28	1,99	2,90	3,26																				
107,39	I,IV	20,21	1,11	1,61	1,81	I	20,21	0,95	1,39	1,56	0,81	1,18	1,33	0,67	0,97	1,10	0,53	0,78	0,88	0,41	0,59	0,67	0,29	0,42	0,47
	II	19,—	1,04	1,52	1,71	II	19,—	0,89	1,30	1,46	0,75	1,09	1,22	0,61	0,89	1,—	0,48	0,70	0,79	0,35	0,52	0,58	0,24	0,34	0,39
	III	10,41	0,57	0,83	0,93	III	10,41	0,45	0,66	0,74	0,17	0,50	0,56	—	0,34	0,38	—	0,20	0,23	—	0,08	0,09	—	—	—
	V	35,25	1,93	2,82	3,17	IV	20,21	1,03	1,50	1,69	0,95	1,39	1,56	0,88	1,28	1,44	0,81	1,18	1,33	0,74	1,07	1,21	0,67	0,97	1,10
	VI	36,32	1,99	2,90	3,26																				
107,49	I,IV	20,25	1,11	1,62	1,82	I	20,25	0,96	1,39	1,57	0,81	1,18	1,33	0,67	0,98	1,10	0,54	0,78	0,88	0,41	0,60	0,67	0,29	0,42	0,47
	II	19,03	1,04	1,52	1,71	II	19,03	0,89	1,30	1,46	0,75	1,09	1,23	0,61	0,89	1,—	0,48	0,70	0,79	0,35	0,52	0,58	0,24	0,35	0,39
	III	10,43	0,57	0,83	0,93	III	10,43	0,45	0,66	0,74	0,17	0,50	0,56	—	0,34	0,38	—	0,20	0,23	—	0,08	0,09	—	—	—
	V	35,29	1,94	2,82	3,17	IV	20,25	1,03	1,50	1,69	0,96	1,39	1,57	0,88	1,28	1,45	0,81	1,18	1,33	0,74	1,08	1,21	0,67	0,98	1,10
	VI	36,36	2,—	2,90	3,27																				
107,59	I,IV	20,28	1,11	1,62	1,82	I	20,28	0,96	1,40	1,57	0,81	1,18	1,33	0,67	0,98	1,10	0,54	0,78	0,88	0,41	0,60	0,67	0,29	0,42	0,47
	II	19,06	1,04	1,52	1,71	II	19,06	0,89	1,30	1,46	0,75	1,09	1,23	0,61	0,89	1,—	0,48	0,70	0,79	0,36	0,52	0,59	0,24	0,35	0,39
	III	10,46	0,57	0,83	0,94	III	10,46	0,45	0,66	0,75	0,17	0,50	0,56	—	0,34	0,38	—	0,20	0,23	—	0,08	0,09	—	—	—
	V	35,33	1,94	2,82	3,17	IV	20,28	1,03	1,51	1,69	0,96	1,40	1,57	0,88	1,29	1,45	0,81	1,18	1,33	0,74	1,08	1,21	0,67	0,98	1,10
	VI	36,41	2,—	2,91	3,27																				
107,69	I,IV	20,31	1,11	1,62	1,82	I	20,31	0,96	1,40	1,57	0,81	1,18	1,33	0,67	0,98	1,10	0,54	0,79	0,88	0,41	0,60	0,68	0,29	0,42	0,48
	II	19,09	1,05	1,52	1,71	II	19,09	0,90	1,30	1,47	0,75	1,09	1,23	0,61	0,89	1,01	0,48	0,70	0,79	0,36	0,52	0,59	0,24	0,35	0,39
	III	10,48	0,57	0,83	0,94	III	10,48	0,46	0,66	0,75	0,18	0,50	0,56	—	0,34	0,39	—	0,20	0,23	—	0,08	0,10	—	—	—
	V	35,38	1,94	2,83	3,18	IV	20,31	1,04	1,51	1,70	0,96	1,40	1,57	0,89	1,29	1,45	0,81	1,18	1,33	0,74	1,08	1,22	0,67	0,98	1,10
	VI	36,45	2,—	2,91	3,28																				
107,79	I,IV	20,35	1,11	1,62	1,83	I	20,35	0,96	1,40	1,58	0,81	1,19	1,34	0,67	0,98	1,11	0,54	0,79	0,89	0,41	0,60	0,68	0,29	0,43	0,48
	II	19,12	1,05	1,52	1,72	II	19,12	0,90	1,31	1,47	0,75	1,10	1,23	0,62	0,90	1,01	0,48	0,71	0,79	0,36	0,52	0,59	0,24	0,35	0,40
	III	10,51	0,57	0,84	0,94	III	10,51	0,46	0,67	0,75	0,18	0,50	0,57	—	0,35	0,39	—	0,21	0,23	—	0,09	0,10	—	—	—
	V	35,42	1,94	2,83	3,18	IV	20,35	1,04	1,51	1,70	0,96	1,40	1,58	0,89	1,29	1,45	0,81	1,19	1,34	0,74	1,08	1,22	0,67	0,98	1,11
	VI	36,49	2,—	2,91	3,28																				
107,89	I,IV	20,38	1,12	1,63	1,83	I	20,38	0,96	1,40	1,58	0,82	1,19	1,34	0,68	0,98	1,11	0,54	0,79	0,89	0,41	0,60	0,68	0,29	0,43	0,48
	II	19,16	1,05	1,53	1,72	II	19,16	0,90	1,31	1,47	0,75	1,10	1,24	0,62	0,90	1,01	0,49	0,71	0,80	0,36	0,53	0,59	0,24	0,35	0,40
	III	10,53	0,57	0,84	0,94	III	10,53	0,46	0,67	0,75	0,19	0,50	0,57	—	0,35	0,39	—	0,21	0,23	—	0,09	0,10	—	—	—
	V	35,46	1,95	2,83	3,19	IV	20,38	1,04	1,51	1,70	0,96	1,40	1,58	0,89	1,30	1,46	0,82	1,19	1,34	0,75	1,09	1,22	0,68	0,98	1,11
	VI	36,53	2,—	2,92	3,28																				
107,99	I,IV	20,41	1,12	1,63	1,83	I	20,41	0,96	1,41	1,58	0,82	1,19	1,34	0,68	0,99	1,11	0,54	0,79	0,89	0,42	0,61	0,68	0,29	0,43	0,48
	II	19,19	1,05	1,53	1,72	II	19,19	0,90	1,31	1,48	0,76	1,10	1,24	0,62	0,90	1,01	0,49	0,71	0,80	0,36	0,53	0,59	0,24	0,36	0,40
	III	10,56	0,58	0,84	0,95	III	10,56	0,46	0,67	0,75	0,19	0,51	0,57	—	0,35	0,39	—	0,21	0,24	—	0,09	0,10	—	—	—
	V	35,50	1,95	2,84	3,19	IV	20,41	1,04	1,52	1,71	0,96	1,41	1,58	0,89	1,30	1,46	0,82	1,19	1,34	0,75	1,09	1,22	0,68	0,99	1,11
	VI	36,58	2,01	2,92	3,29																				

* Die ausgewiesenen Tabellenwerte sind amtlich. Siehe Erläuterungen auf der Umschlaginnenseite (U2).
** Bei mehr als 3 Kinderfreibeträgen ist die „Ergänzungs-Tabelle 3,5 bis 6 Kinderfreibeträge“ anzuwenden.

Abzüge an Lohnsteuer, Solidaritätszuschlag (SolZ) und Kirchensteuer (8%, 9%) in den Steuerklassen

Lohn/ Gehalt bis €*	I – VI		ohne Kinderfreibeträge			I, II, III, IV		mit Zahl der Kinderfreibeträge . . . 0,5			1			1,5			2			2,5			3**		
		LSt	SolZ	8%	9%		LSt	SolZ	8%	9%	SolZ	8%	9%	SolZ	8%	9%	SolZ	8%	9%	SolZ	8%	9%	SolZ	8%	9%
108,09	I,IV	20,45	1,12	1,63	1,84	I	20,45	0,97	1,41	1,58	0,82	1,19	1,34	0,68	0,99	1,11	0,54	0,79	0,89	0,42	0,61	0,68	0,30	0,43	0,49
	II	19,22	1,05	1,53	1,72	II	19,22	0,90	1,31	1,48	0,76	1,10	1,24	0,62	0,90	1,02	0,49	0,71	0,80	0,36	0,53	0,60	0,24	0,36	0,40
	III	10,58	0,58	0,84	0,95	III	10,58	0,46	0,67	0,76	0,20	0,51	0,57	—	0,35	0,39	—	0,21	0,24	—	0,09	0,10	—	—	—
	V	35,54	1,95	2,84	3,19	IV	20,45	1,04	1,52	1,71	0,97	1,41	1,58	0,89	1,30	1,46	0,82	1,19	1,34	0,75	1,09	1,23	0,68	0,99	1,11
	VI	36,62	2,01	2,92	3,29																				
108,19	I,IV	20,48	1,12	1,63	1,84	I	20,48	0,97	1,41	1,59	0,82	1,20	1,35	0,68	0,99	1,12	0,55	0,80	0,90	0,42	0,61	0,69	0,30	0,43	0,49
	II	19,25	1,05	1,54	1,73	II	19,25	0,90	1,32	1,48	0,76	1,11	1,25	0,62	0,91	1,02	0,49	0,71	0,80	0,36	0,53	0,60	0,25	0,36	0,40
	III	10,61	0,58	0,84	0,95	III	10,61	0,46	0,67	0,76	0,20	0,51	0,57	—	0,35	0,40	—	0,21	0,24	—	0,09	0,10	—	—	—
	V	35,59	1,95	2,84	3,20	IV	20,48	1,04	1,52	1,71	0,97	1,41	1,59	0,89	1,30	1,47	0,82	1,20	1,35	0,75	1,09	1,23	0,68	0,99	1,12
	VI	36,66	2,01	2,93	3,29																				
108,29	I,IV	20,51	1,12	1,64	1,84	I	20,51	0,97	1,41	1,59	0,82	1,20	1,35	0,68	0,99	1,12	0,55	0,80	0,90	0,42	0,61	0,69	0,30	0,44	0,49
	II	19,28	1,06	1,54	1,73	II	19,28	0,91	1,32	1,48	0,76	1,11	1,25	0,62	0,91	1,02	0,49	0,72	0,81	0,37	0,53	0,60	0,25	0,36	0,41
	III	10,63	0,58	0,85	0,95	III	10,63	0,46	0,68	0,76	0,21	0,51	0,58	—	0,35	0,40	—	0,21	0,24	—	0,09	0,10	—	—	—
	V	35,63	1,95	2,85	3,20	IV	20,51	1,05	1,52	1,71	0,97	1,41	1,59	0,90	1,30	1,47	0,82	1,20	1,35	0,75	1,10	1,23	0,68	0,99	1,12
	VI	36,70	2,01	2,93	3,30																				
108,39	I,IV	20,54	1,13	1,64	1,84	I	20,54	0,97	1,42	1,59	0,82	1,20	1,35	0,68	1,—	1,12	0,55	0,80	0,90	0,42	0,61	0,69	0,30	0,44	0,49
	II	19,32	1,06	1,54	1,73	II	19,32	0,91	1,32	1,49	0,76	1,11	1,25	0,62	0,91	1,02	0,49	0,72	0,81	0,37	0,54	0,60	0,25	0,36	0,41
	III	10,66	0,58	0,85	0,95	III	10,66	0,46	0,68	0,76	0,21	0,51	0,58	—	0,36	0,40	—	0,22	0,24	—	0,09	0,11	—	—	—
	V	35,67	1,96	2,85	3,21	IV	20,54	1,05	1,53	1,72	0,97	1,42	1,59	0,90	1,31	1,47	0,82	1,20	1,35	0,75	1,10	1,24	0,68	1,—	1,12
	VI	36,74	2,02	2,93	3,30																				
108,49	I,IV	20,58	1,13	1,64	1,85	I	20,58	0,97	1,42	1,60	0,83	1,20	1,35	0,69	1,—	1,12	0,55	0,80	0,90	0,42	0,62	0,69	0,30	0,44	0,49
	II	19,35	1,06	1,54	1,74	II	19,35	0,91	1,32	1,49	0,76	1,11	1,25	0,63	0,91	1,03	0,49	0,72	0,81	0,37	0,54	0,61	0,25	0,36	0,41
	III	10,68	0,58	0,85	0,96	III	10,68	0,47	0,68	0,77	0,22	0,52	0,58	—	0,36	0,40	—	0,22	0,24	—	0,10	0,11	—	—	—
	V	35,71	1,96	2,85	3,21	IV	20,58	1,05	1,53	1,72	0,97	1,42	1,60	0,90	1,31	1,47	0,83	1,20	1,35	0,75	1,10	1,24	0,69	1,—	1,12
	VI	36,78	2,02	2,94	3,31																				
108,59	I,IV	20,61	1,13	1,64	1,85	I	20,61	0,98	1,42	1,60	0,83	1,21	1,36	0,69	1,—	1,13	0,55	0,81	0,91	0,42	0,62	0,70	0,30	0,44	0,50
	II	19,38	1,06	1,55	1,74	II	19,38	0,91	1,33	1,49	0,77	1,12	1,26	0,63	0,92	1,03	0,50	0,72	0,81	0,37	0,54	0,61	0,25	0,37	0,41
	III	10,71	0,58	0,85	0,96	III	10,71	0,47	0,68	0,77	0,22	0,52	0,58	—	0,36	0,40	—	0,22	0,25	—	0,10	0,11	—	—	—
	V	35,75	1,96	2,86	3,21	IV	20,61	1,05	1,53	1,72	0,98	1,42	1,60	0,90	1,31	1,48	0,83	1,21	1,36	0,76	1,10	1,24	0,69	1,—	1,13
	VI	36,83	2,02	2,94	3,31																				
108,69	I,IV	20,64	1,13	1,65	1,85	I	20,64	0,98	1,42	1,60	0,83	1,21	1,36	0,69	1,—	1,13	0,55	0,81	0,91	0,43	0,62	0,70	0,30	0,44	0,50
	II	19,41	1,06	1,55	1,74	II	19,41	0,91	1,33	1,50	0,77	1,12	1,26	0,63	0,92	1,03	0,50	0,73	0,82	0,37	0,54	0,61	0,25	0,37	0,42
	III	10,73	0,59	0,85	0,96	III	10,73	0,47	0,68	0,77	0,23	0,52	0,58	—	0,36	0,41	—	0,22	0,25	—	0,10	0,11	—	—	—
	V	35,80	1,96	2,86	3,22	IV	20,64	1,05	1,53	1,73	0,98	1,42	1,60	0,90	1,31	1,48	0,83	1,21	1,36	0,76	1,10	1,24	0,69	1,—	1,13
	VI	36,87	2,02	2,94	3,31																				
108,79	I,IV	20,68	1,13	1,65	1,86	I	20,68	0,98	1,43	1,60	0,83	1,21	1,36	0,69	1,01	1,13	0,56	0,81	0,91	0,43	0,62	0,70	0,30	0,45	0,50
	II	19,45	1,06	1,55	1,75	II	19,45	0,91	1,33	1,50	0,77	1,12	1,26	0,63	0,92	1,03	0,50	0,73	0,82	0,37	0,54	0,61	0,25	0,37	0,42
	III	10,76	0,59	0,86	0,96	III	10,76	0,47	0,69	0,77	0,23	0,52	0,59	—	0,36	0,41	—	0,22	0,25	—	0,10	0,11	—	—	—
	V	35,84	1,97	2,86	3,22	IV	20,68	1,05	1,54	1,73	0,98	1,43	1,60	0,90	1,32	1,48	0,83	1,21	1,36	0,76	1,11	1,25	0,69	1,01	1,13
	VI	36,91	2,03	2,95	3,32																				
108,89	I,IV	20,71	1,13	1,65	1,86	I	20,71	0,98	1,43	1,61	0,83	1,21	1,37	0,69	1,01	1,13	0,56	0,81	0,91	0,43	0,62	0,70	0,31	0,45	0,50
	II	19,48	1,07	1,55	1,75	II	19,48	0,92	1,33	1,50	0,77	1,12	1,26	0,63	0,92	1,04	0,50	0,73	0,82	0,37	0,55	0,62	0,25	0,37	0,42
	III	10,78	0,59	0,86	0,97	III	10,78	0,47	0,69	0,77	0,24	0,52	0,59	—	0,36	0,41	—	0,22	0,25	—	0,10	0,11	—	—	—
	V	35,88	1,97	2,87	3,22	IV	20,71	1,06	1,54	1,73	0,98	1,43	1,61	0,91	1,32	1,48	0,83	1,21	1,37	0,76	1,11	1,25	0,69	1,01	1,13
	VI	36,95	2,03	2,95	3,32																				
108,99	I,IV	20,74	1,14	1,65	1,86	I	20,74	0,98	1,43	1,61	0,83	1,22	1,37	0,69	1,01	1,14	0,56	0,81	0,92	0,43	0,63	0,71	0,31	0,45	0,51
	II	19,51	1,07	1,56	1,75	II	19,51	0,92	1,34	1,50	0,77	1,13	1,27	0,63	0,92	1,04	0,50	0,73	0,82	0,38	0,55	0,62	0,26	0,38	0,42
	III	10,81	0,59	0,86	0,97	III	10,81	0,47	0,69	0,78	0,24	0,52	0,59	—	0,37	0,41	—	0,22	0,25	—	0,10	0,11	—	—	—
	V	35,92	1,97	2,87	3,23	IV	20,74	1,06	1,54	1,73	0,98	1,43	1,61	0,91	1,32	1,49	0,83	1,22	1,37	0,76	1,11	1,25	0,69	1,01	1,14
	VI	37,—	2,03	2,96	3,33																				
109,09	I,IV	20,77	1,14	1,66	1,86	I	20,77	0,98	1,43	1,61	0,84	1,22	1,37	0,69	1,01	1,14	0,56	0,82	0,92	0,43	0,63	0,71	0,31	0,45	0,51
	II	19,54	1,07	1,56	1,75	II	19,54	0,92	1,34	1,51	0,77	1,13	1,27	0,64	0,93	1,04	0,50	0,73	0,83	0,38	0,55	0,62	0,26	0,38	0,42
	III	10,83	0,59	0,86	0,97	III	10,83	0,47	0,69	0,78	0,25	0,53	0,59	—	0,37	0,41	—	0,23	0,25	—	0,10	0,12	—	—	—
	V	35,96	1,97	2,87	3,23	IV	20,77	1,06	1,54	1,74	0,98	1,43	1,61	0,91	1,32	1,49	0,84	1,22	1,37	0,76	1,11	1,25	0,69	1,01	1,14
	VI	37,04	2,03	2,96	3,33																				
109,19	I,IV	20,81	1,14	1,66	1,87	I	20,81	0,99	1,44	1,62	0,84	1,22	1,37	0,70	1,02	1,14	0,56	0,82	0,92	0,43	0,63	0,71	0,31	0,45	0,51
	II	19,58	1,07	1,56	1,76	II	19,58	0,92	1,34	1,51	0,78	1,13	1,27	0,64	0,93	1,04	0,50	0,74	0,83	0,38	0,55	0,62	0,26	0,38	0,43
	III	10,86	0,59	0,86	0,97	III	10,86	0,48	0,69	0,78	0,25	0,53	0,60	—	0,37	0,42	—	0,23	0,26	—	0,10	0,12	—	—	—
	V	36,01	1,98	2,88	3,24	IV	20,81	1,06	1,55	1,74	0,99	1,44	1,62	0,91	1,33	1,49	0,84	1,22	1,37	0,77	1,12	1,26	0,70	1,02	1,14
	VI	37,08	2,03	2,96	3,33																				
109,29	I,IV	20,84	1,14	1,66	1,87	I	20,84	0,99	1,44	1,62	0,84	1,22	1,38	0,70	1,02	1,15	0,56	0,82	0,92	0,43	0,63	0,71	0,31	0,46	0,51
	II	19,61	1,07	1,56	1,76	II	19,61	0,92	1,34	1,51	0,78	1,13	1,27	0,64	0,93	1,05	0,51	0,74	0,83	0,38	0,56	0,63	0,26	0,38	0,43
	III	10,88	0,59	0,87	0,97	III	10,88	0,48	0,70	0,78	0,25	0,53	0,60	—	0,37	0,42	—	0,23	0,26	—	0,11	0,12	—	—	—
	V	36,05	1,98	2,88	3,24	IV	20,84	1,06	1,55	1,74	0,99	1,44	1,62	0,91	1,33	1,50	0,84	1,22	1,38	0,77	1,12	1,26	0,70	1,02	1,15
	VI	37,12	2,04	2,96	3,34																				
109,39	I,IV	20,87	1,14	1,66	1,87	I	20,87	0,99	1,44	1,62	0,84	1,23	1,38	0,70	1,02	1,15	0,56	0,82	0,93	0,44	0,64	0,72	0,31	0,46	0,52
	II	19,64	1,08	1,57	1,76	II	19,64	0,92	1,35	1,52	0,78	1,14	1,28	0,64	0,93	1,05	0,51	0,74	0,83	0,38	0,56	0,63	0,26	0,38	0,43
	III	10,91	0,60	0,87	0,98	III	10,91	0,48	0,70	0,79	0,26	0,53	0,60	—	0,37	0,42	—	0,23	0,26	—	0,11	0,12	—	—	—
	V	36,09	1,98	2,88	3,24	IV	20,87	1,07	1,55	1,75	0,99	1,44	1,62	0,91	1,33	1,50	0,84	1,23	1,38	0,77	1,12	1,26	0,70	1,02	1,15
	VI	37,16	2,04	2,97	3,34																				
109,49	I,IV	20,90	1,14	1,67	1,88	I	20,90	0,99	1,44	1,62	0,84	1,23	1,38	0,70	1,02	1,15	0,57	0,82	0,93	0,44	0,64	0,72	0,31	0,46	0,52
	II	19,67	1,08	1,57	1,77	II	19,67	0,93	1,35	1,52	0,78	1,14	1,28	0,64	0,94	1,05	0,51	0,74	0,84	0,38	0,56	0,63	0,26	0,38	0,43
	III	10,93	0,60	0,87	0,98	III	10,93	0,48	0,70	0,79	0,26	0,53	0,60	—	0,38	0,42	—	0,23	0,26	—	0,11	0,12	—	—	—
	V	36,13	1,98	2,89	3,25	IV	20,90	1,07	1,55	1,75	0,99	1,44	1,62	0,92	1,33	1,50	0,84	1,23	1,38	0,77	1,12	1,26	0,70	1,02	1,15
	VI	37,21	2,04	2,97	3,34																				

* Die ausgewiesenen Tabellenwerte sind amtlich. Siehe Erläuterungen auf der Umschlaginnenseite (U2).
** Bei mehr als 3 Kinderfreibeträgen ist die „Ergänzungs-Tabelle 3,5 bis 6 Kinderfreibeträge" anzuwenden.

Abzüge an Lohnsteuer, Solidaritätszuschlag (SolZ) und Kirchensteuer (8%, 9%) in den Steuerklassen

Lohn/ Gehalt bis €*	I – VI					I, II, III, IV		mit Zahl der Kinderfreibeträge . . . 0,5			1			1,5			2			2,5			3**		
		LSt	ohne Kinderfreibeträge SolZ	8%	9%		LSt	SolZ	8%	9%	SolZ	8%	9%	SolZ	8%	9%	SolZ	8%	9%	SolZ	8%	9%	SolZ	8%	9%
109,59	I,IV	20,94	1,15	1,67	1,88	I	20,94	0,99	1,45	1,63	0,84	1,23	1,38	0,70	1,02	1,15	0,57	0,83	0,93	0,44	0,64	0,72	0,32	0,46	0,52
	II	19,70	1,08	1,57	1,77	II	19,70	0,93	1,35	1,52	0,78	1,14	1,28	0,64	0,94	1,06	0,51	0,74	0,84	0,38	0,56	0,63	0,26	0,39	0,44
	III	10,95	0,60	0,87	0,98	III	10,95	0,48	0,70	0,79	0,27	0,54	0,60	—	0,38	0,42	—	0,23	0,26	—	0,11	0,12	—	—	—
	V	36,17	1,98	2,89	3,25	IV	20,94	1,07	1,56	1,75	0,99	1,45	1,63	0,92	1,34	1,50	0,84	1,23	1,38	0,77	1,13	1,27	0,70	1,02	1,15
	VI	37,25	2,04	2,98	3,35																				
109,69	I,IV	20,97	1,15	1,67	1,88	I	20,97	0,99	1,45	1,63	0,85	1,23	1,39	0,70	1,03	1,16	0,57	0,83	0,93	0,44	0,64	0,72	0,32	0,46	0,52
	II	19,74	1,08	1,57	1,77	II	19,74	0,93	1,35	1,52	0,78	1,14	1,29	0,64	0,94	1,06	0,51	0,75	0,84	0,39	0,56	0,63	0,27	0,39	0,44
	III	10,98	0,60	0,87	0,98	III	10,98	0,48	0,70	0,79	0,27	0,54	0,61	—	0,38	0,43	—	0,24	0,27	—	0,11	0,13	—	0,01	0,01
	V	36,21	1,99	2,89	3,25	IV	20,97	1,07	1,56	1,75	0,99	1,45	1,63	0,92	1,34	1,51	0,85	1,23	1,39	0,77	1,13	1,27	0,70	1,03	1,16
	VI	37,29	2,05	2,98	3,35																				
109,79	I,IV	21,—	1,15	1,68	1,89	I	21,—	1,—	1,45	1,63	0,85	1,24	1,39	0,71	1,03	1,16	0,57	0,83	0,94	0,44	0,64	0,72	0,32	0,47	0,52
	II	19,77	1,08	1,58	1,77	II	19,77	0,93	1,36	1,53	0,79	1,14	1,29	0,65	0,94	1,06	0,51	0,75	0,84	0,39	0,57	0,64	0,27	0,39	0,44
	III	11,—	0,60	0,88	0,99	III	11,—	0,48	0,70	0,79	0,28	0,54	0,61	—	0,38	0,43	—	0,24	0,27	—	0,11	0,13	—	0,01	0,01
	V	36,26	1,99	2,90	3,26	IV	21,—	1,07	1,56	1,76	1,—	1,45	1,63	0,92	1,34	1,51	0,85	1,24	1,39	0,78	1,13	1,27	0,71	1,03	1,16
	VI	37,33	2,05	2,98	3,35																				
109,89	I,IV	21,04	1,15	1,68	1,89	I	21,04	1,—	1,45	1,64	0,85	1,24	1,39	0,71	1,03	1,16	0,57	0,83	0,94	0,44	0,65	0,73	0,32	0,47	0,53
	II	19,80	1,08	1,58	1,78	II	19,80	0,93	1,36	1,53	0,79	1,15	1,29	0,65	0,94	1,06	0,52	0,75	0,85	0,39	0,57	0,64	0,27	0,39	0,44
	III	11,03	0,60	0,88	0,99	III	11,03	0,48	0,71	0,80	0,28	0,54	0,61	—	0,38	0,43	—	0,24	0,27	—	0,11	0,13	—	0,01	0,01
	V	36,30	1,99	2,90	3,26	IV	21,04	1,07	1,56	1,76	1,—	1,45	1,64	0,92	1,34	1,51	0,85	1,24	1,39	0,78	1,13	1,28	0,71	1,03	1,16
	VI	37,37	2,05	2,98	3,36																				
109,99	I,IV	21,07	1,15	1,68	1,89	I	21,07	1,—	1,46	1,64	0,85	1,24	1,40	0,71	1,03	1,16	0,57	0,84	0,94	0,44	0,65	0,73	0,32	0,47	0,53
	II	19,83	1,09	1,58	1,78	II	19,83	0,93	1,36	1,53	0,79	1,15	1,29	0,65	0,95	1,07	0,52	0,75	0,85	0,39	0,57	0,64	0,27	0,39	0,44
	III	11,05	0,60	0,88	0,99	III	11,05	0,49	0,71	0,80	0,29	0,54	0,61	—	0,38	0,43	—	0,24	0,27	—	0,12	0,13	—	0,01	0,01
	V	36,34	1,99	2,90	3,27	IV	21,07	1,08	1,57	1,76	1,—	1,46	1,64	0,92	1,35	1,52	0,85	1,24	1,40	0,78	1,14	1,28	0,71	1,03	1,16
	VI	37,41	2,05	2,99	3,36																				
110,09	I,IV	21,10	1,16	1,68	1,89	I	21,10	1,—	1,46	1,64	0,85	1,24	1,40	0,71	1,04	1,17	0,57	0,84	0,94	0,45	0,65	0,73	0,32	0,47	0,53
	II	19,87	1,09	1,58	1,78	II	19,87	0,94	1,36	1,53	0,79	1,15	1,30	0,65	0,95	1,07	0,52	0,76	0,85	0,39	0,57	0,64	0,27	0,40	0,45
	III	11,08	0,60	0,88	0,99	III	11,08	0,49	0,71	0,80	0,29	0,55	0,61	—	0,39	0,43	—	0,24	0,27	—	0,12	0,13	—	0,01	0,01
	V	36,38	2,—	2,91	3,27	IV	21,10	1,08	1,57	1,77	1,—	1,46	1,64	0,93	1,35	1,52	0,85	1,24	1,40	0,78	1,14	1,28	0,71	1,04	1,17
	VI	37,46	2,06	2,99	3,37																				
110,19	I,IV	21,14	1,16	1,69	1,90	I	21,14	1,—	1,46	1,64	0,85	1,24	1,40	0,71	1,04	1,17	0,58	0,84	0,95	0,45	0,65	0,73	0,32	0,47	0,53
	II	19,90	1,09	1,59	1,79	II	19,90	0,94	1,37	1,54	0,79	1,15	1,30	0,65	0,95	1,07	0,52	0,76	0,85	0,39	0,57	0,65	0,27	0,40	0,45
	III	11,10	0,61	0,88	0,99	III	11,10	0,49	0,71	0,80	0,30	0,55	0,62	—	0,39	0,44	—	0,24	0,27	—	0,12	0,13	—	0,01	0,01
	V	36,43	2,—	2,91	3,27	IV	21,14	1,08	1,57	1,77	1,—	1,46	1,64	0,93	1,35	1,52	0,85	1,24	1,40	0,78	1,14	1,28	0,71	1,04	1,17
	VI	37,50	2,06	3,—	3,37																				
110,29	I,IV	21,17	1,16	1,69	1,90	I	21,17	1,—	1,46	1,65	0,86	1,25	1,40	0,71	1,04	1,17	0,58	0,84	0,95	0,45	0,65	0,74	0,33	0,48	0,54
	II	19,93	1,09	1,59	1,79	II	19,93	0,94	1,37	1,54	0,79	1,16	1,30	0,65	0,95	1,07	0,52	0,76	0,86	0,39	0,58	0,65	0,27	0,40	0,45
	III	11,13	0,61	0,89	1,—	III	11,13	0,49	0,72	0,81	0,30	0,55	0,62	—	0,39	0,44	—	0,24	0,27	—	0,12	0,13	—	0,01	0,01
	V	36,47	2,—	2,91	3,28	IV	21,17	1,08	1,58	1,77	1,—	1,46	1,65	0,93	1,35	1,52	0,86	1,25	1,40	0,78	1,14	1,29	0,71	1,04	1,17
	VI	37,54	2,06	3,—	3,37																				
110,39	I,IV	21,20	1,16	1,69	1,90	I	21,20	1,01	1,47	1,65	0,86	1,25	1,41	0,72	1,04	1,17	0,58	0,84	0,95	0,45	0,66	0,74	0,33	0,48	0,54
	II	19,96	1,09	1,59	1,79	II	19,96	0,94	1,37	1,54	0,80	1,16	1,30	0,66	0,96	1,08	0,52	0,76	0,86	0,40	0,58	0,65	0,28	0,40	0,45
	III	11,15	0,61	0,89	1,—	III	11,15	0,49	0,72	0,81	0,31	0,55	0,62	—	0,39	0,44	—	0,25	0,28	—	0,12	0,14	—	0,01	0,01
	V	36,51	2,—	2,92	3,28	IV	21,20	1,08	1,58	1,78	1,01	1,47	1,65	0,93	1,36	1,53	0,86	1,25	1,41	0,79	1,15	1,29	0,72	1,04	1,17
	VI	37,58	2,06	3,—	3,38																				
110,49	I,IV	21,24	1,16	1,69	1,91	I	21,24	1,01	1,47	1,65	0,86	1,25	1,41	0,72	1,05	1,18	0,58	0,85	0,95	0,45	0,66	0,74	0,33	0,48	0,54
	II	20,—	1,10	1,60	1,80	II	20,—	0,94	1,37	1,55	0,80	1,16	1,31	0,66	0,96	1,08	0,52	0,76	0,86	0,40	0,58	0,65	0,28	0,40	0,45
	III	11,18	0,61	0,89	1,—	III	11,18	0,49	0,72	0,81	0,31	0,55	0,62	—	0,39	0,44	—	0,25	0,28	—	0,12	0,14	—	0,01	0,02
	V	36,55	2,01	2,92	3,28	IV	21,24	1,08	1,58	1,78	1,01	1,47	1,65	0,93	1,36	1,53	0,86	1,25	1,41	0,79	1,15	1,29	0,72	1,05	1,18
	VI	37,63	2,06	3,01	3,38																				
110,59	I,IV	21,27	1,16	1,70	1,91	I	21,27	1,01	1,47	1,66	0,86	1,25	1,41	0,72	1,05	1,18	0,58	0,85	0,96	0,45	0,66	0,74	0,33	0,48	0,54
	II	20,03	1,10	1,60	1,80	II	20,03	0,94	1,38	1,55	0,80	1,16	1,31	0,66	0,96	1,08	0,53	0,77	0,86	0,40	0,58	0,65	0,28	0,41	0,46
	III	11,20	0,61	0,89	1,—	III	11,20	0,49	0,72	0,81	0,32	0,56	0,63	—	0,39	0,44	—	0,25	0,28	—	0,12	0,14	—	0,02	0,02
	V	36,59	2,01	2,92	3,29	IV	21,27	1,09	1,58	1,78	1,01	1,47	1,66	0,93	1,36	1,53	0,86	1,25	1,41	0,79	1,15	1,29	0,72	1,05	1,18
	VI	37,67	2,07	3,01	3,39																				
110,69	I,IV	21,30	1,17	1,70	1,91	I	21,30	1,01	1,47	1,66	0,86	1,26	1,41	0,72	1,05	1,18	0,58	0,85	0,96	0,45	0,66	0,75	0,33	0,48	0,54
	II	20,06	1,10	1,60	1,80	II	20,06	0,95	1,38	1,55	0,80	1,17	1,31	0,66	0,96	1,08	0,53	0,77	0,87	0,40	0,58	0,66	0,28	0,41	0,46
	III	11,23	0,61	0,89	1,01	III	11,23	0,50	0,72	0,81	0,32	0,56	0,63	—	0,40	0,45	—	0,25	0,28	—	0,12	0,14	—	0,02	0,02
	V	36,64	2,01	2,93	3,29	IV	21,30	1,09	1,59	1,78	1,01	1,47	1,66	0,94	1,36	1,53	0,86	1,26	1,41	0,79	1,15	1,30	0,72	1,05	1,18
	VI	37,71	2,07	3,01	3,39																				
110,79	I,IV	21,33	1,17	1,70	1,91	I	21,33	1,01	1,48	1,66	0,86	1,26	1,42	0,72	1,05	1,18	0,59	0,85	0,96	0,46	0,66	0,75	0,33	0,49	0,55
	II	20,10	1,10	1,60	1,80	II	20,10	0,95	1,38	1,55	0,80	1,17	1,31	0,66	0,96	1,09	0,53	0,77	0,87	0,40	0,59	0,66	0,28	0,41	0,46
	III	11,25	0,61	0,90	1,01	III	11,25	0,50	0,72	0,82	0,33	0,56	0,63	—	0,40	0,45	—	0,25	0,28	—	0,13	0,14	—	0,02	0,02
	V	36,68	2,01	2,93	3,30	IV	21,33	1,09	1,59	1,79	1,01	1,48	1,66	0,94	1,37	1,54	0,86	1,26	1,42	0,79	1,16	1,30	0,72	1,05	1,18
	VI	37,75	2,07	3,02	3,39																				
110,89	I,IV	21,37	1,17	1,70	1,92	I	21,37	1,02	1,48	1,66	0,87	1,26	1,42	0,72	1,05	1,19	0,59	0,86	0,96	0,46	0,67	0,75	0,33	0,49	0,55
	II	20,13	1,10	1,61	1,81	II	20,13	0,95	1,38	1,56	0,80	1,17	1,32	0,66	0,97	1,09	0,53	0,77	0,87	0,40	0,59	0,66	0,28	0,41	0,46
	III	11,28	0,62	0,90	1,01	III	11,28	0,50	0,73	0,82	0,33	0,56	0,63	—	0,40	0,45	—	0,25	0,29	—	0,13	0,14	—	0,02	0,02
	V	36,72	2,01	2,93	3,30	IV	21,37	1,09	1,59	1,79	1,02	1,48	1,66	0,94	1,37	1,54	0,87	1,26	1,42	0,79	1,16	1,30	0,72	1,05	1,19
	VI	37,79	2,07	3,02	3,40																				
110,99	I,IV	21,40	1,17	1,71	1,92	I	21,40	1,02	1,48	1,67	0,87	1,26	1,42	0,73	1,06	1,19	0,59	0,86	0,97	0,46	0,67	0,75	0,33	0,49	0,55
	II	20,16	1,10	1,61	1,81	II	20,16	0,95	1,39	1,56	0,81	1,17	1,32	0,67	0,97	1,09	0,53	0,78	0,87	0,40	0,59	0,66	0,28	0,41	0,47
	III	11,30	0,62	0,90	1,01	III	11,30	0,50	0,73	0,82	0,33	0,56	0,63	—	0,40	0,45	—	0,26	0,29	—	0,13	0,14	—	0,02	0,02
	V	36,76	2,02	2,94	3,30	IV	21,40	1,09	1,59	1,79	1,02	1,48	1,67	0,94	1,37	1,54	0,87	1,26	1,42	0,80	1,16	1,30	0,73	1,06	1,19
	VI	37,83	2,08	3,02	3,40																				

*** Die ausgewiesenen Tabellenwerte sind amtlich. Siehe Erläuterungen auf der Umschlaginnenseite (U2).**
**** Bei mehr als 3 Kinderfreibeträgen ist die „Ergänzungs-Tabelle 3,5 bis 6 Kinderfreibeträge" anzuwenden.**

Lohn/ Gehalt bis €*	Abzüge an Lohnsteuer, Solidaritätszuschlag (SolZ) und Kirchensteuer (8%, 9%) in den Steuerklassen I – VI					I, II, III, IV																			
			ohne Kinderfreibeträge					mit Zahl der Kinderfreibeträge . . .																	
								0,5			1			1,5			2			2,5			3**		
		LSt	SolZ	8%	9%		LSt	SolZ	8%	9%	SolZ	8%	9%	SolZ	8%	9%	SolZ	8%	9%	SolZ	8%	9%	SolZ	8%	9%
111,09	I,IV	21,43	1,17	1,71	1,92	I	21,43	1,02	1,48	1,67	0,87	1,27	1,43	0,73	1,06	1,19	0,59	0,86	0,97	0,46	0,67	0,76	0,34	0,49	0,55
	II	20,19	1,11	1,61	1,81	II	20,19	0,95	1,39	1,56	0,81	1,18	1,32	0,67	0,97	1,09	0,53	0,78	0,88	0,41	0,59	0,67	0,28	0,42	0,47
	III	11,33	0,62	0,90	1,01	III	11,33	0,50	0,73	0,82	0,34	0,56	0,63	—	0,40	0,45	—	0,26	0,29	—	0,13	0,15	—	0,02	0,02
	V	36,80	2,02	2,94	3,31	IV	21,43	1,10	1,60	1,80	1,02	1,48	1,67	0,94	1,37	1,55	0,87	1,27	1,43	0,80	1,16	1,31	0,73	1,06	1,19
	VI	37,88	2,08	3,03	3,40																				
111,19	I,IV	21,47	1,18	1,71	1,93	I	21,47	1,02	1,49	1,67	0,87	1,27	1,43	0,73	1,06	1,19	0,59	0,86	0,97	0,46	0,67	0,76	0,34	0,49	0,56
	II	20,23	1,11	1,61	1,82	II	20,23	0,95	1,39	1,57	0,81	1,18	1,33	0,67	0,97	1,10	0,53	0,78	0,88	0,41	0,59	0,67	0,29	0,42	0,47
	III	11,35	0,62	0,90	1,02	III	11,35	0,50	0,73	0,82	0,34	0,57	0,64	—	0,40	0,46	—	0,26	0,29	—	0,13	0,15	—	0,02	0,03
	V	36,85	2,02	2,94	3,31	IV	21,47	1,10	1,60	1,80	1,02	1,49	1,67	0,95	1,38	1,55	0,87	1,27	1,43	0,80	1,16	1,31	0,73	1,06	1,19
	VI	37,92	2,08	3,03	3,41																				
111,29	I,IV	21,50	1,18	1,72	1,93	I	21,50	1,02	1,49	1,68	0,87	1,27	1,43	0,73	1,06	1,20	0,59	0,86	0,97	0,46	0,68	0,76	0,34	0,50	0,56
	II	20,26	1,11	1,62	1,82	II	20,26	0,96	1,39	1,57	0,81	1,18	1,33	0,67	0,98	1,10	0,54	0,78	0,88	0,41	0,60	0,67	0,29	0,42	0,47
	III	11,37	0,62	0,90	1,02	III	11,37	0,50	0,73	0,83	0,35	0,57	0,64	—	0,41	0,46	—	0,26	0,29	—	0,13	0,15	—	0,02	0,03
	V	36,89	2,02	2,95	3,32	IV	21,50	1,10	1,60	1,80	1,02	1,49	1,68	0,95	1,38	1,55	0,87	1,27	1,43	0,80	1,17	1,31	0,73	1,06	1,20
	VI	37,96	2,08	3,03	3,41																				
111,39	I,IV	21,53	1,18	1,72	1,93	I	21,53	1,02	1,49	1,68	0,87	1,27	1,43	0,73	1,07	1,20	0,59	0,87	0,98	0,46	0,68	0,76	0,34	0,50	0,56
	II	20,29	1,11	1,62	1,82	II	20,29	0,96	1,40	1,57	0,81	1,18	1,33	0,67	0,98	1,10	0,54	0,78	0,88	0,41	0,60	0,67	0,29	0,42	0,47
	III	11,40	0,62	0,91	1,02	III	11,40	0,50	0,74	0,83	0,35	0,57	0,64	—	0,41	0,46	—	0,26	0,29	—	0,13	0,15	—	0,02	0,03
	V	36,93	2,03	2,95	3,32	IV	21,53	1,10	1,60	1,80	1,02	1,49	1,68	0,95	1,38	1,55	0,87	1,27	1,43	0,80	1,17	1,32	0,73	1,07	1,20
	VI	38,—	2,09	3,04	3,42																				
111,49	I,IV	21,57	1,18	1,72	1,94	I	21,57	1,03	1,49	1,68	0,88	1,28	1,44	0,73	1,07	1,20	0,60	0,87	0,98	0,47	0,68	0,77	0,34	0,50	0,56
	II	20,32	1,11	1,62	1,82	II	20,32	0,96	1,40	1,57	0,81	1,19	1,33	0,67	0,98	1,10	0,54	0,79	0,89	0,41	0,60	0,68	0,29	0,42	0,48
	III	11,42	0,62	0,91	1,02	III	11,42	0,51	0,74	0,83	0,36	0,57	0,64	—	0,41	0,46	—	0,26	0,30	—	0,14	0,15	—	0,03	0,03
	V	36,97	2,03	2,95	3,32	IV	21,57	1,10	1,61	1,81	1,03	1,49	1,68	0,95	1,38	1,56	0,88	1,28	1,44	0,80	1,17	1,32	0,73	1,07	1,20
	VI	38,05	2,09	3,04	3,42																				
111,59	I,IV	21,60	1,18	1,72	1,94	I	21,60	1,03	1,50	1,68	0,88	1,28	1,44	0,73	1,07	1,21	0,60	0,87	0,98	0,47	0,68	0,77	0,34	0,50	0,56
	II	20,36	1,11	1,62	1,83	II	20,36	0,96	1,40	1,58	0,81	1,19	1,34	0,67	0,98	1,11	0,54	0,79	0,89	0,41	0,60	0,68	0,29	0,43	0,48
	III	11,45	0,63	0,91	1,03	III	11,45	0,51	0,74	0,83	0,36	0,57	0,65	—	0,41	0,46	—	0,26	0,30	—	0,14	0,15	—	0,03	0,03
	V	37,01	2,03	2,96	3,33	IV	21,60	1,10	1,61	1,81	1,03	1,50	1,68	0,95	1,39	1,56	0,88	1,28	1,44	0,81	1,17	1,32	0,73	1,07	1,21
	VI	38,09	2,09	3,04	3,42																				
111,69	I,IV	21,63	1,19	1,73	1,94	I	21,63	1,03	1,50	1,69	0,88	1,28	1,44	0,74	1,07	1,21	0,60	0,87	0,98	0,47	0,68	0,77	0,34	0,50	0,57
	II	20,39	1,12	1,63	1,83	II	20,39	0,96	1,40	1,58	0,82	1,19	1,34	0,68	0,99	1,11	0,54	0,79	0,89	0,41	0,60	0,68	0,29	0,43	0,48
	III	11,48	0,63	0,91	1,03	III	11,48	0,51	0,74	0,83	0,37	0,58	0,65	—	0,41	0,47	—	0,27	0,30	—	0,14	0,16	—	0,03	0,03
	V	37,06	2,03	2,96	3,33	IV	21,63	1,11	1,61	1,81	1,03	1,50	1,69	0,95	1,39	1,56	0,88	1,28	1,44	0,81	1,18	1,32	0,74	1,07	1,21
	VI	38,13	2,09	3,05	3,43																				
111,79	I,IV	21,67	1,19	1,73	1,95	I	21,67	1,03	1,50	1,69	0,88	1,28	1,44	0,74	1,08	1,21	0,60	0,88	0,99	0,47	0,69	0,77	0,35	0,51	0,57
	II	20,42	1,12	1,63	1,83	II	20,42	0,97	1,41	1,58	0,82	1,19	1,34	0,68	0,99	1,11	0,54	0,79	0,89	0,42	0,61	0,68	0,29	0,43	0,48
	III	11,50	0,63	0,92	1,03	III	11,50	0,51	0,74	0,84	0,37	0,58	0,65	—	0,42	0,47	—	0,27	0,30	—	0,14	0,16	—	0,03	0,03
	V	37,10	2,04	2,96	3,33	IV	21,67	1,11	1,61	1,82	1,03	1,50	1,69	0,96	1,39	1,57	0,88	1,28	1,44	0,81	1,18	1,33	0,74	1,08	1,21
	VI	38,17	2,09	3,05	3,43																				
111,89	I,IV	21,70	1,19	1,73	1,95	I	21,70	1,03	1,50	1,69	0,88	1,29	1,45	0,74	1,08	1,21	0,60	0,88	0,99	0,47	0,69	0,78	0,35	0,51	0,57
	II	20,46	1,12	1,63	1,84	II	20,46	0,97	1,41	1,59	0,82	1,20	1,35	0,68	0,99	1,11	0,55	0,80	0,90	0,42	0,61	0,69	0,30	0,43	0,49
	III	11,53	0,63	0,92	1,03	III	11,53	0,51	0,75	0,84	0,38	0,58	0,65	—	0,42	0,47	—	0,27	0,30	—	0,14	0,16	—	0,03	0,03
	V	37,14	2,04	2,97	3,34	IV	21,70	1,11	1,62	1,82	1,03	1,50	1,69	0,96	1,39	1,57	0,88	1,29	1,45	0,81	1,18	1,33	0,74	1,08	1,21
	VI	38,21	2,10	3,05	3,43																				
111,99	I,IV	21,73	1,19	1,73	1,95	I	21,73	1,03	1,51	1,70	0,88	1,29	1,45	0,74	1,08	1,22	0,60	0,88	0,99	0,47	0,69	0,78	0,35	0,51	0,57
	II	20,49	1,12	1,63	1,84	II	20,49	0,97	1,41	1,59	0,82	1,20	1,35	0,68	0,99	1,12	0,55	0,80	0,90	0,42	0,61	0,69	0,30	0,43	0,49
	III	11,55	0,63	0,92	1,03	III	11,55	0,51	0,75	0,84	0,38	0,58	0,65	—	0,42	0,47	—	0,27	0,31	—	0,14	0,16	—	0,03	0,04
	V	37,18	2,04	2,97	3,34	IV	21,73	1,11	1,62	1,82	1,03	1,51	1,70	0,96	1,40	1,57	0,88	1,29	1,45	0,81	1,18	1,33	0,74	1,08	1,22
	VI	38,26	2,10	3,06	3,44																				
112,09	I,IV	21,77	1,19	1,74	1,95	I	21,77	1,04	1,51	1,70	0,89	1,29	1,45	0,74	1,08	1,22	0,61	0,88	0,99	0,47	0,69	0,78	0,35	0,51	0,58
	II	20,52	1,12	1,64	1,84	II	20,52	0,97	1,41	1,59	0,82	1,20	1,35	0,68	1,—	1,12	0,55	0,80	0,90	0,42	0,61	0,69	0,30	0,44	0,49
	III	11,57	0,63	0,92	1,04	III	11,57	0,51	0,75	0,84	0,39	0,58	0,66	—	0,42	0,47	—	0,27	0,31	—	0,14	0,16	—	0,03	0,04
	V	37,22	2,04	2,97	3,34	IV	21,77	1,11	1,62	1,82	1,04	1,51	1,70	0,96	1,40	1,57	0,89	1,29	1,45	0,81	1,19	1,33	0,74	1,08	1,22
	VI	38,30	2,10	3,06	3,44																				
112,19	I,IV	21,80	1,19	1,74	1,96	I	21,80	1,04	1,51	1,70	0,89	1,29	1,46	0,74	1,08	1,22	0,61	0,89	1,—	0,48	0,70	0,78	0,35	0,51	0,58
	II	20,55	1,13	1,64	1,84	II	20,55	0,97	1,42	1,59	0,83	1,20	1,35	0,68	1,—	1,12	0,55	0,80	0,90	0,42	0,62	0,69	0,30	0,44	0,49
	III	11,60	0,63	0,92	1,04	III	11,60	0,52	0,75	0,85	0,39	0,58	0,66	—	0,42	0,48	—	0,27	0,31	—	0,14	0,16	—	0,03	0,04
	V	37,26	2,04	2,98	3,35	IV	21,80	1,12	1,62	1,83	1,04	1,51	1,70	0,96	1,40	1,58	0,89	1,29	1,46	0,82	1,19	1,34	0,74	1,08	1,22
	VI	38,34	2,10	3,06	3,45																				
112,29	I,IV	21,83	1,20	1,74	1,96	I	21,83	1,04	1,51	1,70	0,89	1,30	1,46	0,75	1,09	1,22	0,61	0,89	1,—	0,48	0,70	0,78	0,35	0,52	0,58
	II	20,59	1,13	1,64	1,85	II	20,59	0,97	1,42	1,60	0,83	1,20	1,35	0,69	1,—	1,12	0,55	0,80	0,90	0,42	0,62	0,70	0,30	0,44	0,50
	III	11,63	0,63	0,93	1,04	III	11,63	0,52	0,75	0,85	0,40	0,59	0,66	—	0,42	0,48	—	0,28	0,31	—	0,15	0,16	—	0,04	0,04
	V	37,31	2,05	2,98	3,35	IV	21,83	1,12	1,63	1,83	1,04	1,51	1,70	0,96	1,40	1,58	0,89	1,30	1,46	0,82	1,19	1,34	0,75	1,09	1,22
	VI	38,38	2,11	3,07	3,45																				
112,39	I,IV	21,87	1,20	1,74	1,96	I	21,87	1,04	1,52	1,71	0,89	1,30	1,46	0,75	1,09	1,23	0,61	0,89	1,—	0,48	0,70	0,79	0,35	0,52	0,58
	II	20,62	1,13	1,64	1,85	II	20,62	0,98	1,42	1,60	0,83	1,21	1,36	0,69	1,—	1,13	0,55	0,81	0,91	0,42	0,62	0,70	0,30	0,44	0,50
	III	11,65	0,64	0,93	1,04	III	11,65	0,52	0,76	0,85	0,40	0,59	0,66	—	0,43	0,48	—	0,28	0,31	—	0,15	0,17	—	0,04	0,04
	V	37,35	2,05	2,98	3,36	IV	21,87	1,12	1,63	1,83	1,04	1,52	1,71	0,97	1,41	1,58	0,89	1,30	1,46	0,82	1,19	1,34	0,75	1,09	1,23
	VI	38,42	2,11	3,07	3,45																				
112,49	I,IV	21,90	1,20	1,75	1,97	I	21,90	1,04	1,52	1,71	0,89	1,30	1,46	0,75	1,09	1,23	0,61	0,89	1,—	0,48	0,70	0,79	0,36	0,52	0,59
	II	20,65	1,13	1,65	1,85	II	20,65	0,98	1,42	1,60	0,83	1,21	1,36	0,69	1,—	1,13	0,55	0,81	0,91	0,43	0,62	0,70	0,30	0,44	0,50
	III	11,68	0,64	0,93	1,05	III	11,68	0,52	0,76	0,85	0,40	0,59	0,67	—	0,43	0,48	—	0,28	0,31	—	0,15	0,17	—	0,04	0,04
	V	37,39	2,05	2,99	3,36	IV	21,90	1,12	1,63	1,84	1,04	1,52	1,71	0,97	1,41	1,59	0,89	1,30	1,46	0,82	1,20	1,35	0,75	1,09	1,23
	VI	38,46	2,11	3,07	3,46																				

* Die ausgewiesenen Tabellenwerte sind amtlich. Siehe Erläuterungen auf der Umschlaginnenseite (U2).
** Bei mehr als 3 Kinderfreibeträgen ist die „Ergänzungs-Tabelle 3,5 bis 6 Kinderfreibeträge" anzuwenden.

Lohn/ Gehalt bis €*		Abzüge an Lohnsteuer, Solidaritätszuschlag (SolZ) und Kirchensteuer (8%, 9%) in den Steuerklassen I – VI: LSt	ohne Kinderfreibeträge SolZ	8%	9%	I, II, III, IV	LSt	mit Zahl der Kinderfreibeträge . . . 0,5 SolZ	8%	9%	1 SolZ	8%	9%	1,5 SolZ	8%	9%	2 SolZ	8%	9%	2,5 SolZ	8%	9%	3** SolZ	8%	9%
12,59	I,IV	21,94	1,20	1,75	1,97	I	21,94	1,05	1,52	1,71	0,89	1,30	1,47	0,75	1,09	1,23	0,61	0,89	1,01	0,48	0,70	0,79	0,36	0,52	0,59
	II	20,68	1,13	1,65	1,86	II	20,68	0,98	1,43	1,61	0,83	1,21	1,36	0,69	1,01	1,13	0,56	0,81	0,91	0,43	0,62	0,70	0,31	0,45	0,50
	III	11,70	0,64	0,93	1,05	III	11,70	0,52	0,76	0,86	0,41	0,59	0,67	—	0,43	0,48	—	0,28	0,32	—	0,15	0,17	—	0,04	0,04
	V	37,43	2,05	2,99	3,36	IV	21,94	1,12	1,64	1,84	1,05	1,52	1,71	0,97	1,41	1,59	0,89	1,30	1,47	0,82	1,20	1,35	0,75	1,09	1,23
	VI	38,51	2,11	3,08	3,46																				
12,69	I,IV	21,97	1,20	1,75	1,97	I	21,97	1,05	1,52	1,72	0,90	1,31	1,47	0,75	1,10	1,23	0,61	0,90	1,01	0,48	0,71	0,79	0,36	0,52	0,59
	II	20,72	1,13	1,65	1,86	II	20,72	0,98	1,43	1,61	0,83	1,21	1,37	0,69	1,01	1,14	0,56	0,81	0,91	0,43	0,63	0,70	0,31	0,45	0,50
	III	11,72	0,64	0,93	1,05	III	11,72	0,52	0,76	0,86	0,41	0,59	0,67	0,01	0,43	0,49	—	0,28	0,32	—	0,15	0,17	—	0,04	0,05
	V	37,48	2,06	2,99	3,37	IV	21,97	1,12	1,64	1,84	1,05	1,52	1,72	0,97	1,41	1,59	0,90	1,31	1,47	0,82	1,20	1,35	0,75	1,10	1,23
	VI	38,55	2,12	3,08	3,46																				
12,79	I,IV	22,—	1,21	1,76	1,98	I	22,—	1,05	1,53	1,72	0,90	1,31	1,47	0,75	1,10	1,24	0,62	0,90	1,01	0,49	0,71	0,80	0,36	0,53	0,59
	II	20,75	1,14	1,66	1,86	II	20,75	0,98	1,43	1,61	0,83	1,22	1,37	0,69	1,01	1,14	0,56	0,82	0,92	0,43	0,63	0,71	0,31	0,45	0,51
	III	11,75	0,64	0,94	1,05	III	11,75	0,52	0,76	0,86	0,41	0,60	0,67	0,01	0,43	0,49	—	0,28	0,32	—	0,15	0,17	—	0,04	0,05
	V	37,52	2,06	3,—	3,37	IV	22,—	1,13	1,64	1,85	1,05	1,53	1,72	0,97	1,42	1,59	0,90	1,31	1,47	0,83	1,20	1,35	0,75	1,10	1,24
	VI	38,59	2,12	3,08	3,47																				
12,89	I,IV	22,04	1,21	1,76	1,98	I	22,04	1,05	1,53	1,72	0,90	1,31	1,48	0,76	1,10	1,24	0,62	0,90	1,01	0,49	0,71	0,80	0,36	0,53	0,59
	II	20,78	1,14	1,66	1,87	II	20,78	0,98	1,43	1,61	0,84	1,22	1,37	0,70	1,01	1,14	0,56	0,82	0,92	0,43	0,63	0,71	0,31	0,45	0,51
	III	11,78	0,64	0,94	1,06	III	11,78	0,52	0,77	0,86	0,41	0,60	0,67	0,02	0,44	0,49	—	0,29	0,32	—	0,15	0,17	—	0,04	0,05
	V	37,56	2,06	3,—	3,38	IV	22,04	1,13	1,64	1,85	1,05	1,53	1,72	0,97	1,42	1,60	0,90	1,31	1,48	0,83	1,21	1,36	0,76	1,10	1,24
	VI	38,63	2,12	3,09	3,47																				
12,99	I,IV	22,07	1,21	1,76	1,98	I	22,07	1,05	1,53	1,72	0,90	1,31	1,48	0,76	1,10	1,24	0,62	0,90	1,02	0,49	0,71	0,80	0,36	0,53	0,60
	II	20,81	1,14	1,66	1,87	II	20,81	0,99	1,44	1,62	0,84	1,22	1,37	0,70	1,02	1,14	0,56	0,82	0,92	0,43	0,63	0,71	0,31	0,45	0,51
	III	11,80	0,64	0,94	1,06	III	11,80	0,53	0,77	0,86	0,41	0,60	0,68	0,02	0,44	0,49	—	0,29	0,32	—	0,16	0,18	—	0,04	0,05
	V	37,60	2,06	3,—	3,38	IV	22,07	1,13	1,65	1,85	1,05	1,53	1,72	0,98	1,42	1,60	0,90	1,31	1,48	0,83	1,21	1,36	0,76	1,10	1,24
	VI	38,68	2,12	3,09	3,48																				
13,09	I,IV	22,10	1,21	1,76	1,98	I	22,10	1,05	1,54	1,73	0,90	1,32	1,48	0,76	1,11	1,25	0,62	0,91	1,02	0,49	0,71	0,80	0,36	0,53	0,60
	II	20,85	1,14	1,66	1,87	II	20,85	0,99	1,44	1,62	0,84	1,22	1,38	0,70	1,02	1,15	0,56	0,82	0,92	0,43	0,63	0,71	0,31	0,46	0,51
	III	11,83	0,65	0,94	1,06	III	11,83	0,53	0,77	0,87	0,41	0,60	0,68	0,03	0,44	0,50	—	0,29	0,33	—	0,16	0,18	—	0,04	0,05
	V	37,64	2,07	3,01	3,38	IV	22,10	1,13	1,65	1,85	1,05	1,54	1,73	0,98	1,42	1,60	0,90	1,32	1,48	0,83	1,21	1,36	0,76	1,11	1,25
	VI	38,72	2,12	3,09	3,48																				
13,19	I,IV	22,14	1,21	1,77	1,99	I	22,14	1,06	1,54	1,73	0,91	1,32	1,48	0,76	1,11	1,25	0,62	0,91	1,02	0,49	0,72	0,81	0,37	0,53	0,60
	II	20,88	1,14	1,67	1,87	II	20,88	0,99	1,44	1,62	0,84	1,23	1,38	0,70	1,02	1,15	0,56	0,82	0,93	0,44	0,64	0,72	0,31	0,46	0,52
	III	11,85	0,65	0,94	1,06	III	11,85	0,53	0,77	0,87	0,41	0,60	0,68	0,03	0,44	0,50	—	0,29	0,33	—	0,16	0,18	—	0,05	0,05
	V	37,69	2,07	3,01	3,39	IV	22,14	1,13	1,65	1,86	1,06	1,54	1,73	0,98	1,43	1,61	0,91	1,32	1,48	0,83	1,21	1,36	0,76	1,11	1,25
	VI	38,76	2,13	3,10	3,48																				
13,29	I,IV	22,17	1,21	1,77	1,99	I	22,17	1,06	1,54	1,73	0,91	1,32	1,49	0,76	1,11	1,25	0,62	0,91	1,02	0,49	0,72	0,81	0,37	0,54	0,60
	II	20,91	1,15	1,67	1,88	II	20,91	0,99	1,44	1,62	0,84	1,23	1,38	0,70	1,02	1,15	0,57	0,83	0,93	0,44	0,64	0,72	0,31	0,46	0,52
	III	11,87	0,65	0,94	1,06	III	11,87	0,53	0,77	0,87	0,42	0,61	0,68	0,04	0,44	0,50	—	0,29	0,33	—	0,16	0,18	—	0,05	0,05
	V	37,73	2,07	3,01	3,39	IV	22,17	1,14	1,65	1,86	1,06	1,54	1,73	0,98	1,43	1,61	0,91	1,32	1,49	0,83	1,22	1,37	0,76	1,11	1,25
	VI	38,80	2,13	3,10	3,49																				
13,39	I,IV	22,20	1,22	1,77	1,99	I	22,20	1,06	1,54	1,74	0,91	1,32	1,49	0,76	1,11	1,25	0,63	0,91	1,03	0,49	0,72	0,81	0,37	0,54	0,61
	II	20,95	1,15	1,67	1,88	II	20,95	0,99	1,45	1,63	0,84	1,23	1,39	0,70	1,02	1,15	0,57	0,83	0,93	0,44	0,64	0,72	0,32	0,46	0,52
	III	11,90	0,65	0,95	1,07	III	11,90	0,53	0,78	0,87	0,42	0,61	0,68	0,04	0,44	0,50	—	0,29	0,33	—	0,16	0,18	—	0,05	0,05
	V	37,77	2,07	3,02	3,39	IV	22,20	1,14	1,66	1,86	1,06	1,54	1,74	0,98	1,43	1,61	0,91	1,32	1,49	0,84	1,22	1,37	0,76	1,11	1,25
	VI	38,84	2,13	3,10	3,49																				
13,49	I,IV	22,24	1,22	1,77	2,—	I	22,24	1,06	1,55	1,74	0,91	1,33	1,49	0,77	1,12	1,26	0,63	0,91	1,03	0,50	0,72	0,81	0,37	0,54	0,61
	II	20,98	1,15	1,67	1,88	II	20,98	0,99	1,45	1,63	0,85	1,23	1,39	0,70	1,03	1,16	0,57	0,83	0,93	0,44	0,64	0,72	0,32	0,46	0,52
	III	11,93	0,65	0,95	1,07	III	11,93	0,53	0,78	0,87	0,42	0,61	0,69	0,05	0,45	0,50	—	0,30	0,33	—	0,16	0,18	—	0,05	0,06
	V	37,81	2,07	3,02	3,40	IV	22,24	1,14	1,66	1,87	1,06	1,55	1,74	0,98	1,43	1,61	0,91	1,33	1,49	0,84	1,22	1,37	0,77	1,12	1,26
	VI	38,88	2,13	3,11	3,49																				
13,59	I,IV	22,27	1,22	1,78	2,—	I	22,27	1,06	1,55	1,74	0,91	1,33	1,49	0,77	1,12	1,26	0,63	0,92	1,03	0,50	0,72	0,82	0,37	0,54	0,61
	II	21,01	1,15	1,68	1,89	II	21,01	1,—	1,45	1,63	0,85	1,24	1,39	0,71	1,03	1,16	0,57	0,83	0,94	0,44	0,64	0,73	0,32	0,47	0,52
	III	11,95	0,65	0,95	1,07	III	11,95	0,53	0,78	0,88	0,42	0,61	0,69	0,05	0,45	0,51	—	0,30	0,33	—	0,16	0,18	—	0,05	0,06
	V	37,85	2,08	3,02	3,40	IV	22,27	1,14	1,66	1,87	1,06	1,55	1,74	0,99	1,44	1,62	0,91	1,33	1,49	0,84	1,22	1,38	0,77	1,12	1,26
	VI	38,93	2,14	3,11	3,50																				
13,69	I,IV	22,30	1,22	1,78	2,—	I	22,30	1,06	1,55	1,74	0,91	1,33	1,50	0,77	1,12	1,26	0,63	0,92	1,03	0,50	0,73	0,82	0,37	0,54	0,61
	II	21,05	1,15	1,68	1,89	II	21,05	1,—	1,45	1,64	0,85	1,24	1,39	0,71	1,03	1,16	0,57	0,83	0,94	0,44	0,65	0,73	0,32	0,47	0,53
	III	11,98	0,65	0,95	1,07	III	11,98	0,54	0,78	0,88	0,42	0,61	0,69	0,05	0,45	0,51	—	0,30	0,34	—	0,17	0,19	—	0,05	0,06
	V	37,90	2,08	3,03	3,41	IV	22,30	1,14	1,66	1,87	1,06	1,55	1,74	0,99	1,44	1,62	0,91	1,33	1,50	0,84	1,22	1,38	0,77	1,12	1,26
	VI	38,97	2,14	3,11	3,50																				
13,79	I,IV	22,34	1,22	1,78	2,01	I	22,34	1,07	1,55	1,75	0,92	1,33	1,50	0,77	1,12	1,26	0,63	0,92	1,04	0,50	0,73	0,82	0,37	0,55	0,62
	II	21,08	1,15	1,68	1,89	II	21,08	1,—	1,46	1,64	0,85	1,24	1,40	0,71	1,03	1,16	0,57	0,84	0,94	0,44	0,65	0,73	0,32	0,47	0,53
	III	12,—	0,66	0,96	1,08	III	12,—	0,54	0,78	0,88	0,42	0,62	0,69	0,06	0,45	0,51	—	0,30	0,34	—	0,17	0,19	—	0,05	0,06
	V	37,94	2,08	3,03	3,41	IV	22,34	1,14	1,67	1,88	1,07	1,55	1,75	0,99	1,44	1,62	0,92	1,33	1,50	0,84	1,23	1,38	0,77	1,12	1,26
	VI	39,01	2,14	3,12	3,51																				
13,89	I,IV	22,37	1,23	1,78	2,01	I	22,37	1,07	1,56	1,75	0,92	1,34	1,50	0,77	1,13	1,27	0,63	0,92	1,04	0,50	0,73	0,82	0,38	0,55	0,62
	II	21,11	1,16	1,68	1,89	II	21,11	1,—	1,46	1,64	0,85	1,24	1,40	0,71	1,04	1,17	0,58	0,84	0,94	0,45	0,65	0,73	0,32	0,47	0,53
	III	12,03	0,66	0,96	1,08	III	12,03	0,54	0,78	0,88	0,42	0,62	0,70	0,06	0,45	0,51	—	0,30	0,34	—	0,17	0,19	—	0,05	0,06
	V	37,98	2,08	3,03	3,41	IV	22,37	1,15	1,67	1,88	1,07	1,56	1,75	0,99	1,44	1,63	0,92	1,34	1,50	0,84	1,23	1,38	0,77	1,13	1,27
	VI	39,05	2,14	3,12	3,51																				
13,99	I,IV	22,40	1,23	1,79	2,01	I	22,40	1,07	1,56	1,75	0,92	1,34	1,51	0,77	1,13	1,27	0,64	0,93	1,04	0,50	0,73	0,83	0,38	0,55	0,62
	II	21,15	1,16	1,69	1,90	II	21,15	1,—	1,46	1,64	0,85	1,25	1,40	0,71	1,04	1,17	0,58	0,84	0,95	0,45	0,65	0,73	0,32	0,47	0,53
	III	12,05	0,66	0,96	1,08	III	12,05	0,54	0,79	0,89	0,42	0,62	0,70	0,07	0,46	0,51	—	0,30	0,34	—	0,17	0,19	—	0,06	0,06
	V	38,02	2,09	3,04	3,42	IV	22,40	1,15	1,67	1,88	1,07	1,56	1,75	0,99	1,45	1,63	0,92	1,34	1,51	0,85	1,23	1,39	0,77	1,13	1,27
	VI	39,10	2,15	3,12	3,51																				

* Die ausgewiesenen Tabellenwerte sind amtlich. Siehe Erläuterungen auf der Umschlaginnenseite (U2).
** Bei mehr als 3 Kinderfreibeträgen ist die „Ergänzungs-Tabelle 3,5 bis 6 Kinderfreibeträge" anzuwenden.

Abzüge an Lohnsteuer, Solidaritätszuschlag (SolZ) und Kirchensteuer (8%, 9%) in den Steuerklassen

Lohn/ Gehalt bis €*	I – VI					I, II, III, IV																				
			ohne Kinderfreibeträge					mit Zahl der Kinderfreibeträge . . .																		
								0,5			1			1,5			2			2,5			3**			
		LSt	SolZ	8%	9%		LSt	SolZ	8%	9%	SolZ	8%	9%	SolZ	8%	9%	SolZ	8%	9%	SolZ	8%	9%	SolZ	8%	9%
114,09	I,IV	22,44	1,23	1,79	2,01	I	22,44	1,07	1,56	1,76	0,92	1,34	1,51	0,78	1,13	1,27	0,64	0,93	1,04	0,50	0,74	0,83	0,38	0,55	0,6
	II	21,18	1,16	1,69	1,90	II	21,18	1,01	1,46	1,65	0,86	1,25	1,40	0,71	1,04	1,17	0,58	0,84	0,95	0,45	0,66	0,74	0,33	0,48	0,5
	III	12,08	0,66	0,96	1,08	III	12,08	0,54	0,79	0,89	0,43	0,62	0,70	0,07	0,46	0,52	—	0,30	0,34	—	0,17	0,19	—	0,06	0,0
	V	38,06	2,09	3,04	3,42	IV	22,44	1,15	1,67	1,88	1,07	1,56	1,76	1,—	1,45	1,63	0,92	1,34	1,51	0,85	1,23	1,39	0,78	1,13	1,2
	VI	39,14	2,15	3,13	3,52																				
114,19	I,IV	22,47	1,23	1,79	2,02	I	22,47	1,07	1,56	1,76	0,92	1,34	1,51	0,78	1,13	1,27	0,64	0,93	1,05	0,51	0,74	0,83	0,38	0,55	0,62
	II	21,21	1,16	1,69	1,90	II	21,21	1,01	1,47	1,65	0,86	1,25	1,41	0,72	1,04	1,17	0,58	0,85	0,95	0,45	0,66	0,74	0,33	0,48	0,5
	III	12,10	0,66	0,96	1,08	III	12,10	0,54	0,79	0,89	0,43	0,62	0,70	0,08	0,46	0,52	—	0,31	0,35	—	0,17	0,19	—	0,06	0,0
	V	38,11	2,09	3,04	3,42	IV	22,47	1,15	1,68	1,89	1,07	1,56	1,76	1,—	1,45	1,63	0,92	1,34	1,51	0,85	1,24	1,39	0,78	1,13	1,2
	VI	39,18	2,15	3,13	3,52																				
114,29	I,IV	22,51	1,23	1,80	2,02	I	22,51	1,08	1,57	1,76	0,92	1,35	1,51	0,78	1,14	1,28	0,64	0,93	1,05	0,51	0,74	0,83	0,38	0,56	0,6
	II	21,25	1,16	1,70	1,91	II	21,25	1,01	1,47	1,65	0,86	1,25	1,41	0,72	1,05	1,18	0,58	0,85	0,95	0,45	0,66	0,74	0,33	0,48	0,5
	III	12,13	0,66	0,97	1,09	III	12,13	0,54	0,79	0,89	0,43	0,62	0,70	0,08	0,46	0,52	—	0,31	0,35	—	0,17	0,20	—	0,06	0,0
	V	38,15	2,09	3,05	3,43	IV	22,51	1,15	1,68	1,89	1,08	1,57	1,76	1,—	1,46	1,64	0,92	1,35	1,51	0,85	1,24	1,39	0,78	1,14	1,2
	VI	39,22	2,15	3,13	3,52																				
114,39	I,IV	22,54	1,23	1,80	2,02	I	22,54	1,08	1,57	1,77	0,93	1,35	1,52	0,78	1,14	1,28	0,64	0,94	1,05	0,51	0,74	0,84	0,38	0,56	0,6
	II	21,28	1,17	1,70	1,91	II	21,28	1,01	1,47	1,66	0,86	1,26	1,41	0,72	1,05	1,18	0,58	0,85	0,96	0,45	0,66	0,74	0,33	0,48	0,5
	III	12,15	0,66	0,97	1,09	III	12,15	0,55	0,80	0,90	0,43	0,63	0,71	0,09	0,46	0,52	—	0,31	0,35	—	0,18	0,20	—	0,06	0,0
	V	38,19	2,10	3,05	3,43	IV	22,54	1,16	1,68	1,89	1,08	1,57	1,77	1,—	1,46	1,64	0,93	1,35	1,52	0,85	1,24	1,40	0,78	1,14	1,2
	VI	39,26	2,15	3,14	3,53																				
114,49	I,IV	22,57	1,24	1,80	2,03	I	22,57	1,08	1,57	1,77	0,93	1,35	1,52	0,78	1,14	1,28	0,64	0,94	1,06	0,51	0,74	0,84	0,38	0,56	0,6
	II	21,31	1,17	1,70	1,91	II	21,31	1,01	1,47	1,66	0,86	1,26	1,42	0,72	1,05	1,18	0,58	0,85	0,96	0,45	0,66	0,75	0,33	0,48	0,5
	III	12,18	0,67	0,97	1,09	III	12,18	0,55	0,80	0,90	0,43	0,63	0,71	0,09	0,47	0,52	—	0,31	0,35	—	0,18	0,20	—	0,06	0,0
	V	38,23	2,10	3,05	3,44	IV	22,57	1,16	1,68	1,90	1,08	1,57	1,77	1,—	1,46	1,64	0,93	1,35	1,52	0,85	1,24	1,40	0,78	1,14	1,2
	VI	39,31	2,16	3,14	3,53																				
114,59	I,IV	22,61	1,24	1,80	2,03	I	22,61	1,08	1,57	1,77	0,93	1,35	1,52	0,78	1,14	1,28	0,64	0,94	1,06	0,51	0,75	0,84	0,39	0,56	0,6
	II	21,35	1,17	1,70	1,92	II	21,35	1,01	1,48	1,66	0,87	1,26	1,42	0,72	1,05	1,18	0,59	0,86	0,96	0,46	0,67	0,75	0,33	0,49	0,5
	III	12,20	0,67	0,97	1,09	III	12,20	0,55	0,80	0,90	0,43	0,63	0,71	0,10	0,47	0,53	—	0,31	0,35	—	0,18	0,20	—	0,06	0,0
	V	38,27	2,10	3,06	3,44	IV	22,61	1,16	1,69	1,90	1,08	1,57	1,77	1,—	1,46	1,65	0,93	1,35	1,52	0,86	1,25	1,40	0,78	1,14	1,2
	VI	39,35	2,16	3,14	3,54																				
114,69	I,IV	22,64	1,24	1,81	2,03	I	22,64	1,08	1,58	1,77	0,93	1,36	1,53	0,79	1,14	1,29	0,65	0,94	1,06	0,51	0,75	0,84	0,39	0,56	0,64
	II	21,38	1,17	1,71	1,92	II	21,38	1,02	1,48	1,66	0,87	1,26	1,42	0,72	1,06	1,19	0,59	0,86	0,96	0,46	0,67	0,75	0,33	0,49	0,55
	III	12,23	0,67	0,97	1,10	III	12,23	0,55	0,80	0,90	0,43	0,63	0,71	0,10	0,47	0,53	—	0,32	0,36	—	0,18	0,20	—	0,06	0,07
	V	38,31	2,10	3,06	3,44	IV	22,64	1,16	1,69	1,90	1,08	1,58	1,77	1,01	1,46	1,65	0,93	1,36	1,53	0,86	1,25	1,41	0,79	1,14	1,29
	VI	39,39	2,16	3,15	3,54																				
114,79	I,IV	22,68	1,24	1,81	2,04	I	22,68	1,08	1,58	1,78	0,93	1,36	1,53	0,79	1,15	1,29	0,65	0,94	1,06	0,51	0,75	0,85	0,39	0,57	0,64
	II	21,41	1,17	1,71	1,92	II	21,41	1,02	1,48	1,67	0,87	1,27	1,42	0,73	1,06	1,19	0,59	0,86	0,97	0,46	0,67	0,75	0,34	0,49	0,55
	III	12,26	0,67	0,98	1,10	III	12,26	0,55	0,80	0,90	0,43	0,63	0,71	0,11	0,47	0,53	—	0,32	0,36	—	0,18	0,20	—	0,06	0,07
	V	38,36	2,11	3,06	3,45	IV	22,68	1,16	1,69	1,90	1,08	1,58	1,78	1,01	1,47	1,65	0,93	1,36	1,53	0,86	1,25	1,41	0,79	1,15	1,29
	VI	39,43	2,16	3,15	3,54																				
114,89	I,IV	22,71	1,24	1,81	2,04	I	22,71	1,09	1,58	1,78	0,93	1,36	1,53	0,79	1,15	1,29	0,65	0,95	1,07	0,52	0,75	0,85	0,39	0,57	0,64
	II	21,45	1,17	1,71	1,93	II	21,45	1,02	1,48	1,67	0,87	1,27	1,43	0,73	1,06	1,19	0,59	0,86	0,97	0,46	0,67	0,76	0,34	0,49	0,55
	III	12,28	0,67	0,98	1,10	III	12,28	0,55	0,80	0,91	0,44	0,64	0,72	0,11	0,47	0,53	—	0,32	0,36	—	0,18	0,21	—	0,07	0,08
	V	38,40	2,11	3,07	3,45	IV	22,71	1,16	1,70	1,91	1,09	1,58	1,78	1,01	1,47	1,65	0,93	1,36	1,53	0,86	1,25	1,41	0,79	1,15	1,29
	VI	39,47	2,17	3,15	3,55																				
114,99	I,IV	22,74	1,25	1,81	2,04	I	22,74	1,09	1,58	1,78	0,94	1,36	1,53	0,79	1,15	1,30	0,65	0,95	1,07	0,52	0,76	0,85	0,39	0,57	0,64
	II	21,48	1,18	1,71	1,93	II	21,48	1,02	1,49	1,67	0,87	1,27	1,43	0,73	1,06	1,20	0,59	0,86	0,97	0,46	0,67	0,76	0,34	0,49	0,56
	III	12,31	0,67	0,98	1,10	III	12,31	0,55	0,81	0,91	0,44	0,64	0,72	0,12	0,48	0,54	—	0,32	0,36	—	0,18	0,21	—	0,07	0,08
	V	38,44	2,11	3,07	3,45	IV	22,74	1,17	1,70	1,91	1,09	1,58	1,78	1,01	1,47	1,66	0,94	1,36	1,53	0,86	1,26	1,41	0,79	1,15	1,30
	VI	39,51	2,17	3,16	3,55																				
115,09	I,IV	22,78	1,25	1,82	2,05	I	22,78	1,09	1,59	1,79	0,94	1,37	1,54	0,79	1,15	1,30	0,65	0,95	1,07	0,52	0,76	0,85	0,39	0,57	0,65
	II	21,51	1,18	1,72	1,93	II	21,51	1,02	1,49	1,68	0,87	1,27	1,43	0,73	1,06	1,20	0,59	0,87	0,97	0,46	0,68	0,76	0,34	0,50	0,56
	III	12,33	0,67	0,98	1,10	III	12,33	0,55	0,81	0,91	0,44	0,64	0,72	0,12	0,48	0,54	—	0,32	0,36	—	0,19	0,21	—	0,07	0,08
	V	38,48	2,11	3,07	3,46	IV	22,78	1,17	1,70	1,91	1,09	1,59	1,79	1,01	1,48	1,66	0,94	1,37	1,54	0,86	1,26	1,42	0,79	1,15	1,30
	VI	39,56	2,17	3,16	3,56																				
115,19	I,IV	22,81	1,25	1,82	2,05	I	22,81	1,09	1,59	1,79	0,94	1,37	1,54	0,79	1,16	1,30	0,65	0,95	1,07	0,52	0,76	0,86	0,39	0,58	0,65
	II	21,55	1,18	1,72	1,93	II	21,55	1,02	1,49	1,68	0,88	1,28	1,44	0,73	1,07	1,20	0,60	0,87	0,98	0,47	0,68	0,76	0,34	0,50	0,56
	III	12,36	0,67	0,98	1,11	III	12,36	0,56	0,81	0,91	0,44	0,64	0,72	0,12	0,48	0,54	—	0,32	0,36	—	0,19	0,21	—	0,07	0,08
	V	38,53	2,11	3,08	3,46	IV	22,81	1,17	1,70	1,92	1,09	1,59	1,79	1,01	1,48	1,66	0,94	1,37	1,54	0,87	1,26	1,42	0,79	1,16	1,30
	VI	39,60	2,17	3,16	3,56																				
115,29	I,IV	22,85	1,25	1,82	2,05	I	22,85	1,09	1,59	1,79	0,94	1,37	1,54	0,80	1,16	1,30	0,66	0,96	1,08	0,52	0,76	0,86	0,40	0,58	0,65
	II	21,58	1,18	1,72	1,94	II	21,58	1,03	1,50	1,68	0,88	1,28	1,44	0,73	1,07	1,20	0,60	0,87	0,98	0,47	0,68	0,77	0,34	0,50	0,56
	III	12,38	0,68	0,99	1,11	III	12,38	0,56	0,81	0,91	0,44	0,64	0,72	0,13	0,48	0,54	—	0,33	0,37	—	0,19	0,21	—	0,07	0,08
	V	38,57	2,12	3,08	3,47	IV	22,85	1,17	1,71	1,92	1,09	1,59	1,79	1,02	1,48	1,67	0,94	1,37	1,54	0,87	1,26	1,42	0,80	1,16	1,30
	VI	39,64	2,18	3,17	3,56																				
115,39	I,IV	22,88	1,25	1,83	2,05	I	22,88	1,09	1,59	1,79	0,94	1,37	1,55	0,80	1,16	1,31	0,66	0,96	1,08	0,52	0,76	0,86	0,40	0,58	0,65
	II	21,61	1,18	1,72	1,94	II	21,61	1,03	1,50	1,69	0,88	1,28	1,44	0,74	1,07	1,21	0,60	0,87	0,98	0,47	0,68	0,77	0,34	0,50	0,57
	III	12,41	0,68	0,99	1,11	III	12,41	0,56	0,81	0,92	0,44	0,65	0,73	0,13	0,48	0,54	—	0,33	0,37	—	0,19	0,21	—	0,07	0,08
	V	38,61	2,12	3,08	3,47	IV	22,88	1,17	1,71	1,92	1,09	1,59	1,79	1,02	1,48	1,67	0,94	1,37	1,55	0,87	1,27	1,42	0,80	1,16	1,31
	VI	39,68	2,18	3,17	3,57																				
115,49	I,IV	22,91	1,26	1,83	2,06	I	22,91	1,10	1,60	1,80	0,94	1,38	1,55	0,80	1,16	1,31	0,66	0,96	1,08	0,53	0,77	0,86	0,40	0,58	0,65
	II	21,65	1,19	1,73	1,94	II	21,65	1,03	1,50	1,69	0,88	1,28	1,44	0,74	1,07	1,21	0,60	0,88	0,99	0,47	0,68	0,77	0,35	0,50	0,57
	III	12,43	0,68	0,99	1,11	III	12,43	0,56	0,82	0,92	0,44	0,65	0,73	0,14	0,48	0,54	—	0,33	0,37	—	0,19	0,22	—	0,07	0,08
	V	38,65	2,12	3,09	3,47	IV	22,91	1,18	1,71	1,93	1,10	1,60	1,80	1,02	1,49	1,67	0,94	1,38	1,55	0,87	1,27	1,43	0,80	1,16	1,31
	VI	39,73	2,18	3,17	3,57																				

* Die ausgewiesenen Tabellenwerte sind amtlich. Siehe Erläuterungen auf der Umschlaginnenseite (U2).
** Bei mehr als 3 Kinderfreibeträgen ist die „Ergänzungs-Tabelle 3,5 bis 6 Kinderfreibeträge" anzuwenden.

Abzüge an Lohnsteuer, Solidaritätszuschlag (SolZ) und Kirchensteuer (8%, 9%) in den Steuerklassen

Lohn/ Gehalt bis €*	I – VI					I, II, III, IV		mit Zahl der Kinderfreibeträge . . . 0,5			1			1,5			2			2,5			3**		
		LSt	ohne Kinderfreibeträge SolZ	8%	9%		LSt	SolZ	8%	9%	SolZ	8%	9%	SolZ	8%	9%	SolZ	8%	9%	SolZ	8%	9%	SolZ	8%	9%
115,59	I,IV	22,95	1,26	1,83	2,06	I	22,95	1,10	1,60	1,80	0,95	1,38	1,55	0,80	1,17	1,31	0,66	0,96	1,08	0,53	0,77	0,86	0,40	0,58	0,66
	II	21,68	1,19	1,73	1,95	II	21,68	1,03	1,50	1,69	0,88	1,28	1,45	0,74	1,08	1,21	0,60	0,88	0,99	0,47	0,69	0,77	0,35	0,51	0,57
	III	12,46	0,68	0,99	1,12	III	12,46	0,56	0,82	0,92	0,45	0,65	0,73	0,14	0,49	0,55	—	0,33	0,37	—	0,19	0,22	—	0,08	0,09
	V	38,69	2,12	3,09	3,48	IV	22,95	1,18	1,71	1,93	1,10	1,60	1,80	1,02	1,49	1,67	0,95	1,38	1,55	0,87	1,27	1,43	0,80	1,17	1,31
	VI	39,77	2,18	3,18	3,57																				
115,69	I,IV	22,98	1,26	1,83	2,06	I	22,98	1,10	1,60	1,80	0,95	1,38	1,55	0,80	1,17	1,31	0,66	0,96	1,09	0,53	0,77	0,87	0,40	0,59	0,66
	II	21,71	1,19	1,73	1,95	II	21,71	1,03	1,50	1,69	0,88	1,29	1,45	0,74	1,08	1,21	0,60	0,88	0,99	0,47	0,69	0,78	0,35	0,51	0,57
	III	12,48	0,68	0,99	1,12	III	12,48	0,56	0,82	0,92	0,45	0,65	0,73	0,15	0,49	0,55	—	0,33	0,37	—	0,20	0,22	—	0,08	0,09
	V	38,74	2,13	3,09	3,48	IV	22,98	1,18	1,72	1,93	1,10	1,60	1,80	1,02	1,49	1,68	0,95	1,38	1,55	0,87	1,27	1,43	0,80	1,17	1,31
	VI	39,81	2,18	3,18	3,58																				
115,79	I,IV	23,01	1,26	1,84	2,07	I	23,01	1,10	1,60	1,81	0,95	1,38	1,56	0,80	1,17	1,32	0,66	0,97	1,09	0,53	0,77	0,87	0,40	0,59	0,66
	II	21,75	1,19	1,74	1,95	II	21,75	1,04	1,51	1,70	0,89	1,29	1,45	0,74	1,08	1,22	0,60	0,88	0,99	0,47	0,69	0,78	0,35	0,51	0,57
	III	12,51	0,68	1,—	1,12	III	12,51	0,56	0,82	0,93	0,45	0,65	0,74	0,15	0,49	0,55	—	0,33	0,38	—	0,20	0,22	—	0,08	0,09
	V	38,78	2,13	3,10	3,49	IV	23,01	1,18	1,72	1,93	1,10	1,60	1,81	1,03	1,49	1,68	0,95	1,38	1,56	0,88	1,28	1,44	0,80	1,17	1,32
	VI	39,85	2,19	3,18	3,58																				
115,89	I,IV	23,05	1,26	1,84	2,07	I	23,05	1,10	1,61	1,81	0,95	1,39	1,56	0,81	1,17	1,32	0,66	0,97	1,09	0,53	0,78	0,87	0,40	0,59	0,66
	II	21,78	1,19	1,74	1,96	II	21,78	1,04	1,51	1,70	0,89	1,29	1,45	0,74	1,08	1,22	0,61	0,88	0,99	0,48	0,69	0,78	0,35	0,51	0,58
	III	12,53	0,68	1,—	1,12	III	12,53	0,57	0,82	0,93	0,45	0,66	0,74	0,16	0,49	0,55	—	0,34	0,38	—	0,20	0,22	—	0,08	0,09
	V	38,82	2,13	3,10	3,49	IV	23,05	1,18	1,72	1,94	1,10	1,61	1,81	1,03	1,50	1,68	0,95	1,39	1,56	0,88	1,28	1,44	0,81	1,17	1,32
	VI	39,89	2,19	3,19	3,59																				
115,99	I,IV	23,08	1,26	1,84	2,07	I	23,08	1,11	1,61	1,81	0,95	1,39	1,56	0,81	1,18	1,32	0,67	0,97	1,09	0,53	0,78	0,88	0,41	0,59	0,67
	II	21,81	1,19	1,74	1,96	II	21,81	1,04	1,51	1,70	0,89	1,29	1,46	0,74	1,09	1,22	0,61	0,89	1,—	0,48	0,70	0,78	0,35	0,51	0,58
	III	12,56	0,69	1,—	1,13	III	12,56	0,57	0,83	0,93	0,45	0,66	0,74	0,16	0,49	0,56	—	0,34	0,38	—	0,20	0,22	—	0,08	0,09
	V	38,86	2,13	3,10	3,49	IV	23,08	1,18	1,72	1,94	1,11	1,61	1,81	1,03	1,50	1,69	0,95	1,39	1,56	0,88	1,28	1,44	0,81	1,18	1,32
	VI	39,93	2,19	3,19	3,59																				
116,09	I,IV	23,11	1,27	1,84	2,07	I	23,11	1,11	1,61	1,81	0,95	1,39	1,57	0,81	1,18	1,33	0,67	0,97	1,10	0,53	0,78	0,88	0,41	0,59	0,67
	II	21,85	1,20	1,74	1,96	II	21,85	1,04	1,52	1,71	0,89	1,30	1,46	0,75	1,09	1,22	0,61	0,89	1,—	0,48	0,70	0,79	0,35	0,52	0,58
	III	12,58	0,69	1,—	1,13	III	12,58	0,57	0,83	0,93	0,45	0,66	0,74	0,17	0,50	0,56	—	0,34	0,38	—	0,20	0,23	—	0,08	0,09
	V	38,90	2,13	3,11	3,50	IV	23,11	1,19	1,73	1,94	1,11	1,61	1,81	1,03	1,50	1,69	0,95	1,39	1,57	0,88	1,28	1,44	0,81	1,18	1,33
	VI	39,98	2,19	3,19	3,59																				
116,19	I,IV	23,15	1,27	1,85	2,08	I	23,15	1,11	1,62	1,82	0,96	1,39	1,57	0,81	1,18	1,33	0,67	0,98	1,10	0,54	0,78	0,88	0,41	0,60	0,67
	II	21,88	1,20	1,75	1,96	II	21,88	1,04	1,52	1,71	0,89	1,30	1,46	0,75	1,09	1,23	0,61	0,89	1,—	0,48	0,70	0,79	0,35	0,52	0,58
	III	12,61	0,69	1,—	1,13	III	12,61	0,57	0,83	0,93	0,45	0,66	0,74	0,17	0,50	0,56	—	0,34	0,38	—	0,20	0,23	—	0,08	0,09
	V	38,95	2,14	3,11	3,50	IV	23,15	1,19	1,73	1,95	1,11	1,62	1,82	1,03	1,50	1,69	0,96	1,39	1,57	0,88	1,29	1,45	0,81	1,18	1,33
	VI	40,02	2,20	3,20	3,60																				
116,29	I,IV	23,18	1,27	1,85	2,08	I	23,18	1,11	1,62	1,82	0,96	1,40	1,57	0,81	1,18	1,33	0,67	0,98	1,10	0,54	0,78	0,88	0,41	0,60	0,67
	II	21,91	1,20	1,75	1,97	II	21,91	1,04	1,52	1,71	0,89	1,30	1,47	0,75	1,09	1,23	0,61	0,89	1,—	0,48	0,70	0,79	0,36	0,52	0,59
	III	12,63	0,69	1,01	1,13	III	12,63	0,57	0,83	0,94	0,45	0,66	0,75	0,18	0,50	0,56	—	0,34	0,39	—	0,20	0,23	—	0,08	0,09
	V	38,99	2,14	3,11	3,50	IV	23,18	1,19	1,73	1,95	1,11	1,62	1,82	1,03	1,51	1,69	0,96	1,40	1,57	0,88	1,29	1,45	0,81	1,18	1,33
	VI	40,06	2,20	3,20	3,60																				
116,39	I,IV	23,22	1,27	1,85	2,08	I	23,22	1,11	1,62	1,82	0,96	1,40	1,57	0,81	1,18	1,33	0,67	0,98	1,10	0,54	0,79	0,88	0,41	0,60	0,68
	II	21,95	1,20	1,75	1,97	II	21,95	1,05	1,52	1,71	0,90	1,30	1,47	0,75	1,10	1,23	0,61	0,90	1,01	0,48	0,70	0,79	0,36	0,52	0,59
	III	12,66	0,69	1,01	1,13	III	12,66	0,57	0,83	0,94	0,46	0,66	0,75	0,18	0,50	0,56	—	0,34	0,39	—	0,20	0,23	—	0,08	0,10
	V	39,03	2,14	3,12	3,51	IV	23,22	1,19	1,74	1,95	1,11	1,62	1,82	1,04	1,51	1,70	0,96	1,40	1,57	0,89	1,29	1,45	0,81	1,18	1,33
	VI	40,10	2,20	3,20	3,60																				
116,49	I,IV	23,25	1,27	1,86	2,09	I	23,25	1,11	1,62	1,83	0,96	1,40	1,58	0,81	1,19	1,34	0,67	0,98	1,11	0,54	0,79	0,89	0,41	0,60	0,68
	II	21,98	1,20	1,75	1,97	II	21,98	1,05	1,53	1,72	0,90	1,31	1,47	0,75	1,10	1,24	0,62	0,90	1,01	0,48	0,71	0,80	0,36	0,52	0,59
	III	12,68	0,69	1,01	1,14	III	12,68	0,57	0,84	0,94	0,46	0,67	0,75	0,19	0,50	0,57	—	0,35	0,39	—	0,21	0,23	—	0,09	0,10
	V	39,07	2,14	3,12	3,51	IV	23,25	1,19	1,74	1,96	1,11	1,62	1,83	1,04	1,51	1,70	0,96	1,40	1,58	0,89	1,29	1,45	0,81	1,19	1,34
	VI	40,15	2,20	3,21	3,61																				
116,59	I,IV	23,29	1,28	1,86	2,09	I	23,29	1,12	1,63	1,83	0,96	1,40	1,58	0,82	1,19	1,34	0,68	0,99	1,11	0,54	0,79	0,89	0,41	0,60	0,68
	II	22,01	1,21	1,76	1,98	II	22,01	1,05	1,53	1,72	0,90	1,31	1,47	0,75	1,10	1,24	0,62	0,90	1,01	0,49	0,71	0,80	0,36	0,53	0,59
	III	12,71	0,69	1,01	1,14	III	12,71	0,57	0,84	0,94	0,46	0,67	0,75	0,19	0,50	0,57	—	0,35	0,39	—	0,21	0,23	—	0,09	0,10
	V	39,11	2,15	3,12	3,51	IV	23,29	1,20	1,74	1,96	1,12	1,63	1,83	1,04	1,51	1,70	0,96	1,40	1,58	0,89	1,30	1,46	0,82	1,19	1,34
	VI	40,19	2,21	3,21	3,61																				
116,69	I,IV	23,32	1,28	1,86	2,09	I	23,32	1,12	1,63	1,83	0,97	1,41	1,58	0,82	1,19	1,34	0,68	0,99	1,11	0,54	0,79	0,89	0,42	0,61	0,68
	II	22,05	1,21	1,76	1,98	II	22,05	1,05	1,53	1,72	0,90	1,31	1,48	0,76	1,10	1,24	0,62	0,90	1,01	0,49	0,71	0,80	0,36	0,53	0,60
	III	12,73	0,70	1,01	1,14	III	12,73	0,58	0,84	0,95	0,46	0,67	0,76	0,19	0,51	0,57	—	0,35	0,39	—	0,21	0,24	—	0,09	0,10
	V	39,16	2,15	3,13	3,52	IV	23,32	1,20	1,74	1,96	1,12	1,63	1,83	1,04	1,52	1,71	0,97	1,41	1,58	0,89	1,30	1,46	0,82	1,19	1,34
	VI	40,23	2,21	3,21	3,62																				
116,79	I,IV	23,35	1,28	1,86	2,10	I	23,35	1,12	1,63	1,84	0,97	1,41	1,58	0,82	1,19	1,34	0,68	0,99	1,11	0,54	0,79	0,89	0,42	0,61	0,69
	II	22,08	1,21	1,76	1,98	II	22,08	1,05	1,53	1,73	0,90	1,31	1,48	0,76	1,10	1,24	0,62	0,90	1,02	0,49	0,71	0,80	0,36	0,53	0,60
	III	12,76	0,70	1,02	1,14	III	12,76	0,58	0,84	0,95	0,46	0,67	0,76	0,20	0,51	0,57	—	0,35	0,40	—	0,21	0,24	—	0,09	0,10
	V	39,20	2,15	3,13	3,52	IV	23,35	1,20	1,75	1,97	1,12	1,63	1,84	1,04	1,52	1,71	0,97	1,41	1,58	0,89	1,30	1,46	0,82	1,19	1,34
	VI	40,27	2,21	3,22	3,62																				
116,89	I,IV	23,39	1,28	1,87	2,10	I	23,39	1,12	1,63	1,84	0,97	1,41	1,59	0,82	1,20	1,35	0,68	0,99	1,12	0,55	0,80	0,90	0,42	0,61	0,69
	II	22,11	1,21	1,76	1,98	II	22,11	1,05	1,54	1,73	0,90	1,32	1,48	0,76	1,11	1,25	0,62	0,91	1,02	0,49	0,72	0,81	0,36	0,53	0,60
	III	12,78	0,70	1,02	1,15	III	12,78	0,58	0,84	0,95	0,46	0,68	0,76	0,20	0,51	0,57	—	0,35	0,40	—	0,21	0,24	—	0,09	0,10
	V	39,24	2,15	3,13	3,53	IV	23,39	1,20	1,75	1,97	1,12	1,63	1,84	1,04	1,52	1,71	0,97	1,41	1,59	0,89	1,30	1,47	0,82	1,20	1,35
	VI	40,31	2,21	3,22	3,62																				
116,99	I,IV	23,42	1,28	1,87	2,10	I	23,42	1,12	1,64	1,84	0,97	1,41	1,59	0,82	1,20	1,35	0,68	0,99	1,12	0,55	0,80	0,90	0,42	0,61	0,69
	II	22,15	1,21	1,77	1,99	II	22,15	1,06	1,54	1,73	0,91	1,32	1,48	0,76	1,11	1,25	0,62	0,91	1,02	0,49	0,72	0,81	0,37	0,54	0,60
	III	12,81	0,70	1,02	1,15	III	12,81	0,58	0,85	0,95	0,46	0,68	0,76	0,21	0,51	0,58	—	0,35	0,40	—	0,21	0,24	—	0,09	0,10
	V	39,28	2,16	3,14	3,53	IV	23,42	1,20	1,75	1,97	1,12	1,64	1,84	1,05	1,52	1,71	0,97	1,41	1,59	0,90	1,31	1,47	0,82	1,20	1,35
	VI	40,36	2,21	3,22	3,63																				

* Die ausgewiesenen Tabellenwerte sind amtlich. Siehe Erläuterungen auf der Umschlaginnenseite (U2).
** Bei mehr als 3 Kinderfreibeträgen ist die „Ergänzungs-Tabelle 3,5 bis 6 Kinderfreibeträge" anzuwenden.

Abzüge an Lohnsteuer, Solidaritätszuschlag (SolZ) und Kirchensteuer (8%, 9%) in den Steuerklassen

I – VI (ohne Kinderfreibeträge)

Lohn/Gehalt bis €*	StKl	LSt	SolZ	8%	9%
117,09	I,IV	23,46	1,29	1,87	2,11
	II	22,18	1,22	1,77	1,99
	III	12,83	0,70	1,02	1,15
	V	39,32	2,16	3,14	3,53
	VI	40,40	2,22	3,23	3,63
117,19	I,IV	23,49	1,29	1,87	2,11
	II	22,21	1,22	1,77	1,99
	III	12,86	0,70	1,02	1,15
	V	39,36	2,16	3,14	3,54
	VI	40,44	2,22	3,23	3,63
117,29	I,IV	23,53	1,29	1,88	2,11
	II	22,25	1,22	1,78	2,—
	III	12,89	0,70	1,03	1,16
	V	39,41	2,16	3,15	3,54
	VI	40,48	2,22	3,23	3,64
117,39	I,IV	23,56	1,29	1,88	2,12
	II	22,28	1,22	1,78	2,—
	III	12,91	0,71	1,03	1,16
	V	39,45	2,17	3,15	3,55
	VI	40,52	2,22	3,24	3,64
117,49	I,IV	23,59	1,29	1,88	2,12
	II	22,31	1,22	1,78	2,—
	III	12,94	0,71	1,03	1,16
	V	39,49	2,17	3,15	3,55
	VI	40,56	2,23	3,24	3,65
117,59	I,IV	23,63	1,29	1,89	2,12
	II	22,35	1,22	1,78	2,01
	III	12,96	0,71	1,03	1,16
	V	39,53	2,17	3,16	3,55
	VI	40,61	2,23	3,24	3,65
117,69	I,IV	23,66	1,30	1,89	2,12
	II	22,38	1,23	1,79	2,01
	III	12,99	0,71	1,03	1,16
	V	39,58	2,17	3,16	3,56
	VI	40,65	2,23	3,25	3,65
117,79	I,IV	23,70	1,30	1,89	2,13
	II	22,41	1,23	1,79	2,01
	III	13,01	0,71	1,04	1,17
	V	39,62	2,17	3,16	3,56
	VI	40,69	2,23	3,25	3,66
117,89	I,IV	23,73	1,30	1,89	2,13
	II	22,45	1,23	1,79	2,02
	III	13,04	0,71	1,04	1,17
	V	39,66	2,18	3,17	3,56
	VI	40,73	2,24	3,25	3,66
117,99	I,IV	23,76	1,30	1,90	2,13
	II	22,48	1,23	1,79	2,02
	III	13,07	0,71	1,04	1,17
	V	39,70	2,18	3,17	3,57
	VI	40,78	2,24	3,26	3,67
118,09	I,IV	23,80	1,30	1,90	2,14
	II	22,52	1,23	1,80	2,02
	III	13,09	0,72	1,04	1,17
	V	39,74	2,18	3,17	3,57
	VI	40,82	2,24	3,26	3,67
118,19	I,IV	23,83	1,31	1,90	2,14
	II	22,55	1,24	1,80	2,02
	III	13,12	0,72	1,04	1,18
	V	39,79	2,18	3,18	3,58
	VI	40,86	2,24	3,26	3,67
118,29	I,IV	23,87	1,31	1,90	2,14
	II	22,58	1,24	1,80	2,03
	III	13,14	0,72	1,05	1,18
	V	39,83	2,19	3,18	3,58
	VI	40,90	2,24	3,27	3,68
118,39	I,IV	23,90	1,31	1,91	2,15
	II	22,62	1,24	1,80	2,03
	III	13,17	0,72	1,05	1,18
	V	39,87	2,19	3,18	3,58
	VI	40,94	2,25	3,27	3,68
118,49	I,IV	23,94	1,31	1,91	2,15
	II	22,65	1,24	1,81	2,03
	III	13,20	0,72	1,05	1,18
	V	39,91	2,19	3,19	3,59
	VI	40,98	2,25	3,27	3,68

I, II, III, IV – mit Zahl der Kinderfreibeträge . . . (0,5 / 1 / 1,5)

Lohn/Gehalt bis €*	StKl	LSt	0,5 SolZ	0,5 8%	0,5 9%	1 SolZ	1 8%	1 9%	1,5 SolZ	1,5 8%	1,5 9%
117,09	I	23,46	1,13	1,64	1,84	0,97	1,42	1,59	0,82	1,20	1,35
	II	22,18	1,06	1,54	1,73	0,91	1,32	1,49	0,76	1,11	1,25
	III	12,83	0,58	0,85	0,95	0,47	0,68	0,76	0,21	0,51	0,58
	IV	23,46	1,20	1,75	1,97	1,13	1,64	1,84	1,05	1,53	1,72
117,19	I	23,49	1,13	1,64	1,85	0,97	1,42	1,60	0,83	1,20	1,35
	II	22,21	1,06	1,54	1,74	0,91	1,32	1,49	0,76	1,11	1,25
	III	12,86	0,58	0,85	0,96	0,47	0,68	0,77	0,22	0,52	0,58
	IV	23,49	1,21	1,76	1,98	1,13	1,64	1,85	1,05	1,53	1,72
117,29	I	23,53	1,13	1,64	1,85	0,98	1,42	1,60	0,83	1,21	1,36
	II	22,25	1,06	1,55	1,74	0,91	1,33	1,49	0,77	1,12	1,26
	III	12,89	0,58	0,85	0,96	0,47	0,68	0,77	0,22	0,52	0,58
	IV	23,53	1,21	1,76	1,98	1,13	1,64	1,85	1,05	1,53	1,72
117,39	I	23,56	1,13	1,65	1,85	0,98	1,42	1,60	0,83	1,21	1,36
	II	22,28	1,06	1,55	1,74	0,91	1,33	1,50	0,77	1,12	1,26
	III	12,91	0,59	0,85	0,96	0,47	0,68	0,77	0,23	0,52	0,59
	IV	23,56	1,21	1,76	1,98	1,13	1,65	1,85	1,05	1,53	1,73
117,49	I	23,59	1,13	1,65	1,86	0,98	1,43	1,60	0,83	1,21	1,36
	II	22,31	1,07	1,55	1,75	0,91	1,33	1,50	0,77	1,12	1,26
	III	12,94	0,59	0,86	0,96	0,47	0,69	0,77	0,23	0,52	0,59
	IV	23,59	1,21	1,76	1,99	1,13	1,65	1,86	1,05	1,54	1,73
117,59	I	23,63	1,13	1,65	1,86	0,98	1,43	1,61	0,83	1,21	1,37
	II	22,35	1,07	1,55	1,75	0,92	1,33	1,50	0,77	1,12	1,26
	III	12,96	0,59	0,86	0,97	0,47	0,69	0,77	0,24	0,52	0,59
	IV	23,63	1,21	1,77	1,99	1,13	1,65	1,86	1,06	1,54	1,73
117,69	I	23,66	1,14	1,66	1,86	0,98	1,43	1,61	0,83	1,22	1,37
	II	22,38	1,07	1,56	1,75	0,92	1,34	1,50	0,77	1,13	1,27
	III	12,99	0,59	0,86	0,97	0,47	0,69	0,78	0,24	0,52	0,59
	IV	23,66	1,22	1,77	1,99	1,14	1,66	1,86	1,06	1,54	1,73
117,79	I	23,70	1,14	1,66	1,87	0,98	1,43	1,61	0,84	1,22	1,37
	II	22,41	1,07	1,56	1,75	0,92	1,34	1,51	0,77	1,13	1,27
	III	13,01	0,59	0,86	0,97	0,47	0,69	0,78	0,25	0,53	0,59
	IV	23,70	1,22	1,77	1,99	1,14	1,66	1,87	1,06	1,54	1,74
117,89	I	23,73	1,14	1,66	1,87	0,99	1,44	1,62	0,84	1,22	1,37
	II	22,45	1,07	1,56	1,76	0,92	1,34	1,51	0,78	1,13	1,27
	III	13,04	0,59	0,86	0,97	0,48	0,69	0,78	0,25	0,53	0,60
	IV	23,73	1,22	1,78	2,—	1,14	1,66	1,87	1,06	1,55	1,74
117,99	I	23,76	1,14	1,66	1,87	0,99	1,44	1,62	0,84	1,22	1,38
	II	22,48	1,07	1,56	1,76	0,92	1,34	1,51	0,78	1,13	1,27
	III	13,07	0,59	0,87	0,97	0,48	0,70	0,78	0,26	0,53	0,60
	IV	23,76	1,22	1,78	2,—	1,14	1,66	1,87	1,06	1,55	1,74
118,09	I	23,80	1,14	1,67	1,87	0,99	1,44	1,62	0,84	1,23	1,38
	II	22,52	1,08	1,57	1,76	0,92	1,35	1,52	0,78	1,14	1,28
	III	13,09	0,60	0,87	0,98	0,48	0,70	0,79	0,26	0,53	0,60
	IV	23,80	1,22	1,78	2,—	1,14	1,67	1,87	1,07	1,55	1,75
118,19	I	23,83	1,15	1,67	1,88	0,99	1,44	1,62	0,84	1,23	1,38
	II	22,55	1,08	1,57	1,77	0,93	1,35	1,52	0,78	1,14	1,28
	III	13,12	0,60	0,87	0,98	0,48	0,70	0,79	0,26	0,53	0,60
	IV	23,83	1,23	1,78	2,01	1,15	1,67	1,88	1,07	1,56	1,75
118,29	I	23,87	1,15	1,67	1,88	0,99	1,45	1,63	0,84	1,23	1,39
	II	22,58	1,08	1,57	1,77	0,93	1,35	1,52	0,78	1,14	1,28
	III	13,14	0,60	0,87	0,98	0,48	0,70	0,79	0,27	0,54	0,60
	IV	23,87	1,23	1,79	2,01	1,15	1,67	1,88	1,07	1,56	1,75
118,39	I	23,90	1,15	1,67	1,88	0,99	1,45	1,63	0,85	1,23	1,39
	II	22,62	1,08	1,58	1,77	0,93	1,35	1,52	0,78	1,14	1,29
	III	13,17	0,60	0,87	0,98	0,48	0,70	0,79	0,27	0,54	0,61
	IV	23,90	1,23	1,79	2,01	1,15	1,67	1,88	1,07	1,56	1,76
118,49	I	23,94	1,15	1,68	1,89	1,—	1,45	1,63	0,85	1,24	1,39
	II	22,65	1,08	1,58	1,78	0,93	1,36	1,53	0,79	1,14	1,29
	III	13,20	0,60	0,88	0,99	0,48	0,71	0,79	0,28	0,54	0,61
	IV	23,94	1,23	1,79	2,02	1,15	1,68	1,89	1,07	1,56	1,76

I, II, III, IV – mit Zahl der Kinderfreibeträge . . . (2 / 2,5 / 3**)

Lohn/Gehalt bis €*	StKl	2 SolZ	2 8%	2 9%	2,5 SolZ	2,5 8%	2,5 9%	3** SolZ	3** 8%	3** 9%
117,09	I	0,68	1,—	1,12	0,55	0,80	0,90	0,42	0,62	0,69
	II	0,62	0,91	1,03	0,49	0,72	0,81	0,37	0,54	0,60
	III	—	0,36	0,40	—	0,22	0,24	—	0,09	0,11
	IV	0,97	1,42	1,59	0,90	1,31	1,47	0,82	1,20	1,35
117,19	I	0,69	1,—	1,12	0,55	0,80	0,90	0,42	0,62	0,69
	II	0,63	0,91	1,03	0,49	0,72	0,81	0,37	0,54	0,61
	III	—	0,36	0,40	—	0,22	0,24	—	0,10	0,11
	IV	0,97	1,42	1,60	0,90	1,31	1,47	0,83	1,20	1,35
117,29	I	0,69	1,—	1,13	0,55	0,81	0,91	0,42	0,62	0,70
	II	0,63	0,92	1,03	0,50	0,72	0,81	0,37	0,54	0,61
	III	—	0,36	0,40	—	0,22	0,25	—	0,10	0,11
	IV	0,98	1,42	1,60	0,90	1,31	1,48	0,83	1,21	1,36
117,39	I	0,69	1,—	1,13	0,55	0,81	0,91	0,43	0,62	0,70
	II	0,63	0,92	1,03	0,50	0,73	0,82	0,37	0,54	0,61
	III	—	0,36	0,41	—	0,22	0,25	—	0,10	0,11
	IV	0,98	1,42	1,60	0,90	1,32	1,48	0,83	1,21	1,36
117,49	I	0,69	1,01	1,13	0,56	0,81	0,91	0,43	0,62	0,70
	II	0,63	0,92	1,04	0,50	0,73	0,82	0,37	0,54	0,61
	III	—	0,36	0,41	—	0,22	0,25	—	0,10	0,11
	IV	0,98	1,43	1,60	0,90	1,32	1,48	0,83	1,21	1,36
117,59	I	0,69	1,01	1,14	0,56	0,81	0,91	0,43	0,63	0,70
	II	0,63	0,92	1,04	0,50	0,73	0,82	0,37	0,55	0,62
	III	—	0,36	0,41	—	0,22	0,25	—	0,10	0,11
	IV	0,98	1,43	1,61	0,91	1,32	1,49	0,83	1,21	1,37
117,69	I	0,69	1,01	1,14	0,56	0,81	0,92	0,43	0,63	0,71
	II	0,63	0,92	1,04	0,50	0,73	0,82	0,38	0,55	0,62
	III	—	0,37	0,41	—	0,22	0,25	—	0,10	0,11
	IV	0,98	1,43	1,61	0,91	1,32	1,49	0,83	1,22	1,37
117,79	I	0,70	1,01	1,14	0,56	0,82	0,92	0,43	0,63	0,71
	II	0,64	0,93	1,04	0,50	0,73	0,83	0,38	0,55	0,62
	III	—	0,37	0,41	—	0,23	0,25	—	0,10	0,12
	IV	0,98	1,43	1,61	0,91	1,32	1,49	0,84	1,22	1,37
117,89	I	0,70	1,02	1,14	0,56	0,82	0,92	0,43	0,63	0,71
	II	0,64	0,93	1,05	0,50	0,74	0,83	0,38	0,55	0,62
	III	—	0,37	0,42	—	0,23	0,26	—	0,10	0,12
	IV	0,99	1,44	1,62	0,91	1,33	1,49	0,84	1,22	1,37
117,99	I	0,70	1,02	1,15	0,56	0,82	0,92	0,43	0,63	0,71
	II	0,64	0,93	1,05	0,51	0,74	0,83	0,38	0,56	0,63
	III	—	0,37	0,42	—	0,23	0,26	—	0,11	0,12
	IV	0,99	1,44	1,62	0,91	1,33	1,50	0,84	1,22	1,38
118,09	I	0,70	1,02	1,15	0,56	0,82	0,93	0,44	0,64	0,72
	II	0,64	0,93	1,05	0,51	0,74	0,83	0,38	0,56	0,63
	III	—	0,37	0,42	—	0,23	0,26	—	0,11	0,12
	IV	0,99	1,44	1,62	0,91	1,33	1,50	0,84	1,23	1,38
118,19	I	0,70	1,02	1,15	0,57	0,83	0,93	0,44	0,64	0,72
	II	0,64	0,94	1,05	0,51	0,74	0,84	0,38	0,56	0,63
	III	—	0,38	0,42	—	0,23	0,26	—	0,11	0,12
	IV	0,99	1,44	1,62	0,92	1,34	1,50	0,84	1,23	1,38
118,29	I	0,70	1,02	1,15	0,57	0,83	0,93	0,44	0,64	0,72
	II	0,64	0,94	1,06	0,51	0,75	0,84	0,38	0,56	0,63
	III	—	0,38	0,42	—	0,23	0,26	—	0,11	0,12
	IV	0,99	1,45	1,63	0,92	1,34	1,51	0,84	1,23	1,39
118,39	I	0,70	1,03	1,16	0,57	0,83	0,93	0,44	0,64	0,72
	II	0,65	0,94	1,06	0,51	0,75	0,84	0,39	0,56	0,63
	III	—	0,38	0,43	—	0,24	0,27	—	0,11	0,13
	IV	0,99	1,45	1,63	0,92	1,34	1,51	0,85	1,23	1,39
118,49	I	0,71	1,03	1,16	0,57	0,83	0,94	0,44	0,64	0,72
	II	0,65	0,94	1,06	0,51	0,75	0,84	0,39	0,57	0,64
	III	—	0,38	0,43	—	0,24	0,27	—	0,11	0,13
	IV	1,—	1,45	1,63	0,92	1,34	1,51	0,85	1,24	1,39

* Die ausgewiesenen Tabellenwerte sind amtlich. Siehe Erläuterungen auf der Umschlaginnenseite (U2).
** Bei mehr als 3 Kinderfreibeträgen ist die „Ergänzungs-Tabelle 3,5 bis 6 Kinderfreibeträge" anzuwenden.

Lohn/ Gehalt bis €*		I – VI				I, II, III, IV																			
			ohne Kinderfreibeträge					mit Zahl der Kinderfreibeträge . . .																	
								0,5			1			1,5			2			2,5			3**		
		LSt	SolZ	8%	9%		LSt	SolZ	8%	9%	SolZ	8%	9%	SolZ	8%	9%	SolZ	8%	9%	SolZ	8%	9%	SolZ	8%	9%
118,59	I,IV	23,97	1,31	1,91	2,15	I	23,97	1,15	1,68	1,89	1,—	1,45	1,64	0,85	1,24	1,39	0,71	1,03	1,16	0,57	0,83	0,94	0,44	0,65	0,73
	II	22,69	1,24	1,81	2,04	II	22,69	1,08	1,58	1,78	0,93	1,36	1,53	0,79	1,15	1,29	0,65	0,94	1,06	0,52	0,75	0,85	0,39	0,57	0,64
	III	13,22	0,72	1,05	1,18	III	13,22	0,60	0,88	0,99	0,49	0,71	0,80	0,28	0,54	0,61	—	0,38	0,43	—	0,24	0,27	—	0,11	0,13
	V	39,95	2,19	3,19	3,59	IV	23,97	1,23	1,79	2,02	1,15	1,68	1,89	1,07	1,56	1,76	1,—	1,45	1,64	0,92	1,34	1,51	0,85	1,24	1,39
	VI	41,03	2,25	3,28	3,69																				
118,69	I,IV	24,01	1,32	1,92	2,16	I	24,01	1,15	1,68	1,89	1,—	1,46	1,64	0,85	1,24	1,40	0,71	1,03	1,16	0,57	0,84	0,94	0,44	0,65	0,73
	II	22,72	1,24	1,81	2,04	II	22,72	1,09	1,58	1,78	0,93	1,36	1,53	0,79	1,15	1,29	0,65	0,95	1,07	0,52	0,75	0,85	0,39	0,57	0,64
	III	13,25	0,72	1,06	1,19	III	13,25	0,60	0,88	0,99	0,49	0,71	0,80	0,29	0,54	0,61	—	0,38	0,43	—	0,24	0,27	—	0,12	0,13
	V	40,—	2,20	3,20	3,60	IV	24,01	1,23	1,80	2,02	1,15	1,68	1,89	1,08	1,57	1,76	1,—	1,46	1,64	0,92	1,35	1,52	0,85	1,24	1,40
	VI	41,07	2,25	3,28	3,69																				
118,79	I,IV	24,04	1,32	1,92	2,16	I	24,04	1,16	1,68	1,89	1,—	1,46	1,64	0,85	1,24	1,40	0,71	1,04	1,17	0,58	0,84	0,94	0,45	0,65	0,73
	II	22,75	1,25	1,82	2,04	II	22,75	1,09	1,59	1,78	0,94	1,36	1,53	0,79	1,15	1,30	0,65	0,95	1,07	0,52	0,76	0,85	0,39	0,57	0,64
	III	13,27	0,72	1,06	1,19	III	13,27	0,60	0,88	0,99	0,49	0,71	0,80	0,29	0,55	0,61	—	0,39	0,43	—	0,24	0,27	—	0,12	0,13
	V	40,04	2,20	3,20	3,60	IV	24,04	1,24	1,80	2,03	1,16	1,68	1,89	1,08	1,57	1,77	1,—	1,46	1,64	0,93	1,35	1,52	0,85	1,24	1,40
	VI	41,11	2,26	3,28	3,69																				
118,89	I,IV	24,07	1,32	1,92	2,16	I	24,07	1,16	1,69	1,90	1,—	1,46	1,64	0,85	1,25	1,40	0,71	1,04	1,17	0,58	0,84	0,95	0,45	0,65	0,73
	II	22,79	1,25	1,82	2,05	II	22,79	1,09	1,59	1,79	0,94	1,37	1,54	0,79	1,15	1,30	0,65	0,95	1,07	0,52	0,76	0,85	0,39	0,57	0,65
	III	13,30	0,73	1,06	1,19	III	13,30	0,61	0,88	0,99	0,49	0,71	0,80	0,30	0,55	0,62	—	0,39	0,44	—	0,24	0,27	—	0,12	0,13
	V	40,08	2,20	3,20	3,60	IV	24,07	1,24	1,80	2,03	1,16	1,69	1,90	1,08	1,57	1,77	1,—	1,46	1,64	0,93	1,35	1,52	0,85	1,25	1,40
	VI	41,15	2,26	3,29	3,70																				
118,99	I,IV	24,11	1,32	1,92	2,16	I	24,11	1,16	1,69	1,90	1,01	1,46	1,65	0,86	1,25	1,40	0,71	1,04	1,17	0,58	0,84	0,95	0,45	0,66	0,74
	II	22,82	1,25	1,82	2,05	II	22,82	1,09	1,59	1,79	0,94	1,37	1,54	0,79	1,16	1,30	0,65	0,95	1,07	0,52	0,76	0,86	0,39	0,58	0,65
	III	13,32	0,73	1,06	1,19	III	13,32	0,61	0,89	1,—	0,49	0,72	0,81	0,30	0,55	0,62	—	0,39	0,44	—	0,24	0,28	—	0,12	0,13
	V	40,12	2,20	3,20	3,61	IV	24,11	1,24	1,81	2,03	1,16	1,69	1,90	1,08	1,58	1,77	1,01	1,46	1,65	0,93	1,36	1,53	0,86	1,25	1,40
	VI	41,20	2,26	3,29	3,70																				
119,09	I,IV	24,14	1,32	1,93	2,17	I	24,14	1,16	1,69	1,90	1,01	1,47	1,65	0,86	1,25	1,41	0,72	1,04	1,17	0,58	0,85	0,95	0,45	0,66	0,74
	II	22,86	1,25	1,82	2,05	II	22,86	1,09	1,59	1,79	0,94	1,37	1,54	0,80	1,16	1,30	0,66	0,96	1,08	0,52	0,76	0,86	0,40	0,58	0,65
	III	13,35	0,73	1,06	1,20	III	13,35	0,61	0,89	1,—	0,49	0,72	0,81	0,31	0,55	0,62	—	0,39	0,44	—	0,25	0,28	—	0,12	0,14
	V	40,16	2,20	3,21	3,61	IV	24,14	1,24	1,81	2,03	1,16	1,69	1,90	1,08	1,58	1,78	1,01	1,47	1,65	0,93	1,36	1,53	0,86	1,25	1,41
	VI	41,24	2,26	3,29	3,71																				
119,19	I,IV	24,18	1,32	1,93	2,17	I	24,18	1,16	1,69	1,91	1,01	1,47	1,65	0,86	1,25	1,41	0,72	1,05	1,18	0,58	0,85	0,95	0,45	0,66	0,74
	II	22,89	1,25	1,83	2,06	II	22,89	1,10	1,60	1,80	0,94	1,37	1,55	0,80	1,16	1,31	0,66	0,96	1,08	0,52	0,76	0,86	0,40	0,58	0,65
	III	13,37	0,73	1,06	1,20	III	13,37	0,61	0,89	1,—	0,49	0,72	0,81	0,31	0,55	0,62	—	0,39	0,44	—	0,25	0,28	—	0,12	0,14
	V	40,21	2,21	3,21	3,61	IV	24,18	1,24	1,81	2,04	1,16	1,69	1,91	1,09	1,58	1,78	1,01	1,47	1,65	0,93	1,36	1,53	0,86	1,25	1,41
	VI	41,28	2,27	3,30	3,71																				
119,29	I,IV	24,21	1,33	1,93	2,17	I	24,21	1,17	1,70	1,91	1,01	1,47	1,66	0,86	1,26	1,41	0,72	1,05	1,18	0,58	0,85	0,96	0,45	0,66	0,74
	II	22,92	1,26	1,83	2,06	II	22,92	1,10	1,60	1,80	0,94	1,38	1,55	0,80	1,16	1,31	0,66	0,96	1,08	0,53	0,77	0,86	0,40	0,58	0,66
	III	13,40	0,73	1,07	1,20	III	13,40	0,61	0,89	1,—	0,49	0,72	0,81	0,32	0,56	0,63	—	0,40	0,45	—	0,25	0,28	—	0,12	0,14
	V	40,25	2,21	3,22	3,62	IV	24,21	1,25	1,81	2,04	1,17	1,70	1,91	1,09	1,58	1,78	1,01	1,47	1,66	0,94	1,36	1,53	0,86	1,26	1,41
	VI	41,32	2,27	3,30	3,71																				
119,39	I,IV	24,25	1,33	1,94	2,18	I	24,25	1,17	1,70	1,91	1,01	1,47	1,66	0,86	1,26	1,42	0,72	1,05	1,18	0,58	0,85	0,96	0,45	0,66	0,75
	II	22,96	1,26	1,83	2,06	II	22,96	1,10	1,60	1,80	0,95	1,38	1,55	0,80	1,17	1,31	0,66	0,96	1,08	0,53	0,77	0,87	0,40	0,58	0,66
	III	13,42	0,73	1,07	1,20	III	13,42	0,61	0,89	1,01	0,50	0,72	0,81	0,32	0,56	0,63	—	0,40	0,45	—	0,25	0,28	—	0,12	0,14
	V	40,29	2,21	3,22	3,62	IV	24,25	1,25	1,82	2,04	1,17	1,70	1,91	1,09	1,59	1,78	1,01	1,47	1,66	0,94	1,36	1,54	0,86	1,26	1,42
	VI	41,36	2,27	3,30	3,72																				
119,49	I,IV	24,28	1,33	1,94	2,18	I	24,28	1,17	1,70	1,92	1,01	1,48	1,66	0,86	1,26	1,42	0,72	1,05	1,18	0,59	0,85	0,96	0,46	0,67	0,75
	II	22,99	1,26	1,83	2,06	II	22,99	1,10	1,60	1,80	0,95	1,38	1,55	0,80	1,17	1,32	0,66	0,97	1,09	0,53	0,77	0,87	0,40	0,59	0,66
	III	13,45	0,74	1,07	1,21	III	13,45	0,61	0,90	1,01	0,50	0,72	0,82	0,33	0,56	0,63	—	0,40	0,45	—	0,25	0,28	—	0,13	0,14
	V	40,33	2,21	3,22	3,62	IV	24,28	1,25	1,82	2,05	1,17	1,70	1,92	1,09	1,59	1,79	1,01	1,48	1,66	0,94	1,37	1,54	0,86	1,26	1,42
	VI	41,41	2,27	3,31	3,72																				
119,59	I,IV	24,31	1,33	1,94	2,18	I	24,31	1,17	1,71	1,92	1,02	1,48	1,66	0,87	1,26	1,42	0,72	1,06	1,19	0,59	0,86	0,96	0,46	0,67	0,75
	II	23,03	1,26	1,84	2,07	II	23,03	1,10	1,61	1,81	0,95	1,38	1,56	0,80	1,17	1,32	0,66	0,97	1,09	0,53	0,77	0,87	0,40	0,59	0,66
	III	13,47	0,74	1,07	1,21	III	13,47	0,62	0,90	1,01	0,50	0,73	0,82	0,33	0,56	0,63	—	0,40	0,45	—	0,25	0,29	—	0,13	0,14
	V	40,37	2,22	3,22	3,63	IV	24,31	1,25	1,82	2,05	1,17	1,71	1,92	1,09	1,59	1,79	1,02	1,48	1,66	0,94	1,37	1,54	0,87	1,26	1,42
	VI	41,45	2,27	3,31	3,73																				
119,69	I,IV	24,35	1,33	1,94	2,19	I	24,35	1,17	1,71	1,92	1,02	1,48	1,67	0,87	1,26	1,42	0,73	1,06	1,19	0,59	0,86	0,97	0,46	0,67	0,75
	II	23,06	1,26	1,84	2,07	II	23,06	1,10	1,61	1,81	0,95	1,39	1,56	0,81	1,17	1,32	0,67	0,97	1,09	0,53	0,78	0,87	0,40	0,59	0,66
	III	13,50	0,74	1,08	1,21	III	13,50	0,62	0,90	1,01	0,50	0,73	0,82	0,34	0,56	0,63	—	0,40	0,45	—	0,26	0,29	—	0,13	0,15
	V	40,41	2,22	3,23	3,63	IV	24,35	1,25	1,82	2,05	1,17	1,71	1,92	1,09	1,59	1,79	1,02	1,48	1,67	0,94	1,37	1,54	0,87	1,26	1,42
	VI	41,49	2,28	3,31	3,73																				
119,79	I,IV	24,38	1,34	1,95	2,19	I	24,38	1,17	1,71	1,92	1,02	1,48	1,67	0,87	1,27	1,43	0,73	1,06	1,19	0,59	0,86	0,97	0,46	0,67	0,76
	II	23,09	1,27	1,84	2,07	II	23,09	1,11	1,61	1,81	0,95	1,39	1,56	0,81	1,18	1,32	0,67	0,97	1,09	0,53	0,78	0,88	0,41	0,59	0,67
	III	13,52	0,74	1,08	1,21	III	13,52	0,62	0,90	1,01	0,50	0,73	0,82	0,34	0,56	0,64	—	0,40	0,45	—	0,26	0,29	—	0,13	0,15
	V	40,46	2,22	3,23	3,64	IV	24,38	1,25	1,83	2,06	1,17	1,71	1,92	1,10	1,60	1,80	1,02	1,48	1,67	0,94	1,38	1,55	0,87	1,27	1,43
	VI	41,53	2,28	3,32	3,73																				
119,89	I,IV	24,42	1,34	1,95	2,19	I	24,42	1,18	1,71	1,93	1,02	1,49	1,67	0,87	1,27	1,43	0,73	1,06	1,19	0,59	0,86	0,97	0,46	0,67	0,76
	II	23,13	1,27	1,85	2,08	II	23,13	1,11	1,61	1,82	0,96	1,39	1,57	0,81	1,18	1,33	0,67	0,97	1,10	0,53	0,78	0,88	0,41	0,59	0,67
	III	13,55	0,74	1,08	1,21	III	13,55	0,62	0,90	1,02	0,50	0,73	0,82	0,34	0,57	0,64	—	0,41	0,46	—	0,26	0,29	—	0,13	0,15
	V	40,50	2,22	3,24	3,64	IV	24,42	1,26	1,83	2,06	1,18	1,71	1,93	1,10	1,60	1,80	1,02	1,49	1,67	0,95	1,38	1,55	0,87	1,27	1,43
	VI	41,57	2,28	3,32	3,74																				
119,99	I,IV	24,45	1,34	1,95	2,20	I	24,45	1,18	1,72	1,93	1,02	1,49	1,68	0,87	1,27	1,43	0,73	1,06	1,20	0,59	0,87	0,97	0,46	0,68	0,76
	II	23,16	1,27	1,85	2,08	II	23,16	1,11	1,62	1,82	0,96	1,39	1,57	0,81	1,18	1,33	0,67	0,98	1,10	0,54	0,78	0,88	0,41	0,60	0,67
	III	13,57	0,74	1,08	1,22	III	13,57	0,62	0,91	1,02	0,50	0,74	0,83	0,35	0,57	0,64	—	0,41	0,46	—	0,26	0,29	—	0,13	0,15
	V	40,54	2,23	3,24	3,64	IV	24,45	1,26	1,83	2,06	1,18	1,72	1,93	1,10	1,60	1,80	1,02	1,49	1,68	0,95	1,38	1,55	0,87	1,27	1,43
	VI	41,61	2,28	3,32	3,74																				

Abzüge an Lohnsteuer, Solidaritätszuschlag (SolZ) und Kirchensteuer (8%, 9%) in den Steuerklassen

* Die ausgewiesenen Tabellenwerte sind amtlich. Siehe Erläuterungen auf der Umschlaginnenseite (U2).
** Bei mehr als 3 Kinderfreibeträgen ist die „Ergänzungs-Tabelle 3,5 bis 6 Kinderfreibeträge" anzuwenden.

Lohn/ Gehalt bis €*	I – VI					I, II, III, IV		0,5			1			1,5			2			2,5			3**		
		LSt	SolZ	8%	9%		LSt	SolZ	8%	9%	SolZ	8%	9%	SolZ	8%	9%	SolZ	8%	9%	SolZ	8%	9%	SolZ	8%	9%
120,09	I,IV	24,49	1,34	1,95	2,20	I	24,49	1,18	1,72	1,93	1,02	1,49	1,68	0,88	1,28	1,44	0,73	1,07	1,20	0,60	0,87	0,98	0,46	0,68	0,76
	II	23,20	1,27	1,85	2,08	II	23,20	1,11	1,62	1,82	0,96	1,40	1,57	0,81	1,18	1,33	0,67	0,98	1,10	0,54	0,78	0,88	0,41	0,60	0,67
	III	13,60	0,74	1,08	1,22	III	13,60	0,62	0,91	1,02	0,50	0,74	0,83	0,35	0,57	0,64	—	0,41	0,46	—	0,26	0,29	—	0,13	0,15
	V	40,58	2,23	3,24	3,65	IV	24,49	1,26	1,84	2,07	1,18	1,72	1,93	1,10	1,60	1,80	1,02	1,49	1,68	0,95	1,38	1,56	0,88	1,28	1,44
	VI	41,66	2,29	3,33	3,74																				
120,19	I,IV	24,52	1,34	1,96	2,20	I	24,52	1,18	1,72	1,94	1,03	1,49	1,68	0,88	1,28	1,44	0,73	1,07	1,20	0,60	0,87	0,98	0,47	0,68	0,77
	II	23,23	1,27	1,85	2,09	II	23,23	1,11	1,62	1,82	0,96	1,40	1,57	0,81	1,19	1,33	0,67	0,98	1,10	0,54	0,79	0,89	0,41	0,60	0,68
	III	13,63	0,74	1,09	1,22	III	13,63	0,62	0,91	1,02	0,51	0,74	0,83	0,36	0,57	0,64	—	0,41	0,46	—	0,26	0,30	—	0,14	0,15
	V	40,63	2,23	3,25	3,65	IV	24,52	1,26	1,84	2,07	1,18	1,72	1,94	1,10	1,61	1,81	1,03	1,49	1,68	0,95	1,38	1,56	0,88	1,28	1,44
	VI	41,70	2,29	3,33	3,75																				
120,29	I,IV	24,56	1,35	1,96	2,21	I	24,56	1,18	1,72	1,94	1,03	1,50	1,69	0,88	1,28	1,44	0,74	1,07	1,21	0,60	0,87	0,98	0,47	0,68	0,77
	II	23,26	1,27	1,86	2,09	II	23,26	1,12	1,62	1,83	0,96	1,40	1,58	0,82	1,19	1,34	0,68	0,98	1,11	0,54	0,79	0,89	0,41	0,60	0,68
	III	13,65	0,75	1,09	1,22	III	13,65	0,63	0,91	1,03	0,51	0,74	0,83	0,36	0,57	0,65	—	0,41	0,46	—	0,26	0,30	—	0,14	0,15
	V	40,67	2,23	3,25	3,66	IV	24,56	1,26	1,84	2,07	1,18	1,72	1,94	1,10	1,61	1,81	1,03	1,50	1,69	0,95	1,39	1,56	0,88	1,28	1,44
	VI	41,74	2,29	3,33	3,75																				
120,39	I,IV	24,59	1,35	1,96	2,21	I	24,59	1,19	1,73	1,94	1,03	1,50	1,69	0,88	1,28	1,44	0,74	1,07	1,21	0,60	0,87	0,98	0,47	0,68	0,77
	II	23,30	1,28	1,86	2,09	II	23,30	1,12	1,63	1,83	0,96	1,40	1,58	0,82	1,19	1,34	0,68	0,99	1,11	0,54	0,79	0,89	0,41	0,60	0,68
	III	13,68	0,75	1,09	1,23	III	13,68	0,63	0,91	1,03	0,51	0,74	0,84	0,37	0,58	0,65	—	0,41	0,47	—	0,27	0,30	—	0,14	0,16
	V	40,71	2,23	3,25	3,66	IV	24,59	1,27	1,84	2,07	1,19	1,73	1,94	1,11	1,61	1,81	1,03	1,50	1,69	0,95	1,39	1,56	0,88	1,28	1,44
	VI	41,78	2,29	3,34	3,76																				
120,49	I,IV	24,63	1,35	1,97	2,21	I	24,63	1,19	1,73	1,95	1,03	1,50	1,69	0,88	1,28	1,45	0,74	1,08	1,21	0,60	0,88	0,99	0,47	0,69	0,77
	II	23,33	1,28	1,86	2,09	II	23,33	1,12	1,63	1,83	0,97	1,41	1,58	0,82	1,19	1,34	0,68	0,99	1,11	0,54	0,79	0,89	0,42	0,61	0,68
	III	13,71	0,75	1,09	1,23	III	13,71	0,63	0,92	1,03	0,51	0,74	0,84	0,37	0,58	0,65	—	0,42	0,47	—	0,27	0,30	—	0,14	0,16
	V	40,75	2,24	3,26	3,66	IV	24,63	1,27	1,85	2,08	1,19	1,73	1,95	1,11	1,61	1,82	1,03	1,50	1,69	0,96	1,39	1,57	0,88	1,28	1,45
	VI	41,83	2,30	3,34	3,76																				
120,59	I,IV	24,66	1,35	1,97	2,21	I	24,66	1,19	1,73	1,95	1,03	1,50	1,69	0,88	1,29	1,45	0,74	1,08	1,21	0,60	0,88	0,99	0,47	0,69	0,78
	II	23,36	1,28	1,86	2,10	II	23,36	1,12	1,63	1,84	0,97	1,41	1,59	0,82	1,20	1,35	0,68	0,99	1,12	0,55	0,80	0,90	0,42	0,61	0,69
	III	13,73	0,75	1,09	1,23	III	13,73	0,63	0,92	1,03	0,51	0,75	0,84	0,38	0,58	0,65	—	0,42	0,47	—	0,27	0,30	—	0,14	0,16
	V	40,79	2,24	3,26	3,67	IV	24,66	1,27	1,85	2,08	1,19	1,73	1,95	1,11	1,62	1,82	1,03	1,50	1,69	0,96	1,40	1,57	0,88	1,29	1,45
	VI	41,87	2,30	3,34	3,76																				
120,69	I,IV	24,70	1,35	1,97	2,22	I	24,70	1,19	1,73	1,95	1,03	1,51	1,70	0,89	1,29	1,45	0,74	1,08	1,22	0,60	0,88	0,99	0,47	0,69	0,78
	II	23,40	1,28	1,87	2,10	II	23,40	1,12	1,64	1,84	0,97	1,41	1,59	0,82	1,20	1,35	0,68	0,99	1,12	0,55	0,80	0,90	0,42	0,61	0,69
	III	13,76	0,75	1,10	1,23	III	13,76	0,63	0,92	1,04	0,51	0,75	0,84	0,38	0,58	0,65	—	0,42	0,47	—	0,27	0,31	—	0,14	0,16
	V	40,84	2,24	3,26	3,67	IV	24,70	1,27	1,85	2,08	1,19	1,73	1,95	1,11	1,62	1,82	1,03	1,51	1,70	0,96	1,40	1,57	0,89	1,29	1,45
	VI	41,91	2,30	3,35	3,77																				
120,79	I,IV	24,73	1,36	1,97	2,22	I	24,73	1,19	1,74	1,96	1,04	1,51	1,70	0,89	1,29	1,45	0,74	1,08	1,22	0,61	0,88	0,99	0,48	0,69	0,78
	II	23,43	1,28	1,87	2,10	II	23,43	1,12	1,64	1,84	0,97	1,41	1,59	0,82	1,20	1,35	0,68	1,—	1,12	0,55	0,80	0,90	0,42	0,61	0,69
	III	13,78	0,75	1,10	1,24	III	13,78	0,63	0,92	1,04	0,51	0,75	0,84	0,39	0,58	0,66	—	0,42	0,47	—	0,27	0,31	—	0,14	0,16
	V	40,88	2,24	3,27	3,67	IV	24,73	1,27	1,85	2,09	1,19	1,74	1,96	1,11	1,62	1,83	1,04	1,51	1,70	0,96	1,40	1,58	0,89	1,29	1,45
	VI	41,95	2,30	3,35	3,77																				
120,89	I,IV	24,76	1,36	1,98	2,22	I	24,76	1,19	1,74	1,96	1,04	1,51	1,70	0,89	1,29	1,46	0,74	1,09	1,22	0,61	0,89	1,—	0,48	0,70	0,78
	II	23,47	1,29	1,87	2,11	II	23,47	1,13	1,64	1,85	0,97	1,42	1,59	0,83	1,20	1,35	0,68	1,—	1,12	0,55	0,80	0,90	0,42	0,62	0,69
	III	13,81	0,75	1,10	1,24	III	13,81	0,63	0,92	1,04	0,52	0,75	0,85	0,39	0,59	0,66	—	0,42	0,48	—	0,28	0,31	—	0,14	0,16
	V	40,92	2,25	3,27	3,68	IV	24,76	1,28	1,86	2,09	1,19	1,74	1,96	1,12	1,62	1,83	1,04	1,51	1,70	0,96	1,40	1,58	0,89	1,29	1,46
	VI	41,99	2,30	3,35	3,77																				
120,99	I,IV	24,80	1,36	1,98	2,23	I	24,80	1,20	1,74	1,96	1,04	1,52	1,71	0,89	1,30	1,46	0,75	1,09	1,22	0,61	0,89	1,—	0,48	0,70	0,79
	II	23,50	1,29	1,88	2,11	II	23,50	1,13	1,64	1,85	0,97	1,42	1,60	0,83	1,20	1,36	0,69	1,—	1,13	0,55	0,80	0,90	0,42	0,62	0,70
	III	13,83	0,76	1,10	1,24	III	13,83	0,64	0,93	1,04	0,52	0,75	0,85	0,40	0,59	0,66	—	0,43	0,48	—	0,28	0,31	—	0,15	0,17
	V	40,96	2,25	3,27	3,68	IV	24,80	1,28	1,86	2,09	1,20	1,74	1,96	1,12	1,63	1,83	1,04	1,52	1,71	0,96	1,40	1,58	0,89	1,30	1,46
	VI	42,03	2,31	3,36	3,78																				
121,09	I,IV	24,84	1,36	1,98	2,23	I	24,84	1,20	1,75	1,96	1,04	1,52	1,71	0,89	1,30	1,46	0,75	1,09	1,23	0,61	0,89	1,—	0,48	0,70	0,79
	II	23,54	1,29	1,88	2,11	II	23,54	1,13	1,65	1,85	0,98	1,42	1,60	0,83	1,21	1,36	0,69	1,—	1,13	0,55	0,81	0,91	0,42	0,62	0,70
	III	13,86	0,76	1,10	1,24	III	13,86	0,64	0,93	1,04	0,52	0,76	0,85	0,40	0,59	0,66	—	0,43	0,48	—	0,28	0,31	—	0,15	0,17
	V	41,—	2,25	3,28	3,69	IV	24,84	1,28	1,86	2,10	1,20	1,75	1,96	1,12	1,63	1,83	1,04	1,52	1,71	0,97	1,41	1,58	0,89	1,30	1,46
	VI	42,08	2,31	3,36	3,78																				
121,19	I,IV	24,87	1,36	1,98	2,23	I	24,87	1,20	1,75	1,97	1,04	1,52	1,71	0,89	1,30	1,46	0,75	1,09	1,23	0,61	0,89	1,—	0,48	0,70	0,79
	II	23,57	1,29	1,88	2,12	II	23,57	1,13	1,65	1,85	0,98	1,42	1,60	0,83	1,21	1,36	0,69	1,—	1,13	0,55	0,81	0,91	0,43	0,62	0,70
	III	13,88	0,76	1,11	1,24	III	13,88	0,64	0,93	1,05	0,52	0,76	0,85	0,41	0,59	0,67	—	0,43	0,48	—	0,28	0,32	—	0,15	0,17
	V	41,05	2,25	3,28	3,69	IV	24,87	1,28	1,87	2,10	1,20	1,75	1,97	1,12	1,63	1,84	1,04	1,52	1,71	0,97	1,41	1,59	0,89	1,30	1,46
	VI	42,12	2,31	3,36	3,79																				
121,29	I,IV	24,90	1,36	1,99	2,24	I	24,90	1,20	1,75	1,97	1,05	1,52	1,71	0,90	1,30	1,47	0,75	1,10	1,23	0,61	0,90	1,01	0,48	0,70	0,79
	II	23,60	1,29	1,88	2,12	II	23,60	1,13	1,65	1,86	0,98	1,43	1,61	0,83	1,21	1,36	0,69	1,01	1,13	0,56	0,81	0,91	0,43	0,62	0,70
	III	13,91	0,76	1,11	1,25	III	13,91	0,64	0,93	1,05	0,52	0,76	0,86	0,41	0,59	0,67	0,01	0,43	0,49	—	0,28	0,32	—	0,15	0,17
	V	41,09	2,26	3,28	3,69	IV	24,90	1,28	1,87	2,10	1,20	1,75	1,97	1,12	1,64	1,84	1,05	1,52	1,71	0,97	1,41	1,59	0,90	1,30	1,47
	VI	42,16	2,31	3,37	3,79																				
121,39	I,IV	24,94	1,37	1,99	2,24	I	24,94	1,20	1,75	1,97	1,05	1,53	1,72	0,90	1,31	1,47	0,75	1,10	1,24	0,62	0,90	1,01	0,48	0,71	0,80
	II	23,64	1,30	1,89	2,12	II	23,64	1,14	1,65	1,86	0,98	1,43	1,61	0,83	1,21	1,37	0,69	1,01	1,14	0,56	0,81	0,91	0,43	0,63	0,71
	III	13,93	0,76	1,11	1,25	III	13,93	0,64	0,93	1,05	0,52	0,76	0,86	0,41	0,60	0,67	0,01	0,43	0,49	—	0,28	0,32	—	0,15	0,17
	V	41,13	2,26	3,29	3,70	IV	24,94	1,28	1,87	2,10	1,20	1,75	1,97	1,12	1,64	1,84	1,05	1,53	1,72	0,97	1,42	1,59	0,90	1,31	1,47
	VI	42,20	2,32	3,37	3,79																				
121,49	I,IV	24,98	1,37	1,99	2,24	I	24,98	1,21	1,76	1,98	1,05	1,53	1,72	0,90	1,31	1,47	0,75	1,10	1,24	0,62	0,90	1,01	0,49	0,71	0,80
	II	23,67	1,30	1,89	2,13	II	23,67	1,14	1,66	1,86	0,98	1,43	1,61	0,84	1,22	1,37	0,69	1,01	1,14	0,56	0,82	0,92	0,43	0,63	0,71
	III	13,96	0,76	1,11	1,25	III	13,96	0,64	0,94	1,05	0,52	0,76	0,86	0,41	0,60	0,67	0,01	0,43	0,49	—	0,28	0,32	—	0,15	0,17
	V	41,17	2,26	3,29	3,70	IV	24,98	1,29	1,87	2,11	1,21	1,76	1,98	1,13	1,64	1,85	1,05	1,53	1,72	0,97	1,42	1,60	0,90	1,31	1,47
	VI	42,25	2,32	3,38	3,80																				

Abzüge an Lohnsteuer, Solidaritätszuschlag (SolZ) und Kirchensteuer (8%, 9%) in den Steuerklassen; I – VI: ohne Kinderfreibeträge; I, II, III, IV: mit Zahl der Kinderfreibeträge . . .

* Die ausgewiesenen Tabellenwerte sind amtlich. Siehe Erläuterungen auf der Umschlaginnenseite (U2).
** Bei mehr als 3 Kinderfreibeträgen ist die „Ergänzungs-Tabelle 3,5 bis 6 Kinderfreibeträge" anzuwenden.

Abzüge an Lohnsteuer, Solidaritätszuschlag (SolZ) und Kirchensteuer (8%, 9%) in den Steuerklassen

Lohn/ Gehalt bis €*	I – VI					I, II, III, IV		mit Zahl der Kinderfreibeträge . . . 0,5			1			1,5			2			2,5			3**		
		LSt	ohne Kinderfreibeträge SolZ	8%	9%		LSt	SolZ	8%	9%	SolZ	8%	9%	SolZ	8%	9%	SolZ	8%	9%	SolZ	8%	9%	SolZ	8%	9%
121,59	I,IV	25,01	1,37	2,—	2,25	I	25,01	1,21	1,76	1,98	1,05	1,53	1,72	0,90	1,31	1,48	0,76	1,10	1,24	0,62	0,90	1,01	0,49	0,71	0,80
	II	23,71	1,30	1,89	2,13	II	23,71	1,14	1,66	1,87	0,98	1,43	1,61	0,84	1,22	1,37	0,70	1,01	1,14	0,56	0,82	0,92	0,43	0,63	0,71
	III	13,98	0,76	1,11	1,25	III	13,98	0,64	0,94	1,06	0,53	0,77	0,86	0,41	0,60	0,67	0,02	0,44	0,49	—	0,29	0,32	—	0,16	0,18
	V	41,21	2,26	3,29	3,70	IV	25,01	1,29	1,88	2,11	1,21	1,76	1,98	1,13	1,64	1,85	1,05	1,53	1,72	0,97	1,42	1,60	0,90	1,31	1,48
	VI	42,29	2,32	3,38	3,80																				
121,69	I,IV	25,05	1,37	2,—	2,25	I	25,05	1,21	1,76	1,98	1,05	1,53	1,72	0,90	1,31	1,48	0,76	1,10	1,24	0,62	0,90	1,02	0,49	0,71	0,80
	II	23,74	1,30	1,89	2,13	II	23,74	1,14	1,66	1,87	0,99	1,44	1,62	0,84	1,22	1,37	0,70	1,02	1,14	0,56	0,82	0,92	0,43	0,63	0,71
	III	14,01	0,77	1,12	1,26	III	14,01	0,64	0,94	1,06	0,53	0,77	0,86	0,41	0,60	0,68	0,02	0,44	0,49	—	0,29	0,32	—	0,16	0,18
	V	41,26	2,26	3,30	3,71	IV	25,05	1,29	1,88	2,11	1,21	1,76	1,98	1,13	1,65	1,85	1,05	1,53	1,72	0,98	1,42	1,60	0,90	1,31	1,48
	VI	42,33	2,32	3,38	3,80																				
121,79	I,IV	25,08	1,37	2,—	2,25	I	25,08	1,21	1,76	1,98	1,05	1,54	1,73	0,90	1,32	1,48	0,76	1,11	1,25	0,62	0,91	1,02	0,49	0,72	0,81
	II	23,78	1,30	1,90	2,14	II	23,78	1,14	1,66	1,87	0,99	1,44	1,62	0,84	1,22	1,38	0,70	1,02	1,15	0,56	0,82	0,92	0,43	0,63	0,71
	III	14,04	0,77	1,12	1,26	III	14,04	0,65	0,94	1,06	0,53	0,77	0,87	0,41	0,60	0,68	0,03	0,44	0,50	—	0,29	0,33	—	0,16	0,18
	V	41,30	2,27	3,30	3,71	IV	25,08	1,29	1,88	2,12	1,21	1,76	1,98	1,13	1,65	1,86	1,05	1,54	1,73	0,98	1,42	1,60	0,90	1,32	1,48
	VI	42,37	2,33	3,38	3,81																				
121,89	I,IV	25,11	1,38	2,—	2,25	I	25,11	1,21	1,77	1,99	1,06	1,54	1,73	0,91	1,32	1,48	0,76	1,11	1,25	0,62	0,91	1,02	0,49	0,72	0,81
	II	23,81	1,30	1,90	2,14	II	23,81	1,14	1,67	1,88	0,99	1,44	1,62	0,84	1,23	1,38	0,70	1,02	1,15	0,57	0,82	0,93	0,44	0,64	0,72
	III	14,06	0,77	1,12	1,26	III	14,06	0,65	0,94	1,06	0,53	0,77	0,87	0,41	0,60	0,68	0,03	0,44	0,50	—	0,29	0,33	—	0,16	0,18
	V	41,34	2,27	3,30	3,72	IV	25,11	1,29	1,88	2,12	1,21	1,77	1,99	1,13	1,65	1,86	1,06	1,54	1,73	0,98	1,43	1,61	0,91	1,32	1,48
	VI	42,41	2,33	3,39	3,81																				
121,99	I,IV	25,15	1,38	2,01	2,26	I	25,15	1,21	1,77	1,99	1,06	1,54	1,73	0,91	1,32	1,49	0,76	1,11	1,25	0,62	0,91	1,02	0,49	0,72	0,81
	II	23,85	1,31	1,90	2,14	II	23,85	1,15	1,67	1,88	0,99	1,44	1,62	0,84	1,23	1,38	0,70	1,02	1,15	0,57	0,83	0,93	0,44	0,64	0,72
	III	14,09	0,77	1,12	1,26	III	14,09	0,65	0,95	1,06	0,53	0,77	0,87	0,42	0,61	0,68	0,04	0,44	0,50	—	0,29	0,33	—	0,16	0,18
	V	41,38	2,27	3,31	3,72	IV	25,15	1,30	1,89	2,12	1,21	1,77	1,99	1,14	1,65	1,86	1,06	1,54	1,73	0,98	1,43	1,61	0,91	1,32	1,49
	VI	42,46	2,33	3,39	3,82																				
122,09	I,IV	25,18	1,38	2,01	2,26	I	25,18	1,22	1,77	1,99	1,06	1,54	1,74	0,91	1,32	1,49	0,76	1,11	1,25	0,63	0,91	1,03	0,49	0,72	0,81
	II	23,88	1,31	1,91	2,14	II	23,88	1,15	1,67	1,88	0,99	1,45	1,63	0,85	1,23	1,39	0,70	1,03	1,15	0,57	0,83	0,93	0,44	0,64	0,72
	III	14,12	0,77	1,12	1,27	III	14,12	0,65	0,95	1,07	0,53	0,78	0,87	0,42	0,61	0,68	0,04	0,45	0,50	—	0,29	0,33	—	0,16	0,18
	V	41,42	2,27	3,31	3,72	IV	25,18	1,30	1,89	2,13	1,22	1,77	1,99	1,14	1,66	1,86	1,06	1,54	1,74	0,98	1,43	1,61	0,91	1,32	1,49
	VI	42,50	2,33	3,40	3,82																				
122,19	I,IV	25,22	1,38	2,01	2,26	I	25,22	1,22	1,78	2,—	1,06	1,55	1,74	0,91	1,33	1,49	0,77	1,12	1,26	0,63	0,92	1,03	0,50	0,72	0,81
	II	23,91	1,31	1,91	2,15	II	23,91	1,15	1,67	1,88	1,—	1,45	1,63	0,85	1,23	1,39	0,71	1,03	1,16	0,57	0,83	0,94	0,44	0,64	0,72
	III	14,14	0,77	1,13	1,27	III	14,14	0,65	0,95	1,07	0,53	0,78	0,88	0,42	0,61	0,69	0,05	0,45	0,50	—	0,30	0,33	—	0,16	0,18
	V	41,46	2,28	3,31	3,73	IV	25,22	1,30	1,89	2,13	1,22	1,78	2,—	1,14	1,66	1,87	1,06	1,55	1,74	0,99	1,44	1,62	0,91	1,33	1,49
	VI	42,54	2,33	3,40	3,82																				
122,29	I,IV	25,25	1,38	2,02	2,27	I	25,25	1,22	1,78	2,—	1,06	1,55	1,74	0,91	1,33	1,50	0,77	1,12	1,26	0,63	0,92	1,03	0,50	0,73	0,82
	II	23,95	1,31	1,91	2,15	II	23,95	1,15	1,68	1,89	1,—	1,45	1,63	0,85	1,24	1,39	0,71	1,03	1,16	0,57	0,83	0,94	0,44	0,64	0,73
	III	14,17	0,77	1,13	1,27	III	14,17	0,65	0,95	1,07	0,53	0,78	0,88	0,42	0,61	0,69	0,05	0,45	0,51	—	0,30	0,34	—	0,16	0,19
	V	41,51	2,28	3,32	3,73	IV	25,25	1,30	1,90	2,13	1,22	1,78	2,—	1,14	1,66	1,87	1,06	1,55	1,74	0,99	1,44	1,62	0,91	1,33	1,50
	VI	42,58	2,34	3,40	3,83																				
122,39	I,IV	25,29	1,39	2,02	2,27	I	25,29	1,22	1,78	2,—	1,07	1,55	1,75	0,91	1,33	1,50	0,77	1,12	1,26	0,63	0,92	1,04	0,50	0,73	0,82
	II	23,98	1,31	1,91	2,15	II	23,98	1,15	1,68	1,89	1,—	1,45	1,64	0,85	1,24	1,39	0,71	1,03	1,16	0,57	0,84	0,94	0,44	0,65	0,73
	III	14,20	0,78	1,13	1,27	III	14,20	0,65	0,95	1,07	0,54	0,78	0,88	0,42	0,61	0,69	0,06	0,45	0,51	—	0,30	0,34	—	0,17	0,19
	V	41,55	2,28	3,32	3,73	IV	25,29	1,30	1,90	2,14	1,22	1,78	2,—	1,14	1,66	1,87	1,07	1,55	1,75	0,99	1,44	1,62	0,91	1,33	1,50
	VI	42,62	2,34	3,40	3,83																				
122,49	I,IV	25,32	1,39	2,02	2,27	I	25,32	1,22	1,78	2,01	1,07	1,55	1,75	0,92	1,33	1,50	0,77	1,12	1,26	0,63	0,92	1,04	0,50	0,73	0,82
	II	24,02	1,32	1,92	2,16	II	24,02	1,16	1,68	1,89	1,—	1,46	1,64	0,85	1,24	1,40	0,71	1,04	1,17	0,57	0,84	0,94	0,44	0,65	0,73
	III	14,22	0,78	1,13	1,27	III	14,22	0,66	0,96	1,08	0,54	0,78	0,88	0,42	0,62	0,69	0,06	0,45	0,51	—	0,30	0,34	—	0,17	0,19
	V	41,59	2,28	3,32	3,74	IV	25,32	1,31	1,90	2,14	1,22	1,78	2,01	1,14	1,67	1,88	1,07	1,55	1,75	0,99	1,44	1,62	0,92	1,33	1,50
	VI	42,66	2,34	3,41	3,83																				
122,59	I,IV	25,36	1,39	2,02	2,28	I	25,36	1,23	1,79	2,01	1,07	1,56	1,75	0,92	1,34	1,50	0,77	1,13	1,27	0,63	0,92	1,04	0,50	0,73	0,82
	II	24,05	1,32	1,92	2,16	II	24,05	1,16	1,68	1,90	1,—	1,46	1,64	0,85	1,24	1,40	0,71	1,04	1,17	0,58	0,84	0,95	0,45	0,65	0,73
	III	14,25	0,78	1,14	1,28	III	14,25	0,66	0,96	1,08	0,54	0,79	0,88	0,42	0,62	0,70	0,07	0,46	0,51	—	0,30	0,34	—	0,17	0,19
	V	41,63	2,29	3,33	3,74	IV	25,36	1,31	1,90	2,14	1,23	1,79	2,01	1,15	1,67	1,88	1,07	1,56	1,75	0,99	1,45	1,63	0,92	1,34	1,50
	VI	42,71	2,34	3,41	3,84																				
122,69	I,IV	25,39	1,39	2,03	2,28	I	25,39	1,23	1,79	2,01	1,07	1,56	1,75	0,92	1,34	1,51	0,77	1,13	1,27	0,64	0,93	1,04	0,50	0,73	0,83
	II	24,08	1,32	1,92	2,16	II	24,08	1,16	1,69	1,90	1,—	1,46	1,65	0,86	1,25	1,40	0,71	1,04	1,17	0,58	0,84	0,95	0,45	0,65	0,74
	III	14,27	0,78	1,14	1,28	III	14,27	0,66	0,96	1,08	0,54	0,79	0,89	0,42	0,62	0,70	0,07	0,46	0,51	—	0,30	0,34	—	0,17	0,19
	V	41,68	2,29	3,33	3,75	IV	25,39	1,31	1,91	2,15	1,23	1,79	2,01	1,15	1,67	1,88	1,07	1,56	1,75	0,99	1,45	1,63	0,92	1,34	1,51
	VI	42,75	2,35	3,42	3,84																				
122,79	I,IV	25,43	1,39	2,03	2,28	I	25,43	1,23	1,79	2,02	1,07	1,56	1,76	0,92	1,34	1,51	0,78	1,13	1,27	0,64	0,93	1,05	0,50	0,74	0,83
	II	24,12	1,32	1,92	2,17	II	24,12	1,16	1,69	1,90	1,01	1,46	1,65	0,86	1,25	1,41	0,71	1,04	1,17	0,58	0,84	0,95	0,45	0,66	0,74
	III	14,30	0,78	1,14	1,28	III	14,30	0,66	0,96	1,08	0,54	0,79	0,89	0,43	0,62	0,70	0,07	0,46	0,52	—	0,31	0,34	—	0,17	0,19
	V	41,72	2,29	3,33	3,75	IV	25,43	1,31	1,91	2,15	1,23	1,79	2,02	1,15	1,68	1,89	1,07	1,56	1,76	1,—	1,45	1,63	0,92	1,34	1,51
	VI	42,79	2,35	3,42	3,85																				
122,89	I,IV	25,46	1,40	2,03	2,29	I	25,46	1,23	1,79	2,02	1,07	1,56	1,76	0,92	1,34	1,51	0,78	1,13	1,27	0,64	0,93	1,05	0,51	0,74	0,83
	II	24,15	1,32	1,93	2,17	II	24,15	1,16	1,69	1,90	1,01	1,47	1,65	0,86	1,25	1,41	0,72	1,04	1,17	0,58	0,85	0,95	0,45	0,66	0,74
	III	14,32	0,78	1,14	1,28	III	14,32	0,66	0,96	1,08	0,54	0,79	0,89	0,43	0,62	0,70	0,08	0,46	0,52	—	0,31	0,35	—	0,17	0,19
	V	41,76	2,29	3,34	3,75	IV	25,46	1,31	1,91	2,15	1,23	1,79	2,02	1,15	1,68	1,89	1,07	1,56	1,76	1,—	1,45	1,63	0,92	1,34	1,51
	VI	42,83	2,35	3,42	3,85																				
122,99	I,IV	25,50	1,40	2,04	2,29	I	25,50	1,23	1,80	2,02	1,08	1,57	1,76	0,92	1,35	1,52	0,78	1,14	1,28	0,64	0,93	1,05	0,51	0,74	0,83
	II	24,19	1,33	1,93	2,17	II	24,19	1,16	1,70	1,91	1,01	1,47	1,65	0,86	1,25	1,41	0,72	1,05	1,18	0,58	0,85	0,96	0,45	0,66	0,74
	III	14,35	0,78	1,14	1,29	III	14,35	0,66	0,97	1,09	0,54	0,79	0,89	0,43	0,63	0,70	0,08	0,46	0,52	—	0,31	0,35	—	0,17	0,20
	V	41,80	2,29	3,34	3,76	IV	25,50	1,31	1,91	2,15	1,23	1,80	2,02	1,15	1,68	1,89	1,08	1,57	1,76	1,—	1,46	1,64	0,92	1,35	1,52
	VI	42,88	2,35	3,43	3,85																				

* Die ausgewiesenen Tabellenwerte sind amtlich. Siehe Erläuterungen auf der Umschlaginnenseite (U2).
** Bei mehr als 3 Kinderfreibeträgen ist die „Ergänzungs-Tabelle 3,5 bis 6 Kinderfreibeträge" anzuwenden.

Abzüge an Lohnsteuer, Solidaritätszuschlag (SolZ) und Kirchensteuer (8%, 9%) in den Steuerklassen

Lohn/ Gehalt bis €*	I – VI		ohne Kinderfreibeträge			I, II, III, IV		mit Zahl der Kinderfreibeträge ... 0,5			1			1,5			2			2,5			3**		
		LSt	SolZ	8%	9%		LSt	SolZ	8%	9%	SolZ	8%	9%	SolZ	8%	9%	SolZ	8%	9%	SolZ	8%	9%	SolZ	8%	9%
123,09	I,IV	25,53	1,40	2,04	2,29	I	25,53	1,24	1,80	2,02	1,08	1,57	1,77	0,93	1,35	1,52	0,78	1,14	1,28	0,64	0,94	1,05	0,51	0,74	0,8
	II	24,22	1,33	1,93	2,17	II	24,22	1,17	1,70	1,91	1,01	1,47	1,66	0,86	1,26	1,41	0,72	1,05	1,18	0,58	0,85	0,96	0,45	0,66	0,7
	III	14,37	0,79	1,14	1,29	III	14,37	0,66	0,97	1,09	0,55	0,80	0,90	0,43	0,63	0,71	0,09	0,46	0,52	—	0,31	0,35	—	0,18	0,2
	V	41,84	2,30	3,34	3,76	IV	25,53	1,32	1,92	2,16	1,24	1,80	2,02	1,16	1,68	1,89	1,08	1,57	1,77	1,—	1,46	1,64	0,93	1,35	1,5
	VI	42,92	2,36	3,43	3,86																				
123,19	I,IV	25,57	1,40	2,04	2,30	I	25,57	1,24	1,80	2,03	1,08	1,57	1,77	0,93	1,35	1,52	0,78	1,14	1,28	0,64	0,94	1,06	0,51	0,74	0,8
	II	24,26	1,33	1,94	2,18	II	24,26	1,17	1,70	1,91	1,01	1,48	1,66	0,86	1,26	1,42	0,72	1,05	1,18	0,59	0,85	0,96	0,46	0,66	0,7
	III	14,40	0,79	1,15	1,29	III	14,40	0,67	0,97	1,09	0,55	0,80	0,90	0,43	0,63	0,71	0,09	0,47	0,52	—	0,31	0,35	—	0,18	0,2
	V	41,89	2,30	3,35	3,77	IV	25,57	1,32	1,92	2,16	1,24	1,80	2,03	1,16	1,69	1,90	1,08	1,57	1,77	1,—	1,46	1,64	0,93	1,35	1,5
	VI	42,96	2,36	3,43	3,86																				
123,29	I,IV	25,60	1,40	2,04	2,30	I	25,60	1,24	1,80	2,03	1,08	1,57	1,77	0,93	1,35	1,52	0,78	1,14	1,29	0,64	0,94	1,06	0,51	0,75	0,8
	II	24,29	1,33	1,94	2,18	II	24,29	1,17	1,70	1,92	1,01	1,48	1,66	0,87	1,26	1,42	0,72	1,05	1,19	0,59	0,86	0,96	0,46	0,67	0,7
	III	14,42	0,79	1,15	1,29	III	14,42	0,67	0,97	1,09	0,55	0,80	0,90	0,43	0,63	0,71	0,10	0,47	0,53	—	0,31	0,35	—	0,18	0,2
	V	41,93	2,30	3,35	3,77	IV	25,60	1,32	1,92	2,16	1,24	1,80	2,03	1,16	1,69	1,90	1,08	1,57	1,77	1,—	1,46	1,65	0,93	1,35	1,5
	VI	43,—	2,36	3,44	3,87																				
123,39	I,IV	25,64	1,41	2,05	2,30	I	25,64	1,24	1,81	2,03	1,08	1,58	1,77	0,93	1,36	1,53	0,79	1,14	1,29	0,65	0,94	1,06	0,51	0,75	0,8
	II	24,33	1,33	1,94	2,18	II	24,33	1,17	1,71	1,92	1,02	1,48	1,67	0,87	1,26	1,42	0,72	1,06	1,19	0,59	0,86	0,97	0,46	0,67	0,7
	III	14,45	0,79	1,15	1,30	III	14,45	0,67	0,97	1,10	0,55	0,80	0,90	0,43	0,63	0,71	0,10	0,47	0,53	—	0,32	0,36	—	0,18	0,2
	V	41,97	2,30	3,35	3,77	IV	25,64	1,32	1,93	2,17	1,24	1,81	2,03	1,16	1,69	1,90	1,08	1,58	1,77	1,01	1,47	1,65	0,93	1,36	1,5
	VI	43,04	2,36	3,44	3,87																				
123,49	I,IV	25,68	1,41	2,05	2,31	I	25,68	1,24	1,81	2,04	1,08	1,58	1,78	0,93	1,36	1,53	0,79	1,15	1,29	0,65	0,94	1,06	0,52	0,75	0,8
	II	24,36	1,34	1,94	2,19	II	24,36	1,17	1,71	1,92	1,02	1,48	1,67	0,87	1,27	1,42	0,73	1,06	1,19	0,59	0,86	0,97	0,46	0,67	0,7
	III	14,48	0,79	1,15	1,30	III	14,48	0,67	0,98	1,10	0,55	0,80	0,90	0,44	0,64	0,72	0,11	0,47	0,53	—	0,32	0,36	—	0,18	0,2
	V	42,01	2,31	3,36	3,78	IV	25,68	1,32	1,93	2,17	1,24	1,81	2,04	1,16	1,69	1,91	1,08	1,58	1,78	1,01	1,47	1,65	0,93	1,36	1,5
	VI	43,08	2,36	3,44	3,87																				
123,59	I,IV	25,71	1,41	2,05	2,31	I	25,71	1,24	1,81	2,04	1,09	1,58	1,78	0,93	1,36	1,53	0,79	1,15	1,29	0,65	0,95	1,07	0,52	0,75	0,85
	II	24,40	1,34	1,95	2,19	II	24,40	1,18	1,71	1,93	1,02	1,49	1,67	0,87	1,27	1,43	0,73	1,06	1,19	0,59	0,86	0,97	0,46	0,67	0,76
	III	14,50	0,79	1,16	1,30	III	14,50	0,67	0,98	1,10	0,55	0,80	0,91	0,44	0,64	0,72	0,11	0,47	0,53	—	0,32	0,36	—	0,18	0,21
	V	42,05	2,31	3,36	3,78	IV	25,71	1,33	1,93	2,17	1,24	1,81	2,04	1,16	1,70	1,91	1,09	1,58	1,78	1,01	1,47	1,65	0,93	1,36	1,53
	VI	43,13	2,37	3,45	3,88																				
123,69	I,IV	25,75	1,41	2,06	2,31	I	25,75	1,25	1,82	2,04	1,09	1,58	1,78	0,94	1,36	1,53	0,79	1,15	1,30	0,65	0,95	1,07	0,52	0,76	0,85
	II	24,43	1,34	1,95	2,19	II	24,43	1,18	1,71	1,93	1,02	1,49	1,67	0,87	1,27	1,43	0,73	1,06	1,20	0,59	0,86	0,97	0,46	0,67	0,76
	III	14,53	0,79	1,16	1,30	III	14,53	0,67	0,98	1,10	0,55	0,81	0,91	0,44	0,64	0,72	0,12	0,48	0,54	—	0,32	0,36	—	0,18	0,21
	V	42,10	2,31	3,36	3,78	IV	25,75	1,33	1,93	2,18	1,25	1,82	2,04	1,17	1,70	1,91	1,09	1,58	1,78	1,01	1,47	1,66	0,94	1,36	1,53
	VI	43,17	2,37	3,45	3,88																				
123,79	I,IV	25,78	1,41	2,06	2,32	I	25,78	1,25	1,82	2,05	1,09	1,59	1,79	0,94	1,37	1,54	0,79	1,15	1,30	0,65	0,95	1,07	0,52	0,76	0,85
	II	24,46	1,34	1,95	2,20	II	24,46	1,18	1,72	1,93	1,02	1,49	1,68	0,87	1,27	1,43	0,73	1,06	1,20	0,59	0,87	0,98	0,46	0,68	0,76
	III	14,56	0,80	1,16	1,31	III	14,56	0,67	0,98	1,10	0,55	0,81	0,91	0,44	0,64	0,72	0,12	0,48	0,54	—	0,32	0,36	—	0,19	0,21
	V	42,14	2,31	3,37	3,79	IV	25,78	1,33	1,94	2,18	1,25	1,82	2,05	1,17	1,70	1,91	1,09	1,59	1,79	1,01	1,48	1,66	0,94	1,37	1,54
	VI	43,21	2,37	3,45	3,88																				
123,89	I,IV	25,81	1,42	2,06	2,32	I	25,81	1,25	1,82	2,05	1,09	1,59	1,79	0,94	1,37	1,54	0,79	1,16	1,30	0,65	0,95	1,07	0,52	0,76	0,86
	II	24,50	1,34	1,96	2,20	II	24,50	1,18	1,72	1,93	1,02	1,49	1,68	0,88	1,28	1,44	0,73	1,07	1,20	0,60	0,87	0,98	0,47	0,68	0,76
	III	14,58	0,80	1,16	1,31	III	14,58	0,68	0,98	1,11	0,56	0,81	0,91	0,44	0,64	0,72	0,13	0,48	0,54	—	0,32	0,36	—	0,19	0,21
	V	42,18	2,32	3,37	3,79	IV	25,81	1,33	1,94	2,18	1,25	1,82	2,05	1,17	1,70	1,92	1,09	1,59	1,79	1,01	1,48	1,66	0,94	1,37	1,54
	VI	43,25	2,37	3,46	3,89																				
123,99	I,IV	25,85	1,42	2,06	2,32	I	25,85	1,25	1,82	2,05	1,09	1,59	1,79	0,94	1,37	1,54	0,80	1,16	1,30	0,66	0,96	1,08	0,52	0,76	0,86
	II	24,53	1,34	1,96	2,20	II	24,53	1,18	1,72	1,94	1,03	1,50	1,68	0,88	1,28	1,44	0,73	1,07	1,20	0,60	0,87	0,98	0,47	0,68	0,77
	III	14,61	0,80	1,16	1,31	III	14,61	0,68	0,99	1,11	0,56	0,81	0,91	0,44	0,64	0,73	0,13	0,48	0,54	—	0,33	0,37	—	0,19	0,21
	V	42,22	2,32	3,37	3,79	IV	25,85	1,33	1,94	2,19	1,25	1,82	2,05	1,17	1,71	1,92	1,09	1,59	1,79	1,02	1,48	1,67	0,94	1,37	1,54
	VI	43,30	2,38	3,46	3,89																				
124,09	I,IV	25,88	1,42	2,07	2,32	I	25,88	1,25	1,83	2,06	1,10	1,60	1,80	0,94	1,37	1,55	0,80	1,16	1,31	0,66	0,96	1,08	0,52	0,76	0,86
	II	24,57	1,35	1,96	2,21	II	24,57	1,18	1,72	1,94	1,03	1,50	1,69	0,88	1,28	1,44	0,74	1,07	1,21	0,60	0,87	0,98	0,47	0,68	0,77
	III	14,63	0,80	1,17	1,31	III	14,63	0,68	0,99	1,11	0,56	0,82	0,92	0,44	0,65	0,73	0,13	0,48	0,54	—	0,33	0,37	—	0,19	0,21
	V	42,26	2,32	3,38	3,80	IV	25,88	1,34	1,94	2,19	1,25	1,83	2,06	1,17	1,71	1,92	1,10	1,60	1,80	1,02	1,48	1,67	0,94	1,37	1,55
	VI	43,34	2,38	3,46	3,90																				
124,19	I,IV	25,92	1,42	2,07	2,33	I	25,92	1,26	1,83	2,06	1,10	1,60	1,80	0,94	1,38	1,55	0,80	1,16	1,31	0,66	0,96	1,08	0,53	0,77	0,86
	II	24,60	1,35	1,96	2,21	II	24,60	1,19	1,73	1,94	1,03	1,50	1,69	0,88	1,28	1,44	0,74	1,07	1,21	0,60	0,88	0,99	0,47	0,69	0,77
	III	14,66	0,80	1,17	1,31	III	14,66	0,68	0,99	1,11	0,56	0,82	0,92	0,44	0,65	0,73	0,14	0,48	0,55	—	0,33	0,37	—	0,19	0,22
	V	42,31	2,32	3,38	3,80	IV	25,92	1,34	1,95	2,19	1,26	1,83	2,06	1,18	1,71	1,93	1,10	1,60	1,80	1,02	1,49	1,67	0,94	1,38	1,55
	VI	43,38	2,38	3,47	3,90																				
124,29	I,IV	25,96	1,42	2,07	2,33	I	25,96	1,26	1,83	2,06	1,10	1,60	1,80	0,95	1,38	1,55	0,80	1,17	1,31	0,66	0,96	1,08	0,53	0,77	0,87
	II	24,64	1,35	1,97	2,21	II	24,64	1,19	1,73	1,95	1,03	1,50	1,69	0,88	1,29	1,45	0,74	1,08	1,21	0,60	0,88	0,99	0,47	0,69	0,77
	III	14,68	0,80	1,17	1,32	III	14,68	0,68	0,99	1,12	0,56	0,82	0,92	0,45	0,65	0,73	0,14	0,49	0,55	—	0,33	0,37	—	0,19	0,22
	V	42,35	2,32	3,38	3,81	IV	25,96	1,34	1,95	2,19	1,26	1,83	2,06	1,18	1,72	1,93	1,10	1,60	1,80	1,02	1,49	1,68	0,95	1,38	1,55
	VI	43,42	2,38	3,47	3,90																				
124,39	I,IV	25,99	1,42	2,07	2,33	I	25,99	1,26	1,83	2,06	1,10	1,60	1,80	0,95	1,38	1,55	0,80	1,17	1,32	0,66	0,97	1,09	0,53	0,77	0,87
	II	24,67	1,35	1,97	2,22	II	24,67	1,19	1,73	1,95	1,03	1,51	1,69	0,88	1,29	1,45	0,74	1,08	1,21	0,60	0,88	0,99	0,47	0,69	0,78
	III	14,71	0,80	1,17	1,32	III	14,71	0,68	0,99	1,12	0,56	0,82	0,92	0,45	0,65	0,73	0,15	0,49	0,55	—	0,33	0,37	—	0,20	0,22
	V	42,39	2,33	3,39	3,81	IV	25,99	1,34	1,95	2,20	1,26	1,83	2,06	1,18	1,72	1,93	1,10	1,60	1,80	1,02	1,49	1,68	0,95	1,38	1,55
	VI	43,46	2,39	3,47	3,91																				
124,49	I,IV	26,03	1,43	2,08	2,34	I	26,03	1,26	1,84	2,07	1,10	1,61	1,81	0,95	1,38	1,56	0,80	1,17	1,32	0,66	0,97	1,09	0,53	0,77	0,87
	II	24,71	1,35	1,97	2,22	II	24,71	1,19	1,74	1,95	1,04	1,51	1,70	0,89	1,29	1,45	0,74	1,08	1,22	0,61	0,88	0,99	0,47	0,69	0,78
	III	14,73	0,81	1,17	1,32	III	14,73	0,68	1,—	1,12	0,56	0,82	0,93	0,45	0,65	0,74	0,15	0,49	0,55	—	0,33	0,38	—	0,20	0,22
	V	42,43	2,33	3,39	3,81	IV	26,03	1,34	1,96	2,20	1,26	1,84	2,07	1,18	1,72	1,94	1,10	1,61	1,81	1,03	1,49	1,68	0,95	1,38	1,56
	VI	43,51	2,39	3,48	3,91																				

* Die ausgewiesenen Tabellenwerte sind amtlich. Siehe Erläuterungen auf der Umschlaginnenseite (U2).

** Bei mehr als 3 Kinderfreibeträgen ist die „Ergänzungs-Tabelle 3,5 bis 6 Kinderfreibeträge" anzuwenden.

Abzüge an Lohnsteuer, Solidaritätszuschlag (SolZ) und Kirchensteuer (8%, 9%) in den Steuerklassen

Lohn/ Gehalt bis €*	I – VI		ohne Kinderfreibeträge			I, II, III, IV		mit Zahl der Kinderfreibeträge ... 0,5			1			1,5			2			2,5			3**		
		LSt	SolZ	8%	9%		LSt	SolZ	8%	9%	SolZ	8%	9%	SolZ	8%	9%	SolZ	8%	9%	SolZ	8%	9%	SolZ	8%	9%
124,59	I,IV	26,06	1,43	2,08	2,34	I	26,06	1,26	1,84	2,07	1,10	1,61	1,81	0,95	1,39	1,56	0,81	1,17	1,32	0,67	0,97	1,09	0,53	0,78	0,87
	II	24,74	1,36	1,97	2,22	II	24,74	1,19	1,74	1,96	1,04	1,51	1,70	0,89	1,29	1,45	0,74	1,08	1,22	0,61	0,88	0,99	0,48	0,69	0,78
	III	14,76	0,81	1,18	1,32	III	14,76	0,68	1,—	1,12	0,57	0,82	0,93	0,45	0,66	0,74	0,16	0,49	0,55	—	0,34	0,38	—	0,20	0,22
	V	42,47	2,33	3,39	3,82	IV	26,06	1,35	1,96	2,20	1,26	1,84	2,07	1,18	1,72	1,94	1,10	1,61	1,81	1,03	1,50	1,68	0,95	1,39	1,56
	VI	43,55	2,39	3,48	3,91																				
124,69	I,IV	26,10	1,43	2,08	2,34	I	26,10	1,27	1,84	2,07	1,11	1,61	1,81	0,95	1,39	1,56	0,81	1,18	1,32	0,67	0,97	1,09	0,53	0,78	0,88
	II	24,78	1,36	1,98	2,23	II	24,78	1,20	1,74	1,96	1,04	1,51	1,70	0,89	1,30	1,46	0,75	1,09	1,22	0,61	0,89	1,—	0,48	0,70	0,78
	III	14,79	0,81	1,18	1,33	III	14,79	0,69	1,—	1,13	0,57	0,83	0,93	0,45	0,66	0,74	0,16	0,49	0,56	—	0,34	0,38	—	0,20	0,22
	V	42,51	2,33	3,40	3,82	IV	26,10	1,35	1,96	2,21	1,27	1,84	2,07	1,18	1,73	1,94	1,11	1,61	1,81	1,03	1,50	1,69	0,95	1,39	1,56
	VI	43,59	2,39	3,48	3,92																				
124,79	I,IV	26,13	1,43	2,09	2,35	I	26,13	1,27	1,84	2,08	1,11	1,61	1,82	0,96	1,39	1,57	0,81	1,18	1,33	0,67	0,97	1,10	0,53	0,78	0,88
	II	24,81	1,36	1,98	2,23	II	24,81	1,20	1,74	1,96	1,04	1,52	1,71	0,89	1,30	1,46	0,75	1,09	1,23	0,61	0,89	1,—	0,48	0,70	0,79
	III	14,81	0,81	1,18	1,33	III	14,81	0,69	1,—	1,13	0,57	0,83	0,93	0,45	0,66	0,74	0,17	0,50	0,56	—	0,34	0,38	—	0,20	0,23
	V	42,56	2,34	3,40	3,83	IV	26,13	1,35	1,96	2,21	1,27	1,84	2,08	1,19	1,73	1,94	1,11	1,61	1,82	1,03	1,50	1,69	0,96	1,39	1,57
	VI	43,63	2,39	3,49	3,92																				
124,89	I,IV	26,17	1,43	2,09	2,35	I	26,17	1,27	1,85	2,08	1,11	1,62	1,82	0,96	1,39	1,57	0,81	1,18	1,33	0,67	0,98	1,10	0,54	0,78	0,88
	II	24,85	1,36	1,98	2,23	II	24,85	1,20	1,75	1,97	1,04	1,52	1,71	0,89	1,30	1,46	0,75	1,09	1,23	0,61	0,89	1,—	0,48	0,70	0,79
	III	14,84	0,81	1,18	1,33	III	14,84	0,69	1,—	1,13	0,57	0,83	0,94	0,45	0,66	0,74	0,17	0,50	0,56	—	0,34	0,38	—	0,20	0,23
	V	42,60	2,34	3,40	3,83	IV	26,17	1,35	1,97	2,21	1,27	1,85	2,08	1,19	1,73	1,95	1,11	1,62	1,82	1,03	1,50	1,69	0,96	1,39	1,57
	VI	43,67	2,40	3,49	3,93																				
124,99	I,IV	26,20	1,44	2,09	2,35	I	26,20	1,27	1,85	2,08	1,11	1,62	1,82	0,96	1,40	1,57	0,81	1,18	1,33	0,67	0,98	1,10	0,54	0,78	0,88
	II	24,88	1,36	1,99	2,23	II	24,88	1,20	1,75	1,97	1,04	1,52	1,71	0,89	1,30	1,47	0,75	1,09	1,23	0,61	0,89	1,01	0,48	0,70	0,79
	III	14,87	0,81	1,18	1,33	III	14,87	0,69	1,01	1,13	0,57	0,83	0,94	0,45	0,66	0,75	0,18	0,50	0,56	—	0,34	0,39	—	0,20	0,23
	V	42,64	2,34	3,41	3,83	IV	26,20	1,35	1,97	2,22	1,27	1,85	2,08	1,19	1,73	1,95	1,11	1,62	1,82	1,03	1,51	1,70	0,96	1,40	1,57
	VI	43,71	2,40	3,49	3,93																				
125,09	I,IV	26,24	1,44	2,09	2,36	I	26,24	1,27	1,85	2,09	1,11	1,62	1,82	0,96	1,40	1,57	0,81	1,19	1,33	0,67	0,98	1,10	0,54	0,79	0,89
	II	24,91	1,37	1,99	2,24	II	24,91	1,20	1,75	1,97	1,05	1,52	1,71	0,90	1,30	1,47	0,75	1,10	1,23	0,61	0,90	1,01	0,48	0,70	0,79
	III	14,89	0,81	1,19	1,34	III	14,89	0,69	1,01	1,13	0,57	0,84	0,94	0,46	0,67	0,75	0,18	0,50	0,56	—	0,34	0,39	—	0,21	0,23
	V	42,68	2,34	3,41	3,84	IV	26,24	1,35	1,97	2,22	1,27	1,85	2,09	1,19	1,74	1,95	1,11	1,62	1,82	1,04	1,51	1,70	0,96	1,40	1,57
	VI	43,76	2,40	3,50	3,93																				
125,19	I,IV	26,27	1,44	2,10	2,36	I	26,27	1,27	1,86	2,09	1,12	1,62	1,83	0,96	1,40	1,58	0,82	1,19	1,34	0,67	0,98	1,11	0,54	0,79	0,89
	II	24,95	1,37	1,99	2,24	II	24,95	1,20	1,75	1,97	1,05	1,53	1,72	0,90	1,31	1,47	0,75	1,10	1,24	0,62	0,90	1,01	0,48	0,71	0,80
	III	14,92	0,82	1,19	1,34	III	14,92	0,69	1,01	1,14	0,57	0,84	0,94	0,46	0,67	0,75	0,19	0,50	0,57	—	0,35	0,39	—	0,21	0,23
	V	42,73	2,35	3,41	3,84	IV	26,27	1,36	1,98	2,22	1,27	1,86	2,09	1,19	1,74	1,96	1,12	1,62	1,83	1,04	1,51	1,70	0,96	1,40	1,58
	VI	43,80	2,40	3,50	3,94																				
125,29	I,IV	26,31	1,44	2,10	2,36	I	26,31	1,28	1,86	2,09	1,12	1,63	1,83	0,96	1,40	1,58	0,82	1,19	1,34	0,68	0,99	1,11	0,54	0,79	0,89
	II	24,99	1,37	1,99	2,24	II	24,99	1,21	1,76	1,98	1,05	1,53	1,72	0,90	1,31	1,47	0,76	1,10	1,24	0,62	0,90	1,01	0,49	0,71	0,80
	III	14,95	0,82	1,19	1,34	III	14,95	0,69	1,01	1,14	0,58	0,84	0,94	0,46	0,67	0,75	0,19	0,50	0,57	—	0,35	0,39	—	0,21	0,23
	V	42,77	2,35	3,42	3,84	IV	26,31	1,36	1,98	2,23	1,28	1,86	2,09	1,20	1,74	1,96	1,12	1,63	1,83	1,04	1,51	1,70	0,96	1,40	1,58
	VI	43,84	2,41	3,50	3,94																				
125,39	I,IV	26,35	1,44	2,10	2,37	I	26,35	1,28	1,86	2,09	1,12	1,63	1,83	0,97	1,41	1,58	0,82	1,19	1,34	0,68	0,99	1,11	0,54	0,79	0,89
	II	25,02	1,37	2,—	2,25	II	25,02	1,21	1,76	1,98	1,05	1,53	1,72	0,90	1,31	1,48	0,76	1,10	1,24	0,62	0,90	1,02	0,49	0,71	0,80
	III	14,97	0,82	1,19	1,34	III	14,97	0,70	1,01	1,14	0,58	0,84	0,95	0,46	0,67	0,76	0,20	0,51	0,57	—	0,35	0,39	—	0,21	0,24
	V	42,81	2,35	3,42	3,85	IV	26,35	1,36	1,98	2,23	1,28	1,86	2,09	1,20	1,74	1,96	1,12	1,63	1,83	1,04	1,52	1,71	0,97	1,41	1,58
	VI	43,88	2,41	3,51	3,94																				
125,49	I,IV	26,38	1,45	2,11	2,37	I	26,38	1,28	1,86	2,10	1,12	1,63	1,84	0,97	1,41	1,59	0,82	1,20	1,35	0,68	0,99	1,11	0,55	0,80	0,90
	II	25,06	1,37	2,—	2,25	II	25,06	1,21	1,76	1,98	1,05	1,53	1,73	0,90	1,32	1,48	0,76	1,10	1,24	0,62	0,90	1,02	0,49	0,71	0,80
	III	15,—	0,82	1,20	1,35	III	15,—	0,70	1,02	1,14	0,58	0,84	0,95	0,46	0,67	0,76	0,20	0,51	0,57	—	0,35	0,40	—	0,21	0,24
	V	42,85	2,35	3,42	3,85	IV	26,38	1,36	1,98	2,23	1,28	1,86	2,10	1,20	1,75	1,97	1,12	1,63	1,84	1,04	1,52	1,71	0,97	1,41	1,59
	VI	43,93	2,41	3,51	3,95																				
125,59	I,IV	26,41	1,45	2,11	2,37	I	26,41	1,28	1,87	2,10	1,12	1,63	1,84	0,97	1,41	1,59	0,82	1,20	1,35	0,68	0,99	1,12	0,55	0,80	0,90
	II	25,09	1,38	2,—	2,25	II	25,09	1,21	1,76	1,99	1,05	1,54	1,73	0,90	1,32	1,48	0,76	1,11	1,25	0,62	0,91	1,02	0,49	0,72	0,81
	III	15,02	0,82	1,20	1,35	III	15,02	0,70	1,02	1,15	0,58	0,84	0,95	0,46	0,68	0,76	0,20	0,51	0,57	—	0,35	0,40	—	0,21	0,24
	V	42,89	2,35	3,43	3,86	IV	26,41	1,36	1,99	2,24	1,28	1,87	2,10	1,20	1,75	1,97	1,12	1,63	1,84	1,04	1,52	1,71	0,97	1,41	1,59
	VI	43,97	2,41	3,51	3,95																				
125,69	I,IV	26,45	1,45	2,11	2,38	I	26,45	1,28	1,87	2,10	1,12	1,64	1,84	0,97	1,41	1,59	0,82	1,20	1,35	0,68	1,—	1,12	0,55	0,80	0,90
	II	25,13	1,38	2,01	2,26	II	25,13	1,21	1,77	1,99	1,06	1,54	1,73	0,91	1,32	1,49	0,76	1,11	1,25	0,62	0,91	1,02	0,49	0,72	0,81
	III	15,05	0,82	1,20	1,35	III	15,05	0,70	1,02	1,15	0,58	0,85	0,95	0,46	0,68	0,76	0,21	0,51	0,58	—	0,36	0,40	—	0,21	0,24
	V	42,94	2,36	3,43	3,86	IV	26,45	1,37	1,99	2,24	1,28	1,87	2,10	1,20	1,75	1,97	1,12	1,64	1,84	1,05	1,52	1,71	0,97	1,41	1,59
	VI	44,01	2,42	3,52	3,96																				
125,79	I,IV	26,49	1,45	2,11	2,38	I	26,49	1,29	1,87	2,11	1,13	1,64	1,85	0,97	1,42	1,59	0,83	1,20	1,35	0,68	1,—	1,12	0,55	0,80	0,90
	II	25,16	1,38	2,01	2,26	II	25,16	1,22	1,77	1,99	1,06	1,54	1,73	0,91	1,32	1,49	0,76	1,11	1,25	0,63	0,91	1,03	0,49	0,72	0,81
	III	15,07	0,82	1,20	1,35	III	15,07	0,70	1,02	1,15	0,58	0,85	0,96	0,47	0,68	0,76	0,21	0,51	0,58	—	0,36	0,40	—	0,22	0,24
	V	42,98	2,36	3,43	3,86	IV	26,49	1,37	1,99	2,24	1,29	1,87	2,11	1,21	1,76	1,98	1,13	1,64	1,85	1,05	1,53	1,72	0,97	1,42	1,59
	VI	44,05	2,42	3,52	3,96																				
125,89	I,IV	26,52	1,45	2,12	2,38	I	26,52	1,29	1,88	2,11	1,13	1,64	1,85	0,97	1,42	1,60	0,83	1,20	1,36	0,69	1,—	1,13	0,55	0,80	0,90
	II	25,20	1,38	2,01	2,26	II	25,20	1,22	1,77	1,99	1,06	1,54	1,74	0,91	1,32	1,49	0,76	1,11	1,25	0,63	0,91	1,03	0,49	0,72	0,81
	III	15,10	0,83	1,20	1,35	III	15,10	0,70	1,02	1,15	0,58	0,85	0,96	0,47	0,68	0,77	0,22	0,52	0,58	—	0,36	0,40	—	0,22	0,25
	V	43,02	2,36	3,44	3,87	IV	26,52	1,37	2,—	2,25	1,29	1,88	2,11	1,21	1,76	1,98	1,13	1,64	1,85	1,05	1,53	1,72	0,97	1,42	1,60
	VI	44,09	2,42	3,52	3,96																				
125,99	I,IV	26,56	1,46	2,12	2,39	I	26,56	1,29	1,88	2,11	1,13	1,64	1,85	0,98	1,42	1,60	0,83	1,21	1,36	0,69	1,—	1,13	0,55	0,81	0,91
	II	25,23	1,38	2,01	2,27	II	25,23	1,22	1,78	2,—	1,06	1,55	1,74	0,91	1,33	1,49	0,77	1,12	1,26	0,63	0,92	1,03	0,50	0,72	0,81
	III	15,13	0,83	1,21	1,36	III	15,13	0,70	1,03	1,16	0,58	0,85	0,96	0,47	0,68	0,77	0,22	0,52	0,58	—	0,36	0,41	—	0,22	0,25
	V	43,06	2,36	3,44	3,87	IV	26,56	1,37	2,—	2,25	1,29	1,88	2,11	1,21	1,76	1,98	1,13	1,64	1,85	1,05	1,53	1,72	0,98	1,42	1,60
	VI	44,13	2,42	3,53	3,97																				

* Die ausgewiesenen Tabellenwerte sind amtlich. Siehe Erläuterungen auf der Umschlaginnenseite (U2).
** Bei mehr als 3 Kinderfreibeträgen ist die „Ergänzungs-Tabelle 3,5 bis 6 Kinderfreibeträge" anzuwenden.

Abzüge an Lohnsteuer, Solidaritätszuschlag (SolZ) und Kirchensteuer (8%, 9%) in den Steuerklassen

Lohn/ Gehalt bis €*	I – VI					I, II, III, IV		mit Zahl der Kinderfreibeträge . . . 0,5			1			1,5			2			2,5			3**		
			ohne Kinder-freibeträge																						
		LSt	SolZ	8%	9%		LSt	SolZ	8%	9%	SolZ	8%	9%	SolZ	8%	9%	SolZ	8%	9%	SolZ	8%	9%	SolZ	8%	9%
126,09	I,IV	26,59	1,46	2,12	2,39	I	26,59	1,29	1,88	2,12	1,13	1,65	1,85	0,98	1,42	1,60	0,83	1,21	1,36	0,69	1,—	1,13	0,55	0,81	0,91
	II	25,26	1,38	2,02	2,27	II	25,26	1,22	1,78	2,—	1,06	1,55	1,74	0,91	1,33	1,50	0,77	1,12	1,26	0,63	0,92	1,03	0,50	0,73	0,82
	III	15,15	0,83	1,21	1,36	III	15,15	0,71	1,03	1,16	0,59	0,85	0,96	0,47	0,68	0,77	0,23	0,52	0,59	—	0,36	0,41	—	0,22	0,25
	V	43,10	2,37	3,44	3,87	IV	26,59	1,37	2,—	2,25	1,29	1,88	2,12	1,21	1,76	1,98	1,13	1,65	1,85	1,05	1,53	1,73	0,98	1,42	1,60
	VI	44,18	2,42	3,53	3,97																				
126,19	I,IV	26,63	1,46	2,13	2,39	I	26,63	1,29	1,88	2,12	1,13	1,65	1,86	0,98	1,43	1,61	0,83	1,21	1,36	0,69	1,01	1,13	0,56	0,81	0,91
	II	25,30	1,39	2,02	2,27	II	25,30	1,22	1,78	2,—	1,07	1,55	1,75	0,91	1,33	1,50	0,77	1,12	1,26	0,63	0,92	1,04	0,50	0,73	0,82
	III	15,18	0,83	1,21	1,36	III	15,18	0,71	1,03	1,16	0,59	0,86	0,96	0,47	0,69	0,77	0,23	0,52	0,59	—	0,36	0,41	—	0,22	0,25
	V	43,15	2,37	3,45	3,88	IV	26,63	1,38	2,—	2,25	1,29	1,88	2,12	1,21	1,77	1,99	1,13	1,65	1,86	1,06	1,54	1,73	0,98	1,43	1,61
	VI	44,22	2,43	3,53	3,97																				
126,29	I,IV	26,66	1,46	2,13	2,39	I	26,66	1,30	1,89	2,12	1,14	1,65	1,86	0,98	1,43	1,61	0,83	1,21	1,37	0,69	1,01	1,14	0,56	0,81	0,91
	II	25,33	1,39	2,02	2,27	II	25,33	1,22	1,78	2,01	1,07	1,55	1,75	0,92	1,34	1,50	0,77	1,12	1,26	0,63	0,92	1,04	0,50	0,73	0,82
	III	15,21	0,83	1,21	1,36	III	15,21	0,71	1,03	1,16	0,59	0,86	0,97	0,47	0,69	0,78	0,24	0,52	0,59	—	0,36	0,41	—	0,22	0,25
	V	43,19	2,37	3,45	3,88	IV	26,66	1,38	2,01	2,26	1,30	1,89	2,12	1,21	1,77	1,99	1,14	1,65	1,86	1,06	1,54	1,73	0,98	1,43	1,61
	VI	44,26	2,43	3,54	3,98																				
126,39	I,IV	26,70	1,46	2,13	2,40	I	26,70	1,30	1,89	2,13	1,14	1,66	1,86	0,98	1,43	1,61	0,84	1,22	1,37	0,69	1,01	1,14	0,56	0,82	0,92
	II	25,37	1,39	2,02	2,28	II	25,37	1,23	1,79	2,01	1,07	1,56	1,75	0,92	1,34	1,51	0,77	1,13	1,27	0,63	0,92	1,04	0,50	0,73	0,82
	III	15,23	0,83	1,21	1,37	III	15,23	0,71	1,04	1,17	0,59	0,86	0,97	0,47	0,69	0,78	0,24	0,53	0,59	—	0,37	0,41	—	0,22	0,25
	V	43,23	2,37	3,45	3,89	IV	26,70	1,38	2,01	2,26	1,30	1,89	2,13	1,22	1,77	1,99	1,14	1,66	1,86	1,06	1,54	1,74	0,98	1,43	1,61
	VI	44,30	2,43	3,54	3,98																				
126,49	I,IV	26,73	1,47	2,13	2,40	I	26,73	1,30	1,89	2,13	1,14	1,66	1,87	0,98	1,43	1,61	0,84	1,22	1,37	0,70	1,01	1,14	0,56	0,82	0,92
	II	25,40	1,39	2,03	2,28	II	25,40	1,23	1,79	2,01	1,07	1,56	1,76	0,92	1,34	1,51	0,77	1,13	1,27	0,64	0,93	1,04	0,50	0,74	0,83
	III	15,26	0,83	1,22	1,37	III	15,26	0,71	1,04	1,17	0,59	0,86	0,97	0,47	0,69	0,78	0,25	0,53	0,59	—	0,37	0,42	—	0,23	0,26
	V	43,27	2,38	3,46	3,89	IV	26,73	1,38	2,01	2,26	1,30	1,89	2,13	1,22	1,77	2,—	1,14	1,66	1,87	1,06	1,54	1,74	0,98	1,43	1,61
	VI	44,35	2,43	3,54	3,99																				
126,59	I,IV	26,77	1,47	2,14	2,40	I	26,77	1,30	1,89	2,13	1,14	1,66	1,87	0,99	1,44	1,62	0,84	1,22	1,37	0,70	1,02	1,14	0,56	0,82	0,92
	II	25,44	1,39	2,03	2,28	II	25,44	1,23	1,79	2,02	1,07	1,56	1,76	0,92	1,34	1,51	0,78	1,13	1,27	0,64	0,93	1,05	0,51	0,74	0,83
	III	15,28	0,84	1,22	1,37	III	15,28	0,71	1,04	1,17	0,59	0,86	0,97	0,48	0,69	0,78	0,25	0,53	0,60	—	0,37	0,42	—	0,23	0,26
	V	43,31	2,38	3,46	3,89	IV	26,77	1,38	2,01	2,27	1,30	1,89	2,13	1,22	1,78	2,—	1,14	1,66	1,87	1,06	1,55	1,74	0,99	1,44	1,62
	VI	44,39	2,44	3,55	3,99																				
126,69	I,IV	26,81	1,47	2,14	2,41	I	26,81	1,30	1,90	2,13	1,14	1,66	1,87	0,99	1,44	1,62	0,84	1,22	1,38	0,70	1,02	1,15	0,56	0,82	0,92
	II	25,48	1,40	2,03	2,29	II	25,48	1,23	1,79	2,02	1,07	1,56	1,76	0,92	1,34	1,51	0,78	1,13	1,28	0,64	0,93	1,05	0,51	0,74	0,83
	III	15,31	0,84	1,22	1,37	III	15,31	0,71	1,04	1,17	0,59	0,87	0,98	0,48	0,70	0,78	0,26	0,53	0,60	—	0,37	0,42	—	0,23	0,26
	V	43,36	2,38	3,46	3,90	IV	26,81	1,39	2,02	2,27	1,30	1,90	2,13	1,22	1,78	2,—	1,14	1,66	1,87	1,06	1,55	1,74	0,99	1,44	1,62
	VI	44,43	2,44	3,55	3,99																				
126,79	I,IV	26,84	1,47	2,14	2,41	I	26,84	1,30	1,90	2,14	1,14	1,67	1,88	0,99	1,44	1,62	0,84	1,23	1,38	0,70	1,02	1,15	0,57	0,82	0,93
	II	25,51	1,40	2,04	2,29	II	25,51	1,23	1,80	2,02	1,08	1,57	1,76	0,92	1,35	1,52	0,78	1,14	1,28	0,64	0,93	1,05	0,51	0,74	0,83
	III	15,33	0,84	1,22	1,37	III	15,33	0,72	1,04	1,17	0,60	0,87	0,98	0,48	0,70	0,79	0,26	0,53	0,60	—	0,37	0,42	—	0,23	0,26
	V	43,40	2,38	3,47	3,90	IV	26,84	1,39	2,02	2,27	1,30	1,90	2,14	1,22	1,78	2,—	1,14	1,67	1,88	1,07	1,55	1,75	0,99	1,44	1,62
	VI	44,47	2,44	3,55	4,—																				
126,89	I,IV	26,88	1,47	2,15	2,41	I	26,88	1,31	1,90	2,14	1,15	1,67	1,88	0,99	1,44	1,62	0,84	1,23	1,38	0,70	1,02	1,15	0,57	0,83	0,93
	II	25,55	1,40	2,04	2,29	II	25,55	1,24	1,80	2,03	1,08	1,57	1,77	0,93	1,35	1,52	0,78	1,14	1,28	0,64	0,94	1,05	0,51	0,74	0,84
	III	15,36	0,84	1,22	1,38	III	15,36	0,72	1,04	1,18	0,60	0,87	0,98	0,48	0,70	0,79	0,27	0,54	0,60	—	0,38	0,42	—	0,23	0,26
	V	43,44	2,38	3,47	3,90	IV	26,88	1,39	2,02	2,28	1,31	1,90	2,14	1,23	1,78	2,01	1,15	1,67	1,88	1,07	1,56	1,75	0,99	1,44	1,62
	VI	44,51	2,44	3,56	4,—																				
126,99	I,IV	26,91	1,48	2,15	2,42	I	26,91	1,31	1,91	2,14	1,15	1,67	1,88	0,99	1,45	1,63	0,85	1,23	1,39	0,70	1,03	1,15	0,57	0,83	0,93
	II	25,58	1,40	2,04	2,30	II	25,58	1,24	1,80	2,03	1,08	1,57	1,77	0,93	1,35	1,52	0,78	1,14	1,28	0,64	0,94	1,06	0,51	0,75	0,84
	III	15,39	0,84	1,23	1,38	III	15,39	0,72	1,05	1,18	0,60	0,87	0,98	0,48	0,70	0,79	0,27	0,54	0,60	—	0,38	0,43	—	0,23	0,26
	V	43,48	2,39	3,47	3,91	IV	26,91	1,39	2,03	2,28	1,31	1,91	2,14	1,23	1,79	2,01	1,15	1,67	1,88	1,07	1,56	1,75	0,99	1,45	1,63
	VI	44,56	2,45	3,56	4,01																				
127,09	I,IV	26,95	1,48	2,15	2,42	I	26,95	1,31	1,91	2,15	1,15	1,67	1,88	1,—	1,45	1,63	0,85	1,23	1,39	0,71	1,03	1,16	0,57	0,83	0,93
	II	25,61	1,40	2,04	2,30	II	25,61	1,24	1,81	2,03	1,08	1,58	1,77	0,93	1,35	1,52	0,78	1,14	1,29	0,65	0,94	1,06	0,51	0,75	0,84
	III	15,42	0,84	1,23	1,38	III	15,42	0,72	1,05	1,18	0,60	0,87	0,98	0,48	0,70	0,79	0,28	0,54	0,61	—	0,38	0,43	—	0,24	0,27
	V	43,52	2,39	3,48	3,91	IV	26,95	1,39	2,03	2,28	1,31	1,91	2,15	1,23	1,79	2,01	1,15	1,67	1,88	1,07	1,56	1,76	1,—	1,45	1,63
	VI	44,60	2,45	3,56	4,01																				
127,19	I,IV	26,98	1,48	2,15	2,42	I	26,98	1,31	1,91	2,15	1,15	1,68	1,89	1,—	1,45	1,63	0,85	1,24	1,39	0,71	1,03	1,16	0,57	0,83	0,94
	II	25,65	1,41	2,05	2,30	II	25,65	1,24	1,81	2,03	1,08	1,58	1,78	0,93	1,36	1,53	0,79	1,15	1,29	0,65	0,94	1,06	0,51	0,75	0,84
	III	15,44	0,84	1,23	1,38	III	15,44	0,72	1,05	1,18	0,60	0,88	0,99	0,48	0,71	0,79	0,28	0,54	0,61	—	0,38	0,43	—	0,24	0,27
	V	43,56	2,39	3,48	3,92	IV	26,98	1,40	2,03	2,29	1,31	1,91	2,15	1,23	1,79	2,02	1,15	1,68	1,89	1,07	1,56	1,76	1,—	1,45	1,63
	VI	44,64	2,45	3,57	4,01																				
127,29	I,IV	27,02	1,48	2,16	2,43	I	27,02	1,31	1,91	2,15	1,15	1,68	1,89	1,—	1,45	1,64	0,85	1,24	1,39	0,71	1,03	1,16	0,57	0,84	0,94
	II	25,69	1,41	2,05	2,31	II	25,69	1,24	1,81	2,04	1,09	1,58	1,78	0,93	1,36	1,53	0,79	1,15	1,29	0,65	0,95	1,06	0,52	0,75	0,85
	III	15,47	0,85	1,23	1,39	III	15,47	0,72	1,05	1,18	0,60	0,88	0,99	0,49	0,71	0,80	0,28	0,54	0,61	—	0,38	0,43	—	0,24	0,27
	V	43,61	2,39	3,48	3,92	IV	27,02	1,40	2,03	2,29	1,31	1,91	2,15	1,23	1,80	2,02	1,15	1,68	1,89	1,07	1,57	1,76	1,—	1,45	1,64
	VI	44,68	2,45	3,57	4,02																				
127,39	I,IV	27,06	1,48	2,16	2,43	I	27,06	1,32	1,92	2,16	1,15	1,68	1,89	1,—	1,46	1,64	0,85	1,24	1,40	0,71	1,03	1,16	0,57	0,84	0,94
	II	25,72	1,41	2,05	2,31	II	25,72	1,25	1,81	2,04	1,09	1,58	1,78	0,94	1,36	1,53	0,79	1,15	1,29	0,65	0,95	1,07	0,52	0,75	0,85
	III	15,50	0,85	1,24	1,39	III	15,50	0,72	1,06	1,19	0,60	0,88	0,99	0,49	0,71	0,80	0,29	0,54	0,61	—	0,38	0,43	—	0,24	0,27
	V	43,65	2,40	3,49	3,92	IV	27,06	1,40	2,04	2,29	1,32	1,92	2,16	1,23	1,80	2,02	1,15	1,68	1,89	1,08	1,57	1,76	1,—	1,46	1,64
	VI	44,72	2,46	3,57	4,02																				
127,49	I,IV	27,09	1,49	2,16	2,43	I	27,09	1,32	1,92	2,16	1,16	1,68	1,90	1,—	1,46	1,64	0,85	1,24	1,40	0,71	1,04	1,17	0,58	0,84	0,94
	II	25,76	1,41	2,06	2,31	II	25,76	1,25	1,82	2,04	1,09	1,59	1,78	0,94	1,36	1,54	0,79	1,15	1,30	0,65	0,95	1,07	0,52	0,76	0,85
	III	15,52	0,85	1,24	1,39	III	15,52	0,73	1,06	1,19	0,61	0,88	0,99	0,49	0,71	0,80	0,29	0,55	0,62	—	0,39	0,43	—	0,24	0,27
	V	43,69	2,40	3,49	3,93	IV	27,09	1,40	2,04	2,30	1,32	1,92	2,16	1,24	1,80	2,03	1,16	1,68	1,90	1,08	1,57	1,77	1,—	1,46	1,64
	VI	44,76	2,46	3,58	4,02																				

* Die ausgewiesenen Tabellenwerte sind amtlich. Siehe Erläuterungen auf der Umschlaginnenseite (U2).
** Bei mehr als 3 Kinderfreibeträgen ist die „Ergänzungs-Tabelle 3,5 bis 6 Kinderfreibeträge" anzuwenden.

Abzüge an Lohnsteuer, Solidaritätszuschlag (SolZ) und Kirchensteuer (8%, 9%) in den Steuerklassen

Lohn/ Gehalt bis €*	I – VI					I, II, III, IV		mit Zahl der Kinderfreibeträge . . . 0,5			1			1,5			2			2,5			3**		
			ohne Kinderfreibeträge																						
		LSt	SolZ	8%	9%		LSt	SolZ	8%	9%	SolZ	8%	9%	SolZ	8%	9%	SolZ	8%	9%	SolZ	8%	9%	SolZ	8%	9%
127,59	I,IV	27,13	1,49	2,17	2,44	I	27,13	1,32	1,92	2,16	1,16	1,69	1,90	1,—	1,46	1,64	0,86	1,25	1,40	0,71	1,04	1,17	0,58	0,84	0,95
	II	25,79	1,41	2,06	2,32	II	25,79	1,25	1,82	2,05	1,09	1,59	1,79	0,94	1,37	1,54	0,79	1,16	1,30	0,65	0,95	1,07	0,52	0,76	0,85
	III	15,55	0,85	1,24	1,39	III	15,55	0,73	1,06	1,19	0,61	0,88	0,99	0,49	0,71	0,80	0,30	0,55	0,62	—	0,39	0,44	—	0,24	0,27
	V	43,73	2,40	3,49	3,93	IV	27,13	1,40	2,04	2,30	1,32	1,92	2,16	1,24	1,80	2,03	1,16	1,69	1,90	1,08	1,57	1,77	1,—	1,46	1,64
	VI	44,81	2,46	3,58	4,03																				
127,69	I,IV	27,16	1,49	2,17	2,44	I	27,16	1,32	1,92	2,17	1,16	1,69	1,90	1,01	1,46	1,65	0,86	1,25	1,40	0,71	1,04	1,17	0,58	0,84	0,95
	II	25,83	1,42	2,06	2,32	II	25,83	1,25	1,82	2,05	1,09	1,59	1,79	0,94	1,37	1,54	0,79	1,16	1,30	0,65	0,95	1,07	0,52	0,76	0,86
	III	15,57	0,85	1,24	1,40	III	15,57	0,73	1,06	1,19	0,61	0,89	1,—	0,49	0,72	0,81	0,30	0,55	0,62	—	0,39	0,44	—	0,24	0,28
	V	43,78	2,40	3,50	3,94	IV	27,16	1,40	2,05	2,30	1,32	1,92	2,17	1,24	1,81	2,03	1,16	1,69	1,90	1,08	1,58	1,77	1,01	1,46	1,65
	VI	44,85	2,46	3,58	4,03																				
127,79	I,IV	27,20	1,49	2,17	2,44	I	27,20	1,32	1,93	2,17	1,16	1,69	1,90	1,01	1,47	1,65	0,86	1,25	1,41	0,72	1,04	1,17	0,58	0,85	0,95
	II	25,86	1,42	2,06	2,32	II	25,86	1,25	1,82	2,05	1,09	1,59	1,79	0,94	1,37	1,54	0,80	1,16	1,31	0,66	0,96	1,08	0,52	0,76	0,86
	III	15,60	0,85	1,24	1,40	III	15,60	0,73	1,06	1,20	0,61	0,89	1,—	0,49	0,72	0,81	0,31	0,55	0,62	—	0,39	0,44	—	0,25	0,28
	V	43,82	2,41	3,50	3,94	IV	27,20	1,41	2,05	2,30	1,32	1,93	2,17	1,24	1,81	2,04	1,16	1,69	1,90	1,08	1,58	1,78	1,01	1,47	1,65
	VI	44,89	2,46	3,59	4,04																				
127,89	I,IV	27,23	1,49	2,17	2,45	I	27,23	1,33	1,93	2,17	1,16	1,70	1,91	1,01	1,47	1,65	0,86	1,25	1,41	0,72	1,05	1,18	0,58	0,85	0,95
	II	25,90	1,42	2,07	2,33	II	25,90	1,25	1,83	2,06	1,10	1,60	1,80	0,94	1,37	1,55	0,80	1,16	1,31	0,66	0,96	1,08	0,52	0,77	0,86
	III	15,62	0,85	1,24	1,40	III	15,62	0,73	1,07	1,20	0,61	0,89	1,—	0,49	0,72	0,81	0,31	0,55	0,62	—	0,39	0,44	—	0,25	0,28
	V	43,86	2,41	3,50	3,94	IV	27,23	1,41	2,05	2,31	1,33	1,93	2,17	1,24	1,81	2,04	1,16	1,70	1,91	1,09	1,58	1,78	1,01	1,47	1,65
	VI	44,93	2,47	3,59	4,04																				
127,99	I,IV	27,27	1,50	2,18	2,45	I	27,27	1,33	1,93	2,17	1,17	1,70	1,91	1,01	1,47	1,66	0,86	1,26	1,41	0,72	1,05	1,18	0,58	0,85	0,96
	II	25,93	1,42	2,07	2,33	II	25,93	1,26	1,83	2,06	1,10	1,60	1,80	0,95	1,38	1,55	0,80	1,16	1,31	0,66	0,96	1,08	0,53	0,77	0,86
	III	15,65	0,86	1,25	1,40	III	15,65	0,73	1,07	1,20	0,61	0,89	1,—	0,49	0,72	0,81	0,32	0,56	0,63	—	0,40	0,45	—	0,25	0,28
	V	43,90	2,41	3,51	3,95	IV	27,27	1,41	2,05	2,31	1,33	1,93	2,17	1,25	1,81	2,04	1,17	1,70	1,91	1,09	1,58	1,78	1,01	1,47	1,66
	VI	44,98	2,47	3,59	4,04																				
128,09	I,IV	27,31	1,50	2,18	2,45	I	27,31	1,33	1,94	2,18	1,17	1,70	1,91	1,01	1,48	1,66	0,86	1,26	1,42	0,72	1,05	1,18	0,58	0,85	0,96
	II	25,97	1,42	2,07	2,33	II	25,97	1,26	1,83	2,06	1,10	1,60	1,80	0,95	1,38	1,55	0,80	1,17	1,31	0,66	0,96	1,08	0,53	0,77	0,87
	III	15,68	0,86	1,25	1,41	III	15,68	0,73	1,07	1,20	0,61	0,89	1,01	0,50	0,72	0,81	0,32	0,56	0,63	—	0,40	0,45	—	0,25	0,28
	V	43,94	2,41	3,51	3,95	IV	27,31	1,41	2,06	2,31	1,33	1,94	2,18	1,25	1,82	2,04	1,17	1,70	1,91	1,09	1,59	1,79	1,01	1,48	1,66
	VI	45,02	2,47	3,60	4,05																				
128,19	I,IV	27,34	1,50	2,18	2,46	I	27,34	1,33	1,94	2,18	1,17	1,70	1,92	1,01	1,48	1,66	0,87	1,26	1,42	0,72	1,05	1,19	0,59	0,86	0,96
	II	26,—	1,43	2,08	2,34	II	26,—	1,26	1,84	2,07	1,10	1,60	1,80	0,95	1,38	1,56	0,80	1,17	1,32	0,66	0,97	1,09	0,53	0,77	0,87
	III	15,70	0,86	1,25	1,41	III	15,70	0,74	1,07	1,21	0,61	0,90	1,01	0,50	0,73	0,82	0,33	0,56	0,63	—	0,40	0,45	—	0,25	0,28
	V	43,99	2,41	3,51	3,95	IV	27,34	1,41	2,06	2,32	1,33	1,94	2,18	1,25	1,82	2,05	1,17	1,70	1,92	1,09	1,59	1,79	1,01	1,48	1,66
	VI	45,06	2,47	3,60	4,05																				
128,29	I,IV	27,38	1,50	2,19	2,46	I	27,38	1,33	1,94	2,18	1,17	1,71	1,92	1,02	1,48	1,67	0,87	1,26	1,42	0,72	1,06	1,19	0,59	0,86	0,97
	II	26,04	1,43	2,08	2,34	II	26,04	1,26	1,84	2,07	1,10	1,61	1,81	0,95	1,38	1,56	0,80	1,17	1,32	0,66	0,97	1,09	0,53	0,77	0,87
	III	15,73	0,86	1,25	1,41	III	15,73	0,74	1,07	1,21	0,62	0,90	1,01	0,50	0,73	0,82	0,33	0,56	0,63	—	0,40	0,45	—	0,25	0,29
	V	44,03	2,42	3,52	3,96	IV	27,38	1,42	2,06	2,32	1,33	1,94	2,18	1,25	1,82	2,05	1,17	1,71	1,92	1,09	1,59	1,79	1,02	1,48	1,67
	VI	45,10	2,48	3,60	4,05																				
128,39	I,IV	27,41	1,50	2,19	2,46	I	27,41	1,34	1,94	2,19	1,17	1,71	1,92	1,02	1,48	1,67	0,87	1,27	1,42	0,73	1,06	1,19	0,59	0,86	0,97
	II	26,07	1,43	2,08	2,34	II	26,07	1,26	1,84	2,07	1,10	1,61	1,81	0,95	1,39	1,56	0,81	1,17	1,32	0,67	0,97	1,09	0,53	0,78	0,87
	III	15,76	0,86	1,26	1,41	III	15,76	0,74	1,08	1,21	0,62	0,90	1,01	0,50	0,73	0,82	0,34	0,56	0,63	—	0,40	0,45	—	0,26	0,29
	V	44,07	2,42	3,52	3,96	IV	27,41	1,42	2,06	2,32	1,34	1,94	2,19	1,25	1,82	2,05	1,17	1,71	1,92	1,09	1,59	1,79	1,02	1,48	1,67
	VI	45,14	2,48	3,61	4,06																				
128,49	I,IV	27,45	1,51	2,19	2,47	I	27,45	1,34	1,95	2,19	1,17	1,71	1,93	1,02	1,48	1,67	0,87	1,27	1,43	0,73	1,06	1,19	0,59	0,86	0,97
	II	26,11	1,43	2,08	2,34	II	26,11	1,27	1,84	2,07	1,11	1,61	1,81	0,95	1,39	1,56	0,81	1,18	1,32	0,67	0,97	1,09	0,53	0,78	0,88
	III	15,78	0,86	1,26	1,42	III	15,78	0,74	1,08	1,21	0,62	0,90	1,01	0,50	0,73	0,82	0,34	0,56	0,64	—	0,40	0,45	—	0,26	0,29
	V	44,11	2,42	3,52	3,96	IV	27,45	1,42	2,07	2,33	1,34	1,95	2,19	1,26	1,83	2,06	1,17	1,71	1,93	1,10	1,60	1,80	1,02	1,48	1,67
	VI	45,18	2,48	3,61	4,06																				
128,59	I,IV	27,49	1,51	2,19	2,47	I	27,49	1,34	1,95	2,19	1,18	1,71	1,93	1,02	1,49	1,67	0,87	1,27	1,43	0,73	1,06	1,20	0,59	0,86	0,97
	II	26,14	1,43	2,09	2,35	II	26,14	1,27	1,85	2,08	1,11	1,61	1,82	0,96	1,39	1,57	0,81	1,18	1,33	0,67	0,98	1,10	0,54	0,78	0,88
	III	15,81	0,86	1,26	1,42	III	15,81	0,74	1,08	1,22	0,62	0,90	1,02	0,50	0,73	0,83	0,35	0,57	0,64	—	0,41	0,46	—	0,26	0,29
	V	44,15	2,42	3,53	3,97	IV	27,49	1,42	2,07	2,33	1,34	1,95	2,19	1,26	1,83	2,06	1,18	1,71	1,93	1,10	1,60	1,80	1,02	1,49	1,67
	VI	45,23	2,48	3,61	4,07																				
128,69	I,IV	27,52	1,51	2,20	2,47	I	27,52	1,34	1,95	2,20	1,18	1,72	1,93	1,02	1,49	1,68	0,87	1,27	1,43	0,73	1,06	1,20	0,59	0,87	0,98
	II	26,18	1,44	2,09	2,35	II	26,18	1,27	1,85	2,08	1,11	1,62	1,82	0,96	1,39	1,57	0,81	1,18	1,33	0,67	0,98	1,10	0,54	0,78	0,88
	III	15,83	0,87	1,26	1,42	III	15,83	0,74	1,08	1,22	0,62	0,91	1,02	0,50	0,74	0,83	0,35	0,57	0,64	—	0,41	0,46	—	0,26	0,29
	V	44,20	2,43	3,53	3,97	IV	27,52	1,42	2,07	2,33	1,34	1,95	2,20	1,26	1,83	2,06	1,18	1,72	1,93	1,10	1,60	1,80	1,02	1,49	1,68
	VI	45,27	2,49	3,62	4,07																				
128,79	I,IV	27,56	1,51	2,20	2,48	I	27,56	1,34	1,96	2,20	1,18	1,72	1,93	1,02	1,49	1,68	0,88	1,28	1,44	0,73	1,07	1,20	0,60	0,87	0,98
	II	26,21	1,44	2,09	2,35	II	26,21	1,27	1,85	2,08	1,11	1,62	1,82	0,96	1,40	1,57	0,81	1,18	1,33	0,67	0,98	1,10	0,54	0,78	0,88
	III	15,86	0,87	1,26	1,42	III	15,86	0,74	1,08	1,22	0,62	0,91	1,02	0,51	0,74	0,83	0,36	0,57	0,64	—	0,41	0,46	—	0,26	0,30
	V	44,24	2,43	3,53	3,98	IV	27,56	1,43	2,08	2,34	1,34	1,96	2,20	1,26	1,84	2,07	1,18	1,72	1,93	1,10	1,60	1,81	1,02	1,49	1,68
	VI	45,31	2,49	3,62	4,07																				
128,89	I,IV	27,60	1,51	2,20	2,48	I	27,60	1,34	1,96	2,20	1,18	1,72	1,94	1,03	1,50	1,68	0,88	1,28	1,44	0,73	1,07	1,20	0,60	0,87	0,98
	II	26,25	1,44	2,10	2,36	II	26,25	1,27	1,85	2,09	1,11	1,62	1,83	0,96	1,40	1,58	0,81	1,19	1,34	0,67	0,98	1,11	0,54	0,79	0,89
	III	15,88	0,87	1,27	1,42	III	15,88	0,75	1,09	1,22	0,62	0,91	1,02	0,51	0,74	0,83	0,36	0,57	0,64	—	0,41	0,46	—	0,26	0,30
	V	44,28	2,43	3,54	3,98	IV	27,60	1,43	2,08	2,34	1,34	1,96	2,20	1,26	1,84	2,07	1,18	1,72	1,94	1,10	1,61	1,81	1,03	1,50	1,68
	VI	45,35	2,49	3,62	4,08																				
128,99	I,IV	27,63	1,51	2,21	2,48	I	27,63	1,35	1,96	2,21	1,18	1,72	1,94	1,03	1,50	1,69	0,88	1,28	1,44	0,74	1,07	1,21	0,60	0,87	0,98
	II	26,28	1,44	2,10	2,36	II	26,28	1,28	1,86	2,09	1,12	1,62	1,83	0,96	1,40	1,58	0,82	1,19	1,34	0,68	0,98	1,11	0,54	0,79	0,89
	III	15,91	0,87	1,27	1,43	III	15,91	0,75	1,09	1,22	0,63	0,91	1,03	0,51	0,74	0,83	0,36	0,57	0,65	—	0,41	0,46	—	0,27	0,30
	V	44,32	2,43	3,54	3,98	IV	27,63	1,43	2,08	2,34	1,35	1,96	2,21	1,26	1,84	2,07	1,18	1,72	1,94	1,11	1,61	1,81	1,03	1,50	1,69
	VI	45,40	2,49	3,63	4,08																				

* Die ausgewiesenen Tabellenwerte sind amtlich. Siehe Erläuterungen auf der Umschlaginnenseite (U2).

** Bei mehr als 3 Kinderfreibeträgen ist die „Ergänzungs-Tabelle 3,5 bis 6 Kinderfreibeträge" anzuwenden.

Lohn/ Gehalt bis €*		Abzüge an Lohnsteuer, Solidaritätszuschlag (SolZ) und Kirchensteuer (8%, 9%) in den Steuerklassen I – VI				I, II, III, IV		mit Zahl der Kinderfreibeträge . . . 0,5			1			1,5			2			2,5			3**		
			ohne Kinderfreibeträge																						
		LSt	SolZ	8%	9%		LSt	SolZ	8%	9%	SolZ	8%	9%	SolZ	8%	9%	SolZ	8%	9%	SolZ	8%	9%	SolZ	8%	9%
129,09	I,IV	27,67	1,52	2,21	2,49	I	27,67	1,35	1,96	2,21	1,19	1,73	1,94	1,03	1,50	1,69	0,88	1,28	1,44	0,74	1,07	1,21	0,60	0,88	0,99
	II	26,32	1,44	2,10	2,36	II	26,32	1,28	1,86	2,09	1,12	1,63	1,83	0,96	1,40	1,58	0,82	1,19	1,34	0,68	0,99	1,11	0,54	0,79	0,89
	III	15,94	0,87	1,27	1,43	III	15,94	0,75	1,09	1,23	0,63	0,91	1,03	0,51	0,74	0,84	0,37	0,58	0,65	—	0,42	0,47	—	0,27	0,30
	V	44,36	2,44	3,54	3,99	IV	27,67	1,43	2,08	2,35	1,35	1,96	2,21	1,27	1,84	2,07	1,19	1,73	1,94	1,11	1,61	1,81	1,03	1,50	1,69
	VI	45,44	2,49	3,63	4,08																				
129,19	I,IV	27,70	1,52	2,21	2,49	I	27,70	1,35	1,97	2,21	1,19	1,73	1,95	1,03	1,50	1,69	0,88	1,28	1,45	0,74	1,08	1,21	0,60	0,88	0,99
	II	26,36	1,44	2,10	2,37	II	26,36	1,28	1,86	2,10	1,12	1,63	1,83	0,97	1,41	1,58	0,82	1,19	1,34	0,68	0,99	1,11	0,54	0,79	0,89
	III	15,97	0,87	1,27	1,43	III	15,97	0,75	1,09	1,23	0,63	0,92	1,03	0,51	0,74	0,84	0,37	0,58	0,65	—	0,42	0,47	—	0,27	0,30
	V	44,41	2,44	3,55	3,99	IV	27,70	1,43	2,09	2,35	1,35	1,97	2,21	1,27	1,85	2,08	1,19	1,73	1,95	1,11	1,62	1,82	1,03	1,50	1,69
	VI	45,48	2,50	3,63	4,09																				
129,29	I,IV	27,74	1,52	2,21	2,49	I	27,74	1,35	1,97	2,22	1,19	1,73	1,95	1,03	1,51	1,69	0,88	1,29	1,45	0,74	1,08	1,21	0,60	0,88	0,99
	II	26,39	1,45	2,11	2,37	II	26,39	1,28	1,86	2,10	1,12	1,63	1,84	0,97	1,41	1,59	0,82	1,20	1,35	0,68	0,99	1,12	0,55	0,80	0,90
	III	15,99	0,87	1,27	1,43	III	15,99	0,75	1,09	1,23	0,63	0,92	1,03	0,51	0,75	0,84	0,38	0,58	0,65	—	0,42	0,47	—	0,27	0,30
	V	44,45	2,44	3,55	4,—	IV	27,74	1,44	2,09	2,35	1,35	1,97	2,22	1,27	1,85	2,08	1,19	1,73	1,95	1,11	1,62	1,82	1,03	1,51	1,69
	VI	45,52	2,50	3,64	4,09																				
129,39	I,IV	27,78	1,52	2,22	2,50	I	27,78	1,35	1,97	2,22	1,19	1,74	1,95	1,04	1,51	1,70	0,89	1,29	1,45	0,74	1,08	1,22	0,60	0,88	0,99
	II	26,43	1,45	2,11	2,37	II	26,43	1,28	1,87	2,10	1,12	1,64	1,84	0,97	1,41	1,59	0,82	1,20	1,35	0,68	0,99	1,12	0,55	0,80	0,90
	III	16,02	0,88	1,28	1,44	III	16,02	0,75	1,10	1,23	0,63	0,92	1,04	0,51	0,75	0,84	0,38	0,58	0,65	—	0,42	0,47	—	0,27	0,31
	V	44,49	2,44	3,55	4,—	IV	27,78	1,44	2,09	2,36	1,35	1,97	2,22	1,27	1,85	2,08	1,19	1,74	1,95	1,11	1,62	1,82	1,04	1,51	1,70
	VI	45,56	2,50	3,64	4,10																				
129,49	I,IV	27,81	1,52	2,22	2,50	I	27,81	1,36	1,97	2,22	1,19	1,74	1,96	1,04	1,51	1,70	0,89	1,29	1,45	0,74	1,08	1,22	0,61	0,88	0,99
	II	26,46	1,45	2,11	2,38	II	26,46	1,28	1,87	2,10	1,12	1,64	1,84	0,97	1,42	1,59	0,82	1,20	1,35	0,68	1,—	1,12	0,55	0,80	0,90
	III	16,05	0,88	1,28	1,44	III	16,05	0,75	1,10	1,24	0,63	0,92	1,04	0,51	0,75	0,85	0,39	0,58	0,66	—	0,42	0,47	—	0,27	0,31
	V	44,53	2,44	3,56	4,—	IV	27,81	1,44	2,10	2,36	1,36	1,97	2,22	1,27	1,86	2,09	1,19	1,74	1,96	1,11	1,62	1,83	1,04	1,51	1,70
	VI	45,61	2,50	3,64	4,10																				
129,59	I,IV	27,85	1,53	2,22	2,50	I	27,85	1,36	1,98	2,22	1,20	1,74	1,96	1,04	1,51	1,70	0,89	1,30	1,46	0,75	1,09	1,22	0,61	0,89	1,—
	II	26,50	1,45	2,12	2,38	II	26,50	1,29	1,87	2,11	1,13	1,64	1,85	0,97	1,42	1,60	0,83	1,20	1,35	0,68	1,—	1,12	0,55	0,80	0,90
	III	16,07	0,88	1,28	1,44	III	16,07	0,75	1,10	1,24	0,63	0,92	1,04	0,52	0,75	0,85	0,39	0,59	0,66	—	0,42	0,48	—	0,28	0,31
	V	44,57	2,45	3,56	4,01	IV	27,85	1,44	2,10	2,36	1,36	1,98	2,22	1,28	1,86	2,09	1,20	1,74	1,96	1,12	1,63	1,83	1,04	1,51	1,70
	VI	45,65	2,51	3,65	4,10																				
129,69	I,IV	27,88	1,53	2,23	2,50	I	27,88	1,36	1,98	2,23	1,20	1,74	1,96	1,04	1,52	1,71	0,89	1,30	1,46	0,75	1,09	1,22	0,61	0,89	1,—
	II	26,53	1,45	2,12	2,38	II	26,53	1,29	1,88	2,11	1,13	1,64	1,85	0,97	1,42	1,60	0,83	1,21	1,36	0,69	1,—	1,13	0,55	0,80	0,91
	III	16,10	0,88	1,28	1,44	III	16,10	0,76	1,10	1,24	0,64	0,93	1,04	0,52	0,76	0,85	0,40	0,59	0,66	—	0,43	0,48	—	0,28	0,31
	V	44,61	2,45	3,56	4,01	IV	27,88	1,44	2,10	2,36	1,36	1,98	2,23	1,28	1,86	2,09	1,20	1,74	1,96	1,12	1,63	1,83	1,04	1,52	1,71
	VI	45,69	2,51	3,65	4,11																				
129,79	I,IV	27,92	1,53	2,23	2,51	I	27,92	1,36	1,98	2,23	1,20	1,75	1,96	1,04	1,52	1,71	0,89	1,30	1,46	0,75	1,09	1,23	0,61	0,89	1,—
	II	26,57	1,46	2,12	2,39	II	26,57	1,29	1,88	2,11	1,13	1,65	1,85	0,98	1,42	1,60	0,83	1,21	1,36	0,69	1,—	1,13	0,55	0,81	0,91
	III	16,12	0,88	1,28	1,45	III	16,12	0,76	1,10	1,24	0,64	0,93	1,04	0,52	0,76	0,85	0,40	0,59	0,66	—	0,43	0,48	—	0,28	0,31
	V	44,66	2,45	3,57	4,01	IV	27,92	1,45	2,10	2,37	1,36	1,98	2,23	1,28	1,86	2,10	1,20	1,75	1,96	1,12	1,63	1,84	1,04	1,52	1,71
	VI	45,73	2,51	3,65	4,11																				
129,89	I,IV	27,95	1,53	2,23	2,51	I	27,95	1,36	1,99	2,23	1,20	1,75	1,97	1,04	1,52	1,71	0,89	1,30	1,47	0,75	1,09	1,23	0,61	0,89	1,—
	II	26,60	1,46	2,12	2,39	II	26,60	1,29	1,88	2,12	1,13	1,65	1,86	0,98	1,42	1,60	0,83	1,21	1,36	0,69	1,—	1,13	0,55	0,81	0,91
	III	16,15	0,88	1,29	1,45	III	16,15	0,76	1,11	1,25	0,64	0,93	1,05	0,52	0,76	0,85	0,41	0,59	0,67	—	0,43	0,48	—	0,28	0,32
	V	44,70	2,45	3,57	4,02	IV	27,95	1,45	2,11	2,37	1,36	1,99	2,23	1,28	1,87	2,10	1,20	1,75	1,97	1,12	1,63	1,84	1,04	1,52	1,71
	VI	45,77	2,51	3,66	4,11																				
129,99	I,IV	27,99	1,53	2,23	2,51	I	27,99	1,37	1,99	2,24	1,20	1,75	1,97	1,05	1,52	1,71	0,90	1,30	1,47	0,75	1,10	1,23	0,61	0,90	1,01
	II	26,64	1,46	2,13	2,39	II	26,64	1,29	1,88	2,12	1,13	1,65	1,86	0,98	1,43	1,61	0,83	1,21	1,36	0,69	1,01	1,13	0,56	0,81	0,91
	III	16,18	0,89	1,29	1,45	III	16,18	0,76	1,11	1,25	0,64	0,93	1,05	0,52	0,76	0,86	0,41	0,59	0,67	0,01	0,43	0,49	—	0,28	0,32
	V	44,74	2,46	3,57	4,02	IV	27,99	1,45	2,11	2,37	1,37	1,99	2,24	1,28	1,87	2,10	1,20	1,75	1,97	1,12	1,64	1,84	1,05	1,52	1,71
	VI	45,81	2,52	3,66	4,12																				
130,09	I,IV	28,03	1,54	2,24	2,52	I	28,03	1,37	1,99	2,24	1,20	1,75	1,97	1,05	1,53	1,72	0,90	1,31	1,47	0,75	1,10	1,24	0,62	0,90	1,01
	II	26,68	1,46	2,13	2,40	II	26,68	1,30	1,89	2,12	1,14	1,65	1,86	0,98	1,43	1,61	0,83	1,22	1,37	0,69	1,01	1,14	0,56	0,81	0,92
	III	16,20	0,89	1,29	1,45	III	16,20	0,76	1,11	1,25	0,64	0,93	1,05	0,52	0,76	0,86	0,41	0,60	0,67	0,01	0,43	0,49	—	0,28	0,32
	V	44,78	2,46	3,58	4,03	IV	28,03	1,45	2,11	2,38	1,37	1,99	2,24	1,29	1,87	2,11	1,20	1,75	1,97	1,13	1,64	1,84	1,05	1,53	1,72
	VI	45,86	2,52	3,66	4,12																				
130,19	I,IV	28,06	1,54	2,24	2,52	I	28,06	1,37	1,99	2,24	1,21	1,76	1,98	1,05	1,53	1,72	0,90	1,31	1,47	0,75	1,10	1,24	0,62	0,90	1,01
	II	26,71	1,46	2,13	2,40	II	26,71	1,30	1,89	2,13	1,14	1,66	1,86	0,98	1,43	1,61	0,84	1,22	1,37	0,69	1,01	1,14	0,56	0,82	0,92
	III	16,23	0,89	1,29	1,46	III	16,23	0,76	1,11	1,25	0,64	0,94	1,05	0,52	0,76	0,86	0,41	0,60	0,67	0,02	0,44	0,49	—	0,28	0,32
	V	44,83	2,46	3,58	4,03	IV	28,06	1,45	2,12	2,38	1,37	1,99	2,24	1,29	1,87	2,11	1,21	1,76	1,98	1,13	1,64	1,85	1,05	1,53	1,72
	VI	45,90	2,52	3,67	4,13																				
130,29	I,IV	28,10	1,54	2,24	2,52	I	28,10	1,37	2,—	2,25	1,21	1,76	1,98	1,05	1,53	1,72	0,90	1,31	1,48	0,76	1,10	1,24	0,62	0,90	1,02
	II	26,75	1,47	2,14	2,40	II	26,75	1,30	1,89	2,13	1,14	1,66	1,87	0,99	1,44	1,62	0,84	1,22	1,37	0,70	1,01	1,14	0,56	0,82	0,92
	III	16,26	0,89	1,30	1,46	III	16,26	0,77	1,12	1,26	0,64	0,94	1,06	0,53	0,77	0,86	0,41	0,60	0,67	0,02	0,44	0,49	—	0,29	0,32
	V	44,87	2,46	3,58	4,03	IV	28,10	1,46	2,12	2,38	1,37	2,—	2,25	1,29	1,88	2,11	1,21	1,76	1,98	1,13	1,64	1,85	1,05	1,53	1,72
	VI	45,94	2,52	3,67	4,13																				
130,39	I,IV	28,14	1,54	2,25	2,53	I	28,14	1,37	2,—	2,25	1,21	1,76	1,98	1,05	1,53	1,73	0,90	1,32	1,48	0,76	1,10	1,24	0,62	0,90	1,02
	II	26,78	1,47	2,14	2,41	II	26,78	1,30	1,90	2,13	1,14	1,66	1,87	0,99	1,44	1,62	0,84	1,22	1,38	0,70	1,02	1,14	0,56	0,82	0,92
	III	16,28	0,89	1,30	1,46	III	16,28	0,77	1,12	1,26	0,64	0,94	1,06	0,53	0,77	0,86	0,41	0,60	0,68	0,02	0,44	0,49	—	0,29	0,32
	V	44,91	2,47	3,59	4,04	IV	28,14	1,46	2,12	2,39	1,37	2,—	2,25	1,29	1,88	2,11	1,21	1,76	1,98	1,13	1,65	1,85	1,05	1,53	1,73
	VI	45,98	2,52	3,67	4,13																				
130,49	I,IV	28,17	1,54	2,25	2,53	I	28,17	1,38	2,—	2,25	1,21	1,76	1,99	1,05	1,54	1,73	0,90	1,32	1,48	0,76	1,11	1,25	0,62	0,91	1,02
	II	26,82	1,47	2,14	2,41	II	26,82	1,30	1,90	2,14	1,14	1,66	1,87	0,99	1,44	1,62	0,84	1,22	1,38	0,70	1,02	1,15	0,56	0,82	0,93
	III	16,31	0,89	1,30	1,46	III	16,31	0,77	1,12	1,26	0,65	0,94	1,06	0,53	0,77	0,87	0,41	0,60	0,68	0,03	0,44	0,50	—	0,29	0,33
	V	44,95	2,47	3,59	4,04	IV	28,17	1,46	2,12	2,39	1,38	2,—	2,25	1,29	1,88	2,12	1,21	1,76	1,99	1,13	1,65	1,86	1,05	1,54	1,73
	VI	46,03	2,53	3,68	4,14																				

* Die ausgewiesenen Tabellenwerte sind amtlich. Siehe Erläuterungen auf der Umschlaginnenseite (U2).
** Bei mehr als 3 Kinderfreibeträgen ist die „Ergänzungs-Tabelle 3,5 bis 6 Kinderfreibeträge" anzuwenden.

Abzüge an Lohnsteuer, Solidaritätszuschlag (SolZ) und Kirchensteuer (8%, 9%) in den Steuerklassen

Lohn/ Gehalt bis €*	I – VI	LSt	ohne Kinderfreibeträge SolZ	8%	9%	I, II, III, IV	LSt	mit Zahl der Kinderfreibeträge . . . 0,5 SolZ	0,5 8%	0,5 9%	1 SolZ	1 8%	1 9%	1,5 SolZ	1,5 8%	1,5 9%	2 SolZ	2 8%	2 9%	2,5 SolZ	2,5 8%	2,5 9%	3** SolZ	3** 8%	3** 9%
130,59	I,IV	28,21	1,55	2,25	2,53	I	28,21	1,38	2,—	2,26	1,21	1,77	1,99	1,06	1,54	1,73	0,91	1,32	1,49	0,76	1,11	1,25	0,62	0,91	1,02
	II	26,85	1,47	2,14	2,41	II	26,85	1,31	1,90	2,14	1,14	1,67	1,88	0,99	1,44	1,62	0,84	1,23	1,38	0,70	1,02	1,15	0,57	0,82	0,93
	III	16,33	0,89	1,30	1,46	III	16,33	0,77	1,12	1,26	0,65	0,94	1,06	0,53	0,77	0,87	0,41	0,60	0,68	0,03	0,44	0,50	—	0,29	0,33
	V	44,99	2,47	3,59	4,04	IV	28,21	1,46	2,13	2,39	1,38	2,—	2,26	1,29	1,88	2,12	1,21	1,77	1,99	1,13	1,65	1,86	1,06	1,54	1,73
	VI	46,07	2,53	3,68	4,14																				
130,69	I,IV	28,25	1,55	2,26	2,54	I	28,25	1,38	2,01	2,26	1,22	1,77	1,99	1,06	1,54	1,73	0,91	1,32	1,49	0,76	1,11	1,25	0,63	0,91	1,03
	II	26,89	1,47	2,15	2,42	II	26,89	1,31	1,90	2,14	1,15	1,67	1,88	0,99	1,44	1,63	0,84	1,23	1,38	0,70	1,02	1,15	0,57	0,83	0,93
	III	16,36	0,90	1,30	1,47	III	16,36	0,77	1,12	1,26	0,65	0,95	1,07	0,53	0,77	0,87	0,42	0,61	0,68	0,04	0,44	0,50	—	0,29	0,33
	V	45,04	2,47	3,60	4,05	IV	28,25	1,46	2,13	2,40	1,38	2,01	2,26	1,30	1,89	2,12	1,22	1,77	1,99	1,14	1,65	1,86	1,06	1,54	1,73
	VI	46,11	2,53	3,68	4,14																				
130,79	I,IV	28,28	1,55	2,26	2,54	I	28,28	1,38	2,01	2,26	1,22	1,77	1,99	1,06	1,54	1,74	0,91	1,32	1,49	0,76	1,11	1,25	0,63	0,91	1,03
	II	26,93	1,48	2,15	2,42	II	26,93	1,31	1,91	2,15	1,15	1,67	1,88	0,99	1,45	1,63	0,85	1,23	1,39	0,70	1,03	1,15	0,57	0,83	0,93
	III	16,39	0,90	1,31	1,47	III	16,39	0,77	1,12	1,27	0,65	0,95	1,07	0,53	0,78	0,87	0,42	0,61	0,69	0,04	0,45	0,50	—	0,29	0,33
	V	45,08	2,47	3,60	4,05	IV	28,28	1,47	2,13	2,40	1,38	2,01	2,26	1,30	1,89	2,13	1,22	1,77	1,99	1,14	1,66	1,87	1,06	1,54	1,74
	VI	46,15	2,53	3,69	4,15																				
130,89	I,IV	28,32	1,55	2,26	2,54	I	28,32	1,38	2,01	2,27	1,22	1,78	2,—	1,06	1,55	1,74	0,91	1,33	1,49	0,77	1,12	1,26	0,63	0,92	1,03
	II	26,96	1,48	2,15	2,42	II	26,96	1,31	1,91	2,15	1,15	1,68	1,89	1,—	1,45	1,63	0,85	1,23	1,39	0,71	1,03	1,16	0,57	0,83	0,94
	III	16,41	0,90	1,31	1,47	III	16,41	0,77	1,13	1,27	0,65	0,95	1,07	0,53	0,78	0,88	0,42	0,61	0,69	0,05	0,45	0,50	—	0,30	0,33
	V	45,12	2,48	3,60	4,06	IV	28,32	1,47	2,14	2,40	1,38	2,01	2,27	1,30	1,89	2,13	1,22	1,78	2,—	1,14	1,66	1,87	1,06	1,55	1,74
	VI	46,19	2,54	3,69	4,15																				
130,99	I,IV	28,35	1,55	2,26	2,55	I	28,35	1,38	2,02	2,27	1,22	1,78	2,—	1,06	1,55	1,74	0,91	1,33	1,50	0,77	1,12	1,26	0,63	0,92	1,03
	II	27,—	1,48	2,16	2,43	II	27,—	1,31	1,91	2,15	1,15	1,68	1,89	1,—	1,45	1,63	0,85	1,24	1,39	0,71	1,03	1,16	0,57	0,83	0,94
	III	16,44	0,90	1,31	1,47	III	16,44	0,77	1,13	1,27	0,65	0,95	1,07	0,53	0,78	0,88	0,42	0,61	0,69	0,05	0,45	0,51	—	0,30	0,34
	V	45,16	2,48	3,61	4,06	IV	28,35	1,47	2,14	2,41	1,38	2,02	2,27	1,30	1,90	2,13	1,22	1,78	2,—	1,14	1,66	1,87	1,06	1,55	1,74
	VI	46,23	2,54	3,69	4,16																				
131,09	I,IV	28,39	1,56	2,27	2,55	I	28,39	1,39	2,02	2,27	1,22	1,78	2,—	1,07	1,55	1,75	0,91	1,33	1,50	0,77	1,12	1,26	0,63	0,92	1,04
	II	27,03	1,48	2,16	2,43	II	27,03	1,31	1,91	2,15	1,15	1,68	1,89	1,—	1,46	1,64	0,85	1,24	1,39	0,71	1,03	1,16	0,57	0,84	0,94
	III	16,47	0,90	1,31	1,48	III	16,47	0,78	1,13	1,27	0,65	0,95	1,07	0,54	0,78	0,88	0,42	0,61	0,69	0,06	0,45	0,51	—	0,30	0,34
	V	45,20	2,48	3,61	4,06	IV	28,39	1,47	2,14	2,41	1,39	2,02	2,27	1,30	1,90	2,14	1,22	1,78	2,—	1,14	1,66	1,87	1,07	1,55	1,75
	VI	46,28	2,54	3,70	4,16																				
131,19	I,IV	28,43	1,56	2,27	2,55	I	28,43	1,39	2,02	2,27	1,22	1,78	2,01	1,07	1,55	1,75	0,92	1,33	1,50	0,77	1,12	1,26	0,63	0,92	1,04
	II	27,07	1,48	2,16	2,43	II	27,07	1,32	1,92	2,16	1,16	1,68	1,89	1,—	1,46	1,64	0,85	1,24	1,40	0,71	1,04	1,17	0,57	0,84	0,94
	III	16,50	0,90	1,32	1,48	III	16,50	0,78	1,13	1,27	0,66	0,96	1,08	0,54	0,78	0,88	0,42	0,62	0,69	0,06	0,45	0,51	—	0,30	0,34
	V	45,25	2,48	3,62	4,07	IV	28,43	1,47	2,14	2,41	1,39	2,02	2,27	1,31	1,90	2,14	1,22	1,78	2,01	1,15	1,67	1,88	1,07	1,55	1,75
	VI	46,32	2,54	3,70	4,16																				
131,29	I,IV	28,46	1,56	2,27	2,56	I	28,46	1,39	2,02	2,28	1,23	1,79	2,01	1,07	1,56	1,75	0,92	1,34	1,50	0,77	1,13	1,27	0,63	0,92	1,04
	II	27,10	1,49	2,16	2,43	II	27,10	1,32	1,92	2,16	1,16	1,69	1,90	1,—	1,46	1,64	0,85	1,24	1,40	0,71	1,04	1,17	0,58	0,84	0,95
	III	16,52	0,90	1,32	1,48	III	16,52	0,78	1,14	1,28	0,66	0,96	1,08	0,54	0,79	0,88	0,42	0,62	0,70	0,07	0,46	0,51	—	0,30	0,34
	V	45,29	2,49	3,62	4,07	IV	28,46	1,47	2,15	2,42	1,39	2,02	2,28	1,31	1,90	2,14	1,23	1,79	2,01	1,15	1,67	1,88	1,07	1,56	1,75
	VI	46,36	2,55	3,70	4,17																				
131,39	I,IV	28,50	1,56	2,28	2,56	I	28,50	1,39	2,03	2,28	1,23	1,79	2,01	1,07	1,56	1,75	0,92	1,34	1,51	0,77	1,13	1,27	0,64	0,93	1,04
	II	27,14	1,49	2,17	2,44	II	27,14	1,32	1,92	2,16	1,16	1,69	1,90	1,—	1,46	1,65	0,86	1,25	1,40	0,71	1,04	1,17	0,58	0,84	0,95
	III	16,55	0,91	1,32	1,48	III	16,55	0,78	1,14	1,28	0,66	0,96	1,08	0,54	0,79	0,89	0,42	0,62	0,70	0,07	0,46	0,51	—	0,30	0,34
	V	45,33	2,49	3,62	4,07	IV	28,50	1,48	2,15	2,42	1,39	2,03	2,28	1,31	1,91	2,15	1,23	1,79	2,01	1,15	1,67	1,88	1,07	1,56	1,75
	VI	46,40	2,55	3,71	4,17																				
131,49	I,IV	28,53	1,56	2,28	2,56	I	28,53	1,39	2,03	2,28	1,23	1,79	2,02	1,07	1,56	1,76	0,92	1,34	1,51	0,78	1,13	1,27	0,64	0,93	1,05
	II	27,18	1,49	2,17	2,44	II	27,18	1,32	1,93	2,17	1,16	1,69	1,90	1,01	1,47	1,65	0,86	1,25	1,41	0,72	1,04	1,17	0,58	0,84	0,95
	III	16,57	0,91	1,32	1,49	III	16,57	0,78	1,14	1,28	0,66	0,96	1,08	0,54	0,79	0,89	0,43	0,62	0,70	0,08	0,46	0,52	—	0,31	0,34
	V	45,37	2,49	3,62	4,08	IV	28,53	1,48	2,15	2,42	1,39	2,03	2,28	1,31	1,91	2,15	1,23	1,79	2,02	1,15	1,68	1,89	1,07	1,56	1,76
	VI	46,45	2,55	3,71	4,18																				
131,59	I,IV	28,57	1,57	2,28	2,57	I	28,57	1,40	2,03	2,29	1,23	1,79	2,02	1,07	1,56	1,76	0,92	1,34	1,51	0,78	1,13	1,28	0,64	0,93	1,05
	II	27,21	1,49	2,17	2,44	II	27,21	1,32	1,93	2,17	1,16	1,69	1,91	1,01	1,47	1,65	0,86	1,25	1,41	0,72	1,04	1,18	0,58	0,85	0,95
	III	16,60	0,91	1,32	1,49	III	16,60	0,78	1,14	1,28	0,66	0,96	1,09	0,54	0,79	0,89	0,43	0,62	0,70	0,08	0,46	0,52	—	0,31	0,35
	V	45,41	2,49	3,63	4,08	IV	28,57	1,48	2,16	2,43	1,40	2,03	2,29	1,31	1,91	2,15	1,23	1,79	2,02	1,15	1,68	1,89	1,07	1,56	1,76
	VI	46,49	2,55	3,71	4,18																				
131,69	I,IV	28,61	1,57	2,28	2,57	I	28,61	1,40	2,04	2,29	1,23	1,80	2,02	1,08	1,57	1,76	0,92	1,35	1,52	0,78	1,14	1,28	0,64	0,93	1,05
	II	27,25	1,49	2,18	2,45	II	27,25	1,33	1,93	2,17	1,16	1,70	1,91	1,01	1,47	1,65	0,86	1,25	1,41	0,72	1,05	1,18	0,58	0,85	0,96
	III	16,63	0,91	1,33	1,49	III	16,63	0,78	1,14	1,29	0,66	0,97	1,09	0,54	0,79	0,89	0,43	0,63	0,70	0,08	0,46	0,52	—	0,31	0,35
	V	45,46	2,50	3,63	4,09	IV	28,61	1,48	2,16	2,43	1,40	2,04	2,29	1,32	1,92	2,16	1,23	1,80	2,02	1,15	1,68	1,89	1,08	1,57	1,76
	VI	46,53	2,55	3,72	4,18																				
131,79	I,IV	28,65	1,57	2,29	2,57	I	28,65	1,40	2,04	2,29	1,24	1,80	2,03	1,08	1,57	1,77	0,93	1,35	1,52	0,78	1,14	1,28	0,64	0,94	1,05
	II	27,28	1,50	2,18	2,45	II	27,28	1,33	1,93	2,18	1,17	1,70	1,91	1,01	1,47	1,66	0,86	1,26	1,41	0,72	1,05	1,18	0,58	0,85	0,96
	III	16,65	0,91	1,33	1,49	III	16,65	0,79	1,15	1,29	0,66	0,97	1,09	0,55	0,80	0,90	0,43	0,63	0,71	0,09	0,46	0,52	—	0,31	0,35
	V	45,50	2,50	3,64	4,09	IV	28,65	1,48	2,16	2,43	1,40	2,04	2,29	1,32	1,92	2,16	1,24	1,80	2,03	1,16	1,68	1,89	1,08	1,57	1,77
	VI	46,57	2,56	3,72	4,19																				
131,89	I,IV	28,68	1,57	2,29	2,58	I	28,68	1,40	2,04	2,30	1,24	1,80	2,03	1,08	1,57	1,77	0,93	1,35	1,52	0,78	1,14	1,28	0,64	0,94	1,06
	II	27,32	1,50	2,18	2,45	II	27,32	1,33	1,94	2,18	1,17	1,70	1,91	1,01	1,48	1,66	0,86	1,26	1,42	0,72	1,05	1,18	0,59	0,85	0,96
	III	16,68	0,91	1,33	1,50	III	16,68	0,79	1,15	1,29	0,67	0,97	1,09	0,55	0,80	0,90	0,43	0,63	0,71	0,09	0,47	0,53	—	0,31	0,35
	V	45,54	2,50	3,64	4,09	IV	28,68	1,49	2,16	2,43	1,40	2,04	2,30	1,32	1,92	2,16	1,24	1,80	2,03	1,16	1,69	1,90	1,08	1,57	1,77
	VI	46,61	2,56	3,72	4,19																				
131,99	I,IV	28,72	1,57	2,29	2,58	I	28,72	1,40	2,04	2,30	1,24	1,80	2,03	1,08	1,58	1,77	0,93	1,35	1,52	0,78	1,14	1,29	0,65	0,94	1,06
	II	27,35	1,50	2,18	2,46	II	27,35	1,33	1,94	2,18	1,17	1,70	1,92	1,01	1,48	1,66	0,87	1,26	1,42	0,72	1,05	1,19	0,59	0,86	0,96
	III	16,71	0,91	1,33	1,50	III	16,71	0,79	1,15	1,29	0,67	0,97	1,09	0,55	0,80	0,90	0,43	0,63	0,71	0,10	0,47	0,53	—	0,31	0,35
	V	45,58	2,50	3,64	4,10	IV	28,72	1,49	2,17	2,44	1,40	2,04	2,30	1,32	1,92	2,16	1,24	1,80	2,03	1,16	1,69	1,90	1,08	1,58	1,77
	VI	46,66	2,56	3,73	4,19																				

* Die ausgewiesenen Tabellenwerte sind amtlich. Siehe Erläuterungen auf der Umschlaginnenseite (U2).
** Bei mehr als 3 Kinderfreibeträgen ist die „Ergänzungs-Tabelle 3,5 bis 6 Kinderfreibeträge" anzuwenden.

Abzüge an Lohnsteuer, Solidaritätszuschlag (SolZ) und Kirchensteuer (8%, 9%) in den Steuerklassen

Lohn/ Gehalt bis €*	I – VI					I, II, III, IV		mit Zahl der Kinderfreibeträge . . . 0,5			1			1,5			2			2,5			3**		
		LSt	ohne Kinderfreibeträge SolZ	8%	9%		LSt	SolZ	8%	9%	SolZ	8%	9%	SolZ	8%	9%	SolZ	8%	9%	SolZ	8%	9%	SolZ	8%	9%
132,09	I,IV	28,75	1,58	2,30	2,58	I	28,75	1,41	2,05	2,30	1,24	1,81	2,03	1,08	1,58	1,78	0,93	1,36	1,53	0,79	1,15	1,29	0,65	0,94	1,06
	II	27,39	1,50	2,19	2,46	II	27,39	1,33	1,94	2,18	1,17	1,71	1,92	1,02	1,48	1,67	0,87	1,26	1,42	0,72	1,06	1,19	0,59	0,86	0,97
	III	16,73	0,92	1,33	1,50	III	16,73	0,79	1,15	1,30	0,67	0,97	1,10	0,55	0,80	0,90	0,43	0,63	0,71	0,10	0,47	0,53	—	0,32	0,36
	V	45,62	2,50	3,64	4,10	IV	28,75	1,49	2,17	2,44	1,41	2,05	2,30	1,32	1,93	2,17	1,24	1,81	2,03	1,16	1,69	1,90	1,08	1,58	1,78
	VI	46,70	2,56	3,73	4,20																				
132,19	I,IV	28,79	1,58	2,30	2,59	I	28,79	1,41	2,05	2,31	1,24	1,81	2,04	1,09	1,58	1,78	0,93	1,36	1,53	0,79	1,15	1,29	0,65	0,95	1,06
	II	27,43	1,50	2,19	2,46	II	27,43	1,34	1,94	2,19	1,17	1,71	1,92	1,02	1,48	1,67	0,87	1,27	1,43	0,73	1,06	1,19	0,59	0,86	0,97
	III	16,76	0,92	1,34	1,50	III	16,76	0,79	1,15	1,30	0,67	0,98	1,10	0,55	0,80	0,90	0,44	0,64	0,72	0,11	0,47	0,53	—	0,32	0,36
	V	45,66	2,51	3,65	4,10	IV	28,79	1,49	2,17	2,44	1,41	2,05	2,31	1,32	1,93	2,17	1,24	1,81	2,04	1,16	1,69	1,91	1,09	1,58	1,78
	VI	46,74	2,57	3,73	4,20																				
132,29	I,IV	28,83	1,58	2,30	2,59	I	28,83	1,41	2,05	2,31	1,25	1,81	2,04	1,09	1,58	1,78	0,93	1,36	1,53	0,79	1,15	1,29	0,65	0,95	1,07
	II	27,46	1,51	2,19	2,47	II	27,46	1,34	1,95	2,19	1,18	1,71	1,93	1,02	1,49	1,67	0,87	1,27	1,43	0,73	1,06	1,19	0,59	0,86	0,97
	III	16,78	0,92	1,34	1,51	III	16,78	0,79	1,16	1,30	0,67	0,98	1,10	0,55	0,81	0,91	0,44	0,64	0,72	0,11	0,47	0,53	—	0,32	0,36
	V	45,71	2,51	3,65	4,11	IV	28,83	1,49	2,18	2,45	1,41	2,05	2,31	1,33	1,93	2,17	1,25	1,81	2,04	1,17	1,70	1,91	1,09	1,58	1,78
	VI	46,78	2,57	3,74	4,21																				
132,39	I,IV	28,86	1,58	2,30	2,59	I	28,86	1,41	2,06	2,31	1,25	1,82	2,04	1,09	1,59	1,78	0,94	1,36	1,53	0,79	1,15	1,30	0,65	0,95	1,07
	II	27,50	1,51	2,20	2,47	II	27,50	1,34	1,95	2,19	1,18	1,71	1,93	1,02	1,49	1,67	0,87	1,27	1,43	0,73	1,06	1,20	0,59	0,86	0,97
	III	16,81	0,92	1,34	1,51	III	16,81	0,79	1,16	1,30	0,67	0,98	1,10	0,55	0,81	0,91	0,44	0,64	0,72	0,12	0,48	0,54	—	0,32	0,36
	V	45,75	2,51	3,66	4,11	IV	28,86	1,50	2,18	2,45	1,41	2,06	2,31	1,33	1,93	2,18	1,25	1,82	2,04	1,17	1,70	1,91	1,09	1,59	1,78
	VI	46,82	2,57	3,74	4,21																				
132,49	I,IV	28,90	1,58	2,31	2,60	I	28,90	1,41	2,06	2,32	1,25	1,82	2,05	1,09	1,59	1,79	0,94	1,37	1,54	0,79	1,16	1,30	0,65	0,95	1,07
	II	27,53	1,51	2,20	2,47	II	27,53	1,34	1,95	2,20	1,18	1,72	1,93	1,02	1,49	1,68	0,87	1,27	1,43	0,73	1,07	1,20	0,59	0,87	0,98
	III	16,84	0,92	1,34	1,51	III	16,84	0,80	1,16	1,31	0,67	0,98	1,11	0,56	0,81	0,91	0,44	0,64	0,72	0,12	0,48	0,54	—	0,32	0,36
	V	45,79	2,51	3,66	4,12	IV	28,90	1,50	2,18	2,45	1,41	2,06	2,32	1,33	1,94	2,18	1,25	1,82	2,05	1,17	1,70	1,92	1,09	1,59	1,79
	VI	46,86	2,57	3,74	4,21																				
132,59	I,IV	28,94	1,59	2,31	2,60	I	28,94	1,42	2,06	2,32	1,25	1,82	2,05	1,09	1,59	1,79	0,94	1,37	1,54	0,79	1,16	1,30	0,65	0,95	1,07
	II	27,57	1,51	2,20	2,48	II	27,57	1,34	1,96	2,20	1,18	1,72	1,94	1,03	1,49	1,68	0,88	1,28	1,44	0,73	1,07	1,20	0,60	0,87	0,98
	III	16,87	0,92	1,34	1,51	III	16,87	0,80	1,16	1,31	0,68	0,98	1,11	0,56	0,81	0,91	0,44	0,64	0,72	0,13	0,48	0,54	—	0,32	0,36
	V	45,83	2,52	3,66	4,12	IV	28,94	1,50	2,18	2,46	1,42	2,06	2,32	1,33	1,94	2,18	1,25	1,82	2,05	1,17	1,70	1,92	1,09	1,59	1,79
	VI	46,91	2,58	3,75	4,22																				
132,69	I,IV	28,97	1,59	2,31	2,60	I	28,97	1,42	2,06	2,32	1,25	1,82	2,05	1,09	1,59	1,79	0,94	1,37	1,54	0,80	1,16	1,31	0,66	0,96	1,08
	II	27,61	1,51	2,20	2,48	II	27,61	1,35	1,96	2,20	1,18	1,72	1,94	1,03	1,50	1,68	0,88	1,28	1,44	0,73	1,07	1,20	0,60	0,87	0,98
	III	16,89	0,92	1,35	1,52	III	16,89	0,80	1,16	1,31	0,68	0,99	1,11	0,56	0,81	0,92	0,44	0,64	0,73	0,13	0,48	0,54	—	0,33	0,37
	V	45,88	2,52	3,67	4,12	IV	28,97	1,50	2,19	2,46	1,42	2,06	2,32	1,33	1,94	2,19	1,25	1,82	2,05	1,17	1,71	1,92	1,09	1,59	1,79
	VI	46,95	2,58	3,75	4,22																				
132,79	I,IV	29,01	1,59	2,32	2,61	I	29,01	1,42	2,07	2,33	1,25	1,83	2,06	1,10	1,60	1,80	0,94	1,37	1,55	0,80	1,16	1,31	0,66	0,96	1,08
	II	27,64	1,52	2,21	2,48	II	27,64	1,35	1,96	2,21	1,18	1,73	1,94	1,03	1,50	1,69	0,88	1,28	1,44	0,74	1,07	1,21	0,60	0,87	0,98
	III	16,92	0,93	1,35	1,52	III	16,92	0,80	1,17	1,31	0,68	0,99	1,11	0,56	0,82	0,92	0,44	0,65	0,73	0,14	0,48	0,54	—	0,33	0,37
	V	45,92	2,52	3,67	4,13	IV	29,01	1,50	2,19	2,46	1,42	2,07	2,33	1,34	1,95	2,19	1,25	1,83	2,06	1,17	1,71	1,92	1,10	1,60	1,80
	VI	46,99	2,58	3,75	4,22																				
132,89	I,IV	29,05	1,59	2,32	2,61	I	29,05	1,42	2,07	2,33	1,26	1,83	2,06	1,10	1,60	1,80	0,95	1,38	1,55	0,80	1,16	1,31	0,66	0,96	1,08
	II	27,68	1,52	2,21	2,49	II	27,68	1,35	1,96	2,21	1,19	1,73	1,94	1,03	1,50	1,69	0,88	1,28	1,44	0,74	1,08	1,21	0,60	0,88	0,99
	III	16,95	0,93	1,35	1,52	III	16,95	0,80	1,17	1,31	0,68	0,99	1,11	0,56	0,82	0,92	0,44	0,65	0,73	0,14	0,48	0,55	—	0,33	0,37
	V	45,96	2,52	3,67	4,13	IV	29,05	1,51	2,19	2,47	1,42	2,07	2,33	1,34	1,95	2,19	1,26	1,83	2,06	1,18	1,71	1,93	1,10	1,60	1,80
	VI	47,03	2,58	3,76	4,23																				
132,99	I,IV	29,08	1,59	2,32	2,61	I	29,08	1,42	2,07	2,33	1,26	1,83	2,06	1,10	1,60	1,80	0,95	1,38	1,55	0,80	1,17	1,31	0,66	0,96	1,08
	II	27,71	1,52	2,21	2,49	II	27,71	1,35	1,97	2,21	1,19	1,73	1,95	1,03	1,50	1,69	0,88	1,29	1,45	0,74	1,08	1,21	0,60	0,88	0,99
	III	16,97	0,93	1,35	1,52	III	16,97	0,80	1,17	1,32	0,68	0,99	1,12	0,56	0,82	0,92	0,45	0,65	0,73	0,15	0,49	0,55	—	0,33	0,37
	V	46,—	2,53	3,68	4,14	IV	29,08	1,51	2,20	2,47	1,42	2,07	2,33	1,34	1,95	2,20	1,26	1,83	2,06	1,18	1,72	1,93	1,10	1,60	1,80
	VI	47,08	2,58	3,76	4,23																				
133,09	I,IV	29,12	1,60	2,32	2,62	I	29,12	1,43	2,08	2,34	1,26	1,84	2,07	1,10	1,60	1,80	0,95	1,38	1,55	0,80	1,17	1,32	0,66	0,97	1,09
	II	27,75	1,52	2,22	2,49	II	27,75	1,35	1,97	2,22	1,19	1,73	1,95	1,03	1,51	1,70	0,88	1,29	1,45	0,74	1,08	1,22	0,60	0,88	0,99
	III	17,—	0,93	1,36	1,53	III	17,—	0,80	1,17	1,32	0,68	1,—	1,12	0,56	0,82	0,92	0,45	0,65	0,73	0,15	0,49	0,55	—	0,33	0,37
	V	46,04	2,53	3,68	4,14	IV	29,12	1,51	2,20	2,47	1,43	2,08	2,34	1,34	1,95	2,20	1,26	1,84	2,07	1,18	1,72	1,93	1,10	1,60	1,80
	VI	47,12	2,59	3,76	4,24																				
133,19	I,IV	29,16	1,60	2,33	2,62	I	29,16	1,43	2,08	2,34	1,26	1,84	2,07	1,10	1,61	1,81	0,95	1,38	1,56	0,80	1,17	1,32	0,66	0,97	1,09
	II	27,79	1,52	2,22	2,50	II	27,79	1,35	1,97	2,22	1,19	1,74	1,95	1,04	1,51	1,70	0,89	1,29	1,45	0,74	1,08	1,22	0,61	0,88	0,99
	III	17,02	0,93	1,36	1,53	III	17,02	0,81	1,17	1,32	0,68	1,—	1,12	0,56	0,82	0,93	0,45	0,65	0,74	0,15	0,49	0,55	—	0,33	0,38
	V	46,09	2,53	3,68	4,14	IV	29,16	1,51	2,20	2,48	1,43	2,08	2,34	1,34	1,96	2,20	1,26	1,84	2,07	1,18	1,72	1,94	1,10	1,61	1,81
	VI	47,16	2,59	3,77	4,24																				
133,29	I,IV	29,19	1,60	2,33	2,62	I	29,19	1,43	2,08	2,34	1,26	1,84	2,07	1,10	1,61	1,81	0,95	1,39	1,56	0,81	1,17	1,32	0,67	0,97	1,09
	II	27,82	1,53	2,22	2,50	II	27,82	1,36	1,98	2,22	1,19	1,74	1,96	1,04	1,51	1,70	0,89	1,29	1,46	0,74	1,08	1,22	0,61	0,88	1,—
	III	17,05	0,93	1,36	1,53	III	17,05	0,81	1,18	1,32	0,69	1,—	1,12	0,57	0,83	0,93	0,45	0,66	0,74	0,16	0,49	0,55	—	0,34	0,38
	V	46,13	2,53	3,69	4,15	IV	29,19	1,51	2,20	2,48	1,43	2,08	2,34	1,35	1,96	2,20	1,26	1,84	2,07	1,18	1,72	1,94	1,10	1,61	1,81
	VI	47,20	2,59	3,77	4,24																				
133,39	I,IV	29,23	1,60	2,33	2,63	I	29,23	1,43	2,08	2,34	1,27	1,84	2,07	1,11	1,61	1,81	0,95	1,39	1,56	0,81	1,18	1,32	0,67	0,97	1,09
	II	27,86	1,53	2,22	2,50	II	27,86	1,36	1,98	2,23	1,20	1,74	1,96	1,04	1,51	1,70	0,89	1,30	1,46	0,75	1,09	1,22	0,61	0,89	1,—
	III	17,08	0,93	1,36	1,53	III	17,08	0,81	1,18	1,33	0,69	1,—	1,13	0,57	0,83	0,93	0,45	0,66	0,74	0,16	0,49	0,56	—	0,34	0,38
	V	46,17	2,53	3,69	4,15	IV	29,23	1,52	2,21	2,48	1,43	2,08	2,34	1,35	1,96	2,21	1,27	1,84	2,07	1,19	1,73	1,94	1,11	1,61	1,81
	VI	47,24	2,59	3,77	4,25																				
133,49	I,IV	29,26	1,60	2,34	2,63	I	29,26	1,43	2,09	2,35	1,27	1,85	2,08	1,11	1,61	1,82	0,96	1,39	1,57	0,81	1,18	1,33	0,67	0,98	1,10
	II	27,90	1,53	2,23	2,51	II	27,90	1,36	1,98	2,23	1,20	1,74	1,96	1,04	1,52	1,71	0,89	1,30	1,46	0,75	1,09	1,23	0,61	0,89	1,—
	III	17,11	0,94	1,36	1,53	III	17,11	0,81	1,18	1,33	0,69	1,—	1,13	0,57	0,83	0,93	0,45	0,66	0,74	0,17	0,50	0,56	—	0,34	0,38
	V	46,21	2,54	3,69	4,15	IV	29,26	1,52	2,21	2,49	1,43	2,09	2,35	1,35	1,96	2,21	1,27	1,85	2,08	1,19	1,73	1,95	1,11	1,61	1,82
	VI	47,28	2,60	3,78	4,25																				

* Die ausgewiesenen Tabellenwerte sind amtlich. Siehe Erläuterungen auf der Umschlaginnenseite (U2).
** Bei mehr als 3 Kinderfreibeträgen ist die „Ergänzungs-Tabelle 3,5 bis 6 Kinderfreibeträge" anzuwenden.

Abzüge an Lohnsteuer, Solidaritätszuschlag (SolZ) und Kirchensteuer (8%, 9%) in den Steuerklassen

Lohn/ Gehalt bis €*	I – VI	LSt	ohne Kinderfreibeträge SolZ	8%	9%	I, II, III, IV	LSt	mit Zahl der Kinderfreibeträge . . . 0,5 SolZ	8%	9%	1 SolZ	8%	9%	1,5 SolZ	8%	9%	2 SolZ	8%	9%	2,5 SolZ	8%	9%	3** SolZ	8%	9%
133,59	I,IV	29,30	1,61	2,34	2,63	I	29,30	1,43	2,09	2,35	1,27	1,85	2,08	1,11	1,62	1,82	0,96	1,39	1,57	0,81	1,18	1,33	0,67	0,98	1,10
	II	27,93	1,53	2,23	2,51	II	27,93	1,36	1,98	2,23	1,20	1,75	1,97	1,04	1,52	1,71	0,89	1,30	1,46	0,75	1,09	1,23	0,61	0,89	1,—
	III	17,13	0,94	1,37	1,54	III	17,13	0,81	1,18	1,33	0,69	1,—	1,13	0,57	0,83	0,94	0,45	0,66	0,75	0,17	0,50	0,56	—	0,34	0,38
	V	46,25	2,54	3,70	4,16	IV	29,30	1,52	2,21	2,49	1,43	2,09	2,35	1,35	1,97	2,21	1,27	1,85	2,08	1,19	1,73	1,95	1,11	1,62	1,82
	VI	47,33	2,60	3,78	4,25																				
133,69	I,IV	29,34	1,61	2,34	2,64	I	29,34	1,44	2,09	2,35	1,27	1,85	2,08	1,11	1,62	1,82	0,96	1,40	1,57	0,81	1,18	1,33	0,67	0,98	1,10
	II	27,96	1,53	2,23	2,51	II	27,96	1,36	1,99	2,24	1,20	1,75	1,97	1,04	1,52	1,71	0,89	1,30	1,47	0,75	1,09	1,23	0,61	0,89	1,01
	III	17,16	0,94	1,37	1,54	III	17,16	0,81	1,18	1,33	0,69	1,01	1,13	0,57	0,83	0,94	0,46	0,66	0,75	0,18	0,50	0,56	—	0,34	0,39
	V	46,30	2,54	3,70	4,16	IV	29,34	1,52	2,22	2,49	1,44	2,09	2,35	1,35	1,97	2,22	1,27	1,85	2,08	1,19	1,73	1,95	1,11	1,62	1,82
	VI	47,37	2,60	3,78	4,26																				
133,79	I,IV	29,38	1,61	2,35	2,64	I	29,38	1,44	2,10	2,36	1,27	1,85	2,09	1,11	1,62	1,82	0,96	1,40	1,57	0,81	1,19	1,33	0,67	0,98	1,10
	II	28,—	1,54	2,24	2,52	II	28,—	1,37	1,99	2,24	1,20	1,75	1,97	1,05	1,52	1,71	0,90	1,31	1,47	0,75	1,10	1,23	0,61	0,90	1,01
	III	17,18	0,94	1,37	1,54	III	17,18	0,81	1,19	1,34	0,69	1,01	1,14	0,57	0,84	0,94	0,46	0,67	0,75	0,18	0,50	0,56	—	0,34	0,39
	V	46,34	2,54	3,70	4,17	IV	29,38	1,52	2,22	2,50	1,44	2,10	2,36	1,36	1,97	2,22	1,27	1,85	2,09	1,19	1,74	1,95	1,11	1,62	1,82
	VI	47,41	2,60	3,79	4,26																				
133,89	I,IV	29,41	1,61	2,35	2,64	I	29,41	1,44	2,10	2,36	1,27	1,86	2,09	1,12	1,62	1,83	0,96	1,40	1,58	0,82	1,19	1,34	0,68	0,98	1,11
	II	28,04	1,54	2,24	2,52	II	28,04	1,37	1,99	2,24	1,21	1,76	1,98	1,05	1,53	1,72	0,90	1,31	1,47	0,75	1,10	1,24	0,62	0,90	1,01
	III	17,21	0,94	1,37	1,54	III	17,21	0,82	1,19	1,34	0,69	1,01	1,14	0,57	0,84	0,94	0,46	0,67	0,75	0,19	0,50	0,57	—	0,35	0,39
	V	46,38	2,55	3,71	4,17	IV	29,41	1,53	2,22	2,50	1,44	2,10	2,36	1,36	1,98	2,22	1,27	1,86	2,09	1,19	1,74	1,96	1,12	1,62	1,83
	VI	47,45	2,61	3,79	4,27																				
133,99	I,IV	29,45	1,61	2,35	2,65	I	29,45	1,44	2,10	2,36	1,28	1,86	2,09	1,12	1,63	1,83	0,96	1,40	1,58	0,82	1,19	1,34	0,68	0,99	1,11
	II	28,08	1,54	2,24	2,52	II	28,08	1,37	2,—	2,25	1,21	1,76	1,98	1,05	1,53	1,72	0,90	1,31	1,47	0,76	1,10	1,24	0,62	0,90	1,01
	III	17,24	0,94	1,37	1,55	III	17,24	0,82	1,19	1,34	0,70	1,01	1,14	0,58	0,84	0,94	0,46	0,67	0,75	0,19	0,51	0,57	—	0,35	0,39
	V	46,42	2,55	3,71	4,17	IV	29,45	1,53	2,22	2,50	1,44	2,10	2,36	1,36	1,98	2,23	1,28	1,86	2,09	1,20	1,74	1,96	1,12	1,63	1,83
	VI	47,50	2,61	3,80	4,27																				
134,09	I,IV	29,48	1,62	2,35	2,65	I	29,48	1,44	2,10	2,37	1,28	1,86	2,09	1,12	1,63	1,83	0,97	1,41	1,58	0,82	1,19	1,34	0,68	0,99	1,11
	II	28,11	1,54	2,24	2,52	II	28,11	1,37	2,—	2,25	1,21	1,76	1,98	1,05	1,53	1,72	0,90	1,31	1,48	0,76	1,10	1,24	0,62	0,90	1,02
	III	17,26	0,94	1,38	1,55	III	17,26	0,82	1,19	1,34	0,70	1,02	1,14	0,58	0,84	0,95	0,46	0,67	0,76	0,20	0,51	0,57	—	0,35	0,39
	V	46,46	2,55	3,71	4,18	IV	29,48	1,53	2,23	2,51	1,44	2,10	2,37	1,36	1,98	2,23	1,28	1,86	2,09	1,20	1,74	1,96	1,12	1,63	1,83
	VI	47,54	2,61	3,80	4,27																				
134,19	I,IV	29,52	1,62	2,36	2,65	I	29,52	1,45	2,11	2,37	1,28	1,86	2,10	1,12	1,63	1,84	0,97	1,41	1,59	0,82	1,20	1,35	0,68	0,99	1,12
	II	28,15	1,54	2,25	2,53	II	28,15	1,37	2,—	2,25	1,21	1,76	1,98	1,05	1,53	1,73	0,90	1,32	1,48	0,76	1,11	1,24	0,62	0,90	1,02
	III	17,29	0,95	1,38	1,55	III	17,29	0,82	1,20	1,35	0,70	1,02	1,14	0,58	0,84	0,95	0,46	0,67	0,76	0,20	0,51	0,57	—	0,35	0,40
	V	46,51	2,55	3,72	4,18	IV	29,52	1,53	2,23	2,51	1,45	2,11	2,37	1,36	1,98	2,23	1,28	1,86	2,10	1,20	1,75	1,97	1,12	1,63	1,84
	VI	47,58	2,61	3,80	4,28																				
134,29	I,IV	29,56	1,62	2,36	2,66	I	29,56	1,45	2,11	2,37	1,28	1,87	2,10	1,12	1,64	1,84	0,97	1,41	1,59	0,82	1,20	1,35	0,68	0,99	1,12
	II	28,18	1,55	2,25	2,53	II	28,18	1,38	2,—	2,25	1,21	1,77	1,99	1,06	1,54	1,73	0,90	1,32	1,48	0,76	1,11	1,25	0,62	0,91	1,02
	III	17,32	0,95	1,38	1,55	III	17,32	0,82	1,20	1,35	0,70	1,02	1,15	0,58	0,84	0,95	0,46	0,68	0,76	0,21	0,51	0,58	—	0,35	0,40
	V	46,55	2,56	3,72	4,18	IV	29,56	1,53	2,23	2,51	1,45	2,11	2,37	1,36	1,99	2,24	1,28	1,87	2,10	1,20	1,75	1,97	1,12	1,64	1,84
	VI	47,62	2,61	3,80	4,28																				
134,39	I,IV	29,60	1,62	2,36	2,66	I	29,60	1,45	2,11	2,38	1,28	1,87	2,10	1,12	1,64	1,84	0,97	1,41	1,59	0,82	1,20	1,35	0,68	1,—	1,12
	II	28,22	1,55	2,25	2,53	II	28,22	1,38	2,01	2,26	1,21	1,77	1,99	1,06	1,54	1,73	0,91	1,32	1,49	0,76	1,11	1,25	0,62	0,91	1,02
	III	17,35	0,95	1,38	1,56	III	17,35	0,82	1,20	1,35	0,70	1,02	1,15	0,58	0,85	0,95	0,46	0,68	0,76	0,21	0,51	0,58	—	0,36	0,40
	V	46,59	2,56	3,72	4,19	IV	29,60	1,54	2,24	2,52	1,45	2,11	2,38	1,37	1,99	2,24	1,28	1,87	2,10	1,20	1,75	1,97	1,12	1,64	1,84
	VI	47,66	2,62	3,81	4,28																				
134,49	I,IV	29,63	1,62	2,37	2,66	I	29,63	1,45	2,12	2,38	1,29	1,87	2,11	1,13	1,64	1,85	0,97	1,42	1,59	0,83	1,20	1,35	0,68	1,—	1,12
	II	28,26	1,55	2,26	2,54	II	28,26	1,38	2,01	2,26	1,22	1,77	1,99	1,06	1,54	1,74	0,91	1,32	1,49	0,76	1,11	1,25	0,63	0,91	1,03
	III	17,37	0,95	1,38	1,56	III	17,37	0,82	1,20	1,35	0,70	1,02	1,15	0,58	0,85	0,96	0,47	0,68	0,77	0,22	0,52	0,58	—	0,36	0,40
	V	46,63	2,56	3,73	4,19	IV	29,63	1,54	2,24	2,52	1,45	2,12	2,38	1,37	1,99	2,24	1,29	1,87	2,11	1,21	1,76	1,98	1,13	1,64	1,85
	VI	47,71	2,62	3,81	4,29																				
134,59	I,IV	29,67	1,63	2,37	2,67	I	29,67	1,45	2,12	2,38	1,29	1,88	2,11	1,13	1,64	1,85	0,97	1,42	1,60	0,83	1,21	1,36	0,69	1,—	1,13
	II	28,29	1,55	2,26	2,54	II	28,29	1,38	2,01	2,26	1,22	1,77	2,—	1,06	1,54	1,74	0,91	1,33	1,49	0,77	1,12	1,26	0,63	0,91	1,03
	III	17,40	0,95	1,39	1,56	III	17,40	0,83	1,20	1,35	0,70	1,02	1,15	0,58	0,85	0,96	0,47	0,68	0,77	0,22	0,52	0,58	—	0,36	0,40
	V	46,67	2,56	3,73	4,20	IV	29,67	1,54	2,24	2,52	1,45	2,12	2,38	1,37	2,—	2,25	1,29	1,88	2,11	1,21	1,76	1,98	1,13	1,64	1,85
	VI	47,75	2,62	3,82	4,29																				
134,69	I,IV	29,71	1,63	2,37	2,67	I	29,71	1,46	2,12	2,39	1,29	1,88	2,11	1,13	1,65	1,85	0,98	1,42	1,60	0,83	1,21	1,36	0,69	1,—	1,13
	II	28,33	1,55	2,26	2,54	II	28,33	1,38	2,01	2,27	1,22	1,78	2,—	1,06	1,55	1,74	0,91	1,33	1,49	0,77	1,12	1,26	0,63	0,92	1,03
	III	17,42	0,95	1,39	1,56	III	17,42	0,83	1,21	1,36	0,70	1,03	1,16	0,59	0,85	0,96	0,47	0,68	0,77	0,22	0,52	0,58	—	0,36	0,41
	V	46,71	2,56	3,73	4,20	IV	29,71	1,54	2,24	2,53	1,46	2,12	2,39	1,37	2,—	2,25	1,29	1,88	2,11	1,21	1,76	1,98	1,13	1,65	1,85
	VI	47,79	2,62	3,82	4,30																				
134,79	I,IV	29,74	1,63	2,37	2,67	I	29,74	1,46	2,12	2,39	1,29	1,88	2,12	1,13	1,65	1,85	0,98	1,42	1,60	0,83	1,21	1,36	0,69	1,—	1,13
	II	28,36	1,56	2,26	2,55	II	28,36	1,39	2,02	2,27	1,22	1,78	2,—	1,06	1,55	1,74	0,91	1,33	1,50	0,77	1,12	1,26	0,63	0,92	1,03
	III	17,45	0,96	1,39	1,57	III	17,45	0,83	1,21	1,36	0,71	1,03	1,16	0,59	0,86	0,96	0,47	0,69	0,77	0,23	0,52	0,59	—	0,36	0,41
	V	46,76	2,57	3,74	4,20	IV	29,74	1,54	2,25	2,53	1,46	2,12	2,39	1,37	2,—	2,25	1,29	1,88	2,12	1,21	1,76	1,98	1,13	1,65	1,85
	VI	47,83	2,63	3,82	4,30																				
134,89	I,IV	29,78	1,63	2,38	2,68	I	29,78	1,46	2,13	2,39	1,29	1,88	2,12	1,13	1,65	1,86	0,98	1,43	1,61	0,83	1,21	1,36	0,69	1,01	1,13
	II	28,40	1,56	2,27	2,55	II	28,40	1,39	2,02	2,27	1,22	1,78	2,—	1,07	1,55	1,75	0,91	1,33	1,50	0,77	1,12	1,26	0,63	0,92	1,04
	III	17,48	0,96	1,39	1,57	III	17,48	0,83	1,21	1,36	0,71	1,03	1,16	0,59	0,86	0,96	0,47	0,69	0,77	0,23	0,52	0,59	—	0,36	0,41
	V	46,80	2,57	3,74	4,21	IV	29,78	1,55	2,25	2,53	1,46	2,13	2,39	1,38	2,—	2,25	1,29	1,88	2,12	1,21	1,77	1,99	1,13	1,65	1,86
	VI	47,87	2,63	3,82	4,30																				
134,99	I,IV	29,82	1,64	2,38	2,68	I	29,82	1,46	2,13	2,40	1,30	1,89	2,12	1,14	1,65	1,86	0,98	1,43	1,61	0,83	1,22	1,37	0,69	1,01	1,14
	II	28,44	1,56	2,27	2,55	II	28,44	1,39	2,02	2,28	1,23	1,78	2,01	1,07	1,56	1,75	0,92	1,34	1,50	0,77	1,12	1,27	0,63	0,92	1,04
	III	17,51	0,96	1,40	1,57	III	17,51	0,83	1,21	1,36	0,71	1,03	1,16	0,59	0,86	0,97	0,47	0,69	0,78	0,24	0,52	0,59	—	0,37	0,41
	V	46,84	2,57	3,74	4,21	IV	29,82	1,55	2,25	2,54	1,46	2,13	2,40	1,38	2,01	2,26	1,30	1,89	2,12	1,21	1,77	1,99	1,14	1,65	1,86
	VI	47,91	2,63	3,83	4,31																				

* Die ausgewiesenen Tabellenwerte sind amtlich. Siehe Erläuterungen auf der Umschlaginnenseite (U2).
** Bei mehr als 3 Kinderfreibeträgen ist die „Ergänzungs-Tabelle 3,5 bis 6 Kinderfreibeträge" anzuwenden.

Abzüge an Lohnsteuer, Solidaritätszuschlag (SolZ) und Kirchensteuer (8%, 9%) in den Steuerklassen

Lohn/ Gehalt bis €*	I – VI					I, II, III, IV																			
			ohne Kinderfreibeträge					mit Zahl der Kinderfreibeträge . . . 0,5			1			1,5			2			2,5			3**		
		LSt	SolZ	8%	9%		LSt	SolZ	8%	9%	SolZ	8%	9%	SolZ	8%	9%	SolZ	8%	9%	SolZ	8%	9%	SolZ	8%	9%
135,09	I,IV	29,85	1,64	2,38	2,68	I	29,85	1,46	2,13	2,40	1,30	1,89	2,13	1,14	1,66	1,86	0,98	1,43	1,61	0,84	1,22	1,37	0,69	1,01	1,14
	II	28,47	1,56	2,27	2,56	II	28,47	1,39	2,03	2,28	1,23	1,79	2,01	1,07	1,56	1,75	0,92	1,34	1,51	0,77	1,13	1,27	0,63	0,93	1,04
	III	17,53	0,96	1,40	1,57	III	17,53	0,83	1,21	1,37	0,71	1,04	1,17	0,59	0,86	0,97	0,47	0,69	0,78	0,24	0,53	0,59	—	0,37	0,41
	V	46,88	2,57	3,75	4,21	IV	29,85	1,55	2,26	2,54	1,46	2,13	2,40	1,38	2,01	2,26	1,30	1,89	2,13	1,22	1,77	1,99	1,14	1,66	1,86
	VI	47,96	2,63	3,83	4,31																				
135,19	I,IV	29,89	1,64	2,39	2,69	I	29,89	1,47	2,13	2,40	1,30	1,89	2,13	1,14	1,66	1,87	0,98	1,43	1,61	0,84	1,22	1,37	0,70	1,01	1,14
	II	28,51	1,56	2,28	2,56	II	28,51	1,39	2,03	2,28	1,23	1,79	2,01	1,07	1,56	1,76	0,92	1,34	1,51	0,78	1,13	1,27	0,64	0,93	1,04
	III	17,56	0,96	1,40	1,58	III	17,56	0,83	1,22	1,37	0,71	1,04	1,17	0,59	0,86	0,97	0,48	0,69	0,78	0,25	0,53	0,59	—	0,37	0,42
	V	46,93	2,58	3,75	4,22	IV	29,89	1,55	2,26	2,54	1,47	2,13	2,40	1,38	2,01	2,26	1,30	1,89	2,13	1,22	1,77	2,—	1,14	1,66	1,87
	VI	48,—	2,64	3,84	4,32																				
135,29	I,IV	29,93	1,64	2,39	2,69	I	29,93	1,47	2,14	2,41	1,30	1,90	2,13	1,14	1,66	1,87	0,99	1,44	1,62	0,84	1,22	1,38	0,70	1,02	1,14
	II	28,55	1,57	2,28	2,56	II	28,55	1,39	2,03	2,29	1,23	1,79	2,02	1,07	1,56	1,76	0,92	1,34	1,51	0,78	1,13	1,27	0,64	0,93	1,05
	III	17,58	0,96	1,40	1,58	III	17,58	0,84	1,22	1,37	0,71	1,04	1,17	0,59	0,86	0,97	0,48	0,70	0,78	0,25	0,53	0,60	—	0,37	0,42
	V	46,97	2,58	3,75	4,22	IV	29,93	1,55	2,26	2,55	1,47	2,14	2,41	1,38	2,02	2,27	1,30	1,90	2,13	1,22	1,78	2,—	1,14	1,66	1,87
	VI	48,04	2,64	3,84	4,32																				
135,39	I,IV	29,96	1,64	2,39	2,69	I	29,96	1,47	2,14	2,41	1,30	1,90	2,14	1,14	1,66	1,87	0,99	1,44	1,62	0,84	1,22	1,38	0,70	1,02	1,15
	II	28,58	1,57	2,28	2,57	II	28,58	1,40	2,03	2,29	1,23	1,80	2,02	1,07	1,57	1,76	0,92	1,35	1,51	0,78	1,13	1,28	0,64	0,93	1,05
	III	17,61	0,96	1,40	1,58	III	17,61	0,84	1,22	1,37	0,71	1,04	1,17	0,59	0,87	0,98	0,48	0,70	0,78	0,26	0,53	0,60	—	0,37	0,42
	V	47,01	2,58	3,76	4,23	IV	29,96	1,56	2,27	2,55	1,47	2,14	2,41	1,39	2,02	2,27	1,30	1,90	2,14	1,22	1,78	2,—	1,14	1,66	1,87
	VI	48,08	2,64	3,84	4,32																				
135,49	I,IV	30,—	1,65	2,40	2,70	I	30,—	1,47	2,14	2,41	1,31	1,90	2,14	1,14	1,67	1,88	0,99	1,44	1,62	0,84	1,23	1,38	0,70	1,02	1,15
	II	28,62	1,57	2,28	2,57	II	28,62	1,40	2,04	2,29	1,23	1,80	2,02	1,08	1,57	1,76	0,93	1,35	1,52	0,78	1,14	1,28	0,64	0,93	1,05
	III	17,64	0,97	1,41	1,58	III	17,64	0,84	1,22	1,38	0,72	1,04	1,17	0,60	0,87	0,98	0,48	0,70	0,79	0,26	0,53	0,60	—	0,37	0,42
	V	47,05	2,58	3,76	4,23	IV	30,—	1,56	2,27	2,55	1,47	2,14	2,41	1,39	2,02	2,27	1,31	1,90	2,14	1,22	1,78	2,01	1,14	1,67	1,88
	VI	48,13	2,64	3,85	4,33																				
135,59	I,IV	30,04	1,65	2,40	2,70	I	30,04	1,47	2,15	2,42	1,31	1,90	2,14	1,15	1,67	1,88	0,99	1,44	1,63	0,84	1,23	1,38	0,70	1,02	1,15
	II	28,66	1,57	2,29	2,57	II	28,66	1,40	2,04	2,29	1,24	1,80	2,03	1,08	1,57	1,77	0,93	1,35	1,52	0,78	1,14	1,28	0,64	0,94	1,05
	III	17,67	0,97	1,41	1,59	III	17,67	0,84	1,22	1,38	0,72	1,05	1,18	0,60	0,87	0,98	0,48	0,70	0,79	0,27	0,54	0,60	—	0,38	0,42
	V	47,09	2,59	3,76	4,23	IV	30,04	1,56	2,27	2,56	1,47	2,15	2,42	1,39	2,02	2,28	1,31	1,90	2,14	1,23	1,78	2,01	1,15	1,67	1,88
	VI	48,17	2,64	3,85	4,33																				
135,69	I,IV	30,08	1,65	2,40	2,70	I	30,08	1,48	2,15	2,42	1,31	1,91	2,14	1,15	1,67	1,88	0,99	1,45	1,63	0,85	1,23	1,39	0,70	1,03	1,15
	II	28,69	1,57	2,29	2,58	II	28,69	1,40	2,04	2,30	1,24	1,80	2,03	1,08	1,57	1,77	0,93	1,35	1,52	0,78	1,14	1,28	0,64	0,94	1,06
	III	17,70	0,97	1,41	1,59	III	17,70	0,84	1,23	1,38	0,72	1,05	1,18	0,60	0,87	0,98	0,48	0,70	0,79	0,27	0,54	0,60	—	0,38	0,43
	V	47,14	2,59	3,77	4,24	IV	30,08	1,56	2,27	2,56	1,48	2,15	2,42	1,39	2,03	2,28	1,31	1,91	2,14	1,23	1,79	2,01	1,15	1,67	1,88
	VI	48,21	2,65	3,85	4,33																				
135,79	I,IV	30,11	1,65	2,40	2,70	I	30,11	1,48	2,15	2,42	1,31	1,91	2,15	1,15	1,67	1,88	1,—	1,45	1,63	0,85	1,23	1,39	0,71	1,03	1,16
	II	28,73	1,58	2,29	2,58	II	28,73	1,40	2,04	2,30	1,24	1,81	2,03	1,08	1,58	1,77	0,93	1,36	1,53	0,78	1,14	1,29	0,65	0,94	1,06
	III	17,72	0,97	1,41	1,59	III	17,72	0,84	1,23	1,38	0,72	1,05	1,18	0,60	0,88	0,99	0,48	0,70	0,79	0,28	0,54	0,61	—	0,38	0,43
	V	47,18	2,59	3,77	4,24	IV	30,11	1,56	2,28	2,56	1,48	2,15	2,42	1,39	2,03	2,28	1,31	1,91	2,15	1,23	1,79	2,01	1,15	1,67	1,88
	VI	48,25	2,65	3,86	4,34																				
135,89	I,IV	30,15	1,65	2,41	2,71	I	30,15	1,48	2,15	2,42	1,31	1,91	2,15	1,15	1,68	1,89	1,—	1,45	1,63	0,85	1,24	1,39	0,71	1,03	1,16
	II	28,76	1,58	2,30	2,58	II	28,76	1,41	2,05	2,30	1,24	1,81	2,04	1,08	1,58	1,78	0,93	1,36	1,53	0,79	1,15	1,29	0,65	0,94	1,06
	III	17,75	0,97	1,42	1,59	III	17,75	0,84	1,23	1,39	0,72	1,05	1,18	0,60	0,88	0,99	0,48	0,71	0,80	0,28	0,54	0,61	—	0,38	0,43
	V	47,22	2,59	3,77	4,24	IV	30,15	1,57	2,28	2,57	1,48	2,15	2,42	1,40	2,03	2,29	1,31	1,91	2,15	1,23	1,79	2,02	1,15	1,68	1,89
	VI	48,29	2,65	3,86	4,34																				
135,99	I,IV	30,19	1,66	2,41	2,71	I	30,19	1,48	2,16	2,43	1,31	1,91	2,15	1,15	1,68	1,89	1,—	1,46	1,64	0,85	1,24	1,39	0,71	1,03	1,16
	II	28,80	1,58	2,30	2,59	II	28,80	1,41	2,05	2,31	1,24	1,81	2,04	1,09	1,58	1,78	0,93	1,36	1,53	0,79	1,15	1,29	0,65	0,95	1,06
	III	17,77	0,97	1,42	1,59	III	17,77	0,85	1,23	1,39	0,72	1,05	1,19	0,60	0,88	0,99	0,49	0,71	0,80	0,29	0,54	0,61	—	0,38	0,43
	V	47,26	2,59	3,78	4,25	IV	30,19	1,57	2,28	2,57	1,48	2,16	2,43	1,40	2,03	2,29	1,31	1,91	2,15	1,23	1,80	2,02	1,15	1,68	1,89
	VI	48,33	2,65	3,86	4,34																				
136,09	I,IV	30,22	1,66	2,41	2,71	I	30,22	1,48	2,16	2,43	1,32	1,92	2,16	1,16	1,68	1,89	1,—	1,46	1,64	0,85	1,24	1,40	0,71	1,04	1,17
	II	28,84	1,58	2,30	2,59	II	28,84	1,41	2,05	2,31	1,25	1,81	2,04	1,09	1,58	1,78	0,94	1,36	1,53	0,79	1,15	1,30	0,65	0,95	1,07
	III	17,80	0,97	1,42	1,60	III	17,80	0,85	1,24	1,39	0,72	1,06	1,19	0,60	0,88	0,99	0,49	0,71	0,80	0,29	0,54	0,61	—	0,38	0,43
	V	47,30	2,60	3,78	4,25	IV	30,22	1,57	2,29	2,57	1,48	2,16	2,43	1,40	2,04	2,29	1,32	1,92	2,16	1,24	1,80	2,02	1,16	1,68	1,89
	VI	48,38	2,66	3,87	4,35																				
136,19	I,IV	30,26	1,66	2,42	2,72	I	30,26	1,49	2,16	2,43	1,32	1,92	2,16	1,16	1,69	1,90	1,—	1,46	1,64	0,85	1,24	1,40	0,71	1,04	1,17
	II	28,87	1,58	2,30	2,59	II	28,87	1,41	2,06	2,31	1,25	1,82	2,04	1,09	1,59	1,79	0,94	1,36	1,54	0,79	1,15	1,30	0,65	0,95	1,07
	III	17,83	0,98	1,42	1,60	III	17,83	0,85	1,24	1,39	0,73	1,06	1,19	0,61	0,88	0,99	0,49	0,71	0,80	0,30	0,55	0,62	—	0,39	0,44
	V	47,35	2,60	3,78	4,26	IV	30,26	1,57	2,29	2,57	1,49	2,16	2,43	1,40	2,04	2,30	1,32	1,92	2,16	1,24	1,80	2,03	1,16	1,69	1,90
	VI	48,42	2,66	3,87	4,35																				
136,29	I,IV	30,30	1,66	2,42	2,72	I	30,30	1,49	2,17	2,44	1,32	1,92	2,16	1,16	1,69	1,90	1,—	1,46	1,65	0,86	1,25	1,40	0,71	1,04	1,17
	II	28,91	1,59	2,31	2,60	II	28,91	1,41	2,06	2,32	1,25	1,82	2,05	1,09	1,59	1,79	0,94	1,37	1,54	0,79	1,16	1,30	0,65	0,95	1,07
	III	17,86	0,98	1,42	1,60	III	17,86	0,85	1,24	1,39	0,73	1,06	1,19	0,61	0,88	1,—	0,49	0,71	0,80	0,30	0,55	0,62	—	0,39	0,44
	V	47,39	2,60	3,79	4,26	IV	30,30	1,57	2,29	2,58	1,49	2,17	2,44	1,40	2,04	2,30	1,32	1,92	2,16	1,24	1,80	2,03	1,16	1,69	1,90
	VI	48,46	2,66	3,87	4,36																				
136,39	I,IV	30,33	1,66	2,42	2,72	I	30,33	1,49	2,17	2,44	1,32	1,93	2,17	1,16	1,69	1,90	1,01	1,47	1,65	0,86	1,25	1,41	0,72	1,04	1,17
	II	28,95	1,59	2,31	2,60	II	28,95	1,42	2,06	2,32	1,25	1,82	2,05	1,09	1,59	1,79	0,94	1,37	1,54	0,79	1,16	1,30	0,66	0,96	1,08
	III	17,88	0,98	1,43	1,60	III	17,88	0,85	1,24	1,40	0,73	1,06	1,19	0,61	0,89	1,—	0,49	0,72	0,81	0,30	0,55	0,62	—	0,39	0,44
	V	47,43	2,60	3,79	4,26	IV	30,33	1,58	2,29	2,58	1,49	2,17	2,44	1,41	2,05	2,30	1,32	1,93	2,17	1,24	1,81	2,03	1,16	1,69	1,90
	VI	48,50	2,66	3,88	4,36																				
136,49	I,IV	30,37	1,67	2,42	2,73	I	30,37	1,49	2,17	2,44	1,32	1,93	2,17	1,16	1,69	1,91	1,01	1,47	1,65	0,86	1,25	1,41	0,72	1,04	1,17
	II	28,98	1,59	2,31	2,60	II	28,98	1,42	2,06	2,32	1,25	1,82	2,05	1,09	1,59	1,79	0,94	1,37	1,54	0,80	1,16	1,31	0,66	0,96	1,08
	III	17,91	0,98	1,43	1,61	III	17,91	0,85	1,24	1,40	0,73	1,06	1,20	0,61	0,89	1,—	0,49	0,72	0,81	0,31	0,55	0,62	—	0,39	0,44
	V	47,47	2,61	3,79	4,27	IV	30,37	1,58	2,30	2,59	1,49	2,17	2,44	1,41	2,05	2,31	1,32	1,93	2,17	1,24	1,81	2,04	1,16	1,69	1,91
	VI	48,55	2,67	3,88	4,36																				

* Die ausgewiesenen Tabellenwerte sind amtlich. Siehe Erläuterungen auf der Umschlaginnenseite (U2).
** Bei mehr als 3 Kinderfreibeträgen ist die „Ergänzungs-Tabelle 3,5 bis 6 Kinderfreibeträge" anzuwenden.

Abzüge an Lohnsteuer, Solidaritätszuschlag (SolZ) und Kirchensteuer (8%, 9%) in den Steuerklassen

Lohn/ Gehalt bis €*	I – VI		ohne Kinder-freibeträge			I, II, III, IV		mit Zahl der Kinderfreibeträge . . . 0,5			1			1,5			2			2,5			3**		
		LSt	SolZ	8%	9%		LSt	SolZ	8%	9%	SolZ	8%	9%	SolZ	8%	9%	SolZ	8%	9%	SolZ	8%	9%	SolZ	8%	9%
136,59	I,IV	30,41	1,67	2,43	2,73	I	30,41	1,49	2,17	2,45	1,33	1,93	2,17	1,16	1,70	1,91	1,01	1,47	1,65	0,86	1,25	1,41	0,72	1,05	1,18
	II	29,02	1,59	2,32	2,61	II	29,02	1,42	2,07	2,33	1,25	1,83	2,06	1,10	1,60	1,80	0,94	1,38	1,55	0,80	1,16	1,31	0,66	0,96	1,08
	III	17,93	0,98	1,43	1,61	III	17,93	0,85	1,25	1,40	0,73	1,07	1,20	0,61	0,89	1,—	0,49	0,72	0,81	0,31	0,55	0,62	—	0,39	0,44
	V	47,51	2,61	3,80	4,27	IV	30,41	1,58	2,30	2,59	1,49	2,17	2,45	1,41	2,05	2,31	1,33	1,93	2,17	1,24	1,81	2,04	1,16	1,70	1,91
	VI	48,59	2,67	3,88	4,37																				
136,69	I,IV	30,45	1,67	2,43	2,74	I	30,45	1,50	2,18	2,45	1,33	1,93	2,18	1,17	1,70	1,91	1,01	1,47	1,66	0,86	1,26	1,41	0,72	1,05	1,18
	II	29,06	1,59	2,32	2,61	II	29,06	1,42	2,07	2,33	1,26	1,83	2,06	1,10	1,60	1,80	0,95	1,38	1,55	0,80	1,17	1,31	0,66	0,96	1,08
	III	17,96	0,98	1,43	1,61	III	17,96	0,86	1,25	1,40	0,73	1,07	1,20	0,61	0,89	1,—	0,49	0,72	0,81	0,32	0,56	0,63	—	0,40	0,45
	V	47,56	2,61	3,80	4,28	IV	30,45	1,58	2,30	2,59	1,50	2,18	2,45	1,41	2,05	2,31	1,33	1,93	2,18	1,25	1,82	2,04	1,17	1,70	1,91
	VI	48,63	2,67	3,89	4,37																				
136,79	I,IV	30,48	1,67	2,43	2,74	I	30,48	1,50	2,18	2,45	1,33	1,94	2,18	1,17	1,70	1,91	1,01	1,48	1,66	0,86	1,26	1,42	0,72	1,05	1,18
	II	29,09	1,60	2,32	2,61	II	29,09	1,42	2,07	2,33	1,26	1,83	2,06	1,10	1,60	1,80	0,95	1,38	1,55	0,80	1,17	1,31	0,66	0,96	1,08
	III	17,99	0,98	1,43	1,61	III	17,99	0,86	1,25	1,41	0,73	1,07	1,20	0,61	0,90	1,01	0,50	0,72	0,81	0,32	0,56	0,63	—	0,40	0,45
	V	47,60	2,61	3,80	4,28	IV	30,48	1,58	2,31	2,59	1,50	2,18	2,45	1,41	2,06	2,31	1,33	1,94	2,18	1,25	1,82	2,05	1,17	1,70	1,91
	VI	48,67	2,67	3,89	4,38																				
136,89	I,IV	30,52	1,67	2,44	2,74	I	30,52	1,50	2,18	2,46	1,33	1,94	2,18	1,17	1,70	1,92	1,01	1,48	1,66	0,87	1,26	1,42	0,72	1,05	1,19
	II	29,13	1,60	2,33	2,62	II	29,13	1,43	2,08	2,34	1,26	1,84	2,07	1,10	1,60	1,81	0,95	1,38	1,56	0,80	1,17	1,32	0,66	0,97	1,09
	III	18,02	0,99	1,44	1,62	III	18,02	0,86	1,25	1,41	0,74	1,07	1,21	0,61	0,90	1,01	0,50	0,73	0,82	0,33	0,56	0,63	—	0,40	0,45
	V	47,64	2,62	3,81	4,28	IV	30,52	1,59	2,31	2,60	1,50	2,18	2,46	1,41	2,06	2,32	1,33	1,94	2,18	1,25	1,82	2,05	1,17	1,70	1,92
	VI	48,71	2,67	3,89	4,38																				
136,99	I,IV	30,56	1,68	2,44	2,75	I	30,56	1,50	2,19	2,46	1,33	1,94	2,18	1,17	1,71	1,92	1,02	1,48	1,67	0,87	1,26	1,42	0,72	1,06	1,19
	II	29,17	1,60	2,33	2,62	II	29,17	1,43	2,08	2,34	1,26	1,84	2,07	1,10	1,61	1,81	0,95	1,39	1,56	0,80	1,17	1,32	0,66	0,97	1,09
	III	18,05	0,99	1,44	1,62	III	18,05	0,86	1,25	1,41	0,74	1,07	1,21	0,62	0,90	1,01	0,50	0,73	0,82	0,33	0,56	0,63	—	0,40	0,45
	V	47,68	2,62	3,81	4,29	IV	30,56	1,59	2,31	2,60	1,50	2,19	2,46	1,42	2,06	2,32	1,33	1,94	2,18	1,25	1,82	2,05	1,17	1,71	1,92
	VI	48,76	2,68	3,90	4,38																				
137,09	I,IV	30,60	1,68	2,44	2,75	I	30,60	1,50	2,19	2,46	1,34	1,94	2,19	1,17	1,71	1,92	1,02	1,48	1,67	0,87	1,27	1,43	0,73	1,06	1,19
	II	29,20	1,60	2,33	2,62	II	29,20	1,43	2,08	2,34	1,26	1,84	2,07	1,11	1,61	1,81	0,95	1,39	1,56	0,81	1,18	1,32	0,67	0,97	1,09
	III	18,07	0,99	1,44	1,62	III	18,07	0,86	1,26	1,41	0,74	1,08	1,21	0,62	0,90	1,01	0,50	0,73	0,82	0,34	0,56	0,63	—	0,40	0,45
	V	47,72	2,62	3,81	4,29	IV	30,60	1,59	2,32	2,61	1,50	2,19	2,46	1,42	2,07	2,32	1,34	1,94	2,19	1,25	1,83	2,05	1,17	1,71	1,92
	VI	48,80	2,68	3,90	4,39																				
137,19	I,IV	30,63	1,68	2,45	2,75	I	30,63	1,51	2,19	2,47	1,34	1,95	2,19	1,18	1,71	1,93	1,02	1,49	1,67	0,87	1,27	1,43	0,73	1,06	1,19
	II	29,24	1,60	2,33	2,63	II	29,24	1,43	2,08	2,34	1,27	1,84	2,07	1,11	1,61	1,81	0,95	1,39	1,56	0,81	1,18	1,33	0,67	0,97	1,10
	III	18,10	0,99	1,44	1,62	III	18,10	0,86	1,26	1,42	0,74	1,08	1,21	0,62	0,90	1,02	0,50	0,73	0,82	0,34	0,57	0,64	—	0,40	0,45
	V	47,76	2,62	3,82	4,29	IV	30,63	1,59	2,32	2,61	1,51	2,19	2,47	1,42	2,07	2,33	1,34	1,95	2,19	1,26	1,83	2,06	1,18	1,71	1,93
	VI	48,84	2,68	3,90	4,39																				
137,29	I,IV	30,67	1,68	2,45	2,76	I	30,67	1,51	2,20	2,47	1,34	1,95	2,19	1,18	1,71	1,93	1,02	1,49	1,67	0,87	1,27	1,43	0,73	1,06	1,20
	II	29,28	1,61	2,34	2,63	II	29,28	1,43	2,09	2,35	1,27	1,85	2,08	1,11	1,62	1,82	0,96	1,39	1,57	0,81	1,18	1,33	0,67	0,98	1,10
	III	18,12	0,99	1,44	1,63	III	18,12	0,86	1,26	1,42	0,74	1,08	1,22	0,62	0,90	1,02	0,50	0,73	0,83	0,35	0,57	0,64	—	0,41	0,46
	V	47,81	2,62	3,82	4,30	IV	30,67	1,59	2,32	2,61	1,51	2,20	2,47	1,42	2,07	2,33	1,34	1,95	2,19	1,26	1,83	2,06	1,18	1,71	1,93
	VI	48,88	2,68	3,91	4,39																				
137,39	I,IV	30,71	1,68	2,45	2,76	I	30,71	1,51	2,20	2,47	1,34	1,95	2,20	1,18	1,72	1,93	1,02	1,49	1,68	0,87	1,27	1,43	0,73	1,07	1,20
	II	29,31	1,61	2,34	2,63	II	29,31	1,44	2,09	2,35	1,27	1,85	2,08	1,11	1,62	1,82	0,96	1,40	1,57	0,81	1,18	1,33	0,67	0,98	1,10
	III	18,15	0,99	1,45	1,63	III	18,15	0,87	1,26	1,42	0,74	1,08	1,22	0,62	0,91	1,02	0,50	0,74	0,83	0,35	0,57	0,64	—	0,41	0,46
	V	47,85	2,63	3,82	4,30	IV	30,71	1,60	2,32	2,61	1,51	2,20	2,47	1,42	2,07	2,33	1,34	1,95	2,20	1,26	1,83	2,06	1,18	1,72	1,93
	VI	48,92	2,69	3,91	4,40																				
137,49	I,IV	30,74	1,69	2,45	2,76	I	30,74	1,51	2,20	2,48	1,34	1,96	2,20	1,18	1,72	1,94	1,03	1,49	1,68	0,88	1,28	1,44	0,73	1,07	1,20
	II	29,35	1,61	2,34	2,64	II	29,35	1,44	2,09	2,35	1,27	1,85	2,08	1,11	1,62	1,82	0,96	1,40	1,57	0,81	1,18	1,33	0,67	0,98	1,10
	III	18,18	1,—	1,45	1,63	III	18,18	0,87	1,26	1,42	0,74	1,08	1,22	0,62	0,91	1,02	0,51	0,74	0,83	0,36	0,57	0,64	—	0,41	0,46
	V	47,89	2,63	3,83	4,31	IV	30,74	1,60	2,33	2,62	1,51	2,20	2,48	1,43	2,08	2,34	1,34	1,96	2,20	1,26	1,84	2,07	1,18	1,72	1,94
	VI	48,96	2,69	3,91	4,40																				
137,59	I,IV	30,78	1,69	2,46	2,77	I	30,78	1,51	2,20	2,48	1,34	1,96	2,20	1,18	1,72	1,94	1,03	1,50	1,68	0,88	1,28	1,44	0,73	1,07	1,20
	II	29,39	1,61	2,35	2,64	II	29,39	1,44	2,10	2,36	1,27	1,86	2,09	1,11	1,62	1,83	0,96	1,40	1,58	0,81	1,19	1,34	0,67	0,98	1,11
	III	18,21	1,—	1,45	1,63	III	18,21	0,87	1,27	1,43	0,75	1,09	1,22	0,62	0,91	1,03	0,51	0,74	0,83	0,36	0,57	0,64	—	0,41	0,46
	V	47,93	2,63	3,83	4,31	IV	30,78	1,60	2,33	2,62	1,51	2,20	2,48	1,43	2,08	2,34	1,34	1,96	2,20	1,26	1,84	2,07	1,18	1,72	1,94
	VI	49,01	2,69	3,92	4,41																				
137,69	I,IV	30,82	1,69	2,46	2,77	I	30,82	1,52	2,21	2,48	1,35	1,96	2,21	1,18	1,72	1,94	1,03	1,50	1,69	0,88	1,28	1,44	0,74	1,07	1,21
	II	29,42	1,61	2,35	2,64	II	29,42	1,44	2,10	2,36	1,28	1,86	2,09	1,12	1,63	1,83	0,96	1,40	1,58	0,82	1,19	1,34	0,68	0,98	1,11
	III	18,23	1,—	1,45	1,64	III	18,23	0,87	1,27	1,43	0,75	1,09	1,22	0,63	0,91	1,03	0,51	0,74	0,83	0,37	0,58	0,65	—	0,41	0,47
	V	47,98	2,63	3,83	4,31	IV	30,82	1,60	2,33	2,62	1,52	2,21	2,48	1,43	2,08	2,34	1,35	1,96	2,21	1,26	1,84	2,07	1,18	1,72	1,94
	VI	49,05	2,69	3,92	4,41																				
137,79	I,IV	30,86	1,69	2,46	2,77	I	30,86	1,52	2,21	2,49	1,35	1,96	2,21	1,19	1,73	1,94	1,03	1,50	1,69	0,88	1,28	1,44	0,74	1,08	1,21
	II	29,46	1,62	2,35	2,65	II	29,46	1,44	2,10	2,36	1,28	1,86	2,09	1,12	1,63	1,83	0,96	1,41	1,58	0,82	1,19	1,34	0,68	0,99	1,11
	III	18,26	1,—	1,46	1,64	III	18,26	0,87	1,27	1,43	0,75	1,09	1,23	0,63	0,92	1,03	0,51	0,74	0,84	0,37	0,58	0,65	—	0,42	0,47
	V	48,02	2,64	3,84	4,32	IV	30,86	1,60	2,34	2,63	1,52	2,21	2,49	1,43	2,09	2,35	1,35	1,96	2,21	1,27	1,84	2,08	1,19	1,73	1,94
	VI	49,09	2,70	3,92	4,41																				
137,89	I,IV	30,89	1,69	2,47	2,78	I	30,89	1,52	2,21	2,49	1,35	1,97	2,21	1,19	1,73	1,95	1,03	1,50	1,69	0,88	1,29	1,45	0,74	1,08	1,21
	II	29,50	1,62	2,36	2,65	II	29,50	1,45	2,10	2,37	1,28	1,86	2,10	1,12	1,63	1,83	0,97	1,41	1,58	0,82	1,19	1,34	0,68	0,99	1,11
	III	18,28	1,—	1,46	1,64	III	18,28	0,87	1,27	1,43	0,75	1,09	1,23	0,63	0,92	1,03	0,51	0,75	0,84	0,38	0,58	0,65	—	0,42	0,47
	V	48,06	2,64	3,84	4,32	IV	30,89	1,61	2,34	2,63	1,52	2,21	2,49	1,43	2,09	2,35	1,35	1,97	2,21	1,27	1,85	2,08	1,19	1,73	1,95
	VI	49,13	2,70	3,93	4,42																				
137,99	I,IV	30,93	1,70	2,47	2,78	I	30,93	1,52	2,22	2,49	1,35	1,97	2,22	1,19	1,73	1,95	1,03	1,51	1,69	0,88	1,29	1,45	0,74	1,08	1,21
	II	29,53	1,62	2,36	2,65	II	29,53	1,45	2,11	2,37	1,28	1,87	2,10	1,12	1,63	1,84	0,97	1,41	1,59	0,82	1,20	1,35	0,68	0,99	1,12
	III	18,31	1,—	1,46	1,64	III	18,31	0,88	1,28	1,44	0,75	1,09	1,23	0,63	0,92	1,03	0,51	0,75	0,84	0,38	0,58	0,65	—	0,42	0,47
	V	48,10	2,64	3,84	4,32	IV	30,93	1,61	2,34	2,63	1,52	2,22	2,49	1,44	2,09	2,35	1,35	1,97	2,22	1,27	1,85	2,08	1,19	1,73	1,95
	VI	49,18	2,70	3,93	4,42																				

* Die ausgewiesenen Tabellenwerte sind amtlich. Siehe Erläuterungen auf der Umschlaginnenseite (U2).
** Bei mehr als 3 Kinderfreibeträgen ist die „Ergänzungs-Tabelle 3,5 bis 6 Kinderfreibeträge" anzuwenden.

Abzüge an Lohnsteuer, Solidaritätszuschlag (SolZ) und Kirchensteuer (8%, 9%) in den Steuerklassen

Lohn/ Gehalt bis €*	I – VI					I, II, III, IV mit Zahl der Kinderfreibeträge . . .																			
			ohne Kinderfreibeträge					0,5			1			1,5			2			2,5			3**		
		LSt	SolZ	8%	9%		LSt	SolZ	8%	9%	SolZ	8%	9%	SolZ	8%	9%	SolZ	8%	9%	SolZ	8%	9%	SolZ	8%	9%
138,09	I,IV	30,97	1,70	2,47	2,78	I	30,97	1,52	2,22	2,50	1,35	1,97	2,22	1,19	1,74	1,95	1,04	1,51	1,70	0,89	1,29	1,45	0,74	1,08	1,22
	II	29,57	1,62	2,36	2,66	II	29,57	1,45	2,11	2,37	1,28	1,87	2,10	1,12	1,64	1,84	0,97	1,41	1,59	0,82	1,20	1,35	0,68	0,99	1,12
	III	18,34	1,—	1,46	1,65	III	18,34	0,88	1,28	1,44	0,75	1,10	1,23	0,63	0,92	1,04	0,51	0,75	0,84	0,38	0,58	0,66	—	0,42	0,47
	V	48,14	2,64	3,85	4,33	IV	30,97	1,61	2,34	2,64	1,52	2,22	2,50	1,44	2,09	2,36	1,35	1,97	2,22	1,27	1,85	2,08	1,19	1,74	1,95
	VI	49,22	2,70	3,93	4,42																				
138,19	I,IV	31,01	1,70	2,48	2,79	I	31,01	1,53	2,22	2,50	1,36	1,98	2,22	1,19	1,74	1,96	1,04	1,51	1,70	0,89	1,29	1,45	0,74	1,08	1,22
	II	29,61	1,62	2,36	2,66	II	29,61	1,45	2,11	2,38	1,28	1,87	2,11	1,13	1,64	1,84	0,97	1,42	1,59	0,82	1,20	1,35	0,68	1,—	1,12
	III	18,37	1,01	1,46	1,65	III	18,37	0,88	1,28	1,44	0,75	1,10	1,24	0,63	0,92	1,04	0,52	0,75	0,85	0,39	0,58	0,66	—	0,42	0,48
	V	48,19	2,65	3,85	4,33	IV	31,01	1,61	2,35	2,64	1,53	2,22	2,50	1,44	2,10	2,36	1,36	1,98	2,22	1,27	1,86	2,09	1,19	1,74	1,96
	VI	49,26	2,70	3,94	4,43																				
138,29	I,IV	31,04	1,70	2,48	2,79	I	31,04	1,53	2,22	2,50	1,36	1,98	2,23	1,20	1,74	1,96	1,04	1,51	1,70	0,89	1,30	1,46	0,75	1,09	1,22
	II	29,65	1,63	2,37	2,66	II	29,65	1,45	2,12	2,38	1,29	1,87	2,11	1,13	1,64	1,85	0,97	1,42	1,60	0,83	1,20	1,35	0,69	1,—	1,12
	III	18,39	1,01	1,47	1,65	III	18,39	0,88	1,28	1,44	0,76	1,10	1,24	0,63	0,92	1,04	0,52	0,75	0,85	0,39	0,59	0,66	—	0,42	0,48
	V	48,23	2,65	3,85	4,34	IV	31,04	1,61	2,35	2,64	1,53	2,22	2,50	1,44	2,10	2,36	1,36	1,98	2,23	1,28	1,86	2,09	1,20	1,74	1,96
	VI	49,30	2,71	3,94	4,43																				
138,39	I,IV	31,08	1,70	2,48	2,79	I	31,08	1,53	2,23	2,51	1,36	1,98	2,23	1,20	1,74	1,96	1,04	1,52	1,71	0,89	1,30	1,46	0,75	1,09	1,23
	II	29,68	1,63	2,37	2,67	II	29,68	1,46	2,12	2,38	1,29	1,88	2,11	1,13	1,64	1,85	0,98	1,42	1,60	0,83	1,21	1,36	0,69	1,—	1,13
	III	18,42	1,01	1,47	1,65	III	18,42	0,88	1,28	1,44	0,76	1,10	1,24	0,64	0,93	1,04	0,52	0,76	0,85	0,40	0,59	0,66	—	0,43	0,48
	V	48,27	2,65	3,86	4,34	IV	31,08	1,62	2,35	2,65	1,53	2,23	2,51	1,44	2,10	2,37	1,36	1,98	2,23	1,28	1,86	2,09	1,20	1,74	1,96
	VI	49,34	2,71	3,94	4,44																				
138,49	I,IV	31,12	1,71	2,48	2,80	I	31,12	1,53	2,23	2,51	1,36	1,98	2,23	1,20	1,75	1,97	1,04	1,52	1,71	0,89	1,30	1,46	0,75	1,09	1,23
	II	29,72	1,63	2,37	2,67	II	29,72	1,46	2,12	2,39	1,29	1,88	2,11	1,13	1,65	1,85	0,98	1,42	1,60	0,83	1,21	1,36	0,69	1,—	1,13
	III	18,45	1,01	1,47	1,66	III	18,45	0,88	1,29	1,45	0,76	1,10	1,24	0,64	0,93	1,05	0,52	0,76	0,85	0,40	0,59	0,66	—	0,43	0,48
	V	48,31	2,65	3,86	4,34	IV	31,12	1,62	2,36	2,65	1,53	2,23	2,51	1,45	2,11	2,37	1,36	1,98	2,23	1,28	1,86	2,10	1,20	1,75	1,97
	VI	49,38	2,71	3,95	4,44																				
138,59	I,IV	31,15	1,71	2,49	2,80	I	31,15	1,53	2,23	2,51	1,36	1,99	2,24	1,20	1,75	1,97	1,04	1,52	1,71	0,89	1,30	1,47	0,75	1,09	1,23
	II	29,75	1,63	2,38	2,67	II	29,75	1,46	2,12	2,39	1,29	1,88	2,12	1,13	1,65	1,86	0,98	1,43	1,60	0,83	1,21	1,36	0,69	1,01	1,13
	III	18,47	1,01	1,47	1,66	III	18,47	0,88	1,29	1,45	0,76	1,11	1,25	0,64	0,93	1,05	0,52	0,76	0,85	0,41	0,59	0,67	—	0,43	0,48
	V	48,35	2,65	3,86	4,35	IV	31,15	1,62	2,36	2,65	1,53	2,23	2,51	1,45	2,11	2,37	1,36	1,99	2,24	1,28	1,87	2,10	1,20	1,75	1,97
	VI	49,43	2,71	3,95	4,44																				
138,69	I,IV	31,19	1,71	2,49	2,80	I	31,19	1,54	2,24	2,52	1,37	1,99	2,24	1,20	1,75	1,97	1,05	1,52	1,71	0,90	1,31	1,47	0,75	1,10	1,23
	II	29,79	1,63	2,38	2,68	II	29,79	1,46	2,13	2,39	1,29	1,88	2,12	1,13	1,65	1,86	0,98	1,43	1,61	0,83	1,21	1,37	0,69	1,01	1,13
	III	18,50	1,01	1,48	1,66	III	18,50	0,89	1,29	1,45	0,76	1,11	1,25	0,64	0,93	1,05	0,52	0,76	0,86	0,41	0,59	0,67	0,01	0,43	0,49
	V	48,40	2,66	3,87	4,35	IV	31,19	1,62	2,36	2,66	1,54	2,24	2,52	1,45	2,11	2,38	1,37	1,99	2,24	1,28	1,87	2,10	1,20	1,75	1,97
	VI	49,47	2,72	3,95	4,45																				
138,79	I,IV	31,23	1,71	2,49	2,81	I	31,23	1,54	2,24	2,52	1,37	1,99	2,24	1,20	1,75	1,97	1,05	1,53	1,72	0,90	1,31	1,47	0,75	1,10	1,24
	II	29,83	1,64	2,38	2,68	II	29,83	1,46	2,13	2,40	1,30	1,89	2,12	1,14	1,65	1,86	0,98	1,43	1,61	0,83	1,22	1,37	0,69	1,01	1,14
	III	18,53	1,01	1,48	1,66	III	18,53	0,89	1,29	1,45	0,76	1,11	1,25	0,64	0,94	1,05	0,52	0,76	0,86	0,41	0,60	0,67	0,01	0,43	0,49
	V	48,44	2,66	3,87	4,35	IV	31,23	1,62	2,36	2,66	1,54	2,24	2,52	1,45	2,11	2,38	1,37	1,99	2,24	1,29	1,87	2,11	1,20	1,75	1,97
	VI	49,51	2,72	3,96	4,45																				
138,89	I,IV	31,27	1,71	2,50	2,81	I	31,27	1,54	2,24	2,52	1,37	1,99	2,24	1,21	1,76	1,98	1,05	1,53	1,72	0,90	1,31	1,47	0,76	1,10	1,24
	II	29,86	1,64	2,38	2,68	II	29,86	1,46	2,13	2,40	1,30	1,89	2,13	1,14	1,66	1,86	0,98	1,43	1,61	0,84	1,22	1,37	0,69	1,01	1,14
	III	18,56	1,02	1,48	1,67	III	18,56	0,89	1,29	1,46	0,76	1,11	1,25	0,64	0,94	1,05	0,52	0,76	0,86	0,41	0,60	0,67	0,02	0,44	0,49
	V	48,48	2,66	3,87	4,36	IV	31,27	1,63	2,37	2,66	1,54	2,24	2,52	1,45	2,12	2,38	1,37	1,99	2,24	1,29	1,87	2,11	1,21	1,76	1,98
	VI	49,55	2,72	3,96	4,45																				
138,99	I,IV	31,31	1,72	2,50	2,81	I	31,31	1,54	2,24	2,52	1,37	2,—	2,25	1,21	1,76	1,98	1,05	1,53	1,72	0,90	1,31	1,48	0,76	1,10	1,24
	II	29,90	1,64	2,39	2,69	II	29,90	1,47	2,14	2,40	1,30	1,89	2,13	1,14	1,66	1,87	0,99	1,44	1,62	0,84	1,22	1,37	0,70	1,02	1,14
	III	18,58	1,02	1,48	1,67	III	18,58	0,89	1,30	1,46	0,77	1,12	1,26	0,64	0,94	1,06	0,53	0,77	0,86	0,41	0,60	0,68	0,02	0,44	0,49
	V	48,52	2,66	3,88	4,36	IV	31,31	1,63	2,37	2,67	1,54	2,24	2,52	1,46	2,12	2,38	1,37	2,—	2,25	1,29	1,88	2,11	1,21	1,76	1,98
	VI	49,60	2,72	3,96	4,46																				
139,09	I,IV	31,34	1,72	2,50	2,82	I	31,34	1,54	2,25	2,53	1,37	2,—	2,25	1,21	1,76	1,98	1,05	1,53	1,73	0,90	1,32	1,48	0,76	1,11	1,24
	II	29,94	1,64	2,39	2,69	II	29,94	1,47	2,14	2,41	1,30	1,90	2,13	1,14	1,66	1,87	0,99	1,44	1,62	0,84	1,22	1,38	0,70	1,02	1,15
	III	18,61	1,02	1,48	1,67	III	18,61	0,89	1,30	1,46	0,77	1,12	1,26	0,65	0,94	1,06	0,53	0,77	0,87	0,41	0,60	0,68	0,03	0,44	0,49
	V	48,56	2,67	3,88	4,37	IV	31,34	1,63	2,37	2,67	1,54	2,25	2,53	1,46	2,12	2,39	1,37	2,—	2,25	1,29	1,88	2,12	1,21	1,76	1,98
	VI	49,64	2,73	3,97	4,46																				
139,19	I,IV	31,38	1,72	2,51	2,82	I	31,38	1,55	2,25	2,53	1,38	2,—	2,25	1,21	1,77	1,99	1,06	1,54	1,73	0,90	1,32	1,48	0,76	1,11	1,25
	II	29,98	1,64	2,39	2,69	II	29,98	1,47	2,14	2,41	1,30	1,90	2,14	1,14	1,66	1,87	0,99	1,44	1,62	0,84	1,23	1,38	0,70	1,02	1,15
	III	18,63	1,02	1,49	1,67	III	18,63	0,89	1,30	1,46	0,77	1,12	1,26	0,65	0,94	1,06	0,53	0,77	0,87	0,41	0,60	0,68	0,03	0,44	0,50
	V	48,61	2,67	3,88	4,37	IV	31,38	1,63	2,38	2,67	1,55	2,25	2,53	1,46	2,12	2,39	1,38	2,—	2,25	1,29	1,88	2,12	1,21	1,77	1,99
	VI	49,68	2,73	3,97	4,47																				
139,29	I,IV	31,42	1,72	2,51	2,82	I	31,42	1,55	2,25	2,53	1,38	2,01	2,26	1,21	1,77	1,99	1,06	1,54	1,73	0,91	1,32	1,49	0,76	1,11	1,25
	II	30,01	1,65	2,40	2,70	II	30,01	1,47	2,14	2,41	1,31	1,90	2,14	1,14	1,67	1,88	0,99	1,44	1,62	0,84	1,23	1,38	0,70	1,02	1,15
	III	18,66	1,02	1,49	1,67	III	18,66	0,89	1,30	1,47	0,77	1,12	1,26	0,65	0,94	1,06	0,53	0,77	0,87	0,41	0,61	0,68	0,03	0,44	0,50
	V	48,65	2,67	3,89	4,37	IV	31,42	1,63	2,38	2,68	1,55	2,25	2,53	1,46	2,13	2,39	1,38	2,01	2,26	1,29	1,89	2,12	1,21	1,77	1,99
	VI	49,72	2,73	3,97	4,47																				
139,39	I,IV	31,46	1,73	2,51	2,83	I	31,46	1,55	2,26	2,54	1,38	2,01	2,26	1,22	1,77	1,99	1,06	1,54	1,73	0,91	1,32	1,49	0,76	1,11	1,25
	II	30,05	1,65	2,40	2,70	II	30,05	1,47	2,15	2,42	1,31	1,90	2,14	1,15	1,67	1,88	0,99	1,45	1,63	0,84	1,23	1,38	0,70	1,02	1,15
	III	18,69	1,02	1,49	1,68	III	18,69	0,90	1,30	1,47	0,77	1,12	1,26	0,65	0,95	1,07	0,53	0,78	0,87	0,42	0,61	0,68	0,04	0,44	0,50
	V	48,69	2,67	3,89	4,38	IV	31,46	1,64	2,38	2,68	1,55	2,26	2,54	1,46	2,13	2,40	1,38	2,01	2,26	1,30	1,89	2,12	1,22	1,77	1,99
	VI	49,76	2,73	3,98	4,47																				
139,49	I,IV	31,49	1,73	2,51	2,83	I	31,49	1,55	2,26	2,54	1,38	2,01	2,26	1,22	1,77	2,—	1,06	1,54	1,74	0,91	1,33	1,49	0,77	1,12	1,26
	II	30,09	1,65	2,40	2,70	II	30,09	1,48	2,15	2,42	1,31	1,91	2,15	1,15	1,67	1,88	0,99	1,45	1,63	0,85	1,23	1,39	0,70	1,03	1,16
	III	18,72	1,02	1,49	1,68	III	18,72	0,90	1,31	1,47	0,77	1,13	1,27	0,65	0,95	1,07	0,53	0,78	0,88	0,42	0,61	0,69	0,04	0,45	0,50
	V	48,73	2,68	3,89	4,38	IV	31,49	1,64	2,39	2,68	1,55	2,26	2,54	1,47	2,13	2,40	1,38	2,01	2,26	1,30	1,89	2,13	1,22	1,77	2,—
	VI	49,81	2,73	3,98	4,48																				

* Die ausgewiesenen Tabellenwerte sind amtlich. Siehe Erläuterungen auf der Umschlaginnenseite (U2).
** Bei mehr als 3 Kinderfreibeträgen ist die „Ergänzungs-Tabelle 3,5 bis 6 Kinderfreibeträge" anzuwenden.

Abzüge an Lohnsteuer, Solidaritätszuschlag (SolZ) und Kirchensteuer (8%, 9%) in den Steuerklassen

Lohn/ Gehalt bis €*		I – VI	ohne Kinderfreibeträge			I, II, III, IV	mit Zahl der Kinderfreibeträge . . . 0,5			1			1,5			2			2,5			3**			
		LSt	SolZ	8%	9%		LSt	SolZ	8%	9%	SolZ	8%	9%	SolZ	8%	9%	SolZ	8%	9%	SolZ	8%	9%	SolZ	8%	9%
139,59	I,IV	31,53	1,73	2,52	2,83	I	31,53	1,55	2,26	2,54	1,38	2,01	2,27	1,22	1,78	2,—	1,06	1,55	1,74	0,91	1,33	1,49	0,77	1,12	1,26
	II	30,12	1,65	2,40	2,71	II	30,12	1,48	2,15	2,42	1,31	1,91	2,15	1,15	1,68	1,89	1,—	1,45	1,63	0,85	1,24	1,39	0,71	1,03	1,16
	III	18,75	1,03	1,50	1,68	III	18,75	0,90	1,31	1,47	0,77	1,13	1,27	0,65	0,95	1,07	0,53	0,78	0,88	0,42	0,61	0,69	0,05	0,45	0,50
	V	48,77	2,68	3,90	4,38	IV	31,53	1,64	2,39	2,69	1,55	2,26	2,54	1,47	2,14	2,40	1,38	2,01	2,27	1,30	1,89	2,13	1,22	1,78	2,—
	VI	49,85	2,74	3,98	4,48																				
139,69	I,IV	31,57	1,73	2,52	2,84	I	31,57	1,56	2,26	2,55	1,39	2,02	2,27	1,22	1,78	2,—	1,06	1,55	1,74	0,91	1,33	1,50	0,77	1,12	1,26
	II	30,16	1,65	2,41	2,71	II	30,16	1,48	2,16	2,43	1,31	1,91	2,15	1,15	1,68	1,89	1,—	1,45	1,64	0,85	1,24	1,39	0,71	1,03	1,16
	III	18,77	1,03	1,50	1,68	III	18,77	0,90	1,31	1,48	0,78	1,13	1,27	0,65	0,95	1,07	0,54	0,78	0,88	0,42	0,61	0,69	0,05	0,45	0,51
	V	48,81	2,68	3,90	4,39	IV	31,57	1,64	2,39	2,69	1,56	2,26	2,55	1,47	2,14	2,41	1,39	2,02	2,27	1,30	1,90	2,13	1,22	1,78	2,—
	VI	49,89	2,74	3,99	4,49																				
139,79	I,IV	31,61	1,73	2,52	2,84	I	31,61	1,56	2,27	2,55	1,39	2,02	2,27	1,22	1,78	2,—	1,07	1,55	1,75	0,91	1,33	1,50	0,77	1,12	1,26
	II	30,20	1,66	2,41	2,71	II	30,20	1,48	2,16	2,43	1,32	1,92	2,16	1,15	1,68	1,89	1,—	1,46	1,64	0,85	1,24	1,40	0,71	1,03	1,16
	III	18,80	1,03	1,50	1,69	III	18,80	0,90	1,31	1,48	0,78	1,13	1,27	0,66	0,96	1,08	0,54	0,78	0,88	0,42	0,62	0,69	0,06	0,45	0,51
	V	48,86	2,68	3,90	4,39	IV	31,61	1,64	2,39	2,69	1,56	2,27	2,55	1,47	2,14	2,41	1,39	2,02	2,27	1,30	1,90	2,14	1,22	1,78	2,—
	VI	49,93	2,74	3,99	4,49																				
139,89	I,IV	31,64	1,74	2,53	2,84	I	31,64	1,56	2,27	2,55	1,39	2,02	2,28	1,23	1,78	2,01	1,07	1,56	1,75	0,92	1,34	1,50	0,77	1,12	1,26
	II	30,23	1,66	2,41	2,72	II	30,23	1,48	2,16	2,43	1,32	1,92	2,16	1,16	1,68	1,89	1,—	1,46	1,64	0,85	1,24	1,40	0,71	1,04	1,17
	III	18,83	1,03	1,50	1,69	III	18,83	0,90	1,32	1,48	0,78	1,13	1,28	0,66	0,96	1,08	0,54	0,78	0,88	0,42	0,62	0,69	0,06	0,45	0,51
	V	48,90	2,68	3,91	4,40	IV	31,64	1,65	2,40	2,70	1,56	2,27	2,55	1,47	2,14	2,41	1,39	2,02	2,28	1,31	1,90	2,14	1,23	1,78	2,01
	VI	49,97	2,74	3,99	4,49																				
139,99	I,IV	31,68	1,74	2,53	2,85	I	31,68	1,56	2,27	2,56	1,39	2,02	2,28	1,23	1,79	2,01	1,07	1,56	1,75	0,92	1,34	1,51	0,77	1,13	1,27
	II	30,27	1,66	2,42	2,72	II	30,27	1,49	2,16	2,43	1,32	1,92	2,16	1,16	1,69	1,90	1,—	1,46	1,64	0,85	1,24	1,40	0,71	1,04	1,17
	III	18,85	1,03	1,50	1,69	III	18,85	0,90	1,32	1,48	0,78	1,14	1,28	0,66	0,96	1,08	0,54	0,79	0,89	0,42	0,62	0,70	0,07	0,46	0,51
	V	48,94	2,69	3,91	4,40	IV	31,68	1,65	2,40	2,70	1,56	2,27	2,56	1,48	2,15	2,42	1,39	2,02	2,28	1,31	1,90	2,14	1,23	1,79	2,01
	VI	50,01	2,75	4,—	4,50																				
140,09	I,IV	31,72	1,74	2,53	2,85	I	31,72	1,56	2,28	2,56	1,39	2,03	2,28	1,23	1,79	2,01	1,07	1,56	1,76	0,92	1,34	1,51	0,77	1,13	1,27
	II	30,31	1,66	2,42	2,72	II	30,31	1,49	2,17	2,44	1,32	1,92	2,16	1,16	1,69	1,90	1,—	1,46	1,65	0,86	1,25	1,40	0,71	1,04	1,17
	III	18,88	1,03	1,51	1,69	III	18,88	0,91	1,32	1,48	0,78	1,14	1,28	0,66	0,96	1,08	0,54	0,79	0,89	0,43	0,62	0,70	0,07	0,46	0,52
	V	48,98	2,69	3,91	4,40	IV	31,72	1,65	2,40	2,70	1,56	2,28	2,56	1,48	2,15	2,42	1,39	2,03	2,28	1,31	1,91	2,15	1,23	1,79	2,01
	VI	50,06	2,75	4,—	4,50																				
140,19	I,IV	31,76	1,74	2,54	2,85	I	31,76	1,57	2,28	2,56	1,39	2,03	2,29	1,23	1,79	2,02	1,07	1,56	1,76	0,92	1,34	1,51	0,78	1,13	1,27
	II	30,35	1,66	2,42	2,73	II	30,35	1,49	2,17	2,44	1,32	1,93	2,17	1,16	1,69	1,90	1,01	1,47	1,65	0,86	1,25	1,41	0,72	1,04	1,17
	III	18,91	1,04	1,51	1,70	III	18,91	0,91	1,32	1,49	0,78	1,14	1,28	0,66	0,96	1,08	0,54	0,79	0,89	0,43	0,62	0,70	0,08	0,46	0,52
	V	49,03	2,69	3,92	4,41	IV	31,76	1,65	2,41	2,71	1,57	2,28	2,56	1,48	2,15	2,42	1,39	2,03	2,29	1,31	1,91	2,15	1,23	1,79	2,02
	VI	50,10	2,75	4,—	4,50																				
140,29	I,IV	31,79	1,74	2,54	2,86	I	31,79	1,57	2,28	2,57	1,40	2,03	2,29	1,23	1,80	2,02	1,07	1,57	1,76	0,92	1,34	1,51	0,78	1,13	1,28
	II	30,38	1,67	2,43	2,73	II	30,38	1,49	2,17	2,44	1,32	1,93	2,17	1,16	1,69	1,91	1,01	1,47	1,65	0,86	1,25	1,41	0,72	1,04	1,18
	III	18,93	1,04	1,51	1,70	III	18,93	0,91	1,32	1,49	0,78	1,14	1,28	0,66	0,96	1,09	0,54	0,79	0,89	0,43	0,62	0,70	0,08	0,46	0,52
	V	49,07	2,69	3,92	4,41	IV	31,79	1,65	2,41	2,71	1,57	2,28	2,57	1,48	2,16	2,43	1,40	2,03	2,29	1,31	1,91	2,15	1,23	1,80	2,02
	VI	50,14	2,75	4,01	4,51																				
140,39	I,IV	31,83	1,75	2,54	2,86	I	31,83	1,57	2,28	2,57	1,40	2,04	2,29	1,23	1,80	2,02	1,08	1,57	1,76	0,92	1,35	1,52	0,78	1,14	1,28
	II	30,42	1,67	2,43	2,73	II	30,42	1,49	2,18	2,45	1,33	1,93	2,17	1,16	1,70	1,91	1,01	1,47	1,66	0,86	1,25	1,41	0,72	1,05	1,18
	III	18,96	1,04	1,51	1,70	III	18,96	0,91	1,33	1,49	0,79	1,14	1,29	0,66	0,97	1,09	0,54	0,79	0,89	0,43	0,63	0,71	0,09	0,46	0,52
	V	49,11	2,70	3,92	4,41	IV	31,83	1,66	2,41	2,71	1,57	2,28	2,57	1,48	2,16	2,43	1,40	2,04	2,29	1,32	1,92	2,16	1,23	1,80	2,02
	VI	50,18	2,76	4,01	4,51																				
140,49	I,IV	31,87	1,75	2,54	2,86	I	31,87	1,57	2,29	2,57	1,40	2,04	2,29	1,24	1,80	2,03	1,08	1,57	1,77	0,93	1,35	1,52	0,78	1,14	1,28
	II	30,46	1,67	2,43	2,74	II	30,46	1,50	2,18	2,45	1,33	1,93	2,18	1,17	1,70	1,91	1,01	1,47	1,66	0,86	1,26	1,41	0,72	1,05	1,18
	III	18,99	1,04	1,51	1,70	III	18,99	0,91	1,33	1,49	0,79	1,15	1,29	0,66	0,97	1,09	0,55	0,80	0,90	0,43	0,63	0,71	0,09	0,46	0,52
	V	49,15	2,70	3,93	4,42	IV	31,87	1,66	2,42	2,72	1,57	2,29	2,57	1,49	2,16	2,43	1,40	2,04	2,29	1,32	1,92	2,16	1,24	1,80	2,03
	VI	50,23	2,76	4,01	4,52																				
140,59	I,IV	31,91	1,75	2,55	2,87	I	31,91	1,57	2,29	2,58	1,40	2,04	2,30	1,24	1,80	2,03	1,08	1,57	1,77	0,93	1,35	1,52	0,78	1,14	1,28
	II	30,50	1,67	2,44	2,74	II	30,50	1,50	2,18	2,45	1,33	1,94	2,18	1,17	1,70	1,91	1,01	1,48	1,66	0,86	1,26	1,42	0,72	1,05	1,18
	III	19,02	1,04	1,52	1,71	III	19,02	0,91	1,33	1,50	0,79	1,15	1,29	0,67	0,97	1,09	0,55	0,80	0,90	0,43	0,63	0,71	0,10	0,47	0,53
	V	49,19	2,70	3,93	4,42	IV	31,91	1,66	2,42	2,72	1,57	2,29	2,58	1,49	2,16	2,44	1,40	2,04	2,30	1,32	1,92	2,16	1,24	1,80	2,03
	VI	50,27	2,76	4,02	4,52																				
140,69	I,IV	31,95	1,75	2,55	2,87	I	31,95	1,58	2,29	2,58	1,40	2,04	2,30	1,24	1,81	2,03	1,08	1,58	1,77	0,93	1,36	1,53	0,78	1,14	1,29
	II	30,53	1,67	2,44	2,74	II	30,53	1,50	2,18	2,46	1,33	1,94	2,18	1,17	1,70	1,92	1,02	1,48	1,66	0,87	1,26	1,42	0,72	1,05	1,19
	III	19,05	1,04	1,52	1,71	III	19,05	0,91	1,33	1,50	0,79	1,15	1,29	0,67	0,97	1,09	0,55	0,80	0,90	0,43	0,63	0,71	0,10	0,47	0,53
	V	49,24	2,70	3,93	4,43	IV	31,95	1,66	2,42	2,72	1,58	2,29	2,58	1,49	2,17	2,44	1,40	2,04	2,30	1,32	1,92	2,16	1,24	1,81	2,03
	VI	50,31	2,76	4,02	4,52																				
140,79	I,IV	31,98	1,75	2,55	2,87	I	31,98	1,58	2,30	2,58	1,41	2,05	2,30	1,24	1,81	2,03	1,08	1,58	1,78	0,93	1,36	1,53	0,79	1,15	1,29
	II	30,57	1,68	2,44	2,75	II	30,57	1,50	2,19	2,46	1,33	1,94	2,19	1,17	1,71	1,92	1,02	1,48	1,67	0,87	1,26	1,42	0,73	1,06	1,19
	III	19,07	1,04	1,52	1,71	III	19,07	0,92	1,33	1,50	0,79	1,15	1,30	0,67	0,98	1,10	0,55	0,80	0,90	0,43	0,63	0,71	0,10	0,47	0,53
	V	49,28	2,71	3,94	4,43	IV	31,98	1,67	2,42	2,73	1,58	2,30	2,58	1,49	2,17	2,44	1,41	2,05	2,30	1,32	1,93	2,17	1,24	1,81	2,03
	VI	50,35	2,76	4,02	4,53																				
140,89	I,IV	32,02	1,76	2,56	2,88	I	32,02	1,58	2,30	2,59	1,41	2,05	2,31	1,24	1,81	2,04	1,09	1,58	1,78	0,93	1,36	1,53	0,79	1,15	1,29
	II	30,61	1,68	2,44	2,75	II	30,61	1,50	2,19	2,46	1,34	1,95	2,19	1,17	1,71	1,92	1,02	1,48	1,67	0,87	1,27	1,43	0,73	1,06	1,19
	III	19,10	1,05	1,52	1,71	III	19,10	0,92	1,34	1,50	0,79	1,15	1,30	0,67	0,98	1,10	0,55	0,80	0,90	0,44	0,64	0,72	0,11	0,47	0,53
	V	49,32	2,71	3,94	4,43	IV	32,02	1,67	2,43	2,73	1,58	2,30	2,59	1,49	2,17	2,45	1,41	2,05	2,31	1,33	1,93	2,17	1,24	1,81	2,04
	VI	50,39	2,77	4,03	4,53																				
140,99	I,IV	32,06	1,76	2,56	2,88	I	32,06	1,58	2,30	2,59	1,41	2,05	2,31	1,25	1,81	2,04	1,09	1,58	1,78	0,94	1,36	1,53	0,79	1,15	1,29
	II	30,64	1,68	2,45	2,75	II	30,64	1,51	2,19	2,47	1,34	1,95	2,19	1,18	1,71	1,93	1,02	1,49	1,67	0,87	1,27	1,43	0,73	1,06	1,19
	III	19,12	1,05	1,52	1,72	III	19,12	0,92	1,34	1,51	0,79	1,16	1,30	0,67	0,98	1,10	0,55	0,81	0,91	0,44	0,64	0,72	0,11	0,47	0,53
	V	49,36	2,71	3,94	4,44	IV	32,06	1,67	2,43	2,73	1,58	2,30	2,59	1,49	2,18	2,45	1,41	2,05	2,31	1,33	1,93	2,17	1,25	1,81	2,04
	VI	50,43	2,77	4,03	4,53																				

* Die ausgewiesenen Tabellenwerte sind amtlich. Siehe Erläuterungen auf der Umschlaginnenseite (U2).
** Bei mehr als 3 Kinderfreibeträgen ist die „Ergänzungs-Tabelle 3,5 bis 6 Kinderfreibeträge" anzuwenden.

TAG 141,–*

Lohn/ Gehalt bis €*	Abzüge an Lohnsteuer, Solidaritätszuschlag (SolZ) und Kirchensteuer (8%, 9%) in den Steuerklassen																								
	I – VI					I, II, III, IV																			
			ohne Kinderfreibeträge					mit Zahl der Kinderfreibeträge . . .																	
								0,5			1			1,5			2			2,5			3**		
		LSt	SolZ	8%	9%		LSt	SolZ	8%	9%	SolZ	8%	9%	SolZ	8%	9%	SolZ	8%	9%	SolZ	8%	9%	SolZ	8%	9%
141,09	I,IV	32,10	1,76	2,56	2,88	I	32,10	1,58	2,30	2,59	1,41	2,06	2,31	1,25	1,82	2,04	1,09	1,59	1,79	0,94	1,36	1,54	0,79	1,15	1,30
	II	30,68	1,68	2,45	2,76	II	30,68	1,51	2,20	2,47	1,34	1,95	2,20	1,18	1,72	1,93	1,02	1,49	1,68	0,87	1,27	1,43	0,73	1,06	1,20
	III	19,15	1,05	1,53	1,72	III	19,15	0,92	1,34	1,51	0,79	1,16	1,30	0,67	0,98	1,10	0,55	0,81	0,91	0,44	0,64	0,72	0,12	0,48	0,54
	V	49,40	2,71	3,95	4,44	IV	32,10	1,67	2,43	2,74	1,58	2,30	2,59	1,50	2,18	2,45	1,41	2,06	2,31	1,33	1,94	2,18	1,25	1,82	2,04
	VI	50,48	2,77	4,03	4,54																				
141,19	I,IV	32,13	1,76	2,57	2,89	I	32,13	1,59	2,31	2,60	1,41	2,06	2,32	1,25	1,82	2,05	1,09	1,59	1,79	0,94	1,37	1,54	0,79	1,16	1,30
	II	30,72	1,68	2,45	2,76	II	30,72	1,51	2,20	2,47	1,34	1,95	2,20	1,18	1,72	1,93	1,02	1,49	1,68	0,87	1,27	1,43	0,73	1,07	1,20
	III	19,18	1,05	1,53	1,72	III	19,18	0,92	1,34	1,51	0,80	1,16	1,31	0,67	0,98	1,11	0,56	0,81	0,91	0,44	0,64	0,72	0,12	0,48	0,54
	V	49,45	2,71	3,95	4,45	IV	32,13	1,67	2,44	2,74	1,59	2,31	2,60	1,50	2,18	2,46	1,41	2,06	2,32	1,33	1,94	2,18	1,25	1,82	2,05
	VI	50,52	2,77	4,04	4,54																				
141,29	I,IV	32,17	1,76	2,57	2,89	I	32,17	1,59	2,31	2,60	1,42	2,06	2,32	1,25	1,82	2,05	1,09	1,59	1,79	0,94	1,37	1,54	0,79	1,16	1,30
	II	30,76	1,69	2,46	2,76	II	30,76	1,51	2,20	2,48	1,34	1,96	2,20	1,18	1,72	1,94	1,03	1,49	1,68	0,88	1,28	1,44	0,73	1,07	1,20
	III	19,21	1,05	1,53	1,72	III	19,21	0,92	1,34	1,51	0,80	1,16	1,31	0,68	0,98	1,11	0,56	0,81	0,91	0,44	0,64	0,72	0,13	0,48	0,54
	V	49,49	2,72	3,95	4,45	IV	32,17	1,68	2,44	2,74	1,59	2,31	2,60	1,50	2,18	2,46	1,42	2,06	2,32	1,33	1,94	2,18	1,25	1,82	2,05
	VI	50,56	2,78	4,04	4,55																				
141,39	I,IV	32,21	1,77	2,57	2,89	I	32,21	1,59	2,31	2,60	1,42	2,06	2,32	1,25	1,82	2,05	1,09	1,59	1,79	0,94	1,37	1,54	0,80	1,16	1,31
	II	30,79	1,69	2,46	2,77	II	30,79	1,51	2,20	2,48	1,35	1,96	2,20	1,18	1,72	1,94	1,03	1,50	1,68	0,88	1,28	1,44	0,73	1,07	1,21
	III	19,23	1,05	1,53	1,73	III	19,23	0,92	1,35	1,52	0,80	1,16	1,31	0,68	0,99	1,11	0,56	0,81	0,92	0,44	0,65	0,73	0,13	0,48	0,54
	V	49,53	2,72	3,96	4,45	IV	32,21	1,68	2,44	2,75	1,59	2,31	2,60	1,50	2,19	2,46	1,42	2,06	2,32	1,33	1,94	2,19	1,25	1,82	2,05
	VI	50,60	2,78	4,04	4,55																				
141,49	I,IV	32,25	1,77	2,58	2,90	I	32,25	1,59	2,32	2,61	1,42	2,07	2,33	1,25	1,83	2,06	1,10	1,60	1,80	0,94	1,38	1,55	0,80	1,16	1,31
	II	30,83	1,69	2,46	2,77	II	30,83	1,52	2,21	2,48	1,35	1,96	2,21	1,19	1,73	1,94	1,03	1,50	1,69	0,88	1,28	1,44	0,74	1,07	1,21
	III	19,26	1,05	1,54	1,73	III	19,26	0,93	1,35	1,52	0,80	1,17	1,31	0,68	0,99	1,11	0,56	0,82	0,92	0,44	0,65	0,73	0,14	0,48	0,54
	V	49,57	2,72	3,96	4,46	IV	32,25	1,68	2,44	2,75	1,59	2,32	2,61	1,50	2,19	2,47	1,42	2,07	2,33	1,34	1,95	2,19	1,25	1,83	2,06
	VI	50,65	2,78	4,05	4,55																				
141,59	I,IV	32,29	1,77	2,58	2,90	I	32,29	1,59	2,32	2,61	1,42	2,07	2,33	1,26	1,83	2,06	1,10	1,60	1,80	0,95	1,38	1,55	0,80	1,16	1,31
	II	30,87	1,69	2,46	2,77	II	30,87	1,52	2,21	2,49	1,35	1,96	2,21	1,19	1,73	1,95	1,03	1,50	1,69	0,88	1,28	1,44	0,74	1,08	1,21
	III	19,29	1,06	1,54	1,73	III	19,29	0,93	1,35	1,52	0,80	1,17	1,32	0,68	0,99	1,12	0,56	0,82	0,92	0,44	0,65	0,73	0,14	0,48	0,55
	V	49,61	2,72	3,96	4,46	IV	32,29	1,68	2,45	2,75	1,59	2,32	2,61	1,51	2,19	2,47	1,42	2,07	2,33	1,34	1,95	2,19	1,26	1,83	2,06
	VI	50,69	2,78	4,05	4,56																				
141,69	I,IV	32,32	1,77	2,58	2,90	I	32,32	1,60	2,32	2,61	1,42	2,07	2,33	1,26	1,83	2,06	1,10	1,60	1,80	0,95	1,38	1,55	0,80	1,17	1,31
	II	30,90	1,69	2,47	2,78	II	30,90	1,52	2,21	2,49	1,35	1,97	2,21	1,19	1,73	1,95	1,03	1,50	1,69	0,88	1,29	1,45	0,74	1,08	1,21
	III	19,32	1,06	1,54	1,73	III	19,32	0,93	1,35	1,52	0,80	1,17	1,32	0,68	0,99	1,12	0,56	0,82	0,92	0,45	0,65	0,73	0,15	0,49	0,55
	V	49,66	2,73	3,97	4,46	IV	32,32	1,68	2,45	2,76	1,60	2,32	2,61	1,51	2,20	2,47	1,42	2,07	2,33	1,34	1,95	2,20	1,26	1,83	2,06
	VI	50,73	2,79	4,05	4,56																				
141,79	I,IV	32,36	1,78	2,58	2,91	I	32,36	1,60	2,33	2,62	1,43	2,08	2,34	1,26	1,84	2,07	1,10	1,60	1,80	0,95	1,38	1,56	0,80	1,17	1,32
	II	30,94	1,70	2,47	2,78	II	30,94	1,52	2,22	2,49	1,35	1,97	2,22	1,19	1,73	1,95	1,03	1,51	1,70	0,88	1,29	1,45	0,74	1,08	1,22
	III	19,35	1,06	1,54	1,74	III	19,35	0,93	1,36	1,53	0,81	1,17	1,32	0,68	1,—	1,12	0,56	0,82	0,92	0,45	0,65	0,73	0,15	0,49	0,55
	V	49,70	2,73	3,97	4,47	IV	32,36	1,69	2,45	2,76	1,60	2,33	2,62	1,51	2,20	2,47	1,43	2,08	2,34	1,34	1,95	2,20	1,26	1,84	2,07
	VI	50,77	2,79	4,06	4,56																				
141,89	I,IV	32,40	1,78	2,59	2,91	I	32,40	1,60	2,33	2,62	1,43	2,08	2,34	1,26	1,84	2,07	1,10	1,61	1,81	0,95	1,38	1,56	0,80	1,17	1,32
	II	30,98	1,70	2,47	2,78	II	30,98	1,52	2,22	2,50	1,36	1,97	2,22	1,19	1,74	1,95	1,04	1,51	1,70	0,89	1,29	1,45	0,74	1,08	1,22
	III	19,37	1,06	1,54	1,74	III	19,37	0,93	1,36	1,53	0,81	1,18	1,32	0,68	1,—	1,12	0,56	0,82	0,93	0,45	0,66	0,74	0,16	0,49	0,55
	V	49,74	2,73	3,97	4,47	IV	32,40	1,69	2,46	2,76	1,60	2,33	2,62	1,51	2,20	2,48	1,43	2,08	2,34	1,34	1,96	2,20	1,26	1,84	2,07
	VI	50,81	2,79	4,06	4,57																				
141,99	I,IV	32,44	1,78	2,59	2,91	I	32,44	1,60	2,33	2,62	1,43	2,08	2,34	1,26	1,84	2,07	1,11	1,61	1,81	0,95	1,39	1,56	0,81	1,17	1,32
	II	31,02	1,70	2,48	2,79	II	31,02	1,53	2,22	2,50	1,36	1,98	2,22	1,19	1,74	1,96	1,04	1,51	1,70	0,89	1,29	1,46	0,74	1,08	1,22
	III	19,40	1,06	1,55	1,74	III	19,40	0,93	1,36	1,53	0,81	1,18	1,32	0,69	1,—	1,12	0,57	0,83	0,93	0,45	0,66	0,74	0,16	0,49	0,55
	V	49,78	2,73	3,98	4,48	IV	32,44	1,69	2,46	2,77	1,60	2,33	2,62	1,51	2,20	2,48	1,43	2,08	2,34	1,35	1,96	2,21	1,26	1,84	2,07
	VI	50,86	2,79	4,06	4,57																				
142,09	I,IV	32,48	1,78	2,59	2,92	I	32,48	1,60	2,33	2,63	1,43	2,08	2,34	1,27	1,84	2,07	1,11	1,61	1,81	0,95	1,39	1,56	0,81	1,18	1,32
	II	31,05	1,70	2,48	2,79	II	31,05	1,53	2,22	2,50	1,36	1,98	2,23	1,20	1,74	1,96	1,04	1,51	1,70	0,89	1,30	1,46	0,75	1,09	1,22
	III	19,42	1,06	1,55	1,74	III	19,42	0,93	1,36	1,53	0,81	1,18	1,33	0,69	1,—	1,13	0,57	0,83	0,93	0,45	0,66	0,74	0,17	0,50	0,56
	V	49,82	2,74	3,98	4,48	IV	32,48	1,69	2,46	2,77	1,60	2,33	2,63	1,52	2,21	2,48	1,43	2,08	2,34	1,35	1,96	2,21	1,27	1,84	2,07
	VI	50,90	2,79	4,07	4,58																				
142,19	I,IV	32,51	1,78	2,60	2,92	I	32,51	1,61	2,34	2,63	1,43	2,09	2,35	1,27	1,85	2,08	1,11	1,62	1,82	0,96	1,39	1,57	0,81	1,18	1,33
	II	31,09	1,71	2,48	2,79	II	31,09	1,53	2,23	2,51	1,36	1,98	2,23	1,20	1,74	1,96	1,04	1,52	1,71	0,89	1,30	1,46	0,75	1,09	1,23
	III	19,45	1,07	1,55	1,75	III	19,45	0,94	1,36	1,53	0,81	1,18	1,33	0,69	1,—	1,13	0,57	0,83	0,93	0,45	0,66	0,74	0,17	0,50	0,56
	V	49,86	2,74	3,98	4,48	IV	32,51	1,69	2,47	2,77	1,61	2,34	2,63	1,52	2,21	2,49	1,43	2,09	2,35	1,35	1,97	2,21	1,27	1,85	2,08
	VI	50,94	2,80	4,07	4,58																				
142,29	I,IV	32,55	1,79	2,60	2,92	I	32,55	1,61	2,34	2,63	1,44	2,09	2,35	1,27	1,85	2,08	1,11	1,62	1,82	0,96	1,40	1,57	0,81	1,18	1,33
	II	31,13	1,71	2,49	2,80	II	31,13	1,53	2,23	2,51	1,36	1,98	2,23	1,20	1,75	1,97	1,04	1,52	1,71	0,89	1,30	1,46	0,75	1,09	1,23
	III	19,48	1,07	1,55	1,75	III	19,48	0,94	1,37	1,54	0,81	1,18	1,33	0,69	1,—	1,13	0,57	0,83	0,94	0,45	0,66	0,75	0,17	0,50	0,56
	V	49,91	2,74	3,99	4,49	IV	32,55	1,70	2,47	2,78	1,61	2,34	2,63	1,52	2,21	2,49	1,44	2,09	2,35	1,35	1,97	2,21	1,27	1,85	2,08
	VI	50,98	2,80	4,07	4,58																				
142,39	I,IV	32,59	1,79	2,60	2,93	I	32,59	1,61	2,34	2,64	1,44	2,09	2,35	1,27	1,85	2,08	1,11	1,62	1,82	0,96	1,40	1,57	0,81	1,18	1,33
	II	31,17	1,71	2,49	2,80	II	31,17	1,53	2,23	2,51	1,36	1,99	2,24	1,20	1,75	1,97	1,05	1,52	1,71	0,89	1,30	1,47	0,75	1,09	1,23
	III	19,51	1,07	1,56	1,75	III	19,51	0,94	1,37	1,54	0,81	1,19	1,33	0,69	1,01	1,13	0,57	0,83	0,94	0,46	0,66	0,75	0,18	0,50	0,56
	V	49,95	2,74	3,99	4,49	IV	32,59	1,70	2,47	2,78	1,61	2,34	2,64	1,52	2,22	2,49	1,44	2,09	2,35	1,35	1,97	2,22	1,27	1,85	2,08
	VI	51,02	2,80	4,08	4,59																				
142,49	I,IV	32,63	1,79	2,61	2,93	I	32,63	1,61	2,35	2,64	1,44	2,10	2,36	1,27	1,85	2,09	1,11	1,62	1,83	0,96	1,40	1,58	0,81	1,19	1,34
	II	31,20	1,71	2,49	2,80	II	31,20	1,54	2,24	2,52	1,37	1,99	2,24	1,20	1,75	1,97	1,05	1,52	1,72	0,90	1,31	1,47	0,75	1,10	1,23
	III	19,53	1,07	1,56	1,75	III	19,53	0,94	1,37	1,54	0,82	1,19	1,34	0,69	1,01	1,14	0,57	0,84	0,94	0,46	0,67	0,75	0,18	0,50	0,56
	V	49,99	2,74	3,99	4,49	IV	32,63	1,70	2,47	2,78	1,61	2,35	2,64	1,52	2,22	2,50	1,44	2,10	2,36	1,36	1,97	2,22	1,27	1,85	2,09
	VI	51,06	2,80	4,08	4,59																				

* Die ausgewiesenen Tabellenwerte sind amtlich. Siehe Erläuterungen auf der Umschlaginnenseite (U2).
** Bei mehr als 3 Kinderfreibeträgen ist die „Ergänzungs-Tabelle 3,5 bis 6 Kinderfreibeträge" anzuwenden.

Lohn/ Gehalt bis €*		I – VI				I, II, III, IV		mit Zahl der Kinderfreibeträge . . . 0,5			1			1,5			2			2,5			3**		
		LSt	ohne Kinderfreibeträge SolZ	8%	9%		LSt	SolZ	8%	9%	SolZ	8%	9%	SolZ	8%	9%	SolZ	8%	9%	SolZ	8%	9%	SolZ	8%	9%
142,59	I,IV	32,66	1,79	2,61	2,93	I	32,66	1,61	2,35	2,64	1,44	2,10	2,36	1,28	1,86	2,09	1,12	1,63	1,83	0,96	1,40	1,58	0,82	1,19	1,34
	II	31,24	1,71	2,49	2,81	II	31,24	1,54	2,24	2,52	1,37	1,99	2,24	1,21	1,76	1,98	1,05	1,53	1,72	0,90	1,31	1,47	0,75	1,10	1,24
	III	19,56	1,07	1,56	1,76	III	19,56	0,94	1,37	1,54	0,82	1,19	1,34	0,69	1,01	1,14	0,57	0,84	0,94	0,46	0,67	0,75	0,19	0,50	0,57
	V	50,03	2,75	4,—	4,50	IV	32,66	1,70	2,48	2,79	1,61	2,35	2,64	1,53	2,22	2,50	1,44	2,10	2,36	1,36	1,98	2,22	1,28	1,86	2,09
	VI	51,11	2,81	4,08	4,59																				
142,69	I,IV	32,70	1,79	2,61	2,94	I	32,70	1,62	2,35	2,65	1,44	2,10	2,36	1,28	1,86	2,09	1,12	1,63	1,83	0,96	1,40	1,58	0,82	1,19	1,34
	II	31,28	1,72	2,50	2,81	II	31,28	1,54	2,24	2,52	1,37	2,—	2,25	1,21	1,76	1,98	1,05	1,53	1,72	0,90	1,31	1,48	0,76	1,10	1,24
	III	19,59	1,07	1,56	1,76	III	19,59	0,94	1,38	1,55	0,82	1,19	1,34	0,70	1,01	1,14	0,58	0,84	0,95	0,46	0,67	0,75	0,19	0,51	0,57
	V	50,08	2,75	4,—	4,50	IV	32,70	1,70	2,48	2,79	1,62	2,35	2,65	1,53	2,23	2,50	1,44	2,10	2,36	1,36	1,98	2,23	1,28	1,86	2,09
	VI	51,15	2,81	4,09	4,60																				
142,79	I,IV	32,74	1,80	2,61	2,94	I	32,74	1,62	2,35	2,65	1,45	2,10	2,37	1,28	1,86	2,10	1,12	1,63	1,83	0,97	1,41	1,58	0,82	1,19	1,34
	II	31,32	1,72	2,50	2,81	II	31,32	1,54	2,24	2,53	1,37	2,—	2,25	1,21	1,76	1,98	1,05	1,53	1,72	0,90	1,31	1,48	0,76	1,10	1,24
	III	19,62	1,07	1,56	1,76	III	19,62	0,94	1,38	1,55	0,82	1,19	1,34	0,70	1,02	1,14	0,58	0,84	0,95	0,46	0,67	0,76	0,20	0,51	0,57
	V	50,12	2,75	4,—	4,51	IV	32,74	1,71	2,48	2,79	1,62	2,35	2,65	1,53	2,23	2,51	1,45	2,10	2,37	1,36	1,98	2,23	1,28	1,86	2,10
	VI	51,19	2,81	4,09	4,60																				
142,89	I,IV	32,78	1,80	2,62	2,95	I	32,78	1,62	2,36	2,65	1,45	2,11	2,37	1,28	1,87	2,10	1,12	1,63	1,84	0,97	1,41	1,59	0,82	1,20	1,35
	II	31,35	1,72	2,50	2,82	II	31,35	1,54	2,25	2,53	1,37	2,—	2,25	1,21	1,76	1,98	1,05	1,54	1,73	0,90	1,32	1,48	0,76	1,11	1,25
	III	19,65	1,08	1,57	1,76	III	19,65	0,95	1,38	1,55	0,82	1,20	1,35	0,70	1,02	1,15	0,58	0,84	0,95	0,46	0,67	0,76	0,20	0,51	0,57
	V	50,16	2,75	4,01	4,51	IV	32,78	1,71	2,49	2,80	1,62	2,36	2,65	1,53	2,23	2,51	1,45	2,11	2,37	1,36	1,98	2,23	1,28	1,87	2,10
	VI	51,23	2,81	4,09	4,61																				
142,99	I,IV	32,82	1,80	2,62	2,95	I	32,82	1,62	2,36	2,66	1,45	2,11	2,37	1,28	1,87	2,10	1,12	1,64	1,84	0,97	1,41	1,59	0,82	1,20	1,35
	II	31,39	1,72	2,51	2,82	II	31,39	1,55	2,25	2,53	1,38	2,—	2,25	1,21	1,77	1,99	1,06	1,54	1,73	0,91	1,32	1,48	0,76	1,11	1,25
	III	19,67	1,08	1,57	1,77	III	19,67	0,95	1,38	1,55	0,82	1,20	1,35	0,70	1,02	1,15	0,58	0,85	0,95	0,46	0,68	0,76	0,21	0,51	0,58
	V	50,20	2,76	4,01	4,51	IV	32,82	1,71	2,49	2,80	1,62	2,36	2,66	1,53	2,23	2,51	1,45	2,11	2,37	1,37	1,99	2,24	1,28	1,87	2,10
	VI	51,28	2,82	4,10	4,61																				
143,09	I,IV	32,86	1,80	2,62	2,95	I	32,86	1,62	2,36	2,66	1,45	2,11	2,38	1,28	1,87	2,11	1,12	1,64	1,84	0,97	1,42	1,59	0,82	1,20	1,35
	II	31,43	1,72	2,51	2,82	II	31,43	1,55	2,25	2,54	1,38	2,01	2,26	1,21	1,77	1,99	1,06	1,54	1,73	0,91	1,32	1,49	0,76	1,11	1,25
	III	19,70	1,08	1,57	1,77	III	19,70	0,95	1,38	1,56	0,82	1,20	1,35	0,70	1,02	1,15	0,58	0,85	0,95	0,46	0,68	0,76	0,21	0,51	0,58
	V	50,24	2,76	4,01	4,52	IV	32,86	1,71	2,49	2,80	1,62	2,36	2,66	1,54	2,24	2,52	1,45	2,11	2,38	1,37	1,99	2,24	1,28	1,87	2,11
	VI	51,32	2,82	4,10	4,61																				
143,19	I,IV	32,90	1,80	2,63	2,96	I	32,90	1,63	2,37	2,66	1,45	2,12	2,38	1,29	1,87	2,11	1,13	1,64	1,85	0,97	1,42	1,60	0,83	1,20	1,35
	II	31,47	1,73	2,51	2,83	II	31,47	1,55	2,26	2,54	1,38	2,01	2,26	1,22	1,77	1,99	1,06	1,54	1,74	0,91	1,32	1,49	0,76	1,11	1,25
	III	19,73	1,08	1,57	1,77	III	19,73	0,95	1,39	1,56	0,83	1,20	1,35	0,70	1,02	1,15	0,58	0,85	0,96	0,47	0,68	0,77	0,22	0,52	0,58
	V	50,29	2,76	4,02	4,52	IV	32,90	1,71	2,50	2,81	1,63	2,37	2,66	1,54	2,24	2,52	1,45	2,12	2,38	1,37	1,99	2,24	1,29	1,87	2,11
	VI	51,36	2,82	4,10	4,62																				
143,29	I,IV	32,93	1,81	2,63	2,96	I	32,93	1,63	2,37	2,67	1,45	2,12	2,38	1,29	1,88	2,11	1,13	1,64	1,85	0,97	1,42	1,60	0,83	1,21	1,36
	II	31,51	1,73	2,52	2,83	II	31,51	1,55	2,26	2,54	1,38	2,01	2,26	1,22	1,77	2,—	1,06	1,55	1,74	0,91	1,33	1,49	0,77	1,12	1,26
	III	19,75	1,08	1,58	1,77	III	19,75	0,95	1,39	1,56	0,83	1,20	1,35	0,70	1,03	1,15	0,58	0,85	0,96	0,47	0,68	0,77	0,22	0,52	0,58
	V	50,33	2,76	4,02	4,52	IV	32,93	1,72	2,50	2,81	1,63	2,37	2,67	1,54	2,24	2,52	1,45	2,12	2,38	1,37	2,—	2,25	1,29	1,88	2,11
	VI	51,40	2,82	4,11	4,62																				
143,39	I,IV	32,97	1,81	2,63	2,96	I	32,97	1,63	2,37	2,67	1,46	2,12	2,39	1,29	1,88	2,11	1,13	1,65	1,85	0,98	1,42	1,60	0,83	1,21	1,36
	II	31,54	1,73	2,52	2,83	II	31,54	1,55	2,26	2,55	1,38	2,02	2,27	1,22	1,78	2,—	1,06	1,55	1,74	0,91	1,33	1,49	0,77	1,12	1,26
	III	19,78	1,08	1,58	1,78	III	19,78	0,95	1,39	1,56	0,83	1,21	1,36	0,70	1,03	1,16	0,59	0,85	0,96	0,47	0,68	0,77	0,23	0,52	0,58
	V	50,37	2,77	4,02	4,53	IV	32,97	1,72	2,50	2,81	1,63	2,37	2,67	1,54	2,25	2,53	1,46	2,12	2,39	1,37	2,—	2,25	1,29	1,88	2,11
	VI	51,44	2,82	4,11	4,62																				
143,49	I,IV	33,01	1,81	2,64	2,97	I	33,01	1,63	2,38	2,67	1,46	2,12	2,39	1,29	1,88	2,12	1,13	1,65	1,86	0,98	1,43	1,60	0,83	1,21	1,36
	II	31,58	1,73	2,52	2,84	II	31,58	1,56	2,26	2,55	1,39	2,02	2,27	1,22	1,78	2,—	1,06	1,55	1,74	0,91	1,33	1,50	0,77	1,12	1,26
	III	19,81	1,08	1,58	1,78	III	19,81	0,96	1,39	1,57	0,83	1,21	1,36	0,71	1,03	1,16	0,59	0,86	0,96	0,47	0,69	0,77	0,23	0,52	0,59
	V	50,41	2,77	4,03	4,53	IV	33,01	1,72	2,50	2,82	1,63	2,38	2,67	1,54	2,25	2,53	1,46	2,12	2,39	1,37	2,—	2,25	1,29	1,88	2,12
	VI	51,48	2,83	4,11	4,63																				
143,59	I,IV	33,05	1,81	2,64	2,97	I	33,05	1,63	2,38	2,68	1,46	2,13	2,39	1,29	1,88	2,12	1,13	1,65	1,86	0,98	1,43	1,61	0,83	1,21	1,36
	II	31,62	1,73	2,52	2,84	II	31,62	1,56	2,27	2,55	1,39	2,02	2,27	1,22	1,78	2,01	1,07	1,55	1,75	0,92	1,33	1,50	0,77	1,12	1,26
	III	19,83	1,09	1,58	1,78	III	19,83	0,96	1,39	1,57	0,83	1,21	1,36	0,71	1,03	1,16	0,59	0,86	0,97	0,47	0,69	0,77	0,24	0,52	0,59
	V	50,45	2,77	4,03	4,54	IV	33,05	1,72	2,51	2,82	1,63	2,38	2,68	1,55	2,25	2,53	1,46	2,13	2,39	1,38	2,—	2,26	1,29	1,88	2,12
	VI	51,53	2,83	4,12	4,63																				
143,69	I,IV	33,08	1,81	2,64	2,97	I	33,08	1,64	2,38	2,68	1,46	2,13	2,40	1,30	1,89	2,12	1,14	1,65	1,86	0,98	1,43	1,61	0,83	1,22	1,37
	II	31,65	1,74	2,53	2,84	II	31,65	1,56	2,27	2,56	1,39	2,02	2,28	1,23	1,78	2,01	1,07	1,56	1,75	0,92	1,34	1,50	0,77	1,12	1,27
	III	19,86	1,09	1,58	1,78	III	19,86	0,96	1,40	1,57	0,83	1,21	1,36	0,71	1,03	1,16	0,59	0,86	0,97	0,47	0,69	0,78	0,24	0,52	0,59
	V	50,50	2,77	4,04	4,54	IV	33,08	1,72	2,51	2,82	1,64	2,38	2,68	1,55	2,25	2,54	1,46	2,13	2,40	1,38	2,01	2,26	1,30	1,89	2,12
	VI	51,57	2,83	4,12	4,64																				
143,79	I,IV	33,12	1,82	2,64	2,98	I	33,12	1,64	2,38	2,68	1,46	2,13	2,40	1,30	1,89	2,13	1,14	1,66	1,86	0,98	1,43	1,61	0,84	1,22	1,37
	II	31,69	1,74	2,53	2,85	II	31,69	1,56	2,27	2,56	1,39	2,03	2,28	1,23	1,79	2,01	1,07	1,56	1,75	0,92	1,34	1,51	0,77	1,13	1,27
	III	19,89	1,09	1,59	1,79	III	19,89	0,96	1,40	1,57	0,83	1,22	1,37	0,71	1,04	1,17	0,59	0,86	0,97	0,47	0,69	0,78	0,24	0,53	0,59
	V	50,54	2,77	4,04	4,54	IV	33,12	1,73	2,51	2,83	1,64	2,38	2,68	1,55	2,26	2,54	1,46	2,13	2,40	1,38	2,01	2,26	1,30	1,89	2,13
	VI	51,61	2,83	4,12	4,64																				
143,89	I,IV	33,16	1,82	2,65	2,98	I	33,16	1,64	2,39	2,69	1,47	2,14	2,40	1,30	1,89	2,13	1,14	1,66	1,87	0,99	1,44	1,62	0,84	1,22	1,37
	II	31,73	1,74	2,53	2,85	II	31,73	1,56	2,28	2,56	1,39	2,03	2,28	1,23	1,79	2,01	1,07	1,56	1,76	0,92	1,34	1,51	0,78	1,13	1,27
	III	19,92	1,09	1,59	1,79	III	19,92	0,96	1,40	1,58	0,83	1,22	1,37	0,71	1,04	1,17	0,59	0,86	0,97	0,48	0,69	0,78	0,25	0,53	0,59
	V	50,58	2,78	4,04	4,55	IV	33,16	1,73	2,52	2,83	1,64	2,39	2,69	1,55	2,26	2,54	1,47	2,14	2,40	1,38	2,01	2,26	1,30	1,89	2,13
	VI	51,65	2,84	4,13	4,64																				
143,99	I,IV	33,20	1,82	2,65	2,98	I	33,20	1,64	2,39	2,69	1,47	2,14	2,41	1,30	1,90	2,13	1,14	1,66	1,87	0,99	1,44	1,62	0,84	1,22	1,38
	II	31,77	1,74	2,54	2,85	II	31,77	1,57	2,28	2,56	1,40	2,03	2,29	1,23	1,79	2,02	1,07	1,56	1,76	0,92	1,34	1,51	0,78	1,13	1,27
	III	19,95	1,09	1,59	1,79	III	19,95	0,96	1,40	1,58	0,84	1,22	1,37	0,71	1,04	1,17	0,59	0,87	0,97	0,48	0,70	0,78	0,25	0,53	0,60
	V	50,62	2,78	4,04	4,55	IV	33,20	1,73	2,52	2,83	1,64	2,39	2,69	1,55	2,26	2,55	1,47	2,14	2,41	1,38	2,02	2,27	1,30	1,90	2,13
	VI	51,70	2,84	4,13	4,65																				

Table title: Abzüge an Lohnsteuer, Solidaritätszuschlag (SolZ) und Kirchensteuer (8%, 9%) in den Steuerklassen

* Die ausgewiesenen Tabellenwerte sind amtlich. Siehe Erläuterungen auf der Umschlaginnenseite (U2).
** Bei mehr als 3 Kinderfreibeträgen ist die „Ergänzungs-Tabelle 3,5 bis 6 Kinderfreibeträge" anzuwenden.

TAG 144,–*

Abzüge an Lohnsteuer, Solidaritätszuschlag (SolZ) und Kirchensteuer (8%, 9%) in den Steuerklassen

Lohn/ Gehalt bis €*	I – VI	LSt	ohne Kinderfreibeträge SolZ	8%	9%	I, II, III, IV	LSt	mit Zahl der Kinderfreibeträge . . . 0,5 SolZ	0,5 8%	0,5 9%	1 SolZ	1 8%	1 9%	1,5 SolZ	1,5 8%	1,5 9%	2 SolZ	2 8%	2 9%	2,5 SolZ	2,5 8%	2,5 9%	3** SolZ	3** 8%	3** 9%
144,09	I,IV	33,24	1,82	2,65	2,99	I	33,24	1,64	2,39	2,69	1,47	2,14	2,41	1,30	1,90	2,14	1,14	1,66	1,87	0,99	1,44	1,62	0,84	1,23	1,3
	II	31,81	1,74	2,54	2,86	II	31,81	1,57	2,28	2,57	1,40	2,03	2,29	1,23	1,80	2,02	1,08	1,57	1,76	0,92	1,35	1,51	0,78	1,13	1,2
	III	19,97	1,09	1,59	1,79	III	19,97	0,96	1,40	1,58	0,84	1,22	1,37	0,71	1,04	1,17	0,59	0,87	0,98	0,48	0,70	0,79	0,26	0,53	0,6
	V	50,66	2,78	4,05	4,55	IV	33,24	1,73	2,52	2,84	1,64	2,39	2,69	1,56	2,27	2,55	1,47	2,14	2,41	1,39	2,02	2,27	1,30	1,90	2,1
	VI	51,74	2,84	4,13	4,65																				
144,19	I,IV	33,28	1,83	2,66	2,99	I	33,28	1,65	2,40	2,70	1,47	2,14	2,41	1,31	1,90	2,14	1,14	1,67	1,88	0,99	1,44	1,62	0,84	1,23	1,3
	II	31,84	1,75	2,54	2,86	II	31,84	1,57	2,29	2,57	1,40	2,04	2,29	1,23	1,80	2,02	1,08	1,57	1,77	0,93	1,35	1,52	0,78	1,14	1,2
	III	20,—	1,10	1,60	1,80	III	20,—	0,97	1,41	1,58	0,84	1,22	1,38	0,72	1,04	1,17	0,60	0,87	0,98	0,48	0,70	0,79	0,26	0,53	0,6
	V	50,71	2,78	4,05	4,56	IV	33,28	1,73	2,53	2,84	1,65	2,40	2,70	1,56	2,27	2,55	1,47	2,14	2,41	1,39	2,02	2,27	1,31	1,90	2,1
	VI	51,78	2,84	4,14	4,66																				
144,29	I,IV	33,31	1,83	2,66	2,99	I	33,31	1,65	2,40	2,70	1,47	2,15	2,42	1,31	1,90	2,14	1,15	1,67	1,88	0,99	1,45	1,63	0,84	1,23	1,3
	II	31,88	1,75	2,55	2,86	II	31,88	1,57	2,29	2,57	1,40	2,04	2,30	1,24	1,80	2,03	1,08	1,57	1,77	0,93	1,35	1,52	0,78	1,14	1,2
	III	20,03	1,10	1,60	1,80	III	20,03	0,97	1,41	1,59	0,84	1,22	1,38	0,72	1,05	1,18	0,60	0,87	0,98	0,48	0,70	0,79	0,27	0,54	0,6
	V	50,75	2,79	4,06	4,56	IV	33,31	1,74	2,53	2,85	1,65	2,40	2,70	1,56	2,27	2,56	1,47	2,15	2,42	1,39	2,02	2,28	1,31	1,90	2,1
	VI	51,82	2,85	4,14	4,66																				
144,39	I,IV	33,35	1,83	2,66	3,—	I	33,35	1,65	2,40	2,70	1,48	2,15	2,42	1,31	1,91	2,15	1,15	1,67	1,88	0,99	1,45	1,63	0,85	1,23	1,3
	II	31,92	1,75	2,55	2,87	II	31,92	1,57	2,29	2,58	1,40	2,04	2,30	1,24	1,80	2,03	1,08	1,57	1,77	0,93	1,35	1,52	0,78	1,14	1,2
	III	20,06	1,10	1,60	1,80	III	20,06	0,97	1,41	1,59	0,84	1,23	1,38	0,72	1,05	1,18	0,60	0,87	0,98	0,48	0,70	0,79	0,27	0,54	0,6
	V	50,79	2,79	4,06	4,57	IV	33,35	1,74	2,53	2,85	1,65	2,40	2,70	1,56	2,27	2,56	1,48	2,15	2,42	1,39	2,03	2,28	1,31	1,91	2,1
	VI	51,86	2,85	4,14	4,66																				
144,49	I,IV	33,39	1,83	2,67	3,—	I	33,39	1,65	2,40	2,71	1,48	2,15	2,42	1,31	1,91	2,15	1,15	1,68	1,89	1,—	1,45	1,63	0,85	1,24	1,3
	II	31,96	1,75	2,55	2,87	II	31,96	1,58	2,29	2,58	1,40	2,05	2,30	1,24	1,81	2,03	1,08	1,58	1,77	0,93	1,36	1,53	0,79	1,14	1,2
	III	20,08	1,10	1,60	1,80	III	20,08	0,97	1,41	1,59	0,84	1,23	1,38	0,72	1,05	1,18	0,60	0,88	0,99	0,48	0,70	0,79	0,28	0,54	0,6
	V	50,83	2,79	4,06	4,57	IV	33,39	1,74	2,53	2,85	1,65	2,40	2,71	1,56	2,28	2,56	1,48	2,15	2,42	1,39	2,03	2,28	1,31	1,91	2,1
	VI	51,91	2,85	4,15	4,67																				
144,59	I,IV	33,43	1,83	2,67	3,—	I	33,43	1,65	2,41	2,71	1,48	2,16	2,43	1,31	1,91	2,15	1,15	1,68	1,89	1,—	1,45	1,63	0,85	1,24	1,3
	II	32,—	1,76	2,56	2,88	II	32,—	1,58	2,30	2,58	1,41	2,05	2,31	1,24	1,81	2,04	1,08	1,58	1,78	0,93	1,36	1,53	0,79	1,15	1,2
	III	20,11	1,10	1,60	1,80	III	20,11	0,97	1,42	1,59	0,85	1,23	1,39	0,72	1,05	1,18	0,60	0,88	0,99	0,48	0,71	0,80	0,28	0,54	0,6
	V	50,87	2,79	4,06	4,57	IV	33,43	1,74	2,54	2,86	1,65	2,41	2,71	1,57	2,28	2,57	1,48	2,16	2,43	1,40	2,03	2,29	1,31	1,91	2,1
	VI	51,95	2,85	4,15	4,67																				
144,69	I,IV	33,47	1,84	2,67	3,01	I	33,47	1,66	2,41	2,71	1,48	2,16	2,43	1,32	1,92	2,16	1,15	1,68	1,89	1,—	1,46	1,64	0,85	1,24	1,4
	II	32,03	1,76	2,56	2,88	II	32,03	1,58	2,30	2,59	1,41	2,05	2,31	1,24	1,81	2,04	1,09	1,58	1,78	0,93	1,36	1,53	0,79	1,15	1,2
	III	20,14	1,10	1,61	1,81	III	20,14	0,97	1,42	1,60	0,85	1,23	1,39	0,72	1,05	1,19	0,60	0,88	0,99	0,49	0,71	0,80	0,29	0,54	0,6
	V	50,91	2,80	4,07	4,58	IV	33,47	1,75	2,54	2,86	1,66	2,41	2,71	1,57	2,28	2,57	1,48	2,16	2,43	1,40	2,04	2,29	1,32	1,92	2,1
	VI	51,99	2,85	4,15	4,67																				
144,79	I,IV	33,51	1,84	2,68	3,01	I	33,51	1,66	2,41	2,72	1,48	2,16	2,43	1,32	1,92	2,16	1,16	1,68	1,89	1,—	1,46	1,64	0,85	1,24	1,4
	II	32,07	1,76	2,56	2,88	II	32,07	1,58	2,30	2,59	1,41	2,05	2,31	1,25	1,81	2,04	1,09	1,58	1,78	0,94	1,36	1,53	0,79	1,15	1,3
	III	20,17	1,10	1,61	1,81	III	20,17	0,97	1,42	1,60	0,85	1,24	1,39	0,72	1,06	1,19	0,60	0,88	0,99	0,49	0,71	0,80	0,29	0,54	0,6
	V	50,96	2,80	4,07	4,58	IV	33,51	1,75	2,54	2,86	1,66	2,41	2,72	1,57	2,29	2,57	1,48	2,16	2,43	1,40	2,04	2,29	1,32	1,92	2,1
	VI	52,03	2,86	4,16	4,68																				
144,89	I,IV	33,55	1,84	2,68	3,01	I	33,55	1,66	2,42	2,72	1,49	2,16	2,43	1,32	1,92	2,16	1,16	1,69	1,90	1,—	1,46	1,64	0,85	1,24	1,4
	II	32,11	1,76	2,56	2,88	II	32,11	1,58	2,31	2,59	1,41	2,06	2,31	1,25	1,82	2,05	1,09	1,59	1,79	0,94	1,37	1,54	0,79	1,15	1,3
	III	20,20	1,11	1,61	1,81	III	20,20	0,98	1,42	1,60	0,85	1,24	1,39	0,73	1,06	1,19	0,61	0,88	0,99	0,49	0,71	0,80	0,30	0,55	0,6
	V	51,—	2,80	4,08	4,59	IV	33,55	1,75	2,55	2,87	1,66	2,42	2,72	1,57	2,29	2,58	1,49	2,16	2,43	1,40	2,04	2,30	1,32	1,92	2,1
	VI	52,07	2,86	4,16	4,68																				
144,99	I,IV	33,58	1,84	2,68	3,02	I	33,58	1,66	2,42	2,72	1,49	2,17	2,44	1,32	1,92	2,16	1,16	1,69	1,90	1,—	1,46	1,65	0,86	1,25	1,4
	II	32,15	1,76	2,57	2,89	II	32,15	1,59	2,31	2,60	1,41	2,06	2,32	1,25	1,82	2,05	1,09	1,59	1,79	0,94	1,37	1,54	0,79	1,16	1,3
	III	20,22	1,11	1,61	1,81	III	20,22	0,98	1,42	1,60	0,85	1,24	1,40	0,73	1,06	1,19	0,61	0,88	1,—	0,49	0,72	0,81	0,30	0,55	0,6
	V	51,04	2,80	4,08	4,59	IV	33,58	1,75	2,55	2,87	1,66	2,42	2,72	1,57	2,29	2,58	1,49	2,17	2,44	1,40	2,04	2,30	1,32	1,92	2,1
	VI	52,11	2,86	4,16	4,68																				
145,09	I,IV	33,62	1,84	2,68	3,02	I	33,62	1,66	2,42	2,73	1,49	2,17	2,44	1,32	1,93	2,17	1,16	1,69	1,90	1,01	1,47	1,65	0,86	1,25	1,4
	II	32,18	1,77	2,57	2,89	II	32,18	1,59	2,31	2,60	1,42	2,06	2,32	1,25	1,82	2,05	1,09	1,59	1,79	0,94	1,37	1,54	0,80	1,16	1,3
	III	20,25	1,11	1,62	1,82	III	20,25	0,98	1,43	1,60	0,85	1,24	1,40	0,73	1,06	1,19	0,61	0,89	1,—	0,49	0,72	0,81	0,31	0,55	0,6
	V	51,08	2,80	4,08	4,59	IV	33,62	1,75	2,55	2,87	1,66	2,42	2,73	1,58	2,30	2,58	1,49	2,17	2,44	1,41	2,05	2,30	1,32	1,93	2,1
	VI	52,16	2,86	4,17	4,69																				
145,19	I,IV	33,66	1,85	2,69	3,02	I	33,66	1,67	2,43	2,73	1,49	2,17	2,44	1,32	1,93	2,17	1,16	1,69	1,91	1,01	1,47	1,65	0,86	1,25	1,4
	II	32,22	1,77	2,57	2,89	II	32,22	1,59	2,31	2,60	1,42	2,07	2,32	1,25	1,83	2,05	1,09	1,59	1,79	0,94	1,37	1,55	0,80	1,16	1,3
	III	20,28	1,11	1,62	1,82	III	20,28	0,98	1,43	1,61	0,85	1,24	1,40	0,73	1,06	1,20	0,61	0,89	1,—	0,49	0,72	0,81	0,31	0,55	0,6
	V	51,13	2,81	4,09	4,60	IV	33,66	1,76	2,56	2,88	1,67	2,43	2,73	1,58	2,30	2,59	1,49	2,17	2,44	1,41	2,05	2,31	1,32	1,93	2,1
	VI	52,20	2,87	4,17	4,69																				
145,29	I,IV	33,70	1,85	2,69	3,03	I	33,70	1,67	2,43	2,73	1,49	2,18	2,45	1,33	1,93	2,17	1,16	1,70	1,91	1,01	1,47	1,66	0,86	1,25	1,4
	II	32,26	1,77	2,58	2,90	II	32,26	1,59	2,32	2,61	1,42	2,07	2,33	1,26	1,83	2,06	1,10	1,60	1,80	0,94	1,38	1,55	0,80	1,16	1,3
	III	20,30	1,11	1,62	1,82	III	20,30	0,98	1,43	1,61	0,86	1,25	1,40	0,73	1,07	1,20	0,61	0,89	1,—	0,49	0,72	0,81	0,31	0,55	0,6
	V	51,17	2,81	4,09	4,60	IV	33,70	1,76	2,56	2,88	1,67	2,43	2,73	1,58	2,30	2,59	1,49	2,18	2,45	1,41	2,05	2,31	1,33	1,93	2,1
	VI	52,24	2,87	4,17	4,70																				
145,39	I,IV	33,74	1,85	2,69	3,03	I	33,74	1,67	2,43	2,74	1,50	2,18	2,45	1,33	1,93	2,18	1,17	1,70	1,91	1,01	1,47	1,66	0,86	1,26	1,4
	II	32,30	1,77	2,58	2,90	II	32,30	1,59	2,32	2,61	1,42	2,07	2,33	1,26	1,83	2,06	1,10	1,60	1,80	0,95	1,38	1,55	0,80	1,17	1,3
	III	20,33	1,11	1,62	1,82	III	20,33	0,98	1,43	1,61	0,86	1,25	1,40	0,73	1,07	1,20	0,61	0,89	1,—	0,50	0,72	0,81	0,32	0,56	0,6
	V	51,21	2,81	4,09	4,60	IV	33,74	1,76	2,56	2,88	1,67	2,43	2,74	1,58	2,30	2,59	1,50	2,18	2,45	1,41	2,06	2,31	1,33	1,93	2,1
	VI	52,28	2,87	4,18	4,70																				
145,49	I,IV	33,78	1,85	2,70	3,04	I	33,78	1,67	2,43	2,74	1,50	2,18	2,45	1,33	1,94	2,18	1,17	1,70	1,91	1,01	1,48	1,66	0,86	1,26	1,4
	II	32,33	1,77	2,58	2,90	II	32,33	1,60	2,32	2,61	1,42	2,07	2,33	1,26	1,83	2,06	1,10	1,60	1,80	0,95	1,38	1,55	0,80	1,17	1,3
	III	20,36	1,11	1,62	1,83	III	20,36	0,99	1,44	1,62	0,86	1,25	1,41	0,73	1,07	1,20	0,61	0,90	1,01	0,50	0,72	0,82	0,32	0,56	0,6
	V	51,25	2,81	4,10	4,61	IV	33,78	1,76	2,56	2,89	1,67	2,43	2,74	1,58	2,31	2,60	1,50	2,18	2,45	1,41	2,06	2,32	1,33	1,94	2,1
	VI	52,33	2,87	4,18	4,70																				

* Die ausgewiesenen Tabellenwerte sind amtlich. Siehe Erläuterungen auf der Umschlaginnenseite (U2).
** Bei mehr als 3 Kinderfreibeträgen ist die „Ergänzungs-Tabelle 3,5 bis 6 Kinderfreibeträge" anzuwenden.

Abzüge an Lohnsteuer, Solidaritätszuschlag (SolZ) und Kirchensteuer (8%, 9%) in den Steuerklassen

Lohn/Gehalt bis €*	I – VI		ohne Kinderfreibeträge			I, II, III, IV		mit Zahl der Kinderfreibeträge . . . 0,5			1			1,5			2			2,5			3**		
		LSt	SolZ	8%	9%		LSt	SolZ	8%	9%	SolZ	8%	9%	SolZ	8%	9%	SolZ	8%	9%	SolZ	8%	9%	SolZ	8%	9%
145,59	I,IV	33,81	1,86	2,70	3,04	I	33,81	1,67	2,44	2,74	1,50	2,18	2,46	1,33	1,94	2,18	1,17	1,70	1,92	1,01	1,48	1,66	0,87	1,26	1,42
	II	32,37	1,78	2,58	2,91	II	32,37	1,60	2,33	2,62	1,43	2,08	2,34	1,26	1,84	2,07	1,10	1,60	1,81	0,95	1,38	1,56	0,80	1,17	1,32
	III	20,38	1,12	1,63	1,83	III	20,38	0,99	1,44	1,62	0,86	1,25	1,41	0,74	1,07	1,21	0,62	0,90	1,01	0,50	0,73	0,82	0,33	0,56	0,63
	V	51,29	2,82	4,10	4,61	IV	33,81	1,76	2,57	2,89	1,67	2,44	2,74	1,59	2,31	2,60	1,50	2,18	2,46	1,42	2,06	2,32	1,33	1,94	2,18
	VI	52,37	2,88	4,18	4,71																				
145,69	I,IV	33,85	1,86	2,70	3,04	I	33,85	1,68	2,44	2,75	1,50	2,19	2,46	1,33	1,94	2,19	1,17	1,71	1,92	1,02	1,48	1,67	0,87	1,26	1,42
	II	32,41	1,78	2,59	2,91	II	32,41	1,60	2,33	2,62	1,43	2,08	2,34	1,26	1,84	2,07	1,10	1,61	1,81	0,95	1,39	1,56	0,81	1,17	1,32
	III	20,41	1,12	1,63	1,83	III	20,41	0,99	1,44	1,62	0,86	1,25	1,41	0,74	1,07	1,21	0,62	0,90	1,01	0,50	0,73	0,82	0,33	0,56	0,63
	V	51,34	2,82	4,10	4,62	IV	33,85	1,77	2,57	2,89	1,68	2,44	2,75	1,59	2,31	2,60	1,50	2,19	2,46	1,42	2,06	2,32	1,33	1,94	2,19
	VI	52,41	2,88	4,19	4,71																				
145,79	I,IV	33,89	1,86	2,71	3,05	I	33,89	1,68	2,44	2,75	1,50	2,19	2,46	1,34	1,94	2,19	1,17	1,71	1,92	1,02	1,48	1,67	0,87	1,27	1,43
	II	32,45	1,78	2,59	2,92	II	32,45	1,60	2,33	2,62	1,43	2,08	2,34	1,26	1,84	2,07	1,11	1,61	1,81	0,95	1,39	1,56	0,81	1,18	1,32
	III	20,44	1,12	1,63	1,83	III	20,44	0,99	1,44	1,62	0,86	1,26	1,41	0,74	1,08	1,21	0,62	0,90	1,01	0,50	0,73	0,82	0,34	0,56	0,63
	V	51,38	2,82	4,11	4,62	IV	33,89	1,77	2,57	2,90	1,68	2,44	2,75	1,59	2,32	2,61	1,50	2,19	2,46	1,42	2,07	2,33	1,34	1,94	2,19
	VI	52,45	2,88	4,19	4,72																				
145,89	I,IV	33,93	1,86	2,71	3,05	I	33,93	1,68	2,45	2,75	1,51	2,19	2,47	1,34	1,95	2,19	1,18	1,71	1,93	1,02	1,49	1,67	0,87	1,27	1,43
	II	32,49	1,78	2,59	2,92	II	32,49	1,60	2,34	2,63	1,43	2,08	2,35	1,27	1,84	2,07	1,11	1,61	1,81	0,95	1,39	1,57	0,81	1,18	1,33
	III	20,47	1,12	1,63	1,84	III	20,47	0,99	1,44	1,62	0,86	1,26	1,42	0,74	1,08	1,21	0,62	0,90	1,02	0,50	0,73	0,82	0,34	0,57	0,64
	V	51,42	2,82	4,11	4,62	IV	33,93	1,77	2,58	2,90	1,68	2,45	2,75	1,59	2,32	2,61	1,51	2,19	2,47	1,42	2,07	2,33	1,34	1,95	2,19
	VI	52,49	2,88	4,19	4,72																				
145,99	I,IV	33,97	1,86	2,71	3,05	I	33,97	1,68	2,45	2,76	1,51	2,20	2,47	1,34	1,95	2,19	1,18	1,72	1,93	1,02	1,49	1,68	0,87	1,27	1,43
	II	32,53	1,78	2,60	2,92	II	32,53	1,61	2,34	2,63	1,43	2,09	2,35	1,27	1,85	2,08	1,11	1,62	1,82	0,96	1,39	1,57	0,81	1,18	1,33
	III	20,50	1,12	1,64	1,84	III	20,50	0,99	1,45	1,63	0,87	1,26	1,42	0,74	1,08	1,22	0,62	0,90	1,02	0,50	0,73	0,83	0,35	0,57	0,64
	V	51,46	2,83	4,11	4,63	IV	33,97	1,77	2,58	2,90	1,68	2,45	2,76	1,59	2,32	2,61	1,51	2,20	2,47	1,42	2,07	2,33	1,34	1,95	2,19
	VI	52,53	2,88	4,20	4,72																				
146,09	I,IV	34,01	1,87	2,72	3,06	I	34,01	1,68	2,45	2,76	1,51	2,20	2,47	1,34	1,95	2,20	1,18	1,72	1,93	1,02	1,49	1,68	0,87	1,27	1,43
	II	32,56	1,79	2,60	2,93	II	32,56	1,61	2,34	2,63	1,44	2,09	2,35	1,27	1,85	2,08	1,11	1,62	1,82	0,96	1,40	1,57	0,81	1,18	1,33
	III	20,52	1,12	1,64	1,84	III	20,52	0,99	1,45	1,63	0,87	1,26	1,42	0,74	1,08	1,22	0,62	0,91	1,02	0,50	0,74	0,83	0,35	0,57	0,64
	V	51,50	2,83	4,12	4,63	IV	34,01	1,77	2,58	2,91	1,68	2,45	2,76	1,60	2,32	2,61	1,51	2,20	2,47	1,43	2,08	2,34	1,34	1,95	2,20
	VI	52,58	2,89	4,20	4,73																				
146,19	I,IV	34,05	1,87	2,72	3,06	I	34,05	1,69	2,46	2,76	1,51	2,20	2,48	1,34	1,96	2,20	1,18	1,72	1,94	1,03	1,49	1,68	0,88	1,28	1,44
	II	32,60	1,79	2,60	2,93	II	32,60	1,61	2,34	2,64	1,44	2,09	2,36	1,27	1,85	2,08	1,11	1,62	1,82	0,96	1,40	1,57	0,81	1,18	1,33
	III	20,55	1,13	1,64	1,84	III	20,55	1,—	1,45	1,63	0,87	1,26	1,42	0,74	1,08	1,22	0,62	0,91	1,02	0,51	0,74	0,83	0,36	0,57	0,64
	V	51,55	2,83	4,12	4,63	IV	34,05	1,78	2,59	2,91	1,69	2,46	2,76	1,60	2,33	2,62	1,51	2,20	2,48	1,43	2,08	2,34	1,34	1,96	2,20
	VI	52,62	2,89	4,20	4,73																				
146,29	I,IV	34,08	1,87	2,72	3,06	I	34,08	1,69	2,46	2,77	1,51	2,20	2,48	1,35	1,96	2,20	1,18	1,72	1,94	1,03	1,50	1,68	0,88	1,28	1,44
	II	32,64	1,79	2,61	2,93	II	32,64	1,61	2,35	2,64	1,44	2,10	2,36	1,27	1,86	2,09	1,11	1,62	1,83	0,96	1,40	1,58	0,81	1,19	1,34
	III	20,58	1,13	1,64	1,85	III	20,58	1,—	1,45	1,63	0,87	1,27	1,43	0,75	1,09	1,22	0,63	0,91	1,03	0,51	0,74	0,83	0,36	0,57	0,65
	V	51,59	2,83	4,12	4,64	IV	34,08	1,78	2,59	2,91	1,69	2,46	2,77	1,60	2,33	2,62	1,51	2,20	2,48	1,43	2,08	2,34	1,35	1,96	2,20
	VI	52,66	2,89	4,21	4,73																				
146,39	I,IV	34,12	1,87	2,72	3,07	I	34,12	1,69	2,46	2,77	1,52	2,21	2,48	1,35	1,96	2,21	1,18	1,73	1,94	1,03	1,50	1,69	0,88	1,28	1,44
	II	32,68	1,79	2,61	2,94	II	32,68	1,61	2,35	2,64	1,44	2,10	2,36	1,28	1,86	2,09	1,12	1,63	1,83	0,96	1,40	1,58	0,82	1,19	1,34
	III	20,61	1,13	1,64	1,85	III	20,61	1,—	1,45	1,64	0,87	1,27	1,43	0,75	1,09	1,23	0,63	0,91	1,03	0,51	0,74	0,83	0,37	0,58	0,65
	V	51,63	2,83	4,13	4,64	IV	34,12	1,78	2,59	2,92	1,69	2,46	2,77	1,60	2,33	2,62	1,52	2,21	2,48	1,43	2,08	2,34	1,35	1,96	2,21
	VI	52,70	2,89	4,21	4,74																				
146,49	I,IV	34,16	1,87	2,73	3,07	I	34,16	1,69	2,46	2,77	1,52	2,21	2,49	1,35	1,96	2,21	1,19	1,73	1,94	1,03	1,50	1,69	0,88	1,28	1,44
	II	32,71	1,79	2,61	2,94	II	32,71	1,62	2,35	2,65	1,44	2,10	2,37	1,28	1,86	2,09	1,12	1,63	1,83	0,96	1,41	1,58	0,82	1,19	1,34
	III	20,63	1,13	1,65	1,85	III	20,63	1,—	1,46	1,64	0,87	1,27	1,43	0,75	1,09	1,23	0,63	0,92	1,03	0,51	0,74	0,84	0,37	0,58	0,65
	V	51,67	2,84	4,13	4,65	IV	34,16	1,78	2,60	2,92	1,69	2,46	2,77	1,60	2,34	2,63	1,52	2,21	2,49	1,43	2,09	2,35	1,35	1,96	2,21
	VI	52,75	2,90	4,22	4,74																				
146,59	I,IV	34,20	1,88	2,73	3,07	I	34,20	1,69	2,47	2,78	1,52	2,21	2,49	1,35	1,97	2,21	1,19	1,73	1,95	1,03	1,50	1,69	0,88	1,29	1,45
	II	32,75	1,80	2,62	2,94	II	32,75	1,62	2,36	2,65	1,45	2,10	2,37	1,28	1,86	2,10	1,12	1,63	1,84	0,97	1,41	1,58	0,82	1,19	1,34
	III	20,66	1,13	1,65	1,85	III	20,66	1,—	1,46	1,64	0,87	1,27	1,43	0,75	1,09	1,23	0,63	0,92	1,03	0,51	0,75	0,84	0,38	0,58	0,65
	V	51,71	2,84	4,13	4,65	IV	34,20	1,78	2,60	2,92	1,69	2,47	2,78	1,61	2,34	2,63	1,52	2,21	2,49	1,43	2,09	2,35	1,35	1,97	2,21
	VI	52,79	2,90	4,22	4,75																				
146,69	I,IV	34,24	1,88	2,73	3,08	I	34,24	1,70	2,47	2,78	1,52	2,22	2,49	1,35	1,97	2,22	1,19	1,73	1,95	1,03	1,51	1,70	0,88	1,29	1,45
	II	32,79	1,80	2,62	2,95	II	32,79	1,62	2,36	2,65	1,45	2,11	2,37	1,28	1,87	2,10	1,12	1,63	1,84	0,97	1,41	1,59	0,82	1,20	1,35
	III	20,69	1,13	1,65	1,86	III	20,69	1,—	1,46	1,64	0,88	1,28	1,44	0,75	1,10	1,23	0,63	0,92	1,03	0,51	0,75	0,84	0,38	0,58	0,65
	V	51,76	2,84	4,14	4,65	IV	34,24	1,79	2,60	2,93	1,70	2,47	2,78	1,61	2,34	2,63	1,52	2,22	2,49	1,44	2,09	2,35	1,35	1,97	2,22
	VI	52,83	2,90	4,22	4,75																				
146,79	I,IV	34,28	1,88	2,74	3,08	I	34,28	1,70	2,47	2,78	1,52	2,22	2,50	1,35	1,97	2,22	1,19	1,74	1,95	1,04	1,51	1,70	0,89	1,29	1,45
	II	32,83	1,80	2,62	2,95	II	32,83	1,62	2,36	2,66	1,45	2,11	2,37	1,28	1,87	2,10	1,12	1,64	1,84	0,97	1,41	1,59	0,82	1,20	1,35
	III	20,72	1,13	1,65	1,86	III	20,72	1,—	1,46	1,65	0,88	1,28	1,44	0,75	1,10	1,23	0,63	0,92	1,04	0,51	0,75	0,84	0,39	0,58	0,66
	V	51,80	2,84	4,14	4,66	IV	34,28	1,79	2,60	2,93	1,70	2,47	2,78	1,61	2,34	2,64	1,52	2,22	2,50	1,44	2,09	2,36	1,35	1,97	2,22
	VI	52,87	2,90	4,22	4,75																				
146,89	I,IV	34,32	1,88	2,74	3,08	I	34,32	1,70	2,48	2,79	1,53	2,22	2,50	1,36	1,98	2,22	1,19	1,74	1,96	1,04	1,51	1,70	0,89	1,29	1,46
	II	32,87	1,80	2,62	2,95	II	32,87	1,62	2,36	2,66	1,45	2,11	2,38	1,29	1,87	2,11	1,13	1,64	1,84	0,97	1,42	1,59	0,82	1,20	1,35
	III	20,75	1,14	1,66	1,86	III	20,75	1,01	1,46	1,65	0,88	1,28	1,44	0,75	1,10	1,24	0,63	0,92	1,04	0,52	0,75	0,85	0,39	0,58	0,66
	V	51,84	2,85	4,14	4,66	IV	34,32	1,79	2,61	2,93	1,70	2,48	2,79	1,61	2,35	2,64	1,53	2,22	2,50	1,44	2,10	2,36	1,36	1,98	2,22
	VI	52,91	2,91	4,23	4,76																				
146,99	I,IV	34,36	1,88	2,74	3,09	I	34,36	1,70	2,48	2,79	1,53	2,22	2,50	1,36	1,98	2,23	1,20	1,74	1,96	1,04	1,51	1,70	0,89	1,30	1,46
	II	32,91	1,81	2,63	2,96	II	32,91	1,63	2,37	2,66	1,45	2,12	2,38	1,29	1,87	2,11	1,13	1,64	1,85	0,97	1,42	1,60	0,83	1,20	1,35
	III	20,77	1,14	1,66	1,86	III	20,77	1,01	1,47	1,65	0,88	1,28	1,44	0,76	1,10	1,24	0,63	0,92	1,04	0,52	0,75	0,85	0,40	0,59	0,66
	V	51,88	2,85	4,15	4,66	IV	34,36	1,79	2,61	2,94	1,70	2,48	2,79	1,61	2,35	2,64	1,53	2,22	2,50	1,44	2,10	2,36	1,36	1,98	2,23
	VI	52,96	2,91	4,23	4,76																				

* Die ausgewiesenen Tabellenwerte sind amtlich. Siehe Erläuterungen auf der Umschlaginnenseite (U2).
** Bei mehr als 3 Kinderfreibeträgen ist die „Ergänzungs-Tabelle 3,5 bis 6 Kinderfreibeträge" anzuwenden.

Abzüge an Lohnsteuer, Solidaritätszuschlag (SolZ) und Kirchensteuer (8%, 9%) in den Steuerklassen

Lohn/ Gehalt bis €*		I – VI LSt	ohne Kinderfreibeträge SolZ	8%	9%		I, II, III, IV LSt	mit Zahl der Kinderfreibeträge . . . 0,5 SolZ	8%	9%	1 SolZ	8%	9%	1,5 SolZ	8%	9%	2 SolZ	8%	9%	2,5 SolZ	8%	9%	3** SolZ	8%	9%
147,09	I,IV	34,40	1,89	2,75	3,09	I	34,40	1,71	2,48	2,79	1,53	2,23	2,51	1,36	1,98	2,23	1,20	1,74	1,96	1,04	1,52	1,71	0,89	1,30	1,46
	II	32,95	1,81	2,63	2,96	II	32,95	1,63	2,37	2,67	1,46	2,12	2,38	1,29	1,88	2,11	1,13	1,64	1,85	0,98	1,42	1,60	0,83	1,21	1,36
	III	20,80	1,14	1,66	1,87	III	20,80	1,01	1,47	1,65	0,88	1,28	1,44	0,76	1,10	1,24	0,64	0,93	1,04	0,52	0,76	0,85	0,40	0,59	0,66
	V	51,92	2,85	4,15	4,67	IV	34,40	1,80	2,61	2,94	1,71	2,48	2,79	1,62	2,35	2,65	1,53	2,23	2,51	1,44	2,10	2,37	1,36	1,98	2,23
	VI	53,—	2,91	4,24	4,77																				
147,19	I,IV	34,43	1,89	2,75	3,09	I	34,43	1,71	2,49	2,80	1,53	2,23	2,51	1,36	1,98	2,23	1,20	1,75	1,97	1,04	1,52	1,71	0,89	1,30	1,46
	II	32,98	1,81	2,63	2,96	II	32,98	1,63	2,37	2,67	1,46	2,12	2,39	1,29	1,88	2,12	1,13	1,65	1,85	0,98	1,42	1,60	0,83	1,21	1,36
	III	20,83	1,14	1,66	1,87	III	20,83	1,01	1,47	1,66	0,88	1,29	1,45	0,76	1,10	1,24	0,64	0,93	1,05	0,52	0,76	0,85	0,40	0,59	0,66
	V	51,96	2,85	4,15	4,67	IV	34,43	1,80	2,62	2,94	1,71	2,49	2,80	1,62	2,36	2,65	1,53	2,23	2,51	1,45	2,11	2,37	1,36	1,98	2,23
	VI	53,04	2,91	4,24	4,77																				
147,29	I,IV	34,47	1,89	2,75	3,10	I	34,47	1,71	2,49	2,80	1,53	2,23	2,51	1,36	1,99	2,24	1,20	1,75	1,97	1,04	1,52	1,71	0,89	1,30	1,47
	II	33,02	1,81	2,64	2,97	II	33,02	1,63	2,38	2,67	1,46	2,12	2,39	1,29	1,88	2,12	1,13	1,65	1,86	0,98	1,43	1,60	0,83	1,21	1,36
	III	20,86	1,14	1,66	1,87	III	20,86	1,01	1,47	1,66	0,88	1,29	1,45	0,76	1,11	1,25	0,64	0,93	1,05	0,52	0,76	0,85	0,41	0,59	0,67
	V	52,01	2,86	4,16	4,68	IV	34,47	1,80	2,62	2,95	1,71	2,49	2,80	1,62	2,36	2,65	1,53	2,23	2,51	1,45	2,11	2,37	1,36	1,99	2,24
	VI	53,08	2,91	4,24	4,77																				
147,39	I,IV	34,51	1,89	2,76	3,10	I	34,51	1,71	2,49	2,80	1,54	2,24	2,52	1,37	1,99	2,24	1,20	1,75	1,97	1,05	1,52	1,72	0,90	1,31	1,47
	II	33,06	1,81	2,64	2,97	II	33,06	1,63	2,38	2,68	1,46	2,13	2,39	1,29	1,89	2,12	1,13	1,65	1,86	0,98	1,43	1,61	0,83	1,21	1,37
	III	20,88	1,14	1,67	1,87	III	20,88	1,01	1,48	1,66	0,89	1,29	1,45	0,76	1,11	1,25	0,64	0,93	1,05	0,52	0,76	0,86	0,41	0,59	0,67
	V	52,05	2,86	4,16	4,68	IV	34,51	1,80	2,62	2,95	1,71	2,49	2,80	1,62	2,36	2,66	1,54	2,24	2,52	1,45	2,11	2,38	1,37	1,99	2,24
	VI	53,12	2,92	4,24	4,78																				
147,49	I,IV	34,55	1,90	2,76	3,10	I	34,55	1,71	2,49	2,81	1,54	2,24	2,52	1,37	1,99	2,24	1,21	1,76	1,98	1,05	1,53	1,72	0,90	1,31	1,47
	II	33,10	1,82	2,64	2,97	II	33,10	1,64	2,38	2,68	1,46	2,13	2,40	1,30	1,89	2,12	1,14	1,66	1,86	0,98	1,43	1,61	0,83	1,22	1,37
	III	20,91	1,15	1,67	1,88	III	20,91	1,01	1,48	1,66	0,89	1,29	1,45	0,76	1,11	1,25	0,64	0,94	1,05	0,52	0,76	0,86	0,41	0,60	0,67
	V	52,09	2,86	4,16	4,68	IV	34,55	1,80	2,63	2,95	1,71	2,49	2,81	1,62	2,37	2,66	1,54	2,24	2,52	1,45	2,11	2,38	1,37	1,99	2,24
	VI	53,16	2,92	4,25	4,78																				
147,59	I,IV	34,59	1,90	2,76	3,11	I	34,59	1,72	2,50	2,81	1,54	2,24	2,52	1,37	2,—	2,25	1,21	1,76	1,98	1,05	1,53	1,72	0,90	1,31	1,48
	II	33,13	1,82	2,65	2,98	II	33,13	1,64	2,38	2,68	1,47	2,13	2,40	1,30	1,89	2,13	1,14	1,66	1,87	0,98	1,43	1,61	0,84	1,22	1,37
	III	20,94	1,15	1,67	1,88	III	20,94	1,02	1,48	1,67	0,89	1,29	1,46	0,76	1,11	1,25	0,64	0,94	1,05	0,52	0,77	0,86	0,41	0,60	0,67
	V	52,13	2,86	4,17	4,69	IV	34,59	1,81	2,63	2,96	1,72	2,50	2,81	1,63	2,37	2,66	1,54	2,24	2,52	1,45	2,12	2,38	1,37	2,—	2,25
	VI	53,21	2,92	4,25	4,78																				
147,69	I,IV	34,63	1,90	2,77	3,11	I	34,63	1,72	2,50	2,81	1,54	2,24	2,52	1,37	2,—	2,25	1,21	1,76	1,98	1,05	1,53	1,72	0,90	1,31	1,48
	II	33,17	1,82	2,65	2,98	II	33,17	1,64	2,39	2,69	1,47	2,14	2,40	1,30	1,89	2,13	1,14	1,66	1,87	0,99	1,44	1,62	0,84	1,22	1,37
	III	20,97	1,15	1,67	1,88	III	20,97	1,02	1,48	1,67	0,89	1,30	1,46	0,77	1,12	1,26	0,64	0,94	1,06	0,53	0,77	0,86	0,41	0,60	0,68
	V	52,18	2,86	4,17	4,69	IV	34,63	1,81	2,63	2,96	1,72	2,50	2,81	1,63	2,37	2,67	1,54	2,24	2,52	1,46	2,12	2,39	1,37	2,—	2,25
	VI	53,25	2,92	4,26	4,79																				
147,79	I,IV	34,66	1,90	2,77	3,11	I	34,66	1,72	2,50	2,82	1,54	2,25	2,53	1,37	2,—	2,25	1,21	1,76	1,98	1,05	1,54	1,73	0,90	1,32	1,48
	II	33,21	1,82	2,65	2,98	II	33,21	1,64	2,39	2,69	1,47	2,14	2,41	1,30	1,90	2,13	1,14	1,66	1,87	0,99	1,44	1,62	0,84	1,22	1,38
	III	21,—	1,15	1,68	1,89	III	21,—	1,02	1,48	1,67	0,89	1,30	1,46	0,77	1,12	1,26	0,65	0,94	1,06	0,53	0,77	0,87	0,41	0,60	0,68
	V	52,22	2,87	4,17	4,69	IV	34,66	1,81	2,64	2,97	1,72	2,50	2,82	1,63	2,37	2,67	1,54	2,25	2,53	1,46	2,12	2,39	1,37	2,—	2,25
	VI	53,29	2,93	4,26	4,79																				
147,89	I,IV	34,70	1,90	2,77	3,12	I	34,70	1,72	2,51	2,82	1,55	2,25	2,53	1,38	2,—	2,25	1,21	1,77	1,99	1,06	1,54	1,73	0,90	1,32	1,48
	II	33,25	1,82	2,66	2,99	II	33,25	1,64	2,39	2,69	1,47	2,14	2,41	1,30	1,90	2,14	1,14	1,67	1,87	0,99	1,44	1,62	0,84	1,23	1,38
	III	21,02	1,15	1,68	1,89	III	21,02	1,02	1,49	1,67	0,89	1,30	1,46	0,77	1,12	1,26	0,65	0,94	1,06	0,53	0,77	0,87	0,41	0,60	0,68
	V	52,26	2,87	4,18	4,70	IV	34,70	1,81	2,64	2,97	1,72	2,51	2,82	1,63	2,38	2,67	1,55	2,25	2,53	1,46	2,13	2,39	1,38	2,—	2,25
	VI	53,33	2,93	4,26	4,79																				
147,99	I,IV	34,74	1,91	2,77	3,12	I	34,74	1,72	2,51	2,82	1,55	2,25	2,53	1,38	2,01	2,26	1,21	1,77	1,99	1,06	1,54	1,73	0,91	1,32	1,49
	II	33,29	1,83	2,66	2,99	II	33,29	1,65	2,40	2,70	1,47	2,14	2,41	1,31	1,90	2,14	1,15	1,67	1,88	0,99	1,44	1,62	0,84	1,23	1,38
	III	21,05	1,15	1,68	1,89	III	21,05	1,02	1,49	1,68	0,89	1,30	1,47	0,77	1,12	1,26	0,65	0,94	1,06	0,53	0,77	0,87	0,42	0,61	0,68
	V	52,30	2,87	4,18	4,70	IV	34,74	1,81	2,64	2,97	1,72	2,51	2,82	1,63	2,38	2,68	1,55	2,25	2,53	1,46	2,13	2,40	1,38	2,01	2,26
	VI	53,38	2,93	4,27	4,80																				
148,09	I,IV	34,78	1,91	2,78	3,13	I	34,78	1,73	2,51	2,83	1,55	2,26	2,54	1,38	2,01	2,26	1,22	1,77	1,99	1,06	1,54	1,74	0,91	1,32	1,49
	II	33,33	1,83	2,66	2,99	II	33,33	1,65	2,40	2,70	1,48	2,15	2,42	1,31	1,90	2,14	1,15	1,67	1,88	0,99	1,45	1,63	0,84	1,23	1,39
	III	21,08	1,15	1,68	1,89	III	21,08	1,02	1,49	1,68	0,90	1,30	1,47	0,77	1,12	1,26	0,65	0,95	1,07	0,53	0,78	0,87	0,42	0,61	0,68
	V	52,34	2,87	4,18	4,71	IV	34,78	1,82	2,64	2,97	1,73	2,51	2,83	1,64	2,38	2,68	1,55	2,26	2,54	1,46	2,13	2,40	1,38	2,01	2,26
	VI	53,42	2,93	4,27	4,80																				
148,19	I,IV	34,82	1,91	2,78	3,13	I	34,82	1,73	2,52	2,83	1,55	2,26	2,54	1,38	2,01	2,26	1,22	1,77	2,—	1,06	1,55	1,74	0,91	1,33	1,49
	II	33,36	1,83	2,66	3,—	II	33,36	1,65	2,40	2,70	1,48	2,15	2,42	1,31	1,91	2,15	1,15	1,67	1,88	0,99	1,45	1,63	0,85	1,23	1,39
	III	21,11	1,16	1,68	1,89	III	21,11	1,03	1,49	1,68	0,90	1,31	1,47	0,77	1,13	1,27	0,65	0,95	1,07	0,53	0,78	0,87	0,42	0,61	0,69
	V	52,39	2,88	4,19	4,71	IV	34,82	1,82	2,65	2,98	1,73	2,52	2,83	1,64	2,39	2,68	1,55	2,26	2,54	1,47	2,13	2,40	1,38	2,01	2,26
	VI	53,46	2,94	4,27	4,81																				
148,29	I,IV	34,86	1,91	2,78	3,13	I	34,86	1,73	2,52	2,83	1,55	2,26	2,54	1,38	2,01	2,27	1,22	1,78	2,—	1,06	1,55	1,74	0,91	1,33	1,49
	II	33,40	1,83	2,67	3,—	II	33,40	1,65	2,41	2,71	1,48	2,15	2,42	1,31	1,91	2,15	1,15	1,68	1,89	1,—	1,45	1,63	0,85	1,24	1,39
	III	21,13	1,16	1,69	1,90	III	21,13	1,03	1,50	1,68	0,90	1,31	1,47	0,77	1,13	1,27	0,65	0,95	1,07	0,53	0,78	0,88	0,42	0,61	0,69
	V	52,43	2,88	4,19	4,71	IV	34,86	1,82	2,65	2,98	1,73	2,52	2,83	1,64	2,39	2,69	1,55	2,26	2,54	1,47	2,14	2,40	1,38	2,01	2,27
	VI	53,50	2,94	4,28	4,81																				
148,39	I,IV	34,90	1,91	2,79	3,14	I	34,90	1,73	2,52	2,84	1,56	2,26	2,55	1,39	2,02	2,27	1,22	1,78	2,—	1,06	1,55	1,74	0,91	1,33	1,50
	II	33,44	1,83	2,67	3,—	II	33,44	1,65	2,41	2,71	1,48	2,16	2,43	1,31	1,91	2,15	1,15	1,68	1,89	1,—	1,45	1,64	0,85	1,24	1,39
	III	21,16	1,16	1,69	1,90	III	21,16	1,03	1,50	1,69	0,90	1,31	1,48	0,78	1,13	1,27	0,65	0,95	1,07	0,54	0,78	0,88	0,42	0,61	0,69
	V	52,47	2,88	4,19	4,72	IV	34,90	1,82	2,65	2,98	1,73	2,52	2,84	1,64	2,39	2,69	1,56	2,26	2,55	1,47	2,14	2,41	1,39	2,02	2,27
	VI	53,54	2,94	4,28	4,81																				
148,49	I,IV	34,94	1,92	2,79	3,14	I	34,94	1,73	2,52	2,84	1,56	2,27	2,55	1,39	2,02	2,27	1,22	1,78	2,—	1,07	1,55	1,75	0,92	1,33	1,50
	II	33,48	1,84	2,67	3,01	II	33,48	1,66	2,41	2,71	1,48	2,16	2,43	1,32	1,92	2,16	1,15	1,68	1,89	1,—	1,46	1,64	0,85	1,24	1,40
	III	21,19	1,16	1,69	1,90	III	21,19	1,03	1,50	1,69	0,90	1,31	1,48	0,78	1,13	1,27	0,66	0,96	1,08	0,54	0,78	0,88	0,42	0,62	0,69
	V	52,51	2,88	4,20	4,72	IV	34,94	1,82	2,66	2,99	1,73	2,52	2,84	1,65	2,40	2,70	1,56	2,27	2,55	1,47	2,14	2,41	1,39	2,02	2,27
	VI	53,58	2,94	4,28	4,82																				

* Die ausgewiesenen Tabellenwerte sind amtlich. Siehe Erläuterungen auf der Umschlaginnenseite (U2).
** Bei mehr als 3 Kinderfreibeträgen ist die „Ergänzungs-Tabelle 3,5 bis 6 Kinderfreibeträge" anzuwenden.

Lohn/ Gehalt bis €*	Abzüge an Lohnsteuer, Solidaritätszuschlag (SolZ) und Kirchensteuer (8%, 9%) in den Steuerklassen I – VI					I, II, III, IV		mit Zahl der Kinderfreibeträge . . . 0,5			1			1,5			2			2,5			3**		
		LSt	ohne Kinderfreibeträge SolZ	8%	9%		LSt	SolZ	8%	9%	SolZ	8%	9%	SolZ	8%	9%	SolZ	8%	9%	SolZ	8%	9%	SolZ	8%	9%
148,59	I,IV	34,98	1,92	2,79	3,14	I	34,98	1,74	2,53	2,84	1,56	2,27	2,55	1,39	2,02	2,28	1,23	1,78	2,01	1,07	1,56	1,75	0,92	1,34	1,50
	II	33,52	1,84	2,68	3,01	II	33,52	1,66	2,41	2,72	1,48	2,16	2,43	1,32	1,92	2,16	1,16	1,68	1,89	1,—	1,46	1,64	0,85	1,24	1,40
	III	21,22	1,16	1,69	1,90	III	21,22	1,03	1,50	1,69	0,90	1,32	1,48	0,78	1,13	1,28	0,66	0,96	1,08	0,54	0,78	0,88	0,42	0,62	0,69
	V	52,55	2,89	4,20	4,72	IV	34,98	1,83	2,66	2,99	1,74	2,53	2,84	1,65	2,40	2,70	1,56	2,27	2,55	1,47	2,15	2,41	1,39	2,02	2,28
	VI	53,63	2,94	4,29	4,82																				
148,69	I,IV	35,01	1,92	2,80	3,15	I	35,01	1,74	2,53	2,85	1,56	2,27	2,56	1,39	2,03	2,28	1,23	1,79	2,01	1,07	1,56	1,75	0,92	1,34	1,51
	II	33,56	1,84	2,68	3,02	II	33,56	1,66	2,42	2,72	1,49	2,16	2,44	1,32	1,92	2,16	1,16	1,69	1,90	1,—	1,46	1,64	0,85	1,25	1,40
	III	21,25	1,16	1,70	1,91	III	21,25	1,03	1,50	1,69	0,90	1,32	1,48	0,78	1,14	1,28	0,66	0,96	1,08	0,54	0,79	0,89	0,42	0,62	0,70
	V	52,60	2,89	4,20	4,73	IV	35,01	1,83	2,66	3,—	1,74	2,53	2,85	1,65	2,40	2,70	1,56	2,27	2,56	1,48	2,15	2,42	1,39	2,03	2,28
	VI	53,67	2,95	4,29	4,83																				
148,79	I,IV	35,06	1,92	2,80	3,15	I	35,06	1,74	2,53	2,85	1,56	2,28	2,56	1,39	2,03	2,28	1,23	1,79	2,01	1,07	1,56	1,76	0,92	1,34	1,51
	II	33,60	1,84	2,68	3,02	II	33,60	1,66	2,42	2,72	1,49	2,17	2,44	1,32	1,92	2,16	1,16	1,69	1,90	1,01	1,46	1,65	0,86	1,25	1,40
	III	21,27	1,17	1,70	1,91	III	21,27	1,03	1,51	1,70	0,91	1,32	1,49	0,78	1,14	1,28	0,66	0,96	1,08	0,54	0,79	0,89	0,43	0,62	0,70
	V	52,64	2,89	4,21	4,73	IV	35,06	1,83	2,67	3,—	1,74	2,53	2,85	1,65	2,40	2,70	1,56	2,28	2,56	1,48	2,15	2,42	1,39	2,03	2,28
	VI	53,71	2,95	4,29	4,83																				
148,89	I,IV	35,09	1,93	2,80	3,15	I	35,09	1,74	2,54	2,85	1,57	2,28	2,56	1,40	2,03	2,29	1,23	1,79	2,02	1,07	1,56	1,76	0,92	1,34	1,51
	II	33,63	1,85	2,69	3,02	II	33,63	1,66	2,42	2,73	1,49	2,17	2,44	1,32	1,93	2,17	1,16	1,69	1,90	1,01	1,47	1,65	0,86	1,25	1,41
	III	21,30	1,17	1,70	1,91	III	21,30	1,04	1,51	1,70	0,91	1,32	1,49	0,78	1,14	1,28	0,66	0,96	1,08	0,54	0,79	0,89	0,43	0,62	0,70
	V	52,68	2,89	4,21	4,74	IV	35,09	1,83	2,67	3,—	1,74	2,54	2,85	1,65	2,41	2,71	1,57	2,28	2,56	1,48	2,15	2,42	1,40	2,03	2,29
	VI	53,75	2,95	4,30	4,83																				
148,99	I,IV	35,13	1,93	2,81	3,16	I	35,13	1,74	2,54	2,86	1,57	2,28	2,57	1,40	2,03	2,29	1,23	1,80	2,02	1,08	1,57	1,76	0,92	1,35	1,51
	II	33,67	1,85	2,69	3,03	II	33,67	1,67	2,43	2,73	1,49	2,17	2,45	1,32	1,93	2,17	1,16	1,69	1,91	1,01	1,47	1,65	0,86	1,25	1,41
	III	21,33	1,17	1,70	1,91	III	21,33	1,04	1,51	1,70	0,91	1,32	1,49	0,78	1,14	1,29	0,66	0,96	1,09	0,54	0,79	0,89	0,43	0,62	0,70
	V	52,72	2,90	4,21	4,74	IV	35,13	1,84	2,67	3,01	1,74	2,54	2,86	1,66	2,41	2,71	1,57	2,28	2,57	1,48	2,16	2,43	1,40	2,03	2,29
	VI	53,80	2,95	4,30	4,84																				
149,09	I,IV	35,17	1,93	2,81	3,16	I	35,17	1,75	2,54	2,86	1,57	2,28	2,57	1,40	2,04	2,29	1,23	1,80	2,02	1,08	1,57	1,77	0,93	1,35	1,52
	II	33,71	1,85	2,69	3,03	II	33,71	1,67	2,43	2,73	1,49	2,18	2,45	1,33	1,93	2,17	1,17	1,70	1,91	1,01	1,47	1,66	0,86	1,26	1,41
	III	21,36	1,17	1,70	1,92	III	21,36	1,04	1,51	1,70	0,91	1,33	1,49	0,79	1,14	1,29	0,66	0,97	1,09	0,55	0,80	0,90	0,43	0,63	0,71
	V	52,76	2,90	4,22	4,74	IV	35,17	1,84	2,67	3,01	1,75	2,54	2,86	1,66	2,41	2,71	1,57	2,28	2,57	1,48	2,16	2,43	1,40	2,04	2,29
	VI	53,84	2,96	4,30	4,84																				
149,19	I,IV	35,21	1,93	2,81	3,16	I	35,21	1,75	2,55	2,86	1,57	2,29	2,57	1,40	2,04	2,30	1,24	1,80	2,03	1,08	1,57	1,77	0,93	1,35	1,52
	II	33,75	1,85	2,70	3,03	II	33,75	1,67	2,43	2,74	1,50	2,18	2,45	1,33	1,94	2,18	1,17	1,70	1,91	1,01	1,47	1,66	0,86	1,26	1,42
	III	21,38	1,17	1,71	1,92	III	21,38	1,04	1,52	1,71	0,91	1,33	1,49	0,79	1,15	1,29	0,67	0,97	1,09	0,55	0,80	0,90	0,43	0,63	0,71
	V	52,81	2,90	4,22	4,75	IV	35,21	1,84	2,68	3,01	1,75	2,55	2,86	1,66	2,42	2,72	1,57	2,29	2,57	1,49	2,16	2,43	1,40	2,04	2,30
	VI	53,88	2,96	4,31	4,84																				
149,29	I,IV	35,25	1,93	2,82	3,17	I	35,25	1,75	2,55	2,87	1,57	2,29	2,58	1,40	2,04	2,30	1,24	1,80	2,03	1,08	1,57	1,77	0,93	1,35	1,52
	II	33,79	1,85	2,70	3,04	II	33,79	1,67	2,44	2,74	1,50	2,18	2,45	1,33	1,94	2,18	1,17	1,70	1,92	1,01	1,48	1,66	0,86	1,26	1,42
	III	21,41	1,17	1,71	1,92	III	21,41	1,04	1,52	1,71	0,91	1,33	1,50	0,79	1,15	1,29	0,67	0,97	1,09	0,55	0,80	0,90	0,43	0,63	0,71
	V	52,85	2,90	4,22	4,75	IV	35,25	1,84	2,68	3,02	1,75	2,55	2,87	1,66	2,42	2,72	1,57	2,29	2,58	1,49	2,17	2,44	1,40	2,04	2,30
	VI	53,92	2,96	4,31	4,85																				
149,39	I,IV	35,29	1,94	2,82	3,17	I	35,29	1,75	2,55	2,87	1,58	2,29	2,58	1,40	2,05	2,30	1,24	1,81	2,03	1,08	1,58	1,77	0,93	1,36	1,53
	II	33,83	1,86	2,70	3,04	II	33,83	1,67	2,44	2,74	1,50	2,18	2,46	1,33	1,94	2,18	1,17	1,71	1,92	1,02	1,48	1,66	0,87	1,26	1,42
	III	21,44	1,17	1,71	1,92	III	21,44	1,04	1,52	1,71	0,91	1,33	1,50	0,79	1,15	1,30	0,67	0,97	1,10	0,55	0,80	0,90	0,43	0,63	0,71
	V	52,89	2,90	4,23	4,76	IV	35,29	1,84	2,68	3,02	1,75	2,55	2,87	1,66	2,42	2,72	1,58	2,29	2,58	1,49	2,17	2,44	1,40	2,05	2,30
	VI	53,96	2,96	4,31	4,85																				
149,49	I,IV	35,33	1,94	2,82	3,17	I	35,33	1,75	2,55	2,87	1,58	2,30	2,58	1,41	2,05	2,30	1,24	1,81	2,04	1,08	1,58	1,78	0,93	1,36	1,53
	II	33,86	1,86	2,70	3,04	II	33,86	1,68	2,44	2,75	1,50	2,19	2,46	1,33	1,94	2,19	1,17	1,71	1,92	1,02	1,48	1,67	0,87	1,26	1,42
	III	21,47	1,18	1,71	1,93	III	21,47	1,04	1,52	1,71	0,92	1,34	1,50	0,79	1,15	1,30	0,67	0,98	1,10	0,55	0,80	0,90	0,43	0,63	0,71
	V	52,93	2,91	4,23	4,76	IV	35,33	1,85	2,69	3,02	1,75	2,55	2,87	1,67	2,42	2,73	1,58	2,30	2,58	1,49	2,17	2,44	1,41	2,05	2,30
	VI	54,01	2,97	4,32	4,86																				
149,59	I,IV	35,37	1,94	2,82	3,18	I	35,37	1,76	2,56	2,88	1,58	2,30	2,59	1,41	2,05	2,31	1,24	1,81	2,04	1,09	1,58	1,78	0,93	1,36	1,53
	II	33,90	1,86	2,71	3,05	II	33,90	1,68	2,44	2,75	1,50	2,19	2,46	1,34	1,95	2,19	1,17	1,71	1,92	1,02	1,48	1,67	0,87	1,27	1,43
	III	21,50	1,18	1,72	1,93	III	21,50	1,05	1,52	1,71	0,92	1,34	1,50	0,79	1,16	1,30	0,67	0,98	1,10	0,55	0,80	0,91	0,44	0,64	0,72
	V	52,97	2,91	4,23	4,76	IV	35,37	1,85	2,69	3,03	1,76	2,56	2,88	1,67	2,43	2,73	1,58	2,30	2,59	1,49	2,17	2,45	1,41	2,05	2,31
	VI	54,05	2,97	4,32	4,86																				
149,69	I,IV	35,41	1,94	2,83	3,18	I	35,41	1,76	2,56	2,88	1,58	2,30	2,59	1,41	2,05	2,31	1,25	1,81	2,04	1,09	1,58	1,78	0,94	1,36	1,53
	II	33,94	1,86	2,71	3,05	II	33,94	1,68	2,45	2,75	1,51	2,19	2,47	1,34	1,95	2,19	1,18	1,71	1,93	1,02	1,49	1,67	0,87	1,27	1,43
	III	21,52	1,18	1,72	1,93	III	21,52	1,05	1,53	1,72	0,92	1,34	1,51	0,79	1,16	1,30	0,67	0,98	1,10	0,55	0,81	0,91	0,44	0,64	0,72
	V	53,01	2,91	4,24	4,77	IV	35,41	1,85	2,69	3,03	1,76	2,56	2,88	1,67	2,43	2,73	1,58	2,30	2,59	1,50	2,18	2,45	1,41	2,05	2,31
	VI	54,09	2,97	4,32	4,86																				
149,79	I,IV	35,45	1,94	2,83	3,19	I	35,45	1,76	2,56	2,88	1,58	2,31	2,59	1,41	2,06	2,31	1,25	1,82	2,04	1,09	1,59	1,79	0,94	1,37	1,54
	II	33,98	1,86	2,71	3,05	II	33,98	1,68	2,45	2,76	1,51	2,20	2,47	1,34	1,95	2,20	1,18	1,72	1,93	1,02	1,49	1,68	0,87	1,27	1,43
	III	21,55	1,18	1,72	1,93	III	21,55	1,05	1,53	1,72	0,92	1,34	1,51	0,80	1,16	1,30	0,67	0,98	1,10	0,55	0,81	0,91	0,44	0,64	0,72
	V	53,06	2,91	4,24	4,77	IV	35,45	1,85	2,70	3,03	1,76	2,56	2,88	1,67	2,43	2,74	1,58	2,31	2,59	1,50	2,18	2,45	1,41	2,06	2,31
	VI	54,13	2,97	4,33	4,87																				
149,89	I,IV	35,49	1,95	2,83	3,19	I	35,49	1,76	2,57	2,89	1,59	2,31	2,60	1,41	2,06	2,32	1,25	1,82	2,05	1,09	1,59	1,79	0,94	1,37	1,54
	II	34,02	1,87	2,72	3,06	II	34,02	1,69	2,45	2,76	1,51	2,20	2,47	1,34	1,95	2,20	1,18	1,72	1,93	1,02	1,49	1,68	0,88	1,28	1,44
	III	21,58	1,18	1,72	1,94	III	21,58	1,05	1,53	1,72	0,92	1,34	1,51	0,80	1,16	1,31	0,67	0,98	1,11	0,56	0,81	0,91	0,44	0,64	0,72
	V	53,10	2,92	4,24	4,77	IV	35,49	1,85	2,70	3,04	1,76	2,57	2,89	1,67	2,44	2,74	1,59	2,31	2,60	1,50	2,18	2,46	1,41	2,06	2,32
	VI	54,17	2,97	4,33	4,87																				
149,99	I,IV	35,52	1,95	2,84	3,19	I	35,52	1,77	2,57	2,89	1,59	2,31	2,60	1,42	2,06	2,32	1,25	1,82	2,05	1,09	1,59	1,79	0,94	1,37	1,54
	II	34,06	1,87	2,72	3,06	II	34,06	1,69	2,46	2,76	1,51	2,20	2,48	1,34	1,96	2,20	1,18	1,72	1,94	1,03	1,49	1,68	0,88	1,28	1,44
	III	21,61	1,18	1,72	1,94	III	21,61	1,05	1,53	1,72	0,92	1,35	1,51	0,80	1,16	1,31	0,68	0,99	1,11	0,56	0,81	0,91	0,44	0,64	0,72
	V	53,14	2,92	4,25	4,78	IV	35,52	1,86	2,70	3,04	1,77	2,57	2,89	1,68	2,44	2,74	1,59	2,31	2,60	1,50	2,19	2,46	1,42	2,06	2,32
	VI	54,21	2,98	4,33	4,87																				

* Die ausgewiesenen Tabellenwerte sind amtlich. Siehe Erläuterungen auf der Umschlaginnenseite (U2).
** Bei mehr als 3 Kinderfreibeträgen ist die „Ergänzungs-Tabelle 3,5 bis 6 Kinderfreibeträge" anzuwenden.

Abzüge an Lohnsteuer, Solidaritätszuschlag (SolZ) und Kirchensteuer (8%, 9%) in den Steuerklassen

Lohn/ Gehalt bis €*		I – VI	ohne Kinderfreibeträge				I, II, III, IV	mit Zahl der Kinderfreibeträge . . . 0,5			1			1,5			2			2,5			3**		
		LSt	SolZ	8%	9%		LSt	SolZ	8%	9%	SolZ	8%	9%	SolZ	8%	9%	SolZ	8%	9%	SolZ	8%	9%	SolZ	8%	9%
150,09	I,IV	35,56	1,95	2,84	3,20	I	35,56	1,77	2,57	2,89	1,59	2,31	2,60	1,42	2,06	2,32	1,25	1,83	2,05	1,09	1,59	1,79	0,94	1,37	1,54
	II	34,10	1,87	2,72	3,06	II	34,10	1,69	2,46	2,77	1,51	2,20	2,48	1,35	1,96	2,21	1,18	1,72	1,94	1,03	1,50	1,69	0,88	1,28	1,44
	III	21,63	1,19	1,73	1,94	III	21,63	1,05	1,53	1,73	0,92	1,35	1,52	0,80	1,16	1,31	0,68	0,99	1,11	0,56	0,81	0,92	0,44	0,65	0,73
	V	53,18	2,92	4,25	4,78	IV	35,56	1,86	2,71	3,04	1,77	2,57	2,89	1,68	2,44	2,75	1,59	2,31	2,60	1,50	2,19	2,46	1,42	2,06	2,32
	VI	54,26	2,98	4,34	4,88																				
150,19	I,IV	35,60	1,95	2,84	3,20	I	35,60	1,77	2,58	2,90	1,59	2,32	2,61	1,42	2,07	2,33	1,26	1,83	2,06	1,10	1,60	1,80	0,94	1,38	1,55
	II	34,14	1,87	2,73	3,07	II	34,14	1,69	2,46	2,77	1,52	2,21	2,48	1,35	1,96	2,21	1,19	1,73	1,94	1,03	1,50	1,69	0,88	1,28	1,44
	III	21,66	1,19	1,73	1,94	III	21,66	1,05	1,54	1,73	0,93	1,35	1,52	0,80	1,17	1,31	0,68	0,99	1,11	0,56	0,82	0,92	0,44	0,65	0,73
	V	53,23	2,92	4,25	4,79	IV	35,60	1,86	2,71	3,05	1,77	2,58	2,90	1,68	2,45	2,75	1,59	2,32	2,61	1,51	2,19	2,47	1,42	2,07	2,33
	VI	54,30	2,98	4,34	4,88																				
150,29	I,IV	35,64	1,96	2,85	3,20	I	35,64	1,77	2,58	2,90	1,59	2,32	2,61	1,42	2,07	2,33	1,26	1,83	2,06	1,10	1,60	1,80	0,95	1,38	1,55
	II	34,17	1,87	2,73	3,07	II	34,17	1,69	2,47	2,77	1,52	2,21	2,49	1,35	1,97	2,21	1,19	1,73	1,95	1,03	1,50	1,69	0,88	1,28	1,45
	III	21,69	1,19	1,73	1,95	III	21,69	1,06	1,54	1,73	0,93	1,35	1,52	0,80	1,17	1,32	0,68	0,99	1,12	0,56	0,82	0,92	0,45	0,65	0,73
	V	53,27	2,92	4,26	4,79	IV	35,64	1,86	2,71	3,05	1,77	2,58	2,90	1,68	2,45	2,75	1,59	2,32	2,61	1,51	2,19	2,47	1,42	2,07	2,33
	VI	54,34	2,98	4,34	4,89																				
150,39	I,IV	35,68	1,96	2,85	3,21	I	35,68	1,77	2,58	2,90	1,60	2,32	2,61	1,42	2,07	2,33	1,26	1,83	2,06	1,10	1,60	1,80	0,95	1,38	1,55
	II	34,21	1,88	2,73	3,07	II	34,21	1,70	2,47	2,78	1,52	2,21	2,49	1,35	1,97	2,21	1,19	1,73	1,95	1,03	1,50	1,69	0,88	1,29	1,45
	III	21,72	1,19	1,73	1,95	III	21,72	1,06	1,54	1,73	0,93	1,35	1,52	0,80	1,17	1,32	0,68	0,99	1,12	0,56	0,82	0,92	0,45	0,65	0,73
	V	53,31	2,93	4,26	4,79	IV	35,68	1,86	2,71	3,05	1,77	2,58	2,90	1,68	2,45	2,76	1,60	2,32	2,61	1,51	2,20	2,47	1,42	2,07	2,33
	VI	54,38	2,99	4,35	4,89																				
150,49	I,IV	35,72	1,96	2,85	3,21	I	35,72	1,78	2,58	2,91	1,60	2,33	2,62	1,43	2,08	2,34	1,26	1,84	2,07	1,10	1,60	1,81	0,95	1,38	1,56
	II	34,25	1,88	2,74	3,08	II	34,25	1,70	2,47	2,78	1,52	2,22	2,49	1,35	1,97	2,22	1,19	1,73	1,95	1,03	1,51	1,70	0,89	1,29	1,45
	III	21,75	1,19	1,74	1,95	III	21,75	1,06	1,54	1,74	0,93	1,36	1,53	0,81	1,17	1,32	0,68	1,—	1,12	0,56	0,82	0,93	0,45	0,65	0,74
	V	53,35	2,93	4,26	4,80	IV	35,72	1,87	2,72	3,06	1,78	2,58	2,91	1,69	2,45	2,76	1,60	2,33	2,62	1,51	2,20	2,48	1,43	2,08	2,34
	VI	54,43	2,99	4,35	4,89																				
150,59	I,IV	35,76	1,96	2,86	3,21	I	35,76	1,78	2,59	2,91	1,60	2,33	2,62	1,43	2,08	2,34	1,26	1,84	2,07	1,10	1,61	1,81	0,95	1,39	1,56
	II	34,29	1,88	2,74	3,08	II	34,29	1,70	2,47	2,78	1,52	2,22	2,50	1,36	1,97	2,22	1,19	1,74	1,96	1,04	1,51	1,70	0,89	1,29	1,45
	III	21,77	1,19	1,74	1,95	III	21,77	1,06	1,55	1,74	0,93	1,36	1,53	0,81	1,18	1,32	0,68	1,—	1,12	0,57	0,82	0,93	0,45	0,66	0,74
	V	53,39	2,93	4,27	4,80	IV	35,76	1,87	2,72	3,06	1,78	2,59	2,91	1,69	2,46	2,77	1,60	2,33	2,62	1,51	2,20	2,48	1,43	2,08	2,34
	VI	54,47	2,99	4,35	4,90																				
150,69	I,IV	35,80	1,96	2,86	3,22	I	35,80	1,78	2,59	2,92	1,60	2,33	2,62	1,43	2,08	2,34	1,26	1,84	2,07	1,11	1,61	1,81	0,95	1,39	1,56
	II	34,33	1,88	2,74	3,08	II	34,33	1,70	2,48	2,79	1,53	2,22	2,50	1,36	1,98	2,22	1,19	1,74	1,96	1,04	1,51	1,70	0,89	1,29	1,46
	III	21,80	1,19	1,74	1,96	III	21,80	1,06	1,55	1,74	0,93	1,36	1,53	0,81	1,18	1,33	0,69	1,—	1,13	0,57	0,83	0,93	0,45	0,66	0,74
	V	53,44	2,93	4,27	4,80	IV	35,80	1,87	2,72	3,06	1,78	2,59	2,92	1,69	2,46	2,77	1,60	2,33	2,62	1,51	2,21	2,48	1,43	2,08	2,34
	VI	54,51	2,99	4,36	4,90																				
150,79	I,IV	35,84	1,97	2,86	3,22	I	35,84	1,78	2,59	2,92	1,60	2,34	2,63	1,43	2,08	2,35	1,27	1,84	2,07	1,11	1,61	1,81	0,95	1,39	1,56
	II	34,37	1,89	2,74	3,09	II	34,37	1,70	2,48	2,79	1,53	2,22	2,50	1,36	1,98	2,23	1,20	1,74	1,96	1,04	1,52	1,71	0,89	1,30	1,46
	III	21,83	1,20	1,74	1,96	III	21,83	1,06	1,55	1,74	0,94	1,36	1,53	0,81	1,18	1,33	0,69	1,—	1,13	0,57	0,83	0,93	0,45	0,66	0,74
	V	53,48	2,94	4,27	4,81	IV	35,84	1,87	2,73	3,07	1,78	2,59	2,92	1,69	2,46	2,77	1,60	2,34	2,63	1,52	2,21	2,49	1,43	2,08	2,35
	VI	54,55	3,—	4,36	4,90																				
150,89	I,IV	35,88	1,97	2,87	3,22	I	35,88	1,78	2,60	2,92	1,61	2,34	2,63	1,43	2,09	2,35	1,27	1,85	2,08	1,11	1,62	1,82	0,96	1,39	1,57
	II	34,41	1,89	2,75	3,09	II	34,41	1,71	2,48	2,79	1,53	2,23	2,51	1,36	1,98	2,23	1,20	1,75	1,96	1,04	1,52	1,71	0,89	1,30	1,46
	III	21,86	1,20	1,74	1,96	III	21,86	1,07	1,55	1,75	0,94	1,36	1,54	0,81	1,18	1,33	0,69	1,—	1,13	0,57	0,83	0,93	0,45	0,66	0,74
	V	53,52	2,94	4,28	4,81	IV	35,88	1,88	2,73	3,07	1,78	2,60	2,92	1,69	2,47	2,78	1,61	2,34	2,63	1,52	2,21	2,49	1,43	2,09	2,35
	VI	54,59	3,—	4,36	4,91																				
150,99	I,IV	35,92	1,97	2,87	3,23	I	35,92	1,79	2,60	2,93	1,61	2,34	2,63	1,44	2,09	2,35	1,27	1,85	2,08	1,11	1,62	1,82	0,96	1,40	1,57
	II	34,45	1,89	2,75	3,10	II	34,45	1,71	2,49	2,80	1,53	2,23	2,51	1,36	1,98	2,23	1,20	1,75	1,97	1,04	1,52	1,71	0,89	1,30	1,46
	III	21,88	1,20	1,75	1,96	III	21,88	1,07	1,55	1,75	0,94	1,37	1,54	0,81	1,18	1,33	0,69	1,01	1,13	0,57	0,83	0,94	0,45	0,66	0,75
	V	53,56	2,94	4,28	4,82	IV	35,92	1,88	2,73	3,07	1,79	2,60	2,93	1,70	2,47	2,78	1,61	2,34	2,63	1,52	2,21	2,49	1,44	2,09	2,35
	VI	54,63	3,—	4,37	4,91																				
151,09	I,IV	35,96	1,97	2,87	3,23	I	35,96	1,79	2,60	2,93	1,61	2,34	2,64	1,44	2,09	2,36	1,27	1,85	2,08	1,11	1,62	1,82	0,96	1,40	1,57
	II	34,48	1,89	2,75	3,10	II	34,48	1,71	2,49	2,80	1,53	2,23	2,51	1,36	1,99	2,24	1,20	1,75	1,97	1,05	1,52	1,71	0,90	1,30	1,47
	III	21,92	1,20	1,75	1,97	III	21,92	1,07	1,56	1,75	0,94	1,37	1,54	0,81	1,19	1,33	0,69	1,01	1,13	0,57	0,83	0,94	0,46	0,66	0,75
	V	53,60	2,94	4,28	4,82	IV	35,96	1,88	2,74	3,08	1,79	2,60	2,93	1,70	2,47	2,78	1,61	2,34	2,64	1,52	2,22	2,50	1,44	2,09	2,36
	VI	54,68	3,—	4,37	4,92																				
151,19	I,IV	36,—	1,98	2,88	3,24	I	36,—	1,79	2,61	2,93	1,61	2,35	2,64	1,44	2,10	2,36	1,27	1,86	2,09	1,11	1,62	1,83	0,96	1,40	1,58
	II	34,52	1,89	2,76	3,10	II	34,52	1,71	2,49	2,80	1,54	2,24	2,52	1,37	1,99	2,24	1,20	1,75	1,97	1,05	1,53	1,72	0,90	1,31	1,47
	III	21,94	1,20	1,75	1,97	III	21,94	1,07	1,56	1,75	0,94	1,37	1,54	0,82	1,19	1,34	0,69	1,01	1,14	0,57	0,84	0,94	0,46	0,67	0,75
	V	53,65	2,95	4,29	4,82	IV	36,—	1,88	2,74	3,08	1,79	2,61	2,93	1,70	2,48	2,79	1,61	2,35	2,64	1,52	2,22	2,50	1,44	2,10	2,36
	VI	54,72	3,—	4,37	4,92																				
151,29	I,IV	36,03	1,98	2,88	3,24	I	36,03	1,79	2,61	2,94	1,61	2,35	2,64	1,44	2,10	2,36	1,28	1,86	2,09	1,12	1,63	1,83	0,96	1,40	1,58
	II	34,56	1,90	2,76	3,11	II	34,56	1,71	2,50	2,81	1,54	2,24	2,52	1,37	1,99	2,24	1,21	1,76	1,98	1,05	1,53	1,72	0,90	1,31	1,47
	III	21,97	1,20	1,75	1,97	III	21,97	1,07	1,56	1,76	0,94	1,37	1,54	0,82	1,19	1,34	0,69	1,01	1,14	0,57	0,84	0,94	0,46	0,67	0,75
	V	53,69	2,95	4,29	4,83	IV	36,03	1,88	2,74	3,09	1,79	2,61	2,94	1,70	2,48	2,79	1,61	2,35	2,64	1,53	2,22	2,50	1,44	2,10	2,36
	VI	54,76	3,01	4,38	4,92																				
151,39	I,IV	36,07	1,98	2,88	3,24	I	36,07	1,79	2,61	2,94	1,62	2,35	2,65	1,44	2,10	2,36	1,28	1,86	2,09	1,12	1,63	1,83	0,96	1,41	1,58
	II	34,60	1,90	2,76	3,11	II	34,60	1,72	2,50	2,81	1,54	2,24	2,52	1,37	2,—	2,25	1,21	1,76	1,98	1,05	1,53	1,72	0,90	1,31	1,48
	III	22,—	1,21	1,76	1,98	III	22,—	1,07	1,56	1,76	0,94	1,38	1,55	0,82	1,19	1,34	0,70	1,01	1,14	0,58	0,84	0,95	0,46	0,67	0,76
	V	53,73	2,95	4,29	4,83	IV	36,07	1,89	2,75	3,09	1,79	2,61	2,94	1,70	2,48	2,79	1,62	2,35	2,65	1,53	2,23	2,50	1,44	2,10	2,36
	VI	54,80	3,01	4,38	4,93																				
151,49	I,IV	36,11	1,98	2,88	3,24	I	36,11	1,80	2,62	2,94	1,62	2,36	2,65	1,45	2,10	2,37	1,28	1,86	2,10	1,12	1,63	1,84	0,97	1,41	1,58
	II	34,64	1,90	2,77	3,11	II	34,64	1,72	2,50	2,81	1,54	2,25	2,53	1,37	2,—	2,25	1,21	1,76	1,98	1,05	1,53	1,72	0,90	1,31	1,48
	III	22,03	1,21	1,76	1,98	III	22,03	1,07	1,56	1,76	0,95	1,38	1,55	0,82	1,19	1,34	0,70	1,02	1,14	0,58	0,84	0,95	0,46	0,67	0,76
	V	53,77	2,95	4,30	4,83	IV	36,11	1,89	2,75	3,09	1,80	2,62	2,94	1,71	2,48	2,79	1,62	2,36	2,65	1,53	2,23	2,51	1,45	2,10	2,37
	VI	54,85	3,01	4,38	4,93																				

* Die ausgewiesenen Tabellenwerte sind amtlich. Siehe Erläuterungen auf der Umschlaginnenseite (U2).
** Bei mehr als 3 Kinderfreibeträgen ist die „Ergänzungs-Tabelle 3,5 bis 6 Kinderfreibeträge" anzuwenden.

Lohn/ Gehalt bis €*	Abzüge an Lohnsteuer, Solidaritätszuschlag (SolZ) und Kirchensteuer (8%, 9%) in den Steuerklassen: I – VI					I, II, III, IV – mit Zahl der Kinderfreibeträge . . .																			
			ohne Kinder-freibeträge					0,5			1			1,5			2			2,5			3**		
		LSt	SolZ	8%	9%		LSt	SolZ	8%	9%	SolZ	8%	9%	SolZ	8%	9%	SolZ	8%	9%	SolZ	8%	9%	SolZ	8%	9%
151,59	I,IV	36,15	1,98	2,89	3,25	I	36,15	1,80	2,62	2,95	1,62	2,36	2,65	1,45	2,11	2,37	1,28	1,87	2,10	1,12	1,63	1,84	0,97	1,41	1,59
	II	34,68	1,90	2,77	3,12	II	34,68	1,72	2,50	2,82	1,54	2,25	2,53	1,37	2,—	2,25	1,21	1,76	1,98	1,05	1,54	1,73	0,90	1,32	1,48
	III	22,06	1,21	1,76	1,98	III	22,06	1,08	1,57	1,76	0,95	1,38	1,55	0,82	1,20	1,35	0,70	1,02	1,15	0,58	0,84	0,95	0,46	0,68	0,76
	V	53,81	2,96	4,30	4,84	IV	36,15	1,89	2,75	3,10	1,80	2,62	2,95	1,71	2,49	2,80	1,62	2,36	2,65	1,53	2,23	2,51	1,45	2,11	2,37
	VI	54,89	3,01	4,39	4,94																				
151,69	I,IV	36,19	1,99	2,89	3,25	I	36,19	1,80	2,62	2,95	1,62	2,36	2,66	1,45	2,11	2,37	1,28	1,87	2,10	1,12	1,64	1,84	0,97	1,41	1,59
	II	34,72	1,90	2,77	3,12	II	34,72	1,72	2,51	2,82	1,55	2,25	2,53	1,38	2,—	2,25	1,21	1,77	1,99	1,06	1,54	1,73	0,91	1,32	1,48
	III	22,08	1,21	1,76	1,98	III	22,08	1,08	1,57	1,77	0,95	1,38	1,55	0,82	1,20	1,35	0,70	1,02	1,15	0,58	0,85	0,95	0,46	0,68	0,76
	V	53,86	2,96	4,30	4,84	IV	36,19	1,89	2,76	3,10	1,80	2,62	2,95	1,71	2,49	2,80	1,62	2,36	2,66	1,53	2,23	2,51	1,45	2,11	2,37
	VI	54,93	3,02	4,39	4,94																				
151,79	I,IV	36,23	1,99	2,89	3,26	I	36,23	1,80	2,62	2,95	1,62	2,36	2,66	1,45	2,11	2,38	1,29	1,87	2,11	1,13	1,64	1,84	0,97	1,42	1,59
	II	34,76	1,91	2,78	3,12	II	34,76	1,72	2,51	2,82	1,55	2,25	2,54	1,38	2,01	2,26	1,21	1,77	1,99	1,06	1,54	1,73	0,91	1,32	1,49
	III	22,11	1,21	1,76	1,98	III	22,11	1,08	1,57	1,77	0,95	1,38	1,56	0,82	1,20	1,35	0,70	1,02	1,15	0,58	0,85	0,95	0,46	0,68	0,76
	V	53,90	2,96	4,31	4,85	IV	36,23	1,89	2,76	3,10	1,80	2,62	2,95	1,71	2,49	2,80	1,62	2,36	2,66	1,54	2,24	2,52	1,45	2,11	2,38
	VI	54,97	3,02	4,39	4,94																				
151,89	I,IV	36,27	1,99	2,90	3,26	I	36,27	1,80	2,63	2,96	1,63	2,37	2,66	1,45	2,12	2,38	1,29	1,87	2,11	1,13	1,64	1,85	0,97	1,42	1,60
	II	34,80	1,91	2,78	3,13	II	34,80	1,73	2,51	2,83	1,55	2,26	2,54	1,38	2,01	2,26	1,22	1,77	1,99	1,06	1,54	1,74	0,91	1,32	1,49
	III	22,14	1,21	1,77	1,99	III	22,14	1,08	1,57	1,77	0,95	1,39	1,56	0,83	1,20	1,35	0,70	1,02	1,15	0,58	0,85	0,96	0,47	0,68	0,77
	V	53,94	2,96	4,31	4,85	IV	36,27	1,90	2,76	3,11	1,80	2,63	2,96	1,71	2,50	2,81	1,63	2,37	2,66	1,54	2,24	2,52	1,45	2,12	2,38
	VI	55,01	3,02	4,40	4,95																				
151,99	I,IV	36,31	1,99	2,90	3,26	I	36,31	1,81	2,63	2,96	1,63	2,37	2,67	1,46	2,12	2,38	1,29	1,88	2,11	1,13	1,64	1,85	0,98	1,42	1,60
	II	34,83	1,91	2,78	3,13	II	34,83	1,73	2,52	2,83	1,55	2,26	2,54	1,38	2,01	2,26	1,22	1,77	2,—	1,06	1,55	1,74	0,91	1,33	1,49
	III	22,17	1,21	1,77	1,99	III	22,17	1,08	1,58	1,77	0,95	1,39	1,56	0,83	1,20	1,36	0,70	1,03	1,15	0,58	0,85	0,96	0,47	0,68	0,77
	V	53,98	2,96	4,31	4,85	IV	36,31	1,90	2,76	3,11	1,81	2,63	2,96	1,72	2,50	2,81	1,63	2,37	2,67	1,54	2,24	2,52	1,46	2,12	2,38
	VI	55,06	3,02	4,40	4,95																				
152,09	I,IV	36,35	1,99	2,90	3,27	I	36,35	1,81	2,63	2,96	1,63	2,37	2,67	1,46	2,12	2,39	1,29	1,88	2,12	1,13	1,65	1,85	0,98	1,42	1,60
	II	34,87	1,91	2,78	3,13	II	34,87	1,73	2,52	2,83	1,55	2,26	2,55	1,38	2,02	2,27	1,22	1,78	2,—	1,06	1,55	1,74	0,91	1,33	1,50
	III	22,20	1,22	1,77	1,99	III	22,20	1,08	1,58	1,78	0,95	1,39	1,56	0,83	1,21	1,36	0,71	1,03	1,16	0,59	0,85	0,96	0,47	0,68	0,77
	V	54,02	2,97	4,32	4,86	IV	36,35	1,90	2,77	3,11	1,81	2,63	2,96	1,72	2,50	2,82	1,63	2,37	2,67	1,54	2,25	2,53	1,46	2,12	2,39
	VI	55,10	3,03	4,40	4,95																				
152,19	I,IV	36,39	2,—	2,91	3,27	I	36,39	1,81	2,64	2,97	1,63	2,38	2,67	1,46	2,12	2,39	1,29	1,88	2,12	1,13	1,65	1,86	0,98	1,43	1,60
	II	34,91	1,92	2,79	3,14	II	34,91	1,73	2,52	2,84	1,56	2,27	2,55	1,39	2,02	2,27	1,22	1,78	2,—	1,07	1,55	1,75	0,91	1,33	1,50
	III	22,22	1,22	1,77	1,99	III	22,22	1,09	1,58	1,78	0,96	1,39	1,57	0,83	1,21	1,36	0,71	1,03	1,16	0,59	0,86	0,96	0,47	0,69	0,77
	V	54,06	2,97	4,32	4,86	IV	36,39	1,90	2,77	3,12	1,81	2,64	2,97	1,72	2,50	2,82	1,63	2,38	2,67	1,54	2,25	2,53	1,46	2,12	2,39
	VI	55,14	3,03	4,41	4,96																				
152,29	I,IV	36,43	2,—	2,91	3,27	I	36,43	1,81	2,64	2,97	1,63	2,38	2,68	1,46	2,13	2,39	1,29	1,89	2,12	1,13	1,65	1,86	0,98	1,43	1,61
	II	34,95	1,92	2,79	3,14	II	34,95	1,73	2,53	2,84	1,56	2,27	2,55	1,39	2,02	2,27	1,22	1,78	2,01	1,07	1,55	1,75	0,92	1,33	1,50
	III	22,25	1,22	1,78	2,—	III	22,25	1,09	1,58	1,78	0,96	1,39	1,57	0,83	1,21	1,36	0,71	1,03	1,16	0,59	0,86	0,97	0,47	0,69	0,77
	V	54,11	2,97	4,32	4,86	IV	36,43	1,91	2,77	3,12	1,81	2,64	2,97	1,72	2,51	2,82	1,63	2,38	2,68	1,55	2,25	2,53	1,46	2,13	2,39
	VI	55,18	3,03	4,41	4,96																				
152,39	I,IV	36,47	2,—	2,91	3,28	I	36,47	1,82	2,64	2,97	1,64	2,38	2,68	1,46	2,13	2,40	1,30	1,89	2,12	1,14	1,65	1,86	0,98	1,43	1,61
	II	34,99	1,92	2,79	3,14	II	34,99	1,74	2,53	2,84	1,56	2,27	2,56	1,39	2,02	2,28	1,23	1,79	2,01	1,07	1,56	1,75	0,92	1,34	1,50
	III	22,28	1,22	1,78	2,—	III	22,28	1,09	1,58	1,78	0,96	1,40	1,57	0,83	1,21	1,36	0,71	1,03	1,16	0,59	0,86	0,97	0,47	0,69	0,78
	V	54,15	2,97	4,33	4,87	IV	36,47	1,91	2,78	3,12	1,82	2,64	2,97	1,72	2,51	2,83	1,64	2,38	2,68	1,55	2,26	2,54	1,46	2,13	2,40
	VI	55,22	3,03	4,41	4,96																				
152,49	I,IV	36,51	2,—	2,92	3,28	I	36,51	1,82	2,65	2,98	1,64	2,38	2,68	1,47	2,13	2,40	1,30	1,89	2,13	1,14	1,66	1,87	0,98	1,43	1,61
	II	35,03	1,92	2,80	3,15	II	35,03	1,74	2,53	2,85	1,56	2,27	2,56	1,39	2,03	2,28	1,23	1,79	2,01	1,07	1,56	1,75	0,92	1,34	1,51
	III	22,31	1,22	1,78	2,—	III	22,31	1,09	1,59	1,79	0,96	1,40	1,57	0,83	1,22	1,37	0,71	1,04	1,17	0,59	0,86	0,97	0,47	0,69	0,78
	V	54,19	2,98	4,33	4,87	IV	36,51	1,91	2,78	3,13	1,82	2,65	2,98	1,73	2,51	2,83	1,64	2,38	2,68	1,55	2,26	2,54	1,47	2,13	2,40
	VI	55,26	3,03	4,42	4,97																				
152,59	I,IV	36,55	2,01	2,92	3,28	I	36,55	1,82	2,65	2,98	1,64	2,39	2,69	1,47	2,14	2,40	1,30	1,89	2,13	1,14	1,66	1,87	0,99	1,44	1,62
	II	35,07	1,92	2,80	3,15	II	35,07	1,74	2,53	2,85	1,56	2,28	2,56	1,39	2,03	2,28	1,23	1,79	2,02	1,07	1,56	1,76	0,92	1,34	1,51
	III	22,33	1,22	1,78	2,—	III	22,33	1,09	1,59	1,79	0,96	1,40	1,58	0,84	1,22	1,37	0,71	1,04	1,17	0,59	0,86	0,97	0,48	0,69	0,78
	V	54,23	2,98	4,33	4,88	IV	36,55	1,91	2,78	3,13	1,82	2,65	2,98	1,73	2,52	2,83	1,64	2,39	2,69	1,55	2,26	2,54	1,47	2,14	2,40
	VI	55,31	3,04	4,42	4,97																				
152,69	I,IV	36,59	2,01	2,92	3,29	I	36,59	1,82	2,65	2,98	1,64	2,39	2,69	1,47	2,14	2,41	1,30	1,90	2,13	1,14	1,66	1,87	0,99	1,44	1,62
	II	35,11	1,93	2,80	3,15	II	35,11	1,74	2,54	2,86	1,57	2,28	2,57	1,40	2,03	2,29	1,23	1,79	2,02	1,07	1,56	1,76	0,92	1,34	1,51
	III	22,36	1,23	1,78	2,01	III	22,36	1,09	1,59	1,79	0,96	1,40	1,58	0,84	1,22	1,37	0,71	1,04	1,17	0,59	0,87	0,97	0,48	0,70	0,78
	V	54,28	2,98	4,34	4,88	IV	36,59	1,91	2,79	3,13	1,82	2,65	2,98	1,73	2,52	2,84	1,64	2,39	2,69	1,55	2,26	2,55	1,47	2,14	2,41
	VI	55,35	3,04	4,42	4,98																				
152,79	I,IV	36,63	2,01	2,93	3,29	I	36,63	1,82	2,66	2,99	1,64	2,39	2,69	1,47	2,14	2,41	1,30	1,90	2,14	1,14	1,67	1,87	0,99	1,44	1,62
	II	35,15	1,93	2,81	3,16	II	35,15	1,75	2,54	2,86	1,57	2,28	2,57	1,40	2,04	2,29	1,23	1,80	2,02	1,08	1,57	1,76	0,92	1,35	1,52
	III	22,39	1,23	1,79	2,01	III	22,39	1,09	1,59	1,79	0,96	1,40	1,58	0,84	1,22	1,37	0,72	1,04	1,17	0,60	0,87	0,98	0,48	0,70	0,79
	V	54,32	2,98	4,34	4,88	IV	36,63	1,92	2,79	3,14	1,82	2,66	2,99	1,73	2,52	2,84	1,64	2,39	2,69	1,56	2,27	2,55	1,47	2,14	2,41
	VI	55,39	3,04	4,43	4,98																				
152,89	I,IV	36,67	2,01	2,93	3,30	I	36,67	1,83	2,66	2,99	1,65	2,40	2,70	1,47	2,14	2,41	1,31	1,90	2,14	1,15	1,67	1,88	0,99	1,44	1,62
	II	35,18	1,93	2,81	3,16	II	35,18	1,75	2,54	2,86	1,57	2,29	2,57	1,40	2,04	2,29	1,24	1,80	2,02	1,08	1,57	1,77	0,93	1,35	1,52
	III	22,42	1,23	1,79	2,01	III	22,42	1,10	1,60	1,80	0,97	1,41	1,58	0,84	1,22	1,38	0,72	1,04	1,17	0,60	0,87	0,98	0,48	0,70	0,79
	V	54,36	2,99	4,34	4,89	IV	36,67	1,92	2,79	3,14	1,83	2,66	2,99	1,74	2,53	2,84	1,65	2,40	2,70	1,56	2,27	2,55	1,47	2,14	2,41
	VI	55,43	3,04	4,43	4,98																				
152,99	I,IV	36,71	2,01	2,93	3,30	I	36,71	1,83	2,66	2,99	1,65	2,40	2,70	1,47	2,15	2,42	1,31	1,90	2,14	1,15	1,67	1,88	0,99	1,45	1,63
	II	35,22	1,93	2,81	3,16	II	35,22	1,75	2,55	2,87	1,57	2,29	2,58	1,40	2,04	2,30	1,24	1,80	2,03	1,08	1,57	1,77	0,93	1,35	1,52
	III	22,45	1,23	1,79	2,02	III	22,45	1,10	1,60	1,80	0,97	1,41	1,59	0,84	1,23	1,38	0,72	1,05	1,18	0,60	0,87	0,98	0,48	0,70	0,79
	V	54,40	2,99	4,35	4,89	IV	36,71	1,92	2,80	3,15	1,83	2,66	2,99	1,74	2,53	2,85	1,65	2,40	2,70	1,56	2,27	2,56	1,47	2,15	2,42
	VI	55,48	3,05	4,43	4,99																				

* Die ausgewiesenen Tabellenwerte sind amtlich. Siehe Erläuterungen auf der Umschlaginnenseite (U2).
** Bei mehr als 3 Kinderfreibeträgen ist die „Ergänzungs-Tabelle 3,5 bis 6 Kinderfreibeträge" anzuwenden.

Lohn/ Gehalt bis €*		Abzüge an Lohnsteuer, Solidaritätszuschlag (SolZ) und Kirchensteuer (8%, 9%) in den Steuerklassen I – VI					I, II, III, IV																		
			ohne Kinder-freibeträge					mit Zahl der Kinderfreibeträge . . . 0,5			1			1,5			2			2,5			3**		
		LSt	SolZ	8%	9%		LSt	SolZ	8%	9%	SolZ	8%	9%	SolZ	8%	9%	SolZ	8%	9%	SolZ	8%	9%	SolZ	8%	9%
153,09	I,IV	36,75	2,02	2,94	3,30	I	36,75	1,83	2,66	3,—	1,65	2,40	2,70	1,48	2,15	2,42	1,31	1,91	2,15	1,15	1,67	1,88	0,99	1,45	1,63
	II	35,26	1,93	2,82	3,17	II	35,26	1,75	2,55	2,87	1,57	2,29	2,58	1,40	2,04	2,30	1,24	1,80	2,03	1,08	1,57	1,77	0,93	1,35	1,52
	III	22,48	1,23	1,79	2,02	III	22,48	1,10	1,60	1,80	0,97	1,41	1,59	0,84	1,23	1,38	0,72	1,05	1,18	0,60	0,87	0,98	0,48	0,70	0,79
	V	54,44	2,99	4,35	4,89	IV	36,75	1,92	2,80	3,15	1,83	2,66	3,—	1,74	2,53	2,85	1,65	2,40	2,70	1,56	2,28	2,56	1,48	2,15	2,42
	VI	55,52	3,05	4,44	4,99																				
153,19	I,IV	36,79	2,02	2,94	3,31	I	36,79	1,83	2,67	3,—	1,65	2,41	2,71	1,48	2,15	2,42	1,31	1,91	2,15	1,15	1,68	1,89	1,—	1,45	1,63
	II	35,30	1,94	2,82	3,17	II	35,30	1,75	2,55	2,87	1,58	2,30	2,58	1,41	2,05	2,30	1,24	1,81	2,03	1,08	1,58	1,77	0,93	1,36	1,53
	III	22,51	1,23	1,80	2,02	III	22,51	1,10	1,60	1,80	0,97	1,41	1,59	0,84	1,23	1,38	0,72	1,05	1,18	0,60	0,88	0,99	0,48	0,71	0,79
	V	54,49	2,99	4,35	4,90	IV	36,79	1,92	2,80	3,15	1,83	2,67	3,—	1,74	2,54	2,85	1,65	2,41	2,71	1,56	2,28	2,56	1,48	2,15	2,42
	VI	55,56	3,05	4,44	5,—																				
153,29	I,IV	36,83	2,02	2,94	3,31	I	36,83	1,83	2,67	3,—	1,65	2,41	2,71	1,48	2,16	2,43	1,31	1,91	2,15	1,15	1,68	1,89	1,—	1,45	1,64
	II	35,34	1,94	2,82	3,18	II	35,34	1,76	2,56	2,88	1,58	2,30	2,59	1,41	2,05	2,31	1,24	1,81	2,04	1,08	1,58	1,78	0,93	1,36	1,53
	III	22,53	1,23	1,80	2,02	III	22,53	1,10	1,60	1,81	0,97	1,42	1,59	0,85	1,23	1,39	0,72	1,05	1,18	0,60	0,88	0,99	0,48	0,71	0,80
	V	54,53	2,99	4,36	4,90	IV	36,83	1,93	2,80	3,16	1,83	2,67	3,—	1,74	2,54	2,86	1,65	2,41	2,71	1,57	2,28	2,57	1,48	2,16	2,43
	VI	55,60	3,05	4,44	5,—																				
153,39	I,IV	36,86	2,02	2,94	3,31	I	36,86	1,84	2,67	3,01	1,66	2,41	2,71	1,48	2,16	2,43	1,32	1,92	2,16	1,15	1,68	1,89	1,—	1,46	1,64
	II	35,38	1,94	2,83	3,18	II	35,38	1,76	2,56	2,88	1,58	2,30	2,59	1,41	2,05	2,31	1,24	1,81	2,04	1,09	1,58	1,78	0,93	1,36	1,53
	III	22,56	1,24	1,80	2,03	III	22,56	1,10	1,61	1,81	0,97	1,42	1,60	0,85	1,23	1,39	0,72	1,05	1,19	0,60	0,88	0,99	0,49	0,71	0,80
	V	54,57	3,—	4,36	4,91	IV	36,86	1,93	2,81	3,16	1,84	2,67	3,01	1,75	2,54	2,86	1,66	2,41	2,71	1,57	2,28	2,57	1,48	2,16	2,43
	VI	55,64	3,06	4,45	5,—																				
153,49	I,IV	36,91	2,03	2,95	3,32	I	36,91	1,84	2,68	3,01	1,66	2,41	2,72	1,48	2,16	2,43	1,32	1,92	2,16	1,16	1,68	1,89	1,—	1,46	1,64
	II	35,42	1,94	2,83	3,18	II	35,42	1,76	2,56	2,88	1,58	2,30	2,59	1,41	2,06	2,31	1,25	1,82	2,04	1,09	1,58	1,78	0,94	1,36	1,53
	III	22,59	1,24	1,80	2,03	III	22,59	1,10	1,61	1,81	0,97	1,42	1,60	0,85	1,24	1,39	0,72	1,06	1,19	0,60	0,88	0,99	0,49	0,71	0,80
	V	54,61	3,—	4,36	4,91	IV	36,91	1,93	2,81	3,16	1,84	2,68	3,01	1,75	2,54	2,86	1,66	2,41	2,72	1,57	2,29	2,57	1,48	2,16	2,43
	VI	55,68	3,06	4,45	5,01																				
153,59	I,IV	36,95	2,03	2,95	3,32	I	36,95	1,84	2,68	3,01	1,66	2,42	2,72	1,49	2,16	2,44	1,32	1,92	2,16	1,16	1,69	1,90	1,—	1,46	1,64
	II	35,46	1,95	2,83	3,19	II	35,46	1,76	2,56	2,89	1,58	2,31	2,60	1,41	2,06	2,32	1,25	1,82	2,05	1,09	1,59	1,79	0,94	1,37	1,54
	III	22,62	1,24	1,80	2,03	III	22,62	1,11	1,61	1,81	0,98	1,42	1,60	0,85	1,24	1,39	0,73	1,06	1,19	0,61	0,88	0,99	0,49	0,71	0,80
	V	54,65	3,—	4,37	4,91	IV	36,95	1,93	2,81	3,17	1,84	2,68	3,01	1,75	2,55	2,87	1,66	2,42	2,72	1,57	2,29	2,58	1,49	2,16	2,44
	VI	55,73	3,06	4,45	5,01																				
153,69	I,IV	36,99	2,03	2,95	3,32	I	36,99	1,84	2,68	3,02	1,66	2,42	2,72	1,49	2,17	2,44	1,32	1,92	2,16	1,16	1,69	1,90	1,—	1,46	1,65
	II	35,50	1,95	2,84	3,19	II	35,50	1,76	2,57	2,89	1,59	2,31	2,60	1,42	2,06	2,32	1,25	1,82	2,05	1,09	1,59	1,79	0,94	1,37	1,54
	III	22,65	1,24	1,81	2,03	III	22,65	1,11	1,61	1,82	0,98	1,42	1,60	0,85	1,24	1,40	0,73	1,06	1,19	0,61	0,89	1,—	0,49	0,72	0,81
	V	54,70	3,—	4,37	4,92	IV	36,99	1,94	2,82	3,17	1,84	2,68	3,02	1,75	2,55	2,87	1,66	2,42	2,72	1,57	2,29	2,58	1,49	2,17	2,44
	VI	55,77	3,06	4,46	5,01																				
153,79	I,IV	37,03	2,03	2,96	3,33	I	37,03	1,84	2,69	3,02	1,66	2,42	2,73	1,49	2,17	2,44	1,32	1,93	2,17	1,16	1,69	1,90	1,01	1,47	1,65
	II	35,54	1,95	2,84	3,19	II	35,54	1,77	2,57	2,89	1,59	2,31	2,60	1,42	2,06	2,32	1,25	1,82	2,05	1,09	1,59	1,79	0,94	1,37	1,54
	III	22,67	1,24	1,81	2,04	III	22,67	1,11	1,62	1,82	0,98	1,43	1,61	0,85	1,24	1,40	0,73	1,06	1,20	0,61	0,89	1,—	0,49	0,72	0,81
	V	54,74	3,01	4,37	4,92	IV	37,03	1,94	2,82	3,17	1,84	2,69	3,02	1,75	2,55	2,87	1,66	2,42	2,73	1,58	2,30	2,58	1,49	2,17	2,44
	VI	55,81	3,06	4,46	5,02																				
153,89	I,IV	37,06	2,03	2,96	3,33	I	37,06	1,85	2,69	3,03	1,67	2,43	2,73	1,49	2,17	2,44	1,32	1,93	2,17	1,16	1,69	1,91	1,01	1,47	1,65
	II	35,58	1,95	2,84	3,20	II	35,58	1,77	2,57	2,90	1,59	2,32	2,61	1,42	2,07	2,32	1,25	1,83	2,06	1,10	1,60	1,80	0,94	1,37	1,55
	III	22,70	1,24	1,81	2,04	III	22,70	1,11	1,62	1,82	0,98	1,43	1,61	0,85	1,24	1,40	0,73	1,06	1,20	0,61	0,89	1,—	0,49	0,72	0,81
	V	54,78	3,01	4,38	4,93	IV	37,06	1,94	2,82	3,18	1,85	2,69	3,03	1,76	2,56	2,88	1,67	2,43	2,73	1,58	2,30	2,59	1,49	2,17	2,44
	VI	55,85	3,07	4,46	5,02																				
153,99	I,IV	37,10	2,04	2,96	3,33	I	37,10	1,85	2,69	3,03	1,67	2,43	2,73	1,49	2,18	2,45	1,33	1,93	2,17	1,17	1,70	1,91	1,01	1,47	1,66
	II	35,61	1,95	2,84	3,20	II	35,61	1,77	2,58	2,90	1,59	2,32	2,61	1,42	2,07	2,33	1,26	1,83	2,06	1,10	1,60	1,80	0,94	1,38	1,55
	III	22,73	1,25	1,81	2,04	III	22,73	1,11	1,62	1,82	0,98	1,43	1,61	0,86	1,25	1,40	0,73	1,07	1,20	0,61	0,89	1,—	0,49	0,72	0,81
	V	54,82	3,01	4,38	4,93	IV	37,10	1,94	2,83	3,18	1,85	2,69	3,03	1,76	2,56	2,88	1,67	2,43	2,73	1,58	2,30	2,59	1,49	2,18	2,45
	VI	55,90	3,07	4,47	5,03																				
154,09	I,IV	37,14	2,04	2,97	3,34	I	37,14	1,85	2,70	3,03	1,67	2,43	2,74	1,50	2,18	2,45	1,33	1,93	2,18	1,17	1,70	1,91	1,01	1,47	1,66
	II	35,65	1,96	2,85	3,20	II	35,65	1,77	2,58	2,90	1,59	2,32	2,61	1,42	2,07	2,33	1,26	1,83	2,06	1,10	1,60	1,80	0,95	1,38	1,55
	III	22,76	1,25	1,82	2,04	III	22,76	1,11	1,62	1,82	0,98	1,43	1,61	0,86	1,25	1,41	0,73	1,07	1,20	0,61	0,89	1,01	0,50	0,72	0,81
	V	54,86	3,01	4,38	4,93	IV	37,14	1,94	2,83	3,18	1,85	2,70	3,03	1,76	2,56	2,88	1,67	2,43	2,74	1,58	2,30	2,59	1,50	2,18	2,45
	VI	55,94	3,07	4,47	5,03																				
154,19	I,IV	37,18	2,04	2,97	3,34	I	37,18	1,85	2,70	3,04	1,67	2,44	2,74	1,50	2,18	2,45	1,33	1,94	2,18	1,17	1,70	1,92	1,01	1,48	1,66
	II	35,69	1,96	2,85	3,21	II	35,69	1,77	2,58	2,91	1,60	2,32	2,61	1,42	2,07	2,33	1,26	1,83	2,06	1,10	1,60	1,80	0,95	1,38	1,55
	III	22,78	1,25	1,82	2,05	III	22,78	1,12	1,62	1,83	0,99	1,44	1,62	0,86	1,25	1,41	0,73	1,07	1,21	0,61	0,90	1,01	0,50	0,72	0,82
	V	54,91	3,02	4,39	4,94	IV	37,18	1,95	2,83	3,19	1,85	2,70	3,04	1,76	2,57	2,89	1,67	2,44	2,74	1,58	2,31	2,60	1,50	2,18	2,45
	VI	55,98	3,07	4,47	5,03																				
154,29	I,IV	37,22	2,04	2,97	3,34	I	37,22	1,86	2,70	3,04	1,67	2,44	2,74	1,50	2,18	2,46	1,33	1,94	2,18	1,17	1,70	1,92	1,02	1,48	1,66
	II	35,73	1,96	2,85	3,21	II	35,73	1,78	2,59	2,91	1,60	2,33	2,62	1,43	2,08	2,34	1,26	1,84	2,07	1,10	1,61	1,81	0,95	1,38	1,56
	III	22,81	1,25	1,82	2,05	III	22,81	1,12	1,63	1,83	0,99	1,44	1,62	0,86	1,25	1,41	0,74	1,07	1,21	0,62	0,90	1,01	0,50	0,73	0,82
	V	54,95	3,02	4,39	4,94	IV	37,22	1,95	2,84	3,19	1,86	2,70	3,04	1,76	2,57	2,89	1,67	2,44	2,74	1,59	2,31	2,60	1,50	2,18	2,46
	VI	56,02	3,08	4,48	5,04																				
154,39	I,IV	37,26	2,04	2,98	3,35	I	37,26	1,86	2,70	3,04	1,68	2,44	2,75	1,50	2,19	2,46	1,33	1,94	2,19	1,17	1,71	1,92	1,02	1,48	1,67
	II	35,77	1,96	2,86	3,21	II	35,77	1,78	2,59	2,91	1,60	2,33	2,62	1,43	2,08	2,34	1,26	1,84	2,07	1,10	1,61	1,81	0,95	1,39	1,56
	III	22,84	1,25	1,82	2,05	III	22,84	1,12	1,63	1,83	0,99	1,44	1,62	0,86	1,26	1,41	0,74	1,08	1,21	0,62	0,90	1,01	0,50	0,73	0,82
	V	54,99	3,02	4,39	4,94	IV	37,26	1,95	2,84	3,19	1,86	2,70	3,04	1,77	2,57	2,89	1,68	2,44	2,75	1,59	2,31	2,60	1,50	2,19	2,46
	VI	56,06	3,08	4,48	5,04																				
154,49	I,IV	37,30	2,05	2,98	3,35	I	37,30	1,86	2,71	3,05	1,68	2,44	2,75	1,50	2,19	2,46	1,34	1,95	2,19	1,17	1,71	1,92	1,02	1,48	1,67
	II	35,81	1,96	2,86	3,22	II	35,81	1,78	2,59	2,92	1,60	2,33	2,62	1,43	2,08	2,34	1,27	1,84	2,07	1,11	1,61	1,81	0,95	1,39	1,56
	III	22,87	1,25	1,82	2,05	III	22,87	1,12	1,63	1,84	0,99	1,44	1,62	0,86	1,26	1,41	0,74	1,08	1,21	0,62	0,90	1,01	0,50	0,73	0,82
	V	55,03	3,02	4,40	4,95	IV	37,30	1,95	2,84	3,20	1,86	2,71	3,05	1,77	2,57	2,90	1,68	2,44	2,75	1,59	2,32	2,61	1,50	2,19	2,46
	VI	56,11	3,08	4,48	5,04																				

* Die ausgewiesenen Tabellenwerte sind amtlich. Siehe Erläuterungen auf der Umschlaginnenseite (U2).
** Bei mehr als 3 Kinderfreibeträgen ist die „Ergänzungs-Tabelle 3,5 bis 6 Kinderfreibeträge" anzuwenden.

Abzüge an Lohnsteuer, Solidaritätszuschlag (SolZ) und Kirchensteuer (8%, 9%) in den Steuerklassen

Lohn/ Gehalt bis €*	I – VI					I, II, III, IV																			
			ohne Kinderfreibeträge					mit Zahl der Kinderfreibeträge . . .																	
								0,5			1			1,5			2			2,5			3**		
		LSt	SolZ	8%	9%		LSt	SolZ	8%	9%	SolZ	8%	9%	SolZ	8%	9%	SolZ	8%	9%	SolZ	8%	9%	SolZ	8%	9%
154,59	I,IV	37,34	2,05	2,98	3,36	I	37,34	1,86	2,71	3,05	1,68	2,45	2,75	1,51	2,19	2,47	1,34	1,95	2,19	1,18	1,71	1,93	1,02	1,49	1,67
	II	35,85	1,97	2,86	3,22	II	35,85	1,78	2,60	2,92	1,60	2,34	2,63	1,43	2,09	2,35	1,27	1,84	2,08	1,11	1,61	1,82	0,96	1,39	1,57
	III	22,90	1,25	1,83	2,06	III	22,90	1,12	1,63	1,84	0,99	1,44	1,62	0,86	1,26	1,42	0,74	1,08	1,21	0,62	0,90	1,02	0,50	0,73	0,82
	V	55,07	3,02	4,40	4,95	IV	37,34	1,95	2,85	3,20	1,86	2,71	3,05	1,77	2,58	2,90	1,68	2,45	2,75	1,59	2,32	2,61	1,51	2,19	2,47
		56,15	3,08	4,49	5,05																				
154,69	I,IV	37,38	2,05	2,99	3,36	I	37,38	1,86	2,71	3,05	1,68	2,45	2,76	1,51	2,20	2,47	1,34	1,95	2,20	1,18	1,72	1,93	1,02	1,49	1,68
	II	35,89	1,97	2,87	3,23	II	35,89	1,78	2,60	2,92	1,61	2,34	2,63	1,43	2,09	2,35	1,27	1,85	2,08	1,11	1,62	1,82	0,96	1,39	1,57
	III	22,93	1,26	1,83	2,06	III	22,93	1,12	1,64	1,84	0,99	1,45	1,63	0,87	1,26	1,42	0,74	1,08	1,22	0,62	0,91	1,02	0,50	0,74	0,83
	V	55,11	3,03	4,40	4,95	IV	37,38	1,96	2,85	3,21	1,86	2,71	3,05	1,77	2,58	2,90	1,68	2,45	2,76	1,59	2,32	2,61	1,51	2,20	2,47
	VI	56,19	3,09	4,49	5,05																				
154,79	I,IV	37,42	2,05	2,99	3,36	I	37,42	1,87	2,72	3,06	1,69	2,45	2,76	1,51	2,20	2,47	1,34	1,95	2,20	1,18	1,72	1,93	1,02	1,49	1,68
	II	35,93	1,97	2,87	3,23	II	35,93	1,79	2,60	2,93	1,61	2,34	2,63	1,44	2,09	2,35	1,27	1,85	2,08	1,11	1,62	1,82	0,96	1,40	1,57
	III	22,96	1,26	1,83	2,06	III	22,96	1,12	1,64	1,84	0,99	1,45	1,63	0,87	1,26	1,42	0,74	1,08	1,22	0,62	0,91	1,02	0,50	0,74	0,83
	V	55,16	3,03	4,41	4,96	IV	37,42	1,96	2,85	3,21	1,87	2,72	3,06	1,77	2,58	2,91	1,69	2,45	2,76	1,60	2,32	2,62	1,51	2,20	2,47
	VI	56,23	3,09	4,49	5,06																				
154,89	I,IV	37,46	2,06	2,99	3,37	I	37,46	1,87	2,72	3,06	1,69	2,46	2,76	1,51	2,20	2,48	1,34	1,96	2,20	1,18	1,72	1,94	1,03	1,49	1,68
	II	35,97	1,97	2,87	3,23	II	35,97	1,79	2,60	2,93	1,61	2,34	2,64	1,44	2,09	2,36	1,27	1,85	2,09	1,11	1,62	1,82	0,96	1,40	1,57
	III	22,98	1,26	1,83	2,06	III	22,98	1,13	1,64	1,85	1,—	1,45	1,63	0,87	1,27	1,42	0,74	1,08	1,22	0,62	0,91	1,02	0,51	0,74	0,83
	V	55,20	3,03	4,41	4,96	IV	37,46	1,96	2,86	3,21	1,87	2,72	3,06	1,78	2,59	2,91	1,69	2,46	2,76	1,60	2,33	2,62	1,51	2,20	2,48
	VI	56,27	3,09	4,50	5,06																				
154,99	I,IV	37,50	2,06	3,—	3,37	I	37,50	1,87	2,72	3,06	1,69	2,46	2,77	1,51	2,20	2,48	1,35	1,96	2,20	1,18	1,72	1,94	1,03	1,50	1,68
	II	36,01	1,98	2,88	3,24	II	36,01	1,79	2,61	2,93	1,61	2,35	2,64	1,44	2,10	2,36	1,27	1,86	2,09	1,12	1,62	1,83	0,96	1,40	1,58
	III	23,01	1,26	1,84	2,07	III	23,01	1,13	1,64	1,85	1,—	1,45	1,63	0,87	1,27	1,43	0,75	1,09	1,22	0,63	0,91	1,03	0,51	0,74	0,83
	V	55,24	3,03	4,41	4,97	IV	37,50	1,96	2,86	3,22	1,87	2,72	3,06	1,78	2,59	2,91	1,69	2,46	2,77	1,60	2,33	2,62	1,51	2,20	2,48
	VI	56,31	3,09	4,50	5,06																				
155,09	I,IV	37,54	2,06	3,—	3,37	I	37,54	1,87	2,73	3,07	1,69	2,46	2,77	1,52	2,21	2,48	1,35	1,96	2,21	1,19	1,73	1,94	1,03	1,50	1,69
	II	36,05	1,98	2,88	3,24	II	36,05	1,79	2,61	2,94	1,61	2,35	2,64	1,44	2,10	2,36	1,28	1,86	2,09	1,12	1,63	1,83	0,96	1,40	1,58
	III	23,04	1,26	1,84	2,07	III	23,04	1,13	1,64	1,85	1,—	1,46	1,64	0,87	1,27	1,43	0,75	1,09	1,23	0,63	0,91	1,03	0,51	0,74	0,84
	V	55,28	3,04	4,42	4,97	IV	37,54	1,97	2,86	3,22	1,87	2,73	3,07	1,78	2,59	2,92	1,69	2,46	2,77	1,60	2,33	2,63	1,52	2,21	2,48
	VI	56,36	3,09	4,50	5,07																				
155,19	I,IV	37,58	2,06	3,—	3,38	I	37,58	1,87	2,73	3,07	1,69	2,46	2,77	1,52	2,21	2,49	1,35	1,96	2,21	1,19	1,73	1,95	1,03	1,50	1,69
	II	36,09	1,98	2,88	3,24	II	36,09	1,80	2,61	2,94	1,62	2,35	2,65	1,44	2,10	2,37	1,28	1,86	2,09	1,12	1,63	1,83	0,97	1,41	1,58
	III	23,07	1,26	1,84	2,07	III	23,07	1,13	1,65	1,85	1,—	1,46	1,64	0,87	1,27	1,43	0,75	1,09	1,23	0,63	0,92	1,03	0,51	0,74	0,84
	V	55,33	3,04	4,42	4,97	IV	37,58	1,97	2,86	3,22	1,87	2,73	3,07	1,78	2,60	2,92	1,69	2,46	2,77	1,60	2,34	2,63	1,52	2,21	2,49
	VI	56,40	3,10	4,51	5,07																				
155,29	I,IV	37,62	2,06	3,—	3,38	I	37,62	1,88	2,73	3,07	1,70	2,47	2,78	1,52	2,21	2,49	1,35	1,97	2,21	1,19	1,73	1,95	1,03	1,50	1,69
	II	36,13	1,98	2,89	3,25	II	36,13	1,80	2,62	2,94	1,62	2,36	2,65	1,45	2,11	2,37	1,28	1,86	2,10	1,12	1,63	1,84	0,97	1,41	1,59
	III	23,10	1,27	1,84	2,07	III	23,10	1,13	1,65	1,86	1,—	1,46	1,64	0,87	1,27	1,43	0,75	1,09	1,23	0,63	0,92	1,03	0,51	0,75	0,84
	V	55,37	3,04	4,42	4,98	IV	37,62	1,97	2,87	3,23	1,88	2,73	3,07	1,79	2,60	2,92	1,70	2,47	2,78	1,61	2,34	2,63	1,52	2,21	2,49
	VI	56,44	3,10	4,51	5,07																				
155,39	I,IV	37,66	2,07	3,01	3,38	I	37,66	1,88	2,74	3,08	1,70	2,47	2,78	1,52	2,22	2,49	1,35	1,97	2,22	1,19	1,73	1,95	1,03	1,51	1,70
	II	36,17	1,98	2,89	3,25	II	36,17	1,80	2,62	2,95	1,62	2,36	2,65	1,45	2,11	2,37	1,28	1,87	2,10	1,12	1,63	1,84	0,97	1,41	1,59
	III	23,12	1,27	1,84	2,08	III	23,12	1,13	1,65	1,86	1,—	1,46	1,64	0,88	1,28	1,44	0,75	1,10	1,23	0,63	0,92	1,04	0,51	0,75	0,84
	V	55,41	3,04	4,43	4,98	IV	37,66	1,97	2,87	3,23	1,88	2,74	3,08	1,79	2,60	2,93	1,70	2,47	2,78	1,61	2,34	2,64	1,52	2,22	2,49
	VI	56,48	3,10	4,51	5,08																				
155,49	I,IV	37,70	2,07	3,01	3,39	I	37,70	1,88	2,74	3,08	1,70	2,47	2,78	1,52	2,22	2,50	1,36	1,97	2,22	1,19	1,74	1,95	1,04	1,51	1,70
	II	36,20	1,99	2,89	3,25	II	36,20	1,80	2,62	2,95	1,62	2,36	2,66	1,45	2,11	2,38	1,28	1,87	2,10	1,12	1,64	1,84	0,97	1,41	1,59
	III	23,15	1,27	1,85	2,08	III	23,15	1,14	1,65	1,86	1,—	1,46	1,65	0,88	1,28	1,44	0,75	1,10	1,24	0,63	0,92	1,04	0,51	0,75	0,84
	V	55,45	3,05	4,43	4,99	IV	37,70	1,97	2,87	3,23	1,88	2,74	3,08	1,79	2,60	2,93	1,70	2,47	2,78	1,61	2,35	2,64	1,52	2,22	2,50
	VI	56,53	3,10	4,52	5,08																				
155,59	I,IV	37,74	2,07	3,01	3,39	I	37,74	1,88	2,74	3,08	1,70	2,48	2,79	1,53	2,22	2,50	1,36	1,98	2,22	1,19	1,74	1,96	1,04	1,51	1,70
	II	36,25	1,99	2,90	3,26	II	36,25	1,80	2,63	2,95	1,62	2,36	2,66	1,45	2,11	2,38	1,29	1,87	2,11	1,13	1,64	1,85	0,97	1,42	1,59
	III	23,18	1,27	1,85	2,08	III	23,18	1,14	1,66	1,86	1,01	1,47	1,65	0,88	1,28	1,44	0,75	1,10	1,24	0,63	0,92	1,04	0,52	0,75	0,85
	V	55,49	3,05	4,43	4,99	IV	37,74	1,98	2,88	3,24	1,88	2,74	3,08	1,79	2,61	2,93	1,70	2,48	2,79	1,61	2,35	2,64	1,53	2,22	2,50
	VI	56,57	3,11	4,52	5,09																				
155,69	I,IV	37,78	2,07	3,02	3,40	I	37,78	1,89	2,74	3,09	1,70	2,48	2,79	1,53	2,22	2,50	1,36	1,98	2,23	1,20	1,74	1,96	1,04	1,52	1,71
	II	36,28	1,99	2,90	3,26	II	36,28	1,81	2,63	2,96	1,63	2,37	2,66	1,45	2,12	2,38	1,29	1,88	2,11	1,13	1,64	1,85	0,97	1,42	1,60
	III	23,21	1,27	1,85	2,08	III	23,21	1,14	1,66	1,87	1,01	1,47	1,65	0,88	1,28	1,44	0,76	1,10	1,24	0,63	0,93	1,04	0,52	0,75	0,85
	V	55,54	3,05	4,44	4,99	IV	37,78	1,98	2,88	3,24	1,89	2,74	3,09	1,79	2,61	2,94	1,70	2,48	2,79	1,62	2,35	2,65	1,53	2,22	2,50
	VI	56,61	3,11	4,52	5,09																				
155,79	I,IV	37,82	2,08	3,02	3,40	I	37,82	1,89	2,75	3,09	1,71	2,48	2,79	1,53	2,23	2,51	1,36	1,98	2,23	1,20	1,74	1,96	1,04	1,52	1,71
	II	36,32	1,99	2,90	3,26	II	36,32	1,81	2,63	2,96	1,63	2,37	2,67	1,46	2,12	2,39	1,29	1,88	2,11	1,13	1,64	1,85	0,98	1,42	1,60
	III	23,24	1,27	1,85	2,09	III	23,24	1,14	1,66	1,87	1,01	1,47	1,65	0,88	1,28	1,44	0,76	1,10	1,24	0,64	0,93	1,04	0,52	0,76	0,85
	V	55,58	3,05	4,44	5,—	IV	37,82	1,98	2,88	3,24	1,89	2,75	3,09	1,80	2,61	2,94	1,71	2,48	2,79	1,62	2,35	2,65	1,53	2,23	2,51
	VI	56,65	3,11	4,53	5,09																				
155,89	I,IV	37,86	2,08	3,02	3,40	I	37,86	1,89	2,75	3,09	1,71	2,49	2,80	1,53	2,23	2,51	1,36	1,98	2,23	1,20	1,75	1,97	1,04	1,52	1,71
	II	36,36	2,—	2,90	3,27	II	36,36	1,81	2,63	2,96	1,63	2,37	2,67	1,46	2,12	2,39	1,29	1,88	2,12	1,13	1,65	1,85	0,98	1,42	1,60
	III	23,27	1,27	1,86	2,09	III	23,27	1,14	1,66	1,87	1,01	1,47	1,66	0,88	1,29	1,45	0,76	1,11	1,24	0,64	0,93	1,05	0,52	0,76	0,85
	V	55,62	3,05	4,44	5,—	IV	37,86	1,98	2,89	3,25	1,89	2,75	3,09	1,80	2,62	2,94	1,71	2,49	2,80	1,62	2,36	2,65	1,53	2,23	2,51
	VI	56,69	3,11	4,53	5,10																				
155,99	I,IV	37,90	2,08	3,03	3,41	I	37,90	1,89	2,75	3,10	1,71	2,49	2,80	1,53	2,23	2,51	1,36	1,99	2,24	1,20	1,75	1,97	1,05	1,52	1,71
	II	36,40	2,—	2,91	3,27	II	36,40	1,81	2,64	2,97	1,63	2,38	2,67	1,46	2,13	2,39	1,29	1,88	2,12	1,13	1,65	1,86	0,98	1,43	1,61
	III	23,30	1,28	1,86	2,09	III	23,30	1,14	1,66	1,87	1,01	1,47	1,66	0,88	1,29	1,45	0,76	1,11	1,25	0,64	0,93	1,05	0,52	0,76	0,86
	V	55,66	3,06	4,45	5,—	IV	37,90	1,99	2,89	3,25	1,89	2,75	3,10	1,80	2,62	2,95	1,71	2,49	2,80	1,62	2,36	2,66	1,53	2,23	2,51
	VI	56,73	3,12	4,53	5,10																				

* Die ausgewiesenen Tabellenwerte sind amtlich. Siehe Erläuterungen auf der Umschlaginnenseite (U2).
** Bei mehr als 3 Kinderfreibeträgen ist die „Ergänzungs-Tabelle 3,5 bis 6 Kinderfreibeträge" anzuwenden.

Abzüge an Lohnsteuer, Solidaritätszuschlag (SolZ) und Kirchensteuer (8%, 9%) in den Steuerklassen

Lohn/ Gehalt bis €*	I – VI					I, II, III, IV		mit Zahl der Kinderfreibeträge . . . 0,5			1			1,5			2			2,5			3**		
		LSt	ohne Kinderfreibeträge SolZ	8%	9%		LSt	SolZ	8%	9%	SolZ	8%	9%	SolZ	8%	9%	SolZ	8%	9%	SolZ	8%	9%	SolZ	8%	9%
156,09	I,IV	37,95	2,08	3,03	3,41	I	37,95	1,89	2,76	3,10	1,71	2,49	2,80	1,54	2,24	2,52	1,37	1,99	2,24	1,20	1,75	1,97	1,05	1,53	1,72
	II	36,44	2,—	2,91	3,27	II	36,44	1,81	2,64	2,97	1,63	2,38	2,68	1,46	2,13	2,39	1,30	1,89	2,12	1,14	1,65	1,86	0,98	1,43	1,61
	III	23,32	1,28	1,86	2,09	III	23,32	1,14	1,67	1,88	1,01	1,48	1,66	0,89	1,29	1,45	0,76	1,11	1,25	0,64	0,93	1,05	0,52	0,76	0,86
	V	55,70	3,06	4,45	5,01	IV	37,95	1,99	2,89	3,25	1,89	2,76	3,10	1,80	2,62	2,95	1,71	2,49	2,80	1,62	2,36	2,66	1,54	2,24	2,52
	VI	56,78	3,12	4,54	5,11																				
156,19	I,IV	37,98	2,08	3,03	3,41	I	37,98	1,90	2,76	3,11	1,71	2,50	2,81	1,54	2,24	2,52	1,37	1,99	2,24	1,21	1,76	1,98	1,05	1,53	1,72
	II	36,48	2,—	2,91	3,28	II	36,48	1,82	2,64	2,97	1,64	2,38	2,68	1,46	2,13	2,40	1,30	1,89	2,13	1,14	1,66	1,86	0,98	1,43	1,61
	III	23,35	1,28	1,86	2,10	III	23,35	1,15	1,67	1,88	1,01	1,48	1,66	0,89	1,29	1,45	0,76	1,11	1,25	0,64	0,94	1,05	0,52	0,76	0,86
	V	55,75	3,06	4,46	5,01	IV	37,98	1,99	2,90	3,26	1,90	2,76	3,11	1,80	2,63	2,96	1,71	2,50	2,81	1,63	2,37	2,66	1,54	2,24	2,52
	VI	56,82	3,12	4,54	5,11																				
156,29	I,IV	38,02	2,09	3,04	3,42	I	38,02	1,90	2,76	3,11	1,72	2,50	2,81	1,54	2,24	2,52	1,37	2,—	2,25	1,21	1,76	1,98	1,05	1,53	1,72
	II	36,52	2,—	2,92	3,28	II	36,52	1,82	2,65	2,98	1,64	2,39	2,68	1,47	2,13	2,40	1,30	1,89	2,13	1,14	1,66	1,87	0,98	1,43	1,61
	III	23,38	1,28	1,87	2,10	III	23,38	1,15	1,67	1,88	1,02	1,48	1,67	0,89	1,30	1,46	0,76	1,11	1,25	0,64	0,94	1,06	0,53	0,77	0,86
	V	55,79	3,06	4,46	5,02	IV	38,02	1,99	2,90	3,26	1,90	2,76	3,11	1,81	2,63	2,96	1,72	2,50	2,81	1,63	2,37	2,67	1,54	2,24	2,52
	VI	56,86	3,12	4,54	5,11																				
156,39	I,IV	38,06	2,09	3,04	3,42	I	38,06	1,90	2,77	3,11	1,72	2,50	2,81	1,54	2,24	2,53	1,37	2,—	2,25	1,21	1,76	1,98	1,05	1,53	1,72
	II	36,56	2,01	2,92	3,29	II	36,56	1,82	2,65	2,98	1,64	2,39	2,69	1,47	2,14	2,40	1,30	1,89	2,13	1,14	1,66	1,87	0,99	1,44	1,62
	III	23,41	1,28	1,87	2,10	III	23,41	1,15	1,67	1,88	1,02	1,48	1,67	0,89	1,30	1,46	0,77	1,12	1,26	0,64	0,94	1,06	0,53	0,77	0,86
	V	55,83	3,07	4,46	5,02	IV	38,06	1,99	2,90	3,27	1,90	2,77	3,11	1,81	2,63	2,96	1,72	2,50	2,81	1,63	2,37	2,67	1,54	2,24	2,53
	VI	56,90	3,12	4,55	5,12																				
156,49	I,IV	38,10	2,09	3,04	3,42	I	38,10	1,90	2,77	3,12	1,72	2,50	2,82	1,54	2,25	2,53	1,37	2,—	2,25	1,21	1,76	1,98	1,05	1,54	1,73
	II	36,60	2,01	2,92	3,29	II	36,60	1,82	2,65	2,98	1,64	2,39	2,69	1,47	2,14	2,41	1,30	1,90	2,13	1,14	1,66	1,87	0,99	1,44	1,62
	III	23,44	1,28	1,87	2,10	III	23,44	1,15	1,68	1,89	1,02	1,48	1,67	0,89	1,30	1,46	0,77	1,12	1,26	0,65	0,94	1,06	0,53	0,77	0,87
	V	55,87	3,07	4,46	5,02	IV	38,10	2,—	2,91	3,27	1,90	2,77	3,12	1,81	2,64	2,97	1,72	2,50	2,82	1,63	2,38	2,67	1,54	2,25	2,53
	VI	56,95	3,13	4,55	5,12																				
156,59	I,IV	38,15	2,09	3,05	3,43	I	38,15	1,90	2,77	3,12	1,72	2,51	2,82	1,55	2,25	2,53	1,38	2,—	2,25	1,21	1,77	1,99	1,06	1,54	1,73
	II	36,64	2,01	2,93	3,29	II	36,64	1,82	2,66	2,99	1,64	2,39	2,69	1,47	2,14	2,41	1,30	1,90	2,14	1,14	1,67	1,88	0,99	1,44	1,62
	III	23,47	1,29	1,87	2,11	III	23,47	1,15	1,68	1,89	1,02	1,49	1,67	0,89	1,30	1,46	0,77	1,12	1,26	0,65	0,94	1,06	0,53	0,77	0,87
	V	55,91	3,07	4,47	5,03	IV	38,15	2,—	2,91	3,27	1,90	2,77	3,12	1,81	2,64	2,97	1,72	2,51	2,82	1,63	2,38	2,68	1,55	2,25	2,53
	VI	56,99	3,13	4,55	5,12																				
156,69	I,IV	38,18	2,10	3,05	3,43	I	38,18	1,91	2,78	3,12	1,72	2,51	2,82	1,55	2,25	2,54	1,38	2,01	2,26	1,21	1,77	1,99	1,06	1,54	1,73
	II	36,68	2,01	2,93	3,30	II	36,68	1,83	2,66	2,99	1,65	2,40	2,70	1,47	2,15	2,41	1,31	1,90	2,14	1,15	1,67	1,88	0,99	1,44	1,62
	III	23,50	1,29	1,88	2,11	III	23,50	1,15	1,68	1,89	1,02	1,49	1,68	0,89	1,30	1,47	0,77	1,12	1,26	0,65	0,95	1,06	0,53	0,77	0,87
	V	55,96	3,07	4,47	5,03	IV	38,18	2,—	2,91	3,28	1,91	2,78	3,12	1,81	2,64	2,97	1,72	2,51	2,82	1,64	2,38	2,68	1,55	2,25	2,54
	VI	57,03	3,13	4,56	5,13																				
156,79	I,IV	38,23	2,10	3,05	3,44	I	38,23	1,91	2,78	3,13	1,73	2,51	2,83	1,55	2,26	2,54	1,38	2,01	2,26	1,22	1,77	1,99	1,06	1,54	1,74
	II	36,72	2,01	2,93	3,30	II	36,72	1,83	2,66	3,—	1,65	2,40	2,70	1,48	2,15	2,42	1,31	1,91	2,14	1,15	1,67	1,88	0,99	1,45	1,63
	III	23,52	1,29	1,88	2,11	III	23,52	1,15	1,68	1,89	1,02	1,49	1,68	0,90	1,31	1,47	0,77	1,12	1,26	0,65	0,95	1,07	0,53	0,78	0,87
	V	56,—	3,08	4,48	5,04	IV	38,23	2,—	2,92	3,28	1,91	2,78	3,13	1,82	2,64	2,98	1,73	2,51	2,83	1,64	2,38	2,68	1,55	2,26	2,54
	VI	57,07	3,13	4,56	5,13																				
156,89	I,IV	38,26	2,10	3,06	3,44	I	38,26	1,91	2,78	3,13	1,73	2,52	2,83	1,55	2,26	2,54	1,38	2,01	2,26	1,22	1,77	2,—	1,06	1,55	1,74
	II	36,76	2,02	2,94	3,30	II	36,76	1,83	2,66	3,—	1,65	2,40	2,70	1,48	2,15	2,42	1,31	1,91	2,15	1,15	1,67	1,88	0,99	1,45	1,63
	III	23,55	1,29	1,88	2,11	III	23,55	1,16	1,68	1,89	1,03	1,49	1,68	0,90	1,31	1,47	0,77	1,13	1,27	0,65	0,95	1,07	0,53	0,78	0,88
	V	56,04	3,08	4,48	5,04	IV	38,26	2,—	2,92	3,28	1,91	2,78	3,13	1,82	2,65	2,98	1,73	2,52	2,83	1,64	2,39	2,69	1,55	2,26	2,54
	VI	57,11	3,14	4,56	5,13																				
156,99	I,IV	38,31	2,10	3,06	3,44	I	38,31	1,91	2,78	3,13	1,73	2,52	2,83	1,55	2,26	2,55	1,38	2,02	2,27	1,22	1,78	2,—	1,06	1,55	1,74
	II	36,80	2,02	2,94	3,31	II	36,80	1,83	2,67	3,—	1,65	2,41	2,71	1,48	2,15	2,42	1,31	1,91	2,15	1,15	1,68	1,89	1,—	1,45	1,63
	III	23,58	1,29	1,88	2,12	III	23,58	1,16	1,69	1,90	1,03	1,50	1,68	0,90	1,31	1,47	0,77	1,13	1,27	0,65	0,95	1,07	0,53	0,78	0,88
	V	56,08	3,08	4,48	5,04	IV	38,31	2,01	2,92	3,29	1,91	2,78	3,13	1,82	2,65	2,98	1,73	2,52	2,83	1,64	2,39	2,69	1,55	2,26	2,55
	VI	57,16	3,14	4,57	5,14																				
157,09	I,IV	38,35	2,10	3,06	3,45	I	38,35	1,92	2,79	3,14	1,73	2,52	2,84	1,56	2,27	2,55	1,39	2,02	2,27	1,22	1,78	2,—	1,06	1,55	1,75
	II	36,84	2,02	2,94	3,31	II	36,84	1,84	2,67	3,01	1,66	2,41	2,71	1,48	2,16	2,43	1,31	1,91	2,15	1,15	1,68	1,89	1,—	1,45	1,64
	III	23,61	1,29	1,88	2,12	III	23,61	1,16	1,69	1,90	1,03	1,50	1,69	0,90	1,31	1,48	0,78	1,13	1,27	0,65	0,95	1,07	0,54	0,78	0,88
	V	56,12	3,08	4,48	5,05	IV	38,35	2,01	2,92	3,29	1,92	2,79	3,14	1,82	2,65	2,99	1,73	2,52	2,84	1,64	2,39	2,69	1,56	2,27	2,55
	VI	57,20	3,14	4,57	5,14																				
157,19	I,IV	38,39	2,11	3,07	3,45	I	38,39	1,92	2,79	3,14	1,73	2,52	2,84	1,56	2,27	2,55	1,39	2,02	2,27	1,22	1,78	2,01	1,07	1,55	1,75
	II	36,88	2,02	2,95	3,31	II	36,88	1,84	2,67	3,01	1,66	2,41	2,71	1,48	2,16	2,43	1,32	1,92	2,16	1,15	1,68	1,89	1,—	1,46	1,64
	III	23,63	1,30	1,89	2,12	III	23,63	1,16	1,69	1,90	1,03	1,50	1,69	0,90	1,31	1,48	0,78	1,13	1,27	0,66	0,96	1,08	0,54	0,78	0,88
	V	56,16	3,08	4,49	5,05	IV	38,39	2,01	2,93	3,29	1,92	2,79	3,14	1,83	2,66	2,99	1,73	2,52	2,84	1,65	2,40	2,70	1,56	2,27	2,55
	VI	57,24	3,14	4,57	5,15																				
157,29	I,IV	38,43	2,11	3,07	3,45	I	38,43	1,92	2,79	3,14	1,74	2,53	2,84	1,56	2,27	2,56	1,39	2,02	2,28	1,23	1,79	2,01	1,07	1,56	1,75
	II	36,92	2,03	2,95	3,32	II	36,92	1,84	2,68	3,01	1,66	2,42	2,72	1,49	2,16	2,43	1,32	1,92	2,16	1,16	1,68	1,90	1,—	1,46	1,64
	III	23,67	1,30	1,89	2,13	III	23,67	1,16	1,69	1,90	1,03	1,50	1,69	0,90	1,32	1,48	0,78	1,13	1,28	0,66	0,96	1,08	0,54	0,79	0,88
	V	56,21	3,09	4,49	5,05	IV	38,43	2,01	2,93	3,30	1,92	2,79	3,14	1,83	2,66	2,99	1,74	2,53	2,84	1,65	2,40	2,70	1,56	2,27	2,56
	VI	57,28	3,15	4,58	5,15																				
157,39	I,IV	38,47	2,11	3,07	3,46	I	38,47	1,92	2,80	3,15	1,74	2,53	2,85	1,56	2,27	2,56	1,39	2,03	2,28	1,23	1,79	2,01	1,07	1,56	1,75
	II	36,96	2,03	2,95	3,32	II	36,96	1,84	2,68	3,02	1,66	2,42	2,72	1,49	2,17	2,44	1,32	1,92	2,16	1,16	1,69	1,90	1,—	1,46	1,64
	III	23,70	1,30	1,89	2,13	III	23,70	1,16	1,70	1,91	1,03	1,50	1,69	0,90	1,32	1,48	0,78	1,14	1,28	0,66	0,96	1,08	0,54	0,79	0,89
	V	56,25	3,09	4,50	5,06	IV	38,47	2,02	2,93	3,30	1,92	2,80	3,15	1,83	2,66	3,—	1,74	2,53	2,85	1,65	2,40	2,70	1,56	2,27	2,56
	VI	57,32	3,15	4,58	5,15																				
157,49	I,IV	38,51	2,11	3,08	3,46	I	38,51	1,92	2,80	3,15	1,74	2,53	2,85	1,56	2,28	2,56	1,39	2,03	2,28	1,23	1,79	2,01	1,07	1,56	1,76
	II	37,—	2,03	2,96	3,33	II	37,—	1,84	2,68	3,02	1,66	2,42	2,72	1,49	2,17	2,44	1,32	1,92	2,17	1,16	1,69	1,90	1,01	1,46	1,65
	III	23,72	1,30	1,89	2,13	III	23,72	1,17	1,70	1,91	1,03	1,51	1,70	0,91	1,32	1,49	0,78	1,14	1,28	0,66	0,96	1,08	0,54	0,79	0,89
	V	56,29	3,09	4,50	5,06	IV	38,51	2,02	2,94	3,30	1,92	2,80	3,15	1,83	2,67	3,—	1,74	2,53	2,85	1,65	2,40	2,70	1,56	2,28	2,56
	VI	57,36	3,15	4,58	5,16																				

* Die ausgewiesenen Tabellenwerte sind amtlich. Siehe Erläuterungen auf der Umschlaginnenseite (U2).
** Bei mehr als 3 Kinderfreibeträgen ist die „Ergänzungs-Tabelle 3,5 bis 6 Kinderfreibeträge" anzuwenden.

Abzüge an Lohnsteuer, Solidaritätszuschlag (SolZ) und Kirchensteuer (8%, 9%) in den Steuerklassen

Lohn/ Gehalt bis €*	I – VI		ohne Kinder-freibeträge			I, II, III, IV		mit Zahl der Kinderfreibeträge . . . 0,5			1			1,5			2			2,5			3**		
		LSt	SolZ	8%	9%		LSt	SolZ	8%	9%	SolZ	8%	9%	SolZ	8%	9%	SolZ	8%	9%	SolZ	8%	9%	SolZ	8%	9%
	I,IV	38,55	2,12	3,08	3,46	I	38,55	1,93	2,80	3,15	1,74	2,54	2,85	1,57	2,28	2,57	1,40	2,03	2,29	1,23	1,79	2,02	1,07	1,56	1,76
	II	37,04	2,03	2,96	3,33	II	37,04	1,85	2,69	3,02	1,67	2,42	2,73	1,49	2,17	2,44	1,32	1,93	2,17	1,16	1,69	1,90	1,01	1,47	1,65
157,59	III	23,75	1,30	1,90	2,13	III	23,75	1,17	1,70	1,91	1,04	1,51	1,70	0,91	1,32	1,49	0,78	1,14	1,28	0,66	0,96	1,08	0,54	0,79	0,89
	V	56,33	3,09	4,50	5,06	IV	38,55	2,02	2,94	3,31	1,93	2,80	3,15	1,83	2,67	3,—	1,74	2,54	2,85	1,65	2,41	2,71	1,57	2,28	2,57
	VI	57,41	3,15	4,59	5,16																				
	I,IV	38,59	2,12	3,08	3,47	I	38,59	1,93	2,81	3,16	1,74	2,54	2,86	1,57	2,28	2,57	1,40	2,04	2,29	1,23	1,80	2,02	1,08	1,57	1,76
	II	37,08	2,03	2,96	3,33	II	37,08	1,85	2,69	3,03	1,67	2,43	2,73	1,49	2,17	2,45	1,33	1,93	2,17	1,16	1,70	1,91	1,01	1,47	1,65
157,69	III	23,78	1,30	1,90	2,14	III	23,78	1,17	1,70	1,91	1,04	1,51	1,70	0,91	1,32	1,49	0,78	1,14	1,29	0,66	0,97	1,09	0,54	0,79	0,89
	V	56,38	3,10	4,51	5,07	IV	38,59	2,02	2,94	3,31	1,93	2,81	3,16	1,84	2,67	3,01	1,74	2,54	2,86	1,66	2,41	2,71	1,57	2,28	2,57
	VI	57,45	3,15	4,59	5,17																				
	I,IV	38,63	2,12	3,09	3,47	I	38,63	1,93	2,81	3,16	1,75	2,54	2,86	1,57	2,29	2,57	1,40	2,04	2,29	1,24	1,80	2,02	1,08	1,57	1,77
	II	37,12	2,04	2,96	3,34	II	37,12	1,85	2,69	3,03	1,67	2,43	2,73	1,50	2,18	2,45	1,33	1,93	2,17	1,17	1,70	1,91	1,01	1,47	1,66
157,79	III	23,81	1,30	1,90	2,14	III	23,81	1,17	1,70	1,92	1,04	1,51	1,70	0,91	1,33	1,49	0,79	1,14	1,29	0,66	0,97	1,09	0,55	0,80	0,90
	V	56,42	3,10	4,51	5,07	IV	38,63	2,02	2,95	3,32	1,93	2,81	3,16	1,84	2,68	3,01	1,75	2,54	2,86	1,66	2,41	2,72	1,57	2,29	2,57
	VI	57,49	3,16	4,59	5,17																				
	I,IV	38,67	2,12	3,09	3,48	I	38,67	1,93	2,81	3,16	1,75	2,55	2,87	1,57	2,29	2,58	1,40	2,04	2,30	1,24	1,80	2,03	1,08	1,57	1,77
	II	37,16	2,04	2,97	3,34	II	37,16	1,85	2,70	3,03	1,67	2,43	2,74	1,50	2,18	2,45	1,33	1,94	2,18	1,17	1,70	1,91	1,01	1,48	1,66
157,89	III	23,83	1,31	1,90	2,14	III	23,83	1,17	1,71	1,92	1,04	1,52	1,71	0,91	1,33	1,50	0,79	1,15	1,29	0,67	0,97	1,09	0,55	0,80	0,90
	V	56,46	3,10	4,51	5,08	IV	38,67	2,03	2,95	3,32	1,93	2,81	3,16	1,84	2,68	3,01	1,75	2,55	2,87	1,66	2,42	2,72	1,57	2,29	2,58
	VI	57,53	3,16	4,60	5,17																				
	I,IV	38,71	2,12	3,09	3,48	I	38,71	1,93	2,82	3,17	1,75	2,55	2,87	1,57	2,29	2,58	1,40	2,04	2,30	1,24	1,80	2,03	1,08	1,57	1,77
	II	37,20	2,04	2,97	3,34	II	37,20	1,85	2,70	3,04	1,67	2,44	2,74	1,50	2,18	2,46	1,33	1,94	2,18	1,17	1,70	1,92	1,01	1,48	1,66
157,99	III	23,86	1,31	1,90	2,14	III	23,86	1,17	1,71	1,92	1,04	1,52	1,71	0,91	1,33	1,50	0,79	1,15	1,29	0,67	0,97	1,09	0,55	0,80	0,90
	V	56,50	3,10	4,52	5,08	IV	38,71	2,03	2,95	3,32	1,93	2,82	3,17	1,84	2,68	3,02	1,75	2,55	2,87	1,66	2,42	2,72	1,57	2,29	2,58
	VI	57,58	3,16	4,60	5,18																				
	I,IV	38,75	2,13	3,10	3,48	I	38,75	1,94	2,82	3,17	1,75	2,55	2,87	1,58	2,29	2,58	1,41	2,05	2,30	1,24	1,81	2,03	1,08	1,58	1,77
	II	37,24	2,04	2,97	3,35	II	37,24	1,86	2,70	3,04	1,68	2,44	2,74	1,50	2,19	2,46	1,33	1,94	2,18	1,17	1,71	1,92	1,02	1,48	1,67
158,09	III	23,90	1,31	1,91	2,15	III	23,90	1,17	1,71	1,93	1,04	1,52	1,71	0,92	1,33	1,50	0,79	1,15	1,30	0,67	0,97	1,10	0,55	0,80	0,90
	V	56,54	3,11	4,52	5,08	IV	38,75	2,03	2,96	3,33	1,94	2,82	3,17	1,84	2,68	3,02	1,75	2,55	2,87	1,66	2,42	2,73	1,58	2,29	2,58
	VI	57,62	3,16	4,60	5,18																				
	I,IV	38,79	2,13	3,10	3,49	I	38,79	1,94	2,82	3,18	1,76	2,56	2,88	1,58	2,30	2,59	1,41	2,05	2,31	1,24	1,81	2,04	1,08	1,58	1,78
	II	37,28	2,05	2,98	3,35	II	37,28	1,86	2,70	3,04	1,68	2,44	2,75	1,50	2,19	2,46	1,33	1,94	2,19	1,17	1,71	1,92	1,02	1,48	1,67
158,19	III	23,92	1,31	1,91	2,15	III	23,92	1,18	1,71	1,93	1,04	1,52	1,71	0,92	1,34	1,50	0,79	1,15	1,30	0,67	0,98	1,10	0,55	0,80	0,90
	V	56,59	3,11	4,52	5,09	IV	38,79	2,03	2,96	3,33	1,94	2,82	3,18	1,85	2,69	3,02	1,76	2,56	2,88	1,67	2,42	2,73	1,58	2,30	2,59
	VI	57,66	3,17	4,61	5,18																				
	I,IV	38,83	2,13	3,10	3,49	I	38,83	1,94	2,83	3,18	1,76	2,56	2,88	1,58	2,30	2,59	1,41	2,05	2,31	1,24	1,81	2,04	1,09	1,58	1,78
	II	37,31	2,05	2,98	3,35	II	37,31	1,86	2,71	3,05	1,68	2,44	2,75	1,51	2,19	2,47	1,34	1,95	2,19	1,17	1,71	1,93	1,02	1,48	1,67
158,29	III	23,95	1,31	1,91	2,15	III	23,95	1,18	1,72	1,93	1,05	1,52	1,71	0,92	1,34	1,51	0,79	1,16	1,30	0,67	0,98	1,10	0,55	0,80	0,91
	V	56,63	3,11	4,53	5,09	IV	38,83	2,04	2,96	3,33	1,94	2,83	3,18	1,85	2,69	3,03	1,76	2,56	2,88	1,67	2,43	2,73	1,58	2,30	2,59
	VI	57,70	3,17	4,61	5,19																				
	I,IV	38,87	2,13	3,10	3,49	I	38,87	1,94	2,83	3,18	1,76	2,56	2,88	1,58	2,30	2,59	1,41	2,05	2,31	1,25	1,82	2,04	1,09	1,58	1,78
	II	37,36	2,05	2,98	3,36	II	37,36	1,86	2,71	3,05	1,68	2,45	2,75	1,51	2,19	2,47	1,34	1,95	2,19	1,18	1,71	1,93	1,02	1,49	1,67
158,39	III	23,98	1,31	1,91	2,15	III	23,98	1,18	1,72	1,93	1,05	1,53	1,72	0,92	1,34	1,51	0,79	1,16	1,30	0,67	0,98	1,10	0,55	0,81	0,91
	V	56,67	3,11	4,53	5,10	IV	38,87	2,04	2,97	3,34	1,94	2,83	3,18	1,85	2,69	3,03	1,76	2,56	2,88	1,67	2,43	2,74	1,58	2,30	2,59
	VI	57,74	3,17	4,61	5,19																				
	I,IV	38,91	2,14	3,11	3,50	I	38,91	1,95	2,83	3,19	1,76	2,56	2,88	1,58	2,31	2,60	1,41	2,06	2,32	1,25	1,82	2,05	1,09	1,59	1,79
	II	37,40	2,05	2,99	3,36	II	37,40	1,86	2,71	3,05	1,68	2,45	2,76	1,51	2,20	2,47	1,34	1,95	2,20	1,18	1,72	1,93	1,02	1,49	1,68
158,49	III	24,01	1,32	1,92	2,16	III	24,01	1,18	1,72	1,94	1,05	1,53	1,72	0,92	1,34	1,51	0,80	1,16	1,30	0,67	0,98	1,10	0,55	0,81	0,91
	V	56,71	3,11	4,53	5,10	IV	38,91	2,04	2,97	3,34	1,95	2,83	3,19	1,85	2,70	3,03	1,76	2,56	2,88	1,67	2,43	2,74	1,58	2,31	2,60
	VI	57,78	3,17	4,62	5,20																				
	I,IV	38,95	2,14	3,11	3,50	I	38,95	1,95	2,83	3,19	1,76	2,57	2,89	1,59	2,31	2,60	1,41	2,06	2,32	1,25	1,82	2,05	1,09	1,59	1,79
	II	37,44	2,05	2,99	3,36	II	37,44	1,87	2,72	3,06	1,69	2,45	2,76	1,51	2,20	2,48	1,34	1,96	2,20	1,18	1,72	1,93	1,02	1,49	1,68
158,59	III	24,03	1,32	1,92	2,16	III	24,03	1,18	1,72	1,94	1,05	1,53	1,72	0,92	1,34	1,51	0,80	1,16	1,31	0,67	0,98	1,11	0,56	0,81	0,91
	V	56,75	3,12	4,54	5,10	IV	38,95	2,04	2,97	3,34	1,95	2,83	3,19	1,85	2,70	3,04	1,76	2,57	2,89	1,67	2,44	2,74	1,59	2,31	2,60
	VI	57,83	3,18	4,62	5,20																				
	I,IV	38,99	2,14	3,11	3,50	I	38,99	1,95	2,84	3,19	1,77	2,57	2,89	1,59	2,31	2,60	1,42	2,06	2,32	1,25	1,82	2,05	1,09	1,59	1,79
	II	37,48	2,06	2,99	3,37	II	37,48	1,87	2,72	3,06	1,69	2,46	2,76	1,51	2,20	2,48	1,34	1,96	2,20	1,18	1,72	1,94	1,03	1,50	1,68
158,69	III	24,07	1,32	1,92	2,16	III	24,07	1,18	1,72	1,94	1,05	1,53	1,72	0,92	1,35	1,51	0,80	1,16	1,31	0,68	0,99	1,11	0,56	0,81	0,91
	V	56,80	3,12	4,54	5,11	IV	38,99	2,04	2,98	3,35	1,95	2,84	3,19	1,86	2,70	3,04	1,77	2,57	2,89	1,68	2,44	2,75	1,59	2,31	2,60
	VI	57,87	3,18	4,62	5,20																				
	I,IV	39,03	2,14	3,12	3,51	I	39,03	1,95	2,84	3,20	1,77	2,57	2,90	1,59	2,32	2,61	1,42	2,07	2,32	1,25	1,83	2,05	1,10	1,60	1,80
	II	37,52	2,06	3,—	3,37	II	37,52	1,87	2,72	3,06	1,69	2,46	2,77	1,51	2,21	2,48	1,35	1,96	2,21	1,18	1,72	1,94	1,03	1,50	1,69
158,79	III	24,10	1,32	1,92	2,16	III	24,10	1,19	1,73	1,94	1,05	1,54	1,73	0,93	1,35	1,52	0,80	1,17	1,31	0,68	0,99	1,11	0,56	0,82	0,92
	V	56,84	3,12	4,54	5,11	IV	39,03	2,05	2,98	3,35	1,95	2,84	3,20	1,86	2,71	3,04	1,77	2,57	2,90	1,68	2,44	2,75	1,59	2,32	2,61
	VI	57,91	3,18	4,63	5,21																				
	I,IV	39,07	2,14	3,12	3,51	I	39,07	1,95	2,84	3,20	1,77	2,58	2,90	1,59	2,32	2,61	1,42	2,07	2,33	1,26	1,83	2,06	1,10	1,60	1,80
	II	37,56	2,06	3,—	3,38	II	37,56	1,87	2,73	3,07	1,69	2,46	2,77	1,52	2,21	2,48	1,35	1,96	2,21	1,19	1,73	1,94	1,03	1,50	1,69
158,89	III	24,12	1,32	1,92	2,17	III	24,12	1,19	1,73	1,95	1,06	1,54	1,73	0,93	1,35	1,52	0,80	1,17	1,31	0,68	0,99	1,11	0,56	0,82	0,92
	V	56,88	3,12	4,55	5,11	IV	39,07	2,05	2,98	3,35	1,95	2,84	3,20	1,86	2,71	3,05	1,77	2,58	2,90	1,68	2,45	2,75	1,59	2,32	2,61
	VI	57,95	3,18	4,63	5,21																				
	I,IV	39,11	2,15	3,12	3,51	I	39,11	1,96	2,85	3,20	1,77	2,58	2,90	1,59	2,32	2,61	1,42	2,07	2,33	1,26	1,83	2,06	1,10	1,60	1,80
	II	37,60	2,06	3,—	3,38	II	37,60	1,88	2,73	3,07	1,69	2,47	2,77	1,52	2,21	2,49	1,35	1,97	2,21	1,19	1,73	1,95	1,03	1,50	1,69
158,99	III	24,15	1,32	1,93	2,17	III	24,15	1,19	1,73	1,95	1,06	1,54	1,73	0,93	1,35	1,52	0,80	1,17	1,32	0,68	0,99	1,12	0,56	0,82	0,92
	V	56,92	3,13	4,55	5,12	IV	39,11	2,05	2,98	3,36	1,96	2,85	3,20	1,86	2,71	3,05	1,77	2,58	2,90	1,68	2,45	2,76	1,59	2,32	2,61
	VI	58,—	3,19	4,64	5,22																				

* Die ausgewiesenen Tabellenwerte sind amtlich. Siehe Erläuterungen auf der Umschlaginnenseite (U2).
** Bei mehr als 3 Kinderfreibeträgen ist die „Ergänzungs-Tabelle 3,5 bis 6 Kinderfreibeträge" anzuwenden.

Abzüge an Lohnsteuer, Solidaritätszuschlag (SolZ) und Kirchensteuer (8%, 9%) in den Steuerklassen

Lohn/ Gehalt bis €*	I – VI	LSt	ohne Kinderfreibeträge SolZ	8%	9%	I, II, III, IV	LSt	0,5 SolZ	0,5 8%	0,5 9%	1 SolZ	1 8%	1 9%	1,5 SolZ	1,5 8%	1,5 9%	2 SolZ	2 8%	2 9%	2,5 SolZ	2,5 8%	2,5 9%	3** SolZ	3** 8%	3** 9%
159,09	I,IV	39,16	2,15	3,13	3,52	I	39,16	1,96	2,85	3,21	1,77	2,58	2,91	1,60	2,32	2,61	1,42	2,07	2,33	1,26	1,83	2,06	1,10	1,60	1,80
	II	37,64	2,07	3,01	3,38	II	37,64	1,88	2,73	3,07	1,70	2,47	2,78	1,52	2,21	2,49	1,35	1,97	2,22	1,19	1,73	1,95	1,03	1,51	1,69
	III	24,18	1,33	1,93	2,17	III	24,18	1,19	1,73	1,95	1,06	1,54	1,73	0,93	1,35	1,52	0,80	1,17	1,32	0,68	0,99	1,12	0,56	0,82	0,92
	V	56,96	3,13	4,55	5,12	IV	39,16	2,05	2,99	3,36	1,96	2,85	3,21	1,87	2,72	3,06	1,77	2,58	2,91	1,68	2,45	2,76	1,60	2,32	2,61
	VI	58,04	3,19	4,64	5,22																				
159,19	I,IV	39,20	2,15	3,13	3,52	I	39,20	1,96	2,85	3,21	1,78	2,59	2,91	1,60	2,33	2,62	1,43	2,08	2,34	1,26	1,84	2,07	1,10	1,61	1,81
	II	37,68	2,07	3,01	3,39	II	37,68	1,88	2,74	3,08	1,70	2,47	2,78	1,52	2,22	2,50	1,35	1,97	2,22	1,19	1,74	1,95	1,04	1,51	1,70
	III	24,21	1,33	1,93	2,17	III	24,21	1,19	1,74	1,95	1,06	1,54	1,74	0,93	1,36	1,53	0,81	1,17	1,32	0,68	1,—	1,12	0,56	0,82	0,93
	V	57,01	3,13	4,56	5,13	IV	39,20	2,05	2,99	3,37	1,96	2,85	3,21	1,87	2,72	3,06	1,78	2,59	2,91	1,69	2,46	2,76	1,60	2,33	2,62
	VI	58,08	3,19	4,64	5,22																				
159,29	I,IV	39,24	2,15	3,13	3,53	I	39,24	1,96	2,86	3,21	1,78	2,59	2,91	1,60	2,33	2,62	1,43	2,08	2,34	1,26	1,84	2,07	1,10	1,61	1,81
	II	37,71	2,07	3,01	3,39	II	37,71	1,88	2,74	3,08	1,70	2,48	2,79	1,52	2,22	2,50	1,36	1,97	2,22	1,19	1,74	1,96	1,04	1,51	1,70
	III	24,23	1,33	1,93	2,18	III	24,23	1,19	1,74	1,96	1,06	1,55	1,74	0,93	1,36	1,53	0,81	1,18	1,32	0,68	1,—	1,12	0,57	0,82	0,93
	V	57,05	3,13	4,56	5,13	IV	39,24	2,06	2,99	3,37	1,96	2,86	3,21	1,87	2,72	3,06	1,78	2,59	2,91	1,69	2,46	2,77	1,60	2,33	2,62
	VI	58,12	3,19	4,64	5,23																				
159,39	I,IV	39,28	2,16	3,14	3,53	I	39,28	1,96	2,86	3,22	1,78	2,59	2,92	1,60	2,33	2,62	1,43	2,08	2,34	1,27	1,84	2,07	1,11	1,61	1,81
	II	37,76	2,07	3,02	3,39	II	37,76	1,88	2,74	3,09	1,70	2,48	2,79	1,53	2,22	2,50	1,36	1,98	2,22	1,20	1,74	1,96	1,04	1,51	1,70
	III	24,26	1,33	1,94	2,18	III	24,26	1,19	1,74	1,96	1,06	1,55	1,74	0,93	1,36	1,53	0,81	1,18	1,33	0,69	1,—	1,13	0,57	0,83	0,93
	V	57,09	3,14	4,56	5,13	IV	39,28	2,06	3,—	3,37	1,96	2,86	3,22	1,87	2,72	3,07	1,78	2,59	2,92	1,69	2,46	2,77	1,60	2,33	2,62
	VI	58,16	3,19	4,65	5,23																				
159,49	I,IV	39,32	2,16	3,14	3,53	I	39,32	1,97	2,86	3,22	1,78	2,59	2,92	1,60	2,34	2,63	1,43	2,09	2,35	1,27	1,84	2,08	1,11	1,61	1,82
	II	37,80	2,07	3,02	3,40	II	37,80	1,89	2,75	3,09	1,70	2,48	2,79	1,53	2,23	2,50	1,36	1,98	2,23	1,20	1,74	1,96	1,04	1,52	1,71
	III	24,30	1,33	1,94	2,18	III	24,30	1,20	1,74	1,96	1,06	1,55	1,74	0,94	1,36	1,53	0,81	1,18	1,33	0,69	1,—	1,13	0,57	0,83	0,93
	V	57,13	3,14	4,57	5,14	IV	39,32	2,06	3,—	3,38	1,97	2,86	3,22	1,87	2,73	3,07	1,78	2,59	2,92	1,69	2,46	2,77	1,60	2,34	2,63
	VI	58,21	3,20	4,65	5,23																				
159,59	I,IV	39,36	2,16	3,14	3,54	I	39,36	1,97	2,87	3,23	1,78	2,60	2,92	1,61	2,34	2,63	1,43	2,09	2,35	1,27	1,85	2,08	1,11	1,62	1,82
	II	37,84	2,08	3,02	3,40	II	37,84	1,89	2,75	3,09	1,71	2,48	2,79	1,53	2,23	2,51	1,36	1,98	2,23	1,20	1,75	1,96	1,04	1,52	1,71
	III	24,32	1,33	1,94	2,18	III	24,32	1,20	1,74	1,96	1,07	1,55	1,75	0,94	1,36	1,54	0,81	1,18	1,33	0,69	1,—	1,13	0,57	0,83	0,93
	V	57,17	3,14	4,57	5,14	IV	39,36	2,06	3,—	3,38	1,97	2,87	3,23	1,88	2,73	3,07	1,78	2,60	2,92	1,69	2,47	2,78	1,61	2,34	2,63
	VI	58,25	3,20	4,66	5,24																				
159,69	I,IV	39,40	2,16	3,15	3,54	I	39,40	1,97	2,87	3,23	1,79	2,60	2,93	1,61	2,34	2,63	1,44	2,09	2,35	1,27	1,85	2,08	1,11	1,62	1,82
	II	37,88	2,08	3,03	3,40	II	37,88	1,89	2,75	3,10	1,71	2,49	2,80	1,53	2,23	2,51	1,36	1,99	2,23	1,20	1,75	1,97	1,04	1,52	1,71
	III	24,35	1,33	1,94	2,19	III	24,35	1,20	1,75	1,97	1,07	1,55	1,75	0,94	1,37	1,54	0,81	1,18	1,33	0,69	1,01	1,13	0,57	0,83	0,94
	V	57,21	3,14	4,57	5,14	IV	39,40	2,07	3,01	3,38	1,97	2,87	3,23	1,88	2,73	3,08	1,79	2,60	2,93	1,70	2,47	2,78	1,61	2,34	2,63
	VI	58,29	3,20	4,66	5,24																				
159,79	I,IV	39,44	2,16	3,15	3,54	I	39,44	1,97	2,87	3,23	1,79	2,60	2,93	1,61	2,34	2,64	1,44	2,09	2,36	1,27	1,85	2,08	1,11	1,62	1,82
	II	37,92	2,08	3,03	3,41	II	37,92	1,89	2,75	3,10	1,71	2,49	2,80	1,53	2,23	2,51	1,37	1,99	2,24	1,20	1,75	1,97	1,05	1,52	1,71
	III	24,38	1,34	1,95	2,19	III	24,38	1,20	1,75	1,97	1,07	1,56	1,75	0,94	1,37	1,54	0,81	1,19	1,34	0,69	1,01	1,13	0,57	0,83	0,94
	V	57,26	3,14	4,58	5,15	IV	39,44	2,07	3,01	3,39	1,97	2,87	3,23	1,88	2,74	3,08	1,79	2,60	2,93	1,70	2,47	2,78	1,61	2,34	2,64
	VI	58,33	3,20	4,66	5,24																				
159,89	I,IV	39,48	2,17	3,15	3,55	I	39,48	1,98	2,88	3,24	1,79	2,61	2,93	1,61	2,35	2,64	1,44	2,10	2,36	1,27	1,86	2,09	1,12	1,62	1,83
	II	37,96	2,08	3,03	3,41	II	37,96	1,89	2,76	3,10	1,71	2,49	2,80	1,54	2,24	2,52	1,37	1,99	2,24	1,20	1,75	1,97	1,05	1,53	1,72
	III	24,41	1,34	1,95	2,19	III	24,41	1,20	1,75	1,97	1,07	1,56	1,75	0,94	1,37	1,54	0,82	1,19	1,34	0,69	1,01	1,14	0,57	0,84	0,94
	V	57,30	3,15	4,58	5,15	IV	39,48	2,07	3,01	3,39	1,98	2,88	3,24	1,88	2,74	3,08	1,79	2,61	2,93	1,70	2,48	2,79	1,61	2,35	2,64
	VI	58,37	3,21	4,66	5,25																				
159,99	I,IV	39,52	2,17	3,16	3,55	I	39,52	1,98	2,88	3,24	1,79	2,61	2,94	1,61	2,35	2,64	1,44	2,10	2,36	1,28	1,86	2,09	1,12	1,63	1,83
	II	38,—	2,09	3,04	3,42	II	38,—	1,90	2,76	3,11	1,71	2,50	2,81	1,54	2,24	2,52	1,37	1,99	2,24	1,21	1,76	1,98	1,05	1,53	1,72
	III	24,43	1,34	1,95	2,19	III	24,43	1,20	1,75	1,97	1,07	1,56	1,76	0,94	1,37	1,55	0,82	1,19	1,34	0,69	1,01	1,14	0,57	0,84	0,94
	V	57,34	3,15	4,58	5,16	IV	39,52	2,07	3,02	3,39	1,98	2,88	3,24	1,88	2,74	3,09	1,79	2,61	2,94	1,70	2,48	2,79	1,61	2,35	2,64
	VI	58,41	3,21	4,67	5,25																				
160,09	I,IV	39,56	2,17	3,16	3,56	I	39,56	1,98	2,88	3,24	1,79	2,61	2,94	1,62	2,35	2,65	1,44	2,10	2,37	1,28	1,86	2,09	1,12	1,63	1,83
	II	38,04	2,09	3,04	3,42	II	38,04	1,90	2,76	3,11	1,72	2,50	2,81	1,54	2,24	2,52	1,37	2,—	2,25	1,21	1,76	1,98	1,05	1,53	1,72
	III	24,47	1,34	1,95	2,20	III	24,47	1,21	1,76	1,98	1,07	1,56	1,76	0,94	1,38	1,55	0,82	1,19	1,34	0,70	1,01	1,14	0,58	0,84	0,95
	V	57,38	3,15	4,59	5,16	IV	39,56	2,07	3,02	3,40	1,98	2,88	3,24	1,89	2,75	3,09	1,79	2,61	2,94	1,70	2,48	2,79	1,62	2,35	2,65
	VI	58,46	3,21	4,67	5,26																				
160,19	I,IV	39,60	2,17	3,16	3,56	I	39,60	1,98	2,88	3,25	1,80	2,62	2,94	1,62	2,36	2,65	1,45	2,11	2,37	1,28	1,86	2,10	1,12	1,63	1,84
	II	38,08	2,09	3,04	3,42	II	38,08	1,90	2,77	3,11	1,72	2,50	2,81	1,54	2,25	2,53	1,37	2,—	2,25	1,21	1,76	1,98	1,05	1,53	1,73
	III	24,50	1,34	1,96	2,20	III	24,50	1,21	1,76	1,98	1,07	1,57	1,76	0,95	1,38	1,55	0,82	1,20	1,35	0,70	1,02	1,14	0,58	0,84	0,95
	V	57,43	3,15	4,59	5,16	IV	39,60	2,08	3,02	3,40	1,98	2,88	3,25	1,89	2,75	3,09	1,80	2,62	2,94	1,71	2,48	2,80	1,62	2,36	2,65
	VI	58,50	3,21	4,68	5,26																				
160,29	I,IV	39,64	2,18	3,17	3,56	I	39,64	1,98	2,89	3,25	1,80	2,62	2,95	1,62	2,36	2,65	1,45	2,11	2,37	1,28	1,87	2,10	1,12	1,63	1,84
	II	38,12	2,09	3,04	3,43	II	38,12	1,90	2,77	3,12	1,72	2,50	2,82	1,54	2,25	2,53	1,38	2,—	2,25	1,21	1,76	1,99	1,05	1,54	1,73
	III	24,52	1,34	1,96	2,20	III	24,52	1,21	1,76	1,98	1,08	1,57	1,76	0,95	1,38	1,55	0,82	1,20	1,35	0,70	1,02	1,15	0,58	0,84	0,95
	V	57,47	3,16	4,59	5,17	IV	39,64	2,08	3,03	3,41	1,98	2,89	3,25	1,89	2,75	3,10	1,80	2,62	2,95	1,71	2,49	2,80	1,62	2,36	2,65
	VI	58,54	3,22	4,68	5,26																				
160,39	I,IV	39,68	2,18	3,17	3,57	I	39,68	1,99	2,89	3,25	1,80	2,62	2,95	1,62	2,36	2,66	1,45	2,11	2,38	1,28	1,87	2,10	1,12	1,64	1,84
	II	38,16	2,09	3,05	3,43	II	38,16	1,91	2,77	3,12	1,72	2,51	2,82	1,55	2,25	2,53	1,38	2,—	2,26	1,21	1,77	1,99	1,06	1,54	1,73
	III	24,55	1,35	1,96	2,20	III	24,55	1,21	1,76	1,98	1,08	1,57	1,77	0,95	1,38	1,55	0,82	1,20	1,35	0,70	1,02	1,15	0,58	0,85	0,95
	V	57,51	3,16	4,60	5,17	IV	39,68	2,08	3,03	3,41	1,99	2,89	3,25	1,89	2,76	3,10	1,80	2,62	2,95	1,71	2,49	2,80	1,62	2,36	2,66
	VI	58,58	3,22	4,68	5,27																				
160,49	I,IV	39,72	2,18	3,17	3,57	I	39,72	1,99	2,89	3,26	1,80	2,62	2,95	1,62	2,36	2,66	1,45	2,11	2,38	1,29	1,87	2,11	1,13	1,64	1,84
	II	38,20	2,10	3,05	3,43	II	38,20	1,91	2,78	3,12	1,72	2,51	2,83	1,55	2,26	2,54	1,38	2,01	2,26	1,22	1,77	1,99	1,06	1,54	1,73
	III	24,58	1,35	1,96	2,21	III	24,58	1,21	1,76	1,99	1,08	1,57	1,77	0,95	1,38	1,56	0,82	1,20	1,35	0,70	1,02	1,15	0,58	0,85	0,95
	V	57,55	3,16	4,60	5,17	IV	39,72	2,08	3,03	3,41	1,99	2,89	3,26	1,90	2,76	3,10	1,80	2,62	2,95	1,71	2,49	2,81	1,62	2,36	2,66
	VI	58,63	3,22	4,69	5,27																				

* Die ausgewiesenen Tabellenwerte sind amtlich. Siehe Erläuterungen auf der Umschlaginnenseite (U2).
** Bei mehr als 3 Kinderfreibeträgen ist die „Ergänzungs-Tabelle 3,5 bis 6 Kinderfreibeträge" anzuwenden.

Übersicht

(Redaktionsschluss: 9. 3. 2009)

Rechtsänderungen ab 1. 1. 2009 sind durch **senkrechte Randstriche** | **kenntlich gemacht.**

A. Allgemeines

I. Vorbemerkungen

1 Wie hoch „die Steuer" ist, hier die Einkommen- oder Lohnsteuer, interessiert sowohl den, der sie zu tragen bzw. zu zahlen hat, als auch den, der sie zu ermitteln und abzuziehen hat. Die Höhe der Einkommen- oder Lohnsteuer lässt sich aber nicht einfach im Einkommensteuergesetz (EStG) ablesen. Sie ist dort zwar genau bestimmt, nämlich in der sog. **Tarifformel** (→ Rz. A 18, 21), aber eben nicht betragsmäßig in Euro und Cent. Diese Tarifformel wird auf das „zu versteuernde Einkommen" eines Kalenderjahres angewandt und ergibt die festzusetzende tarifliche Einkommensteuer in Euro und Cent.

2 Primär ist die Einkommensteuer/Lohnsteuer seit 2001 nach der Tarifformel (elektronisch) zu errechnen. Dabei gab es für die Jahre 2001 bis 2003 noch gesetzliche Tarifstufen: für 2001 54 DM/128 DM (Grund-/Splittingtarif), für 2002 und 2003 36 €/72 € (Grund-/Splittingtarif). Ab 2004 entfällt die Stufenbildung für die elektronische (Einkommen- und Lohn-) Steuerberechnung, so dass sich für jeden Euro grundsätzlich eine andere (Einkommen- und Lohn-) Steuer ergibt. Damit die Lohnsteuertabellen nicht einen unvertretbaren Umfang annehmen, ist für diese Zwecke aber weiterhin eine **Stufenbildung** von 36 € (für Jahrestabellen) für die manuelle Berechnung der Lohnsteuer vorgegeben. Ab 2004 ist die in den Tabellenstufen auszuweisende Lohnsteuer aus der Obergrenze der Tabellenstufe zu berechnen (vorher aus der Mitte) und stimmt folglich nur an der Obergrenze mit der maschinellen Lohnsteuer überein (unterhalb der Obergrenze ist die Tabellensteuer tendenziell geringfügig höher). Die Höhe der tariflichen Einkommensteuer 2009 ist auf Grund des Gesetzes zur Sicherung von Beschäftigung und Stabilität in Deutschland etwas niedriger als 2007/2008. Ab einem zu versteuernden Einkommen von 250 401 €/500 801 € beträgt der Steuersatz 45 %.

3 Die Umstellung auf eine **primäre elektronische Steuerberechnung** hat natürlich das Bedürfnis der Praxis unberührt gelassen, das Ergebnis der Steuerberechnung auch in Tabellen nachschlagen zu können. Diesen Zweck erfüllen die vorliegenden Tabellen. Sie sind handlich, dienen der schnellen Information, der Kontrolle der Software, sind hilfreich bei der Hochrechnung eines vereinbarten Nettolohns auf den Bruttolohn und notwendig für die **manuelle Steuerberechnung**. Der Steuerabzug beschränkt sich aber nicht auf die Lohnsteuer. Hinzu kommen der Solidaritätszuschlag und die Kirchensteuer (sowie die Sozialversicherung). Dies berücksichtigen die in unserem Verlag angebotenen Tabellen im Interesse der Praxistauglichkeit.

4 Die Tabellen sind wesensgemäß für bestimmte Zwecke angelegt; sie liefern daher verständlicherweise nur bei bestimmungsgemäßer Benutzung die zutreffenden Ergebnisse. Auch wenn die Lohnsteuer keine eigene Steuer ist, sondern nur eine Erhebungsform der Einkommensteuer (grundsätzlich vorläufiger Steuerabzug auf Arbeitslohn), können folglich die **Lohnsteuer-Tabellen** nur zum Steuerabzug vom (Brutto-) Arbeitslohn verwandt werden. Lohnsteuer-Tabellen bauen auf dem Bruttoarbeitslohn (des Jahres, des Monats etc.) auf. Dafür liefern sie zutreffende Ergebnisse, nicht aber für die Einkommensteuer. Für diese ist die **Einkommensteuer-Tabelle** zu verwenden, die auf dem zu versteuernden Einkommen (stets des Jahres) aufbaut. Das zu versteuernde Einkommen ist (begrifflich) stets niedriger als der (Brutto-) Arbeitslohn. Selbstverständlich beruhen aber die Lohnsteuer-Tabellen auf demselben **Einkommensteuertarif** wie die Einkommensteuer-Tabelle. Die Steuerbelastung ist nach beiden Tabellen gleich hoch. Für die Lohnsteuer-Tabellen ist das zu versteuernde Einkommen für die praktische Anwendung jedoch in Bruttoarbeitslohnbeträge umgerechnet (hochgerechnet), wobei bestimmte Pauschbeträge und entsprechend dem Familienstand in Betracht kommende Freibeträge eingearbeitet werden (**Tabellenfreibeträge,** → Rz. A 14). Geringfügige Abweichungen der Tabellenlohnsteuer gegenüber der Formelsteuer (Einkommen-/maschinelle Lohnsteuer) ergeben sich jedoch seit 2004 unterhalb der Tabellenstufenobergrenze aus dem Wegfall der Stufenbildung (→ Rz. A 2), auf die aber aus praktischen Gründen bei den Lohnsteuer-Tabellen nicht verzichtet werden kann.

II. Allgemeine oder Besondere Tabelle

Hauptunterscheidung für den Lohnsteuerabzug ist die **Tabellenart**, also die Frage, ob die Allgemeine Tabelle oder die Besondere Tabelle anzuwenden ist. Diese den Lohnsteuerabzug komplizierende Unterscheidung beruht darauf, dass in die Lohnsteuer-Tabellen – als einer der Tabellenfreibeträge – die **Vorsorgepauschale** (→ Rz. B 91 *Vorsorgepauschale*) eingearbeitet ist und das Einkommensteuergesetz eine ungekürzte und eine gekürzte Vorsorgepauschale kennt. Die ungekürzte Vorsorgepauschale gilt – allgemein gesprochen – für rentenversicherungspflichtige Arbeitnehmer, die gekürzte Vorsorgepauschale gilt dementsprechend für nicht rentenversicherungspflichtige Arbeitnehmer (also z. B. Beamte). 5

Rentenversicherungspflichtige Arbeitnehmer haben höhere gesetzliche Vorsorgeaufwendungen (Sozialversicherungsbeiträge), somit erhalten sie die höhere **ungekürzte (allgemeine) Vorsorgepauschale**. Sie ist in der **Allgemeinen Tabelle** berücksichtigt. 6

Nicht rentenversicherungspflichtige Arbeitnehmer (insbesondere Beamte) haben grundsätzlich niedrigere (gesetzliche) Vorsorgeaufwendungen, somit erhalten sie die niedrigere **gekürzte (besondere) Vorsorgepauschale**. Sie ist in der **Besonderen Tabelle** berücksichtigt.

Die **Allgemeine Tabelle** (mit ungekürzter Vorsorgepauschale) ist anzuwenden für: 7

- Arbeitnehmer, die einen Beitragsanteil zur gesetzlichen Rentenversicherung (Arbeitnehmeranteil) zu entrichten haben. Das gilt auch dann, wenn der Arbeitnehmeranteil (sozialversicherungsrechtlich) vom Arbeitgeber zu übernehmen ist;
- Arbeitnehmer, die von der Versicherungspflicht in der gesetzlichen Rentenversicherung auf Antrag gem. § 6 Abs. 1 Satz 1 Nr. 1 SGB VI befreit worden sind und für die der Arbeitgeber gem. § 172 Abs. 2 SGB VI die Hälfte des Beitrags zu einer berufsständischen Versorgungseinrichtung trägt;
- Arbeitnehmer, die von der Versicherungspflicht in der gesetzlichen Rentenversicherung auf Antrag befreit worden sind und die deshalb steuerfreie Arbeitgeberzuschüsse für eine Lebensversicherung oder für die freiwillige Versicherung in der gesetzlichen Rentenversicherung erhalten können (§ 3 Nr. 62 Satz 2 EStG);
- Arbeitnehmer, die wegen geringfügiger Beschäftigung, wegen ihres geringen Arbeitslohns oder als Praktikanten keinen Beitragsanteil zur gesetzlichen Rentenversicherung entrichten. Dabei kommt es nicht darauf an, dass der Arbeitgeber für sozialversicherungspflichtige Arbeitnehmer mit geringem Arbeitslohn den gesamten Sozialversicherungsbeitrag zu übernehmen hat;
- Arbeitnehmer, die von ihrem Arbeitgeber nur Versorgungsbezüge i. S. d. § 19 Abs. 2 Satz 2 Nr. 2 EStG (Werks-

pensionäre) erhalten. Das gilt aus Vereinfachungsgründen beim Lohnsteuerabzug auch dann, wenn dem Arbeitgeber bekannt ist, dass der Arbeitnehmer Altersrente aus der gesetzlichen Rentenversicherung bezieht, z. B. weil sich die Altersrente auf die Höhe der Werkspension auswirkt; der Arbeitgeber darf jedoch in diesen Fällen die gekürzte Vorsorgepauschale berücksichtigen, wenn der Arbeitnehmer es beantragt hat oder nicht widerspricht;

- ausländische Arbeitnehmer, die mit dem Arbeitslohn aus der Tätigkeit für einen inländischen Arbeitgeber von der gesetzlichen Rentenversicherungspflicht befreit worden sind, weil sie in der Sozialversicherung des Heimatstaates versichert sind;
- Vorstandsmitglieder von Aktiengesellschaften und beherrschende Gesellschafter-Geschäftsführer einer GmbH, deren betriebliche Altersversorgung lediglich in der Leistung von Arbeitgeberbeiträgen an einen Pensionsfonds, eine Pensionskasse oder für eine Direktversicherung besteht, wenn die jeweiligen Beiträge nicht steuerfrei nach § 3 Nr. 63 EStG sind;
- beherrschende Gesellschafter-Geschäftsführer, wenn sie – zumindest wirtschaftlich betrachtet – ihre Anwartschaftsrechte auf die Altersversorgung durch eine Verrringerung ihrer gesellschaftsrechtlichen Ansprüche erwerben.

8 Die **Besondere Tabelle** (mit gekürzter Vorsorgepauschale) ist anzuwenden für

- Beamte, Richter, Berufssoldaten, Soldaten auf Zeit;
- nach § 5 Abs. 1 Satz 1 Nr. 2 und 3 SGB VI versicherungsfreie Arbeitnehmer, z. B. Beschäftigte bei Trägern der Sozialversicherung, Geistliche der als öffentlich-rechtliche Körperschaften anerkannten Religionsgemeinschaften;
- Arbeitnehmer, die von ihrem Arbeitgeber nur Versorgungsbezüge i. S. d. § 19 Abs. 2 Satz 2 Nr. 1 EStG erhalten, z. B. Beamtenpensionäre, Bezieher von Witwen- oder Waisengeld auf Grund beamtenrechtlicher oder entsprechender gesetzlicher Vorschriften;
- Arbeitnehmer, die keinen Beitragsanteil zur gesetzlichen Rentenversicherung entrichten, weil sie von einem früheren Arbeitgeber Versorgungsbezüge i. S. d. § 19 Abs. 2 Satz 2 Nr. 1 EStG erhalten, z. B. in einem privaten Arbeitsverhältnis beschäftigte Beamtenpensionäre;
- Arbeitnehmer, die für einen Arbeitslohn aus einer aktiven Tätigkeit keinen Beitragsanteil zur gesetzlichen Rentenversicherung entrichten, weil sie bereits Altersrente aus der gesetzlichen Rentenversicherung oder wegen Erreichens einer Altersgrenze eine Versorgung nach beamten- oder kirchenrechtlichen Regelungen oder nach den Regelungen einer berufsständischen Versorgungseinrichtung erhalten (weiterbeschäftigte Altersrentner). Dies gilt auch für weiterbeschäftigte Werkspensionäre, wenn der Arbeitslohn nicht der Rentenversicherungspflicht unterliegt. Für Werkspension und Arbeitslohn ist der Lohnsteuerabzug insgesamt unter Berücksichtigung der gekürzten Vorsorgepauschale vorzunehmen, weil lohnsteuerlich ein einheitliches Dienstverhältnis vorliegt;
- Arbeitnehmer, die auf Antrag des Arbeitgebers von der gesetzlichen Rentenversicherungspflicht befreit worden sind, z. B. Lehrkräfte an nicht öffentlichen Schulen, bei denen eine Altersversorgung nach beamtenrechtlichen oder entsprechenden kirchenrechtlichen Grundsätzen gewährleistet ist;
- Arbeitnehmer, die nicht der gesetzlichen Rentenversicherungspflicht unterliegen und denen ganz oder teilweise ohne eigene Beitragsleistung eine betriebliche Altersversorgung zugesagt worden ist, z. B. Vorstandsmitglieder von Aktiengesellschaften, beherrschende Gesellschafter-Geschäftsführer einer GmbH
- Arbeitnehmer, die nicht der gesetzlichen Rentenversicherungspflicht unterliegen und denen eine betriebliche Altersversorgung zugesagt worden ist, deren Beiträge steuerfrei nach § 3 Nr. 63 EStG sind.

Die Unterscheidung nach Allgemeiner und Besonderer Tabelle gibt es nur beim Lohnsteuerabzug. Bei der **Einkommensteuer-Tabelle** (→ Rz. A 17) ist diese Unterscheidung nicht erforderlich; diese geht vom zu versteuernden Einkommen aus, bei dessen Ermittlung die Sonderausgaben im Rahmen der Höchstbeträge oder ggf. die ungekürzte oder die gekürzte Vorsorgepauschale abgezogen werden. 9

III. Praxishinweise zur Anwendung

1. Lohnsteuer-Tabelle (Allgemeine und Besondere)

Die Lohnsteuer-Tabellen gehen vom steuerpflichtigen Bruttoarbeitslohn aus. Diesen hat der Arbeitgeber zu ermitteln (→ Rz. C 100 ff.). Dann hat er zu entscheiden, ob für den bestimmten Arbeitnehmer die Allgemeine oder die Besondere Tabelle anzuwenden ist (→ Rz. A 5–8). Die danach zutreffende Lohnsteuer-Tabellenart für den jeweiligen **Lohnzahlungszeitraum** (Monat-, Tagestabelle etc.) ist zu benutzen. Vor Anwendung dieser Lohnsteuer-Tabelle ist der jeweilige steuerpflichtige Bruttoarbeitslohn zu korrigieren: 10

Abzusetzen ist ggf.

- der auf der Lohnsteuerkarte eingetragene persönliche Freibetrag (→ Rz. A 11),
- der Altersentlastungsbetrag (→ Rz. A 12) und
- der Versorgungsfreibetrag und (ab 2005) der Zuschlag zum Versorgungsfreibetrag (→ Rz. A 13).

Hinzuzurechnen ist ggf.

- der auf der Lohnsteuerkarte eingetragene Hinzurechnungsbetrag (→ Rz. A 11).

Der **persönliche Freibetrag** oder **Hinzurechnungsbetrag** ist (vom Finanzamt oder der Gemeinde eingetragen) der Lohnsteuerkarte zu entnehmen. Sollte der Freibetrag/Hinzurechnungsbetrag für den jeweiligen Lohnzahlungszeitraum nicht eingetragen sein, kann ihn der Arbeitgeber aus einer Eintragung ableiten. Der tägliche Betrag ist mit 1/30, der wöchentliche ist mit 7/30 des Monatsbetrags anzusetzen. Für die Ermittlung der Lohnabzugsbeträge ist der Freibetrag/Hinzurechnungsbetrag vom Bruttoarbeitslohn abzuziehen bzw. dem Bruttoarbeitslohn hinzuzurechnen. Für den so geminderten bzw. erhöhten Bruttoarbeitslohn ist dann die entsprechende Stufe in der Lohnsteuer-Tabelle aufzusuchen. Zu den möglichen Differenzen gegenüber der elektronisch ermittelten Lohnsteuer → Rz. A 15. 11

Der **Altersentlastungsbetrag** ist bei Arbeitnehmern zu berücksichtigen, die vor Beginn des Kalenderjahres das 64. Lebensjahr vollendet haben. Der Altersentlastungsbetrag (Freibetrag) wird ab 2006 abgeschmolzen (auf 0 € im Jahr 2040). Er beträgt für **Erstjahre** (Vollendung des 64. Lebensjahrs im Jahr 2005) im Kalenderjahr **2006** noch **38,4 %** des steuerpflichtigen Arbeitslohns, höchstens **1 824** € jährlich. Steuerbegünstigte Versorgungsbezüge bleiben bei der Berechnung außer Betracht. Der auf den Lohnzahlungszeitraum entfallende Anteil von **1 824 €** ist zu ermitteln mit einem Zwölftel für den Monat (höchstens **152 €**), mit 7/30 des Monatsbetrags für die Woche (höchstens **35,50 €**) und mit 1/30 des Monatsbetrags für den Tag (höchstens **5,10 €**). Der dem Lohnzahlungszeitraum entsprechende anteilige Höchstbetrag darf auch dann nicht überschritten werden, wenn in den vorangegangenen Lohn- 12 zahlungszeiträumen desselben Jahres der Höchstbetrag nicht ausgeschöpft worden ist. Bei im Ausland ansässigen (beschränkt einkommensteuerpflichtigen) Arbeitnehmern ist ein Altersentlastungsbetrag nicht abzuziehen. Der Prozentsatz und Höchstbetrag des Erstjahres (Erreichen der Altersgrenze) bleibt dem Arbeitnehmer zeitlebens erhalten. **Für Erstjahre bis 2005 sind die Werte des Kalenderjahres 2005 maßgebend (40 %, höchstens 1 900 €/159 €/37,10 €/5,30 € jährlich/Monat/Woche/Tag).** Ist **2007** das **Erstjahr** (Vollendung des 64. Lebensjahrs im Jahr 2006), so sind folgende Werte maßgebend: **36,8 %, höchstens 1 748 € jährlich/146 € monatlich/34,10 € wöchentlich/4,90 € täglich.** Ist **2008** das **Erstjahr** (Vollendung des 64. Lebensjahrs im Jahr 2007), so sind folgende Werte maßgebend: **35,2 %, höchstens 1 672 € jährlich/140 € monatlich/32,70 € wöchentlich/4,70 € täglich.** Ist **2009** das **Erstjahr** (Vollendung des 64. Lebensjahrs im Jahr 2008), so sind folgende Werte maßgebend: **33,6 %, höchstens 1 596 € jährlich/133 € monatlich/31,10 € wöchentlich/4,45 € täglich.**

13 Der **Versorgungsfreibetrag** ist abzuziehen, wenn es sich bei einem Teil des Arbeitslohns oder insgesamt um Versorgungsbezüge handelt. Der Versorgungsfreibetrag beträgt bei Versorgungsbeginn bis **2005** 40 % der Versorgungsbezüge, höchstens jedoch **3 000** € jährlich. Außerdem ist der **Zuschlag zum Versorgungsfreibetrag** dann in Höhe von **900** € abzuziehen. Der Zuschlag zum Versorgungsfreibetrag wurde 2005 eingeführt zum Ausgleich des auf 102 € jährlich abgesenkten **Werbungskostenpauschbetrags für Versorgungsbezüge** (der Arbeitnehmer-Pauschbetrag von 920 € ist für sie nicht mehr anzuwenden). Der auf den Lohnzahlungszeitraum insgesamt entfallende Anteil dieser Freibeträge für Versorgungsbezüge von 3 900 € bei Versorgungsbeginn bis 2005 ist zu ermitteln mit einem Zwölftel für den Monat (höchstens 325 €), mit 7/30 des Monatsbetrags für die Woche (höchstens 75,90 €) und mit 1/30 des Monatsbetrags für den Tag (höchstens 10,85 €). Da aber in den Lohnsteuer-Tabellen der Arbeitnehmer-Pauschbetrag von 920 € berücksichtigt ist, bei Versorgungsbezügen jedoch nur ein Werbungskostenpauschbetrag von 102 € abzuziehen ist, muss zum Ausgleich von den Freibeträgen für Versorgungsbezüge (3 900 €) wieder ein Betrag von 818 € jährlich (bzw. ein dem Lohnzahlungszeitraum entsprechender Bruchteil) abgezogen werden. Das ergibt insgesamt einen **Korrekturbetrag bei Versorgungsbezügen bei Versorgungsbeginn bis 2005** von (3 900 € – 818 € =) **3 082 € jährlich höchstens, monatlich** ein Zwölftel hiervon = **256,83 €, wöchentlich** 7/30 hiervon = **59,93 €, täglich** 1/30 = **8,56 €. Versorgungsbezüge sind auf früheren Dienstleistungen beruhende Bezüge und Vorteile (Altersbezüge wie Ruhegehalt, Witwen- oder Waisengeld, wegen Berufs- oder Erwerbsunfähigkeit). Bezüge, die wegen Erreichens einer Altersgrenze gezahlt werden, gelten erst dann als Versorgungsbezüge, wenn der Steuerpflichtige das 63. Lebensjahr oder, wenn er Schwerbehinderter ist, das 60. Lebensjahr vollendet hat. Bemessungsgrundlage** für den Versorgungsfreibetrag ist das Zwölffache des ersten vollen Monatsbezugs zuzüglich voraussichtlicher Sonderzahlungen. Die danach einmal berechnete Höhe der Freibeträge für Versorgungsbezüge gelten grundsätzlich für die gesamte Laufzeit des Versorgungsbezugs (betragsmäßige Festschreibung). Regelmäßige Anpassungen führen also nicht zu einer Neuberechnung. Wegen dieser Komplizierungen wird auf die Darstellung der Versorgungsbezüge in den Tabellen künftig verzichtet.

Ist das Jahr des (begünstigten) Versorgungsbeginns 2006, gelten für diese **Erstjahrgruppe 2006** niedrigere Werte, nämlich für den **Versorgungsfreibetrag 38,4 %**, höchstens **2 880 € jährlich**, für den **Zuschlag zum Versorgungsfreibetrag 864** € jährlich. Der Korrekturbetrag für die Lohnsteuer-Tabellen beträgt dann höchstens (2 880 € + 864 € – 818 €) 2 926 € jährlich und 243,83 €/56,89 €/8,12 € je Monat/Woche/Tag. Für die **Erstjahrgruppe 2007** (Jahr des begünstigten Versorgungsbeginns ist 2007) sind folgende Werte maßgebend: **Versorgungsfreibetrag 36,8 %, höchstens 2 760 € jährlich, Zuschlag zum Versorgungsfreibetrag 828 € jährlich.** Der Korrekturbetrag für die Lohnsteuer-Tabellen beträgt damit (2 760 € + 828 € – 818 € =) 2 770 € jährlich und 230,83 €/53,86 €/7,69 € je Monat/Woche/Tag. Für die **Erstjahrgruppe 2008** (Jahr des begünstigten Versorgungsbeginns ist 2008) sind folgende Werte maßgebend: **Versorgungsfreibetrag 35,2 %, höchstens 2 640 € jährlich, Zuschlag zum Versorgungsfreibetrag 792 € jährlich.** Der Korrekturbetrag für die Lohnsteuertabellen beträgt damit (2 640 € + 792 € – 818 € =) 2 614 € jährlich und 217,83 €/50,82 €/7,26 € je Monat/Woche/Tag. Für die **Erstjahrgruppe 2009** (Jahr des begünstigten Versorgungsbeginns ist 2009) sind folgende Werte maßgebend: **Versorgungsfreibetrag 33,6 %, höchstens 2 520 € jährlich, Zuschlag zum Versorgungsfreibetrag 756 € jährlich.** Der Korrekturabzugsbetrag für die Lohnsteuertabellen beträgt damit (2 520 € + 756 € – 818 € =) 2 458 € jährlich und 204,83 €/47,79 €/6,82 € je Monat/Woche/Tag.

2. Tabellenfreibeträge

Im Unterschied zur Einkommensteuer-Tabelle (→ Rz. A 17), 14
die vom zu versteuernden Einkommen ausgeht, beruht die Lohnsteuer-Tabelle auf dem steuerpflichtigen Bruttoarbeitslohn und unterscheidet zwischen den sechs Lohnsteuerklassen (→ Rz. C 41–47). In der Lohnsteuer-Tabelle sind bestimmte Freibeträge und Pauschbeträge eingearbeitet, die auch bei der Ermittlung des zu versteuernden Einkommens bzw. in der Tarifformel berücksichtigt werden (sog. **Tabellenfreibeträge**). Dabei handelt es sich um

- den **Grundfreibetrag** (→ Rz. A 21). Er beträgt im Jahr 2009 7 834 € (+ 170 €) und wird in den Steuerklassen I, II und IV berücksichtigt. In der Steuerklasse III wird er durch das Splittingverfahren doppelt berücksichtigt;
- den **Arbeitnehmer-Pauschbetrag** (→ Rz. B 56) für Werbungskosten. Er beträgt im Jahr 2009 (unverändert) 920 € jährlich und steht einem Arbeitnehmer jährlich nur einmal zu. Der Arbeitnehmer-Pauschbetrag ist für Versorgungsbezüge ab 2005 nicht mehr anzuwenden (→ Rz. A 13). Er ist in den Steuerklassen I, II, III, IV und V je einmal eingearbeitet (nicht in Steuerklasse VI für weitere Dienstverhältnisse des Arbeitnehmers);
- den **Sonderausgaben-Pauschbetrag** (→ Rz. B 91) für Sonderausgaben (z. B. Kirchensteuer, Spenden), die nicht Vorsorgeaufwendungen sind. Er beträgt jährlich 36 € und ist in den Steuerklassen I, II und IV eingearbeitet. In Steuerklasse III ist er verdoppelt;
- die **Vorsorgepauschale** (→ Rz. B 91) für Vorsorgeaufwendungen. Sie ist in eingearbeitet in Steuerklasse I, II und IV in einfacher Höhe und in Steuerklasse III erhöht. Die Vorsorgepauschale ist durch das Alterseinkünftegesetz ab 2005 grundsätzlich neu geregelt worden und in den Tabellen mit der sog. Günstigerprüfung (Vergleichsrechnung Vorsorgepauschale gemäß Gesetzeslage 2004 zu neuer Vorsorgepauschale gemäß Gesetzeslage 2005) nach dem EU-Richtlinien-Umsetzungsgesetz berücksichtigt. Die für nicht rentenversicherungspflichtige Arbeitnehmer gekürzten Höchstbeträge bedingen zudem, dass unterschieden werden muss zwischen ungekürzter und gekürzter Vorsorgepauschale (→ Rz. A 5, 6). Dies wird in der Allgemeinen bzw. Besonderen Lohnsteuer-Tabelle dargestellt (→ Rz. A 7, 8);

- der **Entlastungsbetrag für Alleinerziehende** beträgt im Jahr 2009 (unverändert) 1 308 €. Der Entlastungsbetrag für Alleinerziehende ist in der Steuerklasse II eingearbeitet;
- die Freibeträge für Kinder, nämlich den **Kinderfreibetrag** (→ Rz. B 80) und den **Freibetrag für den Betreuungs- und Erziehungs- oder Ausbildungsbedarf** (→ Rz. B 80). Diese haben insofern eine Sonderstellung bei den Tabellenfreibeträgen, als sie sich nicht auf die Höhe der Lohnsteuer selbst auswirken (im laufenden Kalenderjahr wird dafür das Kindergeld als Steuervergütung monatlich bezahlt), sondern nur bei der Ermittlung (über eine rechnerische Kürzung der Lohnsteuer zur **Maßstabsteuer)** für die **Zuschlagsteuern**, nämlich den **Solidaritätszuschlag** und die **Kirchensteuer**, steuermindernd berücksichtigt werden. Das Ergebnis dieser Berechnung ist in den Verlagstabellen ausgewiesen.

3. Unterschiede zwischen Tabellensteuer und elektronisch ermittelter Steuer

15 Unterschiede zwischen Tabellensteuer und elektronisch ermittelter Lohnsteuer (und folglich von den davon abhängigen Zuschlagsteuern Solidaritätszuschlag und Kirchensteuer) können ab 2005 auch auftreten, weil die Vorsorgepauschale in Freibetrags- oder Hinzurechnungsbetragsfällen bei elektronisch berechneter Lohnsteuer niedriger oder höher sein kann als die in der Tabellenstufe eingearbeitete Vorsorgepauschale. Bei der elektronischen Lohnsteuerberechnung wird (seit 2001) die Vorsorgepauschale wie bei der Einkommensteuerveranlagung berechnet, nämlich vom (Brutto-) Arbeitslohn; ein etwa auf der Lohnsteuerkarte eingetragener Freibetrag oder Hinzurechnungsbetrag ist in der Veranlagung ohne Bedeutung. In der Lohnsteuer-Tabelle kann die Vorsorgepauschale dagegen aus technischen Gründen – wie bisher – nur nach dem Bruttolohn der jeweiligen Tabellenstufe eingearbeitet werden. Ist auf der Lohnsteuerkarte ein persönlicher Freibetrag bzw. Hinzurechnungsbetrag eingetragen, so ist der Bruttolohn entsprechend zu korrigieren und die Lohnsteuer in einer niedrigeren bzw. höheren Lohnstufe abzulesen (→ Rz. A 11). Folglich wird damit automatisch eine niedrigere oder höhere oder (im Höchstbetragsbereich) auch gleich hohe Vorsorgepauschale berücksichtigt.

16 In der Veranlagung des Arbeitnehmers werden die (ohnehin) geringfügigen Unterschiedsbeträge über die Anrechnung der Lohnsteuer spätestens ausgeglichen.

Hat ein Arbeitgeber die Lohnsteuer manuell nach der Tabelle berechnet und sollte diese niedriger sein als bei elektronischer Lohnsteuerberechnung, so braucht er nicht zu befürchten, dass er bis zur Höhe der elektronischen Lohnsteuer haftet, z. B. bei einer Lohnsteuer-Außenprüfung. Die Lohnsteuer gemäß Tabelle ist der zutreffende Steuerabzug, wenn die Lohnsteuer nicht elektronisch berechnet wurde.

4. Einkommensteuer-Tabelle

17 Die **Einkommensteuer-Tabelle** weist die Einkommensteuer für das zu versteuernde Einkommen aus. Das **zu versteuernde Einkommen** wird in der Einkommensteuerveranlagung – auch für Arbeitnehmer – ermittelt (Kurzschema → Rz. A 28). Bei der Einkommensteuer ist zwischen **Grundtabelle** (für nicht Verheiratete) und **Splittingtabelle** (für Zusammenveranlagung/Verheiratete) zu unterscheiden (→ Rz. B 32). Die Tarifformel (→ Rz. A 21) enthält ab 2004 keine Stufen (→ Rz. A 2). Die Einkommensteuer-Tabelle wird jedoch aus Gründen des Umfangs weiter in Stufen von 36 € aufgestellt. Die Steuer wird dabei aus dem ausgewiesenen zu versteuernden Einkommen berechnet.

IV. Steuertarif

Der Steuertarif ist das Herzstück des Einkommensteuergesetzes. Dieses kennt nur eine einzige **Tarifformel,** die auf das zu versteuernde Einkommen allgemein und einheitlich angewandt wird. Dies ist deutlicher Ausdruck dafür, dass es nach dem der Einkommensteuer zu Grunde liegenden Grundsatz der Besteuerung nach der finanziellen Leistungsfähigkeit nicht darauf ankommt, wie mühsam oder leicht und in welcher Einkunftsart das Einkommen erzielt wurde. Sonderbelastungen und persönliche Verhältnisse des Steuerpflichtigen im Einzelfall sind zuvor zu berücksichtigen (Kurzschema zur Ermittlung des zu versteuernden Einkommens → Rz. A 28). 18

Die einheitliche und allgemeine Tarifformel wird herkömmlich als **Grundtarif** bezeichnet, der in der **Einkommensteuer-Grundtabelle** dargestellt wird. Er gilt auch für Ehepaare, die getrennt zur Einkommensteuer veranlagt werden. Werden Ehegatten zusammen zur Einkommensteuer veranlagt, so wird für die Steuerberechnung das sog. Splitting-Verfahren angewandt. Die Steuerberechnung geschieht dabei in der Weise, dass das gemeinsame (zu versteuernde) Einkommen halbiert wird und die Einkommensteuer für das halbierte (zu versteuernde) Einkommen nach dem Grundtarif verdoppelt wird. Diese verdoppelte Einkommensteuer für das gemeinsame (zu versteuernde) Einkommen wird dargestellt in der **Einkommensteuer-Splittingtabelle**. Dieses Rechenergebnis wird vielfach auch kurz als **Splittingtarif** bezeichnet. Wie dargestellt handelt es sich aber nicht um eine besondere Tarifformel, sondern um ein Rechenverfahren (das Einkommensteuergesetz selbst verwendet daher auch den Ausdruck **„Splitting-Verfahren"**) auf der Basis der einheitlichen und allgemeinen Tarifformel. Die doppelte Einkommensteuer für das hälftige gemeinsame (zu versteuernde) Einkommen ist die Splittingsteuer. Oder anders ausgedrückt: In der Splittingtabelle (im Splittingtarif) ist für den doppelten Betrag zu versteuerndes Einkommen die doppelte Einkommensteuer aus dem einfachen Betrag zu versteuerndes Einkommen im Grundtarif dargestellt. 19

Beispiel:

zu versteuerndes Einkommen	Tarif	Einkommensteuer
10 000 €	Grundtarif	347 €
20 000 €	Grundtarif	2 759 €
20 000 €	Splitting	694 €
40 000 €	Splitting	5 518 €

Dieses Splitting-Verfahren ist unabhängig davon, in welcher Verteilung die zusammenveranlagten Ehegatten das gemeinsame (zu versteuernde) Einkommen erzielt haben; ein Ehegatte kann also auch keine Einkünfte haben. Das Splitting-Verfahren führt zu einer Progressionsmilderung, und zwar um so höher, je weiter die jeweiligen Einkommen der Ehegatten auseinander liegen und je höher das gemeinsame zu versteuernde Einkommen ist (für 2009 bis zu 15 576 €). 20

Diese Progressionsmilderung ist Folge des Einkommensteuertarifs (der **Tarifformel**). Der Einkommensteuertarif setzt sich aus drei Tarifzonen zusammen: 21

- Die erste Tarifzone ist die sog. **Nullzone**. Das ist der **Grundfreibetrag.** Er beträgt im Jahr 2009 **7 834 €** (+ 170 €). Für ein zu versteuerndes Einkommen bis zu diesem Grundfreibetrag beträgt die Einkommensteuer 0 €. Damit wird das sog. Existenzminimum für den privaten Verbrauch steuerunbelastet gestellt.
- Die zweite Tarifzone ist die sog. **Progressionszone**. Mit steigendem zu versteuernden Einkommen steigt in diesem Bereich auch der Steuersatz. Er beginnt im Jahr 2009 mit 14 % (– 1 Prozentpunkt) in der Eingangszone (**Eingangsteu-**

ersatz) und steigt mathematisch linear bis zu einem **Knickpunkt** bei **13 139 €** (+ 400 €) auf etwa 24 %. Von diesem Knickpunkt an steigt der Steuersatz weniger steil bis zum Ende der Progressionszone im Jahr 2009 bei **52 551 €** (+ 400 €) auf **42,0 %** (unverändert).

- Als dritte Tarifzone folgt im Anschluss an die Progressionszone die sog. **obere Proportionalzone**. Darin unterliegt das zu versteuernde Einkommen ab **52 552 €** (+ 400 €) im Jahr einem gleich bleibenden Steuersatz von **42,0 %** (unverändert) (**Spitzensteuersatz**). Für ein zu versteuerndes Einkommen von **250 401 €** (+ 400 €) an beträgt der **Spitzensteuersatz** ab 2009 45,0 % (unverändert).

Im Splitting-Verfahren gilt dies für den doppelten Betrag des zu versteuernden Einkommens.

22 Der Eingang- und Spitzensteuersatz darf nicht mit dem **Grenzsteuersatz** oder dem durchschnittlichen Einkommensteuersatz für ein bestimmtes zu versteuerndes Einkommen verwechselt werden. Der durchschnittliche Einkommensteuersatz (die durchschnittliche **Einkommensteuerbelastung**) ergibt sich aus der absoluten Einkommensteuer für das gesamte zu versteuernde Einkommen (absolute tarifliche Einkommensteuer x 100 : zu versteuerndes Einkommen). Sie ist prozentual stets niedriger als der Grenzsteuersatz (oder ein durchschnittlicher Grenzsteuersatz) der die Steuerbelastung für einen bestimmten Euro (eine Stufe) im Verlauf des zu versteuernden Einkommens ausdrückt.

Beispiel:

zu versteuerndes Einkommen	Tarif	Einkommensteuer
10 000 €	Grundtarif	347 €
10 100 €	Grundtarif	365 €

Durchschnittlicher Einkommensteuersatz (für 10 100 €):

$$\frac{365\text{ € x } 100}{\text{Zu versteuerndes Einkommen } 10\,100\text{ €}} = 3{,}61\ \%$$

(Durchschnittlicher) Grenzsteuersatz
(für Stufe 10 000 bis 10 100 €):

$$\frac{\text{Unterschiedsbetrag Steuer } 18 \text{ x } 100}{\text{Unterschiedsbetrag zu versteuerndes Einkommen } 100} = 18\ \%$$

V. Steuerklassenwahl-Tabelle

23 Beiderseits als Arbeitnehmer berufstätige Ehegatten stehen vor der Frage, ob sie die **Steuerklassenkombination III/V** (d. h. III für Ehegatten A und V für Ehegatten B) wählen sollen oder lieber die Steuerklassenkombination **IV/IV** (in der die Lohnsteuer dieselbe ist wie in Steuerklasse I). Das Einkommensteuergesetz ermöglicht diese Steuerklassenwahl, um typischen Einkommensunterschieden schon im laufenden Kalenderjahr beim Lohnsteuerabzug Rechnung tragen zu können, also mit der Summe beider Lohnsteuerabzüge möglichst schon die Jahressteuer zu treffen, die sich in der Zusammenveranlagung – ohne andere Einkünfte – ergeben wird. Sind die Bruttoarbeitslöhne beider Ehegatten etwa gleich hoch, dann trifft dies bei der Steuerklassenkombination IV/IV zu. Sind die Bruttoarbeitslöhne der Ehegatten nennenswert unterschiedlich, dann führt die Steuerklassenkombination III/V (III für den höher bezahlten Ehegatten und V für den niedriger bezahlten Ehegatten) in der Summe zu einer niedrigeren Lohnsteuer. In der Veranlagung spielt die für das Abzugsverfahren gewählte Steuerklassenkombination keine Rolle.

24 Da die Steuerklassenkombination IV/IV in der Veranlagung i. d. R. nicht zu einer Nachzahlung führt, ist bei dieser Steuerklassenkombination keine Pflichtveranlagung vorgesehen. Dies gilt jedoch nicht, wenn die Lohnsteuer bei einem der Ehegatten für einen Teil des Jahres nach der Besonderen und für einen anderen Teil des Jahres nach der Allgemeinen Tabelle ermittelt wurde oder die Ehegatten aus anderen Gründen zur Einkommensteuer veranlagt werden müssen, z. B. weil sie neben ihrem Arbeitslohn noch andere Einkünfte hatten oder sie die Veranlagung beantragen.

Mit der Steuerklassenkombination III/V ist jedoch stets eine **Pflichtveranlagung** verbunden, weil der typisierende Lohnsteuerabzug i. d. R. nicht ganz der Jahressteuer entspricht. In der Veranlagung wird dann (ggf. unter Berücksichtigung anderer Einkünfte) zu wenig erhobene Steuer nachgefordert und zu viel erhobene Steuer erstattet. 25

Bei der Steuerklassenwahl sollte auch – außerhalb der Steuertechnik – ggf. beachtet werden, dass sich manche **Lohnersatzleistungen** am Nettoarbeitslohn orientieren (z. B. Arbeitslosengeld, Elterngeld, Mutterschaftsgeld) und sich die Steuerklassenwahl mittelbar darauf auswirken kann. Auch wenn die Leistungsgesetze an die gewählte Steuerklasse anknüpfen, kann die Rechtspraxis davon abweichen, wenn die gewählte Steuerklassenkombination wirtschaftlich nicht dem Verhältnis der Arbeitslöhne entspricht. 26

In der nachfolgenden Tabelle ist der Monatslohn A des höher verdienenden Ehegatten und der Monatslohn B des geringer verdienenden Ehegatten – jeweils nach Abzug etwaiger Freibeträge – angegeben, der bei der Wahl der Steuerklasse III (für den höher Verdienenden) und V (für den geringer Verdienenden) nicht überschritten werden darf, wenn der geringste Lohnsteuerabzug erreicht werden soll. Die Tabelle gilt nicht bei (begünstigten) Versorgungsbezügen. 27

Übersteigt der Monatslohn B den nach der Tabelle in Betracht kommenden Betrag, so führt die Steuerklassenkombination IV/IV für die Ehegatten zu einem geringeren oder zumindest nicht höheren Lohnsteuerabzug als die Steuerklassenkombination III/V.

Monatlicher Arbeitslohn A*) €	Monatlicher Arbeitslohn B*) in € bei . . . des geringerverdienenden Ehegatten				Monatlicher Arbeitslohn A*) €	Monatlicher Arbeitslohn B*) in € bei . . . des geringerverdienenden Ehegatten			
	Rentenversicherungspflicht		Rentenversicherungsfreiheit			Rentenversicherungspflicht		Rentenversicherungsfreiheit	
	A und B	Nur A	Nur A	A und B		A und B	Nur A	Nur A	A und B
1	2	3	4	5	1	2	3	4	5
€	€	€	€	€	€	€	€	€	€
1 250	462	462	592	592	**3 300**	1 980	2 148	2 061	2 232
1 300	537	537	676	676	**3 350**	2 012	2 181	2 094	2 267
1 350	623	623	762	762	**3 400**	2 046	2 215	2 127	2 303
1 400	721	721	846	856	**3 450**	2 077	2 248	2 161	2 341
1 450	822	822	876	900	**3 500**	2 110	2 284	2 196	2 379
1 500	871	893	905	945	**3 550**	2 143	2 320	2 231	2 419
1 550	902	939	943	992	**3 600**	2 175	2 356	2 263	2 458
1 600	937	984	974	1 028	**3 650**	2 209	2 393	2 300	2 501
1 650	977	1 031	994	1 050	**3 700**	2 242	2 432	2 335	2 545
1 700	1 019	1 080	1 012	1 071	**3 750**	2 276	2 472	2 372	2 590
1 750	1 061	1 125	1 034	1 095	**3 800**	2 310	2 513	2 409	2 637
1 800	1 089	1 155	1 057	1 120	**3 850**	2 344	2 555	2 448	2 686
1 850	1 117	1 189	1 081	1 146	**3 900**	2 379	2 599	2 487	2 736
1 900	1 145	1 222	1 104	1 174	**3 950**	2 416	2 645	2 528	2 789
1 950	1 173	1 256	1 129	1 202	**4 000**	2 453	2 691	2 570	2 844
2 000	1 203	1 307	1 153	1 232	**4 050**	2 491	2 741	2 614	2 903
2 050	1 231	1 359	1 177	1 261	**4 100**	2 531	2 793	2 657	2 963
2 100	1 254	1 407	1 202	1 306	**4 150**	2 572	2 847	2 704	3 027
2 150	1 283	1 456	1 226	1 351	**4 200**	2 612	2 901	2 751	3 093
2 200	1 316	1 504	1 251	1 402	**4 250**	2 656	2 960	2 800	3 163
2 250	1 360	1 556	1 281	1 454	**4 300**	2 700	3 021	2 852	3 240
2 300	1 422	1 605	1 314	1 503	**4 350**	2 745	3 084	2 904	3 323
2 350	1 491	1 653	1 349	1 545	**4 400**	2 791	3 152	2 959	3 411
2 400	1 546	1 697	1 398	1 588	**4 450**	2 841	3 226	3 014	3 507
2 450	1 584	1 739	1 453	1 627	**4 500**	2 892	3 305	3 073	3 613
2 500	1 623	1 777	1 515	1 666	**4 550**	2 944	3 387	3 136	3 736
2 550	1 659	1 813	1 550	1 701	**4 600**	2 997	3 476	3 199	3 882
2 600	1 691	1 847	1 583	1 739	**4 650**	3 054	3 578	3 266	4 066
2 650	1 723	1 882	1 617	1 772	**4 700**	3 113	3 691	3 333	–
2 700	1 734	1 894	1 653	1 808	**4 750**	3 173	3 820	3 403	–
2 750	1 745	1 904	1 685	1 842	**4 800**	3 236	3 978	3 476	–
2 800	1 755	1 915	1 719	1 877	**4 850**	3 301	–	3 551	–
2 850	1 765	1 926	1 754	1 914	**4 900**	3 368	–	3 629	–
2 900	1 777	1 937	1 788	1 949	**4 950**	3 436	–	3 709	–
2 950	1 788	1 949	1 822	1 985	**5 000**	3 507	–	3 795	–

Monatlicher Arbeitslohn A*) €	Monatlicher Arbeitslohn B*) in € bei . . . des geringerverdienenden Ehegatten – Rentenversicherungspflicht		Rentenversicherungsfreiheit		Monatlicher Arbeitslohn A*) €	Monatlicher Arbeitslohn B*) in € bei . . . des geringerverdienenden Ehegatten – Rentenversicherungspflicht		Rentenversicherungsfreiheit	
	A und B	Nur A	Nur A	A und B		A und B	Nur A	Nur A	A und B
1	2	3	4	5	1	2	3	4	5
€	€	€	€	€	€	€	€	€	€
3 000	1 798	1 959	1 856	2 019	**5 050**	3 581	–	3 883	–
3 050	1 815	1 978	1 890	2 055	**5 100**	3 656	–	3 981	–
3 100	1 847	2 012	1 923	2 089	**5 150**	3 736	–	4 086	–
3 150	1 881	2 045	1 959	2 125	**5 200**	3 820	–	4 203	–
3 200	1 913	2 080	1 991	2 159	**5 250**	3 907	–	4 336	–
3 250	1 947	2 113	2 026	2 196	**5 300**	4 004	–	4 504	–

*) Nach Abzug etwaiger Freibeträge

Beispiele:

1. Ein Arbeitnehmer-Ehepaar, beide rentenversicherungspflichtig, bezieht Monatslöhne (nach Abzug etwaiger Freibeträge) von 3000 € und 1700 €. Da der Monatslohn des geringer verdienenden Ehegatten den nach dem Monatslohn des höher verdienenden Ehegatten in der Spalte 2 der Tabelle ausgewiesenen Betrag von 1798 € nicht übersteigt, führt in diesem Falle die Steuerklassenkombination III/V zur geringeren Lohnsteuer.

   Vergleich nach der Allgemeinen Monatslohnsteuer-Tabelle:

   a) Lohnsteuer
   für 3 000 € nach Steuerklasse III 256,50 €
   für 1 700 € nach Steuerklasse V 436,16 €
   insgesamt also **692,66 €**

   b) Lohnsteuer
   für 3 000 € nach Steuerklasse IV 535,33 €
   für 1 700 € nach Steuerklasse IV 168,41 €
   insgesamt also **703,74 €**

2. Würde der Monatslohn des geringer verdienenden Ehegatten 2 500 € betragen, so würde die Steuerklassenkombination IV/IV insgesamt zur geringeren Lohnsteuer führen.

   Vergleich nach der Allgemeinen Monatslohnsteuer-Tabelle:

   a) Lohnsteuer
   für 3 000 € nach Steuerklasse III 256,50 €
   für 2 500 € nach Steuerklasse V 754,41 €
   insgesamt also **1 010,91 €**

   b) Lohnsteuer
   für 3 000 € nach Steuerklasse IV 535,33 €
   für 2 500 € nach Steuerklasse IV 384,00 €
   insgesamt also **919,33 €**

VI. Kurzschema zur Ermittlung des zu versteuernden Einkommens

28 Die tarifliche Einkommensteuer bemisst sich nach dem **zu versteuernden Einkommen (Bemessungsgrundlage).** Auf das zu versteuernde Einkommen ist also die **Tarifformel** (→ Rz. A 21) anzuwenden. Es darf nicht verwechselt werden mit (Brutto-)Arbeitslohn, Einnahmen, Einkünften aus einzelnen Einkunftsarten u. a. Das zu versteuernde Einkommen ist wie folgt zu ermitteln (Kurzschema nach R 2 Abs. 1 EStR):

1 Summen der Einkünfte aus den Einkunftsarten
2 + Hinzurechnungsbetrag (§ 52 Abs. 3 Satz 3 EStG sowie § 8 Abs. 5 Satz 2 AIG)
3 = **Summe der Einkünfte**
4 ./. Altersentlastungsbetrag (§ 24a EStG)
5 ./. Entlastungsbetrag für Alleinerziehende (§ 24b EStG)
6 ./. Freibetrag für Land- und Forstwirte (§ 13 Abs. 3 EStG)
7 = **Gesamtbetrag der Einkünfte** (§ 2 Abs. 3 EStG)
8 ./. Verlustabzug nach § 10d EStG
9 ./. Sonderausgaben (§§ 10, 10a, 10b, 10c EStG)
10 ./. außergewöhnliche Belastungen (§§ 33 bis 33c EStG)
11 ./. Steuerbegünstigung der zu Wohnzwecken genutzten Wohnungen, Gebäude und Baudenkmale sowie der schutzwürdigen Kulturgüter (§§ 10e bis 10i, § 52 Abs. 21 Satz 6 EStG i. d. F. v. 16. 4. 1997, BGBl. I 1997 S. 821, BStBl I 1997 S. 415, § 7 FördG)
12 + zuzurechnendes Einkommen gem. § 15 Abs. 1 AStG
13 = **Einkommen** (§ 2 Abs. 4 EStG)
14 ./. Freibeträge für Kinder (§§ 31, 32 Abs. 6 EStG)
15 ./. Härteausgleich nach § 46 Abs. 3 EStG, § 70 EStDV
16 = **zu versteuerndes Einkommen** (§ 2 Abs. 5 EStG).

Die **Summe der Einkünfte** (§ 2 Abs. 3 EStG), vermindert um den Altersentlastungsbetrag (→ Rz. A 12), den Entlastungsbetrag für Alleinerziehende (→ Rz. A 14) und den Freibetrag für Land- und Forstwirte, ist der **Gesamtbetrag der Einkünfte.** 29

Anschließend erfolgt der **Verlustabzug** (§ 10d EStG). Im Veranlagungszeitraum bei Ermittlung des Gesamtbetrags der Einkünfte nicht ausgeglichene negative Einkünfte können bis zu 511 500 € (bei zusammenveranlagten Ehegatten bis zu 1 023 000 €) auf den vorangegangenen Veranlagungszeitraum zurückgetragen werden (**Verlustrücktrag**). Dann noch nicht ausgeglichene negative Einkünfte können (mit bestimmten Höchstgrenzen) in die folgenden Veranlagungszeiträume vorgetragen werden (**Verlustvortrag**). Private Veräußerungsverluste („Spekulationsverluste") können nur mit privaten Veräußerungsgewinnen ausgeglichen werden (auch jahresübergreifend; gesonderte Feststellung). 30

VII. Kurzschema zur Ermittlung der festzusetzenden Einkommensteuer

Die **tarifliche Einkommensteuer** ergibt sich nicht stets, wenn die Tarifformel (→ Rz. A 21) auf das zu versteuernde Einkommen (→ Rz. A 28) angewandt wird, weil dabei z. B. der **Progressionsvorbehalt** für Lohnersatzleistungen oder Steuerbefreiungen nach Doppelbesteuerungsabkommen oder eine Tarifermäßigung für außerordentliche Einkünfte (Entlassungsentschädigungen) zu berücksichtigen sind. 31

Die **festzusetzende Einkommensteuer** ist wie folgt zu ermitteln (R 2 Abs. 2 EStR): 32

1 Steuerbetrag
a) nach § 32a Abs. 1 und 5, § 50 Abs. 3 EStG oder
b) nach dem bei Anwendung des Progressionsvorbehalts (§ 32b EStG) oder der Steuersatzbegrenzung sich ergebenden Steuersatz
2 + Steuer auf Grund der Berechnung nach den §§ 34, 34b EStG (z. B. Fünftelungsregelung)
3 = **tarifliche Einkommensteuer** (§ 32a Abs. 1 und 5 EStG)
4 ./. Minderungsbetrag nach Punkt 11 Ziffer 2 des Schlussprotokolls zu Artikel 23 DBA Belgien in der durch Artikel 2 des Zusatzabkommens v. 5. 11. 2002 geänderten Fassung (BGBl. II 2003 S. 1615)
5 ./. ausländische Steuern nach § 34c Abs. 1 und 6 EStG, § 12 AStG
6 ./. Steuerermäßigung nach § 35 EStG
7 ./. Steuerermäßigung für Steuerpflichtige mit Kindern bei Inanspruchnahme erhöhter Absetzungen für Wohngebäude oder der Steuerbegünstigungen für eigengenutztes Wohneigentum (§ 34f Abs. 1 und 2 EStG)
8 ./. Steuerermäßigung bei Zuwendungen an politische Parteien und unabhängige Wählervereinigungen (§ 34g EStG)
9 ./. Steuerermäßigung nach § 34f Abs. 3 EStG
10 ./. Steuerermäßigung nach § 35a EStG
11 + Steuern nach § 34c Abs. 5 EStG
12 + Nachsteuer nach § 10 Abs. 5 EStG i. V. m. §§ 30, 31 EStDV
13 + Zuschlag nach § 3 Abs. 4 Satz 2 Forstschäden-Ausgleichsgesetz
14 + Anspruch auf Zulage für Altersvorsorge nach § 10a Abs. 2 EStG
15 + Anspruch auf Kindergeld oder vergleichbare Leistungen, soweit in den Fällen des § 31 EStG das Einkommen um Freibeträge für Kinder gemindert wurde
16 = **festzusetzende Einkommensteuer** (§ 2 Abs. 6 EStG).

B. Einkommensteuer

I. Bedeutung der Einkommensteuer

1 Als **Einkommensteuer** wird in der Bundesrepublik Deutschland die auf das Jahreseinkommen natürlicher Personen erhobene Steuer bezeichnet. Die Einkommensteuer haben **natürliche Personen** (im Gegensatz zu juristischen Personen) entsprechend ihrem zu versteuernden Einkommen an den Fiskus abzuführen. Das **Aufkommen** dieser Steuerart erhalten der Bund und die Länder zu je 42,5 % und die Gemeinden zu 15 %. Die gesamten Steuereinnahmen des Bundes (bereinigte Bundessteuern und Bundesanteile) betrugen im Kalenderjahr 2006 ca. 230,1 Mrd. €; davon entfielen auf die Lohnsteuer ca. 70,97 Mrd. € und auf die Umsatzsteuer etwa 69,75 Mrd. € (jeweils Bundesanteile, Umsatzsteuer 54,7 %). Damit ist die Lohnsteuer neben der Umsatzsteuer die bedeutendste Einnahmequelle der öffentlichen Haushalte.

2 Das Einkommen **juristischer Personen** des privaten Rechts, z. B. einer AG oder GmbH, unterliegt nicht der Einkommensteuer, sondern der **Körperschaftsteuer**. Einkommensteuer und Körperschaftsteuer stehen nebeneinander. Fließen natürlichen Personen aus ihren **Beteiligungen an juristischen Personen** (z. B. Aktien) Einnahmen zu (z. B. Dividenden), sind diese als Einnahmen aus Kapitalvermögen zu versteuern (§ 20 EStG, → Rz. B 57). Um eine steuerliche Doppelbelastung der ausgeschütteten Gewinne (z. B. der Dividenden) zu vermeiden, wurden diese von 2001 bis einschl. des Kalenderjahrs 2008 mit der Hälfte des Bruttobetrags in die Einkommensbesteuerung einbezogen (sog. **Halbeinkünfteverfahren**). Ab 1. 1. 2009 unterliegen auch diese Einnahmen der Abgeltungsteuer mit dem pauschalen Steuersatz i. H. v. 25 % zzgl. Solidaritätszuschlag und ggf. Kirchensteuer (→ Rz. B 8 f.). Personengesellschaften und Gemeinschaften des bürgerlichen Rechts, sog. **BGB-Gesellschaften** sind rechtlich unselbständig und deshalb keine Steuersubjekte. Ihre Einkünfte werden zunächst weder von der Körperschaftsteuer noch von der Einkommensteuer erfasst. Steuerpflichtig sind jedoch die jeweiligen Gesellschafter oder Gemeinschafter, denen die Einkünfte (Gewinne) der Gesellschaft/Gemeinschaft durch eine gesonderte und einheitliche Feststellung anteilig zugerechnet und im Rahmen der Veranlagung zur Einkommensteuer oder Körperschaftsteuer angesetzt wird.

II. Rechtsgrundlagen

3 Die wesentlichen Vorschriften für die Einkommensbesteuerung enthält das Einkommensteuergesetz, das zuletzt i. d. F. v. 19. 10. 2002 (BGBl. I 2002 S. 4210, BStBl I 2002 S. 1209) neu bekannt gemacht worden ist, unter Berücksichtigung der nachfolgenden Änderungen. Daneben sind die Einkommensteuer-Durchführungsverordnung 2000 v. 10. 5. 2000 (BGBl. I 2000 S. 717, BStBl I 2000 S. 515) sowie die Lohnsteuer-Durchführungsverordnung 1990 v. 10. 10. 1989 (BGBl. I 1989 S. 1848, BStBl I 1989 S. 405) unter Einbeziehung der zwischenzeitlichen Änderungen und der höchstrichterlichen Rechtsprechung zu beachten. Für eine einheitliche Anwendung des Einkommensteuer- und Lohnsteuerrechts enthalten die mit Zustimmung des Bundesrates erlassenen aktuellen Einkommensteuer-Richtlinien 2008 bzw. 2009 (falls solche bekannt gegeben werden) und die Lohnsteuer-Richtlinien 2008 sowie die maßgeblichen amtlichen Einkommensteuer- und Lohnsteuer-Hinweise 2009 Auslegungs- und Vereinfachungsregelungen sowie Weisungen an die Finanzämter. An diese allgemeinen Verwaltungsvorschriften sind die Finanzbehörden, nicht jedoch die (Finanz-) Gerichte oder die Steuerpflichtigen gebunden.

III. Steuerpflicht

1. Persönliche/sachliche Steuerpflicht

Das Einkommensteuergesetz unterscheidet zwischen persönlicher und sachlicher Steuerpflicht. **Persönlich** steuerpflichtig ist jede einzelne natürliche Person unabhängig von einer tatsächlich entstandenen Einkommensteuerschuld (potentieller Einkommensteuerschuldner). Mit dem Begriff **natürliche Person** (§ 1 BGB) erfasst das Einkommensteuergesetz alle Menschen von der Geburt bis zum Tod. Ohne Bedeutung sind das Lebensalter, das Geschlecht, der Familienstand, die Staatsangehörigkeit, die Geschäftsfähigkeit oder Verfügungsbeschränkungen des Steuerpflichtigen. Da die Steuerpflicht mit dem Tod erlischt, wird der Erbe eines verstorbenen Steuerpflichtigen Schuldner für dessen Einkommensteuer. 4

Die **sachliche Steuerpflicht** ergibt sich dann, wenn die im Einkommensteuergesetz aufgezählten Einkünfte (→ Rz. B 47 f.) bezogen werden und sich dadurch eine Einkommensteuerschuld ergibt. Für den Umfang der Steuerpflicht differenziert das Einkommensteuergesetz zwischen unbeschränkt und beschränkt steuerpflichtigen Personen (→ Rz. B 14 ff.). Diese Unterscheidung ist wichtig für die Frage, welche Einkünfte für die Besteuerung heranzuziehen und welche Vorschriften des Einkommensteuergesetzes für die Ermittlung des zu versteuernden Einkommens sowie der tariflichen Einkommensteuer anzuwenden sind. Unter welchen Voraussetzungen eine Einkommensteuererklärung abzugeben ist, regelt § 56 EStDV. Unabhängig von diesen Vorschriften kann das Finanzamt jeden Steuerpflichtigen zur Abgabe einer Einkommensteuererklärung auffordern, um die persönliche Steuersituation zu überprüfen. 5

Das steuerlich maßgebende **Einkommen** wird als Gesamtbetrag aus den im Einkommensteuergesetz aufgezählten sieben **Einkunftsarten** (→ Rz. B 47 f.) ermittelt, wobei die **Einkünfteermittlung** nach verschiedenen Grundsätzen erfolgt (→ Rz. B 49 ff.). Von den Einkünften können die folgenden nicht einkünftebezogenen Aufwendungen abgezogen werden: Sonderausgaben, z. B. Versicherungsbeiträge, gezahlte Kirchensteuern, Spenden (→ Rz. B 88 ff.) und außergewöhnliche Belastungen, z. B. wegen Krankheit oder Behinderung (→ Rz. B 92). Weil die für den Grundbedarf einer gewöhnlichen Lebensführung erforderlichen (Geld-) Mittel nicht besteuert werden dürfen, ist das steuerliche **Existenzminimum** – oder auch **Grundfreibetrag** genannt – als steuerfreier Bestandteil in den **Einkommensteuertarif** eingearbeitet (→ Rz. A 21, B 93). 6

Die **Einkommensbesteuerung** erfolgt nicht nur durch die Veranlagung zur Einkommensteuer. Von bestimmten Einkünften erhebt der Fiskus die Einkommensteuer im sog. Quellenabzug. Hierdurch werden die Einkünfte aus nichtselbständiger Arbeit und die Kapitalerträge erfasst. Deshalb hat der Arbeitgeber vom Bruttoarbeitslohn (Einkünfte aus nichtselbständiger Arbeit) die **Lohnsteuer** zu berechnen, sie einzubehalten und an das Finanzamt abzuführen (→ Rz. C 77 ff.). Weil mit dem Lohnsteuereinbehalt die steuerlichen Pflichten des Arbeitnehmers grundsätzlich erfüllt sind, werden Arbeitnehmer nur unter bestimmten Vorausset- 7 zungen zur Einkommensteuer veranlagt (§ 46 EStG, → Rz. B 23 ff.). Die Lohnsteuer ist lediglich eine besondere Erhebungsform der Einkommensteuer.

8 Als weitere **Quellensteuer** wurden vor 2009 **Kapitalertragsteuer** bzw. **Zinsabschlagsteuer** erhoben. Seit 1. 1. 2009 wurde in Deutschland für alle im Privatvermögen zufließenden Kapitaleinkünfte die sog. **Abgeltungsteuer** eingeführt. Dadurch werden Zinsen, Dividenden, Fondsausschüttungen sowie Kurs- und Währungsgewinne einheitlich mit 25 % zzgl. Solidaritätszuschlag und ggf. Kirchensteuer besteuert. Die Abgeltungsteuer fällt allerdings nur dann an, wenn die Einkünfte den Sparer-Pauschbetrag von 801 € bei Ledigen bzw. 1 602 € für Verheiratete übersteigen. Dieses neue Verfahren ersetzt die bisherige Kapitalertragsteuer und behandelt alle Zuflüsse beim steuerpflichtigen Privatanleger gleich. Sie berücksichtigt nicht, inwieweit diese Zuflüsse steuerlich vorbelastet sind, etwa weil sie aus schon auf der Ebene des ausschüttenden Unternehmens besteuerten Gewinnen stammen. Sie setzt bei den laufenden Erträgen die Bruttoeinnahmen an und berücksichtigt Verwaltungs- und Beratungskosten nur in pauschalierter Form über den einheitlichen Sparer-Pauschbetrag.

Für die Abgeltungsteuer gilt das sog. **Veranlagungswahlrecht**, wonach der Steuerpflichtige, dessen individueller Steuersatz über 25 % liegt, sich für die neue Besteuerung entscheiden kann; dadurch erhält die Quellensteuer eine Abgeltungswirkung (mit 25 %). Liegt sein persönlicher Steuersatz jedoch unter 25 %, so kann er wie bisher die Besteuerung mit dem individuellen Steuersatz wählen – und die mit 25 % „zu viel" gezahlte Steuer durch eine Veranlagung zur Einkommensteuer im Folgejahr zurückholen. In diesem Fall behält der Quellenabzug die Funktion einer Steuervorauszahlung. Weiterhin kann durch einen Freistellungsauftrag oder eine Nichtveranlagungsbescheinigung die Einbehaltung der Abgeltungsteuer vermieden werden.

9 Der einzubehaltende **Körperschaftsteuersatz** beträgt für einbehaltene und ausgeschüttete Gewinne nunmehr 15 % statt 25 %; eine Anrechnung auf die Einkommensteuerschuld des Anteilseigners ist nicht möglich. Von der Bardividende (ausgeschüttetes Kapital) wird seit 2009 die Abgeltungsteuer mit 25 % erhoben, die rechtstechnisch weiterhin als Kapitalertragsteuer bezeichnet wird.

10 Für die Ermittlung der mit Körperschaftsteuer belasteten Einkünfte wurde bis zum Wirtschaftsjahr 2000 als Einnahme der erzielte Bruttobetrag, also der Auszahlungsbetrag zuzüglich der einbehaltenen Kapitalertragsteuer und des Solidaritätszuschlags, angesetzt. Im Gegenzug wurden die einbehaltenen Steuerbeträge auf die Einkommensteuerschuld angerechnet.

11 Seit dem Veranlagungszeitraum 2001 waren bis 2008 die Gewinnausschüttungen einer Kapitalgesellschaft (z. B. Dividenden) zur Vermeidung der steuerlichen Doppelbelastung nur mit der Hälfte des Ausschüttungsbetrags nach Körperschaftsteuer steuerpflichtig, deshalb die Bezeichnung als **Halbeinkünfteverfahren** (§ 3 Nr. 40 EStG).

12 Knüpfen **außersteuerliche** Rechtsnormen (z. B. das Investitionszulagengesetz, das Wohnungsbau-Prämiengesetz und sozialrechtliche Leistungsgesetze) an die im Einkommensteuergesetz definierten Begriffe an, z. B. Summe oder Gesamtbetrag der Einkünfte (→ Rz. B 67) oder zu versteuerndes Einkommen (→ Rz. B 69), so erhöhten sich vor 2009 für deren Zwecke diese steuerlichen Beträge um die steuerfrei belassenen Einnahmen aus den Kapitalanlagen. Im Gegenzug konnten die bei der Einkommensteuerveranlagung nach § 3c Abs. 2 EStG hälftig nicht berücksichtigten Ausgaben abgezogen werden (§ 2 Abs. 5a EStG). Gleiches galt für **Zuschlagsteuern**, die nach der Einkommensteuer bemessen werden (de facto nur die Kirchensteuer, § 51a EStG).

Seit dem Kalenderjahr 2002 haben Bauherren bzw. Empfänger von bestimmten **Bauleistungen** (Unternehmer i. S. d. § 2 UStG) für Rechnung des Bauleistenden vom Rechnungsbetrag pauschal 15 % einzubehalten und dem Betriebsstättenfinanzamt des Leistenden (Auftragnehmers) anzumelden und dorthin abzuführen (sog. **Bauabzugsteuer**). Dieser Steuerabzug bedeutet jedoch keine neue Steuerquelle für den Fiskus. Vielmehr soll dadurch sichergestellt werden, dass der leistende Unternehmer (Auftragnehmer) seinen Verpflichtungen zur Abführung der Lohnsteuer und der Zahlung von Einkommen- bzw. Körperschaftsteuer nachkommt. Die Bauabzugsteuer wird auf diese Beträge angerechnet. Der Steuerabzug ist nicht vorzunehmen, wenn der Leistende eine Freistellungsbescheinigung des Finanzamts vorlegt oder falls in bestimmten Fällen die Summe der in Rechnung gestellten Bruttobeträge (Gegenleistung) im Kalenderjahr bei ausschließlich steuerfreien Umsätzen aus Vermietung und Verpachtung (§ 4 Nr. 12 Satz 1 UStG) 15 000 € oder in den übrigen Fällen 5 000 € voraussichtlich nicht übersteigen wird. 13

2. Unbeschränkte/beschränkte Einkommensteuerpflicht

Unbeschränkt einkommensteuerpflichtig ist jede natürliche Person (→ Rz. B 4), wenn sie im Inland einen Wohnsitz (→ Rz. B 15) oder gewöhnlichen Aufenthalt (→ Rz. B 16) hat. Diese Personen sind mit ihrem Welteinkommen in Deutschland steuerpflichtig, wobei eine Doppelbesteuerung der im Ausland erzielten Einkünfte durch Anrechnung der dort entrichteten Steuer auf die Einkommensteuerschuld oder durch Abzug bei der Ermittlung der Einkünfte vermieden wird. Die unbeschränkte Einkommensteuerpflicht beginnt mit der Geburt des Steuerpflichtigen im Inland oder mit der Begründung eines Wohnsitzes bzw. eines gewöhnlichen Aufenthalts im Inland. Behält ein Steuerpflichtiger, der sich aus beruflichen Gründen im Ausland aufhält und dort einen zweiten Wohnsitz begründet hat, seine Familienwohnung im Inland bei, endet seine unbeschränkte Einkommensteuerpflicht im Inland nicht. 14

Einen **Wohnsitz** hat eine natürliche Person dort, wo sie eine Wohnung innehat, die darauf schließen lässt, dass sie die Wohnung beibehalten und benutzen wird (§ 8 AO). Ob diese Voraussetzungen vorliegen, ist dabei grundsätzlich unter Berücksichtigung sämtlicher objektiver Umstände nach den tatsächlichen und wirtschaftlichen Gegebenheiten des Einzelfalls zu beurteilen. Der Begriff der **Wohnung** im steuerlichen Sinn ist weit auszulegen und umfasst solche Räumlichkeiten, die zum Wohnen auf Dauer geeignet sind. Dies sind z. B. Einfamilienhäuser, Eigentums- und Mietwohnungen, aber auch auf Dauer angemietete (möblierte) Zimmer, Hotelzimmer, Wohncontainer, Barackenunterkünfte sowie Wochenend- oder Ferienhäuser. Die Größe und Ausstattung der Wohnung sowie deren Möblierung mit eigenen oder fremden Möbeln sind in diesem Zusammenhang ohne Bedeutung. Maßgebendes Kriterium ist allein, dass der Steuerpflichtige die Wohnung innehat, also dauerhafte Verfügbarkeit. Die polizeiliche Anmeldung ist für die Begründung eines Wohnsitzes regelmäßig nicht ausschlaggebend. 15

Der **gewöhnliche Aufenthalt** ist dort, wo der Steuerpflichtige sich nicht nur vorübergehend aufhält, unabhängig von einer Ortsgebundenheit. Dabei kommt es nicht auf den Willen oder die Absicht der natürlichen Person an, einen gewöhnlichen Aufenthalt auch zu begründen oder diesen gar zu vermeiden. Maßgebend ist allein der durch den Lebens- 16 sachverhalt begründete objektive Tatbestand im Gebiet der Bundesrepublik Deutschland. Ein gewöhnlicher Aufenthalt wird stets dann angenommen, wenn sich eine natürliche Person länger als sechs Monate (bzw. 183 Tage) im Inland aufhält, wobei kleine kurzfristige Unterbrechungen von bis zu zwei bis drei Wochen unberücksichtigt bleiben. Der Sechs-Monats-Zeitraum muss nicht in ein Kalenderjahr fallen. Diese Grundsätze gelten dann nicht, wenn der Aufenthalt in der Bundesrepublik Deutschland ausschließlich Besuchs-, Erholungs-, Kur- oder ähnlichen privaten Zwecken dient und nicht länger als ein Jahr dauert. Die unbeschränkte Einkommensteuerpflicht endet mit dem Tod des Steuerpflichtigen oder mit dem Tag, an dem der Wohnsitz oder der gewöhnliche Aufenthalt im Inland aufgegeben wird.

17 Für bestimmte Sonderfälle sind die zuvor genannten Grundsätze nicht anzuwenden. So begründet ein sog. Grenzgänger/-pendler im Tätigkeitsstaat regelmäßig keinen gewöhnlichen Aufenthalt, zudem sehen viele zwischenstaatliche Vereinbarungen, wie z. B. für Bedienstete der EU und Angehörige der (NATO-)Streitkräfte, andere steuerliche Regelungen vor.

18 Als weitere Variante kennt das Einkommensteuergesetz die **erweiterte unbeschränkte** Einkommensteuerpflicht. Zum einen werden hierdurch insbesondere deutsche Staatsangehörige im Ausland, die von einer inländischen Behörde beschäftigt werden (§ 1 Abs. 2 EStG), sowie deren Angehörige erfasst. Dies sind z. B. die von der Bundesrepublik Deutschland in das Ausland entsandten deutschen Staatsangehörigen, die Mitglied einer diplomatischen Mission oder einer konsularischen Vertretung sind, ggf. einschließlich der zu ihrem Haushalt gehörenden Angehörigen.

19 Zum anderen können beschränkt steuerpflichtige natürliche Personen und Staatsangehörige eines anderen EU-Mitgliedsstaates oder eines zum EWR gehörenden Staates (Island, Liechtenstein oder Norwegen), soweit sie inländische Einkünfte erzielen, auf Antrag in Deutschland als unbeschränkt einkommensteuerpflichtig behandelt werden (§§ 1 Abs. 3, 1a EStG). Voraussetzung hierfür ist, dass diese Personen ihr Einkommen ganz oder fast ausschließlich in Deutschland erzielen. Dies ist dann der Fall, wenn die im Kalenderjahr bezogenen Einkünfte mindestens zu 90 % der deutschen Einkommensteuer unterliegen oder falls die nicht der deutschen Einkommensteuer unterliegenden Einkünfte seit 2008 den Grundfreibetrag (→ Rz. B 93) im Kalenderjahr nicht übersteigen (ab 2009: 7 834 €, bei Zusammenveranlagung 15 668 €. Für manche Staaten ist diese Einkunftsgrenze nach den Verhältnissen und der Kaufkraft des Wohnsitzstaates entsprechend der durch BMF-Schreiben bekannt gemachten steuerlichen Ländergruppeneinteilung zu kürzen. Diese erweiterte Steuerpflicht bewirkt, dass der betroffene Personenkreis auch steuerliche Regelungen (Vergünstigungen) beanspruchen kann, welche ansonsten die unbeschränkte Steuerpflicht voraussetzen.

20 **Beschränkt einkommensteuerpflichtig** sind natürliche Personen, die im Inland keinen Wohnsitz (→ Rz. B 15) oder gewöhnlichen Aufenthalt (→ Rz. B 16) haben. Diese Personen sind nur mit bestimmten inländischen Einkünfte steuerpflichtig (§ 49 EStG). Die beschränkte Steuerpflicht beginnt mit dem Bezug von inländischen Einkünften (i. S. v. § 49 EStG) oder mit Aufgabe des Wohnsitzes oder des gewöhnlichen Aufenthalts im Inland, falls weiterhin inländische Einkünfte bezogen werden. Die beschränkte Steuerpflicht endet, wenn keine inländischen Einkünfte mehr bezogen werden, mit Zuzug ins Inland oder durch den Tod des Steuerpflichtigen. Wegen Besonderheiten bei der Abgrenzung zwischen unbeschränkter und beschränkter Steuerpflicht für **Arbeitgeber** und **Arbeitnehmer** wird auf → Rz. C 7 ff., 18 f. verwiesen.

Seit 1972 können natürliche Personen, die als deutsche Staatsangehörige ihren Wohnsitz oder gewöhnlichen Aufenthalt in das **Ausland** verlegt haben, nach dem **Außensteuergesetz** weiterhin mit ihren inländischen Einkünften in Deutschland steuerpflichtig sein. Voraussetzung hierfür ist, dass diese Person ihren Wohnsitz in ein sog. **Niedrigsteuerland** verlegt hat, bei Wegzug die wesentlichen wirtschaftlichen Interessen im Inland bestehen (z. B. falls die Summe der inländischen Gesamteinkünfte über 16 500 € liegt) und die unbeschränkte Steuerpflicht in den letzten zehn Jahren vor den Wegzug mindestens fünf Jahre bestanden hat. In der Regel umfasst diese erweiterte Steuerpflicht die im Inland erzielten Einkünfte für einen Zeitraum von zehn Jahren nach dem Wegzug ins Ausland unter Aufgabe der unbeschränkten Einkommensteuerpflicht. 21

Zusammenfassend sind folgende **Fallgruppen** der unbeschränkten und beschränkten Einkommensteuerpflicht zu unterscheiden: 22

1. Personen, die im Inland einen Wohnsitz oder gewöhnlichen Aufenthalt haben:
   unbeschränkte Steuerpflicht nach § 1 Abs. 1 EStG;
2. die an einem ausländischen Dienstort tätigen Deutschen im diplomatischen und konsularischen Dienst nebst Angehörigen:
   unbeschränkte Steuerpflicht nach § 1 Abs. 2 EStG;
3. verheiratete und unverheiratete Personen ohne EU-Staatsangehörigkeit oder unverheiratete Personen mit EU-Staatsangehörigkeit ohne Wohnsitz oder gewöhnlichen Aufenthalt im Inland, die ihr Einkommen ganz oder fast ausschließlich in Deutschland erzielen (sog. Grenzgänger/-pendler):
   auf Antrag unbeschränkte Einkommensteuerpflicht nach § 1 Abs. 3 EStG (kein Splittingtarif);
4. verheiratete Personen mit EU-/EWR-Staatsangehörigkeit, wenn der Ehegatte im EU-/EWR-Ausland wohnt und das gemeinsame Einkommen ganz oder fast ausschließlich in Deutschland erzielt wird:
   auf Antrag unbeschränkt steuerpflichtig nach § 1a Abs. 1 EStG (Splittingtarif);
5. verheiratete Angehörige des öffentlichen Dienstes, wenn sie aus dienstlichen Gründen im Nicht-EU-Ausland wohnen und das gemeinsame Einkommen ganz oder fast ausschließlich in Deutschland erzielt wird:
   auf Antrag unbeschränkt steuerpflichtig nach § 1a Abs. 2 EStG (Splittingtarif);
6. Personen ohne Wohnsitz oder gewöhnlichen Aufenthalt im Inland, die nicht von den Fallgruppen 2. bis 5. erfasst werden, falls sie inländische Einkünfte haben:
   beschränkt steuerpflichtig nach § 1 Abs. 4 EStG (grundsätzlich keine personen- und familienbezogenen Abzüge und Entlastungen, kein Splittingtarif).

IV. Veranlagungspflichten

1. Pflichtveranlagung nach § 46 EStG

Unter welchen Voraussetzungen **Arbeitnehmer** zur Einkommensteuer zu veranlagen sind, regelt § 46 EStG. Dort wird unterschieden zwischen einer Veranlagung von Amts wegen (Amtsveranlagung, § 46 Abs. 2 Nr. 1 bis 7 EStG) und einer Antragsveranlagung (§ 46 Abs. 2 Nr. 8 EStG). Zwingend vorgeschrieben ist eine **Einkommensteuerveranlagung** (Amts- 23 veranlagung) für Arbeitnehmer, deren Arbeitslohn dem Lohnsteuerabzug unterlag, unter folgenden Voraussetzungen:

- die positiven Nebeneinkünfte, die nicht dem Lohnsteuerabzug unterlagen, betragen insgesamt mehr als 410 € im Kalenderjahr;
- die positive Summe der ausländischen Einkünfte und der Lohnersatzleistungen, die dem Progressionsvorbehalt unterliegen, beträgt mehr als 410 € im Kalenderjahr;
- der Arbeitnehmer hat nebeneinander aus mehreren Dienstverhältnissen Arbeitslohn bezogen, es sei denn, ein Dritter hat die von mehreren Arbeitgebern bezogenen Arbeitslöhne für den Lohnsteuerabzug zusammengefasst und abgerechnet;
- der Arbeitnehmer hat nur Anspruch auf die besondere (gekürzte) Vorsorgepauschale (Besondere Lohnsteuertabelle), die Lohnsteuer ist aber ganz oder teilweise nach den Steuerklassen I bis IV unter Berücksichtigung der ungekürzten Vorsorgepauschale (Allgemeine Lohnsteuertabelle) erhoben worden;
- bei Ehegatten, die zusammen zur Einkommensteuer zu veranlagen sind und die beide Arbeitslohn bezogen haben, wenn einer von ihnen zumindest während eines Teils des Kalenderjahres nach der Steuerklasse V oder VI besteuert worden ist;
- auf der Lohnsteuerkarte ist vom Finanzamt ein persönlicher Freibetrag eingetragen worden, z. B. zur Berücksichtigung der tatsächlichen Werbungskosten, Sonderausgaben oder außergewöhnlichen Belastungen;
- der Arbeitnehmer hat Entlassungs- oder andere Entschädigungen oder Vergütungen für eine mehrjährige Tätigkeit erhalten, für die eine ermäßigte Lohnsteuer einbehalten wurde, oder ein Dritter hat unmittelbar gegen sich gerichtete tarifvertragliche Geldansprüche gezahlt (§ 38 Abs. 3a Satz 1 EStG, z. B. Sozialkassen des Baugewerbes) und diese mit 20 % pauschal versteuert (→ Rz. C 132);
- der Arbeitgeber hat die Lohnsteuer für einen sonstigen Bezug ohne Kenntnis (Berücksichtigung) des beim früheren Arbeitgeber bezogenen Arbeitslohns berechnet (→ Rz. C 129; Großbuchstabe S);
- bei geschiedenen oder dauernd getrennt lebenden Eheleuten oder bei Eltern eines nichtehelichen Kindes soll der Ausbildungsfreibetrag oder ein dem Kind zustehender Behinderten- oder Hinterbliebenen-Pauschbetrag abweichend vom Lohnsteuerabzugs-Verfahren (je zur Hälfte) berücksichtigt werden;
- die Ehe des Arbeitnehmers ist im Kalenderjahr aufgelöst worden und er oder sein Ehegatte aus der aufgelösten Ehe hat wieder geheiratet;
- beim Arbeitnehmer ist für den Lohnsteuerabzug auf der Lohnsteuerkarte bzw. der Bescheinigung des Betriebsstättenfinanzamts nach § 39c Abs. 4 EStG der Ehepartner berücksichtigt worden, der außerhalb des Inlands in einem Mitgliedsstaat der EU oder den Staaten Island, Liechtenstein oder Norwegen ansässig ist;
- der Arbeitnehmer ist nicht im Inland ansässig, aber als unbeschränkt einkommensteuerpflichtig (§ 1 Abs. 3 EStG) behandelt worden.

2. Antrag auf Einkommensteuerveranlagung

24 Liegen die zuvor genannten Voraussetzungen für eine Pflichtveranlagung zur Einkommensteuer nicht vor, hat ein unbeschränkt einkommensteuerpflichtiger Arbeitnehmer dennoch die Möglichkeit und das Recht, eine Veranlagung zu beantragen. Dies gilt insbesondere zur Anrechnung der einbehaltenen Lohnsteuer auf die festzusetzende Einkommensteuer, um dadurch die Erstattung der zu viel einbehaltenen Lohnsteuer zu erreichen, oder um einen Verlust aus der Vermietung einer Immobilie geltend zu machen (→ Rz. B 58). Der Antrag auf Veranlagung musste bisher bis zum Ablauf des auf den Veranlagungszeitraum folgenden zweiten Kalenderjahres gestellt worden sein. Durch das JStG 2008 wurde diese Frist ab 2005 und für sämtliche noch nicht entschiedene Veranlagungsanträge vor 2007 aufgehoben.

25 Der Antrag auf Durchführung der Veranlagung kann bis zur Bestandskraft des Einkommensteuerbescheids grundsätzlich zurückgenommen werden. Die Antragsrücknahme muss also innerhalb der Rechtsbehelfsfrist entweder durch Einspruch oder mit Antrag auf schlichte Änderung erfolgen. Hierdurch kann der Arbeitnehmer eine Veranlagung, die zu einer Nachzahlung führt, verhindern, falls die Einkommensteuerveranlagung nicht zwingend vorgeschrieben ist (→ Rz. B 23).

Beispiel:

Ein Arbeitnehmer hat die Einkommensteuerveranlagung beantragt, damit er Verluste aus einer vermieteten Eigentumswohnung abziehen kann. Das Finanzamt erkennt jedoch die geltend gemachten Werbungskosten nicht an und setzt neben den Einkünften aus nichtselbständiger Arbeit die Einkünfte aus Vermietung und Verpachtung i. H. v. 300 € an (keine weiteren Einkünfte). Dies würde zu einer Einkommensteuernachzahlung i. H. v. 100 € führen. Der Arbeitnehmer nimmt innerhalb der Rechtsbehelfsfrist seinen Antrag auf Veranlagung zurück. Das Finanzamt muss nun den Steuerbescheid aufheben, weil eine Pflichtveranlagung nach § 46 Abs. 2 EStG ausscheidet und die Antragsveranlagung nicht mehr durchgeführt werden kann.

26 Das Finanzamt kann unabhängig von einer Antragsveranlagung zu **wenig erhobene Lohnsteuer** vom Arbeitnehmer **nachfordern.** Dies ist z. B. dann möglich, wenn der Arbeitgeber vom Arbeitslohn versehentlich zu wenig Lohnsteuer einbehalten hat und das Betriebsstättenfinanzamt einen Lohnsteuer-Nachforderungsbescheid nach § 42d Abs. 3 Satz 4 Nr. 1 EStG erlässt.

V. Einkommensteuerveranlagung

27 Die Einkommensteuerveranlagung wird stets für ein ganzes Kalenderjahr, dem sog. **Veranlagungszeitraum,** durchgeführt. Dieses Kalenderjahrprinzip ist unabhängig davon, ob die beschränkte oder unbeschränkte persönliche Steuerpflicht das gesamte Kalenderjahr bestanden hat und ob die Einnahmen im Kalenderjahr einmalig oder laufend zugeflossen sind. Der Veranlagung wird das im Zeitraum der Steuerpflicht bezogene (erzielte) Einkommen zu Grunde gelegt.

28 Ist eine Person während des Kalenderjahres sowohl beschränkt als auch unbeschränkt einkommensteuerpflichtig, wird für dieses Kalenderjahr nur eine Veranlagung nach den Vorschriften für unbeschränkt steuerpflichtige Personen durchgeführt. Dabei werden die während der beschränkten Steuerpflicht erzielten inländischen Einkünfte den unbeschränkt einkommensteuerpflichtigen Einkünften hinzugerechnet. Die nicht der deutschen Einkommensteuer unterliegenden Einkünfte werden durch den Progressionsvorbehalt berücksichtigt (§ 32b Abs. 1 Nr. 2 und 3 sowie Abs. 1a EStG).

29 Der **Progressionsvorbehalt** (§ 32b EStG) lässt zwar die steuerfrei bezogenen Einkommensteile (z. B. die Aufstockungsbeträge für Altersteilzeit) steuerunbelastet; sie werden aber gleichwohl bei der Ermittlung des anzuwendenden Einkommensteuersatzes berücksichtigt, indem für die Berechnung des Einkommensteuersatzes die dem Progressionsvorbehalt unterliegenden Einnahmen bzw. Einkünfte dem zu versteuernden Einkommen hinzugerechnet werden. Für diesen erhöhten Betrag wird nun der fällige Einkommensteuersatz ermittelt. Weil der Einkommensteuertarif progressiv ansteigt (→ Rz. A 21 f.), kann dies im Einzelfall einen recht hohen Steuersatz ergeben. Dieser erhöhte Steuersatz wird dann auf das zu versteuernde Einkommen (ohne steuerfreie Einkommensteile) angewandt, wodurch sich regelmäßig eine erhöhte Einkommensteuer ergibt. Begründet wird der Progressionsvorbehalt mit dem Grundsatz der Besteuerung nach der Leistungsfähigkeit. Zumindest bei Lohnersatzleistungen scheint er jedoch vielmehr als Korrektiv eingesetzt werden zu müssen, um ganzjährig arbeitende Arbeitnehmer durch die Belastung mit Steuern und Sozialabgaben letztlich nicht schlechter zu stellen als solche Steuerpflichtige, die teilweise im Kalenderjahr sowohl Arbeitslohn beziehen als auch steuerfreie Bezüge bzw. Sozialleistungen erhalten. Ansonsten könnte z. B. durch steuerfreie Aufstockungsbeträge für Altersteilzeit oder durch Altersübergangsgeld und Arbeitslosengeld ein höheres Einkommen erzielt werden, als dem ganzjährig beschäftigten Arbeitnehmer letztlich nach den gesetzlichen Abzügen an Nettolohn verbliebe.

VI. Veranlagungsarten

1. Allgemeines

30 Grundsätzlich wird jede steuerpflichtige Person mit ihrem zu versteuernden Einkommen einzeln zur Einkommensteuer veranlagt (sog. **Einzelveranlagung**). Die Einkommensteuer wird nach dem Grundtarif, der sog. (Einkommensteuer-) **Grundtabelle**, berechnet (→ Rz. A 19). Ehegatten, die beide unbeschränkt einkommensteuerpflichtig sind und nicht dauernd getrennt leben und bei denen diese Voraussetzungen zu Beginn des Veranlagungszeitraums vorgelegen haben oder im Laufe dieses Zeitraums eingetreten sind, können zwischen der **getrennten Veranlagung** (Grundtarif) und der **Zusammenveranlagung** mit Anwendung des Splittingtarifs bzw. der sog. (Einkommensteuer-)**Splittingtabelle** (→ Rz. A 19 f.) wählen. Für das Heiratsjahr können die Steuerpflichtigen auch die sog. **besondere Veranlagung** nach § 26c EStG wählen (→ Rz. B 41 f.).

31 Für im Inland ansässige Staatsangehörige eines Mitgliedsstaates der Europäischen Union oder der Staaten Island, Liechtenstein oder Norwegen gilt das Wahlrecht auch dann, wenn der Ehepartner in einem der genannten Staaten wohnt. Es ist nicht Voraussetzung, dass der Ehegatte ebenfalls Staatsangehöriger dieses Staates ist. Jedoch müssen die Einkünfte beider Eheleute zu mindestens 90 % der deutschen Einkommensteuer unterliegen oder ihre nicht der deutschen Einkommensteuer unterliegenden Einkünfte dürfen seit 2008 den doppelten Grundfreibetrag (für 2009: 15 668 €) nicht übersteigen (§ 1a Abs. 1 Nr. 2 EStG, → Rz. B 19). Diese Voraussetzungen sind auch zu beachten, wenn der Personenkreis auf Antrag nach § 1 Abs. 3 EStG in Deutschland als unbeschränkt einkommensteuerpflichtig erfasst werden soll (→ Rz. B 22). Die nicht der deutschen Einkommensteuer unterliegenden Einkünfte sind jeweils durch eine Bescheinigung der zuständigen ausländischen Steuerbehörde nachzuweisen.

2. Zusammenveranlagung

Bei der Zusammenveranlagung zur Einkommensteuer werden die von den Ehegatten erzielten Einkünfte zunächst getrennt ermittelt. Im Anschluss daran werden diese Einkünfte zusammengerechnet (nunmehr ein Betrag) und beide Eheleute als ein Steuerpflichtiger behandelt. Dies bedeutet, dass die vom Gesamtbetrag der Einkünfte abziehbaren Sonderausgaben und außergewöhnlichen Belastungen für beide Steuerpflichtige einheitlich zu ermitteln sind, unabhängig davon, wer von ihnen die Aufwendungen tatsächlich getragen hat. 32

Die tarifliche Einkommensteuer beider Eheleute berechnet sich nach dem Splitting-Verfahren (§ 32a Abs. 5 EStG, Splittingtabelle → Rz. A 19 f.). Dazu wird das gemeinsam zu versteuernde Einkommen beider Eheleute zunächst halbiert und die auf diesen Betrag entfallende Einkommensteuer nach der Grundtabelle ermittelt. Dieser Steuerbetrag wird anschließend verdoppelt. Das **Splitting-Verfahren** mildert so die Progressionswirkung des Einkommensteuertarifs und gewährleistet, dass Ehegatten nach ihrer Eheschließung grundsätzlich insgesamt keine höhere Einkommensteuer zu zahlen haben als vor ihrer Eheschließung. Sind die Einkommen beider Ehegatten gleich hoch, so ist die Einkommensteuer (Gesamtbelastung) vor und nach der Eheschließung die gleiche. Eine gewisse Steuerentlastung durch das Splitting-Verfahren kann nur bei unterschiedlich hohen Einkünften der Eheleute eintreten. Für Eheleute ist die Zusammenveranlagung i. d. R. günstiger als die getrennte Veranlagung (→ Rz. B 36). 33

Die Zusammenveranlagung berücksichtigt in typisierender Weise, dass in einer intakten Ehe jeder unbeschränkt steuerpflichtige Ehegatte an den Einkünften und Lasten des anderen zur Hälfte teilhat und deshalb – anders als bei getrennt lebenden unbeschränkt Steuerpflichtigen – Unterhaltsleistungen nicht abziehbar sind. Das Bundesverfassungsgericht betrachtet folgerichtig das Ehegattensplitting nicht als Steuervergünstigung, sondern hält es wegen der Teilhabe beider Ehegatten am Einkommen entsprechend dem für die Einkommensbesteuerung maßgebenden Grundsatz der Besteuerung nach der Leistungsfähigkeit für erforderlich. 34

In der vom Verlag herausgegeben **Einkommensteuer-Tabelle** ist für ausgewählte zu versteuernde Einkommen zusammenveranlagter Eheleute die **Einkommensteuer** nach der Splittingtabelle, die zu entrichtende **Kirchensteuer** (8 % oder 9 %) und der **Solidaritätszuschlag** sofort und unmittelbar ablesbar. Die komplizierte Berechnung über die Halbierung des zu versteuernden Einkommens und Verdopplung der nach der Grundtabelle ermittelten Einkommensteuer entfällt somit. 35

Beispiel:

Ein Ehepaar ohne Kinder erzielt im Kalenderjahr 2009 ein zu versteuerndes Einkommen von	44 528,— €
die abzulesende Einkommensteuer (Splittingtabelle) ergibt sich aus der Stufe „ bei 44 528 €“	6 768,— €
die dafür zu entrichtenden weiteren Abgaben bzw. Steuerbeträge sind ebenfalls in der Tabelle aufgeführt und betragen:	
Solidaritätszuschlag 5,5 %	372,24 €
Kirchensteuer 8 % oder	541,44 €
Kirchensteuer 9 %	609,12 €

3. Getrennte Veranlagung

Die Eheleute werden getrennt zur Einkommensteuer veranlagt, wenn einer der Ehegatten diese Veranlagungsart beantragt. Die zur Ausübung der Wahl erforderlichen Erklärungen sind beim Finanzamt schriftlich (i. d. R. auf dem Mantelbogen ESt 1 A der Einkommensteuererklärung) oder gesondert zu 36

Protokoll abzugeben. Bei der getrennten Veranlagung werden jedem Ehegatten die von ihm bezogenen Einkünfte zugerechnet. Die Sonderausgaben können jeweils nur bei der Veranlagung des Ehepartners abgezogen werden, der die Aufwendungen geleistet hat. Anders verhält es sich bei den Aufwendungen, die als außergewöhnliche Belastungen berücksichtigungsfähig sind. Diese werden zunächst für die Ehegatten einheitlich nach den für die Zusammenveranlagung geltenden Grundsätzen ermittelt. Dieser Betrag wird bei jedem Ehegatten grundsätzlich je zur Hälfte abgezogen, falls sie nicht gemeinsam eine andere Aufteilung beantragen. Die Höhe der Einkommensteuer bemisst sich jeweils nach der Einkommensteuer-Grundtabelle (→ Rz. A 19).

37 Eheleute können mit der Wahl der getrennten Veranlagung in bestimmten Fällen eine günstigere steuerliche Gesamtbelastung erzielen als durch die Zusammenveranlagung. Ein steuerlich **günstigeres Ergebnis** ergibt sich meist dann, wenn beide Ehegatten Einkünfte erzielen und die Entscheidung, ob bestimmte (Steuer-)Vorteile zu gewähren oder bestimmte Einkünfte in die Besteuerung einzubeziehen sind, von der Höhe der Einkünfte oder des Einkommens abhängig ist, z. B. für die Höhe des Verlustrücktrags nach § 10d EStG, die Anwendung des Progressionsvorbehalts, die Einbeziehung außerordentlicher Einkünfte und, falls beide Ehegatten als Arbeitnehmer neben dem Arbeitslohn noch andere Einkünfte (Nebeneinkünfte) beziehen, die zweimalige Inanspruchnahme der Freigrenze für Arbeitnehmer von 410 € und des sog. Härteausgleichs für andere Einkünfte nach § 46 Abs. 3 EStG (→ Rz. B 93).

38 Mitunter wählen Eheleute ohne Rücksicht auf eine eventuell daraus folgende geringfügig höhere steuerliche Gesamtbelastung aus Gründen einer klaren wirtschaftlichen Abgrenzung ihrer steuerlichen Verpflichtungen oder aus anderen Motiven die getrennte Veranlagung an Stelle der Zusammenveranlagung.

39 Bei der getrennten Veranlagung sind für jeden Ehegatten die Steuerbeträge nach der Grundtabelle aus der vom Verlag herausgegebenen Einkommensteuer-Tabelle für ausgewählte zu versteuernde Einkommen ablesbar.

4. Vergleich zwischen Zusammenveranlagung und getrennter Veranlagung

40 Ein Vergleich zwischen dem steuerlichen Ergebnis einer Zusammenveranlagung (Splittingtabelle) und der getrennten Veranlagung (Grundtabelle) ist mit der vom Verlag herausgegebenen Einkommensteuer-Tabelle mühelos durchzuführen. Zunächst lesen die Eheleute die auf ihr zu versteuerndes Gesamteinkommen entfallenden Steuerbeträge entsprechend der Stufe in der Splittingtabelle ab und danach die auf das Einkommen der Ehegatten entfallenden Steuerbeträge in der betreffenden Stufe der Grundtabelle. Die Steuerbeträge nach der Grundtabelle sind zusammenzurechnen und dann mit der für die Zusammenveranlagung ermittelten Einkommensteuer zu vergleichen. Ebenso ist für den Solidaritätszuschlag und die Kirchensteuer zu verfahren.

Beispiel:

Ein verheiratetes Ehepaar ohne Kinder hat im Kalenderjahr 2009 folgendes zu versteuerndes Einkommen:

Einkommen des Ehemannes	30 920 €
Einkommen der Ehefrau	30 740 €
Einkommen der Ehegatten	61 660 €

1. Schritt: Berechnung der Steuerbeträge bei Zusammenveranlagung (Splittingtabelle)

näherungsweise abzulesende Einkommensteuer in der Stufe „bei 61 664 €“	11 928,— €
Solidaritätszuschlag 5,5 %	656,04 €
Kirchensteuer 9 %	1 073,52 €

2. Schritt: Getrennte Veranlagung (Grundtabelle)

Ehemann

abzulesende Einkommensteuer in der Stufe „bei 30 920 €“	5 992,— €
Solidaritätszuschlag 5,5 %	329,56 €
Kirchensteuer 9 %	539,28 €

Ehefrau

abzulesende Einkommensteuer in der Stufe „bei 30 740 €“	5 934,— €
Solidaritätszuschlag 5,5 %	326,37 €
Kirchensteuer 9 %	534,06 €

3. Schritt: Vergleich

	Steuern bei Zusammenveranlagung (Splittingtabelle)	Steuern bei getrennter Veranlagung (Grundtabelle)	
		Ehemann	Ehefrau
Einkommensteuer	11 928,— €	5 992,— €	5 934,— €
Solidaritätszuschlag	656,04 €	329,56 €	326,37 €
Kirchensteuer 9 %	1 073,52 €	539,28 €	534,06 €
		6 860,84 €	6 794,43 €
Summe	13 657,56 €	13 655,27 €	

Ergebnis:

Bei getrennter Veranlagung ergibt sich eine geringe steuerliche Ersparnis im Vergleich mit einer Zusammenveranlagung.

5. Besondere Veranlagung von Ehegatten im Heiratsjahr

Unbeschränkt Steuerpflichtige, die im Veranlagungszeitraum geheiratet haben und nicht dauernd getrennt leben, können neben der Zusammenveranlagung (→ Rz. B 32 ff.) und getrennten Veranlagung (→ Rz. B 36 ff.) auch die besondere Veranlagung (§ 26c EStG) wählen. Die besondere Veranlagung muss wie die getrennte Veranlagung von beiden Eheleuten gewählt werden. Dazu haben beide Ehegatten eine eigene Einkommensteuererklärung abzugeben. 41

Bei der besonderen Veranlagung werden die Eheleute so behandelt, als ob sie die Ehe nicht geschlossen hätten. Das bedeutet, dass jedem die von ihm bezogenen Einkünfte zugerechnet werden. Ebenso wird die Abzugsfähigkeit der Sonderausgaben (Vorsorgepauschale oder Höchstbetrag) und der außergewöhnlichen Belastungen nach den Grundsätzen für Unverheiratete ermittelt. 42

Der Ansatz des Entlastungsbetrags für Alleinerziehende (Steuerklasse II) ist nicht möglich, da die Eheleute die Voraussetzungen für die Ehegattenveranlagung nach § 26 Abs. 1 EStG erfüllen (→ Rz. B 84 ff.). Die Einkommensteuer wird grundsätzlich nach der Grundtabelle ermittelt. 43

6. Veranlagung von verwitweten, geschiedenen und allein erziehenden Personen

Für **verwitwete Personen** sieht das Einkommensteuergesetz eine Sonderregelung vor, um den Übergang vom Splitting-Verfahren zur Besteuerung nach der Grundtabelle zu mildern. Danach ist die verwitwete Person in dem auf das Todesjahr des Ehepartners folgenden Veranlagungszeitraum (Kalenderjahr) nach dem Splitting-Verfahren (Splittingtabelle) zu besteuern. Für spätere Veranlagungszeiträume ist diese Veranlagungsart jedoch nicht mehr möglich. Dann wird das zu versteuernde Einkommen nach der Grundtabelle be- 44 steuert. Voraussetzung für die Anwendung des Splittingtarifs ist, dass in dem Todesjahr für das Ehepaar die Voraussetzungen für eine Zusammenveranlagung vorgelegen haben (unbeschränkte Einkommensteuerpflicht, kein dauerndes Getrenntleben, → Rz. B 32 ff.). Nicht entscheidend ist, welche Veranlagungsart für das Todesjahr gewählt worden ist.

45 War ein Steuerpflichtiger im Veranlagungszeitraum **zweimal verheiratet** und lagen jeweils die Voraussetzungen für die Wahl des Splitting-Verfahrens vor, kann der Steuerpflichtige entscheiden, für welche Ehe diese Veranlagungsart gewählt werden soll. Der nicht in die Zusammenveranlagung einbezogene Steuerpflichtige (nicht wiederverheiratet oder der „neue" Ehegatte) wird für dieses Kalenderjahr nach der Splitting-Tabelle allein veranlagt.

46 Als Ausgleich für besondere Belastungen erhalten sog. echte **Alleinerziehende** seit dem Kalenderjahr 2004 den Entlastungsbetrag für Alleinerziehende (→ Rz. B 84 ff.). Kommt ein Elternteil seinen Unterhaltsverpflichtungen nicht nach, kann auf Antrag des anderen Elternteils der Freibetrag für den Betreuungs- und Erziehungs- oder Ausbildungsbedarf des Kindes (Bedarfsfreibetrag) auf ihn übertragen werden (→ Rz. B 80 ff.). Gleiches gilt, wenn das Kind in der Wohnung eines Elternteils nicht gemeldet ist (→ Rz. B 83).

VII. Ermittlung des zu versteuernden Einkommens

1. Besteuerungsgrundlagen

47 Das Einkommensteuergesetz kennt nur die folgenden **sieben Einkunftsarten**, die der Einkommensteuer unterliegen:

1. Einkünfte aus Land- und Forstwirtschaft;
2. Einkünfte aus Gewerbebetrieb;
3. Einkünfte aus selbständiger Arbeit;
4. Einkünfte aus nichtselbständiger Arbeit;
5. Einkünfte aus Kapitalvermögen;
6. Einkünfte aus Vermietung und Verpachtung;
7. sonstige Einkünfte (z. B. Rente aus der gesetzlichen Rentenversicherung, der Ertragsanteil der Leistungen aus einer privaten Rentenversicherung, Unterhaltsleistungen, Leistungen aus Altersvorsorgeverträgen, bestimmte Leistungen der betrieblichen Altersversorgung oder Einkünfte aus privaten Veräußerungsgeschäften ab 600 €).

48 Außerhalb der gesetzlichen Einkunftsarten anfallende Vermögensmehrungen (Einnahmen/Erträge) werden von der Einkommensbesteuerung nicht erfasst. Keine steuerbaren Einkünfte sind u. a. Kapitalzuflüsse aus privaten Lebensversicherungen, die für die Dauer von mindestens zwölf Jahren und vor dem 1. 1. 2005 abgeschlossen wurden, Ehrenpreise, Spiel- und Wetteinnahmen, Schadensersatzleistungen für Schäden im privaten Bereich sowie Veräußerungserlöse von Gegenständen des Privatvermögens, falls der Gesamtgewinn aus privaten Veräußerungsgeschäften innerhalb der sog. Spekulationsfrist weniger als 600 € im Kalenderjahr beträgt oder wenn die Veräußerung nach Ablauf dieser Frist erfolgt. Im Gegenzug werden private Verluste und Vermögensminderungen bei der Ermittlung der Einkünfte regelmäßig nicht berücksichtigt.

2. Ermittlung der Einkünfte

Die Einkünfte werden – je nach Einkunftsart – unterschiedlich 49
ermittelt. Einkünfte nach dem Einkommensteuergesetz sind:

- bei Betrieben der Land- und Forstwirtschaft, Gewerbebetrieben oder bei selbständiger Arbeit: der **Gewinn** (sog. Gewinneinkünfte).

  Wer nach Handels- oder Steuerrecht verpflichtet ist, Bücher zu führen und regelmäßig Abschlüsse zu machen, ermittelt den Gewinn auf Grund seiner Bilanzen durch den Betriebsvermögensvergleich. Gleiches gilt für Selbständige und Gewerbetreibende, die freiwillig Bücher führen und regelmäßige Abschlüsse machen. Besteht keine Buchführungspflicht, ist der Gewinn durch die Gegenüberstellung der Betriebseinnahmen und der Betriebsausgaben zu ermitteln. Kleinbetriebe der Land- und Forstwirtschaft haben ein Wahlrecht; sie können den Gewinn auch nach sog. Durchschnittssätzen ermitteln.

  Als Betriebseinnahmen sind alle Zugänge von Wirtschaftsgütern in Form von Geld oder Geldeswert, die durch den Betrieb oder die selbständige Tätigkeit veranlasst sind, zu erfassen. Betriebsausgaben sind Aufwendungen, die durch den Betrieb oder durch die selbständige Tätigkeit veranlasst sind;

- bei den übrigen Einkunftsarten: der **Überschuss der Einnahmen über die Werbungskosten** (sog. Überschusseinkünfte).

  Einnahmen sind Güter in Geld oder Geldeswert, die in einem wirtschaftlichen Zusammenhang mit einer bestimmten Einkunftsart zufließen. Werbungskosten sind Ausgaben in Geld oder Geldeswert zur Erwerbung, Sicherung und Erhaltung der Einnahmen (→ Rz. B 87 bezügl. der Werbungskosten bei den Einkünften aus nichtselbständiger Arbeit).

Vermögenszugänge oder Vermögensabgänge, die nicht mit ei- 50
ner Einkunftserzielung zusammenhängen, werden steuerlich nicht berücksichtigt. Gleiches gilt für die Kosten der Lebensführung und wenn das Finanzamt keine Einkünfteerzielungsabsicht (Gewinnerzielungs-, Überschusserzielungsabsicht) unterstellt, bei sog. Liebhaberei (z. B. Pferdezucht); eine einkommensteuerrechtlich unbeachtliche Liebhaberei kann i. Ü. auch bei den Einkünften aus nichtselbständiger Arbeit vorliegen. Ausnahmen lässt das Einkommensteuergesetz nur bei Sonderausgaben (→ Rz. B 88 ff.), den außergewöhnlichen Belastungen (→ Rz. B 92), bei erwerbsbedingten Kinderbetreuungskosten (→ Rz. B 87 *Kinderbetreuungskosten*), bei den Aufwendungen für die Fahrten zwischen Wohnung und Betriebsstätte bzw. Arbeitsstätte sowie einer doppelten Haushaltsführung (→ Rz. B 87 *Aufwendungen für die Wege zwischen Wohnung und Arbeitsstätte* und *Doppelte Haushaltsführung*) zu. Deshalb stellen z. B. die Aufwendungen für Ernährung, Kleidung und Wohnung nicht abziehbare Lebenshaltungskosten dar und dürfen weder als Betriebsausgaben noch als Werbungskosten abgezogen werden. Dies gilt auch für Aufwendungen, die die wirtschaftliche oder gesellschaftliche Stellung des Steuerpflichtigen mit sich bringt, unabhängig davon, ob sie den Beruf oder die Tätigkeit fördern.

Der Ermittlung der Einkünfte wird grundsätzlich ein Zwölf- 51
Monats-Zeitraum zu Grunde gelegt. Dies ist bei Einkünften aus Gewerbebetrieb unter bestimmten Voraussetzungen ein vom Kalenderjahr abweichendes Wirtschaftsjahr, bei Einkünften aus Land- und Forstwirtschaft i. d. R. der Zeitraum vom 1. Juli bis 30. Juni des Folgejahres und in allen anderen Fällen das Kalenderjahr.

3. Besonderheiten bei einzelnen Einkunftsarten

a) Land- und Forstwirtschaft

52 Einkünfte aus Land- und Forstwirtschaft werden bei der Ermittlung des Gesamtbetrags der Einkünfte nur berücksichtigt, soweit sie 670 € oder bei der Zusammenveranlagung von Ehegatten 1 340 € übersteigen. Der **Freibetrag** ist nicht betriebsbezogen; er steht dem Steuerpflichtigen nur einmal zu, auch wenn er an mehreren Betrieben der Land- und Forstwirtschaft beteiligt ist. Andererseits steht er jedem Beteiligten an einem land- und forstwirtschaftlichen Betrieb zu. Der Freibetrag wird ungeschmälert gewährt, auch wenn im Laufe eines Veranlagungszeitraums ein Betrieb der Land- und Forstwirtschaft übernommen, veräußert oder aufgegeben wird. Voraussetzung für die Anwendung des Freibetrags ist jedoch, dass die Summe der Einkünfte 30 700 € oder bei der Zusammenveranlagung von Ehegatten 61 400 € nicht übersteigt. Für einen Betrieb der Land- und Forstwirtschaft ist der **Gewinn nach Durchschnittssätzen** zu ermitteln, wenn

1. der Steuerpflichtige nicht auf Grund gesetzlicher Vorschriften verpflichtet ist, Bücher zu führen und regelmäßig Abschlüsse zu machen, und
2. die selbstbewirtschaftete Fläche der landwirtschaftlichen Nutzung ohne Sonderkulturen nicht 20 Hektar überschreitet und
3. die Tierbestände insgesamt 50 Vieheinheiten nicht übersteigen und
4. der Wert der selbstbewirtschafteten Sondernutzung nicht mehr als 2 000 Deutsche Mark je Sondernutzung beträgt.

Der Durchschnittssatzgewinn selbst ermittelt sich insbesondere nach einem nach den Vorschriften des Bewertungsgesetzes zu ermittelnden Hektarwert der selbstbewirtschafteten Fläche und festgelegten Euro-Beträgen je Hektar der landwirtschaftlichen Nutzung.

Zu den Einkünften aus Land- und Forstwirtschaft gehören auch Gewinne, die bei der **Veräußerung** oder **Aufgabe** eines land- oder forstwirtschaftlichen Betriebs erzielt werden; bestimmte Freibeträge werden jedoch berücksichtigt.

b) Gewerbebetrieb

53 Bei bestimmten gewerblichen Tätigkeiten (u. a. gewerbliche Tierzucht oder Tierhaltung, bestimmte Termingeschäfte, Beteiligungen mit beschränkter Haftung und Beteiligungen an Steuerstundungsmodellen) gibt es **zusätzliche Verlustverrechnungsbeschränkungen**. Auch Gewinne aus der **Veräußerung** oder **Aufgabe** eines Gewerbebetriebs werden – in bestimmten Fällen unter Berücksichtigung eines einmaligen Freibetrags (max. 45 000 €) – erfasst. Werden **Anteile an Kapitalgesellschaften** (z. B. GmbH-Anteile) veräußert, können ebenfalls gewerbliche Einkünfte vorliegen, auch wenn die Anteile nicht im Betriebsvermögen gehalten werden.

c) Selbständige Arbeit

54 Bei der Ermittlung der Einkünfte aus selbständiger Arbeit kann bei hauptberuflicher selbständiger, schriftstellerischer oder journalistischer Tätigkeit, aus wissenschaftlicher, künstlerischer und schriftstellerischer Nebentätigkeit sowie aus nebenamtlicher Lehr- und Prüfungstätigkeit an Stelle der tatsächlichen Betriebsausgaben eine **Betriebsausgabenpauschale** abgezogen werden. Die Betriebsausgabenpauschale beträgt:

- bei hauptberuflicher selbständiger schriftstellerischer oder journalistischer Tätigkeit 30 % der Betriebseinnahmen aus dieser Tätigkeit, höchstens jedoch 2 455 € jährlich;
- bei wissenschaftlicher, künstlerischer und schriftstellerischer Nebentätigkeit (auch Vortrags- oder nebenberufliche Lehr- und Prüfungstätigkeit), soweit es sich nicht um eine Tätigkeit i. S. d. § 3 Nr. 26 EStG (→ Rz. C 161, *Übungsleiterpauschale*) handelt, 25 % der Betriebseinnahmen aus dieser Tätigkeit, höchstens jedoch 614 € jährlich. Der Höchstbetrag von 614 € wird für alle Nebentätigkeiten, die unter die Vereinfachungsregelung fallen, nur einmal gewährt.

Zu den Einkünften aus selbständiger Arbeit gehören auch Gewinne, die bei der **Veräußerung** des Vermögens, das der selbständigen Arbeit dient, oder der **Aufgabe** der selbständigen Tätigkeit entstehen; in bestimmten Fällen wird ein einmaliger Freibetrag in Höhe von max. 45 000 € berücksichtigt. 55

d) Nichtselbständige Arbeit

Bei der Ermittlung der Einkünfte aus nichtselbständiger Arbeit wird von den Einnahmen an Stelle der Werbungskosten ein **Arbeitnehmer-Pauschbetrag** von 920 € jährlich abgezogen, wenn die tatsächlichen Werbungskosten diesen Pauschbetrag nicht übersteigen (→ Rz. B 87 *Arbeitnehmer-Pauschbetrag*). Erwerbsbedingte Kinderbetreuungskosten (→ Rz. B 87 *Kinderbetreuungskosten*) werden neben dem Arbeitnehmer-Pauschbetrag berücksichtigt. 56

Handelt es sich bei den Einnahmen um **Versorgungsbezüge**, gilt **seit 2005** Folgendes:

Von den Versorgungsbezügen bleiben ein nach einem Vomhundertsatz ermittelter, auf einen Höchstbetrag begrenzter **Versorgungsfreibetrag** (→ Rz. B 93 *Versorgungsfreibetrag*) und ein **Zuschlag zum Versorgungsfreibetrag** steuerfrei. Der maßgebende Vomhundertsatz, der Höchstbetrag des Versorgungsfreibetrags und der Zuschlag zum Versorgungsfreibetrag sind einer **Tabelle** in § 19 Abs. 2 EStG zu entnehmen.

Außerdem wird von den Versorgungsbezügen an Stelle der Werbungskosten ein **Werbungskosten-Pauschbetrag** von 102 € abgezogen, wenn die tatsächlichen Aufwendungen diesen Pauschbetrag nicht übersteigen (→ Rz. B 87 *Werbungskosten-Pauschbetrag bei Versorgungsbezügen*).

e) Kapitalvermögen

Ab 1. 1. 2009 gilt für Kapitaleinkünfte eine **Abgeltungsteuer** (Kapitalertragsteuer mit abgeltender Wirkung). Zinsen, Dividenden und Fondsausschüttungen etc., aber auch **Kurs- und Währungsgewinne** werden pauschal mit **25 % zzgl. Solidaritätszuschlag** (→ Rz. D 1 ff.) und ggf. **Kirchensteuer** (→ Rz. E 1 ff.) besteuert. Die Abgeltungsteuer fällt allerdings nur dann an, wenn der **Sparer-Pauschbetrag von 801 €** bzw. **1 602 €** für Verheiratete überstiegen wird. **Werbungskosten** werden **nicht** berücksichtigt. Zur Berücksichtigung des Sparer-Pauschbetrags kann beim Kreditinstitut ein **Freistellungsauftrag** gestellt werden. 57

Die Abgeltungsteuer wird **direkt** von den Banken, Bausparkassen etc., bei denen die Kapitalanlagen gehalten werden, **einbehalten** und an das Finanzamt abgeführt. Für die Kapitalerträge gilt also ähnlich wie bei der Lohnsteuer ein **Quellenabzugsverfahren**. Sofern keine Sonderfälle geltend gemacht werden, sind bei der **Einkommensteuererklärung** die Kapitaleinkünfte **nicht** mehr gesondert **anzugeben**.

Für die Abgeltungsteuer gilt das sog. **Veranlagungswahlrecht**, d. h., es kann die Einbeziehung der Kapitaleinkünfte bei der Einkommensteuerveranlagung beantragt werden. Liegt der individuelle (Grenz-)Steuersatz über 25 %, ist die Abgeltungsteuer günstiger. Liegt der (Grenz-)Steuersatz unter 25 %, ist die Besteuerung mit dem individuellen Steuersatz günstiger.

Für bestimmte Anlagen gibt es **Bestandsschutzregelungen**. So bleiben z. B. Gewinne aus der Veräußerung von Kapitalanlagen, die **vor dem 31. 12. 2008 erworben** wurden, auch in Zukunft steuerfrei, wenn die Spekulationsfrist von einem Jahr (Haltedauer) eingehalten wurde. Für Wertpapiere, die ab dem 1. 1. 2009 gekauft werden, fällt aber Abgeltungsteuer an – unabhängig von der Haltedauer; dies gilt auch für Anteile, die im Rahmen von Fondssparplänen erworben wurden.

Auf Anlageformen, die ausschließlich der **privaten Altersvorsorge** dienen, wird **keine Abgeltungsteuer** erhoben, d. h., Riester-Fondssparpläne, sog. Rürup-Renten und die betriebliche Altersversorgung bleiben von der Abgeltungsteuer ausgenommen. Ebenfalls unberührt von der Abgeltungsteuer bleiben **private Renten- und Kapitallebensversicherungen**, sofern die Verträge **vor dem 1. 1. 2005 abgeschlossen** wurden und die Haltedauer mindestens zwölf Jahre beträgt. Bei einem Vertragsschluss **nach dem 31. 12. 2004** ist der Unterschiedsbetrag steuerpflichtig; bei zwölfjähriger Laufzeit und Vollendung des 60. Lebensjahrs wird nur der hälftige Unterschiedsbetrag angesetzt. Es wird hier grundsätzlich die Abgeltungsteuer erhoben; der halbe Unterschiedsbetrag kann aber im Rahmen der Veranlagung berücksichtigt werden.

f) Vermietung und Verpachtung

58 Bei den Einkünften aus Vermietung und Verpachtung ist die Nutzungsüberlassung in einen entgeltlichen und einen unentgeltlichen Teil aufzuteilen, wenn das Entgelt für die Überlassung einer Wohnung weniger als 56 % der ortsüblichen Marktmiete beträgt. Beträgt das Entgelt für die Überlassung einer Wohnung, d. h. die Kaltmiete zuzüglich der gezahlten Umlagen, mindestens 56 % der ortsüblichen Miete (ortsübliche Kaltmiete zuzüglich der nach der Zweiten Berechnungsverordnung umlagefähigen Kosten), können die auf die Wohnung entfallenden Werbungskosten in vollem Umfang abgezogen werden. Die vorgenannte Regelung hat insbesondere Bedeutung für die verbilligte Überlassung einer Wohnung an Angehörige. Sie dient der Vereinfachung, weil durch sie in der Mehrzahl der Fälle Streitigkeiten zwischen dem Finanzamt und dem Steuerpflichtigen über die Höhe der ortsüblichen Marktmiete vermieden werden.

Beispiel:

A vermietet im Jahr 2009 an seine Tochter eine Eigentumswohnung für einen Mietpreis von monatlich 270 € (inkl. Nebenkosten). Die ortsübliche Miete für diese Wohnung beträgt 500 € (inkl. umlagefähiger Nebenkosten). Bei A sind für die Wohnung im Jahr 2009 Werbungskosten (Wasser, Heizkosten, Müllabfuhr, Zinsen, Abschreibung etc.) i. H. v. 5 000 € angefallen.

Da das Entgelt für die Überlassung der Wohnung weniger als 56 % der ortsüblichen Miete beträgt, können die Aufwendungen nur in dem Verhältnis als Werbungskosten abgezogen werden, wie die Überlassung entgeltlich erfolgt ist. Der Anteil der abzugsfähigen Werbungskosten beträgt 54 % (270 € : 500 € x 100).

Einnahmen (12 Monate x 270 €)	3 240 €
Werbungskosten (5 000 € x 54 %)	./. 2 700 €
Einkünfte aus Vermietung und Verpachtung in 2009	540 €

Hätte die Miete z. B. 290 € betragen, wären die Aufwendungen als Werbungskosten voll abzugsfähig gewesen, wenn auch die Überschussprognose (siehe unten) zu einem positiven Ergebnis führt.

Einnahmen (12 Monate x 290 €)	3 480 €
Werbungskosten	./. 5 000 €
Einkünfte aus Vermietung und Verpachtung in 2009	./. 1 520 €

Zusätzlich ist zu beachten, dass bei einem Mietzins von **56 % und mehr**, jedoch **weniger als 75 %**, anhand einer **Überschussprognose** die Einkünfteerzielungsabsicht zu prüfen ist. Führt diese zu einem positiven Ergebnis, sind die mit der verbilligten Vermietung zusammenhängenden Werbungskosten in voller Höhe abziehbar. Ist die Überschussprognose negativ, sind die Werbungskosten nur anteilig abziehbar.

g) Sonstige Einkünfte

Seit 2005 unterliegen Leibrenten und andere Leistungen aus den **gesetzlichen Rentenversicherungen**, den **landwirtschaftlichen Alterskassen**, den **berufsständischen Versorgungseinrichtungen** und aus bestimmten anderen Rentenversicherungen der sog. **Kohortenbesteuerung. Bemessungsgrundlage** für den der Besteuerung unterliegenden Anteil ist dabei der Jahresbetrag der Rente. Der der Besteuerung unterliegende Anteil ist nach dem **Jahr des Rentenbeginns** und dem in diesem Jahr **maßgebenden Vomhundertsatz** aus einer Tabelle in § 22 Nr. 1 Satz 3 Buchstabe a Doppelbuchstabe aa EStG zu entnehmen. 59

So beträgt z. B. der steuerbare Anteil bei einem Rentenbeginn im Jahr **2009 58 %**. Der **steuerbare Anteil** der Rente wird für jeden neu hinzukommenden Rentnerjahrgang (Kohorte) bis zum Jahre 2020 in Schritten von 2 %-Punkten auf 80 % und anschließend in Schritten von 1 %-Punkten **bis zum Jahre 2040 auf 100 % angehoben**. Der sich nach Maßgabe dieser Prozentsätze ergebende **steuerfrei bleibende Teil** der Jahresbruttorente wird grundsätzlich für jeden Rentnerjahrgang auf Dauer **festgeschrieben**.

Bei der Ermittlung der sonstigen Einkünfte werden **Leibrenten**, die **nicht** der **Kohortenbesteuerung** unterliegen (z. B. aus privaten Rentenversicherungen mit Beitragsrückgewähr), nicht in voller Höhe, sondern nur mit dem sog. **Ertragsanteil** als Einnahmen erfasst. Der Ertragsanteil ist nach dem Lebensalter bei Rentenbeginn festgelegt. Er beträgt z. B. für eine Rente, die nach Vollendung des 65. Lebensjahres beginnt, 18 % der Rente.

Soweit bei den sonstigen Einkünften wiederkehrende Bezüge, Unterhaltsleistungen – die vom Geber als Sonderausgaben abgezogen werden können – und Leistungen aus Altersvorsorgeverträgen, Pensionsfonds, Pensionskassen sowie Direktversicherungen erfasst werden, wird an Stelle der Werbungskosten ein **Werbungskosten-Pauschbetrag von 102 €** abgezogen, wenn die tatsächlichen Werbungskosten diesen Pauschbetrag nicht übersteigen (→ Rz. B 93 *Werbungskosten-Pauschbetrag bei bestimmten sonstigen Einnahmen*). Der Pauschbetrag darf aber auch nur bis zur Höhe der Einnahmen berücksichtigt werden.

4. Ermittlung des zu versteuernden Einkommens im Einzelnen

Bemessungsgrundlage für die tarifliche Einkommensteuer ist das zu versteuernde Einkommen. Als Vorstufen dazu nennt das Einkommensteuergesetz drei Zwischenergebnisse (Ermittlungsschema → Rz. A 28): 60

a) Summe der Einkünfte

Bei der Ermittlung der Einkünfte werden auch die in den Einkunftsarten erzielten Verluste berücksichtigt, wobei insbe- 61 sondere im Zusammenhang mit **Steuerstundungsmodellen** erwirtschaftete Verluste nur begrenzt berücksichtigt werden.

62 **Negative Einkünfte**, die nicht ausgeglichen werden, können bis zu einem Betrag von **511 500 €** (bei Ehegatten bis zu einem Betrag von 1 023 000 €) in den vorangegangenen Veranlagungszeitraum zurückgetragen werden. Nicht ausgeglichene negative Einkünfte können aber auch in den folgenden Veranlagungszeiträumen bis zu einem Gesamtbetrag der Einkünfte von **1 000 000 €** (**bei Ehegatten**, die zusammen veranlagt werden, bis zu **2 000 000 €**) unbeschränkt, darüber hinaus bis zu **60 %** des 1 000 000 € bzw. 2 000 000 € übersteigenden Gesamtbetrags der Einkünfte abgezogen werden.

63 **Private Veräußerungs-(Spekulations-)verluste** können nur mit solchen Gewinnen ausgeglichen werden. Gleiches gilt für Verluste aus **gewerblicher Tierzucht, gewerblicher Tierhaltung**, Beteiligungen mit **beschränkter Haftung**, im Zusammenhang mit **Steuerstundungsmodellen** oder aus **Kapitalvermögen**.

64 Ein **Steuerstundungsmodell** liegt vor, wenn auf Grund einer modellhaften Gestaltung steuerliche Vorteile in Form negativer Einkünfte erzielt werden sollen. Dies ist der Fall, wenn auf Grund eines vorgefertigten Konzepts die Möglichkeit geboten werden soll, zumindest in der Anfangsphase der Investition Verluste mit übrigen Einkünften zu verrechnen. Die Beschränkung ist jedoch nur anzuwenden, wenn innerhalb der Anfangsphase das Verhältnis der Summe der prognostizierten Verluste zur Höhe des gezeichneten und nach dem Konzept auch aufzubringenden Kapitals oder bei Einzelinvestoren des eingesetzten Eigenkapitals 10 % übersteigt.

65–66 Nach einer **Übergangsregelung** ist der beschränkte Ausgleich von Verlusten im Zusammenhang mit Steuerstundungsmodellen nur anzuwenden, wenn der Steuerpflichtige dem Modell nach dem 10. 11. 2005 beigetreten ist oder für das Modell nach dem 10. 11. 2005 mit dem Außenvertrieb begonnen wurde. Besteht das Steuerstundungsmodell nicht im Erwerb eines Anteils an einem geschlossenen Fonds, ist die Beschränkung anzuwenden, wenn die Investition nach dem 10. 11. 2005 rechtsverbindlich getätigt wurde.

b) Gesamtbetrag der Einkünfte

67 Der Gesamtbetrag der Einkünfte ergibt sich aus der Summe der Einkünfte abzüglich des Altersentlastungsbetrags (→ Rz. B 93 *Altersentlastungsbetrag*), des Entlastungsbetrags für Alleinerziehende (→ Rz. B 84) und des Freibetrags für Land- und Forstwirtschaft (→ Rz. B 93 *Freibetrag für Land- und Forstwirtschaft*).

c) Einkommen

68 Aus dem Gesamtbetrag der Einkünfte ergibt sich nach Abzug der Sonderausgaben (→ Rz. B 88 ff.), der außergewöhnlichen Belastungen (→ Rz. B 92), der Steuerbegünstigung der zu Wohnzwecken genutzten Wohnungen, Gebäude und Baudenkmale sowie der schutzwürdigen Kulturgüter (→ Rz. B 91 *Kulturgüter*) und des Verlustabzugs nach § 10d EStG (→ Rz. B 91 *Verlustabzug*) und nach Hinzurechnung von Einkommen nach dem Außensteuergesetz das Einkommen.

d) Zu versteuerndes Einkommen

69 Zieht man vom Einkommen den Kinderfreibetrag und den Freibetrag für den Betreuungs- und Erziehungs- oder Ausbildungsbedarfs des Kindes (→ Rz. B 80 ff.) sowie den Härteausgleich zur Milderung der Steuerbelastung von Nebeneinkünften (→ Rz. B 93 *Härteausgleich*) ab, so erhält man das zu versteuernde Einkommen, das die Bemessungsgrundlage für die tarifliche Einkommensteuer bildet. Die beiden Freibeträge für Kinder berücksichtigt das Finanzamt im Rahmen der Einkommensteuerveranlagung, vorausgesetzt, die Steuerersparnis durch den Ansatz dieser Freibeträge ist höher als das im Kalenderjahr zustehende Kindergeld (→ Rz. B 79).

Auf das Kurzschema zur Ermittlung des zu versteuernden Einkommens (→ Rz. A 28) wird verwiesen.

5. Kinder

a) Allgemeines

Die **steuerliche Freistellung** eines Einkommensbetrags in 70
Höhe des Existenzminimums eines Kindes einschließlich des Bedarfs für Betreuung und Erziehung oder Ausbildung wird im gesamten Veranlagungszeitraum durch

- den Kinderfreibetrag und den Freibetrag für den Betreuungs- und Erziehungs- oder Ausbildungsbedarf oder
- das Kindergeld

bewirkt.

Im laufenden Jahr wird immer nur Kindergeld gewährt. Erst bei 71
der Einkommensteuerveranlagung prüft das Finanzamt, ob durch das Kindergeld das steuerliche Existenzminimum des Kindes einschließlich des Bedarfs für Betreuung und Erziehung oder Ausbildung steuerfrei belassen worden ist oder der Kinderfreibetrag sowie der Freibetrag für den Betreuungs- und Erziehungs- oder Ausbildungsbedarf des Kindes gewährt werden muss (sog. **Günstigerprüfung**), wobei auf den Anspruch auf Kindergeld und nicht auf das tatsächlich ausgezahlte Kindergeld abgestellt wird. Bei der Günstigerprüfung sind die im Kalenderjahr geleisteten und als Sonderausgaben berücksichtigungsfähigen Altersvorsorgebeiträge einschließlich der dafür zustehenden Altersvorsorgezulage (→ Rz. B 91 *Altersvorsorgebeiträge*) abzuziehen.

Beispiel 1:

Ein zusammenveranlagtes Ehepaar hat im Kalenderjahr 2009 für ein zu berücksichtigendes Kind Kindergeld i. H. v. 2 068 € (12 x 164 € zzgl. Einmalbetrag von 100 € für 2009[1]) erhalten. Das zu versteuernde Einkommen beträgt ohne Berücksichtigung des Kinderfreibetrags und des Freibetrags für den Betreuungs- und Erziehungs- oder Ausbildungsbedarf 80 000 €.

a)	zu versteuerndes Einkommen	80 000 €
	Einkommensteuer nach Splittingtarif	18 190 €
b)	zu versteuerndes Einkommen	80 000 €
	abzüglich Kinderfreibetrag	./. 3 864 €
	abzüglich Freibetrag für den Betreuungs- und Erziehungs- oder Ausbildungsbedarf	./. 2 160 €
		73 976 €
	Einkommensteuer nach Splittingtarif	16 048 €
Unterschiedsbetrag der Steuer zwischen a) und b)		2 142 €
Kindergeld		2 068 €

Die steuerliche Freistellung durch die Zahlung des Kindergelds ist nicht sichergestellt. Freibeträge für Kinder werden im Rahmen der Einkommensteuerveranlagung berücksichtigt.

Um eine Doppelberücksichtigung zu vermeiden, wird das Kindergeld der festgesetzten Einkommensteuer hinzugerechnet.

1) Der Einmalbetrag i. H. v. 100 € wird nur für das Kalenderjahr 2009 gezahlt; Ergänzung von § 66 Abs. 1 EStG durch das Gesetz zur Sicherung von Beschäftigung und Stabilität in Deutschland.

Beispiel 2:

Wie Beispiel 1, jedoch beträgt das zu versteuernde Einkommen 70 000 €.

a) zu versteuerndes Einkommen	70 000 €
Einkommensteuer nach Splittingtarif	14 680 €
b) zu versteuerndes Einkommen	70 000 €
abzüglich Kinderfreibetrag	./. 3 864 €
abzüglich Freibetrag für den Betreuungs- und Erziehungs- oder Ausbildungsbedarf	./. 2 160 €
	63 976 €
Einkommensteuer nach Splittingtarif	12 674 €
Unterschiedsbetrag der Steuer zwischen a) und b)	2 006 €
Kindergeld	2 068 €

Die steuerliche Freistellung durch die Zahlung des Kindergelds ist sichergestellt. Im Rahmen der Einkommensteuerveranlagung werden die Freibeträge für Kinder nicht berücksichtigt.

b) Berücksichtigungsfähige Kinder

72 Zu den **Kindern** zählen:

- leibliche Kinder (sofern das Verwandtschaftsverhältnis zu ihnen nicht durch Adoption erloschen ist);
- Adoptivkinder;
- Pflegekinder (dazu gehören nicht Kinder, die zu Erwerbszwecken in den Haushalt aufgenommen worden sind).

73 Folgende Altersgrenzen sind zu berücksichtigen:

- Kinder **unter 18 Jahren** werden ohne weitere Einschränkungen berücksichtigt.
- Kinder, die das **18. Lebensjahr vollendet** haben, werden berücksichtigt, wenn sie
  1. noch nicht das **21. Lebensjahr** vollendet haben, nicht in einem Beschäftigungsverhältnis stehen und bei einer Agentur für Arbeit im Inland als Arbeitssuchende gemeldet sind oder
  2. noch nicht das **25. Lebensjahr** vollendet haben (→ auch Rz. B 74 zur Übergangsregelung wegen der Absenkung der Altersgrenze vom 27. auf das 25. Lebensjahr) und
     - für einen Beruf ausgebildet werden – darunter ist auch die Schulausbildung zu verstehen – oder
     - sich in einer **Übergangszeit** von höchstens vier Monaten befinden, die zwischen zwei Ausbildungsabschnitten oder zwischen einem Ausbildungsabschnitt und der Ableistung des gesetzlichen Wehr- oder Zivildienstes, einer vom Wehr- oder Zivildienst befreienden Tätigkeit als Entwicklungshelfer oder als Dienstleistender im Ausland nach § 14b des Zivildienstgesetzes oder der Ableistung eines europäischen Freiwilligendienstes, eines anderen Dienstes im Ausland i. S. v. § 14 des Zivildienstgesetzes oder einem entwicklungspolitischen Freiwilligendienst „weltwärts“ liegt, oder
     - eine Berufsausbildung mangels Ausbildungsplatzes nicht beginnen oder fortsetzen können oder
     - ein freiwilliges soziales oder ökologisches Jahr, den europäischen Freiwilligendienst, einen anderen Dienst im Ausland i.S.d. § 14b des Zivildienstgesetzes oder einen entwicklungspolitischen Freiwilligendienst „weltwärts“ leisten, oder
  3. wegen körperlicher, geistiger oder seelischer Behinderung außer Stande sind, sich selbst zu unterhalten, wenn die Behinderung vor dem 25. (aber auch → Rz. B 74) Lebensjahr eingetreten ist.
- Bei Kindern, die **Wehrdienst** (auch freiwillig für nicht mehr als drei Jahre), **Zivildienst** oder eine befreiende Tätigkeit als **Entwicklungshelfer** geleistet haben, verlängert sich der Zeitraum der Berücksichtigung des Kindes um eine der Dienstzeit entsprechende Zeitspanne, höchstens für die Dauer des gesetzlichen Grundwehr- oder Zivildienstes, und zwar
  - über das 21. Lebensjahr hinaus bei Kindern, die nicht in einem Beschäftigungsverhältnis stehen und bei einer Agentur für Arbeit im Inland als Arbeitssuchende gemeldet sind, und
  - über das 25. (aber auch → Rz. B 74) Lebensjahr hinaus bei Kindern in Berufsausbildung oder bei Kindern, die sich in einer **Übergangszeit** von höchstens vier Monaten befinden, die zwischen zwei Ausbildungsabschnitten oder zwischen einem Ausbildungsabschnitt und der Ableistung des gesetzlichen Wehr- oder Zivildienstes, einer vom Wehr- oder Zivildienst befreienden Tätigkeit als Entwicklungshelfer oder als Dienstleistender im Ausland nach § 14b des Zivildienstgesetzes oder der Ableistung eines europäischen Freiwilligendienstes oder einem anderen Dienst im Ausland i. S. v. § 14 des Zivildienstgesetzes oder dem entwicklungspolitischen Freiwilligendienst „weltwärts“ liegt, befinden.

Mit Wirkung **ab 2007** wurde die Altersgrenze für die Gewährung von Kindergeld bzw. kinderbedingten Steuerfreibeträgen auf die Zeit vor Vollendung des 25. Lebensjahres **abgesenkt** (zuvor 27. Lebensjahr). Jedoch gibt es einen **gleitenden Übergang**. 74

Kinder, die im Veranlagungszeitraum 2006 bereits das 24. bzw. 25. oder 26. Lebensjahr vollendet haben, werden noch bis zur Vollendung des 26. bzw. 27. Lebensjahres für den Anspruch auf Kindergeld/kindbedingte Steuerfreibeträge berücksichtigt. Dies hat entsprechende Auswirkung auf die Verlängerungszeiten bei Ableistung von Wehr- oder Zivildienst, und zwar ggf. auch bei den Kindern, die im Veranlagungszeitraum 2006 bereits das 27. Lebensjahr vollendet haben.

Bei behinderten Kindern wirkt sich die Absenkung der Altersgrenze für den Anspruch auf Kindergeld/kindbedingte Steuerfreibeträge erstmals bei solchen Kindern aus, die im Veranlagungszeitraum 2007 außer Stande sind, sich selbst zu unterhalten, wenn dies auf eine körperliche, geistige oder seelische Behinderung zurückzuführen ist, die vor Vollendung des 25. Lebensjahres eingetreten ist. Weder die Behinderung selbst noch die Vollendung des 25. Lebensjahres müssen zeitlich in den Veranlagungszeitraum 2007 fallen. Kinder, die vor dem 1. 1. 2007 in der Zeit ab ihrem 25. Geburtstag und vor ihrem 27. Geburtstag eine Behinderung erlitten haben, deretwegen sie außer Stande sind, sich selbst zu unterhalten, werden auch im Veranlagungszeitraum 2007 und darüber hinaus berücksichtigt. Dadurch bleiben bisher schon erfasste Kinder weiterhin berücksichtigungsfähig.

Über 18 Jahre alte Kinder, denen **Einkünfte und Bezüge von mehr als 7 680 €** im Kalenderjahr zustehen, werden nicht berücksichtigt. Bezüge, die für besondere Ausbildungszwecke verwendet werden, bleiben außer Betracht. Die 7 680 €-Grenze gilt nicht für behinderte Kinder im Sinne der Nr. 3 (→ Rz. B 73, 2. Spiegelstrich). Jedoch können hierbei eigene Einkünfte und Bezüge von mehr als 7 680 € dazu führen, dass die Kinder trotz Behinderung im Stande sind, ihren Unterhalt selbst zu bestreiten. 75

Verzichtet das Kind auf Teile der zustehenden Einkünfte und Bezüge, damit kein Verlust des Anspruchs auf Kindergeld oder der Freibeträge für Kinder eintritt, ist dies steuerrechtlich **unbeachtlich**. 76

77 Der **Begriff „Einkünfte"** entspricht dabei der Legaldefinition des Einkommensteuerrechts (→ Rz. B 47 ff.). **Bezüge** sind alle Einnahmen in Geld oder Geldeswert, die nicht im Rahmen der einkommensteuerrechtlichen Einkunftserzielung erfasst werden. Das **Elterngeld** in Höhe der Mindestbeträge von monatl. **300 €** bzw. **150 €** gehört jedoch nicht zu den Bezügen; bei Mehrlingsgeburten vervielfachen sich die Beträge entsprechend. Bei der Feststellung der anzurechnenden Bezüge einschließlich der Ausbildungshilfe aus öffentlichen Mitteln sind aus Vereinfachungsgründen insgesamt **180 €** im Kalenderjahr abzuziehen, wenn nicht höhere Aufwendungen, die im Zusammenhang mit dem Zufluss der entsprechenden Einnahmen stehen, nachgewiesen oder glaubhaft gemacht werden (sog. Kostenpauschale). Bei der Prüfung, ob der Jahresgrenzbetrag überschritten ist, sind bei der Ermittlung der Bemessungsgrundlage die **Pflichtbeiträge** zur gesetzlichen **Sozialversicherung** und die Beiträge zu einer **freiwilligen gesetzlichen** oder einer **privaten Krankenversicherung** von den Einkünften und Bezügen des Kindes abzuziehen.

Beispiel:

Ein 20-jähriger Lehrling erhält im Kalenderjahr 2009 eine Ausbildungsvergütung i. H. v. 11 000 €. Zusätzlich hat er steuerfreie Einnahmen i. H. v. 500 €. Der Arbeitnehmeranteil zur Sozialversicherung beträgt 2 286 €.

Einnahmen aus nichtselbständiger Arbeit	11 000 €	
Arbeitnehmer-Pauschbetrag	./. 920 €	
Einkünfte		10 080 €
stfr. Einnahmen	500 €	
Kostenpauschale	180 €	
Bezüge		320 €
Summe der Einkünfte und Bezüge		10 400 €
abzügl. SV-Beiträge		./. 2 286 €
verbleiben		8 114 €

Da der Jahresgrenzbetrag von 7 680 € im Kalenderjahr überschritten würde, wird das Kind im Rahmen des Familienleistungsausgleichs (Kindergeld, steuerliche Freibeträge) nicht berücksichtigt.

78 Lebt das Kind im **Ausland**, kann sich die Grenze für die eigenen Einkünfte und Bezüge nach den Verhältnissen des Wohnsitzstaats mindern (Berücksichtigung ausländischer Verhältnisse durch die Ländergruppeneinteilung; s. a. BMF v. 9. 9. 2008, BStBl I 2008 S. 936).

c) Kindergeld

79 Das Kindergeld beträgt für das erste und zweite Kind jeweils **164 €**, für das dritte Kind **170 €** und für das vierte und jedes weitere Kind jeweils **195 €** monatlich. Darüber hinaus wird für das **Kalenderjahr 2009** für jedes Kind, für das im Kalenderjahr 2009 mindestens für einen Kalendermonat ein Anspruch auf Kindergeld besteht, ein **Einmalbetrag** i. H. v. **100 €** gezahlt[1]); der Einmalbetrag wird in die im Rahmen der Einkommensteuerveranlagung durchzuführende **Vergleichsberechnung**, ob bei den Eltern die steuerliche Freistellung eines Einkommensbetrags in Höhe des Existenzminimums eines Kindes einschließlich der Bedarfe für Betreuung und Erziehung durch den Anspruch auf Kindergeld bewirkt wird oder hierfür die Freibeträge für Kinder zu berücksichtigen sind, **einbezogen** (→ Rz. B 71). Das Kindergeld erhalten die bei privaten Arbeitgebern beschäftigten Arbeitnehmer von der Familienkasse der Agentur für Arbeit. Angehörige des öffentlichen Dienstes erhalten das Kindergeld von der zuständigen Bezüge-/Gehaltsabrechnungsstelle.

1) Änderung von § 66 Abs. 1 EStG durch das Gesetz zur Sicherung von Beschäftigung und Stabilität in Deutschland.

d) Freibeträge für Kinder

Der **Kinderfreibetrag** beträgt jährlich **1 932 €**. Zusätzlich wird für jedes zu berücksichtigende Kind ein Freibetrag für den Betreuungs- und Erziehungs- oder Ausbildungsbedarf (**Bedarfsfreibetrag**) von **1 080 €** jährlich abgezogen. 80

Bei **Ehegatten**, die zusammen zur Einkommensteuer veranlagt werden, verdoppeln sich die Beträge auf **3 864 €** (Kinderfreibetrag) und **2 160 €** (Bedarfsfreibetrag).

Die verdoppelten Beträge kommen auch zum Abzug, wenn

- der andere Elternteil verstorben oder nicht unbeschränkt einkommensteuerpflichtig ist oder
- der Steuerpflichtige allein das Kind angenommen hat oder das Kind nur zu ihm in einem Pflegekindschaftsverhältnis steht.

Lebt das Kind im **Ausland**, können sich der Kinderfreibetrag und der Bedarfsfreibetrag mindern (Berücksichtigung ausländischer Verhältnisse durch die Ländergruppeneinteilung; s. a. BMF v. 9. 9. 2008, BStBl I 2008 S. 936). 81

Für jeden Monat, in dem die Voraussetzungen für den Kinderfreibetrag und den Bedarfsfreibetrag nicht vorliegen, ermäßigen sich die Jahresbeträge um je **ein Zwölftel**. 82

Bei einem unverheirateten oder dauernd getrennt lebenden Elternpaar kann auf Antrag eines Elternteils der dem anderen Elternteil zustehende **Kinderfreibetrag** auf ihn **übertragen** werden, wenn er, nicht jedoch der andere Elternteil seiner Unterhaltspflicht gegenüber dem Kind für das Kalenderjahr im Wesentlichen nachkommt; bei minderjährigen Kindern wird der dem Elternteil, in dessen Wohnung das Kind nicht gemeldet ist, zustehende **Bedarfsfreibetrag** auf Antrag auf den anderen Elternteil **übertragen**. 83

Zur Berücksichtigung von Kindern im Lohnsteuerverfahren → Rz. C 54 ff.

e) Entlastungsbetrag für Alleinerziehende

Alleinstehende können steuerlich einen Entlastungsbetrag in Höhe von **1 308 €** im Kalenderjahr abziehen, wenn zu ihrem Haushalt mindestens ein Kind gehört, für das ihnen ein **Freibetrag für Kinder** oder **Kindergeld** (→ Rz. B 70 ff.) zusteht. Die Zugehörigkeit zum Haushalt wird angenommen, wenn das Kind in der Wohnung des Alleinlebenden mit **Haupt- oder Nebenwohnsitz** gemeldet ist. Ist das Kind bei mehreren Personen gemeldet, steht der Entlastungsbetrag demjenigen Alleinstehenden zu, der die Voraussetzungen auf Auszahlung des Kindergeldes erfüllt oder erfüllen würde in Fällen, in denen nur ein Anspruch auf einen Freibetrag für Kinder besteht (→ Rz. B 71). **Allein stehend** sind Steuerpflichtige, die nicht die Voraussetzungen für die Anwendung des Splitting-Verfahrens erfüllen oder verwitwet sind und keine Haushaltsgemeinschaft mit einer anderen volljährigen Person bilden, es sei denn, für diese steht ihnen ein Freibetrag für Kinder oder Kindergeld zu oder es handelt sich um ein Kind, das den gesetzlichen Grundwehr- oder Zivildienst leistet, sich freiwillig für die Dauer von nicht mehr als drei Jahren zum Wehrdienst verpflichtet hat oder eine Tätigkeit als Entwicklungshelfer ausübt. Ist die andere Person mit Haupt- oder Nebenwohnsitz in der Wohnung des Alleinstehenden gemeldet, wird vermutet, dass sie mit dem Arbeitnehmer gemeinsam wirtschaftet (**Haushaltsgemeinschaft**). Diese Vermutung ist jedoch widerlegbar, es sei denn, der Arbeitnehmer und die andere Person leben in einer **eheähnlichen Gemeinschaft** oder in einer **eingetragenen Lebenspartnerschaft.** 84

85 Für jeden vollen Kalendermonat, in dem die Voraussetzungen für den Abzug nicht vorgelegen haben, mindert sich der Entlastungsbetrag um **ein Zwölftel**.

86 Damit sich der Entlastungsbetrag für Alleinerziehende bereits im **Lohnsteuerabzugsverfahren** steuermindernd auswirkt, ist er in die **Steuerklasse II** eingearbeitet. **Verwitwete Arbeitnehmer** können sich im Todesjahr des Ehegatten und im Folgejahr für den Entlastungsbetrag für Alleinerziehende einen Freibetrag auf der Lohnsteuerkarte eintragen lassen, weil der Entlastungsbetrag für Alleinerziehende bei verwitweten Arbeitnehmern nicht über das Steuerklassensystem berücksichtigt werden kann (→ Rz. C 43).

6. ABC der Werbungskosten (Einkünfte aus nichtselbständiger Arbeit)

Werbungskosten sind Aufwendungen für den Erwerb, zur Sicherung und zur Erhaltung der Einnahmen. Sie sind bei der Ein- 87
kunftsart abzuziehen, bei der sie erwachsen sind. Ein Werbungskostenabzug kommt bei der Ermittlung der Einkünfte aus nichtselbständiger Arbeit und aus Vermietung und Verpachtung sowie der Ermittlung der sonstigen Einkünfte in Betracht. Bei der Ermittlung der Einkünfte aus Kapitalvermögen wird für Werbungskosten der Sparer-Pauschbetrag von 801 €, bei zusammen veranlagten Ehegatten von 1 602 € abgezogen; tatsächliche Werbungskosten werden hier nicht berücksichtigt.

Das folgende ABC bezieht sich ausschließlich auf Werbungskosten bei den Einkünften aus nichtselbständiger Arbeit.

Hinweis: Querverweise auf Stichwörter innerhalb des ABC sind durch einen voranstehenden Pfeil gekennzeichnet (z. B.: → *Arbeitsmittel*).

Abschreibung

→ *Arbeitsmittel*

Die Nutzungsdauer beträgt z. B. für Computer 3 Jahre, Telefongeräte 5 Jahre, Faxgeräte 6 Jahre und Büromöbel 13 Jahre.

Abzugsverbot

Aufwendungen für Ernährung, Kleidung (→ *Bürgerliche Kleidung*) und Wohnung sowie Repräsentationsaufwendungen sind i. d. R. Aufwendungen für die Lebensführung und somit nicht als Werbungskosten abzugsfähig. Nicht abzugsfähig sind auch Aufwendungen für eine erstmalige Berufsausbildung und für ein Erststudium, wenn diese nicht im Rahmen eines Dienstverhältnisses stattfinden (→ *Berufsausbildung* und → Rz. B 91 *Berufsausbildung* zum Sonderausgabenabzug). Seit 2007 sind Aufwendungen des Arbeitnehmers für die Wege zwischen Wohnung und regelmäßiger Arbeitsstätte und für Familienheimfahrten nicht mehr als Werbungskosten abziehbar; zur Abgeltung erhöhter Aufwendungen gibt es Sonderregelungen (→ *Aufwendungen für die Wege zwischen Wohnung und Arbeitsstätte* und → *Doppelte Haushaltsführung*).

Aktienoption

Räumt ein Arbeitgeber einem Arbeitnehmer Aktienoptionen als Ertrag der Arbeit ein, sind damit zusammenhängende Aufwendungen des Arbeitnehmers nicht im Jahr der Zahlung, sondern erst im Jahr der Verschaffung der verbilligten Aktien zu berücksichtigen. Verfällt das Optionsrecht, sind die Optionskosten im Jahr des Verfalls als vergebliche Werbungskosten abziehbar.

Angemessenheit

Als Werbungskosten können nur Aufwendungen geltend gemacht werden, soweit sie nach der allgemeinen Verkehrsauffassung nicht als unangemessen anzusehen sind. Nicht angemessen sind z. B. Aufwendungen für die Nutzung eines Privatflugzeugs bei Auswärtstätigkeiten.

Arbeitnehmer-Pauschbetrag

Von den Einnahmen aus **nichtselbständiger Arbeit** wird ein Arbeitnehmer-Pauschbetrag von **920 €** jährlich abgezogen, wenn nicht höhere Werbungskosten nachgewiesen werden.

Der Arbeitnehmer-Pauschbetrag darf nur bis zur Höhe der Einnahmen abgezogen werden. Seit 2005 wird der Arbeitnehmer-Pauschbetrag bei Versorgungsbezügen nicht mehr berücksichtigt (→ *Werbungskosten-Pauschbetrag bei Versorgungsbezügen*).

Bei Ehegatten, die beide Einnahmen aus nichtselbständiger Arbeit beziehen, wird für jeden Ehegatten der Arbeitnehmer-Pauschbetrag berücksichtigt.

Arbeitskleidung

→ *Berufskleidung*

Arbeitsmittel

Aufwendungen (Anschaffungs-, Reinigungs- und Instandhaltungskosten) für Gegenstände, die ausschließlich oder fast überwiegend der Berufsausübung dienen (Arbeitsmittel), sind Werbungskosten (z. B. Werkzeug, typische Berufskleidung, Fachliteratur).

Die Anschaffungs- oder Herstellungskosten von abnutzbaren beweglichen und selbständig nutzungsfähigen Arbeitsmitteln einschließlich Umsatzsteuer können im Jahr der Anschaffung oder Herstellung in voller Höhe als Werbungskosten abgesetzt werden, wenn sie ausschließlich der Umsatzsteuer für das einzelne Arbeitsmittel **410 €** nicht übersteigen (= geringwertige Wirtschaftsgüter). Anschaffungs- oder Herstellungskosten von mehr als 410 € sind auf die Kalenderjahre der voraussichtlichen Gesamtnutzungsdauer des Arbeitsmittels zu verteilen und in jedem dieser Jahre anteilig als Werbungskosten zu berücksichtigen. Im Jahr der Anschaffung oder Herstellung ist der Absetzungsbetrag um **jeweils ein Zwölftel** für jeden vollen Monat, der dem Monat der Anschaffung oder Herstellung vorangeht, zu mindern. Wird ein als Arbeitsmittel genutztes Wirtschaftsgut veräußert, ist ein sich eventuell ergebender Veräußerungserlös bei den Einkünften aus nichtselbständiger Arbeit nicht zu erfassen.

Arbeitszimmer

Seit 2007 wird der Werbungskostenabzug nur noch zugelassen, wenn das Arbeitszimmer den **Mittelpunkt der gesamten betrieblichen und beruflichen Betätigung** des Arbeitnehmers bildet; damit scheidet in der Mehrzahl der Arbeitnehmer-Fälle ein Werbungskostenabzug in Bezug auf die Aufwendungen für ein Arbeitszimmer aus, denn hier befindet sich der Betätigungsmittelpunkt i. d. R. in der Firma des Arbeitgebers. Vom Abzugsverbot nicht betroffen sind Aufwendungen für Arbeitsmittel wie z. B. Schreibtisch, Bücherregal und PC (→ *Arbeitsmittel;* s. auch BMF-Schreiben vom 3. 4. 2007, BStBl I 2007 S. 442, Rz. 7). Diese Aufwendungen sind weiterhin bei beruflicher Veranlassung als Werbungskosten zu berücksichtigen.

Die Kosten eines häuslichen Arbeitszimmers können im Übrigen nur dann als Werbungskosten berücksichtigt werden, wenn feststeht, dass das Zimmer so gut wie ausschließlich für berufliche Zwecke genutzt wird. Eine private und damit schädliche Mitbenutzung kann i. d. R. angenommen werden, wenn ohne das Arbeitszimmer für das normale Wohnbedürfnis kein ausreichender Raum zur Verfügung steht oder wenn das Arbeitszimmer ständig durchquert werden muss, um andere privat genutzte Räume der Wohnung zu erreichen. Die private Mitbenutzung des Arbeitszimmers ist dagegen von untergeordneter Bedeutung, wenn es nur durchquert werden muss, um z. B. das Schlafzimmer zu erreichen.

Es gilt im Übrigen der Grundsatz, dass – auch bei zusammenveranlagten Ehegatten – nur derjenige Aufwendungen steuerlich abziehen kann, der sie tatsächlich getragen hat (Problematik des sog. Drittaufwands).

Zum Werbungskostenabzug bei Telearbeiten → *Telearbeit*. Zum Werbungskostenabzug bei doppelter Haushaltsführung → *Doppelte Haushaltsführung.*

Aufwendungen für die Wege zwischen Wohnung und Arbeitsstätte[1])

Seit 2007 sind die Aufwendungen des Arbeitnehmers für die Wege zwischen Wohnung und regelmäßiger Arbeitsstätte **nicht** mehr als **Werbungskosten** abziehbar (sog. Werktorprinzip).

Zur Abgeltung erhöhter Aufwendungen für die Wege zwischen Wohnung und regelmäßiger Arbeitsstätte kann jedoch für jeden Arbeitstag, an dem der Arbeitnehmer die Arbeitsstätte aufsucht, für jeden vollen Kilometer der Entfernung eine Entfernungspauschale von **0,30 € wie Werbungskosten** abgesetzt werden. Angefangene Kilometer werden nicht berücksichtigt. Zu beachten ist hier, dass – entgegen der gesetzlichen Regelung – bereits ab dem ersten Entfernungskilometer und nicht erst ab dem 21. Entfernungskilometer ein Abzug wie Werbungskosten möglich ist, denn § 9 Abs. 2 Satz 1 und 2 EStG sind mit dem Grundgesetz unvereinbar[2]); das Bundesverfassungsgericht hat den Gesetzgeber i. Ü. aufgefordert, die steuerliche Berücksichtigung der Aufwendungen des Arbeitnehmers für Wege zwischen Wohnung und regelmäßiger Arbeitsstätte neu zu regeln.

Die **Entfernungspauschale** gilt unabhängig von der Art des benutzten Verkehrsmittels oder den tatsächlich entstandenen Aufwendungen, somit also auch für Fußgänger. Die Entferungspauschale kann für jeden Arbeitstag nur einmal angesetzt werden, auch wenn der Weg zwischen Wohnung und regelmäßiger Arbeitsstätte mehrfach zurückgelegt wird.

Wird an einem Tag lediglich ein Hin- oder Rückweg ausgeführt, weil sich z. B. an den Hinweg eine Auswärtstätigkeit anschließt, die in der Wohnung des Arbeitnehmers endet, ist die Entfernungspauschale für diesen Tag nur mit der **Hälfte** anzusetzen.

Es ist ein **Höchstbetrag 4 500 €** im Kalenderjahr zu beachten, der jedoch nicht gilt, soweit der Arbeitnehmer einen eigenen oder ihm zur Nutzung überlassenen **Kraftwagen** benutzt. Im Zweifel muss der Arbeitnehmer einen solchen Fall dem Finanzamt nachweisen oder glaubhaft machen, dass tatsächlich der eigene oder zur Nutzung überlassene Kraftwagen und nicht z. B. öffentliche Verkehrsmittel benutzt worden sind. Ein Nachweis der tatsächlichen Aufwendungen für den Kraftwagen ist für den Ansatz eines höheren Betrages als 4 500 € jedoch nicht erforderlich.

Die Entfernungspauschale wird jedem Teilnehmer einer **Fahrgemeinschaft** gewährt.

Die Entfernungspauschale vermindert sich um **pauschal versteuerte Zuschüsse** des Arbeitgebers zu den Fahrtaufwendungen (→ Rz. C 161 *Fahrtkostenzuschüsse, Fahrtkosten* und → Rz. C 225).

Abgegolten sind durch die Entfernungspauschale z. B. Parkgebühren für das Abstellen des Kraftfahrzeugs während der Arbeitszeit, Finanzierungskosten sowie die Kosten eines Austauschmotors anlässlich eines Motorschadens auf einer Fahrt zwischen Wohnung und regelmäßiger Arbeitsstätte. **Unfallkosten** werden ab 2007 grundsätzlich nicht mehr berücksichtigt (→ *Unfallkosten*).

Die Entfernungspauschale gilt nicht für **Flugstrecken** und Strecken mit steuerfreier **Sammelbeförderung**; in diesen Fällen sind die tatsächlichen Aufwendungen des Arbeitnehmers (z.B. Aufwendungen für das Flug-Ticket, Zuzahlungsbetrag an den Arbeitgeber) anzusetzen.

Für die Bestimmung der Entfernung ist die **kürzeste Straßenverbindung** zwischen Wohnung und regelmäßiger Arbeitsstätte maßgebend; eine andere als die kürzeste Straßenverbindung kann zu Grunde gelegt werden, wenn diese offensichtlich verkehrsgüstiger ist und vom Arbeitnehmer regelmäßig für die Wege zwischen Wohnung und regelmäßiger Arbeitsstätte benutzt wird.

Unter den **Rabattfreibetrag** fallende steuerfreie Sachbezüge für Fahrten zwischen Wohnung und regelmäßiger Arbeitsstätte mindern den abziehbaren Betrag (z. B. wenn ein Mietwagenunternehmer seinen Arbeitnehmern einen Mietwagen für die Fahrten zwischen Wohnung und regelmäßiger Arbeitsstätte überlässt). Ist der Arbeitgeber selbst der Verkehrsträger, ist dafür der Preis anzusetzen, den ein dritter Arbeitgeber an den Verkehrsträger zu entrichten hat.

Hat ein Arbeitnehmer **mehrere Wohnungen**, sind die Wege von einer Wohnung, die nicht der regelmäßigen Arbeitsstätte am nächsten liegt, nur zu berücksichtigen, wenn sie den Mittelpunkt der Lebensinteressen des Arbeitnehmer bildet und nicht nur gelegentlich aufgesucht wird.

Durch die Entfernungspauschalen sind sämtliche Aufwendungen abgegolten, die durch die Wege zwischen Wohnung und regelmäßiger Arbeitsstätte veranlasst sind. Aufwendungen für die Benutzung **öffentlichere Verkehrsmittel** konnten bis einschließlich 2006 nach einer Sonderregelung angesetzt werden, soweit sie die im Kalenderjahr insgesamt anzusetzende Entfernungspauschale überstiegen. Ab 2007 ist diese Regelung entfallen.

Behinderte Menschen,

1. deren Grad der Behinderung mindestens 70 beträgt,
2. deren Grad der Behinderung weniger als 70, aber mindestens 50 beträgt und die in ihrer Bewegungsfähigkeit im Straßenverkehr erheblich beeinträchtigt sind,

können an Stelle der Entfernungspauschale die **tatsächlichen Aufwendungen** für die Wege zwischen Wohnung und regelmäßiger Arbeitsstätte ansetzen. Die Voraussetzungen der Nummern 1 und 2 sind vom Arbeitnehmer durch amtliche Unterlagen nachzuweisen. Behinderte Arbeitnehmer können auch Unfallkosten geltend machen (→ *Unfallkosten*).

Zu den Familienheimfahrten im Rahmen einer **doppelten Haushaltsführung** → *Doppelte Haushaltsführung.*

Zu **weiteren Einzelheiten** siehe BMF-Schreiben v. 1. 12. 2006 (BStBl I 2006 S. 778); das BMF-Schreiben ist jedoch durch die Entscheidung des Bundesverfassungsgerichts (siehe oben) **teilweise überholt**.

Austauschmotor

→ *Aufwendungen für die Wege zwischen Wohnung und Arbeitsstätte*, → *Reisekosten*

1) Der Freistaat Bayern hat über den Bundesrat den „Entwurf eines Gesetzes zur Wiedereinführung der Entfernungspauschale" eingebracht (BR-Drucks. 147/09 v. 10. 2. 2009 und 147/09 [Beschluss] v. 6. 3. 2009; die Fraktionen der CDU/CSU und SPD haben in den Deutschen Bundestag den „Entwurf eines Gesetzes zur Fortführung der Gesetzeslage 2006 bei der Entfernungspauschale" eingebracht (BT-Drucks. 16/12099 v. 3. 3. 2009). Mit den Gesetzen soll die bis zum 31. 12. 2006 geltende Entfernungspauschale rückwirkend zum 1. 1. 2007 wieder eingeführt werden. Aufwendungen für die Benutzung öffentlicher Verkehrsmittel sollen danach wieder angesetzt werden können, soweit sie den als Entfernungspauschale abziehbaren Betrag übersteigen.
Bei Redaktionsschluss war noch nicht absehbar, ob eines der Gesetze eine Mehrheit findet. Tritt eines der Gesetze in Kraft, sind die Ausführungen unter dem Stichwort „Aufwendungen für die Wege zwischen Wohnung und Arbeitsstätte" teilweise überholt. **Um Beachtung wird gebeten!**

2) BVerfG-Urteil v. 9. 12. 2008, 2 BvL 1/07, 2 BvL 2/07, 2 BvL 1/08, 2 BvL 2/08, BGBl. I 2008 S. 2888.

Auswärtstätigkeit

Eine Auswärtstätigkeit liegt vor, wenn der Arbeitnehmer vorübergehend **außerhalb** seiner **Wohnung** und an **keiner** seiner → *Regelmäßigen Arbeitsstätten* beruflich tätig wird. Eine Auswärtstätigkeit liegt ebenfalls vor, wenn der Arbeitnehmer bei seiner individuellen beruflichen Tätigkeit typischerweise

- nur an **ständig wechselnden Tätigkeitsstätten** (→ *Ständig wechselnde Tätigkeitsstätten*) oder
- **auf einem Fahrzeug** tätig wird (→ *Tätigkeiten auf einem Fahrzeug*).

Seit 2008 wird eine weitere Differenzierung nach Art der Auswärtstätigkeit (Dienstreise, Fahrtätigkeit, Einsatzwechseltätigkeit) nicht mehr vorgenommen.

Bei einer so gut wie ausschließlich beruflich veranlassten Auswärtstätigkeit können folgende → *Reisekosten* als Werbungskosten geltend gemacht werden:

- Fahrtkosten,
- Verpflegungsmehraufwendungen,
- Übernachtungskosten und
- Reisenebenkosten.

Eine beruflich veranlasste Auswärtstätigkeit ist auch der **Vorstellungsbesuch** eines Stellenbewerbers. Erledigt der Arbeitnehmer im Zusammenhang mit der beruflich veranlassten Auswärtstätigkeit auch in einem mehr als geringfügigen Umfang **private Angelegenheiten**, sind die beruflich veranlassten von den privat veranlassten Aufwendungen zu trennen. Ist das nicht – auch nicht durch Schätzung – leicht und einwandfrei möglich, gehören die gesamten Aufwendungen zu den nicht abziehbaren Aufwendungen für die Lebensführung. Aufwendungen, die nicht so gut wie ausschließlich durch die beruflich veranlasste Auswärtstätigkeit entstanden sind, z. B. Bekleidungskosten, sowie Aufwendungen für die Anschaffung von Koffern und anderen Reiseausrüstungen, sind **keine Reisekosten**. Die **berufliche Veranlassung** der Auswärtstätigkeit, die **Reisedauer** und den **Reiseweg** hat der Arbeitnehmer aufzuzeichnen und anhand geeigneter Unterlagen, z. B. Fahrtenbuch, Tankquittungen, Hotelrechnungen, Schriftverkehr, nachzuweisen oder glaubhaft zu machen.

Eine Auswärtstätigkeit ist **vorübergehend**, wenn der Arbeitnehmer voraussichtlich an die → *Regelmäßige Arbeitsstätte* zurückkehren und dort seine berufliche Tätigkeit fortsetzen wird. Eine Auswärtstätigkeit ist **nicht vorübergehend**, wenn nach dem Gesamtbild der Verhältnisse anzunehmen ist, dass die auswärtige Tätigkeitsstätte vom ersten Tag an regelmäßige Arbeitsstätte geworden ist, z. B. bei einer Versetzung. Eine **längerfristige vorübergehende Auswärtstätigkeit** ist noch als dieselbe zu beurteilen, wenn der Arbeitnehmer nach einer Unterbrechung die Auswärtstätigkeit mit gleichem Inhalt, am gleichen Ort und im zeitlichen Zusammenhang mit der bisherigen Tätigkeit ausübt. Bei Reisen auf einem seegehenden **Schiff** findet die nämliche Auswärtstätigkeit regelmäßig ihr Ende, sobald das Schiff in den Heimathafen zurückkehrt.

Berufsausbildung

Aufwendungen für den **erstmaligen Erwerb von Kenntnissen**, die zur Aufnahme eines Berufs befähigen, beziehungsweise für ein **erstes Studium** sind Kosten der Lebensführung und nur als **Sonderausgaben** (→ Rz. B 91 *Berufsausbildung*) abziehbar. Gleiches gilt auch für ein **berufsbegleitendes Erststudium.**

Werbungskosten liegen dagegen vor, wenn die **erstmalige Berufsausbildung** oder das **Erststudium** Gegenstand eines **Dienstverhältnisses** (Ausbildungsdienstverhältnis, z. B. Ausbildung eines Lehrlings) ist.

Zur Berücksichtigung der **Aufwendungen** im Zusammenhang mit einer auswärtigen Ausbildungsstätte finden die Erläuterungen zu den → *Reisekosten,* den → *Aufwendungen für die Wege zwischen Wohnung und Arbeitsstätte* und der → *Doppelten Haushaltsführung* sinngemäß Anwendung. Danach sind die **Grundsätze für Auswärtstätigkeiten** maßgebend, wenn der Arbeitnehmer im Rahmen seines Ausbildungsdienstverhältnisses vorübergehend eine außerhalb seiner regelmäßigen Arbeitsstätte im Betrieb des Arbeitgebers gelegene Ausbildungsstätte aufsucht. Das gilt auch dann, wenn die Ausbildung in der Freizeit, z. B. am Wochenende stattfindet. Eine Bildungseinrichtung ist jedoch als regelmäßige Arbeitsstätte anzusehen, wenn diese über einen längeren Zeitraum hinweg zum Zwecke eines Vollzeitunterrichts aufgesucht wird. Liegen weder im Betrieb des Arbeitgebers noch in der Wohnung des Arbeitnehmers die Voraussetzungen für die Annahme einer regelmäßigen Arbeitsstätte vor, ist der jeweilige Ausbildungsort vom ersten Tag an regelmäßige Arbeitsstätte; für die Ermittlung der Aufwendungen gelten die Erläuterungen zu den → *Aufwendungen für die Wege zwischen Wohnung und Arbeitsstätte* und der → *Doppelter Haushaltsführung.* Aufwendungen für das **Erlernen der deutschen Sprache** werden nicht berücksichtigt, und zwar auch dann nicht, wenn ausreichende Deutschkenntnisse für einen angestrebten Ausbildungsplatz förderlich sind.

Siehe auch → *Berufsfortbildung,* → *Umschulung* und Rz. B 91 *Berufsausbildung* zum Sonderausgabenabzug.

Berufsfortbildung

Die Aufwendungen für die **Fortbildung** in einem bereits erlernten Beruf sind als **Werbungskosten** abziehbar. Das gilt auch für die Aufwendungen für ein **weiteres Studium**, wenn dieses in einem hinreichend konkreten objektiv feststellbaren Zusammenhang mit späteren steuerpflichtigen Einnahmen aus der angestrebten beruflichen Tätigkeit steht. Aufwendungen während des **Erziehungsurlaubs**/der **Elternzeit** können vorab entstandene Werbungskosten im Rahmen der Berufsfortbildung sein; jedoch ist der berufliche Verwendungsbezug darzulegen, wenn er sich nicht bereits aus den Umständen von Umschulungs- und Qualifizierungsmaßnahmen ergibt. Aufwendungen für den Erwerb eines **Privatflugzeugführerscheins** führen regelmäßig nicht zu Werbungskosten; dies gilt jedoch nicht, wenn Aufwendungen für den Erwerb eines Verkehrsflugzeugführerscheins im Rahmen einer Fachausbildung anfallen und die Fachausbildung auch den Erwerb eines Privatflugzeugführerscheins einschließt. Aufwendungen von Lehrern für **Snowboardkurse** können als Werbungskosten bei den Einkünften aus nichtselbständiger Arbeit abziehbar sein, wenn ein konkreter Zusammenhang mit der Berufstätigkeit besteht; dies ist im Rahmen einer Gesamtwürdigung aller Umstände des Einzelfalls zu bestimmen. Aufwendungen für **NLP-Kurse** (Neurolinguistisches Programmieren) und **Supervisionskurse** können zu abziehbaren Berufsfortbildungskosten führen.

Zur Berücksichtigung der Aufwendungen im Zusammenhang mit einer **auswärtigen Fortbildungsstätte** finden die Erläuterungen zu den → *Reisekosten,* den → *Aufwendungen für die Wege zwischen Wohnung und Arbeitsstätte* und der → *Doppelten Haushaltsführung* sinngemäß Anwendung. Danach sind die **Grundsätze für Auswärtstätigkeiten** maßgebend, wenn ein Arbeitnehmer als Ausfluss eines Dienstverhältnisses zu Fortbildungszwecken vorübergehend eine außerhalb seiner regelmäßigen Arbeitsstätte im Betrieb des Arbeitgebers gelegene Fortbildungsstätte aufsucht. Das gilt auch dann, wenn die Fortbildung in der Freizeit, z. B. am Wochenende stattfindet. Eine Fortbildungsstätte ist jedoch als regelmäßige Arbeitsstätte anzusehen, wenn diese über einen längeren Zeitraum hinweg zum Zwecke eines Vollzeitunterrichts aufgesucht wird. Jedoch wird eine Bildungseinrichtung im Allgemeinen nicht zu einer weiteren regelmäßigen Arbeitsstätte, wenn ein vollbeschäftigter Arbeitnehmer eine längerfristige, jedoch vorübergehende berufliche Bildungsmaßnahme durchführt. Liegen weder im Betrieb des Arbeitgebers noch in der Wohnung des Arbeitnehmers die Voraussetzungen für die Annahme einer regelmäßigen Arbeits- oder Fortbildungsstätte vor, ist der jeweilige Ausbildungsort vom ersten Tag an regelmäßige Arbeitsstätte; für die Ermittlung der Aufwendungen gelten die Erläuterungen zu den → *Aufwendungen für die Wege zwischen Wohnung und Arbeitsstätte* und der → *Doppelten Haushaltsführung.*

Siehe auch → *Berufsausbildung,* → *Umschulung* und → Rz. B 91 *Berufsausbildung* zum Sonderausgabenabzug

Berufskleidung

Aufwendungen für typische Berufskleidung sind Werbungskosten. Dazu gehören Kleidungsstücke, die

- als Arbeitsschutzkleidung auf die jeweils ausgeübte Berufstätigkeit zugeschnitten sind oder
- nach ihrer z. B. uniformartigen Beschaffenheit oder dauerhaft angebrachten Kennzeichnung durch ein Firmenemblem objektiv eine berufliche Funktion erfüllen,

wenn ihre private Nutzung so gut wie ausgeschlossen ist. Normale Schuhe und Unterwäsche sind z. B. keine typische Berufskleidung. Zu den Aufwendungen für typische Berufskleidung zählen auch die Reinigungskosten in privaten Waschmaschinen.

Berufsverbände

Beiträge an Berufsverbände sind als Werbungskosten abzugsfähig. Dazu gehören Beiträge zu berufsständischen Verbänden, wenn der Zweck nicht auf einen wirtschaftlichen Geschäftsbetrieb gerichtet ist (z. B. Gewerkschaftsbeiträge). Darüber hinaus sind als Werbungskosten auch die Aufwendungen abzusetzen, die einem Arbeitnehmer aus einer ehrenamtlichen Tätigkeit für den Berufsverband entstehen (z. B. Reisekosten bei Teilnahme an gewerkschaftlichen Sitzungen und Tagungen).

Bewerbungskosten

Bewerbungskosten sind als Werbungskosten abzugsfähig. Zu den Bewerbungskosten gehören insbesondere Kosten für Inserate, Telefon, Porto, Fotokopien, Präsentationsmappen, Briefpapier und Reisen anlässlich einer Vorstellung (→ *Reisekosten*). Ob die Bewerbung letztlich Erfolg hat, ist für den Werbungskostenabzug unerheblich. Erstattungen – insbesondere der Reisekosten – sind gegenzurechnen.

Bewirtungskosten

Bewirtungskosten anlässlich persönlicher Ereignisse sind grundsätzlich nicht als Werbungskosten abziehbar. Bewirtungskosten können jedoch auch Werbungskosten sein. Für einen Werbungskostenabzug sind zu den Umständen der Bewirtung (wie Anlass der Feier, Ort der Veranstaltung, Teilnehmer, sonstige Begleitumstände) schriftliche Angaben zu machen; hat die Bewirtung in einer Gaststätte stattgefunden, so genügen Angaben zu Anlass und Teilnehmern der Bewirtung; die Rechnung über die Bewirtung ist beizufügen. Der Werbungskostenabzug ist auf **70 %** der Bewirtungskosten beschränkt. Bewirtet jedoch ein leitender Arbeitnehmer mit variablen Bezügen seine Arbeitskollegen, insbesondere ihm unterstellte Mitarbeiter, so unterliegen die Bewirtungsaufwendungen nicht dieser Abzugsbeschränkung. Die Nachweisanforderungen und die Abzugsbeschränkung sind im Übrigen nur zu beachten bzw. zu berücksichtigen, wenn der Arbeitnehmer selbst als bewirtende Person auftritt; ein Arbeitnehmer, der aus beruflichem Anlass Kosten für eine Bewirtung im Namen seines Arbeitgebers übernimmt, kann diese Kosten ungekürzt und ohne Verpflichtung zur Benennung der Gäste als Werbungskosten abziehen.

Bürgerliche Kleidung

Aufwendungen für bürgerliche Kleidung sind auch bei außergewöhnlich hohen Aufwendungen nicht als Werbungskosten abziehbar.

Computer

Aufwendungen für einen privat angeschafften und beruflich genutzten Computer (z. B. → *Abschreibung*, Verbrauchsmaterial wie Druckerpatronen, Papier, Disketten, CD-Rohlinge) und für den Internetzugang (z. B. Verbindungsentgelte [→ *Telekommunikationsaufwendungen*]) können als Werbungskosten abgezogen werden.

Die **Peripheriegeräte** einer PC-Anlage (Monitor, Drucker, Scanner etc.) sind in der Regel nicht selbständig nutzungsfähig und damit **keine geringwertigen Wirtschaftsgüter**; die Anschaffungskosten können daher nicht im Jahr der Anschaffung in voller Höhe geltend gemacht werden, auch wenn die Aufwendungen für das einzelne Gerät 410 € nicht übersteigen (→ *Arbeitsmittel*).

Die Kosten eines privat angeschafften und sowohl **beruflich** als auch **privat** genutzten Computers sind im Hinblick auf den **Anteil** der beruflichen Nutzung als **Werbungskosten** absetzbar und fallen insoweit **nicht** unter das **Aufteilungs- und Abzugsverbot** des § 12 Nr. 1 Satz 2 EStG, denn es gibt **keine generelle Vermutung** dafür, dass ein privat angeschaffter und in der privaten Wohnung aufgestellter Computer weit überwiegend privat genutzt wird. Kann der Arbeitnehmer gegenüber dem Finanzamt eine nicht unwesentliche berufliche Nutzung des Gerätes **nachweisen** oder zumindest **glaubhaft** machen, sind die Aufwendungen **anteilig** zu berücksichtigen. Bei einer **privaten Mitbenutzung** von **nicht mehr als etwa 10 %** können die **gesamten Aufwendungen** steuerlich geltend gemacht werden. Gegebenenfalls muss der berücksichtigungsfähige Umfang der beruflichen Nutzung auch geschätzt werden. Dabei kann unter bestimmten Voraussetzungen von einer **hälftigen privaten bzw. beruflichen Nutzung** ausgegangen werden.

Darlehensverlust

Nach Hingabe eines Darlehens durch einen Arbeitnehmer an den Arbeitgeber ist als Werbungskosten der Verlust der Darlehensforderung zu berücksichtigen, wenn der Arbeitnehmer das Risiko des Darlehensverlustes aus beruflichen Gründen bewusst auf sich genommen hat. Indiz für die Annahme beruflicher Gründe ist, dass ein Außenstehender – insbesondere eine Bank – mit Rücksicht auf die Gefährdung der Darlehensforderung das Darlehen nicht gewährt hätte. Ob im konkreten Einzelfall berufliche Gründe vorliegen, ist vielmehr durch Abwägung aller Umstände zu entscheiden. Der Annahme einer beruflichen Veranlassung steht nicht entgegen, dass im Rahmen der Darlehensgewährung eine normale Zinshöhe vereinbart war (→ *Zinsen*).

Dienstreise

Seit 2008 wird statt des Begriffs „Dienstreise" der umfassende Begriff → *„Auswärtstätigkeit"* verwendet.

Doppelte Haushaltsführung

Eine doppelte Haushaltsführung im steuerlichen Sinne führt nur, wer

- außerhalb des Ortes beschäftigt ist, in dem er einen eigenen Hausstand unterhält, und
- am Beschäftigungsort übernachtet; die Anzahl der Übernachtungen ist dabei unerheblich.

Da eine doppelte Haushaltsführung den Bezug einer Zweitwohnung am Ort einer → *regelmäßigen Arbeitsstätte* voraussetzt, richtet sich der Abzug der Aufwendungen eines Arbeitnehmers mit → *ständig wechselnden Tätigkeitsstätten* nach Reisekostengrundsätzen (→ *Reisekosten*).

Aufwendungen eines Arbeitnehmers für eine Zweitwohnung an einem auswärtigen Beschäftigungsort sind aber auch dann wegen doppelter Haushaltsführung als Werbungskosten abziehbar, wenn der Arbeitnehmer **zugleich am Ort seines Hausstands beschäftigt** ist.

Wird die doppelte Haushaltsführung aus beruflichem Anlass begründet, können die hierdurch entstehenden **notwendigen Mehraufwendungen** als Werbungskosten abgesetzt werden. Der berufliche **Veranlassungszusammenhang** einer doppelten Haushaltsführung wird jedoch nicht allein dadurch beendet, dass ein Arbeitnehmer seinen **Familienhausstand** innerhalb desselben Ortes **verlegt**.

Ein **eigener Hausstand** setzt eine eingerichtete Wohnung voraus, die der Arbeitnehmer aus eigenem Recht (z. B. als Eigentümer oder Mieter) nutzt. In dieser Wohnung muss der Arbeitnehmer einen Haushalt unterhalten, d. h., er muss die Haushaltsführung bestimmen oder wesentlich mitbestimmen. Die Wohnung muss außerdem der **Mittelpunkt des Lebensinteresses** des Arbeitnehmers sein. Unterhält ein **Alleinstehender**,

der am Beschäftigungsort wohnt, an einem anderen Ort einen eigenen Hausstand, besteht mit zunehmender Dauer besonderer Anlass zu prüfen, wo sich sein **Lebensmittelpunkt** befindet. Im Rahmen einer Gesamtwürdigung aller Umstände ist zu klären, ob ein allein stehender Arbeitnehmer einen eigenen Hausstand unterhält oder in einem fremden Haushalt eingegliedert ist; dabei ist auch von Bedeutung, ob der Arbeitnehmer die Wohnung entgeltlich oder unentgeltlich nutzt. Ein eigener Hausstand liegt nicht bei Arbeitnehmern vor, die – wenn auch gegen Kostenbeteiligung – in den Haushalt der Eltern eingegliedert sind oder in der Wohnung der Eltern lediglich ein Zimmer bewohnen. Jedoch kommt es für das Vorliegen einer doppelten Haushaltsführung nicht darauf an, ob die dem Arbeitnehmer am Ort des Lebensmittelpunkts zur ausschließlichen Nutzung zur Verfügung stehenden Räumlichkeiten den bewertungsrechtlichen Anforderungen an eine Wohnung gerecht werden.

Eine doppelte Haushaltsführung wird auch dann anerkannt, wenn Personen, die an verschiedenen Orten wohnen und dort arbeiten, nach der **Eheschließung** eine der beide Wohnungen zur Familienwohnung machen; dies gilt jedoch nicht in jedem Fall bei einer **nicht ehelichen Lebensgemeinschaft**. Die Gründung eines doppelten Haushalts kann z. B. bei nicht verheirateten Personen beruflich veranlasst sein, wenn sie vor der Geburt eines gemeinsamen Kindes an verschiedenen Orten berufstätig sind, dort wohnen und im zeitlichen Zusammenhang mit der Geburt des Kindes eine der beiden Wohnungen zur Familienwohnung machen. Bei **beiderseits berufstätigen Ehegatten** ist die Verlegung des Familienwohnsitzes an den Beschäftigungsort des anderen Ehegatten unter Beibehaltung der ursprünglichen Familienwohnung als Erwerbswohnung für das Vorliegen einer doppelten Haushaltsführung unerheblich.

Arbeitnehmer **ohne** eigenen Hausstand außerhalb des Beschäftigungsortes können die Voraussetzungen für eine **doppelte Haushaltsführung nicht** erfüllen. Gleichwohl können die **Heimfahrten** an den bisherigen Wohnort als Fahrten zwischen Wohnung und Arbeitsstätte mit der Entfernungspauschale (→ siehe unten und *Aufwendungen für die Wege zwischen Wohnung und Arbeitsstätte*) geltend gemacht werden, wenn sich der Lebensmittelpunkt weiterhin am bisherigen Wohnort befindet.

Mehraufwendungen wegen einer aus beruflichem Anlass begründeten doppelten Haushaltsführung sind **zeitlich unbegrenzt** abzugsfähig.

Die folgenden Aufwendungen sind bei einer doppelten Haushaltsführung abziehbar:

- Die tatsächlichen Kosten für die **erste Fahrt zum neuen Beschäftigungsort** und für die **letzte Fahrt vom Beschäftigungsort** zurück zum Ort des Hausstands.

  Wird ein eigener Kraftwagen benutzt, können die Aufwendungen ohne Einzelnachweis durch die Anwendung des Kilometersatzes von 0,30 €/Kilometer, der auch bei Auswärtstätigkeiten anerkannt wird (→ *Reisekosten*), ermittelt werden.
- Die Kosten für eine **Familienheimfahrt** pro Woche.

  Aufwendungen des Arbeitnehmers für die Familienheimfahrten sind **seit 2007 keine Werbungskosten** mehr. Jedoch ist zur Abgeltung der Aufwendungen für eine Familienheimfahrt eine Entfernungspauschale (→ *Aufwendungen für die Wege zwischen Wohnung und Arbeitsstätte*) von **0,30 €** für jeden vollen Kilometer der Entfernung zwischen dem Ort des Hausstands und dem Beschäftigungsort anzusetzen (Abzug **wie** Werbungskosten). Die Entfernungspauschale gilt nicht für **Flugstrecken**; hierfür sind die tatsächlichen Aufwendungen anzusetzen. Die Begrenzung der Entfernungspauschale auf 4 500 € gilt nicht für Familienheimfahrten. Aufwendungen für Heimfahrten mit einem vom Arbeitgeber überlassenen Dienstwagen sind nicht abziehbar.
- Die notwendigen Aufwendungen für die Unterbringung am Beschäftigungsort (**Unterkunftskosten**, z. B. Miete für die Wohnung, das möblierte Zimmer, Hotelkosten), und zwar in nachgewiesener Höhe, soweit sie nicht überhöht sind. Unterkunftskosten am Beschäftigungsort sind nicht überhöht, wenn sie den **Durchschnittsmietzins** einer **60-qm-Wohnung** am Beschäftigungsort nicht überschreiten. Unterkunftskosten sind jedoch nur unter der Voraussetzung abziehbar, dass die Unterkunft nicht vom Arbeitgeber gestellt wird. Ein **häusliches Arbeitszimmer** in der Zweitwohnung am Beschäftigungsort ist bei der Ermittlung der abziehbaren Unterkunftskosten nicht zu berücksichtigen; der Abzug der hierauf entfallenden Aufwendungen richtet sich nach den Regelungen für → *Arbeitszimmer.* Ist in dem Zahlungsbeleg für die Aufwendungen (insbesondere Holtelrechnung) nur ein Gesamtpreis für Unterkunft und Frühstück ausgewiesen, so ist der Gesamtpreis zur Ermittlung der Unterkunftskosten bei einer Übernachtung im **Inland** um **20 %** zu kürzen.

  Anfallende Umzugskosten gehören zu den Kosten der Unterkunft. Die Pauschalen nach dem Bundesumzugskostengesetz (→ *Umzugskosten*) gelten nicht für einen Umzug im Rahmen der doppelten Haushaltsführung. Kosten des Rückumzugs sind ebenfalls abziehbar.
- Für einen Zeitraum von **drei Monaten** nach Bezug der Wohnung am neuen Beschäftigungsort werden **Verpflegungsmehraufwendungen** anerkannt und zwar für jeden Kalendertag der Abwesenheit von der Wohnung am Lebensmittelpunkt mit den für Auswärtstätigkeit geltenden Pauschalen (→ *Reisekosten*). Liegt der Beschäftigungsort im Inland, können demnach bis zu 24 € je Kalendertag abgezogen werden. Ist der Tätigkeit am Beschäftigungsort eine Auswärtstätigkeit an diesen Ort unmittelbar vorausgegangen, so ist deren Dauer auf die Drei-Monats-Frist anzurechnen. Zu den Verpflegungsmehraufwendungen bei einer doppelten Haushaltsführung im Ausland siehe BMF-Schreiben vom 17. 12. 2008 (BStBl I 2008 S. 1077).

Ehrenamtliche Tätigkeit

→ *Berufsverbände*

Einsatzwechseltätigkeit

Seit 2008 wird statt des Begriffs „Einsatzwechseltätigkeit" der umfassende Begriff → *„Auswärtstätigkeit"* verwendet.

→ *Ständig wechselnde Tätigkeitsstätten*

Entfernungspauschale

→ *Aufwendungen für die Wege zwischen Wohnung und Arbeitsstätte*, → *Doppelte Haushaltsführung*

Fachliteratur

Bücher und Zeitschriften stellen als Arbeitsmittel Werbungskosten dar, wenn sichergestellt ist, dass die erworbenen Bücher und Zeitschriften ausschließlich oder ganz überwiegend beruflichen Zwecken dienen (z. B. Steuergesetzbuch für einen Steuerfachangestellten).

Fahrgemeinschaft

→ *Aufwendungen für die Wege zwischen Wohnung und Arbeitsstätte*

Fahrtätigkeit

Seit 2008 wird statt des Begriffs „Fahrtätigkeit" der umfassende Begriff → *„Auswärtstätigkeit"* verwendet.

→ *Tätigkeiten auf einem Fahrzeug*

Fahrtkosten

→ *Reisekosten*

Fernsprechgebühren

→ *Telekommunikationsaufwendungen*

Fortbildung

→ *Berufsfortbildung*

Geschenke

Geschenke eines Arbeitnehmers anlässlich persönlicher Feiern sind nicht als Werbungskosten abziehbar.

Heimarbeit

→ *Arbeitszimmer*

Kinderbetreuungskosten

Ein Arbeitnehmer kann Kinderbetreuungskosten (Kindergarten, Tagesmutter etc.), die wegen seiner Erwerbstätigkeit anfallen **(erwerbsbedingte Kinderbetreuungskosten), seit 2006 wie Werbungskosten** abziehen. Im Einzelnen gilt Folgendes:

Bei Kindern, die

a) das **14. Lebensjahr noch nicht vollendet** haben oder

b) wegen einer vor Vollendung des 25. Lebensjahres eingetretenen körperlichen, geistigen oder seelischen **Behinderung** außer Stande sind, sich selbst zu unterhalten,

können die Kinderbetreuungskosten in Höhe von **zwei Dritteln** der Aufwendungen, **höchstens 4 000 €** je Kind, wie Werbungskosten **neben dem Arbeitnehmer-Pauschbetrag** von 920 € abgezogen werden.

Zur Übergangsregelung wegen der Absenkung der Altergrenze behinderter Kinder ab 2007 siehe § 52 Abs. 23f EStG.

Im Falle des **Zusammenlebens der Elternteile** gilt dies jedoch nur dann, wenn **beide Elternteile erwerbstätig** sind. Zum Abzug ist der Elternteil berechtigt, der die Aufwendungen getragen hat. Haben beide Elternteile erwerbsbedingte Kinderbetreuungskosten getragen, so können gleichwohl je Kind nur maximal 4 000 € wie Werbungskosten geltend gemacht werden. Sofern die Eltern nicht eine andere Aufteilung wählen, ist der Betrag **je zur Hälfte** bei der Einkünfteermittlung zu berücksichtigen.

Der Abzug ist **nicht möglich** für Aufwendungen für Unterricht (z. B. Schulgeld, Nachhilfe-, Fremdsprachenunterricht), die Vermittlung besonderer Fähigkeiten (z. B. Musikunterricht, Computerkurse) sowie für sportliche und andere Freizeitbetätigungen (z. B. Mitgliedschaft in Sportvereinen oder anderen Vereinen, Tennis-, Reitunterricht usw.). Bei **Kindern im Ausland** wird eine Kürzung nach den Verhältnissen im Wohnsitzstaat vorgenommen (siehe BMF-Schreiben vom 9. 9. 2008, BStBl I 2008 S. 936). Der Werbungskostenabzug wird jedoch nur dann zugelassen, wenn der Arbeitnehmer für die Aufwendungen eine **Rechnung** erhalten hat und die **Zahlung auf das Konto** des Erbringers der Leistung erfolgt ist.

Zu weiteren Einzelheiten siehe BMF-Schreiben vom 19. 1. 2007 (BStBl I 2007 S. 184).

Zu den nicht erwerbsbedingten **Kinderbetreuungskosten**, die unter bestimmten Voraussetzungen als Sonderausgaben abziehbar sind, → Rz. B 91 *Kinderbetreuungskosten*.

Kontoführungsgebühren

Kontoführungsgebühren werden insoweit als Werbungskosten anerkannt, als sie durch Buchungen von Gutschriften für Einnahmen aus dem Dienstverhältnis und durch beruflich veranlasste Überweisungen entstanden sind. Die berufliche Veranlassung wird unterstellt, wenn der Arbeitnehmer für Kontoführungsgebühren nicht mehr als **16 €** jährlich als Werbungskosten geltend macht.

Kostenbeteiligung bei Kraftfahrzeuggestellung

Der **BFH** sieht **Zuzahlungen** zu den Anschaffungskosten eines dem Arbeitnehmer zur privaten Nutzung überlassenen betrieblichen Kraftfahrzeugs als **Werbungskosten** bei den Einkünften aus nichtselbständiger Arbeit an (Urteil v. 18. 10. 2007, VI R 59/06, BStBl II 2009 S. 200); es handelt es sich um Aufwand, der wie Anschaffungskosten eines **Nutzungsrechts** zu behandeln ist, so dass **AfA** für das Nutzungsrecht wie für ein materielles Wirtschaftsgut vorgenommen werden kann. Die Anschaffungskosten des Nutzungsrechts sind laut BFH über die voraussichtliche Gesamtdauer des Nutzungsrechts **linear abzuschreiben**. Die **Verwaltung** wendet das Urteil jedoch nicht an (**Nichtanwendungserlass** v. 6. 2. 2009, BStBl I 2009 S. 413). Die Verwaltung sieht in Höhe der selbst getragenen Zuzahlungen des Arbeitnehmers zu den Anschaffungskosten eines ihm auch zur privaten Nutzung überlassenen betrieblichen Kraftfahrzeugs **keine Werbungskosten**, sondern eine **Minderung des geldwerten Vorteils**. Die Verwaltung lässt deshalb zu, dass Zuzahlungen des Arbeitnehmers zu den Anschaffungskosten eines ihm auch zur privaten Nutzung überlassenen betrieblichen Kraftfahrzeugs **im Zahlungsjahr** und in den **darauf folgenden Kalenderjahren** auf den **geldwerten Vorteil angerechnet** werden.

Des Weiteren hat der BFH entschieden (Urteil v. 18. 10. 2007, VI R 57/06, BStBl II 2009 S. 199), dass bei der Ermittlung des geldwerten Vorteils nach der Fahrtenbuchmethode in die Gesamtkosten eines dem Arbeitnehmer vom Arbeitgeber zur privaten Nutzung überlassenen Kraftfahrzeugs auch **vom Arbeitnehmer selbst getragene Aufwendungen** eingehen; diese Aufwendungen sind **Werbungskosten**. Eine Berücksichtigung der selbst getragenen Aufwendungen als Werbungskosten kommt dagegen laut BFH bei der 1 %-Regelung nicht in Betracht. Auch dieses Urteil wendet die Verwaltung nicht an (**Nichtanwendungserlass** v. 6. 2. 2009, BStBl I 2009 S. 412). Nach Auffassung der Verwaltung fließen vom Arbeitnehmer selbst getragene Aufwendungen **nicht** in die **Gesamtkosten** ein und erhöhen nicht den individuell zu ermittelnden geldwerten Vorteil. Bei der 1 %-Regelung mindern vom Arbeitnehmer selbst getragene Aufwendungen nicht den pauschal ermittelten geldwerten Vorteil; sie stellen auch kein Nutzungsentgelt dar.

Körperpflege und Kosmetika

Aufwendungen für Körperpflege und Kosmetika sind auch bei außergewöhnlich hohen Aufwendungen nicht als Werbungskosten abziehbar.

Nachträgliche Werbungskosten

Werbungskosten können auch im Hinblick auf ein früheres Dienstverhältnis entstehen.

Parkgebühren

→ *Aufwendungen für die Wege zwischen Wohnung und Arbeitsstätte*, → *Fahrtkosten*

Regelmäßige Arbeitsstätte

Der Begriff der „Regelmäßigen Arbeitsstätte" spielt eine Rolle bei

- den → *Aufwendungen für die Wege zwischen Wohnung und Arbeitsstätte,*
- den → *Auswärtstätigkeiten,* wozu auch die Tätigkeiten an → *Ständig wechselnden Tätigkeitsstätten* und die → *Tätigkeiten auf einem Fahrzeug* gehören,
- einer → *Doppelten Haushaltsführung.*

Eine regelmäßige Arbeitsstätte ist der **ortsgebundene Mittelpunkt** der **dauerhaft angelegten beruflichen Tätigkeit** des Arbeitnehmers, unabhängig davon, ob es sich um eine Einrichtung des Arbeitgebers handelt. Regelmäßige Arbeitsstätte ist insbesondere jede **ortsfeste** dauerhafte betriebliche Einrichtung des Arbeitgebers, der der Arbeitnehmer zugeordnet ist und die er mit einer gewissen **Nachhaltigkeit** immer wieder aufsucht. Nicht maßgebend sind Art, Umfang und Inhalt der Tätigkeit. Von einer regelmäßigen Arbeitsstätte ist auszugehen, wenn die betriebliche Einrichtung des Arbeitgebers vom Arbeitnehmer durchschnittlich im Kalenderjahr **an einem Arbeitstag je Arbeitswoche aufgesucht** wird. Bei einer vorübergehenden Auswärtstätigkeit (z. B. befristete Abordnung) an einer anderen betrieblichen Einrichtung des Arbeitgebers oder eines verbundenen Unternehmens wird diese nicht zur regelmäßigen Arbeitsstätte.

Der Betrieb oder eine ortsfeste Betriebsstätte des Arbeitgebers stellt auch dann eine regelmäßige Arbeitsstätte dar, wenn der Arbeitnehmer diesen Ort stets nur aufsucht, um dort die **täglichen Aufträge entgegenzunehmen**, abzurechnen und **Bericht zu erstatten**, oder wenn er dort ein **Dienstfahrzeug übernimmt**, um damit anschließend von der Arbeitsstätte aus eine Auswärtstätigkeit anzutreten. Dabei ist es nicht von Belang, in welchem **zeitlichen Umfang** der Arbeitnehmer an dieser Arbeitsstätte beruflich tätig wird.

Ein Arbeitnehmer kann innerhalb desselben Dienstverhältnisses auch **mehrere** regelmäßige Arbeitsstätten nebeneinander haben. Der **Heimatflughafen** einer Flugbegleiterin ist regelmäßige Arbeitsstätte.

Als **regelmäßige Arbeitstätte** kommen auch in Betracht:

- betriebliche Einrichtungen (z. B. Bus-/Straßenbahndepots oder Verkaufsstellen für Fahrkarten),
- außerbetriebliche Einrichtungen (z. B. der Betrieb des Entleihers/Kunden, wenn die Tätigkeit auf Dauer angelegt ist).

Keine regelmäßigen Arbeitsstätten sind öffentliche Haltestellen, Schiffanlegestellen ohne weitere Arbeitgebereinrichtungen und betriebliche Einrichtungen von Kunden des Arbeitgebers (auch nicht bei längerfristigem Einsatz).

Reisekosten

Reisekosten sind

- Fahrtkosten,
- Verpflegungsmehraufwendungen,
- Übernachtungskosten sowie
- Reisenebenkosten

anlässlich einer → *Auswärtstätigkeit*, wozu auch die Tätigkeiten an → *ständig wechselnden Tätigkeitsstätten* und die → *Tätigkeiten auf einem Fahrzeug* gehören.

Reisekosten können als Werbungskosten berücksichtigt werden, wenn diese durch eine so gut wie ausschließlich beruflich veranlasste → *Auswärtstätigkeit* des Arbeitnehmers außerhalb seiner Wohnung und an keiner seiner → *regelmäßigen Arbeitsstätte* veranlasst sind und soweit sie nicht vom Arbeitgeber ersetzt wurden.

Fahrtkosten

Fahrtkosten können ohne Einzelnachweis als Werbungskosten mit folgenden Kilometersätzen berücksichtigt werden:

- Kraftwagen bis zu **0,30 €**,
- Motorrad/Motorroller bis zu **0,13 €**,
- Moped/Mofa bis zu **0,08 €**,
- Fahrrad bis zu **0,05 €**.

Die Kilometersätze gelten für jeden gefahrenen Kilometer und nicht für die Entfernungskilometer. Mit diesen Sätzen sind alle Fahrtkosten, einschließlich der durch die Mitnahme von Gepäck verursachten Aufwendungen, abgegolten. Dagegen können z. B. Park- und Straßenbenutzungsgebühren, außergewöhnliche Kosten (nicht vorhersehbare Aufwendungen für Reperaturen, die nicht auf Verschleiß oder die auf Unfallschäden [→ *Unfallkosten*] beruhen, oder Aufwendungen infolge Diebstahls) sowie Aufwendungen für Insassen- und Unfallversicherungen neben den Kilometersätzen berücksichtigt werden. Für die Mitnahme jeder weiteren an der Dienstreise aus beruflicher Veranlassung teilnehmenden Person im eigenen Kraftwagen erhöht sich der Kilometersatz um **0,02 €** oder bei Mitnahme auf dem Motorrad/Motorroller um **0,01 €**. Die Kilometersätze sind nicht anzusetzen, soweit sie im Einzelfall zu einer offensichtlich unzutreffenden Besteuerung führen würden (z. B. bei einer Jahresfahrleistung von mehr als 40 000 km).

Statt der festen Kilometersätze kann auch auf Grund der für einen Zeitraum von zwölf Monaten ermittelten Gesamtkosten **errechnete Kilometersatz** angesetzt werden, und zwar so lange, bis sich die Verhältnisse wesentlich ändern. Dabei ist von einem Abschreibungssatz für den Pkw i. H. v. 12,5 %, d. h. von einer achtjährigen (Gesamt-)Nutzungsdauer, auszugehen.

Bei **öffentlichen Verkehrsmitteln** ist der entrichtete Fahrpreis einschließlich etwaiger Zuschläge absetzbar.

Verpflegungsmehraufwendungen

Verpflegungsmehraufwendungen werden als Werbungskosten einheitlich in Höhe der folgenden Pauschbeträge berücksichtigt:

Dauer der Abwesenheit am Kalendertag	für jeden Kalendertag
24 Stunden	24 €
weniger als 24 Stunden aber mindestens 14 Stunden	12 €
weniger als 14 Stunden aber mindestens acht Stunden	6 €

Bei einer → *Auswärtstätigkeit* zählt die Abwesenheit von der Wohnung oder der regelmäßigen Arbeitsstätte.

Bei Auswärtstätigkeiten im Ausland treten an die Stelle des Pauschbetrags für den vollen Kalendertag länderweise unterschiedliche Pauschbeträge (Auslandstagegelder), die vom BMF bekannt gemacht werden (siehe Schreiben v. 17. 12. 2008, BStBl I 2008 S. 1077).

Übernachtungskosten

Übernachtungskosten sind tatsächliche Aufwendungen, die dem Arbeitnehmer für die persönliche Inanspruchnahme einer Unterkunft zur Übernachtung entstehen. Sie müssen grundsätzlich im Einzelnachweis nachgewiesen werden; sie können jedoch geschätzt werden, wenn sie dem Grunde nach zweifelsfrei entstanden sind. Die Möglichkeit des Arbeitgebers, für jede Übernachtung im Inland einen Pauschbetrag von 20 € steuerfrei zu zahlen, bedeutet nicht, dass auch pauschal 20 € als Werbungskosten abgesetzt werden können. Der Einzelnachweis gilt im Übrigen nunmehr auch bei Übernachtungen im Ausland (Änderung mit den Lohnsteuer-Richtlinien 2008); bis 2007 war ohne Einzelnachweis der Ansatz der Auslandsübernachtungsgelder (siehe auch BMF-Schreiben v. 17. 12. 2008, BStBl I 2008 S. 1077) als Werbungskosten möglich.

Aus der Rechnung für die Übernachtung sind die Kosten für Verpflegung herauszurechnen, da sie nicht zu den Übernachtungskosten gehören. Wird durch Zahlungsbelege (z. B. Hotelrechnung) nur ein **Gesamtpreis für Unterkunft und Verpflegung** nachgewiesen und lässt sich der Preis für die Verpflegung nicht feststellen (z. B. Tagungspauschale), ist der Gesamtpreis zur Ermittlung der Übernachtungskosten wie folgt zu **kürzen**:

1. für Frühstück um 20 %,
2. für Mittag- und Abendessen um jeweils 40 %

des für den Unterkunftsort maßgebenden Pauschbetrags für Verpflegungsmehraufwendungen bei einer Auswärtstätigkeit mit einer Abwesenheitsdauer von mindestens 24 Stunden, d. h. bei einer Auswärtstätigkeit im Inland von 24 €.

Reisenebenkosten

Reisenebenkosten können als Werbungskosten abgezogen werden, soweit sie nicht vom Arbeitgeber steuerfrei erstattet werden.

Zu den Reisenebenkosten gehören die tatsächlichen Aufwendungen z. B. für

- Beförderung und Aufbewahrung von Gepäck,
- Ferngespräche und Schriftverkehr beruflichen Inhalts mit dem Arbeitgeber oder dessen Geschäftspartner,
- Straßen- und Parkplatzbenutzung,
- Schadensersatzleistungen infolge von Verkehrsunfällen, wenn die jeweils damit verbundenen Fahrtkosten als Reisekosten anzusetzen sind, sowie
- Beiträge zu Unfallversicherungen, soweit sie Berufsunfälle bei einer Reisetätigkeit abdecken.

Reisenebenkosten

→ *Reisekosten*

Repräsentationsaufwendungen

→ *Abzugsverbot*

Schuldzinsen

→ *Zinsen*

Ständig wechselnde Tätigkeitsstätten

Wird ein Arbeitnehmer bei seiner individuellen beruflichen Tätigkeit typischerweise nur an ständig wechselnden Tätigkeitsstätten tätig, liegt eine → *Auswärtstätigkeit* vor.

Es können bei Vorliegen einer ständig wechselnden Tätigkeitsstätte folgende → *Reisekosten* als Werbungskosten geltend gemacht werden:

- Fahrtkosten,
- Verpflegungsmehraufwendungen,
- Übernachtungskosten und
- Reisenebenkosten.

Es gelten **folgende Besonderheiten:**

Für die **Wege** eines Arbeitnehmers zwischen Wohnung und ständig wechselnden Tätigkeitsstätten ist nicht die Entfernungspauschale (→ *Aufwendungen für die Wege zwischen Wohnung und Arbeitsstätte*), sondern der nachgewiesene oder glaubhaft gemachte Aufwand anzusetzen. Bei **Übernachtung** am auswärtigen Tätigkeitsort ist die Entfernungspauschale weder für die Wege zwischen Wohnung und Tätigkeitsort noch – unabhängig von der Entfernung – für die Wege zwischen auswärtiger Unterkunft und Tätigkeitsstätte anzusetzen. Die Aufwendungen für solche Fahrten sind in der nachgewiesenen oder glaubhaft gemachten Höhe abziehbar. Wird ein eigener Kraftwagen benutzt, können 0,30 €/Kilometer angesetzt werden (→ *Reisekosten*).

Fahrten des Arbeitnehmers zwischen seiner **Wohnung** und dem **Betriebs- bzw. Firmensitz**, von dem aus die Auswärtstätigkeit auf wechselnden Tätigkeitsstätten angetreten wird, betreffen die Wege zwischen Wohnung und Arbeitsstätte (→ *Aufwendungen für die Wege zwischen Wohnung und Arbeitsstätte*); es kommt die Entfernungspauschale zum Ansatz.

Steuerberatungskosten

Arbeitnehmer können Steuerberatungskosten als Werbungskosten geltend machen, soweit sie bei der **Ermittlung der Einkünfte** aus nichtselbständiger Arbeit anfallen. Zu den Steuerberatungskosten können dabei auch Fahrtkosten zum Steuerberater, Aufwendungen für Fachliteratur und sonstige Hilfsmittel (z. B. Software) sowie Unfallkosten gehören. Steuerberatungskosten sind im Übrigen auch Beiträge zu Lohnsteuerhilfevereinen.

Soweit die Steuerberatungskosten **privat veranlasst** sind → Rz. B 91 *Steuerberatungskosten.*

Im Übrigen gelten **folgende Besonderheiten**: Steuerberatungskosten, die für Steuern entstehen, die sowohl beruflich als auch privat verursacht sein können, sind anhand ihrer **Veranlassung** den Aufwendungen zuzuordnen (z. B. Zweitwohnungssteuer); als Aufteilungsmaßstab dafür ist grundsätzlich die Gebührenrechnung des Steuerberaters heranzuziehen. Entstehen **Aufwendungen**, die **sowohl beruflich als auch privat** veranlasst sind, wie z. B. Beiträge an Lohnsteuerhilfevereine, Anschaffungskosten für Steuerfachliteratur zur Ermittlung der Einkünfte und des Einkommens, Beratungsgebühren für einen Rechtsstreit, der sowohl die Ermittlung von Einkünften als auch z. B. den Ansatz von außergewöhnlichen Belastungen umfasst, ist im Rahmen einer **sachgerechten Schätzung** eine Zuordnung zu den Werbungskosten oder nicht abziehbaren Kosten der Lebensführung vorzunehmen. Dies gilt auch in den Fällen einer **Vereinbarung einer Pauschalvergütung** nach § 14 der Steuerberatergebührenverordnung (StBGebV). Bei Beiträgen an **Lohnsteuerhilfevereine**, Aufwendungen für **steuerliche Fachliteratur** und **Software** wird es von der Finanzverwaltung nicht beanstandet, wenn diese Aufwendungen i. H. v. **50 %** den **Werbungskosten** zugeordnet werden. Dessen ungeachtet wird aus Vereinfachungsgründen der Zuordnung des Arbeitnehmers bei Aufwendungen für **gemischte Steuerberatungskosten** bis zu einem Betrag von **100 €** im Veranlagungszeitraum gefolgt.

Beispiel:

Der Arbeitnehmer zahlt in 2009 einen Beitrag an einen Lohnsteuerhilfeverein i. H. v. 120 €. Davon ordnet er 100 € den Werbungskosten zu; diese Zuordnung wird nicht beanstandet.

Studienreisen, Fachkongresse

Aufwendungen für eine Studienreise oder den Besuch eines Fachkongresses sind Werbungskosten, wenn die Reise oder Teilnahme an dem Kongress so gut wie ausschließlich beruflich veranlasst ist. Eine berufliche Veranlassung ist anzunehmen, wenn **objektiv** ein Zusammenhang mit dem Beruf besteht und **subjektiv** die Aufwendungen zur Förderung des Berufs gemacht werden. Die Befriedigung privater Interessen muss nach dem Anlass der Reise, den vorgesehenen Programmen und der tatsächlichen Durchführung nahezu ausgeschlossen sein. Die Entscheidung, ob berufsbedingte Aufwendungen vorliegen, ist nach Würdigung aller Umstände und Merkmale des Einzelfalls zu treffen.

Für berufsbedingte Aufwendungen können z. B. folgende Merkmale sprechen:

- ein homogener Teilnehmerkreis;

- eine straffe und lehrgangsmäßige Organisation;
- ein Programm, das auf die beruflichen Bedürfnisse und Gegebenheiten der Teilnehmer zugeschnitten ist;
- die Gewährung von Dienstbefreiung oder Sonderurlaub;
- Zuschüsse des Arbeitgebers.

Gegen berufsbedingte Aufwendungen sprechen dagegen z. B. folgende Merkmale:

- der Besuch bevorzugter Ziele des Tourismus;
- häufiger Ortswechsel;
- bei kürzeren Veranstaltungen die Einbeziehung vieler Sonn- und Feiertage, die zur freien Verfügung stehen;
- die Mitnahme des Ehegatten oder anderer naher Angehöriger;
- die Verbindung mit einem privaten Aufenthalt;
- die Reise in den heimischen Kulturkreis;
- entspannende und kostspielige Beförderung (z. B. Schiffsreise).

Tätigkeiten auf einem Fahrzeug

Wird ein Arbeitnehmer bei seiner individuellen beruflichen Tätigkeit typischerweise auf einem Fahrzeug tätig, liegt eine → *Auswärtstätigkeit* vor. Es können bei der Tätigkeit auf einem Fahrzeug folgende → *Reisekosten* als Werbungskosten geltend gemacht werden:

- Fahrtkosten,
- Verpflegungsmehraufwendungen,
- Übernachtungskosten und
- Reisenebenkosten.

Die Fahrten eines **Linienbusfahrers** zwischen seiner **Wohnung** und **unterschiedlichen Busdepots**, an denen er das zu führende Fahrzeug in wechselndem Turnus zu übernehmen hat und die er mit einer gewissen Nachhaltigkeit fortdauernd und immer wieder aufsucht, sind Fahrten zwischen Wohnung und Arbeitsstätte (→ *Aufwendungen für die Wege zwischen Wohnung und Arbeitsstätte*).

Telearbeit

Aufwendungen im Zusammenhang mit der Telearbeit sind als Werbungskosten abzugsfähig; dies gilt jedoch nicht, soweit sie vom Arbeitgeber steuerfrei ersetzt wurden. Für den Werbungskostenabzug in Betracht kommen hier insbesondere Aufwendungen für das → *Arbeitszimmer*, für → *Arbeitsmittel* (→ *Abschreibung*, → *Computer*) und für → *Telekommunikationsaufwendungen*. Bezüglich der Aufwendungen eines Telearbeiters für ein häusliches Arbeitszimmer hat der BFH entschieden, dass bei einem Steuerpflichtigen, der eine in qualitativer Hinsicht gleichwertige Arbeitsleistung wöchentlich an drei Tagen an einem häuslichen Telearbeitsplatz und an zwei Tagen im Betrieb seines Arbeitgebers zu erbringen hat, der Mittelpunkt der gesamten beruflichen Betätigung im häuslichen Arbeitszimmer liegt; der Werbungskostenabzug ist somit uneingeschränkt möglich.

Telekommunikationsaufwendungen

Telekommunikationsaufwendungen sind Werbungskosten, soweit sie beruflich veranlasst sind. Wird der berufliche Anteil der beruflich veranlassten Aufwendungen an den Gesamtaufwendungen für einen Zeitraum von drei Monaten im Einzelnen nachgewiesen, kann dieser berufliche Anteil für den gesamten Veranlagungszeitraum zu Grunde gelegt werden. Dabei können die Aufwendungen für das Nutzungsentgelt der Telefonanlage sowie für den Grundpreis der Anschlüsse entsprechend dem beruflichen Anteil der Verbindungsentgelte an den gesamten Verbindungsentgelten (Telefon und Internet) abgezogen werden. Fallen erfahrungsgemäß beruflich veranlasste Telekommunikationsaufwendungen an, können aus Vereinfachungsgründen ohne Einzelnachweis bis zu **20 %** des Rechnungsbetrags, jedoch höchstens **20 €** monatlich als Werbungskosten anerkannt werden. Der monatliche Durchschnittsbetrag, der sich aus den Rechnungsbeträgen für einen repräsentativen Zeitraum von drei Monaten ergibt, kann auch für den gesamten Veranlagungszeitraum zu Grunde gelegt werden.

Übernachtungskosten

→ *Reisekosten*

Umschulung

Aufwendungen für die einen **Berufswechsel** vorbereitenden **Umschulungsmaßnahmen** sind unabhängig vom Bestehen eines Dienstverhältnisses als **Werbungskosten** abziehbar. Dies gilt z. B. für Aufwendungen für eine Umschulungsmaßnahme, die die Grundlage dafür bildet, von einer Berufsart oder Erwerbsart zu einer anderen überzuwechseln, wenn sie in einem hinreichend konkreten, objektiv feststellbaren Zusammenhang mit späteren Einnahmen stehen und die Ausbildung für den neuen Beruf der **Überwindung oder Vermeidung von Arbeitslosigkeit** dient.

Zur Berücksichtigung der Aufwendungen im Zusammenhang mit einer **auswärts durchgeführten Umschulung** finden die Erläuterungen zu den → *Reisekosten*, den → *Aufwendungen für die Wege zwischen Wohnung und Arbeitsstätte* und der → *Doppelten Haushaltsführung* sinngemäß Anwendung.

Siehe im Übrigen auch → *Berufsausbildung*, → *Berufsfortbildung* und → Rz. B 91 *Berufsausbildung* zum Sonderausgabenabzug.

Umzugskosten

Als Werbungskosten abzugsfähig sind alle Kosten, die einem Arbeitnehmer durch einen beruflich bedingten Umzug an einen anderen Ort – z. B. Antritt der ersten bzw. einer neuen Arbeitsstelle – entstehen. Ein Wohnungswechsel ist **beruflich veranlasst**, wenn

- durch ihn die Entfernung zwischen Wohnung und Arbeitsstätte erheblich verkürzt wird und die verbleibende Wegezeit im Berufsverkehr als normal angesehen werden kann,
- er im ganz überwiegenden betrieblichen Interesse des Arbeitgebers durchgeführt wird oder
- er das Beziehen oder die Aufgabe der Zweitwohnung im Zusammenhang mit einer beruflich veranlassten → *doppelten Haushaltsführung* betrifft.

Eine **erhebliche Verkürzung der Entfernung** zwischen Wohnung und Arbeitsstätte ist anzunehmen, wenn sich die Dauer der täglichen Hin- und Rückfahrt insgesamt wenigstens zeitweise um **mindestens eine Stunde** verringert. Fahrzeitersparnisse beiderseits berufstätiger Ehegatten sind nicht zusammenzurechnen; sie sind also weder zu addieren noch zu saldieren. In überwiegend betrieblichem Interesse ist im Übrigen insbesondere das Beziehen oder Räumen einer Dienstwohnung.

Die berufliche Veranlassung des Umzugs wird nicht dadurch beeinträchtigt, dass der Wechsel der Familienwohnung erst im Anschluss an eine längere doppelte Haushaltsführung durchgeführt wird.

Die privaten Motive für die Auswahl der neuen Wohnung sind im Fall der beruflichen Veranlassung des Umzugs grundsätzlich unbeachtlich.

Die Kosten eines Umzugs werden im Allgemeinen ohne weitere Nachprüfungen in der Höhe anerkannt, die nach dem Bundesumzugskostengesetz einem Bundesbeamten höchstens gezahlt werden können (siehe auch BMF-Schreiben v. 16. 12. 2008, BStBl I 2008 S. 1076).

Als Umzugskosten kommen insbesondere in Betracht:

- Beförderungsauslagen für das Umzugsgut;
- → *Reisekosten*: Verpflegungsmehraufwendungen werden jedoch nur bis zur Höhe der steuerlichen Pauschbeträge anerkannt;
- Mietentschädigung für die alte Wohnung, so lange die Miete wegen bestehender Kündigungsfristen neben der Miete für die neue Wohnung gezahlt werden muss;
- Wohnungsvermittlungsgebühren;
- Auslagen für den durch den Umzug bedingten zusätzlichen Unterricht der Kinder bei Beendigung des Umzugs nach dem 1. 1. 2009 i. H. v. **1 514 €** und bei Beendigung des Umzugs nach dem 1. 7. 2009 i. H. v. **1 584 €**;
- Pauschalen für sonstige Umzugsauslagen bei Beendigung des Umzugs nach dem 1. 1. 2009 i. H. v. **1 204 €** (Verheiratete), **602 €** (Ledige) bzw. **265 €** (jede weitere im Haushalt lebende Person mit Ausnahme des Ehegatten). Bei einer Beendigung des Umzugs nach dem 1. 7. 2009 erhöhen sich die genannten Beträge auf **1 256 €/628 €/277 €**.

Aufwendungen für die **Ausstattung der neuen Wohnung** sind bei einem beruflich veranlassten Umzug nicht als Werbungskosten abziehbar.

Unfallkosten[1])

Aufwendungen zur Beseitigung eines Unfallschadens, der sich bei einer Auswärtstätigkeit ereignet hat, sind Werbungskosten, es sei denn, dass der Unfall eingetreten ist, weil der Arbeitnehmer unter Alkoholeinfluss stand. Unfälle, die sich auf einer privat veranlassten Abweichung von der beruflichen Fahrtstrecke ereignen, sind nicht zu berücksichtigen. Bei den Unfallkosten handelt es sich um außergewöhnliche Aufwendungen, die neben dem Kilometersatz bei → *Auswärtstätigkeiten* (→ *Reisekosten*) berücksichtigt werden können.

Bis **einschließlich 2006** konnten Unfallkosten neben der Entfernungspauschale (→ *Aufwendungen für die Wege zwischen Wohnung und Arbeitsstätte)* als außergewöhnliche Kosten berücksichtigt werden, obwohl auch vor 2007 bestimmt war, dass mit der Entfernungspauschale sämtliche Aufwendungen für das Zurücklegen der Wege zwischen Wohnung und Arbeitsstätte und für Familienheimfahrten (→ *Doppelte Haushaltsführung*) abgegolten sind. An dieser Ausnahmeregelung wird vom Gesetzgeber (→ BT-Drucks. 16/1545 v. 18. 5. 2006; Begründung im Gesetzentwurf zum Steueränderungsgesetz 2007), auch im Hinblick auf die Streichung der Sonderregelung für die Benutzung öffentlicher Verkehrsmittel, nicht mehr festgehalten. **Seit 2007** fallen somit auch die Unfallkosten unter die Abgeltungswirkung der Entfernungspauschale (Ausnahme: Arbeitnehmer mit bestimmten Behinderungen, die die tatsächlichen Aufwendungen wie Werbungskosten geltend machen können).

Unfallversicherung

a) Versicherungen des Arbeitnehmers

Aufwendungen des Arbeitnehmers für eine Versicherung ausschließlich gegen Unfälle, die mit der beruflichen Tätigkeit in unmittelbarem Zusammenhang stehen (einschließlich der Unfälle auf dem Weg von und zur Arbeitsstätte), sind Werbungskosten (s. a. BMF-Schreiben v. 17. 7. 2002 – BStBl I 2002 S. 1204). Aufwendungen des Arbeitnehmers für eine Unfallversicherung, die das Unfallrisiko sowohl im beruflichen als auch im außerberuflichen Bereich abdeckt, sind zum einen Teil Werbungskosten und zum anderen Teil Sonderausgaben (→ Rz. B 91 *Unfallversicherung*); dabei kann der Gesamtbeitrag im Verhältnis **50 : 50** aufgeteilt werden, wenn keine andere Angaben des Versicherungsunternehmens vorliegen.

Vom Arbeitgeber übernommene Beiträge des Arbeitnehmers sind als Werbungskosten abzugsfähig, soweit sie auf den beruflichen Bereich entfallen und nicht als Vergütungen für Reisenebenkosten steuerfrei waren (→ Rz. C 161 *Unfallversicherung, private*).

b) Versicherungen des Arbeitgebers

Der Arbeitnehmer kann auch bei einer vom Arbeitgeber abgeschlossenen Unfallversicherung die Beiträge als Werbungskosten abziehen, soweit sie auf den beruflichen Bereich entfallen und nicht als Vergütungen für Reisenebenkosten steuerfrei waren.

Verpflegungsmehraufwendungen

→ *Reisekosten*

Versorgungsausgleich

Ausgleichzahlungen, die ein zum Versorgungsausgleich verpflichteter Ehegatte auf Grund einer Vereinbarung gemäß § 1587o BGB an den anderen Ehegatten leistet, um Kürzungen seiner Versorgungsbezüge zu vermeiden, sind sofort als **Werbungskosten** abziehbar. Ausgleichszahlungen, die ein zum Vorsorgungsausgleich verpflichteter Beamter auf Grund einer Vereinbarung gemäß § 1408 Abs. 2 BGB an seinen Ehegatten leistet, um Kürzungen seiner Versorgungsbezüge zu vermeiden, sind ebenfalls sofort als Werbungskosten abziehbar. Werden die Ausgleichszahlungen fremdfinanziert, können die dadurch entstehenden **Schuldzinsen** als **Werbungskosten** bei den Einkünften aus nichtselbständiger Arbeit abgezogen werden.

Vertragsstrafe

Die Zahlung einer in einem Ausbildungsverhältnis begründeten Vertragsstrafe kann zu Erwerbsaufwendungen (Werbungskosten oder Betriebsausgaben) führen.

Werbungskosten-Pauschbetrag bei Versorgungsbezügen

Von den Einnahmen aus nichtselbständiger Arbeit wird seit 2005, soweit es sich um **Versorgungsbezüge** handelt (→ Rz. B 93 *Versorgungsfreibetrag*), ein Pauschbetrag für Werbungskosten von **102 €** abgezogen. Der Pauschbetrag darf jedoch nur bis zur Höhe der um den Zuschlag zum Versorgungsfreibetrag geminderten Einnahmen abgezogen werden.

Werkzeug

→ *Arbeitsmittel*

Zinsen

Beruflich veranlasste Zinsaufwendungen (z. B. auf Grund der Anschaffung von → *Arbeitsmitteln*) sind als **Werbungskosten** bei den Einkünften aus nichtselbständiger Arbeit abziehbar. Schuldzinsen für Darlehen, mit denen Arbeitnehmer den Erwerb von Gesellschaftsanteilen an ihrer Arbeitgeberin finanzieren, um damit die arbeitsvertragliche Voraussetzung für die Erlangung einer höher dotierten Position zu erfüllen, sind regelmäßig Werbungskosten bei den Einkünften aus **Kapitalvermögen**. → *Darlehensverlust*, → *Versorgungsausgleich*.

1) Es können sich durch das „Gesetz zur Wiedereinführung der Entfernungspauschale“ (BR-Drucks. 147/09 v. 10. 2. 2009 und 147/09 [Beschluss] v. 6. 3. 2009) oder das „Gesetz zur Fortführung der Gesetzeslage 2006 bei der Entfernungspauschale“ (BT-Drucks. 16/12099 v. 3. 3. 2009) Änderungen ergeben. Bei Redaktionsschluss war keines der genannten Gesetze verabschiedet. **Um Beachtung wird gebeten!**

7. ABC der Sonderausgaben

Sonderausgaben sind bestimmte, im Einkommensteuergesetz abschließend aufgezählte Aufwendungen der privaten Lebensführung, die die **steuerliche Leistungsfähigkeit mindern** und deshalb bei der Einkommensermittlung vom Gesamtbetrag der Einkünfte abgezogen werden dürfen. Durch den Sonderausgabenabzug werden aber auch bestimmte Aufwendungen aus besonderen **sozial- oder gesellschaftspolitischen Gründen** steuerlich begünstigt. 88

Bei **Ehegatten**, die zusammen zur Einkommensteuer veranlagt werden, kommt es für den Abzug von Sonderausgaben nicht darauf an, ob sie der Ehemann oder die Ehefrau geleistet hat. 89

Aufwendungen sind für das **Kalenderjahr** als Sonderausgaben abzuziehen, in dem sie **geleistet** worden sind. 90

Aufwendungen können nur in der Höhe als Sonderausgaben abgezogen werden, in der sie die **erstatteten** oder **gutgeschriebenen Beträge** der gleichen Art (z. B. erstattete Kirchensteuer, rückvergütete Versicherungsbeiträge) übersteigen. Werden bei der Einkommensteuerfestsetzung berücksichtigte Sonderausgaben erstattet oder vergütet und ist in diesem Jahr ein Ausgleich mit gleichartigen Aufwendungen nicht oder nicht in voller Höhe möglich, so ist der Sonderausgabenabzug des Jahres der Verausgabung insoweit um die nachträgliche Erstattung oder Vergütung zu mindern. Ist die Einkommensteuer vom Finanzamt bereits bestandskräftig festgesetzt, wird der Steuerbescheid wegen dieses rückwirkenden Ereignisses geändert. 91

Hinweis: Querverweise auf Stichwörter innerhalb des ABC sind durch einen voranstehenden Pfeil gekennzeichnet (z. B.: → *Vorsorgeaufwendungen*).

Altersvorsorgebeiträge

Der Aufbau einer kapitalgedeckten freiwilligen Altersversorgung bei Personen, die von der Absenkung des Rentenniveaus in der gesetzlichen Rentenversicherung oder der Absenkung des Besoldungsniveaus betroffen sind (z. B. **rentenversicherungspflichtige Arbeitnehmer**, **Beamte**, beurlaubte Beamte; nicht jedoch z. B. in einem berufsständischen Versorgungswerk versicherte Arbeitnehmer), wird seit 2002 steuerlich besonders gefördert. Gefördert werden Beiträge zu Rentenversicherungen sowie Anlagen in Investmentfonds- und Banksparpläne, die mit laufenden Auszahlungen und mit einer Absicherung für das hohe Alter verbunden sind. Dazu können auch Direktversicherungen, Pensionskassen und Pensionsfonds gehören, zu denen Beiträge aus dem individuell versteuerten Arbeitslohn des Arbeitnehmers geleistet werden. Seit 2008 werden auch die selbst genutzten eigenen Wohnimmobilien und selbst genutzten Genossenschaftswohnungen im Rahmen der sog. „Riester-Renten" gefördert (sog. „Wohn-Riester").

Die konkreten Fördervoraussetzungen enthält das Altersvorsorgeverträge-Zertifizierungsgesetz. Die Vertragsanbieter bzw. deren Unternehmensverbände können von der Bundesanstalt für Finanzdienstleistungsaufsicht in Bonn für entsprechende Muster- oder Einzelverträge ein **Zertifikat** erhalten, in dem bescheinigt wird, dass ihr Produkt den gesetzlichen Förderkriterien entspricht und damit steuerlich gefördert werden kann.

Die Förderung besteht aus einer **Zulage** und ggf. einem zusätzlichen **Sonderausgabenabzug**. Die Zulage setzt sich aus einer Grund- und einer Kinderzulage zusammen. Die **Grundzulage** beträgt seit 2008 **154 €** und die **Kinderzulage** für jedes Kind, für das dem Zulageberechtigten Kindergeld ausgezahlt wird, **185 €**. Für nach dem 31. 12. 2007 geborene Kinder wird eine erhöhte Kinderzulage von **300 €** gewährt. Für Zulageberechtigte, die zu Beginn des Beitragsjahrs das 25. Lebensjahr noch nicht vollendet haben, erhöht sich die Grundzulage um einmalig **200 €** (sog. Berufseinsteiger-Bonus); dies gilt erstmals für das Jahr 2008.

Die Zulagen werden gekürzt, wenn im Jahr 2009 nicht mindestens **4 %** der im Vorjahr erzielten rentenversicherungspflichtigen Einnahmen oder der im Vorjahr bezogenen Besoldung, **maximal 2 100 €, vermindert um die zustehenden Zulagen**, in einen Altersvorsorgevertrag gezahlt werden (gilt seit dem Jahr 2008 und für alle Folgejahre). Als **Sockelbetrag** ist ein Betrag von 60 € zu leisten.

Auch ein grundsätzlich nicht begünstigter Ehegatte (z. B. Selbständiger, in einem berufsständischen Versorgungswerk versicherter Arbeitnehmer) kann eine Zulage erhalten, wenn er auf seinen Namen einen Altersvorsorgevertrag abgeschlossen hat und der andere Ehegatte zum begünstigten Personenkreis gehört (**abgeleiteter Zulagenanspruch**).

Die Zulage ist nach amtlich vorgeschriebenem Vordruck bis zum Ablauf des zweiten Kalenderjahrs, das auf das Beitragsjahr folgt, bei dem Anbieter seines Vertrags zu beantragen. D. h., die Zulage für das Jahr 2009 muss bis spätestens 31. 12. 2011 beantragt werden. Es gibt bei der Beantragung die Möglichkeit des vereinfachten Antragsverfahrens (**Dauerzulageantrag**). Bei diesem Verfahren kann der Zulageberechtigte den Anbieter seines Vertrags schriftlich bevollmächtigen, für ihn die Zulage für jedes Beitragsjahr zu beantragen. Der Zulageberechtigte wird dadurch nicht mit dem jährlichen Zulageantrag belastet. Er ist jedoch verpflichtet, Änderungen, die sich auf den Zulageanspruch auswirken (z. B. Beendigung der Zugehörigkeit zum berechtigten Personenkreis, Familienstand, Anzahl der Kinder, Zuordnung der Kinder, Zuordnung bei mehreren Verträgen), dem Anbieter unverzüglich mitzuteilen.

Im Rahmen der Einkommensteuerveranlagung wird auf Antrag geprüft, ob der besondere Sonderausgabenabzug der Altersvorsorgeaufwendungen unter Berücksichtigung der Freibeträge für Kinder günstiger als die Zulage ist; der sog. Berufseinsteiger-Bonus i. H. v. 200 € bleibt hier außer Betracht. Ist dies der Fall, wird die Altersvorsorgezulage der tariflichen Einkommensteuer hinzugerechnet und dadurch die Steuerminderung auf den Mehrbetrag beschränkt. Maximal als Sonderausgaben abzugsfähig sind seit 2008 jährlich **2 100 €** (Altersvorsorgebeiträge zuzüglich der Zulage). Ab 2009 wird der Sonderausgabenabzug nur vorgenommen, wenn dem Anbieter eine Einwilligung zur Datenübermittlung der Altersvorsorgebeiträge an die zentrale Stelle vorliegt; in bestimmten Fällen gilt die Einwilligung als erteilt.

Arbeitslosenversicherung

→ *Vorsorgeaufwendungen*

Berufsausbildung

Aufwendungen für den **erstmaligen Erwerb von Kenntnissen**, die zur Aufnahme eines Berufs befähigen, beziehungsweise für ein **erstes Studium** sind Kosten der Lebensführung und als **Sonderausgaben** bis zu 4 000 € abziehbar. Dies gilt auch für ein **berufsbegleitendes Erststudium.** Der Höchstbetrag von 4 000 € gilt bei der Zusammenveranlagung von Ehegatten für jeden Ehegatten gesondert. Beim Abzug von Berufsausbildungskosten als Sonderausgaben sind die beim Betriebsausgaben-/Werbungskostenabzug geltenden Beschränkungen für Arbeitsmittel, häusliche Arbeitszimmer, Kfz-Fahrten, doppelte Haushaltsführung und Verpflegung anzuwenden. Erhält der Steuerpflichtige zur unmittelbaren Förderung seiner Berufsausbildung steuerfreie Bezüge, mit denen die Aufwendungen abgegolten werden, entfällt insoweit der Sonderausgabenabzug. Das gilt auch dann, wenn die zweckgebundenen steuerfreien Bezüge erst nach Ablauf des betreffenden Kalenderjahrs gezahlt werden.

Aufwendungen für die Berufsausbildung können aber auch Werbungskosten sein (→ Rz. B 87 *Berufsausbildung*). Siehe im Übrigen auch → Rz. B 87 *Berufsfortbildung* und → Rz. B 87 *Umschulung.*

Berufsunfähigkeitsversicherung

→ *Vorsorgeaufwendungen*

Direktversicherung

Beiträge für eine Direktversicherung können in bestimmten Fällen als Sonderausgaben abgezogen werden (→ *Vorsorgeaufwendungen*).

Führerschein

Aufwendungen für den Erwerb des Führerscheins Klasse 3 (nunmehr Klasse C 1 E) sind i. d. R. nicht als Berufsausbildungskosten (→ *Berufsausbildung*) abzugsfähig.

Grundhöchstbetrag

→ *Höchstbeträge für Vorsorgeaufwendungen*

Haftpflichtversicherung

→ *Vorsorgeaufwendungen*

Hausratversicherung

Die Beiträge sind keine Sonderausgaben.

Höchstbeträge für Vorsorgeaufwendungen

a) Rechtslage bis einschließlich 2004 (siehe aber auch unter „c) Günstigerprüfung")

Die Vorsorgeaufwendungen sind insgesamt nur im Rahmen bestimmter Höchstbeträge als Sonderausgaben begünstigt. Im Einzelnen gilt Folgendes:

Beiträge zu einer freiwilligen **Pflegeversicherung** für Steuerpflichtige, die nach dem 31. 12. 1957 geboren sind, können gesondert bis zu einem Höchstbetrag von **184 €** als Sonderausgaben abgezogen werden. Bei der Zusammenveranlagung von Ehegatten, die beide die Altersvoraussetzung erfüllen, können Beiträge zu einer freiwilligen Pflegeversicherung für jeden Ehegatten bis zum Höchstbetrag von 184 € berücksichtigt werden.

Die von dem besonderen Höchstbetrag nicht erfassten Beiträge zu einer Pflegeversicherung können zusammen mit den übrigen Versicherungsbeiträgen im Rahmen eines **Vorwegabzugs** berücksichtigt werden, der den Selbständigen einen Ausgleich dafür bieten soll, dass sie keine steuerfreien Arbeitgeberbeiträge zur gesetzlichen Renten-, Pflege- und Krankenversicherung erhalten. Der Vorwegabzug ist deshalb bei Steuerpflichtigen zu kürzen, die von dritter Seite steuerfreie Leistungen für ihre Zukunftssicherung erhalten; das sind Steuerpflichtige mit Einnahmen aus nichtselbständiger Arbeit, ausgenommen Versorgungsbezüge, und Steuerpflichtige mit Einnahmen aus der Ausübung eines Abgeordnetenmandats. Der Vorwegabzug beträgt **3 068 €**; bei Ehegatten, die beide unbeschränkt einkommensteuerpflichtig sind und nicht dauernd getrennt leben, beträgt er **6136 €**. Die Kürzung beträgt einheitlich 16 % der bezeichneten Einnahmen aus nichtselbständiger Arbeit und der Abgeordnetenbezüge, soweit sie nicht steuerfrei sind.

Soweit die Vorsorgeaufwendungen nicht im Rahmen des besonderen Höchstbetrags oder des Vorwegabzugs abziehbar sind, können sie im Rahmen eines **Grundhöchstbetrags** berücksichtigt werden. Dieser Grundhöchstbetrag beträgt **1 334 €** bzw. bei der Zusammenveranlagung von Ehegatten **2 668 €**.

Soweit die Vorsorgeaufwendungen auch den Grundhöchstbetrag übersteigen, können sie noch zur Hälfte berücksichtigt werden. Dieser hälftige Abzug ist auf die Hälfte des allgemeinen Höchstbetrags beschränkt. Es ergibt sich somit ein hälftiger Höchstbetrag von **667 €** bzw. von **1 334 €** bei der Zusammenveranlagung von Ehegatten.

b) Rechtslage ab 2005 (siehe aber auch unter „c) Günstigerprüfung")

Durch das Alterseinkünftegesetz ist die einkommensteuerrechtliche Behandlung von **Altersvorsorgeaufwendungen** mit dem **Ziel** ihrer **vollständigen steuerlichen Freistellung** mit Wirkung **ab 2005** grundlegend umgestaltet worden. Der Einstieg in diese Umgestaltung erfolgt mit einer steuerlichen Berücksichtigung der Altersvorsorgeaufwendungen in Höhe von 60 % und steigert sich dann gleichmäßig. Auch die steuerliche Behandlung anderer Vorsorgeaufwendungen hat sich geändert. Im Einzelnen gilt **Folgendes:**

Altersvorsorgeaufwendungen werden grundsätzlich bis zu **20 000 €** berücksichtigt. Bei zusammenveranlagten **Ehegatten** verdoppelt sich der Höchstbetrag auf **40 000 €**. Der Höchstbetrag wird aber bei bestimmten nicht rentenversicherungspflichtigen Personen (z. B. bei Beamten) um einen fiktiven Gesamtbetrag (Arbeitgeber- und Arbeitnehmeranteil) zur allgemeinen Rentenversicherung gekürzt. Im Kalenderjahr **2009** werden **68 %** der ermittelten Vorsorgeaufwendungen angesetzt, also höchstens 13 600 € bzw. 27 200 €. Der sich ergebende Betrag vermindert sich dann noch um den steuerfreien Arbeitgeberanteil zur gesetzlichen Rentenversicherung, einen diesem gleichgestellten steuerfreien Zuschuss des Arbeitgebers und im Zusammenhang mit einer geringfügigen Beschäftigung vom Arbeitgeber erbrachte pauschale Beiträge zur Rentenversicherung, wenn der Arbeitnehmer im letztgenannten Fall die Hinzurechnung dieser Beiträge zu den Vorsorgeaufwendungen beantragt hat. Der **Höchstbetrag** von 68 % **erhöht** sich in den folgenden Kalenderjahren **bis** zum Kalenderjahr **2025** um **je 2 %-Punkte** je Kalenderjahr.

Von den **anderen Vorsorgeaufwendungen** (z. B. für die Krankenversicherung) können je Kalenderjahr **bis 2 400 €** abgezogen werden; dieser Höchstbetrag gilt z. B. für Selbständige und Angehörige von Beihilfeberechtigten, die nach beamtenrechtlichen Bestimmungen nicht über einen eigenen Beihilfeanspruch verfügen. Der Höchstbetrag beträgt im Übrigen **1 500 €**, wenn ein Anspruch auf Erstattung oder Übernahme von Krankheitskosten besteht (z. B. bei Beamten und Beamtenpensionären wegen des eigenen Beihilfeanspruchs) oder steuerfreie Leistungen für eine Krankenversicherung erbracht werden (z. B. bei sozialversicherungspflichtigen Arbeitnehmern, bei Rentnern, die aus der gesetzlichen Rentenversicherung steuerfreie Zuschüsse zur Krankenversicherung erhalten, und bei Personen, für die steuerfreie Leistungen der Künstlersozialkasse erbracht werden). Für Angehörige, die in der gesetzlichen Krankenversicherung ohne eigene Beiträge familienversichert sind, beträgt der Höchstbetrag ebenfalls 1 500 €. Bei zusammenveranlagten Ehegatten bestimmt sich der **gemeinsame Höchstbetrag** aus der Summe der jedem Ehegatten zustehenden Höchstbeträge.

c) Günstigerprüfung

Um Schlechterstellungen in der Übergangsphase bis zur vollständigen Freistellung der Altersvorsorgeaufwendungen zu vermeiden, werden im Wege einer Günstigerprüfung in den **Jahren 2005 bis 2019** mindestens so viele Vorsorgeaufwendungen bei der Ermittlung der einkommensteuerrechtlichen Bemessungsgrundlage berücksichtigt, wie dies nach dem bisherigen Recht möglich ist – Vergleichsrechnung zwischen a) und b). Allerdings wird bei der Günstigerprüfung **ab 2011** der bisherige **Vorwegabzug** schrittweise **abgesenkt.**

Bei bestimmten Personengruppen (z.B. bei ledigen Selbständigen, die nicht in einer berufsständischen Versorgungseinrichtung pflichtversichert sind) führte die „einfache" Günstigerprüfung in besonders gelagerten Fällen dazu, dass eine zusätzliche Beitragszahlung zu Gunsten einer Basisrente die als Sonderausgaben zu berücksichtigenden Beträge nicht erhöht. Um diesen Zustand zu beseitigen, wurde ein Erhöhungsbetrag eingeführt. Mit dem Erhöhungsbetrag wirken sich die vom Steuerpflichtigen geleisteten Beiträge zu Gunsten einer Basisrente mindestens mit dem in Buchstabe b genannten Prozentsatz (2009: 68 %) als Sonderausgaben aus, sofern für die geleisteten Beiträge noch ein entspechendes Abzugsvolumen vorhanden ist.

Kapitalversicherung

→ *Vorsorgeaufwendungen*

Kaskoversicherung

Die Beiträge sind keine Sonderausgaben.

Kinderbetreuungskosten

Bei den Aufwendungen für die Kinderbetreuung (Kindergarten, Tagesmutter etc.) wird **seit 2006** danach unterschieden, ob die **Aufwendungen erwerbsbedingt** (dann Abzug wie Werbungskosten, → Rz. B 87 *Kinderbetreuungskosten)* oder **nicht erwerbsbedingt** sind (dann Sonderausgaben).

Kinderbetreuungskosten werden in Höhe von **zwei Drittel** der Aufwendungen (**höchstens 4 000 € je Kind**) als Sonderausgaben berücksichtigt

a) für ein Kind, das das **dritte Lebensjahr** vollendet, das **sechste Lebensjahr** aber **noch nicht** vollendet hat und

b) für ein Kind, das

aa) das 14. **Lebensjahr** noch nicht vollendet hat oder

bb) wegen einer vor Vollendung des 25. Lebensjahres eingetretenen körperlichen, geistigen oder seelischen **Behinderung** außer Stande ist, sich selbst zu unterhalten, wenn der **Elternteil** sich in **Ausbildung** befindet, körperlich, geistig oder seelisch **behindert** oder **krank** ist.

Bei **zusammenlebenden Eltern** kommt ein Sonderausgabenabzug nur dann in Betracht, wenn bei beiden Elternteilen die Voraussetzungen vorliegen oder **ein Elternteil erwerbstätig** ist und der **andere Elternteil** sich in Ausbildung befindet, körperlich, geistig oder seelisch behindert oder krank ist. Zur Übergangsregelung wegen der Absenkung der Altersgrenze behinderter Kinder ab 2007 siehe § 52 Abs. 23f EStG.

Aufwendungen für **Unterricht** (z. B. Schulgeld, Nachhilfe-, Fremdsprachenunterricht), die **Vermittlung besonderer Fähigkeiten** (z. B. Musikunterricht, Computerkurse) sowie für sportliche und andere **Freizeitbetätigungen** (z. B. Mitgliedschaft in Sportvereinen oder anderen Vereinen, Tennis-, Reitunterricht usw.) werden nicht berücksichtigt.

Voraussetzung für den Abzug ist, dass der Steuerpflichtige für die Aufwendungen eine **Rechnung** erhalten hat und die **Zahlung auf das Konto** des Erbringers der Leistung erfolgt ist. Bei **Kindern im Ausland** sind die Verhältnisse im Wohnsitzstaat zu beachten (siehe BMF-Schreiben vom 9. 9. 2008, BStBl I 2008 S. 936). Es werden im Übrigen nur Aufwendungen berücksichtigt, wenn die **Leistung** und die **Zahlung nach dem 31. 12. 2005** erbracht worden sind. Zu weiteren Einzelheiten siehe BMF-Schreiben vom 19. 1. 2007 (BStBl I 2007 S. 184).

Kirchensteuer

Die im Veranlagungszeitraum gezahlte Kirchensteuer und gezahlte Kirchenbeiträge sind abzugsfähig. Dazu gehören nicht die freiwilligen Beiträge, die an öffentlich-rechtliche Religionsgemeinschaften oder an andere religiöse Gemeinschaften entrichtet werden. Die im Veranlagungszeitraum erstattete Kirchensteuer ist gegenzurechnen.

Krankentagegeldversicherung

Krankentagegeldversicherungen gehören zu den Krankenversicherungen und sind Vorsorgeaufwendungen (→ *Vorsorgeaufwendungen*).

Krankenversicherung

→ *Vorsorgeaufwendungen*

Kulturgüter

Abzugsfähig sind Aufwendungen für Herstellungs- und Erhaltungsmaßnahmen an eigenen schutzwürdigen Kulturgütern im Inland, soweit sie öffentliche oder private Zuwendungen oder etwaige aus diesen Kulturgütern erzielte Einnahmen übersteigen, im Kalenderjahr des Abschlusses der Maßnahme und in den neun folgenden Kalenderjahren jeweils bis zu **9 %**.

Lebensversicherung

→ *Vorsorgeaufwendungen*

Lohnsteuerhilfeverein

→ *Steuerberatungskosten*

Pensionskasse

Beiträge an eine Pensionskasse können in bestimmten Fällen als Sonderausgaben abgezogen werden. → *Vorsorgeaufwendungen*

Pflegerenten-/Pflegekrankenversicherung

Die Beiträge sind Vorsorgeaufwendungen (→ *Vorsorgeaufwendungen*).

Pflegeversicherung

→ *Vorsorgeaufwendungen*, → *Höchstbeträge für Vorsorgeaufwendungen*

Politische Parteien

Abzugsfähig sind Zuwendungen an politische Parteien bis zu einem Betrag von **1 650 €** bzw. bei der Zusammenveranlagung von Ehegatten bis zu **3 300 €**. In gleicher Höhe werden vorab Zuwendungen an politische Parteien sowie unabhängige Wählervereinigungen jeweils zur Hälfte nach § 34g EStG von der tariflichen Einkommensteuer abgezogen (→ Rz. A 32).

Renten und dauernde Lasten

Abzugsfähig sind Renten und dauernde Lasten, die auf besonderen Verpflichtungen beruhen und nicht mit Einkünften in wirtschaftlichem Zusammenhang stehen; bei Leibrenten kann nur der sog. Ertragsanteil (→ Rz. B 59) abgezogen werden. Dies gilt jedoch nur noch für auf besonderen Verpflichtungsgründen beruhenden Renten und dauernden Lasten, die auf **vor dem 1. 1. 2008 vereinbarten Vermögensübertragungen** beruhen.

Zur Regelung bei Versorgungsleistungen, die auf **nach dem 31. 12. 2007 vereinbarten Vermögensübertragungen** beruhen, → *Versorgungsleistungen*.

Rentenversicherung

→ *Vorsorgeaufwendungen*

Risikoversicherung

→ *Vorsorgeaufwendungen*

Sachversicherung

Die Beiträge sind keine Sonderausgaben.

Schulgeld

30 % des Entgelts, **höchstens 5 000 €**, das der Steuerpflichtige für jedes Kind, für das er Anspruch auf einen Freibetrag für Kinder oder auf Kindergeld hat, für dessen Besuch einer Schule in freier Trägerschaft oder einer überwiegend privat finanzierten Schule entrichtet, können als Sonderausgaben abgezogen werden. Das Entgelt für Beherbergung, Betreuung und Verpflegung ist nicht zu berücksichtigen. Voraussetzung für den Sonderausgabenabzug ist, dass die Schule in einem Mitgliedstaat der Europäischen Union oder in einem Staat belegen ist, auf den das Abkommen über den Europäischen Wirtschaftsraum Anwendung findet, und die Schule zu einem von dem zuständigen inländischen Ministerium eines Landes, von der Kultusministerkonferenz der Länder oder von einer inländischen Zeugnisanerkennungsstelle anerkannten bzw. einem inländischen Abschluss als gleichwertig anerkannten allgemein bildenden oder berufsbildenden Schul-, Jahrgangs- oder Berufsabschluss führt. Der Besuch einer anderen Einrichtung, die auf einen Schul-, Jahrgangs- oder Berufsabschluss ordnungsgemäß vorbereitet, steht einem Schulbesuch gleich. Der Besuch einer Deutschen Schule im Ausland steht dem Besuch einer solchen Schule gleich, unabhängig von ihrer Belegenheit. Der Höchstbetrag von 5 000 € wird für jedes Kind, bei dem die Voraussetzungen vorliegen, je Elternpaar nur einmal gewährt.

Selbst genutzte Baudenkmale

Abzugsfähig sind Aufwendungen der Eigentümer selbst genutzter Baudenkmale oder Gebäude, die in Sanierungsgebieten oder städtebaulichen Entwicklungsbereichen gelegen sind. Die Aufwendungen können im Kalenderjahr des Abschlusses der Baumaßnahmen und in den neun folgenden Kalenderjahren jeweils bis zu **9 %** als Sonderausgaben abgezogen werden.

Selbst genutzte Wohnungen

Der Eigentümer kann von den Anschaffungs- und Herstellungskosten einer selbst genutzten Wohnung und von der Hälfte der Anschaffungskosten für den dazugehörenden Grund und Boden bis zu bestimmten Höchstbeträgen bestimmte Prozentsätze als Sonderausgaben abziehen. Diese sog. **§ 10e-Förderung** gilt nur noch für Objekte, mit deren Herstellung vor dem 1. 1. 1996 begonnen wurde oder die vor dem 1. 1. 1996 angeschafft wurden.

Die Förderung durch den Sonderausgabenabzug wurde bei späterem Herstellungsbeginn oder einer späteren Anschaffung durch die **Eigenheimzulage** ersetzt. Die Eigenheimzulage wird jedoch seit 1. 1. 2006 nicht mehr neu gewährt (Gesetz zur Abschaffung der Eigenheimzulage). Sie wird aber noch für den vollen Förderzeitraum gewährt, wenn vor dem 1. 1. 2006 der notarielle Kaufvertrag beurkundet oder der Bauantrag für eine neu zu errichtende Wohnung gestellt wurde.

Seit 2008 werden die selbst genutzten eigenen Wohnungen (Wohnungen im eigenen Haus und Eigentumswohnungen) und selbst genutzten Genossenschaftswohnungen im Rahmen der sog. „Riester-Renten“ gefördert (sog. **„Wohn-Riester“**). → *Altersvorsorgebeiträge*

Sonderausgaben-Pauschbetrag

Für bestimmte Sonderausgaben wird ein Pauschbetrag von **36 €** gewährt (Sonderausgaben-Pauschbetrag), wenn nicht höhere Aufwendungen nachgewiesen werden. Folgende Sonderausgaben fallen unter den Sonderausgaben-Pauschbetrag:

- Unterhaltsleistungen an den geschiedenen oder dauernd getrennt lebenden Ehegatten (→ *Unterhaltsleistungen an den geschiedenen oder dauernd getrennt lebenden Ehegatten*);
- Renten und dauernde Lasten (→ *Renten und dauernde Lasten*);
- bestimmte Versorgungsleistungen (→ *Versorgungsleistungen*);
- Kirchensteuer (→ *Kirchensteuer*);
- privat veranlasste Kinderbetreuungskosten (→ *Kinderbetreuungskosten*);
- Kosten der eigenen Berufsausbildung (→ *Berufsausbildung)*;
- Schulgeld (→ *Schulgeld*);
- Aufwendungen für steuerbegünstigte Zwecke (→ *Steuerbegünstigte Zwecke*).

Bei der Zusammenveranlagung von **Ehegatten** verdoppelt sich der Betrag auf **72 €**.

Steuerbegünstigte Zwecke

Abzugsfähig sind Zuwendungen (**Spenden** und **Mitgliedsbeiträge**) zur Förderung **steuerbegünstigter Zwecke** i. S. d. §§ 52 bis 54 AO an eine inländische juristische Person des öffentlichen Rechts oder an eine inländische öffentliche Dienststelle oder an eine steuerbefreite Körperschaft, Personenvereinigung oder Vermögensmasse. Der Abzug beträgt insgesamt bis zu

1. **20 %** des Gesamtbetrags der Einkünfte oder
2. **vier Promille** der Summe der gesamten Umsätze und der im Kalenderjahr aufgewendeten Löhne und Gehälter.

Abziehbar sind auch Mitgliedsbeiträge an Körperschaften, die Kunst und Kultur fördern, soweit es sich nicht um Mitgliedsbeiträge an Körperschaften handelt, die kulturelle Betätigungen fördern, die in erster Linie der Freizeitgestaltung dienen, auch wenn den Mitgliedern Vergünstigungen gewährt werden.

Nicht abziehbar sind Mitgliedsbeiträge an Körperschaften, die

1. den Sport,
2. kulturelle Betätigungen, die in erster Linie der Freizeitgestaltung dienen,
3. die Heimatpflege und Heimatkunde oder
4. Zwecke i. S. d. § 52 Abs. 2 Nr. 23 AO (Förderung der Tierzucht, der Pflanzenzucht, der Kleingärtnerei etc.)

fördern.

Abziehbare Zuwendungen, die die Höchstbeträge überschreiten oder die den um die Beträge nach § 10 Abs. 3 und 4, § 10c und § 10d EStG verminderten Gesamtbetrag der Einkünfte übersteigen, sind im Rahmen der Höchstbeträge in den **folgenden Veranlagungszeiträumen** als Sonderausgaben abzuziehen.

Steuerberatungskosten

Bis 2005 waren Steuerberatungskosten der Höhe nach unbegrenzt als **Sonderausgaben** abziehbar, soweit die Aufwendungen nicht zu den Werbungskosten oder Betriebsausgaben gehörten.

Nachdem jedoch die gesetzliche Regelung zum Sonderausgabenabzug mit Wirkung ab **1. 1. 2006 aufgehoben** wurde, wirkt sich nunmehr nur noch der Teil der Steuerberatungskosten steuerlich aus, der Werbungskosten oder Betriebsausgaben darstellt (→ auch Rz. B 87 *Steuer-*

beratungskosten). Der andere Teil (z. B. für die Beratung in Tarif- und Veranlagungsfragen) führt zu nicht abziehbaren Kosten der privaten Lebensführung. Zu weiteren Einzelheiten siehe auch BMF-Schreiben vom 21. 12. 2007 (BStBl I 2008 S. 256).

Steuerfachliteratur

Die Beiträge gehören zu den Steuerberatungskosten (→ *Steuerberatungskosten*).

Stiftungen

Spenden in den **Vermögensstock einer Stiftung** des öffentlichen Rechts oder einer steuerbefreiten Stiftung des privaten Rechts können im Veranlagungszeitraum der Zuwendung und in den folgenden neun Veranlagungszeiträumen bis zu einem Gesamtbetrag von **1 000 000 €** zusätzlich zu den unter → *Steuerbegünstigte Zwecke* genannten Höchstbeträgen als Sonderausgaben abgezogen werden. Der besondere Abzugsbetrag bezieht sich dabei auf den gesamten Zehnjahreszeitraum und kann der Höhe nach innerhalb dieses Zeitraums nur einmal in Anspruch genommen werden.

Unfallversicherung

→ *Vorsorgeaufwendungen*

Aufwendungen der Arbeitnehmer für Unfallversicherungen, die auch das Unfallrisiko im beruflichen Bereich abdecken, sind teilweise Werbungskosten (auch → Rz. B 87 *Unfallversicherung*). Es ist eine Aufteilung zwischen den Sonderausgaben und den Werbungskosten vorzunehmen, entweder anhand der Angaben des Versicherungsunternehmens oder durch eine Aufteilung 50:50.

Unterhaltsleistungen an den geschiedenen oder dauernd getrennt lebenden Ehegatten

Abgezogen werden können Unterhaltsleistungen an den geschiedenen oder dauernd getrennt lebende Ehegatten bis zu eine Betrag von **13 805 €** jährlich, wenn der Unterhaltsleistende dies mit Zustimmung des Empfängers beantragt. In diesem Fall hat der Empfänger die Unterhaltsleistungen als sonstige Einkünfte zu versteuern; der Sonderausgabenabzug führt also zum sog. **Realsplitting**. Der Empfänger kann seine Zustimmung nur mit Wirkung für die Zukunft widerrufen.

Es ist unerheblich, ob die Unterhaltsleistungen freiwillig oder auf Grund gesetzlicher Unterhaltspflicht erbracht werden. Auch als Unterhalt erbrachte Sachleistungen sind zu berücksichtigen.

Verlustabzug

Abzugsfähig sind negative Einkünfte, die bei der Ermittlung des Gesamtbetrags der Einkünfte nicht ausgeglichen werden und deren Ausgleich oder Abzug nicht nach anderen Vorschriften ausgeschlossen ist. Sie können wahlweise zunächst in das unmittelbar vorangegangene Jahr bis zu **511 500 € (bei Ehegatten**, die zusammen veranlagt werden, bis zu 1 023 00 €) zurückgetragen werden; soweit dies nicht geschieht, sind sie – zeitlich unbeschränkt – auf die Folgejahre vorzutragen. Nicht ausgeglichene negative Einkünfte können dabei in den folgenden Veranlagungszeiträumen bis zu einem Gesamtbetrag der Einkünfte von **1 000 000 € (bei Ehegatten**, die zusammen veranlagt werden, bis zu **2 000 000 €**) unbeschränkt, darüber hinaus bis zu **60 %** des 1 000 000 € bzw. 2 000 000 € übersteigenden Gesamtbetrags der Einkünfte abgezogen werden. Der Verlustabzug wird bei der Ermittlung des Einkommens berücksichtigt.

Versorgungsausgleich

Abzugsfähig sind Leistungen auf Grund eines schuldrechtlichen Versorgungsausgleichs, soweit die ihnen zu Grunde liegenden Einnahmen beim Ausgleichsverpflichteten der Besteuerung unterliegen.

Versorgungsleistungen

Abzugsfähig sind bei **nach dem 31. 12. 2007 vereinbarten Vermögensübertragungen** auf besonderen Verpflichtungsgründen beruhende, lebenslange und wiederkehrende Versorgungsleistungen, die nicht mit Einkünften in wirtschaftlichem Zusammenhang stehen, die bei der Veranlagung außer Betracht bleiben, wenn der Empfänger unbeschränkt einkommensteuerpflichtig ist. Dies gilt nur für bestimmte Versorgungsleistungen im Zusammenhang mit der Übertragung von Mitunternehmeranteilen an Personengesellschaften, von Betrieben oder Teilbetrieben sowie GmbH-Anteilen.

Zur Regelung bei Versorgungsleistungen, die auf **vor dem 1. 1. 2008 vereinbarten Vermögensübertragungen** beruhen, → *Renten und dauernde Lasten*.

Vorkosten

Abzugsfähig sind Aufwendungen, die auf den Zeitraum vor Beginn der erstmaligen Selbstnutzung einer eigenen Wohnung entfallen, wenn vor dem 1. 1. 1999 mit der Herstellung des Objekts begonnen wurde oder das Objekt auf Grund eines vor dem 1. 1. 1999 rechtswirksam abgeschlossenen obligatorischen Vertrags angeschafft wurde. Der Abzug ist betragsmäßig begrenzt. → *Selbst genutzte Wohnungen.*

Vorsorgeaufwendungen

Zu den berücksichtigungsfähigen Vorsorgeaufwendungen, die in 2009 bis zu einem Höchstbetrag von 13 600 € (**20 000 €** x 68 %) berücksichtigungsfähig sind (→ *Höchstbeträge für Vorsorgeaufwendungen*) gehören folgende **Altersvorsorgeaufwendungen**:

- Beiträge zu den **gesetzlichen Rentenversicherungen**,
- Beiträge zu **landwirtschaftlichen Alterskassen**,
- Beiträge zu den **berufsständischen Versorgungseinrichtungen**, die den gesetzlichen Rentenversicherungen vergleichbare Leistungen erbringen,
- Beiträge zum Aufbau einer **eigenen kapitalgedeckten Altersversorgung**, wenn der Vertrag nur die Zahlung einer monatlichen lebenslangen **Leibrente** nicht vor Vollendung des **60. Lebensjahres** (für Vertragsabschlüsse nach dem 31. 12. 2011: „nicht vor Vollendung des 62. Lebensjahres") oder die ergänzende Absicherung des Eintritts der Berufsunfähigkeit (Berufsunfähigkeitsrente), der verminderten Erwerbsfähigkeit (Erwerbsminderungsrente) oder von Hinterbliebenen (Hinterbliebenenrente) vorsieht (sog. Basis- oder „Rürup"-Rente). Die Ansprüche des Steuerpflichtigen aus dieser Altersversorgung dürfen **nicht vererblich, nicht übertragbar, nicht beleihbar, nicht veräußerbar** und **nicht kapitalisierbar** sein und es darf darüber hinaus **kein Anspruch auf Auszahlungen** bestehen.

Zu den Beiträgen gehört auch der **steuerfreie Arbeitgeberanteil** zur gesetzlichen Rentenversicherung und ein diesem gleichgestellter **steuerfreier Zuschuss des Arbeitgebers.** Auf **Antrag** des Arbeitnehmers werden auch im Zusammenhang mit einer **geringfügigen Beschäftigung** erbrachte, pauschale Beiträge zur Rentenversicherung berücksichtigt; dies kann vorteilhaft sein, wenn sich der Arbeitnehmer im Rahmen des geringfügigen Beschäftigungsverhältnisses für die Entrichtung der Regelbeiträge zur Sozialversicherung entschieden hat.

Des Weiteren gehören zu den Vorsorgeaufwendungen, die bis zu 2 400 € bzw. 1 500 € je Kalenderjahr berücksichtigt werden können (→ *Höchstbeträge für Vorsorgeaufwendungen*), **folgende Vorsorgeaufwendungen**:

- Beiträge zur **Arbeitslosenversicherung**,
- Beiträge zu **Erwerbs- und Berufsunfähigkeitsversicherungen**,

- Beiträge zu **Kranken-, Pflege-, Unfall- und Haftpflichtversicherungen**,
- Beiträge zu **Risikoversicherungen**, die nur für den Todesfall eine Leistung vorsehen,
- Beiträge zu **Rentenversicherungen ohne Kapitalwahlrecht**, wenn die Versicherung vor dem 1. 1. 2005 begonnen hat und bis zum 31. 12. 2004 mindestens ein Versicherungsbeitrag entrichtet wurde,
- Beiträge zu **Rentenversicherungen mit Kapitalwahlrecht** gegen laufende Beitragsleistungen i. H. v. **88 %**, wenn die Auszahlung des Kapitals innerhalb von **zwölf Jahren** seit Vertragsabschluss ausgeschlossen ist, und wenn die Versicherung vor dem 1. 1. 2005 begonnen hat und bis zum 31. 12. 2004 mindestens ein Versicherungsbeitrag entrichtet wurde,
- Beiträge zu **Kapitalversicherungen** gegen laufende Beitragsleistungen mit Sparanteil i. H. v. 88 %, wenn der Vertrag für die Dauer von mindestens **zwölf Jahren** abgeschlossen worden ist und wenn die Versicherung vor dem 1. 1. 2005 begonnen hat und bis zum 31. 12. 2004 mindestens ein Versicherungsbeitrag entrichtet wurde.

Fondsgebundene Lebensversicherungen sind vom Sonderausgabenabzug ausgeschlossen. **Renten- und Kapitalversicherungen**, die vor dem 1. 1. 2005 begonnen haben und bei denen bis zum 31. 12. 2004 mindestens ein Versicherungsbeitrag entrichtet wurde, sind von der steuerlichen Förderung ausgeschlossen, wenn sie zur **Tilgung oder Sicherung von Darlehen** eingesetzt werden. Steuerunschädlich ist jedoch der Einsatz von Lebensversicherungen zur Finanzierung des selbstgenutzten Wohneigentums und zur Sicherung von Investitionsdarlehen, die für die Anschaffung oder Herstellung von Wirtschaftsgütern des betrieblichen Anlagevermögens bzw. von vergleichbaren Wirtschaftsgütern bei den Überschusseinkünften aufgenommen werden. Dabei ist unbeachtlich, wenn das Investitionsdarlehen die Anschaffungs- oder Herstellungskosten oder wenn die eingesetzten Versicherungsansprüche das Investitionsdarlehen jeweils um bis zu 2 556 € übersteigen. Bei einer insgesamt nur drei Jahre dauernden Sicherung betrieblich veranlasster Darlehen ist das Abzugsverbot für die Versicherungsbeiträge auf die Veranlagungszeiträume beschränkt, in denen Anspruch aus diesen Versicherungsverträgen der Darlehenssicherung dienten.

Allgemeine Voraussetzung für den Sonderausgabenabzug von Vorsorgeaufwendungen ist, dass die Aufwendungen **nicht** in unmittelbarem wirtschaftlichen **Zusammenhang** mit **steuerfreien Einnahmen** stehen, und

- an **Versicherungsunternehmen**, die ihren Sitz oder ihre Geschäftsleitung in einem Mitgliedstaat der Europäischen Gemeinschaft oder einem anderen Vertragsstaat des Europäischen Wirtschaftsraums haben und das Versicherungsgeschäft im Inland betreiben dürfen, und Versicherungsunternehmen, denen die Erlaubnis zum Geschäftsbetrieb im Inland erteilt ist,
- an **berufsständische Versorgungseinrichtungen**,
- an einen **Sozialversicherungsträger** oder
- an Anbieter von Altersvorsorgeverträgen, Pensionsfonds, Pensionskassen oder Lebensversicherungsunternehmen (bei Direktversicherungen)

geleistet werden.

Vorsorgepauschale

Steuerpflichtige mit Einkünften aus nichtselbständiger Arbeit wird eine **Vorsorgepauschale** gewährt. Diese hat den Zweck, die typischen Vorsorgeaufwendungen der Arbeitnehmer abzugelten und damit den Einzelnachweis der tatsächlichen Aufwendungen entbehrlich zu machen. Die Vorsorgepauschale wird nicht angesetzt, wenn die tatsächlichen Vorsorgeaufwendungen zu einem höheren Abzug führen.

Die Vorsorgepauschale ist kein Festbetrag; sie ist **von der Höhe des Arbeitslohns abhängig**.

Die Vorsorgepauschale ist bereits in die **Lohnsteuer-Tabellen** eingearbeitet (→ Rz. A 5 ff.). Sie wird somit bereits im Lohnsteuerabzugsverfahren berücksichtigt. Zu den Abweichungen zwischen manueller und elektronischer Ermittlung bei auf der Lohnsteuerkarte eingetragenen Frei- und Hinzurechnungsbeträgen → Rz. A 15 f.

Durch das **Alterseinkünftegesetz** ist die einkommensteuerrechtliche Behandlung von Altersvorsorgeaufwendungen mit dem Ziel ihrer vollständigen steuerlichen Freistellung mit Wirkung **ab 2005** grundlegend umgestaltet worden (→ *Höchstbeträge für Vorsorgeaufwendungen*), wobei die Änderungen beim **Sonderausgabenabzug** auch **auf** die **Vorsorgepauschale übertragen** worden sind.

Im Einzelnen gilt Folgendes:

a) Rechtslage bis einschließlich 2004 (siehe aber auch unter „c) Günstigerprüfung")

Für die Ermittlung der Vorsorgepauschale wird angenommen, dass dem Arbeitnehmer Vorsorgeaufwendungen i. H. v. **20 % seines Arbeitslohns** entstehen. Diese angenommene Vorsorgeaufwendungen führen in den Grenzen des Vorwegabzugs, des Grundhöchstbetrags und des hälftigen Höchstbetrags (→ *Höchstbeträge für Vorsorgeaufwendungen*) zu der **ungekürzten Vorsorgepauschale.**

Für Arbeitnehmergruppen, die typischerweise nicht der gesetzlichen Rentenversicherungspflicht unterliegen, gilt eine **gekürzte Vorsorgepauschale**, durch die die angenommenen Vorsorgeaufwendungen i. H. v. **20 % des Arbeitslohns** nur bis zu einem besonderen Höchstbetrag von **1 134 €** bzw. bei Zusammenveranlagung von Ehegatten von **2 268 €** erfasst werden. Durch die gekürzte Vorsorgepauschale, die insbesondere für Beamte, Berufssoldaten, Richter, Ruhestandsbeamte, Hinterbliebene von Beamten und weiterbeschäftigte Altersrentner gilt, werden also die Höchstbeträge für Vorsorgeaufwendungen (→ *Höchstbeträge für Vorsorgeaufwendungen*) nur teilweise ausgeschöpft.

b) Rechtslage ab 2005 (siehe auch unter „c) Günstigerprüfung")

Die Höhe der **Vorsorgepauschale** knüpft an die Höhe der als **Sonderausgaben** abziehbaren **Vorsorgeaufwendungen** an (→ *Höchstbeträge für Vorsorgeaufwendungen*).

Die **ungekürzte Vorsorgepauschale**, die insbesondere für sozialversicherungspflichtige Arbeitnehmer gilt, setzt sich zusammen aus

- dem Betrag, der bezogen auf den Arbeitslohn, **50 %** des Beitrags in der allgemeinen **Rentenversicherung** entspricht, und
- **11 %** des Arbeitslohns, jedoch **höchstens 1 500 €.**

In den Kalenderjahren **2005 bis 2024** wird bei der Ermittlung der Vorsorgepauschale – wie auch beim Sonderausgabenabzug für Altersvorsorgeaufwendungen – der Betrag für die Altersvorsorgeaufwendungen (d. h. der 50 %-Betrag) begrenzt. Im Kalenderjahr **2009** wird der Betrag auf **36 %** begrenzt; dieser Vomhundertsatz wird in jedem folgenden Kalenderjahr um je 4 %-Punkte erhöht.

Beamte, Richter, Zeit- und Berufssoldaten, Vorstandsmitglieder von Aktiengesellschaften etc. erhalten – wie auch schon vor 2005 – lediglich eine **gekürzte Vorsorgepauschale.** Da dieser Personenkreis nicht zwangsläufig Beiträge zur Altersversorgung leistet, beschränkt sich die Höhe der Vorsorgepauschale auf **11 % des Arbeitslohns** (z. B. für Beiträge an eine private Krankenversicherung), **höchstens jedoch 1 500 €.**

Im Fall der Zusammenveranlagung von **Ehegatten** zur Einkommensteuer **verdoppelt** sich der Abzugsbetrag i. H. v. 1 500 € **auf 3 000 €.** Wenn beide Ehegatten Arbeitslohn bezogen haben, wird eine Vorsorgepauschale abgezogen, die sich ergibt aus der Summe

- der Beträge für die **Altersvorsorge** (50 % des Beitrags in der allgemeinen Rentenversicherung, begrenzt für 2009 auf 36 %), wenn die Beträge zu berücksichtigen sind (z. B. sozialversicherungspflichtige Arbeitnehmer, nicht aber für Beamte) und
- **11 %** der Summe der Arbeitslöhne beider Ehegatten, **höchstens jedoch 3 000 €.**

c) Günstigerprüfung

Um Schlechterstellungen in der Übergangsphase bis zur vollständigen Freistellung der Altersvorsorgeaufwendungen zu vermeiden, wird im Wege einer Günstigerprüfung in den **Jahren 2005 bis 2019** mindestens eine Vorsorgepauschale berücksichtigt, wie dies nach dem bisherigen Recht möglich ist – Vergleichsrechnung zwischen a) und b) –. Allerdings wird bei der Günstigerprüfung **ab 2011** der bisherige **Vorwegabzug** schrittweise **abgesenkt.**

Die **Günstigerprüfung** bei der Ermittlung der Vorsorgepauschale wird bereits **im Lohnsteuerabzugsverfahren** berücksichtigt. Damit wird eine Benachteiligung beim Lohnsteuerabzug, insbesondere von Arbeitnehmern mit geringem Arbeitslohn, für die die Vorsorgepauschale nach den für das Kalenderjahr 2004 geltenden Regelungen regelmäßig günstiger ist, vermieden. Außerdem wird in vielen Fällen eine Veranlagung zur Einkommensteuer vermieden, wenn bereits im Lohnsteuerabzugsverfahren die dem Arbeitnehmer zustehende Vorsorgepauschale in zutreffender Höhe berücksichtigt wird.

Vorwegabzug

→ *Höchstbeträge für Vorsorgeaufwendungen*

Zukunftssicherungsleistungen

Beiträge des Arbeitgebers für die Zukunftssicherung des Arbeitnehmers (z. B. für eine Direktversicherung) können als Sonderausgaben des Arbeitnehmers abgezogen werden, es sei denn, die Beiträge sind steuerfrei oder der Arbeitgeber hat die Lohnsteuer für die Beiträge pauschal berechnet und übernommen. → *Vorsorgeaufwendungen*

8. ABC der Außergewöhnlichen Belastungen

Außergewöhnliche Belastungen sind Aufwendungen, die auf Grund besonderer Umstände zwangsläufig anfallen, z. B. die **92**
Ausgaben, die durch Krankheit, Behinderung, Todesfall, Unwetterschäden oder Ehescheidung entstehen.

Hinweis: Querverweise auf Stichwörter innerhalb des ABC sind durch einen voranstehenden Pfeil gekennzeichnet (z. B.: → *Bestattung*).

Adoption

Die Kosten einer Adoption sind nicht zwangsläufig und deshalb nicht abzugsfähig.

Aufenthaltsrecht

Prozesskosten, die durch ein verwaltungsgerichtliches Verfahren zur Erlangung eines dauerhaften Aufenthaltsrechts des ausländischen Partners entstanden sind, sind nicht als außergewöhnliche Belastung abziehbar.

Ausbildung

→ *Sonderbedarf bei Berufsausbildung*

Beerdigung

→ *Bestattung*

Behinderte Menschen

Wegen der außergewöhnlichen Belastung, die behinderten Menschen

- für die Hilfe bei den gewöhnlichen und regelmäßig wiederkehrenden Verrichtungen des täglichen Lebens,
- für die Pflege sowie
- für einen erhöhten Wäschebedarf

erwachsen, kann an Stelle der Steuerermäßigung für außergewöhnliche Belastungen allgemeiner Art ein Behinderten-Pauschbetrag geltend gemacht werden. Das Wahlrecht kann für die genannten Aufwendungen im jeweiligen Veranlagungszeitraum nur einheitlich ausgeübt werden. Der Pauschbetrag beträgt:

bei einem Grad der Behinderung von

25 und 30	310 €
35 und 40	430 €
45 und 50	570 €
55 und 60	720 €
65 und 70	890 €
75 und 80	1 060 €
85 und 90	1 230 €
95 und 100	1 420 €.

Bei einem Grad der Behinderung von weniger als 50, aber mindestens 25, wird der Pauschbetrag jedoch nur gewährt, wenn

- dem behinderten Menschen wegen seiner Behinderung nach gesetzlichen Vorschriften Renten (z. B. Unfallrenten, nicht aber aus der gesetzlichen Rentenversicherung) oder andere laufende Bezüge zustehen oder
- die Behinderung zu einer dauernden Einbuße der körperlichen Beweglichkeit geführt hat oder auf einer typischen Berufskrankheit beruht.

Blinde sowie **hilflose behinderte Menschen** erhalten einen Pauschbetrag von **3 700 €**. Die Voraussetzungen „blind" und „hilflos" sind durch den Schwerbehindertenausweis mit den Merkmalen „Bl" bzw. „H" oder durch einen Bescheid über die Einstufung in die Pflegestufe III nachzuweisen.

Steht der Behinderten-Pauschbetrag einem Kind zu, für das der Steuerpflichtige Anspruch auf einen Freibetrag für Kinder oder auf Kindergeld hat, kann der Pauschbetrag vom Steuerpflichtigen geltend gemacht werden, wenn das Kind den Pauschbetrag nicht selbst in Anspruch nimmt. Gleiches gilt, wenn dem Ehegatten ein Behinderten-Pauschbetrag zusteht. Neben dem Behinderten-Pauschbetrag können außergewöhnliche Belastungen allgemeiner Art (z. B. Operationskosten sowie Heilbehandlungen, Kuren, Arznei- und Arztkosten, Fahrtkosten) geltend gemacht werden.

Behindertengerechter Umbau

Die Aufwendungen für den Einbau eines Fahrstuhls und einen behindertengerechten Bau/Umbau (z. B. breite Türen, großes Bad) sind keine außergewöhnlichen Belastungen; das gilt auch dann, wenn die Umgestaltung erst später vorgenommen wurde und das Gebäude bereits vor

Eintritt der Behinderung als Familienwohnung genutzt worden ist. Dagegen können Aufwendungen für medizinische Hilfsmittel (→ *Medizinische Hilfsmittel*) im engeren Sinne (z. B. Treppenschräglift) abgezogen werden.

Berufsausbildung

→ *Sonderbedarf bei Berufsausbildung*

Bestattung

Die Kosten der Bestattung eines Angehörigen können abgezogen werden, soweit sie den Nachlass und etwaige Ersatzleistungen übersteigen (z. B. Sterbegeld der Krankenkassen und andere Versicherungsleistungen). Es können aber nur Kosten berücksichtigt werden, die mit der Bestattung unmittelbar zusammenhängen (z. B. für Grabstätte, Sarg, Blumen, Kränze, Todesanzeigen). Die Kosten für die Trauerkleidung und die Bewirtung der Trauergäste sowie Reisekosten anlässlich der Bestattung werden nicht anerkannt. Die zumutbare Belastung ist zu beachten (→ *Zumutbare Belastung*).

Besuchsfahrten

Fahrtkosten, die lediglich wegen der **allgemeinen Pflege verwandschaftlicher Beziehungen** entstehen, sind keine außergewöhnlichen Belastungen.

Diätverpflegung

Die Aufwendungen für eine Diätverpflegung sind keine außergewöhnlichen Belastungen.

Ehescheidung

Die **unmittelbaren und unvermeidbaren Kosten** des Scheidungsprozesses sind als zwangsläufig erwachsen anzusehen und deshalb als außergewöhnliche Belastung abziehbar. Dies sind die Prozesskosten für die Scheidung und den Versorgungsausgleich. Die zumutbare Belastung ist zu beachten (→ *Zumutbare Belastung*).

Aufwendungen für die **Auseinandersetzung gemeinsamen Vermögens** anlässlich einer Scheidung sind dagegen nicht als außergewöhnliche Belastung zu berücksichtigen, unabhängig davon, ob die Eheleute die Vermögensverteilung selbst regeln oder die Entscheidung dem Familiengericht übertragen.

Fahrtkosten, allgemein

Unumgängliche Fahrtkosten, die dem Grunde nach als außergewöhnliche Belastung zu berücksichtigen sind, sind bei Benutzung eines PKW nur in Höhe der **Kosten** für die Benutzung eines **öffentlichen Verkehrsmittels** abziehbar, es sei denn, es bestand keine zumutbare öffentliche Verkehrsverbindung. Siehe auch → *Kraftfahrzeugkosten behinderter Menschen* und → *Besuchsfahrten*.

Haushaltshilfe

Bis einschließlich 2008 konnten Aufwendungen für die Beschäftigung einer Hilfe im Haushalt bis zu 624 € oder 924 € als außergewöhnliche Belastung gelten gemacht werden (§ 33a Abs. 3 EStG). **Ab 2009** – nach den Änderungen durch das Familienleistungsgesetz – werden entsprechende Aufwendungen in Form des **Abzugs von der Steuerschuld** berücksichtigt; → Rz. B 93 *Steuerermäßigung für haushaltsnahe Beschäftigungsverhältnisse/Dienstleistungen und Handwerkerleistungen.*

Heim- oder Pflegeunterbringung

Bis einschließlich 2008 konnten Aufwendungen wegen der Unterbringung in einem Heim oder zur dauernden Pflege, wenn in den Aufwendungen für die Unterbringung Kosten für Dienstleistungen enthalten sind, die mit denen einer Hilfe im Haushalt vergleichbar sind, bis zu 624 € oder 924 € als außergewöhnliche Belastung geltend gemacht werden (§ 33a Abs. 3 EStG). **Ab 2009** – nach den Änderungen durch das Familienleistungsgesetz – werden entsprechende Aufwendungen in Form des **Abzugs von der Steuerschuld** berücksichtigt; → Rz. B 93 *Steuerermäßigung für haushaltsnahe Beschäftigungsverhältnisse/Dienstleistungen und Handwerkerleistungen.*

Hinterbliebene

Hinterbliebenen wird ein Pauschbetrag von **370 €** jährlich gewährt. Hinterbliebene sind Personen, denen laufende Hinterbliebenenbezüge bewilligt worden sind (z. B. nach dem Bundesversorgungsgesetz oder nach der gesetzlichen Unfallversicherung). Der Pauschbetrag wird auch gewährt, wenn das Recht auf die Bezüge ruht oder der Anspruch auf die Bezüge durch Zahlung eines Kapitalbetrags abgefunden worden ist.

Steht der Hinterbliebenen-Pauschbetrag einem Kind zu, für das der Steuerpflichtige Anspruch auf einen Freibetrag für Kinder oder auf Kindergeld hat, kann der Pauschbetrag vom Steuerpflichtigen geltend gemacht werden, wenn das Kind den Pauschbetrag nicht selbst in Anspruch nimmt. Gleiches gilt, wenn dem Ehegatten ein Hinterbliebenen-Pauschbetrag zusteht.

Kraftfahrzeugkosten behinderter Menschen

Kraftfahrzeugkosten können geltend gemacht werden für durch die Behinderung veranlasste und unvermeidbare Fahrten von Personen mit einem Grad der Behinderung von mindestens 80 oder von Personen, deren Grad der Behinderung mindestens 70 beträgt und die zugleich geh- und stehbehindert sind (Merkzeichen „G"). Ohne Nachweis der Kosten werden im Allgemeinen **900 €** (3 000 km zu 0,30 €) anerkannt.

Bei außergewöhnlich Gehbehinderten, die sich außerhalb des Hauses nur mit Hilfe eines Kraftfahrzeugs bewegen können (Merkzeichen „aG"), bei Personen mit dem Merkzeichen „H" oder „Bl" und Personen, die in Pflegestufe III eingestuft sind, werden in angemessenem Rahmen (regelmäßig bis zu 15 000 km jährlich) alle private Fahrten anerkannt. Die tatsächliche Fahrleistung ist nachzuweisen oder glaubhaft zu machen. Ein höherer **Kilometersatz** als **0,30 €** wird vom Finanzamt nicht berücksichtigt, weil er unangemessen ist. Das gilt auch dann, wenn sich der höhere Aufwand wegen einer nur geringen Jahresfahrleistung ergibt. Die zumutbare Belastung ist zu beachten (→ *Zumutbare Belastung*).

Krankheitskosten

Krankheitskosten sind außergewöhnliche Belastungen, soweit sie nicht von dritter Seite (z. B. einer Krankenkasse) steuerfrei ersetzt worden sind oder noch ersetzt werden. Die Zwangsläufigkeit, die Notwendigkeit und die Angemessenheit der Aufwendungen sind grundsätzlich durch die Verordnung eines Arztes oder Heilpraktikers, durch ein amtsärztliches Attest oder das Attest eines behandelnden Krankenhausarztes **nachzuweisen.** Bei Aufwendungen für eine **Augen-Laser-Operation** ist die Vorlage eines amtsärztlichen Attests i.Ü. nicht erforderlich; → *Sehhilfe*. Die zumutbare Belastung ist zu beachten (→ *Zumutbare Belastung*).

Künstliche Befruchtung

Die Aufwendungen einer **homologen künstlichen Befruchtung** können außergewöhnliche Belastungen sein, nicht jedoch die Aufwendungen einer **heterologen künstlichen Befruchtung**. Aufwendungen für eine künstliche Befruchtung (In-vitro-Fertilisation), die infolge veränderter Lebensplanung wegen einer früher freiwillig zum Zweck der Empfängnisverhütung vorgenommenen **Sterilisation** erforderlich werden, sind keine außergewöhnliche Belastung. Aufwendungen einer nicht verheirateten, empfängnisunfähigen Frau für künstliche Befruchtungen konnten in der Vergangenheit auch dann nicht als außergewöhnliche Belastung berücksichtigt werden, wenn die Frau in einer **festen Partnerschaft** lebt. Diese **Auffassung**, die auf höchstrichterlicher Rechtsprechung beruhte, hat sich jedoch **geändert**. Nunmehr sind Aufwendungen einer

nicht verheirateten empfängnisunfähigen Frau für Maßnahmen zur Sterilitätsbehandlung durch sog. In-vitro-Fertilisation als außergewöhnliche Belastung **abziehbar**, wenn die Maßnahmen in Übereinstimmung mit den Richtlinien der ärztlichen Berufsordnungen vorgenommen werden. Sind die Aufwendungen berücksichtigungsfähig, ist die zumutbare Belastung zu beachten (→ *Zumutbare Belastung*).

Kur

Kurkosten werden als außergewöhnliche Belastung berücksichtigt, wenn die Notwendigkeit der Kur durch Vorlage eines vor Kurbeginn ausgestellten amtsärztlichen Zeugnisses nachgewiesen wird, sofern dies nicht schon aus anderen Unterlagen (z. B. bei Pflichtversicherten aus einer Bescheinigung der Versicherungsanstalt) offensichtlich ist. Die zumutbare Belastung ist zu beachten (→ *Zumutbare Belastung*).

Legasthenie

Hat eine Lese- und Rechtschreibschwäche Krankheitswert, können die Aufwendungen für die Behandlung außergewöhnliche Belastungen sein (Nachweis durch amtsärztliches Attest). Die zumutbare Belastung ist zu beachten (→ *Zumutbare Belastung*).

Medizinische Hilfsmittel

Bei Vorlage eines amtsärztlichen Attests können Aufwendungen für medizinische Hilfsmittel außergewöhnliche Belastungen sein. Die zumutbare Belastung ist zu beachten (→ *Zumutbare Belastung*).

Opfergrenze

Unterhaltsleistungen (→ *Unterhaltsaufwendungen*) werden nur anerkannt, wenn sie in einem angemessenen Verhältnis zum Nettoeinkommen stehen und noch angemessene Mittel zum Lebensbedarf verbleiben (sog. Opfergrenze).

Pflegekosten

→ *Haushaltshilfe*, → *Heim- und Pflegeunterbringung* und → Rz. B 93 *Steuerermäßigung für haushaltsnahe Beschäftigungsverhältnisse/ Dienstleistungen und Handwerkerleistungen*.

Pflege-Pauschbetrag

Aufwendungen, die durch die persönliche Pflege einer hilflosen Person (Merkzeichen „H" im Schwerbehindertenausweis oder Pflegestufe III) entstehen, werden pauschal mit **924 €** jährlich anerkannt, wenn der Pflegende für die Pflege keine Einnahmen erhält, wobei zu den Einnahmen unabhängig von der Verwendung nicht das von den Eltern eines behinderten Kindes für diese Kind empfangene Pflegegeld zählt. Höhere Aufwendungen werden nur bei Nachweis und nach Anrechnung der zumutbaren Belastung (→ *Zumutbare Belastung*) berücksichtigt.

Privatschule

Für ein behindertes Kind kann das Schulgeld für eine Privatschule als außergewöhnliche Belastung geltend gemacht werden, wenn eine geeignete öffentliche Schule oder eine schulgeldfreie Privatschule nicht zur Verfügung steht. Der Nachweis der Erforderlichkeit des Besuchs der Privatschule muss durch Vorlage einer Bestätigung der zuständigen Landesbehörde erfolgen. Die zumutbare Belastung ist zu beachten (→ *Zumutbare Belastung*).

Prozesskosten

Prozesskosten sind grundsätzlich nicht als außergewöhnliche Belastungen abziehbar. Ein Abzug kommt ausnahmsweise in Betracht, wenn der Steuerpflichtige ohne den Rechtsstreit Gefahr liefe, seine Existenzgrundlage zu verlieren und seine lebensnotwendigen Bedürfnisse im üblichen Rahmen nicht mehr befriedigen zu können. Die zumutbare Eigenbelastung ist zu beachten (→ *Zumutbare Belastung*). → *Aufenthaltsrecht*, → *Ehescheidung*, → *Studienplatz*, → *Umgangsrecht*, → *Vaterschaftsfeststellungsprozess*, → *Zivilprozess*.

Sehhilfe

Aufwendungen für eine Sehhilfe (z. B. Brille) sind eine außergewöhnliche Belastung (→ *Krankheitskosten*). Wurde die Notwendigkeit einer Sehhilfe einmal durch einen Augenarzt festgestellt, genügt als Nachweis ggü. dem Finanzamt auch die Folgerefraktionsbestimmung durch einen Augenoptiker. Als Nachweis reicht grds. auch die Vorlage der Erstattungsmitteilung einer privaten Krankenversicherung oder eines Beihilfebescheids. Die zumutbare Belastung ist zu beachten (→ *Zumutbare Belastung*). Bezüglich einer Augen-Laser-Operation → *Krankheitskosten*.

Sonderbedarf bei Berufsausbildung

Zur Abgeltung des Sonderbedarfs eines sich in Berufsausbildung befindenden Kindes kommt ein Freibetrag i. H. v. **924 €** jährlich in Betracht, wenn das Kind das 18. Lebensjahr vollendet hat und auswärts untergebracht ist. Voraussetzung für den Abzug des Freibetrags ist, dass für das Kind ein Anspruch auf einen Freibetrag für Kinder oder Kindergeld besteht.

Unter Berufsausbildung ist auch die (Hoch-)Schulausbildung (z. B. Studium an einer Universität) zu verstehen. Die Tätigkeit im Rahmen eines freiwilligen sozialen Jahres ist dagegen grundsätzlich nicht als Berufsausbildung zu beurteilen.

Der Freibetrag vermindert sich jeweils um die **eigenen Einkünfte und Bezüge** des Kindes, die zur Bestreitung seines Unterhalts oder seine Berufsausbildung bestimmt oder geeignet sind, soweit sie 1 848 € im Kalenderjahr übersteigen, sowie um die vom Kind als Ausbildungshilfe aus öffentlichen Mitteln oder von Förderungseinrichtungen, die hierfür öffentliche Mittel erhalten, bezogenen Zuschüsse. Bei der Ermittlung der anrechenbaren Einkünfte sind die Pflichtbeiträge zur gesetzlichen Sozialversicherung und die Beiträge zu einer **freiwilligen gesetzlichen** oder einer **privaten Krankenversicherung** von den Einkünften abzuziehen. Nicht angerechnet werden darlehensweise gewährte Leistungen.

Sind die Eltern geschieden oder verheiratet, aber dauernd getrennt lebend, wird der Freibetrag jedem Elternteil, dem Aufwendungen für die Berufsausbildung des Kindes entstehen, zur Hälfte zuerkannt. Gleiches gilt bei Eltern nichtehelicher Kinder. Auf gemeinsamen Antrag der Eltern ist eine andere Aufteilung möglich.

Studienplatz

Prozesskosten der Eltern zur Erlangung eines Studienplatzes für ihr Kind in einem Numerus-clausus-Fach sind nicht als außergewöhnliche Belastung abziehbar.

Umgangsrecht

Unter engen Voraussetzungen sind die Kosten eines entsprechenden Prozesses als außergewöhnliche Belastungen abziehbar. Die zumutbare Eigenbelastung ist zu beachten (→ *Zumutbare Belastung*).

Unterhaltsaufwendungen

Unterhaltsleistungen sind bis zum **Höchstbetrag** von 7 680 € jährlich abziehbar, wenn der Empfänger gegenüber dem Steuerpflichtigen gesetzlich unterhaltsberechtigt ist oder wenn mit Rücksicht auf die Unterstützungsleistungen öffentliche Mittel, die der Empfänger für den Unterhalt erhält, gekürzt werden. Voraussetzung für die Anerkennung der Unterhaltsleistungen ist ferner, dass niemand Anspruch auf Freibeträge für Kinder oder auf Kindergeld für die unterstützte Person hat. Dem Grunde nach gesetzlich unterhaltsberechtigt sind neben dem Ehegatten

Verwandte in gerader Linie wie Kinder, Eltern und Großeltern. Aber auch Unterhaltsleistungen an den eingetragenen Lebenspartner können berücksichtigt werden; die gesetzliche Unterhaltsverpflichtung ergibt sich aus § 5 des Lebenspartnerschaftsgesetzes. Auf den Höchstbetrag von 7 680 € jährlich werden die **eigenen Einkünfte und Bezüge** der unterhaltenen Person angerechnet, soweit sie 624 € jährlich übersteigen; Pflichtbeiträge zur gesetzlichen Sozialversicherung und die Beiträge zu einer **freiwilligen gesetzlichen** oder einer **privaten Krankenversicherung** sind abzuziehen. Die Höchstbeträge vermindern sich außerdem um Ausbildungsbeihilfen, die die unterstützte Person aus öffentlichen Mitteln oder von Förderungseinrichtungen bezieht, die für diese Zwecke öffentliche Mittel erhalten.

Lebt die unterhaltene Person im Ausland, können sich der Höchstbetrag und der anrechnungsfreie Betrag um ein Viertel, ein Halb oder drei Viertel ermäßigen; s. a. BMF v. 9. 9. 2008 (BStBl I 2008 S. 936).

→ *Opfergrenze*

Vaterschaftsfeststellungsprozess

Die Kosten sind in bestimmten Fällen als außergewöhnliche Belastung abziehbar. Die zumutbare Eigenbelastung ist zu beachten (→ *Zumutbare Belastung*).

Wiederbeschaffungskosten

Kosten der Wiederbeschaffung für lebensnotwendige Vermögensgegenstände, wie Hausrat und Kleidung, die durch ein **unabwendbares Ereignis** (z. B. Brand oder Hochwasser) beschädigt oder zerstört wurden, sind außergewöhnliche Belastungen. Sie können jedoch nicht steuermindernd als außergewöhnliche Belastung berücksichtigt werden, wenn der Geschädigte es unterlassen hat, eine allgemein übliche und zumutbare Versicherung (z. B. eine Hausratversicherung) abzuschließen. Die zumutbare Belastung ist zu beachten (→ *Zumutbare Belastung*).

Zivilprozess

Kosten anderer Zivilprozesse als Scheidungsprozesse (→ *Ehescheidung*) sind regelmäßig nicht als außergewöhnliche Belastung abziehbar, unabhängig davon, ob der Steuerpflichtige Kläger oder Beklagter ist. → *Umgangsrecht*, → *Vaterschaftsfeststellungsprozess.*

Zumutbare Belastung

Es wird davon ausgegangen, dass eine außergewöhnliche Belastung selbst getragen werden kann, soweit bestimmte Beträge nicht überschritten werden. Diese zumutbare Belastung beträgt (Angaben in % des Gesamtbetrags der Einkünfte)

	bei einem Gesamtbetrag der Einkünfte		
	bis 15 340 €	über 15 340 € bis 51 130 €	über 51 130 €
– bei Ledigen oder dauernd getrennt Lebenden ohne Kinder	5	6	7
– bei zusammenveranlagten Ehegatten	4	5	6
– wenn ein oder zwei Kinder zu berücksichtigen sind	2	3	4
– wenn drei oder mehr Kinder zu berücksichtigen sind	1	1	2

9. ABC der Sonstigen Freibeträge, Freigrenzen, Pauschbeträge, Abzugsbeträge

93 Neben den Werbungskosten (→ Rz. B 87), Sonderausgaben (→ Rz. B 88 ff.) und außergewöhnlichen Belastungen (→ Rz. B 92) haben noch andere Beträge im Einkommensteuerrecht Bedeutung. Im nachfolgenden ABC sind die wichtigsten Beträge zusammengestellt.

Hinweis: Querverweise auf Stichwörter innerhalb des ABC sind durch einen voranstehenden Pfeil gekennzeichnet (z. B.: → *Versorgungsfreibetrag*)

Altersentlastungsbetrag

Der Altersentlastungsbetrag soll bei **über 64 Jahre** alten Personen (für Kalenderjahr 2009: vor dem 2. 1. 1945 geborene Steuerpflichtige) einen Ausgleich schaffen für Einkünfte, die nicht wie Renten und Pensionen begünstigt besteuert werden. Der Altersentlastungsbetrag hat jedoch keine Rechtfertigung mehr, wenn in der Endstufe der nachgelagerten Besteuerung die Renten und Versorgungsbezüge zu 100 % besteuert werden (Übergang zur nachgelagerten Besteuerung durch das Alterseinkünftegesetz ab 2005). Deshalb wurden die Regelungen zum Altersentlastungsbetrag ab 2005 geändert.

Im Einzelnen gilt **Folgendes:**

Der Altersentlastungsbetrag ist bis zu einem **Höchstbetrag** im Kalenderjahr ein nach einem **Vomhundertsatz** ermittelter Betrag des Arbeitslohns und der **positiven Summe der Einkünfte,** die nicht solche aus nichtselbständiger Arbeit sind. Versorgungsbezüge i. S. d. § 19 Abs. 2 EStG, Einkünfte aus Leibrenten i. S. d. § 22 Nr. 1 Satz 3 Buchst. a EStG, Einkünfte i. S. d. § 22 Nr. 4 Satz 4 Buchst. b EStG, Einkünfte i. S. d. § 22 Nr. 5 Satz 1 EStG, soweit § 52 Abs. 34c EStG anzuwenden ist, und Einkünfte i. S. d. § 22 Nr. 5 Satz 2 Buchst. a EStG bleiben bei der Bemessung des Betrags außer Betracht. Im Fall der **Zusammenveranlagung von Ehegatten** zur Einkommensteuer sind die Regelungen zum Altersentlastungsbetrag für jeden Ehegatten gesondert anzuwenden. Der maßgebende Vomhundertsatz und der Höchstbetrag des Altersentlastungsbetrags sind einer **Tabelle** in § 24a EStG zu entnehmen. Mit der Tabelle wird sichergestellt, dass für den einzelnen Bezieher von Alterseinkünften die Besteuerungssituation in dem auf die Vollendung des 64. Lebensjahrs folgenden Jahr „eingefroren“ wird.

So beträgt der Altersentlastungsbetrag in **2009** für einen Steuerpflichtigen, der im Jahr 2008 das 64. Lebensjahr vollendet hat, **33,6 %** der Einkünfte, **höchstens jedoch 1 596 €**. Der in 2009 anzuwendende Vomhundertsatz und der Höchstbetrag werden für diesen Steuerpflichtigen **zeitlebens** berücksichtigt.

Arbeitnehmer-Pauschbetrag

→ Rz. B 87 *Arbeitnehmer-Pauschbetrag*

Begünstigungsbetrag bei nicht entnommenen Gewinnen

Durch das **Unternehmensteuerreformgesetz 2008** wurde eine Begünstigung nicht entnommener Gewinne eingeführt. Sind in dem zu versteuernden Einkommen nicht entnommene Gewinne aus Land- und Forstwirtschaft, Gewerbebetrieb oder selbständiger Arbeit enthalten, wird die Einkommensteuer für diese Gewinne (Begünstigungsbetrag) auf Antrag des Steuerpflichtigen ganz oder teilweise mit einem **Steuersatz** von **28,25 %** berechnet. Soweit der begünstigt besteuerte Gewinn in späteren Jahren vom Steuerpflichtigen entnommen wird, entfällt der Begünstigungsgrund und es wird insoweit eine Nachversteuerung i. H. v. 25 % vorgenommen. Im Übrigen gibt es weitere Gründe für eine Nachversteuerung (z. B. Aufgabe oder Veräußerung eines Betriebes oder Mitunternehmeranteils, Antrag des Steuerpflichtigen).

Betriebsausgabenpauschale

Bei der Ermittlung der Einkünfte aus **selbständiger Arbeit** kann bei hauptberuflicher selbständiger, schriftstellerischer oder journalistischer Tätigkeit, bei wissenschaftlicher, künstlerischer und schriftstellerischer Nebentätigkeit sowie bei nebenamtlicher Lehr- und Prüfungstätigkeit an Stelle der tatsächlichen Betriebsausgaben eine Betriebsausgabenpauschale abgezogen werden. Die Betriebsausgabenpauschale beträgt:

- bei hauptberuflicher selbständiger, schriftstellerischer oder journalistischer Tätigkeit **30 %** der Betriebseinnahmen aus dieser Tätigkeit, höchstens jedoch 2 455 € jährlich;
- bei wissenschaftlicher, künstlerischer und schriftstellerischer Nebentätigkeit (auch Vortrags- oder nebenberufliche Lehr- und Prüfungstätigkeit), soweit es sich nicht um eine Tätigkeit i. S. d. § 3 Nr. 26 EStG (→ Rz. C 159 *Übungsleiterpauschale*) handelt, **25 %** der Betriebseinnahmen aus dieser Tätigkeit, höchstens jedoch 614 € jährlich. Der Höchstbetrag von 614 € wird für alle Nebentätigkeiten, die unter die Vereinfachungsregelung fallen, nur einmal gewährt.

Freibetrag für Land- und Forstwirtschaft

Einkünfte aus Land- und Forstwirtschaft werden bei der Ermittlung des Gesamtbetrags der Einkünfte (→ Rz. B 67) nur berücksichtigt, soweit sie **670 €** bzw. bei Zusammenveranlagung von Ehegatten **1 340 €** übersteigen.

Der gewährte Freibetrag ist nicht betriebsbezogen; er steht dem Steuerpflichtigen nur einmal zu, auch wenn er an mehreren Betrieben der Land- und Forstwirtschaft beteiligt ist. Andererseits steht er jedem Beteiligten an einem land- und forstwirtschaftlichen Betrieb zu. Der Freibetrag wird ungeschmälert gewährt, auch wenn im Laufe eines Veranlagungszeitraums ein Betrieb der Land- und Forstwirtschaft übernommen, veräußert oder aufgegeben wird.

Voraussetzung für die Anwendung des Freibetrags ist jedoch, dass die Summe der Einkünfte (→ Rz. B 61 ff.) **30 700 €** bzw. bei Zusammenveranlagung von Ehegatten **61 400 €** nicht übersteigt.

Freigrenze bei privaten Veräußerungsgeschäften

Gewinne aus privaten Veräußerungsgeschäften (Veräußerung von Grundstücken und anderen Wirtschaftsgütern, nicht aber Finanzanlagen [siehe 3. Absatz] bleiben steuerfrei, wenn der aus den privaten Veräußerungsgeschäften erzielte Gesamtgewinn im Kalenderjahr weniger als **600 €** betragen hat. Es handelt sich bei dem Betrag i. H. v. 600 € nicht um einen Freibetrag, d. h., bei einem Gesamtgewinn von z. B. 700 € ist der gesamte Gewinn i. H. v. 700 € zu versteuern.

Haben beide zusammenveranlagten Ehegatten Veräußerungsgewinne erzielt, so steht jedem Ehegatten die Freigrenze – höchstens jedoch bis zur Höhe seines Gesamtgewinns aus privaten Veräußerungsgeschäften – zu.

Gewinne aus der Veräußerung von **Finanzanlagen** (z. B. Aktien, Investmentfonds) gehören bei Anschaffungen nach dem 31. 12. 2008 zu den Einkünften aus Kapitalvermögen (→ Rz. B 57); es greift die **Abgeltungsteuer**. Die Freigrenze von 600 € ist bei Finanzanlagen nicht mehr maßgeblich.

Freigrenze für Geschenke

Aufwendungen für Geschenke an Personen, die nicht Arbeitnehmer des Steuerpflichtigen sind, dürfen nicht als Betriebsausgaben abgezogen werden, wenn die Anschaffungs- oder Herstellungskosten der dem Empfänger im Wirtschaftsjahr zugewendeten Gegenstände insgesamt **35 €** übersteigen. Es handelt sich bei dem Betrag i. H. v. 35 € nicht um einen Freibetrag, d. h., bei Aufwendungen für ein Geschenk i. H. v. z. B. 50 € ist der gesamte Betrag nicht abziehbar.

Für die Frage, ob die Freigrenze i. H. v. 35 € überschritten ist, ist von den Anschaffungs- oder Herstellungskosten abzüglich eines darin enthaltenen Vorsteuerbetrags, also von dem reinen Warenpreis ohne Vorsteuer (Nettowert), auszugehen, wenn der Vorsteuerbetrag umsatzsteuerrechtlich abziehbar ist. Ist die Vorsteuer umsatzsteuerrechtlich nicht abziehbar, ist vom Warenpreis einschließlich der Umsatzsteuer auszugehen.

Grundfreibetrag

Bis zur Höhe des Grundfreibetrags wird keine Einkommensteuer erhoben. Der Grundfreibetrag ist dabei in die Formel zur Berechnung der Einkommensteuer eingearbeitet (§ 32a EStG).

Der Grundfreibetrag beträgt **in 2009** – nach den Änderungen durch das rückwirkend zum 1. 1. 2009 in Kraft getretene Gesetz zur Sicherung von Beschäftigung und Stabilität in Deutschland –

- für Ledige und dauernd getrennt lebende Ehegatten **7 834 €** und
- für zusammenveranlagte Ehegatten **15 668 €**.

Ab 2010 beträgt der Grundfreibetrag **8 004 €/16 008 €** (Ledige und dauernd getrennt lebende Ehegatten/zusammenveranlagte Ehegatten).

Härteausgleich

Bei der Veranlagung von Arbeitnehmern zur Einkommensteuer wird ein Freibetrag in Höhe der Einkünfte, die nicht der Lohnsteuer unterlegen haben, vom Einkommen abgezogen, wenn diese Einkünfte insgesamt nicht mehr als **410 €** betragen haben. Haben sie mehr als 410 € betragen, so wird als Freibetrag vom Einkommen der Betrag abgezogen, um den die Einkünfte den Betrag von **820 €** unterschritten haben. Soweit diese Einkünfte zum Abzug des Altersentlastungsbetrags oder des Freibetrags für Land- und Forstwirtschaft geführt haben, vermindert sich jedoch der Freibetrag um den Anteil des Altersentlastungsbetrags, der auf ihn entfällt, sowie um den Freibetrag für Land- und Forstwirte.

Sonderausgaben-Pauschbetrag

Für bestimmte Sonderausgaben wird ein Pauschbetrag von **36 €** gewährt (Sonderausgaben-Pauschbetrag), wenn nicht höhere Aufwendungen nachgewiesen werden. Wegen der Einzelheiten → Rz. B 88 ff. Bei der Zusammenveranlagung von **Ehegatten** verdoppelt sich der Betrag auf **72 €**.

Sparer-Freibetrag

Von den Einnahmen aus Kapitalvermögen wurde **bis einschließlich 2008** nach Abzug der Werbungskosten – ggf. des Werbungskosten-Pauschbetrags (→ *Werbungskosten-Pauschbetrag bei Einnahmen aus Kapitalvermögen*) – ein Sparer-Freibetrag i. H. v. **750 €** abgezogen.

Mit Einführung der Abgeltungsteuer **ab 2009** (→ Rz. B 57) wurden der Sparer-Freibetrag und der → *Werbungskosten-Pauschbetrag bei Einnahmen aus Kapitalvermögen* durch den → *Sparer-Pauschbetrag* i. H. v. 801 € abgelöst.

Sparer-Pauschbetrag

Zum **1. 1. 2009** wurde die **Abgeltungsteuer** eingeführt (→ Rz. B 57). Es werden von den Einnahmen aus Kapitalvermögen nunmehr nicht mehr der → *Sparer-Freibetrag* und → der *Werbungskosten-Pauschbetrag bei den Einnahmen aus Kapitalvermögen* abgezogen, sondern der **Sparer-Pauschbetrag**.

Der Sparer-Pauschbetrag wird für Werbungskosten abgezogen und beträgt **801 €**; der Nachweis und Abzug der **tatsächlichen Werbungskosten** ist ab 2009 **nicht** mehr **möglich**.

Ehegatten, die zusammen veranlagt werden, wird ein gemeinsamer Sparer-Pauschbetrag von **1 602 €** gewährt. Der gemeinsame Sparer-Pauschbetrag wird bei der Einkunftsermittlung bei jedem Ehegatten **je zur Hälfte** abgezogen; sind die Kapitalerträge eines Ehegatten niedriger als 801 €, ist der anteilige Sparer-Pauschbetrag insoweit, als er die Kapitalerträge dieses Ehegatten übersteigt, **bei dem anderen Ehegatten** abzuziehen.

Steuerermäßigung bei ausländischen Einkünften

Bei unbeschränkt Steuerpflichtigen, die mit ausländischen Einkünften in dem Staat, aus dem die Einkünfte stammen, zu einer der deutschen Einkommensteuer entsprechenden Steuer herangezogen werden, wird die festgesetzte und gezahlte und um einen entstandenen Ermäßigungsanspruch gekürzte ausländische Steuer auf die deutsche Einkommensteuer **angerechnet**, die auf die Einkünfte aus diesem Staat entfällt. Statt einer Anrechnung wird die ausländische Steuer auf Antrag bei der Ermittlung der Einkünfte **abgezogen.**

Steuerermäßigung bei Belastung mit Erbschaftsteuer

Sind bei der Ermittlung des Einkommens Einkünfte berücksichtigt worden, die im Veranlagungszeitraum oder in den vorangegangenen vier Veranlagungszeiträumen als Erwerb von Todes wegen der Erbschaftsteuer unterlegen haben, so wird auf Antrag die um sonstige Steuerermäßigungen gekürzte tarifliche **Einkommensteuer**, die auf diese Einkünfte entfällt, um einen bestimmten Prozentsatz **ermäßigt** (Änderung durch das Erbschaftsteuerreformgesetz). Die Regelung verringert eine **Doppelbelastung** mit Erbschaftsteuer und Einkommensteuer. Sie ist beschränkt auf Fälle, in denen beim Erben Einkünfte tatsächlich mit Einkommensteuer belastet werden, die zuvor als Vermögen oder Bestandteil von Vermögen bereits der Erbschaftsteuer unterlagen.

Die Regelung **gilt nicht**, soweit Erbschaftsteuer als Sonderausgabe abgezogen wird (→ Rz. B 91 *Versorgungsleistungen*). Die Regelung ist **erstmals** für den Veranlagungszeitraum 2009 anzuwenden, wenn der Erbfall nach dem 31. 12. 2008 eingetreten ist.

Steuerermäßigung bei Einkünften aus Gewerbetrieb

Die tarifliche Einkommensteuer ermäßigt sich, soweit sie anteilig auf im zu versteuernden Einkommen enthaltene gewerbliche Einkünfte entfällt, bei Einkünften aus gewerblichen Unternehmen um **das 3,8fache** des festgesetzten **Gewerbesteuer-Messbetrags**, bei Mitunternehmern und persönlich haftenden Gesellschaftern einer Kommanditgesellschaft auf Aktien um das 3,8fache des festgesetzten anteiligen Gewerbesteuer-Messbetrags. Der Abzug des Steuerermäßigungsbetrags ist auf die tatsächlich zu zahlende Gewerbesteuer beschränkt.

Steuerermäßigung für haushaltsnahe Beschäftigungsverhältnisse/Dienstleistungen und Handwerkerleistungen

Für haushaltsnahe Beschäftigungsverhältnisse, bei denen es sich um eine **geringfügige Beschäftigung** i. S. d. § 8a SGB IV handelt, ermäßigt sich die tarifliche Einkommensteuer, vermindert um die sonstigen Steuerermäßigungen, um **20 %, höchstens 510 €,** der Aufwendungen des Steuerpflichtigen.

Für **andere haushaltsnahe Beschäftigungsverhältnisse** oder für die **Inanspruchnahme von haushaltsnahen Dienstleistungen**, die nicht Handwerkerleistungen sind, ermäßigt sich die tarifliche Einkommensteuer, vermindert um die sonstigen Steuerermäßigungen, um **20 %, höchstens 4 000 €,** der Aufwendungen des Steuerpflichtigen. Die Steuerermäßigung kann auch in Anspruch genommen werden für die Inanspruchnahme von **Pflege- und Betreuungsleistungen** sowie für Aufwendungen, die wegen der Unterbringung in einem **Heim** oder zur **dauernden Pflege** erwachsen, soweit darin **Kosten für Dienstleistungen** enthalten sind, die mit denen einer Hilfe im Haushalt vergleichbar sind.

Für die Inanspruchnahme von **Handwerkerleistungen** für Renovierungs-, Erhaltungs- und Modernisierungsmaßnahmen, mit Ausnahme der nach dem CO_2-Gebäudesanierungsprogramm der KfW Förderbank geförderten Maßnahmen, ermäßigt sich die tarifliche Einkommensteuer, vermindert um die sonstigen Steuerermäßigungen, auf Antrag um **20 %, höchstens 1 200 €,** der Aufwendungen. Der Abzug von der tariflichen Einkommensteuer gilt nur für **Arbeitskosten.**

Die Steuerermäßigung i.H.v. bis zu 510 €, 4 000 € und 1 200 € kann nur in Anspruch genommen werden, wenn das Beschäftigungsverhältnis, die Dienstleistung oder die Handwerkerleistung in einem **in der Europäischen Union** oder dem **Europäischen Wirtschaftsraum** liegenden Haushalt des Steuerpflichtigen oder bei Pflege- und Betreuungsleistungen in einem Haushalt der gepflegten oder betreuten Person ausgeübt oder erbracht wird. In den Fällen der Inanspruchnahme von Pflege- und Betreuungsleistungen sowie für Aufwendungen, die wegen der Unterbringung in einem Heim oder zur dauernden Pflege erwachsen, ist Voraussetzung, dass das **Heim** oder der **Ort der dauernden Pflege** in der Europäischen Union oder dem Europäischen Wirtschaftsraum liegt.

Die Steuerermäßigungen i.H.v. bis zu 510 €, 4 000 € und 1 200 € können nur in Anspruch genommen werden, soweit die Aufwendungen nicht Betriebsausgaben oder Werbungskosten darstellen oder als Kinderbetreuungskosten zu berücksichtigen sind (→ Rz. B 87 *Kinderbetreuungskosten* und → Rz. B 91 *Kinderbetreuungskosten*) und soweit sie nicht als außergewöhnliche Belastung berücksichtigt worden sind. Voraussetzung für die Inanspruchnahme der Steuerermäßigung für **haushaltsnahe Dienstleistungen i.H.v. bis zu 4 000 €** oder für **Handwerkerleistungen** ist, dass der Steuerpflichtige für die Aufwendungen eine **Rechnung** erhalten hat und die **Zahlung auf das Konto** des Erbringers der Leistung erfolgt ist. Leben **zwei Alleinstehende** in einem Haushalt zusammen, können sie die Höchstbeträge insgesamt jeweils **nur einmal** in Anspruch nehmen.

Steuerermäßigung bei Zuwendungen an politische Parteien und an unabhängige Wählervereinigungen

Die tarifliche Einkommensteuer ermäßigt sich bei Zuwendungen an politische Parteien und bestimmte Vereine ohne Parteicharakter um **50 %** der Ausgaben, höchstens **825 €**, im Fall der Zusammenveranlagung von **Ehegatten** höchstens **1 650 €**. → Rz. A 32 und → B 91 *Politische Parteien.*

Veräußerungsfreibetrag

Für Gewinne aus der Veräußerung

- eines ganzen Gewerbebetriebs oder eines Teilbetriebs,
- eines Anteils eines Gesellschafters, der als Unternehmer (Mitunternehmer) eines Betriebs anzusehen ist, oder
- eines Anteils eines persönlich haftenden Gesellschafters einer Kommanditgesellschaft auf Aktien

wird ein Freibetrag i. H. v. **45 000 €** gewährt, wenn der Steuerpflichtige das 55. Lebensjahr vollendet hat oder er im sozialversicherungsrechtlichen Sinn dauernd berufsunfähig ist. Als Veräußerung gilt auch die Aufgabe einer entsprechenden Tätigkeit.

Der Freibetrag wird nur einmal (im Leben) gewährt. Er ermäßigt sich um den Betrag, um den der Veräußerungsgewinn den Betrag von **136 000 €** übersteigt.

Bei der Veräußerung des Vermögens oder eines selbständigen Teils des Vermögens oder eines Anteils am Vermögen, das der **selbständigen Arbeit** dient, gilt die Freibetragsregelung entsprechend. Gleiches gilt bei Aufgabe einer selbständigen Tätigkeit.

Versorgungsfreibetrag

Mit dem **Alterseinkünftegesetz** wurde die einkommensteuerrechtliche Behandlung von Altersvorsorgeaufwendungen und Altersbezügen neu geordnet. Auch bei den Versorgungsbezügen und dem damit in Zusammenhang stehenden Versorgungsfreibetrag hat es umfangreiche Änderungen gegeben. Im Einzelnen gilt **seit 2005 Folgendes:**

Von Versorgungsbezügen bleiben ein **Versorgungsfreibetrag** und ein **Zuschlag zum Versorgungsfreibetrag** steuerfrei. Der Versorgungsfreibetrag ist dabei ein nach einem **Vomhundertsatz** ermittelbarer, auf einen **Höchstbetrag** begrenzter Betrag.

Versorgungsbezüge sind Bezüge aus einem früheren Dienstverhältnis, die nach den Beamten-(Pensions-)Gesetzen oder entsprechenden Regelungen oder in anderen Fällen wegen Erreichens einer Altersgrenze, Eintritts der Berufs- oder Erwerbsunfähigkeit oder als Hinterbliebenenbezüge gewährt werden.

Der maßgebende Vomhundertsatz, der Höchstbetrag des Versorgungsfreibetrags und der Zuschlag zum Versorgungsfreibetrag werden aus einer **Tabelle** in § 19 Abs. 2 EStG entnommen.

So beträgt bei einem Versorgungsbeginn in 2009 der Versorgungsfreibetrag 33,6 % der Versorgungsbezüge, höchstens aber 2 520 €, und der Zuschlag zum Versorgungsfreibetrag 756 €. Die genannten Beträge werden **bis zum Jahr 2040 auf 0 % bzw. 0 € abgeschmolzen.**

Bemessungsgrundlage für den Versorgungsfreibetrag ist bei Versorgungsbeginn vor 2005 das Zwölffache des Versorgungsbezugs für Januar 2005 und bei Versorgungsbeginn ab 2005 das Zwölffache des Versorgungsbezugs für den ersten vollen Monat, jeweils zuzüglich voraussichtlicher Sonderzahlungen im Kalenderjahr, auf die zu diesem Zeitpunkt ein Rechtsanspruch besteht. Der einmal berechnete Versorgungsfreibetrag und Zuschlag zum Versorgungsfreibetrag gelten für die **gesamte Laufzeit** des Versorgungsbezugs. **Regelmäßige Anpassungen** des Versorgungsbezugs führen nicht zu einer Neuberechnung. Allerdings sind der Versorgungsfreibetrag und der Zuschlag zum Versorgungsfreibetrag **neu zu berechnen**, wenn sich der Versorgungsbezug wegen Anwendung von Anrechnungs-, Ruhens-, Erhöhungs- oder Kürzungsregelungen erhöht oder vermindert. Für jeden **vollen Kalendermonat,** für den **keine Versorgungsbezüge** gezahlt werden, wird der Versorgungsfreibetrag und der Zuschlag zum Versorgungsfreibetrag in diesem Kalenderjahr um je **ein Zwölftel ermäßigt**. Zu weiteren Einzelheiten und Besonderheiten siehe BMF-Schreiben v. 30. 1. 2008 (BStBl I 2008 S. 390), das durch das BMF-Schreiben vom 18. 9. 2008 (BStBl I 2008 S. 887) geändert worden ist.

Werbungskosten-Pauschbetrag bei bestimmten sonstigen Einnahmen

Von bestimmten **sonstigen Einnahmen** wird ein Werbungskosten-Pauschbetrag von **102 €** jährlich abgezogen, wenn nicht höhere Werbungskosten nachgewiesen werden. Der Pauschbetrag darf nur bis zur Höhe der Einnahmen abgezogen werden. **Folgende Einnahmen** sind vom Werbungskosten-Pauschbetrag betroffen:

- Einnahmen aus wiederkehrenden Bezügen (z. B. die Altersrente aus der gesetzlichen Rentenversicherung, Renten wegen verminderter Erwerbsfähigkeit oder Witwen- und Witwerrenten);
- Einnahmen aus Unterhaltsleitungen an den geschiedenen oder dauernd getrennt lebenden Ehegatten, soweit sie vom Geber als Sonderausgaben abgezogen werden können;
- Leistungen aus Altersvorsorgeverträgen, Pensionsfonds, Pensionskassen und Direktversicherungen.

Werbungskosten-Pauschbetrag bei Einnahmen aus Kapitalvermögen

Von den Einnahmen aus **Kapitalvermögen** wurde **bis einschließlich 2008** ein Werbungskosten-Pauschbetrag von **51 €** jährlich abgezogen, wenn nicht höhere Werbungskosten nachgewiesen wurden.

Mit Einführung der Abgeltungsteuer **ab 2009** (→ Rz. B 57) ist der Werbungskosten-Pauschbetrag bei Einnahmen aus Kapitalvermögen entfallen. Er wurde neben dem → *Sparer-Freibetrag* betragsmäßig in den neuen → *Sparer-Pauschbetrag* i. H. v. 801 € integriert.

Zuschlag zum Versorgungsfreibetrag

→ *Versorgungsfreibetrag*

VIII. Steuererhebungsformen/Einkommensteuer-Vorauszahlungen

94 Die Einkommensteuer wird grundsätzlich nach Ablauf des Kalenderjahrs (Veranlagungszeitraums) nach dem Einkommen veranlagt, das der Steuerpflichtige in diesem Veranlagungszeitraum bezogen hat, soweit nicht Einkünfte aus nichtselbständiger Arbeit sowie Einkünfte aus Kapitalvermögen vorliegen und eine Veranlagung unterbleibt. Von den Lohn- und Kapitaleinkünften erhebt der Fiskus die Einkommensteuer im sog. Quellenabzug. Daneben kann er Einkommensteuer-Vorauszahlungen festsetzen.

1. Einkünfte aus nichtselbständiger Arbeit (Lohnsteuer)

95 Bei Einkünften aus nichtselbständiger Arbeit wird die Einkommensteuer durch Abzug vom Arbeitslohn erhoben (Lohnsteuer). Der Arbeitgeber hat vom Bruttoarbeitslohn des Arbeitnehmers die Lohnsteuer zu berechnen, sie einzubehalten und an das Finanzamt abzuführen (→ Rz. C 1 ff.). Die vom Arbeitgeber laut elektronischer Lohnsteuerbescheinigung, Lohnsteuerbescheinigung auf der Lohnsteuerkarte oder besonderer Lohnsteuerbescheinigung einbehaltene Lohnsteuer wird auf die festgesetzte Einkommensteuer angerechnet. Pauschal besteuerter Arbeitslohn und die darauf entfallende pauschale Lohnsteuer bleiben bei einer Einkommensteuerveranlagung jedoch unberücksichtigt.

2. Einkünfte aus Kapitalvermögen (Abgeltungsteuer – eigentl. Kapitalertragsteuer)

Ab 1. 1. 2009 gilt für Kapitaleinkünfte eine **Abgeltungsteuer** 96
(Kapitalertragsteuer mit abgeltender Wirkung). Zinsen, Dividenden und Fondsausschüttungen etc., aber auch **Kurs- und Währungsgewinne** werden pauschal mit **25 %** besteuert. Die Abgeltungsteuer wird **direkt** von den Banken, Bausparkassen etc., bei denen die Kapitalanlagen gehalten werden, **einbehalten** und an das Finanzamt abgeführt. Sofern keine Sonderfälle geltend gemacht werden, sind bei der **Einkommensteuererklärung** die Kapitaleinkünfte **nicht** gesondert **anzugeben**.

Für die Abgeltungsteuer gilt jedoch das sog. **Veranlagungswahlrecht**, d. h., es kann die Einbeziehung der Kapitaleinkünfte bei der Einkommensteuerveranlagung beantragt werden. Liegt der individuelle (Grenz-)Steuersatz über 25 %, ist die Abgeltungsteuer günstiger. Liegt der (Grenz-)Steuersatz unter 25 %, ist die Besteuerung mit dem individuellen Steuersatz günstiger; die einbehaltene Abgeltungsteuer wird in diesem Fall angerechnet.

Durch einen **Freistellungsauftrag** (Berücksichtigung des Sparer-Pauschbetrags, → Rz. B 93 *Sparer-Pauschbetrag*) oder eine **Nichtveranlagungs-Bescheinigung** kann die Einbehaltung der Abgeltungsteuer vermieden werden.

Zu **weiteren Einzelheiten** → Rz. B 57.

3. Einkommensteuer-Vorauszahlung

97 Der Steuerpflichtige hat am **10. März**, **10. Juni**, **10. September** und **10. Dezember** eines Jahres Vorauszahlungen auf die Einkommensteuer zu entrichten, die er für dieses Jahr voraussichtlich schulden wird. Die Vorauszahlungen bemessen sich grundsätzlich nach der Einkommensteuer, die sich nach Anrechnung der Steuerabzugsbeträge bei der letzten Veranlagung ergeben hat. Vorauszahlungen werden nur festgesetzt, wenn sie mindestens **400 €** im Kalenderjahr und mindestens **100 €** für einen Vorauszahlungszeitpunkt betragen.

98 Einkommensteuer-Vorauszahlungen müssen insbesondere Steuerpflichtige entrichten, die Einkünfte aus Gewerbebetrieb, selbständiger Arbeit, Land- und Forstwirtschaft und Vermietung und Verpachtung erzielen. Arbeitnehmer, die neben ihren Einkünften aus nichtselbständiger Arbeit keine weiteren Einkünfte erzielen, brauchen in der Regel keine Einkommensteuer-Vorauszahlungen zu leisten, weil die Lohneinkünfte bereits dem Lohnsteuerabzug unterliegen; jedoch ist das Finanzamt nicht gehindert, Einkommensteuer-Vorauszahlungen festzusetzen, auch wenn ausschließlich Einkünfte aus nichtselbständiger Arbeit erzielt werden (z. B. bei einem Steuerabzug nach Steuerklasse III [→ Rz. C 44] und einer anschließenden getrennten Veranlagung [→ Rz. B 36 ff.]). Erzielt ein Arbeitnehmer neben seinen Einkünften aus nichtselbständiger Arbeit weitere Einkünfte, wird das Finanzamt in der Regel Einkommensteuer-Vorauszahlungen festsetzen.

Die für einen Veranlagungszeitraum entrichteten Einkommensteuer-Vorauszahlungen werden auf die festgesetzte Einkommensteuer angerechnet.

C. Lohnsteuer

I. Begriffsdefinitionen

1 Der Fiskus hat dem Staatsbürger vielfältige Pflichten auferlegt. Eine der bedeutendsten trifft den Arbeitgeber. Er hat auf Grund öffentlich-rechtlicher Verpflichtung grundsätzlich bei jeder Lohnzahlung an seine Mitarbeiter die dafür fällige **Lohnsteuer** zu ermitteln, sie einzubehalten und zu den gesetzlich bestimmten Terminen dem Finanzamt anzumelden und dorthin abzuführen (→ Rz. C 77 f.). Dies gilt auch für die Kirchensteuer und seit 1990 für den Solidaritätszuschlag i. H. v. 5,5 % der Lohnsteuer. Die **einheitliche Pauschsteuer** i. H. v. 2 % des Arbeitsentgelts geringfügig Beschäftigter ist hingegen an die Deutsche Rentenversicherung Knappschaft-Bahn-See (Kurzbezeichnung: Minijob-Zentrale) in Essen anzumelden und abzuführen (→ Rz. C 174 f.). Hierfür hat der Arbeitgeber den Beitragsnachweis zu verwenden (→ Rz. C 175). Für Privathaushalte als Arbeitgeber sind die Sonderregelungen des **Haushaltsscheckverfahrens** zu beachten (→ Rz. C 175).

2 Seit dem Kalenderjahr 2006 ist grundsätzlich jeder Arbeitgeber gesetzlich verpflichtet, die Lohnsteuerbescheinigung der Finanzverwaltung **elektronisch** zu übermitteln (→ Rz. C 89); Ausnahme: keine maschinelle Lohnabrechnung bei geringfügiger Beschäftigung im Privathaushalt (→ Rz. C 92). Bei elektronischer Übermittlung ist dem Arbeitnehmer ein nach amtlich vorgeschriebenem Muster gefertigter Ausdruck der elektronischen Lohnsteuerbescheinigung auszuhändigen oder elektronisch bereitzustellen. Dieser Ausdruck darf nicht mit der Lohnsteuerkarte verbunden werden; auf der Lohnsteuerkarte sind dann keine Eintragungen vorzunehmen. Die Lohnsteuerkarte ist dem Arbeitnehmer nur beim Ausscheiden während des Kalenderjahres, z. B. Arbeitgeberwechsel, oder nach Ablauf des Kalenderjahres, falls darauf Lohnsteuerbescheinigungen erteilt wurden, auszuhändigen. Lohnsteuerkarten ohne Lohnsteuerbescheinigungen kann der Arbeitgeber nach Ablauf des Kalenderjahres vernichten. Wurde der Arbeitslohn pauschal versteuert, ist weder eine Lohnsteuerbescheinigung zu übermitteln noch ein Ausdruck zu erstellen.

3 Wer ist lohnsteuerlicher **Arbeitgeber** und **Arbeitnehmer**, welche Zahlungen und Vorteile rechnen zum **Arbeitslohn** und wie regelt das Einkommensteuergesetz die Abführung der **Lohnsteuer** an das Finanzamt? Die folgenden Abschnitte geben Antworten auf diese Fragen und erläutern ergänzend die steuerlichen Pflichten von Arbeitgeber und Arbeitnehmer (→ Rz. C 6 ff.).

1. Lohnsteuer-Anmeldung

4 Der inländische Arbeitgeber hat die bei der Lohnzahlung (→ Rz. C 77 f.) einzubehaltende und zu übernehmende **Lohnsteuer** dem Betriebsstättenfinanzamt anzumelden und an dessen Finanzkasse abzuführen (zu überweisen, → Rz. C 81). Ist der Arbeitgeber nicht zur elektronischen Übermittlung der Lohnsteuer-Anmeldung verpflichtet (→ Rz. C 79), hält die Finanzverwaltung einen entsprechenden Erklärungsvordruck bereit, die Lohnsteuer-Anmeldung. Die Anmeldung kann an das Finanzamt auch per Telefax (Papierform) übermittelt werden. Abhängig von der Höhe der abzuführenden Lohnsteuer des vorangegangenen Kalenderjahres sieht das Einkommensteuergesetz drei verschiedene Anmeldungszeiträume vor (→ Rz. C 79). Mit der Umschreibung „zu übernehmende Lohnsteuer" ist die vom Arbeitgeber zu tragende pauschale Lohnsteuer gemeint. Zu den **Ausnahmen** bei der Lohnsteuer-Pauschalierung mit der einheitlichen Pauschsteuer i. H. v. 2 % des Arbeitsentgelts → Rz. C 1, 169 ff. und zum Haushaltsscheckverfahren → Rz. C 1, 175.

Die Lohnsteuer-Anmeldung (Vordruck) ist wie jede Steuererklärung zu unterschreiben, wobei die **Unterschrift** des Arbeitgebers gesetzlich nicht verlangt wird. Stattdessen kann auch eine mit der Lohnabrechnung beauftragte Person, z. B. ein Mitarbeiter, diese Anmeldung unterschreiben. 5

2. Arbeitgeber

Arbeitgeber sind Gewerbetreibende, Freiberufler, Personenvereinigungen und Körperschaften usw., die natürliche Personen im Rahmen eines Dienstverhältnisses beschäftigen oder die an Personen Arbeitslohn auf Grund eines derzeitigen, früheren oder im Hinblick auf ein zukünftiges Dienstverhältnis zahlen. Arbeitgeber können auch nicht rechtsfähige Personenzusammenschlüsse (z. B. OHG und KG) oder gemeinnützige Vereine wie z. B. Sportvereine sein. So kann ein Sportverein Arbeitgeber der eingesetzten Amateursportler sein, falls ihnen eine Vergütung gezahlt wird. Arbeitgeber ist derjenige, dem der Arbeitnehmer die Arbeitsleistung schuldet. Arbeitgeber ist auch, wer als Verleiher einem Dritten Arbeitnehmer zur Arbeitsleistung überlässt. Seit dem Kalenderjahr 2004 kann nach Zustimmung des Finanzamts auch ein Dritter die Pflichten des Arbeitgebers im eigenen Namen erfüllen (Dienstleister, § 38 Abs. 3a EStG). 6

Zum Lohnsteuerabzug sind nur inländische Arbeitgeber bzw. inländische Vertreter ausländischer Arbeitgeber oder Verleiher verpflichtet. **Inländischer** Arbeitgeber ist derjenige, der in Deutschland „zu Hause" bzw. ansässig ist. Steuertechnisch heißt dies, wer im Inland seinen Wohnsitz (→ Rz. B 15), den gewöhnlichen Aufenthalt (→ Rz. B 16) seine Geschäftsleitung (→ Rz. C 10) oder seinen Firmensitz bzw. seine Betriebsstätte (→ Rz. C 10 f.) hat. Inländischer Arbeitgeber ist deshalb auch ein im **Ausland** ansässiger Arbeitgeber, der im Inland eine Betriebsstätte oder einen ständigen Vertreter hat. 7

Abweichend hiervon hat ein ausländischer **Verleiher**, der seine Arbeitnehmer zur Arbeitsleistung im Inland gewerbsmäßig überlässt, für die im Inland eingesetzten Arbeitnehmer auch dann die Arbeitgeberpflichten zu übernehmen, wenn er im Inland weder einen Sitz noch eine Betriebsstätte oder einen gewöhnlichen Aufenthalt hat. Führt der ausländische Verleiher keine Lohnsteuer ab, haftet der **Entleiher**, also der Auftraggeber, gegenüber dem Finanzamt für die abzuführende Lohnsteuer der für ihn tätigen Arbeitnehmer. Bei erlaubter Arbeitnehmerüberlassung (§ 1 Arbeitnehmerüberlassungsgesetz) haftet der Entleiher nicht (R 42 d.2 Abs. 4 Satz 4 LStR). Im Falle einer unerlaubten Arbeitnehmerüberlassung scheidet die Haftung des Entleihers aus, wenn dieser über das Vorliegen einer Arbeitnehmerüberlassung ohne Verschulden irrte. Haben weder ein inländischer Arbeitgeber noch ein ausländischer Arbeitnehmerverleiher für einen ausländischen Arbeitnehmer den Lohnsteuerabzug vorgenommen, kann die von ihm geschuldete Einkommensteuer auch durch eine Einkommensteuerveranlagung erhoben werden. 8

Entsendet eine im **Ausland** ansässige **Kapitalgesellschaft** bzw. Obergesellschaft eines Konzerns (Organträger) die von ihr eingestellten Arbeitnehmer an eine inländische Tochtergesellschaft (internationale Arbeitnehmerentsendung), ist die inländische Tochtergesellschaft bzw. das im Inland ansässige Unternehmen seit dem Kalenderjahr 2004 für den Lohnsteuereinbehalt inländischer Arbeitgeber, wenn sie den Ar- 9 beitslohn für die bei ihr geleistete Arbeit wirtschaftlich trägt. Hierfür ist nicht entscheidend, ob das inländische Unternehmen dem Arbeitnehmer den Arbeitslohn im eigenen Namen und für eigene Rechnung auszahlt.

10 Unter der **Geschäftsleitung** wird der Mittelpunkt der geschäftlichen Oberleitung verstanden (§ 10 AO). Den **Sitz** hat eine Körperschaft, Personenvereinigung oder Vermögensmasse an dem Ort, der durch Gesetz bzw. Gesellschaftsvertrag, Satzung, Stiftungsgeschäft oder dergleichen bestimmt ist (§ 11 AO).

11 Die lohnsteuerliche **Betriebsstätte** ist der Betrieb oder Teilbetrieb des Arbeitgebers, in dem der für die Durchführung des Lohnsteuerabzugs maßgebende Arbeitslohn ermittelt wird. Dies ist der Ort, an dem der Arbeitgeber die für den Lohnsteuereinbehalt bedeutsamen Lohnteile oder bei maschineller Lohnabrechnung die Eingabewerte zusammenfasst. Unerheblich ist z. B., wo die Lohnsteuerkarten aufbewahrt werden. Wird der maßgebende Arbeitslohn nicht in dem Betrieb oder einem Teilbetrieb oder nicht im Inland ermittelt, so gilt als Betriebsstätte der Mittelpunkt der geschäftlichen Leitung des Arbeitgebers im Inland. Die lohnsteuerliche Betriebsstätte kann eine andere sein als die, die sich nach der Abgabenordnung (§ 12 AO) ergeben würde. Erfüllt bei einer **Wohnungseigentümergemeinschaft** der Verwalter sämtliche Arbeitgeberpflichten, befindet sich an seinem Sitz der Ort der geschäftlichen Leitung bzw. die lohnsteuerliche Betriebsstätte der Gemeinschaft.

12 Ein **ausländischer Arbeitgeber** unterhält eine inländische Betriebsstätte insbesondere dann, wenn er einzelne oder mehrere ohne Unterbrechung aufeinander folgende Bauausführungen oder Montagen durchführt, die länger als sechs Monate dauern (§ 12 Satz 2 Nr. 8 AO). Ständiger Vertreter eines ausländischer Arbeitgebers kann eine Person sein, welche die Aufsicht über einen Bautrupp ausübt. In beiden Fällen gilt der ausländische Arbeitgeber lohnsteuerlich als inländischer Arbeitgeber, und zwar unabhängig vom Betriebsstättenbegriff eines Abkommens zur Vermeidung der Doppelbesteuerung (DBA). Werden mehrere Arbeitnehmerkolonnen eingesetzt oder wechselt eine Kolonne ihren Einsatzort ständig, dürfte jedes Finanzamt, in dessen Bezirk die Leiharbeitnehmer tätig werden, Betriebsstättenfinanzamt werden.

13 Der Arbeitgeber trägt im Lohnsteuerabzugs-Verfahren das Risiko für zu wenig einbehaltene Lohnsteuer und kann dafür vom Finanzamt als **Haftungsschuldner** in Anspruch genommen werden. In diesem Fall muss er die zu gering einbehaltene bzw. nicht übernommene Lohnsteuer an das Finanzamt zahlen und ggf. vom Arbeitnehmer einfordern, der sie im Rahmen der Einkommensteuererklärung anrechnen lassen kann (→ Rz. B 24 ff.). Arbeitsrechtlich ist der Arbeitgeber verpflichtet, vom Lohn des Mitarbeiters die zutreffende Lohnsteuer einzubehalten.

3. Arbeitnehmer

a) Arbeitnehmereigenschaft

14 Steuerlich gehören zu diesem Personenkreis zunächst einmal alle Beschäftigten, die mit dem Abschluss eines Arbeitsvertrags ein Dienstverhältnis eingegangen sind. Der Vertrag kann sowohl mündlich, durch konkludente Handlung oder schriftlich abgeschlossen sein. Ferner sind solche Personen **Arbeitnehmer**, die Arbeitslohn auf Grund eines früheren Dienstverhältnisses beziehen. Arbeitnehmer sind auch Witwen und Waisen, die als **Rechtsnachfolger** auf Grund eines früheren Arbeitsverhältnisses des Ehemanns bzw. Vaters von dessen ehemaligen Arbeitgeber Werksrenten oder Bezüge erhalten. In diesen Fällen ist der Bezug von Arbeitslohn für die steuerliche Einstufung entscheidend.

Ein Dienstverhältnis („Arbeitsverhältnis") liegt dann vor, wenn der Beschäftigte dem Auftraggeber seine Arbeitskraft schuldet, d. h., wenn er bei Ausführung seiner Tätigkeit unter der Leitung des Auftraggebers steht oder in dessen geschäftlichen Organismus (Betrieb) eingegliedert und dabei dessen Vorgaben und Anweisungen zu folgen verpflichtet ist. 15

Für eine Arbeitnehmereigenschaft sprechen insbesondere folgende Kriterien: 16

- persönliche Abhängigkeit, Weisungsgebundenheit hinsichtlich Ort, Zeit, Umfang und Inhalt der Tätigkeit;
- feste Arbeitszeiten;
- feste Bezüge;
- Urlaubsanspruch;
- Anspruch auf Sozialleistungen und Fortzahlung der Bezüge im Krankheitsfall;
- Vergütungsanspruch für geleistete Überstunden;
- Unselbständigkeit des Einzelnen in der Organisation und Durchführung der Tätigkeit;
- Eingliederung des Einzelnen in den Betrieb des Arbeitgebers;
- fehlendes Unternehmerrisiko, keine Unternehmerinitiative, kein Kapitaleinsatz;
- keine Verpflichtung zur Beschaffung von Arbeitsmitteln für die Tätigkeit;
- Schulden der Arbeitskraft und nicht eines Arbeitserfolgs;
- Ausführung von einfachen Tätigkeiten, bei denen ein Weisungsrecht des Auftraggebers/Arbeitgebers die Regel ist.

Die im **Sozialversicherungsrecht** zu beachtenden Regelungen zur Abgrenzung der Selbständigkeit von der Arbeitnehmereigenschaft sind nicht stets in das Steuerrecht übertragbar. Hierdurch kann es vorkommen, dass eine steuerlich selbständige (z. B. freiberufliche) Tätigkeit sozialversicherungsrechtlich als Arbeitnehmertätigkeit eingestuft wird. 17

Unterhält ein **ausländischer Arbeitnehmer** keinen Wohnsitz im Inland oder hält er sich hier nicht mehr als sechs Monate bzw. 183 Tage auf, ist er mit seinen aus einer Tätigkeit in Deutschland stammenden Einkünften aus nichtselbständiger Tätigkeit beschränkt einkommensteuerpflichtig (→ Rz. B 16, 20). Im Inland bezogener Arbeitslohn (Inlandseinkünfte, § 49 Abs. 1 Nr. 4 EStG) ausländischer Arbeitnehmer wird nicht in Deutschland, sondern im Ansässigkeitsstaat des Arbeitnehmers besteuert, wenn 18

- der Arbeitnehmer sich im Inland nicht länger als 183 Tage während eines Kalenderjahres (Veranlagungszeitraum) aufgehalten hat (Art. 15 Abs. 2a OECD-Musterabkommen zur Vermeidung der Doppelbesteuerung auf dem Gebiet der Steuern vom Einkommen und vom Vermögen) und
- die Vergütungen von einem Arbeitgeber oder für einen Arbeitgeber gezahlt werden, der nicht im Inland ansässig ist (Art. 15 Abs. 2b OECD-Musterabkommen) und
- die Vergütungen nicht von einer inländischen Betriebsstätte des Arbeitgebers getragen werden (Art. 15 Abs. 2c OECD-Musterabkommen).

In Fällen, in denen ein **ausländischer Arbeitnehmer** in einer **Betriebsstätte** des ausländischen (Werkvertrags-)Unternehmers/Arbeitgebers in Deutschland i. S. d. Art. 5 OECD-Musterabkommens bzw. des Doppelbesteuerungsab- 19 kommens zwischen dem Sitzstaat des **ausländischen Arbeitgebers** und der Bundesrepublik Deutschland tätig wird, erfolgt eine Besteuerung der Einkünfte aus nichtselbständiger Tätigkeit des Arbeitnehmers im Inland nach § 49 Abs. 1 Nr. 4 EStG. Eine inländische Betriebsstätte eines **ausländischen** Unternehmers/Arbeitgebers liegt bei **Bauausführungen** und **Montagen** regelmäßig dann vor, wenn diese die Dauer von zwölf Monaten (Regelfall) bzw. sechs Monaten (z. B. Luxemburg und Portugal) oder neun Monaten (z. B. Belgien) übersteigen. Soweit eine Betriebsstätte besteht, werden die Vergütungen regelmäßig von ihr getragen. Der **ausländische Arbeitgeber** ist in diesen Fällen zur Durchführung des Lohnsteuerabzugs verpflichtet. Die Lohnsteuer ist nach der Steuerklasse I oder, wenn die Bescheinigung des Betriebsstättenfinanzamts für den Lohnsteuerabzug (§ 39d Abs. 1 Satz 3 EStG) schuldhaft nicht vorgelegt wird, nach der Steuerklasse VI zu bemessen.

20 Die Frage, ob eine Person **selbständig** oder **nichtselbständig** ist, kann in Grenzfällen zweifelhaft sein. Oft sprechen bestimmte Merkmale für die Selbständigkeit und andere Gesichtspunkte für die Unselbständigkeit. In solchen Fällen ist das Gesamtbild maßgebend, d. h., die für und gegen die Unselbständigkeit (Arbeitnehmereigenschaft) sprechenden Tatsachen sind gegeneinander abzuwägen. Die jeweils gewichtigeren Umstände sind für die Entscheidung ausschlaggebend. **Zusammenfassend** lässt sich sagen, dass das entscheidende Merkmal einer Arbeitnehmertätigkeit in der persönlichen Abhängigkeit vom Arbeitgeber und in der Weisungsgebundenheit, der Verpflichtung zu einer Arbeitsleistung sowie dem Anspruch auf Arbeitslohn zum Ausdruck kommen.

21 Arbeitgeber und Arbeitnehmer können zur Absicherung ihrer Auffassung beim Betriebsstättenfinanzamt eine **Anrufungsauskunft** (→ Rz. C 98 f.) darüber einholen, ob steuerlich eine Arbeitnehmereigenschaft zu bejahen ist oder nicht.

b) Aushilfstätigkeit, Nebentätigkeit

22 Ob eine Aushilfstätigkeit oder Nebentätigkeit in einem Dienstverhältnis oder selbständig ausgeübt wird, ist nach den allgemeinen Abgrenzungsmerkmalen zu entscheiden (→ Rz. C 14 ff.). Dabei ist die Aushilfs- oder Nebentätigkeit i. d. R. für sich allein zu beurteilen. Die Art einer etwaigen **Haupttätigkeit** ist für die Beurteilung der weiteren Tätigkeit nur dann wesentlich, wenn beide unmittelbar zusammenhängen. Dies ist insbesondere dann zu prüfen, wenn bei einem Arbeitgeber sowohl eine Haupt- als auch eine Aushilfs- oder Nebentätigkeit ausgeübt wird; zur Lohnsteuer-Pauschalierung → Rz. C 201 ff.

c) Dienstverhältnis zwischen Familienangehörigen

23 Dienstverhältnisse können auch zwischen **Eheleuten** als Arbeitgeber und Arbeitnehmer vereinbart werden. Solche Dienstverhältnisse werden steuerlich jedoch nur dann anerkannt, wenn die **folgenden Voraussetzungen** vorliegen:

- Das Dienstverhältnis muss ernsthaft vereinbart und tatsächlich durchgeführt werden;
- wegen erhöhter Anforderungen an den Nachweis der Ernsthaftigkeit des Arbeitsverhältnisses sind eindeutige Vereinbarungen (regelmäßig Schriftform) erforderlich;
- die vertraglichen Gestaltungen und ihre Durchführung müssen auch unter Dritten üblich sein;
- durch die Arbeit des Ehegatten wird eine fremde Arbeitskraft ersetzt (nicht nur gelegentliche Hilfeleistungen);
- die Höhe des Arbeitslohns muss eindeutig und zweifelsfrei festgelegt sein;
- der Arbeitslohn muss i. d. R. zu den üblichen Lohnzahlungszeitpunkten tatsächlich und in voller Höhe gezahlt werden;
- aus dem Dienstverhältnis müssen alle damit zusammenhängenden Folgerungen gezogen werden (z. B. die Einbehaltung und Abführung von Steuern und Sozialabgaben);
- unbare Lohnzahlungen sollten auf ein eigenes Konto des Arbeitnehmers überwiesen werden; zumindest auf ein „Oder-Konto“ (ein gemeinschaftliches Konto der Eheleute, über das jeder Ehepartner allein verfügungsberechtigt ist). Eine Überweisung auf das Konto des Arbeitgeber-Ehegatten, über das der Arbeitnehmer-Ehegatte nur ein Mitverfügungsrecht besitzt, kann bei der Gesamtbeurteilung der Abgrenzungskriterien gegen die steuerliche Anerkennung des Arbeitsverhältnisses sprechen.

Auch bei einem steuerlich anzuerkennenden Dienstverhältnis 24
zwischen Eheleuten kann die Vergütung an den Arbeitnehmer-Ehegatten nur insoweit als Arbeitslohn behandelt werden, als sie angemessen ist und nicht den Betrag übersteigt, den ein fremder Arbeitnehmer für eine gleichartige Tätigkeit erhalten würde (Fremdvergleich).

Arbeitsverträge über Hilfsleistungen der **Kinder** im elterlichen 25
Betrieb werden steuerlich nicht anerkannt, wenn die Tätigkeit wegen ihrer Geringfügigkeit oder Eigenart üblicherweise nicht auf arbeitsvertraglicher, sondern auf familienrechtlicher Grundlage geleistet werden, z. B. gelegentliche Hilfeleistungen.

II. Lohnsteuerverfahren

1. Lohnkonto

Der Arbeitgeber hat am **Ort der Betriebsstätte** für jeden Ar- 26
beitnehmer und jedes Kalenderjahr ein Lohnkonto zu führen. Dies gilt seit dem Kalenderjahr 2000 auch dann, wenn keine Lohnsteuer einzubehalten ist (z. B. auf Grund eines Freibetrags auf der Lohnsteuerkarte oder wegen des geringen Arbeitslohns). Zum Abschluss des Lohnkontos → Rz. C 88 ff.

Die **Form des Lohnkontos** und die **Art der Führung** (z. B. in 27
Kartei- oder Buchform) stehen im Ermessen des Arbeitgebers. In dem Lohnkonto sind alle für den Lohnsteuerabzug und die Lohnsteuerzerlegung erforderlichen Merkmale aufzuzeichnen (z. B. die persönlichen Daten des Arbeitnehmers wie Vor- und Familienname, Geburtstag, Wohnsitz, Steuerklasse, Zahl der Kinder, die Konfession, die Freibeträge auf der Lohnsteuerkarte und der Hinzurechnungsbetrag).

Bei jeder Lohnzahlung **sind** der Tag der Lohnzahlung, der 28
Lohnzahlungszeitraum und die Höhe des Bruttoarbeitslohns sowie die einbehaltene Lohnsteuer, der Solidaritätszuschlag und die Kirchensteuer aufzuzeichnen. Ebenso sind im Lohnkonto die steuerfreien Gehaltsteile sowie die pauschal besteuerten Bezüge zu vermerken. Eine Ausnahme bilden die steuerfreien Vorteile des Arbeitnehmers aus der privaten Nutzung von betrieblichen Personalcomputern und Telekommunikationsgeräten sowie steuerfreie Trinkgelder.

Des Weiteren **sind** aufzuzeichnen: Vergütungen für eine 29
mehrjährige Tätigkeit, ermäßigt besteuerte (Entlassungs-) Entschädigungen, Sachbezüge und die vom Arbeitgeber auszuzahlenden Lohnersatzleistungen (z. B. das Kurzarbeitergeld – einschließlich Saison-Kurzarbeitergeld –, der Zuschuss zum Mutterschaftsgeld und Aufstockungsbeträge nach dem Altersteilzeit- und dem Bundesbesoldungsgesetz); ferner sind aufzuzeichnen der Großbuchstabe „U“, wenn

wegen Krankheit der Anspruch des Arbeitnehmers auf Arbeitslohn für mindestens fünf zusammenhängende Arbeitstage im Wesentlichen entfallen war, sowie der Großbuchstabe „B“, wenn die Lohnsteuer nach der Besonderen Lohnsteuer-Tabelle bzw. unter Berücksichtigung der gekürzten Vorsorgepauschale einbehalten worden ist. Des Weiteren ist zusätzlich der Großbuchstabe „S“ zu vermerken, wenn in einem ersten Dienstverhältnis die Lohnsteuer von einem sonstigen Bezug ohne Berücksichtigung des Arbeitslohns aus früheren Dienstverhältnissen berechnet wurde.

30 In bestimmten Fällen lassen sich oftmals bei **pauschal besteuerten Bezügen** die auf den einzelnen Arbeitnehmer entfallenden Beträge nicht ohne weiteres ermitteln (Pauschalierung bei Nacherhebung wegen nicht vorschriftsmäßigem Einbehalt → Rz. C 209, Mahlzeiten → Rz. C 211 ff., Betriebsveranstaltung → Rz. C 219, Erholungsbeihilfen → Rz. C 220, Personalcomputer, Zubehör sowie Internetzugang → Rz. C 222 ff.). Es wird in diesen Fällen zugelassen, den Arbeitslohn in einem Sammelkonto (**Sammellohnkonto**) anzuschreiben. Das Sammelkonto muss die **folgenden Angaben** enthalten: Tag der Zahlung, Zahl der bedachten Arbeitnehmer, Summe der insgesamt gezahlten Bezüge, Höhe der Lohnsteuer sowie Hinweise auf die als Belege zum Sammelkonto aufzubewahrenden Unterlagen, insbesondere Zahlungsnachweise, Bestätigung des Finanzamts über die Zulassung der Lohnsteuerpauschalierung.

31 **Nicht** im Lohnkonto zu vermerken sind nichtsteuerbare Zahlungen des Arbeitgebers (z. B. Zuwendungen an eine Unterstützungskasse, → Rz. C 161 *Unterstützungskasse*) oder Beiträge für eine Rückdeckungsversicherung (→ Rz. C 161 *Rückdeckungsversicherung*), die vom Arbeitgeber abgeschlossen wird und die nur dazu dient, dem Arbeitgeber die Mittel zur Leistung einer dem Arbeitgeber zugesagten Versorgung zu verschaffen).

2. Lohnsteuerkarte[1])

a) Ausstellung und Änderung der Lohnsteuerkarte

32 Arbeitnehmer müssen die **Lohnsteuerkarte** am Jahresbeginn bzw. bei der Einstellung dem Arbeitgeber vorlegen, weil er die persönlichen Angaben bei der Lohnsteuerberechnung benötigt. Das gilt nicht für geringfügig Beschäftigte und Aushilfskräfte, für die die Lohnsteuer pauschal erhoben wird.

33 Solange der Arbeitnehmer dem Arbeitgeber eine **Lohnsteuerkarte schuldhaft nicht vorlegt** oder die **Rückgabe** der ihm ausgehändigten Lohnsteuerkarte **schuldhaft verzögert**, hat der Arbeitgeber die Lohnsteuer nach der **Steuerklasse VI** zu ermitteln. Dies gilt jedoch nicht, wenn der Arbeitnehmer nachweist, dass er die Nichtvorlage oder verzögerte Rückgabe der Lohnsteuerkarte nicht zu vertreten hat. Im **Januar** kann der Arbeitgeber die Lohnsteuer von dem Arbeitslohn auf Grund der Eintragungen auf der Lohnsteuerkarte für das vorhergehende Kalenderjahr ermitteln, wenn der Arbeitnehmer bis zur Lohnabrechnung keine Lohnsteuerkarte für das neue Kalenderjahr vorgelegt hat. Nach Vorlage der neuen Lohnsteuerkarte ist die Lohnsteuerermittlung für den Monat Januar zu überprüfen und erforderlichenfalls zu ändern. Legt der Arbeitnehmer bis zum **31. März** keine Lohnsteuerkarte vor, ist vom Arbeitgeber rückwirkend die Lohnsteuer nach der **Steuerklasse VI** einzubehalten.

1) Die Einführung der elektronischen Lohnsteuerabzugsmerkmale für die Durchführung des Lohnsteuerabzugs ab 2011 ist wegen der fehlenden Bedeutung für das Kalenderjahr 2009 nicht berücksichtigt. Auf § 39e EStG wird jedoch hingewiesen.

Wer einmal eine Lohnsteuerkarte beantragt hat, erhält sie in Zukunft ohne besondere Aufforderung – i. d. R. jeweils bis zum 31. Oktober. Für die Ausstellung der **Lohnsteuerkarte 2009** ist die Gemeinde zuständig, in der der Arbeitnehmer am 20. 9. 2008 mit seiner Wohnung – bei mehreren Wohnungen mit seiner Hauptwohnung – gemeldet war. Für **Ehegatten** gilt die gemeinsame Wohnung. Wenn Ehegatten nicht mit einer gemeinsamen Wohnung gemeldet waren, wird die Lohnsteuerkarte von der Gemeinde ausgestellt, in der der ältere Ehegatte am 20. 9. 2008 mit seiner Wohnung gemeldet war. 34

Es ist ratsam, gleich zu **prüfen**, ob die Eintragungen auf der Lohnsteuerkarte **stimmen**. Der Arbeitnehmer ist verpflichtet, eine Eintragung berichtigen zu lassen, wenn eine günstigere Steuerklasse oder eine höhere Zahl der Kinderfreibeträge eingetragen ist, als es den Verhältnissen am 1. 1. 2009 entspricht (z. B. Ehescheidung, Tod eines Kindes vor dem 1. Januar). Tritt eine Änderung, die sich unter Steueraspekten nachteilig für den Arbeitnehmer auswirken würde, erst nach dem 1. 1. 2009 ein, braucht die Berichtigung nicht beantragt zu werden. Die eingetragenen Steuermerkmale bleiben dann für das ganze Jahr gültig. Der Arbeitnehmer ist im Übrigen in den Fällen, in denen die Steuerklasse II bescheinigt ist (→ Rz. C 43) verpflichtet, die Eintragung der Steuerklasse umgehend ändern zu lassen, wenn die Voraussetzungen für die Berücksichtigung des Entlastungsbetrags für Alleinerziehende (→ Rz. B 84 ff.) im Laufe des Kalenderjahrs entfallen. 35

Heiratet ein Arbeitnehmer, kann auf Antrag mit Wirkung vom Tag der Eheschließung an die **Steuerklasse III** bescheinigt werden, wenn der Ehegatte keinen Arbeitslohn bezieht oder bezogen hat. Ist dies nicht der Fall, können die **Steuerklassenkombinationen IV/IV oder III/V** gewählt werden (→ Rz. A 23 ff. und C 48 ff.). 36

Wird die Ehe eines Arbeitnehmers **geschieden** oder haben die Ehegatten sich **dauernd getrennt**, werden die Eintragungen auf der Lohnsteuerkarte grundsätzlich nicht geändert. Jedoch kann ein **Steuerklassenwechsel** beantragt werden. 37

Wird eine Ehe durch **Tod** aufgelöst, so ist auf der Lohnsteuerkarte des anderen Ehegatten auf Antrag mit Wirkung vom Beginn des ersten auf den Todestag des Ehegatten folgenden Kalendermonats an die **Steuerklasse III** zu bescheinigen. Voraussetzung ist, dass der Arbeitnehmer und sein verstorbener Ehegatte zu Beginn oder im Laufe des Kalenderjahrs unbeschränkt einkommensteuerpflichtig waren und nicht dauernd getrennt gelebt haben. 38

Hat der Arbeitnehmer seine Lohnsteuerkarte verloren oder ist sie zerstört worden, so wird ihm die Gemeinde eine **Ersatzlohnsteuerkarte** gegen eine Gebühr von höchstens **5 €** ausstellen. Die Ausstellung einer Ersatzlohnsteuerkarte muss die Gemeinde dem Wohnsitzfinanzamt mitteilen. 39

Der Arbeitgeber hat die Lohnsteuerkarte während des Dienstverhältnisses **aufzubewahren**. Er hat sie dem Arbeitnehmer während des Kalenderjahrs zur Vorlage beim Finanzamt oder bei der Gemeinde **vorübergehend zu überlassen** sowie innerhalb angemessener Frist nach Beendigung des Dienstverhältnisses **herauszugeben** (→ auch Rz. C 91). 40

b) Steuerklasse

aa) Steuerklassensystem

Durch das System der Steuerklassen wird erreicht, dass unterschiedliche Einkommensteuertarife (Grund- und Splittingtarif) sowie verschiedene Frei- und Pauschbeträge bei der Lohnsteuerberechnung berücksichtigt werden können. 41

Die **Steuerklasse I** gilt für Arbeitnehmer, wenn sie 42

- ledig oder geschieden sind,
- verheiratet sind, aber von ihrem Ehegatten dauernd getrennt leben oder wenn der Ehegatte nicht im Inland wohnt, oder
- verwitwet sind und der Ehegatte vor 2007 verstorben ist.

43 Die **Steuerklasse II** erhalten die in der Steuerklasse I aufgeführten Arbeitnehmer, wenn ihnen der Entlastungsbetrag für Alleinerziehende zusteht (→ Rz. B 84 ff.).

44 Die **Steuerklasse III** gilt für

- verheiratete Arbeitnehmer, die beide im Inland ansässig sind, nicht dauernd getrennt leben und bei denen nur ein Ehegatte Arbeitslohn bezieht oder der andere Partner zwar arbeitet, aber in der Steuerklasse V eingestuft ist, und für
- verwitwete Arbeitnehmer, wenn der Ehegatten nach dem 31. 12. 2007 verstorben ist und wenn beide vor dem Tod im Inland ansässig waren und nicht dauernd getrennt lebten (ob ein Kind zu berücksichtigen ist, spielt für die Eingliederung in diese Steuerklasse keine Rolle).

45 Die **Steuerklasse IV** gilt für verheiratete Arbeitnehmer, die beide im Inland ansässig sind, nicht dauernd getrennt leben und beide Arbeitslohn beziehen.

46 Die **Steuerklasse V** tritt für einen Ehegatten an die Stelle der Steuerklasse IV, wenn der andere Ehegatte in die Steuerklasse III eingestuft ist.

47 Die **Steuerklasse VI** wird auf der zweiten oder weiteren Lohnsteuerkarte für einen Arbeitnehmer eingetragen, der gleichzeitig Arbeitslohn von mehreren Arbeitgebern bezieht. Zur Einbehaltung der Lohnsteuer nach der Steuerklasse VI bei Nichtvorlage einer Lohnsteuerkarte → Rz. C 33.

bb) Steuerklassenwahl

48 Berufstätige **Ehepaare** werden grundsätzlich gemeinsam besteuert. Der Arbeitgeber kann jedoch die Lohnsteuer jeweils nur von dem Lohn berechnen, den einer der Ehegatten bei ihm verdient. Damit Ehegatten mit ihren Steuerabzügen aber dem Betrag, den sie auf Grund ihres gemeinsamen Einkommens im Jahr zu zahlen haben, möglichst nahe kommen, können sie zwischen zwei **Steuerklassenkombinationen** wählen. Dabei gilt die Faustregel (→ Rz. A 33 ff.):

- bei etwa gleich hohen Einkommen: Steuerklassenkombination IV/IV,
- bei unterschiedlich hohen Einkommen: Steuerklassenkombination III/V.

49 Bei der Steuerklassenkombination IV/IV kann es grundsätzlich nicht vorkommen, dass – gemessen an der Jahressteuer beider Ehegatten – zu wenig Lohnsteuer einbehalten wird, die vom Finanzamt nachgefordert werden müsste (Ausnahme: Die Lohnsteuer ist bei einem der Ehegatten für einen Teil des Jahres unter Berücksichtigung der gekürzten Vorsorgepauschale und für einen anderen Teil des Jahres unter Berücksichtigung der ungekürzten Vorsorgepauschale ermittelt worden). Daher werden Ehegatten mit dieser Steuerklassenkombination nicht zur Einkommensteuer veranlagt, es sei denn, dass der erwähnte Ausnahmefall vorliegt oder die Ehegatten aus anderen Gründen zur Einkommensteuer veranlagt werden müssen, z. B. weil sie neben ihrem Arbeitslohn noch andere Einkünfte (z. B. aus Vermietung und Verpachtung oder selbständiger Arbeit) haben oder weil sie die Veranlagung zur Einkommensteuer beantragen.

50 Bei unterschiedlich hohen Einkommen zahlt ein Ehepaar dagegen regelmäßig zu viel Lohnsteuer, die dann erst im folgenden Jahr erstattet wird. Daher ist hier die Kombination III/V besser, bei der der mehr Verdienende in die Steuerklasse III, der andere Partner in die Steuerklasse V eingestuft wird. Bei dieser Steuerklassenkombination muss allerdings nach einer Faustformel dann mit Nachzahlungen gerechnet werden, wenn der Partner mit Steuerklasse V weniger als 40 % des gemeinsamen Jahreseinkommens verdient. Das Finanzamt führt deshalb für Ehegatten mit der Steuerklassenkombination III/V stets eine Einkommensteuerveranlagung durch. Es kann so die zu wenig abgezogene Lohnsteuer nachträglich noch hereinholen und zudem – je nach der Höhe der Nachforderung – Vorauszahlungen festsetzen. Andererseits kann es bei einer möglichen Überzahlung den entsprechenden Betrag erstatten.

Das Bundesministerium der Finanzen gibt in der Regel alljährlich ein **Merkblatt zur Steuerklassenwahl** heraus, das insbesondere Tabellen zur Erleichterung der Wahl enthält (→ Rz. A 23 ff.).

Bei der Wahl der Steuerklasse sollte man einen Aspekt nicht 51
vergessen: Viele **Sozialleistungen** richten sich nach dem Netto-Arbeitsentgelt (z. B. Mutterschaftsgeld, Arbeitslosengeld I, Elterngeld), so dass die Steuerklassenkombination auch Auswirkungen auf die Höhe solcher Leistungen haben kann. Die Leistungsgesetze sehen allerdings Einschränkungen für den Fall vor, dass die gewählte Steuerklasseneinteilung nicht dem Verhältnis der Arbeitslöhne entspricht.

Arbeitnehmer-Ehegatten haben die Möglichkeit, die **Steuer-** 52
klasseneintragung auf ihren Lohnsteuerkarten 2009 vor dem 1. 1. 2009 von der Gemeinde, die die Lohnsteuerkarten ausgestellt hat, **ändern** zu lassen. Ein **Steuerklassenwechsel** im Laufe des Jahres 2009 kann i. d. R. nur einmal, und zwar spätestens bis zum 30. 11. 2009, bei der Gemeinde beantragt werden. Der Steuerklassenwechsel erfolgt frühestens mit Wirkung vom Beginn des Kalendermonats, der auf die Antragstellung folgt.

Nur in den Fällen, in denen im Laufe des Jahres 2009 der 53
Ehegatte aus dem Dienstverhältnis ausscheidet oder verstirbt, kann die Gemeinde bis zum 30. 11. 2009 auch noch ein weiteres Mal einen Steuerklassenwechsel vornehmen. Das Gleiche gilt, wenn ein Ehegatte nach vorangegangener Arbeitslosigkeit wieder ein Dienstverhältnis eingeht oder wenn sich die Ehegatten im Laufe des Jahres auf Dauer getrennt haben. Die Ehegatten müssen in jedem Fall bei der Gemeinde beide Lohnsteuerkarten vorlegen.

c) Eintragungen auf der Lohnsteuerkarte

aa) Kinder

Die **Freibeträge für Kinder** werden im Lohnsteuerverfahren 54
bei der Berechnung der Lohnsteuer grundsätzlich **nicht berücksichtigt**. Die Lohnsteuer ist daher für Arbeitnehmer mit und ohne Kinder gleich.

Die Freibeträge für Kinder haben aber Bedeutung für die sog. 55
Annexsteuern (Kirchensteuer und Solidaritätszuschlag) und werden deshalb auch weiterhin von der Gemeinde oder dem Finanzamt (insbesondere bei Kindern über 18 Jahre) auf der Lohnsteuerkarte eingetragen. Bei der Berechnung dieser Steuern wird nicht die tatsächlich gezahlte Lohnsteuer zu Grunde gelegt, sondern eine fiktive Lohnsteuer. Für die Steuerberechnung wird in allen Fällen – auch wenn das Kindergeld günstiger ist – die Lohnsteuer ermittelt, die sich ergibt, wenn die Freibeträge für Kinder abgezogen werden. Für die Ermittlung der Bemessungsgrundlage für Zuschlagsteuern (Solidaritätszuschlag und Kirchensteuer) werden dabei aus Vereinfachungsgründen sowohl beim Lohnsteuer-Jahresausgleich des Arbeitgebers als auch im Veranlagungsverfahren des Arbeitnehmers immer die Freibeträge für ein volles Jahr angesetzt, selbst wenn das Kind nur für einen kürzeren Zeitraum des

Jahres berücksichtigt werden kann (z. B. bei Beendigung der Berufsausbildung im Laufe des Jahres).

56 Jedes Kind wird auf der Lohnsteuerkarte mit dem **Zähler 0,5** (jährlicher Freibetrag: 1 932 € + 1 080 €) berücksichtigt. Der **Zähler** erhöht sich auf **1** (jährlicher Freibetrag: 3 864 € + 2 160 €), wenn

- die im Inland wohnenden leiblichen Eltern oder Pflegeeltern eines Kindes miteinander verheiratet sind und nicht dauernd getrennt leben,
- nicht dauernd getrennt und im Inland wohnende Ehegatten ein Kind gemeinsam adoptiert haben,
- der andere leibliche Elternteil oder Adoptivelternteil eines Kindes vor 2009 verstorben ist,
- der Arbeitnehmer oder sein nicht dauernd getrennt lebender Ehegatte allein das Kind adoptiert hat,
- der Wohnsitz des anderen Elternteils nicht zu ermitteln ist,
- der Vater des Kindes amtlich nicht feststellbar ist (z. B. weil die Mutter den Namen des Vaters nicht bekannt gegeben hat), oder
- der andere Elternteil während des gesamten Jahres nicht im Inland ansässig ist und keinen Anspruch auf einen Kinderfreibetrag für das Kind hat.

57 Steht bei einem im Inland ansässigen Elternpaar jedem Elternteil nur der Zähler 0,5 zu, so kann ein Elternteil den **Zähler** des anderen Elternteil auf sich **übertragen** lassen, wenn voraussichtlich nur er, nicht jedoch der andere Elternteil seiner Unterhaltspflicht gegenüber dem Kind für das Kalenderjahr im Wesentlichen nachkommt.

58 Die Kinderfreibetragszahl kann auch auf einen **Stiefelternteil** oder auf die **Großeltern** übertragen werden, wenn sie das Kind in ihrem Haushalt aufgenommen haben. Für die Übertragungsfälle hält das Finanzamt einem besonderen Vordruck (Anlage K) bereit.

59 Die Summe der Zähler wird auf der Lohnsteuerkarte als **„Zahl der Kinderfreibeträge"** eingetragen.

Kinder im **Ausland** werden bei der Kinderfreibetragszahl nur berücksichtigt, wenn die dortigen Lebenshaltungskosten in etwa denen im Inland entsprechen (Berücksichtigung ausländischer Verhältnisse durch Ländergruppeneinteilung; s. a. BMF-Schreiben v. 9. 9. 2008 – BStBl I 2008 S. 936). Freibeträge für Kinder, die in Ländern mit niedrigeren Lebenshaltungskosten leben, werden bei der Berechnung des Solidaritätszuschlags und der Kirchensteuer erst nach Ablauf des Kalenderjahres im Rahmen der Einkommensteuerveranlagung berücksichtigt.

60 Ist die auf der Lohnsteuerkarte bescheinigte Kinderfreibetragszahl niedriger, als es den tatsächlichen Verhältnissen entspricht, kann die **Änderung** beantragt werden. Der Antrag ist an die Gemeinde (Kinder unter 18 Jahren) oder an das Finanzamt (Kinder über 18 Jahre) zu richten. Ist die auf der Lohnsteuerkarte bescheinigte Kinderfreibetragszahl höher, als es den tatsächlichen Verhältnissen am 1. Januar entspricht, ist der Arbeitnehmer verpflichtet, die Eintragung ändern zu lassen. Tritt im Laufe des Jahres eine Änderung der Verhältnisse zu Ungunsten des Arbeitnehmers ein, braucht die bescheinigte Zahl der Kinder nicht geändert zu werden. Einem Antrag auf Änderung ist eine steuerliche Lebensbescheinigung beizufügen, wenn ein Inlandskind unter 18 Jahren eingetragen werden soll, das nicht beim Antragsteller mit Wohnung gemeldet ist oder wenn es sich um ein Auslandskind handelt. Diese Lebensbescheinigung muss der Antragsteller vorher von der Gemeinde anfordern, in der das Kind gemeldet ist. Des Weiteren ist ein Arbeitnehmer verpflichtet, die Steuerklasse II ändern zu lassen, wenn im Laufe des Jahres die Voraussetzungen für die Berücksichtigung des Entlastungsbetrages für Alleinerziehende entfallen (→ Rz. B 84 ff.).

Zu der steuerlichen Behandlung von Kindern im Allgemeinen auch → Rz. B 70 ff.

bb) Freibeträge bei Werbungskosten etc.

Der Steuerabzug, den der Arbeitgeber bei der Lohn- bzw. Gehaltszahlung abziehen muss, wird niedriger, wenn auf der Lohnsteuerkarte Freibeträge eingetragen sind. Der Antrag auf Lohnsteuerermäßigung ist auf **amtlichem Vordruck** zu stellen und kann für das Kalenderjahr 2009 bis zum 30. 11. 2009 beim Finanzamt eingereicht werden. 61

Unabhängig von ihrer Höhe können auf der Lohnsteuerkarte eingetragen werden: 62

- Pauschbetrag für behinderte Menschen und Hinterbliebene (→ Rz. B 92 *Behinderte Menschen, Hinterbliebene*);
- Verluste aus anderen Einkunftsarten, insbesondere aus Vermietung und Verpachtung, sowie die Beträge, die für die eigengenutzte Wohnung als Sonderausgaben abgezogen werden können (→ Rz. B 91 *Selbst genutzte Wohnungen);*
- die in einen Freibetrag umgerechnete Steuerermäßigung für haushaltsnahe Beschäftigungsverhältnisse/Dienstleistungen und Handwerkerleistungen (→ Rz. B 93 *Steuerermäßigung für haushaltsnahe Beschäftigungsverhältnisse/Dienstleistungen und Handwerkerleistungen*).

Eine Berücksichtigung von Freibeträgen wegen 63

- Werbungskosten (→ Rz. B 87),
- Sonderausgaben (→ Rz. B 88 ff.),
- allgemeiner außergewöhnlichen Belastungen (→ Rz. B 92),
- außergewöhnlicher Belastungen in Sonderfällen (→ Rz. B 92) und
- des Entlastungsbetrags für Alleinerziehende bei Verwitweten (→ Rz. B 85)

ist dagegen nur möglich, wenn die Aufwendungen bzw. die abziehbaren Beträge insgesamt eine **Antragsgrenze von 600 €** überschreiten. Für die Feststellung, ob die Antragsgrenze überschritten wird, dürfen die Werbungskosten nicht in voller Höhe, sondern nur mit dem Betrag angesetzt werden, der den Arbeitnehmer-Pauschbetrag von 920 € übersteigt. Eine Ausnahme gibt es hier für die abziehbaren **erwerbsbedingten Kinderbetreuungskosten** (→ Rz. B 87 *Kinderbetreuungskosten*); diese Kinderbetreuungskosten werden bei der Prüfung, ob die Antragsgrenze überschritten ist, berücksichtigt, auch wenn sie den Arbeitnehmer-Pauschbetrag nicht übersteigen. Für Sonderausgaben sind die tatsächlichen Aufwendungen anzusetzen, auch wenn diese Aufwendungen geringer als der Pauschbetrag sind. Bei außergewöhnlichen Belastungen allgemeiner Art sind die Aufwendungen (ohne Kürzung um die zumutbare Belastung) und bei außergewöhnlichen Belastungen in besonderen Fällen die abziehbaren Beträge maßgebend. **Verheiratete Arbeitnehmer** können den Antrag stellen, wenn die hiernach zu berücksichtigenden Aufwendungen bzw. die abziehbaren Beträge beider Ehegatten zusammen mehr als 600 € betragen.

Der Freibetrag wird mit **Wirkung** vom 1. 1. 2009 an auf der Lohnsteuerkarte eingetragen, wenn der Antrag vor dem 1. 2. 2009 gestellt wird. Ansonsten wirkt der Freibetrag erst mit Beginn des auf die Antragstellung folgenden Monats. Der mo- 64 natliche Freibetrag wird ermittelt, indem der Jahresfreibetrag gleichmäßig auf die Monate der Wirksamkeit verteilt wird.

65 Wer 2009 keinen höheren Freibetrag beantragt, als er 2008 bereits auf der Lohnsteuerkarte eingetragen hatte, braucht nur den **vereinfachten zweiseitigen Antragsvordruck** auszufüllen, wenn sich die maßgebenden Verhältnisse gegenüber 2008 nicht wesentlich geändert haben. Es empfiehlt sich aber, dem Antrag auf Lohnsteuerermäßigung Unterlagen beizufügen, aus denen die Eintragung aus der Lohnsteuerkarte 2008 ersichtlich sind (z. B. die Ablichtung der Lohnsteuerkarte 2008 oder eine Lohn- bzw. Gehaltsabrechnung aus dem Jahr 2008, in der die der Lohnsteuerberechnung zu Grunde gelegten Besteuerungsmerkmale ausgewiesen sind).

Die Eintragung eines Freibetrags auf der Lohnsteuerkarte hat zur Folge, dass der Arbeitnehmer zur Einkommensteuer veranlagt werden muss und verpflichtet ist, für 2009 unaufgefordert bis zum 31. 5. 2010 eine **Einkommensteuererklärung** abzugeben (→ Rz. B 23), und zwar unabhängig davon, ob der Freibetrag im vereinfachten Verfahren eingetragen worden ist oder nicht.

66 **Werbungskosten** können auf der Lohnsteuerkarte als Freibetrag nur eingetragen werden, soweit sie den beim Lohnsteuerabzug berücksichtigten Arbeitnehmer-Pauschbetrag (→ Rz. B 87 *Arbeitnehmer-Pauschbetrag*) von 920 € jährlich übersteigen. Eine Ausnahme gibt es hier für die abziehbaren **erwerbsbedingten Kinderbetreuungskosten** (→ Rz. B 87 *Kinderbetreuungskosten*); diese Kinderbetreuungskosten werden berücksichtigt, auch wenn sie den Arbeitnehmer-Pauschbetrag nicht übersteigen.

67 **Sonderausgaben** (→ Rz. B 88 ff.) sind bestimmte, im Gesetz abschließend aufgezählte Aufwendungen. Bei diesen Ausgaben ist zu unterscheiden zwischen Vorsorgeaufwendungen und den übrigen Sonderausgaben. Für Vorsorgeaufwendungen kann ein Freibetrag nicht eingetragen werden, da diese im Lohnsteuerabzug bereits durch die Vorsorgepauschale berücksichtigt werden. Deshalb können auch Beiträge für eine sog. „Riester"-Rente nicht im Lohnsteuerabzugs-Verfahren, sondern erst bei der Veranlagung zur Einkommensteuer berücksichtigt werden. Die übrigen Sonderausgaben werden als Freibetrag auf der Lohnsteuerkarte eingetragen, soweit sie den Sonderausgaben-Pauschbetrag von 36 € bei allein stehenden Arbeitnehmern und von 72 € bei verheirateten, nicht dauernd getrennt lebenden Ehegatten übersteigen. Bei Ehegatten werden die Sonderausgaben gemeinsam ermittelt; insbesondere ist es gleichgültig, welcher der Ehegatten sie geleistet hat.

68 Entstehen einem Arbeitnehmer größere Aufwendungen als der überwiegende Mehrzahl der Steuerpflichtigen gleicher Einkommens- oder Vermögensverhältnisse sowie gleichen Familienstands, sind sie als **außergewöhnliche Belastung** (→ Rz. B 92) abziehbar, wenn sich der Steuerpflichtige diesen Aufwendungen aus rechtlichen, tatsächlichen oder sittlichen Gründen nicht entziehen kann. Ein Abzug sowie die Eintragung eines Freibetrags kommen nur insoweit in Betracht, als die Aufwendungen den Umständen nach notwendig sind, einen angemessenen Betrag nicht übersteigen und außerdem höher sind als die anzurechnende zumutbare Belastung. In bestimmten Fällen außergewöhnlicher Belastungen werden Aufwendungen nur bis zur Höhe genau festgelegter Höchstbeträge bzw. Freibeträge berücksichtigt, u. a.

- Unterhaltsaufwendungen,
- Sonderbedarf bei Berufsausbildung,
- Pauschbeträge für behinderte Menschen, Hinterbliebene und Pflegepersonen.

Die Kürzung um die zumutbare Belastung entfällt in den genannten Fällen.

Beispiel:

Ein lediger Arbeitnehmer wird im Kalenderjahr 2009 voraussichtlich an 220 Arbeitstagen mit seinem Pkw zur Arbeitsstätte fahren. Die kürzeste Straßenverbindung zwischen Wohnung und Arbeitsstätte beträgt 40 Kilometer. Die zu zahlende Kirchensteuer wird voraussichtlich 500 € betragen. Im Januar 2009 stellt er beim Finanzamt einen Antrag auf Eintragung eines Freibetrags.

1. Schritt: Prüfung, ob die 600 €-Antragsgrenze überschritten ist:

Werbungskosten		
(Entfernungspauschale: 220 Tage x 40 km x 0,30 €)	2 640 €	
abzüglich Arbeitnehmer-Pauschbetrag	./. 920 €	
verbleiben		1 720 €
Sonderausgaben		500 €
zusammen		2 220 €

Da die Grenze von 600 € überschritten ist, kann grundsätzlich die Eintragung eines Freibetrags auf der Lohnsteuerkarte erfolgen.

2. Schritt: Ermittlung der Höhe des Freibetrags

Werbungskosten (siehe oben)	2 640 €	
abzüglich Arbeitnehmer-Pauschbetrag	./. 920 €	
verbleiben		1 720 €
Sonderausgaben	500 €	
abzüglich Sonderausgaben-Pauschbetrag	./. 36 €	
verbleiben		464 €
zusammen		2 184 €

Auf der Lohnsteuerkarte wird ein Jahresfreibetrag von 2 184 € eingetragen. Der Monatsfreibetrag beträgt bei einer Antragstellung bis zum 1. 2. 2009 182 € (2 184 €/12 Monate).

cc) *Freibetrag/Hinzurechnungsbetrag bei Steuerklasse VI*

Arbeitnehmer mit mehreren Dienstverhältnissen haben 69
für den Arbeitslohn aus dem zweiten oder jedem weiteren Dienstverhältnis Lohnsteuer auch dann zu entrichten, wenn der Arbeitslohn sehr gering ist und zusammen mit dem Arbeitslohn aus dem ersten Dienstverhältnis unter dem Grundfreibetrag liegt. Um in diesen Fällen die nach dem Gesamtergebnis nicht berechtigte Steuerbelastung bereits im Lohnsteuerabzugs-Verfahren zu vermeiden, kann sich der Arbeitnehmer einen Freibetrag auf der Lohnsteuerkarte mit der Steuerklasse VI eintragen lassen, wenn für den Arbeitslohn aus dem ersten Dienstverhältnis noch keine Lohnsteuer anfällt. Zum Ausgleich trägt das Finanzamt allerdings einen entsprechend hohen Betrag als Hinzurechnungsbetrag auf der Lohnsteuerkarte für das erste Dienstverhältnis ein.

Die Höhe des einzutragenden Freibetrags/Hinzurechnungs- 70
betrags kann der Arbeitnehmer im Rahmen folgender Höchstbeträge bestimmen, die von der für das erste Dienstverhältnis maßgebenden Steuerklasse und von der jeweiligen Vorsorgepauschale (ungekürzte/gekürzte) abhängen. Die Höchstbeträge entsprechen den Arbeitslöhnen, für die bei der jeweiligen Steuerklasse keine Lohnsteuer anfällt; sie betragen z. B.:[1])

in der Steuerklasse im ersten Dienstverhältnis	Höchstbetrag bei	
	sozialversicherungspflichtigen Arbeitnehmern	Empfängern von Betriebsrenten und Versorgungsempfängern
I/IV	10 782 €	12 842 €
II	12 382 €	14 255 €
III	20 416 €	21 683 €
V	926 €	1 681 €

1) Werte lt. „Antrag auf Lohnsteuer-Ermäßigung 2009". Die Tarifänderungen durch das Gesetz zur Sicherung von Beschäftigung und Stabilität in Deutschland sind hier nicht berücksichtigt.

71 Eine Beschränkung dahin gehend, dass nur die nicht ausgeschöpfte Eingangsstufe übertragen werden kann, gibt es aus Vereinfachungsgründen nicht. Wer vermeiden möchte, dass wegen des Hinzurechnungsbetrags Lohnsteuer für den Arbeitslohn aus dem ersten Dienstverhältnis erhoben wird, sollte den Freibetrag begrenzen, und zwar auf den Betrag, um den der maßgebende Höchstbetrag den voraussichtlichen Jahresarbeitslohn aus dem ersten Dienstverhältnis übersteigt.

Beispiel:

Ein sozialversicherungspflichtiger Arbeitnehmer bezieht aus einem ersten Dienstverhältnis monatlich 600 € und aus einem zweiten Dienstverhältnis monatlich 200 €. Im ersten Dienstverhältnis hat der Arbeitnehmer eine Lohnsteuerkarte mit der Steuerklasse I vorgelegt. Für den Arbeitslohn aus diesem Dienstverhältnis ist die ungekürzte Vorsorgepauschale maßgeblich (Allgemeine Lohnsteuer-Tabelle bei manueller Berechnung der Lohnsteuer).

Jahresarbeitslohn aus dem ersten Dienstverhältnis (600 € x 12)	7 200 €
Jahresarbeitslohn aus dem zweiten Dienstverhältnis (200 € x 12)	2 400 €
Der für die Steuerklasse I maßgebende Höchstbetrag beträgt	10 782 €[1]
und überschreitet den voraussichtlichen Jahresarbeitslohn aus dem ersten Dienstverhältnis von	7 200 €
um	3 582 €

Der Freibetrag für die Steuerklasse VI und der Hinzurechnungsbetrag für die Steuerklasse I sollten auf 3 582 € begrenzt werden.

72 Auch die Eintragung eines Freibetrags/Hinzurechnungsbetrags hat zur Folge, dass der Arbeitnehmer zur Einkommensteuer veranlagt werden muss und verpflichtet ist, für 2009 unaufgefordert bis zum 31. 5. 2010 eine Einkommensteuererklärung abzugeben (→ Rz. B 23).

dd) Freibetrag bei Verlusten aus anderen Einkunftsarten

73 **Negative Einkünfte**, die neben dem Arbeitslohn voraussichtlich entstehen (z. B. aus Gewerbebetrieb, aus selbständiger Arbeit oder aus Vermietung) können ebenfalls berücksichtigt werden. In die Ermittlung eines Freibetrags wegen negativer Einkünfte sind nach R 39a.2 LStR sämtliche Einkünfte aus Land- und Forstwirtschaft, Gewerbebetrieb, selbständiger Arbeit, Vermietung und Verpachtung, die sonstigen Einkünfte sowie negative Einkünfte aus Kapitalvermögen (diese aber m. E. nur, wenn noch mit positiven Einnahmen/Einkünften zu rechnen ist, denn es besteht nach § 20 Abs. 6 Satz 2 EStG ein Ausgleichsverbot mit anderen Einkünften) einzubeziehen, die der Arbeitnehmer und sein von ihm nicht dauernd getrennt lebender unbeschränkt einkommensteuerpflichtiger Ehegatte voraussichtlich erzielen werden. Das bedeutet, dass sich der Betrag der negativen Einkünfte des Arbeitnehmers z. B. um die positiven Einkünfte des Ehegatten vermindert. Außer Betracht bleiben stets die Einkünfte aus nichtselbständiger Arbeit und positive Einkünfte aus Kapitalvermögen.

74 Negative Einkünfte aus **Vermietung und Verpachtung** eines Gebäudes können grundsätzlich erst für das Kalenderjahr berücksichtigt werden, das auf das Kalenderjahr der Fertigstellung oder der Anschaffung des Gebäudes folgt. Das Objekt ist angeschafft, wenn der Kaufvertrag abgeschlossen ist und Besitz, Nutzen, Lasten und Gefahr auf den Erwerber übergangen sind. Das Objekt ist fertig gestellt, wenn es nach Abschluss der wesentlichen Bauarbeiten bewohnbar ist; die Bauabnahme ist nicht erforderlich. Wird ein Objekt vor der Fertigstellung angeschafft, ist der Zeitpunkt der Fertigstellung maßgebend.

1) Wert lt. „Antrag auf Lohnsteuer-Ermäßigung 2009“. Die Tarifänderungen durch das Gesetz zur Sicherung von Beschäftigung und Stabilität in Deutschland sind hier nicht berücksichtigt.

ee) Freibetrag bei haushaltsnahen Beschäftigungsverhältnissen/Dienstleistungen und Handwerkerleistungen

Die Steuerermäßigung bei Aufwendungen für **haushaltsnahe Beschäftigungsverhältnisse** und für die Inanspruchnahme **haushaltsnaher Dienstleistungen** sowie **Handwerkerleistungen** (→ Rz. B 93 *Steuerermäßigung für haushaltsnahe Beschäftigungsverhältnisse/Dienstleistungen und Handwerkerleistungen*) kann bei Arbeitnehmern vom Finanzamt auf der Lohnsteuerkarte als vom Arbeitslohn abzuziehender Freibetrag eingetragen werden, damit sich die Steuerermäßigung bereits im Laufe des Jahres auswirkt. Da es sich bei der Steuerermäßigung um einen Abzugsbetrag von der Steuerschuld und nicht von der Bemessungsgrundlage handelt, wird sie durch **Vervierfachung** in einen Freibetrag umgerechnet. 75

ff) Freibetrag für den Entlastungsbetrag für Alleinerziehende bei Verwitweten

Erfüllen **verwitwete Arbeitnehmer** die Voraussetzungen für den Abzug des Entlastungsbetrags für Alleinerziehende (→ Rz. B 84 ff.), können sie sich im **Todesjahr** des Ehegatten und im **Folgejahr** für diesen Entlastungsbetrag einen **Freibetrag auf der Lohnsteuerkarte** eintragen lassen. Diese Möglichkeit wurde geschaffen, weil der Entlastungsbetrag für Alleinerziehende bei verwitweten Arbeitnehmern nicht über das Steuerklassensystem berücksichtigt werden kann. Der Entlastungsbetrag für Alleinerziehende wird grundsätzlich mit der **Steuerklasse II** berücksichtigt (→ Rz. C 43); für **verwitwete Arbeitnehmer** ist jedoch im Kalenderjahr des Todes des Ehegatten und für das folgende Kalenderjahr das Splittingverfahren möglich und damit insbesondere die **Steuerklasse III** (→ Rz. C 44). 76

3. Lohnsteuerabzug, Anmeldung und Abführung der Lohnsteuer

Der Arbeitgeber hat die **Lohnsteuer** bei jeder Lohnzahlung vom Arbeitslohn **einzubehalten.** 77

Für die Einbehaltung der Lohnsteuer vom laufenden Arbeitslohn hat der Arbeitgeber die Höhe des Arbeitslohns und den Zeitraum festzustellen, für den der Lohn gezahlt wird (**Lohnzahlungszeitraum**).

Die Lohnsteuer ist seit 2001 primär elektronisch zu berechnen (→ Rz. A 2). Sie kann aber auch mittels Tabellen manuell ermittelt werden (→ Rz. A 3 f.). Ausgehend von den aus der Lohnsteuerkarte entnommenen Besteuerungsmerkmalen und dem ermittelten steuerpflichtigen Arbeitslohn kann in der für den Lohnzahlungszeitraum maßgebenden **Lohnsteuer-/Gesamtabzug-Tabelle** (Monats- oder Tages-Tabelle) der jeweils einzubehaltende Lohnsteuerbetrag abgelesen werden. Für Lohnzahlungszeiträume, für die Lohnsteuer-/Gesamtabzug-Tabellen nicht aufgestellt sind, ergibt sich die Lohnsteuer aus den mit der Zahl der Kalendertage dieser Zeiträume vervielfachten Beträge der Tages-Tabelle. 78

Der Arbeitgeber muss die bei der Lohn- bzw. Gehaltszahlung erhobene Lohnsteuer **monatlich**, **vierteljährlich** oder **einmal im Jahr anmelden** und **abführen**, je nachdem, wie hoch der Lohnsteuerbetrag im Vorjahr war, wobei die Lohnsteuer-Anmeldung nach amtlich vorgeschriebenem Datensatz durch Datenfernübertragung nach Maßgabe der Steuerdaten-Übermittlungsverordnung zu übermitteln ist. Auf Antrag kann das Finanzamt zur Vermeidung unbilliger Härten auf eine elektronische Übermittlung verzichten; in diesem Fall ist die Lohnsteuer-Anmeldung nach amtlich vorgeschriebenem Vordruck 79 in Papierform oder per Fax sowie unterschrieben einzureichen. Bestehen mehrere Betriebsstätten, sind für diese jeweils gesonderte Lohnsteuer-Anmeldungen zu übermitteln oder abzugeben.

Lohnsteuer-Anmeldungszeitraum ist:

- der **Kalendermonat**, wenn die abzuführende Lohnsteuer im vorangegangenen Kalenderjahr **mehr als 4 000 €** betragen hat;
- das **Kalendervierteljahr**, wenn die abzuführende Lohnsteuer im vorangegangenen Kalenderjahr **mehr als 1 000 €**, aber **nicht mehr als 4 000 €** betragen hat;
- das **Kalenderjahr**, wenn die abzuführende Lohnsteuer im vorangegangenen Kalenderjahr **nicht mehr als 1 000 €** betragen hat.

80 Die für den Lohnsteuer-Anmeldungszeitraum maßgebende abzuführende Lohnsteuer ist die **Summe der** von sämtlichen Arbeitnehmern einbehaltenen und übernommenen **Lohnsteuer** (pro Betrieb/-sstätte).

Wenn die Betriebsstätte im vorangegangenen Kalenderjahr noch nicht bestanden hat, ist die auf einen Jahresbetrag umgerechnete, für den ersten vollen Kalendermonat nach der Eröffnung der Betriebsstätte abzuführende Lohnsteuer maßgebend.

81 Spätestens am **10. Tag** nach Ablauf des Anmeldungszeitraums sind dem Betriebsstättenfinanzamt die abzuführende Lohnsteuer sowie der Solidaritätszuschlag und ggf. die Kirchensteuer durch die Lohnsteuer-Anmeldung mitzuteilen und an die Finanzkasse zu überweisen. Ergibt sich kein Zahlbetrag, ist eine sog. Nullmeldung abzugeben. Der Arbeitgeber braucht erst dann keine weiteren Lohnsteuer-Anmeldungen mehr zu übermitteln oder abzugeben, wenn er Mitarbeiter, für die er Lohnsteuer einzubehalten oder zu übernehmen hat, nicht mehr beschäftigt oder er keine Lohnsteuer einzubehalten oder zu übernehmen hat, weil der Arbeitslohn nicht steuerbelastet ist, und er dies dem Betriebsstättenfinanzamt auch mitgeteilt hat. Das **Betriebsstättenfinanzamt** ist für den Privathaushalt als Arbeitgeber regelmäßig das für die Veranlagung zur Einkommensteuer zuständige (Wohnsitz-)Finanzamt; für andere Arbeitgeber das Finanzamt, in dessen Bezirk sich der Betrieb bzw. die Betriebsstätte befindet.

4. Änderung des Lohnsteuerabzugs

82 Was ist zu tun, wenn **zu viel** oder **zu wenig Lohnsteuer abgezogen** wurde, wenn man z. B. erst nach einiger Zeit erkennt, dass man bisher nicht vorschriftsmäßig vorgegangen ist, oder wenn ein Mitarbeiter eine Lohnsteuerkarte mit einer Eintragung vorlegt, die sich rückwirkend auch auf frühere Lohnzahlungszeiträume bezieht?

83 Solange ein Arbeitgeber die Lohnkonten noch nicht abgeschlossen und noch keine Lohnsteuerbescheinigung übermittelt oder ausgeschrieben hat (→ Rz. C 89), darf er den Steuerabzug **neu berechnen** und bei der folgenden Lohnzahlung entweder bisher zu wenig abgezogene Lohnsteuer nachträglich einbehalten oder zu viel einbehaltene Lohnsteuer erstatten. Das gilt selbstverständlich nur, wenn der Arbeitgeber noch bei ihm beschäftigt ist und Arbeitslohn bezieht, und im Übrigen nur insoweit, als die geänderte Eintragung auf der Lohnsteuerkarte nicht auf einen Zeitpunkt vor Beginn des Dienstverhältnisses zurückwirkt. Die zurückzuzahlende Lohnsteuer ist dabei dem Gesamtbetrag der vom Arbeitgeber in demselben Lohnzahlungszeitraum einbehaltenen Lohnsteuer zu entnehmen. Sollte die Erstattung aus dem Gesamtbetrag nicht gedeckt werden können, hat das Finanzamt dem Arbeitgeber auf Antrag den Fehlbetrag zu ersetzen.

Eine etwaige Erstattung zu viel einbehaltener Lohnsteuer nach Ablauf des Kalenderjahrs ist jedoch nur im Wege des Lohnsteuer-Jahresausgleichs zulässig, also nur bei den Arbeitnehmern, für die der Arbeitgeber einen Lohnsteuer-Jahresausgleich durchführen darf. 84

5. Anzeigepflichten

Erkennt der Arbeitgeber, dass er zu wenig Lohnsteuer einbehalten hat, und will oder kann er dies nicht korrigieren, muss er diese Fälle seinem **Betriebsstättenfinanzamt anzeigen**. Diese Anzeige über die zu geringe Einbehaltung der Lohnsteuer ist ggf. auch für die zurückliegenden vier Jahre zu erstatten – ohne Rücksicht auf die Verjährung eines Steueranspruchs. Eine Anzeigepflicht des Arbeitgebers besteht auch, wenn der Arbeitnehmer seiner Anzeigepflicht beim Erhalt von Bezügen von Dritten nicht nachkommt oder erkennbar unrichtige Angaben macht. Ist es dem Arbeitgeber wirtschaftlich zumutbar, ist er jedoch ab 2009 verpflichtet, den Lohnsteuerabzug zu korrigieren. 85

Eine rechtzeitige Anzeige schließt die **Haftung** des Arbeitgebers (→ Rz. C 93 ff.) aus (es ist zu empfehlen, einen Durchschlag der Anzeige bei den Lohnkontounterlagen abzuheften). Für die Anzeige gibt es bei den Finanzämtern entsprechende Vordrucke. 86

Die Berechtigung oder die Pflicht zur Neuberechnung (→ Rz. C 85) bzw. die Pflicht zur Anzeige (→ Rz. C 86) gelten auch in den Fällen, in denen sich die Rechtslage rückwirkend durch Gesetz geändert hat. 87

6. Abschluss des Lohnsteuerabzugs

Bei Beendigung des Dienstverhältnisses oder am Ende des Kalenderjahrs hat der Arbeitgeber das **Lohnkonto** des Arbeitnehmers (→ Rz. C 26 ff.) **abzuschließen**. 88

Bei Beendigung eines Dienstverhältnisses oder am Ende des Kalenderjahrs hat der Arbeitgeber spätestens bis zum **28. Februar** des Folgejahrs nach amtlich vorgeschriebenem Datensatz auf elektronischem Weg nach Maßgabe der Steuerdaten-Übermittlungsverordnung eine **elektronische Lohnsteuerbescheinigung** zu übermitteln. Diese elektronische Lohnsteuerbescheinigung muss u. a. folgende Angaben enthalten: 89

- Name, Vorname, Geburtsdatum und Anschrift des Arbeitnehmers, die Bezeichnung und die Nummer des Finanzamts, an das die Lohnsteuer abgeführt worden ist, sowie die Steuernummer des Arbeitgebers;
- Dauer des Dienstverhältnisses während des Kalenderjahres sowie die Anzahl der vermerkten Großbuchstaben „U“;
- Art und Höhe des gezahlten Arbeitslohns sowie den vermerkten Großbuchstaben „S“;
- einbehaltene Lohnsteuer, Solidaritätszuschlag und Kirchensteuer sowie zusätzlich ggf. den Großbuchstaben „B“;
- u. a. Kurzarbeitergeld, Zuschuss zum Mutterschaftsgeld nach dem Mutterschutzgesetz, Entschädigungen für Verdienstausfall nach dem Infektionsschutzgesetz sowie steuerfreie Aufstockungsbeträge oder Zuschläge nach dem Altersteilzeitgesetz;
- pauschal besteuerte Arbeitgeberleistungen für Fahrten zwischen Wohnung und Arbeitsstätte;
- für die steuerfreie Sammelbeförderung den Großbuchstaben „F“;

- steuerfrei gezahlte Verpflegungszuschüsse und Vergütungen bei doppelter Haushaltsführung;
- Beiträge zu den gesetzlichen Rentenversicherungen und an berufsständische Versorgungseinrichtungen, getrennt nach Arbeitgeber- und Arbeitnehmeranteil;
- die steuerfrei gezahlten Zuschüsse zur Kranken- und Pflegeversicherung;
- den Arbeitnehmeranteil am Gesamtsozialversicherungsbeitrag.

Als Arbeitslohn ist der Gesamtbetrag des Bruttoarbeitslohns, einschließlich des Werts eventueller Sachbezüge, zu bescheinigen. **Bruttoarbeitslohn** ist die Summe aus dem **laufenden Arbeitslohn**, der für Lohnzahlungszeiträume gezahlt worden ist, die im Kalenderjahr geendet haben, und den **sonstigen Bezügen**, die dem Arbeitnehmer im Kalenderjahr zugeflossen sind. Zum Bruttoarbeitslohn gehören auch Urlaubsgeld, Weihnachtszuwendungen sowie vermögenswirksame Leistungen (→ Rz. F 2). Der Bruttobetrag darf nicht um den Versorgungsfreibetrag (→ Rz. B 93 *Versorgungsfreibetrag*), den Zuschlag zum Versorgungsfreibetrag oder den Altersentlastungsbetrag (→ Rz. B 93 *Altersentlastungsbetrag*) gekürzt werden. Auch auf der Lohnsteuerkarte eingetragene Freibeträge (→ Rz. C 61 ff.) dürfen nicht abgezogen werden, ein eingetragener Hinzurechnungsbetrag (→ Rz. C 69 ff.) darf nicht hinzugerechnet werden. Netto gezahlter Arbeitslohn ist mit dem umgerechneten Bruttobetrag anzusetzen. Sofern bei Sachbezügen der **Rabattfreibetrag** (→ Rz. C 161 *Preisnachlässe, Personalrabatte*) anzuwenden ist, ist nur der steuerpflichtige Teil der Sachbezüge zu bescheinigen.

90 Der Arbeitgeber hat dem Arbeitnehmer die elektronische Lohnsteuerbescheinigung mit Angabe der sog. eTIN auszuhändigen oder elektronisch bereitzustellen. Die **eTIN** hat der Arbeitgeber aus dem Namen, Vornamen und Geburtsdatum des Arbeitnehmers zu bilden. Nach Vergabe der **Identifikationsnummer** (§ 139b AO) hat der Arbeitgeber für die Datenübermittlung die Identifikationsnummer des Arbeitnehmers zu verwenden. Die Verwaltung teilt den Zeitpunkt der erstmaligen Verwendung der Identifikationsnummer durch ein BMF-Schreiben mit. Für die Datenübermittlung der Lohnsteuerbescheinigungen 2009 ist in jedem Fall die eTIN zu verwenden (BMF-Schreiben v. 28. 11. 2008, BStBl I 2008 S. 992).

91 Wenn das Dienstverhältnis vor Ablauf des Kalenderjahrs beendet wird, hat der Arbeitgeber dem Arbeitnehmer die **Lohnsteuerkarte** auszuhändigen. Nach Ablauf des Kalenderjahres darf der Arbeitgeber die Lohnsteuerkarte nur aushändigen, wenn sie eine Lohnsteuerbescheinigung enthält und der Arbeitnehmer zur Einkommensteuer veranlagt wird. Dem Arbeitnehmer nicht ausgehändigte Lohnsteuerkarten ohne Lohnsteuerbescheinigungen kann der Arbeitgeber vernichten; nicht ausgehändigte Lohnsteuerkarten mit Lohnsteuerbescheinigungen hat er dem Betriebsstättenfinanzamt einzureichen.

92 Arbeitgeber **ohne maschinelle Lohnabrechnung** haben eine entsprechende Lohnsteuerbescheinigung auf der Lohnsteuerkarte des Arbeitnehmers zu erteilen. Liegt dem Arbeitgeber eine Lohnsteuerkarte des Arbeitnehmers nicht vor, hat er die „Besondere Lohnsteuerbescheinigung" zu erteilen. Der Arbeitgeber hat dem Arbeitnehmer die Lohnsteuerbescheinigung auszuhändigen, wenn das Dienstverhältnis vor Ablauf des Kalenderjahres beendet wird oder der Arbeitnehmer zur Einkommensteuer veranlagt wird. In den übrigen Fällen hat der Arbeitgeber die Lohnsteuerbescheinigung dem Betriebsstättenfinanzamt einzureichen.

7. Haftung

Das Finanzamt überwacht durch **Lohnsteuer-Außenprüfungen** die Einbehaltung und Abführung der Lohnsteuer. Diese Prüfungen betreffen auch den Solidaritätszuschlag und die Kirchensteuer. 93

Wenn die Finanzbehörden dabei eine Steuerschuld (mehr als 10 €) errechnen, werden der Arbeitgeber, unter Umständen aber auch der Arbeitnehmer, zur Kasse gebeten. Denn es besteht eine **Gesamtschuldnerschaft**.

Der Arbeitgeber haftet 94

- für die richtige Einbehaltung der Lohnsteuer und für ihre richtige Abführung,
- für die Lohnsteuer, die er beim Lohnsteuer-Jahresausgleich zu Unrecht erstattet hat,
- für die Lohn- oder Einkommensteuer, die dem Arbeitnehmer auf Grund fehlerhafter Angaben im Lohnkonto oder in der Lohnsteuerbescheinigung vom Finanzamt zu viel erstattet – oder die bei der Einkommensteuerveranlagung zu niedrig festgesetzt – wird, sowie
- für die Lohnsteuer, die ein Dritter zu übernehmen hat.

Der Arbeitgeber haftet auch dann, wenn ein **Dritter** die Pflichten trägt.

Neben dem Arbeitgeber haftet unter bestimmten Voraussetzungen auch derjenige, dem von einem Verleiher Arbeitnehmer gewerbsmäßig zur Arbeitsleistung überlassen werden (**Entleiher**). Näheres → Rz. C 8.

Der Arbeitgeber haftet nicht, wenn 95

- der Arbeitnehmer seinen Anzeigepflichten zur Änderung der Lohnsteuerkarte nicht nachgekommen ist, und deshalb zu wenig Lohnsteuer einbehalten wurde,
- zu wenig Lohnsteuer einbehalten wurde, weil auf der Lohnsteuerkarte ein Freibetrag unzutreffend eingetragen wurde,
- der Arbeitnehmer seiner Verpflichtung, dem Arbeitgeber Lohnsteuerfehlbeträge zur Verfügung zu stellen, nicht nachkommt und der Arbeitgeber dies dem Betriebsstättenfinanzamt anzeigt,
- der Arbeitgeber dem Finanzamt angezeigt hat, dass dem Arbeitnehmer von einem Dritten Bezüge gewährt wurden, der Arbeitnehmer aber dazu keine oder erkennbar unrichtige Angaben macht.

Der **Arbeitnehmer** kann im Rahmen der Gesamtschuldnerschaft grundsätzlich stets in Anspruch genommen werden, und zwar durch einen Nachforderungsbescheid oder im Rahmen der Einkommensteuerveranlagung. Ausgenommen sind lediglich die Fälle, in denen der Arbeitgeber die Lohnsteuer einbehalten, aber nicht an das Finanzamt gemeldet hat und der Arbeitnehmer von der fehlenden Anmeldung keine Kenntnis hatte. 96

Das Finanzamt muss die Wahl, an welchen Gesamtschuldner es sich halten will, nach **pflichtgemäßem Ermessen**, nach **Recht und Billigkeit** und unter **verständiger Abwägung der Interessen** aller Beteiligten treffen. 97

8. Anrufungsauskunft

Ist sich der Arbeitgeber über die steuerliche Behandlung bestimmter Sachverhalte nicht im Klaren, kann er sich an das für ihn zuständige **Betriebsstättenfinanzamt** wenden. Dieses Finanzamt ist verpflichtet, auf Anfrage **Auskunft** darüber zu erteilen, ob und inwieweit die Vorschriften über die Lohnsteuer in dem vorgetragenen Fall anzuwenden sind. Die Anfrage sollte 98 schriftlich gestellt werden. Auch der Arbeitnehmer kann sich mit einer Anrufungsauskunft an das Betriebsstättenfinanzamt wenden. Die Auskunft ist für das Lohnsteuerabzugsverfahren verbindlich, nicht jedoch für die Einkommensteuerveranlagung des Arbeitnehmers. Verbindliche Auskünfte des Finanzamts sind grundsätzlich gebührenpflichtig (§ 89 AO); eine Lohnsteuer-Anrufungsauskunft ist jedoch gebührenfrei.

99 Sind für einen Arbeitgeber **mehrere Betriebsstättenfinanzämter** zuständig, weil er mehrere lohnsteuerliche Betriebsstätten hat, so erteilt das Betriebsstättenfinanzamt die Auskunft, in dessen Bezirk sich die Geschäftsleitung des Arbeitgebers befindet. Befindet sich am Sitz der Geschäftsleitung keine lohnsteuerliche Betriebsstätte, so ist das Betriebsstättenfinanzamt zuständig, in dessen Bezirk sich die lohnsteuerliche Betriebsstätte mit den meisten Arbeitnehmern befindet.

III. Arbeitslohn

1. Einnahmen, Arbeitslohn

100 In diesem Abschnitt wird zunächst erläutert, nach welchen Regeln der Arbeitslohn festzustellen, mit welchen Berechnungsmethoden davon die Lohnsteuer zu ermitteln ist und welche Besonderheiten dabei zu beachten sind. Daran anschließend wird die steuerliche Behandlung einzelner Lohnteile im ABC des Arbeitslohns kommentiert (→ Rz. C 161).

101 Als Einkünfte aus **nichtselbständiger Arbeit** werden steuerlich sämtliche Einnahmen erfasst, die ein Arbeitnehmer für eine Beschäftigung (aus einem Dienstverhältnis) erhält (Arbeitslohn). Dabei spielt es keine Rolle, unter welcher Bezeichnung und in welcher Form ihm Einnahmen zufließen (Bar- oder Sachleistungen, → Rz. C 102 ff.). Es ist auch unbeachtlich, ob die Einnahmen auf Grund des gegenwärtigen, eines früheren oder für ein zukünftiges Dienstverhältnis geleistet werden, ob sie einmalig oder laufend gezahlt werden oder ein Rechtsanspruch auf sie besteht.

102 Nach dem Einkommensteuergesetz sind **Einnahmen** sowohl Bar- und Sachbezüge als auch sonstige Vorteile. Dies können Geldbeträge in bar oder unbar, Waren, (Sach-)Geschenke oder Dienstleistungen sein, z. B. Lohnzuschläge für Mehrarbeit, Erschwerniszuschläge, Entschädigungen für nicht genommenen Urlaub, Urlaubs- und Weihnachtsgeld, Personalrabatte, von Dritten gegebene Belohnungen oder Lohnteile, z. B. Rabatte oder Vorteile aus Aktienoptionen im Konzernverbund; ausgenommen sind freiwillige Trinkgelder, die seit dem Kalenderjahr 2002 in voller Höhe steuerfrei sind. Als **Sachbezüge** rechnen z. B. vom Arbeitgeber kostenlos oder verbilligt gestellte Mahlzeiten und Unterkünfte sowie bestimmte Vorteile durch Betriebsveranstaltungen zum Arbeitslohn. Belohnungen Dritter für die Arbeitsleistung des Arbeitnehmers sind z. B. Incentive-Reisen. Steuerlicher **Arbeitslohn** ist regelmäßig der arbeitsvertraglich festgelegte und gezahlte Bruttolohn. Leistet der Arbeitgeber freiwillig zusätzlich Sonderzahlungen oder Sachbezüge, sind diese für die Lohnsteuerermittlung dem vereinbarten Arbeitslohn hinzuzurechnen.

103 Nicht zum Arbeitslohn rechnen **Sachleistungen** des Arbeitgebers, die auch im gesellschaftlichen Verkehr üblicherweise ausgetauscht werden, zu keiner ins Gewicht fallenden Bereicherung des Arbeitnehmers führen und allgemein als **Aufmerksamkeiten** angesehen werden (z. B. Blumen, Genussmittel, Bücher oder CDs, die dem Arbeitnehmer oder seinen Angehörigen aus Anlass eines besonderen persönlichen Ereignisses zugewendet werden, falls der Wert der Sachleistungen pro Anlass **40 €** nicht übersteigt, → Rz. C 161). Zu den Aufmerksamkeiten gehören auch Getränke und Genussmittel (keine Mahlzeiten), die der Arbeitgeber den Arbeitnehmern zum Verzehr im Betrieb bzw. am Arbeitsplatz bereitstellt, und Speisen bis zu einem Wert von 40 €, die der Arbeitgeber den Arbeitnehmern anlässlich und während eines **außergewöhnlichen Arbeitseinsatzes** (z. B. während der Inventur) überlässt (→ Rz. C 161).

Für bestimmte Sachbezüge, wie kostenlos oder verbilligt gestellte bzw. überlassene **Mahlzeiten** und **Unterkünfte** (z. B. möblierte Zimmer, Sammelunterkünfte), ist der Wert nach der amtlichen **Sozialversicherungsentgeltverordnung** zu ermitteln. Die Sachbezugswerte gelten auch für Arbeitnehmer, die nicht der gesetzlichen Rentenversicherungspflicht unterliegen. Werden vorgesehene Sachbezüge durch eine Barvergütung abgegolten, ist der Barlohn zu versteuern. Für **andere Sachbezüge** ist aus Vereinfachungsgründen der steuerliche Wert mit 96 % des ortsüblichen Endpreises des Sachbezugs anzusetzen (§ 8 Abs. 3 EStG, R 8.1 Abs. 2 Satz 9 LStR). Hinweis auf → Rz. C 161 *Mahlzeiten*, → *Sachbezüge*, → *Preisnachlässe*, → Rz. C 211 ff. Die Sachbezugswerte für das **Kalenderjahr 2009** betragen: 104

Freie Verpflegung

Personenkreis		Frühstück €	Mittagessen €	Abendessen €	Verpflegung insgesamt €
Arbeitnehmer einschließlich Jugendliche u. Auszubildende	mtl.	46,00	82,00	82,00	210,00
	ktgl.	1,53	2,73	2,73	7,00

Freie Unterkunft

Sachverhalt		alte und neue Bundesländer einschließlich Berlin	
Unterkunft belegt mit		Unterkunft allgemein €	Aufnahme im Arbeitgeberhaushalt/ Gemeinschaftsunterkunft €
volljährige Arbeitnehmer			
1 Beschäftigtem	mtl.	204,00	173,40
	ktgl.	6,80	5,78
2 Beschäftigen	mtl.	122,40	91,80
	ktgl.	4,08	3,06
3 Beschäftigten	mtl.	102,00	71,40
	ktgl.	3,40	2,38
mehr als 3 Beschäftigten	mtl.	81,60	51,00
	ktgl.	2,72	1,70
Jugendliche/Auszubildende			
1 Beschäftigtem	mtl.	173,40	142,80
	ktgl.	5,78	4,76
2 Beschäftigen	mtl.	91,80	61,20
	ktgl.	3,06	2,04
3 Beschäftigten	mtl.	71,40	40,80
	ktgl.	2,38	1,36
mehr als 3 Beschäftigten	mtl.	51,00	20,40
	ktgl.	1,70	0,68

Eine **Aufnahme in den Arbeitgeberhaushalt** liegt vor, wenn der Arbeitnehmer sowohl in die Wohnungs- als auch in die Verpflegungsgemeinschaft des Arbeitgebers aufgenommen wird. Bei ausschließlicher Zurverfügungstellung von Unterkunft liegt dagegen keine „Aufnahme" in den Arbeitgeberhaushalt vor, so dass der ungekürzte Unterkunftswert anzusetzen ist.

Eine **Gemeinschaftsunterkunft** stellen z. B. Lehrlingswohnheime, Schwesternwohnheime, Kasernen etc. dar. Charakteristisch für Gemeinschaftsunterkünfte sind gemeinschaftlich zu nutzende Wasch- bzw. Duschräume, Toiletten und ggf. Gemeinschafts-Küche oder Kantine. Allein eine Mehrfachbelegung einer Unterkunft hat dagegen nicht die Bewertung als Gemeinschaftsunterkunft zur Folge; vielmehr wird der

Mehrfachbelegung bereits durch gesonderte Abschläge Rechnung getragen.

Für **freie Wohnung** ist kein amtlicher Sachbezugswert festgesetzt. Vielmehr ist für freie Wohnung grundsätzlich der **ortsübliche Mietpreis** anzusetzen. Eine Wohnung ist im Gegensatz zur Unterkunft eine in sich geschlossene Einheit von Räumen, in denen ein selbständiger Haushalt geführt werden kann. Wesentlich ist, dass eine Wasserversorgung und -entsorgung, zumindest eine einer Küche vergleichbare Kochgelegenheit sowie eine Toilette vorhanden sind. Danach stellt z. B. ein Einzimmerappartement mit Küchenzeile und WC als Nebenraum eine Wohnung dar, während bei Mitbenutzung von Bad, Toilette und Küche lediglich eine Unterkunft vorliegt. Wird mehreren Arbeitnehmern eine Wohnung zur gemeinsamen Nutzung (Wohngemeinschaft) zur Verfügung gestellt, liegt insoweit nicht freie Wohnung, sondern lediglich freie Unterkunft vor.

Ist die Feststellung des ortsüblichen Mietpreises mit außerordentlichen Schwierigkeiten verbunden, kann die Wohnung in **sämtlichen Bundesländern** einschließlich West-Berlin mit 3,55 € monatlich je Quadratmeter bzw. bei einfacher Ausstattung (ohne Sammelheizung oder ohne Bad oder Dusche) mit 2,88 € monatlich je Quadratmeter bewertet werden (Beträge für 2009). Die Unterscheidung zwischen „West" und „Ost" ist entfallen.

Bei der Gewährung von unentgeltlichen oder verbilligten **Mahlzeiten im Betrieb** (§ 40 Abs. 2 Satz 1 Nr. 1 EStG) sind sowohl für volljährige Arbeitnehmer als auch für Jugendliche und Auszubildende für 2009 nachstehende Beträge anzusetzen:

Frühstück	1,53 €
Mittag-/Abendessen	2,73 €

105 Damit steuerlich der gesamte Ertrag aus der nichtselbständigen Tätigkeit als Arbeitslohn erfasst wird, sind grundsätzlich auch **Leistungen von Dritten** (anderen Personen als dem Arbeitgeber) als Arbeitslohn zu erfassen, insbesondere dann, wenn der Arbeitgeber an der Verschaffung des Sachbezugs mitgewirkt hat (z. B. durch Inkassotätigkeit). Voraussetzung dafür ist, dass es sich hierbei um Leistungen im Zusammenhang mit dem Arbeitsverhältnis handelt (Ausfluss der Tätigkeit). Hierunter fallen z. B. Sachbezüge bei konzernmäßiger Verflechtung zwischen Arbeitgeber und Drittem (Aktienoptionen), Incentive-Reisen sowie Rabatte und Preisnachlässe Dritter (z. B. von mit dem Arbeitgeber verbundenen Unternehmen, wie Konzern-Rabatte). **Bestechungsgelder** sind kein Arbeitslohn, sondern als sonstige Einkünfte steuerpflichtig.

106 Der gezahlte **Arbeitslohn** ist regelmäßig **steuerpflichtig**, d. h., der Arbeitgeber hat davon Lohnsteuer, Solidaritätszuschlag und ggf. Kirchensteuer einzubehalten. Zum Arbeitslohn gehören auch **versehentliche Überweisungen** des Arbeitgebers, die dieser zurückfordern kann. **Zahlt** der Arbeitnehmer Arbeitslohn **zurück**, ist dies erst im Zeitpunkt des tatsächlichen Abflusses arbeitslohn- bzw. einkünftemindernd zu berücksichtigen. Arbeitslohn kann jedoch **steuerfrei** gezahlt werden, wenn er nach den Regelungen des Einkommensteuergesetzes nicht der Besteuerung unterliegt; z. B. die Zuschläge für Nacht- und Feiertagsarbeit bis zu bestimmten Prozentsätzen, Verpflegungspauschalen). Hiervon zu unterscheiden ist die **steuerunbelastete** Auszahlung von steuerpflichtigem Arbeitslohn, falls bzw. solange für diesen noch keine Lohnsteuer anfällt, sowie Zuwendungen des Arbeitgebers, die nicht zum Arbeitslohn rechnen, z. B. Aufmerksamkeiten, übliche Betriebsveranstaltungen und betriebseigene Sozialräume (→ Rz. C 161).

107 **Steuerfreier** Arbeitslohn wird bei der Berechnung der Lohnsteuer nicht berücksichtigt. Eine Übersicht über steuerpflichtige und steuerfreie sowie der nicht zum Arbeitslohn rechnenden Lohnbestandteile gibt das ABC des Arbeitslohns (→ Rz. C 161). Hat der Arbeitgeber zu Unrecht keine oder zu wenig Lohnsteuer einbehalten, ist dies zu korrigieren. Ansonsten haftet er für die zu gering einbehaltene und abgeführte Lohnsteuer (→ Rz. C 13).

Für den Lohnsteuereinbehalt ist der **Lohnzahlungszeitraum** neben den auf der Lohnsteuerkarte vermerkten persönlichen Merkmalen des Arbeitnehmers entscheidend. Über den Beginn und das Ende dieses Zeitraums entscheidet der Arbeitsvertrag. Üblicherweise ist der Kalendermonat der Lohnzahlungszeitraum. Die Höhe der Lohnsteuer richtet sich nach dem im Lohnzahlungszeitraum bezogenen Arbeitslohn. 108

Der **laufende Arbeitslohn** (→ Rz. C 113 ff.) gilt unabhängig vom tatsächlichen Zufluss mit Beendigung des Lohnzahlungs- oder Lohnabrechnungszeitraums als bezogen. Den Begriff des „Beziehens" versteht das Steuerecht nicht im Sinne eines tatsächlichen Vorgangs, sondern als eine **zeitliche Zuordnung** (→ Rz. C 111). Durch diese Regelung ist der Arbeitgeber z. B. von der Pflicht enthoben, bei Lohnzahlungen für kalenderjahrübergreifende Lohnzahlungszeiträume die Arbeitslöhne nach ihrem wirtschaftlichen Gehalt auf das abgelaufene und das begonnene Kalenderjahr aufzuteilen. 109

Durch diese zeitraumbezogene Zuordnung wird für die Lohnsteuer vom **Zuflussprinzip** des § 11 EStG abgewichen. Diese Abweichung betrifft jedoch – wie bereits erläutert – nur die zeitliche Zuordnung des Arbeitslohns als **Bemessungsgrundlage** für die Lohnsteuer. Hingegen wird nicht der Zufluss selbst fingiert. Für die **Besteuerung** des Arbeitslohns ist stets der tatsächliche Zufluss, also die Erlangung der wirtschaftlichen Verfügungsmacht, Grundvoraussetzung. Auch für die Beantwortung der Fragen, wann die Lohnsteuerschuld entsteht, zu welchem Zeitpunkt sie vom Arbeitgeber einzubehalten und abzuführen ist, gilt diese Fiktion nicht. Vielmehr kommt es hierbei darauf an, wann der Arbeitslohn dem Arbeitnehmer **zugeflossen** ist. Arbeitslohn ist dem Arbeitnehmer dann zugeflossen, wenn er darüber verfügen kann (z. B. bei Entgegennahme der Barzahlung, eines Schecks oder Verrechnungsschecks; bei einer Gehaltsüberweisung dann, wenn der Arbeitgeber die Überweisungsträger an das Kreditinstitut gegeben hat). Arbeitslohn fließt auch dann zu, wenn der Arbeitgeber an Stelle der Auszahlung (Überweisung) eine mit dem Arbeitnehmer getroffene **Lohnverwendungsabrede** (konstitutive Verwendungsauflage) erfüllt. Keinen Lohn erhält der Arbeitnehmer hingegen, wenn er auf Lohn **verzichtet** und keine Bedingungen an die Verwendung der frei gewordenen Mittel knüpft. 110

Wie zuvor erläutert, ist üblicherweise der Kalendermonat der **Lohnzahlungszeitraum**. Mitunter werden für die Lohnzahlung jedoch auch kürzere Zeiträume vereinbart (z. B. eine Woche oder einzelne Tage bei Aushilfsbeschäftigungen). Ist kein Lohnzahlungszeitraum feststellbar, so tritt an seine Stelle die Summe der tatsächlichen Arbeitstage oder der tatsächliche Arbeitswochen. Solange das Dienstverhältnis fortbesteht, sind auch in den Lohnzahlungszeitraum fallende Arbeitstage mitzuzählen, für die der Arbeitnehmer keinen Lohn erhält. Der Lohnzahlungszeitraum kann sich auch über zwei Kalenderjahre erstrecken (z. B. vom 15. Dezember bis zum 13. Januar des Folgejahres). 111

Beispiele zum Lohnzahlungszeitraum:

1. Ein Monatsgehalt wird für die Zeit vom ersten bis zum letzten Tag eines Monats gezahlt. Das Dezembergehalt 2008 wird erst am 9. 1. 2009 (Folgejahr) ausgezahlt. Da laufender Arbeitslohn vorliegt und der Lohnzahlungszeitraum am 31. 12. 2008 endete, ist das Dezembergehalt dem Kalenderjahr 2008 zuzuordnen.

2. Ein Monatsgehalt wird für die Zeit vom ersten bis zum letzten Tag eines Monats gezahlt. Das Gehalt für den Januar 2009 wird bereits am 29. 12. 2008 ausgezahlt. Da laufender Arbeitslohn vorliegt und der Lohnzahlungszeitraum am 31. 1. 2009 endet, ist das Januargehalt dem Kalenderjahr 2009 zuzuordnen.
3. Ein Monatsgehalt wird für die Zeit vom ersten bis zum letzten Tag eines Monats gezahlt. Das Dezembergehalt 2008 wird erst am 2. 2. 2009 ausgezahlt. Der Arbeitslohn ist nicht dem Kalenderjahr 2008 zuzurechnen, weil die Auszahlung nicht innerhalb von drei Wochen nach Ablauf des Lohnzahlungszeitraums erfolgte und demzufolge kein laufender Arbeitslohn angenommen wird (→ Rz. C 116). Hierdurch können sich für die Praxis vor dem Hintergrund geplanter Steuersatzsenkungen interessante Gestaltungsmöglichkeiten ergeben.

112 Für die **Lohnsteuerermittlung** hat der Arbeitgeber stets die aktuellen steuerlichen Verhältnisse des jeweiligen Beschäftigungsverhältnisses zu berücksichtigen. Dies sind die auf der Lohnsteuerkarte eingetragenen Merkmale, die für den Tag gelten, an dem der Lohnzahlungszeitraum endet. Übt der Arbeitnehmer bei anderen Arbeitgebern noch eine (oder ggf. mehrere) weitere Beschäftigung(en) aus, ist dies vom Arbeitgeber für den Lohnsteuerabzug und die Ermittlung der Lohnsteuer nicht zu berücksichtigen. Reichen die dem Arbeitgeber zur Verfügung stehenden Mittel zur **Zahlung** des vollen vereinbarten Arbeitslohns nicht aus, und erhält deshalb der Arbeitnehmer einen **geringeren** Betrag, ist die Lohnsteuer von dem tatsächlich ausgezahlten Arbeitslohn zu berechnen und einzubehalten. **Einwendungen** gegen den Lohnsteuerabzug muss der **Arbeitnehmer** sofort vortragen. Hat er dies versäumt, kann er eine Korrektur nicht verlangen, indem er die Lohnsteuerbescheinigung angreift und deren Berichtigung verlangt.

2. Laufender Arbeitslohn

113 Nach der Festlegung des steuerpflichtigen Arbeitslohns, dessen Wertansatzes und des Lohnzahlungszeitraums hat der Arbeitgeber als nächsten Schritt die Lohnsteuer zu ermitteln. Das Steuerrecht unterscheidet für die Lohnsteuerermittlung zwischen dem sog. **laufenden Arbeitslohn** (→ Rz. C 116 ff.) und dem **sonstigen Bezug** (→ Rz. C 125 ff.). Die Unterscheidung zwischen laufend gezahltem Arbeitslohn und einem sonstigen Bezug ist für die zutreffende Lohnsteuerermittlung erforderlich.

114 Für fortlaufend gezahlten Arbeitslohn ist die Lohnsteuer entsprechend dem Lohnzahlungszeitraum (→ Rz. C 108 ff.) aus der dafür vorgesehenen **Lohnsteuer-Tabelle** (→ Rz. A 5 ff.) abzulesen. Diese Lohnsteuer-Tabellen unterstellen, dass der Arbeitslohn im Kalenderjahr stets in gleich bleibender Höhe zufließt. Deshalb wird der Lohn des Lohnzahlungszeitraums auf einen Jahreslohn hochgerechnet, z. B. Monatslohn × 12, und die so ermittelte Jahreslohnsteuer durch die Anzahl der Lohnzahlungszeiträume dividiert, z. B. Jahreslohnsteuer : 12 = Monatslohnsteuer. Ein **sonstiger Bezug** wird jedoch einmalig und nicht regelmäßig wiederkehrend gezahlt. Folglich wird er zur Lohnsteuerermittlung nicht dem laufenden Arbeitslohn, sondern dem voraussichtlichen Jahresarbeitslohn hinzugerechnet.

115 Würde z. B. zur **Lohnsteuerermittlung** ein Weihnachtsgeld i. H. v. 900 € dem monatlichen laufend gezahlten Arbeitslohn zugerechnet, ergäbe dies regelmäßig eine unzutreffende Lohnsteuer.

Beispiel zum Vergleich der Lohnsteuerbeträge:

Ein Arbeitnehmer erhält im Kalenderjahr 2009 einen monatlichen Arbeitslohn von 3 000 €. Für die Steuerklasse I (keine Kinder) sind monatlich 535,33 € Lohnsteuer zu zahlen. Dies ergibt eine jährliche Lohnsteuer von 12 x 535,33 € = 6 423,96 €.

Würde das im Juni gezahlte Urlaubsgeld i. H. v. 900 € dem monatlich laufend gezahlten Arbeitslohn zugerechnet, ergäbe dies eine Lohnsteuer von 839,91 €.

Als Jahressteuer ergäben sich 11 x 535,33 € + 839,91 € = 6 728,54 €.

Bei zutreffender Behandlung als sonstiger Bezug ergibt sich jedoch folgende jährliche Lohnsteuer:

12 x 535,33 € =	6 423,96 €
zuzüglich der Lohnsteuer für den sonstigen Bezug	286,04 €
Summe	6 710,— €
Demnach ergibt sich ein Unterschiedsbetrag i. H. v.	18,54 €

Deshalb wird die Lohnsteuer für **sonstige Bezüge** nach einem besonderen Berechnungsverfahren ermittelt (→ Rz. C 127 ff.). Wie das Beispiel zeigt, wird die Lohnsteuer für einen sonstigen Bezug regelmäßig mit einem höheren Prozentsatz als für den laufenden Arbeitslohn erhoben; das besondere Berechnungsverfahren ergibt jedoch einen niedrigeren Steuerbetrag als bei einem Zuschlag zum laufenden Arbeitslohn (→ Rz. C 116 ff.).

Was versteht das Lohnsteuerrecht unter laufendem Arbeitslohn? Der Begriff **laufender Arbeitslohn** wird im Einkommensteuergesetz nicht näher definiert. Er wird in den Lohnsteuer-Richtlinien jedoch beschrieben als Arbeitslohn, der dem Arbeitnehmer regelmäßig fortlaufend zufließt (z. B. Monatsgehälter, Wochen- und Tagelöhne, Mehrarbeitsvergütungen, Zuschläge und Zulagen). Hierzu zählen auch Nachzahlungen und Vorauszahlungen, wenn sich diese ausschließlich auf Lohnzahlungszeiträume beziehen, die im Kalenderjahr der Zahlung enden, sowie Arbeitslohn für Lohnzahlungszeiträume des abgelaufenen Kalenderjahres, wenn dieser innerhalb der ersten **drei Wochen** des nachfolgenden Kalenderjahres zufließt (→ Beispiel Rz. C 111). 116

Entscheidend sind die Verhältnisse des einzelnen Kalenderjahres. So stellen Bezüge, die im Kalenderjahr nur einmal gezahlt werden (z. B. Urlaubsgeld), keinen laufenden Arbeitslohn, sondern einen **sonstigen Bezug** dar, selbst wenn sie sich in den aufeinander folgenden Jahren wiederholen. 117

Auch regelmäßig gezahlte Bezüge bzw. Arbeitslohn(teile), deren **Höhe** schwankt, weil sie sich z. B. nach einer nicht gleich bleibenden Bemessungsgrundlage richtet (z. B. erzielte Umsätze), sind laufender Arbeitslohn. Erhält z. B. ein Außendienstmitarbeiter ein monatliches Fixum von 2 500 € und zuzüglich 2 % des Umsatzes, rechnet der so ermittelte Betrag (2 % des Umsatzes) ebenfalls zum laufenden Arbeitslohn. 118

Zum laufenden Arbeitslohn gehören auch regelmäßig zufließende Sachbezüge wie z. B. geldwerte Vorteile durch die private Nutzung eines überlassenen betrieblichen Kraftfahrzeugs (der Nutzungswert), der Wert für unentgeltlich oder verbilligt erhaltene Mahlzeiten sowie für eine vom Arbeitgeber gestellte Unterkunft. 119

Zahlt der Arbeitgeber laufenden Arbeitslohn **im Voraus** oder im **Nachhinein** für einen im **Kalenderjahr** der Zahlung endenden Lohnzahlungszeitraum, so ist die Vorauszahlung oder Nachzahlung für die Berechnung der Lohnsteuer den Lohnzahlungszeiträumen zuzurechnen, für die sie geleistet werden (laufender Arbeitslohn). Die Voraus- oder Nachzahlung ist auf die Zahlungsmonate (Lohnzahlungszeiträume) zu **verteilen**, für die sie geleistet wird. Wird also im August Arbeitslohn für die Monate Januar bis April nachgezahlt, ist der Gesamtbetrag aufzuteilen, und die einzelnen Beträge dem jeweiligen Monat zuzuordnen. 120

121 **Beispiel zur Berechnung der Lohnsteuer bei Nachzahlungen:**

Ein Arbeitnehmer mit einem laufenden Bruttoarbeitslohn von 2 300 € monatlich erhält im September 2009 eine Nachzahlung von 400 € für die Monate Januar bis August.

Von dem Monatslohn von 2 300 € ist nach der maßgebenden Steuerklasse I eine Lohnsteuer von 327,08 € einzubehalten. Von dem um die anteilige Nachzahlung erhöhten Monatslohn (der Monate Januar bis August) von 2 350 € ist eine Lohnsteuer von 341,08 € einzubehalten. Auf die anteilige monatliche Nachzahlung von 50 € entfällt mithin eine Lohnsteuer von 14,— €. Dieser Betrag, vervielfacht mit der Zahl der in Betracht kommenden Monate, ergibt dann die Lohnsteuer für die Nachzahlung (14,— € x 8 = 112,— €); anzuwenden sind die für 2009 geänderten Tabellen mit dem neuen Lohnsteuertarif 2009.

Alternativ können Nachzahlungen und Vorauszahlungen aus Vereinfachungsgründen als sonstige Bezüge behandelt werden. In diesen Fällen hat der Arbeitgeber die Lohnsteuer im Lohnzahlungszeitraum des Zuflusses einzubehalten.

122 Von dem Grundsatz, bei jeder Lohnzahlung ist vom Arbeitslohn die Lohnsteuer einzubehalten, gibt es für **Abschlagszahlungen** eine Ausnahme. Leistet der Arbeitgeber zunächst Arbeitslohn für den üblichen Lohnzahlungszeitraum nur in ungefährer Höhe (Abschlagszahlung), und nimmt er die genaue Lohnabrechnung später für einen längeren Zeitraum vor, so braucht er die Lohnsteuer erst bei dieser Lohnabrechnung einzubehalten. Dieser gewählte Abrechnungszeitraum ist dann der Lohnzahlungszeitraum. Voraussetzung hierfür ist, dass der **Lohnabrechnungszeitraum fünf** Wochen nicht übersteigt und die **Lohnabrechnung** innerhalb von **drei** Wochen nach Ablauf des Lohnabrechnungszeitraums erfolgt. Lohnzahlungszeitraum und Lohnabrechnungszeitraum fallen insoweit auseinander. In diesen Fällen kann die Monatstabelle nur dann angewandt werden, wenn der Abrechnungszeitraum auch tatsächlich einen Monat umfasst. Ansonsten ist die Lohnsteuer nach der Tagestabelle zu berechnen.

123 Die **Lohnabrechnung** gilt als abgeschlossen, wenn der Zahlungsbeleg den Bereich des Arbeitgebers verlassen hat. Auf den zeitlichen Zufluss des Arbeitslohns beim Arbeitnehmer kommt es nicht an (→ Rz. C 110). Wird die Lohnabrechnung für den letzten Abrechnungszeitraum des abgelaufenen Kalenderjahres erst im **nachfolgenden** Kalenderjahr, aber noch innerhalb der Drei-Wochen-Frist (→ Rz. C 116) vorgenommen, so handelt es sich um Arbeitslohn und einbehaltene Lohnsteuer dieses Lohnabrechnungszeitraums (→ Rz. C 122). Dieser Arbeitslohn und die darauf entfallende Lohnsteuer sind deshalb im Lohnkonto und in der Lohnsteuerbescheinigung des abgelaufenen Kalenderjahres zu erfassen (→ Rz. C 89, 92). Die einbehaltene **Lohnsteuer** ist aber für die Anmeldung und Abführung an das Finanzamt als Lohnsteuer des Kalendermonats bzw. Kalendervierteljahres (Lohnsteuer-Anmeldungszeitraum) zu erfassen, in dem die Lohnabrechnung tatsächlich vorgenommen wird (mit Beendigung des Lohnabrechnungszeitraums).

Beispiele zum Zeitpunkt des Lohnsteuereinbehalts bei Abschlagszahlungen:

1. Ein Arbeitgeber mit kalendermonatlichen Abrechnungszeiträumen leistet jeweils am 20. eines Monats eine Abschlagszahlung. Die Lohnabrechnung wird am 10. des folgenden Monats mit der Auszahlung von Spitzenbeträgen vorgenommen.

   Der Arbeitgeber ist berechtigt, auf den Lohnsteuereinbehalt bei Zahlung des Abschlags zu verzichten und die Lohnsteuer erst bei der Schlussabrechnung einzubehalten.
2. Ein Arbeitgeber mit kalendermonatlichen Abrechnungszeiträumen leistet jeweils am 28. für den laufenden Monat eine Abschlagszahlung und nimmt die Lohnabrechnung am 28. des folgenden Monats vor.

   Die Lohnsteuer ist bereits von der Abschlagszahlung einzubehalten, da die Abrechnung nicht innerhalb von drei Wochen nach Ablauf des Lohnabrechnungszeitraums erfolgt.
3. Auf den Arbeitslohn für Dezember werden Abschlagszahlungen geleistet. Die Lohnabrechnung erfolgt am 15. Januar des folgenden Jahres.

   Der Lohnzahlungszeitraum ist der Kalendermonat, die Lohnabrechnung erfolgt innerhalb von drei Wochen nach Ablauf des Lohnzahlungszeitraums. Die einzubehaltende Lohnsteuer ist spätestens am 10. Februar als Lohnsteuer des Monats Januar anzumelden und abzuführen (bei monatlichem Lohnsteuer-Anmeldungszeitraum). Sie gehört gleichwohl zum Arbeitslohn des abgelaufenen Kalenderjahres und ist in die Lohnsteuerbescheinigung für das abgelaufene Kalenderjahr aufzunehmen.

Entsprechend der üblichen Lohnzahlungszeiträume gibt der Verlag **Tabellen** zur Ermittlung der Lohnsteuer vom **Monatslohn** und **Tageslohn** heraus. Bei nicht monatlicher Beschäftigung ist für die Lohnsteuerermittlung die Tageslohnsteuer-Tabelle entsprechend der Beschäftigungsdauer anzuwenden.

Neben dieser Lohnsteuerermittlung nach den Lohnzahlungs- 124
zeiträumen kann der Arbeitgeber die Lohnsteuer auch durch einen **permanenten Lohnsteuer-Jahresausgleich** ermitteln.

3. Sonstige Bezüge

a) Begriff

Sonstige Bezüge sind solche dem Arbeitnehmer aus einem 125
Dienstverhältnis zufließende Lohnteile, die nicht zum laufenden Arbeitslohn rechnen. Sonstige Bezüge werden dem Arbeitnehmer demnach nicht regelmäßig oder laufend gezahlt, sondern nur einmalig oder wenige Male im Kalenderjahr. Dies sind z. B.

- das dreizehnte und vierzehnte Monatsgehalt,
- Urlaubs- und Weihnachtsgeld,
- nicht fortlaufend gezahlte Gratifikationen und Tantiemen,
- Vergütungen für Erfindungen,
- Jubiläumszuwendungen sowie
- nur einmalig gezahlte Abfindungen und Entschädigungen.

Auch Nachzahlungen und Vorauszahlungen des Arbeitslohns rechnen dazu, wenn sich der Gesamtbetrag oder ein Teilbetrag der Nachzahlung oder der Vorauszahlung auf solche Lohnzahlungszeiträume bezieht, die in einem anderen Jahr als dem der Zahlung enden. Nachzahlungen in diesem Sinne liegen auch dann vor, wenn Arbeitslohn für Lohnzahlungszeiträume des abgelaufenen Kalenderjahres später als drei Wochen nach Ablauf dieses Jahres zufließt.

Die zeitliche Zuordnung der sonstigen Bezüge für den Lohn- 126
steuereinbehalt richtet sich ausschließlich nach dem **Zuflussprinzip** des § 11 EStG (→ Rz. C 110). Werden sonstige Bezüge und laufender Arbeitslohn zusammen ausgezahlt, müssen die Beträge auseinander gerechnet und entsprechend – ggf. dem jeweiligen Kalenderjahr – zugeordnet werden.

b) Lohnsteuerermittlung

Für sonstige Bezüge ist die Lohnsteuer stets zu dem Zeit- 127
punkt einzubehalten, an dem der Arbeitslohnteil dem Arbeitnehmer zufließt. Der sonstige Bezug erhöht bei Zahlung also den Arbeitslohn des Lohnzahlungszeitraums. Die Sonderregelung für neben dem laufenden Arbeitslohn gezahlte sonstige Bezüge bis zu 150 € im Lohnzahlungszeitraum ist seit dem Kalenderjahr 2004 aufgehoben. Für die Lohnsteuer-

ermittlung sind die auf der Lohnsteuerkarte eingetragenen Merkmale maßgebend, die für den Tag des **Lohnzuflusses** gelten.

128 Für sonstige Bezüge ist die **Lohnsteuer** nach einem besonderen gesetzlich vorgeschriebenen Verfahren zu ermitteln (§ 39b Abs. 3 EStG). Dazu wird zunächst die Jahreslohnsteuer für den **Jahresarbeitslohn** ohne sonstigen Bezug berechnet und anschließend die sich für den Jahresarbeitslohn einschließlich des sonstigen Bezugs ergebende Jahreslohnsteuer. Die **Differenz** beider Steuerbeträge ist die Lohnsteuer, die für den sonstigen Bezug einzubehalten ist. Danach erfolgt die Berechnung der Lohnsteuer in drei Schritten.

129 **1. Schritt**

Zunächst hat der Arbeitgeber den **voraussichtlichen Jahresarbeitslohn** des Arbeitnehmers ohne sonstigen Bezug und die darauf entfallende Lohnsteuer zu ermitteln. Bei der Ermittlung des voraussichtlichen Jahresarbeitslohns sind auch zuvor gezahlte sonstige Bezüge im Kalenderjahr zu berücksichtigen. Deshalb ist der laufende Arbeitslohn für die im Kalenderjahr bereits abgelaufenen Lohnzahlungszeiträume und die im Kalenderjahr bereits gezahlten sonstigen Bezüge mit dem Betrag **zusammenzurechnen**, der voraussichtlich als laufender Arbeitslohn für die verbleibenden Monate des Kalenderjahres gezahlt werden wird. **Künftige sonstige Bezüge**, die bis zum Jahresende noch erwartet werden, z. B. das 13. oder 14. Monatsgehalt oder Weihnachtsgeld, sind bei der Feststellung des voraussichtlichen Jahresarbeitslohns **nicht** zu berücksichtigen. Zu Besonderheiten für Zahlungen nach **Beendigung** des Dienstverhältnisses → Rz. C 135 ff. Liegen die Lohnsteuerbescheinigungen früherer Arbeitgeber auf Grund der elektronisch übermittelten Lohnsteuerbescheinigung (→ Rz. C 89) nicht vor, ist bei der Ermittlung des voraussichtlichen Jahresarbeitslohns der Arbeitslohn für Beschäftigungszeiten bei früheren Arbeitgebern mit dem Betrag anzusetzen, der sich ergibt, wenn der laufende Arbeitslohn im Monat der Zahlung des sonstigen Bezugs entsprechend der Beschäftigungsdauer bei früheren Arbietgebern hochgerechnet wird (§ 39b Abs. 3 Satz 2 EStG).

Beispiel zur Ermittlung des Arbeitslohns:

Am 4. 12. 2009 wird ein sonstiger Bezug gezahlt; der laufende Arbeitslohn im Dezember beträgt 3 500 €. Der Arbeitnehmer war vom 1. 1. 2009 bis 31. 5. 2009 bei einem anderen Arbeitgeber beschäftigt; der dort bezogene Arbeitslohn ist nicht bekannt.

Für die Monate Januar bis Mai 2009 ist der im Dezember gezahlte laufende Arbeitslohn i. H. v. 3 500 € anzusetzen, also 3 500 € × 5 = 17 500 €.

Im Regelfall dürfte der Ansatz des **hochzurechnenden Arbeitslohns** unproblematisch sein. Es stellt sich jedoch die Frage, ob der aktuelle Arbeitslohn auch dann anzusetzen ist, wenn er erkennbar niedriger ist als der zuvor bezogene Arbeitslohn, z. B. durch aktuelle Fehlzeiten, Krankheit oder Teilzeitbeschäftigung. Weil auch in den Lohnsteuer-Richtlinien diese Sonderfälle nicht angesprochen sind, ist für die Monate der Vorbeschäftigung der im Monat der Zahlung des sonstigen Bezugs zufließende laufende Arbeitslohn anzusetzen (§ 39b Abs. 3 Satz 2 EStG, H 39b.6 LStH). Weist der Arbeitnehmer Zeiten mit Arbeitslosigkeit nach, wird dafür kein fiktiver Arbeitslohn angesetzt. Ein unzutreffender Lohnsteuereinbehalt kann im Rahmen einer Einkommensteuerveranlagung korrigiert werden, da der Arbeitnehmer in Fällen der Hochrechnung des Arbeitslohns zur Abgabe einer Einkommensteuererklärung verpflichtet ist (§ 46 Abs. 2 Nr. 5a EStG). Hat der Arbeitnehmer den **früher bezogenen Arbeitslohn** mitgeteilt, ist dieser für die Ermittlung des voraussichtlichen Jahresarbeitslohns maßgebend. War der Arbeitnehmer zuvor **nicht beschäftigt**, z. B. wegen Studiums oder Schulausbildung, bleiben diese Zeiten unberücksichtigt (keine frühere Beschäftigung). Hat der frühere Arbeitgeber die Lohnsteuer nicht maschinell ermittelt, ist der auf der Lohnsteuerkarte eingetragene Arbeitslohn (wie bisher) anzusetzen.

Anschließend sind die lohnsteuerlich abziehbaren Beträge wie der Versorgungsfreibetrag, der Zuschlag zum Versorgungsfreibetrag, der Altersentlastungsbetrag und der auf der Lohnsteuerkarte eingetragene Jahresfreibetrag festzustellen und von dem voraussichtlichen Jahresarbeitslohn **abzuziehen**. Ein eventueller Hinzurechnungsbetrag (laut Lohnsteuerkarte) ist ebenfalls zu berücksichtigen und dem voraussichtlichen Jahresarbeitslohn **hinzuzurechnen**. Der sich so ergebende Betrag ist der **maßgebende Jahresarbeitslohn**.

Statt der Prognose, welchen Arbeitslohn der Arbeitnehmer im Kalenderjahr noch erhalten wird, kann der voraussichtlich im Kalenderjahr noch zu zahlende laufende Arbeitslohn durch die Umrechnung des bisher zugeflossenen laufenden Arbeitslohns berechnet werden. Hierbei ist zu beachten, dass seit dem Kalenderjahr 2004 sonstige Bezüge bis zu 150 € nicht mehr als laufender Arbeitslohn behandelt werden.

Bereits im Kalenderjahr gezahlte ermäßigt besteuerte sonstige Bezüge wie Entlassungsentschädigungen, Entschädigungen und Vergütungen für eine mehrjährige Tätigkeit (i. S. d. § 34 Abs. 1 und 2 Nr. 2 und 4 EStG) sind nur mit einem Fünftel des Gesamtbetrags anzusetzen (→ Rz. C 141 ff.).

2. Schritt 130

Für den so berechneten **maßgebenden Jahresarbeitslohn** hat der Arbeitgeber die Jahreslohnsteuer aus der Allgemeinen oder Besonderen Tabelle (→ Rz. A 5 ff.) für sonstige Bezüge abzulesen. Dabei ist die auf der Lohnsteuerkarte eingetragene Steuerklasse maßgebend.

Anschließend ist die Jahreslohnsteuer für den maßgebenden Jahresarbeitslohn **zuzüglich** des sonstigen Bezugs festzustellen.

3. Schritt 131

Der **Differenzbetrag** zwischen der Lohnsteuer für den maßgebenden Jahresarbeitslohn mit dem sonstigen Bezug und der Lohnsteuer für den maßgebenden Jahresarbeitslohn ohne den sonstigen Bezug ist die für den sonstigen Bezug einzubehaltende Lohnsteuer. Des Weiteren sind im Lohnsteuerabzugs-Verfahren auch der Solidaritätszuschlag und die Kirchensteuer von sonstigen Bezügen zu erheben (Einzelheiten hierzu → Rz. D 1 ff., → Rz. E 1 ff.).

Beispiel zur Lohnsteuerermittlung:

Der Arbeitgeber A zahlt einem rentenversicherungspflichtigen Arbeitnehmer (AN) mit der Steuerklasse I im August 2009 einen sonstigen Bezug von 2 500 €. Aus der Lohnsteuerkarte bzw. dem (freiwillig) vorgelegten Ausdruck der elektronischen Lohnsteuerbescheinigungen des AN ergeben sich folgende Eintragungen:

1. Dienstverhältnis vom 1. Januar bis 31. Mai bei Arbeitgeber B, Arbeitslohn 15 000 €;
2. Dienstverhältnis vom 1. Juni bis 30. Juni bei Arbeitgeber C, Arbeitslohn 3 500 €.

Das Dienstverhältnis bei Arbeitgeber A besteht ab 1. Juli. Für den Monat Juli und die späteren Monate wird jeweils ein Gehalt von 3 500 € gezahlt. Außerdem erhält der Arbeitnehmer im Dezember ein 13. Monatsgehalt.

Die Lohnsteuer für den sonstigen Bezug von 2 500 € im Monat August errechnet sich wie folgt:

Arbeitslohn vom 1. 1.–31. 5.	15 000 €
Arbeitslohn vom 1. 6.–30. 6.	3 500 €
Arbeitslohn vom 1. 7.–31. 12.	21 000 €

das 13. Monatsgehalt ist ein künftiger sonstiger Bezug und deshalb nicht anzusetzen		0 €
voraussichtlicher Jahresarbeitslohn		39 500 €
Bemessungsgrundlage I (= maßgebender Jahresarbeitslohn ohne sonstigen Bezug)		39 500 €
zzgl. sonstiger Bezug		2 500 €
Bemessungsgrundlage II (= maßgebender Jahresarbeitslohn + sonstiger Bezug)		42 000 €
Lohnsteuer nach Steuerklasse I der Allgemeinen Tabelle **„Sonstige Bezüge"**		
	Lohnsteuer	**SolZ**
für 42 000 € (Bemessungsgrundlage II)	8 393 €	461,61 €
für 39 500 € (Bemessungsgrundlage I)	./. 7 554 €	./. 415,47 €
Lohnsteuer für den sonstigen Bezug	839 €	
Solidaritätszuschlag (SolZ) für den sonstigen Bezug		46,14 €

Anmerkung: Ist der Arbeitslohn der Vorarbeitgeber nicht bekannt, z. B. weil der Arbeitnehmer den Ausdruck der elektronischen Lohnsteuerbescheinigungen nicht vorgelegt hat, ist dieser Betrag seit dem Kalenderjahr 2005 „hochzurechnen". Basis ist der aktuelle Monatslohn bei Zahlung des sonstigen Bezugs; im Beispielsfall wären anzusetzen: 3 500 € × 6 = 21 000 €

c) Höhe der Lohnsteuer

132 Der Lohnsteuerabzug für den sonstigen Bezug wird regelmäßig als sehr hoch kritisiert. Weshalb ergibt sich ein solch relativ hoher Abzugsbetrag, weshalb liegt der prozentuale (Lohnsteuer-)Satz über dem des laufenden Arbeitslohns? Ursache dafür ist der **progressiv** ansteigende **Einkommensteuertarif** (→ Rz. A 21 f.), der Grundlage für die Lohnsteuerermittlung ist, sowie die **abweichende** Lohnsteuerermittlung für laufenden Arbeitslohn und für sonstige Bezüge (→ Rz. C 115, C 127 ff.). Die Lohnsteuerberechnung für den laufenden Arbeitslohn unterstellt, dass ein solch hoher Arbeitslohn zwölfmal im Kalenderjahr bezogen wird, zudem werden die anzusetzenden Grund- und Freibeträge anteilig steuermindernd berücksichtigt (z. B. der Grundfreibetrag, Arbeitnehmer-Pauschbetrag für Werbungskosten und die Vorsorgepauschale für begrenzt abzugsfähige Sonderausgaben). Hierdurch erscheint der Steuersatz regelmäßig als niedrig. Hingegen ist für einen sonstigen Bezug die besondere Lohnsteuerermittlungsvorschrift (→ Rz. C 127 ff.) maßgebend. Für solche Arbeitslohnteile wird die Lohnsteuer nicht nach der Monatslohnsteuer-Tabelle, sondern nach dem Jahresbetrag (siehe die vom Verlag herausgegebene Lohnsteuer-Tabelle „Sonstige Bezüge") ermittelt. Durch dieses Berechnungsverfahren ist sichergestellt, dass die dem Arbeitnehmer zustehenden Frei- und Pauschbeträge – soweit möglich – bereits bei der Besteuerung des laufenden Arbeitslohns – also monatlich – ausgeschöpft werden. Der sonstige Bezug wird auf den Jahresarbeitslohn hingegen „aufgesattelt", Freibeträge werden regelmäßig nicht mehr berücksichtigt. Dies führt i. d. R. zu einer Besteuerung mit einem hohen progressiven Steuersatz. Demgemäß unterliegen die sonstigen Bezüge einer höheren durchschnittlichen Steuerbelastung als der laufende Arbeitslohn. Bezogen auf den **Jahresarbeitslohn** wird jedoch unabhängig vom Verhältnis des laufenden Arbeitslohns zu den sonstigen Bezügen regelmäßig die zutreffende Jahreslohnsteuer erhoben.

Seit dem Kalenderjahr 2004 ist auch ein **Dritter**, der unmittelbar gegen sich gerichtete tarifvertragliche Arbeitslohnansprüche in Geld erfüllt, zum **Lohnsteuerabzug** verpflichtet. Damit wird für Sonderfälle die Steuerabzugsverpflichtung eingeführt, in denen z. B. ein drittes Unternehmen zentral tarifliche Teilleistungen zahlt, die Arbeitslohn (aus gegenwärtigen oder früheren Dienstverhältnissen bei zahlreichen Arbeitgebern) sind (z. B. Sozialkassen des Baugewerbes). Dieser Dritte kann die Lohnsteuer für sonstige Bezüge mit einem festen Steuersatz von 20 % erheben. Voraussetzung ist, dass der von dem Dritten für den Arbeitnehmer gezahlte Jahresarbeitslohn einschließlich des sonstigen Bezugs 10 000 € nicht übersteigt (§ 39c Abs. 5 EStG). Der gezahlte Betrag wird im Rahmen einer Einkommensteuerveranlagung als Einnahmen angesetzt, die einbehaltene Steuer (20 %) wird auf die Einkommensteuerschuld angerechnet.

d) Besonderheiten bei der Lohnsteuerermittlung von sonstigen Bezügen

aa) Besonderheiten bei Jahresfreibeträgen

Der Arbeitgeber hat bei der Lohnsteuerermittlung einen auf der Lohnsteuerkarte eingetragenen **Jahresfreibetrag** stets zu berücksichtigen. Ist der voraussichtliche Jahresarbeitslohn geringer als der auf der Lohnsteuerkarte eingetragene Jahresfreibetrag, ergibt sich ein **negativer** maßgebender Arbeitslohn (§ 39b Abs. 3 Satz 3 und 4 EStG), der mit dem sonstigen Bezug zu verrechnen ist (R 39b.6 Abs. 1 Satz 3 LStR). Dieser Betrag mindert den anzusetzenden sonstigen Bezug. Ebenso ist zu verfahren für verbleibende, also beim voraussichtlichen Jahresarbeitslohn nicht berücksichtigte Teile des Versorgungsfreibetrags, des maßgebenden Zuschlags zum Versorgungsfreibetrag und des Altersentlastungsbetrags. Auch diese Beträge sind von den steuerpflichtigen sonstigen Bezügen abzuziehen, soweit sie beim angesetzten voraussichtlichen Jahresarbeitslohn nicht berücksichtigt werden konnten. 133

Eine Kürzung um die vorgenannten Beträge kommt jedoch nicht in Betracht, wenn es sich um einen sonstigen Bezug handelt, für den die Lohnsteuer nach der **Fünftelungsregelung** (→ Rz. C 141 ff.) berechnet wird. Dies sind Vergütungen für eine mehrjährige Tätigkeit und Entlassungsgelder bzw. -entschädigungen (§ 39b Abs. 3 Satz 6 EStG). 134

Beispiel zur Lohnsteuerermittlung:

Ein Arbeitgeber zahlt im April 2009 einem 65-jährigen Arbeitnehmer mit der Steuerklasse I einen sonstigen Bezug (Umsatzprovision für das vorangegangene Kalenderjahr) i. H. v. 2 500 €. Der Arbeitnehmer ist am 28. 2. 2009 in den Ruhestand getreten. Der Arbeitslohn betrug bis dahin monatlich 3 500 €. Seit dem 1. 3. 2009 erhält der Arbeitnehmer neben dem Altersruhegeld aus der gesetzlichen Rentenversicherung Versorgungsbezüge i. S. d. § 19 Abs. 2 EStG von monatlich 900 €. Der Arbeitnehmer ist damit einverstanden, dass zur Vermeidung etwaiger späterer Nachzahlungen die Lohnsteuer nach der Besonderen Tabelle „Sonstige Bezüge" erhoben wird.

Der maßgebende Jahresarbeitslohn, der zu versteuernde Teil des sonstigen Bezugs und die einzubehaltende Lohnsteuer sind wie folgt zu ermitteln:

1. Arbeitslohn für die Zeit vom 1. 1. bis 28. 2. 2009 (2 x 3 500 € =) 7 000 €
   Versorgungsbezüge (beginnend ab dem 1. 3. 2009 werden voraussichtlich gezahlt (10 x 900 € =) 9 000 €
   voraussichtlicher Jahresarbeitslohn 16 000 €
2. Vom voraussichtlichen Jahresarbeitslohn sind folgende Beträge abzuziehen:
   a) der zeitanteilige Versorgungsfreibetrag i. H. v. 33,6 % der im voraussichtlichen Jahresarbeitslohn enthaltenen Versorgungsbezüge, höchstens 2 520 €,

und der zeitanteilige Zuschlag zum Versorgungsfreibetrag, höchstens 756 €, 33,6 % von 10 800 €[1]) = 3 623 €, höchstens	2 520 €	
zuzüglich 756 €	756 €	
	3 276 €	
davon 10/12	2 730 €	
b) der Altersentlastungsbetrag i. H. v. 33,6 % des voraussichtlichen Jahresarbeitslohns ohne die Versorgungsbezüge, höchstens 1 546 €, unabhängig von der Höhe des bisher berücksichtigten Betrags (33,6 % von 7 000 €, höchstens)	1 546 €	
Gesamtabzugsbetrag somit		4 276 €
3. **Bemessungsgrundlage I** (= maßgebender Jahresarbeitslohn ohne sonstigen Bezug) 16 000 € ./. 4 276 € =		11 724 €
4. Sonstiger Bezug	2 500 €	
abzgl. Altersentlastungsbetrag i. H. v. 33,6 %, höchstens jedoch der Betrag, um den der Jahreshöchstbetrag von 1 546 € den bei der Ermittlung des maßgebenden Jahresarbeitslohns abgezogenen Betrag überschreitet (33,6 % von 7 000 €, höchstens 1 546 € abzüglich 1 546 €), mithin	./. 0 €	
zu versteuernder Teil des sonstigen Bezugs		2 500 €
Bemessungsgrundlage II (= maßgebender Jahresarbeitslohn zzgl. sonstiger Bezug) 11 724 € + 2 500 € =		14 224 €

Lohnsteuer nach Steuerklasse I der Besonderen Tabelle „**Sonstige Bezüge**"

	Lohnsteuer	SolZ
für 14 224 € (Bemessungsgrundlage II)	494,— €	0,— €
für 11 724 € (Bemessungsgrundlage I)	./. 85,— €	./. 0,— €
Lohnsteuer für den sonstigen Bezug	409,— €	
Solidaritätszuschlag (SolZ) für den sonstigen Bezug		0,— €

bb) Ausscheiden aus dem Dienstverhältnis

135 Ist der Arbeitnehmer bei Zahlung des sonstigen Bezugs nicht mehr beim Arbeitgeber beschäftigt, wird für die Lohnsteuerberechnung des sonstigen Bezugs dennoch eine Lohnsteuerkarte benötigt. Deshalb ist zu unterscheiden, ob der Arbeitnehmer beim Zufluss des sonstigen Bezugs nicht mehr arbeitet oder ob er bei einem anderen Arbeitgeber in einem Dienstverhältnis steht.

- **Keine weitere Beschäftigung**

136 Ist der Arbeitnehmer zum Zahlungszeitpunkt nicht bei einem anderen Arbeitgeber beschäftigt, so hat er dem früheren Arbeitgeber die erste Lohnsteuerkarte vorzulegen. In diesem Fall erfolgt die Lohnsteuerermittlung für den sonstigen Bezug nach den Merkmalen dieser Lohnsteuerkarte und den allgemeinen Regelungen. Der voraussichtliche Jahresarbeitslohn ist dann auf Grund der Angaben des Arbeitnehmers zu ermitteln. Macht der Arbeitnehmer keine Angaben, ist der beim bisherigen Arbeitgeber ggf. zugeflossene Arbeitslohn auf einen Jahresbetrag hochzurechnen.

137 Die zuvor beschriebene Hochrechnung ist nicht erforderlich, wenn mit dem Zufließen von weiterem Arbeitslohn im Laufe des Kalenderjahres, z. B. wegen Alters oder Erwerbsunfähigkeit des Arbeitnehmers, nicht zu rechnen ist.

138 Ist – in einem Ausnahmefall – aber gleichwohl anzunehmen, dass dem Arbeitnehmer künftig Arbeitslohn in nicht unerheblichem Umfang (also ein größerer Betrag) zufließen wird, so ist der voraussichtliche Jahresarbeitslohn zu schätzen. Diese Schätzung bzw. Berechnung ist im Lohnkonto (Lohnunterlagen) zu dokumentieren.

1) Maßgebend ist der erste Versorgungsbezug: 900 € x 12 Monate ergibt 10 800 € als Bemessungsgrundlage.

- **Weiteres Beschäftigungsverhältnis**

Bezieht der Arbeitnehmer im Zeitpunkt der Zahlung des sonstigen Bezugs von einem anderen Arbeitgeber Arbeitslohn, so hat er seinem früheren Arbeitgeber für die Besteuerung des sonstigen Bezugs eine zweite oder weitere Lohnsteuerkarte mit der Steuerklasse VI vorzulegen. In diesen Fällen hat der Arbeitgeber den voraussichtlichen Jahresarbeitslohn des Arbeitnehmers nicht zu berücksichtigen. Die Lohnsteuer ist allein für den sonstigen Bezug nach der Jahreslohnsteuer-Tabelle zu ermitteln. 139

Legt der Arbeitnehmer keine Lohnsteuerkarte vor, ist die Lohnsteuer für den sonstigen Bezug ebenfalls nach der Steuerklasse VI zu ermitteln (wegen schuldhafter Nichtvorlage der Lohnsteuerkarte). In diesem Fall hat der Arbeitgeber jedoch eine besondere Lohnsteuerbescheinigung (→ Rz. 92) auszustellen, falls er nicht zur elektronischen Übermittlung verpflichtet ist. 140

e) Ermäßigter Steuersatz bei Bezügen für Entschädigungen und eine mehrjährige Tätigkeit

aa) Fünftelungsregelung

Sonstige Bezüge sind für die Lohnsteuerermittlung grundsätzlich in Höhe des zugeflossenen Betrags anzusetzen, und zwar unabhängig davon, ob sie zum laufenden Kalenderjahr (Zahlungsjahr) oder ob sie zu mehreren Kalenderjahren gehören. Diese Besteuerung bei Zufluss kann mitunter zu einer erhöhten Steuerbelastung führen. Denn es ergäbe sich z. B. regelmäßig eine niedrigere Steuer, wenn der Arbeitgeber eine Jubiläumszahlung über mehrere Kalenderjahre verteilt auszahlt an Stelle des Einmalbetrags (gleich bleibenden Jahresarbeitslohn unterstellt). Um für Einmalzahlungen eine überhöhte Steuerbelastung zu vermeiden, sieht das Einkommensteuergesetz die Steuerberechnung nach der sog. Fünftelungsregelung vor (§ 34 Abs. 1 EStG), die auch im Lohnsteuerabzugs-Verfahren zu berücksichtigen ist (§ 39b Abs. 3 Satz 9 EStG). Diese Fünftelungsregelung kommt in Betracht für Entschädigungen und Vergütungen für eine mehrjährige Tätigkeit (z. B. für den steuerpflichtigen Teil einer **Entlassungsabfindung** oder für eine **Jubiläumszuwendung**). Eine Tätigkeit ist dann „mehrjährig", wenn sie sich über zwei Kalenderjahre (Veranlagungszeiträume) erstreckt; auf die Dauer, z. B. mindestens zwölf Monate, kommt es nicht an. 141

Bei einer (Entlassungs-)**Abfindung** ist jedoch weitere Voraussetzung, dass die Zahlung des steuerpflichtigen Teils als Einmalbetrag beim Arbeitnehmer zu einer Zusammenballung von Einkünften führt. **Zusammenballung** bedeutet: Die (steuerpflichtige) Abfindung/Entschädigung fließt in einem Kalenderjahr zu und dieser Betrag übersteigt den Arbeitslohn, den der Arbeitnehmer ansonsten (bei ungestörter Fortsetzung des Dienstverhältnisses) im Kalenderjahr bekommen hätte. Übersteigt die Abfindung/Entschädigung den bis zum Jahresende wegfallenden Arbeitslohn nicht, ist eine weitere Prüfung erforderlich. Dazu ist die Abfindung/Entschädigung mit dem im Kalenderjahr bezogenen und dem voraussichtlich noch zu zahlenden Arbeitslohn zusammenzurechnen. Liegt der so ermittelte Betrag über dem Jahresarbeitslohn, den der Arbeitnehmer bei ungestörter Fortsetzung des Dienstverhältnisses insgesamt bezogen hätte, liegt ebenfalls ein Zusammenballung i. S. d. § 34 EStG vor. Weil der Jahresarbeitslohn bei vorzeitiger Beendigung des Dienstverhältnisses 142 regelmäßig unbekannt ist, wird der Jahresarbeitslohn des Vorjahres herangezogen. Weitere Erläuterungen zur Frage, unter welchen Voraussetzungen der Arbeitgeber bei Entlassungsentschädigungen eine Zusammenballung annehmen kann, sowie zur Berücksichtigung einer lebenslangen Betriebsrente und späteren Zahlungen aus Gründen der sozialen Fürsorge, enthält das BMF-Schreiben v. 24. 5. 2004, BStBl I 2004 S. 505 (mit Berichtigung auf S. 633).

143 Wie ist die Lohnsteuer nach der Fünftelungsregelung zu berechnen? Bei der Fünftelungsregelung ist der sonstige Bezug mit einem Fünftel des steuerpflichtigen Gesamtbetrags anzusetzen. Für dieses Fünftel ist die Lohnsteuer nach den Regeln für sonstige Bezüge zu ermitteln (→ Rz. C 128 ff.). Dieser Lohnsteuerbetrag ist mit fünf zu multiplizieren, so dass der fünffache Steuerbetrag der auf das Arbeitslohn-Fünftel entfallenden Lohnsteuer einzubehalten ist. Ergibt sich ein **negativer** anzusetzender maßgebender Jahresarbeitslohn, ist seit dem Kalenderjahr 2004 zunächst der volle sonstige Bezug hinzuzurechnen. Der so erhöhte (und deshalb regelmäßig positive) Arbeitslohn wird durch fünf geteilt, die Lohnsteuer dafür berechnet und mit fünf vervielfacht.

144 Bei **Jubiläumszuwendungen** ist die Fünftelungsregelung stets dann – also ohne weitere Prüfung einer Zusammenballung – anzuwenden, wenn der Arbeitnehmer voraussichtlich nicht vor dem Ende des Kalenderjahres aus dem Dienstverhältnis ausscheidet.

145 **Vergleichsrechnung, Ansatz des niedrigeren Lohnsteuerbetrags**

Die Fünftelungsregelung kann bei niedrigen sonstigen Bezügen mitunter zu einer höheren Lohnsteuer führen als die Regelbesteuerung mit dem vollen Betrag (als sonstiger Bezug). Weil die Lohnsteuer nach dem Gesetzeswortlaut jedoch zu ermäßigen ist, darf nach Auffassung der Finanzverwaltung der Arbeitgeber die Fünftelungsregelung in diesen Fällen nicht anwenden. Um den niedrigsten Lohnsteuerabzug vorzunehmen, hat der Arbeitgeber eine Vergleichsrechnung durchzuführen. Dazu ist zunächst die Lohnsteuer nach der Fünftelungsregelung und anschließend ohne diese Sonderregelung zu ermitteln. Anzusetzen ist der niedrigere Lohnsteuerbetrag. Entsprechend dem so gefundenen Ergebnis ist der sonstige Bezug auf der Lohnsteuerkarte oder der (Besonderen) Lohnsteuerbescheinigung entweder als (laufender) Bruttoarbeitslohn im Eintragungsfeld Nr. 3 auszuweisen oder als ermäßigt besteuerter Arbeitslohn für mehrere Kalenderjahre bzw. ermäßigt besteuerte Entschädigungen im Eintragungsfeld Nr. 10. Bei elektronischer Übermittlung der Lohnsteuerbescheinigung sind die Beträge in den Datensatz aufzunehmen und auf dem für den Arbeitnehmer bestimmten Ausdruck (nach amtlichem Muster) auszuweisen. Details zur Günstigerprüfung enthält das BMF-Schreiben v. 10. 1. 2000, BStBl I 2000 S. 138 (siehe auch H 39b.6 LStH).

146 Kann der Arbeitgeber die Voraussetzungen für die **Zusammenballung** des Arbeitslohns im Kalenderjahr nicht feststellen, so ist die Lohnsteuer vom sonstigen Bezug ohne Fünftelungsregelung zu ermitteln. In diesen Fällen kann der Arbeitnehmer die Anwendung der Fünftelungsregelung im Rahmen einer Einkommensteuerveranlagung beim Finanzamt beantragen. In diesem Fall prüft das Finanzamt stets die günstigste Besteuerungsform.

147 Hat der Arbeitgeber von einem sonstigen Bezug die ermäßigte Lohnsteuer einbehalten, ist der Arbeitnehmer verpflichtet, eine Einkommensteuererklärung abzugeben.

148 Bei **beschränkt** einkommensteuerpflichtigen Arbeitnehmern ist nun ebenfalls der ermäßigte Steuersatz nach § 34 EStG anzuwenden. Haben Staatsangehörige eines EU/EWR-Mitgliedstaats dort ihren Wohnsitz/Aufenthalt, gilt dies auch rückwirkend.

bb) Ermittlung des Vorwegabzugsbetrags bei der Fünftelungsregelung – Vorsorgepauschale

Die als Sonderausgaben (→ Rz. B 88 ff.) beschränkt abzugsfähigen Vorsorgeaufwendungen (z. B. Beiträge zu Kranken-, Pflege-, Unfall- und Haftpflichtversicherungen, zur gesetzlichen Rentenversicherung sowie zu Lebensversicherungen) werden beim Lohnsteuerabzug durch die allgemeine (ungekürzte) oder besondere (gekürzte) Vorsorgepauschale berücksichtigt (→ Rz. B 91). Die **Vorsorgepauschale** ist für die Steuerklassen I bis IV in die Lohnsteuer-Tabellen eingearbeitet und wird dort jeweils nur in der Höhe berücksichtigt, die dem Arbeitslohn der jeweiligen Tabellenstufe entspricht. Die Vorsorgepauschale wird nach festen Prozentsätzen vom Bruttolohn ermittelt und ist durch Höchstbeträge begrenzt. Dies zeigt, dass die **Fünftelungsregelung** sich auf die Ermittlung der Vorsorgepauschale sowie des Vorwegabzugs bei den Sonderausgaben auswirken kann. **149**

Weil nach dem gesetzlichen Berechnungsmodus bei Anwendung der Lohnsteuer-Tabelle nur ein Fünftel der außerordentlichen Einkünfte angesetzt wird, kann auch nur die diesem Arbeitslohn entsprechende Vorsorgepauschale berücksichtigt werden. Folglich ergibt sich in bestimmten Fällen ein etwas zu geringer Abzugsbetrag. Abweichend hiervon erfolgt die Berechnung im Rahmen der Einkommensteuerveranlagung. Dort werden für die Feststellung des Vorwegabzugsbetrags die außerordentlichen Einkünfte in voller Höhe als Einnahmen berücksichtigt, wodurch sich mitunter Abweichungen vom Lohnsteuerabzug ergeben können. **150**

Diese abweichende Berechnung der Vorsorgepauschale und des Vorwegabzugs ist bei Anwendung von **Lohnsteuer-Tabellen** unvermeidlich. In seltenen Fällen können sich auch geringfügige Abweichungen zu der maschinell berechneten Lohnsteuer – auch bei der Fünftelungsregelung – ergeben. Die zuvor beschriebenen Abweichungen sind auch möglich, wenn die Lohnsteuerberechnung von dem um einen persönlichen Freibetrag (lt. Lohnsteuerkarte) geminderten Arbeitslohn oder einem Hinzurechnungsbetrag (→ Rz. A 15) erhöhten Arbeitslohn vorzunehmen ist. **151**

Aus Gründen einer einheitlichen Lohnsteuerberechnung war in früheren Jahren die zutreffende Ermittlung der Vorsorgepauschale in dem amtlichen Programmablaufplan für die maschinelle Berechnung der Lohnsteuer nicht vorgesehen. Seit dem Kalenderjahr 2001 räumt das Einkommensteuergesetz jedoch der maschinellen Lohnsteuerberechnung den Vorrang ein. Deshalb können sich seit dem Kalenderjahr 2001 abweichende Lohnsteuerbeträge in Freibetrags- und Hinzurechnungsfällen ergeben (→ Rz. A 15). **152**

cc) Ermäßigte Steuersätze für sonstige Bezüge

Trifft ein „üblicher" sonstiger Bezug i. S. d. § 39b Abs. 3 Satz 1 bis 7 EStG (z. B. Urlaubs- oder Weihnachtsgeld) mit einem sonstigen Bezug i. S. d. § 39b Abs. 3 Satz 9 EStG (z. B. für eine mehrjährige Tätigkeit, Jubiläumszuwendungen, Entlassungsabfindungen und Entschädigungen) zusammen, so ist zunächst die Lohnsteuer für den üblichen sonstigen Bezug i. S. d. § 39b Abs. 3 Satz 1 bis 7 EStG und anschließend die Steuer für den anderen sonstigen Bezug zu ermitteln. **153**

Beispiel für Fünftelungsregelung:

Ein rentenversicherungspflichtiger Arbeitnehmer mit der Steuerklasse I erhält neben seinem laufenden Jahresarbeitslohn von 40 000 € im November 2009 ein Weihnachtsgeld von 3 000 € und daneben eine Jubiläumszuwendung i. H. v. 2 000 €, die nach § 39b Abs. 3 Satz 9 i. V. m. § 34 Abs. 1 und 2 Nr. 4 EStG zu besteuern ist.

Ermittlung der Lohnsteuer nach der Allgemeinen Tabelle **„Sonstige Bezüge"**:

	Arbeitslohn		Lohnsteuer
1. Jahresarbeitslohn	40 000 €		
zzgl. Weihnachtsgeld	3 000 €		
	43 000 €		
Lohnsteuer für den Jahresarbeitslohn zzgl. Weihnachtsgeld (43 000 €)		8 736 €	
Lohnsteuer für den Jahresarbeitslohn ohne Weihnachtsgeld (40 000 €)		./. 7 720 €	
Lohnsteuer für das Weihnachtsgeld			1 016 €
2. Jahresarbeitslohn zzgl. Weihnachtsgeld	43 000 €		
zzgl. 1/5 der Jubiläumszuwendung	400 €		
	43 400 €		
Lohnsteuer für Jahresarbeitslohn zzgl. Weihnachtsgeld und 1/5 der Jubiläumszuwendung		8 875 €	
Lohnsteuer für Jahresarbeitslohn zzgl. Weihnachtsgeld		./. 8 736 €	
Lohnsteuer für 1/5 der Jubiläumszuwendung		139 €	
anzusetzen ist das Fünffache dieses Betrags (139 € x 5 =)			695 €
3. Lohnsteuer insgesamt für die beiden sonstigen Bezüge			1 711 €

4. Nettoarbeitslohn

a) Nettolohnvereinbarung

154 Der Arbeitgeber kann mit dem Arbeitnehmer an Stelle eines Bruttolohns auch einen auszuzahlenden **Nettolohn** vereinbaren. In diesem Fall hat der Arbeitgeber die Lohnabzüge (Lohnsteuer, Kirchensteuer, Solidaritätszuschlag und ggf. den Arbeitnehmeranteil der Sozialversicherungsbeiträge) zu übernehmen. Bei solch einer Vereinbarung braucht sich der Arbeitnehmer die Steuerabzugsbeträge sowie die Sozialversicherungsbeiträge nicht anrechnen zu lassen. Eine Nettolohnvereinbarung muss aber arbeitsvertraglich eindeutig vereinbart sein. Der Hinweis des Arbeitgebers, dass bestimmte Arbeitslohnteile steuerfrei verbleiben, ist noch keine Nettolohnvereinbarung.

155 Bei einer Nettolohnvereinbarung sind lohnsteuerliche Besonderheiten zu beachten. Da der Arbeitgeber neben dem Nettolohn noch weitere Beträge (Lohnabzüge, Arbeitnehmerbeiträge zur Sozialversicherung) übernimmt, sind auch diese für die Bemessung der Lohnsteuer als Arbeitslohn zu berücksichtigen. Die Lohnsteuer ist folglich nicht für den Nettolohn, sondern auch von den übernommenen Beträgen zu ermitteln. Die gesetzlichen Arbeitgeberbeiträge zur Sozialversicherung sind jedoch auch bei diesen Vereinbarungen steuerfrei. Wie ist bei einer Nettolohnvereinbarung die Lohnsteuer zu berechnen?

b) Nettolohn als laufender Arbeitslohn

156 Weil der Arbeitgeber den steuerlichen Gesamtarbeitslohn zunächst noch nicht kennt, sind für die Lohnsteuerberechnung mehrere Arbeitsschritte erforderlich. Zunächst hat der Arbeitgeber für den vereinbarten Nettoarbeitslohn die darauf entfallenden Steuerbeträge zu ermitteln. Dafür maßgebend sind die Eintragungen auf der Lohnsteuerkarte des Arbeitnehmers (z. B. die Lohnsteuerklasse und Zahl der Kinder). Insoweit besteht kein Unterschied zur üblichen Lohnsteuerermittlung. Anschließend werden der Nettoarbeitslohn und die Steuerbeträge zusammengerechnet und ergeben so den Bruttoarbeitslohn. In weiteren Berechnungsschritten wird nun geprüft, ob die für den so ermittelten neuen (höheren) Bruttoarbeitslohn einzubehaltende Lohnsteuer mit der zuvor ermittelten Lohnsteuer übereinstimmt. Falls dies so ist, ist mit einer abschließenden Berechnung zu prüfen, ob sich aus dem gefundenen Bruttoarbeitslohn abzüglich der Steuerbeträge der vereinbarte Nettoarbeitslohn ergibt.

Bei dieser Berechnung sind aus Vereinfachungsgründen vor der Steuerberechnung vom Nettolohn der auf den Lohnzahlungszeitraum entfallende Anteil der Freibeträge für Versorgungsbezüge (Versorgungsfreibetrag, Zuschlag zum Versorgungsfreibetrag) und des Altersentlastungsbetrags abzuziehen, falls die Voraussetzungen für den Abzug dieser Beträge jeweils erfüllt sind. Im Anschluss daran ist ein auf der Lohnsteuerkarte eingetragener Freibetrag vom Nettolohn abzuziehen, ein Hinzurechnungsbetrag erhöht hingegen den vereinbarten Nettoarbeitslohn. Weil sich so der maßgebende Arbeitslohn und die Lohnsteuer durch ein „Herantasten" ergeben, wird diese Berechnungsmethode lohnsteuerlich **Abtastverfahren** genannt (R 39b.9 LStR). 157

c) Nettolohn als sonstiger Bezug

Mitunter möchte der Arbeitgeber Sonderzuwendungen (→ Rz. C 125 f.) als Nettobeträge auszahlen. Auch in diesen Fällen sind die auf den sonstigen Bezug entfallende Lohnsteuer, Kirchensteuer und der Solidaritätszuschlag ggf. einschließlich des Arbeitnehmeranteils an den Sozialversicherungsbeiträgen als zusätzlicher Arbeitslohn anzurechnen. Die Lohnsteuer für den sonstigen Bezug ist ebenfalls im sog. Abtastverfahren mit der Lohnsteuer-Tabelle „Sonstige Bezüge" zu ermitteln. Das Berechnungsschema zur Ermittlung der Steuerabzugsbeträge gleicht dem für laufenden Arbeitslohn. 158

Bei der Lohnsteuerberechnung von **netto gezahlten sonstigen Bezügen** sind für die Ermittlung des maßgebenden Jahresarbeitslohns sowohl der voraussichtlich netto gezahlte laufende Jahresarbeitslohn als auch die zuvor netto gezahlten sonstigen Bezüge mit den entsprechenden Bruttobeträgen anzusetzen. Seit dem Kalenderjahr 2004 ist auch bei der Nettolohnbesteuerung ein netto gezahlter sonstiger Bezug bis zu 150 € (bzw. 115 € netto) nicht mehr dem laufenden Arbeitslohn zuzurechnen. 159

d) Lohnkonto, Lohnsteuerbescheinigung

Im Lohnkonto und in der regelmäßig elektronischen Lohnsteuerbescheinigung sind in den Fällen der Nettolohnzahlungen der jeweilige Bruttoarbeitslohn sowie die berücksichtigten Steuerbeträge zu vermerken bzw. anzugeben. Bei Streitigkeiten über die in der Lohnsteuerbescheinigung ausgewiesenen bzw. auszuweisenden Beträge von Arbeitslohn und Lohnsteuer kann eine Änderung auf dem Finanzrechtsweg nicht erreicht werden. Dies kann regelmäßig nur im Rahmen einer Veranlagung zur Einkommensteuer erreicht werden. Dort hat das Finanzamt die – ggf. fiktiv – gesetzlich einzubehaltende und abzuführende Lohnsteuer anzusetzen. Durch Einwendungen gegen die Lohnsteuerbescheinigung kann eine Berichtigung nicht verlangt werden. 160

5. ABC des Arbeitslohns (steuerpflichtig, steuerfrei, steuerbegünstigt)

161 Die folgende **Übersicht** erläutert, welche Lohnteile und Bezüge steuerpflichtig bzw. steuerfrei sind oder als steuerpflichtiger Arbeitslohn durch eine Freigrenze oder einen pauschalen Steuersatz begünstigt werden. Dazu sind die Lohnteile und Bezüge in alphabetischer Reihenfolge mit den zu beachtenden Voraussetzungen, mitunter einschließlich der maßgebenden gesetzlichen Vorschriften sowie den dazu ergangenen Verwaltungsanweisungen stichwortartig aufgelistet. **Freigrenze** bedeutet, dass bis zu dem genannten Betrag keine Lohnsteuer zu erheben ist. Übersteigt die Zahlung oder der Vorteil diesen Grenzbetrag (z. B. Freigrenze für Sachbezüge) nur um 1 Cent, ist der gesamte Betrag anzusetzen und bei Steuerpflicht ggf. Lohnsteuer einzubehalten. Bei einigen dieser Leistungen ist zu beachten, dass sie **zusätzlich** zum ohnehin geschuldeten Arbeitslohn gezahlt werden müssen. Dies bedeutet, dass nur derjenige Arbeitnehmer eine solche Zahlung (z. B. einen Kindergartenzuschuss) erhalten kann, der sie zu dem begünstigten Zweck verwendet. Als weitere Voraussetzung darf der vereinbarte Lohn anlässlich der zusätzlichen Leistung nicht herabgesetzt werden. Zu weiteren Details → Rz. C 228 ff.

Hinweis: Querverweise auf Stichwörter innerhalb des ABC sind durch einen voranstehenden Pfeil gekennzeichnet (z. B.: → *Geringfügiges Beschäftigungsverhältnis*).

---

400 €-Beschäftigung

→ *Geringfügiges Beschäftigungsverhältnis*

Abfindungen

Die Steuerbefreiung für Abfindungen wegen einer vom Arbeitgeber veranlassten oder gerichtlich ausgesprochenen Auflösung des Dienstverhältnisses wurde für Kündigungen seit dem 1.1.2006 aufgehoben; Abfindungszahlungen sind **ab 2009** stets steuerpflichtig.

Eine **Übergangsregelung** sah aus Vertrauensschutzgründen die Weiteranwendung der bisherigen begrenzten Steuerfreiheit vor für vor dem 1.1.2006 entstandene Ansprüche der Arbeitnehmer auf Abfindungen oder für Abfindungen wegen einer vor dem 1.1.2006 getroffenen Gerichtsentscheidung oder einer am 31.12.2005 anhängigen Klage, soweit die Abfindungen dem Arbeitnehmer vor dem 1.1.2009 zugeflossen sind. Erhielt der Arbeitnehmer bis dahin lediglich einen Teil der Abfindung, blieb nur dieser steuerfrei.

Nach dem JStG 2009 sind auch Abfindungen in die Übergangsregelung einzubeziehen, die auf Grund eines vor dem 1. 1. 2006 abgeschlossenen Sozialplans gezahlt werden, wenn der Arbeitnehmer in der zu Grunde liegenden Namensliste genannt war. Diese Steuerfreiheit kann von Amts wegen nur für eine erstmalige oder noch nicht bestandskräftige Einkommensteuerveranlagung für 2006 und 2007 gewährt werden. Ist der Bescheid bestandskräftig, muss der Arbeitnehmer die Änderung beantragen (Rechtsgrundlage § 52 Abs. 4a EStG).

Liegt im Auszahlungsjahr der Abfindung eine Zusammenballung vor und bezieht der Arbeitnehmer keine weiteren Einkünfte, können bei der Einordnung als außerordentliche Einkünfte auf Grund der weiterhin möglichen Fünftelungsregelung (→ Rz. C 141 ff.) Abfindungen bis zur Höhe von ca. 38 320 € (steuerfrei bzw.) ohne Steuerbelastung bleiben.

Abschlagszahlungen

Abschlagszahlungen auf den Arbeitslohn sind ebenso wie Teilzahlungen oder Vorauszahlungen grundsätzlich steuerpflichtig. Zum Lohnsteuereinbehalt → Rz. C 120 ff.

Aktienoptionen

Gewährt der Arbeitgeber seinem Arbeitnehmer auf Grund des Dienstverhältnisses Aktienoptionsrechte, ist die steuerliche Beurteilung davon abhängig, ob ein **handelbares** oder ein **nicht handelbares Aktienoptionsrecht** vorliegt.

Handelbar i. d. S. ist ein Aktienoptionsrecht, das an einer Wertpapierbörse gehandelt wird. Andere Aktienoptionsrechte gelten – auch wenn sie außerhalb einer Börse gehandelt werden – als nicht handelbar.

a) Handelbare Aktienoptionsrechte gegenüber einem Dritten, die sich der Arbeitgeber am Markt verschafft[1]

Bei einem entsprechenden, handelbaren Aktienoptionsrecht ist der **Unterschiedsbetrag** zwischen dem Geldwert des Optionsrechts und einem ggf. vom Arbeitnehmer gezahlten Entgelt als Arbeitslohn zu versteuern. Der Sachbezug in Form des Optionsrechts ist mit dem um übliche Preisnachlässe geminderten **Endpreis** am Abgabeort im Zeitpunkt der Abgabe anzusetzen. **Zeitpunkt** der Abgabe ist der Tag, an dem der Arbeitnehmer das Optionsrecht erwirbt. Fallen Bestelltag und Liefertag auseinander, sind für die Preisfeststellung die Verhältnisse am Bestelltag (Kauftag) maßgebend. In diesem Fall kann aus Vereinfachungsgründen der niedrigste Kurswert des Optionsrechts am Kauftag an einer deutschen Börse angesetzt werden; wird das Optionsrecht nur im Ausland gehandelt, ist der niedrigste Kurswert vom Kauftag dieser ausländischen Börse heranzuziehen. Eine Bewertung gem. § 3 Nr. 39 EStG bzw. § 19a i. V. m. § 52 Abs. 35 EStG scheidet aus, weil es sich bei handelbaren Aktienoptionsrechten nicht um Vermögensbeteiligungen i. S. d. Fünften Vermögensbildungsgesetzes handelt.

b) Nicht handelbare Aktienoptionsrechte und handelbare Aktienoptionsrechte, wenn der Arbeitgeber die Funktion eines Stillhalters innehat[1]

Ein entsprechendes Aktienoptionsrecht führt weder im Zeitpunkt der Gewährung noch der erstmaligen Ausübbarkeit des Optionsrechts zu einem Lohnzufluss beim Arbeitnehmer. Gegenstand des Lohnzuflusses ist vielmehr die unentgeltlich oder verbilligt überlassene Aktie.

Zeitpunkt des verbilligten Aktienerwerbs und damit Zuflusszeitpunkt ist der Tag, an dem die Aktie überlassen wird. Als Tag der Überlassung kann aber auch der Tag der Ausbuchung beim Überlassenden oder dessen Erfüllungsgehilfen angesehen werden. Die **Bewertung** überlassener Aktien richtet sich nach § 3 Nr. 39 Satz 4 EStG bzw. § 19a Abs. 2 Satz 2 ff. i. V. m. § 52 Abs. 35 EStG. Im Zuflusszeitpunkt liegt zu versteuernder Arbeitslohn vor in **Höhe** der Differenz zwischen dem Kurswert der überlassenen Aktie am maßgebenden Bewertungsstichtag und den Aufwendungen des Arbeitnehmers für die überlassenen Aktien. Für steuerpflichtige geldwerte Vorteile aus der Ausübung der Aktienoptionsrechte kommt die **Tarifbegünstigung** des § 34 Abs. 1 i. V. m. Abs. 2 Nr. 4 EStG in Betracht (sog. Fünftelungsregelung), wenn es sich um Vergütungen für mehrjährige Tätigkeiten handelt. Die Fünftelungsregelung ist auch im Lohnsteuerverfahren zu berücksichtigen. **Minderungen des Kurswerts** nach dem Zuflusszeitpunkt der Aktie rechtfertigen keine sachliche Billigkeitsmaßnahme der Finanzämter. Ein etwaiger Verlust ist der privaten Vermögensebene zuzurechnen.

c) Entgeltlicher Verzicht auf ein Aktienankaufs- oder Vorkaufsrecht

Werden einem Arbeitnehmer vom Arbeitgeber oder einem Dritten im Hinblick auf das Dienstverhältnis Aktienankaufs- oder Vorkaufsrechte eingeräumt, fließt dem Arbeitnehmer ein geldwerter Vorteil zu, wenn er gegen Zahlung eines Geldbetrags auf die Aktienankaufs- oder Vorkaufsrechte verzichtet. Der geldwerte Vorteil fließt hier aber nicht bereits zum Zeitpunkt der Rechtseinräumung zu, sondern erst zum Zeitpunkt des entgeltlichen Verzichts.

1) Siehe auch jüngste BFH-Rechtsprechung v. 20. 11. 2008, VI R 25/05.

Aktienüberlassung

→ *Vermögensbeteiligung*

Altersrenten

Altersrenten, die vom früheren Arbeitgeber gezahlt werden, sind Arbeitslohn (z. B. Werkspensionen). Hat der Arbeitnehmer das 63. Lebensjahr bzw. als Schwerbehinderter das 60. Lebensjahr vollendet, kommen seit dem Kalenderjahr 2005 der (neue) Versorgungsfreibetrag sowie der Zuschlag zum Versorgungsfreibetrag zum Ansatz (→ Rz. B 93).

Altersteilzeit

→ *Aufstockungsbeträge*

Altersübergangsgeld

Altersübergangsgeld und Altersübergangsgeld-Ausgleichsbeträge nach § 249e AFG sind steuerfrei (§ 3 Nr. 2 EStG); sie unterliegen jedoch dem Progressionsvorbehalt nach § 32b EStG (→ Rz. B 29).

Amtseinführung

Übliche Sachleistungen des Arbeitgebers aus Anlass der Diensteinführung, eines Amts- oder Funktionswechsels oder der Verabschiedung eines Arbeitnehmers sind keine Gegenleistung für die individuelle Arbeitskraft und damit nicht als Arbeitslohn anzusehen. Liegen die Aufwendungen des Arbeitgebers einschließlich Umsatzsteuer jedoch über **110 €** je teilnehmender Person, so sind die Aufwendungen dem Arbeitslohn des Arbeitnehmers hinzuzurechnen; Geschenke bis zu einem Gesamtwert von **40 €** sind in die 110 €-Grenze einzubeziehen (→ Betriebsveranstaltungen).

Annehmlichkeiten

→ *Aufmerksamkeiten*

Arbeitgeberbeiträge

Arbeitgeberbeiträge zur **gesetzlichen Sozialversicherung** des Arbeitnehmers sind nicht steuerbar, soweit sie auf Grund gesetzlicher Verpflichtung geleistet werden. Bei versicherungspflichtigen Arbeitnehmern hat der Arbeitgeber regelmäßig die Hälfte der Beiträge zur Renten-, Kranken-, Pflege- und Arbeitslosenversicherung zu tragen. Steuerfrei sind auch die pauschalen Renten- und Krankenversicherungsbeiträge i. H. v. 15 % bzw. 5 % und 13 % bzw. 5 % des Arbeitsentgelts für eine geringfügige Beschäftigung sowie die Arbeitnehmeranteile am Gesamtsozialversicherungsbeitrag, die der Arbeitgeber wegen der gesetzlichen Beitragslastverschiebung nachzuentrichten und zu übernehmen hat.

Die vom Arbeitgeber **übernommenen Arbeitnehmerbeiträge** zur Sozialversicherung sind Arbeitslohn (z. B. bei Nettolohnvereinbarung), es sei denn, der Arbeitgeber ist gesetzlich verpflichtet, die gesamten Beiträge allein zu entrichten (z. B. bei Geringverdienern nach § 249b SGB V oder bei der Nachentrichtung von Sozialversicherungsbeiträgen). Der **Beitragszuschlag** i. H. v. 0,25 % in der sozialen Pflegeversicherung und der **zusätzliche Krankenversicherungsbeitrag** i. H. v. 0,9 % können vom Arbeitgeber nicht steuerfrei erstattet werden.

Übernimmt der Arbeitgeber bei Altersteilzeit des Arbeitnehmers **zusätzliche Höherversicherungsbeiträge** zur gesetzlichen **Rentenversicherung** i. S. d. § 3 Abs. 1 Nr. 1 sowie Aufwendungen i. S. d. § 4 Abs. 2 Altersteilzeitgesetz, sind diese steuerfrei, wenn die Voraussetzungen des § 2 Altersteilzeitgesetz (z. B. Vollendung des 55. Lebensjahres, Verringerung der tariflichen regelmäßigen wöchentlichen Arbeitszeit auf die Hälfte) vorliegen (auch → *Aufstockungsbeträge*).

Vom Arbeitgeber zur Höherversicherung übernommene Beiträge i. S. d. **§ 187a SGB VI** an die **Rentenversicherung** sind steuerfrei bis zu 50 % der geleisteten Gesamtbeiträge (§ 3 Nr. 28 2. Alt. EStG). Diese Steuerfreiheit setzt kein Altersteilzeitarbeitsverhältnis voraus.

Zu Arbeitgeberbeiträgen zur **betrieblichen Altersversorgung** → *Betriebliche Altersversorgung*, → Direktversicherung, → Direktzusage, → Pensionsfonds, → Pensionskasse, → Unterstützungskasse.

Arbeitgeberdarlehen

→ *Darlehen*

Arbeitgeberzuschüsse

Arbeitgeberzuschüsse zur Krankenversicherung für von der Versicherungspflicht befreite Arbeitnehmer, zu Beiträgen auf Grund freiwilliger Versicherung in der gesetzlichen Rentenversicherung oder einer befreienden Lebensversicherung sind steuerfrei bis zur Höhe des bei einer Versicherungspflicht des Arbeitnehmers in Betracht kommenden Arbeitgeberbeitrags, höchstens jedoch bis zur Hälfte der vom Arbeitnehmer gezahlten Beträge.

Arbeitnehmererfindung

Besondere Zahlungen des Arbeitgebers für Erfindungen des Arbeitnehmers im Rahmen des Dienstverhältnisses sind steuerpflichtiger Arbeitslohn.

Arbeitnehmerjubiläum

Besondere Zahlungen des Arbeitgebers aus Anlass eines Betriebs- oder Arbeitnehmerjubiläums sind seit dem Kalenderjahr 1998 steuerpflichtiger Arbeitslohn. Als Bezüge für mehrere Kalenderjahre ist die Lohnsteuer regelmäßig nach der Fünftelungsregelung einzubehalten. Zu üblichen Sachleistungen des Arbeitgebers aus Anlass eines runden Arbeitnehmerjubiläums → *Amtseinführung*, → *Geschenke*.

Arbeitnehmer-Sparzulagen

Arbeitnehmer-Sparzulagen nach § 13 VermBG (→ Rz. F 7 ff.) zahlt das Finanzamt aus; sie sind keine steuerpflichtigen Einnahmen im Sinne des Einkommensteuergesetzes.

Arbeitsbedingungen

Aufwendungen des Arbeitgebers zur Verbesserung der Arbeitsbedingungen, wie die Bereitstellung von Aufenthalts- und Erholungsräumen sowie von betriebseigenen Dusch- und Badeanlagen werden der Belegschaft als Gesamtheit und damit im überwiegend betrieblichen Interesse zugewendet; diese Vorteile sind kein Arbeitslohn.

Arbeitsessen

→ *Aufmerksamkeiten*, → *Bewirtung*

Arbeitsförderungsgesetz

Arbeitsförderungsleistungen nach dem Dritten Buch Sozialgesetzbuch (z. B. Arbeitslosengeld, Teilarbeitslosengeld, Kurzarbeitergeld einschl. Saison-, Arbeitslosenhilfe, Übergangsgeld, Unterhaltsgeld, Eingliederungshilfe, Überbrückungsgeld) und die übrigen Leistungen nach dem Dritten Buch Sozialgesetzbuch und den entsprechenden Programmen des Bundes und der Länder sind steuerfrei, soweit sie Arbeitnehmern oder Arbeitsuchenden oder zur Förderung der Aus- oder Fortbildung der Empfänger gewährt werden. Diese steuerfreien Leistungen unterliegen jedoch überwiegend dem Progressionsvorbehalt nach § 32b EStG (→ Rz. B 29).

Arbeitsförderungsleistungen

→ *Arbeitsförderungsgesetz*

Arbeitskleidung

→ *Berufskleidung*

Arbeitslohn

Als Arbeitslohn bezeichnet das Steuerrecht die Summe aller Einnahmen in Geld oder Geldeswert, die durch ein individuelles Dienstverhältnis veranlasst sind. Ein Veranlassungszusammenhang zwischen Einnahmen und einem Dienstverhältnis ist anzunehmen, wenn die Einnahmen dem Empfänger nur mit Rücksicht auf das **Dienstverhältnis** zufließen und sich als Ertrag seiner nichtselbständigen Arbeit darstellen. Die letztgenannte Voraussetzung ist erfüllt, wenn sich die Einnahmen im weitesten Sinne als Gegenleistung für das Zurverfügungstellen der individuellen Arbeitskraft erweisen. Eine solche Gegenleistung liegt nicht vor, wenn die Vergütungen die mit der Tätigkeit zusammenhängenden Aufwendungen nur unwesentlich übersteigen (z. B. im Rahmen einer ehrenamtlichen Tätigkeit). Ebenfalls keine Gegenleistung sind Vorteile, die sich bei objektiver Würdigung aller Umstände nicht als Entlohnung, sondern lediglich als notwendige Begleiterscheinung **betriebsfunktionaler** Zielsetzungen erweisen. Im Ergebnis handelt es sich dann um Leistungen des Arbeitgebers, die er im ganz überwiegenden betrieblichen Interesse erbringt. Die jeweiligen Leistungen des Arbeitgebers sind dabei im Rahmen einer Gesamtwürdigung einheitlich zu beurteilen; eine Aufteilung zwischen Arbeitslohn und Zuwendungen im betrieblichen Interesse ist grundsätzlich nicht zulässig. Ein ganz überwiegendes betriebliches Interesse muss über das an jeder Lohnzahlung bestehende betriebliche Interesse deutlich hinausgehen. Gemeint sind Fälle, in denen ein Vorteil der Belegschaft als Gesamtheit zugewendet wird oder in denen dem Arbeitnehmer ein Vorteil **aufgedrängt** wird, ohne dass ihm eine Wahl bei der Annahme des Vorteils bleibt und ohne dass der Vorteil eine Marktgängigkeit besitzt (z. B. das Angebot, kostenlos Duschmöglichkeiten zu nutzen, → *Arbeitsbedingungen*). Zum Arbeitslohn auch → Rz. C 101 ff.

Arbeitslohnzuschläge für Sonntags-, Feiertags- oder Nachtarbeit

Steuerfrei sind Zuschläge zu dem sonst üblichen und vertraglich vereinbarten Stundenlohn (Grundlohn) in folgender Höhe (§ 3b EStG, R 3b LStR):

– für Sonntagsarbeit	bis zu 50 %
– für Feiertagsarbeit	bis zu 125 %
– für die Weihnachtsfeiertage, den 24. Dezember ab 14 Uhr und den 1. Mai	bis zu 150 %
– für Nachtarbeit zwischen 20 Uhr und 6 Uhr	bis zu 25 %
– bei Nachtarbeit mit Arbeitsbeginn vor 0 Uhr für die Zeit zwischen 0 Uhr und 4 Uhr	bis zu 40 %

des Grundlohns. Seit dem Kalenderjahr 2004 ist der anzusetzende Grundlohn auf höchstens 50 € begrenzt. Liegt der tatsächliche Grundlohn darüber, sind die steuerfreien Zuschläge von 50 € zu berechnen; sozialversicherungsrechtliche Grenze: 25 €. Für diesen Personenkreis ist die Zahlung steuerfreier Zuschläge nach wie vor möglich.

Als Sonntags- und Feiertagsarbeit gilt auch die Arbeit in der Zeit von 0 Uhr bis 4 Uhr des auf den Sonntag oder Feiertag folgenden Tages. Zur vereinbarten und vergüteten Arbeitszeit gehörende Waschzeiten, Schichtübergabezeiten und Pausen gelten als begünstigte Arbeitszeit i. S. d. § 3b EStG, soweit sie in den begünstigten Zeitraum fallen. Die tatsächlich geleistete Sonntags-, Feiertags- oder Nachtarbeit ist grundsätzlich im Einzelfall nachzuweisen.

Steuerfrei sind nur Zuschläge, die für **tatsächlich** geleistete Sonntags-, Feiertags- oder Nachtarbeit gezahlt werden. Dies setzt voraus, dass neben dem Grundlohn auch ein Zuschlag für Sonntags-, Feiertags- oder Nachtarbeit gezahlt wird, der z. B. in einem Tarifvertrag, einer Betriebsvereinbarung oder einem Einzelarbeitsvertrag geregelt sein kann. Unschädlich ist es, wenn neben einem Zuschlag für die begünstigten Zeiten, die gleichzeitig Mehrarbeit ist, keine gesonderte Mehrarbeitsvergütung oder ein Grundlohn gezahlt wird, mit dem die Mehrarbeit bereits abgegolten ist. Auf die Bezeichnung der Lohnzuschläge kommt es grundsätzlich nicht an. Steuerfreie Zuschläge können auch gezahlt werden für Arbeitslöhne, die nach § 40a EStG mit 2 %, 5 %, 20 % oder 25 % pauschal versteuert werden (→ Rz. C 162 ff.).

Wird ein Zuschlag für Sonntags-, Feiertags- oder Nachtarbeit von weniger als einer **Stunde** gezahlt, so ist bei der Ermittlung des steuerfreien Zuschlags für diesen Zeitraum der Grundlohn entsprechend zu kürzen.

Die **Barabgeltung** eines Freizeitanspruchs oder eines Freizeitüberhangs (z. B. auf Grund von Sonntagsarbeit, Zuschlägen wegen Mehrarbeit oder bestimmten Erschwernissen) sind keine begünstigten Lohnzuschläge.

Grundlohn ist der Anspruch auf laufenden Arbeitslohn pro Arbeitsstunde, den der Arbeitnehmer im jeweiligen Lohnzahlungszeitraum für seine regelmäßige Arbeitszeit erwirbt. **Nicht** zum Grundlohn gehören Ansprüche auf Vergütungen für Überstunden (Mehrarbeitsvergütungen), Zuschläge für Sonntags-, Feiertags- oder Nachtarbeit in den begünstigten Zeiten, und zwar auch insoweit, als sie wegen Überschreitens der gesetzlichen Zuschlagsätze steuerpflichtig sind. Ebenfalls kein Grundlohn sind steuerfreie Lohnteile und Bezüge, die nach § 40 EStG pauschal besteuert werden. **Zum Grundlohn** gehören aber die nach § 3 Nr. 63 EStG steuerfreien Arbeitgeberbeiträge, soweit es sich um laufenden Arbeitslohn handelt. Wird an Sonntagen und Feiertagen oder in der zu diesen Tagen gehörenden Zeit Nachtarbeit geleistet, kann die Steuerbefreiung für Sonntags- und Feiertagsarbeit neben der für Nachtarbeit in Anspruch genommen werden. Dazu ist der steuerfreie Zuschlagsatz für Nachtarbeit mit dem steuerfreien Zuschlagssatz für Sonntags- oder Feiertagsarbeit auch dann zusammenzurechnen, wenn nur ein Zuschlag gezahlt wird. Ist ein Sonntag zugleich Feiertag, kann ein Zuschlag nur bis zur Höhe des jeweils in Betracht kommenden Feiertagszuschlags steuerfrei gezahlt werden. Dies gilt auch dann, wenn nur ein Sonntagszuschlag gezahlt wird.

Arbeitslosengeld

Arbeitslosengeld I und Arbeitslosengeld II sind steuerfrei; Arbeitslosengeld I unterliegt dem Progressionsvorbehalt nach § 32b EStG (→ Rz. B 29).

Arbeitsmittel

Arbeitsmittel, die der Arbeitgeber dem Arbeitnehmer zum Gebrauch am Arbeitsplatz gestellt oder überlässt, sind kein Arbeitslohn; auch → *Werkzeuggeld*.

Arbeitszeitkonto

Bei Arbeitszeitkonten (Zeitwertkonten) vereinbaren Arbeitgeber und Arbeitnehmer, dass der Arbeitnehmer **künftig fällig werdenden Arbeitslohn** nicht sofort ausbezahlt erhält, sondern dieser Arbeitslohn beim Arbeitgeber nur betragsmäßig erfasst wird, um ihn im Zusammenhang mit einer vollen oder teilweisen **Arbeitsfreistellung** vor Beendigung des Dienstverhältnisses auszuzahlen. Weder die Vereinbarung eines Zeitwertkontos noch die Wertgutschrift auf diesem Konto führen zum Zufluss von Arbeitslohn, sofern die getroffene Vereinbarung den von der

Verwaltung vorgegebenen Voraussetzungen entspricht[1]). Erst die **Auszahlung** des Guthabens während der Freistellung löst Zufluss von Arbeitslohn und damit eine Besteuerung aus. Die Gutschrift von Arbeitslohn (laufender Arbeitslohn, Einmal- und Sonderzahlungen) zugunsten eines Zeitwertkontos wird auch dann steuerlich anerkannt, wenn die Gehaltsänderungsvereinbarung **bereits erdiente**, aber noch nicht fällig gewordene **Arbeitslohnteile** umfasst. Dies gilt auch, wenn eine **Einmal- oder Sonderzahlung** einen Zeitraum von mehr als einem Jahr betrifft.

Wird das Wertguthaben des Zeitwertkontos aufgrund einer Vereinbarung zwischen Arbeitgeber und Arbeitnehmer vor Fälligkeit (planmäßige Auszahlung während der Freistellung) ganz oder teilweise **zugunsten der → betrieblichen Altersversorgung herabgesetzt**, wird dies steuerlich als Entgeltumwandlung anerkannt. Der Zeitpunkt des Zuflusses dieser zugunsten der betrieblichen Altersversorgung umgewandelten Beträge richtet sich nach dem Durchführungsweg der zugesagten betrieblichen Altersversorgung.

Ärztliche Betreuung

Ärztliche Betreuung durch Werks- oder Betriebsärzte stellt keinen Arbeitslohn dar → *Vorsorgeuntersuchungen*.

Aufmerksamkeiten

Aufmerksamkeiten des Arbeitgebers sind kein Arbeitslohn. Hierzu rechnen Sachleistungen des Arbeitgebers, die auch im gesellschaftlichen Verkehr üblicherweise ausgetauscht werden, zu keiner ins Gewicht fallenden Bereicherung der Arbeitnehmer führen und allgemein als Aufmerksamkeiten angesehen werden (z. B. Blumen, Genussmittel, ein Buch, eine CD oder ein Videofilm), wenn sie dem Arbeitnehmer oder seinen Angehörigen aus Anlass eines besonderen persönlichen Ereignisses zugewendet werden, falls der Wert der Sachleistungen **40 €** nicht übersteigt (Freigrenze) auch → *Geschenke*.

Zu den Aufmerksamkeiten gehören auch Getränke und Genussmittel (keine Mahlzeiten), die der Arbeitgeber den Arbeitnehmern zum Verzehr im Betrieb bzw. am Arbeitsplatz bereitstellt, und Speisen bis zu einem Wert von 40 €, die der Arbeitgeber den Arbeitnehmern anlässlich und während eines außergewöhnlichen Arbeitseinsatzes überlässt (z. B. während einer außergewöhnlichen betrieblichen Besprechung oder Inventur).

Aufstockungsbeträge

Aufstockungsbeträge und zusätzliche Beiträge des Arbeitgebers zur gesetzlichen Rentenversicherung i. S. d. § 3 Abs. 1 Nr. 1 sowie Aufwendungen i. S. d. § 4 Abs. 2 Altersteilzeitgesetz sind steuerfrei, wenn die Voraussetzungen des § 2 Altersteilzeitgesetz (z. B. Vollendung des 55. Lebensjahres, Verringerung der tariflichen regelmäßigen wöchentlichen Arbeitszeit auf die Hälfte) vorliegen. Die Vereinbarung über die **Arbeitszeitverminderung** muss sich zumindest auf die Zeit erstrecken, bis der Arbeitnehmer eine Rente wegen Alters beanspruchen kann. Dafür ist nicht erforderlich, dass diese Rente ungemindert ist. Der frühestmögliche Zeitpunkt, zu dem eine Altersrente in Anspruch genommen werden kann, ist die Vollendung des 60. Lebensjahres. Die Steuerfreiheit kommt nicht mehr in Betracht mit Ablauf des Kalendermonats, in dem der Arbeitnehmer die Altersteilzeitarbeit beendet oder die für ihn geltende gesetzliche Altersgrenze für die Regelaltersrente erreicht hat (i. d. R. das 65. Lebensjahr) (§ 5 Abs. 1 Nr. 1 Altersteilzeitgesetz). Die Steuerbefreiung gilt auch für ab dem 1. 1. 2010 beginnende Altersteilzeit.

Die Arbeitgeberleistungen sind auch dann steuerfrei, wenn kein Förderanspruch an die Bundesanstalt für Arbeit nach dem Altersteilzeitgesetz besteht (z. B. wenn der frei gewordene Arbeitsplatz nicht wieder besetzt wird). Durch eine vorzeitige **Beendigung** der Altersteilzeit (sog. **Störfall**) ändert sich der Charakter der bis dahin steuerfrei erbrachten Arbeitgeberleistungen nicht. Die Steuerfreiheit der Aufstockungsbeträge bleibt daher bis zum Eintritt des Störfalls erhalten.

Die Aufstockungsbeträge und zusätzlichen Beiträge zur gesetzlichen Rentenversicherung sind auch dann steuerfrei, wenn sie über die im Altersteilzeitgesetz genannten Mindestbeträge hinausgehen. Die **Steuerfreiheit** ist jedoch der Höhe nach begrenzt. Die Aufstockungsbeträge sind insoweit steuerfrei, als sie zusammen mit dem während der Altersteilzeit bezogenen Nettoarbeitslohn monatlich 100 % des maßgebenden Arbeitslohns nicht übersteigen. Maßgebend ist bei laufendem Arbeitslohn der Nettoarbeitslohn, den der Arbeitnehmer im jeweiligen Lohnzahlungszeitraum ohne Altersteilzeit üblicherweise erhalten hätte. Bei sonstigen Bezügen ist abzustellen auf den Arbeitslohn unter Berücksichtigung des voraussichtlichen Jahresnettoarbeitslohns unter Einbeziehung der sonstigen Bezüge bei einer unterstellten Vollzeitbeschäftigung. Unangemessene Erhöhungen vor oder während der Altersteilzeit sind dabei nicht zu berücksichtigen. Aufstockungsbeträge in Form von Sachbezügen (z. B. die weitere private Nutzung des betrieblichen Pkw) sind steuerfrei, wenn die Aufstockung betragsmäßig in Geld festgelegt und außerdem vereinbart ist, dass der Arbeitgeber an Stelle der Geldleistung Sachbezüge erbringen darf.

Die Aufstockungsbeträge unterliegen dem Progressionsvorbehalt nach § 32b EStG (→ Rz. B 29).

Beispiele zur Begrenzung der Aufstockung auf 100 % des Nettoarbeitslohns:

Beispiel 1: Laufend gezahlter Aufstockungsbetrag

Ein Arbeitnehmer mit einem monatlichen Vollzeit-Bruttogehalt i. H. v. 8 750 € nimmt von der Vollendung des 62. Lebensjahres bis zur Vollendung des 64. Lebensjahrs Altersteilzeit in Anspruch. Danach scheidet er aus dem Arbeitsverhältnis aus.

Der Mindestaufstockungsbetrag nach § 3 Abs. 1 Nr. 1 Buchst. a Altersteilzeitgesetz beträgt 875 €. Der Arbeitgeber gewährt eine weitere freiwillige Aufstockung i. H. v. 3 000 € (Aufstockungsbetrag insgesamt 3 875 €). Der steuerfreie Teil des Aufstockungsbetrags ist wie folgt zu ermitteln:

1. Ermittlung des maßgebenden Arbeitslohns	
Bruttoarbeitslohn bei fiktiver Vollarbeitszeit	8 750 €
abzgl. gesetzliche Abzüge (Lohnsteuer, Solidaritätszuschlag, Kirchensteuer, Sozialversicherungsbeiträge, hier unterstellte Beträge)	./. 3 750 €
maßgebender Nettoarbeitslohn	5 000 €
2. Vergleichsrechnung	
Bruttoarbeitslohn bei Altersteilzeit	4 375 €
abzgl. gesetzliche Abzüge (Lohnsteuer, Solidaritätszuschlag, Kirchensteuer, Sozialversicherungsbeiträge, hier unterstellte Beträge)	./. 1 725 €
Zwischensumme	2 650 €
zzgl. Mindestaufstockungsbetrag	875 €
zzgl. freiwilliger Aufstockungsbetrag	3 000 €
Nettoarbeitslohn	6 525 €

1) Ein umfangreiches BMF-Schreiben befand sich bei Redaktionsschluss in Vorbereitung. In einer Vorabinformation (BMF-Schreiben v. 27. 1. 2009, IV C 5 – S 2332/07/0004) weist das BMF jedoch schon bezüglich der Organe von Körperschaften (also nicht nur zu beherrschenden Gesellschafter-Geschäftsführern oder Vorständen, sondern zu allen Arbeitnehmern, die Organ einer Körperschaft sind) auf Folgendes hin:
Vereinbarungen über die Einrichtung eines Zeitwertkontos von Arbeitnehmern, die zugleich als Organ einer Körperschaft bestellt sind – z. B. von Mitgliedern des Vorstands einer Aktiengesellschaft oder Geschäftsführern einer GmbH –, sind mit dem Aufgabenbild des Organs einer Körperschaft nicht vereinbar. Infolgedessen führt bereits die Gutschrift des künftig fällig werdenden Arbeitslohns auf dem Zeitwertkonto zum Zufluss von Arbeitslohn. Die allgemeinen Grundsätze der verdeckten Gewinnausschüttung bleiben unberührt. Der Erwerb einer Organstellung hat jedoch keinen Einfluss auf ein bis zu diesem Zeitpunkt aufgebautes Wertguthaben. Nach Erwerb der Organstellung führen alle weiteren Zuführungen zu dem Konto steuerlich zum Zufluss von Arbeitslohn. Nach Beendigung der Organstellung und Fortbestehen des Dienstverhältnisses kann der Arbeitnehmer das Wertguthaben entsprechend der geltenden Grundsätze weiter aufbauen oder das aufgebaute Guthaben für Zwecke der Freistellung verwenden. Bis zum 31. 1. 2009 gibt es eine Vertrauensschutzregelung.

Durch den freiwilligen Aufstockungsbetrag von 3 000 € ergäbe sich ein Nettoarbeitslohn bei der Altersteilzeit, der den maßgebenden Nettoarbeitslohn um 1 525 € übersteigen würde. Demnach sind steuerfrei:

Mindestaufstockungsbetrag		875 €
zzgl. freiwilliger Aufstockungsbetrag	3 000 €	
abzgl. den Nettolohn übersteigenden Betrag	./. 1 525 €	
		1 475 €
steuerfreier Aufstockungsbetrag		2 350 €

3. Abrechnung des Arbeitgebers

Bruttoarbeitslohn bei Altersteilzeit	4 375 €
zzgl. steuerpflichtiger Aufstockungsbetrag	1 525 €
steuerpflichtiger Arbeitslohn	5 900 €
abzgl. gesetzliche Abzüge (Lohnsteuer, Solidaritätszuschlag, Kirchensteuer, Sozialversicherungsbeiträge, hier unterstellte Beträge)	2 300 €
Zwischensumme	3 600 €
zzgl. steuerfreier Austockungsbetrag	2 350 €
Nettoarbeitslohn	5 950 €

Beispiel 2: Sonstiger Bezug als Aufstockungsbetrag

Ein Arbeitnehmer in Altersteilzeit hätte bei einer Vollzeitbeschäftigung Anspruch auf ein monatliches Bruttogehalt i. H. v. 4 000 € sowie im März auf einen sonstigen Bezug (Ergebnisbeteiligung) i. H. v. 1 500 € (brutto).

Nach dem Altersteilzeitvertrag werden im März folgende Beträge gezahlt:

– Laufendes Bruttogehalt	2 000 €
– laufende steuerfreie Aufstockung (einschließlich freiwilliger Aufstockung des Arbeitgebers)	650 €
– Brutto-Ergebnisbeteiligung (50 % der vergleichbaren Vergütung auf Basis einer Vollzeitbeschäftigung)	750 €
– Aufstockungsleistung auf die Ergebnisbeteiligung	750 €

1. Ermittlung des maßgebenden Arbeitslohns

jährlicher laufender Bruttoarbeitslohn bei fiktiver Vollarbeitszeitbeschäftigung	48 000 €
zzgl. sonstiger Bezug bei fiktiver Vollzeitbeschäftigung	1 500 €
abzgl. gesetzliche jährliche Abzüge (Lohnsteuer, Solidaritätszuschlag, Kirchensteuer, Sozialversicherungsbeiträge, hier unterstellte Beträge)	./. 18 100 €
maßgebender Jahresnettoarbeitslohn	31 400 €

2. Vergleichsberechnung

jährlicher laufender Bruttoarbeitslohn bei Altersteilzeit	24 000 €
zzgl. steuerpflichtiger sonstiger Bezug bei Altersteilzeit	750 €
abzgl. gesetzliche jährliche Abzüge (Lohnsteuer, Solidaritätszuschlag, Kirchensteuer, Sozialversicherungsbeiträge, hier unterstellte Beträge)	./. 6 000 €
Zwischensumme	18 750 €
zzgl. Aufstockung Ergebnisbeteiligung	750 €
zzgl. steuerfreie Aufstockung (12 × 650 €)	7 800 €
Jahresnettoarbeitslohn	27 300 €

Durch die Aufstockung des sonstigen Bezugs wird der maßgebende Jahresnettoarbeitslohn von 31 400 € nicht überschritten. Demnach kann die Aufstockung des sonstigen Bezugs (Aufstockung Ergebnisbeteiligung) i. H. v. 750 € insgesamt steuerfrei bleiben.

Aufwandsentschädigungen

Erhalten öffentliche Dienste leistende Personen (hierzu rechnen regelmäßig auch ehrenamtlich Tätige) aus öffentlichen Kassen eine Aufwandsentschädigung, richtet sich deren steuerliche Behandlung nach § 3 Nr. 12 EStG und R 3.12 LStR. Danach sind steuerfrei aus einer Bundeskasse oder Landeskasse gezahlte Bezüge, die in einem Bundesgesetz oder Landesgesetz oder einer auf bundesgesetzlicher oder landesgesetzlicher Ermächtigung beruhenden Bestimmung oder von der Bundesregierung oder einer Landesregierung als Aufwandsentschädigung festgesetzt sind und als Aufwandsentschädigung im Haushaltsplan ausgewiesen werden. Nach § 3 Nr. 12 Satz 2 EStG gilt das Gleiche für andere Bezüge, die als Aufwandsentschädigung aus öffentlichen Kassen an öffentliche Dienste leistende Personen gezahlt werden, soweit nicht festgestellt wird, dass sie für Verdienstausfall oder Zeitverlust gewährt werden oder den Aufwand, der dem Empfänger erwächst, offenbar übersteigen.

Öffentliche Dienste leisten grundsätzlich alle Personen, die im Dienst einer juristischen Person des öffentlichen Rechts stehen und hoheitliche (einschl. schlichter Hoheitsverwaltung) Aufgaben ausüben, die nicht der Daseinsvorsorge zuzurechnen sind, z. B. Versichertenälteste. Keine öffentlichen Dienste im Sinne dieser Vorschrift leisten hingegen Personen, die in der fiskalischen Verwaltung tätig sind.

Von den aus öffentlichen Kassen gezahlten Aufwandsentschädigungen i. S. d. § 3 Nr. 12 Satz 2 EStG bleiben seit dem Kalenderjahr 2007 für alle in Betracht kommenden Personen regelmäßig steuerfrei:

- Für durch Gesetz oder Rechtsverordnung bestimmte Aufwandsentschädigungen monatlich ein Drittel, mindestens 175 €. Diese Regelung ist u. a. für kommunale Mandatsträger bedeutend, für die darüber hinaus weitere landesspezifische steuerliche Sonderregelungen gelten, sowie für bestimmte Gruppen der freiwilligen Feuerwehrleute;
- für nicht durch Gesetz oder Rechtsverordnung dem Grunde und der Höhe nach bestimmte (festgelegte) Aufwandsentschädigungen monatlich bis zu 175 €.

Liegt die monatliche Vergütung über dem steuerfrei bleibenden Höchstbetrag von 175 €, können weitere Steuerbefreiungsvorschriften zur Anwendung kommen. Insbesondere kann für Zahlungen an aktive Mitglieder der freiwilligen Feuerwehr die Übungsleiterpauschale oder allgemeine Ehrenamtspauschale in Betracht kommen (→ *Übungsleiterpauschale*, → *Ehrenamt*).

Geförderter Personenkreis: Begünstigt sind regelmäßig Personen, die im kommunalen Bereich, für die öffentliche Verwaltung oder im kirchlichen Bereich ein Ehrenamt ausüben (z. B. ehrenamtliche Feuerwehrleute, sachkundige Bürger in der Kommunalverwaltung, ehrenamtliche Schöffen und Laienprediger; nicht Pflegekräfte in kirchlichen Vereinen, die im Rahmen der Nachbarschaftshilfe tätig sind).

Öffentliche Kassen sind die Kassen der inländischen juristischen Personen des öffentlichen Rechts und solche Kassen, die einer Dienstaufsicht und Prüfung der Finanzgebarung durch die inländische öffentliche Hand unterliegen. Hierzu gehören insbesondere die Kassen des Bundes, der Länder, der Gemeinden und die Kassen der öffentlich-rechtlichen Religionsgemeinschaften.

Übertragung nicht ausgeschöpfter steuerfreier Monatsbeträge

Soweit der steuerfreie Monatsbetrag i. H. v. 175 € nicht ausgeschöpft werden kann (z. B. weil die Einnahmen schwanken), besteht nach R 3.12 Abs. 3 Satz 8 und 9 LStR sowie gleich lautenden Ländererlassen seit dem 1. 1. 2002 die Möglichkeit der Übertragung des nicht ausgeschöpften Volumens in andere Tätigkeitsmonate im selben Kalenderjahr. Maßgebend für die Ermittlung der Anzahl der in Betracht kommenden Monate ist die Dauer der ehrenamtlichen Funktion bzw. Amtsausübung im Kalenderjahr. Hierbei zählen angefangene Kalendermonate als volle Monate. Die Dauer des tatsächlichen Einsatzes im Ehrenamt ist für die Bestimmung dieses Zeitraums unbeachtlich.

Beispiel:

Für öffentliche Dienste in einem Ehrenamt in der Zeit vom 1. Januar bis 30. Juli werden folgende Aufwandsentschädigung i. S. d. § 3 Nr. 12 Satz 2 EStG und R 3.12 Abs. 3 Satz 3 LStR gezahlt:

Januar 0 €, Februar 150 €, März 250 €, April 175 €, Mai 160 €, Juni 250 €, Juli 0 €. Zeitaufwand wird nicht vergütet.

Von diesen Aufwandsentschädigungen kann ohne Nachweis ein steuerlich anzuerkennender Aufwand von 175 € monatlich angenommen werden. Der Tätigkeitszeitraum umfasst sieben Kalendermonate, so dass als steuerfreier Höchstbetrag ein Volumen von insgesamt 1 225 € (7 x 175 €) anzusetzen ist. Die gezahlten Aufwandsentschädigungen i. H. v. 964 € übersteigen das steuerfreie Volumen nicht. Demnach ist der Gesamtbetrag der Aufwandsentschädigungen steuerfrei.

Berücksichtigung der Übertragungsmöglichkeit beim Lohnsteuerabzug

Sind die Aufwandsentschädigungen den Einkünften aus nichtselbständiger Arbeit zuzuordnen, unterliegen sie dem Lohnsteuerabzug (§ 38 EStG). Es bestehen keine Bedenken, einen nicht ausgeschöpften steuerfreien Monatsbetrag mit steuerpflichtigen Aufwandsentschädigungen anderer Lohnzahlungszeiträume dieser Tätigkeit im Kalenderjahr zu verrechnen. Eine Verrechnung mit abgelaufenen Lohnzahlungszeiträumen ist zulässig; sie kann auch bei Beendigung der Tätigkeit oder zum Ende des Kalenderjahres für die Dauer der ehrenamtlichen Funktion bzw. Amtsausübung im Kalenderjahr vorgenommen werden. Bei mehreren Tätigkeiten für eine Körperschaft sind die Aufwandsentschädigungen für die Anwendung der Mindest- und Höchstbeträge zusammenzurechnen (R 3.12 Abs. 3 Satz 6 LStR).

Beispiel:

Für öffentliche Dienste in einem Ehrenamt in der Zeit vom 1. Januar bis 30. Juli werden folgende Aufwandsentschädigung i. S. d. § 3 Nr. 12 Satz 2 EStG und R 3.12 Abs. 3 Satz 3 LStR gezahlt:

Januar 250 €, Februar 50 €, März 180 €, April 100 €, Mai 200 €; Zeitaufwand wird nicht vergütet. Für den Lohnsteuerabzug können die nicht ausgeschöpften steuerfreien Monatsbeträge i. H. v. 175 € gem. den zuvor genannten Grundsätzen wie folgt mit den steuerpflichtigen Aufwandsentschädigungen der anderen Lohnzahlungszeiträume dieser Tätigkeit verrechnet werden:

Monat	Gezahlte Aufwandsentschädigung	Steuerliche Behandlung nach R 3.12 Abs. 3 Satz 3 LStR		Steuerliche Behandlung bei Übertragung nicht ausgeschöpfter steuerfreier Monatsbeträge	
		steuerfrei sind:	steuerpflichtig sind:	steuerfreier Höchstbetrag	steuerpflichtig sind:
Januar	250 €	175 €	75 €	175 €	75 € (250 € ./. 175 €)
Februar	50 €	50 €	0 €	2 x 175 € = 350 €	0 € (250 € + 50 € ./. 350 €), Aufrollung des Januar
März	180 €	175 €	5 €	3 x 175 € = 525 €	0 € (250 € + 50 € +180 € ./. 525 €)
April	100 €	100 €	0 €	4 x 175 € = 700 €	0 € (250 € + 50 € + 180 € + 100 € ./. 616 €)
Mai	200 €	175 €	25 €	5 x 175 € = 875 €	0 € (250 € + 50 € + 180 € + 100 € + 200 € ./. 875 €)
Summe	780 €	675 €	105 €	5 x 175 € = 875 €	0 €

Bei Verrechnung des nicht ausgeschöpften Freibetragsvolumens mit abgelaufenen Lohnzahlungszeiträumen ist im Februar der Lohnsteuereinbehalt für den Monat Januar zu korrigieren.

Auslagenersatz

Auslagenersatz des Arbeitnehmers und durchlaufende Gelder können vom Arbeitgeber steuerfrei ersetzt werden, falls die Ausgaben für und auf Rechnung des Arbeitgebers getätigt werden. Über die ausgelegten Beträge ist im Einzelnen abzurechnen. In diesen Fällen ist es gleichgültig, ob der Arbeitnehmer die Beträge im Namen des Arbeitgebers verauslagt oder im eigenen Namen (z. B. wessen Name auf der Rechnung vermerkt ist). Pauschaler Auslagenersatz führt regelmäßig zu Arbeitslohn. **Pauschaler** Auslagenersatz kann jedoch steuerfrei gezahlt werden, wenn er regelmäßig wiederkehrt und der Arbeitnehmer die entstandenen Aufwendungen für einen repräsentativen Zeitraum von drei Monaten im Einzelnen nachweist. Der pauschale Auslagenersatz bleibt grundsätzlich so lange steuerfrei, bis sich die Verhältnisse wesentlich ändern (z. B. durch eine Änderung der Berufstätigkeit); s. aber neuere BFH-Rechtsprechung zu tarifvertraglichen Regelungen, BFH-Urteil v. 28.3.2006, VI R 24/03.

Für **Telekommunikationsaufwendungen** sehen die Lohnsteuer-Richtlinien eine Sonderregelung vor, falls erfahrungsgemäß beruflich veranlasste Telekommunikationsaufwendungen entstehen. Ist dies so, können aus Vereinfachungsgründen ohne Einzelnachweis bis zu 20 % des Rechnungsbetrags, höchstens 20 € monatlich, steuerfrei ersetzt werden. Ermittelt der Arbeitnehmer einen monatlichen Durchschnittsbetrag für einen repräsentativen Zeitraum von drei Monaten, bleibt dieser grundsätzlich so lange steuerfrei, bis sich die Verhältnisse wesentlich ändern. Zu den Telekommunikationsaufwendungen rechnen auch das Nutzungsentgelt einer Telefonanlage sowie der Grundpreis der Anschlüsse. Der Aufteilungsmaßstab ergibt sich aus dem beruflichen Anteil der Verbindungsentgelte an den gesamten Verbindungsentgelten (Telefon und ggf. Internet).

Auslandstätigkeit

→ *Kaufkraftausgleich*

Auslösungen

Als Auslösungen werden Arbeitgeberzahlungen an den Arbeitnehmer auf Grund einer beruflich veranlassten Auswärtstätigkeit (ab 2009: → *Reisekosten*, Auswärtstätigkeit, → Rz. B 87) bezeichnet. Diese besonderen Vergütungen sollen die entstehenden Mehrkosten ersetzen. In Betracht kommen steuerfreier Fahrtkostenersatz, steuerfreie Verpflegungspauschalen sowie Übernachtungskosten und bestimmte Nebenkosten. Ersetzt der Arbeitgeber nicht sämtliche Aufwendungen des Arbeitnehmers, kann dieser in der Einkommensteuererklärung die Differenz als Werbungskosten ansetzen, soweit das Steuerrecht nicht bestimmte Höchstbeträge vorsieht.

Aussperrungsunterstützungen

→ *Streikunterstützungen*

BahnCard

Der Arbeitgeber kann dem Arbeitnehmer die Aufwendungen für den Erwerb einer sog. BahnCard steuerfrei erstatten, wenn die erstatteten Aufwendungen für die BahnCard und die ermäßigt abgerechneten dienstlichen Fahrten insgesamt unter den Fahrtkosten liegen, die ohne Einsatz der BahnCard entstanden wären. Dieser Grundsatz ist auch für die BahnCard 100 anzuwenden. Erstattungen für die BahnCard 100 sind dann steuerfrei, wenn die – andernfalls für die Dienstreise entstehenden – Kosten für die dienstlichen Bahnfahrten den Kaufpreis für die Karte übersteigen. Der ggf. steuerpflichtige Vorteil fließt insgesamt bei Überlassung der BahnCard an den Arbeitnehmer zu (BFH-Urteil v. 12. 4. 2007, BStBl II 2007 S. 719).

Beihilfeleistungen

→ *Krankheitskosten*

Beitragszuschlag

Der Beitragszuschlag für Kinderlose in der sozialen Pflegeversicherung i. H. v. 0,25 % ist vom Arbeitnehmer allein zu tragen und kann deshalb vom Arbeitgeber nicht steuerfrei erstattet werden.

Beiträge an Vereine

→ *Mitgliedsbeiträge*

Belegschaftsaktien

→ *Vermögensbeteiligung*

Belegschaftsrabatte

→ *Preisnachlässe, Personalrabatte*

Belohnungen

Belohnungen des Arbeitgebers oder eines Dritten an den Arbeitnehmer für dessen Tätigkeit sind grundsätzlich steuerpflichtiger Arbeitslohn (z. B. Incentives); Ausnahmen → *Aufmerksamkeiten*, → *Trinkgelder.*

Bergmannsprämien

Die für verfahrene volle Schichten vor dem 1. 1. 2009 gezahlten Bergmannsprämien nach dem Gesetz über Bergmannsprämien sind steuerfrei.

Berufskleidung

Gestellt oder übereignet der Arbeitgeber typische Berufskleidung, ist der sich daraus ergebende Vorteil steuerfrei. Zur typischen Berufskleidung gehören Kleidungsstücke, die als Arbeitsschutzkleidung auf die jeweils ausgeübte Berufstätigkeit zugeschnitten sind oder nach ihrer z. B. uniformartigen Beschaffenheit oder dauerhaft angebrachten Kennzeichnung durch Firmenemblem o. Ä. objektiv eine berufliche Funktion erfüllen. Die private Nutzung der Kleidungsstücke muss so gut wie ausgeschlossen sein. Typische Berufskleidung ist z. B. Kleidung, die nach Unfallverhütungsvorschriften, Tarifvertrag oder Betriebsvereinbarung vorgeschrieben ist (z. B. Sicherheitsschuhe, Kittel). Normale Schuhe und Unterwäsche sind keine typische Berufskleidung. Erhält der Arbeitnehmer die Berufskleidung ohne Anrechnung auf seinen Arbeitslohn – also zusätzlich –, ist nach den Lohnsteuer-Richtlinien (R 3.31 LStR) regelmäßig anzunehmen, dass es sich um typische Berufskleidung handelt – es sei denn, das Gegenteil ist offensichtlich. Gestellt der Arbeitgeber einheitliche, während der Arbeitszeit zu tragende bürgerliche Kleidung, ergibt sich für den Arbeitnehmer dann kein steuerpflichtiger Vorteil, wenn das eigenbetriebliche Interesse des Arbeitgebers im Vordergrund steht (BFH-Urteil v. 22. 6. 2006, BStBl II 2006 S. 915); anders regelmäßig bei Überlassung hochwertiger Kleidung (BFH-Urteil v. 11. 4. 2006, BStBl II 2006 S. 691).

An Stelle der Sachzuwendung kann der Arbeitgeber auch die Aufwendungen des Arbeitnehmers für die Anschaffung sowie den Unterhalt (z. B. Reinigung) steuerfrei erstatten. Voraussetzung ist, dass der Arbeitnehmer nach Unfallverhütungsvorschriften, Tarifvertrag oder Betriebsvereinbarung typische Berufskleidung zu tragen hat, er einen Anspruch auf Gestellung von typischer Berufskleidung hat und die Beschaffung der Kleidungsstücke durch den Arbeitnehmer für den Arbeitgeber vorteilhafter ist. Pauschale **Zahlungen** für den Einsatz der Berufskleidung bleiben steuerfrei, soweit sie die regelmäßigen Abschreibungen für die Abnutzung und die üblichen Instandhaltungs- und Instandsetzungsarbeiten der typischen Berufskleidung abgelten.

Berufskraftfahrer

→ *Reisekosten, Auswärtstätigkeit*

Betriebliche Altersversorgung

Für die betriebliche Altersversorgung sieht das maßgebliche Betriebsrentengesetz folgende **fünf Durchführungswege** vor:

- Direktzusage;
- Unterstützungskasse;
- Pensionskasse;
- Pensionsfonds;
- Direktversicherung.

Wann der **steuerliche Zufluss von Arbeitslohn** vorliegt, richtet sich grundsätzlich nach dem Durchführungsweg. Bei der Versorgung über eine Direktzusage und Unterstützungskasse fließt Arbeitslohn erst im Zeitpunkt der Zahlung der Alterversorgungsleistungen zu. Bei der Versorgung im Rahmen der anderen Durchführungswege (Pensionskasse, Pensionsfonds, Direktversicherung) liegt Zufluss von Arbeitslohn bereits im Zeitpunkt der Zahlung der Beiträge durch den Arbeitgeber an die entsprechende Versorgungseinrichtung oder das Versicherungsunternehmen vor.

Die steuerlichen Folgen werden auch gezogen, wenn es sich um Beiträge handelt, die durch eine steuerlich anerkannte **Entgeltumwandlung** (→ *Entgeltumwandlung zu Gunsten einer betrieblichen Altersversorgung*) finanziert werden.

Arbeitgeberbeiträge an eine **Pensionskasse**, einen **Pensionsfonds** oder für eine **Direktversicherung** sind bis zu bestimmten Höchstbeträgen steuerfrei. Zu den Einzelheiten siehe → *Pensionskasse*, → *Pensionsfonds* und → *Direktversicherung*.

Zuwendungen an eine **Pensionskasse** und Beiträge für eine **Direktversicherung** können unter bestimmten Voraussetzungen und bis zu bestimmten Grenzen auch **pauschal besteuert** werden (→ *Pensionskasse*, → *Direktversicherung* und → Rz. C 191 ff.).

Zu den Beiträgen des Arbeitgebers für eine **Rückdeckungsversicherung** → *Rückdeckungsversicherung* und an eine **Unterstützungskasse** → *Unterstützungskassen*.

Betriebsausflug

→ *Betriebsveranstaltungen*

Betriebsrenten

Betriebsrenten, die vom früheren Arbeitgeber gezahlt werden, sind Arbeitslohn (auch → *Betriebliche Altersversorgung*). Hat der Arbeitnehmer das 63. Lebensjahr bzw. als Schwerbehinderter das 60. Lebensjahr vollendet, kommen seit 2005 der (neue) Versorgungsfreibetrag und der Zuschlag zum Versorgungsfreibetrag zum Ansatz (→ Rz. B 93 *Versorgungsfreibetrag*).

Betriebssport

Die Überlassung betriebseigener Sportanlagen und Sportgeräte an die Arbeitnehmer liegt dann im überwiegend eigenbetrieblichen Interesse des Arbeitgebers und stellt keinen Arbeitslohn dar, wenn deren Nutzung allen Mitarbeitern möglich ist. Dies gilt insbesondere für die Mannschaftssportarten. Mietet der Arbeitgeber jedoch Sportanlagen für sog. Einzelsportarten zur Nutzung an (z. B. Tennis- oder Squashplätze), so führt dies regelmäßig zu steuerpflichtigem Arbeitslohn für die spielenden bzw. nutzenden Arbeitnehmer, weil sie sich insoweit die Platzmiete ersparen.

Betriebsveranstaltungen

Aufwendungen des Arbeitgebers für Betriebsveranstaltungen gehören als Leistungen im ganz überwiegenden betrieblichen Interesse des Arbeitgebers nicht zum Arbeitslohn, wenn es sich um herkömmliche (übliche) Betriebsveranstaltungen und um bei diesen Veranstaltungen übliche Zuwendungen handelt.

Betriebsveranstaltungen sind Veranstaltungen auf betrieblicher Ebene, die gesellschaftlichen Charakter haben und an denen alle Betriebsangehörigen teilnehmen können (z. B. Betriebsausflüge, Weihnachtsfeiern, Jubiläumsfeiern). Veranstaltungen für nur einen beschränkten Kreis von Arbeitnehmern sind dann steuerliche Betriebsveranstaltungen, wenn die Begrenzung des Teilnehmerkreises nicht eine Bevorzugung bestimmter Arbeitnehmergruppen darstellt. Betriebsveranstaltungen sind deshalb auch z. B. Feiern

- nur für alle Arbeitnehmer einer Organisationseinheit des Betriebs,
- nur für alle im Ruhestand befindlichen früheren Arbeitnehmer des Unternehmens (Pensionärstreffen),
- nur für solche Arbeitnehmer, die bereits im Unternehmen ein rundes (z. B. 10- oder 50-jähriges) Arbeitnehmerjubiläum gefeiert haben oder in Verbindung mit der Betriebsveranstaltung feiern (Jubilarfeiern).

Die Ehrung eines einzelnen Jubilars oder eines einzelnen Arbeitnehmers bei dessen Ausscheiden aus dem Betrieb, auch unter Beteiligung weiterer Arbeitnehmer, ist keine Betriebsveranstaltung; Sachzuwendungen aus Anlass einer solchen Feier sind Arbeitslohn.

Die Teilnahme an bis zu zwei Veranstaltungen jährlich führt nicht zu Arbeitslohn (Freigrenze beachten); auf die Dauer der einzelnen Veranstaltung kommt es hierbei nicht an; begünstigt ist auch eine zweitägige Veranstaltung. Leistet der Arbeitnehmer einen (Bar-)Zuschuss in die Gemeinschaftskasse der Arbeitnehmer für einen Betriebsausflug, ist dies kein Arbeitslohn, wenn die Voraussetzungen 110 €-Grenze und höchstens zweitägige Dauer vorliegen.

Die Aufwendungen des Arbeitgebers einschließlich Umsatzsteuer für die Betriebsveranstaltung dürfen pro teilnehmendem Arbeitnehmer nicht mehr als **110 € je Veranstaltung** betragen (Freigrenze). Der anteilige Betrag ist zu ermitteln aus den Gesamtaufwendungen, die nach Köpfen den teilnehmenden Personen zuzurechnen sind. Liegt der dem Arbeitnehmer zugerechnete Betrag darüber (z. B. weil der Arbeitnehmer von einer nicht beim Arbeitgeber beschäftigten Person begleitet wurde), ist der Gesamtbetrag steuerpflichtig. In die Betragsgrenze von 110 € gehören insbesondere folgende vom Arbeitgeber getragene Zuwendungen: Speisen, Getränke, Tabakwaren und Süßigkeiten, Übernachtungs- und Fahrtkosten, Eintrittskarten für kulturelle und sportliche Veranstaltungen, wenn sich die Betriebsveranstaltung nicht im Besuch einer kulturellen oder sportlichen Veranstaltung erschöpft, Aufwendungen für den äußeren Rahmen (z. B. für Räume, Musik, Kegelbahn, für künstlerische und artistische Darbietungen, wenn die Darbietungen nicht der wesentliche Zweck der Betriebsveranstaltung sind) sowie Geschenke. Hierzu gehört auch die nachträgliche Überreichung der Geschenke an solche Arbeitnehmer, die aus betrieblichen oder persönlichen Gründen nicht an der Betriebsveranstaltung teilnehmen konnten.

Barzuwendungen (Geldgeschenke) sind stets Arbeitslohn, es sei denn, sie werden als Zehrgelder an Stelle der zuvor genannten üblichen Sachzuwendungen gewährt und ihre zweckentsprechende Verwendung ist sichergestellt (BFH-Urteil v. 7. 2. 1997, BStBl II 1997 S. 365).

Ist der auf den Arbeitnehmer entfallende Vorteil **steuerpflichtig**, kann die Lohnsteuer dafür nach den allgemeinen Vorschriften oder pauschal erhoben werden (→ Rz. C 210, 219). Das gilt auch für nicht übliche Zuwendungen (z. B. Geschenke, deren Gesamtwert 40 € übersteigt) oder Zuwendungen an einzelne Arbeitnehmer aus Anlass – nicht nur bei Gelegenheit – der Betriebsveranstaltung.

Gewinne aus einer Verlosung, die während einer Betriebsveranstaltung durchgeführt wurde, gehören zum Arbeitslohn, wenn an der Verlosung nicht sämtliche an der Betriebsveranstaltung teilnehmenden Arbeitnehmer beteiligt werden, sondern diese Verlosung nur einem bestimmten (z. B. herausgehobenen) Personenkreis vorbehalten ist → *Losgewinne*.

Lädt ein Arbeitgeber anlässlich eines runden **Geburtstags** des Arbeitnehmers Geschäftsfreunde, Repräsentanten des öffentlichen Lebens, Vertreter von Verbänden und Berufsorganisationen sowie Mitarbeiter zu einem Empfang ein (Geburtstagsfeier), ist nach Auffassung des BFH unter Berücksichtigung aller Umstände des Einzelfalls zu entscheiden, ob es sich um ein Fest des Arbeitgebers (betriebliche Veranstaltung) oder um ein privates Fest des Arbeitnehmers handelt (R 19.3 Abs. 2 Nr. 4 LStR, BFH v. 28. 1. 2003, BStBl II 2003 S. 724).

Für ein Fest des Arbeitgebers kann sprechen, wenn dieser als Gastgeber auftritt, er die Gästeliste nach geschäftsbezogenen Gesichtspunkten bestimmt, in seine Geschäftsräume einlädt und wenn das Fest den Charakter einer betrieblichen Veranstaltung und nicht einer privaten Feier des Arbeitnehmers aufweist. Bei einer solchen betrieblichen Veranstaltung stellen die Sachleistungen des Arbeitgebers für den Arbeitnehmer (Jubilar) keinen Arbeitslohn dar. Die anteiligen Aufwendungen des Arbeitgebers, die auf den Arbeitnehmer selbst, seine Familienangehörigen sowie private Gäste des Arbeitnehmers entfallen, gehören jedoch zum steuerpflichtigen Arbeitslohn, wenn die Aufwendungen des Arbeitgebers mehr als 110 € je teilnehmender Person betragen; auch Geschenke bis zu einem Gesamtwert von 40 € sind in die 110 €-Grenze einzubeziehen.

Incentive-Reisen, die der Arbeitgeber veranstaltet, sind keine Betriebsveranstaltungen (→ *Incentive-Reisen*).

Betriebsversammlung

Kostenerstattungen des Arbeitgebers aus Anlass einer Betriebsversammlung gehören zum steuerpflichtigen Arbeitslohn; bei Betriebsversammlungen außerhalb des Betriebs können die anfallenden Fahrtkosten steuerfrei ersetzt werden.

Bewirtung

Mahlzeiten, die der Arbeitgeber im ganz überwiegenden betrieblichen Interesse an die Arbeitnehmer abgibt, gehören nicht zum Arbeitslohn. Dies sind Mahlzeiten im Rahmen herkömmlicher Betriebsveranstaltungen, für ein sog. Arbeitsessen sowie für die Beteiligung von Arbeitnehmern an einer geschäftlich veranlassten Bewirtung i. S. d. § 4 Abs. 5 Satz 1 Nr. 2 EStG (→ *Aufmerksamkeiten*).

Bonusmeilen

→ *Sachprämien*

Brille

→ *Schutzbrille*

Business-Seats

Überlässt der Arbeitgeber den Arbeitnehmern unentgeltlich oder verbilligt sog. Business-Seats zur privaten Verwendung, ist der lohnsteuerliche Vorteil als Arbeitslohn zu erfassen. Für die Lohnbesteuerung gelten dieselben Grundsätze wie für → *VIP-Logen*.

Computer

→ *Telekommunikation/-kommunikationsgeräte, Personalcomputer, Verbindungsentgelte*

D&O-Versicherung

Die Vorteile für eine Directors&Officers-Versicherung (D&O-Versicherung) liegen im überwiegend eigenbetrieblichen Interesse und sind nicht steuerpflichtig, falls folgende Voraussetzungen erfüllt sind:

- Es handelt sich um eine Vermögensschaden-Haftpflichtversicherung, die in erster Linie der Absicherung des Unternehmens oder des Unternehmenswertes gegen Schadensersatzforderungen Dritter gegenüber dem Unternehmen dient, die ihren Grund in dem Tätigwerden oder Untätigbleiben der für das Unternehmen verantwortlich handelnden und entscheidenden Organe und Leitungsverantwortlichen haben;
- die D&O-Verträge enthalten besondere Klauseln zur Firmenhaftung oder zum sog. Company Reimbursement, die im Ergebnis dazu führen, dass der Versicherungsanspruch aus der Versicherungsleistung dem Unternehmen als Versicherungsnehmer zusteht;
- regelmäßig ist das Management als Ganzes versichert, der Versicherungsschutz kommt für einzelne Personen nicht in Betracht;
- Basis der Prämienkalkulation sind nicht individuelle Merkmale der versicherten Organmitglieder, sondern Betriebsdaten des Unternehmens, wobei die Versicherungssummen deutlich höher sind als typischerweise das Privatvermögen der Versicherten.

Ein überwiegend eigenbetriebliches Interesse ist hingegen zu verneinen, wenn Risiken versichert werden, die üblicherweise durch eine individuelle Berufshaftpflichtversicherung abgedeckt werden.

Darlehen

Gewährt der Arbeitgeber oder auf Grund des Dienstverhältnisses ein Dritter dem Arbeitnehmer unverzinsliche oder im Vergleich zum niedrigsten Marktangebot zinsverbilligte Darlehen, so sind die Zinsvorteile steuerpflichtiger Arbeitslohn. **Keine** Arbeitgeberdarlehen sind insbesondere Reisekostenvorschüsse, ein vorschüssiger Auslagenersatz, als Arbeitslohn zufließende Lohnabschläge und Lohnvorschüsse, sofern es sich bei Letzteren nur um eine abweichende Auszahlungsvereinbarung handelt. Zinsvorteile sind **nur dann steuerpflichtig,** wenn die Summe der noch nicht getilgten Darlehen am Ende des Lohnzahlungszeitraums **2 600 €** übersteigt. Die 44 €-Freigrenze (→ *Sachbezüge, Freigrenze*) ist anwendbar.

Vergibt der Arbeitgeber **geschäftsmäßig gleichartige** Darlehen am Markt (z. B. Banken), ist der geldwerte Vorteil nach § 8 Abs. 3 EStG zu bewerten und nicht nach den folgenden Grundsätzen; dafür kommt der Rabattfreibetrag (→ *Preisnachlässe, Personalrabatte*) zur Anwendung. In anderen Fällen sind Zinsvorteile als Sachbezüge zu versteuern. Bei verbilligten oder zinslosen Arbeitgeberdarlehen entstand vor 2008 ein geldwerter Vorteil, soweit der Effektivzins den Maßstabzins von 5 % unterschritt (R 31 Abs. 11 Satz 3 LStR 2005). Seit 2007 bemisst sich der geldwerte Vorteil nach dem **Unterschiedsbetrag** zwischen dem Maßstabszinssatz für vergleichbare Darlehen am Abgabeort und dem Zinssatz, der im konkreten Einzelfall vereinbart ist. Dies gilt z. B. hinsichtlich der Kreditart, wie Wohnungsbaukredit, Konsumentenkredit/Ratenkredit oder Überziehungskredit, der Laufzeit des Darlehens und der Dauer der Zinsfestlegung; sie müssen im Wesentlichen übereinstimmen. Für Arbeitgeberdarlehen mit Zinsfestschreibung ist für die gesamte Vertragslaufzeit der Maßstabszinssatz bei Vertragsabschluss maßgeblich. Nach Ablauf der Zinsfestschreibung ist der Zinsvorteil ggf. neu zu ermitteln. Bei variablem Zinssatz ist für die Ermittlung des geldwerten Vorteils der jeweils aktuelle Maßstabszinssatz heranzuziehen. Die Grundlagen für den ermittelten Zinsvorteil sind als Belege zum Lohnkonto zu nehmen.

Weil der Arbeitgeber das (niedrigste) Marktangebot kaum ermitteln kann, lässt die Finanzverwaltung es zu, für die **Feststellung des Maßstabszinssatzes** die bei Vertragsabschluss von der Deutschen Bundesbank zuletzt veröffentlichten Effektivzinssätze heranzuziehen. Diese sind im Internet veröffentlicht unter: www.bundesbank.de/statistik/statistik_zinsen_tabellen.php unter der Rubrik „EWU-Zinsstatistik [Bestände, Neugeschäft]". Maßgebend sind die Effektivzinssätze unter „Neugeschäft". Von dem sich danach ergebenden Effektivzinssatz kann ein Abschlag von 4 % vorgenommen werden. Aus der Differenz zwischen diesem Maßstabszinssatz und dem Zinssatz, der im konkreten Einzelfall vereinbart ist, sind die **Zinsverbilligung** und der geldwerte Vorteil zu ermitteln, wobei die Zahlungsweise der Zinsen (z. B. monatlich, jährlich) unmaßgeblich ist. Zwischen den einzelnen Arten von Krediten (z. B. Wohnungsbaukredit, Konsumentenkredit/Ratenkredit, Überziehungskredit) ist zu unterscheiden.

Beispiel:

Ein Arbeitnehmer erhält im Juni 2008 ein Arbeitgeberdarlehen von 16 000 € zu einem Effektivzinssatz von 2 % jährlich; Laufzeit vier Jahre mit monatlicher Tilgung und monatlicher Fälligkeit der Zinsen.

Der bei Vertragsabschluss im Juni 2008 von der Deutschen Bundesbank für Konsumentenkredite mit anfänglicher Zinsbindung von über ein bis fünf Jahre veröffentlichte Effektivzinssatz – Erhebungszeitraum April 2008 – beträgt 5,68 %. Nach Abzug des Abschlags von 4 % (von 5,68 % = 0,227) ergibt sich ein Maßstabszinssatz von 5,45 %.

Die **Zinsverbilligung** beträgt somit 3,45 % (5,45 % abzgl. 2 %). Danach ergibt sich im Juni 2008 ein geldwerter Vorteil von 46 € (3,45 % von 16 000 € × 1/12). Dieser Vorteil ist, da die 44 €-Freigrenze überschritten ist, lohnsteuerpflichtig. Der geldwerte Vorteil ist jeweils bei Tilgung des Arbeitgeberdarlehens für die Restschuld neu zu ermitteln.

Für **Bestandsdarlehen mit Vertragsabschluss vor dem 1. 1. 2003** kann wie vorstehend verfahren werden, jedoch ist die frühere Bundesbank-Zinsstatistik „Erhebung über Soll- und Habenzinsen ausgewählter Kredit- und Einlagenarten" heranzuziehen. Näheres wird im BMF-Schreiben vom 1. 10. 2008, BStBl 2008 I S. 892 erläutert.

Zinsersparnisse und Aufwendungszuschüsse aus **Wohnungsfürsorgemitteln** für Angehörige des **öffentlichen Dienstes** bleiben steuerfrei, wenn sie nur gegen Einräumung eines Besetzungsrechts oder unter Verzicht auf einen Teil der Miete bei Fremdvermietung gewährt werden.

Diebstahl

Ersetzt der Arbeitgeber dem Arbeitnehmer den Wert gestohlener Gegenstände, die aus beruflicher Veranlassung mitzuführen waren, weil er sie beruflich benötigte (z. B. auf einer Auswärtstätigkeit), ist dies kein Arbeitslohn (berufsspezifische Gefährdung).

Dienstantritt eines Arbeitnehmers

Zu üblichen Sachleistungen des Arbeitgebers aus Anlass des Dienstantritts des Arbeitnehmers im Betrieb → *Amtseinführung*.

Dienstreise

→ *Reisekosten*

Directors&Officers-Versicherung

→ *D&O-Versicherung*

Direktversicherung

Beiträge des Arbeitgebers für eine Direktversicherung führen zum **Zufluss** von Arbeitslohn (→ Rz. C 100 ff.).

Beiträge des Arbeitgebers aus dem **ersten Dienstverhältnis** für eine Direktversicherung zum Aufbau einer **kapitalgedeckten betrieblichen Altersversorgung** sind jedoch bis zur Höhe von **4 %** der Beitragsbemessungsgrenze in der **allgemeinen Rentenversicherung** steuerfrei (in 2009 bis zur Höhe von 2 592 € [64 800 € × 4 %]), wobei auch für Arbeitnehmer in den neuen Ländern und Ost-Berlin die Beitragsbemessungsgrenze (West) maßgeblich ist. Voraussetzung für die Steuerfreiheit ist, dass bei der Direktversicherung eine Auszahlung der zugesagten Alters-, Invaliditäts- oder Hinterbliebenenversorgungsleistungen in Form einer **Rente** oder eines **Auszahlungsplans** vorgesehen ist; die Möglichkeit, später eine Einmalkapitalzahlung zu wählen, steht der Steuerfreiheit aber noch nicht entgegen. Der Höchstbetrag i. H. v. 4 % der Beitragsbemessungsgrenze erhöht sich um **1 800 €**, wenn die Beiträge auf Grund einer **Versorgungszusage** geleistet werden, die **nach dem 31. 12. 2004 erteilt** wurde (sog. Neuzusage).

Aus Anlass der **Beendigung des Dienstverhältnisses** geleistete Beiträge für eine Direktversicherung sind steuerfrei, soweit sie 1 800 € vervielfältigt mit der Anzahl der Kalenderjahre, in denen das Dienstverhältnis des Arbeitnehmers zu dem Arbeitgeber bestanden hat, nicht übersteigen. Der vervielfältigte Betrag vermindert sich allerdings um die steuerfreien Beiträge, die der Arbeitgeber in dem Kalenderjahr, in dem das Dienstverhältnis beendet wird, und in den sechs vorangegangenen Kalenderjahren erbracht hat. Kalenderjahre vor 2005 werden dabei jeweils nicht berücksichtigt.

Der Arbeitgeber kann die Beiträge für eine Direktversicherung unter bestimmten Voraussetzungen und bis zu bestimmten Grenzen auch **pauschal** mit 20 % zzgl. Solidaritätszuschlag und ggf. Kirchensteuer **besteuern** (→ Rz. C 191 ff.).

Direktzusage

Eine Direktzusage (Pensionszusage) des Arbeitgebers führt erst im Zeitpunkt der Zahlung der Altersversorgungsleistungen zum Zufluss von Arbeitslohn. In der „Aktivphase" ist kein zusätzlicher Arbeitslohn zu versteuern.

Steuerfrei sind in diesem Zusammenhang Beiträge in den Fällen der **Insolvenzsicherung, Einstellung der Betriebstätigkeit** und **Liquidation** sowie der **Erwerb von Ansprüchen** durch den Arbeitnehmer gegenüber einem Dritten im Falle der Eröffnung des Insolvenzverfahrens oder in gleichgestellten Fällen, soweit der Dritte neben dem Arbeitgeber für die Erfüllung von Ansprüchen auf Grund bestehender Versorgungsverpflichtungen oder Versorgungsanwartschaften gegenüber dem Arbeitnehmer und dessen Hinterbliebenen einsteht; dies gilt entsprechend, wenn der Dritte für Wertguthaben aus einer Vereinbarung über die Altersteilzeit nach dem Altersteilzeitgesetz oder auf Grund von Wertguthaben aus einem Arbeitszeitkonto einsteht (§ 3 Nr. 65 EStG).

Doppelte Haushaltsführung

Einen doppelten Haushalt führen Arbeitnehmer, die beruflich außerhalb des Ortes beschäftigt sind, an dem sie einen eigenen Hausstand haben (wohnen), wenn sie am Beschäftigungsort eine Zweitwohnung innehaben. Aus beruflichem Anlass werden also zwei Wohnungen geführt (R 9.11 LStR). Bei Arbeitnehmern, die auf Grund ihrer individuellen Tätigkeit typischerweise nur an ständig wechselnden Tätigkeitsstätten eingesetzt werden, richtet sich die Erstattung der Aufwendungen nach Reisekostengrundsätzen (→ *Reisekosten*). Einen doppelten Haushalt können auch ausländische Arbeitnehmer (z. B. Erntehelfer) führen; für **Seeleute** und bei Auswärtstätigkeit → *Reisekosten*.

Der Arbeitgeber kann bei einer doppelten Haushaltsführung des Arbeitnehmers steuerfrei zahlen:

- **Fahrtkosten** aus Anlass des Wohnungswechsels zu Beginn und am Ende der doppelten Haushaltsführung (An- und Abreise); bei Fahrt mit dem eigenem Pkw können pauschal bis zu 0,30 € pro gefahrenem Kilometer steuerfrei gezahlt werden.
- Mehraufwendungen für Verpflegung (Verpflegungspauschalen)
  Als **Verpflegungspauschale** kann bei einer Abwesenheit von der Familienwohnung von 24 Stunden bis zu 24 € pro Tag steuerfrei gezahlt werden, längstens für die ersten drei Monate der Abwesenheit vom Lebensmittelpunkt bzw. der doppelten Haushaltsführung. Bei einer Abwesenheit von weniger als 24, aber mindestens 14 Stunden können bis zu 12 € und von weniger als 14, aber mindestens 8 Stunden bis zu 6 € steuerfrei gezahlt werden.
- Kosten der Zweitwohnung, Übernachtungskosten
  Steuerfrei gezahlt werden können die tatsächlichen **Übernachtungskosten** am Beschäftigungsort. Stattdessen kann der Arbeitgeber die Unterkunft kostenlos zur Verfügung stellen oder, falls der Arbeitnehmer die Unterkunft selbst bezahlt, pauschal 20 € pro Übernachtung in den ersten drei Monaten der Abwesenheit von der Familienwohnung bzw. der doppelten Haushaltsführung an diesen zahlen. Anschließend können bis zu 5 € pro Übernachtung steuerfrei gezahlt werden, solange der doppelte Haushalt fortgeführt wird. Bei Übernachtung im Ausland dürfen die Übernachtungskosten ohne Einzelnachweis der tatsächlichen Aufwendungen mit Pauschbeträgen (Übernachtungsgelder) steuerfrei erstattet werden; die Pauschbeträge werden vom BMF bekannt gegeben (→ *Reisekosten*).
- Familienheimfahrten
  Von den Aufwendungen des Arbeitnehmers für wöchentliche **Heimfahrten** an den Ort des eigenen Hausstands kann der Arbeitgeber einen Betrag bis zur Höhe der Entfernungspauschale von **0,30 €** pro Entfernungskilometer für jeweils eine mit dem Kraftfahrzeug tatsächlich durchgeführte Heimfahrt wöchentlich steuerfrei ersetzen. Die Entfernungspauschale gilt nicht für Flugstrecken; hier sind vorbehaltlich der Angemessenheit die tatsächlichen Aufwendungen anzusetzen. Aufwendungen für Fahrten mit einem im Rahmen des Dienstverhältnisses zur Nutzung überlassenen Kraftfahrzeug können nicht steuerfrei erstattet werden; im Gegenzug ist kein steuerpflichtiger geldwerter Vorteil anzusetzen. Werden öffentliche Verkehrsmittel genutzt, kann der Arbeitgeber die tatsächlichen Aufwendungen steuerfrei ersetzen.

Eine beruflich bedingte doppelte Haushaltsführung wird für unbegrenzte Zeit steuerlich anerkannt. Bei Arbeitnehmern in den Steuerklassen III, IV oder V kann der Arbeitgeber ohne weiteres unterstellen, dass sie einen eigenen Hausstand haben. Bei anderen Arbeitnehmern darf der Arbeitgeber einen eigenen Hausstand nur dann anerkennen, wenn sie schriftlich erklären, dass sie neben einer Zweitwohnung am Beschäftigungsort außerhalb des Beschäftigungsortes **einen eigenen Hausstand** unterhalten, und die Richtigkeit dieser Erklärung durch Unterschrift bestätigen. Diese Erklärung ist als Beleg zum Lohnkonto aufzubewahren.

Für die steuerfreie Erstattung hat der Arbeitnehmer dem Arbeitgeber die Belege über die entstandenen Kosten sowie die entsprechenden Reisekostenabrechnungen usw. vorzulegen. Der Arbeitgeber hat diese Unterlagen als Belege zum Lohnkonto aufzubewahren.

Durchlaufende Gelder

Durchlaufende Gelder, die der Arbeitnehmer vom Arbeitgeber erhält, um sie für ihn auszugeben, sind kein Arbeitslohn; darüber hinaus sind sie steuerfrei gestellt (→ *Auslagenersatz*).

Ehrenamt

Im Einkommensteuerrecht gibt es keine besonderen Vorschriften für eine „ehrenamtliche" Tätigkeit, so dass die allgemeinen Regelungen auch für ehrenamtlich Tätige gelten. Wird eine ehrenamtliche Tätigkeit unentgeltlich ausgeübt, so ist dies einkommensteuerlich ohne Bedeutung, da es in diesen Fällen an einem Zufluss von Einnahmen auf Seiten des ehrenamtlich Tätigen fehlt und der Tatbestand der Einkunftserzielung nicht erfüllt ist. Der Einkommensteuer unterliegen nur diejenigen Einkünfte, die einer der in § 2 Abs. 1 EStG genannten Einkunftsarten zuzuordnen sind (→ Rz. B 47 f.). Erhalten die Betroffenen für ihre Tätigkeit einen finanziellen Ausgleich (Vergütung) – auch wenn dieser als Aufwandsentschädigung bezeichnet wird –, so kann es sich – je nach Art und rechtlicher Ausgestaltung der Tätigkeit – um Einkünfte aus selbständiger Arbeit (§ 18 EStG), nichtselbständiger Arbeit (§ 19 EStG) oder um sonstige Einkünfte (§ 22 Nr. 3 EStG) handeln. Werden hingegen nur die tatsächlich angefallenen Aufwendungen im steuerlichen Sinn erstattet, liegen keine einkommensteuerrelevanten Einkünfte vor, da kein Gewinn bzw. Überschuss der Einnahmen über die Ausgaben angestrebt bzw. erzielt wird (→ Rz. B 50). Der Gesichtspunkt, dass die gezahlte Entschädigung bei der Umrechnung einen geringen Stundenlohn ergibt, spricht nicht gegen die Steuerpflicht. Erhalten öffentliche Dienste leistende Personen Aufwandsentschädigungen aus öffentlichen Kassen, → *Aufwandsentschädigungen*.

Ab 2007 wurde ein **neuer** allgemeiner **Freibetrag** für Einnahmen aus **nebenberuflichen Tätigkeiten** (Ehrenamtsfreibetrag) in EU- oder EWR-Staaten im gemeinnützigen, mildtätigen oder kirchlichen Bereich i. H. v. **500 €** im Kalenderjahr eingeführt (§ 3 Nr. 26a EStG). Mit diesem Freibetrag wird der Aufwand, der solchen nebenberuflich tätigen Personen durch ihre Beschäftigung entsteht, pauschal abgegolten. Übersteigen die als Betriebsausgaben oder Werbungskosten abziehbaren Aufwendungen den Freibetrag, sind die gesamten Aufwendungen dem Finanzamt nachzuweisen oder glaubhaft zu machen. Der Freibetrag wird für dieselbe Tätigkeit jedoch nicht zusätzlich zu den Steuerbefreiungen für → *Aufwandsentschädigungen* aus öffentlichen Kassen oder dem sog. Übungsleiterfreibetrag (→ *Übungsleiterpauschale*) gewährt.

Ein-Euro-Job

Die als Mehraufwand gezahlte Vergütung ist steuerfrei, wenn dem Beschäftigten als Entschädigung lediglich die Zuschüsse der Agentur für Arbeit gezahlt bzw. diese weitergeleitet werden. Die Zahlungen unterliegen nicht dem Progressionsvorbehalt nach § 32b EStG (→ Rz. B 29).

Einkaufsgutscheine

→ *Warengutscheine*

Einsatzwechseltätigkeit

Ab 2009: Beruflich veranlasste Auswärtstätigkeit (Rz. B 87), → *Reisekosten*

Eintrittskarten

Eintrittskarten, die der Arbeitgeber verbilligt oder kostenlos überlässt, sind grundsätzlich steuerpflichtiger Arbeitslohn. Zu beachten ist jedoch die Freigrenze für Sachbezüge i. H. v. 44 € monatlich (→ *Sachbezüge, Freigrenze*); als Teil einer Betriebsveranstaltung ggf. steuerfrei → *Betriebsveranstaltungen*, → *VIP-Logen*.

Entgeltumwandlung zu Gunsten einer betrieblichen Altersversorgung

Vereinbaren Arbeitgeber und Arbeitnehmer, **künftige Arbeitslohnansprüche** zu Gunsten einer betrieblichen Altersversorgung **herabzusetzen**, liegt eine arbeitnehmerfinanzierte betriebliche Altersversorgung (Entgeltumwandlung) vor (→ *Betriebliche Altersversorgung*). Die steuerlichen Folgen richten sich nach dem Durchführungsweg. Eine Vereinbarung zur Entgeltumwandlung wird steuerlich anerkannt, wenn noch nicht fällig gewordene Anteile des Arbeitslohns umgewandelt werden.

Entlassungsentschädigungen

→ *Abfindungen*

Entschädigungen

Entschädigungen sind Zahlungen an den Steuerpflichtigen, um eine finanzielle Einbuße ausgleichen. Eine Entschädigung setzt voraus, dass an Stelle der bisher geschuldeten Leistung eine andere tritt. Diese andere Leistung muss auf einem anderen, eigenständigen Rechtsgrund beruhen. Keine Entschädigungen sind demnach Zahlungen, die nicht an die Stelle weggefallener Einnahmen treten, sondern sich aus dem bestehenden Rechsverhältnis ergeben. Für steuerpflichtige Entschädigungen als Ersatz für entgangene oder entgehende Einnahmen kommt die ermäßigte Besteuerung nach der Fünftelungsregelung für außerordentliche Einkünfte (→ Rz. C 141 f.) in Betracht; auch → *Abfindungen.*

Erfindung

→ *Arbeitnehmererfindung*

Erholungsbeihilfen

sind steuerpflichtiger Arbeitslohn, der unter bestimmten Voraussetzungen pauschal versteuert werden kann (→ Rz. C 210, 220).

Erschwerniszuschläge

sind steuerpflichtiger Arbeitslohn; auch → *Arbeitslohnzuschläge für Sonntags-, Feiertags- oder Nachtarbeit.*

Essen

→ *Mahlzeiten*

Essenmarke

→ *Mahlzeiten*, → Rz. C 210 ff.

Existenzgründungszuschuss

Der nach § 421l SGB III gezahlte Existenzgründungszuschuss ist steuerfrei; er unterliegt nicht dem Progressionsvorbehalt.

Fahrtätigkeit

Ab 2009: Auswärtstätigkeit (→ Rz. B 87), → *Reisekosten*

Fahrten zwischen Wohnung und Arbeitsstätte

→ *Fahrtkostenzuschüsse, Fahrtkostenersatz*, → Rz. C 210, 225 ff.

Fahrtkostenzuschüsse, Fahrtkostenersatz

Fahrtkostenzuschüsse bzw. Fahrtkostenersatz des Arbeitgebers für die Fahrten des Arbeitnehmers zwischen Wohnung und Arbeitsstätte sind steuerpflichtiger Arbeitslohn, soweit die Leistungen nicht Reisekosten (→ *Reisekosten*) darstellen oder es sich nicht um eine unentgeltliche oder verbilligte Sammelbeförderung (→ *Sammelbeförderung*) handelt. Als **Fahrtkostenzuschüsse** für die arbeitstäglichen Fahrten zwischen Wohnung und Arbeitsstätte kommen nun wieder (auch ab 2007) ab dem ersten Kilometer folgende Möglichkeiten der **pauschal besteuerungsfähigen** Lohnzahlung bzw. Erstattung der Aufwendungen des Arbeitnehmers in Betracht:

- **Fahrten mit eigenem Kraftfahrzeug**
  Fährt der Arbeitnehmer mit einem Pkw oder einem anderen eigenen Transportmittel zur Arbeitsstätte, können zusätzlich zum ohnehin geschuldeten Arbeitslohn geleistete Fahrtkostenzuschüsse mit einer pauschalen Lohnsteuer i. H. v. 15 % versteuert werden. Pro Arbeitstag

kann zwar ein Zuschuss pro Hin- und Rückfahrt gezahlt werden, steuerlich bemisst sich der Höchstbetrag jedoch nach den Entfernungskilometern (einfache Entfernung), wobei der pauschalierungsfähige Betrag nun wieder ab dem ersten Entfernungskilometer zu ermitteln ist. Folgende Höchstbeträge können gezahlt und pauschal versteuert werden:

Fahrt mit	pro Entfernungskilometer (ab dem ersten km) zwischen Wohnung und Betrieb
Pkw	0,30 €
Motorrad, Motorroller	0,13 €
Moped, Mofa	0,08 €
Fahrrad	0,05 €

Näheres → Rz. C 225 ff.

- **Job-Ticket, Fahrkarte öffentliche Verkehrsmittel**
  Erstattet der Arbeitgeber die Kosten des Arbeitnehmers für die Fahrten zwischen Wohnung und Arbeitsstätte mit öffentlichen Verkehrsmitteln (im Linienverkehr), ist die Pauschalversteuerung mit 15 % nach den für Kfz maßgebenden Grundsätzen (ab erstem km) möglich.[1]) Näheres → Rz. C 225 ff. Überlässt der Arbeitgeber ein Job-Ticket oder eine andere Fahrberechtigung, ist die 44 €-Freigrenze anzuwenden → *Sachbezüge, Freigrenze.* Dies gilt auch bei der monatlichen Überlassung einer Monatsmarke oder monatlichen Fahrberechtigung für ein Job-Ticket, das für einen längeren Zeitraum gilt; Näheres → Rz. C 225 ff.

Für **Auswärtstätigkeiten** → *Reisekosten.*

Familienheimfahrten

→ *Doppelte Haushaltsführung*

Fehlgeldentschädigungen (Mankogelder)

An Arbeitnehmer, die im Kassen- und (Geld-)Zähldienst beschäftigt sind, kann für ein eventuell vom ihm auszugleichendes Fehlgeld ein steuerfreier Lohnzuschlag gezahlt werden. Steuerfrei ist eine Fehlgeldentschädigung von höchstens 16 € pro Kalendermonat. Ersetzt der Arbeitgeber nur die jeweils konkreten Kassenfehlbestände oder verzichtet er auf einen Ausgleich durch den Arbeitnehmer, ist dies steuerfrei bzw. regelmäßig kein Arbeitslohn.

Feiertagsarbeit

→ *Arbeitslohnzuschläge für Sonntags-, Feiertags- oder Nachtarbeit*

Feuerwehr

→ *Aufwandsentschädigungen*

Firmenwagen

→ *Kraftwagengestellung*

Forderungsverzicht

Verzichtet der Arbeitgeber auf Forderungen gegenüber seinen Arbeitnehmern, ist der Verzicht grundsätzlich steuerpflichtiger Arbeitslohn. Aus Vereinfachungsgründen braucht kein Arbeitslohn angesetzt zu werden, wenn die Forderung auf einem Unfall mit dem Firmen-Pkw beruht und der Arbeitnehmer den Schaden als Werbungskosten ansetzen kann; auch → *Fehlgeldentschädigungen*, → *Schadensersatzleistungen*.

Fort- und Weiterbildung

Berufliche Fort- oder Weiterbildungsleistungen des Arbeitgebers führen nicht zu Arbeitslohn, wenn diese Bildungsmaßnahmen im ganz überwiegenden betrieblichen Interesse durchgeführt werden. Diese Voraussetzung liegt vor, wenn die Einsatzfähigkeit des Arbeitnehmers im Betrieb des Arbeitgebers erhöht werden soll. Dabei ist es gleichgültig, ob die Bildungsmaßnahmen am Arbeitsplatz, in zentralen betrieblichen Einrichtungen oder in außerbetrieblichen Einrichtungen durchgeführt werden. Begünstigt sind auch sprachliche Bildungsmaßnahmen, wenn sie für die Tätigkeit erforderlich sind; hierunter fallen auch Deutschkurse für ausländische Mitarbeiter; weitere Bildungsmaßnahmen sind z. B. Rhetorik- und Computerkurse. Auch wenn die Fort- oder Weiterbildungsleistungen nach den vorstehenden Regelungen nicht zu Arbeitslohn führen, sind die Aufwendungen des Arbeitgebers, die zwar durch die Teilnahme des Arbeitnehmers an der Bildungsveranstaltung veranlasst sind, jedoch neben den Kosten für die eigentliche Fort- oder Weiterbildungsmaßnahme anfallen (z. B. Reisekosten), nach den dafür maßgebenden steuerlichen Vorschriften zu behandeln. Fährt der Arbeitnehmer zur regelmäßigen Arbeitsstätte, um sich freiwillig fortzubilden, z. B. außerhalb der Arbeitszeit, sind die Fahrten zwischen Wohnung und Arbeitsstätte keine Dienstreisen (Ansatz der Entfernungspauschale). Führt ein vollbeschäftigter Arbeitnehmer eine längerfristige, jedoch vorübergehende berufliche Bildungsmaßnahme durch, wird der Veranstaltungsort im Allgemeinen nicht zu einer weiteren regelmäßigen Arbeitsstätte; z. B. bei einer ca. 4-jährigen Maßnahme.

Freigrenze für Sachbezüge

→ *Sachbezüge*

Funktionswechsel eines Arbeitnehmers

Zu üblichen Sachleistungen des Arbeitgebers aus Anlass eines Funktionswechsels des Arbeitnehmers im Betrieb → *Amtseinführung*.

Geburtsbeihilfen

Geburtsbeihilfen des Arbeitgebers anlässlich der Geburt eines Kindes der Arbeitnehmerin/des Arbeitnehmers sind seit 2006 steuerpflichtig.

Geburtstagsfeier

→ *Betriebsveranstaltungen*

Gehaltsverzicht

Gehaltsverzicht liegt vor, wenn der Arbeitnehmer auf ihm zustehende Bezahlung verzichtet und keine Bedingungen für die Verwendung der verzichteten Gehaltsteile stellt. Diese Gehaltsteile stellen keinen Arbeitslohn dar. Zur Frage, ob ein bedingungsfreier Gehaltsverzicht oder eine lohnsteuerpflichtige Gehaltskürzung unter Verwendungsauflage vorliegt, → *Lohnverwendungsabrede* und → *Entgeltumwandlung zu Gunsten einer betrieblichen Altersversorgung*.

1) Nach den bei Redaktionsschluss vorliegenden inhaltsgleichen Gesetzesentwürfen des Bundesrates vom 10. 2. 2009 (BR-Drucks. 147/09) sowie der Fraktionen der CDU/CSU und der SPD vom 3. 3. 2009 (BT-Drucks. 6/12099) zur Wiedereinführung bzw. Fortführung der Entfernungspauschale nach der Gesetzeslage 2006 soll rückwirkend ab dem 1. 1. 2007 auch der Ansatz von höheren Kosten für die Benutzung öffentlicher Verkehrsmittel zugelassen werden. Tritt diese Neuregelung in Kraft, kann der Arbeitgeber solche Aufwendungen des Arbeitnehmers in voller Höhe erstatten und dafür die Lohnsteuer mit 15 % pauschalieren.

Geldstrafen

Geldstrafen, die der Arbeitgeber für den Arbeitnehmer übernimmt (zahlt), sind steuerpflichtiger Arbeitslohn. Übernimmt ein Arbeitgeber aus eigenbetrieblichem Interesse die Zahlung von Verwarnungsgeldern, die gegen seine Fahrer verhängt worden sind, weil sie das Halteverbot verletzt haben, liegt **kein** Arbeitslohn vor (BFH-Urteil v. 7. 7. 2004, BStBl II 2005 S. 367). Im Urteilsfall waren in einem Paketzustelldienst angestellte Fahrer gehalten, ihre Fahrzeuge in unmittelbarer Nähe zum Kunden und notfalls auch in Fußgängerzonen und im Halteverbot abzustellen, um die vorgegebenen Lieferzeiten einzuhalten. Wurden die Fahrer deswegen mit Verwarnungsgeldern belegt, zahlte diese der Arbeitgeber aus überwiegend eigenbetrieblichem Interesse. Die Übernahme von Bußgeldern und Geldauflagen, z. B. § 153a Strafprozessordnung, § 17 OWiG, sind Arbeitslohn.

Gelegenheitsgeschenke

→ *Aufmerksamkeiten*

Genussmittel

Genussmittel sind regelmäßig kein Arbeitslohn (→ *Aufmerksamkeiten*).

Geringfügiges Beschäftigungsverhältnis

Das Arbeitsentgelt ist stets **steuerpflichtig** und unterliegt dem Lohnsteuerabzug. Der Arbeitgeber kann die Lohnsteuer pauschal oder nach den Merkmalen der Lohnsteuerkarte erheben. Einzelheiten zu den gesetzlichen Regelungen → Rz. C 169 ff.

Geschenke

Geschenke und Aufmerksamkeiten, die der Arbeitnehmer aus persönlichen Anlässen erhält, sind steuerfrei, wenn der Warenwert (einschließlich Umsatzsteuer) 40 € nicht übersteigt. Gemeint sind Sachgeschenke, die anlässlich Geburtstag, Hochzeit oder anderer persönlicher Ereignisse des Arbeitnehmers oder seiner Familienangehörigen zugewendet werden; auch → *Aufmerksamkeiten*; Lose als Geschenke → *Lose*.

Gesundheitsvorsorge

→ *Vorsorgeuntersuchungen, Vorsorgeleistungen*

Getränke

Getränke, die der Arbeitgeber den Arbeitnehmern zur Verfügung stellt, sind regelmäßig kein Arbeitslohn; auch → *Aufmerksamkeiten*.

Gewinnbeteiligungen

Gewinnbeteiligungen, die dem Arbeitnehmer ausgezahlt oder gutgeschrieben werden, sind steuerpflichtiger Arbeitslohn.

Handy

→ *Telekommunikation/-kommunikationsgeräte, Personalcomputer, Verbindungsentgelte*

Heimarbeiterzuschläge

Heimarbeiterzuschläge können an Heimarbeiter im Sinne des Heimarbeitergesetzes als Lohnzuschlag i. H. v. bis zu 10 % des Grundlohns steuerfrei gezahlt werden (R 9.13 Abs. 2 LStR).

Heimfahrten

→ *Doppelte Haushaltsführung* (Familienheimfahrten)

Heiratsbeihilfen

Heiratsbeihilfen des Arbeitgebers anlässlich der Heirat der Arbeitnehmerin/des Arbeitnehmers sind seit 2006 steuerpflichtig.

Incentive-Reisen

Veranstaltet der Arbeitgeber sog. Incentive-Reisen, um bestimmte Arbeitnehmer für besondere Leistungen zu belohnen und zu weiteren Leistungssteigerungen zu motivieren, so erhalten die Arbeitnehmer damit einen steuerpflichtigen geldwerten Vorteil (Arbeitslohn), wenn auf den Reisen ein Besichtigungsprogramm angeboten wird, das einschlägigen Touristikreisen entspricht, und der Erfahrungsaustausch zwischen den Arbeitnehmern demgegenüber zurücktritt. Dieser Grundsatz gilt selbst dann, wenn ein Arbeitnehmer bei einer von seinem Arbeitgeber veranstalteten sog. Händler-Incentive-Reise Betreuungsaufgaben hat, falls der Arbeitnehmer auf der Reise von seinem Ehegatten begleitet wird. Ein geldwerter Vorteil entsteht jedoch nicht, wenn die Betreuungsaufgaben das Eigeninteresse des Arbeitnehmers an der Teilnahme des touristischen Programms in den Hintergrund treten lassen (BFH-Urteil v. 5. 2. 2006, BStBl II 2007 S. 312).

Die Vorteile für den Arbeitnehmer (z. B. in Form einer Auslandsreise) sind im Rahmen der Gesamtwürdigung einheitlich zu beurteilen. Eine Aufteilung in Arbeitslohn und Leistungen im betrieblichen Interesse ist grundsätzlich nicht zulässig. Ausnahmsweise kann eine Aufteilung zwischen Arbeitslohn und Zuwendungen im betrieblichen Interesse in Betracht kommen, wenn sich die Kosten für die betriebsfunktionalen Elemente leicht und eindeutig von sonstigen Zuwendungen mit Entlohnungscharakter abgrenzen lassen.

Veranstaltet der Arbeitgeber oder auf Grund von Geschäftsbeziehungen ein Dritter (z. B. Lieferant des Arbeitgebers) eine solche Reise, um bestimmte Arbeitnehmer für besondere Leistungen zu entlohnen und zu weiteren Leistungen zu motivieren, ist der Vorteil ebenfalls steuerpflichtiger Arbeitslohn und keine Betriebsveranstaltung (→ *Betriebsveranstaltungen*).

Da es sich stets um einen Sachbezug handelt, ist die pauschale Besteuerung mit dem betriebsindividuellen Pauschsteuersatz (→ Rz. C 202 ff.) oder mit 30 % (→ Rz. C 234) möglich.

Insolvenzgeld

Insolvenzgeld nach § 183 Abs. 3 SGB III ist steuerfrei; es unterliegt jedoch dem Progressionsvorbehalt nach § 32b EStG (→ Rz. B 20). Leistet der Arbeitgeber aufgrund des gesetzlichen **Forderungsübergangs** (§ 115 SGB X) eine Lohnnachzahlung unmittelbar an die **Arbeitsverwaltung**, ist die Zahlung als **Arbeitslohn** des Arbeitnehmers anzusehen und ggf. Lohnsteuer einzubehalten (R 3.2 LStR, H 3.2 LStH).

Internet

→ *Telekommunikation/-kommunikationsgeräte, Personalcomputer, Verbindungsentgelte*

Job-Ticket

→ *Fahrtkostenzuschüsse, Fahrtkostenersatz*

Jubiläumsfeier

→ *Betriebsveranstaltungen*

Jubiläumszuwendungen

Jubiläumszuwendungen als Sonderzahlungen des Arbeitgebers für Firmen- und Arbeitnehmerjubiläen sind seit 1999 steuerpflichtiger Arbeitslohn. Soweit es sich um Vergütungen für mehrjährige Tätigkeiten handelt, kommt eine Besteuerung als außergewöhnliche Einkünfte nach § 34 EStG (Fünftelungsregelung) in Betracht.

Kaufkraftausgleich

Kaufkraftausgleich kann als Zuschlag zum Arbeitslohn an Arbeitnehmer, die sich vorübergehend im Ausland aufhalten, steuerfrei gezahlt werden. Der steuerfreie Kaufkraftausgleich soll für den privaten Dienst den im öffentlichen Dienst steuerfrei gezahlten Kaufkraftzuschlag ausgleichen. Die Höhe der steuerfrei zahlbaren Prozentsätze vom Arbeitslohn werden vom BMF vierteljährlich bekannt gegeben (Gesamtübersicht zum 1. 1. 2009 s. BMF-Schreiben vom 9. 1. 2009 – IV C 5 – S 2341/09/100001; DOK: 2009/0005098, BStBl I 2009 S. 56; Anpassungen folgen).

Kinderbetreuung

→ *Kindergartenbeiträge*

Kindergartenbeiträge

Zuschüsse des Arbeitgebers an Arbeitnehmer zur Unterbringung und Betreuung von nicht (grund-)schulpflichtigen Kindern in Kindergärten oder vergleichbaren Einrichtungen sind steuerfrei. Es muss sich um Arbeitgeberleistungen für ein Kind des Arbeitnehmers handeln; der Arbeitnehmer braucht die Aufwendungen für die Kinderbetreuung nicht selbst zu tragen. Danach sind Arbeitgeberleistungen für die Betreuung des gemeinsamen Kindes eines unverheirateten Elternpaares auch dann steuerfrei, wenn der nicht beim Arbeitgeber beschäftigte Elternteil die Betreuungsaufwendungen trägt. Begünstigt sind auch Beiträge für den Besuch einer Vorschule und von Vorklassen.

Die Kindergartenzuschüsse müssen zusätzlich zum ohnehin geschuldeten Arbeitslohn gezahlt werden (→ Rz. C 228 ff.). Der Arbeitgeber muss die sachgerechte Verwendung der Zuschüsse nachweisen können (z. B. durch Vorlage der vom Arbeitnehmer zur Verfügung gestellten Quittungen bzw. durch Überweisungsformulare der monatlichen Zahlungen an den Kindergarten oder Träger der Einrichtung). Diese Nachweise müssen im Original als Beleg zum Lohnkonto des Arbeitnehmers aufbewahrt werden.

Kleidung

→ *Berufskleidung*

Konkursausfallgeld

→ *Insolvenzgeld*

Kontoführungsgebühren

Kontoführungsgebühren, die der Arbeitgeber an den Arbeitnehmer zahlt, sind steuerpflichtiger Arbeitslohn.

Kraftwagengestellung

Überlässt der Arbeitgeber oder auf Grund des Dienstverhältnisses ein Dritter dem Arbeitnehmer ein **Kraftfahrzeug** unentgeltlich (oder verbilligt) zur privaten Nutzung, liegt hierin ein steuerpflichtiger **geldwerter Vorteil** (Sachbezug für private Nutzung), der als Arbeitslohn zu erfassen ist. Dieser Vorteil kann anhand gesetzlich festgelegter **Pauschalen** oder durch **Einzelnachweis** der auf die Privatfahrten entfallenden Aufwendungen ermittelt werden. Bei der Privatnutzung ist zu unterscheiden zwischen **Privatfahrten**, Fahrten zwischen **Wohnung** und Arbeitsstätte und den **Heimfahrten** i. R. einer doppelten Haushaltsführung. Allein aus der beruflichen Gestellung eines **Werkstattwagens** kann eine Privatnutzung nicht unterstellt werden, BFH-Urteil v. 18. 12. 2008, VI R 34/07, BFH/NV 2009 S. 481.

Kein steuerpflichtiger Vorteil (weil steuerfrei) ist anzusetzen für folgende Fahrten des Arbeitnehmers:

- Fahrten anlässlich von Dienstreisen einschl. Fahrten zwischen Wohnung und Betrieb, wenn dadurch die Dienstreise an der Wohnung begonnen oder beendet wird,
- Fahrten von der Wohnung bzw. dem Betrieb zu den (ständig wechselnden) Einsatzstellen bei Auswärtstätigkeiten, auch wenn der Arbeitnehmer auswärts übernachtet (auf die Dauer der Tätigkeit an derselben Tätigkeitsstätte kommt es seit 2005 nicht mehr an) → *Dienstreise*, Rz. B 87,
- Fahrten anlässlich des Wohnungswechsels zu Beginn und am Ende der doppelten Haushaltsführung,
- wöchentliche Heimfahrten (Familienheimfahrten) anlässlich einer doppelten Haushaltsführung; 1 × pro Woche, soweit Werbungskostenansatz möglich;
- Sammelbeförderung für mehrere Arbeitnehmer → *Sammelbeförderung*.

Steuerpflichtig sind die sich aus der Nutzung eines Kraftwagens für andere Fahrten ergebenden Vorteile, die wie folgt zu berechnen sind:

● **Ermittlung des privaten Nutzungswerts durch Pauschalierung**

Vereinbaren Arbeitgeber und Arbeitnehmer für die Ermittlung des privaten Nutzungswerts die gesetzlichen **Pauschalen**, ist der geldwerte Vorteil nach den folgenden Grundsätzen zu ermitteln:

Der Arbeitgeber hat den Nutzungswert für die **Privatnutzung** mit monatlich 1 % des inländischen Listenpreises des Kraftfahrzeugs (Listenpreis) anzusetzen. Dieser Wert gilt unabhängig davon, in welchem Umfang/Verhältnis Privatfahrten durchgeführt werden; Unfallkosten sind nicht anzusetzen. Trägt der Arbeitnehmer bei Wahl der 1 %-Regelung die **Treibstoffkosten selbst**, **mindert** dies **weder** den Nutzungswert **noch** können sie als Werbungskosten angesetzt werden, s. auch BMF-Schreiben v. 6. 2. 2009, BStBl I 2009 S. 412. Kann das Kraftfahrzeug auch zu Fahrten zwischen **Wohnung** und Arbeitsstätte genutzt werden, so ist für diese Nutzungsmöglichkeit zusätzlich ein monatlicher Betrag i. H. v. **0,03 %** des Listenpreises für jeden Entfernungskilometer zwischen Wohnung und Arbeitsstätte dem Arbeitslohn zuzurechnen; dies gilt auch bei Nutzung eines Werkstattwagens. Die Monatswerte für die Privatnutzung und für Fahrten zwischen Wohnung und Arbeitsstätte sind auch dann anzusetzen, wenn das Kraftfahrzeug dem Arbeitnehmer im Kalendermonat nur zeitweise zur Verfügung steht; die tatsächliche Nutzung ist nicht entscheidend.

Für die Fahrten zwischen Wohnung und Arbeitsstätte ist die **einfache,** auf den nächsten vollen Kilometerbetrag abgerundete **Entfernung** anzusetzen. Maßgebend ist die kürzeste benutzbare Straßenverbindung. Der pauschale Nutzungswert ist nicht zu erhöhen, wenn der Arbeitnehmer das Kraftfahrzeug an einem Arbeitstag mehrmals zwischen Wohnung und Arbeitsstätte benutzt. Setzt der Arbeitnehmer das ihm überlassene Kraftfahrzeug bei den Fahrten zwischen Wohnung und Arbeitsstätte oder bei Familienheimfahrten nur für eine Teilstrecke ein, weil er regelmäßig die andere **Teilstrecke** mit öffentlichen Verkehrsmitteln zurücklegt, so ist der Ermittlung des pauschalen Nutzungswerts grundsätzlich die gesamte Entfernung zu Grunde zu legen. Die **mit dem Kraftfahrzeug tatsächlich zurückgelegte Strecke** kommt nur in Betracht, wenn das Kraftfahrzeug vom Arbeitgeber **nur** für diese Teilstrecke zur Verfügung gestellt worden ist und der Arbeitgeber die Einhaltung des Verbots **überwacht**. Nach dem BMF-Schreiben vom 23. 10. 2008 kann jedoch aus Billigkeitsgründen der pauschale Nutzungswert auch dann nach der mit dem Kraftfahrzeug tatsächlich zurückgelegten Entfernung ermittelt werden, z. B. in Park-and-Ride-Fällen, wenn für die restliche Teilstrecke z. B. eine auf den Arbeitnehmer ausgestellte Jahres-Bahnfahrkarte vorgelegt wird (BStBl I 2008 S. 961).

Diese Monatsbeträge für Privatnutzung und Fahrten zwischen Wohnung und Arbeitsstätte brauchen nicht angesetzt zu werden

- für volle Kalendermonate, in denen dem Arbeitnehmer kein betriebliches Kraftfahrzeug zur Verfügung steht, oder
- wenn dem Arbeitnehmer das Kraftfahrzeug aus besonderem Anlass nur gelegentlich (von Fall zu Fall) für nicht mehr als fünf Kalendertage im Kalendermonat überlassen wird. In diesem Fall ist die Nutzung zu Privatfahrten und zu Fahrten zwischen Wohnung und Arbeitsstätte je Fahrtkilometer mit 0,001 % des inländischen Listenpreises des Kraftfahrzeugs zu bewerten (Einzelbewertung). Zum Nachweis der Fahrtstrecke müssen die Kilometerstände festgehalten werden.

Nutzt der Arbeitnehmer das Kraftfahrzeug im Rahmen einer doppelten Haushaltsführung zu **mehr** als einer **Familienheimfahrt** wöchentlich, erhöht sich der zu versteuernde Nutzungswert für jeden Kilometer der Entfernung zwischen dem Beschäftigungsort und dem Ort des eigenen Hausstands um **0,002 %** des Listenpreises pro Familienheimfahrt → Rz. B 86 *Doppelte Haushaltsführung*. Solch ein Wert ist demnach anzusetzen für die zweite und jede weitere Heimfahrt innerhalb einer Woche.

Listenpreis im Sinne dieser Vorschrift ist die auf volle hundert Euro abgerundete unverbindliche Preisempfehlung des Herstellers für das genutzte Kraftfahrzeug im Zeitpunkt seiner Erstzulassung im Inland einschließlich der Zuschläge für Sonderausstattungen und der Umsatzsteuer; der Wert eines Autotelefons einschl. einer Freisprecheinrichtung sowie der Wert eines weiteren Satzes Reifen (z. B. Winterreifen) einschl. der Felgen bleibt außer Ansatz, Aufwendungen für **Navigations-** und **Diebstahlsicherungsgeräte** sind als Sonderausstattung zu erfassen. Wird Sonderausstattung nachträglich eingebaut, sind deren Kosten (einschl. Umsatzsteuer) dem Listenpreis zuzurechnen. Diese Grundsätze gelten auch bei **gebraucht** erworbenen oder **geleasten** Fahrzeugen. Für **reimportierte** Fahrzeuge ist der inländische Listenpreis des Kraftfahrzeugs im Zeitpunkt seiner Erstzulassung maßgebend. Nicht im Listenpreis erfasste Sonderausstattung ist werterhöhend, eine geringerwertige Ausstattung ist wertmindernd zu berücksichtigen. Ist ein Kraftwagen aus **Sicherheitsgründen** gepanzert, kann der Listenpreis des leistungsschwächeren Fahrzeugs zu Grunde gelegt werden, das dem Arbeitnehmer zur Verfügung gestellt würde, wenn seine Sicherheit nicht gefährdet wäre.

Beispiel:

Ermittlung des steuerpflichtigen geldwerten Vorteils für die private Kfz-Nutzung durch Pauschalierung

a) Privatnutzung

Der Brutto-Listenpreis des vom Arbeitnehmer privat genutzten betrieblichen Kfz beträgt im Zeitpunkt der Erstzulassung 38 000 €. Das Kfz wird im Kalenderjahr 2009 neben den Privatfahrten auch an 230 Tagen für Fahrten zwischen Wohnung und Arbeitsstätte genutzt. Die einfache Entfernung beträgt 20 km. Die steuerpflichtigen Jahresbeträge sind wie folgt zu ermitteln:

1 % von 38 000 € × 12 Monate =	4 560 €

Der steuerpflichtige Sachbezug für die private Pkw-Nutzung beträgt 4 560 €.

b) Wege zwischen Wohnung und Arbeitsstätte

0,03 % von 38 000 € × 20 km x 12 Monate =	2 736 €

Der steuerpflichtige Sachbezug für die Fahrten zwischen Wohnung und Arbeitsstätte beträgt 2 736 €. Anzusetzen ist ein steuerpflichtiger Jahresbetrag i. H. v. 7 296 €.

Der pauschale Nutzungswert kann die dem Arbeitgeber für das Fahrzeug insgesamt entstandenen Kosten übersteigen. Wird dies im Einzelfall nachgewiesen, so ist der Nutzungswert höchstens mit dem Betrag der Gesamtkosten des Kraftfahrzeugs anzusetzen, wenn nicht auf Grund des Nachweises der Fahrten durch ein Fahrtenbuch ein geringerer Wertansatz in Betracht kommt **(Begrenzung des pauschalen Nutzungswerts)**. Der mit dem Betrag der Gesamtkosten anzusetzende Nutzungswert ist um 50 % zu erhöhen, wenn das Kraftfahrzeug mit Fahrer zur Verfügung gestellt worden ist (BMF-Schreiben v. 28. 5. 1996, BStBl I 1996 S. 654).

Übersteigt die Zahl der Nutzungsberechtigten die in einem **Fahrzeugpool** zur Verfügung stehenden Kraftfahrzeuge, so ist bei pauschaler Nutzungswertermittlung für Privatfahrten der geldwerte Vorteil mit 1 % der Listenpreise aller Kraftfahrzeuge zu ermitteln und die Summe entsprechend der Zahl der Nutzungsberechtigten aufzuteilen. Für Fahrten zwischen Wohnung und Arbeitsstätte ist der geldwerte Vorteil mit 0,03 % der Listenpreise aller Kraftfahrzeuge zu ermitteln und die Summe durch die Zahl der Nutzungsberechtigten zu teilen. Dieser Wert ist beim einzelnen Arbeitnehmer mit der Zahl seiner zurückgelegten Entfernungskilometer zu multiplizieren. Wird **ein** Kraftfahrzeug von **mehreren** Arbeitnehmern genutzt, so ist bei pauschaler Nutzungswertermittlung für Privatfahrten der geldwerte Vorteil i. H. v. 1 % des Listenpreises entsprechend der Zahl der Nutzungsberechtigten aufzuteilen. Für Fahrten zwischen Wohnung und Arbeitsstätte ist bei jedem Arbeitnehmer der geldwerte Vorteil mit 0,03 % des Listenpreises je Entfernungskilometer zu ermitteln und dieser Wert durch die Zahl der Nutzungsberechtigten zu teilen.

● **Ermittlung des privaten Nutzungswerts durch Fahrtenbuchmethode**

Anstelle der pauschalen Ermittlung kann der Arbeitgeber den geldwerten Vorteil für die **Privatnutzung** anhand der **tatsächlichen** Fahrleistung (Privatnutzung zuzüglich Fahrten zwischen Wohnung und Arbeitsstätte sowie Familienheimfahrten) und der darauf entfallenden Aufwendungen für das Kraftfahrzeug ermittelt werden. Dabei bleiben vom Arbeitnehmer selbst getragene Aufwendungen (Kosten) außer Ansatz, s. auch BMF-Schreiben v. 6. 2. 2009, BStBl I 2009 S. 412. Maßgebend ist das Verhältnis der privaten zu den übrigen Fahrten; sie sind durch ein ordnungsgemäßes Fahrtenbuch nachzuweisen (**Fahrtenbuchmethode**). Dabei sind die dienstlich und privat zurückgelegten Fahrtstrecken gesondert und laufend im Fahrtenbuch nachzuweisen. Für dienstliche Fahrten sind grundsätzlich die folgenden Angaben erforderlich (strenge Formvorschriften der Finanzverwaltung beachten!):

- Datum und Kilometerstand zu Beginn und am Ende jeder einzelnen Auswärtstätigkeit, z. B. Dienstreise,
- Reiseziel und bei Umwegen auch die Reiseroute,
- Reisezweck und aufgesuchte Geschäftspartner.

Für Privatfahrten genügen jeweils Kilometerangaben; für Fahrten zwischen Wohnung und Arbeitsstätte genügt jeweils ein kurzer Vermerk im Fahrtenbuch. Die Führung des Fahrtenbuchs kann nicht auf einen repräsentativen Zeitraum beschränkt werden, selbst wenn die Nutzungsverhältnisse keinen größeren Schwankungen unterliegen. Anstelle des Fahrtenbuchs kann ein Fahrtenschreiber eingesetzt werden, wenn sich daraus dieselben Erkenntnisse gewinnen lassen.

Der private **Nutzungswert** ist der Anteil an den Gesamtkosten des Kraftwagens, der dem Verhältnis der Privatfahrten zur Gesamtfahrtstrecke entspricht. Die **Gesamtkosten** sind als Summe der Nettoaufwendungen (einschließlich sämtlicher Unfallkosten) zuzüglich Umsatzsteuer und Absetzungen für Abnutzung zu ermitteln[1]). Den Absetzungen für Abnutzung sind die tatsächlichen Anschaffungs- oder Herstellungskosten einschließlich der Umsatzsteuer zu Grunde zu legen. Als voraussichtliche Nutzungsdauer ist von einer **achtjährigen** (Gesamt-)Nutzungsdauer auszugehen. Für gebraucht erworbene Kraftfahrzeuge kommt eine entsprechend kürzere Nutzungsdauer in Betracht. Außergewöhnliche Aufwendungen, z. B. durch Unfall, gehören zu den Gesamtkosten. Dabei ist nicht zu unterscheiden, ob sich der Unfall auf einer privaten oder beruflichen Fahrt ereignete.

1) Das BFH-Urteil v. 24. 5. 2007 (BStBl II 2007 S. 766), wonach **Unfallkosten** nicht zu den Gesamtkosten zählen, wird durch die entgegenstehende Regelung in den LStR 2008 (R 8.1 Abs. 9 Nr. 2 Satz 8) überlagert. Die Anwendung des Urteils insoweit ist erst nach einer Neufassung der LStR möglich.

Beispiel:

Ermittlung des steuerpflichtigen geldwerten Vorteils für die private Kfz-Nutzung nach Fahrtenbuchmethode

Arbeitnehmer und Arbeitgeber haben sich für die individuelle Bewertung des geldwerten Vorteils für das von der Firma für Privatfahrten und Fahrten zwischen Wohnung und Arbeitsstätte überlassene Kfz im Wert von 30 000 € entschieden. Die Entfernung Wohnung-Arbeitsstätte beträgt 8 km. Die gesamten Aufwendungen für das Kfz einschließlich AfA betragen im Kalenderjahr 8 000 €. Aus dem Fahrtenbuch ergibt sich, dass der Arbeitnehmer 2 200 km zwischen Wohnung und Arbeitsstätte sowie 9 600 km privat und außerdem 13 200 km für die Firma gefahren ist.

Die Aufwendungen betragen somit 8 000 € : 25 000 Km = 0,32 € je km. Der geldwerte Vorteil für dieses Kalenderjahr errechnet sich folgendermaßen:

für Privatnutzung (9 600 × 0,32 € =)	3 072 €
zuzüglich für Fahrten zwischen Wohnung und Arbeitsstätte (2 200 × 0,32 € =)	704 €
steuerpflichtiger Jahresbetrag	3 776 €.

Der Arbeitgeber muss in **Abstimmung** mit dem Arbeitnehmer die Anwendung eines der beiden Verfahren für jedes **Kalenderjahr** festlegen; das Verfahren darf bei demselben Kraftfahrzeug während des Kalenderjahres nicht gewechselt werden. Soweit die genaue Erfassung des privaten Nutzungswerts nach der Fahrtenbuchmethode nicht möglich ist, kann für die Erhebung der Lohnsteuer monatlich ein Zwölftel des Vorjahresbetrags zu Grunde gelegt werden. Nach Ablauf des Kalenderjahres oder nach Beendigung des Dienstverhältnisses ist der tatsächlich zu versteuernde Nutzungswert zu ermitteln und eine etwaige Lohnsteuerdifferenz auszugleichen (§§ 41c, 42b EStG). Bei der Veranlagung zur **Einkommensteuer** ist der Arbeitnehmer für den Werbungskostenansatz nicht an das für die Lohnsteuererhebung gewählte Verfahren gebunden.

Leistet der Arbeitnehmer an den Arbeitgeber einen **Zuschuss** zu den Anschaffungskosten des Kraftwagens (z. B. für Sonderausstattung), kann dieser im Zahlungsjahr auf den privaten Nutzungswert angerechnet werden. Liegt der Zuschuss über dem anzusetzenden privaten Nutzungswert (z. B. weil Kfz-Anschaffung im zweiten Halbjahr), erscheint es vorteilhaft, den Zuschuss vertraglich in zwei Jahresraten zu zahlen.

● **Ergänzende Vorschriften**

Übernimmt der Arbeitgeber die Beiträge für einen auf seinen Arbeitnehmer ausgestellten **Schutzbrief** und die **Straßenbenutzungsgebühr** (Maut) für die mit dem Firmenwagen unternommenen Privatfahrten des Arbeitnehmers, ist dies Arbeitslohn (geldwerter Vorteil), der nicht von der 1 %-Regelung erfasst wird.

Fahrergestellung

Stellt der Arbeitgeber dem Arbeitnehmer neben dem Firmenwagen für die **Privatfahrten** auch einen **Fahrer** zur Verfügung, ist dies ein als Arbeitslohn zu erfassender geldwerter Vorteil. Für Fahrten zwischen Wohnung und Arbeitsstätte und für Familienheimfahrten (mit Fahrer) ist der entsprechende Nutzungswert um 50 % zu erhöhen.

Steht der Fahrer für andere Privatfahrten zur Verfügung, so ist der private Nutzungswert des Kraftfahrzeugs zu erhöhen

- um 50 %, wenn der Fahrer überwiegend in Anspruch genommen wird,
- um 40 %, wenn der Arbeitnehmer das Kraftfahrzeug häufig selbst steuert, oder
- um 25 %, wenn der Arbeitnehmer das Kraftfahrzeug weit überwiegend selbst steuert.

Diese Prozentsätze sind sowohl bei der pauschalen Nutzungswertermittlung als auch bei der Fahrtenbuchmethode anzusetzen.
Wird dem Arbeitnehmer aus **Sicherheitsgründen** ein sondergeschütztes (gepanzertes) Kraftfahrzeug mit Fahrer zur Verfügung gestellt, ist kein geldwerter Vorteil für die Fahrergestellung anzusetzen, wenn das Kraftfahrzeug zum Selbststeuern nicht geeignet ist. Hierfür ist die Einordnung des Arbeitnehmers in eine Gefährdungsstufe nicht erforderlich (R 8.1 Abs. 10 LStR).

Zahlungen für Garage

Zahlungen, die der Arbeitgeber an die Arbeitnehmer dafür leistet, dass sie ihren Dienstwagen in der **eigenen Garage** (oder der des Ehepartners) unterstellen (Garagengeld), sind regelmäßig kein Arbeitslohn (BFH-Urteil v. 7. 6. 2002, BStBl II 2002 S. 829, H 19.3 LStH analog). Solche Zahlungen sind als Einkünfte aus Vermietung und Verpachtung zu erfassen. Die Garagengestellung ist kein zusätzlicher Vorteil.

Hat der Arbeitnehmer eine Garage selbst **angemietet**, kann der Arbeitgeber die Garagenmiete als Auslagenersatz steuerfrei erstatten (→ *Auslagenersatz*). Ein Vorteil für die Übernahme der Garagenmiete bzw. der Pkw-Unterstellung ist bei der 1%-Methode nicht zu erfassen.

Zahlungen für Wagenpflege

Zahlt der Arbeitgeber seinen Mitarbeitern eine pauschale Vergütung für die Pflege des betrieblichen Kraftfahrzeugs (sog. Wagenpflegepauschale), ist diese grundsätzlich steuerpflichtig. Gleiches gilt, wenn eine solche Zahlung für das private Kraftfahrzeug geleistet wird. Das BFH-Urteil v. 26. 7. 2001 (BStBl II 2001 S. 844) zur **Wagenpflegepauschale** ist nach Auffassung der Finanzverwaltung begrenzt auf die dort genannten Zahlungen – soweit sie noch geleistet werden – anzuwenden. Will der Arbeitgeber die Aufwendungen des Arbeitnehmers für die Pflege des Firmenkraftfahrzeugs (z. B. Wagenwäsche, Lackpflege) steuerfrei ersetzen, ist dies nur als pauschaler **Auslagenersatz** nach R 3.50 LStR möglich → *Auslagenersatz*.

Krankheitskosten, Unterstützungen

Krankheitskosten, die der Arbeitgeber dem Arbeitnehmer ersetzt, sind grundsätzlich Arbeitslohn.

Steuerfrei sind jedoch die aus **öffentlichen Mitteln** geleistete Beihilfen in Krankheits-, Geburts- und Todesfällen nach den Beihilfevorschriften des Bundes und der Länder sowie Unterstützungen in besonderen Notfällen, die aus öffentlichen Kassen gezahlt werden, sowie entsprechende Zahlungen an Arbeitnehmer von Körperschaften, Anstalten und Stiftungen des öffentlichen Rechts auf Grund von Beihilfevorschriften (Beihilfegrundsätzen) und Unterstützungsvorschriften (Unterstützungsgrundsätzen) des Bundes oder der Länder oder entsprechender Regelungen.

Die von **privaten Arbeitgebern** an einzelne Arbeitnehmer gezahlten **Unterstützungen** sind ebenfalls steuerfrei, wenn die Unterstützungen dem Anlass nach gerechtfertigt sind (z. B. in Krankheits- und Unglücksfällen). Voraussetzung für die Steuerfreiheit ist:

1. Die Unterstützungen werden aus einer mit eigenen Mitteln des Arbeitgebers geschaffenen, aber von ihm unabhängigen und mit ausreichender Selbständigkeit ausgestatteten Einrichtung (z. B. Unterstützungskasse oder Hilfskasse für Fälle der Not und Arbeitslosigkeit) gewährt.
2. Die Unterstützungen werden aus Beträgen gezahlt, die der Arbeitgeber dem Betriebsrat oder sonstigen Vertretern der Arbeitnehmer zu dem Zweck überweist, aus diesen Beträgen Unterstützungen an die Arbeitnehmer ohne maßgebenden Einfluss des Arbeitgebers zu gewähren.
3. Die Unterstützungen werden vom Arbeitgeber selbst erst nach Anhörung des Betriebsrats oder sonstiger Vertreter der Arbeitnehmer gewährt oder nach einheitlichen Grundsätzen, denen der Betriebsrat oder sonstige Vertreter der Arbeitnehmer zugestimmt haben, bewilligt.

Die Voraussetzungen der Nummern 1 bis 3 brauchen nicht vorzuliegen, wenn weniger als fünf Arbeitnehmer beschäftigt werden.

Die Steuerfreiheit dieser Unterstützungen ist auf einen Betrag von 600 € je Kalenderjahr begrenzt. Der 600 € **übersteigende** Betrag gehört nur dann nicht zum steuerpflichtigen Arbeitslohn, wenn er aus **Anlass eines besonderen Notfalls** gewährt wird. Bei der Beurteilung, ob ein solcher **Notfall** vorliegt, sind auch die Einkommensverhältnisse und der Familienstand des Arbeitnehmers zu berücksichtigen. Drohende oder bereits eingetretene Arbeitslosigkeit begründet für sich keinen besonderen Notfall (i. S. dieser Vorschrift).

Steuerfrei sind auch Leistungen des Arbeitgebers zur Aufrechterhaltung und Erfüllung eines **Beihilfeanspruchs** nach beamtenrechtlichen Vorschriften sowie zum Ausgleich von Beihilfeaufwendungen früherer Arbeitgeber im Fall der Beurlaubung oder Gestellung von Arbeitnehmern oder des Übergangs des öffentlich-rechtlichen Dienstverhältnisses auf den privaten Arbeitgeber, wenn Versicherungsfreiheit in der gesetzlichen Krankenversicherung nach § 6 Abs. 1 Nr. 2 SGB V besteht.

Kreditkarten

Vorteile durch Kreditkarten, die der Arbeitgeber seinem Arbeitnehmer unentgeltlich zur betrieblichen Verwendung gestellt, führen zu keinem Arbeitslohn, wenn deren Nutzung für private Zwecke so gut wie ausgeschlossen ist.

Kundenbindungsprogramme

→ *Miles & More*

Kurzarbeitergeld

Kurzarbeitergeld einschl. Saison-Kurzarbeitergeld ist als Leistung nach dem SGB III (→ *Arbeitsförderungsgesetz*) steuerfrei, es unterliegt jedoch dem Progressionsvorbehalt nach § 32b EStG (→ Rz. B 29).

Lehrgänge

→ *Fort- und Weiterbildung*

Leistungsprämien

Leistungsprämien sind steuerpflichtiger Arbeitslohn.

Lohnsteuer

Vom Arbeitgeber übernommene Lohnsteuer ist steuerpflichtiger Arbeitslohn, mit Ausnahme der vom Arbeitgeber zu übernehmenden pauschalen Lohnsteuer (→ Rz. C 190). Bei den ohne entsprechende Nettolohnvereinbarung übernommenen Lohnsteuerbeträgen handelt es sich um Arbeitslohn des Kalenderjahres, in dem der Arbeitgeber (nach Zahlung an das Finanzamt) auf den Ausgleichsanspruch gegen den Arbeitnehmer verzichtet. Entsprechendes gilt für übernommene(n) Solidaritätszuschlag und Kirchensteuer. Zur vom Arbeitgeber getragenen Lohnsteuer bei einer Nettolohnvereinbarung → Rz. C 154 ff.

Lohnverwendungsabrede

Arbeitslohn fließt auch dann zu, wenn der Arbeitgeber an Stelle der Auszahlung (Überweisung) eine mit dem Arbeitnehmer getroffene Lohnverwendungsabrede (konstitutive Verwendungsauflage) erfüllt. Keinen Lohn erhält der Arbeitnehmer hingegen dann, wenn der Arbeitnehmer auf Lohn verzichtet und keine Bedingungen an die Verwendung der freigewordenen Mittel knüpft → *Gehaltsverzicht*.

Lose

Erhält der Arbeitnehmer vom Arbeitgeber ein Los (**Geschenklos**) für die Teilnahme an einer von einem **fremden Dritten** durchgeführten Lotterie, so ist für den Arbeitnehmer die Schenkung ein geldwerter Vorteil, der mit dem Kaufpreis des Loses anzusetzen ist. Weil es sich um einen Sachbezug handelt, kommt die Freigrenze von 44 € zum Ansatz, → *Sachbezüge, Freigrenze.* Ein etwaiger Lotteriegewinn steht nicht im Zusammenhang mit dem Arbeitsverhältnis, es erfolgt kein Ansatz als Arbeitslohn.

Losgewinne

Losgewinne, die der Arbeitgeber als Belohnung für die Arbeitstätigkeit finanziert, sind grundsätzlich steuerpflichtiger Arbeitslohn. Ausnahmen sind übliche Geschenke als Aufmerksamkeiten (→ *Aufmerksamkeiten*) und anlässlich von Betriebsveranstaltungen, falls alle teilnehmenden Arbeitnehmer gewinnberechtigt sind (→ *Betriebsveranstaltungen*). Hat der Arbeitnehmer für den Loserwerb auf Arbeitslohn **verzichtet** (Einbehalt) oder es bezahlt, rechnet der Gewinn **nicht** zum Arbeitslohn.

Mahlzeiten

Für die steuerliche Behandlung von Mahlzeiten, die der Arbeitgeber dem Arbeitnehmer kostenlos oder verbilligt zukommen lässt, ist der Anlass der Gestellung entscheidend. Grundsätzlich rechnet der geldwerte Vorteil einer kostenlos oder verbilligt erhaltenen Mahlzeit zum Arbeitslohn; der Wertansatz erfolgt regelmäßig nach den Vorschriften der Sachbezugsverordnung (→ Rz. C 104, 211 ff.). Als Mahlzeit bezeichnet das Steuerrecht sämtliche Speisen und Lebensmittel, die üblicherweise der Ernährung dienen einschl. der dazugehörenden Getränke. Dies können z. B. belegte Brötchen, ein Salat, eine Suppe (Zwischenmahlzeit) oder auch eine Mahlzeit mit mehreren Gängen sein.

Nicht zum Arbeitslohn rechnen Genussmittel und Getränke (falls nicht im Zusammenhang mit einer Mahlzeit) sowie Mahlzeiten (Speisen) aus besonderem Anlass bzw. eines außergewöhnlichen Arbeitseinsatzes → *Aufmerksamkeiten*, Mahlzeiten aus Anlass einer Betriebsveranstaltung → *Betriebsveranstaltungen*, → *Geburtstagsfeier*, → *Arbeitnehmerjubiläum* sowie Mahlzeiten anlässlich einer geschäftlichen Bewirtung von Geschäftspartnern und Kunden des Arbeitgebers → *VIP-Loge*.

Zum Arbeitslohn rechnen vom Arbeitgeber gestellte Belohnungsessen → *Sachbezüge*, arbeitstägliche Mahlzeiten → Rz. C 210 ff. sowie Mahlzeiten zur üblichen Beköstigung anlässlich oder während einer Auswärtstätigkeit → *Reisekosten*.

Medizinische Betreuung

→ *Vorsorgeuntersuchungen*

Metergeld

Metergeld im Speditions- und Transportgewerbe ist steuerpflichtiger Arbeitslohn.

Mietvorteile

Mietvorteile durch verbilligt oder unentgeltlich überlassenen Wohnraum ist grundsätzlich ein steuerlicher Sachbezug, der nach dem ortsüblichen Mietpreis zu bewerten ist. In Ausnahmefällen und bei Gestellung einer Unterkunft sind die maßgebenden Werte der Sozialversicherungsentgeltverordnung anzusetzen.

Steuerfrei sind jedoch:

- Mietvorteile, die im Rahmen eines Dienstverhältnisses gewährt werden und die auf der Förderung nach dem Zweiten Wohnungsbaugesetz, dem Wohnraumförderungsgesetz oder dem Wohnungsbaugesetz für das Saarland oder den Landesgesetzen zur Wohnraumförderung beruhen;
- Mietvorteile, die sich aus dem Einsatz von Wohnungsfürsorgemitteln aus öffentlichen Haushalten ergeben.

Bei einer Wohnung, die ohne Mittel aus öffentlichen Haushalten errichtet worden ist, gilt Folgendes:

Die Mietvorteile im Rahmen eines Dienstverhältnisses sind steuerfrei, wenn die Wohnung im Zeitpunkt ihres Bezugs durch den Arbeitnehmer für eine Förderung mit Mitteln aus öffentlichen Haushalten in Betracht gekommen wäre. Die Steuerfreiheit kommt deshalb nur bei Wohnungen in Betracht, die im Geltungszeitraum der genannten Wohnungsbaugesetze errichtet worden sind, d. h. auf Baujahrgänge ab 1957. Es muss nicht geprüft werden, ob der Arbeitnehmer nach seinen Einkommensverhältnissen als Mieter einer geförderten Wohnung in Betracht kommt. Der Höhe nach ist die Steuerbefreiung auf die Mietvorteile begrenzt, die sich aus der Förderung nach den genannten Wohnungsbaugesetzen ergeben würden (BMF-Schreiben v. 10. 10. 2005, BStBl I 2005 S. 959).

Ist der Förderzeitraum abgelaufen, sind die Mietvorteile steuerpflichtig. Ist der Förderzeitraum im Zeitpunkt des Bezugs der Wohnung durch den Arbeitnehmer noch nicht abgelaufen, ist ein Mietvorteil bis zur Höhe des Teilbetrags steuerfrei, auf den der Arbeitgeber gegenüber der Vergleichsmiete verzichten müsste, wenn die Errichtung der Wohnung nach den Wohnungsbaugesetzen gefördert worden wäre. Dieser steuerfreie Teilbetrag verringert sich in dem Maße, in dem der Arbeitgeber nach den Förderregelungen eine höhere Miete verlangen könnte. Mit Ablauf der Mietbindungsfrist läuft auch die Steuerbefreiung aus. Soweit später zulässige Mieterhöhungen (z. B. nach Ablauf des Förderzeitraums) im Hinblick auf das Dienstverhältnis unterblieben sind, sind sie in den steuerpflichtigen Mietvorteil einzubeziehen.

Miles & More

→ *Sachprämien*

Mitarbeiter PC Programme (MPP)

→ *Telekommunikation/-kommunikationsgeräte, Personalcomputer, Verbindungsentgelte des Arbeitnehmers*, → Rz. C 222 ff.

Mitgliedsbeiträge

Mitgliedsbeiträge, die der Arbeitgeber für den Arbeitnehmer übernimmt, sind steuerpflichtiger Arbeitslohn. Dies gilt selbst dann, wenn die Mitgliedschaft des Arbeitnehmers im Interesse des Arbeitgebers besteht (z. B. im Sportverein, Tennis- oder Golf-Club); → *Vorsorgeuntersuchungen, Vorsorgeleistungen*.

Mutterschutz

Die Leistungen nach dem Mutterschutzgesetz sind steuerfrei, unterliegen jedoch dem Progressionsvorbehalt nach § 32b EStG (→ Rz. B 29).

Nachtarbeit

→ *Arbeitslohnzuschläge für Sonntags-, Feiertags- oder Nachtarbeit*

Outplacement-Beratung

Pauschale Zahlungen des Arbeitgebers an ein Dienstleistungsunternehmen, das sich verpflichtet, alle Arbeitnehmer des Auftraggebers kostenlos in persönlichen und sozialen Angelegenheiten zu beraten und zu betreuen, sind kein Arbeitslohn. Hierzu gehören z. B. eine Outplacement-Beratung oder die Übernahme der Vermittlung von Betreuungspersonen für Familienangehörige. Individuell vereinbarte Beratungs- und Betreuungsaufwendungen des Arbeitgebers zur beruflichen Neuorientierung des Arbeitnehmers wegen der Auflösung des Dienstverhältnisses sind regelmäßig steuerpflichtiger Arbeitslohn.

Parkgebühren

Parkgebühren, die der Arbeitgeber auf Grund einer Dienstreise erstattet, sind steuerfreie Reisenebenkosten. Werden sie arbeitstäglich für die Fahrten zwischen Wohnung und Arbeitsstätte erstattet, sind sie steuerpflichtiger Arbeitslohn.

Parkplätze

Parkplätze, die der Arbeitgeber den Mitarbeitern zur Verfügung stellt, führen zu keinem geldwerten Vorteil. Dieser ist erst dann anzunehmen, wenn der Arbeitnehmer einen bestimmten angemieteten Parkplatz zur ausschließlichen Nutzung erhält.

Payback-Gutschrift

Vorteile aus dienstlich erworbenen Payback-Punkten sind steuerpflichtiger Arbeitslohn, der bereits bei Gutschrift der Punkte auf dem privaten Punktekonto zufließt und nicht erst bei deren Einlösung. Für den Lohnsteuerabzug sind die auf dem privaten Punktekonto gutgeschriebenen Payback-Punkte dem dienstlichen Bereich und dem privaten Bereich zuzuordnen und aufzuteilen; hilfsweise kommt ggf. eine sachgerechte Schätzung in Betracht. Sofern sich ein steuerpflichtiger Betrag ergibt, hat der Arbeitgeber auf Grund der Mitteilung des Arbeitnehmers den Lohnsteuerabzug vorzunehmen; bei (geplanter späterer) Wahl eines Sachbezugs kommt die monatliche Freigrenze für Sachbezüge von 44 € (→ *Sachbezüge*) zur Anwendung. Die Pauschalierungsmöglichkeit für Kundenbindungsprogramme (§ 3 Nr. 38 EStG), z. B. Miles und More, ist nicht möglich.

Pensionsfonds

Beiträge, die der Arbeitgeber an einen Pensionsfonds leistet, führen zum **Zufluss** von Arbeitslohn (→ Rz. C 100 ff.). Zahlungen des Arbeitgebers zur Erfüllung der Solvabilitätsvorschriften nach § 114 des Versicherungsaufsichtsgesetzes und Zahlungen des Arbeitgebers in der Rentenbezugszeit nach § 112 Abs. 1a des Versicherungsaufsichtsgesetzes gehören dagegen nicht zu den Einkünften aus nichtselbständiger Arbeit.

Die Beiträge des Arbeitgebers aus dem **ersten Dienstverhältnis** an einen Pensionsfonds zum Aufbau einer **kapitalgedeckten betrieblichen Altersversorgung** sind bis zur Höhe von **4 %** der Beitragsbemessungsgrenze in der **allgemeinen Rentenversicherung** steuerfrei (in 2009 bis zur Höhe von 2 592 € [64 800 € × 4 %]), wobei auch für Arbeitnehmer in den neuen Ländern und Ost-Berlin die Beitragsbemessungsgrenze (West) maßgeblich ist. Der Höchstbetrag in Höhe von 4 % der Beitragsbemessungsgrenze erhöht sich um **1 800 €**, wenn die Beiträge auf Grund einer **Versorgungszusage** geleistet werden, die **nach dem 31. 12. 2004 erteilt** wurde (sog. Neuzusage).

Aus Anlass der **Beendigung des Dienstverhältnisses** geleistete Beiträge an einen Pensionsfonds sind steuerfrei, soweit sie 1 800 € vervielfältigt mit der Anzahl der Kalenderjahre, in denen das Dienstverhältnis des Arbeitnehmers zu dem Arbeitgeber bestanden hat, nicht übersteigen. Der vervielfältigte Betrag vermindert sich allerdings um die steuerfreien Beiträge, die der Arbeitgeber in dem Kalenderjahr, in dem das Dienstverhältnis beendet wird, und in den sechs vorangegangenen Kalenderjahren erbracht hat. Kalenderjahre vor 2005 sind dabei jeweils nicht zu berücksichtigen.

Der Arbeitgeber kann die Beiträge an einen Pensionsfonds nicht pauschal besteuern.

Pensionskasse

Beiträge, die der Arbeitgeber an eine Pensionskasse leistet, führen grds. zum **Zufluss** von Arbeitslohn (→ Rz. C 100 ff.). Zahlungen des Arbeitgebers zur Erfüllung der Solvabilitätsvorschriften nach § 53c des Versicherungsaufsichtsgesetzes gehören dagegen nicht zu den Einkünften aus nichtselbständiger Arbeit.

Die Beiträge des Arbeitgebers aus dem **ersten Dienstverhältnis** an eine Pensionskasse zum Aufbau einer **kapitalgedeckten betrieblichen Altersversorgung** sind bis zur Höhe von **4 %** der Beitragsbemessungsgrenze in der **allgemeinen Rentenversicherung** steuerfrei (in 2009 bis zur Höhe von 2 592 € [64 800 € × 4 %]), wobei auch für Arbeitnehmer in den neuen Ländern und Ost-Berlin die Beitragsbemessungsgrenze

(West) maßgeblich ist. Voraussetzung für die Steuerfreiheit ist, dass eine Auszahlung der zugesagten Alters-, Invaliditäts- oder Hinterbliebenenversorgungsleistungen in Form einer **Rente** oder eines **Auszahlungsplans** vorgesehen ist; die Möglichkeit, später eine Einmalkapitalzahlung zu wählen, steht der Steuerfreiheit aber noch nicht entgegen. Der Höchstbetrag i. H. v. 4 % der Beitragsbemessungsgrenze erhöht sich um **1 800 €**, wenn die Beiträge auf Grund einer **Versorgungszusage** geleistet werden, die **nach dem 31. 12. 2004 erteilt** wurde (sog. Neuzusage).

Aus Anlass der **Beendigung des Dienstverhältnisses** geleistete Beiträge an eine Pensionskasse sind steuerfrei, soweit sie 1 800 € vervielfältigt mit der Anzahl der Kalenderjahre, in denen das Dienstverhältnis des Arbeitnehmers zu dem Arbeitgeber bestanden hat, nicht übersteigen. Der vervielfältigte Betrag vermindert sich allerdings um die steuerfreien Beiträge, die der Arbeitgeber in dem Kalenderjahr, in dem das Dienstverhältnis beendet wird, und in den sechs vorangegangenen Kalenderjahren erbracht hat. Kalenderjahre vor 2005 sind dabei jeweils nicht zu berücksichtigen.

Der Arbeitgeber kann die Zuwendungen an eine Pensionskasse unter bestimmten Voraussetzungen und bis zu bestimmten Grenzen auch **pauschal** mit 20 % zzgl. Solidaritätszuschlag und ggf. Kirchensteuer **besteuern** (→ Rz. C 191 ff.), wenn er mehr als 4 % der Beitragsbemessungsgrenze leistet.

Bei der **umlagefinanzierten betrieblichen Altersversorgung** gibt es des Weiteren folgende Besonderheiten:

Zu den Einkünften aus nichtselbständiger Arbeit gehören auch **Sonderzahlungen**, die der Arbeitgeber neben den laufenden Beiträgen und Zuwendungen an eine solche Versorgungseinrichtung leitet, mit **Ausnahme** von **Sanierungsgeldern**.

Sonderzahlungen des Arbeitgebers sind danach insbesondere Zahlungen an eine Pensionskasse anlässlich

a) seines Ausscheidens aus einer nicht im Wege der Kapitaldeckung finanzierten betrieblichen Altersversorgung oder

b) des Wechsels von einer nicht im Wege der Kapitaldeckung zu einer anderen nicht im Wege der Kapitaldeckung finanzierten betrieblichen Altersversorgung.

Von Sonderzahlungen i.S.d. Buchstaben b) ist bei laufenden und wiederkehrenden Zahlungen entsprechend dem periodischen Bedarf jedoch nur auszugehen, soweit die Bemessung der Zahlungsverpflichtungen des Arbeitgebers in das Versorgungssystem nach dem Wechsel die Bemessung der Zahlungsverpflichtung zum Zeitpunkt des Wechsels übersteigt. Sanierungsgelder, die nicht zu den Einkünften aus nichtselbständiger Arbeit gehören, sind Sonderzahlungen des Arbeitgebers an eine Pensionskasse anlässlich der Systemumstellung einer nicht im Wege der Kapitaldeckung finanzierten betrieblichen Altersversorgung auf der Finanzierungs- oder Leistungsseite, die der Finanzierung der zum Zeitpunkt der Umstellung bestehenden Versorgungsverpflichtungen oder Versorgungsanwartschaften dienen; bei laufenden und wiederkehrenden Zahlungen entsprechend dem periodischen Bedarf ist nur von Sanierungsgeldern auszugehen, soweit die Bemessung der Zahlungsverpflichtungen des Arbeitgebers in das Versorgungssystem nach der Systemumstellung die Bemessung der Zahlungsverpflichtung zum Zeitpunkt der Systemumstellung übersteigt. Die beschriebenen Regelungen sind erstmals anzuwenden auf Sonderzahlungen, die nach dem 23.8.2006 geleistet werden.

Zahlungen des Arbeitgebers anlässlich der **Umstellung** der Finanzierung auf **Kapitaldeckung** führen nicht zum Zufluss von Arbeitslohn.

Nach § 3 Nr. 56 EStG sind Zuwendungen des Arbeitgebers aus dem ersten Dienstverhältnis an eine Pensionskasse zum Aufbau einer **nicht kapitalgedeckten betrieblichen Altersversorgung** (Umlagezahlungen), bei der eine Auszahlung der zugesagten Alters-, Invaliditäts- oder Hinterbliebenenversorgung in Form einer Rente oder eines Auszahlungsplans vorgesehen ist, steuerfrei, soweit diese Zuwendungen im Kalenderjahr **1 %** der **Beitragsbemessungsgrenze** in der **allgemeinen Rentenversicherung** (in 2009 648 € [64 800 € × 1 %]) nicht übersteigen. Der genannte Höchstbetrag erhöht sich ab 1.1.2014 auf 2 %, ab 1.1.2020 auf 3 % und ab 1.1.2025 auf 4 %. Die Beträge sind jedoch jeweils um die nach § 3 Nr. 63 Satz 1, 3 oder 4 steuerfreien Beträge zu mindern.

Zu **Pauschalierung bei Sonderzahlungen** → Rz. C 198.

Personalcomputer

→ *Telekommunikation/-kommunikationsgeräte, Personalcomputer, Verbindungsentgelte*

Personalrabatte

→ *Preisnachlässe, Personalrabatte*

Pflegegelder

Pflegegelder des Jugendamts sowie aus der Pflegeversicherung an Angehörige oder sittlich Verpflichtete für die Grundpflege oder hauswirtschaftliche Versorgung und Betreuung der pflegebedürftigen Person sind steuerfrei. Zur steuerlichen Behandlung von (Geld-)Leistungen nach dem SGB VIII für die Kindertages- und Vollzeitpflege vgl. BMF-Schreiben v. 10. 11. 2007, BStBl I 2007 S. 824 sowie v. 17. 12. 2008, BStBl I 2009 S. 15. Ferner sind steuerfrei Vergütungen an die Gastfamilie für die Aufnahme eines behinderten Menschen für die Pflege, Unterbringung, Betreuung und Verpflegung, wenn sie von einem Leistungsträger nach dem SGB stammen (§ 3 Nr. 10 EStG). Daneben sind die im Rahmen der Vollzeit-/Bereitschafts- und Kindertagespflege gezahlten Erstattungen für Versicherungsbeiträge der Pflegepersonen steuerfrei.

Prämien

Prämien, die der Arbeitgeber oder ein Dritter für eine Arbeitsleistung zahlt, sind als Sach- oder Geldleistungen grundsätzlich steuerpflichtiger Arbeitslohn (→ *Incentive-Reisen*, → *Losgewinne*, → *Sachbezüge, Freigrenze*, → *Sachprämien*, → *Trinkgelder*).

Preisnachlässe, Personalrabatte

Preisnachlässe und Personalrabatte beim Bezug von Waren, die im Betrieb nicht überwiegend für den Bedarf der Mitarbeiter hergestellt oder vertrieben werden, sind bis zu einem Jahresbetrag von 1 080 € (bis 2003: 1 224 €) steuerfrei (**Rabattfreibetrag**). Der Personalrabatt (geldwerter Vorteil) für den Sachbezug ist wie folgt zu ermitteln: 96 % des üblichen Verkaufspreises an fremde Dritte (Endpreis) abzüglich einer eventuellen Zuzahlung des Arbeitnehmers (§ 8 Abs. 3 EStG, R 8.2 LStR).

Für den Ansatz des **Rabattfreibetrags** kommt es darauf, ob der Arbeitgeber die mit Rabatt an den Arbeitnehmer abgegebenen Waren oder Leistungen auch am Markt tatsächlich erbringt. Sie müssen zur **Produktpalette** des Arbeitgebers gehören und (durch das Unternehmen selbst oder über Dritte) Fremden angeboten werden; die Abgabe an die Belegschaft darf nicht überwiegen. Hierbei ist nicht entscheidend, ob die verbilligte Ware bzw. Leistung für den Betrieb des Arbeitgebers typisch ist. Unter den Rabattfreibetrag fällt auch die verbilligte Abgabe von Medikamenten an die Belegschaft eines Krankenhauses, wenn Medikamente dieser Art zumindest im gleichen Umfang an die Patienten abgegeben werden. Ebenso Waren, die der Arbeitgeber im Auftrag und nach den Plänen und Vorgaben eines anderen produziert (z. B. Zeitungs- und Zeitschriftendruck). Liegen die vorgenannten Voraussetzungen vor, kann der dem Arbeitnehmer zuzurechnende geldwerte Vorteil um den Rabattfreibetrag gekürzt werden. Kommt die Rabattregelung **nicht** zur Anwendung, ist die Lohnversteuerung nach § 8 Abs. 2 EStG (Vergleich mit üblichem Endpreis und Anwendung der 44 €-Freigrenze) durchzuführen (→ *Sachbezüge, Freigrenze*).

Der Rabattfreibetrag für **Arbeitgeberdarlehen** an Mitarbeiter kann angesetzt werden, wenn der Arbeitgeber solche Darlehen am Markt – abgesehen vom Zinssatz – zu den gleichen Konditionen (z. B. Laufzeit, Zinsfestlegung, Sicherung) anbietet und überwiegend an Dritte vergibt (BFH-Urteil v. 9. 10. 2002, BStBl II 2003 S. 373). Deshalb kommt für Verbraucherkredite, die z. B. eine Hypothekenbank oder eine Bausparkasse ihren Arbeitnehmern einräumt, und für Baudarlehen, die ein Kreditinstitut ausschließlich oder überwiegend nur seinen Arbeitnehmern gewährt, der Rabattfreibetrag nicht in Betracht (BMF-Schreiben v. 21. 7. 2003, BStBl I 2003 S. 391). Ebenso können Mitarbeiter der Deutschen Bundesbank und der Landeszentralbanken bei verbilligten Arbeitgeberdarlehen den Rabattfreibetrag nicht in Anspruch nehmen, weil solche Kredite im Leistungskatalog dieser Banken nicht enthalten sind.

Rabatte

→ *Preisnachlässe, Personalrabatte*

Reisegepäckversicherung

Prämien des Arbeitgebers für eine auf den Arbeitnehmer abgeschlossene Reisegepäckversicherung sind regelmäßig Arbeitslohn, wenn dem Arbeitnehmer der Anspruch gegen die Versicherung zusteht. Ist der Versicherungsschutz auf Dienstreisen beschränkt, rechnen die Arbeitgeberleistungen zum steuerfreien Reisekostenersatz. Bezieht sich der Versicherungsschutz auf sämtliche Reisen des Arbeitnehmers, kann die Gesamtprämie in einen beruflich und einen privat veranlassten Anteil aufgeteilt werden, falls die Versicherung den Prozentsatz (oder ggf. die Kalkulation) mitteilt.

Reisekosten

Der Arbeitgeber kann dem Arbeitnehmer als Reisekosten die Fahrtkosten, Verpflegungsmehraufwendungen sowie Übernachtungs- und Reisenebenkosten steuerfrei zahlen (§ 3 Nr. 13, 16 EStG, R 3.13, 3.16 und 9.4 ff. LStR). Diese Aufwendungen müssen durch eine so gut wie ausschließlich beruflich veranlasste Auswärtstätigkeit des Arbeitnehmers entstehen. Einzelheiten zum steuerfreien Arbeitgebersatz bei einer beruflich bedingten doppelten Haushaltsführung des Arbeitnehmers → *Doppelte Haushaltsführung*. Seit 2008 unterscheidet das Steuerrecht für die steuerfreie Erstattung **nicht mehr** zwischen Reisekosten auf Grund einer Dienstreise, einer Fahrtätigkeit oder einer Einsatzwechseltätigkeit, sondern fragt nur noch, ob es sich um eine so gut wie ausschließlich beruflich veranlasste **Auswärtstätigkeit** handelt. Hierzu rechnet auch der Vorstellungsbesuch eines Stellenbewerbers (auch wenn dieser keine regelmäßige Arbeitsstätte hat). Erledigt der Arbeitnehmer im Zusammenhang mit seiner beruflich veranlassten Auswärtstätigkeit auch in einem mehr als geringfügigen Umfang **private** Angelegenheiten, so sind die beruflich veranlassten von den privat veranlassten Aufwendungen zu trennen. Ist das nicht (auch nicht durch Schätzung) leicht und einwandfrei möglich, gehören die gesamten Aufwendungen zu den nicht abziehbaren Aufwendungen für die Lebensführung. Aufwendungen, die nicht so gut wie ausschließlich durch die beruflich veranlasste Auswärtstätigkeit entstanden sind, z. B. Bekleidungskosten sowie Aufwendungen für die Anschaffung von Koffern und anderen Reiseausrüstungen, sind keine Reisekosten. Der Arbeitgeber hat von dem Arbeitnehmer **Unterlagen** zu verlangen, aus denen die Voraussetzungen für die steuerfreie Zahlung ersichtlich sein müssen; z. B. berufliche Veranlassung, Reisedauer und Reiseweg sowie Belege über die Ausgaben wie Tankquittungen und Hotelrechnungen. Diese Unterlagen sind als Belege zum **Lohnkonto** aufzubewahren. Wurden dem Arbeitnehmer nicht sämtliche Aufwendungen ersetzt, kann er in der Einkommensteuererklärung die Differenz als **Werbungskosten** ansetzen, soweit das Steuerrecht nicht bestimmte Höchstbeträge vorsieht.

Auswärtstätigkeit

Eine (beruflich veranlasste) **Auswärtstätigkeit** liegt vor, wenn der Arbeitnehmer **vorübergehend** außerhalb seiner Wohnung und an keiner seiner **regelmäßigen** Arbeitsstätten beruflich tätig wird. Eine solche Auswärtstätigkeit liegt **ebenfalls** vor, wenn der Arbeitnehmer bei seiner individuellen beruflichen Tätigkeit typischerweise nur an **ständig wechselnden Tätigkeitsstätten** oder auf einem **Fahrzeug** tätig wird (R 9.4 LStR und H 9.4 LStH).

Regelmäßige Arbeitsstätte ist der ortsgebundene Mittelpunkt der dauerhaft angelegten beruflichen Tätigkeit des Arbeitnehmers, unabhängig davon, ob es sich um eine Einrichtung des Arbeitgebers handelt.[1]) Regelmäßige Arbeitsstätte ist insbesondere jede ortsfeste dauerhafte betriebliche Einrichtung des Arbeitgebers, der der Arbeitnehmer zugeordnet ist und die er mit einer gewissen Nachhaltigkeit immer wieder aufsucht, z. B. um dort die täglichen Aufträge entgegenzunehmen, abzurechnen und Bericht zu erstatten, oder wenn er dort ein Dienstfahrzeug übernimmt, um damit anschließend von der Arbeitsstätte aus eine Auswärtstätigkeit anzutreten. Nicht maßgebend sind Art, zeitlicher Umfang und Inhalt der Tätigkeit an dieser Arbeitsstätte. Von einer regelmäßigen Arbeitsstätte ist auszugehen, wenn die betriebliche Einrichtung des Arbeitgebers vom Arbeitnehmer durchschnittlich im Kalenderjahr an einem Arbeitstag je Arbeitswoche aufgesucht wird; zuletzt auch BFH-Urteil v. 4. 4. 2008, BStBl II 2008 S. 887, Bestätigung von R 9.4 Abs. 3 Satz 4 LStR.

Als regelmäßige Arbeitsstätten kommen als **betriebliche** Einrichtungen auch in Betracht: Bus-, Straßenbahn- und Fahrzeugdepots, Verkaufsstellen für Fahrkarten und **außerbetriebliche** Einrichtungen wie der Betrieb des Entleihers oder eines Kunden, wenn die Tätigkeit dort auf Dauer angelegt ist. **Keine regelmäßige Arbeitsstätten** sind öffentliche Haltestellen, z. B. von Linienbussen, oder Schiffsanlegestellen oder weitere Arbeitgebereinrichtungen.

Ein Arbeitnehmer kann innerhalb desselben Dienstverhältnisses auch mehrere regelmäßige Arbeitsstätten nebeneinander haben (BFH-Urteil v. 7. 6. 2002, BStBl II 2002 S. 878 betreffend den Bezirksleiter einer Einzelhandelskette). Gleiches gilt im öffentlichen Dienst bei Lehrern, die auf Dauer an mehreren Schulen unterrichten. Bedienstete der Spielbankaufsicht haben regelmäßig keine regelmäßige Arbeitsstätte, weil sie stets nur vorübergehend an einer Spielbank tätig sind. Bei einer Flugbegleiterin ist der Heimatflughafen regelmäßige Arbeitsstätte (BFH-Urteil v. 5. 8. 2004, BStBl II 2004 S. 1074).

Bei einer **vorübergehenden Auswärtstätigkeit** an einer anderen betrieblichen Einrichtung des Arbeitgebers oder eines verbundenen Unternehmens wird diese nicht zur regelmäßigen Arbeitsstätte, z. B. bei einer befristeten Abordnung. Eine Auswärtstätigkeit ist **vorübergehend**, wenn der Arbeitnehmer voraussichtlich an die regelmäßige Arbeitsstätte zurückkehren und dort seine berufliche Tätigkeit fortsetzen wird (BFH-Urteil v. 10. 10. 1994, BStBl II 1995 S. 137). Sie ist **nicht vorübergehend**, wenn nach dem Gesamtbild der Verhältnisse anzunehmen ist, dass die auswärtige Tätigkeitsstätte vom ersten Tag an regelmäßige Arbeitsstätte geworden ist, z. B. bei einer Versetzung eines Soldaten, der im Rahmen seiner Ausbildung an die jeweiligen Lehrgangsorte versetzt wird. Eine längerfristige vorübergehende Auswärtstätigkeit ist noch als dieselbe zu beurteilen, wenn der Arbeitnehmer nach einer Unterbrechung die Auswärtstätigkeit mit gleichem Inhalt, am gleichem Ort und im zeitlichen Zusammenhang mit der bisherigen Tätigkeit ausübt. Bei Reisen auf einem seegehenden Schiff findet die nämliche Auswärtstätigkeit regelmäßig ihr Ende, sobald das Schiff in den Heimathafen zurückkehrt (BFH-Urteil v. 19. 12. 2005, BStBl II 2006 S. 378).

Fahrtkosten

Bei (beruflich veranlassten) **Auswärtstätigkeiten** können Aufwendungen für folgende Fahrten als **Reisekosten** angesetzt werden:

1. Fahrten zwischen Wohnung oder regelmäßiger Arbeitsstätte und auswärtiger Tätigkeitsstätte oder Unterkunft im Sinne der Nummer 3 einschließlich sämtlicher Zwischenheimfahrten; die Dreimonatsfrist ist ab 2009 nicht mehr zu beachten.
2. Innerhalb desselben Dienstverhältnisses Fahrten zwischen mehreren auswärtigen Tätigkeitsstätten, mehreren regelmäßigen Arbeitsstätten oder innerhalb eines weiträumigen Arbeitsgebietes und
3. Fahrten zwischen einer Unterkunft am Ort der auswärtigen Tätigkeitsstätte oder in ihrem Einzugsbereich und der auswärtigen Tätigkeitsstätte.

1) Nach dem BFH-Urteil v. 10. 7. 2008 (VI R 21/07, HFR 2008 S. 1129) ist die betriebliche Einrichtung eines Kunden des Arbeitgebers auch bei einem längeren Einsatz des Arbeitnehmers keine regelmäßige Arbeitsstätte (ist die Tätigkeit dort nur vorübergehend, sind die Reisekostengrundsätze anzuwenden). Es bleibt abzuwarten, ob die Finanzverwaltung dieses Urteil für Leiharbeitnehmer anwenden wird.

4. Fahrten zu nicht dem Betrieb des Arbeitgebers zuzurechnenden gleichbleibenden Treffpunkten bei anschließender Auswärtstätigkeit.

Wechselt der **Tätigkeitsort** des Arbeitnehmers **ständig**, können die Fahrtkosten als Reisekosten steuerfrei erstattet werden. Die 30-km-Grenze ist seit 2008 nicht mehr zu beachten.

Die Höhe der steuerfreien Erstattung richtet sich nach dem benutzten **Beförderungsmittel**. Benutzt der Arbeitnehmer **öffentliche Verkehrsmittel** (z. B. Bahn), Flugzeug oder Taxi, kann der Arbeitgeber den entrichteten (Fahr-)Preis einschließlich etwaiger Zuschläge steuerfrei ersetzen.

Verwendet der **Arbeitnehmer** sein **Fahrzeug**, kann der Arbeitgeber die vom Arbeitnehmer nachgewiesenen tatsächlichen Aufwendungen oder pauschale Beträge bis zu den steuerlichen Kilometersätzen steuerfrei zahlen. Gestellt der **Arbeitgeber** für die Auswärtstätigkeit ein Kraftfahrzeug, können die pauschalen Kilometersätze nicht steuerfrei erstattet werden.

● **Einzelnachweis der Gesamtkosten für ein Kraftfahrzeug**

Anzusetzen ist der Teilbetrag der jährlichen **Gesamtkosten** des vom Arbeitnehmer gestellten (genutzten) Fahrzeugs, der dem Anteil der zu berücksichtigenden Fahrten an der Jahresfahrleistung entspricht. Von den für einen Zeitraum von zwölf Monaten ermittelten Gesamtkosten ist ein Kilometersatz zu errechnen, der so lange angesetzt werden darf, bis sich die Verhältnisse wesentlich ändern, z. B. bis zum Ablauf des Abschreibungszeitraums oder bis zum Eintritt veränderter Leasingbelastungen für das Fahrzeug. Zu den **Gesamtkosten** gehören folgende Aufwendungen:

- die Betriebsstoffkosten, die Wartungs- und Reparaturkosten, die Kosten einer Garage am Wohnort, die Kraftfahrzeugsteuer, die Aufwendungen für die Halterhaftpflicht- und Fahrzeugversicherungen, die Absetzungen für Abnutzung des Fahrzeugs, die Zinsen für ein Anschaffungsdarlehen sowie Aufwendungen infolge von Verkehrsunfällen.
- bei einem **geleasten** Fahrzeug gehört eine Leasingsonderzahlung im Kalenderjahr der Zahlung in voller Höhe zu den Gesamtkosten.

Nicht zu den Gesamtkosten gehören z. B. Park- und Straßenbenutzungsgebühren, Aufwendungen für Insassen- und Unfallversicherungen sowie Verwarnungs-, Ordnungs- und Bußgelder. Diese Aufwendungen sind mit Ausnahme der Verwarnungs-, Ordnungs- und Bußgelder als **Reisenebenkosten** abziehbar. Ein Teilnachweis der tatsächlichen Gesamtkosten ist möglich.

Für die Berechnung der **Absetzungen für Abnutzung** (AfA) ist bei Personenkraftwagen und Kombifahrzeugen grundsätzlich eine Nutzungsdauer von sechs Jahren zu Grunde zu legen, wenn das Fahrzeug nach dem 31. 12. 2000 angeschafft wurde. Bei einer hohen Fahrleistung kann auch eine kürzere Nutzungsdauer angesetzt werden. Bei Kraftfahrzeugen, die im Zeitpunkt der Anschaffung nicht neu gewesen sind, ist die entsprechende Restnutzungsdauer unter Berücksichtigung des Alters, der Beschaffenheit und des voraussichtlichen Einsatzes des Fahrzeugs zu schätzen.

● **Pauschale Kilometersätze**

Ohne Einzelnachweis können an den Arbeitnehmer **pro gefahrenen Kilometer** die folgenden pauschalen **Kilometersätze** (Höchstbeträge) steuerfrei gezahlt werden:

Pkw	0,30 €
Motorrad, Motorroller	0,13 €
Moped, Mofa	0,08 €
Fahrrad	0,05 €

Die steuerfreie Erstattung der pauschalen Kilometersätze ist nicht zulässig, wenn der Arbeitgeber dem Arbeitnehmer für die Auswärtstätigkeit ein Kraftfahrzeug zur Verfügung stellt.

Für jede **Person**, die aus beruflicher Veranlassung bei einer Dienstreise **mitgenommen** wird, erhöhen sich der Kilometersatz für den Pkw um 0,02 € und der Kilometersatz für Motorrad/Motorroller um 0,01 €. Zusätzliche Aufwendungen, die durch die Mitnahme von **Gepäck** anfallen, sind durch die Kilometersätze abgegolten. Erstattet der Arbeitgeber die pauschalen Kilometersätze, hat er nicht zu prüfen, ob dies zu einer unzutreffenden Besteuerung führt.

Neben den Kilometersätzen können etwaige **außergewöhnliche Kosten** angesetzt werden, wenn diese durch Fahrten entstanden sind, für welche die Kilometersätze anzusetzen sind. Außergewöhnliche Kosten sind nur die nicht voraussehbaren Aufwendungen für Reparaturen, welche nicht auf Verschleiß oder die auf Unfallschäden beruhen, und Absetzungen für außergewöhnliche technische Abnutzung und Aufwendungen infolge eines Schadens, der durch den Diebstahl des Fahrzeugs entstanden ist. Dabei sind entsprechende Schadensersatzleistungen auf die Kosten anzurechnen.

Verpflegungsmehraufwendungen

Bei **Auswärtstätigkeiten** kann der Arbeitgeber für **Verpflegungsmehraufwendungen** bis zu den gesetzlichen Pauschbeträgen steuerfreien Ersatz leisten. Bei Nachweis höherer Verpflegungsmehraufwendungen können keine höheren Beträge steuerfrei gezahlt werden. Die Pauschbeträge sind auch dann anzuwenden, wenn der Arbeitnehmer Mahlzeiten vom Arbeitgeber oder auf dessen Veranlassung von einem Dritten unentgeltlich oder teilentgeltlich erhalten hat. Weil die Pauschbeträge gesetzlich festgelegt sind, hat das Finanzamt nicht das Recht, die Verhältnismäßigkeit der steuerfreien Erstattung zu prüfen. Für den gestellten Sachbezug sind dem Arbeitslohn jedoch folgende Werte (2009) hinzuzurechnen: Für ein Frühstück 1,53 €, für ein Mittag- oder Abendessen je 2,73 €. Als **Reisetag** gilt jeweils der einzelne Kalendertag. Ist ein Arbeitnehmer an einem Tag **mehrfach** auswärts tätig, sind die Abwesenheitszeiten zusammenzurechnen. Kommt für **denselben** Kalendertag ein Verpflegungspauschbetrag wegen einer Auswärtstätigkeit oder einer doppelten Haushaltsführung in Betracht, ist der höchste Pauschbetrag maßgebend. Eine Tätigkeit, die nach 16 Uhr **begonnen** und vor 8 Uhr des folgenden Kalendertags **beendet** wird, ohne dass der Arbeitnehmer übernachtet, ist mit der gesamten Abwesenheitsdauer dem Kalendertag der überwiegenden Abwesenheit zuzurechnen.

Die steuerfreie Erstattung des **Verpflegungspauschbetrags** ist bei Arbeitnehmern auf die ersten **drei Monate** derselben Auswärtstätigkeit beschränkt. Nach Ablauf dieser Dreimonatsfrist kommt die Steuerfreiheit nicht mehr in Betracht. **Dieselbe** Auswärtstätigkeit **liegt nicht vor**, wenn die auswärtige Tätigkeitsstätte an nicht mehr als (ein bis) zwei Tagen wöchentlich aufgesucht wird. Eine längerfristige vorübergehende Auswärtstätigkeit ist noch als dieselbe Auswärtstätigkeit zu beurteilen, wenn der Arbeitnehmer nach einer Unterbrechung die Auswärtstätigkeit mit gleichem Inhalt, am gleichen Ort und im zeitlichen Zusammenhang mit der bisherigen Tätigkeit ausübt. Eine urlaubs- oder krankheitsbedingte Unterbrechung bei derselben Auswärtstätigkeit hat auf den Ablauf der Dreimonatsfrist keinen Einfluss. Andere Unterbrechungen, z. B. durch vorübergehende Tätigkeit an der regelmäßigen Arbeitsstätte, führen nur dann zu einem Neubeginn der Dreimonatsfrist, wenn die Unterbrechung mindestens vier Wochen gedauert hat.

Die Dreimonatsfrist für den Abzug der Verpflegungspauschalen findet auch dann Anwendung, wenn ein **Seemann** auf einem Hochseeschiff auswärts eingesetzt ist (BFH-Urteil v. 19. 12. 2005, BStBl II 2006 S. 378). Seeleute können für die ersten drei Monate eines jeden vorübergehenden Einsatzes an Bord eines Schiffes Verpflegungsmehraufwendungen wegen Auswärtstätigkeit geltend machen (BFH-Urteil v. 16. 11. 2005, BStBl II 2006 S. 267). Zur Pauschalierungsmöglichkeit der über die steuerfreien Beträge hinausgehenden Verpflegungszuschüsse → Rz. C 221.

Für das Inland können folgende Pauschbeträge für **Verpflegungsmehraufwendungen** steuerfrei gezahlt werden:

Bei einer Abwesenheit von

24 Stunden	24 €
weniger als 24 Stunden, mindestens aber 14 Stunden	12 €
weniger als 14 Stunden, mindestens aber 8 Stunden	6 €

Dabei ist grundsätzlich die Dauer der Abwesenheit von der Wohnung am jeweiligen Kalendertag maßgebend. Ausnahme: Die Auswärtstätigkeit wird von der Arbeitsstelle aus angetreten bzw. dort beendet oder der Arbeitnehmer fährt den Betrieb des Arbeitgebers mit einer gewissen Nachhaltigkeit (fortdauernd und immer wieder) an, um von dort weiter zu den ständig wechselnden Tätigkeitsstätten zu fahren bzw. befördert zu werden, oder er fährt ständig zu einem gleich bleibenden Treffpunkt außerhalb des Betriebs.

Für den Ansatz von Verpflegungspauschalen bei **Auslandstätigkeiten** gelten länderweise unterschiedliche Pauschbeträge, die sog. **Auslandstagegelder**. Diese wurden ab 2009 mit BMF-Schreiben v. 17. 12. 2008 (BStBl I 2009 S. 1077) bekannt gemacht. Für die in der Bekanntmachung **nicht** erfassten Länder ist der für Luxemburg geltende Pauschbetrag maßgebend; für die nicht erfassten **Übersee-** und **Außengebiete** eines Landes ist der für das Mutterland geltende Pauschbetrag anzusetzen. Werden an einem Kalendertag Auswärtstätigkeiten im In- und Ausland durchgeführt, ist für diesen Tag das entsprechende Auslandstagegeld selbst dann maßgebend, wenn die überwiegende Zeit im Inland verbracht wird. Bei **Flugreisen** gilt ein Land in dem Zeitpunkt als erreicht, in dem das Flugzeug dort landet; Zwischenlandungen bleiben unberücksichtigt, es sei denn, dass durch sie Übernachtungen notwendig werden. Erstreckt sich eine Flugreise über mehr als zwei Kalendertage, so ist für die Tage, die zwischen dem Tag des Abflugs und dem Tag der Landung liegen, das für Österreich geltende Tagegeld anzusetzen. Bei Schiffsreisen ist das für Luxemburg geltende Tagegeld und für die Tage der Einschiffung und Ausschiffung das für den Hafenort geltende Tagegeld maßgebend.

Übernachtungskosten

Werden **Übernachtungskosten** aus öffentlichen Kassen gezahlt (z. B. durch Bund, Länder und Gemeinden), ist die Erstattung durch den Arbeitgeber steuerfrei (§ 3 Nr. 13 EStG).

Andere Arbeitgeber haben Folgendes zu beachten:

Der Arbeitgeber kann für jede Übernachtung des Arbeitnehmers anlässlich einer Auswärtstätigkeit die **tatsächlichen Aufwendungen steuerfrei ersetzen** (als Reisekosten). Benutzt der Arbeitnehmer ein Mehrbettzimmer gemeinsam mit Personen, die nicht Arbeitnehmer des Arbeitgebers sind, so können die Aufwendungen steuerfrei ersetzt werden, die bei Inanspruchnahme eines Einzelzimmers im selben Haus entstanden wären. Führt die weitere Person auch eine Auswärtstätigkeit durch, so sind die tatsächlichen Unterkunftskosten gleichmäßig aufzuteilen. Wird in der Hotelrechnung (dem Zahlungsbeleg) nur ein **Gesamtpreis** für Unterkunft und Frühstück bzw. eine Tagespauschale nachgewiesen, und lässt sich der Preis für das Frühstück oder weitere Essen nicht feststellen, so ist seit 2008 der Gesamtpreis zur Ermittlung der Übernachtungskosten wie folgt **zu kürzen**:

- bei einer Übernachtung im Inland und im Ausland **um 20 %** des für den Unterkunftsort maßgebenden **Pauschbetrags für Verpflegungsmehraufwendungen** bei einer Dienstreise mit einer Abwesenheitsdauer von mindestens 24 Stunden; für ein Mittag- und Abendessen um jeweils **40 %**.

Für jede Übernachtung im **Inland** darf der Arbeitgeber ohne Nachweis der tatsächlichen Aufwendungen einen **Pauschbetrag** bis zu **20 €** steuerfrei zahlen. Dies gilt nicht, wenn der Arbeitnehmer die Unterkunft vom Arbeitgeber oder auf Grund seines Dienstverhältnisses von einem Dritten unentgeltlich oder teilentgeltlich erhalten hat. Bei Benutzung eines Schlafwagens oder einer Schiffskabine darf der Pauschbetrag nur dann steuerfrei gezahlt werden, wenn die Übernachtung in einer anderen Unterkunft begonnen oder beendet worden ist. Die steuerfreie Zahlung des Pauschbetrags bzw. eines Übernachtungsgeldes für eine Übernachtung im Fahrzeug, z. B. im Lkw, ist nicht zulässig.

Bei Übernachtungen im **Ausland** kann der Arbeitgeber für Übernachtungskosten ohne einen Einzelnachweis der tatsächlichen Aufwendungen die vom BMF veröffentlichten Pauschbeträge (Übernachtungsgelder) steuerfrei zahlen. Diese wurden ab 2009 mit BMF-Schreiben v. 17. 12. 2008 (BStBl I 2009 S. 1077) bekannt gemacht.

Reisenebenkosten

Reisenebenkosten sind die tatsächlichen Aufwendungen für die Beförderung und Aufbewahrung von Gepäck, für Telefongespräche und Schriftverkehr beruflichen Inhalts mit dem Arbeitgeber oder dessen Geschäftspartner, für Straßenbenutzung (Maut) und Parkplatz sowie Schadensersatzleistungen infolge von Verkehrsunfällen, wenn die jeweils damit verbundenen Fahrtkosten als Reisekosten anzusetzen sind. Der Arbeitgeber kann die tatsächlichen Reisenebenkosten steuerfrei erstatten.

Rentenversicherung

→ *Arbeitgeberbeiträge*, → *Sozialversicherungsbeiträge*

Restaurantgutscheine

→ Rz. C 216

Rückdeckungsversicherung

Schließt der Arbeitgeber eine Rückdeckungsversicherung ab, um sich die Mittel zur Leistung einer dem Arbeitgeber zugesagten Versorgung (Durchführungswege: → *Direktzusage* und → *Unterstützungskasse*) zu verschaffen, liegt **kein steuerlicher Lohnzufluss** vor.

Sachbezüge, Freigrenze

Sachbezüge, die nicht unter den Rabattfreibetrag nach § 8 Abs. 3 EStG i. H. v. **1 080 €** (→ *Preisnachlässe, Personalrabatte*) fallen und nicht nach Durchschnittswerten (z. B. nach der Sozialversicherungsentgeltverordnung) zu bewerten sind, bleiben bis zu einer monatlichen Freigrenze von **44 €** steuerfrei (§ 8 Abs. 2 Satz 9 EStG). Hierunter fallen z. B. Fahrkarten für öffentliche Verkehrsmittel, Belohnungsessen und Geschenke, die nicht bereits als Annehmlichkeiten steuerfrei sind (→ *Aufmerksamkeiten*). Begünstigt sind Lohnteile, die nach § 8 Abs. 2 Satz 1 EStG mit dem um übliche Preisnachlässe geminderten üblichen Endpreis am Abgabeort zu bewerten sind. Zu beachten ist, dass bei Überschreiten der Freigrenze der Gesamtbetrag als steuerpflichtiger Arbeitslohn zu erfassen ist; auch → *Warengutscheine*, → *Preisnachlässe, Personalrabatte*.

Auf zweckgebundene Geldleistungen, z. B. Zuschüsse des Arbeitgebers für Mitgliedsbeiträge des Arbeitnehmers an einen Sportverein oder Fitnessclub, ist die Freigrenze nicht anzuwenden. Lohnzahlungen in einer gängigen ausländischen Währung sind Einnahmen in Geld und kein Sachbezug.

Sachprämien

Erhält der Arbeitnehmer auf Grund seiner Berufsausübung durch Kundenbindungsprogramme von einem Dritten Sachprämien (z. B. Bonusmeilen), so rechnen diese Vorteile zum beruflichen Bereich, wenn der Arbeitgeber die Aufwendungen getragen hat (z. B. Erstattung der Reisekosten). Werden die so erworbenen Prämien für berufliche Zwecke eingesetzt, entstehen keine steuerlich zu erfassenden geldwerten Vorteile. Verzichtet der Arbeitgeber auf den arbeitsrechtlichen Herausgabeanspruch, ist die private Verwendung der Sachprämie bzw. des Vorteils insoweit steuerpflichtiger Arbeitslohn, als der jährliche Freibetrag i. H. v. 1 080 € überschritten ist. Nicht begünstigt sind z. B. Rückvergütungen, Preisnachlässe, sie mindern die steuerfrei erstattungsfähigen Reisekosten. → *Payback-Gutschrift*

Darüber hinaus kann das prämiengewährende Unternehmen den Prämienwert pauschal mit 2,25 % versteuern mit der Folge, dass kein Arbeitslohn anzusetzen ist. Durch Freibetrag und Pauschalierung ist der mit der Inanspruchnahme der Sachprämie zufließende geldwerte Vorteil oftmals nicht als steuerpflichtiger Arbeitslohn anzusetzen. Nicht steuerpflichtig sind Sachprämien, die außerhalb der beruflichen Tätigkeit erworben wurden.

Sammelbeförderung

Die unentgeltliche oder verbilligte Sammelbeförderung von Mitarbeitern zwischen Wohnung und Arbeitsstätte oder zwischen verschiedenen Arbeitsstätten durch arbeitgebereigene oder vom Arbeitgeber gestellte Fahrzeuge ist steuerfrei. Voraussetzung ist, dass diese Beförderung wegen des betrieblichen Einsatzes bzw. aus betrieblichen Gründen erforderlich ist.

Schadensersatzleistungen

Schadensersatzleistungen des Arbeitgebers an seine Mitarbeiter sind kein Arbeitslohn, soweit der Arbeitgeber zur Leistung gesetzlich verpflichtet ist oder einen zivilrechtlichen Schadensersatzanspruch des Arbeitnehmers wegen schuldhafter Verletzung arbeitsvertraglicher Fürsorgepflichten erfüllt, z. B. nach dem Allgemeinen Gleichbehandlungsgesetz (AGG). Erlässt der Arbeitgeber jedoch dem Arbeitnehmer eine Schadensersatzforderung, ist dies steuerpflichtiger Arbeitslohn; ausgenommen sind Fälle, in denen der Schadensersatz beim Arbeitnehmer zu Werbungskosten führen würde.

Schichtzulagen

Schichtzulagen sind steuerpflichtig, es sei denn, es handelt sich um Zuschläge für Sonntags-, Feiertags- und Nachtarbeit (→ *Arbeitslohnzuschläge für Sonntags-, Feiertags- oder Nachtarbeit*).

Schmiergelder

Schmiergelder sind steuerpflichtig. Sie werden jedoch weder als Arbeitslohn noch als → *Trinkgelder* erfasst; sie sind sonstige Einkünfte nach § 22 Nr. 3 EStG.

Schutzbrille

Gestellt der Arbeitgeber nach den Unfallverhütungsvorschriften, z. B. dem ArbSchG, erforderliche Schutzbrillen, rechnet dies nicht zum Arbeitslohn. Gleiches gilt für die vom Arbeitgeber auf Grund gesetzlicher Verpflichtung übernommenen angemessenen Kosten für eine spezielle **Sehhilfe**, wenn auf Grund einer Untersuchung der Augen und des Sehvermögens durch eine fachkundige Person i. S. d. § 6 Abs. 1 BildscharbV die spezielle Sehhilfe notwendig ist, um eine ausreichende Sehfähigkeit in den Entfernungsbereichen des Bildschirmarbeitsplatzes zu gewährleisten.

Schutzkleidung

→ *Berufskleidung*

Sicherheitsaufwendungen

Vom Arbeitgeber getragene oder ersetzte Aufwendungen für Maßnahmen zum Schutz des Arbeitnehmers vor Übergriffen Dritter und Diebstahl seines Privateigentums sind grundsätzlich Arbeitslohn. Ausnahmen gelten für Personen, die auf Grund ihrer beruflichen Position den Angriffen gewaltbereiter politisch motivierter Personen ausgesetzt sind (Positionsgefährdung). Unter diesen Voraussetzungen können steuerfrei sein:

- Aufwendungen für das ausschließlich mit dem Personenschutz des Arbeitnehmers befasste Personal.
- Aufwendungen für den Einbau von Sicherheitseinrichtungen (Grund- und Spezialschutz) in eine Mietwohnung oder in ein selbstgenutztes Wohneigentum zum Schutz positionsgefährdeter Arbeitnehmer, wobei sich die Steuerfreiheit nach dem Maß der Gefährdung des Arbeitnehmers richtet. Es ist unerheblich, ob die Sicherheitseinrichtungen in das Eigentum des Arbeitnehmers übergehen oder nicht. Die Höhe der steuerfrei bleibenden Beträge richtet sich nach der von der Gefährdungsanalyse zuständigen Behörde (Sicherheitsbehörde) eingeschätzten Gefährdungsstufe.

Ersetzt der Arbeitgeber dem Arbeitnehmer Aufwendungen für Sicherheitseinrichtungen oder mit diesen Einrichtungen verbundene laufende Betriebs- oder Wartungskosten, ist der Ersatz unter den vorgenannten Voraussetzungen ebenfalls kein steuerpflichtiger Arbeitslohn, ggf. jedoch nur anteilig nach dem Verhältnis des nicht steuerpflichtigen Anteils an den Gesamteinbaukosten. Dies gilt allerdings nur dann, wenn die Aufwendungen in zeitlichem Zusammenhang mit dem Einbau bzw. der Zahlung durch den Arbeitnehmer ersetzt werden; andernfalls ist der Aufwendungsersatz steuerpflichtiger Arbeitslohn.

Sonntagszuschläge

→ *Arbeitslohnzuschläge für Sonntags-, Feiertags- oder Nachtarbeit*

Soziale Leistungen

Maßnahmen zur Verbesserung der Arbeitsbedingungen → *Arbeitsbedingungen*, → *Vorsorgeuntersuchungen, Vorsorgeleistungen*

Sozialversicherungsbeiträge

Arbeitnehmerbeiträge zur gesetzlichen Sozialversicherung sind steuerpflichtig und aus dem Nettolohn zu entrichten; auch → *Arbeitgeberbeiträge*, → *Arbeitgeberzuschüsse*.

Steuerübernahme

Vom Arbeitgeber getragene (Lohn- und Kirchen-)Steuern sind Arbeitslohn; → *Lohnsteuer*, Rz. C 155 ff., 205 und → Rz. E 1 ff.

Streikunterstützungen

Streikunterstützungen sind kein Arbeitslohn; sie gehören keiner Einkunftsart an.

Telearbeit

Erledigt der Mitarbeiter einen Teil seiner beruflichen Arbeiten mit Zustimmung des Arbeitgebers in der privaten Wohnung, sog. Telearbeit, stellt sich die Frage nach den zu beachtenden steuerlichen Regelungen.

1. **Der Arbeitgeber gestellt die Teleplatzausstattung**
   Schafft der Arbeitgeber das Mobiliar (Schränke, Schreibtisch usw.) einschl. der Telekommunikationsgeräte (PC, Fax-, Kopiergerät, Telefon usw.) an, und stellt er dies dem Arbeitnehmer ausschließlich für die Dauer der Telearbeit zur Verfügung, ergeben sich regelmäßig keine lohnsteuerlichen Folgerungen. Nutzt der Arbeitnehmer das Mobiliar gelegentlich (in geringem Umfang) **privat**, ist dies von untergeordneter Bedeutung. Falls ein Kopiergerät auch privat genutzt werden kann, sollte sich der Arbeitgeber die Kosten für privat erstellte Kopien erstatten

lassen. Ansonsten wäre die private Nutzung der Freigrenze für **Sachbezüge** i. H. v. monatlich 44 € zuzuordnen, falls diese nicht schon anderweitig ausgeschöpft ist, → *Sachbezüge*. Die private Nutzung des PC sowie der Telekommunikationsgeräte ist **steuerfrei**. Gleiches gilt für die vom Arbeitgeber getragenen Verbindungsentgelte und anfallenden Telekommunikationsgebühren für die berufliche und private Nutzung (→ *Telekommunikation/-kommunikationsgeräte, Personalcomputer, Verbindungsentgelte des Arbeitnehmers*).

Das vom Arbeitgeber zur Verfügung gestellte Büromaterial (Schreibpapier, Kugelschreiber usw.) ist steuerlich unbeachtlich.

2. **Der Arbeitgeber übereignet die Teleplatzausstattung**
   Falls der Arbeitgeber die Teleplatzausstattung dem Arbeitnehmer übereignet, stellt dies einen geldwerten Vorteil dar, der als **Arbeitslohn** zu erfassen ist. Die Vorteile für die PC-Übereignung einschl. des Zubehörs sind grundsätzlich nach den Merkmalen der vorliegenden Lohnsteuerkarte zu versteuern; sie können aber auch pauschal mit 25 % (zzgl. Solidaritätszuschlag und ggf. Kirchensteuer) versteuert werden, → Rz. C 222 ff.
3. **Der Arbeitgeber stellt die Teleplatzausstattung zur Verfügung**
   Nutzt der Arbeitnehmer eigenes Mobiliar sowie die Telekommunikationsausstattung, kann der Arbeitgeber die Telekommunikationsaufwendungen sowie die Betriebskosten der Telekommunikationsgeräte (Strom) als Auslagenersatz **steuerfrei** ersetzen, → *Auslagenersatz*. Nach Auffassung der Finanzverwaltung ist dies für das zur Verfügung gestellte Mobiliar nicht möglich. Pauschal gezahlte Nutzungsentschädigungen o. Ä. sind als Arbeitslohn zu erfassen.
4. **Zahlungen für das Telearbeitszimmer**
   Mietet der Arbeitgeber das Arbeitszimmer als Telearbeitsplatz an, ist die Prüfung für die Erfassung der Zahlungen als Arbeitslohn einerseits oder als Einkünfte aus Vermietung und Verpachtung andererseits danach vorzunehmen, in wessen vorrangigem Interesse die Nutzung des Büros erfolgt. Dient die Nutzung in erster Linie den Interessen des Arbeitnehmers, so ist davon auszugehen, dass die Zahlungen des Arbeitgebers (im weitesten Sinne) als Gegenleistung für das Zurverfügungstellen der individuellen Arbeitskraft des Arbeitnehmers erfolgen. Die Einnahmen sind dementsprechend als Arbeitslohn zu erfassen. So verhält es sich regelmäßig, wenn der Arbeitnehmer im Betrieb des Arbeitgebers über einen weiteren Arbeitsplatz verfügt und die Nutzung des häuslichen Arbeitszimmers vom Arbeitgeber lediglich gestattet bzw. geduldet wird.

   Wird der betreffende Raum jedoch vor allem im betrieblichen Interesse des Arbeitgebers genutzt und geht dieses Interesse – objektiv nachvollziehbar – über die Entlohnung des Arbeitnehmers bzw. über die Erbringung der jeweiligen Arbeitsleistung hinaus, so ist anzunehmen, dass die betreffenden Zahlungen auf einer neben dem Dienstverhältnis gesondert bestehenden Rechtsbeziehung beruhen. Anhaltspunkte hierfür können sich beispielsweise daraus ergeben, dass der Arbeitgeber entsprechende Rechtsbeziehungen zu gleichen Bedingungen auch mit fremden Dritten, die nicht in einem Dienstverhältnis zu ihm stehen, eingegangen ist. Doch handelt es sich insoweit lediglich um ein Indiz, nicht um eine zwingende Voraussetzung. Haben die Beteiligten eine ausdrückliche, schriftliche Vereinbarung über die Bedingungen der Nutzung des überlassenen Raumes getroffen, so kann dies ebenfalls ein Indiz für ein besonderes, über das Dienstverhältnis hinausgehendes betriebliches Interesse sein. Allerdings schließt eine solche Vereinbarung einerseits nicht aus, dass die Zahlungen gleichwohl als Arbeitslohn zu erfassen sind, falls ein entsprechendes betriebliches Interesse des Arbeitgebers nicht nachgewiesen werden kann. Andererseits ist eine ausdrückliche schriftliche Vereinbarung keine zwingende Voraussetzung für die Annahme einer eigenständigen Rechtsbeziehung, denn ein steuerlich anzuerkennendes Nutzungsverhältnis kann auch mündlich oder konkludent begründet werden (BFH-Urteil v. 16.9.2004, VI R 25/02, BStBl II 2006 S. 10).

   Eindeutige Kriterien sind u. a. räumliche Trennung von der Wohnung (separater Eingang) und ein unbeschränktes Zutrittsrecht des Arbeitgebers. Liegen diese Voraussetzungen vor, sind die Mietzahlungen regelmäßig als Einkünfte aus Vermietung und Verpachtung zu behandeln. In anderen Fällen ist nach den einschlägigen Urteilen des BFH und den dort genannten Kriterien zu entscheiden, z. B. bei Anmietung eines Raumes von dem als Außendienstmitarbeiter tätigen Arbeitnehmer. In diesem Fall sind die Mietzahlungen dann nicht dem Lohnsteuerabzug zu unterwerfen, wenn der Arbeitgeber gleich lautende Mietverträge auch mit fremden Dritten abschließt und die Anmietung des Raumes im eigenbetrieblichen Interesse des Arbeitgebers erfolgt (Außendienstmitarbeiterbüro). Dieses ist jedenfalls dann anzunehmen, wenn der Arbeitnehmer über keinen weiteren Arbeitsplatz im Betrieb des Arbeitgebers verfügt (BFH-Urteil v. 19. 10. 2001, BStBl II 2002 S. 300); weiteres BFH-Urteil v. 20. 3. 2003, BStBl II 2003 S. 519 zu einem im Kellergeschoss des Hauses eines auch im Außendienst tätigen Mitarbeiters gelegenen Büroraums mit ca. 35 qm Nutzfläche. Die berufliche Nutzung dieses Büroraums betrug vom zeitlichen Umfang mehr als 50 % der gesamten beruflichen Tätigkeit.

   In anderen Fällen sind die sog. Mietzahlungen dem Arbeitslohn zuzurechnen. Die vorgenannten Grundsätze gelten auch, wenn der Arbeitgeber die anfallenden Betriebskosten des Telearbeitszimmers (Heizung, Strom usw.) übernimmt. Ggf. kann der Arbeitnehmer jedoch den Werbungskostenabzug in Anspruch nehmen → Rz. B 87 *Telearbeit*.

Telefon

→ *Telekommunikation/-kommunikationsgeräte, Personalcomputer, Verbindungsentgelte des Arbeitnehmers*

Telekommunikation/-kommunikationsgeräte, Personalcomputer, Verbindungsentgelte des Arbeitnehmers

Private Nutzung betrieblicher Geräte, Erstattung der Verbindungsentgelte des Arbeitnehmers

Die Vorteile des Arbeitnehmers aus der privaten Nutzung betrieblicher Telekommunikationsgeräte, Personalcomputer und Mobiltelefone (Handys) einschließlich der Verbindungsentgelte für Privatgespräche sind unabhängig vom Umfang der beruflichen Nutzung steuerfrei (§ 3 Nr. 45 EStG). Die Steuerfreiheit ist nicht auf die private Nutzung im Betrieb beschränkt, sondern gilt z. B. auch für Geräte im betrieblichen oder privaten PKW oder in der Wohnung des Arbeitnehmers. Es kommt nicht darauf an, wo sich das betriebliche Gerät im Zeitpunkt der Privatnutzung durch den Arbeitnehmer befindet.

Voraussetzung für die Steuerfreiheit ist die Nutzungsüberlassung der Geräte durch den Arbeitgeber oder auf Grund des Dienstverhältnisses durch einen Dritten. In diesen Fällen sind auch die vom Arbeitgeber getragenen privaten Verbindungsentgelte (Grundgebühr und sonstige laufende Kosten) des Arbeitnehmers, die durch die Nutzung der betrieblichen Geräte entstehen, steuerfrei. Für die Steuerfreiheit kommt es nicht darauf an, ob die Vorteile zusätzlich zum ohnehin geschuldeten Arbeitslohn oder auf Grund einer Vereinbarung über die Herabsetzung von Arbeitslohn erbracht werden.

Übereignung von Personalcomputern, sonstiger PC-Hardware, technischem Zubehör, Software (Sachzuwendungen) und eines Internetanschlusses, Verbindungsentgelte

Zur Pauschalierung der Lohnsteuer für diese Arbeitslohnteile mit einem Pauschsteuersatz von 25 % → Rz. C 222 ff.

Trinkgelder

Von Dritten freiwillig und ohne Verpflichtung für eine Dienstleistung des Arbeitnehmers gezahlte Trinkgelder sind seit dem Kalenderjahr 2002 in voller Höhe steuerfrei. Incentives und Zahlungen aus dem Spielbanktronc sind keine Trinkgelder.

Überbrückungsgeld

Das nach dem SGB III gezahlte Überbrückungsgeld ist steuerfrei; es unterliegt **nicht** dem Progressionsvorbehalt nach § 32b EStG (→ Rz. B 29).

Übungsleiterpauschale

Übungsleiter und die anderen begünstigten nebenberuflich Tätigen können von ihren Einnahmen die Übungsleiterpauschale i. H. v. 2 100 € (seit 2007, zuvor 1 848 €) als Betriebsausgaben bzw. Werbungskosten abziehen und zwar gleichgültig, ob sie steuerlich als Selbständiger oder als Arbeitnehmer tätig sind. Bis zur Höhe der Übungsleiterpauschale bleiben steuerfrei die Einnahmen von Personen, die im Dienst oder Auftrag einer juristischen Person des öffentlichen Rechts, die in der EU oder im EWR-Raum belegen ist, oder einer gemeinnützigen Körperschaft

- eine nebenberufliche Tätigkeit als Übungsleiter, Ausbilder, Erzieher, Betreuer bzw. eine vergleichbare nebenberufliche Tätigkeit, oder
- eine nebenberufliche künstlerische Tätigkeit ausüben, oder
- nebenberuflich alte, kranke oder behinderte Menschen pflegen.

Unbeachtlich ist, ob diese Tätigkeit selbständig oder unselbständig ausgeübt wird.

Zu den begünstigten Tätigkeiten gehören z. B. die Tätigkeit eines Sporttrainers, eines Chorleiters oder Orchesterdirigenten, die Lehr- und Vortragstätigkeit im Rahmen der allgemeinen Bildung und Ausbildung (z. B. Kurse und Vorträge an Schulen und Volkshochschulen, Mütterberatung, Erste-Hilfe-Kurse, Schwimm-Unterricht) oder im Rahmen der beruflichen Ausbildung und Fortbildung.

Die Pflege alter, kranker oder behinderter Menschen umfasst außer der Dauerpflege auch Hilfsdienste bei der häuslichen Betreuung durch ambulante Pflegedienste (z. B. Unterstützung bei der Grund- und Behandlungspflege), bei häuslichen Verrichtungen und Einkäufen, beim Schriftverkehr, bei der Altenhilfe entsprechend § 75 des Bundessozialhilfegesetzes (z. B. Hilfe bei der Wohnungs- und Heimplatzbeschaffung), in Fragen der Inanspruchnahme altersgerechter Dienste und bei Sofortmaßnahmen gegenüber Schwerkranken und Verunglückten (z. B. durch Rettungssanitäter und Ersthelfer).

Nicht begünstigt sind z. B. Vereinsvorsitzende, Schriftführer, Geräte- und Platzwarte, Hausmeister, Kassierer und Reinigungskräfte.

Die Pauschale ist ein Jahresbetrag und unabhängig davon, wie lange und wie viele Tätigkeiten als Übungsleiter ausgeübt wurden. Übersteigen die tatsächlichen Werbungskosten bzw. Betriebsausgaben diesen Freibetrag, können sie mit dem übersteigenden Betrag von den Einnahmen abgezogen werden. Ist der Übungsleiter (oder eine andere unter § 3 Nr. 26 EStG fallende Person) steuerlich als Arbeitnehmer einzustufen, ist es unseres Erachtens im Auslegungsweg der Regelungen des § 39b Abs. 1 EStG vertretbar, in den Fällen auf die Vorlage einer Lohnsteuerkarte zu verzichten, in denen nur steuerfreie Einnahmen gezahlt werden.

Eine Tätigkeit wird nebenberuflich ausgeübt, wenn sie – bezogen auf das Kalenderjahr – nicht mehr als ein Drittel der Arbeitszeit eines vergleichbaren Vollzeiterwerbs in Anspruch nimmt. Es können deshalb auch solche Personen nebenberuflich tätig sein, die im steuerrechtlichen Sinne keinen Hauptberuf ausüben (z. B. Hausfrauen, Vermieter, Studenten, Rentner oder Arbeitslose). Übt ein Steuerpflichtiger mehrere verschiedenartige Tätigkeiten i. S. d. § 3 Nr. 26 EStG aus, ist die Nebenberuflichkeit für jede Tätigkeit getrennt zu beurteilen. Mehrere gleichartige Tätigkeiten sind zusammenzufassen, wenn sie sich nach der Verkehrsanschauung als Ausübung eines einheitlichen Hauptberufs darstellen (z. B. Unterricht von jeweils weniger als dem dritten Teil des Pensums einer Vollzeitkraft in mehreren Schulen). Eine Tätigkeit wird nicht nebenberuflich ausgeübt, wenn sie als Teil der Haupttätigkeit anzusehen ist.

Der Freibetrag wird nur gewährt, wenn die Tätigkeit im Dienst oder im Auftrag einer der in § 3 Nr. 26 EStG genannten Personen erfolgt. Dies sind

1. juristische Personen des öffentlichen Rechts, die in einem EU- oder EWR-Land belegen ist, z. B. Bund, Länder, Gemeinden, Gemeindeverbände, Industrie- und Handelskammern, Handwerkskammern, Rechtsanwaltskammern, Steuerberaterkammern, Wirtschaftsprüferkammern, Ärztekammern, Universitäten oder die Träger der Sozialversicherung in Betracht.
2. Einrichtungen i. S. d. § 5 Abs. 1 Nr. 9 KStG, z. B. Körperschaften, Personenvereinigungen, Stiftungen und Vermögensmassen, die nach der Satzung oder dem Stiftungsgeschäft und nach der tatsächlichen Geschäftsführung ausschließlich und unmittelbar gemeinnützige, mildtätige oder kirchliche Zwecke verfolgen (z. B. Sport- und Musikvereine, Einrichtungen der Wohlfahrtspflege). Die Begriffe der gemeinnützigen, mildtätigen und kirchlichen Zwecke ergeben sich aus den §§ 52 bis 54 AO. Eine Tätigkeit dient auch dann der selbstlosen Förderung begünstigter Zwecke, wenn sie diesen Zwecken nur mittelbar zugute kommt. Wegen weiterer Einzelheiten siehe R 3.26 LStR.

Nicht zu den begünstigten Einrichtungen gehören z. B. Berufsverbände (Arbeitgeberverband, Gewerkschaft) oder Parteien. Fehlt es an einem begünstigten Auftraggeber/Arbeitgeber, so kann der Steuerfreibetrag nicht in Anspruch genommen werden.

Beim Lohnsteuerabzug ist eine zeitanteilige Aufteilung des steuerfreien Höchstbetrags von 2 100 € jährlich nicht erforderlich; das gilt auch dann, wenn feststeht, dass das Dienstverhältnis nicht bis zum Ende des Kalenderjahres besteht. Der Arbeitnehmer hat dem Arbeitgeber jedoch schriftlich zu bestätigen, dass die Steuerbefreiung nicht bereits in einem anderen Dienst- oder Auftragsverhältnis berücksichtigt worden ist oder berücksichtigt wird. Diese Erklärung ist zum Lohnkonto zu nehmen; → *Ehrenamt*.

Umzugskosten

Umzugskosten des Arbeitnehmers wegen eines beruflich veranlassten Wohnungswechsels können durch den Arbeitgeber steuerfrei erstattet werden bis zu den Beträgen, die als Werbungskosten abziehbar wären (→ Rz. B 87). Der Arbeitnehmer hat seinem Arbeitgeber Unterlagen vorzulegen, aus denen die tatsächlichen Aufwendungen ersichtlich sein müssen. Der Arbeitgeber hat diese Unterlagen als Belege zum Lohnkonto aufzubewahren.

Steuerfrei sind grundsätzlich Erstattungsleistungen bis zur Höhe der Beträge, die nach dem Bundesumzugskostengesetz (BUKG) und der Auslandsumzugskostenverordnung (ausgenommen §§ 11, 12 AUV) als Umzugskostenvergütung höchstens gezahlt werden könnten, sowie Maklergebühren für die Vermittlung der eigenen Wohnung. Die Steuerfreiheit der Pauschbeträge für Verpflegungsmehraufwendungen richtet sich nach den Grundsätzen für Dienstreisen (→ *Reisekosten*). Weist der Arbeitnehmer höhere Umzugskosten nach, so ist insgesamt zu prüfen, ob und inwieweit diese Aufwendungen Werbungskosten oder nicht abziehbare Kosten der Lebensführung sind (z. B. bei Aufwendungen für die Neuanschaffung von Einrichtungsgegenständen). Für bestimmte Kosten sind Pauschalen vorgesehen (z. B. die Pauschvergütung nach § 10 BUKG für sonstige Umzugsauslagen, siehe BMF-Schreiben v. 16. 12. 2008, BStBl I 2008 S. 1076).

In folgenden Fällen ist ein Wohnungswechsel beruflich veranlasst:

- wenn durch ihn eine erhebliche Verkürzung der Entfernung zwischen Wohnung und Arbeitsstätte eintritt und die verbleibende Wegezeit im Berufsverkehr als normal angesehen werden kann. Es ist nicht erforderlich, dass der Wohnungswechsel mit einem Wohnortwechsel oder mit einem Arbeitsplatzwechsel verbunden ist;
- wenn er im ganz überwiegenden betrieblichen Interesse des Arbeitgebers durchgeführt wird, insbesondere beim Beziehen oder Räumen einer Dienstwohnung, die aus betrieblichen Gründen bestimmten Arbeitnehmern vorbehalten ist, z. B. um deren jederzeitige Einsatzmöglichkeit zu gewährleisten;
- wenn er aus Anlass der erstmaligen Aufnahme einer beruflichen Tätigkeit durchgeführt wird;
- wenn der eigene Hausstand zur Beendigung einer doppelten Haushaltsführung an den Beschäftigungsort verlegt wird.

Eventuell private Motive für die Auswahl der neuen Wohnung sind grundsätzlich unbeachtlich. Erfolgt ein Umzug aus Anlass einer Eheschließung von getrennten Wohnorten in eine gemeinsame Familienwohnung, so ist die berufliche Veranlassung des Umzugs eines jeden Ehegatten gesondert zu beurteilen.

Eine erhebliche Verkürzung der Entfernung zwischen Wohnung und Arbeitsstätte ist anzunehmen, wenn sich die Dauer der täglichen Hin- und Rückfahrt insgesamt wenigstens zeitweise um mindestens eine Stunde ermäßigt dazu sind die Änderungen der Fahrzeiten (positive und negative) beider berufstätigen Ehegatten nicht zu saldieren. Steht bei einem Umzug eine arbeitstägliche Fahrzeitersparnis von mindestens einer Stunde fest, sind private Gründe (z. B. Gründung eines gemeinsamen Haushalts aus Anlass einer Eheschließung) unbeachtlich.

Unfallversicherung, freiwillige

a) Beiträge

Vom Arbeitgeber übernommene Beiträge für **eine freiwillige Unfallversicherung des Arbeitnehmers** sind steuerpflichtiger Arbeitslohn. Nach dem BMF-Schreiben v. 17. 7. 2000 (BStBl I 2000 S. 1204) gilt dies nicht, soweit Beiträge zu Versicherungen gegen berufliche Unfälle und Beiträge zu Versicherungen gegen alle Unfälle auch das Unfallrisiko bei Auswärtstätigkeiten abdecken; der auf Unfälle bei **Auswärtstätigkeiten** entfallende Beitrag ist als Vergütung von Reisenebenkosten **steuerfrei**.

Es bestehen von Seiten der Finanzverwaltung **keine Bedenken**, wenn bei der Aufteilung des auf den **beruflichen Bereich** entfallenden Beitrags in steuerfreie Reisekostenvergütungen und steuerpflichtigen Werbungskostenersatz der **auf steuerfreie Reisekostenvergütung** entfallende Anteil auf **40 %** des auf den beruflichen Bereich entfallenden Beitrags/Beitragsanteils geschätzt wird. Der auf den **beruflichen Bereich** entfallende Beitrag/Beitragsanteil kann wiederum mit **50 %** des **Gesamtbeitrags** geschätzt werden.

Bei **vom Arbeitgeber abgeschlossenen Unfallversicherungen** seiner Arbeitnehmer, bei denen die Ausübung der **Rechte** aus dem Versicherungsvertrag ausschließlich dem **Arbeitgeber** zusteht, stellen die Beitragsleistungen des Arbeitgebers **keinen Arbeitslohn** dar. Dagegen gehören die Beiträge als Zukunftssicherungsleistungen zum **Arbeitslohn**, wenn der **Arbeitnehmer** den Versicherungsanspruch **unmittelbar** gegenüber dem Versicherungsunternehmen geltend machen kann. Das gilt unabhängig davon, ob es sich um eine Einzelunfallversicherung oder eine Gruppenunfallversicherung handelt; Beiträge zu Gruppenunfallversicherungen sind ggf. nach der Zahl der versicherten Arbeitnehmer auf diese aufzuteilen. **Steuerfrei** sind Beiträge, die das Unfallrisiko bei Auswärtstätigkeiten abdecken und deshalb zu den **steuerfreien Reisekostenvergütungen** gehören. Für die Aufteilung eines auf den beruflichen Bereich entfallenden Gesamtbetrags in steuerfreie Reisekostenvergütung und steuerpflichtigen Werbungskostenersatz gilt das oben Gesagte entsprechend.

Zur Pauschalbesteuerung der Beiträge → Rz. C 199.

b) Leistungen[1])

Vom Arbeitgeber an den Arbeitnehmer **ausgekehrte Leistungen** aus freiwilligen Unfallversicherungen wegen eines im **privaten Bereich** eingetretenen Versicherungsfalls gehören in voller Höhe zum steuerpflichtigen **Arbeitslohn** und unterliegen dem Lohnsteuerabzug, wenn die geleisteten Beiträge des Arbeitgebers keinen Arbeitslohn darstellen. Bei einem im **beruflichen Bereich** eingetretenen Unfall gehört die Auskehrung des Arbeitgebers **nicht** zum **Arbeitslohn**, soweit der Arbeitgeber gesetzlich zur Schadensersatzleistung verpflichtet ist oder soweit der Arbeitgeber einen zivilrechtlichen Schadensersatzanspruch des Arbeitnehmers wegen schuldhafter Verletzung arbeitsvertraglicher Fürsorgepflichten erfüllt.

Handelt es sich um Leistungen aus einer Unfallversicherung, die der **Arbeitnehmer** gegenüber dem Versicherungsunternehmen **geltend machen kann**, gehören die Leistungen zu den Einkünften aus nichtselbständiger Arbeit, soweit sie Entschädigungen für entgangene oder entgehende Einnahmen i. S. d. § 24 Nr. 1 Buchst. a EStG darstellen, der Unfall im beruflichen Bereich eingetreten ist und die Beiträge ganz oder teilweise Werbungskosten waren (bzw. steuerfreie Reisenebenkostenvergütungen). Die Versicherungsleistungen unterliegen dabei nicht dem Lohnsteuerabzug; der als Entschädigung steuerpflichtige Anteil, der im Rahmen der Veranlagung des Arbeitnehmers zur Einkommensteuer zu erfassen ist, ist durch Schätzung zu ermitteln.

Unfallversicherung, gesetzliche

Beiträge des Arbeitgebers zur gesetzlichen Unfallversicherung sind **steuerfrei**.

Die **Leistungen** aus der gesetzlichen Unfallversicherung sind ebenfalls **steuerfrei**.

Unterstützungen

Unterstützungsleistungen des Arbeitgebers an Arbeitnehmer anlässlich besonderer persönlicher Anlässe oder Notsituationen können steuerfrei sein → *Krankheitskosten, Unterstützungen*.

Unterstützungskasse

Die Versorgung über eine Unterstützungskasse führt erst im Zeitpunkt der Zahlung der Altersversorgungsleistungen zum Zufluss von Arbeitslohn. In der „Aktivphase" ist kein zusätzlicher Arbeitslohn zu versteuern, auch wenn der Arbeitgeber Zuwendungen an die Unterstützungskasse leistet, die der Zukunftssicherung des Arbeitnehmers dienen. → *Betriebliche Altersversorgung*.

Urlaubsansprüche

Die Barabgeltung von Urlaubsansprüchen ist steuerpflichtiger Arbeitslohn; auch → *Erholungsbeihilfen*.

VBL

Die Versorgungsanstalt des Bundes und der Länder (VBL), die den Arbeitern und Angestellten des öffentlichen Dienstes eine Zusatzversorgung gewährt, ist im steuerrechtlichen Sinne eine Pensionskasse. Zur steuerlichen Behandlung, d.h. dem Zufluss von Arbeitslohn und der ab 2009 greifenden Steuerbefreiungsvorschrift → *Pensionskasse*, zur Pauschalbesteuerung → Rz. C 191 ff.

Verabschiedung eines Arbeitnehmers

Zur steuerlichen Behandlung der üblichen Sachleistungen des Arbeitgebers aus einem solchen Anlass → *Amtseinführung*.

Verbesserungsvorschläge

Zahlungen des Arbeitgebers für Verbesserungsvorschläge des Arbeitnehmers sind steuerpflichtiger Arbeitslohn; auch → *Arbeitnehmererfindung*.

Verlosungen

→ *Losgewinne*

1) Es ist die Verwaltungsauffassung dargestellt (siehe BMF-Schreiben v. 17. 7. 2000, BStBl I 2000 S. 1204). Der BFH hat jedoch mit Urteil v. 11. 12. 2008, VI R 9/05, BFH/NV 2009 S. 474, entschieden, dass in Fällen, in denen ein Arbeitnehmer Leistungen aus einer durch Beiträge seines Arbeitgebers finanzierten Gruppenunfallversicherung erhält, die ihm keinen eigenen unentziehbaren Rechtsanspruch einräumt, im Zeitpunkt der Leistung die bis dahin entrichteten, auf den Versicherungsschutz des Arbeitnehmers entfallenden Beiträge zu Arbeitslohn führen; der Arbeitslohn ist begrenzt auf die dem Arbeitnehmer ausgezahlte Versicherungsleistung. Weiter hat der BFH entschieden, dass der auf das Risiko beruflicher Unfälle entfallende Anteil der Beiträge als Werbungskostenersatz zu Werbungskosten des Arbeitnehmers führt, mit denen der entsprechende steuerpflichtige Arbeitslohn zu saldieren ist; regelmäßig kann davon ausgegangen werden, dass die Beiträge jeweils hälftig auf das Risiko privater und beruflicher Unfälle entfallen. Es bleibt abzuwarten, ob die Verwaltung das BFH-Urteil v. 11. 12. 2008 uneingeschränkt anwendet, denn es weicht von der Verwaltungsauffassung ab.

Vermögensbeteiligung[1])

Übereignet der Arbeitgeber dem Arbeitnehmer unentgeltlich oder verbilligt Unternehmensanteile (z. B. Aktien, Genussscheine, Anteile an Mitarbeiterbeteiligungs-Sondervermögen und Anteile an Investmentfonds), führt dies zu einem geldwerten Vorteil beim Arbeitnehmer. Der Vorteil ist – mit Ausnahme von Fällen, der Überlassung von Anteilen an Investmentfonds – **steuerfrei**, soweit er insgesamt **360 €** im Kalenderjahr nicht übersteigt. **Voraussetzung** für die Steuerfreiheit ist, dass

- die Vermögensbeteiligung als **freiwillige Leistung zusätzlich zum ohnehin geschuldeten Arbeitslohn** überlassen und **nicht** auf bestehende oder künftige Ansprüche **angerechnet** wird und
- die Beteiligung mindestens **allen Arbeitnehmern** offensteht, die im Zeitpunkt der Bekanntgabe des Angebots **ein Jahr** oder länger ununterbrochen in einem gegenwärtigen **Dienstverhältnis** zum Unternehmen stehen.

Als Unternehmen des Arbeitgebers in diesem Sinne gilt auch ein Unternehmen i. S. d. § 18 AktG. Als Wert der Vermögensbeteiligung ist der **gemeine Wert** anzusetzen.

Nach einer **Übergangsregelung** in § 52 Abs. 35 EStG greift noch die „alte" Steuerbefreiungsvorschrift des § 19a EStG (Steuerfreiheit bis zu 135 €, begrenzt auf den halben Wert der Beteiligung), wenn

- die Vermögensbeteiligung **vor dem 1. 4. 2009** überlassen wird oder
- auf Grund einer am **31. 3. 2009** bestehenden **Vereinbarung** ein Anspruch auf die unentgeltliche oder verbilligte Überlassung einer Vermögensbeteiligung besteht sowie die Vermögensbeteiligung **vor dem 1. 1. 2016 überlassen** wird

und der Arbeitgeber bei demselben Arbeitnehmer im Kalenderjahr nicht die „neue" Steuerbefreiungsvorschrift des § 3 Nr. 39 EStG anzuwenden hat.

Versorgungsausgleich

Durch Steuerbefreiungsvorschriften in § 3 Nr. 55a und Nr. 55b EStG – eingeführt durch das Gesetz zur Strukturreform des Versorgungsausgleichs[2]) – wird sichergestellt, dass sich durch einen Versorgungsausgleich bei **Ehescheidung** für die betroffenen Personen **keine belastenden steuerlichen Konsequenzen** ergeben. Dies gilt für die **interne Teilung** nach § 10 des Versorgungsausgleichsgesetzes – VersAusglG – (d. h. Teilung jedes Anrechts innerhalb des Versorgungssystems) und die **externe Teilung** nach § 14 VersAusglG (Zahlung eines Ausgleichswerts).

Bei **Leistungen**, die die ausgleichsberechtigte Person auf Grund der internen oder externen Teilung später aus einer → **Direktzusage** oder von einer → **Unterstützungskasse** erhält, handelt es sich i. Ü. um **Einkünfte aus nichtselbständiger Arbeit**. Bei der ausgleichspflichtigen Person liegen Einkünfte aus nichtselbständiger Arbeit nur hinsichtlich der verbleibenden Leistungen vor.

Verwarnungsgelder

→ *Geldstrafen*

VIP-Logen

Nimmt der Arbeitnehmer an einer Veranstaltung in einer vom Arbeitgeber angemieteten VIP-Loge oder Operngala (z. B. in Sportstätten oder einem sog. Business-Seat) aus privaten Gründen unentgeltlich oder verbilligt teil, rechnet der sich dadurch ergebende geldwerte Vorteil zum Arbeitslohn. Dieser Vorteil ist grundsätzlich als Sachbezug zu bewerten, die Freigrenze für Sachbezüge i. H. v. 44 € monatlich ist anwendbar (→ *Sachbezüge, Freigrenze*). Für VIP-Logen und Business-Seats hat der Arbeitgeber die Möglichkeit, den auf eigene Arbeitnehmer entfallenden Vorteil mit einem Pauschsteuersatz i. H. v. 30 % zu versteuern; → Rz. C 233 f.

Der Vorteil gehört **nicht** zum steuerpflichtigen Arbeitslohn, wenn der Besuch der VIP-Loge/die Nutzung des Business-Seats bzw. die Teilnahme an der dortigen Veranstaltung beruflich erforderlich ist bzw. sie im ganz überwiegenden betrieblichen Interesse erfolgt, z. B. Teilnahme als Arbeitszeit zur Betreuung von Geschäftskunden oder der Arbeitgeber lädt seine leitenden Angestellten anlässlich eines Geschäftsabschlusses neben den Geschäftspartnern zur Teilnahme ein. Arbeitslohn liegt auch nicht vor, wenn die VIP-Loge/der Business-Seat für eine übliche Betriebsveranstaltung angemietet wurde (→ *Betriebsveranstaltungen*).

Vorsorgeuntersuchungen, Vorsorgeleistungen

Trägt der Arbeitgeber die Kosten für Vorsorgeuntersuchungen (z. B. für leitende Angestellte), ist dies kein Arbeitslohn → *Ärztliche Betreuung*.

Durch das Jahressteuergesetz 2009 wurden rückwirkend ab 2008 Dienstleistungen und Barzuschüsse des **Arbeitgebers** zur **Verbesserung** des allgemeinen **Gesundheitszustands** des Arbeitnehmers sowie zur betrieblichen **Gesundheitsförderung** steuerbefreit. Gleiches gilt für entsprechende extern durchgeführte Maßnahmen. Insgesamt sind im Kalenderjahr bis zu **500 €** je Arbeitnehmer **steuerfrei** (Höchstbetrag). Begünstigt sind z. B. betriebliche Gesundheitsförderung (Vorbeugung und Reduzierung arbeitsbedingter Belastungen des Bewegungsapparats), Maßnahmen zur Verbesserung des allgemeinen Gesundheitszustands (Prävention), der Bewegungsgewohnheiten (Reduzierung von Bewegungsmangel, Vorbeugung und Reduzierung gesundheitlicher Risiken durch verhaltens- und gesundheitsorientierte Bewegungsprogramme), des Ernährungsverhaltens (Vermeidung von Mangel- und Fehlernährung sowie von Übergewicht einschl. Reduktion), zur Stressbewältigung und Entspannung sowie gegen Suchtmittelkonsum (Raucherentwöhnungskurse, gesundheitsgerechter Umgang mit Alkohol). Eine Anrechnung auf den vereinbarten Arbeitslohn oder Lohnumwandlungen sind nicht zulässig; → Rz. C 228 ff. Bezuschusst der Arbeitgeber vergleichbare, vom Arbeitnehmer extern gebuchte Kurse/Seminare, hat der Arbeitnehmer Nachweise vorzulegen, die der Arbeitgeber im Lohnkonto aufzubewahren hat.

Waisengelder

Vom Arbeitgeber des verstorbenen Arbeitnehmers gezahlte Waisengelder sind steuerpflichtiger Arbeitslohn (Vorlage einer Lohnsteuerkarte).

Wandeldarlehen

Gewährt ein Arbeitnehmer dem Arbeitgeber ein Darlehen, das mit einem Wandlungsrecht zum Bezug von Aktien ausgestattet ist (**Wandeldarlehen**), fließt dem Arbeitnehmer **nicht** bereits bei **Hingabe** des Darlehens Arbeitslohn zu. Ein geldwerter Vorteil aus dem Bezug von Aktien zu einem unter dem Kurswert liegenden Übernahmepreis fließt dem Arbeitnehmer im Falle der **Ausübung** des Wandlungsrechts grundsätzlich zu, wenn dem Arbeitnehmer durch Erfüllung des Anspruchs das **wirtschaftliche Eigentum an den Aktien** verschafft wird. Der geldwerte Vorteil bemisst sich im Falle der Ausübung des Wandlungsrechts aus der **Differenz** zwischen dem Börsenpreis der Aktien an dem Tag, an dem der Arbeitnehmer die wirtschaftliche Verfügungsmacht über die Aktien erlangt, und den Erwerbsaufwendungen. **Überträgt** der Arbeitnehmer das Darlehen nebst Wandlungsrecht dagegen gegen Entgelt auf einen Dritten, fließt dem Arbeitnehmer ein geldwerter Vorteil im Zeitpunkt der Übertragung zu. → *Aktienoptionen, Vermögensbeteiligung* und *Wandelschuldverschreibung*.

1) Die Änderungen durch das vom Deutschen Bundestag am 22. 1. 2009 und vom Bundesrat am 13. 2. 2009 verabschiedete **Mitarbeiterkapitalbeteiligungsgesetz** sind berücksichtigt.

2) Das Gesetz wurde vom Deutschen Bundestag am 12. 2. 2009 und vom Bundesrat am 6. 3. 2009 endgültig beschlossen.

Wandelschuldverschreibung

Wird einem Arbeitnehmer im Rahmen seines Arbeitsverhältnisses durch Übertragung einer **nicht handelbaren Wandelschuldverschreibung** ein Anspruch auf die Verschaffung von Aktien eingeräumt, fließt dem Arbeitnehmer (noch) kein Arbeitslohn zu. Ein geldwerter Vorteil fließt grundsätzlich erst im Falle der **Ausübung** des Wandlungsrechts durch den Arbeitnehmer zu, wenn dem Arbeitnehmer durch Erfüllung des Anspruchs das wirtschaftliche Eigentum an den Aktien verschafft wird. Dies gilt unabhängig davon, dass der Arbeitnehmer die Aktien auf Grund einer Sperrfrist nicht veräußern kann oder zur Rückübertragung verpflichtet ist, wenn das Arbeitsverhältnis während der Sperrfrist aufgelöst wird. → *Aktienoptionen*, *Vermögensbeteiligung* und *Wandeldarlehen*.

Warengutscheine, Einkaufsgutscheine

An Stelle einer konkreten Ware kann der Arbeitgeber dem Arbeitnehmer auch einen Warengutschein aushändigen mit dem Ziel, die Freigrenze für Sachbezüge → *Sachbezüge* auszuschöpfen. Der bei einem Dritten einzulösende Warengutschein muss die bestimmte Ware oder Dienstleistung nach Art und Menge konkret bezeichnen (z. B. der Titel eines Buches). Es ist nicht zulässig, neben der Ware/Dienstleistung auf dem Gutschein einen anzurechnenden Betrag oder Höchstbetrag anzugeben. Ansonsten wendet die Finanzverwaltung die → *Freigrenze* nach § 8 Abs. 2 Satz 9 EStG (44 €) nicht an. Ist der Gutschein bei einem Dritten einzulösen, fließt der Arbeitslohn mit Hingabe des Gutscheins an den Arbeitnehmer zu. Ist der Gutschein zur Einlösung beim Arbeitgeber bestimmt, liegt Arbeitslohnzufluss erst bei Einlösung des Gutscheins vor. Die Umwandlung von Barlohn in Sachlohn (Gehaltsumwandlung) ist möglich. Sie setzt voraus, dass der Arbeitnehmer unter Änderung des Anstellungsvertrags auf einen Teil seines Barlohns verzichtet und dass ihm der Arbeitgeber stattdessen Sachlohn gewährt.

Beispiele für Warengutscheine

Beispiel 1:

Der Arbeitgeber gewährt seinem Arbeitnehmer folgenden Gutschein: „30 Liter Diesel im Wert von höchstens 44 €", der bei einer bestimmten Tankstelle einzulösen ist. Der Arbeitgeber hat ermittelt, dass bei Hingabe des Gutscheins der Liter Diesel 1,419 € kostete.

Da ein Höchstbetrag angegeben ist, liegt kein Sachbezug vor; die 44-Euro-Freigrenze ist nicht anwendbar. Der Wert des Gutscheins i. H. v. 42,57 € ist steuerpflichtiger Arbeitslohn.

Beispiel 2:

Der Arbeitgeber gewährt seinem Arbeitnehmer folgenden Gutschein: „30 Liter Diesel". Der Arbeitnehmer bezahlt die Tankfüllung und lässt sich den eingelösten Gutschein vom Tankwart bestätigen. Nach Vorlage des unterzeichneten Gutscheins und der Quittung beim Arbeitgeber erhält der Arbeitnehmer von diesem den Betrag laut Quittung erstattet.

Da der Arbeitnehmer vom Arbeitgeber Bargeld erhält, ist die Ausgestaltung des Gutscheins unmaßgeblich. Die Bargeldzahlung ist steuerpflichtiger Arbeitslohn.

Beispiel 3:

Der Arbeitgeber gewährt seinem Arbeitnehmer folgenden Gutschein: „30 Liter Diesel". Der Arbeitnehmer bezahlt mit der vom Arbeitgeber zur Verfügung gestellten Tankkarte. Da die Tankkarte die Funktion einer Firmenkreditkarte hat, führt die Begleichung der Rechnung zu einer steuerpflichtigen Barlohnzahlung. Die Ausgestaltung des Gutscheins ist unmaßgeblich.

Beispiel 4:

Der Arbeitgeber gewährt auf Grund einer mit der Tankstelle getroffenen Vereinbarung seinem Arbeitnehmer folgenden Gutschein: „30 Liter Diesel". Nach Einlösung des Gutscheins rechnet die Tankstelle gegenüber dem Arbeitgeber ab. Der Arbeitgeber hat ermittelt, dass bei Hingabe des Gutscheins der Liter Diesel 1,419 € kostete. Da die Ware konkret bezeichnet und kein Höchstbetrag angegeben ist, liegt ein Sachbezug vor; die 44-Euro-Freigrenze ist anwendbar. Unter der Voraussetzung, dass keine weiteren Sachbezüge im Monat gewährt werden, ist der Vorteil i. H. v. 40,86 € (96 % von 42,57 €) steuerfrei.

Werbungskostenersatz

Werbungskostenersatz des Arbeitgebers ist steuerpflichtiger Arbeitslohn; auch → *Auslagenersatz*, → *Werkzeuggeld.*

Werkspensionen

Werkspensionen, die vom früheren Arbeitgeber gezahlt werden, sind Arbeitslohn. Hat der Arbeitnehmer das 63. Lebensjahr bzw. als Schwerbehinderter das 60. Lebensjahr vollendet, kommen seit dem Kalenderjahr 2005 der (neue) Versorgungsfreibetrag und der Zuschlag zum Versorgungsfreibetrag zum Ansatz (→ Rz. B 93 *Versorgungsfreibetrag*).

Werkswohnung

→ *Mietvorteile*

Werkzeuggeld

Benutzt der Arbeitnehmer selbst angeschaffte Werkzeuge für seine berufliche Tätigkeit (z. B. im Betrieb, auf der Baustelle), ist die Erstattung der dem Arbeitnehmer dafür entstandenen Aufwendungen steuerfrei. Als Werkzeuge werden allgemein nur Handwerkzeuge angesehen, die zur leichteren Handhabung, Herstellung oder zur Bearbeitung eines Gegenstands verwendet werden. Steuerfrei gezahlt werden können die jeweiligen Aufwendungen des Arbeitnehmers für die Anschaffung des Werkzeugs. Bei Anschaffungskosten über 410 € sind diese Kosten und Zahlungen auf die betriebsgewöhnliche Nutzungsdauer zu verteilen; übersteigen sie 150 €, besteht ein Wahlrecht dazu. Steuerfreie pauschale Zahlungen sind möglich für die Abschreibung der Werkzeuge, für die üblichen Betriebs-, Instandhaltungs- und Instandsetzungskosten sowie die Beförderung zwischen der Wohnung des Arbeitnehmers und dem Betrieb.

Wintergeld

Mehraufwands- sowie Zuschuss-Wintergeld, das an Arbeiter im Baugewerbe aus Mitteln der Bundesagentur für Arbeit zur Abgeltung der witterungsbedingten Mehraufwendungen bei Arbeit in der witterungsungünstigen Jahreszeit gezahlt wird, ist steuerfrei; sie unterliegen nicht dem Progressionsvorbehalt. Winterbeihilfen in der Bauwirtschaft sind hingegen steuerpflichtiger Arbeitslohn.

Witwengelder

Vom Arbeitgeber des verstorbenen Arbeitnehmers gezahlte Witwengelder sind steuerpflichtiger Arbeitslohn.

Zehrgelder

→ *Betriebsveranstaltungen*

Zinsersparnisse

→ *Darlehen*

Zukunftssicherungsleistungen

Leistungen des Arbeitgebers für die Zukunftssicherung des Arbeitnehmers sind regelmäßig Arbeitslohn (→ *Betriebliche Altersversorgung*, → *Direktversicherung*, → *Pensionsfonds*, → *Pensionskasse*). Unter Umständen sind sie begünstigt durch Steuerfreiheit oder einen pauschalen Steuersatz → Rz. C 191 ff.

Zusätzlicher Krankenversicherungsbeitrag

Der zusätzliche Krankenversicherungsbeitrag i. H. v. 0,9 % ist vom Arbeitnehmer allein zu tragen und kann deshalb vom Arbeitgeber nicht steuerfrei erstattet werden.

IV. Pauschalierung der Lohnsteuer

162 Bisher wurde erläutert, wie der Arbeitgeber den Arbeitslohn ermittelt, welche Vorschriften für den Lohnsteuereinbehalt zu beachten sind, und wie die Lohnsteuer auf Grund der auf der Lohnsteuerkarte des Arbeitnehmers eingetragenen persönlichen Merkmale aus der Lohnsteuer-Tabelle abzulesen ist. Das Einkommensteuergesetz bietet daneben aber auch die Möglichkeit, die Lohnsteuer nach bestimmten festen Pauschsteuersätzen zu erheben (pauschale Lohnsteuererhebung). Diese Möglichkeit besteht

- bei Aushilfs-, kurzfristigen und geringfügigen Beschäftigungen,
- für Zukunftssicherungsleistungen und
- in besonderen Fällen für bestimmte Arbeitslohnteile.

163 Bei der Lohnsteuer-Pauschalierung übernimmt der Arbeitgeber die (pauschale) Lohnsteuer zuzüglich Solidaritätszuschlag und ggf. der Kirchensteuer. Der pauschal besteuerte Arbeitslohn und die pauschale Lohnsteuer bleiben bei einer Veranlagung des Arbeitnehmers zur Einkommensteuer und beim betrieblichen Lohnsteuer-Jahresausgleich außer Ansatz (→ Rz. C 234 ff.). Die pauschale Lohnsteuer ist weder auf der Lohnsteuerkarte noch in der (elektronischen) Lohnsteuerbescheinigung oder dem Papierausdruck auszuweisen. Die **Pauschalierung** der Lohnsteuer für einen **sonstigen Bezug** mit 20 % bei **Lohnzahlungen Dritter** (→ Rz. C 132) rechnet **nicht** zu den hier beschriebenen Formen der Lohnsteuerpauschalierung.

1. Teilzeitbeschäftigungen

164 Das Einkommensteuergesetz kennt drei verschiedene Formen von Teilzeitbeschäftigungen mit jeweils unterschiedlichen Pauschsteuersätzen (§ 40a EStG):

- Die **kurzfristige Beschäftigung** und die zu einem **unvorhersehbaren** Zeitpunkt **sofort erforderliche** kurzfristige Beschäftigung mit einem Pauschsteuersatz von jeweils 25 % des Arbeitslohns (→ Rz. C 166 ff.);
- geringfügige Beschäftigungen im Sinne des Sozialversicherungsrechts (§ 8 Abs. 1 Nr. 1 oder § 8a SGB IV) mit einem (einheitlichen) Pauschsteuersatz von 2 % oder 20 % des Arbeitslohns (Arbeitsentgelts, → Rz. C 169 ff.);
- die Tätigkeit als **Aushilfskraft** in **land- und forstwirtschaftlichen Betrieben** mit ebensolchen typischen Tätigkeiten. Bei dieser Beschäftigungsform beträgt der Pauschsteuersatz 5 % des Arbeitslohns (→ Rz. C 176 f.).

165 Voraussetzung für eine Lohnsteuer-Pauschalierung ist, dass die Aushilfskraft bzw. die kurzfristig oder geringfügig beschäftigte Person nicht noch für eine andere Beschäftigung bei demselben Arbeitgeber Arbeitslohn erhält, für den die Lohnsteuer nach der vorgelegten Lohnsteuerkarte ermittelt wird (zu ermitteln ist). Der Arbeitgeber braucht jedoch nicht zu prüfen, ob diese Kraft in einem weiteren Dienstverhältnis bei einem anderen Arbeitgeber beschäftigt ist.

a) Kurzfristige Beschäftigung

Der Arbeitgeber kann bei Arbeitnehmern, die nur kurzfristig 166
beschäftigt werden, die Lohnsteuer mit einem Pauschsteuersatz von 25 % des Arbeitslohns erheben. Nach dem Steuerrecht liegt eine **kurzfristige Beschäftigung** vor, wenn der Arbeitnehmer bei dem Arbeitgeber gelegentlich, d. h. nicht regelmäßig wiederkehrend, beschäftigt wird. Dabei darf die jeweilige Beschäftigungsdauer 18 zusammenhängende Arbeitstage nicht übersteigen. Hierzu gehören auch solche Tage, für die der Arbeitslohn wegen Urlaubs, Krankheit oder gesetzlicher Feiertage fortgezahlt wird. Nach den Lohnsteuer-Richtlinien ist entscheidend, dass die Beschäftigung ohne feste Wiederholungsabsicht ausgeübt wird. Tatsächlich kann es jedoch zu wiederholten Beschäftigungen kommen. In diesen Fällen ist entscheidend, dass die erneute Tätigkeit nicht bereits von vornherein vereinbart worden ist. Liegen diese Voraussetzungen vor, kommt es für die Beurteilung nicht darauf an, wie oft die Aushilfskraft im Laufe des Kalenderjahres tatsächlich beschäftigt wird. Die sozialversicherungsrechtliche Einordnung als kurzfristige Beschäftigung ist für die Pauschalierung mit 25 % nicht entscheidend.

Ferner darf während der Beschäftigungsdauer der Arbeits- 167
lohn durchschnittlich je Arbeitstag 62 € nicht übersteigen; der durchschnittliche Arbeitslohn je Arbeitsstunde ist auf durchschnittlich höchstens12 € begrenzt (→ Rz. C 179 ff.). Für die weiter zu beachtenden Regelungen → Rz. C 178 ff.

b) Unvorhersehbare sofort erforderliche kurzfristige Beschäftigung

Eine unvorhersehbare und sofort erforderliche kurzfristige 168
Beschäftigung setzt voraus, dass das Dienstverhältnis für den **akuten Bedarf** einer zusätzlichen oder den Ersatz einer ausgefallenen Arbeitskraft abgeschlossen wird. Hierzu rechnet grundsätzlich **nicht** die Beschäftigung von Aushilfen, deren Einsatz schon längere Zeit zuvor feststeht (z. B. bei Volksfesten, Inventur oder Ausstellungsmessen). Anders ist es jedoch, wenn die Aushilfskraft entgegen dem vorhersehbaren Bedarf zusätzlich beschäftigt werden muss, z. B. im Hotel- oder Gaststättengewerbe wegen unerwartet starkem Ausflugsverkehr. Bei dieser Beschäftigungsform ist die Arbeitslohngrenze von durchschnittlich 62 € je Arbeitstag nicht zu beachten; der Pauschsteuersatz beträgt 25 % des Arbeitslohns. Für die weiter zu beachtenden Regelungen → Rz. C 178 ff.

c) Besteuerung des Arbeitsentgelts für geringfügig entlohnte Beschäftigungen

Der Arbeitgeber kann die auf das Arbeitsentgelt für eine ge- 169
ringfügig entlohnte Beschäftigung im Sinne des Sozialversicherungsrechts entfallende Lohnsteuer pauschal oder nach

den Merkmalen der Lohnsteuerkarte erheben. Die **monatliche** Arbeitsentgeltgrenze beträgt für solche Beschäftigungen **400 €**, eine **Stundenlohnbegrenzung** ist nicht zu beachten.

170 Für die **Lohnsteuerpauschalierung** bei geringfügig Beschäftigten ist zu unterscheiden zwischen der **einheitlichen Pauschsteuer** i. H. v. **2 %** (§ 40a Abs. 2 EStG) und der **pauschalen Lohnsteuer** mit einem Steuersatz i. H. v. 20 % des Arbeitsentgelts (§ 40a Abs. 2a EStG). Beide Möglichkeiten der Lohnsteuerpauschalierung setzen **eine geringfügige Beschäftigung** i. S. d. § 8 Abs. 1 Nr. 1 oder § 8a SGB IV voraus. Das Steuerrecht knüpft damit an die Einordnung nach dem SGB IV an. Jedoch erfolgt im Steuerrecht keine Zusammenrechnung mit weiteren geringfügigen Beschäftigungen bei anderen Arbeitgebern. D. h. die Geringfügigkeit ist stets für die jeweilige Beschäftigung zu prüfen. **Bemessungsgrundlage** für die Lohnsteuerpauschalierung ist das sozialversicherungsrechtliche **Arbeitsentgelt**, unabhängig davon, ob dies steuerpflichtiger oder steuerfreier Arbeitslohn wäre (BFH-Urteil v. 29. 5. 2008, VI R 57/05). Für Arbeitslohnteile, die nicht zum sozialversicherungsrechtlichen Arbeitsentgelt gehören, ist die Lohnsteuerpauschalierung nicht zulässig; sie unterliegen dem Lohnsteuerabzug nach den allgemeinen Regelungen (Lohnsteuerkarte).

aa) Einheitliche Pauschsteuer i. H. v. 2 %

171 Der Arbeitgeber kann unter Verzicht auf die Vorlage einer Lohnsteuerkarte die Lohnsteuer einschließlich Solidaritätszuschlag und Kirchensteuer

- für das Arbeitsentgelt aus einer geringfügigen Beschäftigung i. S. d. § 8 Abs. 1 Nr. 1 (geringfügig entlohnte Beschäftigung) oder des § 8a SGB IV (geringfügig entlohnte Beschäftigung im Privathaushalt),
- für das er die pauschalen Beiträge zur gesetzlichen Rentenversicherung i. H. v. 15 % oder 5 % nach § 168 Abs. 1 Nr. 1b oder 1c (geringfügig versicherungspflichtig Beschäftigte) oder nach § 172 Abs. 3 oder 3a (geringfügig versicherungsfrei Beschäftigte) SGB VI zu entrichten hat,

mit einem einheitlichen Pauschsteuersatz i. H. v. insgesamt 2 % des Arbeitsentgelts erheben (einheitliche Pauschsteuer, § 40a Abs. 2 EStG). Weil alleinig die sozialversicherungsrechtliche Einordnung der Beschäftigung maßgebend ist, braucht eine steuerliche Arbeitslohngrenze nicht geprüft zu werden.

In dieser einheitlichen Pauschsteuer sind neben der Lohnsteuer auch der Solidaritätszuschlag und die Kirchensteuer enthalten. Der Steuersatz i. H. v. 2 % ist auch anzuwenden, wenn der Arbeitnehmer keiner erhebungsberechtigten Religionsgemeinschaft angehört.

bb) Pauschale Lohnsteuer i. H. v. 20 %, Besteuerung nach Lohnsteuerkarte

172 Hat der Arbeitgeber für das Arbeitsentgelt einer geringfügig entlohnten Beschäftigung im Sinne des Sozialversicherungsrechts den pauschalen Beitrag zur gesetzlichen Rentenversicherung i. H. v. 15 % oder 5 % nicht zu entrichten, kann er die **pauschale Lohnsteuer** mit einem Steuersatz i. H. v. 20 % des Arbeitsentgelts erheben. Hinzu kommen der Solidaritätszuschlag (5,5 % der Lohnsteuer → Rz. D 8 f.) und die Kirchensteuer nach dem jeweiligen Landesrecht (→ Rz. E 11 ff.). Bei einer **kurzfristigen Beschäftigung** im Sinne der Sozialversicherung ist diese Pauschalierung **nicht zulässig**.

Wählt der Arbeitgeber die pauschale Lohnversteuerung nicht, so ist die Lohnsteuer vom Arbeitsentgelt nach Maßgabe der vorgelegten **Lohnsteuerkarte** zu erheben. Die Höhe des Lohnsteuerabzugs hängt dann von der Lohnsteuerklasse ab. Bei den Lohnsteuerklassen I (Alleinstehende), II (bestimmte Alleinerziehende mit Kind) oder III und IV (verheiratete Arbeitnehmer/innen) fällt für das Arbeitsentgelt einer geringfügigen Beschäftigung (höchstens 400 € monatlich) keine Lohnsteuer an. Bei den Lohnsteuerklassen V oder VI ist jedoch stets der Lohnsteuerabzug zu prüfen. Zu beachten ist, dass das ggf. (lohn-)steuerunbelastet gezahlte Arbeitsentgelt i. R. einer **Veranlagung** zur Einkommensteuer als steuerpflichtiger Arbeitslohn angesetzt wird. Dies kann zu einer Einkommensteuerschuld führen, soweit der Arbeitslohn 920 € übersteigt. 173

cc) Anmeldung und Abführung der Lohnsteuer

Das Verfahren für die Anmeldung und die Abführung der Lohnsteuer (→ Rz. C 77 ff.) bei geringfügig entlohnter Beschäftigung richtet sich danach, ob die einheitliche Pauschsteuer i. H. v. 2 % angewandt wird oder nicht. 174

Für die Fälle der **einheitlichen Pauschsteuer** i. H. v. 2 % des Arbeitsentgelts ist stets – wie für die pauschalen Beiträge zur gesetzlichen Renten- und Krankenversicherung – die Deutsche Rentenversicherung Knappschaft–Bahn–See (Minijob-Zentrale) in 45115 Essen zuständig. Das gilt sowohl für den Privathaushalt als auch für andere (gewerbliche) Arbeitgeber.

Bei geringfügig entlohnter Beschäftigung in **Privathaushalten** ist zur Abwicklung der einheitlichen Pauschsteuer der **Haushaltsscheck** zu verwenden. Auf dem Haushaltsscheck hat der Arbeitgeber das Arbeitsentgelt anzugeben und ob die Lohnsteuer mit der einheitlichen Pauschsteuer erhoben werden soll. Die Deutsche Rentenversicherung Knappschaft-Bahn-See berechnet nach diesen Angaben ggf. die einheitliche Pauschsteuer und zieht sie zusammen mit den pauschalen Beiträgen zur gesetzlichen Sozialversicherung jeweils am 15. Juli und zum 15. Januar vom Arbeitgeber ein. Andere **Arbeitgeber**, z. B. Betriebe, berechnen die einheitliche Pauschsteuer und teilen der Deutschen Rentenversicherung Knappschaft-Bahn-See den Betrag mit dem seit 2006 elektronischen **Beitragsnachweis** mit. 175

Wird die Lohnsteuer nicht mit der einheitlichen Pauschsteuer, sondern **pauschal** i. H. v. **20 %** des Arbeitsentgelts oder nach Maßgabe der vorgelegten **Lohnsteuerkarte** erhoben, so ist stets das Betriebsstättenfinanzamt zuständig. Diese Lohnsteuer ist ggf. mit weiteren Lohnsteuerbeträgen getrennt nach pauschaler und nach Lohnsteuerkarte erhobener Lohnsteuer in der (elektronischen) Lohnsteuer-Anmeldung anzugeben und an das Betriebsstättenfinanzamt abzuführen (zur Abgabe der elektronischen Lohnsteuer-Anmeldung → Rz. C 79 ff.).

d) Aushilfskräfte in der Land- und Forstwirtschaft

Für Aushilfskräfte, die in Betrieben der Land- und Forstwirtschaft i. S. d. § 13 Abs. 1 EStG ausschließlich mit typisch land- oder forstwirtschaftlichen Arbeiten beschäftigt werden, kann die Lohnsteuer mit dem Pauschsteuersatz von 5 % des Arbeitslohns erhoben werden. Aushilfskräfte im Sinne dieser Vorschrift sind Personen, die für typisch land- und forstwirtschaftliche Arbeiten, die nicht ganzjährig anfallen, beschäftigt werden. Keine Aushilfskräfte sind Arbeitnehmer, die zu den land- und forstwirtschaftlichen Fachkräften gehören. 176

Eine Beschäftigung der Aushilfskraft mit anderen, also mit nicht typisch land- und forstwirtschaftlichen Arbeiten, ist je- 177 doch unschädlich, wenn deren Dauer 25 % der Gesamtbeschäftigungsdauer der Aushilfskraft nicht überschreitet. Wird die Aushilfskraft hingegen an mehr als 180 Tagen im Kalenderjahr beschäftigt, ist die Lohnsteuer-Pauschalierung mit 5 % nicht zulässig. Für Aushilfskräfte, die in einem Gewerbebetrieb i. S. d. § 15 EStG tätig sind, kommt diese Lohnsteuer-Pauschalierung auch dann nicht in Betracht, wenn sie mit typisch land- und forstwirtschaftlichen Arbeiten beschäftigt werden; dies gilt nicht, wenn ein Betrieb, der Land- und Fortswirtschaft betreibt, ausschließlich wegen seiner Rechtsform als Gewerbebetrieb gilt. Für die weiter zu beachtenden Regelungen → Rz. C 178 ff.

e) Ergänzende Vorschriften

178 Die Lohnsteuer-Pauschalierung kann auch bei **beschränkt einkommensteuerpflichtigen** Aushilfskräften, kurzfristig und geringfügig Beschäftigten gewählt werden. Sie ist jedoch selbst bei Vorliegen der übrigen Voraussetzungen nicht möglich, wenn der Arbeitnehmer beim Arbeitgeber in einem weiteren Dienstverhältnis steht, für das die Lohnsteuer vom Arbeitslohn nach einer vorgelegten Lohnsteuerkarte erhoben wird. Die Pauschalierung ist jedoch zulässig für teilzeitbeschäftigte Vorruheständler, die bei ihrem früheren Arbeitgeber tätig sind und von diesem lohnsteuerpflichtige Vor-/Ruhestandsgelder (z. B. eine Werkspension) erhalten. Der Arbeitgeber braucht nicht zu prüfen, ob die Aushilfs- oder Teilzeitkraft noch in einem Dienstverhältnis zu einem anderen Arbeitgeber steht. Die Lohnsteuer-Pauschalierung muss nicht einheitlich für alle in Betracht kommenden Arbeitnehmer durchgeführt werden; der Arbeitgeber kann die Pauschalierung auf bestimmte Arbeitnehmer oder Tätigkeiten beschränken.

179 Für die Lohnsteuer-Pauschalierung mit **25 %** und **5 %** ist die jeweilige Arbeitslohnhöhe entscheidend. Sie sollte stets besonders sorgfältig geprüft werden. Als weitere Voraussetzung für diese beiden Pauschalierungen ist zu beachten, dass der Arbeitslohn durchschnittlich 12 € pro **Arbeitsstunde** nicht übersteigen darf. Die Arbeitsstunde ist mit 60 Minuten (Zeitstunde) anzusetzen. Wird der Arbeitslohn für kürzere Zeiteinheiten gezahlt (z. B. für 45 Minuten), ist der Lohn zur Prüfung der Pauschalierungsgrenze von 12 € entsprechend auf 60 Minuten umzurechnen. Der **Durchschnittsbetrag** ergibt sich aus dem im Lohnzahlungszeitraum gezahlten Arbeitslohn und den geleisteten Arbeitsstunden. So kann eine höhere Stundenvergütung (über 12 €) durch einen geringeren Lohn (z. B. für andere Arbeitszeiten) ausgeglichen werden. Als **Arbeitstag** ist grundsätzlich der Kalendertag zu verstehen. Der Arbeitstag kann jedoch auch eine auf zwei Kalendertage fallende Nachtschicht sein. Die vorgenannten Begrenzungen sind bei geringfügig Beschäftigten i. S. d. § 8 Abs. 1 Nr. 1 und § 8a SGB IV nicht zu beachten. **Bemessungsgrundlage** für die **Pauschsteuer** i. H. v. **2 %** und **20 %** ist das sozialversicherungsrechtliche Arbeitsentgelt. Lohnteile, die nicht dazu rechnen, bleiben für diese Lohnsteuerpauschalierung außer Ansatz; für sie ist die Lohnsteuer nach Lohnsteuerkarte zu erheben (→ Rz. C 170).

180 Die **weiteren** Voraussetzungen gelten für jede der drei zuvor genannten Beschäftigungsformen. Zum Arbeitslohn der Aushilfskräfte, kurzfristig und geringfügig Beschäftigten gehören sämtliche steuerpflichtigen Einnahmen, die dem unbeschränkt oder beschränkt einkommensteuerpflichtigen Arbeitnehmer aus der Beschäftigung zufließen. Bei Verwendung des **Haushaltsschecks** wird jedoch nicht in Geld gewährter Arbeitslohn (z. B. Sachbezüge) bei der Ermittlung des (maßgebenden) Arbeitsentgelts **nicht** berücksichtigt (s. o.). Direktversicherungsbeiträge des Arbeitgebers sind bei der Prüfung der Pauschalierungsgrenzen selbst dann zu berücksichtigen, wenn sie bereits nach § 40b EStG mit 20 % pauschal besteuert wurden (→ Rz. C 182). Frei- und Pauschbeträge (z. B. der Altersentlastungsbetrag) dürfen vom pauschal zu versteuernden Arbeitslohn und Arbeitsentgelt nicht abgezogen werden.

Steuerfreie Einnahmen bleiben hingegen für die Lohnsteuer- 181
Pauschalierung und die Prüfung der Arbeitslohngrenzen außer Betracht; ggf. anders beim Arbeitsentgelt. Auf die Pauschalierungsgrenzen werden auch nicht angerechnet die mit 15 % pauschal besteuerten Arbeitgeberzuschüsse für Fahrten zwischen Wohnung und Arbeitsstätte (→ Rz. C 225 ff.).

Bei der Prüfung der Pauschalierungsgrenzen sind nicht zum 182
laufenden Arbeitslohn gehörende sonstige Bezüge (Sonderzahlungen) rechnerisch gleichmäßig auf die Lohnzahlungs- oder Lohnabrechnungszeiträume zu verteilen, in denen die Arbeitsleistung erbracht wird, für welche die Zahlungen eine Belohnung darstellen. Weihnachtsgeld, Urlaubsgeld und Einmalbeiträge für eine Direktversicherung sind deshalb i. d. R. auf die gesamte Beschäftigungszeit des Kalenderjahres zu verteilen. Werden dadurch im Lohnzahlungs- oder Lohnabrechnungszeitraum die monatlichen Pauschalierungsgrenzen nicht überschritten, so kann in diesem Zeitraum der Arbeitslohn pauschal besteuert werden. Für die Pauschalbesteuerung des sonstigen Bezugs ist die Lohnhöhe im Monat der Zahlung entscheidend (Lohnhöhe nach rechnerischer Verteilung des sonstigen Bezugs). **Unzulässig** ist jedoch, für einen Arbeitnehmer im Laufe des Kalenderjahres zwischen der Regelbesteuerung und der Pauschalbesteuerung nur deshalb zu wechseln, um hierdurch die mit der Arbeitslohnbesteuerung verbundenen Frei- und Pauschbeträge auszuschöpfen.

Werden **Sonderzahlungen** (sonstige Bezüge) hingegen erst 183
nach Ablauf des Kalenderjahres geleistet, in dem die entsprechende Arbeitsleistung erbracht wurde, sind sie nur bei der Pauschalierungsgrenze des Lohnzahlungs- oder Lohnabrechnungszeitraums zu berücksichtigen, in dem die Sonderzahlung zugeflossen ist/geleistet worden ist.

Für die Beurteilung der **Beschäftigungsdauer** ist der Lohn- 184
zahlungs- bzw. Lohnabrechnungszeitraum maßgebend. Zur Beschäftigungsdauer gehören auch solche Zeiträume, in denen der Arbeitslohn wegen Urlaub, Krankheit oder gesetzlicher Feiertage fortgezahlt wird. Sind in einem Zeitraum die Pauschalierungsgrenzen (Monats-, Tages- oder Stundenlohn) überschritten, so kann für diesen Zeitraum die Lohnsteuer nicht pauschal erhoben werden. Stattdessen ist für diesen Lohnzahlungszeitraum der Arbeitslohn nach den allgemeinen Grundsätzen (Lohnsteuerkarte) zu erheben. In den anderen Zeiträumen kann die Lohnsteuer jedoch pauschal erhoben werden.

Der Arbeitgeber darf die Pauschalbesteuerung **nachholen** 185
(z. B. am Jahresende), solange noch keine Lohnsteuerbescheinigung ausgeschrieben ist, eine Lohnsteuer-Anmeldung für das jeweilige Kalenderjahr noch berichtigt werden kann und falls noch keine Festsetzungsverjährung eingetreten ist. Hat der Arbeitgeber den Arbeitslohn zu Unrecht (fehlerhaft) pauschaliert, bindet dies nicht das Finanzamt, das die Veranlagung des Arbeitnehmers durchführt; es kann den Arbeitslohn im Rahmen einer Einkommensteuerveranlagung ansetzen.

Der Arbeitgeber hat **Aufzeichnungen** zu den Teilzeitbe- 186
schäftigungen zu führen. So sind im Lohnkonto der Aushilfs- oder Teilzeitkraft folgende Angaben zu vermerken: Name und Anschrift des Beschäftigten, Beschäftigungsdauer, Näheres zur Lohnzahlung (z. B. Tag der Zahlung, Höhe des Arbeits-

lohns) und bei Arbeitskräften im land- und forstwirtschaftlichen Betrieb zusätzlich noch die Art der Beschäftigung.

187 Als Beschäftigungsdauer ist jeweils die Zahl der tatsächlichen Arbeitsstunden (60 Minuten) in dem jeweiligen Lohnzahlungs- oder Lohnabrechnungszeitraum aufzuzeichnen. Diese Aufzeichnungen bzw. **Lohnunterlagen** sollen die Voraussetzungen für die Lohnsteuer-Pauschalierung belegen. Für Bezüge, die auf das Kalenderjahr zu verteilen sind (→ Rz. C 182), muss deren Verteilung auf die Beschäftigungszeit im Lohnkonto vermerkt werden. Kann der Arbeitgeber keine Aufzeichnungen zu den Aushilfs- oder Teilzeitbeschäftigten vorlegen oder sind die Aufzeichnungen fehlerhaft, ist die Pauschalierung nur zulässig, wenn die Pauschalierungsvoraussetzungen in anderer Weise (z. B. durch Arbeitsnachweise, Zeitkontrollen, Zeugenaussagen) nachgewiesen oder glaubhaft gemacht werden können. Das Risiko einer verstärkten Nachweispflicht für zurückliegende Jahre sollte jedoch besser vermieden werden.

188 In der Vereinbarung über eine Lohnsteuer-Pauschalierung liegt nicht zugleich eine **Nettolohnvereinbarung**. Deshalb kann diese bei einer fehlgeschlagenen Pauschalierung nicht unterstellt werden.

189 Wird die Lohnsteuer pauschal erhoben, ist der **Solidaritätszuschlag** stets i. H. v. 5,5 % der pauschalen Lohnsteuer zu berechnen, ggf. zzgl. der Kirchensteuer (Ausnahme: einheitliche Pauschsteuer i. H. v. 2 %, → Rz. C 171). Der pauschal besteuerte Arbeitslohn und die pauschale Lohnsteuer bleiben bei einer **Veranlagung** des Arbeitnehmers zur **Einkommensteuer** außer Ansatz. Dies hat zur Folge, dass für diese Tätigkeiten der Werbungskostenansatz ausgeschlossen ist, und die pauschale Lohnsteuer weder auf die Jahreslohnsteuer noch auf die Einkommensteuerschuld angerechnet werden kann.

190 Der Arbeitgeber ist **Steuerschuldner** der von ihm zu übernehmenden pauschalen Lohnsteuer einschließlich des darauf entfallenden Solidaritätszuschlags und der Kirchensteuer. Dies schließt jedoch nicht aus, dass arbeitsrechtlich die pauschalen Steuerbeträge im Innenverhältnis vom Arbeitnehmer übernommen werden können. Trägt der Arbeitnehmer die **pauschale Lohnsteuer** (sog. Abwälzung), mindert dies nicht die Bemessungsgrundlage (den Arbeitslohn) für die Pauschsteuer bzw. in den Fällen des § 40b EStG den individuell zu versteuernden Arbeitslohn. Vielmehr gilt die **abgewälzte** Lohnsteuer als zugeflossener Arbeitslohn, d. h., der Arbeitnehmer hat sie aus dem Nettolohn zu zahlen. Die Übernahme der pauschalen Lohnsteuer kann für den Arbeitnehmer unter Umständen günstiger sein als die Lohnversteuerung nach seinem individuellen Einkommensteuersatz. Eine sog. Abwälzung liegt jedoch nicht vor, wenn der Lohn neu festgesetzt, also herabgesetzt wird und die Differenz für die Pauschsteuer verwandt wird. In diesem Fall hat der Arbeitgeber die pauschale Lohnsteuer zu tragen. Eine solche **Lohnänderungsvereinbarung** muss aber ernsthaft vereinbart sein, d. h., daraus müssen sämtliche rechtliche Folgerungen gezogen werden.

Wer ausführlichere Einzelheiten über die **Lohnsteuer-Pauschalierungsmöglichkeiten** für Aushilfs- und Teilzeitbeschäftigungen wissen möchte, sollte sich anhand des hierzu von Stollfuß Medien herausgegebenen Ratgebers „Aushilfslöhne 2009" informieren. Dieser Ratgeber informiert leicht verständlich über die gesetzlichen Regelungen und beantwortet mit praxisnahen Beispielen sämtliche Fragen zur Lohnsteuer-Pauschalierung, zum Solidaritätszuschlag, zur Kirchensteuer und zu vermögenswirksamen Leistungen. Darüber hinaus werden auch Möglichkeiten zum **Steuersparen** aufgezeigt. Weitere Teile zum **Sozialversicherungsrecht**, **Arbeitsrecht** und zur **Kirchensteuer** sowie ergänzende Praxisfragen und Antworten einschließlich entsprechender **Übersichten** runden diesen Ratgeber ab.

2. Zukunftssicherungsleistungen

Ab 2005 wurde für Beiträge, die zum Aufbau einer **kapitalgedeckten betrieblichen Altersversorgung** für eine **Direktversicherung** oder an eine **Pensionskasse** geleistet werden, grundsätzlich die Möglichkeit der **Pauschalbesteuerung aufgehoben**. Es können nunmehr von den Beiträgen des Arbeitgebers für eine Direktversicherung und von den Zuwendungen des Arbeitgebers an eine Pensionskasse die Lohnsteuer nur noch mit einem festen Pauschsteuersatz von **20 %** (zzgl. Solidaritätszuschlag und ggf. Kirchensteuer) erhoben werden, wenn 191

- es sich um eine **nicht kapitalgedeckte betriebliche Altersversorgung** handelt, d. h. um die umlagefinanzierte Zusatzversorgung des öffentlichen Dienstes (zur Besonderheit bei Sonderzahlungen → Rz. C 198),
- die Beiträge und Zuwendungen auf Grund einer **Versorgungszusage** geleistet werden, die **vor dem 1. 1. 2005 erteilt** wurde (sog. **Altzusage**). Sofern die Beiträge für eine Direktversicherung die Voraussetzungen der Steuerfreiheit nach § 3 Nr. 63 EStG erfüllen, ist eine Pauschalbesteuerung nur möglich, wenn der Arbeitnehmer gegenüber dem Arbeitgeber für diese Beiträge auf die Steuerfreiheit verzichtet hat.

In einer Vielzahl von Fällen der betrieblichen Altersversorgung ist somit auch nach 2004 noch eine Pauschalierung der Lohnsteuer mit dem festen Pauschsteuersatz möglich.

Beispiel 1:

Für einen rentenversicherungspflichtigen Arbeitnehmer mit einer Versorgungszusage, die vor dem 1. 1. 2005 erteilt wurde, und einem Monatsgehalt von 4 000 € überweist der Arbeitgeber monatlich Beiträge i. H. v. 146 € zu Gunsten einer Direktversicherung. Die Direktversicherung sieht ausschließlich eine Einmalkapitalauszahlung vor; die Beiträge sind somit nicht nach § 3 Nr. 63 EStG steuerfrei. Der Arbeitnehmer hat dem Arbeitgeber eine Lohnsteuerkarte mit der Steuerklasse I vorgelegt. Auf der Lohnsteuerkarte sind keine Kinderfreibeträge eingetragen; der Arbeitnehmer gehört keiner Religionsgemeinschaft an.

Bei einem Lohnsteuerabzug anhand der individuellen Merkmale auf der Lohnsteuerkarte ergibt sich Folgendes:

lfd. Monatsgehalt	4 000,— €
zzgl. Direktversicherungsbeitrag	146,— €
steuerpflichtiger Arbeitslohn	4 146,— €
Lohnsteuer	930,33 €
Solidaritätszuschlag (5,5 %)	51,16 €
zusammen	**981,49 €**

Pauschaliert der Arbeitgeber dagegen die Lohnsteuer für die Zukunftssicherungsleitung, ergibt sich Folgendes:

lfd. Monatsgehalt	4 000,— €
Lohnsteuer	876,25 €
Solidaritätszuschlag (5,5 %)	48,19 €
zusammen (vom Arbeitslohn einzubehalten)	**924,44 €**
Direktversicherungsbeitrag	146,— €
pauschale Lohnsteuer i. H. v. 20 %	29,20 €
Solidaritätszuschlag (5,5 %)	1,60 €
zusammen (an das Finanzamt abzuführen)	**30,80 €**

Bei den Beiträgen des Arbeitgebers kann es sich auch um Beiträge handeln, die aus einer **Entgeltumwandlung** stammen, d. h., Arbeitgeber und Arbeitnehmer haben vereinbart, Arbeitslohnansprüche zu Gunsten einer betrieblichen Altersversorgung herabzusetzen. 192

193 Bei Beiträgen an eine **Pensionskasse** ist zu beachten, dass Arbeitgeberbeiträge an eine Pensionskasse bis zu **4 %** der Beitragsbemessungsgrenze in der allgemeinen Rentenversicherung (West) **steuerfrei** sind. Eine Pauschalierung der Lohnsteuer ist grundsätzlich nur möglich, soweit die Steuerfreiheit betragsmäßig ausgeschöpft ist.

194 Die Pauschalierung ist nur möglich, wenn die Zukunftssicherungsleistungen aus einem **ersten Dienstverhältnis** bezogen werden; sie ist demnach bei Arbeitnehmern in der Steuerklasse VI nicht anwendbar. Gegenüber dem Finanzamt muss der **Arbeitgeber** die pauschale Lohnsteuer für die Zukunftssicherungsleistungen übernehmen; er ist **Schuldner der pauschalen Lohnsteuer**. Das bedeutet jedoch nicht, dass der Arbeitgeber in jedem Fall durch die pauschale Lohnsteuer belastet ist. Im Innenverhältnis kann zwischen Arbeitgeber und Arbeitnehmer vereinbart sein, dass die pauschale Lohnsteuer vom Arbeitnehmer getragen wird (Abwälzung der pauschalen Lohnsteuer). Die abgewälzte pauschale Lohnsteuer gilt jedoch als zugeflossener Arbeitslohn und mindert nicht die Bemessungsgrundlage für die individuelle Lohnbesteuerung.

Beispiel 2:

Ein rentenversicherungspflichtiger Arbeitnehmer mit einer Versorgungszusage, die vor dem 1. 1. 2005 erteilt wurde, und einem Monatsgehalt von 4 146 € vereinbart mit seinem Arbeitgeber, dass monatlich 146 € zu Gunsten einer Direktversicherung verwendet werden (Entgeltumwandlung) und die Lohnsteuer – soweit möglich – pauschaliert wird. Die pauschale Lohnsteuer und den Solidaritätszuschlag soll der Arbeitnehmer tragen. Die Direktversicherung sieht ausschließlich eine Einmalkapitalauszahlung vor; die Beiträge sind somit nicht nach § 3 Nr. 63 EStG steuerfrei. Der Arbeitnehmer hat dem Arbeitgeber eine Lohnsteuerkarte mit der Steuerklasse I vorgelegt. Auf der Lohnsteuerkarte sind keine Kinderfreibeträge eingetragen; der Arbeitnehmer gehört keiner Religionsgemeinschaft an.

Bezüglich des Lohnsteuerabzugs ergibt sich Folgendes:

lfd. Monatsgehalt	4 146,— €
abzgl. Direktversicherungsbeitrag	./. 146,— €
anhand der Merkmale auf der Lohnsteuerkarte zu versteuernder Arbeitslohn	4 000,— €
Lohnsteuer	876,25 €
Solidaritätszuschlag (5,5 %)	48,19 €
zusammen (vom Arbeitslohn einzubehalten)	**924,44 €**
Direktversicherungsbeitrag	146,— €
pauschale Lohnsteuer von 20 %	29,20 €
Solidaritätszuschlag (5,5 %)	1,60 €
zusammen (wird vom Nettolohn abgezogen)	**30,80 €**

Der Arbeitnehmer hat durch die Pauschalierung der Lohnsteuer für die Zukunftssicherungsleistung gegenüber der individuellen Versteuerung des gesamten steuerpflichtigen Arbeitslohns von 4 146 € (siehe Beispiel 1) einen steuerlichen Vorteil von monatlich **26,25 €** (981,49 € ./. 924,44 € ./. 30,80 €).

195 Die pauschale Lohnsteuer bemisst sich grundsätzlich nach den tatsächlichen Beiträgen, die der Arbeitgeber für den einzelnen Arbeitnehmer erbringt. Wird für **mehrere Arbeitnehmer** gemeinsam ein pauschaler Versicherungsbeitrag geleistet und kann der auf die einzelnen Arbeitnehmer entfallende Teil nicht festgestellt werden, so ist dem einzelnen Arbeitnehmer der Anteil zuzurechnen, der sich bei einer Aufteilung des Gesamtbeitrags nach der Zahl der begünstigten Arbeitnehmer ergibt. Werden Leistungen des Arbeitgebers für die tarifvertragliche Zusatzversorgung der Arbeitnehmer mit einem Prozentsatz der Bruttolohnsumme des Betriebs erbracht, so ist die Arbeitgeberleistung Bemessungsgrundlage der pauschalen Lohnsteuer.

196 Die Lohnsteuer-Pauschalierung ist auf Leistungen von bis zu **1 752 €** jährlich je Arbeitnehmer begrenzt. Die Pauschalierungsgrenze kann auch dann voll ausgeschöpft werden, wenn dem Arbeitnehmer bereits aus einem vorangegangenen Dienstverhältnis im selben Kalenderjahr pauschal besteuerte Zukunftssicherungsleistungen zugeflossen sind. Soweit der Grenzbetrag von 1 752 € überschritten wird, sind die Beiträge dem normalen Lohnsteuerabzug zu unterwerfen. Sind mehrere Arbeitnehmer gemeinsam in einem Direktversicherungsvertrag (z. B. in einer Gruppenversicherung) oder einer Pensionskasse versichert, so ist für die Feststellung der Pauschalierungsgrenze eine **Durchschnittsberechnung** anzustellen. Arbeitnehmer, für die Beiträge und Zuwendungen von mehr als **2 148 €** im Kalenderjahr geleistet werden, sind in diese Durchschnittsberechnung nicht einzubeziehen.

Erbringt der Arbeitgeber für den Arbeitnehmer aus Anlass der **Beendigung des Dienstverhältnisses** entsprechende Zukunftssicherungsleistungen, vervielfältigt sich der Höchstbetrag von 1 752 € mit der Anzahl der Kalenderjahre, in denen das Dienstverhältnis des Arbeitnehmers zu dem Arbeitgeber bestanden hat. Wurden in dem Kalenderjahr, in dem das Dienstverhältnis beendet wird, und in den sechs vorangegangenen Kalenderjahren Zukunftssicherungsleistungen pauschaliert, vermindert sich der vervielfältigte Höchstbetrag. 197

Beispiel:

Der seit 2001 bei einem Arbeitgeber beschäftigte Arbeitnehmer hat eine betriebliche Altersversorgung in Form einer Direktversicherung erhalten. Die Beiträge für die Direktversicherung (Rentenversicherung ohne Kapitalwahlrecht) wurden jeweils im Dezember erbracht und pauschal besteuert. Im Januar 2005 erklärt der Arbeitnehmer gegenüber dem Arbeitgeber, dass er auf die Steuerfreiheit nach § 3 Nr. 63 EStG verzichtet (→ Rz. C 191). Am 1.7.2009 scheidet der Arbeitnehmer wegen Erreichens der Altersgrenze aus dem Dienstverhältnis aus. Arbeitgeber und Arbeitnehmer vereinbaren, dass die Abfindung soweit wie möglich pauschal besteuert wird.

Der Arbeitgeber kann die Abfindung in folgender Höhe mit 20 % (zzgl. Solidaritätszuschlag und ggf. Kirchensteuer) pauschal besteuern:

9 Kalenderjahre × 1 752 €	15 768 €
Minderung um 6 Jahre × 1 752 €	– 10 521 €
Pauschalbesteuerung möglich bis	**5 257 €**

Die laufenden Leistungen aus der Rentenversicherung werden als sonstige Einkünfte lediglich mit dem Ertragsanteil besteuert.

Bestimmte Sonderzahlungen des Arbeitgebers an Pensionskassen (z.B. die Gegenwertzahlung nach § 23 Abs. 2 der Satzung der Versorgungsanstalt des Bundes und der Länder – **VBL** –) werden im Einkommensteuergesetz per Legaldefinition als steuerpflichtiger Arbeitslohn bestimmt (→ Rz. C 161 *Pensionskasse*). Daneben gibt es eine **Pauschalbesteuerungspflicht** des Arbeitgebers mit einem Steuersatz von **15 %.** Diese Pflicht zur Pauschalbesteuerung mit **Abgeltungscharakter** dient zum einen dazu, die Durchführung der Besteuerung wesentlich zu vereinfachen. Zum anderen wird dadurch der Tatsache Rechnung getragen, dass hierdurch vorrangig die Sicherung der bereits bestehenden, nicht aber der Erwerb neuer Ansprüche finanziert wird und der Arbeitgeber die Sonderzahlung auslöst. Die **Überwälzung** der Pauschalsteuer auf den Arbeitnehmer ist – wie auch in den anderen Fällen der Pauschalbesteuerung – grundsätzlich möglich. 198

Im Gegensatz zu den mit 15 % zu pauschalierenden Sonderzahlungen sind die laufenden, **regelmäßig wiederkehrenden Zahlungen** des Arbeitgebers mit **20 %** pauschal oder aber individuell zu besteuern.

Beiträge für eine **Unfallversicherung** des Arbeitnehmers kann der Arbeitgeber ebenfalls pauschal mit **20 %** (zzgl. Solidaritätszuschlag und ggf. Kirchensteuer) der Beiträge besteuern, wenn mehrere Arbeitnehmer gemeinsam in einem 199

Unfallversicherungsvertrag versichert sind, und der Teilbetrag, der sich bei einer Aufteilung der gesamten Beiträge nach Abzug der Versicherungssteuer durch die Zahl der begünstigten Arbeitnehmer ergibt, **62 €** im Kalenderjahr nicht übersteigt. Sofern der Durchschnittsbetrag 62 € übersteigt, ist er dem normalen Lohnsteuerabzug zu unterwerfen.

200 Eine Pauschalierung der Lohnsteuer kann nicht mehr im Rahmen einer Veranlagung zur Einkommensteuer des Arbeitnehmers erfolgen.

3. Lohnsteuer-Pauschalierung in besonderen Fällen

201 Neben der Ermittlung der Lohnsteuer nach der vorgelegten Lohnsteuerkarte oder der Pauschalierung vom Arbeitslohn der Aushilfskräfte, kurzfristig und geringfügig Beschäftigten lässt das Einkommensteuergesetz für bestimmte Lohnteile die Lohnsteuererhebung mit Pauschsteuersätzen zu. Hierbei sind zwei Möglichkeiten zu unterscheiden:

- Lohnsteuer-Pauschalierung mit einem durchschnittlichen Steuersatz für **sonstige Bezüge** und **Nacherhebungsfälle**, z. B. nach einer Außenprüfung,
- Lohnsteuer-Pauschalierung für **bestimmte Lohnteile** mit festen Steuersätzen von 25 % und 15 %.

a) Lohnsteuer-Pauschalierung mit durchschnittlichem Steuersatz

202 Auf Antrag des Arbeitgebers kann das Betriebsstättenfinanzamt zulassen, dass der Arbeitgeber die Lohnsteuer für bestimmte Arbeitslohnteile mit einem **durchschnittlichen** oder auch sog. **betriebsindividuellen** Pauschsteuersatz erhebt. Dies ist dann möglich, wenn

- der Arbeitgeber in einer größeren Zahl von Fällen **sonstige Bezüge** zahlt (§ 40 Abs. 1 Satz 1 Nr. 1 EStG) oder
- die Lohnsteuer in einer größeren Zahl von Fällen nachzuerheben ist, weil der Arbeitgeber sie nicht vorschriftsmäßig einbehalten hat (§ 40 Abs. 1 Satz 1 Nr. 2 EStG). In solchen **Nacherhebungsfällen** (z. B. auf Grund einer Lohnsteuer-Außenprüfung) ist die Pauschalierung auch für Teile des laufenden Arbeitslohns zulässig.

aa) Lohnsteuer-Pauschalierung für besondere Arbeitslohnzahlungen als sonstige Bezüge

203 Die Lohnsteuer-Pauschalierung von **sonstigen Bezügen** setzt die Zustimmung des Betriebsstättenfinanzamts voraus (Ermessensentscheidung). Hierfür ist ein formfreier **Antrag** des Arbeitgebers beim Betriebsstättenfinanzamt erforderlich, dem die Berechnung des pauschalen Steuersatzes beizufügen ist. Der Arbeitgeber ist nach der Zustimmung des Finanzamts jedoch nicht verpflichtet, die pauschale Versteuerung durchzuführen.

204 Mit einer **größeren** Zahl von Fällen meint das Lohnsteuerrecht die Anzahl der Arbeitnehmer, deren besondere Arbeitslohnteile pauschal besteuert werden sollen. Nach den Lohnsteuer-Richtlinien ist eine solch größere Zahl von Fällen ohne weitere Prüfung dann anzunehmen, wenn mindestens 20 Arbeitnehmer in die Pauschalbesteuerung einbezogen werden. Wird ein Antrag auf Lohnsteuer-Pauschalierung für weniger als 20 Arbeitnehmer gestellt, so kann das Finanzamt im Einzelfall dennoch dem Antrag zustimmen. Entscheidend für die Lohnsteuer-Pauschalierung mit dem betriebsindividuellen durchschnittlichen Pauschsteuersatz ist die sich dadurch ergebende Arbeitserleichterung.

Für den Arbeitgeber ist zu beachten, dass die Pauschalierung **205**
pro Arbeitnehmer nur für sonstige Bezüge bis zu **1 000 €** im **Kalenderjahr** zulässig ist. Diese Voraussetzung ist vom Arbeitgeber vor jedem Pauschalierungsantrag zu prüfen. Übersteigt der zu zahlende sonstige Bezug zusammen mit den bisher pauschal besteuerten sonstigen Bezügen den Betrag von 1 000 €, so ist insoweit die Lohnsteuerermittlung nach den allgemeinen Regelungen für sonstige Bezüge durchzuführen. Bei der Berechnung des Pauschsteuersatzes ist zu berücksichtigen, dass nach dem Gesetzestext die vom Arbeitgeber getragene Pauschalsteuer ein geldwerter Vorteil für den Arbeitnehmer ist, weil er den Arbeitslohn ohne weitere Abzüge erhält. Deshalb ist der ermittelte betriebsindividuelle Steuersatz ein Bruttosteuersatz, der in einen Nettosteuersatz umzurechnen ist. Diese Berechnungsformel lautet:

100 x Bruttosteuersatz : (100 ./. Bruttosteuersatz) = Nettosteuersatz.

Beispiel:

Der nach → Rz. C 206 ermittelte betriebsindividuelle Pauschsteuersatz beträgt 25 %. Dieser Wert ergibt nach der vorstehenden Berechnungsformel folgenden Nettosteuersatz:

100 x 25 % : (100 ./. 25 %) = 33,33 % oder aber:
100 x $\frac{1}{4}$ x : (100 ./. $\frac{1}{4}$) = $\frac{1}{3}$

Wie hat der Arbeitgeber diesen durchschnittlichen (betriebs- **206**
individuellen) Steuersatz zu ermitteln? Der durchschnittliche Steuersatz ist auf Grund der durchschnittlichen Jahresarbeitslöhne und der sich daraus ergebenden Jahreslohnsteuer für diejenigen Arbeitnehmer zu ermitteln, die diese Bezüge erhalten. Berechnungsdetails hierfür legt das Einkommensteuergesetz nicht fest; eine exemplarische Möglichkeit wird jedoch in den Lohnsteuer-Richtlinien aufgezeigt. Danach kann der durchschnittliche Steuersatz folgendermaßen ermittelt werden.

Beispiel: Ermittlung der Ausgangswerte

1. Durchschnittsbetrag der pauschal zu versteuernden Bezüge;
2. Zahl der Arbeitnehmer, denen die sonstigen Bezüge gezahlt werden und zwar getrennt nach drei Gruppen:
   - Arbeitnehmer mit den Steuerklassen I, II und IV;
   - Arbeitnehmer in der Steuerklasse III;
   - Arbeitnehmer mit den Steuerklassen V und VI;
3. Summe der Jahresarbeitslöhne der betroffenen Arbeitnehmer: Dabei sind für jeden Arbeitnehmer ggf. der Versorgungsfreibetrag, der Zuschlag zum Versorgungsfreibetrag, der Altersentlastungsbetrag, ein auf der Lohnsteuerkarte eingetragener Jahresfreibetrag und der Entlastungsbetrag für Alleinerziehende bei Steuerklasse II sowie ein eventueller Hinzurechnungsbetrag durch Ab- bzw. Hinzurechnung zu berücksichtigen. Die Verrechnung der Lohnsteuer mit Kindergeld und die Berücksichtigung von Kinderfreibeträgen ist nicht zulässig (BFH-Urteil v. 26. 7. 2007, VI R 48/03, BStBl II 2007 S. 844).

Werden die sonstigen Bezüge an Arbeitnehmer gezahlt, deren Lohnsteuer teilweise nach der Allgemeinen Tabelle (→ Rz. A 5 ff.) und teilweise nach der Besonderen Tabelle (→ Rz. A 8 f.) ermittelt wird, so ist der durchschnittliche Steuersatz für jeweils beide Gruppen gesondert zu ermitteln und anzuwenden. Von dieser Aufteilung kann jedoch aus Vereinfachungsgründen abgesehen werden, wenn die Zahl der unter eine Gruppe fallenden Arbeitnehmer im Verhältnis zur Gesamtzahl der in die Pauschalierung einbezogenen Arbeitnehmer von ganz untergeordneter Bedeutung ist.

Weil diese Berechnungsmethode recht aufwändig ist, lassen **207**
die Lohnsteuer-Richtlinien eine weitere Vereinfachung zu. Danach kann für die Ermittlung der in → Rz. C 206, Nummer 2 und 3 beschriebenen Anzahl und Beträge auch eine repräsentative Auswahl der in die Pauschalierung einzubeziehen-

den Arbeitnehmer zu Grunde gelegt werden. Wegen weiterer Details siehe R 40.1 LStR und H 40.1 LStH.

208 Diese zuvor beschriebenen Berechnungsmethoden werden von Arbeitgeberseite oft **kritisiert**, weil sie einen zu hohen Steuersatz ergeben sollen. Gleichwohl ist diese Berechnungsmethode die wohl übersichtlichste. Der Arbeitgeber kann aber auch verfeinerte Berechnungsmodelle wählen, die einen für ihn günstigeren – also niedrigeren – Steuersatz ergeben. So kann der Arbeitgeber die Summe der Jahresarbeitslöhne aus mehr als drei Gruppen bilden, z. B. für jede Steuerklasse eine Gesamtsumme.

bb) Pauschalierung bei Nacherhebung wegen nicht vorschriftsmäßigem Einbehalt

209 Die Pauschalierungmöglichkeit wegen **nicht vorschriftsmäßiger Einbehaltung** der Lohnsteuer durch den Arbeitgeber wird regelmäßig nach einer Lohnsteuer-Außenprüfung angewandt. Die Lohnsteuer ist nicht vorschriftsgemäß einbehalten worden, wenn der Einbehalt nicht dem geltenden Recht entspricht. Weil die Gesetzesvorschrift keine bestimmte Arbeitslohnform und auch keine Höchstgrenze für den zu pauschalierenden Arbeitslohn nennt, können nicht nur Fehler bei der Einbehaltung der Lohnsteuer vom laufenden Arbeitslohn oder bei der Besteuerung von sonstigen Bezügen korrigiert werden, sondern auch bei unzulässigerweise pauschal erhobener Lohnsteuer oder für fälschlicherweise nicht besteuerte Lohnteile. Der anzuwendende Steuersatz ist, wie in → Rz. C 206 ff. beschrieben, zu berechnen. Die Pauschalierungsgrenze von 1 000 € ist bei dieser Form der Lohnsteuer-Pauschalierung nicht zu beachten.

b) Fester Pauschsteuersatz für bestimmte Arbeitslohnteile

210 Eine weitere Möglichkeit, die Lohnsteuer für bestimmte Arbeitslohnteile mit einem Pauschsteuersatz zu erheben, wird im folgenden Abschnitt beschrieben. Für die Anwendung der gesetzlich festgelegten Pauschsteuersätze ist die zuvor genannte 1 000 €-Grenze nicht zu beachten.

Mit dem Pauschsteuersatz von 25 % bzw. 15 % kann die Lohnsteuer für die folgenden Arbeitslohnzahlungen erhoben werden:

- **Arbeitstägliche Mahlzeiten**, die im Betrieb unentgeltlich oder verbilligt an die Arbeitnehmer abgegeben werden oder Barzuschüsse, die der Arbeitgeber an ein anderes Unternehmen zahlt, das seinerseits arbeitstäglich Mahlzeiten an die Arbeitnehmer unentgeltlich oder verbilligt abgibt. Voraussetzung für die Pauschalierung ist, dass die Mahlzeiten nicht als Lohnbestandteile vereinbart sind (→ Rz. C 211 ff.); Pauschsteuersatz 25 %;
- Arbeitslohn (Sachzuwendungen oder zweckgebundene Zehrgelder), den der Arbeitnehmer anlässlich einer **Betriebsveranstaltung** erhält, soweit die Arbeitgeberleistungen nicht steuerfrei sind (→ Rz. C 219); Pauschsteuersatz 25 %;
- **Erholungsbeihilfen**, falls diese zusammen mit bereits erhaltenen Erholungsbeihilfen im selben Kalenderjahr folgende Beträge nicht übersteigen: Für den Arbeitnehmer 156 €, für dessen Ehegatte 104 € und 52 € für jedes Kind (→ Rz. C 220); Pauschsteuersatz 25 %;
- **Verpflegungspauschalen** für eine Auswärtstätigkeit des Arbeitnehmers, soweit die Pauschalen den anzusetzenden steuerfreien Betrag übersteigen, bis zur Höhe dieses Freibetrags (→ Rz. C 221); Pauschsteuersatz 25 %;
- Vorteile durch unentgeltlich oder verbilligt überlassene **Personalcomputer**, Zubehör sowie einen **Internetzugang** oder für Zuschüsse zu den Aufwendungen des Arbeitnehmers zur **Internetnutzung**, falls der Arbeitnehmer diese Vorteile bzw. Zahlungen zusätzlich zum ohnehin geschuldeten Arbeitslohn erhält (→ Rz. C 222 ff.); Pauschsteuersatz 25 %;
- Arbeitgeberzuschüsse zu den Aufwendungen des Arbeitnehmers für **Fahrten** zwischen **Wohnung und Arbeitsstätte**, falls die Zahlungen zusätzlich zum ohnehin geschuldeten Arbeitslohn geleistet werden (→ Rz. C 225 ff.); Pauschsteuersatz 15 %.

aa) Arbeitstägliche Mahlzeiten im Betrieb

Der als Arbeitslohn anzusetzende Wert für verbilligt oder kostenlos erhaltene arbeitstägliche Mahlzeiten im Betrieb kann pauschal mit einem Lohnsteuersatz von 25 % versteuert werden. Für diese Mahlzeiten sind besondere Wertermittlungsvorschriften zu beachten. **211**

Der geldwerte Vorteil für vom Arbeitgeber in einer **selbst betriebenen Kantine**, Gaststätte oder vergleichbaren Einrichtung (im Betrieb) kostenlos oder verbilligt abgegeben arbeitstäglichen Mahlzeit ist seit 2007 mit dem maßgebenden amtlichen Sachbezugswert nach der Sozialversicherungsentgeltverordnung zu bewerten. Für das Kalenderjahr 2009 betragen die Sachbezugswerte für ein Frühstück 1,53 €, für ein Mittag- und Abendessen je 2,73 €. Kein Sachbezugswert, sondern der um 4 % geminderte übliche Endpreis ist anzusetzen, wenn die Mahlzeiten überwiegend nicht für die Arbeitnehmer zubereitet werden; z. B. Speisen und Menüs, die Angestellte eines Restaurants vom Arbeitgeber erhalten. In diesen Fällen ist zunächst die Berücksichtigung des Rabattfreibetrags (→ Rz. C 161 *Preisnachlässe*) zu prüfen. **212**

Zum Betrieb rechnen auch die Niederlassungen bzw. Betriebsteile des Arbeitgebers außerhalb der regelmäßigen Arbeitsstelle des Arbeitnehmers, d. h., der Arbeitgeber kann den Vorteil auch dann in die Pauschalierung einbeziehen, wenn der Arbeitnehmer auf Dienstreisen in einem auswärtigen Betriebsteil unentgeltliche oder verbilligte Kantinenmahlzeiten erhält. **213**

Gibt der Arbeitgeber Mahlzeiten in einer **nicht selbst betriebenen Kantine**, Gaststätte oder vergleichbaren Einrichtung ab, ist ebenfalls der amtliche Sachbezugswert anzusetzen, wenn der Arbeitgeber auf Grund vertraglicher Vereinbarung durch Barzuschüsse oder andere Leistungen an die die Mahlzeiten vertreibende Einrichtung zur Verbilligung der Mahlzeiten beiträgt (z. B. durch verbilligte Überlassung von Räumen, Energie oder Einrichtungsgegenständen). **214**

Zahlt der Arbeitnehmer für die Mahlzeit etwas **zu**, ist der anzusetzende geldwerte Vorteil (Sachbezugswert) um diese Zuzahlung zu mindern. Lohnsteuerlicher Arbeitslohn ist nur ein verbleibender positiver Betrag. **215**

Gibt der Arbeitgeber **Essenmarken** zur Einlösung **im Betrieb** aus, ist deren **Verrechnungswert** anzusetzen, falls der Essenmarkenwert unter dem Sachbezugswert der Mahlzeit liegt und der sich durch die Zuzahlung des Arbeitnehmers ergebende Betrag den Sachbezugswert der Mahlzeit nicht übersteigt. **Übersteigen** die Zuzahlung und der Wert der Essenmarke den Sachbezugswert, ist die Differenz zwischen Sachbezugswert und Zuzahlung als geldwerter Vorteil anzusetzen.

Beispiel 1:

Ein Arbeitnehmer erhält eine Essenmarke mit einem Wert von 1 €. Die Mahlzeit kostet 2 €.

Preis der Mahlzeit	2,00 €
abzgl. Wert der Essenmarke	./. 1,00 €
Zahlung des Arbeitnehmers	1,00 €
Sachbezugswert der Mahlzeit (2009)	2,73 €
abzgl. Zahlung des Arbeitnehmers	./. 1,00 €
verbleibender Wert	1,73 €

Anzusetzen ist der niedrigere Wert der Essenmarke (1,00 €).

Beispiel 2:

Ein Arbeitnehmer erhält eine Essenmarke mit einem Wert von 3 €. Die Mahlzeit kostet 3 €.

Preis der Mahlzeit	3,00 €
abzgl. Wert der Essenmarke	./. 3,00 €
Zahlung des Arbeitnehmers	0,00 €
Sachbezugswert der Mahlzeit (2009)	2,73 €
abzgl. Zahlung des Arbeitnehmers	./. 0,00 €
verbleibender Wert	2,73 €

Anzusetzen ist der Sachbezugswert (2,73 €).

216 Gibt der Arbeitgeber an Stelle von Mahlzeiten Essenmarken (Essensgutscheine, Restaurantschecks) aus, die **außerhalb des Betriebs** von einer Gaststätte oder vergleichbaren Einrichtung (Annahmestelle) in Zahlung genommen werden, ist ebenfalls der Sachbezugswert für die entsprechende Mahlzeit anzusetzen, wenn der Essenmarkenwert höchstens um 3,10 € über dem Sachbezugswert der jeweiligen Mahlzeit liegt (für 2009 bis zu 4,63 € für ein Frühstück und bis zu 5,83 € für ein Mittag-/Abendessen).

217 Essenmarken an Arbeitnehmer auf einer Auswärtstätigkeit sind stets mit dem Verrechnungswert anzusetzen. Ein pauschale Versteuerung mit 25 % ist in diesem Fall nicht möglich.

218 Will der Arbeitgeber den auf sämtliche Mahlzeiten entfallenden und für die Pauschalierung maßgebenden geldwerten Vorteil (Arbeitslohn) ermitteln, ist der Wert dieser ausgegebenen Mahlzeiten zu ermitteln. Das kann mitunter sehr aufwändig sein. Deshalb lassen die Lohnsteuer-Richtlinien Vereinfachungen zu. Gibt der Arbeitgeber unterschiedliche Speisen zu verschiedenen Preisen ab, kann dafür ein **Durchschnittspreis** als geldwerter Vorteil der Pauschalbesteuerung zu Grunde gelegt werden. Diese Durchschnittsermittlung pro Mahlzeit ist jedoch nur zulässig, wenn der geldwerte Vorteil pauschal besteuert wird. Wird der geldwerte Vorteil für die Mahlzeit dem Arbeitnehmer individuell zugeordnet bzw. versteuert, ist der jeweilige Vorteil pro Mahlzeit zu erfassen. Der Durchschnittspreis kann wie folgt ermittelt werden.

Beispiel 1: Pauschale Lohnsteuer vom Sachbezugswert

Ein Arbeitgeber bietet in der selbst betriebenen Kantine als Mittagessen verschiedene Menüs unentgeltlich an. Im Monat Januar werden insgesamt 220 Menüs ausgegeben. Der geldwerte Vorteil wird pauschal versteuert.

Der Wert für die erhaltene Mahlzeit ist mit dem Sachbezugswert anzusetzen; er beträgt im Kalenderjahr 2009 pro Mittagessen 2,73 €. Der Pauschalbesteuerung ist der amtliche Sachbezugswert zu Grunde zu legen, d. h. pro Mahlzeit 2,73 €. Weil die Arbeitnehmer keine Zuzahlungen leisten, ist dieser Betrag nicht zu kürzen. Insgesamt entsteht ein geldwerter Vorteil von 600,60 € (220 x 2,73 €).

Die pauschale Lohnsteuer ist wie folgt zu berechnen:

Lohnsteuer (25 % von 600,60 €)	150,15 €
Solidaritätszuschlag (5,5 % von 150,15 €)	8,25 €
pauschale Kirchensteuer (6 % von 150,15 €)	9,00 €
insgesamt	167,40 €

Beispiel 2: Sachbezugswert abzüglich Eigenbeitrag

Sachverhalt wie in Beispiel 1, aber der Arbeitgeber hat mit seinen Arbeitnehmern vereinbart, dass sie pro Mahlzeit 1 € zuzahlen. Durch die Zuzahlung vermindert sich der geldwerte Vorteil pro Mahlzeit, so dass ein Betrag von 1,73 € zu versteuern ist. Dies ergibt einen steuerpflichtigen geldwerten Vorteil von 380,60 €. Hierfür sind die pauschalen Steuern wie in Beispiel 1 dargestellt zu ermitteln.

Der Arbeitgeber hat folgende Beträge zu zahlen:

Lohnsteuer (25 % von 380,60 €)	95,15 €
Solidaritätszuschlag (5,5 % von 95,15 €)	5,23 €
pauschale Kirchensteuer (6 % von 95,15 €)	5,70 €
insgesamt	106,08 €

Beispiel 3: Arbeitnehmer tragen die pauschale Lohnsteuer

Abwandlung von Beispiel 2. Der Arbeitgeber hat mit seinen Arbeitnehmern vereinbart, dass sie die pauschale Lohnsteuer einschließlich Solidaritätszuschlag und Kirchensteuer übernehmen.

Die **Übernahme** der pauschalen Lohnsteuer durch den Arbeitnehmer mindert nicht die steuerliche Bemessungsgrundlage (→ Rz. C 190). Die Pauschalsteuer wird somit wie in Beispiel 1 **vom Sachbezugswert 2,73 €** ermittelt mit der Folge, dass die in Beispiel 2 beschriebene Minderung der steuerlichen Bemessungsgrundlage und dadurch auch der Steuerbelastung nicht erfolgt. Der Arbeitgeber hat vom Arbeitslohn jedes Arbeitnehmers pro Mahlzeit einen Betrag i. H. v. 0,75 € (25 % Lohnsteuer von 2,73 = 0,68 €, Solidaritätszuschlag 0,03 € und Kirchensteuer 0,04 €) einzubehalten.

Diese Betrachtungsweise führt zu dem **ungewöhnlichen** Ergebnis, dass trotz **Zuzahlung** des Arbeitnehmers zur Mahlzeit die steuerliche Belastung **unverändert hoch** ist. Dieses Beispiel verdeutlicht, wie wichtig im steuerlichen Bereich die **zutreffende Sachverhaltsgestaltung** ist.

Beispiel 4: Berechnung eines Durchschnittswerts pro Menü

Ein Arbeitgeber gibt in einer selbst betriebenen Kantine verschiedene Menüs zu verschiedenen Preisen ab (Zahlung der Arbeitnehmer). Im Monat Januar 2009 (Lohnzahlungszeiträume sind die Kalendermonate 2009) hat er folgende Essen abgegeben:

Menüart	Preis	Anzahl der Essen	Insgesamt
Menü I	1,00 €	200	200,— €
Menü II	2,50 €	150	375,— €
Menü III	4,— €	200	800,— €
Salatteller	1,50 €	100	150,— €
Zahl der verbilligten Essen		650	
Essenspreis für alle Arbeitnehmer			1 525,— €

Der Durchschnittswert aller Menüs errechnet sich wie folgt:

$$\frac{\text{Menüpreis für alle Arbeitnehmer}}{\text{Anzahl der insgesamt ausgegebenen Menüs}} = \frac{\text{.........€}}{\text{x}} = \text{.........€}$$

Im Beispiel beträgt der Durchschnittswert also 1 525 € : 650 Essen = 2,35 €.

Für den Monat Januar ist pro Mahlzeit zu versteuern die Differenz zwischen dem maßgebenden Sachbezugswert und dem von den Arbeitnehmern gezahlten Durchschnittspreis der Mahlzeit, also 0,38 € (2,73 € ./. 2,35 €) je Essen. Bei 650 abgegebenen Mahlzeiten ergibt sich ein Betrag von 247,00 €.

Die Pauschalsteuer beträgt

Lohnsteuer (25 % von 247,00 €)	61,75 €
Solidaritätszuschlag (5,5 % von 61,75 €)	3,39 €
pauschale Kirchensteuer (6 % von 61,75 €)	3,70 €
insgesamt	68,84 €

bb) Betriebsveranstaltung

Ergeben sich anlässlich einer Betriebsveranstaltung steuerpflichtige Lohnteile, kann der Arbeitgeber dafür die pauschale Lohnversteuerung mit 25 % vornehmen. Steuerpflichtiger Arbeitslohn kommt nur in Betracht, wenn der auf den Arbeitnehmer entfallende Anteil der Aufwendungen für eine (übliche) Betriebsveranstaltung 110 € übersteigt (Freigrenze) oder falls der Arbeitnehmer an mehr als zwei Betriebsveranstaltungen im Kalenderjahr teilnimmt (Steuerpflicht ab dritter Veranstaltung). In diesen Fällen ist stets der auf den Arbeitnehmer entfallende Teil der Gesamtaufwendungen für die Betriebsveranstaltung (lohn-)steuerpflichtig. Nimmt der Arbeitnehmer mit einer nicht beim Arbeitgeber beschäftigten Person an der Betriebsveranstaltung teil, ist ihm der darauf entfallende Teil der Auf- 219 wendungen zuzurechnen; die Freigrenze von 110 € erhöht sich deshalb nicht (→ Rz. C 161 *Betriebsveranstaltungen*). Pauschalierungsfähig sind nur Vorteile, die sämtliche Arbeitnehmer erhalten. Deshalb ist für Goldmünzen, die der Arbeitgeber i. R. einer Betriebsveranstaltung einzelnen Arbeitnehmern überreicht, die Pauschalierungsmöglichkeit ausgeschlossen (BFH-Urteil v. 7. 11. 2006, BStBl II 2007 S. 128).

cc) Erholungsbeihilfen

220 Vom Arbeitgeber gezahlte Erholungsbeihilfen sind Arbeitslohn, von dem unter bestimmten Voraussetzungen die Lohnsteuer mit 25 % pauschal erhoben werden kann. Dabei ist zu beachten, dass sie entsprechend der Bestimmung für die Erholung des Arbeitnehmers und seiner Angehörigen verwendet werden müssen. Deshalb sind sie im Zusammenhang mit dem Jahresurlaub des Arbeitnehmers zu zahlen. Pauschalierungsfähig sind folgende Jahreshöchstbeträge: 156 € für den Arbeitnehmer, 104 € für dessen Ehegatte und 52 € für jedes Kind. Die Beträge sind stets personenbezogen und nicht familienbezogen zu prüfen. Übersteigen die Erholungsbeihilfen im Einzelfall den maßgebenden Jahreshöchstbetrag, so sind für diese Person die gesamten Beihilfezahlungen als sonstige Bezüge nach den allgemeinen Regelungen zu besteuern.

dd) Verpflegungspauschalen

221 Zahlt der Arbeitgeber anlässlich einer Auswärtstätigkeit (→ Rz. C 161 *Reisekosten*) Verpflegungsmehraufwendungen, die über den steuerfreien Verpflegungspauschalen liegen, ist der Mehrbetrag steuerpflichtiger Arbeitslohn. Der die steuerfreien Pauschalen übersteigende Betrag kann sich auch aus der Zusammenfassung der einzelnen Aufwendungsarten, z. B. Wegstreckenentschädigung, ergeben. Aus Vereinfachungsgründen kann der den steuerfreien Vergütungsbetrag übersteigende Betrag einheitlich als Verpflegungsmehraufwendungen behandelt werden.

Für diesen steuerpflichtigen Teil kann der Arbeitgeber eine pauschale Lohnversteuerung i. H. v. 25 % wählen. Der pauschalierungsfähige Betrag ist jedoch begrenzt auf die für die Abwesenheit steuerfrei zahlbare Verpflegungspauschale (→ Rz. C 161 *Reisekosten*). Dies sind bei mindestens 24-stündiger Abwesenheit 24 €, bei mindestens 14-stündiger Abwesenheit 12 € und bei mindestens achtstündiger Abwesenheit 6 €. Demnach kann der Arbeitgeber für eine 14-stündige **Dienstreise** des Arbeitnehmers an Verpflegungspauschalen **steuerbegünstigt zahlen**: 12 € steuerfrei und bis zu 12 € mit pauschaler Lohnsteuererhebung i. H. v. 25 %.

Nicht pauschalierungsfähig sind steuerpflichtige Verpflegungspauschalen bei doppelter Haushaltsführung.

ee) Personalcomputer, Zubehör sowie Internetzugang

222 Pauschalierungsfähig mit einer Lohnsteuer von 25 % sind Vorteile durch die unentgeltliche oder verbilligte Übereignung von Personalcomputern und für die Internetnutzung einschließlich sonstiger PC-Hardware, technischem Zubehör und Software. Hierzu rechnet auch die Übereignung von Geräten als Erstausstattung oder als Ergänzung, Aktualisierung und Austausch einer bereits vorhandenen PC-Anlage. Für Telekommunikationsgeräte, die nicht Zubehör eines Personalcomputers sind oder nicht für die Internetnutzung verwendet werden können, ist die Pauschalierung ausgeschlossen. Hat der Arbeitnehmer einen Internetzugang, sind auch Lohnzahlungen (Barzuschüsse) des Arbeitgebers für die Internetnutzung des Arbeitnehmers pauschalierungsfähig. Zu solchen Aufwendungen rechnen die laufenden Kosten (Grundgebühr für den Internetzugang, laufende Gebühren für die Internetnutzung, Flatrate) und die Kosten für die Einrichtung des Internetzugangs (z. B. ein ISDN-Anschluss sowie die dafür erforderlichen Geräte wie Modem und Personalcomputer).

Falls der Arbeitgeber einen Lohnteil (Barzuschuss) für die private Internetnutzung zahlen möchte, reicht seit dem 1. 1. 2004 die Mitteilung des Arbeitnehmers über seine Aufwendungen für die laufende Internetnutzung im Monat aus. Voraussetzung hierfür ist, dass die Arbeitgeberzahlungen 50 € im Monat nicht übersteigen. Sollen höhere Zuschüsse für die Internetnutzung pauschal besteuert werden, hat der Arbeitnehmer seine Aufwendungen dem Arbeitgeber nachzuweisen. Dazu kann der Nachweis für einen repräsentativen Zeitraum von drei Monaten geführt werden. Bis zur Höhe des sich hiernach ergebenden monatlichen Betrags kann der Arbeitgeber dann so lange die Barzuschüsse pauschal versteuern, bis sich die Verhältnisse des Arbeitnehmers wesentlich ändern. 223

Voraussetzung für die Pauschalierung ist, dass diese Leistungen (Sachleistungen oder Barzuschüsse) zusätzlich zum ohnehin geschuldeten Arbeitslohn gezahlt werden (→ Rz. C 228 ff.). 224

ff) Fahrten zwischen Wohnung und Arbeitsstätte[1])

Durch das Urteil des BVerfG v. 9. 12. 2008 (2 BvL 1/07 u. a., BStBl II 2009 S. 28) zur Entfernungspauschale **entfällt** die gesetzliche Einschränkung, nach der die Pauschalbesteuerung für Arbeitgeberleistungen im Zusammenhang mit den Fahrten zwischen Wohnung und Arbeitsstätte für die ersten **20 km** nicht zulässig war. Nunmehr kann wieder ab dem ersten Entfernungskilometer die Lohnsteuer – auch rückwirkend ab 2007 – von den Arbeitgeberzuschüssen zu den Aufwendungen des Arbeitnehmers für Fahrten zwischen Wohnung und regelmäßiger Arbeitsstätte pauschal mit 15 % erhoben werden. Gleiches gilt für die aus einer unentgeltlichen oder verbilligten Gestellung eines Kraftfahrzeugs an den Arbeitnehmer für die Fahrten zwischen Wohnung und Arbeitsstätte entstehenden Vorteile. 225

Weil die Pauschalierungsmöglichkeit durch die Entscheidung des BVerfG erstmals eröffnet wurde, ist der Arbeitgeber berechtigt, für nach dem 31. 12. 2006 beginnende Lohnzahlungszeiträume eine **rückwirkende Pauschalierung** für die ersten 20 Entfernungskilometer vorzunehmen. Dies gilt auch, wenn die Lohnsteuerbescheinigung für das Jahr 2007 oder 2008 bereits übermittelt oder erteilt worden ist; sie ist bei Wahl der rückwirkenden Pauschalierungsmöglichkeit nicht zu ändern. Bei der Pauschalierung für die zurückliegenden Jahre 2008 und 2007 sind zwei Fälle zu unterscheiden:

1. Der Arbeitgeber hat in den **Vorjahren Fahrtkostenzuschüsse gezahlt** und sie mangels Pauschalierungsmöglichkeit **nach Lohnsteuerkarte** besteuert.
2. Der Arbeitgeber hat (mangels Pauschalierungsfähigkeit) in den **Vorjahren keine Fahrtkostenzuschüsse** gezahlt und möchte sie nun nachträglich zahlen und pauschal besteuern.

Zu 1.: Der Arbeitgeber kann die Pauschalierung rückwirkend ab dem ersten Entfernungskilometer vornehmen und dann die pauschale Lohnsteuer anmelden und an das Finanzamt abführen. Weil der Arbeitnehmer diese Beträge nach Lohnsteuerkarte besteuert hat, muss das Finanzamt diese korrigieren. Dazu und weil der pauschal besteuerte Betrag die abziehbaren Werbungskosten mindert (→ Rz. C 227), hat der

1) Hinweis auf die bei Redaktionsschluss vorliegenden inhaltsgleichen Gesetzesentwürfe des Bundesrates sowie der Fraktionen der CDU/CSU und der SPD vom 3. 3. 2009 zur Wiedereinführung bzw. Fortführung der Entfernungspauschale nach der Gesetzeslage 2006.

Arbeitgeber nach durchgeführter Pauschalierung dem Arbeitnehmer zu bescheinigen, dass er

„den bisher im Kalenderjahr 2007 und ggf. für 2008 (gesondert) in Höhe von ... Euro individuell besteuerten und bescheinigten Arbeitslohn nunmehr (in dieser Höhe) nach § 40 Abs. 2 Satz 2 EStG pauschal besteuert"

hat. Der Arbeitnehmer kann mit der Bescheinigung beim Finanzamt eine entsprechende Korrektur des Arbeitslohns im Rahmen der Einkommensteuerveranlagung 2007 und ggf. 2008 beantragen (nach § 175 Abs. 1 Satz 1 Nr. 2 AO).

Zu 2.: Eine Umwidmung des in 2007 (und ggf. 2008) gezahlten laufenden Arbeitslohns in Fahrkostenzuschüsse ist nicht möglich (siehe nachfolgend). Der Arbeitgeber kann jedoch in 2009 (bzw. konnte in 2008) zusätzliche Fahrtkostenzuschüsse für 2007 und 2008 zahlen und pauschal besteuern, wenn im Zahlungsjahr noch „Pauschalierungsvolumen" vorhanden ist (war).

Beispiel:

Der Arbeitgeber zahlt einen Fahrtkostenzuschuss von 0,10 € pro Entfernungskilometer. Der Arbeitnehmer legt täglich eine Strecke von 35 km (Wohnung – Betrieb) zurück. Pauschalierungsfähig ist ein täglicher Höchstbetrag vom 35 km × 0,30 = 10,50 €. Weil der Arbeitgeber lediglich 35 km × 0,10 € = 3,50 € zahlt, verbleibt ein pauschalierungsfähiges Volumen von 7 € (10,50 € – 3,50 €).

Dieses Volumen kann der Arbeitgeber nutzen, um nachträglich gezahlte Fahrtkostenzuschüsse für 2007/2008 pauschal mit 15 % zu besteuern. Für die Pauschalierungsmöglichkeit sind allein die Zahlung in 2009 und ein (ggf. verbleibendes) „Pauschalierungsvolumen" für 2009 entscheidend.

Pauschalierungsvoraussetzung ist jeweils, dass diese Arbeitgeberleistungen **zusätzlich zum ohnehin geschuldeten** Arbeitslohn gezahlt werden (→ Rz. C 228 ff.). Pauschalierungsfähig sind weiterhin höchstens folgende – als Werbungskosten (→ Rz. B 87) abziehbare – Beträge:

- Für den geldwerten Vorteil durch die unentgeltliche oder verbilligte **Gestellung** eines Kraftwagens (z. B. Firmen-Pkw)
  - bei behinderten Arbeitnehmern i. S. d. § 9 Abs. 2 EStG die tatsächlichen Kosten in vollem Umfang,
  - bei anderen Arbeitnehmern bis zur Höhe der Entfernungspauschale (0,30 € für jeden vollen Entfernungskilometer) für jeden Arbeitstag, an dem der Kraftwagen für die Fahrten zwischen Wohnung und Arbeitsstätte benutzt wird. Aus Vereinfachungsgründen kann die Kfz-Nutzung an 15 Arbeitstagen im Kalendermonat unterstellt werden;
- für den **Ersatz** von Aufwendungen des Arbeitnehmers für Fahrten zwischen Wohnung und Arbeitsstätte (Fahrtkostenzuschüsse)
  - bei behinderten Arbeitnehmern i. S. d. § 9 Abs. 2 EStG die tatsächlichen Kosten in vollem Umfang,
  - bei anderen Arbeitnehmern bei Benutzung eines **eigenen** oder zur Nutzung überlassenen Kraftfahrzeugs mit Ausnahme der o. g. Alternative die Aufwendungen des Arbeitnehmers in Höhe der Entfernungspauschale (→ Rz. B 87 *Entfernungspauschale*); bei Benutzung **öffentlicher Verkehrsmittel** seit 2007 bis zur Höhe der Entfernungspauschale[1]), ggf. jedoch höchstens 4 500 €, und bei Benutzung **anderer Verkehrsmittel**, z. B. Flugzeug, in Höhe der tatsächlichen Aufwendungen des Arbeitnehmers.

1) Nach den bei Redaktionsschluss vorliegenden inhaltsgleichen Gesetzesentwürfen des Bundesrates vom 10. 2. 2009 (BR-Drucksache 147/09) sowie der Fraktionen der CDU/CSU und der SPD vom 3. 3. 2009 (BT-Drucksache 16/12099) zur Wiedereinführung bzw. Fortführung der Entfernungspauschale nach der Gesetzeslage 2006 soll rückwirkend ab dem 1. 1. 2007 auch der Ansatz von höheren Kosten für die Benutzung öffentlicher Verkehrsmittel zugelassen werden. Tritt diese Neuregelung in Kraft, kann der Arbeitgeber solche Aufwendungen des Arbeitnehmers in voller Höhe erstatten und dafür die Lohnsteuer mit 15 % pauschalieren.

Beispiele

1. Nutzung des eigenen Pkw

Der Arbeitnehmer nutzt den eigenen Pkw für die Fahrten zwischen Wohnung und Arbeitsstätte, die kürzeste Entfernung beträgt 35 km (einfache Strecke). **Pro Arbeitstag** ist folgender Betrag pauschalierungsfähig:

35 km (tatsächliche Entfernungs-km) × 0,30 € = 10,50 € (pauschalierungsfähiger Höchstbetrag)

1.1 Der Arbeitgeber zahlt einen Fahrtkostenzuschuss ab dem 21. Entfernungskilometer in Höhe von 0,30 €. Der Zuschuss beträgt: 35 km – 20 km = 15 km, 15 km × 0,30 € = 4,50 €.

Der Fahrtkostenzuschuss übersteigt den pauschalierungsfähigen Höchstbetrag nicht, der Fahrtkostenzuschuss kann mit 15 % pauschal besteuert werden.

1.2 Der Arbeitgeber zahlt einen Fahrtkostenzuschuss i. H. v. 0,20 € pro Entfernungskilometer. Der Zuschuss beträgt: 35 km × 0,20 € = 7,00 €.

Der Fahrtkostenzuschuss übersteigt den pauschalierungsfähigen Höchstbetrag nicht, der Fahrtkostenzuschuss kann mit 15 % pauschal besteuert werden.

2. Nutzung öffentlicher Verkehrsmittel[1])

Nutzt der Arbeitnehmer für die Fahrten zwischen Wohnung und Arbeitsstätte die öffentlichen Verkehrsmittel, gelten für die Ermittlung des pauschalierungsfähigen Betrags die Beispiele unter 1. entsprechend; der Arbeitgeber hat jedoch als weitere Begrenzung die Kosten der Fahrkarte zu berücksichtigen.

2.1 Fahrkartenpreis übersteigt Zuschuss

Wie Beispiel 1.1:

Der Arbeitgeber zahlt bei einer Strecke von 35 km einen Fahrtkostenzuschuss ab dem 21. Entfernungskilometer i. H. v. 0,30 €, Gesamtzuschuss = 4,50 €; dieser übersteigt den pauschalierungsfähigen Höchstbetrag nicht.

Weil der Arbeitgeber den Monatsbetrag nach der Vereinfachungsregelung mit monatlich 15 Arbeitstagen ermittelt, sind pauschalierungsfähig: 4,50 € × 15 Arbeitstage = 67,50 €. Der Arbeitnehmer hat für das Monatsticket 83 € bezahlt.

Die Pauschalierungs-Voraussetzungen sind erfüllt, der Arbeitgeber kann den Fahrtkostenzuschuss i. H. v. 67,50 € mit 15 % pauschal besteuern.

Als Zahlbetrag ergeben sich:

Pauschale Lohnsteuer:	15 % von 67,50 €	= 10,12 €
Solidaritätszuschlag:	5,5 % von 10,12 €	= 0,55 €
		10,67 €

zzgl. Kirchensteuer nach Landesrecht

2.2 Zuschuss übersteigt Fahrkartenpreis

Wie Beispiel 2.1, der Arbeitgeber setzt zur Ermittlung des Fahrtkostenzuschusses jedoch die tatsächlichen 22 Arbeitstage an, so dass sich folgender Zahlbetrag ergibt:

4,50 € × 22 Arbeitstage = 99 €

Der pauschalierungsfähige Höchstbetrag wird nicht überschritten, s. Beispiel 2.1.

Jedoch ist die Begrenzung auf die tatsächlichen Aufwendungen des Arbeitnehmers zu beachten:

Der Fahrtkostenzuschuss übersteigt die tatsächlichen Aufwendungen des Arbeitnehmers (83 €) um 16 € (99 € – 83 €). Folglich kann der Arbeitgeber von dem Zuschuss 83 € mit 15 % pauschal und den steuerpflichtigen übersteigenden Betrag von 16 € nach Lohnsteuerkarte besteuern.

Nutzt der Arbeitnehmer eine steuerfreie **Sammelbeförderung** → Rz. C 161 kann der Arbeitgeber keine pauschal besteuerten Fahrtkostenzuschüsse zahlen.

Bei einer **Auswärtstätigkeit** mit typischerweise ständig wechselnden Tätigkeitsstätten können seit 2008 die Fahrten zwischen Wohnung und regelmäßiger Arbeitsstätte nach den vorstehenden Grundsätzen berücksichtigt werden: **226**

– Wenn der Arbeitnehmer den Betrieb bzw. Firmensitz fortdauernd und immer wieder anfährt, um von dort weiter zur Einsatzstelle zu fahren oder befördert zu werden;

– soweit die Fahrten von der Wohnung ständig zu einem gleich bleibenden Treffpunkt führen, von dem der Arbeitnehmer durch den Arbeitgeber zur jeweiligen Einsatzstelle weiter befördert wird.

227 Zu beachten ist, dass **pauschal besteuerte** Fahrtkostenzuschüsse die abziehbaren **Werbungskosten** für die Fahrten zwischen Wohnung und Arbeitsstätte (→ Rz. B 87) **mindern**. Die Möglichkeit der Lohnsteuer-Pauschalierung gilt auch für Aushilfs- und Teilzeitbeschäftigte i. S. d. § 40a EStG (→ Rz. C 164 ff.), wobei die pauschal besteuerten Fahrtkostenzuschüsse in die Prüfung der für die Pauschalierung maßgebenden Arbeitslohngrenzen (Stundenlohn 12 €, Tageslohn 62 €) nicht einzubeziehen sind (→ Rz. C 181). Für geringfügige Beschäftigungen ist die monatliche Arbeitsentgeltgrenze von 400 € nach den sozialversicherungsrechtlichen Vorschriften zu prüfen.

gg) Merkmal „Zusätzlich zum ohnehin geschuldeten Arbeitslohn“

228 Mitunter ist Voraussetzung für die Pauschalierung der Lohnsteuer oder für steuerfreie Lohnzahlungen, dass diese Leistungen (Sachleistungen oder Barzuschüsse) zusätzlich zum ohnehin geschuldeten Arbeitslohn gezahlt werden. Was meint die Finanzverwaltung mit der Umschreibung „zusätzlich zum ohnehin geschuldeten Arbeitslohn“?

229 Nach Auffassung der Finanzverwaltung erfordert die Zusätzlichkeitsvoraussetzung, dass die zweckbestimmte Leistung zu dem Arbeitslohn hinzukommt, den der Arbeitgeber schuldet, wenn die maßgebende Zweckbestimmung nicht getroffen wird. Eine solche zweckgebundene Leistung wird folglich nur dann zusätzlich zu dem ohnehin geschuldeten Arbeitslohn erbracht, wenn der Arbeitnehmer die Leistung ohne Zweckbindung nicht erhalten würde. Deshalb kann lediglich derjenige die Leistung erhalten, der sie zu dem begünstigten Zweck verwendet. Wird eine zweckbestimmte Leistung unter Anrechnung auf den vereinbarten Arbeitslohn oder durch Umwandlung (Umwidmung) des vereinbarten Arbeitslohns gewährt, liegt keine zusätzliche Leistung vor; der vereinbarte Arbeitslohn bleibt unverändert. Dies gilt selbst dann, wenn die Umwandlung auf Grund einer tarifvertraglichen Öffnungsklausel erfolgt. Eine zusätzliche Leistung liegt auch dann nicht vor, wenn sie unter Anrechnung auf eine freiwillige Sonderzahlung (z. B. Weihnachtsgeld oder Gratifikation) erbracht wird. Dabei ist es unerheblich, ob die zusätzliche Leistung ihrerseits vom Arbeitgeber geschuldet oder freiwillig gewährt wird.

230 Es ist unschädlich, wenn der Arbeitgeber verschiedene zweckgebundene Leistungen zur Auswahl anbietet (z. B. Zuschüsse zur Betreuung der Kinder im Kindergarten, zur Gesundheitsförderung oder zu den Aufwendungen für die Fahrten zwischen Wohnung und Arbeitsstätte). Kann ein Arbeitnehmer keine dieser zusätzlichen Leistungen mehr in Anspruch nehmen, darf er dafür nicht – zum „gerechten“ Ausgleich – einen entsprechend höheren Arbeitslohn bekommen.

hh) Anrechnung von begünstigten Lohnteilen auf die Werbungskosten

231 Soweit die pauschal besteuerten oder steuerfreien Lohnteile (Sachbezüge bzw. Geldleistungen) auf Werbungskosten entfallen, ist der Werbungskostenabzug grundsätzlich ausgeschlossen.

Eine Ausnahmeregelung sehen die Lohnsteuer-Richtlinien für die pauschal besteuerten Arbeitgeberzuschüsse zur privaten Internetnutzung des Arbeitnehmers vor. Zu Gunsten des Arbeitnehmers werden die pauschal besteuerten Arbeitgeberzuschüsse zunächst auf den privat veranlassten Teil der Aufwendungen angerechnet, so dass nur der übersteigende Teilbetrag den als Werbungskosten berücksichtigungsfähigen Betrag mindert. Aus Vereinfachungsgründen unterbleibt jedoch stets eine Anrechnung auf die Werbungskosten, falls die monatlichen Arbeitgeberzuschüsse 50 € nicht übersteigen. 232

c) Besonderer Pauschsteuersatz von 30 %

Nutzt der Arbeitnehmer eine vom Arbeitgeber angemietete **VIP-Loge**, z. B. in einer Sportstätte, während einer Veranstaltung aus privaten Gründen unentgeltlich oder verbilligt, rechnet der sich dadurch ergebende geldwerte Vorteil zum Arbeitslohn (→ Rz. C 161 *VIP-Logen*). Der geldwerte Vorteil ist grundsätzlich mit den üblichen Endpreisen am Abgabeort zu bewerten, die Freigrenze für Sachbezüge i. H. v. 44 € im Kalendermonat (→ Rz. C 161 *Sachbezüge, Freigrenze*) ist anwendbar. 233

Für **VIP-Logen in Sportstätten** hat der Arbeitgeber seit 2007 und ggf. für in Vorjahren nicht versteuerte Lohnteile aus Vereinfachungsgründen die Möglichkeit, einen auf **eigene Arbeitnehmer** entfallenden steuerpflichtigen Vorteil mit dem Pauschsteuersatz i. H. v. 30 % zu versteuern (stets der auf sämtliche Arbeitnehmer entfallende Gesamtbetrag). Bemessungsgrundlage für diesen Pauschsteuersatz ist der sich für die Arbeitnehmer ergebende Anteil am Gesamtbetrag der Aufwendungen für die Bewirtung und Geschenke (BMF-Schreiben v. 22. 8. 2005, BStBl I 2005 S. 845, Tz. 14 und 19).

Danach kann der Arbeitgeber den betrieblich veranlassten Gesamtbetrag der Aufwendungen für die VIP-Loge (Werbeleistungen, Bewirtung, Eintrittskarten usw.) pauschal aufteilen in 40 % für Werbung, 30 % für die Bewirtung und 30 % für Geschenke, wobei die Geschenkaufwendungen ohne Nachweis je zur Hälfte den Geschäftsfreunden und den eigenen Arbeitnehmern zugerechnet werden können. An Stelle dieser 50 : 50-Aufteilung der Geschenkaufwendungen kann der Arbeitgeber eine andere Zuordnung nachweisen.

Sind im Gesamtbetrag der Aufwendungen nur die Leistungen Werbung und Eintrittskarten enthalten, und liegt für die Bewirtung eine Einzelabrechnung vor, z. B. bei Vertrag mit externem Caterer, ist die Vereinfachungsregelung im Hinblick auf die Pauschalaufteilung 40 : 30 : 30 nicht anwendbar. In diesem Fall ist für den Werbeanteil und den Ticketanteil ein anderer angemessener Aufteilungsmaßstab (sachgerechte Schätzung) zu finden; der Bewirtungsanteil steht fest. Eine Pauschalbesteuerung mit 30 % für den auf die eigenen Arbeitnehmer entfallenden geldwerten Vorteil durch den Arbeitgeber ist möglich.

Überlässt der Arbeitgeber sog. **Business-Seats**, bei denen im Gesamtbetrag der Aufwendungen nur die Leistungen Eintrittskarten und Rahmenprogramm (steuerliche Zuwendung) und Bewirtung enthalten sind, ist der in Rechnung gestellte Gesamtbetrag sachgerecht aufzuteilen; ggf. pauschale Aufteilung entsprechend der vorgenannten Grundsätze mit 50 % für Geschenke und 50 % für Bewirtung. Gleiches gilt, wenn im Gesamtbetrag auch Werbeleistungen enthalten sind (Anteil für Werbung 40 %). Findet eine **andere Veranstaltung**, z. B. kultureller Art, Operngala, in einer Sportstätte statt, können die vorstehenden Regelungen angewendet werden (Pauschsteuersatz 30 %); ebenso bei Veranstaltungen **außerhalb von Sportstätten**; zu Einzelheiten vgl. BMF-Schreiben v. 22. 8. 2005, BStBl I 2005 S. 845, sowie v. 30. 3. 2006 und v. 11. 7. 2006, BStBl I 2006 S. 307 und S. 447.

Unter Aufwendungen für VIP-Logen in Sportstätten versteht die Finanzverwaltung Aufwendungen eines Arbeitgebers (Steuerpflichtigen) anlässlich sportlicher Veranstaltungen, für die er vom Empfänger der „gesponserten" Veranstaltung bestimmte Gegenleistungen mit Werbecharakter erhält. Neben den üblichen Werbeleistungen (z. B. Werbung über Lautsprecheransagen, auf Videowänden, in Vereinsmagazinen) werden dem sponsernden Unternehmer auch Eintrittskarten für VIP-Logen überlassen, die nicht nur zum Besuch der Veranstaltung berechtigen, sondern auch die Möglichkeit der Bewirtung des Arbeitgebers und Dritter (z. B. Geschäftsfreunde, Arbeitnehmer) beinhalten. Regelmäßig werden diese Maßnahmen in einem Gesamtpaket vereinbart, wofür dem Sponsor (Arbeitgeber) ein Gesamtbetrag in Rechnung gestellt wird.

Weil die Höhe des Pauschsteuersatzes von 30 % typisierend berücksichtigt, dass der Arbeitgeber diese Zuwendungen an einen Teil seiner Arbeitnehmer im ganz überwiegend betrieblichen Interesse erbringt und die Vorteile folglich nicht als Arbeitslohn anzusetzen sind, ist insoweit eine weitere Aufteilung der anzusetzenden Beträge für die Bewirtung und Geschenke nicht zulässig. Wegen weiterer Einzelheiten vgl. BMF-Schreiben v. 22. 8. 2005, BStBl I 2005 S. 845 sowie BMF-Schreiben v. 29. 4. 2008, BStBl I 2008 S. 566.

Der Arbeitgeber ist Schuldner der pauschalen Lohnsteuer (→ Rz. C 188).

d) Pauschalierung der Lohnsteuer für Sachzuwendungen

234 Seit 2007 können Arbeitgeber bzw. Unternehmen die geldwerten Vorteile für die aus betrieblicher Veranlassung gegebenen **Sachzuwendungen** (einschl. Leistungen) an Kunden, Geschäftsfreunde und deren Familienangehörige und Arbeitnehmer sowie an die selbst beschäftigten Arbeitnehmer pauschal mit 30 % besteuern (Pauschalierung der Einkommensteuer bei Sachzuwendungen, § 37b EStG). Die Zuwendungsempfänger können selbst auch Unternehmen sein, einschl. Organmitglieder. Diese Pauschalierung ist nur einheitlich möglich für alle innerhalb eines Wirtschaftsjahres gewährten betrieblich veranlassten Sachzuwendungen, die zusätzlich zur ohnehin vereinbarten Leistung oder Gegenleistung erbracht werden, und für steuerliche Geschenke (§ 4 Abs. 5 Satz 1 Nr. 1 EStG). Demnach müssen die Sachzuwendungen an die selbst beschäftigten **Arbeitnehmer** zusätzlich zum ohnehin geschuldeten Arbeitslohn erbracht werden (keine Lohnumwandlung). Als Sachzuwendungen kommen in Betracht z. B. Incentive-Reisen, steuerpflichtige Arbeitsessen, Zinsvorteile bei einem Arbeitgeberdarlehen mit ermäßigtem Steuersatz, steuerpflichtige Sachzuwendungen aus Anlass eines Geburtstages, Eintrittskarten für Opern- und Fußballspiele. Voraussetzung ist, dass die Bewertung der Sachbezüge nach dem üblichen Wert erfolgt und nicht nach besonderen Bewertungsvorschriften erfolgt. Demnach sind **ausgeschlossen**: die Firmenwagenbesteuerung, amtliche Sachbezugswerte, Arbeitslohnteile mit Rabattfreibetrag sowie Pauschalierungsfälle mit gesetzlichem Pauschsteuersatz nach § 40 Abs. 2 EStG (→ Rz. C 210 bis 227). Eine Einbeziehung der Sachbezüge, die mit dem durchschnittlichen Pauschsteuersatz (nach § 40 Abs. 1 Satz 1 EStG, → Rz. C 201 ff.) besteuert werden können, ist zulässig, jedoch nicht erforderlich.

Der Pauschsteuersatz beträgt **30 %** zzgl. Solidaritätszuschlag und Kirchensteuer. Bemessungsgrundlage sind die Aufwendungen des Arbeitgebers/Unternehmens einschl. der Umsatzsteuer. Bei Zuwendungen an Arbeitnehmer in verbundenen Unternehmen ist als Bemessungsgrundlage zumindest der übliche Angebots-/Endpreis am Abgabeort (nach § 8 Abs. 3 Satz 1 EStG) anzusetzen. Die Pauschalierung ist ausgeschlossen, soweit die Aufwendungen je Empfänger und Wirtschaftsjahr den Betrag von 10 000 € übersteigen oder wenn die Aufwendungen für die einzelne Zuwendung diesen Betrag übersteigen. Das Wahlrecht zur Pauschalierung kann für alle Zuwendungen (auch an eigene Arbeitnehmer) im Wirtschaftsjahr nur einheitlich ausgeübt werden. Es wird durch die Anmeldung der Pauschalsteuer ausgeübt und kann nicht widerrufen werden.

Die pauschal besteuerten Sachzuwendungen bleiben bei der Einkünfteermittlung des Empfängers außer Ansatz; ebenso die pauschale Einkommensteuer, die der Arbeitgeber/das Unternehmen zu übernehmen hat. Sie gilt als Lohnsteuer und ist in der Lohnsteuer-Anmeldung nach den allgemeinen Regelungen zu erklären und abzuführen (→ Rz. C 77 ff.). Die Arbeitnehmer/Empfänger sind über die Pauschalierung zu unterrichten, z. B. Aushang am „Schwarzen Brett" oder Hinweis in der Lohnabrechnung. Nähere Erläuterung enthält das BMF-Schreiben v. 29. 4. 2008, BStBl I 2008 S. 566.

V. Lohnsteuer-Jahresausgleich durch den Arbeitgeber, Einkommensteuerveranlagung

Während des Kalenderjahres ist die Lohnsteuer von dem im Lohnzahlungszeitraum (→ Rz. C 108 ff.) gezahlten Arbeitslohn einzubehalten. Mit Ablauf des Kalenderjahres wird die Lohnsteuer jedoch zu einer Jahressteuer. Deshalb ist der Arbeitgeber gesetzlich verpflichtet, das Lohnsteuerabzugs-Verfahren nach Ablauf des Kalenderjahres mit dem betrieblichen **Lohnsteuer-Jahresausgleich** abzuschließen. Dazu ist die im Kalenderjahr einbehaltene Lohnsteuer mit der auf den Jahresarbeitslohn entfallenden Jahreslohnsteuer zu vergleichen. Ergibt sich eine Differenz, hat der Arbeitgeber den Steuerbetrag grundsätzlich zu korrigieren (→ Rz. C 245). Gleiches gilt für den Solidaritätszuschlag (→ Rz. D 1 ff.) und die Kirchensteuer (→ Rz. E 1 ff.). Abweichende Steuerbeträge können sich z. B. ergeben auf Grund schwankender monatlicher Arbeitslöhne. 235

1. Lohnsteuer-Jahresausgleich

Der Arbeitgeber ist gesetzlich **verpflichtet,** den betrieblichen Lohnsteuer-Jahresausgleich durchzuführen, wenn er am 31. 12. des Kalenderjahres mindestens zehn Arbeitnehmer beschäftigt. Für diese Grenze sind auch solche Arbeitnehmer zu berücksichtigen, von deren Arbeitslohn keine Lohnsteuer einzubehalten war oder für die kein Lohnsteuer-Jahresausgleich in Betracht kommt. Sind am Jahresende weniger als zehn Arbeitnehmer beschäftigt, kann der Arbeitgeber (freiwillig) dennoch für die Arbeitnehmer einen Lohnsteuer-Jahresausgleich durchführen. Dies ist die alleinige Entscheidung des Arbeitgebers. 236

Der Jahresausgleich ist für die **unbeschränkt** einkommensteuerpflichtigen Arbeitnehmer durchzuführen, die während des Ausgleichsjahres ständig in einem Dienstverhältnis gestanden haben und am 31. Dezember beim Arbeitgeber beschäftigt sind oder zu diesem Zeitpunkt von ihm Arbeitslohn für ein früheres Dienstverhältnis beziehen, falls deren Lohnsteuerkarte (noch) vorliegt. Für die Frage, ob das Dienstverhältnis das gesamte Kalenderjahr bestanden hat, sind 237 auch Zeiträume einzubeziehen, für die der Arbeitnehmer Arbeitslohn in einem früheren Dienstverhältnis erhalten hat. In diesen Fällen müssen sämtliche Lohnsteuerbescheinigungen für die vorangegangenen Dienstverhältnisse vorliegen (einschließlich der Papierausdrucke für die elektronisch übermittelten Lohnsteuerbescheinigungen). Ruht das Arbeitsverhältnis wegen der Einberufung zum Grundwehr- oder Zivildienst, kann ein Jahresausgleich durchgeführt werden, wenn die weiteren Voraussetzungen vorliegen.

238 Kein Lohnsteuer-Jahresausgleich ist durchzuführen:

- für Arbeitnehmer, die beantragt haben, den Jahresausgleich nicht vorzunehmen;
- für Arbeitnehmer, die im Ausgleichsjahr oder für einen Teil dieses Jahres nach der Steuerklasse V oder VI, oder nur für einen Teil des Ausgleichsjahres nach der Steuerklasse II, III oder IV zu besteuern waren;
- für Arbeitnehmer, die im Ausgleichsjahr Kurzarbeitergeld, steuerfreie Aufstockungsbeträge oder Zuschläge für Altersteilzeitarbeit nach dem Altersteilzeitgesetz oder dem Bundesbesoldungsgesetz, Zuschüsse zum Mutterschaftsgeld nach dem Mutterschutzgesetz oder Zuschüsse nach der Mutterschutzverordnung (§ 4a) oder einer entsprechenden Landesregelung oder Entschädigungen für Verdienstausfall nach dem Infektionsschutzgesetz bezogen haben;
- für Arbeitnehmer, die Arbeitslohn bezogen haben, der im Ausgleichsjahr nach der Allgemeinen Lohnsteuer-Tabelle und nach der Besonderen Lohnsteuer-Tabelle zu besteuern war;
- für Arbeitnehmer, die im Ausgleichsjahr ausländische Einkünfte aus nichtselbständiger Arbeit bezogen haben, die nach einem Abkommen zur Vermeidung der Doppelbesteuerung oder unter Progressionsvorbehalt nach § 34c Abs. 5 EStG von der Lohnsteuer freigestellt waren;
- für Arbeitnehmer, deren Lohnsteuerkarte nicht vorliegt (z. B. wegen vorzeitiger Rückgabe);
- für Arbeitnehmer, bei deren Lohnsteuerberechnung ein Freibetrag oder ein Hinzurechnungsbetrag berücksichtigt worden ist;
- für Arbeitnehmer, in deren Lohnkonto oder Lohnsteuerbescheinigung mindestens ein Großbuchstabe U eingetragen ist.

239 Der Arbeitgeber nimmt den Jahresausgleich am besten im Zusammenhang mit einer Lohnabrechnung vor. Frühestens ist dies die Abrechnung für den letzten im Ausgleichsjahr endenden Lohnzahlungszeitraum (Dezember). Die späteste Möglichkeit für die Durchführung des Jahresausgleichs ist die Lohnabrechnung für den Lohnzahlungszeitraum, der im Monat März des folgenden Jahres endet. Der Arbeitgeber darf vor Durchführung des Jahresausgleichs die **Lohnsteuerkarte** nicht endgültig zurückgeben, vernichten oder die Lohnsteuerbescheinigung erstellen (→ Rz. C 88 ff.).

240 Sind im Ausgleichsjahr die steuerlichen Vorschriften (z. B. das Einkommensteuergesetz) mit Rückwirkung geändert worden, so ist der Arbeitgeber ab 2009 gesetzlich verpflichtet, die neuen bzw. geänderten Regelungen auch für zurückliegende Lohnzahlungen, also für den gesamten Ausgleichszeitraum anwenden.

Folgende Schritte sind für den Jahresausgleich vorzunehmen: Ermittlung des Jahresarbeitslohns sowie der Jahreslohnsteuer; Korrektur der Lohnsteuerabzüge und Abschlussbuchungen im Lohnkonto.

Zunächst ist der Jahresarbeitslohn des Arbeitnehmers festzustellen. War der Arbeitnehmer während des Ausgleichsjahres noch bei anderen Arbeitgebern tätig, ist der dort erhaltene Arbeitslohn einzubeziehen. Dazu ist das Lohnkonto anhand der vorgelegten Lohnsteuerbescheinigungen entsprechend zu ergänzen. Kopien dieser Lohnsteuerbescheinigungen sollten in den Lohnunterlagen aufbewahrt werden. **241**

Als Jahresarbeitslohn sind grundsätzlich sämtliche Einnahmen zu berücksichtigen, die der Arbeitnehmer im Ausgleichsjahr erhalten hat. **242**

Nicht hinzuzurechnen sind steuerfreie Einnahmen, Bezüge für mehrjährige Tätigkeit und ermäßigt besteuerte Entschädigungen für entgangenen oder entgehenden Arbeitslohn (die außerordentlichen Einkünfte), es sei denn, der Arbeitnehmer beantragt die Einbeziehung dieser Arbeitslohnteile in den Jahresausgleich, sowie pauschal besteuerte Lohnteile (Bezüge). **243**

Von dem so ermittelten Jahresarbeitslohn sind der in Betracht kommende Versorgungsfreibetrag, der Zuschlag zum Versorgungsfreibetrag und der Altersentlastungsbetrag abzuziehen.

Hat der Arbeitgeber nach den zuvor beschriebenen Schritten den Jahresarbeitslohn des Arbeitnehmers für das Ausgleichsjahr berechnet, ist dafür die Jahreslohnsteuer aus der vom Verlag herausgegebenen Tabelle „Lohnsteuer-Jahresausgleich" abzulesen. Sollten auf der Lohnsteuerkarte verschiedene Steuerklassen eingetragen sein, ist die zuletzt eingetragene Steuerklasse maßgebend. **244**

Daran anschließend folgt der Vergleich mit der (auch von Vorarbeitgebern) einbehaltenen Lohnsteuer. Zu vergleichen sind die im Kalenderjahr insgesamt einbehaltenen (Lohnsteuer-)Beträge und die zum Jahresarbeitslohn ausgewiesenen Beträge. Wurden zu viel Steuern einbehalten, ist dem Arbeitnehmer der entsprechende Betrag zu erstatten. Für die Erstattung kann der Arbeitgeber die im Lohnzahlungszeitraum vom Arbeitslohn einbehaltenen Lohnsteuerbeträge verwenden. In diesen Fällen ist in der Lohnsteuer-Anmeldung nur der Differenzbetrag als abzuführende Lohnsteuer zu erklären. Sollte die zu erstattende Lohnsteuer größer sein als die einbehaltene Lohnsteuer und die abzuführende pauschale Lohnsteuer, ist der Erstattungsbetrag in der (elektronischen) Lohnsteuer-Anmeldung als Minus-Betrag zu kennzeichnen. In diesen Fällen ist die Lohnsteuer-Anmeldung ein Erstattungsantrag. **245**

2. Abschlussbuchungen

Im Lohnkonto ist die im Lohnsteuer-Jahresausgleich erstattete Lohnsteuer gesondert einzutragen. Zudem sind die Berechnungsschritte bzw. die Berechnung des Jahresarbeitslohns darzustellen. Auf der Lohnsteuerkarte bzw. in der Lohnsteuerbescheinigung ist der sich nach Verrechnung der einbehaltenen mit der erstatteten Lohnsteuer ergebende Betrag als erhobene Lohnsteuer anzugeben. **246**

3. Permanenter Lohnsteuer-Jahresausgleich

Unter den Voraussetzungen für die Durchführung des betrieblichen Lohnsteuer-Jahresausgleichs kann der Arbeitgeber bereits die Lohnsteuer für die einzelnen Lohnzahlungszeiträume nach dem voraussichtlichen Jahresarbeitslohn ermitteln. Durch diese Berechnungsart wird zu viel oder zu wenig gezahlte Lohnsteuer schon im jeweiligen Lohnzah- **247** lungszeitraum ausgeglichen, also nicht wie beim betrieblichen Lohnsteuer-Jahresausgleich erst zum Jahresende. Der permanente Lohnsteuer-Jahresausgleich umfasst nur die **laufenden** und nicht die sonstigen Bezüge. Anders als der betriebliche kann der permanente Lohnsteuer-Jahresausgleich unabhängig von der Steuerklasse des Arbeitnehmers durchgeführt werden. Voraussetzung für diese Lohnsteuerermittlungsmethode ist ein formloser Antrag des Arbeitgebers bei dem zuständigen Betriebsstättenfinanzamt, dem regelmäßig zugestimmt wird. Beachtet der Arbeitgeber jedoch die vorgenannten Voraussetzungen, so gilt die Genehmigung des Betriebsstättenfinanzamts grundsätzlich als erteilt, falls sie nicht im Einzelfall widerrufen wird (z. B. nach einer Lohnsteuer-Außenprüfung).

Ausführliche Erläuterungen zur Durchführung des jährlichen Lohnsteuer-Jahresausgleichs enthält die vom Verlag jeweils im September des jeweiligen Jahres herausgegebene Tabelle „Lohnsteuerjahresausgleich 200x“, ISBN: 33 73 0x.

4. Einkommensteuerveranlagung durch das Finanzamt

Unabhängig davon, ob der Arbeitgeber einen betrieblichen **248**
Lohnsteuer-Jahresausgleich durchgeführt hat, kann der Arbeitnehmer zur Erstattung zu viel gezahlter Lohnsteuer stets eine Veranlagung zur Einkommensteuer beantragen (→ Rz. B 24 ff.). In vielen Fällen wird jedoch bereits eine gesetzliche Verpflichtung zur Abgabe der Einkommensteuererklärung bestehen. Im Rahmen dieser Veranlagung können einkommensmindernde Aufwendungen wie Werbungskosten, Sonderausgaben und außergewöhnliche Belastungen geltend gemacht werden. Weil solche Aufwendungen die Bemessungsgrundlage für die festzusetzende Einkommensteuer mindern, können sie zu einer Einkommensteuerrückzahlung führen. In diesem Fall erstattet das Finanzamt die – gemessen am zu versteuernden Einkommen und der danach festgesetzten Einkommensteuer – zu viel einbehaltenen Lohnsteuerbeträge (einschließlich Solidaritätszuschlag und Kirchensteuer).

D. Solidaritätszuschlag

I. Rechtsgrundlagen

1 Die Erhebung des Solidaritätszuschlags ist im Solidaritätszuschlaggesetz 1995 v. 23. 6. 1993 (BGBl. I 1993 S. 944, 975; BStBl I 1993 S. 510, 523) geregelt. Für den Veranlagungszeitraum 2009 ist das Solidaritätszuschlaggesetz 1995 in der Fassung der Bekanntmachung v. 15. 10. 2002 (BGBl. I 2002 S. 4130, BStBl I 2002 S. 1154) und mit den Änderungen maßgebend, die es zuletzt durch das Familienleistungsgesetz v. 22. 12. 2008 (BGBl I 2008 S. 2955, BStBl I 2009 S. 136) erfahren hat.

2 Der Solidaritätszuschlag wird als Zuschlag zur Einkommensteuer (und Körperschaftsteuer) erhoben; er ist eine Ergänzungsabgabe i. S. d. Art. 106 Abs. 1 Nr. 6 GG, deren Aufkommen in vollem Umfang dem Bund zufließen. Der Solidaritätszuschlag ist eine selbständige Steuer, die aus technischen Gründen an die Einkommensteuer (und Körperschaftsteuer) anknüpft. Dementsprechend werden dem Solidaritätszuschlag alle Einkommensteuerpflichtigen nach Maßgabe ihrer einkommensteuerlichen Leistungsfähigkeit unterworfen.

II. Höhe des Solidaritätszuschlags

3 Der Solidaritätszuschlag beträgt grundsätzlich **5,5 %** der im Veranlagungsverfahren festgesetzten Einkommensteuer. Für Steuerpflichtige mit Kindern ist jedoch die Einkommensteuer maßgebend, die unter Berücksichtigung der **Kinderfreibeträge** und der **Freibeträge für den Kinderbetreuungs- und Erziehungs- oder Ausbildungsbedarf** festzusetzen wäre. Danach sind diese Freibeträge auch in den Fällen zu berücksichtigen, in denen sie bei der Festsetzung der Einkommensteuer nur deshalb nicht angesetzt werden, weil das Kindergeld für den Steuerpflichtigen günstiger ist.

4 Aus sozialen Gründen wird der Solidaritätszuschlag bis zu rund 50 € oder im Splitting-Verfahren bis zu rund 100 € nicht erhoben (sog. **Nullzone**). Deshalb ist der Solidaritätszuschlag von einkommensteuerpflichtigen Personen nur zu erheben, wenn die maßgebende Einkommensteuer **972 €** oder bei Anwendung des Splitting-Verfahrens **1 944 €** übersteigt. Zur Vermeidung eines Fallbeileffekts wird bei höheren Einkommensteuerbeträgen der Solidaritätszuschlag nur insoweit erhoben, als er 20 % des Unterschiedsbetrags zwischen der Bemessungsgrundlage und den maßgebenden Freigrenzen nicht übersteigt.

III. Solidaritätszuschlag und Lohnsteuer

1. Allgemeines

5 Beim Lohnsteuerabzug bemisst sich der Solidaritätszuschlag nach der Lohnsteuer. Er ist von der Lohnsteuer für den laufenden Arbeitslohn und für sonstige Bezüge sowie von der pauschalen Lohnsteuer jeweils gesondert zu berechnen. Der einbehaltene und der ggf. vom Arbeitgeber übernommene Solidaritätszuschlag ist beim Betriebsstättenfinanzamt anzumelden und an dieses abzuführen (zur Besonderheit bei einer geringfügigen Beschäftigung → Rz. D 9).

2. Berücksichtigung von Kindern

Sind auf der Lohnsteuerkarte Kinderfreibeträge bescheinigt, berechnet sich der Solidaritätszuschlag nicht nach der tatsächlichen Lohnsteuer. Bemessungsgrundlage ist vielmehr eine fiktive Lohnsteuer, die sich ergibt, wenn die entsprechenden Freibeträge für Kinder abgezogen werden. Für die Ermittlung der Bemessungsgrundlage für den Solidaritätszuschlag werden dabei aus Vereinfachungsgründen sowohl beim Lohnsteuer-Jahresausgleich des Arbeitgebers als auch im Veranlagungsverfahren immer die ungekürzten Freibeträge für Kinder angesetzt, selbst wenn das Kind nur für einen kürzeren Zeitraum des Jahres berücksichtigt werden kann (z. B. bei Beendigung der Berufsausbildung im Laufe des Jahres). 6

3. Milderung des Solidaritätszuschlags

Zur Lohnsteuer des laufenden Arbeitslohns wird ein Solidaritätszuschlag nur erhoben, wenn die Bemessungsgrundlage in Steuerklasse III monatlich **162 €**, wöchentlich **37,80 €** oder täglich **5,40 €** und in den anderen Steuerklassen monatlich **81 €**, wöchentlich **18,90 €** oder täglich **2,70 €** überschreitet. Im Anschluss an diese Nullzone wird in einem Übergangsbereich auf die Erhebung des vollen Satzes von 5,5 % stufenweise übergeleitet (→ Rz. D 4). 7

4. Lohnsteuer-Pauschalierung/Sonstige Bezüge

Von der Lohnsteuer, die pauschal erhoben wird (→ Rz. C 162 ff.), ist der Solidaritätszuschlag gesondert zu berechnen. Er beträgt in diesen Fällen stets 5,5 %, auch wenn der Arbeitslohn im Bereich der Nullzone oder des Übergangsbereichs (→ Rz. D 4) liegt. Freibeträge für Kinder dürfen nicht berücksichtigt werden. Auch von der Lohnsteuer für sonstige Bezüge, die unter Berücksichtigung der entsprechenden Jahreslohnsteuer (bei manueller Ermittlung der Lohnsteuer mit Hilfe der Lohnsteuer-Tabelle „Sonstige Bezüge") ermittelt wird, ist der Solidaritätszuschlag stets mit 5,5 % zu erheben. 8

Wenn der Arbeitgeber unter Verzicht auf die Vorlage einer Lohnsteuerkarte die Lohnsteuer bei pauschal besteuertem Arbeitsentgelt aus einer **geringfügigen Beschäftigung** mit dem **einheitlichen Pauschalsteuersatz** in Höhe von 2 % erhebt (→ Rz. C 169 ff.), ist kein zusätzlicher Solidaritätszuschlag zu erheben, weil in dem einheitlichen Pauschsteuersatz der Solidaritätszuschlag bereits mit einem Anteil von 5 % enthalten ist. Die einheitliche Pauschsteuer (inkl. Solidaritätszuschlag) wird beim Arbeitgeber zusammen mit den Sozialversicherungsbeiträgen von der Deutschen Rentenversicherung Knappschaft-Bahn-See eingezogen. 9

5. Abweichende Lohnzahlungszeiträume

Für andere als monatliche oder tägliche Lohnzahlungszeiträume ist die Lohnsteuer bei manueller Berechnung unter Anwendung der Lohnsteuer-Tabelle „Tag" zu berechnen. Für den Tageslohnsteuerbetrag ist der Solidaritätszuschlag abzulesen und sodann mit der Zahl der in den abweichenden Lohnzahlungszeitraum fallenden Kalendertage zu vervielfältigen. 10

6. Nettolohnvereinbarung

Übernimmt der Arbeitgeber bei der Nettolohnvereinbarung (→ Rz. C 154 ff.) neben der Lohnsteuer auch den Solidari- 11 tätszuschlag, ist die Lohnsteuer aus dem Bruttoarbeitslohn zu berechnen, der nach Abzug der Lohnsteuerabzüge einschließlich des Solidaritätszuschlags den ausgezahlten Nettobetrag ergibt. Bezieht sich eine Nettolohnvereinbarung auf die vor dem 1. 1. 1995 geltenden Lohnabzüge und wird der Solidaritätszuschlag vom Arbeitgeber nicht nachträglich übernommen, so bleibt dieser bei der Berechnung des Bruttoarbeitslohns außer Betracht. Der zur Lohnsteuer zu entrichtende Solidaritätszuschlag muss in diesem Fall den Nettolohn entsprechend mindern.

7. Änderung des Lohnsteuerabzugs

12 Macht der Arbeitgeber von seiner Berechtigung zur Änderung des Lohnsteuerabzugs **Gebrauch** oder ist er dazu **verpflichtet** (→ Rz. C 82 ff.), ist auch der **Solidaritätszuschlag neu zu ermitteln**. Unterschiedsbeträge zum bisher erhobenen Solidaritätszuschlag sind zu erstatten oder nachzuerheben.

Macht der Arbeitgeber von seiner Berechtigung zur Änderung des Lohnsteuerabzugs **keinen Gebrauch**, ist er verpflichtet, seinem Betriebsstättenfinanzamt eine **Anzeige** zu erstatten. Das Finanzamt **fordert** dann einen zu wenig erhobenen **Solidaritätszuschlag** vom Arbeitnehmer **nach**, wenn der nachzufordernde Betrag 10 € übersteigt.

8. Nachzahlungen und Vorauszahlungen von Arbeitslohn

13 Nachzahlungen oder Vorauszahlungen von Arbeitslohn gehören **zum laufenden Arbeitslohn**, wenn sich der Gesamtbetrag der Nachzahlung oder Vorauszahlung ausschließlich auf Lohnzahlungszeiträume bezieht, die in dem Kalenderjahr der Zahlung enden. In diesen Fällen ist die Nachzahlung oder Vorauszahlung für die Berechnung der Lohnsteuer auf die Lohnzahlungszeiträume zu verteilen, für die sie geleistet werden. Die Lohnsteuer und der Solidaritätszuschlag für diese Lohnzahlungszeiträume sind neu zu berechnen.

Gehören Nachzahlungen oder Vorauszahlungen von Arbeitslohn **zu den sonstigen Bezügen**, weil sie ganz oder teilweise ein anderes Kalenderjahr betreffen, gehört die zu erhebende Lohnsteuer **zur Bemessungsgrundlage für den mit 5,5 % zu erhebenden Solidaritätszuschlag**. Dasselbe gilt, wenn Nachzahlungen oder Vorauszahlungen von Arbeitslohn zur Ermittlung der Lohnsteuer ohne Widerspruch des Arbeitnehmers als sonstige Bezüge behandelt werden, obwohl es sich dem Grunde nach um laufenden Arbeitslohn handelt.

9. Lohnsteuer-Jahresausgleich durch den Arbeitgeber

14 Wenn der Arbeitgeber für den Arbeitnehmer einen Lohnsteuer-Jahresausgleich durchführt (→ Rz. C 235 ff.), ist **auch für den Solidaritätszuschlag** ein Jahresausgleich vorzunehmen. **Bemessungsgrundlage** für den Solidaritätszuschlag ist die im Jahresausgleich festgestellte Jahreslohnsteuer. Dabei gelten sowohl eine **Nullzone** (→ Rz. D 4) **als auch** eine **Überleitungsregelung**, nach der der Solidaritätszuschlag stufenweise auf 5,5 % der Jahreslohnsteuer angehoben wird (→ Rz. D 7). Ist die festgestellte Jahreslohnsteuer in der Steuerklasse III nicht höher als 1 944 € und in den übrigen Steuerklassen nicht höher als 972 €, beträgt der Solidaritätszuschlag 0 €. Übersteigt die Summe der einbehaltenen Solidaritätszuschläge den im Jahresausgleich errechneten Solidaritätszuschlag, ist der **Unterschiedsbetrag** dem Arbeitnehmer vom Arbeitgeber **zu erstatten**. Ist dagegen der im Jahresausgleich errechnete Solidaritätszuschlag höher als die Summe der einbehaltenen Solidaritätszuschlagsbeträge, ist der Unterschiedsbetrag vom Arbeitgeber **nicht nachträglich einzubehalten**. Die nachträgliche Einbehaltung des Unterschiedsbetrags durch den Arbeitgeber kommt nur in den Fällen einer Änderung des Lohnsteuerabzugs in Betracht.

10. Permanenter Lohnsteuer-Jahresausgleich

Das Betriebsstättenfinanzamt kann allgemein oder auf Antrag des Arbeitgebers zulassen, dass die Lohnsteuer nach 15
dem **voraussichtlichen Jahresarbeitslohn** des Arbeitnehmers ermittelt wird (permanenter Lohnsteuer-Jahresausgleich, → Rz. C 247). Die nach diesem Verfahren für den laufenden Arbeitslohn eines Lohnzahlungszeitraums ermittelte Lohnsteuer ist **auch Bemessungsgrundlage für den Solidaritätszuschlag**, wobei ebenfalls die Nullzone und die Überleitungsregelung gelten (→ Rz. D 7).

11. Aufzeichnung und Bescheinigung des Solidaritätszuschlags

Der Solidaritätszuschlag ist im **Lohnkonto** gesondert ein- 16
zutragen und in der elektronischen **Lohnsteuerbescheinigung** gesondert neben der Lohnsteuer und ggf. der Kirchensteuer zu bescheinigen. Für die Bescheinigung des Solidaritätszuschlags auf der Lohnsteuerkarte enthält Abschnitt V der Lohnsteuerkarte entsprechende Eintragungsfelder.

Wird die Lohnsteuerbescheinigung nicht elektronisch übermittelt und liegt dem Arbeitgeber eine Lohnsteuerkarte des Arbeitnehmers nicht vor, muss die Lohnsteuerbescheinigung auf einem amtlich vorgeschriebenen Vordruck erteilt werden (**Besondere Lohnsteuerbescheinigung**). Auch in diese Lohnsteuerbescheinigung ist der Solidaritätszuschlag einzutragen.

E. Kirchensteuer

I. Einführung

1 Kirchensteuer sind die Geldleistungen, die von den als Körperschaft des öffentlichen Rechts anerkannten Religionsgemeinschaften auf Grund der bürgerlichen Steuerlisten zur Finanzierung kirchlicher Aufgaben nach Maßgabe landesrechtlicher Bestimmungen von ihren Mitgliedern erhoben werden können. Sie sind echte Steuern i. S. d. AO (§ 3 AO). Die wichtigste Form ist die als Zuschlag zur Lohn- und Einkommensteuer.

II. Schuldner und Gläubiger der Kirchensteuer

1. Schuldner der Kirchensteuer

2 Schuldner der Kirchensteuer ist das Kirchenmitglied mit Wohnsitz bzw. gewöhnlichem Aufenthalt (§§ 8 f. AO) im Gebiet einer steuererhebenden Kirche.

Kirchensteuerpflichtig sind in der Bundesrepublik Deutschland nur natürliche, unbeschränkt steuerpflichtige, einer Kirche angehörende Personen. Ausländer sind kirchensteuerpflichtig, wenn sie in der Bundesrepublik ihren Wohnsitz (§§ 8 f. AO) haben und sie einer steuererhebenden Kirche angehören, gleichgültig, ob in ihrem Heimatland Kirchensteuer erhoben wird oder nicht. Deutsche Auslandsbeamte sind – trotz unbeschränkter Steuerpflicht – nicht kirchensteuerpflichtig, sofern sie ihren einzigen Wohnsitz im Ausland haben.

2. Gläubiger der Kirchensteuer

3 Gläubiger der Kirchensteuer ist diejenige Kirche, in deren Gebiet das Kirchenmitglied seinen Wohnsitz (§§ 8 f. AO) hat (→ Rz. E 22, 24).

III. Höhe der Kirchensteuer

1. Kirchensteuerhebesatz

4 Die Kirchensteuer wird als Zuschlag zur Einkommen-, Lohn- und Kapitalertragsteuer mit folgendem **Hebesatz** erhoben:

- in Baden-Württemberg und Bayern 8 %;
- in den übrigen Bundesländern 9 %.

2. Korrekturen der Bemessungsgrundlage für die Berechnung der Kirchensteuer

5 Die Kirchensteuer wird bei zwei Fallgestaltungen abweichend berechnet. Sind Kinder vorhanden und/oder hat der Steuerpflichtige Einkünfte i. S. v. § 3 Nr. 40 EStG (Halb- bzw. Teileinkünfte) bzw. solche aus Gewerbebetrieb (§ 35 EStG), wird die Bemessungsgrundlage korrigiert (§ 51a EStG).

a) Berücksichtigung von Kindern

6 Abweichend vom staatlichen Recht (vgl. § 31 EStG) werden für Zwecke der Berechnung der Kirchensteuer immer die Freibeträge nach § 32 Abs. 6 EStG mindernd berücksichtigt, selbst dann, wenn nach staatlichem Recht nur Kindergeld gezahlt wird (§ 51a Abs. 2 EStG). Die Freibeträge (pro 0,5 Kind: Kinderfreibetrag: 1 932 €, Betreuungs-, Erziehungs-, Ausbildungsfreibetrag: 1 080 €) sind in die Tabellen eingearbeitet.

Beispiel: Berechnung Kirchensteuer bei zwei Kindern	€
Zu versteuerndes Einkommen	35 000
Kinderfreibetrag nach § 32 Abs. 6 Satz 1 1. Hs. EStG (2 × 3 864)	./. 7 728
Freibetrag nach § 32 Abs. 6 Satz 1 2. Hs. EStG (2 × 2 160)	./. 4 320
Zu versteuerndes Einkommen (fiktiv)	22 952
Einkommensteuer (Splittingtabelle; fiktiv)	1 268
Kirchensteuer 9 %	114,12

b) Halb- bzw. Teileinkünfteverfahren und Anrechnung des Gewerbesteuermessbetrags

Im Rahmen der Veranlagung zur Einkommensteuer wird die Bemessungsgrundlage für die Berechnung der Kirchensteuer um die steuerfreien Halb- bzw. Teileinkünfte korrigiert (Hinzu- bzw. Abrechnung). Der Gewerbesteuermessbetrag wird nicht angerechnet. 7

§ 51a EStG wird auch bei der Berechnung der Mindestbetrags-Kirchensteuer (→ Rz. E 9), bei der Kappung (→ Rz. E 8), bei der Kirchensteuer in glaubensverschiedener (→ Rz. E 17) und bei der Bemessungsgrundlage für das Kirchgeld in glaubensverschiedener Ehe (→ Rz. E 17) berücksichtigt.

3. Begrenzung der Kirchensteuer (sog. Kappung)

Die Kirchensteuer beträgt 8 % oder 9 % der Einkommensteuer, jedoch nicht mehr als einen gewissen Prozentsatz (2,75 % bis 4 %) des – auf den vollen Euro-Betrag abgerundeten – zu versteuernden Einkommens. Die Kirchensteuer wird in diesen Fällen nicht auf Grund der Bemessungsgrundlage „Steuerschuld", sondern vom „zu versteuernden Einkommen" berechnet. 8

Bundesland	**KiSt-Satz** in % der Steuer	**Kappung** in % des zu versteuernden Einkommens	**Berücksichtigung**
Baden-Württemberg[1])	8	2,75 bzw. 3,5	auf Antrag
Bayern	8	–	keine Kappung
Berlin	9	3	VAw (von Amts wegen)
Brandenburg	9	3	VAw
Bremen	9	3,5	VAw
Hamburg	9	3	VAw
Hessen[2])	9	3,5 bzw. 4	auf Antrag
Mecklenburg-Vorpommern[3])	9	3	VAw
Niedersachsen	9	3,5	VAw
Nordrhein-Westfalen[2])	9	3,5 bzw. 4	auf Antrag
Rheinland-Pfalz[2])	9	3,5 bzw. 4	auf Antrag
Saarland[2])	9	3,5 bzw. 4	auf Antrag
Sachsen	9	3,5	VAw
Sachsen-Anhalt	9	3,5	VAw
Schleswig-Holstein	9	3	VAw
Thüringen	9	3,5	VAw

1) Ev. Kirche Württemberg 2,75 %; Ev. Kirche Baden und kath. Diözesen 3,5 %.
2) Nur ev. Kirchen in diesen Bundesländern; kath. Diözesen 4 %.
3) Von Amts wegen nur kath. Kirche; Pommersche ev. Kirche 3,5 % auf Antrag; Ev.-Luth. Landeskirche Mecklenburg in Mecklenburg-Vorpommern und Brandenburg keine Kappung.

Beispiel:	2009
zu versteuerndes Einkommen	150 000 €
Einkommensteuer (Grundtabelle)	54 936 €
Kirchensteuer 9 %	4 944 €
Kirchensteuer bei Kappung 3 % des zvE	4 500 €
Kappungsvorteil	444 €

Beginn der Kappung bei einem zu versteuernden Einkommen von:

KiSt-Satz in %	Kappungssatz in % des zvE	Grundtabelle €	Splittingtabelle €
8	2,75	105 762	211 524
8	3,5	1 246 111	492 222
9	3	93 051	186 102
9	3,5	254 886	509 772

Je anzurechnendes Kind erhöht sich die Grenze um 3 012 € (0,5 Kind) bzw. 6 024 € (1,0 Kind).

Die Erlassanträge sind zu stellen an: Ev. Kirche von Westfalen bei den Kreiskirchenämtern, Ev. Kirche im Rheinland bei der Gemeinsamen Kirchensteuerstelle beim Landeskirchenamt, übrige Landeskirchen beim Landeskirchenamt; Kath. Kirche bei den Diözesen bzw. Generalvikariaten.

Die Kappungsmöglichkeit ist zwar auch bei einem auf das zu versteuernde Einkommen umgerechneten Monatslohn/-gehalt möglich. Da jedoch eine monatsweise Berücksichtigung der Kappung eine Nacherhebung auf die Jahreskirchensteuer nicht ausschließt, sollte sie beim monatlichen Kirchensteuerabzug unbeachtet bleiben.

4. Mindestbetrags-Kirchensteuer

9 **Mindestbetrags-Kirchensteuer** wird erhoben, wenn unter Beachtung von § 51a EStG auch Einkommensteuer festzusetzen oder Lohnsteuer einzubehalten ist (bzw. wäre), 8 % bzw. 9 % hiervon aber einen niedrigeren Betrag ergeben würde als den jeweils geltenden Mindestbetrag. Auf Kapitalertragsteuer wird die Mindestbetrags-Kirchensteuer nicht erhoben.

Die Mindestbetrags-Kirchensteuer wird von den Kirchen in folgenden Bundesländern erhoben:

- Hamburg;
- Hessen;
- Mecklenburg-Vorpommern;[1])
- Sachsen;[2])
- Sachsen-Anhalt;[2])
- Schleswig-Holstein;
- Thüringen.[2])

1) Nur Erzbistum Hamburg und Erzbistum Berlin im Land Mecklenburg-Vorpommern
2) Nur ev. Kirche

In den übrigen Ländern bemisst sich die Kirchensteuer nach dem normalen Hebesatz. Übersicht über die Mindestbeträge → Rz. E 26.

5. Kirchensteuer bei Lohnsteuerpauschalierung, einheitliche Pauschsteuer

10 Wird die Lohnsteuer pauschal erhoben (§§ 37b, 40, 40a Abs. 1, 2a und 3, 40b EStG, → Rz. E 11), gilt dies auch für die Kirchensteuer. Schuldner ist in jedem Fall der Arbeitgeber. Da persönliche Besteuerungsmerkmale des Arbeitnehmers durch die Typik des Verfahrens nicht berücksichtigt werden können, wird gegenüber dem allgemeinen Hebesatz ein niedriger Steuersatz angewandt.

Der Arbeitgeber hat bei der Kirchensteuer auf pauschale Lohnsteuer zwei Möglichkeiten (s. gleich lautende Ländererlasse v. 17. 11. 2006, BStBl I 2006 S. 716 und v. 28. 12. 2006, BStBl I 2007 S. 76; R 41.1 Abs. 4 LStR 2008):

Beim **vereinfachten Verfahren** wird seit 2007 die Kirchensteuer bei pauschaler Lohnsteuer in einer Summe gesondert in der Lohnsteueranmeldung erfasst (Zeile 24 des Vordrucks)[1]). 11

Bundesland	Pausch KiLSt in % vereinfachtes Verfahren
Baden-Württemberg	6,5
Bayern	7
Berlin	5
Brandenburg	5
Bremen (Bremerhaven)	7
Hamburg	4
Hessen	7
Mecklenburg-Vorpommern	5
Niedersachsen	6
Nordrhein-Westfalen	7
Rheinland-Pfalz	7
Saarland	7
Sachsen	5
Sachsen-Anhalt	5
Schleswig-Holstein	6
Thüringen	5

Beim **Nachweisverfahren** kann er von der Erhebung der Kirchensteuer für diejenigen Arbeitnehmer absehen, die nachgewiesenermaßen keiner steuererhebenden Religionsgemeinschaft angehören. Für die übrigen Arbeitnehmer ist die Kirchensteuer mit dem normalen Hebesatz (8 % oder 9 %) zu erheben, wobei § 51a EStG keine Anwendung findet.

Die Kirchensteuer wird getrennt nach Konfessionen (rk/ev) abgeführt.

Der Arbeitgeber kann bei den sog. Mini-Jobs die Besteuerung mittels einer **einheitlichen Pauschsteuer** durchführen. Durch das Zweite Gesetz für moderne Dienstleistungen (v. 23. 12. 2002, BGBl. I 2002 S. 4621) ist § 40a Abs. 2 EStG neu gefasst worden. Danach kann der Arbeitgeber bei den sog. Mini-Jobs (§§ 8 Abs. 1 Nr. 1, 8a SGB IV) unter Verzicht auf die Vorlage einer Lohnsteuerkarte die Lohnsteuer einschließlich Solidaritätszuschlag und Kirchensteuer (einheitliche Pauschsteuer) mit einem einheitlichen Pauschsteuersatz i. H. v. 2 % des Arbeitsentgelts erheben. Dies gilt auch, wenn der Arbeitnehmer keiner kirchensteuererhebenden Religionsgemeinschaft angehört. Für die Erhebung der einheitlichen Pauschsteuer nach § 40a Abs. 2 EStG ist die Bundesknappschaft zuständig (§ 40a Abs. 6 EStG). 12

Auf diese Form der vom Bundesgesetzgeber beschlossenen (zusammengefassten) Steuer sind die vorgenannten Ausführungen zur Erhebung der Kirchensteuer bei Pauschalierung der Lohnsteuer nicht anzuwenden. Es handelt sich um eine staatliche Steuer mit gesetzlicher Verwendungsbestimmung.

6. Kirchensteuer auf Kapitalertragsteuer (Abgeltungsteuer) ab 2009

Die Kirchensteuer auf Kapitalertragsteuer (ab 2009) beträgt für Kirchensteuerpflichtige mit Wohnsitz in Bayern oder Baden-Württemberg höchstens 8 % und in den übrigen Bundesländern 9 % von (maximal) 25 % Kapitalertragsteuer; der Steuerabzug hat abgeltende Wirkung. Die Wirkung des Sonderausgabenabzugs ist bei der Berechnung der Kirchensteuer gleich berücksichtigt. 13

1) Muster für die LSt-Anmeldung 2009, BStBl I 2008 S. 888.

Beispiel vereinfacht		ESt gem. § 32a Abs. 1	ab 2009
Kapitalerträge	100 000		
Einkommensteuer		33 936	
Kapitalertragsteuer 25 %[1])			24 450
Kirchensteuer 9 %		3 054	2 200

1) 24,45 % durch Sonderausgabenabzugswirkung

Sofern der persönliche Steuersatz unter 25 % liegt, erhält der Steuerpflichtige i. R. d. Veranlagung zuviel einbehaltene Kirchensteuer erstattet. Die bisher mögliche Steuerfreistellung von Kapitalerträgen (z. B. Sparer-Pauschbetrag, NV-Bescheinigung) bleibt erhalten.

Beispiel vereinfacht Günstigerprüfung		KapESt 25 %	ESt unter 25 %
Kapitalerträge	25 000		
Kapitalertragsteuer 25 %[1])		6 112	
Kirchensteuer 9 %		550	
Einkommensteuer			4 171
Kirchensteuer 9 %			375
Erstattung Kirchensteuer			175

1) 24,45 % durch Sonderausgabenabzugswirkung

Beispiel vereinfacht Sparerpauschbetrag		**KapErtSt 25 %**
Kapitalerträge	750	
Sparerpauschbetrag	./. 810	
verbleibt	0	
KapErtSt		0
Kirchensteuer		0

Für den Einbehalt der Kirchensteuer teilt das Kirchenmitglied der die Kapitalerträge auszahlenden Stelle, i. d. R. seiner Bank, seine Religionszugehörigkeit mit und die Bank behält die Kirchensteuer ein. Die Bank hält entsprechende Vordrucke bereit bzw. sendet sie dem Kunden zu. Maßgebend für den Einbehalt ist die Kenntnis der Bank von der Religionszugehörigkeit im Zeitpunkt des Zuflusses der Kapitalerträge. Die Regelungen der Mindestbetrags-Kirchensteuer und der Zwölftelung gelten hierfür nicht. Teilt das Kirchenmitglied gegenüber seiner Bank die Religionszugehörigkeit nicht mit, dann müssen die Kapitalerträge zur Festsetzung der Kirchensteuer im Rahmen seiner Einkommensteuerveranlagung erklärt werden.

Ehegatten erklären gemeinschaftlich ihre Religionszugehörigkeit gegenüber der auszahlenden Stelle.

Bei Personenmehrheiten (außer Ehegatten) wird die Kirchensteuer durch die auszahlende Stelle nur einbehalten, wenn alle Personen derselben Religionsgemeinschaft angehören; i. Ü. ist die Veranlagung durchzuführen.

Bei thesaurierenden Fonds ist mangels Geldzufluss beim Anleger – trotz Antragstellung i. Ü. – ein Kirchensteuereinbehalt durch das Kreditinstitut (derzeit) nicht möglich. In diesem Fall ist eine Veranlagung erforderlich.

Dieses duale Verfahren gilt für die Jahre 2009 und 2010. Ab dem Jahr 2011 wird den auszahlenden Stellen auf der technischen Basis des Elster-Lohn-Verfahrens (§ 39e EStG) das Religionsmerkmal unter Beachtung des Datenschutzes anonymisiert übermittelt. Die Veranlagungsoption bei einem persönlichen Steuersatz unter 25 % bleibt allerdings erhalten. Die rechtlichen Voraussetzungen werden noch geschaffen.

Ergänzende Informationen unter www.kirchenabgeltungssteuer.de

IV. Besteuerung der Ehegatten

Die Kirchensteuer knüpft an die persönliche Kirchenmitgliedschaft des Ehegatten an (Grundsatz der Individualbesteuerung). Bei verheirateten Arbeitnehmern ist daher zu unterscheiden: 14

In einer **konfessionsgleichen Ehe** gehören beide Ehegatten derselben steuererhebenden Kirche an. Bei Zusammenveranlagung zur Einkommensteuer errechnet sich die Kirchensteuer aus der gemeinsam ermittelten Bemessungsgrundlage. Bei getrennter Veranlagung oder bei der gesonderten Veranlagung im Jahr der Eheschließung wird die Kirchensteuer aus der Einkommensteuerschuld eines jeden Ehegatten errechnet. 15

Bei einer **konfessionsverschiedenen Ehe** gehören die Ehegatten verschiedenen im betreffenden Bundesland steuererhebenden Kirchen an (z. B. ev/rk). Bei gemeinsamer Veranlagung werden sie auch gemeinsam zur Kirchensteuer herangezogen. Die Kirchensteuer wird für jeden Ehegatten berechnet und hälftig auf die Religionsgemeinschaften aufgeteilt und an sie abgeführt. In Bayern wird von diesem Halbteilungsgrundsatz abgewichen, indem die volle Kirchensteuer des Steuerpflichtigen für die Religionsgemeinschaft einbehalten wird, der er angehört. Die Ehegatten sind Gesamtschuldner der Kirchensteuer. 16

Beispiel:

	1	2	3	4
	Ehegatte I	Ehegatte II		
Ehegatten	röm.-kath.	ev.-luth.	ev.-luth.	vd oder –
Lohnsteuerklasse	III	V	V	V
Monatslohn	4 000 €	2 000 €	kein Lohn	2 000 €
Lohnsteuer	544,16 €	552,00 €	–	552,00 €
Kirchensteuer 9 %	48,97 €	49,68 €	–	–
hälftiger Betrag	24,48 €	24,84 €		

	Arbeitgeber Ehegatte I		Arbeitgeber Ehegatte II	
	röm.-kath.	ev.-luth.	röm.-kath.	ev.-luth.
Fall 1/2	24,48 €	24,48 €	24,84 €	24,84 €
Fall 1/2 Niedersachsen	48,97 €			49,68 €
Fall 1/3	24,48 €	24,48 €		
Fall 1/4	48,97 €			

Gehört nur ein Ehegatte einer in dem betreffenden Bundesland steuererhebenden Kirche an, der andere Ehegatte dagegen nicht, liegt eine **glaubensverschiedene Ehe** vor. Die monatliche Kirchenlohnsteuer wird nach den allgemeinen Grundsätzen vom Kirchensteuerpflichtigen einbehalten. 17

Im Rahmen der Veranlagung wird zur Feststellung des Kirchensteueranteils (im Beispiel Nr. 1) des kirchenangehörenden Ehemannes die Einkommensteuer beider Ehegatten (im Beispiel Nr. 2) im Verhältnis der Einkommensteuerbeträge aufgeteilt, die sich nach der Grundtabelle auf die Einkünfte eines jeden Ehegatten ergeben würde (im Beispiel Nr. 3).

		Ehemann	Ehefrau	Gesamt
	Gesamtbetrag der Einkünfte[1])	35 000 €	11 000 €	46 000 €
3	ESt lt. Grundtabelle	7 340 €	537 €	
3	Anteil daran	93,2 %	6,8 %	
	./. div. Hinzu-/Abzugsbeträge[2])			6 024 €
	Einkommen/zu versteuerndes Einkommen			39 976 €
2	ESt lt. Splittingtabelle			5 512 €
	Bemessungsgrundlage für KiSt			5 512 €
1	Anteil Ehemann 93,2 % =	5 137 €		
1	KiSt Ehemann davon 9 % =	462,33 €		

1) Unter Berücksichtigung von Korrekturen wegen des Halb- bzw. Teileinkünfteverfahrens.
2) Im Beispiel Kinderfreibetrag nach § 32 Abs. 6 EStG für ein Kind.

Auch bei der Berechnung der Kirchensteuer in glaubensverschiedener Ehe werden die Freibeträge des § 32 Abs. 6 Satz 1 EStG berücksichtigt. Da die gemeinsame Einkommensteuer auf die Ehegatten nach deren Leistungsfähigkeit aufzuteilen ist, werden im Rahmen der Ermittlung der Anteile die dem Halb- bzw. Teileinkünfteverfahren unterworfenen Einkünfte bei den Ehegatten korrigiert. § 51a Abs. 2 Satz 2 EStG ist bei der Ermittlung der Einkünfte eines jeden Ehegatten entsprechend anzuwenden.

18 Das **Kirchgeld in glaubensverschiedener Ehe** (sog. besonderes Kirchgeld) wird von dem der Kirche angehörenden nicht verdienenden oder – im Vergleich zum Ehepartner – geringer verdienenden Ehegatten des Arbeitnehmers erhoben. Hat das in einer glaubensverschiedener Ehe lebende Kirchenmitglied keine eigenen oder nur sehr geringe steuerpflichtige Einkünfte (bei höheren Einkünften → Rz. E 16), so ist es nach Maßgabe seines „Lebensführungsaufwandes", ausgedrückt im gemeinsam zu versteuernden Einkommen – als Hilfsmaßstab zur Feststellung der wirtschaftlichen Leistungsfähigkeit der Eheleute – zu einem Kirchgeld in glaubensverschiedener Ehe zu veranlagen. § 51a Abs. 2 und 2a EStG ist bei der Ermittlung der Bemessungsgrundlage anzuwenden. Die Erhebung und Festsetzung erfolgt im Rahmen der Vorauszahlungen und Steuerveranlagung. Bereits entrichtete Kirchenlohnsteuer wird angerechnet.

Das besondere Kirchgeld wird von den evangelischen und röm.-katholischen Kirchen[1]) nach folgender Tabelle erhoben:

	Bemessungsgrundlage (gemeinsam zu versteuerndes Einkommen nach § 2 Abs. 5 EStG)	jährliches besonderes Kirchgeld
Stufe	€	€
1	30 000 – 37 499	96
2	37 500 – 49 999	156
3	50 000 – 62 499	276
4	62 500 – 74 999	396
5	75 000 – 87 499	540
6	87 500 – 99 999	696
7	100 000 – 124 999	840
8	125 000 – 149 999	1 200
9	150 000 – 174 999	1 560
10	175 000 – 199 999	1 860
11	200 000 – 249 999	2 220
12	250 000 – 299 999	2 940
13	300 000 und mehr	3 600

1) In Baden-Württemberg (nur ev), Bayern (nur ev), Berlin, Brandenburg, Bremen, Hamburg, Hessen (auch Freirel. Gemeinde Mainz u. Offenbach, jüd. Gemeinden Frankfurt, Bad Nauheim, Darmstadt, Fulda, Gießen, Kassel, Offenbach), Meckl.-Vorpommern, Niedersachsen, Nordrhein-Westfalen (nur ev), Rh.-Pfalz (ev und Bistum Limburg, Mainz, Speyer, Trier, Freireligiöse Gemeinde Mainz), Saarland (ev und Bistum Speyer), Sachsen, Sachsen-Anhalt, Schl.-Holstein und Thüringen. Gehört ein Ehegatte einer Religionsgemeinschaft an, die eine Kirchensteuer oder damit vergleichbare Umlage erhebt, aber die Verwaltung nicht den Finanzbehörden übertragen hat (z. B. Mennoniten), kann das besondere Kirchgeld (evtl.) erstattet werden bzw. es wird erst gar nicht erhoben. Die Regelungen über das Ob und Wie sind in den einzelnen Bundesländern allerdings unterschiedlich. Teilweise auch von der Altkatholischen Kirche und jüdischen Gemeinden.

V. Beginn und Ende der Kirchensteuerpflicht

19 Die Steuerpflicht **beginnt** bei **Zuzug** des Kirchenangehörigen mit dem Monat nach der Wohnsitznahme bzw. Begründung des gewöhnlichen Aufenthalts; beim **Kircheneintritt** mit Beginn des auf den Eintritt folgenden Monats; beim **Übertritt** aus einer anderen steuerberechtigten Religionsgemeinschaft mit Beginn des auf den Übertritt folgenden Monats, nicht jedoch vor dem Ende der bisherigen Kirchensteuerpflicht. Bei einem Wohnsitzwechsel innerhalb des Bundesgebietes in ein anderes Bundesland oder in das Erhebungsgebiet einer anderen Kirche innerhalb des Bundesgebiets bleibt die Kirchensteuerpflicht erhalten. Es kommt lediglich zu einem Wechsel der steuerberechtigten Kirche.

Die Steuerpflicht **endet** bei **Tod** des Kirchenmitgliedes mit Ablauf des Sterbemonats; durch **Wohnsitzwechsel** mit Ablauf des Kalendermonats, in dem der Wohnsitz im Gebiet der steuerberechtigten Religionsgemeinschaft aufgegeben wurde; durch **Kirchenaustritt** zu unterschiedlichen Zeitpunkten, die im Einzelnen in den kirchlichen Steuer- bzw. Kirchenaustrittgesetzen der Länder bestimmt sind. Für die Austrittserklärung sind in den verschiedenen Bundesländern unterschiedliche Stellen zuständig: 20

	Ende der KiSt-Pflicht	**Austritt zu erklären bei**
Baden-Württemberg	Kalendermonat	Standesamt
Bayern	Kalendermonat	Standesamt
Berlin	Folgemonat	Amtsgericht
Brandenburg	Folgemonat	Amtsgericht
Bremen	Folgemonat	Kirchenkanzlei
Hamburg	Folgemonat	Standesamt
Hessen	Folgemonat	Amtsgericht
Mecklenburg-Vorpommern	Folgemonat	Standesamt
Niedersachsen	Kalendermonat	Standesamt
Nordrhein-Westfalen	Kalendermonat	Amtsgericht
Rheinland-Pfalz	Kalendermonat	Standesamt
Saarland	Kalendermonat	Standesamt
Sachsen	Folgemonat	Standesamt
Sachsen-Anhalt	Kalendermonat	Amtsgericht
Schleswig-Holstein	Folgemonat	Amtsgericht
Thüringen	Folgemonat	Amtsgericht

Für den Arbeitgeber ist jeweils der Eintrag auf der Lohnsteuerkarte bzw. die Daten nach § 39e EStG maßgebend.

VI. Zwölftelung der Kirchensteuer

Im Rahmen der Veranlagung wird die Kirchensteuer bei unterjähriger Kirchenzugehörigkeit (→ Rz. E 19 f.) gezwölftelt. Bemessungsgrundlage für die Kirchensteuer ist dabei die auf die Dauer der Kirchenzugehörigkeit entfallende Jahreseinkommensteuer. Abweichend davon endet die Steuerpflicht beim Tod des Steuerpflichtigen am Todestag. 21

Beispiel:

Kirchensteuerpflicht besteht für sieben Monate. Bei einer Einkommensteuer in Höhe von 6 000 € beträgt die Kirchensteuer (6 000 × 7/12 × 9 % =) 315 €.

VII. Abzug der Kirchenlohnsteuer durch den Arbeitgeber

Die Kirchensteuer ist getrennt von der Lohnsteuer und getrennt nach Religionsgemeinschaften im Lohnkonto zu buchen. Sie wird zusammen mit der Lohnsteuer vom Arbeitgeber einbehalten und für jeden Lohnzahlungszeitraum an das Finanzamt der Betriebsstätte abgeführt. Die Abführung erfolgt getrennt nach Konfessionen. 22

Bei der Einbehaltung und Abführung der Kirchenlohnsteuer hat sich der Arbeitgeber nach dem auf der Lohnsteuerkarte vermerkten Religionszugehörigkeitsschlüssel (z. B. ev, rk) zu richten (§ 4 Abs. 1 Nr. 1 u. Abs. 2 Nr. 8 LStDV, R 39.1 Abs. 4, 7 LStR 2008, R 41.1 Abs. 4 LStR 2008; Muster für die LSt-Anmeldung 2009, BStBl I 2008 S. 888). Diese Merkmale werden von den einzelnen Bundesländern mit Gültigkeit für ihren Bereich exakt festgelegt. Bei verheirateten Arbeitnehmern wird bei der Ausstellung der Lohnsteuerkarte durch die ausstellende Gemeinde die Religionszugehörigkeit der Ehegatten nur noch bei konfessionsverschiedener Ehe eingetragen, in allen übrigen Fällen nur diejenige des Arbeitnehmers.

Religionszugehörigkeit		Eintrag im Feld
Arbeitnehmer	Ehegatte	Kirchensteuerabzug
ev	rk	ev rk
ev	ev	ev
rk	–	rk
–	ev	–
–	–	–

Aus den Angaben müssen die Religionsgemeinschaften erkennbar sein, die die Erhebung der Kirchensteuer den Finanzbehörden übertragen haben. Die Lohnsteuer-Richtlinien verwenden dabei die folgenden Abkürzungen:

ev	evangelisch (protestantisch)
rk	römisch-katholisch
ak	altkatholisch

Darüber hinaus finden in den einzelnen Bundesländern noch folgende Abkürzungen Verwendung:

lt	evangelisch-lutherisch, protestantisch
ev	evangelisch-lutherisch
fr	französisch-reformiert
fa, fb, fm, fg oder fs	freireligiöse Gemeinde
ib, il, is, iw, ih	israelitisch
jd, jh	jüdisch
rf	evangelisch-reformiert
rk	römisch-katholisch
vd oder –	kein Kirchensteuerabzug

Das Kirchensteuermerkmal und die Kirchensteuer sind im Lohnkonto aufzuzeichnen. Die für die Anmeldung und Abführung der Lohnsteuer geltenden Angaben sind auch für die Kirchenlohnsteuer zu machen.

Für den Kirchenlohnsteuerabzug gilt in allen Bundesländern das Prinzip der Betriebsstättenbesteuerung. Danach hat der Arbeitgeber die Kirchenlohnsteuer auch für solche kirchensteuerpflichtigen Arbeitnehmer (mit dem am Sitz der Betriebsstätte geltenden Hebesatz) einzubehalten und abzuführen, die ihren Wohnsitz oder gewöhnlichen Aufenthalt in einem anderen Bundesland als dem der Betriebsstätte haben[1]). In Niedersachsen, Nordrhein-Westfalen und Rheinland-Pfalz kann er beim Finanzamt beantragen, die Kirchensteuer mit dem am Wohnsitz des Arbeitnehmers geltenden Hebesatz einzubehalten.

Sofern ein Dritter die Pflichten des Arbeitgebers übernommen hat (§ 38 Abs. 3a EStG, R 38.5 LStR 2008), gilt dies auch für die Kirchensteuer.

Zur einheitlichen Pauschsteuer bei den sog. Mini-Jobs nach § 40a Abs. 2 EStG → Rz. E 12.

20 Bei **Einkommensteuerpflichtigen** wird die Kirchensteuer auch das Kirchgeld in glaubensverschiedener Ehe (→ Rz. E 18) – im Rahmen der Vorauszahlungen festgesetzt und ist zu den Vorauszahlungsterminen zu leisten. Zur Kirchensteuer auf Kapitalertragsteuer (Abgeltungssteuer) s. Rz. E 13. Die Veranlagung zur Kirchensteuer erfolgt durch die Finanzverwaltung; nur in Bayern durch die Steuerämter der Kirchen.

1) Ist in einem Bundesland nur der Merker „ev" zugelassen, hat der Arbeitgeber die Kirchenlohnsteuer auch von den Arbeitnehmern einzubehalten und als „ev" abzuführen, die eine Lohnsteuerkarte mit den Merkern „lt", „rf" oder „fr" vorlegen.

VIII. Verwaltung der Kirchensteuer in den Bundesländern

Die Verwaltung der Kirchensteuer ist von folgenden Religionsgemeinschaften der Finanzverwaltung des Bundeslandes übertragen worden: 24

Bundesland	**Religionsgemeinschaft**
in allen Bundesländern	Evangelische, Lutherische, Reformierte Landeskirchen; Röm.-katholische (Erz-)Diözesen
Baden-Württemberg	Altkatholische Kirche; Israelitische Religionsgemeinschaft Württemberg; Israelische Religionsgemeinschaft Baden; Freireligiöse Landesgemeinde Baden
Bayern[1])	Altkatholische Kirche; Landesverband der Israelitischen Kultusgemeinden
Berlin	Altkatholische Kirche
Hamburg	Jüdische Gemeinde
Hessen	Altkatholische Kirche; Jüdische Gemeinden in Frankfurt, Gießen, Kassel, Darmstadt, Bad Nauheim; Freireligiöse Gemeinden Mainz und Offenbach
Niedersachsen	Altkatholische Kirchengemeinden Hannover-Niedersachsen; Jüdische Gemeinde Hannover
Nordrhein-Westfalen	Altkatholische Kirche; Landesvorstände Jüdische Kultusgemeinden von Nordrhein, von Westfalen-Lippe, Synagogengemeinde Köln
Rheinland-Pfalz	Altkatholische Kirche; Jüdische Kultusgemeinde Koblenz; Freireligiöse Gemeinde Mainz; Freireligiöse Landesgemeinde Pfalz; Freie Religionsgemeinschaft Alzey
Saarland	Altkatholische Kirche; Synagogengemeinde Saar
Schleswig-Holstein	Jüdische Gemeinde

1) In Bayern erfolgt nur der Kirchenlohnsteuereinzug durch die Finanzämter; ansonsten erfolgt die Verwaltung der Kirchensteuer durch die Kirchensteuerämter (→ Rz. E 23).

IX. Kirchensteuer-Übersicht

1. Zusammenfassender Überblick nach Bundesländern

25

Bundesland	KiSt-Satz %	Kappung des zu versteuernden Einkommens[1]) %	KiSt-Satz bei pauschaler Lohnsteuer %	Besonderes Kirchgeld in glaubensverschiedener Ehe €
Baden-Württemberg	8	2,75 bzw. 3,5 (auf Antrag)	6,5	96 – 3 600[2])
Bayern	8	–	7	96 – 3 600[2])
Berlin	9	3	5	96 – 3 600
Brandenburg	9	3	5	96 – 3 600
Bremen	9	3,5	7	96 – 3 600
Bremerhaven	9	3,5	7	96 – 3 600
Hamburg	9	3	4	96 – 3 600
Hessen	9	3,5 bzw. 4 (auf Antrag)	7	96 – 3 600
Mecklenburg-Vorpommern	9	3	5	96 – 3 600
Niedersachsen	9	3,5	6	96 – 3 600
Nordrhein-Westfalen	9	3,5 bzw. 4 (auf Antrag)	7	96 – 3 600[2])
Rheinland-Pfalz	9	3,5 bzw. 4 (auf Antrag)	7	96 – 3 600
Saarland	9	3,5 bzw. 4 (auf Antrag)	7	96 – 3 600[2])
Sachsen	9	3,5	5	96 – 3 600

Bundesland	KiSt-Satz %	Kappung des zu versteuern-den Ein-kommens[1]) %	KiSt-Satz bei pauschaler Lohn-steuer %	Besonderes Kirchgeld in glaubens-verschiedener Ehe €
Sachsen-Anhalt	9	3,5	5	96 – 3 600
Schleswig-Holstein	9	3	6	96 – 3 600
Thüringen	9	3,5	5	96 – 3 600

1) Zu den unterschiedlichen Kappungsregelungen bei den Kirchen im Einzelnen → Rz. E 8.
2) Nur ev. Kirche.

2. Mindestbetrags-Kirchensteuer

6 Nachfolgende Beträge gelten nicht für Kirchensteuer auf Kapitalertragsteuer.

	jährlich €	monatlich €	wöchentlich €	täglich €
Hamburg	3,60	0,30	0,07	0,00
Hessen	1,80	0,15	0,04	0,01
Mecklenburg-Vorpommern[1])	3,60	0,30	0,07	0,00
Sachsen[2])	3,60	0,30	0,07	0,01
Sachsen-Anhalt[2])	3,60	0,30	0,07	0,01
Schleswig-Holstein	3,60	0,30	0,07	0,00
Thüringen[2])	3,60	0,30	0,07	0,01

1) Nur Erzbistümer Hamburg und Berlin im Bundesland Mecklenburg-Vorpommern.
2) Nur ev. Kirche.

X. Auskünfte in Kirchensteuerfragen

27 Bei Einzel- oder in Zweifelsfragen erteilen die örtlichen Finanzämter oder die folgenden Kirchenbehörden Auskunft:

Evangelische Landeskirchen

Evang.	Behörde	Str./Ort	Tel.	Fax
Anhalt	Landeskirchenrat	Friedrichstr. 22/24 06844 Dessau www.landeskirche-anhalts.de	0340 2526-0	2526-130
Baden	Ev. Oberkirchenrat	Blumenstraße 1–7 76133 Karlsruhe www.ekiba.de	0721 9175-0	9175-550
Bayern	Ev.-Luth. Landeskirchenamt	Meiserstraße 11–13 80333 München www.bayern-evangelisch.de	089 5595-0	5595-444
Berlin-Brandenburg-schlesische Oberlausitz	Ev. Zentrum Berlin-Brandenburg-schlesische Oberlausitz	Georgenkirchstr. 69/70 10249 Berlin www.ekbo.de	030 24344-0	24344-500
Braunschweig	Landeskirchenamt	Dietr.-Bonhoeffer-Str. 1 38300 Wolfenbüttel www.landeskirche-braunschweig.de	05331 802-0	802-700
Bremen	Evangelische Kirchenkanzlei	Franziuseck 2–4 28199 Bremen www.kirche-bremen.de	0421 5597-0	5597-265
Hannover	Ev.-Luth. Landeskirchenamt	Rote Reihe 6 30169 Hannover www.landeskirche-hannover.de	0511 1241-0	1241-266
Hessen-Nassau	Kirchenverwaltung	Paulusplatz 1 64285 Darmstadt www.ekhn.de	06151 405-0	405-440
Kurhessen-Waldeck	Landeskirchenamt	Wilhelmshöher Allee 330 34131 Kassel www.ekkw.de	0561 9378-0	9378-400
Lippe	Landeskirchenamt	Leopoldstr. 97 32756 Detmold www.lippische-landeskirche.de	05231 976-60	976-8164
Mecklenburg	Oberkirchenrat	Münzstr. 8 19055 Schwerin www.kirche-mv.de	0385 5185-0	5185-170
Mitteldeutschland[1]	Landeskirchenamt der EKM	Am Dom 2 39104 Magdeburg Moritz-Mitzenheim-Str. 2a 99817 Eisenach www.ekmd-online.de	0391 5346-0 03691 67899	5346-111 678355
Nordelbien (Schl.-H./HH)	Nordelbisches Kirchenamt	Dänische Str. 21/35 24103 Kiel www.nordelbien.de	0431 9797-0	9797-999
Oldenburg	Ev.-Luth. Oberkirchenrat	Philosophenweg 1 26121 Oldenburg www.ev-kirche-oldenburg.de	0441 7701-0	7701-299
Pfalz	Landeskirchenrat	Domplatz 5 67346 Speyer www.evpfalz.de	06232 667-0	667-199
Pommersche Ev. Kirche	Konsistorium	Bahnhofstr. 35/36 17489 Greifswald www.kirche-mv.de	03834 55-4790	55-4715
Reformierte Kirche	Reformierter Synodalrat	Saarstraße 6 26789 Leer www.reformiert.de	0491 9198-0	9198-251
Rheinland	Landeskirchenamt	H.-Böckler-Str. 7 40476 Düsseldorf www.ekir.de	0211 4562-0	4562-444
Sachsen (Landeskirche)	Landeskirchenamt	Lukasstr. 6 01069 Dresden www.landeskirche-sachsen.de	0351 4692-0	4692-144
Schaumburg-Lippe	Ev.-Luth. Landeskirchenamt	Herderstr. 27 31675 Bückeburg www.landeskirche-schaumburg-lippe.de	05722 960-0	960-10
Westfalen	Landeskirchenamt	Altstädter Kirchplatz 5 33602 Bielefeld www.ekvw.de	0521 594-0	594-129
Württemberg	Ev. Oberkirchenrat	Gänsheidestr. 2 70184 Stuttgart www.elk-wue.de	0711 2149-0	2149-236

1) Die Ev. Kirche der Kirchenprovinz Sachsen und die Ev.-Luth. Kirche in Thüringen haben sich zum 1. 1. 2009 zusammengeschlossen zur Evangelischen Kirche in Mitteldeutschland (EKM). Das gemeinsame Landeskirchenamt in Erfurt wird 2010 bezogen.

Katholische Kirchen

(Erz-)Bistum	Str./Ort	Tel.	Fax
Aachen	Klosterplatz 7 52062 Aachen www.bistum-aachen.de	0241 452-0	452-496
Augsburg	Fronhof 4 86152 Augsburg www.bistum-augsburg.de	0821 3166-0	3166-209
Bamberg	Domplatz 1–5 96049 Bamberg www.erzbistum-bamberg.de	0951 502-0	502-279
Berlin	Niederwallstr. 8–9 10117 Berlin ww.erzbistumberlin.de	030 32684-0	32684-276

(Erz-)Bistum	Str./Ort	Tel.	Fax
Dresden	Käthe-Kollwitz-Ufer 84 01309 Dresden www.bistum-dresden-meissen.de	0351 3364–6	3364–791
Eichstätt	Luitpoldstr. 2 85072 Eichstätt www.bistum-eichstaett.de	08421 50–0	50–209
Erfurt	Hermannsplatz 9 99084 Erfurt www.bistum-erfurt.de	0361 6572–0	6572–444
Essen	Zwolfling 16 45127 Essen www.bistum-essen.de	0201 2204–1	2204–507/570
Freiburg	Schoferstr. 2 79098 Freiburg www.erzbistum-freiburg.de	0761 2188–0	2188–505
Fulda	Paulustor 5 36037 Fulda www.bistum-fulda.de	0661 87–0	87–578
Görlitz	C. v. Ossietzky-Str. 41 02826 Görlitz www.bistum-goerlitz.de	03581 4782–0	4782–12
Hamburg	Danziger Str. 52a 20099 Hamburg www.erzbistum-hamburg.de	040 24877–0	24877–233
Hildesheim	Domhof 18 31134 Hildesheim www.bistum-hildesheim.de	05121 307–0	307–488
Köln	Marzellenstr. 32 50668 Köln www.erzbistum-koeln.de	0221 1642–0	1642–1700
Limburg	Roßmarkt 4 65549 Limburg www.bistumlimburg.de	06431 295–0	295–476
Magdeburg	Max-Josef-Metzger-Str. 1 39104 Magdeburg www.bistum-magdeburg.de	0391 5961–0	5961–100
Mainz	Bischofsplatz 2 55116 Mainz www.bistum-mainz.de	06131 253–0	253–401
München-Freising	Rochusstr. 5 80333 München www.erzbistum-muenchen-und-freising.de	089 2137–0	2137–1585
Münster	Domplatz 27 48143 Münster www.bistummuenster.de	0251 495–0	495–6086
Osnabrück	Hasestr. 40a 49074 Osnabrück www.bistum-osnabrueck.de	0541 318–0	318–117
Paderborn	Domplatz 3 33098 Paderborn www.erzbistum-paderborn.de	05251 125–0	125–1470
Passau	Residenzplatz 8 94032 Passau www.bistum-passau.de	0851 393–0	393–830
Regensburg	Niedermünstergasse 1 93043 Regensburg www.bistum-regensburg.de	0941 597–01	597–1055
Rottenburg-Stuttgart	Eugen-Bolz-Platz 1 72108 Rottenburg www.drs.de	07472 169–0	169–561
Speyer	Kleine Pfarrengasse 16 67346 Speyer www.bistum-speyer.de	06232 102–0	102–300
Trier	Hinter dem Dom 6 54290 Trier www.bistum-trier.de	0651 7105–0	7105–498
Vechta	Bahnhofstr. 6 49377 Vechta www.bistummuenster.de	04441 872–0	872-199
Würzburg	Domerschulstraße 2 97070 Würzburg www.bistum-wuerzburg.de	0931 386–0	386–334

F. Vermögensbildung

I. Allgemeines

1 Die Vermögensbildung der Arbeitnehmer durch vereinbarte vermögenswirksame Leistungen der Arbeitgeber wird nach den Vorschriften des **Fünften Vermögensbildungsgesetzes** v. 4. 3. 1994 (BGBl. I 1994 S. 406, BStBl I 1994 S. 237) geregelt, das zuletzt durch das Mitarbeiterkapitalbeteiligungsgesetz[1]) geändert worden ist. Siehe auch BMF-Schreiben v. 9. 8. 2004 (BStBl I 2004 S. 717).

2 Das Fünfte Vermögensbildungsgesetz gilt für alle Arbeitnehmer im arbeitsrechtlichen Sinne sowie für Beamte, Richter und Soldaten. Bei Arbeitnehmern muss das Arbeitsverhältnis deutschem Arbeitsrecht unterliegen.

II. Vermögenswirksame Leistungen

3 **Vermögenswirksame Leistungen** sind Geldleistungen, die der Arbeitgeber für den Arbeitnehmer anlegt. Entweder kann es sich bei den vermögenswirksamen Leistungen um eine zusätzliche Zahlung des Arbeitgebers handeln, oder aber der Arbeitnehmer kann verlangen, dass der Arbeitgeber Teile des ohnehin geschuldeten Arbeitslohns vermögenswirksam anlegt. Vermögenswirksame Leistungen sind arbeitsrechtlich Bestandteil des Lohns oder Gehalts. Sie gehören zu den steuerpflichtigen Einnahmen im Sinne des Einkommensteuergesetzes bzw. zum Einkommen, Verdienst oder Entgelt (Arbeitsentgelt) im Sinne der Sozialversicherung.

4 Die **Anlagearten** sind vielfältig. So können vermögenswirksame Leistungen angelegt werden:

- als Sparbeiträge des Arbeitnehmers auf Grund eines Sparvertrags über Wertpapiere oder andere Vermögensbeteiligungen;
- als Aufwendungen des Arbeitnehmers auf Grund eines Wertpapier-Kaufvertrags mit dem Arbeitgeber;
- als Aufwendungen des Arbeitnehmers auf Grund eines Beteiligungs-Vertrags;
- als Aufwendungen des Arbeitnehmers auf Grund eines Beteiligungs-Kaufvertrags mit dem Arbeitgeber;
- als Aufwendungen des Arbeitnehmers nach dem Wohnungsbau-Prämiengesetz;
- als Aufwendungen des Arbeitnehmers in Form der Verwendung zum Wohnungsbau;
- als Sparbeiträge des Arbeitnehmers auf Grund eines Sparvertrags;
- als Beiträge des Arbeitnehmers auf Grund eines Kapitalversicherungsvertrags.

5 Die vermögenswirksamen Leistungen können dabei z. B. **angelegt werden in**

- Aktien,
- Wandelschuldverschreibungen,
- Gewinnschuldverschreibungen,
- Investmentfondsanteile,
- Anteile an Mitarbeiterbeteiligungs-Sondervermögen,
- Genussscheine,
- Beteiligungen an bestimmten Genossenschaften,
- GmbH-Beteiligungen,
- stille Beteiligungen an Unternehmen,
- Darlehensforderungen,
- Genussrechte,
- Bausparverträge.

Die vermögenswirksamen Leistungen hat der Arbeitgeber für den Arbeitnehmer **unmittelbar** an das Institut oder Unternehmen (Kreditinstitut, Kapitalanlagegesellschaft, Bausparkasse oder Versicherungsunternehmen) **zu leisten**, bei dem die Anlage erfolgen soll. Dies gilt nicht bei der Anlage vermögenswirksamer Leistungen auf Grund eines Wertpapier-Kaufvertrags, Beteiligungs-Vertrags und Beteiligungs-Kaufvertrags mit dem Arbeitgeber sowie bei Anlagen zum Erwerb von Grundstücken und zum Bau, Erwerb oder Ausbau von Wohneigentum. 6

Bei der Überweisung an das Institut oder Unternehmen hat der Arbeitgeber die vermögenswirksamen Leistungen als solche zu **kennzeichnen**. Bei der Überweisung im Januar oder Dezember ist außerdem anzugeben, welchem Kalenderjahr die vermögenswirksamen Leistungen zuzuordnen sind. 7

Bei der Anlage vermögenswirksamer Leistungen im eigenen Unternehmen muss der Arbeitgeber in Zusammenarbeit mit dem Arbeitnehmer Vorkehrungen zur Absicherung dieser Anlage für den Fall treffen, dass das Unternehmen innerhalb der Sperrfrist zahlungsunfähig wird. 8

III. Arbeitnehmer-Sparzulage

Die Anlage vermögenswirksamer Leistungen wird durch die Gewährung einer **Arbeitnehmer-Sparzulage** gefördert. Dies gilt jedoch nicht, wenn die vermögenswirksamen Leistungen als Sparbeiträge des Arbeitnehmers auf Grund eines Sparvertrags oder als Beiträge des Arbeitnehmers auf Grund eines Kapitalversicherungsvertrags angelegt werden (sog. Nullförderung). 9

Anspruch auf eine Arbeitnehmer-Sparzulage haben nur Arbeitnehmer, deren **Einkommen** folgende **Grenzen** nicht übersteigt: 10

1. Bei in Beteiligungen am Produktivkapital (z. B. Anlagen in einem Investmentsparplan) angelegten vermögenswirksamen Leistungen gilt seit 2009 eine erhöhte Einkommensgrenze von **20 000 €/40 000 €** (Ledige oder getrennt Lebende/zusammenveranlagte Ehegatten).
2. Bei den übrigen geförderten Anlageformen (z. B. Bausparverträge, wohnungswirtschaftliche Verwendungen) gilt eine Einkommensgrenze von **17 900 €/35 800 €** (Ledige oder getrennt Lebende/zusammenveranlagte Ehegatten).

Maßgeblich ist jeweils das **zu versteuernde Einkommen**.

Die Arbeitnehmer-Sparzulage beträgt:
- für Beteiligungen am **Produktivkapital** ab 2009 **20 %** der so angelegten vermögenswirksamen Leistungen, soweit diese **400 €** jährlich nicht überschreiten;
- für die **übrigen Anlageformen 9 %** der so angelegten vermögenswirksamen Leistungen, soweit diese **470 €** jährlich nicht übersteigen.

1) Das Mitarbeiterkapitalbeteiligungsgesetz war bei Redaktionsschluss vom Deutschen Bundestag und vom Bundesrat verabschiedet, jedoch noch nicht im Bundesgesetzblatt verkündet.

11 Die Arbeitnehmer-Sparzulage wird nach Ablauf eines jeden Kalenderjahres auf Antrag des Arbeitnehmers durch dessen **Wohnsitzfinanzamt** festgesetzt. Der Antrag ist auf dem Vordruck der Einkommensteuererklärung zu stellen, und zwar auch dann, wenn keine Einkommensteuerveranlagung durchgeführt werden soll. Dem Antrag ist die **Anlage VL** beizufügen.

Der Antrag muss grundsätzlich bis zum Ende des zweiten Kalenderjahres nach dem Kalenderjahr gestellt werden, in dem die vermögenswirksamen Leistungen angelegt worden sind (für 2009 bis zum 31. 12. 2011). Dies gilt auf Grund der eindeutigen gesetzlichen Regelung trotz des Wegfalls der Zweijahresfrist für den Antrag auf Einkommensteuerveranlagung durch das Jahressteuergesetz 2008.

12 Das Finanzamt **sammelt** die jährlich festgesetzten Beträge **an** und **zahlt** sie in einer Summe **aus**, wenn

- die für die Anlageform geltenden Sperr- oder Rückzahlungsfristen abgelaufen sind,
- vor Ablauf der Frist über die Anlage unschädlich verfügt worden ist oder
- der Bausparvertrag, auf den die vermögenswirksamen Leistungen eingezahlt worden sind, zugeteilt wird.

Unschädliche Verfügungen kommen in Betracht bei: 13

- Tod und völliger Erwerbsunfähigkeit,
- Heirat,
- Arbeitslosigkeit,
- Verwendung zu Weiterbildungszwecken,
- Aufgabe der nichtselbständigen Arbeit und Aufnahme einer selbständigen Erwerbstätigkeit,
- Veräußerung festgelegter Wertpapiere und Wiederverwendung des Erlöses zum Erwerb anderer Wertpapiere.

Lediglich in den Fällen **ohne Sperrfrist** (z. B. Anlage zum Erwerb von Grundstücken und zum Bau, Erwerb oder Ausbau von Wohneigentum) bzw., wenn die **Sperrfrist** bereits **abgelaufen** ist, erfolgt die Auszahlung jährlich. 14

Die Arbeitnehmer-Sparzulage gilt **weder** als **steuerpflichtige Einnahme** im Sinne des Einkommensteuergesetzes **noch** als Einkommen, Verdienst oder Entgelt **(Arbeitsentgelt)** im Sinne der Sozialversicherung. 15

G. Stichwortverzeichnis

Die Großbuchstaben bezeichnen die einzelnen Teile der Erläuterungen.
Die Ziffern entsprechen den Randziffern innerhalb eines Großbuchstabens.

B

C

D

M

N

T

U

Z